D1692408

Harenberg Schlüsseldaten 20. Jahrhundert

Harenberg Schlüsseldaten 20. Jahrhundert

Harenberg Lexikon Verlag

Das Werk ist urheberrechtlich geschützt. Jede Verwertung außerhalb der engen Grenzen des Urheberrechtsgesetzes ist ohne Zustimmung des Verlags unzulässig und strafbar. Das gilt insbesondere für Vervielfältigungen, Übersetzungen, Mikroverfilmungen und die Einspeicherung in elektronische Systeme sowie jede andere elektronische Nutzung.

© Harenberg Lexikon Verlag
in der Harenberg Kommunikation Verlags- und Mediengesellschaft
mbH & Co. KG, Dortmund 1993, 1997

Herausgeber: Bodo Harenberg

Redaktion der Erstausgabe: Tilman Betz, Joachim B. Dettmann, Brigitte Esser, Petra Frese, Dr. Annegret Heffen, Gabriela Holtkamp, Uwe Lippik, Katja Schmidt, Dieter Schnaas, Dr. Karin Terberger, Benedikta Werle (Texte); Jochen Dilling, Thomas Huhnold, Christine Laue, Joachim Schweer, Klaus Stübler (Übersichten)

Redaktion und Produktion der überarbeiteten und wesentlich erweiterten Neuausgabe:
Henning Aubel, Dr. Matthias Herkt, Klaus zu Klampen, Dorothee Merschhemke, Annette Retinski, Christine Wolf

Printed in Belgium

ISBN 3-611-00605-X

Zur Benutzung

Die Schlüsseldaten sollen die unermeßliche Datenfülle, die unser Jahrhundert hervorgebracht hat, in konzentrierter Form darbieten, um den Blick für das Wesentliche freizumachen und Wichtiges von Unwichtigem zu trennen. Ereignisse, Entscheidungen und Entwicklungen sind geordnet und gewichtet, so daß Verflechtungen und Hintergründe erkennbar werden. Präzise Information und Übersichtlichkeit waren das Leitbild für Autoren und Redaktion.

Knoten verknüpfen die Schlüsseldaten und komprimieren Informationen in Tabellenform. Dieses neue Element in der enzyklopädischen Aufarbeitung des 20. Jahrhunderts, das von der Lexikon-Redaktion des Harenberg Verlags eigens für dieses Werk entwickelt worden ist, faßt ein Maximum an Informationen zu bestimmten Ereignissen und Entwicklungen zusammen. Dazu gehören für jedes Jahr die Knoten »Wichtige Regierungswechsel«, »Nobelpreisträger«, »Kulturszene« und »Sport«. Diese Standards werden nach einheitlichen Kriterien präsentiert und sind deshalb untereinander vergleichbar. Zusammengenommen ergeben z. B. die »Kulturszene«-Knoten einen in sich vollständigen Abriß der kulturellen Ereignisse in der Welt von 1900 bis heute. Hinzu kommen 525 Themen-Knoten. So findet der Leser z.B. anläßlich der Ermordung des Bürgerrechtlers Martin Luther King am 4. April 1968 die Übersicht »Kämpfer für Frieden und Humanismus« (s. S. 741).

Jeder **Texteintrag** ist nach einem einheitlichen Schema aufgebaut. Genannt werden Datum und Ort sowie das Ereignis. Es folgen Informationen zu Ursachen und Folgen, die Einordnung in den Gesamtzusammenhang, ein Ausblick sowie Hinweise auf weiterführende Literatur. Auf ergänzende Artikel wird unmittelbar im Text mit Angabe von Datum und genauer Fundstelle verwiesen (↑S.46/6.12.1904). Am Ende des Eintrags befindet sich ein Hinweis auf weiterführende Tabellenübersichten (Seitenzahl und Knotennummer S 907/K 857).

Karten und Grafiken visualisieren den Textinhalt. Sie weisen über das unmittelbare Ereignis hinaus auf komplexe Zusammenhänge: Die Symbole KAR bzw. GRA zu Beginn des Artikels zeigen diese Sonderelemente an.

Bilder spiegeln für jedes Jahr die herausragenden Ereignisse. Sie dokumentieren Taten und Untaten, focussieren Zeitströmungen und porträtieren prägende Persönlichkeiten.

Die **Register** am Ende dieses Werkes haben den Wert eines eigenständigen Lexikons: Das Personenregister nennt sämtliche erwähnten Personen mit Nationalität, Beruf und Lebensdaten. Das Sachregister enthält alle wichtigen Stichwörter. In den vier Werkregistern (Theater, Musik, Film, Buch) sind nicht nur die Werktitel aufgelistet, sondern es werden auch der jeweilige Regisseur, Komponist oder Schriftsteller, und das Jahr der Uraufführung bzw. des Erscheinens genannt.

Knoten-Verzeichnis

Dieses Stichwortverzeichnis dient der schnellen Auffindung der tabellarischen Übersichten (sog. Knoten), die auf engstem Raum ein Maximum an Informationen zusammenfassen. Das »S« kennzeichnet die Seitenzahlen, auf denen die Knoten zu finden sind, das „K" bezieht sich auf die Nummern der Knoten. Wiederkehrende Knoten (Wichtige Regierungswechsel, Nobelpreisträger, Kulturszene, Sport, Olympische Spiele) sind nicht erfaßt. Ein Personen- und Sachregister sowie weitere Register finden Sie am Ende des Werkes.

Abessinienkrieg S 311/K 319
Abrüstungsverträge S 249/K 261, S 848/K 815
Abstrakter Expressionismus S 436/K 436
Absurdes Theater S 487/K 492
Abtreibung S 700/K 690
Afrika S 704/K 694
Ägypten S 185/K 201
Aids S 774/K 755
Albanien S 221/K 233
Algerien S 591/K 596
Algerienkrieg S 559/K 565, S 559/K 566
Alliierte Konferenzen S 406/K 406
Alternative Energien S 717/K 704
Antikriegsfilm S 736/K 720
Antisemitismus S 311/K 318
Apartheidpolitik S 462/K 465
Apollo-Missionen S 635/K 635
Arabien S 523/K 528
Arbeiterparteien S 57/K 53
Arbeitgeberverbände S 457/K 459
Arbeitslose S 756/K 740
Arbeitsrecht S 634/K 634, S 665/K 660
Arbeitszeit S 838/K 807
Archäologie S 195/K 208, S 851/K 819
Argentinien S 755/K 739
Armenien S 319/K 325
Armut S 738/K 724
ASEAN-Staaten S 610/K 613
Asien S 560/K 567
Äthiopien S 687/K 678
Atomenergie S 510/K 515, S 648/K 646, S 791/K 770
Atomtests S 569/K 575
Attentate auf Hitler S 398/K 396
Audio-Medien S 166/K 179
Aufstände, Antikommunistische S 508/K 514
Australien S 19/K 10
Automobilkonzerne S 744/K 727
Automobilsport S 358/K 365

Automobiltechnik S 102/K 107
Bahnhöfe S 108/K 115
Balkankriege S 107/K 114
Ballett S 447/K 449
Bandenchefs S 275/K 285
Bauhaus S 158/K 171
Beat-Generation S 519/K 524
Belgien S 283/K 293
Benefizkonzerte S 784/K 765
Bergsteigen S 485/K 491
Berlin-Blockade S 442/K 443
Besatzungszonen S 421/K 420
Bevölkerungsentwicklung S 613/K 617
Birma S 557/K 562
Blauer Reiter S 98/K 102
Blaues Band S 476/K 482
Boxeraufstand S 12/K 3
Brasilien S 334/K 340
Braunkohle S 884/K 842
BRD S 837/K 806
Brücke, Die (Kunst) S 53/K 48
Brückenbauten S 323/K 331
Bücherverbrennung S 294/K 301
Buchverlage S 75/K 75
Bulgarien S 73/K 72
Bundesgerichte S 468/K 472
Bundesländer S 421/K 420, S 835/K 804
Bundestagswahlen S 600/K 604
Bundeswehreinsätze S 875/K 836
Bündnisse S 114/K 122, S 294/K 302, S 350/K 357, S 451/K 453, S 456/K 458, S 523/K 528
Bürgerrechtsbewegungen S 741/K 726

CDU-Vorsitzende S 414/K 414
Chaco-Krieg S 310/K 317
Chemie-Katastrophen S 708/K 696

Chemische Waffen S 121/K 130
Chile S 676/K 668
China S 454/K 457
Chinesische Kaiser S 74/K 74
Chinesische Revolution S 92/K 97, S 305/K 311
Chinesisch-Japanischer Krieg S 332/K 339
Comics S 262/K 272
Commonwealth S 234/K 246
Computertechnik S 636/K 637

Dadaismus S 132/K 143
Dänemark S 661/K 656
De Stijl S 139/K 151
DDR S 836/K 805
– 17. Juni S 483/K 489
– SED-Parteitage S 653/K 651
– Schriftsteller S 707/K 695
– Umbruch S 820/K 795
Denkmäler S 109/K 117
Derivate S 889/K 846
Design S 40/K 32
Detektivfiguren S 168/K 182
Deutsch-Deutsche Gipfeltreffen S 641/K 641
Deutsch-Österreichische Beziehungen S 342/K 347
Deutsche Bundesbank S 517/K 522
Deutsches Kaiserreich
– Seemacht S 11/K 1
– Kanzler S 78/K 80
– Wahlen S 100/K 105
– Kolonien S 175/K 191
Dirigenten S 503/K 509
Documenta S 504/K 510
Dritte Welt S 758/K 742, S 795/K 775
Drittes Reich →NS-Regime
Drogen S 667/K 662, S 808/K 784

EG-Mitgliedstaaten S 610/K 612
Eisenbahntunnel S 59/K 55
Elsaß-Lothringen S 155/K 168

Endlösung S 380/K 382
Entartete Kunst S 338/K 343
Entführungen S 285/K 295
Entschädigungen (NS-Opfer) S 475/K 481
Entspannungspolitik S 645/K 644
Entwicklungsländer S 738/K 724, S 795/K 775
Erdbeben S 60/K 56
Erdöl S 677/K 669
Erfindungen S 223/K 235
Erneuerbare Energien S 717/K704
Erster Weltkrieg
– Julikrise S 113/K 120
– Bündnisse S 114/K 122
– Kriegserklärungen S 114/K 123
– Westfront S 116/K 124
– Ostfront S 117/K 125
– Balkan S 122/K 131
– Verdun S 126/K 136
– Seekrieg S 127/K 138
– Friedensinitiativen S 141/K 154
– Verluste S 143/K 156
– Versailler Vertrag S 154/K 167
Europa S 267/K 277, S 516/K 521, S 610/K 612, S 898/K 852
Europäisches Parlament S 732/K 717
Exilregierungen S 390/K 391
Exilanten S 385/K 385
Existentialismus S 347/K 351
Expressionismus S 169/K 183

FDP-Vorsitzende S 443/K 445
Fernsehen S 469/K 475, S 477/K 483, S 493/K 497, S 776/K 757
Filmliebespaare S 276/K 286
Filmdiven S 270/K 280
Filmfestspiele S 427/K 425
Finnland S 137/K 148
Fitnesswellen S 526/K 531
Fiume S 209/K 223
Flüchtlinge S 548/K 554

Knoten-Verzeichnis

Fluggesellschaften
S 236/K 247
Flughäfen S 423/K 422
Flugzeugabstürze
S 716/K 703
Flugzeugtypen S 325/K 332
Forschungsgesellschaften
S 445/K 447
Fotografie S 66/K 65
Frankreich (Kolonien)
S 530/K 535
Frankreich (bis 1945)
S 399/K 398
Frankreich (nach 1945)
S 568/K 574
Frauenbewegung S 96/
K 100
Frauen im Bundestag
S 549/K 556
Frauensport S 183/K 198,
S 720/K 707
Frauenwahlrecht S 65/K 63
Friedenskämpfer
S 618/K 621
Fürstentümer, Europäische
S 90/K 93
Fußball
– Vereine S 387/K 387,
S 603/K 607
– Stadionkatastrophen
S 785/K 766
– TV-Übertragungsrechte
S 809/K 786
– Weltmeisterschaften
S 841/K 810
Futurismus S 82/K 85

Galopprennsport
S 171/K 186
Gastarbeiter S 500/K 506
Gaza-Jericho-Abkommen
S 866/K 830
Gemälde S 800/K 778
Genfer Konferenzen
S 211/K 224
Gewerkschaften
S 457/K 459
Gipfeltreffen S 804/K 782
Glasnost S 817/K 793
Gleichschaltung
S 293/K 300, S 301/K 309,
S 312/K 320
Glücksspiele S 181/K 196
Greenpeace-Aktionen
S 656/K 652
Griechenland S 401/K 400
Großbritannien S 362/K 367
Großbritannien (Kolonien)
S 739/K 725
Grundgesetz S 453/K 456
Gruppe 47 S 438/K 437

Handelsabkommen
S 524/K 529

Heerführer S 400/K 399
Helgoland S 433/K 433
Herzchirurgie S 469/K 474,
S 612/K 615
Hochgeschwindigkeitszüge
S 581/K 586
Hochhäuser S 274/K 284
Hörfunk S 61/K 57
Horrorfilm S 193/K 206
Hörspiele S 471/K 478
Hutu und Tutsi S 900/K 853

Indien S 430/K 431
Indochinakrieg S 579/K 583
Industriekonzerne
S 222/K 234
Infektionskrankheiten
S 81/K 84
Internationale, Die
S 151/K 165
Irak S 832/K 803
Iran S 731/K 716
Irland S 178/K 194
Islam S 282/K 292
Island S 146/K 159
Israel S 441/K 442
Italien S 896/K 851
Italien (Faschismus)
S 219/K 231

Japan S 52/K 45,
S 816/K 792
Jazz S 227/K 240
Jordanien S 643/K 642
Judenverfolgung
S 380/K 382
Jugendbewegungen
S 23/K 14
Jugendstil S 24/K 16
Jugoslawien S 256/K 267,
S 846/K 814

Kabarett S 23/K 15,
S 427/K 427
Kabelfernsehen S 776/K 757
Kalter Krieg S 547/K 553
Kanalbauten S 345/K 349
Katholische Kirche
S 734/K 719
Kernforschung S 346/K 352
Kinderarbeit S 46/K 37
Kinder- und Jugendliteratur
S 418/K 416
Kino S 191/K 204,
S 870/K 832
Kirchenkampf S 452/K 455
Kleine Entente
S 209/K 222
Kolonien S 175/K 191,
S 530/K 535, S 739/K 725
Kommunistische Staaten
S 823/K 796
Konstruktivismus
S 122/K 132

Koreakrieg S 463/K 466
KPD S 149/K 164
Kriegsherde (Afrika)
S 704/K 694
Kriegsherde (Asien)
S 560/K 567
Kriegsherde (Latein-
amerika) S 630/K 630
Kriegstechnologie S 130/
K 139, S 402/K 402
Kriegsverbrechen
S 381/K 383
Kriminalfilm S 541/K 545
Kriminalroman S 356/K 361
Kriminelle Banden
S 275/K 285
KSZE S 695/K 686
Kuba S 27/K 19
Kubakrise S 547/K 552
Kubismus S 70/K 69
Kunststoffe S 295/K 304
Kurden S 546/K 550

Ladenöffnungszeiten
S 824/K 798
Länder-Umbenennungen
S 663/K 659
Lateinamerika S 630/K 630
Lebensmittelrationierung
S 464/K 467
Lebensmittelskandale
S 751/K 735
Libanon S 844/K 813
Libyen S 631/K 631
Literaturpreise S 206/K 219

Maastrichter Verträge
S 849/K 816
Malta S 686/K 679
Marokko S 546/K 551
Marokkokrise S 56/K 51,
S 92/K 96
Marshallplan S 430/K 429
Massenmörder
S 226/K 239
Medienkonzerne
S 888/K 845
Medizin S 204/K 216
Meeresverschmutzung
S 688/K 680
Memelland S 351/K 356
Menschenrechte
S 443/K 444
Mercosur S 888/K 844
Messen S 432/K 432
Mexiko S 91/K 95,
S 249/K 259
Militärbündnisse
S 294/K 302, S 350/K 357,
S 451/K 453, S 498/K 502
Militärputsche S 606/K 610
Minderheiten S 674/K 667
Ministerinnen S 549/K 555
Mitbestimmung S 468/K 473

Modeschöpfer S 436/K 435
Monarchen S 129/K 140
Motorflug S 38/K 30
Museumsbauten
S 534/K 538
Musik S 207/K 218

Nachrichtenagenturen
S 225/K 237
Naher Osten S 199/K 213,
S 608/K 611
Nationalhymnen S 192/
K 205
Nationalparks S 647/K 645
NATO S 898/K 852
Neuer Deutscher Film
S 679/K 672
Neue Wilde S 758/K 743
Niederlande S 65/K 64
Nordirland S 662/K 658
Norwegen S 51/K 44
Nouvelle Vague
S 540/K 544
Novemberrevolution
S 144/K 157
NS-Prozesse S 422/K 421
NS-Regime
– NSDAP S 162/K 176,
S 176/K 192
– Gleichschaltung S 293/
K 300, S 301/K 309,
S 312/K 320
– Bücherverbrennung
S 294/K 301
– Aufrüstung S 309/K 316
– Judenverfolgung
S 311/K 318, S 380/K 382
– Propagandafilm
S 368/K 372
– NS-Elite S 371/K 375
– Widerstand S 389/K 390,
S 398/K 396, S 398/K 397

OECD S 550/K 557
Ökonomen S 322/K 330
Orchester S 503/K 509
Osmanisches Reich
S 164/K 178
Österreich (1934)
S 303/K 310
Österreich (bis 1945)
S 258/K 269
Österreich (nach 1945)
S 498/K 504
Österreich-Ungarn
S 145/K 158
Osteuropa S 741/K 726
Osthandel S 524/K 529

Palästinenser S 806/K 783,
S 866/K 830
Päpste S 39/K 31
Parlamentarischer Rat
S 453/K 456

7

Knoten-Verzeichnis

Parteienfinanzierung
  S 558/K 564
Parteistiftungen S 225/K 238
Passagierschiffe
  S 336/K 342
Perestroika S 817/K 793
Pferderennsport
  S 171/K 186
Philippinen S 593/K 597
Philosophie S 584/K 589
Physik S 52/K 46
Plebiszite S 769/K 752
Polarexpeditionen S 94/K 99
Polen (bis 1945)
  S 233/K 245
Polen (nach 1945)
  S 818/K 794
Polit-Skandale S 684/K 676
Politische Morde
  S 174/K 190, S 570/K 576
Politische Prozesse
  S 177/K 193
Pop-art S 586/K 590,
  S 586/K 591
Popmusik S 494/K 499
Portugal S 86/K 89
Post S 156/K 169
Potsdamer Konferenz
  S 411/K 411
Prager Frühling S 622/K 623
Preußen S 280/K 290
Privatfernsehen S 776/K 757
Profisport S 171/K 185
Prozesse S 563/K 570
Psychoanalyse S 14/K 4

Radrennen S 42/K 34
Raumsonden S 562/K 569
Rechtsextremismus
  S 857/K 824
Regierungschefinnen
  S 538/K 542
Regierungskoalitionen mit
  den Grünen S 781/K 762
Reichskanzler S 78/K 80
Reichstagswahlen
  S 100/K 105
Reiseverkehr DDR–BRD
  S 572/K 577
Reparationen S 213/K 225
Rinderwahnsinn S 902/K 854
Rote Armee Fraktion
  S 714/K 702
Rumänien S 300/K 308
Russisch-Japanischer Krieg
  S 50/K 42
Russische Revolution
  S 58/K 54, S 134/K 146,
  S 135/K 147
Rüstungsaffären
  S 599/K 603

Saarland S 500/K 505
Saudi-Arabien S 580/K 585

Schiffskatastrophen
  S 101/K 106
Schuldenkrise S 795/K 775
Schwarze in den USA
  S 578/K 582
Schwarze Serie (Film)
  S 376/K 378
Schweden S 633/K 632
Schweiz S 344/K 348
– Bundespräsidenten
  S 79/K 82, S 770/K 753
– Plebiszite S 769/K 752
– Verwaltung S 725/K 711
Schwimmsport S 197/K 209
Science Fiction S 458/K 461
Science-Fiction-Film
  S 624/K 625
Secessionsbewegungen
  S 17/K 7
SED-Parteitage S 653/K 651
Separatismus S 198/K 211
Sowjetische Besatzungszone
  S 413/K 412
Sowjetunion S 188/K 202
– Stalin-Ära S 242/K 253
– Große Säuberung
  S 322/K 328
– KP-Chefs S 580/K 584
– Perestroika S 817/K 793
– Republiken S 849/K 817
Sozialversicherung
  S 243/K 254
Soziologie S 214/K 226
Spanien S 696/K 687
Spanischer Bürgerkrieg
  S 321/K 327
SPD-Vorsitzende
  S 409/K 408
Spione S 138/K 149
Staatschefinnen
  S 538/K 542
Stalinismus S 242/K 253,
  S 322/K 328
Streiks S 161/K 174
Studentenproteste
  S 620/K 622
Studentenzahlen
  S 679/K 671
Stummfilmstars
  S 168/K 181
Südafrika S 462/K 465
Südtirol S 633/K 633
Supermächte S 804/K 782
Surrealismus S 229/K 242
Syrien S 644/K 643

Tagespresse S 103/K 108,
  S 690/K 682
Tankerkatastrophen S 611/
  K 614
Tanztheater S 447/K 449
Teilchenbeschleuniger
  S 582/K 587
Telefon S 238/K 249

Terrorismus S 714/K 702,
  S 723/K 710
Theaterbauten
  S 810/K 788
Theaterregisseure S 32/K 24
Thriller S 541/K 545
Tschad-Konflikt S 763/K 747
Tschechoslowakei
  S 440/K 441
Tschetschenien
  S 885/K 843
Türkei S 202/K 214

U-Bahnen S 28/K 21
Überschwemmungen
  S 314/K 321
UdSSR → Sowjetunion
Umweltschutz-Abkommen
  S 757/K 741
Ungarn S 803/K 781
Universitäten S 595/K 599
Unternehmen
  S 222/K 234, S 824/K 797,
  S 888/K 845
UNO S 410/K 410
UNO-Generalsekretäre
  S 750/K 733
UNO-Jahre S 699/K 689
USA S 789/K 769
– Präsidenten S 20/K 12,
  S 856/K 823
– Einwanderung S 35/K 27
– Bundesstaaten
  S 532/K 536
Utopischer Roman
  S 458/K 461

Vatikan S 257/K 268
Verdun S 126/K 136
Verhütungsmethoden
  S 261/K 271
Verlage (Zeitungen)
  S 690/K 682
Versailler Vertrag
  S 154/K 167
Versandhäuser
  S 244/K 255
Vietnamkrieg
  S 579/K 583
Völkerbund S 152/K 166
Volksdemokratien
  S 414/K 413
Vulkanausbrüche
  S 29/K 22

Waffen S 130/K 139,
  S 402/K 402
Wahlrecht S 73/K 73
Währungspolitik
  S 444/K 446
Waldschäden S 772/K 754
Warschauer Pakt
  S 498/K 502
Wehrpflicht S 507/K 513

Weimarer Republik
– Republikfeindliche
  Organisationen
  S 173/K 177
– Politische Prozesse
  S 177/K 193
– Regierungschefs
  S 266/K 276
– Reichstagswahlen
  S 281/K 291
Weltausstellungen S 15/K 5
Weltkrieg → Erster und
  → Zweiter Weltkrieg
Weltraum S 551/K 558,
  S 635/K 635
Western S 356/K 362
Widerstand
  S 389/K 390, S 398/K 396,
  S 398/K 397
Wiederbewaffnung
  S 491/K 496
Wirtschaftsbündnisse
  S 456/K 458, S 888/K 844
Wirtschaftswissenschaften
  S 322/K 330
Wochenzeitungen
  S 425/K 424

Zeitschriften S 68/K 66
Zweiter Weltkrieg
– Marine S 319/K 329
– Bündnisse S 350/K 357
– Polen-, Westfeldzug
  S 352/K 358
– Kriegserklärungen
  S 354/K 359
– Europäisch-atlantischer
  Kriegsschauplatz
  S 364/K 368
– Afrika S 365/K 369
– Balkan S 366/K 370
– Ostfront S 373/K 376
– Pazifik S 375/K 377
– Kriegsverbrechen
  S 381/K 383
– Offensiven S 382/K 384
– Widerstandsbewegungen
  S 398/K 397
– Heerführer S 400/K 399
– Alliierte Kriegskonferenzen
  S 406/K 406
– Luftangriffe S 408/K 407
– Verluste S 412/K 409
– Potsdamer Konferenz
  S 411/K 411
Zypern S 685/K 677

Abkürzungen

Abk.	Abkürzung	dschibut.	dschibutisch	irak.	irakisch
Abs.	Absatz	dt.	deutsch	iran.	iranisch
afghan.	afghanisch			isl.	isländisch
AG	Aktiengesellschaft	EA	Erstaufführung	islam.	islamisch
ägypt.	ägyptisch	ecuador.	ecuadorianisch	isländ.	isländisch
alban.	albanisch	EG	Europäische	israel.	israelisch
alger.	algerisch		Gemeinschaft	ital.	italienisch
allg.	allgemein	ehem.	ehemalig		
amer.	amerikanisch (USA)	eigtl.	eigentlich	jamaikan.	jamaikanisch
angol.	angolanisch	Einw.	Einwohner	jap.	japanisch
arab.	arabisch	elsäss.	elsässisch	Jb.	Jahrbuch
argent.	argentinisch	engl.	englisch	jem.	jemenitisch
arm.	armenisch	estn.	estnisch	Jg.	Jahrgang
Art.	Artikel	etc.	etcetera	Jh.	Jahrhundert(s)
asiat.	asiatisch	EU	Europäische	jord.	jordanisch
äthiop.	äthiopisch		Union	jüd.	jüdisch
Aufl.	Auflage	europ.	europäisch	jugosl.	jugoslawisch
austral.	australisch	ev.	evangelisch		
		EWG	Europäische Wirt-	k. A.	keine Angabe
bad.	badisch		schaftsgemeinschaft	kam-bodsch.	kambodschanisch
balt.	baltisch			kamerun.	kamerunisch
bangla.	bangladeschisch	FDP	Freie Demokratische	kanad.	kanadisch
bask.	baskisch		Partei	kasach.	kasachisch
bayer.	bayerisch	finn.	finnisch	kath.	katholisch
Bd.	Band	fläm.	flämisch	kenian.	kenianisch
belg.	belgisch	FPÖ	Freiheitliche Partei	Kfz	Kraftfahrzeug
bes.	besonders		Österreichs	kg	Kilogramm
BGB	Bürgerliches	frz.	französisch	kirgis.	kirgisisch
	Gesetzbuch			km	Kilometer
birm.	birmanisch	gegr.	gegründet	km/h	Kilometer pro Stunde
BIP	Bruttoinlandsprodukt	geogr.	geographisch	kolumbian.	kolumbianisch
bolivian.	bolivianisch	georg.	georgisch	kongol.	kongolesisch
bosn.	bosnisch	GG	Grundgesetz	korean.	koreanisch
bras.	brasilianisch	ghan.	ghanaisch	KP	Kommunistische Partei
BRD	Bundesrepublik	GmbH	Gesellschaft mit be-	KPD	Kommunistische Partei
	Deutschland		schränkter Haftung		Deutschlands
brit.	britisch	Gouv.	Gouvernement	KPdSU	Kommunistische Partei
BSP	Bruttosozialprodukt	griech.	griechisch		der Sowjetunion
buddhist.	buddhistisch	guate-	guatemaltekisch	kroat.	kroatisch
bulg.	bulgarisch	maltek.		kuban.	kubanisch
burund.	burundisch	guines.	guinesisch	kurd.	kurdisch
bzw.	beziehungsweise	GUS	Gemeinschaft Unab-	kuwait.	kuwaitisch
			hängiger Staaten		
C	Celsius			l	Liter
ca.	circa	h	Stunde	lett.	lettisch
CDU	Christlich-Demokra-	ha	Hektar	lib.	libysch
	tische Union	haït.	haïtianisch	liban.	libanesisch
chil.	chilenisch	hess.	hessisch	liberian.	liberianisch
chin.	chinesisch	Hg.	Herausgeber	liecht.	liechtensteinisch
costarican.	costarikanisch	hinduist.	hinduistisch	lit.	litauisch
CSU	Christlich-Soziale Union			Lkw	Lastkraftwagen
		IG	Industriegewerkschaft	lt.	laut
dän.	dänisch	ind.	indisch	luther.	lutherisch
DDR	Deutsche Demokra-	indian.	indianisch	lux.	luxemburgisch
	tische Republik	indon.	indonesisch		
demokrat.	demokratisch	inkl.	inklusive	m	Meter
d.h.	das heißt	insbes.	insbesondere	malai.	malaiisch
DM	Deutsche Mark	internat.	international	malays.	malaysisch
dominik.	dominikanisch	ir.	irisch	marok.	marokkanisch

Abkürzungen

marxist.	marxistisch	poln.	polnisch	tansan.	tansanisch
mauretan.	mauretanisch	portug.	portugiesisch	thail.	thailändisch
max.	maximal	preuß.	preußisch	thür.	thüringisch
mex.	mexikanisch	protestant.	protestantisch	tibet.	tibetisch
MEZ	mitteleuropäische Zeit	puertoric.	puertoricanisch	tschad.	tschadisch
militär.	militärisch	Pseud.	Pseudonym	tschech.	tschechisch
min	Minute			tunes.	tunesisch
Mio	Million(en)	rd.	rund	türk.	türkisch
mold.	moldawisch/moldauisch	rhod.	rhodesisch	turkmen.	turkmenisch
moneg.	monegassisch	röm.	römisch		
mong.	mongolisch	ruand.	ruandisch	u.a.	unter anderem
mosamb.	mosambikanisch	rumän.	rumänisch	UA	Uraufführung
moslem.	moslemisch	russ.	russisch	UdSSR	Union der Sozialistischen Sowjetrepubliken
Mrd	Milliarde(n)				
MW	Megawatt	S.	Seite		
		sächs.	sächsisch	ugand.	ugandisch
namib.	namibisch	salvador.	salvadorianisch	ukrain.	ukrainisch
NATO	Organisation des Nordatlantikvertrags	samb.	sambisch	ung.	ungarisch
		saudiarab.	saudiarabisch	UNO	Vereinte Nationen
n.Chr.	nach Christus	schles.	schlesisch		
nepal.	nepalesisch	schott.	schottisch	urspr.	ursprünglich
neuseel.	neuseeländisch	schwed.	schwedisch	urug.	uruguayisch
nicarag.	nicaraguanisch	schweiz.	schweizerisch	USA	Vereinigte Staaten von Amerika
niederl.	niederländisch	sec	Sekunde		
niger.	nigerisch	SED	Sozialistische Einheitspartei Deutschlands	usbek.	usbekisch
nigerian.	nigerianisch				
nördl.	nördlich	selbst.	selbständig	v. Chr.	vor Christus
norw.	norwegisch	senegal.	senegalesisch	venezol.	venezolanisch
Nr.	Nummer	serb.	serbisch	vietn.	vietnamesisch
NRW	Nordrhein-Westfalen	singap.	singapurisch	VR	Volksrepublik
NSDAP	Nationalsozialistische Deutsche Arbeiterpartei	singhal.	singhalesisch		
		skand.	skandinavisch	walis.	walisisch
		slowak.	slowakisch	wallon.	wallonisch
orth.	orthodox	slowen.	slowenisch	weißruss.	weißrussisch
osman.	osmanisch	sog.	sogenannt	westfäl.	westfälisch
österr.	österreichisch	somal.	somalisch	westind.	westindisch
östl.	östlich	sowjet.	sowjetisch	westl.	westlich
		sozialist.	sozialistisch	wirtschaftl.	wirtschaftlich
pakistan.	pakistanisch	span.	spanisch	WK	Weltkrieg
paläst.	palästinensisch	SPD	Sozialdemokratische Partei Deutschlands	württ.	württembergisch
panama.	panamaisch			WR	Weltrang
parag.	paraguayisch	SPÖ	Sozialistische (Sozialdemokratische) Partei Österreichs		
PDS	Partei des demokratischen Sozialismus			y	Yard
		StGB	Strafgesetzbuch	zaïr.	zaïrisch
pers.	persisch	südafr.	südafrikanisch	z.B.	zum Beispiel
peruan.	peruanisch	südl.	südlich	zentralafr.	zentralafrikanisch
philip.	philippinisch	surinam.	surinamisch	zimbabw.	zimbabwisch
Pkw	Personenkraftwagen	syr.	syrisch	z.T.	zum Teil
				zypr.	zypriotisch
PLO	Palästinensische Befreiungsorganisation	t	Tonne		
		taiwan.	taiwanesisch		
polit.	politisch				

1900

Politik

Bürgerliches Gesetzbuch in Kraft
1.1. Berlin. Im Deutschen Reich erlangt das 1896 vom Reichstag verabschiedete Bürgerliche Gesetzbuch (BGB) Rechtskraft. Es ist die erste für alle deutschen Länder geltende Kodifikation des Privatrechts.
Nach der Reichsgründung hatte sich die Forderung nach einem einheitlichen Privatrecht durchgesetzt; es sollte das seit 1794 geltende Allgemeine Landrecht für die preußischen Staaten (ALR) ablösen. Wie in allen europäischen Rechtsbüchern, ist der Einfluß des französischen Code Napoléon von 1804 erheblich.
Nach dem Allgemeinen Teil regelt das BGB in vier Kapiteln das Recht der Schuldverhältnisse, das Sachen-, das Familien- und das Erbrecht. Neu ist u. a. die Gleichberechtigung von Mann und Frau (die Frau wird erstmals als unbeschränkt geschäftsfähig angesehen).

Hochrüstung der Marine
25.1. Berlin. Gegen die Seeherrschaft Großbritanniens ist die 2. Tirpitzsche Flottenvorlage gerichtet, die vom Deutschen Reichstag am 12.6. mit 201 zu 103 Stimmen angenommen wird. Sie sieht eine Verdoppelung der Hochseeflotte bis 1917 auf vier Geschwader vor (Kosten pro Jahr etwa 300 Mio Mark).
Seit 1897 ist Alfred Tirpitz Staatssekretär im Reichsmarineamt und seit 1898 preußischer Marineminister. 1898 hatte er eine erste Flottenvorlage im Reichstag eingebracht.
Folge der Hochrüstung zur See ist eine Annäherung Großbritanniens an Frankreich (Entente cordiale, ↑S.44/8.4.1904) und eine damit einhergehende Isolierung des Deutschen Reichs innerhalb des europäischen Machtgefüges. `S 11/K 1`
📖 Die deutsche Flotte 1848–1945, 1974.

Deutschlands Weg zur Seemacht K 1

Jahr	Ereignis
1898	1. Tirpitzsches Flottengesetz: Stärke der Kriegsflotte festgelegt; bis 1903 Bau von 19 Linienschiffen, 12 großen und 30 kleinen Kreuzern
	Deutscher Flottenverein gegründet: Starker Anstieg der Mitgliederzahlen von 78 762 (1898) über 546 520 (1900) auf 983 052 (1908)
1900	2. Tirpitzsches Flottengesetz: Ausbau der Schlachtflotte (bis 1917) auf 38 Linienschiffe, 14 große und 38 kleine Kreuzer (S.11/25.1.)
1906	Erste Flottennovelle: Vergrößerung der Auslandsflotte um fünf große Kreuzer für möglichen Einsatz in Überseegebieten
1908	Zweite Flottennovelle: Bau größerer Kriegsschiffe als Antwort auf das neue britische Kampfschiff „Dreadnought"
1912	Dritte Flottennovelle: Erhöhung des Sollbestandes der Flotte um drei Großkampfschiffe und zwei kleine Kreuzer

Samoa deutsches Schutzgebiet
17.2. Mulinuu. Nach jahrelangen Auseinandersetzungen mit den Kolonialmächten USA und Großbritannien wird die Inselgruppe im Pazifik zweigeteilt. Das Deutsche Reich erhält den Teil westlich des 171. Längengrads, die USA besetzen den östlichen Teil.
Samoa ist nach den Karolinen und Marianen (seit 1899) das dritte deutsche Schutzgebiet in der Südsee. Die Inseln sind hauptsächlich von militärstrategischer Bedeutung.
1914 werden die Deutschen von neuseeländischen Truppen vertrieben, 1962 wird West-Samoa als erster Staat Polynesiens unabhängig.

Masaryk gründet Volkspartei
31.3. Prag. Der tschechische Politiker und Professor für Philosophie, Tomáš Garrigue Masaryk, gründet die Tschechische Volkspartei.
Die gegen den Panslawismus (Zusammenschluß aller Slawen) gerichtete Partei wird Keimzelle einer tschechoslowakischen Unabhängigkeitsbewegung, als deren Repräsentant Masaryk 1907 in den österreichischen Reichsrat (bis 1914) einzieht. Ab 1918 prägt Masaryk als erster Staatspräsident der Tschechoslowakei bis 1935 die Politik dieses Landes (↑S.856/27.8.1992). `S 440/K 441`
📖 R. Hoffmann: T. G. Masaryk und die tschechische Frage, 1988.

Wichtige Regierungswechsel 1900 K 2

Land	Amtsinhaber	Bedeutung
Deutsches Reich	Fürst zu Hohenlohe-Schill. (R seit 1894) Bernhard Graf von Bülow (R bis 1909)	Rücktritt von Hohenlohe-Schillingsfürst (17.10.) gilt als Kapitulation vor Flottenrüstung des Admirals von Tirpitz (S.13)
Italien	Umberto I. (König seit 1878) Viktor Emanuel III. (König bis 1946)	Ermordung Umbertos (29.7.) durch Anarchisten, nicht bestätigte Komplott-Theorie; Nachfolger wird Umbertos Sohn (S.12)
Österreich	Heinrich Ritter von Wittek (R seit 1899) Ernest von Koerber (R bis 1904)	Rücktritt der Übergangsregierung Wittek (18.1.), Nachfolger Koerber muß Verständigung im Vielvölkerstaat erreichen

R = Reichskanzler

1900

Boxeraufstand: US-amerikanische Truppen beteiligen sich am internationalen Expeditionskorps zur Befreiung der belagerten Gesandtschaften in Peking.

Boxeraufstand 1900/01		K 3
1900		
27. 1.	Aufforderung der europäischen Mächte, Japans und der USA an die chinesische Regierung, die Missionen vor Übergriffen der christen- und fremdenfeindlichen Boxer zu schützen	
15. 4.	Verbot der Boxer, Bestrafungsaktionen scheitern, da sich reguläre chinesische Truppen in Peking und Tientsin mit ihnen verbrüdern	
18. 5.	Schwere Ausschreitungen der Boxer (73 Tote)	
10. 6.	Aufbruch des britischen Vize-Admirals Edward H. Seymour mit einem internationalen Korps von Tientsin nach Peking	
19. 6.	Chinesisches Ultimatum an die europäischen Gesandten in Peking, das Land binnen 24 Stunden zu verlassen; Mobilmachung der deutschen Marine-Infanterie und Entsendung nach China	
20. 6.	Ermordung des deutschen Gesandten von Ketteler vor Ablauf des Ultimatums (16 Uhr); nach 16 Uhr erster chinesischer Angriff auf die ausländischen Gesandtschaften in Peking (S.12)	
21. 6.	Offizielle Kriegserklärung Chinas an die Westmächte	
26. 6.	Niederlage und Rückzug Seymours nach Tientsin	
3. 7.	Allianzangebot Chinas an Japan (am 13.7. abgelehnt)	
27. 7.	„Hunnenrede" Wilhelms II. („Pardon wird nicht gegeben")	
3. 8.	Aufbruch des Heeres der Kolonialmächte von Tientsin nach Peking	
15. 8.	Einzug des Heeres in Peking und Befreiung der seit acht Wochen belagerten Gesandtschaften; Flucht des Kaiserhofs nach Taijüan	
25. 9.	Chinesischer Kaiserhof degradiert mehrere Prinzen und hohe Würdenträger, die in den Boxeraufstand verwickelt waren	
26.10.	Aufnahme der Friedensverhandlungen zwischen der chinesischen Regierung und den verbündeten Kolonialmächten	
1901		
10. 1.	Friedensbedingungen der Kolonialmächte werden von der nach Siam geflohenen Kaiserinwitwe Tzu Hsi akzeptiert	
4. 9.	Sog. chinesische Sühnegesandtschaft unter Leitung von Prinz Tschun bei Kaiser Wilhelm II. in Berlin	
7. 9.	Internationales Boxerprotokoll zwischen den Besatzungsmächten und China unterzeichnet: hohe Reparationsforderungen an China	

Franzosen erobern Tschadregion

22.4. Kousseri. In der Schlacht bei Kousseri erobern französische Truppen das Gebiet um den Tschadsee in Zentralafrika. Das Tschadbecken war Frankreich 1899 zugesprochen worden. Araber unter Heerführer Rabeh Zobeir hatten jedoch im selben Jahr einen eigenen Staat gegründet. Sie werden von den Franzosen vertrieben.

1903 wird Tschad offizielle französische Kolonie, 1910 ein Teil von Französisch-Äquatorialafrika. Nach der Unabhängigkeit 1960 beginnt ein Bürgerkrieg zwischen der schwarzen Bevölkerung im Süden und der islamisch geprägten, von Libyen unterstützten im Norden. Eine Konsolidierung beginnt mit der Beendigung des Grenzstreits zwischen Libyen und Tschad 1988. S 763/K 747

Boxeraufstand in China eskaliert

20.6. Peking. Mitglieder der chinesischen Geheimorganisation I-ho-ch'üan (Fäuste der Rechtlichkeit und Eintracht), in Europa als „Boxer" bezeichnet, ermorden den deutschen Gesandten in Peking, Klemens Freiherr von Ketteler.

Der Aufstand richtet sich gegen die von den ausländischen Großmächten erzwungenen Landverpachtungen und Betriebskonzessionen. Auftrieb erhielt der Geheimbund durch die fremdenfeindliche Haltung der Kaiserinwitwe Tzu Hsi (seit 1898).

Die Vereinigten Staaten, Rußland, Japan, Großbritannien, Frankreich und das Deutsche Reich schlagen mit einem Expeditionskorps den Aufstand nieder. 1901 muß China im sog. Boxerprotokoll die Ansprüche der Kolonialmächte garantieren. S 12/K 3

📖 E. Kieser: Als China erwachte. Der Boxeraufstand, 1984. S. Seagrave: Die Konkubine auf dem Drachenthron, dt. 1993.

Mord an italienischem König

29.7. Monza. Umberto I. wird auf offener Straße von dem Anarchisten Gaetano Bresci erschossen. Nachfolger wird Umbertos Sohn, Viktor Emanuel III. Der Täter begeht am 22.5.1901 in der Haft Selbstmord.

Der Königsmord ist Höhepunkt einer Periode der Unruhen und Repression, ausgelöst durch die Verarmung des Südens (Agrarkrise), die im Gegensatz zur wirtschaftlichen positiven Entwicklung des Nordens steht und Tausende zur Auswanderung (vor allem in die USA) treibt. In den folgenden Jahren beginnt eine Politik des sozialen Ausgleichs. S 11/K 2

📖 R. T. Weiss: Vittorio Emanuele III. Italien zwischen Demokratie und Faschismus, 1983.

Burenkrieg offiziell beendet

19.9. Pretoria. Die Briten erklären nach der Besetzung der Burenrepubliken Oranjefreistaat und Südafrikanische Republik (Transvaal) das siegreiche Ende des Krieges. Paulus „Ohm" Krüger, Präsident von Transvaal, ist nach Europa geflüchtet. Damit ist Großbritanniens Traum von einem Kolonialreich vom „Kap bis Kairo" erfüllt.

1899 hatte der Konflikt begonnen. Ursache waren die restriktive Ausländerpolitik der Buren (Verweigerung der Bürgerrechte an sog. Uitlanders) sowie Großbritanniens Interesse an den südafrikanischen Gold- und Diamantenfeldern.

Die unterlegenen Buren beginnen einen Guerillakrieg, britische Truppen zerstören daraufhin burische Farmen und internieren Frauen und Kinder in Konzentrationslagern. Erst 1902 werden im Frieden von Vereeniging beide Republiken zur britischen Kolonie erklärt. 1910 erlangen sie mit der Kapkolonie und Natal als Südafrikanische Republik Unabhängigkeit (↑S.85/31.5.1910).

📖 J. Meintjes: Der Burenkrieg 1899–1902, 1979.

Bülow neuer Reichskanzler

17.10. Deutsches Reich. Bernhard Graf von Bülow, Staatssekretär des Auswärtigen, wird von Kaiser Wilhelm II. zum Reichskanzler und preußischen Ministerpräsidenten ernannt. Bülow ist Nachfolger von Chlodwig Fürst zu Hohenlohe-Schillingsfürst, der aus Altersgründen sein Amt aufgibt.

Der als selbstgefällig geltende Bülow verspielt rasch das Ansehen, das Otto von Bismarck im Ausland für das Deutsche Reich gewonnen hatte. Durch unbedachte Äußerungen und mit seiner unentschlossenen Politik gegenüber Rußland und Großbritannien führt er das Deutsche Reich in die Isolation. Nach dem Scheitern seiner Wahlrechts- und Reichsfinanzreform tritt Bülow am ↑14.7.1909 (S.79) zurück. [S 11/K 2] [S 78/K 80]

Verkehr

Metro hat Premiere

19.7. Paris. Während der Weltausstellung (↑S.15/14.4.) wird die erste Strecke der Untergrundbahn zwischen Porte Maillot und Porte de Vincennes eingeweiht. Das Teilstück ist 10,6 km lang, die 16 Bahnhöfe wurden von Hector Guimard in französischem Jugendstil (Art nouveau) gestaltet.

Noch zählt die U-Bahn zu den Ausnahmen im innerstädtischen Verkehr. Die erste Untergrundbahn wurde 1863 in London zwischen Farrington Street und Paddington in Betrieb genommen; schon am ersten Tag beförderte sie 30 000 Passagiere. Die erste amerikanische U-Bahn wurde 1892 in Chicago eröffnet, die erste auf dem europäischen Festland 1896 in Budapest. Am ↑15.2.1902 (S.28) folgt Berlin als erste deutsche Stadt. [S 28/K 21]

Wissenschaft

Vererbungslehre neu entdeckt [GRA]

Der niederländische Botaniker und Genetiker Hugo de Vries entdeckt die in Vergessenheit geratenen Mendelschen Vererbungsgesetze wieder.

Der österreichische Augustinermönch und Naturforscher Gregor Mendel hatte in seinen „Versuchen über Pflanzenhybriden" (1865) Gesetzmäßigkeiten entdeckt, die zu Grundla-

Mendel: Mendelsche Regeln

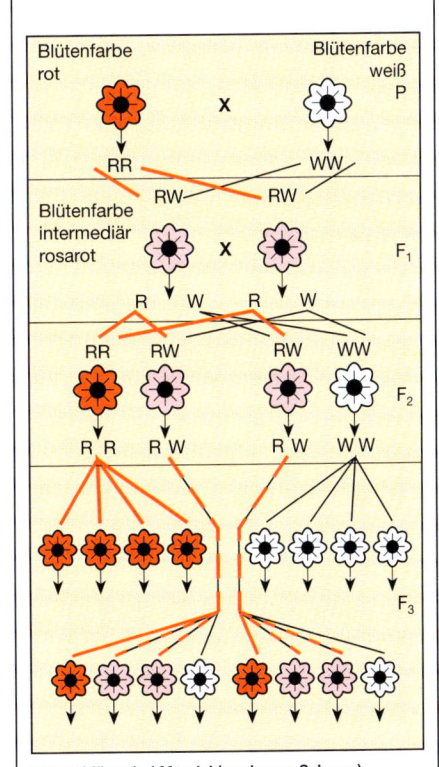

Erbsenblüten bei Mendel (modernes Schema)
F_1, F_2, F_3 = erste, zweite, dritte Tochtergeneration
 = (Filialgeneration)
P = Elterngeneration (Parentalgeneration)
R = Erbanlage für rote Blütenfarbe
W = Erbanlage für weiße Blütenfarbe
© Harenberg

Uniformitätsregel:
Bei der Kreuzung reinerbiger Merkmale ist die erste (F_1-)Generation mischerbig.

Spaltungsregel:
Wird die F_1-Generation untereinander weiter gekreuzt, so treten in der nächsten (F_2-)Generation 50% mischerbige und je 25% reinerbige Merkmale auf.

Unabhängigkeitsregel:
Verschiedene Merkmale werden unabhängig vererbt (gilt in der modernen Genetik nur noch eingeschränkt).

Sigmund Freud

gen der experimentellen Genetik werden. Die drei von Mendel aufgestellten Grundregeln beschreiben die Weitergabe von Erbfaktoren. Es sind die Uniformitätsregel, die Spaltungsregel und das Gesetz der freien Kombinierbarkeit der Gene (Unabhängigkeitsregel).

Etwa zur selben Zeit entdecken der britische Biologe William Bateson, der deutsche Botaniker Carl Erich Correns und der österreichische Botaniker Erich Tschermak unabhängig voneinander die Mendel-Regeln ebenfalls.

A. Kühn/O. Hess: Grundriß der Vererbungslehre, 1986.

Psychoanalyse K 4

Geschichte

1866–91	Freud führt Untersuchungen mit Hypnosemethode durch: Gesunde werden in einen hysterieähnlichen Zustand versetzt
1893	Freud und sein Landsmann Josef Breuer veröffentlichen Ergebnisse über Therapien mit kathartischer Methode: Aussprechen von Halluzinationen läßt Hysterie-Symptome verschwinden
1900	Freud veröffentlicht sein Werk „Die Traumdeutung": Psychoanalytische Theorie wird in größerem Zusammenhang dargestellt (menschliches Verhalten ist von Geburt an vom Sexualtrieb gesteuert)
	Der deutsche Arzt Georg Groddeck variiert Psychoanalyse mit Massage, Gymnastik und naturheilkundlichen Verfahren (Psychosomatik)
1902	Anhänger Freuds (u. a. Carl Gustav Jung und Alfred Adler) bilden die Wiener Psychologische Mittwochs-Vereinigung
1908	Internationaler Kongreß in der österreichischen Stadt Salzburg („Salzburger Treffen") festigt psychoanalytische Bewegung
1910	Gründung der Internationalen Psychoanalytischen Gesellschaft sowie der Deutschen Psychoanalytischen Gesellschaft
1912	Jung und Adler gründen eigene Wissenschaftsschulen

Hauptvertreter und -strömungen

Sigmund Freud (Österreich, 1856–1939)
Orthodoxe Psychoanalyse: Sexual- und Destruktionstrieb bestimmen Handeln
Hauptwerke: Die Traumdeutung (1900), Zur Psychopathie des Alltagslebens (1901); Das Ich und das Es (1923); Das Unbehagen in der Kultur (1929)

Alfred Adler (Österreich, 1870–1937)
Individualpsychologie: Macht- und Geltungsstreben ist Haupthandlungstrieb
Hauptwerke: Über den nervösen Charakter (1912); Praxis und Theorie der Individualpsychologie (1912); Menschenkenntnis (1927)

Carl Gustav Jung (Schweiz, 1875–1961)
Analyt. Psychologie: Das Unbewußte (persönlich, kolletiv) prägt Entwicklung
Hauptwerke: Psychologische Typen (1921); Die Beziehung zwischen dem Ich und dem Unbewußten (1928); Gestaltungen des Unbewußten (1950); Von den Wurzeln des Bewußtseins (1954)

Erich Fromm (USA, 1900–1980)
Neo-Psychoanalyse: Der Mensch wird durch Einflüsse seiner Umwelt geprägt
Hauptwerke: Die Furcht vor der Freiheit (1941); Psychoanalyse und Ethik (1947); Anatomie der menschlichen Destruktivität (1975)

Alexander Mitscherlich (Deutschland, 1908–1982)
Psychosomatik: Soziale Einflüsse beeinflussen das Krankheitsbild
Hauptwerke: Die Krankheiten der Gesellschaft und die psychosomatische Medizin (1957); Die Unwirtlichkeit unserer Städte (1965)

„Traumdeutung" erscheint

Wien. Der österreichische Arzt Sigmund Freud veröffentlicht mit „Die Traumdeutung" das Grundlagenwerk der analytischen Psychologie. Darin postuliert er die Traumdeutung als wichtiges therapeutisches Mittel neben der freien Assoziation des Patienten.

Schon in den 90er Jahren hatte Freud im seelischen Kräftespiel des Menschen auf Befriedigung zielende Triebenergien erkannt, die er als das Ergebnis verdrängter frühkindlicher sexueller Wünsche und als Hauptursache der Neurosen interpretierte. Ziel der Psychoanalyse sei es, unbewußte Bedeutungen von Handlungen und Vorstellungen zu entschlüsseln, um den Menschen zu heilen.

Freuds Theorie nimmt Einfluß auf nahezu alle Humanwissenschaften Sie fördert die weitere Entwicklung der Medizin, Psychologie, Anthropologie, Philosophie, Kunst und Literatur. S 14/K 4

E. Jones: Das Leben und Werk von Sigmund Freud. 3 Bde., dt. 1960–63. O. Mannoni: Sigmund Freud, dt. 1986. P. Gay: Freud, 1989.

Gammastrahlung entdeckt

Juni. Paris. Am chemischen Element Radium, einem Zerfallsprodukt des Urans, weist der französische Physiker Paul Ulrich Villard Strahlen nach, die noch durchdringender sind als Röntgenstrahlen. Damit entdeckt er den dritten Anteil der Strahlung radioaktiver Atomkerne, die „Gammastrahlung".

Bereits 1899 fand der britische Atomphysiker Ernest Rutherford, daß die radioaktive Uranstrahlung mindestens aus zwei verschiedenen Arten besteht, die er als Alpha- und Beta-Strahlen bezeichnete.

Ab Beginn der 40er Jahre werden Gammastrahlen zunehmend in der Technik zur zerstörungsfreien Werkstoffprüfung und in der Medizin zur Tumorbehandlung (Strahlentherapie) herangezogen.

C. Keller: Die Geschichte der Radioaktivität, 1982.

Planck begründet Quantentheorie

14.12. Berlin. Auf einer Sitzung der physikalischen Gesellschaft trägt Max Planck seine Hypothese vor, daß die elektromagnetische Strahlung nicht, wie bislang angenommen, als kontinuierlich zu betrachten sei, sondern in Form von kleinsten Partikelchen, die er Quanten nannte.

Planck hatte bei Forschungen auf dem Gebiet der Wärmestrahlung (ab 1894) eine Naturkonstante entdeckt, das nach ihm benannte Plancksche Wirkungsquantum (h). Es spielt in fast allen Gesetzen der Atom-, Kern- und Elementarteilchenphysik eine Rolle. Das Elementarquantum ist der Proportionalitätsfaktor zwischen der elektromagnetischen Abstrahlung und der Strahlungsfrequenz. Mit dieser Theorie leitet Planck von der klassischen zur modernen Physik über. Albert Einstein wendet 1905 (↑S.52) erstmals die Quantentheorie erfolgreich auf den bislang nicht erklärbaren Photoeffekt an. Auch das Bohrsche Atommodell (↑S.108/30.6.1913) beruht auf dieser Theorie. S 52/K 46

📖 A. Hermann: Max Planck, 1973. J. L. Heilbron: Max Planck, 1988.

Technik

Ära der Luftschiffe beginnt

2.7. Friedrichshafen/Bodensee. Der ehemalige Offizier Ferdinand Graf von Zeppelin unternimmt die erste Versuchsfahrt mit seinem lenkbaren Starrluftschiff „LZ 1". Nach drei Fahrten (Geschwindigkeit und Steuerung waren unbefriedigend) konstruiert er die „LZ 2", mit der 1905 das Zeitalter der Luftschiffahrt beginnt.

Angeregt durch die 1874 erschienene Schrift des Generalpostmeisters des Norddeutschen Bundes, Heinrich Stephan, „Weltpost und Luftschiffahrt", hatte Zeppelin 1891 mit der Konstruktion der „LZ 1" begonnen und 1895 kaiserlichen Patentschutz erhalten. 1909 gründet er die Luftschiffbau Zeppelin GmbH in Friedrichshafen.

Insgesamt werden über 100 Luftschiffe gebaut. Nach dem Unglück in Lakehurst (↑S.335/6.5.1937) werden die Bemühungen, ein internationales Liniennetz aufzubauen, eingestellt.

📖 H. v. Schiller: Zeppelin. Aufbruch ins 20. Jahrhundert, 1988.

Gesellschaft

Weltausstellung in Paris

14.4. Paris. Der französische Staatspräsident Emile Loubet eröffnet die 13. Weltausstellung. Es ist bereits die fünfte (nach 1855, 1867, 1878 und 1889), die in der französischen Hauptstadt ausgerichtet wird (bis 12.11.). Zahlreiche Nationen zeigen Errungenschaften auf Gebieten der Technik, Wissenschaften, Kunst und Kultur. Mit 47 Mio Besuchern wird ein Rekord aufgestellt.
Die erste Weltausstellung fand 1851 in London statt. Angeregt wurde sie vom Gemahl

Weltausstellungen 20. Jh.	K 5
1900 Paris (Frankreich) *Besonderheiten: Filmvorführungen (Auguste Lumière). Art nouveau (S.15/14.4.)*	
1904 St. Louis (USA) *Louisiana Purchase Exhibition*	
1904 Lüttich (Belgien)	
1906 Mailand (Italien)	
1909 Amsterdam (Niederlande)	
1910 Brüssel (Belgien) *Besonderheit: Hochtechnologie und Kommerz*	
1911 Turin (Italien)	
1913 Gent (Belgien)	
1915 San Francisco (USA) *Amerikanische Selbstdarstellung anläßlich der Eröffnung des Panamakanals (S.117/15.8.1914)*	
1923 Göteborg (Schweden)	
1924 London (Großbritannien)	
1925 Paris (Frankreich)	
1926 Philadelphia (USA) *Besonderheit: Pavillons für jeden US-Bundesstaat*	
1929 Barcelona (Spanien) *Besonderheit: deutscher Pavillon mit fließenden Raumübergängen von Mies van der Rohe (S.263)*	
1930 Lüttich (Belgien)	
1933 Chicago (USA) *Motto: Jahrhundert des Fortschritts Schwerpunkt: Architektur*	
1935 Brüssel (Belgien) *Besonderheiten: Funktionalistische Architektur*	
1937 Paris (Frankreich) *Motto: Kunst und Technik im modernen Leben; Weltausstellung inmitten der Stadt*	
1939 New York (USA) *Motto: Die Welt von morgen; Besonderheit: Verbindung von Expo plus Vergnügungspark*	
1940 San Francisco (USA)	
1958 Brüssel (Belgien) *Schwerpunkte: Atomenergie und Raumfahrt; Wahrzeichen: Atomium (André Waterkeyn, S.525)*	
1962 Seattle (USA) *Motto: Exposition des 21. Jahrhunderts*	
1964 New York (USA) *Besonderheit: zwei Drittel der Aussteller aus USA*	
1967 Montreal (Kanada) *Motto: Der Mensch und seine Welt*	
1970 Osaka (Japan) *Erste Weltausstellung auf asiatischem Kontinent*	
1974 Spokane (USA)	
1982 Knoxville (USA)	
1984 New Orleans (USA)	
1986 Vancouver (Kanada)	
1992 Sevilla (Spanien) *Anlaß: 500. Jahrestag der Amerika-Entdeckung durch den Seefahrer Christoph Kolumbus*	
1993 Taejon (Süd-Korea) *Hauptthema: Umweltschutztechnik*	
1998 Lissabon (Portugal) *Motto: Ozeane – Erbe für die Zukunft*	
2000 Hannover (Deutschland) *Themen: Wiederaufbau der Biosphäre, Nachhaltige Entwicklung, Solidarität unter den Völkern*	

Max Planck

Ferdinand Graf von Zeppelin

1900

Kulturszene 1900 — K 6

Theater	
Gerhart Hauptmann Michael Kramer UA 21.12., Berlin	Absoluter Kunstanspruch (Arnold Kramer) scheitert an der verständnislosen Mittelmäßigkeit der Bürger (Vater Michael Kramer).
Henrik Ibsen Wenn wir Toten erwachen EA 26.1., Stuttgart	Alternder Künstler zwischen zwei Frauen: dramatische Selbstanalyse als Lebensepilog des 72jährigen Dichters Ibsen.
Edmond Rostand Der junge Aar UA 15.3., Paris	Versdrama über den Sohn Kaiser Napoleons I., aus dem Rostand einen neuen Hamlet macht; Titelfigur: Lieblingsrolle Sarah Bernhardts.
August Strindberg Nach Damaskus UA 19.11., Stockholm	Frühwerk des Expressionismus: Autobiographische Aufarbeitung einer überwundenen Lebenskrise als Läuterungsdrama.

Oper	
Gustave Charpentier Louise UA 2.2., Paris	Erfolgreichste veristische Oper Charpentiers; eigentliche „Hauptdarstellerin" ist die Stadt Paris mit ihren Lichtern und Versuchungen.
Giacomo Puccini Tosca UA 14.1., Rom	Abkehr Puccinis von der lyrischen Oper: Das musikalische Künstlerdrama besticht durch ungeschminkten Realismus.
Nikolai Rimski-Korsakow Das Märchen vom Zaren Saltan; UA 3.11., Moskau	Die phantasievolle Zauberoper nach einer Puschkin-Erzählung ist ein wichtiger Vorläufer der modernen russischen Oper.

Konzert	
Claude Debussy Zwei Nocturnes UA 8.12., Paris	Impressionistische Orchesterkompositionen entstanden 1897–99; Titel: Nuages, Fêtes; uraufgeführt durch das Lamoureux-Orchester.
Edward Elgar The Dream of Gerontius UA 3.10., Birmingham	Komposition im Stil Richard Wagners; wird in England zum beliebtesten Oratorium nach Händels „Messias" und Mendelssohns „Elias".
Jean Sibelius Finlandia UA 2.7., Helsinki	Sinfonische Dichtung in romantischer Musiksprache: Ausdruck der Emotionen eines in die finnische Heimat Zurückkehrenden.

Buch	
Gabriele D'Annunzio Das Feuer Mailand	Bekanntester Roman des Dichters und Abenteurers, in dem er schonungslos offen sein Liebesverhältnis zu Eleonora Duse beschreibt.
Lyman Frank Baum Der wunderbare Zauberer von Oz, New York	Eines der populärsten Kinderbücher in den USA, 1902 vertont und später dreimal verfilmt (1939 von Victor Fleming).
Henri Bergson Das Lachen Paris	Essaysammlung über das Wesen des Komischen; Lachen hat nach Bergson eine soziale Funktion: Es deckt menschliche Schwächen auf.
Joseph Conrad Lord Jim London	Das Versagen des verträumt-idealistischen Seeoffiziers Jim in entscheidenden Situationen führt schließlich zu seinem Tod.
Carl Spitteler Olympischer Frühling Jena	Erster von vier Bänden (bis 1905) einer kosmologischen Weltschau in Form eines kraftvollen Epos (Nobelpreis 1919).
Sigmund Freud Die Traumdeutung Wien	Grundlagenwerk der analytischen Psychologie, dessen über die Psychoanalyse hinausreichende Bedeutung erst spät erkannt wird.
Stefan George Der Teppich des Lebens Berlin	Dreiteiliger Gedichtzyklus, in dem sich eine Wende im Schaffen des Neuromantikers zum ideologisch engagierten Dichter abzeichnet.
Clara Viebig Das Weiberdorf Berlin	Erster naturalistischer Roman der Frauenliteratur; erregt wegen seiner „anstößigen" Thematik Kritik und Bewunderung.

Weltausstellung in Paris: Der Eiffelturm, bereits zur Weltausstellung 1889 erbaut, gilt bis heute als Symbol für technischen Fortschritt.

der britischen Königin Viktoria, Albert von Sachsen-Coburg-Gotha. Damals kam die Veranstaltung mit einer Fläche von 9,5 ha aus; in Paris sind es 109 ha. Auffallend ist die neue Konkurrenz aus Ländern wie Rußland, Japan, Italien und Ungarn, die bislang als Hauptabsatzmärkte der großen Industrienationen fungierten. In diesem Zusammenhang wird die Gefahr einer Weltwirtschaftskrise heraufbeschworen.

S 15/K 5

Kultur

Neue Epoche der Pädagogik

Ellen Keys programmatisches Hauptwerk „Das Jahrhundert des Kindes" erscheint und leitet eine neue Epoche der Pädagogik ein. Dem Werk der Schwedin ist das Motto „An euren Kindern sollt ihr gutmachen, daß ihr eurer Väter Kinder seid" von Friedrich Nietzsche vorangestellt.
Basierend auf den Ideen des französischen Philosophen Jean-Jacques Rousseau, vertritt Key die Auffassung, man solle Kinder auf „natürliche" Weise aufwachsen lassen. Ihre Thesen beeinflussen u. a. die Erziehungsmethoden des Briten Alexander S. Neill (↑S.215/1924).

Puccinis „Tosca" uraufgeführt

14.1. Rom. Im Teatro Constanzi hat die Oper „Tosca" Premiere. Die Titelpartie singt die

französische Sopranistin Darclée. Als Vorlage diente dem italienischen Komponisten Giacomo Puccini das Bühnenstück „La Tosca" des Schriftstellers Victorien Sardou.
„La Bohème" (UA Turin, 1896) und „Tosca" bilden den Höhepunkt in Puccinis Schaffen. War erstere jedoch Prototyp der lyrischen Oper des ausgehenden 19. Jh., gehört „Tosca" zu den bedeutendsten Werken des Verismo, einer Stilrichtung, die ein naturgetreues Bild der Realität mit oft krassen Mitteln anstrebt. Ein Hauptwerk des Verismo ist die Oper „Tiefland" von Eugen d'Albert, die 1903 uraufgeführt wird. S 16/K 6

D. Schickling: G. Puccini, 1989.

Ausgrabung von Knossos
23.3. Kreta. Auf der griechischen Mittelmeerinsel beginnt der britische Archäologe Arthur Evans mit der Ausgrabung der bedeutenden minoischen Stadt Knossos.
Die Blütezeit der mythischen Heimat König Minos' und des Minotaurus erstreckt sich von ca. 1700 bis 1500 v.Chr. Im 14. Jh. v. Chr. wurde die Stadt zerstört. Der von Evans freigelegte Komplex mit zahlreichen mehrstöckigen Gebäuden um einen offenen Zentralhof stammt aus dem 16. Jh. v.Chr. Er wird im Laufe der Jahre mit nur wenigen Originalteilen rekonstruiert und ist die größte Ausgrabungsstätte der Insel. S 195/K 208

Berliner Secession stellt aus
9.5. Berlin. Der deutsche Maler Max Liebermann eröffnet die Ausstellung, in der 420 hauptsächlich impressionistische Werke gezeigt werden (gegenüber 350 in der ersten Ausstellung 1899). Meistdiskutiertes Gemälde ist „Salome" von Lovis Corinth. Außer Liebermann und Walter Leistikow sind Hans Thoma, Claude Monet, Camille Pissarro und Auguste Renoir vertreten.
Leistikow und Liebermann hatten die Secession 1898 als Gegenbewegung zur wilhelminischen Kunstauffassung gegründet und vor allem den Impressionismus gefördert.
1892 hatte sich bereits die Münchner Secession um Franz von Stuck gebildet, 1897 folgte die Wiener Secession unter Gustav Klimt, die sich zu einem wichtigen Forum für den Jugendstil entwickelte. S 17/K 7

Hamburg erhält Schauspielhaus
15.9. Hamburg. Das Deutsche Schauspielhaus unter der Leitung des Österreichers Alfred Freiherr von Berger wird eröffnet. Obwohl der Direktor dem Naturalismus kritisch gegenübersteht, verschließt er sich nicht dem zeitgenössischen Theater eines Henrik Ibsen oder Gerhart Hauptmann.
Das erste deutsche Nationaltheater, in dessen Tradition sich das Schauspielhaus sieht, hatte im Hamburger Theater am Gänsemarkt unter der dramaturgischen Leitung von Gotthold Ephraim Lessing nur eine Lebensdauer von zwei Jahren (1767–69).
Dem Deutschen Schauspielhaus ist eine längere Zukunft beschieden. Es entwickelt sich – vor allem unter der Intendanz von Gustaf Gründgens 1955–63 – zu einer der bedeutendsten deutschsprachigen Sprechbühnen.

Sport

Fußball-Bund gegründet
28.1. Leipzig. Vertreter von 68 deutschen Vereinen aus dem In- und Ausland (u. a. Hertha BSC Berlin und Eintracht Braunschweig) gründen den Deutschen Fußball-Bund (DFB) als Spitzenverband des deutschen Fußballs. Die Berliner Vereine (insgesamt 26) konnten sich mit ihrer Forderung, nur reichsdeutsche Vereine zuzulassen, nicht durchsetzen. Zum ersten Präsidenten wird Ferdinand Hüppe vom DFC Prag gewählt.
Hauptziel des DFB ist die Vereinheitlichung der Spielregeln in ganz Deutschland. Grund-

Secessionsbewegungen in der Kunst			K 7
Gründungsmitglieder (Lebensdaten)	Kunstform	Wichtige Werke	
Münchner Secession (1892)			
Franz von Stuck (1863–1928)	Malerei, Design	„Die Sünde" (1893), Innenausstattung der Villa Stuck (1897/98)	
Wilhelm Trübner (1851–1917)	Malerei	„Herreninsel im Chiemsee" (1874), Stift Neuburg bei Heidelberg (1913)	
Fritz von Uhde (1848–1911)	Malerei	„Lasset die Kindlein zu mir kommen" (1884), „Töchter des Künstlers" (1898)	
Wiener Secession (1897)			
Josef Hoffmann (1870–1956)	Architektur	Sanatorium, Purkersdorf (1903), Palais Stoclet, Brüssel (1905)	
Gustav Klimt (1862–1918)	Malerei, Graphik	„Der Kuß" (1908), „Salome (Judith II)" (1909), „Der Park" (1910)	
Joseph Maria Olbrich (1867–1908)	Architektur	Weißes Haus, Wien (1897/98), Hochzeitsturm, Darmstadt (1907)	
Otto Wagner (1841–1918)	Architektur	Wiener Stadtbahn (1894–97), Postsparkassenamt, Wien (1904–06)	
Berliner Secession (1898)[1]			
Walter Leistikow (1865–1908)	Malerei	„Abendstimmung am Grunewaldsee" (1896), „Märkische Landschaft" (1897)	
Max Liebermann (1847–1936)	Malerei, Graphik	„Netzflickerinnen" (1889), „Ferdinand Sauerbruch" (1932)	

1) Spaltung in Neue Secession (1910; Gründer: Max Pechstein) und Freie Secession (1913/14; Gründer: Max Liebermann)

Max Liebermann

1900

Olympische Spiele 1900 in Paris — K 9

Zeitraum: 20.5. bis 28.10[1]		Medaillenspiegel	G	S	B
Teilnehmerländer	21	Frankreich	29	41	32
Erste Teilnahme	10	USA	20	14	9
Teilnehmerzahl	1323	Großbritannien	17	8	10
Männer	1311	Belgien	8	7	5
Frauen	12	Schweiz	6	2	1
Deutsche Teilnehmer	64	Australien	4	0	4
Sportarten	17	Deutschland	3	2	2
Neu im Programm	10[2]	Dänemark	2	3	2
Nicht mehr olympisch	2[3]	Italien	2	2	0
Entscheidungen	87	Ungarn	1	3	2

Erfolgreichste Medaillengewinner

Name (Land) Sportart	Medaillen (Disziplinen)
Alvin Kraenzlein (USA) Leichtathletik	4 x Gold (60 m, 110 m Hürden, 200 m Hürden, Weitsprung)
Ray Ewry (USA) Leichtathletik	3 x Gold (Standweitsprung, Standhochsprung, Standdreisprung)
Irving Baxter (USA) Leichtathletik	2 x Gold (Hochsprung, Stabhochsprung), 3 x Silber (Standweitsprung, Standhochsprung, Standdreisprung)
Walter Tewksbury (USA) Leichtathletik	2 x Gold (200 m, 400 m), 2 x Silber (100 m, 60 m), 1 x Bronze (200 m Hürden)

Erfolgreichster deutscher Teilnehmer

Ernst Hoppenberg Schwimmen	2 x Gold (200 m Rücken, 200-m-Mannschaftsschwimmen)

1) Während der Weltausstellung; 2) Wichtige neue Sportarten (Zahl der Entscheidungen in Klammern): Bogenschießen (7), Segeln (7), Rudern (5), Reiten (3), Fußball (1); 3) Ringen, Gewichtheben

Sport 1900 — K 8

Fußball	
Deutsche Meisterschaft	Ab 1903 ausgetragen
Englische Meisterschaft	Aston Villa
Italienische Meisterschaft	FC Genua
Tennis	
Wimbledon (seit 1877; 24. Austragung)	Herren: Reginald F. Doherty (GBR) Damen: Blanche Hillyard (GBR)
US Open (seit 1881; 20. Austragung)	Herren: Malcolm Whitman (USA) Damen: Myrtle McAteer (USA)
Davis-Cup (Boston, USA)	USA – Großbritannien 3:0
Radsport	
Tour de France	Ab 1903 ausgetragen
Boxen	
Schwergewichts-Weltmeisterschaft	James J. Jeffries (USA) – K. o. über James Corbett (USA), 11.5.
Herausragende Weltrekorde[1]	
Disziplin	Athlet (Land)	Leistung
Leichtathletik, Männer	
400 m	Maxey Long (USA)	47,8 sec
Weitsprung	Peter O'Connor (IRL)	7,51 m

1) Inoffiziell; offizielle Weltrekorde werden erst ab 1913 registriert

---

lage ist das von der britischen English Football-Association (gegr. 1863) erarbeitete Regelwerk.
📖 Fußball-Weltgeschichte. Von 1846 bis heute, 1989.

Davis-Cup gestiftet

9.2. Boston. Der 20jährige US-amerikanische Tennisspieler Dwight F. Davis, amtierender US-Meister im Doppel, stiftet die International Lawn Tennis Trophy, fortan Davis-Cup genannt. Mit der 18 kg schweren Silbertrophäe werden alljährlich die Sieger eines internationalen Mannschaftsturniers ausgezeichnet; gespielt werden vier Einzel und ein Doppel.
Der Davis-Cup, der mit Ausnahme der Jahre 1901, 1910, 1915–18 und 1940–45 ausgetragen wird, entwickelt sich zur begehrtesten Trophäe für Nationalmannschaften. Erfolgreichste Teams sind die USA (31 Siege bis 1996), Australien (26) und Großbritannien (9). Deutschland erringt den Davis-Cup dreimal (1988, 1989 und 1993). 1996 gewinnt Frankreich den Davis-Cup. `S 18/K 8`

Olympia nur als Beiprogramm

20.5. Paris. Bei den II. Olympischen Spielen, die im Rahmen der Weltausstellung (↑S.15/ 14.4.) bis zum 28.10. in Paris stattfinden, verlieren selbst die Experten den Überblick über die Fülle von Sportveranstaltungen. Viele Athleten wissen überhaupt nicht, daß sie in ihren Konkurrenzen um olympisches Edelmetall kämpfen.
Zum Herzstück der Spiele avancieren die Leichtathletik-Wettbewerbe, die wie 1896 in Athen bereits etliche klassische Disziplinen aufweisen. Die meisten von ihnen werden im Park des Château de Courbevoie ausgetragen. Herausragender Athlet in Paris ist der Deutsch-Amerikaner Alvin Kraenzlein, der sich im Kurzsprint, über die Hürdenstrecken und im Weitsprung durchsetzt.
Wenig olympiawürdig sind der Zustand der Sportstätten am Bois de Vincennes, die Organisation sowie das Interesse. Erst 1908 in London werden die Olympischen Spiele zu einem Großereignis, das nicht im Schatten einer Weltausstellung steht.
Initiator der Olympischen Spiele der Neuzeit und erster Präsident des Internationalen Olympischen Komitees (seit 1896) ist der französische Historiker und Pädagoge Pierre de Coubertin. Seine Idee, die antiken Olympiaden im Zeichen von Frieden und Völkerverständigung wiederzubeleben, fand ihre Verwirklichung in den ersten internationalen Sportwettkämpfen von Athen 1896. `S 18/K 9`

1901

Politik

Geburtsstunde Australiens

1.1. Australien. Die sechs Kolonien Neusüdwales, Victoria, Queensland, Südaustralien, Westaustralien und Tasmanien schließen sich zum Bundesstaat („Dominion") im Britischen Empire zusammen. Die bundesstaatlichen Elemente sind dem US-amerikanischen Vorbild nachempfunden, die Aufteilung der Zentralgewalten orientiert sich am britischen Mutterland.

Nach den Goldfunden von 1851 kamen in großen Einwanderungswellen zunehmend städtisch orientierte Zuwanderer in den fast ausschließlich von Agrarwirtschaft geprägten Kontinent. Eine Wirtschaftskrise in den späten 80er und 90er Jahren hatte zahlreiche Arbeitskämpfe zur Folge, die den Anstoß zur Gründung einer Föderation gaben.

Außenpolitisch richtet sich der neue Staat überwiegend nach Großbritannien und den USA. Der Isolationismus zwischen den Weltkriegen wird ab 1945 zugunsten einer machtorientierten Position in Südostasien aufgegeben. S 19/K 10

Viktorias Epoche ist zu Ende

22.1. Isle of Wight. Die britische Königin Viktoria, seit 1.1.1887 auch Kaiserin von Indien, stirbt nach fast 64jähriger Regierungszeit.

Während des Viktorianischen Zeitalters erlebte die Kolonialmacht Großbritannien ihre größte Machtentfaltung. Imperialistische Außenpolitik und Industrialisierung verhalfen dem Bürgertum zur Blüte, die Arbeiter lebten weitgehend in Armut. Das gesamte Land geriet – ausgehend von strengen moralischen Regeln am Hof – unter Einfluß puritanisch gefärbter Religiosität und Prüderie. Ungeachtet der gebotenen parteipolitischen Neutralität machte Viktoria kein Hehl aus ih-

Chronik Australiens K 10

Jahr	Ereignis
30 000 v.Chr.	Vor ca. 32 000 Jahren beginnt die Besiedelung des australischen Kontinents durch den Homo sapiens
16. Jh.	Portugiesische Seefahrer erreichen Australien
1642	Der Niederländer Abel J. Tasman umsegelt West- und Süd-Australien bis zur – nach ihm benannten – Insel Tasmanien
1770	James Cook entdeckt nach Überwindung des „Great Barrier Reef" die Ostküste und nimmt sie für Großbritannien in Besitz
1788	Einrichtung der ersten britischen Sträflingskolonie; Beginn der Erschließung der Ostküste als Deportationsgebiet
1793	Ankunft der ersten freien Siedler
1825	Tasmanien wird eigenständige Kolonie
1830	Beginn der Kolonialisierung Westaustraliens
1836	Gründung der Kolonie Südaustralien
1850	Australien Colonies Government Act: Victoria, Neusüdwales, Südaustralien und Tasmanien werden autonom
1851	Goldfunde lösen große Einwanderungswelle aus
1900	Commonwealth of Australia legt künftige Verfassung fest
1901	Unabhängigkeit des Australischen Bundes (sechs frühere britische Kolonien); Hauptstadt wird Melbourne (S.19/1.1.)
1911	Einführung der Wehrpflicht, Aufbau einer eigenen Flotte
1914–18	Teilnahme am 1. Weltkrieg an der Seite Großbritanniens
1927	Canberra wird neue Hauptstadt des Landes
1931	Statut von Westminster sichert Australien völlige Unabhängigkeit
1939–45	Teilnahme am 2. Weltkrieg: 30 000 australische Soldaten sterben
1950–53	Teilnahme am Korea-Krieg an der Seite der USA
1952	ANZUS-Pakt: Verteidigungsbündnis zwischen Australien, Neuseeland und den Vereinigten Staaten
1965–72	Teilnahme am Vietnamkrieg
1967	Ureinwohner Australiens erhalten das Wahlrecht (1974 erstes Parlamentsmandat für Aborigines)
1974	Aufhebung der White-Australian-Politik (gegen asiatische Einwanderung, Mitte der 90er Jahre: rd. 50%); jährlich festgelegte Quote
1989	Gründung des asiatisch-pazifischen Wirtschaftsraums APEC auf Initiative Australiens
ab 1990	Fallende Weltmarktpreise für Rohstoffe und Wolle; konsequente Liberalisierungspolitik der Labor-Regierung (P. Keating, ab 1991)
1992	Oberster Gerichtshof verpflichtet Regierung zu Landrückgabe und Schadenersatz an die Ureinwohner (Revision der Entscheidung von 1977, die den Aborigines keine Landrechte zusprach)
1996	Ablösung der 13jährigen Labor-Herrschaft durch Bündnis von Liberalen und Nationalpartei (Premier: J. Howard)

Wichtige Regierungswechsel 1901 K 11

Land	Amtsinhaber	Bedeutung
Dänemark	Hannibal Sehested (M seit 1900) Johann Heinrich Deuntzer (M bis 1905)	Erstes Kabinett mit Beteiligung der Reformpartei (Venstre), die bei Wahlen (3.4.) Sieg über Rechte errungen hatte
Großbritannien	Viktoria I. (Königin seit 1837) Edward VII. (König bis 1910)	Tod der Königin (22.1.) beendet das sog. Viktorianische Zeitalter; außenpolitisches Kennzeichen: Machtausdehnung (S.19)
USA	William McKinley (Republ., P seit 1897) Theodore Roosevelt (Republ., P bis 1909)	McKinley an Attentatsfolgen gestorben (14.9.); der 42jährige bisherige Vize Roosevelt wird jüngster US-Präsident (S.20)

M = Ministerpräsident bzw. Premierminister; P = Präsident

1901

Mordanschlag auf den US-Präsidenten: Der Attentäter verletzt William McKinley mit zwei Pistolenschüssen tödlich.

US-amerikanische Präsidenten bis 1901			K 12
Name	Partei	Amtszeit	Alter bei Amtsbeginn/-ende
George Washington	Föderalisten	1789–1797	57/65
John Adams	Föderalisten	1797–1801	62/66
Thomas Jefferson	Republikaner[1]	1801–1809	58/66
James Madison	Republikaner	1809–1817	58/66
James Monroe	Republikaner	1817–1825	59/67
John Quincy Adams	Unabhängige	1825–1829	58/62
Andrew Jackson	Demokraten	1829–1837	62/70
Martin van Buren	Demokraten	1837–1841	55/59
William H. Harrison	Whigs	1841	68/68
John Tyler	Whigs[2]	1841–1845	51/55
James Knox Polk	Demokraten	1845–1849	50/54
Zachary Taylor	Whigs	1849–1850	65/66
Millard Fillmore	Whigs	1850–1853	50/53
Franklin Pierce	Demokraten	1853–1857	49/53
James Buchanan	Demokraten	1857–1861	66/70
Abraham Lincoln	Republikaner[3]	1861–1865	52/56
Andrew Johnson	Demokraten	1865–1869	57/61
Ulysses S. Grant	Republikaner	1869–1877	47/55
Rutherford B. Hayes	Republikaner	1877–1881	55/59
James A. Garfield	Republikaner	1881–1885	50/54
Chester A. Arthur	Republikaner	1881–1885	51/55
Stephen G. Cleveland	Demokraten	1885–1889	48/52
Benjamin Harrison	Republikaner	1889–1893	56/60
Stephen G. Cleveland	Demokraten	1893–1897	56/60
William McKinley	Republikaner	1897–1901	54/58

1) Republikaner: 1828 in Demokratische Partei umbenannt
2) Whigs: 1834–56 bedeutendste US-Partei, heterogene Zusammensetzung
3) Republikanische Partei wurde 1854 gegründet

ren Sympathien für die Konservativen, insbesondere für den Premier Benjamin Disraeli. Aus der Ehe mit ihrem Vetter Prinz Albert von Sachsen-Coburg-Gotha (1840) entstammten neun Kinder. Viktorias Nachfolger wird ihr ältester Sohn, der als Edward VII. bis 1910 regiert. S 19/K 11 S 362/K 367

D. Shearman: Queen Victoria, 1986. H. Tingsten: Königin Victoria und ihre Zeit, o. J.

US-Präsident ermordet

6.9. Detroit. William McKinley, 25. Präsident der USA, wird von dem Anarchisten Leon Czolgosz schwer verwundet; acht Tage später, am 14.9., stirbt er.

Der 1896 und 1900 gewählte Republikaner vertrat eine imperialistische Politik. Nach anfänglichem Zögern unterstützte er aus wirtschaftlichen Interessen die kubanische Unabhängigkeitsbewegung gegen die Kolonialmacht Spanien (Spanisch-Amerikanischer Krieg 1898). In seine Amtszeit fielen auch die ersten Versuche, US-amerikanische Handelsinteressen in China durchzusetzen („Open-Door"-Politik) sowie der Anschluß von Puerto Rico, Guam, Hawaii und der Philippinen. McKinleys Nachfolger, sein bisheriger Vizepräsident Theodore Roosevelt, setzt die interventionistische Politik fort (↑S.46/ 6.12.1904). S 19/K 11 S 20/K 12 S 856/K 823

Panamakanal geht an USA KAR

18.11. Washington. Die USA und Großbritannien schließen einen Vertrag, der den USA das Alleinrecht für Verwaltung und Bau eines Kanals durch die Landenge Mittelamerikas einräumt. Das nach US-Außenminister John Milton Hay und dem britischen Diplomaten Julian Pauncefote benannte Abkommen (Hay-Pauncefote-Vertrag) löst den Clayton-Bulwer-Vertrag (19.4.1850) ab, der einen alleinigen Betreiber ausschloß. Großbritannien fordert als Bedingungen für seinen Verzicht die Neutralität der Kanalzone sowie freie Durchfahrt für alle Nationen. Am 3.11.1903 (↑S.36) erlangt Panama seine Unabhängigkeit und überläßt den USA die Zone, am 15.8.1914 (↑S.117) wird die 81,6 km lange Verbindung zwischen Atlantik und Stillem Ozean eröffnet. S 345/K 349

Wirtschaft

Eastman gründet Kamera-Konzern

24.10. Trenton. Zur Produktion von Kameras und fotografischem Zubehör wird die Eastman Kodak Co. im US-Bundesstaat New Jersey gegründet. Das Stammkapital der Gesellschaft liegt bei 35 Mio Dollar (146,7 Mio Mark).
Der Firmengründer George Eastman hatte 1884 den Rollfilm erfunden und 1888 einen Entwicklungsservice eingerichtet. Die von Eastman Kodak entwickelte „Brownie" (1900), eine aus Jutepappe und Holz konstruierte Boxkamera, macht erstmals das Fotografieren zum erschwinglichen Hobby. S 66/K 65

Natur/Umwelt

Das Okapi wird entdeckt

30.6. London. Der britische Gouverneur für Uganda, Harry Johnston, zeigt Schädelknochen und Fell des den Zoologen bislang unbekannten Okapis. Diese Waldgiraffe mit Artverwandtschaft zur ausgestorbenen Kurzhalsgiraffe lebt in den Regenwäldern des Kongo. Der scheue Pflanzenfresser, der den wissenschaftlichen Namen „Okapia johnstoni" erhält, weist an den Oberschenkeln eine dem Zebra ähnliche Fellzeichnung auf.
Die ersten Versuche, Okapis in europäischen Zoos zu halten, scheitern. Erst 1928–43 überlebt ein Weibchen eine längere Zeitspanne im Zoo von Antwerpen.
W. Heymel: Kritik der Zootierhaltung, 1990.

Wissenschaft

Gentechnik wird Wissenschaft

Februar. Amsterdam. Der niederländische Botanikprofessor Hugo de Vries veröffentlicht den ersten Band seines zweibändigen Werkes „Mutationstheorie". Darin liefert er anhand seiner pflanzenphysiologischen Experimente den fundamentalen Nachweis, daß die Entstehung neuer Arteigenschaften z. B. hinsichtlich Farbe, Größe usw., die den Fortschritt (Evolution) in der organischen Natur bedingen, auf spontan auftretenden Mutationen der Erbanlagen beruht, die konstant vererbt werden.
Diese von de Vries an Pflanzen beobachteten Mutationen (lat. mutatio „Veränderung") werden 1910 (↑S.86) auch an Tieren entdeckt. 1925 erkennt der US-amerikanische Genetikprofessor Hermann Joseph Muller, daß die natürliche Mutationsrate der Erb-

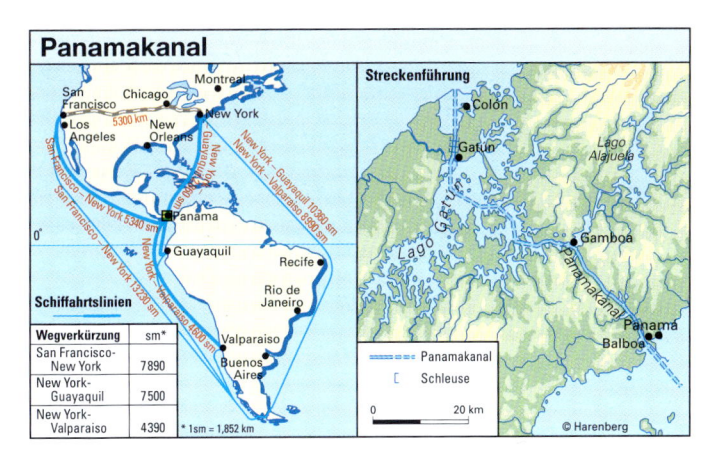

Kodak gegründet: Der Erfinder des Rollfilms und Industrielle George Eastman gründet die Eastman Kodak Co. in Trenton, New Jersey.

anlagen (etwa eine Mutation auf 1 Mio Individuen) durch Einwirkung von chemischen Agenzien oder von verschiedenen Strahlungsarten (UV-Licht, Röntgenstrahlung) künstlich beschleunigt werden kann.
Von da an entwickelt sich die „Gentechnik" (↑S.647/1970) zu einer exakten biologischen Disziplin, die zugleich praktische wirtschaftliche Anwendung verspricht (Züchtung robuster Kulturpflanzen).

H. Weidenbach: Der achte Tag der Schöpfung. Gentechnik manipuliert unsere Zukunft, 1989. V. Lange: Alles ist machbar. Eine Einführung in die Gentechnologie, 1989. I. Jahn: Grundzüge der Biologiegeschichte, 1990.

Erste Nobelpreisverleihung

10.12. Stockholm/Kristiania (Oslo). Der schwedische König und das Nobel-Komitee des norwegischen Parlaments in Stockholm und Kristiania (Friedens-Nobelpreis) verleihen erstmals die jeweils mit 150 800 schwedischen Kronen dotierten Nobelpreise. Die Auszeichnung wird für besondere Leistungen auf den Gebieten Physik, Chemie, Medizin oder Physiologie, Literatur und für Verdienste um die Erhaltung des Friedens vergeben. 1969 führt die Schwedische Reichsbank anläßlich ihres 300jährigen Bestehens den Nobelpreis für Wirtschaftswissenschaften ein.
Der schwedische Chemiker und Industrielle Alfred Nobel hatte testamentarisch verfügt, daß die Auszeichnungen jährlich aus den Zinsen seines Vermögens gestiftet werden. Sein Vermögen hatte Nobel mit dem von ihm erfundenen Dynamit gemacht. 1864 gründete er in Stockholm und 1865 bei Hamburg eine Nitroglyzerinfabrik. Die Preise werden alljährlich an seinem Todestag verliehen. S 22/K 13

Verzeichnis der Nobelpreisträger, 1988.

Nobelpreisträger 1901	K 13
Frieden: Henri Dunant (CH, 1828–1910), Frédéric Passy (F, 1822–1912)	
Dunant regte die Gründung des Roten Kreuzes (1863) an. 1864 rief er eine internationale Konferenz ins Leben, auf der die Genfer Konvention, ein Abkommen zum Schutz von Verwundeten, Kriegsgefangenen und Zivilbevölkerung im Kriegsfall, beschlossen und unterzeichnet wurde. Passy kämpfte für die Lösung zwischenstaatlicher Streitigkeiten durch eine Schiedsgerichtsbarkeit und gründete 1889 die Interparlamentarische Union, eine Vereinigung von Parlamentariern verschiedener Staaten.	
Literatur: Sully Prudhomme (F, 1839–1907)	
Der Lyriker befaßte sich mit philosophischen, wissenschaftlichen und moralischen Grundfragen. Seine Gedichte zeichnen sich durch präzise, mitunter abstrakte Sprache aus. Unter dem Titel „Œuvres de Sully Prudhomme" erschien 1909 eine Gesamtausgabe seiner Werke in elf Bänden.	
Chemie: Jacobus Henricus van't Hoff (NL, 1852–1911)	
Der Physikochemiker begründete Stereochemie (Lehre von der räumlichen Anordnung der Atome im Molekül) und physikalische Chemie. Die Erforschung von Zuständen und Druck in chemischen Lösungen (Gesetze des osmotischen Drucks) ermöglichte Fortschritte in Medizin und Physiologie.	
Medizin: Emil von Behring (D, 1854–1917)	
Der Bakteriologe und Begründer der Serumheilkunde entdeckte, daß der menschliche Organismus körpereigene Abwehrstoffe (Antikörper) entwickelt, um Infektionskrankheiten abzuwehren. Diese Erkenntnis führte zur Herstellung erster wirksamer Impfstoffe gegen Wundstarrkrampf und Diphtherie.	
Physik: Wilhelm Conrad Röntgen (D, 1845–1923)	
1895 entdeckte er die nach ihm benannten Röntgenstrahlen, deren Phänomene als sog. X-Strahlung bekannt waren. Sie durchdringen das Muskelgewebe des menschlichen Organismus und machen Fremdkörper, die auf der Fotoplatte des Röntgengeräts als Schatten erscheinen, sichtbar.	

Technik

Schwebebahn über der Wupper

1.3. Elberfeld (heute zu Wuppertal). Nach dreijähriger Bauzeit ist die Schwebebahn, ein weltweit einzigartiges Beförderungsmittel, auf 4,5 km betriebsbereit. Sie hängt an einer Schiene, die an Stützpfeilern befestigt ist, und führt in 8–12 m Höhe über das enge Tal der Wupper. Die Bahn, erbaut nach einer Konzeption des Ingenieurs Eugen Langen, gilt als das sicherste Verkehrsmittel der Welt. Ab 1992 werden die Eisenträger auf der 13,3 km langen Strecke Stück für Stück ausgewechselt.

Erster Motorflug von Whitehead

14.8. Bridgeport. Der Ingenieur Gustave Whitehead unternimmt den ersten Motorflug noch vor den Brüdern Wright (↑S.38/17.12. 1903). Mit seinem Eindecker, ausgestattet mit einem selbstgebauten Acetylenmotor, fliegt er ca. 850 m weit. Whitehead (eig. Gustav Weißkopf) wanderte 1895 aus Franken in die USA aus und entwickelte dort Flugmaschinen, die an die Konstruktionen Otto Lilienthals angelehnt waren. In der Folgezeit gerät Whiteheads Leistung in Vergessenheit. Erst 1964 wird belegt, daß ihm die Ehre des ersten Motorflugs gebührt. S 38/K 30

Ein Jahrhundert Flugzeuge. Geschichte und Technik des Fliegens, 1990. J. Prunier: Die Welt der Ballons u. ersten Flugzeuge.

Transatlantik-Signal empfangen

12.12. Saint John's. Auf Neufundland (Kanada) empfängt der italienische Physiker Guglielmo Marchese Marconi drahtlos Telegrafiesignale, die von einer 3400 km entfernten Funkstation im britischen Poldhu (Cornwall) gemorst werden.
Damit beweist er, daß sich die 1888 von dem deutschen Physiker Heinrich Rudolf Hertz

entdeckten elektromagnetischen Wellen in der Erdatmosphäre nicht verlieren, sondern ihrer Krümmung folgen und einen weltweiten Funkverkehr ermöglichen.
Daß die Wellen von der sog. Ionosphäre, einer elektrisch geladenen Schicht in der Atmosphäre, reflektiert werden, entdecken 1902 – unabhängig voneinander – die britischen Physiker Oliver Heaviside und Arthur Edwin Kennelly. Die Fortentwicklung der drahtlosen Telegrafie zur „Radio-Telefonie" gipfelt 1906 (↑S.59) in der Ausstrahlung der ersten Rundfunksendung der Welt. S 61/K 57
📖 P. Volkmann: Technikpioniere, 1990.

Gesellschaft

Deutsch wird vereinheitlicht
17.6. Berlin. Die Konferenz zur Vereinheitlichung der deutschen Rechtschreibung beschließt Neuerungen, die für das Deutsche Reich, Österreich-Ungarn und die Schweiz gültig werden: Aus „th" wird „t", das „c" (z. B. „Curs") wird durch „k" ersetzt, Doppelschreibungen werden gestrichen (u. a. „Brot" und „Brod"), zahlreiche Fremdwörter eingedeutscht. Radikalere Reformwünsche (u. a. Abschaffung der Großschreibung) bleiben unerfüllt; weiterhin gilt die von Konrad Duden 1880 („Orthographisches Wörterbuch") vorgegebene preußische Schulorthographie.
Die Forderungen nach mehr Übereinstimmung zwischen Aussprache und Schreibweise sowie Vereinheitlichung der deutschen Sprache waren 1871 von der Reichsgründung ausgegangen. Mit Unterstützung Bismarcks setzten sich Dudens Richtlinien im deutschen Sprachraum durch: 1892 schloß sich die Schweiz an. 1955 bestätigen die Kultusminister der Bundesländer die 1901 getroffenen Vereinbarungen (↑S.906/5.7.1996).

Jugendbewegung „Wandervogel"
4.11. Steglitz (heute Berlin-Steglitz). Der Student Karl Fischer gründet offiziell den „Wandervogel"-Ausschuß für Schülerfahrten e. V. Die naturverbundene Bewegung, deren Anfänge bis 1895 zurückreichen, propagiert die Unabhängigkeit von der älteren Generation. Der städtisch-industriellen Zivilisation begegnen die „Wandervögel" mit einem jugendspezifischen Lebensstil (Wanderungen, Zeltlager, Volkslieder und -tänze).
Sozial verankert ist die Bewegung hauptsächlich in der bildungsbürgerlichen Jugend. Beeinflußt ist sie zum Teil von der philosophisch-literarischen Kulturkritik des späten 19. Jh. (u. a. von Julius Langbehns populärem Werk „Rembrandt als Erzieher").
In der Folgezeit kommt es zu zahlreichen Abspaltungen, Neugründungen und Zusammenschlüssen verschiedener Gruppen. Im Juni 1933 werden die „Wandervogel"-Bünde aufgelöst, ab 1945 entstehen vereinzelt neue Gruppen. S 23/K 14
📖 R. Kneip: Wandervogel ohne Legende, 1984.

Jugendbewegungen	K 14
Wandervogel (1901) Propagierte jugendspezifischen Lebensstil (S.23)	
Deutsche Akademische Freischar (1908) Straffe, studentische Korporation	
Zentralstelle für die arbeitende Jugend (1908) Zusammenschluß zweier Arbeiterjugendvereine	
Freideutsche Jugend (1913) Gegenbewegung zu studentischen Korporationen: formiert sich auf dem Hohen Meißner	
Freie sozialistische Jugend (1918) Kommunistisch orientierte Bewegung	
Sozialistische Arbeiterjugend (1922) Sozialdemokratisch; 1930: 60 000 Mitglieder	
Bündische Jugend (1923) Völkische Jugend, christliche sowie konfessionell unabhängige Gruppen	

Kultur

Vorhang auf fürs Kabarett
18.1. Berlin. Um Mitternacht wird das erste literarische Kabarett im Deutschen Reich eröffnet. Initiator und Conférencier des 650 Sitzplätze fassenden „Bunten Theaters

Deutschsprachige Kabaretts bis 1939			K 15
Jahr	Name	Gründer	Ort
1901	Überbrettl (S.23/18.1.)	Ernst von Wolzogen	Berlin
	Die elf Scharfrichter	Otto Falckenberg	München
	Schall und Rauch (S.32)	Max Reinhardt	Berlin
1903	Simplizissimus	Kathi Kobus	München
1916	Cabaret Voltaire (S.131/5.2.)	Hugo Ball	Zürich
1921	Wilde Bühne	Trude Hesterberg	Berlin
	Cabaret Größenwahn	Rosa Valetti	Berlin
1924	Kabarett der Komiker	M. Adalbert u. a.	Berlin
1929	Katakombe	Werner Finck	Berlin
1930	Tingel-Tangel	Felix Hollaender	Berlin
1931	Die Vier Nachrichter	Helmut Käutner	München
	Der liebe Augustin	Stella Kadmon	Wien
1933	Literatur am Naschmarkt	F. W. Stein, R. Weys	Wien
	Die Pfeffermühle	Erika Mann	Zürich
1934	Cornichon	M. W. Lenz, W. Lesch	Zürich

Malerei und Architektur des Jugendstils	K 16
Künstler (Lebensdaten) Land	Wichtige Werke (Jahr)
Malerei und Grafik	
Ferdinand Hodler (1853–1918) Schweiz	Der Tag (1900); Die Wahrheit (1903); Die heilige Stunde (1907/08); Die Nacht (1908)
Gustav Klimt (1862–1918) Österreich	Medizin (1901); Die Hoffnung (1903); Der Kuß (1908); Die Jungfrau (um 1913)
Carl Olof Larsson (1853–1919) Schweden	Der Künstler vor dem Spiegel (1900); Geburt des Dramas (1905–07); Einzug Wasas (1907)
Alfons Maria Mucha (1860–1939) Tschechoslowakei	Plakate für Sarah Bernhardt (1895–1901); Les Saisons (1896)
Egon Schiele (1890–1918) Österreich	Herbstbaum (1909); Mutter und Tod (1911); Agonie (1912); Fräulein Beer (1914)
Franz von Stuck (1863–1928) Deutschland	Die Sünde (1893); Der Krieg (1894); Judith und Holofernes (1927)
Jan Theodorus Toorop (1858–1928), Niederlande	Die Vagabunden (1889–92), Die drei Bräute (1893); In den Dünen (1903)
Architektur	
Peter Behrens (1868–1940) Deutschland	Haus Behrens auf der Darmstädter Mathildenhöhe (1901)
August Endell (1871–1925) Deutschland	Fotoatelier Elvira in München (1896/97); Neumannsche Festsäle in Berlin (1905/06)
Antoni Gaudí (1852–1926) Spanien	Kirche Sagrada Família in Barcelona (1883–1926, unvollendet); Casa Batlló in Barcelona (1905–07); Casa Milá in Barcelona (1906–10)
Héctor Guimard (1867–1942) Frankreich	Castel Béranger in Paris (1894–98); Hotel Mezarra in Paris (1911)
Josef Hoffmann (1870–1956) Österreich	Palais Stoclet in Brüssel (1905–11); Österreichischer Pavillon auf der Kölner Werkbundausstellung (1914)
Victor Horta (1861–1947) Belgien	Bauten in Brüssel: Hôtel Tassel (1892/93); Hôtel Solva (1895–1900); Haus Horta (1898–1900); Palais des Beaux-Arts (1922–28)
Charles Rennie Mackintosh (1868–1928), Großbritannien	Kunstschule Glasgow (1897–99, 1907–09, Queen's Cross Church in Glasgow (1898); Landhaus Windy Hill in Kilmacolm (1899–1901); Hill House in Helensburgh (1902/03)
Joseph Maria Olbrich (1867–1908), Österreich	Secessionsgebäude in Wien (1897/98); Ernst-Ludwig-Haus in Darmstadt (1899–1901); Ausstellungsgebäude auf der Darmstädter Mathildenhöhe mit dem sog. Hochzeitsturm (1905–08)
Bernhard Pankok (1872–1943) Deutschland	Haus Konrad Lange in Tübingen (1900/01) Ateliergebäude in Stuttgart (1905/06)
Richard Riemerschmid (1868–1957), Deutschland	Riemerschmid-Haus in München-Pasing (1898); Entwurf für das Münchner Schauspielhaus (1900/01)
Henry van de Velde (1863–1957), Belgien	Haus Bloemenwerf in Uccle (1895); Kunstgewerbeschule in Weimar (1906); Haus Hohenhof in Hagen (1908); Haus Körner in Leipzig (1914)
Otto Wagner (1841–1918) Österreich	Bauten in Wien: Stadtbahnhaltestelle Karlsplatz (1898/99); Mietshäuser Linke Wienzeile 38, 40, Köstlergasse 3 (1899); Postsparkasse (1904–06)

– Überbrettl" ist der Schriftsteller Ernst von Wolzogen, Verfasser zeitkritischer Erzählungen und Gesellschaftsromane.
Die Idee einer pointierten Darstellung politischer und gesellschaftlicher Themen in Form von Liedern, Sketchen oder Couplets stammt aus Frankreich. Die Pariser Künstlerkneipe „Chat Noir" wurde 1881 zum ersten bedeutenden „cabaret artistique".
Der Erfolg des Berliner „Überbrettl" führt zur Gründung zahlreicher Kleinkunstbühnen. Neben Berlin etabliert sich München als ein Zentrum deutschen Kabaretts. Wolzogens „Überbrettl" versinkt allerdings bereits 1902 in der Bedeutungslosigkeit. S 23/K 15 S 427/K 427

Erste Van-Gogh-Retrospektive
15.3. Paris. In der Galerie Bernheim-Jeune wird eine Retrospektive mit 71 Werken des 1890 gestorbenen Malers Vincent van Gogh eröffnet. Die Bilder veranschaulichen die verschiedenen Schaffensperioden des niederländischen Künstlers, der zunächst als Prediger im Grubengebiet der Borinage tätig gewesen war, sich 1886 den Impressionisten in Paris anschloß und ab 1888 in Arles zu seinem eigenen, gänzlich neuen Stil fand.
Mit der Verwendung strahlender, in stärkster Ausdruckswirkung gesteigerter Farben schuf van Gogh Grundlagen für die Malerei des 20. Jh. Er nahm Elemente des Expressionismus und des Fauvismus vorweg.
Anläßlich des 100. Todestages verzeichnen Van-Gogh-Ausstellungen in Amsterdam, Otterlo und Essen 1992 Rekordbesucherzahlen. Bilder des Malers erzielen auf dem Kunstmarkt Höchstpreise. S 800/K 778

Jugendstil in Darmstadt
15.5. Darmstadt. Auf der Mathildenhöhe wird die Bau- und Kunstausstellung der Darmstädter Künstlerkolonie eröffnet. Unter der Leitung des Architekten Joseph Maria Olbrich wurden Wohnhäuser und Gartenanlagen im Jugendstil errichtet, die dem Besucher ein neues Lebensgefühl vermitteln sollen.
Die 1899 in Darmstadt vom hessischen Großherzog Ernst Ludwig gegründete Niederlassung von Architekten, Bildhauern und Kunstgewerblern will mit dieser Ausstellung ein Dokument deutscher Kunst schaffen, in dem „alle Formen künstlerischen Ausdrucks" vertreten sind. Mit diesem Anspruch greift die Künstlerkolonie auf der Mathildenhöhe eine Grundthese des Jugendstils auf, der die Grenzen zwischen den Künsten aufheben will. Die im Rahmen der Ausstellung präsentierten Entwürfe sind allerdings

zu kostspielig, als daß sie zum Vorbild für eine verbreitete Wohnkultur werden können. Darmstadt etabliert sich mit der Ausstellung als ein Zentrum der Jugendstilbewegung in Deutschland. S 24/K 16

Felsbilder aus der Steinzeit
8.9. Dordogne. In der Grotte Les Combarelles identifiziert der französische Prähistoriker Henri Breuil Felsbilder aus dem Paläolithikum. Die Existenz vorgeschichtlicher Höhlenmalerei ist somit bewiesen. Die bereits 1879 entdeckten Felsbilder in der nordspanischen Höhle Altamira waren bisher von Wissenschaftlern als Fälschung bezeichnet worden. Der eiszeitlichen Felsenmalerei liegen Vorstellungen von Bildmagie zugrunde; durch das Abbild sollte Gewalt über das dargestellte Objekt erlangt werden. Mit dem Wandel der Gesellschafts- und Wirtschaftsform kam es im Neolithikum und in der Bronzezeit verstärkt zu abstrakter und eher symbolhafter Darstellungsweise.

Familiensaga von Thomas Mann
Oktober. Berlin. Der Roman „Buddenbrooks – Verfall einer Familie" erscheint mit einer Auflage von 1000 Exemplaren.
Der erst 26jährige Autor Thomas Mann beschreibt den Niedergang einer Lübecker Kaufmannsfamilie über vier Generationen hinweg und schildert zugleich ein allgemeines, historisch-gesellschaftliches Problem – die Krise des dekadenten europäischen Großbürgertums. Mit diesem Werk gelingt dem jungen Schriftsteller der Anschluß des modernen deutschen Romans an die Weltliteratur.
An seinen „Buddenbrooks"-Erfolg kann Thomas Mann u. a. mit dem Zeitroman „Der Zauberberg" (1924), dem Künstlerroman „Doktor Faustus" (1947) und dem Schelmenroman „Bekenntnisse des Hochstaplers Felix Krull" (1954) anknüpfen.
Thomas Mann entwickelt sich in der ersten Hälfte des 20. Jh. zu einem der bedeutendsten deutschsprachigen Erzähler und wird 1929 mit dem Literatur-Nobelpreis ausgezeichnet. S 25/K 17

📖 P. de Mendelssohn: Der Zauberer. Das Leben des deutschen Schriftstellers Thomas Mann, Teil 1. 1875–1918, 1975. H. Kurzke: Thomas Mann, 1985. M. Reich-Ranicki: Thomas Mann und die Seinen, 1987.

Berlin zeigt Pergamonschätze
18.12. Berlin. Auf der Museumsinsel wird das von Fritz Wolff entworfene Pergamonmuseum eröffnet. Es enthält die 1878 in Kleinasien ent-

Kulturszene 1901 K 17

Theater

Gabriele D'Annunzio Francesca da Rimini UA 9.12., Rom	Melodramatische Tragödie nach Dantes Göttlicher Komödie; wird durch Eleonora Duse, D'Annunzios Geliebte, in der Titelrolle berühmt.
August Strindberg Ostern UA 9.3., Frankfurt/M.	Modernes Passionsspiel als persönliches Credo des Dichters: Das „Osterwunder" geschieht auch in der Gegenwart.
Anton Tschechow Drei Schwestern UA 31.1., Moskau	Drei Schwestern auf der Suche nach dem Sinn des Lebens, Moskau ist Symbol glücklicher Vergangenheit und verheißungsvoller Zukunft.
Frank Wedekind Der Marquis von Keith UA 11.10., Berlin	Hochstaplerkomödie, karikiert den Widerspruch zwischen Moral und Genuß in der bürgerlichen Gesellschaft zu Beginn des 20. Jh.

Oper

Antonín Dvořák Rusalka UA 31.3., Prag	Lyrisches Märchen von einer Nixe (tschech. Rusalka) zwischen Menschen- und Geisterwelt; bedeutendste Oper des Komponisten.
Hans Pfitzner Die Rose vom Liebesgarten UA 9.11., Elberfeld	Spätromantische Oper nach einem symbolbeladenen Text von James Grun über Frühling und Winter, Liebe und Tod.

Konzert

Edward Elgar Pomp and Circumstance UA 19.10., Liverpool	Fünf Orchestermärsche, die zu einer musikalischen Visitenkarte des British Empire werden; populärste Komposition des Engländers.
Gustav Mahler 4. Sinfonie UA 25.11., München	Musikalische Vision des himmlischen Lebens; Ursprung und Keimzelle: Lied-Finale „Wir genießen die himmlischen Freuden" (Sopran).
Sergej Rachmaninow 2. Klavierkonzert UA 27.10., Moskau	Populärstes von vier Klavierkonzerten; musikalischer Durchbruch nach Mißerfolgen mit einer Sinfonie und dem ersten Klavierkonzert.

Buch

Anatole France Die Romane der Gegenwart Paris	Letzter Teil eines vierbändigen Romanzyklus (seit 1897), mit Scharfsinn und Humor beleuchtete Mißstände im modernen Frankreich.
Rudyard Kipling Kim New York	Klassiker der englischen Indien-Literatur: Held des Romans ist ein Junge in den Slums von Lahore um die Jahrhundertwende.
Selma Lagerlöf Jerusalem Stockholm	Zweibändiger Roman um die schwedische Erweckungsbewegung und die Konfrontation ihrer Anhänger mit der Realität.
Maurice Maeterlinck Das Leben der Bienen Paris	Die sachkundige Beschreibung enthält die Lebensphilosophie des Dichters. Das Werk wird zu einem beliebten Weltanschauungsbuch.
Thomas Mann Buddenbrooks Berlin	Der Roman über den „Verfall einer Familie" aus dem Lübecker Kaufmannspatriziat macht den 26jährigen Autor sofort bekannt.
Frank Norris Der Oktopus New York	Erster Roman einer geplanten Trilogie über die Auseinandersetzungen zwischen Landwirten und Eisenbahngesellschaften in Kalifornien.
José Maria Eca de Queirós Stadt und Gebirge Porto	Gesellschaftsroman mit Ironisierung des Kontrasts zwischen dem fortschrittlichen Paris und dem ländlichen Norden Portugals.
Arthur Schnitzler Lieutenant Gustl Berlin	Die erste vollständig als innerer Monolog gestaltete Erzählung in deutscher Sprache macht Schule unter den Literaten.
Herbert George Wells Die ersten Menschen im Mond; London	Einer der ersten utopischen Romane der englischen Literatur; Mondreise eines genialen Wissenschaftlers und Geschäftsmanns.

1901

Malerei des Jugendstils: Gustav Klimt (1862–1918), einer der Hauptrepräsentanten des Wiener Jugendstils, malte 1901 sein Werk „Judith I" (Österreichische Galerie, Wien). Bereits zu Lebzeiten des Künstlers wurde das Bild meist „Salome" genannt.

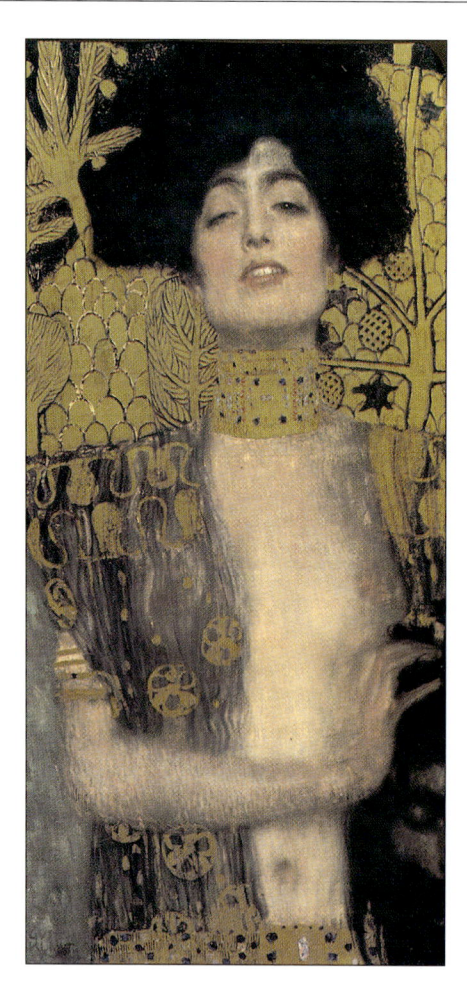

deckten Reste der Akropolis des hellenistischen Pergamenischen Reichs (263–133 v.Chr.). Prunkstück der Sammlung ist der Pergamonaltar, ein Zeus und Athena geweihter monumentaler Altar, der in der Antike als eines der Sieben Weltwunder galt.

Im Auftrag der Berliner Museen hatte der deutsche Ingenieur Carl Humann 1878 mit den Ausgrabungen der verschütteten pergamenischen Hauptstadt begonnen. Die Funde der bis 1886 andauernden ersten Grabungsperiode gelangten nach Berlin; später freigelegte Zeugnisse verbleiben im Osmanischen Reich.

Sport

Gordon-Bennett-Preis ausgetragen

Das Mannschafts-Automobilrennen um den Gordon-Bennett-Preis wird wie im Vorjahr auf einem Wagen der Marke Panhard gewonnen. Der Franzose Léonce Girardot benötigt für die 555 km von Paris nach Bordeaux 8:51:59 h, was einer Durchschnittsgeschwindigkeit von 59,5 km/h entspricht. Sein Vorgänger François Charron fuhr bei der ersten Auflage des Rennens einen Schnitt von 61,85 km/h auf den 566 km von Paris nach Lyon.

Stifter des Preises und Namensgeber für das Rennen, das sich zu einer der bedeutendsten Automobilkonkurrenzen zu Jahrhundertbeginn entwickelt, war der US-amerikanische Verleger Gordon Bennett. Teilnahmeberechtigt sind nicht nur einzelne Fahrer, sondern auch die nationalen Automobilklubs. Das Rennen wird jeweils in dem Land ausgetragen, das den letzten Sieger stellt.

Nordische Konkurrenz zu Olympia

Februar 1902. Stockholm. Bei den ersten Nordischen Spielen in Schweden werden u. a. Wettbewerbe im Skilanglauf, im Eisschnelllauf, im Eiskunstlauf und im Rodeln ausgetragen. Es stehen aber auch Sportarten wie Fechten, Turnen und Tanzen auf dem Programm.

Die Nordischen Spiele sind neben den Olympischen Spielen die zweite sportliche Großveranstaltung zu Jahrhundertbeginn und entwickeln sich zu einem Vorläufer der Olympischen Winterspiele (↑S.217/1924). Neben den Holmenkollen-Skispielen, die seit 1883 in der Nähe von Oslo ausgetragen werden, zählen die Nordischen Skispiele zu den traditionsreichsten Wintersport-Veranstaltungen der Welt. Sie werden alljährlich im mittelschwedischen Ort Falun ausgetragen.

Sport 1901		K 18
Fußball		
Deutsche Meisterschaft	Ab 1903 ausgetragen	
Englische Meisterschaft	FC Liverpool	
Italienische Meisterschaft	AC Mailand	
Tennis		
Wimbledon (seit 1877; 25. Austragung)	Herren: Arthur W. Gore (GBR) Damen: Charlotte Sterry-Cooper (GBR)	
US Open (seit 1881; 21. Austragung)	Herren: William A. Larned (USA) Damen: E. H. Moore (USA)	
Davis-Cup	1901 nicht ausgetragen	
Boxen		
Schwergewichts-Weltmeisterschaft	James J. Jeffries (USA) – K. o. über Gus Rushlin (USA), 15.11.	
Herausragende Weltrekorde		
Disziplin	Athlet (Land)	Leistung
Leichtathletik, Männer		
Weitsprung	Peter O'Connor (IRL)	7,61 m
Hammerwurf	John Flanagan (USA)	52,35 m

1902

Politik

Erstmals Diäten für Abgeordnete

28.4. Berlin. Der Deutsche Reichstag verabschiedet ein Gesetz, nach dem Mitglieder der Zolltarifkommission künftig Diäten (2400 Mark pro Abgeordneter) erhalten. Dieses Gesetz steht im Widerspruch zur Verfassung von 1871, die keine Entschädigung von Parlamentsarbeit vorsieht. Die Änderung ist möglich, weil die Mitglieder des Zollausschusses über die Sitzungsperioden des Reichstags hinaus tagen.
Einen ersten Vorstoß in Richtung Aufwandsentschädigung für Abgeordnete hatten 1900 die Sozialdemokraten unternommen, um die Unabhängigkeit der Parlamentarier zu sichern. Die generelle Einführung von Diäten erfolgt 1906.

Erster Präsident in Kuba

20.5. Havanna. Tomás Estrada Palma wird erster frei gewählter Präsident der neugegründeten Republik Kuba. Der Inselstaat, der seit 1898 unter US-amerikanischer Militärverwaltung steht, muß den USA in seiner Verfassung neben Flottenstützpunkten auch ein Interventionsrecht im Fall innenpolitischer Fehlentwicklungen einräumen.
Kuba war 1511 von Spanien in Besitz genommen worden. Im 19. Jh. hatte es mehrere Aufstände gegen die Kolonialmacht gegeben, die aber gescheitert waren. Mit der Niederlage im Spanisch-Amerikanischen Krieg 1898 verloren die Spanier ihre Besitzungen in Asien und Amerika und mußten Kuba an die USA abtreten.
Die Karibikinsel gerät wirtschaftlich völlig unter die Kontrolle der USA, die 1906 und 1913 zur Sicherung ihrer Interessen auf Kuba intervenieren. S 27/K 19

Chronik Kubas	K 19
Jahr	Ereignis
1492	Christoph Kolumbus entdeckt auf seiner ersten Reise die Insel, auf der mehr als 100 000 Ureinwohner leben, die er „Indianer" nennt
1511	Eroberung der Insel durch den Spanier Diego Velázquez
1552	Havanna löst Santiago de Kuba als Hauptstadt ab
1762	Britische Truppen erobern Kuba
1763	Großbritannien tritt die Insel im Tausch gegen Florida an Spanien ab
1868	Beginn des ersten Unabhängigkeitskriegs gegen Spanien (1878 erfolglos beendet)
1897	Spanien gesteht der Insel Autonomie zu
1898	Intervention der USA: Die spanische Flotte wird vernichtet, Kuba kommt in den Besitz der Vereinigten Staaten
1902	Kuba wird Republik; USA nehmen das Recht in Anspruch, bei mißliebigen Entwicklungen jederzeit militärisch zu intervenieren (S.27)
1906	USA gehen gegen innenpolitische Unruhen vor
1940	General Batista y Zaldívar wird Präsident und errichtet eine rechtsgerichtete Militärdiktatur, die von den USA unterstützt wird
1953	Aufstandsversuch einer Gruppe linksorientierter Studenten unter Führung des Rechtsanwalts Fidel Castro scheitert
1956	Castro beginnt Guerillakampf gegen Batista-Regime
1959	Batista flieht in die USA; Castro wird Ministerpräsident und führt den Sozialismus ein; Verstaatlichung der Landwirtschaft beginnt (S.529)
1961	Konterrevolution: Vom US-Geheimdienst CIA gesteuerte Invasion in der Schweinebucht mißlingt, Kuba wird Sozialistische Republik (S.546)
1962	USA verhängen Handelsembargo gegen Kuba, Ausschluß Kubas aus der Organisation amerikanischer Staaten (OAS); nach Stationierung sowjetischer Mittelstreckenraketen besteht Gefahr eines Atomkriegs zwischen den Supermächten (Kubakrise, S.546)
1972	Kuba wird Mitglied des COMECON
1976	Einsatz kubanischer Truppen im angolanischen Bürgerkrieg (bis 1988, S.805/8.8.1988)
	Sozialistische Verfassung tritt in Kraft
1978	Wiedereröffnung des regelmäßigen kommerziellen Luftverkehrs mit den USA nach 16jähriger Unterbrechung
1989	Wegen Auflösung des Ostblocks Einstellung der Wirtschaftshilfe durch die UdSSR; Folge: Rezession (Bruttoinlandsprodukt 1989–96: –40%)
1992	Parteitag beschließt Verfassungsreform: wirtschaftliche Öffnung nach Westen, Abkehr vom orthodoxen Kommunismus
1994	Schwerste Unruhen seit Revolution von 1959; Massenexodus von Bootsflüchtlingen, durch US-kubanische Übereinkommen gestoppt; Minimale Wirtschaftsreformen: Preis- und Abgabenerhöhungen, Zulassung von freien Bauernmärkten, Freigabe des Dollarbesitzes
1996	Die USA verschärfen die seit 1962 bestehenden Wirtschaftssanktionen

Wichtige Regierungswechsel 1902		K 20
Land	Amtsinhaber	Bedeutung
Frankreich	Pierre Waldeck-Rousseau (M seit 1899) Emile Combes (M bis 1905)	Wahlsieg der Mitte-Links-Parteien (27.4.); trotzdem Fortsetzung der antiklerikalen Politik (Politik der radikalen Republik)
Großbritannien	Marquess of Salisbury (Konserv., M seit 1895) Arthur James Balfour (Konserv., M bis 1905)	Rücktritt von Salisbury (11.7.) aus Altersgründen; sein Neffe setzt auf Ausweitung und Festigung des britischen Weltreichs (S.28)
Paraguay	Emilio Aceval (P seit 1898) Hector Carvallo (P 11.1.–25.11.) Juan Antonio Escurra (P bis 1904)	Wirtschaftliche Stagnation führt zu instabiler innenpolitischer Lage mit zahlreichen Putschen und Präsidentenwechseln; Änderung tritt erst nach dem 1. Weltkrieg ein

M = Ministerpräsident bzw. Premierminister; P = Präsident

1902

Arthur James Balfour

Balfour wird britischer Premier

12.7. London. Arthur James Balfour übernimmt die Regierungsführung von seinem 72jährigen Onkel Lord Salisbury, der aus Altersgründen zurücktritt. Er hatte sich während seiner Amtszeit als Premierminister (1885/86, 1886–92, 1895–1902) und Führer der Konservativen (ab 1881) die Festigung und Ausweitung des britischen Weltreichs zum Ziel gesetzt.

Mit dem Abschluß der Entente cordiale (↑S.44/8.4.1904) leitet Balfour das Ende der politischen Isolierung Großbritanniens ein (splendid isolation; wörtlich: „glanzvolles Alleinsein"). 1905 wird er durch den Liberalen Henry Campbell-Bannerman abgelöst.

Um die Unterstützung der Zionisten im 1. Weltkrieg zu gewinnen, verspricht Balfour als Außenminister (1916–19) in der Regierung Lloyd George am 2.11.1917 (↑S.135), daß sich Großbritannien für einen jüdischen Staat in Palästina einsetzen wird (Balfour-Deklaration). S 27/K 20 S 362/K 367

Frankreich und Italien neutral

1.11. Paris/Rom. Die beiden Nachbarstaaten Frankreich und Italien schließen ein Geheimabkommen, in dem sich Italien zur strikten Neutralität im Falle eines Angriffs von oder gegen Frankreich verpflichtet. Im Gegenzug erklärt sich Frankreich bereit, die italienischen Annexionsbestrebungen in Tripolis nicht zu behindern.

Der Vertrag steht im Widerspruch zu dem am 28.6. erneuerten Dreibund zwischen Deutschland, Österreich-Ungarn und Italien. 1904 erkennt Italien Marokko (↑S.46/3.10.1904) als französische Interessensphäre an, 1911 kommt es zwischen Italien und dem Osmanischen Reich zum Krieg um Tripolis (↑S.91/5.11.1911).

Wirtschaft

Kartellvertrag der Schiffsgiganten

15.2. New York. Die deutschen Dampfschiffahrtsgesellschaften Hapag (Hamburg) und Norddeutscher Lloyd (Bremen) einigen sich mit dem US-amerikanischen Morgan-Trust über einen Kartellvertrag. Die vertragschließenden Parteien verpflichten sich u. a., weder direkt noch indirekt Aktien der Partner zu erwerben. Darüber hinaus vereinbaren sie, gemeinsam gegen Konkurrenten vorzugehen, und stecken untereinander die Märkte ab.

Der Initiator des Kartells, Hapag-Chef Albert Ballin, hatte bereits zuvor mit mehreren europäischen Konkurrenten sog. Pools mit Absprachen über Tonnagebegrenzungen und Gewinnverteilungen gegründet.

U-Bahnen in Europa			K 21
Jahr	Ort	Streckennetz (km)	Stationen
1863	London	392	248
1896	Budapest	23	27
	Glasgow	11	15
1900	Paris (S.13)	199	298
1902	Berlin (S.28)	136	159
1912	Hamburg	96	84
1919	Madrid	251	148
1924	Barcelona	78	101
1935	Moskau	251	148
1950	Stockholm	110	99
1955	St. Petersburg	102	55
	Rom	25	33
1960	Kiew	37	31
1964	Mailand	60	66
1966	Oslo	50	44
1968	Frankfurt/M.	51	72
	Rotterdam	17	13
1971	München	23	31
	Nürnberg	63	66
1974	Prag	40	40
1976	Wien	41	49
	Brüssel	30	53
1977	Amsterdam	18	20
1979	Bukarest	58	35

Verkehr

Mit der Hochbahn durch Berlin

15.2. Berlin. Das erste Teilstück des Hoch- und Untergrundbahnnetzes wird eingeweiht. Es führt vom Bahnhof Warschauer Straße im Osten bis zum Zoologischen Garten im Westen; ein kurzer Abzweig Richtung Norden schließt den Potsdamer Platz ein.

Noch bis zum Baubeginn 1896 hatte die ausführende Firma Siemens & Halske eine durchgängig oberirdische Streckenführung geplant. Nach Protesten gegen die dadurch bedingte Beeinträchtigung des Stadtbildes im Bereich Tauentzienstraße und Zentrum wurden einige Teilstücke unterirdisch verlegt.

In der Folgezeit wird das zunächst 11,2 km lange U-Bahnnetz kontinuierlich ausgebaut. 1929 plädiert der Berliner Verkehrsstadtdirektor und spätere Bürgermeister Ernst Reuter (SPD) angesichts des zunehmenden

1902

Autoverkehrs für einen weiteren Streckenausbau, der – abgebrochen durch die Wirtschaftskrise – erst in den 50er Jahren wiederaufgenommen wird. S 28/K 21

Moskau–Pazifik in 20 Tagen KAR
August. Rußland. Die Transsibirische Eisenbahn wird in Betrieb genommen. Sie führt von Moskau über Irkutsk und Baikalsee bis zur Mandschurei, wo sie an die Mandschurische Eisenbahn anschließt, die bis Wladiwostok führt. Die südliche Umgehung des Baikalsees ist noch nicht fertiggestellt, weshalb der See mit Fähren überwunden wird.
Auf dem eingleisigen Schienenstrang (9000 km) sollen wöchentlich drei Schnellzüge und täglich acht weitere Züge in beiden Richtungen verkehren. Die Fahrt von Moskau nach Wladiwostok dauert mindestens 20 Tage (1990: 7 Tage). Die Bahn, deren Bau 1891 begann, trägt wesentlich zur Erschließung Sibiriens bei. Der Linienausbau bis Wladiwostok über Chabarowsk wird 1916 fertiggestellt. 1938 ist der zweigleisige Ausbau auf 8000 km betriebsbereit.

Natur/Umwelt

30 000 Tote auf Martinique
8.5. St. Pierre. Fast 30 000 Menschen sterben auf der französischen Antilleninsel Martinique, als der Vulkan Mt. Pelée ausbricht. Die Hafenstadt St. Pierre, die direkt am Fuß des Vulkans liegt, wird durch Lava und eine Wolke glühender Gase vollständig zerstört. Die Rettungsarbeiten werden durch weitere Eruptionen erschwert.
Der Ausbruch des Sofrière auf der benachbarten britischen Insel St. Vincent fordert 2000 Tote. S 29/K 22

Hungersnot in Nordschweden
November. In den nordschwedischen Grenzgebieten zu Finnland kommt es zu einer Hungersnot. Sie ist Folge des kalten Sommers und des früh einbrechenden Winters. Das Gebiet wird zum Notstandsgebiet erklärt, die Bevölkerung notdürftig mit Lebensmitteln versorgt.

Wissenschaft

Chromosomen regeln Vererbung
Würzburg. In seiner Schrift „Das Problem der Befruchtung" beweist der deutsche Biologe Theodor Boveri die schon 1883 von seinen Kollegen Wilhelm Roux und August Friedrich Weismann ausgesprochene Vermutung, daß sog. Chromosomen die Träger der Erbanlagen sind. Demnach enthält jeder menschliche Zellkern 46 fadenförmige Gebilde, die „Chromosomen".
Von diesen 23 Paaren unterscheidet sich das Geschlechtschromosomenpaar von allen übrigen: Das größere der beiden wird mit X, das kleinere mit Y bezeichnet. Ein Individuum mit zwei X-Chromosomen ist weiblichen Geschlechts, während die Kombination XY das männliche Geschlecht kennzeichnet. Eine Folge davon ist, daß der männliche Elternteil das Geschlecht des Kindes bestimmt, je nachdem, ob er sein X- (Tochter) oder Y-Chromosom (Sohn) überträgt.
Diese Erkenntnisse erweitert 1903 der US-amerikanische Genetiker Walter Stanborough Sutton zu einer „Chromosomentheorie der

Transsibirische Eisenbahn

Vulkanausbrüche im 20. Jahrhundert		K 22
Jahr	**Vulkan (Land)**	**Folgen**
1902	Soufrière (St. Vincent)	2000 Tote
	Mt. Pelée (Martinique)	30 000 Tote; St. Pierre zerstört (S.29)
	Santa Maria (Guatemala)	6000 Tote
1911	Taal (Philippinen)	1335 Tote; 13 Dörfer zerstört
1912	Mt. Katmai (Alaska)	„Valley of 10 000 Smokes" entsteht
1919	Kelut (Indonesien)	5500 Tote
1944	Paricutin (Mexiko)	3500 Tote
1951	Mt. Lamington (Neuguinea)	3000 Tote
1963	Mount Agung (Bali)	1500 Tote, 200 000 Obdachlose
1973	Eldfell (Island)	Evakuierung der Insel Heimaey
1977	Nyiragongo (Zaire)	2000 Tote
1980	Mount St. Helens (USA)	57 Tote; Explosion mit 500facher Gewalt der Atombombe in Hiroshima
1985	Nevado del Ruiz (Kolumbien)	25 000 Tote
1991	Mt. Pinatubo (Philippinen)	775 Tote (S.851)
1993	Mayon (Philippinen)	ca. 50 Tote
1994	Langila (Papua-Neuguinea)	Evakuierung der Stadt Rabaul

Vererbung", nach der die Chromosomen die Vererbung dadurch kontrollieren, daß sie die Träger sog. „Gene" sind.

Technik

Assuan-Staudamm fertiggestellt KAR
10.12. Assuan. In Oberägypten wird der Assuan-Staudamm eingeweiht. Der 2 km lange Damm aus Granit staut den Nil zu einem 20 m tiefen und 175 km langen See. Damit können die Wassermassen der jährlichen „Nilschwelle" (Juni bis September) vollständig und kontrolliert genutzt werden.
Mit den Arbeiten an dem Damm, der die ganzjährige Bewässerung des Niltals reguliert und die Fläche fruchtbaren Bodens vergrößert, wurde bereits 1898 begonnen. 1912 und 1933 wird der Assuan-Staudamm ausgebaut. 1960–71 entsteht mit sowjetischer Hilfe der Assuan-Hochdamm, der den Nil zum 550 km langen Nassersee staut (S.584/1964). Da die jährlichen Hochwasser des Nils sehr viel mineralreiche Sedimente mit sich führen, kommt es zu starker Bodenversalzung und zur Verlandung des Stausees. Auch das Nildelta ist davon betroffen.

Mit 6671 km ist der Nil der längste Fluß der Erde.

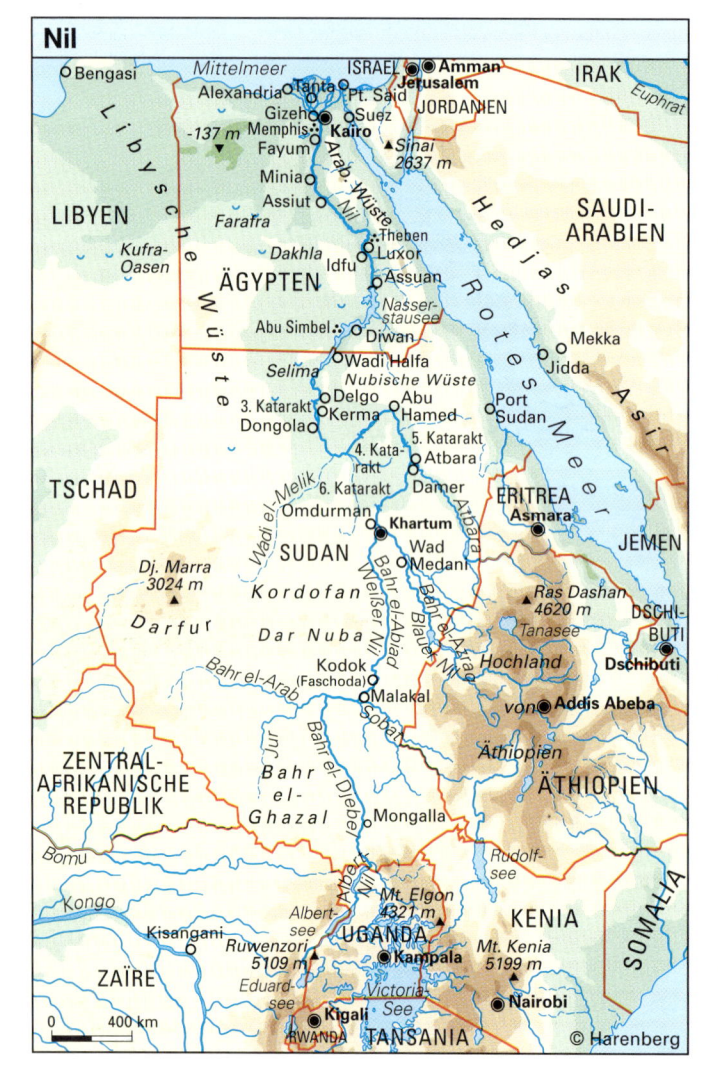

Gesellschaft

„Freie Hochschule" für das Volk
13.1. Berlin. Im Bürgersaal des Roten Rathauses wird die erste Volkshochschule im Deutschen Reich gegründet. Der Philosoph Bruno Wille, einer der Initiatoren, beschreibt sie als „Gegenpol" zu den staatlichen Universitäten, denen er einen „mittelalterlichen Charakter" vorwirft.
Die Idee der freien, modernen Volksbildung stammt von Nicolai Grundtvig, der 1844 in Dänemark die ersten Volkshochschulen ins Leben gerufen hat.
Während der NS-Zeit werden die Volkshochschulen aufgelöst. 1946/47 neugegründet, schließen sich die Einrichtungen 1953 zum Deutschen Volkshochschul-Verband e. V. zusammen.

Kultur

Premiere nach fast 70 Jahren
5.1. Berlin. In der Neuen freien Volksbühne im Belle-Alliance-Theater findet die Uraufführung von Georg Büchners Revolutionsdrama „Dantons Tod" statt. Die Zensur hatte die Uraufführung seit 1835 verhindert.
Das Drama schildert die Auseinandersetzung zweier Revolutionsführer (Robespierre und Danton) während der Französischen Revolution; es endet mit der Hinrichtung Dantons.
Büchner überwand in „Dantons Tod" die antike Form des Dramas durch Verzicht auf die traditionelle „Handlung" und durch die „realistische" Gestaltung der Personen. Die Dialogführung und die drastische Sprache nahmen bereits naturalistische und expressionistische Stilelemente vorweg. So liegt ein Grund für die späte Aufführung des Dramas auch darin, daß die Bedeutung von Büchners Werk erst zu Beginn des 20. Jh. erkannt wird. Gerhart Hauptmann bezeichnet den früh verstorbenen Dramatiker als einen geistigen Zeitgenossen. S 33/K 25

G. Knapp: Georg Büchner, 1984.

Debussys Musikdrama

30.4. Paris. An der Opéra Comique hat die einzige fertiggestellte Oper von Claude Debussy, „Pelléas et Mélisande", Premiere. Die literarische Vorlage stammt von dem belgischen Dichter Maurice Maeterlinck. Die Uraufführung wird durch laute Mißfallenskundgebungen gestört; bereits im Vorfeld hatte sich Maeterlinck von der musikalischen Umsetzung seines Dramas distanziert, wohl auch, weil die weibliche Hauptrolle nicht mit seiner Ehefrau Georgette Leblanc besetzt worden war.

Debussy, beeinflußt von der deutschen Romantik, schafft mit dem von ihm entwickelten impressionistischen Stil eine Verbindung zwischen der Musik des 19. und des 20. Jh. „Pelléas et Mélisande" soll einen neuen Weg zum nachwagnerischen Musikdrama aufzeigen, bleibt aber eine Einzelerscheinung. Debussys Anteil an der Grundlegung der neuen Musik des 20. Jh. ist bedeutend. Mit seiner Kunst, die eine Wende zur neoklassizistischen Haltung der Moderne einleitet, rückt Paris wieder ins Zentrum des internationalen Musiklebens. S 33/K 25

J. Barragué: Claude Debussy in Selbstzeugnissen und Bilddokumenten, 1962. Th. Hirsbrunner: Debussy und seine Zeit, 1981.

Der erste „Spielfilm"

1.5. Paris. Der Illusionist und Theaterbesitzer Georges Méliès präsentiert seinen ersten bedeutenden Film: „Die Reise zum Mond". Erstmals tritt an die Stelle der bisher üblichen Reportagen die Fiktion. Erdachte Szenen werden von Schauspielern unter Leitung von Georges Méliès auf den Filmstreifen gebannt.

Die einfallsreiche Parodie auf Romane von Jules Verne sowie die Filmtricks lösen beim Publikum große Begeisterung aus. Die hohen Einnahmen der „Reise zum Mond" in den USA ermöglichen die Eröffnung des ersten Dauerkinos in Los Angeles, des „Electric".

Méliès wird der führende Filmproduzent seiner Zeit, vernachlässigt jedoch die Weiterentwicklung des neuen Mediums und muß 1914 seine Produktion einstellen. S 33/K 25

Dekorative Kunst in Italien

19.5. Turin. Die Erste Internationale Ausstellung für moderne dekorative Kunst wird eröffnet. Die wichtigsten Vertreter der europäischen Moderne sind mit Exponaten in Turin vertreten, u. a. Joseph Maria Olbrich, Charles Rennie Mackintosh und Henry van de Velde.

Die Veranstalter wollen vor allem italienische Produkte auf dem internationalen Markt einführen. Der italienische Modernismus, der sog. Stile Liberty, sucht eine Verbindung zwischen industrieller und künstlerischer Avantgarde; mit Hilfe der Industrie soll Kunst einem breiten Publikum zugänglich gemacht werden.

Nobelpreisträger 1902	K 23
Frieden: Elie Ducommun (CH, 1833–1906), Charles Albert Gobat (CH, 1843–1914)	
Ducommun war erster Generalsekretär des Internationalen Friedensbüros in Bern und festigte die Verbindungen zwischen den Friedensvereinigungen der einzelnen Länder. Nach Ducommuns Tod 1906 setzte Gobat die Arbeit fort. Gemeinsam mit Henri Dunant machten Ducommun und Gobat die Schweiz zu einem Mittelpunkt der internationalen Friedensarbeit.	
Literatur: Theodor Mommsen (D, 1817–1903)	
Mommsens Hauptwerk „Römische Geschichte" (5 Bde., 1885) gilt als Meisterleistung der historischen Darstellungskunst. Mommsen integrierte erstmals Erkenntnisse anderer Wissenschaften (u. a. Jurisprudenz, Sprach- und Literaturwissenschaften) in die moderne Altertumswissenschaft.	
Chemie: Emil Fischer (D, 1852–1919)	
Der Pionier der Naturstoffchemie analysierte den Aufbau (Molekülstruktur) der wichtigsten Zucker, stellte erstmals Traubenzucker künstlich her und begründete die Eiweißforschung. Mit Josef von Mering erfand er zahlreiche neue Schlafmittel, darunter das heute weitverbreitete Veronal.	
Medizin: Ronald Ross (GB, 1857–1932)	
Bei einem Indien-Aufenthalt (1897/98) erkannte Ross, daß Malaria durch Stechmücken (Moskitos) übertragen wird. Damit legte er den Grundstein für die Erforschung und Behandlung der am häufigsten auftretenden Tropenkrankheit. Ross regte auch den Gebrauch von Moskitonetzen an.	
Physik: Hendrik Anton Lorentz (NL, 1853–1928), Pieter Zeeman (NL, 1865–1943)	
Lorentz entwickelte die klassische Elektronentheorie, wonach die Materie aus geladenen Teilchen aufgebaut ist. Seine Auffassung, daß ein Magnetfeld auch die Wellenlänge des Lichts beeinflußt (Aufspaltung der Spektrallinien), wurde von Zeeman experimentell bestätigt.	

Pelléas et Mélisande: Mary Garden und Jean Périer singen die Titelpartien in der Uraufführung der Oper von Claude Debussy an der Opéra-Comique in Paris.

Wichtige Theaterregisseure im 20. Jahrhundert	K 24
Peter Brook (*1925) Großbritannien	Suche nach den Ursprüngen des Theaters: rituelle Elemente, Mimisch-Szenisches; Reduktion von Sprache und Bühnenbild; Aufsehen durch spektakuläre Großprojekte, z. B. Sanskrit-Versepos „Mahabharata" (1985)
Otto Falckenberg (1873–1947) Deutschland	Traditionsbildende Strindberg-, Shakespeare- und Expressionisten-Inszenierungen; Entdecker und Förderer junger Schauspieler; Wirkungsstätte: Münchner Kammerspiele (1917–45)
Gustaf Gründgens (1899–1963) Deutschland	Dem Klassizismus verpflichteter Regiestil: Klarheit, Präzision, Sparsamkeit im Einsatz technischer Mittel; berühmt durch Inszenierungen von Goethes „Faust" (1941, 1957 und 1958); wirkte auch als Schauspieler und Filmregisseur
Fritz Kortner (1892–1970) Österreich	Gegenwartsbezogene Klassiker-Inszenierungen als Gegenpol zu Gustaf Gründgens und Vorbild für Regisseure wie Peter Stein und Peter Zadek; erste Regie im amerikanischen Exil (1940), nach dem 2. Weltkrieg in München und Berlin
Wsewolod Meyerhold (1874–1940) Rußland	Spitze der revolutionären Avantgarde in Rußland; Ablehnung des illusionistischen Naturalismus; Vorbild: traditionelles japanisches Theater mit Pantomime, Masken und stilisierter Geste; Aufhebung der Bühnenrampe
Ariane Mnouchkine (*1939) Frankreich	Vermittlung sinnlicher Freude am Spiel: Improvisation als Grundlage einer Inszenierung, Anregung der Zuschauerphantasie, Auseinandersetzung mit Geschichte und Gegenwart; Gründung und Leitung des Théâtre du Soleil (ab 1964)
Claus Peymann (*1937) Deutschland	Eigenwillige Klassikerinszenierungen mit aktuellen Bezügen, zahlreiche Uraufführungen zeitgenössischer Stücke; 1972–77 Schauspieldirektor in Stuttgart, dann in Bochum, ab 1986 am Wiener Burgtheater
Erwin Piscator (1893–1966) Deutschland	Politisches Agitationstheater während der Weimarer Republik; Aufhebung der konventionellen Dramenform: Unterbrechung und Erweiterung der szenischen Handlung durch Foto- und Filmprojektionen, Text- und Musikeinschübe
Max Reinhardt (1873–1943) Österreich	Begründer des modernen Regietheaters: farbenprächtige, opulente, phantasievolle Inszenierungen in Berlin; Abkehr vom Naturalismus; Mitbegründer der Salzburger Festspiele (1920); emigrierte 1938 in die USA
Konstantin Stanislawski (1863–1938) Rußland	Pädagogische Methode auf dem Prinzip der Einführung des Schauspielers in seine Rolle und der daraus resultierenden Wahrhaftigkeit des Erlebens; Mitbegründer des renommierten Moskauer Künstlertheaters (1898)
Peter Stein (*1937) Deutschland	Klassischer Stilwillen und hohe ästhetische Vollkommenheit, sprachliche Perfektion; Politisierung des Theaters: Mitbestimmung aller Beteiligten; Gründer und Leiter der Berliner Schaubühne (1970–85)
Giorgio Strehler (*1921) Italien	Regie in der Nachfolge des politisch engagierten, aufklärerischen italienischen Volkstheaters; Spontaneität, Improvisation, publikumswirksame Effekte; Mitbegründer und Leiter des Piccolo Teatro in Mailand (ab 1947); auch Opern-Inszenierungen
Robert Wilson (*1941) USA	Von der Performance-Kunst beeinflußter Stil: Sprache dient als Material für optische Arrangements, multimediale Installationen und Collagen mit suggestiven Ton- und Lichteffekten ersetzen klassische Bühnenhandlung
Peter Zadek (*1926) Deutschland	Zerstörung der Sehgewohnheiten, Provokation und Entertainment; drastische Effekte bei Klassiker-Inszenierungen (insbesondere Shakespeare), leise, poetische Töne bei nordischen Dichtern (Henrik Ibsen); Arbeiten für Film und Fernsehen

Während die italienischen Produkte auf der Pariser Weltausstellung 1900 noch wenig Beachtung fanden, stoßen die in Turin präsentierten Arbeiten mit ihrem neuen Formverständnis auf großes Interesse.

📖 J.-B. Bouillon: Art Deco in Wort und Bild. 1903–1940, 1989.

Reinhardts „Kleines Theater"

19.8. Berlin. Max Reinhardt verwandelt sein Kabarett „Schall und Rauch" in die Schauspielbühne „Kleines Theater". Der österreichische Regisseur legt damit den Grundstein für sein Berliner Theaterimperium.
1905 wird Reinhardt Direktor des Deutschen Theaters, 1915–18 leitet er die Volksbühne, 1917 gründet er die Versuchsbühne „Junges Deutschland", läßt 1919 den ehemaligen Zirkus Schumann zum Großen Schauspielhaus umbauen und eröffnet 1924 die „Komödie am Kurfürstendamm".
Mit seinen farbenprächtigen, phantasievollen Inszenierungen – einer radikalen Abkehr vom naturalistischen Theater – entwickelt sich Reinhardt zum Begründer des modernen Regietheaters. Sein Repertoire umfaßt die Antike, die Weimarer Klassik und die Moderne, vor allem aber Dramen von William Shakespeare. Mit Hugo von Hofmannsthal und Richard Strauss gründet er 1920 die Salzburger Festspiele. S 32/K 24

📖 M. Reinhardt: Leben für das Theater. Briefe. Reden. Aufsätze. Gespräche, 1989.

Max Reinhardt (1873–1943), Begründer des modernen Regietheaters

1902

Sport

Beginn der Vielseitigkeitsreiterei
April. Paris. Beim „Championnat du chevals d'armes" wird als letzter Wettbewerb der mehrtägigen Prüfung erstmals ein Jagdspringen ausgetragen. Zuvor haben die Reiter bereits eine Dressurprüfung, ein Hindernisrennen sowie einen Distanzritt über 60 km absolviert.

Neben dem Pariser Championat gibt es zu Jahrhundertbeginn weitere bedeutende Reitwettbewerbe, so den „Concours hippique" im Schweizerischen Yverdon (seit 1900) und das Militär-Reitertreffen „Primo concorso ippiquo nazionale" in Turin (seit 1902).

Die Vielseitigkeitsprüfung für Pferde (Military) gehört 1912 in London erstmals zum olympischen Programm. Teilnahmeberechtigt sind bis 1920 allerdings nur aktive Offiziere.

Deutscher Tennis-Bund gegründet
19.5. Berlin. Zehn Jahre nach der ersten Austragung der Deutschen Tennis-Meisterschaften wird der Deutsche Lawn Tennis Bund (DLTB, nach dem 1. Weltkrieg nur noch DTB) gegründet. Die Verbandsgründung trägt der gestiegenen Bedeutung der Sportart Rechnung: Mit dem Wimbledon-Turnier (seit 1877), den offenen US-Meisterschaften (seit 1881) und dem Davis-Cup (seit 1900) existieren bereits zu Jahrhundertbeginn drei Traditionswettbewerbe.

Nach dem 2. Weltkrieg wird der DTB bei Hannover wiedergegründet, doch Tennis kann sich als Volkssport nicht durchzusetzen. Erst in den 80er Jahren gewinnt das Spiel mit dem Filzball durch die Erfolge von Boris Becker (↑S.785/7.7.1985) und Steffi Graf (↑S.814/10.9.1988) in der Bundesrepublik an Popularität. 1992 zählt der DTB bereits 2,24 Mio Mitglieder (1983: 1,6 Mio).

Renault gewinnt Fernfahrt Paris–Wien
29.6. Wien. Der 24jährige Marcel Renault belegt in der Gesamtwertung der viertägigen Automobil-Fernfahrt von Paris nach Wien den ersten Platz und fährt für die Motoren-Werkstatt seines um ein Jahr älteren Bruders Louis den ersten großen Erfolg im Motorsport ein. Renault siegt mit einem Wagen, der aus 5429 cm³ Hubraum 16 PS gewinnt.

118 Autos, eingeteilt in drei Gewichtsklassen, waren am 26. Juni in Paris-Champigny gestartet. Renault konnte sich aufgrund des vergleichsweise niedrigen Gewichts seines Wagens (646 kg) vor allem auf den beiden Alpenetappen gegen Konkurrenten mit weitaus

Kulturszene 1902	K 25
Theater	
Georg Büchner Dantons Tod UA 5.1., Berlin	Die späte Entdeckung des 1837 jung verstorbenen revolutionären Dramatikers beeinflußt die Geschichte des Theaters im 20. Jh.
Maxim Gorki Nachtasyl UA 31.12., Moskau	Sozialkritisches naturalistisches Drama im Milieu der Gescheiterten und Asozialen eines Obdachlosenasyls; Regie: K. Stanislawski.
Gerhart Hauptmann Der arme Heinrich UA 29.11., Wien	Dramatische Bearbeitung eines mittelalterlichen Stoffs (12. Jh.): Ein Aussätziger hadert mit Gott und der Macht des Eros.
Maurice Maeterlinck Monna Vanna UA 7.5., Paris	Geschichte einer Frau im Pisa des 16. Jh., die eine Nacht mit einem Heerführer verbringen muß, damit dieser ihre Stadt verschont.
Ludwig Thoma Die Lokalbahn UA 19.10., München	Der „Simplicissimus"-Satiriker macht sich in dieser Kleinstadtkomödie über den übertriebenen Respekt vor der Obrigkeit lustig.
William Butler Yeats Cathleen, die Tochter Houlihans; UA 2.4., Dublin	Patriotisches Stück: Die Titelheldin wird zur Symbolgestalt des irischen Unabhängigkeitskampfs gegen Großbritannien.
Oper	
Francesco Cilèa Adriana Lecouvreur UA 6.11., Mailand	Lyrisch-veristische Oper über die gleichnamige Schauspielerin des 18. Jh; erfolgreich insbes. in der gekürzten Fassung (1930).
Claude Debussy Pelléas et Mélisande UA 30.4., Paris	Impressionistische Oper nach dem gleichnamigen Drama von M. Maeterlinck, das Orchester spiegelt psychische Empfindungen wider.
Operette	
Paul Lincke Lysistrata UA 31.3., Berlin	Die Berliner Operette verlegt die gleichnamige Komödie des Aristophanes in die Gegenwart; das „Glühwürmchen-Idyll" wird zum Schlager.
Konzert	
Maurice Ravel Jeux d'Eau UA 5.4., Paris	Klavierstück, in dem Tonkaskaden Wasserspiele imitieren; Erweiterung der Möglichkeiten des Klaviers durch Verwendung höchster Töne.
Film	
Georges Méliès Die Reise zum Mond Frankreich	Stummfilm als Parodie auf Romane von Jules Verne, Mondfahrt und -aufenthalt realisiert mit einfachen, doch verblüffenden Tricks.
Buch	
Joseph Conrad Taifun London	Der Kampf von Seeleuten gegen einen Wirbelsturm wird von Conrad als Sinnbild für die Auseinandersetzung mit dem Schicksal gedeutet.
Arthur Conan Doyle Der Hund von Baskerville London	Sherlock-Holmes-Kriminalroman in der gespenstischen Atmosphäre der nebelverhangenen Moorgebiete von Devonshire.
André Gide Der Immoralist Paris	Mutiger autobiographischer Bekenntnisroman über Gides homoerotische Neigungen und ihre Auswirkungen auf seine Ehe.
Alfred Jarry Der Supermann Paris	Als Zukunftsroman ausgegebene Persiflage auf den Rekordwahn, die Mechanisierung und Erotisierung des modernen Lebens.
Peter Rosegger Als ich noch der Waldbauernbub' war; Hamburg	Die gemütvollen autobiographischen Erzählungen des steirischen Volksschriftstellers erreichen Rekordauflagen.
Emil Strauß Freund Hein Berlin	Generationskonflikt: Verständnisloser Vater treibt seinen unter dem Zwang der Schule leidenden musischen Sohn in den Freitod.

1902

Frauensport: Anhängerinnen der Lebensreform-Bewegung auf dem „Licht-Luft-Sportplatz" am Berliner Kurfürstendamm.

Sport 1902		K 26
Fußball		
Englische Meisterschaft	FC Sunderland	
Italienische Meisterschaft	FC Genua	
Spanische Meisterschaft	Vizcaya Bilbao	
Tennis		
Wimbledon (seit 1877; 26. Austragung)	Herren: Laurence Doherty (GBR) Damen: Muriel Robb (GBR)	
US Open (seit 1881; 22. Austragung)	Herren: William A. Larned (USA) Damen: Marion Jones (USA)	
Davis-Cup (New York, USA)	USA – Großbritannien 3:2	
Boxen		
Schwergewichts-Weltmeisterschaft	James J. Jeffries (USA) – K. o. über Bob Fitzsimmons (USA), 25.7.	
Herausragende Weltrekorde		
Disziplin	Athlet (Land)	Leistung
Leichtathletik, Männer		
Diskuswurf	Martin Sheridan (USA)	40,72 m
Speerwurf	Eric Lemming (SWE)	51,95 m

stärkerer Motorisierung durchsetzen. Den zweiten Rang belegt Henri Farman auf Panhard-Levassor (70 PS, 13 672 cm^3, 998 kg).

Sport als Wohltat für Frauenkörper
10.7. Berlin. Die „Illustrirte Zeitung" berichtet in ihrer neuesten Ausgabe über das im Januar eröffnete „Licht-Luft-Sportinstitut" der Lebensreform-Bewegung, die auch Frauen Gelegenheit gibt, sich in dieser Einrichtung sportlich zu betätigen.
Der Autor der Reportage betont, daß „jedermann, der sich durch gesellschaftliche Verpflichtungen ruiniert, weiß, wieviel am Frauenkörper von frühester Jugend an durch den Zwang der Mode, durch Kleidung, Haltung und Ernährung gesündigt wird. Der Licht-Luft-Sport soll nun ein Korrektiv sein für das, was Korsettpanzer und Stöckelschuhe an der Entwicklung und Schönheit des weiblichen Körpers verschulden, ganz abgesehen von den Wohltaten, die Sport für die neurasthenische Großstädterin auch sonst darbietet."

Jeffries bleibt Box-Weltmeister
25.7. San Francisco. Der 26jährige US-Amerikaner James Jeffries, amtierender Box-Weltmeister aller Klassen, verteidigt den Titel gegen seinen Herausforderer und Landsmann, den bereits 39 Jahre alten Bob Fitzsimmons, durch K. o. in der achten Runde. Seit 19 Kämpfen (ab 1896) ist Jeffries unbesiegt.
Die Weltmeisterschaft errang Jeffries 1899 – ebenfalls im Kampf gegen Fitzsimmons, der den Titel seit 1897 getragen hatte.
1904 tritt Jeffries nach sechs Titelverteidigungen ungeschlagen zurück. Nachfolger wird sein Schüler Marvin Hart (S.55/3.7. 1905). Fitzsimmons wird 1902 noch Weltmeister in der neu eingerichteten Halbschwergewichtsklasse.

1903

Politik

USA begrenzen Einwanderung
3.3. Washington. Der Kongreß beschließt ein Gesetz, nach dem einige Personengruppen künftig nicht mehr in die USA einwandern dürfen. Dazu zählen Verbrecher, Geisteskranke, Menschen mit ansteckenden Krankheiten, Prostituierte und Personen, die „dem Gemeinwesen dauernd zur Last fallen" würden. Die Forderung der „Liga für Einwanderungsbeschränkungen" nach einem obligatorischen Bildungstest wird abgelehnt. 1921 kommt es zu einer strikten Limitierung: Die Gesamtzahl der Einwanderer wird auf 150 000 pro Jahr begrenzt, jedem Herkunftsland werden Quoten zugewiesen, gemessen an seinem jeweiligen Anteil an der US-amerikanischen Bevölkerungszahl von 1910. Gesamtlimitierung und Quotenregelung werden in der Folgezeit mehrfach modifiziert. S 35/K 27

Einwandererland USA		K 27
Herkunft und Zahl der US-Einwanderer		
Herkunftsland	bis 1910	1820–1987
Deutschland	2,50 Mio	7,05 Mio
Rußland (UdSSR)	1,73 Mio	3,42 Mio
Österreich-Ungarn	1,67 Mio	4,33 Mio
Irland	1,35 Mio	4,70 Mio
Italien	1,34 Mio	5,34 Mio
Kanada	1,20 Mio	4,23 Mio
Anteil an der Gesamteinwandererzahl		
Land	1820–60	1860–90	1890–1910
Deutschland	30,6%	29,1%	8,8%
Rußland/Osteuropa	–	2,4%	17,2%
Österreich-Ungarn	0,1%	3,2%	20,3%
Irland	38,7%	15,6%	7,2%
Großbritannien	15,7%	20,4%	6,7%
Italien/Südeuropa	0,6%	3,3%	20,5%

Deutsche bauen Bagdadbahn
6.3. Konstantinopel (Istanbul). In mehreren Abkommen werden die technischen und finanziellen Bedingungen für den Bau der Bahnstrecke von Konya über Bagdad nach Basra festgelegt.
Im Januar 1902 war die Konzession für den Weiterbau der quer durch das Osmanische Reich führenden Bagdadbahn an ein Konsortium unter Leitung der Deutschen Bank (Anteil 60%) vergeben worden. Französische Geldgeber tragen die restlichen 40% der geschätzten Kosten von 450 Mio Mark.
Die deutsch-türkische Zusammenarbeit führt zur Annäherung zwischen Großbritannien und Rußland. London fürchtet eine Bedrohung der eigenen Vormachtstellung in Asien; Rußland lehnt eine Stärkung des Osmanischen Reichs generell ab. 1940 ist die 3200 km lange Strecke zwischen Konstantinopel und dem Persischen Golf fertiggestellt.

Mord am serbischen König
11.6. Belgrad. König Alexander I. von Serbien, seine Frau Draga sowie Ministerpräsident Demeter Zinzar-Marcović und weitere Regierungsmitglieder werden von serbischen Offizieren unter Führung des Nationalisten Dragutin Dimitrijević ermordet.
Alexander I., der 1889 im Alter von 13 Jahren die Thronfolge in Serbien angetreten hatte, führte ab 1893 die Regierungsgeschäfte. Dabei setzte er Teile der demokratischen Verfassung außer Kraft. Seine Annäherung an den mächtigen Nachbarn Österreich-Ungarn stieß auf Widerstand in der starken Partei der russophilen Radikalen. Auslöser des Putsches war die Auflösung der Nationalversammlung durch Alexander I. am 6.4.

Alexander I. von Serbien

Wichtige Regierungswechsel 1903			K 28
Land	Amtsinhaber	Bedeutung	
Italien	Giuseppe Zanardelli (M seit 1901) Giovanni Giolitti (M bis 1909)	Rücktritt von Zanardelli (21.10.); Beginn der Ära Giolitti: Förderung der italienischen Sozial- und Arbeitsgesetzgebung	
Rußland	Iwan N. Durnowo (M seit 1895) Sergej J. Witte (M bis 1906)	Zar „befördert" Witte, der für soziale Reformen eintrat, auf Repräsentationsposten ohne politische Einflußmöglichkeiten	
Serbien	Alexander I. (König seit 1889) Peter I. (König bis 1921)	Serbische Offiziere ermorden den diktatorisch herrschenden König und seine Frau (11.6.); Ende der Obrenović-Dynastie (S.35)	
Uruguay	Juan Lindolfo Cuestas (P seit 1897) José Batlle y Ordónez (P bis 1907)	Batlle y Ordónez setzt Arbeitsgesetzgebung und staatliche Fürsorge durch und schafft Grundlagen des heutigen Uruguay	

M = Ministerpräsident bzw. Premierminister; P = Präsident

Vom Parlament gewählter Nachfolger Alexanders wird Peter I., der eine rußlandfreundliche Politik betreibt. S 35/K 28 S 256/K 267

Zentrum nur knapp vor SPD
16.6. Berlin. Die beiden stärksten Fraktionen nach den Reichstagswahlen sind die katholische Zentrumspartei (100 Sitze) und die Sozialdemokraten (81 Mandate). Die Machtverhältnisse im Parlament ändern sich nicht wesentlich. Reichskanzler Bernhard Graf von Bülow (↑S.13/17.10.1900) hat die konservativen Parteien mit zusammen 75 Sitzen sowie die 100 Abgeordneten des Zentrums hinter sich.

Das Zentrum steht allerdings nach dem Tod des Vorsitzenden Ernst Lieber (1902) vor einem Kurswechsel. So führen die Angriffe des Zentrumsabgeordneten Matthias Erzberger gegen die deutsche Kolonialverwaltung 1906 zum Bruch seiner Partei mit der Reichsregierung und zu Neuwahlen (↑S.64/25.1.1907). S 57/K 53

Russische Arbeiterpartei gespalten
23.8. London. Die 2. Parteikonferenz der Sozialdemokratischen Arbeiterpartei Rußlands (SDAPR) endet mit der Spaltung in Bolschewiki („Mehrheitler") und Menschewiki („Minderheitler").

55 aus dem Exil und aus Rußland angereiste Parteivertreter waren zusammengekommen, um ein gemeinsames Parteiprogramm für die in zahlreiche Zirkel zersplitterte Partei zu schaffen. Die Widersprüche eskalierten im Streit um Lenins Forderung nach Reduzierung des Redaktionskollegiums des in Genf herausgegebenen Parteiorgans „Iskra" („Funke"). Bei der Abstimmung entfielen 25 Stimmen auf Lenin und 20 auf seinen Kontrahenten Julius Martow.

Zu den „Minderheitlern", die ein Bündnis mit dem Bürgertum nicht generell ablehnen, wechselt kurze Zeit später Iskra-Herausgeber Georgi W. Plechanow, der die Partei 1898 in Minsk gegründet hatte. Der Stockholmer Parteikongreß im April 1906 bringt die Wiedervereinigung beider Fraktionen. S 58/K 54

Unblutige Revolution in Panama
3.11. Panama. Mit Unterstützung der USA erreichen Separatisten die Unabhängigkeit der kolumbianischen Provinz. Nachdem Kolumbien sich geweigert hatte, den im Januar ausgehandelten Hay-Herrán-Vertrag über die Abtretung einer Kanalzone (↑S.20/18.11.1901) zu ratifizieren, förderte Washington die Revolutionspläne der Separatisten. Kolumbianische Regierungstruppen aus Bogotá konnten die Provinzhauptstadt Panama City nicht erreichen, da die von US-Gesellschaften betriebene „Panama Railroad" Transporte boykottierte.

Erster Präsident Panamas wird 1904 Manuel Amador Guerrero, der den USA weitgehende Konzessionen und Rechte für die Kanalzone einräumt (↑S.117/15.8.1914).

Wirtschaft

„Telefunken" funkt drahtlos
27.5. Berlin. Die funktechnischen Studiengruppen von AEG und Siemens schließen sich zur „Gesellschaft für drahtlose Telegraphie" zusammen. Die Telegrammadresse „Telefunken" wird zum Namen des neuen einheitlichen Funksystems.

Im Herbst 1902 hatte sich Kaiser Wilhelm II. persönlich für eine Kooperation der beiden konkurrierenden Studiengruppen eingesetzt. Durch Rivalitäten und Patentstreitigkeiten hatten die deutschen Systeme gegenüber dem dritten Konkurrenten, „Marconis Wireless Telegraph Co. Ltd.", an Boden verloren. Am 4.8. beginnt in Berlin die erste internationale Konferenz für drahtlose Telegraphie, auf der sich die Deutschen für eine weltweite

Nobelpreisträger 1903	K 29
Frieden: William Randal Cremer (GB, 1838–1908)	
Der Tischler und überzeugte Pazifist engagierte sich in der Arbeiterbewegung und war Parlamentsabgeordneter. 1889 gründete er mit Frédéric Passy (NP 1901) die Interparlamentarische Union, die bei zwischenstaatlichen Streitigkeiten den Abschluß von Schiedsgerichtsverträgen initiierte.	
Literatur: Björnstjerne Björnson (N, 1832–1910)	
Björnson betrachtete Natur und Dichtung als Einheit und reformierte die norwegische Literatur. Der sozial und politisch engagierte Schriftsteller verfaßte u. a. die norwegische Nationalhymne. Als Hauptwerk gilt das zweiteilige Drama „Über unsere Kraft" (1883 und 1895).	
Chemie: Svante August Arrhenius (S, 1859–1927)	
Die Erkenntnisse des Physikochemikers bilden eine Grundlage der physikalischen Chemie. Arrhenius bewies, daß Salzmoleküle in Lösungen zu Ionen zerfallen. Die positiv geladenen Kationen und die negativ geladenen Anionen wandern im Lösungsmittel und leiten dadurch Strom.	
Medizin: Niels Ryberg Finsen (DK, 1860–1904)	
Finsen erforschte die physiologische Wirkung des Lichts auf den menschlichen Organismus. Er entwickelte Methoden der Lichtbehandlung bei Hauttuberkulose mit ultraviolettstrahlenreichem, gekühltem Bogenlicht (Erfindung der Finsenlampe) sowie bei Pocken mittels Rotlicht.	
Physik: Antoine Henri Becquerel (F, 1852–1908), Marie Curie (F, 1867–1934), Pierre Curie (F, 1859–1906)	
Becquerel entdeckte die radioaktive Strahlung des Urans und leitete damit das Atomzeitalter ein. Das Ehepaar Curie bewies, daß radioaktive Strahlung aus negativ und positiv geladenen sowie aus neutralen Komponenten (Alpha-, Beta-, Gammastrahlen) besteht.	

Angleichung der unterschiedlichen Systeme einsetzen. Erst 1906 wird dieser Vorschlag verwirklicht.

Krupp wird Aktiengesellschaft
1.7. Essen. Die Firma Friedrich Krupp wird vom Familienunternehmen zu einer Aktiengesellschaft umgewandelt; die Aktien in Höhe des Grundkapitals von 160 Mio Mark gehören der 16jährigen Bertha Krupp. Die Umwandlung des größten deutschen Industrieunternehmens geschieht auf Verfügung von Friedrich Alfred Krupp, dem am 22.11.1902 verstorbenen Enkel des Firmengründers.
1811 hatte Friedrich Krupp mit der Essener Gußstahlfabrik die Keimzelle seines Wirtschaftskonzerns begründet, der unter Führung seines Sohnes Alfred Krupp stark expandierte. Die Firma profitierte von der raschen Industrialisierung Deutschlands sowie der Reichsgründung 1871 und nutzte die Einführung neuer Technologien (Bessemer- und Siemens-Martin-Verfahren) in der Stahlindustrie zur Massenproduktion. Die Überlegenheit Kruppscher Waffen im Deutsch-Französischen Krieg (1870/71) verschaffte dem „Kanonenkönig" zahlreiche neue Aufträge. Während der beiden Weltkriege wird der Rüstungssektor zur größten Einnahmequelle des Konzerns.
1943 wird die AG wieder in eine Einzelfirma umgewandelt (↑S.688/17.7.1974).

Wissenschaft

Erklärung der Radioaktivität
April/Mai. Montreal. Der neuseeländische Atomphysiker Ernest Rutherford und sein britischer Assistent, der Chemiker Frederick Soddy, beweisen experimentell die 1899 von dem deutschen Physiklehrer Johann Philipp Ludwig Julius Elster aufgestellte Hypothese, daß schwere Atomkerne instabil, d. h. „radioaktiv" sein können und sich spontan und unbeeinflußbar unter Aussendung von Alpha- oder Betastrahlen in andere (radioaktive) Elemente umwandeln können.
Damit liefern sie erstmals eine Erklärung für das 1898 von dem französischen Forscherehepaar Marie und Pierre Curie entdeckte Phänomen der natürlichen Elementumwandlung, den sog. radioaktiven Atomzerfall, und widerlegen die jahrtausendealte Anschauung von der Unveränderlichkeit der Atome.
Im Zuge seiner Versuche mit Alphateilchen entdeckt Rutherford 1910 (↑S.87) den Atomkern und begründet 1911 (↑S.94) das erste moderne Atommodell.
C. Keller: Die Geschichte der Radioaktivität, 1982.

Aspirin stillt den Schmerz
Elberfeld (heute zu Wuppertal). Die „Farbenfabriken vorm. Friedr. Bayer & Co., AG"

Krupp-Aktiengesellschaft löst den Familienbetrieb ab: In der Essener Gußstahlfabrik werden hauptsächlich Geschütze, Gewehrläufe und Panzerteile für Kriegsschiffe produziert.

1903

Erster Motorflug: Den Brüdern Orville (am Steuer) und Wilbur Wright gelingt ein 12-sec-Flug.

Stationen des Motorflugs		K 30
Jahr	**Ereignis**	
1809	George Cayley (GB) erfindet den Starrflügel-Gleiter	
1849	Erste Luftsprünge mit Cayleys Gleitflugzeug	
1857	Félix du Temple de la Croix (F) konstruiert Eindecker mit Uhrwerkantrieb (zunächst als Modell)	
1874	Erster motorisierter Luftsprung der Fluggeschichte (mit Eindecker)	
1891	Otto Lilienthal (D) baut erstes Gleitflugzeug mit starren Tragflächen (ohne Motor) und erreicht Flugweiten bis 230 m	
1894	Sir Hiram Maxim (GB) gelingt Flug mit einem Doppeldecker, der von zwei 180-PS-Heißluftmotoren angetrieben wird	
1901	Gustave Whitehead (USA) unternimmt ersten Motorflug mit Benzinmotor; 1902 überwindet er eine Distanz von sieben Meilen (S.22)	
1903	Erster gesteuerter Motorflug durch die Gebrüder Orville und Wilbur Wright (USA) in Kitty Hawk/North Carolina (S.38)	
1909	Louis Blériot (F) überquert den Ärmelkanal in einem selbstkonstruierten Eindecker mit 25-PS-Motor (Modell XI, S.81)	
1915	Hugo Junkers (D) konstruiert erstes Ganzmetallflugzeug; geringer Luftwiderstand, Geschwindigkeit bis 170 km/h	
1919	John W. Alcock (GB) und Arthur Whitten-Brown (GB) überqueren in einem Nonstopflug den Atlantischen Ozean	
1927	Dem Amerikaner Charles A. Lindbergh gelingt der erste Alleinflug über den Atlantik mit der „Spirit of St. Louis" (S.245)	
1933	Wiley Post (USA) gelingt der erste Alleinflug um die Erde (S.296)	
1939	Düsentriebwerke ersetzen Kolbenmotoren; Heinkel He 178 leitet Epoche der Hochgeschwindigkeitsflugzeuge ein (S.358)	
1947	Amerikanisches Jagdflugzeug erreicht erstmals Überschallgeschwindigkeit (mehr als 1100 km/h, S.435)	
1954	Prototyp der Passagiermaschine „Boeing 707" startet (erste Maschine mit Fan-Triebwerk, für Passagierflüge im Unterschallbereich geeignet)	
1969	Erster Flug des Jumbo-Jets „Boeing 747" (Großraumflugzeug für 385 Passagiere); Höchstgeschwindigkeit: 930 km/h (S.636)	
1972	In Toulouse (F), Zentrum der europäischen Airbus-Industrie, fliegt das erste europäische Großraumflugzeug (Typ Airbus 300, S.666)	
1976	Verkehrsmaschine „Concorde" führt erstmals Linienflüge im Überschallbereich (bis 2200 km/h) durch (S.636)	
1986	B. Rutan (USA) fliegt mit einem zweimotorigen Propellerflugzeug in neun Tagen um die Welt, ohne nachzutanken	

(heute Bayer Leverkusen) bringen das synthetische Arzneimittel Aspirin auf den Markt.
Den Wirkstoff, Acetylsalicylsäure (ASS), entdeckte 1897 der Chemiker Felix Hoffmann. Er hilft gegen Rheuma, wirkt schmerzstillend bei Kopf-, Zahn- und Nervenschmerzen, fiebersenkend und entzündungshemmend. Aspirin wird, wie fast alle Medikamente, in Pulverform hergestellt. Es ist das erste bedeutende Medikament, das als Tablette erhältlich ist (ab 1904).
1918 wird der Markenname, wie alle Warenzeichen deutscher Niederlassungen in den USA, amerikanische Kriegsbeute. Die Firma Sterling Drug Inc. in New York ersteigert ihn zusammen mit dem Namen und Firmenzeichen Bayer aus dem enteigneten Besitz der Farbenfabrik. Als es Bayer 1985 gelingt, das Recht auf Führung seines Namens in den USA für 25 Mio US-$ zurückzukaufen, bleibt „Bayer Aspirin" von dieser Regelung ausgeschlossen.

Technik

Erster Motorflug der Brüder Wright
17.12. Kitty Hawk. An der Atlantikküste des US-Bundesstaats North Carolina gelingt den Brüdern Wright der erste gesteuerte Motorflug. Der mit einer 12 PS starken Maschine ausgerüstete und 272 kg schwere Doppeldecker „Flyer I" bleibt 12 sec in der Luft und legt eine Strecke von 36 m zurück.
Orville und Wilbur Wright gewannen Interesse an der Fliegerei durch Berichte von den Flügen des deutschen Luftpioniers Otto Lilienthal, der ab 1891 systematische Versuchsflüge mit Gleitern durchgeführt hatte. Bereits am 14.8.1901 (↑S.22) war Gustave

Whitehead ein Motorflug geglückt, was jedoch in Vergessenheit geriet.
1904 führen die Wrights mit dem Flugmodell „Flyer II" den ersten exakt gesteuerten Kurvenflug aus. 1907/08 erreichen sie bei Demonstrationsflügen in Europa Flugzeiten von 2 1/2 Stunden. `S 38/K 30`

Gesellschaft

Pius X. neuer Papst
9.8. Rom. Kardinal Giuseppe Sarto wird als Pius X. zum Papst gekrönt. Er tritt die Nachfolge des am 20.7. im Alter von 93 Jahren verstorbenen Leo XIII. an.
Gegen den ursprünglich von der Konklave nominierten Kardinal Mariano Rampolla hatte der österreichische Kaiser Franz Joseph I. Einwände erhoben, da der bisherige Staatssekretär des Vatikans in der Balkanfrage nicht die österreichischen Interessen vertrat.
Eine der ersten Amtshandlungen des neuen Papstes ist die Abschaffung des Vetos weltlicher Mächte. Pius X. leitet einige vorsichtige Reformen innerhalb des Vatikans ein; am 19.6.1905 erscheint seine Enzyklika „Il firmo proposito", in der er den italienischen Katholiken das bislang verpönte politische Engagement erlaubt. 1954 wird er von Pius XII. (↑S.356/2.3.1939) heiliggesprochen (↑S.117/ 3.9.1914). `S 39/K 31`

Suffragetten organisieren sich
10.10. Manchester. Mit dem Ziel, das Frauenwahlrecht durchzusetzen, gründen Emmeline Pankhurst und ihre Tochter Christabel die „National Women's Social and Political Union".
Zwei US-Bundesstaaten, Wyoming und New Hampshire, sind neben Australien und Neuseeland zu Beginn des Jahrhunderts die einzigen Staaten, in denen Frauen das Wahlrecht haben. Frauenstimmrechtsbewegungen gibt es auch in Frankreich, im Deutschen Reich und in den USA. Statt des bislang praktizierten friedlichen Widerstands setzen die Pankhursts und ihre Mitstreiterinnen auf öffentlichkeitswirksame Aktionen (u. a. Massenproteste, Belagerung des Parlaments). Mit Erfolg: Am 19.6.1917 stimmt das britische Unterhaus für das Frauenwahlrecht. `S 96/K 100`

Kultur

Wandlung der Wiener Moderne
12.5. Wien. Der Designer Koloman Moser, der Architekt Josef Hoffmann und der Finan-

Päpste vom 18. bis 20. Jahrhundert K 31

Name Vorherige Funktion	Regierungszeit Alter bei Wahl	Leistungen, Ereignisse
Innozenz XII. Bischof von Neapel	1691–1700 76 Jahre	Reformfreudig; gegen Jansenismus und Quietismus eingestellt
Klemens XI. Kardinal (seit 1687)	1700–1721 51 Jahre	Bruch mit König Philipp V. von Spanien (wg. Thronfolgestreit)
Innozenz XIII. Bischof von Viterbo	1721–1724 66 Jahre	Verlangte von Jesuiten Beachtung der päpstlichen Dekrete
Benedikt XIII. Erzbischof von Benevent	1724–1730 75 Jahre	Führungsschwach; überließ Geschäfte Kardinal Loscia
Klemens XII. Nuntius in Wien	1730–1740 78 Jahre	Konnte Verfall der polit. Geltung des Papsttums nicht aufhalten
Benedikt XIV. Erzbischof von Bologna	1740–1758 65 Jahre	Abkommen mit Großmächten; Verwaltungsreformer
Klemens XIII. Bischof von Padua	1758–1769 65 Jahre	Kämpfte erfolglos gegen Aufklärung und Gallikanismus
Klemens XIV. Kardinal (seit 1759)	1769–1774 64 Jahre	1773 auf Drängen der Bourbonen Aufhebung des Jesuitenordens
Pius VI. Kardinal (seit 1773)	1775–1799 58 Jahre	Nach Franz. Revolution wurde Kirchenstaat besetzt (1798)
Pius VII. Kardinal (seit 1785)	1800–1823 58 Jahre	1807 Vereinigung des Kirchenstaats mit Frankreich
Leo XII. Päpstl. Nuntius	1823–1829 63 Jahre	Neuordnung der katholischen Kirche in Lateinamerika
Pius VIII. Bischof von Frascati	1829–1830 68 Jahre	Verurteilung der Freimaurerei; Katholikenemanzipation in Großbrit.
Gregor XVI. Kardinal (seit 1826)	1831–1846 66 Jahre	An Wunschbildern mittelalterlicher Kirchenmacht orientiert
Pius IX. Kardinal (seit 1840)	1846–1878 54 Jahre	Nach ital. Besetzung Roms (1870) Ende des Kirchenstaats
Leo XIII. Bischof von Perugia	1878–1903 68 Jahre	Beendigung des Kulturkampfs im Deutschen Reich
Pius X. (S.39) Patriarch von Venedig	1903–1914 68 Jahre	Religiöse Erneuerung (konsequente Abwehr des Modernismus)
Benedikt XV. (S.117) Erzbischof v. Bologna	1914–1922 63 Jahre	Im 1. Weltkrieg erfolglos bei Vermittlungsversuchen
Pius XI. (S.191) Erzbischof v. Mailand	1922–1939 69 Jahre	Kirchl. Konsolidierung durch Abschluß zahlreicher Konkordate
Pius XII. (S.356) Päpstl. Kardinalsekretär	1939–1958 63 Jahre	Förderung des Kirchenaufbaus in Afrika und Asien
Johannes XXIII. (S.526) Patriarch von Venedig	1958–1963 77 Jahre	Auflockerung des Zentralismus (zwei Enzykliken)
Paul VI. (S.563) Erzbischof von Mailand	1963–1978 66 Jahre	Setzte sich auf vielen Reisen für den Frieden in der Welt ein
Johannes Paul I. (S.726) Kardinal (seit 1973)	Aug./Sept. 1978 66 Jahre	Eines der kürzesten Pontifikate der Kirchengeschichte
Johannes Paul II. (S.727) Erzbischof von Krakau	1978–... 58 Jahre	Erster nichtital. Papst seit 1522; bei Attentat 1981 schwer verletzt

1903

Design-Trends im 20. Jahrhundert — K 32

Designer (Lebensdaten) Land	Wichtige Produkte (Jahr)
Jugendstil (ca. 1890–1914)	
Peter Behrens (1868–1940) Deutschland	Tischlampe für den hessischen Großherzog Ernst Ludwig (1902); Glas mit Goldrand (1903)
Charles Rennie Mackintosh (1868–1928), Großbritannien	Schatulle aus Kupfer mit Opalglas (1896); Stuhl Argyle (1897); Bibliothekseinrichtung der Glasgower School of Art (1897–1906)
Joseph Maria Olbrich (1867–1908), Österreich	Weißmetallgabel (um 1900); Standleuchter (Leuchterpaar, 1902/03)
Richard Riemerschmid (1868–1957), Deutschland	Musikzimmerstuhl (1898/99); Schreibtisch mit Einlegearbeit und aufwendigen Beschlägen (um 1900); Teller (1903/04)
Louis Comfort Tiffany (1848–1933), USA	Lotus-Lampe mit bleiverglastem Schirm (um 1900); Vase aus sog. Favrile-Glas (um 1905)
Henry van de Velde (1863–1957), Belgien	Schreibtisch für Julius Meier-Graefe (1899); Porzellanteller mit blauer Unterglasurmalerei und plastischem Dekor (1903)
Werkstättenbewegung (seit 1897)	
Josef Hoffmann (1870–1956) Österreich	Stuhl Purkersdorf (1903); Stuhl Fledermaus (1904); Goldarmband mit Elfenbein (1913/14)
Koloman Moser (1860–1918) Österreich	Schreibtisch mit einschiebbarem Stuhl (1903/04); Federstielbehälter (um 1905)
Bruno Paul (1874–1968) Deutschland	Bücherschrank (1908); Speisezimmereinrichtung für das Gelbe Haus (Entwurf für Kölner Werkbund-Ausstellung, 1914)
Otto Prutscher (1880–1949) Österreich	Vitrinenschrank (um 1905); elektrische Deckenlampe aus Bronze und Glas (1906); farbiges, geschliffenes Trinkglas (1910)
Jean Puiforcat (1867–1945) Frankreich	Silberne Teekanne mit Lapislazuli und Elfenbein (1923); vierteiliges Teeservice aus Silber und Palisander (um 1925)
Otto Wagner (1841–1918) Österreich	Schreibtisch (um 1904); kleiner „Sparkassensessel" (1904); Stuhl (1905/06)
Bauhaus (1919–33)	
Marcel Breuer (1902–1981) Ungarn/USA	Stahlrohrsessel B 3 (sog. Wassily-Sessel, 1925, erster serienmäßig hergestellter Stahlrohrstuhl); Armlehnstuhl B 34 (vor 1928)
Walter Gropius (1883–1969) Deutschland/USA	Autokarosserien für die Adler-Werke (1930); Teeservice Tac 1 (mit Louis McMillen, 1968)
Ludwig Mies van der Rohe (1886–1969) Deutschland/USA	Freischwinger-Stuhl (1927); Barcelona-Sessel (1929); Armlehnstuhl Bruo (1929); Schreibtischgruppe (1932)
Wilhelm Wagenfeld (1900–1990), Deutschland	Teeservice (1932); Glasschalen Greifswald (1938/39), Geschirr Kubus (1938)
Ulmer Funktionalismus (1955–68)	
Hans Gugelot (1920–1965) Deutschland	Radio- und Plattenspielereinheit Braun Phono-Super SK 4 (sog. Schneewittchensarg, 1956)
Dieter Rams (*1932) Deutschland	Rundfunkgerät Tischsuper RT 20 (1961); Kofferempfänger T 540 (1962)
Eero Saarinen (1910–1961) Finnland/USA	„Tulpen-Stuhl" aus Polyester, mit Fuß aus beschichtetem Leichtmetallguß (1956)
Radical-Design (ab 1970)	
Alessandro Mendini (*1931) Italien	Sofa Kandinsky (1978); Proust-Sessel (1979); Schrank aus der Serie II Mobile Infinito (1981)
Ettore Sottsass (*1917) Italien	Raumteiler Carlton (Teil der ersten Memphis-Kollektion, 1981); Stuhl Teodora (1986/87)

zier Fritz Waerndorfer gründen die Wiener Werkstätte. Diese Produktionsgenossenschaft von Kunsthandwerkern wendet sich gegen die zunehmende Kommerzialisierung des Secessionsstils und distanziert sich von jeglicher Massenproduktion (↑S.69/ 6.10.1907). Sie will mit künstlerisch hochwertigen Produkten im sachlichen, geometrischen Stil alle Lebensbereiche gestalten. Beeinflußt ist die Wiener Werkstätte von der englischen „Arts-and-Crafts-Bewegung" sowie von der klaren Linienführung des Schotten Charles Rennie Mackintosh (↑S.31/ 19.5.1902) und seiner Glasgower Schule. Ab 1915 setzen sich mit dem Eintritt von Dagobert Peche phantasievoll-phantastische Formen, die nicht mehr zweckbestimmt sind, durch. 1932 wird die Wiener Werkstätte aufgelöst.   S 40/K 32

📖 D. Baroni/A. D'Auria: Josef Hoffmann und die Wiener Werkstätte, 1984.

Zusammenschluß der Secessionisten
15.12. Weimar. Vertreter der Secessionen aus Berlin, Karlsruhe, München und anderen Kunstzentren gründen den „Deutschen Künstlerbund".
Dieser Interessenverband will Repressionen gegenüber den Repräsentanten moderner Kunst entgegenwirken. Kaiser Wilhelm II. hatte der Berliner Kunstausstellung den Ankauf eines Landschaftsbildes des Secessionisten Walter Leistikow untersagt. Den Vorsitz des „Deutschen Künstlerbundes" übernimmt Leopold Graf von Kalckreuth, Vizepräsidenten werden Max Liebermann und Udo Kessler.
Nach dem 2. Weltkrieg verlegt der Verband seinen Sitz nach Berlin (West) und organisiert jedes Jahr Ausstellungen, die einen repräsentativen Querschnitt der deutschen Kunstszene zeigen.   S 17/K 7

📖 N. Teeuwisse: Vom Salon zur Secession. Berliner Kunstleben 1871–1900, 1986.

Zweite Bühne für Reinhardt
Februar. Berlin. Der österreichische Schauspieler und Regisseur Max Reinhardt übernimmt das Neue Theater am Schiffbauerdamm. Er verfügt nun über zwei Berliner Bühnen, denn am 1.1. war er Chef des Kleinen Theaters geworden. Bis 1902 hatte Reinhardt unter Otto Brahm am Deutschen Theater als Schauspieler gearbeitet. Seit dem 23.1. läuft seine Inszenierung von Maxim Gorkis „Nachtasyl" am Kleinen Theater. Der große Erfolg brachte ihm die finanziellen Mittel zum Erwerb des Neuen Theaters, auf

das er bei der Realisierung seiner weiteren Pläne angewiesen ist, denn das „Nachtasyl" läuft jeden Abend.
In den folgenden Monaten inszeniert Reinhardt „Pelléas und Mélisande" von Maurice Maeterlinck und „Der Strom" von Max Halbe. Seinen Ruhm als Regisseur einer neuen Theaterkunst begründet seine Realisierung des Dramas „Salome" von Oscar Wilde. Reinhardts Ziel ist ein Theater, das, den vorherrschenden Naturalismus überwindend, die Menschen „aus der grauen Alltagsmisere über sich selbst hinausführt in eine heitere und reine Luft der Schönheit". S 32/K 24

📖 Max Reinhardt. Ein Leben im Werk. Schriften und Selbstzeugnisse, 1989.

Ausdruckstänzerin Isadora Duncan, Pastellzeichnung von Fritz Kaulbach, 1904

Isadora Duncan kreiert freien Tanz
7.1. Berlin. Die US-amerikanische Tänzerin Isadora Duncan gibt dem „Berliner Tageblatt" anläßlich ihrer Auftritte im Königlichen Schauspielhaus ein Interview. Darin erläutert sie ihren Tanzstil, der in natürlichen, ausdrucksstarken Bewegungen Empfindungen versinnbildlichen soll.
Mit ihren Darstellungen knüpft Isadora Duncan an antike Vorbilder an; sie tanzt barfuß, nur mit einer knielangen Tunika bekleidet, zu sinfonischer Musik und verzichtet auf typische Elemente des akademischen Balletts.
1904 gründet Duncan in Berlin eine eigene Tanzschule. Ihre Tanzkunst nimmt großen Einfluß auf die Entwicklung des Modern Dance, der in den 30er Jahren von der US-Amerikanerin Martha Graham (↑S.297/1933) entwickelt wird. S 447/K 449

Kulturszene 1903	K 33
Theater	
Max Halbe Der Strom UA 19.10., Wien	Das Drama kennzeichnet den Übergang vom Naturalismus zur Heimatliteratur: Ein Deichbruch löst eine Familientragödie aus.
Gerhart Hauptmann Rose Bernd UA 31.10., Berlin	Zum Kindsmord führende Liebeskonflikte eines Bauernmädchens als Plädoyer für die im Naturalismus vieldiskutierte „freie Liebe".
Hugo von Hofmannsthal Elektra UA 30.10., Berlin	Erstes Griechenlanddrama Hofmannsthals frei nach Sophokles; dient als Libretto zu gleichnamiger Oper von Richard Strauss (1909).
John Millington Synge Der Schatten im Tal UA 8.10., Dublin	Einakter nach altirischem Schwank erregt Skandal, weil das Publikum in der Hauptfigur das Idealbild der Irin beschmutzt sieht.
Oper	
Eugen d'Albert Tiefland UA 15.11., Prag	Naturalistische Oper, in der italienische Melodik und Dramatik mit Wagners Ansprüchen an das Musikdrama in Einklang gebracht sind.
Ermanno Wolf-Ferrari Die neugierigen Frauen UA 27.11., München	Die Musikstile Mozarts und Rossinis verschmelzen mit venezianischen Volksweisen; nach einer Komödie von Carlo Goldoni.
Konzert	
Anton Bruckner 9. Sinfonie UA 11.2., Wien	Postume Uraufführung der letzten Sinfonie des Spätromantikers; entstanden 1891–96; das Finale blieb unvollendet.
Erik Satie Drei Stücke in Form einer Birne; Paris	Mit den Klavierstücken begegnet der Komponist auf spielerische Weise dem Vorwurf der Formlosigkeit in seiner Musik.
Film	
Edwin S. Porter Der große Eisenbahnraub USA	Zehn-Minuten-Film mit Western-Touch; auf Schockeffekt zielendes Ende: Ein Räuber schießt direkt in die Kamera (ins Publikum).
Buch	
Franz Adam Beyerlein Jena oder Sedan? Berlin	Der vielgelesene Roman entwirft aus der Sicht eines gemeinen Soldaten und eines Offiziers ein kritisches Bild des deutschen Heeres.
Valeri Brjussow Der Stadt und der Welt Moskau	Gedichtsammlung zum Thema „Großstadt" vom Begründer des russischen Symbolismus, der als Übersetzer französischer Lyrik begann.
Samuel Butler d. J. Der Weg allen Fleisches London	Satire auf das viktorianische Familienleben und den strengen, verlogenen Moral- und Ehrenkodex der Epoche; postum veröffentlicht.
Richard Dehmel Zwei Menschen Berlin	Der hochgeschätzte Dichter der Jugendstil-Generation versucht mit diesem „Roman in Romanzen" eine Wiederbelebung des Versepos.
William E. B. DuBois Vom Wesen der Schwarzen; Chicago	Essay- und Skizzensammlung eines afroamerikanischen Bürgerrechtlers, die zum Manifest der Selbstfindung der US-Farbigen wird.
Elisabeth von Heyking Briefe, die ihn nicht erreichten; Berlin	Autobiographisch gefärbter Briefroman über die unerfüllt bleibende Liebe einer Deutschen, die mit einem Chinesen korrespondiert.
Henry James Die Gesandten London	Transkontinentaler Roman über die Versuche, einen jungen, von Paris begeisterten Amerikaner zur Heimkehr nach Neu-England zu bewegen.
Francis Jammes Der Hasenroman Paris	Der Naturmystiker Jammes wählt einen Hasen zum Helden, der im Auftrag Franz von Assisis den Tieren den Weg ins Paradies weist.
Heinrich Mann Die Göttinnen München	Die „drei Romane der Herzogin von Assy" schildern die haltlose Exzentrik und Borniertheit der Fin-de-siècle-Gesellschaft.

1903

Große Radrennen im 20. Jahrhundert K 34

Name (Gründungsjahr)	Rekordsieger (bis 1996)	Zeitraum
Rundfahrten		
Tour de France (1903) – Schwerstes und prestigeträchtigstes Etappenrennen der Welt	5 x Jacques Anquetil (FRA)	1957–64
	5 x Eddy Merckx (BEL)	1969–74
	5 x Bernard Hinault (FRA)	1978–85
	5 x Miguel Indurain (ESP)	1991–95
Giro d'Italia (1909) – Rangiert hinter Tour de France an Nr. 2 der Etappenrennen	5 x Alfredo Binda (ITA)	1925–33
	5 x Fausto Coppi (ITA)	1940–53
	5 x Eddy Merckx (BEL)	1968–74
Tour de Suisse (1933)	4 x Pasquale Fornara (ITA)	1952–58
Mehretappenrennen		
Paris–Nizza (1933)	7 x Sean Kelly (IRL)	1982–88
	5 x Jacques Anquetil (FRA)	1957–66
Eintagesklassiker		
Lüttich–Bastogne–Lüttich (1894)	5 x Eddy Merckx (BEL)	1969–75
Paris–Roubaix (1896)	4 x R. de Vlaeminck (BEL)	1972–77
Paris–Tours	3 x Gustaaf Danneels (BEL)	1934–37
	3 x Guido Reybrouck (BEL)	1964–68
Lombardei-Rundfahrt (1905)	5 x Fausto Coppi (ITA)	1946–54
	4 x Alfredo Binda (ITA)	1925–31
Mailand–San Remo (1907)	7 x Eddy Merckx (BEL)	1966–76
	6 x Costante Girardengo (ITA)	1918–28
Paris–Brüssel (1907)	3 x Octave Lapize (FRA)	1911–13
	3 x Felix Sellier (BEL)	1922–24
Flandern-Rundfahrt (1913)	3 x Achiel Buysse (BEL)	1940–43
	3 x Fiorenzi Magni (ITA)	1949–51
	3 x Eric Leman (BEL)	1970–73
Meisterschaft von Zürich (1914)	6 x Henri Suter (SUI)	1919–29
Amstel Gold Race (1966)	5 x Jan Raas (HOL)	1977–82

Sport

Leipzig erster Fußballmeister

31.5. Altona. Der VfB Leipzig gewinnt das erstmals ausgetragene Endspiel um die deutsche Fußballmeisterschaft. Vor 500 Zuschauern schlagen die Sachsen den DFC Prag mit 7:2.

Nationale Meisterschaften wurden bereits 1896 in der Schweiz und in Belgien ausgetragen. In England, dem Mutterland des Fußballsports, wurde der erste Landesmeister 1898 ausgespielt; der Wettbewerb um den englischen Cup erlebte 1872 seine Geburtsstunde.

Mit Reduzierung der höchsten Spielklassen auf eine wird der Deutsche Meister nicht mehr in einem Endspiel ermittelt, sondern in der Hin- und Rückrunde der Bundesliga (↑S.576/24.8.1963). S 43/K 35

Startschuß für Tour de France

1.7. Paris. Der Franzose Henri Desgrange veranstaltet ein Radrennen durch Frankreich, um die Auflage seiner Zeitschrift „L'Auto" zu steigern. Sieger des Sechs-Etappen-Rennens über 2428 km wird sein Landsmann Maurice Garin. Er legt die Strecke in rd. 94,5 Stunden zurück (Durchschnittsgeschwindigkeit: 25,579 km/h) und kassiert eine Prämie von 6000 Francs. Von 60 Startern erreichen 21 den Zielort Paris. Der ein-

Erste Tour de France: Das stark gelichtete Teilnehmerfeld beim Start zur letzten Etappe der Frankreich-Rundfahrt in Nantes.

zige deutsche Teilnehmer, der Münchner Josef Fischer, kann sich als 15. plazieren.

Das längste Radrennen, das bisher ausgefahren wurde, war Paris–Brest–Paris (1200 km; eine Etappe), daneben gab es die auch heute noch bestehenden sog. Eintagesklassiker Lüttich–Bastogne–Lüttich (ab 1894) und Paris–Roubaix (ab 1896).

Die Tour de France, deren Streckenverlauf jährlich neu festgelegt wird, entwickelt sich zur bedeutendsten Radrundfahrt. Die Gesamtlänge der 20 bis 23 Etappen liegt zwischen 4000 und 4600 km. 1913 wird das gelbe Trikot für den im Gesamtklassement führenden Fahrer eingeführt, 1933 der Bergpreis für den Gewinner der meisten Bergprämien, 1953 das grüne Trikot für den Sieger der Punktewertung (Etappenplazierung).

Erfolgreichste Teilnehmer der Tour sind mit jeweils fünf Siegen die Franzosen Jacques Anquetil (1957, 1961–64) und Bernard Hinault (1978/79, 1981/82, 1985), der Belgier Eddy Merckx (1969–72, 1974) sowie der Spanier Miguel Indurain (1991–95).

Sport 1903		K 35
Fußball		
Deutsche Meisterschaft	VfB Leipzig	
Englische Meisterschaft	Sheffield Wednesday	
Italienische Meisterschaft	FC Genua	
Spanische Meisterschaft	AC Bilbao	
Tennis		
Wimbledon (seit 1877; 27. Austragung)	Herren: Laurence Doherty (GBR) Damen: Dorothea Douglass (GBR)	
US Open (seit 1881; 23. Austragung)	Herren: Hugh L. Doherty (GBR) Damen: Elizabeth Moore (USA)	
Davis-Cup (Boston, USA)	Großbritannien – USA 4:1	
Radsport		
Tour de France (2428 km)	Maurice Garin (FRA)	
Boxen		
Schwergewichts-Weltmeisterschaft	James J. Jeffries (USA) – K. o. über James Corbett (USA), 14.8.	
Herausragende Weltrekorde		
Disziplin	Athlet (Land)	Leistung
Leichtathletik, Männer		
Speerwurf	Eric Lemming (SWE)	53,79 m

1904

Politik

Aufstand der Hereros KAR
2.1. Deutsch-Südwestafrika. Der Bantu-Stamm der Hereros rebelliert gegen die fortschreitende Verdrängung durch deutsche Siedler. Die Hauptstadt Windhuk und Okahandja werden belagert, die Eisenbahnbrücke bei Osona wird zerstört. Nur zehn Jahre dauerte die Phase des relativ friedlichen Zusammenlebens von Weißen, Hereros und Nama (Hottentotten) in Deutsch-Südwestafrika, das 1884 zur deutschen Kolonie wurde.

In der Schlacht am Waterberg (August 1904) werden die Hereros von General Lothar von Trotha vernichtend geschlagen. Die meisten der etwa 80 000 Stammesmitglieder sterben, als sie in einer wasserlosen Steppe eingekesselt werden. Am 3.10. erheben sich die Nama unter ihrem Häuptling Hendrik Witbooi. Auch dieser Aufstand wird niedergeschlagen; Witbooi wird getötet.

Bündnis von Franzosen und Briten
8.4. Paris/London. Frankreich und Großbritannien schließen die Entente cordiale. Der Vertrag, der mehrere geheime Zusatzklauseln aufweist, soll Interessenskonflikte in Asien und Nordafrika vermeiden.

Frankreich verzichtet auf Ansprüche in Ägypten; im Gegenzug verpflichtet sich Großbritannien, dem Vertragspartner freie Hand in Marokko zu lassen (↑S.46/3.10.1904). Weitere Vereinbarungen betreffen Neufundland, Westafrika, Siam, Madagaskar und die Hebriden sowie Handels- und Durchfahrtsrechte.

Durch die Annäherung von Großbritannien und Frankreich ändert sich das Kräfteverhältnis in Europa zum Nachteil des Deutschen Reichs. Deutsche Bemühungen, die „friedliche Durchdringung" Marokkos durch Frankreich zu behindern, bleiben ohne Erfolg (↑S.56/16.1.1906). 1907 wird die Entente cordiale durch das britisch-russische Abkommen über Persien zur Tripelentente erweitert.

S 114/K 122

„Reichsverband" gegen SPD
9.5. Berlin. Mitglieder der Deutsch-Konservativen Partei, der Freikonservativen Partei und der Nationalliberalen gründen den „Reichsverband gegen die Sozialdemokratie" (RgS). Vorsitzender wird General Eduard von Liebert.

Auslöser für die Gründung war der Wahlerfolg der Sozialdemokraten am 16.6.1903 (↑S.36). Der RgS ruft alle vaterländisch-monarchistischen Deutschen zum Kampf gegen die „gefährliche Krankheit" Sozialdemokratie auf. Der RgS, von den Sozialdemokraten „Reichslügenverband" genannt, wird von Interessenverbänden der deutschen Industrie unterstützt.

Frankreich bricht mit Vatikan
29.7. Paris/Rom. Frankreich bricht die diplomatischen Beziehungen zur römischen Kurie ab. Anlaß für den Bruch ist ein Protestschreiben von Papst Pius X. anläßlich eines Besuchs des französischen Präsidenten Emile Loubet beim italienischen König Viktor Emanuel III. Der Papst, der die seit 1870 bestehende weltliche Herrschaft über Rom nicht anerkennt, wertete den Besuch als Provokation. Das Verhältnis zwischen Frankreich und dem Vatikan ist seit längerem angespannt: 1901 trat ein Vereinsgesetz in Kraft, das religiöse Orden einer staatlichen Kontrolle unterwarf. 1902 ließ Ministerpräsident Emile Combes kirchliche Schulen schließen, im März wurde der Religionsunterricht an allen öffentlichen Schulen des Landes untersagt.

Wichtige Regierungswechsel 1904		K 36
Land	Amtsinhaber	Bedeutung
Australien	Alfred Deakin (M seit 1903) John Christian Watson (M 26.4.–17.8.) George Reid (M bis 1905)	Mit Watson stellt die Labor-Partei erstmals in der Geschichte Australiens den Premierminister und die Regierung. Sie scheitert an den instabilen Mehrheitsverhältnissen im Parlament
Panama	Manuel Amador Guerrero (P bis 1908)	Der erste Präsident der 1903 neugegründeten Republik Panama wird am 16.2. in das höchste Staatsamt gewählt
Serbien	Jovan Avakumović (M seit 1903) Sava Grujić (M 11.2.–10.12.) Nikola Pašić (M bis 1905)	Nach dem Thronwechsel (S.35/11.6.1903) wird Pašić zum zentralen serbischen Politiker. Das Amt des Regierungschefs hat er – mit Unterbrechungen – bis zum Ende des 1. Weltkrigs inne

M = Ministerpräsident bzw. Premierminister; P = Präsident

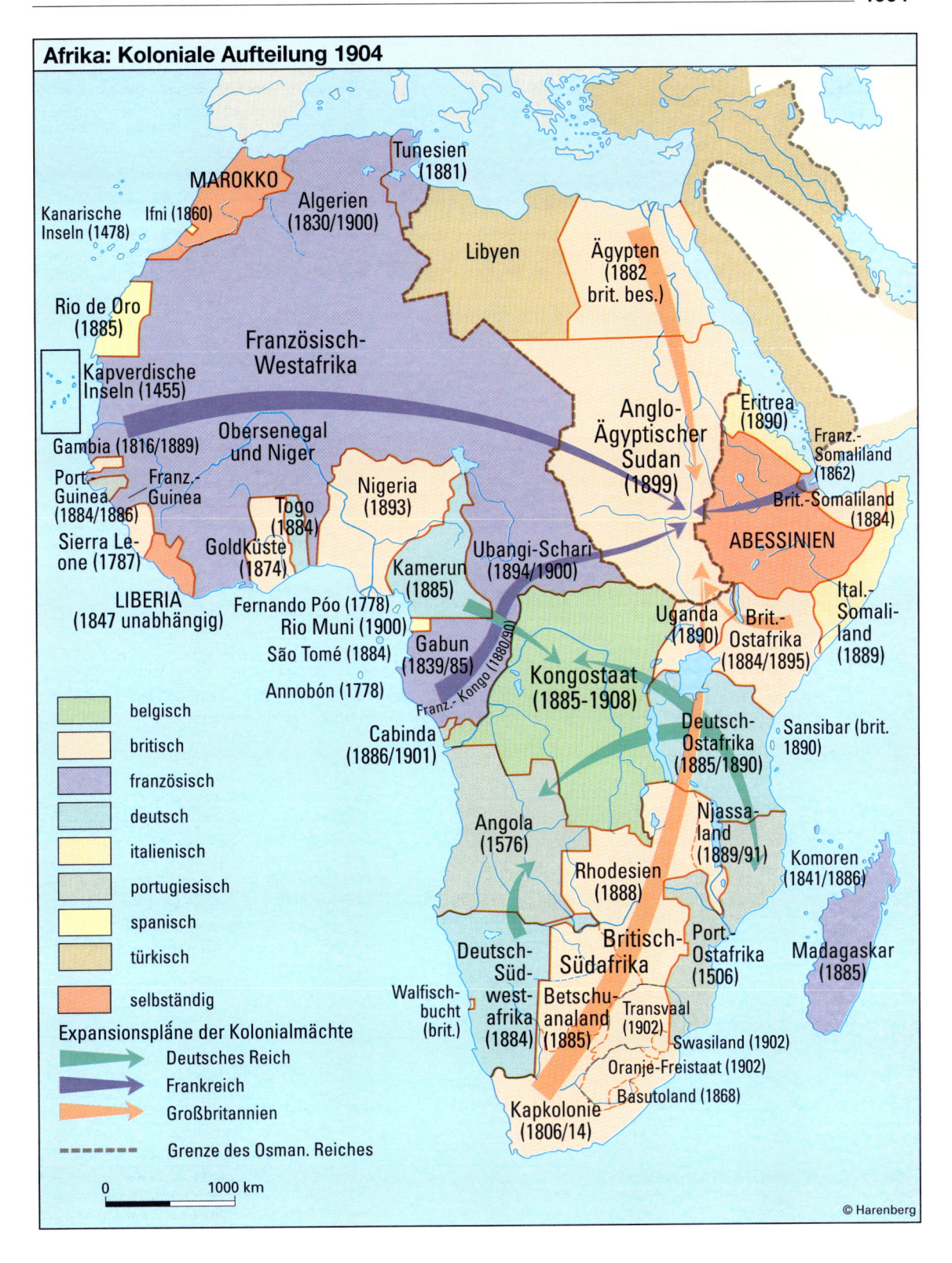

1904

Afrika: Koloniale Aufteilung 1904

- Kanarische Inseln (1478)
- MAROKKO
- Ifni (1860)
- Tunesien (1881)
- Algerien (1830/1900)
- Libyen
- Ägypten (1882 brit. bes.)
- Rio de Oro (1885)
- Kapverdische Inseln (1455)
- Französisch-Westafrika
- Obersenegal und Niger
- Anglo-Ägyptischer Sudan (1899)
- Eritrea (1890)
- Franz.-Somaliland (1862)
- Brit.-Somaliland (1884)
- Gambia (1816/1889)
- Port.-Guinea (1884/1886)
- Franz.-Guinea
- Nigeria (1893)
- ABESSINIEN
- Sierra Leone (1787)
- Togo (1884)
- Goldküste (1874)
- Kamerun (1885)
- Ubangi-Schari (1894/1900)
- Uganda (1890)
- Brit.-Ostafrika (1884/1895)
- Ital.-Somaliland (1889)
- LIBERIA (1847 unabhängig)
- Fernando Póo (1778)
- Rio Muni (1900)
- São Tomé (1884)
- Gabun (1839/85)
- Annobón (1778)
- Franz.-Kongo (1880/90)
- Kongostaat (1885–1908)
- Deutsch-Ostafrika (1885/1890)
- Sansibar (brit. 1890)
- Cabinda (1886/1901)
- Angola (1576)
- Njassaland (1889/91)
- Komoren (1841/1886)
- Rhodesien (1888)
- Port.-Ostafrika (1506)
- Madagaskar (1885)
- Deutsch-Südwestafrika (1884)
- Walfischbucht (brit.)
- Betschuanaland (1885)
- Britisch-Südafrika
- Transvaal (1902)
- Swasiland (1902)
- Oranje-Freistaat (1902)
- Basutoland (1868)
- Kapkolonie (1806/14)

Legende:
- belgisch
- britisch
- französisch
- deutsch
- italienisch
- portugiesisch
- spanisch
- türkisch
- selbständig

Expansionspläne der Kolonialmächte:
- → Deutsches Reich
- → Frankreich
- → Großbritannien
- ---- Grenze des Osman. Reiches

0 — 1000 km

© Harenberg

1904

Am 5.12.1905 wird das Gesetz über die Trennung von Kirche und Staat verabschiedet. Alle staatlichen Zuwendungen an die Kirche entfallen, der Staat verzichtet dafür auf jede Einflußnahme bei der Wahl der Kirchendiener (↑S.57/7.3.1906).

Marokko wird aufgeteilt

3.10. Paris. Vertreter der spanischen und der französischen Regierung unterzeichnen einen Geheimvertrag, der Spanien einen Küstenstreifen im nördlichen Teil des afrikanischen Staates zusichert.
Spanien hatte 1902 ein französisches Angebot ausgeschlagen, einem Vertrag über die Aufteilung Marokkos zuzustimmen. Ansprüche auf den nominell unabhängigen Staat erheben Frankreich, Großbritannien (Gibraltar), das Deutsche Reich und Spanien (↑S.56/16.1.1906). S 56/K 51

USA auf hegemonialem Kurs

6.12. Washington. Mit einem Zusatz zur Monroe-Doktrin bekräftigt Präsident Theodore Roosevelt in der sog. Corollary das Recht der USA, durch militärische Interventionen ihre Rechte vor allem in Lateinamerika zu sichern.
Die Monroe-Doktrin von 1823 war gegen den europäischen Kolonialismus in Amerika gerichtet. Sie untersagte die Einmischung europäischer Staaten in Amerika und beinhaltete umgekehrt die Nichteinmischung der USA in europäische Angelegenheiten.
Der Doktrin-Zusatz, der die Expansionspolitik der USA rechtfertigt, ist eine Reaktion auf die Seeblockade Venezuelas durch britische, deutsche und italienische Kriegsschiffe (1902/03), mit der die Rückzahlung von Schulden (340 000 US-Dollar) an die drei europäischen Staaten erzwungen werden sollte. S 788/K 769

Wirtschaft

Arbeitsschutz für Kinder

1.1. Berlin. Im Deutschen Reich tritt ein am 30.3.1903 vom Deutschen Reichstag verabschiedetes Gesetz in Kraft, das Kindern unter zwölf Jahren die Arbeit in der Industrie verbietet.
Die Neuregelung löst das preußische Gesetz von 1855 über Kinderarbeit in Fabriken sowie Berg- und Hüttenwerken ab, da sie den Kinderschutz auf alle gewerblichen Betriebe (mit Ausnahme der landwirtschaftlichen Familienbetriebe) ausweitet.
Das erste deutsche Gesetz über Kinderarbeit (1839) hatte Kindern unter neun Jahren das Arbeiten in der Schwerindustrie verboten; für Neun- bis 16jährige galt die Maximalarbeitszeit von zehn Stunden und das Verbot der Nacht- und Sonntagsarbeit.
Während des 1. Weltkriegs tritt das Gesetz faktisch außer Kraft. Eine erste internationale Konvention wird 1919 verabschiedet (Verbot der gewerblichen Arbeit für Kinder unter 14 Jahren). S 46/K 37

📖 E. Stark-von der Haar/H. von der Haar: Kinderarbeit in der Bundesrepublik und im Deutschen Reich, 1980.

Wissenschaft

Farbindikatoren entwickelt

München. Die deutschen Chemiker Hans Friedenthal und Eduard Salm entwickeln eine Reihe synthetischer Farbstoffe, mit denen der Verlauf von Säure-Base-Reaktionen sichtbar gemacht und damit stetig verfolgt werden kann.

Kinderarbeit in europäischen Ländern				K 37
Land	Mindestalter	Leichte Arbeiten	Maximale Arbeitsdauer	Verbotene Arbeitszeit
Belgien[1]	15 Jahre	–	–	–
Dänemark[1]	15 Jahre	ab 10 Jahre	2 h/Tag, 12 h/Woche	20 bis 6 Uhr
Deutschland[1]	15 Jahre	ab 13 Jahre	ab 13: 2 h/Tag ab 14: 7 h/Tag[2]	18 bis 8 Uhr
Finnland[1]	15 Jahre	ab 13 Jahre	7 h/Tag, 30 h/Woche	19 bis 7 Uhr
Frankreich[1]	16 Jahre	ab 12 Jahre	–	–
Griechenland[1]	15 Jahre	–	–	–
Großbritannien[1]	16 Jahre	ab 13 Jahre	2 h/Tag	19 bis 7 Uhr
Irland[1]	15 Jahre	ab 14 Jahre	–	–
Italien[1]	15 Jahre	ab 14 Jahre	–	–
Luxemburg[1]	15 Jahre	–	–	–
Niederlande[1]	15 Jahre	ab 13 Jahre	–	18 bis 7 Uhr
Norwegen	15 Jahre	ab 13 Jahre	–	21 bis 7 Uhr
Österreich[1]	15 Jahre	ab 12 Jahre	2 h/Tag	20 bis 8 Uhr
Portugal[1]	15 Jahre	–	–	–
Schweiz	16 Jahre	ab 13 Jahre	ab 13: 3 h/Tag ab 14: 8 h/Tag	20 bis 6 Uhr
Spanien[1]	16 Jahre	–	–	–
Türkei	15 Jahre	ab 13 Jahre	7,5 h/Tag[3]	–
EU-Richtlinie[4]	15 Jahre	ab 14 Jahre	2 h/Tag[5] 12 h/Woche[5]	20 bis 6 Uhr

Stand: 1992; 1) EU-Mitglieder 1996; 2) 15 h/Woche; 2) Schule und Arbeit; 4) 1994, bis Juni 1996 in den EU-Mitgliedstaaten zu verwirklichen; 5) Schulferien: bis 7 h/Tag bei täglicher Ruhezeit von 14 h bzw. bis 35 h/Woche und Ruhezeit von möglichst zwei aufeinanderfolgenden Tagen

Derartige „Farbindikatoren" nehmen in wäßrigen Lösungen unterschiedlichen pH-Wertes verschiedene Färbungen an, wie es z. B. auch bei dem natürlichen Pflanzenfarbstoff „Lackmus" der Fall ist, der sich im sauren Milieu rot, im alkalischen blau färbt.
Den pH-Wert (potentia hydrogenii, „Stärke des Wasserstoffs") führt 1909 der dänische Chemiker Sören Sörensen als Maß für den sauren bzw. alkalischen Charakter von Lösungen ein.
Auf der Basis von Farbindikatoren werden ab 1915 Teststreifen und -stäbchen zur klinisch-chemischen Prüfung verschiedener Körperflüssigkeiten (Blut, Urin) auf Glucose, Eiweiß usw. entwickelt.

Diode begründet Elektronik GRA

London. Der britische Physikprofessor John Ambrose Fleming erfindet einen Gleichrichter für hochfrequente Wechselströme, die „Diode" oder Elektronenröhre, und leitet damit das Zeitalter der Elektronik ein.
Ausgangspunkt seiner Erfindung ist der „glühelektrische Effekt", den 1889 der britische Physiker Joseph John Thomson entdeckte. Danach strahlt der Glühfaden einer Lampe nicht nur Licht und Wärme, sondern auch Elektrizität in Form unendlich kleiner Teilchen, den 1897 ebenfalls von Thomson entdeckten „Elektronen", aus. Fleming optimiert den Vorgang durch eine geeignete Röhrenform und erhält die Diode. Sie führt elektronische Operationen praktisch trägheitslos und daher unvergleichlich schneller aus als alle mechanischen Verfahren.
Aus der Diode entwickelt der US-amerikanische Physiker Lee De Forest die „Audionröhre" oder Triode zur Verstärkung elektromagnetischer Radiowellen. De Forest ermöglicht damit 1906 (↑S.59) die Ausstrahlung der ersten Rundfunksendung der Welt durch Reginald Aubrey Fessenden.   S 61/K 57

Technik

Offsetdruck setzt sich durch

Der Deutsche Caspar Hermann und der Druckereibesitzer Ira W. Rubel aus Nutley in New Jersey (USA) entwickeln unabhängig voneinander den Offsetdruck (auch Flachdruck). Im Unterschied zu Hoch- oder Tiefdruck liegen bei diesem Verfahren druckende und nichtdruckende Teile in einer Ebene. Die Farbe wird zuerst von der Druckwalze auf einen mit Gummituch überzogenen Zylinder und von dort auf das Papier übertragen.

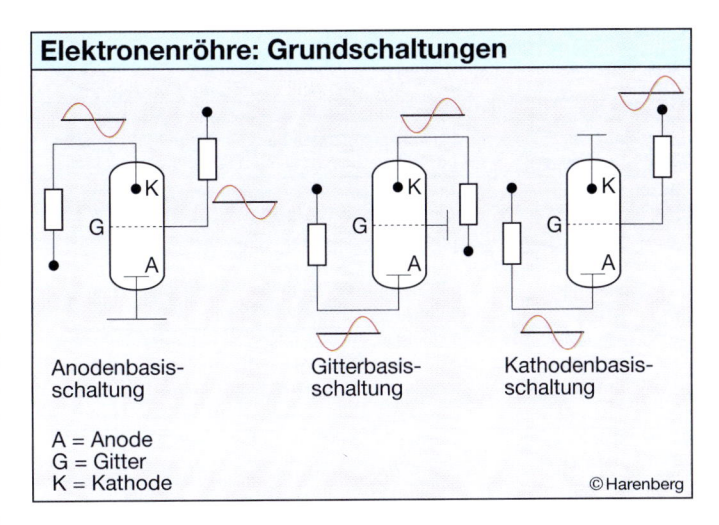

Elektronenröhre: Grundschaltungen

Anodenbasisschaltung — Gitterbasisschaltung — Kathodenbasisschaltung
A = Anode
G = Gitter
K = Kathode
© Harenberg

Während Rubel den Offsetdruck zufällig entdeckte, als ein Arbeiter vergessen hatte, Papier in eine Hochdruck-Rotationsmaschine einzuführen, entwickelte Hermann diese Methode aus der 1796 von dem Österreicher Alois Senefelder erfundenen Lithographie.
Der Offsetdruck revolutioniert die Herstellung von Massendrucksachen auch auf

Nobelpreisträger 1904	K 38
Frieden: Institut für Völkerrecht	
Das 1873 in Gent (Belgien) gegründete Institut dokumentiert Fortschritte und Schwierigkeiten des zwischenstaatlichen Rechts. Auf die Vorarbeiten des Instituts für Völkerrecht geht die Einrichtung des Haager Gerichtshofs (Nachfolger: Internationaler Gerichtshof, 1946) zurück.	
Literatur: José Echegaray y Eizaguirre (E, 1832–1916), Frédéric Mistral (F, 1830–1914)	
Als 42jähriger schrieb der Mathematiker und Politiker Echegaray seine ersten Theaterstücke, mit denen er das traditionelle spanische Drama wiederbelebte und in Europa verbreitete. Bekannteste Werke: „Wahnsinn oder Heiligkeit" (1877), „Der große Kuppler" (1881). Mistral war Mitbegründer der Félibres, einer Erneuerungsbewegung der provenzalischen Literatur. In seinen Werken, z. B. in dem Versepos „Mirèio" (1859), spiegeln sich Kultur, Tradition und Volksglaube der provenzalischen Landbevölkerung.	
Chemie: William Ramsey (GB, 1852–1916)	
Ramsey erforschte die Atmosphäre und entdeckte die Edelgase Argon (1894), Helium (1895), Neon, Krypton und Xenon (alle 1898, mit W. M. Travers). Er wies nach, daß sich Helium durch den Atomzerfall aus Radium entwickelt und ermittelte das Atomgewicht von Radium.	
Medizin: Iwan Pawlow (Rußland, 1849–1936)	
Der Physiologe erforschte den Verdauungsvorgang und die innere Sekretion, die von Nerven gesteuert wird. Er fand heraus, daß bei der Nahrungsaufnahme Speichel und Magensäfte zur gleichen Zeit abgesondert werden. Pawlow unterschied zwischen bedingten und unbedingtem Reflex.	
Physik: John William S. Rayleigh (GB, 1842–1919)	
Gemeinsam mit William Ramsay entdeckte Rayleigh 1894 das Edelgas Argon. Hauptforschungsgebiet Rayleighs waren die sog. Wellenerscheinungen. Er entwickelte eine Methode, mit der er die Geschwindigkeit von Schallwellen messen konnte (Rayleigh-Scheibe).	

Kulturszene 1904	K 39
Theater	
James Matthew Barrie Peter Pan UA 27.12., London	Das Stück sichert sich seinen Dauererfolg durch geschicktes Verweben von Motiven aus Märchen, Seefahrer- und Indianergeschichten.
Maxim Gorki Sommergäste UA 23.11., St. Petersburg	Gorki polemisiert gegen die Intellektuellen, die sich dem Volk entfremdet und dadurch ihren Lebenssinn verloren haben.
Arno Holz/Oskar Jerschke Traumulus UA 24.9., Berlin	Groteske Tragikomödie über einen Gymnasialprofessor, der wegen seines träumerischen Idealismus „Traumulus" genannt wird.
Arthur Schnitzler Der einsame Weg UA 13.2., Berlin	Der bisher sozialkritisch engagierte Autor wendet sich mit dieser psychologischen Charakterstudie dem Impressionismus zu.
Anton Tschechow Der Kirschgarten UA 17.1., Moskau	Eine Gutsbesitzerin kehrt mit ihrer Tochter auf ihr hochverschuldetes Landgut zurück, dem die Zwangsversteigerung droht.
Frank Wedekind Die Büchse der Pandora UA 1.2., Nürnberg	Nach „Erdgeist" (1898) zweiter Teil der sog. Lulu-Tragödie; 1906 von der Zensur verboten, seit den 20er Jahren ein Welterfolg.
Oper	
Leoš Janáček Jenufa UA 21.1., Brünn	Bedeutendste tschechische Oper neben Smetanas „Verkaufter Braut"; Kennzeichen: natürlicher Sprachfluß und mährisches Kolorit.
Ruggiero Leoncavallo Der Roland von Berlin UA 13.12., Berlin	Auftragswerk für den deutschen Kaiser Wilhelm II., dessen antinaturalistischer Geschmack die Komposition beeinflußt hat.
Giacomo Puccini Madame Butterfly UA 17.2., Mailand	Psychologisches Drama um eine japanische Geisha, nach dem Fiasko der Uraufführung arbeitet Puccini die Oper zum Dreiakter um.
Konzert	
Gustav Mahler 5. Sinfonie UA 18.10., Köln	Wendepunkt im sinfonischen Schaffen: neue Kompositions- und Instrumentationstechniken (Polyphonie, Polyrhythmik, Themenschichtung).
Richard Strauss Sinfonia Domestica UA 21.3., New York	Programmsinfonie über das Familienleben in vier ineinander übergehenden Abschnitten: Meisterschaft der Instrumentierung.
Buch	
Hermann Hesse Peter Camenzind Berlin	Hesses erster Roman ist beispielhaft für das neuromantische Weltbild der jungen Generation und ihr Ideal des einfachen Lebens.
Arno Holz Dafnis München	Sprachkünstlerische Wiederbelebung und Übersteigerung der Daseinsfreude des Barock durch Gedichte eines fiktiven Studenten des 17. Jh.
Jack London Der Seewolf New York	Der autobiographisch geprägte Abenteuerroman, in dem Erfahrungen aus Londons Zeit als Matrose einfließen, wird sein erfolgreichster.
Pío Baroja y Nessi Spanische Trilogie Madrid	Drei Romane, die den Kampf ums Dasein des Großstadtproletariats schildern, geben schonungslose Einblicke in die Unterwelt Madrids.
Luigi Pirandello Die Wandlungen des Mattia Pascal; Mailand	Humoristisch-tragische Darstellung eines Identitätsverlusts im italienischen Kleinbürgermilieu der Jahrhundertwende.
Wladyslaw S. Reymont Die Bauern Warschau	Reymonts vierbändiges Hauptwerk wird zum romanesken Nationalepos der Polen und trägt ihm 1924 den Nobelpreis ein.
August Strindberg Die gotischen Zimmer Stockholm	Das Schicksal der gegensätzlichen Brüder Gustav und Henrik ist Grundlage für einen kulturgeschichtlich-zeitkritischen Roman.

Kleinanlagen und erlaubt einwandfreie Druckbildübertragung.

Vorläufer des Radars entwickelt
30.4. Berlin. Der deutsche Hochfrequenztechniker Christian Hülsmeyer meldet das „Telemobiloskop", einen Vorläufer des Radars, zum Patent an. Mittels elektromagnetischer Wellen ortet das Gerät metallene Gegenstände.
Hülsmeyer führt seine Erfindung auf einem Reederkongreß in Rotterdam vor, kann aber weder Marine noch zivile Schiffahrt vom Nutzen seiner Erfindung überzeugen. 1931 statten die Briten W. A. S. Butement und P. E. Pollard zum ersten Mal ein Schiff mit einem Radargerät aus.

Kultur

Letztes Drama von Tschechow
17.1. Moskau. Das Schauspiel „Der Kirschgarten" wird im Moskauer Künstlertheater uraufgeführt. Die verhaltene Komödie schildert den Verlust von Vergangenem und den Aufbruch in eine ungewisse Zukunft. Der Kirschgarten der verschuldeten Gutsbesitzerin Ranevskaja, Symbol des zweckfreien Schönen, muß versteigert und abgeholzt werden. Anton Tschechow entwirft anhand von Reaktionen der einzelnen Personen auf diese Zwangsversteigerung Charaktere und soziale Positionen seiner Figuren.
Wie in seinen anderen Dramen (u. a. „Die Möwe", 1896; „Drei Schwestern", 1901) verzichtet Tschechow auf einen klassischen dramatischen Konflikt und rückt Stimmung und Milieu in den Vordergrund. Verschiedene parallele Handlungsstränge treten an die Stelle einer Gesamthandlung. Tschechow nimmt mit diesen Elementen Einfluß auf das Drama der Moderne und auf das Absurde Theater. Verbunden mit der Uraufführung ist eine Feier zum 25jährigen Schriftstellerjubiläum. Wenige Monate später, am 15. Juli 1904, stirbt er. S 48/K 39

Sport

Briten fehlen bei FIFA-Gründung
21.5. Paris. Vertreter von sieben europäischen Fußball-Verbänden gründen den Weltverband FIFA (Federation Internationale de Football Association): Belgien, Dänemark, Frankreich, die Niederlande, Schweden, die Schweiz und Spanien.

1904

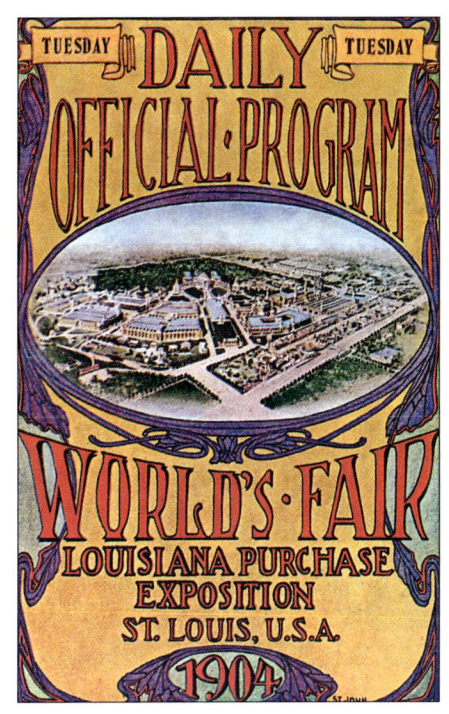

III. Olympische Spiele: Programmblatt des Großereignisses, das im Rahmen der Weltausstellung stattfindet.

England, das Mutterland des Fußballs, bleibt der Gründungsveranstaltung fern. Die britischen Länder sind in der bereits 1863 ins Leben gerufenen Football Association (FA) zusammengeschlossen und stehen den Bestrebungen des Kontinents skeptisch gegenüber. Präsident der FIFA wird der Franzose Robert Guerin. Der Deutsche Fußball-Bund (DFB) meldet sich telegrafisch an und wird 1905 offizielles Mitglied. 1996 sind in der FIFA 168 nationale Verbände zusammengeschlossen.

Amerikaner dominieren in St. Louis

1.7.–23.11. St. Louis. Die III. Olympischen Spiele verzeichnen eine wesentlich geringere Teilnehmerzahl (625) als die 1900 ausgetragenen Spiele von Paris (1066). Fehlende Internationalität (nur zwölf Nationen) und mangelnde Organisation überschatten die Spiele.
In den Wettbewerben der Leichtathletik gehen alle Medaillen mit Ausnahme des Zehnkampfs (Thomas Kiely, GBR) und des Gewichtwerfens (Etienne Desmarteau, CAN) an die US-Amerikaner.
Offene Rassendiskriminierung praktizieren die Veranstalter mit der Ausschreibung sportlicher Wettbewerbe für ethnische Minderheiten (u. a. Steinewerfen und Bogenschießen für Pygmäen). S 49/K 40

Olympische Spiele 1904 in St. Louis				K 40
Zeitraum: 1.7. bis 23.11.[1)]		Medaillenspiegel	G	S	B
Teilnehmerländer	12	USA	76	83	83
Erste Teilnahme	1	Kuba	5	3	3
Teilnehmerzahl	625	Deutschland	4	4	5
Männer	617	Kanada	4	1	1
Frauen	8	Ungarn	2	1	1
Deutsche Teilnehmer	17	Österreich	1	1	1
Sportarten	15	Großbritannien (1904 nur Irland)	0	1	1
Neu im Programm	4[2)]				
Nicht mehr olympisch	6[3)]	Griechenland	1	0	1
Entscheidungen	94	Schweiz	1	0	1
Erfolgreichste Medaillengewinner					
Name (Land) Sportart		Medaillen (Disziplinen)			
Anton Heida (USA) Turnen		4 x Gold (Pferd, Seitpferd, Reck, Siebenkampf), 1 x Silber (Barren)			
Marcus Hurley (USA) Radsport		4 x Gold (1/4 Meile, 1/3 Meile, 1/2 Meile, 1 Meile), 1 x Bronze (2 Meilen)			
Harry Hillman (USA) Leichtathletik		3 x Gold (400 m, 200 m Hürden, 400 m Hürden)			
James Lightbody (USA) Leichtathletik		3 x Gold (800 m, 1500 m, Hindernislauf)			
Archie Hahn (USA) Leichtathletik		3 x Gold (60 m, 100 m, 200 m)			
Ray C. Ewry (USA) Leichtathletik		3 x Gold (Standweitsprung, Standhochsprung, Standdreisprung)			
Erfolgreichster deutscher Teilnehmer					
Emil Rausch Schwimmen		2 x Gold (880 yards Freistil, 1 Meile Freistil), 1 x Bronze (220 yards Freistil)			

1) Während der Weltausstellung; 2) wichtige neue Sportarten (Zahl der Entscheidungen in Klammern): Boxen (7), Ringen (7), Gewichtheben (2); 3) Reiten Polo, Schießen, Segeln, Rugby, Kricket

Sport 1904	K 41
Fußball	
Deutsche Meisterschaft	Nicht ausgetragen
Englische Meisterschaft	Sheffield Wednesday
Italienische Meisterschaft	FC Genua
Spanische Meisterschaft	AC Bilbao
Tennis	
Wimbledon (seit 1877; 28. Austragung)	Herren: Laurence Doherty (GBR) Damen: Dorothea Douglass (GBR)
US Open (seit 1881; 24. Austragung)	Herren: Holcombe Ward (USA) Damen: Mary Sutton (USA)
Davis-Cup (Boston, USA)	Großbritannien – Belgien 5:0
Radsport	
Tour de France (2388 km)	Henri Cornet (FRA)
Boxen	
Schwergewichts-Weltmeisterschaft	James J. Jeffries (USA) – K. o. über Jack Munroe (USA), 26.8.

1905

Politik

1000 Tote am „Blutsonntag"
22.1. St. Petersburg. Eine von dem Popen Georgij Gapan organisierte friedliche Demonstration von etwa 30 000 Arbeitern wird durch das Militär blutig niedergeschlagen.
Die Kundgebung fand vor dem Winterpalast statt. Dem Zaren sollte eine Petition übergeben werden, in der u. a. Agrarreformen, eine Volksvertretung und die Abschaffung der Zensur gefordert wurden. Die brutale Niederwerfung löst eine Welle von landesweiten Streiks, Kundgebungen und Attentaten aus. Die Intellektuellen stehen mehrheitlich hinter den Forderungen der Arbeiter (↑S.57/ 10.5.1906). S 58/K 54

Rußland unterliegt Japan
27.5. Tsushima. In der Straße von Korea fällt die Entscheidung im Russisch-Japanischen Krieg: Von 38 Schiffen der russischen Baltikumflotte werden 20 versenkt. Damit ist Japan nicht nur zur Vormacht in Ostasien, sondern auch zu einer Großmacht aufgestiegen. Ursache des Kriegs waren kollidierende Machtinteressen in der Mandschurei und in Korea. Im Januar 1905 eroberten die Japaner Port Arthur (heute Lüda), eine von den Russen gepachtete chinesische Küstenstadt, im Februar/März wurden die Russen bei Mukden (heute Schenjang) geschlagen.
Am 5.9.1905 wird auf Vermittlung des US-amerikanischen Präsidenten Theodore Roosevelt der Friede von Portsmouth geschlossen. Rußland erkennt Korea als japanisches Interessengebiet an und tritt die Pachtrechte an Port Arthur sowie den südlichen Teil von Sachalin an Japan ab. S 50/K 42

Union Norwegen-Schweden aufgelöst
7.6. Kristiania (Oslo). Durch einen Beschluß des norwegischen Parlaments und eine gleichzeitige Volksabstimmung wird Norwegen selbständig. König Oscar II. von Schweden verzichtet auf die norwegische Krone. Nach dem Tod des letzten norwegischen Königs, Haakon VI. Magnusson, war Norwegen in Personalunion zunächst mit Dänemark (ab 1387) und danach mit Schweden (ab 1814) verbunden. Am 26.10. unterzeichnen die Regierungen Schwedens und Norwegens die Konvention von Karlsbad über die formelle Auflösung der Union. In einer Volksabstimmung wird der dänische Prinz Carl, ein Schwiegersohn des englischen Königs Edward VII., als Haakon VII. zum König von Norwegen gewählt. S 51/K 44

England und Japan wollen Bündnis
12.8. London/Tokio. Respektierung der jeweiligen Interessen in Asien (Großbritanniens in Indien, Japans in Korea) sowie die gegenseitige Verpflichtung zur Waffenhilfe sind die wesentlichen Aspekte eines Vertrags zwischen Großbritannien und Japan.

Stationen des Russisch-Japanischen Kriegs		K 42
1904		
6.2.	Japan: Abbruch der diplomatischen Beziehungen zu Rußland	
8.2.	Nächtlicher Überfall auf die russische Flotte bei Port Arthur; Beginn der japanischen Blockade der Hafenstadt	
10.2.	Offizielle Kriegserklärung Japans an Rußland	
1.5.	1. japanische Armee dringt in die Mandschurei ein	
26.5.	2. japanische Armee schlägt russische Feldtruppen bei Kintschau	
10.8.	Russische Flotte von Port Arthur bei Ausbruchversuch gesprengt	
14.8.	Niederlage des russischen Kreuzergeschwaders von Wladiwostok	
3.9.	Sieg der Japaner in der Mandschurei (Schlacht um Liaoyüan)	
1905		
2.1.	Vorentscheidung: russische Kapitulation von Port Arthur	
27.5.	Niederlage Rußlands in der Seeschlacht von Tsushima (S.50)	
5.9.	Friedensvertrag in Portsmouth/New Hampshire (USA); Japan erhält Süd-Sachalin und Port Arthur	

Wichtige Regierungswechsel 1905		K 43
Land	Amtsinhaber	Bedeutung
Frankreich	Emile Combes (M seit 1902) Maurice Rouvier (M bis 1906)	Rouvier setzt Trennung von Kirche und Staat durch, d. h. keine staatlichen Zahlungen mehr an Religionsgemeinschaften
Großbritannien	Arthur James Balfour (Konserv., M seit 1902) Henry Campbell-Bannerman (Lib., M bis 1908)	Rücktritt Balfours (4.12.) nach Streit um Schutzzollpolitik; Campbell-Bannerman hält am Prinzip des Freihandels fest
Norwegen	Oscar II. (König seit 1872) Haakon VII. (König bis 1957)	Oscar II. nach Auflösung der Union mit Schweden abgesetzt (7.6.); Norweger in Volksabstimmung für Monarchie (S.50)
Österreich	Ernest von Koerber (M seit 1900) Freih. Gautsch von Frankenthurn (M bis 1906)	Rücktritt von Koerbers (27.12.), da er deutsch-tschechischen Nationalitätenkonflikt nicht schlichten konnte

M = Ministerpräsident bzw. Premierminister

Russisch-Japanischer Krieg: Zerschossene Wracks der besiegten russischen Flotte im Hafen von Port Arthur

Bereits am 30.1.1902 hatten beide Staaten ein Abkommen geschlossen, das den Japanern freie Hand im Krieg gegen Rußland (↑S.50/27.5.1905) zusicherte.
Der neue Vertrag markiert eine weitere Niederlage der deutschen Außenpolitik, die eigentlich eine Isolierung Großbritanniens anstrebt.

S 52/K 45

Wirtschaft

Arbeitskampf im Ruhrgebiet
7.1. Bochum. Die Frühschicht der Schachtanlage „Bruchstraße" in Bochum-Langendreer tritt in einen Streik, dem sich weitere Belegschaften anschließen. Auf dem Höhepunkt des bis dahin größten Arbeitskampfes im Ruhrbergbau befinden sich Anfang Februar 200 000 Bergleute im Ausstand.
Gesunkene Schichtlöhne bei gleichzeitigem Preisanstieg für einige Grundnahrungsmittel hatten zu Beginn des Jahrhunderts die soziale Not der Bergarbeiter verschärft. Zum Ausbruch des Konflikts führte der Beschluß, die Schichtzeit auf der Zeche Bruchstraße zu verlängern. Am 9.2. wird der Streik abgebrochen. Die Reichsregierung hält ihr Versprechen, das Berggesetz zu novellieren. Am 26.5. beschließt das preußische Abgeordnetenhaus die Einführung der Achteinhalbstundenschicht und die Zulassung von Arbeiterausschüssen.

Einheitsbanknoten in der Schweiz
27.6. Bern. Der Schweizer Nationalrat genehmigt ein Gesetz über die Errichtung einer

Norwegen im 20. Jahrhundert	K 44
Jahr	**Ereignis**
1905	Auflösung der schwedisch-norwegischen Union; König Oscar II. verzichtet auf die norwegische Krone (S.50/7.6.); Prinz Carl wird als Haakon VII. König von Norwegen (25.11.)
1914	Während des 1. Weltkriegs bleibt Norwegen offiziell neutral, allerdings unterstützt die Handelsflotte die Alliierten mit Nachschub
1919	Einführung des Verhältniswahlrechts bei Wahlen zum Storting
1920	Völkerbund erkennt norwegische Souveränität über Spitzbergen an
1939	Ablehnung eines Nichtangriffspakts mit Deutschland (Mai)
1940	Landung deutscher Truppen (9.4.); König Haakon flieht (S.360)
	Deutsche Besatzer unter Reichskommissar Josef Terboven ernennen „Marionettenkabinett unter Führung von Vidkun Quisling von der faschistischen „Nationalen Sammlung"
1944	Deutsche Truppen räumen Norwegen
1945	Rückkehr der Exilregierung und des Königs aus London; Quisling wird zum Tode verurteilt und hingerichtet (31.5.)
	Einar Gerhardsen bildet erste Nachkriegsregierung und setzt den vom schwedischen Sozialismus beeinflußten Reformkurs fort
1949	Norwegen gibt Neutralität auf; Gründungsmitglied der NATO
1952	Norwegen, Schweden und Dänemark gründen den Nordischen Rat (25.6.), dem 1955 auch Finnland beitritt
1957	Nach dem Tod von Haakon VII. (2.9.) wird Olaf V. König
1960	Gründungsmitglied der europ. Freihandelszone EFTA (S.538)
1972	54% der Norweger stimmen am 24./25.9. gegen EG-Beitritt
1973	Freihandelsvertrag mit der EG (14.5.); ab 1993 Teilnahme am EWR
1974	Bedeutende Erdgas- und Erdölfunde (1994: Norwegen zweitgrößter Erdölexporteur der Welt, Energiesektor: 15% des Sozialprodukts)
1977	Ausdehnung der Fischereigrenzen auf 200 Seemeilen
1981	Mit Gro Harlem Brundtland (Sozialdemokraten) wird erstmals in Skandinavien eine Frau Regierungschef (erneut 1986–89, 1990–96)
1991	Tod König Olafs V. (17.1.), Nachfolger wird sein Sohn Harald V.
1994	52,4% der Bevölkerung spricht sich gegen einen EU-Beitritt aus
1995	Größte Offshore-Plattform der Welt auf dem Troll-Erdgasfeld

1905

Japans Aufstieg zur Weltmacht — K 45

Jahr	Ereignis
1868	Absolute Monarchie statt Feudalstaat: Rücktritt des Shogun; Wiedereinsetzung des Kaisers als Regierungsoberhaupt
1872	Einführung der allgemeinen Wehrpflicht
1874	Truppenlandung auf Formosa (Taiwan)
1875	Einfall in Korea; Kampf gegen China
1879	Annektierung der Riukiu-Inseln
1889	Verfassung nach europäischem Muster angenommen; das Land wird konstitutionelle Monarchie
1894/95	Chinesisch-Japanischer Krieg: Sicherung der Vorherrschaft in Korea; Annektierung von Taiwan und der Pescadores-Inseln
1899	Großmächte akzeptieren Japan als gleichberechtigten Partner
1900/01	Bei der Niederwerfung des Boxeraufstands in China nehmen japanische Truppen auf seiten der Großmächte teil (S.12)
1904/05	Nach Sieg im Russisch-Japanischen Krieg festigt das Land seine Position in Ostasien und verzeichnet Gebietsgewinne (S.50)
1910	Das Japanische Kaiserreich annektiert Korea und wird zur anerkannten Großmacht im ostasiatischen Raum (S.85)
1919	Im Friedensvertrag von Versailles erhält Japan die ehemals deutschen Pazifikinseln nördlich des Äquator und übernimmt die deutschen Rechte in China
1931	Japan besetzt die Mandschurei (S.272/18.9.)

mit dem Notenmonopol ausgestatteten eidgenössischen Nationalbank. 1891 hatten die Schweizer in einer Volksabstimmung das Einverständnis gegeben, dem Bund das Banknotenmonopol zu übertragen. 1907 wird die Schweizer Nationalbank (SNB) als AG tätig. 40% ihres Kapitals liegen in privater Hand, 60% kommen aus öffentlichen Mitteln der einzelnen Kantone.

Wissenschaft

Einstein revolutioniert Physik

Bern. Der deutsche Physiker Albert Einstein, „technischer Experte dritter Klasse" beim Schweizer Patentamt, veröffentlicht zwei Abhandlungen, die nicht nur die Wissenschaft, sondern das gesamte menschliche Weltbild nachhaltig beeinflussen.
In seinem ersten Aufsatz vom 17.3. erweitert Einstein die Quantentheorie von Max Planck (↑S.14/14.12.1900) zur Hypothese der Lichtquanten. Danach besteht auch jede elektromagnetische Strahlung (Licht) aus kleinsten

Wichtige Erkenntnisse der Physik im 20. Jahrhundert — K 46

Jahr	Forscher	Leistung
1900	Max Planck (D)	Begründung der Quantentheorie; Ableitung des Planckschen Strahlungsgesetzes (S.14)
1905	Albert Einstein (D)	Spezielle Relativitätstheorie; 1915 als allgemeine Relativitätstheorie formuliert (S.52)
1910	Joseph J. Thompson (GB)	Entdeckung des Elektrons; zuvor Untersuchung des Elektrizitätsdurchgangs in Gasen
1911	Ernest Rutherford (GB)	Entwicklung des Atommodells; 1919 erste künstliche Kernumwandlung (S.94)
	Viktor F. Hess (A)	Entdeckung der Höhenstrahlung, einer energiereichen Strahlung aus dem Weltall
1913	Niels Bohr (DK)	Entwicklung eines neuen Atommodells durch Einführung neuer Quantenbedingungen (S.108)
1924	Wolfgang Pauli (A)	Ausschließungsprinzip: Elektronen in einem Atom weisen niemals die gleichen Werte auf
1925	Werner Heisenberg (D)	Quantentheorie, Unschärferelation und (1927) Theorie vom Bau der Atomkerne (S.223)
1926	Enrico Fermi (I)	Begründung einer Quantenstatistik für Teilchen mit halbzahligem Spin (Fermi-Dirac-Statistik)
1931	Ernest Lawrence (GB)	Entwicklung des Zyklotrons ermöglicht Herstellung einer Vielzahl künstlicher Isotope
1932	Carl Anderson (USA)	Entdeckung des Positrons (positiv geladenes Elementarteilchen, S.285)
1933	Fritz Meißner (D)	Entwicklung des Meißner-Effekts (Feldverdrängung und Abschirmströme bei Supraleitern)
1934	F. und I. Joliot-Curie (F)	Künstliche Erzeugung eines radioaktiven Elements durch Umwandlung von Atomen
1935	Hideki Jukawa (J)	Existenz des Phi-Mesons wird bewiesen (instabiles Elementarteilchen); 1947 Entdeckung
1938	O. Hahn (D), L. Meitner (A)	Spaltung von Uran-Kernen durch Neutronenbeschuß; erste Kettenreaktion 1942 (E. Fermi)
1948	Walter H. Brattain (USA) u. a.	Entwicklung des Transistors als technisch verwendbares Verstärkerelement
	Richard P. Feynman (USA)	Grundlegende Beiträge zur Quantenelektrodynamik
1952	Donald A. Glaser (USA)	Erfindung der Blasenkammer: Bahnspuren energet. Teilchen werden sicht- und nachweisbar
	Edward Teller (USA)	Großer Anteil an der Entwicklung der Wasserstoffbombe (H-Bombe)
1960	Theodore Maiman (USA)	Entwicklung des ersten Lasers (sog. Rubin-Laser, S.540)
1964	M. Gell-Mann, G. Zweig (USA)	Entwicklung des Quark-Modells: Hadronen setzen sich aus drei hypoth. Quarks zusammen
1980	Klaus von Klitzing (D)	Mit der Entdeckung des quantisierten Hall-Effekts Schaffung einer neuen Naturkonstante
1983	C. Rubbia (I), S. v. d. Meer (NL)	Nachweis von kurzlebigen Elementarteilchen (sog. W- und Z-Bosonen)
1986	J.G. Bednorz, K.A. Müller (CH)	Entdeckung eines keramischen Materials, das bei −238° C supraleitend ist
1994	Fermilab (USA)	Entdeckung des vermutlich kleinsten, nicht mehr teilbaren Materiebausteins (Top-Quark)

atomaren Teilchen, den sog. Photonen. Damit kann er den „Photoeffekt" deuten, d. h. die Ablösung von Elektronen an der Oberfläche eines Metalls, das mit Licht bestrahlt wird – praktisch verwendet in den Photozellen zur Umwandlung von Licht in elektrischen Strom (Solarzelle ↑S.492/1954).

In seiner zweiten Arbeit vom 30.6. begründet Einstein mit einer fundamentalen Revision der Begriffe von Raum und Zeit die „Spezielle Relativitätstheorie". Er beweist, daß jede Bewegung mit konstanter Geschwindigkeit „relativ" ist und daß die Zeit für Objekte mit konstanter Bewegung zueinander unterschiedlich schnell abläuft. Daraus leitet er im September die Äquivalenz von Masse (m) und Energie (E) ab, die berühmte Gleichung $E = mc^2$ (c = Lichtgeschwindigkeit): Jegliche auf Lichtgeschwindigkeit beschleunigte Materie wandelt sich in Energie um (Kernfusion ↑S.346/1938).

1915 vollendet Einstein seine „Allgemeine Relativitätstheorie". Danach wird Bewegung von den geometrischen Verhältnissen des Raumes bestimmt, in denen sie erfolgt; folg-

Nobelpreisträger 1905	K 47
Frieden: Bertha von Suttner (A, 1843–1914)	
Suttners zweibändiger Roman „Die Waffen nieder" (1889) markierte den Anfang der internationalen Friedensbewegung. In unzähligen Vorträgen und Artikeln warb sie weltweit für die Friedensidee. Bei einem Treffen mit Alfred Nobel regte sie die Stiftung des Friedensnobelpreises an.	
Literatur: Henryk Sienkiewicz (PL, 1846–1916)	
Der ehemalige Journalist verfaßte sprachlich brillante historische Romane. Mit der Trilogie „Aus Polens alter Zeit" (1884–88) wollte er in Zeiten politischer Unfreiheit das polnische Nationalgefühl stärken. Sein größter internationaler Erfolg war der Roman „Quo Vadis?" (1896).	
Chemie: Adolf von Baeyer (D, 1835–1917)	
Baeyer gelang die künstliche Herstellung von Indigo, einem blauen Farbstoff, der bis dahin nur kostenaufwendig aus einer subtropischen Pflanze gewonnen werden konnte. Die industrielle Produktion von Indigo markierte den Beginn der deutschen Farbstoff-Industrie.	
Medizin: Robert Koch (D, 1843–1910)	
Der Bakteriologe entwickelte eine Methode, mit der er Bakterienkulturen außerhalb des menschlichen Organismus anlegen konnte. Koch gelang der Nachweis zahlreicher Erreger von Infektionskrankheiten. 1882 entdeckte er den Tuberkelbazillus, zwei Jahre später den Cholera-Erreger.	
Physik: Philipp Eduard Anton Lenard (D, 1862–1947)	
Lenards Forschungen über Kathodenstrahlen und deren elektrostatische Eigenschaften waren grundlegend für die Funktechnik. In seinem sog. Dynamidenmodell geht er als erster von einer löchrigen Substanz der Materie und nicht von einem massiven Atomkern aus.	

Bildmotive der Brücke-Künstler		K 48
Moorlandschaft um Dangast		
Erich Heckel	„Ziegelei in Dangast" (1907; Thyssen-Stiftung, Lugano); „Windmühle bei Dangast" (1907; Wilhelm-Lehmbruck-Museum, Duisburg); „Haus in Dangast – weißes Haus" (1908; Thyssen-Stiftung, Madrid)	
Karl Schmidt-Rottluff	„Gutshof in Dangast" (1910; Nationalgalerie, Berlin); „Landschaft bei Dangast" (1910; Stedelijk Museum Amsterdam); „Dorfweg" (1910; Sammlung Buchheim, Feldafing)	
Meeresgegenden – vor allem Norwegen und Fehmarn		
Erich Heckel	„Landschaft auf Alsen" (1913; Museum Folkwang, Essen)	
Ernst Ludwig Kirchner	„Fehmarnmädchen" (1912/13; Holzschnitt); „Haus unter Bäumen (Fehmarn)" (1912; Privatbesitz)	
Otto Mueller	„Dünenlandschaft" (o. J.; Sammlung Buchheim, Feldafing)	
Max Pechstein	„Der Dampfer" (1909; Privatbesitz); „Sommer in den Dünen" (1911; Nationalgalerie, Berlin)	
Karl Schmidt-Rottluff	„Deichdurchbruch" (1910; Brücke-Museum, Berlin); „Lofthus" (1911; Kunsthalle, Hamburg)	
Tanz- und Varietédarstellungen (Berlin)		
Erich Heckel	„Varieté" (1909; Lithografie); „Zirkus" (1909; Staatsgalerie Stuttgart)	
Ernst Ludwig Kirchner	„Negertanz" (um 1911; Kunstsammlung NRW, Düsseldorf); „Zirkusreiterin" (1912; Privatbesitz)	
Emil Nolde	„Tingel-Tangel II" (1907; farbige Lithografie); „Stilleben mit Tänzerinnen" (1914; Musée National, Paris)	
Max Pechstein	„Tanz" (um 1910; Privatbesitz); „Die gelbe Maske" (1910; Sammlung Kurt Reutti, Berlin)	
Akte in ursprünglicher Natürlichkeit		
Erich Heckel	„Liegendes Mädchen" (1909; Neue Staatsgalerie, München); „Badende im Schilf" (1909; Kunstmuseum Düsseldorf); „Badende im Teich" (1911; Kunstmuseum Winterthur)	
Ernst Ludwig Kirchner	„Drei Akte im Wald" (1908; Stedelijk Museum, Amsterdam); „Mädchenakt auf blühender Wiese" (um 1908; Sammlung Buchheim, Feldafing); „Zwei Mädchen" (um 1910; Kunstmuseum Düsseldorf	
Otto Müller	„Blaue Badende" (1910/11; Privatbesitz); „Zwei badende Mädchen" (o. J.; Sammlung Buchheim, Feldafing „Fünf badende Akte" (1911; Lithografie); „Drei Badende im Teich" (um 1912; Museum am Ostwall, Dortmund)	
Max Pechstein	„Freilicht (Badende in Moritzburg)" (1910; Wilhelm-Lehmbruck-Museum, Duisburg); „Drei Akte in einer Landschaft" (1911; Centre Georges Pompidou, Paris)	
Karl Schmidt-Rottluff	„Akt" (1909; Holzschnitt); „Vier Badende am Strand" (1913; Sprengel-Museum, Hannover)	
Großstadtszenen (Berlin)		
Erich Heckel	„Stadtbahn in Berlin" (1911; Städtisches Museum Abteiberg, Mönchengladbach)	
Ernst Ludwig Kirchner	„Berliner Straßenszene" (1913; Brücke-Museum, Berlin); „Die Straße" (1913; MOMA, New York)	

1905

Kulturszene 1905 K 49

Theater

George Bernard Shaw Major Barbara UA 28.11., London	Die „Heilsarmee-Komödie" behandelt den Konflikt zwischen tätiger Menschenliebe und der „Religion" des Kapitalismus.
George Bernard Shaw Mensch und Übermensch UA 23.5., London	Verwandlung von Mozarts „Don Giovanni" in eine zeitgenössische, von der Philosophie Friedrich Nietzsches beeinflußte Komödie.
Fritz Stavenhagen Mutter Mews UA 10.12., Hamburg	Gerhart Hauptmanns Milieustücke sind Vorbild für dieses Hauptwerk naturalistischer Dialektdramatik in niederdeutscher Mundart.
August Strindberg Totentanz UA 29./30.9., Köln	Zweiteiliges, durch Camille Saint-Saëns' „Danse macabre" (1874) inspiriertes Drama, in dem die Ehe als Hölle auf Erden erscheint.

Oper

Pietro Mascagni Amica UA 16.3., Monte Carlo	Liebestragödie mit sich überstürzenden Ereignissen; Achtungserfolg für den Komponisten der „Cavalleria Rusticana" (1890)
Richard Strauss Salome UA 9.12., Dresden	Strauss verwandelt Oscar Wildes gleichnamiges Drama in eine psychologische Studie mit expressiv-sinnlicher, vibrierender Musik.

Operette

Franz Lehár Die lustige Witwe UA 30.12., Wien	Prototyp der neuen Wiener Operette, in der Einflüsse der Pariser Operette und slawisch-folkloristisches Kolorit erkennbar sind.

Konzert

Claude Debussy La mer UA 15.10., Paris	Drei impressionistische Tonbilder: „Von der Morgendämmerung bis Mittag", „Spiel der Wellen", „Zwiegespräch zwischen Wind und Meer".
Gustav Mahler Kindertotenlieder UA 19.1., Wien	Orchesterlieder nach Gedichten von Friedrich Rückert, die für Mahler durch den Tod einer Tochter ungeahnte Aktualität gewinnen.
Jean Sibelius Violinkonzert UA 19.10., Berlin	Bei der Uraufführung reagiert das Publikum noch mit Unverständnis, doch das Werk wird zum Repertoirestück der großen Geiger.

Buch

Rubén Darío Gesänge von Leben und Hoffnung, Madrid	Gedichtsammlung, in der Darío die Werte der spanischen Kultur gegenüber angelsächsischem Imperialismus und Materialismus verteidigt.
Jack London Wolfsblut New York	Thematischer Gegenentwurf zu Londons Roman „Ruf der Wildnis" (1903): Ein gezähmter Wolf wird zum unterwürfigen Helfer des Menschen.
Heinrich Mann Professor Unrat München	Satirischer Roman über einen scheinheiligen Vertreter der bürgerlichen Gesellschaft; verfilmt 1930 („Der blaue Engel").
Christian Morgenstern Galgenlieder Berlin	Wort-, Reim- und Bildspielereien machen die Zufälligkeit des Nebeneinander vieler Erscheinungen in der modernen Welt sichtbar.
Rainer Maria Rilke Das Stundenbuch Leipzig	Hauptwerk des Jugendstils in drei Gedichtzyklen: „Vom mönchischen Leben", „Von der Pilgerschaft", „Von der Armut und vom Tode".
Romain Rolland Johann Christof Paris	Erster Band eines zehnteiligen Romanzyklus (bis 1912) über einen fiktiven deutschen Komponisten im Paris der Jahrhundertwende.
Ludwig Thoma Lausbubengeschichten München	Die autobiographisch-humoristischen Erzählungen des bayerischen Volksschriftstellers werden eines der erfolgreichsten Jugendbücher.
Edith Wharton Das Haus der Freuden New York	Ironische Beschreibung der New Yorker High Society um die Jahrhundertwende, stilistisch beeinflußt von Stendhal und Gustave Flaubert.

lich muß sie in einer vierdimensionalen Geometrie betrachtet werden. Später gelingt es Wissenschaftlern, mehrere Voraussagen der Allgemeinen Relativitätstheorie zu verifizieren, z. B. die Ablenkung von Lichtstrahlen im starken Gravitationsfeld der Sonne. S 52/K 46

A. Einstein: Mein Weltbild, 1980.

Kultur

Expressionistischer Künstlerbund

7.6. Dresden. Die Studenten Erich Heckel, Ernst Ludwig Kirchner, Karl Schmidt-Rottluff und Fritz Bleyl gründen „Die Brücke". Diese Künstlervereinigung entwickelt in Abkehr vom Impressionismus und in der Auseinandersetzung mit der Südseekunst einen flächig bezogenen, stark farbigen Mal- und Zeichenstil, der in einfacher, ungestümer Bildsprache der Seele Ausdruck verleiht. Ihr Pinselstrich ähnelt dem der „Fauves". „Die Brücke" nimmt großen Einfluß auf den Holzschnitt und die Lithografie. Wegen persönlicher Unstimmigkeiten löst sich die Gruppe 1913 auf. S 53/K 48

Auftritt der wilden Maler

18.10. Paris. Im „Salon d'Automne", der traditionellen Herbstausstellung in der französischen Hauptstadt, sorgt eine Gruppe junger Künstler um Henri Matisse für Aufsehen. Ihren Namen „Fauves" verdankt sie dem Ausruf des Kritikers L. Vauxcelles, „Parmi les fauves" („Unter den wilden Tieren").
Hauptgestaltungsmittel der Fauvisten sind im Gegensatz zu der differenzierten Farbigkeit der Impressionisten reine, durch Kontrastwirkungen gesteigerte Farben. Mit der flächigen Farbanordnung stehen sie in der Nachfolge von Vincent van Gogh und Paul Gauguin. Zwischen 1907 und 1909 löst sich die Gruppe auf. Einige Mitglieder, u. a. Georges Braque, wenden sich dem Kubismus zu.

Galerie der klassischen Moderne: Matisse und Fauves, 1988.

„Salome" von Richard Strauss

9.12. Dresden. Die Uraufführung von „Salome" am königlichen Opernhaus macht den Komponisten Richard Strauss zu einem der führenden Musikdramatiker seiner Zeit (↑S.32/19.8.1902).
Mit dem Einsatz von 120 Musikern setzt Strauss neue Maßstäbe. Dissonanzen und verzerrte Akkorde entsprechen der Zerrissenheit von Salome, die zwischen Liebe und Begierde schwankt. Mit musikalischen Mit-

teln gelingt dem Komponisten die überzeugende psychologische Studie einer Frau mit widerstreitenden Gefühlen. Zunächst in der Nachfolge von Richard Wagner und Johannes Brahms stehend, schafft Strauss mit seinen beiden Einaktern „Salome" und „Elektra" (UA 1909) einen über Wagner hinausweisenden Operntypus. S 54/K 49

K. Wilhelm: R. Strauss persönlich, 1984.

Operettenerfolg für Franz Lehár

28.12. Wien. Im Theater an der Wien hat „Die lustige Witwe" Premiere. Die Operette erzählt die Liebesgeschichte zwischen dem Diplomaten Graf Danilo Danilowitsch und der reichen Erbin Hanna Glawari.

Die eingängigen, gefühlvollen Walzermelodien und Märsche entsprechen der jeweiligen Stimmungslage der Personen, sind aber auch für sich genommen Glanzstücke des Genres. Zahlreiche Lieder entwickeln sich innerhalb kürzester Zeit zu „Gassenhauern".

Franz Lehár wird mit dieser Operette neben Emmerich Kálmán zum Schöpfer der reformierten Wiener Operette. „Die lustige Witwe" macht ihn bereits zu Beginn seiner Karriere zu einem vermögenden Mann. S 54/K 49

B. Grun: Franz Lehár und seine Welt, 1970.

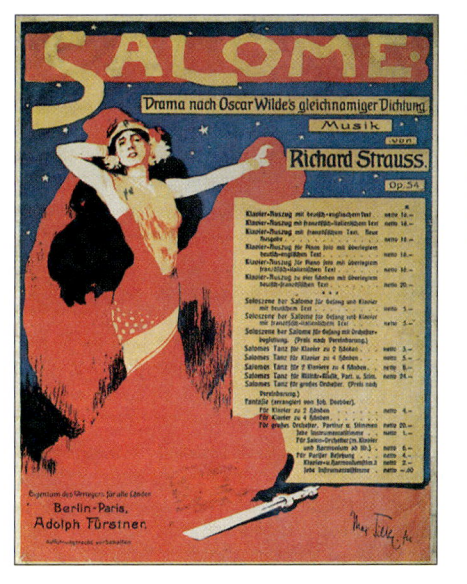

„Salome": Der Erfolg der Oper von Richard Strauss veranlaßt den Musikverlag Adolph Fürstner zur Publikation der Noten für Klavier und Orchester (Titelblatt des Verlagsverzeichnisses mit der Farblithographie von Max Karl Tilke)

Sport

Marvin Hart Boxweltmeister

3.7. Reno. In der westlichen Metropole des US-Bundesstaats Nevada wird Marvin Hart neuer Boxweltmeister im Schwergewicht. Er schlägt Jack Root in der achten Runde K. o. James J. Jeffries, Weltmeister seit 1899, war 1904 ungeschlagen zurückgetreten. Er hatte seinen Titel sechsmal verteidigt, davon fünfmal durch K. o. Aufgrund seiner Überlegenheit war es immer schwieriger geworden, ebenbürtige Gegner für Jeffries zu finden.

Hart, ein Schüler von Jeffries, reicht bei weitem nicht an die Klasse seines Lehrmeisters heran. Am 23.2.1906 verliert er den Titel an Tommy Burns. Jeffries läßt sich 1910 dazu überreden, als „weiße Hoffnung" gegen den farbigen Weltmeister Jack Johnson (↑S.89/ 4.7.1910) in den Ring zu steigen, unterliegt jedoch durch K. o. S 55/K 50 S 77/K 79

Vereinswechsel für 1000 Pfund

Der englische Fußballspieler Alf Commons wechselt für eine Ablösesumme von 1000 britischen Pfund vom FC Middlesborough zum FC Sunderland. Die Zahlung dieser Summe, für die Zeit um die Jahrhundertwende ein horrender Betrag, ist nur aufgrund hoher Einnahmen durch Eintrittsgelder möglich.

Begonnen hat das Transfergeschäft im britischen Profifußball der 90er Jahre des 19. Jh. Seitdem sind die Ablösesummen bis auf achtstellige DM-Beträge gestiegen.

Sport 1905		K 50
Fußball		
Deutsche Meisterschaft	Union 92 Berlin	
Englische Meisterschaft	Newcastle United	
Italienische Meisterschaft	Juventus Turin	
Spanische Meisterschaft	Real Madrid	
Tennis		
Wimbledon (seit 1877; 29. Austragung)	Herren: Laurence Doherty (GBR) Damen: Mary Sutton (USA)	
US Open (seit 1881; 25. Austragung)	Herren: Beals C. Wright (USA) Damen: Elizabeth Moore (USA)	
Australian Open	Herren: Rodney Heath (AUS)	
Davis-Cup (Wimbledon, GBR)	Großbritannien – USA 5:0	
Radsport		
Tour de France (2975 km)	Louis Trousselier (FRA)	
Boxen		
Schwergewichts-Weltmeisterschaft	Marvin Hart (USA) – K. o. über Jack Root (USA), 3.7.	
Herausragende Weltrekorde		
Disziplin	Athlet (Land)	Leistung
Leichtathletik, Männer		
Kugelstoß	Wesley Coe (USA)	15,09 m
Schwimmen, Männer		
100 m Freistil	Zoltan Halmay (HUN)	1:05,8 min

1906

Politik

Labour Party gegründet
London. Das 1900 gegründete Labour Representation Committee gibt sich den Namen Labour Party, Erster Sekretär wird J. R. Macdonald.
Hervorgegangen war die Partei aus der Wahlreformbewegung der 1860er Jahre und dem liberalen Radikalismus der Jahrhundertwende. Vorläufer waren u. a. die Fabian Society und die Scottish Labour Party (1888). 1893 entstand die Independent Labour Party mit einem sozialpolitisch geprägten Programm.
Ziel der Partei ist es, der Arbeiter- und Gewerkschaftsbewegung eine parlamentarische Vertretung zu geben. 1924 zieht der erste Labour-Premier in die Downing Street 10 ein (↑S.208/23.1.1924). S 57/K 53

K. H. Metz: Industrialisierung und Sozialpolitik. Das Problem der sozialen Sicherheit in Großbritannien 1795–1911, 1988.

Erste Marokko-Krise
16.1. Algeciras. In der südspanischen Hafenstadt Algeciras beginnt die Konferenz zur Beilegung der Marokko-Krise; sie wurde auf Veranlassung des Deutschen Reichs einberufen. Ursache des Konflikts war das französische Vordringen in Marokko und die am 8.4.1904 (↑S.44) zwischen Frankreich und Großbritannien im Rahmen der „Entente cordiale" erreichte Annäherung in kolonialen Fragen.
Ausgelöst wurde die Krise durch den Besuch Kaiser Wilhelms II. in Tanger am 31.3.1905, der die Souveränität Marokkos demonstrieren sollte.
Obwohl Frankreich der Errichtung internationaler Institutionen für Marokko zustimmt, ist das Ergebnis der Konferenz eine politische Niederlage für das Deutsche Reich. Es gelingt nicht, Frankreich von einem Zusammengehen mit Großbritannien abzubringen

Stationen der 1. Marokko-Krise		K 51
1904		
8. 4.	Entente cordiale zwischen Großbritannien und Frankreich regelt französische Vormachtstellung in Marokko (S.44)	
1905		
31. 3.	Kaiser Wilhelm II. landet in Tanger; der Besuch gefährdet die deutsch-französischen Beziehungen und markiert den Ausgangspunkt der sog. Marokko-Krise	
27. 5.	Der Sultan von Marokko, Abd Al Asis, schlägt im Einklang mit Deutschland eine Marokko-Konferenz vor	
6. 6.	Frankreichs Außenminister Delcassé tritt zurück: Das Kabinett unterstützt seine Bereitschaft zu einem Krieg mit Deutschland nicht	
9. 7.	In Berlin findet die größte Anti-Kriegsdemonstration (18 000 Teilnehmer) während der Marokko-Krise statt	
6.12.	Reichskanzler von Bülow fordert wirtschaftliche Gleichberechtigung für alle Staaten in Marokko („offene Tür")	
1906		
16. 1.	Algeciras-Konferenz zur Beilegung der Marokko-Krise (S.56)	
7. 4.	Unterzeichnung der Akte von Algeciras: Deutsche, französische und spanische Interessen werden in Einklang gebracht	

Wichtige Regierungswechsel 1906			K 52
Land	Amtsinhaber	Bedeutung	
Dänemark	Christian IX. (König seit 1863) Friedrich VIII. (König bis 1912)	Tod des Königs (29.1.), der mit nahezu allen Fürstenhäusern Europas verwandt war; Nachfolger wird sein Sohn	
Frankreich	Emile Loubet (P seit 1899) Armand Fallières (P bis 1913)	Wahl des bisherigen Senatspräsidenten Fallières signalisiert Festhalten an der Politik der Trennung von Staat und Kirche	
	Maurice Rouvier (M seit 1905) Ferdinand Sarrien (M 13.3.–18.10.) Georges Clemenceau (M bis 1909)	Rücktritt von Rouvier (S.57/7.3.) wegen Kritik am Gesetz über die Trennung von Staat und Kirche; Clemenceau setzt erstmals Minister für Arbeit- und Gesundheitspflege ein (René Viviani)	
Österreich	Freih. Gautsch von Frankenthurn (M seit 1905) Prinz v. Hohenlohe-Schillingsfürst (M 2.5.–28.5.) Max Wladimir Freiherr von Beck (M bis 1908)	Rücktritt von Gautsch wegen Differenzen über Wahlreform (30.4.); Rücktritt von Hohenlohe wegen Differenzen über Zollbündnis mit Ungarn; Beck führt allgemeines Wahlrecht ein (1.12.)	
Portugal	Ernst Rudolf Hintze-Ribeiro (M seit 1906) João Franco (M bis 1908)	König Karl I. beruft seinen Freund Franco, der ein diktatorisches Regime errichtet, um die Monarchie zu festigen	
Rußland	Sergej J. Witte (M seit 1903) Iwan L. Goremykin (M 8.5.–23.7.) Pjotr A. Stolypin (M bis 1911)	Reichsduma spricht dem vom Zaren berufenen Goremykin Mißtrauen aus; nach Auflösung des Parlaments errichtet Stolypin Polizeiherrschaft, um Revolution von 1905 zu beenden (S.57, 58)	
Schweden	Karl Albert Staaff (M seit 1905) Arvid Lindman (M bis 1911)	Rücktritt von Staaff (29.5.) wegen Differenzen mit der Krone um Wahlreform; Lindman setzt allgemeines Wahlrecht durch (1907)	

M = Ministerpräsident bzw. Premierminister; P = Präsident

und die außenpolitische Isolierung des Reichs zu durchbrechen. Die Situation in Marokko bleibt instabil (↑S.90/1.7.1911). S 56/K 51

Kirchenkonflikt stürzt Regierung
7.3. Paris. Der französische Ministerpräsident Maurice Rouvier tritt nach Zurückweisung seiner Regierungserklärung zum Gesetz über die Trennung von Kirche und Staat zurück. Sein Nachfolger, Ferdinand Sarrien, setzt dessen Politik fort. Die Durchführung des 1905 erlassenen Gesetzes hatte zu blutigen Auseinandersetzungen geführt, als Finanzbeamte die vorgeschriebene Inventarisierung sakraler Gegenstände vornehmen wollten. Die Verschärfung des französischen Kulturkampfes resultiert aus der Unnachgiebigkeit des neuen Papstes Pius X. (↑S.68/8.9.1907), der am 18.2. eine Enzyklika gegen die Trennung von Kirche und Staat erlassen hatte. Im Dezember kommt es zu Massenkundgebungen gegen die Enteignung von Kirchenbesitz.
Langfristig führt die Trennung zu einer Entspannung des Verhältnisses von Kirche und Staat und trägt zu einer inneren Erneuerung der katholischen Kirche Frankreichs bei.

Generalstreik in Frankreich
1.5. Paris. Zur Durchsetzung des Achtstundentags veranstalten die gewerkschaftlich organisierten Arbeiter einen Generalstreik. Damit bekommt die seit 1890 auf Beschluß der Zweiten Internationale begangene Maikundgebung eine neue Qualität.
Das Ergebnis des Streiks ist nicht der Achtstundentag, doch richtet der im Oktober zum Premier ernannte Georges Clemenceau ein Ministerium für Arbeit und Gesundheitspflege ein und beschließt, der Sozialpolitik mehr Aufmerksamkeit zu widmen.
In ganz Europa weiten sich die Streiks aus. An der Spitze der betroffenen Länder steht Rußland mit 2609 Streiks und insgesamt 584 000 Beteiligten (1906).

„Demokratie" in Rußland
10.5. St. Petersburg. Der russische Zar Nikolaus II. eröffnet die Reichsduma. Diese Versammlung ist das erste gewählte Parlament Rußlands. Unter den 478 Volksvertretern bilden die „Kadetten" (Konstitutionelle Demokratische Partei) mit 179 Abgeordneten die stärkste Fraktion.
Wenige Tage zuvor, am 6.5., hatte der Zar ein „Reichsgrundgesetz" oktroyiert, mit dem er noch einmal sein absolutistisches Herrschaftsverständnis bekräftigte. Die Duma hat

Gründung von Arbeiterparteien in Europa		K 53
Land	Jahr	Früherer/heutiger Name
Belgien	1885	Belgische Arbeiterpartei Belgische Sozialistische Partei (BSP, 1945)
Dänemark	1871	Internationaler Arbeiterverein für Dänemark Sozialdemokratie in Dänemark (SD, 1961)
Deutschland	1863	Allgemeiner Deutscher Arbeiterverein Sozialdem. Partei Deutschlands (SPD, 1890)
Finnland	1899	Arbeiterpartei Finnlands Sozialdem. Partei Finnlands (SDP, 1903)
Frankreich	1879	Französische Arbeiterpartei (POF) Französische Sozialistische Partei (PSF, 1902)
Griechenland	1918	Sozialistische Arbeiterpartei Griechenlands Kommunist. Partei Griechenlands (KKE, 1924)
Großbritannien	1900	Labour Representation Committee Labour Party (S.56/1906)
Irland	1912	Irish Trades Union Congress and Labour Party Labour Party (1930)
Italien	1892	Partei der Italienischen Arbeiter Italienische Sozialistische Partei (PSI, 1895)
Luxemburg	1903	Sozial-demokratische Partei Lux. Sozialistische Arbeiterpartei (LSAP, 1924)
Niederlande	1894	Sozialdemokratische Arbeiterpartei Partei der Arbeit (PvdA, 1946)
Norwegen	1887	Vereinigte Norwegische Arbeiterpartei Norwegische Arbeiterpartei (DNA, 1891)
Österreich	1874	Sozialdemokrat. Arbeiterpartei in Österreich Sozialistische Partei Österreichs (SPÖ, 1945)
Portugal	1874	Kommunistische Partei der Arbeiter Portugals Keine traditionelle Arbeiterpartei gegründet
Schweden	1889	Sozialdemokratische Arbeiterpartei (SAP) Keine Umbenennung erfolgt
Schweiz	1945	Partei der Arbeit (hervorgegangen aus der Kommunist. Partei der Schweiz, gegr. 1921)
Spanien	1879	Spanische Sozialistische Arbeiterpartei keine Umbenennung erfolgt

kaum Kompetenzen. Der Zar ernennt den Ministerpräsidenten und die Minister: Gesetze bedürfen seiner Bestätigung; die Außenpolitik bleibt ihm vorbehalten.
Obwohl dieser Scheinkonstitutionalismus die Macht des Zaren unangetastet läßt, löst Nikolaus II. bereits am 21.7. das Parlament wegen ihm nicht genehmer Mehrheitsverhältnisse auf. Nach ähnlichen Erfahrungen mit der 2. Duma läßt der Zar 1907 das Wahlrecht ändern (↑S.91/14.9.1911). S 58/K 54

Dreyfus-Affäre beigelegt
12.7. Paris. Das Urteil gegen den jüdischen Offizier Alfred Dreyfus wegen Landesverrats (1894) wird aufgehoben. Seit 1896 war der wahre Schuldige, M. C. F. W. Esterházy, bekannt. Damit endet ein Justiz- und Politskandal, der die Dritte Republik nachhaltig erschütterte. Auf dem Höhepunkt der Ausein-

1906

Stationen der Russischen Revolution		K 54
1905		
20. 1.	In St. Petersburg streiken 30 000 Arbeiter für die Beendigung des Russisch-Japanischen Krieges	
22. 1.	Militär schlägt in St. Petersburg friedliche Demonstration von 30 000 Arbeitern, Frauen und Kindern blutig nieder („Blutsonntag", S.50)	
24. 1.	Zar Nikolaus I. errichtet Militärdiktatur; General Trepow wird zum Generalgouverneur von St. Petersburg ernannt	
7. 5.	Judenpogrome in Schitomir mit 200 Toten	
22. 6.	561 Tote bei Aufstand in Russisch-Polen gegen die Zarenherrschaft	
27. 6.	Matrosenmeuterei auf dem Panzerkreuzer „Potemkin"; die anschließenden Zusammenstöße zwischen Militär und Arbeitern in Odessa fordern Hunderte von Menschenleben	
24.10.	In Moskau wird der politische Generalstreik proklamiert; Forderung nach Sturz des Zaren und Schaffung einer Republik	
30.10.	Zar Nikolaus II. erläßt das Oktobermanifest: bürgerliche Grundrechte und Einrichtung einer Volksvertretung versprochen	
31.12.	Militär schlägt Aufstand des Moskauer Sowjets der Arbeiterdeputierten gegen die Zarenherrschaft nieder	
1906		
6. 5.	Zar Nikolaus II. oktroyiert Reichsgrundgesetz (erste russische Verfassung): Alleinherrschaft des Zaren auch nach Einführung des Parlamentarismus gewährleistet (S.57/10.5.)	
10. 5.	Zar eröffnet in St. Petersburg erstes gewähltes Parlament in der Geschichte Rußlands (Duma, S.57)	
21. 7.	Zar löst die Duma wegen „Kompetenzüberschreitungen" auf	
25. 8.	Bombenanschlag der Sozialrevolutionäre auf Ministerpräsident Stolypin scheitert, 24 Menschen kommen ums Leben (S.58)	
1907		
5. 3.	Eröffnung der zweiten Duma: Regimegegner bilden Mehrheit	
16. 6.	Zar löst russisches Parlament ein zweites Mal auf und oktroyiert Wahlgesetz zur Stärkung der Konservativen	
27.10.	Reaktionäre Kreise behalten die Oberhand bei Wahlen zur dritten Duma: autokratische Zarenherrschaft gefestigt	

andersetzungen hatte der Schriftsteller Emile Zola mit seiner Kampfschrift „J'accuse!" (1898) das an Dreyfus begangene Verbrechen angeprangert.
Dreyfus war ein Opfer antisemitischer Tendenzen innerhalb der politischen Rechten geworden. Der Hauptmann im Generalstab wurde 1894 zu lebenslänglicher Verbannung verurteilt, in einem Revisionsprozeß 1899 zu zehn Jahren Festungshaft. Seine Rehabilitierung ist ein Sieg der bürgerlichen Mitte und Linken über die Rechtsparteien.
📖 S. Thalheimer (Hg.): Die Affäre Dreyfus, 1986.

Attentate erschüttern Rußland
25.8. St. Petersburg. Bei einem Bombenattentat auf den russischen Ministerpräsidenten Pjotr A. Stolypin in seinem Landhaus bei St. Petersburg kommen 24 Menschen ums Leben, 32 werden verwundet. Stolypin bleibt unverletzt.

Das Attentat geht auf das Konto der 1901 gebildeten Partei der Sozialrevolutionäre, die im Gegensatz zu den Marxisten einen bäuerlichen Sozialismus anstreben. Die Tat kennzeichnet die zunehmende Brutalität im vorrevolutionären Rußland. Prominenteste Opfer waren bislang die Innenminister Dmitri S. Sipjagin (1902) und Wjatscheslaw K. Plewe (1904) sowie Großfürst Sergej Alexandrowitsch (↑S.91/14.9.1911). S 58/K 54

Neues Wahlrecht in Österreich
1.12. Wien. Das österreichische Abgeordnetenhaus in Wien genehmigt eine Wahlreform, durch die das allgemeine, gleiche, geheime und direkte Wahlrecht für Männer eingeführt wird.
Wahlberechtigt ist künftig „jede Person männlichen Geschlechts, welche das 24. Lebensjahr zurückgelegt hat". Frauen bleiben weiterhin (bis 1918) vom Urnengang ausgeschlossen.
Bislang galt ein 1885 abgemildertes Zensuswahlrecht, das nur Männern die Wahl gestattete, die mindestens fünf Gulden Steuern im Jahr zahlten. Das waren rd. ein Viertel der jetzt stimmberechtigten Männer. Die ersten Wahlen zum neuen „Volksparlament" finden am 17.6.1907 (↑S.65) statt. S 258/K 269

Verkehr

20 km unter der Erde
19.5. Brig. Der italienische König Viktor Emanuel III. und der Schweizer Bundespräsident Ludwig Forrer eröffnen in Brig im Kanton Wallis den längsten Eisenbahntunnel der Welt, den Simplontunnel (Paßhöhe des Simplon 2005 m).
Im August 1898 hatten die Bauarbeiten an der 19,8 km langen Röhre begonnen; auf italienischer Seite bei Iselle, in der Schweiz bei Brig. Am 24.2.1905 wurde der Tunnel durchstoßen. Er verkürzt die Strecke Paris–Mailand um 81 km. Wegen der Verqualmungsgefahr wurde die Strecke unter dem Simplon auf Drehstrom umgestellt. S 59/K 55

Natur/Umwelt

San Francisco in Schutt und Asche
18.4. San Francisco. Ein Erdbeben und nachfolgende Brände zerstören einen Großteil der kalifornischen 300 000-Einwohner-Stadt. 450 Menschen kommen ums Leben, 250 000 werden obdachlos, etwa 30 000 Gebäude zerstört.

1906

Der erste Erdstoß um 5 Uhr morgens hat eine Stärke von 8,3 auf der nach oben offenen Richterskala, der zweite ist sogar noch etwas stärker. Die größten Verwüstungen richtet das Feuer an, da es kein Wasser zum Löschen mehr in der Stadt gibt; es brennt dreieinhalb Tage. Erst nach drei Jahren stehen zwei Drittel der zerstörten Häuser wieder.

San Francisco gehört wegen seiner Lage am San-Andreas-Graben zu den erdbebengefährdetsten Städten der Erde. Bis zu 23 Erdstöße werden alljährlich gezählt. S 60/K 56

Technik

Glühlampe mit Wolframfaden
Mai. Stuttgart. Auf dem Verbandstag Deutscher Elektriker stellt die in Berlin ansässige „Deutsche Gasglühlicht Aktiengesellschaft" (Auergesellschaft) die erste funktionstüchtige Glühlampe mit Wolframfaden (sog. OSRAM-Lampe) vor. Sie ermöglicht eine seitdem unübertroffen hohe Lichtausbeute bei relativ hoher Lebensdauer.

Die Wolframlampe verdrängt sowohl die Metallfadenlampe mit Osmiumdraht, die 1898 der österreichische Chemiker Carl Freiherr Auer von Welsbach erfunden hatte (Auer-Oslampe), als auch die von Siemens & Halske etwas später gefertigte Tantaldrahtlampe.

Bezüglich Leistungsfähigkeit und Wirtschaftlichkeit wird erst wieder 1960 (↑S.539) mit der Halogen-Glühlampe ein wesentlicher Fortschritt erzielt.

Geburtstag des Rundfunks
Brant Rock/Massachusetts (USA). Dem kanadischen Elektrotechniker Reginald Aubrey Fessenden gelingt die drahtlose Übertragung eines gesprochenen Textes; er strahlt damit die erste „Rund"funk-Sendung der Welt aus. Dieser Ausweitung der drahtlosen Telegrafie zur „Radio-Telefonie" (↑S.22/1901) gingen

Erdbeben in San Francisco: Brände infolge der Erdstöße zerstören mehr als 10 km² des Stadtgebiets (Foto aufgenommen aus einem Luftschiff).

Die längsten Eisenbahntunnel der Welt			K 55
Name	Ort/Strecke (Land)	Fertigstellung	Länge in km
Seikan	Hondo–Hokkaido (J)	1989	53,9
Ärmelkanal	Folkestone–Calais (GB/F)	1993	49,2
Dai-shimizu	Mikuni-Gebirge (J)	1982	22,3
Simplon	Brig–Domodossola (CH/I)	1906	19,8
Kanmon	Hondo–Kiushu (J)	1975	18,7
Apennin	Apennin-Gebirge (I)	1934	18,5
Rokko	Shikoku (J)	1982	16,3
Furka	Berner Alpen (CH)	1982	15,4
Haruna	Kanto-Gebirge (J)	1982	15,4
St. Gotthard	Glarner Alpen (CH)	1982	15,0
Nakayama	Shikoku (J)	1982	14,9
Lötschberg	Berner Alpen (CH)	1913	14,6
Mont Cenis	Col de Fréjus (I/F)	1871	12,8
New Cascade	Cascade Range (USA)	1929	12,5
Arlberg	Lechtaler Alpen (A)	1884	10,2

1906

Die folgenschwersten Erdbeben des 20. Jh.			K 56
Jahr	Ort/Region (Land)	Stärke[1]	Todesopfer
1906	San Francisco (USA, S.58)	8,3	450
	Valparaiso (Chile)	8,6	20 000
1908	Messina (Sizilien, S.75)	7,5	100 000
1915	Abruzzen (Italien, S.122)	7,5	30 000
1920	Kansu (China)	8,6	80 000
1923	Tokio (Japan, S.203)	8,3	143 000
1927	Kansu (China)	8,3	100 000
1932	Kansu (China)	7,6	70 000
1935	Belutschistan (Indien)	7,5	30 000
1939	Concepción (Chile)	8,3	28 000
	Anatolien (Türkei)	7,5	30 000
1950	Assam (Indien)	8,7	1 500
1960	Valdivia (Chile)	8,3	5 700
	Agadir (Marokko)	5,8	12 000
1962	Elbrus-Gebirge (Iran)	7,1	12 000
1964	Anchorage (Alaska)	8,5	118
1970	Yungay (Peru)	7,7	66 800
1972	Managua (Nicaragua)	6,2	10 000
1976	Tangshan (China, S.708)	8,2	650 000
	Guatemala-City (Guatemala)	7,5	23 000
	West-Irian (Indonesien)	7,2	9 000
1978	Tabas (Iran)	7,7	25 000
1985	Mexiko-City (Mexiko)	8,1	5 500
1988	Kaukasus (UdSSR, S.809)	6,9	25 000
1990	Nordwest-Iran	7,3	50 000
1995	Kobe (Japan, S.890)	7,2	6 055
	Sachalin (Rußland)	7,5	2 500

[1] Nach Richterskala

Erstes Fax: Telekopie der von Arthur Korn übertragenen Fotografie des deutschen Kronprinzen Wilhelm von Hohenzollern

zwei wesentliche Entwicklungen voraus: Zum einen rüstete 1903 der dänische Ingenieur Valdemar Poulsen die Marconischen Sender mit Hochfrequenzspulen aus, die eine störungsärmere Ausstrahlung ermöglichen; zum anderen erfand im Februar dieses Jahres der US-Amerikaner Lee De Forest mit dem sog. Audion (Verstärkerröhre) den ersten empfindlichen Detektor für Radiowellen. S 61/K 57

P. Volkmann: Technikpioniere, 1990.

Wilhelms Porträt als Fernkopie
17.10. München. Der Münchner Elektrophysiker Arthur Korn „faxt" ein Porträt des deutschen Kronprinzen Wilhelm über eine Strecke von 1800 km.
Korn hat als Abtaster den Lichtstrahl eingeführt. Sog. Selenzellen, deren elektrischer Widerstand sich mit der Stärke des einfallenden Lichts ändert, steuern die Umwandlung der Lichtschwankungen in Stromstöße, die wiederum beim Empfänger einen Lichtstrahl steuern, der das übertragene Bild aufzeichnet. Korn zählt zu den Pionieren der Bildtelegrafie. Bereits 1904 gelang ihm die erste telegrafische Übertragung einer Fotografie. Seine Erfindung ist von grundlegender Bedeutung für die spätere Entwicklung der Telekopie.

Krieg unter Wasser
14.12. Kiel. Im Hafen der Ostsee-Stadt wird das erste deutsche Unterseeboot, die „U I", in Dienst gestellt. Sie lief am 3.8. auf der Germaniawerft vom Stapel. Der kostspielige Bau, noch um die Jahrhundertwende als zu teuer abgelehnt, ist Reaktion auf die größer werdenden U-Boot-Flotten Frankreichs (48 Stück) und Großbritanniens (15; 29 im Bau). Die 3,60 m breite und 42,3 m lange „U I" kann mit zehn Mann Besatzung bis zu zwölf Stunden tauchen; der Akkumulator für den Elektromotor erlaubt allerdings nur eine Unterwasserfahrt bis zu drei Stunden (bei ca. 17 km/h). Über Wasser wird das Boot mit einem 200-PS-Verbrennungsmotor angetrieben. Zu Beginn des 1. Weltkriegs verfügt das Deutsche Reich über 27 U-Boote, Ende 1915 über 41 (↑S.133/1.2.1917).

Gesellschaft

SOS bringt Rettung
3.10. Berlin. Durch ein Übereinkommen zwischen der britischen Marconi Co. (sic entwickelt 1911 die erste tragbare Anlage für drahtlose Telegrafie) und der deutschen Telefunken-Gesellschaft wird auf der Berliner Funkkonferenz das SOS als internationales Notsignal eingeführt. Es wird ab 1.7.1908 offiziell verwendet.
Seit 1.2.1904 galt als Notsignal für Schiffe das von Marconi eingeführte CQD („An alle Stationen – dringend", im Slang „Come quick – danger").
Das erste Funknotsignal wurde vom Leuchtschiff von East Goodwin am 17.3.1899 ausgesandt, als das Handelsschiff „Elbe" auf den Goodwin Sands gestrandet war. Der erste SOS-Notruf kommt am 10.6.1909 von der „Slavonia", als sie in einem Sturm vor den Azoren Schiffbruch erleidet.

Die echte „Köpenickiade"
16.10. Köpenick. Mit zehn auf der Straße aufgelesenen Mitgliedern des ersten preußi-

„Der Hauptmann von Köpenick": Wilhelm Voigt nach seiner Entlassung aus dem Gefängnis 1908

schen Garderegiments läßt der arbeitslose Schuster Wilhelm Voigt, gekleidet in einer beim Trödler erstandenen Hauptmannsuniform, „auf Befehl des Kaisers" den Bürgermeister von Köpenick verhaften.

Der 57jährige Voigt – er hatte 27 Jahre seines Lebens im Zuchthaus verbracht und war erst im Frühjahr entlassen worden – wollte sich ursprünglich einen Paß besorgen, der ihm von den Behörden verwehrt worden war. Da das Bürgermeisteramt von Köpenick kein Paßamt beherbergt, konfisziert er kurzerhand die Stadtkasse.

Voigt wird am 1.12. zu vier Jahren Gefängnis verurteilt. Nach seiner Entlassung 1908 lebt er vom Verkauf von Postkarten mit seinem Konterfei als Hauptmann und tritt in Varietés auf. 1931 wird die Geschichte von Carl Zuckmayer dramatisiert und am Deutschen Theater in Berlin uraufgeführt (Werner Krauss in der Titelrolle). Zahlreiche Verfilmungen folgen, die bekannteste wird Helmut Käutners von 1956 mit Heinz Rühmann als „Hauptmann".

Kampf gegen Hofkamarilla

27.10. Berlin. Maximilian Harden, Herausgeber der Wochenschrift „Die Zukunft", setzt mit der Behauptung, der Berliner Stadtkommandant Kuno Graf von Moltke sei homosexuell, eine Kampagne gegen die innersten Entscheidungszirkel am Hofe Wilhelms II. in Gang. In weiteren Artikeln bezichtigt er den

Entwicklung des Hörfunks		K 57
Jahr	Fortschritt	
1887	Heinrich Hertz weist die Existenz elektromagnetischer Wellen nach	
1894	Guglielmo Marconi sendet die ersten Funksignale aus (Radiowellen verbinden Sender und Empfänger)	
1897	Marconi gelingt im italienischen La Spezia über eine Strecke von 16 km erstmals eine drahtlose Funktelegrafie	
1901	Marconi empfängt in Neufundland die erste Nachricht per Funktelegrafie über den Atlantik (3400 km, S.22)	
1904	John Fleming erfindet die Diode (Gleichrichterröhre, S.47)	
1906	Lee De Forest entwickelt das Audion (Verstärkerröhre): Grundlage für drahtlose Übertragung einer menschlichen Stimme (S.59)	
	Reginald Aubrey Fessenden gelingt drahtlose Übertragung eines gesprochenen Textes: erste Radiosendung (S.59)	
1913	Alexander Meißner entwickelt Röhrensender mit Rückkopplung (Schwingaudion): Überlagerung von Träger- und Sprechfrequenz (S.110)	
1918	Edwin Howard Armstrong entwickelt den ersten Überlagerungsempfänger (Superheterodynempfänger)	
1920	In den USA nimmt die erste Radiostation den Betrieb auf (S.166)	
1933	In Deutschland werden die ersten „Volksempfänger" für Kurzwellensendungen gebaut und auf den Markt gebracht (S.296)	
1935	Erster Ultrakurzwellenempfänger in Deutschland geht in Betrieb	
1947	Amerikanische Wissenschaftler entwickeln den Transistor als technisch einsetzbares Verstärkergerät (S.434)	
1954	Erstes Radio mit Transistorverstärker kommt auf den Markt	
1961	Radiosendungen in den USA werden erstmals stereophon ausgestrahlt (in Deutschland: ab 1963)	
1986	Als erster deutscher Privatsender nimmt „Radio ffn" Sendebetrieb auf	
1995/96	Pilotprojekte für digitalen Hörfunk (Digital Audio Broadcasting, DAB) starten über UKW-Frequenzen; Radioempfang auch über Satelliten	

Nobelpreisträger 1906	K 58
Frieden: Theodore Roosevelt (USA, 1858–1919)	
Der 26. US-Präsident vermittelte den Friedensvertrag von Portsmouth, der 1905 den Russisch-Japanischen Krieg beendete. Roosevelt eröffnete 1902 den Internationalen Schiedsgerichtshof in Den Haag und kämpfte für die friedliche Lösung internationaler Konflikte.	
Literatur: Giosuè Carducci (I, 1835–1907)	
Der Lyriker und Literaturhistoriker verherrlichte in seinen Gedichten die heldenhafte Vergangenheit seines Heimatlandes. In seinem Hauptwerk, den dreibändigen „Barbarischen Oden" (1877–89), orientierte Carducci (Pseudonym: Enotrio Romano) sich an antiken Versmaßen.	
Chemie: Henri Moissan (F, 1852–1907)	
Der Pionier der Hochtemperaturchemie konstruierte 1893 einen elektrischen Ofen (Temperaturen bis 3500 °C), mit dem er u. a. die Verbindungen zahlloser Elemente mit Kohlenstoff und Silizium untersuchte. 1886 hatte Moissan, Professor an der Sorbonne, das giftige Gas Fluor isoliert.	
Medizin: Camillo Golgi (I, 1843–1926), Ramon y Cajal (1852–1934)	
Golgi erforschte den Bau des Zentralnervensystems und erfand eine Methode zur Farbpräparation des Nervengewebes. Ramon y Cajal, Begründer der Neuronenlehre, entwickelte die Methode weiter und erarbeitete grundlegende Kenntnisse über die feinen Strukturen des Nervensystems.	
Physik: Joseph J. Thomson (GB, 1856–1940)	
Der Mitbegründer der modernen Atomphysik erforschte die Kathodenstrahlung. Die Kathodenstrahlteilchen betrachtete er als Atome der Elektrizität, die Bestandteil aller Materie sind. Diese Schlußfolgerung machte Thomson zum eigentlichen Entdecker des Elektrons.	

Kulturszene 1906	K 59
Theater	
Alexander Blok Die Schaubude UA 30.12., St. Petersburg	Desillusionsstück als Persiflage auf das Ewig-Weibliche: Neben Schauspielern wirken Marionetten mit; Regie: Wsewolod Meyerhold.
Maxim Gorki Feinde UA 24.11., Berlin	Kampf russischer Fabrikarbeiter gegen kapitalistische Ausbeutung; Fazit: Die Geschlagenen von heute sind die Sieger von morgen.
Gerhart Hauptmann Und Pippa tanzt! UA 19.1., Berlin	Das symbolistische „Glashüttenmärchen" zeigt die Sehnsucht des modernen Menschen nach der verlorenen Welt der Mythen und Sinnbilder.
George Bernard Shaw Der Arzt am Scheideweg UA 14.7., London	Ein Tuberkulosearzt hat nur noch einen Platz in seiner Klinik frei; die Wahl wird zur Gewissensentscheidung über Leben und Tod.
Frank Wedekind Frühlings Erwachen UA 20.11., Berlin	Pubertätsnöte bürgerlicher Jugendlicher sind Thema der bereits 1890/91 entstandenen, bisher von der Zensur verbotenen Tragödie.
Oper	
Hans Pfitzner Christelflein UA 11.12., München	An Märchen und an Gerhart Hauptmann orientierte weihnachtliche Kinderoper, deren 14 Musiknummern durch Dialoge verbunden sind.
Ermanno Wolf-Ferrari Die vier Grobiane UA 19.3., München	Erfolgreicher Versuch, die Opera buffa des 18. und 19. Jh. wiederzubeleben; die Titelrollen werden von vier Bässen gesungen.
Konzert	
Gustav Mahler 6. Sinfonie UA 27.5., Essen	Die „Tragische" unter Mahlers Sinfonien: pessimistische Klangwelt in Moll; das gewaltige Finale bildet den Höhepunkt des Werks.
Maurice Ravel Miroirs UA 6.1., Paris	Fünf klangmalerische Klavierstücke; „Une bar que sur l'océan" und „Alborada del gra cioso" werden später von Ravel orchestriert.
Buch	
Ambrose Bierce Aus dem Wörterbuch des Teufels; New York	In satirischen bis sarkastischen Epigrammen und Maximen spiegelt sich die Verbitterung des Autors über die Verhältnisse in den USA.
John Galsworthy Der reiche Mann London	Erster Roman der vierbändigen „Forsyte Saga" (bis 1921), die Galsworthys Weltruhm begründet und ihm den Literaturnobelpreis einbringt.
Karl Gjellerup Der Pilger Kamanita Kopenhagen	Ein Pilger begegnet Buddha, erzählt ihm seine Lebensgeschichte und wird in die Weisheitslehre eingewiesen; Nobelpreis 1917.
Knut Hamsun Unter Herbststernen Kristiania (Oslo)	Auftakt der sog. Wanderer-Trilogie (bis 1912) über die von sentimentaler Romantik geprägten Erlebnisse eines alternden Vagabunden.
Robert Musil Die Verwirrungen des Zöglings Törleß; Wien	Sadistische und masochistische Triebe eines Internatsschülers werden als Zeichen für die „Fäulnis" der Gesellschaft gedeutet.
Rainer Maria Rilke Die Weise von Liebe und Tod; Prag	Die poetische Prosadichtung über das Soldatenleben des Cornets Christoph Rilke wird für Generationen zum lyrischen Kultbuch.
Upton Sinclair Der Dschungel New York	Naturalistischer Roman über die grauenhaften Arbeitsbedingungen und hygienischen Mißstände in der Chicagoer Fleischindustrie.
Carl Spitteler Imago Jena	Psychologischer Bekenntnisroman mit großer Wirkung auf den Kreis der Psychoanalytiker um Sigmund Freud in Wien.
August Vermeylen Der ewige Jude Bussum	In der symbolhaften Erzählung überwindet Ahasver die Polarität von Trieb und Enthaltsamkeit durch Nächstenliebe.

ehemaligen Diplomaten (bis 1902) und engen Vertrauten Kaiser Wilhelms, Philipp Fürst zu Eulenburg und Hertefeld, sexueller Verfehlungen.

Die sog. Eulenburg-Affäre zieht sich über mehrere Prozesse bis 1908 hin. Obwohl das Gericht zu keinem Urteil gelangt, muß sich Eulenburg vom Hofe zurückziehen; das öffentliche Ansehen der Monarchie ist schwer geschädigt.

Hardens publizistischer Kampf gilt seit der Gründung seiner Zeitschrift 1892 der unkontrollierbaren Hofkamarilla und dem Kaiser selbst, dem er Unfähigkeit, die deutschen Machtinteressen im Sinne Bismarcks zu wahren vorwirft.

Kultur

C. D. Friedrich wiederentdeckt
24.1. Berlin. In der Berliner Nationalgalerie wird die Deutsche Jahrhundertausstellung eröffnet. Sie präsentiert Gemälde deutscher Maler von 1775 bis 1875.

Die von Hugo von Tschudi, dem Direktor der Nationalgalerie, initiierte Ausstellung soll den weitgehend in Vergessenheit geratenen Werken der deutschen Kunst zwischen Rokoko und Impressionismus zu neuer Wertschätzung verhelfen. Viele Gemälde werden durch diese Ausstellung „entdeckt" und gehören künftig zum allgemeinen deutschen Kulturgut, darunter auch Werke des Romantikers Caspar David Friedrich. Mit seiner teils religiös motivierten Landschaftsmalerei hatte Friedrich der frühromantischen Weltsicht vollendeten Ausdruck verliehen.

Reinhardt eröffnet Kammerspiele
8.11. Berlin. Max Reinhardt eröffnet mit einer Inszenierung von Henrik Ibsens „Gespenster" die von ihm gegründeten Kammerspiele des Deutschen Theaters.

Das kleine Theater ermöglicht einen engeren Kontakt zum Zuschauer, der ohne Souffleurkasten und Orchestergraben unmittelbar vor der Bühne sitzt. Zugleich bewirkt die Intimität der Kammerspiele einen Wandel vom naturalistischen Aufführungsstil hin zur illusionistischen Inszenierung. Die Bühnenbilder für einige Schauspiele entwirft der norwegische Maler Edvard Munch.

Der Erfolg der Berliner Kammerspiele führt zur Gründung weiterer kleiner Theater. In Bayern werden 1913 die Münchner Kammerspiele eröffnet, in Norddeutschland 1916 die Hamburger Kammerspiele, die sich unter der Leitung von E. Ziegler in den 20er Jahren zu einem der wichtigsten deutschen Theater entwickeln. S 32/K 24

Sport

Deutscher siegt bei Eiskunstlauf-WM
4.2. München. Gilbert Fuchs wird als erster Deutscher nach der Jahrhundertwende Weltmeister im Eiskunstlauf der Herren. Er verweist den Deutschen Meister Heinrich Burger auf Platz zwei. Der amtierende Europameister und fünfmalige Weltmeister (1901–05), der Schwede Ulrich Salchow, ist in München nicht am Start.
Fuchs hatte bereits 1896 in St. Petersburg die erste Eiskunstlauf-WM für sich entschieden.

Olympisches Jubiläum in Athen
22.4.–2.5. Athen. Sportler aus 20 Nationen kämpfen bei den sog. Olympischen Zwischenspielen zum zehnjährigen Jubiläum um 77 Goldmedaillen. 1896 hatten in Athen die ersten Olympischen Spiele der Neuzeit stattgefunden. Die Griechen konnten sich jedoch mit ihrer ursprünglichen Idee, die Spiele alle vier Jahre in ihrer Hauptstadt zu veranstalten, nicht durchsetzen.
Im Vergleich zu den Spielen in Paris (↑S.18/20.5.1900) und St. Louis (↑S.49/1.7.1904) sind diese internationaler (vor zwei Jahren kamen ca. 90% der Athleten aus den USA). Im Medaillenspiegel liegt Frankreich vor den USA und Griechenland. Erfolgreichster deutscher Teilnehmer ist Gustav Casimir; er gewinnt zwei Goldmedaillen (Säbel-Einzel auf drei Treffer, Säbel-Mannschaft) und zwei Silbermedaillen. S 63/K 61

Erster Automobil-Grand-Prix
26.6. Le Mans. Vor leeren Tribünen starten 32 Wagen zum ersten (offiziell so genannten) Grand-Prix-Rennen. An zwei Tagen müssen die Fahrer einen 103 km langen Rundkurs je sechsmal durchfahren. Maximal drei Autos einer Firma dürfen starten, das zulässige Gesamtgewicht beträgt 1000 kg, Pannenhilfe ist verboten. Elf Fahrer erreichen das Ziel, als erster der Ungar Ferencz Scisz auf einem Renault (13 l, 90 PS); zweiter wird der Italiener Felice Nazarro auf Fiat (16,3 l, 110 PS). Der Belgier Camille Jenatzy auf Mercedes scheidet aus. 1906 werden noch drei weitere Grand-Prix-Rennen ausgetragen, und zwar im August in den Ardennen, im September die Tourist Trophy und im Oktober der Coupe Vanderbilt auf Long Island. S 358/K 365

Sport 1906	K 60
Fußball	
Deutsche Meisterschaft	VfB Leipzig
Englische Meisterschaft	FC Liverpool
Italienische Meisterschaft	AC Mailand
Spanische Meisterschaft	Real Madrid
Tennis	
Wimbledon (seit 1877; 30. Austragung)	Herren: Laurence Doherty (GBR) Damen: Dorothy Douglass (GBR)
US Open (seit 1881; 26. Austragung)	Herren: William Clothier (USA) Damen: Helen Homans (USA)
Australian Open	Herren: Anthony Wilding (NZL)
Davis-Cup (Wimbledon, GBR)	Großbritannien – USA 5:0
Radsport	
Tour de France (4637 km)	René Pottier (FRA)
Boxen	
Schwergewichts-Weltmeisterschaft	Tommy Burns (CAN) – Remis gegen Jack O'Brien (USA), 28.11. – PS über Marvin Hart (USA), 23.2.
Herausragende Weltrekorde		
Disziplin	Athlet (Land)	Leistung
Leichtathletik, Männer		
100 m	Knut Lindberg (SWE)	10,6 sec
Stabhochsprung	Leroy Samsel (USA)	3,78 m

Olympische Zwischenspiele 1906 in Athen				K 61
Zeitraum: 22.4. bis 2.5.		Medaillenspiegel		
		Land	G	S	B
Teilnehmerländer	20	Frankreich	15	9	16
Teilnehmerzahl	884	USA	12	6	5
Deutsche Teilnehmer	52	Griechenland	8	13	13
Schweizer Teilnehmer	8	Großbritannien	8	11	6
Österreichische Teilnehmer	35	Italien	7	6	3
Sportarten	11	Schweiz	5	4	2
Entscheidungen	77	Deutschland	4	6	4
Erfolgreichste Medaillengewinner				
Name (Land) Sportart	Medaillen (Disziplinen)			
Francesco Verri (ITA) Radsport	3 x Gold (Zeitfahren, 1000-m-Sprint, 5000-m-Bahnrennen)			
Max Decugis (USA) Tennis	3 x Gold (Herren-Einzel, Herren-Doppel, Mixed)			
Martin Sheridan (USA) Leichtathletik	2 x Gold (Kugelstoß, Diskuswurf), 3 x Silber (Steinstoß, Standweitsprung, Standhochsprung)			
Louis Richardet (SUI) Schießen	2 x Gold (Armeegewehr/300 m, Armeerevolver), 1 x Silber (Armeegewehr/200 m)			
Léon Moreaux (FRA) Schießen	2 x Gold (Armeegewehr/200 m, Duellpistole/20 m), 1 x Silber (Schnellfeuer-Pistole)			
Erfolgreichster deutscher Teilnehmer				
Gustav Casimir Fechten	2 x Gold (Säbel-Einzel auf 3 Treffer, Säbel-Mannschaft), 2 x Silber (Säbel-Einzel, Florett-E.)			

1907

Politik

Deutsch-dänische Annäherung [KAR]

11.1. Berlin. Mit dem sog. Optantenvertrag wird einer kleinen Gruppe von Dänen in Nordschleswig das Recht eingeräumt, entweder für die deutsche oder die dänische Staatsbürgerschaft zu „optieren". Es handelt sich um Nachkommen jener Dänen, die sich nach Abtretung Schleswig-Holsteins an Preußen und Österreich (1864) für die dänische Staatsbürgerschaft entschieden hatten. Sie galten bisher als staatenlos. Die Übereinkunft bekräftigt den Willen der deutschen und dänischen Regierung zum Abbau bestehender Spannungen. S 661/K 656

„Hottentottenwahlen"

25.1. Berlin. Aus den Wahlen zum 12. Deutschen Reichstag gehen Konservative und Liberale gestärkt hervor.
Reichskanzler von Bülow hatte den Reichstag vorzeitig aufgelöst, weil das katholische Zentrum einem Nachtragshaushalt nicht zustimmen mochte, mit dem die Fortsetzung des Kolonialkriegs gegen die Hottentotten finanziert werden sollte. Das Zentrum hatte zudem Mißstände in der deutschen Kolonialverwaltung kritisiert und deren Abstellung gefordert. Der Bruch mit dem Zentrum führt nach den „Hottentottenwahlen" zur Bildung des „Bülow-Blocks", einer aus Konservativen und Liberalen bestehenden parlamentarischen Stütze der Regierung. S 100/K 105

Blutbad in Rumänien

8.2. Rumänien. Im Fürstentum Moldau und anschließend in der Walachei (seit 1859 unter dem Namen Rumänien vereint) brechen Bauernunruhen aus, die von der Regierung niedergeschlagen werden; 11 000 Menschen kommen zu Tode. Der Haß der Kleinbauern richtet sich gegen die Willkür großgrundbesitzender Bojaren (urspr. Dienstadel in Verwaltung und Heerwesen), denen sie Pacht zu entrichten haben. Es kommt auch zu Pogromen gegen Juden.
Die Regierung spricht von einer Aufwiegelung durch russische Revolutionäre, muß aber zurücktreten. Bereits 1888 hatten ungerechte Besitzverhältnisse und überhöhte Pachtforderungen zu Unruhen geführt. S 300/K 308

Oberhaus soll Rechte verlieren

12.2. London. Der liberale britische Premierminister Henry Campbell-Bannerman (seit 1905) kündigt eine Neuregelung der Beziehungen zwischen Unter- und Oberhaus an. Sie soll den Einfluß des Oberhauses auf die Gesetzgebung beschränken. Es beginnt einer

Grenzgebiet Nordschleswig

Schleswig-Holst. Nordgrenze
— bis 1920
--- seit 1920
0   50 km
© Harenberg

Wichtige Regierungswechsel 1907			K 62
Land	Amtsinhaber	Bedeutung	
Honduras	Manuel Bonilla (P seit 1903) Miquel E. Dávila (P bis 1911)	Flucht von Bonilla nach Eroberung des Landes durch Truppen Nicaraguas; US-Intervention beendet Besetzung (18.4.)	
Persien	Mossafar Od Din (Schah seit 1896) Mohammad Ali (Schah bis 1909)	Tod des Schahs (8.1.); sein Sohn weigert sich, die vom Vater unterzeichnete liberale Verfassung anzuerkennen	
Rumänien	Gheorghe Cantacuzino (M seit 1905) Demeter Sturdza (M bis 1909)	Rücktritt wegen Bauernunruhen (11 000 Tote, S.64); Sturdza will Not der Bauern lindern, verhängt aber Ausnahmezustand (29.3.)	
Schweden	Oscar II. (König seit 1872) Gustav V. (König bis 1950)	Tod des Königs (8.12.), der bis 1905 auch König von Norwegen war; sein Sohn vertritt eine strikte Neutralitätspolitik	

M = Ministerpräsident bzw. Premierminister

der härtesten Verfassungskämpfe in der britischen Geschichte.
Das parlamentarische System Großbritanniens besteht aus drei Parteien: König, Oberhaus und Unterhaus. Während das Unterhaus demokratisch gewählt wird, werden die Mitglieder des Oberhauses mittels einer Hochadelsquotenregelung ermittelt. Das Oberhaus hat das Recht, jedes vom Unterhaus verabschiedete Gesetz abzulehnen. Außerdem besitzt es Vetorecht für alle Geldangelegenheiten. Erst am 18.8.1911 endet der Kampf, das Vetorecht des Oberhauses wird abgeschafft. S 362/K 367

Frauen an die Macht
25.5. Helsinki. Im autonomen russischen Großfürstentum Finnland tritt nach der Parlamentsreform von 1906, die den Ständestaat beseitigte, der neue Landtag zusammen. Als erstes Land der Welt gewährt Finnland Frauen das aktive und passive Wahlrecht. 19 weibliche Abgeordnete ziehen in das Parlament ein. Am 4.12.1917 (↑S.136) erringt Finnland seine Unabhängigkeit. S 65/K 63

Zweite Haager Friedenskonferenz
15.6. Den Haag. Die Errichtung eines internationalen Schiedsgerichtshofs ist das zentrale Thema der vom niederländischen Außenminister eröffneten Konferenz. Bereits auf der Ersten Haager Konferenz waren 1899 Abmachungen über die friedliche Beilegung internationaler Konflikte getroffen worden. Das erste von insgesamt 13 Abkommen sieht die Einrichtung eines ständigen Schiedsgerichtshofs in Den Haag vor. Zwölf dieser Abkommen – darunter die Haager Landkriegsordnung – treten anschließend in Kraft und sind bis heute gültig (weiterführende Vorschriften u. a. durch das Genfer Protokoll, ↑S.221/17.6.1925). Deutschland und Österreich-Ungarn entziehen sich auf der Konferenz dem Wunsch anderer Mächte nach Rüstungsbegrenzung. S 65/K 64

Freie Wahl in Österreich
17.6. Wien. Zum ersten Mal geht ein österreichisches Parlament aus freien und gleichen Wahlen hervor. Mit 87 Abgeordneten ziehen die von Viktor Adler geführten Sozialdemokraten als stärkste Fraktion in den Reichsrat ein. Die Christlich-Sozialen, eine von ihrem Gründer Karl Lueger geführte kleinbürgerliche und antisemitische Partei, werden zweitstärkste Kraft.
Seit der Wahlrechtsreform von 1885 hatte es in Österreich einen abgemilderten Zensus ge-

Einführung des Frauenwahlrechts K 63

Land	Jahr	Besonderheiten
Neuseeland	1893	Liberale Regierung gibt im Rahmen von Sozialreformen erstmals Frauen das Wahlrecht
Australien	1902	Aktives und passives Wahlrecht; Australien besitzt seit 1901 eigene Verfassung
Finnland	1906	Mindestalter: 24 Jahre; Kommunalwahlrecht haben Teile der Landfrauen schon seit 1865 (S.65)
Norwegen	1913	Allg. Wahlrecht war 1907–13 an Steuerzahlung der Frau oder von deren Ehemann gebunden
Dänemark	1915	Verheiratete Frauen hatten bereits 1903 das Kommunalwahlrecht erhalten
Sowjetunion	1917	Regierung erkennt nach der Oktoberrevolution die Gleichberechtigung der Frauen an
Großbritannien	1918	Aktives Wahlrecht für Frauen ab 30; Frauen bzw. Ehemänner müssen steuerpflichtig sein
Deutschland	1918	Rat der Volksbeauftragten führt Frauenwahlrecht ein; in Weimarer Verfassung verankert
Österreich	1918	Allg. Wahlrecht; in Böhmen, Steiermark und Nieder-Österreich schon seit 1861 Landtagswahlrecht
USA	1920	Verfassungszusatz gewährt volles Wahlrecht; in Wyoming dürfen Frauen bereits seit 1870 wählen

Niederlande im 20. Jahrhundert K 64

Datum	Ereignis
1907	Zweite Haager Friedenskonferenz (S.65)
1914	Niederlande bleiben im 1. Weltkrieg neutral
1932	Konvention zwischen den Niederlanden, Belgien und Luxemburg über den schrittweisen Abbau der Zollschranken (S.283)
1940	Deutscher Angriff; Königin Wilhelmina und Regierung führen von von Großbritannien aus Geschäfte weiter, Arthur Seyß-Inquart wird als Reichskommissar eingesetzt (S.362/10.5.)
1941	Verfolgung niederländischer Juden löst zahlreiche Streiks aus
1944	Niederlande, Belgien und Luxemburg einigen sich auf Einführung einer gemeinsamen Zollunion (Benelux)
1945	Deutsche Kapitulation (5.5.); Exilkabinett tritt in Haag zusammen (23.5.); Königin Wilhelmina kehrt zurück (18.6.)
1948	Wilhelmina dankt zugunsten ihrer Tochter Juliana ab (2.9.)
1949	Anerkennung der Souveränität Indonesiens (1945 Republik, S.413)
1949	Gründungsmitglied der NATO (S.451)
1958	Gründung der Benelux-Wirtschaftsunion
1958	Gründungsmitgl. der Europäischen Wirtschaftsgemeinschaft (S.515)
1962	Beilegung des West-Neuguinea-Konflikts mit Indonesien
1975	Niederlande billigen Surinam volle Souveränität zu
1976	Prinz Bernhard, Gemahl von Königin Juliana, tritt von allen öffentlichen Ämtern zurück (Aug.); er steht im Verdacht, Bestechungsgelder des Lockheed-Konzerns angenommen zu haben (S.705)
1980	Königin Juliana dankt zugunsten ihrer Tochter Beatrix ab (30.4.)
1983	Neue Verfassung in Kraft: besserer Schutz der Privatsphäre, Grundrecht auf Arbeit, Sozialhilfe und Umweltschutz
1989	Christlich-sozialdemokratische Koalition unter Ruud Lubbers (Ministerpräsident 1982–94) löst christlich-liberale Regierung ab
1994	Wahlniederlage der Christdemokraten, Sozialdemokraten von Wim Kok bilden Koalitionsregierung mit Links- und Rechtsliberalen
1996	Abschaffung der Wehrpflicht, Aufbau einer Berufsarmee

Persien

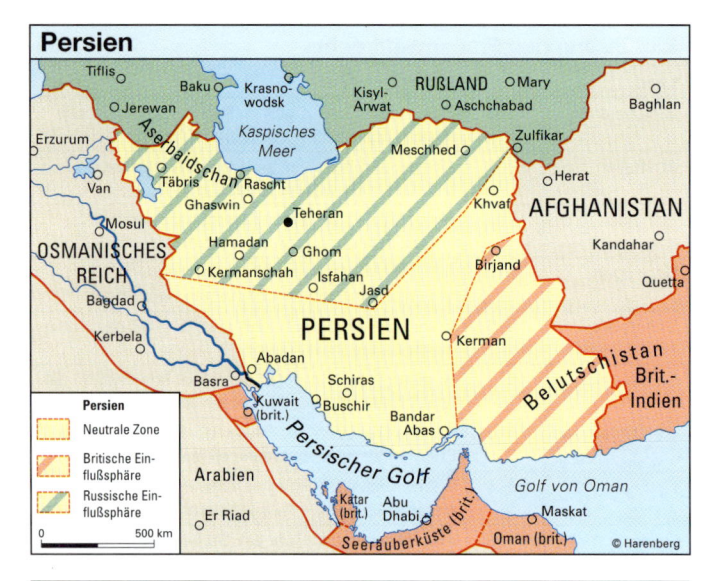

[Karte: Persien mit britischer und russischer Einflußsphäre, neutraler Zone; angrenzende Gebiete: Osmanisches Reich, Rußland, Afghanistan, Brit.-Indien, Arabien]

Entwicklung der Fotografie		K 65
1816	Joseph Nicéphore Niepce gibt Bilder auf lichtempfindlich gemachtem Asphalt wieder (Heliographie)	
1826	Niepce fertigt die erste fotografische Aufnahme: Eine Zinnplatte, mit lichtempfindlichem Asphalt beschichtet, wird belichtet	
1837	Jacques Daguerre entwickelt die Silberplattenfotografie (Daguerreotypie); Fixierung mit Hilfe von Silberjodid	
1838	William F. Talbot gelingt die Vervielfältigung fotografischer Bilder (Talbotypie); Fixierung durch Natriumthiosulfat	
1851	Frederick Archer führt die Glasplatte als Trägermaterial für das fotografische Negativ ein (nasses Kollodiumverfahren)	
1871	Richard Maddox verwendet Silberbromid-Gelatine-Emulsion als lichtempfindliche Schicht für trockene Fotoplatte	
1887	Hannibal Goodwin benutzt erstmals Zelluloid-Filmbänder als fotografische Schichtträger	
1888	Eastman Kodak entwickelt die erste Rollfilmkamera: Filme müssen nach der Belichtung nur noch weitergespult werden	
1907	Gebrüder Lumière entwickeln das Autochrome-Verfahren zur Fertigung von Farbfotografien; erste Veröffentlichung von Farbfotos (S.66)	
1925	Firma Leitz führt die erste Kleinbildkamera („Leica") ein: Negativgröße 24 x 36 mm revolutioniert die Amateurfotografie	
1935	Kodak bringt den ersten Farbfilm („Kodachrome") mit drei lichtempfindlichen Schichten auf den Markt	
1947	Edwin H. Land stellt das Polaroid-Sofortbild-Verfahren vor: Schwarzweiß-Bilder können in wenigen Minuten entwickelt werden	
1970	Einzug der Mikroelektronik in die Kleinbild-Fotografie	
1977	Polaroid stellt erstes Sofortbild-Schmalfilmsystem vor	
1982	Erste Fotodisc-Kamera; jedoch keine Verdrängung des Negativfilms	
1990	Entwicklung der Foto-CD: Herkömmliche Fotografien werden mit Bildverarbeitungssystemen digitalisiert und können über ein CD-Abspielgerät auf einem Bildschirm betrachtet werden; Weiterverarbeitung der Bilder (z. B. Farbkorrektur) über Computer möglich	
1994	Nikon und Kodak stellen digitale Kamera vor: Digitale Sensorflächen zeichnen Bilder auf, Speicherung auf PC-Card bzw. Diskette	
1996	Neuer Fotografiestandard für Amateurfotografie (APS): mehrere Filmformate, Indexprint, Datenspeicherung und -codierung	

geben. In der ungarischen Reichshälfte, die 1867 einen eigenen Reichstag erhalten hatte, besteht das Zensuswahlrecht (Kopplung von Wahlrecht und Einkommen bzw. Steuerleistung) fort (↑S.58/1.12.1906).

Großmächte teilen Asien KAR
31.8. St. Petersburg. Großbritannien und Rußland verständigen sich in einem Vertrag über ihre Gebietsinteressen in Asien. Rußland akzeptiert Afghanistan als britisches Interessengebiet; Großbritannien verzichtet auf eine Einmischung in Tibet; Persien wird in zwei Einflußzonen aufgeteilt. Durch diesen Vertrag wird die „Entente cordiale" (↑S.44/8.4.1904) zu einer Tripelallianz zwischen Großbritannien, Frankreich und Rußland erweitert und die politische Isolierung des Deutschen Reichs verstärkt.

Technik

Kunststoff-Ära bricht an
Beacon/New York. Der belgisch-amerikanische Chemiker Leo Hendrick Baekeland nimmt die Produktion von „Bakelit", einem Phenol-Formaldehyd-Kunstharz, auf und stellt damit den ersten Kunststoff her, der sich beim Erhitzen verfestigt. Das Bakelit ersetzt auf vielen Gebieten herkömmliche Materialien wie z. B. Holz und Elfenbein.
Die Kondensation von Phenolen mit Formaldehyd zu hochvernetzten Kunstharzen hatte bereits 1872 der deutsche Chemiker Adolf von Baeyer untersucht. Aber erst Baekeland entwickelt das technische Verfahren unter Verwendung eines Katalysators.
Aus Gemischen von Bakelit mit Papier, Leinen oder sonstigen Fasern werden Schichtstoffe für Platten und Rohre hergestellt. Phenolharze dienen ferner als Bindemittel für Sperrholz (Spanplatten). Im Jahr 1922 (↑S.190) weitet der deutsche Chemiker Hermann Staudinger die Pionierleistungen Baekelands zum Zeitalter der Kunststoffe aus. Er entdeckt, daß Kautschuk (↑S.81/1909) aus mehreren Mio Atomen besteht. S 295/K 304

Die Welt wird bunt
10.6. Paris. Der französische Chemiker und Fabrikant Louis Jean Lumière und sein Bruder Auguste veröffentlichen in der Zeitschrift L'Illustration die ersten Farbfotografien.
1883 hatten die beiden Brüder in Lyon-Monplaisir eine Fabrik für fotografische Platten, Papiere und Chemikalien gegründet. Am 28.12.1895 stellten sie in Paris den ersten

Filmprojektor vor und zeigten im Grand Café ihren Film „La sortie des ouvriers de l'usine Lumière".

Das Verfahren der beiden Franzosen basiert auf beschichteten Glasplatten, in denen rot-, grün- und blaugefärbte Stärkekörnchen als Lichtfilter fungieren, die nur Strahlen bestimmter Wellenlänge durchlassen (Autochromplatten). Das Ergebnis sind Glasdiapositive.   S 66/K 65

Medien

Zeitschrift „März" erscheint
8.1. München. Im Verlag Albert Langen erscheint die erste Nummer der literarischen Zeitschrift „März" als „Halbmonatsschrift für deutsche Kultur". Herausgeber sind neben Langen die Schriftsteller Ludwig Thoma, Hermann Hesse und Kurt Aram.

Im Langen-Verlag erscheint bereits seit 1896 die politisch-satirische Zeitschrift „Simplicissimus", als deren Gegenstück der „März" gedacht ist. Er soll aufbauend, seriös und „positiv" wirken, der Name an die demokratische März-Bewegung des Jahres 1848 erinnern und zugleich ein „reinigendes Frühlingswehen" symbolisieren, wie der spätere deutsche Bundespräsident Theodor Heuss (↑S.454/14.8.1949) formuliert, der die Zeitschrift 1913–17 leitet.

Bekannte Schriftsteller wie Thomas Mann, Karl Kraus und August Strindberg (↑S.70/ 26.11.1907) arbeiten an der Zeitschrift mit, die ab 1911 wöchentlich erscheint. Nach Langens Tod (1909) wird sie vom März-Verlag herausgebracht, 1918 geht sie in der Zeitschrift „Deutsche Politik" auf.   S 68/K 66

Gesellschaft

„Kinderhaus" von Montessori
6.1. Rom. Im römischen Stadtteil San Lorenzo eröffnet die italienische Ärztin und Pädagogin Maria Montessori die Erziehungsstätte Casa dei bambini. Sie will das von ihr entwickelte Prinzip einer „selbsttätigen Erziehung" an noch nicht schulpflichtigen Kindern erproben.

Montessori erkannte die besondere Art der Aufnahme- und Lernfähigkeit des Kleinkindes, die eher sensorischer Natur ist. Durch Schulung der Sinneswahrnehmung – sie entwickelt altersgemäße Lern- und Spielmaterialien – will sie Intelligenz und Kreativität der Kinder fördern. Der Erwachsene soll das Kind weder sich selbst überlassen noch ihm jede Tätigkeit abnehmen, sondern „dem Kind helfen, daß es seine eigene Arbeit in der Welt ausführen kann".

Die Methoden Maria Montessoris finden großen Widerhall, weltweit werden in den folgenden Jahrzehnten Montessori-Kindergärten und -Schulen eingerichtet (Summerhill, ↑S.215/1924).

📖 R. Kramer: Maria Montessori. Leben und Werke einer großen Frau, 1977.

Hagenbecks Domizil für Tiere
7.5. Stellingen bei Hamburg. Der Tierhändler Carl Hagenbeck eröffnet in einem Hamburger Vorort einen völlig neuartigen Tierpark. In Freigehegen können sich die Tiere in artgemäßer Umgebung, nur durch einen Graben von den Zuschauern getrennt, bewegen. Das Gelände umfaßt insgesamt 27 ha.

l866 hatte Hagenbeck die väterliche Zoohandlung übernommen und sie schnell zu einer der größten Tierhandlungen ausgebaut. Vorläufer des Tierparks waren sog. Völkerschaustellungen, in denen Hagenbeck z. B. Lappländer mit Rentieren sowie Nubier mit schwarzen Dromedaren zeigte und mit Tiervorführungen verband. 1890 führte er die Dressur ohne Zwangsmittel ein.

Hagenbecks Tierpark, mit dessen Bauarbeiten 1902 begonnen worden war, findet Nachahmer in aller Welt.

Die ersten Pfadfinder
29.7. Brownsea Island. Der britische General Robert S. S. Baden-Powell veranstaltet mit Jugendlichen unterschiedlichster Herkunft

Maria Montessori

Pfadfinder: Lord Baden-Powell (r.) bei einem Pfadfindertreffen in der Nähe von Perth (Schottland) mit über 5000 Teilnehmern

1907

Politische Zeitschriften in Deutschland	K 66
Name (Erscheinungszeitraum)	Ausrichtung, inhaltliche Schwerpunkte
Kladderadatsch (1848–1944)	National, überwiegend politische Satire; erlangte zur Zeit Bismarcks große Bedeutung
Lustige Blätter (1886–1902)	Ohne bestimmte politische Richtung; Schwerpunkt auf Karikaturen
Neue Rundschau (ab 1890)	Bei Kriegsbeginn 1914 starke polit. Ausrichtung, nach 1917 republikanisch
Die Zukunft (1892–1922)	Politische Kommentare; im Krieg patriotisch, danach wegen kritischer Haltung verboten
Die Frau (1893–1944)	Vehemente Forderung nach sozialer und politischer Gleichstellung der Frau
Jugend (1896–1940)	Kampf gegen Mißstände (Aristokratie, Militarismus, Klerikalismus); schon 1914 überlebt
Der Wahre Jacob (1884–1923)	Satirische Zeitschrift; gekennzeichnet durch Nähe zu Sozialdemokratie
Heimdall (1896–1932)	„Völkisch", Forum zur Publizierung nationalistischen Gedankenguts
Simplicissimus (1896–1944)	Politisches, gesellschaftskritisches Witzblatt; im Krieg patriotisch, büßte danach guten Ruf ein
Der Türmer (1898–1943)	Konservativ-reformatorisch; 1914 patriotisch, 1918 gegen Spartakisten
Die Fackel (1899–1936)	Kampf gegen öffentliche Mißstände (u. a. Krieg, Sozialdemokratie); große Sprachkraft
Süddeutsche Monatshefte (1904–1936)	Süddeutsches Kulturerbe im Mittelpunkt, später gesamtdeutsche Themen; unabhängig
März (1907–1917)	Literarisch ausgerichtet; nur in Anfangsjahren bedeutsam (Kritik an Monarchie u. Militär; S.67)

Nobelpreisträger 1907	K 67

Frieden: Ernesto T. Moneta (I, 1833–1918), Louis Renault (F, 1843–1918)

Moneta, Herausgeber der Zeitung „Il Socolo" gründete 1887 die italienische Friedensgesellschaft „Unione Lombarda" und bemühte sich um eine französisch-italienische Annäherung. Der Völkerrechtler Renault vertrat Frankreich 1899 und 1907 bei den Haager Friedenskonferenzen.

Literatur: Rudyard Kipling (GB, 1865–1936)

Kiplings literarischer Rang beruht vorwiegend auf seinen Gedichten, in denen er das britische Empire idealisiert. Der ehemalige Journalist gelangte durch seine Tiergeschichten für Kinder („Das Dschungelbuch", 1894/95) sowie durch den Abenteuerroman „Kim" (1901) zu Weltruhm.

Chemie: Eduard Buchner (D, 1860–1917)

1897 entdeckte Buchner, u. a. Professor in Berlin und Breslau, daß die alkoholische Gärung des Zuckers nicht durch die Funktionen der Hefezellen eingeleitet, sondern durch ein Enzym bewirkt wird, das in den Zellen enthalten ist. Dieses Enzym konnte er als sog. Zymase isolieren.

Medizin: Charles Louis Alphonse Laveran (F, 1845–1922)

Laveran identifizierte 1880 den Erreger der Malaria. Die Tropenkrankheit wird nicht – wie bis dahin angenommen – von Bakterien hervorgerufen, sondern durch ein im Blut schmarotzendes einzelliges Urtierchen (Protozoon). Weitere Forschungen Laverans galten der Schlafkrankheit.

Physik: Albert A. Michelson (USA, 1852–1931)

Michelson legte 1878 die Lichtgeschwindigkeit fest und bewies, daß sie unabhängig von der Erdbewegung ist (sog. Michelson-Versuche; Grundlage für Einsteins spezielle Relativitätstheorie). 1920/21 entwickelte Michelson ein Verfahren zur Bestimmung des Durchmessers von Fixsternen.

auf der Insel Brownsea Island vor dem Seebad Poole das erste Pfadfinderlager. Neu ist nicht nur, daß Söhne von Ministern und Pförtnern am selben Lagerfeuer sitzen; die Jugendlichen übernehmen – unterteilt in kleine Trupps mit einem Patrouillenführer – eigene Verantwortung.
Während der Verteidigung der britischen Siedlung Mafeking im Burenkrieg 1901 (↑S.13/19.9.1900) hatte der kommandierende General Baden-Powell Jungen für leichte militärische Aufgaben herangezogen und bei ihnen große Fähigkeiten zur Eigenverantwortung festgestellt. Sein für Offiziere geschriebenes Buch „Aids for Scouting" fand daraufhin bei der Jugend so viel Anklang, daß er für sie ein neues schrieb, „Scouting for Boys", und, um mehr Erfahrungen darüber zu sammeln, das Zeltlager organisierte.
Es ist der Beginn einer weltweiten Pfadfinderbewegung. Ihre Uniform – breitrandiger Filzhut, Halstuch, Khakihemd – war die Uniform der von Baden-Powell nach dem Burenkrieg organisierten südafrikanischen Polizeitruppe.

Enzyklika gegen „Modernismus"

8.9. Vatikan. Papst Pius X. erläßt die Enzyklika „Pascendi dominici gregis" („die Herde des Herrn zu weiden"), in der er den sog. Modernismus verurteilt. Mißliebige Professoren und Geistliche werden von katholischen Hochschulen verbannt, die Scholastik zur alleinigen Grundlage katholischer Forschung und Lehre erhoben (↑S.57/7.3.1906).
Der Modernismus, eine um die Jahrhundertwende entstandene Bewegung innerhalb der katholischen Kirche, strebt eine Synthese überlieferter Glaubensgrundsätze mit modernen wissenschaftlichen Erkenntnissen an. Zu den bekanntesten modernistischen Theologen zählen Hermann Schell und Franz Xaver Kraus, dessen „Lehrbuch der Kirchengeschichte" auf den Index gesetzt wird.
Erst das Zweite Vatikanische Konzil (1962–1965) erkennt das Gedankengut des Modernismus als gerechtfertigt an (↑S.563/ 11.10.1962).

S 39/K 31

Ehre für Florence Nightingale

London. Die 87jährige britische Krankenpflegerin Florence Nightingale wird als erste Frau von König Edward VII. mit dem britischen Verdienstorden ausgezeichnet. Als eine der ersten Frauen der oberen Gesellschaftsschichten erlernte Nightingale die Krankenpflege. Im Krimkrieg 1853–56 organisierte sie das englische Sanitätswesen an der Front und rettete damit mehreren tausend Soldaten das Leben. Sie wurde zum Inbegriff der aufopfernden Pflegerin. Henri Dunant regte 1862, von ihr beeindruckt, die Gründung des Internationalen Roten Kreuzes an.

Kultur

Kubismus wird geboren

Mit seinem Bild „Les Demoiselles d'Avignon" begründet der Spanier Pablo Picasso fast zeitgleich mit Georges Braque den Kubismus.

Ausgehend von der These Paul Cézannes, die sichtbare Wirklichkeit lasse sich auf die Formen Kubus, Kegel und Kugel reduzieren, versuchen Picasso und Braque, mehrere Ansichten eines Bildgegenstandes gleichzeitig darzustellen. An die Stelle einer Zentralperspektive tritt die Aufsplitterung in verschiedene Grundformen.

Aus dem analytischen Kubismus, der überwiegend mit stereometrischen Figuren arbeitet, entwickelt sich ab 1912 der synthetische Kubismus, den rein flächige Kompositionen kennzeichnen. S 70/K 69

Kubismus: „Les Demoiselles d'Avignon" von Pablo Picasso, 1907; Museum of Modern Art, N.Y.

Ästhetische Massenprodukte

6.10. München. Der Deutsche Werkbund, eine Vereinigung von Künstlern, Industriellen und Handwerkern, wird gegründet. Er verfolgt das Ziel, eine Modernisierung der handwerklichen und industriellen Herstellung zu erreichen.

Der im Zuge des wirtschaftlichen Aufschwungs entstandene Werkbund steht unter

Kulturszene 1907	K 68
Theater	
Leonid Andrejew Das Leben des Menschen UA 22.2., St. Petersburg	Das frühexpressionistische Stück führt Lebensphasen des Menschen vor: Geburt, Liebe Armut, Reichtum, Unglück und Tod.
August Strindberg Ein Traumspiel UA 17.4., Stockholm	Die unglückliche Ehe der Tochter des Götterkönigs Indra mit einem armen Advokaten ist ein Spiegel der Unzulänglichkeit des Lebens.
John Millington Synge Der Held der westlichen Welt; UA 26.1., Dublin	Die Tragikomödie um einen Iren, der sich als Vatermörder ausgibt, empört die Chauvinisten, wird jedoch zum Welterfolg.
Oper/Ballett	
Frederick Delius Romeo und Julia auf dem Dorfe; UA 21.2., Berlin	Delius, Komponist und Librettist in Personalunion, schafft eine psychologische Deutung der gleichnamigen Novelle Gottfried Kellers.
Paul Dukas Ariane et Barbe-Bleu UA 10.5., Paris	Übertragung des Klangfarbenreichtums der sinfonischen Dichtung „Der Zauberlehrling" auf die Oper; Libretto: Maurice Maeterlinck.
Michail Fokin Der sterbende Schwan UA 22.12., St. Petersburg	Pas seul mit Musik aus dem „Karneval der Tiere" von Camille Saint-Saëns; das Ballett macht die Tänzerin Anna Pawlowa weltberühmt.
Jules Massenet Thérèse UA 7.2., Monte Carlo	Die Französische Revolution zerstört das Glück dreier Menschen; Massenets Musik besitzt „Sentiment" ohne sentimental zu sein.
Operette	
Leo Fall Der fidele Bauer UA 27.7., Mannheim	Künstlerischer Durchbruch des Komponisten; dem bäuerlichen Milieu angemessen sind die Melodien einfach und volkstümlich.
Oskar Straus Ein Walzertraum UA 2.3., Wien	Das „Weanerische", vor allem der Wiener Walzer, trägt dazu bei, daß ein leichtlebiger Leutnant zu seiner Frau zurückfindet.
Film	
Sidney Olcott Ben Hur USA	Der Film löst den ersten Urheberrechtsprozeß der Filmgeschichte aus wegen Plagiats des gleichnamigen Bestsellers von Lewis Wallace.
Buch	
Henry Adams Die Erziehung des Henry Adams; Washington	Autobiographie des Historikers über die fatalen Folgen der idealistischen Erziehung des 19. Jh. für Menschen des 20. Jh.
Joseph Conrad Der Geheimagent London	Ein Anschlag in London führt zu einer Kette von Verbrechen; Anarchisten und Polizisten sind gleichermaßen moralisch korrupt.
Stefan George Der siebente Ring Berlin	Bekanntester Gedichtzyklus des Lyrikers; enthält die den George-Kreis stark beeinflussenden „Maximin-" und Zeitgedichte.
André Gide Die Rückkehr des verlorenen Sohnes; Paris	Bewegende Parabel, in der das biblische Gleichnis vom verlorenen Sohn als Akt der Selbstverwirklichung gedeutet wird.
Carl Hauptmann Einhart der Lächler Berlin	Versuch eines Mannes, sein Leben unabhängig von gesellschaftlichen Normen zu verwirklichen; Vorbild: der Maler Otto Mueller.
Rainer Maria Rilke Neue Gedichte Leipzig	Hauptwerk der deutschen Dingdichtung; einige Gedichte daraus (z. B. „Der Panther") begründen den Weltruhm des Lyrikers.
Stijn Streuvels Der Flachsacker Amsterdam	Kampf flämischer Bauern mit der als kosmischer Ordnungsmacht verstandenen Natur; Hauptwerk des flämischen Naturalismus.
Robert Walser Geschwister Tanner Berlin	Entwicklungsroman, dessen Held sich kaum entwickelt: Simon Tanner bleibt ein flatterhafter, ins Blaue hinein lebender Mann.

1907

Kubistische Malerei	K 69
Hauptvertreter (Lebensdaten) Land	**Bedeutende Werke**
Georges Braque (1882–1963) Frankreich	Großer Frauenakt (1907); Häuser in L'Estaque (1908); Frau mit Mandoline (1910); Der Portugiese (1911); Das Violoncello (1912)
Albert Gleizes (1881–1953) Frankreich	Küche (1911); Landschaft mit Figuren (1911); Getreidedreschen (1912); Frau mit Tieren (1914); Florent Schmitt (1915)
Juan Gris (1887–1927) Spanien	Das Frühstück (1910–15); Stilleben mit Buch (1913); Stilleben vor offenem Fenster (1915); Frau mit Mandoline (1916); Stilleben mit Glas (1916); Pierrot (1922)
Fernand Léger (1881–1955) Frankreich	Der Sämann (1909); Akte im Wald (1910); Die Raucher (1911); Die Frau in Blau (1912); Aktmodell im Atelier (1912)
André Lhote (1885–1962) Frankreich	Akt: Flötenspielerin (1911); Bäume in Avignon (1914); Rugby (1917)
Jean Metzinger (1883–1956) Frankreich	Tea Time (1911); Frau in grünem Kleid (1912); Tänzer im Café (1912); Porträt Albert Gleizes (1912); Landschaft (1913)
Amédée Ozenfant (1886–1966) Frankreich	Landschaft (1918); Komposition: Fläschchen, Gitarre, Glas und Flaschen auf grauem Tisch (1920)
Pablo Picasso (1881–1973) Spanien	Les Demoiselles d'Avignon (1907); Akt mit erhobenen Armen (1907); Die große Dryade (1908), Bildnis von Daniel-Henry Kahnweiler (1910); Die drei Musikanten (1921)

Sport 1907		K 70
Fußball		
Deutsche Meisterschaft	Freiburger FC	
Englische Meisterschaft	Newcastle United	
Italienische Meisterschaft	AC Mailand	
Spanische Meisterschaft	Real Madrid	
Tennis		
Wimbledon (seit 1877; 31. Austragung)	Herren: Norman Brookes (AUS) Damen: Mary Sutton (USA)	
US Open (seit 1881; 27. Austragung)	Herren: William A. Larned (USA) Damen: Evelyn Sears (USA)	
Australian Open	Herren: Horace Rice (USA)	
Davis-Cup (Wimbledon, GBR)	Herren: Australasia – Großbritannien 3:2	
Radsport		
Tour de France (4488 km)	Lucien Petit-Breton (FRA)	
Boxen		
Schwergewichts- Weltmeisterschaft	Tommy Burns (CAN) – K. o. über Gunnar Moir (GBR), 2.12. – K. o. über Bill Squires (AUS), 4.7. – PS gegen Jack O'Brien (USA), 8.5.	
Herausragende Weltrekorde		
Disziplin	Athlet (Land)	Leistung
Leichtathletik, Männer		
Kugelstoß	Ralph Rose (USA)	15,12 m
Schwimmen, Männer		
100 m Brust	Andras Baronyi (HUN)	1:24,0 min

dem Einfluß des liberalen Bürgertums; technisch und ästhetisch anspruchsvolle Massenprodukte sollen den Lebensstandard der werktätigen Bevölkerung heben (↑S.39/ 12.5. 1903).
Die zunehmende Ausrichtung des Werkbundes auf Exportinteressen fördert allerdings gefällige Luxuskunst – die sozialreformerischen Absichten geraten weitgehend in den Hintergrund. 1933 wird die Vereinigung aufgelöst und 1947 neu gegründet. 1912 entsteht der Österreichische Werkbund, 1913 der Schweizerische Werkbund.

Strindberg gründet Theater
26.11. Stockholm. Mit der Uraufführung seines Kammerspiels „Der Scheiterhaufen" eröffnet der schwedische Schriftsteller August Strindberg das „Intima Teatret". Auf dem Höhepunkt einer Pressekampagne, die er mit seinen satirischen Romanen „Die gotischen Zimmer" (1904) und „Schwarze Fahnen" (1907) ausgelöst hatte, gründete Strindberg das Theater, um sich und seinen Dramen Gehör zu verschaffen. Drei weitere Dramen, mit denen er die Scheinwirklichkeit der bürgerlichen Gesellschaft entlarven will, werden uraufgeführt (u. a. „Gespenstersonate" am 21.1.1908).

O. Lagercrantz: Strindberg, dt. 1979.

Sport

Von Peking nach Paris
10.6. Peking. Fünf Wagen starten in der chinesischen Hauptstadt zum längsten Automobilrennen aller Zeiten; etwa 13 000 km sind zurückzulegen.
Die Route führt durch die Wüste Gobi, die Mongolei, vorbei am Baikalsee, durch Sibirien, über den Ural nach Moskau. Von dort geht es über St. Petersburg durch die baltischen Länder nach Berlin und schließlich Paris. Das Rennen ist weniger eine sportliche Veranstaltung als eine Härteprüfung für die Fahrer und die noch junge Automobiltechnik.
Der italienische Fürst Scipio Borghese erreicht mit seinem Beifahrer Luigi Barzini auf einem 50 PS starken Itala-Wagen am 10.8. als erster die französische Hauptstadt; die reine Fahrzeit beträgt 44 Tage. Zweite werden die beiden Franzosen Cormier und Collignon, die jeweils auf einem 10-PS-Dion-Bouton am 30.8. in Paris eintreffen. Die anderen beiden Wagen müssen unterwegs aufgeben.

1908

Politik

Attentat auf Karl I.

1.2. Lissabon. König Karl I. von Portugal und Kronprinz Ludwig Philipp werden ermordet. Die sechs Attentäter sind Anhänger der republikanischen Partei des Landes. Ihre Tat ist bisheriger Höhepunkt der Auseinandersetzungen zwischen der monarchisch-diktatorischen Regierung unter Ministerpräsident João Franco und der Opposition.

Mißwirtschaft und Korruption hatten seit der Jahrhundertwende den republikanischen Bewegungen Auftrieb gegeben. Nachdem Karl I. im Mai 1907 das Parlament aufgelöst und Franco mit diktatorischen Vollmachten ausgestattet hatte, sah die Opposition keine Möglichkeit mehr, auf parlamentarischem Weg in das politische Geschehen einzugreifen. Die Auseinandersetzungen eskalierten.

Der 18jährige Sohn des Königs tritt als Emanuel II. die Nachfolge seines Vaters an, Franco wird von Admiral Francisco Joaquim Ferreira do Amaral abgelöst. Mit Emanuel endet die Monarchie in Portugal (↑S.85/ 5.10.1910). S 71/K 71 S 86/K 89

SPD erstmals im Landtag

16.6. Berlin. Trotz des bestehenden Dreiklassenwahlrechts erringen die Sozialdemokraten bei den preußischen Landtagswahlen sieben Mandate. Nach allgemeinen und gleichen Wahlen wären sie mit 23,9% der Stimmen stärkste Fraktion geworden. Sechs der sieben Mandatsträger, darunter Karl Liebknecht, haben ihren Wahlkreis in der Reichshauptstadt Berlin (↑S.99/12.1.1912).

Im Gegensatz zur Reichsverfassung, die das allgemeine, gleiche, direkte und geheime Wahlrecht (für Männer) festschreibt, gilt in Preußen noch das Wahlrecht von 1849, das die männlichen Bürger jedes Wahlkreises in drei Klassen aufteilt, die je ein Drittel des Steueraufkommens zahlen. Jede Klasse wählt die gleiche Anzahl von Wahlmännern. Damit sind die Besserverdienenden überproportional im Landtag vertreten.

Der Sieg der SPD bleibt ohne unmittelbare Nachwirkungen. Die Konservativen bilden weiterhin die stärkste Fraktion (151 von 443 Sitzen). S 73/K 73

Pulverfaß Balkan KAR

5.10. Wien. Kaiser Franz Joseph I. erklärt in einem Schreiben an seinen Außenminister Lexa von Aehrenthal die Annexion der Provinzen Bosnien und Herzegowina, die Österreich seit dem Berliner Vertrag von 1878 besetzt hält. Der Monarch Österreich-Ungarns will damit Ansprüchen der türkischen Regierung auf die Provinzen zuvorkommen.

Die Türkei soll mit Österreichs Rückzug aus dem Sandschak Novi Pazar entschädigt werden. Rußland erhält die Zusicherung, daß Österreich es in der Frage der Öffnung der Dardanellen für russische Kriegsschiffe unterstützen wolle. Doch stellt sich Rußland auf die Seite seines protestierenden Verbündeten Serbien.

Damit weitet sich die Annexion zu einem internationalen Konflikt aus, der durch die gleichzeitige Unabhängigkeitserklärung Bulgariens und die Selbsternennung Fürst Ferdi-

Wichtige Regierungswechsel 1908		K 71
Land	Amtsinhaber	Bedeutung
China	Kwang-hsu (Kaiser seit 1875) Pu Yi (Kaiser bis 1912)	Nach dem Tod des Kaisers (14.11.) wird sein zweijähriger Neffe zum Nachfolger; Niedergang Chinas setzt sich fort (S.73)
Großbritannien	Henry Campbell-Bannerman (Lib., M seit 1905) Herbert Henry Asquith (Lib., M bis 1916)	Erste Ministerämter für David Lloyd George (Schatzkanzler) und Winston Churchill (Handelsminister)
Haiti	Alexis Nord (P seit 1903) Antoine Simon (P bis 1911)	Aufständische stürzen Diktator Nord nach monatelangen Unruhen; Nachfolger Simon errichtet ebenfalls Diktatur
Marokko	Abd Al Asis (Scheich seit 1894) Abd Al Hafis (Scheich bis 1912)	Absetzung von Asis wegen französenfreundlicher Haltung; sein Halbbruder Hafis will Franzosen aus Marokko vertreiben
Österreich	Max Wladimir Freiherr von Beck (M seit 1906) Richard Graf Biernerth-Schmerling (M bis 1911)	Rücktritt Becks (7.11.), da alle Versuche gescheitert sind, Ausgleich zwischen Deutschen und Tschechen zu erreichen
Portugal	Karl I. (König seit 1889) Emanuel II. (König bis 1910)	Ermordung von König und Kronprinz durch Anhänger der republikanischen Partei; Höhepunkt des Verfassungskampfs (S.71)
Venezuela	Cipriano Castro (P seit 1899) Juan Vicente Gómez (P bis 1929)	Putsch des bisherigen Vizepräsidenten (19.12.); unter Gómez wird das Land zur führenden Wirtschaftsmacht in Lateinamerika

M = Ministerpräsident bzw. Premierminister; P = Präsident

Der Balkan im Oktober 1908

Gebiete, die das Osmanische Reich endgültig verliert:
- an Österreich-Ungarn
- als Königreich unabhängig
- an Griechenland

Von Österreich-Ungarn an das Osmanische Reich zurückgegeben:
- Sandschak Novi Pazar

nands zum Zaren noch verschärft wird. In Serbien kommt es zu antiösterreichischen Demonstrationen. Als einzige europäische Großmacht unterstützt das Deutsche Reich vorbehaltlos die Balkanpolitik Österreichs. Die Kriegsgefahr auf dem Balkan wächst. (↑S.99/8.10.1912).

S 73/K 72

„Daily-Telegraph"-Affäre

28.10. Berlin und London. Ein von der Londoner Tageszeitung „The Daily Telegraph" veröffentlichtes Interview Kaiser Wilhelms II. löst eine innenpolitische Krise und große Verstimmungen zwischen Großbritannien und dem Deutschen Reich aus.
Wilhelm hatte behauptet, er stehe mit seiner probritischen Haltung im Gegensatz zur Mehrheit der deutschen Bevölkerung und brüstete sich mit einem Feldzugsplan, den er der britischen Königin Viktoria anläßlich des Burenkriegs (↑S.13/19.9.1900) zugesandt habe. In Großbritannien werden die Äußerungen als Provokation empfunden, in Deutschland als Ausdruck des „persönlichen Regiments" des Kaisers scharf kritisiert. Reichskanzler Bernhard von Bülow nimmt vor dem Reichstag den Monarchen nicht in Schutz (↑S.79/14.7.1909).
Die Affäre führt zu einer Schwächung der Position des Monarchen und verstärkt innerhalb des Deutschen Reichs die Tendenz zur Parlamentarisierung und stärkeren Kontrolle der Monarchie.

Taft wird 27. US-Präsident

3.11. USA. Der Republikaner William H. Taft wird mit Unterstützung seines Vorgängers Theodore Roosevelt (seit 1901 im Amt)

Wilhelm II. von Preußen

zum 27. Präsidenten der USA gewählt. Er kann 302 von 483 Wahlmännerstimmen auf sich vereinigen.
Taft, der zum konservativen Flügel der Republikaner gehört, war 1901–04 Zivilgouverneur auf den Philippinen und 1904–08 Kriegsminister im Kabinett seines Freundes Roosevelt.
Außenpolitisch führt der neue Präsident den expansiven Kurs der USA fort. In der Innenpolitik kommt es jedoch zum Bruch mit Roosevelt, als Taft einen Teil der wirtschaftspolitischen Maßnahmen seines Vorgängers abmildert. Während Roosevelt die fortschreitende Monopolbildung durch Anti-Trust-Gesetze zu unterbinden suchte, lehnt Taft dirigistische Eingriffe in die Wirtschaft ab. Dieser Streit führt 1912 zur Spaltung der Republikaner und zur Wahl des Demokraten Woodrow Wilson (↑S.99/5.11.1912). S 78/K 81

Belgien übernimmt den Kongo
15.11. Brüssel. Der belgische König Leopold II. tritt den Kongo (Zaïre) an den belgischen Staat ab. Er wird damit eine Kolonie Belgiens und ist nicht mehr länger Privatdomäne des Monarchen. Leopold erhält 8 Mio Goldmark als Ablösesumme (↑S.545/13.2.1961).
Zwischen 1879 und 1884 hatte der britische Journalist und Afrikaforscher Henry Morton Stanley weite Teile des Kongobeckens für den belgischen König durch Protektoratsverträge erworben. Da Frankreich und Portugal ihrerseits ebenfalls Ansprüche auf das Gebiet erhoben, mußte der Streitfall auf einer vom Deutschen Reich initiierten internationalen Afrikakonferenz 1884/85 in Berlin geklärt werden. Mit Unterzeichnung der Kongoakte am 26.2.1885 durch die Vertreter der 14 Teilnehmerstaaten ging der spätere Kongostaat in den Privatbesitz des belgischen Monarchen über. Leopold beutete seine Domäne so rücksichtslos aus, daß sein Verhalten weltweit Empörung hervorrief. S 283/K 293

📖 H.-O. Meissner: Der Kongo gibt sein Geheimnis preis. Die Abenteuer des Henry Morton Stanley. Nach alten Dokumenten neu erzählt, o. J.; Henry M. Stanley: Die Entdeckung des Kongo, 1979.

Der letzte Kaiser von China
2.12. Peking. Der zweijährige Pu Yi wird neuer Kaiser von China. Die Regentschaft übernimmt sein Vater, Prinz Tschun, ein Bruder des 1908 verstorbenen Herrschers Kwang-hsu, der 1875 als Vierjähriger den Thron bestiegen hatte. Die Minderjährigkeit des neuen Herrschers ist zugleich Sinnbild der Reformunfähigkeit der Ch'ing-Dynastie

Chronik Bulgariens — K 72

Bulgarien unter türkischer Herrschaft

1396	Bulgarien wird Teil des Osmanischen Reichs: Volkstum und Religion werden während der Türkenherrschaft bewahrt
1878	Russisch-Türkischer Krieg beendet osmanische Herrschaft: Berliner Kongreß gibt Bulgarien den Status eines autonomen Fürstentums, das den Türken tributpflichtig ist

Von der Monarchie zum Sozialismus

1887	Ferdinand von Sachsen-Coburg wird Fürst von Bulgarien; damit beginnt die Europäisierung des Landes
1908	Bulgarien wird unabhängiges Königreich; Ferdinand I. neuer Zar
1913	In den Balkankriegen büßt Bulgarien als treibende Kraft des Balkanbundes fast ganz Mazedonien und die Süd-Dobrudscha ein (S.106)
1915	Bulgarien schließt sich den Mittelmächten an: Nach der Niederlage geht das ägäische Küstengebiet an Griechenland (S.122)
1918	Unter Zar Boris III. (bis 1944) autoritäres Herrschaftssystem
1941	Bulgarien schließt sich Dreimächtepakt an
1944	Sowjetunion erklärt Bulgarien den Krieg; Vaterländische Front (überwiegend Kommunisten) erreicht Waffenstillstand und tritt in den Krieg gegen das Deutsche Reich ein

Sozialistische Volksrepublik und Republik

1945	Vaterländische Front erhält bei Wahlen 88,2% der Stimmen
1946	Bulgarien wird sozialistische Volksrepublik unter Ministerpräsident Georgi Dimitrow, der gleichzeitig KP-Chef ist
1955	Warschauer Vertrag unterzeichnet, UNO-Mitglied (S.498)
1989	Todor Schiwkow (seit 1954 KP-Chef) als Staatsoberhaupt abgelöst; Beginn der Umgestaltung des sozialistischen Systems (S.822); Schelju Schelev 1990 erster nichtkommunistischer Staatschef
1991	Nichtkommunisten gewinnen erstmals seit 1945 Wahlen: „Union Demokratischer Kräfte" (SDS) siegt mit 34,36%
1994	Sieg der kommunist. Nachfolgepartei BSP bei Parlamentswahl
1996	Petar Stojanow von der oppositionellen SDS gewinnt die Präsidentschaftswahlen (Amtsantritt: Januar 1997)

Wahlrecht in deutschen Ländern[1] — K 73

Land (Legislaturperiode)	Art des Wahlrechts; Besonderheiten
Anhalt (6 Jahre)	Direkt, geheim; 10 Sondersitze für Höchstbesteuerte, kein Wahlrecht für unterstützte Arme
Baden (4 Jahre)	Allgemein, geheim; Adel hat eigene 1. Kammer, aber in 2. Kammer kein Stimmrecht
Bayern (6 Jahre)	Geheim; Wahlrecht nur für Steuerzahler
Bremen (6 Jahre)	Allgemein, direkt, geheim
Hessen (6 Jahre)	Allgemein, gleich, geheim
Lippe (4 Jahre)	Allgemein, direkt, geheim; Dreiklassenwahlrecht
Oldenburg (3 Jahre)	Gleich, geheim; Wahlrecht wird bei Gründung eines Hausstandes verliehen
Preußen (3 Jahre)	Dreiklassenwahlrecht; Empfänger von Armenunterstützung nicht wahlberechtigt
Sachsen (6 Jahre)	Direkt, gleich, geheim; Wahlrecht nur für Steuerzahler
Sachsen-Weimar (3 Jahre)	Allgemein, gleich
Württemberg (6 Jahre)	Allgemein, direkt, gleich, geheim; in 2. Kammer Sitze für Klerus und Adel reserviert

[1] Auswahl

1908

Jüngste Kaiser Chinas			K 74
Alter bei Amts- antritt	Name	Dynastie	Amtszeit
2 Jahre	Pu Yi	Mandschu	1908–1912
4 Jahre	Kwang-hsu	Mandschu	1875–1908
6 Jahre	Shun Chih	Mandschu	1644–1661
6 Jahre	Tung Chih	Mandschu	1862–1874
7 Jahre	Kang-hsi	Mandschu	1661–1722
8 Jahre	Tien-shun	Ming	1457–1464
9 Jahre	Wan-li	Ming	1572–1620
14 Jahre	Cheng-te	Ming	1491–1521
15 Jahre	Tien-ch'i	Ming	1620–1627
16 Jahre	Chung-chen	Ming	1627–1644

(Mandschu) und des traditionellen Systems in China (↑S.92/29.12.1911). S 74/K 74
📖 Pu Yi: Ich war der Kaiser von China, dt. 1973.

Wirtschaft

„Tin Lizzy" geht vom Band

12.8. Detroit. Der erste Wagen des „Modell T" verläßt die Montagehalle der Ford Motor Company. Er ist für die Serienproduktion bestimmt, hat einen Vierzylindermotor mit 21 PS und 2892 cm^3, zwei Vorwärtsgänge und einen Rückwärtsgang. Die robuste, aber äußerst einfache Verarbeitung trägt dem Wagen schnell den Spitznamen „Tin Lizzy" („Blechliesl") ein.
Um das von ihm propagierte „universelle Auto" in großer Stückzahl und billig produzieren zu können, hat Henry Ford mit Einführung des Fließbandes die Arbeitsteilung und damit die Produktionsgeschwindigkeit vorangetrieben. Sein 1903 gegründetes Unternehmen produziert 1908/09 mit ca. 1900 Angestellten 6181 Wagen. Das „Modell T" kostet 850 Dollar (3617 Mark) und wird binnen weniger Monate zum meistverkauften Auto der Vereinigten Staaten. Weltweit kann Ford bis zum Produktionsende 1927 mehr als 15 Mio Stück absetzen. Dieser Rekord wird erst 1972 vom VW Käfer gebrochen (bis heute – inklusive ausländischer Produktion – rd. 21 Mio Exemplare).
📖 R. Lacey: Ford. Eine amerikanische Dynastie, 1987.

Ford Modell T: 1913 beginnt Henry Ford die „Tin Lizzy" am Fließband zu produzieren – an einem Seil werden die Fahrgestelle durch die Werkshalle gezogen bis zur Endmontage, die draußen erfolgt.

Technik

Ammoniak sichert Ernährung

Ludwigshafen. Die Badische Anilin- & Soda-Fabrik (BASF) beginnt unter der Leitung des Chemikers Carl Bosch (↑S.222/2.12.1925) mit der Erprobung der großtechnischen Synthese von Ammoniak aus Wasserstoff und Luftstickstoff zur Produktion preiswerter Düngemittel.
Binnen weniger Jahre entwickelt Bosch die 1905 von dem Berliner Chemieprofessor Fritz Haber gefundene Laborsynthese zu einem technisch ausgereiften Verfahren weiter. Notwendig dazu sind: hohe Temperaturen, hoher Druck und die Gegenwart eines Katalysators.
Am 19.9.1913 weiht die BASF in Oppau die weltweit erste Anlage zur großtechnischen Synthese von Ammoniak nach dem sog. Haber-Bosch-Verfahren ein.
📖 Chemie für die Zukunft – 125 Jahre BASF, 1990.

Medien

Rowohlts erstes Buch

Der 21jährige Ernst Rowohlt, Volontär in einer Münchner Buchhandlung, verlegt in 270 Exemplaren die „Lieder der Sommernächte" seines Freundes Gustav C. Edzard. Die offizielle Gründung des Verlags folgt 1910 in Leipzig.
Ende des 19. Jh. sind mehrere Verlage gegründet worden, u. a. S. Fischer (1886), Albert Langen (1893, ↑S.67/8.1.1907) und Eugen Diederichs (1896). Vor allem der S. Fischer Verlag hat sich mit der Förderung moderner Literatur (u. a. Thomas Mann) einen Namen gemacht.

1908

Gründungen großer deutscher Buchverlage bis 1908			K 75
Gründung	Name (Verlagsgruppe)	Sitz	Schwerpunkte
1763	C. H. Beck	München	Recht, Sachbücher, Geisteswissenschaften
1781	Hoffmann und Campe	Hamburg	Belletristik, Sachbücher, Reiseführer
1828	Reclam	Ditzingen	Belletristik, Sachbücher, Geisteswissenschaften
1835	C. Bertelsmann	Gütersloh	Belletristik, Sachbücher, Nachschlagewerke
1838	Westermann	Braunschweig	Schulbuch, Sachbücher, Ratgeber
1842	Springer	Heidelberg	Medizin, Mathematik, Naturwissenschaften
1844	Klett	Stuttgart	Schulbuch, Wissenschaft, Belletristik
1856	Langenscheidt	München	Wörterbücher, Sprachbücher, Ratgeber
1877	Ullstein (Springer)	Berlin	Belletristik, Lexika, Taschenbuch
1886	S. Fischer (Holtzbrinck)	Frankfurt/M.	Belletristik, Sachbücher, Taschenbuch
1899	Insel (Suhrkamp)	Frankfurt/M.	Belletristik, Sachbücher, Kinderbücher
1901	Droemer Knaur (Holtzbrinck)	München	Belletristik, Sachbücher, Ratgeber
1908	Rowohlt (Holtzbrinck, S.74)	Reinbek	Belletristik, Sachbücher, Taschenbuch

Rowohlt wendet sich ebenfalls der zeitgenössischen deutschen, aber auch der ausländischen Literatur zu (Robert Musil, Ernest Hemingway, Jean-Paul Sartre). Großen Erfolg haben ab 1946 die zeitungsähnlich hergestellten Rowohlt-Rotations-Romane (rororo), die Sohn Heinrich Maria Ledig-Rowohlt einführt. S 75/K 75

Natur/Umwelt

Süditaliens Erde bebt

28.12. Sizilien. Ein Erdbeben zerstört die beiden Städte Messina (Sizilien) und Reggio di Calabria (Kalabrien), über 100 000 Menschen finden den Tod. Es ist das schwerste Beben seit der Zerstörung San Franciscos (↑S.58/18.4.1906) und der chilenischen Stadt Valparaiso.
Zum Beben hinzu kommen eine riesige Flutwelle und ein durch defekte Gasleitungen ausbrechendes Feuer. Aus vielen Ländern Europas treffen Ärzte und Pflegepersonal ein, um die Überlebenden zu versorgen.
Reggio di Calabria wird in den folgenden Jahren in schachbrettartigem Grundriß wiederaufgebaut. Messina, das Tor zu Sizilien, wird im 2. Weltkrieg durch Luftangriffe wiederum stark zerstört. S 60/K 56

Kultur

Mahler Chefdirigent an der Met

1.1. New York. Der österreichische Komponist und Dirigent Gustav Mahler, der Ende des Vorjahres wegen antisemitischer Angriffe die Direktion der Wiener Hofoper aufgegeben hatte, tritt sein Amt als Chefdirigent der Metropolitan Opera New York an. Er debütiert mit einer Aufführung der Oper „Tristan und Isolde" von Richard Wagner.
An der Wiener Hofoper, deren Spielplan er erneuerte, hatte Mahler seit 1897 als Dirigent und Regisseur in Personalunion konsequent seine Idee von der Oper als Gesamtkunstwerk verwirklicht und während dieser Zeit mehrere Sinfonien (4. bis 8.) und die „Kindertotenlieder" komponiert. Er ist zugleich Vollender der

Nobelpreisträger 1908	K 76
Frieden: Klas P. Arnoldson (S, 1844–1916), Frederik Bajer (DK, 1837–1922)	
Beide Nobelpreisträger waren Wortführer der skandinavischen Friedensbewegung. Arnoldson setzte sich für eine friedliche Beilegung der schwedisch-norwegischen Spannungen ein. Bajer gehörte zu den Gründern des Internationalen Ständigen Friedensbüros in Bern.	
Literatur: Rudolf Eucken (D, 1846–1926)	
Der Philosoph vertrat eine neuidealistische Weltsicht, in der das Geistesleben die Zusammenarbeit der Völker fördert („schöpferischer Aktivismus"). Hauptwerke: „Die Einheit des Geisteslebens" (1888), „Der Sinn und Wert des Lebens" (1908), „Erkennen und Leben" (1912).	
Chemie: Ernest Rutherford (GB, 1871–1937)	
Rutherford untersuchte den Zerfall radioaktiver Stoffe und entwickelte ein atomares Zerfallsgesetz (Halbwertzeit). Nach seinem Atommodell (1911) besteht das Atom aus einem positiven elektrischen Kern, der von negativ geladenen Elementarteilchen (Elektronen) umgeben ist.	
Medizin: Paul Ehrlich (D, 1854–1915), Ilja Metschnikow (Rußland, 1845–1916)	
Metschnikow bewies die Bedeutung der weißen Blutkörperchen bei der Verhütung und Heilung ansteckender Krankheiten. Ehrlich befaßte sich mit der Immunität des Organismus gegenüber Infektionskrankheiten. 1908 gelang es Ehrlich, dem Begründer der Chemotherapie, Salvarsan herzustellen, ein Mittel, das den Erreger der Syphilis vernichtet.	
Physik: Gabriel Lippmann (F, 1845–1921)	
Arbeitsschwerpunkt des Physikprofessors an der Pariser Sorbonne war die Fotochemie. 1891 entwickelte er die Farbfotografie. Für das nach ihm benannte Verfahren, das für die moderne Farbfotografie keine Rolle mehr spielt, nutzte er das Phänomen der Überlagerung von Lichtwellen.	

Kulturszene 1908 — K 77

Theater

Maurice Maeterlinck Der blaue Vogel UA 30.9., Moskau	Das zu phantasievollen Inszenierungen anregende Märchenstück zählt zu den Meisterwerken des Symbolismus.
Karl Schönherr Erde UA 13.1., Düsseldorf	Das sarkastisch als „Komödie des Lebens" bezeichnete Tiroler Bauerndrama wird auf vielen deutschsprachigen Bühnen gespielt.
August Strindberg Gespenstersonate UA 21.1., Stockholm	Analytisch aufgebautes Stück, in dem sich Traum und Wirklichkeit vermischen und zur Groteske gesteigert werden.
Ludwig Thoma Moral UA 20.11., Berlin	Komödie über die Doppelmoral des bürgerlichen Puritanismus; Thoma war 1906 wegen des Gedichts „An die Sittlichkeitsprediger" in Haft.
Frank Wedekind Musik UA 11.1., Nürnberg	„Sittengemälde" über das Schicksal einer jungen Frau, die von ihrem Klavierlehrer schwanger wird und ihr Kind behalten will.

Konzert

Gustav Mahler 7. Sinfonie UA 19.9., Prag	Mahler dringt in das Gebiet der atonalen Musik vor und „montiert" darüber hinaus Teile in unterschiedlichem Tempo aneinander.
Maurice Ravel Rhapsodie espagnole UA 5.3., Paris	Viersätzige Orchestersuite mit individuellem spanischem Charakter: „Prélude à la nuit", „Malagueña", „Habanéra", „Feria".
Alexander Skrjabin Le poème de l'extase UA 10.12., New York	Musikalische Nachzeichnung der Entwicklung einer Liebe vom zaghaften Aufkeimen der Empfindung bis zur orgiastischen Raserei.

Film

Max Linder Erste Versuche eines Schlittschuhläufers; F	Erster Film mit Linder als Junggeselle Max, der immer wieder in komische Situationen gerät: Erfolgsserie des frühen Stummfilms.
Luigi Maggil/Arturo Ambrosio Die letzten Tage von Pompeji; Italien	Historischer Monumentalfilm, mit dem die italienische Filmindustrie international konkurrenzfähig wird.

Buch

Leonid Andrejew Die Geschichte von den sieben Gehenkten; Berlin	Mit minuziöser Genauigkeit verfolgt der Autor das innere Erleben von sieben zum Tod Verurteilten vor ihrer Hinrichtung.
Otto Julius Bierbaum Prinz Kuckuck München	Abschluß eines dreibändigen satirischen Zeitromans über „Leben und Höllenfahrt eines Wollüstlings"; anzügliche Komödie.
Gilbert K. Chesterton Der Mann, der Donnerstag war, London	Der surrealistisch-utopische Agentenroman (Untertitel: „Eine Nachtmahr") nimmt die nahende politische Weltkatastrophe vorweg.
Anatole France Die Insel der Pinguine Paris	Apokalyptische Zukunftsvision: Die Ungerechtigkeit in der Welt ist nicht abzuschaffen, da die Menschen korrupt bleiben.
Johannes Vilhelm Jensen Die lange Reise Kopenhagen	Romanhafte Geschichte der Menschheit bis zum Mittelalter aus sozialdarwinistischer Sicht; erster von sechs Bänden (bis 1922).
Arthur Schnitzler Der Weg ins Freie Berlin	Schlüsselroman der Wiener Künstlergesellschaft über einen jungen Mann zwischen Lebensmüdigkeit und Lebenshunger.
Robert Walser Der Gehülfe Berlin	Der junge Gehilfe eines Erfinders erkennt die Bedrohung des Menschen durch den technischen Wahn der modernen Zivilisation.
Jakob Wassermann Caspar Hauser Berlin	In dem Roman um den berühmtesten Findling aller Zeiten liefert der Autor Psychogramme aller Hauptfiguren des rätselhaften Falls.

Gustav Mahler, Dirigent, Komponist und Leiter der Wiener Hofoper (1897–1907), dirigiert 1908 die Welturaufführung seiner 7. Sinfonie in Prag.

sinfonischen Tradition des 19. Jh. und Wegbereiter der Moderne mit großem Einfluß auf Komponisten wie Alban Berg und Arnold Schönberg.

1909 löst Mahler seinen Vertrag mit der Met, bleibt dem Opernhaus aber als Gastdirigent verbunden. Sein Nachfolger wird der italienische Dirigent Arturo Toscanini. Bis zur Rückkehr nach Wien kurz vor seinem Tod 1911 leitet Mahler das New York Philharmonic Orchestra.

K.-J. Müller: Mahler. Leben – Werke – Dokumente, 1988. K. Blaukopf: Gustav Mahler oder Der Zeitgenosse der Zukunft, 1989.

Sport

Erstes Spiel der deutschen Elf

5.4. Basel. Acht Jahre nach Gründung des DFB (↑S.17/28.1.1900) bestreitet die deutsche Fußball-Nationalmannschaft ihr erstes Länderspiel. Dabei unterliegt sie der Mannschaft der Schweiz mit 5:3 Toren.

Der DFB konnte zu dem Spiel nicht seine beste Elf aufstellen, da jeder Landesverband darauf bestand, durch einige seiner Spieler im Nationalteam vertreten zu sein. Auch in den beiden anderen Länderspielen dieses Jahres gegen England (1:5) und Österreich (2:3) bleibt das DFB-Team ohne Erfolg. S 841/K 810

Deutschlands Fußball-Länderspiele. Dokumentation 1908–1989, 1989.

Olympische Spiele in London

27.4.–31.10. London. Die IV. Olympischen Spiele sind ein entscheidender Schritt für die olympische Bewegung. Im Unterschied zu den Spielen von Paris (1900) und St. Louis (1904) bilden die Londoner Spiele nicht mehr das Anhängsel einer gleichzeitig stattfindenden Weltausstellung, sondern sind eine eigenständige Veranstaltung.

Als Austragungsort war zunächst Rom vorgesehen, das 1906 nach dem Ausbruch des Vesuvs wegen finanzieller Probleme die Ausrichtung zurückgab. Die Briten nutzten die Gunst der Stunde und errichteten binnen zwei Jahren im Londoner Bezirk Shepherd's Bush ein Olympiastadion für fast 100 000 Zuschauer.

Vor Beginn der Spiele fällten die Veranstalter einige für die olympische Zukunft maßgebliche Entscheidungen: Sie führten das metrische Maß- und Gewichtssystem ein und legten schriftlich für jede Sportart Regeln fest.

Überragende Teilnehmer mit je drei Goldmedaillen sind der Mittelstreckenläufer Melvin W. Sheppard (USA, 800 m, 1500 m, Staffel) und der Schwimmer Henry Taylor (GBR, 400 m, 1500 m, 4 x 200 m Freistil). Sportgeschichte macht das Finish des Marathonlaufs: Der italienische Teilnehmer Dorando Pietri, der wenige Meter vor dem Ziel zusammenbricht und von zwei Streckenposten über die Ziellinie geschleppt wird, muß seine Goldmedaille wegen „Inanspruchnahme fremder Hilfe" zurückgeben. S 77/K 78

Olympische Spiele: Beim Marathonlauf helfen übereifrige Funktionäre (r. Sir Arthur Conan Doyle) Dorando Pietri über die Ziellinie.

Olympische Spiele 1908 in London K 78

Zeitraum: 27.4. bis 31.10.		Medaillenspiegel	G	S	B
Teilnehmerländer	22	Großbritannien	56	50	39
Erste Teilnahme	4	USA	23	12	12
Teilnehmerzahl	2056	Schweden	7	5	10
Männer	2073	Frankreich	5	5	9
Frauen	43	Deutschland	3	5	5
Deutsche Teilnehmer	81	Ungarn	3	4	2
Sportarten	21	Kanada	3	3	10
Neu im Programm	9[1]	Norwegen	2	3	3
Nicht mehr olympisch	3[2]	Italien	2	2	0
Entscheidungen	110	Belgien	1	5	2

Erfolgreichste Medaillengewinner

Name (Land) Sportart	Medaillen (Disziplinen)
Melvin W. Sheppard (USA), Leichtathletik	3 x Gold (800 m, 1500 m, Olympische Staffel)
Henry Taylor (GBR), Schwimmen	3 x Gold (400 m Freistil, 1500 m Freistil, 4 x 200 m Freistil)

1) Wichtige neue Sportarten (Zahl der Entscheidungen in Klammern): Schießen (15), Eiskunstlauf (4), Segeln (4), Hockey (1); 2) Gewichtheben, Golf, Roque (Croquet)

Sport 1908 K 79

Fußball	
Deutsche Meisterschaft	Viktoria 89 Berlin
Englische Meisterschaft	Manchester United
Italienische Meisterschaft	Pro Vercelli
Spanische Meisterschaft	Real Madrid
Tennis	
Wimbledon (seit 1877; 32. Austragung)	Herren: Arthur W. Gore (GBR) Damen: Charlotte Cooper-Sterry (GBR)
US Open (seit 1881; 28. Austragung)	Herren: William A. Larned (USA) Damen: Maud Barger-Wallach (USA)
Australian Open	Herren: Fred B. Alexander (AUS)
Davis-Cup (Melbourne, AUS)	Australien – USA 3:2
Radsport	
Tour de France (4488 km)	Lucien Petit-Breton (FRA)
Boxen	
Schwergewichts-Weltmeisterschaft	Jack Johnson (USA) – K. o. über Tommy Burns (CAN), 26.12. – K. o. über Billy Lang (AUS), 2.9. – K. o. über Bill Squires (AUS), 24.8./13.6. – K. o. über Jewey Smith (ENG), 18.4. – K. o. über Jem Roche (IRL), 17.3. – K. o. über Jack Palmer (ENG), 10.2.
Herausragende Weltrekorde		
Disziplin	Athlet (Land)	Leistung
Leichtathletik, Männer		
800 m	Melvin Sheppard (USA)	1:52,8 min
1500 m	Harold Wilson (GBR)	3:59,8 min
Stabhochsprung	Walter Dray (USA)	3,90 m

1909

Politik

Verhältniswahl in Luzern

4.4. Luzern. In einer Volksabstimmung spricht sich die Bevölkerung des schweizerischen Kantons Luzern für die Einführung des Verhältniswahlrechts bei den Wahlen zum Großen Rat (Landesparlament) aus.

Vor allem die kleineren Parteien kämpfen seit Jahren für die Abschaffung des Mehrheitswahlrechts, das die Vormachtstellung der Freisinnigen seit Jahren zementiert und die kleinen Parteien benachteiligt. Als erster Kanton hatte 1890 das Tessin das Verhältniswahlrecht eingeführt, 1891 folgte Neuenburg.

Die Freisinnigen, die um ihre absolute Mehrheit im Nationalrat fürchten, verhindern bis 1918 die bundesweite Einführung des Verhältniswahlrechts. Gewinner der ersten Verhältniswahlen werden am 26.10. 1919 die Sozialdemokraten, die Katholisch-Konservativen sowie die Bürger- und Bauernpartei. S 344/K 348

Jungtürken stürzen Sultan

27.4. Konstantinopel (heute Istanbul). Nach dem Aufstand der jungtürkischen Armee muß Sultan Abd al Hamid II. auf Druck der türkischen Nationalversammlung zurücktreten. Nachfolger wird sein Bruder Reschad, der als Muhammad V. amtiert. Er hat auf die Jungtürken nur wenig Einfluß.

Die Jungtürken, eine in den 60er Jahren des 19. Jh. entstandene Partei, erstreben eine demokratische Reform des Osmanischen Reichs nach westlichem Vorbild. Ihre wichtigste Organisation ist das 1889 gegründete Geheimkomitee „Einheit und Fortschritt".

Nach dem Putsch bleiben jedoch tiefgreifende Reformen aus; Minderheiten (u. a. Armenier und Griechen) werden unterdrückt. Einige Staaten nutzen die innere Schwäche des Osmanischen Reichs zur Annektierung umfangreicher Gebiete (↑S.91/5.11.1911; S.99/8.10.1912). S 78/K 81 S 164/K 178

📖 J. Matuz: Das osmanische Reich. Grundlinien seiner Geschichte, 1985.

Kanzler des Deutschen Reichs 1869–1918		K 80
Name	**Zeitraum**	**Vorherige Funktion**
Otto Fürst von Bismarck	1871–1890	Preußischer Ministerpräsident
Leo Graf von Caprivi	1890–1894	Kommandierender General
Chlodwig Fürst zu Hohenlohe-Schillingsfürst	1894–1900	Staatssekretär im Auswärtigen Amt
Bernhard Fürst von Bülow (S.13, 79)	1900–1909	Staatssekretär im Auswärtigen Amt
Theobald von Bethmann Hollweg (S.79)	1909–1917	Staatssekretär des Reichsamtes des Innern
Georg Michaelis (S.134)	Juli–Nov. 1917	Preußischer Staatssekretär für Volksernährung
Georg Graf von Hertling	1917–1918	Bayrischer Ministerpräsident
Max Prinz von Baden (S.143, 144)	Okt.–Nov. 1918	Thronfolger des badischen Großherzogs

Wichtige Regierungswechsel 1909			K 81
Land	**Amtsinhaber**	**Bedeutung**	
Belgien	Leopold II. (König seit 1865) Albert I. (König bis 1934)	Tod des Königs (17.12.); sein Neffe Albert setzt Souveränitätspolitik gegenüber Frankreich und Deutschland fort	
Deutsches Reich	Bernhard H. M. Fürst von Bülow (R seit 1900) Theobald von Bethmann Hollweg (R bis 1917)	Rücktritt Bülows wegen gescheiterter Steuervorlage (10.7.); Bethmann Hollweg auf wechselnde Mehrheiten angewiesen (S.79)	
Frankreich	Georges Clemenceau (M seit 1906) Aristide Briand (M bis 1911)	Rücktritt Clemenceaus nach Abstimmungsniederlage zur Flottenpolitik (20.7.); Unmut über seinen autoritären Stil	
Nicaragua	José Santos Zelaya (P seit 1894) José Madriz (P bis 1910)	Zelayas Rücktritt von Rebellen erzwungen, die massiv von den Vereinigten Staaten unterstützt werden (16.12.)	
Persien	Mohammad Ali (Schah seit 1907) Ahmad (Schah bis 1925)	Sturz des Schahs durch Nationalisten (16.7.), die demokratische Reformen und eigenständigere Politik fordern	
Serbien	Peter Welimirowitsch (M seit 1908) Nikola Pašić (M bis 1911)	Beginn der Ära Pašić (bis 1926), der 1917 die Errichtung des Königreichs der Serben, Kroaten und Slowenen erreicht	
Spanien	Antonio Maura y Montaner (M seit 1907) Segismundo Moret y Prendergast (M bis 1910)	Rücktritt (21.10.) wegen Kritik an repressiver Politik und blutiger Niederschlagung des Anarchistenaufstands (2.8.)	
Türkei	Abd al Hamid II. (Sultan seit 1876) Muhammad V. (Sultan bis 1918)	Nach Putsch (27.4.) liegt Macht bei Jungtürken; Hamid hatte versucht, die Verfassungsreform rückgängig zu machen (S.78)	
USA	Theodore Roosevelt (Republ., P seit 1901) William H. Taft (Republ., P bis 1913)	Wahlsieg des früheren Kriegsministers Taft über den demokratischen Präsidentschaftskandidaten William J. Bryan (S.72/1908)	

M = Ministerpräsident bzw. Premierminister; P = Präsident; R = Reichskanzler

Kanzler Bülow tritt zurück

14.7. Berlin. Nachfolger des zurückgetretenen Reichskanzlers Bernhard Fürst von Bülow (↑S.13/17.10.1900) wird der bisherige Vizekanzler Theobald von Bethmann Hollweg.

Mit Bülow scheidet ein Politiker aus dem Amt, der im In- und Ausland umstritten war. Für großen Schaden sorgte die von ihm mitverschuldete sog. Daily-Telegraph-Affäre: Bülow ließ 1908 ein ihm vorgelegtes kaiserliches Interview anstandslos passieren, das wegen anmaßender Äußerungen Wilhelms II. zu Spannungen mit Großbritannien führte.

Der neue Reichskanzler, der keine außenpolitische Erfahrung hat, bemüht sich vergeblich um Ausgleich mit dem Vereinigten Königreich. 1910 scheitert sein Versuch, das Dreiklassenwahlrecht in Preußen zu beseitigen (↑S.134/14.7.1917). S 78/K 80

Italienisch-russische Annäherung

24.10. Racconigi. Bei einem Treffen südlich von Turin stimmen der russische Zar Nikolaus II. und der italienische König Viktor Emanuel ihre Balkaninteressen miteinander ab. Im Fall einer Veränderung des Status quo sichern sich beide Länder gegenseitige Hilfe zu. Das Geheimabkommen ist gegen die machtpolitischen Ambitionen von Österreich-Ungarn gerichtet und bedeutet eine Abkehr Italiens vom Dreibund.

Der gegen Frankreich bestehende Dreibund von 1882 verpflichtet Italien zur Unterstützung des Deutschen Reichs bei einem Angriff durch Frankreich. Bei Konflikten mit anderen Staaten garantieren sich die Unterzeichner Neutralität. Bereits am 1.11.1902 (↑S.28) hatte Italien das Bündnis verletzt, als es ein Abkommen mit Frankreich schloß.

Bis zum Ausbruch des 1. Weltkriegs 1914 bleibt Italien neutral, bricht aber 1915 mit Deutschland und Österreich-Ungarn und tritt auf seiten der Alliierten in den Krieg ein.

Wirtschaft

Banknoten werden Zahlungsmittel

14.5. Berlin. Der Reichstag verabschiedet das neue Reichsbankgesetz, das u. a. vorsieht, Banknoten uneingeschränkt als gesetzliches Zahlungsmittel anzuerkennen. Zusätzlich wird die Menge der Banknoten erhöht: Bis zum Jahresende sollen 750 Mio Mark in Umlauf gebracht werden.

Bisher war die Deutsche Reichsbank verpflichtet, Noten auf Wunsch in Gold umzutauschen. Mit dem neuen Gesetz gelten die

Schweizer Bundespräsidenten 1900–45			K 82
Jahr	Name	Partei	Bundesrat
1900	Walter Hauser	Freisinnig-demokratisch	1889–1902
1901	Ernst Brenner	Freisinnige	1897–1911
1902	Joseph Zemp	Katholisch-konservativ	1892–1908
1903	Adolf Deucher	Freisinnige	1893–1912
1904	Robert Comtesse	Radikale	1900–1912
1905	Marc-Emile Ruchet	Radikale	1900–1912
1906	Ludwig Forrer	Freisinnig-demokratisch	1903–1917
1907	Eduard Müller	Freisinnig-demokratisch	1895–1919
1908	Ernst Brenner	Freisinnige	1897–1911
1909	Adolf Deucher	Freisinnige	1983–1912
1910	Robert Comtesse	Radikale	1900–1912
1911	Marc Emile Ruchet	Radikale	1900–1912
1912	Ludwig Forrer	Freisinnig-demokratisch	1903–1917
1913	Eduard Müller	Freisinnig-demokratisch	1895–1919
1914	Arthur Hoffmann	Freisinnige	1911–1917
1915	Giuseppe Motta	Katholisch-konservativ	1912–1940
1916	Camille Decoppet	Freisinnige	1912–1919
1917	Edmund Schulthess	Freisinnige	1912–1935
1918	Felix Calonder	Freisinnige	1913–1920
1919	Gustave Ador	Liberale	1917–1919
1920	Giuseppe Motta	Katholisch-konservativ	1912–1940
1921	Edmund Schulthess	Freisinnige	1912–1935
1922	Robert Haab	Freisinnige	1918–1929
1923	Karl Scheurer	Freisinnige	1920–1929
1924	Ernest Louis Chuard	Radikale	1920–1928
1925	Jean-Marie Musy	Katholisch-konservativ	1920–1934
1926	Heinrich Häberlin	Freisinnige	1920–1934
1927	Giuseppe Motta	Katholisch-konservativ	1912–1940
1928	Edmund Schulthess	Freisinnige	1912–1935
1929	Robert Haab	Freisinnige	1918–1929
1930	Jean-Marie Musy	Katholisch-konservativ	1920–1934
1931	Heinrich Häberlin	Freisinnige	1920–1934
1932	Giuseppe Motta	Katholisch-konservativ	1912–1940
1933	Edmund Schulthess	Freisinnige	1912–1935
1934	Marcel Pilet-Golaz	Radikale	1929–1940
1935	Rudolf Minger	Bauern-, Gewerbe-, Bürgerp.	1930–1940
1936	Albert Meyer	Freisinnige	1930–1938
1937	Giuseppe Motta	Katholisch-konservativ	1912–1940
1938	Johannes Baumann	Freisinnige	1934–1940
1939	Philipp Etter	Katholisch-konservativ	1934–1959
1940	Marcel Pilet-Golaz	Radikale	1929–1940
1941	Ernst Wetter	Freisinnige	1939–1943
1942	Philipp Etter	Katholisch-konservativ	1934–1959
1943	Enrico Celio	Katholisch-konservativ	1934–1959
1944	Walter Stampfli	Freisinnige	1940–1947
1945	Eduard von Steiger	Bauern-, Gewerbe-, Bürgerp.	1941–1951

Banknoten als gleichberechtigtes Zahlungsmittel neben den Münzen.
Papiergeld, das bei geringem Materialwert kostengünstig herzustellen ist, unterliegt nicht den Schwankungen des Goldwertes und kann rasch einem erhöhten Zahlungsmittelbedarf der Volkswirtschaft angepaßt werden. Es besteht aber auch die Gefahr, daß der Geldwert an Stabilität verliert.

Die erste Fluggesellschaft

16.11. Frankfurt/Main. Mit einem Stammkapital von 3 Mio Mark wird die Deutsche Luftschiffahrt Aktiengesellschaft (Delag) gegründet. Die Delag ist die erste Fluggesellschaft der Welt.

Mit der Gründung der Delag, an der u. a. mehrere deutsche Städte beteiligt sind, ist die Weiterentwicklung der Luftschiffe des Grafen Zeppelin (↑S.15/2.7.1900) gesichert. Die deutschen Streitkräfte zeigten sich an einem weiteren Ausbau ihrer Luftflotte nicht interessiert, so daß sich die Friedrichshafener Werft gezwungen sah, Zeppeline für den zivilen Luftverkehr zu entwerfen.

1910 unternimmt das erste Luftschiff der Gesellschaft, die LZ 7 „Deutschland", seine Jungfernfahrt. Bis 1913 gibt es Luftschiffhäfen in Düsseldorf, Baden-Oos, Berlin-Johannisthal, Gotha, Frankfurt am Main, Potsdam, Hamburg, Dresden und Leipzig.
Am 6.1.1926 (↑S.236) wird die Deutsche Lufthansa AG gegründet. `S 236/K 247`

Wissenschaft

Medikament gegen Syphilis

Der Medizinprofessor Paul Ehrlich beendet seine Versuchsreihen zur Herstellung eines Mittels gegen die Geschlechtskrankheit Syphilis. Sein in Zusammenarbeit mit dem japanischen Bakteriologen Sahachiro Hata entwickeltes Präparat Salvarsan ist ein chemischer Stoff mit hoher Erregerspezifität und geringer Giftwirkung.
Der Begründer der Chemotherapie, ein früherer Mitarbeiter von Robert Koch (↑S.53/1905), erhielt 1908 den Nobelpreis. Zuvor hatte er u. a. neue Diagnoseverfahren durch Färbung des Blutes entwickelt. `S 75/K 76`
Salvarsan, vor allem das verbesserte Medikament Neosalvarsan (1912), trägt zur erfolgreichen Bekämpfung der weitverbreiteten und häufig tödlich verlaufenden Syphilis bei. Auf der Basis von Ehrlichs Forschungen werden weitere hochwirksame Chemotherapeutika entwickelt, u. a. die Sulfonamide. 1935 kommt mit Prontosil das erste Sulfonamidpräparat in den Handel. `S 81/K 84` `S 204/K 216`
H. Satter: Paul Ehrlich, 1963.

Peary erreicht den Nordpol `KAR`

6.4. Der US-Amerikaner Robert E. Peary gelangt auf einer seiner Forschungsreisen in unmittelbare Nähe des Nordpols.
Unterstützt wurde Peary auf seinem Weg zum Pol u. a. von einer Gruppe Eskimos, deren Erfahrungen bezüglich der Ausrüstung (Hundeschlitten, Schneeschuhe, Pelzkleidung) ausschlaggebend für seinen Erfolg wurden.
Ab 1886 hatte der Polarforscher mehrere Expeditionen durch die Arktis unternommen. Zweimal durchquerte er Grönland und erreichte 1892 als erster Weißer die Nordküste der Insel. 1895 entdeckte er das nach ihm benannte Peary-Land, die nördliche Halbinsel von Grönland.
Im Juli 1908 war Peary mit seiner Mannschaft (u. a. 17 Eskimos mit 133 Schlittenhunden) aufgebrochen. Mit dem Schiff „Roosevelt" fuhr er zur rd. 670 km vom

Arktis-Expeditionen
1. Nansen „Fram" 1893–96
2. Cook 1908
3. Peary 1909
4. Brussilow 1912–14
5. Wilkizki 1913
6. Amundsen/Nobile 1926
7. Wilkins 1928
8. Gromov 1937
9. Tschkalow 1937
10. Papanin 1937/38
11. „Sedow" 1938–40
12. Tscherewitschnys 1941
13. „Nautilus" 1958
14. Herbot 1968/69

Nordpol entfernt gelegenen Ellesmere-Insel. Im Gegensatz zur vorherrschenden Lehrmeinung trat Peary (mit Erfolg) seine Expedition im polaren Winter an, da nach seiner Ansicht im Sommer das weiche Eis ein rasches Fortkommen behindert.
Am 2.9. behauptet der US-amerikanische Forscher Frederick A. Cook, bereits am 21.4. 1908 den Nordpol erreicht zu haben; dies wird aber von zeitgenössischen Wissenschaftlern bezweifelt. Auch in späteren Jahrzehnten kann die Streitfrage nicht eindeutig geklärt werden.
1926 überfliegen der Italiener Umberto Nobile und der Norweger Roald Amundsen mit dem Luftschiff „Norge" als erste den Pol. S 94/K 99

Technik

Franzose überfliegt Ärmelkanal

25.7. Louis Blériot gelingt als erstem Piloten die Überquerung des Ärmelkanals. Er bewältigt die 36 km lange Strecke von Calais nach Dover in etwas mehr als 27 Minuten. Der von Blériot konstruierte Eindecker hat eine Spannweite von 7,80 m und einen 25 PS starken Motor.
Das Zeitalter des Motorflugs hatten Gustave Whitehead (↑S.22/14.8.1901) und die Brüder Wright (↑S.37/17.12.1903) begründet. Als Ansporn für die Piloten wurden Preise für neue Höchstleistungen ausgesetzt. So erhält Blériot für seine Leistung 1000 Pfund Sterling, die der britische Verleger Lord Alfred Charles Northcliffe für den ersten Motorflug vom Kontinent nach England gestiftet hatte. Der erste Nonstop-Flug über den Atlantik gelingt am 21.5.1927 (↑S.245) dem US-Amerikaner Charles Lindbergh.

Kautschuk aus der Retorte

12.9. Elberfeld. Die Farbenfabrik Bayer erhält weltweit das erste Patent für ein Verfahren zur Herstellung von künstlichem Kautschuk; ein Jahr später beginnt die Produktion von Autoreifen.
Mit der stark ansteigenden Motorisierung seit der Jahrhundertwende war vorauszusehen, daß der brasilianische Naturkautschuk aus dem Milchsaft (Latex) des Kautschukbaums die Nachfrage nicht werde decken können. Die Chemie des Kautschuks steckte zwar noch in den Anfängen, einige Grundlagen waren aber schon erarbeitet. So hatte bereits 1860 der britische Chemiker Greville Williams das Isopren entdeckt, das 1905 der führende deutsche Kautschukchemiker Carl

Nobelpreisträger 1909 — K 83

Frieden: Auguste Marie François Beernaert (B, 1829–1912), Paul Baron d'Estournelles (F, 1852–1924)

Beide Nobelpreisträger vertraten ihre Heimatländer auf den Haager Friedenskonferenzen. Beernaert sorgte für eine friedliche Schlichtung des mexikanisch-amerikanischen Konflikts vor dem Haager Gerichtshof. D'Estournelles hatte großen Anteil an der französisch-deutschen und der französisch-englischen Annäherung.

Literatur: Selma Lagerlöf (S, 1858–1940)

Als erste Frau erhielt Lagerlöf den Nobelpreis für Literatur. Die Schönheiten ihrer Heimat sowie die nordische Sagenwelt bilden den Hintergrund ihrer lyrisch-impressionistischen Romane. Lagerlöfs bekanntestes Werk ist „Die wunderbare Reise des kleinen Nils Holgersson" (1906).

Chemie: Wilhelm Ostwald (D, 1853–1932)

Ostwald gewann bahnbrechende Erkenntnisse über die Bedingungen des chemischen Gleichgewichts sowie die Geschwindigkeiten chemischer Reaktionen. In seinen philosophischen Schriften begründete er die Energetik, nach der Energie die Grundlage allen Geschehens ist.

Medizin: Theodor Kocher (CH, 1841–1917)

Kocher erforschte die Erkrankungen der Schilddrüse. 1878 gelang ihm die erste Kropfbehandlung durch Entfernen der Drüse. Er entwickelte die Arterienklemme, das gebräuchliche Instrument der Blutstillung, und führte die völlige Keimfreiheit im Operationssaal ein.

Physik: Ferdinand Braun (D, 1850–1918), Guglielmo Marconi (I, 1874–1937)

Marconi entwickelte die drahtlose Telegrafie. 1901 gelang ihm die erste drahtlose Verbindung über den Atlantischen Ozean. Braun entdeckte den Gleichrichter-Effekt (Strom wird in einer Richtung durchgelassen, in der anderen gesperrt) und schuf damit die Voraussetzung zum Bau von Transistoren. Seine Erfindung der Braunschen Röhre, die elektrische Schwingungen auf einem Bildschirm sichtbar macht, bildete die Grundlage für die Entwicklung von Fernsehapparaten.

Bekämpfung von Infektionskrankheiten — K 84

Krankheit (erstes Auftreten)	Erreger (Entdeckungsjahr)	Gegenmittel (Entdeckungsjahr)
Tuberkulose (um 650 v.Chr.)	Tuberkelbazillus (1882)	B.C.G.-Impfstoff (1921)
Gonorrhoe (um 650 v.Chr.)	Gonokokken-Bakterien (1879)	Sulfanilamid (1937), später Penicillin
Lepra (um 650 v.Chr.)	Mycobacterium leprae (1873)	Sulfonamid DDS (1943)
Malaria (um 400 v.Chr.)	Plasmodium-Parasiten (1880)	Kontrolle der bakterienübertragenden Moskitos
Tetanus (um 100)	Tetanus-Bazillus (1884)	Tetanus-Toxoid (1890)
Diphtherie (um 100)	Diphtherie-Bazillus (1883)	Antitoxin-Serum (1892)
Syphilis (1496)	Spyrochaetae-Bakterien (1905)	Salvarsan (1909, S.80)
Cholera (um 1500)	Kommabazillus (1883)	Intravenöse Infusionen, Antibiotika
Typhus (1643)	Salomonella Typhosa (1884)	Isolierung der Kranken, später Behandlung mit Chloramphenicol (1947)
Scharlach (1675)	Streptokokken-Bakterien (1924)	Penicillin (1928, S.250)

1909

Manifeste des Futurismus K 85

Jahr	Programmatische Schrift	Verfasser
1909	Manifest des Futurismus	E. F. T. Marinetti
1910	Manifest der futuristischen Maler	Die fünf Futuristen
1910	Technisches Manifest der futurist. Malerei	Die fünf Futuristen
1912	Manifest der futuristischen Plastik	Umberto Boccioni
1913	Die Malerei der Töne, Geräusche, Gerüche	Carlo Carrà

Künstler des Futurismus

Giacomo Balla (1871–1958)	„Hund an der Leine" (1912; Museum of Modern Art, New York); „Merkur zieht an der Sonne vorüber" (1914; Sammlung Mattioli, Mailand)
Umberto Boccioni (1882–1916)	„Die Stadt erhebt sich" (1910/11, Sammlung Gianni Mattioli, Mailand); „Der Lärm der Straße dringt in das Haus" (1911; Kunstmuseum mit Sammlung Sprengel, Hannover); „Kräfte in Bewegung" (Bronze, 1913; Mailand)
Carlo Carrà (1881–1966)	„Porträt Marinettis" (1910/11; Privatbesitz); „Das Begräbnis des Anarchisten Galli" (1911; Museum of Modern Art, New York); „Der rote Reiter" (1913; Sammlung Jucker, Mailand)
Luigi Russolo (1885–1947)	„Blitze" (1909/10; Galleria Nazionale d'Arte Moderna, Rom); „Erinnerungen einer Nacht" (1911; Sammlung Slifka, New York); „Dynamismus eines Automobils" (1911; Paris)
Gino Severini (1883–1966)	„Bal Tabarin" (1912; Museum of Modern Art, New York); „Nord-Süd-Metro" (1912; Sammlung Emilio Jesi, Mailand)

Käthe Kollwitz

Dietrich Harries als Grundbaustein des hochmolekularen Kautschuks (bis zu 6000 Isopreneinheiten) identifizierte.
Fritz Hofmann, Chemiker bei Bayer, gelingt 1909 die Synthese von Isopren und dessen Polymerisation zu Kautschuk; die Continental Caoutchouc und Guttapercha Compagnie in Hannover preßt 1910 den ersten Autoreifen. Mit der Entwicklung von „Buna" führen 1929 (↑S.259) die I. G. Farben den synthetischen Kautschuk in eine neue Zukunft.

Gesellschaft

Billige Herbergen für Jugendliche

Auf Burg Altena im Bergischen Land wird die erste Jugendherberge eröffnet. Der Initiator, der Volksschullehrer Richard Schirrmann, will vor allem Arbeiterkindern billige Ferienunterkünfte bieten. Die Idee der Jugendherberge wurde durch die Jugendbewegung (↑S.23/4.11.1901) ausgelöst.
1919 vereinigen sich die inzwischen 1000 Jugendherbergen im Deutschen Reich zum Verband für deutsche Jugendherbergen, der 1949 als Deutsches Jugendherbergswerk (DJH) mit Sitz in Detmold wiederbegründet wird.
1993 gibt es in Deutschland 670 DJH-Häuser. Sie beherbergen heute auch Erwachsene.

Kultur

Zeugnis der Industriearchitektur

Berlin. Die von Peter Behrens, seit 1907 künstlerischer Berater der AEG, entworfene Turbinen-Montagehalle in Berlin wird fertiggestellt.
Behrens, vor 1904 ein führender Vertreter des Jugendstils, entwickelte ein funktionales Fabrikgebäude, in dessen Gestaltung Leichtigkeit und Massivität eine harmonische Verbindung eingehen. Um mehr Licht in die Werkhalle zu bringen und auf diese Weise bessere Arbeitsbedingungen zu schaffen, verwendete Behrens die bis dahin wenig gebräuchlichen Baumaterialien Glas und Stahl. Fast 50 Jahre später wird die AEG-Turbinenhalle als Zeugnis der Industriearchitektur zum Denkmal erklärt.

T. Buddensieg: Industriekultur. Peter Behrens und die AEG 1907–1914, 1981.

„Bilder vom Elend" von Kollwitz

Die 42jährige Künstlerin Käthe Kollwitz schafft den Zyklus „Bilder vom Elend", in dem sie in ergreifender Weise die Bedrückung der Armen darstellt.
Die Schattenseiten der gesellschaftlichen Wirklichkeit des deutschen Kaiserreichs sind das zentrale Thema der Grafikerin und Bildhauerin. Sie stellt vor allem Frauen da, die von der Last materieller Not, harter Arbeit und Sorge um die Familie niedergedrückt werden.
Ab 1928 leitet sie das Meisteratelier für Grafik an der Berliner Kunstakademie, 1933 wird sie entlassen und erhält Ausstellungsverbot.

K. Kollwitz: Bekenntnisse, NA 1984. K. Kollwitz: Die Tagebücher, 1989.

Manifest des Futurismus

20.2. Paris. In der französischen Tageszeitung „Le Figaro" veröffentlicht der italienische Schriftsteller Filippo Tommaso Marinetti sein futuristisches Manifest.
Die durch dieses Manifest ausgelöste europäische Erneuerungsbewegung will sowohl in der Literatur als auch in Musik und Malerei das moderne Leben als „allgegenwärtige Geschwindigkeit" darstellen. Mit kulturellen Traditionen wird radikal gebrochen.
Durch sprachliche Neuerungen (Syntax und Grammatik) nimmt der Futurismus Einfluß auf die Literatur des Dadaismus und des Surrealismus. In der Malerei greift er ab 1912 Thesen des synthetischen Kubismus auf (Kubismus ↑S.69). S 82/K 85

1909

Beginn einer Ballett-Ära

18.5. Paris. In der Pariser Opéra wird die von Sergej Diaghilew initiierte „Saison russe" mit einem Ballett- und Opernabend eröffnet, den das Publikum begeistert aufnimmt.
Erstmals tritt im Rahmen der „Saison russe" das von ihm gegründete Moskauer Tanzensemble der „Ballets Russes" auf. In Zusammenarbeit mit Claude Debussy, Igor Strawinsky, Richard Strauss, Pablo Picasso und den Tänzern Anna Pawlowa und Waslaw Nijinski versucht Diaghilew seine Vorstellungen in bezug auf moderne Tanzkunst zu realisieren. Mit einer Gesamtkonzeption, die Musik und Tanz sowie Kostüm- und Bühnengestaltung gleichrangig behandelt, eröffnen die „Ballets Russes" der Tanzkunst neue Dimensionen. S 447/K 449

R. Buckle: Diaghilew, 1984.

Neue Künstlervereinigung

1.12. München. In der Galerie Thannhäuser wird die erste Ausstellung der von Wassily

Ballet Russes: Das Plakat von 1920 zeigt die Tänzerin Anna Pawlowa in dem „Walzer der Zarin"

Kulturszene 1909	K 86
Theater	
Hermann Bahr Das Konzert UA 23.12., Berlin	Die Freiheiten und Grenzen der Ehe stehen im Mittelpunkt der impressionistischen Diskussionskomödie, die ein großer Erfolg wird.
Björnstjerne Björnson Wenn der junge Wein blüht UA 29.9., Kristiania	Das letzte Stück des norwegischen Nobelpreisträgers (1903), ein effektvolles Lustspiel, wird sein meistgespieltes.
Clyde Fitch Die Stadt UA 15.11., New Haven	Ein skrupelloser Aufsteiger wird durch eine Familientragödie geläutert und verzichtet auf Karriere und dubiose Geschäfte.
Oskar Kokoschka Mörder, Hoffnung der Frauen; UA 4.7., Wien	Das erste expressionistische Theaterstück: Der Maler-Dichter rekonstruiert das „Urschauspiel" des Kampfes zwischen Mann und Frau.
Ferenc Molnár Liliom UA 7.12., Budapest	Die „Vorstadtlegende in sieben Bildern" ist ein teils naturalistisches, teils irrationales Märchenspiel im Schaustellermilieu.
Alexander Roda Roda Der Feldherrnhügel UA 23.12., Wien	Vielbelachte Komödie, die den legeren österreichischen und den zackigen deutschen Militarismus gegeneinander ausspielt.
Arthur Schnitzler Komtesse Mizzi UA 5.1., Wien	Auf einem Familientag werden die scheinbar unmoralischen „früheren Verhältnisse" psychologisch analysiert und rehabilitiert.
Oper	
Nikolai Rimski-Korsakow Der goldene Hahn UA 7.10., Moskau	Die Vertonung des gleichnamigen Märchens von Alexander Puschkin setzt Musikinstrumente zur parodistischen Personencharakterisierung ein.
Richard Strauss Elektra UA 25.1., Dresden	Beginn der fruchtbaren Zusammenarbeit mit dem Textdichter Hugo von Hofmannsthal; kompromißlos expressionistische, dissonante Musik.
Ermanno Wolf-Ferrari Susannens Geheimnis UA 4.12., München	Das „Intermezzo in einem Akt" ist ein Paradebeispiel für die Kunst des Komponisten, Musikstile und -techniken zu vermischen.
Operette	
Franz Lehár Graf von Luxemburg UA 12.11., Wien	Boulevardkomödie mit eingängigen Walzermelodien und bühnenwirksamen Szenen in der Welt der Pariser Bohème zur Zeit des Karnevals.
Film	
David W. Griffith Die einsame Villa USA	Griffith führt mit diesem Film die Technik der Parallelmontage ein: Die gleichzeitige Darstellung von Vorgängen erhöht die Spannung.
Buch	
Friedrich Huch Pitt und Fox München	Psychologisierender Roman über die Dekadenz des deutschen Bürgertums nach 1872 am Beispiel der Lebenswege zweier Brüder.
Alfred Kubin Die andere Seite München und Leipzig	Phantastischer Roman, in dem eine alptraumhafte Reise in der sachlichen Form eines Gedächtnisprotokolls geschildert wird.
Thomas Mann Königliche Hoheit Berlin	„Lustspiel in Romanform" aus einer kleinen Residenz: Der Fürst ist durch Macht und Konvention vom eigentlichen Leben ausgeschlossen.
Gertrude Stein Drei Leben New York	Die sprachliche Nachbildung stereotyper Redewendungen, Sätze und Wörter charakterisiert das Milieu der Dienstmädchenerzählungen.
Ludwig Thoma Briefwechsel eines bayer. Landtagsabgeordneten	Die unbeholfenen Briefe des Ökonomen Jozef Filser über seine Abgeordnetentätigkeit werden schnell populär und oft zitiert.
Robert Walser Jakob von Gunten Berlin	Tagebuchroman, angefüllt mit den seelischen Regungen und halbbewußten, traumhaften Empfindungen eines schwierigen Internatszöglings.

1909

Sport 1909 K 87

Fußball	
Deutsche Meisterschaft	Phönix Karlsruhe
Englische Meisterschaft	Newcastle United
Italienische Meisterschaft	Pro Vercelli
Spanische Meisterschaft	Real San Sebastián

Tennis	
Wimbledon (seit 1877; 33. Austragung)	Herren: Arthur W. Gore (GBR) Damen: Dora Boothby (GBR)
US Open (seit 1881; 29. Austragung)	Herren: William Larned (USA) Damen: Hazel Hotchkiss (USA)
Australian Open	Herren: Anthony Wilding (NZL)
Davis-Cup (Sydney, AUS)	Australien – USA 5:0

Radsport	
Tour de France (4497 km)	François Faber (LUX)
Giro d'Italia (2448 km)	Luigi Ganna (ITA)

Boxen	
Schwergewichts-Weltmeisterschaft	Jack Johnson (USA) – K. o. über Stanley Ketchell (USA), 16.10. – Remis gegen Al Kaufman (USA), 9.9. – Remis gegen Tony Ross (USA), 30.6. – Remis gegen Jack O'Brien (USA), 19.5.

Herausragende Weltrekorde		
Disziplin	Athlet (Land)	Leistung
Leichtathletik, Männer		
Dreisprung	Daniel Ahearne (USA)	15,39 m
Kugelstoß	Ralph Rose (USA)	15,56 m
Hammerwurf	John Flanagan (USA)	56,19 m

Erstes Sechstagerennen in Europa: Einige der besten europäischen Fahrer gehen an den Start (v. l. Paul Brocco, Georges Passerieu, John Stoll, Marcel Bethet, Georges Poulain und Léon Georget).

Kandinsky und Alexej Jawlensky gegründeten „Neuen Künstlervereinigung" eröffnet. Diese Vereinigung tritt für die nachimpressionistischen Strömungen in der Kunst ein und greift Anregungen der Fauvisten (↑S.54/18.10.1905) auf. Da sie aber die völlige Loslösung vom Gegenständlichen ablehnt, behindert sie die künstlerische Entwicklung von Kandinsky, der versucht, durch abstrahierende Darstellung des Gegenständlichen seelische Eindrücke verstärkt wirken zu lassen. Gemeinsam mit Franz Marc tritt er 1911 aus der Vereinigung aus und gründet den „Blauen Reiter" (↑S.97/18.12.1911).

Sport

„Six-Days" in Europa
15.3. Berlin. In der Ausstellungshalle am Zoologischen Garten beginnt das erste in Europa ausgetragene Sechstagerennen. An den Start gehen 15 Mannschaften, die aus jeweils zwei sich abwechselnden Fahrern bestehen. Sieger des Tag und Nacht ausgefahrenen Rennens werden die favorisierten US-Fahrer Jimmy Moran und Floyd Mac Farland, die bereits das New Yorker Sechstagerennen für sich entschieden hatten.
Six-Days wurden Ende des 19. Jh. in den USA eingeführt. Nach dem großen sportlichen und kommerziellen Erfolg von Berlin, das sich zur Hochburg der Sechstagerennen entwickelte, werden auch in anderen europäischen Städten (u. a. Paris, London und Amsterdam) diese Wettkämpfe durchgeführt.
Die Fahrzeit wird von ursprünglich fast 150 Stunden bis zu Beginn der 90er Jahre auf ca. 50 Stunden reduziert. Die Showelemente, zunächst als Beiprogramm gegen drohende Langeweile gedacht, beherrschen immer stärker die Veranstaltungen.

Tour de France erhält Konkurrenz
30.5. Mit einem Sieg des Einheimischen Luigi Ganna endet der erstmals ausgetragene Giro d'Italia. Das Etappenrennen führt über 2408 km und stellt aufgrund der gebirgigen Strecken in Alpen und Abruzzen hohe Anforderungen an die Kondition der Radfahrer. Ganna fährt im Schnitt 27,3 km/h, 49 von 127 gestarteten Fahrern erreichen das Ziel.
Neben der Tour de France (↑S.42/1.7.1903) hat sich der Giro d'Italia als bedeutendste Radrundfahrt der Welt etabliert. Der Italiener Alfredo Binda gewinnt den Giro zwischen 1925 und 1933 fünfmal, sein Landsmann Fausto Coppi und Belgiens Radsportidol Eddy Merckx ziehen später gleich. Einen derart hohen Stellenwert wie die Tour de France erreicht die Italien-Rundfahrt allerdings nie: Da die beiden schweren Radprüfungen zumeist binnen acht Wochen ausgetragen werden, entscheiden sich viele Spitzenfahrer im Zweifelsfall für die spektakuläre Tour.

S 42/K 34

1910

Politik

Kolonialmacht Frankreich
15.1. Frankreich bildet das Generalgouvernement Französisch-Äquatorialafrika. Verwaltungssitz ist Brazzaville (Kongo), zur Föderation gehören Gabun, Mittel-Kongo, Ubangi-Schari und der Tschad. Ziel des Zusammenschlusses ist die Befriedung dieses gesamten zentralafrikanischen Gebiets.
Seit den 70er Jahren des 19. Jh. hatte Frankreich ein riesiges Überseereich erworben, u. a. Tunis (1881), Annam (1883), Madagaskar (1885), Laos (1886) und ab 1887 Französisch-Westafrika.
Nach dem 2. Weltkrieg blieben nur wenige Gebiete als Überseedepartements bzw. Überseeterritorien übrig (u. a. Französisch-Guyana, Guadeloupe und Martinique). Am blutigsten verlief die Lösung Algeriens (↑S.558/ 3.7.1962). S 530/K 535

Annexion auf Balkan sanktioniert
20.3. Wien/St. Petersburg. Mit der Wiederaufnahme diplomatischer Beziehungen zu Österreich-Ungarn anerkennt Rußland die Annexion Bosniens und Herzegowinas durch die Donaumonarchie (↑S.71/5.10.1908). Gleichzeitig respektieren beide Großmächte die Unabhängigkeit der Balkanstaaten.
Das Osmanische Reich hatte Österreich-Ungarn bereits mit der Rückgabe des seit 1878 besetzten, zwischen Serbien und Montenegro gelegenen Gebiets Novi Pazar besänftigt.
Die Kriegsgefahr ist vorerst gebannt, doch bleibt der Balkan das Krisengebiet Europas (↑S.99/8.10.1912). S 107/K 114
📖 E. Hösch: Geschichte der Balkanländer, 1988.

Geburtsstunde Südafrikas
31.5. London/Pretoria. Die britischen Kolonien Kapkolonie, Natal, Oranjefreistaat und Transvaal schließen sich zum Dominion Südafrikanische Union zusammen. Erster südafrikanischer Regierungschef wird der ehemalige Burengeneral Louis Botha, seit 1907 Premierminister von Transvaal.
Der Zusammenschluß ist das Ergebnis einer Annäherung zwischen Buren und Briten nach dem Ende des Burenkriegs (↑S.13/ 19.9.1900).
Der Status eines britischen Dominions beinhaltet Selbstregierung bezüglich der inneren Angelegenheiten. Die Benachteiligung der schwarzen Bevölkerungsmehrheit ist durch die Verfassung festgeschrieben (Apartheid). Am 31.5.1961 (↑S.547) tritt Südafrika aufgrund des Drängens afrikanischer Staaten aus dem Commonwealth aus. S 462/K 465
📖 W. Grütter: Die Geschichte Südafrikas, 1990.

Louis Botha

Japan annektiert Korea
22.8. Seoul. Der japanische Kriegsminister Masakata Graf Terauchi wird erster Generalgouverneur des von Japan annektierten Kaiserreichs Korea (jetzt „Chosen"). Die Japaner bleiben bis 1945 im Land.
Bereits 1905 hat Japan Korea, das im 19. Jh. zum Spielball der japanischen, chinesischen und russischen Machtinteressen geworden war, einen „Schutzvertrag" aufgezwungen, der dem Land seine Unabhängigkeit nahm. Auch die USA (1882), Großbritannien (1883) und das Deutsche Reich (1884) zwangen Korea mit Handelsverträgen in eine halbkoloniale Stellung.
Seit den 20er Jahren formiert sich der Widerstand gegen die Besetzer (1919 Bildung einer Exilregierung in Shanghai); ab 1934 agieren kommunistische Partisanengruppen im Norden des Landes unter Führung von Kim Il Sung (↑S.442/ 9.9.1948). S 52/K 45

Masakata Graf Terauchi

Portugals König flieht
5.10. Lissabon. Nach dem von Marine und Armee angeführten Aufstand (4.10.) gegen die Monarchie wird in Portugal die Republik ausgerufen. Der junge König Emanuel II. (↑S.71/1.2.1908) flieht nach Gibraltar, die

Wichtige Regierungswechsel 1910		K 88
Land	Amtsinhaber	Bedeutung
Griechenland	Stefanos Dragumis (M seit 1910) Eleftherios Wenisselos (M bis 1915)	Wenisselos, Führer der liberalen Partei, legt durch Reformen Grundstein des modernen griechischen Staatswesens
Großbritannien	Edward VII. (König seit 1901) George V. (König bis 1936)	Tod Edwards VII. (6.5.); der König nahm großen Einfluß auf Politik; Beendigung des Burenkriegs gilt als sein Werk
Portugal	Emanuel II. (König seit 1908) Joaquim T. Fernandes Braga (P bis 1911)	Flucht des Königs nach Proklamation der Republik (5.10.); Verkündung der bürgerlich-demokratischen Freiheiten (S.85)

M = Ministerpräsident bzw. Premierminister; P = Präsident

1910

Chronik Portugals — K 89

Jahr	Ereignis
1668	Spanien erkennt nach langjährigem Krieg Portugals Unabhängigkeit endgültig an (Friede von Lissabon)
1807	Napoleons Truppen besetzen Portugal; der Königshof flieht nach Brasilien und kehrt erst 1820 zurück
1822	König Johann VI. erkennt neue Verfassung an (Portugal wird konstitutionelle Monarchie); sein Nachfolger Peter I. räumt dem König 1828 wieder weitergehende Rechte ein
1908	König Karl I. und sein Thronfolger kommen bei einem Attentat radikaldemokratischer Oppositioneller ums Leben (S.71)
1910	Entthronung von Emanuel II. und Ausrufung der Republik: Bis 1926 hat das Land 44 parlamentarische Regierungen (S.85)
1916	Eintritt in den 1. Weltkrieg an der Seite der Alliierten
1926	General Gomes da Costa löst nach einem Militäraufstand das Parlament auf; die Verfassung wird aufgehoben
1928	General de Fragoso Carmona wird Staatspräsident (bis 1951) und ernennt General de Oliveira Salazar zum Finanzminister
1932	Salazar wird Ministerpräsident von Portugal (bis 1968, S.280)
1933	„Neuer Staat" (Estado Novo) per Verfassung verankert; unter Salazar wird Portugal zum Einparteienstaat (Nationale Union, S.280)
1939	Im 2. Weltkrieg bleibt das Land neutral
1949	Portugal wird Gründungsmitglied der NATO (S.451)
1961	Die Kolonie Goa an der Westküste Vorderindiens geht an Indien
1968	Aufgrund einer schweren Erkrankung übergibt Salazar die Regierungsgeschäfte an José Caetano, zuvor Leiter des Präsidialministeriums
1974	Militärputsch unter General de Spinola („Nelkenrevolution") beendet die Diktatur; Spinola tritt am 30.9. zurück (S.683)
1975	1975 Sozialisten gewinnen bei Wahlen zur verfassunggebenden Versammlung die Mehrheit (neue Verfassung am 2.4.1976)
	Die portugiesischen Kolonien Angola, Mosambik, São Tomé und Príncipe sowie Kap Verde werden unabhängig
1982	Revision der Verfassung: Revolutionsrat (Kontrollorgan) wird abgeschafft; 1989 Streichung sozialistischer Passagen
1986	Portugal wird Mitglied der Europäischen Gemeinschaft; sozialdemokratische Regierung unter Aníbal Cavaco Silva: Modernisierung des Landes mit starker EU-Unterstützung, Reprivatisierung der Wirtschaft
1995	Sieg der Sozialisten bei der Parlamentswahl: Minderheitsregierung

Joaquim Teófilo Braga

seit 1640 regierende Dynastie Braganca wird für immer verbannt. Der Literaturprofessor Joaquim Teófilo Fernandes Braga übernimmt das Amt des Ministerpräsidenten (ab 15.10. Staatspräsident).
Mißwirtschaft, Korruption und die beharrliche Weigerung des Königs, Reformen zuzulassen, hatten zu dem Aufstand geführt, der stark antiklerikale Züge trägt (1911 Trennung von Kirche und Staat). Der Adel und die erste Kammer werden abgeschafft.
Die Republik erlangt aufgrund sozialer Konflikte und zerrütteter Staatsfinanzen keine Stabilität. 1926 errichtet General Gomes da Costa ein autoritäres Regime, das 48 Jahre bis zur sog. Nelkenrevolution bestehen bleibt (↑S.683/25.4.1974). S 86/K 89

Wirtschaft

Erste staatliche Arbeitsämter

1.2. Großbritannien. Unter der liberalen Regierung von Herbert Henry Asquith kommt es zu einer gesetzlichen Regelung der Arbeitsvermittlung, auf deren Grundlage die ersten staatlichen Arbeitsämter ihre Tätigkeit aufnehmen.
Großbritannien wird in sieben sog. Arbeitsgaue aufgeteilt. Das Land übernimmt damit eine Vorreiterrolle auf sozialpolitischem Gebiet. Im Deutschen Reich sind Arbeitsuchende noch auf kommerzielle Vermittler angewiesen, die hohe Gebühren verlangen. S 756/K 740

200 000 Bauarbeiter ausgesperrt

15.4. Deutsches Reich. Sieben Wochen währt der Arbeitskampf der Bauarbeiter, bis am 6.6. eine Einigung erzielt wird. Es handelt sich um eine der größten tarifpolitischen Auseinandersetzungen des Kaiserreichs. Die Arbeitgeber, die massiv vom Mittel der Aussperrung Gebrauch machen, setzen sich für überregionale Tarifabschlüsse ein. Ihr eigentliches Ziel liegt jedoch in der Leerung der Streikkassen angesichts einer für das kommende Jahr zu erwartenden Hochkonjunktur im Baugewerbe. S 457/K 459

Wissenschaft

Wissen um Gene wächst

New York. Der US-amerikanische Zoologieprofessor Thomas Hunt Morgan entdeckt an der Fruchtfliege (Drosophila melanogaster), daß sich tierische Erbanlagen spontan verändern können. Damit bestätigt er die Mutationstheorie, die 1901 (↑S.21) der niederländische Botaniker Hugo de Vries für die Pflanzenwelt ausgearbeitet hatte.
1911 stellt Morgan fest, daß die Zellen der Fruchtfliege vier (Riesen-)Chromosomenpaare enthalten, die auf ihrer gesamten Länge eine Reihe von etwa 600 dünnen, flachen Querstreifen tragen. Diese Streifen beinhalten Faktoren, die Erbmerkmale wie z. B. die Augenfarbe bestimmen.
Die Existenz solcher Gene als Erb-„Einheiten" hatte bereits 1865 der Mönch Johann Gregor Mendel vermutet. Morgans Beitrag zur Vererbungsforschung ist ihre Identifizierung und Ortung als Abschnitte der Chromosomen. Dazu entwickelt er 1919 die erste „Chromosomenkarte" und legt damit das Fundament der modernen Molekularbiologie. 1944 (↑S.402) entdecken die Biologen,

Kometen: Aufbau

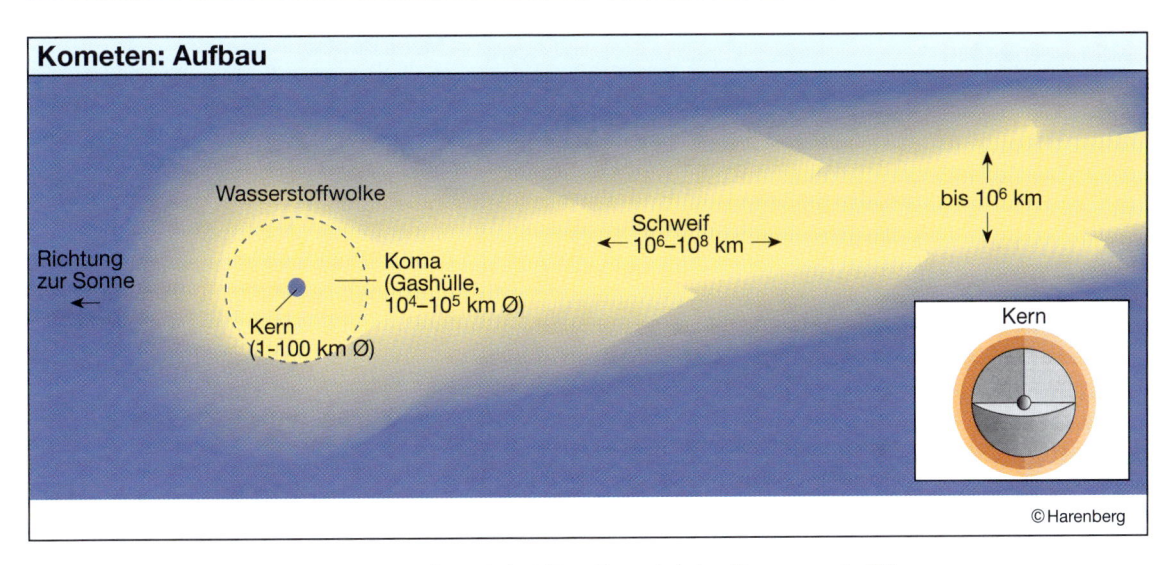

Richtung zur Sonne ←
Wasserstoffwolke
Kern (1-100 km Ø)
Koma (Gashülle, 10^4–10^5 km Ø)
Schweif ← 10^6–10^8 km →
bis 10^6 km
Kern

© Harenberg

aus welchen chemischen Substanzen die Gene bestehen, und beginnen den genetischen Kode zu entschlüsseln.
L. Hafner/P. Hoff: Genetik, 1984.

Atomkern entdeckt

20.12. Manchester. Dem neuseeländischen Physikprofessor Ernest Rutherford gelingt eine der größten wissenschaftlichen Entdeckungen der Neuzeit: der experimentelle Nachweis des Atomkerns.
Nachdem er bereits 1903 (↑S.37) den radioaktiven Atomzerfall erklären konnte, beobachtet Rutherford, daß Alphateilchen, d. h. zweifach positiv geladene Heliumatome, beim Durchfliegen dünner Metallfolien aus ihrer ursprünglichen Bahn abgelenkt werden. Er denkt sich Masse und Ladung des die Streuung hervorrufenden Atoms in einem Punkt („Kern") vereinigt und vermutet, daß die ablenkende Kraft elektrostatischer Natur ist. Daraus leitet Rutherford 1911 (↑S.94) das erste moderne Atommodell ab. 1919 gelingt dem Nobelpreisträger für Chemie von 1908 eine künstlich herbeigeführte Reaktion von Atomkernen. S 52/K 46
C. Keller: Die Geschichte der Radioaktivität, 1982.

Gesellschaft

Komet beunruhigt Europa GRA

11.5. Der Halleysche Komet nähert sich seit 1835 erstmals wieder der Erde; teils panische, teils darüber belustigte Reaktionen sind die Folge. In Wien haben Wahrsager den Weltuntergang vorhergesagt.

Seit 239 v.Chr. wird der Komet regelmäßig beobachtet, seine Umlaufzeit um die Sonne beträgt zwischen 75 und 79 Jahre. Benannt wurde er nach dem englischen Mathematiker und Astronom Edmond Halley, der im 18. Jh. die Identität der Kometen von 1531, 1607 und 1682 entdeckt hatte.
1986 erreicht erstmals eine Raumsonde den Halleysche Kometen. Das Treffen findet 150 Mio km von der Erde entfernt statt.

Nobelpreisträger 1910	K 90
Frieden: Internationales Ständiges Friedensbüro in Bern	
Das 1891 gegründete Büro organisierte internationale Friedenskongresse und führte die dort gefaßten Beschlüsse durch. Zudem koordinierte es die internationale Friedensarbeit und sorgte für Kontakte zwischen den auf nationaler Ebene operierenden Friedensgesellschaften.	
Literatur: Paul Heyse (D, 1830–1914)	
In seinen über 150 Novellen pflegte Heyse das klassizistische Schönheitsideal. Seine Falkentheorie beeinflußte maßgeblich den Aufbau der Novelle: Beschränkung auf ein zentrales Geschehen mit nur einem Grundmotiv, dramatische Hinführung zum Höhepunkt, in dem sich der rätselhafte Charakter des Helden aufklärt, versöhnlicher Ausklang.	
Chemie: Otto Wallach (D, 1847–1931)	
Wallach isolierte die Hauptbestandteile (Terpene) ätherischer Öle und analysierte deren chemische Struktur. Mit seinen Arbeiten schuf er die Grundlage für die künstliche Herstellung dieser meist wohlriechenden Stoffe und förderte damit die Entwicklung der Parfümindustrie.	
Medizin: Albrecht Kossel (D, 1853–1927)	
Bei der Erforschung der Eiweißstoffe entdeckte der Biochemiker die Nukleinsäuren. Als deren Bestandteile erkannte er Purine und Pyrimidine und isolierte die Aminosäuren. Mit seinen Erkenntnissen legte Kossel das Fundament für Genetik und Molekularbiologie.	
Physik: Johannes Diderik van der Waals (NL, 1837–1923)	
Waals' Arbeiten bedeuteten einen großen Fortschritt bei der Untersuchung des Druck- und Temperaturverhaltens von Gasen. 1873 entwickelte er die nach ihm benannte Zustandsgleichung der Gase, die in einer mathematischen Formel Druck, Volumen und Temperatur miteinander verknüpft.	

1910

Kulturszene 1910 — K 91

Theater

Karl Schönherr Glaube und Heimat UA 17.12., Wien	Naturalistische Tragödie über das Schicksal österreichischer Lutheraner zur Zeit der Gegenreformation; großer Bühnenerfolg.
Ludwig Thoma Erster Klasse UA 10.9., München	Der Bauernschwank bringt die von Thoma für den „Simplicissimus" erfundene Figur des Landtagsabgeordneten Filser auf die Bühne.

Oper

Engelbert Humperdinck Königskinder UA 29.12., New York	Sozialkritisch-symbolisches Drama im Märchengewand; Umarbeitung eines Melodrams, das 1897 in München Premiere hatte.
Giacomo Puccini Das Mädchen aus dem goldenen Westen; UA 10.12., New York	Folkloristisch instrumentierte Genreszenen zeichnen in dieser „Wildwestoper" ein farbiges Bild vom Leben in einem Goldgräbercamp.

Operette

Jean Gilbert Die keusche Susanne UA 26.2., Magdeburg	Schmissige Melodien wie der Marsch „Wenn der Vater mit dem Sohne auf den Bummel geht" sind Garant des Erfolgs dieser Berliner Operette.
Franz Lehár Zigeunerliebe UA 8.1., Wien	Das zu Beginn des 19. Jh. spielende Werk wird geprägt durch Zigeunermusik, Csárdás-Rhythmen, Zymbalklänge und Naturlautmalerei.

Konzert/Ballett

Gustav Mahler 8. Sinfonie UA 12.9., München	„Sinfonie der Tausend": größte Besetzung (über 1000 Mitwirkende) und größter Triumph in der Laufbahn des Komponisten.
Arnold Schönberg George-Lieder op. 15 UA 14.1., Wien	Die formal strenge, konservative Lyrik aus Georges „Buch der hängenden Gärten" bildet das Gegengewicht zur freien Komposition.
Igor Strawinsky Der Feuervogel UA 25.6., Paris	Die impressionistisch gefärbte Suite für die Ballets Russes in Paris führt zum ersten großen Erfolg des Komponisten.
Ralph Vaughan Williams Tallis-Fantasie UA 6.9., Gloucester	Ein dreifach geteiltes Streichorchester wird in verschiedenen Kombinationen eingesetzt; machtvolle Steigerung und Verklingen in Ruhe.

Film

Urban Gad Der Abgrund Dänemark	Geschichte einer Erzieherin, die aus ihrer vertrauten Welt ausbricht und zum Zirkus geht; Gads erste Zusammenarbeit mit Asta Nielsen.
Oskar Meßter Das Liebesglück einer Blinden; Deutschland	Stardebüt der erst 20jährigen Henny Porten in der Titelrolle der erblindeten jungen Frau, die sich in ihren Augenarzt verliebt.

Buch

Martin Andersen-Nexø Pelle der Eroberer Kopenhagen	Abschluß eines vierbändigen Entwicklungsromans (seit 1906) über einen schwedischen Sozialisten im Kopenhagener Arbeiterkampf.
Gerhart Hauptmann Der Narr in Christo Emanuel Quint; Berlin	In seinem ersten Roman schildert Hauptmann in Luther-Deutsch die Leidensgeschichte eines verkannten und verwirrten Gottsuchers.
Christian Morgenstern Palmström Berlin	Gedichtsammlung über einen gutmütigen, phantasiereichen Idealisten (Palmström), seinen Freund (Korf) und ihre Welt.
Rainer Maria Rilke Die Aufzeichnungen des M. L. Brigge; Leipzig	Das umfangreichste Prosawerk des Dichters gilt aufgrund seiner Gestaltungsvielfalt als Vorläufer des absolut modernen Romans.
Rabindranath Tagore Das Liedopfer Kalkutta	Die 157 Lieder erlangen Weltruhm; 1913 erhält der Dichter dafür als erster außereuropäischer Autor den Literaturnobelpreis.

Mehr Deutsche gezählt

1.12. Deutsches Reich. Eine Volkszählung ergibt, daß die Einwohnerzahl im gesamten Reichsgebiet auf knapp 65 Mio angestiegen ist. Dies entspricht einem Bevölkerungszuwachs von 59% innerhalb von 40 Jahren. Die Bevölkerungsdichte liegt bei 120 Menschen pro km², Zur Zeit der Reichsgründung (1871) lag sie noch bei 76 Einwohnern.

Die politisch und wirtschaftlich dominante Rolle Preußens im Reich läßt sich auch durch seine Einwohnerzahl von über 40 Mio belegen. Preußen allein übertrifft damit die Bevölkerungszahl des französischen Nachbarn. Sie liegt 1910 bei etwa 38 Mio.

Kultur

Expressionismus in der Literatur

In der Literatur wird das expressionistische Jahrzehnt eingeleitet (↑S.54/7.6.1905). Die krisenhaften politischen, sozialen und ökonomischen Umwälzungen zu Beginn des 20. Jh. führen bei den Künstlern zu einer Protesthaltung gegen die bürgerliche Gesellschaft. Sie lehnen die literarische Tradition des Naturalismus, Impressionismus, Jugendstils und der Neuromantik radikal ab. Proklamiert wird eine Erneuerung aus der Macht des reinen Wortes.

Der Expressionismus entwickelt eine charakteristische Formensprache (u. a. entfesselte Metaphorik, Satzzertrümmerung). Zu seinen wichtigsten Vertretern zählen Max Brod, Georg Heym und Franz Kafka. Als Foren der neuen Literaturbewegung erscheinen 1910 die beiden Zeitschriften „Der Sturm" (Hg. Herwarth Walden) und „Der Brenner" (Hg. Ludwig von Ficker).

Mit der Konsolidierung der Weimarer Republik Mitte der 20er Jahre verstummt der Expressionismus. S 169/K 183

Expressionismus, der Kampf um eine literarische Bewegung, NA 1987.

Geburt der abstrakten Malerei

München. Der Russe Wassily Kandinsky (↑S.83/1.12.1909) leitet mit seinem ersten abstrakten Gemälde die kontinuierliche Entwicklung der abstrakten Malerei ein (Abstrakter Expressionismus, ↑S.436/1947). Im selben Jahr formuliert er in seinem Buch „Über das Geistige in der Kunst" eine neue Konzeption der Malerei.

Die bereits von Jugendstilkünstlern wie M. K. Ciurlionis, A. Endell und H. Obrist vorbereitete neue Kunstrichtung will nicht die

äußere Wirklichkeit, sondern die subjektiv-sinnliche Wahrnehmung unmittelbar darstellen (↑S.97/ 18.12.1911).
Parallel zu der von Kandinsky begründeten malerischen Richtung entwickelt sich der vom Kubismus ausgehende Konstruktivismus (später Konkrete Kunst). In den 40er Jahren entwirft Paul Klee eine abstrakte Malerei, die eine eigene Bildsprache ausformt.

F. Whitford: Abstrakte Malerei, 1989.

Sport

Johnson gewinnt „Rassenkampf"
4.7. Reno. Der schwarze Boxer Jack Johnson verteidigt seinen Titel als Schwergewichts-Weltmeister gegen den reaktivierten Ex-Champion James J. Jeffries. Das Duell zwischen Johnson und dem weißen Herausforderer, der 1899–1904 die Boxkrone innehatte, wird am amerikanischen Unabhängigkeitstag zum „Kampf des Jahrhunderts" hochstilisiert. Jeffries' Niederlage empfinden weiße Rassisten als Demütigung und machen Jagd auf die schwarze Bevölkerung. Jack Johnson war 1908 in Sydney der erste Schwarze, der Box-Weltmeister aller Klassen wurde. Der Sieg des Texaners über Tommy Burns (Kanada) war ebenfalls Anlaß zu blutigen Auseinandersetzungen in den Südstaaten der USA.
Jack Johnson verteidigt seinen Weltmeistertitel bis 1914 noch fünfmal, muß jedoch 1912 nach Schwierigkeiten mit den US-Behörden seine Heimat verlassen. 1915 verliert er den Titel unter dubiosen Umständen an den Weißen Jess Willard.

Porsche Sieger beim Autorennen
9.6. Homburg v.d.H. Der 35jährige Österreicher Ferdinand Porsche wird zum Sieger der Prinz-Heinrich-Fahrt, des größten deutschen Etappenrennens für Motorwagen, erklärt. Sie wurde 1908 zum ersten Mal ausgetragen und ist nach dem Bruder des deutschen Kaisers Wilhelm II. benannt. Prinz Heinrich stiftete auch den Wanderpokal für den Sieger.
Porsche ist Konstrukteur von Autos und Kraftfahrzeugteilen. Nach Stationen bei Daimler-Benz und Steyr gründet er 1931 sein eigenes Unternehmen in Stuttgart. Er entwickelt ab 1935 den späteren Volkswagen (↑S.314) und nach dem Zweiten Weltkrieg zusammen mit seinem Sohn Sportwagen.

Abstrakte Kunst: „Das erste abstrakte Aquarell" von Wassily Kandinski (1910) sowie seine „Improvisationen", „Kompositionen" und „Abstraktionen" leiten die Entwicklung der abstrakten Malerei ein.

Sport 1910		K 92
Fußball		
Deutsche Meisterschaft	Karlsruher FV	
Englische Meisterschaft	Aston Villa	
Italienische Meisterschaft	Inter Mailand	
Spanische Meisterschaft	AC Bilbao	
Tennis		
Wimbledon (seit 1877; 34. Austragung)	Herren: Anthony Wilding (NZL) Damen: Dorothea Lambert-Chambers (GBR)	
US Open (seit 1881; 30. Austragung)	Herren: William Larned (USA) Damen: Hazel Hotchkiss (USA)	
Australian Open	Herren: Rodney W. Heath (AUS)	
Davis-Cup	Nicht ausgetragen	
Radsport		
Tour de France (4700 km)	Octave Lapize (FRA)	
Giro d'Italia (2987 km)	Carlo Garletti (ITA)	
Boxen		
Schwergewichts-Weltmeisterschaft	Jack Johnson (USA) – K. o. über James J. Jeffries (USA), 4.6.	
Herausragende Weltrekorde		
Disziplin	Athlet (Land)	Leistung
Leichtathletik, Männer		
Stabhochsprung	Leland Scott (USA)	3,93 m
Schwimmen, Männer		
100 m Freistil	Charles Daniels (USA)	1:02,8 min
100 m Brust	Walter Bathe (GER)	1:17,8 min
200 m Rücken	Maurice Weckesser (BEL)	2:56,4 min

1911

Politik

Albert I. Honorius, Fürst von Monaco

Fürstentümer in Europa — K 93

Land (Fläche)	Staatsform, Herrscher
Andorra (466 km²)	Parlamentar. Fürstentum Bischof von Urgel (Spanien) u. französischer Staatspräsident
Liechtenstein (160 km²)	Parlamentarische Monarchie Fürst Hans-Adam II. (seit 1984)
Monaco (1,95 km²)	Konstitutionelle Monarchie Fürst Rainier III. (seit 1949)

Absolutismus am Ende
8.1. Monaco. Die erste Verfassung des Riviera-Fürstentums Monaco tritt in Kraft. Sie war von den Monegassen im Vorjahr durch Demonstrationen erzwungen worden. Mit dem Verzicht Alberts I. auf unumschränkte Herrschaft endet in Europa die Geschichte der absoluten Monarchien. Seit 1454 regiert das Geschlecht der Grimaldis das Fürstentum, das 1793–1815 von Frankreich annektiert war. 1861 wurde Monaco unabhängig.
Ein aus 21 Mitgliedern bestehender Nationalrat wird die Geschicke der konstitutionellen Erbmonarchie mitbestimmen. Albert I. erhält ein vom Parlament festgesetztes Jahreseinkommen. S 90/K 93

Bürgerkrieg in Mexiko
25.5. Mexiko-Stadt. Ein blutiger Bürgerkrieg, der im Vorjahr begonnen hat, zwingt den Diktator Porfirio Diaz zum Rücktritt.
Diaz hatte während seiner 30jährigen Herrschaft (1877–1880, 1884–1911) den Großgrundbesitz begünstigt, indem er bäuerliches Gemeineigentum zu Staatsland erklärte und anschließend verkaufte. Dies führte zu einer Verarmung großer Teile der Landbevölkerung. Wegen seiner Unterstützung amerikanischer und britischer Kapitalinteressen fiel Mexiko trotz wirtschaftlichen Aufschwungs in einen halbkolonialen Zustand zurück (1821 hatte Mexiko von Spanien die Unabhängigkeit erstritten).
Nach dem Sturz des Diktators versinkt Mexiko in Chaos und Revolution. Im Norden des Landes kämpfte „Pancho" Villa, im Süden Emiliano Zapata weiter für die Bodenreform unter dem Ruf „Land und Freiheit". Erst 1917 einigen sich die revolutionären Gruppen auf eine neue Verfassung. S 91/K 95

„Panthersprung" nach Agadir
1.7. Agadir. Die Entsendung des deutschen Kanonenboots „Panther" nach Agadir löst die zweite Marokko-Krise aus (↑S.56/16.1.

Wichtige Regierungswechsel 1911 — K 94

Land	Amtsinhaber	Bedeutung
Abessinien	Menilek II. (Kaiser seit 1889) Josua (Kaiser bis 1916)	Ende des Machtkampfs, der nach Rückzug des Kaisers (1909) entbrannt war; seine Frau muß auf Thronanspruch verzichten
Belgien	Frans Schollaert (M seit 1908) Charles Graf Broqueville (M bis 1918)	Rücktritt nach Protesten gegen Schulgesetz (8.6.); Einführung des Pflicht-Schulbesuchs bis 14 Jahre damit gescheitert
Frankreich	Aristide Briand (M seit 1909) Ernest Monis (M 4.3.–22.6.) Joseph Caillaux (M bis 1912)	Rücktritt Briands wegen Kritik an seiner vermittelnden Haltung gegenüber der Kirche (24.2.); Rücktritt Monis' wegen Uneinigkeit über militärisches Oberkommando im Kriegsfall
Honduras	Miguel E. Dávila (P seit 1907) Francisco Beltrán (P bis 1912)	Bürgerkrieg endet mit Sieg des liberalen Manuel Bonilla, der gestürzt worden war und 1912 wieder Präsident wird
Mexiko	Porfirio Díaz (P seit 1884) Francisco Indalecio Madero (P bis 1913)[1]	Sturz von Diktator Díaz (25.5.); Revolution der Bauern gegen die Großgrundbesitzer wird jedoch fortgesetzt
Nicaragua	Juan José Estrada (P seit 1.1.1911) Adolfo Díaz (P bis 1916)	Der von den USA unterstützte Díaz unterzeichnet Konvention, die Nicaragua faktisch zum US-Protektorat macht
Österreich	Graf von Biernerth-Schmerling (M seit 1908) Freih. Gautsch von Frankenthurn (M 28.6.–28.10.) Karl Graf von Stürgkh (M bis 1916)	Beide Regierungen scheitern am Nationalitätenkonflikt, insbesondere an der Vermittlung zwischen Deutschen und Tschechen; Stürgkh regiert autoritär mittels Notverordnungen
Portugal	João Pinheiro Chagas (P seit 1910) Augusto de Vasconcellos (P bis 1912)	Erster freigewählter Präsident tritt nach zwei Monaten zurück (2.9.); Grund: gescheiterte royalistische Konterrevolution
Rußland	Pjotr A. Stolypin (M seit 1906) Wladimir N. Kokowzew (M bis 1914)	Stolypin stirbt an Folgen eines Attentats (14.9.); bisheriger Finanzminister Kokowzew vertritt gemäßigtere Politik

M = Ministerpräsident bzw. Premierminister; P = Präsident
[1] Übergangspräsident 26.5.–1.11.: Francisco León de la Barra

1906). Das Deutsche Reich wendet sich mit dieser Aktion gegen die französische Besetzung von Fes.
Im Marokko-Kongo-Abkommen vom 4.11.1911 wird der Konflikt beigelegt. Marokko wird französisches Protektorat. Deutschen Kompensationsforderungen wird mit einer Gebietserweiterung der deutschen Kolonie Kamerun entsprochen.
Folge der Krise ist das weitere Zusammenrücken der Entente-Partner Frankreich und Großbritannien (↑S.44/8.4.1904). Es war sogar zur Verständigung über einen gemeinsamen Aufmarschplan für den Fall eines Krieges gegen das zunehmend isolierte Deutsche Reich gekommen.
Frankreich und Spanien beschließen die Aufteilung Marokkos. Tanger wird internationales Gebiet, Spanien erhält die Verfügungsgewalt über das Rifgebirge und wird dort in Auseinandersetzungen mit nach Autonomie strebenden Berberstämmen (sog. Rifkabylen) verwickelt (↑S.232/18.4.1926). S 92/K 96

Stolypin ermordet

14.9. Kiew. Der russische Ministerpräsident Pjotr A. Stolypin wird bei einem Attentat schwer verletzt und stirbt vier Tage später. Der Mörder, ein Sozialrevolutionär namens Bagrow, wird am 24.9. hingerichtet. Zum Nachfolger ernennt der weitgehend autokratisch regierende Zar Nikolaus II. Finanzminister Wladimir N. Kokowzew.
Stolypin, seit 1905 Innenminister und seit 1906 zugleich Ministerpräsident, versuchte durch Polizeiterror die Revolutionswirren von 1905 (↑S.50/22.1.) zu überwinden. Ab 1907 begann er die Opposition durch Umsiedlungen nach Mittelasien und Sibirien zu zerschlagen. Die Duma (Parlament) machte er zu einem willfährigen Instrument des zaristischen Regimes (↑S.57/10.5.1906).
Die Oppositionsgruppe der Sozialrevolutionäre strebt, im Gegensatz zu den marxistischen Bolschewiken, die Zerschlagung des Systems durch Terrorakte an. S 58/K 54

Massaker in Tripolis

5.11. Rom. Italiens König Viktor Emanuel III. unterzeichnet das Dekret über die Annexion von Tripolis und der Cyrenaika. Das italienische Vorgehen wird von der Regierung des Osmanischen Reichs für völkerrechtswidrig erklärt.
Italienische Truppen hatten nach einem Ultimatum an die Pforte am 5.10.1911 die Stadt Tripolis besetzt und Hunderte von Arabern auf zum Teil bestialische Weise ermordet.

Mexiko: Francisco „Pancho" Villa mit seinen Revolutionstruppen, die sich aus dem Agrarproletariat des viehzüchtenden Nordens rekrutieren

Revolution in Mexiko	K 95
Datum	Ereignis
27. 6.1910	Diktator Porfirio Díaz wird als Präsident von Mexiko wiedergewählt; es kommt zur Revolution im ganzen Land
7. 3.1911	An der Grenze zu Mexiko marschieren 30 000 US-Soldaten auf, die eine Rebellenrepublik verhindern sollen
25. 5.1911	Nach blutigen Straßenschlachten tritt Díaz zurück; neuer Präsident wird Revolutionsführer Francisco Madero (S.90)
6. 3.1912	Landarbeiter unter Führung von Emiliano Zapata besiegen Regierungstruppen und fordern Bodenreform
9. 2.1913	General Victoriano Huerta gelangt durch einen Putsch an die Macht; die Aufständischen erkennen ihn wegen seiner Abhängigkeit von den Vereinigten Staaten nicht an
21. 3.1913	General Venustiano Carranza wird Gegenpräsident; hinter ihm stehen aufständische Gruppen um Zapata und Villa
21. 4.1914	US-Truppen besetzen den mexikanischen Hafen Veracuz; am 23.11. räumen die Vereinigten Staaten die Hafenstadt
17. 7.1914	Präsident Huerta tritt zurück; sein Nachfolger Carbajal verliert am 12.8. die Macht an den Rebellen Carranza
4.12.1914	Rebellenführer Francesco Villa zieht in Mexico City ein; Villa und Zapata haben sich gegen Carranza verbündet
1. 8.1915	Carranzas Truppen erobern Mexico City zurück; Konstitutionalist Carranza wird als Staatsoberhaupt anerkannt
28. 6.1916	Entsendung von US-Truppen nach Mexiko; Jagd nach Pancho Villa führt an den Rand einer militärischen Konfrontation
5. 2.1917	Mexiko erhält neue Verfassung: Verstaatlichung aller Bodenschätze, Enteignung der Bauern rückgängig gemacht
10. 4.1919	Regierungstruppen ermorden im Süden des Landes den Revolutionär Emiliano Zapata
21. 5.1920	Präsident Carranza wird von Anhängern seines Widersachers Obregón ermordet; Obregón wird neuer Präsident
28. 7.1920	Ende der mexikanischen Revolution: Mit Pancho Villa zieht sich der letzte bedeutende Rebellenführer zurück

1911

Stationen der 2. Marokko-Krise		K 96
Datum	Ereignis	
3.12.1910	Französische Kriegsschiffe laufen in Agadir ein; Deutsches Reich sieht darin Verletzung der Algeciras-Akte	
21. 5.1911	Französische Truppen rücken zur Unterstützung des marokkanischen Sultans im Kampf gegen Berberstämme in Fes ein	
8. 6.1911	Spanische Kriegsschiffe landen in Nordwest-Marokko; Landstreitkräfte dringen ins Landesinnere vor	
21. 6.1911	Deutsches Reich fordert Ausgleich für Frankreichs Vorgehen in Marokko (wegen Verletzung der Algeciras-Akte)	
1. 7.1911	Deutsches Kanonenboot läuft in Hafen von Agadir ein („Panthersprung"): Beginn der 2. Marokko-Krise (S.90)	
25. 7.1911	Großbritannien verstärkt seine Atlantikflotte wegen der Spannungen in Marokko	
4. 9.1911	Marokko-Krise löst Börsenpanik in Deutschland aus; deutsch-französische Verhandlungen wieder aufgenommen	
4.11.1911	Deutsch-französischer Vertrag legt Konflikt bei: Deutschland verzichtet auf Einfluß in Marokko und erhält Teile des Kongo	
1. 4.1911	Marokko wird französisches Protektorat; es folgen Aufstände der Berberstämme gegen die französischen Besatzer	
27.11.1911	Frankreich und Spanien unterzeichnen Vertrag über die Aufteilung Marokkos: Spanien erhält die Rifregion	

Stationen der Chinesischen Revolution		K 97
1911		
20. 1.	Kaiserliche Regierung untersagt das Einreichen von Petitionen zum Erlaß einer Verfassung	
10.10.	Garnisonsaufstand in der Großstadt Wuhan löst Revolution aus; Li Yuan-hung wird Präsident der Revolutionsregierung	
1.11.	Regierung ernennt den als Reformer bekannten General Yuan Shi-kai zum Ministerpräsidenten des kaiserlichen Chinas	
26.11.	Chinas Regent, Prinz Tschun, leistet im Namen des Kaisers Pu Yi den Eid auf die chinesische Verfassung	
3.12.	Nanking, „südliche" Hauptstadt, von Rebellen erobert	
6.12.	Kaiserliche Regierung erklärt sich damit einverstanden, daß der Kaiser künftig nur noch repräsentative Aufgaben wahrnimmt	
29.12.	Provisorisches Revolutionsparlament wählt Sun Yat-sen zum Präsidenten der südchinesischen Republik	
1912		
12. 2.	Ende des Kaiserreichs: Kaiser Pu Yi dankt ab (1932 von Japan als Regent, 1934 als Kaiser von Mandschukuo eingesetzt, von 1945 bis 1959 in sowjetischer bzw. chinesischer Gefangenschaft)	
15. 2.	Nach dem Rücktritt von Sun Yat-sen wählt die Nationalversammlung Yuan Shi-kai zum Präsidenten der provisorischen Regierung für die geeinte Republik China	
12. 8.	Sun Yat-sen gründet die Nationale Volkspartei (Kuomintang); Ziel: Ausbau der chinesischen Republik (1924: Drei Grundlehren vom Volk: Nationalismus, Demokratie, Wohlfahrt des Volkes)	
1913		
8. 4.	Beim ersten Zusammentreffen des neugewählten chinesischen Parlaments verfügen die Kuomintang über die Mehrheit	
22. 7.	Yuan Shi-kai strebt die Alleinherrschaft an und verhängt das Ausnahmerecht; Sun Yat-sen flieht nach Japan (1917/18, 1921/22 und ab 1923 an der Spitze einer Gegenregierung)	
6.10.	Yuan Shi-kai wird durch Bestechung mit Hilfe des Militärs zum chinesischen Präsidenten mit diktatorischen Vollmachten gewählt (1915 erfolglose Proklamation zum Kaiser)	

Tripolis wird zur Hauptstadt der italienischen Kolonie Libyen. Erst 1951 wird das nordafrikanische Land unter König Idris I. unabhängig († S.631/1.9.1969).

Revolution im Reich der Mitte

29.12. Nanking. Die provisorische Nationalversammlung der Revolutionäre wählt den Arzt Sun Yat-sen, Führer des 1905 gegründeten Chinesischen Revolutionsbundes (Vorläufer der Kuomintang), zum Präsidenten der Republik China.

Am 6.12.1911 war der kaiserliche Regent Prinz Tschun zurückgetreten. Der 1.1.1912 wird vom Revolutionsparlament in Nanking zur Geburtsstunde der Republik erklärt.

Bereits einen Monat später tritt Sun Yat-sen zurück. Unter seinem Nachfolger, General Yuan Shi-kai, etabliert sich eine Militärdiktatur, 1913 muß Sun Yat-sen nach Japan fliehen († S.176/1.7.1921).

China: Das Abschneiden der Zöpfe symbolisiert den revolutionären Wandel und das Ende der Traditionen des konfuzianischen Staates.

Wirtschaft

„Aus" für Standard Oil

15.5. New York. Die Standard Oil Company of New Jersey, eine Holdinggesellschaft John D. Rockefellers, die zwei Drittel der US-amerikanischen Raffineriekapazität beherrscht, wird durch ein Urteil des Obersten Bundesgerichts aufgelöst. Fortan besteht der

Rockefeller-Konzern aus einer Vielzahl rechtlich selbständiger Firmen.
1869 hatte Rockefeller die Standard Oil Company of Ohio gegründet, das erste Industrieunternehmen mit einer horizontal und vertikal gegliederten Trust-Struktur. Ziel Rockefellers war es, die risikoreiche Ölförderung anderen zu überlassen, selbst aber eine beherrschende Stellung im Transportwesen und der Raffinerie aufzubauen. Bereits 1892 war der Trust zur formellen Auflösung gezwungen worden.
Das Urteil ist Ergebnis der seit der Jahrhundertwende immer lauter werdenden Kritik an den Begleiterscheinungen des ungebremsten Kapitalismus, die eine erste Reformperiode in den USA einleitete. Ihr Kernstück ist die Anti-Trust-Gesetzgebung, der nur geringer Erfolg beschieden ist. Denn monopolartige Firmenkonstruktionen können nur der Rechtsform nach verboten werden, de facto bleiben sie bestehen. Ab 1972 gehört die Standard Oil zur Exxon Corp.

Erste Berliner Automobilschau
22.10. Berlin. Die erste Berliner Automobilausstellung geht zu Ende. Begleitet war sie von großem Enthusiasmus und regem öffentlichem Interesse, grundlegende Neuerungen im Automobilbau gab es nicht.
Am 12.10. war die Ausstellung vom Schirmherr der deutschen Automobilisten, Prinz Heinrich von Preußen (↑S.89/9.6.1911), eröffnet worden; elf Tage zeigten Firmen aus dem In- und Ausland ihre Modelle. Mittelpunkt deutscher Hersteller waren die Mannheimer Benz-Werke mit ihrem 250-PS-Rennwagen, mit einer Höchstgeschwindigkeit von 228 km/h der schnellste Wagen der Welt.
Die Veranstaltung zeigt die wachsende Bedeutung der Automobile für den privaten und öffentlichen Verkehr.

Wissenschaft

Vitamine erforscht
London. Am Lister Institute entdeckt der polnische Biochemiker Casimir Funk, daß „Beriberi", eine in Asien verbreitete psychische Krankheit, auf Mangel an Thiamin (Vitamin B_1) beruht, hervorgerufen durch einseitige Ernährung mit geschältem Reis.
Das Thiamin besitzt den Charakter einer organischen Stickstoffverbindung (Amin), die sich, obwohl nur in geringer Menge erforderlich, für den Stoffwechsel als unentbehrlich erweist. Bereits 1906 stellte der britische

Nobelpreisträger 1911	K 98
Frieden: Tobias M. C. Asser (NL, 1838–1913), Alfred Hermann Fried (A, 1864–1921)	
Asser, Mitbegründer des Instituts für Völkerrecht in Gent (Belgien), initiierte mehrere internationale Konferenzen zur Angleichung des Privatrechts und war entscheidend an den Verhandlungen für die Neutralisierung des Sueskanals beteiligt. Der Buchhändler und Journalist Fried war vor Ausbruch des 1. Weltkriegs einer der führenden Pazifisten im europäischen Raum. 1892 gründete er die erste deutschsprachige Friedensgesellschaft.	
Literatur: Maurice Maeterlinck (B, 1862–1949)	
Der Lyriker und Dramatiker, Vertreter des Symbolismus, zeigte in seinen Stücken zumeist Menschen, die vom Schicksal überrascht werden und diesem hilflos ausgeliefert sind. Bekannteste Werke: „Prinzeß Maleine" (1889), „Die Blinden" (1891), „Der blaue Vogel" (1908).	
Chemie: Marie Curie (F, 1867–1934)	
Als einzige Frau erhielt Curie zweimal einen Nobelpreis (1903 Nobelpreis für Physik mit ihrem Mann Pierre). Curie entdeckte die Elemente Radium und Polonium und trug wesentlich dazu bei, daß die Lehre von der Radioaktivität zu einem eigenständigen Wissenschaftszweig wurde.	
Medizin: Allvar Gullstrand (S, 1862–1930)	
Der Augenarzt bestimmte die Gesetzmäßigkeiten der Lichtbrechung, nach denen die Gegenstände der Außenwelt auf die Netzhaut projiziert werden (Dioptrik). Zum Ausgleich des Sehverlusts nach Star-Operationen entwickelte Gullstrand spezielle (punktuell abbildende) Brillen.	
Physik: Wilhelm Wien (D, 1864–1928)	
Wien untersuchte die Zusammenhänge zwischen Wellenlänge, Temperatur und Strahlungsintensität der schwarzen Körper (Wiensches Verschiebungsgesetz). Auf dem 1896 entwickelten Wienschen Strahlungsgesetz baute Max Planck u.a. die bahnbrechende Quantentheorie auf.	

Biologe Frederick Hopkins die Hypothese auf, daß die Nahrung lebenswichtige Bestandteile enthält, die weder Eiweiße noch Kohlenhydrate sind. Für derartige Substanzen prägt Funk 1912 den Namen „Vitamine" (lat. vita „Leben" und Amine).
Außerdem stellt Funk die (später bestätigte) Theorie auf, daß Vitaminmangel die Ursache von Krankheiten wie Skorbut (Vitamin C), Rachitis (Vitamin D) und Pellagra (Nicotin- und Folsäure) ist. Die erste Totalsynthese eines Vitamins gelingt 1933 (↑S.296) dem Biochemiker Tadeusz Reichstein.
W. Günther: Das Buch der Vitamine, 1984.

Atome sichtbar gemacht
März/April. Cambridge. Dem britischen Physiker Charles Thomson Rees Wilson gelingen mit der von ihm konstruierten „Nebelkammer" die ersten fotografischen Aufnahmen des Weges ionisierender Teilchen. Damit schafft er ein in der Kernphysik unersetzliches Detektorinstrument, in welchem die Bahnen atomarer Teilchen direkt als feiner, weißer Strich (Kondensstreifen) sichtbar werden. Aus der Form der Flugbahn lassen sich die Energie des Teilchens sowie das Vorzeichen seiner Ladung bestimmen.

Die grundlegende Entdeckung machte Wilson 1895, als er im Zuge seiner Arbeiten zur künstlichen Wolkenbildung erkannte, daß übersättigter Wasserdampf in Gegenwart von Ionen kondensiert.

Später wird die Wilsonsche Nebelkammer durch andere Spurengeräte, vor allem durch die 1952 von dem US-amerikanischen Physikprofessor Donald Arthur Glaser erfundene Blasen- bzw. Glaser-Kammer, verdrängt.

Modernes Atommodell

7.5. Manchester. Der neuseeländische Physikprofessor Ernest Rutherford veröffentlicht seine bahnbrechende Theorie, daß nahezu die gesamte Masse des Atoms in einem winzigen „Kern" konzentriert ist, umgeben von einer negativ geladenen Elektronenhülle, die im elektrisch neutralen Atom die positive Kernladung exakt kompensiert.

Den Atomkern wies Rutherford bereits 1910 (↑S.87) im Zuge seiner Versuche über die Streuung von Alpha-Teilchen nach. Rutherfords Atmtheorie vereint 1913 (↑S.108) der dänische Physiker Niels Bohr mit den Quantenvorstellungen Max Plancks (↑S.14/ 14.12. 1900) zum berühmten „Planetenmodell der Atome". Damit wird das Atom erstmals einer mathematischen Behandlung zugänglich gemacht.

S 52/K 46

Ernest Rutherford

Synthese-Benzin erfunden

Juli. Hannover. Der deutsche Chemiker Friedrich Bergius findet erstmals eine Methode zur Synthese von Kohlenwasserstoffen aus Kohle, die sog. katalytische Hochdruck-Hydrierung (Kohleverflüssigung).

Damit legt Bergius, aufbauend auf den Erkenntnissen der Ammoniak-Hochdrucksynthese (↑S.74/1908), die Grundlagen zur chemischen Veredelung von Braun- und Steinkohle.

Nach Verbesserungen durch die Interessengemeinschaft (I. G.) Farben unter Leitung des Chemikers Matthias Pier erlangt das „Bergius-Pier-Verfahren" ab 1927 zur Produktion von Kraftstoffen Bedeutung.

Wettlauf zum Südpol KAR

15.12. Der Norweger Roald Amundsen und seine Begleiter Olav Bjaaland, Helmer Hansen, Sverre Hassel und Oscar Wisting erreichen als erste Menschen den Südpol. Sie waren am 28.10. mit 52 Schlittenhunden von der Walbucht aus gestartet, die Strecke betrug 1100 km.

Damit ist der dramatische Wettlauf zum südlichen Punkt der Erde entschieden. Amundsens britischer Rivale Robert Falcon Scott erreicht den Pol vier Wochen später, am 18.1.1912; auf dem Rückweg finden er und

Stationen der Polarforschung			K 99
Jahr	Forscher (Land)	Leistung	
Nordpol			
1827	Sir William Parry (GB)	Schlittenexpedition bis zum 82. Grad nördlicher Breite	
1831	James Clark Ross (GB)	Entdeckung des nördlichen Magnetpols	
1854	Robert McClure (GB)	Entdeckung des Zugangs zur Nordwestpassage	
1879	Adolf Nordenskjöld (S)	Erste Bezwingung der Nordostpassage	
1893	Fridtjof Nansen (N)	Erforschung des Nordpolarmeers	
1906	Roald Amundsen (N)	Erste Durchquerung der Nordwestpassage (Dauer: drei Jahre)	
1909	Robert E. Peary (USA)	Polarexpedition unter seiner Leitung erreicht den Nordpol (S.80)	
1909	Frederick A. Cook (USA)	Behauptung, schon 1908 (vor Peary) den Nordpol erreicht zu haben	
1926	Richard E. Byrd (USA)	Überfliegen des Nordpols; Zweifel an Byrds Angaben	
Südpol			
1838	Charles Wilkes (AUS)	Entdeckung der Antarktis; Bezeichnung als Kontinent	
1840	Jules d'Urville (F)	Expedition bis in die Nähe des südlichen Magnetpols	
1901	Robert F. Scott (GB)	Aufbruch zur ersten Südpolexpedition	
1909	Ernest Shackleton (GB)	Entdeckung des südlichen Magnetpols	
1911	Roald Amundsen (N)	Gewinner des „Wettlaufs" zum Südpol; Ankunft am 15.12. (S.94)	
1912	Robert F. Scott (GB)	Expedition trifft am 18.1. am Südpol ein; auf dem Rückweg kommen alle Mitglieder im Schneesturm ums Leben (S.95)	
1928	George H. Wilkins (USA)	Beginn der Antarktis-Erforschung mit dem Flugzeug	
1929	Richard E. Byrd (USA)	Überfliegen des Südpols; Einrichtung eines US-Stützpunkts	
1935	Lincoln Ellsworth (USA)	Erster Flug über die Antarktis; Festlegung als Kontinent	

1911

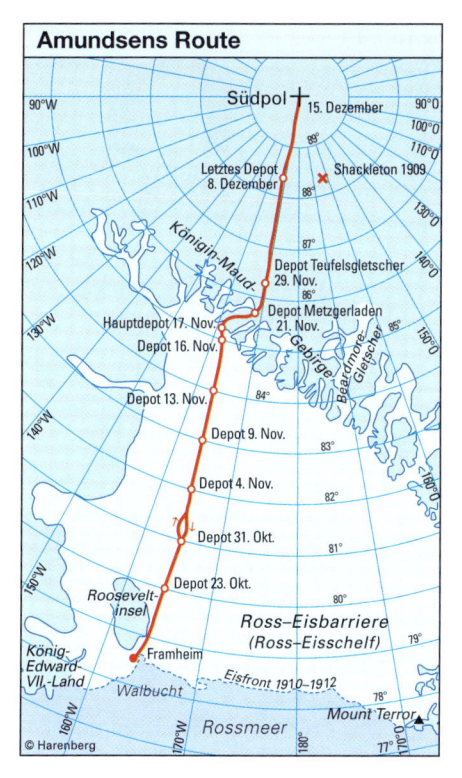

Amundsens Route *(Kartendarstellung mit Stationen: Südpol 15. Dezember, Letztes Depot 8. Dezember, Shackleton 1909, Depot Teufelsgletscher 29. Nov., Depot Metzgerladen 21. Nov., Hauptdepot 17. Nov., Depot 16. Nov., Depot 13. Nov., Depot 9. Nov., Depot 4. Nov., Depot 31. Okt., Depot 23. Okt., Roosevelt-insel, König-Edward-VII-Land, Framheim, Walbucht, Ross-Eisbarriere (Ross-Eisschelf), Eisfront 1910–1912, Rossmeer, Mount Terror, Königin-Maud-Gebirge, Beardmore-Gletscher)*

seine Begleiter den Tod. Amundsens ursprüngliches Ziel war der Nordpol gewesen. Unterwegs erreichte ihn jedoch die Meldung, der Amerikaner Robert Edwin Peary habe ihn am 6.4.1909 (↑S.80) erreicht. Daraufhin änderte er seine Pläne.
1926 überfliegt Amundsen mit Umberto Nobile als erster Mensch den Nordpol, 1928 kehrt er von einer Rettungsaktion für den im nördlichen Polareis vermißten Nobile nicht mehr zurück. [S 94/K 99]

📖 R. Amundsen: Die Eroberung des Südpols 1910–1912, 1984.

Gesellschaft

Frauen fordern Gleichberechtigung
19.3. Erstmals in der Geschichte der Frauenbewegung wird der Internationale Frauentag durchgeführt. 1 Mio Frauen (und Männer) demonstrieren in Deutschland, in Dänemark, Österreich und der Schweiz für das Frauenwahlrecht sowie für Demokratie und Frieden. Aufschwung hatte die Frauenbewegung zum Ende des 19. Jh. bekommen. 1888 war in den USA der Internationale Frauenrat als Dachverband gegründet worden, 1904 der Internationale Frauenbund.

1910 hatte die II. Internationale Konferenz sozialistischer Frauen die Durchführung des Frauentages beschlossen. Die Initiative ging von Käthe Dunker und vor allem Clara Zetkin aus, der Sekretärin des Internationalen Sozialistischen Frauensekretariats (seit 1907). Deren Zeitschrift „Die Gleichheit" wurde zum maßgeblichen Publikumsorgan der proletarischen Frauenbewegung. [S 96/K 100]

„Mona Lisa" geraubt
21.8. Paris. Leonardo da Vincis Gemälde „Mona Lisa" – ein um 1503 bis 1506 entstandenes Porträt der Gattin des florentinischen Edelmannes Francesco del Giocondo – wird aus dem Louvre gestohlen. Der Diebstahl erregt internationales Aufsehen und macht das Bild erst wirklich populär. Bei der folgenden Revision wird das Fehlen von insgesamt 323 Bildern festgestellt. Neuer Museumsleiter wird der Polizeioffizier Jean Pujalet, der weitere Diebstähle verhindern soll.
Am 12.12.1913 wird das Bild in Italien entdeckt. Der Täter Vincenco Perugia gibt an, er habe den Kunstraub Napoleons rückgängig machen wollen. Das unbeschädigte Bild kehrt am 29.12.1913 in den Louvre zurück. Bereits am 10.4.1913 war Jean Pujalet aufgrund zahlreicher Proteste durch den bisheri-

Eroberung des Südpols: Oscar Wisting unter der norwegischen Flagge, fotografiert von Roald Amundsen (nachträglich koloriert)

„Mona Lisa": Gemälde von Leonardo da Vinci (Louvre, Paris)

1911

Meilensteine der Frauenbewegung		K 100
Jahr	**Ereignis**	
1792	Die englische Feministin Mary Wollstonecraft veröffentlicht das Buch „Eine Verteidigung der Rechte der Frauen"	
1832	In Frankreich erscheint die Zeitschrift „La femme libre"	
1837	Amerikanische Frauen gründen die erste Nationale Weibliche Anti-Sklaverei-Gesellschaft	
1848	Bei den Revolutionen in Deutschland und Österreich nehmen Frauen aktiv teil; nach Niederschlagung der Aufstände werden die in ganz Deutschland gegründeten Frauenvereine verboten	
	Erster Kongreß für Frauenrechte in Seneca Falls (USA): Veröffentlichung der „Declaration of Sentiments"	
1865	Erste Deutsche Frauenkonferenz und Gründung des Allgemeinen Deutschen Frauenvereins in Leipzig	
1869	Das nordamerikanische Territorium Wyoming erteilt als erstes politisches Territorium Frauen das Wahlrecht	
1888	Auf dem Internationalen Arbeiterkongreß in Berlin stellt Clara Zetkin ihre Emanzipationstheorie vor	
1893	Als erste Nation erteilt Neuseeland im Rahmen von Sozialreformen den Frauen das allgemeine Wahlrecht	
1900	An den II. Olympischen Spielen in Paris nehmen elf Frauen teil	
1903	Die Britin Emmeline Pankhurst gründet die Suffragetten-Bewegung: Die Durchsetzung des Frauenwahlrechts in Großbritannien (1918) wird u. a. mit militanten Aktionen erreicht (S.39/10.10.)	
	Die Physikerin Marie Curie erhält als erste Frau den Nobelpreis	
1905	Die Österreicherin Bertha von Suttner wird als erste Frau mit dem Friedensnobelpreis ausgezeichnet (S.53)	
1906	Als erstes Land in Europa erteilt Finnland Frauen das Wahlrecht (S.65)	
1911	In verschiedenen Ländern Europas wird der Internationale Frauentag begangen und für das Frauenwahlrecht demonstriert (S.95)	
1917	Nach der Oktoberrevolution erhalten Frauen in Rußland das Wahlrecht und sind mit Männern gleichberechtigt	
1918	Die Novemberrevolution in Deutschland bringt den Frauen das allgemeine Wahlrecht auf allen politischen Ebenen	
1949	Im Grundgesetz der Bundesrepublik Deutschland wird die Gleichberechtigung von Mann und Frau verankert (S.454)	
1957	Der Vertrag der Europäischen Wirtschaftsgemeinschaft sieht die Gleichberechtigung der Frau auf dem Arbeitsmarkt vor	
1960	Sirimawo Bandaranaike (Sri Lanka) wird als erste Frau in der modernen Geschichte Regierungschef	
1966	In den USA gründet Betty Friedan die National Organization for Women; die Frauenbewegung kämpft für die Aufhebung der Geschlechtertrennung in allen Bereichen	
1968	In der BRD entsteht eine neue Frauenbewegung: Wichtigstes Ziel ist die Abschaffung des § 218 StGB (Schwangerschaftsabbruch)	
1973	Der oberste US-Gerichtshof legalisiert die Abtreibung	
1975	Vereinte Nationen proklamieren das „Jahr der Frau"	
1985	Zum Abschluß des UNO-Frauenjahrzehnts findet in Nairobi die Weltfrauenkonferenz (15 000 Teilnehmerinnen) statt	
1988	Benazir Bhutto gewinnt die Präsidentschaftswahlen in Pakistan; damit steht erstmals eine Frau an der Spitze eines islamischen Staates (bis Oktober 1990)	
1990	Nach langjährigen Auseinandersetzungen erteilt als letzter Schweizer (Halb)kanton Appenzell-Innerrhoden Frauen das Wahlrecht	
1992	Der Deutsche Bundestag beschließt die Reform des § 218 StGB: Fristenregelung mit Beratungspflicht (Abtreibung in ersten drei Monaten der Schwangerschaft unter bestimmten Voraussetzungen straffrei); 1995 Nachbesserung wegen teilweiser Verfassungswidrigkeit	

„Der Rosenkavalier" von Richard Strauss: Figurine des „Octavian", gemalt vom Bühnenbildner Alfred Roller zur Uraufführung in Dresden.

gen Leiter der französischen Nationalbibliothek, Henri Marcel, abgelöst worden.

Kultur 1911

„Mir ist die Ehre widerfahren"
26.1. Dresden. An der Hofoper wird die komödiantische Oper „Der Rosenkavalier" des deutschen Komponisten Richard Strauss (1864–1949) uraufgeführt. Der Premiererfolg war überragend. „Der Rosenkavalier" wird Strauss' beliebtestes und meistgespieltes Bühnenwerk.
Mit dieser „Mozart-Oper" setzt sich die fruchtbare Zusammenarbeit des Berliner Generalmusikdirektors (seit 1908) mit dem österreichischen Dichter Hugo von Hofmannsthal fort, die mit der Oper „Elektra" (1909) ihren ersten Höhepunkt erreichte. Strauss verläßt in dem durchkomponierten Musikdrama nur scheinbar den Pfad der musikalischen Moderne und schafft eine gesangliche Melodik, die vom Wiener Walzer inspiriert ist.

„Die Hose" erstmals aufgeführt
15.2. Berlin. In den Kammerspielen wird das Stück „Der Riese" (späterer Titel „Die Hose") von Carl Sternheim uraufgeführt. Das Lustspiel, das „aus Gründen der Sittlichkeit" kurzfristig von der Polizei verboten

wurde, schildert den Aufstieg eines Kleinbürgers zur wilhelminischen Zeit. „Die Hose" ist der erste Teil einer Trilogie, zu der „Der Snob" (1914) und „1913"(1919) gehören.

M. Linke: Carl Sternheim, 1979.

Arbeiterwohnungen von Krupp

1.4. Essen. In die Arbeitersiedlung Margarethenhöhe ziehen die ersten 85 Familien ein. Der Bau der Siedlung wird von der Margarethe-Krupp-Stiftung finanziert. Der Architekt Georg Metzendorf verzichtet auf triste Häuserzeilen, die Siedlung wirkt mit ihren großzügig angelegten Kinderspielplätzen und Grünanlagen wie ein gewachsenes Dorf. Bereits Alfred Krupp, Sohn des Firmengründers Friedrich Krupp, schuf im 19. Jh. umfangreiche Wohlfahrtseinrichtungen, um die Arbeiter an sein Unternehmen zu binden. Anlage und Ausstattung der Margarethenhöhe werden weltweit zum Vorbild für den Arbeiterwohnungsbau.

Aufbruch zur geistigen Kunst

18.12. München. Die erste Ausstellung der „Redaktion des Blauen Reiters" wird in der Galerie Heinrich Thannhäuser eröffnet. Sie ist als Gegendemonstration zu einer ebenfalls in dieser Galerie stattfindenden Ausstellung der Neuen Künstlervereinigung geplant, aus der Wassily Kandinsky und Franz Marc kurz zuvor ausgetreten waren (↑S.83/1.12.1909). Der Blaue Reiter, neben der am 7.6.1905

„**Der blaue Reiter**": Entwurf für den Umschlag des Künstleralmanachs von Wassily Kandinsky, veröffentlicht am 26.4.1912 im Piper Verlag.

Kulturszene 1911	K 101
Theater	
Gerhart Hauptmann Die Ratten UA 13.1., Berlin	Übersteigerung satirischer Typisierungen macht aus dem Personal der Tragikomödie Wesen von rattenhafter Aggressivität.
Hugo von Hofmannsthal Jedermann UA 1.12., Berlin	Im Bezug auf das altenglische Spiel vom Jedermann entsteht eine Einheit von spätmittelalterlichem und expressionistischem Theater.
Arthur Schnitzler Das weite Land UA 14.10., 10 Städte	Seelenanalyse der großbürgerlichen Wiener Gesellschaft mit ihren erstarrten Konventionen und unverbindlich gewordenen Regeln.
Carl Sternheim Die Hose UA 15.2., Berlin	Erster Teil einer Tetralogie über den Aufstieg eines Kleinbürgers (Fortsetzungen: „Der Snob", „1913", „Das Fossil").
Leo Graf Tolstoi Der lebende Leichnam UA 23.9., Moskau	Postume Premiere der 1900 entstandenen Ehetragödie, die trotz dramaturgischer Schwächen stark beeindruckt.
Oper	
Wilhelm Kienzl Der Kuhreigen UA 23.11., Wien	Volkstümliche Melodien prägen das Stück über Soldaten eines Schweizer Regiments, denen das Singen ihres Heimatlieds verboten ist.
Maurice Ravel Die spanische Stunde UA 19.5., Paris	Ein an der französischen Sprachmelodie orientierter Deklamationsstil ersetzt in dem Einakter den traditionellen Operngesang.
Richard Strauss Der Rosenkavalier UA 26.1., Dresden	Abkehr vom Expressionismus und Hinwendung zur Oper im Stile Mozarts; wesentliches Ausdrucksmittel der Partitur ist der Walzer.
Konzert/Ballett	
Gustav Mahler Das Lied von der Erde UA 20.11., München	Sinfonie für eine Tenor- und Altstimme und Orchester über Vergänglichkeit und Verfall der Welt unter Verwendung chinesischer Lyrik.
Igor Strawinsky Petruschka UA 13.6., Paris	Das Ballett spielt auf einem russischen Jahrmarkt, die Musik ist witzig-grotesk, zum Teil hart und grell im Klang, zum Teil polytonal.
Film	
Urban Gad Heißes Blut Dänemark	Asta Nielsen als Ehebrecherin, die wieder zu ihrem Mann zurückfindet; wegen der Ehebruchsszenen schritten die Zensurbehörden ein.
Buch	
Hanns Heinz Ewers Alraune München	Die Geschichte des aus künstlicher Befruchtung entstandenen Mädchens Alraune arbeitet mit den Mitteln des Schauerromans.
Sven Hedin Von Pol zu Pol Stockholm	Das meistgelesene Buch eines der bedeutendsten Forschungsreisenden seiner Zeit wird zum Klassiker der Reiseberichtliteratur.
Georg Heym Der ewige Tag Leipzig	Im ersten Gedichtband Heyms erscheint der „Dämon" Großstadt als Sinnbild der Verlorenheit und als Tyrann von Mensch und Natur.
Alfred Jarry Heldentaten u. Ansichten d. Dr. Faustroll; Paris	Vorläufer des literarischen Surrealismus: Der „neowissenschaftliche Roman" geht mit seinem Helden auf eine imaginäre Seereise.
Ludwig Thoma Der Wittiber München	Realistischer Roman über den Untergang einer Bauernfamilie mit einem einprägsamen Sittenbild der oberbayerischen Landbevölkerung.
Franz Werfel Der Weltfreund Berlin	Der mit Kindheitsimpressionen beginnende Lyrikband weist auf die ekstatische Menschheitsdichtung des Expressionismus voraus.

1911

Der Blaue Reiter: Künstler und Werke	K 102
Name	Werke aus der Blauen-Reiter-Periode
Alexej von Jawlensky (1864–1941) Rußland	„Einsamkeit" (1912; Museum am Ostwall, Dortmund); „Dame mit blauem Hut" (1913; Städtisches Museum Mönchengladbach)
Wassily Kandinsky (1866–1944) Rußland	„Landschaft mit Kirche" (1913; Museum Folkwang, Essen); „Improvisation – klamm" (1914; Städtische Galerie München)
Paul Klee (1879–1914) Schweiz	„Steinhauer" (1910; für Almanach „Der Blaue Reiter"); „Vor den Toren von Kairuan" (1914; Klee-Stiftung Bern); „Landschaft mit Fahnen" (1915; Privatbesitz)
August Macke (1887–1914) Deutschland	„Der Sturm" (1911; Saarland-Museum, Saarbrücken); „Paar im Walde" (1912; Privatbesitz); „Badende Mädchen" (1913; Neue Staatsgalerie, München)
Franz Marc (1880–1916) Deutschland	„Turm der blauen Pferde" (1913; verschollen); „Tiger" (1914; Lenbachhaus, München); „Kämpfende Formen" (1914; Bayr. Staatsgemälde-Sammlungen, München)
Gabriele Münter (1877–1962) Deutschland	„Abstraktion" (1912, Galerie des 20. Jahrhunderts, Berlin); „Mann im Sessel" (1913; Neue Staatsgalerie, München)

Sport 1911		K 103
Fußball		
Deutsche Meisterschaft	Victoria 89 Berlin	
Englische Meisterschaft	Manchester United	
Italienische Meisterschaft	Pro Vercelli	
Spanische Meisterschaft	AC Bilbao	
Tennis		
Wimbledon (seit 1877; 35. Austragung)	Herren: Anthony Wilding (NZL) Damen: Dorothea Lambert-Chambers (GBR)	
US Open (seit 1881; 31. Austragung)	Herren: William Larned (USA) Damen: Hazel Hotchkiss (USA)	
Australian Open	Herren: Norman Brookes (AUS)	
Davis-Cup (Christchurch, NZL)	Australien – USA 5:0	
Radsport		
Tour de France (5544 km)	Gustave Garrigou (FRA)	
Giro d'Italia (3530 km)	Carlo Galetti (ITA)	
Boxen		
Schwergewichts-Weltmeisterschaft	Jack Johnson (USA) 1911 kein Titelkampf	
Herausragende Weltrekorde		
Disziplin	Athlet (Land)	Leistung
Leichtathletik, Männer		
100 m	Emil Ketterer (GER)	10,5 sec
	Richard Rau (GER)	10,5 sec
10 000 m	Jean Bouin (FRA)	30:58,8 min
Dreisprung	Daniel Ahearne (USA)	15,52 m
Speerwurf	Mor Korczan (HUN)	60,64 m
Zehnkampf	Hugo Wieslander (SWE)	5516 P.
Schwimmen, Männer		
200 m Rücken	Hermann Pentz (GER)	2:50,6 min
400 m Rücken	Andras Baronyi (HUN)	1:18,8 min

(↑S.54) gegründeten „Brücke" die wichtigste Künstlervereinigung in der Frühphase des Expressionismus, versteht sich als Vertreter einer neuen, geistigen Kunst, die den Materialismus des l9. Jh. überwinden will.
Der l. Weltkrieg beendet die Arbeit des Blauen Reiters, dessen Ideen am Bauhaus und in vielen Bereichen der modernen abstrakten Kunst weiterwirken. S 98/K 102

M. Moeller: Der Blaue Reiter, 1987.

Sport

Zehnter WM-Titel für Salchow
17.2. Berlin. Der schwedische Eiskunstläufer Ulrich Salchow gewinnt in Wien zum zehnten Mal den Weltmeistertitel. Zuvor entschied er die Weltmeisterschaftskonkurrenz bereits 1901–1905 und 1907–1910 für sich. Zweiter wird (wie 1910) der 19jährige Berliner Werner Rittberger.
Nach dem Schweden, neunfacher Europameister und Olympiasieger von 1908, wurde der Salchow-Sprung benannt. Er gehört zum Repertoire jedes überdurchschnittlichen Eiskunstläufers und wird mit doppelter und dreifacher Umdrehung gesprungen.

500 Meilen im Kreis
30.5. Indianapolis. In der Hauptstadt des US-Bundesstaats Indiana werden erstmals die „500 Meilen von Indianapolis" ausgetragen. Als Termin haben die Organisatoren T. E. Meyers und Eloise Dallenbach den Memorial Day gewählt, Gedenktag für die Gefallenen des Amerikanischen Bürgerkriegs. Die Startpositionen richten sich nach dem Eingang der Anmeldungen, zugelassen sind nur Fahrzeuge mit einer Höchstgeschwindigkeit von mindestens 120 km/h.
40 Wagen sind am Start; Sieger wird der US-Amerikaner Ray Harroun auf Marmon Wasp mit einer Durchschnittsgeschwindigkeit von 120,06 km/h. Zum Vergleich: 1977 siegt Anthony J. Foyt mit einer Durchschnittsgeschwindigkeit von 259,63 km/h. S 358/K 365

Patriotisches Turnen in Deutschland
18.6. Berlin. Preußen erinnert mit zahlreichen Veranstaltungen an den 100. Jahrestag des Eröffnung des ersten Turnplatzes durch Friedrich Ludwig Jahn (1778–1852). Höhepunkt ist die Darbietung auf dem Tempelhofer Feld, auf dem 13 000 Teilnehmer dem Vaterland durch Freiübungen huldigen. Die Turnfeste werden als nationale Propaganda zur Wehrtüchtigung aufgezogen.

1912

Politik

SPD stärkste Partei

12.1. Deutsches Reich. Bei den Reichstagswahlen wird die SPD erstmals stärkste Fraktion. Sie erringt 34,8% der abgegebenen Stimmen und 110 Mandate. Ihre größten Erfolge hat sie im Ruhrgebiet und in Brandenburg. Neben der SPD kann lediglich die linksliberale Fortschrittliche Volkspartei ihr Ergebnis verbessern (12,2%, 42 Sitze); zweitstärkste Fraktion wird das Zentrum mit 16,4% (91 Sitze). Steuerpolitische Ungerechtigkeiten, eine Wirtschaftsflaute und die Marokko-Krise (↑S.90/1.7.1911), die das Reich an den Rand eines Krieges gebracht hatte, haben zum Erfolg der SPD beigetragen.

Das Wahlergebnis verängstigt die liberalkonservativen Kräfte in Deutschland und läßt die anstehende Parlamentsreform ins Stocken geraten, die als Reaktion auf die Daily-Telegraph-Affäre (↑S.72/28.10.1908) zu einer Stärkung des Reichstags hätte führen sollen.

S 57/K 53 S 100/K 105 S 409/K 408

USA besetzen Nicaragua

14.8. Nicaragua. US-amerikanische Marinetruppen greifen auf der Seite des konservativen Präsidenten Adolfo Diaz in den nicaraguanischen Bürgerkrieg ein. 1909 war José Santos Zelaya, seit 1893 an der Macht, mit US-amerikanischer Hilfe gestürzt worden. Die Folge waren blutige Auseinandersetzungen zwischen seinen Anhängern und denen des neuen Präsidenten.

Die Interessen der Vereinigten Staaten sind wirtschaftlicher und strategischer Art. Sie bleiben bis 1933 im Land. Mit der von ihnen aufgestellten Nationalgarde beginnt der Aufstieg ihres Befehlshabers Anastasio Somoza García, der 1936 Präsident wird und bis zu seiner Ermordung 1956 als Diktator herrscht (↑S.732/17.7.1979).

Erster Balkankrieg

8.10. Das Königreich Montenegro erklärt dem Osmanischen Reich den Krieg. Zehn Tage später, am 18.10., schließen sich die mit Montenegro seit 1912 im Balkanbund vereinigten Staaten Bulgarien, Griechenland und Serbien der Kriegserklärung an.

Die Benachteiligung nichtislamischer Bevölkerungsgruppen im europäischen Teil der Türkei wird zum Vorwand genommen, die Türken vom Balkan zu vertreiben. Der durch den seit 1911 andauernden türkisch-italienischen Krieg geschwächte „kranke Mann am Bosporus" muß im Frieden zu London (30.5.1913) auf alle Gebietsansprüche westlich der Linie Enos–Midia verzichten.

Die europäischen Großmächte sind beunruhigt, vor allem Österreich sieht seine eigenen Interessen in Südosteuropa gefährdet und will die territoriale Vergrößerung Serbiens nicht hinnehmen (↑S.71/5.10.1908). Streit um die Aufteilung der Gebietsgewinne führt zum 2. Balkankrieg (↑S.106/29.6.1913). S 107/K 114

Demokrat wird 28. US-Präsident

5.11. USA. Woodrow Wilson gewinnt mit 42% der Stimmen die US-Präsidentschaftswahlen. Damit gewinnt nach 16 Jahren erstmals wieder ein Demokrat den Kampf ums Weiße Haus. Der letzte demokratische Präsident war Grover Cleveland (1893–97).

August Bebel

Woodrow Wilson

Wichtige Regierungswechsel 1912		K 104
Land	Amtsinhaber	Bedeutung
China	Pu Yi (Kaiser seit 1908) Yuan Shi-kai (P bis 1916)[1]	Verzicht der Mandschu-Dynastie auf den Thron (12.2.); Nord- und Südchina werden zur Republik China (S.92)
Dänemark	Friedrich II. (König seit 1906) Christian X. (König bis 1947)	Tod Friedrichs (14.5.); sein Sohn Christian hat kaum politische Erfahrung, bestätigt 1915 demokratische Verfassung
Frankreich	Joseph Caillaux (M seit 1911) Raymond Poincaré (M bis 1913)	Rücktritt von Caillaux (10.1.) wegen Verhandlungen mit dem Deutschen Reich während Marokkokrise
Japan	Mutsuhito (Kaiser seit 1867) Joshihito (Kaiser bis 1926)	Tod Mutsuhitos (30.7.); sein Sohn Joshihito macht aus japanischem Feudalstaat Industrieland nach europäischem Muster
Marokko	Abd Al Hafis (Sultan seit 1908) Jusuf (Sultan bis 1927)	Abdankung von Abd Al Hafis (12.8.) wegen Berberaufständen; Sultan hatte Protektoratsvertrag mit Frankreich unterzeichnet
Spanien	José Canalejas y Méndez (M seit 1910) A. Figueroa y Torres Graf Romanones (M bis 1913)	Méndez, von einem Anarchisten erschossen (12.11.), hatte sich um Reformen unter Respektierung der Monarchie bemüht

M = Ministerpräsident bzw. Premierminister; P = Präsident
[1] Übergangspräsident 1.1.–15.2.: Sun Yat-sen

1912

Reichstagswahlen 1871–1912 — K 105

Partei	Stimmenanteil (%), Sitze im Reichstag												
	1871	1874	1877	1878	1881	1884	1887	1890	1893	1898	1903	1907	1912
Nationalliberale	30,2 / 125	29,7 / 155	27,2 / 128	23,1 / 99	14,6 / 47	17,6 / 51	22,2 / 99	16,3 / 42	13,0 / 53	12,5 / 46	13,8 / 51	14,5 / 54	13,6 / 45
Zentrum	18,7 / 61	27,9 / 91	24,8 / 93	23,1 / 94	23,2 / 100	22,6 / 99	20,1 / 98	18,6 / 106	19,1 / 96	18,8 / 102	19,7 / 100	19,4 / 105	16,4 / 91
Deutsch-Konservative	14,1 / 57	7,0 / 22	9,8 / 40	13,0 / 59	16,3 / 50	15,2 / 78	15,2 / 80	12,4 / 73	13,5 / 72	11,1 / 56	10,0 / 54	9,4 / 60	9,2 / 43
Deutsche Reichspartei	8,9 / 37	7,2 / 33	7,9 / 38	13,6 / 57	7,5 / 28	6,9 / 28	9,8 / 41	6,7 / 20	5,7 / 28	4,5 / 23	3,5 / 21	4,0 / 24	3,0 / 14
Fortschrittspartei	8,8 / 46	8,6 / 49	7,8 / 35	6,7 / 26	12,8 / 60	– / –	– / –	– / –	– / –	– / –	– / –	– / –	– / –
Freisinnige Partei	– / –	– / –	– / –	– / –	– / –	17,6 / 67	12,9 / 32	16,0 / 66	8,6 / 13	7,2 / 12	5,7 / 9	6,5 / 14	– / –
Sozialdemokraten	3,2 / 2	6,8 / 9	9,1 / 12	7,6 / 9	6,1 / 12	9,7 / 24	10,1 / 11	19,7 / 35	23,3 / 44	27,2 / 56	31,7 / 81	28,9 / 43	34,8 / 110
Liberale Reichspartei[1]	7,0 / 30	1,0 / 3	2,5 / 13	2,7 / 10	8,4 / 46	– / –	– / –	– / –	– / –	– / –	– / –	– / –	– / –
Freisinnige Volkspartei[2]	– / –	– / –	– / –	– / –	– / –	– / –	– / –	– / –	3,4 / 24	2,5 / 29	2,6 / 21	3,2 / 28	12,2 / 42
Deutsche Volkspartei	0,5 / 1	0,4 / 1	0,8 / 4	1,1 / 3	2,0 / 9	1,7 / 7	– / –	2,0 / 10	2,2 / 11	– / –	– / –	– / –	– / –
Deutsche Reformpartei/ Antisemiten	– / –	– / –	– / –	– / –	– / –	0,2 / 1	0,7 / 5	3,5 / 16	3,7 / 13	3,6 / 11	2,1 / 16	0,5 / 3	
Elsässer	– / –	4,5 / 15	3,7 / 15	3,1 / 15	3,0 / 15	2,9 / 15	3,1 / 15	1,4 / 10	1,5 / 8	1,3 / 10	1,0 / 9	0,9 / 7	1,3 / 9
Polen	4,5 / 13	3,8 / 14	4,0 / 14	3,6 / 14	3,8 / 18	3,6 / 16	2,9 / 13	3,4 / 16	3,0 / 19	3,1 / 14	3,7 / 16	3,9 / 20	3,6 / 18
Wahlbeteiligung	52%	61%	62%	63%	56%	60%	77%	71%	72%	68%	76%	85%	85%

1) Ab 1878 Liberale Vereinigung; 2) ab 1912 Fortschrittliche Volkspartei

Wilson hatte seinen Wahlkampf mit dem Versprechen geführt, die Trusts bekämpfen zu wollen (↑S.92/15.5.1911). Auch eine moderne Sozialgesetzgebung, die Senkung der Außenzölle, eine Reform des Bank- und Geldwesens sowie die Einführung einer progressiven Einkommensteuer gehören zu seinem Programm (↑S.141/8.1.1918). S 106/K 113

Albanien erklärt sich souverän

29.11. Valona (Vlorë). In der südalbanischen Stadt proklamiert Kemal Bey Ismail das unabhängige Albanien. Eine Nationalversammlung mit Vertretern aus allen Teilen Albaniens wählt eine provisorische Regierung. Albanien gehörte seit Ende des 14. Jh. zum Osmanischen Reich. Nach der Machtergreifung der Jungtürken (↑S.78/27.4.1909) hatte es zahlreiche Aufstände gegen deren Türkisierungspolitik gegeben. Mit Ausbruch des Balkankriegs (↑S.99/8.10.) drohte eine Aufteilung Albaniens unter die Staaten des Balkanbunds. Die endgültigen Grenzen werden 1913/14 von Vertretern der europäischen Mächte festgelegt. Im 1. Weltkrieg wird das Land der Skipetaren von den Italienern besetzt und bleibt bis 1946 Spielball der Großmächte (↑S.164/2.8.1920). S 221/K 233

P. Lendvai: Das einsame Albanien, 1985.

Verkehr

Untergang der „Titanic"

14.4. Nordatlantik. Um 23.40 Uhr kollidiert der britische Luxusliner „Titanic" nahe der Neufundlandbank mit einem Eisberg; 160 Minuten später, um 2.20 Uhr, sinkt das größte Passagierschiff der Welt, 1503 Menschen kommen ums Leben, 703 können gerettet werden. Der Ozeanriese befand sich auf seiner Jungfernfahrt von Southampton nach New York.
Die „Titanic" (46 329 BRT, 268,89 m lang), die als unsinkbar galt, markierte den Höhepunkt der Gigantomanie in der Passagierschiffahrt. Immer größere und schnellere Oceanliner kämpften um Passagiere vor al-

1912

lem der ersten Klasse, die Erringung des Blauen Bandes für die schnellste Überquerung des Atlantiks wurde zum Prestigeduell zwischen den großen Reedereien. Die „Titanic" wurde von der White Star Line in Auftrag gegeben, um der „Mauretania" der Cunard Line das Blaue Band abzujagen.

Die Katastrophe macht erhebliche Mängel in den Sicherheitsvorkehrungen deutlich (die Rettungsboote faßten nur 970 Personen). Auch fehlt es an verbindlichen Vorschriften. So konnte die nur 32 km von der Unglücksstelle entfernte „California" den Notruf nicht entgegennehmen, weil die Funkstation nicht besetzt war. Sie hätte alle Passagiere retten können. Bis 1914 werden verbindliche Regeln im Bereich der Telegrafie, für die Ausstattung mit Rettungsbooten, für navigatorische Sicherheitsmaßnahmen und für die Fixierung von sicheren Schiffahrtsrouten aufgestellt. S 101/K 106

📖 W. Schneider: Mythos Titanic. Das Protokoll der Katastrophe – drei Stunden, die die Welt erschütterten, 1986. R. Ballard: Die Suche nach der Titanic, 1988.

Untergang der „Titanic": Der Glaube an die Allmacht der Ingenieurskunst kostet 1503 Menschen das Leben (kolorierte Zeichnung von Willy Stöwer).

Wissenschaft

Atom-Dusche aus dem All

7.8. Wien. Der österreichische Physiker Victor Franz Hess entdeckt während eines Ballonaufstiegs in rund 5000 m Höhe, daß die Ionisierung der Luft mit der Höhe zunimmt; dies deutet auf eine bis dahin unbekannte, besonders energiereiche Höhenstrahlung hin, die später als kosmische Strahlung bezeichnet wird.

Hinweise auf ihre Existenz hatten schon 1899 die deutschen Physiker Julius Elster und Hans Geitel bei Entladungsexperimenten gefunden.

Lange Zeit hält man die Strahlung für radioaktive Gammastrahlung, bis 1929 der Berliner Physiker Walter Bothe und sein Kollege Werner Kolhörster nachweisen, daß es sich im wesentlichen um geladene Wasserstoffatomkerne (Protonen) handelt, die aus dem Weltall auf die Erde niederprasseln.

Da durch Wechselwirkung der hochenergetischen Höhenstrahlung mit der Erdatmosphäre ganze „Schauer" von Elementarteilchen entstehen, werden im Verlauf der weiteren Untersuchungen eine Vielzahl neuer Elementarteilchen entdeckt: Positron, µ-Mesonen, -Mesonen, K-Mesonen und Hyperonen.

📖 J. Herrmann: Lexikon der Astronomie, 1986. F. R. Paturi: Meilensteine der Astronomie, 1996

Große Schiffskatastrophen im 20. Jh.		K 106
Jahr	Ereignis	Tote
1904	Brand auf dem Ausflugsdampfer „General Sloccum" vor der Küste von New York	1021
1912	Britisches Passagierschiff „Titanic" kollidiert im Nordatlantik mit einem Eisberg und sinkt (S.100)	1503
1912	Untergang des japanischen Dampfers „Kiche Maru" vor der japanischen Küste	1000
1914	Britischer Dampfer „Empress of Ireland" kollidiert auf dem St.-Lorenz-Strom mit einem norwegischen Frachter	1027
1915	Deutsches U-Boot versenkt Passagierschiff „Lusitania"	1198
1916	Untergang des chinesischen Dampfers „Hsin Yu" vor der Küste Chinas	1000
1917	Französisches Munitionsschiff stößt bei Halifax mit dem belgischen Dampfer „Imo" zusammen und explodiert	1600
1926	Explosion eines chinesischen Truppentransportschiffs in chinesischen Hoheitsgewässern	1200
1945	Sowjetische U-Boote versenken deutsche Flüchtlingsschiffe in der Ostsee, darunter die „Wilhelm Gustloff" (30.1.)	5000
1945	Untergang eines chinesischen Flußdampfers vor der Küste der britischen Kronkolonie Hongkong	1550
1948	Chinesischer Dampfer „Kiang-ya" explodiert vor der Küste von Shanghai	2750
1949	Explosion eines chinesischen Schiffes, das zum Transport von Soldaten eingesetzt wird	6000
1949	Kollision zwischen dem chinesischen Dampfer „Tai Ping" und einem anderen Schiff in chinesischen Gewässern	1500
1955	Bei Manövern im Schwarzen Meer sinkt das sowjetische Kriegsschiff „Noworossijsk"	1500
1978	Im Golf von Bengalen gehen während eines Sturms mehrere Frachtschiffe unter	1000
1987	Zusammenstoß der philippinischen Fähre „Dona Paz" mit einem Öltanker in der Meerenge von Tabias	3000
1994	Untergang der estnischen Autofähre „Estonia" vor Finnland bei schwerer See; Ursache: Konstruktionsfehler (Bugklappe)	900
1996	Nach dem Auslaufen kentert die tansanische Fähre „Bukoba" auf dem Victoria-See wegen Überladung	1000

1912

Technik

Mehr Sicherheit durch Echolot GRA

Die Titanic-Katastrophe (↑S.100) hat nicht nur umfassende Sicherheitsvorschriften zur Folge, sondern auch die Entwicklung technischer Geräte zur Vermeidung von Schiffsunglücken. Dazu gehört das Echolot.

Die Entwicklung eines Geräts, mit dessen Hilfe die Ortung von Eisbergen bei Nacht und Nebel möglich ist, wurde vom britischen Physiker Lewis Fry Richardson vorgeschlagen. Noch im selben Jahr entwickelt der deutsche Physiker Alexander Behm das Echolot zur Ermittlung der Wassertiefe.

Das Gerät mißt die Zeitdifferenz zwischen der Aussendung eines Schall- oder Ultra-

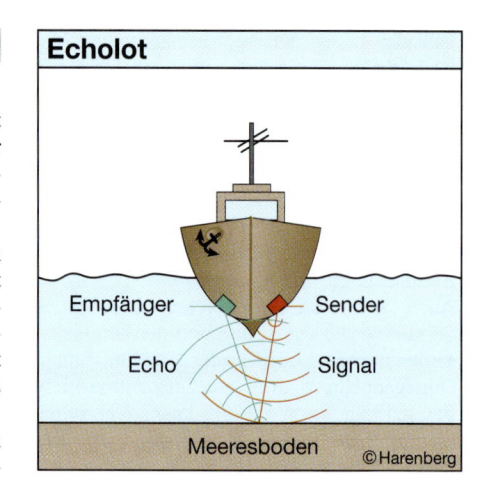

Echolot

Entwicklung der Autotechnik im 20. Jahrhundert		K 107
Jahr	Neuerung/Erfinder	Fortschritt
1900	Automatikantrieb Louis Bonneville (F)	Getriebe wählt Übersetzung für jeweilige Fahrtgeschwindigkeit selbsttätig; 1904 wird erstes Dreigang-Automatik-Getriebe vorgestellt (Sturtevant, USA)
1902	Scheibenbremse Frederick Lanchester (GB)	Bremskörper werden zangenförmig von außen an umlaufende Scheibe gedrückt; bis 1953 vor allem bei Militärfahrzeugen, ab 1962 serienmäßig
1903	Sicherheitsgurt Gustave Désiré Liebau (F)	Patent für „Gurte zum Schutz von Autofahrern und anderen"; zunächst nur in der Luftfahrt ausprobiert; ab 1963 bei Volvo serienmäßig eingebaut
1905	Stoßstangen F. R. Simms (GB)	Erstmalige Verwendung von Kautschuk für Stoßstangen (bis heute vorherrschend); 1984 erstmals Plastik-Stoßstangen präsentiert (Vorteile: leichter, längere Lebensdauer)
1909	Katalysator-Auspufftopf Michel Frenkel (F)	Patent für „Verfahren und Apparat zur Desodorierung der Auspuffgase"; General Motors brachte 1974 verbessertes Verfahren auf den Markt
1910	Windschutzscheibe E. Benedictus (F)	Verbundglas als Alternative zu normalem Glas; setzte sich anfangs nur bei Fahrzeugen der oberen Preisklasse durch; bei Volvo bereits ab 1944 serienmäßig
1912	Elektrischer Anlasser Firma Cadillac (USA)	Ersatz für Kurbel; Cadillac produziert als erste Automobilfirma Fahrzeuge mit elektrischem Anlasser und elektischer Beleuchtung (S.103)
1920	Hydropneumatische Federung Georges Messier (F)	Gas wird in Druckgefäß, das mit öliger Flüssigkeit gefüllt ist, komprimiert; Federung sorgt für gleichbleibende Bodenfreiheit, auch bei schlechten Straßenverhältnissen
1921	Scheibenwischer M. W. Folberth (GB)	Elektrische Scheibenwischer werden mit komprimierter Luft aus Motor betrieben; 1916 war die Erfindung des mechanischen Scheibenwischers vorausgegangen
1925	Selbsttragende Karosserie André Citroën (F)	Erstmals in Europa Verbindung der Karosserieteile miteinander (statt Holzskeletten mit angenieteten Blechen); mehr Sicherheit für Insassen
1926	Allradantrieb Georges Latil (F)	Geländegängig; vier steuerbare Antriebsräder und Aufhängungen, die den Achsen Spiel bei der Federung lassen; häufige Verwendung bei Rallyefahrzeugen
1934	Frontantrieb André Lefebvre (F)	Übertragung der Motorleistung auf die vor dem Motor liegenden Räder; basiert auf der Erfindung des homokinetischen Gelenks (1926)
1973	Abgaskatalysatoren (USA) (S.678)	Verringerung der Schadstoffe im Abgas: Umwandlung (Oxidation und Reduktion) von Kohlenmonoxid, Kohlenwasserstoffen und Stickoxiden in Kohlendioxid, Wasser und Stickstoff; Anteil neuzugelassener Kat-Autos: 1985 (6,1% der PKW), 1996 (100%)
1982	Anti-Blockier-System (ABS) Firma Bosch (D)	Optimale Bremssicherheit in allen Situationen gewährleistet; Verkürzung des Bremswegs ohne Schleudern oder Blockieren; seit 1978 Serienproduktion in der oberen Preisklasse und Verfeinerung der Fahrwerkselektronik
1989	Airbag Serienmäßige Herstellung (USA)	Bei einem Autounfall wird der Aufprall über einen Mikrosensor registriert und die sofortige Füllung eines Luftsacks (Mitte der 90er Jahre: Beifahrer- und Seitenairbag) veranlaßt; Verbesserung der Elektronik soll Auslösung bei Bagatellunfällen verhindern
Mitte 90er Jahre	Passive Sicherheit, Treibstoffverbrauch	Optimierung durch Knautschzonen, Seitenaufprallschutz, steife Fahrgastzellen, Verbesserung und Verfeinerung der Fahrwerkselektronik (z. B. Kurvenneigung, Antischlupfregelung); Minderung des Treibstoffverbrauchs (innerhalb einer PKW-Flotte) und Konstruktion des sog. Drei-Liter-Autos (höchstens 3 l Kraftstoff/100 km)

schallimpulses und dessen Wiedereintreffen nach Reflexion am Meeresgrund und kann so, da die Schallgeschwindigkeit bekannt ist, die Meerestiefe feststellen.

Elektrischer Anlasser für Autos
Detroit. Die US-amerikanische Automobilfirma Cadillac produziert die ersten Serienfahrzeuge mit elektrischem Anlasser. Diese Neuerung löst die Andrehkurbel ab, die bisher zum Starten des Automobils verwendet werden mußte.
Der Anlasser ist ein von der Batterie gespeister Hauptstrommotor, der das zum Starten des Verbrennungsmotors erforderliche Drehmoment überträgt.
Technische Besonderheiten und großvolumige Maschinen sind die Markenzeichen der 1903 von Henry M. Leland gegründeten Firma Cadillac, die 1909 dem General-Motors-Konzern angegliedert wurde.
1915 stellt Cadillac seinen ersten 8-Zylinder-Motor vor, 1930 präsentiert die Firma einen 16-Zylinder, dessen 7,4-Liter-Triebwerk 160 PS leistet. $\boxed{\text{S 102/K 107}}$
📖 H. Schrader: Automobilfaszination. Aus der Chronik des Automobils von 1885 bis heute, NA 1986. G. N. Georgano: Die schönsten Autos 1886–1930, 1990.

Medien

Die russische „Wahrheit"
5.5. St. Petersburg. Die erste Nummer der „Prawda" („Wahrheit") erscheint. Die Tageszeitung ist das offizielle Organ der legalen bolschewistischen Partei Rußlands; ihre Herausgabe besorgt, auf Anregung des im Exil lebenden Wladimir I. Lenin, Josef W. Stalin. Bereits im ersten Erscheinungsjahr erreicht das Blatt, auf dessen inhaltliche Gestaltung Lenin auch vom Exil aus großen Einfluß hat, eine Auflage zwischen 30 000 und 42 000 Exemplaren (in den 80er Jahren 10,7 Mio).
Die „Prawda" bleibt in der Geschichte der Sowjetunion das maßgebliche Medium der Partei und damit des Staates (Einstellung 1996). Eine freie und pluralistische, den Staat kontrollierende Presse gibt es nicht. Hinzu kommen später die Regierungszeitung „Iswestija" (8,6 Mio) und das Gewerkschaftsorgan „Trud" (13,5 Mio). Erst mit der Ära Gorbatschow (↑S.780/11.3.1985) wird die Parteilinie gelockert und werden Ansätze einer Meinungsvielfalt sichtbar. $\boxed{\text{S 103/K 108}}$
📖 P. Pauli: Sowjetunion. Von der Oktoberrevolution bis zur Perestrojka, 1988.

1912

Bedeutende Tageszeitungen K 108

Land	Zeitung (Erscheinungsort)	Auflage[1]	Merkmal
Belgien	De Standaard (Brüssel)	378 000	Katholisch ausgerichtet
Dänemark	Ekstra Bladet (Kopenhagen)	203 000	Linksorientiert
Deutschland	BILD-Zeitung (Hamburg)	4,5 Mio	Boulevardblatt
	Süddt. Zeitung (München)	402 000	Liberal
	Frankfurter Allgemeine (F'furt)	400 000	Konservativ
Frankreich	Le Figaro (Paris)	380 000	Katholisch orientiert
	Le Monde (Paris)	307 000	Unabhängig
Großbritannien	The Sun (London)	4,1 Mio	Boulevardblatt
	Daily Mirror (London)	2,5 Mio	Boulevardblatt
	Daily Mail (London)	1,8 Mio	Boulevardblatt
	The Times (London)	614 000	Konservativ
	Financial Times (London)	293 000	Wirtschaftszeitung
Italien	Corriere della Serra (Mailand)	663 000	Konservativ
	La Repubblica (Rom)	662 000	Liberal
	La Gazzetta dello Sport (Mail.)	455 000	Sportzeitung
NL	De Telegraaf (Amsterdam)	775 000	Konservativ
Österreich	Neue Kronen-Zeitung (Wien)	510 000	Boulevardblatt
Rußland	Komsomolskaja Prawda (Mos.)	1,5 Mio	Unabhängig
	Trud (Moskau)	1,5 Mio	Gewerkschaftsorgan
	Iswestija (Moskau)	814 000	Unabhängig
	Prawda (Moskau)	210 000	Linksgerichtet
Schweiz	Blick (Zürich)	365 000	Boulevardzeitung
	Neue Zürcher Zeitung (Zürich)	152 000	Liberal
Spanien	El Pais (Madrid)	409 000	Sozialistenfreundlich
USA	USA Today (Arlington, Va.)	1,9 Mio	Gehob. Massenblatt
	Wall Street Journal (New York)	1,8 Mio	Wirtschaftszeitung
	New York Times (New York)	1,2 Mio	Demokrat.-konservativ

Stand: 1995/96; 1) Ohne Sonntagsausgaben

Nobelpreisträger 1912 K 109

Frieden: Elihu Root (USA, 1845–1937)

Root war 1905–09 US-Außenminister und förderte die panamerikanische Bewegung. 1907 berief er einen mittelamerikanischen Friedenskongreß ein; 1908 initiierte er die Gründung des ständigen Schiedsgerichtshofs für die mittelamerikanischen Staaten in Cartago (Costa Rica).

Literatur: Gerhart Hauptmann (D, 1862–1946)

Der bedeutendste Vertreter des deutschen Naturalismus verhalf mit seinem Stück „Vor Sonnenaufgang" (1889) dem modernen sozialkritischen Theater zum Durchbruch. Sein Hauptwerk ist die Tragödie „Die Weber" (1893) über den historischen Aufstand der schlesischen Weber von 1844.

Chemie: Victor Grignard (F, 1871–1935), Paul Sabatier (F, 1854–1941)

Grignard entdeckte, daß sich aus Magnesium und Alkylhalogeniden in Äther magnesiumorganische Verbindungen bilden (Grignard-Verbindungen). Sabatier entwickelte eine Methode zur industriellen Hydrierung (Synthese von Stoffen durch Anlagerung von Wasserstoffen) organischer Verbindungen, die die Produktion von Margarine aus ungenießbaren Pflanzenölen ermöglichte.

Medizin: Alexis Carrell (F, 1873–1944)

Der Chirurg entwickelte eine Nahtmethode für Blutgefäße, mit der es ihm gelang, Organe ohne Funktionsstörungen zu transplantieren. 1910 erfand er ein Verfahren, mit dem Blutgefäße, Gewebskulturen und Organe in einer Nährflüssigkeit bis zur späteren Verpflanzung konserviert werden können.

Physik: Gustav Dalén (S, 1869–1937)

Der Ingenieur erfand 1906 eine Signalbeleuchtung (Dalén-Blinklicht), die weltweit bei Leuchttürmen, Feuerschiffen und Leuchtbojen verwendet wird. Die weithin sichtbaren Lichtblitze werden durch abwechselndes, selbsttätiges Öffnen und Schließen der Gaszufuhr erzeugt.

1912

Kulturszene 1912 — K 110

Theater

Arthur Schnitzler Professor Bernhardi UA 28.11., Berlin	Tragikomödie über den verkappten Antisemitismus, in der die Intoleranz von Wiener Intellektuellen entlarvt wird.

Oper

Franz Schreker Der ferne Klang UA 18.8., Frankfurt/Main	Ein Komponist sucht den erfolgverheißenden fernen Klang; Schreker verwendet kompositorische Überblend- und Überlagerungstechniken.
Richard Strauss Ariadne auf Naxos UA 25.10., Stuttgart	Musikalischer Diskurs über Kunst und Wirklichkeit aus dem Geist des barocken Theaters; endgültige Fassung: Wien, 1916.

Konzert/Ballett

Claude Debussy Nachmittag eines Fauns UA 29.5., Paris	Erstaufführung des impressionistischen Orchesterwerks von 1892 nach Stephane Mallarmé als Ballettmusik; Choreographie: W. Nijinski.
Maurice Ravel Daphnis und Chloe UA 8.6., Paris	Bei allem orchestralen Kolorit und Überschwang klar gegliederte dreisätzige Ballettsuite für die Ballets Russes in Paris.

Film

Urban Gad Die arme Jenny Deutschland	Gads erster in Deutschland gedrehter Film mit Asta Nielsen in der Rolle eines verführten Arbeitermädchens wird ein großer Erfolg.
Curt A. Stark Der Schatten des Meeres Deutschland	Phantastisch-symbolischer Film über eine junge Frau (Henny Porten), die vom „Schatten des Meeres" zum Selbstmord überredet wird.

Buch

Andrej Bely Petersburg Jaroslaw	In der Stadt Petersburg prallen die rationalen Kräfte des Westens und die okkulten Kräfte des Ostens aufeinander.
Gottfried Benn Morgue und andere Gedichte; Berlin	Bilder aus dem Leichenschauhaus und Beschreibungen organischen Siechtums sind eine drastische Herausforderung des Geschmacks.
Waldemar Bonsels Die Biene Maja Berlin	Eines der meistverkauften deutschsprachigen Bücher des 20. Jh.: Entwurf einer idyllischen Alternativwelt mit vermenschlichten Tieren.
Anatole France Die Götter dürsten Paris	Am Beispiel der Französischen Revolution wird die Relativität von Wahrheitserkenntnis und die Gefahr von Fanatismus aufgezeigt.
Gerhart Hauptmann Atlantis Berlin	Versuch einer Abrechnung mit der spätkapitalistischen Welt der Jahrhundertwende in der Form eines autobiographisch gefärbten Romans.
Georg Heym Umbra vitae Leipzig	Nachlaßband des Frühvollendeten, berühmt auch durch die den Gedichten beigegebenen (Farb-) Holzschnitte von Ernst Ludwig Kirchner.
Filippo Tommaso Marinetti Futuristisches Manifest Mailand	Das „Technische Manifest der futuristischen Literatur" ist die dritte und wichtigste programmatische Schrift zur neuen Kunstrichtung.
Giovanni Papini Ein erledigter Mensch Florenz	Trotz Kampfparolen gegen Konvention und Tradition gelingt es dem Protagonisten des Romans nicht, aus dem Alltag auszubrechen.
Kurt Tucholsky Rheinsberg Berlin	Erste und erfolgreichste Buchveröffentlichung Tucholskys: „Bilderbuch für Verliebte" in Form einer Reise-Idylle.
Arnold Zweig Die Novellen um Claudia Leipzig	An der Psychologie Sigmund Freuds ausgerichtete Novellensammlung über die Stationen einer Liebe im wilhelminischen Deutschland.

Kultur

Nationalbibliothek gegründet

25.9. Leipzig. Der Börsenverein des Deutschen Buchhandels beschließt die Gründung einer deutschen Zentralbibliothek. Unter dem Namen „Deutsche Bücherei" soll sie ab dem 1.1.1913 das gesamte deutschsprachige Schrifttum mit Ausnahme von Noten und Tagespresse sammeln und täglich ein Verzeichnis der Neuerscheinungen erstellen.
Ab 1941 werden auch die Übersetzungen deutschsprachiger Werke und ab 1943 Musikalien mit deutschen Texten und Titeln bibliographiert.
Nach der Spaltung Deutschlands entsteht 1947 in Frankfurt/Main die Deutsche Bibliothek; sie übernimmt die Funktionen der Deutschen Bücherei für die BRD. 1991 werden beide Einrichtungen unter dem Namen „Die deutsche Bibliothek" vereinigt.

Nofretete entdeckt

7.12. Tell El-Amarna. Im Rahmen von Ausgrabungsarbeiten in Ägypten entdecken Wissenschaftler der Deutschen Orientgesellschaft eine bemalte Kalksteinbüste der Königin Nofretete (altägyptisch: Die Schöne ist gekommen).
Nofretete, im 14. Jh. v. Chr. die Gemahlin des Pharao Echnaton, trat im öffentlichen Leben stark in Erscheinung. Umstritten ist ihr Anteil an der religiösen Reform Echnatons, der mit dem Sonnengott Aton einen Monotheismus begründete.
Die 48 cm hohe Büste wird in dem Lagerraum eines Bildhauers aus dem 14. Jh. v. Chr. gefunden. Vermutlich diente sie dem Bildhauer als offizielle Porträtvorlage.
Bei der Aufteilung der archäologischen Funde von Amarna wird die Büste der Deutschen Orientgesellschaft zugesprochen; Nofretete erhält einen Platz in der ägyptischen Sammlung in Berlin.   S 195/K 208
P. Vandenberg: Nofretete. Eine archäologische Biographie, 1987.

Busoni-Oper erstmals aufgeführt

13.4. Hamburg. Im Stadttheater wird Ferruccio Busonis erste Oper „Die Brautwahl" uraufgeführt. Das Libretto verfaßte der Komponist nach einer Erzählung von E. T. A. Hoffmann.
Busoni, der als Konzertpianist und Verfasser musikästhetischer Schriften bekannt wurde, lehrte ab 1888 an den Musikhochschulen von Helsinki, Moskau und Boston. 1907/08 leitete er am Konservatorium in Wien die

Klavier-Meisterklasse; 1920 übernahm er eine Kompositionsklasse an der Berliner Akademie der Künste.
Kennzeichnend für seinen Stil ist der Widerspruch zwischen Bewahrung alter musikalischer Formen und radikaler Neugestaltung. Weitere Busoni-Opern sind „Turandot" (1917) und „Doktor Faust", die nach dem Tod des Komponisten (1924) von Ph. Jarnach vollendet und 1925 uraufgeführt wird.

H. H. Stuckenschmidt: Ferruccio Busoni, 1967

Die V. Olympischen Spiele

6.7. Stockholm. König Gustav V. eröffnet in der schwedischen Hauptstadt die fünften Olympischen Spiele der Neuzeit (bis 22.7.). Die ersten Leichtathletik-Wettbewerbe haben bereits am 5.5. begonnen.
Die Organisation ist perfekt, der Zustand der Wettkampfanlagen hervorragend und die Architektur des Stadions mit 30 000 Sitzplätzen gelungen (Architekt Charles Perry). Die Olympischen Spiele der Neuzeit haben zu ihrer Form gefunden.
Sportlicher Höhepunkt ist die Leistung des „fliegenden Finnen" Johan Petteri („Hannes") Kolehmainen. Er gewinnt auf den Langstrecken dreimal Gold und einmal Silber und läuft über 3000 und 5000 m jeweils Weltrekord. Ein Novum dieser Spiele sind die ebenfalls mit Medaillen honorierten Kunstwettbewerbe. Literatur-Gold gewinnt IOC-Präsident Pierre de Coubertin mit seiner „Ode an den Sport". Aufsehen erregen die Leistungen von James Thorpe. Der US-Amerikaner indianischer Abstammung gewinnt sowohl den Fünfkampf als auch den Zehnkampf. In beiden Wettkämpfen stellt er einen Weltrekord auf. Am 6.5.1913 (↑S.112) wird Thorpe nachträglich disqualifiziert.

S 105/K 111

Ein „Abzeichen" für den Sport

21.10. Deutsches Reich. Auf Anregung des Sportwissenschaftlers und -funktionärs Carl Diem (1882–1962) wird nach schwedischem Vorbild das Deutsche Sportabzeichen eingeführt. Diem, in Stockholm (↑S.105/6.7.1912) Mannschaftsführer der Leichtathleten, organisiert 1936 die Olympischen Spiele in Berlin und initiiert in ihrem Rahmen den Fackellauf von Griechenland zur jeweiligen Austragungsstätte.
Das Sportabzeichen, das vom Deutschen Sportbund verliehen wird, ist eine Auszeichnung für vielseitige körperliche Leistungsfähigkeit und soll den Breitensport fördern. Die Anforderungen sind nach Altersstufen unterschieden.

Olympische Spiele 1912 in Stockholm				K 111
Zeitraum: 5.5. bis 22.7.		**Medaillenspiegel**	G	S	B
Teilnehmerländer	28	Schweden	24	24	17
Erste Teilnahme	4	USA	23	19	19
Teilnehmerzahl	2547	Großbritannien	10	15	16
Männer	2490	Finnland	9	8	9
Frauen	57	Frankreich	7	4	3
Deutsche Teilnehmer	185	Deutschland	5	13	7
Sportarten	13	Südafrika	4	2	0
Neu im Programm	2[1]	Norwegen	4	1	5
Nicht mehr olympisch	10[2]	Ungarn	3	2	3
Entscheidungen	102	Kanada	3	2	3
Erfolgreichste Medaillengewinner					
Name (Land) Sportart	**Medaillen (Disziplinen)**				
Hannes Kolehmainen (FIN); Leichtathletik	3 x Gold (5000 m, 10 000 m, Querfeldeinlauf), 1 x Silber (Querfeldeinmannschaft)				
Alfred Lane (USA) Schießen	3 x Gold (Schnellfeuerpistole, Freie Pistole, Armeerevolver-Mannschaft/30 m)				

1) Moderner Fünfkampf (1 Entscheidung), Reiten (5); 2) Bogenschießen, Boxen, Eiskunstlauf, Hockey, Jeu de Paume, Lacrosse, Motorbootrennen, Polo, Racquets, Rugby

Sport 1912		K 112
Fußball		
Deutsche Meisterschaft	Holstein Kiel	
Englische Meisterschaft	Blackburn Rovers	
Italienische Meisterschaft	Pro Vercelli	
Spanische Meisterschaft	FC Barcelona	
Tennis		
Wimbledon (seit 1877; 36. Austragung)	Herren: Anthony Wilding (NZL) Damen: Ethel Thomson-Larcombe (GBR)	
US Open (seit 1881; 32. Austragung)	Herren: Maurice McLoughlin (USA) Damen: Mary K. Browne (USA)	
Australian Open	Herren: James Parke (IRL)	
Davis-Cup (Melbourne, AUS)	Großbritannien – Australien 3:2	
Radsport		
Tour de France (5229 km)	Odile Defraye (BEL)	
Giro d'Italia (2439 km)	Atala (ITA, Firmenmannschaft)	
Boxen		
Schwergewichts-Weltmeisterschaft	Jack Johnson (USA) – K. o. über Jim Flynn (USA), 4.7.	
Herausragende Weltrekorde		
Disziplin	Athlet (Land)	Leistung
Leichtathletik, Männer		
800 m	James Meredith (USA)	1:51,9 min
1500 m	Abel Kiviat (USA)	3:55,8 min
4 x 100 m	Deutschland	42,3 sec
Hochsprung	George Horine (USA)	2,01 m
Stabhochsprung	Marcus Wright (USA)	4,02 m

1913

Politik

Raymond Poncairé

Poincaré Staatspräsident
17.1. Paris. Ministerpräsident Raymond Poincaré wird vom Kongreß zum neuen Präsidenten Frankreichs gewählt. Er tritt die Nachfolge von Armand Fallières an.
Der Jurist und Finanzfachmann war als Ministerpräsident und Außenminister (1912/13) für eine Stärkung der Beziehungen zu Großbritannien und Rußland eingetreten. Nach dem 1. Weltkrieg beharrt er gegenüber Deutschland auf strikte Erfüllung des Versailler Vertrags (↑S.153/28.6.1919) und veranlaßt 1923, wiederum als Premierminister, die Ruhrbesetzung (↑S.198/11.1.). S 399/K 398

Griechischer König ermordet
18.3. Saloniki. Georg I., König von Griechenland, wird in der erst am 8.11.1912 im Ersten Balkankrieg (↑S.99) eroberten Hafenstadt Saloniki ermordet. Der Täter, Alexander Schinas, begeht am 6.5. in der Gefängniszelle Selbstmord.
Georg I., aus dem dänischen Königshaus stammend, war 1863 zum König gewählt worden. Unter seiner Herrschaft konnte Griechenland sein Territorium fast verdoppeln. Nachfolger wird sein ältester Sohn Konstantin. S 401/K 400

Zweiter Balkankrieg
29.6. Der Zweite Balkankrieg beginnt mit einem Angriff Bulgariens auf Serbien. Bereits bei den Londoner Friedensverhandlungen am 30.5.1913 zur Beendigung des Ersten Balkankriegs (↑S.99/8.10.1912) gab es zwischen Serbien und Bulgarien Streit um die Aufteilung Mazedoniens. Der vormalige Gegner, das Osmanische Reich, tritt an der Seite Serbiens, Griechenlands und Montenegros in den Krieg gegen den früheren Verbündeten Bulgarien ein. Das zuvor neutrale Rumänien möchte die bulgarische Süddobrudscha gewinnen und beteiligt sich ab dem 10.7. ebenfalls. Im Frieden von Bukarest (10.8.) muß Bulgarien große Gebietsverluste auf Kosten der Kriegsgegner hinnehmen. Nicht im Sinne der österreichisch-ungarischen Doppelmonarchie ist die Machtverschiebung auf dem Balkan zugunsten Serbiens (↑S.107/18.10.1913).
Massaker an der Zivilbevölkerung in beiden Balkankriegen führen zur Flucht und Vertreibung Hunderttausender hauptsächlich des türkisch-muslimischen Bevölkerungsanteils. Langfristige Folge ist eine Verstärkung des nationalistischen Elements auf dem konfessionell und ethnisch vielfältig gemischten Balkan. S 107/K 114

Deutsche Aufrüstung forciert
30.6. Berlin. Der Reichstag verabschiedet in dritter Lesung eine Wehrvorlage, die eine stufenweise Erhöhung der Sollstärke des Heeres vorsieht. Gegen diese seit der Reichsgründung umfangreichste Aufrüstungsmaßnahme votieren nur die Sozialdemokraten sowie die polnischen und elsässischen Abgeordneten.
Bis Oktober 1915 soll die Heeresstärke 816 000 Mann betragen. Die dafür erforderlichen finanziellen Aufwendungen betragen 898 Mio Mark. Die Heeresnovelle wird in der nationalen und konservativen Presse von der publizistischen Vorbereitung auf einen kommenden Krieg begleitet.

Wichtige Regierungswechsel 1913		K 113
Land	Amtsinhaber	Bedeutung
Bulgarien	Stojan Petrow Danew (M seit 31.5.1913) Wasil Radoslawow (M bis 1918)	Rücktritt wegen militärischer Niederlage im 2. Balkankrieg (16.7.); Radoslawow zu Friedensverhandlungen bereit
Frankreich	Armand Fallières (P seit 1906) Raymond Poincaré (P bis 1920)	Poincaré betreibt konservative Politik unter Fortsetzung des Bündnisses mit Großbritannien und Rußland (S.106)
	Raymond Poincaré (M seit 1912) Aristide Briand (M 18.1.–18.3.) Louis Barthou (M 24.3.–2.12.) Gaston Doumergue (M bis 1914)	Rücktritt Poincarés nach Wahl zum Präsidenten (17.1.); Rücktritt Briands nach Abstimmungsniederlage über Einführung des Mehrheitswahlrechts; Rücktritt Barthous nach Differenzen über Steuergesetze: Doumergue vertritt antiklerikalen Kurs
Griechenland	Georg I. (König seit 1863) Konstantin I. (König bis 1917)	Georg I., dessen Position durch den erfolgreichen Verlauf des 1. Balkankriegs gestärkt wurde, stirbt bei Attentat (S.106/18.3.)
USA	William H. Taft (Republ., P seit 1909) Thomas Woodrow Wilson (Dem., P bis 1920)	Wilson gewinnt Wahl (5.11.1912) mit 42% der Stimmen gegen Theodore Roosevelt (27%) und Präsident Taft (23%, S.99)

M = Ministerpräsident bzw. Premierminister; P = Präsident

Österreich contra Serbien

18.10. Wien. Die österreichisch-ungarische Regierung fordert Serbien ultimativ auf, das von ihm im September besetzte Albanien innerhalb von acht Tagen zu räumen. Die Kriegsgefahr ist gebannt, als die serbischen Truppen am 25.10. das Territorium verlassen. Die serbische Regierung hatte dem politischen Druck Rußlands, Italiens und des Deutschen Reichs nachgegeben.

Im Bewußtsein einer Unterstützung durch das Deutsche Reich hatte Österreich eine militärische Auseinandersetzung mit Serbien provozieren wollen. Serbien bleibt der Hauptwidersacher Österreichs in Südosteuropa.

Das seit 500 Jahren unter türkischer Herrschaft stehende Albanien wird als neugeschaffener Staat am 2.12. selbständig, der deutsche Prinz Wilhelm zu Wied wird Fürst von Albanien (↑S.100/29.11.1912).

Militärwillkür in Zabern

6.11. Zabern. Diskriminierende Äußerungen im Elsaß stationierter deutscher Soldaten gegenüber der Bevölkerung und willkürliche Verhaftungen durch das Militär führen im Deutschen Reich zur schwersten innenpolitischen Krise seit der Daily-Telegraph-Affäre (↑S.72/28.10.1908).

Sowohl der Kaiser als auch der preußische Kriegsminister Erich von Falkenhayn sowie Reichskanzler Theobald von Bethmann Hollweg billigen das Vorgehen des Militärs. Erst nach einem Mißtrauensvotum des Reichstags gegenüber dem Kanzler (4.12.) beschließt Wilhelm II. das Zaberner Infanterieregiment bis auf weiteres zu verlegen.

Die Zabern-Affäre wirft ein bezeichnendes Licht auf das Kräfteverhältnis zwischen militärischer und ziviler Gewalt im Deutschen Reich.

Stationen der Balkankriege 1912/13 — K 114

1912	
13. 3.	Bulgarien und Serbien schließen Bündnisvertrag; Ziel ist die Verdrängung der Osmanen vom Balkan
8.10.	Montenegro erklärt dem Osmanischen Reich den Krieg; zehn Tage später schließen sich die weiteren Balkanbund-Staaten Griechenland, Bulgarien und Serbien an (S.99)
8.11.	Griechenland nimmt die osmanische Metropole Saloniki ein; bulgarische Truppen bedrohen Konstantinopel
3.12.	Unterzeichnung eines Waffenstillstandsabkommens, nur die griechischen Truppen setzen die Kämpfe fort
16.12.	Beginn von Friedensverhandlungen zwischen dem Osmanischen Reich und den Balkanstaaten: Abbruch am 6.1.1913
1913	
2. 1.	Die Botschafterkonferenz der sechs europäischen Großmächte in London verleiht Albanien die Unabhängigkeit
30. 1.	Die Balkanbund-Staaten verkünden die Aufhebung des Waffenstillstands; am Vortag Abbruch der Friedensverhandlungen
14. 4.	Nach Stellungskrieg an der Tschataldscha-Linie schließt Bulgarien Waffenstillstand mit dem Osmanischen Reich
5. 5.	Montenegro räumt unter internationalem Druck die Stadt Skutari an der montenegrinisch-albanischen Grenze
30. 5.	Londoner Präliminarfrieden beendet den 1. Balkankrieg: Türkei verzichtet auf einen Großteil der europäischen Besitzungen; zwischen Serben und Bulgaren entsteht Streit um Mazedonien
29. 6.	Beginn des 2. Balkankriegs: Serbien und Griechenland erklären Bulgarien den Krieg; zuvor bulgarischer Angriff (S.106)
10. 7.	Rumänien erklärt Bulgarien den Krieg und erobert die bulgarische Region Süddobrudscha
10. 8.	Friede von Bukarest beendet den 2. Balkankrieg: bulgarische Gebietsabtretungen an Serbien und Griechenland
21. 9.	Bulgarischer Separatfrieden mit dem Osmanischen Reich: Adrianopel wird wieder türkisches Staatsgebiet

Wirtschaft

Arbeitgeber machen Front

5.4. Deutsches Reich. Mit dem Zusammenschluß der Hauptstelle und des Vereins deutscher Arbeitgeberverbände entsteht Deutschlands mächtigste Arbeitgeberorganisation, die Vereinigung der deutschen Arbeitgeberverbände (61 Hauptverbände mit insgesamt 1,65 Mio Beschäftigten).

Die sich als Kampfverband gegen die Gewerkschaften verstehende Organisation sieht ihre wichtigste Aufgabe in Abwehrmaßnahmen gegen Streiks und andere gewerkschaftliche Aktionen (Aussperrung, Streikversicherung). Es werden sog. schwarze Listen erstellt, auf denen gewerkschaftlich und politisch aktive Arbeiter notiert sind, interne Arbeitsnachweisstellen beschränken ihre Vermittlung auf „unternehmerfreundliche" Arbeitskräfte. Die Vereinigung ist der dritte deutsche Arbeitgeberverband neben dem Centralverband deutscher Industrieller und dem Bund der Industriellen.

Verkehr

Central Station eingeweiht

2.2. New York. Der größte Bahnhof der Welt, die Grand Central Station, wird eingeweiht. Der New Yorker Zentralbahnhof wurde für die Central-Railroad-Eisenbahngesellschaft erbaut.

Das zweistöckige Gebäude im architektonischen Prunk des 19. Jh. kostete umgerechnet 600 Mio Mark. Im oberen Stockwerk liegen 42 Gleispaare für den Fernverkehr, die untere

1913

Bedeutende Bahnhöfe in Europa			K 115
Bahnhof	Ort (Land)	Bauzeit	Fläche (m²)
Euston	London (Großbritannien)	1838–39	1 320
Trijunct	Derby (Großbritannien)	1839–41	5 800
Gare de l'Est	Paris (Frankreich)	1847–52	4 560
New Street	Birmingham (Großbritannien)	1850–54	21 600
King's Cross	London (Großbritannien)	1851–52	15 700
Paddington	London (Großbritannien)	1852–54	15 600
Gare du Nord	Paris (Frankreich)	1861–65	13 200
Cannon Street	London (Großbritannien)	1863–66	11 200
St. Pancras	London (Großbritannien)	1863–76	15 700
Gare d'Austerlitz	Paris (Frankreich)	1868	14 700
Anhalter Bahnhof	Berlin (Deutschland)	1872–78	10 200
Schlesischer Bhf.	Berlin (Deutschland)	1878–82	11 200
Hauptbahnhof	München (Deutschland)	1876–84	20 900
Hauptbahnhof	Frankfurt/M. (Deutschland)	1879–88	31 400
Central Street	Manchester (Großbritannien)	1880	10 700
Hauptbahnhof	Köln (Deutschland)	1891–94	23 000
Hauptbahnhof	Dresden (Deutschland)	1892–98	27 600
Central	Antwerpen (Belgien)	1899	11 600
Hauptbahnhof	Hamburg (Deutschland)	1904–06	15 900
SBB	Basel (Schweiz)	1905	17 400
Hauptbahnhof	Leipzig (Deutschland)	1912–15	56 000
Centrale	Mailand (Italien)	1910–30	66 500

Nobelpreisträger 1913	K 116
Frieden: Henri La Fontaine (B, 1854–1943)	
Der Professor für internationales Recht war seit 1885 als Vorkämpfer für den Frieden tätig und Mitglied in zahlreichen friedenstiftenden Organisationen. 1902 erschien sein Hauptwerk, eine Dokumentation über internationale Schiedsgerichte („Pasicrisie internationale").	
Literatur: Rabindranath Tagore (Indien, 1861–1941)	
Der Schöpfer der modernen bengalischen Literatur verstand sich als Vermittler zwischen indischer Tradition und europäischer Kultur. Den Mittelpunkt seines Werks bilden vom Expressionismus beeinflußte Gedichte, von denen viele – von ihm selbst vertont – zu Volksliedern wurden.	
Chemie: Alfred Werner (CH, 1866–1919)	
Werner gilt als Begründer der Stereochemie, die die räumliche Anordnung der Atome im Molekül untersucht. Dazu dient die von ihm entwickelte Koordinationslehre von den molekularen Strukturen. Damit konnte u. a. der Aufbau der Blutfarbstoffe und des Vitamins B_{12} geklärt werden.	
Medizin: Charles R. Richet (F, 1850–1935)	
Der Physiologe zeigte, daß die Antikörper, die der Körper zum Schutz vor Infektionen bildet, in zu großer Menge den Organismus schädigen (Phänome der überempfindlichen Reaktion, Anmaphylaxie). Die Erkenntnisse von Richet trieben insbesondere die Allergieforschung voran.	
Physik: Heike Kamerlingh Onnes (NL, 1853–1926)	
1894 gründete der Physiker ein Kältelabor, in dem er die Materialeigenschaften von Metallen bei extrem niedrigen Temperaturen untersuchte. 1908 gelang ihm die Verflüssigung von Helium; 1911 entdeckte er bei Quecksilber das Phänomen der Supraleitfähigkeit (Metalle verlieren bei Temperaturen nahe dem absoluten Nullpunkt den elektrischen Widerstand).	

Etage ist für Vorortzüge reserviert. Für die Passagiere, die erst die Gleise betreten dürfen, wenn der Zug eingelaufen ist, wurden riesige Wartesäle errichtet. Der repräsentative Stil des Bahnhofs versinnbildlicht die bedeutende Rolle der Eisenbahn in der Geschichte der USA.

S 108/K 115

Wissenschaft

Isotop definiert

18.2. Glasgow. Der britische Chemiker Frederick Soddy prägt den Begriff „Isotop", um radioaktive oder nichtstrahlende Atome des gleichen chemischen Elements zu beschreiben, die unterschiedliche Atommassen besitzen. Das Phänomen der Isotopie (griech. gleicher Platz) entdeckte 1910 der britische Atomphysiker Joseph John Thomson am Element Neon (Atomgewicht 20 und 22).
Ab August dieses Jahres entwickeln der ungarische Chemiker Georg Karl von Hevesy und sein deutscher Kollege Friedrich Adolph Paneth die sog. Isotopentechnik (Radioindikator oder Tracermethode) zur Verfolgung chemischer Reaktionen. Sie wird nach der Entdeckung der künstlichen Radioaktivität 1934 durch das französische Physikerehepaar Frédéric und Irène Joliot-Curie sowie der schweren Wasserstoffisotope Deuterium und Tritium im Jahr 1932 schnell zum Allgemeingut biochemischer und medizinischer Forschung.

Bohr erneuert Atomtheorie

30.6. Kopenhagen. Der dänische Physiker Niels Bohr begründet das erste mathematisch fundierte Atommodell.
Danach bestehen Atome aus einem zentralen Kern und einer Elektronenhülle, in der negativ geladene Elektronen nach Art der Planeten auf schalenförmig angeordneten Kreisbahnen um den Kern rotieren. Springt ein Elektron auf eine kernnähere Umlaufbahn, so wird die Überschußenergie als Lichtquant (Photon) bzw. Spektrallinie abgegeben. Zur Ableitung seiner Theorie griff Bohr die Quantenvorstellungen Max Plancks (↑S.14/ 14.12.1900) sowie das Atommodell Ernest Rutherfords (↑S.94/7.5.1911) auf und vereint sie zur Schalen- oder Quantentheorie der Atome.
Trotz großer Erfolge des Bohrschen Modells wird bald klar, daß zur Beschreibung physikalischer Phänomene nur beobachtbare Größen verwendet werden dürfen, daß also der Begriff „Umlaufbahn" keine Realität be-

sitzt. Diese Erkenntnis führt Werner Heisenberg 1925 (↑S.223/29.7.) zur Entwicklung der Quantenmechanik. S 52/K 46

R. E. Moore: Niels Bohr. Ein Mann und sein Werk verändern die Welt, 1970. A. Hermann: Lexikon Geschichte der Physik A–Z, 1987.

Kunststoff PVC erfunden
4.7. Mainthal. Im Zuge seiner Forschungen bei Griesheim-Elektron erhält der Chemiker Fritz Klatte ein Patent zur Herstellung von Vinylchlorid und dessen Polymerisation zu Polyvinylchlorid (PVC), dem ersten Hartkunststoff.
Damit ist Klatte seiner Zeit weit voraus, denn der chemische und technische Kenntnisstand erlaubt die Verwertung seiner Produkte noch nicht. Dies ermöglichen erst die von Hermann Staudinger 1922 (↑S.190) erarbeiteten Grundlagen über Makromoleküle. S 295/K 304

S. Engels: ABC Geschichte der Chemie, 1989. G. Rink: Einführung i. d. Kunststoffchemie, 1979.

Psychologie wird exakter
September. Baltimore. Der US-amerikaner John Broadus Watson, Psychologieprofessor an der John-Hopkins-Universität, veröffentlicht einen revolutionären Aufsatz über Verhaltensforschung, in dem er Begriffe wie Bewußtsein oder Seele strikt ablehnt. Statt dessen vertritt Watson die umstrittene Forderung, Psychologie als exakte Naturwissenschaft zu betreiben (Mensch als komplizierte, aber exakt funktionierende Maschine) und begründet damit den sog. klassischen bzw. extremen Behaviorismus.
Diese Forschungsrichtung, wie auch der wesentlich abgemilderte Neubehaviorismus, den insbesondere nach 1940 der US-amerikanische Psychologe Clark Leonard Hull proklamiert, bringt bei der Erforschung wichtige Fortschritte der Bedingungen und Formen von Verhaltensänderungen. S 14/K 4

Technik

Geiger gelingt Atomzählung
Berlin. Der Physiker Hans Geiger, Leiter des Laboratoriums für Radioaktivität der Physikalisch-Technischen Reichsanstalt, entwickelt eines der wichtigsten Meßgeräte der Kernphysik, den sog. Spitzenzähler: ein mittels Gasverstärkung arbeitender Detektor zum Nachweis und zur Zählung einzelner geladener Teilchen (Elektronen, Ionen). Das erste Zählrohr wurde 1908 von dem britischen Atomphysiker Ernest Rutherford

Bedeutende Denkmäler des 19. und 20. Jh. K 117

Name, Jahr der Vollendung Erbauer	Ort	Anlaß für den Bau, Bedeutung
Colonne de la Grande Armée (1810) J.-B. Lepère	Paris (Frankreich)	Erinnerung an die Siege der Grande Armée
Luther-Denkmal (1821), J. G. Schadow	Wittenberg (Deutschland)	Erinnerung an den Reformator Martin Luther (1483–1546)
Dürer-Denkmal (1840), C. D. Rauch	Nürnberg (Deutschland)	Gedenken an den in Nürnberg geborenen Maler
Nelsons Column (1843), E. Baily	London (Großbrit.)	Sieg in der Schlacht von Trafalgar (1806)
Bavaria (1850), L. M. Schwanthaler	München (Deutschland)	Staatssymbol für das Königreich Bayern (gegründet 1806)
Albert Memorial (1872), G. G. Scott	London (Großbrit.)	Erinnerung an Prinz Albert von Sachsen-Coburg-Gotha
Maria-Theresien-Denkmal (1874), K. Zumbusch	Wien (Österreich)	Erinnerung an die österr. Kaiserin Maria-Theresia
Niederwald-Denkmal (1883), J. Schilling	Rüdesheim (Deutschland)	Gründung des Deutschen Reiches im Jahr 1869
Denkmal für die Republik (1883), J. Dalou	Paris (Frankreich)	Erinnerung an die Frz. Revolution (Freiheit, Gleichheit, Brüderlichkeit)
Freiheitsstatue (1886), F. A. Bartholdi	New York (USA)	100 Jahre US-Unabhängigkeit; Freiheit des einzelnen
Eiffelturm (1887), G. Eiffel	Paris (Frankreich)	Für die Weltausstellung im Jahr 1889 gebaut
Washington Memorial (1888), N. N.	Washington (USA)	Obelisk zu Ehren des ersten US-Präsidenten
Kolumbus-Säule (1892), G. Rossi	New York (USA)	400. Jahrestag der Entdeckung Amerikas
„Bürger von Calais" (1895), A. Rodin	Calais (Frankreich)	Würdigung der politischen Taten des Bürgers
Kaiser-Wilhelm-Denkmal (1896), B. Schmik	Kyffhäuser (Deutschland)	Verherrlichung des deutschen Kaisers Wilhelm I.
General Grant Memorial (1897), J. Duncan	New York (USA)	Erinnerung an den US-Präsidenten Ulysses S. Grant
Bismarck-Nationaldenkmal (1901), R. Begas	Berlin (Deutschland)	Denkmal vor dem Reichstag für Otto von Bismarck
Monumento Vittorio Emanuele II. (1911), N. N.	Rom (Italien)	Nationaldenkmal zu Ehren des ersten italienischen Königs der Neuzeit
Wenzelsdenkmal (1912), J. V. Myslbek	Prag (Tschechien)	Erinnerung an den tschechischen Landespatron
Völkerschlachtdenkmal (1913), B. Schmitz (S.110)	Leipzig (Deutschland)	100. Jahrestag der Befreiungskriege gegen die napoleonische Herrschaft
Jan-Hus-Denkmal (1915), L. Saloun	Prag (Tschechien)	500. Jahrestag der Verbrennung des Reformators
Cervantes-Denkmal (1928)	Madrid (Spanien)	Gedenken an den Dichter Miguel de Cervantes
Denkmal der Arbeit (1930), C. Meunier	Brüssel (Belgien)	Würdigung der Leistungen des Arbeiters
Luftbrückendenkmal (1951), E. Ludwig	Berlin (Deutschland)	Gedenken an die Alliiertenhilfe während der Berlin-Blockade (1948/49)
„Die zerstörte Stadt" (1953), O. Zadkine	Rotterdam (Niederlande)	Gedenken an die Bombardierung Rotterdams
Sibeliusdenkmal (1967), E. Hiltunen	Helsinki (Finnland)	Erinnerung an den Komponisten Jean Sibelius († 1957)
Vietnam Veterans Memorial (1982), M. Ying Lin	Washington (USA)	Gedenken an die in Vietnam gefallenen US-Soldaten

Leipziger Völkerschlachtdenkmal: Trotz seiner pathetischen Gesamterscheinung ist das Denkmal ein wichtiges Beispiel für die Verbindung von Historismus und Jugendstil. Es ragt nicht mehr autonom über die umgebende Landschaft, sondern versucht, eine Verbindung mit ihr einzugehen.

(↑S.87/20.12.1910) und seinem damaligen Assistenten Geiger zur Zählung von Alphateilchen konstruiert.
Den Geigerzähler vervollkommnen 1928 Hans Geiger und sein Schüler, der deutsch-amerikanische Physiker Walter Müller, zum sog. Auslöse-Zählrohr (Geiger-Müller-Zähler). Es dient zum Nachweis radioaktiver Strahlung und wird ein in der Physik und Technik gleichermaßen unentbehrliches Hilfsmittel.

Rundfunk mittels Röhre
10.4. Berlin. Der deutsche Physiker Alexander Meißner erhält das Patent auf einen Funksender mit Vakuumröhren, der ungedämpfte Schwingungen durch Rückkopplung erzeugt, das sog. „Schwingaudion".
Damit schafft Meißner ein Prinzip zur sauberen Überlagerung der Trägerfrequenz eines Senders mit einer Sprechfrequenz. Die Grundlage dazu schuf 1906 (↑S.59) der US-amerikanische Funkpionier Lee De Forest mit dem Entwurf einer Audionschaltung zur Gleichrichtung von Schwingungen mit hoher Frequenz.
Bereits am 21.6. dieses Jahres wird in Deutschland zwischen Berlin und Nauen der Funksprechverkehr mittels eines Röhrensenders aufgenommen. S 61/K 57

Gesellschaft

Redl: Selbstmord auf Befehl
25.5. Wien. Auf Druck des österreichisch-ungarischen Geheimdienstes begeht der am Vortag als Spion enttarnte Oberst Alfred Redl Selbstmord. Damit wird ein Skandal um einen der bedeutendsten Spionagefälle des 20. Jh. vermieden.
Seit etwa 1905 stand der Oberst und Leiter der geheimen Nachrichtenabteilung im k. u. k. Generalstab im Sold des russischen Geheimdienstes (Jahressalär zwischen 42 000 und 84 000 Mark). Seine Homosexualität hatte ihn erpreßbar gemacht. Redl verriet u. a. Aufmarschpläne der Armee, Verteidigungslinien und Organisationsabläufe für die Mobilmachung.
Der Fall Redl wird mehrfach verfilmt, u. a. 1984 von Istvan Szabó mit Klaus Maria Brandauer in der Titelrolle. S 138/K 149
G. Markus: Der Fall Redl, 1984.

Denkmal für die Völkerschlacht
18.10. Leipzig. Der deutsche Kaiser Wilhelm II. weiht auf dem Blachfeld bei Leipzig das Völkerschlachtdenkmal ein. Es erinnert an den Sieg preußischer, russischer und österreichischer Truppen am 16.–19.10.1813 über die Besatzungsarmee des Kaisers der Franzosen Napoleon I., der damit seine 1799 errichtete Vorherrschaft über Europa verlor.
Die Idee für den Bau ging vom Leipziger Architekten Klemens Thieme aus, der 1894 den „Deutschen Patriotenbund zur Errichtung eines Völkerschlacht-National-Denkmals" gründete. Architekt des 4,5 Mio Mark teuren Monuments ist Bruno Schmitz.
Die Stätte der Beschwörung nationalen Geistes ist ein 91 m hohes pyramidenförmiges Bauwerk. An seiner Stirnseite befindet sich ein 60 m breites und 25 m hohes Relief mit einer vom deutschen Maler Christoph Behrens angefertigten Darstellung der Völkerschlacht, die mit mehr als einer halben Million beteiligten Soldaten (90 000 Gefallene) die bis dahin größte Schlacht in der Weltgeschichte war. S 109/K 117

Kultur

Steiner begründet Anthroposophie
3.2. Berlin. Der Österreicher Rudolf Steiner, zwischen 1902 und 1913 Mitglied der Theosophischen Gesellschaft, gründet die Anthroposophische Gesellschaft. Der Philosoph, stark beeinflußt von Johann Wolfgang von

Goethe, entwirft seine Weltanschauung auf der Basis von christlichen, indischen, gnostischen und kabbalistischen Ideen. Er proklamiert eine stufenweise Entwicklung der Welt, die vom Menschen über den Weg der Devotion und Läuterung nachvollzogen werden soll, um übersinnliche Erkenntnisse zu erlangen. Zentrum der Anthroposophischen Gesellschaft wird das „Goetheanum" in Dornach bei Basel. Pädagogischen Einfluß übt sie vor allem mit den von ihr gegründeten Freien Waldorfschulen aus.

E. Bock: Rudolf Steiner, NA 1990.

Moderne Kunst in der Neuen Welt

15.2. New York. In einem Zeughaus der Armee wird die Armory Show eröffnet. Als erste Ausstellung ihrer Art in den USA vermittelt sie anhand von 1600 Exponaten einen repräsentativen Eindruck von der modernen Kunst in Europa und Amerika.
Veranstalter der Ausstellung ist die Association of American Painters and Sculptors (Vereinigung amerikanischer Maler und Bildhauer). Die Bandbreite der gezeigten Objekte reicht von den Impressionisten bis hin zu den Fauvisten und Kubisten. Für Aufsehen sorgt das 1912 entstandene kubistische Bild „Die Treppe herabsteigender Akt Nummer 2" von dem Franzosen Marcel Duchamp; die Bewegungsdimension wird als „unschicklich" empfunden.
Die bis zum 15.3. andauernde Armory Show zählt mehr als 300 000 Besucher und wird anschließend auch in Boston und Chicago gezeigt.

Strawinsky-Ballett löst Skandal aus

29.5. Paris. Die Uraufführung von „Le sacre du printemps" (Das Frühlingsopfer) im Théatre des Champs-Elysées stößt auf die empörte Ablehnung des Publikums. Das Ballett zeigt den Todestanz eines jungen Mädchens, das geopfert werden soll, um den Gott des Frühlings gnädig zu stimmen.
Die Musik des russischen Komponisten Igor Strawinsky wird aufgrund vieler Dissonanzen als Zumutung empfunden. Strawinsky verwendet für dieses Ballett sehr einfache und kurze, signalartig wirkende Motive von magischer Ausstrahlungskraft, die als „barbarisch" verurteilt werden.
Bereits ein Jahr nach diesem Skandal, einem der größten in der Musikgeschichte des 20. Jh., erringt der musikalische Leiter des Diaghilew-Balletts, Pierre Monteux, mit einer Konzertfassung von „Le sacre du printemps" einen Publikumserfolg.

Kulturszene 1913	K 118
Theater	
Georg Büchner Woyzeck UA 8.11., München	Nach „Dantons Tod" (1902) die zweite Büchner-Entdeckung des Jh.: Dramenfragment nach einem authentischen Mordfall des Jahres 1821.
George Bernard Shaw Pygmalion UA 16.10., Wien	Die Komödie vom gesellschaftlichen Aufstieg durch Spracherziehung ist eine geistreich-witzige Umdeutung der antiken Pygmalion-Sage.
Carl Sternheim Bürger Schippel UA 5.3., Berlin	Satire auf den bürgerlichen Standesdünkel am Beispiel eines in den Bürgerstand aufgenommenen proletarischen Wirtshausmusikers.
Oper	
Manuel de Falla Das kurze Leben UA 1.4., Nizza	Von andalusischer Folklore beeinflußte Oper, mit der de Falla bereits 1905 einen Kompositionswettbewerb in Madrid gewann.
Operette	
Walter Kollo Wie einst im Mai UA 4.10., Berlin	Berliner Operette in der Nachfolge von Paul Lincke mit witzigen, pointensicheren Liedern, u. a. „Die Männer sind alle Verbrecher".
Konzert/Ballett	
Arnold Schönberg Gurre-Lieder UA 23.2., Wien	Werk aus Liedern, melodramatischen Passagen, Chören und Orchesterzwischenspielen auf Gedichte von J. P. Jacobsen.
Igor Strawinsky Le sacre du printemps UA 29.5., Paris	Die rhythmische Urgewalt und die vulkanartigen Entladungen des Klangs lösen bei der Premiere der Ballettmusik einen Skandal aus.
Anton Webern Stücke für großes Orchester op. 6; UA 31.3., Wien	Pointillistische Musik: kurze Sätze, zersplitterte Tonfolgen, neue klangliche Differenziertheit der musikalischen Aussage.
Film	
Stellan Rye Der Student von Prag Deutschland	Stummfilmklassiker über einen Studenten, der sein Spiegelbild an einen Fremden verkauft; in der Hauptrolle der Regisseur Paul Wegener.
Buch	
Alain-Fournier Der große Kamerad Paris	Der stilistisch meisterliche, einzig vollendete Roman des Autors markiert einen Wendepunkt in der Geschichte französischer Erzählkunst.
Guillaume Apollinaire Alcools Paris	Verzicht auf Interpunktion, Betonung des Rhythmischen und Stilmischung sind wichtige Merkmale der symbolistischen Gedichte.
Gorch Fock Seefahrt ist not! Hamburg	Das Buch des in der Schlacht im Skagerrak (1916) gefallenen Seemannssohnes wird zum nationalistischen Kultroman.
Bernhard Kellermann Der Tunnel Berlin	Der Zukunftsroman über die Untertunnelung des Atlantischen Ozeans findet aufgrund der „Titanic"-Katastrophe (1912) weltweit Beachtung.
D. H. Lawrence Söhne und Liebhaber London	Die Spannungen zwischen einer eifersüchtigen Mutter, ihren Söhnen und deren Geliebten gipfeln in einem ödipalen Mutter-Sohn-Verhältnis.
Thomas Mann Der Tod in Venedig Berlin	Die Verwirrung durch die Schönheit eines Knaben zeigt in der Künstlernovelle die Brüchigkeit einer scheinbaren inneren Harmonie.
Marcel Proust Auf der Suche nach der verlorenen Zeit; Paris	Mit „In Swanns Welt" beginnt der siebenteilige Romanzyklus (bis 1927), mit dem Proust den modernen Roman mitbegründet.
Georg Trakl Gedichte Leipzig	Der erste Gedichtband Trakls ist eine Sammlung schwermütig-trauriger Lyrik, bestimmt von Ahnungen des Verfalls.

1913

"**Le sacre du printemps" von Igor Strawinsky:** Bei der skandalumwitterten Uraufführung in Paris durch Diaghilews Ballets Russes tanzt u. a. Waslaw Nijinsky (l.), der auch die Choreographie entwarf (Ausstattung von Nikolas Roerich).

Sport 1913   K 119

Fußball

Deutsche Meisterschaft	VfB Leipzig
Englische Meisterschaft	FC Sunderland
Italienische Meisterschaft	Pro Vercelli
Spanische Meisterschaft	FC Barcelona

Tennis

Wimbledon (seit 1877; 37. Austragung)	Herren: Anthony Wilding (NZL) Damen: Dorothea Lambert-Chambers (GBR)
US Open (seit 1881; 33. Austragung)	Herren: Maurice McLoughlin (USA) Damen: Mary K. Browne (USA)
Australian Open	Herren: E. F. Parker (AUS)
Davis-Cup (Wimbledon, GBR)	USA – Großbritannien 3:2

Radsport

Tour de France (5387 km)	Philippe Thys (BEL)
Giro d'Italia (2932 km)	Carlo Oriani (ITA)

Boxen

Schwergewichts-Weltmeisterschaft	Jack Johnson (USA) – K. o. über Andre Spronö (SWE), 28.11. – Remis gegen Jack Johnson (USA), 19.12.

Herausragende Weltrekorde

Disziplin	Athlet (Land)	Leistung
Leichtathletik, Männer		
Diskuswurf	Armas Taipale (FIN)	47,85 m
Hammerwurf	Patrick Ryan (USA)	57,77 m

Sport

Olympiasieger disqualifiziert

6.5. Lausanne. Auf seinem fünften olympischen Kongreß disqualifiziert das Internationale Olympische Komitee (IOC) den US-Amerikaner indianischer Abstammung James Thorpe, der in Stockholm (↑S.105/ 6.7.1912) zwei Goldmedaillen im Fünf- und Zehnkampf gewann. Er hat 1909 vorübergehend für ein Entgelt von 60 bis 100 US-Dollar (250 bis 420 Mark) in einem Baseballteam gespielt.

Die Disqualifizierung des unumstrittenen „Königs der Athleten" löst zahlreiche Proteste aus und richtet die Aufmerksamkeit der Öffentlichkeit auf die restriktiv gehandhabten Amateurregeln aus dem 19. Jh.

Thorpe gilt als einer der größten Leichtathleten aller Zeiten. Sein Vorsprung vor dem Zweitplazierten im olympischen Zehnkampf betrug 688,1 Punkte, seine Einzelleistungen haben weit ins 20. Jh. hinein Bestand (u. a. 100 m in 11,2 sec). Seine Punktzahl von 8412,9 entspricht 1987 einer Wertung von 6845 Punkten. 1979 wird Thorpe vom US-amerikanischen Verband, 1982 auch vom IOC postum rehabilitiert.

1914

Politik

Großes Interesse an Spitzbergen

16.6. Kristiania (heute Oslo). Dänemark, Deutschland, Frankreich, Großbritannien, die Niederlande, Norwegen, Rußland, Schweden und die USA verhandeln in der norwegischen Hauptstadt über die Besitzverhältnisse auf Spitzbergen. Die im Nordpolarmeer gelegene Inselgruppe (Fläche: 63 000 km², Mitte der 90er Jahre 3700 Einwohner) weist reiche Kohlevorkommen auf. Die Absicht der deutschen Reichsregierung, an einer Kontrollkommission mitzuwirken, stößt vor allem bei der russischen Delegation auf Widerstand.
Am 9.2.1920 wird Spitzbergen Norwegen zugesprochen. Die aus Westspitzbergen, Nordostland, Edge-Insel, Bäreninsel und vielen kleinen Eilanden bestehende Inselgruppe bildet zusammen mit der Bäreninsel den Verwaltungsbezirk Svalbard (ab 1925). Alle anderen Staaten erhalten das Recht zum Kohleabbau, das jedoch nur von Norwegen und Rußland bzw. der Sowjetunion genutzt wird. Während des Zweiten Weltkriegs wird Spitzbergen von Großbritannien besetzt (1941–45).

Österreichs Thronfolger ermordet

28.6. Sarajevo. Der österreichisch-ungarische Thronfolger Erzherzog Franz Ferdinand und seine Frau Sophie von Hohenberg sterben bei einem Attentat des 19jährigen Gawrilo Princip.
Der 50jährige Franz Ferdinand, Neffe des österreichisch-ungarischen Kaisers Franz Joseph I., befand sich auf einer Stadtrundfahrt durch die Hauptstadt Bosniens, das seit 1875 unter österreichischer Verwaltung steht (Annexion 1908). Der Attentäter gehört der nationalistischen Bewegung „Junges Bosnien" an, die von serbischen Panslawisten unterstützt wird. Princip wird am 28.10. zu 20 Jahren Kerker verurteilt.
Das Deutsche Reich und Österreich-Ungarn machen Serbien für das Attentat verantwortlich. Sie wollen den Vorfall zu machtpolitischen Veränderungen in Europa nutzen. Am 23.7. übergibt Österreich-Ungarn der serbischen Regierung ein Ultimatum mit Forderungen zur Wiedergutmachung (u. a. Unterbindung jeglicher gegen Österreich gerichteten Agitation). Obwohl Serbien fast alle Bedingungen akzeptiert, kommt es zur Kriegserklärung (↑S.113/28.7.). S 113/K 120

Kriegserklärung gegen Serbien

28.7. Wien. Österreich-Ungarn erklärt Serbien den Krieg; gleichzeitig beginnt die Mobilmachung. Der frühe Zeitpunkt der Kriegs-

Stationen der Julikrise		K 120
Datum	Ereignis	
28.6.	In Sarajevo wird der österreichische Thronfolger Franz Ferdinand von einem bosnischen Nationalisten ermordet (S.113)	
5.7.	Österreich-Ungarn fordert in einem Memorandum an Deutschland die Ausschaltung Serbiens als Machtfaktor in Südosteuropa	
6.7.	Durch die Hoyos-Mission sichert Deutschland Österreich-Ungarn für den Fall eines Krieges Unterstützung zu	
7.7.	Ministerkonferenz Österreich-Ungarn beschließt schärfere Kontrolle der panslawistischen Gruppen in Bosnien	
20.7.	Französischer Präsident Poincaré auf Staatsbesuch in St. Petersburg: Festigung des russisch-französischen Bündnisses	
23.7.	Österreich-Ungarn stellt 48-Stunden-Ultimatum mit weitreichenden Forderungen an Serbien; u. a. soll die Unterstützung von Gegnern der Doppelmonarchie eingestellt werden	
25.7.	Serbien erfüllt zum Großteil Österreich-Ungarns Forderungen; dennoch beginnt die Doppelmonarchie die Mobilmachung	
28.7.	Österreich-Ungarn erklärt Serbien den Krieg; alle Vermittlungsversuche der britischen Regierung scheitern (S.113)	
30.7.	Generalmobilmachung in Rußland; Großbritannien lehnt deutschen Wunsch nach Neutralitätsgarantie ab	
31.7.	Kaiser Wilhelm II. erklärt „Zustand der drohenden Kriegsgefahr"; Deutschland stellt Rußland und Frankreich Ultimaten	

Wichtige Regierungswechsel 1914		K 121
Land	Amtsinhaber	Bedeutung
Frankreich	Gaston Doumergue (M seit 1913) René Viviani (M bis 1915)	Wahlsieg der Sozialisten bringt Viviani an die Macht; er verspricht soziale Reformen sowie Änderung des Wahlrechts
Mexiko	Victoriano Huerta (P seit 1913) Francisco Carbajal (P bis 12.8.1914)	Diktator Huerta kommt bei Konferenz von Niagara Falls Rücktrittsforderung der USA nach (15.7.); Revolution geht weiter
Rumänien	Karl I. (König seit 1881) Ferdinand I. (König bis 1927)	Tod von Karl I. (10.10.), der Modernisierung Rumäniens einleitete; Nachfolger wird sein Adoptivsohn
Rußland	Wladimir N. Kokowzew (M seit 1911) Iwan L. Goremykin (M bis 1916)	Rücktritt Kokowzew nach Intrige nationalistischer Kreise; Goremykin ist Anhänger der zaristischen Autokratie

M = Ministerpräsident bzw. Premierminister; P = Präsident

1914

Bestehende Bündnisse am Vorabend des 1. Weltkrieges		K 122
Jahr	Art des Bündnisses/beteiligte Länder	Inhalt
1879	Zweibund Deutsches Reich, Österreich-Ungarn	Verteidigungsbündnis gegen einen möglichen Angriff Rußlands sowie gegen russische Unterstützung eines französischen Angriffs auf Deutschland; Bündnis erst 1888 offiziell bekanntgegeben
1882	Dreibund Deutsches Reich, Österreich-Ungarn, Italien	Neutralität Italiens bei Krieg zwischen Österreich-Ungarn und Rußland; deutsch-italienische Unterstützung bei Krieg mit Frankreich; Bündnis bis zum Ausbruch des 1. Weltkriegs mehrfach erneuert
1883	Verteidigungsbündnis Rumänien, Mittelmächte (Dreibund)	Deutsches Reich tritt dem geheimen Verteidigungsbündnis zwischen Rumänien und Österreich-Ungarn bei
1894	Zweibund Frankreich, Rußland	Beim Angriff einer Dreibundmacht (mit deutscher Beteiligung) muß der Vertragspartner des Angegriffenen gegen Deutschland kämpfen; Grundlage für den Vertrag war die Militärkonvention von 1892
1902	Rückversicherungsvertrag Frankreich, Italien	Französischer Einfluß in Marokko und italienischer Einfluß in Libyen werden anerkannt; Italien entfernt sich vom Dreibund (1882)
1904	Entente cordiale Großbritannien, Frankreich (S.44)	Kolonialer Interessenausgleich: In Ägypten wird die britische, in Marokko die französische Herrschaft anerkannt; militärische Absprachen für den Fall eines Krieges gegen Deutschland
1907	Tripelentente Großbritannien, Frankreich, Rußland	Bündnis geht auf Petersburger Vertrag (1907) zwischen Rußland und Frankreich zurück; Ergänzung zum französisch-russischen Zweibund (1894) und zur Entente cordiale (1904)
1912	Balkanbund Serbien, Bulgarien, Griechenland, Montenegro	Angriffsbündnis gegen die Türkei und Defensivabkommen gegen Österreich-Ungarn (gegen weitere Expansion der Doppelmonarchie gerichtet); Bündnis unter russischer Patronage

Kriegserklärungen von 1914 bis 1918			K 123	
Land, Datum	Kriegserklärung an	Land/Datum	Kriegserklärung an	
Österreich-Ungarn		**Japan**		
28. 7.1914	Serbien	23. 8.1914	Deutsches Reich	
6. 8.1914	Rußland	**Rußland**		
Deutsches Reich		2.11.1914	Osmanisches Reich	
1. 8.1914	Rußland	20.10.1915	Bulgarien	
2. 8.1914	Luxemburg	**Italien**		
3. 8.1914	Frankreich	23. 5.1915	Österreich-Ungarn	
4. 8.1914	Belgien	20. 8.1915	Osmanisches Reich	
9. 3.1916	Portugal	19.10.1915	Bulgarien	
28. 8.1916	Rumänien	20. 8.1916	Deutsches Reich	
Großbritannien		**Bulgarien**		
4. 8.1914	Deutsches Reich	14.10.1915	Serbien	
12. 8.1914	Österreich-Ungarn	1. 9.1916	Rumänien	
5.11.1914	Osmanisches Reich	**Rumänien**		
15.10.1915	Bulgarien	27. 8.1916	Österreich-Ungarn	
Serbien		**Osmanisches Reich**		
6. 8.1914	Deutsches Reich	30. 8.1916	Rumänien	
7.11.1914	Osmanisches Reich	**Griechenland**		
Montenegro		25.11.1916	Deutsches Reich	
7. 8.1914	Österreich-Ungarn	**USA**		
11. 8.1914	Deutsches Reich	6. 4.1917	Deutsches Reich	
Frankreich		7.12.1917	Österreich-Ungarn	
11. 8.1914	Österreich-Ungarn	**China**		
6.11.1914	Osmanisches Reich	14. 8.1917	Deutsches Reich	
16.10.1915	Bulgarien	14. 8.1917	Österreich-Ungarn	

1914

erklärung soll verhindern, daß die vor allem von Großbritannien angestrebten Vermittlungsversuche wirksam werden. Österreich-Ungarn und das Deutsche Reich lehnen diese als Einmischung ab.

Rußland hatte der Regierung in Belgrad am 25.7. Unterstützung signalisiert und die Vormobilmachung der Streitkräfte angeordnet.

In der Nacht zum 29.7. wird die serbische Hauptstadt Belgrad von österreichisch-ungarischer Marine und Artillerie erstmals unter Beschuß genommen. Im Dezember 1915 ist das gesamte serbische Staatsgebiet von den Verbündeten Deutschland, Österreich-Ungarn und Bulgarien besetzt. S 122/K 131

Krieg gegen Rußland und Frankreich

1.8./3.8. Berlin. Das Deutsche Reich erklärt Rußland (↑S.115/20.8.) und Frankreich (↑S.115/3.8.) den Krieg. Die am 30.7. von Rußland angeordnete Mobilmachung bietet Deutschland die Chance, den östlichen Nachbarn als angeblichen Aggressor darzustellen. Die deutschen Versuche, mit Belgien (für den Durchmarsch nach Frankreich) und Großbritannien Neutralitätsabkommen zu schließen, scheitern.

Die Kriegserklärungen sowie die offizielle Ankündigung der Mobilmachung lösen im Deutschen Reich Kriegshysterie aus. Nach heftigen Auseinandersetzungen innerhalb der Fraktion befürworten auch die Sozialdemokraten (außer Karl Liebknecht) die Kriegsgesetze, die vom Reichstag verabschiedet werden. Damit ist die von Reichskanzler Theobald von Bethmann Hollweg angesteuerte Politik der nationalen Einheit (sog. Burgfriedenspolitik) zunächst gesichert. S 114/K 123

Die Westoffensive beginnt

3.8. Belgien. Einen Tag nach der Besetzung Luxemburgs durch deutsche Truppen beginnt in der Nacht zum 4.8. der Vormarsch gegen Frankreich über das benachbarte Belgien.

Das Königreich weigert sich, den Deutschen den ungehinderten Durchmarsch zu gewähren, und wird somit ebenfalls zum Kriegsgegner. Großbritannien als Schutzmacht der belgischen Neutralität erklärt Deutschland am 4.8. den Krieg. Der Vormarsch über Belgien erfolgt nach dem 1905 vom preußischen Generalfeldmarschall Alfred Graf von Schlieffen ausgearbeiteten Plan (1913 durch Generalstabschef Helmuth von Moltke überarbeitet), der eine rasche Niederwerfung Frankreichs mit anschließender Konzentration der Streitkräfte auf die Ostfront vorsieht. Der Widerstand Frankreichs (↑S.125/21.2.1916) ist allerdings wesentlich stärker als erwartet. S 116/K 124

Wechselnder Erfolg im Osten

20.8. Die zweitägige Schlacht bei Gumbinnen in Ostpreußen endet mit einem Rückzug der 8. Armee unter Generaloberst Max von Prittwitz und Gaffron. Die russischen Streit-

Attentat von Sarajevo: Der österreichisch-ungarische Thronfolger Erzherzog Franz Ferdinand und seine Frau sterben bei dem Anschlag (zeitgenössische Zeichnung, l.).

Mobilmachung des Deutschen Reichs: Kaiser Wilhelm II. stimmt die begeisterte Menge vom Balkon des Berliner Schlosses auf seine Kriegspolitik ein.

1914

Chronik des Kriegs im Westen		K 124
1914		
3. 8.	Beginn der Westoffensive: Deutsche Truppen marschieren in Belgien ein (Schlieffenplan)	
20. 8.	Einzug der deutschen Truppen in Brüssel; am 25.8. wird Belgien deutsches Generalgouvernement	
22. 8.	Ende der Schlacht von Lothringen: 6. und 7. deutsche Armee erringen keinen entscheidenden Sieg über Frankreich	
3. 9.	Flucht der französischen Regierung aus Paris nach Bordeaux als Folge des deutschen Vorstoßes über die Marne	
12. 9.	Marne-Schlacht führt Wende herbei: Französische Truppen unter General Joffre schlagen die deutsche Armee auf der Linie zwischen Verdun und Paris zurück; Generalstabschef von Moltke gibt den Befehl zum Rückzug der 1. und 2. Armee	
14. 9.	Generalleutnant von Falkenhayn löst Helmuth von Moltke als Chef der Obersten Heeresleitung des Deutschen Reichs ab	
23. 9.	Deutsche Truppen nehmen Varennes im Argonnerwald ein; Beginn eines lang andauernden und verlustreichen Stellungskriegs	
9.10.	Deutsche Truppen besetzen Antwerpen, bis 7.10. Sitz der belgischen Regierung (seitdem Ostende)	
20.10.	Beginn der ersten Flandernoffensive: Tausende jugendlicher deutscher Soldaten sterben (Kinderkreuzzug)	
18.11.	Zweite Flandernoffensive scheitert: 100 000 deutsche Soldaten sterben; Beginn eines lang andauernden Stellungskriegs vom Meer bis zur Schweizer Grenze	
1915		
10. 3.	Französische Großoffensive in der Champagne scheitert; Beginn einer erfolglosen britischen Großoffensive bei Neuve Chapelle	
9. 5.	Durchbruchsversuch der Alliierten (Loretto-Schlacht) mißlingt: Briten und Franzosen verlieren 132 000 Soldaten	
25. 9.	Herbstschlacht in der Champagne und im Artois bringt keinen Durchbruch für die alliierten Truppenverbände	
1916		
21. 2.	Beginn der deutschen Verdun-Offensive: Truppen erobern die Festungen Douaumont und Vaux (S.125)	
1. 7.	Franzosen und Briten starten Großangriff an der Somme: Durchbruch auf breiter Front mißlingt (S.126)	
28.11.	Abbruch der Somme-Offensive nach hohen Verlusten (500 000 Deutsche, 200 000 Franzosen und 500 000 Briten)	
16.12.	Schlacht bei Verdun endet mit erfolgreichem französischem Gegenangriff (Rückeroberung der Forts)	
1917		
28. 2.	Deutsche Truppen beginnen mit dem strategischen Rückzug in die sog. Siegfriedstellung (Begradigung der Frontlinie)	
6. 5.	Nivelle-Offensive wird nach hohen Verlusten (163 000 Deutsche, 187 000 Franzosen) abgebrochen	
30. 7.	Britischer Angriff in Flandern: bis Dezember überwiegend Materialschlachten mit geringem Geländegewinn	
1918		
21. 3.	Deutsche Großoffensive beginnt: letzter Versuch, die militärische Entscheidung im Westen herbeizuführen	
8. 8.	Zusammenbruch der deutschen Westfront nach der Schlacht bei Amiens („Schwarzer Tag des deutschen Heeres", S.142)	
29. 9.	Oberste Heeresleitung (OHL) mit den Generälen von Hindenburg und Ludendorff fordert Waffenstillstand	
11.11.	General Foch und Matthias Erzberger unterzeichnen im Wald von Compiègne ein Waffenstillstandsabkommen (S.144)	

kräfte hatten den wegen des Westfrontkriegs (↑S.115/3.8.) zögerlichen Vormarsch der Deutschen zu einer Offensive genutzt und konnten aufgrund ihrer zahlenmäßigen Überlegenheit den deutschen Truppen schwere Verluste zufügen.

Die Oberste Heeresleitung (OHL) unter Helmuth von Moltke löst daraufhin Prittwitz ab. An seiner Stelle übernimmt am 22.8. Paul von Beneckendorff und von Hindenburg (↑S.126/29.8.1916) das Kommando über die 8. Armee. In der Schlacht von Tannenberg (31.8.) kann der später zum „Retter Ostpreußens" glorifizierte Hindenburg die Russen schlagen.

S 117/K 125

Niederlage für deutsche Flotte

8.12. Falkland-Inseln. Die deutschen Schlachtschiffe „Scharnhorst", „Gneisenau", „Nürnberg" und „Leipzig" werden vor der argentinischen Küste von den britischen Kreuzern „Invincible" und „Inflexible" versenkt. Fast 2000 Besatzungsmitglieder, darunter Geschwaderkommandeur Maximilian Reichsgraf von Spee, kommen ums Leben.

Die deutschen Schiffe gehörten zum sog. Kreuzergeschwader, das ab 1895 in Ostasien eingesetzt wurde, wo es u. a. an der Niederschlagung des chinesischen Boxeraufstands (↑S.12/20.6.1900) beteiligt war. Am 1.11. zerstörte das Geschwader bei Coronel (Chile) zwei britische Schiffe, woraufhin Großbritannien moderne Schlachtkreuzer zu dessen Verfolgung entsandte.

Die britischen Kreuzer sind den deutschen in Bewaffnung und Schnelligkeit überlegen. Die „Dresden", das einzige Schiff, das entkommen kann, wird am 14.3.1915 vor Chile versenkt.

S 127/K 138

Wirtschaft

Impfstoffe industriell produziert

16.4. Bremen. Mit Gründung der Behring-Werke GmbH beginnt die Großproduktion der von dem Bakteriologen Emil von Behring entwickelten Impfstoffe gegen Diphtherie und Wundstarrkrampf (Tetanus). Behring überläßt der Firma (675 000 Mark Stammkapital) seine Marburger Laboratorien und Tierversuchseinrichtungen.

Mit dem japanischen Bakteriologen Shibasaburo Kitasato entdeckte Behring 1890 die Fähigkeit des Organismus, Antikörper gegen die Erreger von Infektionskrankheiten zu bilden. 1901 wurde ihm der erste Nobelpreis für Medizin verliehen.

S 22/K 13

Verkehr

Eisenbahn dient der Ausbeutung

2.2. Deutsch-Ostafrika. Mit dem Erreichen des gleichnamigen Sees wird der Bau der Tanganjika-Bahn abgeschlossen. Auf einer Länge von 1270 km verbindet sie die Hafenstadt Daressalam (Sitz der deutschen Kolonialverwaltung) mit dem Landesinneren und erschließt diese Regionen der wirtschaftlichen Ausbeutung. Das Deutsche Reich übernahm am 20.11.1890 die Verwaltung des „Schutzgebietes" Deutsch-Ostafrika (ein Teil des heutigen Tansania). Unter Mißachtung einheimischer Kultur werden die Bodenschätze (Erz) des Landes geplündert. Aufstände der afrikanischen Bevölkerung werden wiederholt blutig niedergeschlagen.

Panamakanal eröffnet

15.8. Panama. Ohne internationale Beteiligung verläuft die erste Fahrt eines Schiffes über den Panamakanal. Wegen des Kriegsausbruchs hatte die US-Regierung die Feierlichkeiten abgesagt.
Nachdem ein französisches Projekt zur Verbindung des Atlantischen mit dem Pazifischen Ozean gescheitert war, übernahmen die USA zu Beginn des Jahrhunderts das Bauvorhaben (↑S.20/18.11.1901, ↑S.36/3.11.1903). Ein Höhenzug und die Gezeitenunterschiede erforderten den Einbau mehrerer Schleusen.
Der Kanal, der z. B. den Seeweg von New York nach Yokohama (Japan) um 7000 Seemeilen verkürzt, bringt auch politische und militärische Vorteile für die USA, die mit der Kanalzone einen Stützpunkt in Mittelamerika erhalten.
1962–71 wird der Panamakanal, über den 1% des Welthandels abgewickelt wird, erheblich ausgebaut. S 345/K 349

Gesellschaft

Neuer Papst will vermitteln

3.9. Rom. Giacomo della Chiesa wird als Benedikt XV. zum Oberhaupt der katholischen Kirche gewählt. Der 59jährige Genuese war im diplomatischen Dienst der Kurie tätig gewesen und ein Gegenspieler seines Vorgängers Pius X. (↑S.39/9.8.1903). 1907 wurde er zum Erzbischof von Bologna geweiht, erst 1914 erfolgte die Ernennung zum Kardinal. Trotz seiner persönlichen Neigung zu Frankreich wahrt Benedikt im Verlauf des 1. Weltkriegs politische Neutralität. Seine Vermitt-

Chronik des Kriegs im Osten K 125

1914	
20. 8.	Nach hohen Verlusten in der Schlacht von Gumbinnen treten die deutschen Truppen den Rückzug an (S.115)
22. 8.	General Paul von Hindenburg löst Generaloberst Max von Prittwitz als Oberbefehlshaber der 8. Armee im Osten ab (S.115)
31. 8.	Die zahlenmäßig unterlegene deutsche Armee gewinnt unter Hindenburgs Führung die Schlacht von Tannenberg (S.115)
15. 9.	Offensive der russischen Armee scheitert: Hindenburgs Truppen bei Schlacht an den Masurischen Seen siegreich
21.12.	Offensive der deutschen Armee in Westpolen bleibt erfolglos; Beginn des Stellungskriegs an der Ostfront
1915	
23. 1.	Österreichisch-ungarische Truppen starten Offensive in den Karpaten; Eroberung Galiziens mißlingt
7. 2.	Beginn der Winterschlacht an den Masurischen Seen: Ende Februar muß die russische Armee Ostpreußen räumen
2. 5.	Beginn der Ostoffensive: Truppenverbände der Mittelmächte durchbrechen die russische Front in Westgalizien
7. 5.	Deutsche Truppen nehmen die Hafenstadt Libau (Livland) ein; Litauen und Kurland werden erobert
22. 6.	Mittelmächte erobern die galizische Hauptstadt Lemberg zurück
5. 8.	Deutsche Truppen besetzen Warschau; bis Ende August erobern die Mittelmächte das gesamte zum russischen Zarenreich gehörende polnische Territorium
1916	
4. 6.	Beginn der Brussilow-Offensive: Russischen Truppen gelingt es, in die Ostfront der Mittelmächte einzubrechen
5.11.	Deutschland und Österreich-Ungarn proklamieren das selbständige Königreich Polen; Bildung eines polnischen Staatsrats (S.127)
6.12.	Deutsche Truppen unter Generalfeldmarschall von Mackensen ziehen in die rumänische Hauptstadt Bukarest ein
1917	
12. 3.	Ausbruch der Februarrevolution in Rußland: Provisorische Regierung setzt den Krieg mit unverminderter Härte fort (S.133)
12. 7.	Kerenski-Offensive scheitert nach Anfangserfolgen in Galizien: Vormarsch der Mittelmächte geht weiter
3. 9.	Deutsche Truppen erobern Livlands Hauptstadt Riga
15.12.	Waffenstillstand zwischen dem Deutschen Reich und Rußland
1918	
3. 3.	Friedensvertrag von Brest-Litowsk mit der bolschewistischen russischen Regierung: Litauen, Estland, Kurland und Livland werden deutsche Hoheitsgebiete; die Sowjetregierung muß die Unabhängigkeit Finnlands, Polens und der Ukraine anerkennen sowie auf Georgien und Teile Armeniens verzichten (S.141)
9. 4.	Deutschland und Österreich-Ungarn schließen mit der Ukraine ein Getreidelieferungsabkommen (1 Mio t)
27. 8.	Deutsche Truppen marschieren trotz des Friedensschlusses in Südwestrußland ein zur Sicherung von Getreide und Rohstoffquellen
30. 9.	Waffenstillstand zwischen den Alliierten und Bulgarien
3.10.	Waffenruhe zwischen Österreich und den Alliierten (Ungarn: 13.10.); Deutschland stellt den uneingeschränkten U-Boot-Krieg ein; Sowjetrußland kündigt Frieden von Brest-Litowsk auf
11.11.	Waffenstillstandsvertrag zwischen Deutschland und den Alliierten: Rückzug im Osten hinter die Reichsgrenzen von 1914

1914

Panamakanal eröffnet: Erst im Jahr 2000 soll Panama die vollständige Kontrolle über den Kanal erhalten (Aufnahme von 1914).

Kulturszene 1914 — K 126

Theater

Paul Claudel Der Tausch UA 22.1., Paris	Von Claudels Erfahrungen in New York und Boston gezeichnetes Drama von einer französischen Christin im nihilistischen Amerika.
Artturi Järviluoma Pohjalaisia UA 2.10., Helsinki	Das während der zaristischen Herrschaft spielende Stück zielt auf die Unabhängigkeit Finnlands von Rußland und wird zum Nationaldrama.
Carl Sternheim Der Snob UA 2.2., Berlin	Der zweite Teil der „Maske"-Tetralogie (1911–23) bringt dem eiskalten bürgerlichen Emporkömmling durch Heirat die adligen Weihen.

Oper/Ballett

Franz Schmidt Notre Dame UA 1.4., Wien	Die spätromantische Oper nach einem Drama von Oscar Wilde wird durch ihr melodiöses Zwischenspiel berühmt.
Richard Strauss Josephslegende UA 14.5., Paris	Der Beitrag des deutschen Komponisten für die berühmten Ballets Russes erlebt in einer Choreographie von Michail Fokin seine Premiere.
Igor Strawinsky Die Nachtigall UA 26.5., Paris	Die Entwicklung der Musiksprache Strawinskys während der Arbeit an seinem Opernerstling (1908–14) bewirkt einen uneinheitlichen Stil.
Riccardo Zandonai Francesca da Rimini UA 19.2., Turin	Die Stärke der D'Annunzio-Vertonung liegt in der subtilen, stellenweise impressionistischen Instrumentierung.

Film

Carl Froelich Tirol in Waffen Österreich	Geschichte des Tiroler Freiheitskampfes unter Andreas Hofer und Joseph Speckbacher gegen die Franzosen; aufwendiger Historienfilm.
Giovanni Pastrone Cabiria Italien	International erfolgreicher Monumentalfilm über die Abenteuer einer Sklavin während des 2. Punischen Kriegs (218–201 v.Chr.).

Film (Fortsetzung)

Mack Sennett Tillies geplatzte Romanze USA	Erste abendfüllende Filmkomödie mit Charlie Chaplin als Tramp, der zu seiner Geliebten zurückkehrt, nach dem sie reich geworden ist.
Paul Wegener/ Henrik Galeen Der Golem Deutschland	Früheste Filmversion der alten jüdischen Legende über ein künstliches Wesen im Prager Ghetto; einfallsreiche Tricksequenzen.

Buch

Johannes R. Becher Verfall und Triumph Berlin	Die beiden Gedichtbände zeigen eine Welt des Häßlichen, Krankhaften, Zerrissenen, der sich der Dichter ausgeliefert sieht.
Leonhard Frank Die Räuberbande München	Entwicklungsstadien jugendlicher Rebellen sind das Thema des Romans, der wegen seines Publikumserfolgs zweimal fortgesetzt wird.
André Gide Die Verliese des Vatikan Paris	Satirische Farce um die Begebenheiten, die 1893 das Gerücht auslösten, Papst Leo XIII. sei in den Verliesen des Vatikan gefangen.
Hermann Hesse Roßhalde Berlin	Das Gartenidyll des Gutes Roßhalde ist Schauplatz einer menschlichen Krise, in der sich ein Künstler und seine Frau befinden.
Ricarda Huch Der große Krieg in Deutschland; Leipzig	Abschluß einer dreibändigen epischen Darstellung des Dreißigjährigen Kriegs (1618–48) auf der Grundlage alter Chroniken und Annalen.
James Joyce Dubliner London	Innere Monologe sind zentrales Darstellungsmittel der 15 Kurzgeschichten aus dem Kleinbürgermilieu in der irischen Metropole.
Ernst Stadler Der Aufbruch München	In dem frühexpressionistischen Lyrikband bezeugen ekstatisch gereihte Bilder und Begriffe den Beginn einer poetischen Revolution.

lungsversuche (1917: Friedensnote „an die Oberhäupter der kriegführenden Parteien") bleiben weitgehend ohne Erfolg. Mit vielen Initiativen zur Linderung der Kriegs- und Nachkriegsnot trägt Benedikt XV. zur Rückgewinnung internationalen Ansehens des Vatikans bei (↑S.191/6.2.1922). S 39/K 31

Kultur

„Parsival" weltweit zu sehen

1.1. Mit Beginn des neuen Jahres wird die von Richard Wagner verfügte Beschränkung, sein Bühnenweihfestspiel „Parsifal" (UA 1882) nur in Bayreuth aufzuführen, aufgehoben. Gemäß deutschem Urheberrecht ist die Schutzfrist für das Opernwerk nach 30 Jahren abgelaufen.

Da eine Sanktion gesetzlicher Art für Verstöße gegen Wagners Anordnung jedoch nicht bestanden hat, war es bereits vor Ablauf der Frist u. a. in New York, Boston, Amsterdam, Zürich und Rio de Janeiro zu konzertanten Aufführungen gekommen.

Erste rechtmäßige Parsifal-Aufführungen finden in zahlreichen europäischen Metropolen bereits am 1.1., z. T. unmittelbar nach Mitternacht, statt.

Mit dem Wegfall der Beschränkung verzeichnet Bayreuth einen deutlichen Rückgang der Besucherzahlen. Die Richard-Wagner-Festspiele enden 1914 mit einem Defizit von 400 000 Mark.

„Parsifal" am Covent Garden, London: (v.l.) Johannes Sembach als Parsifal, Cäcilie Rüsche-Endorf als Kundry, E. McDermid und E. Matthews als Blumenmädchen, August Kiess als Klingsor

Nobelpreisträger 1914 — K 127

Chemie: Theodore W. Richards (USA, 1868–1928)

Innerhalb von 30 Jahren bestimmten Richards und seine Mitarbeiter das exakte Atomgewicht von mehr als 60 chemischen Elementen, darunter Sauerstoff und Kupfer. Weitere Forschungen galten der Ausdehnung von Gasen sowie der Entstehung und dem Wachstum von Kristallen.

Medizin: Robert Bárány (H, 1876–1936)

Das Hauptforschungsinteresse des Ohrenheilkundlers galt dem Gleichgewichtsorgan im inneren Ohr, dem Bogengang-Apparat. Bárány entwickelte neue chirurgische Methoden, zahlreiche Diagnoseverfahren zur Untersuchung von Störungen des Hörvermögens und des Gleichgewichtssinns.

Physik: Max von Laue (D, 1879–1960)

Laue gelang die exakte Bestimmung der Wellenlänge von Röntgenstrahlen (Röntgenstrahlinterferenzen; 1912). Hierfür benutzte er Kristalle, deren Gitterstruktur er auf Fotoplatten sichtbar machte. Laue entwickelte die Relativitätstheorie weiter und schuf eine Theorie der Supraleitung.

Nobelpreise für Frieden und Literatur nicht verliehen

Sport 1914 — K 128

Fußball	
Deutsche Meisterschaft	SpVgg Fürth
Englische Meisterschaft	Blackburn Rovers
Italienische Meisterschaft	Nicht ausgetragen
Spanische Meisterschaft	Nicht ausgetragen
Tennis	
Wimbledon (seit 1877; 38. Austragung)	Herren: Norman Brookes (AUS) Damen: Dorothea Lambert-Chambers (GBR)
US Open (seit 1881; 34. Austragung)	Herren: Norris Williams (USA) Damen: Mary K. Browne (USA)
Australian Open	Herren: Pat O'Hara-Wood (AUS)
Davis-Cup (New York, USA)	Australien – USA 3:2
Radsport	
Tour de France (5414 km)	Philippe Thys (BEL)
Giro d'Italia (3162 km)	Alfonso Calzolari (ITA)
Boxen	
Schwergewichts-Weltmeisterschaft	Jack Johnson (USA) – PS über Frank Moran (USA), 24.7. – PS über Frank Moran (USA), 27.6. Georges Carpentier (FRA)[1] – Techn. K. o. über Gunboat Smith (USA), 16.7.

Herausragende Weltrekorde		
Disziplin	Athlet (Land)	Leistung
Leichtathletik, Männer		
200 m	William Applegarth (USA)	21,2 sec
110 m Hürden	Fred Kelley (USA)	15,0 sec
3000 m Hindernis	Josef Ternström (SWE)	9:49,8 min
Hochsprung	Edward Beeson (USA)	2,02 m
Speerwurf	Jonni Myyrä (FIN)	63,29 m
Schwimmen		
100 m Brust	Willi Lützow (GER)	1:16,8 min
200 m Brust	Willi Lützow (GER)	2:54,2 min

[1] Carpentier sog. weißer Weltmeister

1915

Politik

Sueskanal bleibt in britischer Hand

7.2. Ägypten. Ein Angriff osmanischer Truppen gegen britische Stellungen am strategisch wichtigen Sueskanal schlägt nach dreitägigen Kämpfen fehl.

Die deutsche Heeresleitung hatte seinen Verbündeten zu dem Vorstoß gedrängt, um britische Truppen zu binden. Aufgrund der deutlichen Unterlegenheit des osmanischen Korps war die Einnahme der Stellungen an der 1914 zum britischen Protektorat erklärten Kanalzone von vornherein zum Scheitern verurteilt. Als Konsequenz erhöhen die Briten ihr Truppenkontingent in Ägypten und beschränken die freie Kanaldurchfahrt auch für neutrale Nationen.

Nach der Unabhängigkeit Ägyptens (↑S.184/15.3.1922) behalten die Briten bis zur Sueskrise (↑S.508/29.10.1956) die Kontrolle über die Kanalzone.

Erster Gasangriff der Deutschen

22.4. Ypern. Beim Einsatz von 168 t giftigem Chlorgas sterben in Belgien 5000 alliierte Soldaten; 10 000 erleiden schwere Vergiftungen. Deutschland begründet den ersten Kampfeinsatz von Giftgas mit dem Argument, die Franzosen hätten ähnliche Stoffe bereits zuvor benutzt. Ab Ende des Jahres setzen auch die Alliierten die nach der Haager Landkriegsordnung (beschlossen 1899 und 1907, ↑S.65/15.6.1907) verbotenen chemischen Kampfstoffe ein. Die Forschung versucht auf beiden Seiten neue Mittel herzustellen, um die inzwischen verbesserten Gasmasken wirkungslos zu machen. Das gelingt vor allem mit dem ab 1917 von den Deutschen eingesetzten Senfgas (↑S.221/17.6.1925). [S 121/K 130]

Giftgas: Französische Soldaten schützen sich mit Brillen und Mundmasken gegen das von deutschen Truppen eingesetzte Chlorgas.

Luxusliner „Lusitania" versenkt

7.5. Das deutsche U-Boot „U 20" versenkt vor der Südostküste Irlands den britischen Passagierdampfer „Lusitania" (31 550 BRT), der sich auf der Fahrt von New York nach Liverpool befindet; 1198 der rd. 2000 Menschen an Bord finden den Tod.

Die deutsche Regierung rechtfertigt den Angriff mit dem Hinweis, daß die „Lusitania" Munition und andere Kriegsmaterialien für Großbritannien transportiert habe. [S 127/K 138]

Italien unterstützt die Alliierten

23.5. Wien. Der italienische Botschafter übergibt der Regierung von Österreich-Ungarn die Kriegserklärung.

Am 26.4. hatte Italien den Alliierten den Kriegseintritt binnen eines Monats zugesagt. Am 3.5. kündigte das Land, das sich bislang aus dem Krieg herausgehalten hatte, den Dreibund (seit 1882) mit dem Deutschen

Wichtige Regierungswechsel 1915		K 129
Land	**Amtsinhaber**	**Bedeutung**
Frankreich	René Viviani (M seit 1914) Aristide Briand (M bis 1917)	Rücktritt Vivianis wegen fehlender Unterstützung seiner Politik in Kriegszeiten (29.10.); Viviani wird Justizminister
Haiti	Joseph Davilmare Théodore (P seit 1914) Jean Velbrun-Guillaume (P 4.3.–26.7.) Philippe Sudre Dartiguenave (P bis 1922)	Militärputsch (4.3.); Velbrun-Guillaume von rebellierenden Truppen erschossen (26.7.), Dartiguenave unterzeichnet nach US-Intervention Vertrag, der Haiti zum US-Protektorat macht (S.121)
Mexiko	Roque González Garza (P seit 1915) Venustiano Carranza (P bis 1920)	Konstitutionalisten unter Carranza, der von den USA unterstützt wird, erobern Hauptstadt; kein Ende des Bürgerkriegs

M = Ministerpräsident bzw. Premierminister; P = Präsident

Reich und Österreich-Ungarn. Die zunächst starke Gruppe der italienischen Kriegsgegner verlor zusehends an politischer Bedeutung; nur die Sozialisten stimmten bis zuletzt gegen den Kriegseintritt. Italien greift vor allem am Isonzo (↑S.135/30.10.1917) und in Südtirol in das Kriegsgeschehen ein.

Türkisches Massaker an Armeniern

10.6. Kemach-Schlucht. 25 000 Armenier werden von türkischen Truppen ermordet. Das Massaker ist Teil eines systematischen Vernichtungsfeldzugs gegen die christliche Minderheit im Osmanischen Reich, das von den moslemischen Jungtürken beherrscht wird. Am 27.5. wurde die Deportation der 2 Mio Armenier von Anatolien in die Wüste von Mesopotamien angeordnet. Die Hälfte dieser Menschen kommt unterwegs oder in Konzentrationslagern zu Tode.
Bereits 1895–97 und 1909 hatten Türken und Kurden Massaker unter den Armeniern verübt. Einer 1918 proklamierten Republik Armenien bereiten russische und türkische Truppen 1920 ein Ende. S 319/K 325

📖 A. Ohandjanian: Armenien. Der verschwiegene Völkermord, 1989.

Kapitulation in Südwestafrika

9.7. Otawi. Der Generalgouverneur der deutschen Kolonie Südwestafrika, Theodor Seitz, erklärt gegenüber dem südafrikanischen General Louis Botha die Kapitulation seiner im Norden des Landes eingeschlossenen Schutztruppen. 1884 hatte sich das Deutsche Reich über Schutzbriefe die Kolonialrechte an dem Gebiet gesichert.
Die 60 000 britisch-südafrikanischen Soldaten hatten wenig Mühe, die nur 5000 Mann starke Truppe aus Kolonialsoldaten, Siedlern und Einheimischen einzukesseln. An Nachschub aus dem Deutschen Reich war wegen der Beherrschung der Meere durch Großbritannien nicht zu denken. Bei den Kämpfen starben auf deutscher Seite 1300, auf britisch-südafrikanischer Seite 600 Mann.

Haiti wird US-Protektorat

16.9. Port-au-Prince. In der Hauptstadt des Inselstaates Haiti wird ein Vertrag unterzeichnet, der den USA für zehn Jahre die Kontrolle über Verwaltung und Finanzen zuspricht.
Unruhen und zahlreiche Umstürze hatten in dem Staat, an dem die USA aus wirtschaftlichen und militärstrategischen Gründen (Nähe zum Panamakanal) interessiert sind, am 29.7. zur militärischen Intervention durch US-Truppen geführt. Die Schutzherrschaft über

Einsatz von chemischen Waffen	K 130
Einsetzendes Land (Jahr)	**Ereignis**
Deutsches Reich (1915)	1. Weltkrieg: Chlorgas-Einsatz markiert Beginn der chemischen Kampfführung (S.120/22.4.)
Deutsches Reich, England (1916)	1. Weltkrieg: Engländer bekämpfen 70 km langen deutschen Frontabschnitt mit Chlorgas; deutsche Truppen werfen bei Fleury Gasgranaten ab
Deutsches Reich (1917)	1. Weltkrieg: Einsatz des neuentwickelten Gelbkreuz-Kampfstoffs (Senfgas); Folgen: monatelanges Leiden der Opfer bis zum qualvollen Tod
Rußland (1919–21)	Bürgerkrieg: Weißrussische Verbände (Monarchisten und Bürgerliche) verwenden chemische Waffen gegen Soldaten der Roten Armee
Spanien (1925)	Aufstand der Rifkabylen in Marokko: Spanische Truppen werfen Senfgas-Bomben
Italien (1935/36)	Einmarsch in Äthiopien: Faschisten setzen Senfgas und andere Kampfstoffe ein
Spanien (1936)	Bürgerkrieg: Faschisten benutzen Tränengas im Kampf gegen die linksrepublikanische Regierung
Japan (1937–45)	Krieg gegen China: Giftgas-Einsatz; Experimente mit Blausäuregas an chinesischen Kriegsgefangenen
Japan (1941–45)	2. Weltkrieg: Giftgas gegen US-Truppen; japanische Giftgasforscher stellen USA Unterlagen über Menschenversuche zur Verfügung und werden im Gegensatz nicht als Kriegsverbrecher verurteilt
Frankreich (1947)	Indochina-Krieg: Giftgas-Bomben gegen feindliche Truppen der Vietminh
Israel (1948)	Kampf um die Unabhängigkeit Israels: Giftgas gegen ägyptische Truppen
Griechenland (1949)	Bürgerkrieg: Schwefeldioxid gegen die bewaffneten Verbände der aufständischen Kommunisten
USA (1951/52)	Koreakrieg: massive Angriffe mit chemischen Waffen durch Bomber und Artillerie
Frankreich (1957)	Algerischer Unabhängigkeitskrieg: Gasangriffe gegen einheimische Widerstandskämpfer
Kuba (1957)	Bürgerkrieg: Diktator Batista attackiert Guerillatruppen unter Fidel Castro mit C-Waffen
Frankreich, Spanien (1958)	Kolonialkrieg: Einsatz chemischer Kampfstoffe in der spanischen Provinz Rio de Oro (ab 1958 mit Saguia el Hamra zur Provinz Spanisch Sahara)
USA (1961–71)	Vietnamkrieg: Operation „Ranchhand" – Abwurf von 72 Mio l Entlaubungs- und Erntevernichtungsmitteln; in dioxinverseuchten Gebieten hohe Mißbildungsraten
Ägypten (1963–67)	Krieg gegen Jemen: C-Waffen-Angriffe treffen vorwiegend jemenitische Zivilbevölkerung
Irak (1965)	Kurdischer Freiheitskampf: Bombardierung der Kurdengebiete mit C-Waffen
Portugal (1968)	Kolonialkrieg: Gasangriffe gegen rebellische Nationalisten in Portugiesisch-Guinea (heute Guinea-Bissau)
Portugal (1970)	Angolanischer Befreiungskrieg: Einsatz von Pflanzenvernichtungsmitteln gegen Nationalisten
UdSSR (1979–88)	Afghanistan-Krieg: chemische Kampfstoffe gegen Truppen der Mudschaheddin
Irak (1983–88)	Krieg Iran–Irak: Senfgas- und Nervengas-Sprengkörper gegen iranische Soldaten
Irak (1988)	Kurdischer Freiheitskampf: Giftgas gegen Zivilbevölkerung: etwa 5000 Menschen sterben
Golfkrieg (1991)	20 000 US-Soldaten leiden am sog. Golfkriegssyndrom (Schädigungen durch Kontakt mit Giftgas)

1915

Stationen des Kriegs auf dem Balkan		K 131
1914		
18. 8.	Erste österreichisch-ungarische Offensive gegen die zahlenmäßig unterlegenen serbischen Truppen scheitert	
23.12.	Nach dem Mißlingen der zweiten Offensive in Serbien wird der österreichisch-ungarische Feldmarschall Potiorek, Führer der Balkantruppen, entlassen; Nachfolger: Erzherzog Eugen von Österreich	
1915		
5.10.	Britische und französische Truppen landen unter Verletzung der griechischen Neutralität in Saloniki (S.122)	
6.10.	Mittelmächte beginnen mit der Offensive gegen Serbien: Verbindung zur Türkei soll hergestellt werden	
9.10.	Deutsche und österreichisch-ungarische Truppen besetzen Belgrad; bis Dezember wird ganz Serbien erobert	
1916		
25. 1.	Österreich-Ungarn erobert in einem Blitzfeldzug Montenegro; Unterzeichnung eines Waffenstillstands	
6. 6.	Griechenland duldet Aktionen der Mittelmächte auf eigenem Boden: Alliierte erklären Blockade der griechischen Häfen	
28. 8.	Deutsche, bulgarische und österreichisch-ungarische Truppen beginnen erfolgreichen Feldzug durch die Dobrudscha	
6.12.	Mittelmächte ziehen in die rumänische Hauptstadt Bukarest ein; nur die Moldau bleibt rumänisches Gebiet	
1918		
7. 5.	Friedensvertrag von Bukarest: Rumänien tritt Dobrudscha an Bulgarien ab; Deutsches Reich darf Ölquellen nutzen	
29. 9.	Nach erfolgreicher Großoffensive der Alliierten unterzeichnet Bulgarien ein Waffenstillstandsabkommen (S.142)	
3.11.	Waffenstillstand zwischen Österreich-Ungarn und den Alliierten; endgültiger Zerfall des Vielvölkerstaats	
11.11.	Waffenstillstand von Compiègne verlangt deutschen Verzicht auf Friedensvertrag von Bukarest (S.144)	

Der russische Konstruktivismus		K 132
Künstler (Lebensdaten)	**Kunstform**	**Wichtige Werke (Jahr)**
Naum Gabo (1890–1977)	Plastik	Kinetische Konstruktion (1920); Turm (1923); Lineare Konstruktion Nr. 2 (1949)
Iwan Kljum (1873–1943)	Malerei	Suprematismus (1915/16); Suprematistische Komposition (1916)
El Lissitzky (1890–1941)	Malerei	Construction – Proun 2 (1920); Proun (1920); Proun G 7 (1923)
Kasimir Malewitsch (1878–1935)	Malerei	Schwarzes Quadrat auf weißem Grund (1913); Suprematismus (1915)
Antoine Pevsner (1866–1962)	Plastik	Surface développable (1938); Entfaltung einer Oberfläche (1938)
Jean Pougny (eig. Iwan Puni, 1892–1956)	Malerei, Plastik	Skulptur (Montage aus Holz, Eisen und Karton, 1914); Stilleben, Relief mit Hammer (1915–21); Flucht der Formen (1919)
Alexander Rodtschenko (1891–1956)	Malerei, Plastik	Kugeloberflächen (1918); Hängende Raumkonstruktion (1920); Ovale Raumkonstruktion Nr. 12 (1920)
Wladimir Tatlin (1885–1953)	Plastik	Komposition (1916); Denkmal der III. Internationale (1919/20)

Haiti halten die USA bis 1934 aufrecht. Ab 1957 errichtet François Duvalier („Papa Doc") mit Hilfe paramilitärischer Organisationen ein Terrorregime, das jede Opposition unterdrückt (↑S.653/21.4.1971). S 120/K 129

Alliierte Truppen in Griechenland
5.10. Saloniki. Unter Verletzung der griechischen Neutralität erreichen die ersten britischen und französischen Truppenverbände Saloniki, um von dort aus der Balkanoffensive der Mittelmächte entgegenzutreten.
Die Aktion hat in Griechenland zwar einen Regierungswechsel zur Folge, wird aber nicht behindert. Die 18 000 Mann starke Truppe kann die Eroberung Serbiens durch die Mittelmächte Deutsches Reich, Österreich-Ungarn und Bulgarien nicht verhindern. Ab Mitte Oktober wird die alliierte Balkantruppe auf 150 000 Mann aufgestockt. An der griechisch-serbischen Grenze entsteht eine Dauerfront, an der sich Truppen der Alliierten und der Mittelmächte im Stellungskrieg gegenüberliegen. Ziel der Alliierten ist es, eine Landverbindung zwischen den Mittelmächten und ihrem osmanischen Verbündeten zu verhindern. S 122/K 131

Natur/Umwelt

30 000 Tote bei Erdbeben
13.1. Mittelitalien. 17 Ortschaften in den Abruzzen werden von einem gewaltigen Beben vollständig zerstört; in Rom entstehen lediglich Sachschäden.
Das Epizentrum des um 7.53 Uhr einsetzenden Erdstoßes liegt beim Monte Velino. In dem nahen Ort Avezzano sterben 11 000 Menschen, 90% der Bewohner.
Die obdachlosen Überlebenden leiden unter der großen Kälte. Kritik wird laut an der schlecht organisierten Hilfe. Erste Rettungsmannschaften des Militärs treffen erst nach 24 Stunden ein. S 60/K 56

Wissenschaft

Periodensystem bestätigt
Manchester. Dem britischen Physiker Henry Moseley gelingt der experimentelle Nachweis, daß jeder Atomkern aus einer für das betreffende chemische Element charakteristischen Anzahl positiv geladener Teilchen besteht.
Damit beweist er, daß diese Kernladung gleich der „Ordnungszahl" des Atoms im pe-

riodischen System der Elemente ist („Moseleysches Gesetz"), das 1869 der russische Naturforscher Dimitri Iwanowitsch Mendelejew anhand der sich wiederholenden chemischen Elementeigenschaften aufstellte.
Von besonderem Interesse ist dabei die Anzahl und Anordnung der sog. Seltenen Erden (Scandium, Yttrium sowie Lanthanoide). Die Zahl der fehlenden Elemente, ihre Einordnung im Periodensystem können nunmehr (erfolgreich) vorausgesagt werden.

Gesellschaft

Weltausstellung trotz Krieg
21.2. San Francisco. An der unter dem Thema „Panama-Pazifik" stehenden Ausstellung beteiligen sich 41 Nationen, darunter viele der am Krieg beteiligten. Das Motto soll vor Augen führen, daß der pazifische Raum mit der Eröffnung des Panamakanals (↑S.117/15.8.1914) dem Westen nähergerückt ist. Mit Prachtbauten in allen europäischen und asiatischen Baustilen üben die Amerikaner in der Stadt, die 1906 durch ein Erdbeben verwüstet worden war (↑S.58/18.4.1906), vor allem Selbstdarstellung. Das Interesse ist mit 18 Mio Besuchern eher bescheiden. S 15/K 5

Kultur

Neue Kunstrichtung aus Rußland
Beeinflußt vom Kubismus, Futurismus und Kubofuturismus entwickelt sich in Rußland der Konstruktivismus, der sich auf einfache geometrische Formen beschränkt.
Initiator dieser Kunstrichtung ist Wladimir Tatlin, der die konstruktivistische Skulptur aus modernen Materialien entwickelt. Fast gleichzeitig begründet Kasimir Malewitsch in der Malerei den Suprematismus, der auf der reinen geometrischen Abstraktion basiert. Malewitsch vertritt die Auffassung, daß in der Kunst die Empfindung die Oberherrschaft (Supremat) haben müsse.
Zwischen 1917 und 1921 entwickelt sich der Konstruktivismus zur offiziellen Kunst der Russischen Revolution. In der Folgezeit nimmt er Einfluß auf das Bauhaus (↑S.158/21.3.1919), die Op-art und die kinetische Kunst. S 122/K 132
📖 W. Rotzler: Konstruktive Konzepte, 1988.

Als „Tramp" ein Star
Hollywood. Charlie Chaplin dreht in seinem ersten Hollywood-Jahr 35 Slapstick-Komödien und wird mit dem Film „Der Tramp" zu einem der Stars des amerikanischen Kinos. Chaplin verkörpert in diesem Film den Typ des Außenseiters, der einen grotesken Kampf gegen die Widrigkeiten der Welt führt. Diese Figur wird zu Chaplins Markenzeichen.
1919 ist er Mitbegründer der Produktionsfirma United Artists und übersteht als einer der wenigen Stummfilmstars die Einführung des Tonfilms. Nach dem 2. Weltkrieg wird ihm aufgrund seines Privatlebens und seines politischen Engagements „unamerikanisches Verhalten" vorgeworfen; der gebürtige Engländer siedelt 1952 in die Schweiz über. S 168/K 181
📖 D. Robinson: Chaplin. Sein Leben, seine Kunst, 1989. Ch. Chaplin: Die Geschichte meines Lebens, 1964.

1915

Nobelpreisträger 1915   K 133

Literatur: Romain Rolland (F, 1866–1944)

Das humanistische Weltbild der französischen Aufklärung prägte die Schriften des Musik- und Kunsthistorikers Rolland. In seinem Hauptwerk, dem zehnbändigen Romanzyklus „Johann Christof" (1905–12), appellierte er an die Brüderlichkeit und das moralische Gewissen der Menschen.

Chemie: Richard Martin Willstätter (D, 1872–1942)

Der Pionier der Pflanzenchemie ermittelte 1912–14 die Struktur des Chlorophylls, das in Grünpflanzen zur Bildung von Zucker und Stärke beiträgt. Weitere Arbeiten Willstätters galten der Untersuchung pflanzlicher Farbpigmente sowie der Synthese von Kokain und Atropin (Gift der Tollkirsche).

Physik: William Henry Bragg (GB, 1862–1942), William Lawrence Bragg (GB, 1890–1971)

Vater und Sohn entwickelten ein Verfahren zur Bestimmung von Kristallstrukturen (Röntgenstrukturanalyse) und von Wellenlängen der Röntgenstrahlen. Damit konnten sie u. a. die Regelmäßigkeit der Strukturen von Kochsalz und die Diamant-Struktur erklären.

Nobelpreise für Frieden und Medizin nicht verliehen

„Der Tramp" Charlie (eig. Charles Spencer) Chaplin: Szene aus dem 1925 uraufgeführten Stummfilm „Goldrausch".

1915

Kulturszene 1915 — K 134

Theater

Carl Sternheim Der Kandidat UA 6.12., Wien	Die Bearbeitung der gleichnamigen Flaubert-Komödie schildert den Mechanismus und die Einflußmöglichkeiten auf politische Wahlen.
Anton Wildgans Armut UA 16.1., Wien	Das sozialkritische Stück bedeutet den literarischen Durchbruch des österreichischen Autors und Burgtheaterdirektors.

Operette

Emmerich Kálmán Die Csárdásfürstin UA 13.11., Wien	Die bekannteste Operette des Komponisten huldigt dem von einer Zigeunerkapelle begleiteten ungarischen Nationaltanz Csárdás.

Konzert

Max Reger Mozart-Variationen UA 8.1., Wiesbaden	Der Spätromantiker zieht in seinem Orchesterwerk über ein Klaviersonatenthema von Mozart alle Register seiner Variationskunst.

Film

Charlie Chaplin Der Tramp USA	Die Liebe eines Tramps zu einer Farmerstochter bleibt ohne Erfüllung – Chaplin als Regisseur, Drehbuchautor und Hauptdarsteller.
David Wark Griffith Die Geburt einer Nation USA	160-Minuten-Epos über die Zeit während und nach dem Nordamerikanischen Bürgerkrieg, aus Sicht eines überzeugten Südstaatlers gedreht.

Buch

Alfred Döblin Die drei Sprünge des Wang-lun; Berlin	In dem expressionistischen „chinesischen Roman" ist die Kritik an der Gegenwart in das China des 18. Jh. verlegt.
Paul Keller Ferien vom Ich Breslau	Keller erzählt in seinem erfolgreichen Unterhaltungsroman die Geschichte von Patienten in dem Kurheim „Ferien vom eigenen Ich".
Edgar Lee Masters Die Toten von Spoon River New York	Der Gedichtzyklus läßt die Toten eines Friedhofs zu Wort kommen; so entsteht das Bild des öffentlichen und privaten Lebens einer Stadt.
William Somerset Maugham Des Menschen Hörigkeit London	Objektive, schonungslose Unmittelbarkeit kennzeichnet den autobiographisch gefärbten Entwicklungsroman eines Behinderten.

Sport 1915 — K 135

Fußball

Englische Meisterschaft	FC Everton
Italienische Meisterschaft	FC Genua
Spanische Meisterschaft	AC Bilbao

Tennis

US Open (seit 1881; 35. Austragung)	Herren: William Johnston (USA) Damen: Molla Bjurstedt (NOR)
Australian Open	Herren: Francis G. Lowe (AUS)

Boxen

Schwergewichts-Weltmeisterschaft	Jess Willard (USA) – K. o. über Jack Johnson (USA), 5.4.

Herausragende Weltrekorde

Disziplin	Athlet (Land)	Leistung
Leichtathletik, Männer		
400 m Hürden	Bill Meanix (USA)	54,6 sec
Schwimmen, Frauen		
100 m Freistil	Fanny Durack (AUS)	1:16,2 min

Bürgerkrieg auf der Leinwand

3.3. New York. David Wark Griffith's Film „The Birth of a Nation" (Die Geburt einer Nation) hat Premiere. Erzählt wird die Geschichte von zwei miteinander befreundeten Familien, die während des Amerikanischen Bürgerkriegs zwischen Nord- und Südstaaten (1861–65) zu Gegnern werden, am Ende aber wieder zueinanderfinden.

Der dreieinhalbstündige Film löst bei der Kritik wegen seiner revolutionären filmtechnischen Neuerungen Begeisterung aus. Griffith greift nicht auf die Gestaltungsmittel des Theaters zurück, sondern entwickelt eine eigene Sprache des Films. Mit Parallelmontagen, dem Wechsel von extremen Totalen und Detailaufnahmen sowie dem Auf- und Abblenden nutzt er die technischen Möglichkeiten des Films. S 124/K 134

Csárdásfürstin feiert Erfolge

13.11. Wien. Im Johann-Strauß-Theater wird die Operette „Die Csárdásfürstin" von Emmerich Kálmán uraufgeführt (Libretto: Leo Stein und Bela Jenbach).

Geschildert wird die „nicht standesgemäße" Liebe zwischen dem Fürstensohn Edwin und der Chansonette Sylva, die nach einigen Wirren ein Happy-End findet. Die eingängigen Melodien und das Flair der „heilen" Donaumonarchie machen die Operette zu einem Welterfolg. S 124/K 134

Sport

IOC zieht nach Lausanne

10.4. Lausanne. Das Internationale Olympische Komitee (IOC) wählt die schweizerische Stadt Lausanne als seinen Verwaltungssitz aus. IOC-Präsident Pierre de Coubertin, der den Vertrag am Genfer See unterschreibt, kann jedoch die Absage der Olympischen Spiele 1916 in Berlin nicht verhindern.

Als Staatsminister Victor von Podbielski, einziger Olympiabefürworter im Deutschen Reichsausschuß für Olympische Spiele, im Januar 1916 stirbt, scheidet Berlin als Austragungsort aus und sagt von sich aus ab.

Für das IOC ist es nie in Frage gekommen, Berlin die Spiele zu entziehen. Die auf Völkerverständigung bedachte Organisation hat selbst 1920 bei den ersten Olympischen Spielen nach dem 1. Weltkrieg nicht die Absicht, Deutschland auszuschließen. Jedoch überläßt das IOC den ausrichtenden Belgiern die Entscheidung. Sie laden Deutschland nicht ein.

1916

Politik

Die Schlacht um Verdun
21.2. Verdun. Mit dem Angriff der 5. Armee (140 000 Mann) auf französische Stellungen vor der befestigten Stadt Verdun im Nordosten Frankreichs beginnt eine der verlustreichsten Materialschlachten der Geschichte. Die für die Truppenführer vor Ort schwer verständliche Absicht des deutschen Generalstabschefs Erich von Falkenhayn ist weniger die Einnahme der strategisch wichtigen Stadt; ihm geht es um das „Ausbluten" des Gegners durch immer neue begrenzte Vorstöße.
Die bisherigen Gefechte hatten den Stellungskrieg im Westen keiner Entscheidung nähergebracht. Die deutschen Hoffnungen auf einen Durchbruch im Westen gehen auch bei Verdun nicht in Erfüllung. Nach der französischen Gegenoffensive am 16.12. stehen die Linien etwa wieder in der Ausgangsposition; die schreckliche Bilanz: 335 000 Tote auf deutscher und 350 000 Tote auf französischer Seite. S 126/K 136

G. Werth: Verdun. Die Schlacht und der Mythos, 1989.

Briten scheitern vor Bagdad
29.4. Kut-el Amara. Ein 13 000 Mann starkes britisches Expeditionskorps kapituliert in Kut-el Amara am Tigris vor deutschen und türkischen Truppen. Sie hatten die Briten 143

Stellungskrieg vor Verdun: Insgesamt 685 000 Tote fordern die Gefechte, die am 16.12.1916 ohne Geländegewinne enden.

Wichtige Regierungswechsel 1916		K 137
Land	Amtsinhaber	Bedeutung
Argentinien	Vistorino de la Plaza (P seit 1914) Hipólito Irigoyen (P bis 1922)	Erste freie Wahlen; Sieg von Irigoyen und der Radikalen Partei bringt Mittelstand großen Einfluß auf Wirtschaftspolitik
China	Yuan Shi-kai (P seit 1912) Li Yuan-hung (P bis 1917)	Versuch Yuans, durch Selbstkrönung zum Kaiser neue Dynastie zu schaffen, gescheitert (1915); Macht bei Militärcliquen
Dominikanische Republik	Juan Isidro Jiménez (P seit 1914) Frederico Henríquez y Caraval (P bis 1922)	USA intervenieren (15.8.; Grund: Schutz amerikanischen Eigentums) und setzen Caraval als Präsident ein
Großbritannien	Herbert Asquith (Lib., M seit 1908) David Lloyd George (Lib., M bis 1919)	Rücktritt wegen Kritik an zu vorsichtiger Kriegführung (5.12.); Lloyd George tritt für bedingungslosen Truppeneinsatz ein (S.128)
Österreich	Franz Joseph I. (Kaiser seit 1848) Karl I. (Kaiser bis 1918)	Tod von Franz Joseph I. (21.11.) bedeutet Ende der Doppelmonarchie Österreich-Ungarn; Nachfolger wird sein Großneffe (S.128)
	Karl Reichsgraf von Stürgkh (M seit 1911) Ernest von Koerber (M 31.10.–19.12.) Heinrich Graf von Clam-Martinic (M bis 1917)	Stürgkh, der ohne Parlament auf dem Verordnungsweg regierte, wird vom Sohn des SPÖ-Parteivorsitzenden erschossen; Rücktritt Koerbers wegen Differenzen mit dem Kaiser (S.127)
Rußland	Iwan L. Goremykin (M seit 1914) Boris W. Stürmer (M 2.2.–23.11.) Alexander F. Trepow (M bis 1917)	Zar löst Goremykin und Stürmer, Vertreter der autokratischen Regierungsform, ab, um die innenpolitische Lage zu entspannen, kann seinen Sturz jedoch nicht verhindern

M = Ministerpräsident bzw. Premierminister; P = Präsident

1916

Die Schlacht um Verdun		K 136
Datum	Ereignis	
21. 2.	Am Ostufer der Maas beginnt der Angriff der deutschen 5. Armee unter Führung von Kronprinz Wilhelm (S.125)	
25. 2.	Deutsche Truppen erobern die Verteidigungsanlage Fort Douaumont; General Henri Philippe Pétain wird neuer Oberbefehlshaber der Franzosen an der Verdun-Front	
6. 3.	Deutsche Offensive am Westufer der Maas beginnt, die Gebirgszüge „Höhe 304" und „Toter Mann" fallen in deutsche Hände	
7. 6.	Deutsche Truppen erobern das französisch besetzte Fort Vaux	
21. 6.	Fort Thiaumont und Fleury werden von den Deutschen besetzt	
12. 7.	Nach Mißlingen des Angriffs auf Fort Souville stellen die deutschen Truppen die Verdun-Offensive ein	
24.10.	Franzosen erobern Fort Douaumont und Fort Thiaumont zurück	
2.11.	Deutsche Truppen räumen Fort Vaux, anschließend sprengen Pioniere die Festungsanlage	
16.12.	Erfolgreiche französische Offensive am Ostufer der Marne: Deutsche werden bis zu ihrer Ausgangsstellung vom Februar zurückgedrängt; 335 000 deutsche, 350 000 französische Gefallene	

Tage in der Stadt eingeschlossen, nachdem diese zuvor vergebens versucht hatten, Bagdad einzunehmen.
Das Osmanische Reich erringt damit seinen zweiten großen militärischen Erfolg nach der Behauptung der Dardanellen im Januar.
Dem Verbündeten Deutschlands drohen jedoch Niederlagen an der Nordfront gegen Rußland und gegen die Briten auf der Sinai-Halbinsel und am Sueskanal (↑S.120/7.2.1915; S.164/10.8.1920).

Aufstand in Irland niedergeschlagen
30.4. Dublin. Die letzten von etwa 1500 Rebellen des sog. Osteraufstands vom 24.4. kapitulieren in Dublin vor der britischen Übermacht. Die Aufständischen hatten im Engagement Großbritanniens im 1. Weltkrieg die Chance zum bewaffneten Aufstand gegen die Besatzungsmacht gesehen.
Schon oft hatte das 1541 von England unterworfene katholische Irland (der englische König Heinrich VIII. ließ sich damals vom irischen Parlament den Titel „König von Irland" übertragen) gegen die Besatzungsmacht rebelliert.
Die 1861 gegründete Unabhängigkeitsbewegung Sinn Fein gewinnt nach den gescheiterten Aufständen von 1916 und 1919/20 bei den Wahlen zum irischen Parlament 1921 fast alle Sitze; Verhandlungen mit der kompromißbereiten Londoner Regierung bringen Irland (ohne die sechs nördlichen Grafschaften der Provinz Ulster) den Status eines Dominions (↑S.178/6.12.1921) und am 29.12.1937 die volle Souveränität. S 178/K 194
📖 K. S. Bottigheimer: Geschichte Irlands, 1985.

Generalquartiermeister Erich Ludendorff

Seeschlacht mit deutschen Vorteilen
31.5. Skagerrak. Bei der einzigen großen Seeschlacht des 1. Weltkriegs verliert die zahlenmäßig überlegene britische „Grand Fleet" doppelt so viele Schiffe und Menschenleben wie die deutsche Hochseeflotte. Der Kampf wird nicht bis zur Entscheidung fortgeführt.
Vor und nach der Schlacht vor dem Skagerrak wird der Krieg in der Nordsee vor allem mit Minen und U-Booten geführt (↑S.60/14.12.1906). S 127/K 138

Großoffensive an der Somme
1.7. Somme-Front. Nach einwöchigem Dauer-Artilleriefeuer auf die deutschen Frontstellungen in Nordfrankreich beginnt die Offensive der von der Truppenstärke her 2:1 überlegenen Alliierten.
Ziel der Westmächte ist u. a. das Erreichen des von den Deutschen gehaltenen Eisenbahnknotenpunkts Cambrai–Maubeuge. Die bis zum November andauernden Schlachten bringen nur einige wenige Kilometer Geländegewinn an der 40 km langen Front. 200 000 Franzosen und jeweils 400 000 Deutsche und Briten sterben.
Der Oberbefehlshaber des französischen Heeres, Joseph Joffre, wird wegen des Mißerfolgs am 26.12. von General Robert Georges Nivelle abgelöst. S 116/K 124

„Mythos" Hindenburgs soll helfen
29.8. Berlin. Kaiser Wilhelm II. und Reichskanzler Theobald von Bethmann Hollweg lösen Stabschef Falkenhayn durch den Oberkommandierenden an der Ostfront, Generalfeldmarschall Paul von Hindenburg, ab. Ihm zur Seite steht Erich Ludendorff in der neugeschaffenen Position eines Generalquartiermeisters.
Es ist bereits die dritte deutsche Oberste Heeresleitung (OHL) nach Helmuth von Moltke (Rücktritt nach verlorener Marneschlacht 1914, ↑S.115/3.8.1914) und Erich von Falkenhayn, der als Chef der 9. Armee an die rumänische Front geschickt wird. Offizieller Grund für den Wechsel ist von Falkenhayn nicht erwartete Kriegseintritt Rumäniens auf seiten der Alliierten am 27.8.
Für Kaiser und Kanzler steht vor allem der legendäre Ruf der beiden Generäle nach ihrer erfolgreichen Verteidigung Ostpreußens im Vordergrund (↑S.115/20.8.1914). Volk und Soldaten sollen durch die Berufung der beiden Volkshelden noch einmal bis zum äußersten motiviert werden, um möglichst auf den uneingeschränkten U-Boot-Krieg (↑S.133/

1916

1.2.1917) verzichten zu können, der die USA unweigerlich zum Kriegseintritt bewegen würde (↑S.133/6.4.1917).

G. Mai: Das Ende des Kaiserreichs, 1987.

Briten setzen auf Panzer

15.9. Flers-Courcelette. Erstmals werden an der französischen Front gepanzerte Kettenfahrzeuge eingesetzt, von denen sich Großbritannien eine Wende im bislang wenig erfolgreichen Infanteriekrieg erhofft. Wegen der geringen Zahl von einsatzbereiten Fahrzeugen (neun) und Truppen, die zum Nachsetzen in die von den geländegängigen Fahrzeugen geschlagenen Breschen erforderlich sind, bringt der erste Einsatz kaum strategische Vorteile.

Seit 1915 werden in Großbritannien Panzer erprobt. Am 20.11.1917 kommt es zum ersten Großeinsatz. 400 Panzer überrollen die deutschen Linien bei Cambrai; allerdings fehlt erneut der Nachschub an Truppen, so daß beim deutschen Gegenangriff (23.11.) das Terrain zurückerobert werden kann. S 130/K 139

H. Linnenkohl: Vom Einzelschuß zur Feuerwalze. Wettlauf zwischen Technik und Taktik im 1. Weltkrieg, 1990.

Ministerpräsident Stürgkh ermordet

21.10. Wien. Friedrich Adler, Führer des linken Flügels der sozialdemokratischen Partei Österreichs und Sohn des Vorsitzenden der SPÖ, Viktor Adler, erschießt im Speisesaal eines Hotels Karl Reichsgraf von Stürgkh, seit 1911 Ministerpräsident von Österreich. Der Attentäter, der sich widerstandslos festnehmen läßt, war ein Gegner der kriegsbefürwortenden Politik seiner Partei und sah den Mord als einzige Möglichkeit an, gegen die vollständige Ausschaltung des Parlaments zu kämpfen. Stürgkh hatte das Land unter Umgehung des Parlaments auf dem Verordnungsweg regiert. Sein Nachfolger wird Ernest von Koerber, der bereits am 19.12. Heinrich Graf von Clam-Martinic Platz machen muß. Bei der Amnestie anläßlich des Regierungsantritts Karls I. (↑S.128/21.11.) wird die Todesstrafe für Adler in Lebenslänglich umgewandelt; im November 1918 wird er begnadigt. S 125/K 137 S 258/K 269

Königreich Polen wird proklamiert

5.11. Warschau. Deutschland und Österreich-Ungarn rufen ein unter ihrer Kontrolle stehendes polnisches Königreich aus. Sie hoffen, dadurch die Unterstützung des polnischen Militärs für den Kampf gegen Rußland zu gewinnen. Polen war auf dem Wiener Kongreß 1815 mit Rußland in Personalunion verbunden worden.

Der Mitbegründer der unter österreichischem Oberbefehl stehenden Polnischen Legion, Józef Pilsudski, war am 26.9. aus der Legion ausgetreten, weil Österreich-Ungarn und das Deutsche Reich sich weigerten, sie unter polnischen Oberbefehl zu stellen. Nun wird Pilsudski als Mitglied des Staatsrats maßgeblicher Politiker des neuen Königreichs. Nach Ende des Krieges begründet er mit Hilfe der siegreichen Alliierten die Republik Polen (↑S.233/12.5.1926). S 233/K 245

Józef Pilsudski

Chronik des Seekriegs		K 138
1914		
22. 9.	Bedeutung des U-Boots als Waffe wird offenbar: Deutsches „U 9" versenkt vor niederländischer Küste drei britische Kreuzer	
29.10.	Seekrieg im Schwarzen Meer beginnt mit Angriff der osmanischen Flotte auf russische Häfen	
1.11.	Deutsches Kreuzergeschwader versenkt bei Coronel an der chilenischen Küste zwei britische Panzerkreuzer	
9.11.	Australischer Kreuzer „Sydney" versenkt im Indischen Ozean den deutschen Kreuzer „Emden"; die „Emden" hatte zuvor 22 britische Handelsschiffe zerstört	
8.12.	Seeschlacht bei den Falkland-Inseln: Ein Verband moderner britischer Großkampfschiffe vernichtet ein deutsches Kreuzergeschwader unter Vizeadmiral von Spee (S.116)	
1915		
18. 2.	Deutschland beginnt den uneingeschränkten U-Boot-Krieg gegen feindliche und neutrale Handelsschiffe innerhalb der Seekriegsgewässer in der Nordsee	
7. 5.	Deutsches U-Boot versenkt britischen Passagierdampfer „Lusitania": 1198 Tote, darunter 139 Amerikaner (S.120); Vereinigte Staaten drohen mit Kriegseintritt (scharfe Protestnote)	
18. 9.	Deutschland verzichtet auf uneingeschränkten U-Boot-Krieg gegen die Handelsschiffahrt vor der britischen Westküste; Konflikt mit den Vereinigten Staaten wird beigelegt	
1916		
29. 2.	Deutsche Admiralität nimmt verschärften U-Boot-Krieg gegen bewaffnete Handelsschiffe auf; politische Führung votiert dagegen	
4. 5.	Deutschland verpflichtet sich in diplomatischer Note an die USA zur Beachtung der völkerrechtlichen Regeln im Kreuzerkrieg	
31. 5.	Seeschlacht vor dem Skagerrak in der Nordsee ohne Sieger; zahlenmäßig unterlegene deutsche Hochseeflotte fügt britischer „Grand Fleet" hohe Verluste zu (S.126)	
1917		
1. 2.	Deutschland kehrt zum uneingeschränkten U-Boot-Krieg zurück und greift auch neutrale Schiffe an; USA brechen diplomatische Beziehungen ab und treten am 6.4. in den Krieg ein (S.133)	
12.10.	Deutsche Hochseeflotte unterstützt die Einnahme der baltischen Inseln Ösel, Moon und Dago in der Rigaer Bucht	
1918		
20.10.	Deutsche Regierung verkündet Ende des uneingeschränkten U-Boot-Kriegs als Vorbedingung für Waffenstillstandsverhandlungen	
29.10.	Meuterei unter Matrosen der deutschen Hochseeflotte: Letzter großer Einsatz der Großkampfschiffe wird abgebrochen	

1916

Franz Joseph I., ab 1848 Kaiser von Österreich und ab 1867 apostolischer König von Ungarn. Nach anfänglicher Unbeliebtheit wurde Franz Joseph I. zur Symbolfigur der Habsburgermonarchie (Gemälde von Emil Fröhlich).

Kaiser Franz Joseph I. ist tot

21.11. Wien. Als Nachfolger des am Abend verstorbenen Franz Joseph I. besteigt Karl Franz Joseph von Habsburg-Lothringen den österreichischen Thron. Der Großneffe des bisherigen Herrschers, der das Land 68 Jahre lang regiert hatte, verkündet seine Absicht, einerseits das Werk seines Großonkels zu vollenden, andererseits aber auf einen schnellen Frieden hinzuwirken. Seine Bemühungen um einen Sonderfrieden mit den Entente-Mächten scheitern jedoch.
Am 11.11.1918 (↑S.144) verzichtet Karl I. – ohne abzudanken – auf die Beteiligung an den Regierungsgeschäften. S 129/K 140

Kriegsminister wird Premier

10.12. London. Nachfolger des am 5.12. zurückgetretenen britischen Premierministers Herbert Asquith wird David Lloyd George. Der bisherige britische Kriegsminister hatte Asquith' Rücktritt mit eigenen Rücktrittsdrohungen erzwungen, weil ihm dessen Haltung gegenüber den Mittelmächten zu lasch war.
Durch die Besetzung zahlreicher Ämter mit Vertrauten ohne Sitz im Parlament erlangt Lloyd George eine nahezu diktatorische Macht, die er zur konsequenten Durchsetzung seiner Kriegsziele nutzt, der völligen Unterwerfung des Deutschen Reichs. Auf der Friedenskonferenz in Versailles (↑S.153/ 28.6.1919) tritt Lloyd George jedoch für eine

Panzer: 1916 setzen die Briten erstmals „tanks" an der französischen Front ein (Foto von 1918).

1916

gemäßigte Politik gegenüber dem Kriegsverlierer Deutschland ein. |S 125/K 137|

Mittelmächte wollen verhandeln
12.12. Berlin. Vor dem Reichstag trägt Kanzler Bethmann Hollweg ein Angebot an die Entente vor, in Friedensgespräche einzutreten. Der Text bekräftigt allerdings gleichzeitig die Bereitschaft, den Krieg nötigenfalls „bis zum äußersten fortzusetzen".
Kaiser und Kanzler setzen sich mit diesem Angebot über den Willen der Obersten Heeresleitung hinweg (↑S.126/29.8.), die verstärkt darauf drängt, den Krieg unter Einsatz aller verfügbaren Mittel (auch angesichts des Risikos, bei einem uneingeschränkten U-Boot-Krieg die USA zum Kriegseintritt zu bewegen) zum siegreichen Ende zu führen.
Die Entente-Staaten lehnen den Vorschlag am 30.12. ab, da keine konkreten Friedensbedingungen genannt werden. Damit ist auch die von Deutschland zustimmend beantwortete Friedensinitiative des US-Präsidenten Woodrow Wilson vom 21.12. faktisch ohne Bedeutung. Wilson hatte die kriegführenden Mächte dazu aufgerufen, konkrete Bedingungen für Friedensverhandlungen zu nennen.

Verkehr

Balkan-Expreß rollt in die Türkei
15.1. Berlin. Über Dresden, Prag, Wien, Budapest und Belgrad nach Konstantinopel verläuft die Route der ersten durchgehenden Bahnlinie zwischen dem Deutschen und dem kriegsverbündeten Osmanischen Reich. Die Fahrt von Berlin in den Vorderen Orient dauert über 50 Stunden, am 17.1. erreicht der erste Zug die osmanische Hauptstadt.
Erst durch die Eroberung Serbiens (↑S.122/5.10.1915) war die Fertigstellung der Verbindung möglich geworden. Die kriegspolitische Nutzung der Bahn steht in den folgenden Jahren im Vordergrund.

Wissenschaft

Chemie bekennt Farbe
Leipzig. Der Physiker und Chemieprofessor Wilhelm Ostwald, Mitbegründer der modernen physikalischen Chemie, veröffentlicht sein Werk „Die Farbfibel". Darin beschreibt er seine grundlegenden Experimente zur Farbenforschung, die er 1918 zu einer wissenschaftlich fundierten und praktisch brauchbaren Farbenlehre ausbaut, mit einer

Monarchen im 20. Jahrhundert	K 140
Amtszeit, Name, Land (Staatsform)	
Leistungen bzw. Ereignisse während der Regierungszeit	
1848–1916: **Kaiser Franz Joseph I.,** Österr.-Ungarn (Konstitut. Monarchie) Letzter Kaiser der Doppelmonarchie, die nach dem 1. Weltkrieg zerfällt	
1865–1909: **König Leopold II.,** Belgien (Parlament. Monarchie) Belgien entwickelt sich zur Kolonialmacht und zum Industriestaat	
1881–1914: **König Karl I.,** Rumänien (Konstitut. Monarchie) Modernisierung des Landes; Annäherung an Tripelentente der Alliierten	
1888–1918: **Kaiser Wilhelm II.,** Deutsches Reich (Konstitut. Monarchie) Aufstieg zur Kolonialmacht; Niederlage im 1. Weltkrieg beendet Monarchie	
1890–1948: **Königin Wilhelmina,** Niederlande (Parlament. Monarchie) Wilhelmina förderte Demokratisierungsprozeß in ihrem Land	
1894–1917: **Zar Nikolaus II.,** Rußland (Absolute Monarchie) Letzter russischer Zar dankt nach Februarrevolution ab; 1918 ermordet	
1900–1946: **König Viktor Emanuel III.,** Italien (Parlament. Monarchie) Faschistische Einparteiendiktatur unter Benito Mussolini (1922–1943)	
1905–1957: **König Haakon VII.,** Norwegen (Parlament. Monarchie) Auflösung der Union mit Schweden (1905); im 2. Weltkrieg im Exil	
1910–1936: **König Georg V.,** Großbritannien (Parlament. Monarchie) Nach Ende des 1. Weltkriegs größte Ausdehnung des British Empire	
1912–1947: **König Christian X.,** Dänemark (Parlament. Monarchie) Bestätigt 1915 demokratische Verfassung, bleibt im 1. Weltkrieg neutral	
1919–1964: **Großherzogin Charlotte,** Luxemburg (Parlament. Monarchie) Wirtschaftsunion mit Belgien und den Niederlanden (Benelux)	
1926–1989: **Kaiser Hirohito,** Japan (Parlament. Monarchie ab 1945) Nach Kapitulation im 2. Weltkrieg Verzicht auf Machtbefugnisse	
1930–1974: **Kaiser Haile Selassie I.,** Äthiopien (Konstitut. Monarchie) Nach Landreform (1942–44) verzögerte er nötige Modernisierung Äthiopiens	
1938–1989: **Fürst Franz Joseph II.,** Liechtenstein (Parlament. Monarchie) Neutralität im 2. Weltkrieg; Entwicklung zum Steuerparadies	
1941–1979: **Schah Resa Pahlawi,** Iran (Parlament. Monarchie) Von 1953 bis 1975 de facto Diktatur des Schahs, Parlament ohne Macht	
1946–....: **König Rama IX. Bhumipol,** Thailand (Konstitut. Monarchie) Monarchie stabilisierendes Element in unruhiger Zeit (bis 1974)	
1948–1980: **Königin Juliana,** Niederlande (Parlament. Monarchie) Soziales Engagement, unprätentiöser Stil, Abdankung zugunsten Beatrix	
1949–....: **Fürst Rainier III.,** Monaco (Konstitut. Monarchie) Monaco wird Land mit einem der höchsten Pro-Kopf-Einkommen der Welt	
1950–1973: **König Gustav VI. Adolf,** Schweden (Parlament. Monarchie) Entwicklung zum Wohlfahrtsstaat; Wahrung der Neutralität	
1952–....: **Königin Elizabeth II.,** Großbritannien (Parlament. Monarchie) Auflösung des British Empire, zahlreiche Affären im Haus Windsor	
1951–1993: **König Baudouin,** Belgien (Parlament. Monarchie), Symbol staatlicher Einheit im Sprachenstreit, große Popularität	
1952–....: **König Hussein II.,** Jordanien (Konstitut. Monarchie) Sechstagekrieg (1967), Aussöhnung mit Israel Mitte der 90er Jahre	
1961–....: **König Hassan II.,** Marokko (Konstitut. Monarchie) Kriegerische Auseinandersetzungen mit der POLISARIO um West-Sahara	
1964–1975: **König Faisal,** Saudi-Arabien (Absolute Monarchie) Öffnung des Landes gegenüber westlichen Lebensformen; 1975 ermordet	
1972–....: **König Birendra Bir Shah,** Nepal (Konstitut. Monarchie) Parteienverbot aufgehoben, Rechte des Königs eingeschränkt (1990)	
1973–....: **König Karl XVI. Gustav,** Schweden (Parlament. Monarchie) Verfassungsreform läßt dem König nur noch Repräsentationsaufgaben	
1975–....: **König Juan Carlos,** Spanien (Parlament. Monarchie) Erster Monarch nach Ende der Franco-Diktatur setzt Demokratie durch	

1916

Neue Kriegstechnologie bis 1918		K 139
Jahr	Neuerung	
1906	Britisches Kriegsschiff „Dreadnought" läuft vom Stapel: mit zehn Geschützen großer Reichweite (30,5 cm Kaliber) ausgerüstet	
1914	Gebrauch von Handgranaten (seit dem 16. Jh. bekannt) setzt sich bei allen Kriegsparteien durch	
1914	Halbautomatische Pistolen (u. a. deutsche Marken „Luger", „Mauser") kommen in Gebrauch	
1914	Flugzeuge dienen nicht mehr allein aufklärerischen Zwecken: Mit Bomben und Maschinengewehren wird von der Luft aus attackiert	
1915	Einführung der deutschen Fokker F-7: Von einsitzigen Jagdflugzeugen aus kann während des Flugs mit Maschinengewehren durch den Propellerkreis geschossen werden	
1915	Deutsche Truppen setzen bei der Schlacht von Ypern erstmals Giftgas ein: 5000 alliierte Soldaten ersticken (S.120)	
1916	Erster Einsatz eines Panzers („Big Willie") durch die Briten; besserer Schutz vor Maschinengewehrfeuer (S.127)	
1916	Gebrauch von Geländewagen zum schnelleren Truppentransport an die Front setzt sich durch	
1918	USA beginnen mit dem Aufbau erster Luftlandetruppen (Fallschirmjäger); verstärkter Einsatz im 2. Weltkrieg	
1918	Deutsches Geschütz mit Reichweite von 120 km wird auf Paris abgefeuert (Flugbahn durch obere Atmosphäre)	
1918	Von Briten gebaute Flugzeugträger („HMS Argus") revolutionieren den Seekrieg; Stationierung von 20 Flugzeugen möglich	
1918	Erstmaliger Einsatz einer Maschinenpistole („Schmeisser") durch deutsche Truppen	
1918	Franzosen entwickeln leichten Panzer „Renault" (6 t): schnellerer und sicherer Transport von Infanterietruppen	

Systematik, die erstmals auf der psychologischen Wirkung der Farben beruht. Sie wird in der Textilindustrie und in der Porzellanmalerei mit Erfolg angewendet.
E. Heller: Wie Farben wirken, 1989.

Gesellschaft

Energiesparen durch Sommerzeit
1.5. Deutsches Reich. Bis zum 30.9. bleibt es eine Stunde länger hell. Das Vorstellen der Uhren um eine Stunde soll einen Rückgang des Energieverbrauchs bewirken. Im Laufe des Monats führen Schweden, Dänemark, Großbritannien und Norwegen die Sommerzeit ein. Im Deutschen Reich gilt sie nur während der beiden Weltkriege, in der BRD ab 1980.

Nobelpreisträger 1916	K 141
Literatur: Verner von Heidenstam (S, 1859–1940)	
Stimmungsvolle Naturbilder kennzeichnen das Werk des Hauptvertreters der neoromantischen Bewegung in Schweden. Mit historisch-patriotischen Romanen („Der Stamm der Folkunger", 2 Bde., 1905–07) und einem umfangreichen lyrischen Werk wurde er zum schwedischen Nationaldichter.	

Nobelpreise für Frieden, Chemie, Medizin und Physik nicht verliehen

Nobelpreis nur für Literatur
10.12. Stockholm. Der einzige Nobelpreis geht an den schwedischen Dichter Verner von Heidenstam. In der Begründung wird er als Wortführer einer neuen Epoche der Literatur bezeichnet. Heidenstam ist Hauptvertreter der neoromantischen Bewegung, der u. a. auch Selma Lagerlöf (↑S.81/1909) angehört. Populär wurde er mit seinen historisch-patriotischen Romanen („Der Stamm der Folkunger", 2 Bde., 1905–07). S 130/K 141

Rasputin ermordet
30.12. Petrograd. In der russischen Hauptstadt wird der Vertraute des Zarenpaares Nikolaus II. und Alexandra Fjodorowna, der Mönch und angebliche Wunderheiler Rasputin, von zwei Mitgliedern der Hofgesellschaft erschossen. Rasputin (eigentlich Grigorij Jefimowitsch Nowych) genoß seit 1907 das unbegrenzte Vertrauen vor allem der Zarin. Angetreten mit dem Versprechen, durch hypnotische und magnetische Kräfte den Zarensohn Alexei von der Bluterkrankheit zu heilen, verschaffte sich Rasputin großen politischen Einfluß, der von vielen russischen Politikern und Adligen mit Neid und Mißtrauen beobachtet wurde. Die Entscheidung für das Attentat fiel, nachdem Rasputin

Grigori J. Rasputin: Der aus Sibirien stammende Mönch und Wunderheiler besitzt 1907–1916 großen politischen Einfluß am Zarenhof.

in den Verdacht gekommen war, ein deutscher Agent zu sein.

H. Liepmann: Rasputin. Heiliger und Dämon. Felix Fürst Jussupoff. Rasputins Ende. Erinnerungen, 1990.

Kultur

Anti-Kunst im Cabaret Voltaire

5.2. Zürich. Das von dem deutschen Literaten Hugo Ball in Zürich gegründete Lokal „Cabaret Voltaire" wird eröffnet. Es entwickelt sich zum Ausgangspunkt einer neuen Kunstrichtung, die unter der Bezeichnung Dada in ganz Europa bekannt wird.
Der unter dem Eindruck des 1. Weltkriegs entstandene Dadaismus will mit Lautgedichten, Geräuschkonzerten und Textzusammenschnitten das sog. Bildungsbürgertum provozieren, das für den „Wahnsinn der Zeit" verantwortlich gemacht wird.
Wesentliches gestalterisches Ausdrucksmittel des Dadaismus ist die Collage, das Zusammenfassen willkürlich ausgewählter Einzelteile, die ursprünglich in keinem Zusammenhang zueinander standen und nun einen neuen Sinn ergeben sollen. Der Pariser Dadaismus geht später im Surrealismus auf. S 132/K 143

E. Philipp: Dadaismus, 1980. H. Bollinger: Dada in Zürich, 1985.

Schubert-Melodien als Operette

15.1. Wien. Der Erfolg, den der österreichische Komponist Heinrich Berté mit seiner Operette „Das Dreimäderlhaus" bereits bei ihrer Uraufführung in der Donaumetropole erzielt, ist im Grunde ein später Triumph für Franz Schubert: Aus dem großen Schatz volkstümlicher Melodien, die Schuberts Lieder, Orchesterwerke, Klavierstücke, Tänze und Märsche zu bieten haben, hat Berté, ohne eigene Kompositionen beizusteuern, eine musikalische Komödie zusammengestellt. Sie zeigt die – oftmals verzwickten – Beziehungen Schuberts zu den drei Schwestern Hederl, Haiderl und Hannerl im Wien um die Mitte der 20er Jahre des 19. Jh.
Der überaus populäre Dreiakter wird an deutschsprachigen Bühnen des In- und Auslandes in den folgenden fünf Jahren insgesamt 7788mal aufgeführt. S 131/K 142

Asta Nielsen spielt eine Blinde

11.2. Berlin. Im Lichtspieltheater am Kurfürstendamm wird der Film „Die ewige Nacht" uraufgeführt. Die Dänin Asta Nielsen spielt unter der Regie ihres Landsmanns Urban Gad

Kulturszene 1916	K 142
Theater:	
Walter Hasenclever Der Sohn UA 30.9., Prag	Prototyp des expressionistischen Dramas, richtungweisend in der Mannheimer Inszenierung von Richard Weichert (1918).
Friedrich Hölderlin Der Tod des Empedokles UA 4.12., Stuttgart	Späte Erstaufführung der 1797–99 entstandenen Tragödie; die Titelfigur und die Sprache Hölderlins beeinflussen den Expressionismus.
René Schickele Hans im Schnakenloch UA 16.12., Frankfurt/M.	Ballade über das Entwurzeltsein der Elsässer, einem Volk zwischen deutscher und französischer Identität und Kultur.
Franz Werfel Die Troerinnen UA 22.4., Berlin	Theaterdebüt mit Euripides-Bearbeitung: die antike Tragödie als dionysische Feier mit Musik und expressiver Massenchoreographie.
Oper	
Eugen d'Albert Die toten Augen UA 5.3., Dresden	Die veristische Oper von der schönen, von ihrer Blindheit geheilten Frau wird ein weiterer Bühnenerfolg des „Tiefland"-Komponisten.
Enrique Granados Goyescas UA 28.1., New York	Die aus der gleichnamigen Klaviersuite (1911) entstandene Oper greift Szenen aus der Welt des spanischen Malers Francisco Goya auf.
Erich Wolfgang Korngold Violanta UA 28.3., München	Ein dramatischer Bilderbogen aus einem venezianischen Renaissance-Palast bietet die Grundlage zur Entfaltung rauschhaften Klangs.
Operette	
Heinrich Berté Das Dreimäderlhaus UA 15.1., Wien	Operette nach dem Roman „Schwammerl" von Rudolf Hans Bartsch mit einem Arrangement volkstümlicher Melodien Franz Schuberts.
Film	
David Wark Griffith Intoleranz USA	Aufwendiger Monumentalfilm, der zu einem riesigen Flop wurde: In vier Episoden stellt Griffith das Problem der Intoleranz dar.
Ernst Lubitsch Schuhpalast Pinkus Deutschland	Komödie aus dem jüdischen Kleinbürgermilieu mit Ernst Lubitsch in der Hauptrolle, sein erster großer Erfolg als Filmregisseur.
Otto Rippert Homunculus Deutschland	Fortsetzungsfilm über einen Retortenmenschen mit außergewöhnlichen geistigen Fähigkeiten, der sich zum Diktator aufschwingt.
Buch	
Henri Barbusse Das Feuer Paris	In seinem Antikriegsroman schildert Barbusse aus der Sicht des einfachen Landsers ungeschminkt die Schrecken des Kriegs.
Max Brod Tycho Brahes Weg zu Gott; Leipzig	Historischer Roman des Wortführers des Prager Literaturkreises über den dänischen Astronomen am Hof Kaiser Rudolfs II. (16. Jh.).
Albert Ehrenstein Der Mensch schreit Leipzig	In freien Versen mit expressiver Bildlichkeit kommen Pessimismus und tiefe Verzweiflung angesichts des Krieges zum Ausdruck.
James Joyce Jugendbildnis New York	Der Entwicklungsprozeß eines jungen Schriftstellers: Bruch mit der Kirche, Berufung zum Dichter, Abkehr von Irland.
Alfons Petzold Der stählerne Schrei Warnsdorf	Die Antikriegsgedichte des österreichischen Arbeiterdichters sind von Heinrich Heine und der Lyrik des Vormärz beeinflußt.
Carl Sandburg Chicago-Gedichte New York	Der Dichter beschreibt die barbarische Vitalität der industriellen Großstadt unter Einbeziehung von Slang und Umgangssprache.
Felix Timmermans Pallieter Amsterdam	Durch die optimistische Weltsicht des Flamen in bedrückenden Kriegszeiten soll der Leser zu einer positiven Lebenseinstellung finden.

1916

Zentren und Künstler des Dadaismus		K 143
Stadt	**Künstler (Lebensdaten, Herkunft)**	**Beiträge**
Zürich 1916	Hans Arp (1887–1966, D/F)	Lautgedichte
	Hugo Ball (1886–1927, D)	Manifeste, Lautgedichte
	Richard Huelsenbeck (1892–1974, D)	„Phantastische Gebete"
	Marcel Janco (1895–1984, R)	DADA-Ausstattungen
	Tristan Tzara (1896–1963, F/R)	Lyrik, Zeitschrift „Dada"
New York 1917	Marcel Duchamp (1887–1968, F)	Objekte: „Readymades"
	Francis Picabia (1879–1953, F)	Collagen
	Man Ray (1890–1976, USA)	Objekte, Fotografie
Berlin 1919	George Grosz (1893–1959, D)	Satirische Kunst
	Raoul Hausmann (1886–1971, A)	Fotomontagen
	John Heartfield (1891–1968, D)	Illustrationen
	Hannah Höch (1889–1978, D)	Collagen, Fotomontagen
	Richard Huelsenbeck (1892–1974, D)	Lyrik
	Hans Richter (1888–1976, D)	Bildrollen, Filme
Köln 1919	Hans Arp (1887–1966, D/F)	Holzreliefs
	Max Ernst (1891–1976, F/D)	Collagen, Grafiken
Hannover 1923	Kurt Schwitters (1887–1948, D)	Text-, Bild-Collagen, Zeitschrift „Merz"

Sport 1916		K 144
Tennis		
US Open (seit 1881; 36. Austragung)	Herren: Richard Williams (USA) Damen: Molla Bjurstedt (NOR)	
Boxen		
Schwergewichts-Weltmeisterschaft	Jess Willard (USA) – Remis gegen Frank Moran (USA), 25.3.	
Herausragende Weltrekorde		
Disziplin	Athlet (Land)	Leistung
Leichtathletik, Männer		
400 m	Ted Meredith (USA)	47,4 sec
Schwimmen, Männer		
200 m Freistil	Norman Ross (USA)	2:21,6 min

eine Blinde, die wegen ihrer unerfüllten Liebe zu einem Bildhauer (dargestellt von Max Landa) Selbstmord begeht.
Nachdem Nielsen 1910 ihr aufsehenerregendes Filmdebüt in dem Dreiakter „Abgründe" gegeben hatte, wurde sie 1911 mit ihrem Ehemann Urban Gad von der Berliner Filmfirma Deutsche Bioscop unter Vertrag genommen.
Nielsen wird aufgrund ihres ausdrucksstarken Gesichts, das die vielfältigsten Empfindungen widerzuspiegeln vermag, und ihrer gestenreichen Körpersprache eine der populärsten Darstellerinnen des Stummfilms. In Produktionen, die oft sozialkritische Züge haben, sieht das Publikum sie als Dirne, Arbeiterin, Schauspielerin oder als reiche Tochter des britischen Premierministers. Sie verkörpert häufig tragische Frauengestalten, u. a. „Fräulein Julie" (1922), die Maria Magdalena in „I.N.R.I." (1923) und „Hedda Gabler" (1925). S 270/K 280

Sport

„Vaterländische Kampfspiele"

29.5. Deutsches Reich. Die Deutsche Turnerschaft (DT) entwickelt in Zusammenarbeit mit dem preußischen Kriegsministerium neue Wettbewerbe. Bei den sog. „Vaterländischen Kampfspielen" stehen u. a. Handgranaten-Weit- und -Zielwurf, Gepäckmarsch sowie Stabhochsprung und Hindernislauf mit Sturmgepäck auf dem Programm. Besonders gefördert wird das Radfahren; es hat sich im Feld als eminent nützlich erwiesen. Das Motto der Spiele: „Unser Spiel ist Dienst fürs Vaterland".

1917

Politik

Unbeschränkter Einsatz der U-Boote

1.2. Berlin. Kaiser Wilhelm II. ruft unter dem Druck der Obersten Heeresleitung Hindenburg/Ludendorff (↑S.126/29.8.1916) den uneingeschränkten U-Boot-Krieg aus. Das bedeutet, daß künftig auch Passagier- und Handelsschiffe neutraler Staaten ohne Warnung angegriffen werden.
Von Beginn des Krieges an gehörten die U-Boote zu den Streitpunkten zwischen Regierung und OHL. Den völkerrechtswidrigen Einsatz der deutschen Waffe gegen neutrale Staaten hatten Wilhelm II. und Kanzler Bethmann Hollweg bislang vermieden, was am 15.3.1916 zum Rücktritt des Marinestaatssekretärs Alfred von Tirpitz geführt hatte (↑S.11/25.1.1900).
Die USA reagieren am 3.2. mit dem Abbruch der diplomatischen Beziehungen zum Deutschen Reich (↑S.133/6.4.). S 127/K 138

Zar Nikolaus II. dankt ab

15.3. Petrograd. Im Zuge der revolutionären Unruhen in Rußland verzichtet der Zar auf den Thron. Das russische Parlament (Duma, ↑S.57/10.5.1906) proklamiert die Bildung einer bürgerlichen provisorischen Regierung unter Georgi J. Fürst Lwow. Einziger Vertreter der Linken ist Justizminister Alexander F. Kerenski.
Am 3.3. hatten die Unruhen in der Hauptstadt Petrograd mit dem Streik der Arbeiter in einem Rüstungsbetrieb begonnen. Als am 11.3. der Befehl des Zaren zur Auflösung des Parlaments mißachtet wurde und gleichzeitig die Soldaten der Petrograder Garnison sich mit den streikenden Arbeitern solidarisierten, war die Entscheidung zugunsten der Revolution gefallen.
Der gestürzte Zar wird am 21.3. verhaftet und interniert; am 17.7.1918 wird er von den Bolschewisten erschossen. Die bolschewistische Fraktion bildet noch im März eine Gegenregierung der Arbeiter- und Soldatenräte (Sowjets), die zur sofortigen Beendigung des Krieges und zur Fortführung der Revolution aufrufen (↑S.134/16.6.). S 135/K 147

M. Ferro: Nikolaus II. Der letzte Zar, 1991.

USA erklären Kriegseintritt

6.4. Washington. Als Antwort auf den uneingeschränkten U-Boot-Krieg (↑S.133/1.2.), der bereits den Verlust mehrerer US-Handelsschiffe zur Folge hatte, und aufgrund der deutschen Versuche, ein Bündnis mit Mexiko abzuschließen, erklären die USA Deutschland den Krieg.
Präsident Woodrow Wilson, der immer wieder versucht hatte, die Neutralität seines Landes zu wahren und Friedensgespräche einzuleiten, findet in beiden Kammern des Kongresses (Repräsentantenhaus und Senat) große Zustimmung für den Kriegseintritt. Großbritannien und das geschwächte Frankreich begrüßen den Entschluß. S 114/K 123

Spaltung der SPD setzt sich fort

8.4. Gotha. Die innerparteiliche Opposition in der SPD, die Sozialdemokratische Arbeitsgemeinschaft (SAG), beschließt am Ende ihrer Reichskonferenz die Gründung einer ei-

Nikolaus II.
Zar von Rußland

Wichtige Regierungswechsel 1917		K 145
Land	Amtsinhaber	Bedeutung
Deutsches Reich	Theobald von Bethmann Hollweg (R seit 1909) Georg Michaelis (R 14.7.–24.10.) Georg Graf von Hertling (R bis 1918)	Rücktritt Bethmann Hollwegs auf Drängen der Militärs, die gegen seine Politik des Verständigungsfriedens waren (14.7.); Michaelis lehnt Parlamentarismus ab (S.134)
Frankreich	Aristide Briand (M seit 1916) Alexandre Ribot (M 20.3.–7.9.) Paul Painlevé (M 12.9.–13.11.) Georges Clemenceau (M bis 1920)	Rücktritt Briands wegen Weigerung Painlevés, Kriegsminister zu werden (17.3.); Rücktritt Painlevés wegen Kritik an nachlässiger Untersuchung der royalistischen Action française sowie am Einsatz der Franzosen an der Isonzo-Front
Griechenland	Konstantin I. (König seit 1913) Alexander (König bis 1920)	Alliierte erzwingen Rücktritt (12.6.), weil sich Konstantin dem Kriegseintritt Griechenlands auf ihrer Seite widersetzte
Österreich	Heinrich Graf von Clam-Martinic (M seit 1916) Ritter Seidler von Feuchtenegg (M bis 1918)	Rücktritt von Clam-Martinic (19.6.) wegen Unstimmigkeiten mit den nichtdeutschen ethnischen Gruppen
Rußland	Alexander F. Trepow (M seit 1916) Georgi Fürst Lwow (M 15.3.–20.7.) Alexander F. Kerenski (M 21.7.–7.11.) Wladimir I. Lenin (M bis 1924)	Zar will mit Lwow innenpolitische Krise beenden, muß jedoch nach der Februarrevolution abdanken (S.133/15.3.); Kerenski setzt gescheiterte Offensive gegen Mittelmächte durch; Machtübernahme durch Bolschewiken (S. 135/7.11.)

M = Ministerpräsident bzw. Premierminister; R = Reichskanzler

1917

Wladimir I. Lenin mobilisiert die Massen: Seine Rolle in dieser Phase der russischen Revolution wird von der Sowjetunion später überhöht.

Führer der Russischen Revolution	K 146
Name (Lebensdaten)	Funktion, Leistung
Nikolai Bucharin (1888–1938)	Leiter des bolschewist. Aufstands in Moskau, ab 1924 Politbüro-Mitglied, 1929 ausgeschaltet
Felix Dserschinski (1877–1926)	Ab 1917 Leiter der „Tscheka" (Organisation für den Kampf gegen Konterrevolution und Sabotage)
Nadeschda Krupskaja (1869–1939)	Ehefrau Lenins; nach Oktoberrevolution stellv. Vorsitzende des Volkskommissariats für Bildung
Wladimir Lenin (1870–1924)	Geistiger Führer der Bolschewiki; Begründer der marxist. Staatstheorie; nach Sieg der Oktoberrevolution Vors. des Rats der Volkskommissare
Anatoli Lunatscharski (1875–1933)	Lebte 1906–1917 im Exil, enger Kontakt mit Lenin nach 1917 Volkskommissar für das Bildungswesen
Alexej Rykow (1881–1938)	Ab 1905 führender Bolschewist; 1924 Nachfolger Lenins (Vors. des Rats der Volkskommissare)
Josef Stalin (1879–1953)	Unterstützte Lenin bei bewaffneter Machtergreifung Volkskommissar für Nationalitätenfragen (1917–1923); regierte ab 1927 als Diktator
Leo Trotzki (1879–1940)	Nach Oktoberrevolution Volkskommissar für Verteidigung; schuf 1918 die Rote Armee; nach Lenins Tod (1924) Widersacher von Stalin, 1928 verbannt

genen Parteiorganisation, der Unabhängigen Sozialdemokratischen Partei Deutschlands (USPD). Ein Aktionskomitee unter dem Vorsitz von Hugo Haase und Wilhelm Dittmann übernimmt den Vorsitz.

Die SAG hatte sich am 24.3.1916 gebildet, als Haase während einer Reichstagsrede, in der er die erneuten Kriegskredite kritisierte, mit Zustimmung eines Teils der SPD-Fraktion das Wort entzogen wurde. 18 der 108 SPD-Abgeordneten verließen daraufhin unter Protest die Fraktion.

Am 24.9.1922 geht die abgespaltene USPD wieder in der SPD auf. S 409/K 408

S. Miller: Kleine Geschichte der SPD. Darstellung und Dokumentation 1848–1983, 1983.

Lenin verkündet Machtanspruch

16.6. Petrograd. Auf dem ersten allrussischen Kongreß der Arbeiter- und Soldatensowjets verkündet Bolschewistenführer Wladimir I. Lenin die Bereitschaft seiner Partei, die Macht im Lande zu übernehmen.

Die Bolschewiki um Lenin, der am 16.4. aus dem Schweizer Exil zurückgekehrt war, stellen nur eine Minderheit der 1090 Delegierten. Die Mehrheit gehört den bürgerlichen Demokraten, zu denen auch die Menschewiki zählen (↑S.36/23.8.1903). Streitpunkt auf dem Kongreß ist u. a. die Fortführung des Krieges durch die Regierung Lwow (ab 21.7. Kerenski). S 134/K 146

P. Scheibert: Lenin an der Macht. Das russische Volk in der Revolution, 1984.

Kanzler geht, OHL regiert

14.7. Berlin. In einer für ihn aussichtslosen politischen Lage tritt Reichskanzler Bethmann Hollweg zurück. Sein Nachfolger wird der Zufallskandidat der Obersten Heeresleitung (OHL), Georg Michaelis, bisher Unterstaatssekretär im Ernährungsamt.

Bethmann stand im politischen Abseits, nachdem seine Versuche gescheitert waren, zwischen Parlament und Militär zu vermitteln. Das Parlament hatte nach einer Rede des Zentrumsabgeordneten Matthias Erzberger (↑S.36/16.6.1903) über die alarmierende militärische und wirtschaftliche Situation dessen Vorschlag zugestimmt, der Entente einen bedingungslosen Frieden ohne Annexionen anzubieten. Bethmann mußte dies ablehnen. Wegen seiner Vermittlungsbemühungen drohten Hindenburg und Ludendorff mit ihrem Rücktritt von der OHL, falls Bethmann weiter Kanzler bliebe.

Bereits am 24.10. tritt der politisch unerfahrene Michaelis zurück. S 133/K 145

Italien verliert an Boden

30.10. Norditalien. In der zwölften und letzten Schlacht am Isonzo-Fluß erleidet die italienische Armee eine Niederlage gegen deutsche und österreichisch-ungarische Truppen. Die Mittelmächte erobern die Provinz Friaul mit der Hauptstadt Udine und nehmen 250 000 italienische Soldaten gefangen.
Seit dem 29.6.1915 war der norditalienische Fluß Schauplatz von Schlachten mit wechselndem Ausgang. Im entscheidenden Kampf konnte das Deutsche Reich aufgrund der relativ ruhigen Lage im Westen und der revolutionären Vorgänge in Rußland zahlreiche Reserven einsetzen. Der anschließende Vormarsch nach Süden wird von französischen und britischen Truppen gestoppt.

Großbritannien sagt Juden Hilfe zu

2.11. London. Der britische Außenminister James Earl of Balfour setzt sich für eine Heimstätte des jüdischen Volkes in Palästina ein (Balfour-Deklaration).
Seit Beginn der von Theodor Herzl initiierten Zionistenkongresse (ab 1897) drängen Juden aus aller Welt auf einen eigenen Staat in Palästina. Großbritannien hatte den sechsten Kongreß (23.8.1903 in Basel) mit dem Angebot einer Ansiedlung in Ostafrika überrascht, den Vorschlag aber wenig später zurückgezogen. Am 7.2. begannen in London Verhandlungen zwischen Großbritannien und den Zionisten über Palästina, das nach militärischen Niederlagen der Türken in britischer Hand ist.
Von 1920 bis zur Gründung des Staates Israel (↑S.441/14.5.1948) steht Palästina unter britischem Mandat; Juden und Araber leben konfliktträchtig nebeneinander.

📖 B. Tuchman: Bibel und Schwert. Palästina und der Westen. Vom frühen Mittelalter bis zur Balfour-Deklaration, NA 1983.

Oktoberrevolution verändert die Welt

7.11. Petrograd. Revolutionäre Matrosen und Soldaten stürmen das Winterpalais, den Sitz der bürgerlichen provisorischen Regierung. Damit ergreift die Partei der Bolschewiki unter der Führung von Wladimir I. Lenin die Macht. Vorerst stoßen die Revolutionäre auf keinen nennenswerten Widerstand (↑S.141/23.2.1918).
Nach der Abdankung des Zaren (↑S.133/15.3.) war eine bürgerliche provisorische Regierung gebildet worden, die für eine Weiterführung des Krieges eintrat, während die Bolschewiki dessen schnelle Beendigung forderten. Im Juli scheiterte ein bolschewistischer Putschversuch.

Stationen der Russischen Revolution 1917 — K 147

Datum	Ereignis
11. 3.	Unruhen und Streiks in St. Petersburg (1914–24: Petrograd); Petrograder Truppen schließen sich den sozialistischen Aufständischen an; Sieg der Revolution; Arbeiterrat hat formell die Macht
15. 3.	Duma-Komitee proklamiert die Bildung einer bürgerlichen provisorischen Regierung unter Leitung von Georgi J. Fürst Lwow
	Ende der Romanow-Dynastie in Rußland: Zar Nikolaus II. dankt ab; Königsfamilie in Haft; 1918 hingerichtet (S.133)
16. 4.	Wladimir Lenin (aus dem Schweizer Exil) und andere führende Bolschewisten treffen in Petrograd ein (S.134)
17. 4.	Lenin legt seine „Aprilthesen" (sozialistische Revolution) vor und sagt der bürgerlichen Regierung den Kampf an
18. 5.	Umbildung der russischen Regierung: Sozialrevolutionär Alexander Kerenski wird zum Kriegsminister ernannt
15. 7.	Massendemonstrationen von Arbeitern und Soldaten gegen die provisorische Regierung werden blutig niedergeschlagen
20. 7.	Ministerpräsident Lwow tritt im Zusammenhang mit einer innenpolitischen Krise zurück; Kerenski wird Nachfolger
16. 8.	Die Revolutionäre um Leo Trotzki schließen sich bei einem Parteikongreß den Bolschewisten an
9. 9.	Erfolgloser Putsch des russischen Oberbefehlshabers Lawr Kornilow gegen das Kerenski-Regime
14. 9.	Ministerpräsident Kerenski ruft die Republik aus; die kommissarische Regierung besteht ausschließlich aus Anti-Sozialisten
7.11.	Oktoberrevolution in Petrograd bringt mit den Bolschewiki erstmals die Partei einer bäuerlich-proletarischen Bewegung an die Macht; Kerenski flieht ins Ausland (S.135)
9.11.	Bildung einer bolschewistischen Regierung der Volkskommissare; Veröffentlichung einer Friedensdeklaration
25.11.	Wahlen zur Konstituierenden Nationalversammlung bringen 9,8 Mio Stimmen für Bolschewisten und 22 Mio für die verbündeten Sozialrevolutionäre (insgesamt: 41,7 Mio abgegebene Stimmen)
20.12.	Rat der Volkskommissare beschließt Gründung einer Geheimpolizei zum Kampf gegen Saboteure und Feinde der Revolution
22.12.	Beginn der Friedensverhandlungen von Brest-Litowsk zwischen der sowjetischen Regierung und den Mittelmächten (S.141)

Am 8.11. verkündet eine Proklamation Lenins, daß die Staatsmacht in die Hände des Militärischen Revolutionskomitees als Organ des Petrograder Sowjets der Arbeiter- und Bauerndeputierten übergegangen sei. Lenin wird zum Vorsitzenden des Rates der Volkskommissare, der neuen Regierung Rußlands, gewählt. Neben Lenin gehören dem Rat 13 Kommissare an, die zur Leitung der einzelnen Zweige des staatlichen Lebens bestimmt wurden. Die Revolutionsregierung hat ihren Sitz im Petrograder Smolny-Palast.
Die sog. Oktoberrevolution – der 7. November entspricht nach russischer Zeitrechnung dem 25. Oktober – führt zur Gründung des ersten kommunistischen Staates (↑S.187/30.12.1922).

📖 R. Lorenz (Hg.): Die russische Revolution 1917, 1981.

1917

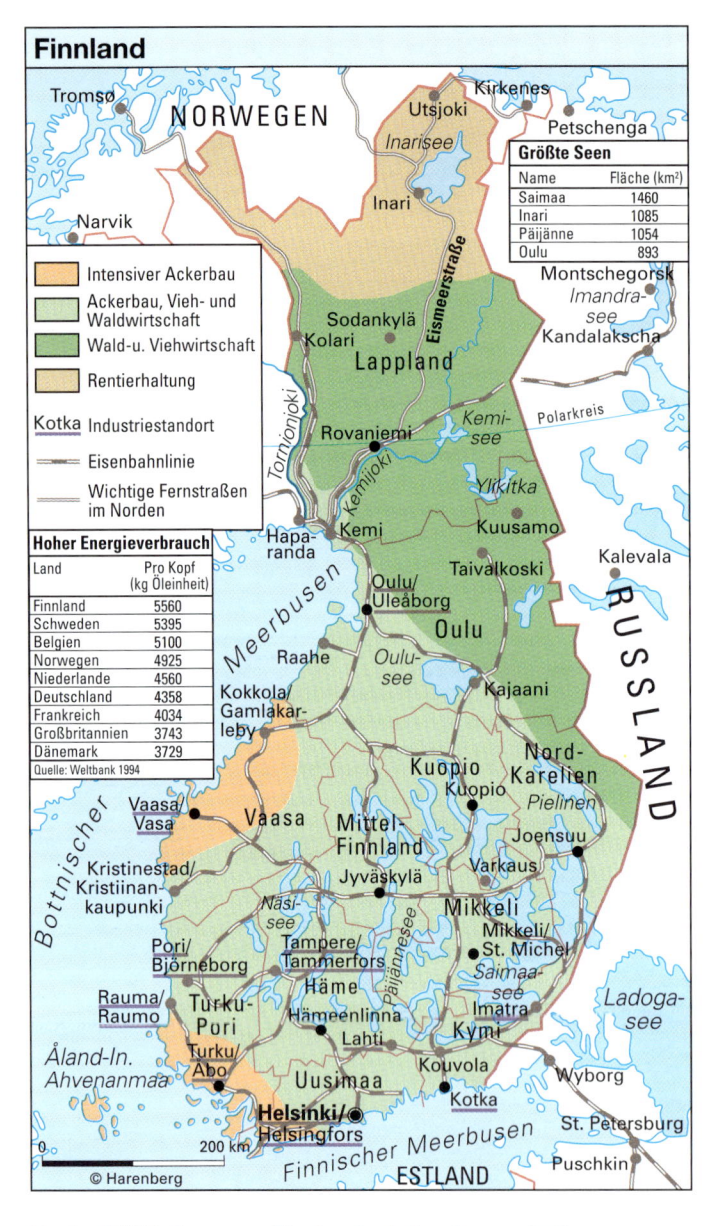

Finnland

Größte Seen
Name	Fläche (km²)
Saimaa	1460
Inari	1085
Päijänne	1054
Oulu	893

Legende:
- Intensiver Ackerbau
- Ackerbau, Vieh- und Waldwirtschaft
- Wald-u. Viehwirtschaft
- Rentierhaltung
- Kotka Industriestandort
- Eisenbahnlinie
- Wichtige Fernstraßen im Norden

Hoher Energieverbrauch
Land	Pro Kopf (kg Öleinheit)
Finnland	5560
Schweden	5395
Belgien	5100
Norwegen	4925
Niederlande	4560
Deutschland	4358
Frankreich	4034
Großbritannien	3743
Dänemark	3729

Quelle: Weltbank 1994

© Harenberg

Finnland 1996: Erzvorkommen und Nadelwälder bilden in den 90er Jahren die wirtschaftliche Grundlage des neuen EU-Mitglieds (seit 1995)

Finnland wird autonom KAR

4.12. Helsinki. Der Staat im Norden Europas nutzt die Revolutionswirren im ehemaligen Zarenreich und erklärt sich von Rußland unabhängig.

Die relative politische Autonomie, die Finnland schon unter den letzten Zaren gewährt worden war, hatte sich durch den großen russischen Einfluß in Politik und Verwaltung als Schimäre erwiesen. Am 31.3. hatte die provisorische Regierung Rußlands Finnlands Autonomie innerhalb einer russischen Föderation zwar anerkannt, am 20.7. verlangte der finnische Landtag jedoch die vollständige Unabhängigkeit.

Die bolschewistische Regierung akzeptiert den neuen Status des Landes am 31.12. getreu ihrer Devise der politischen Selbstbestimmung der Völker. Sie unterstützt aber im Januar 1918 einen Putschversuch der finnischen Kommunisten, der fehlschlägt, jedoch einen erst 1919 zu Ende gehenden Bürgerkrieg nach sich zieht. Mit Hilfe deutscher Truppen besiegen die bürgerlichen „Weißen Garden" unter Reichsverweser (1918/19) Carl Gustav Emil Freiherr von Mannerheim die revolutionäre „Rote Armee" Finnlands. Die gemäßigten Kräfte setzen 1919 die Annahme einer republikanischen Verfassung durch. Im Frieden von Dorpat/Estland erkennt Rußland am 14.10.1920 (↑S.165/12.10.1920) die finnische Republik an.

S 137/K 148

Carl Gustav Emil Freiherr von Mannerheim (1867–1951), finnischer Militär und Politiker

Technik

Riesenteleskop eingeweiht

Kalifornien. Im Observatorium auf dem Mount Wilson wird ein astronomisches Fernrohr mit 100 Zoll (254 cm) Spiegeldurchmesser in Betrieb genommen. Für beinahe drei Jahrzehnte bleibt es das größte und leistungsfähigste Teleskop der Welt.

Das Observatorium wurde 1902 von George Ellery Hale gegründet, der sich vor allem der Erforschung der Sonne widmete. 1908 entdeckte Hale mit Hilfe der Anlage die Magnetfelder der Sonnenflecken.

1949 wird auf Initiative von Hale auf dem Mount Palomar ein Riesenspiegelteleskop mit einem 200-Zoll-Spiegel (508 cm) eingeweiht. Für die Spiegelscheibe, die spannungs- und blasenfrei sein muß, werden 17 t Glas verwendet. 1975/76 wird im Kaukasus (Selentschuk) ein Teleskop mit einem Spiegeldurchmesser von 600 cm in Betrieb genommen.

Das Riesenspiegelteleskop ermöglicht Aufnahmen über eine Entfernung von 1 Mrd Lichtjahren.

Erster Film in „Technicolor"
USA. „The Gulf Between", der erste in Farbe hergestellte Kinofilm, wird vorgeführt. Der Film wurde von der Firma Technicolor produziert, die damit die Qualität des von ihr entwickelten Verfahrens demonstrieren will. Schon zuvor hatte es Filme in Farbe gegeben: So wurden Schwarzweißfilme mühsam per Hand koloriert oder durch zwei verschiedene Farbfilter aufgenommen und projiziert (Cinemacolor-Verfahren).
Bei Technicolor-Filmen werden getrennt aufgenommene Teilfarbauszüge durch ein Druckverfahren auf den Film übertragen. Das zunächst mit zwei, ab 1932 mit drei Primärfarben arbeitende Technicolor-Verfahren, wird zum Synonym für den Farbfilm.

Bewegliche Prothese erfunden
19.7. Zürich. Der deutsche Chirurg Ferdinand Sauerbruch stellt eine neuartige Armprothese vor, die – unter Ausnutzung vorhandener Muskeln und Sehnen des Armstumpf als Kraftquelle – über mechanische Verbindungen willkürliche Bewegungen der künstlichen Hand möglich macht.
Seit 1915 arbeitet Sauerbruch an Hilfsgeräten vor allem für Kriegsversehrte. Bereits 1904 hatte Sauerbruch mit der Entwicklung des Druckdifferenzverfahrens (zunächst durch die Unterdruckkammer, später durch die Erzeugung von Überdruck in den Lungenflügeln) der Brustkorbchirurgie neue Möglichkeiten eröffnet.

S 204/K 216

F. Sauerbruch: Das war mein Leben, 1951.

Chronik Finnlands	K 148
Schwedische Herrschaft	
Um 1250	Finnland wird dem Schwedischen Reich einverleibt
1323	Aufteilung von Karelien zwischen Schweden und Nowgorod
1397	Als Teil von Schweden gelangt das Land in die Kalmarer Union
Um 1550	Einführung der Reformation durch Mikael Agricola
1581	Erhebung zum Großherzogtum
1721	Nach dem Nordischen Krieg fällt Südwest-Karelien an Rußland
Zarenherrschaft	
1809	Truppen von Zar Alexander erobern Finnland; es wird zum autonomen Großfürstentum im Russischen Reich
1812	Das näher zu St. Petersburg gelegene Helsinki tritt die Nachfolge von Turku als finnische Hauptstadt an
1899	Zar Nikolaus II. hebt die Autonomie des Großfürstentums auf
1904	Russische Februarrevolution greift auf Finnland über: Zar stellt Autonomie des Landes wieder her
1906	Einführung des allgemeinen und gleichen Wahlrechts (S.65)
Selbständiger Staat	
1917	Finnischer Landtag proklamiert Unabhängigkeit (S.136)
1919	Annahme einer republikanischen Verfassung beendet Bürgerkrieg zwischen Bürgerlichen und Bolschewisten
1921	Völkerbund spricht Finnland die Ålandinseln zu
1939/40	Im finnisch-sowjetischen Winterkrieg verliert das Land (an deutscher Seite kämpfend) ein Viertel seines Staatsgebiets (S.354)
1941	Eintritt auf der Seite Deutschlands in den 2. Weltkrieg
1944	Nach der deutschen Niederlage muß das wiedereroberte Karelien abgetreten werden; Reparationsforderungen in Höhe von 300 Mio US-$; Umsiedlung von 400 000 Menschen
1948	Freundschafts- und Beistandspakt mit der Sowjetunion (1955, 1970 und 1983 verlängert)
1955	Beitritt zum Nordischen Rat
1956	Urho Kekkonen wird Staatspräsident (bis 1982), Festigung des gutnachbarschaftlichen Verhältnisses zur Sowjetunion
1961	Assoziiertes Mitglied der EFTA (Vollmitglied 1985–94)
1989	Als letztes Land außerhalb des Ostblocks Aufnahme in den Europarat; EG-Mitgliedschaft wird jedoch abgelehnt
1992	Grundlagenvertrag mit Rußland, Annäherung an die NATO (Kooperationsrat), Mitglied im Europäischen Wirtschaftsraum
1994	Erstmals Wahl des Staatsoberhaupts (Martti Ahtisaari) direkt vom Volk (Amtszeit seit 1988 auf sechs Jahre beschränkt, seit 1991 nur eine Wiederwahl möglich)
1995	Beitritt zur Europäischen Union (Volksabstimmung vom Oktober 1994 ergab eine Zustimmung von 57,1%)

1917

Berühmte Spione bis 1945 — K 149

Name, Lebensdaten, Land	Tätigkeit
Alfred Dreyfus (1859–1935) Frankreich	Hauptmann im französischen Generalstab; 1894 wegen Verrats militärischer Geheimnisse an Deutschland angeklagt; verursachte innenpolitische Krise; 1906 rehabilitiert (S.57)
Alfred Redl (1864–1913) Österreich	Oberst der österreichischen Armee; 12 Jahre Militärspionage für Rußland; Weitergabe österreichisch-ungarischer Aufmarschpläne für den 1. Weltkrieg; zum Selbstmord gezwungen (S.110/25.5.1913)
Carl Hans Lody (1877–1914) Deutschland	Erkundigungen über britische Flottenbewegungen im 1. Weltkrieg; als erster deutscher Spion in Großbritannien hingerichtet
Jules Crawford Silber (1880–??) Deutschland	Im 1. Weltkrieg als deutscher Agent bei der Militärzensur Großbritanniens tätig; für seine vermeintlichen Erfolge von der britischen Spionageabwehr mit einem Orden ausgezeichnet
Lawrence von Arabien (1888–1935) Großbritannien	Britischer Agent in Ägypten; unterstützte Widerstand der Araber gegen die Türken; nahm an der Versailler Friedenskonferenz teil
Mata Hari (1886–1917) Niederlande	Tänzerin; im 1. Weltkrieg in Frankreich der Spionage für Deutschland beschuldigt und zum Tode verurteilt; als Doppelagentin auch für Frankreich tätig
Sidney Reilly (1874–1925) Großbritannien	Britischer Agent; an Waffengeschäften beteiligt; lange Zeit in Rußland, Gegner der Bolschewisten; nach seiner Enttarnung 1925 von der sowjetischen Geheimpolizei erschossen
Richard Sorge (1895–1944) Deutschland	KPD-Mitglied; spionierte ab 1929 für Rußland, ab 1933 auch für Japan; 1941 warnte er Rußland vor einem deutschen Angriff und vor dem japanischen Überfall auf Pearl Harbor
Baron von Sosnowski (1896–1944) Österreich-Ungarn	Rittmeister in der k. u. k. Armee; ab 1926 Spion für Polen gegen Deutschland; baute Netz mit mehreren Agentinnen gleichzeitig auf; 1934 überführt; 1939 zu 15 Jahren Zuchthaus verurteilt
Leopold Trepper (1904–1982) UdSSR	Leiter der Roten Kapelle, der wichtigsten und erfolgreichsten Organisation des sowjetischen Geheimdienstes während des 2. Weltkriegs

Nobelpreisträger 1917 — K 150

Frieden: Internationales Komitee vom Roten Kreuz

Die Organisation wurde 1863 unter dem Namen „Internationales Komitee zur Unterstützung von Verwundeten" gegründet und 1876 umbenannt. Ziel des Komitees war die finanzielle und materielle Hilfestellung für militärische Sanitätsdienste bei der Versorgung von Kriegsopfern.

Literatur: Karl Adolph Gjellerup (DK, 1857–1919), Henrik Pontoppidan (DK, 1857–1943)

Gjellerups Werke stehen in der Tradition der deutschen und griechischen Klassik. Um 1900 wandte er sich dem Buddhismus zu. Bedeutendste Werke: „Minna" (1889), „Die Hügelmühle" (1896). Pontoppidan als Vertreter des Naturalismus und schilderte in seinen mehrbändigen Romanen das zeitgenössische Leben in Dänemark: „Das Gelobte Land" (3 Bde. 1891–95), „Hans im Glück" (8 Bde., 1898–1904), „Totenreich" (5 Bde., 1812–16).

Physik: Charles G. Barkla (GB, 1877–1944)

Barkla entdeckte 1905, daß beim Auftreffen von Elektronen auf Metalle zwei Arten von Strahlung auftreten: die sog. Bremsstrahlung und die Röntgeneigenstrahlung. Die Analyse dieser Eigenstrahlung (mit Henry Moseley) leitete die Entwicklung der Röntgenspektroskopie ein.

Nobelpreise für Chemie und Medizin nicht verliehen

Gesellschaft

Mata Hari wird hingerichtet

15.10. Vincennes. Ein französisches Exekutionskommando erschießt die niederländische Tänzerin Mata Hari, die als Spionin für den deutschen Nachrichtendienst tätig war.

Mata Hari (eigentlich Margarethe Geertruida Zelle) lebte seit Ausbruch des Krieges in Paris und hatte dort Kontakt zu hohen französischen und britischen Offizieren, den sie für ihre Agententätigkeit ausnutzte. Im Juli wurde sie bei Treffen mit deutschen Geheimdienstoffizieren in Madrid fotografiert.

Der Fall der schönen Spionin erregt weltweit großes Aufsehen und führt zu zahlreichen Verfilmungen, u. a. mit der „göttlichen" Greta Garbo. S 138/K 149

Nobelpreis für das Rote Kreuz

10.12. Oslo. Das Komitee des norwegischen Parlaments zeichnet die internationale Hilfsorganisation mit dem Friedensnobelpreis aus.

Das „Comité International de la Croix-Rouge" mit Sitz in Genf leistet weltweit in Krisen- und Armutsgebieten medizinische und soziale Hilfe.

Nachdem in den drei Kriegsjahren zuvor kein Friedenspreis vergeben wurde, entschloß man sich, mit der Auszeichnung der 1863 gegründeten Organisation ein Zeichen für den Frieden zu setzen. Der Gründer des Roten Kreuzes, Henri Dunant, hatte bereits 1901 den ersten Friedensnobelpreis erhalten. S 138/K 150

Kultur

Erste Komödie mit Buster Keaton

23.4. In den US-amerikanischen Kinos läuft „Der Fleischerjunge" an. Es ist der erste Film mit Buster Keaton, der zunächst als Partner des populären Komikers Roscoe „Fatty" Arbuckle auftritt.

Bereits als Kind stand Keaton mit seinen Eltern in Varietés auf der Bühne, ehe er unter Anleitung von Mack Sennett das Handwerk des Filmkomikers erlernte.

Ab 1920 schreibt Keaton eigene Drehbücher und führt auch selber Regie. Er geht als „Mann, der niemals lacht" in die Filmgeschichte ein, da er auch in heiklen Situationen Ruhe wahrt und keine Miene verzieht. Seine bekanntesten Filme sind „Der Navigator" (1924) und „Der General" (1926). S 168/K 181

P. W. Jansen/W. Schütte (Hg.): Buster Keaton, 1980. B. Keaton/Ch. Samuels: Schallendes Gelächter, 1986.

Experimentaltheater gegen Krieg

September. Berlin. Der Schriftsteller Herwarth Walden gründet die „Sturmbühne", die sich zum ersten bedeutenden expressionistischen Experimentaltheater im deutschsprachigen Raum entwickelt. Das nach der Zeitschrift „Der Sturm" benannte Theater wird zu einem Forum des Berliner Künstlerzirkels „Sturmkreis", der den Expressionismus zur Weltanschauung erhoben hat.

Das expressionistische Theater distanziert sich in Sprache und Dramaturgie vom naturalistischen Theater eines Gerhart Hauptmann. Inszeniert werden zwar auch klassische Werke, allerdings in völlig neuer Manier. Das pazifistisch-politische Engagement unterscheidet die Expressionisten von den Futuristen (↑S.82/20.2.1909).

Einakter und kleine Dramen des Expressionismus, Reclam UB 8562.

Radikalisierung des Konstruktivismus

1.10. Der Maler Piet Mondrian gründet die niederländische Künstlervereinigung „De Stijl". Die von der Gruppe vertretene Variante des Konstruktivismus wird Neoplastizismus genannt (↑S.123/1915).

Die Bildgestaltung beschränkt sich auf die Grundelemente der Senkrechten (Sonnenstrahlen) und Waagerechten (Erdbewegung um die Sonne) sowie auf die drei Primärfarben (Gelb, Rot, Blau) und Weiß, Grau, Schwarz. Alles Bildhafte wird radikal abgelehnt. Es soll nicht mehr die äußere Wirklichkeit nachgeahmt, sondern eine neue, abstrakte Wirklichkeit der Formen und Farben geschaffen werden.

Die Künstlervereinigung „De Stijl"	K 151
Künstler (Lebensdaten)	**Wichtige Werke (Jahr)**
Malerei	
Theo van Doesburg (1883–1931)	Schrittweise Abstraktion eines naturalistischen Sujets: Komposition VIII – „Die Kuh" (1916/17); Komposition IX (1917); Rhythmus eines russischen Tanzes (1918); Computercomposition V (1924); Dreiecke (1928)
Bart Anthony van der Leck (1876–1958)	Der Sturm (1916); Geometrische Komposition (1917); Reiter (1918); Komposition (1918–20)
Piet Mondrian (1872–1944)	Düne III (1909); Ovale Komposition III (1914); Komposition Nr. 10, Pier und Ozean (1915); Komposition in Rautenform (1919)
Architektur	
Theo van Doesburg (1883–1931)	Haus Lange in Alkmaar (1917); Umbau des Cafés L'Aubette in Straßburg mit Hans Arp und Sophie Taeuber-Arp (1926–28)
Robert van't Hoff (1887–1979)	Sommerhaus für J. N. Verloop (1915/16); Henny-Haus in Huis-ter-Heide (1916)
Jacobus Johannes P. Oud (1890–1963)	Café De Unie in Rotterdam (1924/25); Wohnkomplex in Hoek van Holland (1924–27); Arbeitersiedlung Kiefhoek in Rotterdam (1925–27); Shell-Gebäude in Den Haag (1937–42)
Gerrit Thomas Rietveld (1888–1964)	Haus Schröder in Utrecht (1924); Häuser in der Erasmuslaan, Utrecht (1930/31, 1934)
Jan Wils (1891–1972)	Café De dubbele Sleutel in Woerden bei Utrecht (1917); Wohnhausgruppen Papaverhof und Daalen Berg in Den Haag (1921); Olympiastadion Amsterdam (1926–28)
Bildhauerei	
Georges Vantongerloo (1886–1965)	Konstruktion in einer Sphäre (1917); Konstruktion um eine Kugel (1917)
Design	
Gerrit Thomas Rietveld (1888–1964)	Rot-blauer Stuhl (1918); Hoher Stuhl (1919); Hängeleuchte für Dr. Hartog (1920); Berliner Stuhl (1923); Zig-Zag-Stuhl (1934)

De Stijl: „Tableau I" von Piet Mondrian (1921, Mus. Ludwig)

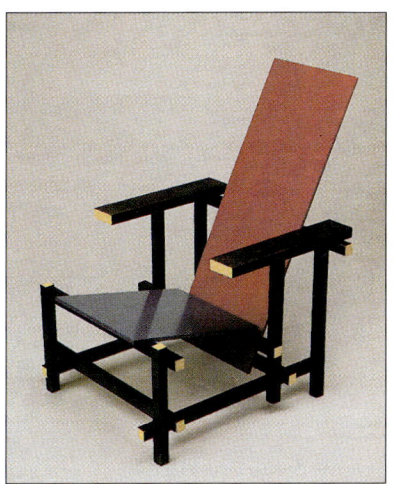

„Rot, blauer Stuhl" von Gerrit T. Rietveld (1918, Stedelijk Museum Amsterdam)

„Axonometrische Zeichnung eines Hauses" von Cornelius van Eesteren/Theo van Doesburg (1923)

1917

Kulturszene 1917	K 152
Theater	
Guillaume Apollinaire Die Brüste des Teiresias UA 24.6., Paris	Apollinaire prägt für das Stück den Begriff „surrealistisches Drama", meint damit aber nur einen Gegenentwurf zum Naturalismus.
Georg Kaiser Die Bürger von Calais UA 29.1., Frankfurt/Main	Unter dem Eindruck von Auguste Rodins gleichnamiger Großplastik (1900) entstandenes Drama von der „Übergabe Calais' an die Engländer.
Reinhard Johannes Sorge Der Bettler UA 23.12., Berlin	Strindbergs „Nach Damaskus" (1900) ist Vorbild für das erste expressionistische Drama, das alle Mittel der modernen Bühne nutzt.
Oper	
Ferruccio Busoni Turandot UA 11.5., Zürich	Hommage an Mozarts „Zauberflöte" nach einem Drama Carlo Gozzis; durch Puccinis „Turandot"-Oper (1926) von den Bühnen verdrängt.
Hans Pfitzner Palestrina UA 12.6., München	Die spätromantische Oper über den Renaissancekomponisten ist, ihrem Sujet entsprechend, mit altertümlichen Wendungen durchsetzt.
Alexander von Zemlinsky Eine florentinische Tragödie; UA 30.1., Stuttgart	Vertonung eines Dramas von Oscar Wilde in einem dem Stoff adäquaten, instrumental differenzierten, kontrapunktisch dichten Stil.
Konzert	
Ottorino Respighi Römische Brunnen UA 11.3., Rom	Erste von drei impressionistischen sinfonischen Dichtungen über römische Phänomene (2. „Römische Pinien", 3. „Römische Feste").
Film	
Victor Sjöström Terje Vigen Schweden	Düstere Liebesgeschichte zwischen dem Hofverwalter Berg-Eyvind und der Gutsbesitzerin, die schließlich gemeinsam in den Tod gehen.
Buch	
Martin Andersen-Nexø Ditte Menschenkind Kopenhagen	Erster Teil eines fünfbändigen Romans (bis 1921) über das ins Allgemeingültige gewendete kurze Leben einer Proletarierfrau.
Walter Flex Der Wanderer zwischen beiden Welten; München	Die patriotisch-pathetische Erzählung verklärt den Krieg und wird so zum Kultbuch der Jugendbewegung mit hohen Auflagen.
Knut Hamsun Segen der Erde Kristiania	Der Bauernroman begründet den internationalen Ruhm des norwegischen Schriftstellers und trägt ihm 1920 den Literaturnobelpreis ein.
Ludwig Klages Handschrift und Charakter; Leipzig	Sachbuch-Bestseller des 20. Jh., durch den die Kunst der Handschriftendeutung wissenschaftlichen Rang erhält.
Upton Sinclair König Kohle New York	Der sozialkritische Roman über die Zustände im amerikanischen Kohlebergbau ist Ergebnis einer Reise in die Kohlereviere Colorados.

Sport 1917		K 153
Tennis		
Wimbledon	Ab 1919 wieder ausgetragen	
US Open (seit 1881; 29. Austragung)	Herren: R. L. Murray (USA) Damen: Molla Bjurstedt (NOR)	
Australian Open	Ab 1919 wieder ausgetragen	
Herausragende Weltrekorde		
Disziplin	Athlet (Land)	Leistung
Leichtathletik, Männer		
1500 m	John Zander (SWE)	3:54,6 min

Die Formprinzipien des Neoplastizismus nehmen Einfluß auf die Architektur und die industrielle Formgestaltung. S 139/K 151

S. Lemoine: Piet Mondrian und die Künstlervereinigung „De Stijl", 1988.

Erste Ausstellung von Barlach

30.11. Berlin. In der Kunsthandlung von Paul Cassirer findet erstmals eine Gesamtausstellung mit Werken des Dichters, Grafikers und Bildhauers Ernst Barlach statt. Gezeigt werden 20 Holzplastiken und grafische Arbeiten.

Cassirer hatte 1908 gegen ein festes Jahresgehalt sämtliche Arbeiten des Künstlers übernommen. Barlach, der seit 1910 im mecklenburgischen Güstrow lebt, bleibt mit seinen expressionistischen Werken in Opposition zur zeitgenössisch abstrakten Kunst der figürlichen Darstellung treu.

Für sein literarisches Werk, zu dem u. a. die Dramen „Der tote Tag" (1914) und „Der arme Vetter" (1918) gehören, erhält Barlach 1924 den Kleist-Preis. Nach der Machtergreifung der Nationalsozialisten werden zahlreiche Mahn- und Ehrenmale Barlachs entfernt bzw. zerstört (↑S.337/19.7.1937).

E. Jansen: Ernst Barlach, 1984. T Crepon: Ernst Barlach. Sein Leben und Leiden, 1988. E. Barlach: Die Skulpturen, 1991.

Gründung der Ufa

18.12. Berlin. Ein Großteil der zersplitterten deutschen Filmindustrie wird zur Universum Film AG (Ufa) zusammengeschlossen. Die Ufa-Gründung geschieht auf Betreiben von General Erich Ludendorff, der sich von ihr „die planmäßige und nachträgliche Beeinflussung der großen Massen im staatlichen Interesse" erhofft. Die ersten Ufa-Filme, in deren Mittelpunkt die „Wunderwaffe" U-Boot steht, sollen den Durchhaltewillen der Deutschen festigen.

Nach Ende des 1. Weltkriegs werden mit Übernahme der meisten Regierungsanteile durch die Deutsche Bank primär Filme von kommerziellem Interesse produziert.

Das größte deutsche Filmstudio, das 1911 von der Deutschen Bioscop gegründet wurde, wird 1923 der Ufa angegliedert. 1927 wird die Ufa an den rechtsnational orientierten Alfred Hugenberg verkauft (↑S.243/26.3.1927), 1936/37 als Ufa-Film GmbH (Ufi) verstaatlicht und 1945 aufgelöst. 1984 gründet Bertelsmann mit Gruner+Jahr die Ufa Film und Fernseh GmbH (Hamburg).

K. Kreimeier: Die Ufa-Story. Geschichte eines Filmkonzerns, 1992.

1918

Politik

14 Punkte für den Frieden
8.1. Washington. US-Präsident Thomas Woodrow Wilson verliest vor dem Kongreß ein Programm über Kriegsziele und Friedensbedingungen der Alliierten.
Mit seinem 14-Punkte-Programm reagiert Wilson auf die Uneinigkeit der Ententemächte, die bislang keine gemeinsame Basis zur Beendigung des Krieges gefunden haben. Auch das Treffen der Entente-Staaten England, Frankreich und Italien am 30.1. in Versailles bringt keine Einigung.
Österreich-Ungarn begrüßt Wilsons Vorstoß am 12.1.; das Deutsche Reich (zumindest der "heimliche Kanzler" Ludendorff) ist zum Weiterkämpfen entschlossen. Man hofft, nach dem geplanten Friedensschluß mit Rußland eine Entscheidungsschlacht im Westen gewinnen zu können (↑S.141/3.3.). S 141/K 154

Rote Armee mit neuem Feindbild
23.2. Rußland. Leo D. Trotzki, Außenminister und nach Lenin zweitwichtigster Staatsmann der Sowjetrepubliken, gründet die Rote Armee zur Verteidigung gegen innere und äußere Feinde. Innerhalb dieser Revolutionsarmee wird das Rätesystem als Organisationsstruktur eingeführt. Die Rote Armee rekrutiert ihre Mitglieder aus den Arbeitermilizen und den Revolutionskomitees, die sich noch vor der Oktoberrevolution (↑S.135/ 7.11.1917) gebildet hatten.
Gegner der Armee ist nach dem Frieden von Brest-Litowsk (↑S.141/3.3.) die bürgerliche Opposition (u. a. auch die Menschewiki), die über eigene, der Roten Armee aber unterlegene Truppen verfügt ("Weiße Armee"). Die inneren Unruhen dauern bis 1921 an. S 188/K 202

📖 I. Deutscher: Trotzki. 3 Bde., 1972. H. Abosch: Trotzki zur Einführung, 1990.

Verlustreicher Frieden für Rußland
3.3. Brest-Litowsk. Die am 22.12.1917 begonnenen Verhandlungen zwischen den Mit-

Friedensinitiativen im 1. Weltkrieg		K 154
1917		
22. 1.	Friedensproklamation von US-Präsident Wilson: Forderung nach "Frieden ohne Sieg" und Einrichtung eines Völkerbundes	
19. 7.	Deutscher Reichstag verabschiedet Resolution zu Verständigungsfrieden unter Verzicht auf deutsche Annexionen	
9.11.	Bolschewistische Regierung veröffentlicht Friedensdeklaration: sofortiger Waffenstillstand und Friede ohne Annexionen gefordert	
17.11.	Friedensdemonstration mehrerer tausend Menschen in Zürich führt zu gewalttätigen Auseinandersetzungen mit der Polizei	
22.12.	Beginn der Friedensgespräche zwischen Rußland und Deutschland sowie Österreich-Ungarn in Brest-Litowsk (S.141/3.3.1918)	
1918		
8. 1.	14-Punkte-Erklärung von US-Präsident Wilson zu Kriegszielen und Friedensbedingungen der Entente (S.141)	
9. 2.	Mittelmächte schließen Separatfrieden mit der Ukraine: staatliche Anerkennung und Gebietsgewinn (Cholmer Land, Ostgalizien) für die Ukraine als Gegenleistung für Getreidelieferungen	
3. 3.	Ende der Friedensverhandlungen von Brest-Litowsk: Deutsches Reich und Doppelmonarchie erhalten großen territorialen Zugewinn	
7. 5.	Friede von Bukarest: Mittelmächte schließen Verständigungsfrieden mit Rumänien; rumänische Monarchie bleibt trotz Besetzung erhalten; Dobrudscha geht an Bulgarien	
14. 9.	Der österreichische Kaiser Karl I. richtet Friedensappell an Alliierte: Forderung nach Waffenstillstandsgesprächen auf der Grundlage des 14-Punkte-Plans von Wilson	
27.10.	Deutsche Reichsregierung erkennt in einer Note an US-Präsident Wilson die Vorbedingungen für einen Waffenstillstand an	
11.11.	Unterzeichnung des Waffenstillstandsabkommens zwischen dem Deutschen Reich und den Alliierten in Compiègne (S.144)	
1919		
10. 1.	Eröffnung der Friedenskonferenz von Versailles mit 70 Teilnehmern aus 27 Siegerstaaten des 1. Weltkriegs (S.153/28.6.1919)	

Wichtige Regierungswechsel 1918			K 155
Land	Amtsinhaber	Bedeutung	
Bulgarien	Ferdinand I. (König seit 1887) Boris III. (König bis 1943)	Abdankung zugunsten des Thronfolgers (3.10.); Ferdinand proklamierte 1908 das unabhängige Königreich Bulgarien	
Deutsches Reich	Georg Graf von Hertling (R seit 1917) Max Prinz von Baden (R bis 9.11.)	Erster Reichskanzler, der vom Reichstag selbst vorgeschlagen wurde; Einleitung sofortiger Waffenstillstandsverhandlungen	
Japan	Seiki Terauchi (M seit 1916) Takashi Hara (M bis 1921)	Hara leitet erstes Ein-Parteien-Kabinett Japans und ist der erste Bürgerliche, der zum Ministerpräsidenten ernannt wird	
Österreich	Ritter Seidler von Feuchtenegg (M seit 1917) Freih. Hussarek von Heinlein (M 25.7.–27.10.) Heinrich Lammasch (M 27.10.–11.11.) Karl Renner (M bis 1918)	Regierungswechsel können militärische Niederlage Österreich-Ungarns nicht aufhalten; nach Rücktritt des Kaisers (11.11.) zerfällt der Vielvölkerstaat in seine nationalen Regionen; Gründung der Republik Deutsch-Österreich (S.144)	

M = Ministerpräsident bzw. Premierminister; R = Reichskanzler

1918

Zusammenbruch der Westfront: In den Kämpfen des 1. Weltkriegs sterben über 8 Mio Soldaten (deutscher Soldatenfriedhof in Frankreich, 1918).

Grenzverschiebungen durch den 1. Weltkrieg

telmächten und Rußland enden mit der Vertragsunterzeichnung, die seitens der russischen Delegation „unter Protest" vorgenommen wird. Das Land verpflichtet sich zur Abtretung von Polen, Litauen und Kurland, die von Deutschland besetzt bleiben. Teile von Armenien fallen dem Osmanischen Reich zu.

Der russische Verhandlungsführer Leo Trotzki hatte sich gegen die von den Deutschen diktierten Bedingungen ausgesprochen; er mußte sich der knappen Entscheidung zugunsten der Annahme beugen, die das Zentralkomitee des Sowjetkongresses am 23.2. getroffen hatte. Auch Wladimir I. Lenin sprach sich für den Vertrag aus.

In Deutschland besteht die Hoffnung, nun auch im Westen eine Entscheidung herbeiführen zu können. S 135/K 147

Westfront bricht zusammen

8.8. Amiens. Ein Panzerangriff der Alliierten durchbricht den deutschen Frontverlauf und führt praktisch die Entscheidung für das baldige Kriegsende herbei. Die erschöpften deutschen Truppen müssen sich bis nah an die belgische Grenze zurückziehen.

In fünf Großoffensiven hatten die Deutschen ab März versucht, eine Entscheidung zu ihren Gunsten herbeizuführen. Nach ersten Erfolgen gaben der ständige Truppennachschub aus den USA und Kanada sowie die deutliche Panzerüberlegenheit (↑S.127/15.9.1916) der Alliierten den Ausschlag für den schnellen Erfolg der Gegenoffensive. Bis zum Waffenstillstand (↑S.144/11.11.) halten die deutschen Truppen ihre zurückverlegte Front. Die Oberste Heeresleitung (OHL) Hindenburg/Ludendorff sieht ein, daß an eine weitere Offensive nicht mehr zu denken ist. S 116/K 124

Bulgarien ist geschlagen

29.9. Saloniki. Die kleinste der vier Mittelmächte unterzeichnet als erste ein Waffenstillstandsabkommen mit den Alliierten. Die Bedingungen werden von den Siegern diktiert. Demnach müssen alle besetzten Gebiete zurückgegeben und die Staatsgrenzen für Truppenbewegungen der Alliierten geöffnet werden.

Ministerpräsident Malinoff, im Amt seit 17.6., hatte auf eine Verständigung mit der Entente hingearbeitet. Zersetzungserscheinungen im Heer und fehlende Unterstützung durch deutsche Truppen, die fast alle zur Westfront abgezogen wurden, führten zum schnellen Erfolg der alliierten Offensive.

1918

Gesamtverluste im 1. Weltkrieg — K 156

Gesamtverluste				Deutsche Verluste im Ausland	
Land	Gefallene	Verwundete	Gefangene	Land	Zahl der Opfer
Deutsches Reich	1 808 000	4 247 000	618 000	Frankreich	530 000
Rußland	1 700 000	4 950 000	2 500 000	Polen	400 000
Frankreich	1 385 000	3 044 000	446 000	Belgien	134 000
Österreich-Ungarn	1 200 000	3 620 000	2 200 000	Rußland	114 850
Großbritannien	947 000	2 122 000	1 192 000	Rumänien	53 075
				Litauen	24 760
Land	Gefallene	Land	Gefallene	Lettland	23 660
Italien	460 000	Serbien	45 000	Italien	16 275
Rumänien	335 700	Belgien	13 700	Serbien	14 221
Türkei	325 000	Portugal	7 200	Großbritannien	2 800
USA	115 000	Griechenland	5 000	Tschechoslowakei	2 630
Bulgarien	87 500	Montenegro	3 000	Türkei	843
				Dänemark	650
Bilanz	Gefallene	Verwundete	Vermißte	Ungarn	620
Mittelmächte	3 386 000	8 388 000	3 629 000	Estland	435
Alliierte	5 152 000	12 831 000	4 121 000	Finnland	395
Gesamt	8 538 000	21 219 000	7 750 000	Verluste im Dt. Reich	268 900

Die Lage auf dem Balkan ist damit entschieden. Am 3./4.10. erfolgt ein Waffenstillstandsangebot des Deutschen Reichs und Österreich-Ungarns an den US-Präsidenten Wilson (↑S.144/11.11.). Am 30.10. unterzeichnet das Osmanische Reich einen Waffenstillstandsvertrag mit Großbritannien.

Staat der Tschechen und Slowaken

28.10. Prag. Aus dem Staatenbund der Donaumonarchie löst sich als Republik die Tschechoslowakei. Im Gebiet des neugegründeten Staates leben auch zahlreiche Deutsche (28%) und Ungarn (8%). Erster Präsident wird der Philosoph und Politiker Tomáš Garrigue Masaryk (↑S.11/31.3. 1900).
Am 30.5. hatte der Tscheche Masaryk den in den USA lebenden Slowaken im Vertrag von Pittsburgh Autonomie innerhalb des neuen Staates zugesichert. Dazu kommt es ebensowenig wie zur geforderten Autonomie der Karpaten-Ukrainer (bisher zu Ungarn). 85jährig tritt Masaryk am 14.12.1935 zurück. S 440/K 441

Deutscher Kaiser dankt ab

9.11. Berlin. Kaiser Wilhelm II. dankt ab und verläßt Deutschland; er geht ins Exil in die Niederlande.
Am 8.11. hatte Wilhelm II. noch verkündet, er werde an der Spitze seines Heeres die Ordnung wiederherstellen. Die SPD hatte dem Kanzler Max von Baden bereits ultimativ mitgeteilt, daß im Falle der Nichtabdankung ein Austritt der SPD-Minister aus der Regierung unvermeidlich sei. Auch Heer und OHL waren nicht länger bereit, den Kaiser zu stützen. Am 9.11. proklamiert Max von Baden eigenmächtig die Abdankung des Herrschers. Am 4.6.1941 stirbt Wilhelm im niederländischen Doorn. S 144/K 157

📖 Th. Plievier: Der Kaiser ging, die Generäle blieben, 2. Aufl. 1984.

„Es lebe die deutsche Republik!":
Am 9. November um 14 Uhr ruft der Abgeordnete der MSPD Philipp Scheidemann vom Balkon des Berliner Reichstags die deutsche Republik aus, um der inzwischen ausgebrochenen Revolution entgegenzuwirken.

„Es lebe die deutsche Republik!"

9.11. Berlin. Um 14 Uhr ruft der Abgeordnete der Mehrheits-SPD Philipp Scheidemann von einem Balkon des Reichstags die deutsche Republik aus. Kurz zuvor war Friedrich Ebert (MSPD) zum Nachfolger des Reichskanzlers Max von Baden bestimmt worden.

Überall in Deutschland hatten sich in den Tagen zuvor revolutionäre Arbeiter- und Soldatenräte gebildet. Es war ersichtlich, daß diejenige Partei, die diese starken Gruppen an sich binden konnte, die Macht in der neuzugründenden Republik übernehmen würde. MSPD und USPD schafften dies im Bündnis; der linke USPD-Flügel, der Spartakusbund um Rosa Luxemburg und Karl Liebknecht, war weniger erfolgreich. Daß Liebknecht um 16 Uhr die freie sozialistische Republik Deutschland ausruft, bleibt ohne politische Konsequenzen.

Die erste republikanische Regierung (10.11.) setzt sich aus drei MSPD- und drei gemäßigten USPD-Mitgliedern zusammen (↑S.150/ 19.1.1919). S 144/K 157

S. Haffner: Neunzehnhundertachtzehn/-neunzehn. Eine deutsche Revolution, 1981. U. Kluge: Die deutsche Revolution 1918/19, 1984.

Habsburger Herrschaft endet

11.11. Wien. Mit dem Verzicht des österreichischen Kaisers Karl I. auf Anteil an der Regierung endet die über 600jährige Herrschaft der Habsburger. Bereits am 2.11. war Karl gezwungen worden, als König von Ungarn abzudanken (↑S.145/16.11.).

Aufgrund einer politischen Entwicklung, die Parallelen zum Nachbarland Deutschland aufweist, gewinnen die Befürworter der republikanischen Staatsform auch in Österreich die Oberhand. Der Vielvölkerstaat Österreich-Ungarn zerfällt in zahlreiche Einzelstaaten; Deutsch-Österreich wird am 12.11. zur Republik erklärt. Erster Kanzler wird der Sozialdemokrat Karl Renner (↑S.150/16.2.1919).

1921 versucht Karl zweimal vergebens, den ungarischen Thron wiederzugewinnen. 1922 muß er ins Exil (Madeira) gehen. S 145/K 158

A. Wandruszka: Das Haus Habsburg, 7. Aufl. 1989. G. Herm: Glanz und Niedergang des Hauses Habsburg, 1989.

Frankreich diktiert die Bedingungen

11.11. Compiègne. In der Nähe von Paris unterzeichnen der Oberbefehlshaber der Alliierten, der französische General Ferdinand Foch, und der Reichstagsabgeordnete Matthias Erzberger (Zentrum) die Waffenstillstandsbedingungen.

In dreitägigen Verhandlungen konnte die deutsche Delegation um Erzberger nur unbedeutende Änderungen am Vertragstext erreichen. Die von Frankreich diktierten Bedingungen bedeuten die Kapitulation des Deutschen Reiches. Die Oberste Heeresleitung hatte sich mit einer Delegation ziviler Unterhändler einverstanden erklärt, um später die Möglichkeit zu haben, sich jeglicher Verantwortung zu entziehen.

Stationen der Novemberrevolution		K 157
1918		
29.10.	Matrosen verweigern Gehorsam bei aussichtslos erscheinender militärischer Großaktion der deutschen Kriegsflotte	
4.11.	Aufständische Matrosen (40 000 bewaffnete Soldaten) bilden in Kiel einen Soldatenrat und übernehmen die Macht in der Stadt; SPD und USPD unterstützen den Aufstand	
5.11.	Arbeiter- und Soldatenräte kontrollieren norddeutsche Großstädte; anfängliche Militärrevolte weitet sich zur Revolution aus	
7.11.	Der Münchner USPD-Vorsitzende Kurt Eisner ruft die bayerische Republik aus; König Ludwig III. flieht aus seiner Residenz	
8.11.	Aufstand greift auf die Reichshauptstadt Berlin über: Arbeiter- und Soldatenräte verbünden sich mit Sozialdemokraten	
9.11.	Wilhelm II. dankt als deutscher Kaiser ab und geht ins Exil (S.143); Ende der Hohenzollern-Herrscherdynastie (seit 1061)	
	Um 14 Uhr ruft der Mehrheits-Sozialdemokrat Philipp Scheidemann die Republik aus: Friedrich Ebert wird Reichskanzler (S.144)	
	Um 16 Uhr proklamiert Karl Liebknecht vom Spartakusbund (linker Flügel der USPD) die freie sozialistische Republik (S.144)	
10.11.	Arbeiter- und Soldatenräte in Berlin schließen sich der Mehrheits-SPD an und bestätigen den Rat der Volksbeauftragten (Mehrheits-Sozialisten und gemäßigte Teile der USPD) als neue Regierung	
6.12.	Konterrevolutionärer Aufstand von Militärangehörigen schlägt fehl; im Anschluß schwere Auseinandersetzungen zwischen Regierungstruppen und Spartakisten	
20.12.	Kongreß der Arbeiter- und Soldatenräte spricht sich für Wahlen zur Nationalversammlung aus; Räte verzichten auf Regierungsgewalt und weisen Weg in die parlamentarische Demokratie	
24.12.	Marinedivision meutert gegen die Regierung und fordert Soldnachzahlung; Straßenschlachten zwischen Matrosen und Regierungssoldaten (sog. Blutweihnacht)	
29.12.	Drei USPD-Politiker verlassen die Regierung nach Niederschlagung der Matrosenmeuterei; das Vertrauen in die sozialistische Koalitionsregierung und in die Mehrheits-SPD sinkt	
30.12.	Spartakisten um Karl Liebknecht gründen Kommunistische Partei Deutschlands (zuvor linker Flügel der USPD)	
31.12.	Regierungsbefehl zur Demobilisierung von Heer und Marine veröffentlicht: Zahlreiche Soldaten schließen sich Freikorps an	
1919		
12. 1.	Regierungstruppen schlagen Spartakusaufstand nieder (S.149); Auslöser des Aufstands war die Absetzung des Berliner Polizeichefs Eichhorn (angeblich Sympathisant der Spartakisten)	
15. 1.	Angehörige der Regierungstruppen ermorden die Spartakistenführer Karl Liebknecht und Rosa Luxemburg (S.149)	
19. 1.	Wahlen zur Weimarer Nationalversammlung enden mit Sieg der bürgerlichen Parteien (MSPD, Zentrum, DDP, DVP, S.150)	

1918

Der Waffenstillstandsvertrag gilt bis zur Unterzeichnung des Friedens von Versailles (↑S.153/28.6.1919). S 116/K 124

Ungarn wird unabhängig KAR
16.11. Budapest. Regierungschef Mihály Graf von Károlyi von Nagy Károlyi proklamiert die Ungarische Republik. Die österreichische Herrschaft über Ungarn ist damit nach über 200 Jahren beendet.

Károlyi, dessen politisches Programm große Übereinstimmungen mit dem der ungarischen Sozialdemokraten aufweist, setzte sich seit 1917 für einen Separatfrieden Ungarns mit der Entente ein. Das sich im Oktober bildende Revolutionskomitee einigte sich auf Károlyi als Vorsitzenden.

Die neue Regierung versucht, auch die Gebiete Siebenbürgen, Banat, Slawonien und Kroatien zu halten. Serben, Kroaten und Slowenen beabsichtigen allerdings, einen autonomen Staat zu bilden (↑S.145/1.12.); die Entscheidung der Alliierten, Siebenbürgen an Rumänien zu geben, führt am 21.3.1919 zum Rücktritt Károlyis. Der Budapester Arbeiterrat übernimmt die Regierung und proklamiert am 22.3.1919 die Räterepublik Ungarn (↑S.153/1.8.1919). S 803/K 781

Slawen schließen sich zusammen
1.12. Belgrad. Die südslawischen Völker gründen das „Königreich der Serben, Kroaten und Slowenen" (ab 3.10.1929 „Jugoslawien"). Staatsoberhaupt wird der bisherige serbische König Peter I.; Ministerpräsident wird Nikola Pašić, bislang der einflußreichste Politiker in Serbien (Ministerpräsident – mit Unterbrechungen – seit 1904). S 44/K 36

Die Vorbereitung der Staatsgründung war belastet durch Differenzen zwischen der großserbischen Richtung und den im Pariser Exil lebenden Kroaten. Am 20.7.1917 verständigten sich beide Parteien auf einen Kompromiß (Erklärung von Korfu). Nach der Staatsgründung unter serbischer Führung bleiben die Gegensätze zwischen beiden Volksgruppen bestehen. Bei der Abstimmung über die neue Verfassung am 28.6.1921 wird in Abwesenheit der Kroatischen Bauernpartei der zentralistische Einheitsstaat unter serbischer Führung bestätigt. Kroatenführer Stefan Radić wird 1922 für mehrere Jahre inhaftiert; nach seiner Ermordung durch serbische Radikale verlassen die Kroaten das Parlament. Eine Militärdiktatur übernimmt die Macht (↑S.255/5.1.1929). S 256/K 267

📖 H. Sundhausen: Geschichte Jugoslawiens 1918–1980, 1982.

Zerfall von Österreich-Ungarn		K 158
Land	Zugehörigkeit nach dem 1. Weltkrieg	Heutige Zugehörigkeit
Zisleithanien		
Niederösterreich	Österreich	Österreich
Oberösterreich	Österreich	Österreich
Salzburg	Österreich	Österreich
Tirol	Österreich, Italien	Österreich, Italien
Steiermark	Österreich	Österreich
Kärnten	Österreich[1]	Österreich
Krain	Italien, Jugoslawien	Slowenien
Görz, Gradisca	Italien	Italien, Slowenien
Istrien	Italien	Kroatien, Slowenien
Dalmatien	Jugoslawien[2]	Kroatien
Böhmen	Tschechoslowakei	Tschechische Republik
Mähren	Tschechoslowakei	Tschechische Republik
Schlesien (Herzogtum)	Tschechoslowakei, Polen	Polen, Tschechische Republik
Galizien, Lodomerien	Polen	Ukraine
Bukowina	Rumänien	Ukraine, Rumänien
Transleithanien		
Ungarn	Ungarn, Tschechoslowakei	Ungarn, Slowakei
Siebenbürgen	Rumänien	Rumänien
Banat	Rumänien, Jugoslawien	Rumänien, Serbien
Kroatien	Jugoslawien	Kroatien
Slawonien	Jugoslawien	Kroatien
Bosnien-Herzegowina[3]	Jugoslawien	Bosnien-Herzegowina

1) Teile Kärntens bis 1920 jugoslawisch; 2) ohne Zadar und Fiume; 3) Kondominium beider Reichsteile (1908 annektiert)

Waffenstillstand von Compiègne: In einem Eisenbahnwaggon unterzeichnet die deutsche Delegation die Kapitulation des Deutschen Reichs.

1918

Chronik Islands — K 159

Jahr	Ereignis
1262	Norwegens König erhält Oberhoheit über Island
1397	Als Mitglied der Kalmarer Union unter dänischer Herrschaft
1541	Dänischer König unterwirft Island; Reformation wird ab 1550 endgültig durchgesetzt
1843	Unabhängigkeitsbewegung unter Jón Sigurdsson; Althing (1800 aufgehoben) wird als beratende Versammlung wiederhergestellt; ab 1875 mit Gesetzgebungsbefugnis
1918	Island wird als selbständiger Staat anerkannt (1.12.); das Land bleibt in Personalunion mit Dänemark verbunden
1940	Besetzung durch amerikanische und britische Truppen
1944	Nach Volksabstimmung wird die Republik ausgerufen
1946	Beitritt zu den Vereinten Nationen
1949	Island wird Mitglied der NATO (ohne eigene Armee)
1951	Unterzeichnung eines militärischen Schutzabkommens mit den USA (weiterhin US-Militärstützpunkt auf der Insel)
1958	Ausdehnung der Fischereihoheit auf zwölf Seemeilen (sm)
1970	Mitglied in der Europäischen Freihandelszone EFTA
1975/76	Kabeljaukrieg: Nach Ausweitung der Fischereihoheit auf 200 sm kommt es zu Auseinandersetzungen mit Großbritannien und der BRD; der Konflikt endet im Juni 1976 (S.694)
1986	Gipfeltreffen zwischen US-Präsident Ronald Reagan und dem sowjetischen KP-Chef Michail Gorbatschow in Reykjavík
1993	Teilnahme am Europäischen Wirtschaftsraum (EWR)
1997	Zollfreie Einfuhr von Fischereiprodukten (Exportanteil: 72%) in die Europäische Union (ab 1994: Senkung der Zollsätze)

Nobelpreisträger 1918 — K 161

Chemie: Fritz Haber (D, 1868–1934)

Haber fand eine Methode, Ammoniak unter hohem Druck aus Stickstoff und Wasserstoff zu gewinnen. Der Chemiker Carl Bosch entwickelte aus Habers Apparatur eine Hochdruckanlage zur Herstellung von Kunstdünger auf der Basis von Ammoniak (Haber-Bosch-Verfahren).

Physik: Max Planck (D, 1858–1947)

Die 1900 von Planck formulierte Quantentheorie leitete von der klassischen zur modernen Physik über. Der Physiker ging davon aus, daß die elektromagnetische Strahlung nicht kontinuierlich erfolgt, sondern stoßweise in Form von kleinsten Partikeln, den Quanten.

Nobelpreise für Frieden, Literatur und Medizin nicht verliehen

Sport 1918 — K 162

Tennis

US Open (seit 1881; 38. Austragung)	Herren: Lindley Murray (USA) Damen: Molla Bjurstedt (NOR)	

Herausragende Weltrekorde

Disziplin	Athlet (Land)	Leistung
Schwimmen, Männer		
100 m Freistil	Paoa Kahanamoku (USA)	1:01,4 min
Schwimmen, Frauen		
100 m Rücken	Erna Murray (GER)	1:35,2 min

Island unabhängig

1.12. Kopenhagen/Reykjavík. Die am Vortag beschlossene Unionsakte tritt in Kraft. Island wird als selbständiger Staat in Personalunion mit Dänemark anerkannt; die Verbindungen bleiben eng.

Um 900 wurde die Insel von aus Norwegen kommenden Wikingern besiedelt und 1262 Norwegen angeschlossen. Mit der Vereinigung von Norwegen, Dänemark und Schweden im Rahmen der „Kalmarer Union" (1397) kam Island unter dänische Herrschaft und erhielt erst 1874 eine beschränkte Selbstverwaltung.

Nach einer Volksabstimmung löst sich Island 1944 von Dänemark und wird am 17.6.1944 Republik. Erster Staatspräsident ist Sveinn Björnsson, der bis 1952 amtiert. S 146/K 159

E. Gläßer/A. Schnütgen: Island, 1986.
W. Schutzbach: Island. Feuerinsel a. Polarkreis, 1985.

Kultur

Heinrich Mann „Der Untertan"

30.11. Leipzig. Der gesellschaftskritische Roman „Der Untertan" von Heinrich Mann erscheint. Der Vorabdruck des bereits 1914 vollendeten Romans in einer Münchner Zeitschrift wurde bei Kriegsausbruch von der Zensur verboten.

Das Werk ist eine parodistische Umkehr des Entwicklungsromans: Es beschreibt den Aufstieg des kleinbürgerlichen Protagonisten Diederich Heßling vom träumerischen Kind zum skrupellosen Papierfabrikanten. Seinen Erfolg verdankt Heßling der konsequent vertretenen Maxime, nur der, der nach unten trete und nach oben diene, komme im wilhelminischen Kaiserreich nach oben.

Bereits in seinem Roman „Professor Unrat" (1905) hatte Heinrich Mann einen Zusammenhang zwischen Ästhetik und Politik postuliert. Während des 2. Weltkriegs ist er Symbolfigur der antifaschistischen Exilanten. Kurz vor seinem Tod 1950 wird er von der DDR zum Präsidenten der neu zu schaffenden Akademie der Künste ernannt. S 147/K 160

W. Emmerich: Heinrich Mann „Der Untertan", 1980. J. Haupt: Heinrich Mann, 1980.

Kunst im Dienst der Revolution

3.12. Berlin. Revolutionär gesinnte Architekten, Maler, Bildhauer, Dichter und Musiker, darunter Max Pechstein und Erich Mendelsohn, gründen die Künstlervereinigung „Novembergruppe".

Die überwiegend dem Expressionismus verpflichteten Künstler wollen sich an der kulturellen Neuordnung der jungen Republik beteiligen und proklamieren eine „Revolution des Geistes". Die einstigen Beschränkungen der künstlerischen Institutionen im Kaiserreich sollen beseitigt werden.
Die Novembergruppe steht in engem Kontakt zum Bauhaus (↑S.158/21.3.1919) und zur niederländischen Vereinigung De Stijl (↑S.139/1.10.1917). Bis 1926 tritt sie mit Ausstellungen an die Öffentlichkeit, um avantgardistische Kunsttendenzen zu unterstützen.

Tarzan erobert die Leinwand
In den USA läuft der Stummfilm „Tarzan bei den Affen" an. Der Titelheld, verkörpert von Elmo Lincoln, wird eine der populärsten Serienfiguren des Films und des Comics (↑S.261/7.1.1929).
1912 hatte Edgar Rice Burroughs, inspiriert von der Sage um Romulus und Remus sowie von Rudyard Kiplings „Dschungelbüchern" (1894/95), in einem Magazin die ersten Tarzan-Geschichten veröffentlicht. Der Protagonist, ein „edler Wilder", wird nach dem Tod seiner Eltern von Affen im afrikanischen Dschungel aufgezogen.
Bekanntester Darsteller des Urwaldhelden ist der ehemalige Olympia-Sieger im Schwimmen, Johnny Weissmuller (↑S.218/1924), der diese Rolle 1932–48 zwölfmal verkörpert. Weitere Tarzandarsteller sind u. a. Lex Barker (1948–52) und Ron Ely (ab 1965).

„Tarzan"-Darsteller Johnny Weissmuller mit seiner Filmpartnerin Jane (Brenda Joyce)

Kulturszene 1918 — K 160

Theater	
Reinhard Goering Seeschlacht UA 10.2., Dresden	Das unter dem Eindruck der Seeschlacht am Skagerrak (1916) entstandene Drama deutet bereits auf den Existentialismus hin.
Karl Immermann Merlin UA 4.9., Berlin	Das bisher als unaufführbar geltende Versdrama, geschrieben 1832, macht aus dem Zauberer Merlin eine Gestalt von Faustschem Format.
Georg Kaiser Gas UA 28.11., Frankfurt/Main	Kaiser übt vehemente Kritik am modernen technischen Zeitalter und, in der Fortsetzung des Dramas (1920), am Krieg.
Wladimir Majakowski Mysterium buffo UA 7.11., Petrograd	Das moderne Mysterienspiel verherrlicht die Oktoberrevolution (1917) mit symbolistisch-surrealen und parodistischen Mitteln.
Fritz von Unruh Ein Geschlecht UA 16.6., Frankfurt/Main	Die Verstragödie mit einem Aufruf gegen Krieg und Gewaltherrschaft ist ein Hauptwerk des deutschen Expressionismus.

Oper	
Béla Bartók Herzog Blaubarts Burg UA 24.5., Budapest	Der folkloristisch-impressionistische Einakter kommt mit zwei Sängern aus, wodurch er sich auch für Aufführungen im Konzert eignet.
Giacomo Puccini Triptychon UA 24.12., New York	Dantes „Göttliche Komödie" war Anregung für den Zyklus aus den Einaktern „Der Mantel", „Schwester Angelica" und „Gianni Schicchi".
Franz Schreker Die Gezeichneten UA 25.4., Frankfurt/Main	Das erotisch-symbolistische Fin-de-siècle-Drama mit seinem schwelgerischen Orchesterklang wird zu einem triumphalen Erfolg.
Igor Strawinsky Die Geschichte vom Soldaten; UA 28.9., Lausanne	Moritatenhafte Szenenfolge, deren auf wenige Mitwirkende reduzierte Besetzung (keine Sänger!) auf die Kriegssituation Bezug nimmt.

Konzert	
Sergej Prokofjew Klassische Sinfonie UA 21.3., Petrograd	Form, Instrumentierung und Transparenz des Klangs nehmen Bezug auf Musik des 18. Jh., Harmonik und Melodik sind typischer Prokofjew.

Film	
Charles Chaplin Gewehr über! USA	Brillante Kriegssatire: Chaplin als Soldat in den Schützengräben des 1. Weltkriegs – der bislang erfolgreichste Film des Komikers.
Ernst Lubitsch Die Augen der Mumie Ma Deutschland	Abenteuerfilm in aufwendigen exotischen Dekorationen; Lubitschs erster Film mit Pola Negri, die als Mumie Ma auftritt.
Erich Stroheim Blinde Ehemänner USA	Stroheim, 1914–18 Regieassistent von D. W. Griffith, gibt hier sein Regiedebüt nach einem eigenen Drehbuch.

Buch	
Guillaume Apollinaire Kalligramme Paris	In der „visuellen" Lyrik ergibt sich aus der grafischen Anordnung der Zeilen ein Hinweis auf das jeweilige Thema des Gedichts.
Klabund Bracke Berlin	Expressionistischer Eulenspiegelroman im Stil der Schwanksammlungen des 16. Jh.; Bracke ist zugleich Narr, Märtyrer und Prophet.
Heinrich Mann Der Untertan Leipzig	Der bedeutendste kritisch-realistische Gesellschaftsroman über das wilhelminische Deutschland ist auch ein sprachliches Kunstwerk.
Oswald Spengler Der Untergang des Abendlandes; Wien	Die universalistische, fortschrittspessimistische Analyse ist ein kulturphilosophisches Hauptwerk des 20. Jh. (2 Teil: 1922).
Eduard Stucken Die weißen Götter Berlin	Erster Band eines vierteiligen historischen Romans (bis 1922) über die spanische Eroberung des Aztekenreichs in Mexiko.

1919

Politik

Parteigründung der Spartakisten

1.1. Berlin. Führende Mitglieder des Spartakusbundes (u. a. Karl Liebknecht, Rosa Luxemburg, Leo Jogiches, Franz Mehring) gründen die Kommunistische Partei Deutschlands (KPD). Ziel ist der Aufbau einer direkten Rätedemokratie im Deutschen Reich und die Verhinderung der Wahlen zur Deutschen Nationalversammlung (↑S.150/19.1.).

Liebknecht, Luxemburg und Mehring gründeten 1916 die antimilitaristische Gruppe Internationale und brachen mit der SPD. Ab 1918 gab sich die kommunistische Gruppe den Namen Spartakusbund (nach dem Führer des römischen Sklavenaufstands 73–71 v.Chr.).

Die Strategie der Spartakisten wird zunehmend bestimmt von der Drohung eines bewaffneten Widerstands gegen die Berliner Übergangsregierung (↑S.149/5.l.). S 149/K 164

H. A. Winkler: Von der Revolution zur Stabilisierung. Arbeiterbewegung 1918–24, 1984.

Tschechen auf Expansionskurs

1.1. Preßburg (Bratislava). Tschechoslowakische Truppen besetzen die ungarische Stadt Bratislava. Weitere Gebietsforderungen erhebt der neugegründete Staat (↑S.143/28.10.1918) im früheren schlesischen Herzogtum Teschen (bis Kriegsende zu Österreich), das von Polen beansprucht wird. Dort marschieren tschechische Truppen am 23.1. ein.

Die Tschechoslowakei bezieht sich bei ihren Gebietsforderungen auf einen am 28.9.1918 abgeschlossenen Vertrag mit Frankreich, in dem die französische Regierung Hilfe bei der Rekonstruktion historischer Grenzen zusichert.

Nach heftigen Kämpfen mit polnischen Truppen und Verhandlungen fügt sich die Tschechoslowakei auf Druck Frankreichs einem Spruch des Botschafterrats, durch den Teschen geteilt wird und das wirtschaftlich bedeutendere Gebiet an Polen fällt. S 440/K 441

Araber und Juden verständigen sich

3.1. Paris. Emir Faisal und Chaim Weizmann verständigen sich über eine enge Zusammenarbeit zwischen Arabern und Juden bei der Neuordnung des Osmanischen Reichs. Den Siegermächten wird der Vorschlag unterbreitet, einen unabhängigen Staat für beide Volksgruppen zu gründen.

Emir Faisal von Hedschas, ein westlich orientierter Araber, wird am 23.8.1921 nach einer Volksabstimmung König des Irak (bis 1930 unter britischem Mandat). Chaim Weiz-

Wichtige Regierungswechsel 1919			K 163
Land	Amtsinhaber	Bedeutung	
Afghanistan	Habib Ullah Khan (Emir seit 1901) Aman Ullah (Emir bis 1929)[1]	Ermordung des Emirs (20.2.); Aman Ullah entzieht sich nach dem 1. Weltkrieg als erster dem britischen Einfluß im Orient	
Deutsches Reich	Wilhelm II. (Kaiser seit 1888) Friedrich Ebert (MSPD; P bis 1925)	Abdankung des Kaisers (9.11.1918); Ebert übernimmt die Leitung der provisorischen Regierung (Rat der Volksbeauftragten, S.150)	
	Max Prinz von Baden (R bis 9.11.1918) Philipp Scheidemann (MSPD; M 13.2.–20.6.) Gustav Bauer (MSPD; M bis 1920)[2]	Scheidemann führt die erste frei gewählte Reichsregierung; Rücktritt, weil er sich mit der Ablehnung des Versailler Friedensvertrags im Parlament nicht durchsetzen kann (S.150)	
Luxemburg	Marie Adelheid (Großherzogin seit 1912) Charlotte (Großherzogin bis 1964)	Abdankung von Marie Adelheid (14.1.) wegen massiver Kritik der Alliierten an ihrer prodeutschen Haltung	
Österreich	Karl I. (Kaiser seit 1916) Karl Seitz (SPÖ; P bis 1920)	Rücktritt des Kaisers (11.11.1918) nach Niederlage im 1. Weltkrieg; Seitz wird erster Präsident von Deutsch-Österreich	
Peru	José Pardo y Barreda (P seit 1915) Augusto Bernardino Leguia (P bis 1930)	Pardo bei Militärputsch verhaftet und abgesetzt (4.7.); Leguia errichtet offene Diktatur und bleibt elf Jahre Präsident	
Rußland	Jakow M. Swerdlow (P seit 1917)[3] Michail I. Kalinin (P bis 1946)[4]	Tod von Swerdlow; sein Nachfolger Kalinin wird nominelles Staatsoberhaupt Rußlands und später der Sowjetunion	
Südafrikan. Union	Louis Botha (M seit 1910) Jan Christiaan Smuts (M bis 1924)	Tod des ersten Premierministers des Landes (27.8.); Botha war von 1907 bis 1910 bereits Premier von Transvaal	
Ungarn	Graf Károlyi von Nagy Károlyi (P seit 1918) Sandor Garbai (P bis 1.8.)[5]	Rücktritt (21.3.), weil Siebenbürgen Rumänien zugeschlagen wird; Budapester Arbeiterrat übernimmt Regierungsgewalt (S.153)	

M = Ministerpräsident bzw. Premierminister; P = Präsident
1) Ab 1929 König; 2) ab 14.8. Reichskanzler; 3) Vorsitzender des Allrussischen zentralen Vollzugsausschusses; 4) ab 1923 Vorsitzender des Präsidiums des Obersten Sowjets; 5) Vorsitzender des Revolutionären Regierenden Rats

1919

Parteivorsitzende der KPD			K 164
Jahr	Vorsitzende	Anmerkung	
Deutsches Reich			
1918/19	Karl Liebknecht/Rosa Luxemburg	1919 von Freikorps-Offizieren ermordet (15.1.)	
1920/21	Ernst Däumig/Paul Levi	Levi 1921 als Abweichler aus KPD und Internationale ausgeschlossen	
1921	Heinrich Brandler/Walter Stoecker	Brandler nach Märzaufstand zu fünf Jahren Festungshaft verurteilt	
1921–1923	Ernst Meyer	Vorsitzender während der Inhaftierung Brandlers	
1923	Heinrich Brandler	Nach vorzeitiger Begnadigung wieder in seine Parteiämter eingesetzt	
1924	Hermann Remmele/Arkadi Maslow	Beide nach ultralinker Wendung der KPD abgesetzt	
1924/25	Ruth Fischer	Fischer nach Weisung aus Moskau abgesetzt	
1925–1933	Ernst Thälmann	Nach KPD-Betätigungsverbot 1933 bleibt Thälmann Exilvorsitzender	
SBZ			
1945	Wilhelm Pieck, Walter Ulbricht	KPD-Neugründung (13.6.); am 22.4.1946 Vereinigung mit SPD zur SED	
BRD			
1949–1956	Vorstandsgremien	Bundestagswahl 1949: 5,7%; 1953: 2,2%; 1956 Parteiverbot der KPD	

mann, Führer der zionistischen Bewegung (↑S.135/2.11.1917), wird am 14.5.1948 erster Präsident des Staates Israel. S 441/K 442

Spartakusaufstand gegen die SPD
5.1. Berlin. Der radikale Flügel der USPD, die KPD und die revolutionären Obleute (linksgerichtete Betriebsgruppen) beschließen den Sturz der Regierung Ebert/Scheidemann. In der Nacht zum 6.1. werden Zeitungs- und Verlagshäuser sowie Druckereien besetzt.
Mit dem Aufstand reagieren die Spartakisten auf die am 4.1. verfügte Entlassung des Berliner Polizeipräsidenten Emil Eichhorn (USPD), dem offene Begünstigung spartakistischer Aktivitäten vorgeworfen wird. Eichhorn weigert sich, das Präsidium zu verlassen. Mehrere tausend Menschen demonstrieren gegen die Absetzung. Der Aufstand, der auch auf andere Städte übergreift, endet nach schweren Kämpfen am 12.1. mit der Erstürmung des Polizeipräsidiums durch Regierungstruppen. S 144/K 157

Rumänien wird größer
11.1. Siebenbürgen. Die Annexion des bislang zu Ungarn gehörenden Siebenbürgen durch rumänische Truppen hat (nach dem Anschluß Bessarabiens 1918) das Staatsgebiet Rumäniens im Vergleich zur Vorkriegszeit verdoppelt. Rumänien, Siegermacht des Krieges, bekommt im Frieden von Trianon (4.6.1920) u. a. Siebenbürgen offiziell zugesprochen. Am 30.8.1940 erhält Ungarn einen großen Teil des Gebiets zurück. S 300/K 308

KPD-Führer von Soldaten ermordet
15.1. Berlin. Rosa Luxemburg und Karl Liebknecht werden bei der Überführung in das Untersuchungsgefängnis Moabit von ihren Bewachern (Regierungstruppen) ermordet. Von offizieller Seite heißt es zunächst, Liebknecht sei bei einem Fluchtversuch und Luxemburg von einem Unbekannten erschossen worden.
Die beiden Gründungsmitglieder der KPD (↑S.148/1.1.) waren nach der Niederschlagung des Spartakusaufstands in Berlin untergetaucht, wurden aber bald verhaftet.
Der Prozeß gegen die mutmaßlichen Mörder endet am 14.5. mit zwei Verurteilungen zu geringfügigen Freiheitsstrafen und sechs Freisprüchen. S 177/K 193

📖 Der Mord an Rosa Luxemburg und Karl Liebknecht. Dokumentation eines politischen Verbrechens, 1989. E. Ettinger: Rosa Luxemburg. Ein Leben, 1990.

Spartakusaufstand: Gewehrschützen hinter einer Barrikade in Berlin. Die Erhebung von Kommunisten und radikalen Anhängern der USPD wird von Regierungstruppen und Freikorps blutig niedergeschlagen.

1919

KPD–Führer ermordet: Rosa Luxemburg (*1870) und Karl Liebknecht (*1871) werden am 15.1.1919 nach ihrer Verhaftung in Berlin von Freikorpsangehörigen erschossen. Die Leiche von Rosa Luxemburg werfen die Mörder in den Landwehrkanal, sie wird erst Ende Mai gefunden.

Sieg der Mitte bei erster Wahl

19.1. Deutsches Reich. Die Wahl zur Verfassunggebenden Deutschen Nationalversammlung, dem ersten Nachkriegsparlament, endet mit einem Sieg der bürgerlichen Parteien. Stärkste Fraktion wird die MSPD (163 Sitze), es folgen Zentrum (91), Deutsche Demokratische Partei (75), Deutschnationale Volkspartei (44), USPD (22) und Deutsche Volkspartei (22). Die Wahlbeteiligung liegt bei 83%. Erstmals haben Frauen das passive und aktive Wahlrecht.

Im Vorfeld war mit Störungen durch die Spartakisten gerechnet worden, die zum Wahlboykott aufgerufen hatten; die Wahl verlief jedoch überwiegend ruhig. Mit der Einberufung der gewählten Volksvertreterinnen und -vertreter für den 6.2. nach Weimar will man dem nach dem Spartakusaufstand (S.149/5.1.) noch immer unruhigen Berlin aus dem Weg gehen (↑S.150/11.2.).

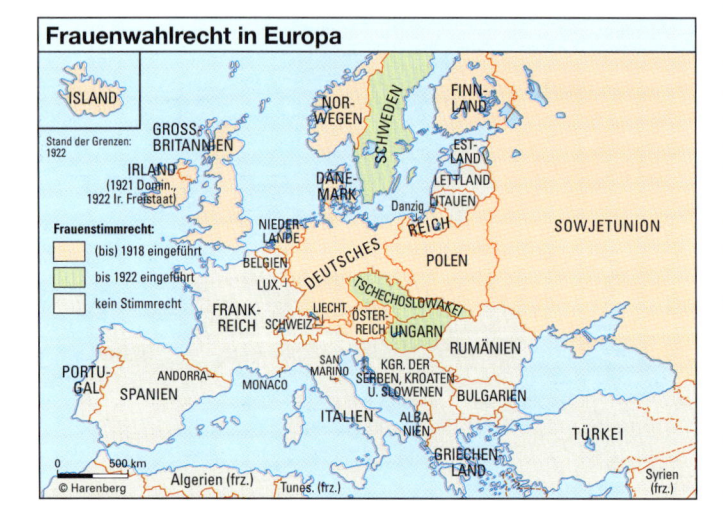

Frauenwahlrecht in Europa

Irland geht eigene Wege

21.1. Dublin. Die von der nationalistischen irischen Partei Sinn Fein einberufene Nationalversammlung (Dail Eireann) beginnt mit der Verlesung einer Unabhängigkeitserklärung. Offiziell ist Irland jedoch noch immer Teil von Großbritannien.

Gewaltsame Auseinandersetzungen zwischen der britischen Polizei und irischen Freiheitskämpfern gehören seit langem zur Tagesordnung (↑S.126/30.4.1916). Die Kämpfe verschärfen sich ab 1919, als die Irisch-Republikanische Armee (IRA) als militanter Arm des radikalen Flügels der Sinn Fein entsteht. Einen Höhepunkt der Auseinandersetzungen markiert der „Blutige Sonntag" (21.11.1920), an dem in Dublin 14 Offiziere des britischen Geheimdienstes von der IRA und im Gegenzug zwölf Zuschauer eines Fußballspiels von der britischen Polizei erschossen werden.

Am 23.12.1920 tritt die „Government of Ireland Act" in Kraft, die Irland in zwei autonome Provinzen teilt – den überwiegend protestantischen Norden (Ulster) und den katholischen Süden (↑S.178/6.12.1921).

📖 J. C. Beckett: Geschichte Irlands, NA 1982.

Ebert erster Reichspräsident

11.2. Weimar. Die Nationalversammlung wählt in geheimer namentlicher Abstimmung Friedrich Ebert zum Reichspräsidenten. Dieser beauftragt Philipp Scheidemann als Ministerpräsident zur Kabinettsbildung.

Beide Politiker gehören der MSPD an; sie waren die führenden Köpfe der provisorischen Berliner Nachkriegsregierung, die die revolutionären Unruhen in gemäßigte Bahnen lenkte.

Das Kabinett setzt sich aus Mitgliedern der sog. Weimarer Koalition (MSPD, Zentrum, DDP) zusammen, die mit einer Dreiviertelmehrheit das neugewählte Parlament beherrschen. Unter Leitung des Reichsministers des Innern, Hugo Preuß (DDP), wird die Weimarer Verfassung erarbeitet, die am 31.7. von der Nationalversammlung angenommen wird und am 14.8. in Kraft tritt.

📖 W. Maser: Friedrich Ebert, 1990.

Deutschösterreich wählt

16.2. Wien. Bei Wahlen zur deutschösterreichischen Nationalversammlung liegen die Sozialdemokraten knapp vor den Christlichsozialen. Letztere hatten sich im Wahlkampf für die Rückkehr des Landes zur Monarchie ausgesprochen. Die SPÖ setzte vor allem auf den Anschluß an das Deutsche Reich.

Anschlußverhandlungen werden am 25.2. aufgenommen, sie scheitern am Veto der alliierten Siegermächte. Mit der Unterzeichnung des Friedensvertrags (↑S.154/10.9.) verpflichtet sich Österreich zur Aufgabe des Präfix „Deutsch". Die Verfassung wird am 1.10.1920 verabschiedet; am 21.10.1920 wird Österreich Republik.

P. Burian: Geschichte Österreichs seit 1918, 1989. Österreich und der große Krieg 1914–1918, 1989.

Revolution nach Mord an Eisner

21.2. München. Der bayerische Ministerpräsident Kurt Eisner (USPD) wird von dem nationalistischen Studenten Anton Graf von Arco auf Valley erschossen. Im Bayerischen Landtag kommt es daraufhin zu Schießereien zwischen revolutionären Soldaten und Abgeordneten.

Eisner, der sich wiederholt zur deutschen Kriegsschuld bekannte, hatte die Novemberrevolution in München organisiert und angeführt. Mit dem Sturz des Königshauses und dem Ausrufen des republikanischen Freistaats Bayern wollte er einen humanistischen Sozialismus begründen. Seine Gegner denunzierten ihn als Bolschewisten.

Eisners Ermordung führt zur „zweiten Revolution", während der ein Aktionskomitee aus Mitgliedern der MSPD, USPD, KPD und der Arbeiter-, Soldaten- und Bauernräte die Macht übernimmt. Im Zuge der „dritten Revolution" am 7.4. wird die Räterepublik proklamiert. Am 2.5. schlagen Regierungstruppen und rechte Freikorpseinheiten die Münchner Revolution nieder. S 174/K 190

Umsturz in München. Schriftsteller erzählen die Räterepublik, 1988.

Komintern gegen Sozialdemokratie

2.3. Moskau. Der bis zum 6.3. dauernde Gründungskongreß der Dritten bzw. Kommunistischen Internationale richtet sich vor allem gegen die gemäßigten sozialistischen und sozialdemokratischen Lehren.

Wladimir I. Lenin bezeichnet die Teilnehmer der Sozialistenkonferenz am 3.2 in Bern als „Leichen", die die Revolution verraten.

Die linkssozialistischen und kommunistischen Parteien aus Europa und den USA verabschieden am 4.3. ein Manifest über das Ziel der Komintern. Darin heißt es, der Sieg der kommunistischen Revolution in der ganzen Welt solle erleichtert und beschleunigt werden. S 151/K 165

Keine Todesstrafen in Österreich

3.4. Wien. Die deutschösterreichische Nationalversammlung nimmt das Gesetz über die

Die Internationale — K 165

Sozialistische Internationale

Zeitraum	Bezeichnung	Inhalt/Forderungen	Folgen
1864–1876	Erste Internationale	Vernichtung der Klassenherrschaft, Emanzipation der Arbeiterklasse (Marx)	Streit mit Bakunin-Gruppe um zentralist. Organisation führt zur Auflösung 1876
1889–1914	Zweite Internationale	Marxistisch; gegen anarchist. Bewegung; Proletariat soll Sozialismus erkämpfen	Radikaler Anspruch widerspricht realer Reformpolitik der Parteien – I. scheitert
1919–1923	Neugründung der Zweiten Internationale	Forderung nach reformorientiertem, undogmatischerem Sozialismus	Widerspruch zur Dritten Internationale führt zur Spaltung der Arbeiterbewegung
1921–1923	Zweieinhalbte Internationale (Wiener Int.)	Überwindung der Spaltung der internationalen Arbeiterklasse angestrebt	1923: Zusammenschluß mit Zweiter Internationale zur Sozialist. Arbeiter-Internationale
1923–1940	Sozialistische Arbeiter-Internationale	Abgrenzung zum Kommunismus, aber gemeinsame Aktionen mit kommunistischer Dritter Internationale beschlossen	Stärkung des demokratischen Sozialismus Auflösung der Arbeiter-Internationale nach Ausbruch des 2. Weltkriegs
Seit 1951	Sozialistische Internationale	Bekenntnis zum demokratischen Sozialismus; gegen Einheitsparteien Osteuropas	Verbesserung der internationalen Beziehungen innerhalb der Sozialdemokratie

Kommunistische Internationale

Zeitraum	Bezeichnung	Inhalt/Forderungen	Folgen
1919–1943	Dritte Internationale; Kommunistische Internationale (S.xxx)	Zentralistische Weltpartei soll als Wegbereiter der Weltrevolution und der Diktatur des Proletariats fungieren	Nach Lenins Tod (1924): UdSSR-Führung streicht die Forderung nach Internationalismus; ab 1935: Volksfrontpolitik
1947–1956	Kominform[1]	Widerspruch: Anspruch (Gleichheit aller Parteien) und Realität (stalinist. Kontrolle)	Weitgehend bedeutungslos; Wirkung mehrfach von Spaltungen eingeschränkt
Ab 1938	Vierte Internationale	Am orthodoxen Leninismus orientiert (Internationalismus; permanente Revolution)	Mitte der 50er Jahre aufgelöst (Entstalinisierung); Abkehr von Weltrevolution

[1] Informationsbüro der kommunistischen und Arbeiterparteien

Abschaffung der Todesstrafe an, die künftig nur noch in standrechtlichen Verfahren verhängt werden darf.
Bereits 1787 hatte Kaiser Joseph II. die Todesstrafe verboten; nach seinem Tod 1790 wurde sie jedoch wieder eingeführt. Am 7.2.1968 schafft das österreichische Parlament die Todesstrafe endgültig ab.

Volksabstimmung in Baden

13.4. Baden. Der Freistaat Baden richtet eine Volksabstimmung über die demokratische Verfassung aus, die in der badischen Nationalversammlung in Karlsruhe am 21.3. verabschiedet wurde. Mit großer Mehrheit (355 000 zu 20 000 Stimmen) spricht sich die teilnehmende Bevölkerung (35%) für die Annahme aus. Dieser ersten Volksabstimmung auf deutschem Boden folgen weitere (u. a. 20.3.1921 Oberschlesien; 13.1.1935 Saarland).

P. Brandt/R. Rürup: Volksbewegung und demokratische Neuordnung in Baden 1918/19, 1990.

Putsch in Österreich scheitert

17.4. Wien. Nach ungarischem Vorbild (↑S.145/16.11.1918) versuchen Demonstranten am Gründonnerstag, das österreichische Parlament zu stürmen. Nach Vermittlung der gemäßigten Arbeiter- und Soldatenräte ziehen sich die Menschen wieder zurück.
Ausgangspunkt des Aufruhrs war eine Demonstration von über 10 000 Arbeitslosen, Kriegsversehrten und -heimkehrern vor dem Parlament, die eine Verbesserung ihrer sozialen Lage forderten. Als Staatskanzler Karl Renner (SPÖ) sich weigerte, einer Delegation der Demonstranten Zusagen zu machen, begann mit Hilfe der Roten Garden der Sturm auf das Gebäude. Die Polizeiwache kapitulierte. Daß die Vermittlungen der Räte erfolgreich sind, gilt als Zeichen für die fehlende politische Basis des Umsturzversuchs, dem sich nur wenige der Kommunistenführer anschlossen. S 258/K 269

Völkerbund als Kontrollinstanz

28.4. Versailles. Die Pariser Friedenskonferenz der Siegermächte des 1. Weltkrieges nimmt einstimmig die endgültige Satzung des Völkerbundes an, der sich damit gründet. Ziel des von 45 Staaten vollzogenen Zusammenschlusses ist die Wahrung des internationalen Rechts und Friedens.
Die Satzung wird den bevorstehenden Friedensverträgen mit denjenigen Staaten der Mittelmächte, die in Versailles (Verhandlungsort seit 18.1.) nicht vertreten sind, angefügt.
Der demokratische US-Präsident Woodrow Wilson, der die Idee des Völkerbundes schon in seinen „14 Punkten" (↑S.141/8.1.1918) entwickelt hatte, erleidet eine schwere Abstimmungsniederlage. Der US-Senat (republikanische Mehrheit) ratifiziert die Versailler Verträge nicht (18.11. und 19.3.1920); damit treten die USA neben Ecuador und Saudi-Arabien dem Völkerbund nicht bei. Die Schweiz hingegen wird am 19.11. gegen den Willen der Sozialdemokraten Mitglied. Das Deutsche Reich wird aufgrund der Bemühungen des Außenministers Gustav Stresemann 1926 in den Völkerbund aufgenommen (↑S.233/10.9.1926). S 152/K 166

Wichtige Mitglieder des Völkerbundes			K 166
Land	Eintritt (Austritt)	Land	Eintritt (Austritt)
Ägypten	1937	Lettland	1921
Albanien	1920 (1939)	Liberia	1920
Argentinien	1920 (1920)	Litauen	1921
Äthiopien	1923	Luxemburg	1920
Belgien	1920	Mexiko	1931
Bolivien	1920	Nicaragua	1920
Brasilien	1920 (1926)	Niederlande	1920
Bulgarien	1920	Norwegen	1920
Chile	1920 (1938)	Österreich	1920 (1938)
China	1920	Panama	1920
Costa Rica	1920 (1927)	Paraguay	1920
Dänemark	1920	Persien	1920
Deutsches Reich	1926 (1933)	Peru	1920 (1939)
Ecuador	1)	Polen	1920
Estland	1921	Portugal	1920
Finnland	1920	Rumänien	1920
Frankreich	1920	Salvador	1920
Griechenland	1920	Schweden	1920
Großbritannien[2]	1920	Schweiz	1920
Guatemala	1920	Siam	1920
Haiti	1920	Spanien	1920 (1926)
Hedschas[3]	1)	Tschechoslowakei	1920
Honduras	1920	Türkei	1932
Irak	1932	UdSSR	1934 (1939)[5]
Italien	1920 (1937)	Ungarn	1922
Japan	1920 (1933)	Uruguay	1920
Jugoslawien[4]	1920	USA	1)
Kolumbien	1920	Venezuela	1920
Kuba	1920		

1) Als Gründungsmitglied nicht beigetreten; 2) mit Australien, Indien, Kanada, Neuseeland, Südafrika; 3) seit 1932 Saudi-Arabien; 4) bis 1929 Königreich der Serben, Kroaten und Slowenen; 5) ausgeschlossen

1919

Deutschland nimmt den Frieden an

28.6. Versailles. Die deutsche Delegation unter Außenminister Hermann Müller unterzeichnet im Spiegelsaal des Schlosses von Versailles den gleichnamigen Friedensvertrag, mit dem der 1. Weltkrieg offiziell beendet ist.

Streit um die bedingungslose Annahme der in deutschen Augen harten Forderungen der Siegermächte hatte am 20.6. zum Rücktritt der Regierung Scheidemann geführt, nachdem sich in der Weimarer Nationalversammlung eine Mehrheit für die Annahme abzeichnete. Am 23.6. ermächtigte das Parlament den neuen Ministerpräsidenten Gustav Bauer (MSPD), den Vertrag unterzeichnen zu lassen.

Am 10.1.1920 tritt der Versailler Friedensvertrag in Kraft. S 154/K 167

Gewerkschaften organisieren sich

5.7. Nürnberg. Die 52 Arbeitnehmerorganisationen, die zu den Freien Gewerkschaften zählen, gründen auf ihrem zehnten Kongreß einen Dachverband, den Allgemeinen Deutschen Gewerkschaftsbund. Karl Legien wird erster Vorsitzender des Verbands, der ca. 5 Mio Mitglieder vertritt.

Erklärtes Ziel der Freien Gewerkschaften ist der wirtschaftliche Sozialismus. Legien erteilt den Kräften der extremen Linken (Kommunisten und unabhängige Sozialisten) allerdings eine eindeutige Absage. S 457/K 459

Ungarische Räte geben die Macht ab

1.8. Budapest. Der Revolutionäre Regierende Rat gibt seine Demission bekannt. Ein sozialistisches Kabinett unter Ministerpräsident Gyula Peidl übernimmt die Regierungsgewalt; die Führer der Räterepublik um Béla Kun fliehen ins Ausland. Die Alliierten hatten tschechische, rumänische und eigene Truppen gegen die am 21.3. erfolgte Machtübernahme der Räte eingesetzt. Erste Angriffe konnten erfolgreich abgewehrt werden, gleichzeitig bildeten sich jedoch konterrevolutionäre Bestrebungen, vor denen die Räterepublik schließlich kapitulierte.

Am 4.8. wird Budapest von den ausländischen Truppen besetzt. Peidl muß zurücktreten, statt dessen wird der Habsburger Erzherzog Josef als vorläufiges Staatsoberhaupt eingesetzt. Nach internationalen Protesten tritt Josef ab; die Macht übernimmt am 12.8. Miklós Horthy, der rund 5000 Anhänger der Räterepublik töten läßt. Horthy regiert bis 1944 und zieht 1941 Ungarn auf deutscher Seite gegen die Sowjetunion in den 2. Weltkrieg hinein. S 803/K 781

Wehrmacht neu organisiert

20.8. Berlin. Eine Verordnung des Reichspräsidenten Friedrich Ebert (MSPD) ändert die Strukturen der Truppen des Deutschen Reichs entsprechend den Versailler Verträgen (↑S.153/28.6.).

Versailler Friedensvertrag:
Im Spiegelsaal des Schlosses von Versailles wird der Vertrag zwischen dem Deutschen Reich und den alliierten Siegermächten des 1. Weltkriegs unterzeichnet.

Hermann Müller

Miklós Horthy

Regelungen des Versailler Friedensvertrags	K 167

Teil I – Völkerbundsatzung: Jeder Staat kann Mitglied werden, wenn der Antrag von zwei Dritteln der Bundesversammlung genehmigt wird

Teile II, III – Grenzziehungen: Deutschland verliert Elsaß-Lothringen (an Frankreich), große Teile Posens und Westpreußen (an Polen bzw. Danzig), die Memelregion und das Hultschiner Ländchen (an Tschechoslowakei); Volksabstimmungen über Gebietszugehörigkeiten in: Bezirk Allenstein, Eupen-Malmedy, Marienwerder, Nordschleswig (südliche und nördliche Teil), Oberschlesien, Volksabstimmung im Saargebiet für 1935 geplant; Deutschland tritt Saar-Kohlegruben an Frankreich ab (mit Festlegung einer Rückkaufmöglichkeit); endgültige Unabhängigkeit Österreichs von Deutschland; linksrheinische Region in drei Zonen für fünf, zehn bzw. 15 Jahre durch alliierte Truppen besetzt; Änderungen der Grenzziehungen sind nur mit Zustimmung des Rats des Völkerbunds möglich

Teil IV – Deutschlands Rechte und Interessen im Ausland: Deutschland muß alle Kolonialbesitzungen in Übersee aufgeben; deutsches Eigentum im Ausland wird bis auf weiteres konfisziert

Teile IV, V – Militärische Abmachungen: Deutschland muß Kriegswaffen und -material abliefern; allgemeine Wehrpflicht, der Große Generalstab und das deutsche Heer werden abgeschafft; Höchstgrenzen der erlaubten Einheiten von 100 000 Soldaten (Landtruppen) bzw. 15 000 Soldaten (Seetruppen) und 4000 Offizieren (Dienstzeit für Offiziere 25 Jahre, sonst zwölf Jahre); Schleifung aller Festungen und Plätze in der Rheinregion; alliierte Kommissionen, die von Deutschland finanziert werden müssen, kontrollieren die Einhaltung der Bestimmungen

Teil VI – Vorschriften zur Behandlung von Kriegsgefangenen und Grabstätten: Deutsche Kriegsgefangene im Ausland werden freigelassen, sofern sie nicht wegen Straftaten inhaftiert worden sind

Teil VII – Strafbestimmungen: Ein spezieller internationaler Gerichtshof soll eine alliierte Schuldanklage gegen Kaiser Wilhelm II. („Verletzung der internationalen Moral und der Heiligkeit der Verträge") verhandeln; Deutschland muß alle Kriegsverbrecher an die Alliierten übergeben

Teil VIII – Reparationen: Der Kriegsschuldparagraph (Art. 231) legt die alleinige Kriegsschuld Deutschlands und seiner Verbündeten – und damit deren Reparationspflicht – fest; Reparationskommission soll deutsche Gesamtschuld bestimmen, die ab dem 1.5.1921 innerhalb von 30 Jahren abgetragen werden soll; Abgabe von (Handels-)Schiffen ab 1000 bzw. 1600 BRT; Demontage von Industrieanlagen; Lieferung von Baumaterialien und Maschinen; jährliche Lieferungen von Ammoniak, Benzol, Kohle, Steinkohlenteer an die Alliierten; Übergabe von Eisenbahnwagen, Farbstoffen, landwirtschaftlichen Maschinen, Lastkraftwagen, Lokomotiven und Unterseekabeln an die Siegermächte

Teil IX – Finanzielle Bestimmungen: In der Folge mehrfach geändert und überarbeitet; letztendlich durch das Abkommen von Lausanne (9.7.1932) aufgehoben; enge Anlehnung an Teil VIII

Teil X – Wirtschaftliche Regelungen: Meistbegünstigungsklausel im Handelsverkehr mit Deutschland für Alliierte (auf fünf Jahre befristet); Alliierte legen Zollordnung in Besatzungszonen fest; Deutsches Reich muß bestehende Handelsverträge aufkündigen und alliierte Verträge für Deutschland anerkennen (beispielsweise die Kriegsentschädigungs- und Wiedergutmachungsregelungen)

Teil XI – Festlegung alliierter Lufthoheit: Freies Überfliegen und Landen auf deutschem Gebiet für alle Flugzeuge der Alliierten, die bis auf weiteres die Lufthoheit über Deutschland behalten

Teil XII – Freie Durchfahrt auf allen Wasser- und Schienenwegen: Donau, Elbe, Memel, Nord-Ostsee-Kanal, Oder und Rhein werden international: Tschechoslowakei erhält Freihäfen in Hamburg und Stettin

Teil XIII – Aufbau der Arbeitsbedingungen gemäß Völkerbundsatzung

Teil XIV – Sicherheiten für die Durchführung des Versailler Friedensvertrags: Räumungsfristen (bis zu 15 Jahren) für die Besatzungszonen werden festgelegt; Hauptstreitpunkt ist das Rheinland

Teil XV – Sonstiges: Deutschland erklärt sich mit allen alliierten Regelungen zu Österreich-Ungarn, Bulgarien und der Türkei einverstanden; Rückgabe erbeuteter wertvoller Kulturgüter wird vereinbart

Die Heeresverwaltung geht von den einzelnen Ländern auf das Reich über; Oberbefehlshaber wird Reichswehrminister Gustav Noske (MSPD). Die Truppenstärken sind auf 100 000 Mann (Heer) und 15 000 Mann (Marine) festgelegt; es gibt keine allgemeine Wehrpflicht. Luftstreitkräfte und Unterseeboote sind verboten. Schulen, Vereinen und Universitäten ist es untersagt, sich mit militärischen Aspekten zu beschäftigen.
Die deutschen Truppen, die noch im lettischen Kurland stationiert sind, verweigern die daraufhin befohlene Rückkehr nach Deutschland mit der Begründung, die Verteidigung insbesondere Ostpreußens vor der Roten Armee habe Vorrang. Es entsteht die sog. Schwarze Reichswehr, illegale Truppen, die zum inneren und äußeren Schutz der Republik aufgestellt werden. Offiziell wird sie nach 1923 aufgelöst. Die sich gleichzeitig bildenden sog. Freikorps bleiben jedoch eine permanente Bedrohung des inneren Friedens der Weimarer Republik. `S 154/K 167`

Frieden auch für Österreich

10.9. Saint-Germain-en-Laye. Bei Paris unterzeichnet Staatskanzler Karl Renner (SPÖ) den Friedensvertrag mit den Alliierten.
Das Parlament hatte den Vertrag am 6.9. unter Protest angenommen, denn die österreichische Delegation hatte ebensowenig wie das Deutsche Reich Zugeständnisse der Siegermächte erreichen können. Der Anschluß an Deutschland wird dem Land verwehrt, weitere Gebietsabtretungen (u. a. Südtirol) lassen das einst riesige Reich auf die Größe der Alpenregion schrumpfen. Die allgemeine Wehrpflicht wird verboten, das Heer auf 30 000 Mann begrenzt. `S 566/K 269`

📖 F. Ermacora: Der unbewältigte Friede. St. Germain und die Folgen, 1989.

Frankreich übernimmt Elsaß

4.10. Paris. Mit der Annahme der provisorischen Verfassung für Elsaß-Lothringen durch die französische Abgeordnetenkammer geht das Gebiet an Frankreich über.
Verwaltungsorganisation und Gesetzgebung wurden noch vom Deutschen Reich geschaffen; sie bleiben nach dem Willen des französischen Ministerpräsidenten Georges Benjamin Clemenceau bis zur nächsten Parlamentswahl am 16.11. bestehen, weil das Elsaß und Lothringen erst dann Abgeordnete nach Paris entsenden können.
Im Vertrag von Locarno (↑S.221/16.10. 1925) verzichtet das Deutsche Reich endgültig auf Elsaß-Lothringen. `S 155/K 168`

„Dolchstoßlegende" formuliert

18.11. Berlin. Der parlamentarische Untersuchungsausschuß über die Kriegsschuld vernimmt Generalfeldmarschall Paul von Hindenburg und General Erich Ludendorff. Hindenburg stellt dabei die These auf, das deutsche Militär sei ab 1916 von revolutionären Bestrebungen aus Deutschland heimlich zersetzt worden, wodurch seine Kampfkraft schließlich nachgelassen habe. Hindenburg zitiert einen britischen General mit den Worten: „Die deutsche Armee ist von hinten erdolcht worden."

Die Popularität Hindenburgs ist ungebrochen; seine These vom Dolchstoß findet große Beachtung und spielt in den folgenden Jahren als Propagandainstrument gegen den Frieden von Versailles und die junge Weimarer Republik eine wichtige Rolle.
1925 wird Hindenburg Reichspräsident.

W. Maser: Hindenburg. Eine politische Biographie, 1989.

Konflikt um Elsaß-Lothringen K 168

Datum	Ereignis
26.2.1871	Vorfriede von Versailles: Die französischen Gebiete Elsaß und Lothringen fallen an Deutschland
26.5.1911	Elsaß-Lothringen erhält Verfassung und Wahlgesetz: Der Reichstag verabschiedet eine Teilautonomie
21.11.1918	Französische Truppen besetzen Elsaß-Lothringen nach Beendigung des 1. Weltkriegs
6.12.1918	Landtag von Elsaß-Lothringen entscheidet sich mehrheitlich für den Anschluß an Frankreich
28.6.1919	Der Friedensvertrag von Versailles regelt die endgültige Anbindung von Elsaß-Lothringen an Frankreich

Wirtschaft

48-Stunden-Woche beginnt GRA

1.1. Deutschland. Im Deutschen Reich treten die Regelungen zum Achtstundentag für Arbeiter in Kraft.

Der Industrielle Hugo Stinnes als Vertreter der Arbeitgeberverbände sowie der Gewerkschaf-

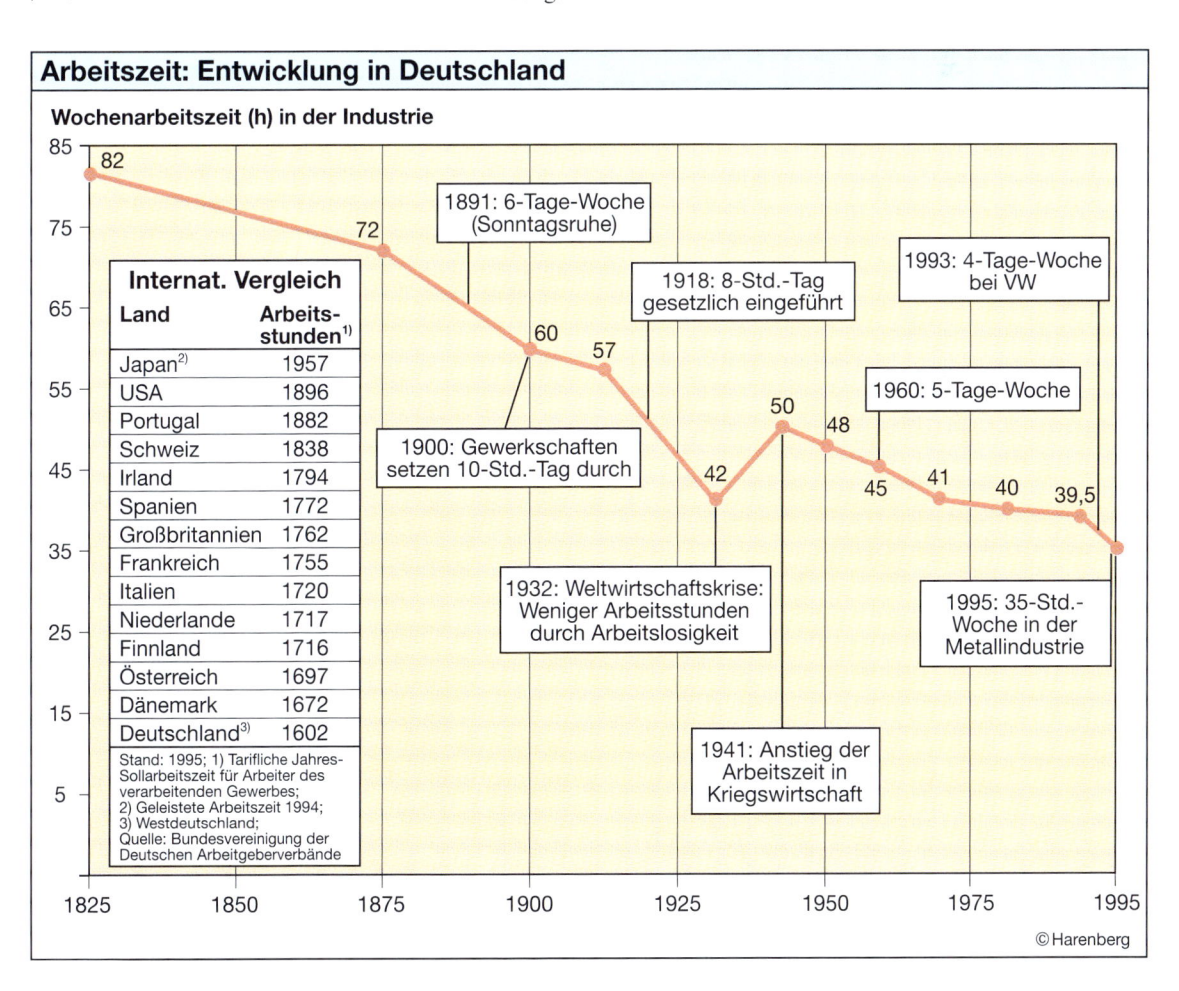

Arbeitszeit: Entwicklung in Deutschland

Wochenarbeitszeit (h) in der Industrie

Werte: 82 (1825), 72 (1875), 60 (1900), 57, 42 (1932), 50, 48, 45, 41, 40, 39,5, 35 (1995)

Ereignisse:
- 1891: 6-Tage-Woche (Sonntagsruhe)
- 1900: Gewerkschaften setzen 10-Std.-Tag durch
- 1918: 8-Std.-Tag gesetzlich eingeführt
- 1932: Weltwirtschaftskrise: Weniger Arbeitsstunden durch Arbeitslosigkeit
- 1941: Anstieg der Arbeitszeit in Kriegswirtschaft
- 1960: 5-Tage-Woche
- 1993: 4-Tage-Woche bei VW
- 1995: 35-Std.-Woche in der Metallindustrie

Internat. Vergleich

Land	Arbeitsstunden[1]
Japan[2]	1957
USA	1896
Portugal	1882
Schweiz	1838
Irland	1794
Spanien	1772
Großbritannien	1762
Frankreich	1755
Italien	1720
Niederlande	1717
Finnland	1716
Österreich	1697
Dänemark	1672
Deutschland[3]	1602

Stand: 1995; 1) Tarifliche Jahres-Sollarbeitszeit für Arbeiter des verarbeitenden Gewerbes; 2) Geleistete Arbeitszeit 1994; 3) Westdeutschland; Quelle: Bundesvereinigung der Deutschen Arbeitgeberverbände

© Harenberg

1919

Chronik der deutschen Post im 20. Jh.		K 169
Jahr	Ereignis	
1900	Erstes Überseekabel zwischen dem Deutschen Reich und den Vereinigten Staaten für Telefonbetrieb	
1903	Automobile für Pakete und Güterpost in Berlin	
1906	Erste Kraftpostlinie in Deutschland (Friedberg–Ranstadt)	
1908	Erstes öffentliches Wählfernsprechamt Europas in Hildesheim (heute: Niedersachsen) eingeweiht	
1909	Im Deutschen Reich wird der Postscheckdienst eingeführt	
1914	Weltweiter Funkverkehr durch die Großfunkstelle Nauen bei Berlin	
1919	Erste regelmäßige Luftpostlinie in Deutschland (Berlin–Weimar, (S.156); Rundfunkwesen im Zuständigkeitsbereich des Reichspostministers	
1920	Auflösung der Landespostdienste in Bayern und Württemberg	
1923	Reichspost beginnt mit dem Aufbau des Rundfunks in Deutschland	
1924	Durch das Reichspostfinanzgesetz wird die Deutsche Reichspost finanziell selbständig	
1933	Reichspost nimmt das erste Fernschreibnetz der Welt in Betrieb	
1935	Erster regelmäßiger Fernseh-Programmdienst wird im Deutschen Reich aufgenommen	
1939	Einführung des Postsparkassendienstes	
1945	Auflösung der Deutschen Reichspost; Neubeginn in den von den Alliierten besetzten Zonen (1947 vereinigt in der Bizone)	
1948	Aufbau des Selbstwählferndienstes	
1949	Im Grundgesetz (Art. 33 und 87) Post in bundeseigener Verwaltung, Bedienstete mit Hoheitsbefugnissen ausgestattet	
1950	Gründung der Deutschen Bundespost	
1952	Sendebeginn des Deutschen Fernsehens	
1955	Erster Selbstwählferndienst für internationale Telefongespräche	
1961	Einführung automatischer Briefverteilanlagen	
1962	Einführung der Postleitzahlen	
1964	Kontenführung per EDV im Postscheckdienst	
1967	Erste Datex-Netze in Betrieb genommen	
1979	Beginn des Telefax-Dienstes in der BRD	
1981	Start des Teletexdienstes in der BRD	
1982	Über Netze der Deutschen Bundespost erstmals Kabelfernsehen	
1983	Beginn des Bildschirmtext-Dienstes (Btx) in der BRD; 1993 Erweiterung zu Datex J; 1995/96 Ausbau zu Online-Dienst (T-Online)	
1989	Postreform I spaltet Post in drei selbständige Unternehmensbereiche auf: Postbank, Postdienst (Deutsche Post) und Telekom	
1993	Einführung der fünfstelligen Postleitzahlen	
1994	Postreform II: Privatisierung der drei Postunternehmen beschlossen	
1996	Umfassende Telefontarifreform und Börsengang der Telekom, Aufhebung des Fernmeldemonopols bis 1998 geplant	

ter Karl Legien (↑S.153/5.7.) hatten am 15.11. 1918 eine entsprechende Vereinbarung ausgehandelt, die außerdem folgende Neuerungen bringt: Anerkennung der Gewerkschaften als berufene Vertreter der Arbeiterschaft, Ablehnung jeglicher Beschränkung der Koalitionsfreiheit, Akzeptierung von verbindlichen Tarifverträgen für alle Gewerbezweige.
Der Achtstundentag wird 1919 in fast allen bedeutenden Industriestaaten beschlossen

(u. a. 17.4. Frankreich, 15.5. Dänemark, 27.6. Schweiz, 17.12. Österreich). S 838/K 807

Nahrung „gegen den Bolschewismus"
11.1. Paris. Unter Vorsitz von Herbert Clark Hoover (USA) tritt der alliierte Oberste Rat für Hilfeleistungen an die Kriegsverlierer zusammen.
Der Hunger, der in Deutschland und den übrigen ehemaligen Mittelmächten seit 1915 herrscht (die Seeblockade soll erst mit der Unterzeichnung der Friedensverträge aufgehoben werden), hat allein im Deutschen Reich etwa 700 000 Menschenleben gefordert. US-Präsident Wilson sieht vor allem die Gefahr, daß die Hungersnot bolschewistische Ideen fördert.
Am 14.1. billigt das US-Repräsentantenhaus 100 Mio US-Dollar für das von Hoover initiierte Lebensmittelhilfswerk.

Verkehr

Luftpostlinie nach Weimar
6.2. Berlin/Weimar. Anläßlich der Konstituierung der Weimarer Nationalversammlung wird die erste regelmäßige Luftpostlinie eingerichtet, die für schnellen Informationsaustausch zwischen den Berliner Regierungsbehörden und dem Parlament sorgen soll.
Eine allerdings unregelmäßige Luftpost betrieb die Post schon ab 1912.

Luftpost: Zwischen Berlin und Weimar wird die erste regelmäßige Luftpostlinie eröffnet. Erstmals erscheint eine Luftpostmarke.

Im gleichen Jahr kommen die Verbindungen Hamburg–Berlin und Hannover–Gelsenkirchen hinzu. Mit der Gründung der Luftpost GmbH am 26.2.1921 in Danzig unter Vorsitz des Konstrukteurs Hugo Junkers wird die 550 km lange Strecke Berlin–Stettin–Danzig–Königsberg beflogen. S 156/K 169

Ministerium für den Verkehr

1.10. Berlin. Johannes Bell (Zentrum), zugleich Kolonialminister, wird erster Chef des im Juni neu eingerichteten Verkehrsministeriums. Auch in Großbritannien gibt es seit diesem Jahr erstmals eine solche Institution. Die Bedeutung einer zentralen Steuerung der Verkehrsentwicklung setzt sich allmählich in den Industrienationen durch. Bell hat sich u. a. um die Übernahme der Eisenbahnen in Reichsbesitz zu kümmern (↑S.166/1.4.1920).

Wissenschaft

Atomumwandlung

Cambridge. Der Brite Ernest Rutherford, einer der bedeutendsten Atomphysiker des 20. Jh. (↑S.37/April/Mai 1903; ↑S.87/ 20.12.1910, ↑S.94/7.5.1911), vollzieht die erste künstliche Atomkern- und damit Elementumwandlung.
Bei Beschießen des chemischen Elements Stickstoff mit schnellen Alphateilchen (positiv geladene Heliumkerne) entstehen Sauerstoffatome und Wasserstoffkerne (Protonen). Damit geht zugleich der jahrhundertealte Traum der Alchimisten in Erfüllung, wenn auch anders, als ursprünglich gedacht.
Rutherford vollzieht die Spaltung eines Atoms, Otto Hahn gelingt 1938 die Kernspaltung (↑S.346/22.12.1938). S 52/K 46 S 346/K 352

📖 C. Keller: Die Geschichte der Radioaktivität, 1982.

Gesellschaft

Nationalflagge Schwarz-Rot-Gold

18.2. Weimar. Der Staatenausschuß (Ländervertretung) beschließt die Einführung der Farben Schwarz, Rot und Gold als Nationalfarben der Weimarer Republik.
Die Farbkombination geht zurück auf die Uniformen des Lützowschen Freikorps während der Befreiungskriege gegen Napoleon (1813). Seit 1817 ist sie Symbol nationalstaatlicher Bewegungen. Die politische Rechte kann sich mit ihrer Forderung nach Beibehaltung von Schwarz-Weiß-Rot (seit 1871) nicht durchsetzen; ebensowenig die Kommunisten mit dem Vorschlag, eine rote Fahne zu nehmen. Zwischen 1933 und 1945 ist Schwarz-Rot-Gold verpönt.

Ruhige Maifeiern im Reich

1.5. Deutsches Reich. Ohne besondere Zwischenfälle verlaufen die Feiern zum 1. Mai in Deutschland, Österreich und der Schweiz, während es in Frankreich und den USA zu

Nobelpreisträger 1919	K 170
Frieden: Thomas Woodrow Wilson (USA, 1856–1924)	
Der 28. US-Präsident trug mit seinem 14-Punkte-Plan entscheidend zur Beendigung des 1. Weltkriegs bei. Bereits 1916 hatte er den kriegführenden Ländern einen Friedensschluß vorgeschlagen. Hauptziel Wilsons war die Gründung eines weltweit akzeptierten Völkerbundes (S.xxx).	
Literatur: Carl Spitteler (CH, 1845–1924)	
Der ehemalige Feuilletonredakteur der Neuen Zürcher Zeitung wollte die Gattung des Epos erneuern. In seiner rhythmischen Prosa schwelgte er in oft kolossalen Symbolen und Bildern. Spittelers Hauptwerk ist das 20 000 Verse umfassende Epos „Olympischer Frühling" (4 Bde., 1900–05).	
Medizin: Jules Bordet (B, 1870–1961)	
Bordet erforschte die bakterientötende Wirkung des Blutserums und schuf damit die Voraussetzung für die Impfung und Immunisierung gegen Krankheiten wie Cholera und Typhus. 1906 entdeckte er den Erreger des Keuchhustens, gegen den er einen Impfstoff entwickelte.	
Physik: Johannes Stark (D, 1874–1957)	
Der Experimentalphysiker bestätigte 1913 die auf Max Planck zurückgehende Quantentheorie. Er wies die Aufspaltung der Spektrallinien im elektrischen Feld nach (Stark-Effekt). Weitere Forschungsarbeiten Starks beschäftigten sich mit der Elektrizität in Gasen und in chemischen Atomen.	

Nobelpreis für Chemie nicht verliehen

Bauhaus in Weimar: Das Gebäude der ehemaligen Kunstschule und späteren Kunstgewerbehochschule, aus der das Bauhaus hervorging, wurde 1904 bis 1911 nach Plänen ihres Direktor Henry van de Velde errichtet.

1919

Box-Weltmeister Jack Dempsey (r.): In der 4. Runde versetzt er dem bisherigen Weltmeister im Schwergewicht Jess Willard den entscheidenden Schlag.

Sport 1919		K 173
Tennis		
Wimbledon (seit 1877; 39. Austragung)	Herren: Gerald Patterson (AUS) Damen: Suzanne Lenglen (FRA)	
US Open (seit 1881; 39. Austragung)	Herren: Bill Johnston (USA) Damen: Hazel Hotchkiss-Wightman (USA)	
Australian Open	Herren: A. R. F. Kingscote (GBR)	
Davis-Cup (Sydney, AUS)	Australien – Großbritannien 4:1	
Radsport		
Tour de France (5560 km)	Firmin Lambot (BEL)	
Giro d'Italia (2984 km)	Costante Girardengo (ITA)	
Boxen		
Schwergewichts-Weltmeisterschaft	Jack Dempsey (USA) – K. o. über Jess Willard (USA), 4.7.	
Herausragende Weltrekorde		
Disziplin	Athlet (Land)	Leistung
Leichtathletik, Männer		
Speerwurf	Jonni Myyrä (FIN)	66,10 m
Schwimmen, Frauen		
100 m Brust	Erna Murray (GER)	1:33,2 min

„Stadtballade" von Lasker-Schüler

27.4. Berlin. Im Deutschen Theater wird das bereits 1909 entstandene Drama „Die Wupper" der Schriftstellerin Else Lasker-Schüler uraufgeführt. Es ist das erste Schauspiel der Autorin, die vor allem durch ihre jüdisch-mystische Lyrik bekannt geworden ist.

Das Stück verknüpft in locker miteinander verbundenen Szenen das Arbeitermilieu mit dem der Fabrikantenfamilie Sonntag. Naturalistische Stilelemente wie der Gebrauch des Wuppertaler Dialekts stehen neben expressionistischen und lyrischen Partien. Lasker-Schülers Schauspiel ist trotz seiner Thematik kein soziales Drama mit politischen Lösungsmodellen, sondern dokumentiert materielle und psychische Verelendung.

Die Autorin, die bis 1933 ein bohemienhaftes Leben in Berlin mit den führenden Malern und Schriftstellern der Zeit verbringt und zahlreiche Werkausgaben selbst illustriert, wandert 1937 nach Palästina aus. Dort leidet sie unter zunehmender geistiger Verwirrung.

E. Klüsener: Else Lasker-Schüler, rororo-Monographien 283. J. Hessing: Else Lasker-Schüler, 1985.

Sport

Jack Dempsey besteigt Box-Thron

4.7. Toledo/Ohio. Neuer Box-Weltmeister aller Klassen wird Jack Dempsey. Der Herausforderer besiegt Jess Willard, der seinen 1914 gegen Jack Johnson erkämpften Titel nur einmal (1916) verteidigte, durch technischen K. o.

Der neue Weltmeister kam 1894 als William Harrison zur Welt, begann 1914 mit dem Boxen und nannte sich ab 1915 Jack Dempsey, in memoriam des legendären Mittelgewichts-Champions gleichen Namens, der in Harrisons Geburtsjahr starb. Von 80 Profi-Kämpfen beendet er 60 als Sieger.

Dempsey bestreitet bis 1923 fünf erfolgreiche Titelfights, ehe er nach einer Pause von drei Jahren 1926 in Gene Tunney seinen Meister findet. Auch den Revanchekampf im Jahr darauf verliert er.

1920

Politik

Eisenbahner beenden Streik

14.1. Deutsches Reich. Der Eisenbahnerstreik im rheinisch-westfälischen Industrierevier und in Schlesien wird mit einer Tarifvereinbarung beendet, nachdem zuvor der Ausnahmezustand verhängt worden war.
Ab dem 3.1. befanden sich die Eisenbahner, deren Löhne von der Inflation aufgezehrt werden, im Ausstand. Am 7.1. schlossen sich ihnen die Versicherungsangestellten (fast 200 000) an.
Die Regierung verhängte am 11.1. den Ausnahmezustand, da die Versorgungslage bedrohliche Formen angenommen hatte. Von den Ruhrzechen konnte z. B. keine Kohle mehr abtransportiert werden, so daß Hochöfen stillgelegt werden mußten. S 161/K 174

Nordschleswig fällt an Dänemark

10.2. Nordschleswig. Bei der Volksabstimmung in der ersten (nördlichen) Zone Nordschleswigs sprechen sich drei Viertel der Bevölkerung für einen Anschluß an das Königreich Dänemark aus.
Für bestimmte Gebiete des Deutschen Reichs legten die Alliierten im Versailler Vertrag Plebiszite unter internationaler Kontrolle fest; in Nordschleswig wurde der Anfang gemacht.
Die zweite Abstimmung (südlicher Teil) am 14.3. endet mit umgekehrtem Ergebnis. Dänemarks Ministerpräsident Carl Theodor Zahle tritt daraufhin am 30.3. zurück. Die nächsten Volksabstimmungen werden am 11.7. in den Bezirken den ostpreußischen Bezirken Allenstein und Marienwerder durchgeführt, die nach eindeutigem Ausgang im Deutschen Reich verbleiben. Weitere Referenden finden in Oberschlesien statt.

Streiks im Deutschen Reich 1900–33 — K 174

Jahr	Stadt/Region	Branche	Anzahl der Streikenden	Dauer des Ausstands
1903	Crimmitschau/Sachsen	Textil	8 000	164 Tage
1905	Ruhrgebiet	Bergbau	200 000	33 Tage
1910	Manfeld/Sachsen	Bergbau	10 000	42 Tage
1910	Deutsches Reich	Bau	160 000	42 Tage
1912	Ruhrgebiet	Bergbau	170 000	8 Tage
1913	Oberschlesien	Bergbau	38 000	22 Tage
1919	Ruhrgebiet	Bergbau	120 000	15 Tage
1924	Ruhrgebiet	Bergbau	400 000	25 Tage
1927	Sachsen	Metall	150 000	20 Tage
1928	Mitteldeutschland	Metall	50 000	38 Tage
1928	Nordwestdeutschland	Eisen	230 000[1]	32 Tage
1928	Norddeutschland	Werften	42 000	95 Tage

1) Aussperrung durch Arbeitgeber (sog. Ruhreisenstreit)

Wichtige Regierungswechsel 1920 — K 175

Land	Amtsinhaber	Bedeutung
Deutsches Reich	Gustav Bauer (MSPD, R seit 1919) Hermann Müller (MSPD, R 27.3.–25.6.) Konstantin Fehrenbach (Zentrum, R bis 1921)	Rücktritt Bauers (26.3.) nach rechtem Kapp-Putsch (S.162/13.3.); Rücktritt Müllers nach Rechtsrutsch bei Landtagswahlen; Fehrenbach bildet Minderheitsregierung der bürgerlichen Mitte
Frankreich	Raymond Poincaré (P seit 1913) Paul Deschanel (P 18.2.–16.9.) Alexandre Millerand (P bis 1924)	Wahl von Deschanel (17.1.) bedeutet Niederlage für Ministerpräsident Clemenceau, der sich ebenfalls zur Wahl gestellt hatte; Millerand will politische Aufwertung des Amtes
	Georges Clemenceau (M seit 1917) Alexandre Millerand (M 19.1.–23.9.) Georges Leygues (M bis 1921)	Rücktritt von Clemenceau nach Niederlage bei Präsidentenwahl; Millerand wird zum Präsidenten gewählt, er übt starken Einfluß auf Politik von Ministerpräsident Leygues aus
Griechenland	Alexander I. (König seit 1917) Konstantin I. (König bis 1922)	Nach Tod Alexanders (25.10.) große Mehrheit bei Volksabstimmung für eine Rückkehr Konstantins aus dem Exil (seit 1917)
Mexiko	Venustiano Carranza (P seit 1915) Alvaro Obregón (P bis 1924)[1]	Ermordung Carranzas (21.5.), der die Opposition gewaltsam unterdrückte; Revolutionsführer Villa gibt Kampf auf (28.7.)
Österreich	Karl Seik (SPÖ, P seit 1919) Michael Hainisch (Christl.soz., P bis 1928)	Der Nationalökonom ist erster Bundespräsident Deutsch-Österreichs, der von der Bundesversammlung gewählt wurde
	Karl Renner (SPÖ, B seit 1918) Michael Mayr (Christl.soz., B bis 1921)	Rücktritt Renners (11.6.) nach Wahlniederlage; Mayer bildet Proporzregierung unter Beteiligung aller Parteien
Ungarn	Sándor Garbay (P bis 1919) Miklós Horthy (Reichsverweser bis 1944)	Horthy erhält von Nationalversammlung beschränkte königliche Rechte und erklärt Ungarn zur Monarchie mit vakantem Thron

B = Bundeskanzler; M = Ministerpräsident bzw. Premierminister; P = Präsident; R = Reichskanzler
1) Übergangspräsident 24.5.–1.12.: Adolfo de la Huerta

Hitlers erstes Programm

24.2. München. Im Hofbräuhaus stellt auf der ersten großen Versammlung der Deutschen Arbeiterpartei (DAP, ab März 1923 NSDAP) deren Propagandaleiter Adolf Hitler das 25-Punkte-Programm der Partei vor. Die „judenreine" Partei wurde am 5.1.1919 u. a. von Anton Drexler und Karl Harrer gegründet. Verschiedene Ideen standen nebeneinander – Antisemitismus, Antibolschewismus, Sozialismus. Mit dem Eintritt Hitlers, bisher Schulungsredner der Münchner Reichswehrführung, am 19.9.1919 begann der Aufstieg der Partei.

Die Schaffung eines großdeutschen Reichs und die Aufhebung der Friedensverträge von Versailles („Schandvertrag") stehen an erster Stelle des Parteiprogramms. Sie spielen propagandistisch in den nächsten Jahren die größte Rolle. Aber auch Hitlers rassenpolitische Vorstellungen sind bereits formuliert. Juden werden von der Staatsbürgerschaft ausgeschlossen (Punkt 4), ein Großteil der „Nicht-Deutschen" soll ausgewiesen werden (Punkt 8). Auch die Gleichschaltung der Presse wird angekündigt (Punkt 23). In den Krisenjahren bis 1923 erlebt die NSDAP großen Zulauf (↑S.202/8.11.1923). S 162/K 176

📖 J. Lang: Die Partei, 1989.

Kapp-Putsch scheitert

13.3. Berlin. Politiker und Militärs des rechten Spektrums marschieren unter Schutz einer Marinebrigade in Berlin ein und besetzen das Regierungsviertel. Wolfgang Kapp ernennt sich zum Reichskanzler, Reichswehrminister wird General Walther Freiherr von Lüttwitz.

Die Regierung Ebert/Bauer floh vor dem angekündigten Putsch erst nach Dresden, dann nach Stuttgart, nachdem die Mehrzahl der Offiziere militärischen Widerstand abgelehnt hatten.

Der sofort ausgerufene Generalstreik (↑S.162/15.3.) verhindert einen Erfolg der Putschisten, die am 17.3. die Macht zurückgeben. Zur Rechenschaft gezogen werden Kapp und seine Anhänger kaum. Politische Folge des reaktionären Intermezzos ist u. a. der auf Druck der Gewerkschaften erfolgte Rücktritt von Reichswehrminister Gustav Noske (MSPD) am 22.3. Die Regierung Bauer tritt am 26.3. zurück; Ebert beauftragt Hermann Müller (MSPD) mit der Regierungsbildung. S 163/K 177 S 177/K 193

📖 H. J. Reichardt: Die Tage des Kapp-Putsches 1920 in Berlin, 1990.

Generalstreik gegen Putschversuch

15.3. Deutsches Reich. 12 Mio Beschäftigte befolgen die Aufforderung zum Generalstreik, die von MSPD, USPD, KPD und Deutschem Gewerkschaftsbund ausgegeben wird, um den Kapp-Putsch zu beenden. Auch in den Verwaltungen ist der Rückhalt der Putschisten gering. Große Teile des Militärs

Das 25-Punkte-Programm der NSDAP	K 176
1.	Zusammenschluß aller Deutschen zu einem Großdeutschland
2.	Gleichberechtigung mit anderen Nationen; Aufhebung der Friedensverträge von Versailles und St. Germain
3.	Kolonien als Lebensraum und zur Ernährung des deutschen Volkes
4.	Staatsbürgerschaft auf „Volksgenossen" („deutschen Blutes") beschränkt; Juden werden explizit ausgeschlossen
5.	Fremdgesetzgebung und Gaststatus für alle Nicht-Staatsbürger
6.	Öffentliche Ämter nur für Staatsbürger
7.	Verpflichtung des Staats, für Lebens- und Erwerbsmöglichkeiten der Staatsbürger zu sorgen; in Notzeiten Ausweisung Fremder möglich
8.	Ausweisung aller Nicht-Deutschen, die erst seit sechs Jahren im Land sind; Verhinderung weiterer Einwanderungen
9.	Gleiche Rechte und Pflichten für Staatsbürger
10.	Staatsbürgerliche Pflicht zur geistigen und körperlichen Tätigkeit zum Nutzen (und nicht gegen die Interessen) der Staatsbürger
11.	Abschaffung des finanziellen Einkommens im Deutschen Reich, das ohne Arbeit und Mühe erreicht wird
12.	Einzug aller Kriegsgewinne
13.	Verstaatlichung aller Großbetriebe
14.	Forderung nach Gewinnbeteiligung an Großbetrieben
15.	Umfangreicher Ausbau der Altersversorgung
16.	Stärkung des Mittelstands auf Kosten der Großunternehmer
17.	Bodenreform; entschädigungslose Bodenenteignung für gemeinnützige Zwecke; Abschaffung der Bodenspekulation
18.	Kampf gegen Schädigung des Gemeininteresses (Todesstrafe für „gemeine Volksverbrecher, Wucherer, Schieber" usw.)
19.	Schaffung eines deutschen Gemeinrechts
20.	Ausbau des Volksbildungswesens; Begabtenstipendien; Einführung von Staatsbürgerkunde zur frühen Erfassung des Staatsgedankens
21.	Stärkung der Volksgesundheit (insbesondere Mutter- und Kinderschutz); Gesetz zur Turn- und Sportpflicht
22.	Abschaffung von Söldnertruppen; Schaffung eines Volksheeres
23.	Kampf gegen wissentliche politische Lügen; Forderung nach deutscher Presse: – Mitarbeiter müssen „Volksgenossen" sein – Ausländische Zeitungen erscheinen nur mit Staatserlaubnis und nicht in deutscher Sprache – Keine finanzielle Beteiligung von Nicht-Deutschen an Zeitungen – Verbot von Zeitungen, die gegen das Gemeinwohl verstoßen – Gesetzlicher Kampf von Staat und Partei gegen „zersetzenden Einfluß" von Kunst und Literatur
24.	Religionsfreiheit, wenn sie nicht gegen den Staat gerichtet ist oder gegen das „Sittlichkeits- und Moralgefühl der germanischen Rasse" verstößt; Bekenntnis zum „positiven Christentum"; Kampf gegen „jüdisch-materialistischen Geist"
25.	Forderung nach starker Zentralgewalt zur Durchsetzung aller Ziele

sympathisieren hingegen offen mit der neuen Regierung. Im Ruhrgebiet richtet sich der Streik nicht allein gegen Kapp und seine Anhänger. Die Arbeiterschaft im Revier ist zunehmend enttäuscht von der gesellschaftlichen und politischen Entwicklung im Deutschen Reich, die stark von den revolutionären Zielen der unmittelbaren Nachkriegszeit abweicht. Ausgelöst durch die Machtübernahme Kapps bewaffnen sich die in der KPD, der USPD oder den Syndikaten organisierten Arbeiter. Den Kampf gegen rechte Freikorps und reaktionäre Truppenteile der Reichswehr kann die „Rote Ruhrarmee" an vielen Orten gewinnen.

Am 24.3. finden Verhandlungen zwischen der revolutionären Arbeiterschaft und der Reichsregierung statt, in deren Verlauf gewerkschaftliche Forderungen nach Sozialisierung und mehr Mitbestimmung durchgesetzt werden können. Gegen die an manchen Orten andauernden Kampfhandlungen geht die Regierung ab 2.4. mit Militär vor.

Naher Osten wird aufgeteilt
19.4. San Remo. Auf der Konferenz des Obersten Rats der Alliierten wird der Nahe Osten in britische und französische Mandatsgebiete aufgeteilt, die formell dem Völkerbund unterstehen.
Die bislang besetzten Regionen werden durch die Zerschlagung des ehemaligen Osmanischen Reichs (↑S.164/10.8.) zu Einzelstaaten. Probleme bereitet Palästina; in Jerusalem kam es am 4.4. zu schweren Zusammenstößen zwischen Juden und Arabern. Der jüdische Bevölkerungsanteil in Palästina steigt aufgrund hoher Einwanderungsraten von rd. 11% (1922) auf 29% im Jahr 1939 an (↑S.175/12.3. 1921). S 199/K 213
📖 H. Baumgarten: Geschichte Palästinas, 1990.

Republikgegner organisieren sich
9.5. München. Der Führer der bayerischen Einwohnerwehren, Forstrat Georg Escherich, gründet eine reichsweite Dachorganisation der sog. Selbstschutzverbände (Orgesch).
Nach der durch den Vertrag von Versailles (↑S.153/28.6.1919) vorgenommenen Truppenreduzierung der Landstreitkräfte auf 100 000 Mann (↑S.153/20.8.1919) erhielten Bürgerwehren und Freikorps verstärkten Zulauf aus militanten republikfeindlichen Kreisen. Die Finanzierung der bewaffneten Verbände übernehmen adlige Großgrundbesitzer, Kaufleute und mittelständische Unternehmer. Bei der Niederschlagung der Münchener Räterepublik 1919 (↑S.151/21.2.)

Kapp-Putsch: Rechte Kräfte versuchen gewaltsam, die nach Kriegsende erkämpfte republikanische Verfassung im Deutschen Reich wieder zu stürzen (Einmarsch putschistischer Truppen in Berlin).

Republikfeindliche Organisationen[1]		K 177
Organisation	**Bedeutendste Aktionen**	
Rechtsextrem		
Brigade Ehrhardt	Kapp-Putsch 1920; gewalttätiger Kampf gegen die Münchner Räterepublik 1919	
Brigade Löwenfeld	Kampf gegen Andersdenkende	
Bund Reichsflagge	Beteiligung am Hitlerputsch 1923	
Bund Werwolf	Gewaltaktionen an politischen Gegnern	
Consul	Morde an Matthias Erzberger (1921), Karl Gareis (1921), Walther Rathenau (1922)	
Escherich	Gewaltaktionen gegen linke Verbände	
Freikorps Lichtschlag	Gewaltaktionen im Ruhrgebiet 1920	
Heimwehr	Gewaltaktionen gegen politische Feinde	
Kampfbund Oberland	Beteiligung am Hitlerputsch 1923	
Landvolkbewegung	Bombenanschläge in Norddeutschland 1929	
Olympia	Gewaltaktionen gegen politische Feinde	
Roßbach	Fememorde (1929)	
Stahlhelm	Kampf gegen politische Feinde	
Wiking	Gewaltaktionen an politischen Gegnern	
Linksextrem		
Proletarische Hundertschaften	Gewaltaktionen gegen Rechtsextreme für kommunistische Partei	
Roter Frontkämpferbund	Gewaltaktionen gegen Rechtsextreme für kommunistische Partei	

1) Extremistische Parteien nicht erfaßt

agieren Freikorps (Brigade Ehrhardt) neben Regierungstruppen.
Auf Druck der Alliierten wird der Dachverband Orgesch, der in den rechtsextremen Berliner Kreisen um Erich Ludendorff Unterstützung findet, am 1.11. in Preußen und am 30.5.1921 in Bayern aufgelöst. S 163/K 177

Albanien Spielball der Mächte
2.8. Tirana. Ein Vertrag mit Italien, das sich zum Truppenabzug verpflichtet, bringt Albanien die Unabhängigkeit.
Seit Kriegsende werden die Grenzen und der Bestand des Balkanstaates von italienischen, jugoslawischen und griechischen Gebietsansprüchen gefährdet. Nach Albaniens Aufnahme in den Völkerbund (17.12.) setzt die internationale Botschafterkonferenz die Grenzen von 1913 fest. 1923 muß Albanien im Frieden von Lausanne den südlichen Teil seines Territoriums an Griechenland abgeben. Einer kurzen republikanischen Phase (↑S.219/22.1.1925) folgt die durch enge Verträge erzwungene Abhängigkeit von Italien (ab 27.11.1926). S 221/K 233

Ende des Osmanischen Reichs
10.8. Sèvres. In dem Pariser Vorort Sèvres unterzeichnen die Alliierten und die türkische Regierung unter Sultan Muhammad VI. einen Friedensvertrag, der das Land auf ein Zehntel seiner Vorkriegsgröße schrumpfen läßt. Die interne Opposition gegen den als alliiertenhörig geltenden Sultan (im Amt seit 1918) ist so stark, daß der Vertrag vom türkischen Parlament nicht ratifiziert wird.
In Angora (Ankara) bildete sich im April eine Gegenregierung unter Kemal Pascha (ab 1935 „Kemal Atatürk"), deren Truppen am 19.9. im seit 1918 unabhängigen Armenien einmarschieren, das von inneren Unruhen bedroht ist (bolschewistischer Aufstand im November). Die Türkei bekommt im Frieden von Lausanne Westarmenien zugesprochen (↑S.199/24.7.1923). Kemals Gegenregierung festigt sich und erreicht die Absetzung des Sultans am 1.11.1922 (↑S.201/ 29.10.1923). Die neu entstandene Türkische Republik orientiert sich an westlich-säkularen Vorbildern. S 164/K 178 S 199/K 213

Volksabstimmung in Kärnten
10.10. Gemäß dem Friedensvertrag von Saint-Germain-en-Laye wird im südlichen Teil von Kärnten eine Volksabstimmung durchgeführt. Die Einwohner des vom Königreich der Serben, Kroaten und Slowenen (Jugoslawien) beanspruchten Gebiets stimmen darin für den Verbleib bei Deutsch-Österreich.
Kärnten hatte bereits das Kanaltal (an Italien) und das Mießtal (an das südslawische Königreich) abtreten müssen. Das strittige Abstimmungsgebiet wurde unter Aufsicht einer alliierten Abstimmungskommission in eine vorwiegend von Slowenen und in eine mehrheitlich von Österreichern bewohnte Zone unterteilt. In beiden Zonen hatten im Vorfeld der Abstimmung österreichische und jugoslawische Nationalisten einen Propagandafeldzug für ihre Ziele initiiert.
Da sich in der überwiegend von Slowenen bewohnten Zone 59,04% (22 025 Kärntner) für Österreich entscheiden, wird die Abstimmung in der deutschen Zone – wie vorher vereinbart – nicht mehr durchgeführt.

W. Löcker: Kärnten. Volksabstimmung 1920, 1981.

Niedergang des Osmanischen Reiches		K 178
Jahr	Ereignis	
1683	Zweite Belagerung Wiens endet mit türkischem Mißerfolg	
1699	Großer Türkenkrieg (seit 1683) durch Friedensverträge von Karlowitz (1699) und Konstantinopel (1700) beendet: Verlust von Peloponnes, Athen, Kroatien mit Slawonien, Siebenbürgen und Podolien sowie der polnischen Ukraine	
1718	Im Frieden von Passarowitz verlieren die Osmanen weitere Gebiete an die Habsburger, darunter die Kleine Walachei	
1768	Russische Heere dringen in die Moldau-Region sowie nach Transkaukasien ein und vernichten die türkische Flotte (1770)	
1792	Im Frieden von Jassy endgültiger Verzicht auf die Krim	
1807	Ermordung von Sultan Selim III. durch die Janitscharen; sein Nachfolger, Mahmud II., setzt inneren Reformkurs fort, kann nationale und religiöse Spannungen aber nicht unterbinden	
1829	Frieden von Adrianopel (14.9.) beendet den griechischen Befreiungskrieg: Südliches Griechenland erhält Unabhängigkeit	
1853	Beginn des Krimkriegs, der 1856 im Pariser Frieden (30.3.) beigelegt wird: Unabhängigkeit der Türkei wird verbürgt, das Schwarze Meer zur neutralen Zone erklärt	
1875	Osmanisches Reich erklärt Zahlungsunfähigkeit; Grund: hohe Verschuldung durch den Krimkrieg	
1876	Jungtürken erzwingen Einführung einer Verfassung: Islam als Staatsreligion anerkannt, Einführung des Zweikammersystems	
1877/78	Krieg gegen Rußland endet mit osmanischer Niederlage	
1911	Italienisch-türkischer Krieg endet mit Verlust von Tripolis, der Cyrenaika und des Dodekanes (S.91)	
1912/13	In den beiden Balkankriegen gehen die verbliebenen europäischen Besitzungen fast vollständig verloren (S.99/106)	
1918	Waffenstillstand von Mudros beendet das Engagement der Osmanen auf seiten Deutschlands im 1. Weltkrieg	
1920	Vertrag von Sèvres (10.8.) leitet Ende des Osmanischen Reichs ein: Land schrumpft auf ein Zehntel seiner Vorkriegsgröße (S.164)	
1923	24.7.: Im Friedensvertrag von Lausanne erkennen die Alliierten die Souveränität der neuen Türkei an	
	29.10.: Ausrufung der Republik (S.201)	

1920

Polen behauptet sich gegen Rußland

12.10. Riga. Ein Vorfriedensvertrag beendet den seit April andauernden Krieg zwischen Polen und Rußland um die Festlegung der polnischen Ostgrenze.

Erste polnische Vorstöße gelangten bis zur Einnahme von Kiew (7.5.). Die russische Gegenoffensive wurde am 14.8. vor Warschau mit französischer Unterstützung abgewehrt (Das „Wunder an der Weichsel"). Die Rote Armee zog sich zurück; Verhandlungen wurden aufgenommen.

Im endgültigen Friedensvertrag von Riga (18.3.1921) wird die polnische Ostgrenze mehr als 200 km östlich der von den Alliierten vorgeschriebenen Curzon-Linie (8.12.1919) festgelegt; sie erreicht aber nicht die Grenze von 1772.

Am 14.10. muß Sowjetrußland auch Finnland gegenüber weitreichende Zugeständnisse machen. Der in der estnischen Hauptstadt Dorpat abgeschlossene Friedensvertrag sichert die Unabhängigkeit Finnlands (↑S.136/4.12.1917). S 233/K 245

H. Roos: Geschichte der polnischen Nation 1918–1985, NA 1986.

Harding wird 29. US-Präsident

2.11. Washington. Der republikanische Präsidentschaftskandidat Warren G. Harding siegt bei den Wahlen in den USA mit großem Vorsprung vor dem demokratischen Kandidaten James M. Cox und wird am 4.3.1921 29. Präsident des Landes.

Hardings Wahlslogan „Rückkehr zur Normalität" fand großen Anklang bei einer Bevölkerung, denen die interventionistische Politik des autoritär regierenden demokratischen Präsidenten Woodrow Wilson zu weit von den eigenen Problemen (u. a. die Wirtschaftslage in den USA) entfernt war. Wilsons designierter Nachfolger Cox befürwortete wie Wilson selbst den Eintritt der USA in den Völkerbund (↑S.152/28.4.1919).

Überseeische Aktivitäten werden bis zu Hardings Tod (↑S.199/3.8.1923) nicht vollständig fallengelassen. In seine Amtszeit fällt die Unterzeichnung des Friedensvertrags mit dem Deutschen Reich am 25.8.1921.

Danzig zum Freistaat erklärt

15.11. Danzig. Ohne Volksabstimmung wird die ostpreußische Stadt Danzig zur Freien Stadt proklamiert. Entsprechend dem Versailler Vertrag übernimmt der Völkerbund die Kontrolle und Verfassungsaufsicht; Polen vertritt Danzig nach außen. Am 6.12. wird der parteilose ehemalige Oberbürgermeister Heinrich Sahm erster Präsident der mehrheitlich von Deutschen bewohnten Stadt.

Ein am 21.1.1921 in Paris abgeschlossenes sog. Korridorabkommen zwischen dem Deutschen Reich, Polen und Danzig regelt den Verkehr von und nach Ostpreußen, das jetzt durch den polnischen „Korridor" vom Reich getrennt ist.

W. Epp: Danzig, Schicksal einer Stadt, 1983.

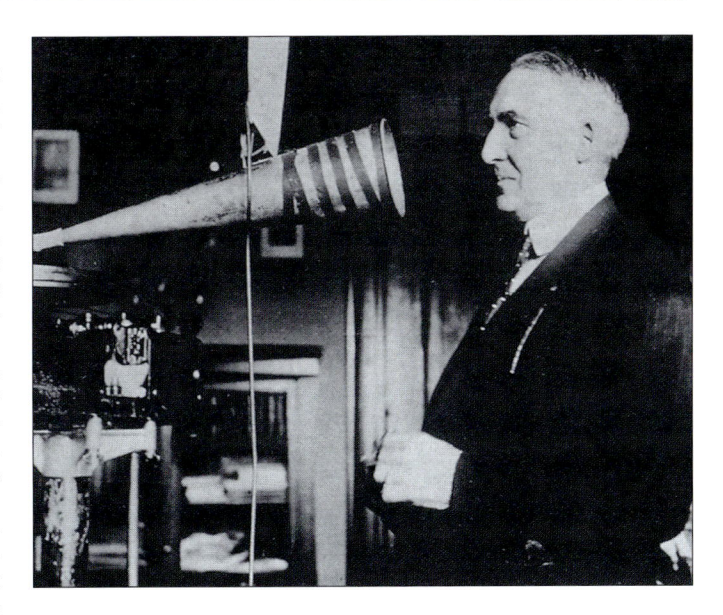

Warren G. Harding (1865–1923) lehnt den Eintritt der USA in den Völkerbund ab und verstärkt die außenpolitische Isolation der USA.

Wirtschaft

Arbeitsvermittlung durch neues Amt

15.1. Berlin. In der Hauptstadt wird das Reichsarbeitsamt gegründet. Die Behörde hat die Aufgabe, die gesamte Arbeitsnachweisverwaltung zentral zu leiten. Präsident wird Friedrich Syrup.

Vorläufer der regionalen Arbeitsämter waren seit der zweiten Hälfte des 19. Jh. die Arbeitsnachweisstellen. Die staatliche Kontrolle über eine Koordination zwischen Arbeitssuchenden und offenen Arbeitsstellen entwickelte sich im Krieg (Kriegsamt). Die Nachweisstellen der Gemeinden oder gemeinnütziger Institutionen arbeiten bis zum Aufbau der Arbeitsämter weiter. S 634/K 634

Betriebsräte ohne Macht

18.1. Berlin. Die Nationalversammlung beschließt ein Gesetz, laut dem die Befugnisse der gewählten Betriebsräte auf soziale innerbetriebliche Aspekte begrenzt werden. Wirtschaftliche Mitbestimmung ist nicht vorgesehen. USPD und Deutschnationale stimmen

gegen die Vorlage, die am 4.2. in Kraft tritt. Mit der Annahme des Gesetzes ist das im revolutionären Nachkriegsdeutschland ansatzweise eingerichtete Rätesystem endgültig gescheitert (↑S.476/19.7.1952).
USPD und KPD hatten am 13.1. eine Massendemonstration gegen die Regierungspläne organisiert, die die Gewerkschaften weitgehend mittragen. 42 Demonstranten starben, als die Polizei das Feuer auf die zum Sturm auf das Reichstagsgebäude entschlossene Menge eröffnete. S 468/K 473 S 634/K 634

„Wirtschaftsparlament" trifft sich
30.6. Berlin. In der Hauptstadt findet die konstituierende Sitzung des (vorläufigen) Reichswirtschaftsrats statt. Präsidenten des paritätisch besetzten Gremiums werden Friedrich Edler von Braun für die Arbeitgeberseite und der Gewerkschaftsführer Karl Legien.
Der Reichswirtschaftsrat sollte die Spitze der geplanten Räteorganisation der Weimarer Republik bilden. Die unterste Stufe wurde mit dem Gesetz über das Betriebsrätesystem verwirklicht (↑S.165/18.1.). Aber auch hier sind die revolutionären Vorstellungen der ersten Nachkriegsperiode nicht zum Zug gekommen. Der Wirtschaftsrat hat lediglich eng begrenzte Kompetenzen, etwa das Vorschlags- und Beratungsrecht in der Wirtschafts- und Sozialgesetzgebung.

Verkehr

Reichseisenbahn fährt ins Defizit
1.4. Berlin. Mit einem Staatsvertrag werden die sieben Staatseisenbahnen der Länder Preußen/Hessen, Bayern, Sachsen, Württemberg, Baden, Mecklenburg und Oldenburg vom Reichsverkehrsministerium übernommen. Bis auf wenige Privatbahnen befindet sich der Schienenverkehr (über 50 000 km) damit in Reichsbesitz. Den Aufbau eines einheitlichen Netzes aller deutschen Eisenbahnen hatte bereits Otto von Bismarck gefordert. Die einzelnen Länder-Eisenbahnen hatten heftig miteinander konkurriert, aber vor dem Krieg den Landeshaushalten hohe Gewinne gebracht. Bei der Reichseisenbahn entsteht nach wenigen Monaten ein Milliardendefizit, das 1924 zur Schaffung des selbständigen Unternehmens Deutsche Reichsbahn führt.

Medien

Eroberungszug des Radios beginnt
2.11. Pittsburgh. In den USA strahlt der Sender KDKA das erste regelmäßige Rundfunkprogramm der Welt aus. Es beschäftigt sich hauptsächlich mit der gleichzeitig stattfindenden Präsidentenwahl (↑S.165/2.11.).
Gegen Ende des 19. Jh. war die technische Grundlage, die Funktelegrafie, entwickelt worden. Die günstiger werdende Wirtschaftslage machte die kommerzielle Nutzung in den USA möglich. Bis 1922 nehmen 200 private Sender den Betrieb auf (↑S.59/ 1906).
Im Deutschen Reich gehen 1920 ebenfalls posteigene Programme auf Sendung; noch ist allerdings kein privater Empfang möglich (↑S.204/ 29.10.1923). S 166/K 179

Entwicklung der Audio-Medien		K 179
Jahr	**Ereignis**	
1877	Thomas Alva Edison konstruiert den sog. Phonographen, der Musik über eine Walze hörbar macht	
1887	Emil Berliner (USA) meldet sein Grammophon, das bereits erste Schallplatten abspielt, zum Patent an	
1895	Emil Berliner (USA) verbessert das Grammophon durch die Erfindung der Schellackplatte, die Massenproduktion ermöglicht	
1906	Lee De Forest (USA) erfindet die elektronische Verstärkerröhre (Audion) und gilt damit als „Vater" des Radios (S.59)	
	Reginald Aubrey Fessenden (Kanada) gelingt die weltweit erste drahtlose Sprachübertragung (S.59)	
1920	In Pittsburgh (USA) beginnt die erste Hörfunkstation der Welt (KDKA) mit regelmäßigen Sendungen (S.166)	
1923	Geburtsjahr des Hörfunks in Deutschland (S.204)	
1928	Der Deutsche Fritz Pfleumer erfindet das Magnettonband (S.250)	
1947	Die Bell Laboratories (USA) entwickeln den Transistor, der die Röhren als Verstärker ablöst (1954: erstes Transistorradio, S.434)	
1948	Die US-Firma Columbia bringt die erste Langspielplatte (LP), die aus Vinylharz gefertigt wurde, auf den Markt (S.446)	
1950	In Deutschland werden die ersten Sendungen über Ultrakurzwelle (UKW) ausgestrahlt; erste UKW-Sender existieren seit 1935	
1953	Magnettonköpfe aus Ferrit der niederländischen Firma Philips verbessern die Klangqualität von Tonbändern	
1958	Die ersten Stereo-Schallplatten kommen auf den Markt	
1961	In den USA werden erste Radiosendungen stereophon ausgestrahlt, die BRD folgt 1963	
1963	Philips entwickelt den ersten Kassettenrekorder	
1972	Erste Quadrophonie-Schallplatten kommen auf den Markt	
1981	Philips und Sony bieten als erste Firmen CD-Player an (S.751); bis Mitte der 90er Jahre hat die CD die Langspielplatte verdrängt (CD-Anteil an verkauften Tonträgern 1995: ca. 80%)	
1987	Sog. Digital Audio Tapes (DAT): Aufnahmen erreichen CD-Qualität	
1993	Die Digital Compact Cassette (DCC) arbeitet mit Datenreduktion	
1995	Entwicklung von bespiel- und beschreibbaren CD; Aufnahmeverfahren für Musik-CD (sog. HDCD), das auch Töne aufnimmt, die für das menschliche Ohr nicht hörbar sind, aber den Raumklang verbessern	

166

Gesellschaft

Amerikaner trinken heimlich
16.1. Washington. Ab sofort ist in den USA Herstellung, Vertrieb und Konsum von Getränken mit mehr als 0,5% Alkoholgehalt bei Strafe verboten.

Die Prohibition wurde auf Betreiben der puritanisch-protestantischen Kreise im ländlichen Süden der USA am 18.12.1918 in die Verfassung aufgenommen. Sie richtet sich gegen den vorgeblich unmoralischen Lebenswandel in den Großstädten. Einzelne Bundesstaaten hatten schon zuvor ein Alkoholverbot durchgesetzt; angefangen mit Maine (1849) waren bis Ende 1917 29 der 48 Staaten davon betroffen.

Eine Konsequenz der Prohibition ist ein massenhaftes Abgleiten in die Illegalität. Alkohol wird heimlich gebraut, gebrannt, geschmuggelt und getrunken. Es entstehen mächtige Verbrecherorganisationen. Am 5.12.1933 geht die Alkohol-Gesetzgebung wieder an die Bundesstaaten über. Bis 1966 sind alle einzelstaatlichen Prohibitionsgesetze aufgehoben.

Der Fall Sacco und Vanzetti
15.4. South Braintree. Der Mord an zwei Angestellten einer Schuhfabrik im US-Staat Massachusetts und der Raub der Lohngelder der Firma löst einen der größten Justizskandale in der Geschichte der USA aus.
Am 5.5. werden die Anarchisten Nicola Sacco und Bartolomeo Vanzetti festgenommen und angeklagt. Obwohl ihre Schuld nicht bewiesen werden kann und zahlreiche Gnadengesuche eingehen, werden beide am 23.8. 1927 hingerichtet. Das politische Klima in den USA der 20er Jahre ist geprägt von Intoleranz gegenüber Andersdenkenden sowie irrationaler Furcht gegenüber Kommunisten jeglicher Couleur. S 563/K 570

H. Ortner: Zwei Italiener in Amerika. Der Justizmord Sacco & Vanzetti, 1988.

Prohibition in den USA: Fässer mit Wein werden, wie hier in New York, in die Kanalisation gekippt. Die Polizei fahndet im ganzen Land nach illegalen Alkohollagern.

Nobelpreisträger 1920	K 180
Frieden: Léon Victor Bourgeois (F, 1851–1925)	
Der Politiker und mehrmalige Minister war Vertreter Frankreichs im Völkerbundrat, wo er die Grundsätze der Völkergemeinschaft mitprägte, u. a. die Schiedsverpflichtung sowie die Bereitschaft aller Länder, internationale Abmachungen notfalls mit Sanktionen durchzusetzen.	
Literatur: Knut Hamsun (N, 1859–1952)	
Hauptthema von Hamsuns Werken ist die Rückkehr des Menschen zur Natur, weil er die moderne Zivilisation ablehnt. Hamsun arbeitete mit modernen Erzählformen wie innerem Monolog und erlebter Rede. Werke: „Hunger" (1890), „Neue Erde" (1893), „Segen der Erde" (1917).	
Chemie: Walther Hermann Nernst (D, 1864–1941)	
Bedeutendste Entdeckung des Physikers ist das nach ihm benannte Wärmetheorem (Nernstsches Theorem), mit dem sich chemische Gleichgewichte berechnen lassen (Dritter Hauptsatz der Thermodynamik, 1906). Bereits 1889 erklärte Nernst die Funktionsweise chemischer Stromquellen.	
Medizin: August Krogh (DK, 1874–1949)	
Der dänische Wissenschaftler, Professor in Kopenhagen, erforschte die Sauerstoffzufuhr für Muskeln: Um den arbeitenden Muskel mit mehr Sauerstoff zu versorgen, öffnet sich eine größere Anzahl von Kapillaren, den kleinsten Blutgefäßen (sog. kapillarmotorischer Regulationsmechanismus).	
Physik: Charles Edouard Guillaume (F, 1861–1938)	
Guillaume, gebürtiger Schweizer, entwickelte 1896 eine Eisen-Nickel-Legierung (Invar), deren Wärmeausdehnung äußerst gering ist. Diese Legierung wird für geeichte Standard-Metermaße verwendet. Als Unruhe oder Aufziehfeder verbesserte sie auch die Genauigkeit von Uhren.	

1920

Große Stummfilmstars — K 181

Schauspieler (Lebensdaten) Land	Wichtige Stummfilme (Jahr)
Charles Chaplin (1889–1977) Großbritannien	Der Tramp (1915); The Kid (1920); Goldrausch (1925); Moderne Zeiten (1936)
Lil Dagover (1887–1980) Deutsches Reich	Das Kabinett des Dr. Caligari (1920); Der müde Tod (1921); Tartüff (1925)
Douglas Fairbanks (1883–1939) USA	Zorro-Filme (1920–25); Robin Hood (1922); Der Dieb von Bagdad (1924)
Lillian Gish (1896–1993) USA	Die Geburt einer Nation (1915); Intoleranz (1916); Gebrochene Blüten (1919)
Brigitte Helm (1906–1996) Deutsches Reich	Metropolis (1926); Die Liebe der Jeanne Ney (1927); Alraune (1927); Abwege (1928)
Emil Jannings (1884–1950) Deutsches Reich	Vendetta (1916); Madame Dubarry (1919); Der letzte Mann (1924); Faust (1926)
Buster Keaton (1895–1966) USA	Der Navigator (1924), Sherlock Junior (1924); Der General (1926)
Harold Lloyd (1893–1971) USA	Grandma's Junge (1922); Die Sicherheit zuletzt (1923); Um Himmels willen (1926)
Pola Negri (1894–1987) Polen/Deutsches Reich	Die Augen der Mumie Ma (1918); Madame Dubarry (1919); Anna Karenina (1919)
Asta Nielsen (1881–1972) Dänemark	Der Abgrund (1910); Hamlet (1920); Erdgeist (1923); Die freudlose Gasse (1925)
Mary Pickford (1883–1979) Kanada	Die kleine Amerikanerin (1917); Rosita (1923); Mein bestes Mädchen (1927)
Henny Porten (1890–1960) Deutsches Reich	Das Liebesglück einer Blinden (1910) Anna Boleyn (1920); Hintertreppe (1921)
Gloria Swanson (1897–1983) USA	Madame Sans-Gêne (1925), Sadie Thompson (1928); Königin Kelly (1928)
Rudolph Valentino (1895–1926) USA	Die vier apokalyptischen Reiter (1921); Der Sohn des Scheichs (1926)
Paul Wegener (1874–1948) Deutsches Reich	Der Student von Prag (1913); Der Golem, wie er in die Welt kam (1920)

Detektivfiguren im 20. Jahrhundert — K 182

Sherlock Holmes Arthur C. Doyle (Großbritannien)	Messerscharf denkender Detektiv arbeitet gemeinsam mit seinem biederen Gehilfen Dr. Watson. „Eine Studie in Scharlachrot" (1887)
Pater Brown Gilbert K. Chesterton (Großbritannien)	Priester löst mit Menschenkenntnis und Intuition Kriminalfälle, Parodie des Kriminalromans. „Priester und Detektiv" (1911)
Hercule Poirot Agatha Christie (Großbritannien)	Exzentrischer belgischer Detektiv, der die verzwicktesten Mordfälle analytisch löst. „Das fehlende Glied in der Kette" (1920)
Lord Peter Wimsey Dorothy L. Sayers (Großbritannien)	Adliger gerät mit seiner Frau Harriet in Kriminalfälle, die Schattenseiten der Gesellschaft zeigen. „Starkes Gift" (1930); „Zur fraglichen Stunde" (1932)
Miss Marple Agatha Christie (Großbritannien)	Ältere Dame löst gemeinsam mit ihrem Gehilfen Mr. Stringer Mordfälle auf unkonventionelle Art. „Mord im Pfarrhaus" (1930)
Kommissar Maigret Georges Simenon (Belgien)	Beharrlicher, liebenswürdiger Polizist, der sich mehr auf seine Intuition als auf Logik verläßt. „Pietr der Lette" (1931)
Philip Marlowe Raymond Chandler (USA)	Klassischer, unbestechlicher Detektiv gerät in einen Sumpf aus Mord, Sexualität und Korruption. „Der große Schlaf" (1939); „Die Tote im See" (1943)

Elementarbildung für alle

19.4. Berlin. Die Nationalversammlung nimmt das Gesetz über die Einführung der für alle Kinder obligatorischen Grundschule mit den Klassen eins bis vier an. Das dreigliedrige weiterführende Schulsystem Volksschule, Mittelschule und höhere Schule bleibt erhalten.

Bislang gab es für die meisten Schüler keine Möglichkeit, eine andere als die Volksschule zu absolvieren. Nur 10% besuchten statt der ersten vier Volksschulklassen (mit automatischem Verbleib auf der Volksschule) eine öffentliche oder private Vorschule, die zum Wechsel auf eine Mittel- oder höhere Schule berechtigte.

Die Einheits-Grundschule ist das Ergebnis der Bemühungen der Reformpädagogen (Georg Kerschensteiner, Johannes Tews) um die Demokratisierung des Schulwesens. Ein weiterer Streitpunkt der Weimarer Schulpolitik ist die Konfessionsschule, gegen die zwar Stimmen laut werden, die aber außer in Hessen und Baden (dort „Simultanschulen" mit getrenntem Religionsunterricht) im Deutschen Reich weiterhin bestehen.

„Neue Erziehung", „Neue Menschen". Ansätze zur Erziehungs- und Bildungsreform in Deutschland zwischen Kaiserreich und Diktatur, 1987.

Kultur

Zorro-Film mit Fairbanks

USA. In den Kinos läuft „Das Zeichen des Zorro" an, ein Mantel-und-Degen-Film von Fred Niblo und Stummfilmstar Douglas Fairbanks, der auch die Hauptrolle spielt.

Geschildert wird die Geschichte eines Adligen, der im spanisch besetzten Kalifornien (um 1820) als schwarz maskierter Zorro gegen die Willkürherrschaft des tyrannischen Gouverneurs kämpft. Als Erkennungszeichen hinterläßt der Rächer bei seinen spektakulären Aktionen ein mit Peitsche oder Degen gezeichnetes „Z".

„Das Zeichen des Zorro", entstanden nach einem Roman von Johnston McCulley, bildet den Auftakt für zahlreiche weitere Zorro-Filme in den USA, Frankreich, Italien und Spanien. 1940 dreht Rouben Mamoulian ein gleichnamiges Remake mit Tyrone Power in der Titelrolle.

S 168/K 181

Hercule Poirot löst ersten Fall

Großbritannien. Agatha Christie veröffentlicht mit „The Mysterious Affair at Styles" (Das fehlende Glied in der Kette) den ersten

Kriminalroman, in dem der geniale Meisterdetektiv Hercule Poirot einen verzwickten Mordfall aufklärt.
Die „Queen of Crime" publiziert im Laufe ihres Lebens ca. 70 Kriminalromane und 30 Bände Kurzgeschichten. Sie perfektioniert das „Who's-done-it"-Schema in der Tradition von Sherlock Holmes zu raffinierten Mordkonstruktionen und einem Verwirrspiel mit dem Leser.
Ab 1930 tritt neben Hercule Poirot die bei der Auflösung von Kriminalfällen ebenso erfolgreiche ältere Dame Miss Marple (mehrfach verfilmt).
Die Gesamtauflage der Werke von Agatha Christie beläuft sich auf über 200 Mio Exemplare. S 168/K 182

A. Christie: Meine gute alte Zeit. Autobiographie, 1978. Das Agatha Christie Lesebuch. Biographische Daten und Informatives aus der Mörderwerkstatt der Queen of Crime. J. Morgan: Agatha Christie. Lebensgeschichte der erfolgreichsten Schriftstellerin der Welt, 1984.

Expressionistischer Horrorfilm

27.2. Berlin. Der Film „Das Kabinett des Doktor Caligari" unter der Regie von Robert Wiene hat Premiere. In diesem expressionistisch verfremdeten Stummfilm hypnotisiert der Direktor einer Irrenanstalt – Dr. Caligari – den Patienten Cesare und begeht mit seiner Hilfe zahlreiche Verbrechen. Am Ende kann Caligari jedoch überführt und als Irrer inhaftiert werden.
Der Erfolg des Films beruht vor allem auf der expressionistischen Ausstattung von Walter Reimann und Walter Röhrig, Mitgliedern der Berliner Künstlergruppe „Der Sturm" (↑S.139/1917). Die düstere Atmosphäre und die irrationale Kulisse mit ihren verzerrten Perspektiven und aperspektivisch aufgemalten Schatten nimmt großen Einfluß auf die Entwicklung des deutschen Stummfilms in den 20er Jahren. S 169/K 183

L. H. Eisner: Die dämonische Leinwand. Beschreibung des deutschen Stumm- und frühen Tonfilms.

„Pulcinella" von Strawinsky

15.5. Paris. Igor Strawinskys Ballett „Pulcinella" wird im Théâtre National de l'Opéra von Diaghilews Ballets Russes uraufgeführt. Bühnenbild und Kostüme, die von den Figuren der Commedia dell'arte inspiriert sind, stammen von Pablo Picasso.
Die Aufführung hat großen Erfolg. Strawinskys Komposition nach Giovanni Battista Pergolesi löst in der Musikwelt eine Neoklas-

Expressionismus: Hauptvertreter und Werke	K 183
Expressionismus in der Kunst	
Ernst Barlach (1870–1938)	Berserker (Skulptur, 1910)
Max Beckmann (1884–1950)	Die Hölle (1919)
Otto Dix (1891–1969)	Der Krieg (Das Geschütz; 1914)
Lyonel Feininger (1871–1956)	Gelmeroda I (1913)
George Grosz (1893–1959)	Metropolis (1917)
Erich Heckel (1883–1970)	Schlafender Pechstein (1910)
Alexej von Jawlensky (1864–1941)	Bildnis Resi (1909)
Wassily Kandinsky (1866–1944)	Eisenbahn bei Murnau (1909/10)
Ernst Ludwig Kirchner (1880–1938)	Die Straße (1913)
Paul Klee (1879–1940)	Villa R (1919)
Oskar Kokoschka (1886–1980)	Die Elbe bei Dresden (1919)
Wilhelm Lehmbruck (1881–1919)	Die Knieende (1911)
August Macke (1887–1914)	Badende Mädchen (1913)
Franz Marc (1880–1916)	Große blaue Pferde (1911)
Otto Mueller (1874–1930)	Liebespaar (1919)
Emil Nolde (1867–1956)	Schlepper auf der Elbe (1910)
Max Pechstein (1881–1955)	Nach dem Bade (1911)
Christian Rohlfs (1849–1938)	Rote Dächer unter Bäumen (1913)
Egon Schiele (1890–1918)	Schwangere und Tod (1911)
Karl Schmidt-Rottluff (1884–1976)	Einfahrt (1910)
Expressionismus in der Architektur	
Peter Behrens (1868–1940)	AEG-Bauten, Berlin (1908–13)
Max Berg (1870–1947)	Jahrhunderthalle, Breslau (1912/13)
Erich Mendelsohn (1887–1953)	Einsteinturm, Potsdam (1920)
L. Mies van der Rohe (1886–1969)	Bürogebäude Friedrichstr. Berlin (1919)
Hans Poelzig (1869–1936)	Großes Schauspielhaus, Berlin (1919)
Expressionismus in der Literatur	
Ernst Barlach (1870–1938)	Der blaue Boll (Drama, 1926)
Gottfried Benn (1886–1956)	Morgue (Gedichte, 1912)
Max Brod (1884–1968)	Tycho Brahes Weg zu Gott (1915)
Alfred Döblin (1878–1957)	Berlin Alexanderplatz (Roman, 1929)
Walter Hasenclever (1890–1940)	Der Sohn (Drama, 1914)
Georg Heym (1887–1912)	Der ewige Tag (Gedichte, 1911)
Georg Kaiser (1878–1945)	Die Bürger von Calais (Drama, 1914)
Else Lasker-Schüler (1869–1945)	Der Malik (Erzählung, 1919)
Carl Sternheim (1878–1942)	Die Hose (Drama, 1911)
Ernst Toller (1893–1939)	Masse Mensch (Drama, 1920)
Georg Trakl (1887–1914)	Sebastian im Traum (Gedichte, 1915)
Franz Werfel (1890–1945)	Einander (Gedichte, 1915)
Expressionismus im Film	
Fritz Lang (1890–1976)	Dr. Mabuse, der Spieler (1922)
Paul Leni (1885–1929)	Das Wachsfigurenkabinett (1924)
Friedrich W. Murnau (1888–1931)	Nosferatu (1922)
Paul Wegener (1874–1948)	Der Golem (1920)
Robert Wiene (1881–1938)	Das Kabinett des Dr. Caligari (1920)

1920

Kulturszene 1920 K 184

Theater	
Eugene O'Neill Kaiser Jones UA 1.10., New York	Das expressionistische Drama wird von der zeitgenössischen Kritik als Anklage gegen den in den USA herrschenden Rassismus verstanden.
Arthur Schnitzler Reigen UA 23.12., Berlin	20 Jahre nach der Erstveröffentlichung kommen die zehn frech-frivolen Dialoge von Paaren vor und nach dem Geschlechtsakt auf die Bühne.
George Bernard Shaw Haus Herzenstod UA 10.11., New York	Das vom Stil Tschechows beeinflußte Stück besteht aus Gesprächen von Menschen, die keine moralischen Werte mehr haben.
Ernst Toller Masse Mensch UA 15.11., Nürnberg	Toller versucht, das Scheitern der Revolution von 1919 durch die Kluft zwischen bürgerlichen Intellektuellen und der „Masse" zu erklären.
Karl August Wittfogel Der Krüppel UA 14.10., Berlin	Erstes Stück von Erwin Piscators „Proletarischem Theater", einem propagandistischen Projekt zur Politisierung des Publikums.
Oper	
Erich Wolfgang Korngold Die tote Stadt UA 4.12., Hamburg/Köln	Das Hauptwerk des erst 23jährigen Komponisten vertont Georges Rodenbachs symbolistischen Roman „Das tote Brügge" (1892).
Rudi Stephan Die ersten Menschen UA 1.7., Frankfurt/Main	Grundmelodien und Klangmotive der orchestralen Partitur symbolisieren die Spannungsbeziehungen zwischen den handelnden Personen.
Konzert/Ballett	
Gustav Holst Die Planeten UA 15.11., London	In der zum Kultstück avancierenden Orchestersuite des Engländers charakterisieren Klangwogen die sieben Planeten des Sonnensystems.
Darius Milhaud Le bœuf sur le toit UA 21.2., Paris	Polytonale Ballettfarce auf der Grundlage von Tanzrhythmen der brasilianischen Folklore (Tango, Habanera) und des Jazz.
Maurice Ravel La Valse UA 12.12., Paris	Die sinfonische Apotheose des Wiener Walzers findet später ihren Gegenentwurf in Ravels spanischem „Boléro" (1928).
Igor Strawinsky Pulcinella UA 15.5., Paris	Das Hauptwerk des Neoklassizismus formt eine delikat rhythmisierte Suite aus Musiken des Barockkomponisten Giovanni Battista Pergolesi.
Film	
Charles Chaplin The Kid USA	Autobiographisch gefärbter erster Langfilm des Briten Chaplin; der sechsjährige Jackie Coogan steigt mit The Kid zum Kinderstar auf.
Paul Wegener Der Golem, wie er in die Welt kam; Deutschland	Phantastischer Film über ein künstliches Wesen im mittelalterlichen Prager Ghetto – einer der erfolgreichsten deutschen Stummfilme.
Buch	
Ernst Jünger In Stahlgewittern Hannover	Das „Tagebuch eines Stoßtruppführers" schildert mit stilistischer Distanz Ereignisse an der Westfront während des 1. Weltkrieges.
Hugh Lofting Doktor Dolittle und seine Tiere; New York	Lofting verbindet in der Erzählung phantastisch-märchenhafte Elemente mit der Alltagswirklichkeit einer englischen Kleinstadt.
Kurt Pinthus (Hg.) Menschheitsdämmerung Berlin	Die wichtigste Anthologie expressionistischer Lyrik ist als „Symphonie jüngster Dichtung" in vier (thematische) „Sätze" eingeteilt.
Joachim Ringelnatz Kuttel Daddeldu Berlin	Hinter skurrilen Seemannsmoritaten, Unsinnsversen und grotesker Kabarettlyrik verbergen sich Schwermut und tiefes Empfinden.
Sigrid Undset Kristin Lavranstochter Kristiania (Oslo)	Der Band „Der Kranz" eröffnet eine Romantrilogie (bis 1922), die im 14. Jh. spielt und altisländischen Sagas nachgebildet ist.

sizismus-Welle aus. Strawinsky wendet sich gegen die als Schwulst verurteilte Romantik und den Impressionismus des 19. Jh.; er greift Spielweisen und Formen des Barock und der Antike auf und verbindet sie mit außereuropäischer Musik und dem Jazz.
Der Neoklassizismus bedient sich schließlich der gesamten Musikgeschichte mit ihren unterschiedlichen Stilrichtungen, die allerdings verfremdet werden. Postuliert wird Klarheit und Helle der Musik sowie eine geistreiche Auseinandersetzung mit Struktur und Form, um alte Schaffens- und Hörgewohnheiten zu durchbrechen.

H.-K. Metzger/R. Riehn (Hg.): Igor Strawinsky, 1984. M. Karallus: Igor Strawinsky, 1985.

Händel-Renaissance in Göttingen
26.6. Göttingen. Mit der szenischen Aufführung der Oper „Rodelinda" (1725) werden die von dem Kunsthistoriker Oskar Hagen initiierten Händel-Festspiele eröffnet. Durch das Göttinger Festival wird Georg Friedrich Händel, im 19. Jh. vor allem als protestantischer Oratorienkomponist bekannt, als deutscher Opernkomponist neu entdeckt. Die von Farb- und Lichtakzenten geprägten expressionistischen Inszenierungen sind mit Tanzeinlagen nach Art des deutschen Ausdruckstanzes durchsetzt.
1952 werden in Halle/Saale, dem Geburtsort des Komponisten, die „Händel-Festspiele Halle" ins Leben gerufen mit der Begründung, die alljährlich stattfindenden bundesdeutschen Festspiele in Göttingen seien zu fachspezifisch ausgerichtet.

S. Leopold: Händel und seine Zeit, 1988.

Salzburger Festspiele eröffnet
22.8. Salzburg. Kultureller Höhepunkt des Jahres ist die Gründung der Salzburger Festspiele. Die Idee des Dichters Hugo von Hofmannsthal, des Komponisten Richard Strauss und des Regisseurs Max Reinhardt, in Salzburg mehrwöchige Sommerfestspiele für Theater, Oper (u. a. Mozart, Verdi, Strauss) und Konzerte zu veranstalten, trifft international spontan auf großes Interesse.
Erstmals wird anläßlich der Eröffnung der Festtage das religiöse Mysterienspiel „Jedermann" von Hugo von Hofmannsthal aufgeführt. In die Inszenierung von Max Reinhardt einbezogen sind Domplatz, Dom und umliegende Türme. Bereits 1917 wurde die Salzburger Festspielhausgemeinde gegründet, die ab 1918 mit den Vorbereitungen der Festspiele beschäftigt war. Mit Ausnahme von 1924 und 1944 finden die Festspiele je-

1920

des Jahr statt und etablieren sich als kulturelles Großereignis.
📖 St. Gallup: Die Geschichte der Salzburger Festspiele, 1989. E. Fuhrich: Salzburger Festspiele, Chronik 1920–1945, 1990.

Sport

Rekordablöse für Babe Ruth
5.1. Für 125 000 US-Dollar wechselt der US-amerikanische Baseballstar Babe Ruth (eig. George Herman Ehrhardt) von den Boston Red Sox zu den New York Yankees. Es handelt sich um die bis dahin höchste gezahlte Ablösesumme im Sport.
Seit 1900 gibt es in den USA zwei Profi-Ligen, deren Spitzenreiter seit 1905 einen Weltmeister (World Series) ausspielen. In der zurückliegenden Saison erreichte Ruth (seit 1914 Profi) 29 Home Runs (direkte Läufe über alle vier Male, ohne vom Gegner mit dem Ball berührt zu werden).
In der Spielzeit 1921 erzielt Ruth 59 Home Runs. 1938 beendet der Linkshänder im Alter von 48 Jahren seine Sportkarriere. S 171/K 185

Heil gewinnt erstes Springderby
26.1. Hamburg-Kleinflottbeck. Überragender Teilnehmer des ersten Deutschen Springderbys ist der Frankfurter Turnierreiter Paul Heil, der mit seinen Pferden Cyrano, Hexe und Grey Lad die ersten drei Plätze belegt. Insgesamt kann Heil fünf Pferde in der Endwertung plazieren.
Ein erstes internationales Springturnier hatte 1900 in Paris stattgefunden. Der erste Nationenpreis für Springreiter wurde 1909 in London ausgetragen.
Wegen der hohen Eintrittspreise stößt das Hamburger Turnier zunächst nur auf geringe Zuschauerresonanz. Der 1250 m lange Parcours, den der Reiter Eduard F. Pulvermann mit 17 Hindernissen und 24 Sprüngen anlegte, bleibt in den nächsten Jahren fast unverändert. Das nach ihm benannte „Pulvermanns Grab" ist ein dreifaches Kombinations-Hindernis mit einem Wassergraben im Mittelteil. 1935 gelingt Günter Temme der erste fehlerfreie Ritt über diesen Parcours. S 171/K 186
📖 K. Schönerstedt: Sie ritten für Deutschland. Springwunder und ihre Reiter einer großen Zeit, 1986.

Erste Spiele nach dem Krieg
14.8.–12.9. Antwerpen. Unter Ausschluß Deutschlands finden erstmals nach Kriegsende die (VII.) Olympischen Spiele statt.

Die Anfänge des Profisports — K 185

Jahr	Ereignis
1863	Bei den British Open im Golfsport erhält der Sieger Willie Park (GBR) erstmals ein Preisgeld (10 Pfund)
1864	Der US-Baseballspieler Alfred Reach (1841–1928) ernennt sich zum ersten Profi in seiner Sportart
1871	Der englische Fußball-Pokal wird erstmals ausgespielt, die Spieler erhalten Aufwandsgelder (ab 1888 auch bei Meisterschaften)
1880	Paddy Ryan wird erster (inoffizieller) Weltmeister im Profiboxen gegen den Briten Joe Goss nach 87 Runden
1895	Erstes Profi-Spiel im American Football im US-Bundesstaat Pennsylvania (Latrobe–Jeanette)
1903	Das Portage Lakes Team in Michigan/USA wird als erste Profi-Eishockeymannschaft der Welt aufgebaut
1913	Zehnkampf-Olympiasieger Jim Thorpe (USA) wird lebenslang gesperrt, weil er Geld für ein Baseballspiel angenommen hat
1919	Der Deutsche Fußball-Bund (DFB) lehnt die Einführung von Profifußball im Deutschen Reich ab (in der BRD ab 1963)
1920	Rekordablösesumme für den US-Baseballspieler „Babe" Ruth, der für 125 000 $ (7,2 Mio RM) von Boston nach New York wechselt
1924	Als erstes Land des europäischen Kontinents führt Österreich den Profifußball ein (HUN 1926, TCH 1928, FRA 1931)
1926	Erstmals wird eine internationale Profi-Tennis-Tour durchgeführt, für die feste Spieler engagiert werden
1928	Der Weltfußballverband FIFA beschließt Weltmeisterschaften, die – anders als Olympische Spiele – auch für Profis offen sind
1932	Der finnische Läufer Paavo Nurmi wird international gesperrt, weil er Startgelder zur Reisefinanzierung angenommen hatte

Galopprennsport-Klassiker in Europa — K 186

Rennen	Rennbahn	Länge (m)	Erste Austragung
Deutschland			
Derby	Hamburg	2400	1869
Henckel-Rennen	Gelsenkirchen[1]	1600	1871[2]
Preis der Diana	Mülheim[3]	2200	1857[2]
Schwarzgold-Rennen	Düsseldorf[4]	1600	1919[2]
St. Leger	Dortmund[1]	2800	1881[5]
Frankreich			
Poule D'Essai Des Poulains	Longchamp	1600	1883
Poule D'Essai Des Pouliches	Longchamp	1600	1883
Prix de Diane Hermes	Chantilly	2100	1843
Prix de L'Arc de Triomphe	Longchamp	2400	1920
Prix du Jockey Club	Chantilly	2400	1836
Großbritannien			
1000 Guineas	Newmarket	1600	1814
2000 Guineas	Newmarket	1600	1809
St. Leger	Doncaster	2800	1776
The Derby	Epsom	2400	1780
The Oaks	Epsom	2400	1779

1) Seit 1950; 2) in Berlin; 3) seit 1949; 4) seit 1948; 5) in Hannover

1920

Olympische Spiele 1920 in Antwerpen — K 187

Zeitraum: 14.8. bis 12.9.[1]		Medaillenspiegel			
		Land	G	S	B
Teilnehmerländer	29	USA	41	26	27
Erste Teilnahme	5	Schweden	17	19	26
Teilnehmerzahl	2606	Großbritannien	15	15	13
Männer	2542	Belgien	14	11	10
Frauen	64	Finnland	14	10	8
Deutsche Teilnehmer	0	Norwegen	13	7	8
Sportarten	21	Italien	13	5	5
Neu im Programm	8[2]	Frankreich	9	19	13
Nicht mehr olympisch	0	Niederlande	4	2	5
Entscheidungen	156	Dänemark	3	9	1

Erfolgreichste Medaillengewinner

Name (Land) Sportart	Medaillen (Disziplinen)
Nedo Nadi (ITA) Fechten	5 x Gold (Florett-Einzel und Mannschaft, Säbel-Einzel und Mannschaft, Degen-Mannschaft)
Hubert van Innis (BEL) Bogenschießen	4 x Gold (u. a. Bewegliches Vogelziel: 28 m und 33 m), 2 x Silber (u. a. Bewegliches Vogelziel: 50 m)
Paavo Nurmi (FIN) Leichtathletik	3 x Gold (10 000 m, Querfeldeinlauf, Querfeldein-Mannschaft), 1 x Silber (5000 m)

1) Eiskunstlauf und Eishockey fanden vom 23.4. bis 29.4. statt; 2) wichtige neue Sportarten (Zahl der Entscheidungen in Klammern): Boxen (8), Gewichtheben (5), Eiskunstlauf (3), Eishockey (1), Hockey (1)

Sport 1920 — K 188

Fußball	
Deutsche Meisterschaft	1. FC Nürnberg
Englische Meisterschaft	West Bromwich Albion
Italienische Meisterschaft	Inter Mailand
Spanische Meisterschaft	FC Barcelona
Tennis	
Wimbledon (seit 1877; 40. Austragung)	Herren: Bill Tilden (USA) Damen: Suzanne Lenglen (FRA)
US Open (seit 1881; 40. Austragung)	Herren: Bill Tilden (USA) Damen: Molla Mallory (USA)
Australian Open	Herren: Pat O'Hara-Wood (AUS)
Davis-Cup (Auckland, NZL))	USA – Australien 3:0
Radsport	
Tour de France (5503 km)	Philippe Thys (BEL)
Giro d'Italia (2632 km)	Gaetano Belloni (ITA)
Boxen	
Schwergewichts-Weltmeisterschaft	Jack Dempsey (USA) – K. o. über Bill Brennan (USA), 14.12. – K. o. über Billy Miske (USA), 6.9.
Herausragende Weltrekorde	
Diszplin	Athlet (Land)	Leistung
Leichtathletik, Männer		
110 m Hürden	Earl Thompson (USA)	14,4 sec
400 m Hürden	Frank Loomis (USA)	54,0 sec

Das Internationale Olympische Komitee (IOC) entschied sich für das belgische Antwerpen als Austragungsort, um ein Land zu ehren, das unter Mißachtung des Völkerrechts von den Deutschen überfallen worden war. Überraschend stark präsentieren sich die finnischen Wettkämpfer: In der Leichtathletik können sie mit 9 Gold-, 4 Silber-, und 3 Bronzemedaillen fast mit den USA (9 Gold, 12 Silber, 8 Bronze) gleichziehen. In den Schwimmwettbewerben unterstreichen die US-Sportler mit mehreren Dreifach-Erfolgen ihre Ausnahmestellung. Wimbledonstar Suzanne Lenglen gewinnt die Tennis-Goldmedaille im Einzel und im Mixed sowie Bronze im Damen-Doppel.
Erstmals weht die von Pierre Baron de Coubertin kreierte olympische Fahne über den Sportstätten. Die fünf ineinander verschlungenen Ringe entsprechen den fünf Erdteilen und werden zum weltweiten Symbol der olympischen Bewegung.

Debüt für Prix de L'Arc de Triomphe
Oktober. Paris-Longchamp. Der Brite Frank Bullock gewinnt auf Comrade den erstmals ausgetragenen Prix de L'Arc de Triomphe. Das Rennen wird zu einer der wichtigsten Veranstaltungen im internationalen Galoppsport. Als bisher einziges deutsches Pferd kann Star Appeal 1975 diesen Wettbewerb gewinnen.

Rubier siegt im Union-Rennen
7.6. Berlin. Der dreijährige Hengst Rubier unter Jockey G. Janek gewinnt auf der Rennbahn Hoppegarten das Union-Rennen, die letzte Vorprüfung für das Deutsche Derby. Das Union-Rennen, das 1834 erstmals ausgetragen wurde, ist das älteste deutsche Galopprennen. Zugelassen sind dreijährige Stuten und Hengste.
Nach 1945 ist Köln-Weidenpesch Schauplatz des Union-Rennens.

Nürnbergs erster Meistertitel
7.6. Frankfurt/Main. Der 1. FC Nürnberg besiegt im Endspiel um die erste deutsche Fußballmeisterschaft nach Ende des 1. Weltkriegs die Spielvereinigung Fürth mit 2:0. Der fränkische Rivale, deutscher Meister von 1914, war Titelverteidiger; zwischen 1915 und 1919 wurde keine Fußballmeisterschaft ausgetragen (S.42/31.5.1903).
1921 kann der „Club" seinen Titel verteidigen. Bis 1968 gewinnt der 1. FC Nürnberg noch achtmal die deutsche Meisterschaft (seit 1964 Bundesliga).

1921

Politik

Deutsches Reich verliert Kolonien

Mit der offiziellen Übernahme des Ostteils von Neuguinea durch Australien als Völkerbundmandat verliert das Deutsche Reich seine letzte Kolonie.
1880 war in Berlin die „Deutsche Neuguinea-Gesellschaft" gegründet worden. 1884 hatten britische und deutsche Kaufleute die Inseln von Papua-Neuguinea in Besitz genommen. Der Nordosten und einige Inseln wurden zum „Kaiser-Wilhelms-Land" zusammengefaßt. Unmittelbar nach Ausbruch des 1. Weltkriegs wurde die deutsche Kolonie von australischen Truppen besetzt.
Erste deutsche Kolonie war Deutsch-Südwestafrika (das heutige Namibia), das 1884 zum Schutzgebiet erklärt und ab 1898 von einem Gouverneur verwaltet wurde. Hinzu kamen Kamerun, Togo, die Marshallinseln (alle 1884) und Deutsch-Ostafrika (das heutige Tansania, 1885), 1888 Nauru sowie 1899 die Marianen, Karolinen, Palauinseln und ein Teil der Samoainseln. Das ursprüngliche Britisch-Neuguinea (seit 1906 in australischem Besitz) wird 1945 mit dem ehemals deutschen Gebiet vereinigt. Am 16.9.1975 wird Papua-Neuguinea ein unabhängiger Staat im Commonwealth. Erster Ministerpräsident ist Michael Thomas Somare.

Harter Kurs in Frankreich

16.1. Paris. Neuer Ministerpräsident wird der Sozialrepublikaner Aristide Briand, der bezüglich der Reparationsforderungen gegenüber dem Deutschen Reich eine kompromißlose Haltung einnimmt.
Briands Vorgänger Georges Leygues hatte am 12.1. eine deutliche Abstimmungsniederlage um die Frage der Modalitäten von Entwaffnung und Reparationen erlitten und war daraufhin zurückgetreten. Briand (im Amt bis Januar 1922) verspricht der an schnellen Zahlungen interessierten Parlamentsmehrheit einen zügigen Wiederaufbau des eigenen Landes und ein militärisch schwaches Deutschland.
Die Höhe der Reparationen wird nach Beratungen der Alliierten am 28.1. auf 226 Mrd Goldmark festgelegt. Der britische Premier David Lloyd George ist im Gegensatz zu Briand der Meinung, eine zu große Schwächung Deutschlands würde dessen Wiederaufbau und damit die Zahlungsfähigkeit gefährden.

Aristide Briand

Matrosen gegen Bolschewismus

2.3. Kronstadt. 16 000 Matrosen, die auf der Petrograd vorgelagerten Seefestung Kronstadt stationiert sind, bilden ein „Provisorisches Revolutionskomitee", das die „Befreiung von der Gewaltherrschaft der Kommunisten" fordert. Darüber hinaus wird die schlechte soziale Lage des ganzen Landes angeprangert.
In Sowjetrußland demonstrieren seit Februar Arbeiter gegen den Fortbestand der staat-

Wichtige Regierungswechsel 1921

K 189

Land	Amtsinhaber	Bedeutung
Deutsches Reich	Konstantin Fehrenbach (Zentrum, R seit 1920) Joseph Wirth (Zentrum, R bis 1922)	Rücktritt Fehrenbachs (4.5.), der Einwilligung in Reparationsforderungen der Alliierten nicht verantworten will
Frankreich	Georges Leygues (M seit 1920) Aristide Briand (M bis 1922)	Sturz Leygues' (12.1.) wegen Zögerns in der Reparationsfrage; Briand fordert Entwaffnung des Deutschen Reichs (S.173)
Japan	Takashi Hara (M seit 1918) Korejiko Graf Takahashi (M bis 1922)	Hara fällt Mordanschlag eines Koreaners zum Opfer (4.11.), der der damit gegen die Besetzung Koreas durch Japan protestiert
Kanada	Arthur Meighen (M seit 1920) William Lyon MacKenzie King (M bis 1930)	MacKenzie zielt in seinen beiden Amtszeiten (1921–30, 1935–48) auf größere Selbständigkeit Kanadas von Großbritannien
Jugoslawien[1]	Peter I. (König seit 1903) Alexander I. (König bis 1934)	Tod des Königs (16.8.); Alexander vertritt wie Peter serbischen Führungsanspruch in der Belgrader Zentralregierung
Österreich	Michael Mayr (Christl.soz., B seit 1920) Johannes Schober (Parteilos, B bis 1922)	Rücktritt Mayrs (1.6.), weil er Volksabstimmungen über den Anschluß an das Deutsche Reich nicht verhindern konnte
Ungarn	Pál Graf Teleki (M seit 1920) István Graf Bethlen von Bethlen (M bis 1931)	Rücktritt Telekis (1.4.) nach Putschversuch von Karl IV.; Teleki hatte versucht, den Staatsstreich zu rechtfertigen
USA	Thomas Woodrow Wilson (Dem., P seit 1913) Warren G. Harding (Republ., P bis 1923)	Wahlsieg (60% der Stimmen) über den Demokraten James M. Cox; Harding setzt stärkere Akzente in der Innenpolitik (S.165)

B = Bundeskanzler; M = Ministerpräsident bzw. Premierminister; P = Präsident; R = Reichskanzler
1) Bis 1929 Königreich der Serben, Kroaten und Slowenen

1921

Politische Morde 1900–1945	K 190
Jahr: Name, Funktion	**Bemerkung**
1900: Klemens Freiherr von Ketteler Deutscher Gesandter in China	Opfer des Boxeraufstands gegen ausländischen Einfluß (S.12)
1900: Umberto I. König von Italien	Als Rache für das „Blutbad" von Mailand erschossen (S.12)
1901: William McKinley Amerikanischer Präsident	Während Ausstellungseröffnung von Leon Czolgosz erschossen (S.20)
1903: Alexander I. König von Serbien	Liberale Offiziere erschießen den diktatorisch regierenden König (S.35)
1908: Karl I. König von Portugal	Anhänger der rep. Partei erschießen König und Thronfolger (S.71)
1911: Pjotr A. Stolypin Russischer Ministerpräsident	Während einer Theateraufführung in Kiew erschossen (S.91)
1912: José Canalejas y Méndez Spanischer Ministerpräsident	Als Vergeltung für Maßnahmen gegen Streiks von Syndikalisten erschossen
1913: Georg I. König von Griechenland	Während eines Spaziergangs von A. Schinas erschossen (S.106)
1914: Franz-Ferdinand Österreich.-ungarisch. Thronfolger	Bei Besuch in Sarajevo mit seiner Frau erschossen (S.113)
1914: Jean Jaurès Führer der französischen Sozialisten	Von Rechtsradikalen, die Antikriegshaltung mißbilligen, erschossen
1916: Rasputin Vertrauter der russischen Zarin	Von Mitgliedern der Zarenfamilie während eines Essens erschossen (S.130)
1916: Karl Reichsgraf von Stürgkh Österreichischer Ministerpräsident	Vom Chefredakteur der soz. Monatsschrift „Der Kampf" erschossen (S.127)
1918: Nikolaus II. Russischer Zar	Zar und Familie in Haft von Bewachern umgebracht (S.133)
1919: Kurt Eisner Bayerischer Ministerpräsident	Bei Fahrt in den Landtag von rechtsgerichtetem Offizier erschossen (S.151)
1919: Hugo Haase Vorsitzender der USPD	Beim Betreten des Reichstags von rechtsgerichtetem Arbeiter erschossen
1919: Karl Liebknecht, Rosa Luxemburg Deutsche KPD-Führer	Nach Spartakusaufstand verhaftet und von Angehörigen der Garde-Kavallerie-Schützendivision getötet (S.149)
1921: Eduardo Dato Iradier Spanischer Ministerpräsident	Der konservative Politiker wird von Syndikalisten erschossen (S.175)
1921: Matthias Erzberger Deutscher Zentrumsabgeordneter	Ehem. Finanzminister von rechtsgerichteten Ex-Offizieren erschossen (S.178)
1921: Takashi Hara Japanischer Ministerpräsident	Aus Protest gegen die jap. Besetzung Koreas von Koreaner erschossen
1922: Walther Rathenau Deutscher Reichsaußenminister	Von Angehörigen der rechtsextr. „Organisation Consul" erschossen (S.186)
1924: Giacomo Matteotti Vorsitzender der ital. Sozialisten	Von faschist. Squadristen in ein Auto gezerrt und erschossen (S.209)
1928: Tschang Tso-lin Chinesischer Präsident	Bombenattentat von japanischen Offizieren auf den Präsidentenzug
1932: Paul Doumer Französischer Präsident	Bei rechtsextremistischem Attentat von Exilrussen getötet (S.279)
1932: Tsujoshi Inukai Japanischer Ministerpräsident	Attentat rechtsradikaler Offiziere bringt Militärs endgültig die Macht
1934: Alexander I. König von Jugoslawien	Bei Frankreich-Besuch von kroatischem Extremisten erschossen (S.303)
1934: Engelbert Dollfuß Österreichischer Ministerpräsident	Bei nationalsozialistischem Putschversuch erschossen (S.302)
1940: Leo Trotzki Sowjetischer Revolutionsführer	Im mexikanischen Exil von sowjetischem Agenten erschlagen

lichen Lebensmittelrationierung und die Beschränkungen der persönlichen Freiheit. Der Vorsitzende des Rates der Volkskommissare, Wladimir I. Lenin, reagiert mit drastischen Maßnahmen auf das teilweise Versagen der kommunistischen Wirtschaftspolitik. Sein Versuch der Beschwichtigung der Kronstädter Aufständischen scheitert allerdings. Die Rote Armee greift ein und schlägt den Aufstand am 18.3. nieder. Die Anführer können nach Finnland fliehen.

Alliierte besetzen das Rheinland

7.3. Rhein/Ruhr. Truppen der Siegermächte Frankreich und Großbritannien besetzen Düsseldorf, Duisburg und Ruhrort. Damit wird die bisher auf linksrheinische Gebiete beschränkte Kontrolle des Zollgebiets spürbar erweitert.

Der Einmarsch und die verstärkten Kontrollen sind Reaktion auf die als indiskutabel empfundenen deutschen Gegenvorschläge zur Reparationszahlung, die auf eine unabhängigere Position gegenüber den Siegermächten abzielen.

Nachdem sich auch die Vereinigten Staaten am 3.5. gegen die deutschen Vorschläge wenden und die Alliierten ihren Forderungen ultimativ Nachdruck verleihen, lenkt die neugebildete Zentrumsregierung unter Joseph Wirth am 11.5. ein.

Am 25.8.1925 räumen die Alliierten die rechtsrheinischen Städte, am 31.1.1926 die

Rheinlandbesetzung: Die Düsseldorfer Bevölkerung verfolgt ohne Gegenwehr den Einmarsch von britischen Truppen und Panzern.

Kölner Zone und am 30.6.1930 das gesamte Rheinland (↑S.198/11.1.1923).

Politischer Mord in Spanien

8.3. Madrid. Ministerpräsident Eduardo Dato Iradier wird von dem Syndikalisten Pedro Mateu erschossen.

Der Vorsitzende der konservativen Partei Spaniens war mit harten Maßnahmen gegen die seit 1919 andauernden Streiks vor allem im nach Unabhängigkeit strebenden Katalonien vorgegangen.

Spaniens Neutralität im Krieg hatte das Land nicht vor Wirtschaftskrisen bewahrt, die zu einer immer größeren Kluft zwischen der schmalen Oberschicht und der Arbeiterschaft führten. Die Radikalisierung sozialistischer, kommunistischer und anarchistischer Bewegungen sowie Repressionen seitens der Unternehmer und des Militärs führen in der Folge zur Eskalation der Gewalt und zum Militärputsch (↑S.200/13.9.1923). S 174/K 190

Palästina soll geteilt werden

12.3. Kairo. Auf einer internationalen Konferenz unter Vorsitz des britischen Kolonialministers Winston Churchill wird der Plan gefaßt, im nach Maßgabe der Balfour-Deklaration (↑S.135/2.11.1917) ungeteilten Palästina das jüdische Siedlungsgebiet vom arabischen zu trennen. Mehrfach war es zu blutigen Zusammenstößen zwischen der arabischen Bevölkerung und vermehrt zuziehenden jüdischen Siedlern gekommen. Juden dürfen künftig nur noch westlich des Jordan ansiedeln, während das übrige Gebiet als Transjordanien (ab 1950 Jordanien) unter britischem Mandat eigenständig wird (September 1922).

Emir Abdallah wird Staatschef in Transjordanien; sein Bruder erhält, ebenfalls laut Beschluß der Kairoer Konferenz, als König Faisal I. den Thron in Bagdad (Irak). S 199/K 213

Polen wird Demokratie

17.3. Warschau. Die Konsolidierung des polnischen Staates endet formal mit der Annahme einer demokratischen Staatsverfassung durch den Sejm (Reichstag). Als Vorbild dient die französische Verfassung. Präsident der Republik wird Józef Klemens Pilsudski, der im 1. Weltkrieg die Unabhängigkeit Polens vom Deutschen Reich und Österreich-Ungarn durchgesetzt hatte und im polnisch-russischen Krieg (↑S.165/12.10.1920) das polnische Staatsgebiet gegenüber der von den Alliierten festgesetzten Curzon-Linie weit nach Osten ausdehnen konnte.

Pilsudski erklärt seinen Rücktritt, als die Nationaldemokraten die Wahlen zum Sejm am 5.11.1922 gewinnen. Durch einen Staatsstreich erobert er die Macht zurück (↑S.233/12.5.1926). S 233/K 245

Wenig Resonanz auf KPD-Streik

21.3. Mansfelder Industriegebiet. In Mitteldeutschland ruft die KPD-Zentrale zum Generalstreik für mehr innerbetriebliche Demokratie auf. Etliche tausend Arbeiter befolgen den Aufruf; es kommt zu Kämpfen mit der Polizei, die von bewaffneten Regierungstruppen unterstützt wird.

Die Kommunistische Internationale (↑S.151/2.3.1919) und die Sowjetführung hatten die deutschen Kommunisten zu dieser Aktion gedrängt, wobei große Hoffnungen auf die Unzufriedenheit der nichtorganisierten Arbeiterschaft gesetzt wurden. Die Arbeiter lassen sich aber nicht im geplanten Umfang auf die mangelhaft organisierten Streiks ein, die sich nur punktuell auf einige KPD-Bastionen (Hamburg, Ruhrgebiet) ausweiten.

Auf beiden Seiten fordern die Kämpfe, die am 2.4. abgebrochen werden, insgesamt 200 Todesopfer. Die KPD verliert in den darauffolgenden Monaten die Hälfte ihrer 400 000 Mitglieder.

„Zankapfel" Oberschlesien KAR

2.5. Oberschlesien. Unter Führung von Wojdiech Korfanty bricht in Oberschlesien ein polnischer Aufstand gegen den befürchteten

Deutsche Kolonien und Protektorate — K 191

Zeitraum	Name	Größe in km² (Rang)	Jahr der Unabhängigkeit	Neuer Name
1884–1920	Dt.-Südwestafrika	830 000 (2)	1990	Namibia
1885–1919	Kamerun	504 000 (3)	1960	Kamerun
1885–1919	Togo	88 000 (5)	1960	Togo
1885–1921	Dt.-Neuguinea	230 000 (4)	1975	Papua-Neuguinea
1885–1920	Marshall-Inseln	181 (11)	1991	Marshall-In.
1885–1919	Dt.-Ostafrika	1 020 000 (1)	1962, 1964	Ruanda, Tansania
1888–1914	Nauru	21 (12)	1968	Nauru
1898–1920	Kiautschou	560 (9)	–	Shandong[1]
1899–1920	Karolinen	721 (8)	1986	Mikronesien
1899–1920	Marianen	953 (7)	–	Marianen, Guam[2]
1899–1920	Palauinseln	487 (10)	–	Palau[3]
1899–1920	Samoa	25 500 (6)	1962	West-Samoa

1) Seit 1920 Teil der chinesischen Provinz Shandong; 2) seit 1978 den USA angegliedert; 3) US-Treuhandgebiet seit 1947

Palästinakonferenz: Arthur James Balfour (1848–1930) hatte 1917 versprochen, daß sich Großbritannien für die Errichtung einer „Nationalen Heimstatt für Juden in Palästina" einsetzen werde.

1921

Schlesien: Das historische Gebiet beiderseits der oberen und mittleren Oder gehört seit 1945 politisch größtenteils zu Polen, ein kleiner Teil westlich der Neiße (Sachsen) gehört zu Deutschland.

Adolf Hitler

Wiederanschluß des Landes an das Deutsche Reich aus. Gegen die Aufständischen sammeln sich deutsche Selbstschutzgruppen und Bürgerwehren; die Reichswehr darf in dem alliierten Hoheitsgebiet nicht eingesetzt werden. Die Kämpfe enden im Juni nach Einmarsch britischer Truppen.

Die Volksabstimmung hatte am 20.3. eine 60%-Mehrheit für den Verbleib im Deutschen Reich ergeben, doch Uneinigkeit zwischen Frankreich (für Polen) und Großbritannien, das vor allem die Schwächung der deutschen Wirtschaft bei Verlust des großen Industrieviers befürchtet, verhinderten bislang eine Entscheidung.

Diese trifft der Völkerbund am 20.10. Oberschlesien wird zwischen dem Deutschen Reich und Polen aufgeteilt, wobei das Industrierevier zu zwei Dritteln an Polen fällt.

H. Bartsch: Geschichte Schlesiens, 1985.

Geburtsstunde der KP Chinas

1.7. Shanghai. Zwölf junge Intellektuelle aus der Sozialistischen Jugendliga, darunter Mao Zedong, gründen die Kommunistische Partei Chinas. Erster Generalsekretär wird der Literaturprofessor Tscheng Tu-hsiu.

Seit dem Sturz der kaiserlichen Dynastie und der Republikgründung (↑S.92/29.12.1911) wandten sich einzelne Intellektuelle dem Marxismus zu (das Kommunistische Manifest war 1908 ins Chinesische übersetzt worden). 1920 gründete der Lehrer Mao Zedong eine kommunistische Gruppe in Tschang-scha.

Der Einfluß der KP wächst in einigen Provinzen Chinas überproportional. Gemeinsam mit Tschu Te kann Mao in Kiangsi und Fukien während der republikanischen Herrschaft von Chiang Kai-shek (↑S.220/20.3.1925) einen kommunistischen Staat im Staate gründen (1927–1934). Mao wird am 6.1.1935 Vorsitzender der KP Chinas. S 305/K 311

W. Franke: Das Jahrhundert der chinesischen Revolution 1851–1949, 1980. E. Snow: Roter Stern über China, NA 1986.

Erste Machtergreifung Hitlers

29.7. München. Auf einer Mitgliederversammlung der NSDAP läßt sich Adolf Hitler zum Nachfolger des nach parteiinternen Auseinandersetzungen zurückgetretenen Anton Drexler wählen. In einer neuen Satzung wird dem Vorsitzenden das Recht zugestanden, die Partei ohne Rücksicht auf Mehrheitsbeschlüsse des Vorstands zu führen.

Der Machtkampf zwischen Drexler und dem bisherigen Propagandaleiter Hitler (↑S.162/24.2.1920) entbrannte vor allem an der Frage der Mittel, mit denen die Ziele der Partei verwirklicht werden sollen. Während Drexler den parlamentarischen Weg nicht verlassen will, setzt Hitler auf Gewalt. 1921 zählt die NSDAP 3000 Mitglieder. S 176/K 192

W. Stresemann: Wie konnte es geschehen? Hitlers Aufstieg in den Erinnerungen eines Zeitzeugen, 1987. W. Maser: Hitlers Briefe und Notizen, 1988.

Die NSDAP bis zur Machtergreifung 1933		K 192
Jahr	Ereignis	
1919	Als Deutsche Arbeiterpartei (DAP) in München vom Eisenbahnschlosser Anton Drexler und dem Journalisten Karl Harrer gegründet (5.1.)	
1920	Umbenennung der DAP in NSDAP (Nationalsozialistische Deutsche Arbeiterpartei, 24.2.); Verkündung des Programms (S.162)	
1921	Nach parteiinternen Querelen übernimmt Adolf Hitler Vorsitz (S.176)	
	Der „Völkische Beobachter" wird zum Presseorgan der NSDAP	
1922	Anschluß der reichsweit organisierten Deutschsozialistischen Partei	
1923	Zahl der SA-Mitglieder („Sturmabteilung") erhöht sich auf 55 000; Ausrüstung und einheitliche Uniformierung der Angehörigen begründen militanten Charakter der NSDAP (S.178)	
	NSDAP-Verbot nach gescheitertem Hitler-Putsch (S.202/8.11.)	
1924	Bei den Reichstagswahlen erhält die NSDAP als „Nationalsozialistische Freiheitsbewegung" 14 Sitze (3% der Stimmen)	
	Hitler wird wegen seiner führenden Funktion beim Putschversuch 1923 zu fünf Jahren Festungshaft verurteilt (1.4.); schon nach sieben Monaten wird er wieder freigelassen	
1925	Neugründung der NSDAP durch Hitler (27.2.), der während seiner Haftzeit sein politisches „Programm" verfaßt („Mein Kampf")	
1926	Hitler gründet die SS („Schutzstaffel"), persönliche Leibgarde von ihm und anderen führenden Funktionären (S.233)	
1928	Bei den Reichstagswahlen erhält die NSDAP 12 Sitze (2,6% der Stimmen); Parteiführung beschließt aggressiven Rechtskurs	
1930	Reichstagswahlen: 107 Sitze (18,3% der Stimmen) für die NSDAP	
1932	Mehr als 1 Mio NSDAP-Mitglieder (1930: 400 000)	
	Reichstagswahlen im Juli: NSDAP wird stärkste Partei (37,4%); bei Novemberwahlen sinkt Stimmanteil auf 33,1% (S.281)	
	Hitler unterliegt Hindenburg bei der Wahl zum Reichspräsidenten	
1933	Hitler Reichskanzler (30.1.); Machtübernahme der NSDAP (S.290)	

Die wichtigsten Urteile gegen Rechts und Links 1919–1932[1] — K 193

Urteile gegen Rechts

Datum	Ereignis	Täter/Initiatoren	Folgen/Urteile
15. 1.1919	Ermordung von Karl Liebknecht und Rosa Luxemburg	Soldaten der freiwilligen Garde-Kavallerie-Schützendivision	Geringfügige Gefängnisstrafen; sechs Freisprüche (S.149)
21. 2.1919	Mord am bayerischen Ministerpräsidenten Kurt Eisner (USPD)	Anton Graf von Arco auf Valley	Todesurteil; Begnadigung zu lebenslanger Festungshaft wegen „reinster Vaterlandsliebe" (S.151)
8.10.1919	Mordanschlag auf den USPD-Vorsitzenden Hugo Haase	Geistesgestörter Arbeiter aus Wien	Einweisung in geschlossene Anstalt; 1933 entlassen
26. 1.1920	Attentat auf Reichsfinanzminister Matthias Erzberger	Fähnrich Oltwig von Hirschfeld	18 Monate Gefängnis, da ihm „vaterländisches Interesse" zugebilligt wird
13. 3.1920	Kapp-Putsch	Wolfgang Kapp, Walther v. Lüttwitz, Erich Ludendorff, Alfred v. Tirpitz	Keine Verurteilungen gegen Hauptverantwortliche (S.162)
9. 6.1921	Ermordung des bayerischen USPD-Fraktionsvorsitzenden Karl Gareis	Angehöriger der rechtsradikalen Organisation Consul	Mörder Schwesinger nach 14 Monaten Untersuchungshaft ohne Verhandlung freigelassen
26. 8.1921	Ermordung von Matthias Erzberger (Zentrum)	Heinrich Schulz, Heinrich Tillessen (Organisation Consul)	Keine Verurteilungen (S.178)
25.10.1921	Attentat auf bayerischen Landtagsabgeordneten Erhard Auer (SPD)	Unbekannte Täter aus nationalistischen Kreisen	Keine Verurteilungen
4. 6.1922	Säureattentat auf Philipp Scheidemann (SPD)	Hans Hustert, Karl Oehlschläger (Organisation Consul)	Je 10 Jahre Zuchthaus
24. 6.1922	Ermordung von Reichsaußenminister Walther Rathenau[2]	Erwin Kern, Hermann Fischer (Organisation Consul)	Kern bei Verhaftung erschossen; Fischer begeht Selbstmord (S.186)
1.10.1923	Putschversuch in Küstrin und Spandau	Schwarze Reichswehr unter Major Bruno Ernst Buchrucker	10 Jahre Festungshaft gegen Buchrucker wegen Hochverrats
8.11./ 9.11.1923	Hitler-Ludendorff-Putsch in München	NSDAP, SA, Bund Oberland und Reichsflagge unter Führung Adolf Hitlers	Freispruch für Erich Ludendorff; 5 Jahre Festungshaft für Hitler (Freilassung am 20.12.1924, S.202)
10. 3.1925	Ermordung des jüdischen Schriftstellers Hugo Bettauer	Ex-SA- und NSDAP-Mitglied Otto Rothstock	Freispruch
12. 9.1931	Judenpogrome in Berlin	NSDAP, SA	Je 6 Monate Gefängnis für Wolf Graf Helldorf und Karl Ernst
9. 4.1932	Attentat auf Reichsbankpräsident Hans Luther	Mitglieder der NSDAP	Keine Verurteilungen
22. 8.1932	Ermordung eines polnischen Kommunisten in Oberschlesien	Fünf Mitglieder der SA	Todesstrafe wegen Republikschutzges.; in lebenslange Haft umgewandelt; nach wenigen Monaten frei

Urteile gegen Links

Datum	Ereignis	Täter/Initiatoren	Folgen/Urteile
5. 1.1919	Spartakusaufstand; zweite Revolution in München	Revolutionäre Spartakisten (KPD)	Karl Liebknecht und Rosa Luxemburg von Soldaten ermordet (S.149)
7. 4.– 2. 5.1919	Dritte und vierte Revolution in München	Mitglieder von KPD und USPD	U. a. Todesstrafe gegen Räteführer Eugen Leviné; 15 Jahre Festungshaft für Erich Mühsam[3] (S.151)
17. 3.1920/ 21. 3.1921	Ruhraufstand/Generalstreik zur „proletarischen Revolution"	U. a. USPD, KPD und Syndikalisten	5 Jahre Festungshaft für KPD-Vorsitzenden Heinrich Brandler; lebenslänglich für Kommunistenführer Max Hölz
Sommer 1923	Planung eines Aufstands in Sachsen und Thüringen	Kommunisten Felix Neumann, Ernst Pöge und Alexander Skoblewski	Todesurteile; später in lebenslanges Zuchthaus umgewandelt
23.10.1923	Aufstand in Hamburg	KPD	Haftstrafen für mehr als 300 Angeklagte („Tscheka-Prozeß", S.220)
14. 1.1930	Tod des Berliner SA-Sturmführers Horst Wessel	KPD-Mitglied Albrecht Höhler	6 Jahre Gefängnis

1) Die zahlreichen rechtsorientierten Fememorde (u. a. der illegalen Schwarzen Reichswehr), Verurteilungen gegen zumeist linke Publizisten und Zusammenstöße zwischen rechten und linken Kampfverbänden (z. B. zwischen Stahlhelm, Reichsbanner und Rotem Frontkämpferbund) wurden nicht berücksichtigt; 2) 354. politischer Mord durch Rechtsextreme in der Weimarer Republik; 3) beide zusätzlich wegen „ehrloser Gesinnung" verurteilt, Mühsam nach sechs Jahren auf Bewährung entlassen

1921

Rechtsradikale töten Erzberger

26.8. Bad Griesbach. Der Zentrumspolitiker Matthias Erzberger wird an seinem Urlaubsort im Schwarzwald von Heinrich Schulz und Heinrich Tillessen ermordet. Die beiden Täter gehören der rechtsradikalen Organisation Consul an. Erzberger, der sich als exponierter Abgeordneter des linken Flügels der Zentrumspartei vor allem durch die Unterzeichnung des Waffenstillstandsvertrags († S.144/11.11.1918) Feinde gemacht hatte, war bereits 1920 Opfer eines Attentats geworden; er wurde leicht verletzt.

Reichspräsident Friedrich Ebert verhängt am 29.8. den Ausnahmezustand über Deutschland. Rechte und linke Gruppen sollen damit an der Verbreitung republikfeindlicher Propaganda gehindert werden. Erzbergers Mörder und die Drahtzieher können sich mit Hilfe guter Verbindungen zum Münchner Polizeipräsidenten Ernst Pöhner einer Strafverfolgung entziehen. S 174/K 190 S 177/K 193

W. Ruge: Matthias Erzberger, 1976.

Nazis gründen „Sturmabteilung"

4.11. München. Nachdem bei einer Parteiversammlung im Hofbräuhaus die als Ordnungsdienst eingesetzten Schlägertruppen der NSDAP ganze Arbeit gegen einige Zwischenrufer aus der SPD geleistet haben, geben sie sich den Namen „Sturmabteilung" (SA). Sie wächst in den 20er Jahren zur Schutzorganisation der Partei heran. Ihr Einfluß sinkt nach dem (angeblichen) Putschversuch ihres Stabschefs Ernst Röhm († S.302/30.6.1934).

1926 wird für den Personenschutz die Schutzstaffel (SS) gegründet. Heinrich Himmler, der am 6.1.1929 als Reichsführer die SS übernimmt, vergrößert die Truppe von 280 Mann auf rd. 50 000 (1933). Sie übernimmt den gesamten Polizeidienst der Partei. Formal ist die SS der SA untergeordnet. Mit dem von Himmler geförderten Gehorsamsgebot betrachtet sie sich aber als Hitlers persönliches Instrument. Nach 1933 entwickelt sie sich zum wichtigsten politischen Sicherheits- und Terrorinstrument des NS-Regimes. S 176/K 192

H. Höhne: Der Orden unter dem Totenkopf, 1976.

Unabhängigkeit für Südirland [KAR]

6.12. London. Nach langen Verhandlungen schließen die britische Regierung und die irische Unabhängigkeitsbewegung Sinn Féin einen Kompromiß. Die im Government of Ireland Act (23.12.1920) festgeschriebene Trennung des Landes in ein überwiegend protestantisches Nordirland (zu Großbritannien) und ein katholisches Südirland wird bestätigt. Die Republik Irland (Eire) erhält Dominion-Status (wie u. a. Kanada).

Die Trennung in zwei Staatsgebiete († S.150/21.1.1919) hatte den irischen Unabhängigkeitsbestrebungen neuen Auftrieb gegeben. Sinn Féin und ihr militärischer Flügel, die Irisch-Republikanische Armee (IRA), kämpften für ein vereintes unabhängiges Irland. Das südirische Parlament nimmt den Vertrag am 21.1.1922 an. Die IRA setzt ihren Kampf um die Angliederung Nordirlands an die Republik bis heute fort. S 178/K 194 S 662/K 658

Irland im 20. Jahrhundert		K 194
Jahr	**Ereignis**	
1900	Gründung der radikal-nationalistischen Partei Sinn Féin, um Forderung nach eigenem Parlament und von Großbritannien unabhängiger Regierung zu unterstreichen	
1916	Osteraufstand in Dublin mit Proklamation der Republik; der Versuch der Sinn-Féin-Bewegung, die Unabhängige Republik Irland durchzusetzen, scheitert nach einer Woche (S.126)	
1919	Gründung der Irisch Republikanischen Armee (IRA), die während des gesamten Jahrhunderts mit Gewalt für die Einheit Irlands und die Unabhängigkeit von Großbritannien kämpft	
	Irische Abgeordnete rufen die Unabhängigkeit des Landes aus; Folge: Krieg der IRA gegen britische Herrschaft in Irland (S.150)	
1920	Politiker in Dublin lehnen Gesetz zur Teilung Irlands in Nord- und Südteil (Government of Ireland Act) ab	
1921	Irland wird per Vertrag als Freistaat im Commonwealth anerkannt (Dominion-Status); sechs Grafschaften der Provinz Ulster bleiben als Nordirland unter britischer Herrschaft (S.178)	
1922/23	Im Bürgerkrieg setzen sich die Befürworter (Fine Gael) gegen die Gegner (Fianna Fáil) des Vertrages durch	
1932–38	Nach dem Wahlsieg der radikalen Fianna Fáil (Ministerpräsident Eamon de Valera) bricht ein Handelskrieg zwischen Irland und Großbritannien aus (Einführung von Importzöllen 1932)	
1937	Irland erhält Verfassung, die den Anspruch auf Vereinigung mit dem britischen Nordirland festschreibt	
1949	Irland wird parlamentarisch-demokratische Republik und löst die letzten staatsrechtlichen Bindungen an Großbritannien endgültig auf; zugleich tritt das Land aus dem Commonwealth aus	
1969	Die IRA spaltet sich in „offiziellen" und „provisorischen" (militanten) Teil; der konfessionelle Bürgerkrieg nimmt an Schärfe zu	
1973	Irland wird Mitglied der Europäischen Gemeinschaft	
1985	Anglo-irisches Abkommen sichert begrenztes Mitspracherecht bei der Verwaltung Nordirlands zu; britische Herrschaft anerkannt	
1990	Die parteilose Mary Robinson wird erstes weibliches Staatsoberhaupt in der Geschichte Irlands	
1993	Nordirland-Erklärung von Irland und Großbritannien, Gesprächsangebot an Sinn Féin und IRA bei Gewaltverzicht (einseitig ausgerufen vom August 1994 bis Februar 1996)	
1995	Legalisierung der zivilen Ehescheidung durch Referendum (50,3%); Irisch-britisches Rahmenabkommen sieht Selbstbestimmungsrecht der nordirischen Bevölkerung vor (Wahlen vom 30.5.)	
1996	Beginn der Allparteiengespräche über die Zukunft Nordirlands	

1921

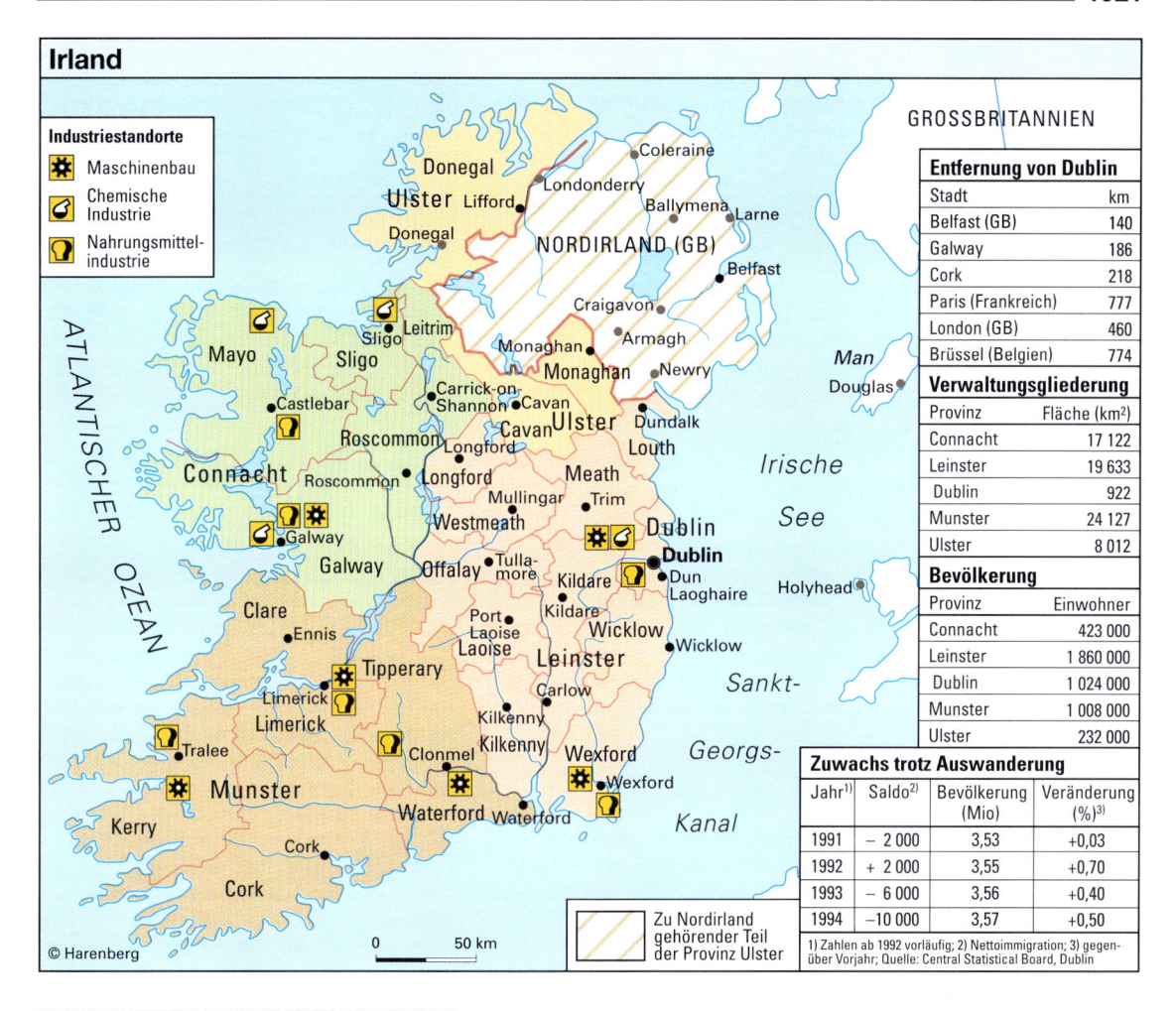

Irland

Industriestandorte
- ✲ Maschinenbau
- 🛢 Chemische Industrie
- 💡 Nahrungsmittelindustrie

Entfernung von Dublin	
Stadt	km
Belfast (GB)	140
Galway	186
Cork	218
Paris (Frankreich)	777
London (GB)	460
Brüssel (Belgien)	774

Verwaltungsgliederung	
Provinz	Fläche (km²)
Connacht	17 122
Leinster	19 633
Dublin	922
Munster	24 127
Ulster	8 012

Bevölkerung	
Provinz	Einwohner
Connacht	423 000
Leinster	1 860 000
Dublin	1 024 000
Munster	1 008 000
Ulster	232 000

Zuwachs trotz Auswanderung			
Jahr[1]	Saldo[2]	Bevölkerung (Mio)	Veränderung (%)[3]
1991	− 2 000	3,53	+0,03
1992	+ 2 000	3,55	+0,70
1993	− 6 000	3,56	+0,40
1994	−10 000	3,57	+0,50

1) Zahlen ab 1992 vorläufig; 2) Nettoimmigration; 3) gegenüber Vorjahr; Quelle: Central Statistical Board, Dublin

Wirtschaft

Lenins neue Wirtschaftspolitik

8.3. Moskau. Auf dem X. Parteikongreß der Kommunistischen Partei Rußlands vollzieht der Sowjetstaat mit der „Neuen Ökonomischen Politik" (NEP) eine Wende zur Marktwirtschaft. Kleinere und mittlere Betriebe sowie die Agrarwirtschaft werden den privatwirtschaftlichen Gesetzen des freien Marktes überlassen (aber sie zahlen dafür Steuern); die Großindustrie verbleibt in staatlicher Hand.

Staatschef Lenin ist einer der Urheber des neuen Programms, mit dem auf die Fehlschläge der kommunistischen Abgabepolitik reagiert wird. So hatten die Bauern bislang kaum Motivation, für mehr als ihren privaten Gebrauch zu produzieren, weil ihnen die Überschüsse zur Verteilung abgenommen wurden. Eine Hungersnot war die Folge.

NEP verzeichnet relativ schnell Erfolge; damit beruhigt sich auch die politische Lage, die von Streiks und Aufständen bestimmt war (↑S.173/2.3.).

Nach Lenins Tod (↑S.208/21.1.1924) wird die NEP von Josef Stalin wieder rückgängig gemacht.

„Schwarzer Freitag" der Gewerkschaft

15.4. Großbritannien. Eine Stunde vor seinem geplanten Beginn platzt der Generalstreik in Großbritannien, über den die drei großen Gewerkschaften Bergbau, Eisenbahn und Transport verhandelt hatten. Den Vertretern der Eisenbahner und der Transportarbeiter gehen die Forderungen der Bergarbeitergewerkschaft nach Verstaatlichung der Kohleindustrie und Subventionierung unrentabler Betriebe letztlich zu weit.

Hintergrund des geplanten Generalstreiks ist der seit 1.4. andauernde Streik von 1 Mio

Irland: Die westeuropäische Insel gehört zu den ärmsten Ländern des Kontinents. Seit Ende der 80er Jahre wächst die Wirtschaft jedoch stärker als im EU-Durchschnitt (1995: 6,5%).

1921

David Lloyd George

Bergarbeitern in Schottland, Wales und Nordengland, die damit auf die Herabsetzung ihrer Löhne reagieren. Am 1.7. stimmen über 70% der Bergarbeiter für den Streikabbruch, der sich aufgrund leerer Streikkassen nicht mehr durchhalten läßt. Die Regierung unter David Lloyd George greift mit einem Kompromißvorschlag ein, da der dreimonatige Ausstand die Wirtschaft des Landes erheblich geschwächt hat. Staatliche Lohnzuschüsse und garantierte Gewinnbeteiligungen kommen den Forderungen der Gewerkschaft allerdings nur minimal entgegen.

Natur/Umwelt

Erstmals Energie aus Müll
1.10. Berlin. Im Stadtteil Schöneberg wird das erste deutsche Müllkraftwerk in Betrieb genommen. Unsortiert wird der Berliner Müll in einem Ofen wie Kohle verbrannt. Die Schlacke wird in einer benachbarten Steinfabrik zu Kunststeinen weiterverarbeitet.
Die Probleme der Abfallentsorgung in der 3-Mio-Stadt Berlin sind damit vorerst gelöst.

Wissenschaft

Insulin gegen Diabetes extrahiert
Toronto. Im Laboratorium des kanadischen Physiologen John James Richard Macleod gewinnen der Orthopäde Frederick Grant Banting und der Medizinstudent Charles Herbert Best aus der Bauchspeicheldrüse eines Hundes einen Extrakt zur Heilung des Diabetes (Zuckerkrankheit). Sie beweisen damit die Existenz eines den Blutzuckergehalt vermindernden Hormons, des Insulins.
Bereits 1889 hatte der deutsche Pharmakologe Joseph von Mering die Entdeckung gemacht, daß bei Hunden die Entfernung der Bauchspeicheldrüse zu schwerem Diabetes führt und daß die Implantation von gesundem Pankreas oder eine Verbindung zum Blutkreislauf gesunder Tiere die Krankheit beseitigt bzw. mildert. Zur Therapie zuckerkranker Menschen gelingt es Banting 1923, Rinderinsulin zu gewinnen und den ersten Patient erfolgreich zu behandeln.
Wenig später erkennt man, daß es verschiedene Erscheinungsformen von Diabetes gibt, das Symptom Zuckerkrankheit also viel komplizierter ist, als es Banting zunächst vermutet hatte. S 204/K 216

Insulin: Charles Best (l.) und Frederick G. Banting mit Versuchshund an der Universität von Toronto.

📖 Geschichte der Medizin in Schlaglichtern, Meyers Lexikonverlag, 1990. Heinz Schott (Hg.): Meilensteine der Medizin, 1996.

Gesellschaft

Fußballwette in Großbritannien
Zusätzlich zur Vorhersage von Siegern bei Pferde- und Windhundrennen können die wettbegeisterten Briten jetzt auch auf den Ausgang von Fußballspielen setzen. 1934

Nobelpreisträger 1921	K 195
Frieden: Hjalmar Branting (S, 1860–1925), Christian Lange (N, 1869–1938)	
Branting, erster sozialistischer Ministerpräsident Schwedens und Mitbegründer der Sozialdemokratischen Arbeiterpartei (1889), vertrat sein Land im Völkerbund und setzte sich für die Abrüstung ein. Lange, von Beruf Lehrer, wurde 1909 Generalsekretär der Interparlamentarischen Union in Brüssel. Im 1. Weltkrieg zerbrach die Union, konnte aber 1921 wiederbelebt werden.	
Literatur: Anatole France (F, 1844–1924)	
France (eigentlicher Name: François A. Thibault) stand in der Tradition der französischen Aufklärung. Seine sozialkritische Haltung prägte auch sein Romanwerk. Mit Vorliebe wählte er Stoffe aus Epochen im Umbruch („Thais" 1890; „Die Götter dürsten" 1912; „Aufruhr der Engel" 1914).	
Chemie: Frederick Soddy (GB, 1877–1956)	
1913 entdeckte Soddy die Isotope, Atome mit gleichen chemischen Eigenschaften, aber unterschiedlichen Massen. Bereits 1903 hatte er (mit William Ramsey) nachgewiesen, daß beim Zerfall von Radium Radon und Helium entstehen. 1914 leitete er daraus die radioaktive Zerfallsreihe ab.	
Physik: Albert Einstein (D, 1879–1955)	
Der Schöpfer der Relativitätstheorie revolutionierte die Grundlagen der Physik. Einstein schuf u. a. eine neue Auffassung über das Wesen von Raum und Zeit sowie eine neue Sicht der Schwerkraft und prägte damit ein verändertes Weltbild (endliches Volumen des Weltalls).	

Nobelpreis für Medizin nicht verliehen

wird das Fußballtoto auch in Schweden, 1938 in der Schweiz eingeführt.
In der Bundesrepublik steht das Fußballtoto (seit 1948) im Schatten des Zahlenlotto. Neben der „Elferwette", in der bei elf Paarungen durch Ankreuzen der Zahlen 1, 0 oder 2 auf Heimsieg, Unentschieden oder Auswärtssieg getippt wird, gibt es u. a. die Auswahlwette „6 aus 45". S 181/K 196

Grabschatz erzählt vom Alltag

15.1. Theben (heute Karnak bzw. Luxor). In der Nähe der ägyptischen Stadt der Antike finden Archäologen aus den USA den Grabschatz des ägyptischen Prinzen Mehenkwetre (ca. 2000 v.Chr.). Die gut erhaltenen Gegenstände umfassen u. a. figürliche Darstellungen des Hoflebens. Der Forschungszweig Ägyptologie erhält wertvolle Informationen über Architektur und Lebensstil der Oberschicht des alten Ägypten. S 195/K 208

D. Wildung: Kunst d. alten Ägypten, 1988.

Belgien erhält offizielle Sprachgrenze

28.7. Brüssel. Im belgischen Parlament findet ein Gesetz zur Festlegung der Sprachregionen Zustimmung. In Nordbelgien (Flandern) wird Niederländisch die offizielle Amtssprache; in Südbelgien (Wallonien) Französisch. Die Grenze verläuft südlich der Städte Menen–Ronse–Halle–Voeren.
Seit Gründung des Königreichs Belgien 1831 war die Agrarregion Flandern wirtschaftlich und politisch der eher industriell geprägten Wallonie unterlegen, was sich auch nach Einführung des Niederländischen als gleichberechtigte Amtssprache 1873 nicht änderte. Die klare Grenzziehung soll nun Abhilfe schaffen. 60% der Belgier sprechen Niederländisch, 39% Französisch. Eine kleine Minderheit in den Städten Eupen und St. Vith spricht Deutsch. Ministerpräsident Henri Carton de Wiart (1920/21) steht der um Gleichberechtigung kämpfenden „Flämischen Bewegung" (gegr. 1843) nahe; König Albert I. ist um Schlichtung des Konflikts bemüht und unterzeichnet das Gesetz. S 283/K 293

Kultur

Der „brave" Schwejk aus Prag

1.3. Prag. Der erste Band von Jaroslav Hašeks vierbändigem Roman „Die Abenteuer des braven Soldaten Schwejk während des Weltkrieges" erscheint.
Die burleske Geschichte schildert den Widerstand des laut amtlicher Bescheinigung schwachsinnigen Schwejk gegen die österreichisch-ungarische k. u. k. Kriegsmaschinerie. Schwejk trotzt dem Kriegsalltag, indem er alle Befehle buchstabengetreu ausführt und dadurch ad absurdum führt.
Hašek knüpft mit seinem Werk an die Tradition des Schelmenromans an. Die tschechischen Literaturkritiker begegnen dem unkonventionellen Roman zunächst skeptisch. Seinen Welterfolg verdankt „Schwejk" vor

Glücksspiele in Deutschland			K 196
Einführung	Spiel	Veranstalter	Gewinnchance
18. Jh.	Pferdewetten	Rennvereine	k. A.
19. Jh.	Glücksspiele	Spielbanken	1 : 2,1[1]
1945[2]	Zahlenlotto	Dt. Lotto- und Toto-Block	1 : 54
1947	Süddeutsche Lotterie	Klassenlotterie	1 : 2
1948	Nordwestdt. Lotterie	Klassenlotterie	1 : 2,5
1948	Fußballtoto	Dt. Lotto- und Toto-Block	1 : 7,29[3]
50er Jahre	Geldspielautomaten	Spielhallen	k. A.
1953	PS-Sparen	Sparkassen	1 : 8,1
1956	GlücksSpirale	Fernsehlotterie[4]	1 : 9
1958	Gewinnsparen	Volksbanken	1 : 7
1971	RennQuintett	Dt. Lotto- und Toto-Block	1 : 227
1974	Der Große Preis[5]	ZDF/Aktion Sorgenkind	1 : 100
1975	Spiel '77	Dt. Lotto- und Toto-Block	1 : 10
80er Jahre	Rubbellotterien	Dt. Lotto- und Toto-Block	k. A.
1982	Mittwochslotto	Dt. Lotto- und Toto-Block	1 : 54
1991	Super 6	Dt. Lotto- und Toto-Block	1 : 10

1) Roulette; 2) Stadtlotterie in Berlin, 1959 bundesweit vereinheitlicht;
3) 11er Wette, 6 aus 45: 1 : 42; 4) Freie Wohlfahrtspflege und Sport;
5) bis 1992

„Die Abenteuer des braven Soldaten Schwejk": Bühnenbildentwurf von Georges Grosz für die Uraufführung am Berliner Theater, 1928 (Regie: Erwin Piscator).

Kulturszene 1921	K 197
Theater	
Ernst Barlach Die echten Sedemunds UA 23.3., Hamburg	Der dramatische Bilderbogen im niederdeutschen Kolorit führt die angemaßte Gottähnlichkeit der Menschen vor.
Karel Čapek W.U.R. UA 25.1., Prag	Der Autor benutzt die Idee der Erfindung von Robotern zu einer umfassenden Kritik an der modernen Profitgesellschaft.
Hugo von Hofmannsthal Der Schwierige UA 8.11., München	Der „Schwierige" in Hofmannsthals Drama mit Lustspielelementen ist ein durch die Kriegserlebnisse veränderter österreichischer Graf.
William Somerset Maugham; Der Kreis UA 3.3., London	Alltägliche Komplikationen einer Ehe behandelt Maughams souverän gebaute und erfolgreichste Gesellschaftskomödie.
Luigi Pirandello Sechs Personen suchen einen Autor; UA 10.5., Rom	Ein Klassiker des modernen Dramas: Die Geschichte über Schauspieler auf der Bühne hebt die Grenze zwischen Sein und Schein auf.
Oper	
Paul Hindemith Mörder, Hoffnung der Frauen; UA 4.6., Stuttgart	Der Einakter auf einen Text von Kokoschka macht Hindemith zu einem wichtigen Repräsentanten der Avantgarde der 20er Jahre.
Arthur Honegger König David UA 11.6., Mezières	Mit seinem sinfonisch ausladendem „dramatischem Psalm" knüpft der Komponist an die Tradition des szenischen Oratoriums an.
Leoš Janáček Katja Kabanowa UA 23.11., Brünn	Das Schauspiel „Gewitter" von Alexander Ostrowski ist Grundlage für Janáčeks Meisteroper über ein tragisches Frauenschicksal.
Sergej Prokofjew Die Liebe zu den drei Orangen; UA 30.12., Chicago	Die reizvoll-verspielte Oper nach Carlo Gozzis Märchendrama begründet Prokofjews Ruf als herausragender Bühnenkomponist.
Operette	
Eduard Künneke Der Vetter aus Dingsda UA 15.4., Berlin	Künneke bezieht in seine Operette Modetänze wie Tango, Foxtrott und Paso doble ein, die Kennzeichen der „goldenen" 20er Jahre sind.
Film	
Robert Flaherty Nanuk, der Eskimo USA	Der dokumentarische Spielfilm über das Leben einer Eskimofamilie während der Jagdwanderung wird ein sensationeller Kinoerfolg.
Fritz Lang Der müde Tod Deutschland	Endgültiger Durchbruch für Lang: tragische Geschichte einer jungen Frau, die mit dem Tod um das Leben ihres Geliebten ringt.
George Melford Der Scheich USA	Romantischer Abenteuer- und Liebesfilm, durch den der Italo-Amerikaner Rudolph Valentino zum Superstar der 20er Jahre wird.
Buch	
Johan Bojer Die Lofotfischer Kristiania (Oslo)	Das autobiographisch geprägte Hauptwerk Bojers schildert das harte, entbehrungsreiche Leben norwegischer Fischer Ende des 19. Jh.
Jaroslav Hašek Die Abenteuer des braven Soldaten Schwejk; Prag	Die köstliche Satire auf den Militarismus, die Hašek bis zu seinem Tod 1923 auf vier Bände erweitert, wird ein Welterfolg.
C. G. Jung Psychologische Typen Zürich	In seinem grundlegenden psychoanalytischen Werk unterscheidet Jung zwischen extrovertierten und introvertierten Typen.
Felix Graf von Luckner Seeteufel Leipzig	Der große Erfolg des autobiographischen Werks ist auf die Verherrlichung vergangener deutscher Größe zurückzuführen.

allem der Dramatisierung in Erwin Piscators Berliner Theater im Jahr 1928. S 182/K 197

R. Pytlik: Jaroslav Hašek und der brave Soldat Schwejk, 1985.

Donaueschinger Musiktage

1.8. Donaueschingen. Unter dem Vorsitz des Opernkomponisten Richard Strauss finden erstmals die Kammermusiktage zur Förderung zeitgenössischer Tonkunst statt.

Im Mittelpunkt der Veranstaltung stehen Kompositionen von Paul Hindemith, Alban Berg, Arnold Schönberg und Anton von Webern. Die Werke werden von der Öffentlichkeit unterschiedlich aufgenommen; Lobeshymnen über den Mut zum Ungewohnten stehen schroffer Ablehnung gegenüber.

Die Donaueschinger Kammermusiktage finden bis 1926 jedes Jahr statt. 1950 werden sie erneut ins Leben gerufen. Sie nehmen durch Ur- und Erstaufführungen von Werken bedeutender Komponisten großen Einfluß auf die Entwicklung der Neuen Musik.

PEN-Club gegründet

5.10. London. Die britische Schriftstellerin Catherine Amy Dawson-Scott ruft den internationalen PEN-Club ins Leben. Die Abkürzung PEN steht für poets (Lyriker), playwriters (Dramatiker), essayists (Essayisten), editors (Herausgeber) und novelists (Romanschriftsteller).

Der PEN-Club will sich für die weltweite Verbreitung von Literatur und den ungehinderten Gedankenaustausch von Literaten auch in Kriegs- und Krisenzeiten einsetzen. Die durch Zuwahl aufgenommenen Mitglieder verpflichten sich, gegen jede Form des Klassen- und Völkerhasses einzutreten sowie die Pressefreiheit und Meinungsvielfalt zu schützen.

1979 gibt es in 58 Staaten 81 PEN-Zentren. Sitz des internationalen PEN-Clubs bleibt Gründungsort London.

Valentino wird zum Frauenidol

30.10. New York. Der Liebes- und Abenteuerfilm „Der Scheich" mit Rudolph Valentino in der Hauptrolle hat Premiere. Erzählt wird die Geschichte einer jungen Engländerin, die als Sklavin verkleidet die Sahara durchreist. Nachdem sie die Liebeswerbung eines Scheichs zunächst ablehnt, kommt es nach dramatischen Verwicklungen, in deren Verlauf der Scheich die Engländerin aus einem feindlichen Lager befreit, zum Happy-End. Die erotische Ausstrahlung des 26jährigen Italieners Rudolph Valentino, der in seinen frü-

1921

Rudolph Valentino (1895–1926) mit Vilma Bank in der „Sohn des Scheichs" (1926).

heren Filmen als „Latin Lover" bekannt wurde, macht ihn zum ersten männlichen Sexsymbol der Filmgeschichte. Sein früher Tod 1926 löst eine Massenhysterie aus. S 182/K 197

Sport

Frauen veranstalten Weltspiele

24.3. Monte Carlo. Als Protestaktion gegen die mangelnde Anerkennung des Frauensports finden die ersten Weltspiele der Frauen statt. Die Teilnehmerinnen kommen aus den USA, Großbritannien, der Schweiz und Frankreich.
Nach der Weigerung des IOC, Frauen zu den Leichtathletik-Wettbewerben der Olympischen Spiele zuzulassen, gründeten die Frauen zu Beginn des Jahres die Fédération Sportive Féminine Internationale (FSFI) mit Sitz in Paris. S 183/K 198

Erstes Autorennen auf der Avus

24.9. Berlin. Auf der am 19.9. eröffneten Avus (Automobil-, Verkehrs- und Übungsstraße) findet das erste Autorennen statt. Sieger wird Fritz von Opel, der die 140 km lange Strecke (sieben Bahnrunden) in rd. 64,5 min zurücklegt.
Die Avus ist nicht ausschließlich als Rennstrecke ausgelegt. Der 20 km lange Verkehrsweg zwischen Grunewald und Wannsee gilt mit seinen zwei Fahrbahnen von je 7,80 m Breite als bestausgebaute Autostraße Europas.

Gleichberechtigung des Frauensports — K 198

Jahr	Ereignis	Einordnung/Anmerkung
1884	Damen-Tennis in Wimbledon	Siegerin: Maud Watson (GBR)
1900	Olympische Spiele in Paris	Frauen dürfen erstmals teilnehmen
1900	Erster Schwimmrekord (100 m)	Renate Schulz (GER): 1:57,6 min
1903	Erste registrierte Laufleistung	Agnes Wood (USA): 220 y: 30,6 sec
1906	Erste Eiskunstlauf-WM	Siegerin: Madge Syers (GBR)
1911	Erste registrierte 100-m-Zeit	Siina Simola (FIN): 13,8 sec
1916	Leichtathletik in Deutschland	Veranstalter erstmals die DSB[1]
1920	1. Dt. Leichtathletik-Titelkämpfe	Vierfacher Sieg für Maria Kießling
1921	Frau erhält Dt. Sportabzeichen	Adele Schacke aus Göttingen
1921	1. Weltspiele in Monte Carlo	Protest gegen frauenfeindliches IOC
1924	Olympische Spiele der Frauen	IOC lehnt weitere Integration ab
1926	Frau durchquert Ärmelkanal	Gertrud Ederle (USA): 14:39 h
1927	Rallye Monte Carlo für Frauen	Gleiche Strecke mit Sonderwertung
1928	Frauenturnen wird olympisch	Nur Mehrkampf (Sieger: HOL)
1934	Frau gewinnt Dt. Springderby	Irmgard von Opel auf Nanuk
1956	Frauen-Fußballverbot beendet	DFB lehnt Meisterschaften ab
1958	Erste Straßenradsport-WM	Siegerin: Elsie Jacobs (LUX)
1972	Olympische Spiele in München	Erstmals über 1000 Starterinnen
1984	Erste Tour de France	Siegerin: Jeannie Longo (FRA)
1984	Marathonlauf wird olympisch	Siegerin: J. Benoit (USA), 2:24:52 h
1991	Erste Fußball-WM (China)	Titel für USA

[1] Deutsche Sport-Behörde für Athletik

Sport 1921 — K 199

Fußball	
Deutsche Meisterschaft	1. FC Nürnberg
Englische Meisterschaft	FC Burnley
Italienische Meisterschaft	Pro Vercelli
Tennis	
Wimbledon (seit 1877; 41. Austragung)	Herren: Bill Tilden (USA) Damen: Suzanne Lenglen (FRA)
US Open (seit 1881; 41. Austragung)	Herren: Bill Tilden (USA) Damen: Molly Mallory (USA)
Australian Open	Herren: Rhys H. Gemmel (AUS)
Davis-Cup (New York, USA)	USA – Japan 5:0
Radsport	
Tour de France (5484 km)	Leon Scieur (BEL)
Giro d'Italia (3107 km)	Giovanni Brunero (ITA)
Boxen	
Schwergewichts-Weltmeisterschaft	Jack Dempsey (USA) – K. o. über George Carpentier (FRA), 2.7.
Herausragende Weltrekorde	

Disziplin	Athlet (Land)	Leistung
Leichtathletik, Frauen		
100 m	Maria Kießling (GER)	12,8 sec
Weitsprung	Maria Kießling (GER)	5,54 m

1922

Politik

Aristide Briand gescheitert

12.1. Paris. Der französische Ministerpräsident Aristide Briand erklärt seinen Rücktritt. Er zieht damit die Konsequenzen aus der Kritik an seiner auf Abrüstung und Aussöhnung mit Deutschland gerichteten Politik.
Briand hatte sich in Cannes auf der Tagung des Obersten Rates der Alliierten dafür eingesetzt, den Deutschen die Reparationen (↑S.210/16.8.1924) zu stunden.
Neuer Ministerpräsident wird Raymond Poincaré, der ein striktes Einhalten des Versailler Vertrags verlangt. Eines seiner wichtigsten außenpolitischen Ziele ist die Revision der deutsch-französischen Grenzen von 1871. Als Folge des Regierungswechsels schließt die Konferenz in Cannes ohne Ergebnisse. S 399/K 398

M. Baumont: Aristide Briand. Diplomat und Idealist, 1966.

Washingtoner Flottenabkommen

6.2. Washington. Zum Abschluß der internationalen Abrüstungskonferenz (seit 13.11. 1921) unterzeichnen die USA, Großbritannien, Japan, Frankreich und Italien ein Abkommen zur Reduzierung ihrer Flotten. Es legt die Flottenstärke der Unterzeichnerländer im Verhältnis von 5:5:3:1,75:1,75 fest.
Das Scheitern weiterer Abrüstungsverhandlungen und Japans Expansionsstreben in Asien führt 1934 zur Kündigung des Flottenabkommens durch Japan.

Fuad I. von Ägypten

Tscheka-Organisation aufgelöst

6.2. Moskau. Die sowjetische Regierung beschließt die Auflösung der Tscheka, deren Aufgaben die dem Volkskommissariat für Inneres unterstellte GPU übernimmt.
Die Tscheka (Tschreswytschajnaja Komissija = Außerordentliche Kommission) wurde 1917 von Felix E. Dserschinski gegründet. Ihr gnadenloses Vorgehen gegen alle Feinde des Sozialismus trug maßgeblich zur Konsolidierung des jungen Sowjetrußland bei.
Die GPU (Gossudarstwennoje polittscheskoje uprawlenije – staatlich-politische Verwaltung politischer Staatspolizei) geht 1934 im NKWD auf, dieser wird 1946 als MWD dem Innenministerium angegliedert. Nachfolgeorganisation ist der KGB (ab 1953).

Ägypten wird unabhängig KAR

15.3. Kairo. Sultan Ahmad Fuad erhebt sich als Fuad I. zum König von Ägypten, das er zur unabhängigen parlamentarischen Monarchie erklärt.
Großbritannien hatte mit Ausbruch des 1. Weltkriegs Ägypten aus der osmanischen Oberhoheit gelöst und sich als Protektorat unterstellt. Auf wachsenden Druck der ägyptischen Unabhängigkeitsbewegung, die bereits bei den Friedensverhandlungen von 1918 die Souveränität forderte, mußten die Briten ihr Protektorat beenden. Sie sichern sich aber bis zum 26.8.1936 (↑S.320) die Kontrolle über einige militärische und wirtschaftliche Belange (Suezkanal)
Anläßlich der Krönung Fuads (18.3.) kommt es in Kairo zu Protestdemonstrationen antibritischer Kräfte, die die totale Unabhängigkeit für ihr Land fordern. S 185/K 201

E. Brunner-Traut: Kleine Ägyptenkunde. Von den Pharaonen bis heute, 1988.

Wichtige Regierungswechsel 1922		K 200
Land	Amtsinhaber	Bedeutung
Deutsches Reich	Joseph Wirth (Zentrum, R seit 1921) Wilhelm Cuno (Parteilos, R bis 1923)	Rücktritt Wirths (14.11.), nachdem seine sog. Erfüllungspolitik gescheitert ist; Cuno bildet sog. Wirtschaftskabinett
Frankreich	Aristide Briand (M seit 1921) Raymond Poincaré (M bis 1924)	Rücktritt Briands (12.1.), weil er seine Politik der Aussöhnung mit dem Deutschen Reich nicht fortsetzen konnte (S.184)
Griechenland	Konstantin I. (König seit 1920) Georg II. (König bis 1924)	Abdankung des Königs (27.9.) nach Niederlage im griechisch-türkischen Krieg; Konstantin geht zum zweiten Mal ins Exil
Großbritannien	David Lloyd George (Lib., M seit 1916) Andrew Bonar Law (Konserv., M bis 1923)	Rücktritt von Lloyd George (19.10.) wegen Kritik an türkenfeindlicher Orientpolitik, die britische Isolierung bewirkte
Italien	Ivanoe Bonomi (M seit 1921) Luigi Facta (M 25.2.–27.10.) Benito Mussolini (M bis 1943)	Rücktritt Bonomis (25.2.) wegen Kritik an seiner nationalistischen Politik und dem laschen Vorgehen gegen Faschisten; Machtübernahme der Faschisten (Marsch auf Rom, 27./28.10.)
Österreich	Johannes Schober (Parteilos, B seit 1921) Ignaz Seipel (Christl.soz. B bis 1924)	Rücktritt Schobers (24.5.) wegen ständiger Angriffe der Großdeutschen; Seipel lehnt Anschluß Österreichs ab

B = Bundeskanzler; M = Ministerpräsident bzw. Premierminister; R = Reichskanzler

1922

Josef W. Stalin (1879–1953), steigt ab 1922 zum unumschränkten Herrscher der Sowjetunion auf.

Stalin zum Generalsekretär gewählt

3.4. Moskau. Das Zentralkomitee der Kommunistischen Partei Rußlands (KPR; Bolschewiki) wählt zum Abschluß des XI. Parteitages den Georgier Josef W. Stalin zum Generalsekretär. Aufgaben dieses neuen Amtes sind u. a. Straffung der Parteidisziplin, Konzentration der Macht in den Händen des Politbüros und „Säuberung" der mittleren und unteren Parteiorgane von allen Oppositionellen.

Lenin, der Stalin für dieses Amt vorgeschlagen hatte, warnt bereits im Dezember vor Stalins Machtfülle.

Nach Lenins Tod (↑S.208/21.1.1924) setzt sich Stalin als alleiniger Machthaber vor allem gegen Trotzki (↑S.241/14.11.1927) durch und schaltet nacheinander die verschiedenen innerparteilichen Gruppierungen und Gegner aus (↑S.319/19.8.1936). S 242/K 253

📖 R. Conquest: Stalin. Der totale Wille zur Macht, 1991.

Vertrag von Rapallo

16.4. Rapallo. Deutschland schließt mit Sowjetrußland im Rahmen der europäischen Wirtschaftskonferenz in Genua einen Vertrag. Das Abkommen beinhaltet den gegenseitigen Verzicht auf Reparationsansprüche, die sofortige Wiederaufnahme diplomatischer und konsularischer Beziehungen sowie die Einführung des Grundsatzes der Meistbegünstigung für die Handels- und Wirtschaftsbeziehungen.

Ägypten im 20. Jahrhundert	K 201
1904	Nach Konfrontation in Faschoda 1898 zieht Frankreich seine Ansprüche auf Ägypten zurück
19.12.1914	Ägypten wird britisches Protektorat
1919	Schwere Unruhen in ganz Ägypten; Gründung der Wafd-Partei, nachdem Großbritannien ägyptischen Politikern die Teilnahme an der Versailler Friedenskonferenz verweigert
15.3.1922	Ägypten wird formal unabhängig, der Sueskanal und die ägyptische Außenpolitik bleiben unter britischer Oberhoheit; der ägyptische Sultan wird König Fuad I. (bis 1936, S.184)
19.4.1923	Neue Verfassung: Ägypten wird konstitutionelle Monarchie
19.9.1924	Briten schließen Ägypten von der Verwaltung des Sudan aus
26.8.1936	Britisch-ägyptischer Vertrag: Ende der britischen militärischen Besetzung Ägyptens; Ausnahme: Sueskanal (S.320)
8.3.1937	Beitritt Ägyptens zum Völkerbund
4.2.1942	Briten zwingen König Faruk I., eine probritische Regierung einzusetzen; bis 26.2.1945 bleibt Ägypten neutral
15.5.1948–24.2.1949	Erster Israelisch-Arabischer Krieg unter Beteiligung Ägyptens; es erhält den Gaza-Streifen zurück (S.441/14.5.1948)
23.7.1952	Militärputsch unter General Nagib (Ägyptische Revolution)
18.6.1953	Proklamation der Republik Ägypten unter Nagib (S.484)
1954	März-Krise: Nagib verliert Ämter als Ministerpräsident (18.4.) und Staatspräsident (14.11.) an Nasser
19.10.1954	Britisch-ägyptisches Abkommen: Abzug der britischen Truppen aus dem früheren Protektorat
Mai 1955	Ministerpräsident Nasser verkündet Prinzip der „positiven Neutralität" (Zusammenarbeit mit Ost und West)
23.6.1956	Nach Annahme der neuen Verfassung wird Nasser zum ägyptischen Staatspräsidenten gewählt
29.10.–6.11.1956	Zweiter Israelisch-Arabischer Krieg (Sueskrieg); Beteiligung Frankreichs und Großbritanniens auf seiten Israels; Wiedereröffnung des Kanals mit Hilfe der UNO (S.508)
1.2.1958	Zusammenschluß Ägyptens und Syriens zur Vereinigten Arabischen Republik (VAR); am 28.9.1961 verläßt Syrien diesen arabischen Staatenbund wieder (S.522)
30.6.1962	Charta der Nationalen Aktion: Nationalkongreß beschließt „totale Revolution"; Ziel ist die Schaffung einer sozialistischen Gesellschaft ohne Klassenkampf
25.3.1964	Neue Verfassung: Ägypten ist ein „demokratischer sozialistischer Staat", der Islam wird Staatsreligion
5.–10.6.1967	Dritter Israelisch-Arabischer Krieg (Sechstagekrieg): schwere Niederlage Ägyptens, das die Sinai-Halbinsel und den Gaza-Streifen an Israel verliert (S.607)
28.9.1970	Tod Nassers, der neben Nehru und Tito als Anführer der Blockfreien galt; Nachfolger: Anwar As Sadat
11.9.1971	Umbenennung der VAR in Arabische Republik Ägypten
18.7.1972	Präsident Sadat läßt 17 000 sowjetische Militärberater ausweisen; 1976 Freundschaftsvertrag mit der UdSSR widerrufen
6.–26.10.1973	Vierter Israelisch-Arabischer Krieg (Jom-Kippur-Krieg, auch Oktoberkrieg) nach 20 Tagen beendet (S.676)
26.3.1979	Friedensvertrag mit Israel unterzeichnet: Rückgabe der gesamten Sinai-Halbinsel an Ägypten bis April 1982 (S.723)
6.10.1981	Ermordung Sadats durch radikale Muslime (Nachfolger: Mohamed H. Mubarak); Ausnahmezustand verhängt (S.749)
17.1.–28.2.1991	Im Golfkrieg zwischen dem Irak und den multinationalen Streitkräften bleibt Ägypten neutral (S.843)
Ab 1992	Vermehrt Anschläge moslemischer Extremisten; Verschärfung des innenpolitischen Klimas
1993	Israel und die palästinensische Befreiungsorganisation PLO schließen in Kairo das Gaza-Jericho-Abkommen (S.866)

1922

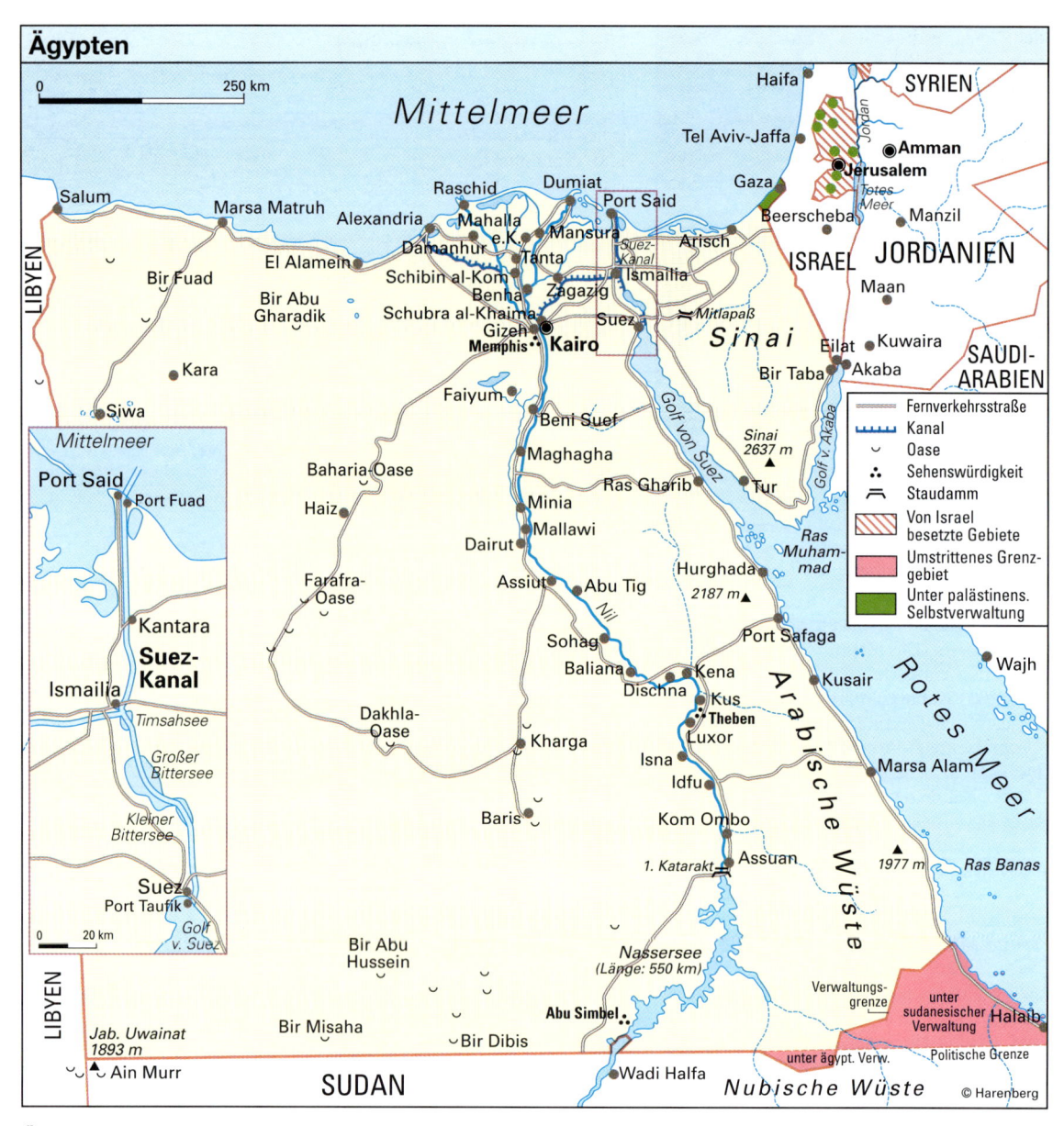

Ägypten

Ägypten: Mit Ausnahme des Niltals und Nildeltas sowie einiger Oasen beherrschen Wüsten und Halbwüsten den nordostafrikanischen Staat.

Die zunehmende Isolierung Deutschlands, das sich erfolglos durch Revision der Reparationsansprüche um eine Integration innerhalb Westeuropas bemüht hatte, führte zur Annäherung an Rußland.
Mit dem Vertragsabschluß ist das Deutsche Reich der erste Staat, der das kommunistische Regime in Moskau offiziell anerkennt.
Das Abkommen bildet die Grundlage für den Berliner Vertrag (↑S.232/24.4.1926) und die deutsche Politik gegenüber Rußland bis 1933.
📖 G. Hilger: Wir und der Kreml. Dt.-sowjet. Beziehungen 1918–1941, 1956.

Mord an Walther Rathenau

24.6. Berlin. Der deutsche Außenminister Walther Rathenau wird von Mitgliedern der rechtsextremen Organisation Consul (↑S.162/13.3.1920) ermordet.
Der jüdische Politiker, der mit dem Rapallo-Vertrag (↑S.185/16.4.) das Deutsche Reich aus der Isolation nach dem 1. Weltkrieg führte, war wegen seines Eintretens für die Erfüllung der Reparationen von Rechtsextremisten und Antisemiten angefeindet worden.
Als Folge des Rathenau-Mordes erläßt die Reichsregierung auf der Basis von Art. 48

1922

der Reichsverfassung am 26.6. die „Notverordnung zum Schutz der Republik", die am 21.7. zum „Republikschutzgesetz" erweitert wird. Das Gesetz ermöglicht die Bekämpfung staatsfeindlicher Kräfte. S 177/K 193

📖 P. Berglar: Walther Rathenau, 1970. E. Schulin: Walther Rathenau, 1979. H. Hannover: Politische Justiz 1918–1933, 1987.

Türkei siegt in Smyrna

9.9. Smyrna (heute Izmir). Türkische Truppen erobern die Stadt Smyrna, womit der griechisch-türkische Krieg entschieden wird. Als Verlierer an der Seite der Mittelmächte mußte die Türkei im Vertrag von Sèvres (↑S.164/10.8.1920) große Gebietsverluste hinnehmen. Griechenland, Kriegspartner der Ententemächte, hatte bereits 1919 die Schwäche der Türkei dazu genutzt, sein Staatsgebiet nach Kleinasien zu erweitern. Als die Griechen 1921 weiter nach Westanatolien vordrangen, begannen die türkischen Truppen unter Mustafa Kemal Pascha mit der erfolgreichen Gegenoffensive. Kemal Pascha (K. Atatürk, ab 1934) erreicht im Frieden von Lausanne (↑S.199/24.7.1923) die fast vollständige Räumung Kleinasiens durch die Griechen. S 199/K 213 S 202/K 214

📖 H. Duda: Vom Kalifat zur Republik, 1977.

Mussolinis Marsch auf Rom

28.10. Rom. Faschistische Kampfbünde marschieren auf die italienische Hauptstadt zu. Sie erzwingen unter Androhung von Gewalt den Rücktritt der Regierung und die Machtübernahme durch Benito Mussolini.
Der Marsch ist Höhepunkt einer terroristischen Gewaltwelle, deren Opfer Sozialisten und Kommunisten waren. Mussolini, der Führer (Il Duce) der 1919 gegründeten Kampfbünde (Fasci combattimento), wurde in seinem Kampf gegen die Linke von großen Teilen des Bürgertums, der Industrie und des Militärs unterstützt. Auch König Viktor Emanuel III., der eine Verteidigung Roms durch das Militär ablehnte, verspricht sich Vorteile von den neuen Machthabern.
Der König beauftragt Mussolini am 30.10. mit der Kabinettsbildung. In den kommenden Jahren wird die Opposition zunehmend unterdrückt (↑S.209/10.6.1924) und Italien zum streng gegliederten Einparteienstaat (↑S.219/3.1.1925) umgeformt. S 219/K 231

📖 K. Priester: Der italienische Faschismus. Ökonomische und ideologische Grundlagen, 1972. D. M. Smith: Benito Mussolini, 1983.

Gründung der UdSSR KAR

30.12. Moskau. Die Sowjetrepubliken Rußland, Ukraine, Weißrußland und Transkaukasien beschließen auf dem X. allrussischen Rätekongreß und dem I. Allunions-Sowjetkongreß die Gründung der Union der Sozialistischen Sowjetrepubliken (UdSSR).
Oberstes Organ ist das Zentralexekutivkomitee, das von Delegierten der einzelnen Repu-

Walther Rathenau

Marsch auf Rom: Benito Mussolini (M.) mit seinen Vertrauten auf dem Parteitag der Faschisten in Neapel. Der „Duce" schreitet die Front der zum Marsch auf Rom bereiten faschistischen Kampfbünde ab.

Chronik der UdSSR — K 202

Vorgeschichte

1903	Spaltung der Sozialdemokratischen Arbeiterpartei in Menschewiki (Hauptvertreter: Trotzki) und Bolschewiki (Hauptvertreter: Lenin); die organisatorische Trennung in eigenständige Gruppen folgt 1912 (S.36)
1905	„Blutsonntag" (22.1.): Militär löst friedliche Demonstration von Arbeitern und Bauern gewaltsam auf. Zahlreiche Menschen werden verletzt, landesweite Streiks und Unruhen sind das Resultat (S.50)
1914	Rußland tritt nach deutscher Kriegserklärung in den 1. Weltkrieg ein (S.115)
1917	Während der Februarrevolution verbünden sich Arbeiter und Soldaten gegen Zar Nikolaus II., der daraufhin abdanken muß und ein Jahr später von Bolschewiki ermordet wird (S.133)
	Oktoberrevolution: Die Bolschewiki proklamieren nach bewaffnetem Aufstand die Sozialistische Republik unter Wladimir I. Lenin, der aus seinem Schweizer Exil zurückkehrt (S.135)
1918–24	Bürgerkrieg (S.141/23.2.1918) und Hungersnöte (S.191/1.1.1922) verhindern eine schnelle Konsolidierung des Landes
1921	Matrosenaufstand in Kronstadt wird militärisch niedergeschlagen; zahlreiche Tote und Verletzte (S.173)
	Kommunistische Partei Rußlands beschließt die Neue Ökonomische Politik (NEP): Überwindung der anhaltenden Wirtschaftskrise soll durch Einbau von Marktelementen mittelfristig erreicht werden (S.179)

Geschichte der UdSSR

1922	Josef W. Stalin wird Generalsekretär der Kommunistischen Partei (S.185)
	Gründung der Union der Sozialistischen Sowjetrepubliken (30.12.); die Verfassung der UdSSR tritt am 6.7.1923 in Kraft. Der neue Staat ist das größte Land der Erde (S.187)
1924	Nach Lenins Tod (21.1.) gewinnt Stalin den Machtkampf um seine Nachfolge und errichtet nach Ausschaltung der Opposition (u. a. Leo Trotzki) eine Diktatur (S.208)
1934	Die UdSSR wird in den Völkerbund aufgenommen (18.9.; Ausschluß 1940)
1936–38	„Säuberungsaktion" und Schauprozesse: Stalin läßt Millionen Menschen verhaften und umbringen (S.319)
1939	Hitler-Stalin-Pakt: Deutsch-sowjetischer Nichtangriffspakt teilt im geheimen Zusatzprotokoll Polen unter beiden Staaten auf (unterzeichnet durch die Außenminister Ribbentrop und Molotow, S.351)
	Sowjetische Truppen marschieren in Polen ein (17.9.) und beginnen den Krieg gegen Finnland (S.354)
1941	Deutscher Überfall auf UdSSR (22.6.); nach anfänglichen deutschen Erfolgen bringt die Schlacht um Stalingrad (1942/43) die militärische Wende zugunsten der Roten Armee (S.372)
1945	Rote Armee erobert Berlin (8.5.); in der Nachkriegszeit dehnt die UdSSR ihr Einflußgebiet über Osteuropa weiter aus
1953	Tod Stalins (S.482, 5.3.); Nachfolger als Parteichef wird Nikita Chruschtschow
1955	Gründung des Warschauer Pakts (14.5.) durch Albanien, Bulgarien, DDR, Polen, Rumänien, ČSSR und UdSSR (S.498)
1956	Der XX. Parteitag der KPdSU läutet die kurze Phase der Entstalinisierung ein; in der Außenpolitik entsteht das Konzept der friedlichen Koexistenz von sozialistischen und kapitalistischen Staaten (S.506)
1957	UdSSR startet den ersten künstlichen Erdsatelliten (Sputnik; S.518/4.10.)
1961	Jurij Gagarin gelingt mit Wostok I der erste bemannte Weltraumflug (12.4.); UdSSR baut Vorsprung in der Weltraumfahrt vor den USA in den nächsten Jahren weiter aus (S.551)
1964	Ablösung Chruschtschows (S.580/14.10.); sein Nachfolger wird Leonid Breschnew; während seiner Amtszeit kommt es zu ersten Rüstungskontrollabkommen mit den USA (SALT, ABM)
ab 1964	Breschnew-Doktrin bestimmt Außenpolitik: Satellitenstaaten wird Eigenständigkeit verweigert und liefert die Legitimation für den Einmarsch in die Tschechoslowakei (Ende des Prager Frühlings; 1968, S.622)
1979	Sowjetische Truppen marschieren in Afghanistan ein, um den eigenen Machtbereich zu sichern (bis 1988, S.733)
1983	Tod Breschnews (10.11.); Nachfolger wird Juri Andropow
1984	Tod Andropows; Nachfolger Tschernenko stirbt ein Jahr später (S.768)
1985	Michail Gorbatschow wird neuer Generalsekretär der KPdSU (10.3.), Beginn der Politik von Glasnost und Perestroika weltweite Abrüstung sorgt für entscheidenden Durchbruch in den Ost-West-Beziehungen (S.780)
1990	Nach Nationalitätenkonflikten in der UdSSR (Autonomie-Forderungen) erklärt sich Litauen als erster Staat unabhängig (11.3.); weitere Republiken der Sowjetunion folgen (S.829)
	Gorbatschow übernimmt das neue Amt des Staatspräsidenten
	Führungsanspruch der KPdSU wird aus der Verfassung gestrichen
1991	Kommunistischer Putschversuch (19.–22.8.) gegen Gorbatschow scheitert (S.847)
	Nach Scheitern der Reform- und Unionspolitik Gorbatschows wird im Dezember die Gemeinschaft Unabhängiger Staaten (GUS) als loser Staatenbund gegründet (S.850/21.12.), Gorbatschow tritt zurück (25.12.), die UdSSR löst sich auf (31.12.)

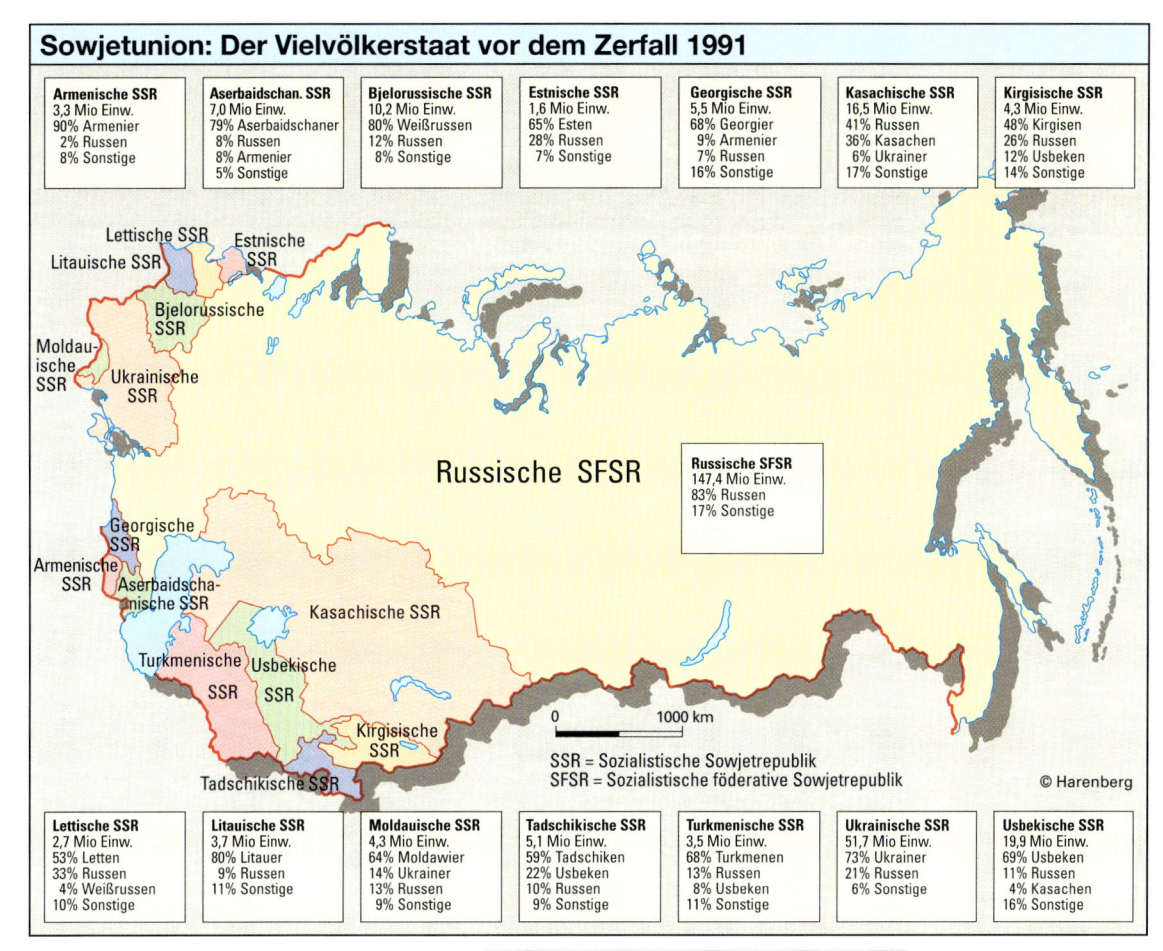

1922

Sowjetunion: Der Vielvölkerstaat vor dem Zerfall 1991

Armenische SSR
3,3 Mio Einw.
90% Armenier
2% Russen
8% Sonstige

Aserbaidschan. SSR
7,0 Mio Einw.
79% Aserbaidschaner
8% Russen
8% Armenier
5% Sonstige

Bjelorussische SSR
10,2 Mio Einw.
80% Weißrussen
12% Russen
8% Sonstige

Estnische SSR
1,6 Mio Einw.
65% Esten
28% Russen
7% Sonstige

Georgische SSR
5,5 Mio Einw.
68% Georgier
9% Armenier
7% Russen
16% Sonstige

Kasachische SSR
16,5 Mio Einw.
41% Russen
36% Kasachen
6% Ukrainer
17% Sonstige

Kirgisische SSR
4,3 Mio Einw.
48% Kirgisen
26% Russen
12% Usbeken
14% Sonstige

Russische SFSR
147,4 Mio Einw.
83% Russen
17% Sonstige

Lettische SSR
2,7 Mio Einw.
53% Letten
33% Russen
4% Weißrussen
10% Sonstige

Litauische SSR
3,7 Mio Einw.
80% Litauer
9% Russen
11% Sonstige

Moldauische SSR
4,3 Mio Einw.
64% Moldawier
14% Ukrainer
13% Russen
9% Sonstige

Tadschikische SSR
5,1 Mio Einw.
59% Tadschiken
22% Usbeken
10% Russen
9% Sonstige

Turkmenische SSR
3,5 Mio Einw.
68% Turkmenen
13% Russen
8% Usbeken
11% Sonstige

Ukrainische SSR
51,7 Mio Einw.
73% Ukrainer
21% Russen
6% Sonstige

Usbekische SSR
19,9 Mio Einw.
69% Usbeken
11% Russen
4% Kasachen
16% Sonstige

SSR = Sozialistische Sowjetrepublik
SFSR = Sozialistische föderative Sowjetrepublik

bliken paritätisch nach Einwohnerzahl besetzt wird. Die Gleichberechtigung der beteiligten Länder wird vertraglich festgelegt, ebenso die Möglichkeit eines Austritts aus der Föderation.
Stalin betont jedoch bereits auf dem Kongreß, daß die absolute Befehlshoheit dem russisch dominierten Zentralexekutivkomitee obliegt. Dieser Russozentrismus bringt bis zur Auflösung der UdSSR (↑S.850/21.12.1991) erhebliche politische Belastungen mit sich und ist Ursache späterer Nationalitätenkonflikte. Der Kampf der autonomen Kaukasusrepublik Tschetschenien (1936–44, erneut ab 1957; autonomes Gebiet 1922–36) um vollständige Loslösung von Rußland fordert 1991–96 rd. 45 000 Menschenleben.

K. Westen: Die Kommunistische Partei der Sowjetunion und der Sowjetstaat. Eine verfassungsrechtliche Untersuchung, 1968. R. Pauli: Sowjetunion. Von der Oktoberrevolution bis zur Perestroika, 1988. G. v. Rauch: Geschichte der Sowjetunion, NA 1990.

Wirtschaft

Kredite für Österreich

4.10. Genf. Österreich, Frankreich, Großbritannien, Italien und die Tschechoslowakei unterzeichnen das Genfer Protokoll. Als wirtschaftliche Unterstützung erhält Österreich eine Völkerbundanleihe von 650 Mio Goldkronen. Die Signatarmächte verpflichten sich, die Unabhängigkeit Österreichs zu wahren.
Vor der Unterzeichnung hatte die österreichische Regierung ein Sanierungskonzept für ihre Finanzen vorgelegt. Dementsprechend werden die Wiener Notenpressen am 18.11. stillgelegt. Das Gebot der staatlichen Unabhängigkeit soll einen Anschluß Österreichs (↑S.341/12.3.1938) an das Deutsche Reich verhindern. Unter Berufung auf das Genfer Protokoll unterbinden 1931 Italien, Frankreich und die Tschechoslowakei eine Deutsch-Österreichische Zollunion.

G. J. Görlich/F. Romanik: Geschichte Österreichs, 1970.

UdSSR: Nach Auflösung der Föderation Ende 1991 übernimmt Rußland (die frühere Russische SFSR) die Rechtsnachfolge. Bis auf die baltischen Staaten schließen sich alle ehemaligen Sowjetrepubliken zur Gemeinschaft Unabhängiger Staaten (GUS) zusammen.

Verkehr

Rhein-Main-Donau-Kanal begonnen

29.5. München. Die bayrische Landesregierung gibt den Baubeginn des Rhein-Main-Donau-Kanals bekannt. Nach seiner Fertigstellung soll der Wasserweg Nordsee und Schwarzes Meer miteinander verbinden.

Schon Karl der Große hatte eine Verbindung zwischen Main und Donau erwogen; 1846 wurde zwischen Dietfurt an der Altmühl und Bamberg am Main der „Ludwigskanal" eröffnet, benannt nach dem bayerischen König Ludwig I.

Technische und finanzielle Probleme sowie der 2. Weltkrieg verhindern die für 1945 vorgesehene Inbetriebnahme. Erst 1992 (↑S.859/27.9.1992) wird das von Umweltschützern wegen seiner Folgeschäden kritisierte Großprojekt fertiggestellt.

Wissenschaft

Polymerchemie begründet

Zürich. Am Polytechnikum entdeckt der deutsche Chemieprofessor Hermann Staudinger, daß organische Riesenmoleküle wie z. B. Kautschuk und Zellulose aus zahlreichen kleineren Strukturelementen, sog. Monomeren, bestehen. Damit weist er die Existenz hochmolekularer (polymerer) Verbindungen nach, für die er den Begriff „Makromolekül" prägt, und begründet eine neue Wissenschaft, die makromolekulare oder Polymerchemie.

Mit der Erfindung von Kunststoffen wie Bakelit (↑S.66/1907) und PVC (↑S.109/4.7.1913) waren zwar die ersten wegweisenden Schritte in das neue Gebiet der Chemie erfolgt, doch eine fundierte Theorie für diese Stoffe gab es noch nicht. Die Grundlagen dafür legt Staudinger. Seine Erkenntnisse haben großen Einfluß auf die rasche Entfaltung der Industrie hochmolekularer Werk- bzw. Kunststoffe (↑S.296/12.3.1933, ↑S.314/ 28.2.1935, ↑S.346/29.1.1938).

S. Engels: ABC Geschichte der Chemie, 1989.
U. Tschimmel: Die Zehntausend-Dollar-Idee, 1989.

Medien

Erster Tonfilm

17.9. Berlin. Mit dem Film „Der Brandstifter" stellen die deutschen Ingenieure Hans Vogt, Jo Benedict Engl und Joseph Massolle den ersten Film mit integrierter Lichttonspur vor. Dies ist die erste zufriedenstellende Lösung für das Problem, Bild und Ton auf dem Filmstreifen zu vereinen.

Bei dem sog. Triergon-Verfahren werden Schallwellen in elektrische Impulse und diese wiederum in Licht umgewandelt, das die Silberbeschichtung des Filmnegativs schwärzt. Bei der Aufführung wird dieser Vorgang umgekehrt.

Die Filmindustrie hält zunächst weiter an Stummfilmen mit Zwischentiteln fest, da diese einfach übersetzt und problemlos weltweit verkauft werden können. Mit „The Jazz Singer" beginnt 1927 der Siegeszug des Tonfilms, der die bis dahin in Kinos übliche Unterlegung mit Live-Musik ablöst. Aber erst 1928 kommt der erste vollständige Tonfilm heraus, „Lights of New York". S 191/K 204

J. Webers: Bild und Ton synchron, München 1976.

Radiofirmen gründen BBC

14.11. London. Die „British Broadcasting Company" (seit 1927 British Broadcasting Corporation) nimmt ihren Betrieb auf. Die BBC ist nach dem russischen Komintern (1.9.) und dem französischen Radiola (6.11.) der dritte kommerzielle Rundfunksender in Europa.

Nobelpreisträger 1922	K 203
Frieden: Fridtjof Nansen (N, 1861–1930)	
Der Nordpolforscher war 1920 für die Rückführung der Kriegsgefangenen des 1. Weltkriegs verantwortlich und wurde anschließend zum Völkerbundkommissar für Flüchtlinge ernannt. 1921 organisierte er die internationale Hilfe für die hungernde russische Bevölkerung.	
Literatur: Jacinto Benavente (E, 1866–1954)	
Der Dramatiker schuf Komödien, die mit satirischem Witz die zeitgenössische spanische Gesellschaft kritisieren. Zu den etwa 170 Theaterstücken Benaventes gehören u.a. „Das fremde Nest" (1894), „Die gnädige Frau" (1908) und „Verbotene Liebe" (1913).	
Chemie: Francis William Aston (GB, 1877–1945)	
Aston beschrieb die Zusammensetzung von etwa 30 nichtradioaktiven Elementen. 1919 erfand er den Massenspektrographen, mit dem sich ein chemisches Element in seine Isotope (chemisch gleichartige Atome mit jeweils unterschiedlichem Gewicht) zerlegen läßt.	
Medizin: Archibald V. Hill (GB, 1886–1977), Otto F. Meyerhof (D, 1884–1951)	
Beide Forscher befaßten sich unabhängig voneinander mit der Muskelkontraktion. Hill wies nach, daß der Sauerstoffverbrauch nicht während, sondern nach der Muskeltätigkeit stattfindet. Meyerhof entdeckte Zusammenhänge zwischen dem Sauerstoffverbrauch und der Umwandlung von Kohlenhydraten und Milchsäure im arbeitenden Muskel.	
Physik: Niels Bohr (DK, 1885–1962)	
Bohr untersuchte die Struktur der Atome und die von ihnen ausgehende Strahlung. Damit schuf er die Grundlagen der Atomtheorie. Mit seinem Atommodell bewies er, daß ein Elektron nur dann Energie abgibt, wenn es von seiner Umlaufbahn in eine andere springt.	

In England gab es bereits kleine Sender, die aber kein eigenes Programm entwickeln konnten, da sie alle zehn Minuten ihre Frequenzen für offizielle Meldungen der Regierung zur Verfügung stellen mußten.
Hauptträger der BBC sind sechs große Radiofirmen, die zusammen mit mehreren kleinen Partnern ein Startkapital von 100 000 Pfund aufbrachten. Die Sendelizenz erhält die Gesellschaft am 18.1.1923, rückwirkend zum 1.11.1922. Damit darf die BBC acht Stationen betreiben; nur die Regierung und ihre Behörden dürfen Einfluß auf die Programmgestaltung nehmen, als Quelle dürfen nur britische Nachrichtenagenturen benutzt werden.
Das regelmäßige Programm beginnt im Januar 1923. 1927 wird die BBC von einer privatrechtlichen AG in eine öffentlich-rechtliche Anstalt mit königlicher Charter umgewandelt. Seit 1946 werden auch regelmäßig Fernsehprogramme ausgestrahlt. Im Deutschen Reich erfolgt die Gründung des öffentlichen Rundfunks am 29.10.1923 (↑S.215/4.12.1924). S 61/K 57

Gesellschaft

Hungersnot in Rußland

1.1. Sowjetrußland. Nach Berichten des Völkerbunds bedroht die seit einem Jahr herrschende Hungersnot in Rußland 19 Mio Menschen. Täglich sterben Tausende an Hunger und Seuchen wie Cholera und Typhus, die sich aufgrund des Wassermangels ausbreiten.
1921 hatte es infolge einer Dürreperiode eine Mißernte gegeben, die zu den katastrophalen Zuständen in dem von Weltkrieg, Revolution und Bürgerkrieg geschwächten Land geführt hatten.
Die 1921 von dem Publizisten Willi Münzenberg gegründete Internationale Arbeiterhilfe (IAH) kann bis Ende 1922 Spenden in Höhe von 63 Mio US-$ aufbringen, Hilfsgüter gelangen aber aufgrund des Winters und mangelnder Transportmöglichkeiten häufig nicht an ihr Ziel. Zudem hatten die französische und amerikanische Regierung ihre Unterstützung von politischen Zugeständnissen abhängig gemacht, so daß nach Weigerung Moskaus viele Hilfeleistungen ausblieben oder zu spät begannen.
Der norwegische Nordpolarforscher und Diplomat Fridtjof Nansen, der seit 1921 die internationale Hungerhilfe organisiert, wird 1922 mit dem Friedensnobelpreis ausgezeichnet. S 188/K 202   S 190/K 203

Stationen des Kinos K 204

Jahr	Ereignis
1882	Ottomar Anschütz (D) und Etienne Jules Marey (F) geben Serienaufnahmen von Bewegungsabläufen als bewegte Bilder wieder
1891	Thomas Alva Edison (USA) erhält Patente auf einen Filmprojektor („Kinetoskop") und eine Filmkamera („Kinetograph")
1895	Die Brüder Louis Jean und Auguste Lumière eröffnen in Paris das erste Lichtspielhaus; sie benutzen eine Weiterentwicklung von Edisons Kinematographen, der mit großen Rollen arbeitet
1901	In den Vereinigten Staaten öffnen die ersten Kinos, in denen ausschließlich Filme vorgeführt werden; die sog. Nickelodeons sind nach dem Eintrittspreis in Höhe von fünf Cents benannt
1911	In Hollywood entstehen die ersten Filmstudios; in Neubabelsberg bei Berlin wird das größte deutsche Filmstudio eröffnet
1917	Vorführung des ersten in Farbe hergestellten Films („The Gulf Between", USA); allerdings gibt er nur zwei Farben wieder, als erster offizieller Zweifarbenfilm gilt die amerikanische Produktion „The Toll of the Sea" von Chester Franklin (1922)
1919	Charlie Chaplin, Mary Pickford u. a. gründen die Produktions- und Verleihgesellschaft United Artists; Ziel: Finanzierung und Vermarktung unabhängiger Filmproduktionen (S.159)
1922	Hans Vogt, Jo Benedict Engl und Joseph Massolle drehen den ersten Film mit Lichttonspur („Der Brandstifter", S.190)
1927	Uraufführung von „The Jazz Singer", der als erster Tonfilm gilt, allerdings nur teilweise mit Ton gedreht wurde; erster vollständiger Tonfilm ist ein Jahr später „Lights of New York"
1932	In den Vereinigten Staaten wird der erste Dreifarbenfilm uraufgeführt: „Flowers and Trees" von Walt Disney
1935	Erster Zweikanaltonfilm: Remake der französischen Produktion „Napoleon Bonaparte" von Abel Gance (1927)
1935	In einem Außenbezirk der italienischen Hauptstadt Rom entsteht das größte europäische Filmstudio: Cinecitta
1952	Patentierung des Cinemascope-Verfahrens
1971	Als erster im Dolby Sound vertonter Film kommt Stanley Kubricks „Clockwork Orange" in die Kinos
1985	Der australische Medienunternehmer Rupert Murdoch erwirbt die Filmfirma 20th Century Fox; der Ausverkauf Hollywoods setzt sich mit dem Verkauf der Firmen Columbia Pictures, Metro-Goldwyn-Mayer/United Artists und MCA bis zu Beginn der 90er Jahre fort: Als letztes unabhängiges Hollywood-Studio wird Paramount 1993 von der US-Kabelgesellschaft Viacom gekauft
1988	In Kanada werden die ersten Multiplex-Kinos gebaut (in Deutschland: ab 1990); diese Großkinos vereinigen zahlreiche Vorführsäle unter einem Dach und bieten bis zu 4000 Zuschauern Platz

Pius XI. neuer Papst

6.2. Rom. Der Erzbischof von Mailand, Achille Ratti, wird als Pius XI. neues Oberhaupt der katholischen Kirche. Er tritt die Nachfolge des am 22.1. verstorbenen Papstes Benedikt XV. an.
Als Vertreter des Heiligen Stuhls in Warschau (1919/20) hatte Ratti sich für die Interessen Polens in Ostpreußen und Oberschlesien engagiert, weshalb seine Wahl im Deutschen Reich zunächst skeptisch beurteilt wird.
Während seines Pontifikats bemüht sich Pius XI. durch Abschluß zahlreicher Konkordate,

Nationalhymnen ausgewählter Länder K 205

Staat	Hymne seit	Textanfang	Komponist
Ägypten	1979	Biladi biladi biladi laki	Sayed Darwish
Albanien	1912	Rreth fiamurit te per bashkuar	Ciprian Porumbescu
Algerien	1963	Qasaman bin-nazilati l-mahiqat	Mohamed Fawzi
Argentinien	1813	Oid mortales! el grito sagrado	Blas Parera
Australien	1974	Australia's sons let us rejoice	Peter D. McCormick
Belgien	1860	O Belgique, o mère chérie	F. van Campenhout
Brasilien	1922	Ouviram do Ipiranga	F. Manuel de Silva
Bulgarien	1964	Gorda Stara planina	Zvetan Radoslavov
Chile	1941	Puro Chile es tu cielo azulado	Ramón Carnicer
China	1978	Qianjin! Ge minzu yingxiong	Nie Erh
Dänemark		Der er et yndigt land	Hans Ernst Krøyer
Deutschland	1922	Einigkeit u. Recht u. Freiheit	Joseph Haydn
DDR	1950	Auferstanden aus Ruinen	Hanns Eisler
Frankreich	1795	Allons, enfants de la patrie	C.J. Rouget de Lisle
Griechenland	1864	Sé gnoríso apó tin kópsi	Nikolaos Mantzaros
Großbrit.	1745	God save our gracious Queen	anonym (17. Jh.)
Indien	1950	Jana-gana-mana-adhinayaka	Rabindranath Tagore
Irak	1981	Watanun madda 'ala l-ufqi g.	Walid Gholmieh
Irland	1926	Seo dhíbh, a cháirde duan óglaigh/We'll sing a song	Peadar Kearney
Israel	1948	Kol od balevav penimah	Paul Ben-Haim
Italien	1946	Fratelli d'Italia	Michele Novaro
Japan	1888	Kimi ga yo wa Chi-yo ni	John W. Fenton
Jugoslawien	1945	Hej Sloveni jošte žividuh	anonym
Kanada	1964	O Canada! Our home/O Canada! Terre de nos aieux	Calixa Lavallée
Mexiko	1854	Mexicanos, al grito de guerra	Jaime Nunó
Neuseeland	1940	God of nations! At Thy feet	John J. Woods
Niederlande	1932	Wilhelmus van Nassouwe	anonym (16. Jh.)
Norwegen	1964	Ja, vi elsker dette landet	Rikard Nordraak
Österreich	1947	Land der Berge, Land am Strome, Land der Äcker	W. A. Mozart
Polen	1927	Jescze Polska nie zginela	M. K. Oginski
Portugal	1910	Heróis do mar, nobre povo	Alfredo Keil
Rumänien	1978	Trei culori cunosc pe lume	C. Porumbescu
Schweden	ca. 1880	Du gamla du fria du fjällhöga	(Volkslied)
Schweiz	1961	Trittst im Morgenrot daher	Alberik Zwyssig
Sowjetunion	1943	Sojus neruschimy respublik	A. Alexandrow
Spanien	1837	Viva España! Alzad los frentes	anonym (18. Jh.)
Südafrika	1959	Uit die blou van onse hemel	M. L. de Villiers
ČSSR/ Tschechien	1919	Kde domov můj? Kde domov můj? (Tschechischer Teil)	František Skroups (Volkslied)
Türkei	1921	Korkma sönmez u safaklarda yüzen al sansak	Osman Z. Üngör
Tunesien	1958	A la hallidi ya dimana l-gawali	Salih al-Mahdi
Ungarn	1844	Isten áldd meg a magyart	Ferenc Erkel
Uruguay	1845	Orientales, la Patria o la tumba	Fernando Quijano
USA	1916	Oh, say, can you see, by the dawn's early light	John Stafford Smith

den politischen Veränderungen nach dem 1. Weltkrieg Rechnung zu tragen. Die wichtigsten Abkommen sind die Lateranverträge (↑S.255/11.2.1929) zur Lösung der Römischen Frage und das Reichskonkordat (↑S.295/20.7.1933). In der Enzyklika „Mit brennender Sorge" (↑S.331/14.3.1937) kritisiert Pius XI. die Kirchenfeindlichkeit des nationalsozialistischen Deutschlands. S 39/K 31

📖 G. Schwaiger: Geschichte der Päpste im 20. Jh., 1968.

Kurzschrift vereinheitlicht
31.3. Berlin. Eine Kommission des Reichsinnenministeriums tritt zusammen, um eine einheitliche Stenographie auf Grundlage der beiden Kurzschriftschulen Gabelsberger und Stolze-Schrey festzulegen.
Franz Xaver Gabelsberger hatte 1834 ein Kurzschriftsystem entwickelt, dem weitere folgten. Wilhelm Stolze (1841) und Ferdinand Schrey (1887) verbanden 1897 ihre Kurzschriften zum Einigungssystem Stolze-Schrey.
Die 1924 geschaffene „Deutsche Einheitskurzschrift" (DEK) wird 1936 und 1968 den veränderten sprachlichen Gegebenheiten angepaßt. Die DEK ist auch in Österreich verbreitet, während in der Schweiz das Stolze-Schrey-System verwendet wird.

📖 A. Mentz/F. Haeger: Geschichte der Kurzschrift, 1974.

Deutsche feiern Muttertag
13.5. Deutsches Reich. Erstmals wird im Deutschen Reich der Muttertag (zweiter Sonntag im Mai) gefeiert, der in vielen anderen Ländern bereits begangen wird. Seit 1907 hatte sich die US-Amerikanerin Ann Jarvis für dieses Fest zu Ehren der Mütter eingesetzt, das wahrscheinlich auf dem seit dem 17. Jh. in England bezeugten „Mothering sunday" am Mittfastensonntag beruht. 1909 wurde der Muttertag in 45 Unionstaaten gefeiert, am 8.5.1914 erklärte der US-amerikanische Kongreß ihn zum Staatsfeiertag. Andere Länder folgten: England (1914), Norwegen (1918), Schweden (1919), Österreich (1924) und die Schweiz (1930). Die Nationalsozialisten vergeben ab 1939 am Muttertag das Mutterkreuz. Damit werden Mütter mit vier und mehr „deutschblütigen" Kindern ausgezeichnet.

Kirchenbund gegründet
25.5. Wittenberg. In der Schloßkirche wird in einer feierlichen Veranstaltung der Zusammenschluß der evangelischen Landeskirchen

zum Deutschen Evangelischen Kirchenbund (DEK) gefeiert. Am Grab des Reformators Martin Luther unterzeichnen die Vertreter der 28 Landeskirchen die Bundesakte, die einen Bundesvertrag sowie eine -verfassung einschließt.

Frühere Versuche, die seit der Reformation entstandenen Landeskirchen zu vereinigen, führten zum Deutschen Evangelischen Kirchentag (ab 1848). Aus der Eisenacher Konferenz (ab 1852) ging 1903 der Deutsche Evangelische Kirchenausschuß hervor.

1933 wird der Kirchenbund durch die Gründung der Deutschen Evangelischen Kirche ersetzt.

Neue Hymne für Deutschland

2.9. Berlin. Reichspräsident Friedrich Ebert erklärt das „Deutschlandlied" (Text: August Heinrich Hoffmann von Fallersleben; Musik: Joseph Haydn) zur Nationalhymne. Es ersetzt das im Kaiserreich oft gespielte Lied „Heil Dir im Siegerkranz".

Unter dem Eindruck fortbestehender Kleinstaaterei und politischer Restauration hatte Hoffmann von Fallersleben 1841 den Text verfaßt; die Haydn-Komposition („Gott erhalte Franz den Kaiser", 1796/97) war als österreichische Hymne vorgesehen.

Entgegen Hoffmanns ursprünglicher Intention mißbrauchen die Nationalsozialisten Textpassagen wie „Deutschland, Deutschland, über alles..." dazu, eine Vormachtstellung der Deutschen und deren Gebietsansprüche in Europa zu legitimieren. 1933–45 wird die Nationalhymne mit dem Horst-Wessel-Lied verbunden und nach Kriegsende zunächst von den Alliierten verboten. Seit 1952 wird bei offiziellen Anlässen die dritte Strophe „Einigkeit und Recht und Freiheit" gesungen. <small>S 192/K 205</small>

📖 Die Nationalhymne. Dokumentation zur Geschichte des Deutschlandliedes, 1987. E. Kuhn: Das Lied der Deutschen, 1988.

Kultur

Erster Draculafilm im Kino

5.3. Berlin. Friedrich Wilhelm Murnaus Stummfilm „Nosferatu – eine Symphonie des Grauens" wird uraufgeführt. Es ist die erste filmische Umsetzung von Bram Stokers Roman „Dracula" (1897). Aufgrund der Verletzung des Urheberrechts erwirkt Stokers Witwe einen Gerichtsbeschluß, demzufolge alle (offiziellen) Kopien vernichtet werden müssen.

Klassiker des Horror- und Gruselfilms	K 206
1913: Der Student von Prag Stellan Rye (1880–1914) Deutschland	Ein Student verkauft sein Spiegelbild – als er es erschießt, stirbt er selbst; klassische Peter-Schlemihl-Geschichte
1920: Das Kabinett des Dr. Caligari Robert Wiene (1881–1938) Deutschland	Kriminelle Machenschaften des Hypnotiseurs Dr. Caligari in meisterhaften expressionistischen Bildern (S.169)
1922: Nosferatu Friedrich Wilhelm Murnau (1888–1931) Deutschland	Frei nach dem Dracula-Roman des anglo-irischen Schriftstellers Bram Stoker (1897); Schauplatz von London nach Bremen verlegt (S.193)
1930: Dracula Tod Browning (1882–1962) USA	Richtungweisende Verfilmung des Romans von Stoker mit Bela Lugosi als Graf Dracula; zahlreiche Remakes
1931: Frankenstein James Whale (1896–1957) USA	Höhepunkt des Genres mit Boris Karloff als Frankensteins Monster; nach dem Roman von Mary W. Shelley
1933: King Kong und die weiße Frau Ernest B. Schoedsack (1893–1979) USA	Ein Riesenaffe entführt eine Frau und terrorisiert New York; spektakuläre tricktechnische Einlagen
1942: Die Katzenmenschen Jacques Tourneur (1904–1977) USA	Variante der Werwolfgeschichte – mehrere Menschen fallen einer mysteriösen Wildkatze zum Opfer
1967: Rosemaries Baby Roman Polanski (*1933) USA	Obskure Sekte im New York der Gegenwart bringt die junge Rosemarie dazu, dem Satan ein Kind zu gebären
1973: Der Exorzist William Friedkin (*1939) USA	Heilung eines vom Teufel besessenen Mädchens durch Exorzismus; erfolgreicher Film mit zahllosen Schockeffekten
1979: Shining Stanley Kubrick (*1928) Großbritannien	Schriftsteller verfällt in eingeschneitem Berghotel dem Wahnsinn; Studie über Wahn und Wirklichkeit

Inspiriert vom Expressionismus und von der Literatur der Romantik gelingt es Murnau, durch eine subjektive Sicht der Ereignisse und die suggestive Kraft der Bilder eine dichte Atmosphäre des Grauens zu schaffen. „Nosferatu" wird Vorbild einer Vielzahl von Horrorfilmen.

1978 erweist Werner Herzog dem Stummfilm-Klassiker seine Reverenz mit dem Remake „Nosferatu – Phantom der Nacht"; Klaus Kinski spielt die Titelrolle. 1993 kommt die Version des US-amerikanischen Regisseurs Francis Ford Coppola („Apokalypse Now") in die deutschen Kinos, „Bram Stoker's Dracula". <small>S 193/K 206 S 194/K 207</small>

Der Psychopath Dr. Mabuse

7.4. Berlin. Fritz Langs Filmwerk „Dr. Mabuse, der Spieler" hat Premiere; einen Monat später, am 26.5., wird der zweite Teil, „Inferno – ein Spiel um Menschen in unserer Zeit", in den Kinos präsentiert.

Die Geschichte eines machtbesessenen Psychiaters, der mit Hilfe hypnotischer Fähigkeiten Menschen als Werkzeuge für sei-

Dr. Mabuse: Plakat zum Film von Fritz Lang

Kulturszene 1922	K 207
Theater	
Bertolt Brecht Trommeln in der Nacht UA 23.9., München	Brechts Bühnendebüt: Geschichte eines Kriegsheimkehrers, der in Berlin seine Braut als Verlobte eines Emporkömmlings wiederfindet.
Arnolt Bronnen Vatermord UA 22.4., Frankfurt/M.	Die psychopathologische Interpretation eines Vater-Sohn-Konflikts löst nach der Berliner Premiere (14.5.) einen Skandal aus.
Hugo von Hofmannsthal Das Salzburger Große Welttheater; UA 13.8., Salzburg	Die moderne Bearbeitung des Calderón-Dramas (17. Jh.) verbindet kulturelle Tradition mit der christlichen Lehre des Leidens.
Luigi Pirandello Heinrich IV. UA 24.2., Mailand	Kunstvolle Variation von Sein und Schein: Der Darsteller Heinrichs IV. empfindet die historische Handlung als eigene Wirklichkeit.
Oper	
Alexander von Zemlinsky Der Zwerg UA 29.5., Köln	Oscar Wildes Märchen vom „Geburtstag der Infantin" (1891) inspiriert den Komponisten zu einer Oper voll reicher melodischer Erfindung.
Film	
Allan Dwan Robin Hood USA	Douglas Fairbanks in der Rolle des legendären Helfers der Unterdrückten; mit großem Aufwand inszenierter Mantel-und-Degen-Film.
Abel Gance Das Rad Frankreich	Monumentales Epos einer dramatischen Rivalität zwischen Vater und Sohn um dasselbe Mädchen; Musik von Arthur Honegger.
Fritz Lang Dr. Mabuse, der Spieler Deutschland	Zweiteiliger Film über einen Psychoanalytiker, der durch Hypnose Macht über andere erlangt; kritisches Gesellschaftsporträt.
Friedrich Wilhelm Murnau Nosferatu – Eine Symphonie des Grauens; Deutschland	Meisterwerk des Expressionismus und klassischer Gruselfilm nach dem Dracula-Roman von Bram Stoker; in der Hauptrolle: Max Schreck.
Buch	
E. E. Cummings Der ungeheure Raum New York	Autobiographischer Antikriegsroman über das Schicksal eines US-amerikanischen Soldaten, der im 1. Weltkrieg in Frankreich dient.
Thomas Stearns Eliot Das wüste Land New York	Das bedeutendste englische Lyrikwerk der ersten Hälfte des 20. Jh. ist eine Kritik der zeitgenössischen Zivilisation.
Hermann Hesse Siddhartha Berlin	Auf der Suche nach dem Welt-Ich durchläuft der indische Religionsstifter Siddhartha Gautama Buddha verschiedene Stufen des Lebens.
James Joyce Ulysses Paris	Der stilbildende, epochale Roman erzählt Erlebnisse und Erfahrungen als Bewußtseinsstrom, als innerer Monolog, als Flut von Assoziationen.
Karl Kraus Die letzten Tage der Menschheit; Wien	Die „einem Marstheater zugedachte" Weltkriegstragödie ist eine sarkastische Abrechnung mit allen allgemeinen Kriegswahn.
Sinclair Lewis Babbitt New York	Ein typischer Durchschnittsamerikaner aus dem Mittleren Westen scheitert beim Versuch, die Wohlstandsgesellschaft hinter sich zu lassen.
Katherine Mansfield Das Gartenfest London	Der wichtigste Erzählungsband der Schriftstellerin entwickelt Charakterstudien aus scheinbar nebensächlichen Situationen.
Roger Martin du Gard Die Thibaults Paris	Die Romane „Das graue Heft" und „Die Besserungsanstalt" eröffnen eine französische Familiensaga in acht Bänden (bis 1940).
Stefan Zweig Amok Leipzig	Die fünf „Novellen einer Leidenschaft" handeln von Personen, die von selbstzerstörerischen Empfindungen erfaßt werden.

ne Verbrechen mißbraucht, wird aufgrund der artifiziellen Übersteigerung der Wirklichkeit sowie der experimentellen Kameraführung, Beleuchtung und Kulisse zu einem Höhepunkt des expressionistischen Films. Fritz Lang kann mit „Metropolis" (1926) und „M – eine Stadt sucht einen Mörder" (1931) an diesen Erfolg anknüpfen und gehört bis zu seiner Emigration 1933 in die USA zu den führenden Regisseuren Deutschlands. Die Gestalt des Dr. Mabuse mit ihren Bezügen zur nationalsozialistischen Ideologie greift Lang mehrfach wieder auf, u. a. in seinem letzten Film „Die 1000 Augen des Dr. Mabuse" (1960).

„Ulysses" – Prototyp des Romans

1.9. Paris. Die zensierte Fassung der ersten vollständigen Ausgabe des „Ulysses" von James Joyce erscheint in Frankreich. Das Werk, an dem der irische Schriftsteller sieben Jahre gearbeitet hat, erzählt vordergründig die Erlebnisse von drei Menschen an einem Tag (16.6.1904) in Dublin, erweitert aber an Ort und Zeit ständig durch mythische und historische Bezüge und wird so zu einer radikalen Übertragung der homerischen „Odyssee" in die Sprache und das Zeitgefühl des 20. Jh.

Joyce experimentiert mit Syntax, Interpunktion und verschiedenen Erzählstilen; Molly Blooms assoziative Gedankenflut am Schluß des Buches wird beispielhaft für die Erzähltechnik des Inneren Monologs.

Die in dem Werk angeblich enthaltenen Obszönitäten und Blasphemien verhindern zunächst die Veröffentlichung in Irland, Großbritannien und den USA. Erst 1958 erscheint die erste unzensierte Fassung des „Ulysses". S 194/K 207

St. Gélber Davies: James Joyce, 1987

Brecht „trommelt" erfolgreich

23.9. München. In den Münchner Kammerspielen hat Bertolt Brechts Komödie „Trommeln in der Nacht" Premiere. Vor dem Hintergrund des Spartakus-Aufstands (↑S.149/ 5.1.1919) wird die Geschichte des Kriegsheimkehrers Andreas Kragler erzählt, der vier Jahre als vermißt galt und bei seiner Rückkehr die Verlobungsfeier seiner Braut Anna stört. Anna bekennt sich zu dem Außenseiter, der sich seinerseits gegen die Revolution und für ein privates Glück entscheidet. Brecht, der in seinen Dramen versucht, mit verfremdenden Effekten eine kritiklose Identifikation der Zuschauer mit den Bühnenfiguren zu erschweren, arbeitet bereits hier mit antiillusionistischen Techniken. Im Zuschauerraum hängen Plakate mit der Aufschrift „Glotzt nicht so romantisch!". Noch konsequenter werden diese Elemente des epischen Theaters in den Meisterdramen eingesetzt, so z. B. in „Der gute Mensch von Sezuan" (UA 1943); die marxistisch inspirierte Gesellschaftskritik findet sich erst in späteren Werken. Weltruhm erlangt Brecht mit seinem 1939 im schwedischen Exil geschriebenen Drama „Mutter Courage und ihre Kinder" (UA Zürich 1941). S 194/K 207

K. Völker: Bertolt Brecht, 1976. J. Knopf: Brecht-Handbuch. 2 Bde., 1980–84. K.-D. Müller (Hg.): Bertolt Brecht, 1985. W. Mittenzwei: Leben des Bertolt Brecht. 2 Bde., 1987.

Folkwang-Museum im Ruhrgebiet
Oktober. Essen. In Essen wird das Museum Folkwang eröffnet. Es vereint die Hagener Privatsammlung von Karl Ernst Osthaus und den Bestand des Städtischen Museums.
Das Museum zeigt Werke von Cézanne, van Gogh, Gauguin, den Expressionisten und Fauvisten und entwickelt sich zu einer Sammel- und Pflegestätte für zeitgenössische Kunst. Während des Dritten Reichs werden viele Bilder von den Nationalsozialisten als „entartet" gebrandmarkt und zerstört.

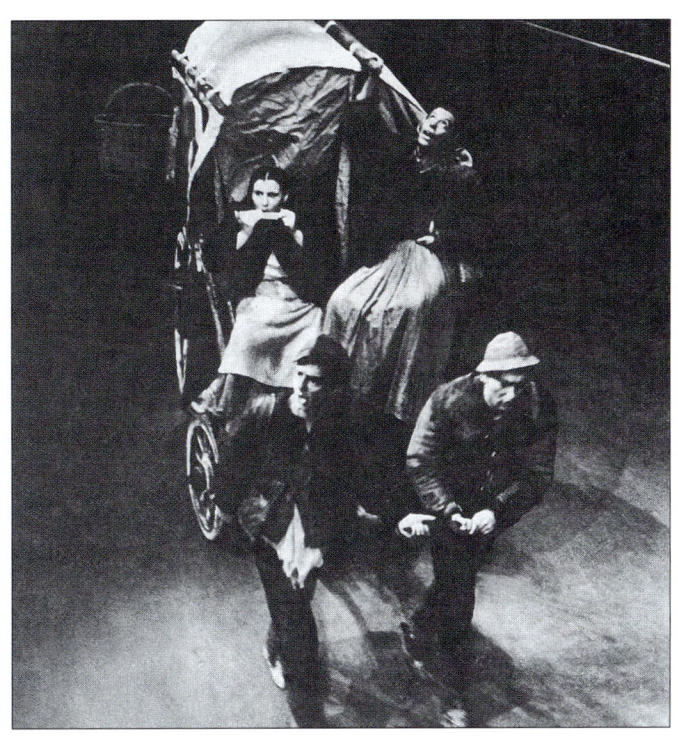

Bertolt Brecht: „Mutter Courage und ihre Kinder", in der Titelrolle seine Ehefrau Helene Weigel; Aufführung des 1949 gegründeten Berliner Ensembles.

Spektakuläre archäologische Funde im 20. Jahrhundert — K 208

Jahr	Ort	Fund	Zeitraum	Entdecker (Land)
1900–32	Iraklion/Kreta	Knossos, minoischer Königspalast	2000–1700 v.Chr.	Sir Arthur Evans (GB, S.17)
1904	Yucatán/Mexiko	Chichén Itzá, Maya-Stadt	9.–11. Jh.	Amerikanische Archäologen
1908	Niederösterreich	Venus von Willendorf	25 000 v.Chr.	Feldarbeiter
1911	Urubamba-Tal/Peru	Machu Picchu, Inka-Stadt	1450–1572	Hiram Bingham (USA)
1912	Tell el-Amarna/Ägypten	Büste der Nofretete	1355 v.Chr.	Ludwig Borchardt (D, S.104)
1921	Westpakistan	Mohenjo Daro und Harappa, Induskultur-Städte	3. Jtd. v.Chr.	Sir John Marshall, Mortimer Wheeler (GB)
1922	Tal der Könige/Ägypten	Grab des Pharaos Tutanchamun	Um 1340 v.Chr.	Howard Carter (GB, S.196)
Um 1930	Ras Schamra/Syrien	Ugaritischer Fürst, Elfenbeinstatuette	1300 v.Chr.	C. Frederic-Armand Schaeffer (F)
1930–40	Iran	Persepolis, achämenidische Königsstadt	518–330 v.Chr.	Oriental Institute of Chicago
1940	Dordogne/Frankreich	Lascaux, Höhlenmalereien	um 14 500 v.Chr.	Jugendliche des Dorfes
1956	Nahe Peking/China	Grabanlage des Kaisers Wanli	1572–1620	Chinesische Archäologen
1972	Tyrrhenisches Meer	Heroen von Riace, griechische Bronzestatuen	5. Jh. v.Chr.	Taucher Stefano Mariottini (I)
1974	Xi'an/Mittelchina	Terrakotta-Armee des Kaisers Huangdi	220–210 v.Chr.	Brunnengräber (S.691)
ab 1987	Kalkrieser Berg/Deutschl.	Archäolog. Beweise für Schlacht im Teutoburger Wald	9 n.Chr.	A. J. S. Clunn (GB); Wolfgang Schlüter (Grabungsleiter, D)
1991	Similaun-Gletscher (Tirol/Österreich)	Mumifizierte Leiche eines 5000 Jahre alten Mannes („Ötzi")	Jungsteinzeit (rd. 3000 v.Chr.)	Deutsche Touristen (S.851)
1994	Combe d'Arc/Frankreich	Höhlenmalereien mit rd. 300 Tierzeichnungen	Späte Steinzeit (rd. 32 000 v.Chr.)	Jean-Marie Chauvet u. a. (F)

1923

Politik

Franzosen besetzen Ruhrgebiet

11.1. Ruhrgebiet. Zur Sicherstellung ihrer Reparationsforderungen (↑S.210/16.8.1924) besetzen belgische und französische Truppen das Ruhrgebiet. Frankreich wirft dem Deutschen Reich vor, vereinbarte Holz- und Kohlelieferungen zurückzuhalten. Die Besetzung des Ruhrgebiets als Pfand für Reparationszahlungen wurde bereits am 5.5.1921 im Londoner Ultimatum angedroht. Die Reichsregierung unter Wilhelm Cuno (↑S.200/13.8.) reagiert auf die Besetzung mit dem Aufruf zum passiven Widerstand. Beamte und Arbeiter verweigern die Zusammenarbeit mit den Besatzungsmächten. Es kommt zu Zusammenstößen (132 Tote), 150 000 Menschen werden ausgebürgert. Am 23.9.1923 muß Reichskanzler Gustav Stresemann wegen Geldmangel und galoppierender Inflation das Ende des passiven Widerstands befehlen. Die wirtschaftliche und militärische Räumung des Ruhrgebiets (↑S.212/3.9.1924) wird in Etappen bis Juli 1925 vollzogen.

📖 W. Schulze: Bewegte Zeiten. Erzählte Geschichte des Ruhrgebietes, 1987.

Kongreß amerikanischer Staaten

25.3. Santiago de Chile. Der V. Panamerikanische Kongreß wird ohne Mexiko, Bolivien und Peru eröffnet. Die nord-, mittel- und südamerikanischen Länder bemühen sich seit 1889 unter Führung der USA um die Durchsetzung gemeinsamer politischer und wirtschaftlicher Interessen; am 3.5. unterzeichnen die Teilnehmer den sog. Gondra-Vertrag.

Die Kongresse werden von der 1890 gebildeten „Panamerikanischen Union" mit Sitz in Washington vorbereitet. Am 30.4.1948 wird auf Grundlage der Panamerikanischen Union die „Organization of American States" (OAS) als Bündnis für gemeinsame militärische Sicherung und friedliche Konfliktregelung gegründet. 1996 gehören ihr 34 Staaten an.

Separatismus nach dem 1. Weltkrieg[1]		K 211
Datum	Ereignis	
11.12.1918	Separatisten fordern Aufteilung des Reichs in vier Republiken: Rheinisch-westfälische Rep., Nordostsee-Rep., Mitteldeutsche Rep. und Donau-Länder-Rep. (mit Österreich)	
17. 5.1919	In Speyer, Hauptstadt des Regierungsbezirks Pfalz, fordern von Frankreich unterstützte deutsche Separatisten die Proklamierung der Pfalz als selbständigen Staat	
1. 6.1919	In Mainz und Wiesbaden wird von Separatisten die Rheinische Republik, in Speyer die Pfälzische Republik ausgerufen; beide scheitern am Widerstand der Bevölkerung	
14. 7.1919	Proklamation der Republik Birkenfeld in Birkenfeld, das zuvor zum Freistaat Oldenburg gehörte	
19. 5.1923	Trierer Separatistenputsch mit dem Ziel, eine Rheinische Republik zu gründen, wird niedergeschlagen (S.199)	
21.10.1923	In Aachen wird Unabh. Rheinische Republik ausgerufen	
12.11.1923	In Speyer wird erneut die Pfälzische Republik proklamiert (wie die rheinische Separatistenbewegung steht die Aktion unter französischer Protektion)	
16.11.1923	Schlacht am Ägidienberg: Rheinische Separatisten erleiden entscheidende Niederlage gegen Polizei und Bevölkerung	
14. 2.1924	Speyrer Abkommen: Aufhebung der Separatistenherrschaft in der Pfalz; Ende der Autonomiebewegungen	

1) Freistaaten und Räterepubliken sind nicht erfaßt

Wichtige Regierungswechsel 1923			K 212
Land	Amtsinhaber	Bedeutung	
Bulgarien	Alexandar Stamboliski (M seit 1919) Alexandar Zankow (M bis 1926)	Militärputsch (9.6.) und Ermordung des diktatorischen Stamboliski; Zankow läßt Septemberaufstand niederschlagen	
Deutsches Reich	Wilhelm Cuno (Parteilos, R seit 1922) Gustav Stresemann (DVP, R 13.8.–23.11.) Wilhelm Marx (Zentrum, R bis 1925)	Rücktritt Cunos (12.8.) wegen fehlgeschlagener Ruhrpolitik, Stresemann bricht Politik des passiven Widerstands ab; Marx übernimmt Minister von Stresemanns Rumpfkabinett (S.200)	
Großbritannien	Andrew Bonar Law (Konserv., M seit 1922) Stanley Baldwin (Konserv., M bis 1924)	Rücktritt von Bonar Law (20.5.) wegen Erkrankung; Fortsetzung der britischen Reparationspolitik gegenüber Deutschem Reich	
Spanien	Manuel García Prieto (M seit 1922) M. Primo de Rivera y Orbaneja (M bis 1930)	Militärdiktatur nach Putsch von Primo de Rivera, Generalkapitän von Katalonien (13.9.); Verfassung ab 1925 außer Kraft (S.200)	
Türkei	Muhammad VI. (Sultan seit 1918) Mustafa Kemal Pascha[1] (P bis 1938)	Große Nationalversammlung beschließt Abschaffung des Sultanats zum 2.11.; Türkei wird Republik (S.201)	
USA	Warren G. Harding (Republ., P seit 1921) Calvin Coolidge (Republ., P bis 1929)	Tod von Harding (2.8.); Coolidge vertritt gemäßigteren Isolationismus als Harding und ist stärker europaorientiert (S.199)	

M = Ministerpräsident bzw. Premierminister; P = Präsident; R = Reichskanzler
1) Ab 1934 genannt Kemal Atatürk

Separatisten scheitern am Rhein

19.5. Trier. Ein Putschversuch bewaffneter Separatisten, die für eine autonome Rheinische Republik eintreten, scheitert am Widerstand der Polizei.

Separatistische Bewegungen kamen nach dem 1. Weltkrieg auf. Sie wurden von den Franzosen unterstützt, die das Rheinland ursprünglich ihrem Staatsgebiet zuschlagen wollten. Diesem Vorhaben widersetzten sich Großbritannien und die USA, die auch eine eigenständige Rheinische Republik unter französischem Einfluß ablehnten. Mit Besetzung des Ruhrgebiets (↑S.198/11.1.) unterstützte Frankreich erneut separatistische Gruppierungen.

Am 21.10.1923 proklamieren Separatisten in Aachen eine Unabhängige Rheinische Republik und am 12.11. in Speyer eine Pfälzische Republik. Beide Unternehmungen brechen wegen fehlender Unterstützung der Bevölkerung zusammen. S 198/K 211

G. Gräber/M. Schindler: Revolverrepublik am Rhein. Die pfälzischen Separatisten von 1923/24, 1987.

Orientfrieden von Lausanne

24.7. Lausanne. Zum Abschluß der seit dem 22.11.1922 tagenden Konferenz unterzeichnen Großbritannien, Frankreich, Italien, Japan, Griechenland, Rumänien und das Königreich der Serben, Kroaten und Slowenen einerseits sowie die Türkei andererseits den Frieden von Lausanne. Dieser sog. Orientfrieden erkennt die Unabhängigkeit der Türkei an.

Die Türkei, die nach dem Sieg im griechisch-türkischen Krieg (↑S.187/9.9.1922) gestärkt in die Verhandlungen ging, kann wegen der unterschiedlichen Interessen der Alliierten ihre nationalen Ziele größtenteils durchsetzen. Sie erhält Teile Ostthrakiens und ganz Anatolien. Die Alliierten heben die seit 1919 bestehende Militär- und Finanzkontrolle auf und ziehen ihre Truppen aus Konstantinopel (Istanbul) zurück. Die Griechen (1,2 Mio) werden aus Kleinasien ausgewiesen. Mustafa Kemal Pascha beginnt mit dem Aufbau eines modernen türkischen Nationalstaats (↑S.201/29.10). S 199/K 213

Coolidge wird 30. US-Präsident

3.8. Washington. Nach dem Tod von Warren J. Harding (↑S.165/2.11.1920) wird sein Vizepräsident Calvin Coolidge neuer Präsident der Vereinigten Staaten.

Der Republikaner Coolidge befolgt wie sein Vorgänger die Devise, möglichst wenig zu re-

Besetzung des Ruhrgebiets: Auf den Einmarsch einer französischen Artillerie-Einheit reagieren die Essener Bürger mit passivem Widerstand.

Unruheherd Naher Osten 1918–1933   K 213

Datum	Ereignis
30.10.1918	Waffenstillstand von Mudros zwischen Alliierten und Türkei: faktisches Ende des Osmanischen Reichs
15. 5.1919	Beginn des griechisch-türkischen Kriegs: Griechische Truppen besetzen in britischem Auftrag Smyrna (Izmir)
19. 4.1920	Mandatsgebiete für Frankreich (Libanon, Syrien) und Großbritannien (Irak, Palästina, Transjordanien): Konflikte mit arabischer Unabhängigkeitsbewegung (S.163)
Juli 1920	Frankreich besetzt Syrien und vertreibt König Faisal I. nach arabischer Proklamation der Königreiche Groß-Syrien und Irak
10. 8.1920	Friedensvertrag von Sèvres: Türkei verliert alle nichttürkischen Teile des ehemaligen Osmanischen Reichs (S.164)
12. 3.1921	Kairoer Konferenz: Teilung Palästinas in arabischen und jüdischen Bereich; dennoch weitere Unruhen (S.175)
23. 8.1921	Großbritannien erkennt den aus Syrien geflohenen Faisal I. als irakischen König an
20.10.1921	Türkisch-französischer Friedensvertrag: Frankreich verzichtet auf Anatolien, im Gegenzug akzeptiert die Türkei die französische Herrschaft in Syrien
9. 9.1922	Ende des griechisch-türkischen Kriegs nach türkischem Sieg bei Smyrna mit französischer Unterstützung (S.187)
24. 7.1923	Friedensvertrag von Lausanne: Griechen räumen Türkei, das Ostthrakien erhält, die Dodekanes (an Italien) und Zypern (an Großbritannien) abgibt (S.199)
13.10.1924	Ibn Saud erobert Mekka, Hauptstadt des Hedschas; Großbritannien sieht Interessen (Erdöl) gefährdet (S.212)
8. 1.1926	Ibn Saud ernennt sich zum König des Hedschas; britische Vormachtstellung vorerst beendet
5. 6.1926	Mossulvertrag zwischen Großbritannien, Irak und Türkei: Erdölreiches Mossulgebiet fällt an Irak (d. h. an Großbritannien, das den Irak besetzt hält)
20. 2.1928	Großbritannien erkennt Unabhängigkeit Transjordaniens an; weiterhin außenpolitischer und militärischer Einfluß

1923

Gustav Stresemann

Ku-Klux-Klan: Aufnahmeritual der US-amerikanischen Geheimorganisation; die neuen Mitglieder leisten einen Eid, der zu absolutem Gehorsam verpflichtet.

gieren. Seine Politik begünstigt das „Big Business". Während die Industrie floriert, setzt gleichzeitig eine Verarmung der ländlichen Bevölkerung ein. Außenpolitisch vertritt Coolidge einen gemäßigten Isolationismus. Mit dem Dawes-Plan (↑S.210/16.8.1924) und dem Young-Plan (↑S.256/7.6.1929) bemüht er sich, die Reparationsverpflichtungen des Deutschen Reichs den wachsenden Auslandsverschuldungen anzupassen. 1929 wird Coolidge durch Herbert C. Hoover (↑S.273/ 6.7.1931) abgelöst. S 198/K 212 S 856/K 823

Stresemann löst Cuno ab
13.8. Berlin. Nach Rücktritt des Reichskabinetts von Wilhelm Cuno bildet Gustav Stresemann (DVP) die erste Große Koalition mit Zentrum, Demokraten, Deutscher Volkspartei (DVP) und Sozialdemokraten.
Mit Beginn der Ruhrbesetzung (↑S.198/ 11.1.) hatte der parteilose Reichskanzler Cuno zum passiven Widerstand aufgerufen, um die Räumung des Ruhrgebiets und neue Reparationsverhandlungen zu erreichen. Diese Politik wurde mitverantwortlich für den wirtschaftlichen Ruin des Deutschen Reichs. Stresemann ebnet durch Beendigung des Ruhrkampfs den Weg zu neuen Gesprächen mit den Alliierten und zu einer Stabilisierung der Währung.

Am 3.11. verlassen die Sozialdemokraten die Koalition. Stresemann, dessen „Rumpfkabinett" am 23.11. zurücktritt, wird Außenminister im neuen Kabinett (30.11.) des Zentrumsführers Wilhelm Marx. S 198/K 212

M.-O. Maxelon: Stresemann und Frankreich 1914–1929. Deutsche Politik der Ost-West-Balance, 1972.

Militärdiktatur in Spanien
13.9. Madrid. General Miguel Primo de Rivera y Orbaneja putscht gegen die parlamentarische Regierung. Mit Einverständnis von König Alfons XIII. bildet er am 15.9. eine Militärdiktatur.
Die Öffentlichkeit begrüßt den Putsch, da die rasch wechselnden parlamentarischen Regierungen (15 Ministerpräsidenten seit 1917) die wirtschaftlichen und politischen Probleme nicht lösen konnten. Besonders der erfolglose Kolonialkrieg in Marokko gegen die aufständischen Rifkabylen (↑S.232/ 18.4.1926) belastete das innenpolitische Klima stark.
Primo de Rivera setzt die Verfassung von 1876 außer Kraft und verbietet alle Parteien bis auf eine Einheitspartei, die Unión Patriótica. Seine Versuche, eine Agrarreform durchzusetzen, scheitern. 1930 versagen Bürgertum und Armee dem Diktator die Unterstützung. Mit dem Ende der Diktatur ist auch die Monarchie (↑S.272/14.4.1931) nicht mehr zu retten. S 198/K 212 S 696/K 687

US-Army bekämpft Ku-Klux-Klan
15.9. Oklahoma-City. Um den Terrorakten und Morden des Ku-Klux-Klan Einhalt zu gebieten, verkündet die Regierung des US-Bundesstaats Oklahoma das Kriegsrecht. Opfer des Geheimbundes sind Angehörige rassischer, religiöser und ethnischer Minderheiten sowie Bürger mit „unmoralischem" Lebenswandel.
Die extremistische Organisation war 1865 von weißen Farmern als Reaktion auf die Aufhebung der Sklaverei gegründet worden; sie richtete sich zunächst gegen Schwarze und weiße Gegner der Sklaverei. Nach ihrer Auflösung (1871 durch Bundesgesetz) rief William J. Simmons 1915 den Klan neu ins Leben. Er behielt den streng hierarchischen Aufbau, das ordensähnliche Ritual, die Symbole und die Tracht (weiße Kutten und spitze Kapuzen) bei.
Die Klan-Mitglieder stammen vor allem aus bäuerlichen und kleinbürgerlichen protestantischen Schichten. 1925 steht der Klan mit ca. 5 Mio Anhängern auf dem Höhepunkt

1923

Türkei

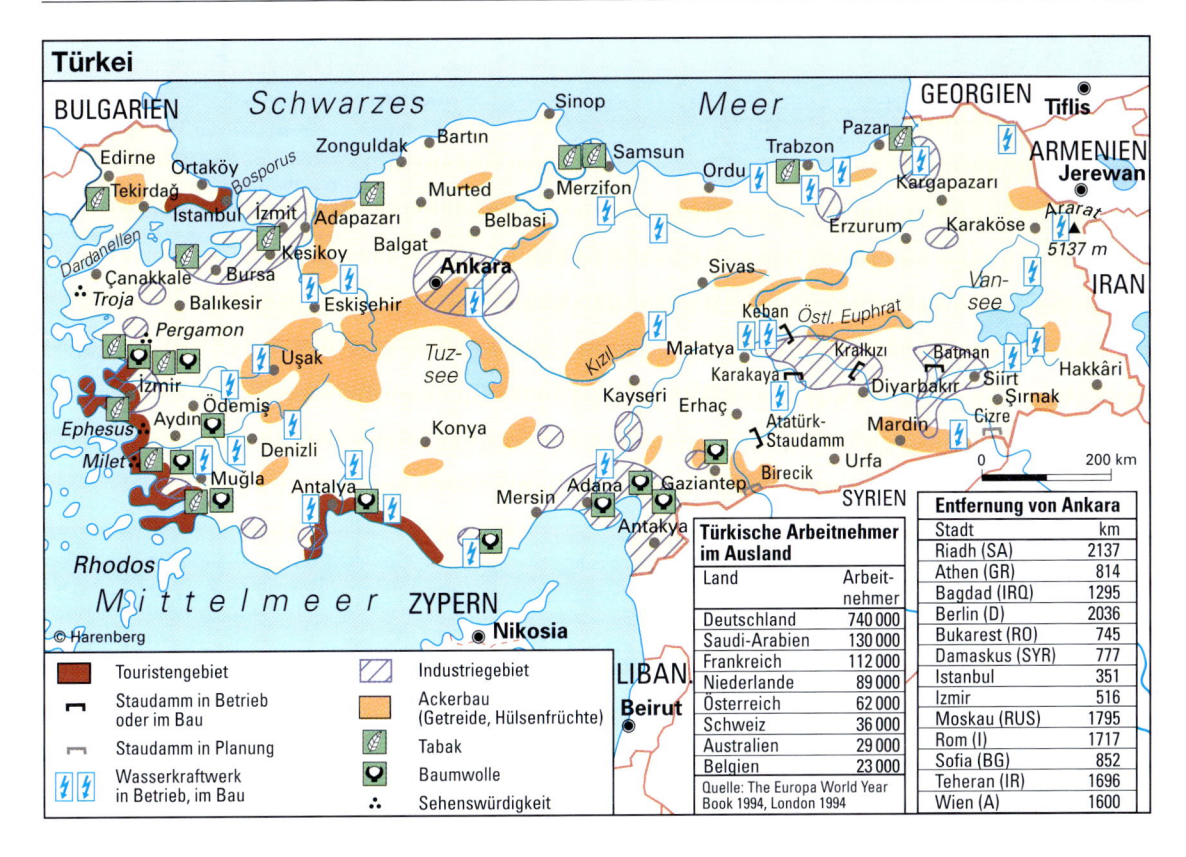

Entfernung von Ankara	
Stadt	km
Riadh (SA)	2137
Athen (GR)	814
Bagdad (IRQ)	1295
Berlin (D)	2036
Bukarest (RO)	745
Damaskus (SYR)	777
Istanbul	351
Izmir	516
Moskau (RUS)	1795
Rom (I)	1717
Sofia (BG)	852
Teheran (IR)	1696
Wien (A)	1600

Türkische Arbeitnehmer im Ausland	
Land	Arbeitnehmer
Deutschland	740 000
Saudi-Arabien	130 000
Frankreich	112 000
Niederlande	89 000
Österreich	62 000
Schweiz	36 000
Australien	29 000
Belgien	23 000

Quelle: The Europa World Year Book 1994, London 1994

Legende:
- Touristengebiet
- Staudamm in Betrieb oder im Bau
- Staudamm in Planung
- Wasserkraftwerk in Betrieb, im Bau
- Industriegebiet
- Ackerbau (Getreide, Hülsenfrüchte)
- Tabak
- Baumwolle
- Sehenswürdigkeit

seiner Popularität. Durch den sozialen Wandel der folgenden Jahre verliert er an Einfluß, erfährt aber neuen Zulauf im Zuge der Bürgerrechtsbewegung.

W.-E. Peuckert: Geheimkulte, 2. Aufl. 1988.

Reichsexekution gegen Sachsen

29.10. Dresden. Die Reichswehr marschiert in die Landeshauptstadt von Sachsen ein und setzt die seit dem 10.10. amtierende SPD-KPD-Regierung ab. Der frühere Reichsjustizminister Rudolf Heinze übernimmt als Reichskommissar die Regierungsgeschäfte. Nach Artikel 48 der Weimarer Verfassung kann die Reichsregierung Zwangsmaßnahmen anwenden, wenn ein Bundesmitglied seine Bundespflichten verletzt. Die Reichsregierung sah in Sachsen erste Schritte für einen kommunistischen Umsturzversuch und forderte den Rücktritt der KPD-Minister; die Proletarischen Hundertschaften (kommunistische Kampfverbände) wurden verboten. Nachdem sich die sächsische Regierung diesen Anordnungen widersetzte, marschiert die Reichswehr ein. Während in Thüringen eine SPD-KPD-Koalition (16.10.) unter Androhung der Reichsexekution am 12.11. auf-

gelöst wird, setzt das Reich den Umsturzplänen der Rechten in Bayern nichts entgegen.

Türkei wird Republik KAR

29.10. Angora (heute Ankara). Die Nationalversammlung erklärt die Türkei zur Republik. Mustafa Kemal Pascha (Atatürk) wird Staatspräsident, am 20.4.1924 wird die Verfassung verabschiedet.
Der Weg zu einem modernen Nationalstaat, der an europäische Vorbilder angelehnt ist, wurde durch den Sieg der Türken im griechisch-türkischen Krieg (↑S.187/9.9.1922) und dem Abschluß des Lausanner Friedensvertrags (↑S.199/24.7.) ermöglicht.
Kemal Paschas radikale Reformen stoßen auf wachsenden Widerstand der Geistlichkeit. Der Islam ist nicht mehr Staatsreligion. Klöster, Orden und Koranschulen werden verboten. Neue Gesetze lösen die islamische Rechtsordnung ab. Alphabetisierung und die Gleichstellung der Frauen sind weitere Ziele der Reformen. 1924 wird das Kalifat abgeschafft, ab 1928 dürfen Zeitungen nur in lateinischer Schrift erscheinen. S 202/K 214

M. K. Atatürk: Die Entstehung der modernen Türkei. Rede vom 15.–20.10.1927, 1988.

Türkei: Der andauernde Kampf der Regierung gegen die Kurden im Osten des Landes und Menschenrechtsverletzungen belasten Mitte der 90er Jahre das Verhältnis des wirtschaftlich aufstrebenden Staates (BSP 1995: +6%) zum westlichen Ausland.

Mustafa Kemal Pascha, seit 1934 genannt Kemal Atatürk (Vater der Türken)

Türkei im 20. Jahrhundert   K 214

Jahr	Ereignis
1908	Jungtürkische Revolution: Verfassung von 1876 tritt erneut in Kraft; Bosnien und Herzegowina fallen an Österreich-Ungarn (S.71)
1911/12	Italienisch-türkischer Krieg endet mit Verlust von Tripolis, der Cyrenaika und des Dodekanes
1912	Albanien trennt sich als eigenständiges Gebiet von der Türkei (S.100)
1912/13	Balkankriege: Das Osmanische Reich verliert nahezu alle wichtigen europäischen Besitzungen (S.99/106)
1914	Eintritt in den 1. Weltkrieg auf der Seite der Mittelmächte; nach anfänglichen militärischen Erfolgen bringt Waffenstillstand von Mudos (30.10.1918) das Ende des Osmanischen Reichs
1919	Griechische Truppen dringen in Westanatolien ein (15.5.); Mustafa Kemal Pascha baut türkischen Widerstand auf
1919	Nationalversammlung fordert Freiheit für türkische Gebiete und Selbstbestimmungsrecht
1920	Konstituierung der Großen Nationalversammlung (23.4.), die Mustafa Kemal Pascha zum neuen Regierungschef ernennt
1920	Friedensvertrag von Sèvres: Das ehemalige osmanische Weltreich verliert neun Zehntel seiner früheren Gebiete und wird auf Kleinasien und Istanbul reduziert (S.164)
1922	General Mustafa Kemal Pascha vertreibt die von den Alliierten unterstützten griechischen Invasionstruppen (S.187)
1923	Friedensvertrag von Lausanne: Alliierte erkennen Souveränität und Unabhängigkeit der Türkei an (S.199/24.7.)
1923	Türkei wird Republik (29.10.), Mustafa Kemal Pascha erster gewählter Staatspräsident seines Landes (S.201)
1924	Abschaffung des Kalifats (3.3.); beginnende Europäisierung
1930	Freundschaftsvertrag mit Griechenland (30.10.) schafft Interessenausgleich zwischen beiden Ländern
1938	Tod Mustafa Kemal Paschas (10.11.; seit 1934 „Atatürk"); sein Nachfolger wird Ministerpräsident Ismet Inönü
1939	Während des 2. Weltkriegs nähert sich die anfangs neutrale Türkei immer mehr den Alliierten an
1945	Kriegserklärung an Deutschland und Japan; Beendigung der Neutralitätspolitik im 2. Weltkrieg
1952	Die Türkei wird Mitglied der NATO und baut ihre an den prowestlichen Demokratien orientierte Politik weiter aus
1955	Bagdad-Pakt: Verteidigungsvertrag mit Irak, später auch Iran, Pakistan und Großbritannien; 1959 in CENTO (Central Treaty Organization) umbenannt
1960	Staatsstreich der Armee nach Studentenrevolten (27.5.)
1961	Neue Verfassung und Rückkehr zu gewählter Zivilregierung
1965	Wahlsieg für Süleiman Demirel: stärkere Anlehnung an Westen
1971	Armee zwingt Ministerpräsident Demirel wegen innenpolitischer Probleme zum Rücktritt, übernimmt aber offiziell nicht die Macht
1974	Wahlsieg von Bülent Ecevit, der Truppen nach Zypern entsendet, um den Anschluß der Insel an Griechenland zu verhindern
1980	Nach einem Putsch unter Generalstabschef Kenan Evren übernimmt das Militär die Macht (S.742/12.9.; Neuwahlen 1983)
1982	Per Volksabstimmung erhält die Türkei eine neue Verfassung; Evren wird für sieben Jahre Staatspräsident
1987	Türkei stellt einen Antrag auf EG-Mitgliedschaft, 1989 abgelehnt; Verhängung des Kriegsrechts über kurdische Provinzen
1989	Turgut Özal (Regierungschef 1983–1989) Staatspräsident († 1993)
1993	Tansu Çiller erster weiblicher Regierungschef (bis 1996)
1996	Islamisten stellen mit Nemettin Erbakan Ministerpräsidenten

Hitlerputsch gescheitert

8.11. München. NSDAP-Führer Adolf Hitler verkündet im Bürgerbräukeller die „nationale Revolution" und erklärt die bayerische und die Reichsregierung für abgesetzt. Ein am folgenden Tag von Hitler und General Erich Ludendorff angeführter Demonstrationszug wird von der Polizei aufgelöst. Seit längerem hatte es Putschpläne in nationalbürgerlichen Kreisen um Gustav Ritter von Kahr (Generalstaatskommissar) und Otto von Lossow (bayerischer Reichswehrbefehlshaber) gegeben. Kahr, Lossow und der bayerische Polizeichef Hans Ritter von Seisser, die von Hitlers Umsturzversuch überrascht werden, schließen sich dem Putsch an, veranlassen dann aber Gegenmaßnahmen zu seiner Niederschlagung. Die Putschisten erhalten äußerst milde Strafen. Hitler wird am 1.4.1924 zu fünf Jahren Festungshaft verurteilt und bereits nach acht Monaten begnadigt, Ludendorff wird freigesprochen. Während der Haft verfaßt Hitler sein programmatisches Werk „Mein Kampf".   S 177/K 193

H. J. Gordon: Hitlerputsch 1923, 1971. O. Gritschneder: Bewährungsfrist für den Terroristen Adolf H. Der Hitler-Putsch und die bayerische Justiz, 1990.

Wirtschaft

Gesetze gegen Wucher

23.2. Berlin. Der Reichstag gibt der Reichsregierung durch das Notgesetz erweiterte Möglichkeiten, Maßnahmen gegen die Wirtschaftskrise und das Spekulantentum zu ergreifen.

Die deutsche Wirtschaft wurde durch die seit den 20er Jahren fortschreitende Inflation, die enorme Belastung der Reparationen, die inflationären Kredite der Reichsbank und die Ruhrbesetzung (↑S.198/11.1.) in eine Krise getrieben. Die Folgen waren ein drastisches Absinken des Lebensstandards und steigende Arbeitslosigkeit, begleitet von Preistreiberei und Verletzungen von Handels- und Gewerbebeschränkungen. Diese Verstöße werden aber erst mit Ende der Währungsreform (↑S.203/16.11.) und der allgemeinen Erholung der Wirtschaft 1924–1929 eingedämmt.

Deutsche Rentenbank gegründet

16.10. Berlin. Die Reichsregierung beschließt die Gründung der Deutschen Rentenbank. Sie soll im Zuge der Währungsreform (↑S.203/16.11.) als Zwischenlösung dienen. Die Einführung der Rentenmark resultiert im wesentlichen aus Vorschlägen von Finanzminister Rudolf Hilferding und Karl Helfferich (DNVP).

Zur Schaffung einer neuen stabilen Währung wird der industrielle und landwirtschaftliche Grundbesitz durch das Reich mit einer verzinslichen Grundschuld gegen zinstragende Rentenbankbriefe belastet. Damit erhält die Rentenbank ein Kapital von 32 Mrd Rentenmark, von denen aber nur 24 Mrd in Banknoten ausgegeben werden dürfen. Das Reich hat nur Anspruch auf Kredite in Höhe von insgesamt 1,2 Mrd Rentenmark.

K.-B. Netzband/H. P. Widmaier: Währungs- und Finanzpolitik der Ära Luther 1923–1925, 1964

Währungsreform beendet Inflation

16.11. Berlin. Die am 15.11. eröffnete Rentenbank beginnt mit dem Austausch der Papiermark durch die Rentenmark. Dabei entspricht eine Rentenmark einer Billion (1 000 000 000 000) Papiermark.

Trotz der innenpolitischen Belastungen durch Hitlerputsch (↑S.202/8.11.1923) und den Sturz der Regierung Stresemann am 23.11. schreitet die Währungsreform zügig voran. Die Hauptverantwortlichen sind Reichsfinanzminister Hans Luther sowie Bankier Hjalmar Schacht, der als Reichskommissar für Währungsangelegenheiten und ab dem 22.12. als Reichsbankpräsident amtiert. Trotz der Schwierigkeiten aufgrund der Geldverknappung hält Schacht daran fest, den Geldumlauf einzuschränken. Durch Gesetz vom 30.8.1924 wird die Rentenmark von der Reichsmark abgelöst. Sie bleibt bis zur Währungsreform nach dem 2. Weltkrieg in Gebrauch (↑S.444/19.6.1948).

Natur/Umwelt

Erdbeben verwüstet Japan

1.9. Japan. Ein schweres Erdbeben, dem Brände und eine Flutwelle folgen, fordert 143 000 Tote; betroffen ist vor allem das Gebiet 5 km nördlich von Osaka und Kobe bis nach Sendai im Norden. Um der Lage in den fast völlig zerstörten Städten Herr zu werden, verhängt die Regierung das Kriegsrecht.

Japan liegt über einer der tektonisch instabilsten Zonen der Erde. Im 19. Jh. gab es vier große Beben, die aber nicht an die Katastrophe von 1923 heranreichten. 1927 kommen bei einem Beben in der Region um Tango ca. 3500 Menschen ums Leben.

S 60/K 56

G. Schneider: Erdbeben. Entstehung, Ausbreitung, Wirkung, 1975.

Inflation: Es ist billiger den Herd mit den von Tag zu Tag wertloser werdenden Geldscheinen anzufeuern, als damit Holz zu kaufen. Bei der Währungsreform zur Überwindung der Inflation werden 1 Billion Papiermark gegen 1 Rentenmark umgetauscht.

Wissenschaft

Krebsforschung intensiviert

17.7. Berlin. Das Universitätsklinikum Charité eröffnet im 1903 gegründeten Institut für Krebsforschung die neue Abteilung für experimentelle Zellforschung. Von der Forschung an lebenden Zellen erhofft sich die neugegründete Abteilung unter Leitung von Rhoda Erdmann Fortschritte in der Behandlung von Krebserkrankungen.

Nobelpreisträger 1923	K 215
Literatur: William Butler Yeats (IRL, 1865–1939)	
Yeats wollte die irische Literatur aus dem Geist der keltischen Vorgeschichte erneuern. Seine oft symbolistische Lyrik baut auf altirischen Vorbildern auf, ist jedoch auch von zeitgenössischen Dichtern wie Baudelaire beeinflußt.	
Chemie: Fritz Pregl (A, 1869–1930)	
Pregl konstruierte hochempfindliche Meßinstrumente zur Mikroanalyse chemischer Substanzen. Zur exakten Analyse wird nur ein Bruchteil der bis dahin erforderlichen Stoffmengen benötigt. Auch die Untersuchung seltener organischer Verbindungen ist seitdem möglich.	
Medizin: Frederick Grant Banting (Kanada, 1891–1941), John James Richard Macleod (Kanada, 1876–1935)	
Banting entdeckte 1921 das Insulin (mit Charles H. Best), Macleod unterstützte diese Forschungsarbeit, indem er sein Labor für Versuche zur Verfügung stellte. Das für Diabetiker lebensnotwendige Insulin wurde erstmals 1923 aus einer tierischen Bauchspeicheldrüse gewonnen.	
Physik: Robert A. Millikan (USA, 1868–1953)	
Mit Hilfe von Öltropfen berechnete Millikan die elektrische Elementarladung (kleinste Einheit der Elektrizitätsmenge). Millikans Forschungsergebnisse stützten Albert Einsteins Gleichung zum Fotoeffekt und die physikalischen Theorien von Niels Bohr und Max Planck.	

Nobelpreis für Frieden nicht verliehen

1923

Pionierleistungen in der Medizin	K 216
Wissenschaftler	**Leistung**
1902/03 Willem Einthoven (1860–1927), Niederlande	EKG: Der niederländische Physiologe zeichnet erstmals Herzströme elektrisch auf (Elektrokardiogramm, EKG) und erhält den Nobelpreis für Medizin. Weitere Bemühungen um Interpretation des EKG
1903 Ferdinand Sauerbruch (1875–1951), Deutschland	Thoraxoperation: Der Chirurg startet erste Versuche, den Brustraum bei Unterdruck zu öffnen (1904 Unterdruckkammer). Sauerbruchs Erfindung legt Grundstein für chirurgische Eingriffe am Herzen (S.137/1917)
1909 Paul Ehrlich (1854–1915), Deutschland	Syphilis-Therapie: Ehrlich bringt ersten chemischen Stoff gegen die Infektion der Sexualorgane auf den Markt (Salvarsan). Die anfänglich starken Nebenwirkungen konnten bis 1912 weitgehend ausgeschaltet werden (Neosalvarsan, S.80)
1913 Emil von Behring (1854–1917), Deutschland	Impfung gegen Diphtherie: Der Arzt und Naturforscher hatte schon 1890 ein Serum gegen Diphtherie gewonnen. Nach anfänglichen Versuchen zur Verbesserung des Serums wird es ab 1913 für die Reihenimpfung in Deutschland freigegeben
1921 Frederick Banting[1] (1891–1941), Kanada	Isolierung von Insulin: Banting isoliert das Hormon aus der Bauchspeicheldrüse von Schweinen und Rindern. 1923 setzt die Behandlung der bis dahin tödlichen Zuckerkrankheit ein (S.180)
1923/26 Otto H. Warburg (1883–1970), Deutschland	Stoffwechsel in Tumoren entschlüsselt: Erster Schritt zur Krebstherapie in der 1923 gegründeten Abteilung für Zellforschung der Berliner Charité. Die Arbeiten des Biochemikers machen Eingriffe in wachsendes Tumorgewebe möglich (S.203)
1924 Hans Berger (1873–1941), Deutschland	Aufzeichnung von Hirnströmen: Der Jenaer Psychiater macht erstmals eine Aufzeichnung der elektrischen Gehirnströme (Elektroenzephalographie, EEG) zur Diagnose krankhafter Gehirnveränderungen
1928 Alexander Fleming (1881–1955), Großbritannien	Entdeckung des Penicillins: Der britische Bakteriologe findet die bakterientötende Wirkung des Schimmelpilzes Penicillium notatum. Erst 1939 wird seine Entdeckung beachtet und weitergeführt. 1941 beginnt die klinische Erprobung (S.250)
1935 Gerhard Domagk[2] (1895–1964), Deutschland	Sulfonamide gegen Infektionen: In Anlehnung an die Arbeiten Paul Ehrlichs entdeckt der Pharmakologe die bakterienhemmende Wirkung der Sulfonamide (1931). Erstes Präparat (Prontosil) ab 1935
1940 Gerhard Küntscher (1900–1965), Deutschland	Marknagelung: Der Chirurg unterstützt die Heilung von Röhrenknochenbrüchen durch neue Operationsverfahren, das eine schnellere und sicherere Heilung auch komplizierter Frakturen ermöglicht
1953 Jonas E. Salk[3] (*1914), USA	Impfstoff gegen Kinderlähmung: Der Bakteriologe stellt einen Impfstoff gegen die Kinderlähmung (Poliomyelitis) her. Durch die nach Sabin benannte Schluckimpfung wird die Krankheit ab 1956 entscheidend zurückgedrängt (S.484)
1967 Christiaan Barnard (*1922), Südafrika	Herzverpflanzung beim Menschen: Dem Chirurgen gelingt die erste Herzverpflanzung bei einem Menschen (Patient stirbt jedoch); bis Anfang der 90er Jahre werden rd. 3000 Herzen transplantiert (S.612)
1983 Luc Montagnier (*1932), Frankreich, Robert Gallo (*1937), USA	Montagnier weist das Aids auslösende HIV (Human Immundeficiency Virus) nach; Gallo entwickelt einen HIV-Antikörpertest. Heilung von Aids nicht möglich, Impfung risikoreich, da Auslösung der Krankheit möglich, jedoch Stopp der HIV-Vermehrung möglich
1990 Allen Lindsay Großbritannien	Erste pränatale Operation: In London kommt ein Junge zur Welt, der von Lindsay u. a. bereits im Mutterleib erfolgreich am Herzen operiert wurde

1) Gemeinsam mit Charles H. Best; 2) mit Fritz Mietzsch und Josef Klarer; 3) gemeinsam mit Albert B. Sabin

Krebs wurde bis in die Neuzeit allgemein nichtchirurgisch behandelt. Ab dem 17. Jh. galt Krebs als ansteckend, weshalb sich die Forschung bis Ende des 19. Jh. auf die Suche nach Krebserregern spezialisierte. Parallel zu Theorien von parasitärer Krebsentstehung entwickelte sich eine Chirurgie, die mit Eingriffen im Körperinnern eine Heilung anstrebt.
In den 20er Jahren werden zunehmend Röntgenstrahlen, radioaktive Substanzen und chemische Mittel in der Therapie eingesetzt. 1926 entschlüsselt Otto Heinrich Warburg die Stoffwechselvorgänge in Tumoren. Seine Ergebnisse ermöglichen therapeutische Eingriffe in das wachsende Tumorgewebe. S 204/K 216

G. Leibold: Krebs vorbeugen. Strategien gegen eine vermeidbare Krankheit, 1989.

Medien

Öffentlicher Rundfunk im Reich

29.10. Berlin. Um 20 Uhr startet die Radiostunde AG die erste öffentliche Unterhaltungssendung aus einem Studio im Berliner Voxhaus; übertragen wird mit einem einfachen Fernsprechermikrofon und einem nur 0,25 kW starken Mittelwellensender.
Die Rundfunkempfänger der anfänglich 1580 Radiohörer sind Eigentum der Post, ihre Nutzung ist gebührenpflichtig.
Durch Geschäftsanteile der Post an der Radiostunde und den in den folgenden Monaten gegründeten acht regionalen Rundfunkgesellschaften sichert sich der Staat eine weitgehende Kontrolle über das neue Medium.

Gesellschaft

Interpol geht auf Verbrecherjagd

Wien. Die erste Internationale Kriminalpolizeiliche Kommission wird gegründet. Sie soll die Verfolgung von Verbrechern über die nationalen Grenzen hinweg koordinieren.
Während des 2. Weltkriegs stellt die Kommission ihre Arbeit ein. 1956 gründet sich auf ihren Grundlagen die „Internationale Kriminalpolizeiliche Organisation" (Interpol) mit Sitz in Paris. An ihrer Spitze steht ein Generalsekretariat, das die Arbeit der nationalen Zentralbüros koordiniert (in der BRD: Bundeskriminalamt). Die Generalversammlung tritt einmal im Jahr zusammen und entscheidet über die Arbeitsgrundsätze und die Aufnahme neuer Mitglieder (1977: 120 Staaten).

Kultur

Musikwerke in Zwölftontechnik

Arnold Schönberg komponiert „Fünf Klavierstücke" (op. 23) in der von ihm entwickelten Zwölftontechnik. Dieses Kompositionsverfahren, das vom bürgerlichen Konzertpublikum zunächst als Inbegriff des Seelenlosen abgelehnt wird, ermöglicht nach Auflösung der tonalen Harmonik eine streng strukturierte Organisation des musikalischen Materials.

Schönberg, der mit seinen Kompositionen die abendländische Musiktradition fortführen will, kombiniert nach seiner Emigration in die USA 1933 die Zwölftontechnik mit einer stark erweiterten Tonalität (u. a. in „Kol nidre", 1938). In den 50er Jahren wird die Zwölftontechnik zum Ausgangspunkt serieller Kompositionsverfahren. S 207/K 218

📖 J. Rufer: Das Werk Arnold Schönbergs, 1959.
N. Nono-Schoenberg (Hg.): Arnold Schönberg. Lebensgeschichte in Begegnungen, 1991.

Preis zum Gedenken an Büchner

11.8. Darmstadt. Den erstmals vergebenen Georg-Büchner-Preis (Hessischer Staatspreis) erhalten der Komponist und Kirchenmusikmeister Arnold Ludwig Mendelssohn sowie der Arzt Adam Carrillon. In Erinnerung an den bei Darmstadt geborenen Dichter Georg Büchner (1813–1837) ehrt der Volksstaat Hessen mit diesem Preis hessische Künstler.

Georg Büchner mußte 1835 wegen Agitation gegen das Großherzogtum Hessen nach Zürich fliehen. Im Exil schrieb er die Dramen „Dantons Tod", „Woyzeck" und das zeitsatirische Lustspiel „Leonce und Lena".

Von 1933 bis 1944 findet keine Preisverleihung statt; 1951 wird die Auszeichnung in einen Literaturpreis umgewandelt, mit dem auch nicht aus Hessen stammende Künstler geehrt werden. Der von der Deutschen Akademie für Sprache und Dichtung (Darmstadt) jährlich vergebene Preis wird zur bedeutendsten Auszeichnung für deutschsprachige Autoren. Seit 1983 ist er mit 30 000 DM (1951: 3000 DM) dotiert. S 206/K 219

📖 Der Georg-Büchner-Preis 1951–1987, 1987.

Meisterwerk von Rilke erscheint

Leipzig. Die „Duineser Elegien", an denen Rainer Maria Rilke seit 1912 gearbeitet hat, werden veröffentlicht. Der zehn Elegien umfassende Gedichtzyklus greift Grundfragen der menschlichen Existenz auf (Vergänglichkeit, Fremdheit und Liebe); Lebens- und To-

Kulturszene 1923 K 217

Theater	
Hugo von Hofmannsthal Der Unbestechliche UA 16.3., Wien	Die Hauptrolle des „unbestechlichen" Dieners hat Hofmannsthal dem großen Schauspieler Max Pallenberg auf den Leib geschrieben.
Elmer Rice Die Rechenmaschine UA 18.3., New York	Rice führt in seiner Komödie die Degradierung des Menschen zu einem Rädchen in der Maschinerie des kapitalistischen Systems vor.
Bertolt Brecht Im Dickicht der Städte UA 9.5., München	Der „Kampf zweier Männer in der Riesenstadt Chicago" erscheint als Mittel der Selbstverwirklichung und der Kommunikation.
Bertolt Brecht Baal UA 8.12., Leipzig	Brechts Jugendwerk zeigt den moralischen und psychischen Abstieg eines menschenverachtenden, egomanen Dichters.
Jules Romains Knock UA 15.12., Paris	Die satirische Komödie „Dr. Knock oder Der Triumph der Medizin" persifliert die kommerzialisierte Wissenschaft der modernen Medizin.
George Bernard Shaw Die heilige Johanna UA 28.12., New York	Die Geschichte der französischen Nationalheldin Jeanne d'Arc markiert den Beginn einer neuen, protestantisch-nationalistischen Zeit.
Operette	
Leo Fall Madame Pompadour UA 2.3., Wien	Der freche Überschwang der Partitur erinnert an Jacques Offenbach und macht das Werk zur faszinierendsten Operette der 20er Jahre.
Konzert	
Darius Milhaud La Création du Monde UA 25.10., Paris	In dem fünfsätzigen Stück für 18 Soloinstrumente gelingt Milhaud eine Synthese aus Jazz und der Technik der modernen Musik.
Film	
Cecil B. DeMille Die Zehn Gebote USA	Aufwendiges Bibel-Spektakel, das von der Zeit des Auszugs der Israeliten aus Ägypten in das moderne San Francisco überblendet.
Karl Grune Die Straße Deutschland	Visionäre Schilderung des modernen Großstadtlebens, das den Kleinbürger mit Kriminalität und Prostitution zu ersticken droht.
Robert Wiene I.N.R.I. Deutschland	Verfilmung von Peter Roseggers gleichnamigem Passionsroman mit Starbesetzung: Henny Porten als Maria und Asta Nielsen als Magdalena.
Buch	
Sigmund Freud Das Ich und das Es Wien	Die psychoanalytische Schrift erklärt das Ich zur Instanz, die die Wahrnehmung der Außenwelt organisiert und das Bewußtsein in sich trägt.
Maxim Gorki Meine Universitäten Moskau	Gorkis Lebensbeschreibung, von der der dritte und wichtigste Teil erscheint, gehört zu den Autobiographien von Weltrang.
Raymond Radiguet Den Teufel im Leib Paris	Die tödlich ausgehende Dreiecksgeschichte wird zu einem Klassiker der modernen französischen Novellistik.
Rainer Maria Rilke Duineser Elegien Leipzig	Die zehn freirhythmischen Gedichte gehören mit Rilkes „Sonetten an Orpheus" (1923) zu den lyrischen Meisterwerken des 20. Jh.
Felix Salten Bambi Berlin	Salten läßt Tiere wie Menschen handeln; Walt Disneys gleichnamiger Trickfilm (1942) macht das Kinderbuch zum Bestseller.
Italo Svevo Zeno Cosini Mailand	In Svevos wichtigstem Roman erzählt ein wohlhabender Bürger sein Leben als therapeutische Aufgabe für einen Psychoanalytiker.

1923

Zwölftonmusik: Arnold Schönberg (1874–1951) begründet die „Komposition mit nur zwölf aufeinander bezogenen Tönen" (Porträt von Egon Schiele).

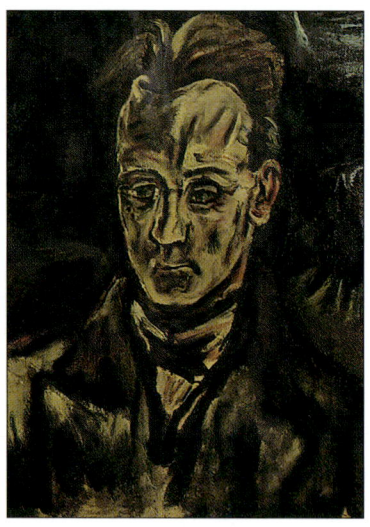

Anton Webern (1883–1945) entwickelt die Zwölftontechnik seines Lehrers Arnold Schönberg weiter (Porträt von Oskar Kokoschka).

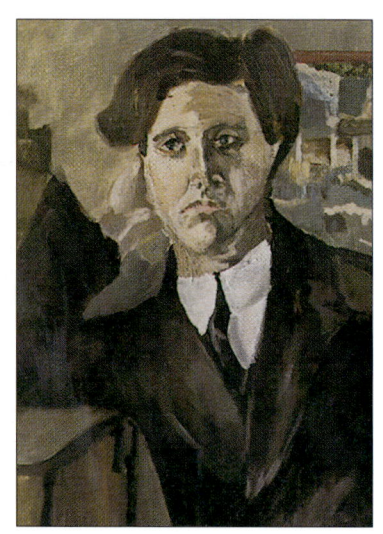

Alban Berg (1885–1935) übernimmt Schönbergs Zwölfton-Methode, läßt aber traditionell-tonale Bezüge durchscheinen (Porträt von Arnold Schönberg).

Erstvergabe wichtiger Literaturpreise			K 219
Jahr	Preis Land	Stifter	Auszeichnung
1901	Literaturnobelpreis Schweden	Alfred Nobel (1833–1896)	Herausragende Leistung in der Literatur
1903	Prix Goncourt Frankreich	Académie Goncourt (10 Schriftsteller)[1]	Erzählwerk in französischer Sprache
1912[2]	Kleist-Preis Deutschland	Kleist-Stiftung	Vielversprechende junge deutsche Dichter
1917	Pulitzer-Preis USA	Joseph Pulitzer (1847–1911)	Einzelwerk eines amerikanischen Autors
1923	Georg-Büchner-Preis Deutschland	Volksstaat Hessen[3]	Gesamtwerk eines deutschsprachigen Autors
1950	Heinrich-Mann-Preis Deutschland	Deutsche Akademie der Künste, Ostberlin	Gesamt- oder Einzelwerk eines ostdeutschen Schriftstellers
1950	Friedenspreis des Deutschen Buchhandels Deutschland	15 deutsche Verleger, ab 1951 Börsenverein des deutschen Buchhandels	Verdienste um die Vermittlung des Friedensgedankens
1977	Ingeborg-Bachmann-Preis Österreich	Stadt Klagenfurt, Österr. Rundfunk	Prosawerk eines deutschsprachigen Autors
1980	Geschwister-Scholl-Preis Deutschland	Stadt München, Verband Bayer. Verlage u. Buchhandlungen	Schriftstellerisches Werk in deutscher Sprache
1980	Heinrich-Böll-Preis Deutschland	Stadt Köln	Gesamtwerk eines deutschsprachigen Autors

1) Die Mitglieder dürfen nicht der Académie française angehören; 2) bis 1932 vergeben; 1985 von der Kleist-Gesellschaft wiederbegründet, 1985–1990 vor allem von Verlegern, seit 1991 vom Bundesinnenministerium finanziert; 3) seit 1951 gestiftet von der Deutschen Akademie für Sprache und Dichtung, Darmstadt

desbejahung erweist sich nach Rilkes eigener Aussage „als Eines in den Elegien".

Kritiker monieren, daß sich der Sinn der in freien Rhythmen geschriebenen Duineser Elegien nur sehr schwer erschließt; das Werk zählt zu den meistinterpretierten Dichtungen der Welt.

Bereits im 1. Weltkrieg entwickelte sich Rilkes „Weise von Liebe und Tod des Cornets Christoph Rilke" (1906) zu einem Bestseller. Sein Roman „Die Aufzeichnungen des Malte Laurids Brigge" (1910), eine Darstellung der Sinn- und Sprachkrise der Jahrhundertwende, gilt als erster deutschsprachiger Ausdruck der literarischen Moderne. S 205/K 217

📖 U. Fülleborn/M. Engel (Hg.): Materialien zu Rainer Maria Rilke, „Duineser Elegien". 3 Bde., 1981–1982. W. Leppmann: Rainer Maria Rilke, 1981. H. Nalewski (Hg.): Rilke. Briefe in 2 Bänden 1896–1926, 1991.

Sport

24 Stunden von Le Mans

26.5. Auf dem Circuit de la Sarthe bei Le Mans findet zum ersten Mal das 24-Stunden-Rennen von Le Mans statt. Sieger werden die Franzosen André Lagache/Albert Leonard auf einem Chenard & Walcker. Sie erreichen auf dem Rundkurs eine Durchschnittsgeschwindigkeit von rund 92 km/h.

Für das Rennen sind Fahrerwechsel (wegen der langen Dauer hat jeder Wagen minde-

stens zwei Fahrer), aber auch ununterbrochene Nachtfahrt vorgeschrieben.
Das 24-Stunden-Rennen von Le Mans avanciert zur bedeutendsten und schwierigsten Langstreckenprüfung für Sportwagen und Prototypen. Am 1.6.1955 (↑S.505) kommen beim schwersten Unfall in der Geschichte des Motorsports 82 Menschen ums Leben, als ein Rennwagen in die Zuschauermenge rast.

A. Cimarosti: Autorennen. Die großen Preise der Welt. Wagen, Strecken und Piloten 1894–1986, 1986.

Spengler-Cup gestiftet

25.12. Davos. Auf Initiative des Schweizer Arztes Carl Spengler wird ein internationales Eishockey-Turnier für Vereinsmannschaften ins Leben gerufen. Mit dem von ihm gestifteten Pokal will Spengler „den einst feindlichen Nationen Gelegenheit bieten, im friedlichen Kampf ihre Kräfte zu messen und sich kameradschaftlich die Hand zu reichen". Das erste Turnier, an dem der HC Davos, Sparta Prag, der Wiener Eislaufverein und die Oxford University teilnehmen, gewinnen die Briten. Das Turnier um den Spengler-Cup wird jährlich zwischen Weihnachten und Neujahr vom HC Davos ausgerichtet.

Le Mans: 33 Fahrzeuge starten zum ersten 24-Stunden-Rennen von Le Mans, dem schwierigsten Wettbewerb für Sportwagen.

Zäsuren der Musik (Kompositionstechnik) K 218

Nach 1915: Neoklassizismus	Neue Einstellung zur Tradition: Klassische Vorbilder werden als Anregungsquelle benutzt und parodistisch verfremdet; wichtigster Komponist: Igor Strawinsky
Nach 1920: Zwölftontechnik	Neuordnung musikalischer Zusammenhänge: Aus den zwölf Tönen der chromatischen Tonleiter gebildete „Reihen" lösen die Tonarten ab und werden Grundlage eines Musikstücks; Komponist: Arnold Schönberg
Nach 1945: Serielle Musik	Reglementierung aller Toneigenschaften: Angeregt durch die Klangveränderungsmöglichkeiten in der elektronischen Musik werden neben Zwölftonreihen auch Skalen für Tondauer, Lautstärke und Klangfarbe gebildet; Komponisten: P. Boulez, L. Nono, K. Stockhausen
Nach 1950: Aleatorik	Neue Freiheit für den Interpreten: Der Verlauf einer Komposition wird nur im groben festgelegt, Einzelheiten oder die Abfolge einzelner Teile bleiben dem „Zufall" überlassen; wichtigster Komponist: John Cage

Sport 1923 K 220

Fußball		
Deutsche Meisterschaft	Hamburger SV	
Englische Meisterschaft	FC Liverpool	
Italienische Meisterschaft	FC Genua	
Spanische Meisterschaft	AC Bilbao	
Tennis		
Wimbledon (seit 1877; 43. Austragung)	Herren: Bill Johnston (USA) Damen: Suzanne Lenglen (FRA)	
US Open (seit 1881; 43. Austragung)	Herren: Bill Tilden (USA) Damen: Helen Wills (USA)	
Australian Open (seit 1905; 16. Austragung)	Herren: Pat O'Hara-Wood (AUS) Damen: Margaret Molesworth (AUS)	
Davis-Cup (Sydney, AUS)	USA – Australien 4:1	
Eishockey		
Europameisterschaft	Schweden	
Stanley-Cup	Ottawa Senators	
Deutsche Meisterschaft	Berliner SC	
Radsport		
Tour de France (5386 km)	Henri Pélissier (FRA)	
Giro d'Italia (3202 km)	Costante Girardengo (ITA)	
Boxen		
Schwergewichts-Weltmeisterschaft	Jack Dempsey (USA) – K. o. über Louis Angel Firpo (ARG), 14.9. – PS gegen Tom Gibbons (USA), 4.7.	
Herausragende Weltrekorde		
Disziplin	Athlet (Land)	Leistung
Leichtathletik, Männer		
Stabhochsprung	Charles Hoff (NOR)	4,21 m
Schwimmen, Männer		
400 m Freistil	Johnny Weissmuller (USA)	4:57,0 min

1924

📖 D. Shub: Lenin. Geburt des Bolschewismus, 1976. A. Brien: Ich Lenin. Stationen, Menschen, Ereignisse, 1990.

Politik

Lenin erliegt einem Schlaganfall
21.1. Gorki. Der Revolutionär und Gründer Sowjetrußlands, Wladimir Iljitsch Lenin, stirbt 53jährig an den Folgen eines Schlaganfalls. Er wird im Mausoleum auf dem Roten Platz beigesetzt.
Nach der Februarrevolution (↑S.133/15.3.1917) war Lenin mit Hilfe der deutschen Regierung, die sich von ihm eine Destabilisierung der Ostfront erhoffte, nach Petrograd gelangt (↑S.134/16.6.1917). Nach einem mißglückten Putschversuch im Juli mußte Lenin nach Finnland fliehen und bereitete von dort den bewaffneten Aufstand vor, der zur Oktoberrevolution führte.
Dem schwerkranken Lenin – nach der Oktoberrevolution (↑S.135/7.11.1917) Regierungschef Sowjetrußlands – war es nicht mehr gelungen, die in seinem Testament im Dezember 1922/Januar 1923 geforderte Absetzung Josef W. Stalins (↑S.185/3.4.1922) durchzusetzen. Nach Lenins Tod beginnt ein Machtkampf (↑S.241/14.11.1927) zwischen Leo D. Trotzki und Stalin, der bewußt einen Personenkult um den ihm nicht mehr schadenden Revolutionsführer initiiert. Am 26.1. wird Petrograd in Leningrad umbenannt, 1991 heißt es wieder St. Petersburg. **S 242/K 253**

Labour Party am Ziel
23.1. London. Zum ersten Mal in der britischen Geschichte wird eine Regierung der Labour Party gebildet. Labour (191 Sitze) und die Liberalen (159 Sitze) hatten die Unterhauswahlen am 6.12.1923 überraschend mit der Forderung nach einer Freihandelspolitik gewonnen, die Konservativen unter Stanley Baldwin, die an ihrer Schutzzollpolitik festhielten, hatten 92 Sitze verloren (258). James Ramsey MacDonald, seit ihrer Gründung 1906 Führer der Labour Party, bildet mit Unterstützung der Liberalen ein Minderheitskabinett. Zu den ersten Maßnahmen seiner Regierung gehören die Aufhebung der Schutzzölle für Automobile, die Tee-, Kaffee- und Kakaosteuern und -zölle sowie die Aufnahme diplomatischer Beziehungen zur Sowjetunion.
Die Annäherungspolitik an die Sowjetunion kostet MacDonald die Unterstützung der Liberalen. Nach nur neun Monaten wird das Labour-Kabinett am 6.11. nach vorzeitigen Neuwahlen durch die Konservativen unter Baldwin abgelöst. Die Konservativen gewinnen 161 Sitze und damit die absolute Mehrheit im Parlament (419 Sitze), Labour verliert 40 Sitze, die Liberale Partei wird auf 40 Sitze dezimiert. **S 208/K 221**

📖 Lexikon zur Geschichte der Parteien in Europa, 1981.

Wichtige Regierungswechsel 1924			K 221
Land	Amtsinhaber	Bedeutung	
Dänemark	Niels Thomas Neergaard (M seit 1920) Thorvald Stauning (M bis 1926)	Erste sozialdemokratische Regierung Dänemarks (Koalition mit den Radikalen); erste Ministerin (Nina Bang, Bildung)	
Frankreich	Alexandre Millerand (P seit 1924) Gaston Doumergue (P bis 1930)	Nach Wahlsieg erzwingt das Linkskartell den Rücktritt des Präsidenten, der den Nationalen Block unterstützt hatte (10.6.)	
	Raymond Poincaré (M seit 1922) Edouard Marie Herriot (M bis 1925)	Wahlsieg des oppositionellen Linkskartells; Grund: fehlgeschlagene Wirtschaftspolitik (hohe Inflation) der Regierung	
Griechenland	Georg II. (König seit 1922) Pavlos Konduriotis (P bis 1929)	Proklamation der Republik beendet Dynastie Glücksburg (25.3.); Georg II. wird abgesetzt und muß das Land verlassen (S.209)	
Großbritannien	Stanley Baldwin (Konserv.; P seit 1923) J. R. MacDonald (Labour; P 23.1.–6.11.1924) Stanley Baldwin (Konserv.; P bis 1929)	Erste Labour-Regierung in Großbritannien; scheitert schon nach neun Monaten an ihrer sowjetfreundlichen Politik; Baldwin setzt die Befriedungspolitik von MacDonald fort (S.208)	
Österreich	Ignaz Seipel (Christl.soz.; B seit 1922) Rudolf Ramek (Christl.soz.; B bis 1926)	Rücktritt Seipels (8.11.); Grund: anhaltende Differenzen mit den Bundesländern über die Sparpolitik der Regierung	
Südafrika	Jan C. Smuts (M seit 1919) James Barry M. Hertzog (M bis 1939)	Wahlniederlage von Smuts durch Unterstützungsabkommen der Opposition (23.6.); Hertzog betreibt antibritische Politik	
UdSSR	Wladimir I. Lenin (M seit 1917)[1] Alexej I. Rykow (M bis 1930)[2]	Tod Lenins (21.1.); Beginn des offenen Machtkampfes zwischen Stalin und Trotzki: Macht bei sog. Troika (S.208)	

B = Bundeskanzler; M = Ministerpräsident; P = Präsident
1) Bis 1922 Vorsitzender des Rates der Volkskommissare; 2) Macht de facto bei Stalin

Kleine Entente aktiv

25.1. Paris. Mit einem Bündnis- und Freundschaftsvertrag zwischen Frankreich und der Tschechoslowakei (ČSR) ist die sog. Kleine Entente, ein Zusammenschluß Rumäniens, der ČSR und des Königreichs der Serben, Kroaten und Slowenen, ihrem Ziel nähergerückt, mit Hilfe bilateraler Verträge die Nachkriegsordnung zu sichern.

Frankreichs Unterstützung der Kleinen Entente entspringt dem Interesse, einen Sperrgürtel (Cordon Sanitaire) in Mittel- und Südeuropa zur Begrenzung der „bolschewistischen Weltrevolution" zu schaffen.

Diese Politik der gegenseitigen Sicherheitsgarantien kann jedoch die Zerschlagung der ČSR durch Hitler-Deutschland (↑S.350/15.3.1939) nicht verhindern. Nach dem Münchner Abkommen (↑S.342/30.9.1938) zerfällt die Entente. S 209/K 222 S 294/K 302

Kleine Entente im Überblick K 222

Datum	Ereignis	Inhalt/Folgen
4.6.1920	Friedensvertrag von Trianon	Ungarn verliert Gebiete an ČSR, Rumänien und späteres Jugoslawien
14.8.1920	Defensiv-Vertrag zwischen der Tschechoslowakei und dem späteren Jugoslawien	Hilfe gegen potentiellen Angriff ungarischer Truppenverbände
23.4.1921	Beitritt Rumäniens zur Kleinen Entente	Bewahrung des Nachkriegsstatus in Osteuropa
25.2.1922	Vertragliche Bindung Polens an das Bündnis (unter franz. Einfluß)	Interessenabstimmung mit Nachbarstaaten
25.1.1924	Nach Polen und Rumänien schließt die ČSR einen Freundschaftsvertrag mit Frankreich	Frankreich will Osteuropa vor sowjetischem Einfluß schützen
14.6.1926	Verlängerung des Fortbestehens der Kleinen Entente	Festigung der staatlichen Existenz der Mitglieder
16.2.1933	Organisationspakt der drei Bündnisstaaten	Vereinheitlichung der Außenpolitik
30.9.1938	Münchner Abkommen	Ende der Entente nach deutscher Teilbesetzung der Tschechoslowakei

Fiume-Konflikt beigelegt

27.1. Rom. Das Königreich der Serben, Kroaten und Slowenen unterzeichnet ein Abkommen mit Italien, in dem es die italienische Souveränität über Fiume (Rijeka) anerkennt.

Seit dem 1. Weltkrieg schwelte der Konflikt um die Hafenstadt Fiume, auf deren Gebiet beide Staaten Anspruch erhoben. 1919 hatte der italienische Dichter Gabriele D'Annunzio die Adriastadt mit einer Freischärlertruppe besetzt, 1920 wurde sie zum Freistaat erklärt.

Das Abkommen überläßt Italien die Stadt; das angrenzende Königreich erhält einen Großteil des Hinterlandes sowie die Pacht für einen Teil des Hafens. 1947 wird Rijeka von den Alliierten Jugoslawien zugesprochen. S 209/K 223

Streit um Fiume (Rijeka)[1)] K 223

Datum	Ereignis
10. 9.1919	Friedensvertrag von St.-Germain-en-Laye: keine Einigung über Fiume-Frage
12. 9.1919	Der italienische Dichter und Politiker D'Annunzio besetzt Fiume; Anschluß-Proklamation
8. 9.1920	D'Annunzio erklärt Fiume zum unabhängigen Freistaat
11.11.1920	Rapallo-Vertrag Italien und Jugoslawien legen Grenze fest; Ende des Freistaats
1.12.1920	Beginn der italienischen Blockade von Fiume (31.12.: D'Annunzio kapituliert)
27. 1.1924	Fiume-Abkommen: Italien erhält die Stadt, Jugoslawien wird das Hinterland zugesprochen
16. 3.1924	Fiume an Italien angegliedert; D'Annunzio wird in den Fürstenstand erhoben

1) Nach dem 1. Weltkrieg

Griechenland wird Republik

25.3. Athen. Die griechische Nationalversammlung proklamiert die Republik und erklärt die Dynastie Glücksburg (seit 1863) für abgesetzt. König Georg II. geht nach Rumänien ins Exil, ohne auf seinen Thronanspruch zu verzichten. Erster Staatspräsident wird Pavlos Konduriotis.

Nach der griechischen Niederlage im Griechisch-Türkischen Krieg (↑S.187/9.9.1922) hatten die Auseinandersetzungen zwischen Royalisten und Republikanern an Schärfe gewonnen. Alexandros Papanastasiou, Führer der sozialdemokratischen Republikanischen Union und Ministerpräsident (seit 11.3.), konnte sich schließlich durchsetzen.

Am 13.4. wird die Ausrufung der Republik, die bis 1935 Bestand hat, durch eine Volksabstimmung bestätigt. S 401/K 400

📖 A. Vakalopulos: Griechische Geschichte von 1204 bis heute, 1985.

Duce übersteht Matteotti-Krise

10.6. Rom. Die Ermordung des italienischen Sozialistenführers Giacomo Matteotti durch ein faschistisches Schlägerkommando stürzt das Regime Benito Mussolinis in eine schwere Krise.

Matteotti hatte am 30.5. vor dem Parlament den Wahlterror der Faschisten angegriffen und die Annullierung der Wahl vom 6.4. gefordert, bei der die Faschisten mit Hilfe eines neuen Wahlgesetzes die absolute Mehrheit der Sitze errungen hatten.

Versuche der Opposition, Mussolinis Entlassung zu erzwingen, scheitern an ihrer Uneinigkeit und der fehlenden Unterstützung durch König Viktor Emanuel III. Mussolini entläßt einige seiner belasteten Mitarbeiter und geht gestärkt aus der Krise hervor (↑S.219/3.1.1925). S 174/K 190

Krieg der Kampfverbände

18.7. Deutsches Reich. Mit der Gründung des Roten Frontkämpferbundes (RFB) durch die Kommunistische Partei Deutschlands (KPD) stehen sich drei feindliche paramilitärische Massenorganisationen (RFB, Stahlhelm und Reichsbanner) gegenüber.

Im November 1918 wurde von Franz Seldte der antirepublikanische Bund der Frontsoldaten, Stahlhelm, gegründet, der 1933 in die SA, die „Sturmabteilung" der NSDAP, eingegliedert wird. Am 22.2.1924 folgte der sozialdemokratische Reichsbanner Schwarz-Rot-Gold. Gegen beide wendet sich der RFB, dessen erste Ortsverbände in Sachsen und Thüringen entstehen.

Agitation und Propaganda sowie Saal- und Demonstrationsschutz sind die Aufgaben dieser behördlich zugelassenen Verbände, die bei der Polarisierung und Destabilisierung der Weimarer Republik eine große Rolle spielen. Der Reichsbanner wird 1933 von den Nationalsozialisten aufgelöst, der RFB wird 1929 verboten, besteht jedoch bis 1933 illegal als Rotfront. S 163/K 177

📖 W. Vogel: Katholische Kirche und nationale Kampfverbände in der Weimarer Republik, 1989.

Georgien 1996: In den Gebieten Abchasien und Südossetien, die eine Loslösung von Georgien anstreben, herrscht seit 1993 Waffenstillstand.

Dawes-Plan: Gespräche am Rande der Londoner Konferenz zur Regelung der Reperationszahlungen zwischen den Ministerpräsidenten von Belgien (Georges Theunis), Frankreich (Édouard Marie Herriot) und Großbritannien (James Ramsey MacDonald, v.l.).

Entspannung durch Dawes-Plan

16.8. London. Die Alliierten und das Deutsche Reich einigen sich im sog. Londoner Abkommen auf eine Neuregelung der Reparationszahlungen. Grundlage des Vertrags ist ein vom amerikanischen Finanzexperten Charles Gates Dawes (Friedensnobelpreis 1925) ausgearbeiteter Plan, der einen Schuldentransfer vorsieht.

Die Reichsregierung zahlt Reparationen an die Alliierten, die damit ihre Kriegsschulden in den USA begleichen. Aus den USA wiederum fließen Kredite ins Deutsche Reich. Am 29.8. wird der Dawes-Plan vom Reichstag angenommen. Ausschlaggebend für die Ratifizierung ist das mit Frankreich getroffene Abkommen, wonach die Franzosen binnen eines Jahres das Ruhrgebiet räumen sollen (↑S.198/11.1.1923; S.212/3.9.1924).

Es beginnt eine Ära der Entspannung, deren Höhepunkte der Vertrag von Locarno (↑S.221/16.10.1925) und die Aufnahme Deutschlands in den Völkerbund sind (↑S.233/10.9.1926). Der Dawes-Plan wird am 7.6.1929 (↑S.256) durch den Young-Plan abgelöst. S 213/K 225

Georgischer Aufstand scheitert KAR

September. Georgien. Sowjettruppen schlagen einen antibolschewistischen Aufstand nieder, der die Selbständigkeit Georgiens zum Ziel hatte. Das Gebiet ist für die Sowjetunion von großem wirtschaftlichem Interesse (u. a. bedeutende Manganvorkommen).

1924

Genf als Mittelpunkt internationaler politischer Vereinbarungen — K 224

Konferenzen

Zeitraum	Ereignis	Teilnehmer	Regelungen/Folgen
1932–35	Abrüstungskonferenz	61 Staaten	Einigung auf gemeinsames Abkommen scheitert an deutsch-französischen Gegensätzen
1954	Indochina-Konferenz	9 Staaten	Ziel (Beendigung des Vietnamkriegs) nicht erreicht; drei Waffenstillstandsabkommen (S.491/21.7.)
1955	Gipfelkonferenz	Alliierte Regierungschefs	Diskussion über Entspannungspolitik und deutsche Einheit nach NATO-Beitritt der BRD
1959	Außenminister-Konferenzen	Alliierte plus BRD und DDR	Anlaß: sowjetisches Berlin-Ultimatum von 1958; keine Einigung über europäische Sicherheit
1961/62	Laos-Konferenz	USA, UdSSR, Nordvietnam u. a.	Laos erklärt Neutralität, die alle Teilnehmer anerkennen; Konflikt geht weiter (S.557/23.6.1962)
Ab 1962	Abrüstungskonferenzen	17 später 40 Staaten (ab 1979) bzw. 61 Staaten (ab 1994)	Entscheidende Mitwirkung an allen Rüstungsbegrenzungs- und Abrüstungsabkommen
Ab 1973	Nahost-Friedenskonferenzen	Arabische Staaten, Israel, USA, UdSSR	Ziel: Friedenssicherung zwischen arabischen Staaten und Israel

Konventionen

Zeitraum	Ereignis	Unterzeichner	Regelungen/Folgen
1929	Kriegsgefangenen- und Verwundetenabkommen[1]	Anzahl wechselnd	Verbesserung der Regelungen in der Haager Landkriegsordnung von 1899 und 1907
1949	Vier Rot-Kreuz-Abkommen[2]	59 Staaten; BRD: 1954	Behandlung von Verwundeten, Kranken, Gefangenen und Zivilpersonen festgelegt
1951	Flüchtlingsabkommen[3]	Fast alle Staaten	Definition und Status der Flüchtlinge und deren Behandlung werden festgelegt
1972	Konvention zur biologischen Kriegführung[4]	131 Staaten (1995); BRD 1983	Keine wirksame internationale Kontrolle; Irak gab 1995 zu, B-Waffen entwickelt zu haben
1993	Konvention zu chemischen Waffen	47 Staaten (1995)[5]	Verbot von Entwicklung, Herstellung, Lagerung; Vernichtung von Beständen (rd. 100 000 t)
1996	Atomteststoppabkommen		Allgemeingültiges Verbot von Kernwaffenversuchen; Indien macht Unterschrift von Abrüstung abhängig[6]

Protokolle

Zeitraum	Ereignis	Unterzeichner	Regelungen/Folgen
1922	Genfer Protokoll	Frankreich, Großbrit., Italien, Österreich, Tschechoslowakei	Wirtschaftliche Hilfe an Österreich; Garantie von Unabhängigkeit und Integrität (S.189)
1924	Genfer Protokoll	Nicht in Kraft, Großbritannien lehnt ab	Friedliche Regelungen internationaler Streitigkeiten; Ächtung des Angriffskriegs (S.211)
1925	Genfer Protokoll	Über 100 Staaten, USA lehnen ab	Verbot von Giftgaseinsätzen in Kriegen sowie von bakteriologischer Kriegführung (S.221)

1) Genfer Abkommen zur Verbesserung des Loses der Verwundeten und Kranken im Felde; Genfer Abkommen über die Behandlung der Kriegsgefangenen; 2) Genfer Abkommen zum Schutz der Kriegsopfer; erste Konvention von 1864 durch Henri Dunant angeregt; 1977: zwei Zusatzprotokolle; 3) Abkommen über die Rechtsstellung der Flüchtlinge; 4) Ächtung der Entwicklung, Produktion und Lagerung biologischer Waffen; 5) in Kraft 180 Tage nach Ratifizierung durch 65 Staaten; 6) in Kraft, wenn alle 44 Staaten, die über Nuklearkapazität verfügen (darunter Indien), ratifiziert haben; 158 Staaten der UNO-Vollversammlung stimmen im Sept. 1996 für Vertrag

Georgien, das 1918 unter dem Schutz der Westmächte seine Unabhängigkeit erklärt hatte, wurde 1921 von der Roten Armee besetzt und in die Sowjetunion zwangsintegriert. Im Zusammenhang mit dem Zerfall der UdSSR (↑S.850/21.12.1991) erklärt sich die Kaukasusrepublik am 9.4.1991 erneut für unabhängig.

Der Krieg wird geächtet

2.10. Genf. Die fünfte Völkerbundsversammlung verabschiedet einstimmig das Protokoll über die friedliche Regelung internationaler Streitigkeiten. Dies ist der erste Versuch, eine weltweit verbindliche Strategie zur Friedenssicherung zu schaffen. Der Angriffskrieg wird geächtet.

Auseinandersetzungen zwischen einzelnen Mitgliedstaaten sollen unter Einbeziehung des Internationalen Gerichtshofs in Den Haag geschlichtet werden. Friedensstörern drohen umfassende Sanktionen.

Frankreich, geleitet vom Interesse an der Sicherung des Status quo innerhalb der eu-

1924

Stanley Baldwin

ropäischen Machtverhältnisse, unterzeichnet das Protokoll noch am 2.10. Die konservative Regierung Großbritanniens unter Stanley Baldwin (↑S.208/23.1.), die ab dem 6.11. amtiert, lehnt eine Unterzeichnung ab, das Genfer Protokoll bleibt deshalb ohne die erhoffte Wirkung. S 211/K 224

Ibn Saud erobert Mekka

13.10. Saudische Truppen unter Sultan Ibn Saud besetzen die heilige Stadt Mekka, Hauptstadt des Hedschas. Damit kann der Führer der Wahhabiten den Machtkampf mit dem Haschimidenführer Husain Ibn Ali für sich entscheiden. Die Briten bleiben wegen ihres Interesses an saudischem Erdöl neutral.
Nach Zusammenbruch des Osmanischen Reichs hatten Franzosen und Briten den Nahen Osten als Mandatsgebiete unter sich aufgeteilt. Husain wurde 1916 als König des Hedschas anerkannt, Ibn Saud 1915 als Herrscher des Nadschd. Husains Sohn Faisal, der während des Krieges auf britischer Seite mit T. E. Lawrence gegen türkische und deutsche Truppen gekämpft hatte, wurde 1921 als Faisal I. König des Irak (↑S.523/14.7.1958).
Anlaß für die Eroberung des Hedschas war die Selbsternennung Husains zum Kalifen gewesen.
Ibn Saud ist der einzige von den Briten unabhängige Herrscher im Vorderen Orient. 1926 läßt er sich zum König des Nadschd und Hedschas ausrufen (ab ↑23.9.1932 Saudi-Arabien, ↑S.282). S 199/K 213   S 580/K 585
📖 Saudi-Arabien. Natur, Geschichte, Mensch und Wirtschaft, 1976.

Ibn Saud Abd Al Aziz III. (1880–1953), Gründer und König von Saudi-Arabien (seit 1932). Als US-Firmen 1938 Erdöl entdecken, gelangt Ibn Saud außenpolitisch zunehmend unter amerikanischen Einfluß.

Mongolei wird Volksrepublik

26.11. Ulan Bator. Die Äußere Mongolei wird als Mongolische Volksrepublik nach der Sowjetunion der zweite kommunistische Staat der Welt. Die Hauptstadt Urga wird in Ulan Bator (Roter Held) umbenannt.
Nach dem Sturz der Mandschu-Dynastie 1911 hatte sich die Mongolei von China gelöst und als Monarchie selbständig gemacht. Das Land war 1915–1919 erneut von chinesischen Truppen besetzt, die mit Hilfe der Roten Armee ab 1920 vertrieben wurden. Bis zum Zusammenbruch der Sowjetunion (↑S.850/21.12.1991) steht der zentralasiatische Staat unter deren Einfluß. Im Januar 1992 wird die Bezeichnung Volksrepublik aus dem Staatsnamen gestrichen, am 12.2.1992 tritt eine demokratisch orientierte Verfassung in Kraft.

Wirtschaft

Ruhrwirtschaft in deutscher Hand

3.9. Koblenz. Die interalliierte Rheinlandkommission erläßt erste Verordnungen zur Wiederherstellung der wirtschaftlichen Einheit des Deutschen Reichs. Sie sind Teil des Londoner Abkommens (↑S.210/16.8.) und bedeuten die sog. wirtschaftliche Räumung der besetzten Gebiete.
Am 11.1.1923 (↑S.198) hatten französische und belgische Truppen das Ruhrgebiet besetzt und eine vom Deutschen Reich abgelöste Wirtschaftszone geschaffen. Am 27.10. konstatiert die Reparationskommission die Wiederherstellung der wirtschaftlichen und fiskalischen Einheit, Ruhrzechen und Eisenbahn kehren unter deutsche Verwaltung zurück. Die militärische Räumung zieht sich bis Ende Juli 1925 hin. S 213/K 225
📖 W. Schulze: Bewegte Zeiten. Erzählte Geschichte des Ruhrgebietes, 1987.

Ausland kontrolliert Reichsbank

4.10. Berlin. Das neue Reichsbankgesetz, eines der Durchführungsgesetze zum Dawes-Reparationsplan (↑S.210/16.8.), tritt in Kraft. Es stellt die Reichsbank unter internationale Aufsicht.
Mit dieser Maßnahme wollen die Alliierten die Stabilität der deutschen Währung sichern und die deutsche Zahlungsfähigkeit erhalten. Am 11.10. wird die Mark durch die Reichsmark ersetzt.
Die finanzielle Kontrolle durch die Alliierten bleibt bis zum Inkrafttreten des Young-Plans erhalten (↑S.256/7.6.1929).

Die Reparationsfrage nach dem 1. Weltkrieg — K 225

Datum	Ereignis	Regelungen/Aufgaben	Absicht/Folgen
10. 1.1920	Versailler Friedensvertrag vom 28.6.1919 tritt in Kraft	Weitreichende Reparationsforderungen werden angekündigt; Sofortzahlung von 20 Mrd Goldmark; Auslieferung von Handelsflotte, Strom- und Telegrafenkabeln	Deutsches Reich soll Status als internationale Handels- und Wirtschaftsmacht verlieren
24. 1.1920	Interalliierte Reparationskommission nimmt Arbeit auf	Gremium soll Wiedergutmachungsleistungen des Deutschen Reichs für die verursachten Kriegsschäden langfristig anlegen	Deutsches Reich muß sich den Regelungen der Reparationskommission verbindlich beugen
5. 7.1920	Internationale Reparationskonferenz in Spa/Belgien	Kohlelieferungen jährlich 24 Mio t (deutsches Angebot: 16,8 Mio t); Frankreich erhält 52%, Großbritannien 22% aller Reparationen	Festlegung der Gesamtschuld steht weiterhin aus; Ruhrgebietsbesetzung bei Nichterfüllung angedroht
22.12.1920	Internationale Sachverständigenkonferenz in Brüssel	Die deutschen Reparationszahlungen sollen in Jahreszahlungen (sog. Annuitäten) zu jeweils 3 Mrd Goldmark erfolgen	Deutsches Reich sieht „untragbare Belastung" der Wirtschaft im eigenen Land
24. 1.1921	Pariser Konferenz der Alliierten	Pariser Beschlüsse: 226 Mrd. Goldmark in 42 langsam steigenden Annuitäten (1921–1963); jährliche Abgabe von 12% des Wertes des deutschen Exports	Wachsende Proteste in Deutschland gegen „Gewaltfrieden" und wirtschaftliche Knebelung
1. 3.1921	Londoner Konferenz	Deutsche Gegenvorschläge: 53 Mrd Goldmark plus 42 Jahresraten von 8% Zinsen	Eklat: Alliierte besetzen Städte im Ruhrgebiet als Pfand (S.174/7.3.)
5. 5.1921	Londoner Ultimatum	132 Mrd Goldmark in 66 Jahresraten plus 6% Zinsen; Abführen von 26% Exporterlös	Deutschland stimmt zu, da sonst Ruhrgebietsbesetzung droht
6. 1.1922	Alliierte Wirtschaftskonferenz in Cannes	Zahlungsaufschub; alle zehn Tage sind 31 Mio Goldmark in zugelassenen Devisen zu zahlen	Deutsche Zahlungsunfähigkeit wird vorerst verhindert
9. 3.1922	Konferenz der Finanzminister (B, F, GB)	Festlegung der Besatzungskosten: jährlich 220 Mio Goldmark ab Mai 1922; Einigung über prozentuale Verteilung der Gelder	Rheinlandräumung in drei Phasen ab 1926; finanzielle Belastung des Deutschen Reiches steigt
1. 8.1922	Balfour-Note der britischen Regierung an die USA	Britische Regierung fordert teilweisen Kriegsschuldenverzicht der USA gegenüber verschuldeten europäischen Staaten	Wiederaufbau der europäischen Wirtschaft und politische Entspannung werden verhindert
9.12.1922/ 4. 1.1923	Konferenzen über Reparationszahlungen in London und Paris	Deutsches Reich erklärt Zahlungsunfähigkeit und bittet – vergeblich – um einen Aufschub und eine Goldanleihe zur Mark-Stabilisierung	Frankreich und Belgien besetzen Ruhrgebiet als Leistungspfand; Zahlungseinstellung (S.198)
26.12.1923	Berufung des Dawes-Komitees	USA beteiligen sich erstmals an Ausarbeitung eines neuen Reparationsplans	Frankreich ist mit Neuregelung der Reparationen einverstanden
9. 4.1924	Dawes-Komitee legt Gutachten vor	Erstmals werden die realen deutschen Wirtschaftsverhältnisse zugrunde gelegt	Eine allseits akzeptable Neufestsetzung wird möglich
16. 8.1924	Londoner Konferenz	Londoner Abkommen nach Dawes-Plan: Annuitäten von 2,5 Mrd Goldmark ab 1928 (vorher geringer); Deutsches Reich erhält Anleihe von 800 Mio Goldmark	Beginn einer Entspannungsphase; Ruhrgebietsräumung in spätestens einem Jahr (S.210)
11. 2.1929	Young-Kommission nimmt Arbeit auf	Gesamtschulden des Deutschen Reiches sollen endgültig festgelegt werden	Deutschland erhofft sich Zugeständnisse bei Rheinlandräumung
7. 6.1929	Unterzeichnung des Young-Planes in Paris	Rund 2 Mrd Goldmark jährlich bis 1987; alliierter Verzicht auf wirtschaftliche und finanzielle Kontrollen und Eingriffe des Dawes-Plans	Extremistische deutsche Parteien polemisieren gegen „Versklavung des deutschen Volkes" (S.256)
31. 8.1929	Ende der Ersten Haager Konferenz	Prozentuale Verteilung der deutschen Zahlungen und vorzeitige Rheinlandräumung beschlossen	Rheinlandräumung ist innerhalb eines Jahres bis spätestens 30.6.1930 abgeschlossen
20. 1.1930	Ende der Zweiten Haager Konferenz (Haager Schlußakte)	Endgültige Zahlungsregelung (insgesamt 34,5 Mrd RM bis 1988 an Bank für Internationalen Zahlungsausgleich in Basel) und Rheinlandräumung	Young-Plan löst den Dawes-Plan ab; Deutschland wird wieder souverän
6. 7.1931	Hoover-Moratorium	US-Präsident schlägt einjährige Aussetzung aller Kriegsschuldzahlungen und Reparationsleistungen vor (Kapital und Zinsen)	Deutsche und alliierte Finanzlage soll verbessert werden; Deutschland erhält Großkredit (S.273)
6. 1.1932	Brüning-Erklärung in Berlin	Wegen Wirtschaftskrisen will Deutschland nach Ablauf des Hoover-Moratoriums alle Reparationszahlungen unbefristet einstellen	Finanzieller Bankrott befürchtet; heftige Reaktionen bei Gläubigerstaaten im Ausland
9. 7.1932	Ende der Konferenz in Lausanne (Lausanner Vertrag)	Deutsche Reparationen endgültig auf 3 Mrd Goldmark festgesetzt; Young-Plan verliert Gültigkeit; Zahlungen in Schuldverschreibungen statt in festen Raten	Ende der deutschen Reparationszahlungen erreicht; Teilrevision des Versailler Vertrages

Wichtige soziologische Theorien	K 226

Handlungstheorie

Vertreter: George Caspar Homans (USA, *1910), Karl-Dieter Opp (D, *1937)

Inhalt: Soziales Verhalten wird auf psychische Gegebenheiten des Menschen zurückgeführt. Belohnungen (z. B. Zustimmung) verstärken in zwischenmenschlichen Beziehungen (Interaktionen) bestimmte Verhaltensweisen. Durch solche positiven Bindungen entstehen (Klein-)Gruppen (z. B. Freundeskreise, Sekten), die eigene Verhaltensnormen entwickeln.

Historischer Materialismus (Marxismus)

Vertreter: Karl Marx (D, 1818–1883), Friedrich Engels (D, 1820–1895)

Inhalt: Die Funktionsweise bürgerlich-kapitalistischer Gesellschaften soll aufgezeigt, die (historische) Entwicklung von Gesellschaften analysiert werden. Arbeit wird als Grundbedingung des Lebens, der Klassengegensatz zwischen Besitzenden (Kapitalisten) und Besitzlosen (Proletarier) als Triebfeder für gesellschaftliche Entwicklung verstanden. Ziele sind die revolutionäre Überwindung kapitalistischer Gesellschaften, die Herrschaft des Proletariats und letztendlich die Durchsetzung des Kommunismus.

Interaktionistische Theorie

Vertreter: George Herbert Mead (USA, 1863–1931), Erving Goffman (USA, *1922), Jürgen Habermas (D, *1929)

Inhalt: Erklärung des alltäglichen Verhaltens von Individuen zueinander (mit Bezug auf soziale Prozesse). Die Entwicklung der menschlichen Persönlichkeit durch ständige Kommunikation und soziales Verhalten steht im Mittelpunkt (wichtig: Lernen von Rollen und Symbolen wie Sprache). Verhalten muß am Interaktionspartner (z. B. in Gesprächen) ausgerichtet werden, wodurch gemeinsames Handeln möglich wird.

Kritische Theorie

Vertreter: Frankfurter Schule mit Theodor W. Adorno (D, 1903–1969), Herbert Marcuse (USA, 1898–1979), Jürgen Habermas (D, *1929), Max Horkheimer (D, 1895–1973)

Inhalt: Schaffung einer zukünftigen Gesellschaft als Gemeinschaft freier Menschen (Anlehnung an den Marxismus, aber keine revolutionäre Überwindung der kapitalistischen Gesellschaft, sondern deren Reform). Alle gesellschaftlichen Institutionen (z. B. Bildungseinrichtungen, Kirche, Medien) werden auf ihren Machtanspruch hin untersucht. Die kritische Gesellschaft soll durch Verbindung von Politik und Wissenschaft erreicht werden: Wissenschaft darf nicht wertfrei sein, der Forscher kann seinen eigenen politischen Standort einbringen (Subjektivismus). Im Gegensatz dazu steht das Postulat der Wertfreiheit soziologischer Forschung: kritischer Rationalismus, der Forscher muß „objektiv" sein, er darf nur wissenschaftlich-empirisch erhobene Daten verwenden (vertreten u. a. von Max Weber und Karl R. Popper).

Rollentheorie

Vertreter: George Herbert Mead (USA, 1863–1931), Alfred Schütz (USA, 1889–1959), Herbert Blumer (USA, *1900)

Inhalt: Das Verstehen des Sinns, den Menschen ihren Handlungen geben, steht im Mittelpunkt. Wichtigste Merkmale sind die soziale Rolle und die Erwartungen, die an den Träger einer Rolle (z. B. den Lehrer) gestellt werden.

Strukturell-funktionale Theorie (Strukturfunktionalismus)

Vertreter: Talcott Parsons (USA, 1902–1979), Robert King Merton (USA, *1910)

Inhalt: Verhältnis zwischen Gesellschaft und Individuen soll aufgedeckt werden. Gesellschaften sind ein sich selbst regulierendes soziales System, das auf sozialen Handlungen aufbaut. Gesellschaftliche Teilbereiche (z. B. Schule, Betrieb, Familie, Massenmedien) bilden das gesamtgesellschaftliche System. Untersucht wird der Beitrag der Teilbereiche zur Stabilität und zum Fortbestand des gesamtgesellschaftlichen Systems. Der struktur-funktionale Ansatz wird durch die Systemtheorie (Hauptvertreter: Niklas Luhmann; D, *1927) weiterentwickelt. Die Systemtheorie, die sich u. a. aus der theoretischen Kybernetik entwickelt hat, versucht, alle Wissenschaften (Natur-, Geistes-, Humanwissenschaften) unter einem einheitlichen Theorieansatz zusammenzufassen.

Schilling statt Krone

20.12. Wien. Nach zweijähriger Stabilität wird der Schilling als neue Geldeinheit eingeführt. Er löst die von der Nachkriegsinflation in Mitleidenschaft gezogene Krone ab. Ein Schilling (= 100 Groschen) entspricht dem Wert von 10 000 Papierkronen. Offiziell tritt die neue Währung am 1.3.1925 in Kraft, die Umtauschaktion ist 1937 abgeschlossen. In der Übergangszeit gibt es Banknoten mit Kronen- und Schillingaufdruck.

Wissenschaft

Auftrieb für Sozialforschung

22.6. Frankfurt/Main. An der Frankfurter Universität wird das 1923 von F. Weil begründete Institut für Sozialforschung offiziell eingeweiht. Es soll die methodischen Grundlagen dieser noch jungen Wissenschaft weiterentwickeln. Zu den Gründungsmitgliedern gehört der 29jährige Max Horkheimer (1930–33 Direktor).
Nach dem Verbot (1933) durch die Nationalsozialisten wird das Institut von Horkheimer und Theodor W. Adorno ab 1934 in New York als Institute of Social Research weitergeführt. Unter deren gemeinsamer Leitung erringt die ab 1950 wieder in Frankfurt angesiedelte Forschungsanstalt Weltgeltung (ihr Hauptorgan: „Zeitschrift für Sozialforschung"). Sie wird Zentrum einer kritischen Sozialforschung, der sog. Frankfurter Schule, von der u. a. Herbert Marcuse und Erich Fromm beeinflußt werden. Zu den Hauptvertretern nach Adornos Tod (1969) zählt Jürgen Habermas. S 214/K 226

Technik

In 176 Tagen um die Welt

28.9. Seattle. Den beiden US-Amerikanern Lowell H. Smith und Erik H. Nelson gelingt der erste Flug um die Erde. Nach 42 398 km, in 57 Etappen zurückgelegt, treffen sie mit ihren Douglas-World-Cruiser-Maschinen am Ausgangsort Seattle ein.
Nach dem Start am 6.4. führte die Route über Alaska, die Aleuten und Kurilen nach Tokio, von dort über Bangkok, Delhi, Athen, Paris, Island und Grönland zurück nach Seattle.
Flüge über weite Distanzen werden von der Weltöffentlichkeit mit großem Interesse verfolgt. Ebenfalls im Frühjahr, am 24.3., startete eine britische Crew unter Major MacLaren von Southampton aus in entgegen-

gesetzter Richtung. Sie kehrt am 23.10. nach Großbritannien zurück. S 38/K 30

Rundfunk wird populär
4.12. Berlin. Im eigens dafür errichteten Haus der Funkindustrie wird die erste deutsche Funkausstellung eröffnet. Bis zum 13.12. besuchen ca. 115 000 Interessierte die Produktschau der 268 Aussteller.
Seit der ersten Sendung im Oktober 1923 (↑S.204) wurde der deutsche Rundfunk rasch ausgebaut. Ende 1924 bedienen neun Rundfunkgesellschaften 549 000 offiziell gemeldete Hörer. Da ein guter Radioapparat zwischen 400 und 500 Reichsmark kostet, benutzen viele Hörer selbstgebastelte Geräte. Größte Attraktion der Ausstellung ist ein 1,5-Kilowatt-Sender, wichtigste Neuerung der erste brauchbare Trichterlautsprecher. S 166/K 179
Rundfunk in Deutschland Tl. 1. Rundfunkpolitik in der Weimarer Republik, dtv TB 3183.

Medien

Werbefunk beginnt Siegeszug
Mai. Deutsches Reich. Wenige Monate nach der ersten Rundfunksendung (Oktober 1923) erlaubt die Reichspost, erstmals Werbeeinblendungen ins Programm aufzunehmen. Untersagt sind politische und religiöse Werbung sowie Reklame für Alkohol, Vergnügungsstätten, Rundfunkgeräte, Tageszeitungen und Programmzeitschriften. Zeitungsverleger hatten versucht, ein Verbot des Radio-Inserates durchzusetzen; sie befürchten die Konkurrenz des sich rasch ausbreitenden Massenmediums (↑S.215/4.12.).
Erlöse aus Werbesendungen spielen fortan eine immer größere Rolle in der Finanzierung eines flächendeckenden Rundfunknetzes und sind Voraussetzung für die Einrichtung privat geführter Sender. 1995 liegen die Werbeeinnahmen der öffentlich-rechtlichen Sendeanstalten ARD und ZDF bei 302 Mio bzw. 345 Mio DM (zum Vergleich: RTL 2 Mrd DM, 1995).
E. Clark: Weltmacht Werbung. Die Kunst, Wünsche zu wecken. Techniken u. Strategien der Werbeindustrie, 1989.

Gesellschaft

Erziehung ohne Strafe
Leiston/Suffolk. Der britische Pädagoge Alexander S. Neill gründet die Internatsschule „Summerhill".

Beeinflußt von den psychoanalytischen Erkenntnissen Wilhelm Reichs entwickelt er ein Erziehungsprogramm, das auf Zwang, Strafmaßnahmen und moralisch-religiöse Beeinflussung verzichtet. Statt dessen setzt Neill auf Freiwilligkeit, um beim Schüler Selbständigkeit und Kritikfähigkeit zu entwickeln.
Mit Aufkommen der Reformpädagogen hatte zu Beginn des 20. Jh. ein Umdenkungsprozeß in der Kindererziehung begonnen. Nicht mehr der Nutzen für die Gesellschaft sollte für die Erziehung maßgebend sein, sondern das Wohl des Kindes. Von programmatischem Charakter war die populärwissenschaftliche Schrift „Das Jahrhundert des Kindes" (1900) von Ellen Key. Ab den 30er Jahren werden die entwicklungspsychologischen Schriften des Schweizer Mediziners Jean Piaget von Bedeutung.
Mit seinem Schulkonzept beeinflußt Neill die antiautoritäre Bewegung der 60er Jahre. Ihr geht es nicht um die Beseitigung sämtlicher Normen, sondern um deren kritisches Hinterfragen. Es entstehen sog. Kinderläden, in denen – beeinflußt von den Ideen der Frankfurter Schule, aber auch von den Schriften J. J. Rousseaus – eine repressionsfreie Erziehung erprobt wird.
A. S. Neill: Das Prinzip Summerhill, 1971.

Kultur

Weltkrieg auf der Bühne
1.2. Paris. In der Comédie Française hat die Antikriegstragödie „Das Grabmal des unbekannten Soldaten" von Paul Raynal Premiere. Der Autor setzt sich in diesem Drama mit

Alexander S. Neill

Ellen Key

Nobelpreisträger 1924	K 227
Literatur: Wladislaw Stanislaw Reymont (PL, 1867–1925)	
Reymont, der zu den bedeutendsten Prosaschriftstellern des jungen Polen zählt, kombinierte naturalistische und expressionistische Ausdrucksmittel. Hauptwerk ist der vierbändige Roman „Die Bauern" (1904–09), der ein nach den vier Jahreszeiten gegliedertes Bild des polnischen Dorflebens vermittelt.	
Medizin: Willem Einthoven (NL, 1860–1927)	
Mit der Konstruktion des Saitengalvanometers schuf Einthoven die Voraussetzungen zur Entwicklung des Elektrokardiogramms (EKG). Dieses diagnostische Meßinstrument, das mit Elektroden arbeitet, registriert Unterschiede zwischen normalen und pathologischen Herzschlägen.	
Physik: Karl Manne Georg Siegbahn (S, 1866–1978)	
Siegbahn entwickelte die Röntgenspektroskopie (Untersuchung der Wellenlängen von Röntgenstrahlen) und analysierte die Spektren chemischer Elemente. 1914 gelang es ihm, Röntgenstrahlen an einem Prisma zu brechen. Damit war die Ähnlichkeit der Strahlen mit dem Licht erwiesen.	

Nobelpreise für Frieden und Chemie nicht verliehen

Kulturszene 1924 — K 228

Theater

Ernst Barlach, Die Sündflut, UA 27.9., Stuttgart	Urzeitliches Welttheater: In Umkehrung der biblischen Geschichte durchirrt Gott als Bettler seine ihm fremd gewordene Schöpfung.
Georg Kaiser, Kolportage, UA 27.3., Berlin	Ein Graf raubt nach der Scheidung seiner Frau das mutmaßliche gemeinsame Kind, das sich später als Nachwuchs einer Bettlerin erweist.
Eugene O'Neill, Gier unter Ulmen, UA 11.11., New York	Griechische Tragödie im Licht Freudscher Ödipus-Theorie: Erotomanische Gier nach Liebe und Besitz zerrüttet eine Puritanerfamilie.
Alfons Paquet, Fahnen, UA 26.5., Berlin	Der Kampf von Arbeitern in Chicago 1886 um den Achtstundentag; frühes Beispiel des „epischen Theaters"; Regie: Erwin Piscator.
Paul Raynal, Das Grabmal des unbek. Soldaten; UA 1.2., Paris	Internationaler Durchbruch des Verfassers patriotischer Antikriegsstücke: Ein Soldat hat vier Stunden Urlaub, um seine Braut zu heiraten.

Oper

Leoš Janáček, Das schlaue Füchslein, UA 6.11., Brünn	Impressionistische Märchenoper, in der Tiere und Menschen einander lieben, überlisten, nachstellen und bekämpfen.
Arnold Schönberg, Erwartung, UA 6.6., Prag	Schönbergs erstes Bühnenwerk zeigt die Abkehr von der Tonalität: Psychodrama um eine Frau auf der Suche nach ihrem Geliebten.

Operette

Emmerich Kálmán, Gräfin Mariza, UA 28.2., Wien	Eine junge Gräfin geht ein Scheinverlöbnis ein, um ihre vielen Verehrer loszuwerden; größter Erfolg seit „Die Csárdásfürstin" (1915).

Film

René Clair, Zwischenspiel, Frankreich	Abfolge absurder Situationen, als Pausenstück für ein Ballett von Erik Satie gedacht; avantgardistisches „cinéma pur".
Buster Keaton, Der Steuermann, USA	Buster Keaton, „der Mann, der niemals lacht", als Millionärssohn, der mit seiner Braut allein auf einem Ozeanliner zurechtkommen muß.
Fritz Lang, Die Nibelungen, Deutschland	Erfolgreicher Zweiteiler (1. Siegfried, 2. Kriemhilds Rache), des bekanntesten Mythos; herausragende Filmarchitektur und -ausstattung.
Raoul Walsh, Der Dieb von Bagdad, USA	Exotischer Märchenfilm mit Douglas Fairbanks in der Hauptrolle; aufwendige Ausstattung, Trickfilmsequenzen (u. a. fliegender Teppich).

Buch

Edward Morgan Forster, Auf der Suche nach Indien, Großbritannien	Klassiker der modernen englischen Literatur: Der Roman zeigt den Gegensatz zwischen europäischer und asiatischer Kultur.
André Gide, Corydon, Frankreich	Endgültige Ausgabe einer Streit- und Bekenntnisschrift zur Homosexualität, von Gide zu seinen wichtigsten Werken gezählt.
Franz Kafka, Ein Hungerkünstler, Österreich	Vier Geschichten: „Erstes Leid", „Eine kleine Frau", „Ein Hungerkünstler", „Josefine, die Sängerin oder Das Volk der Mäuse".
Thomas Mann, Der Zauberberg, Deutschland	Ironische Analyse der dekadenten Vorkriegsgesellschaft in Form eines philosophisch-ambitionierten Bildungsromans.
Arthur Schnitzler, Fräulein Else, Österreich	Gewissenskonflikt einer 19jährigen, die zur Rettung der Familienehre Geld borgen soll, sich dafür aber entblößen muß; innerer Monolog.

seinen eigenen Erfahrungen als Frontsoldat im 1. Weltkrieg auseinander.
Mit 9000 Aufführungen wird das Stück zum meistgespielten europäischen Weltkriegsdrama, das mit seiner – von Kritikern häufig gerügten – pathetischen Sprache die Stimmung junger Kriegsteilnehmer trifft.
Raynals Versuch, durch die Wahrung der Einheit von Raum und Zeit sowie die Beschränkung auf drei Personen die Form der klassischen Tragödie wiederzubeleben, scheitert allerdings – das Werk bleibt ohne Einfluß auf die weitere Entwicklung des modernen Dramas.

S 216/K 228

„Rhapsody" setzt Maßstäbe

12.2. New York. In der Aeolian Hall wird George Gershwins „Rhapsody in Blue", ein Klavierkonzert mit Jazzorchester, uraufgeführt. Die von Paul Whiteman angeregte Komposition verbindet Jazzelemente mit europäischer Kunstmusik und begründet den Symphonic Jazz.
„Rhapsody in Blue" öffnet Gershwin, der bisher überwiegend Songs und Revuen komponiert hat, die Konzertsäle in aller Welt. Der spätere Freund von Arnold Schönberg wird neben Leonard Bernstein, John Cage und Aaron Copland eine der wichtigsten Musikerpersönlichkeiten der USA im 20. Jh. Mit „Porgy and Bess" gelingt ihm 1935 einer der Meilensteine in der amerikanischen Operngeschichte.
Die Texte zu Gershwins Bühnenwerken stammen überwiegend von seinem Bruder Ira, der nach dem frühen Tod des Komponisten 1937 eng mit Kurt Weill zusammenarbeitet.

W. Schwinger: Er komponierte Amerika. George Gershwin, 1965. H. Krellmann: George Gershwin in Selbstzeugnissen und Bilddokumenten, 1988.

Gute Bücher für wenig Geld

29.8. Leipzig. Auf Initiative des gewerkschaftlichen Bildungsverbands der deutschen Buchdrucker wird die Büchergilde Gutenberg in Leipzig gegründet. Neben dem Verein für Bücherfreunde und der Deutschnationalen Hausbücherei ist sie die dritte deutsche Buchgemeinschaft. Das Unternehmen soll mit preiswerten Buchangeboten auch den unteren Bevölkerungsschichten Bildungsmöglichkeiten erschließen.
Nach dem 2. Weltkrieg wird die Büchergilde Gutenberg 1947 in Frankfurt/Main neu gegründet und gehört je zur Hälfte dem Deutschen Gewerkschaftsbund und der IG Druck und Papier. Neben dem Deutschen Bücher-

bund und dem Bertelsmann Lesering entwickelt sich die Büchergilde zu einer der großen deutschen Buchgemeinschaften.
📖 H. Widmann: Geschichte des Buchhandels vom Altertum bis zur Gegenwart. E. Henze: Kleine Geschichte des deutschen Buchwesens, 1983.

Das „Bauhaus" zieht um
26.12. Weimar. Der Meisterrat des Staatlichen Bauhauses Weimar beschließt für den 1.4.1925 den Umzug der Hochschule für Gestaltung nach Dessau. Walter Gropius, Architekt und Leiter des Bauhauses, begründet diese Entscheidung mit Anfeindungen von seiten rechtsextremer Gruppierungen. Außerdem hat die am 10.2.1924 neu gewählte thüringische Regierung der Hochschule die staatlichen Mittel gestrichen und den Bauhausmeistern gekündigt.
Mit der Gründung einer Schule für Design, Kunst und Architektur verfolgte Gropius 1919 das Ziel, Kunst und Technik zu einer Einheit zu verschmelzen; die Trennung von Handwerkern und Künstlern sollte überwunden werden.
Nach Auflösung des Bauhauses 1933 verwirklichen die Architekten Gropius, Ludwig Mies van der Rohe und László Moholy-Nagy in den USA Ideen, die zu stilbildenden Elementen modernen Bauens und fortschrittlicher Kunstschulpädagogik werden.
📖 R. R. Isaacs: Walter Gropius. Der Mensch und sein Werk. 3 Bde., dt. 1985–87.

Sport

Erstmals Olympische Winterspiele
25.1.–5.2. Chamonix. Am Fuße des Mont Blanc findet die „Internationale Wintersportwoche" statt, die im Mai vom Internationalen Olympischen Komitee (IOC) zu den I. Olympischen Winterspielen erklärt wird.
Bereits 1911 hatte Italien die Einführung von Winterspielen vorgeschlagen. Sie scheiterte am Widerstand der Skandinavier, die um das Fortbestehen der seit 1901 in Schweden erfolgreich ausgetragenen Nordischen Spiele fürchteten.
1908 wurden in London Eiskunstlauf sowie 1920 in Antwerpen Eiskunstlauf und Eishockey als olympische Rahmenwettbewerbe ausgetragen. In Chamonix kämpfen 293 Teilnehmer um 14 Goldmedaillen; 1994 nehmen bei den XVII. Winterspielen von Lillehammer 1847 Athleten in 61 Disziplinen teil (↑S.880/12.2.–27.2.1994). Jüngste Teilnehmerin in Chamonix ist die elfjährige Norwe-

1924

Olympische Spiele 1924 in Paris — K 229

Zeitraum: 4.5. bis 24.7.		Medaillenspiegel			
		Land	G	S	B
Teilnehmerländer	44	USA	45	27	27
Erste Teilnahme	4	Finnland	14	13	10
Teilnehmerzahl	3092	Frankreich	13	5	10
Männer	2958	Großbritannien	9	13	12
Frauen	134	Italien	8	3	5
Deutsche Teilnehmer	0	Schweiz	7	8	10
Schweizer Teilnehmer	37	Norwegen	5	2	3
Österreichische Teiln.	51	Schweden	4	13	12
Sportarten	17	Niederlande	4	1	5
Neu im Programm	0	Belgien	3	7	2
Nicht mehr olympisch	2[1]	Australien	3	1	2
Entscheidungen	126	Dänemark	2	5	3

Erfolgreichste Medaillengewinner

Name (Land) Sportart	Medaillen (Disziplinen)
Paavo Nurmi (FIN), Leichtathletik	5 x Gold (1500 m, 5000 m, Querfeldeinlauf, Querfeldein- und 3000-m-Mannschaft)
Ville Ritola (FIN), Leichtathletik	4 x Gold (10 000 m, 3000-m-Hindernis, Querfeldein- und 3000-m-Mannschaft), 2 x Silber (5000 m, Querfeldeinlauf)
Johnny Weissmuller (USA), Schwimmen	3 x Gold (100 m Freistil, 400 m Freistil, 4 x 200 m Freistil)
Leon Stukelj (YUG), Turnen	2 x Gold (Mehrkampf, Reck)
Harold M. Osborn (USA), Leichtathletik	2 x Gold (Hochsprung, Zehnkampf)
Bud Houser (USA), Leichtathletik	2 x Gold (Kugelstoß, Diskuswurf)
Albert White (USA), Schwimmen	2 x Gold (Kunstspringen, Turmspringen)

Olympische Winterspiele 1924 in Chamonix

Zeitraum: 25.1. bis 5.2.		Medaillenspiegel			
		Land	G	S	B
Teilnehmerländer	16	Norwegen	4	7	6
Teilnehmerzahl	293	Finnland	4	3	3
Deutsche Teilnehmer	0	Österreich	2	1	0
Schweizer Teilnehmer	17	USA	1	2	1
Österreichische Teiln.	21	Schweiz	1	0	1
Sportarten	5[2]	Schweden	1	0	0
Entscheidungen	14	Großbritannien	0	1	2

Erfolgreichste Medaillengewinner

Name (Land) Sportart	Medaillen (Disziplinen)
Clas Thunberg (FIN), Eisschnellauf	3 x Gold (1500 m, 5000 m, Vierkampf), Silber (10 000 m), Bronze (500 m)
Thorleif Haug (NOR), Ski nordisch	3 x Gold (10 km Langlauf, 50 km Langlauf, Nordische Kombination), Silber (Spezialsprunglauf)
Julius Skutnab (FIN), Eisschnellauf	1 x Gold (10 000 m), 1 x Silber (5000 m), 1 x Bronze (Vierkampf)

1) Bogenschießen, Hockey; 2) Eishockey und Eiskunstlauf standen bereits bei Olympischen Sommerspielen auf dem Programm

Sport 1924 — K 230

Fußball
Deutsche Meisterschaft	1. FC Nürnberg
DFB-Pokal	Ab 1935 ausgetragen
Englische Meisterschaft	Huddersfield Town
Italienische Meisterschaft	FC Genua
Spanische Meisterschaft	1924 nicht ausgespielt

Tennis
Wimbledon (seit 1877; 44. Austragung)	Herren: Jean Borotra (FRA) Damen: Kitty McKane (GBR)
US Open (seit 1881; 44. Austragung)	Herren: Bill Tilden (USA) Damen: Helen Wills (USA)
French Open	Ab 1925 ausgetragen
Australian Open (seit 1905; 17. Austragung)	Herren: James Anderson (AUS) Damen: Sylvia Lance (AUS)
Davis-Cup (Philadelphia, USA)	USA – Australien 5:0

Eishockey
Weltmeisterschaft	Kanada
Europameisterschaft	Frankreich
Deutsche Meisterschaft	Berliner SC

Radsport
Tour de France	Ottavio Bottecchia (ITA)
Giro d'Italia	Giuseppe Enrici (ITA)
Straßenweltmeisterschaft	Ab 1927 ausgetragen

Automobilsport (Grand-Prix-Rennen)
GP von Europa, Lyon	Giuseppe Campari (ITA), Alfa Romeo
GP von England, Brooklands	Bill Guiness (GBR), Darracq
GP von Frankreich, Boulogne	François Leonard (FRA), Chenard-Walcker
GP von Italien, Monza	Antonio Ascari (ITA), Alfa Romeo
GP von Spanien, S. Sebastian	Henry Segrave (GBR), Sunbeam

Boxen
Schwergewichts-Weltmeisterschaft	Jack Dempsey (USA) 1924 kein Titelkampf

Herausragende Weltrekorde
Disziplin	Athlet (Land)	Leistung
Leichtathletik, Männer		
1500 m	Paavo Nurmi (FIN)	3:52,6 min
5000 m	Paavo Nurmi (FIN)	14:28,2 min
10 000 m	Paavo Nurmi (FIN)	30:06,2 min
400 m Hürden	Ivan Riley (USA)	52,1 min
3000 m Hindernis	Ville Ritola (FIN)	9:33,6 min
Weitsprung	Robert Le Gendre (FRA)	7,77 m
Leichtathletik, Frauen		
Hochsprung	Elise van Tryen (BEL)	1,51 m
Schwimmen, Männer		
100 m Freistil	Johnny Weissmuller (USA)	57,4 sec
400 m Freistil	Arne Borg (SWE)	4:54,7 min
100 m Brust	Erich Rademacher (GER)	1:15,0 min
Schwimmen, Frauen		
100 m Rücken	Sybil Bauer (USA)	1:22,4 min

gerin Sonja Henie. Sie belegt im Eiskunstlauf den 8. Rang. 1928 gewinnt sie die Goldmedaille. S 217/K 229

„Nurmi-Spiele" an der Seine

4.5.–24.7. Paris. Die VIII. Olympischen Sommerspiele stehen im Zeichen des finnischen Laufwunders Paavo Nurmi, der die Mittel- und Langstrecken dominiert. Nurmi gewinnt fünf Goldmedaillen; am 10.7. siegt er über 1500 m und 5000 m, wobei ihm zwischen den beiden Wettkämpfen nur eine halbe Stunde Pause bleibt.

1932 wird Nurmi wegen Verstoßes gegen die Amateurbestimmungen von den Olympischen Spielen in Los Angeles ausgeschlossen.

Einer der größten Schwimmer aller Zeiten, der deutschstämmige Johnny Weissmuller, bleibt in allen olympischen Rennen, die er in Paris bestreitet, ungeschlagen, und gewinnt drei Goldmedaillen. Berühmt wird er jedoch in den 30er Jahren durch seine Filmrollen als Dschungelheld Tarzan.

Paris ist nach 1900 (↑S.18) zum zweiten Mal Austragungsort der Spiele; erstmals wurde für die Athleten ein olympisches Dorf gebaut. Das Deutsche Reich ist als „Kriegsschuldland" nicht zugelassen.

Die Deutschen veranstalten eine „Ersatz-Olympiade" in Frankfurt/Main (19.7.–21.7.), an der sich sieben Länder beteiligen (Deutschland, Italien, Ungarn, Österreich, Estland, Finnland, Niederlande). S 217/K 229

Paavo Nurmi: Zu Beginn des 5000-m-Laufs liegt der spätere Sieger noch hinter den Schweden Edvin Wide und dem Finnen Ville Ritola.

1925

Politik

Einparteiendiktatur in Italien
3.1. Rom. Der Ministerpräsident Benito Mussolini kündigt vor dem Parlament scharfes Vorgehen gegen die Opposition an. Schon 1924 waren liberale und linke Zeitungen unterdrückt worden. Nun werden antifaschistische Organisationen verboten, ihre Führer verhaftet. Sein Kabinett säubert Mussolini von den letzten rechtsliberalen Ministern.
Im Laufe der Jahre 1924 und 1925 wird mit mehreren Gesetzen die faschistische Herrschaft stabilisiert, u. a. wird der Regierungschef mit fast unbeschränkter Führungsgewalt ausgestattet und der Regierung die Befugnis erteilt, per Dekret zu regieren. Am 3.4.1926 wird die Tarifautonomie beseitigt, am 25.11.1926 oppositionellen Abgeordneten das Mandat aberkannt. Italien ist zum Einparteienstaat geworden (↑S.232/7.4.1926). S 219/K 231
📖 A. Tasca: Glauben, gehorchen, kämpfen. Aufstieg des Faschismus, 1969.

Neues Kabinett Luther
15.1. Berlin. Nach den Reichstagswahlen vom 7.12.1924 gibt der parteilose Hans Luther als neuer Reichskanzler die Zusammensetzung seines Kabinetts bekannt. Es besteht aus Mitgliedern der DDP, DVP, BVP, des Zentrums und erstmals der DNVP.
Luther führt als neunter Reichskanzler die zwölfte Reichsregierung innerhalb von sechs Jahren. Die neue Regierung des „Bürgerblocks" wird von SPD und KPD kritisiert, weil diese durch Aufnahme der völkischnationalen DNVP einen starken Rechtsruck befürchten.

Entwicklung Italiens zum totalitären Staat			K 231
Datum	Ereignis	Bewertung/Folgen	
23. 3.1919	Mussolini gründet faschist. Kampfbund	Beginn der faschistischen Bewegung in Italien	
7.11.1921	Dritter Parteikongreß in Rom	Umwandlung der Bewegung in straff organisierte Partei	
28.10.1922	Marsch auf Rom	Mussolini an der Macht (S.187)	
27.12.1922	Regierungsdekret zur Militärpolitik	Vereinigung von faschistischer Miliz und Wehrmacht	
Juli 1923	Neues Wahlgesetz („Legge Acerbo")	25% der Stimmen sichern 2/3-Mehrheit der Mandate	
31.12.1924	Maßnahmen gegen oppositionelle Kräfte	Beschlagnahme von Zeitungen, Hausdurchsuchungen	
3./5. 1.1925	Justizminister erläßt „Leggi fasci stissime"	Mussolini erhält Exekutivgewalt; zahlreiche Verhaftungen (S.219)	
5.11.1925	Attentatsversuch auf Mussolini	Befehl zur Auflösung der Sozialistischen Einheitspartei	
3. 4.1926	Neue Arbeitsgesetzgebung	Beseitigung der Tarifautonomie; Streik- und Gewerkschaftsverbot	
7.10.1926	Neues Statut der faschistischen Partei	Partei und Staat gleichgesetzt; Machtmonopol der Partei (S.232)	
9.11.1926	Staatsschutzgesetz	Auflösung aller oppositionellen Parteien und Zeitungen	
25.11.1926	Mandat der opposition. Abgeordneten erlischt	Parlament mit ausschließlich faschistischen Abgeordneten	
11.11.1927	Parlamentsreform	Ende des Mehrparteiensystems	
12. 5.1928	Wahlgesetz	Einführung der Einheitsliste	

Am 25.10. treten die Minister der DNVP bereits wieder zurück, da sie gegen die Annahme des Vertrags von Locarno sind (↑S.221/16.10.). Im Mai 1926 wird Luther von Wilhelm Marx abgelöst.
📖 M. Stürmer: Koalition und Opposition in der Weimarer Republik 1924–1928, 1967.

Albanien wird Republik KAR
22.1. Tirana. Die albanische Nationalversammlung ruft die Republik aus. Der 22. Januar wird Nationalfeiertag. Damit sind innenpolitische Auseinandersetzungen been-

Wichtige Regierungswechsel 1925			K 232
Land	Amtsinhaber	Bedeutung	
Albanien	Fan Noli (P seit 1924) Achmed Zogu (P bis 1928, danach König)	Sieg über die Truppen Nolis; Proklamation der Republik (22.1.); Zogu betreibt serbenfreundliche Politik (S.219)	
Deutsches Reich	Friedrich Ebert (SPD, P seit 1919) Paul von Hindenburg (Parteilos, P bis 1934)	Tod des ersten Präsidenten der Weimarer Republik (28.2.); Feldmarschall von Hindenburg ist Symbolfigur der Rechten (S.221)	
	Wilhelm Marx (Zentrum, R seit 1923) Hans Luther (Parteilos, R bis 1926)	Rücktritt der Regierung Marx (15.12.1924), da Wahlen keine Mehrheiten brachten; Luther bildet Kabinett des Bürgerblocks (S.219)	
Frankreich	Edouard Herriot (M seit 1924) Paul Painlevé (M 17.4.–27.10.) Aristide Briand (M bis 1926)	Durch schlechte Wirtschaftslage gerieten die Regierungen unter den Druck mächtiger Finanzkreise, die zunehmenden Einfluß innerhalb der Staatsführung gewinnen	
Persien	Ahmad (Schah seit 1909) Muhammad Resa Khan (Schah bis 1941)	Ahmad, letzter Schah der Kadscharen-Dynastie, mußte 1923 das Land verlassen; Beginn der Pahlawi-Herrschaft (S.222)	

M = Ministerpräsident bzw. Premierminister; P = Präsident; R = Reichskanzler

1925

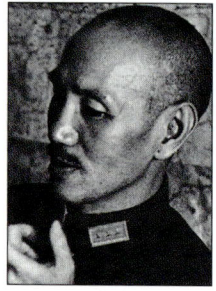

Chiang Kai-shek

Albanien ist Mitte der 90er Jahre nach wie vor das ärmste Land Europas

det, die seit der Unabhängigkeitserklärung des Landes im Jahr 1921 andauern.
Eine Gruppierung unter dem orthodoxen Bischof Fan Noli lehnte sich in ihrer Politik an Rom an, die andere unter Achmed Zogu an Jugoslawien. Zogu, seit 1922 Ministerpräsident, mußte im Juni 1924 den aufständischen Truppen unter Bischof Noli weichen. Mit Hilfe Belgrads und Roms konnte Zogu jedoch schon am 24.12.1924 wieder in Tirana einmarschieren und sich am 15.1.1925 zum Ministerpräsidenten wählen lassen. Neun Tage nach Ausrufung der Republik, am 31.1., wird Achmed Zogu für sieben Jahre zum Präsidenten der Republik gewählt.
Am 1.9.1928 zum König ausgerufen, bemüht er sich in den folgenden Jahren, den italienischen Einfluß auf Albanien einzu-

dämmen. Trotzdem erfolgt im April 1939 die Annexion Albaniens durch italienische Truppen. S 221/K 233

Chiang Kai-shek an der Macht

20.3. Kanton. Nach dem Tod Sun Yat-sens (↑S.92/29.12.1911), des Gründers der Guomindang (Nationale Volkspartei), übernimmt General Chiang Kai-shek die Führung der Partei.
Die Guomindang wurde 1912 von Sun Yat-sen gegründet, der mit ihr eine Republik China frei von fremden Mächten aufbauen wollte. 1923 fand er sich zur Zusammenarbeit mit der Kommunistischen Partei Chinas bereit, mit der er auf dem 1. Parteitag der Guomindang 1924 ein Bündnis einging.
Seit 1919 herrscht in China ein Bürgerkrieg, in dem verschiedene Generäle (sog. Warlords) die Macht zu erlangen suchen. Chiang Kai-shek, seit 1924 Leiter der Whampoa-Militärakademie, führt nach Übernahme der Guomindang mehrere Feldzüge gegen diese Militärmachthaber in Mittel- und Nordchina durch. 1926 bricht er mit den Kommunisten und vereinigt China am 8.6.1928 (↑S.248) durch die Eroberung Pekings. S 92/K 97

Todesurteile im Tscheka-Prozeß

22.4. Leipzig. Der Erste Senat des Staatsgerichtshofs gibt die Urteile im sog. Tscheka-Prozeß bekannt. Drei Angeklagte erhalten die Todesstrafe, sieben Zuchthaus- und sechs Gefängnisstrafen. Die harten Urteile stehen im Gegensatz zur relativ milden Rechtsprechung gegenüber rechtsradikalen Gewalttätern.
Hauptangeklagte sind der Berliner Schriftsetzer Felix Neumann, der Leipziger Tischler Ernst Pöge und der sowjetische Staatsangehörige Alexander Skoblewski. Sie sind, wie die übrigen 13 der Staatsgefährdung Angeklagten, Mitglieder der Kommunistischen Partei und sollen in Sachsen und Thüringen einen Aufstand vorbereitet haben mit dem Ziel, eine allgemeine Erhebung im Deutschen Reich zu provozieren, um eine kommunistische Revolutionsregierung zu errichten. Aber nur in Hamburg kam es zu bewaffneten Auseinandersetzungen.
Der Name „Tscheka" leitet sich ab von der 1917 gegründeten bolschewistischen Terrororganisation zur Bekämpfung konterrevolutionärer Bewegungen. Die Todesstrafen der Hauptangeklagten werden später in lebenslange Haftstrafen umgewandelt. S 177/K 193

H. Hannover: Politische Justiz 1918–1933, 1987.

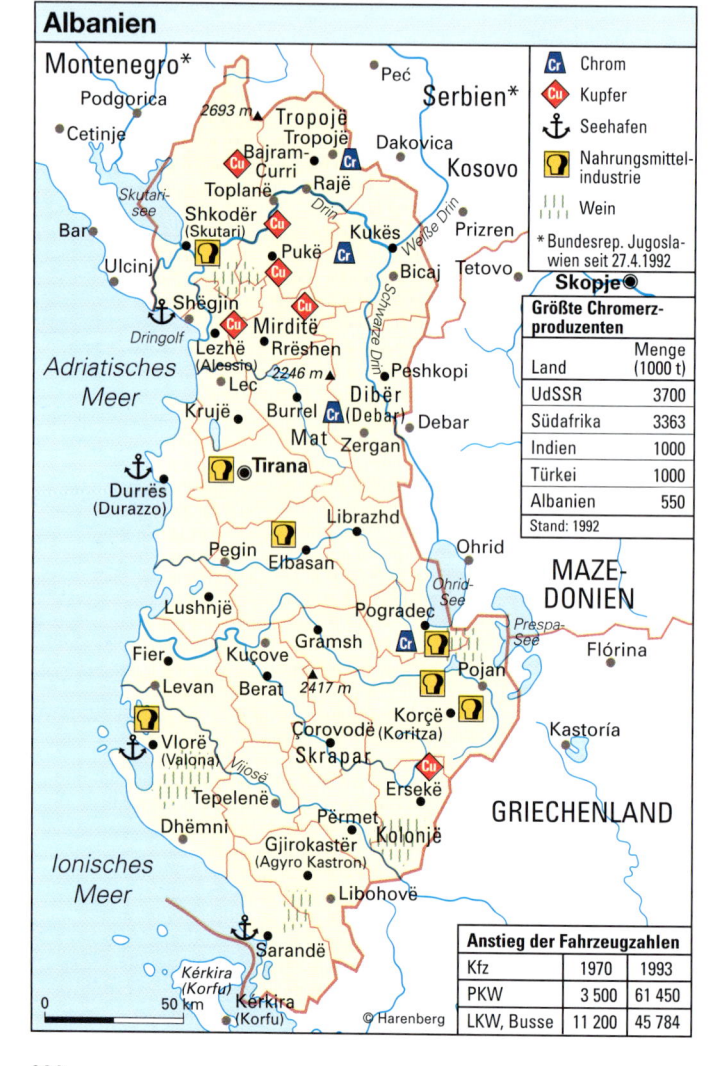

Albanien

	Menge (1000 t)
Land	
UdSSR	3700
Südafrika	3363
Indien	1000
Türkei	1000
Albanien	550

Größte Chromerzproduzenten. Stand: 1992

* Bundesrep. Jugoslawien seit 27.4.1992

Legende: Cr Chrom · Cu Kupfer · Seehafen · Nahrungsmittelindustrie · Wein

Anstieg der Fahrzeugzahlen

Kfz	1970	1993
PKW	3 500	61 450
LKW, Busse	11 200	45 784

© Harenberg

Hindenburg wird Präsident

26.4. Berlin. Bei den Wahlen zum Reichspräsidenten siegt Generalfeldmarschall Paul von Hindenburg (14,7 Mio Stimmen) vor Wilhelm Marx (13,8 Mio).
Die Neuwahl war nach dem Tod von Reichspräsident Friedrich Ebert notwendig geworden. Ein erster Wahlgang am 29.3. brachte aufgrund der vielen Kandidaten keine Entscheidung. Die rechtsgerichteten Parteien DNVP, DVP und die BVP einigten sich mit der NSDAP auf die Aufstellung von Paul von Hindenburg, während der demokratische Block SPD, DDP und Zentrum den ehemaligen Reichskanzler Wilhelm Marx als Kandidaten wählte. Hindenburgs große Popularität als siegreicher Feldherr des 1. Weltkriegs verhalf ihm zum Wahlsieg. Das Ausland und viele Stimmen im demokratischen Lager im Inland werten die Wahl Hindenburgs als Niederlage der Demokratie.
Bei seiner Wiederwahl am 10.4.1932 wird Hindenburg (19,4 Mio Stimmen) auch von den republikanisch-demokratischen Parteien unterstützt, um die Wahl Adolf Hitlers (13,4 Mio) zu verhindern.

Paul von Hindenburg

Protokoll gegen chemische Waffen

17.6. Genf. Als Abschluß der Internationalen Waffenhandelskonferenz, die seit dem 6.5. in Genf tagt, unterzeichnen 27 der 40 Teilnehmerstaaten (unter ihnen das Deutsche Reich) ein Protokoll gegen die Anwendung chemischer und bakteriologischer Waffen.
Handelspolitische und juristische Probleme verhinderten ein generelles Verbot.
Da viele Grundstoffe in der chemischen und pharmazeutischen Industrie verwendet werden, wurde eine Kontrolle als nicht möglich angesehen. Auch waren die Delegationen nicht befugt, ein grundsätzliches Verbot dieser Waffen zu beschließen. S 211/K 224

Friedenshoffnung in Locarno

16.10. Locarno. Mit Abschluß des Vertrags von Locarno hoffen Belgien, das Deutsche Reich, Frankreich, Großbritannien, Polen, die Tschechoslowakei und Italien, den Grundstein für eine Entspannung in Europa gelegt zu haben.

Albanien im 20. Jahrhundert		K 233
Jahr	Ereignis	
1912	Ismail Kemal Bei proklamiert Unabhängigkeit Albaniens (28.11.)	
1914–18	Im 1. Weltkrieg wird Albanien durch italienische Truppen besetzt; Jugoslawien und Griechenland melden Gebietsansprüche an	
1920	Anerkennung der Selbständigkeit im Vertrag von Tirana (S.164)	
1925	Albanien wird Republik (22.1.), Achmed Zogu erhält mit italienischer Hilfe das Präsidentenamt (Amtsdauer: 7 Jahre) und schafft ein nationalistisch-autoritäres Regime (S.219)	
1928	Ministerpräsident Zogu läßt sich zum König ausrufen (1.9.)	
1939	Italienische Truppen besetzen Albanien (7.4.); Gründung einer Personalunion mit Italien; Zogu geht ins Exil (S.351)	
1943	Einmarsch deutscher Truppen nach Kapitulation Italiens (8.9.)	
1944	Nach Abzug der deutschen Truppen bildet Partisanenführer Enver Hoxha eine kommunistische Regierung	
1946	Hoxha proklamiert die Volksrepublik Albanien, nach sowjetischem Vorbild wird die Wirtschaft verstaatlicht, der Boden enteignet	
1955	Albanien wird Mitglied des Warschauer Pakts, tritt aber 1968 aus Protest gegen den Einmarsch in die ČSSR wieder aus	
1961	Nach Entstalinisierung in der UdSSR Abbruch der diplomatischen Beziehungen durch Albanien; Austritt aus dem RGW (COMECON); zunehmende Anlehnung an China (S.550)	
1967	Albanien erklärt sich zum ersten atheistischen Staat der Welt; alle Gotteshäuser werden geschlossen	
1975	Als einziges Land Europas verzichtet Albanien auf eine Teilnahme an der KSZE, um so gegen die Übermacht der Supermächte bei der Konferenz zu protestieren	
1978	Nach Differenzen stellt China die Militär- und Wirtschaftshilfe ein	
1985	Tod Hoxhas (11.4.); Nachfolger wird Ramiz Alia; Beginn einer leichten Öffnung nach Westen (1987 diplomatische Beziehungen zur Bundesrepublik Deutschland aufgenommen)	
1991	Erste freie Wahlen nach Massenprotesten und -flucht, demokratische Wende, Aufnahme des Landes in die KSZE (letztes Land in Europa, das der KSZE angehörte)	
1992	Ende der kommunistischen Herrschaft, Staatspräsident wird Salih Berisha, Ministerpräsident Aleksander Meksi (beide Demokratische Partei, die die Wahlen mit 62% der Stimmen gewinnt)	
	Antrag auf Beitritt zur NATO	
1993	Verhaftung und Verurteilung ehemaliger KP-Funktionäre	
1995	Mitgliedschaft im Europarat	
1996	Freundschaftsvertrag mit Griechenland: u. a. Schutzbestimmungen für die griechische Minderheit im Süden des Landes	
	Wahlsieg der Demokraten, jedoch Boykott der Opposition wegen Manipulationen und Behinderung politischer Gegner	

Das Deutsche Reich erkennt die Grenzen zu Frankreich und Belgien sowie Frankreichs Pakte mit Polen und der Tschechoslowakei an, verzichtet also endgültig auf Elsaß-Lothringen. Großbritannien und Italien übernehmen dafür die Garantie. Frankreich sichert die baldige Räumung der Kölner Zone zu. Die Revision der Ostgrenze bleibt möglich; eine Änderung der polnischen Grenze soll jedoch nur auf dem Verhandlungsweg erfolgen. Der Eintritt Deutschlands in den Völkerbund wird zugesagt (↑S.233/10.9.1926).

1925

Gründung großer Konzerne bis 1945				K 234
Jahr	Name	Land	Gründer	Hauptprodukt bei Gründung
1759	Guinness	IRL	Arthur Guinness	Bier
1863	Bayer	D	Friedrich Bayer	Farbstoff
	Hoechst	D	Eugen Lucius u. a.	Farbstoff
1865	BASF	D	Friedrich Engelhorn	Farbstoff
1871	Schering	D	Ernst Schering	Pharmaprodukte
1873	Heineken	NL	Gerard Adriaan Heineken	Bier
1879	Linde	D	Carl von Linde	Kühlschränke
1883	AEG	D	Emil Rathenau	Elektrizität
1886	Bosch	D	Robert Bosch	Autoteile
	Coca-Cola	USA	John Styth Pemberton	Cola-Getränk
	Sandoz	CH	Alfred Kern, Edouard Sandoz	Pharmaprodukte
1899	Fiat	I	Giovanni Agnelli	Automobile
1902	Ford	USA	Henry Ford	Automobile
1903	PepsiCo	USA	Doc Bradham	Cola-Getränk
1906	Rolls-Royce	GB	Charles Stewart Rolls, Frederick Henry Royce	Automobile
1916	Lockheed	USA	A. u. M. Loughead	Flugzeuge
1917	BMW	D	Max Friz, Josef Popp, Karl Rapp	Flugzeugmotoren, Autos
1919	Fokker	NL	Anthony H. G. Fokker	Flugzeuge
	Hoffmann-La Roche	CH	Fritz Hoffmann-La Roche	Pharmaprodukte
1920	ITT	USA	Louis Richard und Hernand Sosthenes Behn	Telefone, Telegrafen
1925	Chrysler	USA	Walter Percy Chrysler	Automobile
	I. G. Farben	D	Firmenfusion, u.a. Bayer, BASF und Hoechst	Chemische Produkte (S.222)
1926	Daimler-Benz	D	Gottlieb Daimler und Carl Benz	Automobile (S.236)
	Lufthansa	D	Fusion von Fluggesellschaften[1]	Luftfahrt (S.236)
	MBB[2]	D	Willy Messerschmitt u. a.	Flugzeuge
1929	VEBA	D	Hibernia, Preussag, Preußenelektra	Kohle, Strom
1931	Swiss Air	CH	Fusion von Fluggesellschaften[3]	Luftfahrt
1932	Ricard[4]	F	Paul Ricard	Anisgetränk
1933	Nissan[5]	J	Masujiro Hashimoto	Automobile
1934	Boeing	USA	William Boeing	Flugzeuge
1935	Toyota	J	Kiichiro Toyoda	Automobile
1938	Volkswagen	D	Deutsche Arbeitsfront	Automobile
	Samsung	KOR	Byung-Chull Lee	Handel
1939	Northrop	USA	Jack Northrop	Flugzeuge

Quelle: International Directory of Company Histories
1) U. a. Deutsche Aero Lloyd (1923), Junkers Luftverkehr (1924);
2) Messerschmitt-Bölkow-Blohm; gegründet als Bayerische Flugzeugwerke;
3) U. a. Balair, Ad Astra Aero; 4) 1974: Fusion zu Pernod Ricard;
5) Bis 1982: Datsun

Der deutsche Außenminister Gustav Stresemann hatte im Februar die Verhandlungen über einen Sicherheitspakt angeregt, über den seit 5.10. beraten wurde. Der Vertrag löst in Berlin heftige Kritik aus und führt zu einer Regierungskrise (↑S.219/15.1.).
📖 P. Krüger: Die Außenpolitik der Republik von Weimar, 1985. K. Koszyk: Gustav Stresemann. Der kaisertreue Demokrat, 1989.

Beginn der Ära Pahlawi
31.10. Teheran. Persiens Parlament beschließt die Absetzung des Staatsoberhaupts Ahmad Schah und überträgt dessen Befugnisse auf Ministerpräsident Resa Khan. Damit endet die über hundert Jahre dauernde Herrschaft der Kadscharen.
Resa Khan stammt aus einfachen Verhältnissen. Er machte militärische Karriere und stieg zum Kommandeur einer Kosakenbrigade auf, mit der er 1921 die Regierung stürzte. Zuerst Kriegsminister, wurde er 1923 Ministerpräsident. Die Briten unterstützen seine Machtübernahme, die am 12.12. mit der Krönung zum Schah besiegelt wird. Resa Khan übernimmt den Namen „Pahlawi" von einer mittelpersischen Dynastie.
Nach dem Vorbild Kemal Atatürks (↑S.201/ 29.10.1923) herrscht Resa Pahlawi autoritär mit Hilfe des Militärs. Nach westlichem Vorbild leitet er innenpolitische und wirtschaftliche Reformen ein, in der Absicht Persien zu einem modernen Staat umzuformen (↑S.730/ 1.2.1979).   S 731/K 716

Wirtschaft

Gründung der I. G. Farben
2.12. Berlin/Frankfurt a. M. Unter der Führung der Badischen Anilin- & Soda-Fabrik AG, Ludwigshafen am Rhein (BASF AG), vereinigen sich sechs Betriebe zum weltweit größten Chemiekonzern. Es sind BASF, Farbenfabriken vorm. Friedrich Bayer u. Co, Leverkusen (Bayer AG), Farbwerke Meister Lucius und Brüning, Hoechst (Farbwerke Hoechst AG), AG für Anilinfabrikation, Berlin (Agfa-Gevaert-Gruppe), Chemische Fabriken vorm. Weiler-ter-Meer, Uerdingen, und die Chem. Fabrik Griesheim Elektron, Frankfurt/M.
Die wichtigsten Vorläufergesellschaften wurden in den Jahren 1861–1863 gegründet. 1904 und 1916 erfolgten erste lockere Zusammenschlüsse. Kennzeichnend für den Konzern ist eine dezentrale Organisation mit weitgehender Selbständigkeit der einzelnen

Werke. Nur Finanzverwaltung und Zentraleinkauf (Berlin) sowie Buchhaltung und Steuerabteilung (Frankfurt/M.) werden zentral angesiedelt. Vorsitzender im 83köpfigen Vorstand ist Carl Bosch, Chef des Aufsichtsrats Carl Duisberg. Grundlage des wirtschaftlichen Erfolgs sind die Forschungsarbeiten der Nobelpreisträger Carl Bosch (↑S.274/1931) und Gerhard Domagk (↑S.355/1939). Der Konzern hält rund 40 000 Patente. Nach dem 2. Weltkrieg wird die Holding von den vier Besatzungsmächten aufgelöst. S 222/K 234

F. Ter Meer: Die I. G. Farben AG. Ihre Entstehung, Entwicklung und Bedeutung, 1953.
K. Holdermann: Carl Bosch, 1953.

Wissenschaft

Treibstoffe aus Kohle

22.7. Mülheim/Ruhr. Der Chemiker Franz Fischer, Direktor des Kaiser-Wilhelm-Instituts für Kohleforschung, und sein Mitarbeiter Hans Tropsch erhalten das Patent für ein Verfahren zur Gewinnung von Kohlenwasserstoffen aus Kohle. Die „Fischer-Tropsch-Synthese" (katalytische Hydrierung von Kohlenmonoxyd), die 1934 von der Ruhrchemie AG großtechnisch realisiert wird, spielt bei der Umwandlung von Braun- und Steinkohle in Kraftstoffe (Benzin und Dieselöle) eine bedeutende Rolle. So wird z. B. in der BRD bis etwa 1960 der Treibstoffbedarf nicht aus Erdöl, sondern größtenteils aus Kohle gedeckt.
Fischer und Tropsch entwickelten bereits 1924 den sog. Hochdruck-Synthol-Prozeß zur Gewinnung von Kohlenwasserstoffen und schufen damit eine erste Alternative zur Kohleverflüssigung nach dem Verfahren von Bergius (↑S.94/1911). Nach beiden Verfahren werden während des 2. Weltkriegs große Mengen an Treibstoffen hergestellt. Nach 1960 sind die DDR und Südafrika die einzigen Länder, die synthetisch Kohlenwasserstoffe erzeugen. S 223/K 235

Heisenbergs Quantenmechanik

29.7. Göttingen. Der deutsche Physiker Werner Karl Heisenberg veröffentlicht sein berühmt gewordenes Prinzip, daß zur Beschreibung physikalischer Sachverhalte nur „prinzipiell beobachtbare" Größen herangezogen werden dürfen, und daß deshalb in der modernen Atomphysik für den von Niels Bohr 1913 (↑S.108) eingeführten Begriff der „Umlaufbahn" des Elektrons im Atom kein

Erfindungen im 20. Jahrhundert	K 235
1902: Synchronmotor (Ernst Danielson, Schweden)	
Elektromagnet regelt die Stromfrequenz und gewährleistet den Antrieb des Motors mit konstanter Drehzahl (z. B. in Uhren und Plattenspielern)	
1904: Offsetdruck (Caspar Hermann/Walter Rubel, USA, S.47)	
Verfahren revolutioniert die Herstellung von Massendrucksachen; einwandfreie Druckbildübertragung selbst auf strukturiertes Papier	
1904: Radar (Christian Hülsmeyer, Deutschland (S.48)	
Grundlage für die 1931 entwickelten Radargeräte; ohne das Verfahren sind Navigation und Verkehrslenkung in Schiff- und Luftfahrt undenkbar	
1905: Gasturbine (Marcel Armengaud/Charles Lemale, Frankreich)	
Erster Schritt zur Entwicklung des modernen Strahltriebwerks, das u. a. in Flugzeugen und in Kraftwerken eingesetzt wird	
1906: Wolfram-Fadenlampe (William D. Coolidge, USA, S.59)	
Die Glühlampe mit Wolframfaden ist die am weitesten verbreitete künstliche Lichtquelle; Wolfram wird auch für Halogenbirnen verwendet	
1921: Tropfenauto (Edmund Rumpler, Österreich)	
Fahrzeug nach aerodynamischen Gesichtspunkten; geringerer Luftwiderstand ermöglicht höheres Tempo und geringeren Benzinverbrauch	
1923: Elektronischer Bildabtaster (Wladimir Kosma Zworykin, UdSSR)	
Das sog. Ikonoskop ermöglicht die elektronische Bildübertragung und bildet die Grundlage für Entwicklung der heutigen Fernsehtechnik	
1925: Niederdruckverfahren (F. Fischer/H. Tropsch, Deutschland, S.223)	
Verfahren erlaubt Umwandlung von Kohle in Benzin; in der BRD bis 1960 zur Deckung des Treibstoffbedarfs bedeutsam	
1926: Flüssigtreibstoffrakete (Robert H. Goddard, USA, S.238)	
Erste mit flüssigem Treibstoff angetriebene Rakete schafft die Voraussetzung zur Entwicklung militärischer und ziviler Trägerraketen	
1928: Feldeffekt-Transistor (Julius Lilienfeld, Deutschland)	
Transistorprinzip, ab 1948 technisch realisierbar, ist Grundlage der gesamten Halbleiterelektronik (entscheidend für Computer-Entwicklung)	
1928: Magnetband (Fritz Pfleumer, Deutschland, S.250)	
Aus der Erfindung gingen Ton- und Bildspeicher sowie moderne Datenspeicher (Daten in Sekundenschnelle abrufbar) hervor	
1928: Frequenzmodulation (Edwin H. Armstrong, USA)	
Grundlage für UKW-Übertragungen und HiFi-Stereo-Technik; bessere Empfangsqualität, da Stör- und Nebengeräusche wegfallen	
1931: Elektronenmikroskop (Ernst Ruska/Max Knoll, Deutschland, S.274)	
Winzige Teile und Organismen werden sichtbar; neue Erkenntnisse in Biologie und Medizin; Weiterentwicklung: Rasterelektronenmikroskop (1942)	
1941: Sprühdose (T. L. Goodhue/ W. N. Sullivan, USA)	
Dosen mit Treibgasen wurden nach milliardenfacher Verbreitung in aller Welt zur ökologischen Gefahr; Treibgase zerstören die Ozonschicht	
1947: C-14-Methode (Willard Frank Libby, USA, S.433)	
Nuklearphysikalisches Verfahren zur Langzeitmessung (Radiocarbonuhr) ermöglicht Altersbestimmung historischer Objekte (z. B. in der Archäologie)	
1953: Lasertechnik (Charles H. Townes/Arthur L. Schawlow, USA, S.540)	
Optische Lichtverstärkung revolutioniert viele technische Gebiete (u. a. Hochpräzisionsmeßtechnik, Datenspeicherung, Medizintechnik)	
1987: Oxidkeramische Supraleitung (G. Bednorz/A. Müller, BRD/Schweiz)	
Praktische Anwendung elektrischer Energietechnik wird optimiert; bedeutend für Energieübertragung und -speicherung (Computer)	

1925

Werner Heisenberg (1901–1976) erhält für seine Forschungen 1932 den Physik-Nobelpreis.

Platz mehr ist. Damit liefert er den langgesuchten Ansatz für eine neue Quantenmechanik der Atome, deren mathematisch-physikalischer Formalismus von seinen Kollegen Max Born und Pascual Jordan als „Matrizenmechanik" ausgearbeitet wird. In intensiver Auseinandersetzung mit der Wellenmechanik (↑S.237/1926) gelingt Heisenberg 1927 eine der größten Entdeckungen seit Bestehen der Quantentheorie (↑S.14/1900): die sog. Unschärferelation. Demnach können der Ort und die Geschwindigkeit eines atomaren Teilchens (Elektron) niemals gleichzeitig beliebig genau bestimmt werden. Die unvermeidbare Unbestimmtheit des Anfangszustandes macht auch eine exakte Vorausberechnung künftiger Aufenthaltsorte des Teilchens unmöglich.
An die Stelle des Determinismus der klassischen Physik treten nun statistische Aussagen und Gesetze. S 52/K 46

W. Heisenberg: Der Teil und das Ganze, 1969.
A. Herrmann: Werner Heisenberg in Selbstzeugnissen und Bilddokumenten, 1979.

Medien

Reichspost kontrolliert Sender

15.5. Berlin. Unter Federführung der Reichspost gründen neun private Rundfunkanstalten die Reichsrundfunkgesellschaft. Die Reichspost besitzt die Aktienmehrheit und leitet die Sender wirtschaftlich und verwaltungsmäßig.
Seit Vergabe der ersten Konzession im Oktober 1923 gehören der Reichspost die technischen Ausrüstungen der Sender. Sie zieht die Rundfunkgebühren ein, von denen drei Fünftel an die Programmgestalter und zwei Fünftel an die Reichspost gehen. Die Reichsregierung kann so die Entwicklung auf dem Rundfunksektor überschaubar halten und ein der USA vergleichbares Ausufern der Senderzahl vermeiden.
Direkte Kontrolle übt sie ab 1926 durch den Reichsrundfunkkommissar aus, der den Einfluß der Parteien unterbinden soll. Ein staatlich eingesetzter kultureller Beirat besitzt Mitspracherecht bei der Programmgestaltung der Sender.

Rundfunk in Deutschland Tl. 1: Rundfunkpolitik in der Weimarer Republik.

TASS-Gründung in der UdSSR

20.6. Moskau. Der Rat der Volkskommissare der Sowjetunion beschließt die Gründung der „Telegrafnoje Agentstwo Sowetskowo Sojusa" (TASS). Damit schafft er sich ein wichtiges Informations- und Propagandainstrument. Vorgängerin der TASS war die „Rosta", eine Nachrichtenagentur aus der Zeit der Oktoberrevolution (↑S.135/7.11. 1917). Die TASS hat jedoch einen wesentlich erweiterten Aufgabenbereich.
Das gesamte Nachrichtenwesen der UdSSR ist zentral an die TASS angebunden. Nur sie darf Nachrichten sammeln und verbreiten, sowohl im Inland als auch nach außen. Nur über die TASS gelangen Meldungen des

Nobelpreisträger 1925	K 236
Frieden: Joseph Chamberlain (GB, 1863–1937), Charles Gates Dawes (USA, 1865–1951)	
Dawes, US-Vizepräsident, erarbeitete den nach ihm benannten Plan zur Tilgung der deutschen Kriegsschuld, wobei erstmals die Zahlungsfähigkeit Deutschlands berücksichtigt wurde. Der britische Außenminister Chamberlain bahnte dem Deutschen Reich den Weg in den Völkerbund.	
Literatur: George Bernard Shaw (IRL, 1856–1950)	
In seinen etwa 70 Stücken lehnte sich Shaw gegen überkommene Konventionen auf. Gleichzeitig wollte er in seinen Gesellschaftsdramen die bürgerliche Welt demaskieren. Bedeutende Werke: „Helden" (1898), „Pygmalion" (1917), „Die heilige Johanna" (1923).	
Chemie: Richard Adolf Zsigmondy (D, 1865–1929)	
Zsigmondys Forschungsarbeit galt den Kolloiden, unerkennbar kleinen Stoffteilchen (Größe bis zu 1 Millionstel Millimeter). 1913 verbesserte er das von ihm mitentwickelte Ultramikroskop (entstanden 1903/04), das die Miniteilchen als leuchtende Punkte sichtbar macht.	
Physik: James Franck (D, 1882–1964), Gustav Hertz (D, 1887–1975)	
Beide Forscher entwickelten eine Methode zur Bestimmung der Struktur von Atomen, Ionen und Molekülen. In dem nach ihnen benannten Franck-Hertz-Versuch bestätigten sie 1913 die Quantenhypothese von Max Planck sowie Nils Bohrs Vorstellungen über die Struktur von Atomen.	

Nobelpreis für Medizin nicht verliehen

Auslands in die Sowjetunion, werden Korrespondenten ins Ausland geschickt.
Der Leiter der Agentur ist direkt dem Rat der Volkskommissare unterstellt. So kann die Führung der UdSSR den Nachrichtenfluß gezielt steuern. S 225/K 237

Gesellschaft

Neues Eherecht in der UdSSR
1.3. Moskau. Die sowjetische Regierung regelt die Form der Eheschließung neu. Ihrer Zeit voraus sind die Änderungen bezüglich des Ehenamens.
Die Frau kann in freier Wahl bestimmen, ob sie ihren Geburtsnamen behält oder den des Mannes annimmt. Als dritte Möglichkeit kann das Paar gemeinsam den Geburtsnamen der Frau wählen. Die Entscheidung muß vor der Eheschließung dem Standesamt mitgeteilt werden. Ebenso muß festgelegt werden, welchen Namen die Kinder erhalten sollen. Gibt das Ehepaar keinen Namen an, erhalten die Kinder einen Doppelnamen. Eine vergleichbare Regelung wird in Deutschland erst 1994 erlassen (↑S.852/14.3.1991).

Friedrich-Ebert-Stiftung
4.3. Berlin. Die Sozialdemokratische Partei gibt die Gründung einer Friedrich-Ebert-Stiftung bekannt. Sie soll das demokratische Bewußtsein und die internationale Verständigung durch entsprechende Studienbeihilfen junger befähigter Menschen fördern. Der erste Reichspräsident der Weimarer Republik, Friedrich Ebert, hatte vor seinem Tod am 28.2.1925 (↑S.221/26.4.) eine solche Stiftung angeregt.
Zentren der Erwachsenenbildung sind die vier Heimvolkshochschulen. Die Hochbegabtenförderung gilt hauptsächlich Absolventen des zweiten Bildungsweges (Volkshochschulen, Abendschulen usw.). Außerdem unterstützt die Stiftung den Auf- und Ausbau des Bildungssystems in Entwicklungsländern. Finanziell trägt sie sich durch Spenden. 1933 verbieten die Nationalsozialisten die Friedrich-Ebert-Stiftung. Die SPD kann sie 1947 wiederbeleben. Auch die anderen Parteien der BRD richten Stiftungen ein. S 225/K 238

W. Maser: Friedrich Ebert. Der erste deutsche Reichspräsident, 1990.

Fritz Haarmann hingerichtet
15.4. Hannover. Der des Mordes an 27 jungen Männern für schuldig befundene Friedrich „Fritz" Haarmann wird durch das Fallbeil hingerichtet. Das Gerichtsurteil war am 19.12.1924 ergangen.
Haarmann, der am 23.6.1924 verhaftet worden war, hatte ab 1918 seine Opfer aus der Obdachlosenszene ausgewählt. Die Festnahme des bereits Verdächtigten war von der Polizei hinausgezögert worden; der homose-

Bedeutende Nachrichtenagenturen			K 237
Gründungsjahr	Name	Abkürzung	Sitz
1848	Associated Press	AP	New York
1851	Reuters	rtr	London
1894	Schweizerische Depeschenagentur	SDA	Bern
1925	Telegrafnoje Agentstwo Sow. Sojusa	TASS	Moskau
1934	Algemeen Nederlands Persbureau	ANP	Den Haag
1937	Neues China Nachr.agentur	Hsin Hua	Peking
1943	Telegrafska Agencija Nova Jugoslavija	Tanjug	Belgrad
1944	Agence France-Presse	AFP	Paris
1945	Sport-Informations-Dienst	sid	Düsseldorf
1946	Allgemeiner Deutscher Nachrichtendienst[1]	ADN	Berlin
	Austria Presse Agentur	APA	Wien
1947	Evangelischer Pressedienst	epd	Frankf./M.
1949	Deutsche Presse-Agentur	dpa	Hamburg
1953	Katholische Nachrichten-Agentur	KNA	Bonn
1958	United Press International	UPI	New York
1961	Agentstwo Petschati Nowosti	Nowosti/APN	Moskau
1971	Deutscher Depeschen-Dienst[2]	ddp	Bonn
1983	Panafrik. Nachrichtenagentur[3]	PANA	Dakar
1984	Lateinamerikanische Agentur für Informationsdienste	ALASEI	Mexiko

1) 1992 Fusion mit ddp; 2) 1992 Fusion mit ADN; 3) Agentur der OAU-Staaten

Parteinahe Stiftungen in Deutschland			K 238
Name	Gründung	Partei	Namengeber
Friedrich-Ebert-Stiftung	1925	SPD	Erster Reichspräsident in der Weimarer Republik
Friedrich-Naumann-Stiftung	1958	FDP	Linksliberaler Politiker; erster Vors. der DDP (1919)
Konrad-Adenauer-Stiftung	1964	CDU	Erster Bundeskanzler der BRD von 1949 bis 1963
Hanns-Seidel-Stiftung	1966/67	CSU	Bayer. Ministerpräs. (1957–1960); 1955–1961 CSU-Vorsitzender
Stiftungsverband Regenbogen	1988	Die Grünen	Dachverband verschiedener Einzelstiftungen[1]

1) Buntstift (Göttingen), Heinrich-Böll-Stiftung (Köln), Frauen-Anstiftung (Hamburg)

Massenmörder im 20. Jahrhundert

K 239

Name (Land)	Morde	Jahr/Urteil	Anmerkung
Severin Klosowski[1] (Jack the Ripper; GB)	7	1903/Todesstrafe	Sezierte seine Opfer, Frauen aus London
August Sternickel (D)	3	1913/Todesstrafe	Mord aus Rache; Mittäter erhielten lebenslange Zuchthausstrafe
Wilhelm Grossmann (D)	15	1921/Selbstmord	Sexualmorde; verarbeitete sämtliche Leichen vermutlich zu Wurst
Henri Désiré Landru (F)	11	1922/Todesstrafe	Opfer: zehn Frauen, ein Mann; Leichen konnten nie gefunden werden
Karl Denke (D)	31	1925/Selbstmord	26 Männer, fünf Frauen; führte akribisch Buch über alle Morde
Fritz Haarmann (D)	26	1925/Todesstrafe	Sexualmord an 26 jungen Männern im Raum Hannover
Peter Kürten (D)	9	1931/Todesstrafe	Sexual- und Kindermorde; weitere sieben Mordversuche, vor allem an Kindern
Adolf Seefeld (Onkel Tick-Tack; D)	19	1936/Todesstrafe	Sexualmorde an Jungen; Polizei vermutet mehr als 100 Morde Seefelds
Paul Ogorzow („S-Bahn-Mörder"; D)	6	1941/Todesstrafe	SA-Oberscharführer; Lustmorde an jungen Frauen in Berlin
Harry Strauß („Pittsburgh Phil"; USA)	über 30	1941/elektrischer Stuhl	Killer der Organisation „Murder Inc."
Bruno Lüdtke (D)	54	1943/Todesstrafe	Opfer nur Frauen; weitere 30 Morde konnten nicht nachgewiesen werden
Marcel Pétiot (F)	27	1946/Todesstrafe	Tötete jüdische Emigranten per Injektion
Howard Unruh (USA)	13	1949/Todesstrafe	Wahllose Morde auf offener Straße
Rudolf Pfeil („Totmacher"; D)	9	1950/lebenslänglich	Sexualmorde an jungen Frauen nahe der DDR-Grenze; weitere Mordversuche
Peter Akulonis (USA)	8	1953/Selbstmord	Mord an acht Verwandten
John Christie (GB)	7	1953/Todesstrafe	Frauenmörder; vergrub die Leichen in Haus und Garten
Bernhard Prigan („Der Würger"; D)	3	1953/dreimal lebenslänglich	Sexualmorde an Frauen, drei weitere Notzuchtverbrechen
Gaston Dominici (I)	3	1954/lebenslänglich	Lustmord an britischer Urlauberfamilie
Charles Starkweather (USA)	11	1958/Todesstrafe	Mordete, weil er immer verspottet wurde
Heinrich Pommerenke (D)	4	1960/sechsmal lebensläng.	Sexualmord an vier Frauen; sieben Mordversuche; über 70 Sexualverbrechen
René Hebrandt (B)	3	1963/Todesstrafe	Drei Raubmorde, zwei weitere Mordversuche aus Geldgier
Richard Speck (USA)	8	1966/Todesstrafe	Mord an Schwesternschülerinnen
Jürgen Bartsch („Kirmesmörder"; D)	4	1967/71/Klinik-Einweisung	Sexualmorde an Jungen; sezierte seine Opfer; weitere rd. 100 Versuche blieben erfolglos
Mark Alan Smith (USA)	4	1971/450 Jahre Zuchthaus	Ermordete deutsche Frauen als Soldat der US-Army in Mannheim
Manfred Wittmann (D)	3	1971/dreimal lebensläng.	Lustmorde an jungen Frauen
Rolf Assmann (D)	4	1972/viermal lebensläng.	Sexualmord an zwei Liebespaaren
Josef Ludy (D)	3	1972/dreimal lebensläng. plus 15 Jahre	Sexualmorde; drei weitere Mordversuche; vier Fälle von Unzucht mit Kindern
Arwed Imiela (D)	4	1973/lebenslänglich	Morde an vier Frauen
Fritz Honka (D)	4	1976/15 Jahre Gefängnis	Gericht erkannte verminderte Zurechnungsfähigkeit
Joachim Kroll (D)	8	1982/neunmal lebensläng.	Sexualtäter; blieb über 20 Jahre unentdeckt
Jeffrey L. Dahmer („Schlächter von Milwaukee"; USA)	17	1992/15mal lebenslänglich	Bewahrte zerstückelte Leichen in seiner Wohnung auf

1) Identität von Jack the Ripper nie eindeutig geklärt; Quelle: Dieter Sinn: Das große Verbrecher-Lexikon, 1984, S.124 ff.

xuelle, wegen Sittlichkeitsdelikten vorbestrafte Täter war seit 1918 Polizeispitzel im Zuhältermilieu Hannovers gewesen. Der schlimmste von der Polizei gefaßte Massenmörder dieses Jahrhunderts ist Bruno Lüdtke. Ihm können 54 Morde nachgewiesen werden, weitere 30 bleiben ungeklärt. 1943 erhält er die Todesstrafe. S 226/K 239

Zweite Beisetzung der hl. Bernadette

3.8. Nevers. Der Sarg mit dem Leichnam der hl. Bernadette von Lourdes wird mit einer Prozession in die Klosterkapelle St. Marthe gebracht. Dort wird sie in einem Sarg aus Gold und Kristall aufgebahrt.

Bernadette Soubirous wurde 1844 bei Lourdes geboren und erlebte dort als 14jährige mehrere Marienerscheinungen, in deren Folge sie eine Heilquelle entdeckte, die zu den großen Wallfahrtszielen im 20. Jh. wird. Die Kirche bestätigte 1862 ihre Visionen. Vier Jahre später trat sie in den Orden der Barmherzigen Schwestern in Nevers ein. 1879 starb sie im Kloster Saint-Gillard.

Aus Anlaß der Vorbereitungen zu ihrer Heiligsprechung, die im Jahr 1933 erfolgt, wurde am 16.4.1925 ihr Grab geöffnet. Der Leichnam war unverwest und man entschloß sich zur Überführung in das Kloster der Barmherzigen Schwestern.

📖 R. Laurentin: Das Leben der Bernadette. Die Heilige von Lourdes, 2. Aufl. 1980.

Erste Weltkirchenkonferenz

19.8. Stockholm. König Gustav V. Adolf von Schweden eröffnet die erste Weltkirchenkonferenz für praktisches Christentum. Teilnehmer sind Vertreter aller christlichen Kirchen aus 37 Ländern, auch der russischen und orthodoxen Kirche. Die römische Kurie entsandte lediglich Beobachter.

Die Konferenz wurde auf Initiative des schwedischen Theologen Nathan Söderblom im Rahmen der Arbeit für die „Bewegung für Praktisches Christentum" einberufen. Bis Ende August diskutieren die Teilnehmer über sozialethische Zeitprobleme, wobei dogmatische Fragen ausgeklammert werden.

Auf ihrer zweiten Konferenz in Oxford (1937) beschließt die Bewegung den Zusammenschluß mit der „Bewegung für Glauben und Kirchenverfassung". Ein Jahr später findet die Gründung des „Ökumenischen Rates der Kirchen" in Form eines vorläufigen Ausschusses statt. Die konstituierende Vollversammlung tritt 1948 zusammen.

📖 W. Müller-Römheld: Zueinander, miteinander, 1971.

Die Stile des Jazz	K 240
City Blues um 1900	Standardisierung des archaischen, ländlichen Blues: fortlaufend wiederholtes 12taktiges Harmoniegerüst, kunstvolle textliche und melodische Ausgestaltung; Sängerinnen: Bessie Smith, Ma Rainy, Billie Holiday, Alberta Hunter.
New Orleans Jazz um 1900	Erste vollausgebildete Stilform des Jazz: dreistimmiger instrumentaler Dialog nach afro-amerikanischem Prinzip von Frage und Antwort mit Kornett (Trompete), Posaune, Klarinette plus Rhythmusgruppe; Musiker: Jelly Roll Morton, King Oliver's Creole Jazz Band, Kid Ory.
Dixieland um 1910	Weiße Spielart des New Orleans Jazz: „reinere", europäischen Maßstäben entsprechende Intonation, mehrstimmiges Umspielen eines harmonischen Gerüsts; Musiker: New Orleans Rhythm Kings, Original Dixieland Jazz Band.
New Orleans in Chicago, um 1920	Weiterentwicklung des New Orleans Jazz in Chicago, beeinflußt durch die Hektik der Großstadt; Musiker: Jelly Roll Morton's „Red Hot Peppers", Louis Armstrongs „Hot Five" und „Hot Seven".
Chicago Jazz um 1925	Weitere weiße Spielart des New Orleans Jazz durch junge weiße Musiker in Chicago: parallele Stimmführung statt Stimmgeflecht, zunehmende Bedeutung der Soli, führende Rolle des Saxophons; Musiker: Bix Beiderbecke, Gene Krupa, R. W. Russel, Frankie Trumbauer.
Swing um 1935	Kommerziell erfolgreichster Jazzstil: charakteristischer Rhythmus, feste Arrangements statt Improvisationen, Tendenz zu großer Besetzung (Big Band); Musiker: Duke Ellington, Benny Goodman, Fletcher Henderson, Glenn Miller.
Bebop um 1940	Beginn einer neuen Jazz-Ära: sprunghafte, hektische Tonbewegungen; aufs Wesentliche komprimierte Melodien; Kristallisationspunkt: „Minton's Playhouse" in Harlem/New York; Musiker: Dizzie Gillespie, Thelonious Monk, Charlie Parker.
Cool Jazz um 1950	Gegenbewegung zum Bebop: „kühle" Konzeptionen (vibratoloses, undynamisches Spiel) statt Aufgeregtheit; geographischer Schwerpunkt: Westküste der USA; Musiker: Miles Davis' Capitol Orchestra, Modern Jazz Quartet, Stan Getz, Lee Konitz, Lennie Tristano.
Hardbop um 1955	Perfektionalisierter Bebop als Reaktion auf den Cool Jazz und als Ausdruck schwarzen Selbstbewußtseins: komplexe Strukturen in Rhythmus und Stückaufbau; Musiker: Art Blakey, Elvin Jones, Max Roach, Horace Silver.
Free Jazz um 1960	Von der musikalischen Avantgarde in Europa beeinflußter Jazz: „Befreiung" von Tonalität und regelmäßigem Rhythmus in Kollektivimprovisationen; Musiker: Don Cherry, Ornette Coleman, John Coltrane, Archie Shepp, Cecil Taylor.
Fusion Jazz um 1970	Mischung von Jazz- und Rock-Elementen: Wegfall akustischer zugunsten elektronischer Instrumente (E-Gitarre, Synthesizer), Vereinfachung musikalischer Strukturen; Musiker und Gruppen: Chick Corea's „Return to Forever": Miles Davis Group, Herbie Hancock, John McLaughlin's „Mahavishnu Orchestra", Weather Report.
Free Funk/No Wave um 1980	Gegenbewegung zum eingängig-kommerziellen Fusion Jazz: Vereinigung der rhythmischen Sprengkraft des Hardbop mit der freien Harmonik des Free Jazz; Musiker: Defunkt, Ronald Shannon Jackson, James Blood Ulmer.

1925

Kulturszene 1925 — K 241

Theater

Hjalmar Bergman Die Nobelpreisfälscher UA 25.2., Stockholm	Die Komödie diskutiert anhand einer Wechselfälschung über den Begriff „Ehre" und die Fragwürdigkeit seiner starren Auslegung.
Klabund Der Kreidekreis UA 1.1., Meißen	Die Bearbeitung eines klassischen chinesischen Singspiels regt andere Künstler an, so Zemlinsky (1933) und Brecht (1948).
Carl Zuckmayer Der fröhliche Weinberg UA 22.12., Berlin	Das diesseitsfreudige, derb-realistische Volksstück über eine Liebe unter hessischen Weinbauern wird ein großer Erfolg.

Oper

Alban Berg Wozzeck UA 14.12., Berlin	Berg bedient sich in seiner Büchner-Vertonung einer freien Tonalität: Das psychologische Drama findet im Orchestersatz statt.
Ferruccio Busoni Doktor Faust UA 21.5., Dresden	Busonis Oper, von seinem Schüler Philipp Jarnach vollendet, macht Faust zu einer imponierenden Gestalt des modernen Musiktheaters.

Film

Charles Chaplin Goldrausch USA	Chaplin auf Goldsuche in der Eiswüste Alaskas; berühmteste Szene: die Schuhmahlzeit mit Schnürsenkeln als Spaghettibeilage.
Sergej Eisenstein Panzerkreuzer Potemkin UdSSR	Schilderung der Meuterei auf dem zaristischen Kriegsschiff vor Odessa (1905); Agitationsfilm mit herausragender Montagetechnik.
Georg Wilhelm Pabst Die freudlose Gasse Deutschland	Engagierte Darstellung von Verbrechen, Prostitution und Elend im Wien der Inflationszeit mit Greta Garbo in der Hauptrolle.

Buch

John Dos Passos Manhattan Transfer New York	Schauplatz des mit modernen Erzählstrukturen arbeitenden Großstadtromans ist der Moloch Manhattan, der die Menschen vereinnahmt.
Theodore Dreiser Eine amerikanische Tragödie; New York	In seinem vom französischen Naturalismus beeinflußten Meisterwerk entlarvt Dreiser eine heuchlerische, gewissenlose Gesellschaft.
Lion Feuchtwanger Jud Süß München	Angeregt von der gleichnamigen Novelle Wilhelm Hauffs aus dem 19. Jh., untersucht Feuchtwanger einen Fall von Antisemitismus.
Francis Scott Fitzgerald Der große Gatsby New York	Der zweite wichtige New-York-Roman des Jahres fängt die Atmosphäre der hektischen 20er Jahre ein: Glanz, Erfolgsstreben, Doppelmoral.
André Gide Die Falschmünzer Paris	Der erste Anti-Roman sucht den Ausweg aus der Krise des Romans: Thema ist die Diskrepanz zwischen Wirklichkeit und ihrer Erzählbarkeit.
Fjodor Gladkow Zement Moskau	Das Werk wird in der UdSSR als sozialistischer Aufbauroman gefeiert, später verboten und von Heiner Müller wiederentdeckt (Dramatisierung).
Franz Kafka Der Prozeß Berlin	Der ein Jahr nach dem Tod Kafkas gegen seinen Willen veröffentlichte erste Roman handelt vom Gerichtsprozeß gegen einen jungen Prokuristen.
Egon Erwin Kisch Der rasende Reporter Berlin	Das Buch enthält die gesammelten Reportagen des tschechischen Journalisten, der die Zeitungsreportage zu literarischem Rang erhob.
Ezra Pound Cantos Paris	Meilenstein der modernen Dichtung, mit „A Draft of XVI Cantos" begonnen und bis 1972 auf 109 ideogrammatische Gesänge erweitert.
Virginia Woolf Mrs. Dalloway London	Das Hauptwerk der Erzählerin ist ein Bewußtseinsroman, in dem sie momentane Stimmungen, Eindrücke und Erinnerungen aneinanderreiht.

Heim für Strafentlassene

Deutsches Reich. Kreis Glogau. Der Gutshof Paulinenhof wird zu einem Übergangsheim für entlassene Sträflinge ausgebaut. In dem Heim werden am Ende der Verbüßung längerer Haftstrafen vor allem jugendliche Straftäter untergebracht und auf das Leben in Freiheit vorbereitet. Sie werden bei späterer Arbeits- und Wohnungssuche unterstützt und können sich an die Beschäftigten des Heimes wenden, wenn Probleme bei der Wiedereingliederung auftreten.

Hintergrund dieser ersten Ansätze zu einer Reform im Strafvollzug ist die hohe Rückfallquote von Strafentlassenen. So werden von jährlich rund 80 000 Verurteilten im Land Preußen 40% in kurzer Zeit wieder straffällig.

Erst in der zweiten Jahrhunderthälfte setzt sich auf breiter Ebene die Idee der Resozialisierung durch. Halboffene und offene Justizvollzugsanstalten sowie Hafterleichterungen (Freigang, Außenbeschäftigung, Urlaub) sollen eine möglichst übergangslose Wiedereingliederung in die Gesellschaft ermöglichen.

Kultur

„Satchmo"-Sound aus Chicago

Chicago. Der 25jährige Louis Armstrong spielt mit seiner Band „Hot Five" die erste Schallplattenaufnahme ein. Aufgrund seines

Louis Armstrong (1900–1971) tritt zunächst mit seiner Band „Hot Five", ab 1929 verstärkt als Solomusiker auf. 1946 spielt er die Hauptrolle in dem Musikfilm „New Orleans".

Improvisationstalents wird der „Satchmo" genannte Musiker zu einer der bekanntesten Persönlichkeiten des Jazz. Jahrzehntelang ist er für sein Instrument, die Trompete, schulebildend und macht Jazzmusik populär.
Nachdem 1917 in New Orleans das Vergnügungsviertel Storyville geschlossen worden war, etablierte sich Chicago als Jazz-Zentrum; typisch für den Chicagostil werden die sog. Hot-Intonationen, d. h. emotionsgeladene, „unsaubere" Tongebungen beim Singen und Spielen. Der Chicago-Jazz begeistert auch Europa und beeinflußt dort die Musik der 20er Jahre. S 227/K 240

📖 L. Armstrong: Mein Leben in New Orleans, 1967. J. L. Collier: Louis Armstrong, 1987.

„Prozeß" ohne Aufsehen

26.4. Berlin. Beim Verlag Die Schmiede erscheint Franz Kafkas unvollendeter Roman „Der Prozeß". Das Werk des 1924 verstorbenen Autors bleibt vorerst von der Literaturkritik unbeachtet; erst nach dem 2. Weltkrieg entzündet sich das Interesse einer breiten Leserschicht an Kafka, der sich keiner literarischen Strömung zuordnen läßt und dessen Parabeln sich einer rationalistischen Deutung entziehen.

Trotz realistischer Details verknüpft Kafka Außen- und Innenwelt zu einem irrealen Ganzen. Wiederkehrende Themen sind Isolation und Scheitern des Individuums sowie seine existentielle Verunsicherung angesichts der Abhängigkeit von anonymen Autoritäten. Kafkas Freund Max Brod ignorierte dessen letzte Verfügung, sein Werk zu verbrennen, und begründet mit der Veröffentlichung des Nachlasses postum den Weltruhm des österreichischen Autors. S 228/K 241

📖 J. Grusa: Franz Kafka aus Prag, 1983. E. Pawel: Das Leben Franz Kafkas, 1986. K. Wagenbach: Franz Kafka, Bilder aus seinem Leben, 1989. R. Hackermüller: Kafkas letzte Jahre 1917–24, 1990.

Dekorative Kunst in Paris

29.4. Paris. Auf der Esplanade des Invalides wird die „Exposition Internationale des Arts Décoratifs et Industriels Modernes" eröffnet. Architekten, Designer und Modeschöpfer präsentieren ihre phantasievollen Erzeugnisse in eigenen Pavillons.

Die Ensembles reichen stilistisch von der Tradition des späten Jugendstils bis zu dem in stereometrischen Formen errichteten „Pavillon de l'Esprit Nouveau" von Le Corbusier. Fauvisten, Kubisten und Konstruktivisten beteiligen sich an der Ausstellung mit

Surrealismus in der Kunst	K 242
Salvador Dalí (1904–1989) Spanien	Die brennende Giraffe (1936) Weiche Konstruktion mit gekochten Bohnen, Vorahnung des Bürgerkriegs (1936)
Giorgio de Chirico (1888–1978) Italien	Der Liebesgesang (1914) Die beunruhigenden Musen (1916)
Paul Delvaux (1897–1994) Belgien	Frau mit Rose (1936) Schlafende Venus (1944)
Marcel Duchamp (1887–1968) Frankreich	Rad eines Fahrrads (Objekt, 1913) Die Neuvermählte, von ihren Junggesellen selbst entkleidet (1915–1923)
Max Ernst (1891–1976) Deutschland/Frankreich	Der große Wald (1927) Die Einkleidung der Braut (1940)
Alberto Giacometti (1901–1966) Schweiz	Das Schloß um vier Uhr nachmittags (1932) Der unsichtbare Gegenstand (1934/35)
René Magritte (1898–1967) Belgien	Schwierige Überfahrt (1926) Der Schlüssel der Traumbilder (1930)
André Masson (1896–1987) Frankreich	Von Pfeilen durchbohrte Vögel (1925) Summer Divertisement (1934)
Joan Miró (1893–1983) Spanien	Karneval der Harlekine (1924/25) Mann, Frau und Kind (1931)
Yves Tanguy (1900–1955) Frankreich	Genesis (1925) Die Geschwindigkeit des Schlafes (1945)
Surrealismus in der Literatur	
Louis Aragon (1897–1982) Frankreich	Pariser Landleben (Roman, 1926) Die ständige Bewegung (Gedichte, 1926)
André Breton (1896–1966) Frankreich	Manifest des Surrealismus (1924) Nadja (Erzählung, 1928)
Paul Éluard (1895–1952) Frankreich	Sterben am Nichtsterben (Gedichte, 1924) Hauptstadt der Schmerzen (Gedichte 1926)
Julien Gracq (*1910) Frankreich	Auf Schloß Argol (Erzählung, 1938) Schönes Dunkel (Erzählung, 1945)
Philippe Soupault (1897–1990) Frankreich	Die magnetischen Felder (mit André Breton, 1920) Am Abgrund (Roman, 1923)
Surrealismus im Film	
Luis Buñuel (1900–1983) Spanien	Ein andalusischer Hund (1928) Das goldene Zeitalter (1930)
René Clair (1898–1981) Frankreich	Der Florentiner Hut (1927) Unter den Dächern von Paris (1929)
Jean Cocteau (1889–1963) Frankreich	Das Blut eines Dichters (1931) Die Schöne und das Biest (1946)
Hans Richter (1888–1976) Deutschland	Vormittagsspuk (1927) Dreams that money can buy (1944–47)

1925

Surrealismus:
„Die Liebenden" von René Magritte (1928, Privatbesitz Brüssel). Der belgische Maler (1898–1967), einer der wichtigsten Vertreter des Surrealismus, stellt in seinen Bildern die Rätsel und Geheimnisse der Dingwelt dar.

betont dekorativen Werken. Bevorzugt werden kostbare Materialien wie Kristall und glänzende Metalle, die eine glatte Formgebung gestatten.
Diese Weltausstellung des Kunsthandwerks verleiht einer während der 20er und 30er Jahre vorherrschenden Stilrichtung den Namen Art deco.

„Neue Sachlichkeit" vorgestellt
14.6. Mannheim. In der Kunsthalle Mannheim wird die von Gustav F. Hartlaub initiierte Ausstellung „Neue Sachlichkeit" eröffnet. 124 Bilder von 32 Malern ermöglichen eine erste Bestandsaufnahme der neuen Stilrichtung, die sich bewußt vom Expressionismus abgrenzt. Nicht das Gefühl, sondern das objektive Dasein der Gegenstände soll erfaßt werden.
In der Malerei sind Otto Dix, George Grosz und Alexander Kanoldt die bekanntesten Künstler der „Neuen Sachlichkeit". Charakteristisch ist die starke Betonung des Gegenständlichen unter Ausschaltung von Licht- und Schattenwirkung. Die nüchtern-distanzierten, oft grotesk überzeichnenden Darstellungen sind von großer Ausdruckskraft.
📖 Galerie der klassischen Moderne: Neue Sachlichkeit in Deutschland, 1988.

„Freudlose Gasse" uraufgeführt
23.5. Berlin. Georg Wilhelm Pabsts Film „Die freudlose Gasse" mit Greta Garbo, Asta Nielsen und Werner Krauss in den Hauptrollen hat Premiere. Erzählt wird das Schicksal von Menschen in einer durch Inflation und Hunger heruntergekommenen Wiener Gasse. Dort nutzten ein Fleischer und eine Schneiderin das Elend der Bewohner aus, indem sie Frauen zur Prostitution zwingen.
Mit diesem Werk vollzieht der deutsche Film den Übergang vom Expressionismus zu einer neuen realistischen Sachlichkeit. Pabst zeichnet ein schonungsloses Bild der verarmten Mittelstandes während der Hungerjahre in den 20er Jahren und schildert die Konsequenzen, die Armut haben kann. `S 228/K 241`

Joséphine Baker in Paris
7.10. Paris. Die „Revue Nègre" hat im Musiktheater an den Champs-Elysées Premiere. Attraktion der Show ist die „schwarze Perle" Joséphine Baker, eine Tänzerin aus Missouri. Ihr gelingt mit dieser Revue der Aufstieg zum Weltstar. Barbusig, nur mit einem Rock aus Bananen bekleidet, wird Joséphine Baker zum Sinnbild der „wilden" 20er Jahre. Mit ihr tritt der Charleston seinen Siegeszug durch Europa an. Nach mehreren Filmrollen kann sich die Tochter eines Spaniers und einer Schwarzen als Chansonsängerin etablieren.
Während des 2. Weltkriegs ist Joséphine Baker Mitglied der Résistance; nach 1945 engagiert sie sich für verwaiste Kinder.
📖 P. Rose: Joséphine Baker oder Wie eine Frau die Welt erobert, 1990.

Visionärer Surrealismus
13.11. Paris. In der Pariser Galerie Pierre wird die erste Gruppenausstellung des Surrealismus eröffnet. Künstler wie Hans Arp, Max Ernst, Joan Miró und Pablo Picasso setzen sich in ihren Werken mit dem Unbewußten und Traumhaften auseinander. Beeinflußt von der Psychoanalyse Sigmund Freuds (↑S.14/1900), wollen sie mit ihrer visionären Bildsprache unterbewußte Wahrheiten offenbaren. Bereits 1924 hatte der Kunsttheoretiker und Arzt André Breton sein „Surrealistisches Manifest" veröffentlicht. Es entwickeln sich zwei stilistische Auffassungen: Während die sog. veristische Gruppe mit Salvador Dalí und Max Ernst nicht zusammenhängende Dinge im perspektivischen Raum naturalistisch darstellt, bedienen sich Miró und Masson einer abstrakten, symbolhaften Formsprache.
Nach dem 2. Weltkrieg entwickelt sich der Surrealismus vor allem in den USA, Spanien, Frankreich und Italien weiter. Er nimmt Einfluß auf den Tachismus, das Action Painting, den Postsurrealismus und die Wiener Schule des Phantastischen Realismus. `S 229/K 242`
📖 G. Picon: Surrealismus 1919–1939, 1988.

Büchners „Woyzeck" als Oper

14.12. Berlin. An der Preußischen Staatsoper hat Alban Bergs Oper „Wozzeck" Premiere. Das bereits 1921 vollendete Musikdrama wurde schon 1924 teilweise aufgeführt und machte den Komponisten sprichwörtlich über Nacht berühmt. Die nach dem Dramenfragment „Woyzeck" (1836) von Georg Büchner entstandene Oper wird zu einer repräsentativen Komposition des modernen Musiktheaters. Alban Berg, dessen kompositorisches Schaffen von Arnold Schönberg beeinflußt ist (↑S.205/1923), verbindet abstrakte Kompositionstechnik mit der Expressivität tonaler Musik.

„Wozzeck" wird im Dritten Reich von den Nationalsozialisten verboten. Alban Bergs zweite Oper „Lulu" (1928–1935) nach den Dramen „Erdgeist" (1895) und „Die Büchse der Pandora" (1904) von Frank Wedekind bleibt unvollendet. S 228/K 241

📖 K. Monson: Alban Berg. Musikalischer Rebell im kaiserlichen Wien, 1989.

„Panzerkreuzer Potemkin" im Kino

21.12. Moskau. Im Bolschoi-Theater hat Sergej M. Eisensteins Film „Panzerkreuzer Potemkin" Premiere. Das Werk soll anläßlich des 20. Jahrestages an die revolutionären Wirren von 1905 erinnern und schildert die Meuterei auf einem Panzerkreuzer. Eisenstein hat seinen Film streng nach den Regeln des Dramas in fünf Akte gegliedert und erreicht durch die raffinierte Montage mitreißender Details ein hohes Maß an Pathos. „Panzerkreuzer Potemkin" leitet eine neue Epoche in der Filmgeschichte ein. Zahlreiche Filmsequenzen wie z. B. der Vormarsch der Kosaken auf der großen Freitreppe in Odessa erlangen legendären Ruhm. S 228/K 241

📖 S. Eisenstein: Yo, Ich selbst. Memoiren. 2 Bde., dt. 1984.

Sport

Franzosen dominieren im Tennis

Juli. Wimbledon. Bei den All England Lawn Tennis Championships gewinnen die Franzosen alle Wettbewerbe. Suzanne Lenglen erringt nach 1919–1923 zum sechsten Mal den Titel im Dameneinzel (gegen die Britin Jean Fry) und ist auch im Mixed und Doppel erfolgreich. Bei den Herren setzt sich René Lacoste im Endspiel gegen seinen Landsmann Jean Borotra durch. Beide bilden mit Henri Cochet und Jacques Brugnon ein 1927–32 siegreiches Daviscup-Team.

Sport 1925 — K 243

Fußball	
Deutsche Meisterschaft	1. FC Nürnberg
DFB-Pokal	Ab 1935 ausgetragen
Englische Meisterschaft	Huddersfield Town
Italienische Meisterschaft	AC Bologna
Spanische Meisterschaft	1925 nicht ausgespielt
Tennis	
Wimbledon (seit 1877; 45. Austragung)	Herren: René Lacoste (FRA) Damen: Suzanne Lenglen (FRA)
US Open (seit 1881; 45. Austragung)	Herren: Bill Tilden (USA) Damen: Helen Wills (USA)
French Open (1. Austragung)	Herren: René Lacoste (FRA) Damen: Suzanne Lenglen (FRA)
Australian Open (seit 1905; 18. Austragung)	Herren: James Anderson (AUS) Damen: Daphne Akhurst (AUS)
Davis-Cup (Philadelphia, USA)	USA – Frankreich 5:0
Eishockey	
Weltmeisterschaft	Ab 1930 jährlich ausgetragen
Stanley-Cup	Victoria Cougars
Deutsche Meisterschaft	Berliner SC
Radsport	
Tour de France (5430 km)	Ottavio Bottecchia (ITA)
Giro d'Italia (3250 km)	Alfredo Binda (ITA)
Straßenweltmeisterschaft	Ab 1927 ausgetragen
Boxen	
Schwergewichts-Weltmeisterschaft	Jack Dempsey (USA) 1925 kein Titelverteidigung
Automobilsport (Grand-Prix-Rennen)	
GP von Europa, Spa (BEL)	Antonio Ascari (ITA), Alfa Romeo
GP von England, Brooklands	Henry Segrave (GBR), Darracq
GP von Frankreich, Monthlery	Robert Benoist/Albert Divo (FRA), Delage
GP von Italien, Monza	Gaston Brilli-Peri (ITA), Alfa Romeo
GP von Spanien, S. Sebastian	Albert Divo/André Morel (FRA), Delage

Herausragende Weltrekorde

Disziplin	Athlet (Land)	Leistung
Leichtathletik, Männer		
Stabhochsprung	Charles Hoff (USA)	4,35 m
Weitsprung	William Hubbard (USA)	7,89 m
Speerwurf	Jonni Myrrä (FIN)	68,55 m
Leichtathletik, Frauen		
100 m	Helene Thymm (GER)	12,2 sec
Hochsprung	Phyllis Green (GBR)	1,55 m
Diskuswurf	Halina Konopacka (POL)	33,40 m
Schwimmen, Männer		
200 m Freistil	Johnny Weissmuller (USA)	2:15,2 min
400 m Freistil	Arne Borg (SWE)	4:50,3 min
Schwimmen, Frauen		
100 m Brust	Erna Huneus (GER)	1:29,0 min

1926

Politik

Attentat auf Mussolini

7.4. Rom. Die irische Adlige Violet Albina Gibson schießt vor dem Kapitol auf den italienischen Ministerpräsidenten und Duce Benito Mussolini. Er wird leicht an der Nase verletzt, die Attentäterin für unzurechnungsfähig erklärt.
Dies ist das zweite von vier Attentaten, die seit Ende 1925 bis Oktober 1926 auf Mussolini verübt werden. Sie sind ihm willkommener Anlaß, massiv gegen die Opposition vorzugehen. Dem Ministerpräsidenten wird die Exekutivgewalt übertragen und dem Parlament das Initiativrecht genommen. Staatsorgane ersetzen die kommunale Selbstverwaltung, unterdrücken die freie Presse und verbieten Geheimgesellschaften. Das letzte Attentat im Oktober führt zur Verabschiedung des Staatsschutzgesetzes, das die Errichtung des totalitären Staates durch Unterdrückung jeder Opposition zur Folge hat (↑S.219/3.1.1925). S 219/K 231

Niederlage der Rifkabylen

18.4. Udscha. Der marokkanische Emir Abd El Krim nimmt im Lager Berteaux Friedensverhandlungen mit den Kolonialmächten Frankreich und Spanien auf.
Seit 1920 befanden sich die Rifkabylen, Berberstämme im Rifatlas von Marokko, im Aufstand gegen die Spanier. Frankreich und Spanien sind seit 1912 Kolonialherren in Marokko (↑S.90/1.7.1911). Die spanischen Truppen unterlagen den Aufständischen 1921 bei Anoual. Diese proklamierten 1922 die Rifrepublik und drangen auf französisches Kolonialgebiet vor. 1925 griff Frankreich auf der Seite Spaniens in den Krieg ein.
In den Verhandlungen bemüht sich der Emir, die Autonomie für sein Volk zu retten, kann aber keine Einigung mit den Siegermächten erreichen.
Daraufhin bricht am 6.5. ein erneuter Aufstand aus, der 20 Tage später mit der bedingungslosen Kapitulation der Rifkabylen endet.

Berliner Vertrag mit UdSSR

24.4. Berlin. Das Deutsche Reich und die UdSSR unterzeichnen einen Freundschafts- und Neutralitätspakt. Beiderseitige Probleme sollen einvernehmlich gelöst werden. Bei unverschuldetem Angriff oder Wirtschaftsboykott durch Drittländer verhält sich der Vertragspartner neutral.
Dieses deutsch-sowjetische Bündnis setzt die Annäherung beider Staaten fort, die mit dem Abschluß des Rapallovertrags (↑S.185/16.4.1922) begonnen hatte. War allerdings im Jahr 1922 die deutsche Reichsregierung am Abschluß besonders interessiert – sie wollte die deutsche Isolation gegenüber Ost- und Westmächten gleichermaßen verhindern –, so ist es jetzt die Sowjetunion, welche auf Abschluß des Bündnisses drängt. Sie befürchtet nach dem Vertrag von Locarno (↑S.221/16.10.1925) und der Aufnahme Deutschlands in den Völkerbund (↑S.233/10.9.) nun ihrerseits eine Isolation.

Wichtige Regierungswechsel 1926			K 244
Land	Amtsinhaber	Bedeutung	
Deutsches Reich	Hans Luther (Parteilos, R seit 1925) Wilhelm Marx (Zentrum, R bis 1928)	Rücktritt Luthers (12.5.) wegen Kritik an seiner Unterzeichnung der umstrittenen Flaggenverordnung	
Frankreich	Aristide Briand (M seit 1925) Edouard Herriot (M 19.–21.7.) Raymond Poincaré (M bis 1928)	Regierungskrise durch rapiden Währungsverfall; Bank von Frankreich will keine Mittel mehr zur Verfügung stellen; Poincaré kündigt Erhöhung der indirekten Steuern an	
Litauen	Kasimir Grinius (P seit 1926) Antanas Smetona (P bis 1940)	Militärputsch (17.12.); Verfassung aufgehoben; rechtsnationale Tautinenkae-Partei übernimmt alleinige Herrschaft (S.235)	
Österreich	Rudolf Ramek (Christl.soz., B seit 1924) Ignaz Seipel (Christl.soz., B bis 1929)	Rücktritt Rameks (15.10.) wegen angedrohtem Streik der Bundesbediensteten; Seipel galt als „heimlicher" Kanzler	
Polen	Alexander Graf Skrzynsky (M seit 1925) Kazimierz Bartel (M 15.5.–30.9.) Józef Klemens Pilsudski (M bis 1928)	Katastrophale Wirtschaftslage durch Zollkrieg mit Deutschem Reich führt zu Staatsstreich (12.–14.5.); Pilsudski, 1918–23 Präsident Polens, errichtet diktatorisches Regime (S.233)	
Portugal	Bernardino Machado Guimarães (P seit 1925) Manuel de Oliveira Gomes da Costa (P 1.6.–9.7.) António Oscar Fragoso Carmona (P bis 1951)	Militärputsch unter General Gomes da Costa (28.5.), Außenminister Fragoso Carmona läßt den General gefangennehmen und wird selbst Präsident; 1934 beruft er den Diktator Salazar	

B = Bundeskanzler; M = Ministerpräsident bzw. Premierminister; P = Präsident; R = Reichskanzler

Staatsstreich in Polen

12.5. Praga. Marschall Józef Klemens Pilsudski nimmt mit 15 Regimentern die Stadt an der Pilica ein und marschiert von dort auf Warschau, das er nach schweren Kämpfen am 14.5. einnimmt. Er errichtet eine „moralische Diktatur" (↑S.127/5.11.1916).
Pilsudski, schon früh mit der sozialistischen Bewegung verbunden, setzte sich noch vor der Jahrhundertwende für die Unabhängigkeit Polens ein. Maßgeblich an ihrer Durchsetzung beteiligt, war er bis Juli 1923 Staatschef der 1918 gegründeten Republik. Aufgrund der wachsenden Unfähigkeit der folgenden Regierungen, die Probleme des Landes zu lösen, erwog er bereits im November 1925 einen Putsch. Bei der Regierungsbildung stützt er sich auf die konservativen Kräfte, erhält aber auch die Unterstützung der Linken. Außenpolitisch versucht Pilsudski, die Grenzen Polens mit Hilfe von Verträgen mit der Sowjetunion (1932) und Deutschland (1934) zu sichern. S 233/K 245

📖 H. Roos: Geschichte der polnischen Nation 1918–1985, 1986.

Gründung der Hitlerjugend

7.7. Die NSDAP gründet den „Bund deutscher Arbeiterjugend", die Jugendabteilung ihrer Kampfverbände SA (↑S.178/4.11.1921) und SS. Die 10–14jährigen sind im „Deutschen Jungvolk" bzw. „Jungmädelbund" organisiert, die 14–18jährigen in der „Hitlerjugend" (HJ) im engeren Sinn bzw. im „Bund Deutscher Mädel" (BDM).
Die nach Hitlers Putschversuch (↑S.202/8.11. 1923) aufgelöste NSDAP begann 1925 mit einem Neuaufbau ihrer Organisation. SA und SS wurden neu gegründet und werden zusammen mit der Jugendorganisation im November 1926 einer „Obersten SA-Führung" (OSAF) untergeordnet, die bis 1931 von dem ehemaligen Freikorpsführer Franz von Pfeffer, von 1931 bis 1940 von Baldur von Schirach (Reichsjugendführer) geleitet wird. Ende 1932 zählt die HJ 100 000 Mitglieder. Ihre Zahl steigt bis 1938 auf 8,7 Mio.

📖 E. Mann: Zehn Millionen Kinder. Die Erziehung der Jugend im Dritten Reich, 1986. J. Lang: Der Hitler-Junge. Baldur v. Schirach: Der Mann, der Deutschlands Jugend erzog, 1988.

Deutsches Reich im Völkerbund

10.9. Genf. Mit einem feierlichen Akt wird das Deutsche Reich auf der Vollversammlung in den Völkerbund aufgenommen.
US-Präsident Woodrow Wilson hatte in seinen „Vierzehn Punkten" (↑S.141/8.1.1918)

Chronik Polens bis 1945   K 245

bis 1916	Polen ist russisches Königreich (seit dem Wiener Kongreß 1815); Aufstände polnischer Patrioten im 19. Jh. blutig niedergeschlagen
1916	Deutschland und Österreich-Ungarn proklamieren einen polnischen Staat; polnische Legionäre kämpfen mit den Truppenverbänden der Mittelmächte gegen Rußland (S.127)
1918	Polen wird unabhängig; deutsche Kontrolle endet; Staatschef Jozef Pilsudski baut diktatorische Vollmachten auf
1919	Die sog. Curzon-Linie legt nach britischer Intervention die polnische Ostgrenze (zu Rußland) fest
1920	Russisch-polnischer Krieg endet mit Friedensvertrag von Riga (18.3.1921), geringe Gebietsgewinne Polens (S.165)
1922	Freundschaftsverträge mit den baltischen Staaten Estland und Lettland sowie mit Finnland zum Schutz vor der UdSSR
	Rücktritt Pilsudskis (9.12.); eine Woche später wird sein Nachfolger, Gabriel Narutowicz, ermordet (S.175)
1925	Per Gesetz wird eine Bodenreform verabschiedet (28.12.), die sich in erster Linie gegen deutsche Großgrundbesitzer richtet
1926	Militärputsch Pilsudskis (12.–14.5.), der zum autoritären Herrscher Polens wird und die Regierung absetzt (S.233)
1927	Pilsudski löst das polnische Parlament (Sejm) auf (28.11.); Verhaftungswelle gegen Oppositionelle verschärft die politischen Konflikte
1930	Rücktritt Pilsudskis wegen Krankheit (28.11.); neuer Ministerpräsident wird Oberst Walery Slawek; Pilsudski bleibt starker Mann
1932	Sowjetisch-polnischer Nichtangriffspakt (S.281/25.7.)
1934	Vertragliche Annäherung zwischen Polen und dem Deutschen Reich, vor allem auf wirtschaftlichem Gebiet
1935	Die neue Verfassung gibt das parlamentarisch-demokratische System offiziell preis und regelt den weiteren Machtzuwachs des Staatschefs (von Armee gestützt)
1936	Nach dem Tod Pilsudskis (12.5.) übernimmt General Eduard Rydz-Smigly die Macht in Militär und Staat
1938	Polnische Truppen marschieren in das Olsagebiet um Teschen ein (2.10.); unter Druck erkennt Litauen Wilna-Linie als Grenze an (17.3.)
1939	Großbritannien und Polen vereinbaren einen Beistandspakt (25.8.), der sich gegen eine befürchtete militärische Intervention Hitler-Deutschlands richtet; Hitler verschiebt Einmarsch
	Der deutsche Überfall auf Polen (1.9.) bedeutet den Beginn des 2. Weltkriegs; sowjetische Truppen besetzen Ostpolen (S.352)
	Kapitulation Polens (27.9.), Bildung einer Exilregierung in Paris, später in London; Gründung eines deutschen Generalgouvernements in Krakau unter Leitung von Hans Frank
1941	Deutsche Truppen besetzen Ostpolen nach Angriff auf UdSSR; Errichtung zahlreicher Konzentrationslager auf polnischem Gebiet (u. a. Auschwitz, Majdanek, Sobibor, Treblinka)
1942	Exilregierung ernennt Nationalrat und Sejm, polnische Untergrundtruppen werden zur „Heimatarmee" zusammengefaßt
1943	Entdeckung der Massengräber von Katyn (13.4.); über 4000 polnische Offiziere wurden von Sowjets erschossen (S.390)
	SS-Einheiten schlagen den Aufstand der Juden im Warschauer Ghetto mit brutaler Härte nieder (S.390/19.4.–16.5.)
1944	Aufstand der poln. Armee in Warschau scheitert nach zwei Monaten; Rote Armee kommt den Aufständischen nicht zu Hilfe (S.397)
1945	Sowjetische Truppen befreien Polen; Staatsgebiet wird nach Westen verschoben (Oder-Neiße-Linie; Curzon-Linie); große Umsiedlungswelle sorgt für langjährige politische Brisanz (S.413)
	Prosowjetisches „Lubliner Komitee" erklärt sich trotz Protests der Londoner Exilregierung zur „Provisorischen Regierung" Polens

Die Staaten im britischen Commonwealth K 246

Staat	Lage	Hauptstadt	Fläche in km² (Weltrang)	Einwohner (Weltrang)	Britisches Herrschaftsgebiet ab	Unabhängigkeit
Australien	Ozeanien	Canberra	7 686 848 (6)	18 100 000 (50)	1770	1901
Bahamas	Karibik	Nassau	13 878 (154)	276 000 (166)	1718	1973
Bangladesch	Süd-Asien	Dacca	143 998 (91)	120 400 000 (9)	1757	1947[1]
Barbados	Karibik	Bridgetown	430 (180)	262 000 (168)	1627	1966
Belize	Mittel-Amerika	Belmopan	22 696 (147)	215 000 (170)	1662	1981
Botswana	Süd-Afrika	Gaborone	581 730 (45)	1 500 000 (145)	1885	1966
Dominica	Karibik	Roseau	751 (169)	71 000 (37)	1805	1978
Fidschi	Ozeanien	Suva	18 272 (151)	784 000 (153)	1874	1970
Gambia	West-Afrika	Banjul	11 295 (156)	1 120 000 (148)	1765	1965
Ghana	West-Afrika	Accra	238 533 (78)	17 500 000 (52)	1807	1957
Grenada	Karibik	St. George's	344 (182)	91 000 (178)	1763	1974
Guyana	Süd-Amerika	Georgetown	214 969 (81)	835 000 (154)	1816	1966
Indien	Süd-Asien	New Delhi	3 287 590 (7)	935 700 000 (2)	1763	1947
Jamaica	Karibik	Kingston	10 990 (158)	2 400 000 (133)	1655	1962
Kanada	Nord-Amerika	Ottawa	9 970 610 (2)	29 500 000 (33)	1763	1931[2]
Kenia	Ost-Afrika	Nairobi	580 376 (46)	28 300 000 (34)	1895	1963
Kiribati	Ozeanien	Bairiki	726 (171)	77 000 (179)	1892	1979
Lesotho	Süd-Afrika	Maseru	30 355 (137)	2 100 000 (138)	1868	1966
Malawi	Südost-Afrika	Lilongwe	118 484 (98)	11 100 000 (64)	1891	1964
Malaysia	Südost-Asien	Kuala Lumpur	329 758 (65)	20 100 000 (48)	1826	1963
Malta	Süd-Europa	Valletta	316 (183)	366 000 (164)	1802	1964
Mauritius	Südost-Afrika	Port Louis	2 040 (167)	1 100 000 (149)	1810	1968
Nauru	Ozeanien	Yaren	21 (190)	11 000 (190)	1919	1968
Neuseeland	Ozeanien	Wellington	270 534 (73)	3 600 000 (120)	1840	1931
Nigeria	West-Afrika	Lagos	923 768 (30)	111 700 000 (10)	1862	1960
Pakistan	Süd-Asien	Islamabad	796 095 (35)	140 500 000 (7)	1846–76	1947
Papua-Neuguinea	Ozeanien	Port Moresby	462 840 (53)	4 300 000 (114)	1884[3]	1975
Saint Lucia	Karibik	Castries	622 (174)	141 000 (173)	1814	1979
Saint Vincent/Gr.	Karibik	Kingstown	388 (188)	111 000 (176)	1783	1979
Salomonen	Ozeanien	Honiara	28 896 (139)	378 000 (163)	1899[4]	1978
Sambia	Süd-Afrika	Lusaka	752 618 (38)	9 500 000 (78)	1899	1964
Seychellen	Ost-Afrika	Victoria	455 (177)	73 000 (180)	1814	1976
Sierra Leone	West-Afrika	Freetown	71 740 (116)	4 500 000 (109)	1808/1896[5]	1961
Singapur	Südost-Asien	Singapur	618 (175)	2 800 000 (129)	1824	1965
Sri Lanka	Süd-Asien	Colombo	65 610 (119)	18 400 000 (49)	1796	1948
Swasiland	Süd-Afrika	Mbabane	17 364 (153)	855 000 (151)	1907	1968
Tansania	Ost-Afrika	Dodoma	883 749 (32)	29 700 000 (32)	1890	1961
Tonga	Ozeanien	Nuku'alofa	747 (170)	98 000 (177)	1900	1970
Trinidad/Tobago	Karibik	Port of Spain	5 130 (162)	1 300 000 (147)	1797	1962
Tuvalu	Ozeanien	Vaiaku	26 (189)	9 000 (191)	1877	1978
Uganda	Ost-Afrika	Kampala	241 038 (77)	21 300 000 (44)	1896	1962
West-Samoa	Ozeanien	Apia	2 831 (164)	171 000 (171)	1921[6]	1962
Zimbabwe	Süd-Afrika	Harare	390 757 (59)	11 300 000 (63)	1895	1980[7]
Zypern	Südost-Europa	Nikosia	9 251 (160)	742 000 (154)	1878	1960
Großbritannien	West-Europa	London	244 100 (76)	58 280 000 (19)		

1) Teil von Pakistan, ab 1971 eigenständig; 2) Nova Scotia und Neufundland bereits ab 1713; 3) ab 1906 unter australischer Verwaltung; 4) seit 1885 z. T. unter deutscher Herrschaft; 5) 1808 Halbinsel, 1896 Hinterland; 6) unter neuseeländischer Verwaltung; 7) als Rhodesien 1965 einseitige Unabhängigkeitserklärung

die Bildung eines Völkerbundes gefordert. Deutschland, das diese Idee als Garant gegen seine internationale Isolierung förderte, wurde die Aufnahme verweigert. Erst 1925 führten Außenminister Stresemanns Bemühungen im Vertrag von Locarno (↑S.221/16.10.1925) zur Zusage, bis 1926 die Aufnahme des Deutschen Reichs mit einem ständigen Sitz im Rat zu beschließen.
Brasilien, Polen, Spanien und China erheben ebenfalls Anspruch auf einen ständigen Sitz. Ein Kompromiß sieht schließlich die Erhöhung der Zahl der nichtständigen Mitglieder vor. Polen und China akzeptieren dies, Brasilien und Spanien treten aus. Mit der Aufnahme in den Völkerbund hat das Deutsche Reich sein Ziel erreicht, als gleichberechtigter Partner im westlichen Staatenbund akzeptiert zu werden. S 152/K 166

Commonwealth statt Empire KAR
18.11. London. Die Dominions des britischen Reiches (British Empire), Irland, Australien, Neufundland, Kanada, die Südafrikanische Union und Neuseeland, erhalten auf der seit dem 19.10. tagenden Reichskonferenz einen neuen Status und gehören nun zum „Commonwealth of Nations". Es ist eine Gemeinschaft gleichberechtigter Staaten; sie sind autonom und nur durch die Krone miteinander verbunden. Die Verteidigung bleibt jedoch ausschließlich Sache des Mutterlandes Großbritannien.
Die Gründung des Commonwealth ist vorläufiger Endpunkt des im 19. Jh. einsetzenden Verselbständigungsprozesses der britischen Kolonien, in dessen Verlauf sich einzelne Gebiete zusammenschlossen und unter der Bezeichnung „Dominion" innen- und außenpolitische Autonomie erlangten.
Das Empire wird damit in eine ideelle Einheit überführt. Mit dem Statut von Westminster 1931 schließt dieser Wandel ab. S 234/K 246

Putsch in Litauen
17.12. Durch einen Militärputsch reißt in Litauen die rechtsnationale Tautinenkae-Partei die Macht an sich. Die republikanische Verfassung wird aufgehoben. Antanas Smetona wird Staatspräsident, Augustin Voldemaras Ministerpräsident. Nach dem gescheiterten Versuch einer Annektion hatte Sowjetrußland 1920 im Friedensvertrag von Moskau Litauens Selbständigkeit anerkannt. Smetona, der ein diktatorisches Regime nach Vorbild des italienischen Faschismus errichtet, emigriert nach der Zerschlagung der baltischen Staaten (↑S.363/15.6.1940) in die USA.

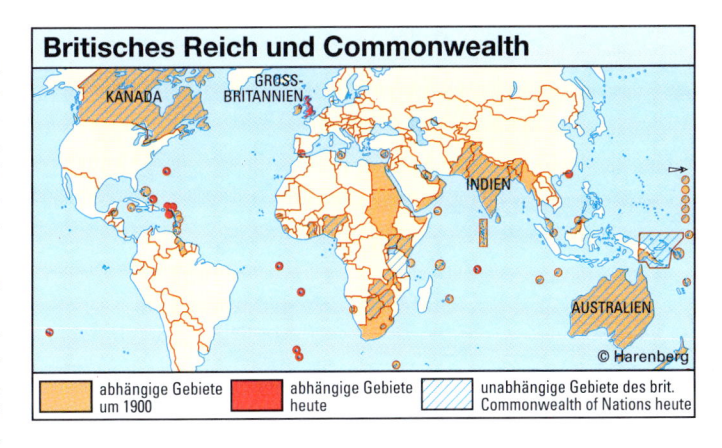

Britisches Reich und Commonwealth

abhängige Gebiete um 1900 | abhängige Gebiete heute | unabhängige Gebiete des brit. Commonwealth of Nations heute

Kaisererhebung in Japan
25.12. Tokio. Hirohito wird zum 124. Tenno Japans erhoben. Er folgt seinem Vater Joschihito, für den er schon seit 1921 die Geschäfte führt.
Hirohito wird Oberhaupt eines Staates, der im ausgehenden 19. Jh. mit imperialistischen Mitteln seine Großmachtstellung auszubauen verstand. Die Japaner behaupteten sich gegen China (jap.-chin. Krieg 1894/95) und Rußland (↑S.50/27.5.1905) und errangen Korea als Kolonie (↑S.85/22.8.1910). Im 1. Weltkrieg konnte Japan – neben Australien (↑S.173/1921) – auf seiten der Alliierten die deutschen Kolonien im Südpazifik übernehmen. Im Innern schuf eine rasante Industrialisierung ein Exportpotential, das Japan auch die ökonomische Großmachtstellung sicherte.

Kaiser (Tenno) Hirohito von Japan (1901–1989). Nach dem 2. Weltkrieg verzichtet Hirohito auf Drängen der amerikanischen Besatzungsmacht auf seinen „Göttlichkeitsanspruch" und wird der erste „bürgerliche" Kaiser Japans.

Als Regent hat Hirohito diese Politik mitgetragen und wird sie als Kaiser weiterhin unterstützen. Er herrscht 62 Jahre über sein Land (↑S.815/9.1.1989).

H. A. Dettmer: Grundzüge der Geschichte Japans, 1970.

Wirtschaft

Stahlindustrie bildet Trust

1.4. Düsseldorf. Mit dem Zusammenschluß zu den Vereinigten Stahlwerken AG (Vestag) gründen sieben Montanunternehmen einen der größten deutschen Industriekonzerne. Gründungsfirmen sind u. a. die Stinnes-, die Thyssen- und die Phoenixgruppe, die Rheinische Stahlwerke AG und die Vereinigten Stahlwerke van der Zypen. Die Vestag hat ein Aktienkapital von 800 Mio Reichsmark und 200 000 Beschäftigte. Sie produziert 40% des deutschen Rohstahls und fördert 20% der Steinkohle.

Dieser Zusammenschluß ist der zweite seiner Art in Deutschland. Die chemische Industrie hatte bereits 1925 mit der I. G. Farben einen Trust gebildet (↑S.222/2.12.1925). Erleichtert wurde der Zusammenschluß der Montanindustrie durch die Senkung der Fusionssteuer im Reich. Nach dem 2. Weltkrieg wird die Vestag in Einzelunternehmen aufgelöst.

Daimler-Benz: Werbeplakat des neu entstandenen Berliner Automobilkonzerns

Daimler-Benz AG gegründet

28.6. Berlin. Die Daimler-Motorengesellschaft Stuttgart–Berlin (gegr. 1890) und die Firma Benz & Cie, Rheinische Gasmotorenfabrik Mannheim (gegr. 1883), fusionieren zur Daimler-Benz AG. Firmensitz des Konzerns wird Berlin.

Die beiden ältesten Kraftwagenwerke der Welt hatten bereits 1924 eine Interessengemeinschaft gebildet. Ihre Fusion ist Höhepunkt einer allgemeinen Konzentration der Automobilfirmen. Sie vereinfacht die Lage auf dem Automarkt, der geprägt war von harter Konkurrenz vieler Firmen mit zahlreichen Autotypen. Autos sind noch Luxusobjekte, die sich nur eine gehobene Käuferschicht leisten kann. Inflation und Wirtschaftskrise ließen diese Schicht zusammenschmelzen. Mehrere Produzenten versuchen, neue Käufer durch die Herstellung kleinerer und damit billigerer Autos zu gewinnen. Daimler-Benz spezialisiert sich auf Nutzfahrzeuge. S 222/K 234 S 824/K 797

H. Pohl (u. a.): Die Daimler-Benz AG in den Jahren 1933–1945, 1986.

Die großen Fluggesellschaften			K 247
Gründung	Name	Land	Anmerkung
1919	KLM	NL	Älteste Fluggesellschaft der Welt
1923	Aeroflot	SU	Zahllose GUS-Nachfolgegesell.
1924	Delta Air Lines	USA	1991 Übernahme der US-Gesellschaft Pan Am
1926	Lufthansa	D	1953 Neuorganisation
1926	Northwest Airlines	USA	Bis 1985 Northwest Orient Airl.
1930	American Airlines	USA	Als American Airways gegründet
1930	TWA	USA	Von vier US-Linien gegr.
1931	United Airlines	USA	1. Linie mit Stewardessen
1933	Air France	F	1946 und 1948 verstaatlicht
1934	Continental Airlines	USA	1982 mit Texas Int. fusioniert
1939	USAir	USA	Bis 1979 unter Allegheny Airlines
1940	British Airways	GB	1972 Fusion mit BOA und BEA[1]
1946	Alitalia	I	1957 mit LAI fusioniert
1946	SAS	S/N/DK	1. Transatlantik-Linie Skand.
1951	Japan Air Lines	J	1953 verstaatlicht
1952	All Nippon	J	Bekannt unter Japan Helicopter and Airplane
1962	Korean Air	KOR	Vorgänger: Korean Nat. Airl.

[1] BOA: British Overseas Airways; BEA: British European Airways

Verkehr

Gründung der Lufthansa

6.1. Köln. Aus der Fusion mehrerer Gesellschaften, u. a. der Junkers Luftverkehrs AG und der Aero Lloyd-AG, entsteht die Deut-

sche Lufthansa AG mit Sitz in Köln. Sie befliegt deutsche und europäische Luftlinien sowie Südamerika und Asien. In den letzten Jahren vor dem 2. Weltkrieg führt sie Erprobungsflüge über den Nordatlantik durch.
Der Kontrollrat beschließt 1945 die Einstellung des Flugbetriebs. 1953 wird die Gesellschaft als AG für Luftverkehrsbedarf wiederbegründet. Nach Rückgabe der Lufthoheit 1954 wird die Firma wieder unter dem alten Namen geführt. Sie kann ein Jahr später den innerdeutschen Flugverkehr aufnehmen sowie die Städte Paris, London, Madrid und New York anfliegen. S 222/K 234 S 236/K 247

Seilbahn zur Zugspitze

5.7. Ehrwald. Die Seilbahn zum höchsten Berg Deutschlands, der Zugspitze (2962 m), wird eröffnet. Vertreter der deutschen und österreichischen Staatsregierungen sowie der bayerischen und Tiroler Landesregierungen nehmen an der Einweihung teil.
Die Seilbahn wird als Wunderwerk der Technik gerühmt: Sie führt von der Unterstation in Ehrwald zum Sattel zwischen dem östlichen und westlichen Gipfel der Zugspitze. Mit einer Länge von 3500 m überwindet sie über sechs Stützen einen Höhenunterschied von 1574 m in 16 Minuten. Vom 6.7. an verkehrt die Bahn planmäßig alle 20 Minuten. Jede Gondel faßt 19 Personen.
1930 wird die Bayerische Zugspitzbahn von Garmisch-Partenkirchen aus fertiggestellt, 1963 die Seilschwebebahn vom Eibsee aus.

Wissenschaft

Wellenmechanik begründet

Januar. Zürich. Unter dem Titel „Quantisierung als Eigenwertproblem" publiziert der österreichische Physiker Erwin Schrödinger einen Aufsatz, mit dem er die sog. Wellenmechanik begründet.
Ausgehend von der Hypothese des französischen Physikers Louis Victor de Broglie, daß Elektronen nicht nur Teilchen-, sondern zugleich auch Welleneigenschaften aufweisen (Konzept der Materiewellen, 1922), ersetzt Schrödinger das Elektron im Bohrschen Atommodell (↑S.108/30.6.1913) durch eine „stehende Welle". Mit der „Schrödinger-Gleichung" findet er schließlich eine grundlegende Wellengleichung für atomare Teilchen. Sie gibt das Maß für die Wahrscheinlichkeit an, mit der sich Elektronen in einem bestimmten Bereich der Atomhülle (Orbital) aufhalten.

Obwohl sich bereits im März 1926 Schrödingers Wellenkonzept physikalisch als identisch erweist mit der wesentlich abstrakteren Matrizenmechanik von Werner Heisenberg (↑S.223/29.7.1925), findet seine Wellenidee bei den Wissenschaftlern größeren Anklang, weil sie der menschlichen Phantasie ein anschauliches „Bild" des Atoms bietet. S 52/K 46

Lufthansa gegründet: Ab 1. Mai 1926 setzt die Fluggesellschaft zwischen Berlin und Königsberg dreimotorige Junkers G 24 für die ersten Passagiernachtflüge der Welt ein.

Nobelpreisträger 1926	K 248
Frieden: Aristide Briand (F, 1862–1932), Gustav Stresemann (D, 1878–1929)	
Bei einer Begegnung am Genfer See stellten der französische Premier Briand und der deutsche Außenminister Stresemann die Weichen für den Locarno-Pakt. Beide Politiker setzten sich für die Zusammenarbeit der europäischen Völker und die Versöhnung zwischen Deutschland und Frankreich ein.	
Literatur: Grazia Deledda (I, 1871–1936)	
In ihren Romanen und Novellen schilderte Deledda das oftmals harte Leben der Menschen in ihrer sardischen Heimat. Hauptthema des von Trauer und Schwermut erfüllten erzählerischen Werks ist die unmögliche, weil nicht standesgemäße Liebe (z. B. in „Marianna Sirca", 1915).	
Chemie: Theodor Svedberg (S, 1884–1971)	
Svedberg konstruierte die Ultrazentrifuge, mit der sich das Molekulargewicht kleinster chemischer Teilchen bestimmen läßt. Das Verfahren wurde zum unentbehrlichen Hilfsmittel für Chemiker, u. a. bei der Untersuchung von Eiweißen und anderen empfindlichen Naturstoffen.	
Medizin: Johannes Andreas Grib Fibiger (DK, 1867–1928)	
Dem Pathologen gelang 1912 die erste experimentelle Krebserzeugung bei Versuchstieren. Er verfütterte mit Parasiten infizierte Nahrung an Ratten, bei denen sich Tumore bildeten. Fibigers Untersuchungsergebnisse gaben der internationalen Krebsforschung entscheidenden Auftrieb.	
Physik: Jean Baptiste Perrin (F, 1870–1942)	
Perrin untersuchte die Struktur der Materie und entdeckte das Sedimentationsgleichgewicht (Sedimentation: Bodensatzbildung in Flüssigkeiten aufgrund der Schwerkraft). Bereits 1895 hatte der französische Wissenschaftler die negative Ladung der Kathodenstrahlen nachgewiesen.	

1926

Entwicklung des Telefons — K 249

Jahr	Erfindung	Fortschritt
1861	Johann Philipp Reis (D) führt Magnettelefon vor	Übertragung von Tönen und der menschlichen Stimme
1872	Elektromagnetisches Telefon von Alexander Graham Bell (USA)	Erste Gespräche über eine 8,5 km lange Versuchsstrecke
1876	Bell und Elisha Gray (USA) melden je ein Telefonpatent an	Massenproduktion; Gray wird später von Bell übernommen
1877	Erstes deutsches Patent der Firma Siemens & Halske	Bell-Patent durch Werner Siemens verbessert
um 1880	Münzfernsprecher werden in den USA aufgestellt	Verbreitung des Telefons nimmt weiter zu
1887	Erste deutsche Fernleitung verbindet Berlin und Hamburg	Telefonieren über Ortsnetze hinaus möglich
1889	Almon Brown Stowger (USA) entwickelt automatische Vermittlung	Mithören Dritter (wie bei Handvermittlung üblich) entfällt
1891	Erstes Unterwasserkabel (GB–F) nimmt Betrieb auf	Telefonverbindung über Meere hinweg möglich
1898	Valdemar Poulsen (DK) konstruiert den Telegrafen	Automatische Aufzeichnung und Wiedergabe von Gesprächen
1899	Der Serbe Mihajlo Pupin baut die Selbstinduktionsspule	Telefonreichweite wird auf rd. 600 km erhöht
1909	Erstes Selbstwähl-Fernmeldeamt in Deutschland nimmt Arbeit auf	Bei Ortsgesprächen wird Handvermittlung überflüssig
1915	Elektromechanisches Telefon-Wählsystem wird patentiert	Mehrere Verbindungen können gleichzeitig geschaltet werden
1926	In Berlin werden die ersten Selbstwähltelefone eingesetzt	Zwischengeschaltete Vermittlung verliert an Bedeutung (S.238)
	Erste drahtlose transatlantische Verbindung (über Funk)	Telefonieren über Kontinente möglich (per Handvermittlung)
1936	Fernsehsprechdienst zwischen Berlin und Leipzig	Gesprächspartner können einander über Bildschirme sehen
1952 –72	Telefonfernwahl in der BRD flächendeckend eingeführt	Handvermittlung von Ferngesprächen entfällt
1956	Transatlantikkabel (TAT 1) zwischen Europa und Nordamerika	Fernverbindungen leistungsfähiger und weniger störanfällig
1958	Autotelefone für die Öffentlichkeit in der BRD eingeführt	Telefon wird vom stationären zum mobilen Medium
ab 1960	Erster Fernmeldesatellit nimmt Arbeit auf (Echo I)	Telefon wird zum weltumspannenden Kommunikationsmedium
1961	IBM bringt „Tele-Processing" auf den deutschen Markt	Telefonisch angelieferte Daten werden per Computer verarbeitet
1968	Grundig entwickelt Schmalband-Bildübertragungsverfahren	Fernsehbilder per Telefonleitung abgerufen und aufgezeichnet
1970	Entwicklung des Zeitmultiplex-Systems	Kapazität der Fernsprechkanäle kann besser ausgenutzt werden
	Direktwahl zwischen Europa und USA wird eingeführt	Handvermittlung bei Transatlantikgesprächen überflüssig
1977	Erste öffentliche Glasfaser-Telefonleitung in den USA in Betrieb	Erhöhung der Leistungskapazität und der Kommunikationsdienste
um 1980	Breitband-Übertragungswege in der BRD erprobt und eingeführt	Telefon wird Multifunktionsgerät: Konferenzen, Überwachung, Btx
ab 1982	Digitalisierung im regionalen Telefonfernnetz Deutschl. (ISDN)	Erhöhte Leistung bei Mehrfachdiensten; geringe Störanfälligkeit
1988	Glasfaser-Transatlantikkabel (TAT 8) zwischen Europa und USA	Multifunktionsdienste per Telefon können auch zwischen Kontinenten genutzt werden
1993	Mobilfunk	D- und E-Netze in Deutschland ausgebaut; 4 Mio Handys (1996)

Technik

Erste Flüssigtreibstoffrakete

16.3. Auburn. Der US-amerikanische Physiker Robert H. Goddard startet die erste mit flüssigem Treibstoff angetriebene Rakete. Auf ihrem Flug, der zweieinhalb Minuten dauert, legt sie 600 m bei einer Geschwindigkeit von 90 km/h zurück. Goddard benutzt Benzin als Treib- und Sauerstoff als Brennmittel.

Goddard experimentierte seit 1920 mit Flüssigkeitsraketen, da seine Versuche mit Feststoffraketen keine befriedigenden Resultate brachten. Bereits 1924 hatte der sowjetische Mathematiker Konstantin E. Ziolkowski in seiner Studie „Die Rakete in den kosmischen Raum" den Bau einer mit Flüssigkeit angetriebenen Weltraumrakete vorgeschlagen, die er als zigarrenförmigen Zylinder mit mehreren Antrieben und mit stufenweiser Zündung zur Steigerung der Schubkraft plante.

Die Erforschung des Weltalls bleibt aber zunächst hinter militärischen Interessen zurück. Ab September 1944 wird die Flüssigkeitsrakete „V2" gegen Ziele in Großbritannien eingesetzt. S 402/K 402

Telefonieren ohne Fräulein vom Amt

15.8. Berlin. In den Stadtteilen Lichterfelde und Wannsee werden die ersten Selbstwähltelefone in Betrieb genommen. Die Teilnehmer können ohne Vermittlung durch das Amt direkt ihren Gesprächspartner anwählen.

1877 begann die Deutsche Reichspost nach US-amerikanischem Vorbild ein Telefonnetz als Ergänzung zur Telegrafie aufzubauen. Ein erstes deutsches Ortstelefonnetz wurde am 24.1.1881 in Mülhausen (Elsaß) eröffnet. 1897 gab es 149 000 Anschlüsse, über die 473 Mio Gespräche vermittelt wurden. S 238/K 249

Gesellschaft

Berlin im Charlestonfieber

3.1. Berlin. Der amerikanische Tanz Charleston erobert als Modetanz Nr. 1 die Berliner Tanzsäle. Der auch als „Grotesk-Tanz" bezeichnete afroamerikanische Foxtrott im 2/2-Takt ist nach der Stadt Charleston in Südcarolina, USA, benannt. Über London und Paris kam er nach Deutschland und löste den ruhig-sentimentalen Blues ab. Kennzeichnend für den temperamentvollen Tanz sind die raschen Wechselschritte und die schlenkernden, skurril anmutenden Beinbewegungen.

Strümpfe ohne Laufmaschen

3.4. Leicester/Nottingham. In einer britischen Fabrik wird der erste laufmaschensichere Strumpf hergestellt. Das Unternehmen hat die Rechte an einem französischen Patent erworben, das in der Schweiz weiterentwickelt wurde.
Der Rand der Damenstrümpfe (aus Seide, Kunstseide oder Baumwolle) wird besonders verstärkt und fängt damit die Laufmaschen auf. Durch die maschinelle Produktionsart auf 40 Strickstühlen werden die Strümpfe nicht teurer als herkömmliche.
Maschinell gestrickte Strümpfe gibt es seit dem ausgehenden 16. Jh. mit der Erfindung der ersten Strickmaschine durch den Engländer W. Lee (1589).

„Reform" des § 218

14.5. Berlin. In dritter Lesung verabschiedet der Reichstag eine Änderung des § 218. Die Abtreibung ist weiterhin strafbar, das Strafmaß von 5 Jahren Zuchthaus wird allerdings in eine Gefängnisstrafe bis zu 5 Jahren umgewandelt.
Seit der Jahrhundertwende besteht die Diskussion um das Abtreibungsrecht. Die Weimarer Verfassung nahm in den Paragraphen 218–220 den Schutz „ungeborenen Lebens" bei schwerer Strafandrohung gegen Abtreibende auf. In der Diskussion der 20er Jahre wurde entweder die ersatzlose Streichung des § 218 oder Straffreiheit in den ersten drei Schwangerschaftsmonaten gefordert.
Die jetzt beschlossene Reform berücksichtigt weder soziale Aspekte noch die Realität. Während wohlhabende Frauen ungestraft bei guten Ärzten im Ausland abtreiben, müssen Frauen aus der Unterschicht unter Lebensgefahr heimlich in Deutschland abtreiben und auch noch das Risiko einer Bestrafung in Kauf nehmen. Die geschätzte Zahl der Todesfälle jährlich geht in die Tausende.
I. Zwerenz: Frauen – Die Geschichte des § 218.

Zensur oder Jugendschutz

3.12. Berlin. Nach heftigen Debatten verabschiedet der Reichstag das Gesetz zur „Bewahrung der Jugend vor Schund- und Schmutzschriften". Mit dem Gesetz werden Prüfstellen geschaffen, die alle Schriften registrieren sollen, welche nach nicht festgelegten Kriterien zur jugendgefährdenden Schund- und Schmutzliteratur zählen.
An den fehlenden Kriterien entzündete sich die Diskussion. Die Gegner sehen in diesem Gesetz ein Zensurinstrument, das sie als Eingriff in die Freiheit des Geistes ablehnen.

Kulturszene 1926	K 250
Theater	
Ernst Barlach Der blaue Boll UA 13.10., Stuttgart	In dem expressionistischen Drama über die innere Wandlung zweier Menschen greifen Provinzielles und Mystisches ineinander.
Bertolt Brecht Mann ist Mann UA 25.9., Darmstadt	Das Lustspiel mit Musik von Paul Dessau markiert einen Wendepunkt im Schaffen Brechts, der hier erstmals die Parabelform verwendet.
Ferdinand Bruckner Krankheit der Jugend UA 16.10., Hamburg	Das kolportagehafte gesellschaftskritische Zeitstück sieht mit der Wirtschaftskrise von 1923 auch die moralischen Werte zerstört.
Oper	
Paul Hindemith Cardillac UA 9.11., Dresden	Die Vertonung von E. T. A. Hoffmanns Novelle „Das Fräulein von Scuderi" ist eine sog. Musizieroper aus konventionellen Musiknummern.
Giacomo Puccini Turandot UA 25.4., Mailand	In der letzten, unvollendet gebliebenen Oper Puccinis beeinflußt chinesische Musik das Instrumentarium und die musikalische Struktur.
Karol Szymanowski König Roger UA 19.6., Warschau	Die Oper über den sizilianischen König des 12. Jh. und seinen arabischen Berater verwendet Musik aus unterschiedlichen Kulturkreisen.
Konzert	
Leoš Janáček Sinfonietta UA 26.6., Prag	Das expressive Orchesterstück, ein Porträt der Stadt Brünn, verbindet die klassische Form der Sinfonie mit Elementen der Suite.
Dmitri Schostakowitsch 1. Sinfonie UA 12.5., Leningrad	Internationaler Durchbruch mit der ersten von 15 Sinfonien: Leopold Stokowski, Arturo Toscanini und Bruno Walter führen das Werk auf.
Film	
Alfred Hitchcock Der Untermieter Großbritannien	Eine Familie verdächtigt ihren Untermieter, ein Frauenmörder zu sein; für Alfred Hitchcock der erste große Erfolg als Regisseur.
Buster Keaton Der General USA	Klassische Stummfilmkomödie: Buster Keaton als Lokführer, der unversehens im Amerikanischen Bürgerkrieg zum Südstaatenhelden wird.
Fritz Lang Metropolis Deutschland	Meilenstein des Science-fiction-Kinos und der Filmarchitektur: Arbeiteraufstand in der Fabrikstadt Metropolis (UA 10.1.1927).
Friedrich Wilhelm Murnau Faust – Eine deutsche Volkssage; Deutschland	Expressionistische Mischung aus der alten Volkssage, Marlowes und Goethes Faust-Versionen; Murnaus letzter Film in Deutschland.
Buch	
Georges Bernanos Die Sonne Satans Paris	Hauptwerk des „Renouveau catholique", einer Ende des 19. Jh. einsetzenden katholischen Erneuerungsbewegung für die Literatur.
Hans Grimm Volk ohne Raum München	Der nationalistische Roman über einen niedersächsischen Auswanderer nach Südafrika wird ein Musterwerk der NS-Literatur.
Franz Kafka Das Schloß München	Der zweite postum herausgegebene Roman Kafkas über einen Landvermesser kann als Parabel auf den modernen Menschen gelesen werden.
Thomas Edward Lawrence Die sieben Säulen der Weisheit; London	Der als Lawrence von Arabien bekannte Archäologe, Soldat und Schriftsteller schildert den Araberaufstand gegen die Türken im 1. Weltkrieg.
Bruno Traven Das Totenschiff Berlin	Der Anti-Abenteuerroman, in dem auf jedes bestandene Abenteuer noch ein schlimmeres folgt, wird das erfolgreichste Buch des Autors.

Sport 1926 — K 251

Fußball
Deutsche Meisterschaft	SpVgg Fürth
DFB-Pokal	Ab 1935 ausgetragen
Englische Meisterschaft	Huddersfield Town
Italienische Meisterschaft	Juventus Turin
Spanische Meisterschaft	FC Barcelona

Tennis
Wimbledon (seit 1877; 46. Austragung)	Herren: Jean Borotra (FRA) / Damen: Kitty McCane-Godfree (GBR)
US Open (seit 1881; 46. Austragung)	Herren: René Lacoste (FRA) / Damen: Molla Bjurstedt-Mallory (USA)
French Open (seit 1925; 2. Austragung)	Herren: Henri Cochet (FRA) / Damen: Suzanne Lenglen (FRA)
Australian Open (seit 1905; 19. Austragung)	Herren: John B. Hawkes (AUS) / Damen: Daphne Akhurst (AUS)
Davis-Cup (Philadelphia, USA)	USA – Frankreich 4:1

Eishockey
Stanley-Cup	Montreal Maroons
Deutsche Meisterschaft	Berliner SC

Radsport
Tour de France (5745 km)	Lucien Buysse (FRA)
Giro d'Italia (3429 km)	Giovanni Brunero (ITA)
Straßenweltmeisterschaft	Ab 1927 ausgetragen

Automobilsport (Grand-Prix-Rennen)
GP von Deutschland, Berlin	Rudolf Caracciola (GER), Mercedes
GP von Frankreich, Miramas	Julex Goux (FRA), Bugatti
GP von Italien, Monza	Jean Charavel (FRA), Bugatti

Boxen
Schwergewichts-Weltmeisterschaft	Gene Tunney (USA) – PS gegen Jack Dempsey (USA), 23.9.

Herausragende Weltrekorde
Disziplin	Athlet (Land)	Leistung
Leichtathletik, Männer		
100 m	Helmuth Körnig (GER)	10,4 sec
800 m	Otto Peltzer (GER)	1:51,6 min
1500 m	Otto Peltzer (GER)	3:51,0 min
Diskuswurf	Clarence Houser (USA)	48,20 m
Leichtathletik, Frauen		
200 m	Eileen Edwards (GBR)	25,8 sec
Weitsprung	Kinue Hitomi (JPN)	5,75 m
Diskuswurf	Milly Reuter (GER)	38,34 m
Schwimmen, Männer		
200 m Brust	Erich Rademacher (GER)	2:49,0 min
100 m Rücken	Walter Laufer (GER)	1:11,2 min
200 m Rücken	Walter Laufer (GER)	2:44,9 min
Schwimmen, Frauen		
100 m Freistil	Ethel Lackie (USA)	1:10,0 min
200 m Freistil	Martha Norelius (USA)	2:40,6 min

Ein Großteil der DDP stimmt mit SPD und KPD gegen, das Zentrum, DVP, DNVP und 16 Stimmen der DDP stimmen für das Gesetz. Der Zwiespalt innerhalb der Koalition führt Ende Dezember zum Sturz der Regierung Marx.

Kultur

Eine Maus erobert die Welt
Walt Disneys Mickey Mouse, eine kleine Maus mit runden schwarzen Ohren und weißer, in Bögen geschwungener Gesichtsfläche, erscheint erstmals in der Zeichentrick-Filmserie „Alice in Cartoonland". Sie stammt allerdings nicht aus der Feder von Disney, sondern von seinem Mitarbeiter Ub Iwerks. Disney selbst hat lediglich die typischen Charaktereigenschaften der Maus entworfen.
Der Erfolg der kleinen Figur legt den Grundstein für das Trickfilmimperium von Walt Disney. Zwei Jahre später produziert er bereits den ersten Tontrickfilm und 1934 den ersten farbigen Trickfilm in abendfüllender Länge („Schneewittchen"). Technische Perfektion verbindet sich bei ihm mit spannend erzählten Geschichten und individuell gestalteten Charakteren. Die Helden aus den Disney-Produktionen (neben Mickey Mouse Pluto, Goofy, Donald Duck, Bambi u. a.) werden weltberühmt.

Sport

Caracciola siegt auf der Avus
11.7. Berlin. Den ersten Großen Preis von Deutschland, der auf der Avus ausgetragen wird, gewinnt Rudolf Caracciola auf einem Mercedes vom Typ „Monza".
Die Avus wurde 1921 eröffnet. Sie mißt 19,5 km und weist zwei 10 km lange Geraden auf. Gefährlich sind die beiden engen Kurven, die kaum überhöht sind.
Der Große Preis von Deutschland wird 1959 noch einmal auf der Avus ausgetragen; ansonsten findet das Rennen auf dem Nürburgring oder in Hockenheim statt. Caracciola kann seinen Erfolg 1928, 1931, 1932, 1937 und 1939 wiederholen. 1930 und 1931 wird der volkstümliche Rennfahrer („Caratsch"), der 15 Große Preise gewinnt und 17 Weltrekorde aufstellt, auch Europameister im Bergfahren.

A. Cimarosti: Autorennen. Die großen Preise der Welt 1894–1986, 1986.

1927

Politik

Massenprotest in Österreich

15.7. Wien. Bei Auseinandersetzungen zwischen Arbeitern und der Polizei kommen 84 Demonstranten und Unbeteiligte sowie fünf Polizisten ums Leben. Etwa 1000 Menschen werden verletzt, der Justizpalast geht in Flammen auf. Vertreter der Sozialdemokratischen Arbeiterpartei Österreichs (SDAP) versuchten vergeblich, die blutige Konfrontation zwischen der aufgebrachten Menge und der Staatsgewalt zu verhindern.

Anlaß für die Massenproteste war der Freispruch von drei Mitgliedern der rechtsgerichteten Frontkämpfervereinigung. Die drei Angeklagten hatten bei einem Überfall auf Angehörige des Republikanischen Schutzbundes (Kampfverband der Sozialdemokraten) am 30.1.1927 zwei Männer getötet.

Die Juli-Unruhen führen zu einem Rechtsruck der SDAP, der sich u. a. in der wachsenden Bereitschaft äußert, eine Koalition mit den bürgerlichen Parteien einzugehen (↑S.257/ 7.12.1929). S 258/K 269

Ein Kind wird König Rumäniens

20.7. Bukarest. Nachfolger des verstorbenen rumänischen Monarchen Ferdinand I. wird dessen 5jähriger Enkelsohn Michael.

Ferdinand I., der 1914 als Adoptivsohn des ersten rumänischen Königs Carol I. den Thron bestiegen hatte, zwang seinen Sohn Carol wegen einer Mesalliance zum Thronverzicht. In einem Gesetz vom 4.1.1926 wurde gleichzeitig die Zusammensetzung eines Regentschaftsrats festgelegt, der bis zur Volljährigkeit von Carols Sohn Michael regieren sollte. Der außer Landes verbannte Carol kehrt 1930 nach Rumänien zurück, wo er als Carol II. diktatorisch herrscht; am 6.9.1940 muß er zugunsten Michaels abdanken. Mit der Machtübernahme der Kommunisten wird am 30.12.1947 die Monarchie abgeschafft. S 300/K 308

Deutscher Beitritt in Den Haag

23.9. Den Haag. Der deutsche Außenminister Gustav Stresemann unterzeichnet die Beitrittsurkunde für die Mitgliedschaft im Ständigen Internationalen Gerichtshof (↑S.152/ 28.4.1919). Das Deutsche Reich erkennt als erste Großmacht auch die „Fakultativklausel" an, die sie bei allen Auseinandersetzungen an die Schiedsgerichtsbarkeit des Internationalen Gerichtshofs bindet. Ohne Unterzeichnung dieser Klausel sind die Staaten nicht gezwungen, die Gerichtsbarkeit des Haager Gerichtshofs anzuerkennen.

Die meisten europäischen Nationen folgen in den kommenden Jahren dem deutschen Beispiel. Ein weiterer Versuch zur Friedenssicherung ist der Briand-Kellogg-Pakt (↑S.248/27.8.1928).

Stalin entmachtet politische Gegner

14.11. Moskau. Josef Stalin, Generalsekretär der Kommunistischen Partei, läßt Grigori J.

„Säuberung" in der UdSSR: Leo Trotzki (1879–1940), an Wladimir I. Lenins Seite maßgeblich an der Oktoberrevolution beteiligt, gerät nach dessen Tod 1924 in Konflikt mit Josef Stalin. Auf dem XV. Parteitag der KPdSU wird Trotzki aus der Partei ausgeschlossen und nach Kasachstan verbannt. Von 1929 bis zu seiner Ermordung 1940 lebt er im Exil in Frankreich und Mexiko.

Wichtige Regierungswechsel 1927			K 252
Land	Amtsinhaber	Bedeutung	
Chile	Emilio Figueroa-Larrain (P seit 1925) Carlos Ibáñez del Campo (P bis 1931)	Militärputsch (9.4.); General Ibáñez zwingt amtierenden Präsidenten zum Rücktritt und errichtet Präsidialdiktatur	
El Salvador	Alfonso Quinones Molina (P seit 1923) Pio Rómeo Bosque (P bis 1931)	Bosque leitet eine begrenzte Liberalisierung und Reformen in dem mittelamerikanischen Staat ein	
Rumänien	Ferdinand I. (König seit 1914) Michael (König bis 1930)	Tod von Ferdinand (20.7.); 5jähriger Enkel wird König, nachdem Ferdinand seinen Sohn zum Thronverzicht gezwungen hatte	

P = Präsident

Sinowjew, Lew B. Kamenew und seinen schärfsten Widersacher Leo Trotzki aus der Partei ausschließen. Damit vollzieht er einen weiteren Schritt auf dem Weg zur Alleinherrschaft über die Sowjetunion.
Der Kampf um die Führung hatte bereits zu Lebzeiten Wladimir I. Lenins begonnen und war nach dessen Tod offen ausgebrochen (↑S.208/21.1.1924). Während Lenins Erkrankung leitete ab 1923 eine sog. Troika (Stalin, Sinowjew, Kamenew) die Parteigeschäfte.
Trotzki, einer der schärfsten Widersacher Stalins innerhalb der Partei, wandte sich gegen Stalins These vom „Sozialismus in einem Land"; statt dessen hielt er an der Idee der „permanenten Revolution" fest. Demnach sei ohne eine Veränderung im Westen der Sozialismus auch in der Sowjetunion nicht zu verwirklichen. Sinowjew und Kamenew, zunächst Gegner Trotzkis, verbündeten sich 1925 mit diesem gegen Stalin.
Trotzki wird nach Alma Ata (Kasachstan) verbannt. Sinowjew und Kamenew werden zunächst nach Sibirien geschickt und 1936 nach dem 1. Moskauer Schauprozeß hingerichtet. _{S 242/K 253}

A. Antonow-Owssejenko: Stalin. Portrait einer Tyrannei, 2. Aufl. 1984. D. Wolkogonow: Stalin. Triumph und Tragödie, 1989.

Splitterparteien zugelassen

17.12. Leipzig. Der Staatsgerichtshof erklärt die Wahlordnungen der Länder Mecklenburg-Strelitz, Hessen und Hamburg für verfassungswidrig. Die darin verhängten Wahlbeschränkungen für Splitterparteien werden aufgehoben.
Um die Regierungsfähigkeit in der unübersichtlichen Parteienlandschaft der Weimarer Republik zu erhalten, hatte die Wahlordnung der genannten Länder nur diejenigen Parteien zugelassen, die eine Liste mit mehr als 1000 Unterschriften für ihre Landtagskandidatur vorlegen und eine Kaution aufbringen konnten.
Gegen diese Begrenzung klagten die rechtsgerichteten Gruppierungen Wirtschaftspartei, Aufwertungs- und Volksrechtspartei sowie die NSDAP. Der Staatsgerichtshof gibt ihnen Recht, da die Begrenzungen gegen den Gleichheitsgrundsatz, die Allgemeinheit der Wahl und das Wahlgeheimnis verstoßen. Es beginnt der Aufstieg der kleinen Rechtsparteien, insbesondere der NSDAP.

Wirtschaft

Ferngiroverkehr internationalisiert

3.1. Die Deutsche Reichsbank vereinbart mit den nationalen Noteninstituten von Österreich, Schweiz und der Tschechoslowakei einen Giroverband. Dies ist der erste Schritt zu einem internationalen, bargeldlosen Zahlungsverkehr.
Bereits vor dem 1. Weltkrieg war das Deutsche Reich einem internationalen Giroverkehr angeschlossen, der jedoch von den Postanstalten getragen wurde. Aufträge und Überweisungen wurden dabei telegrafisch übermittelt.
Ab 1927 können Banken auch Zahlungen ausführen, die bisher auf den internen Zahlungsverkehr beschränkt waren. Dem Benutzer des internationalen Giroverkehrs wird da-

Die stalinistische Ära in der UdSSR — K 253

Datum	Ereignis	Folgen
3. 4.1922	Stalin wird Generalsekretär des Zentralkomitees d. KPdSU	Stalin besitzt gute Position für das Erbe Lenins (S.185)
21. 1.1924	Tod Lenins (*1870) in Gorki bei Moskau	Kampf um Lenins Nachfolge entbrennt zwischen Stalin und Trotzki (S.208)
17. 1.1925	Absetzung Trotzkis als Volkskommissar für Verteidigung	Stalin baut Machtposition in der KPdSU aus
26. 4.1927	Fünfjahresplan zur Kollektivierung u. Industrialisierung	Aufschließen zur westlichen Ökonomie scheitert (S.243)
14.11.1927	Trotzki, Sinowjew und Kamenew werden aus der Partei ausgeschlossen	Stalin baut diktatorische Machtbefugnisse auf (S.241)
17. 1.1928	Stalin schickt Trotzki in die Verbannung	Oppositionelle müssen Repressionen befürchten
26. 6.1930	XVI. Parteitag befürwortet Säuberungsaktionen Stalins	Etwa 100 000 sog. Trotzkisten müssen die Partei verlassen
7.12.1930	Erster Schauprozeß gegen Oppositionelle	Stalin will Widerstand gegen Planwirtschaft brechen
17. 1.1935	Schauprozeß gegen Grigori Sinowjew und Lew Kamenew	Zehn Jahre Gefängnis für Sinowjew, fünf Jahre Gefängnis für Kamenew
19. 8.1936	Erster Trotzkistenprozeß („Prozeß der 16")	Todesstrafe für alle 16 Angeklagten (auch für Sinowjew und Kamenew, S.319)
30. 1.1937	Zweiter Trotzkistenprozeß („Prozeß der 17")	13 Todesstrafen, vier langjährige Kerkerstrafen
11. 6.1937	Prozeß gegen Marschall Michail Tuchatschewski	Todesurteil; Säuberungen in der Roten Armee (S.332)
13. 3.1938	Dritter Trotzkistenprozeß („Prozeß der 21")	18 Todesurteile, drei langjährige Haftstrafen
7. 8.1943	Stalin übernimmt Oberbefehl der Roten Armee	Als Marschall (1943) und Generalissimo (1945) weitere Machtbefugnisse
5. 3.1953	Tod Stalins (*1879) in Moskau	Als Nachfolger setzt sich N. Chruschtschow durch (S.482)
25. 2.1956	XX. Parteitag der KPdSU in Moskau	Chruschtschow leitet Abkehr vom Stalinismus ein (S.506)

1927

Sozialversicherung in ausgewählten Ländern (Einführungsjahr)										K 254
	A	F	D	GB	NL	I	J	CH	S	USA
Arbeitslosenversicherung	1920	1967	1927	1911	1949	1919	1947	1976	1934	1935
Krankenversicherung	1888	1930	1883	1911	1913	1928	1926	1911	1953	–
Rentenversicherung	1927	1910	1889	1908	1913	1919	1942	1908	1913	1935

Übersicht zur Sozialversicherung in Deutschland		
Versicherung (Einführung)	**Inhalt/Leistungen**	**Träger**
Krankenversicherung[1] (1883)	Bei Krankheit, Mutterschaft, Tod; zur Prävention	Krankenkassen[3]
Unfallversicherung [1,2] (1884)	Finanzieller Schutz nach Arbeitsunfällen und Berufskrankheit	Berufsgenossenschaften[3]
Invaliditätsversicherung [1,4](1889)	Bei krankheits- oder schwächebedingter Erwerbsunfähigkeit	Berufsgenossenschaften[3]
Alters-(Renten)versicherung[1] (1889)	Bei Erwerbs- und Berufsunfähigkeit, im Alter, bei Tod	Knappschaft, BfA, LVA[5]
Hinterbliebenenrente (1911)	Bei Tod des Versicherten; bei Ehescheidung vor Juli 1977	Knappschaft, BfA, LVA[5]
Arbeitslosenversicherung (1927)	Arbeitslosen-, Konkursausfall-, Kurzarbeiter-, Schlechtwettergeld	Bundesanstalt für Arbeit
Altershilfe für Landwirte (1957)	Leistungen für selbständige Land- und Forstwirte	Alterskassen[3]
Pflegeversicherung (1996)	Absicherung finanzieller Risiken bei Pflegebedürftigkeit	Krankenkassen[3]

1) Teilbereiche der Bismarckschen Arbeiterversicherung; 2) in der RVO um Berufskrankheiten und Wegeunfälle erweitert
3) Körperschaften des öffentlichen Rechts; 4) ab 1957 Erwerbsunfähigkeitsversicherung, 5) BfA: Bundesversicherungsanstalt für Angestellte; LVA: Landesversicherungsanstalt für Arbeiter und Handwerker

bei eine Überweisung am gleichen Tag garantiert, wenn er seinen Auftrag bis 12 Uhr mittags erteilt.

Hugenberg übernimmt Ufa
26.3. Berlin. Der Hugenberg-Konzern übernimmt die Universum-Film-Aktiengesellschaft (Ufa) durch Ankauf der Aktienmehrheit. Alfred Hugenberg wird Aufsichtsratsvorsitzender. Der rechtsgerichtete Politiker (DNVP) und Pressezar kann damit seinen Medienkonzern entscheidend vergrößern.
Ab 1914 hatte Hugenberg einen Konzern aufgebaut, den er in der Weimarer Republik zur Verbreitung antidemokratischer, antirepublikanischer und antisozialistischer Meinungen benutzte.
Die wirtschaftlich angeschlagene Ufa baut Hugenberg zum größten Filmunternehmen Europas aus. In den folgenden Jahren setzt er vor allem die Ufa-Wochenschau gezielt gegen die Weimarer Republik ein. 1933 wird sein Konzern teilweise verstaatlicht.
G. Honigmann: Kapitalverbrecher oder Der Fall des Geheimrats Hugenberg, 1976. F. v. Zglinicki: Die Wiege der Traumfabrik. Von Guckkästen, Zauberscheiben, Bewegten Bildern bis zur Ufa in Berlin, 1986.

Erster sowjetischer 5-Jahres-Plan
26.4. Moskau. Die Delegierten des IV. Sowjetkongresses beschließen den ersten 5-Jahres-Plan. Die staatliche Lenkung der Wirtschaft ist nach Lenin notwendige Voraussetzung, um den Kommunismus zu vollenden. Bereits 1920 war ein erster Plan (GOELRO-Plan) verabschiedet worden, der mit dem Bau von Kraftwerken die Umwandlung in einen modernen Industriestaat beschleunigen sollte. 1921 begann die staatliche Planungskommission GOSPLAN die gezielte Lenkung der Wirtschaft.
Unter dem Eindruck der Hungersnot 1921/22 (↑S.191/1.1.1922) vollzog Lenin 1921 mit der „Neuen Ökonomischen Politik" (↑S.179/ 8.3.1921) einen Kurswechsel, den Stalin mit dem 5-Jahres-Plan rückgängig macht. Stalins rücksichtslose Maßnahmen zur Verstaatlichung der Wirtschaft und zur Kollektivierung der Landwirtschaft führen zu einer erneuten Hungersnot (1932/33), die mit ca. 10 Mio Opfern über die Katastrophe von 1921/22 hinausgeht.

Alfred Hugenberg

Schutz vor Arbeitslosigkeit
7.7. Berlin. Der Reichstag verabschiedet das Gesetz zur Einführung einer Arbeitslosenpflichtversicherung. Demnach hat jeder ungewollt Arbeitslose, der willig und fähig zur Arbeit ist, Anspruch auf Arbeitslosenunterstützung. Sie beträgt 35–75% des zuletzt gezahlten Grundlohns. Bisher hatte es nur eine Erwerbslosenfürsorge gegeben.
Die Versicherungsbeiträge, die nicht mehr als 3% des Arbeitslohns betragen dürfen und jeweils zur Hälfte von Arbeitgeber und Arbeitnehmer aufzubringen sind, werden von der Reichsanstalt für Arbeitsvermittlung und Arbeitslosenversicherung verwaltet. Mit ihrem Kapital kann die Anstalt bis zu 800 000 Arbeitslose zwischen 26 und 39 Wochen unterstützen, in Krisenzeiten weitere 600 000.

1927

Die größten deutschen Versandhäuser				K 255
Gründungs-jahr	Name	Sitz	Umsatz (Mrd DM)[1]	Mitarbeiter
1896	Klingel	Pforzheim	1,20[2]	6 630
1925	Baur	Burgkunstadt	1,36	2 484
1926	Wenz	Pforzheim	0,62	1 070
1927	Quelle	Fürth	12,12	51 000
1929	Bader	Pforzheim	1,00[2]	1 200[2]
1930	Schoepflin	Lörrach	0,65	1 312
1949	Otto	Hamburg	24,80	54 000
1950	Neckermann	Frankfurt/M.	2,86	7 400
1954	Schwab[3]	Hanau	2,05	3 831

1) Stand: 1994/95; 2) geschätzt; 3) zu Otto/Hamburg

Die während der Wirtschaftskrise geforderte Erhöhung der Beiträge stürzt am 27.3.1930 (↑S.266) die Regierung Hermann Müller. 1952 wird mit den Aufgaben der Reichsanstalt eine Bundesanstalt betraut, die 1969 in Bundesanstalt für Arbeit (mit Sitz in Nürnberg) umbenannt wird. S 243/K 254 S 634/K 634

Versandhaus Quelle gegründet
26.10. Fürth. Der Exportkaufmann Gustav Schickedanz läßt das Versandhaus „Quelle" ins städtische Vereinsregister eintragen. Vorrangig angesprochener Kundenkreis ist zunächst die ländliche und kleinstädtische Bevölkerung in Ost- und Westpreußen, Schlesien und Pommern.
Die Idee des Versandhandels stammt aus den USA, wo 1872 Aaron M. Ward in Chicago das erste Versandhaus gründete. Schickedanz, der seit 1923 einen Textilgroßhandel besitzt, kann seine Firma zum größten Versandunternehmen Europas (Umsatz 1990/91 ca. 7,4 Mrd DM) ausbauen. S 244/K 255

Ostpreußenhilfe beschlossen
21.12. Berlin. Unter der Schirmherrschaft des Reichspräsidenten Paul von Hindenburg beschließt das Reichskabinett wirtschaftliche Hilfe für Ostpreußen. Die Maßnahmen beinhalten Sonderkredite, Zins-, Steuer- und Abgabensenkungen sowie Frachtgebührenermäßigung. Nach dem 1. Weltkrieg wurden Posen und Westpreußen Polen zugeschlagen, während Ostpreußen für den Verbleib beim Deutschen Reich votierte. Durch den „polnischen Korridor" vom übrigen Reichsgebiet getrennt, gerieten die ostpreußischen Landwirte zunehmend in wirtschaftliche Schwierigkeiten. 88% der Betriebe arbeiteten mit Verlust bei insgesamt steigender Kreditbelastung (1925: 415 Mio RM; 1927: 542 Mio RM). Die Unterstützung wird bis in die 30er Jahre weitergeführt. Reichskanzler Heinrich Brünings Plan, unrentable Betriebe aufzuteilen, trägt zu seinem Sturz am 30.5.1932 (↑S.279) bei.
📖 D. Hertz-Eichenrode: Politik und Landwirtschaft in Ostpreußen 1919–30, 1969.

Verkehr

Hindenburgdamm eröffnet
1.6. Sylt. In Anwesenheit des Reichspräsidenten Paul von Hindenburg wird der nach ihm benannte Damm zwischen der Nordfriesischen Insel Sylt und dem schleswig-holsteinischen Festland eröffnet. Sylts Hauptort Westerland kann nun täglich direkt mit dem Zug von Hamburg aus angefahren werden.
Für den 12 km langen Damm wurden 3,5 Mio m³ Bodenmaterial und 300 000 t Steine verarbeitet. Das Fundament ist 50 m, die 10 m hohe Krone 11 m breit. Mit der Fertigstellung entfallen die von Ebbe und Flut abhängigen Fährverbindungen. In den folgenden Jahrzehnten wird der Damm zur Landgewinnung eingesetzt (1953 Eindeichung des Friedrich-Wilhelm-Lübke-Koogs). Der rapide Anstieg des Fremdenverkehrs erfordert 1969–1972 den zweigleisigen Ausbau von Klanxbüll bis Morsum (Sylt).

Verkehrszeichen vereinheitlicht
1.9. Berlin. Wegen des steigenden Verkehrsaufkommens entschließen sich die Länder

des Deutschen Reichs, die Straßenverkehrszeichen zu vereinheitlichen. Unter Verwendung der Farben Weiß und Rot sind die Zeichen in drei Gruppen unterteilt: dreieckige Gefahrentafeln, pfeilförmige Sperrschilder und viereckige Geschwindigkeitstafeln. Die verkehrspolizeilichen Bestimmungen wurden bereits 1926 angeglichen. Bei Orientierungsschildern (Ortstafeln, Richtungshinweise) einigen sich die Länder später auf die preußischen Schilder mit den Farben Gelb und Schwarz. 1968 beschließt die UNO eine weltweite Konvention zur Vereinheitlichung der Verkehrszeichen, die 1971 durch ein europäisches Abkommen ergänzt wird.

Gesellschaft

Lindbergh überfliegt Atlantik
21.5. Paris. Nach einer Flugzeit von 33,5 Stunden landet der in New York gestartete US-amerikanische Postflieger Charles Lindbergh in der französischen Hauptstadt, wo ihn eine jubelnde Menschenmenge empfängt. Zuvor hatten bereits 69 Menschen den Atlantik in der Luft überquert, Lindbergh ist jedoch der erste, dem dies allein, nonstop und bis zum europäischen Festland gelingt. Auf der ca. 6000 km langen Strecke zwischen den beiden Kontinenten orientierte sich Lindbergh nur an Karte und Kompaß. Seine Maschine, die „Spirit of St. Louis", besaß nur einen 237 PS starken Motor; mehr als die Hälfte des Fluggewichts – 25 von 48 Zentnern – entfielen auf den Treibstoff. Die Route führte über Neuschottland, Neufundland, Südirland und Südengland.
Am 11.4.1928 gelingt es den deutschen Piloten Hermann Köhl und Ehrenfried Günther Freiherr von Hünefeld mit dem Iren James C. Fitzmaurice, den Atlantik auf der wesentlich schwierigeren Ost-West-Route zu überfliegen. Durch diese Pionierleistungen rücken Amerika und Europa ein Stück näher aneinander.
📖 C. Lindbergh: Mein Flug über den Ozean, 1954.

Kultur

Funktionale Architektur
Stuttgart. Die Weißenhofsiedlung, die einen repräsentativen Überblick über die moderne Architektur in Europa vermittelt, wird in einer Ausstellung des Werkbundes unter der Leitung von Ludwig Mies van der Rohe vorgestellt.

Nonstop-Flug über den Atlantik: Charles Lindbergh erhält 25 000 US-Dollar Belohnung, die ein New Yorker Hotelbesitzer ausgesetzt hatte.

Nobelpreisträger 1927	K 256
Frieden: Ferdinand Buisson (F, 1841–1932), Ludwig Quidde (D, 1858–1941)	
Beide Nobelpreisträger setzten sich für die Aussöhnung zwischen Deutschland und Frankreich ein. Buisson gründete 1898 in Paris die Liga für Menschenrechte. Quidde leitete 1914–29 die Deutsche Friedensgesellschaft.	
Literatur: Henri Bergson (F, 1859–1941)	
Der Philosoph hatte großen Einfluß auf den Existentialismus. Bergson ging in seiner intuitiven Erkenntnistheorie nicht vom physikalischen Zeitbegriff, sondern von der subjektiv empfundenen Zeit aus. Werke: „Zeit und Freiheit" (1889); „Schöpferische Entwicklung" (1908).	
Chemie: Heinrich Otto Wieland (D, 1877–1957)	
Der Biochemiker Wieland erforschte die Zusammensetzung der Gallensäure und verwandter Substanzen. Diese Arbeiten bildeten die Grundlagen für die Chemie der Sexualhormone sowie für die Entdeckung des Kortisons (Heilmittel aus dem Hormon der Nebennierenrinde).	
Medizin: Julius Wagner-Jauregg (A, 1857–1940)	
Der Psychiater entwickelte das Heilfieberverfahren zur Behandlung der progressiven Paralyse (Geisteskrankheit mit Lähmungserscheinungen). Wagner-Jauregg infizierte die Patienten mit dem Malaria-Erreger und konnte sie dadurch heilen bzw. ihren Gesundheitszustand bessern.	
Physik: Arthur Holly Compton (USA, 1892–1926), Charles Thomson Rees Wilson (GB, 1869–1959)	
Compton entdeckte 1922 den nach ihm benannten Effekt: Durch eine Änderung der Wellenlänge werden elektromagnetische Wellen an Atomkernen aus ihrer ursprünglichen Bahn gebracht. Der frühere Meteorologe Wilson, der Comptons Erkenntnisse experimentell bestätigte, erkannte, daß Ionen im Nebel Tropfen bilden. In der von ihm konstruierten Nebelkammer machte Wilson diese Kondensationsspuren der Alphateilchen (Bestandteil der Alphastrahlung) 1911/12 erstmals fotografisch sichtbar.	

Kulturszene 1927 — K 257

Theater

Ernst Toller Hoppla, wir leben! UA 1.9., Hamburg	Das Stück spiegelt Tollers eigene Erfahrungen in der durch den Wirtschaftsaufschwung geprägten gesellschaftlichen Wirklichkeit wider.
Carl Zuckmayer Schinderhannes UA 13.10., Berlin	Die Geschichte des 1803 hingerichteten hessischen Räubers Johann Bückler, den das Volk zum Helden erhebt, wird ein Publikumserfolg.

Oper

Ernst Krenek Jonny spielt auf UA 10.2., Leipzig	Kreneks „Jazzoper" bezieht nicht amerikanische Jazzmusik, sondern Rhythmen der Modetänze Shimmy, Foxtrott und Charleston ein.
Othmar Schoeck Penthesilea UA 8.1., Dresden	In der Kleist-Vertonung, dem Hauptwerk des Schweizers, wird romantische Tonsprache durch moderne Instrumentation kaschiert.
Igor Strawinsky Oedipus Rex UA 30.5., Paris	Das Gemeinschaftswerk von Jean Cocteau und Strawinsky stellt die Operntradition durch Archaik in Musik, Handlung und Sprache in Frage.

Musical

Jerome Kern Showboat UA 27.12., New York	Das erste Musical unterscheidet sich von den Revuen und Slapstick-Comedies der Zeit durch ernsthafte Handlung und geschickte Dramaturgie.

Konzert

Béla Bartók 1. Klavierkonzert UA 1.7., Frankfurt/M.	Das erste von drei Klavierkonzerten (bis 1945) des ungarischen Komponisten setzt das Klavier als Melodie- und Perkussionsinstrument ein.

Film

Alan Crosland Der Jazzsänger USA	Mit zwei Jazz-Songs und zwei Dialogzeilen beginnt das Zeitalter des Tonfilms; die Hauptrolle spielt der Bühnensänger Al Jolson.
Abel Gance Napoleon Frankreich	15 000-m-Opus (neun Stunden Laufzeit), das Napoleon als Übermensch im Sinne Nietzsches zeigt; Musik von Arthur Honegger.
Walter Ruttmann Berlin – Die Sinfonie einer Großstadt; Deutschl.	Bildreportage über einen Tag in der Metropole Berlin: keine soziale Analyse; Arbeit mit versteckter Kamera, kunstvolle Montage.
Jocof von Sternberg Unterwelt USA	Erfolgreicher Film über das organisierte Verbrechen: ausweglose Machtkampf zweier rivalisierender Gangster in Chicago.

Buch

Martin Heidegger Sein und Zeit Halle	Die philosophische Untersuchung über die Seinsfrage macht Heidegger zum führenden Vertreter der deutschen Existenzphilosophie.
Hermann Hesse Der Steppenwolf Berlin	Der Schriftsteller Harry Haller hinterläßt Aufzeichnungen, die eine zeittypische Lebenskrise aus Zivilisationsekel offenbaren.
Franz Kafka Amerika München	Das Roman-Fragment, von dem 1913 bereits das Kapitel „Der Heizer" erschien, ist der erste Teil eines Auswanderer- und Erziehungsromans.
Thornton Wilder Die Brücke von San Luis Rey; New York	Ein Franziskanerpater recherchiert die Einzelschicksale von fünf bei einem Brückeneinsturz ums Leben gekommenen Amerikanern.
Arnold Zweig Der Streit um den Sergeanten Grischa; Potsdam	Der Roman um einen Justizmord ist Auftakt des mehrbändigen Zyklus „Der große Krieg der weißen Männer" (sechs Bände bis 1957).
Stefan Zweig Sternstunden der Menschheit; Leipzig	Fünf biographische Miniaturen über „schicksalsträchtige" Momente der Kultur- und Menschheitsgeschichte.

Kennzeichnend für die Entwürfe ist der Verzicht auf Schnörkel, Zierat und geschmückte Fassaden. Rationalität, Funktionalität und Elemente der Gartenstadt-Architektur prägen die Einzel- bzw. Reihenhäuser und Wohnblocks. Propagiert wird die kostengünstige Fertigbauweise, d. h. die genormte und maschinelle Herstellung der Bauteile.
Aufsehen erregt Mies van der Rohes Wohnblock mit zwölf Wohneinheiten; eine Stahlskelettkonstruktion ermöglicht die vielfältige Abwandlung des Gebäudegrundrisses in einem einheitlichen Bauschema.

H. Classen: Die Weißenhofsiedlung, 1990.

Kulturgeschichte von Friedell

Der österreichische Schriftsteller und Journalist Egon Friedell beginnt mit der Arbeit an seinem dreibändigen Hauptwerk „Kulturgeschichte der Neuzeit". Mit großem Einfühlungsvermögen entwirft er ein Bild der europäischen Entwicklung seit der Renaissance. Seine bewußt subjektive und antiwissenschaftliche Aufbereitung des Themas provoziert ein eigenes Urteil des Lesers.
Friedell setzt 1936 mit der „Kulturgeschichte Ägyptens und des alten Orients" seine besondere Art der Geschichtsschreibung fort. 1938 nimmt er sich kurz nach dem Einmarsch der deutschen Truppen in Wien das Leben; er ist jüdischer Herkunft. Sein letztes Werk, die „Kulturgeschichte Griechenlands", wird postum veröffentlicht.

E. Friedell: Kultur ist Reichtum an Problemen. Extrakt eines Lebens, NA 1989.

Hesses „Steppenwolf"

Hermann Hesses Roman „Der Steppenwolf" erscheint. Seine existentialistische Problemstellung nimmt bereits Elemente von Jean-Paul Sartres „La nausée" („Der Ekel", 1938) vorweg. Geschildert wird der Versuch der Selbstfindung eines in äußerste seelische Vereinsamung getriebenen Mannes, dessen Selbstanalyse zugleich den Versuch einer Diagnose der „Zeitkrankheit" darstellt.
Der Roman erhält begeisterte Kritiken. Hesse kann mit weiteren Werken, die sich ebenfalls mit der Umdeutung und Neubewertung der Seeleninhalte auseinandersetzen, an seinen Erfolg anknüpfen; 1946 erhält er den Literatur-Nobelpreis.
In den 70er Jahren wird „Der Steppenwolf" zu einem Kultbuch für die Nach-Vietnam-Generation in den USA, die darin ihre Flucht vor den Normen der Gesellschaft in Musik und Drogen bestätigt sieht.

R. Freedman: Hermann Hesse, 1979.

Metropolis: „Der Roboter", im Film dargestellt von Brigitte Helm (Musée Langlois, Paris)

„Metropolis" – Vision der Zukunft

10.1. Berlin. Im Ufa-Palast hat Fritz Langs Film „Metropolis" Premiere. In einer Stadt der Zukunft stehen sich eine in Wolkenkratzern lebende Herrenschicht und die in einer gewaltigen unterirdischen Stadt unter schweren Bedingungen lebenden Arbeiter gegenüber. Der Mittlerfigur Maria gelingt es nach zahlreichen Verwicklungen, Oberschicht und Arbeiter miteinander zu versöhnen. „Metropolis" beeindruckt zwar durch seine aufwendige Technik und inszenatorischen Details, Kritiker rügen aber die ornamental-dekorativen Ausgestaltungen der Massenszenen und das romantische Happy-End, das der Komplexität der Probleme nicht gerecht wird.

Geburt des Musicals

27.12. New York. Im Ziegfeld Theatre hat mit „Show Boat" das erste große Musical Premiere. Das von Jerome Kern komponierte Werk erzählt die Geschichte einer Künstlertruppe, die zwischen 1877 und 1927 auf einem Boot durch die USA tingelt und das Publikum mit Gesangsnummern unterhält. Die Musik, vergleichbar mit einer volkstümlichen Oper, nimmt Blues-, Jazz- und Revueelemente auf. Der sentimentale Song „Ol' Man River" wird zum beliebten Volkslied.
In der Folge verdrängt die Gattung des Musicals die Revue. Neben die sog. Buchmusicals mit durchgehender Handlung treten in den 60er und 70er Jahren Konzeptionsmusicals mit losen Szenenfolgen.

S 246/K 257

Sport 1927   K 258

Fußball	
Deutsche Meisterschaft	1. FC Nürnberg
DFB-Pokal	Ab 1935 ausgetragen
Englische Meisterschaft	Newcastle United
Italienische Meisterschaft	AC Turin
Spanische Meisterschaft	1927 nicht ausgespielt
Tennis	
Wimbledon (seit 1877; 47. Austragung)	Herren: Henri Cochet (FRA) Damen: Helen Wills (USA)
US Open (seit 1881; 47. Austragung)	Herren: René Lacoste (FRA) Damen: Helen Wills (USA)
French Open (seit 1925; 3. Austragung)	Herren: René Lacoste (FRA) Damen: Kes Bouman (HOL)
Australian Open (seit 1905; 20. Austragung)	Herren: Gerald Patterson (AUS) Damen: Esna Boyd (AUS)
Davis-Cup (Philadelphia, USA)	Frankreich – USA 3:2
Eishockey	
Stanley-Cup	Ottawa Senators
Deutsche Meisterschaft	SC Riessersee
Radsport	
Tour de France (5321 km)	Nicolas Frantz (LUX)
Giro d'Italia (3758 km)	Alfredo Binda (ITA)
Straßenweltmeisterschaft	Alfredo Binda (ITA)
Automobilsport (Grand-Prix-Rennen)	
GP von Belgien, Spa	Robert Sénéchal (FRA), Excelsior
GP von Deutschland, Nürburgring	Otto Merz (GER), Mercedes
GP von England, Brooklands	Robert Benoist (FRA), Delage
GP von Frankreich, Monthlery	Robert Benoist (FRA), Delage
GP von Italien, Monza	Robert Benoist (FRA), Delage
GP von Spanien, Lasarte	Robert Benoist (FRA), Delage
Boxen	
Schwergewichts-Weltmeisterschaft	Gene Tunney (USA) – PS gegen Jack Dempsey (USA), 22.9.

Herausragende Weltrekorde		
Disziplin	Athlet (Land)	Leistung
Leichtathletik, Männer		
Stabhochsprung	Sabin Carr (USA)	4,27 m
Speerwurf	Eino Penttilä (FIN)	69,88 m
Leichtathletik, Frauen		
800 m	Lina Batschauer (GER)	2:23,7 min
80 m Hürden	Eva von Bredow (GER)	12,8 sec
Schwimmen, Männer		
1500 m Freistil	Arne Borg (SWE)	19:07,2 min
100 m Brust	Walter Spence (USA)	1:14,0 min
200 m Brust	Erich Rademacher (GER)	2:48,0 min
Schwimmen, Frauen		
400 m Freistil	Martha Norelius (USA)	5:51,4 min

1928

Politik

Macht für Chiang Kai-shek: Seine nationalrevolutionäre Guomindang-Partei versucht nach Beendigung des Nordfeldzugs die innere Konsolidierung der Republik China einzuleiten (Abb.: Chinesische Truppen in Mukden, 1929)

Chiang Kai-shek erobert Peking
8.6. Peking. Mit dem Einmarsch von General Chiang Kai-shek in die bisherige Hauptstadt Chinas endet der Nordfeldzug (1926–28). Die nationalrevolutionäre Guomindang-Partei beansprucht die Führung im chinesischen Staat, Vorsitzender der Nationalregierung in der neuen Hauptstadt Nanking wird Chiang Kai-shek.

Nach Abschaffung des Kaisertums und Proklamation der Republik (↑S.92/29.12.1911) hatte die Zentralregierung in Peking zunehmend an Macht verloren. In den Provinzen herrschten regionale Militärmachthaber (sog. Warlords), die Chiang Kai-shek ab 1926 mit dem Nordfeldzug bekämpfte.

Die Lage im Reich der Mitte bleibt jedoch gespannt: Die chinesischen Kommunisten haben sich nach Bruch mit der Guomindang, die sie zeitweise im Kampf gegen die Warlords unterstützten, in unwegsame Regionen zurückgezogen; die Japaner sehen durch die Konsolidierung Chinas ihre Interessen in der rohstoffreichen Mandschurei bedroht. Am 18.9.1931 (↑S.272) beginnt der chinesisch-japanische Krieg.

F.-W. Schlomann/P. Friedlingstein: Tschiang Kai-shek. Ein Leben für China, 1976.

Mexikanischer Präsident ermordet
17.7. St. Angel. General Alvaro Obregón, erst am 1.7. zum Präsidenten gewählt, wird von dem religiösen Fanatiker José de Léon Toral erschossen. Als Tatmotiv gibt Toral die Kirchenpolitik der Regierung an. Seit der Verstaatlichung kirchlicher Güter 1926 und der Einschränkung des Religionsunterrichts an den Schulen bestehen starke Spannungen zwischen Regierung und Kirche. Obregón hatte in den Revolutionsjahren 1910–17 auf seiten Francisco Maderos gestanden und 1920 Präsident V. Carranza gestürzt. In seiner ersten Präsidentschaft (1920–24) setzte der beliebte Politiker vor allem Wirtschafts- und Sozialreformen für die Indianer durch. Unter Präsident Plutarco Elías Calles (1924–28) leitete er das Innenministerium. Nachfolger des ermordeten Politikers wird Emilio Portes Gil. S 249/K 259

Briand-Kellogg-Pakt unterzeichnet
27.8. Paris. Vertreter von 15 Nationen, darunter das Deutsche Reich, unterzeichnen einen Vertrag zur Ächtung des Krieges. Dieser Pakt geht auf eine Initiative des französischen Außenministers Aristide Briand (↑S.173/16.1.1921) und seines US-amerikanischen Amtskollegen Frank Billings Kellogg zurück.

Wichtige Regierungswechsel 1928		K 260
Land	Amtsinhaber	Bedeutung
Albanien	Achmed Bey Zogu (M seit 1925) Konstantin Kotta (M bis 1930)	Bisheriger Ministerpräsident Zogu läßt sich zum König proklamieren; neue Verfassung sichert ihm alleinige Macht
Äthiopien	Woisero Zäudito (Kaiserin seit 1916) Täfäri Mäkwännen (König bis 1930)	Mäkwännen, der spätere Kaiser Haile Selassie (1930–74), schaltet die Kaiserin aus und läßt sich zum König krönen
China	Tschang Tso-lin (P seit 1927) Chiang Kai-shek (P bis 1931)	Attentat von Offizieren der japanischen Armee auf Tschang (7.6.); Chiang Kai-shek Präsident der neuen Zentralregierung (S.248)
Deutsches Reich	Wilhelm Marx (Zentrum, R seit 1926) Hermann Müller (SPD, R bis 1930)	Müller führt nach Reichstagswahlen (20.5.) Große Koalition; Frage des Panzerschiffbaus bei Verhandlungen ausgeklammert

M = Ministerpräsident bzw. Premierminister; P = Präsident; R = Reichskanzler

Die Signatarstaaten – Ende 1938 sind es 63 – verpflichten sich zur friedlichen Lösung ihrer Konflikte. Der im nationalen Interesse geführte Angriffskrieg wird geächtet, das Recht auf Selbstverteidigung bleibt bestehen. Der Ausbruch des 2. Weltkriegs (↑S.352/1.9.1939) offenbart das Scheitern des Briand-Kellogg-Pakts. S 249/K 261

Hoover wird 31. US-Präsident
6.11. Der Republikaner Herbert C. Hoover gewinnt die Präsidentschaftswahlen in den USA. Mit 21,4 Mio Wählerstimmen besiegt er den Demokraten Alfred E. Smith, der 15 Mio Stimmen erhält. Der bisherige Handelsminister Hoover profitierte von den Erfolgen seiner liberalen Wirtschaftspolitik. Nach Ende des 1. Weltkriegs hatte er ein Hilfsprogramm in Europa mit nach ihm benannten Armenspeisungen organisiert (↑S.156/11.1.1919).
Mit dem Hoover-Moratorium (↑S.273/6.7.1931) erreicht er den Aufschub der deutschen Reparationszahlungen und verhindert damit den drohenden Zusammenbruch des Deutschen Reichs. 1932 leitet Hoover die ersten Arbeitsbeschaffungsprojekte in den USA ein.

Verkehr

Flugverbindung nach Übersee
1.3. Zwischen Paris und Buenos Aires wird die erste Trans-Ozean-Fluglinie für einen regelmäßigen Personenverkehr eröffnet. Die zweimal wöchentlich in beide Richtungen verkehrenden Flugzeuge brauchen für diese Strecke zehn Tage; gegenüber der Schiffspassage verkürzt sich die Reisezeit um die Hälfte.
Ermöglicht wurde diese Flugverbindung durch die Erfahrungen, die Flieger wie Charles Lindbergh und andere mit ihren Flügen über den Ozean gewonnen hatten (↑S.245/21.5.1927).
Während der Reise, die über Alicante, Casablanca, Dakar, die Kapverden und Recife/Brasilien führt, müssen die Passagiere mehrmals umsteigen (u. a. auf Wasserflugzeuge und Boote). Die Erfindung düsengetriebener Jets ermöglicht es in den 50er Jahren, die Überseestrecke ohne Zwischenlandungen zurückzulegen.

Neue Klassen in der Reichsbahn
7.10. Berlin. Die Reichsbahn schafft die 4. Klasse in den Zügen ab und erhöht die Tarife. Die Luxusklasse kostet 11,2 Pfennig je Kilometer, die Polsterklasse (2. Klasse) 5,6

Mexiko im 20. Jahrhundert — K 259

Jahr	Ereignis
1910	Nach der Wiederwahl von Diktator Porfirio Díaz kommt es zur Revolution, zu der u. a. Bauernführer Pancho Villa aufruft
1911	Díaz tritt zurück (25.5.); zum neuen Präsident wird der Großgrundbesitzer Francisco Madero gewählt (S.90)
1913	Konterrevolution; der Präsident wird ermordet, zu seinem Nachfolger wird der General Huerta bestimmt
1914	Sturz des Generals Huerta; der Bürgerkrieg, an dem sich auch die USA beteiligen, geht unvermindert weiter
1917	Die US-unterstützte Regierung Carranza verkündet eine Verfassung (u. a. mit Landreform, Verstaatlichung der Bodenschätze), die Bauernführer Pancho Villa ablehnt
1920	Carranza wird gestürzt und auf Befehl seines Nachfolgers, Alvaro Obregón, erschossen
1928	Obregón, der zur Stabilisierung des Landes beigetragen hatte, wird bei einem Bankett von Léon Toral erschossen (S.248/17.7.)
1934	Der neue Präsident, General Lázaro Cárdenas, reaktiviert die revolutionäre Bewegung und setzt Reformen für die Arbeiter durch
1938	Enteignung der ausländischen Ölgesellschaften gegen Widerstand der USA (1941: Anerkennung nach finanziellem Ausgleich)
1946	Regierungsantritt des Präsidenten Miguel Alemán Valdés, der Agrarreform und Industrialisierung vorantreibt
1952	Der neue Präsident Adolfo Ruiz Cortines setzt auf weiteres Wirtschaftswachstum, wofür er u. a. den Tourismus ankurbelt
1958	Nachfolger Adolfo López Mateos beginnt mit einem großangelegten Landverteilungsprogramm; weitere Nationalisierungen
1964	Präsident Gustavo Díaz Ordaz führt die Modernisierung des südamerikanischen Landes konsequent fort
1968	Wegen sozialer Probleme kommt es kurz vor den Olympischen Spielen zu Studentenunruhen, die gewaltsam beendet werden
1970	Der neue Präsident Luis Echeverría setzt sich besonders für die Demokratisierung von Parteien und Staat ein
1976	Unter der Regierung von José López Portillo wird die Staatsverschuldung als drängendes Problem erkannt
1988	Staats- und Regierungschef Carlos Salinas de Gortari gewinnt die Parlamentswahlen; die Opposition erhebt Betrugsvorwürfe
1993	Verfassungsreform zur Demokratisierung des Wahlrechts nach Wahlniederlagen der Staatspartei PRI in einigen Bundesstaaten
1994	Bildung der Nordamerikanischen Freihandelszone (NAFTA) zusammen mit den USA und Kanada
	Sozialrevolte der Indios in der südlichen Provinz Chiapas (Zapatisten), 1996 Einigung über Stärkung der politischen Mitbestimmung
1995	Währungsverfall (Pesokrise vom Dezember 1994) führt zu Inflation und Rezession (Wirtschaftswachstum: –6,9%)

Wichtige Abrüstungsabkommen bis 1945 — K 261

Jahr	Abkommen	Inhalt
1922	Flottenabkommen	Internationale Begrenzung der Seerüstung
1923	Gondra-Vertrag	Konvention über Seerüstungsbegrenzung
1925	Genfer Protokoll	Verbot von Giftgaseinsatz in Kriegen und von bakteriologischer Kriegführung (S.221)
1925	Locarnopakt	Sicherheitspakt; Garantie der deutschen Westgrenzen, Regelung zu entmilitarisierten Zonen im Deutschen Reich (S.221)
1928	Briand-Kellogg-Pakt	Allgemeiner Kriegsächtungspakt (S.248)
1930	Flottenabkommen	Internationale Begrenzung der Seerüstung

Pfennig und die Holzklasse (3. Klasse) 2,7 Pfennig. 1834 wurde die 4. Klasse eingeführt, die nur über Stehplätze verfügte und die Eisenbahn zum Massenverkehrsmittel machte.

Im Vergleich zur alten 4. Klasse ist die 3. Klasse um 12% teurer. Gleichzeitig verdoppelt die Reichsbahn die Zuschläge für Schnellzüge. Die Umwandlung aller beschleunigten Personenzüge in Eilzüge bedeutet eine Preiserhöhung um bis zu 100%.

Ab 1956 gibt es bei der Deutschen Bundesbahn nur noch zwei Klassen.

Natur/Umwelt

Pontinische Sümpfe werden urbar

In Italien beginnen die Arbeiten zur Trockenlegung der Pontinischen Sümpfe, einer südöstlich von Rom gelegenen Küstenlandschaft. Das Projekt, das von den faschistischen Machthabern propagandistisch ausgeschlachtet wird, beschäftigt einen Teil der zwangsverpflichteten Arbeitslosen.

Das Sumpfgebiet wurde bereits im Altertum von den Volskern agrarisch genutzt. Erfolge in der Urbarmachung erzielten auch die Etrusker, die aber eine wieder einsetzende Versumpfung im 4. Jh. v.Chr. nicht verhindern konnten. In der Neuzeit scheiterten wiederholt Versuche, das wegen der Malariagefahr gemiedene Gebiet zu erschließen.

Das Gebiet der Pontinischen Sümpfe wird in den 50er Jahren zu einer der fruchtbarsten Agrarlandschaften Italiens.

Erdbeben verwüstet Korinth

22.4. Korinth. Die an der Landenge von Korinth gelegene Stadt wird durch ein Erdbeben fast völlig zerstört. 10 000 Menschen werden obdachlos, 80% der Häuser liegen in Trümmern. Es gibt nur wenige Tote und Verletzte, da die Bevölkerung sich, durch erste Erdstöße gewarnt, ins Freie retten konnte.

Bereits 1858 hatte ein Erdbeben Alt-Korinth zerstört, worauf 6 km nördlich Neu-Korinth aufgebaut wurde. S 60/K 56

Wissenschaft

Fleming entdeckt Penicillin

5.9. London. Der britische Bakteriologe Alexander Fleming entdeckt an einer verunreinigten Bakterienkultur die wachstumshemmende Wirkung des Schimmelpilzes „Penicillium notatum" auf Staphylokokken.

Daß er damit das Zeitalter der Antibiotikatherapie bakterieller Infektionskrankheiten begründet, wird jedoch erst später erkannt.

Als das erste gegen Krankheitserreger (Streptokokken) wirksame Chemotherapeutikum kommt der Farbstoff „Prontosil" auf den Markt, ein sog. Sulfonamid, das 1932 von den deutschen Chemikern Josef Klarer und Fritz Mietzsch im Laboratorium der I. G. Farben, Elberfeld, synthetisiert wird. Dem Biochemiker Gerhard Domagk gelingt 1935 der Nachweis seiner antibakteriellen Wirksamkeit.

Damit wird zugleich das Interesse am Penicillin geweckt: 1940 gelingt die Isolierung und Strukturaufklärung, 1941 erfolgt die erste erfolgreiche Anwendung von Penicillin am Menschen, 1942 beginnt in den USA und Großbritannien die industrielle Produktion.

Auch die modernen Antibiotika werden zwar synthetisch hergestellt und industriell vertrieben, sind aber ihrer chemischen Zusammensetzung nach noch immer Naturprodukte, nämlich Stoffwechselprodukte von Pilzen, Bakterien oder Pflanzen. S81/K 84 S 204/K 216

Technik

Magnetband wird patentiert

Der deutsche Techniker Fritz Pfleumer läßt sich seine Entwicklung eines Magnetbands patentieren.

1898 hatte der dänische Physiker Valdemar Poulsen die Idee, den Magnetismus zum Aufzeichnen von Tönen zu verwenden. Poulsen experimentierte mit einem Metalldraht, der an einem mit einem Mikrofon verbundenen Elektromagneten vorbeigeführt wurde. Je nach Stärke des Mikrofonstroms wurde der Draht unterschiedlich magnetisiert. Beim „Abspielen" lief der Draht ein zweites Mal an der stromlosen Magnetspule vorbei, wobei er einen Strom induzierte, der in einem Kopfhörer zu den ursprünglichen Tönen umgewandelt wurde.

Pfleumers Einfall, den Draht durch ein dünnes, flexibles Metallband zu ersetzen, ermöglicht die kommerzielle Nutzung des Verfahrens. 1935 präsentieren AEG und I. G. Farben ein Wiedergabegerät für Kunststoffbänder mit magnetisierbarer Eisenoxidbeschichtung. S 223/K 235

Folgenreiche Entdeckung von FCKW

Chemiker der Firma General Motors (USA) entdecken die Fluorchlorkohlenwasserstoffe (FCKW). Dabei handelt es sich um Kohlen-

Alexander Fleming

wasserstoffe, in denen Wasserstoff- durch Fluor- und Chloratome ersetzt werden.
FCKW finden vor allem als Kühlmittel und als Treibmittel für Spraydosen Verwendung. 1975 (↑S.697/1.4.1975) werden die ozonschädigende Wirkung der FCKW und die damit verbundene Veränderung des Klimas nachgewiesen. 1990 beschließen die 89 Teilnehmerstaaten der internationalen Ozonschutz-Konferenz in London ein FCKW-Verbot bis zum Jahr 2000 (↑S.838/29.6.1990).

Testfahrt für Raketenauto
11.4. Rüsselsheim. Auf der Rennstrecke der Opel-Werke startet das erste mit Raketen betriebene Automobil. Es beschleunigt in acht Sekunden von 0 auf 100 km/h.
Der von Maximilian Valier und Fritz von Opel, dem Enkel des Firmengründers Adam Opel, konstruierte Prototyp wird während der ca. zweiminütigen Versuchsfahrten von 24 Feststoffraketen am Heck angetrieben. Am 23.5. erreicht das Nachfolgemodell „Rak II" auf der Berliner Avus eine Geschwindigkeit von 230 km/h. Die Experimente dienen der Vorbereitung für den Bau raketengetriebener Flugzeuge (↑S.251/25.5.); für den praxisnahen Gebrauch des Automobils haben sie keine praktische Bedeutung.

Raketenflugzeug vorgestellt
25.5. Wien. Aurelius Bisail, Mitglied einer Wiener Segelflugvereinigung, gelingt der Probeflug eines Raketenflugzeugs. Der von Bisail konstruierte Hochdecker in Leichtmetallausführung besitzt 24 zentrisch angeordnete Raketen, die beim Start für die nötige Schubkraft sorgen. Das Flugzeug erreicht eine Geschwindigkeit von 150 km/h und geht in 100 m Höhe in Gleitflug über.
Wegen der unlösbar scheinenden Gleichgewichtsprobleme werden die Anwendungsmöglichkeiten der Raketenflugzeuge zunächst nur sehr gering eingeschätzt. Am 20.6. 1939 geht das erste Flugzeug mit Flüssigkeitsraketen-Antrieb auf Jungfernflug, die Heinkel „He 176" (↑S.325/9.11.1936).
📖 Heinkel. Chronik und Typenblätter der Firma Heinkel-Flugzeugbau, 1990.

Gesellschaft

Paris feiert „eisernen Gustav"
4.6. Paris. Der Berliner Droschkenkutscher Gustav Hartmann erreicht die französische Hauptstadt, wo er von einer begeisterten Menschenmenge empfangen wird.

Der älteste Fuhrmann Wannsees war am 4.4. mit seiner Pferdedroschke in Berlin aufgebrochen, um auf den Niedergang seines Berufsstandes aufmerksam zu machen. Die zunehmende Zahl der Benzindroschken hatte immer mehr Kutscher arbeitslos gemacht.
Nach der Rückkehr des „eisernen Justav", den seine Pariser Kollegen zum Ehrenkutscher ernennen, wird im September die „Hartmann-Stiftung" für notleidende Fuhrleute gegründet. Die Tour des Berliner Originals wird u. a. mit Heinz Rühmann (1958) und Gustav Knuth (1979) verfilmt.

Der „Eiserne Gustav" erreicht zwei Monate nachdem er in Berlin gestartet war, die französische Hauptstadt Paris.

Nobelpreisträger 1928	K 262
Literatur: Sigrid Undset (N, 1882–1948)	
Undsets Hauptwerke, u. a. die dreiteilige Saga „Kristin Lavranstochter" (1920–1922), spielen im Norwegen des Mittelalters. Zentrale Motive sind Ehe und Familie. In ihren frühen Gegenwartsromanen führte Undset die berufstätige Frau in die norwegische Literatur ein.	
Chemie: Adolf Otto Reinhold Windaus (D, 1876–1959)	
Der Begründer der Vitaminforschung analysierte die Struktur der Sterine, darunter das Cholesterin, und erkannte deren Verwandtschaft mit der Gallensäure. Gemeinsam mit Heinrich Otto Wieland stellte er das Vitamin D, das zur Heilung von Rachitis eingesetzt wird, erstmals künstlich her.	
Medizin: Charles Nicolle (F, 1866–1936)	
Der Bakteriologe erklärte die Übertragungsform des Fleckfiebers (Typhus) und entwickelte einen Impfstoff gegen die fiebrige Darmerkrankung. Weitere Forschungen galten Infektionskrankheiten wie Diphtherie und Tuberkulose sowie den Erregern von Tropenkrankheiten.	
Physik: Owen W. Richardson (GB, 1879–1959)	
Richardson entdeckte 1902 den nach ihm benannten glühelektrischen Effekt: Aus glühenden Metallen treten – abhängig von der Temperatur – Elektronen aus. Auf dieser Erkenntnis basiert die Konstruktion der Glühkathodenröhre, die Grundlage der modernen Funktechnik ist.	

Nobelpreis für Frieden nicht verliehen

Kulturszene 1928	K 263
Theater	
Marieluise Fleißer Pioniere in Ingolstadt UA 25.3., Dresden	Das Stück läßt durch drastische Momentaufnahmen ein realistisches Bild des Kleinbürgermilieus der 20er Jahre entstehen.
Hugo von Hofmannsthal Der Turm, UA 4.2., Hamburg, München	Das anspruchsvollste Werk des Dramatikers ist eine freie Bearbeitung von Calderons Barockdrama „Das Leben ein Traum".
Eugene O'Neill Seltsames Zwischenspiel UA 30.1., New York	O'Neill deutet das Leben als „seltsames Zwischenspiel" zwischen Vergangenheit und Zukunft, im Streit zwischen Trieb und Geist.
Oper	
Kurt Weill Die Dreigroschenoper UA 31.8., Berlin	Die von Bertolt Brecht getextete Song-Oper ist eine moderne Variante der genau 200 Jahre alten „Beggar's Opera" von John Gay.
Konzert	
George Gershwin Ein Amerikaner in Paris UA 13.12., New York	Im Ragtime-Rhythmus schlendert der Amerikaner Gershwin über die Boulevards und fängt französische Atmosphäre (inkl. Taxihupen) ein.
Maurice Ravel Boléro UA 22.10., Paris	Eine zarte Melodie wird in Ravels Kultstück durch variierende Wiederholung bis zur rauschhaften Ekstase gesteigert und bricht dann ab.
Film	
Luis Buñuel Ein andalusischer Hund Frankreich	Legendärer surrealistischer Experimentalfilm, den Buñuel zusammen mit Salvador Dalí konzipierte; provozierende alptraumhafte Bilder.
Walt Disney Dampfschiff-Willie USA	Disneys erster Zeichentrickfilm mit Ton; die Kinopremiere von Micky Maus löst in den USA Begeisterungsstürme aus.
Sergej Eisenstein Oktober UdSSR	Film zum zehnten Jahrestag der Oktoberrevolution; mußte nach der offiziellen Verurteilung Trotzkis stark überarbeitet werden.
Buch	
André Breton Nadja Paris	Der Prototyp einer surrealistischen Erzählung berichtet in Tagebuchform von der Begegnung mit einer geheimnisvollen Frau.
Ernst Glaeser Jahrgang 1902 Berlin	Realistisches Lebensbild der 1. Generation des 20. Jh.; eine Anklage gegen die Doppelmoral der für den Krieg Verantwortlichen.
Erich Kästner Emil und die Detektive Berlin	In seinem erfolgreichsten Jugendroman stellt Kästner das Gerechtigkeitsempfinden der Kinder den Erwachsenen als Vorbild dar.
D. H. Lawrence Lady Chatterley Florenz	Die freizügige Darstellung sexueller Beziehungen macht den Roman zu einem Skandalerfolg und führt zu seinem Verbot in England und USA.
Ludwig Renn Krieg Frankfurt/Main	Der Berufsoffizier Arnold Friedrich Vieth von Golsenau schlüpft in seinem Antikriegsroman in die Rolle des einfachen Soldaten Ludwig Renn.
Upton Sinclair Boston New York	Thema des Romans ist der Justizskandal um die 1927 in Boston hingerichteten Italo-Amerikaner Nicola Sacco und Bartolomeo Vanzetti.
Jakob Wassermann Der Fall Maurizius Berlin	Wassermann kritisiert in seinem Roman über das Fehlurteil im Leonhart-Maurizius-Prozeß die moderne bürgerliche Justiz.
Virginia Woolf Orlando London	Der wichtigste androgyne Roman des 20. Jh. erzählt die Geschichte eines(r) Schriftstellers/in zwischen dem 16. und 20. Jh.

Kultur

Brechts „Dreigroschenoper"
31.8. Berlin. Im Theater am Schiffbauerdamm wird „Die Dreigroschenoper" von Bertolt Brecht und Kurt Weill uraufgeführt. Diese Premiere leitet einer der größten Theatererfolge in der Weimarer Republik ein.
In Anlehnung an die „Bettleroper" von John Gay, die sich gegen die Barockoper richtete, ist das Werk ein satirischer Angriff auf die Händelrenaissance der 20er Jahre. Brecht erzählt die Geschichte des Räubers Macheath,

„**Dreigroschenoper**": Plakat des Bühnenmalers Caspar Neher für die Berliner Uraufführung.

genannt Mackie Messer, der in Konflikt mit dem Bettlerkönig Peachum gerät, weil er dessen Tochter Polly geheiratet hat.
„Die Dreigroschenoper" soll durch die Darstellung der Verhaltensweisen von Räubern, Bettlern und Huren die bürgerlich-kapitalistische Gesellschaftsform entlarven. Brecht stellt die Gleichung auf: Räuber sind Bürger – Bürger sind Räuber. Aufgrund des Unterhaltungscharakters des Werkes tritt der politische Gehalt jedoch weitgehend zurück. Im „Dreigroschenroman" (1934) rückt Brecht die Sozialkritik in den Vordergrund.
📖 Die Dreigroschenoper; The Rake's Progress. Texte, Materialien, Kommentare: B. Brecht; K. Weill; I. Strawinsky.

Poetische Bildrätsel
1.10. Paris. Der surrealistische Stummfilm „Ein andalusischer Hund" von Luis Buñuel

und Salvador Dalí hat Premiere. Der Film verzichtet auf Handlung, die Bildfolgen weisen keinerlei rationalen Zusammenhang auf. Buñuel und Dalí wollen mit ihren poetischen Bildrätseln den Betrachter schockieren und verunsichern, um sein Vertrauen in die Realität zu erschüttern. Im Vorspann wird ausdrücklich darauf verwiesen, daß die Motivierung der sog. Inbilder ausschließlich irrational war.
Der knapp 20 Minuten lange Film ist ein Meisterwerk der französischen Avantgarde und wird zu einem der meistzitierten Filme der Filmgeschichte. S 252/K 263

📖 L. Buñuel: Mein letzter Seufzer, 1985.

Sport

Winterspiele in St. Moritz

11.–19.2. St. Moritz. In dem Schweizer Winterkurort werden die II. Olympischen Winterspiele ausgetragen. Erstmals nach Ende des 1. Weltkriegs nehmen auch deutsche Sportler wieder an Olympischen Spielen teil.
In den nordischen Skiwettbewerben dominieren die Skandinavier; lediglich Rudolf Burkert (TCH) kann mit einer Bronzemedaille im Skispringen die Phalanx der Nordeuropäer durchbrechen. Widrige Wetterverhältnisse verhindern, daß der Eisschnellauf über 10 000 m durchgeführt wird und Clas Thunberg (FIN) nach Siegen über 500 und 1500 m eine weitere Goldmedaille erringt.
Erstmals im Programm ist Skeleton, das auf der Eisrinne von Cresta Run (erbaut bereits 1884) ausgetragen wird. Dabei liegen die Fahrer bäuchlings auf einem niedrigen, rund 50 kg schweren Schlitten.
1948 werden in St. Moritz erneut Olympische Spiele ausgetragen. S 253/K 264

📖 K.-H. Frenzen: Olympische Spiele. Geschichte, Regeln, Einrichtungen, 1988. K. A. Scherer: 100 Jahre Olympische Spiele, 1995.

Geburtsstunde des alpinen Skisports

4.3. St. Anton. Auf dem Arlberg bei St. Anton (Österreich) findet das erste Kandahar-Rennen statt. Durchgeführt werden je ein Slalom und ein Abfahrtslauf für Damen und Herren, wobei aus der Addition beider Ergebnisse die Plazierung in der alpinen Kombination ermittelt wird.
Die Österreicher stellen in allen Wettbewerben die Sieger, mit Ausnahme des Damen-Slaloms, den die Britin Doreen Elliott gewinnt. Der Name des Rennens geht auf den Stifter des Pokals, Frederick Leigh Earl Robert of

1928

Olymp. Sommerspiele 1928 in Amsterdam K 264

Zeitraum: 28.5. bis 12.8.		Medaillenspiegel			
		Land	G	S	B
Teilnehmerländer	46	USA	22	18	16
Erste Teilnahme	2	Deutschland	10	7	14
Teilnehmerzahl	3014	Finnland	8	8	9
Männer	2724	Schweden	7	6	12
Frauen	290	Italien	7	5	7
Deutsche Teilnehmer	223	Schweiz	7	4	4
Schweizer Teilnehmer	112	Frankreich	6	10	5
Österreichische Teiln.	52	Niederlande	6	9	4
Sportarten	14	Ungarn	4	5	0
Neu im Programm	1[1]	Kanada	4	4	7
Nicht mehr olympisch	4[2]	Großbritannien	3	10	7
Entscheidungen	109	Argentinien	3	3	1

Erfolgreichste Medaillengewinner

Name (Land) Sportart	Medaillen (Disziplinen)
Georges Miesz (SUI), Turnen	3 x Gold (Mehrkampf, Mehrkampf-Mannschaft, Reck), 1 x Silber (Seitpferd)
Lucien Goufin (FRA), Fechten	2 x Gold (Florett-Einzel, Degen-Einzel), 2 x Silber (Florett- und Degen-Mannschaft)
Percy Williams (CAN) Leichtathletik	2 x Gold (100 m, 200 m)
Peter Desjardins (USA) Schwimmen	2 x Gold (Kunstspringen, Turmspringen)

Erfolgreichster deutscher Teilnehmer

| Carl F. Freiherr v. Langen Reiten | 2 x Gold (Dressur-Einzel und -Mannschaft) |

Olympische Winterspiele 1928 in St. Moritz

Zeitraum: 11.2. bis 19.2.		Medaillenspiegel			
		Land	G	S	B
Teilnehmerländer	25	Norwegen	6	4	5
Teilnehmerzahl	491	USA	2	2	2
Deutsche Teilnehmer	50	Schweden	2	2	1
Schweizer Teilnehmer	44	Finnland	2	1	1
Österreichische Teiln.	39	Frankreich	1	0	0
Sportarten	6	Kanada	1	0	0
Entscheidungen	14	Österreich	0	3	1

Erfolgreichste Medaillengewinner

Name (Land) Sportart	Medaillen (Disziplinen)
Johann Grötumsbraaten (NOR), Ski nordisch	2 x Gold (18 km Langlauf, Nordische Kombination)
Clas Thunberg (FIN), Eisschnellauf	2 x Gold (500 m, 1500 m)
Bernt Evensen (NOR), Eisschnellauf	1 x Gold (500 m), 1 x Silber (1500 m), 1 x Bronze (5000 m)
Julius Skutnabb (FIN), Eisschnellauf	1 x Gold (10 000 m), 1 x Silber (5000 m), 1 x Bronze (Vierkampf)

Erfolgreichster deutscher Teilnehmer

| Hanns Kilian Bobsport | 1 x Bronze (Viererbob, Pilot) |

1) Hockey; 2) Schießen, Tennis, Polo, Rugby

253

Sport 1928 K 265

Fußball
Deutsche Meisterschaft	Hamburger SV
DFB-Pokal	Ab 1935 ausgetragen
Englische Meisterschaft	FC Everton
Italienische Meisterschaft	AC Turin
Spanische Meisterschaft	FC Barcelona

Tennis
Wimbledon (seit 1877; 48. Austragung)	Herren: René Lacoste (FRA) Damen: Helen Wills (USA)
US Open (seit 1881; 48. Austragung)	Herren: Henri Cochet (FRA) Damen: Helen Wills (USA)
French Open (seit 1925; 4. Austragung)	Herren: Henri Cochet (FRA) Damen: Helen Wills (USA)
Australian Open (seit 1905; 21. Austragung)	Herren: Jean Borotra (FRA) Damen: Daphne Akhurst (AUS)
Davis-Cup (Paris, FRA)	Frankreich – USA 4:1

Eishockey
Weltmeisterschaft	Kanada
Stanley-Cup	New York Rangers
Deutsche Meisterschaft	Berliner SC

Radsport
Tour de France (5377 km)	Nicolas Frantz (LUX)
Giro d'Italia (3044 km)	Alfredo Binda (ITA)
Straßenweltmeisterschaft	Georges Ronsse (BEL)

Automobilsport (Grand-Prix-Rennen)
GP von Deutschland, Nürburgring	Rudolf Caracciola/Christian Werner (beide GER), Mercedes
GP Frankreich, St. Gaudens	William Grover-Williams (GBR), Bugatti
GP von Italien, Monza	Louis Chiron (MON), Bugatti
GP Spanien, San Sebastian	Louis Chiron (MON), Bugatti

Boxen
Schwergewichts-Weltmeisterschaft	Gene Tunney (USA) – K. o. über Tom Heeney (USA), 26.7.

Herausragende Weltrekorde
Diszplin	Athlet (Land)	Leistung
Leichtathletik, Männer		
400 m	Emerson Spencer (USA)	47,0 sec
800 m	Séraphin Martin (FRA)	1:50,6 min
3000 m Hindernis	Toivo Loukola (FIN)	9:21,8 min
Kugelstoß	Emil Hirschfeld (GER)	16,04 m
Speerwurf	Erik Lundkvist (SWE)	71,07 m
Leichtathletik, Frauen		
800 m	Lina Radke (GER)	2:16,8 min
Hochsprung	Marjorie Clark (RSA)	1,60 m
Weitsprung	Kinue Hitomi (JPN)	5,98 m
Schwimmen, Männer		
100 m Rücken	George Kojac (USA)	1:08,2 min
Schwimmen, Frauen		
400 m Freistil	Martha Norelius (USA)	5:39,2 min

Kandahar, zurück. Das Arlberg-Kandahar-Rennen gilt als Geburtsstunde des alpinen Skisports, der noch lange Zeit im Schatten der nordischen Disziplinen steht. Alpine Wettbewerbe stehen erstmals 1936 bei den Olympischen Winterspielen in Garmisch-Partenkirchen auf dem Programm.

Sommerspiele in Amsterdam
28.5.–12.8. Amsterdam. Die IX. Olympischen Sommerspiele markieren einen weiteren Schritt nach vorn für die Anerkennung des Frauensports. Erstmals werden Leichtathletik-Wettbewerbe für Frauen zugelassen. Bisher durften Frauen nur an Ausscheidungen im Schwimmen, Fechten, Schießen und Tennis teilnehmen. Die Kosten für die Spiele mußten durch Spenden und eine Lotterie aufgebracht werden, da eine finanzielle Unterstützung durch die niederländische Regierung ausblieb.
Das deutsche Team, erstmals seit 1912 wieder bei Sommerspielen vertreten, rangiert mit 10 Gold-, 7 Silber- und 14 Bronzemedaillen hinter der USA auf dem zweiten Platz in der Nationenwertung.
Der Reiter Carl Friedrich Freiherr von Langen gewinnt auf Draufgänger zwei Goldmedaillen in den Dressurwettbewerben. Nach der Biografie des erfolgreichen Dressur- und Springreiters entsteht 1940 der heroische Sportlerfilm „...reitet für Deutschland", der die wiedererlangte Weltgeltung des Deutschen Reichs nach dem verlorenen 1. Weltkrieg glorifiziert. S 253/K 264

Spartakiade gegen Olympia
12.8. Moskau. Als Gegenveranstaltung zu den Olympischen Spielen beginnt in der sowjetischen Hauptstadt die Sommer-Spartakiade, an der Sportler aus 15 Ländern teilnehmen. Das Gros der Teilnehmer kommt aus dem Gastgeberland; aus dem Deutschen Reich sind 200 Aktive angereist.
In Abgrenzung zu „bürgerlichen" Einrichtungen hatte die Sozialistische Internationale 1913 in Brüssel eine Zentrale der Arbeiterschaft für Turnen und Sport eingeführt, 1921 war die Rote Sportinternationale (RSI) gegründet worden, deren Leitgedanke das Zusammenwirken von Ideologie und sportlicher Ertüchtigung ist. Erfolgreichster Teilnehmer der Moskauer Spartakiade ist der Este Eric Rähn, der die 110 m Hürden, die 400 m Hürden, den Weitsprung und den Dreisprung gewinnt. Den einzigen deutschen Sieg verzeichnet der Ringer Werner Seelenbinder.

1929

Politik

Königsdiktatur in Jugoslawien
5.1. Belgrad. König Alexander I. Karadordević setzt durch ein Manifest die Verfassung des Königreichs der Serben, Kroaten und Slowenen außer Kraft und löst die Skuptschina, das Parlament, auf. Parteien werden verboten, die Pressefreiheit wird aufgehoben.
Der seit 1921 regierende Alexander I. begründet den Schritt zur Königsdiktatur mit dem Hinweis auf das Nationalitätenproblem, das die Einheit des Landes gefährdet hatte. Während die Serben an einem zentralistischen Staat festhielten, setzten sich die Kroaten für eine föderalistische Republik ein. Die Auseinandersetzungen zwischen der kroatischen Bauernpartei und der serbischen Altradikalen Partei führten im Juni 1928 zu einem Attentat in der Skuptschina, bei dem ein Altradikaler drei Abgeordnete der Bauernpartei erschoß und den Parteiführer Stjepan Radić so schwer verwundete, daß dieser am 8.8.1928 starb.
Am 3.10.1929 benennt Alexander das Königreich in Jugoslawien um. Als Vertreter serbischer Führungsansprüche verschärft er 1931 durch eine zentralistisch ausgerichtete Verfassung die Konflikte; am 9.10.1934 wird er in Marseille von einem kroatischen Extremisten ermordet. Nachfolger wird sein Sohn Peter II. Karadordević. Bis 1941 steht er unter der Regentschaft seines Onkels. Nach der Kapitulation Jugoslawiens im April 1941 geht Peter II. ins Exil (Großbritannien und USA) und wird am 29.11.1945 (↑S.415) in Abwesenheit abgesetzt. S 256/K 267

Afghanischer König dankt ab
13.1. Kabul. Der afghanische König Aman Ullah erklärt nach Aufständen seine Abdankung zugunsten seines Bruders Inajat Ullah. Er wird jedoch nach wenigen Tagen von Rebellen aus dem Amt gejagt; deren Anführer ruft sich als Habib Ullah Ghasi selbst zum König aus.
Aman Ullah hatte ein Europäisierungsprogramm nach türkischem Vorbild initiiert, das auf Widerstand der islamischen Geistlichen stieß.
Nach der Vertreibung des Königs versuchen die Führer verschiedener Rebellengruppen in blutigen Auseinandersetzungen die Macht an sich zu reißen. Im Oktober wird der Bürgerkrieg mit der Inthronisierung von Nadir Schah beendet. Nadir, der Habib Ullah Ghasi hinrichten läßt, wandelt das Königreich 1931 in eine konstitutionelle Monarchie um.

Lateranverträge unterzeichnet
11.2. Rom. Der Heilige Stuhl und das faschistische Italien regeln in den Lateranverträgen das Verhältnis zwischen der katholischen Kirche und dem italienischen Staat. Vatikanstadt wird ein eigenständiger Staat, die Souveränität des Heiligen Stuhls in internationalen Beziehungen garantiert. Im Konkordat

König Alexander I. von Jugoslawien

Lateranverträge: Papst Pius XI., Oberhaupt der katholischen Kirche seit 1922

Wichtige Regierungswechsel 1929		K 266
Land	Amtsinhaber	Bedeutung
Afghanistan	Aman Ullah Khan (König seit 1926) Habib Ullah Ghasi (König 17.1.–17.10.) Mohammed Nadir Schah (König bis 1933)	Ullah Khan dankt nach Aufständen ab (13.1.); Europäisierungsprogramm gescheitert, Folge: Bürgerkrieg, Nadir Schah, der den Islam vertritt, läßt Habib Ullah Ghasi hinrichten (S.255)
Dänemark	Thomas Madsen-Mygdal (M seit 1926) Thorvald Stauning (M bis 1942)	Stauning führt nach Wahlsieg der Sozialdemokraten umfassendes Reformprogramm durch und wahrt Neutralität
Frankreich	Raymond Poincaré (M seit 1928) Aristide Briand (M 29.7.–22.10.) André Tardieu (M bis 1930)	Rücktritt von Poincaré (26.7.) aus Gesundheitsgründen; Rücktritt von Briand wegen verlorener Vertrauensfrage; Tardieu stützt sein Kabinett vorwiegend auf die Rechten
Großbritannien	Stanley Baldwin (Konserv., M seit 1924) James R. MacDonald (Labour, M bis 1931)	Wahlsieg von Labour; MacDonald beruft erstmals in britischer Geschichte Frau ins Kabinett (Margaret Bonfield, Arbeit)
Japan	Giichi Baron Tanaka (M seit 1927) Juko Hamaguchi (M bis 1931)	Rücktritt Tanakas (1.7.), nachdem aggressive Mandschurei-Politik (Sicherung japanischer Kontrolle) zu scheitern droht
Österreich	Ignaz Seipel (Christlichsoz., B seit 1926) Ritter v. Streeruwitz (Christl.soz., B 4.5.–25.9.) Johann Schober (Schoberblock, B bis 1930)	Rücktritt Seipels (3.4.) wegen koalitionsinterner Spannungen; Rücktritt von Streeruwiť wegen verstärktem Einfluß der rechtsgerichteten Heimwehr; Schober gilt als Mann der Rechten
USA	Calvin Coolidge (Republ., P seit 1923) Herbert C. Hoover (Republ., P bis 1933)	Wahlsieg (59% der Stimmen) von Handelsminister Hoover über den Demokraten Alfred E. Smith (S. 249/6.11.1928)

B = Bundeskanzler; M = Ministerpräsident bzw. Premierminister; P = Präsident

Jugoslawien im 20. Jahrhundert	K 267
Datum	Ereignis
1.12.1918	Proklamation des Königreichs der Serben, Kroaten und Slowenen; König Peter I. (bis 1921; S.145)
14.8.1920	Kleine Entente mit der Tschechoslowakei; 1921 tritt Rumänien dem Staatenbündnis bei (S.209)
28.6.1921	Verfassung ratifiziert: zentralistischer Einheitsstaat
1923	Bildung eines Balkanbundes; Mitglieder sind Bulgarien, Griechenland und Rumänien
20.6.1928	Attentat auf den Führer der Kroatischen Bauernpartei, Stjepan Radić, im Belgrader Parlament löst Staatskrise aus
5.1.1929	Nach einem Staatsstreich errichtet König Alexander I. (seit 1921) eine serbische Militärdiktatur im Land (S.255)
3.10.1929	Umbenennung des Landes in Königreich Jugoslawien
9.2.1934	Balkanpakt mit Griechenland, Rumänien und der Türkei bringt Interessenausgleich (S.299)
9.10.1934	Ermordung König Alexanders I.; Nachfolger Peter II. (S.303)
25.3.1941	Beitritt zum Dreimächtepakt (Deutsches Reich, Italien, Japan) während des 2. Weltkriegs
27.3.1941	Militärputsch: Regierungsübernahme durch Peter II.
6.4.1941	Angriff deutscher Truppen (Beginn des Balkanfeldzugs)
10.4.1941	Proklamation des Unabhängigen Staates Kroatien (S.370)
17.4.1941	Kapitulation des jugoslawischen Oberkommandos
4.7.1941	Die Kommunistische Partei Jugoslawiens unter Josip Tito beschließt den bewaffneten Aufstand gegen die deutsch-italienische Besatzung
20.10.1944	Belgrad von der Roten Armee und jugoslawischen Truppen besetzt; Regierungsbildung unter Tito
29.11.1945	Proklamation der Föderativen Volksrepublik Jugoslawien; Regierungschef wird Josip Tito (S.415)
27.6.1948	Nach Differenzen mit der UdSSR Ausschluß der Kommunistischen Partei Jugoslawiens aus dem Kominform; Wirtschaftsblockade durch den Ostblock
Sept. 1961	Erste Konferenz der Blockfreien in Belgrad (S.548)
7.4.1963	Verfassungsänderung; Umbenennung in Sozialistische Föderative Republik Jugoslawien
21.2.1974	Verfassungsänderung: Tito wird zum Präsidenten der Republik auf Lebenszeit ernannt
4.5.1980	Tod Titos; künftig jährlich wechselnder Vorsitz im Präsidium der Republik und im Vorsitz der Kommunistischen Partei, um Konflikte zwischen Völkern zu verhindern
3.4.1981	Ausnahmezustand in der vorwiegend von Albanern bewohnten Autonomen Provinz Kosovo
Febr. 1989	Gründung der Slowenischen Sozialdemokratischen Union, der ersten von den Kommunisten unabhängigen Partei nach dem 2. Weltkrieg
25. 6.1991	Unabhängigkeitserkl. Sloweniens und Kroatiens (S.846)
28. 6.1991	Beginn des Bürgerkriegs in Jugoslawien: Einsatz der Bundesarmee gegen die Republiken
März 1992	Stationierung von UNO-Friedenstruppen im Kriegsgebiet, Waffenstillstandsverhandlungen scheitern
27.4.1992	Serbien und Montenegro gründen gemeinsam die Bundesrepublik Jugoslawien
21.11.1995	Friedensabkommen von Dayton/USA beendet Balkan-Krieg (S.887)
3.11.1996	Sozialistische Parteien siegen bei Bundesparlamentswahlen

bestätigt der italienische Staat die katholische Religion als Staatsreligion.
Nach dem nun geltenden Grundgesetz ist die Vatikanstadt eine absolute Wahlmonarchie. Staatsoberhaupt ist der Papst, der zugleich die legislative, judikative und exekutive Gewalt innehat. Er regiert mit Hilfe des Kardinalskollegiums, die Verwaltung liegt in Händen der Kurie. Die Vatikanstadt hat ein eigenes Gerichtswesen.
Das von Kardinal Pietro Gasparri und Premierminister Benito Mussolini unterzeichnete Abkommen beendet einen seit 1870 schwelenden Konflikt (sog. Römische Frage), ausgelöst durch die Eingliederung des alten Kirchenstaats in das Königreich Italien. Das von der Kirche nie anerkannte Garantiegesetz (1871) räumte dem Papst zwar die Vorrechte eines Souveräns ein, erklärte aber gleichzeitig den kirchlichen Besitz zum Nationaleigentum.
Als Entschädigung für die 1870 vollzogene Einziehung des Restkirchenstaats erhält der Vatikan eine einmalige Zahlung von 1,75 Mrd Lire (385 Mio RM).
Für die Faschisten bedeuten die Abschlüsse die Festigung ihrer Herrschaft und internationale Anerkennung. S 257/K 268

G. Bull: Im Innern des Vatikans, 1987.
H. Schreiber: Geschichte der Päpste, 1989.

Waldeck ist nicht länger Freistaat
1.4. Arolsen. In einer feierlichen Zeremonie wird der Anschluß des Freistaats Waldeck an Preußen vollzogen.
Die Grafschaft hatte unter hessischer Lehenshoheit gestanden, bis sie 1807 durch den Beitritt zum Rheinbund souverän wurde. 1866 schloß sich Waldeck Preußen an und wurde 1918 nach der Novemberrevolution wieder Freistaat. Seit 1945 gehört Waldeck zu Hessen.

Stromlandschaften. Das Waldecker Land, 1988.

Young-Plan mildert Reparationen
7.6. Paris. Der Sachverständigenausschuß zur Neuregelung der deutschen Reparationszahlungen unterzeichnet den Bericht des US-amerikanischen Vorsitzenden Owen D. Young, der die vom Deutschen Reich zu leistenden Zahlungen bis 1987 auf durchschnittliche Jahresraten von je 2 Mrd Goldmark festlegt. Gegenüber dem Dawes-Plan (↑S.210/16.8.1924) werden die deutschen Zahlungsverpflichtungen gesenkt.
Die neue Festlegung der Zahlungen waren nötig geworden, als deutlich wurde, daß das Deutsche Reich seine Verpflichtungen nicht

erfüllen konnte. Während der seit dem 11.2. andauernden Beratungen hatten die Deutschen 37 Jahreszahlungen von insgesamt 61,05 Mrd Goldmark angeboten; Young hatte zunächst 137,3 Mrd Goldmark in 59 Jahresraten gefordert.

Die rechtsnationalen Parteien (allen voran die NSDAP) erzwingen mit Hilfe eines Volksbegehrens (16.–29.10.) einen Volksentscheid gegen den Young-Plan (22.12.), der jedoch aufgrund der geringen Beteiligung fehlschlägt. Nur 14,92% der Stimmberechtigten gehen zu den Wahlurnen. Von den 6,3 Mio abgegebenen Stimmen sprechen sich 5,8 Mio gegen den Young-Plan aus. Trotz des Scheiterns kommt die Kampagne der nationalsozialistischen Parteipropaganda zugute.

Als Gegenleistung für die Annahme des Young-Plans erreicht Deutschland auf den Haager Konferenzen (↑S.265/20.1.1930) die vorzeitige Räumung des Rheinlands. S 213/K 225

Österreich erhält neue Verfassung

7.12. Wien. Mit den Stimmen von Regierung und sozialdemokratischer Opposition verabschiedet der Nationalrat die von Bundeskanzler Johann Schober eingebrachte Vorlage zur Verfassungsreform. Die Novellierung stärkt die Stellung des künftig vom Volk gewählten Bundespräsidenten, dem in der neuen Verfassung Ernennung und Entlassung der Bundesregierung obliegt. Ein „Notverordnungsrecht" erlaubt ihm, den Nationalrat aufzulösen. Ferner wird er Oberbefehlshaber des Heeres. S 258/K 269

Wirtschaft

7-Stunden-Tag in der UdSSR

11.1. Moskau. Das Zentralkomitee der Kommunistischen Partei beschließt die Einführung des 7-Stunden-Tags und der Sechstagewoche bis zum 1.10.1933. Diese Regelung soll für alle Betriebe der Industrie, des Verkehrs und der Kommunalwirtschaft gelten. Damit wird ein Vorschlag von 1927 als verbindlich anerkannt, den neugegründete Betriebe bereits in die Tat umgesetzt hatten. Bereits im Herbst wird die kaum in die Praxis umgesetzte Arbeitszeitregelung zugunsten einer rigorosen Produktionssteigerung aufgehoben. Norm wird die Fünftagewoche, auf die ein freier Tag für den Arbeiter folgt. Die gleichzeitige Bildung von Arbeitsgruppen mit verschiedenen Ruhetagen ermöglicht eine für Stalins Industrialisierungspläne wichtige durchgehende Produktion.

Vatikan im 20. Jahrhundert	K 268
Datum	Ereignis
1907	Papst Pius X. wendet sich in der Enzyklika „Pascendi dominici gregis" gegen die Verbreitung moderner Kultur; Gläubige dürfen sich in Italien erstmals politisch betätigen
1922–1933	Papst Pius XI. schließt mehrere Konkordate, um die internationale Position des Vatikans politisch zu festigen
11. 2.1929	Lateranverträge: Durch das Abkommen des Heiligen Stuhls mit Italien wird der Vatikan souveräner Staat (S.255)
1939–1945	Neutralitätspolitik des Vatikans während des 2. Weltkriegs
1944	Alliierte Truppenverbände besetzen Rom (4.6.)
1939–1958	Papst Pius XII.: Vorwurf, gegen den Faschismus nicht genügend aufbegehrt und zu den Judenverfolgungen geschwiegen zu haben; nach 1945 strikt antikommunistische Politik
1950	Dogma der leiblichen Aufnahme Mariens in den Himmel; Pius XII. macht als erster Papst seit Erstem Vatikanischem Konzil (1869) von Unfehlbarkeitsdogma Gebrauch (1.11.)
1958–1963	Reformpolitik von Papst Johannes XXIII. stärkt Mitsprache außer- und osteuropäischer Bischöfe und fördert den ökumenischen Gedanken auf internationaler Ebene
15. 8.1961	Enzyklika „Mater et Magistra" regelt katholische Soziallehre neu; Würdigung des demokratischen Pluralismus
1962–1965	Zweites Vatikanisches Konzil: Christliche Einheit und Anpassung der Kirche an die Zeiterfordernisse werden als Hauptaufgaben der katholischen Kirche definiert (S.563)
1963–1978	Pontifikat Papst Pauls VI.; Fortsetzung der Reformen; Werbung für die katholische Kirche im Ausland verstärkt
1967	Sozialenzyklika „Populorum progressio" widmet sich der Reform der katholischen Kirche
25. 7.1968	Enzyklika „Humanae vitae" legt Position der Kirche zur Ehe und zur Geburtenregelung fest (S.624)
28. 9.1978	Nach nur einmonatigem Pontifikat stirbt Johannes Paul I. (S.726)
Seit 1978	Regentschaft von Johannes Paul II. (eigentlich Karol Wojtyla); der Erzbischof von Krakau (Polen; 1964–1978) ist das erste nichtitalienische Kirchenoberhaupt seit 1523 (S.727)
1979	Kurienkardinal Agostino Casaroli wird Staatssekretär
13. 5.1981	Johannes Paul II. übersteht das Attentat des Türken Ali Agça auf dem Petersplatz schwer verletzt (S.749)
1982	Der Vatikan nimmt diplomatische Beziehungen zu Großbritannien auf, die seit dem späten 16. Jh. abgebrochen waren (16.1.)
27.11.1983	Der „Codex Iuris Canonici" löst das seit 1917 geltende Gesetzbuch des Vatikans ab
19. 2.1984	Neues Konkordat zwischen Italien und dem Vatikan ersetzt die Lateranverträge von 1929; Trennung von Staat und Kirche wird durchgesetzt (19.2.)
1989	Annäherung an osteuropäische Länder; als erster KPdSU-Generalsekretär besucht Michail Gorbatschow den Vatikan
1989	Als erster osteuropäischer Staat nimmt Polen, Heimatland des Papstes, die diplomatischen Beziehungen zum Vatikan wieder auf; ein Jahr später folgt Ungarn
1990	Neuer Kardinalstaatssekretär wird Erzbischof Angelo Sodano, der den aus Altersgründen ausscheidenden Kardinal Agostino Casaroli ablöst
1993	Grundlagenvertrag mit Israel: u. a. Aufnahme diplomatischer Beziehungen (1994), Zugangsregelung zu heiligen Stätten
	Moralenzyklika „Veritatis splendor": Verbindlichkeit der katholischen Glaubenslehre bei der Verkündung sittlicher Gebote
1994	Papst schließt verbindlich Priesterweihe von Frauen aus

Chronik Österreichs bis 1945		K 269
Jahr	**Ereignis**	
1905	Der sog. Mährische Ausgleich regelt Sprachen- und Nationalitätenstreit zwischen Deutschen und Tschechen in Mähren	
1906	In Österreich wird per Gesetz das allgemeine, gleiche, geheime und direkte Wahlrecht eingeführt (S.58)	
1908	Österreich annektiert Bosnien und Herzegowina, um die Südslawen unter österreichisch-ungarischer Herrschaft zu einigen (S.71)	
1908–14	Deutsch-tschechischer Ausgleich scheitert, da föderalistische Zugeständnisse an Jungtschechen fehlen	
1914	Slawisches Nationalitätenproblem auf dem Balkan führt zum Attentat auf den österreichischen Thronfolger Franz Ferdinand und dessen Gattin; Auslöser für Ausbruch des 1. Weltkriegs (S.113)	
	Österreich-Ungarn erklärt Serbien den Krieg (S.113/28.7.)	
1916	Ermordung des österreichischen Ministerpräsidenten Karl Reichsgraf von Stürgkh; Nachfolger wird Ernst von Koerber; in der Folgezeit ständige Regierungswechsel (S.127)	
	Tod von Kaiser Franz Joseph I. (S.128/21.11.); neuer Regent wird sein Großneffe Karl I. (bis 1918)	
1917	Versuch eines Sonderfriedens des Kaisers mit Entente scheitert	
1918	Waffenstillstand (3.11.); 1. Weltkrieg endet mit Zusammenbruch der Doppelmonarchie; Folgestaaten: Österreich, ČSR, Ungarn	
	Kaiser Karl I. verzichtet auf den Thron (S.144/11.11.)	
	Nationalversammlung proklamiert die Republik Deutsch-Österreich (12.11.); Zusammenschluß mit dem Deutschen Reich wird von den alliierten Mächten verboten	
1919	Staatskanzler wird der SPÖ-Politiker Karl Renner (14.3.); Koalitionsregierung von Sozialdemokraten und Christlich-Sozialen	
	Kommunistischer Putschversuch in Wien scheitert (S.152/17.4.)	
1920	Friedensvertrag von Saint-Germain wird gültig (16.7.); Umbenennung in Republik Österreich, Gebietsverluste (S.154)	
	Die 1918 ausgearbeitete Bundesverfassung tritt in Kraft (1.10.); Michael Hainisch wird österreichischer Bundespräsident	
1922	Die Genfer Protokolle sprechen Österreich internationale Kredite zu und garantieren die Unabhängigkeit des Landes (S.189)	
1926	Alliierte Finanzkontrolle über Österreich aufgehoben	
1927	Juli-Unruhen in Wien: Zuspitzung der innenpolitischen Lage, Generalstreik; sozialistischer Aufstand von Polizei beendet	
1929	Nach Verfassungsreform wird Österreich von Parlaments- zu Präsidialrepublik (starke Stellung des Präsidenten, S.257)	
1930	Auf der Haager Konferenz werden die österreichischen Reparationsverpflichtungen fast vollständig aufgehoben	
1932	Bei Landtagswahlen in mehreren Bundesländern erzielen Nationalsozialisten erste größere Erfolge	
1932	Lausanner Protokoll (15.7.): Völkerbundanleihe lindert Finanznot, Verbot der wirtschaftl. oder politischen Union mit Deutschland	
1933	Der christlich-soziale Politiker Engelbert Dollfuß (Bundeskanzler seit 1932) errichtet nach Staatsstreich ein autoritäres Regime (S.292)	
	Dollfuß gründet ständestaatlich ausgerichtete „Vaterländische Front" (20.5.), die die politischen Parteien ersetzen soll	
1934	Februar-Unruhen: Straßenkämpfe in Großstädten Österreichs führen zum Verbot aller Parteien außer der „Vaterländischen Front"	
	Dollfuß wird bei gescheitertem nationalsozialistischem Putschversuch ermordet (25.7.); Kurt Schuschnigg setzt Politik fort (S.302)	
1938	Anschluß an das Deutsche Reich (12.3.); Zerschlagung der politischen Gremien; Österreich wird in „Ostmark" umbenannt (S.341)	
1943	Alliierte Österreich-Deklaration bei der Moskauer Konferenz sichert die Wiederherstellung eines souveränen Österreichs	

Verkauf von Opel an General Motors

17.3. Rüsselsheim. Der US-amerikanische Automobilkonzern General Motors erwirbt für 120 Mio Reichsmark die Aktienmehrheit an der deutschen Adam Opel AG. Die Familie Opel bleibt weiterhin Großaktionär und somit an der Leitung des Konzerns beteiligt.

1862 hatte Adam Opel die Opelwerke zunächst als Werkstatt für Nähmaschinenproduktion gegründet, 1895 begann die Fertigung von Kraftfahrzeugen. Mit der Umstellung auf Fließbandproduktion (1924) nach US-amerikanischem Vorbild (↑S.74/12.8. 1908) konnte die Firma bis 1928 ihren Marktanteil auf 45% steigern.

General Motors reagiert mit seiner Hinwendung zum europäischen Automarkt auf die Sättigung des US-amerikanischen Marktes. Während sein größter Konkurrent, die Ford Motor Company, seit 1928 in britischen und irischen Werken amerikanische Wagen produzieren läßt, paßt sich General Motors durch Beibehaltung der Opel-Modelle dem europäischen Markt an. S 824/K 797

📖 Morgen kommst Du nach Amerika. Erinnerungen an die Arbeit bei Opel 1917–1987, 1988.

Zuwenig Geld für Arbeitslose

3.10. Berlin. Der Reichstag beschließt eine Reform der Arbeitslosenversicherung. Die am 7.7.1927 (↑S.243) geschaffene Versicherung kann mit Eigenmitteln 800 000 Arbeitslose, mit Hilfe von Rücklagen bis zu 1,4 Mio Menschen unterstützen.

Da die Arbeitslosenzahl bis Februar 1929 auf mehr als 3 Mio anstieg, mußte die Reichsregierung zur Deckung der Finanzierungslücke einen Kredit in Höhe von 250 Mio Reichsmark gewähren. Wegen des weiteren Anstiegs der Arbeitslosenzahl wurde eine Reform der Arbeitslosenversicherung notwendig. In der Diskussion wandte sich die SPD gegen eine Leistungseinschränkung der Reichsanstalt, die Deutsche Volkspartei (DVP) war gegen eine Erhöhung der Beitragssätze, da dies auch Unternehmer belaste.

Der Kompromiß sieht geringe Leistungseinschränkungen und eine befristete Heraufsetzung der Arbeitslosenbeiträge von 3% auf 3,5% vor. Über der Frage einer weiteren Erhöhung der Beiträge zerbricht am 27.3.1930 (↑S. 266) die Regierung Müller. S 243/K 254

📖 J. Hammerl/V. Pigler: Die Arbeitslosenversicherung, 1962.

„Schwarzer Freitag" an der Börse

25.10. New York. An der New Yorker Börse löst der Sturz der vor allem durch Spekulationsgeschäfte in die Höhe getriebenen Aktienkurse Panikverkäufe aus. Binnen kurzer Zeit werden 13 Mio Wertpapiere verkauft, die Kurse fallen um bis zu 90%. Der „Crash" vernichtet neben zahlreichen Firmen auch die Guthaben von Millionen von Sparern.

Dem als „Schwarzer Freitag" in die Geschichte eingegangenen Börsenkrach war eine Hausse vorausgegangen, die sich ab 1928 aufgrund hoher Liquidität entwickelte. Ursachen für den Kursverfall sind neben der Spekulation u. a. das Ungleichgewicht in der Weltwirtschaft und die Absatzkrise in der Landwirtschaft.

Der „Schwarze Freitag" markiert den Beginn der Weltwirtschaftskrise, einer weltweiten Rezession mit Massenarbeitslosigkeit und Produktionsrückgang.

In Europa sind die Folgen des Börsenkrachs ab Ende 1929 durch den Abzug US-amerikanischer Kredite spürbar. Im Deutschen Reich muß deshalb u. a. 1931 die Darmstädter- und Nationalbank ihre Zahlungen einstellen, worauf die Regierung alle Banken und Börsen per Notverordnung schließen läßt.

Wissenschaft

Buna – Triumph der Chemie
21.6. Ludwigshafen. Die I. G. Farben erhält das Patent auf die Co-Polymerisation von Butadien und Styrol zu „Buna", einem preiswerten Synthesekautschuk zur Herstellung von Autoreifen und technischen Gummiartikeln.

Bereits 1910 hatten der führende deutsche Kautschukchemiker Carl Dietrich Harries – und unabhängig von ihm seine britischen Kollegen Francis Edward Matthews und Edward Halford Strange – entdeckt, daß Natrium-Metall die Polymerisation von Butadien katalysiert. Dies war der wichtigste Schritt zum Synthesekautschuk (↑S.81/12.9.1909) „Buna" (Butadien und Natrium).

1936 werden die ersten „Buna"-Autoreifen vorgestellt (↑S.324).

Selbstversuch mit Herzkatheter
5.11. In der „Klinischen Wochenschau" veröffentlicht der 25jährige Chirurg Werner Forßmann einen Artikel, in dem er Selbstversuche zur Herzuntersuchung beschreibt.

Über eine Vene in der Ellenbogenbeuge führte sich Forßmann eine dünne Sonde – unter Kontrolle am Röntgenschirm – ins Herzinnere. Er maß in verschiedenen Bereichen des Herzens den Druck und bestimmte anhand entnommener Blutproben die Sauerstoff- und Kohlendioxydkonzentration.

Die Kathetisierung des Herzens ermöglicht die Erkennung von Herzfehlern und -erkrankungen. Über den schlauchförmigen Katheter können Kontrastmittel eingespritzt werden, so daß Röntgenaufnahmen Aufschlüsse über Herzmißbildungen erlauben.

„Schwarzer Freitag": Vor dem Gebäude der New Yorker Börse in der Wall Street versammelt sich eine aufgeregte Menschenmenge. Infolge des Börsencrashs verlieren u.a. Millionen von Sparern ihr Vermögen.

Forßmann wird wegen des Selbstversuchs, den er gegen den Willen seiner Vorgesetzten unternahm, von vielen Kollegen kritisiert. Seine Untersuchungsmethode gerät in Vergessenheit und wird erst 1939 in den USA wieder aufgegriffen.

📖 W. Forßmann: Selbstversuch. Erinnerungen eines Chirurgen, 1972.

Technik

Strom fließt vom Band

Cambridge. Der US-amerikanische Physiker Robert Jemison van de Graaff entwickelt den elektrostatischen Bandgenerator, ein Gerät zur Erzeugung von Gleichspannung bis zu mehreren Millionen Volt.

Der Van-de-Graaff-Generator, eine Weiterentwicklung der Dynamomaschine (1866) von Werner von Siemens, dient ausschließlich physikalischen Zwecken, insbesondere zur Beschleunigung schwerer geladener Teilchen und damit dem Studium von Kernreaktionen (↑S.157/1919).

Der Bandgenerator hat gegenüber dem Zyklotron (↑S.268/April 1930), dessen Maximalenergien er aber bei weitem nicht erreicht, infolge der Konstanz und leichten Regelbarkeit seiner Spannung gewisse Vorzüge.

Die „Eiserne Lunge" ist vor allem für Polio-Patienten lebenswichtig (Foto von 1938).

„Eiserne Lunge" entwickelt

USA. Der US-amerikanische Ingenieur Philip Drinker erfindet die „Eiserne Lunge", ein Gerät, das die Beatmung von völlig gelähmten Patienten ermöglicht.

Die „Eiserne Lunge" besteht aus einer Metallkammer, die den Körper des Kranken bis zum Hals einschließt. Rhythmisch abwechselnder Über- und Unterdruck preßt die Lunge zusammen bzw. dehnt sie auseinander. Die Frequenz entspricht dem normalen Ein- und Ausatmen.

1931 wird das Gerät erstmals in den Kliniken eingesetzt. Es findet vor allem bei Atemlähmung im Anschluß an eine Kinderlähmung Verwendung.

Jungfernflug der Dornier Do-X

12.7. Altenrhein. Das Flugboot Dornier Do-X, das bislang größte Flugzeug der Welt, startet zu seinen ersten Probeflügen über den Bodensee. Es wird von 12 Motoren angetrieben und bietet mehr als 100 Passagieren Platz. Die sechs Tanks fassen je 3000 l Benzin.

Der deutsche Flugzeugkonstrukteur Claude Dornier hatte vor der Do-X bereits kleinere

Nobelpreisträger 1929	K 270
Frieden: Frank Billings Kellogg (USA, 1856–1937)	
Der US-Außenminister (1925–1929) initiierte mit seinem französischen Kollegen Aristide Briand den sog. Briand-Kellogg-Pakt. In dem Vertrag verurteilten die 63 Unterzeichnerstaaten Krieg als Mittel internationaler Streitigkeiten, ausgenommen werden nur Verteidigungskriege.	
Literatur: Thomas Mann (D, 1875–1955)	
Hauptthema Manns war der Verfall. In seinem ersten Roman „Buddenbrooks" analysierte er den Niedergang des deutschen Großbürgertums. Weitere Hauptwerke sind die Novelle „Tod in Venedig" (1913) sowie die Romane „Der Zauberberg" (1924) und „Doktor Faustus" (1947).	
Chemie: Hans von Euler-Chelpin (D, 1873–1964), Arthur Harden (GB, 1865–1947)	
Der Biochemiker Harden erforschte die Funktion der Enzyme bei der alkoholischen Gärung von Kohlenhydraten. Der in Schweden lebende Euler-Chelpin untersuchte die Koenzyme (die im Gegensatz zu Enzymen nicht eiweißartig sind). Zudem gelang ihm eine chemisch-physikalische Deutung der Zuckergärung, die den Muskel mit der nötigen Energie versorgt.	
Medizin: Christiaan Eijkman (NL, 1858–1930), Frederick Gowland Hopkins (GB, 1861–1947)	
Beide Nobelpreisträger erkannten erstmals die lebenswichtige Funktion von Vitaminen in der Nahrung. Der Ernährungswissenschaftler Eijkman entdeckte, daß die im Fernen Osten weitverbreitete Nervenkrankheit Beriberi durch Vitaminmangel entsteht. Der Biochemiker Hopkins führte Krankheiten wie Rachitis und Skorbut ebenfalls auf Vitaminmangel zurück.	
Physik: Louis Victor de Broglie (F, 1892–1987)	
De Broglie entdeckte 1924 die Wellennatur der Materie, d. h. Materie verhält sich ähnlich wie gebeugtes Licht. Damit konnte er u. a. die stabilen Elektronenbahnen im Atom erklären. Die Erkenntnisse des französischen Physikers gaben den Anstoß zur Entwicklung der Wellenmechanik.	

Flugboote gebaut, u. a. 1922 die zweimotorige „Wal" und die viermotorige „Superwal". Die ursprünglich für den transatlantischen Passagierluftverkehr vorgesehene Do-X wird im 2. Weltkrieg vor allem zur U-Boot-Jagd und Feindaufklärung sowie zur Rettung in Seenot geratener Menschen eingesetzt.
Nach dem 2. Weltkrieg werden in den Werken der Dornier GmbH u. a. Kurzstartflugzeuge (Do 27, Do 28), der Senkrechtstarter Do 31, der Alpha-Jet sowie das zweimotorige Mehrzweckflugzeug Do 228 gebaut.
📖 J. Wachtel: Claude Dornier: Ein Leben für die Luftfahrt, 1989.

Gesellschaft

Eröffnung der Gruga
29.6. Essen. Unter der Schirmherrschaft des Reichspräsidenten Paul von Hindenburg wird die Große Ruhrländische Gartenbauausstellung (Gruga) eröffnet. In zweijähriger Arbeit haben 800 Arbeitslose ein vorher brachliegendes Gelände von 30 ha in einen Park umgestaltet. Dabei wurden etwa 130 000 Sommerblumen, 70 000 Rosen und 12 000 Dahlien gepflanzt. Der ursprünglich auf Mitte Mai festgelegte Eröffnungstermin mußte wegen großer Frostschäden verschoben werden. Nach Ende der Ausstellung (13.10.) geht das Gelände in den Besitz der Stadt Essen über, die den Park für Veranstaltungen und Ausstellungen (Grugahalle) weiterbetreibt.

Verhütung nach Knaus-Ogino
12.7. München. Der Grazer Gynäkologe Hermann Knaus veröffentlicht seine Untersuchungsergebnisse über die fruchtbaren und unfruchtbaren Tage der Frau. Mit Einbeziehung der Lebensdauer von Ei- und Samenzellen sowie genauer Aufzeichnung des individuellen Zyklus der Frau entwickelt Knaus mit dem japanischen Arzt Kiusako Ogino eine nur relativ sichere Methode zur natürlichen Empfängnisverhütung.
Die mit einer hohen Fehlerquote belastete Knaus-Ogino-Methode ist von der katholischen Kirche neben der Temperaturmethode als einzige Empfängnisverhütung zugelassen. Mechanische Verhütungsmethoden sind seit dem 18. Jh. in Gebrauch. Seit 1921 ist die empfängnisverhütende Wirkung von Gelbkörperhormonen bekannt.
Am 18.8.1960 (↑S.539) kommt in den USA die Anti-Baby-Pille auf den Markt. S 261/K 271
📖 G. K. Döring: Empfängnisverhütung. Ein Leitfaden für Ärzte und Studierende, 1971.

Die sichersten Verhütungsmethoden		K 271
Methode/Mittel	Wirkungsweise	Zuverlässigkeit[1]
Anti-Baby-Pille	Hormonelle Verhinderung des Eisprungs	0,5–1,3%
Intrauterinpessar	Verhindert die Ei-Einlagerung in der Gebärmutter	3%
Diaphragma[2]	Der Samen gelangt nicht in die Gebärmutter	4%
Kondom	Der Samen gelangt nicht in die Scheide	7%
„Pille für den Mann"	Injektion: Blockade des Sexualhormons Testosteron; Erprobungsstadium	–[3]
Portioklappe	Der Samen gelangt nicht in die Gebärmutter	7%
Diaphragma[4]	Der Samen gelangt nicht in die Gebärmutter	8%
Chemische Mittel	Töten Samenzellen in der Scheide	7–42%
Temperaturmessung	Bestimmung der empfängnisfreien Tage	10%
Knaus-Ogino-Methode	Bestimmung der empfängnisfreien Tage	14%
Coitus interruptus	Geschlechtsakt vor dem Erguß unterbrechen	15–38%

1) Wahrscheinlichkeit einer Schwangerschaft pro Anwendungsjahr; 2) kombiniert mit chemischen Mitteln; 3) Wirksamkeit: 98,6% (Quelle: WHO); 4) ohne Zugabe chemischer Mittel

Kultur

Tarzan als Comicfigur
7.1. Die Gattung der Bildfortsetzungsgeschichten (Comic strip) wird um zwei neue Serien erweitert: Buck Rogers und Tarzan (erfunden 1912 von Edgar R. Burroughs) setzen sich in Zeitungen und Groschenheften erfolgreich gegen Gewalt und Ungerechtigkeit zur Wehr.
Die Ende des 19. Jh. in den USA entstandenen Comics haben ihren Ursprung in den politischen Karikaturen des 18. Jh. Die Handlung wird in Bildern dargestellt und mit knappen Zwischentexten ergänzt; Dialoge sind als Sprechblasen in die Bilder integriert. Am 10.1. veröffentlicht der belgische Zeichner Hergé die erste ernsthaftere Bildergeschichte über die Abenteuer eines Reporters im Sozialismus, „Tintin in der Sowjetunion". Die generelle Abwertung der Comics als trivial wird ab den 60er und 70er Jahren von einer differenzierteren Auseinandersetzung abgelöst. Zur erfolgreichsten europäischen Comic-Figur wird der Gallier Asterix (ab 1961) der beiden Franzosen René Goscinny und Albert Uderzo. S 262/K 272
📖 Hergé: Ein Leben für die Comics, 1983.
A. Uderzo: Der weite Weg zu Asterix, 1986.

1929

Die Comic-Helden des 20. Jahrhunderts K 272

Jahr	Name/Erfinder (Land)	Einordnung
1897	Katzenjammer Kids/ Rudolph Dirks (USA)	Erster Comic strip, dessen Erfolg zahlreiche Zeichner zu eigenen Versuchen animierte
1905	Little Nemo/ Winsor McCay (USA)	McCays Fantasy-Comics bestachen seinerzeit durch die realistische, mehrfarbige Zeichenweise
1929	Tarzan/ Harold R. Foster (Kanada)	1912: Erste Tarzan-Geschichte von Edgar Rice Burroughs erschien in der US-Zeitschrift „All Story"
	Tim und Struppi[1]/ Georges Rémi (Hergé; Belgien)	Zuerst in Zeitungen; seit 1948 besteht Reporter Tim seine Abenteuer in selbständigen Alben
1930	Mickey Mouse, Donald Duck[2]/ Walt Disney (USA)	Erstes Mickey-Mouse-Magazin 1933; als Filmfiguren seit 1926 bekannt („Alice in Cartoonland")
1931	Dick Tracy/ Chester Gould (USA)	Dick Tracy, der erste Detektiv-Comic überhaupt, erschien in der „Chicago Sunday Tribune"
1933	Blondie/ Chic Young (USA)	Die populärste Familien-Seifenoper in Comic-Form – die Figuren werden stetig älter
1935	Popeye/ Elzie Crisler Segar (USA)	„The Gold Mine Thieves", der erste Popeye-Band, wurde in den USA für 25 Cent verkauft
1937	Prinz Eisenherz/ Harold R. Foster (Kanada)	In Deutschland erschien Eisenherz 1939 als Prinz Waldemar in der Zeitschrift „Papagei"
1938	Spirou/ Robert Velter (Frankreich)	Der Titelheld geht mit seinen Freunden Fantasio und dem berühmten Marsupilami auf Verbrecherjagd
	Superman/Jerome Siegel, Joseph Schuster (beide USA)	Superman wurde zum Superstar der in den 40er Jahren in den USA entwickelten Comic-Books
1940	Batman/ Bob Kane (USA)	Batman wurde – ebenso wie sein Vorbild Superman – auch durch Fernsehserien und Filme bekannt
1947	Lucky Luke/ Morris (Belgien)	Der „poor lonesome Cowboy" startete seine Wildwest-Abenteuer in der französischen Comiczeitschrift „Spirou"
1950	Peanuts/ Charles M. Schulz (USA)	Der erfolgreichste Comic aller Zeiten sollte eigentlich „Li'l Folks" heißen
1958	Die Schlümpfe/ Peyo (Belgien)	Die blauen Zwerge wurden vor allem durch Zeichentrickfilme in den 70er Jahren populär
1961	Asterix/René Goscinny, Albert Uderzo (beide Frankreich)	Zunächst wöchentlich in der Zeitschrift „Pilote", ab 1962 mit eigenen Heften auf dem Markt
1962	Barbarella/ Jean-Claude Forest (Frankreich)	Die vollbusige Barbarella war der erste Star der Sex- und Erotik-Comics, die auf erwachsene Leser zielten
1971	Freak Brothers/ Gilbert Shelton (USA)	Shelton und Robert Crumb („Fritz the Cat") begründeten die Kultur der „Underground-Comics"
1981	Werner/Brösel alias Rötger Feldmann (Deutschland)	Der gurkennasige Held besticht mit flachen Witzen und enormem Bierkonsum; Bestseller unter den deutschen Comics

1) Originalname: Tintin et Milou; 2) Zeichner: Clark Barks, Ub Iwerks.

Antikriegsroman von Remarque

31.1. Berlin. Im Verlag Ullstein-Propyläen erscheint zwei Monate nach dem Vorabdruck in der „Vossischen Zeitung" Erich Maria Remarques Roman „Im Westen nichts Neues". Die Erstauflage ist bereits vor dem Erscheinen vergriffen.

Mit schonungsloser Offenheit schildert der Autor die Erlebnisse einer Gruppe junger Soldaten im 1. Weltkrieg. Patriotische Phrasen wie „Heldentum" und „Vaterland" werden in einer Welt, die das Töten zum Gesetz erhoben hat, als sinnlos entlarvt.

Der Antikriegsroman entwickelt sich zum größten Bucherfolg in der ersten Hälfte des 20. Jh. Bereits 1930 entsteht die amerikanische Filmversion (Regie: Lewis Milestone). Nach der Machtübernahme der Nationalsozialisten wird „Im Westen nichts Neues" aufgrund seines „destruktiven Pazifismus'" öffentlich verbrannt; Remarque flüchtet 1941 in die USA. Bis 1966 erreicht der Roman weltweit eine Auflage von ca. 30 Mio. S 263/K 273

H. Rüter: Erich Maria Remarque. „Im Westen nichts Neues". Entstehung, Struktur, Rezeption. F. Baumer: Erich Maria Remarque, 2. Aufl. 1984.

Romanerfolg für Vicki Baum

4.4. Berlin. Die Berliner Illustrierte beginnt mit dem Vorabdruck des Kolportageromans „Menschen im Hotel" der österreichischen Schriftstellerin Vicki Baum.

Im Mittelpunkt der Handlung, die um Schicksale im Berliner „Grand Hotel" kreist, steht der Hochstapler Baron von Gaigern, der sich in eine alternde russische Ballerina verliebt und am Ende bei einem Einbruch versehentlich getötet wird.

Das Werk bildet den Auftakt für eine ganze Romanserie, die versucht, auf der Grundlage detaillierter Milieustudien Glanz und Elend der sog. guten Gesellschaft darzustellen. Vicki Baums in alle Weltsprachen übersetzte, von der Kritik häufig als trivial abgelehnte Bücher entwickeln sich zu den meistaufgelegten Werken des 20. Jh. Ihr Bestseller „Menschen im Hotel" wird mehrfach verfilmt, u. a. 1932 mit Greta Garbo in der Hauptrolle. S 263/K 273

V. Baum: Es war alles ganz anders. Erinnerungen, 1987.

Die ersten „Oscar"-Preisträger

16.5. Hollywood. Im Roosevelt Hotel verleiht der US-Schauspieler Douglas Fairbanks erstmals die von der Academy of Motion Picture Arts and Sciences gestiftete Auszeichnung des Academy Award.

1929

Die ab 1931 volkstümlich „Oscar" genannte Statuette geht u. a. an den seit 1926 in Hollywood arbeitenden Deutschen Emil Jannings und an die Amerikanerin Janet Gaynor. Die Jury kürt den Film „Flügel" (Wings) von William A. Wellman zum besten Film des Jahres. Er schildert die Geschichte zweier Piloten im 1. Weltkrieg und ist zum Großteil in der Luft gedreht worden.
Ab 1953 wird die jährliche Verleihung der Academy Awards im Fernsehen übertragen. Der „Oscar" entwickelt sich zum begehrtesten Preis der Filmbranche.

📖 H.-J. Kubiak: Die Oscar-Filme. Die besten Filme der Jahre 1927–1983.

Weltausstellung in Barcelona

19.5. Barcelona. Der spanische König Alfons XIII. eröffnet die Internationale Weltausstellung. Den Schwerpunkt bilden Industrieprodukte sowie Kultur und Sport. Das größte Gebäude ist der Nationalpalast mit 32 000 m² Fläche.
Attraktion der 180 Mio Peseten teuren Ausstellung ist der von Ludwig Mies van der

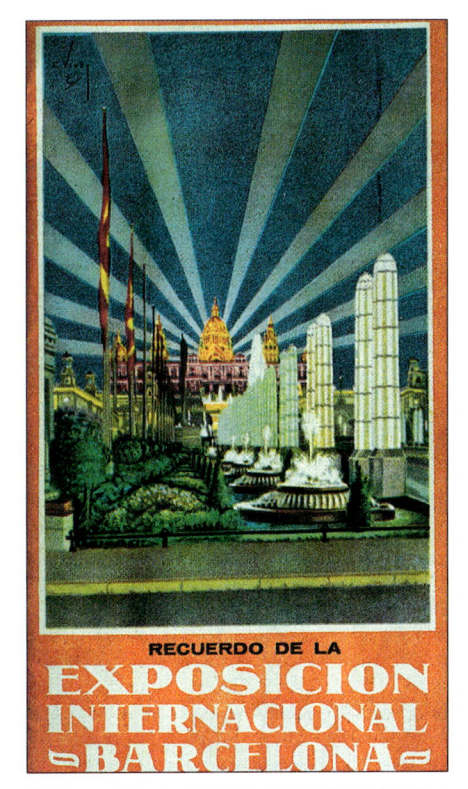

Weltausstellung: Wasser- und Lichtspiele erheben sich vor der Kulisse des Nationalpalastes (offizielles Ausstellungsplakat)

Kulturszene 1929	K 273
Theater	
Sean O'Casey Der Preispokal UA 11.10., London	Die Tragikomödie über das individuelle Kriegsschicksal eines irischen Fußballhelden mischt naturalistische und symbolistische Elemente.
George Bernard Shaw Der Kaiser von Amerika UA 14.6., Warschau	Die „politische Phantasie" beleuchtet das Zusammenspiel von Monarchie, Demokratie und Kapitalismus in den 60er Jahren des 20. Jh.
Friedrich Wolf Cyankali (§ 218) UA 6.9., Berlin	Das spektakuläre Problemstück gegen den Abtreibungsparagraphen und seine sozialen Konsequenzen löst einen Theaterskandal aus.
Oper	
Max Brand Maschinist Hopkins UA 13.4., Duisburg	Der Prototyp der neusachlichen Zeitoper des Schreker-Schülers spielt im rheinisch-westfälischen Arbeitermilieu.
Paul Hindemith Neues vom Tage UA 8.6., Berlin	Die heitere Oper nach einem Text des Kabarettdichters Marcellus Schiffer ist eine Persiflage auf den Zeitgeist im Stil Kurt Weills.
Operette	
Franz Lehár Das Land des Lächelns UA 10.10., Berlin	Mit der in Wien und Peking spielenden romantischen Operette erringen Lehar und „sein" Tenor Richard Tauber einen großen Erfolg.
Film	
René Clair Unter den Dächern von Paris; Frankreich	Clairs erster Tonfilm, eine poetische Romanze im Milieu der Hinterhöfe von Paris, findet beim Publikum weltweit begeisterte Aufnahme.
R. Florey/J. Santley Cocoanuts USA	Filmpremiere der vier Marx Brothers (Groucho, Harpo, Chico und Zeppo) nach der gleichnamigen Broadway-Komödie von Irving Berlin.
Alfred Hitchcock Erpressung Großbritannien	Junge Frau, die einen Mann in Notwehr getötet hat, gerät in die Hände eines Erpressers; spannende Verfolgungsjagd im British Museum.
King Vidor Hallelujah USA	Bedeutendes frühes Filmmusical über das Leben eines farbigen Baumwollpflückers; mitreißende Musiknummern der farbigen Akteure.
Buch	
Vicki Baum Menschen im Hotel Berlin	Der souverän komponierte Roman stellt Glanz und Elend, Schein und Sein der „guten Gesellschaft" an Geschehnissen in einem Hotel dar.
Jean Cocteau Kinder der Nacht Paris	Im erzählerischen Hauptwerk Cocteaus verwandeln zwei Geschwister die Banalität des Alltags in eine magische Wirklichkeit.
Alfred Döblin Berlin Alexanderplatz Berlin	Der bedeutendste deutsche Großstadtroman setzt sich aus einer Collage von Reportagen, Montagen, Vor- und Rückblenden zusammen.
Ernest Hemingway In einem andern Land New York	Autobiographischer Roman über die unglückliche Liebe eines amerikanischen Kriegsfreiwilligen zu einer englischen Krankenschwester.
Hans Henny Jahnn Perrudja Berlin	Der monumentale, dennoch unvollendet gebliebene Roman wird später als Hauptwerk Jahnns und als stilbildend anerkannt.
Erich Maria Remarque Im Westen nichts Neues Berlin	Remarque hat den berühmten Roman in nur sechs Wochen in einer Art Selbstbefreiungsprozeß vom Druck der Kriegserlebnisse geschrieben.
Thomas Wolfe Schau heimwärts, Engel! New York	Die „Geschichte vom begrabnen Leben" ist der erste von vier autobiographischen Romanen (bis 1940) des amerikanischen Schriftstellers.

1929

Sport 1929 K 274

Fußball	
Deutsche Meisterschaft	SpVgg Fürth
DFB-Pokal	Ab 1935 ausgetragen
Englische Meisterschaft	Sheffield Wednesday
Italienische Meisterschaft	AC Bologna
Spanische Meisterschaft	FC Barcelona

Tennis	
Wimbledon (seit 1877; 49. Austragung)	Herren: Henri Cochet (FRA) Damen: Helen Wills (USA)
US Open (seit 1881; 49. Austragung)	Herren: Bill Tilden (USA) Damen: Helen Wills (USA)
French Open (seit 1925; 5. Austragung)	Herren: René Lacoste (FRA) Damen: Helen Wills (USA)
Australian Open (seit 1905; 22. Austragung)	Herren: John Gregory (GBR) Damen: Daphne Akhurst (AUS)
Davis-Cup (Paris, FRA)	Frankreich – USA 3:2

Eishockey	
Stanley-Cup	Boston Bruins
Deutsche Meisterschaft	Berliner SC

Radsport	
Tour de France (5288 km)	Maurice Dewale (BEL)
Giro d'Italia (2920 km)	Alfredo Binda (ITA)
Straßenweltmeisterschaft	Georges Rousse (BEL)

Automobilsport (Grand-Prix-Rennen)	
GP von Deutschland, Nürburgring	Louis Chiron (FRA), Bugatti
GP von Frankreich, Le Mans	William Grover-Williams (GBR), Bugatti
GP von Irland, Phoenix Park	Boris Iwanowski (URS/FRA), Alfa Romeo
GP von Italien, Monza	Achille Varzi (ITA), Alfa Romeo
GP von Spanien, S. Sebastian	Louis Chiron (FRA), Bugatti
GP von Tunesien, Bardo	Gastone Brilli-Peri (ITA), Alfa Romeo

Boxen	
Schwergewichts-Weltmeisterschaft	Gene Tunney (USA), Rücktritt 1928 1929 kein Titelkampf

Herausragende Weltrekorde		
Disziplin	Athlet (Land)	Leistung
Leichtathletik, Männer		
200 m	Helmuth Körnig (GER)	21,0 sec
110 m Hürden	Erik Wennström (SWE)	14,4 sec
Diskuswurf	Eric Krentz (USA)	49,90 m
Leichtathletik, Frauen		
200 m	Kinue Hitomi (JPN)	24,7 sec
Kugelstoß	Grete Heublein (GER)	12,85 m
Schwimmen, Männer		
200 m Brust	Yoshiyuki Tsuruta (JPN)	2:45,0 min
Schwimmen, Frauen		
100 m Freistil	Albina Osipowitsch (USA)	1:09,4 min
100 m Rücken	Marie Braun (HOL)	1:21,0 min

Rohe entworfene deutsche Pavillon. Der Flachdachbau aus Stahl, grünem Glas und gelbem Onyx beeindruckt durch die Harmonie seiner einfachen Formen und Farben. Auch die Inneneinrichtung wurde von Mies van der Rohe selber gestaltet. S 15/K 5

📖 Bauhaus-Archiv (Hg.): Der vorbildliche Architekt. Mies van der Rohes Architekturunterricht 1930–58 am Bauhaus und in Chicago, 1986. W. Blaser (Hg.): Ludwig Mies van der Rohe, 1991.

Die Geschichte vom Franz Biberkopf
11.10. Frankfurt. In der „Frankfurter Zeitung" erscheint die 28. und letzte Folge von Alfred Döblins Roman „Berlin Alexanderplatz". Erzählt werden die Erlebnisse des ehemaligen Transportarbeiters Franz Biberkopf nach seiner Entlassung aus dem Gefängnis; trotz seiner Bemühungen, nach dem Totschlag an seiner Geliebten ein guter Mensch zu werden, gerät er schuldlos und gleichwohl doch selbst verantwortlich erneut auf die schiefe Bahn. Er wird unter Mordverdacht in eine Irrenanstalt eingewiesen, erfährt hier aber eine Wandlung zum Guten. Döblin, der großen Anteil an der Entwicklung des literarischen Expressionismus hat, verbindet in diesem Roman die unterschiedlichsten Erzählmittel: Reportage, Montage, dadaistische Collage sowie eine Sprachmischung aus Alltagsjargon, Lokalkolorit und Bibelsprache. Mit diesen Mitteln gelingt ihm die Darstellung einer vielfach gebrochenen Wirklichkeit.
Die im Exil und nach 1945 entstandenen Werke Döblins werden in der BRD nur wenig beachtet. S 263/K 273

📖 M. Prangel: Alfred Döblin, NA 1986. K. Müller-Salget: Alfred Döblin, NA 1988.

Sport

Erste Niederlage für Englands Elf
15.5. Madrid. Im Metropolitan-Stadion unterliegt die englische Fußball-Nationalmannschaft den Spaniern mit 3:4 Toren. Es ist die erste Niederlage für ein englisches Team gegen eine Mannschaft „vom Kontinent".
Am 24.11.1953 – 90 Jahre nach Gründung des englischen Fußballverbands – muß England seine erste Heimniederlage hinnehmen. Im Londoner Wembley-Stadion unterliegt der einstige Lehrmeister des Fußballs mit 3:6 den Ungarn. Das seit drei Jahren in 25 Spielen ungeschlagene ungarische Team gilt nach dieser Glanzleistung als Favorit für die Weltmeisterschaft in der Schweiz (↑S.495/4.7.1954).

1930

Politik

Preußen geht gegen Radikale vor
16.1. Berlin. Um dem politischen Extremismus Einhalt zu gebieten, untersagt der preußische Innenminister Albert Grzesinski (SPD) Umzüge und Versammlungen unter freiem Himmel.
Im Zuge von Demonstrationen war es zuvor häufig zu gewalttätigen Ausschreitungen zwischen linken und rechten Gruppierungen gekommen. Nachdem am 27.6.1929 die Verlängerung des Republikschutzgesetzes (↑S.186/24.6.1922) im Reichstag keine Mehrheit gefunden hatte, verlagerten die radikalen Parteien ihre Auseinandersetzungen zunehmend auf die Straße.
Am 28.3.1931 erläßt Reichspräsident Paul von Hindenburg eine Notverordnung zur Bekämpfung politischer Ausschreitungen, am 13.4.1932 werden „zur Sicherung der Staatsautorität" SA und SS verboten. Diese Anordnungen können jedoch nicht verhindern, daß die radikalen Parteien wegen der hohen Arbeitslosigkeit und der generellen Unzufriedenheit mit dem politischen System der Weimarer Republik starken Zulauf erhalten; auch der Straßenterror wird kaum eingeschränkt. Die Notverordnungen werden unter Aufhebung der Gewaltenteilung zum wirkungsvollsten Regierungsinstrument (↑S.266/27.3.). S 280/K 290

Haager Schlußakte unterzeichnet
20.1. Den Haag. Die Siegermächte des 1. Weltkriegs und das Deutsche Reich treffen eine endgültige Regelung der Reparationszahlungen. Auf der Basis des Young-Plans (↑S.256/7.6.1929) wird die Gesamtsumme auf 34,5 Mrd RM festgelegt, die in jährlichen Raten bis 1988 abzuzahlen ist. Die Überwachung der Zahlungen soll die neugegründete „Bank für Internationalen Zahlungsausgleich" (BIZ) mit Sitz in Basel übernehmen. Durch einige andere Zugeständnisse (u. a. Räumung des Rheinlands bis 30.6.1930) erhält das Deutsche Reich seine volle Souveränität zurück.

Wichtige Regierungswechsel 1930			K 275
Land	Amtsinhaber		Bedeutung
Argentinien	Hipólito Irigoyen (P seit 1928) José F. Uriburu (P bis 1932)		Militärputsch (6.9.); Uriburu wandelt Argentinien nach dem Vorbild des deutschen Militarismus in autoritären Staat um
Bolivien	Hernando Siles (P seit 1926) Roberto Inojosa (P 27.6.–23.8.) Carlos Blanco Galindo (P bis 1931)		Rücktritt von Siles (27.6.) nach Volksaufstand gegen Niedriglohnpolitik ausländischer Unternehmen, die Minen kontrollieren; Inojosa nach Militärputsch abgesetzt
Brasilien	Washington Pereira de Souza (P seit 1926) Julio Prestes (P 24.10.–4.11.) Getúlio Dornelles Vargas (P bis 1945)		Zusammenbruch des Rotationssystems der Präsidentschaft zwischen den mächtigsten Bundesstaaten; Vargas macht durch Wirtschafts- und Sozialreformen Brasilien zum modernen Staat
Deutsches Reich	Hermann Müller (SPD, R seit 1928) Heinrich Brüning (Zentrum, R bis 1932)		Unter Brüning entwickelt sich Weimarer Republik zum Obrigkeitsstaat; es regieren die sog. Präsidialkabinette (S.266)
Dominikan. Republik	Rafael Estrella Urena (P seit 2.3.) Rafael Leónidas Trujillo y Molina (P bis 1938)		Militärputsch (16.8.) unter Führung Trujillo y Molinas, der von den USA während der Besetzung (1916–1924) ausgebildet wurde
Frankreich	André Tardieu (M seit 1929) Camille Chautemps (M 21.–25.2.) André Tardieu (M 2.3.–5.12.) Théodore Steeg (M bis 1931)		Mehrfache Regierungskrisen, da keine Mehrheitskabinette zustande kommen; politische Gegensätze zwischen der Rechten und der Linken brechen wieder auf; Rücktritt von Tardieu (15.12.) nach dem Zusammenbruch der Ostindien-Bank
Österreich	Johann Schober (Schoberblock, B seit 1929) Karl Vaugoin (Christl.soz., B 30.9.–29.11.) Otto Ender (Christl.soz., B bis 1931)		Schober stürzt über Machtkämpfe innerhalb der Koalitionsregierung (25.9.); Wahlniederlage des Minderheitsregierung Vaugoin, die mit rechtsradikaler Heimwehr zusammenarbeitete
Peru	Augusto Bernardino Leguía (P seit 1919) Luis Sánchez Cerro (P bis 1931)[1]		Militärputsch (25.8.) gegen Leguía, der mit diktatorischen Vollmachten regierte; General Cerro errichtet Militärdiktatur
Rumänien	Michael (König seit 1927) Carol II. (König bis 1940)		Nationalversammlung wählt Carol II., der aus dem Exil zurückkehrt, zum König; am 8.6. Thronverzicht seines Sohns
Spanien	Miguel Primo de Rivera y Orbaneja (M seit 1923) Dámaso Berenguer (M bis 1931)		Rücktritt des Diktators (28.1.) nach Niederschlagung einer Militärrevolte; Verfassung teilweise wieder in Kraft (S.272/14.4.1931)
UdSSR	Alexej Rykow (M seit 1924) Wjatscheslaw Molotow (M bis 1941)		Ablösung von Rykow (19.12.), der als Gegner des diktatorisch herrschenden Staats- und Parteichefs Stalin gilt

B = Bundeskanzler; M = Ministerpräsident bzw. Premierminister; P = Präsident; R = Reichskanzler
[1] Übergangspräsident 25.–28.8.: Pedro Pablo Martínez Ledesma

1930

Regierungschefs der Weimarer Republik					K 276
Amts-antritt	Name	Funktion	Partei	Amts-dauer (Tage)	Alter bei Amts-antritt
13. 2.1919	Philipp Scheidemann	Ministerpräs.	SPD	130	53
1. 6.1919	Gustav Bauer	Reichskanzler	SPD	277	49
27. 3.1920	Hermann Müller	Reichskanzler	SPD	76	43
25. 6.1920	Konstantin Fehrenbach	Reichskanzler	Zentrum	313	68
10. 5.1921	Joseph Wirth	Reichskanzler	Zentrum	549	41
22.11.1922	Wilhelm Cuno	Reichskanzler	Parteilos	263	46
13. 8.1923	Gustav Stresemann	Reichskanzler	DVP	99	45
30.11.1923	Wilhelm Marx	Reichskanzler	Zentrum	372	60
15. 1.1925	Hans Luther	Reichskanzler	Parteilos	334	45
16. 5.1926	Wilhelm Marx	Reichskanzler	Zentrum	713	63
28. 6.1928	Hermann Müller	Reichskanzler	SPD	637	52
30. 3.1930	Heinrich Brüning	Reichskanzler	Zentrum	799	44
1. 6.1932	Franz von Papen	Reichskanzler	Zentrum[1]	170	52
3.12.1932	Kurt von Schleicher	Reichskanzler	Parteilos	55	50

1) Bis 3.6.1932, danach parteilos

Weimarer Republik tritt zurück. Die von Reichskanzler Hermann Müller (SPD) geführte Koalition aus SPD, Zentrum, Deutscher Volkspartei (DVP), Deutscher Demokratischer Partei (DDP) und Bayerischer Volkspartei (BVP) konnte sich auf keine gemeinsame Haushaltspolitik einigen. Während die SPD in der Frage der Arbeitslosenversicherung (↑S.258/3.10.1929) eine Erhöhung der Beiträge forderte, lehnte dies die DVP als unzumutbare Belastung für die Unternehmer ab. Die mangelnde Bereitschaft zum Kompromiß nahm der Regierung jede Handlungsmöglichkeit.

Reichspräsident Paul von Hindenburg ernennt Heinrich Brüning (Zentrum) zum Reichskanzler. Brünings „Präsidialkabinett" hängt von dessen Wohlwollen ab, da es über keine Mehrheit im Parlament verfügt. Brüning macht von dem in Art. 48 der Verfassung verankerten Notverordnungsrecht Gebrauch, das es ermöglicht, ohne Beteiligung des Parlaments anstelle von Gesetzen Notverordnungen zu erlassen. S 266/K 276

Salz als Waffe gegen das Empire

6.4. Dandi. Zum Abschluß des 24tägigen und rd. 300 km langen Salzmarsches erreicht der Führer der indischen Unabhängigkeitsbewegung, Mohandas Karamchand „Mahatma"

Auf der Konferenz von Lausanne erreicht die Reichsregierung am 9.7.1932 die Beendigung der Zahlungen. S 213/K 225

KP Vietnams gegründet

3.2. Hongkong. Unter Vorsitz von Ho Chi Minh wird die Kommunistische Partei Vietnams gegründet, deren Ziel die Vertreibung der Franzosen aus Indochina ist.

Nachdem Frankreich 1862 die Provinz Kotschinchina im Süden Vietnams erobert hatte, vereinigte es 1887 die Protektorate Annam und Tonkin mit Kotschinchina zur Indochinesischen Union. Seit Ende des 19. Jh. versuchten revolutionäre Bewegungen die französische Kolonialherrschaft abzuschütteln. Zielgruppe der Kommunisten sind vor allem die Kleinbauern (90% der Bevölkerung).

1941 vereinigt sich die KP mit anderen politischen Gruppen zur Guerillabewegung Vietminh; ihr gelingt 1954 bei Dien Bien Phu der entscheidende Sieg über die Franzosen (↑S.491/21.7.1954).

Ho Chi Minh

Kabinett Müller tritt zurück

27.3. Berlin. Die letzte von einem parlamentarischen Konsens getragene Regierung der

„Salzmarsch": Mit dem Boykott des Salzmonopols der britischen Kolonialmacht, eröffnet Mahatma Gandhi (l.) 1930 eine neue Kampagne des gewaltlosen Widerstands zur Erlangung der nationalen Souveränität für Indien.

Gandhi, den Golf von Cambay, wo er vor Tausenden seiner Anhänger eine winzige Menge Salz aufhebt, die symbolische Aufforderung, Salz in eigener Regie zu gewinnen und das Salzmonopol der britischen Regierung zu boykottieren.

Gandhi gehört neben Jawaharlal „Pandit" Nehru zu den Leitfiguren des Indischen Nationalkongresses (gegr. 1885), der die Unabhängigkeit Indiens fordert.

Im Kampf gegen die Kolonialmacht Großbritannien organisierte Gandhi seit 1919 wiederholt Massenkampagnen. Er progagierte Gewaltlosigkeit und rief zum zivilen Ungehorsam auf, wobei er und seine Anhänger für bewußte Gesetzesübertretungen auch Gefängnisstrafen in Kauf nahmen.

Die Briten reagieren auf den Salzboykott mit Massenverhaftungen, in deren Verlauf auch Nehru und Gandhi inhaftiert werden. Folge des Salzmarsches sind die 1930–1933 geführten Round-Table-Konferenzen, die aber zunächst ergebnislos bleiben. Am 15.8.1947 (↑S.430) endet die britische Kolonialherrschaft. S 430/K 431

📖 W. von Pochhammer: Indiens Weg zur Nation, 1973.

Europäische Einigung bis 1957 K 277

Datum	Ereignis	Bedeutung
1923	Gründung der Paneuropa-Bewegung in Wien	Graf Coudenhove-Kalergi gründet polit.-wirtschaftl. Zweckverband
17. 5.1930	Memorandum für europäischen Staatenbund	Der französische Außenminister Aristide Briand schlägt europäische Einigung vor (S.267)
29.10.1947	Benelux-Staaten bilden Zollunion	Erster Schritt zur Errichtung eines gemeinsamen Marktes in Europa getan
16. 4.1948	Gründung der OEEC durch 16 europäische Staaten[1]	Organisation für europäische wirtschaftliche Zusammenarbeit mit Sitz in Paris
5. 5.1949	Gründung des Europarats (zunächst 10 Länder)	Sollte Kernstück der politischen Einheit Europas sein
19. 9.1950	Einführung einer Europäischen Zahlungsunion (EZU)	Alle Währungen der OEEC-Länder (und der BRD) sollen konvertibel werden
18. 4.1951	Gründung der Europäischen Gemeinschaft für Kohle und Stahl	Gemeinsamer Markt für Kohle und Stahl (Montanunion); sechs Länder Gründungsmitglieder
25. 3.1957	Gründung der Europäischen Atomgemeinschaft (EURATOM)	Bildung und Entwicklung von Kernindustrien der Montan- und EWG-Länder
	Europäische Wirtschaftsgemeinschaft (EWG)	EG-Vorläufer mit BRD, Frankreich, Italien und Benelux-Staaten

1) 1960 zur OECD erweitert

Briand fordert Einigung Europas

17.5. Paris. Der französische Außenminister Aristide Briand sendet an die 27 europäischen Mitgliedstaaten des Völkerbundes ein Memorandum, in dem er die Bildung eines europäischen Staatenbundes vorschlägt. Ziele dieser Union, die Briand bereits im September 1929 ansprach, sind zwischenstaatliche Konfliktregelungen, ein gemeinsamer Wirtschaftsraum und die gegenseitige Unterstützung in Krisenzeiten.

Die Reaktionen auf das Memorandum sind sehr zurückhaltend, da viele europäische Staaten befürchten, nationale Interessen aufgeben zu müssen. Statt dessen verstärkt die Weltwirtschaftskrise eine nationalistische Isolierungspolitik, an der das Memorandum scheitert. S 267/K 277

📖 Th. Schieder: Probleme einer europäischen Geschichte, 1973.

Wirtschaft

Stalin liquidiert Kulaken

1.2. Moskau. Um den Weg für eine rasche Kollektivierung der Landwirtschaft zu ebnen, ordnet Josef Stalin die Enteignung und Deportation der Kulaken (Großbauern) an. Landwirtschaftliche Großbetriebe (Kolchosen) sollen die schnell wachsenden Industriestädte versorgen und durch Export von Agrarprodukten Devisen erwirtschaften.

Wegen der schlechten wirtschaftlichen Lage hatte Lenin die im kommunistischen Grundsatzprogramm vorgesehene Kollektivierung der Landwirtschaft durch die „Neue Ökonomische Politik" (↑S.179/8.3.1921) unterbrochen. Lenins liberales Wirtschaftsprogramm wurde durch den 1927 verabschiedeten Fünf-Jahres-Plan beendet (↑S.243/26.4.1927), der zunächst eine Kollektivierung von maximal 20% der Bauernhöfe bis 1933 vorsah. Unter dem Eindruck verfehlter Planziele entschloß sich die Parteiführung im Sommer 1929, die Kollektivierung zu forcieren. Ende 1929 forderte Stalin die „Liquidierung der Kulaken als Klasse".

Millionen Menschen fallen den Säuberungsaktionen im Land zum Opfer. Wegen Mangel an geschultem Personal und ungenügender Vorbereitung der Kollektivierung verzeichnet die Landwirtschaft in den nächsten Jahren vor allem in den Hauptanbaugebieten für Getreide einen rapiden Produktionsrückgang, dessen Folge eine Hungersnot mit mehreren Millionen Toten ist. S 242/K 253

📖 A. Antonow-Owssejenko: Stalin – Porträt einer Tyrannei, 2. Aufl. 1984.

Jawaharlal „Pandit" Nehru

1930

Wissenschaft

Grundlage der Kunststoffchemie
Ludwigshafen. Im Laboratorium der Badischen Anilin & Soda-Fabrik (BASF) entwickelt der Chemiker Walter Reppe die Technik der Acetylen-Druckreaktionen („Reppe-Chemie").

Damit weist er nach, daß Acetylen, ein Gas, das wegen seiner Reaktionsfreudigkeit für Synthesen prädestiniert erschien, aber aus dem gleichen Grund zu Explosionen neigt und daher dem Chemiker einen gewissen „Respekt" einflößt, auch bei erhöhtem Druck gefahrlos verarbeitet werden kann. Reppe schafft eine der wichtigsten Voraussetzungen für die Entwicklung und Produktion der Kunststoffe.

Umsetzungen mit Acetylen wurden bis dahin bei Normaldruck oder nur geringem Überdruck (zulässig waren maximal 1,5 atm) durchgeführt. 1939 wird eines der interessantesten Folgeprodukte der Acetylenchemie zum Patent angemeldet: das Polyvinylpyrrolidon (PVP), ein Ersatz für Blutplasma. `S 295/K 304`

Tombaugh entdeckt Pluto
13.3. Flagstaff/Arizona. Am Lowell-Observatorium entdeckt der US-amerikanische Astronom Clyde William Tombaugh mit Hilfe fotografischer Methoden den neunten Planeten unseres Sonnensystems, den Pluto. Seitdem gilt die Entdeckung der planetarischen Welt – nach steigender Entfernung von der Sonne: Merkur, Venus, Erde, Mars, Jupiter, Saturn, Uranus, Neptun und Pluto – als abgeschlossen.

Die Existenz von Neptun und Pluto postulierte bereits im Mai 1846 der französische Mathematiker Urbain Jean Joseph Leverrier. Anhand des Newtonschen Gravitationsgesetzes (1666) sagte er vorher, daß die beobachteten Bahnstörungen des 1781 entdeckten Uranus von zwei bis dahin unbekannten Planeten verursacht würden.

Im September 1846 konnte dann zwar der Neptun gezielt mit einem Teleskop entdeckt werden, die Suche nach dem sog. „Trans"-Neptun blieb aber erfolglos. Erst die Entwicklung fotografischer Methoden erlaubte die Registrierung immer schwächerer Himmelsobjekte und schließlich die des (bislang) sonnenfernsten Planeten, Pluto.

Technik

Erster Großrechner in Betrieb
Cambridge. Am Massachusetts Institute of Technology nimmt eine Forschergruppe unter Leitung des US-Elekroingenieurs Vannevar Bush den ersten – elektromechanisch arbeitenden – großen Analogrechner in Betrieb.

Bereits im 17. Jh. hatten Wilhelm Schickard, Blaise Pascal und Gottfried Wilhelm Leibniz erste Rechenautomaten entwickelt. Ausgehend von der Erfindung der Lochkarte als Datenspeicher entstanden ab 1900 erste elektromagnetische Sortier- und Zählmaschinen, die u. a. bei Volkszählungen verwendet wurden (z. B. Registrieranlage von Hermann Hollerith 1911).

Am 12.5.1941 (↑S.375) präsentiert Konrad Zuse den ersten funktionsfähigen programmgesteuerten Rechner. `S 636/K 637`

Zyklotron enthüllt Atomkerne
April, Berkeley. Der US-amerikanische Physiker Ernest Orlando Lawrence entwickelt einen magnetischen Beschleuniger für elektrisch geladene Teilchen (Elektronen, Protonen, Ionen), den er „Zyklotron" nennt. Damit schafft er ein vor allem in der Kern- und Hochenergiephysik unentbehrliches Hilfsmittel beim Studium der verschiedenen Wechselwirkungen und der Struktur von Elementarteilchen.

Nobelpreisträger 1930	K 278
Frieden: Nathan Söderblom (S, 1866–1931)	
Der Theologe stand an der Spitze der ökumenischen Bewegung und leitete während des 1. Weltkriegs die Versöhnung unter den christlichen Kirchen ein. 1925 organisierte er in Stockholm (Schweden) die Weltkirchenkonferenz aller evangelischen Kirchen und Freikirchen.	
Literatur: Sinclair Lewis (USA, 1885–1951)	
In satirischen Erzählungen und Romanen kritisierte Lewis die amerikanische Gesellschaft, insbesondere deren Scheinideale, Konventionen und religiöse Scharlatanerie. Bedeutendste Werke: „Die Hauptstraße" (1920), „Babbitt" (1922), „Elmer Gantry" (1927), „Ann Vickers" (1933).	
Chemie: Hans Fischer (D, 1881–1945)	
Fischer erforschte die Zusammensetzung von roten Blut- und grünen Blattfarbstoffen. 1929 gelang ihm die Synthese des Hämins, des farbgebenden Bestandteils im Hämoglobin der roten Blutkörperchen. Der deutsche Chemiker erklärte auch die Komponenten des Gallenfarbstoffs.	
Medizin: Karl Landsteiner (A, 1868–1943)	
Landsteiner entdeckte 1901 die Blutgruppen. 1940 fand er mit Alexander S. Wiener den Rhesusfaktor, auf dem das Blutgruppensystem beruht. Durch die Forschungsergebnisse konnten die Risiken bei Bluttransfusionen gesenkt und die ersten Vaterschaftstests entwickelt werden.	
Physik: Chandrasekhara Venkata Raman (Indien, 1888–1970)	
Der ehemalige Finanzbeamte entdeckte den nach ihm benannten Raman-Effekt, der zur Strukturanalyse komplizierter organischer Moleküle dient. 1928 wies Raman nach, daß bei der Streuung von Licht in Flüssigkeiten neben den Spektrallinien des einfallenden Lichts durch Energieaustausch zusätzlich schwache Linien hervorgerufen werden.	

Im Gegensatz zu dem 1929 von dem britischen Physiker John Douglas Cockcroft und seinem irischen Kollegen Ernest Thomas Sinton Walton konstruierten Spannungsverstärker (Atomzertrümmerer) werden die Teilchen im Zyklotron nicht kontinuierlich geradeaus (Linearbeschleuniger), sondern stufenweise im Kreis beschleunigt (Kreisbeschleuniger). Dabei dehnt sich ihre Bahn spiralförmig aus, bis sie diese tangential mit hoher Energie verlassen.

Hat Lawrence' erstes Zyklotron einen Kreisdurchmesser von rund 25 cm, so werden zu Beginn der 90er Jahre Anlagen von 6 km Umfang und mehr gebaut. Der erste bundesdeutsche Großbeschleuniger wird 1964 in Hamburg eingeweiht (↑S.582). S 582/K 587

📖 D. Boussard: Die Teilchenbeschleuniger, 1975.

„Tante Ju" – robust und sicher

13.10. Berlin. Die Transportmaschine „Ju 52" startet in Berlin zu ihrem Jungfernflug. Charakteristisch für das von Ernst Zündel gebaute Ganzmetallflugzeug, das mehr als 2 t Ladung aufnehmen kann, sind die Wellblechplanken an Rumpf und Tragflächen. 1919 entstand auf den Junkers-Werken mit der „F 13" das erste Ganzmetall-Verkehrsflugzeug; es wurde bereits in der von dem Firmengründer Hugo Junkers entwickelten Leichtbauweise hergestellt.

Die zunächst einmotorig entworfene, dann aber dreimotorig ausgeführte „Ju 52" wird unter dem Namen „Tante Ju" das am weitesten verbreitete deutsche Verkehrsflugzeug. Bis 1945 ist sie das Standardflugzeug der Deutschen Lufthansa. Ihren Ruf als robuste und zuverlässige Allwettermaschine untermauert sie im 2. Weltkrieg, in dem 5000 Stück des Typs „Ju 52/3" eingesetzt werden.

📖 G. Schmitt: Junkers u. seine Flugzeuge, 1986.

Gesellschaft

Tiefkühlkost kommt auf den Tisch

6.6. Springfield. Im US-Bundesstaat Massachusetts bieten Einzelhändler erstmals Tiefkühlkost an, die nach anfänglicher Skepsis reißenden Absatz findet.

Der Unternehmer Clarence Birdseye hatte bei seiner Tätigkeit als Pelzhändler in Labrador Einheimische beim Einfrieren von Frischwaren beobachtet. Nach seiner Rückkehr in die USA entwickelte er ein Verfahren, bei dem verpackte Lebensmittel schnell gefroren werden, damit Nährstoffe und Geschmack erhalten bleiben. Mit der Produk-

Kulturszene 1930	K 279
Theater	
Wladimir Majakowski Das Schwitzbad UA 30.1., Leningrad	In der Satire auf die Bürokratie in der Sowjetunion droht die Erfindung einer Zeitmaschine an den Bürokraten zu scheitern.
Luigi Pirandello Heute abend . . . UA 25.1., Königsberg	In dem antiillusionistischen Stück wird das Theater auf dem Theater immer wieder durch Diskussionen über das Spiel unterbrochen.
Oper	
George Antheil Transatlantik UA 25.5., Frankfurt/M.	Die Oper über die Verquickung von Geld, Macht und Korruption im modernen New York ist beeinflußt von Film, Revue und Jazz.
Leoš Janáček Aus einem Totenhaus UA 12.4., Brünn	Der 74jährige Komponist vertont den Dostojewski-Roman über ein russisches Straflager als Kollektivdrama ohne jegliche Sentimentalität.
Dmitri Schostakowitsch Die Nase UA 18.1., Leningrad	Gogols Satire auf das Obrigkeitsdenken der zaristischen Zeit wird durch musikalische Verfremdung zur Groteske gesteigert.
Kurt Weill, Aufstieg und Fall der Stadt Mahagonny; UA 9.3., Leipzig	Die wichtigste Gemeinschaftsproduktion von Brecht und Weill geißelt die selbstzerstörerische kapitalistische Gesellschaft.
Operette	
Ralph Benatzky Im weißen Rößl UA 13.12., Berlin	Benatzky komponiert eine „deutsche Urlaubsoperette", deren schlagerhafte Melodien Evergreens werden.
Konzert	
Igor Strawinsky Psalmensinfonie UA 13.12., Brüssel	Die dreisätzige Sinfonie nach Psalmtexten zum 50jährigen Bestehen der Bostoner Sinfoniker ist ein Hauptwerk geistlicher Musik.
Film	
Tod Browning Dracula USA	Erfolgreicher Horrorfilm mit Bela Lugosi in der Rolle des „Untoten" und Helen Chandler als Opfer; suggestive Atmosphäre des Bösen.
Mervyn LeRoy Der kleine Caesar USA	Beginn der großen Hollywood-Gangsterfilme: Aufstieg und Fall eines Gangsters (Edward G. Robinson), der Al Capone nachgezeichnet ist.
Josef von Sternberg Der blaue Engel Deutschland	Der Film nach dem Roman „Professor Unrat" von Heinrich Mann begründet den Starruhm von Marlene Dietrich; Musik: Friedrich Hollaender.
Wilhelm Thiele Die Drei von der Tankstelle: Deutschland	Einer der größten deutschen Kassenschlager in der Frühzeit des Tonfilms; mit Lilian Harvey, Willy Fritsch und Heinz Rühmann.
Buch	
John Dos Passos Der 42. Breitengrad New York	Der erste Teil der „USA"-Trilogie (bis 1936) schildert die Schicksale von fünf Menschen verschiedener Gesellschaftsschichten.
Hermann Hesse Narziß und Goldmund Berlin	Der Entwicklungsroman aus dem 14. Jh. kontrastiert die Lebenshaltung sinnlicher Leidenschaftlichkeit und asketischer Geistigkeit.
Robert Musil Der Mann ohne Eigenschaften; Berlin	Das kritische Zeit- und Gesellschaftsbild aus der österreichisch-ungarischen Monarchie wird 1933 erweitert, bleibt jedoch unvollendet.
José Ortega y Gasset Der Aufstand der Massen Madrid	Der kulturphilosophische Essay sieht im Aufstand der Massen eine Gefahr und zugleich eine Chance für die moderne Zivilisation.
Ina Seidel Das Wunschkind Stuttgart	Der zweibändige historische Familien- und Gesellschaftsroman aus dem späten 18. Jh. wird ein großer Verkaufserfolg.

1930

Filmdiven des 20. Jahrhunderts		K 280
Jahr	Film	Regisseur
Bette Davis (USA, 1908–1989)		
1938	Jezebel	William Wyler
1941	Die kleinen Füchse	William Wyler
1950	Alles über Eva	Joseph L. Mankiewicz
1964	Wiegenlied für eine Leiche	Robert Aldrich
Cathérine Deneuve (Frankreich, *1943)		
1964	Ekel	Roman Polanski
1966	Belle de Jour – Schöne des Tages	Luis Buñuel
1980	Die letzte Metro	François Truffaut
Marlene Dietrich (Deutschland/USA 1901–1992)		
1930	Der blaue Engel	Josef von Sternberg
1932	Blonde Venus	Josef von Sternberg
1939	Der große Bluff	George Marshall
1948	Eine auswärtige Affäre	Billy Wilder
1957	Zeugin der Anklage	Billy Wilder
Greta Garbo (Schweden, 1905–1990)		
1925	Die freudlose Gasse	Georg Wilhelm Pabst
1932	Menschen im Hotel	Edmund Goulding
1933	Königin Christine	Rouben Mamoulian
1935	Anna Karenina	Clarence Brown
1939	Ninotschka	Ernst Lubitsch
Zarah Leander (Schweden, 1907–1981)		
1937	Zu neuen Ufern	Detlef Sierk
1937	La Habanera	Detlef Sierk
1939	Es war eine rauschende Ballnacht	Carl Froelich
1942	Die große Liebe	Rolf Hansen
Gina Lollobrigida (Italien, *1927)		
1951	Fanfan, der Husar	Christian-Jacque
1952	Die Schönen der Nacht	René Clair
1953	Schach dem Teufel	John Huston
1956	Der Glöckner von Notre-Dame	Jean Delannoy
Sophia Loren (Italien, *1934)		
1958	Hausboot	Melville Shavelson
1960	Und dennoch leben sie	Vittorio De Sica
1964	Hochzeit auf italienisch	Vittorio De Sica
Marilyn Monroe (USA, 1926–1962)		
1953	Blondinen bevorzugt	Howard Hawks
1953	Wie angelt man sich einen Millionär	Jean Negulesco
1955	Das verflixte siebente Jahr	Billy Wilder
1957	Der Prinz und die Tänzerin	Laurence Olivier
1959	Manche mögen's heiß	Billy Wilder
1960	Nicht gesellschaftsfähig	John Huston
Asta Nielsen (Dänemark, 1881–1972)		
1910	Der Abgrund	Urban Gad
1920	Hamlet	Svend Gade
1923	I.N.R.I.	Robert Wiene
1925	Die freudlose Gasse	Georg Wilhelm Pabst
Gloria Swanson (USA, 1899–1983)		
1919	Mann und Frau	Cecil B. DeMille
1924	Mißhandelt	Allan Dwan
1925	Madame Sans-Gêne	Léonce Perret
1928	Sadie Thompson	Raoul Walsh
1928	Königin Kelly	Erich von Stroheim
1950	Boulevard der Dämmerung	Billy Wilder
Elizabeth Taylor (Großbritannien/USA, *1932)		
1955	Giganten	George Stevens
1958	Die Katze auf dem heißen Blechdach	Richard Brooks
1962	Kleopatra	Joseph L. Mankiewicz

tion von Gefriergeräten, die Lagern und Einfrieren ermöglichen, wird Tiefkühlkost zum festen Bestandteil der modernen Ernährung.

Kultur

Marlene Dietrich als Lola Lola

1.4. Berlin. Im Ufa-Palast hat der Film „Der blaue Engel" von Josef von Sternberg Premiere. Die Hauptrollen spielen Marlene Dietrich und Emil Jannings.

Der nach dem Roman „Professor Unrat" von Heinrich Mann gedrehte Film weicht in ent-

„Der blaue Engel" – mit der Rolle der Lola beginnt für Marlene Dietrich eine Weltkarriere

scheidenden Punkten von der literarischen Vorlage ab. Während Heinrich Mann das Bild eines machtlüsternen, sexuell verklemmten Spießbürgers zeichnet, ist Sternbergs Held ein nicht unsympathischer Sonderling, der gerade durch sein Abweichen vom bürgerlichen Weg scheitert. Dennoch wird „Der Blaue Engel" aufgrund seiner atmosphärisch dichten Bildkomposition zum ersten international erfolgreichen deutschen Tonfilm, der die Dietrich über Nacht zum Star und Sexsymbol der 30er Jahre macht; die Lieder von Friedrich Hollaender (u. a. „Ich bin von Kopf bis Fuß auf Liebe eingestellt") werden zu Gassenhauern. Neben Jannings beeindruckt vor allem Hans Albers in einer Nebenrolle. S 269/K 279 S 270/K 280

M. Riva: Meine Mutter Marlene, 1992.

Die Drei von der Tankstelle

15.9. Berlin. „Die Drei von der Tankstelle", einer der größten kommerziellen Filmerfolge des Jahres, wird uraufgeführt. Drei Freunde (Willy Fritsch, Oskar Karlweis und Heinz Rühmann) sind durch den Bankrott ihres Bankiers völlig mittellos geworden und pachten gemeinsam eine Tankstelle. Für Verwirrung sorgt eine Stammkundin (Lilian Harvey), in die sich alle drei verlieben, die aber ihrerseits für ein Happy-End sorgt – am Ende sind die Freunde Direktoren einer großen Tankstellengesellschaft.

Die eingängigen Lieder (u. a. „Ein Freund, ein guter Freund"), für die Werner Richard Heymann die Musik schrieb, tragen zum Erfolg des Films bei. Kritiker rühmen die gelungene Verbindung von Musik, Tanz und Dialog. 1955 entsteht unter gleichem Titel ein nur mäßig erfolgreiches Remake. S 269/K 279

Sport

Deutscher Sieg bei Eishockey-EM

9.2. Berlin. Die deutsche Eishockey-Nationalmannschaft sichert sich im Sportpalast durch einen 2:1-Endspielsieg gegen die Schweiz die Europameisterschaft.

Mit Siegen gegen England, Polen und Ungarn hat sich das deutsche Team für das Finale qualifiziert.

Am nächsten Tag unterliegt Deutschland den Kanadiern im WM-Finale mit 1:6. S 271/K 281

Uruguay erster Fußball-Weltmeister

30.7. Montevideo. Gastgeber Uruguay gewinnt die erstmals ausgetragene Fußball-Weltmeisterschaft durch einen 4:2-Endspielsieg über Argentinien. Nur sechs der 13 Mannschaften kommen aus Europa, Wirtschaftskrise und Arbeitslosigkeit haben für Ebbe in den Kassen etlicher europäischer Verbände und eine Absage der langen Reise gesorgt.

Am Rio de la Plata kommt es vor 100 000 Zuschauern zur Neuauflage des Olympia-Finales von 1928, das ebenfalls zugunsten der „Urus" ausging. Sportlich wie finanziell wird das Turnier ein Erfolg für den Fußball-Weltverband (FIFA), dessen Präsident Jules Rimet die Trophäe für das Weltereignis stiftete.

Der Fortbestand der Fußball-Weltmeisterschaft ist damit gesichert. Mit Ausnahme der Kriegsjahre wird sie im Vier-Jahres-Rhythmus ausgetragen und avanciert neben den Olympischen Spielen zur bedeutendsten Sportveranstaltung der Welt. S 271/K 281

📖 Fußball-Weltgeschichte, 1989.

Sport 1930 — K 281

Fußball	
Weltmeisterschaft	Uruguay – Argentinien 4:2
Deutsche Meisterschaft	Hertha BSC Berlin
Englische Meisterschaft	Sheffield Wednesday
Italienische Meisterschaft	Inter Mailand
Spanische Meisterschaft	AC Bilbao
Tennis	
Wimbledon (seit 1877; 50. Austragung)	Herren: Bill Tilden (USA) Damen: Helen Wills-Moody (USA)
US Open (seit 1881; 50. Austragung)	Herren: John Doeg (USA) Damen: Betty Nuthall (USA)
French Open (seit 1925; 6. Austragung)	Herren: Henri Cochet (FRA) Damen: Helen Wills-Moody (USA)
Australian Open (seit 1905; 23. Austragung)	Herren: E. F. Moon (AUS) Damen: Daphne Akhurst (AUS)
Davis-Cup (Paris, FRA)	Frankreich – USA 4:1
Eishockey	
Weltmeisterschaft	Kanada
Europameisterschaft	Deutschland
Deutsche Meisterschaft	Berliner SC
Radsport	
Tour de France (4818 km)	André Leduq (FRA)
Giro d'Italia (3097 km)	Luigi Mardisio (ITA)
Straßenweltmeisterschaft	Alfredo Binda (ITA)
Automobilsport (Grand-Prix-Rennen)	
GP von Europa, Spa	Louis Chiron (FRA), Bugatti
GP von Frankreich, Pau	Philipp Etancelin (FRA), Bugatti
GP von Italien, Monza	Achille Varzi (ITA), Maserati
GP von Monaco, Monte Carlo	René Dreyfus (FRA), Bugatti
GP von Spanien, S. Sebastian	Achille Varzi (ITA), Maserati
Boxen	
Schwergewichts-Weltmeisterschaft	Max Schmeling (GER), – Tech. K. o. über Jack Sharkey (USA), 12.6.

Herausragende Weltrekorde

Disziplin	Athlet (Land)	Leistung
Leichtathletik, Männer		
100 m	Percy Williams (CAN)	10,3 sec
1500 m	Jules Ladougème (FRA)	3:49,2 min
Speerwurf	Matti Järvinen (FIN)	72,93 m
Zehnkampf	Akilles Järvinen (FIN)	6815 P.
Leichtathletik, Frauen		
Hochsprung	Jean Shiley (USA)	1,61 m
Speerwurf	Else Schumann (GER)	42,32 m
Schwimmen, Männer		
200 m Rücken	George Kojac (USA)	2:32,2 min
Schwimmen, Frauen		
200 m Freistil	Helen Madison (USA)	2:34,6 min
200 m Rücken	Eleanor Holm (USA)	2:58,2 min

1931

Politik

Spanien wird Republik

14.4. Madrid. Der spanische König Alfons XIII. verzichtet auf seine Regierungsgewalt. Er betraut Ministerpräsident Juan Bautista Aznar-Cabañas mit den Regierungsgeschäften, der sie kurz darauf der schon vorher gebildeten Regierung von Niceto Alcalá Zamora y Torres überträgt. Damit ist Spanien eine Republik. Der König verläßt am nächsten Tag mit seiner Familie das Land, ohne jedoch abzudanken.

Anlaß für den Verzicht des Königs waren die Gewinne der Republikaner bei den Gemeindewahlen 1931, die als ein Votum gegen die Monarchie gewertet werden. Das Ende der Monarchie hatte sich bereits 1930 beim Sturz von General Primo de Rivera gezeigt, der am 13.9.1923 (↑S.200) mit Billigung des Königs eine Militärdiktatur errichtet hatte.

Im Dezember erhält Spanien eine liberal-fortschrittliche Verfassung. Die Hoffnung des Königs, durch seinen Rücktritt ein Blutvergießen zu verhindern, bleibt unerfüllt: Am 17.7.1936 (↑S.319) beginnt der Spanische Bürgerkrieg. S 321/K 327

S. Kogelfranz/E. Plate: Sterben für die Freiheit. Die Tragödie des Spanischen Bürgerkrieges, 1989.

Spanien: Ein Offizier schwenkt die Fahne der Republik. Die Menschenmenge feiert das Ende der Monarchie.

Japaner besetzen Mandschurei KAR

18.9. Mukden. Als Vergeltungsmaßnahme für einen angeblichen Überfall chinesischer Truppen und die Sprengung einer Eisenbahnbrücke besetzen Japaner die Stadt Mukden (heute Schenyang), den wirtschaftlichen Mittelpunkt der Mandschurei. Die chinesische Division räumt kampflos die Stadt und weite Gebiete der Mandschurei.

Nach seiner Niederlage im Russisch-Japanischen Krieg mußte Rußland 1905 u. a. seine Rechte an der Südmandschurischen Eisenbahn, die durch die nördlichen Provinzen Chinas führt, an Japan abtreten. In der 20 km breiten Bahnzone entstand eine blühende Industrie. Der Überfall auf japanische Truppen, die als Bahnschutz stationiert waren, wurde von den Japanern selbst inszeniert. Die Mandschurei, das „Ruhrgebiet Chinas", ist wegen ihrer Bodenschätze für die rohstoffarme Großmacht Japan von großem Interesse.

Wichtige Regierungswechsel 1931			K 282
Land	Amtsinhaber		Bedeutung
Frankreich	Gaston Doumergue (P seit 1924) Paul Doumer (P bis 1932)		Niederlage des favorisierten Briand bei Präsidentenwahl; 74jähriger Doumergue war mehrfach Finanzminister
	Théodore Steeg (M seit 1930) Pierre Laval (M bis 1932)		Steeg tritt nach Getreidepreismanipulationen von Agrarminister Boret zurück (24.1.); Mitte-Rechts-Mehrheit stützt Laval
Guatemala	José María Reyna Andrade (P seit 2.1.) Jorge Ubico Castenada (P bis 1944)		Castenada stabilisiert das krisengeschüttelte Land, dessen Innenpolitik maßgeblich von den USA bestimmt wird
Österreich	Otto Ender (Christl.soz., B seit 1930) Karl Buresch (Christl.soz., B bis 1932)		Rücktritt Enders (16.6.) wegen Krise der Creditanstalt; Regierung versuchte Finanzierung durch internationale Anleihen
Spanien	Alfons XIII. (König seit 1886) Niceto Alcalá Zamora y Torres (P bis 1936)		Thronverzicht nach Wahlerfolg antimonarchistischer Parteien (S. 272/14.4.); Alfons geht ins Exil; Spanien wird Republik

B = Bundeskanzler; M = Ministerpräsident bzw. Premierminister; P = Präsident

Die chinesischen Truppen werden nach Süden abgedrängt. Im Februar 1932 wird das von Japan besetzte Gebiet zur Republik Mandschukuo proklamiert. Präsident und später Kaiser dieses Marionettenstaates wird der chinesische Ex-Kaiser Pu Yi (↑S.73/ 2.12.1908).

S 52/K 45

„Harzburger Front" gegen Weimar

11.10. Bad Harzburg. Die Rechtsopposition (Stahlhelm, Deutschnationale Volkspartei, Vereinigung Vaterländischer Verbände und NSDAP) formiert sich in Bad Harzburg zur „Harzburger Front", die sich den Sturz der Regierung Heinrich Brüning zum Ziel gesetzt hat (↑S.279/30.5.1932). Trotz Verabschiedung einer gemeinsamen Resolution scheitert die „Harzburger Front" als politisches Bündnis an der Rivalität ihrer Führer. Vor allem Hitler zeigt deutlich seine Geringschätzung der bürgerlichen Partner. Goebbels kommentiert den Zusammenschluß als „Bekenntnis zum gemeinsamen Vorgehen zum Zwecke der Erreichung eines Teilziels". 1933 erlebt die „Harzburger Front" eine kurzfristige Wiederbelebung als Kulisse für Hitlers Machtübernahme.

R. Quaatz: Die Deutschnationalen u. die Zerstörung der Weimarer Republik, 1989.

Wirtschaft

Swissair gegründet

1.1. Die Ad Astra Aero Schweizerische Luftverkehrs-AG (gegr. 1922) und die 1925 eröffnete Basler Luftverkehrs-Aktiengesellschaft (Balair) schließen sich zur Swissair zusammen.
Die Fusion der beiden größten Schweizer Luftverkehrsgesellschaften geschah auf Weisung der Schweizer Bundesbehörden, die den in wirtschaftliche Schwierigkeiten geratenen Firmen mit Kürzung der Subventionen drohte. 1932 wird Zürich Verwaltungssitz der Swissair.

S 236/K 247

Notverordnung im Deutschen Reich

5.6. Berlin. Zur Sicherung von Wirtschaft und Finanzen der Regierung Heinrich Brüning (↑S.266/27.3.1930), die ohne parlamentarischen Rückhalt amtiert, unterzeichnet Reichspräsident Paul von Hindenburg eine Notverordnung.
Brünings Regierung hatte im Dezember 1930 eine erste Notverordnung zur Regelung der Finanzen und im März 1931 eine Notverordnung gegen die politische Gewalt erlassen.

Brünings rigorose Sparpolitik stößt wegen der Einschnitte ins soziale Netz und der zunehmenden Steuerbelastung auf heftige Kritik von Gewerkschaften und Arbeitgebern. Da seine Regierung aber weiterhin von der SPD toleriert wird, bleibt er zunächst im Amt (↑S.279/30.5.1932).

K. D. Bracher: Die Auflösung der Weimarer Republik, Nachdr. 1984.

Hoover-Plan verhindert Bankrott

6.7. Washington. Der US-amerikanische Präsident Herbert C. Hoover schlägt ein einjähriges Moratorium für die Rückzahlung interalliierter Kriegsschulden und Reparationen vor. Er reagiert damit auf die schlechte Finanzlage des Deutschen Reichs, die eine Er-

Nobelpreisträger 1931	K 283
Frieden: Jane Addams (USA, 1860–1935), Nicholas Murray Butler (USA, 1862–1947)	
Addams war Mitbegründerin und erste Präsidentin der Internationalen Frauenliga für Frieden und Freiheit, die sich für die Einführung des Frauenwahlrechts sowie die Verbesserung von Jugendschutz und Armenpflege einsetzte. Butler engagierte sich in zahlreichen Organisationen für die internationale Zusammenarbeit und erarbeitete den Plan der 1910 gegründeten Carnegie-Stiftung für den Internationalen Frieden.	
Literatur: Erik Axel Karlfeldt (S, 1864–1931)	
Der Lehrer und Bibliothekar entlehnte die Motive seiner Lyrik der nordischen Welt und dem Volksglauben seiner Vorfahren. Zu seinen Hauptwerken zählen die Gedichtsammlungen „Fridolins Lieder" (1898) und „Dalekarlische Bauernmalereien in Reimen" (1901).	
Chemie: Carl Bosch (D 1874–1940), Friedrich Bergius (D, 1884–1949)	
Beide Forscher entwickelten chemische Hochdruckverfahren. Bosch leitete die industrielle Produktion von Ammoniak, des Grundstoffs von Düngemitteln, ein (1908–13). In einem Hochdruck-Reaktionsverfahren werden Wasser- und Stickstoff verbunden. Bergius erarbeitete auf der Grundlage von Boschs Erfindung die Voraussetzungen zur industriellen Gewinnung von flüssigem Kohlenwasserstoff durch Kohleverflüssigung (1911). Mit dieser 1927 perfektionierten Kohlehydrierung wurde Benzin synthetisch gewonnen.	
Medizin: Otto Heinrich Warburg (D, 1883–1970)	
Der Biochemiker erforschte die Atmung der Zellen und gelangte zu grundlegenden Erkenntnissen über die Stoffwechselvorgänge in Krebszellen. Im Vergleich zur Atmung gesunder Zellen stellte Warburg bei Tumorzellen eine deutlich ärmere sauerstoffarme Atmung fest.	

Nobelpreis für Physik nicht verliehen

füllung der Forderungen des Young-Plans (↑S.256/7.6.1929) unmöglich macht.
Die USA, die über die Schuldenrückzahlung ihrer Alliierten den größten Anteil der deutschen Reparationen erhielten, können nach harten Verhandlungen mit Frankreich am 6.7. das Inkrafttreten des Hoover-Plans melden.
Die Stundung der Kriegsschulden verhindert den drohenden wirtschaftlichen Zusammenbruch des Deutschen Reichs. Auf der Grundlage des Hoover-Moratoriums wird 1932 das Ende der Reparationszahlungen auf der Konferenz von Lausanne beschlossen. S 213/K 225

Technik

Erstes Elektronenmikroskop
9.3. Berlin. In dem Hochspannungsinstitut der Technischen Hochschule testet der Physiker Ernst August Friedrich Ruska seine Entdeckung, daß eine Magnetspule einen Elektronenstrahl fokussieren kann. Er baut mit seinem Kollegen Max Knoll eine mit elektromagnetischen Linsen ausgestattete Apparatur, die er „Elektronenmikroskop" nennt. Mit ihm gelingt es ihm und dem Physiker Bodo von Borries, bis Ende 1933 Abbildungen mit bis zu 12 000facher Vergrößerung und einem Auflösungsvermögen zu erzielen, das erstmals das des Lichtmikroskops übertrifft.
Grundlage dieser Erfindung ist zum einen der 1923 von dem französischen Atomphysiker Louis Victor de Broglie postulierte Wellencharakter der Elektronen, zum anderen die Beobachtung des US-amerikanischen Physikers Clinton Joseph Davisson aus dem Jahr 1927, daß ein Elektronenstrahl gebeugt werden kann.
Die Elektronenmikroskopie macht rasch Fortschritte: Aus dem Raster-Elektronenmikroskop (↑S.384/1942) entsteht das Raster-Tunnel-Mikroskop (↑S.750/1981), dessen Auflösungsvermögen bis zur Sichtbarmachung von Atomen gesteigert wird.

Feststoffrakete gestartet
15.4. Osnabrück. Auf dem Ochsenmoor südlich vom Dümmersee bei Osnabrück startet der Ingenieur Reinhold Tiling seine Feststoffraketen, die eine Höhe von 500 bis 750 m erreichen.
Bereits am 13.3. hatte der Erfinder Karl Poggensee eine Rakete dieses Typs 450 m hoch aufsteigen lassen. Die Rückbesinnung auf die technisch einfacheren Raketen, die z. B. mit Schwarzpulver angetrieben werden, resultierte aus den Schwierigkeiten, Flugkörper mit Flüssigbrennstoff (↑S.238/16.3.1926) über das Modellstadium hinaus zu konstruieren. Auch Tiling ist von den Vorzügen dieses Raketentyps überzeugt, sieht aber zur Zeit keine Möglichkeiten zu ihrem Bau.
Besonders begeistert sind die Zuschauer von dem Modell eines bemannten Flugkörpers, das mit Hilfe einer Rakete von 5 cm Durch-

Die höchsten Gebäude der Welt				K 284
Gebäude	Ort (Land)	Fertigstellung	Höhe	Stockwerke
Petronas Twin Towers	Kuala Lumpur[1]	1996	452 m[2]	88
Sears Tower	Chicago (USA)	1974	443 m	110
World Trade Center	New York (USA)	1972/1973[3]	417/415 m	110
Empire State Building	New York (USA)	1931	381 m	102
Central Plaza	Hongkong (China)	1991	374 m	78
Bank of China	Hongkong (China)	1989	368 m	72
Standard Oil Building	Chicago (USA)	1971	346 m	80
John Hancock Center	Chicago (USA)	1967	344 m	100
Chrysler Building	New York (USA)	1930	319 m	77
Texas Commerce Plaza	Houston (USA)	1981	305 m	75
Allied Bank Plaza	Houston (USA)	1983	300 m	71
Columbia Center	Seattle (USA)	1985	291 m	76
Messeturm Frankfurt[4]	Frankfurt/M. (D)	1991	256,6 m	70

1) Malaysia; 2) Doppeltürme mit gleicher Höhe; 3) Die Doppelwerte beziehen sich auf die „twin towers" des Gebäudes; 4) höchstes Bürogebäude Europas

Empire State Building: Der bekannteste Wolkenkratzer von New York während der Bauphase

messer und 60 cm Länge auf fast 2000 m Höhe aufsteigt und mit entfalteten Tragflächen zu Boden gleitet.
H. W. Köhler: Feststoffraketenantriebe, 1972.

Neues Wahrzeichen für Manhattan

1.5. New York. An der Fifth Avenue eröffnet US-Präsident Herbert C. Hoover das Empire State Building, das mit 381 m und 102 Stockwerken bislang höchste Gebäude der Welt. Bekrönt wird der Wolkenkratzer, in dem 10 Mio Ziegelsteine und 60 000 t Stahl verarbeitet wurden, von einem Landeturm für Luftschiffe. Die Bauzeit für das von dem Architekten William F. Lamb entworfene Gebäude war mit 13 Monaten sieben Monate kürzer als geplant, die Kosten wurden dabei um 20% auf 40 Mio US-$ gesenkt.

Hohe Grundstückspreise und der Wunsch nach Repräsentation hatten in Manhattan seit der Jahrhundertwende zum Bau von immer höheren Wolkenkratzern geführt. Erst 1973/74 wird das Empire State Building in der Rangfolge der höchsten Gebäude vom World Trade Center (417 m) und dem Chicagoer Sears Tower (443 m) verdrängt. S 274/K 284

Gesellschaft

Matterhorn-Nordwand bestiegen

1.8. Die Münchner Studenten Franz und Toni Schmid erreichen als erste über die Nordseite den 4478 m hohen Gipfel des Matterhorns in den Walliser Alpen. Sie stiegen am 31.7. in die Nordwand ein, wo sie die Nacht in einem Biwak auf 4150 m Höhe verbrachten.
Die Erstbesteigung des Matterhorns war am 14.7.1865 einer britisch-französischen Bergsteigergruppe gelungen, die Besteigung von der Nordseite wurde seit der Jahrhundertwende versucht.
1938 bezwingt eine Seilschaft unter Führung des Österreichers Heinrich Harrer in den Berner Alpen die gefürchtete Nordwand des Eiger (3970 m), die letzte große Herausforderung für Alpinisten in Europa.

Al Capone hinter Gittern

24.10. Chicago. Wegen Steuerhinterziehung in fünf Fällen wird der Gangsterboß Alphonse (Al) Capone zu elf Jahren Gefängnis und 50 000 US-$ Geldstrafe verurteilt.

Bandenchefs in den USA		K 285
Name	Lebensdaten[1]	Anmerkung
Joseph Barbara („Barbier Joe")	1905–1957	Wurde als reicher Mafiaboß bei etlichen Morden gedeckt und nie gefaßt
Kate Barker („Mamma Barker")	† 1935	Bildete mit ihren vier Söhnen Räuberbande; 1935 von FBI-Agent erschossen
Louis „Lepke" Buchhalter	1897–1944	Rauschgiftkönig der 40er Jahre; Mörder und Erpresser; 1944 hingerichtet
Al Capone („Scarface")	1899–1947	Einflußreichster US-Gangsterboß; wegen Steuerschuld verurteilt; starb an Syphilis
Frank Costello	k. A.	Organisierte das Gangstertum durch Syndikate; prellte USA um rd. 250 000 $
John Herbert Dillinger	† 1934	Chef einer Killerbande; erfolgreicher Bankräuber; 1934 vom FBI erschossen
Arthur Flegenheimer („Dutch Schultz")	1902–1935	Reich durch Bierschmuggel u. Schutzgelder; 1935 von Buchhalter-Killer erschossen
Eugenio Giannini	1910–1952	Vermögen durch Schmuggel, Falschgeld und Rauschgift; 1952 erschossen
Lester Gillis („Babyface Nelson")	† 1932	Gehörte zur Bande von John Herbert Dillinger; vom FBI 1932 erschossen
Salvatore Lucania („Lucky Luciano")	1898–1962	Mafiaboß; lebte von Schmuggel und Rauschgift; nie eines Mordes überführt
Giuseppe „Joe" Masseria	† 1931	Mafiaboß; 1931 ermordet; Nachfolger: sein Fahrer Lucky Luciano
Abe Reles („Kid Twist Reles")	† 1941	Wurde in fünf Verfahren nie des Mordes überführt; 1941 in U-Haft ermordet
Ben Siegel („Buggsy")	† 1947	Ab 1940 Chef einer Killerbande; lebte von Schutzgeldern; 1947 erschossen

1) Die Mehrzahl der Bandenchefs hielt ihr Geburtsdatum geheim
Quelle: Dieter Sinn: Das große Verbrecher-Lexikon, 1984

1931

"Traumpaar" des deutschen Films: Willy Fritsch und Lilian Harvey beim Heurigen in Eric Charells Operettenfilm „Der Kongreß tanzt"

Der auch „Scarface" (Narbengesicht) genannte Gangster war nach der am 16.1.1920 (↑S.167) verfügten Prohibition durch Alkoholhandel, illegales Glücksspiel und Erpressung von Schutzgeldern zum Unterweltboß von Chicago aufgestiegen. In einem brutal geführten Gangsterkrieg um die Vorherrschaft in Chicago erschossen Capones Handlanger u. a. am 14.2.1929 sieben Mitglieder einer rivalisierenden Bande (Valentinstag-Massaker). Da Capone wegen dieser Verbrechen nicht zu belangen war, mußte sich das Gericht auf das vergleichsweise harmlose Delikt der Steuerhinterziehung beschränken.

Capone verbüßt seine Strafe im Zuchthaus von Alcatraz; 1939 wird er wegen einer Erkrankung vorzeitig entlassen. 1947 stirbt der ehemalige Boß der Bosse auf seinem Ruhesitz in Miami. S 275/K 285

Kultur

„Traumpaar" erobert Kinos

23.10. Berlin. Im Rahmen einer Festveranstaltung für den Verein Berliner Presse hat der Operettenfilm „Der Kongreß tanzt" im Ufa-Palast Premiere.

Während des Wiener Kongresses 1814 verliebt sich der russische Zar Alexander in eine Handschuhmacherin; als Napoleon jedoch erneut in Frankreich landet, muß sich der Zar von seiner unstandesgemäßen Liebe trennen. „Der Kongreß tanzt", der gleichzeitig auch in einer englischen und französischen Fassung gedreht wurde, entwickelt sich zum Welterfolg. Das tänzerische Element, die prunkvolle Ausstattung und die Musik von Werner Richard Heymann (u. a. „Das gibt's nur einmal") machen den Film populär.

Die Hauptdarsteller Willy Fritsch und Lilian Harvey, die bereits 1930 in „Die Drei von der Tankstelle" (↑S.271/15.9.1930) als Liebespaar aufgetreten waren, werden zum Traumpaar des deutschen Films. Es folgen „Ein blonder Traum" (1932), „Schwarze Rosen" (1935), „Glückskinder" (1936) und „Sieben Ohrfeigen" (1937). Gemeinsam erhalten sie 1965 das Filmband in Gold. S 276/K 286

📖 Lilian Harvey, 1987.

Meisterwerk von Eugene O'Neill

26.10. New York. Im Guild Hall Theatre wird Eugene O'Neills dreiteilige Tragödie „Trauer muß Elektra tragen" uraufgeführt. Das 13 Akte umfassende Werk transponiert den antiken Elektra-Mythos in die Zeit nach dem Amerikanischen Sezessionskrieg (1861–1865) und verwandelt ihn in ein modernes psychologisches Drama.

Der Kriegsheimkehrer Ezra (Agamemnon) wird von seiner Frau Christine (Klytämnestra), die sich in den Kapitän Brant (Aigisthos) verliebt hat, vergiftet. Die Tochter Lavinia (Elektra) entdeckt das Verbrechen und überredet ihren Bruder Orin (Orest), Brant zu ermorden. Die Mutter begeht Selbstmord.

Berühmte Liebespaare des Films	K 286
Name (Lebensdaten)	**Gemeinsame Filmauftritte (Jahr)**
Lilian Harvey (1907–1968) Willy Fritsch (1901–1973)	Liebeswalzer (1930); Die Drei von der Tankstelle (1930); Der Kongreß tanzt (1931)
Myrna Loy (*1905) William Powell (1892–1984)	Mordsache „Dünner Mann" (1934, fünf Fortsetzungen bis 1947); Der große Ziegfeld (1936)
Ginger Rogers (1911–1995) Fred Astaire (1899–1987)	Ich tanz mich in dein Herz hinein (1935); Swing Time (1936); Tanz mit mir (1937)
Katharine Hepburn (*1909) Spencer Tracy (1900–1967)	Die Frau, von der man spricht (1942); Endlos ist die Prärie (1947); Ehekrieg (1949)
Lauren Bacall (*1924) Humphrey Bogart (1899–1957)	Haben und Nichthaben (1944); Tote schlafen fest (1946); Key Largo (1948)
Sonja Ziemann (*1926) Rudolf Prack (1905–1981)	Schwarzwaldmädel (1950); Grün ist die Heide (1951); Die Privatsekretärin (1953)
Ruth Leuwerik (*1924) Dieter Borsche (1909–1982)	Vater braucht eine Frau (1952); Die große Versuchung (1952); Königliche Hoheit (1953)
Maria Schell (*1926) O. W. Fischer (*1915)	Bis wir uns wiedersehen (1952); Der träumende Mund (1952); Solange du da bist (1953)
Doris Day (*1924) Rock Hudson (1925–1985)	Bettgeflüster (1959); Ein Pyjama für zwei (1961); Schick mir keine Blumen (1964)
Elizabeth Taylor (*1932) Richard Burton (1926–1984)	Kleopatra (1962); Wer hat Angst vor Virginia Woolf? (1965); Stunde der Komödianten (1967)
Diane Keaton (*1946) Woody Allen (*1935)	Mach's noch einmal, Sam (1971); Der Stadtneurotiker (1977); Manhattan (1978)

Eugene O'Neill, einer der bedeutendsten amerikanischen Dramatiker des 20. Jh., ist ein Wegbereiter des modernen Dramas, der erfolgreich kontinentaleuropäische Bühnenexperimente amerikanisiert. In seinen Werken sucht er nach einer Sinngebung des Lebens und fragt nach dem Wert menschlichen Glücksstrebens. 1936 wird O'Neill mit dem Literatur-Nobelpreis ausgezeichnet. S 277/K 287

L. Sheaffer: O'Neill. Son and artist, engl 1974.

Pfitzner-Oper feiert Doppelpremiere
12.11. Berlin/München. An der Staatsoper Berlin und dem Münchner Nationaltheater wird gleichzeitig das musikalische Drama in drei Akten „Das Herz" von Hans Pfitzner uraufgeführt. Bei der Münchner Premiere, der Pfitzner persönlich beiwohnt, dirigiert Hans Knappertsbusch, die Berliner Uraufführung leitet Wilhelm Furtwängler. Das Publikum nimmt die schwerblütige Musik Pfitzners, des „letzten deutschen Romantikers", begeistert auf, die Meinung der Kritik ist dagegen geteilt; gelobt werden vor allem sängerische Einzelleistungen.

„Das Herz" ist Pfitzners viertes und letztes großes Bühnenwerk. Mit „Palestrina", einer spätromantischen Oper über den gleichnamigen Renaissancekomponisten (UA 12.6.1917), feierte Pfitzner einen durchschlagenden Erfolg, der ihn als Opernkomponist mit Richard Strauss auf eine Stufe stellte. S 140/K 152

„Das Herz" spielt in einer süddeutschen Residenz um 1700. Doktor Daniel Athanasius schließt mit dem Höllengeist Asmodi einen Pakt, der ihm für ein Jahr die Kraft verleiht, alle Kranken zu heilen und Tote wieder zum Leben zu erwecken, wenn er dem Geist dafür das Herz eines Menschen überantwortet. Nach Ablauf der Frist verlangt Asmodi das Herz von Athanasius' Frau Helge von Laudenheim. Athanasius, als Hexer zum Tode verurteilt, sühnt die Schuld an seiner Frau durch die eigene Hinrichtung und erlöst so seine Seele.

Sport

„Wunderteam" beginnt Siegeszug
16.5. Wien. Auf der Hohen Warte schlägt die österreichische Fußball-Nationalelf die schottische Mannschaft sensationell mit 5:0 Toren. Damit beginnt der Siegeszug des in den nächsten zwei Jahren gefeierten „Wunderteams".
Für das Spiel gegen die Schotten, die auf dem Kontinent noch unbesiegt waren, hatte

Kulturszene 1931	K 287
Theater	
Ödön von Horváth Geschichten aus dem Wienerwald; UA 2.11., Berlin	Das sozialkritische Volksstück erzählt die Geschichte vom gesellschaftlichen Abstieg eines „gefallenen" Mädchens.
Eugene O'Neill Trauer muß Elektra tragen UA 26.10., New York	Die dreiteilige Tragödie überträgt den antiken Elektra-Mythos in die Zeit nach dem amerikanischen Sezessionskrieg (1865).
Carl Zuckmayer Der Hauptmann von Köpenick; UA 5.3., Berlin	Zuckmayers „deutsches Märchen" entlarvt die Uniformgläubigkeit und den unkritischen Gehorsam im deutschen Kaiserreich.
Operette	
Paul Abraham Die Blume von Hawaii UA 24.7., Leipzig	Erste deutsche Operette im amerikanischen Musicalstil; humoristische Intermezzi und lyrische Stimmungen.
Konzert	
Charles Ives Three Places in New England; UA 10.1., New York	Späte Premiere des 1903–14 entstandenen Orchesterwerks, in dem der experimentelle Komponist Volksmusik zu einer Collage verarbeitet.
Film	
René Clair Die Million Frankreich	Jagd durch Paris nach einem verlorenen Lotterielos; musikalisches Lustspiel, das großen Einfluß auf spätere Filmmusicals ausübt.
Jean Cocteau Das Blut eines Dichters Frankreich	Meisterwerk des surrealistischen Films: Cocteau zeigt einen Dichter in verschiedenen Bewußtseinszuständen und Wirklichkeitsebenen.
Fritz Lang M – Eine Stadt sucht einen Mörder; Deutschland	Eine Stadt jagt einen geisteskranken Mörder, der Mädchen mißbraucht und tötet; psychologischer Krimi, vom Expressionismus geprägt.
Georg Wilhelm Pabst Die Dreigroschenoper Deutschland	Nach dem gleichnamigen Bühnenwerk von Bertolt Brecht (Text) und Kurt Weill (Musik); eine der bedeutendsten Musiktheaterverfilmungen.
James Whale Frankenstein USA	Horrorfilm nach dem Schauerroman von Henry W. Shelley (1818); Höhepunkt des Genres mit Boris Karloff als Frankensteins Monster.
Buch	
Hermann Broch Die Schlafwandler Zürich	Broch will in seiner Romantrilogie, von der die ersten beiden Bände erscheinen, „Endstadien europäischer Werthaltungen" vorstellen.
Pearl S. Buck Die gute Erde New York	Der erste und wichtigste Band der Romantrilogie „Das Haus der Erde" (bis 1935) erzählt die Geschichte einer armen Bauernfamilie.
William Faulkner Die Freistatt New York	Faulkner zeichnet das Bild einer korrupten Gesellschaft, in der das Böse herrscht und jede Auflehnung gegen das Unrecht sinnlos ist.
Erich Kästner Fabian Stuttgart	Das Buch über den Moralisten Fabian ist eine Warnung vor den Folgen politischer Passivität in Zeiten gesellschaftlicher Krisen.
Gertrud von Le Fort Die Letzte am Schafott München	Die Dichterin gestaltet die Novelle über eine Nonne, die zur Zeit der Französischen Revolution ihre Todesangst überwindet, als Brief.
Erik Reger Union der festen Hand Berlin	Der wichtige Industrieroman über die Schwerindustrie im Ruhrgebiet in den 20er Jahren zeigt den zunehmenden Einfluß der Politik.
Kurt Tucholsky Schloß Gripsholm Berlin	Tucholsky schildert mit Ironie den von den Zeitereignissen unberührten idyllischen Sommerurlaub eines verliebten Paares.

Sport 1931 — K 288

Fußball

Deutsche Meisterschaft	Hertha BSC Berlin
Englische Meisterschaft	Arsenal London
Italienische Meisterschaft	Juventus Turin
Spanische Meisterschaft	AC Bilbao

Tennis

Wimbledon (seit 1877; 51. Austragung)	Herren: Sidney B. Wood (USA) Damen: Cilly Aussem (GER)
US Open (seit 1881; 51. Austragung)	Herren: Ellsworth Vines (USA) Damen: Helen Wills-Moody (USA)
French Open (seit 1925; 7. Austragung)	Herren: Jean Borotra (FRA) Damen: Cilly Aussem (GER)
Australian Open (seit 1905; 24. Austragung)	Herren: Jack Crawford (AUS) Damen: Coral Buttsworth (USA)
Davis-Cup (Paris, FRA)	Frankreich – Großbritannien 3:2

Eishockey

Weltmeisterschaft	Kanada
Stanley-Cup	Montreal Canadiens
Deutsche Meisterschaft	Berliner SC

Radsport

Tour de France (5095 km)	Antonin Magne (FRA)
Giro d'Italia (3012 km)	Francesco Camusso (ITA)
Straßenweltmeisterschaft	Learco Guerra (ITA)

Automobilsport (Grand-Prix-Rennen)

GP/Tschechoslowakei, Brünn	Louis Chiron (FRA), Bugatti
GP von Deutschland, Nürburgring	Rudolf Caracciola (GER), Mercedes-Benz
GP von Monaco, Monte Carlo	Louis Chiron (FRA), Bugatti
GP von Belgien, Spa (Langstreckenrennen)	William Grover-Williams (GBR)/Caberto Alberto Conelli (ITA), Bugatti
GP von Frankreich, Montlhéry (Langstreckenrennen)	Louis Chiron (FRA)/Achille Varzi (ITA), Bugatti
GP von Italien, Monza (Langstreckenrennen)	Giuseppe Campari (ITA)/Tazio Nuvolari (ITA), Alfa Romeo

Boxen

Schwergewichts-Weltmeisterschaft	Max Schmeling (GER), – K. o. über W. Young-Stribling (USA), 3.7.

Herausragende Weltrekorde

Disziplin	Athlet (Land)	Leistung
Leichtathletik, Männer		
Weitsprung	Chuhei Nambu (JPN)	7,98 m
Leichtathletik, Frauen		
80 m Hürden	Marjorie Clark (RSA)	11,8 sec
Kugelstoß	Grete Heublein (GER)	13,70 m
Schwimmen, Männer		
400 m Freistil	Jean Taris (FRA)	4:47,0 min
Schwimmen, Frauen		
100 m Freistil	Helen Madison (USA)	1:06,6 min
400 m Freistil	Helen Madison (USA)	5:31,0 min

Wimbledonsieg für Cilly Aussem (l.), ihr gratuliert die im Endspiel unterlegene Hilde Krahwinkel

Verbandskapitän Hugo Meisl nur Spieler aus Wiener Vereinen aufgestellt: Rudi Hiden, Roman Schramseis, Pepi Blum, Georg Braun, Josef Smistik, Karl Gall, Karl Zischek, Fritz Gschweidl, Matthias Sindelar, Toni Schall und Adolf Vogel.

Das „Wunderteam" deklassiert in der Folgezeit u. a. Deutschland (6:0 in Berlin und 5:0 in Wien), die Schweiz (8:1 in Basel) und Ungarn (8:2 in Wien). Nach 13 Siegen in Folge beendet am 7.12.1932 eine knappe 3:4-Niederlage bei den auf eigenem Boden noch unbesiegten Engländern diese Serie.

Cilly Aussem gewinnt Wimbledon
3.7. Wimbledon. Mit einem 6:2 und 7:5 über Hilde Krahwinkel in einem rein deutschen Damenfinale gewinnt Cilly Aussem als erste Deutsche das Turnier von Wimbledon.
Aussem, die u. a. von dem US-amerikanischen Spieler William T. Tilden trainiert worden war, hatte im gleichen Jahr bereits bei den Internationalen französischen Meisterschaften von Paris gesiegt. Bei ihrem Sieg in Wimbledon profitiert sie davon, daß die US-Amerikanerin Helen Wills-Moody nach vier Wimbledon-Siegen hintereinander diesmal dem Turnier fernblieb.
Im nächsten Jahr kann wieder Helen Wills-Moody den Siegerpokal entgegennehmen. Mit acht Wimbledon-Siegen (1927–30, 1932–33, 1935 und 1938) ist sie hinter Martina Navratilova (neun Siege, den letzten 1990 im Alter von 33 Jahren) die erfolgreichste Teilnehmerin dieses Turniers.

1932

Politik

Präsident Doumer ermordet

7.5. Paris. Der französische Staatspräsident Paul Doumer erliegt den Verletzungen, die er bei einem Attentat vom Vortag erlitt.
Doumer, 1931 zum 13. Präsidenten der III. Republik vereidigt, war 1888 erstmals als Abgeordneter der Radikalsozialisten ins Parlament gewählt worden. 1896 bis 1902 hatte er das Amt des Generalgouverneurs von Indochina inne.
Doumers Mörder, der 34jährige Exilrusse Paul Gorguloff, wird kurz nach dem Attentat verhaftet. Zum Nachfolger des ermordeten Präsidenten ernennt die Nationalversammlung den bisherigen Senatspräsidenten Albert Lebrun. S 174/K 190

Brüning zurückgetreten

30.5. Berlin. Nach dem Vertrauensentzug durch Reichspräsident Paul von Hindenburg erklärt Reichskanzler Heinrich Brüning (Zentrum) seinen Rücktritt.
Nach dem Bruch der Großen Koalition (↑S.266/27.3.1930) hatte Brüning ein Minderheitskabinett gebildet, das vom Wohlwollen des Reichspräsidenten abhängig war. Bei Ausschaltung des Parlaments regierte er auf der Grundlage von Notverordnungen und wiederholter Auflösung des Reichstags (↑S.273/5.6.1931). Den Anlaß für Brünings Sturz bildete das Ostsiedlungsprogramm, das vorsah, überschuldeten Großgrundbesitz an Arbeitslose zu verteilen. Die ostelbischen Großgrundbesitzer übten massiven Druck auf Hindenburg aus. Auch General Kurt von Schleicher wirkte auf Brünings Sturz hin, nachdem dieser die nationalsozialistischen Organisationen SA und SS verboten hatte.
Nachfolger Brünings wird Franz von Papen, dessen überwiegend aus deutschnational gesinnten Adligen bestehende Regierung („Kabinett der Barone") ohne parlamentarischen Rückhalt regiert (↑S.281/31.7.). S 266/K 276

G. R. Treviranus: Das Ende von Weimar. Heinrich Brüning und seine Zeit, 1968.

Heinrich Brüning

Militär putscht in Chile

5.6. Santiago de Chile. Eine linksgerichtete Militärjunta übernimmt nach einem Putsch die Regierungsgewalt und propagiert die sozialistische Republik Chile.
Nach dem 1. Weltkrieg war Chile in eine wirtschaftliche und soziale Krise geraten. Grundlage der chilenischen Wirtschaft war das Salpetermonopol, das wertlos wurde, als die Gewinnung von Stickstoff aus der Luft gelang.

Wichtige Regierungswechsel 1932		K 289
Land	**Amtsinhaber**	**Bedeutung**
Chile	José Estéban Montero Rodríguez (P seit 1931) Carlos Dávila (P 5.6.–13.9.) Arturo Alessandri y Palma (P bis 1938)	Linksgerichtete Militärs proklamieren nach Putsch (S.279/5.6.) sozialistische Republik, die nach mehrfachen Regierungswechseln durch rechte Militärs beseitigt wird (25.12.)
Deutsches Reich	Heinrich Brüning (Zentrum, R seit 1930) Franz von Papen (Zentrum[1], R 1.6.–17.11.) Kurt von Schleicher (Parteilos, R bis 1933)	Rücktritt v. Papens (17.11.), weil Parteien das Konzept eines von ihm geführten autoritären Staats nicht billigten; Schleicher versucht zunächst, NSDAP von alleiniger Macht fernzuhalten (S.279)
Frankreich	Paul Doumer (P seit 1931) Albert Lebrun (P bis 1940)	Tod von Doumer nach Attentat eines Rechtsextremisten (7.5.); Lebrun war zuvor Präsident des Senats (S.279)
	Pierre Laval (M seit 1931) André Tardieu (M 20.2.–10.5.) Edouard Herriot (M 4.6.–14.12.) Joseph Paul-Boncour (M bis 1933)	Rücktritt von Laval (16.2.) nach Mißtrauensvotum; Rücktritt von Tardieu nach Wahlniederlage; Rücktritt von Herriot, nachdem Parlament pünktliche Zahlung der Kriegsschulden an USA ablehnt; bisheriger Kriegsminister Paul-Boncour wird Regierungschef
Irland	William Thomas Cosgrave (M seit 1922) Eamon de Valera (M bis 1948)	Valera fördert den Aufbau der irischen Industrie und führt bis 1938 Wirtschaftskrieg mit Großbritannien
Japan	Tsujoshi Inukai (M seit 1931) Makoto Graf Saito (M bis 1934)[2]	Inukai fällt Attentat rechtsradikaler Militärs zum Opfer (15.5.); politische Macht geht in Hände der Militärs über
Österreich	Karl Buresch (Christl.soz., B seit 1931) Engelbert Dollfuß (Christl.soz., B bis 1934)	Dollfuß beruft Angehörige der Heimwehrbewegung ins Kabinett und errichtet autoritäres Regierungssystem
Portugal	Domingos de Costa Oliveira (M seit 1930) António de Oliveira Salazar (M bis 1968)	Beginn der Ära Salazar, der einen Staat ohne Parteien und Parlamentarismus schafft und zur Diktatur ausbaut (S.280)

B = Bundeskanzler; M = Ministerpräsident bzw. Premierminister; P = Präsident; R = Reichskanzler
1) Ab 3.6. parteilos; 2) Übergangspräsident 16.–26.5.: Korekijo Graf Takahashi

1932

António de Oliveira Salazar

Da sich gemäßigte und radikale Mitglieder der Militärjunta auf keinen gemeinsamen Kurs einigen können, wechselt in der Folgezeit mehrfach die Staatsführung. Ende des Jahres wird der von rechtsgerichteten Militärs unterstützte Arturo Alessandri y Palma zum Nachfolger von Präsident Abraham Oyanedel Urrutia gewählt. S 279/K 289 S 676/K 668

Neue Regierung für Portugal

5.7. Lissabon. Der portugiesische Präsident António Oscar de Fragoso Carmona ernennt den bisherigen Finanzminister António de Oliveira Salazar zum Ministerpräsidenten. Wichtigste Ziele des Führers der Uniao Nacional sind die Sanierung der Wirtschaft und die außenpolitische Stärkung des Landes.
Nach der Absetzung von König Emanuel II. (↑S.85/5.10.1910) wurde in Portugal die Republik ausgerufen, die aber stets durch rechtsgerichtete und monarchische Kreise bedroht war. Eine Wirtschaftskrise führte 1926 zu einem Militärputsch von General Manuel de Oliveira Gomes da Costa, der die republikanische Verfassung aufhob.

1933 bildet Salazar den autoritären „Estado Novo" (Neuer Staat), in dem jeder Klasse und Gruppe eine bestimmte Stellung innerhalb der Gesellschaft zugewiesen wird. Der bis 1968 amtierende Salazar setzt sich mit allen Mitteln für den Erhalt des portugiesischen Kolonialreichs in Afrika ein. S 86/K 89

Tote bei „Altonaer Blutsonntag"

17.7. Altona/Hamburg. Bei bürgerkriegsähnlichen Auseinandersetzungen zwischen Anhängern von NSDAP und KPD kommen 18 Menschen ums Leben, 68 werden verletzt. Ein Demonstrationszug der NSDAP war in Altona einmarschiert, das als Hochburg der KPD galt. Anhänger der KPD beschossen daraufhin die Demonstranten.
Blutige Auseinandersetzungen zwischen den Kampfbünden der radikalen Parteien waren im Vorfeld zu den Wahlen zum Deutschen Reichstag (↑S.281/31.7.) an der Tagesordnung. Reichskanzler Franz von Papen trug zur Verschärfung des Konflikts bei, als er nach Brünings Sturz (↑S.279/30.5.) das Verbot von SA und SS aufhob.
Die Reichsregierung verbietet nach dem „Blutsonntag" alle Demonstrationen unter freiem Himmel. Papen nimmt den Vorfall zum Anlaß, die preußische Staatsregierung zu entmachten (↑S.280/20.7.).

📖 H. A. Winkler: Der Weg in die Katastrophe. Arbeiter u. Arbeiterbewegung 1930–33, 1987.

Staatsstreich in Preußen

20.7. Berlin. Reichskanzler von Papen erklärt unter Anwendung von Artikel 48 der Weimarer Verfassung die preußische SPD-Regierung unter Ministerpräsident Otto Braun für abgesetzt und wird von Reichspräsident Paul von Hindenburg zum Reichskommissar für Preußen ernannt. Als Grund für den „Preußenschlag" werden die Ausschreitungen beim Altonaer „Blutsonntag" (↑S.280/17.7.) genannt, die Papen als Versagen der preußischen SPD-Regierung gegenüber der „kommunistischen Gefahr" interpretiert.
Während von rechtsgerichteter Seite das Vorgehen begrüßt wird, werten linke und liberale Kräfte den Beschluß der Reichsregierung als Schlag gegen die Demokratie. Papens gezieltes Ausschalten der Sozialdemokratie – in der Folgezeit werden überall in Preußen „unbequeme" Sozialdemokraten aus dem öffentlichen Dienst entlassen – begünstigt den Nationalsozialismus. S 280/K 290

📖 Th. Trumpp: Franz von Papen, der preußisch-deutsche Dualismus und die NSDAP in Preußen, 1964.

Preußen im 20. Jahrhundert K 290

Jahr	Ereignis
1908	Erstmals ziehen sieben SPD-Abgeordnete in den Landtag ein (S.71)
1918	Mit dem Ende des Kaiserreiches (Abdankung Kaiser Wilhelms II.) endet die Ära der preußischen Herrschaft über Deutschland (S.143)
	Als letztes deutsches Land führt Preußen das allgemeine und gleiche Wahlrecht ein; Ende des Dreiklassenwahlrechts
	Bildung einer revolutionären preußischen Regierung (SPD, USPD); Abschaffung des bisherigen Abgeordneten- und Herrenhauses
	Polnische Aufstände in zahlreichen preußischen Provinzen führen zu militärischen Auseinandersetzungen
1919	Wahlen zur verfassunggebenden preußischen Landesversammlung: Bildung der sog. Weimarer Koalition aus SPD, DDP und Zentrum; Ministerpräsident wird Paul Hirsch (SPD)
1920	Otto Braun (SPD) löst Paul Hirsch als Ministerpräsident ab; in den 20er Jahren mehrfache Regierungswechsel
	Preußische Verfassung macht den Freistaat zur dem. Republik
	Durch die Regelungen des Versailler Vertrags verliert Preußen einen Großteil seiner Gebiete und Provinzen (insgesamt 56 058 km²)
1929	Preußen schließt ein Konkordat mit dem Vatikan
1931	Versuch rechter Parteien, den Landtag per Volksabstimmung aufzulösen und die SPD-Regierung zu beenden, scheitert; Ministerpräsident Otto Braun stützt sich verstärkt auf Notverordnungen
1932	„Preußenschlag": Rechte Reichsregierung setzt preußische Führung per Notverordnung ab; Papen Reichskommissar (S.280)
1933	Gleichschaltung Preußens und der übrigen Länder (S.293)
	Bei Landtagswahlen erhalten NSDAP und DNVP die Mehrheit; Göring wird Ministerpräsident, Innenminister und Reichsstatthalter; endgültige Auflösung des Landtags
1947	Das alliierte Kontrollratsgesetz Nummer 46 bedeutet das formale Ende des preußischen Staates

1932

Wahlen in der Weimarer Republik[1]   K 291

Wahl	KPD	USPD	SPD	DDP	Zentrum	BVP	DVP	DNVP	NSDAP	Sonst.
1919: Wahlen zur Nationalversammlung	– –	7,6% 22	37,9% 163	18,5% 75	19,7% 91	– –	4,4% 19	10,3% 44	– –	0,5% 7
1920: Wahlen zum Reichstag	2,1% 4	17,9% 81	21,7% 113	8,3% 45	13,6% 64	4,2% 21	13,9% 62	15,1% 66	– –	1,9% 11
Mai 1924: Wahlen zum Reichstag	12,6% 62	– –	20,5% 100	5,7% 28	13,4% 65	3,2% 16	9,2% 45	19,5% 95	6,5% 32	8,6% 29
Dezember 1924: Wahlen zum Reichstag	9,0% 45	– –	26,0% 131	6,3% 32	13,6% 69	3,8% 19	10,1% 51	20,5% 103	3,0% 14	5,8% 29
1928: Wahlen zum Reichstag	10,6% 54	– –	29,8% 153	4,9% 25	12,1% 62	3,1% 16	8,7% 45	14,2% 78	2,6% 12	14,0% 46
1930: Wahlen zum Reichstag	13,1% 77	– –	24,5% 143	– –	11,8% 68	3,0% 19	4,5% 30	7,0% 41	18,3% 107	17,8% 92
Juli 1932: Wahlen zum Reichstag	14,5% 89	– –	21,6% 133	– –	12,5% 75	3,2% 22	1,2% 7	5,9% 37	37,4% 230	3,7% 15
November 1932: Wahlen zum Reichstag	16,9% 100	– –	20,4% 121	– –	11,9% 70	3,1% 20	1,9% 11	8,9% 52	33,1% 196	3,8% 14

1) Unterer Wert = Anzahl der Sitze

Sowjetisch-polnischer Vertrag

25.7. Moskau. Die UdSSR und Polen schließen einen Nichtangriffsvertrag. Insbesondere Grenzstreitigkeiten sollen einvernehmlich geregelt werden.

Polen, das erst nach dem 1. Weltkrieg seine 1795 verlorene Selbständigkeit wiedererlangt hatte, konnte 1920 seine Ostgrenze weit auf das Territorium der UdSSR vorschieben (↑S.165/12.10.1920). Deren Bemühungen um Rückgewinnung der verlorenen Gebiete führten zu Spannungen zwischen beiden Staaten, die durch den Gewaltverzicht vorerst beigelegt sind. Der Nichtangriffspakt mit Polen ist einer von mehreren gleichartigen Verträgen der UdSSR mit ihren osteuropäischen Nachbarn. Sie sollen die außenpolitische Isolation durchbrechen, in die Sowjetrußland seit der Oktoberrevolution (↑S.135/7.11.1917) geraten ist. S 233/K 245

Wahlsieg der NSDAP

31.7. Berlin. Bei den Reichstagswahlen kann die NSDAP ihren Stimmenanteil auf 37,4% erhöhen. Sie wird mit 230 von insgesamt 608 Abgeordneten erstmals stärkste politische Kraft im Parlament. Die SPD, bisher mit 143 Sitzen größte Fraktion, verliert 10 Mandate. Die Neuwahlen waren nach dem Sturz Brünings notwendig geworden (↑S.279/30.5.). Nach einem blutigen Wahlkampf können die radikalen Parteien von links (KPD 89 Sitze) und rechts deutliche Stimmengewinne auf Kosten der gemäßigten, die Republik tragenden Gruppierungen verbuchen. Die Abgeordnetenzahl von DVP und DNVP, die als einzige Parteien die Regierung von Papen stützen, schrumpft um fast die Hälfte auf zusammen nur noch 44 Mandate.

Hitlers Versuch, in einer Koalition die Regierungsverantwortung zu übernehmen, wird durch die Weigerung v. Papens, das Kanzleramt abzugeben, vereitelt. Papen muß wegen mangelndem Rückhalt im Reichstag zum 6.11. Neuwahlen ausschreiben. Dabei verliert die NSDAP wieder 34 Sitze. S 281/K 291

📖 J. Falter: Der Aufstieg der NSDAP im Spiegel der Wahlen, 1984.

Nationalsozialisten gewinnen Reichstagswahlen: Die Wahlwerbung der NSDAP spricht vornehmlich das Heer der Arbeitslosen an. Die Propagandamaschine läuft auf Hochtouren: Adolf Hitler chartert eigens ein Fugzeug um an einem Tag bei bis zu sechs Wahlveranstaltungen auftreten zu können. Die Partei verteilt Schallplatten, auf denen Hitler die Ziele der Nationalsozialisten erläutert.

1932

Moslemische Länder			K 292
Land	Moslems	Anteil[1]	Anhänger anderer Religionen
Indonesien	164 Mio	87,2%	Christen: 9,6%, Hindus: 1,8%
Pakistan	123 Mio	96,7%	Christen: 1,6%, Hindus: 1,5%
Bangladesch	100 Mio	86,8%	Hindus: 11,9%, Sonstige: 1,3%
Indien	99 Mio	11,0%	Hind.: 80,3%, Christ.: 2,4%, Sikhs: 1%
Iran	67 Mio	99,1%	Bahai: 0,6%, Sonstige: 0,3%
Türkei	61 Mio	99,2%	Christen: 0,3%, Sonstige: 0,5%
Ägypten	51 Mio	90,0%	Christen: 10,0%
Nigeria	41 Mio	45,0%	Christen: 49,0%, Sonstige: 0,9%
Algerien	27 Mio	99,0%	Christen: 0,1%, Sonstige: 0,9%
Rußland	27 Mio	18,0%	Christen: 82%
Marokko	26 Mio	98,7%	Christen: 1,1%, Juden: 0,2%
Irak	19 Mio	95,5%	Christen: 3,7%, Sonstige: 0,8%
Saudi-Arabien	18 Mio	98,8%	Christen: 0,8%, Sonstige: 0,4%

1) An Gesamtbevölkerung

Saudi-Arabien proklamiert

23.9. Ar Rijad (Riadh). König Abd Al Asis Ibn Saud nennt sein Herrschaftsgebiet auf der Arabischen Halbinsel in „Saudi-Arabisches Königreich" um.

Ibn Saud, seit 1902 Herrscher im Nadschd, konnte mit britischer Unterstützung u. a. das Königreich Hedschas und das Emirat Asir einnehmen (↑S.212/13.10.1924). Nach Regelung der Grenzfragen mit Transjordanien und dem Irak kann er sein autokratisches Königreich begründen. Die heiligen Stätten des Islam, Medina und Mekka, gliedert er seinem Königreich ein. In den folgenden Jahren öffnet Ibn Saud durch Erteilung von Erdölkonzessionen sein Land US-amerikanischem Einfluß.

Saudi-Arabien. Natur, Geschichte, Mensch und Wirtschaft, 1976.

Roosevelt wird 32. US-Präsident

7.11. Washington. Der Präsidentschaftskandidat der Demokratischen Partei, Franklin D. Roosevelt, löst den amtierenden Republikaner, Herbert C. Hoover, im Weißen Haus ab. Dieser Regierungswechsel bringt einen Wandel in der Innenpolitik der Vereinigten Staaten. Anstelle des Laissez-faire-Liberalismus der Republikaner führt Roosevelt ein Reformprogramm durch (sog. New Deal), das die USA zu einem interventionistischen Sozialstaat wandelt (staatliche Wirtschafts- und Sozialprogramme). Damit will er die USA aus der Wirtschaftskrise herausführen (↑S.407/12.4.1945).

Außenpolitisch bemüht sich Roosevelt um eine Annäherung an die lateinamerikanischen Länder (↑S.353/2.10.1939). S 856/K 823

D. Junker: Franklin D. Roosevelt. Macht und Vision – Präsident in Krisenzeiten, 1979.

Wirtschaft

Höchststand der Arbeitslosenzahl

15.2. Berlin. Das Reichsarbeitsministerium gibt die neuesten Zahlen über die Arbeitslosigkeit bekannt: 6,127 Mio Menschen sind ohne Arbeit. Das sind 18% der erwerbsfähigen Bevölkerung. Zusätzlich müssen rund 3 Mio Arbeiter Kurzarbeit hinnehmen.

Das Deutsche Reich ist im internationalen Vergleich am stärksten von der Weltwirtschaftskrise betroffen. Allerdings benennen Experten auch die deflationistische Wirtschaftspolitik der Regierung Brüning als Ursache (↑S.279/30.5.). Der rigorose Sparkurs läßt keine Stärkung der Nachfrage zu.

Die Unterstützung der Arbeitslosen ist eine große Belastung für die öffentlichen Haushalte, andererseits reicht das Arbeitslosengeld kaum mehr für den Lebensunterhalt. Die zunehmende Verelendung der Massen führt zu einer wachsenden Radikalisierung der Bevölkerung, von der vor allem die NSDAP profitiert (↑S.281/31.7.).

E. Fromm: Arbeiter und Angestellte am Vorabend des Dritten Reiches. Eine sozialpsychologische Untersuchung, 1983.

Benelux-Abkommen unterzeichnet

20.6. Lausanne. Vertreter Belgiens, der Niederlande und Luxemburgs schließen einen Vertrag, der den Abbau der Handelsbeschränkungen zwischen den drei Staaten vorsieht. Die derzeit geltenden Zollsätze sollen nicht weiter erhöht und in den folgenden Jahren um jeweils 10% gesenkt werden. Das Abkommen, das am 1.7. in Kraft tritt, ist offen für andere europäische Staaten.

Bereits auf der Weltwirtschaftskonferenz in Genf 1927 hatten Belgien, die Niederlande und Luxemburg eine gemeinsame Wirtschaftspolitik verabredet. Sie regten ange-

Belgien im 20. Jahrhundert K 293

Jahr	Ereignis
1908	Kongostaat wird belgische Kolonie (S.73)
1909	Beginn der Regentschaft von König Albert (bis 1934)
1914	Einmarsch deutscher Truppen (S.115/3.8.); Belgien wird unter deutsche Militärverwaltung gestellt (bis 1918)
1922	Gleichberechtigung von französischer und flämischer Sprache
1932	Konvention zwischen Belgien, den Niederlanden und Luxemburg über den schrittweisen Abbau der Zollschranken (S.283/20.6.)
1934	Tödlicher Skiunfall von König Albert I. (17.2.); Nachfolger wird Leopold III. (1934–44 und 1950/51)
1937	Deutsche Note garantiert Unverletzlichkeit Belgiens (13.10.)
1940	Deutscher Angriff auf Belgien (10.5.), das nach Kapitulation (28.5.) unter deutsche Militärverwaltung gestellt wird; Exilregierung führt von London aus die Geschäfte weiter (S.362)
1944	Befreiung durch britische Truppen (3.9.); Exilregierung kehrt zurück; Leopold gilt als Kollaborateur, sein Bruder Karl wird Regent
1944	Belgien gründet zusammen mit den Niederlanden und Luxemburg eine Zollunion (Benelux; ab 1948 in Kraft)
1949	Gründungsmitglied der NATO bei Aufgabe der Neutralität (S.451)
1950	König Leopold III. kehrt nach Volksabstimmung aus Exil zurück (22.4.), erklärt nach schweren Unruhen jedoch seinen Rücktritt; Leopolds Sohn Baudouin I. erhält königliche Vollmachten (11.8.) und besteigt am 17.7.1951 den Thron (S.463)
1958	Unterzeichnung des Benelux-Vertrags (3.2.), der die Zollunion zur „Union Economique Benelux" erweitert (ab 1960)
1958	Gründungsmitglied der EWG (S.515/25.3.1957)
1960	Die belgische Kolonie Kongo (Zaire) wird unabhängig (30.6.)
1963	Gesetz über die Neueinteilung der Sprachgebiete: Es entstehen eine flämische, eine französische und eine deutsche Sprachregion; Brüssel erhält einen Sonderstatus
1970	Verfassungsreform: Regierung muß paritätisch mit Flamen und Wallonen besetzt sein; Flandern, Wallonien und Brüssel erhalten kulturelle und wirtschaftliche Eigenkompetenzen
1980	Regierung Martens (Regierungschef 1978–1992) setzt Regionalisierungsgesetz um: Bildung der Regionen Flandern, Wallonien und Brüssel, die jeweils von einer Regierung geleitet werden
1984	Deutschsprachige Minderheit erhält eigenes Parlament und Regierung; nach langem Streit wird Gleichstellung mit flandrischer und wallonischer Region durchgesetzt
1988/89	Autonomiezuwachs für die Regionen (Bildung, Wirtschaft, Finanzen, 40% des Staatshaushalts)
1990	Konflikt um liberales Abtreibungsrecht zwischen König und Parlament (vorübergehende „Amtsunfähigkeit" des Königs)
1993	Tod Baudouins I.; Nachfolger wird sein Bruder Albert II.
	Letzte Stufe der Verfassungsreform: Belgien wird Bundesstaat
1994	Stärkung extremistisch-separatistischer Parteien bei Europawahl
1995/96	Korruptionsskandale um die Beschaffung von Militärgerät (Agusta-Affäre) und die kriminelle Unterwanderung von Politik und Justiz (Skandal um Kindermörder Dutroux) führt zu innenpolitischer Krise

1932

Massenarbeitslosigkeit: Als Folge breiten sich Hunger und Elend vor allem in den industriellen Zentren wie dem Ruhrgebiet oder der Reichshauptstadt Berlin aus.

sichts der Weltwirtschaftskrise die Konvention von Oslo an, der sich Dänemark, Schweden und Norwegen anschlossen. Die beteiligten Staaten sicherten sich bei Zollerhöhungen gegenseitige Anhörung zu. Diese Liberalisierung im Handelsverkehr hat aber gegenüber dem erstarkenden Protektionismus in den folgenden Jahren keine Chance, sich durchzusetzen. S 283/K 293

Nobelpreisträger 1932	K 294
Literatur: John Galsworthy (GB, 1867–1933)	
Galsworthy entwarf ein umfassendes Panorama der englischen bürgerlichen Gesellschaft. Hauptwerk ist der Romanzyklus „Die Forsyte Saga" (5 Bde., 1906–21) und dessen Fortsetzungen „Eine Moderne Komödie" (5 Bde., 1924–28) und „Das Ende vom Lied" (3 Bde., 1931–33).	
Chemie: Irving Langmuir (USA, 1881–1957)	
Der Begründer der Oberflächenchemie erforschte die atomare und molekulare Natur chemischer und physikalischer Phänomene an heißen Metalloberflächen im Vakuum. Er entwickelte einen Schweißbrenner mit Wasserstoff-Flamme (Temperaturen bis 6000 °C).	
Medizin: Edgar Adrian (GB, 1889–1977), Charles Sherrington (GB, 1857–1952)	
Beide Wissenschaftler erforschten die Funktionen der Nervenzellen. Adrian klärte die Arbeitsweise der Nervenzellen in Rückgrat und Gehirn und wies nach, daß sich die Sinnesorgane der jeweiligen Umgebung anpassen. Sherrington befaßte sich mit den Reflexen und dem zentralen Nervensystem, das die Bewegungskoordination steuert. Auf einem Kartenwerk verzeichnete er die Bewegungszentren und ordnete einzelnen Gehirnfeldern die von ihnen abhängigen Körperregionen zu.	
Physik: Werner Heisenberg (D, 1901–1976)	
Heisenberg gehörte zu den Begründern der Quantenmechanik, die sich mit den Eigenschaften der Atome beschäftigt. 1925 formulierte er eine Theorie zum Bau der Atomkerne. Die 1927 veröffentlichte Unschärferelation legt fest, wie genau sich zwei physikalische Größen eines mikrophysikalischen Systems (z. B. Elementarteilchen) gleichzeitig messen lassen.	

Nobelpreis für Frieden nicht verliehen

📖 M. Erbe: Belgien, Niederlande, Luxemburg. Geschichte des niederländischen Raumes von der Antike bis zur Gegenwart, 1990.

Beginn der „Winterhilfe"

21.12. Berlin. Die Regierung des Deutschen Reichs gibt den Beschluß bekannt, Brennmaterial und Lebensmittel im Rahmen einer „Winterhilfe" an Bedürftige auszugeben. Verteilung und Verkauf der Hilfsgüter werden den Wohlfahrtsverbänden und der Reichswehr übertragen.

Anlaß für diese Maßnahme ist die Tatsache, daß die unter dem Existenzminimum lebenden Familien der Arbeitslosen in den Wintermonaten nur notdürftig heizen können, da die Brennstoffpreise enorm gestiegen sind. Ebenso reicht die Arbeitslosenunterstützung nicht für den Lebensunterhalt einer Familie.

📖 K. Hagemann: Frauenalltag und Männerpolitik. Alltagsleben und gesellsch. Handeln von Arbeiterfrauen in der Weimarer Republik, 1990.

Verkehr

Erste Autobahn fertiggestellt

6.8. Köln/Bonn. Mit einem Festakt wird die Autobahnstrecke zwischen den beiden rheinischen Städten Köln und Bonn für den Verkehr freigegeben. Es ist die erste kreuzungsfreie Straße, die ausschließlich dem Kraftfahrzeugverkehr vorbehalten ist.

Die Autobahn wurde nach modernen Erkenntnissen geplant. Langgestreckte Kurven ermöglichen die Aufrechterhaltung einer hohen Reisegeschwindigkeit auf der 25 km langen Strecke.

Das wachsende Verkehrsaufkommen macht eine Modernisierung der vorhandenen Straßen notwendig, da diese mit ihren teils zu engen Kurven und schlechten Fahrbahndecken große Risiken für die Auto- und Motorradfahrer darstellen. Die Fernstraßen, die durch Erlaß des Reichsverkehrsministeriums vom Januar 1932 in Reichsstraßen umbenannt wurden, werden ab 1933 von dem „Unternehmen Reichsautobahn" (auch nach kriegsnotwendigen Gesichtspunkten) geplant und gebaut. Bis Kriegsende sind 2100 km Autobahn fertiggestellt.

Natur/Umwelt

Neues Land durch Zuider-Damm

28.5. Zuidersee. Nach zwölfjähriger Bauzeit wird der 30 km lange Damm geschlossen,

der die niederländische Zuidersee (3700 km²) von der Nordsee trennt. Das Bauwerk ist am Boden 150 m breit und verjüngt sich bis zur Krone auf 39 m. Neben zwei Schiffahrtsschleusen gibt es 25 Schleusen, die der Entwässerung dienen. Das durch die Eindeichung entstandene Binnengewässer wird nach seinem größten Zufluß in IJsselmeer umbenannt.
Die Zuidersee war ursprünglich ein Binnensee, der im Mittelalter durch Sturmfluten zur Meeresbucht wurde. Seit Ende des 19. Jh. gab es Pläne zur Eindeichung der Bucht. 1920 wurde mit dem Bau des Abschlußdamms begonnen; bereits 1926 konnte ein 40 ha großes Gebiet der Landwirtschaft zugeführt werden.
1942 wird der Nordostpolder (47 000 ha) trockengelegt, in der Folgezeit werden durch Eindeichung Ostflevoland (55 000 ha) und Südflevoland (44 000 ha) gewonnen. Umweltschützer verhindern die für 1980 vorgesehene Fertigstellung der letzten Einpolderung (Markerwaard).
📖 I. Buhlmann: Die Landgewinnung im IJsselmeer, 1975.

Wissenschaft

Chadwick entdeckt Neutron
27.2. Cambridge. Der britische Physiker James Chadwick veröffentlicht die Entdeckung des dritten Elementarteilchens von Atomen (neben Elektronen und Protonen), des elektrisch neutralen „Neutrons", dessen Existenz der neuseeländische Atomphysiker Ernest Rutherford (↑S.94/7.5.1911) schon 1920 postuliert hatte. Der deutsche Physiker Werner Heisenberg leitet aus dieser Entdeckung die Annahme ab, daß Atomkerne sich nicht – wie bisher angenommen – aus Protonen und Elektronen, sondern aus Protonen und Neutronen zusammensetzen. Ab 1938 dient das Neutron vor allem zum Auslösen von Kernreaktionen (↑S.346/22.12.1938). Im August dieses Jahres entdeckt der amerikanische Physiker Carl David Anderson das „Positron" – ein positiv geladenes Elektron und zugleich die erste Form von Antimaterie – in den Spuren, die kosmische Strahlen (↑S.101/7.8.1912) in einer Nebelkammer (↑S.93/März 1911) hinterlassen. Damit erfüllt Anderson eine Voraussage der sog. Löchertheorie von 1928 des britischen Physikers Paul Adrien Maurice Dirac.
Ferner entdeckt Anderson 1933 die „Paarerzeugung" von Elektron und Positron durch

Spektakuläre Entführungsfälle			K 295
Ohne politisches Motiv			
Jahr	Opfer	Entführer	Anmerkung
1932	Baby Lindbergh (USA) (S.287)	Bruno Hauptmann (1936 hingerichtet)	Trotz Zahlung von 50 000 Dollar Lösegeld ermordet
Bis 1948	Mehrere Frauen	Caryl Chessman	Trotz internationaler Proteste 1960 hingerichtet
1958	Joachim Goehner (Deutschland)	Emil Tillmann	Stimme per Rundfunk identifiziert; Selbstmord
1960	Eric Peugeot (Frankreich)	Raymond Rolland	Für 500 000 DM freigelassen; 20 Jahre Zuchthaus
1970	Stefan Arnold, Michael Luhmer (Deutschland)	Jörg-Hagen Roll	14 Jahre Freiheitsstrafe; Opfer blieben unverletzt
1971	Theo Albrecht (Deutschland)	Paul Kron, Heinz-Joachim Ollenburg	Opfer für 7 Mio DM Lösegeld freigelassen
1976	Richard Oetker (Deutschland)	Dieter Zlof	Zwölf Jahre Gefängnis; Zlof beteuert Unschuld
1980	Kronzucker-Kinder (Deutschland)	Sardische Entführungs-AG	Opfer für 4,4 Mio DM Lösegeld freigelassen
1983	Alfred Heineken (Niederlande)	Unbekannt	Nach Hinweis befreit, Lösegeld (30 Mio DM) gefunden
1996	Jan Philipp Reemtsma (Deutschland)	Mehrere Täter	Erpressung von 30 Mio DM, Haupttäter flüchtig
Mit politischem Motiv			
1952	Walter Linse (Deutschland)	Staatssicherheitsdienst DDR/UdSSR	DDR-Flüchtling wird in in die DDR verschleppt
1965	Mehdi Ben Barka (Marokko)	Marokkanischer Innenminister, Geheimpolizei	Entführung aus politischen Gründen; Geisel ermordet
1970	Karl Graf von Spreti (Deutschland)	Bewaffnete Revolut. Streitkräfte (FAR)	Botschafter v. Guatemala ermordet
1970	Pierre Laporte (Kanada) (S.643)	Frankokanadische Separatisten	Freipressen von Häftlingen scheitert; Opfer ermordet
1970	Ehrenfried von Holleben (Deutschland)	Linksradikale Guerillas	40 Häftlinge für dt. Botschafter in Brasilien freigepreßt; lebenslange Haft
1972	Gordon Banner, Joe Law, Charley Turner (Großbritannien)	Revolutionäre türkische Volksbefreiungsarmee	Freipressen von Häftlingen scheitert; Opfer ermordet
1972	Oberdan Sallustro (Argentinien)	Revolutionäre Volksarmee	Politische Motive; Täter verhaftet; Opfer ermordet
1977	Hanns Martin Schleyer (Deutschland) (S.715)	Rote Armee Fraktion	Arbeitgeberpräsident von Terroristen entführt und ermordet
1981/82	James Lee Dozier (USA)	Rote Brigaden	NATO-General befreit, Entführer verhaftet
1995	Fünf Ausländer (Kaschmir/Indien)	Separatistengruppe Al Faran	Eine Geisel ermordet, übrige vermißt

Stand: Ende 1996

1932

Kulturszene 1932 — K 296

Theater

Maxim Gorki Jegor Bulytschow . . . UA 25.9., Moskau, Leningrad	Erster Teil eines unvollendet gebliebenen Dramenzyklus über die Zeit von der Februarrevolution (1917) bis zur Gegenwart.
Gerhart Hauptmann Vor Sonnenuntergang UA 16.2., Berlin	Hauptmann greift auf den Naturalismus zurück, dessen entscheidender deutscher Bahnbrecher er vor mehr als 40 Jahren war.
Ödön von Horváth Kasimir und Karoline UA 18.11., Leipzig	Das Volksstück schildert den Besuch eines arbeitslosen Lastwagenfahrers und seiner Braut auf dem Münchner Oktoberfest.

Oper/Ballett

Kurt Jooss Der grüne Tisch UA 3.7., Paris	Das Ballett mit Musik von Fritz Cohen stellt den 1. Weltkrieg als Totentanz dar: Die Menschen sind anonymen Mächten ausgeliefert.
Kurt Weill Die Bürgschaft UA 10.3., Berlin	Die erste Weill-Oper ohne Brecht (Text: Caspar Neher) ist seine letzte auf einer deutschen Bühne; er geht ins amerikanische Exil.

Konzert

Maurice Ravel Klavierkonzert für die linke Hand; UA 5.1., Wien	In dem Konzert für den einarmigen Pianisten Paul Wittgenstein steckt eine Virtuosität, als musiziere der Solist mit beiden Händen.

Film

Slatan Dudow Kuhle Wampe Deutschland	Einziger bedeutender kommunistischer Film der Weimarer Republik; Drehbuch: Bertolt Brecht, Musik: Hanns Eisler.
Edmund Goulding Menschen im Hotel USA	Greta Garbo in einem Film nach dem Roman von Vicki Baum: Querschnitt durch das pulsierende Leben in einem Berliner Hotel.
Howard Hawks Scarface USA	Gangsterfilm über das Leben Al Capones, genannt „Scarface" (Narbengesicht); ungewöhnlich realistische Darstellung von Brutalität.
Fritz Lang Das Testament des Dr. Mabuse; Deutschland	Allegorie auf die politischen Verhältnisse im Deutschen Reich vor 1933; von der NS-Zensur in Deutschland verboten.

Buch

Louis-Ferdinand Céline Reise ans Ende der Nacht Paris	Der Roman, der Brutalität und Obszönität in die anspruchsvolle französische Literatur einführt, wird zur literarischen Sensation.
Hans Fallada Kleiner Mann, was nun? Berlin	Im Alltag eines Angestellten und seiner Frau spiegelt sich die Lage des Kleinbürgers zur Zeit der großen Wirtschaftskrise.
William Faulkner Licht im August New York	In Rückblenden wird das Leben eines gesellschaftlichen Außenseiters erzählt, der über seine rassische Zugehörigkeit im unklaren ist.
Aldous Huxley Schöne neue Welt London	Der utopische Roman beschreibt eine unmenschliche Wohlstandsgesellschaft, in der es keine Freiheit, Religion und Kunst mehr gibt.
Nikolai Ostrowski Wie der Stahl gehärtet wurde; Moskau	Der große Roman des sowjetischen Realismus erzählt die Geschichte der russischen Arbeiterbewegung bis zur Gegenwart.
Jules Romains Die guten Willens sind Paris	Der 24bändige Romanzyklus (bis 1946), von dem die ersten drei Bände erscheinen, versucht die „Gruppenseele" der Moderne darzustellen.
Joseph Roth Radetzkymarsch Berlin	Die Lebensgeschichte dreier Generationen einer Familie ist zugleich die Geschichte vom Untergang des Vielvölkerstaats Österreich-Ungarn.

Gammastrahlen (↑S.14/Juni 1900) und weist 1937 das Elementarteilchen Meson (Myon) nach. S 52/K 46   S 346/K 352

O. Höfling/P. Waloschek: Die Welt der kleinsten Teilchen. Vorstoß zur Struktur der Materie, 1984.
E. Lohrmann: Einführung in die Elementarteilchenphysik, NA 1990.

Aufstieg in die Stratosphäre GRA

18.8. Zürich. In einer kugelförmigen Druckkabine, die an einem Ballon mit hochbelastbarer Spezialhülle befestigt ist, steigen der Schweizer Physiker Auguste Piccard und sein belgischer Assistent Max Cosyns in 16 201 m Höhe auf. Die beiden Wissenschaftler messen erstmals Strahlen in der Stratosphäre (11–50 km Höhe) und fotografieren für topographische Forschungen die überflogenen Gebiete.
1901 war es den Deutschen Artur Berson und Reinhard Süring gelungen, bis auf 10 800 m aufzusteigen. Weitere Rekordversuche zeigten jedoch, daß größere Höhen nicht mehr mit einer offenen Gondel erreicht werden konnten. In der von ihm entwickelten Druckkabine stieg Piccard bereits im Mai 1931 in eine Höhe von 15 781 m auf.
Piccards Unternehmungen beweisen, daß der Aufenthalt in größeren Höhen der Erdatmosphäre bei der Verwendung von Druckkabinen für Menschen gefahrlos ist. Sein Zwillingsbruder Jean erreicht 1934 mit einem Ballon fast 17 500 m. Auguste Piccard unternimmt ab 1947 Tiefseeversuche, die sein Sohn Jacques fortsetzt (↑S.539/25.1.1960).

A. Piccard: Zwischen Himmel und Erde, 1949.
A. Piccard: Über den Wolken – unter den Wellen, 1954.

Medien

BBC beginnt Fernsehprogramm

22.8. Nach zweijährigem Versuchsbetrieb sendet die britische Rundfunkgesellschaft BBC (↑S.190/14.11.1922) ein regelmäßiges Fernsehprogramm, das mit einer Kabarettsendung beginnt.
Das BBC-Fernsehen benutzt das von John Logie Baird entwickelte System, das ein postkartengroßes Bild mit niedriger Auflösung liefert. Wenige Tage zuvor wurde in den USA vom Sender CBS die erste Fernsehserie ausgestrahlt: Die Wochenschau „The Wide World Review". Der erste Programmdienst in Deutschland sendet ab 1935 zunächst dreimal wöchentlich für je anderthalb Stunden. 1936 gibt es die ersten Fernsehübertragungen von Olympischen Spielen.

Gesellschaft

Lindbergh-Baby entführt

2.3. Hopewell/New Jersey. Das 20 Monate alte Kind des Atlantikfliegers Charles A. Lindbergh (↑S.245/21.5.1927) wird aus dem Haus der Familie entführt. Unter großem Anteil der Öffentlichkeit unterstützen Zeitungen und Rundfunk die Familie bei der Suche nach dem Baby. Die Großfahndung zur Ergreifung des Täters, an der rund 10 000 Polizisten und Privatdetektive beteiligt sind, bleibt jedoch ohne Erfolg: Trotz Übergabe eines Lösegelds von 50 000 US-$ wird das Kind am 12.5. tot aufgefunden.

Anhand markierter Banknoten überführt die Polizei im September 1934 den Deutschamerikaner Bruno Richard Hauptmann. Er wird in einem Indizienprozeß für schuldig befunden und 1936 hingerichtet. S 285/K 295

Kultur

Düstere Zukunftsvision von Huxley

London. Aldous Huxleys Anti-Utopie „Schöne neue Welt" erscheint. Der englische Schriftsteller beschreibt in seinem satirischen Roman die vollkommene Verwirklichung der Wohlstandsgesellschaft, in der Elend und Krankheiten überwunden sind. Allerdings gibt es keine Religion, keine Kunst und keine Menschlichkeit mehr; jede Art von Individualismus wird strikt abgelehnt, die Kinder werden nicht mehr von ihren Müttern, sondern aus Reagenzgläsern zur Welt gebracht.

Huxley wird einer der bekanntesten zivilisationskritischen Mahner des 20. Jh. Seiner Meinung nach droht der modernen technokratischen Gesellschaft ein Rückfall in die Barberei, wenn sie nicht lernt, technischen Fortschritt und Tradition, Spezialisierung und ganzheitliche Lebensformen miteinander zu verbinden. Diese These illustriert auch sein Essayband „Literatur und Wissenschaft" (1963, dt. 1964).

Aldous Huxley, der auch in weiteren Werken (u. a. „Affe und Wesen", 1948) vor kritiklosem Fortschrittsglauben warnt, wendet sich in den 50er Jahren der fernöstlichen Mystik des Buddhismus zu. S 286/K 296

Th. Schumacher: Aldous Huxley, 1987.

Sozialkritischer Film von Brecht

30.5. Berlin. Der nach einem Drehbuch von Bertolt Brecht entstandene Film „Kuhle Wampe oder wem gehört die Welt?" von Slatan Dudow hat Premiere. Geschildert wird

Entführung des Lindbergh-Babys: Der Sohn des Atlantikfliegers mit seiner Großmutter, Urgroßmutter und Mutter.

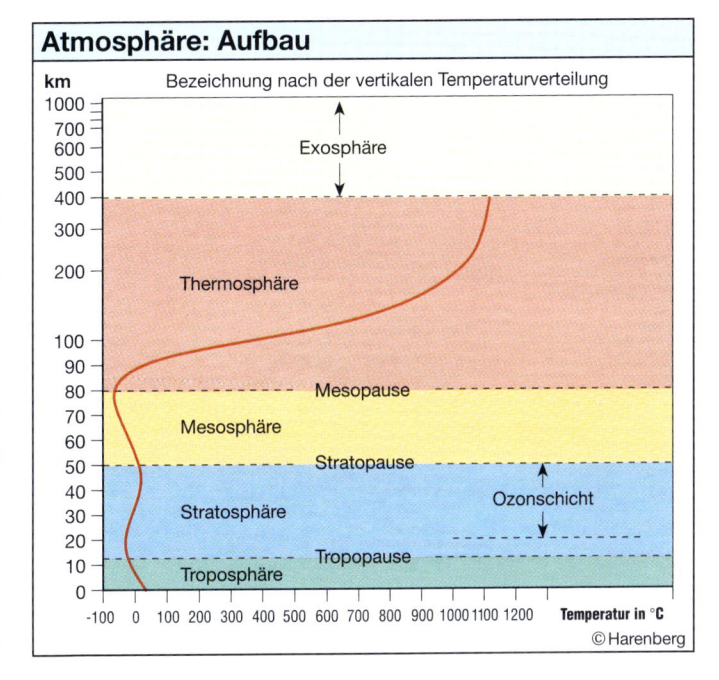

Atmosphäre: Aufbau

1932

Olymp. Sommerspiele 1932 in Los Angeles K 297

Zeitraum: 30.7. bis 14.8.		Medaillenspiegel			
		Land	G	S	B
Teilnehmerländer	37	USA	41	32	30
Erste Teilnahme	2	Italien	12	12	12
Teilnehmerzahl	1408	Frankreich	10	5	4
Männer	1281	Schweden	9	5	9
Frauen	127	Japan	7	7	4
Deutsche Teilnehmer	82	Ungarn	6	4	5
Schweizer Teilnehmer	5	Finnland	5	8	12
Österreichische Teiln.	9	Deutschland	4	12	5
Sportarten	14	Großbritannien	4	7	5
Neu im Programm	2[1]	Australien	3	1	1
Nicht mehr olympisch	1[2]	Argentinien	3	1	0
Entscheidungen	117	Kanada	2	5	8

Erfolgreichste Medaillengewinner

Name (Land) Sportart	Medaillen (Disziplinen)
Helen Madison (AUS), Schwimmen	3 x Gold (200 m Freistil, 400 m Freistil, 4 x 100 m Freistil)
Romeo Neri (ITA), Turnen	3 x Gold (Mehrkampf, Mehrkampf-Mannschaft, Barren)
István Pelle (HUN), Turnen	2 x Gold (Boden, Seitpferd), 2 x Silber (Mehrkampf, Barren)
Mildred Didrikkson (USA), Leichtathletik	2 x Gold (80 m Hürden, Speerwurf), 1 x Silber (Hochsprung)

Erfolgreichste deutsche Teilnehmer

Rudolf Ismayr, Gewichtheben	1 x Gold (Mittelgewicht)
Jakob Brendl, Ringen	1 x Gold (Bantamgewicht, griechisch-römisch)

Olympische Winterspiele 1932 in Lake Placid

Zeitraum: 4.2. bis 13.2.		Medaillenspiegel			
		Land	G	S	B
Teilnehmerländer	17	USA	6	4	2
Teilnehmerzahl	307	Norwegen	3	4	3
Deutsche Teilnehmer	20	Schweden	1	2	0
Schweizer Teilnehmer	7	Kanada	1	1	5
Österreichische Teiln.	7	Finnland	1	1	1
Sportarten	5	Österreich	1	1	0
Entscheidungen	14	Frankreich	1	0	0

Erfolgreichste Medaillengewinner

Name (Land) Sportart	Medaillen (Disziplinen)
John A. Shea (USA), Eisschnellauf	2 x Gold (500 m, 1500 m)
Irving Jaffee (USA), Eisschnellauf	2 x Gold (5000 m, 10 000 m)
Veli Saarinen (FIN) Ski nordisch	1 x Gold (50 km Langlauf), 1 x Bronze (18 km Langlauf)

Erfolgreichster deutscher Teilnehmer

Hanns Kilian, Bobsport	1 x Bronze (Zweierbob, Pilot)

1) Bergsteigen (1 Entscheidung), Schießen (2); 2) Fußball

die Not einer Berliner Arbeiterfamilie, in der nur die Tochter Geld verdient. Als das Geld für die Miete nicht mehr gezahlt werden kann und die Familie aus der Wohnung geworfen wird, zieht die Tochter in die Gartenkolonie „Kuhle Wampe".
Mit seinen proletarischen Agitationsliedern ist „Kuhle Wampe" (Musik: Hanns Eisler) der einzige eindeutig kommunistische Film der Weimarer Republik. Vor seiner Freigabe durch die Filmprüfstelle mußten zahlreiche Szenen mit regierungskritischen Äußerungen herausgeschnitten werden.

K. Völker: Bertolt Brecht, 1976. J. Knopf: Brecht-Handbuch. 2 Bde., 1980–84. K.-D. Müller (Hg.): Bertolt Brecht, 1985.

Filmfestspiele in Italien

6.8. Venedig. Erstmals finden die vom Magistrat der Stadt Venedig veranstalteten Filmfestspiele statt. Gezeigt werden neue Produktionen aus Italien, Frankreich, Großbritannien, dem Deutschen Reich, der Sowjetunion und den USA. Ein Wettbewerb mit Preisverleihung für den künstlerisch besten Film ist noch nicht vorgesehen.
Aufgrund des großen Publikumsandrangs entschließen sich die Veranstalter, das Festival künftig jedes Jahr stattfinden zu lassen.
Neben Cannes und Berlin entwickeln sich die Festspiele in Venedig zum wichtigen europäischen Filmwettbewerb in Europa. Der beste Film des Jahres wird mit einem goldenen Löwen gekürt. S 427/K 425

Sport

17jähriger Matthews wird Profi

1.2. Als jüngster Spieler in der Geschichte des englischen Fußballs unterschreibt Stanley Matthews an seinem 17. Geburtstag einen Profivertrag beim Erstligisten Stoke City.
Der dribbelstarke Rechtsaußen bestreitet in seiner 32jährigen Profi-Karriere 886 Ligaspiele. In 54 Länderspielen erzielt er 24 Tore für England. 1965 wird der 50jährige Matthews kurz nach Beendigung seiner Laufbahn als erster englischer Fußballer von Königin Elizabeth II. geadelt.

Schmeling verliert Titel an Sharkey

21.6. New York. Durch ein umstrittenes Kampfrichterurteil verliert der deutsche Boxer Max Schmeling den Weltmeistertitel im Schwergewicht an den US-Amerikaner Jack Sharkey. Das Urteil stößt auch bei den Pressevertretern der USA auf Unverständnis.

Nach dem Rücktritt von Weltmeister Gene Tunney 1928 hatten sich Schmeling und Sharkey durch eine Reihe von Siegen für einen Kampf um die Krone im Boxsport qualifiziert, den Schmeling am 12.6.1930 gewann, als Sharkey wegen unerlaubten Tiefschlags disqualifiziert wurde.

Da Schmelings Erfolg nicht auf sportlicher Leistung basierte, fand der neue Weltmeister in der Öffentlichkeit zunächst wenig Anerkennung. Mit einem souverän herausgeboxten Erfolg bei der Titelverteidigung gegen William Young Stribling (USA) überzeugte der Deutsche am 3.7.1931 aber auch seine Kritiker.

Am 19.6.1936 (↑S.328) besiegt Schmeling in einem Nicht-WM-Kampf sensationell den bisher ungeschlagenen und hochfavorisierten US-Boxer Joe Louis durch K. o.   S 289/K 298

📖 M. Schmeling: Erinnerungen, 1977.

Spiele mit Show-Charakter
30.7.–14.8. Los Angeles. In der kalifornischen Metropole finden die X. Olympischen Sommerspiele statt. Werbeveranstaltungen der benachbarten Filmstadt Hollywood bestimmen das Bild der mustergültig organisierten Spiele.

Erstmals werden die Medaillengewinner auf einem abgestuften Podest geehrt. Helen Madison (AUS), die 1931 alle Weltrekorde im Schwimmen hielt, steht dreimal ganz oben auf dem „Treppchen". Im Vergleich zu den Spielen von Amsterdam 1928 (3014 Teilnehmer) gehen in Los Angeles nur halb so viele Athleten (1408) an den Start. Wegen der Weltwirtschaftskrise und der kostspieligen Anreise mußten viele Sportler auf eine Teilnahme verzichten. Die Sensation von Los Angeles sind im Schwimmen die Japaner, die fünf von sechs Herrenwettbewerben für sich entscheiden können.

Überschattet werden die Spiele von der vorangegangenen Disqualifikation des finnischen Läufers Paavo Nurmi. Dem fünffachen Goldmedaillengewinner von Paris (↑S.218/1924), der schon immer geringe Geldbeträge für Starts erhalten hatte, wurde am 3.4. wegen Verstoßes gegen die Amateurbestimmungen vom Internationalen Leichtathletik-Verband (IAAF) der Amateurstatus entzogen. Finnland war daraufhin gezwungen, seinen Star aus der Olympiamannschaft zu nehmen. Nurmi wollte seine außergewöhnliche Laufbahn, die ihm bei drei Olympiaden (1920–1928) insgesamt neun Gold- und drei Silbermedaillen eingebracht hatte, mit einem Sieg im Marathonlauf krönen.   S 288/K 297

Sport 1932	K 298
Fußball	
Deutsche Meisterschaft	FC Bayern München
Englische Meisterschaft	FC Everton
Italienische Meisterschaft	Juventus Turin
Spanische Meisterschaft	Real Madrid
Tennis	
Wimbledon (seit 1877; 52. Austragung)	Herren: Ellsworth Vines (USA) Damen: Helen Wills-Moody (USA)
US Open (seit 1881; 52. Austragung)	Herren: Ellsworth Vines (USA) Damen: Helen Jacobs (USA)
French Open (seit 1925; 8. Austragung)	Herren: Henri Cochet (FRA) Damen: Helen Wills-Moody (USA)
Australian Open (seit 1905; 25. Austragung)	Herren: Jack Crawford (AUS) Damen: Coral Buttsworth (USA)
Davis-Cup (Paris, FRA)	Frankreich – USA 3:2
Eishockey	
Weltmeisterschaft	Kanada
Stanley-Cup	Toronto Maple Leafs
Deutsche Meisterschaft	Berliner SC
Radsport	
Tour de France (4502 km)	André Leduq (FRA)
Giro d'Italia (3235 km)	Antonio Pesenti (ITA)
Straßenweltmeisterschaft	Alfredo Binda (ITA)
Automobilsport (Grand-Prix-Rennen)	
GP von Deutschland, Nürburgring	Rudolf Caracciola (GER), Alfa Romeo
GP von Frankreich, Reims	Tazio Nuvolari (ITA), Alfa Romeo
GP d. Tschechoslowakei, Brünn	Louis Chirin (FRA), Bugatti
GP von Italien, Monza	Tazio Nuvolari (ITA), Alfa Romeo
GP von Monaco, Monte Carlo	Tazio Nuvolari (ITA), Alfa Romeo
Boxen	
Schwergewichts-Weltmeisterschaft	Jack Sharkey (USA), – PS über Max Schmeling (GER), 21.6.
Herausragende Weltrekorde	
Disziplin	Athlet (Land)	Leistung

Disziplin	Athlet (Land)	Leistung
Leichtathletik, Männer		
200 m	James Carlton (USA)	20,6 sec
400 m	William Carr (USA)	46,2 sec
800 m	Thomas Hampson (USA)	1:49,7 min
5000 m	Lauri Lehtinen (FIN)	14:16,9 min
3000 m Hindernis	George Leonard (USA)	9:08,4 min
Leichtathletik, Frauen		
100 m	Tollien Schuurmann (HOL)	11,9 sec
Hochsprung	Jean Shirley (USA) Mildred Didrikson (USA)	1,65 m 1,65 m
Schwimmen, Frauen		
100 m Brust	Else Jacobsen (SWE)	1:26,0 min
100 m Rücken	Eleanor Holm (SWE)	1:18,2 min

1933

Adolf Hitler wird Reichskanzler: Mit enthusiastischem Kommentar meldet der in München erscheinende „Völkische Beobachter" die Ernennung des NSDAP-Führers zum neuen Reichskanzler.

Politik

Hitler zum Reichskanzler ernannt

30.1. Berlin. Zwei Tage nach dem Rücktritt Kurt von Schleichers und seines Kabinetts ernennt Reichspräsident Paul von Hindenburg den Führer der NSDAP Adolf Hitler zum neuen Reichskanzler. Neben acht konservativen Mitgliedern gehören seinem elfköpfigen Kabinett mit Wilhelm Frick als Innenminister und Hermann Göring als Minister ohne Geschäftsbereich nur zwei weitere NSDAP-Mitglieder an.

Der parteilose Ex-Kanzler Franz von Papen und der DNVP-Vorsitzende Alfred Hugenberg haben als Verhandlungsführer der konservativen Kräfte ihr Ziel der Eindämmung von Hitlers Machtansprüchen scheinbar erreicht. Papen wird auf Drängen Hindenburgs Vizekanzler.

Mit Görings Ernennung zum kommissarischen Innenminister Preußens und damit zum Chef der preußischen Polizei hat die NSDAP aber die weitgehende Kontrolle über die Exekutive erlangt. Damit ist der Weg zur Ausschaltung ihrer politischen Gegner vorgezeichnet. S 290/K 299

V. Hentschel: So kam Hitler. Schicksalsjahre 1932/33, 1980.

Reichstagsbrand in Berlin

27./28.2. Berlin. Gegen 21 Uhr bricht im Gebäude des Reichstags ein Großfeuer aus. Der gesamte Mittelteil des zwischen 1884 und 1894 nach Plänen von Paul Wallot errichteten Gebäudes wird zerstört. Noch am Tatort wird der niederländische Kommunist Marinus van der Lubbe verhaftet. Hermann Göring verbreitet die offizielle Version einer Verschwörung der KPD und läßt am folgenden Tag zahlreiche Funktionäre der Partei sowie linksgerichtete Publizisten verhaften. Noch vor Eröffnung des Prozesses gegen van der Lubbe und vier Mitangeklagte am 21.9. wird Görings These von einer britischen Untersuchungskommission zurückgewiesen. Ihr zufolge soll die NSDAP den Brand als Vorwand für die Repressalien selbst veranlaßt haben.

Die genauen Umstände des Brandes können nicht geklärt werden. Die vermeintlichen Mittäter – ein Deutscher und drei Bulgaren –

Wichtige Regierungswechsel 1933 K 299

Land	Amtsinhaber	Bedeutung
Afghanistan	Mohammed Nadir Schah (König seit 1929) Mohammed Sahir (König bis 1973)	Nadir Schah von Dienern ermordet (8.11.); Mohammed Sahir verfolgt neutralistischen Kurs der Blockfreiheit
Deutsches Reich	Kurt von Schleicher (R seit 1932) Adolf Hitler (R bis 1945)	Rücktritt Schleichers nach Weigerung des Reichspräsidenten, Parlament aufzulösen; Machtübernahme Hitlers (S.290)
Frankreich	Joseph Paul-Boncour (M seit 1932) Edouard Daladier (M 31.1. – 23.10.) Albert Sarraut (M 26.10. – 24.11.) Camille Chautemps (M bis 1934)	Mehrfache Regierungskrisen wegen Wirtschaftspolitik; weder Steuererhöhungen (Paul-Boncour) noch Kürzung der Beamtengehälter durchsetzbar (Daladier); Chautemps will steigende Budgetlücken durch rigides Sparprogramm ausgleichen
Irak	Faisal I. (König seit 1921) Ghasi I. (König bis 1939)	Tod von Faisal I. (8.9.), der maßgeblich am Aufstand der Araber gegen die Türken im 1. Weltkrieg beteiligt war
USA	Herbert C. Hoover (Republ., P seit 1929) Franklin D. Roosevelt (Dem., P bis 1945)	Amtsantritt Roosevelts: Er strebt soziale Verbesserungen und die Beendigung der Prohibition an (S.283/7.11.1932)

M = Ministerpräsident bzw. Premierminister; P = Präsident; R = Reichskanzler

1933

Die Nacht der Machtergreifung: In Berlin und anderen Städten des Deutschen Reichs feiern jubelnde Menschenmengen die Machtergreifung Adolf Hitlers. Fünf Stunden paradieren in Berlin rund 15 000 Angehörige von SA, SS und Stahlhelm mit brennenden Fackeln. Für den Propagandamarsch ließ Reichsinnenminister Wilhelm Frick die Bannmeile um das Regierungsviertel aufheben und Gegendemonstrationen anderer Parteien verbieten.

Reichstagsbrand: Bereits einen Tag nach dem Brand unterzeichnet Reichspräsident Paul von Hindenburg die von der Regierung vorgelegte Notverordnung „zum Schutz von Volk und Staat" und setzt damit wichtige Grundrechte außer Kraft.

1933

Konzentrationslager: Politische Häftlinge werden unter SS-Bewachung in das KZ Oranienburg abgeführt (Foto 1933).

Hitler und Hindenburg am „Tag von Potsdam": Ein symbolischer Händedruck nach der Eröffnung des Deutschen Reichstags besiegelt den Bund des „Marschalls mit dem Gefreiten".

werden freigesprochen, van der Lubbe am 10.1.1934 hingerichtet (↑S.300/24.4.1934).
U. Backes (u. a.): Reichstagsbrand. Aufklärung einer historischen Legende, 1986.

Dollfuß regiert ohne Parlament
7.3. Wien. Ähnlich wie in Deutschland hat sich die Wirtschaftskrise in Österreich zu einer tiefgreifenden Staatskrise ausgeweitet, in deren Verlauf links- und rechtsradikale Kräfte gleichermaßen an Boden gewinnen.
Während der Debatte um einen Eisenbahnstreik treten am 4.3. alle drei Nationalratspräsidenten zurück. Das Parlament ist damit handlungsunfähig. Die Regierung des christlichsozialen Bundeskanzlers Engelbert Dollfuß erklärt sich als weiter im Amt befindlich und beginnt ihren „autoritären Kurs". Gegnerische Zeitungen und Versammlungen werden verboten, die kommunistische Partei, der Republikanische Schutzbund und die NSDAP aufgelöst. Am 24.4.1934 wird in Österreich die Verfassung eines autoritären Ständestaates eingeführt. Nachdem ein sozialdemokratischer Aufstand im Februar 1934 noch niedergeschlagen worden ist, wird Dollfuß am 25.7.1934 (↑S.302) von nationalsozialistischen Putschisten ermordet. S 258/K 269

Erste Konzentrationslager
20./21.3. Die hohe Zahl der willkürlichen Verhaftungen durch SA und SS erfordert die Einrichtung von ersten großen Konzentrationslagern. Standorte sind u. a. Wuppertal, Bremen, Oranienburg bei Berlin und Dachau bei München.
Bis April steigt die Zahl der inhaftierten Regimegegner auf 25 000 Personen an. Sie werden in den Gebäuden zusammengepfercht, mißhandelt und gefoltert. Unter den sogenannten Schutzhäftlingen sind Funktionäre der KPD wie Ernst Thälmann, Walter Stoecker und Ernst Torgler, die Berliner Stadträtin Maria Jankowski und der frühere Reichsinnenminister Wilhelm Sollmann (SPD), aber auch viele Schriftsteller und Publizisten.
So wird der Chefredakteur des „Berliner Tageblatts", Theodor Wolff, ebenso verhaftet wie die Autoren Erich Mühsam, Carl von Ossietzky und Ludwig Renn.

1933

Bücherverbrennung: Rund 40 000 Menschen nehmen an der Verbrennung „undeutscher Literatur" durch Angehörige der Deutschen Studentenschaft auf dem Berliner Opernplatz teil.

Ermächtigungsgesetz gebilligt
23.3. Berlin. Mit 441 gegen 94 Stimmen der SPD-Fraktion beschließt der Deutsche Reichstag das „Gesetz zur Behebung der Not von Volk und Reich".
Die Reichsregierung kann jetzt ohne Zustimmung des Parlaments und Gegenzeichnung des Reichspräsidenten Verträge mit anderen Staaten schließen und Gesetze erlassen. Das Grundprinzip der Gewaltenteilung ist aufgehoben, das Parlament hat sich durch seine Zustimmung selbst entmachtet.
Der SPD-Abgeordnete Otto Wels begründet in einer denkwürdigen Rede die Ablehnung seiner Fraktion. Die SPD bekennt sich zu den Grundsätzen des Rechtsstaats und der sozialen Gerechtigkeit. Von ihren 120 Abgeordneten sind 94 anwesend, 26 wurden verhaftet, Julius Leber noch auf dem Weg zur Sitzung. Das Gesetz markiert den entscheidenden Schritt im Rahmen der nationalsozialistischen Machtergreifung. S 293/K 300
G. Jasper: Die gescheiterte Zähmung. Wege zur Machtergreifung Hitlers 1930–34, 1989.

Legislative Gleichschaltung
31.3. Mit der Verabschiedung des Ermächtigungsgesetzes (↑S.293/23.3.) ist die Grundlage für die unmittelbar anschließende Gleichschaltung aller Lebensbereiche im Dritten Reich geschaffen worden. Noch vor dessen Inkrafttreten werden mit dem „Vorläufigen Gesetz über die Gleichschaltung der Länder mit dem Reich" die Länderparlamente aufgelöst. Einzig bestehen bleibt der erst am 5.3. neugewählte Preußische Landtag.

Der einheitliche Volkswille verlange eine Ausrichtung der Länder auf die Parteien der „Nationalen Revolution", so lautet die Argumentation der Reichsregierung. Infolge eines zweiten Gesetzes vom 7.4. werden in allen Ländern sog. Reichsstatthalter eingesetzt. Sie können Ministerpräsidenten und Minister ernennen und entlassen sowie die Landesparlamente auflösen. Die föderale Struktur der Weimarer Republik ist damit faktisch außer Kraft gesetzt. S 293/K 300

Die Gleichschaltung im Deutschen Reich K 300

Datum	Gesetz/Maßnahme
28. 2.1933	Notverordnung zum Schutz von Volk und Staat („Reichstagsbrandverordnung") setzt wichtige Grundrechte außer Kraft
23. 3.1933	Gesetz zur Behebung der Not von Volk und Staat („Ermächtigungsgesetz"): (Selbst-)Ausschaltung des Parlaments (S.293)
31. 3.1933	1. Gesetz zur Gleichschaltung der Länder mit dem Reich: Neubildung der Länderparlamente ohne Wahl; auch verfassungswidrige Gesetze in den Ländern zugelassen (S.293)
7. 4.1933	2. Gesetz zur Gleichschaltung der Länder: Reichsstatthalter eingesetzt; Gesetz zur Wiederherstellung des Berufsbeamtentums; Berufsverbot für oppositionelle und jüdische Beamte
2. 5.1933	Auflösung der freien Gewerkschaften, an deren Stelle am 10.5. die Deutsche Arbeitsfront unter Robert Ley tritt
22. 6.1933	Verbot der SPD; Selbstauflösung der letzten bürgerlichen Parteien im Deutschen Reich
8. 7.1933	Gleichschaltung der Reichs-Rundfunk-Gesellschaft
14. 7.1933	Gesetz gegen die Neubildung von Parteien: NSDAP jetzt einzige legale Partei im Deutschen Reich; Gesetz über die vorläufige Filmkammer: Vereinheitlichung des deutschen Filmgewerbes
4.10.1933	Schriftleitergesetz zur Gleichschaltung der Presse
30. 1.1934	Gesetz über den Neuaufbau des Reichs: Aufhebung der Länderparlamente und der Länderhoheitsrechte (S.299)

1933

Bücherverbrennung im Deutschen Reich	K 301
Verbotene Autoren[1]	**Angebliche inhaltliche Tendenz**[2]
Karl Marx, Karl Kautsky	Klassenkampf und Materialismus
Heinrich Mann, Erich Kästner	Dekadenz und moralischer Verfall
Friedrich Wilhelm Foerster	Gesinnungslumperei und Verrat
Sigmund Freud	Seelenzerfasernde Überschätzung des menschlichen Trieblebens
Emil Ludwig, Werner Hegemann	Verfälschung der Geschichte und Herabwürdigung ihrer großen Gestalten
Theodor Wolff, Georg Bernhard	Volksfremder Journalismus, entsprungen demokratisch-jüdischer Prägung
Erich Maria Remarque	Literarischer Verrat an den deutschen Soldaten des Weltkriegs
Alfred Kerr	Verhunzung der deutschen Sprache
Kurt Tucholsky, Carl v. Ossietzky	Frechheit und Anmaßung

1) Verboten wurden die Schriften jüdischer, pazifistischer, sozialistischer sowie in den Augen der Nationalsozialisten regimekritischer Schriftsteller, Journalisten und Wissenschaftler; 2) Die Klassifizierungen sowie die „beispielhaften" Autorennamen entstammen den sog. Feuersprüchen der Studenten während der Bücherverbrennungen

Boykott gegen Juden
1.4. Die angebliche Agitation der ausländischen oder schon emigrierten Juden gegen das Deutsche Reich bildet den Vorwand für die ersten umfassenden Boykottmaßnahmen gegen jüdische Ärzte, Rechtsanwälte und Geschäftsinhaber.
Eingeleitet wird die Aktion durch Demonstrationen der NSDAP und ihrer Organisationen am vorhergehenden Abend. Ablauf und Maßregeln sind genau festgelegt. Nur die Kennzeichnung von jüdischen Personen und Läden ist vorgesehen, aber keine Gewaltanwendung oder Plünderung.
„Deutsche wehrt Euch! Kauft nicht bei Juden!" – so lautet das Schlagwort der SA. Zusätzlich fahren Lastwagen mit Plakaten wie „Meidet jüdische Ärzte" oder „Juden sind unser Unglück" durch die Straßen. S 311/K 318

Literatur wird verbrannt
10.5. Deutsches Reich. Als Höhepunkt der Aktion „Wider den undeutschen Geist" organisiert die deutsche Studentenschaft in Berlin und anderen Universitätsstädten umfangreiche Bücherverbrennungen. Auf dem Berliner Opernplatz werden etwa 10 000 Zentner Bücher Opfer der Flammen.
Mit der theatralisch inszenierten und vom Rundfunk übertragenen Veranstaltung findet die Säuberung der Bibliotheken von „undeutschem" Schrifttum ihren Höhepunkt. Als Hauptredner erklärt Reichspropagandaminister Joseph Goebbels, die deutsche Seele habe sich nun endlich von „jüdischem Intellektualismus" befreit.
Jeweils 25 Exemplare der verbrannten Schriften sollen als Dokumentationsmaterial aufbewahrt werden. Tatsächlich aber wird ein Großteil der Bücher, ähnlich wie später viele Werke bildender Künstlerinnen und Künstler, ins Ausland verkauft. S 294/K 301
📖 J. Serke: Die verbrannten Dichter, 1977.

„Erbkranker" Nachwuchs verhütet
14.7. Berlin. Mit einem umfangreichen Gesetzespaket, u. a. mit dem „Gesetz gegen die Neubildung der Parteien", wird der diktatorische Herrschaftsapparat des Dritten Reichs weiter gefestigt.
Ausdruck des Rassen- und Reinheitswahns der Nationalsozialisten ist das „Gesetz zur Verhütung erbkranken Nachwuchses", das am 1.1.1934 in Kraft tritt. Es ermöglicht Zwangssterilisation, wenn ein Patient an bestimmten Krankheiten wie Schizophrenie oder Epilepsie leidet. Das Gesetz ist der erste Schritt zum sog. Euthanasieprogramm, dem bis Kriegsende mehrere tausend Menschen zum Opfer fallen.
📖 Aussondern, Sterilisieren, Liquidieren. Die Verfolgung Behinderter im Nationalsozialismus, 1989.

Viermächtepakt soll Frieden sichern
15.7. Rom. Im Palazzo Venezia unterzeichnen Italiens Ministerpräsident Benito Mussolini sowie die Botschafter Großbritanniens, Frankreichs und Deutschlands den vom „Duce" initiierten Viermächtepakt.

Militärische Bündnisse von 1920 bis 1935		K 302
Datum	**Beteiligte Länder**	**Art und Ziel des Bündnisses**
14.8.1920	Tschechoslowakei, Jugoslawien	Gegen ungarische Revisionspolitik gerichtet (Kleine Entente unter französischer Führung)
19.2.1921	Polen, Frankreich	Verteidigungs- u. Wirtschaftsvertrag
3.3.1921	Polen, Rumänien	Defensivabkommen
23.4.1921	Rumänien, Tschechoslowakei	Ergänzung der Kleinen Entente
8.6.1921	Rumänien, Jugoslawien	Defensivabkommen (Kleine Entente)
25.1.1924	Frankreich, Tschechoslowakei	Freundschaftsvertrag gemeins. Vorgehen bei einer Bedrohung (S.209)
15.7.1933	Großbritannien, Frankreich, Italien, Deutschland	Viermächtepakt zur Friedenssicherung in Europa (S.294)
2.9.1933	Italien, Sowjetunion	Nichtangriffspakt
26.1.1934	Deutschland, Polen	Nichtangriffspakt (S.299)
9.2.1934	Türkei, Griechenland, Rumänien, Jugoslawien	Balkanpakt: Beistandspakt, Koordinierung der Außenpolitik (S.299)
2.5.1935	Frankreich, Sowjetunion	Beistandspakt, falls Angriffsgefahr durch ein europ. Land (S.310)
16.5.1935	Sowjetunion, Tschechoslowakei	Klausel, daß Hilfestellung nur bei milit. Hilfe durch Frankreich erfolgt

Als Reaktion auf die fehlgeschlagene Abrüstungskonferenz in Genf soll dieses Abkommen Grundlage einer friedlichen Koexistenz der Unterzeichnerstaaten werden. Es sieht u. a. die Verpflichtung auf Abrüstungs- und friedenssichernde Maßnahmen sowie ein gemeinsames Vorgehen zur Stabilisierung und Belebung der europäischen Wirtschaft vor. Für Deutschland liegt die Bedeutung des Vertrags in der Anerkennung als europäische Großmacht. Der Pakt bleibt aber eine bloße Absichtserklärung, da er von den beteiligten Staaten nicht ratifiziert wird. S 294/K 302

Der Vatikan arrangiert sich

20.7. Rom. Das sog. Reichskonkordat, ein Grundlagenvertrag zwischen dem Deutschen Reich und dem Vatikan, wird durch Vizekanzler Franz von Papen und dem Kardinalstaatssekretär Eugenio Pacelli unterzeichnet. Der Vertrag sichert der katholischen Kirche in Deutschland u. a. die Ausübung ihres Bekenntnisses, ihr Eigentum und die Unantastbarkeit der Grenzen ihrer Diözesen. Der Vatikan erreicht mit dem Abkommen ein wichtiges Ziel seiner Außenpolitik: die Vermeidung eines neuen „Kulturkampfes". Im Gegenzug wird allen Geistlichen und Ordensmitgliedern die Mitgliedschaft in politischen Parteien untersagt. Für Hitler ist neben dem diplomatischen Prestigegewinn vor allem dieser Rückzug der katholischen Kirche aus dem öffentlichen Leben ein Erfolg. S 257/K 268

L. Volk: Katholische Kirche und Nationalsozialismus, 1987.

Austritt aus dem Völkerbund

14.10. Deutsches Reich. Sieben Jahre nach der Wiederaufnahme verkündet Joseph Goebbels den Austritt Deutschlands aus dem Völkerbund und den Rückzug von den Genfer Abrüstungsverhandlungen. Damit wird die Ausgleichspolitik des früheren Außenministers Gustav Stresemann rückgängig gemacht. Hitler begründet den Schritt mit der vermeintlichen Demütigung des Deutschen Reichs, dem eine vollständige diplomatische und militärische Gleichberechtigung von den Siegermächten des 1. Weltkriegs verwehrt werde.

Als eine der späteren Achsenmächte hatte Japan bereits im März wegen der Verurteilung seiner Expansionspolitik in China die Mitgliedschaft im Völkerbund aufgekündigt. Die Frontstellungen des 2. Weltkriegs beginnen sich abzuzeichnen. S 152/K 166

Nobelpreisträger 1933	K 303
Frieden: Norman Angell (GB, 1874–1967)	
Der Publizist trat in seinen Schriften und Vorträgen stets für die Völkerverständigung ein. In seinem 1910 erschienenen Buch „The Great Illusion" warnte er vor den Gefahren einer imperialistischen Politik und forderte die Schaffung einer internationalen Friedensordnung.	
Literatur: Iwan Bunin (UdSSR, 1870–1953)	
Der Lyriker und Erzähler schilderte das Leben auf dem Lande und den Niedergang der Adelswelt, der er selbst entstammte. Seine Arbeiten, deren zentrales Motiv der Tod ist, stehen in der Tradition Puschkins. Hauptwerke: „Mitjas Liebe" (1925), „Das Leben Arsenjews" (1929).	
Medizin: Thomas Hunt Morgan (USA, 1866–1945)	
Der „Vater" der Genforschung lieferte den Beweis, daß die Erbmerkmale in den Chromosomen sitzen. Es gelang ihm, die Träger der geschlechtsgebundenen Erbanlagen, die Gene, an bestimmten Stellen des Chromosoms zu lokalisieren. 1911 veröffentlichte er die erste Chromosomenkarte.	
Physik: Paul A. M. Dirac (GB, 1902–1984), Erwin Schrödinger (A, 1887–1961)	
Beide Forscher trieben die Atomtheorie voran. Dirac erarbeitete eine quantenmechanische Beschreibung der Eigenrotation von Elektronen (sog. Spin-Dirac-Gleichung). Schrödinger, der die Wellenmechanik begründete, führte die Welleneigenschaften der Elektronen in das Atommodell ein und fand eine Gleichung für die Bewegung atomarer Teilchen.	

Nobelpreis für Chemie nicht verliehen

Neue Kunststoffe im 20. Jahrhundert				K 304
Jahr	Kunststoff	Erfinder (Land)	Einsatzgebiete	
1900	Silikon	Frederic S. Kipping (USA)	Elektrisches Isoliermaterial, Lackrohstoff	
1907	Bakelit (Phenolharz)	Leo H. Baekeland (Belgien)	Haushalt, Apparatebau, Wärmedämmung (S.66)	
1909	Synthetischer Kautschuk	Fritz Hofmann (Deutschland)	Autoreifen, technische Gummiwaren (S.81)	
1913	Polyvinylchlorid (PVC)	Fritz Klatte (Deutschland)	Rohre, Profile, Folien, Kunstleder, Verpackungsmaterial (S.109)	
1924	Acrylglas	Barker/Skinner (USA)	Lichtwerbung, Bauverglasung, Beleuchtung (z. B. Plexiglas)	
1928	Polystyrol	C. Wulff (Deutschland)	Haushaltswaren; verschäumt: Verpackungsmaterial Styropor	
1933	Polyethylen	Fawcett/Gibson (Großbrit.)	Folien, Spritzgußartikel (Flaschen, Eimer, S.296)	
1935	Polyamid	Wallace H. Carothers (USA)	Fahrzeugbau, Elektroindustrie, Fasern (S.314)	
1937	Polyurethan	Otto Bayer (Deutschland)	Fahrzeugbau, Wärmedämmung, Beschichtung, Kunstleder	
1938	Polytetrafluorethylen	Roy Plunkett (USA)	Apparatebau, Haushaltswaren (z. B. mit Teflon, S.346)	
1941	Polyester	Whinfield/Dickson (Großbrit.)	Rohre, Folien für Magnetbänder, Filme, Fasern	
1956	Polypropylen	Giulio Natta (Italien)	Technische Teile, Fasern, Folien, Verpackungsmaterial	

Wissenschaft

Synthetisches Vitamin C

Zürich. Dem polnischen Chemiker Tadeusz Reichstein gelingt die Synthese eines Vitamins, der Ascorbinsäure (Vitamin C). Ein Jahr später setzt der Baseler Chemiekonzern F. Hoffmann-La Roche das Verfahren in der Großproduktion ein.

1928 isolierte der ungarische Chemiker Albert Szent-Györgyi von Nagyrapolt Ascorbinsäure aus Früchten, Paprikaschoten und der Nebenniere, ihre molekulare Struktur konnte er aber nicht aufklären. Dieser Schritt gelang 1932 dem britischen Chemiker Walter N. Haworth.

Die Rolle des Vitamins C im Stoffwechsel ist nicht restlos geklärt. Man weiß um seine Bedeutung bei der Bildung der Bindegewebegrundsubstanz (Kollagen) und der Aktivierung von Hormonen, außerdem ist es ein unentbehrlicher Faktor im Eisenstoffwechsel und bei Entgiftungsreaktionen. Von Bedeutung ist auch die Verwendung der Ascorbinsäure als Konservierungsstoff in der Lebensmittel- und Getränkeindustrie.

Polyethylen erfunden

12.3. London. Chemikern der britischen Imperial Chemical Industries (ICI) gelingt bei hohem Druck (bis 2000 bar) die Polymerisation von Ethylen zu Hochdruck-Polyethylen (PE), einem aus stark verzweigten Molekülen bestehenden thermoplastischen Kunststoff; 1939 nimmt der Konzern die Produktion u. a. zur Herstellung von Folien auf.

Grundlage dieser Entwicklung sind die 1932/33 von den US-amerikanischen Wissenschaftlern James Bryant Conant und Percy Williams Bridgman durchgeführten Experimente über chemische Reaktionen unter hohen Drücken.

1953 entwickelt der deutsche Chemieprofessor Karl Waldemar Ziegler ein bei Normaldruck ablaufendes Polymerisationsverfahren für Ethylen. Sein italienischer Kollege Giulio Natta verbessert das Verfahren. Dabei entdeckt er 1956 Polymere mit neuartigen Strukturen wie z. B. isotaktisches Polypropylen (alle Seitenketten auf einer Seite des Moleküls).

Das Prinzip der „Ziegler-Natta-Katalysatoren" wird zur technischen Grundlage der industriellen Herstellung nahezu aller modernen Kunststoffe. S 295/K 304

Technik

Erster Alleinflug um die Erde

22.7. New York. 40 000 Schaulustige bereiten dem US-amerikanischen Flieger Wiley Post auf dem Floyd-Bennett-Flughafen einen begeisterten Empfang. Post hat als erster Mensch die Erde im Alleinflug umkreist. Zwei Jahre zuvor hatte er dieselbe Leistung in acht Tagen, 15 Stunden und 51 Minuten schon einmal vollbracht, doch damals mit seinem Copiloten Paul Gatty.

Für die nötigen Ruhephasen des Piloten ist das Flugzeug „Winnie Mae" diesmal mit einem Selbststeuerungsgerät ausgestattet. Um 23.49 Uhr Ortszeit landet Post in New York und hat damit seine eigene Flugzeit um 21 Stunden unterboten.

Erster Alleinflug um die Erde: In New York startet US-Flieger Wiley Post mit seiner „Winnie Mae", einer einmotorigen Lockheed Vega zur ersten Etappe seines Fluges.

Medien

Propaganda mit Volksempfänger

18.8. Berlin. Der Rundfunk, die „achte Großmacht", wie ihn Reichspropagandaminister Joseph Goebbels in seiner Eröffnungsansprache bezeichnet, steht im Mittelpunkt der 10. Großen Deutschen Funkausstellung in den Ausstellungshallen am Kaiserdamm.

Höhepunkt ist die Vorstellung des neuentwickelten Volksempfängers, dessen Typenbezeichnung „VE 301" an den Jahrestag der nationalsozialistischen Machtübernahme am 30.1.1933 erinnern soll. Mit dem Volksempfänger steht Goebbels ein wirkungsvolles Propagandamittel zur Verfügung. Durch seine schnelle Verbreitung (bis Jahresende werden 860 000 Stück verkauft) wird das Gerät zum allgegenwärtigen Sprachrohr des Führers und seiner Politik. S 61/K 57

Gesellschaft

„Kraft durch Freude" gegründet
27.11. Berlin. Auf einer Kundgebung der Deutschen Arbeitsfront (DAF) wird die Gründung des Kultur- und Freizeitwerks „Kraft durch Freude" (KdF) bekanntgegeben.
Die DAF, entstanden nach der Zwangsauflösung der Gewerkschaften, ist der NSDAP angeschlossen.
Nach dem Willen von Robert Ley, dem Vorsitzenden der DAF, soll die KdF mit Angeboten zur Freizeitgestaltung die deutschen Arbeitnehmer weltanschaulich beeinflussen und mit einem breiten Sport- und Freizeitangebot zur Erhaltung der Arbeitskraft beitragen. Getreu der Ideologie von der Volksgemeinschaft werden u. a. preiswerte Wochenend- und Ferienfahrten für Gruppen angeboten.
Die KdF besteht aus sieben Ämtern: Kultur, Ertüchtigung des Volkes, Reisen und Wandern, Gegenseitige Unterstützung, Schönheit der Arbeit, Urlaub und Unterbringung sowie Unterrichtung und Ausbildung.
Bereits 1934 verreisen nach offiziellen Angaben 2,17 Mio Menschen mit der KdF. Allein 80 000 unternehmen Schiffsreisen mit den Dampfern der KdF-Flotte.

Kultur

Alternative zum klassischen Ballett
Angeregt durch die Begegnung mit der deutschen Ausdruckstänzerin Mary Wigman, entwickelt die US-Amerikanerin Martha Graham den Modern Dance. Auf der Grundlage des um 1900 von Isadora Duncan erfundenen Freien Tanzes entwirft Martha Graham eine verbindliche Tanztechnik, in der Schritte des amerikanischen und deutschen Ausdruckstanzes zusammengefaßt sind. Ihre Choreographien nehmen Elemente der Tiefenpsychologie und Themen der griechischen Mythologie auf.
Neben Martha Grahams Modern Dance etabliert Kurt Jooss eine eigene Tanzschule, in der sich Elemente des Ausdruckstanzes und klassischen Balletts verbinden. Zu seinen Schülerinnen gehören u. a. Pina Bausch und Reinhild Hoffmann.
 G. Zivier: Mary Wigman, 1956. M. Wigman: Die Sprache des Tanzes, 1963.

Kulturszene 1933 — K 305

Theater	
Federico García Lorca Bluthochzeit UA 5.3., Madrid	Die Tragödie im archaischen Stil um Familienehre und Blutrache ist Lorcas vielgespieltes, vertontes und verfilmtes Hauptwerk.
Oper	
Richard Strauss Arabella UA 1.7., Dresden	Großer Erfolg für die melodiöse „lyrische Komödie" aus der k. u. k. Gesellschaft; letzte Vertonung eines Hofmannsthal-Librettos.
Alexander von Zemlinsky Der Kreidekreis UA 14.10., Zürich	Stilmixtur zwischen Puccini und Weill: Vertonung von Klabunds gleichnamiger Bearbeitung eines chinesischen Schauspiels (1925).
Operette	
Nico Dostal Clivia UA 23.12., Berlin	Durchbruch des Österreichers: Story über eine Filmdiva bei Dreharbeiten in Südamerika mit Modetänzen und Liedern im Volkston.
Robert Stolz Zwei Herzen im Dreivierteltakt; UA 30.9., Zürich	Das erfolgreiche Werk bringt die Entstehungsgeschichte einer Operette auf die Bühne, für die noch eine „Zugnummer" gesucht wird.
Konzert	
Béla Bartók 2. Klavierkonzert UA 23.1., Frankfurt/Main	Bartók spielt sein Konzert zum ersten und letzten Mal in Deutschland; bis 1939 führt er es zwanzigmal im europäischen Ausland auf.
Film	
Ernst Lubitsch Serenade zu dritt USA	Charmante, dramaturgisch geschliffene Liebesgeschichte; frivole Episoden in der Dreiecksbeziehung fielen der Zensur zum Opfer.
Gustav Machatý Ekstase – Symphonie der Liebe; Tschechoslowakei	Berühmtester tschechischer Film vor dem 2. Weltkrieg; Nacktszenen der Ehebrecherin (Hedy Lamarr) riefen Proteste hervor.
Max Ophüls Liebelei Deutschland	Verfilmung des gleichnamigen Bühnenstücks (1895) von Arthur Schnitzler; unsentimentale Schilderung der k. u. k. Zeit.
E. B. Schoedsack/M. C. Cooper: King Kong und die weiße Frau; USA	Klassischer Hollywood-Horrorfilm mit hervorragenden tricktechnischen Einlagen; in deutschen Kinos erstmals 1952 zu sehen.
Hans Steinhoff Hitlerjunge Quex Deutschland	Propagandafilm über ein Arbeiterkind, das sich der Hitlerjugend anschließt und einem kommunistischen Mordanschlag zum Opfer fällt.
Buch	
Georges Duhamel Die Chronik der Familie Pasquier; Paris	Erster Band eines zehnbändigen Romanzyklus (bis 1941), in dem ein Biologe die eigene Familiengeschichte erzählt und deutet.
André Malraux Conditio humana Paris	Malraux verknüpft zeitgeschichtliche Ereignisse in China mit existentialistischen Reflexionen über die Bestimmung des Menschen.
Thomas Mann Joseph und seine Brüder Berlin	Der erste Teil der Romantetralogie (bis 1943) deutet die Überlieferungen des Alten Testaments als Epos der Menschheitsgeschichte.
Heinrich Spoerl Die Feuerzangenbowle Düsseldorf	Der große Erfolg des Unterhaltungsromans über Pennälerstreiche wird nur durch die Verfilmung (1944) mit Heinz Rühmann übertroffen.
Gertrude Stein Autobiographie von Alice B. Toklas; New York	Die Autobiographie stellt das Leben der amerikanischen Schriftstellerin und Künstlermäzenin aus der Perspektive ihrer Sekretärin dar.
Franz Werfel Die vierzig Tage des Musa Dagh; Berlin u. a.	Der Roman über die Armenierverfolgung in der Türkei (1915/16) ist eine aufrüttelnde Absage an Rassismus und Völkermord.

1933

Sport 1933 — K 306

Fußball
Deutsche Meisterschaft	Fortuna Düsseldorf
Englische Meisterschaft	Arsenal London
Italienische Meisterschaft	Juventus Turin
Spanische Meisterschaft	Real Madrid

Tennis
Wimbledon (seit 1877; 53. Austragung)	Herren: Jack Crawford (AUS) Damen: Helen Wills-Moody (USA)
US Open (seit 1881; 53. Austragung)	Herren: Fred Perry (GBR) Damen: Helen Jacobs (USA)
French Open (seit 1925; 9. Austragung)	Herren: Jack Crawford (AUS) Damen: Margaret Scriven (GBR)
Australian Open (seit 1905; 26. Austragung)	Herren: Jack Crawford (AUS) Damen: Joan Hartigan (AUS)
Davis-Cup (Paris, FRA)	Großbritannien – Frankreich 3:2

Eishockey
Weltmeisterschaft	USA
Stanley-Cup	New York Rangers
Deutsche Meisterschaft	Berliner SC

Radsport
Tour de France (4395 km)	Georges Speicher (FRA)
Giro d'Italia (3343 km)	Alfredo Binda (ITA)
Straßenweltmeisterschaft	Georges Speicher (FRA)

Automobilsport (Grand-Prix-Rennen)
GP von Belgien, Spa	Tazio Nuvolari (ITA), Maserati
GP/Tschechoslowakei, Brünn	Louis Chiron (FRA), Alfa Romeo
GP von Deutschland, Berlin	Achille Varzi (ITA), Bugatti
Eifelrennen, Nürburgring	Tazio Nuvolari (ITA), Alfa Romeo
GP von Frankreich, Monthléry	Giuseppe Campari (ITA), Maserati
GP von Italien, Monza	Achille Varzi (ITA), Bugatti
GP von Spanien, S. Sebastian	Louis Chiron (FRA), Alfa Romeo

Boxen
Schwergewichts-Weltmeisterschaft	Primo Carnera (ITA) – PS gegen Paolino Uzudun (ESP), 22.10. – K. o. über Jack Sharkey (USA), 29.6.

Herausragende Weltrekorde
Disziplin	Athlet (Land)	Leistung
Leichtathletik, Männer		
1500 m	Luigi Beccali (ITA)	3:49,0 min
Hochsprung	Walter Marty (USA)	2,05 m
Speerwurf	Matti Järvinen (FIN)	76,10 m
Leichtathletik, Frauen		
Diskuswurf	Jadwiga Wajsowna (POL)	43,08 m
Schwimmen, Männer		
400 m Freistil	Shozo Makino (JPN)	4:46,4 min
100 m Brust	Jacques Cartonnet (FRA)	1:12,4 min
Schwimmen, Frauen		
200 m Freistil	Willie den Ouden (HOL)	2:28,6 min

Modern Dance: Martha Graham (1894-1991), entwickelt den Ausdruckstanz weiter.

Sport

Boxkrone wieder in Europa
29.6. New York. Der Schwergewichts-Weltmeister Jack Sharkey (USA) verliert im Madison Square Garden den Titelkampf gegen seinen 26jährigen Herausforderer Primo Carnera aus Italien durch K. o. in der sechsten Runde. Carnera, der ursprünglich Ringer war und 1928 zum Boxsport kam, ist damit nach Max Schmeling der zweite europäische Box-Weltmeister aller Klassen.
Sharkey hatte die Boxkrone im Vorjahr durch einen umstrittenen Punktsieg über Schmeling errungen.
Carnera kann den Titel rd. zwölf Monate halten, bevor er ihn am 14.6.1934 an Max Baer aus den USA verliert. S 298/K 306

Erstmals Tour de Suisse
28.8. Zürich. Anläßlich des 50jährigen Bestehens des Schweizer Radfahrer- und Motorradfahrer-Bundes (SRB) wird die erste Tour de Suisse ausgetragen. Das Rennen führt in sieben Etappen über 1253 km und stellte wegen des gebirgigen Geländes erhebliche Anforderungen an die Fahrer. Sieger wird der Österreicher Max Bulla.
Mit der Tour de France (↑S.42/1.7.1903) und dem Giro d'Italia (↑S.84/1909) gehört die Tour de Suisse zu den wichtigsten Etappenrennen. Im Unterschied zur Tour (gelb) oder zum Giro (rosa) trägt der Spitzenreiter ein weißes Trikot.

1934

Politik

Deutsch-polnischer Nichtangriffspakt
26.1. Berlin. Deutschland und Polen unterzeichnen einen für zehn Jahre geltenden Nichtangriffspakt. Beide Seiten verpflichten sich zur friedlichen Beilegung aller Streitfragen mittels direkter Konsultationen. Dies bezieht sich insbesondere auf deutsche Gebietsabtretungen an Polen aufgrund des Versailler Vertrags (↑S.175/2.5.1921). Dieser Pakt folgt dem Rückzug Deutschlands von der Genfer Abrüstungskonferenz und dem Austritt aus dem Völkerbund (↑S.295/14.10.1933). Das Deutsche Reich kündigt seine Teilnahme an Bemühungen zum Aufbau eines europäischen Sicherheitssystems auf und verläßt den Weg, auf dem die Weimarer Republik versucht hatte, eine anerkannte Position im Kreis der europäischen Mächte zurückzugewinnen. Statt dessen setzt die deutsche Außenpolitik auf bilaterale Allianzen. `S 294/K 302`

Deutsche Länder gleichgeschaltet
30.1. Berlin. Der nur noch aus NSDAP-Mitgliedern bestehende Reichstag verabschiedet einstimmig das von der Regierung Hitler vorgelegte Gesetz zum Neuaufbau des Reiches. Die Länderparlamente werden aufgelöst und ihre Regierungen zu Ausführungsorganen der Reichsregierung gemacht. In Art. 4 heißt es: „Die Reichsregierung kann neues Verfassungsrecht setzen."
Das neue Gesetz geht damit über das Ermächtigungsgesetz vom 23.3.1933 (↑S.293) hinaus, das noch Schutzbestimmungen für die Verfassungsorgane Reichsrat und Reichstag enthielt. Die nationalsozialistische Regierung verfügt nun über die (schein)legale Grundlage für uneingeschränkte Machtausübung auf Reichs- und Länderebene. `S 293/K 300`

Balkanpakt bringt keine Lösung
9.2. Athen. Regierungsvertreter Griechenlands, Jugoslawiens, Rumäniens und der Türkei garantieren im Balkanpakt die gegenseitige Sicherheit ihrer Grenzen.
Der Vertrag richtet sich ebenso wie die 1920/21 geschlossene Kleine Entente zwischen der Tschechoslowakei, Jugoslawien und Rumänien (↑S.209/25.1.1924) gegen diejenigen Mächte, die eine territoriale Revision der Pariser Vorortverträge anstreben, also z. B. gegen Ungarn (↑S.153/28.6.1919, S.154/10.9.1919, S.164/10.8.1920).
Diese Politik der „kollektiven Sicherheit" wird von Frankreich gefördert, das darin ein mögliches Gegengewicht zum wiedererstarkten Deutschen Reich sieht. Da dem Bündnis keine Großmacht beitritt, taugt es wenig zur Eindämmung der Expansionsbestrebungen Hitlers. Auch eine Lösung der Konflikte auf dem Balkan kann es wegen der Ausklammerung albanischer und bulgarischer Interessen nicht bieten. `S 294/K 302` `S 300/K 308`

Wichtige Regierungswechsel 1934		K 307
Land	**Amtsinhaber**	**Bedeutung**
Belgien	Albert I. (König seit 1909) Leopold III. (König bis 1951)	Tödlicher Bergunfall des Monarchen (17.2.), der im 1. Weltkrieg die Neutralität seines Landes zu wahren suchte
Bolivien	Daniel Salamanca (P seit 1931) José Luis Tejada Sorzano (P bis 1936)	Salamanca von eigenen Truppen entmachtet (28.11.); Sorzano schließt 1935 Waffenstillstand im Chaco-Krieg
Bulgarien	Nikolaus Muschánow (M seit 1931) Kimon S. Georgiew (M bis 1935)	Militärputsch (17.5.); politische Parteien werden aufgelöst; König Boris III. regiert durch von ihm benannte Beauftragte
Deutsches Reich	Paul von Hindenburg (P seit 1925) Adolf Hitler (P bis 1945)	Nach Hindenburgs Tod (2.8.) entsteht Einheitsstaat nach dem Führerprinzip; Hitler wird „Führer und Reichskanzler" (S.303)
Frankreich	Camille Chautemps (M seit 1933) Edouard Daladier (M 30.1.–7.2.) Gaston Doumergue (M 9.2.–8.11.) Pierre Etienne Flandin (M bis 1935)	Rücktritt von Chautemps (27.1.) wegen Stavisky-Affäre; Rücktritt von Daladier nach blutigem Aufstand der Rechten; Rücktritt von Doumergue, weil Parlamentsrechte nicht beschränkt werden; Flandin regiert mit „Kabinett des Burgfriedens"
Jugoslawien	Alexander I. (König seit 1921) Peter II. (König bis 1945)	Attentat makedonischer und kroatischer Nationalisten auf Alexander (9.10.); 11jähriger Kronprinz Peter wird Nachfolger (S.303)
Mexiko	Abelardo Rodríguez (P seit 1932) Lázaro Cárdenas (P bis 1940)	Cárdenas beendet Epoche gewaltsamer Präsidentenwechsel und setzt Enteignung der Großgrundbesitzer durch
Österreich	Engelbert Dollfuß (Christl.soz., B seit 1932) Kurt Schuschnigg (Christl.soz., B bis 1938)	Dollfuß stirbt bei nationalsozialistischem Putschversuch (25.7.); Schuschnigg verhindert Rückkehr zur Parteiendemokratie (S.302)

B = Bundeskanzler bzw. Premierminister; M = Ministerpräsident; P = Präsident

1934

Rumänien im 20. Jahrhundert		K 308
Jahr	Ereignis	
1914	Rumänien erklärt seine Neutralität für den 1. Weltkrieg (4.8.)	
1916	Kriegserklärung an Österreich-Ungarn (27.6.)	
	Einmarsch der feindlichen Mittelmächte in Bukarest (6.12.)	
1918	Frieden von Bukarest (7.5.) beendet Krieg mit Mittelmächten	
1919/20	Nach dem 1. Weltkrieg verdoppelt sich das rumänische Territorium; hinzu kamen die Bukowina, die Dobrudscha, Siebenbürgen und das östliche Banat (Pariser Vorortverträge, S.149)	
1921	Beitritt zur Kleinen Entente; Bündnisvertrag mit Polen (S.209/1924)	
1923	Neue Verfassung sieht gleiches Wahlrecht vor	
1924	Balkanbund mit Bulgarien, Griechenland und Jugoslawien	
1928	Erste freie Wahlen enden mit dem Sieg der Nationalen Bauern-Partei unter Ministerpräsident Iuliu Maniu	
1933	Abschluß eines Nichtangriffspakts mit der UdSSR	
1940	Während des 2. Weltkriegs besetzen sowjetische Truppen die Bukowina und Bessarabien, Ungarn annektiert Nord-Siebenbürgen	
	I. Antonescu ruft nach Abdankung Carols II. (seit 1930) den profaschistischen „Nationalen Staat der Legionäre" aus (S.365/6.9.)	
	Kriegseintritt an der Seite der Achsenmächte	
1943	Beitritt zum Antikominternpakt (25.11.)	
1944	Nach Verhaftung und Sturz Antonescus erklärt König Michael I. dem Deutschen Reich den Krieg (23.8.)	
	Frieden von Moskau: Rumänien muß Bessarabien und die nördliche Bukowina an die Sowjetunion abtreten	
1945	Agrarreform: Enteignung der Großgrundbesitzer (23.3.)	
1947	Pariser Vertrag (10.2.): Bestätigung der Gebietsabtritte; Rumänien erhält den nördlichen Teil Siebenbürgens zurück (S.429)	
	Abschaffung der Monarchie und Proklamation der Volksrepublik (30.12.), die eng an die Hegemonialmacht UdSSR angelehnt ist	
1948	Verstaatlichung der Wirtschaftsbetriebe; Kollektivierung (Juni)	
1952	Die neue Verfassung schreibt die Diktatur des Proletariats und die führende Rolle der Arbeiterpartei (RAP) fest (24.9.)	
1955	Gründungsmitglied des Warschauer Pakts (S.498)	
1965	Nicolae Ceaușescu wird KP-Chef (22.3.); leichte Lösung von UdSSR (S.590); Rumänien Sozialistische Republik (21.8.)	
1968	Einmarsch in die ČSSR findet ohne rumänische Truppen statt	
1974	Verfassungsmodifikation: Das neue Präsidentenamt wird ebenfalls von Parteichef Ceaușescu bekleidet	
1984	Als einziges Land des COMECON schließt sich Rumänien nicht dem Boykott der Olympischen Spiele in Los Angeles an	
1989	Unruhen enden mit Sturz und Hinrichtung Ceaușescus (25.12.); Bildung einer „Front der Nationalen Rettung" (FSN, S.822)	
1990	Erste freie Wahlen (20.6.): Wahlsieg der FSN unter Ion Iliescu, der zum Staatspräsident gewählt wird (S.832)	
1991	Nach Protesten von Bergarbeitern tritt Ministerpräsident Petre Roman zurück (26.9.); der parteilose Nachfolger Theodor Stolojan beendet die führende Rolle der FSN	
	Volksabstimmung: Rumänen entscheiden sich für eine demokratische Verfassung mit Präsidialsystem und Parteienpluralismus	
1992	Iliescu als Staatspräsident bestätigt	
1995	Handelsabkommen mit der EU	
1996	Bei Parlaments- und Präsidentschaftswahlen siegt die „Demokratische Convention" (CDR) unter Emil Constantinescu, der Iliescu als Staatspräsident ablöst	

Römische Protokolle unterzeichnet

17.3. Rom. Benito Mussolini (Italien), Engelbert Dollfuß (Österreich) und Gyula Gömbös von Jáfka (Ungarn) unterzeichnen die Römischen Protokolle.

Im ersten Protokoll verpflichten sich die Länder zur Abstimmung in der Außenpolitik; die beiden anderen beziehen sich auf dreiseitige bzw. italienisch-österreichische Wirtschaftskooperationen.

Mussolini unterstützt mit diesen Abmachungen Dollfuß (↑S.301/30.4., S.302/25.7.) bei dessen innenpolitischem Kampf gegen den Versuch des Anschlusses und der Machtergreifung durch die Nationalsozialisten. Gleichzeitig macht er gegenüber Hitler seinen Anspruch auf Österreich als italienisches Interessengebiet deutlich. Die Verbindung mit Ungarn fügt sich in seine gegen das Königreich Jugoslawien gerichtete Politik ein, so daß Mussolini den italienischen Einfluß in Südosteuropa insgesamt stärken kann (↑S.351/7.4.1939).

Auch Vossische Zeitung stirbt

31.3. Berlin. Die liberale Berliner Vossische Zeitung, eines der traditionsreichsten deutschen Blätter, stellt ihr Erscheinen ein.

Hervorgegangen aus dem 1704 von J. M. Rüdiger gegründeten „Diarium" erschien sie unter wechselnden Namen zunächst als Wochenzeitung; zeitweise gehörte Gotthold Ephraim Lessing zu den Mitarbeitern. Ab 1824 erschien sie täglich, 1913 wurde die Zeitung vom Ullstein-Verlag übernommen. Mit ihrem Abschied vom Leser reiht sich die „Vossische" in das Sterben der bürgerlichen Presse nach der nationalsozialistischen Machtergreifung ein: eine Folge von Repressionsmaßnahmen wie dem Schriftleitergesetz vom 4.10.1933 und der Überschwemmung des Zeitungsmarktes mit nationalsozialistischen Publikationen. S 301/K 309

📖 K.-D. Abel: Presselenkung im NS-Staat, 2. bearb. Aufl. 1984.

Volksgerichtshof gegründet

24.4. Berlin. Für die Bearbeitung von Hoch- und Landesverratssachen sowie anderen politischen Delikten wird der Volksgerichtshof eingesetzt.

Bereits während der Weimarer Republik war am 1.9.1922 aufgrund des Gesetzes zum Schutz der Republik der Leipziger Staatsgerichtshof gebildet worden. Offizieller Anlaß für die Gründung des Volksgerichtshofs ist der Reichstagsbrandprozeß am Leipziger Reichsgericht (↑S.290/27.2.1933), dessen

Ergebnis den Nationalsozialisten nicht paßte. Die mitangeklagten kommunistischen Tatverdächtigen waren nicht, wie erwünscht, verurteilt worden.
Der Volksgerichtshof ist als juristisches Instrument der nationalsozialistischen Machtausübung und Verfolgungspolitik konzipiert. Seine Mitglieder werden von Hitler ernannt. Gegen die Urteile ist kein Rechtsmittel zulässig. Zwischen 1942 und 1944 verhängt der Volksgerichtshof unter seinem Präsidenten Roland Freisler 4951 Todesurteile.

Im Namen des Deutschen Volkes. Justiz und Nationalsozialismus, 1989.

Ende der 1. Republik Österreich
30.4. Wien. Der nach dem Verbot der Sozialdemokratischen Partei dem Gesetz nach beschlußunfähige Nationalrat nimmt dennoch auf seiner 126. und letzten Sitzung mit 72 zu 2 Stimmen die von Bundeskanzler Engelbert Dollfuß erlassenen Notverordnungen an.
Die damit eingeführte „Bundesverfassung 1934" überträgt nach faschistischem Vorbild der Regierung alle Befugnisse, die bisher dem Nationalrat oder dem Bundesrat zustanden. In der Folge werden die Parteien aufgelöst; die „Vaterländische Front" wird zum einzigen politischen Willensträger erklärt.
Die eigenmächtige Entscheidung des Rumpfparlaments markiert das vorläufige Ende der parlamentarischen Demokratie in Österreich (↑S.302/25.7.).

Bekennende Kirche formiert sich
29.5. Barmen. Vertreter von 19 der 28 selbständigen protestantischen Landeskirchen treffen in Barmen zur ersten Reichsbekenntnissynode zusammen.
Im September 1933 hatte Martin Niemöller in Berlin einen Pfarrer-Notbund gegründet, der sich gegen die von Hitler unterstützten Deutschen Christen und den Versuch wandte, eine protestantische Reichskirche unter Leitung von Reichsbischof Ludwig Müller aufzubauen. Aus dem Notbund entstand Anfang 1934 die Bekennende Kirche.
In Abgrenzung zu den Deutschen Christen bekennen sich die Teilnehmer der Barmer Synode zu den Grundsätzen der Bibel und lehnen Führerprinzip und Arierparagraphen ab. Aus einem innerkirchlichen Streit zwischen den Deutschen Christen und der Bekennenden Kirche wird ein Kampf gegen die staatlichen Kirchenbehörden.
Eine zweite Bekenntnissynode im Oktober 1934 verkündet das „kirchliche Notrecht" und fordert protestantische Gemeinden und

Gleichschaltung der Medien im Dritten Reich K 309

Datum	Ereignis/Maßnahme
4. 2.1933	Notverordnung zum Schutz des deutschen Volkes: erhebliche Einschränkung der Meinungs- und Pressefreiheit
22. 3.1933	Der Reichsminister für Volksaufklärung und Propaganda, Joseph Goebbels, übernimmt die Überwachung des Rundfunks, die bisher vom Reichspostministerium ausgeübt wurde
16. 4.1933	Gleichschaltung der satirischen Zeitschrift „Simplicissimus" (gegr. 1896); von dem Zeichner und Mitbegründer der Zeitschrift, Th. Th. Heine, erscheinen keine Arbeiten mehr
9. 5.1933	Gleichschaltung des Reichsverbands Dt. Zeitschriftenverleger
22. 6.1933	Verbot der SPD und damit des Parteiorgans „Vorwärts"
14. 7.1933	Gesetz gegen die Neubildung von Parteien; in der Folgezeit stellen 600 Zeitungen ihr Erscheinen ein
22. 9.1933	Verabschiedung des von Goebbels vorgelegten Reichskulturkammergesetzes; die sieben zu errichtenden Einzelkammern (für Presse, Rundfunk, Theater, Schrifttum, Musik, Film und bildende Künste) unterstehen dem Propagandaminister
4.10.1933	Schriftleitergesetz zur Gleichschaltung der Presse
9.10.1933	Die konservative „Tägliche Rundschau", die bereits für mehrere Monate verboten war, stellt ihr Erscheinen ein
28.11.1933	Fusion der beiden wichtigsten deutschen Nachrichtenagenturen, Wolffs Telegraphen-Bureau und Telegraphen-Union, zum Deutschen Nachrichtenbüro GmbH
31.12.1933	Der liberale „Berliner Börsen-Courier" (gegr. 1868) fusioniert wegen erheblichen Auflagenrückgangs mit der „Berliner Börsen-Zeitung"; die „Königsberger Hartungsche Zeitung" (gegr. 1640) stellt ihr Erscheinen ein
1. 1.1934	Die deutschen Zeitungen müssen künftig täglich die Auflagenziffer für den Vormonat veröffentlichen, um den sog. Auflagenschwindel zu verhindern
16. 2.1934	Verabschiedung des Lichtspielgesetzes: Zentrale Prüfinstanz für in- und ausländische Filme, die im Deutschen Reich aufgeführt werden, wird die staatliche Reichsfilmdramaturg
31. 3.1934	Die linksliberale „Vossische Zeitung" stellt ihr Erscheinen ein, da viele ihrer Redakteure Berufsverbot haben (S.300)
31. 5.1934	Die I. G. Farben kauft die ursprünglich liberale „Frankfurter Zeitung" (gegr. 1856), die Anfang 1934 eine nationalsozialistische Hauptschriftleitung erhalten hat
8. 3.1935	„Arisierung" der Zeitungsverlage
2. 7.1935	Die liberalen „Basler Nachrichten" dürfen in Deutschland nicht mehr erscheinen
7. 5.1936	Goebbels behält sich die alleinige Entscheidungsbefugnis für das Aussprechen von Presseverboten vor
18. 3.1937	Goebbels setzt erstmals einen Reichsrundfunkintendanten ein
2. 6.1938	Der „Völkische Beobachter" berichtet, die „Judenherrschaft in der Wiener Presse" sei nun beseitigt
31. 1.1939	Letzte Ausgabe der Wiener Tageszeitung „Neue Freie Presse"; in Berlin stellen das liberaldemokratische „Berliner Tageblatt" (gegr. 1871) und die konservative „Neue Preußische (Kreuz)-Zeitung" (gegr. 1848) ihr Erscheinen ein
28.10.1939	Durch Verfügung von Reichspropagandaminister Goebbels wird die Reichsrundfunkkammer aufgelöst; ihre Rechte und Pflichten gehen an die Reichsrundfunkgesellschaft über
31. 8.1943	Die „Frankfurter Zeitung" muß auf eine ausdrückliche Weisung Hitlers hin das Erscheinen einstellen

1934

"Röhm-Putsch": Ein Extrablatt verschiedener oberbayerischer Zeitungen berichtet über die Liquidierung der gesamten SA-Führung um Ernst Röhm.

Engelbert Dollfuß: Der österreichische Bundeskanzler wird beim Putschversuch der Nazis ermordet (Foto seiner Aufbahrung).

Pfarrer auf, Reichsbischof Müller den Gehorsam zu verweigern.
J. Schmidt: Martin Niemöller im Kirchenkampf, 1972.

„Röhm-Putsch" niedergeschlagen
30.6. München. Angebliche Putschpläne des Stabschefs der SA, Ernst Röhm, werden von Hitler zum Vorwand genommen, die Führungsriege der SA mit Hilfe der Reichswehr zu beseitigen.

Hitler nimmt die von ihm zu einer Tagung nach Bad Wiessee bestellten SA-Führer selbst gefangen, in Berlin läßt er die Verhaftungen von Hermann Göring vornehmen. Viele der Verhafteten werden noch am selben Tag bzw. am 1.7. ohne Gerichtsverfahren erschossen.

Im Hinblick auf eine frühzeitige Kriegsbereitschaft der Truppe hatte sich Hitler gegen die SA und für die Zusammenarbeit mit den konservativen Offizieren des Heeres entschieden, die dem Anspruch der SA-Führer nach dem Oberbefehl über eine aus SA und Heer gebildete Volksmiliz ablehnend gegenüberstanden. Am 3.7. läßt Hitler sein Vorgehen, dem etwa 200 Personen zum Opfer fallen, von der Staatsregierung als „Staatsnotwehr" legalisieren.
P. Longerich: Die braunen Bataillone. Geschichte der SA, 1989.

Dollfuß ermordet
25.7. Wien. Bei einem Putschversuch der österreichischen Nationalsozialisten wird

Bundeskanzler Engelbert Dollfuß ermordet. Die Putschisten besetzen den Rundfunksender in Wien und geben über Radio den Rücktritt von Dollfuß bekannt. Im ebenfalls besetzten Bundeskanzleramt schießen sie den österreichischen Bundeskanzler nieder.
Da die österreichische SA, erbittert über die Morde im Zusammenhang mit dem „Röhm-Putsch" (↑S.302/30.6.), die von der SS getragene Aktion sabotiert, bricht der Putsch nach wenigen Stunden zusammen. Einigen Putschisten gelingt die Flucht nach Deutschland; sie werden an Österreich ausgeliefert und am 2.8. hingerichtet.
Neuer Bundeskanzler wird am 30.7. Kurt Schuschnigg, der an der Idee seines Vorgängers von einem konservativ-christlichen Ständestaat festhält (↑S.301/30.4.).
Am 11.3.1938, zwei Tage vor dem „Anschluß" Österreichs an das Deutsche Reich (↑S.341/12.3.1938), muß Schuschnigg auf Druck Hitlers zurücktreten. S 303/K 310

📖 K. Schuschnigg: Im Kampf gegen Hitler. Überwindung der Anschlußidee, NA 1988. P. Burian: Geschichte Österreichs seit 1918, 1989.

Das österreichische Krisenjahr 1934 K 310

Datum	Ereignis
8.1.	Österreichische Regierung unter Bundeskanzler Engelbert Dollfuß beschließt Abwehrmaßnahmen gegen die NS-Bewegung
12.2.	Beginn des Februaraufstands (bis 15.2.); Dollfuß verbietet die Sozialdemokratische Partei; Ende der parlamentarischen Demokratie
2.3.	Dollfuß-Erlaß für eine Einheitsgewerkschaft
30.4.	Nationalrat beschließt die „Verfassung 1934": Österreich wird ein ständisch geordneter Bundesstaat (S.301)
25.7.	Nationalsozialistische Putschisten ermorden den christlich-sozialen Dollfuß; der NS-Putschversuch scheitert jedoch (S.302)
26.7.	Mussolini entsendet Truppen an die italienisch-österreichische Grenze, um die Unabhängigkeit Österreichs zu sichern
30.7.	Kurt Schuschnigg wird neuer Bundeskanzler (S.302/25.7.)
31.7.	Die Putschisten Otto Planetta und Friedrich Holzweber, die Mörder von Dollfuß, werden durch den Strang hingerichtet
28.9.	Selbstauflösung der Christlichsozialen Partei (CP)

Hitler auf dem Zenit seiner Macht
2.8. Berlin. Reichspräsident und Generalfeldmarschall Paul von Hindenburg stirbt im Alter von 86 Jahren auf seinem Gut Neudeck in Westpreußen.
Bereits am 1.8. hatte die Reichsregierung beschlossen, das Amt des Reichspräsidenten nach Ableben Hindenburgs mit dem des Reichskanzlers zu vereinen. Hitler übernimmt die Ämter in Personalunion, ohne allerdings den Titel Reichspräsident zu führen. Gleichzeitig wird ihm der Oberbefehl über die Wehrmacht übertragen.
Anderthalb Jahre nach seiner Ernennung zum Reichskanzler (↑S.290/30.1.1933) hat Hitler eine in Europa einzigartige Machtfülle auf sich vereint.

📖 E. Jäckel: Hitlers Herrschaft. Vollzug einer Weltanschauung, 1986.

Baltenpakt gegen Großmächte
12.9. Genf. Die Außenminister von Estland, Lettland und Litauen unterzeichnen im Völkerbundsekretariat den „Vertrag über das Einvernehmen und die Zusammenarbeit der drei baltischen Staaten". Es handelt sich um kein Militärbündnis und keine Abmachung für den Kriegsfall, sondern um Vereinbarungen für die politisch-diplomatische Zusammenarbeit.
Seit 1919 hatten die drei Staaten wiederholt versucht, mit Hilfe gegenseitiger Verträge ihre Unabhängigkeit abzusichern. 1922 bildeten Polen, Estland, Lettland und Finnland zum Schutz vor der UdSSR die Baltische Entente, von der sich nur das estnisch-lettische Bündnis als dauerhaft erwies. Von dem Pakt erhoffen sich die drei Staaten eine Stärkung ihrer Position im Spannungsfeld zwischen Deutschem Reich und Sowjetunion.

📖 G. v. Rauch: Geschichte der baltischen Staaten, 1990.

Attentat auf Alexander I.
9.10. Marseille. Kurz nach Antritt eines Staatsbesuchs in Frankreich wird Alexander I., König der Serben, Kroaten und Slowenen (seit 1929 Königreich Jugoslawien), von einem kroatischen Nationalisten ermordet. Dieser gehört zur antiserbisch ausgerichteten Untergrundbewegung, die von Italien und Ungarn aus operiert.
Alexander I. konnte als Vertreter des serbischen Führungsanspruchs das heterogene Land nicht harmonisieren. Seine Königsdiktatur (↑S.255/5.1.1929) erhöhte nur noch die Spannungen im Vielvölkerstaat. Nachfolger wird sein minderjähriger Sohn Peter II., der 1941 die Regierung übernimmt. Mit dessen Flucht 1945 endet die Monarchie.
Bei dem Anschlag kommt auch der französische Außenminister Louis Barthou ums Leben, was einen Rückschlag für das französische Bestreben bedeutet, ein osteuropäisches Sicherheitssystem aufzubauen (↑S.209/25.1.1924). Barthou strebte ein „Ost-Locarno" (↑S.221/16.10.1925) auf der Basis einer französisch-russischen Allianz an. In dieses Bündnissystem sollte auch Jugoslawien einbezogen werden. S 256/K 267

Kurt Schuschnigg

1934

„**Langer Marsch**": Mao Zedong, Korrespondent Earl Leaf, Chu Teh und Maos Frau (v.l.) im kommunistischen Hauptquartier in Yan'an

US-Golddollar: Mit der Unterzeichnung des Gold Reserve-Acts führt US-Präsident Franklin D. Roosevelt die Kontrolle über die Dollarabwertung ein.

Der „Lange Marsch" beginnt

27.10. Jiangxi. Knapp 90 000 Kämpfer der Roten Arbeiter- und Bauernarmee Chinas verlassen ihr „Zentrales Revolutionäres Stützpunktgebiet" in der südchinesischen Provinz Jiangxi, um der Umklammerung durch die Guomindang-Truppen von Chiang Kai-shek zu entgehen. Dem Führer der Guomindang (↑S.220/20.3.1925) war es gelungen, in einem 5. Vernichtungsfeldzug die 1931 gegründete chinesische Sowjetrepublik zu zerschlagen. Nur mit Mühe gelingt den Kommunisten die Flucht.

Insgesamt nehmen fünf kommunistische Armeegruppen auf unterschiedlichen Routen an dem 12 000 km langen Marsch teil. Nur ein Zehntel der insgesamt 300 000 Teilnehmer erreicht im Oktober 1935 Yan'an in Zentralchina, die neue Hauptstadt der kommunistischen Bewegung.

Aus den Führungskämpfen während des Langen Marsches geht Mao Zedong, 1921 (S.176/1.7.) Mitbegründer der Kommunistischen Partei Chinas (KPCh), als Sieger hervor; er wird im Januar 1935 zum Vorsitzenden der KPCh gewählt. Der „Lange Marsch" wird später zur Legende und Geburtsstunde des maoistischen Chinas verklärt, das der „Große Vorsitzende" tatsächlich erst ab 1949 in seinem Sinn umgestalten kann.

S 305/K 311

E. G. Mohr: Die unterschlagenen Jahre. China vor Mao Tse-tung, 1985.

Wirtschaft

Abschaffung des US-Golddollars

30.1. Washington. US-Präsident Franklin D. Roosevelt unterzeichnet den Gold Reserve Act, ein Währungsgesetz, das die Umtauschbarkeit des US-Dollars in Gold beendet und gleichzeitig seinen Gegenwert in Gold auf einem niedrigeren Niveau neu festsetzt, nämlich bei genau 59,06% seines früheren Wertes. Bis 1971 sind 35 Dollar der Gegenwert für eine Unze Gold. Durch das Gesetz wird der Staat Eigentümer allen Münz- und Barrengoldes, für das die bisherigen Eigentümer „ewig geltende" Zertifikate erhalten.

Der Gold Reserve Act setzt einen Schlußpunkt unter Roosevelts Experiment mit einer inflationären Währungspolitik, das er mit dem Ziel eines inländischen Preisauftriebs verfolgte, um amerikanische Erzeuger vor den Dumpingpreisen der ausländischen Konkurrenz zu schützen. Die Abwertung des US-Dollars kommt jedoch vor allem der Exportwirtschaft zugute sowie den mit Hypotheken belasteten Farmern und verschuldeten Industrieunternehmen. Leidtragende sind Kleinsparer und Angestellte, deren Gehälter den steigenden Lebenshaltungskosten nicht angeglichen werden.

Wissenschaft

Neuartige Wasserstoffatome

Der australische Physiker Marcus Laurence Oliphant erzeugt aus Deuterium erstmals „Tritium" (T), das schwerste und einzige radioaktive Wasserstoffisotop (ein Proton, zwei Neutronen); mit einer Halbwertszeit von etwa zwölf Jahren zerfällt es unter Aussendung von Elektronen. Tritium entsteht normalerweise in den oberen Schichten der Atmosphäre durch eine Kernreaktion von Stickstoff mit von der Höhenstrahlung (↑S.101/7.8.1912) erzeugten Neutronen. Produziert wird es ebenfalls bei der Explosion von Wasserstoffbomben (↑S.475/1.11.1952) und bei der Gewinnung von Kernenergie (↑S.384/2.12.1942).

Die US-amerikanischen Chemiker Harold Clayton Urey und Edward Dwight Washburn hatten 1932 bei der Destillation von Wasserstoff das Isotop (↑S.108/18.2.1913) „Deuterium" (D) entdeckt, dessen Kern zusätzlich zum Proton des gewöhnlichen Wasserstoffatoms (H) ein Neutron enthält. In der Chemie wird Deuterium u. a. zur Markierung organischer Verbindungen und für die Untersuchung von Reaktionsabläufen verwendet, an denen Wasserstoff beteiligt ist.

Kultur

Millers „Wendekreis"-Romane

Paris. Mit einem Vorwort von Anaïs Nin erscheint in Paris der Roman „Wendekreis des Krebses" des in Frankreich lebenden US-amerikanischen Autors Henry Miller. Es ist

Führer der Chinesischen Revolution — K 311

Name, Partei	Leistung, politische Ziele
Sun Yat-sen (1866–1925) Guomindang	Gründer der chinesischen Nationalpartei (Guomindang) und nach der Revolution von 1911 Präsident der Republik China; 1917–23 mehrfach an der Spitze einer chinesischen Gegenregierung; veröffentlichte 1924 „Drei Grundlehren vom Volk", auf die sich heute Guomindang und die Kommunistische Partei Chinas beziehen
Chiang Kai-shek (1887–1975) Guomindang	Schloß sich 1911 Sun Yat-sen an, ab 1925 Führer der Guomindang, trennte sich 1927 von den Kommunisten und bildete die Nanking-Regierung; führte zwei Bürgerkriege gegen die Kommunisten; nach der Kapitulation der nationalchinesischen Guomindang (1949) Flucht nach Taiwan
Mao Zedong (1893–1976) Kommunisten	1921 Gründungsmitglied der Kommunistischen Partei Chinas; arbeitete bis 1927 mit der Guomindang zusammen, danach Führer der kommunistischen Partisanenbewegung; initiierte 1934 den „Langen Marsch"; 1945 zum Vorsitzenden von ZK und Politbüro gewählt, proklamierte nach Sieg im 2. Bürgerkrieg (1945–49) die Republik
Zhou Enlai (1898–1976) Kommunisten	1921 Gründungsmitglied der Kommunistischen Partei Chinas, seit 1931 enger Vertrauter von Mao, den er 1935 im ZK der KPCh vertrat; führte Verhandlungen mit Guomindang-Führer Chiang Kai-shek

Nobelpreisträger 1934 — K 312

Frieden: Arthur Henderson (GB, 1863–1935)

Der langjährige Labour-Vorsitzende, von 1929 bis 1931 britischer Außenminister, kämpfte für die Einheit Europas und unterstützte die Gründung des Völkerbunds. Den Friedensnobelpreis erhielt er für seine Tätigkeit als Präsident der Genfer Abrüstungskonferenz in den Jahren 1932 und 1933.

Literatur: Luigi Pirandello (I, 1867–1936)

Der Dramatiker und Erzähler gab dem italienischen Theater, das lange von fremden Einflüssen beherrscht war, neue Impulse. Hauptthema Pirandellos ist das Beziehungsgeflecht zwischen Schein und Sein, u. a. dargestellt in seinem Welterfolg „Sechs Personen suchen einen Autor" (1921).

Chemie: Harold Clayton Urey (USA, 1893–1980)

1931 entdeckte Urey den schweren Wasserstoff (Deuterium). Wasser, das mit Deuterium angereichert wurde, eignet sich zur Untersuchung der inneren Strukturen lebender Organismen. In den 40er Jahren entwickelte Urey die von den USA im 2. Weltkrieg abgeworfenen Atombomben mit.

Medizin: George R. Minot (USA, 1885–1950), William P. Murphy (USA, 1892–1987), George H. Whipple (USA, 1878–1976)

Die drei Forscher konzipierten eine Leberdiät zur Behandlung von Anämie. Bei dieser Blutkrankheit mit tödlichem Ausgang nimmt die Anzahl der roten Blutkörperchen kontinuierlich ab. Anämie läßt sich durch die vitaminreiche Ernährung mit Leberkost relativ leicht bekämpfen.

Nobelpreis für Physik nicht verliehen

Kulturszene 1934 — K 313

Theater

Jean Cocteau Die Höllenmaschine UA 10.4., Paris	Die „Höllenmaschine" in diesem Drama nach Sophokles ist die von den Göttern gewollte Katastrophe, der Ödipus nicht entrinnen kann.
Federico García Lorca Yerma UA 29.12., Madrid	Das Drama zeigt am Beispiel unterdrückter Frauen das Leiden der Spanier unter einer archaischen Gesellschaftsordnung.
Hans Rehberg Der Große Kurfürst UA 30.11., Berlin	Das nationalistische Stück ist das erste und bekannteste aus Rehbergs Dramenserie über Brandenburg-Preußen und seine Herrscher.
Friedrich Wolf Professor Mamlock UA Warschau	In diesem ersten aufsehenerregenden Emigrantenstück wird der NS-Terror als „Tragödie der westlichen Demokratie" gedeutet.

Oper

Dmitri Schostakowitsch Lady Macbeth von Mzensk UA 22.1., Leningrad	Von der geplanten Trilogie über russische Frauen kommt wegen Repressalien der KPdSU gegen Schostakowitsch nur diese Oper zustande.

Film

Frank Capra Es geschah in einer Nacht USA	Komödie mit sensationellem Erfolg: Gewinn der fünf Haupt-Oscars (bester Film, beste Regie, bestes Buch, beste Hauptdarsteller).
Woodbridge S. van Dyke Mordsache „Dünner Mann"; USA	Detektivfilm mit humorvollem Unterton nach dem Roman von Dashiell Hammett, in den Hauptrollen Myrna Loy und William Powell.
Willi Forst Maskerade Österreich	Schwungvolle Komödie voller Verwicklungen im Wien der Jahrhundertwende; Filmdebüt und Beginn des Starruhms von Paula Wessely.
Luis Trenker Der verlorene Sohn Deutschland	Ein Mann zwischen der Bergwelt der Dolomiten und der Großstadt New York; schonungslose Bilder Amerikas in der Wirtschaftskrise.
Jean Vigo L'Atalante Frankreich	Geschichte des Bootsführers der „Atalante" und seiner Braut; poetische Aufnahmen der winterlichen Kanäle um Paris.

Buch

Louis Aragon Die Glocken von Basel Paris	Der erste Teil des Romanzyklus „Die wirkliche Welt" (bis 1944) untersucht die Veränderung der Gesellschaft durch den Sozialismus.
Bertolt Brecht Der Dreigroschenroman Amsterdam	Die marxistische Revision der „Dreigroschenoper" (1928) schildert in Romanform den Aufstieg des Macheath zum Wirtschaftsmanager.
Willi Bredel Die Prüfung London	Der „Roman aus einem Konzentrationslager" ist das erste literarische Zeugnis über die unmenschlichen Zustände in den NS-Folterkammern.
F. Scott Fitzgerald Zärtlich ist die Nacht New York	Das Porträt wohlhabender Amerikaner im Paris der 20er Jahre verbindet psychologische Fallstudien mit ironischer Gesellschaftskritik.
Robert Graves Ich, Claudius, Kaiser und Gott; London	Der Urenkel des deutschen Historikers Leopold von Ranke diktiert dem römischen Kaiser eine fiktive, geistreiche Autobiographie.
Erich Kästner Drei Männer im Schnee Zürich	Die Korrumpierbarkeit „unverdorbener" Menschen durch Geld ist das Thema der Erzählung über zwei Gewinner eines Preisausschreibens.
John Knittel Via Mala Zürich	Psychologische Deutung von Leidenschaften und Verherrlichung vaterländisch-schweizerischen Volksempfindens sind Merkmale des Romans.
Henry Miller Wendekreis des Krebses Paris	Der erste erotisch bekenntnishafte, autobiographische Roman Millers berichtet von seinem Paris-Aufenthalt 1930–33.

der erste seiner kraß naturalistischen, autobiographischen Romane (1939 folgt „Wendekreis des Steinbocks"), und er wird zu einem Skandalerfolg. Der Autor berichtet tagebuchartig von seinem Aufenthalt in Paris (seit 1930) und feiert in orgiastischem Überschwang seine Männlichkeit und rebelliert gegen jede Art von Intoleranz. Der puritanischen Bürgerlichkeit seiner Heimat setzt Miller eine ichbezogene, anarchistische Grundhaltung entgegen.

Wegen Obszönität werden Millers Werke in den USA bis in die 60er Jahre hinein verboten, die deutsche Übersetzung des Romans erscheint 1953. Millers Hauptwerk ist die Trilogie „Sexus" (1949, dt. 1970), „Plexus" (1953, dt. 1962) und „Nexus" (1960, dt. 1965). Henry Miller, der ab 1947 in Kalifornien lebt, hat mit seiner Ablehnung der Normkultur großen Einfluß auf die Autoren der Beat-Generation wie Allen Ginsberg.   S 306/K 313

J. Martin: Henry Miller, 1982. M. Dearborn: Henry Miller. Eine Biographie, 1991. R. Ferguson: Henry Miller, 1991.

Jean Vigos letzter Film

Kurz vor seinem Tod im Oktober kommt der Film „L'Atalante" des französischen Regisseurs Jean Vigo in die Kinos. Es ist die Geschichte des Bootsführers der „Atalante", dessen Braut vor Langeweile vom Boot in die Großstadt flieht, wo sie allerdings auch nicht glücklich wird.

Vigo (eig. Jean Almereyda) gelingt es, dieser banalen Geschichte eine surrealistische Atmosphäre des Seltsamen und Unwirklichen zu verleihen. Auch in seinen früheren Spiel- und Dokumentarfilmen („Apropos Nizza", 1929, „Betragen ungenügend", 1932) verstand es Vigo, surrealistische und sozialkritische Elemente miteinander zu verschmelzen; sein Werk übt großen Einfluß auf den französischen Film aus.   S 306/K 313

Sport

Italien gewinnt Fußball-WM

10.6. Rom. Durch einen 2:1-Sieg über die Tschechoslowakei gewinnt Gastgeber Italien die zweite Fußball-Weltmeisterschaft. Die Tschechen führten 1:0, bis Raimondo Orsi in der 80. Spielminute den Ausgleich erzielte. Der Siegestreffer durch Angelo Schiavio fiel in der Verlängerung. Die deutsche Elf, die im Halbfinale den Tschechen mit 1:3 unterlag, schlug Österreich im Spiel um den dritten Platz mit 3:2.

Während beim ersten WM-Turnier 1930 in Uruguay nur 13 Teams angetreten waren, hatten sich für das Turnier in Italien 32 Mannschaften angemeldet, so daß die 16 Teilnehmer der Endrunde durch Qualifikationsspiele ermittelt werden mußten.
England und der erstmalige Titelträger Uruguay nahmen nicht teil. Der amtierende Weltmeister blieb dem Turnier fern als Reaktion darauf, daß die Italiener 1930 das Turnier in Südamerika ignoriert hatten.
Die „Azzurri" werden 1938 in Frankreich und 1982 in Spanien erneut Weltmeister. S 307/K 314

K. H. Huba: Die Geschichte der Fußball-Weltmeisterschaft, 1991.

Zehnkampf-Weltrekord durch Sievert
7.7. Hamburg. Bei den Leichtathletik-Meisterschaften des Gaus Nordmark stellt der Deutsche Hans-Heinrich Sievert mit 8790 Punkten einen neuen Weltrekord im Zehnkampf auf. Er verbessert die bisherige Rekordmarke von James Bausch (USA), aufgestellt im olympischen Wettbewerb von Los Angeles 1932, um 328 Punkte.
In sieben der zehn Einzeldisziplinen hat Sievert die Bestleistungen des US-Amerikaners übertroffen; lediglich im Kugelstoßen, Speerwurf und Stabhochsprung weist Bausch, ein ehemaliger Footballstar aus Kansas City, noch bessere Werte vor.
Bei den Olympischen Spielen von 1932 hatte Sievert den Zehnkampf als Fünfter beendet, Bausch die Goldmedaille errungen. S 307/K 314

Stuck siegt auf dem Nürburgring
15.7. Der deutsche Automobilrennfahrer Hans Stuck gewinnt auf dem Nürburgring den Großen Preis von Deutschland. Er siegt auf dem von Ferdinand Porsche konstruierten Formel-1-Rennwagen der Auto-Union. Zweiter wird der Italiener Luigi Fagioli auf Mercedes-Benz. Der prestigeträchtige Heimsieg Stucks gilt als bedeutendster deutscher Erfolg dieses Jahres im Automobilrennsport: Der Große Preis von Deutschland bleibt im Deutschen Reich.
Stuck, einer der populärsten Rennfahrer der 30er Jahre, wurde 1930 auf Mercedes-Benz erster Europameister im Bergfahren und 1932 Europameister für Sportwagen.
Nach 1945 fährt der „König der Berge" für BMW. Sein Sohn Hans-Joachim, zweimaliger Sieger der „24 Stunden von Le Mans" (1986 und 1987), gewinnt 1990 die deutsche Tourenwagen-Meisterschaft. S 307/K 314

T. Hornung: Die Nürburgring-Story. 60 Jahre Rennsport-Faszination, 1987.

Sport 1934	K 314
Fußball	
Weltmeisterschaft	Italien – Tschechoslowakei 2:1 n. V.
Deutsche Meisterschaft	FC Schalke 04
Englische Meisterschaft	Arsenal London
Italienische Meisterschaft	Juventus Turin
Spanische Meisterschaft	Atletico Bilbao
Tennis	
Wimbledon (seit 1877; 54. Austragung)	Herren: Fred Perry (GBR) Damen: Dorothy Round (GBR)
US Open (seit 1881; 54. Austragung)	Herren: Fred Perry (GBR) Damen: Helen Jacobs (USA)
French Open (seit 1925; 10. Austragung)	Herren: Gottfried von Cramm (GER) Damen: Peggy Scriven (GBR)
Australian Open (seit 1905; 27. Austragung)	Herren: Fred Perry (GBR) Damen: Joan Hortigan (AUS)
Davis-Cup (Paris, FRA)	Großbritannien – USA 4:1
Eishockey	
Weltmeisterschaft	Kanada
Stanley-Cup	Chicago Black Hawks
Deutsche Meisterschaft	Brandenburg Berlin
Radsport	
Tour de France (4363 km)	Antonin Magne (FRA)
Giro d'Italia (3706 km)	Learco Guerra (ITA)
Straßenweltmeisterschaft	Karl Kaers (BEL)
Automobilsport (Grand-Prix-Rennen)	
GP von Belgien, Spa	René Dreyfuß (FRA), Bugatti
GP von Deutschland, Nürburgring	Hans Stuck (GER), Auto-Union
GP von Frankreich, Monthléry	Louis Chiron (FRA), Alfa Romeo
GP von Italien, Monza	Caracciola (GER)/Fagioli (ITA), Mercedes-B.
GP von Spanien, S. Sebastian	Luigi Fagioli (ITA), Mercedes-Benz
GP/Tschechoslowakei, Brünn	Hans Stuck (GER), Auto-Union
GP von Monaco, Monte Carlo	Guy Moll (FRA), Alfa Romeo
Boxen	
Schwergewichts-Weltmeisterschaft	Max Baer (USA) – K. o. über Primo Carnera (ITA), 14.6.
Herausragende Weltrekorde	
Disziplin	Athlet (Land)	Leistung

Disziplin	Athlet (Land)	Leistung
Leichtathletik, Männer		
400 m Hürden	Glenn Hardin (USA)	50,6 sec
Hochsprung	Walter Marty (USA)	2,06 m
Kugelstoß	Jack Torrance (USA)	17,40 m
Zehnkampf	Hans-Heinrich Sievert (GER)	8790 P.
Leichtathletik, Frauen		
100 m	Stanislawa Walasiewicz (POL)	11,7 sec
Kugelstoß	Gisela Mauermayer (GER)	14,38 m
Schwimmen, Männer		
100 m Freistil	Peter Fick (USA)	56,8 sec
200 m Rücken	Albert van de Weghe (USA)	2:27,8 min

1935

Politik

Saargebiet wird deutsch

13.1. Saarland. Nach 15 Jahren Verwaltung durch den Völkerbund und wirtschaftlicher Vereinigung mit Frankreich stimmen die Saarländer gemäß des deutsch-französischen Saarabkommens von 1925 über ihre Zugehörigkeit zu Deutschland oder Frankreich ab. Von 528 005 Wählern entscheiden sich 477 119 (90,5%) für den Anschluß an Deutschland und damit auch für Hitler.

Bis 1932 war das Zentrum bei Landratswahlen mit über 43% stärkste Partei gewesen. Dies änderte sich ab Juli 1933, als sich bürgerliche und rechte Parteien zur „Deutschen Front" vereinten, die massiv von der Reichs-NSDAP und der katholischen Kirche (Liebe zum Vaterland als sittliche Pflicht) unterstützt wurde und für den Anschluß ans Deutsche Reich warb.

Gegner der Anschlußbewegung stehen auf verlorenem Posten, sie können bei einer Arbeitslosenquote von 24,4% der Sogwirkung der im Aufschwung befindlichen deutschen Wirtschaft nichts entgegensetzen. Am 1.3. wird das Saargebiet in einem feierlichen Akt an Deutschland übergeben. S 500/K 505

K.-M. Mallmann: Das zersplitterte Nein, 1989.

Londoner Protokoll ohne Wirkung

3.2. London. Der französische Ministerpräsident Pierre Etienne Flandin und Premierminister James Ramsay MacDonald unterzeichnen das „Londoner Protokoll", in dem Deutschland ermahnt wird, die Rüstungsbeschränkungen des Versailler Vertrags nicht zu unterlaufen.

Ziel beider Staatsmänner ist es, das Deutsche Reich in einer Beistandsversicherung vertraglich zu binden. Vor allem geht es Briten und Franzosen um ein Abkommen, das ein Wettrüsten im Sektor der Luftwaffe verhindern soll.

Die Ziele dieser dreitägigen britisch-französischen Konferenz werden ebenso wenig erreicht wie die in gleiche Richtung gehenden Vereinbarungen zwischen Großbritannien, Frankreich und Italien fehlschlagen, die am 11.4. in Stresa (am Lago Maggiore) als Reaktion auf die offizielle Bekanntmachung der deutschen Aufrüstung getroffen werden (↑S.309/16.3.). Stärker als die Solidarität gegen Deutschland bleiben die Eigeninteressen aller beteiligten Mächte.

Türkei auf westlichem Kurs

6.2. Ankara. Zwei Neuerungen markieren einen Höhepunkt in der Entislamisierung der Türkei. Frauen erhalten das aktive und passive Wahlrecht, und zum ersten Mal ist es Nicht-Muslimen gestattet, sich in die rund 400 Mitglieder zählende Nationalversammlung wählen zu lassen. Diese Neuerungen sind Ergebnis der Umstrukturierung der türkischen Gesellschaft nach westlichem Vorbild durch den seit dem 29.10.1923 (↑S.201) amtierenden Präsidenten Kemal Atatürk. Der Islam wurde als Staatsreligion abgeschafft, der Sonntag anstelle vom Freitag zum Ruhetag erklärt, die internationale Jahreszählung eingeführt und die Einehe obligatorisch; arabische Schriftzeichen wurden durch lateinische ersetzt. Nach dem Tod Atatürks 1938 führt sein langjähriger Weggefährte Ismet Inönü diese Politik fort. S 202/K 214

Die Türkei 1908–1938, 1990.

Wichtige Regierungswechsel 1935		K 315
Land	Amtsinhaber	Bedeutung
Frankreich	Pierre Etienne Flandin (M seit 1934) Fernand Bouisson (M 1.–4.6.) Pierre Laval (M bis 1936)	Ausweitung der Weltwirtschaftskrise führt in Frankreich zu häufigen Regierungswechseln, da das Parlament dem Ministerpräsidenten gesetzgeberische Sondervollmachten verweigert
Griechenland	Alexander Zaimis (P seit 1929) Georg II. (König bis 1947)[1]	Militär erzwingt Wiedereinführung der Monarchie (12.10.; Verfassung von 1911); Rückkehr von Georg II. aus der Verbannung
Großbritannien	James Ramsey MacDonald (Labour M seit 1929) Stanley Baldwin (Konserv., M bis 1937)	Rücktritt MacDonalds (7.6.), der die Labour Party als parlamentarische Alternative zu den Konservativen etablierte
Neuseeland	George William Forbes (M seit 1930) Michael Joseph Savage (M bis 1940)	Erster Wahlsieg der Labour Party; Neuseeland bis dahin abwechselnd von Liberalen und Reformern regiert
Tschechoslowakei	Tomáš Garrigue Masaryk (P seit 1918/20) Eduard Beneš (P bis 1938)	Rücktritt des 85jährigen Staatsgründers aus Gesundheitsgründen (14.12.); Beneš muß Minderheitenproblem lösen

M = Ministerpräsident bzw. Premierminister; P = Präsident
1) Reichsverweser 12.10.–3.11.: Georg Kondylis

Grünes Licht für Luftwaffe

26.2. Berlin. Mit der Einführung der Luftwaffe als dritten Wehrmachtsteil sind die Bestimmungen des Versailler Vertrags (↑S.153/ 28.6.1919) endgültig Makulatur geworden. Unterlaufen wurde Versailles allerdings schon seit Beginn der 20er Jahre durch die militärische Zusammenarbeit mit der Sowjetunion (seit 1924 Panzerschulung, seit 1930 Luftwaffenausbildung) und die Einrichtung militärischer Tarnorganisationen wie den „Luftsportverband".

Hitler teilt im März dem britischen Außenminister John Simon mit, die deutsche Luftwaffe habe bereits die Stärke der britischen erreicht. Ebenfalls im März findet in der deutschen Hauptstadt erstmals eine Luftschutzübung statt, in der Fliegeralarm und Verdunkelung geprobt werden. S 309/K 316

M. Cooper: Die Luftwaffe 1933–1945, 1988.

Wehrpflicht wieder für alle

16.3. Berlin. Hitler verkündet die Wiedereinführung der allgemeinen Wehrpflicht. Am 1.11. wird der erste Rekrutenjahrgang zur Ableistung der einjährigen Dienstpflicht eingezogen. Am 24.8.1936 wird die Wehrdienstpflicht auf zwei Jahre erhöht.

Das „Gesetz über den Aufbau der Wehrmacht" soll bis 1939 ein 36-Divisionen-Heer mit einer Stärke von 580 000 Mann schaffen. Dafür werden 1935 ungefähr 1 Mrd Reichsmark mehr aufgewendet (insges. 3,2 Mrd) als noch 1934. Briten und Franzosen protestieren gegen diesen Bruch des Versailler Vertrags (↑S.153/28.6.1919) auf der Stresa-Konferenz (↑S.308/3.2.), ergreifen aber keine weiteren Gegenmaßnahmen. S 309/K 316

Der Weg in den Krieg. Studien zur Geschichte der Vorkriegsjahre (1935/36–39), 1989.

Pilsudski entmachtet Parlament

23.4. Warschau. Józef Klemens Pilsudski läßt durch den von ihm 1926 eingesetzten Staatspräsidenten Ignacy Mościcki eine neue Verfassung verkünden.

Luftwaffe: Neben Heer und Kriegsmarine führt Hitler die Luftstreitmacht als dritte Waffengattung ein. Drei Wochen später verkündet er die Einführung der allgemeinen Wehrpflicht.

Die deutsche Wiederaufrüstung bis 1939 — K 316

Jahr	Ereignis
1919	Versailler Vertrag gesteht Deutschland eine Truppenstärke von 100 000 Mann (Heer) und 15 000 Mann (Marine) zu; das Heer soll nur zur Erhaltung der Ordnung innerhalb Deutschlands dienen (S.153)
1932	Reichstag genehmigt den Bau des Panzer- und Schlachtschiffs „Admiral Graf Spee": Bestimmungen des Versailler Vertrags, der den Bau von Schlachtschiffen verbietet, werden mißachtet
1934	Reichskanzler Hitler fordert Verdreifachung des deutschen Heeres auf 300 000 Mann; der Begriff „Reichswehr" wird durch die umfassendere Bezeichnung „Wehrmacht" ersetzt
1935	Hitler verkündet den Aufbau einer Luftwaffe (26.2.) und die Einführung der allgemeinen Wehrpflicht (16.3.), das Militärbudget wird um 1 Mrd auf 3,2 Mrd Reichsmark erhöht; das Ausland reagiert zurückhaltend auf den Bruch des Versailler Vertrags (S.309)
1936	Ausweitung der Wehrpflicht auf zwei Jahre; zum Jahresende beträgt die Heeresstärke 500 000 Mann, die Ausgaben für die Aufrüstung steigen auf etwa 9 Mrd Reichsmark an
1937	Tempo der deutschen Aufrüstung beim Heer verlangsamt sich aufgrund ungenügender Rohstoffzufuhr und zu weniger Arbeitskräfte
1938	Rüstungsausgaben erhöhen sich auf 15,7 Mrd Reichsmark, die Zahl der Heeresdivisionen steigt um elf Divisionen auf 52
1939	Hitler ordnet den verstärkten Ausbau der Reichsmarine an (Z-Plan): 1948 sollen 300 Schiffe und 249 U-Boote einsatzfähig sein; deutsches Feldheer zählt Mitte des Jahres 2,76 Mio Mann

Pilsudski hatte – gestützt auf das Militär und die eigene Popularität in der Bevölkerung – am 12.5.1926 (↑S.233) die demokratische Regierung gestürzt. Er errichtete ein autoritäres Regime, in dem er als Kriegsminister faktisch die Macht ausübte sowie Rechte und Funktionen des Parlaments systematisch beschnitt.

Mit Einführung der neuen Verfassung werden dem Senat (Regionalvertretung) und dem Sejm (Volksvertretung) nur noch beratende Funktionen zugestanden. Der von Pilsudski abhängige Präsident kann eigenmächtig Gesetze erlassen und das Parlament jederzeit auflösen. Nur knapp drei Wochen nach Inkrafttreten der Verfassung, am 12.5., stirbt Pilsudski. S 233/K 245

Beistandspakt Frankreich/UdSSR

2.5. Paris. Der französische Außenminister Pierre Laval und der sowjetische Botschafter in Paris, W. Potemkin, unterzeichnen einen für fünf Jahre geltenden Beistandspakt. Beide Staaten verpflichten sich, im Falle eines „nicht herausgeforderten Angriffs von seiten eines europäischen Staates" zu gegenseitiger militärischer Hilfe.

Für Frankreich bedeutet dieser Vertrag die Fortsetzung seiner Politik, das nationalsozialistische Deutschland durch ein System der „kollektiven Sicherheit" unter außenpolitischer Kontrolle zu halten. Für die Sowjetunion steht er in Kontinuität ihrer Annäherungspolitik an die Westmächte (verstärkt nach dem deutsch-polnischen Pakt vom 26.1.1934 (↑S.299). S 294/K 302

Ende des Chaco-Krieges

12.6. Buenos-Aires. In der argentinischen Hauptstadt unterzeichnen die Außenminister von Bolivien und Paraguay, Thomas M. Elio und Luis A. Riart, ein Waffenstillstandsabkommen, das den drei Jahre währenden Krieg um das Chaco-Gebiet beendet.

Schon im 19. Jh. waren Grenzstreitigkeiten um den fruchtbaren Gran Chaco entstanden, die sich durch Erdölfunde noch verstärkten. Bolivien mußte bereits 1884 und 1903 nach verlorenen Kriegen Gebiete an Chile und Brasilien abtreten. Im endgültigen Friedensschluß von 1938 erleidet es erneut territoriale Einbußen, da Paraguay den größten Teil des Chaco zugesprochen bekommt. S 310/K 317

Deutsch-britisches Flottenabkommen

18.6. London. Der britische Außenminister Samuel Hoare und der „außerordentliche bevollmächtigte Botschafter in deutscher Mission" Joachim von Ribbentrop unterzeichnen ein Flottenabkommen, das die deutsche Flottenstärke auf 35% der Commonwealthflotte begrenzt und für die U-Boot-Tonnage als Obergrenze 45% der britischen festlegt. Hitler erreicht damit zwei wichtige Ziele: Die deutsche Aufrüstung zur See wird international gebilligt, und das kollektive Sicherheitssystem (↑S.308/3.2.) ist durch den zweiseitigen Vertrag durchbrochen. Mit Unterzeichnung des Abkommens werden alle Forderungen der NS-Regierung erfüllt. Hitler und Ribbentrop sind außerdem davon überzeugt, den entscheidenden Schritt für das angestrebte Kriegsbündnis mit Großbritannien getan zu haben.

Die Briten stoßen auf scharfe Kritik aus Frankreich, da sie im Alleingang erstmals eine deutsche Überschreitung des Versailler Vertrags offiziell gebilligt haben. Obwohl das Abkommen eine Vervierfachung der deutschen Kriegsschiffstonnage bedeutet, hoffen die Briten durch permanente dreifache Überlegenheit einem Wettrüsten zur See vorbeugen zu können.

Komintern beschließt Volksfront

25.7. Moskau. Auf dem VII. Weltkongreß der Kommunistischen Internationale (Komintern) beschließen die 510 Delegierten eine Abkehr von der bisherigen Politik des Kampfes gegen die Sozialdemokratie, die nur zu einem Anwachsen faschistischer Bewegungen geführt habe.

Die Komintern plädiert nun für eine Koalition zwischen Kommunisten, Sozialdemokraten und fortschrittlichen bürgerlichen Kräften, um den Faschismus erfolgreich bekämpfen zu können. Knapp ein Jahr später, am 4.6.1936 (↑S.318), kommt die erste Volksfrontregierung unter Léon Blum in Frankreich an die Macht. S 151/K 165

Joachim von Ribbentrop

Stationen des Chaco-Krieges (1932–1935)	K 317
Datum	**Ereignis**
29. 9.1932	Militärischer Erfolg für Paraguay gegen Bolivien im Konflikt um das wirtschaftlich bedeutende Grenzgebiet Gran Chaco
10. 5.1933	Paraguay erklärt Bolivien offiziell den Krieg
20.12.1933	Nach schweren militärischen Niederlagen willigt die bolivianische Regierung in einen Waffenstillstand ein (bis 7.1.1934)
8. 1.1934	Wiederbeginn der Kämpfe zwischen Bolivien und Paraguay
23. 2.1935	Paraguay verläßt den Völkerbund, da er Bolivien begünstige
12. 6.1935	Unterzeichnung eines Waffenstillstandsabkommens in Buenos Aires beendet den Chaco-Krieg (S.310)
21. 7.1938	Frieden von Buenos Aires: Paraguay erhält den größten Teil des Chaco-Gebietes; Bolivien bekommt einen Atlantikzugang über die Flüsse Paraguay und Paran zugesprochen (S.310)

1935

Nürnberger Rassengesetze

15.9. Nürnberg. Anläßlich des siebten Reichsparteitags der NSDAP werden von Adolf Hitler zwei sog. Rassengesetze verkündet, die eine neue Phase der Judenverfolgung im Deutschen Reich einleiten. Das „Gesetz zum Schutz des deutschen Blutes und der deutschen Ehre" (Blutschutzgesetz) isoliert Juden gesellschaftlich, da es Eheschließungen und außerehelichen Verkehr zwischen Juden und Bürgern „deutschen oder artverwandten Blutes" verbietet.

Das sog. Reichsbürgergesetz erklärt allein „Arier" als „Reichsbürger", ein Status, an den sämtliche politischen Rechte geknüpft sind. Das Gesetz definiert außerdem als Juden, wer drei Großeltern jüdischen Glaubens hat. Damit wird „rassische Abstammung" mit der Religionszugehörigkeit gleichgesetzt.

Trotz dieser Bestimmungen hoffen viele deutsche Juden auf ein Ende der antisemitischen Maßnahmen, da ihnen vermeintlich ein Rechtsstatus als Menschen zweiter Klasse gewährt wird. Die sog. Nürnberger Gesetze bilden jedoch nur den Auftakt zu weiterer Verfolgung, die in der sog. Reichskristallnacht am 9.11.1938 (↑S.344) ihren vorläufigen Höhepunkt findet. S 311/K 318

📖 I. Hecht: Als unsichtbare Mauern wuchsen. Eine deutsche Familie unter den Nürnberger Rassengesetzen, 1984.

Mussolinis Krieg in Abessinien

3.10. Ohne offizielle Kriegserklärung marschieren italienische Truppen aus den ostafrikanischen Kolonien Eritrea und Somaliland in Abessinien (Äthiopien) ein. Seit 1882 versucht Italien, sich in Eritrea festzusetzen und das Gebiet auf Kosten Abessiniens zu erweitern. 1896 siegte Abessinien in der Schlacht bei Adua und erreichte zunächst die Anerkennung seiner Unabhängigkeit.

Mussolinis Ziel ist es nun, ein neues römisches Imperium zu errichten und gleichzeitig die italienischen Kolonialpläne aus dem 19. Jh. zu verwirklichen. In schnellem Vormarsch nimmt Italien bis Mai 1936 das Land ein und verbindet es mit Eritrea und Somaliland zu Italienisch-Ostafrika.

Der Völkerbund reagiert auf diesen Raubzug Italiens mit Sanktionen, die aber kaum eingehalten werden. Frankreich und Großbritannien verurteilen Italien, da es ihre Politik, den Status quo in Europa nach dem 1. Weltkrieg aufrechtzuerhalten, unterlaufen hat, sind aber gleichzeitig bemüht, Italien als Gegengewicht zum Deutschen Reich in ihrem Lager zu halten. S 311/K 319

Judenfeindlichkeit in Deutschland bis 1933 K 318

Jahr	Ereignis
1873	Ökonomische und soziale Krise im Deutschen Reich („Gründerkrise") führt zu ersten antisemitischen Tendenzen im Volk
1880	Auf der Grundlage der Antisemiten-Petition kommt es zur ersten judenfeindlichen Debatte im Reichstag
1882	Deutschnationales Linzer Programm entsteht unter Einfluß Georg von Schönerers, der Österreichs Anschluß an das Deutsche Reich fordert und einen rassistischen Antisemitismus vertritt
1899	Mit seinem judenfeindlichen Hauptwerk („Die Grundlage des 19. Jahrhunderts") übt der britische Kulturphilosoph Houston Stewart Chamberlain (nach seiner Heirat mit Richard Wagners Tochter Eva ab 1916 deutscher Staatsbürger) großen Einfluß auf die nationalsozialistische Rassenideologie aus
1910	Deutsche Regierung wirbt in den USA um Vertrauen für die Politik von Kaiser Wilhelm II. u. a. mit dem Hinweis, der Kaiser trete für den Ausschluß der Juden aus dem aktiven deutschen Offizierskorps ein
1912	Der Vorsitzende des nationalistischen Alldeutschen Verbandes, Heinrich Claß, fordert öffentlich die räumliche Isolierung sowie die Doppelbesteuerung aller Juden
1913	Bei der Hauptversammlung des Verbandes deutscher Juden wird die latente Judenfeindlichkeit im Deutschen Reich beklagt
1919	Bildung von völkischen Splitterparteien im Vielparteiensystem der Weimarer Republik; z. T. wieder verboten
1920	In einer der „Judenfrage" gewidmeten Rede spricht Adolf Hitler über seine Strategie, in Deutschland eine „antisemitische Stimmung" zu erzeugen
1922	Ermordung des deutschen Außenministers Walther Rathenau (DDP), der jüdischer Abstammung ist; daraufhin verbietet die Reichsregierung die rechtsradikalen Organisationen „Stahlhelm" und den „Alldeutschen Verband"
1930	Preußen beginnt, jüdische Bürger in Führungspositionen (Lehrer, Juristen, Ärzte, Hochschullehrer, Künstler) zum freiwilligen Ausscheiden aus dem Berufsleben zu bewegen bzw. zu beurlauben
1933	Erste große „Judenaktion" nach der Machtübernahme durch die Nationalsozialisten: Boykott gegen jüdische Geschäfte (S.294)

Stationen des Abessinienkrieges (1935/36) K 319

Datum	Ereignis
7. 1.1935	Französisch-italienisches Abkommen über Kolonialkompensation: Italien erhält einen Teil von Französisch-Somaliland
17. 2.1935	Infolge von Spannungen zwischen Italien und Abessinien (Äthiopien) werden faschistische Milizionäre in die italienische Kolonie Somaliland eingeschifft
3.10.1935	Nach Grenzstreitigkeiten marschieren ital. Truppen von den Kolonien Eritrea und Somaliland aus in Abessinien ein (S.311)
7.10.1935	Völkerbund verurteilt Italien als Aggressor
9.12.1935	Nachgiebige britisch-französische Lösungsvorschläge für den Krieg (Hoare-Laval-Plan) lösen Proteste aus
2. 5.1936	Nach der Niederlage der letzten abessinischen Armeegruppe flieht Kaiser Haile Selassie I. nach Französisch-Somaliland und von dort ins Exil nach Großbritannien (bis 1941)
5. 5.1936	Einmarsch italienischer Truppen in die abessinische Hauptstadt Addis Abeba; Mussolini erklärt den Krieg für beendet
9. 5.1936	Annexion Abessiniens; der italienische König Viktor Emanuel III. wird zum Kaiser von Abessinien erklärt
1. 6.1936	Die italienische Regierung verkündet die gemeinsame Verwaltung und Sozialordnung für das „ostafrikanische Imperium" (Eritrea, Italienisch-Somaliland, Abessinien)

1935

Gleichschaltung der deutschen Wirtschaft — K 320

Datum	Ereignis
3. 5.1933	Ernennung zweier Reichskommissare für den Reichsverband der Deutschen Industrie und die übrige Wirtschaft mit Ausnahme der Landwirtschaft
10. 5.1933	Gründung der Deutschen Arbeitsfront (NS-Einheitsgewerkschaft) nach Auflösung der freien Gewerkschaften (2.5.)
24. 6.1933	Übernahme der Christlichen Gewerkschaften durch die Nationalsozialistische Betriebszellenorganisation
27. 6.1933	Gesetz über die Errichtung des Unternehmens Reichsautobahnen; 23.9. Baubeginn der ersten Reichsautobahn
13. 9.1933	Gesetz über den vorläufigen Aufbau des Reichsnährstands: Vereinigung der Landwirte im Reichsnährstand; Ermächtigung des Reichsernährungsministers Richard Walther Darré, Preise und Absatzmengen festzulegen
29. 9.1933	Reichserbhofgesetz verabschiedet: Alle land- und forstwirtschaftlichen Betriebe zwischen 7,5 und 125 ha im Besitz eines „arischen" deutschen Staatsbürgers werden zu unveräußerlichen Erbhöfen erklärt
29.11.1933	Gesetz über den vorläufigen Aufbau des deutschen Handwerks: Reichswirtschaftsminister erhält weitgehende Befugnisse zur Regelung dieses Gewerbezweigs
20. 1.1934	Gesetz zur Ordnung der nationalen Arbeit: Grundlage für das nationalsozialistische Arbeitsrecht
2. 5.1934	Einführung eines hauswirtschaftlichen Pflichtjahrs für schulentlassene Mädchen (sog. Hausjahrmädel)
24.10.1934	Hitler erläßt die Verordnung über Wesen und Ziel der Deutschen Arbeitsfront (DAF): Zusammenfassung aller „schaffenden Deutschen der Stirn und der Faust"
26. 2.1935	Gesetz über die Einführung eines Arbeitsbuchs (Arbeitsmarktkontrolle: ohne Arbeitsbuch keine Beschäftigung)
21. 5.1935	Reichswirtschaftsminister Hjalmar Schacht wird Generalbevollmächtigter für die Kriegswirtschaft (S.312)
26. 6.1935	Einführung des obligatorischen Reichsarbeitsdienstes (sechs Monate) für alle 18- bis 25jährigen Deutschen (S.312)
26. 8.1936	Hitler legt geheime Vierjahresplan-Denkschrift vor, in der von Armee und Wirtschaft Kriegs- bzw. Einsatzbereitschaft in spätestens vier Jahren gefordert wird
26.11.1937	Rücktritt von Reichswirtschaftsminister Schacht nach Kompetenzstreitigkeiten mit Hermann Göring
1. 8.1938	Reichsdeutsches Erbhofrecht auch in Österreich in Kraft
18.10.1940	Göring wird mit der Erarbeitung des zweiten Vierjahresplans beauftragt; Rohstoffbewirtschaftung, Aufrüstung
4. 8.1941	Verlängerung des Reichsarbeitsdienstes für die weibliche Jugend um den sog. Kriegshilfsdienst von sechs Monaten Dauer in Wehrmachtsbüros und sozialen Einrichtungen
29. 5.1942	Gründung der Reichsvereinigung Eisen zur Leistungssteigerung in der deutschen Schwerindustrie
31. 1.1943	Quotenregelungen der Kartelle und Syndikate im Deutschen Reich werden aufgehoben, um die Leistungsfähigkeit der einzelnen Unternehmen voll ausschöpfen zu können
22. 7.1943	Zentralisierung des Bauwesens als kriegswichtiger Branche
1. 8.1943	Neuordnung der Arbeitsverwaltung: Einrichtung von Gauarbeitsämtern; Unterbringung der Zwangsarbeiter in Lagern
2. 9.1943	Verstärkte Konzentration der Kriegswirtschaft: Albert Speer übernimmt als Reichsminister für Rüstung und Kriegsproduktion die Kontrolle über die kriegswichtigen Betriebe

Wirtschaft

Schachts Kriegswirtschaft

21.5. Berlin. Der 58jährige Reichsbankpräsident (seit März 1933) und Wirtschaftsminister (seit Januar 1935) Hjalmar Schacht wird von Hitler zum Generalbevollmächtigten für die Kriegswirtschaft ernannt.

Als Mitbegründer der rechtsextremen „Harzburger Front" (↑S.273/11.10.1931) organisierte Schacht zu Zeiten der Weimarer Republik finanzielle Unterstützung für die NSDAP und führte Hitler in Industrie- und Finanzkreise ein.

Die Finanzierung der deutschen Aufrüstung mit Hilfe der Notenpresse lehnt Schacht wegen der inflationären Folgen ab. Statt dessen finanziert er sie über kaum durchschaubare Transaktionen.

Kompetenzstreitigkeiten mit Hermann Göring und Kritik an dem 1936 eingeführten Vierjahresplan, der eine Schuldenrückzahlung durch Kriegsbeute vorsieht, führen 1937 zu Schachts Rücktritt. S 312/K 320

📖 H. Turner: Die Großunternehmer und der Aufstieg Hitlers, 1985.

Arbeitsdienst wird Pflicht

26.6. Berlin. Der Reichsarbeitsdienst wird für Männer und Frauen im Alter von 18 bis 25 Jahren verpflichtend.

Seit 1931 auf freiwilliger Basis, um die Folgen der Massenarbeitslosigkeit zu mindern, wird der nun sechs Monate abzuleistende Dienst auch zur ideologischen Schulung benutzt. Nach den Worten des ehemaligen Armeeoffiziers und Führers der neuen Massenorganisation, Konstantin Hierl, soll „die deutsche Jugend im Geiste des Nationalsozialismus zur Volksgemeinschaft und zur wahren Arbeitsauffassung" erzogen werden. Das „Reichsarbeitsdienstgesetz" ermöglicht den Einsatz von billigen Arbeitskräften bei gemeinnützigen Aufgaben wie Sumpf- und Ödlandentwässerung, Schotterung von Wegen und Erntehilfe. Im Zuge der allgemeinen Aufrüstung wandelt sich der Reichsarbeitsdienst zunehmend zu einer vormilitärischen Ausbildung.

Fünfjahresplan in der UdSSR

30.8. Ostukraine. Mit dem Abbau von 102 t Kohle in einer Nachtschicht übertrifft der sowjetische Bergmann Alexei G. Stachanow sein Tagessoll um 1300%. Diese Fördermenge ist keine spontane Eigenleistung, sondern wurde zu propagandistischen Zwecken sorgfältig geplant.

1935

Der 1933 angelaufene zweite Fünfjahresplan stellte den Wert der menschlichen Arbeitskraft in den Vordergrund und sollte die Arbeiter mit Prämien und Akkordlöhnen zu höherer Leistung anspornen. Die Kampagne hatte jedoch nicht den gewünschten Erfolg, da sich der Lebensstandard der Arbeiter nicht verbesserte; die Motivation zur Mehrarbeit ließ schnell nach.

In anderen sozialistischen Ländern wird dieses Prinzip zur Produktionssteigerung nachgeahmt, z. B. 1948 in der SBZ, als der sächsische Bergarbeiter Adolf Hennecke 387% seines Tagessolls fördert. Angesichts eines geringen Investitionsaufkommens kann das von der SED gesetzte Ziel einer Steigerung der Produktion, wie 1935 in der Sowjetunion, nur durch vermehrte menschliche Arbeitsleistung erreicht werden.

Verkehr

Hochalpenstraße eröffnet

3.8. Österreich. Nach fünfjähriger Bauzeit wird die über die Hohen Tauern führende Großglockner-Hochalpenstraße eröffnet, mit der erstmals eine seit langem geforderte Nord-Süd-Verbindung für den Autoverkehr geschaffen wird. Sie führt auf einer Länge von 42 km von Bruck im Bundesland Salzburg nach Heiligenblut in Kärnten.

Die technisch aufwendigsten Bauten sind der 117 m lange Mitteltörltunnel und der 312 m lange Hochtortunnel. Scheitelpunkt der Strecke ist die Edelweißspitze in 2571 m Höhe. Die Durchschnittssteigung der Straße beträgt 10%, an manchen Stellen bis zu 12%. Der Bau hat 25,8 Mio Schilling gekostet; 1935 werden 750 000 Schilling als Mautgebühren eingenommen.

Natur/Umwelt

200 000 Tote bei Überschwemmung

25.7. Jangtsekiang. Nach tagelangen starken Regenfällen überschwemmt der Jangtsekiang 70% der chinesischen Provinz Hupeh.

Der Jangtsekiang ist mit einer Länge von 5980 km und einem Einzugsgebiet von einem Fünftel der gesamten Fläche Chinas der größte Strom Asiens. Er entspringt in einer Höhe von 5600 m im östlichen Hochland von Tibet. Die Wasserschwankungen sind groß, und in den Sommermonaten kommt es nach heftigen Monsunregen zu Überschwemmungen von oft katastrophalem Ausmaß.

1931 zerstörten sechs Flutwellen Dämme und Deiche an 23 Stellen, 40 Mio Menschen waren von der Flutkatastrophe betroffen. Vier Jahre später kommen bei der Überflutung der Provinz Hupeh nach chinesischen Angaben 200 000 Menschen ums Leben.

Im Laufe der nächsten Jahrzehnte wird der Strom durch verstärkte und erhöhte Deiche sowie künstlich geschaffene Auffangbecken reguliert. Bis 2013 soll am Jangtsekiang mit dem Drei-Schluchten-Damm das weltgrößte Wasserkraftprojekt entstehen. S 314/K 321

Der Reichsarbeitsdienst im Einsatz bei Straßenarbeiten in Berchtesgaden (Foto 1938). Der von der Arbeitslosenversicherung finanzierte Dienst ermöglicht es dem nationalsozialistischen Regime, gezielt billige Arbeitskräfte zu gemeinnützigen Aufgaben heranzuziehen. Die scheinbare Lösung des Problems der Massenarbeitslosigkeit wird propagandistisch als Erfolg der nationalsozialistischen Politik deklariert.

1935

Große Überschwemmungen K 321

Jahr	Ort/Region/Land	Todesopfer[2]	Jahr	Ort/Region/Land	Todesopfer[2]
1900	Galveston (USA)	6 000	1960	Ostpakistan[1]	10 000
1906	Hongkong	10 000	1964	Südvietnam	5 000
1911	Jangtsekiang (China)	100 000		Sri Lanka und Indien	7 000
1915	Kanton (China)	100 000	1969	Shantung (China)	100 000
1916	Niederlande	10 000	1970	Ostpakistan[1]	300 000
1928	Florida (USA)	2 000	1971	Indien	1 000
1931	Hankow (China)	250 000		Nordvietnam	100 000
1935	Jangtsekiang (China)	200 000	1974	Bangladesch	2 500
1939	Nordchina	200 000	1978	Nordindien	1 000
1941	Huaráz (Peru)	3 000	1980	Indien	1 500
1948	Fukien (China)	3 500	1988	Bangladesch	1 000
1951	Mandschurei (China)	4 800	1991	Südbangladesch	140 000
1953	Niederlande	2 000		Nordchina	3 000
1954	Jangtsekiang (China)	40 000	1995	China	1 200
	Farahzad (Iran)	2 000	1996	Süd- und Zentralchina	1 600
1955	Indien und Pakistan	2 000			

1) Heute Bangladesch; 2) Schätzung

Wissenschaft

DuPont erfindet Nylon

28.2. Wilmington. Im Forschungslaboratorium des US-Chemiekonzerns DuPont synthetisiert der Chemiker Wallace Hume Carothers „Polyamid 66", eine weiße Masse, die sich aus der Schmelze unzersetzt zu langen Fäden aufziehen läßt. 1939 wird die Verbindung als erste 100%ige Synthesefaser „Nylon" vermarktet und als seidenähnliches Material für Damenstrümpfe weltbekannt.

Ausgehend von den Arbeiten Staudingers (↑S.190/1922) über Makromoleküle beschäftigte sich Carothers seit 1928 mit Polymeren. Dabei gewann er Polyamide, an denen erstmalig die Kaltstreckbarkeit aus der Schmelze gezogener Fäden beobachtet wurde. Dadurch erhält man Fäden mit hoher Festigkeit.
Carothers, seit 1928 Forschungsleiter bei DuPont, entwickelte ferner mit seinem Kollegen Julius Arthur Niewland ein Verfahren zur Herstellung von „Chloropren", das, zu „Neopren" polymerisiert, der erste Synthese-Kautschuk (↑S.81/12.9.1909, S.268/1930) mit gummiähnlichen Eigenschaften ist. S 295/K 304

Nylons machen Beine: Im New Yorker Hotel „Waldorf Astoria" präsentieren Models die neuen „Seidenstrümpfe".

Technik

Charles F. Richter mißt Erdbeben

Pasadena. Der US-amerikanische Geophysiker Charles Francis Richter entwickelt die sog. Magnitudenskala, eine logarithmische Maßeinteilung zur objektiven Feststellung der bei einem Erdbeben ausgelösten Energie mit Hilfe von Seismographen. Im Unterschied zur zwölfteiligen Mercalli-Skala – so benannt nach ihrem Erfinder, dem italienischen Vulkanologen Mercalli – ist die Richter-Skala nach oben hin unbegrenzt.

Porsche konstruiert VW-Prototyp

Juni. Der österreichische Autokonstrukteur Ferdinand Porsche baut den ersten Prototyp eines Heckmotor-Automobils, das später als

1935

KdF-Wagen bekannt und als „VW-Käfer" weltberühmt wird.
Porsche hatte bereits 1931 das Konzept einer Fahrzeuggattung entwickelt, die Hitlers Forderung nach einem für alle erschwinglichen „Volkswagen" entsprach. 1936 werden die ersten drei Testwagen ausgeliefert. Sie besitzen jeweils einen luftgekühlten Vierzylinder-Boxermotor mit 984 cm³ Hubraum und einer Leistung von 22 PS.
1940–44 rollt der Volkswagen als Kübel- und Schwimmwagen für die Wehrmacht vom Band. 1946 beginnt in Wolfsburg die Fertigung des VW-Käfers, der in Deutschland bis 1986 produziert wird und mit einer Stückzahl von 20,8 Mio das meistverkaufte Auto aller Zeiten ist.

L. Boschen: Das große Buch der Volkswagentypen. Alle Fahrzeuge 1934 bis heute, 1986.

Medien

TV geht auf Sendung

22.3. Berlin. Im Berliner Reichspostmuseum eröffnet Reichssendeleiter Eugen Hadamovsky das erste regelmäßig ausgestrahlte Fernsehprogramm im Deutschen Reich. Der „Fernsehsender Paul Nipkow" (zu Ehren des deutschen Ingenieurs, der den mechanischen Bildfeldzerleger entwickelte) strahlt dreimal wöchentlich ein Anderthalb-Stunden-Programm aus, in dem Filmausschnitte und Wochenschauberichte gezeigt werden.

Das Programm wird in 13 „öffentlichen Fernsehstellen" in Berlin und Potsdam kostenlos gezeigt, denn private Fernsehempfänger sind selten. Die Forschungsanstalt der Reichspost beginnt 1938 mit der Entwicklung eines „Einheitsfernsehempfängers".
Bereits 1928 waren in New York die ersten Fernsehsendungen ausgestrahlt worden, Großbritannien folgte am 22.8.1932 (↑S.286) mit dem Programm der British Broadcasting Corporation (BBC).

Volkswagen: Die ersten drei Prototypen des „Käfers" werden in der Privatgarage von Ferdinand Porsche gebaut.

Nobelpreisträger 1935	K 322
Frieden: Carl von Ossietzky (D, 1889–1938)	
Der pazifistische Publizist und Schriftsteller war eine Symbolfigur des Widerstands gegen die Nazi-Diktatur. Ossietzky, Leiter der Zeitschrift „Weltbühne" wurde 1933 verhaftet und in mehreren Konzentrationslagern inhaftiert. Den Nobelpreis durfte der Gefangene nicht entgegennehmen.	
Chemie: Frédéric Joliot (F, 1900–1958), Irène Joliot-Curie (F, 1897–1956)	
Das Physiker-Ehepaar entdeckte 1934 die künstliche Radioaktivität: Werden Atomkerne mit Alpha-Teilchen beschossen, entsteht ein radioaktives Element, das in der Natur nicht vorkommt. Diese radioaktiven Stoffe werden beispielsweise in der Medizin bei Bestrahlungen eingesetzt.	
Medizin: Hans Spemann (D, 1869–1941)	
Der Zoologe befaßte sich mit der Entwicklung von Embryos. Er entdeckte den sog. Organisatoreffekt, der während des embryonalen Wachstums den Aufbau des Organismus reguliert. Dabei wird die Organbildung wesentlich durch benachbarte Keimzellen mitbestimmt.	
Physik: James Chadwick (GB, 1891–1974)	
Chadwick entdeckte 1932 das Neutron, ein elektrisch ungeladenes Elementarteilchen, das neben Proton und Elektron der dritte Bauteil des Atomkerns ist. Neutronen werden beispielsweise in Kernreaktoren eingesetzt, um Kettenreaktionen einzuleiten bzw. aufrechtzuerhalten.	

Nobelpreis für Literatur nicht verliehen

1935

Kulturszene 1935 K 323

Theater

T. S. Eliot Mord im Dom UA 10.5., Canterbury	Das „geistliche Spiel" über den Tod Thomas Beckets untersucht die Frage, wie ein Mensch zum Märtyrer und Heiligen werden kann.
Jean Giraudoux; Der Trojanische Krieg findet nicht statt; UA 21.11., Paris	Das moderne Antikendrama ist eine Warnung an die Völker Europas vor der Kriegsgefahr mit pessimistischer Grundhaltung.

Oper

Werner Egk Die Zaubergeige UA 22.5., Frankfurt/Main	Die auf einem Marionettentheaterstück Franz von Poccis basierende bitonale Spieloper macht den Opernkomponisten bekannt.
George Gershwin Porgy and Bess UA 10.10., New York	Gershwins große amerikanische Volksoper mit Einflüssen von Broadway-Musical und Jazz läßt ausschließlich Schwarze auftreten.
Richard Strauss Die schweigsame Frau UA 24.6., Dresden	Die komische Oper nach dem gleichnamigen Drama von Ben Jonson (1609) wird verboten, da das Libretto von dem Juden Stefan Zweig stammt.

Konzert

Anton Webern Konzert für 9 Instrumente op. 24; UA 4.9., Prag	Das Arnold Schönberg gewidmete Stück ist ein musikalisches Stenogramm in Zwölftontechnik mit amorph wirkenden Tonfolgen.

Film

Clarence Brown Anna Karenina USA	Die neunte Filmversion von Tolstois Roman, mit Greta Garbo in der Hauptrolle, zeigt die Filmdiva auf dem Höhepunkt ihrer Karriere.
John Ford Der Verräter USA	Geschichte eines folgenschweren Verrats vor dem Hintergrund des irischen Freiheitskampfes; Erfolg bei Kritik und Publikum.
Alfred Hitchcock Die 39 Stufen Großbritannien	Ein Mann gerät zufällig in eine Spionageaffäre und wird von Polizei und Agenten gejagt; Thriller nach dem Roman von S. Buchanan.
Frank Lloyd Meuterei auf der Bounty USA	Aktionsgeladener Kostümfilm mit Star-Besetzung (Charles Laughton, Clark Gable); Kassenschlager 1935, Oscar für den besten Film.
Leni Riefenstahl Triumph des Willens Deutschland	Kultfilm über den Nürnberger Parteitag der NSDAP 1934, von Hitler in Auftrag gegeben; aufwendiges Meisterwerk der Montage.

Buch

Werner Bergengruen Der Großtyrann und das Gericht; Hamburg	Der in der italienischen Renaissance spielende Roman kritisiert den Machtmißbrauch eines Despoten und die Feigheit der Untertanen.
Elias Canetti Die Blendung Wien	Das erzählerische Hauptwerk Canettis über einen heimatlos gewordenen Gelehrten wird erst mit der 3. Auflage (1963) erfolgreich.
Wolfgang Langhoff Die Moorsoldaten Zürich	Tatsachenbericht über deutsche Konzentrationslager; das „Lied der Moorsoldaten" wird zum antifaschistischen Kampflied.
Heinrich Mann Henri Quatre Amsterdam	Der erste von zwei Teilen (bis 1938) über Heinrich IV. stilisiert den französischen König zum Ahnherrn des Sozialismus.
Eugen Roth Ein Mensch Weimar	Der satirisch-ironische Gedichtband deckt menschliche Schwächen und Unzulänglichkeiten auf: erfolgreichstes Buch des Dichters.
John Steinbeck Tortilla Flat New York	In der humoristisch-sozialkritischen Schilderung kalifornischen Landlebens mischen sich Naturalismus und sentimentale Mystifizierung.

Gesellschaft

Anonyme Alkoholiker gegründet

10.6. New York. Die Selbsthilfeorganisation für Alkoholabhängige, „Alcoholics Anonymous", wird von Bob S. und Bill W. ins Leben gerufen.

Das Therapiekonzept der jeweils autonomen lokalen Gruppen beruht auf dem Prinzip der Selbsthilfe, d. h. Mitglieder sind gleichzeitig Helfer und Betroffene. Es werden keine Mitgliedsbeiträge erhoben, die Organisation ist unabhängig von Parteien und Konfessionen. Die beiden Initiatoren bleiben ebenso wie alle Gruppenmitglieder anonym.

Ziel der Organisation ist es, durch gegenseitige Unterstützung vollkommen abstinent zu werden, da dies die einzige Möglichkeit ist, die Abhängigkeit vom Alkohol zu überwinden. Unter der Abkürzung „AA" entstehen nach US-amerikanischem Vorbild Gruppen auf der ganzen Welt.

Sport

445 km/h am Strand

7.3. Daytona Beach (Florida). Bei einer Rekordfahrt stellt der britische Automobilrennfahrer Malcolm Campbell vier neue Geschwindigkeitsrekorde auf.

Campbell verbessert seinen eigenen Weltrekord aus dem Jahr 1933 über eine Meile, die

Jesse Owens (1913–1980). Mit vier Weltrekorden, aufgestellt innerhalb von nur 45 Minuten schreibt Owens Sportgeschichte.

er in 13,2 sec mit 445,486 km/h zurücklegt, um fast 8 km/h. Darüber hinaus übertrifft Campbell die Rekorde über 1 km, 5 km und fünf Meilen. Seine Rekordjagd in Daytona Beach begann 1928, als er 333 km/h bzw. 334 km/h über eine Meile erreichte, und setzte sich 1931 fort (395 km/h). Campbells „Blue Bird" hat 2500 PS. Der Rennfahrer orientiert sich auf seiner Fahrt an einer schwarzen Linie, die entlang des Strandes eigens für die Rekordfahrt gezogen wurde.

Owens stellt vier Weltrekorde auf
25.5. Ann Arbor/Michigan. Bei einem Studentenwettkampf stellt der 21jährige Jesse Owens (USA) vier Weltrekorde binnen 45 Minuten auf.
Über 100 yards (91,44 m) erreicht er mit 9,4 sec die alte Weltrekordzeit von Bob Grieve, die 220 yards (201,17 m) läuft er in 20,3 sec und die 220-yards-Hürdenstrecke in 22,6 sec. Nur zehn Minuten nach seinem Sieg über 100 yards springt er mit 8,13 m Weltrekord im Weitsprung. Diese Bestmarke, der erste Sprung jenseits der 8-m-Grenze, wird erst 1960 von Ralph Boston (8,21 m) gebrochen. 1936 gewinnt Owens bei den Olympischen Spielen vier Goldmedaillen (100 m, 200 m, 4 x 100 m, Weitsprung). Als Profi läuft der „schwarze Panther" in Show-Wettbewerben u. a. gegen Pferde und Windhunde.

Max Euwe wird Schachweltmeister
18.12. Amsterdam. Der Niederländer Max Euwe gewinnt die Schachweltmeisterschaft und enthront den Titelträger Alexander Aljechin. Nach 30 Partien siegt er mit 15,5 zu 14,5 Punkten (9 Siege, 8 Niederlagen, 13 Remis). Der 34jährige Mathematiklehrer ist der erste Amateur auf dem Schachthron. Im Vergleich zu dem kombinationsfreudigen und risikobereiten Aljechin gilt Euwe als nüchterner Theoretiker.
Aljechin war im Anschluß an die Oktoberrevolution nach Frankreich emigriert und hatte 1927 gegen den Kubaner José Raoul Capablanca die Weltmeisterschaft gewonnen. 1929 und 1934 verteidigte er den Titel gegen den Exilrussen Jefim Bogoljubow. 1937 kann Aljechin von Euwe den Titel zurückgewinnen und behält ihn bis zu seinem Tode 1946. Mit Ausnahme des US-Amerikaners Bobby Fischer (↑S.671/1.9.1972) kommen danach alle Titelträger und Herausforderer aus der Sowjetunion bzw. der GUS.
📖 H. C. Schonberg: Die Großmeister des Schach, 1974.

Sport 1935	K 324
Fußball	
Deutsche Meisterschaft	FC Schalke 04
DFB-Pokal	1. FC Nürnberg – FC Schalke 2:0
Englische Meisterschaft	Arsenal London
Italienische Meisterschaft	Juventus Turin
Spanische Meisterschaft	Betis Sevilla
Tennis	
Wimbledon (seit 1877; 55. Austragung)	Herren: Fred Perry (GBR) Damen: Helen Wills-Moody (USA)
US Open (seit 1881; 55. Austragung)	Herren: Wilmer Allison (USA) Damen: Helen Jacobs (USA)
French Open (seit 1925; 11. Austragung)	Herren: Fred Perry (GBR) Damen: Hilde Sperling (GER)
Australian Open (seit 1905; 28. Austragung)	Herren: Jack Crawford (AUS) Damen: Dorothy Round (GBR)
Davis-Cup (Wimbledon, GBR)	Großbritannien – USA 5:0
Eishockey	
Weltmeisterschaft	Kanada
Stanley-Cup	Montreal Maroons
Deutsche Meisterschaft	SC Riessersee
Radsport	
Tour de France (4302 km)	Romain Maes (BEL)
Giro d'Italia (3577 km)	Vasco Bergamaschi (ITA)
Straßenweltmeisterschaft	Jean Aerts (BEL)
Automobilsport (Grand-Prix-Rennen)	
GP von Belgien, Spa	Rudolf Caracciola (GER), Mercedes-Benz
GP von Deutschland, Nürburgring	Tazio Nuvolari (ITA), Alfa Romeo
GP von Frankreich, Monthléry	Rudolf Caracciola (GER), Mercedes-Benz
GP von Italien, Monza	Hans Stuck (GER), Auto-Union
GB von Monaco, Monte Carlo	Luigi Fagioli (ITA), Mercedes-Benz
Europameisterschaft	Rudolf Caracciola (GER), Mercedes-Benz
Boxen	
Schwergewichts-Weltmeisterschaft	James J. Braddock (USA) – PS gegen Max Baer (USA), 13.6.
Herausragende Weltrekorde	
Disziplin	Athlet (Land)	Leistung
Leichtathletik, Männer		
Weitsprung	Jesse Owens (USA)	8,13 m
Diskuswurf	Willy Schröder (GER)	53,10 m
Leichtathletik, Frauen		
100 m	Helen Stephens (USA)	11,6 sec
200 m	Stanislawa Walasiewicz (POL)	23,6 sec
Schwimmen, Männer		
200 m Freistil	Jack Medica (USA)	2:07,2 min
100 m Rücken	Adolphe Kiefer (USA)	1:04,9 min
Schwimmen, Frauen		
200 m Freistil	Willie den Ouden (HOL)	2:25,3 min
200 m Rücken	Hendrika Mastenbroek (HOL)	2:49,6 min

1936

Politik

Armenien wird Sowjetrepublik

Durch eine Verfassungsreform erhält Armenien den Status einer Sowjetrepublik. Bisher war Armenien Teil der Transkaukasischen SFSR, der Armenien, Aserbaidschan und Georgien angehörten.

Nach dem Frieden von Brest-Litowsk (1918) war die unabhängige Republik Armenien proklamiert worden, die 1920 von der Roten Armee besetzt wurde.

Ab Ende der 80er Jahre kommt es zwischen Armeniern und Aserbaidschanern zu blutigen Auseinandersetzungen um die Region Nagorny-Karabach, die in Aserbaidschan liegt, aber zu 75% von Armeniern bewohnt wird. 1991 erklärt Armenien erneut seine Unabhängigkeit. S 319/K 325

L. Bartholomäus: In jedem Kreuz ein Lebensbaum. Aus Armeniens Erbe u. Gegenwart, o. J.

Deutsche besetzen das Rheinland

7.3. Etwa 30 000 Wehrmachtsoldaten ziehen in das entmilitarisierte Rheinland ein und setzen damit einen wichtigen Bestandteil sowohl des Versailler Vertrags (↑S.153/28.6.1919) als auch des Vertrags von Locarno (↑S.221/16.10.1925) außer Kraft. Als Vorwand für den Vertragsbruch diente Hitler die Ratifizierung des französisch-sowjetischen Beistandspaktes durch die Nationalversammlung in Paris am 27.2. (↑S.310/2.5.1935).

In seiner Reichstagsrede vom 7.3. sowie in Memoranden an die Signatarstaaten des Locarno-Vertrags macht Hitler umfassende Vorschläge für ein neues westeuropäisches Sicherheitssystem und bietet die Rückkehr Deutschlands in den Völkerbund an. Diese „Friedensofferte" Hitlers paßt in das Beschwichtigungskonzept (sog. appeasement) der Westmächte, insbesondere Großbritanniens und Italiens, die diesem erwarteten Schritt Deutschlands keinerlei Widerstand entgegensetzen. Dadurch sieht sich auch Frankreich nicht in der Lage, auf die Bedrohung seiner Ostgrenze zu reagieren.

Durch diesen außenpolitischen Erfolg Hitlers wird die Friedensordnung von Versailles endgültig hinfällig.

Volksfront an der Macht

4.6. Paris. In Paris tritt die Regierung von Ministerpräsident Léon Blum, des ersten sozialistischen Regierungschefs Frankreichs, ihr Amt an. Sie stützt sich auf die parlamentarische Mehrheit der Linksparteien, die sich 1935 zur antifaschistischen Volksfront zusammengeschlossen haben. Stärkste Partei sind die Sozialisten, den weitaus stärksten Mandatszuwachs, von zehn auf 72, verzeichnen die Kommunisten, die keine Mitglieder ins Kabinett entsenden.

Blum bringt ein sozialpolitisches Reformpaket durchs Parlament, das u. a. die 40-Stunden-Woche, Kollektivverträge, bezahlten Jahresurlaub und globale Lohnerhöhungen beinhaltet.

Geringe Wirtschaftsleistung bei hoher Arbeitslosigkeit, steigende Preise und Kapitalflucht entziehen seinem Reformprogramm jedoch die Tragfähigkeit. Gleichzeitig muß die Regierung Blum mit unverminderten Attacken der Rechten und einer streikbereiten Arbeiterschaft fertig werden. Die Volksfrontregierung stürzt am 21.6.1937, als der Senat ihr die erbetenen Vollmachten zur Finanzsanierung verweigert. Die Linksfront bricht auseinander. Ab April 1938 befinden sich die Sozialisten wieder in der Opposition.

Wichtige Regierungswechsel 1936		K 326
Land	**Amtsinhaber**	**Bedeutung**
Ägypten	Fuad I. (König seit 1922) Faruk I. (König bis 1952)	Tod von Fuad (28.4.); Faruk schließt Vertrag mit Großbritannien, der die Besetzung auf die Sueskanal-Zone beschänkt
Frankreich	Pierre Laval (M seit 1935) Albert Sarraut (M 24.1.–4.6.) Léon Blum (M bis 1937)	Rücktritt von Laval (22.1.) wegen Kritik an seiner zurückhaltenden Außenpolitik im Italien-Abessinien-Konflikt; Blum bildet Volksfront-Regierung, die Arbeiterinteressen vertritt (S.318)
Griechenland	Konstantin Demerdzes (M seit 1935) Ioannis Metaxas (M bis 1941)	Nach dem Tod von Demerdzes (12.4.) führt General Metaxas mit Zustimmung des Königs die Diktatur ein
Großbritannien	George V. (König seit 1910) Edward VIII. (König 21.1.–10.12.) George VI. (König bis 1952)	Tod Georges V. (20.1.); Edward dankt ab, um die Amerikanerin bürgerlicher Herkunft, Wallis Simpson, zu heiraten; ihm folgt sein Bruder George VI. auf den Thron (S.325)

M = Ministerpräsident bzw. Premierminister

Beginn des Spanischen Bürgerkriegs

17.7. Melilla. Ein Oberstleutnant des antirepublikanisch bzw. faschistisch orientierten spanischen Militärs bringt die Garnison Melilla in seine Gewalt, worauf andere Kommandeure der übrigen wichtigen Stützpunkte in Spanisch-Marokko besetzen. Neuer Oberbefehlshaber für das Gebiet wird der ehemalige Generalstabschef des Heeres, Francisco Franco Bahamonde, der von der Volksfrontregierung im Februar auf die Kanarischen Inseln versetzt wurde. Die mit Franco verbündeten Generäle auf dem Festland bringen im Verlauf des Juli die Regionen Andalusien (General Queipo de Llano) sowie Galizien, Leon, Alt-Kastilien und Aragonien (General Mola) in ihre Gewalt. Die Republikaner behaupten sich in Madrid sowie in der östlichen Landeshälfte (Neu-Kastilien und Katalonien). Deutschland und Italien beginnen schon im Juli mit logistischer und militärischer Unterstützung für die aufständischen Militärs. Am 20.7. beschließt die neue Regierung in Madrid unter dem Linksrepublikaner José Giral y Pereira die Ausgabe von Waffen an die Arbeitermilizen, die Auflösung der Armee und die allgemeine Mobilmachung. Der Spanische Bürgerkrieg beginnt. S 321/K 327

📖 P. Broue/E. Temime: Geschichte des Spanischen Bürgerkriegs, 5. Aufl. 1987.

Türkei erhält Dardanellen zurück

20.7. Montreux. Die Türkei erhält die volle Souveränität über die zu ihrem Territorium gehörenden Meerengen zwischen Mittelmeer (Dardanellen) und Schwarzem Meer (Bosporus) zurück. Dies ist das Ergebnis von Verhandlungen, an denen neben der Türkei Frankreich, Großbritannien, Bulgarien, Griechenland, Rumänien, Jugoslawien, die Sowjetunion und Japan beteiligt waren. Nach dem türkisch-griechischen Krieg war im Friedensvertrag von Lausanne (↑S.199/ 24.7.1923) die Entmilitarisierung dieser Gebiete festgelegt worden. Seitdem bemühte sich die Türkei um die Revision der Bestimmungen.
Weiterer Verhandlungspunkt war die Frage der Durchfahrtsrechte. Gegen die sowjetischen Vorstellungen wird durchgesetzt, daß auch Nichtanrainerstaaten Kriegsschiffe durch die Meerengen schicken dürfen, allerdings mit Einschränkungen bezüglich Anzahl und Tonnage.

Erster Trotzkisten-Schauprozeß

19.8. Moskau. Vor einem sowjetischen Militärtribunal werden 16 ehemalige hohe

Chronik Armeniens K 325

Jahr	Ereignis
Um 1650	Aufteilung des Landes: Türkei erhält Westarmenien, Ostarmenien gerät unter persische Herrschaft
1813	Nach russisch-persischem Krieg (1800–12) fallen die Provinz Karabach sowie Teile des Kaukasus an Rußland
1828	Persien muß Jerewan und Nachitschewan an Rußland abtreten; der Fluß Aras wird neue persisch-russische Grenze
1878	Ende des russisch-türkischen Kriegs (1877–78): Teile Türkisch-Armeniens (Kars und Ardahan) an Rußland
1894	Aufstände gegen die türkische Herrschaft; bei Massakern werden mehr als 250 000 Armenier getötet
1915	Vernichtungsfeldzug türkischer Truppen: Jungtürken ordnen Deportation und Ermordung aller Armenier an (1 Mio Tote, S.121)
1918	Friede von Brest-Litowsk: Armenische Gebiete Kars, Ardahan und Batum werden unter türkische Verwaltung gestellt
	Armenischer Nationalrat in Tiflis (Georgien) proklamiert Gründung einer unabhängigen Armenischen Republik
1920	Frieden von Sèvres: Vereinigung von Türkisch-Armenien mit der Republik Armenien zu einem autonomen Staat; türkische Nationalisten erkennen Friedensvertrag nicht an (S.164)
1922	Friedenskonferenz von Lausanne revidiert Frieden von Sèvres: Türkische Annexion von Kars und Ardahan wird anerkannt
	Mit Gründung der UdSSR wird Russisch-Armenien autonome Sowjetrepublik innerhalb der Transkaukasischen SSR
1923	Das zu drei Vierteln von Armeniern bewohnte Nagorny-Karabach wird Aserbaidschan angegliedert
1936	Neue Verfassung gibt Armenien den Status einer Sowjetrepublik
1988	Kämpfe zwischen Armeniern und Aserbaidschanern um die armenische Enklave Nagorny-Karabach (S.805)
	Schweres Erdbeben bei Leninakan fordert 30 000 Todesopfer
1990	Bürgerkrieg zwischen Armeniern und Aserbaidschanern; aserbaidschanische Wirtschaftsblockade führt zu Energiekrise
1991	Nach Volksabstimmung erklärt sich Armenien für unabhängig; Lewon Ter-Petrosjan wird erster Präsident des Landes
1992	Unterzeichnung eines Waffenstillstandsabkommens mit Aserbaidschan; Kämpfe irregulärer Verbände gehen jedoch weiter (bis 1995: rd. 40 000 Tote und 1,2 Mio Flüchtlinge); ein Friedensplan der OSZE scheitert am Widerspruch Aserbaidschans (1994)
1995	Wahlsieg der Nationalisten von Ter-Petrosjan, jedoch Wahlmanipulationen und Verbot der wichtigsten Oppositionspartei; neue Verfassung stärkt die Stellung des Präsidenten
	Truppen Armeniens und Nagorny-Karabachs halten ein Viertel des aserbaidschanischen Territoriums besetzt

Seestreitkräfte bei Ausbruch des 2. Weltkriegs K 329

Land	Schlachtschiffe	Flugzeugträger	Kreuzer	Zerstörer[1]	U-Boote	Tonnage (t)
Deutschland	4	–	12	42	56	225 000
Frankreich	8	1	18	71	78	564 108
Großbritannien	17	7	88	241	56	1 692 302
Italien	6	–	22	160	100	672 750
Japan	10	8	38	134	66	1 015 975
Sowjetunion	8	–	8	46	156	270 489
USA	15	7	36	220	100	1 344 870

[1] Einschließlich Torpedoboote
Quelle: A. Cucari, G. Manti, H. P. Jürgens: Bilderlexikon der Schiffe

Volksfrontregierung in Frankreich: Auf Plakaten werben die Sozialisten in Paris für ihr Programm (Foto: Robert Capa).

Spanischer Bürgerkrieg: "Tod eines Soldaten" nennt Robert Capa sein Foto von der Cordobafront 1936.

Parteifunktionäre der terroristischen Verschwörung gegen die Parteiführung unter Josef W. Stalin angeklagt. Nach ihrem erzwungenen „Geständnis" werden sie am 24.8. zum Tode verurteilt.
Die Angeklagten sind angeblich Anhänger des im Exil lebenden früheren Revolutionsführers Leo Trotzki und seiner Idee der „permanenten Revolution". Sie befinden sich damit im Gegensatz zu Stalins Vorstellung eines „Aufbaus des Sozialismus in einem Land". Politisch sind die Rivalen Stalins, darunter die ehemaligen Weggefährten des Staatsgründers, Wladimir I. Lenin, und Politbüromitglieder Lew B. Kamenew und Grigori J. Sinowjew, längst entmachtet.
Zweck dieses sowie der 1937 und 1938 folgenden Schauprozesse, vor allem das Verfahren gegen Sowjet-Marschall Tuchatschewski, ist es, jegliche Kritik an der absoluten Führungsrolle Stalins innerhalb der kommunistischen Partei zu ersticken. ⟨S 322/K 328⟩
📖 R. Ströbinger: Stalin enthauptet die Rote Armee. Der Fall Tuchatschewski, 1990.

Ägypten wird souverän
26.8. London. Durch die Unterzeichnung eines Bündnis- und Beistandspakts mit Großbritannien erlangt Ägypten seine volle staatliche Unabhängigkeit. London behält sich allerdings das Recht vor, 20 Jahre lang ein begrenztes Truppenkontingent am Sueskanal zu stationieren (↑S.508/29.10.1956).
Nachdem Großbritannien Ägypten 1914 zum Protektorat erklärt hatte, gewährte es ihm am 15.3.1922 (↑S.184) eine beschränkte Eigenständigkeit als Königreich, von der Außenpolitik und Landesverteidigung ausgeklammert blieben. Für die vollständige Unabhängigkeit kämpfte seit Ende des 1. Weltkriegs die nationalistische Wafd-Partei. ⟨S 185/K 201⟩

Weltfriedenskonferenz in Brüssel
3.9. Brüssel. 37 Staaten – Deutschland und Italien gehören nicht dazu – entsenden Delegationen zur Weltfriedenskonferenz nach Brüssel. Sie steht unter Leitung des Völkerbundspräsidenten Lord Robert Cecil und des französischen Luftfahrtministers Pierre Cot. Schwerpunktthemen sind Einhaltung internationaler Verträge, Rüstungsbeschränkung und Ausstattung des Völkerbunds mit ausreichenden Machtmitteln zur Friedenssicherung. Zur Verstärkung der Friedenspropaganda wird beschlossen, einen Generalrat und ein ständiges Büro der Konferenz in Wien einzurichten sowie in den einzelnen Ländern Zweigorganisationen aufzubauen.

Franco wird Generalissimus

1.10. Burgos. Im Hauptquartier der Aufständischen wird General Francisco Franco zum „Generalissimus" und Staatschef ausgerufen (↑S.319/17.7.). Bereits zwei Tage zuvor übertrug die provisorische Gegenregierung, der Ausschuß zur nationalen Verteidigung, „alle Gewalten des neuen Staates" auf Franco. Dieser Absicherung der Machtstellung Francos gingen zwei wichtige militärische Erfolge voraus, nämlich die Herstellung der Nord-Süd-Verbindung ihrer Truppen durch die Einnahme der Stadt Bajados am 14.8. sowie die Eroberung Toledos am 27.9. Das nationalsozialistische Deutschland und das faschistische Italien erkennen das Franco-Regime bereits am 18.11. an. S 321/K 327

J. P. Fusi: Franco, 1992.

Deutsche Hochrüstung zur See

3.10. Wilhelmshaven. Das erste nach dem 1. Weltkrieg gebaute Schlachtschiff der deutschen Kriegsmarine, die „Scharnhorst", läuft vom Stapel.
In seiner Taufrede bezeichnet der deutsche Kriegsminister Werner von Blomberg das 26 000-BRT-Schiff als „das deutsche Symbol praktischer Gleichberechtigung und völliger Wehrhoheit" und als „Sinnbild wiedererweckter deutscher Seegeltung". Der britischen Regierung bereitet der forcierte Ausbau der deutschen U-Boot-Flotte mehr Sorgen, die zum Zeitpunkt des „Scharnhorst"-Stapellaufs bereits über zwei große und 29 kleine Einheiten verfügt. S 319/K 329

Anti-Komintern-Pakt

25.11. Berlin. Deutschland und Japan schließen, vertreten durch die Botschafter Joachim von Ribbentrop und Kintomo Mushakoji, den Vertrag zur gemeinsamen Abwehr der Kommunistischen Internationale (Komintern).
In einem geheimen Zusatzabkommen sichern sich beide Seiten wohlwollende Neutralität für den Fall zu, daß einer der Vertragspartner in einen Krieg mit der Sowjetunion verwickelt wird. Außerdem verpflichten sich beide Staaten, fünf Jahre lang keine Verträge mit der Sowjetunion zu schließen, „die mit dem Geiste dieses Abkommens nicht übereinstimmen".
Nach der im Oktober erfolgten Einigung mit Italien (Achse Berlin–Rom) über die Expansionspläne beider Länder ist es Hitler damit gelungen, einen weiteren Verbündeten zu gewinnen. Japan ist vor allem an der Absicherung seiner Eroberungen auf dem chine-

Stationen des Spanischen Bürgerkrieges K 327

Datum	Ereignis
16. 2.1936	Sieg der Volksfront der Linksparteien bei Parlamentswahlen
13. 7.1936	Mord an Monarchistenführer José Calvo Sotelo
17. 7.1936	Militärputsch in Spanisch-Marokko unter F. Franco (S.319)
18. 7.1936	Aufstand der Militärs in zahlreichen Städten Spaniens
19. 7.1936	Rücktritt des spanischen Ministerpräsidenten Santiago Casares Quiroga und seines linksrepublikanischen Kabinetts, der Republikaner José Giral y Pereira bildet ein neues Kabinett
23. 7.1936	In Burgos errichten die aufständischen Militärs eine provisorische Gegenregierung unter General Miguel Cabanellas
26. 7.1936	Italienische Flugzeuge transportieren in geheimer Mission aufständische Truppen von Marokko nach Spanien
5. 8.1936	In Cadiz treffen die ersten deutschen Truppen ein, um die Faschisten gegen die republikanische Regierung zu unterstützen
28. 8.1936	Reichskriegsminister von Blomberg genehmigt den Kampfeinsatz deutscher Truppen in Spanien auf seiten Francos
4. 9.1936	Der Sozialist Francisco Largo Caballero wird neuer Ministerpräsident; der Regierung gehören auch Kommunisten an
9. 9.1936	In London tagt erstmals der Nichteinmischungsausschuß; von 26 Staaten verhalten sich jedoch nur die Westmächte neutral
13. 9.1936	Faschisten besetzen San Sebastian; 27.9. Einnahme Toledos
1.10.1936	In Burgos wird Franco zum Generalissimus der „nationalen" Streitkräfte und zum Staatschef (Caudillo) ausgerufen (S.321)
7.10.1936	Die UdSSR beendet ihre Neutralitätspolitik, da die spanischen Faschisten von Italien und Deutschland unterstützt werden
12.10.1936	Erste sowjetische Waffenlieferungen für die Regierungstruppen
22.10.1936	Offizielle Gründung der Internationalen Brigaden in Madrid
7.11.1936	Franco-Truppen beginnen Großoffensive gegen Madrid
18.11.1936	Italien und Deutschland erkennen die Franco-Regierung an
20.11.1936	Hinrichtung des Falange-Gründers José Antonio Primo de Rivera durch die Republikaner in Alicante
19. 4.1937	Franco gründet eine faschistische Einheitspartei
26. 4.1937	Bombenflugzeuge der deutschen Legion Condor, die auf der Seite der Faschisten kämpft, zerstören Guernica (S.331)
15. 5.1937	Rücktritt von Ministerpräsident Francisco Largo Caballero; am 17.5. Regierungsbildung unter Juan Negrín López
19. 6.1937	Faschisten besetzen die baskische Hauptstadt Bilbao
23. 6.1937	Italien und das Deutsche Reich treten aus dem Londoner Nichteinmischungsausschuß für Spanien aus
15.12.1937	Großoffensive der Regierungstruppen bei Teruel südlich von Zaragoza; am 8.1.1938 Eroberung Teruels
30. 1.1938	In Nationalspanien werden die unbeschränkten Befugnisse des Staatsführers General Franco gesetzlich verankert
22. 2.1938	Faschisten erobern Teruel zurück
15. 4.1938	Faschisten erreichen das Mittelmeer bei Vinaroz; damit ist das Gebiet der Republikaner in zwei Teile getrennt
5. 7.1938	Londoner Nichteinmischungsausschuß vereinbart die Rückberufung der in Spanien kämpfenden ausländischen Freiwilligen
15.11.1938	6000 Mann der Internationalen Brigaden verlassen Spanien
26. 1.1939	Barcelona kampflos von den Franco-Truppen besetzt
27. 2.1939	Frankreich und Großbritannien erkennen Franco-Regime an
28. 3.1939	Madrid kampflos von den Franco-Truppen besetzt
1. 4.1939	Offizielles Ende des Spanischen Bürgerkriegs
8. 5.1939	Spanien verläßt den Völkerbund

1936

Die „Große Tschistka" in der UdSSR — K 328

1935: Schauprozeß gegen Grigori Sinowjew und Lew Kamenew

Anklage: Mord am Leningrader Parteisekretär Sergej Kirow (1.12.1934). Sinowjew und Kamenew hatten 1925 mit Leo Trotzki die „Vereinigte Opposition" gegen ZK-Generalsekretär Josef Stalin gebildet und waren deshalb aller Parteiämter enthoben worden. Urteile: zehn Jahre Gefängnis für Sinowjew, fünf Jahre für Kamenew wegen der „moralischen Verantwortung" für den Mord

1936: Prozeß der 16 (1. Trotzkistenprozeß) gegen Lew Kamenew und Grigori Sinowjew sowie 14 weitere ehemalige Parteifunktionäre (S.319)

Anklage: Verschwörung gegen die Parteiführung unter Josef Stalin. Die Mehrzahl der Angeklagten gelten als „Trotzkisten" und befürworten die „permanente Revolution", während Stalin den „Aufbau des Sozialismus in einem Land" propagierten. Urteile: Todesstrafe für alle 16 Angeklagten

1937: Prozeß der 17 (2. Trotzkistenprozeß) gegen ehemalige Funktionäre

Anklage: Mitgliedschaft im „trotzkistischen parallelen Zentrum", Hochverrat und aktive Teilnahme an zahlreichen Sabotageakten. Wie im 1. Trotzkistenprozeß legen die Angeklagten gleich zu Beginn der Verhandlung umfangreiche Schuldbekenntnisse ab. Urteile: Todesstrafe für 13 Angeklagte, langjährige Kerkerstrafen für vier Angeklagte (u. a. Karl Radek und Grigori Sokolnikow)

1937: Prozeß gegen Marschall Michail Tuchatschewski (S.322)

Anklage: Hochverrat und Spionage. Beginn der „Säuberung" der Roten Armee; Verhaftungswellen gegen weitere ranghohe Armeeangehörige, um die Kontrolle der militärischen Macht durch die KPdSU zu sichern. Wiedereinführung der Kriegskommissare. Urteile: Todesstrafe für alle acht Angeklagten

1938: Prozeß der 21 (3. Trotzkistenprozeß)

Anklage: Verschwörung gegen die UdSSR und Konspiration mit dem Ausland. Angeklagt ist der „antisowjetische Block der Rechten und Trotzkisten", darunter führende Altbolschewiken wie Alexej Rykow und Nikolai Bucharin. Urteile: Todesstrafe für 18 Angeklagte; Haftstrafen zwischen 15 und 25 Jahren für die übrigen drei Angeklagten

Bedeutende Ökonomen des 20. Jh. — K 330

Rudolf Hilferding (1877–1941) Österreich Volkswirtschaftler	Lehre vom staatsmonopolistischen Kapitalismus: Enge Verknüpfung von Staat und Großkapital führt zur Herrschaft weniger Monopolisten Werk: „Das Finanzkapital" (1910)
Joseph A. Schumpeter (1883–1950) Österreich/USA Volkswirtschaftler	Innovativer Unternehmer ist Motor der wirtschaftlichen Entwicklung, die durch zunehmende Monopolisierung gefährdet ist; Werk: „Theorie der wirtschaftlichen Entwicklung" (1912)
Walter Eucken (1891–1950) Deutschland Volkswirtschaftler	Soziale Marktwirtschaft: Staat darf nicht in Wirtschaftsabläufe eingreifen, muß jedoch die erforderlichen Rahmenbedingungen schaffen Werk: „Grundlagen der Nationalökonomie" (1940)
John Maynard Keynes (1883–1946) Großbritannien Volkswirtschaftler	Staatliche Beschäftigungsprogramme, um Wirtschaftskrisen durch gestärkte Kaufkraft zu überwinden (sog. Nachfragebelebung) Werk: „Allgemeine Theorie der Beschäftigung, des Zinses und des Geldes" (1936) (S.322)
John K. Galbraith (*1908) Kanada Volkswirtschaftler	Staatliche Lohn- und Preiskontrolle, Schaffung eines sozialen Gleichgewichts, Maßnahmen zum Umweltschutz, Entwicklungshilfe Werk: „Gesellschaft im Überfluß" (1958)
Milton Friedman (*1912) USA Volkswirtschaftler	Monetarismus: Volkswirtschaft wird durch die umlaufende Geldmenge gesteuert, Vertrauen auf Selbstheilungskräfte des Marktes Werk: „Kapitalismus und Freiheit" (1962)

sichen Festland interessiert, wo es durch die Proklamierung des Vasallenstaates Mandschukuo (Mandschurei) 1932 in Konflikt mit der Sowjetunion geriet.

Mandschukuo sowie Ungarn treten dem Anti-Komintern-Pakt am 24.2.1939 bei, Italien bereits am 6.11.1937.

Wirtschaft

Fort Knox fertiggestellt

13.5. Fort Knox. Im Heeresstützpunkt Fort Knox im US-Bundesstaat Kentucky wird eine moderne Festung für die Lagerung der gesamten Goldbestände der US-Notenbank fertiggestellt.

Gepanzerte Sonderzüge bringen die Bestände (Gesamtwert umgerechnet 15 Mrd Reichsmark) in den folgenden zwei Monaten von New York und Philadelphia nach Fort Knox. Starke Sicherheitsvorkehrungen einschließlich Artillerie und Wassergraben sollen die Goldreserven vor jeder feindlichen Bedrohung und jedem Raubversuch schützen.

J. M. Keynes und die Arbeitslosigkeit

London. In England erscheint die „Allgemeine Theorie der Beschäftigung, des Zinses und des Geldes" des Ökonomen und früheren Kabinettsmitglieds John Maynard Keynes. Mit diesem Werk liegt ein neuer analytischer Ansatz zur Erklärung der Massenarbeitslosigkeit und zu ihrer Überwindung vor.

Keynes widerspricht der Gleichgewichtstheorie der klassischen Nationalökonomie, wonach Angebot und Nachfrage über Preis- und Lohnsignale nach einem Ausgleich und damit „automatisch" nach gesamtwirtschaftlicher Stabilität streben. Während einer Wirtschaftsdepression sei kein Lohn niedrig genug, um den Unternehmer zur Einstellung von Arbeitsuchenden zu bewegen. Die eigentliche Ursache für Wirtschaftskrise und Arbeitslosigkeit sei die ungenügende Nachfrage von Konsumenten, Investoren und öffentlicher Hand. In dieser Lage müsse der Staat eine defizitäre Haushaltspolitik (sog. deficit spending) betreiben, um in Form von Investitionen bzw. Subventionen die Nachfrage zu beleben.

Keynes setzt sich mit seinen Ansichten durch. Die westlichen Demokratien der Kriegs- und Nachkriegszeit betreiben durchweg eine Beschäftigungspolitik, um eine möglichst niedrige Arbeitslosenquote zu erreichen. S 322/K 330

R. Lakamann: John Maynard Keynes, 1970.

1936

Golden Gate Bridge: Jährlich passieren rd. 43 Mio Autos auf sechs Fahrbahnen die Brücke, die täglich von Statikern auf ihre Sicherheit hin überprüft wird. Mit der Wartung des Wahrzeichens von San Francisco sind mehr als 100 Arbeiter beschäftigt.

Verkehr

Einweihung der Golden Gate Bridge

12.11. San Francisco. Nach knapp vierjähriger Bauzeit wird die Golden Gate Bridge, das neue Wahrzeichen San Franciscos, eingeweiht. Die 67 m hohe Brücke verbindet die beiden Seiten der Einfahrt vom Pazifischen Ozean in die Bucht von San Francisco, das „Goldene Tor". Ab 28.5.1937 gibt US-Präsident Franklin D. Roosevelt den Verkehr frei. Jährlich passieren 42 Mio Autos auf sechs Fahrbahnen die Brücke.

Bis zur Fertigstellung der New Yorker Verrazano-Brücke 1964 ist sie die längste Hängebrücke der Welt (2,7 km). Das Teil zwischen den beiden Pfeilern (Höhe: 227 m) hat eine Spannweite von 1280 m Länge und hängt an zwei Stahlkabeln von etwa 90 cm Durchmesser. Der Bau der zweigeschossigen Stahlbrücke unter Leitung von Joseph B. Strauss war mit zahlreichen Schwierigkeiten verbunden. So mußten im tiefen Wasser Felsen gesprengt werden, um erdbebensichere Fundamente legen zu können. Starke Strömungen, häufig auftretende Nebel und orkanartige Winde behinderten den Bau. Die Planungen zogen sich vor allem wegen Geldmangels über 20 Jahre hin. S 323/K 331

Wissenschaft

Die Intelligenz der Kinder

Neuchâtel. In seinem Werk „Das Erwachen der Intelligenz beim Kinde" (dt. 1969) stellt der Schweizer Psychologe Jean Piaget „die

Wichtige Brückenbauten des 20. Jahrhunderts   K 331

Jahr	Name (Land)	Gesamtlänge
1930	Kill-van-Kull-Brücke (New York/USA)	1762 m
	Hafen-Brücke (Sydney/Australien)	1150 m
1931	George-Washington-Brücke (New York/USA)	1125 m
1935	Krefelder Rhein-Brücke (Deutschland)	857 m
1936	East-Bay-Brücke (San Francisco/USA)	3600 m
	Oakland-Bay-Brücke (San Francisco/USA)	2800 m
	Golden-Gate-Brücke (San Francisco/USA)	2700 m
1937	Storstrøm-Brücke (Dänemark)	3200 m
1956	Lake-Pontchartrain-Brücke (Louisiana/USA)	38600 m
1957	Mullet-Kay-Kanal-Brücke (Florida/USA)	6100 m
	Düsseldorfer Rhein-Brücke (Deutschland)	1808 m
	Wuhan-Brücke (Jangtsekiang/China)	1570 m
1961	Hood-Kanal-Brücke (Seattle/USA)	2290 m
1962	Panama-Brücke (Panama)	1900 m
1963	Chesapeake-Bay-Brücke (Virginia/USA)	19000 m
	Fehmarnsund-Brücke (Deutschland)	964 m
	Allnö-Sund-Brücke (Schweden)	1152 m
	Europa-Brücke (Österreich)	785 m
1964	Verrazano-Narrows-Brücke (New York/USA)	4170 m
	Forth-Brücke (Schottland)	2400 m
1966	Ruhrtal-Brücke (Deutschland)	1800 m
	Salazar-Brücke (Portugal)	1013 m[1]
1972	Öland-Brücke (Schweden)	6070 m
1973	Bosporus-Brücke (Türkei)	1560 m
1974	Hamburger Köhlbrandbrücke (Deutschland)	3940 m
1993	Galata-Brücke (Istanbul/Türkei)[2]	465 m
1996	Großer Belt (Dänemark): Eisenbahn- und Autobrücke	6600 m
1998	Großer Belt (Dänemark): Autobrücke[3]	6800 m

1) Maximale Spannweite; 2) größte Klappbrücke der Welt; 3) mit 1624 m Spannweite zwischen den Hauptpfeilern größte Hängebrücke der Welt

1936

Nobelpreisträger 1936	K 333
Frieden: Carlos Saavedra Lamas (Argentinien, 1878–1959)	
Der argentinische Außenminister (1932–38) erarbeitete 1933 einen Antikriegsvertrag, den zahlreiche amerikanische Staaten unterzeichneten. Saavedra Lamas war Vorsitzender der Friedensverhandlungen zur Beilegung des Chaco-Kriegs zwischen Bolivien und Paraguay (1932–35).	
Literatur: Eugene O'Neill (USA, 1888–1953)	
Hauptthema O'Neills, Wegbereiter des modernen Dramas in den USA, ist die Suche des Menschen nach dem Sinn des Lebens. In seinem bedeutendsten Werk, der Dramentrilogie „Trauer muß Elektra tragen" (1931), verlegte er die griechische Atridensaga in die Zeit des US-Bürgerkriegs.	
Chemie: Peter Debye (NL, 1984–1966)	
Der Physiker analysierte die Molekularstrukturen von Gasen und Flüssigkeiten und entdeckte das sog. Dipolmoment: Moleküle besitzen an einem Ende positive und am anderen negative Ladungen. Deren Maßeinheit wurde nach dem Wissenschaftler „Debye" genannt.	
Medizin: Henry Hallett Dale (GB, 1875–1968), Otto Loewi (A, 1873–1961)	
Bei ihren Forschungen zum sog. autonomen Nervensystem (steuert die Organe, die außerhalb des Willens funktionieren – beispielsweise das Herz) entdeckten Dale und Loewi, daß Nervenimpulse durch chemische Substanzen an die betreffenden Organe weitergeleitet werden.	
Physik: Carl D. Anderson (USA, 1905–1991), Viktor F. Hess (A, 1883–1964)	
Hess erkannte 1933 die kosmische Strahlung, die aus dem Weltraum in die Erdatmosphäre eindringt. Diese Entdeckung war von großer Bedeutung für die physikalische Grundlagenforschung, da in der Strahlung Prozesse auftreten, mit denen die Struktur der Elementarteilchen erklärt werden kann. Anderson fand bei weitergehenden Forschungen das positiv geladene Gegenstück zum Elektron, das Positron (erstes Teilchen Antimaterie).	

Nicht erhaltene/abgelehnte Nobelpreise[1]			K 334
Jahr	Nobelpreis	Preisträger (Lebensdaten)	Grund
1935	Frieden	Carl von Ossietzky (D, 1889–1938)	Hitler verbot 1936 die Annahme der nachträglichen Auszeichnung
1958	Literatur	Boris L. Pasternak (UdSSR, 1890–1960)	Mußte infolge politischen Drucks die Auszeichnung ablehnen
1964	Literatur	Jean-Paul Sartre (F, 1905–1980)	Ablehnung: Der Ost-West-Konflikt stehe offiziellen Auszeichnungen generell entgegen
1973	Frieden	Lê Duc Tho (Vietnam, 1911–1990)	Ablehnung, da weiterhin amerikanische Truppen im Land seien

[1] Nicht aufgenommen wurden Nobelpreisträger, die den Preis erst nachträglich in Empfang nehmen konnten oder die zur Verleihung nicht ausreisen durften.

biologische Frage nach der Intelligenz". Wie in seinen späteren Werken („Das Erwachen", „Der Aufbau der Wirklichkeit", „Nachahmung, Spiel und Traum") beschreibt er anhand minuziöser Beobachtungen an seinen Kindern die sensumotorische Entwicklung bis zum Spracherwerb und zu den ersten Denkleistungen im Medium der Sprache.
Piaget zeigt die „Logik" auf, die den vorsprachlichen Handlungen zugrunde liegt und übt großen Einfluß auf die Entwicklung der Erziehungswissenschaft aus. Im von ihm 1955 gegründeten Genfer „Centre International d'Épistémologie Génétique" wird die Entwicklungspsychologie sowie die Erkenntnislehre Piagets weiterentwickelt.
📖 M. A. Pulaski: Piaget. Eine Einführung, 1978.

Technik

Leuchtstofflampe von OSRAM
Berlin. Die OSRAM GmbH stellt die ersten marktfähigen Leuchtstofflampen her. Diese oft fälschlich als „Neon-Röhren" bezeichneten Gasentladungslampen stellen in wenigen Jahren alle anderen Lichtquellen in den Schatten. Sie haben zwar bei weitem nicht die für das menschliche Auge angenehme Lichtqualität der gewohnten Glühlampe (↑S.59/1906), dafür aber eine um das Mehrfache höhere Lichtausbeute bei geringerem Strombedarf. Licht wird bei diesen Lampen dadurch erzeugt, daß Quecksilberatome in einer Edelgas-Atmosphäre durch Elektronen-Stoßprozesse zur UV-Strahlung angeregt werden. Diese schon 1854 von dem Bonner Physikprofessor Julius Plücker entdeckte „Gasentladung" bringt schließlich Leuchtstoffe zum Strahlen, die auf der Innenseite eines Glasrohres angebracht sind.

Buna-Reifen von I. G. Farben
15.2. Berlin. Die von der I. G. Farben seit 1925 betriebenen Forschungen über synthetischen Kautschuk führen zum Erfolg: „Buna" (↑S.259/21.6.1929) kann mit seinen Eigenschaften den Naturkautschuk ersetzen. Auf der Internationalen Automobilausstellung werden die ersten Buna-Autoreifen der Öffentlichkeit vorgestellt. Im gleichen Jahr wird der Grundstein für die erste Buna-Fabrik der I. G. Farben in Schkopau gelegt.
Der Aufbau der deutschen Kautschuk-Industrie erfolgt jedoch nicht allein nach wirtschaftlichen Kriterien, sondern auch im Rahmen der Autarkie- und Kriegspolitik seitens des NS-Staates.
Nach dem 2. Weltkrieg werden Synthesekautschukproduktion und -forschung in Deutschland von den alliierten Siegermächten verboten. Erst 1951 wird das Verbot gelockert.

Hubschrauber von Focke
26.6. Bremen. Der erste praktisch verwendbare Hubschrauber, der von Heinrich Focke konstruierte Focke-Wulf FW 61, übersteht seinen Testflug. Zwei gegenläufig drehende Rotoren, die von einem 160-PS-Motor angetrieben werden, verhindern eine Drehung des Rumpfes um die eigene Achse und ermög-

1936

Erster freier Flug mit einem Focke–Hubschrauber: Seine maximale Flugzeit beträgt 1h 33min bei einer Flughöhe von 3427m.

lichen senkrechtes Starten und Landen. Das Prinzip des Hubschraubers findet sich bereits in Aufzeichnungen (1475) von Leonardo da Vinci. 1877 unternahm der Italiener Enrico Forlanini Versuche mit einem Schraubenfliegermodell, das von einem Dampfmotor betrieben wurde. 1907 gelang Paul Cornu der erste bemannte Hubschrauberflug.
Um die Weiterentwicklung des Hubschraubers und des Rotors macht sich vor allem der US-amerikanische Flugzeugkonstrukteur Igor Sikorsky verdient.

He 111 schnellstes Verkehrsflugzeug
9.11. Berlin. Wenige Tage nach dem zehnjährigen Bestehen der Deutschen Lufthansa stellen die Heinkel-Werke das Flugzeug He 111 vor. Der zweimotorige Tiefdecker erreicht eine Höchstgeschwindigkeit von 400 km/h und ist damit das gegenwärtig schnellste Verkehrsflugzeug.
Ernst Heinkel konstruierte u. a. auch das Schnellflugzeug He 70 (Heinkel-Blitz), das 1933 in Dienst gestellt wurde und zahlreiche Geschwindigkeitsrekorde aufstellte.
Auf Anregung des Luft- und Raumfahrtpioniers Wernher von Braun baut Heinkel 1939 das erste Flugzeug mit Raketenantrieb und das erste Flugzeug mit Turbinenluftstrahl-Triebwerk (S.355/27.8.1939).   S 325/K 332
H. J. Nowarra: Die He 111, 1979.

Richtungweisende Heinkel-Flugzeugtypen	K 332
Name (Jahr)	Charakteristik
He 50 (1931)	Erstes deutsches Sturzkampfflugzeug
He 70 (1933)	Erstes europäisches Schnellverkehrsflugzeug (Höchstgeschwindigkeit von 357,4 km/h)
He 100 (1935)	Geschwindigkeitsweltrekord für Landflugzeuge aufgestellt (634,73 km/h)
He 111 (1936)	Höchstgeschwindigkeit von über 400 km/h; ab 1937 erste Bomberversionen ausgeliefert
He 112 (1937)	Jägerversion mit zusätzlicher Flüssigkeitsrakete im Heck
He 119 (1937)	Zweisitziger Schnellbomber mit Zwillingstriebwerk
He 176 (1939)	Erstes Flugzeug mit Raketenantrieb
He 178 (1939)	Erstes Flugzeug mit Strahlturbinenantrieb; Höchstgeschwindigkeit von mehr als 700 km/h
He 280 V1 (1941)	Erstes zweistrahliges Flugzeug
He 219 (1942)	Erfolgreicher Nachtjäger
He 162 (1944)	Sog. Volksjäger (Strahljäger)

Gesellschaft

Sieg der Meinungsforschung
USA. Der US-amerikanische Journalismus-Lehrer und frühere Marktforscher George H. Gallup sowie zwei weitere Meinungsforscher sagen unabhängig voneinander, aber mit Hilfe ähnlicher Methoden den Sieg Franklin D. Roosevelts bei den Präsidentschaftswahlen 1936 voraus (↑S.283/7.11.1932). Die schon bei früheren Wahlen veranstaltete Umfrage des „Literary Digest", die auf einer weit weniger repräsentativen Stichprobe beruht, hatte einen Sieg des Gegenkandidaten Alfred M. Landon ergeben.
Der Erfolg von Gallups Methode beruht auf sorgfältig formulierten, nicht suggestiven Fragen, die an eine möglichst repräsentative Auswahlgruppe gestellt werden. Die Gallup-Umfrage wird zum Markenzeichen der Meinungsforschung, zuerst in den USA, wo Gallup bereits 1935 das „American Institute of Public Opinion" gegründet hatte, später auch

1936

König Eduard VIII. verzichtet auf den Thron: Nach ihrer Hochzeit 1937 tragen der ehemalige Monarch und seine Frau Wallis Simpson den Titel „Herzog und Herzogin von Kent".

Carl von Ossietzky: Der Publizist und Pazifist (2.v.r.) als Angeklagter vor dem Berliner Landgericht 1932.

kungsversuche im Sinne einer freundlichen Politik gegenüber Berlin und Rom kommt der Regierung Baldwin die Abdankung nicht ungelegen. Edwards Bruder Albert besteigt als George VI. am 12.12. den Thron. Ihm folgt 1952 seine älteste Tochter als Königin Elizabeth II. (↑S.486/2.6.1953). S 324/K 367

Friedensnobelpreis für Ossietzky

10.12. Stockholm. Der deutsche Publizist Carl von Ossietzky, dem die Ausreise nach Schweden zur Entgegennahme des Friedens-Nobelpreises für das Jahr 1935 von den Nationalsozialisten verboten wurde, wird in Abwesenheit von dem Vorsitzenden des Nobelpreis-Komitees, Frederik Stang, geehrt. Ossietzky, der die Zeitschrift „Weltbühne" ab 1927 zu einem Forum gegen den Militarismus gemacht hatte, war wegen der Veröffentlichung geheimer Aufrüstungspläne 1931 erstmals und 1933 abermals inhaftiert worden. Seit 1934 befindet er sich im KZ Papenburg-Esterwegen. Wegen Tuberkulose und Gehirnhautentzündung als Folgen der Haftbedingungen wird der Publizist und Pazifist noch 1936 unter Gestapobewachung in ein Sanatorium eingeliefert, wo er am 4.5.1938 im Alter von 48 Jahren stirbt. S 324/K 334

📖 E. Suhr: Carl von Ossietzky, 1988.

in Großbritannien, wo das zweite Gallup-Institut 1936 eröffnet wird.

Thronverzicht in Großbritannien

10.12. London. Der britische Premierminister Stanley Baldwin gibt im Unterhaus die Abdankung König Edwards VIII. bekannt. Edward zieht damit die Konsequenz aus seiner Verbindung mit der zweimal geschiedenen US-Amerikanerin Wallis Simpson, die vom Parlament nicht gebilligt wurde. Edward VIII. hatte den Thron erst am 21.1., unmittelbar nach dem Tod seines Vaters, George V., bestiegen. Wegen seiner Einwir-

Kultur

Benjamins neue Ästhetik

In der in Frankfurt/Main erscheinenden „Zeitschrift für Sozialforschung" wird Walter

Benjamins Essay „Das Kunstwerk im Zeitalter der technischen Reproduzierbarkeit" abgedruckt. Der Schriftsteller und Philosoph fordert eine neue Form der Ästhetik, da die Einzigartigkeit, die sog. Aura eines Kunstwerks durch die technischen Möglichkeiten der Reproduktion entmythologisiert worden sei und eine rein bewundernde Aufnahme des Kunstwerks unmöglich mache.

Walter Benjamin, der auch als Stilist Einfluß auf nachfolgende Generationen nimmt, kann seine Schrift „Das Passagen-Werk", eine Analyse bürgerlicher Verhaltensweisen im Paris des 19. Jh., nicht vollenden. Aus Angst vor einer Auslieferung an die Gestapo begeht er 1940 Selbstmord; im Zuge der Studentenbewegung 1967/68 wird sein von jüdischer Mystik geprägtes marxistisches Gedankengut wiederentdeckt.

B. Witte: Walter Benjamin, 1985. N. Bolz/W. v. Reijen: Walter Benjamin, 1991.

„Vom Winde verweht"

Die US-amerikanische Journalistin Margaret Mitchell veröffentlicht ihren über 1000 Seiten umfassenden Roman „Vom Winde verweht", der sich zum größten Bestseller der Literaturgeschichte entwickelt. Innerhalb

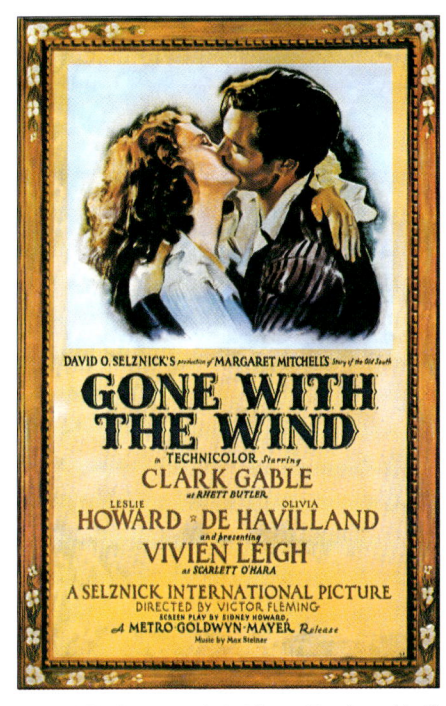

„Vom Winde verweht": Victor Flemings Verfilmung erhält 1939 acht Oscars. Das US-Filminstitut kürt ihn 1977 zum „besten Film aller Zeiten".

Kulturszene 1936	K 335
Theater	
Ödön von Horváth Glaube Liebe Hoffnung UA 13.11., Wien	Ein aus wirtschaftlicher Not auf Abwege geratenes junges Mädchen wird durch Feigheit der Mitmenschen in den Tod getrieben.
Marcel Pagnol César UA 18.12., Paris	Heitere Familiengeschichte in Pagnols Heimatstadt Avignon; Abschluß der „Marius"-Trilogie (1. „Marius", 1929; 2. „Fanny", 1931).
Konzert/Ballett	
Alban Berg Violinkonzert UA 19.4., Barcelona	Ergreifendstes Violinkonzert des 20. Jh., gewidmet der 18jährig verstorbenen Manon Gropius („Dem Andenken eines Engels").
Sergej Prokofjew Peter und der Wolf UA 2.5., Moskau	Die „sinfonische Erzählung für Kinder" ordnet jeder Gestalt der Handlung ein Instrument und eine charakteristische Melodie zu.
Sergej Prokofjew Romeo und Julia UA 24.11., Moskau	Ballettklassiker und beliebtes Konzertstück: Nach der ersten Ballettsuite erscheinen 1937 und 1946 zwei weitere Suitenzyklen.
Film	
Frank Capra Mr. Deeds geht in die Stadt; USA	Junger Mann (Gary Cooper) vom Land, der unerwartet ein Vermögen erbt, trifft in New York nur auf Unmenschlichkeit und Materialismus.
Charles Chaplin Moderne Zeiten USA	Tragikomische Geschichte eines Fließbandarbeiters als Satire auf das Maschinenzeitalter; Chaplins letzter Film als Tramp.
Fritz Lang Fury USA	Erster Film des emigrierten österreichischen Regisseurs in den USA; aktuelle Themen: Massenpsychose, Lynchjustiz und Gewalt.
William Cameron Menzies Dinge, die kommen werden; Großbritannien	Science-fiction-Klassiker nach dem Roman von H. G. Wells, der mit apokalyptischen Bildern die Vision eines 2. Weltkriegs beschwört.
Kenji Mizoguchi Gions Schwestern Japan	Realistischer, gesellschaftskritischer Film über das Leben zweier Geishas im Rotlichtbezirk von Kyoto; beide Frauen enden im Elend.
Buch	
Djuna Barnes Nachtgewächs New York	Mit ihrem psychologischen Roman über einen homosexuellen Arzt stellt sich die Amerikanerin gegen den realistischen Roman der Zeit.
Georges Bernanos Tagebuch eines Landpfarrers; Paris	Hauptwerk des christlichen Existentialismus: Ein Geistlicher überwindet den Kampf mit dem Bösen durch die Erfahrung göttlicher Gnade.
William Faulkner Absalom, Absalom! New York	Der symbolträchtige Roman beschreibt den Verfall einer Familie als Gleichnis für den Niedergang der amerikanischen Südstaaten.
Klaus Mann Mephisto Amsterdam	Schlüsselroman über die Karriere Gustaf Gründgens (im Buch: Hendrik Höfgen) bis zu seiner Glanzzeit als Günstling Hermann Görings.
Margaret Mitchell Vom Winde verweht New York	Internationaler Superbestseller: Roman über das Schicksal einer Südstaatenfamilie während und nach dem Amerikanischen Bürgerkrieg (1861–65).
Henry de Montherlant Die jungen Mädchen Paris	Mit zwei Bänden eröffnet Montherlant eine Romantrilogie (bis 1939); Band 2 („Erbarmen mit den Frauen") wird sein größter Erfolg.
Ignazio Silone Brot und Wein London	Ein italienischer Kommunist agitiert als Priester verkleidet; kolportagehafte Darstellung des Kampfes gegen den Faschismus.
Frank Thieß Tsushima Wien	Auftakt zu einer Reihe mit Tatsachenromanen über Weltgeschichtsereignisse, in denen die Tragik bedeutender Männer zum Ausdruck kommt.

1936

Olymp. Sommerspiele 1936 in Berlin — K 336

Zeitraum: 1.8. bis 16.8.		Medaillenspiegel Land	G	S	B
Teilnehmerländer	49	Deutschland	33	26	30
Erste Teilnahme	33	USA	24	20	12
Teilnehmerzahl	4066	Ungarn	10	1	5
Männer	3738	Italien	8	9	5
Frauen	328	Finnland	7	6	6
Deutsche Teilnehmer	406	Frankreich	7	6	6
Schweizer Teilnehmer	179	Schweden	6	5	9
Österreichische Teiln.	183	Japan	6	4	8
Sportarten	20	Niederlande	6	4	7
Neu im Programm	5[1)]	Großbritannien	4	7	3
Nicht mehr olympisch	0	Österreich	4	6	3
Entscheidungen	129	Tschechoslowakei	3	5	0

Erfolgreichste Medaillengewinner

Name (Land) Sportart	Medaillen (Disziplinen)
Jesse Owens (USA), Leichtathletik	4 x Gold (100 m, 200 m, Weitsprung, 4 x 100-m-Staffel)
Konrad Frey (GER), Turnen	3 x Gold (Barren, Seitpferd, Mehrkampf-Mannschaft), 1 x Silber (Reck), 2 x Bronze (Mehrkampf, Boden)
Hendrika Mastenbroek (HOL), Schwimmen	3 x Gold (100 m Freistil, 400 m Freistil, 4 x 100 m Freistil), 1 x Silber (100 m Rücken)
Alfred Schwarzmann (GER), Turnen	3 x Gold (Mehrkampf, Pferdsprung, Mehrkampf-Mannschaft), 2 x Bronze (Barren, Reck)
Gregor Hradetzky (AUT), Kanu	2 x Gold (Einer-Kajak/1000 m, Einer-Faltboot/10 000 m)

Olympische Winterspiele 1936 in Garmisch-Partenkirchen

Zeitraum: 6.2. bis 16.2.		Medaillenspiegel Land	G	S	B
Teilnehmerländer	28	Norwegen	7	5	3
Teilnehmerzahl	756	Deutschland	3	3	0
Deutsche Teilnehmer	77	Schweden	2	2	3
Schweizer Teilnehmer	38	Finnland	1	2	3
Österreichische Teiln.	87	Schweiz	1	2	0
Sportarten	6	Österreich	1	1	2
Entscheidungen	17	Großbritannien	1	1	1

Erfolgreichste Medaillengewinner

Name (Land) Sportart	Medaillen (Disziplinen)
Ivar Ballangrud (NOR), Eisschnellauf	3 x Gold (500 m, 5000 m, 10 000 m), 1 x Silber (1500 m)
Oddbjörn Hagen (NOR), Ski nordisch	1 x Gold (Nordische Kombination), 2 x Silber (18 km Langlauf, 4 x 10-km-Staffel)

Erfolgreichste deutsche Teilnehmer

Franz Pfnür, Ski alpin	1 x Gold (Alpine Kombination)
Christl Cranz, Ski alpin	1 x Gold (Alpine Kombination)
Maxi Herber/Ernst Baier, Eiskunstlauf	1 x Gold (Paarlauf)

1) Kanu (9 Entscheidungen), Polo (1), Basketball (1), Fußball (1), Handball (1)

eines halben Jahres werden rd. 1 Mio Exemplare verkauft.
Erzählt wird die Geschichte der überheblichen Südstaatenschönheit Scarlett O'Hara, die zwischen 1861 und 1871 vor dem Hintergrund des Amerikanischen Bürgerkriegs vergeblich um die Liebe zweier Männer ringt. Der Roman, an dem die Autorin zehn Jahre gearbeitet hat, wird 1939 mit Vivien Leigh und Clark Gable in den Hauptrollen verfilmt. Am 25.9.1991 erscheint eine von der Kanadierin Alexandra Ripley geschriebene Fortsetzung unter dem Titel „Scarlett", die innerhalb weniger Wochen weltweit ebenfalls millionenfach verkauft wird.

Hollywood am Tiber

29.1. Rom. An der Via Tuscolano wird der Grundstein für die Filmstadt Cinecittà gelegt. Sie ist als Ersatz für die 1935 bei einem Großbrand zerstörten Studios von Cines geplant. Auf einer Fläche von 600 000 m² sollen 30 Studios entstehen. Mit finanzieller Unterstützung des italienischen Industriellen Carlo Roncoroni wird Cinecittà im April 1937 fertiggestellt. Die Leitung der Studios übernimmt die italienische Regierung unter Benito Mussolini.
Nach dem 2. Weltkrieg entwickelt sich die Filmstadt mit ihren 14 Bühnen und drei künstlichen Seen zum größten Studio Europas; vorher war dies das deutsche Ufa-Gelände in Potsdam-Babelsberg.

Sport

Schmeling schlägt Louis K. o.

19.6. New York. Im Yankee-Stadion besiegt der Deutsche Max Schmeling (* 1905), 1930–32 Weltmeister im Schwergewicht, den bisher ungeschlagenen US-amerikanischen Boxer Joe Louis durch K. o. in der zwölften Runde.
Louis war als klarer Favorit in den Kampf gegangen. Der 22jährige „braune Bomber" hatte von 28 Kämpfen in seiner Profilaufbahn bisher 24 vorzeitig beendet. Der Kampf gegen den 30jährigen Schmeling (↑S.288/21.6.1932) galt als Vorbereitung auf den Titelkampf gegen den amtierenden Weltmeister James J. Braddock.
Nach seiner sensationellen Niederlage gegen Schmeling bleibt Louis 13 Jahre ungeschlagen. 1938 glückt ihm die Revanche gegen Schmeling, den er in einem WM-Kampf in der ersten Runde K. o. schlägt.

📖 M. Schmeling: Erinnerungen, 1977.

1936

Olympische Winterspiele: Hitler und Goebbels verteilen Autogramme an kanadische Teilnehmer.

Olympische Winterspiele: Maxi Herber und Ernst Baier (GER) gewinnen den Paarlauf.

Olympische Sommerspiele: Gisela Mauermayer (GER) holt Gold im Diskuswurf (hier beim Kugelstoß)

Sport 1936	K 337
Fußball	
Deutsche Meisterschaft	1. FC Nürnberg
DFB-Pokal	VfB Leipzig
Englische Meisterschaft	FC Sunderland
Italienische Meisterschaft	FC Bologna
Spanische Meisterschaft	Atletico Bilbao
Tennis	
Wimbledon (seit 1877; 56. Austragung)	Herren: Fred Perry (GBR) Damen: Helen Jacobs (USA)
US Open (seit 1881; 56. Austragung)	Herren: Fred Perry (GBR) Damen: Alice Marble (USA)
French Open (seit 1925; 12. Austragung)	Herren: Gottfried von Cramm (GER) Damen: Hilde Sperling (GER)
Australian Open (seit 1905; 29. Austragung)	Herren: Adrian Quist (AUS) Damen: Joan Hartigan (AUS)
Davis-Cup (Wimbledon, GBR)	Großbritannien – Australien 3:2
Eishockey	
Weltmeisterschaft	England
Stanley-Cup	Detroit Red Wings
Deutsche Meisterschaft	Berliner SC
Radsport	
Tour de France (4442 km)	Sylvère Maes (BEL)
Giro d'Italia (3756 km)	Gino Bartali (ITA)
Straßenweltmeisterschaft	Antonin Magne (FRA)
Automobilsport (Grand-Prix-Rennen)	
GP von Spanien, Montjuic	Tazio Nuvolari (ITA), Alfa Romeo
GP von Deutschland, Nürburgring	Bernd Rosemeyer (GER), Auto-Union
GP von Frankreich, Monthléry	J.-P. Wimille/R. Sommer (FRA), Bugatti
GP von Italien, Monza	Bernd Rosemeyer (GER), Auto-Union
GB von Monaco, Monte Carlo	Rudolf Caracciola (GER), Mercedes-Benz
Europameisterschaft	Bernd Rosemeyer (GER), Auto-Union
Boxen	
Schwergewichts-Weltmeisterschaft	James J. Braddock (USA) 1936 keine Titelverteidigung
Herausragende Weltrekorde	
Disziplin	Athlet (Land)	Leistung
Leichtathletik, Männer		
100 m	Jesse Owens (USA)	10,2 sec
1500 m	Jay Lovelock (NZL)	3:47,8 min
110 m Hürden	Forrest Towns (USA)	13,7 sec
Dreisprung	Naoto Tajima (JPN)	16,00 m
Zehnkampf	Glenn Morris (USA)	7421 P.
Leichtathletik, Frauen		
Diskuswurf	Gisela Mauermayer (GER)	48,31 m
Schwimmen, Frauen		
100 m Freistil	Willie de Ouden (HOL)	1:04,6 min
100 m Brust	Hanni Hölzner (GER)	1:20,2 min
200 m Rücken	Nina Senff (HOL)	1:16,6 min

1936

XI. Olympische Spiele in Berlin: Das von Architekt Werner March für die Olympiade 1936 entworfene Stadion bleibt bis zum Ende des Jahrhunderts die größte Sportstätte Deutschlands. Auf der Westseite des Stadions liegt das Marathontor, das den bronzenen Dreifuß für das olympische Feuer trägt. Zur Gesamtanlage gehören auch das Reiter-, das Schwimm- und das Hockeystadion (Luftaufnahme von 1936).

Spiele unter dem Hakenkreuz

Berlin. 1.8.–16.8. Die XI. Olympischen Spiele werden zu einem großen Propagandaerfolg für das nationalsozialistische Regime. 500 000 Besucher (davon 150 000 Gäste aus dem Ausland) erleben eine perfekt organisierte Veranstaltung. Der Rundfunk sendet in 41 Länder, das Fernsehen beginnt mit ersten Übertragungen.

Trotz der offensichtlichen Übergriffe gegen jüdische Bürger und der antisemitischen Nürnberger Gesetze (↑S.311/15.9.1935) haben sich die US-amerikanischen Sportverbände nicht zu einem Boykott der Spiele entschließen können. Auch das Internationale Olympische Komitee (IOC) entschied sich auf Drängen des späteren Präsidenten Avery Brundage für eine Teilnahme. Nach einer Idee von Carl Diem, dem sportlichen Organisator der Spiele, wurde das olympische Feuer am 21.7. im antiken Olympia entzündet und von 3075 Staffelläufern in die Reichshauptstadt getragen.

Zum Leidwesen der nationalsozialistischen Propaganda, die die Siege der deutschen Mannschaft im „Wettstreit der völkischen Kräfte" ausgiebig bejubelt – sie ist mit 89 Medaillen die erfolgreichste Nation – wird ein Farbiger Star der Spiele: Der US-amerikanische Leichtathlet Jesse Owens (↑S.317/ 25.5.1935) siegt über 100 m, 200 m, in der 4-x-100-m-Staffel und im Weitsprung.

Die für 1940 vorgesehenen Spiele in Tokio werden wegen des 2. Weltkriegs nicht ausgetragen. S 328/K 336

L. Riefenstahl: Schönheit im olympischen Kampf. Dokumentation zum Olympiafilm. Aufnahmen von den Olympischen Spielen 1936, 1988.

Sport dient der Propaganda

1.8. Berlin. Von Adolf Hitler beauftragt beginnt Leni Riefenstahl mit den Dreharbeiten für den zweiteiligen Dokumentarfilm über die Olympischen Spiele in Berlin, „Fest der Schönheit" und „Fest der Völker".

Die deutsche Regisseurin, die zunächst als Schauspielerin an der Seite von Luis Trenker aufgetreten war, machte 1932 durch ihren ersten eigenen Film, „Das blaue Licht", Hitler auf sich aufmerksam. Er übertrug ihr 1934 die Film-„Dokumentation" des Reichsparteitags in Nürnberg („Triumph des Willens").

Für den ersten künstlerischen Sportfilm sind umfangreiche technische Vorbereitungen getroffen worden. So erhält das Berliner Olympiastadion Durchgänge für Techniker und Kameras; Panoramaaufnahmen sind von Kameras aus möglich, die am Luftschiff „Zeppelin" montiert wurden. Für ihre Olympia-Dokumentation erhält Leni Riefenstahl 1939 vom IOC die Goldmedaille.

M. Loiperdinger: Rituale der Mobilmachung. Der Parteitagsfilm „Triumph des Willens" von Leni Riefenstahl, 1987.

1937

Politik

Enzyklika „Mit brennender Sorge"
14.3. Vatikanstadt. In einem Rundschreiben an die deutschen Bischöfe prangert Papst Pius XI. den „Vernichtungskampf" des NS-Regimes gegen die katholische Kirche und den „Götzenkult" um Rasse, Nation und Staat an. Der Rundbrief wird am 21.3. von den Kanzeln der katholischen Kirchen in Deutschland verlesen. Er fordert die Katholiken auf, staatlichem Druck mit dem Ziel des Kirchenaustritts zu widerstehen und verteidigt den „naturrechtlich gegebenen Elternwillen" in Schul- und Erziehungsfragen.
Mit dieser Enzyklika reagiert Pius XI. erstmals öffentlich auf die eskalierende Kirchenverfolgung in Deutschland. Das Reichskonkordat vom 20.7.1933 (↑S.295) hatte der katholischen Kirche nicht den erhofften Schutz gebracht, da die Nationalsozialisten die katholische Kirche im Gegensatz zur protestantischen, die sie z. T. gleichschalten kann, als prinzipiellen Feind ihrer nordisch-germanischen Weltanschauung betrachten.
Hitler vermeidet nach der Enzyklika zwar den offenen Bruch mit dem Heiligen Stuhl, verschärft aber den Kirchenkampf z. B. durch Schauprozesse, in denen Geistlichen Hochverrat und Sittlichkeitsverbrechen „nachgewiesen" werden.
📖 L. Volk: Katholische Kirche und Nationalsozialismus, 1987.

Guernica wird zerstört
26.4. Guernica. In einem dreistündigen Bombenangriff zerstört die Legion Condor der deutschen Luftwaffe das nordöstlich der baskischen Hauptstadt Bilbao gelegene Guernica. Dreiviertel der Stadt liegen in Trümmern. Über die Zahl der Todesopfer unter den 10 000 Einwohnern schwanken die Angaben zwischen 100 und 1600. Deutschland unterstützt die Falangisten.
Die Stadt – Symbol der baskischen Autonomie – bietet kein militärisches Angriffsziel; eine außerhalb liegende Munitionsfabrik und zwei Kasernen bleiben weitgehend unbeschädigt. Es ist ein gezielter Terrorangriff gegen die Zivilbevölkerung mit der Absicht, den antifaschistischen Widerstand zu demoralisieren. Die britische Regierung kann sich trotz der öffentlichen Empörung nicht zu einer Protestnote an Hitler und Franco durchringen, ebensowenig zur Einschaltung des Völkerbunds. Picassos Gemälde „Guernica" wird

Legion Condor vernichtet Guernica: Die „heilige Stadt der Basken", die weit hinter der Bürgerkriegsfront um Bilbao liegt, gleicht nach der Bombardierung durch deutsche Flugzeuge einem Trümmerfeld.

Wichtige Regierungswechsel 1937		K 338
Land	Amtsinhaber	Bedeutung
Frankreich	Léon Blum (M seit 1936) Camille Chautemps (M bis 1938)	Rücktritt Blums (21.6.), da er keine finanzpolitischen Sondervollmachten erhielt; arbeiterfreundliche Politik gescheitert (S.318)
Großbritannien	Stanley Baldwin (Konserv., M seit 1935) Arthur N. Chamberlain (Konserv., M bis 1940)	69jähriger Baldwin tritt aus Altersgründen zurück (28.5.), Chamberlain setzt gemäßigt konservative Politik fort
Nicaragua	Juliano Irias (P 1996) Anastasio Somoza Garcia (P bis 1956)[1]	Nach einem Putsch gegen Präsident Sacasa (1936) stürzt die Nationalgarde auch Präsident Irias; Beginn der Ära Somoza

M = Ministerpräsident bzw. Premierminister; P = Präsident
[1] 1947–50 regiert Somoza durch von ihm eingesetzte Marionetten-Präsidenten

Chinesisch-Japanischer Krieg — K 339

Datum	Ereignis
7. 7.1937	Zwischenfall an der strategisch wichtigen Marco-Polo-Brücke südlich von Peking: militärische Auseinandersetzungen zwischen chinesischen Soldaten und Truppenverbänden der japanischen Garnison (S.332)
8. 7.1937	Ausweitung der Kämpfe auf das Stadtgebiet von Peking; etwa 200 Soldaten werden getötet
15. 9.1937	Japanische Invasionstruppen beginnen mit Vorstoß nach Süden
22. 9.1937	Die japanische Luftwaffe beginnt eine Serie von Luftangriffen gegen chinesische Großstädte
28. 9.1937	Verurteilung Japans durch den Völkerbund
29.11.1937	Japaner erlangen die Kontrolle über Schanghai
12.12.1937	Japanische Flugzeuge versenken auf dem Jangtsekiang nahe der Stadt Nanking das amerikanische Kanonenboot „Panay"; Ausweitung des Krieges droht
13.12.1937	Nach einer Großoffensive marschieren japanische Truppen in die chinesische Hauptstadt Nanking ein
14.12.1937	Japan bildet in Peking eine „vorläufige Regierung der Republik China"; mit dieser Aktion kann der chinesische Widerstand jedoch nicht gebrochen werden
5. 5.1938	Generalmobilmachung in Japan
21.10.1938	Japaner erobern die Küstenstadt Kanton
25.10.1938	Eroberung von Hankow am Jangtsekiang durch die Japaner; in Japan folgen achttägige Feierlichkeiten
31. 5.1939	Japan erklärt die Hälfte Chinas zum besetzten Gebiet
22. 7.1939	Großbritannien erkennt in Tokio die „besonderen Rechte" japanischer Truppen in China an
26. 7.1939	Die USA kündigen den amerikanisch-japanischen Handels- und Schiffahrtsvertrag; damit wird Japan von der Einfuhr kriegswichtiger Rohstoffe abgeschnitten
30. 3.1940	In Nanking nimmt die japanfreundliche chinesische Zentralregierung unter Wang Ching-wei (bis 1939 Guomindang-Vizepräsident) die Regierungsgeschäfte auf
31. 3.1940	Die USA versagen der „Satellitenregierung" Japans die diplomatische Anerkennung
20. 6.1940	Frankreich überläßt Japan die Kontrolle seiner Grenzen zwischen China und Indochina
1. 7.1940	Großbritannien entspricht Japans Forderung, den Waffentransit von Hongkong nach China einzustellen
18. 7.1940	Auf Druck der japanischen Regierung sperren britische Einheiten für drei Monate die Birmastraße, eine der Hauptnachschublinien der nationalchinesischen Truppen unter Führung von Chiang Kai-shek
16. 4.1941	Verhandlungen zwischen Japan und den USA zur Beilegung des Interessenkonflikts (Abzug aus China) scheitern
28. 6.1943	Truppen der chinesischen Republik erobern Hangtschou von den japanischen Besatzern zurück
13. 9.1943	Chiang Kai-shek wird neuer Präsident der Republik China
30.10.1943	Japan schließt mit der Nanking-Regierung einen Freundschaftspakt, in dem es auf alle Sonderrechte aufgrund des sog. Boxerprotokolls verzichtet
9.12.1943	Die Truppen der chinesischen Republik erobern die von den Japanern besetzte Stadt Tschangteh zurück
20. 3.1945	Briten nehmen die Birmastraße ein: Versorgung der Truppen Chiang Kai-sheks wieder gewährleistet
2. 9.1945	Japan erklärt die bedingungslose Kapitulation

am 12.7. (↑S.337) im spanischen Pavillon auf der Pariser Weltausstellung gezeigt. S321/K 327
Ch. Janacs: Schweigen über Guernica, 1989.
M. Imdahl: Picassos Guernica, 1989.

Stalin „säubert" Armee
11.6. Moskau. Acht hohe Führer der Roten Armee werden vor einem militärischen Sondergericht des Hochverrats und der Spionage für schuldig befunden, unter ihnen der kurz zuvor degradierte ehemalige Verteidigungsminister Marschall Michail Tuchatschewski, ein gefeierter Führer im russischen Bürgerkrieg und im Krieg gegen Polen. Zum Beweismaterial gehören von deutscher Seite Stalin zugespielte Informationen über eine versuchte Kontaktaufnahme Tuchatschewskis zu deutschen Geheimdienstkreisen.
Stalins Zugriff auf vermeintliche Rivalen und Gegner steht im Zusammenhang mit der geplanten Wiedereinführung der Kriegskommissare. Um den Widerstand der Militärs gegen die Kommissare zu brechen, bedient sich Stalin des Instrumentariums der Versetzungen, Neuernennungen und Degradierungen. Der gleichzeitigen Verhaftungswelle fallen drei Marschälle, 13 Armeegeneräle und 63 Korpskommandeure zum Opfer. S 322/K 328
R. Ströbinger: Stalin enthauptet die Rote Armee. Der Fall Tuchatschewski, 1990.

Krieg zwischen China und Japan
7.7. Peking. Die seit 1931 von japanischer Seite provozierten Zwischenfälle münden in einen offenen Krieg zwischen China und der Besatzungsmacht Japan.
Forderungen Tokios vom 16.7. nach Autonomie für Nordchina und nach einer antikommunistischen chinesisch-japanischen Einheitsfront lehnt die Regierung Chiang Kai-sheks in Nanking am 16.7. ab und geht ein Zweckbündnis mit den Kommunisten ein (das 1945 wieder zerfällt). Daraufhin beginnen die Japaner mit der 300 000 Mann starken kaiserlichen Armee eine „Strafexpedition". Am 28.7. wird Peking, am 29.7. Tientsin erobert. Schanghai fällt erst nach dreimonatigem Widerstand der Elitetruppen Chiang Kai-sheks an die Japaner. Bereits am 10.1.1933 waren japanische Truppen des Marionettenstaates Mandschukuo nach Süden vorgestoßen, begnügten sich aber zunächst mit der Errichtung einer entmilitarisierten Zone zwischen Peking und der Großen Mauer. Nach den japanischen Anfangserfolgen entwickelt sich ein Stellungskrieg, der in den 2. Weltkrieg übergeht. Erst nach ihrer Kapitulation 1945 verlassen die japanischen Truppen China. S 332/K 339

UdSSR hilft China

21.8. Nanking. Die Sowjetunion und China unterzeichnen in Nanking, der Hauptstadt der Guomindang-Regierung, einen Nichtangriffspakt.

Dieser bedeutet für China die erste ausländische Hilfe im Kampf gegen die japanische Invasion. Die UdSSR liefert Munition, Militärberater und mehrere hundert Kampfflugzeuge mit sowjetischen Piloten. Moskaus Beistand kann allerdings die Siegesserie der japanischen Invasionstruppen nicht verhindern.

Die UdSSR erstrebt mit dem Vertrag eine Abschirmung der Mongolischen Volksrepublik (Äußere Mongolei), die sie als ihr Einflußgebiet betrachtet, gegen eine Bedrohung durch japanische Vorstöße in die benachbarte Innere Mongolei.

Roosevelts „Quarantäne-Rede"

5.10. Chicago. Unter dem Eindruck des japanischen Angriffs auf China (↑S.332/7.7.) fordert US-Präsident Roosevelt eine „Quarantäne" für die „Patienten", die von der „Epidemie der Gesetzlosigkeit und des Krieges" befallen sind, damit „die Gemeinschaft vor Ansteckung geschützt" werde.

Mit dieser für die in- und ausländische Öffentlichkeit überraschenden Rede deutet sich eine Abkehr der amerikanischen Außenpolitik vom Neutralismus zu einer Konzeption der kollektiven Sicherheit an. Roosevelt, der am 3.11.1936 mit überwältigender Mehrheit zum zweitenmal zum US-Präsidenten gewählt wurde, läßt seiner blumigen Rede jedoch keine Taten folgen. Die USA unternehmen nichts gegen den japanischen Expansionismus, akzeptieren z. B. die japanische Entschuldigung und Entschädigung für die Bombardierung von vier US-Schiffen auf dem Jangtsekiang am 12.12.1937.

Roosevelt beugt sich damit dem Druck der Öffentlichkeit, die USA um fast jeden Preis aus den überseeischen Konflikten herauszuhalten.

Hitler schmiedet Angriffspläne

10.11. Berlin. Hitlers Wehrmachtsadjutant Oberst Friedrich Hoßbach fertigt ein Gedächtnisprotokoll über die von Hitler am 5.11. einberufene Besprechung in der Reichskanzlei an. Anwesend waren neben Hoßbach Kriegsminister Werner von Blomberg, Außenminister Konstantin Freiherr von Neurath, die Oberbefehlshaber von Heer, Marine und Luftwaffe, Werner Freiherr von Fritsch, Erich Raeder und Hermann Göring. In mehrstündigen Ausführungen erläuterte Hitler den Anwesenden, wie er das Problem des „Lebensraumes" für die „deutsche Volksmasse" zu lösen gedenke. Es könne hierfür nur „den Weg der Gewalt" geben. Als spätesten Termin für die „Raumfrage" nannte Hitler den Zeitraum 1943/45, um den deutschen Rüstungsvorsprung nutzen zu können. Eine frühere Einverleibung der „Tschechei" und Österreichs sei entweder bei einer Lähmung Frankreichs durch innenpolitische Krisen oder bei einem offenen Konflikt zwischen Italien und den Westmächten möglich.

Die Anwesenden außer Göring äußern Kritik an Hitlers militärpolitischer Lagebeurteilung und raten zu vorsichtigerem Vorgehen (↑S.341/4.2.1938).

Das Hoßbach-Protokoll wird im Nürnberger Prozeß als Beweismittel für den Anklagepunkt „Verbrechen gegen den Frieden" verwendet (↑S.421/1.10.1946).

📖 K.-J. Müller: Das Heer und Hitler, 1988.

Chinesisch-Japanischer Krieg: Chinesische Soldaten und Zivilisten fliehen vor den vorrückenden japanischen Truppen.

Staatsstreich in Brasilien

10.11. Rio de Janeiro. Der seit 1930 amtierende Staatschef Getúlio Dornelles Vargas errichtet mit Hilfe der Armee in einem unblutigen Staatsstreich eine Diktatur mit der Bezeichnung „Neuer Staat" (Estado Novo).

Die Verfassung des demokratischen Bundesstaates Brasilien von 1934 ersetzt er durch einen Scheinparlamentarismus; die Abgeordneten werden nicht mehr direkt, sondern von sog. Gemeinde-Wählerkollegien gewählt. Als dritte Kammer soll ein nationaler Wirtschaftsrat die brasilianische Wirtschaft nach ständischen Prinzipien neu organisieren. Par-

1937

Brasilien im 20. Jahrhundert	K 340
Datum	**Ereignis**
15.11.1889	Sturz der Monarchie und Ausrufung der Republik
1913	Ende des Kautschukbooms, Wirtschaftskrise
24.10.1930	Revolution: Machtübernahme durch Gétulio Dornelles Vargas; Beginn des brasilianischen Populismus'
27.11.1935	Kommunistische Revolte im Nordosten von der Armee blutig niedergeschlagen
10.11.1937	Staatsstreich: Vargas proklamiert den „Neuen Staat" (Estado Novo); Verbot aller politischen Parteien, radikale Nationalisierungspolitik (S.333)
28. 2.1945	Vargas unterzeichnet eine neue Landesverfassung, die Brasilien zur Demokratie zurückführen soll; Parlamentswahlen binnen drei Monaten
15.12.1945	Gewinner der Präsidentschaftswahlen: Enrico Gaspar Dutra, der von Vargas protegiert wird
3.10.1950	Ex-Diktator Vargas erneut zum Präsidenten gewählt; Korruption und Intrigen kennzeichnen seine vierjährige Regierungszeit
24. 8.1954	Nach seinem von den Streitkräften erzwungenen Rücktritt begeht Vargas Selbstmord; Nachfolger wird João Café Filho (4.9.1954); Brasilien wendet sich vom autonom-nationalisti-Kapitalismus ab; durch Industrialisierung Anlehnung an Westen
1956–61	Präsidentschaft von Juscelino Kubitschek de Oliveira (u. a. Bau der neuen Hauptstadt Brasília)
25. 8.1961	Rücktritt von Präsident Jânio da Silva Quadros nach nur siebenmonatiger Amtszeit; Nachfolger: João Belchior Marques Goulart (Arbeiterpartei)
3. 9.1961	Verfassungsänderung: Umwandlung des Präsidialregimes in eine parlamentarische Verfassung
1963	Annullierung der Verfassungsreform nach ablehnender Volksabstimmung
31. 3.1964	Putsch der rechtsorientierten Armee stürzt Goulart, dem Taktieren mit der Linken vorgeworfen wird (S.577)
11. 4.1964	General Humberto de Alencar Castelo Branco übernimmt das Präsidentenamt, das mit außerordentlichen Vollmachten ausgestattet wird
1964–85	Militärregierungen unter Castelo Branco (bis 1967), Arturo da Costa e Silva (bis 1969), Emilio Garrastazú Médici (bis 1974), Ernesto Geisel (bis 1979), João Baptista Oliveira Figueiredo (bis 1985)
13.12.1968	Aufhebung der wichtigsten Verfassungsgarantien durch das Militär (u. a. Auflösung des Parlaments)
1968/69	Beginn des sog. brasilianischen Wirtschaftswunders
1. 9.1969	Militärjunta übernimmt nach Schlaganfall Costa e Silvas die Macht: Beginn der Verfolgung von Regimegegnern
1976	Höhepunkt der Auseinandersetzungen zwischen Staat u. Kirche
15. 1.1985	Wahlmänner wählen Tancredo Neves zum neuen Präsidenten (erster Zivilpräsident); nach dem Tod Neves' (22.4.1985) wird José Sarney sein Nachfolger
5.10.1988	Verfassungsänderung: Brasilien wird föderative Präsidialrepublik, Einführung von Volksbegehren und Referendum
29. 9.1992	Präsident Fernando Collor de Mello (ab 15.3.1990), der erste direkt gewählte Präsident Brasiliens seit 1961, wird wegen Korruptionsverdacht vom Amt suspendiert und tritt am Jahresende zurück (Freispruch durch Oberstes Gericht 1994); Nachfolger Itamar Franco (ab 2.10.1992 Interimspräsident)
1993	Sparpolitik des Finanzministers Fernando Henrique Cardoso (ab 1995 Präsident) führt zur Senkung der galoppierenden Inflation (1995: 22%) und zur Verringerung der Auslandsschulden

allel dazu erläßt er eine umfangreiche Sozialgesetzgebung zugunsten der Arbeiterschaft. Am 29.10.1945 wird Vargas im Zuge einer demokratischen Reformwelle abgesetzt, aber 1950 als Kandidat der Arbeiterpartei erneut Präsident. Am 24.8.1954 begeht er angesichts von Rücktrittsforderungen, denen sich auch die brasilianischen Streitkräfte anschließen, Selbstmord. S 334/K 340

📖 J. Müller: Brasilien, 1984. H. Handelmann: Geschichte von Brasilien, 1987.

Wirtschaft

US-Gericht bestätigt Gewerkschaften
12.4. Washington. Der oberste Bundesgerichtshof (Supreme Court) erklärt den am 5.8.1935 verabschiedeten Labor Relations Act (nach seinem Verfasser auch Wagner Act genannt) für verfassungsgemäß. Durch das Gesetz wird eine neue Bundesbehörde, der National Labor Relations Board, geschaffen, die für die Durchführung und Überwachung der neuen arbeitnehmerfreundlichen Bestimmungen verantwortlich ist. Hierzu zählen die unbehinderte gewerkschaftliche Organisation der Arbeiter durch Abhaltung von Wahlen, das Verbot von Betriebsgewerkschaften, das Recht der großen Gewerkschaftsverbände zum Abschluß kollektiver Tarifverträge sowie das Verbot diskriminierender Einstellungen und Entlassungen.
Die United Steel Corporation erkennt den neuen Gewerkschaftsbund Committee of Industrial Organisation (CIO) als Verhandlungspartner an, während der Autoproduzent Henry Ford Widerstand gegen die gewerkschaftliche Organisierung seiner Belegschaft ankündigt.

Wirtschaftsachse Berlin–Rom
18.12. Rom. In einem gemeinsamen Protokoll legen deutsche und italienische Regierungsvertreter den Umfang von Warenlieferungen für 1938 sowie die Details gegenseitiger Wirtschaftsunterstützung „für anormale Zeiten", d. h. den Kriegsfall, fest.
Das vereinbarte Handelsvolumen beläuft sich auf 40 Mio Reichsmark, wovon 30 Mio auf italienische, 10 Mio auf deutsche Importe entfallen. Deutschland braucht vor allem mineralische Rohstoffe, Italien Kohle und Chemieprodukte. Noch unklar ist der Transport, da im Kriegsfall nur der Landweg über Österreich in Frage kommt. Die Bildung der Wirtschaftsachse folgt dem triumphalen Deutschlandbesuch Mussolinis Ende Sep-

1937

tember und dem Beitritt Italiens zum deutsch-japanischen Antikomintern-Pakt am 6.11. (↑S.321/25.11.1936).

Verkehr

Zeppelin Hindenburg explodiert

6.5. Lakehurst. Von Frankfurt/Main kommend explodiert das größte Luftschiff der Welt, die deutsche LZ 129 „Hindenburg", bei dem Landemanöver über Lakehurst, USA. Nach der Atlantiküberquerung mußte der Kapitän Gewittern mit heftigen Stürmen und Regen ausweichen. Nur noch wenige hundert Meter vom Ankermast entfernt explodiert gegen 19.20 Uhr der hintere Teil des mit 36 Fluggästen und 61 Mann Besatzung belegten Zeppelins. 62 Menschen werden gerettet. Einen Tag nach dem Unglück ordnet Reichsluftfahrtminister Hermann Göring die vorläufige Einstellung der Atlantiküberquerungen an. Die Ursache des Absturzes kann auch von einer Expertenkommission nicht abschließend geklärt werden.

Das Unglück bedeutet das Ende der Zeppelin-Ära (↑S.15/2.7.1900), nicht nur wegen der Gefährlichkeit (Absturz des britischen Luftschiffs „R 101" am 5.10.1931, des US-amerikanischen „Macon" am 13.2.1935), sondern auch wegen der aus den schnelleren Flugzeugen erwachsenen Konkurrenz.

📖 M. M. Mooney: Die „Hindenburg". Der letzte Flug von LZ 129, 1989.

Technik

Radioteleskop errichtet

Wheaton. Der US-amerikanische Amateurfunker Grote Reber errichtet zu privaten Stu-

„Hindenburg" explodiert: 35 Menschen überleben die Katastrophe von Lakehurst nicht.

Nobelpreisträger 1937	K 341
Frieden: Edgar Algernon Robert Cecil (GB, 1864–1958)	
Cecil, Präsident des Völkerbunds (1922–46), baute das humanitäre und soziale Engagement der Organisation aus. 1938 wandte er sich gegen die britische Appeasement-Politik (Beschwichtigungspolitik), die überzeugt war, Hitler durch Konzessionen besänftigen zu können.	
Literatur: Roger Martin du Gard (F, 1881–1958)	
Das Hauptwerk von Martin du Gard, der achtteilige Romanzyklus „Die Thibaults" (1922–40), beschreibt den Niedergang einer Pariser Bürgerfamilie. Die präzise Schilderung der Ereignisse, die zum Ausbruch des 1. Weltkriegs führten, ist literarisch bis heute unerreicht.	
Chemie: Walter N. Haworth (GB, 1883–1950), Paul Karrer (CH, 1889–1971)	
Die Biochemiker untersuchten die Strukturen von Vitaminen und Kohlehydraten. Haworth gelangen Strukturanalyse (1932) und Synthese (1934) des Vitamins C. Karrer klärte die Struktur der gelbroten Farbstoffe in Karotten, Tomaten und Eidottern. Er bewies, daß Karotin biologisch in Vitamin A umgewandelt werden kann und sich positiv auf die Sehfähigkeit auswirkt.	
Medizin: Albert Szent-Györgyi von Nagyrapolt (H, 1893–1986)	
Der Biochemiker erforschte die biologischen Verbrennungsvorgänge sowie den Sauerstoffverbrauch im Muskelgewebe. Szent-Györgyi erkannte Orangen und Paprika als reiche Quellen von Vitamin C und stellte fest, daß Vitamin C und Ascorbinsäure identisch sind.	
Physik: Clinton J. Davisson (USA, 1881–1958), George P. Thomson (GB, 1892–1975)	
Die beiden Physiker entdeckten unabhängig voneinander die Elektronenbeugung an Kristallgittern. Damit erbrachten sie den Beweis für die Existenz von Materiewellen. Davisson untersuchte mit weiteren Beugungsversuchen die Oberflächenstruktur von Festkörpern.	

1937

Die größten Passagierschiffe der Welt		K 342
Schiffsname (Land)	Baujahr	Tonnage
Carnival Destiny (USA)	1996	100 000
Sovereign of the Seas (Frankreich)	1987	73 192
France/Norway[1)] (Frankreich)	1962	70 202
Queen Elizabeth II (Großbritannien)	1969	66 450
Celebration (Schweden)	1987	47 262
Jubilee (Schweden)	1986	47 262
Holiday (Dänemark)	1985	46 052
Canberra (Norwegen)	1961	44 807[2)]
Royal Princess (Finnland)	1984	44 348
Seaward (Finnland)	1988	42 276
Westerdam (BRD)	1986	42 092

1) Nach Umbenennung; 2) Tonnage vor Umbau: 43 975

dien das erste Radioteleskop der Welt, eine Parabolschüssel von 9,5 m Durchmesser. Damit will er die kosmische Radiostrahlung erforschen, die 1931 sein Landsmann Karl Guthe Jansky bei der Untersuchung atmosphärischer Funkstörungen im Sternbild des Schützen (Milchstraße) entdeckte. Das Teleskop ist die wohl bedeutendste Errungenschaft der Astrophysik und Kosmologie dieses Jahrhunderts.

Zu den größeren Radioteleskopen neben dem 100-m-Radiospiegel von Effelsberg/Eifel (seit 1970 in Betrieb) gehören der 92-m-Spiegel von Greenbank/West Virginia (USA) sowie der 75-m-Spiegel von Jodrell Bank in Großbritannien (1954). Der größte Radiospiegel (305 m Durchmesser) steht auf Puerto Rico (1971), in der Nähe von Arecibo.

R. Learner: Die Geschichte der Astronomie und Entwicklung des Teleskops seit Galilei, 1989.

Das größte Schiff der Welt

27.9. Liverpool. Das mit 83 673 BRT größte Passagierschiff aller Zeiten, die „Queen Elizabeth", läuft auf der Werft John Brown & Co vom Stapel. Der 309 m lange und 36 m breite Luxusliner kann 2285 Passagiere befördern. Die Maschinenleistung von 200 000 PS ermöglicht eine Höchstgeschwindigkeit von 28,5 Knoten (52,8 km/h).

In den 30er Jahren entstanden mehrere dieser gigantischen Passagierschiffe, so etwa die französische „Normandie" (83 423 BRT, Baujahr 1935) und die britische „Queen Mary" (81 235 BRT, 1936).

Da die Personenbeförderung nach Übersee per Schiff an Bedeutung verliert, werden nach dem 2. Weltkrieg nur noch wenige Luxusliner alten Stils gebaut. Die „Queen Elizabeth" wird bis 1968 in der zivilen Schifffahrt eingesetzt. Ab 1970 dient sie als Marine-Universität im Hafen von Hongkong, wo sie 1972 durch ein Großfeuer vernichtet wird.

S 336/K 342

J. Brinnin: Grand Hotels der Meere. Die goldene Ära der Luxusliner, 1988.

Kopieren im Xerox-Verfahren

27.10. Der US-Amerikaner Chester Carlson läßt sich das Xerox-Verfahren patentieren, das es ermöglicht, auf normales, unbeschichtetes Papier zu kopieren. Dabei wird eine mit dem Fotohalbleiter Selen beschichtete Platte oder Trommel positiv aufgeladen und dadurch lichtempfindlich gemacht. Ein Spiegel überträgt das Bild der Vorlage als latentes Ladungsbild auf die Selenschicht. Die Trommel wird nach dem Belichten mit Farbpulver (Toner) besprüht. Das somit sichtbar gemachte Ladungsbild wird an dem Papier vorbeigeführt, auf das es unter Zufuhr von Hitze fixiert wird.

1959 kommt der erste Fotokopierer, der „Xerox 1914", in den Handel.

Gesellschaft

Niederländische Traumhochzeit

7.1. Den Haag. In der alten Sankt Jakobskirche geben sich die 27jährige niederländische Thronfolgerin Prinzessin Juliana und der zwei Jahre jüngere deutsche Prinz Bernhard von Lippe-Biesterfeld das Ja-Wort.

„Queen Elizabeth": Das größte Passagierschiff der Welt 1940 im Hafen von New York. Während des 2. Weltkriegs wird der Luxusliner als Truppentransporter eingesetzt. Pro Fahrt befördert er über 15 000 Soldaten.

1937

Juliana ist das einzige Kind der niederländischen Königin Wilhelmina, die 1898 als Nachfolgerin ihres Vaters, Wilhelm III., den Thron bestieg.
1948 wird Juliana zur Königin gekrönt. Aus der Ehe mit Prinz Bernhard gehen vier Kinder hervor: Irene, Margriet, Maria Christina und die älteste Tochter Beatrix, die in der Thronfolge an erster Stelle steht (Königin seit 1980). Prinz Bernhard tritt wegen seiner Verwicklung in die Lockheed-Affäre von seinen Ämtern zurück. (↑S.705/26.8.1976).

Kultur

Meisterwerk des Realismus
Jean Renoirs Film „La grande illusion" wird uraufgeführt. Er schildert die Begegnung zweier Adliger, eines deutschen und eines französischen Offiziers, während des 1. Weltkriegs, aus der eine vorsichtige Freundschaft erwächst. Beim Fluchtversuch aus einem deutschen Gefangenenlager muß der Deutsche allerdings den französischen Offizier töten. Der mehrfach ausgezeichnete Film wird für seine strenge Objektivität gerühmt.
Bereits 1926 hatte Jean Renoir, Sohn des Malers Auguste Renoir, mit seiner Verfilmung von Emile Zolas „Nana" großen Erfolg. Er entwickelt sich zum wichtigsten Vertreter des französischen Realismus vor Ausbruch des 2. Weltkriegs. 1939 emigriert Renoir in die USA, wo er das Niveau seiner Vorkriegsfilme nicht erreicht. S 339/K 344
📖 U. Gregor: Jean Renoir und seine Filme, 1970.

Gemälde gegen den Faschismus
12.7. Paris. Pablo Picassos Gemälde „Guernica" wird bei der Einweihung des spanischen Pavillons auf der Weltausstellung der Öffentlichkeit präsentiert. Das 351 x 782 cm große Ölgemälde, das die spanische Regierung in Valencia bei dem Maler in Auftrag gab, hängt in der Eingangshalle des Ausstellungspavillons.
Thema des monumentalen Bildes ist die Zerstörung der baskischen Stadt Guernica durch die deutsche Luftwaffe (↑S.331/26.4.1937); es stellt eindringlich die Leiden der Zivilbevölkerung im Spanischen Bürgerkrieg dar. „Guernica" bildet einen Höhepunkt in Picassos Schaffen.
📖 M. Imdahl: Picassos Guernica, 1989.

„Entartete Kunst" am Pranger
19.7. München. Im Haus der Deutschen Kunst eröffnet Adolf Ziegler, Präsident der Reichskammer der bildenden Künste, die Ausstellung „Entartete Kunst". Als abschreckende Beispiele werden u. a. Werke von Oskar Kokoschka, Wassily Kandinsky, Ernst Barlach, Paul Klee und Otto Dix präsentiert, deren Kunstauffassung von den Nationalsozialisten als „bewußter Angriff auf die Ideale der germanischen Rasse" verstanden wird.
Die als „entartet" eingestuften Künstler erhalten Ausstellungs-, zum Teil auch Arbeitsverbot, ihre Werke werden aus den Museen entfernt. Am 30.6.1939 verkauft das Dritte Reich seine Bestände an „entarteter Kunst" in Luzern. 1962 wird in München eine histo-

„Guernica" von Pablo Picasso. Der Künstler vermachte das Werk testamentarisch dem demokratischen Spanien, so daß es erst 1981 aus dem New Yorker Museum of Modern Art „heimgeholt" werden konnte. Heute ist es im Kunstzentrum Reina Sofia in Madrid für die Öffentlichkeit zugänglich.

Pablo Picasso

1937

Ausstellung „Entartete Kunst"[1]			K 343
Künstler (Lebensdaten) Nationalität, Beruf	Kunstrichtung	Hauptthemen	
Ernst Barlach (1870–1938) Dt. Bildhauer, Grafiker und Schriftsteller	Expressionismus	Meditative und trauernde Skulpturen, die menschliche Grunderfahrungen zeigen 381 „entartete" Werke[2]	
Max Beckmann (1884–1950) Dt. Maler, Grafiker und Bildhauer	Expressionismus	Schonungsloses Abbild der menschlichen Existenz unter dem Vorzeichen von Gewalt; 590 „entartete" Werke	
Marc Chagall (1887–1985) Russ.-franz. Maler	Expressionismus, Kubismus, Surrealismus	Phantasievolle Darstellungen des russisch-jüdischen Volkslebens; insgesamt 59 „entartete" Werke	
Otto Dix (1891–1969) Dt. Maler und Grafiker	Neue Sachlichkeit	Kritische Darstellung politischer und sozialer Mißstände; 59 „entartete" Werke	
Max Ernst (1891–1976) Dt. Maler, Grafiker und Objektkünstler	Dadaismus, Surrealismus	Magisch-bizarre Sujets und Bildererfindungen, 1933 von den Nazis indiziert	
Lyonel Feininger (1871–1956) Amerikan. Maler und Grafiker	Kubismus	Geometrisch gegliederte Landschafts- und Stadtbilder; 378 „entartete" Werke	
George Grosz (1893–1959) Dt. Grafiker und Maler	Dadaismus	Sozialkritische, aggressiv satirische Darstellungen; 285 „entartete" Werke	
Erich Heckel (1883–1970) Dt. Maler, Grafiker und Bildhauer	Expressionismus	Idyllische Landschaftsbilder, düstere Menschendarstellungen; 729 „entartete" Werke	
Wassily Kandinsky (1866–1944) Russ.-franz. Maler	Abstrakte Malerei	Naturnahe Impressionen, biblische Themen; 57 „entartete" Werke	
Ernst Ludwig Kirchner (1880–1938) Dt. Maler und Grafiker	Expressionismus	Aktdarstellungen und Landschaftsbilder, Großstadtszenen; 639 „entartete" Werke	
Paul Klee (1879–1940) Dt.-schweizer. Maler und Grafiker	Abstrakt-phantastische Malerei	Traumhaft-skurrile Bildwelten Symbol- und Zeichensprache, 102 „entartete" Werke	
Oskar Kokoschka (1886–1980) österr. Maler und Grafiker	Expressionismus	Eindringliche Charakterporträts, Landschaftsbilder; 417 „entartete" Werke	
Max Liebermann (1847–1935) Dt. Maler und Grafiker	Impressionismus	Milieuschilderungen, Landschafts- und Gartenbilder; ab 1933 Ausstellungsverbot	
Franz Marc (1880–1916) Dt. Maler und Grafiker	Expressionismus	Tierdarstellungen, 87 „entartete" Werke	
Paula Modersohn-Becker (1876–1907) Dt. Malerin	Expressionismus, Primitivismus	Porträts, Stilleben, Figurenbilder in großen Flächen; 70 „entartete" Werke	
Emil Nolde (1867–1956) Dt. Maler und Grafiker	Expressionismus	Blumengärten, Küstenlandschaften, biblische Themen; 1052 „entartete" Werke	
Max Pechstein (1881–1955); Dt. Maler, Grafiker und Bildhauer	Expressionismus	Stilleben, Landschafts- und Figurenbilder; 326 „entartete" Werke	
Karl Schmidt-Rottluff (1884–1976) Dt. Maler und Grafiker	Expressionismus	Figuren- und Landschaftsbilder, Aktdarstellungen; 608 „entartete" Werke	

1) Insgesamt wurden 730 Werke von 112 geächteten Künstlern gezeigt; 2) Anzahl der „entarteten" Werke, die 1937 aus deutschen Museen entfernt wurden

rische Erinnerungsausstellung „Entartete Kunst" veranstaltet. S 338/K 343

E. Piper: Ernst Barlach und die nationalsozialistische Kunstpolitik. Dokumentarische Darstellung zur „Entarteten Kunst", 1983.

Totales Theater von Carl Orff

8.6. Frankfurt/Main. Carl Orffs „Carmina Burana" hat Premiere. Die deutschen und lateinischen Texte der szenischen Kantate stammen aus einer anonymen Liedersammlung des 13. Jh., die im Kloster Benediktbeuern (Carmina Burana = Lieder aus Beuern) gefunden wurden. Musik, Wort und Bewegung verbindet Orff zu einem Gesamtkunstwerk, in dem der Chor eine dominierende Rolle erhält. Die Melodik ist dem Mittelalter nachempfunden.
Carl Orff entfernt sich vom subtilen Ausdruck und diffizilen Orchester des 19. Jh. An der 1924 von ihm und Dorothee Günther gegründeten Schule für Gymnastik, Tanz und Musik entwickelte er eine musikerzieherische Konzeption, die er in seinem „Schulwerk" (1930–35) darstellt; einfache Instrumente wie Tamburin und Glockenspiel stehen im Vordergrund. Er vertritt die These, daß jeder Mensch durch einfühlsame Unterweisung an schöpferischen Gruppenimprovisationen teilnehmen kann.
Als Dramaturg, Dichter, Pädagoge, Dirigent und Komponist ist Orff einer der vielseitigsten Persönlichkeiten in der deutschen Musik des 20. Jh. 1961 wird das Orff-Institut am Mozarteum in Salzburg gegründet. S 339/K 344

H. W. Schmidt: Carl Orff. Sein Leben und sein Werk, 1971.

Filmmelodram mit Zarah Leander

18.12. Berlin. „La Habanera", der zweite deutsche Spielfilm mit Zarah Leander, hat Premiere. Er erzählt die Geschichte einer Schwedin, die einen selbstherrlichen puertoricanischen Gutsbesitzer heiratet, an Heimweh leidet, aber erst zehn Jahre später nach dem Tod ihres Ehemannes mit einem schwedischen Arzt und ihrem Sohn in ihre Heimat zurückkehren kann. Das Lied von Lothar Brühne und Bruno Balz „Der Wind hat mir ein Lied erzählt" wird zu einem großen Schlagererfolg für Zarah Leander. Mit ihrer dunklen, rauchigen Stimme ist sie nach nur zwei Filmen der Star des deutschen Musikfilms und wird zu einer der bestbezahlten Filmdivas im Dritten Reich. Nach ihrer Rückkehr 1943 nach Schweden verbieten die Nazis die Aufführung ihrer Filme. S 339/K 344

P. Seiler: Zarah Leander, 1985.

Sport

Sonja Henie wird Revuestar

Januar. Die norwegische Eiskunstläuferin Sonja Henie, das „Mädchen mit den goldenen Schlittschuhen", beendet ihre sportliche Karriere und gründet in den USA die erste Eisrevue, die sie bis 1956 leitet.
Henie („Häseken") gewann bei den Olympischen Spielen 1928, 1932 und 1936 Gold. Im Alter von 15 Jahren wurde sie 1927 Weltmeisterin und verteidigte diesen Titel bis 1935 neunmal in Folge. 1932–35 war sie Europameisterin.
Hollywoods Studioboß Darryl F. Zanuck nimmt Henie unter Vertrag und dreht mit ihr zahlreiche Revuefilme („Die Eiskönigin", „One in a million", „This Ice", „Adoptiertes Glück", „My lucky Star", „Sun Valley Serenade", „Ice Land"). 1950 wird das Vermögen der einstigen Eis-Diva auf mehr als 15 Mio Dollar geschätzt.

Christl Cranz holt drei WM-Titel

11.2.–18.2. Chamonix. Beim internationalen Ski-Wettbewerb der Fédération Internationale de Ski (FIS) gewinnt die 22jährige Deutsche Christl Cranz alle drei alpinen Wettbewerbe (Abfahrt, Slalom, Alpine Kombination). Die FIS-Wettkämpfe, die seit 1931 stattfinden, werden erstmals als offizielle Weltmeisterschaft ausgetragen.
Christl Cranz hatte bei den FIS-Rennen 1934 in St. Moritz und 1935 in München jeweils zwei Goldmedaillen gewonnen. 1936 siegte sie bei den Olympischen Spielen in Garmisch-Partenkirchen in der Kombination (Einzelmedaillen für Slalom und Abfahrt wurden nicht vergeben).
Cranz, die 1938 bei der WM in Engelberg den Slalom und die Kombination gewinnt, kann 1939 bei der WM in Zakopane ihren Dreifachtriumph wiederholen.

Schalker „Kreisel" auf Erfolgskurs

20.6. Berlin. Zum dritten Mal nach 1934 und 1935 gewinnt der FC Schalke 04 die deutsche Fußballmeisterschaft. Vor 101 000 Zuschauern im Berliner Olympiastadion besiegt der Gelsenkirchener Verein im Endspiel den 1. FC Nürnberg hochverdient mit 2:0.
Die Meister-Mannschaft ist spielerisch überlegen. Berühmt ist der sog. Schalker Kreisel, direktes, schnelles Hin- und Herspiele, gewürzt mit Quer- und Rückpässen, das den Gegner „schwindlig" machen und dem dann blitzschnell Steilpaß und Torschuß folgen. Mit dem erfolgreichen Spiel der „Knappen"

Kulturszene 1937   K 344

Theater	
Luigi Pirandello Die Riesen vom Berge UA 5.4., Florenz	Eine Schauspieltruppe will für die Riesen vom Berg ein Theaterstück aufführen, doch es erscheint nur einfaches, ignorantes Volk.
Oper	
Alban Berg Lulu UA 2.6., Zürich	Bergs unvollendete, von Schönbergs Zwölftontechnik beeinflußte Wedekind-Oper wird 1979 in einer ergänzten Fassung aufgeführt.
Gian Carlo Menotti Amelia geht zum Ball UA 1.4., New York	Überraschungserfolg und Durchbruch des Komponisten mit einer buffoesken Parodie auf das Mailänder Großbürgertum der Jahrhundertwende.
Carl Orff Carmina Burana UA 8.6., Frankfurt/Main	Die moderne Bearbeitung mittelalterlicher Gesänge als Bühnenwerk wirkt stilbildend und macht Orff auf einen Schlag berühmt.
Operette	
Fred Raymond Maske in Blau UA 27.9., Berlin	Die Operette wird als wichtiger Vorläufer des deutschen Musicals gewertet; größter Erfolg in der Karriere des Komponisten.
Konzert	
Béla Bartók Musik für Saiteninstrumente . . ., UA 21.1., Basel	Klangfarbenreichtum und strenge Architektur kennzeichnen die „Musik für Saiteninstrumente, Schlagzeug und Celesta": ein Hauptwerk Bartóks.
Dmitri Schostakowitsch 5. Sinfonie UA 21.11., Leningrad	Der Komponist schrieb seine Sinfonie als Reaktion auf die gegen ihn in der UdSSR erhobenen Vorwürfe des „Formalismus".
Film	
Walt Disney Schneewittchen und die sieben Zwerge; USA	Disneys erster abendfüllender farbiger Tontrickfilm nach dem Märchen der Brüder Grimm; sensationeller Kassenschlager.
Julien Duvivier Pépé le Moko – Im Dunkel von Algier; Frankreich	Berühmter Gangsterfilm über einen flüchtigen Verbrecher (Jean Gabin), der in Algier von der Polizei in eine Falle gelockt wird.
James Horne Zwei ritten nach Westen USA	Western-Parodie mit Gesangs- und Tanzeinlagen; einer der besten Langfilme des amerikanischen Komikerpaares Stan Laurel und Oliver Hardy.
Jean Renoir Die große Illusion Frankreich	Schicksal dreier französischer Kriegsgefangener des 1. Weltkriegs in einem deutschen Lager; mit Jean Gabin und Erich von Stroheim.
Detlef Sierck Zu neuen Ufern Deutschland	Erster deutscher Spielfilm mit Zarah Leander, der den kometenhaften Aufstieg der „deutschen Greta Garbo" begründet; erfolgreiche Lieder.
Buch	
Archibald Joseph Cronin Die Zitadelle London	Roman über den Aufstieg eines Arztes von seiner Erstantätigkeit in einem Bergwerksdistrikt bis zur Tätigkeit als umschwärmter Modearzt.
Hans Fallada Wolf unter Wölfen Berlin	Das Gegenstück zu „Kleiner Mann, was nun?" (1932) schildert das Schicksal dreier ehemaliger Soldaten im Inflationsjahr 1923.
Jochen Klepper Der Vater Stuttgart	Die Romanbiographie über König Friedrich Wilhelm I. stellt dem faschistischen Führertypus das Bild eines sittlichen Erziehers gegenüber.
Gabriel Marcel Sein und Haben Paris	Die philosophische Untersuchung, eine Fortsetzung des „Metaphysischen Tagebuchs" (1927), ist ein Hauptwerk des Existenzialismus.

Sport 1937	K 345
Fußball	
Deutsche Meisterschaft	FC Schalke 04
DFB-Pokal	FC Schalke 04 – Fortuna Düsseldorf 2:1
Englische Meisterschaft	Manchester City
Italienische Meisterschaft	AC Bologna
Tennis	
Wimbledon (seit 1877; 57. Austragung)	Herren: Donald Budge (USA) Damen: Dorothy Round (USA)
US Open (seit 1881; 57. Austragung)	Herren: Fred Perry (GBR) Damen: Anita Lizana (CHI)
French Open (seit 1925; 13. Austragung)	Herren: Henner Henkel (GER) Damen: Hilde Sperling (GER)
Australian Open (seit 1905; 30. Austragung)	Herren: Victor McGrath (AUS) Damen: Nancy Wynne (AUS)
Davis-Cup (Wimbledon, GBR)	USA – Großbritannien 4:1
Eishockey	
Weltmeisterschaft	Kanada
Stanley-Cup	Detroit Red Wings
Deutsche Meisterschaft	Berliner SC
Radsport	
Tour de France (4415 km)	Roger Lapedie (BEL)
Giro d'Italia (3840 km)	Gino Bartali (ITA)
Straßenweltmeisterschaft	Eloi Meulenberg (BEL)
Automobilsport (Grand-Prix-Rennen)	
GP von Deutschland, Nürburgring	Rudolf Caracciola (GER), Mercedes-Benz
GP von England, Donington	Bernd Rosemeyer (GER), Auto-Union
GP von Frankreich, Monthléry	Louis Chiron (FRA); Talbot
GP von Italien, Livorno	Rudolf Caracciola (GER), Mercedes-Benz
GP von Monaco, Monte Carlo	Manfred v. Brauchitsch (GER), Mercedes-Benz
Vanderbilt Cup, New York (USA)	Bernd Rosemeyer (GER), Auto-Union
GP der Schweiz, Bern	Rudolf Caracciola (GER), Mercedes-Benz
Europameisterschaft	Rudolf Caracciola (GER), Mercedes-Benz
Boxen	
Schwergewichts-Weltmeisterschaft	Joe Louis (USA) – PS gegen Tommy Farr (GBR), 30.8. – K. o. über James J. Braddock (USA), 22.6.
Herausragende Weltrekorde		
---	---	---
Disziplin	Athlet (Land)	Leistung
Leichtathletik, Männer		
800 m	Elroy Robinson (USA)	1:49,6 min
10 000 m	Ilmari Salminen (FIN)	30:05,6 min
Hochsprung	Melvin Walker (USA)	2,09 m
Stabhochsprung	William Sefton (USA) Earle Meadows (USA)	4,54 m 4,54 m
Leichtathletik, Frauen		
1500 m	Jewdokia Wassiljewa (URS)	4:45,2 min
Schwimmen, Frauen		
400 m Freistil	Ragnhild Hveger (DEN)	5:11,0 min
200 m Brust	Joopie Walberg (HOL)	2:56,9 min

Wimbledon: Gottfried von Cramm (l.) bleibt auch im dritten Finale gegen Donald Budge (r.) sieglos.

verbinden sich die Namen von Ernst Kuzorra und Fritz Szepan.

Im gleichen Jahr werden die Schalker auch deutscher Pokalsieger. Am 9.1.1938 schlagen sie in Köln Fortuna Düsseldorf mit 2:1. Den Pokalerfolg können sie erst 1972 wiederholen. Bis einschließlich 1958 holt der volkstümliche Traditionsverein – Spielstätte ist die Glückauf-Kampfbahn – noch viermal den Meistertitel (1939, 1940, 1942).

Von Cramm bleibt „ewiger Zweite"
2.7. Wimbledon. Auch bei seiner dritten Finalteilnahme hintereinander an der „All England Championship" muß sich der deutsche Tennisspieler Gottfried von Cramm geschlagen geben. Er unterliegt dem US-Amerikaner Donald Budge glatt in drei Sätzen. 1935 und 1936 hatte Cramm ebenfalls in jeweils drei Sätzen im Endspiel gegen den Briten Fred Perry verloren. Sein einziger Wimbledongewinn glückte ihm 1933 an der Seite von Hilde Krahwinkel im Mixed. Obwohl ihm bis auf zwei French-Open-Siege (1934 und 1936) der große Erfolg versagt bleibt, erwirbt sich der „Kronprinz von Wimbledon" weltweit Achtung aufgrund seiner Fairneß und seiner spielerischen Eleganz. Er bestreitet 102 Einsätze für die deutsche Daviscup-Mannschaft.

E. Steinkamp: Gottfried von Cramm. Der Tennisbaron, 1990.

1938

Politik

Blomberg und Fritsch gestürzt

4.2. Berlin. Werner von Blomberg, Reichskriegsminister und Oberbefehlshaber der Wehrmacht, sowie Werner Freiherr von Fritsch, Oberbefehlshaber des Heeres, werden entlassen.

Äußerer Anlaß sind in die Presse lancierte Berichte über Blombergs Ehe mit einer ehemaligen Prostituierten und Fritschs angebliche Homosexualität. Wahrer Hintergrund ist die Kritik beider Generäle an Hitlers Kriegsplänen (↑S.333/10.11.1937). Hitler übernimmt selbst die „Befehlsgewalt über die gesamte Wehrmacht", gleichzeitig kommt es zu Umbesetzungen: 16 Generäle werden verabschiedet, 44 wechseln den Dienstposten. Im Auswärtigen Amt wird Konstantin Freiherr von Neurath durch Joachim von Ribbentrop ersetzt; ebenfalls ausgetauscht werden die Botschafter von Rom, Wien und Tokio.

Der „Anschluß" Österreichs

12.3. Österreich. Mit dem Einmarsch deutscher Soldaten um 5.30 Uhr ist das Verständigungsabkommen vom 11.7.1936 außer Kraft gesetzt, das die Souveränität Österreichs unter weitgehender Gleichschaltung mit der deutschen Politik anerkannte.

Am 12.2. verlangte Hitler vom österreichischen Bundeskanzler Kurt von Schuschnigg die Anpassung der Außen-, Militär-, Wirtschafts- und Pressepolitik an die deutsche sowie die Ernennung des nationalsozialistischen Politikers Arthur Seyß-Inquart zum Innenminister. Schuschnigg nahm die Forderungen an, rief aber am 9.3. zu einer Volksabstimmung über ein souveränes Österreich auf. Unter deutschem Druck trat er daraufhin zurück, Seyß-Inquart wurde sein Nachfolger. Obwohl dieser die deutsche Regierung bat, von einem Einmarsch abzusehen, rücken deutsche Truppen ein.

Angesichts der jubelnden österreichischen Bevölkerung entschließt sich Adolf Hitler, persönlich nach Österreich zu fahren und verkündet am 13.3. in Linz den völligen „Anschluß" an das Deutsche Reich. Reichsbehörden über-

„Anschluß" Österreichs: Vor über 100 000 Menschen proklamiert Führer und Reichskanzler Adolf Hitler am 15. März auf dem Wiener Heldenplatz den „Wiedereintritt meiner Heimat in das Deutsche Reich".

Wichtige Regierungswechsel 1938		K 346
Land	**Amtsinhaber**	**Bedeutung**
Frankreich	Camille Chautemps (M seit 1937) Léon Blum (M 13.3.–8.4.) Edouard Daladier (M bis 1940)	Rücktritt von Chautemps (10.3.) und Blum (8.4.) wegen fehlender Unterstützung des Parlaments für rigorose Sparpolitik; Daladier kann stabile Regierung ohne Kommunisten und Sozialisten bilden
Österreich	Kurt Schuschnigg (Christl.soz., B seit 1934) Arthur Seyß-Inquart (B bis 1939)[1]	Hitler erzwingt mit Okkupationsdrohung Rücktritt von Schuschnigg (11.3.); deutsche Truppen marschieren in Österreich ein (S.341)
Rumänien	Octavian Goga (M seit 1937) Patriarch Cristea Miroun (M bis 1939)	Miroun verhängt über das ganze Land den Belagerungszustand und setzt vorgesehene Wahlen aus; Alleinherrschaft des Königs
Siam (Thailand)	Phya Bahol Pholghahuya Sena (M seit 1934) Luang Pibul Songgram (M bis 1944)	Militärjunta unter General Songgram übernimmt die Macht (26.12.) und führt Thailand an der Seite Japans in den 2. Weltkrieg
Tschechoslowakei	Eduard Beneš (P seit 1935) Emil Hácha (P bis 1945)[2]	Beneš tritt zurück (5.10.), weil der Auseinanderfall der Tschechoslowakischen Republik nicht zu verhindern ist
Türkei	Mustafa Kemal Pascha[3] (P seit 1923) Mustafa Ismet Inönü[4] (P bis 1950)	Tod des „Vaters der Türken" (10.11.); Inönü setzt Kemalismus (Ablehnung des Islam als Grundlage des Staatswesens) fort

B = Bundeskanzler; M = Ministerpräsident bzw. Premierminister; P = Präsident
1) Ab 24.5. Ministerpräsident als Reichsstatthalter; 2) Übergangspräsident 5.10.–29.11.: Johann Syrovy; 3) genannt Kemal Atatürk; 4) genannt Ismet Inönü

1938

Deutsch-österreichische Beziehungen[1]		K 347
Datum	**Ereignis**	
10. 9.1919	Unterzeichnung des Friedensvertrags zwischen Österreich und den Siegerstaaten des 1. Weltkriegs in St. Germain: Der Anschluß an das Deutsche Reich wird untersagt (S.154)	
24. 4.1921	Bei Abstimmungen in Tirol und Salzburg (29.5.) überwältigende Mehrheiten für den Anschluß an das Deutsche Reich; weitere Abstimmungen werden verhindert	
4.10.1922	Genfer Protokolle: internationaler Kredit (Völkerbundanleihe) für Österreich, dessen Unabhängigkeit garantiert wird (S.189)	
19. 3.1931	Die Regierungen des Deutschen Reichs und Österreichs billigen Richtlinien für eine Zollunion zwischen beiden Ländern	
3. 9.1931	Vor dem Europa-Ausschuß des Völkerbundes in Genf verzichten Deutschland und Österreich auf Zollunion	
24. 4.1932	Bei Landtagswahlen in Wien, Niederösterreich und Salzburg Stimmengewinne für die österreichischen Nationalsozialisten	
15. 7.1932	Lausanner Protokoll: Völkerbundanleihe für Österreich unter der Bedingung, bis 1952 keine politische und wirtschaftliche Union mit Deutschland einzugehen	
19. 6.1933	Nach einer Welle nationalsozialistischer Terroranschläge verbietet Bundeskanzler Engelbert Dollfuß die Tätigkeit der NSDAP auf österreichischem Staatsgebiet (S.292/7.3.)	
17. 2.1934	Italien, Frankreich und Großbritannien erklären, sie wollten die Unabhängigkeit Österreichs von Deutschland garantieren	
25. 7.1934	Nationalsozialistische Putschisten ermorden Dollfuß; der NS-Putsch scheitert; Schuschnigg wird neuer Kanzler (S.302)	
11. 7.1936	Unterzeichnung des deutsch-österreichischen Verständigungsabkommens (sog. Juliabkommen): Deutsches Reich erkennt die volle Souveränität des Bundesstaats Österreich an	
17. 6.1937	Schuschnigg ernennt den Vertrauensmann der Nationalsozialisten, Arthur Seyß-Inquart, zum Staatsrat – Zugeständnis an die deutsche Reichsregierung in Berlin	
12. 2.1938	Schuschnigg bei Hitler in Berchtesgaden; Hitler fordert u. a. die Einsetzung des NS-Sympathisanten Seyß-Inquart als Innen- und Sicherheitsminister sowie eine Amnestie für alle nationalsozialistischen Straftäter	
16. 2.1938	Schuschnigg ernennt Seyß-Inquart zum Innen- und Sicherheitsminister seiner fünften Regierung	
11. 3.1938	Ultimatum des Deutschen Reichs; Rücktritt Schuschniggs; Seyß-Inquart bildet eine Übergangsregierung	
12. 3.1938	Einmarsch der deutschen Wehrmacht in Österreich (S.341)	
13. 3.1938	Gesetz über die Vereinigung Österreichs mit dem nationalsozialistischen Deutschen Reich tritt in Kraft	

1) 1919–1938

nehmen in der Folgezeit die staatlichen Einrichtungen Österreichs. S 258/K 269 S 342/K 347

G. Tomkowitz/ D. Wagner: „Ein Volk, ein Reich, ein Führer!" Der „Anschluß" Österreichs 1938, 1988

Schweiz „umfassend" neutral KAR

14.5. Genf. Der Völkerbundrat gibt dem Wunsch der Schweiz nach „integraler" (vollständiger) Neutralität bei Stimmenthaltung Chinas und der UdSSR statt.
Nach einer Volksabstimmung am 16.5.1920 war die Schweiz Mitglied des Völkerbunds geworden, allerdings von Anfang an mit dem Status der „differenzierten" Neutralität. Damit war sie nur verpflichtet, an wirtschaftlichen, nicht an militärischen Sanktionen gegen einen bündnisbrüchigen Staat teilzunehmen.
Grund für den Wunsch nach Abänderung des Status ist die veränderte Zusammensetzung des Völkerbundes nach Austritt des Deutschen Reiches (1935) und Italiens (1937). Die Schweiz weicht in der Folgezeit nicht mehr von ihrer uneingeschränkten Neutralität ab und tritt auch nicht nach dem 2. Weltkrieg den Vereinten Nationen bei. S 344/K 348

Geschichte der Schweiz, dtv, 1991.

Münchner Abkommen unterzeichnet

30.9. München. Adolf Hitler, Neville Chamberlain, Benito Mussolini und Edouard Daladier unterzeichnen ein Abkommen, in dem der Tschechoslowakei auferlegt wird, das Sudetengebiet (29 000 km², 3,69 Mio Menschen) bis zum 10.10. an das Deutsche Reich zu übergeben sowie ungarischen und polnischen Gebietsansprüchen zu genügen.
Vorausgegangen waren Kriegsdrohungen Hitlers an die ČSR wegen angeblicher Unterdrückung der seit 1919 zur Tschechoslowakei gehörenden Sudetendeutschen (Sudetenkrise). Entgegen Hitlers Ziel der völligen Zerschlagung der ČSR wird im Auswärtigen Amt um Staatssekretär Ernst von Weizsäcker der deutsche Kompromiß ausgearbeitet, mit dessen Hilfe der britische Premier Chamberlain die drohende Kriegsgefahr glaubt bannen zu können.
Das Münchner Abkommen wird in Großbritannien und Frankreich mit Erleichterung aufgenommen. Ein halbes Jahr später marschieren jedoch deutsche Truppen in die Tschechoslowakei ein (↑S.350/15.3.1939).

München 1938. Das Ende des alten Europa, 1990.

„Heimführung" des Sudetenlands

1.10. Rehberg/Wallern/Andreasberg. Deutsche Truppen beginnen unter Generaloberst Wilhelm Ritter von Leeb mit der Besetzung der im Münchner Abkommen festgelegten „Zone I". Bis 10.10. ist gemäß Vertrag das gesamte Sudetenland unter deutscher Kontrolle.
Konrad Henlein, Gründer der nationalsozialistischen Sudetendeutschen Partei (SdP) am 20.3.1934, wird zum Reichskommissar für die besetzten Gebiete ernannt. Während die sudetendeutsche Bevölkerung die deutschen Soldaten begeistert empfängt, verlassen eingewanderte Tschechen sowie Juden und So-

1938

zialdemokraten die annektierten Gebiete. Nur drei Wochen nach dem Einmarsch (21.10.) erläßt Hitler die Weisung an die Wehrmacht, sich bereit zu halten, um die „Rest-Tschechei" jederzeit zerschlagen zu können.
Am 30.11. wird Emil Hácha zum Präsidenten der Tschechoslowakischen Republik gewählt, die nach dem Verlust des Sudetenlandes, den Abtretungen an Ungarn und Polen sowie der Einrichtung der autonomen Gebiete Slowakei und Karpato-Ukraine zu einem Bundesstaat wird. S 440/K 441

H. Raschhofer: Die Sudetenfrage. Ihre völkerrechtliche Entwicklung vom 1. Weltkrieg bis zur Gegenwart, 1988.

Herschel Grynszpans Attentat

7.11. Paris. Der 17jährige polnische Jude Herschel Grynszpan schießt in der deutschen Botschaft auf den Legationssekretär Ernst vom Rath. Dieser erliegt am 9.11. seinen Verletzungen. Als Grund gibt Grynszpan Rache an der Vertreibung seiner Eltern nach Polen an. In der Nacht vom 28./29.10. waren auf Befehl des Leiters der Sicherheitspolizei und des SS-Sicherheitsdienstes (SD), Reinhard Heydrich, insgesamt 17 000 polnische Juden aus Deutschland vertrieben worden, um der polnischen Regierung bei dem Plan, ihnen die polnische Staatsangehörigkeit abzuerkennen, zuvorzukommen.
Grynszpan wird von der Polizei festgenommen. Das Attentat ist für Joseph Goebbels

Münchner Abkommen: Als erster unterzeichnet Hitler um 0.28 Uhr die Vereinbarung, mit der die Großmächte das Sudetengebiet opfern.

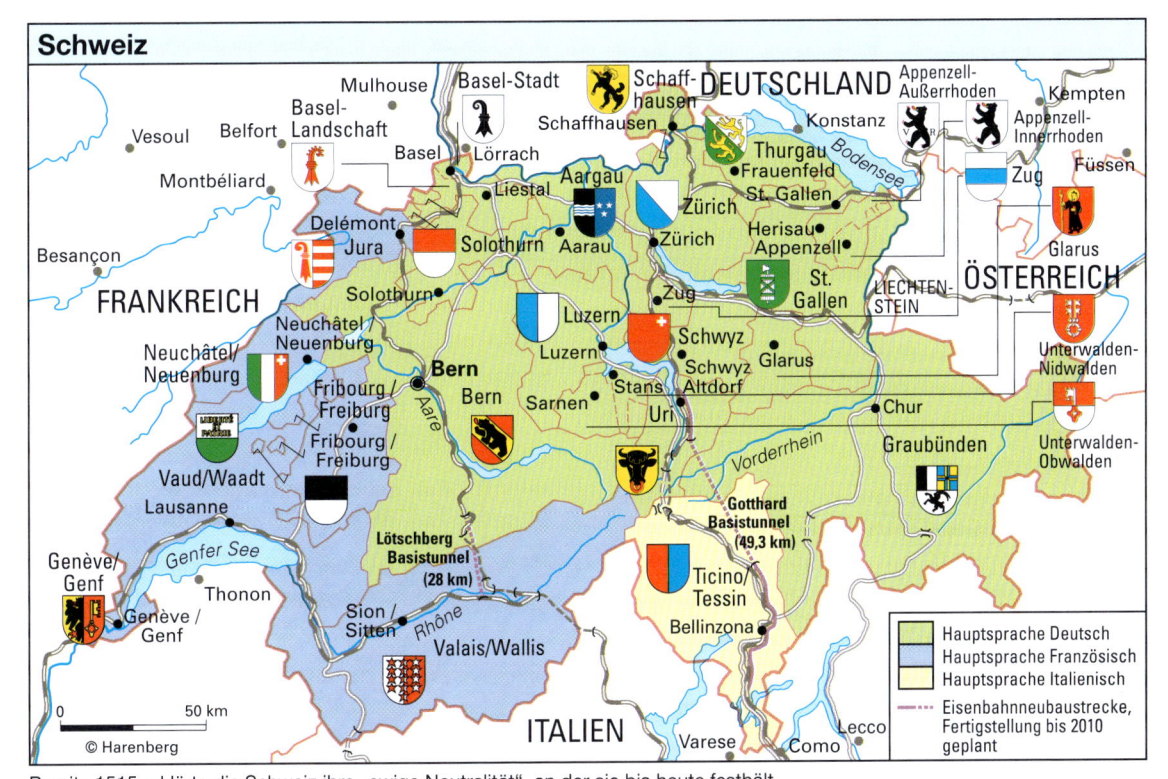

Bereits 1515 erklärte die Schweiz ihre „ewige Neutralität", an der sie bis heute festhält.

1938

Schweiz im 20. Jahrhundert — K 348

Datum	Ereignis
1.8.1914	Mobilisierung der Armee befohlen, doch die Neutralität wird während des 1. Weltkriegs durchgehalten
14.11.1918	Landesgeneralstreik unter Führung der Sozialdemokraten wird nach drei Tagen abgebrochen
April 1919	Genf wird zum Sitz des Völkerbundes bestimmt
26.10.1919	Erstmals Nationalratswahlen nach dem Proporzwahlrecht: Freisinnig Demokratische Partei verliert absolute Mehrheit
13.2.1920	Londoner Erklärung des Völkerbundrats: Bekräftigung der Schweizer Neutralität als Voraussetzung für den Völkerbundeintritt (differentielle Neutralität); Referendum (16.5.) für Beitritt
19.11.1920	Konstituierende Sitzung des Völkerbundes in Genf
11.2.1928	Beginn der II. Olympischen Winterspiele in St. Moritz (S.253)
9.11.1932	Bei einer Demonstration von Kommunisten und Sozialisten werden in Genf zwölf Personen von der Polizei getötet
4.2.1936	Ermordung des Leiters der NSDAP-Auslandsgruppe Schweiz, Wilhelm Gustloff, durch den Juden David Frankfurter; Verschärfung der deutsch-schweizerischen Spannungen
20.2.1938	Nach einer Volksabstimmung wird Rätoromanisch als vierte Nationalsprache offiziell anerkannt
14.5.1938	Völkerbund erkennt die umfassende Neutralität (sog. integrale Neutralität) der Schweiz an (S.342)
2.9.1939	Bundesrat ordnet die Mobilmachung an, Schweiz bleibt während des 2. Weltkriegs neutral
18.4.1946	Letzte Session des Völkerbunds in Genf
30.1.1948	Zum zweiten Mal Winterspiele in St. Moritz (S.448)
12.8.1949	Eine vom Bundesrat veranlaßte Konferenz von über 50 Staaten billigt in Genf vier Konventionen zum Schutz der Opfer von Kriegen (Vier Genfer Rotkreuz-Konventionen, S.211)
März 1951	Aufnahme diplomatischer Beziehungen zur BRD
17.12.1959	Erstmals Bundesratswahlen nach der sog. Zauberformel (Sozialdemokraten, Konservative, Freisinnige und Bauern sind im Verhältnis 2:2:2:1 in der Regierung vertreten)
4.1.1960	Gründungsmitglied der Europäischen Freihandelszone (EFTA); Sitz der Organisation ist Genf (S.538)
6.5.1963	Beitritt zum Europarat
1.8.1966	Vollmitgliedschaft beim Allgemeinen Zoll- und Handelsabkommen (GATT)
7.2.1971	Durchsetzung des Frauenwahlrechts auf Bundesebene (S.652)
22.7.1972	Freihandelsabkommen mit der EG
3.7.1973	Teilnahme an der KSZE-Konferenz in Helsinki (S.695)
12.1.1978	Zehn-Jahres-Wirtschaftsabkommen mit der UdSSR
24.9.1978	Per Volksabstimmung wird das französischsprachige Jura (Fläche: 837 km²; Einwohner: 65 000) Kanton (S.724)
5.9.1980	Gotthardtunnel für den Autoverkehr freigegeben
2.10.1984	Elisabeth Kopp als erste Frau Bundesrat (S.770)
1.11.1986	Schweres Chemieunglück bei der Basler Sandoz AG (S.791)
27.9.1990	Gerichtsentscheid: Halbkanton Appenzell-Innerrhoden muß als letzter Schweizer Kanton das Frauenwahlrecht zulassen
6.12.1992	53,3% der Eidgenossen entschieden sich gegen den Beitritt zum Europäischen Wirtschaftsraum (EWR); zuvor Mitglied des Internationalen Währungsfonds und der Weltbank (September)
1994	Volksabstimmung (Februar): bis 2004 Verlagerung des Gütertransitverkehrs auf die Schiene (zwei sog. Alpentransversalen); Votum gegen Beteiligung an UNO-Blauhelmeinsätzen (Juni)

willkommener Anlaß für antijüdische Propaganda, die am 9.11. (↑S.344) in einem blutigen Pogrom mündet. S 380/K 382

L. v. Dick: Der Attentäter. Herschel Grynszpan und die Vorgänge um die „Kristallnacht", 1989.

Die sog. „Reichskristallnacht"

9./10.11. Deutsches Reich. Schlägertrupps der SA verhöhnen, mißhandeln und töten Bürger jüdischen Glaubens, brennen Synagogen nieder oder verwüsten sie, zerstören Gemeindehäuser, Friedhöfe, Geschäfte und Wohnhäuser.

Die angeblich spontanen Anschläge als Reaktion auf den „jüdischen Meuchelmord" an dem Diplomaten Ernst vom Rath (↑S.343/ 7.11.) sind in Wirklichkeit von langer Hand vorbereitete Aktionen. Signal zu dem Pogrom gibt Propagandaminister Joseph Goebbels, der in München den zum Gedenken an den Hitlerputsch 1923 versammelten Nationalsozialisten erklärt, es sei Hitlers Wille, spontanen Demonstrationen gegen Juden nicht entgegenzutreten. Dies wird von den Anwesenden richtig als Aufruf zu Gewalttaten verstanden.

Die Bevölkerung bleibt bei den Ausschreitungen weitgehend passiv. Am 10.11. läßt SS-Führer Reinhard Heydrich 35 000 insbesondere wohlhabende Juden in die Konzentrationslager Dachau, Buchenwald und Sachsenhausen bringen. Viele kommen in den ersten Wochen der Gefangenschaft um, Überlebende müssen sich freikaufen und werden zu sofortiger Auswanderung gezwungen. Die Ausschaltung von Juden aus den noch verbliebenen Positionen im Wirtschafts- und Finanzleben erfolgt noch im gleichen Monat. S 380/K 382

K. Pätzold/I. Runge: Kristallnacht. Zum Pogrom 1938, 1988. Reichspogromnacht. Vergangenheitsbewältigung aus jüdischer Sicht, 1988.

Wirtschaft

Fair Labor Standards Act

25.6. Washington. Mit dem von US-Präsident Franklin D. Roosevelt unterzeichneten Gesetz über faire Arbeitsbedingungen werden in den USA Kinderarbeit für illegal erklärt sowie Mindestlöhne und eine maximale Wochenarbeitszeit festgelegt.

Der Mindestlohn beträgt 25 Cents pro Stunde im ersten Jahr mit einer Steigerung bis 40 Cents im siebenten Jahr. Die wöchentliche Maximalarbeitszeit von 44 Stunden soll im Laufe von drei Jahren auf 40 Stunden ge-

1938

senkt werden. Das Gesetz enthält darüber hinaus Regelungen für Lohnzuschläge bei Überstunden.
Durch das ab Oktober geltende Gesetz kommen 11 Mio Arbeiter in den Genuß höherer Stundenlöhne. Diesem Erfolg stehen allerdings aufgrund der im August 1937 eingetretenen Rezession mehr als 10 Mio Arbeitslose gegenüber.

Verkehr

Mittellandkanal fertiggestellt
30.10. Magdeburg. Hitlers Stellvertreter Rudolf Heß eröffnet das Schiffshebewerk Rothensee bei Magdeburg, mit dem der 321,3 km lange Mittellandkanal in Betrieb genommen wird.
Nach einer Bauzeit von 33 Jahren ist mit dem Kanal der für die Binnenschiffahrt wichtige Verkehrsweg von der Elbe (Höhe Magdeburg) über den Dortmund-Ems-Kanal (Höhe Hörstel) bis zum Rhein geschaffen.
Der Verkehr auf dem Mittellandkanal ist mit Schiffen bis 1000 t möglich. Mehrere Schleusen regeln den Wasserstand. So muß zur Überquerung der Wasserscheide zwischen Weser und Elbe der Wasserspiegel an der Hindenburg-Schleuse bei Anderten auf 65 m ü. N. N. angehoben werden; bei Sühlfeld wird der Pegel wieder auf 56 m ü. N. N. abgesenkt. S 345/K 349

Natur/Umwelt

Lebendes „Fossil" entdeckt
Im Indischen Ozean entdeckt der südafrikanische Ichthyologe J. L. B. Smith ein lebendes Exemplar der Quastenflosser (Krossopterygier), der zu der Familie der Coelacanthidae gehört.
Die seit dem Devon (vor 395 Mio Jahren) bekannten Quastenflosser galten bislang als ausgestorben. Von einer Untergruppe der Quastenflosser (Rhipidistia) leiten sich die

„Reichskristallnacht": Zerstörte jüdische Geschäfte (Berlin, l.) und brennende Synagogen (Marburg, r.) werden von der deutschen Bevölkerung passiv hingenommen.

Die wichtigsten Kanalbauten im 20. Jh.		K 349
Kanal (Eröffnungsjahr)	Verbindung (Land)	Länge (km)
Panamakanal (1914)	Atlantik–Pazifik (Panama)	81,6
Weißmeer-Ostsee-Kanal (1933)	Weißes Meer–Onegasee (Rußland)	227,0
Moskaukanal (1937)	Moskau–Wolga (Rußland)	128,0
Mittellandkanal (1938)	Hörstel–Magdeburg-Rothensee (Deutschland)	321,3
Albertkanal (1939)	Lüttich–Antwerpen (Belgien)	129,0
Houstonkanal (1940)	Golf von Mexiko–Houston (USA)	84,0
Wolga-Don-Schiffahrtskanal (1952)	Wolgograd–Kalatschna–Don (Rußland)	101,0
Sankt-Lorenz-Seeweg (1959)	Montreal–Ontariosee (Kanada/USA)	304,0
Elbeseitenkanal (1976)	Lauenburg–Wolfsburg (Deutschland)	113,0
Main-Donau-Kanal (1992)	Bamberg–Kelheim (Deutschland)	171,0

1938

Nobelpreisträger 1938	K 350
Frieden: Internationales Nansen-Amt für Flüchtlinge	
Die internationale Hilfsorganisation wurde 1921 von dem Nordpolforscher Fridtjof Nansen (Friedensnobelpreis 1922) gegründet. Das Amt setzte sich auf internationaler Ebene für die Belange der Flüchtlinge ein und regte die Ausstellung eines Flüchtlingspasses (sog. Nansenpaß) an.	
Literatur: Pearl S. Buck (USA, 1892–1973)	
Buck wuchs in China als Tochter eines Missionars auf und brachte in ihren Romanen der westlichen Welt die fernöstliche Kultur näher. In ihren Werken beschreibt sie den Konflikt der Chinesen zwischen Tradition und Moderne, z. B. in „Die gute Erde" (1931) und „Das geteilte Haus" (1935).	
Chemie: Richard Kuhn (D, 1900–1967)	
Der Biochemiker untersuchte die Vitamin-B-Gruppe: Er entdeckte acht neue Karotinoide, wies die Bedeutung des Karotins für das Wachstum höherer Tiere sowie für die Erhaltung der Schleimhäute nach. Zudem erkannte Kuhn, daß Vitamin B 6 Hautkrankheiten verhütet.	
Medizin: Cornelius Heymans (B, 1892–1968)	
Heymans erforschte die Regulierungsmechanismen von Atmung und Kreislauf. Dabei erkannte der belgische Physiologe die Funktion des Karotissinusreflexes zur Stabilisierung des Blutdrucks: Druck auf die Halsschlagader löst einen Reflex aus, der den Blutdruck senkt.	
Physik: Enrico Fermi (I, 1901–1954)	
Fermi leitete das Atomzeitalter ein. Er entdeckte, daß durch Neutronenbeschuß eine Kettenreaktion in Gang gesetzt wird und ungeheure Energie erzeugt werden kann. 1942 gelang Fermi die erste kontrollierte Kettenreaktion, für die in Chicago der erste Kernreaktor gebaut worden war.	

heute lebenden Quastenflosser und die an Land lebenden Wirbeltiere ab. Sie waren mit Kiemen- und Lungenatmung ausgestattet, und die Skelettstruktur der paarweisen Flossen weisen auf die Fähigkeit der Fortbewegung im Wasser und auf festem Grund hin. Für den aufsehenerregenden Fund wählt Smith als Gattungsnamen „Latimeria" zu Ehren seiner Kollegin Courtenay Latimer, die ihn zuerst auf den Fisch aufmerksam gemacht hatte. Die Art benennt er nach der Fangstelle in der Näh der Mündung des Chalumnaflusses „chalumnae".

Stationen der Kernforschung		K 352
Jahr	Forscher (Land)	Ereignis
1919	Ernest Rutherford (GB) (S.157)	Erste künstliche Kernumwandlung beim Beschuß von Stickstoff mit Alpha-Teilchen
1932	James Chadwick (GB) (S.285)	Entdeckung des ungeladenen Teilchens Neutron, dritter Baustein des Atomkerns
1938	Otto Hahn (D, S.346) Fritz Straßmann (D)	Erste Spaltung von Urankernen mittels Neutronenbeschuß bei einem Versuch
1939	Lise Meitner (A) Otto Robert Frisch (A)	Theoretische Umsetzung der Uran-Experimente: Deutung als Kernspaltung
1942	Enrico Fermi (I) (S.384)	Erste kontrollierte Kettenreaktion im Forschungsreaktor in Chicago (USA)
1945	(Julius) Robert Oppenheimer (USA)[1] Edward Teller (USA)[1]	Erste Zündung einer Atombombe (16.7.); am 6.8. und 9.8. werden zum ersten Mal Atombomben abgeworfen (S.412)

[1] Leitende Wissenschaftler des sog. Manhattan Project in Los Alamos/USA

Wissenschaft

Theorie der Kernfusion

Der amerikanische Physiker Hans Albrecht Bethe und, unabhängig von ihm, sein deutscher Kollege Carl Friedrich von Weizsäcker entwickeln das Konzept der Kernfusion und erklären damit den energieliefernden Prozeß der Sonne: Verschmelzung (Fusion) von Wasserstoff- zu Heliumkernen bei extrem hoher Temperatur. Dies hatte bereits 1929 der russisch-amerikanische Physiker George Anthony Gamov vermutet, allerdings ohne Einzelheiten nennen zu können.
Nach dem „Bethe-Weizsäcker-Zyklus" ist bei der Fusion schwerer Atomkerne aus leichteren die Masse des entstehenden Kerns kleiner als die Summe der Atome, die zuvor miteinander reagiert haben; dieser scheinbare Masseverlust wird in Energie verwandelt (↑S.52/1905). Ferner zeigen sie, daß die Wasserstoff-Fusion mehr Energie liefert als die Uran-Spaltung (↑S.346/22.12.) und schaffen damit die Grundlagen der modernen Fusionsforschung (↑S.775/9.4.1984).
Kontrollierte Kernfusion, 1981.

Perlon und Teflon entdeckt

29.1. Berlin. Der Chemiker Paul Schlack, Leiter der Forschungsabteilung der Aceta GmbH, entdeckt die Polymerisation von ϵ-Aminocaprolactam zu Polyamid 6. Daraus entwickelt er die sehr reiß- und scheuerfeste Textilfaser „Perlon".
1943 nimmt die I. G. Farben in Landsberg/Warthe die erste Polyamidseidenfabrik Europas in Betrieb und hat damit ein dem Nylon (↑S.314/28.2.1935) des US-amerikanischen Konzerns DuPont gleichwertiges Erzeugnis anzubieten.
Außerdem entdeckt bei DuPont im April dieses Jahres der Chemiker Roy Plunkett – zufällig – eine Methode zur Polymerisation von Tetrafluorethylen. Damit werden die extrem chemikalien- und hitzebeständigen „Teflone" zugänglich. Sie dienen für die Fabrikation von Dichtungen und Rohren sowie für wasserabweisende Filme, Schutzanstriche und Elastomere.

Otto Hahn spaltet Atomkern

22.12. Berlin. Bei dem Versuch, unnatürlich schwere Atome, sog. Transurane, künstlich darzustellen, vollziehen die Chemiker Otto Hahn und Fritz Straßmann am Kaiser-Wilhelm-Institut für Chemie – unbemerkt – die Spaltung eines (Uran-)Atomkerns und setzen damit Kernenergie frei.

Erst im Januar 1939 gelingt es ihrer früheren Mitarbeiterin, der österreichischen Physikerin Lise Meitner, die unerklärlichen Meßergebnisse dahingehend zu deuten, daß das Element Uran in kleinere Bruchstücke (Atome) zerplatzt, wenn es mit Neutronen beschossen wird.

Diese Erkenntnisse haben eminente Auswirkungen. Zum einen setzt Enrico Fermi 1942 (↑S.384/2.12.1942) den ersten Atomreaktor in Gang, andererseits werden 1945 (↑S.412/6.8.1945) die japanischen Städte Hiroshima und Nagasaki Ziele US-amerikanischer Atombomben. S 346/K 352

P. Rife: Lise Meitner. Ein Leben für die Wissenschaft, 1990.

Kultur

„Ekel" der absurden Existenz

Paris. In Frankreich erscheint der Roman „Der Ekel" des Schriftstellers und Philosophen Jean-Paul Sartre.

Der Begründer des Existentialismus artikuliert in diesem in Form eines fiktiven Tagebuchs verfaßten Roman das Empfinden der Überflüssigkeit der eigenen Person und alles Existierenden. Dem Protagonisten Antoine Roquentin überkommt Ekel angesichts seiner als sinnlos empfundenen Existenz in einer Welt, deren Bedeutung nur als eine Erfindung des Menschen erscheint.

Sartre formuliert damit die Grundthese seiner Philosophie, nämlich daß die als sinnlos und absurd empfundene eigene Existenz zu einer uneingeschränkten Freiheit führt, die jedes Individuum in die Lage versetzt, in absoluter Verantwortung den Sinn der eigenen Existenz durch Handeln zu begründen. Diese radikale Subjektivität erweitert Sartre in späteren Schriften um Elemente des Marxismus sowie der Psychoanalyse und sucht sie so zu überwinden.

Der Roman wird 1949 von H. Wallfisch ins Deutsche übersetzt. S 347/K 351

I. Rumold: Die Verwandlung des Ekels, 1979.

Swing erobert Carnegie Hall

16.1. New York. Der Klarinettist Benny Goodman und sein Orchester treten als erste Jazzmusiker in der New Yorker Carnegie Hall auf, die bislang ausschließlich der sog. ernsten Musik vorbehalten war. Der seit 1935 in den USA populäre Musiker entwickelte den typischen Sound des Swing durch die Verbindung europäischer Tanz- und Unterhaltungsmusik mit dem Jazz der Schwarzen in den USA. Dabei kam ihm zugute, daß er als erster weißer Orchesterleiter mit schwarzen Musikern zusammenarbeitete (u. a. Teddy Wilson und Lionel Hampton). Das Konzert wird ein großer Erfolg und macht den Swing weltweit populär. S 227/K 240

H. Schneider: Und abends Swing. Ein Buch voll Jazz, nicht nur für Fans, 1985.

Hysterie durch Hörspiel

30.10. USA. Mit der Ausstrahlung des äußerst realistisch gemachten Hörspiels „Invasion vom Mars" nach dem Roman „Der Krieg der Welten" von H. G. Wells löst der 23jährige Schauspieler und Regisseur Orson Welles in den Oststaaten der USA eine Massenhysterie aus.

Benny Goodman (1909–1986) war als „König des Swing" der Inbegriff des Jazz-Klarinettisten (New York, 1938).

Existentialistische Literatur	K 351
Simone de Beauvoir (Frankreich, 1908–1986)	
Sie kam und blieb (Roman, 1943) Die Mandarins von Paris (Roman, 1954)	
Albert Camus (Frankreich, 1913–1960)	
Der Fremde (Roman, 1942) Die Pest (Roman, 1947) Der Mensch in der Revolution (Essays, 1951) Der Fall (Roman, 1956)	
Gabriel Marcel (Frankreich, 1889–1973)	
Der Durst (Drama, 1938) Meine Zeit ist nicht die Ihre (Drama, 1955)	
Jean-Paul Sartre (Frankreich, 1905–1980)	
Der Ekel (Roman, 1938) Die Fliegen (Drama, UA 1943) Geschlossene Gesellschaft (Drama, UA 1944) Die schmutzigen Hände (Drama, UA 1948)	

1938

Kulturszene 1938 — K 353

Theater

Bertolt Brecht Furcht u. Elend d. Dritten Reiches; UA 21.5., Paris	Das unter dem Titel „99%" uraufgeführte Stück ist eine Szenenfolge über Verhaltensmuster von Menschen unter der Nazi-Diktatur.
Thornton Wilder Unsere kleine Stadt UA 22.1. Princeton/N. J.	Durchbruch des US-Dramatikers: Das Stück wird mit dem Pulitzerpreis ausgezeichnet und avanciert zum beliebten Schauspiel.

Oper

Werner Egk Peer Gynt UA 24.11., Berlin	Die Ibsen-Oper deutet das Reich der Trolle als das Nazi-Deutschland, weshalb es bei Aufführungen zu organisierten Tumulten kommt.
Paul Hindemith Mathis der Maler UA 28.4., Zürich	Wie Hans Pfitzners „Palestrina" (1917) behandelt die Oper die innere Krise eines schöpferischen Menschen: Matthias Grünewald.
Arthur Honegger Johanna auf dem Scheiterhaufen; UA 12.5., Basel	Das dramatische Oratorium auf einen Text von Paul Claudel wird zunächst konzertant und erst 1942 in Zürich szenisch aufgeführt.
Ernst Krenek Karl V. UA 22. 6., Prag	Die in Zwölftontechnik komponierte Oper entwirft das Ideal eines übernationalen katholischen Universalreiches.

Konzert

Samuel Barber Adagio for Strings UA 5.11., New York	Das berühmte Stück des Amerikaners mit weit geschwungenem Melos wird in den USA häufig als Begräbnismusik für Prominente gespielt.
Igor Strawinsky Dumbarton Oaks Concerto UA 8.5., bei Washington	Das neoklassizistische Konzert für Kammerorchester verbindet barockes Concerto grosso und den Divertimento-Stil des 18. Jh.

Film

Marcel Carné Hafen im Nebel Frankreich	Tragödie um einen Deserteur, der erschossen wird; meisterhafte Beschwörung der düsteren Hafenatmosphäre von Le Havre.
Richard Eichberg Der Tiger von Eschnapur Deutschland	Actionreicher Abenteuerfilm (Fortsetzung: „Das indische Grabmal") mit aufwendiger Ausstattung und Starbesetzung.
Sergei Eisenstein Alexander Newski UdSSR	Geschichte des russischen Nationalheiligen Alexander Newski, der die Grenzen des Reiches sicherte; Musik: Sergei Prokofjew.
Alfred Hitchcock Eine Dame verschwindet Großbritannien	Mischung aus Kriminalfilm, Komödie und Agententhriller, dramatisch effektvoll und technisch brillant inszeniert.
Jean Renoir Bestie Mensch Frankreich	Literaturverfilmung nach einem Roman (1890) von Emile Zola; eindrucksvolle Aufnahmen aus dem Eisenbahnermilieu.

Buch

Samuel Beckett Murphy Paris	Der erste Roman Becketts über einen Mann, der am Zwiespalt zwischen Körper und Intellekt leidet, begründet seinen Stil und Ruhm.
Daphne Du Maurier Rebecca London	Der Unterhaltungsroman mit Thrillerqualitäten über den rätselhaften Tod einer Frau auf einem englischen Landsitz wird ein Welterfolg.
Graham Greene Am Abgrund des Lebens London	Ein jugendlicher Slumbewohner begeht als Anführer einer Straßenbande mehrere Morde und richtet sich schließlich selbst.
Jean-Paul Sartre Der Ekel Paris	Im Empfinden der Überflüssigkeit der eigenen Person und alles Existierenden wird die Grundhaltung des Existentialismus vorgeführt.

In atemlosem Reportagestil verkündet Welles, ein Raumschiff sei über New Jersey niedergegangen, die Besatzung plane die Vernichtung der USA. Die Ausfallstraßen der großen Städte sind binnen kurzem von Autos verstopft, nur wenige Menschen verharren am Radio und erfahren, daß es sich um ein Hörspiel handelt. Welles führt das Hörspiel trotz der Panik zu Ende, obwohl die Polizei in das Studio eindringt.

Der bis dahin unbekannte Regisseur wird schlagartig berühmt, drei Jahre später dreht er sein Meisterwerk, den Film „Citizen Cane" (↑S.377/1.5.1941).

A. Bazin: Orson Welles, 1980.

Sport

Rosemeyer verunglückt tödlich

28.1. Der 28jährige Automobilrennfahrer Bernd Rosemeyer stirbt bei einem Rekordversuch auf der Autobahn Frankfurt–Darmstadt. Eine Windbö erfaßt den Wagen bei 400 km/h und wirft ihn gegen eine Brückenböschung. Knapp eineinhalb Stunden zuvor gelang Rudolf Caracciola mit Mercedes-Benz ein neuer Geschwindigkeitsweltrekord auf normalen Straßen von 432,692 km/h.

Rosemeyer, der mit der Fliegerin Elly Beinhorn verheiratet war, galt als eines der größten Talente im internationalen Automobilsport. 1936 hatte er mit Siegen beim Großen Preis von Deutschland und Italien die Europameisterschaft gewonnen und wurde deutscher Straßen- und Bergmeister. 1937 erlebte seine Siegesserie einen Einbruch, da die Auto-Union-Rennwagen gegenüber den neuen „Silberpfeilen" von Mercedes-Benz das Nachsehen hatten.

Italien wieder Fußballweltmeister

19.6. Paris. Durch einen 4:2-Erfolg über Ungarn wird Italien zum zweiten Mal nach 1934 Fußballweltmeister (↑S.306/10.6.1934). Im Spiel um den dritten Platz schlägt Brasilien, das mit Leonidas da Silva den erfolgreichsten Torschützen (sieben Treffer) des Turniers stellt, die schwedische Elf mit 4:2.

Die von Vittorio Pozzo trainierte „Squadra Azzura" war nach Siegen über Norwegen (2:1), Gastgeber Frankreich (3:1) und die favorisierten Brasilianer (2:1) ins Finale vorgedrungen. Die Ungarn hatten Niederländisch-Indien (6:0), die Schweiz (2:0) und Schweden (5:1) ausgeschaltet.

Ein Debakel erlebte die „großdeutsche" Mannschaft. Die nach dem „Anschluß" von

1938

Österreich an das Deutsche Reich († S.341/ 12.3.) gebildete Elf aus fünf Österreichern und sechs Spielern aus dem Altreich harmonierte nicht miteinander und schied nach einer 2:4-Niederlage gegen die Schweiz aus dem Wettbewerb aus.
Die nächste Fußballweltmeisterschaft findet wegen des 2. Weltkriegs erst wieder 1950 in Brasilien statt († S.466/16.7.1950).
K. H. Huba (Hg.): Die Geschichte der Fußball-WM. Stories, Daten, Hintergründe, 1991.

Eiger-Nordwand bezwungen
24.7. Einem deutsch-österreichischen Bergsteiger-Quartett gelingt die Erstbesteigung der 1800 m hohen Eiger-Nordwand. Auf- und Abstieg dauern drei Tage und zwei Nächte. Die Deutschen Ludwig Vörg und Andreas Heckmair sowie die Tiroler Heinrich Harrer und Fritz Kasparek starteten am 21.7. getrennt, trafen einen Tag später unerwartet aufeinander und taten sich zusammen. Zwei gleichzeitig angetretene Wiener Bergsteiger mußten wegen Steinschlags umkehren.
Dem Triumph vorausgegangen waren drei Fehlversuche, die 1935, 1936 und im Juni 1938 sieben Bergsteigern aus Deutschland, Österreich und Italien das Leben kosteten. Vörg selbst vollbrachte erst im vierten Anlauf das alpinistische Meisterstück.

Budge erster „Grand-Slam"-Sieger
25.9. New York. Bei den Internationalen Tennismeisterschaften der USA in Forest Hills schlägt der US-Amerikaner Donald Budge im Finale seinen Landsmann Gene Mako. Budge holt damit als erster Spieler den „Grand Slam", d. h. er gewinnt die vier wichtigsten Tennisturniere eines Jahres.
Den Auftakt zu diesem Erfolg hatte Budge mit dem Sieg über John Bromwich (AUS) in Melbourne gelegt. In Paris gewann er gegen Roderich Menzel (TCH), in Wimbledon schlug er Henry W. Austin (GBR).
Seit 1978 werden die internationalen Meisterschaften der USA nicht mehr in Forest Hills, sondern in Flushing Meadow ausgetragen.
Der einzige Spieler, der nach Budge den Grand Slam bei den Herren gewinnen kann, ist der Australier Rod Laver, dem dieser Triumph zweimal gelingt: 1962 und 1969. Grand-Slam-Siegerinnen sind die US-Amerikanerin Maureen Conolly (1953), die Australierin Margaret Court-Smith (1970) und die Deutsche Steffi Graf (1988). Im Jahr zuvor hatte Budge im Endspiel der All England Championship in Wimbledon Gottfried von Cramm geschlagen († S.340/2.71937).

Sport 1938 — K 354

Fußball	
Weltmeisterschaft	Italien – Ungarn 4:2
Deutsche Meisterschaft	Hannover 96
DFB-Pokal	Rapid Wien – FSV Frankfurt 3:1
Englische Meisterschaft	Arsenal London
Italienische Meisterschaft	Inter Mailand

Tennis	
Wimbledon (seit 1877; 58. Austragung)	Herren: Donald Budge (USA) Damen: Helen Wills-Moody (USA)
US Open (seit 1881; 58. Austragung)	Herren: Donald Budge (USA) Damen: Alice Marble (USA)
French Open (seit 1925; 14. Austragung)	Herren: Donald Budge (USA) Damen: Simone Mathieu (FRA)
Australian Open (seit 1905; 31. Austragung)	Herren: Donald Budge (USA) Damen: Dorothy Bundy (USA)
Davis-Cup (Philadelphia, USA)	USA – Australien 3:2

Eishockey	
Weltmeisterschaft	Kanada
Stanley-Cup	Chicago Black Hawks
Deutsche Meisterschaft	SC Riessersee

Radsport	
Tour de France (4694 km)	Gino Bartali (ITA)
Giro d'Italia (3645 km)	Giovanni Valetti (ITA)
Straßenweltmeisterschaft	Marcel Kint (BEL)

Automobilsport (Grand-Prix-Rennen)	
GP von Deutschland, Nürburgring	Richard Seaman (GBR), Mercedes-Benz
GP von England, Donington	Tazio Nuvolari (ITA), Auto-Union
GP von Frankreich, Reims	Manfred von Brauchitsch (GER), Mercedes
GP der Schweiz, Bern	Rudolf Caracciola (GER), Mercedes-Benz
GP von Italien, Monza	Tazio Nuvolari (ITA), Auto-Union
Europameisterschaft	Rudolf Caracciola (GER), Mercedes-Benz

Boxen	
Schwergewichts-Weltmeisterschaft	Joe Louis (USA) – K. o. über Max Schmeling (GER), 22.6. – K. o. über Harry Thomas (USA), 1.4. – K. o. über Nathan Mann (USA), 23.2.

Herausragende Weltrekorde

Disziplin	Athlet (Land)	Leistung
Leichtathletik, Männer		
800 m	Sydney Wooderson (GBR)	1:48,4 min
10 000 m	Taisto Mäki (FIN)	30:02,0 min
Hammerwurf	Erwin Blask (GER)	59,00 m
Speerwurf	Yrjö Nikkanen (FIN)	78,70 m
Schwimmen, Männer		
1500 m Freistil	Tomikatsu Amano (JPN)	18:58,8 min
Schwimmen, Frauen		
200 m Freistil	Ragnhild Hveger (DEN)	2:21,7 min
200 m Rücken	Ina von Feggelen (HOL)	2:39,0 min

1939

Politik

Deutschland besetzt ČSR

15.3. Prag. In der Nacht zum 15.3. reisen der tschechoslowakische Staatspräsident Emil Hácha und sein Außenminister František Chvalkovsky zu Verhandlungen mit Hitler nach Berlin. Um 3.55 Uhr unterzeichnen sie angesichts massiver Drohungen Hitlers eine vorbereitete Erklärung, die „das tschechische Volk unter den Schutz des Deutschen Reiches" stellt. Am Vormittag rücken deutsche Truppen ungehindert in Prag ein.

Hitler hatte am 30.9.1938 (↑S.342) im Münchener Abkommen die Abtretung des Sudetenlandes an Deutschland erwirkt. Trotz Beteuerungen, keine weiteren Gebietsforderungen zu stellen, nimmt er im März die Krise zwischen der Prager Regierung und dem slowakischen Kabinett zum Anlaß zur „Erledigung der Rest-Tschechei". Am 16.3. proklamiert Hitler in Prag das Protektorat Böhmen und Mähren, am 23.3. stellt sich die Slowakei unter deutschen Schutz.

1945 erhält die ČSR von den Alliierten alle Gebiete außer der Karpato-Ukraine, die der UdSSR angegliedert wird, zurück. S 440/K 441

📖 Die faschistische Okkupationspolitik in Österreich und der Tschechoslowakei 1938–1945, 1988.

Ende der Appeasement-Politik

17.3. Birmingham. Der britische Premierminister Arthur Neville Chamberlain verurteilt zwei Tage nach der Zerstörung des tschechoslowakischen Staates das erpresserische Vorgehen der deutschen Führung und stellt die von ihm bislang propagierte Politik des friedlichen Ausgleichs mit Hitler (appeasement) erstmals in Frage.

Den territorialen Forderungen Hitlers, die auf eine Revision des Versailler Vertrags (↑S.153/28.6.1919) abzielten, war Chamberlain bislang mit Verhandlungsbereitschaft begegnet. Die Besetzung der ČSR verdeutlicht die gefährlichen, über den Revisionismus hinausgehenden Ziele Hitlers und verstößt gegen das Münchner Abkommen (↑S.342/30.9.1938). Chamberlain plant nunmehr ein aktives Eingreifen zur Friedenssicherung. Er garantiert mit Frankreich am 31.3. Hilfe für Polen im Falle seiner Bedrohung und beschließt am 25.8. einen britisch-polnischen Beistandspakt. Zwei Tage nach dem Überfall auf Polen am 1.9. (↑S.352) treten Großbritannien und Frankreich in den Krieg ein.

📖 J. Colville: Downing Street Tagebücher 1939–1945, 1988.

Memelland „zurückgegeben"

23.3. Memel. Nachdem Hitler an Bord des Panzerschiffes „Deutschland" das Reichsgesetz über die Eingliederung Memels in das Land Preußen unterzeichnet hat, geht er gegen 14 Uhr von Bord, um die Memeldeutschen im „Großdeutschen Reich" willkommen zu heißen.

Bündnisse am Vorabend des 2. Weltkriegs		K 357
Datum	Verbündete Länder	Art des Bündnisses
25.10.1936	Deutsches Reich/Italien	Kooperationsabkommen[1]
25.11.1936	Deutsches Reich/Japan[2]	Antikominternpakt
29. 9.1938	Deutsches Reich/Großbritannien	Nichtangriffserklärung (Münchner Abkommen)
6.12.1938	Deutsches Reich/Frankreich	Nichtangriffserklärung
12. 5.1939	Großbritannien/Türkei	Beistandspakt
19. 5.1939	Frankreich/Polen	Beistandspakt
31. 5.1939	Deutsches Reich/Dänemark	Nichtangriffspakt
7. 6.1939	Deutsches Reich/Estland	Nichtangriffspakt
7. 6.1939	Deutsches Reich/Lettland	Nichtangriffspakt
23. 6.1939	Frankreich/Türkei	Beistandspakt
23. 8.1939	Deutsches Reich/UdSSR	Nichtangriffspakt (Hitler-Stalin-Pakt)
25. 8.1939	Großbritannien/Polen	Beistandspakt

1) Achse Berlin–Rom, am 22.5.1939 erneuert (Stahlpakt); 2) Beitritt von Italien (6.11.1937), Ungarn und Mandschukuo (24.2.1939), Spanien (27.3.1939)

Wichtige Regierungswechsel 1939		K 355
Land	Amtsinhaber	Bedeutung
Albanien	Konstantin Kotta (M seit 1936) Sefket Verlaxhi (M bis 1941)	Italienische Truppen besetzen Albanien (7.4.); König Zogu flieht ins Ausland; Vereinigung mit Italien in Personalunion
Slowakei[1]	Jozef Tiso (M seit 14.3.) Vojtech Tuka (M bis 1944)	Tiso wird Präsident; er proklamierte am 14.3. die Unabhängigkeit und stellte das Land unter deutschen Schutz
Spanien	Manuel Azana y Díaz (P seit 1936) Francisco Franco Bahamonde (P bis 1975)	Spanischer Bürgerkrieg endet mit Sieg des Caudillo, der bereits 1936 zum Chef der sog. Nationalen Regierung ausgerufen wurde

M = Ministerpräsident bzw. Premierminister; P = Präsident
1) Slowakei konstituiert sich als selbständiger Staat (14.3.) nach Auflösung der Tschechoslowakei

1939

Im Versailler Vertrag vom 28.6.1919 (↑S.153) war das Grenzland zwischen Ostpreußen und Litauen vom Deutschen Reich abgetrennt worden. 1924 wurden die alliierten Rechte im Memelgebiet auf Litauen übertragen. Am 20.3.1939 forderte die deutsche Reichsführung Litauen ultimativ auf, das Memelland zurückzugeben, zwei Tage später unterzeichnete der litauische Außenminister Juozas Urbsys in Berlin den Rückgabevertrag. Bereits am nächsten Tag beginnen SS-Terroraktionen gegen Juden.
Im Januar 1945 wird das Gebiet von der Roten Armee erobert. S 351/K 356

Italienische Truppen in Albanien

7.4. In mehreren albanischen Hafenstädten landen Truppen der faschistischen italienischen Regierung unter Benito Mussolini. Einen Tag darauf nehmen sie die Hauptstadt Tirana ein. Zogu I., König der Albaner, flieht nach Griechenland.
Zu Beginn des 1. Weltkriegs (↑S.115/1.8.1914) war das seit 1912 unabhängige Albanien unter die Fremdherrschaft der Mittelmächte und Italiens geraten. 1921 erlangte es seine staatliche Autonomie zurück.
Nach der erneuten Besetzung 1939 konstituiert sich am 12.4. in Tirana eine italienfreundliche Nationalversammlung; sie überträgt die Krone an Viktor Emanuel III. von Italien. Als Italien 1943 einen Waffenstillstand mit den Alliierten vereinbart (↑S.392/25.7.1943), marschieren deutsche Truppen in Albanien ein. 1945 bildet sich eine kommunistische Einparteienherrschaft unter Enver Hoxha (bis 1991). S 221/K 233

Hitler-Stalin-Pakt

23.8. Moskau. Im Kreml unterzeichnen die Außenminister Joachim von Ribbentrop und Wjatscheslaw M. Molotow den deutsch-sowjetischen Nichtangriffspakt, dessen geheimes Zusatzabkommen die gegenseitige

Zerschlagung der Tschechoslowakei: Sudetendeutsche begrüßen die einmarschierende deutsche Infanterie.

Chronik des Memellandes 1920–1945 K 356

Jahr	Ereignis
1920	Durch Inkrafttreten des Versailler Friedensvertrags (am 28.6.1919 unterzeichnet) wird das Memelland vom Deutschen Reich abgetrennt und alliierter Verfügungsgewalt unterstellt (10.1.)
	Bildung eines eigenen Staatsrates mit franz. Präfekten (4.10.)
1923	Litauische Truppen besetzen das Memelgebiet ohne nennenswerten Widerstand der französischen Besatzungen (10.1.)
	Botschafterkonferenz der Alliierten in Paris erkennt die Souveränität Litauens über das Memelland im Grundsatz an (16.2.)
1924	Memelabkommen (8.5.): Die aus dem Versailler Vertrag stammenden Rechte der Alliierten werden auf Litauen übertragen
	Memelstatut (17.5.) billigt dem von Deutschen bewohnten Memelgebiet weitreichende innenpolitische Autonomie zu
1926	Wegen fortgesetzter Unruhen wird der Ausnahmezustand verhängt, der bis 1938 in Kraft bleibt
1933	Gründung der rechtsradikalen Sozialistischen Volksgemeinschaft für das Memelland durch Ernst Neumann
1938	Bei den Landtagswahlen im Memelland (11.12.) erhält die deutsche Liste 87,3% der abgegebenen Stimmen
1939	Willy Bertuleit, stellvertretender Führer der Nationalsozialisten im Memelland, wird vom litauischen Generalgouverneur mit der Bildung des Memeldirektoriums beauftragt (13.1.)
	Deutsch-litauisches Abkommen (22.3.): Rückgabe des Memelgebietes an Deutschland, Bildung eines litauischen Freihafens an der Memel
	Einmarsch deutscher Truppen ins Memelland (23.3.), das in die Provinz Ostpreußen eingegliedert wird
1945	Memelland wird Teil der Litauischen Sozialist. Sowjetrepublik (Jan.)

1939

Deutsch–sowjetischer Nichtangriffsvertrag: Josef Stalin (l.), seit 1922 Generalsekretär der KPdSU und Reichsaußenminister Joachim von Ribbentrop besiegeln das Abkommen in Moskau.

Eroberung Polens und Westfeldzug	K 358
1939	
1. 9.	Um 4.45 Uhr Beginn des deutschen Angriffs auf Polen („Fall Weiß"); Wiedervereinigung Danzigs mit dem Deutschen Reich
3. 9.	Regierungen Frankreichs und Großbritanniens erklären dem Deutschen Reich den Krieg (S.353)
17. 9.	Einmarsch sowjetischer Truppen in Ostpolen
27. 9.	Bedingungslose Kapitulation Warschaus vor der Wehrmacht
28. 9.	Deutsch-sowjetischer Grenz- und Freundschaftsvertrag, der die beiderseitigen Interessensphären in Polen festlegt
6.10.	Kapitulation der letzten polnischen Truppen
14.10.	Versenkung des britischen Schlachtschiffs „Royal Oak": erster deutscher Seekriegserfolg gegen Großbritannien
25.10.	Rest-Polen (ohne Westpreußen und Posen) wird Generalgouvernement; am 26.10. werden dort alle polnischen Einwohner zwischen 18 und 60 Jahren unter Arbeitsdienstpflicht und die jüdische Bevölkerung unter Arbeitszwang gestellt
1940	
10. 1.	Erste britische Luftangriffe auf deutsche Luftwaffenstützpunkte
10. 5.	Beginn der Westoffensive („Fall Gelb") unter Verletzung der Neutralität der Niederlande, Belgiens und Luxemburgs (S.362)
14. 5.	Bombardierung Rotterdams
15. 5.	Kapitulation der Niederlande
27. 5.	Beginn der Evakuierung britischer Truppen in Dünkirchen (Unternehmen „Dynamo")
28. 5.	Kapitulation Belgiens
14. 6.	Kampflose Besetzung von Paris durch die Wehrmacht
22. 6.	Deutsch-französischer Waffenstillstandsvertrag: deutsche Besetzung Nordfrankreichs und der gesamten Atlantikküste (S.363)
3. 7.	Versenkung eines französischen Flottengeschwaders vor Oran/Algerien durch Großbritannien (Unternehmen „Catapult", S.363)
4. 7.	Abbruch der diplomatischen Beziehungen zu Großbritannien durch die Vichy-Regierung unter Marschall Pétain

Berücksichtigung der Gebietsinteressen beider Länder in Polen und Osteuropa regelt. Ausgehend von der Nachgiebigkeit der Westmächte gegenüber Hitlers Forderungen hatte die sowjetische Führung 1938 eine Koalition der Westmächte mit Deutschland befürchtet. Im Frühjahr 1939 begann Stalin zweigleisig zu taktieren: Ende März sagt er den Westmächten seine Beteiligung an einem Sicherheitsabkommen zu, signalisierte aber gleichzeitig Bereitschaft zur Übereinkunft mit dem Dritten Reich – nach entsprechenden Angeboten Hitlers. Im August mündet diese Annäherung in den deutsch-sowjetischen Nichtangriffsvertrag, der Hitler schließlich den geplanten Überfall auf Polen am 1.9. (↑S.352) ermöglicht. S 350/K 357

I. Fleischhauer: Der Pakt. Hitler, Stalin und die Initiative der deutschen Diplomatie 1938/39, 1990.

Deutscher Angriff auf Polen

1.9. Danzig. Ab 4.45 Uhr feuert die Besatzung des deutschen Linienschiffs „Schleswig-Holstein" auf die Westerplatte vor Danzig und eröffnet damit den von Hitler am 31.8. befohlenen Angriff auf Polen. Der 2. Weltkrieg beginnt.
Im März 1939 waren die deutsch-polnischen Verhandlungen über die Rückgabe Danzigs erfolglos beendet worden. Der deutsch-sowjetische Nichtangriffspakt (↑S.351/23.8.) schuf die letzte Absicherung für den militärischen Angriff Deutschlands. Am 17.9. marschiert die Rote Armee absprachegemäß im östlichen Polen ein und besetzt die (am 28.9. endgültig festgelegten) Gebiete. Am 6.10. kapitulieren die letzten polnischen Truppen vor der deutschen Übermacht.
Auf der Gipfelkonferenz der Alliierten von Jalta (↑S.405/4.–11.2.1945) werden die ostpolnischen Gebiete der UdSSR zugeschlagen. Die zur Oder-Neiße-Linie verschobene Westgrenze Polens wird am 12.9.1990 von den ehemaligen Kriegsalliierten, der BRD und der DDR im Rahmen der deutschen Vereinigungsverhandlungen anerkannt („Zwei-plus-Vier"-Gespräche). S 352/K 358

J. Piekalkiewicz: Polenfeldzug. Hitler und Stalin zerschlagen die polnische Republik, 1989.

Staatlich sanktionierter Mord

1.9. Berlin. Ein im Oktober verfaßter und auf den Kriegsbeginn zurückdatierter Erlaß Hitlers zur Gewährung des „Gnadentodes" bei vorgeblich „unheilbar Kranken" ermöglicht organisierte Massenmorde.
Unter der Regie des Reichsleiters Philipp Bouhler werden Patienten deutscher Pflege-

und Heilanstalten von Tarnorganisationen ausgewählt, deportiert und umgebracht. Als das Bekanntwerden des Mordprogramms Proteste in Deutschland auslöst, werden die unter dem Decknamen „T4" (Adresse der Dienststelle: Tiergartenstraße 4, Berlin) laufenden Aktionen auf Anweisung Hitlers im September 1941 eingestellt.
Inoffiziell fallen dem Programm jedoch weiterhin speziell Kinder und „lebensunwerte" KZ-Häftlinge zum Opfer („wilde Euthanasie"). Insgesamt werden etwa 100 000 Menschen im Rahmen des sog. Euthanasie-Programms getötet.

F. Lutzius: Verschleppt. Euthanasie – Mord an behinderten Kindern, 1987. Aktion T 4 1939–1945, 2. Aufl. 1989.

Zwei Kriegserklärungen

3.9. Berlin. Zwei Tage nach dem Überfall deutscher Truppen auf Polen überreicht Botschafter Neville Meyrick Henderson Reichsaußenminister Joachim von Ribbentrop um 9 Uhr die britische Kriegserklärung. Um 12.20 Uhr folgt der französische Botschafter Robert Coulondre seinem Beispiel.
Großbritannien und Frankreich hatten am 1.9. mit der Mobilmachung begonnen und von der deutschen Führung einen sofortigen Truppenabzug von polnischem Gebiet gefordert. Andernfalls kündigten sie, entsprechend der Garantie- und Beistandserklärungen für Polen, ihr militärisches Eingreifen an. Hitler reagierte bis zum 3.9. nicht auf die ultimativen Forderungen.
Angesichts der Gefahr einer deutschen Vorherrschaft in Europa geben Großbritannien und – nach einigem Zögern – Frankreich ihre von Hitler erhoffte Zurückhaltung auf. Frankreich verhält sich jedoch militärstrategisch defensiv und muß am 22.6.1940 (↑S.363) kapitulieren. Großbritannien kämpft bis zum Angriff Hitlers auf die Sowjetunion (↑S.372/22.6.1941) allein, ab Dezember 1941 gemeinsam mit den USA (↑S.374/ 7.12.1941) gegen Deutschland. S 354/K 359

H. Graml: Europas Weg in den Krieg. Hitler und die Mächte 1939, 1989. C. Whiting/F. Gehendges: Jener September. Europa beim Kriegsausbruch 1939, 1989.

Deklaration von Panama

2.10. Panama. Auf einer panamerikanischen Konferenz legen 21 nord-, mittel- und südamerikanische Delegierte den neutralen Status ihrer Länder fest und beschließen die Schaffung eines zwischen 540 und 1080 km breiten Sicherheitsgürtels um den Kontinent. Unmittelbar nach den Kriegserklärungen Großbritanniens und Frankreichs am 3.9. (↑S.353) erfolgte am 5.9. die amerikanische Neutralitätserklärung, die auf eine Abgrenzung der USA vom europäischen Kriegsgeschehen zielte (Isolationismus).
Ergänzend zu der am 2.10. in Panama deklarierten Sicherheitszone, die den gesamten

Deutscher Angriff auf Polen: Wehrmachtssoldaten bauen polnische Grenzanlagen ab. Der fingierte Angriff auf den Sender Gleiwitz in Oberschlesien durch Angehörige des Sicherheitsdienstes in polnischen Uniformen unter Leitung von SS–Sturmbannführer Alfred Naujock dient Adolf Hitler als Rechtfertigung dafür, „zurückzuschießen".

1939

Eintritt des Kriegszustands im 2. Weltkrieg			K 359
Alliierte Mächte	Deutschland	Italien	Japan
Abessinien	1.12.1942	1.12.1942	1.12.1942
Ägypten	26. 2.1945	–	9.12.1941
Australien	3. 9.1939	3. 1.1942	8.12.1941
Belgien[1]	10. 5.1940	3. 1.1942	10.12.1941
Bolivien	7. 4.1943	7. 4.1943	7. 4.1943
Brasilien	22. 8.1942	22. 8.1942	6. 6.1945
Bulgarien[2]	8. 9.1944	–	–
China (Guomindang)	9.12.1941	9.12.1941	7. 7.1937[3]
Costa Rica	11.12.1941	11.12.1941	8.12.1941
Dänemark	9. 4.1940	–	–
Dominikanische Republik	11.12.1941	–	9.12.1941
Finnland[2]	3. 3.1945	–	–
Frankreich[1]	3. 9.1939	10. 6.1940	10.12.1941
Griechenland	6. 4.1941	28.10.1940	3. 6.1945
Großbritannien	3. 9.1939	10. 6.1940	8.12.1941
Guatemala	11.12.1941	11.12.1941	10.12.1941
Honduras	12.12.1941	12.12.1941	9.12.1941
Indien (Britisch)	3. 9.1939	12. 6.1940	10.12.1941
Irak[2]	16. 1.1943	16. 1.1943	16. 1.1943
Iran[2]	9. 9.1943	–	1. 3.1945
Italien[2]	13.10.1943	–	14. 7.1945
Jugoslawien[1]	6. 4.1941	16. 4.1941	3. 1.1942[4]
Kanada	10. 9.1939	11. 6.1940	8.12.1941
Kuba	11.12.1941	11.12.1941	9.12.1941
Liberia	27. 1.1944	–	27. 1.1944
Luxemburg[1]	10. 5.1940	3. 1.1942[4]	3. 1.1942[4]
Mexiko	22. 5.1942	22. 5.1942	22. 5.1942
Neuseeland	3. 9.1939	11. 6.1940	10.12.1941
Nicaragua	11.12.1941	11.12.1941	8.12.1941
Niederlande[1]	10. 5.1940	3. 1.1942[4]	10.12.1941
Niederländisch Indien	–	–	8.12.1941
Norwegen[1]	9. 4.1940	3. 1.1942[4]	3. 1.1942[4]
Panama	10.12.1941	10.12.1941	9.12.1941
Peru	12. 2.1945	–	12. 2.1945
Polen[1]	1. 9.1939	3. 1.1942[4]	3. 1.1942[4]
Rumänien[2]	26. 8.1944	–	–
San Salvador	12.12.1941	3. 1.1942[4]	9.12.1941
Sowjetunion	22. 6.1941	22. 6.1941	8. 8.1945
Südafrikanische Union	6. 9.1939	12. 6.1940	10.12.1941
Syrien[2]	26. 2.1945	–	26. 2.1945
Tschechoslowakei[1]	15. 3.1939	17.12.1941	17.12.1941
Ungarn[2]	31.12.1944	–	–
USA	11.12.1941	11.12.1941	7.12.1941
Türkei	1. 3.1945	–	1. 3.1945

1) Exilregierungen der jeweiligen Staaten; 2) während des Krieges zu den Alliierten übergetretene Achsenmacht; 3) Beginn des Chinesisch-Japanischen Krieges; 4) gegen die Achsenmächte gerichtete 26-Mächte-Erklärung in Washington am 3.1.1942

Kontinent außer Kanada (Kriegseintritt 10.9.) vor allen kriegführenden Seestreitkräften schützen soll, erklärt US-Präsident Franklin D. Roosevelt die Ostsee und den Atlantik von der Nordsee bis zur spanischen Grenze zum Kriegsgebiet. Es wird für die amerikanische Schiffahrt gesperrt. Erst diese Sicherheitsvorkehrungen ermöglichen es Roosevelt am 4.11., den amerikanischen Kongreß zur Aufhebung des Handelsembargos für Kriegsmaterial – und damit zur Unterstützung der Alliierten – zu bewegen.
Mit der britisch-amerikanischen Atlantikcharta beginnt am 14.8.1941 (↑S.373) eine engere alliierte Zusammenarbeit.

Umsiedlungspläne für Südtiroler
21.10. Rom. Der deutsche Botschafter Hans Georg von Mackensen und Italiens Außenminister Galeazzo Ciano unterzeichnen ein Abkommen, das die Umsiedlung aller in Südtirol lebenden Reichs- und Volksdeutschen in das Deutsche Reich vorsieht.
Diesem Vertrag war am 23.6. bereits ein ähnliches Abkommen vorausgegangen. SS-Gruppenführer Ulrich Greifelt hatte von Heinrich Himmler (Reichsführer SS) den Auftrag zur Durchführung erhalten und gründete die „Leitstelle für Ein- und Rückwanderung".
Nach dem deutschen Überfall auf Polen am 1.9. (↑S.352) eröffneten sich den rasse- und bevölkerungspolitischen Aus- und Umsiedlungszielen der nationalsozialistischen Führung neue Möglichkeiten. Am 7.10. wurde Himmler per Erlaß Hitlers die „Festigung deutschen Volkstums" übertragen. Die bislang für Südtirol zuständige Leitstelle unter Greifelt wurde daraufhin Mitte Oktober 1939 in die Dienststelle des von Himmler errichteten Reichskommissariats umgewandelt. Sie organisierte auch bis 1943 die Enteignungen, Vertreibungen und Verfolgungen der osteuropäischen Bevölkerung. S 633/K 633

Winterkrieg in Finnland
30.11. Die sowjetische Führung versucht ihre Forderung nach Errichtung von Militärstützpunkten auf finnischem Gebiet durch eine militärische Offensive durchzusetzen.
Nachdem die Sowjetunion von den baltischen Staaten Gebietsabtretungen für die Errichtung von Militärbasen erzwungen hatte, forderte sie von Finnland die Freigabe der Halbinsel Hangö und anderer Gebiete für weitere Stützpunkte. Trotz massiver Drohungen willigte das neutrale Land nicht ein. Die daraufhin einmarschierenden sowjetischen Truppen stoßen auf unerwartet starken

Widerstand der zahlenmäßig unterlegenen finnischen Einheiten.
Am 12.3.1940 beschließen Großbritannien und Frankreich, Finnland auf dem Weg über Norwegen und Schweden zu Hilfe zu kommen und damit gleichzeitig die schwedischen Erztransporte nach Deutschland zu unterbrechen. Am selben Tag gibt Finnland in Moskau durch die Unterzeichnung des finnisch-sowjetischen Friedensvertrags seinen Widerstand auf. Es verhindert damit, zum Austragungsort der militärischen Auseinandersetzung zwischen der Sowjetunion und den Westmächten zu werden. Nach dem deutschen Überfall auf die Sowjetunion (↑S.372/ 22.6.1941) kämpft Finnland bis 1944 auf deutscher Seite. S 137/K 148

Verkehr

Transatlantikflüge nach Plan

28.6. Port Washington. Der erste reguläre Passagierflug zwischen den USA und Europa wird mit Maschinen vom Typ Boeing B 314 aufgenommen. Die Flugboote der Pan American World Airways brauchen 24 Stunden für die Strecke Long Island–Lissabon mit Zwischenstopp auf den Azoren.
Im Februar 1934 hatte die Deutsche Lufthansa den ersten Postflugverkehr nach Übersee eingerichtet. Der Staffettenflug mit mehreren Flugzeugwechseln auf der Strecke Berlin–Rio de Janeiro dauerte drei Tage; dabei wurde der Südatlantik auf der 3000 km langen Route zwischen Bathurst (Gambia) und Recife (Brasilien) mit katapultgestarteten Flugbooten der Firma Dornier überquert. Ab 1935 wurde die Linie im Gemeinschaftsdienst mit der Air France beflogen.
Mit knapp über 2 Mio Passagieren übertrifft der Transatlantik-Flugverkehr erstmals 1957 den Schiffsverkehr.

Kraftfahrer müssen sich versichern

7.11. Berlin. Das vom Reichstag beschlossene Gesetz zum Schutz vor materiellen Folgen von Verkehrsunfällen sieht die Einführung einer obligatorischen Haftpflichtversicherung für alle Autohalter im Deutschen Reich bis zum 1.7.1940 vor.
In den angegliederten Gebieten Ostmark und Sudetendeutschland besteht eine Kraftfahrversicherung bereits seit einigen Jahren. Gleichzeitig wird auch die allgemeine Haftpflicht eingeführt. In der BRD treten am 15.4.1969 neue gesetzliche Regelungen für die Kfz-Haftpflicht in Kraft.

Wissenschaft

Euphorie um DDT

September. Basel. Bei der Geigy AG entdeckt der Chemiker Paul Hermann Müller die insektizide Wirkung von DDT (4,4'-Dichlordiphenyltrichlorethan), eine erstmals 1874 von Othman Zeidler dargestellte Verbindung. 1942 wird DDT als Pflanzenschutzmittel (Pestizid) auf den Markt gebracht. Es übt eine stark toxische Wirkung auf verschiedene Insekten aus und dient zur Bekämpfung der Malaria. Der sensationelle Erfolg beim Einsatz gegen die Typhusepidemie in Neapel 1944 (Entlausung von über 1 Mio Menschen) führt zum weltweiten Großeinsatz als Kontaktinsektizid.
Da DDT im Fettgewebe von Tieren und Menschen nicht abgebaut, sondern angereichert wird, wird dessen Anwendung ab den 70er Jahren in zahlreichen Ländern eingeschränkt oder – wie in der BRD – verboten.

Technik

Düsenantrieb für Flugzeuge

27.8. Rostock. Das erste Strahlturbinenflugzeug, die Heinkel He 178, startet zu seinem Jungfernflug.
Der auf Anregung Wernher von Brauns von Ernst Heinkel konstruierte Düsenjäger bleibt über sechs Minuten in der Luft und erzielt

Nobelpreisträger 1939	K 360
Literatur: Frans Eemil Sillanpää (SF, 1888–1964)	
Sillanpää schildert in unsentimentaler Prosa Leben und Leiden von Kleinbauern, die ihrem Schicksal hilflos ausgeliefert sind. Die Handlung ist zumeist im ländlichen Finnland angesiedelt. Werke: „Sonne des Lebens" (1916), „Sterben und Auferstehen" (1919), „Silja, die Magd" (1931).	
Chemie: Adolf Friedrich Johann Butenandt (D, *1903), Leopold Ruzicka (CH, 1887–1976)	
Butenandt analysierte die chemische Zusammensetzung der Geschlechtshormone und ermöglichte ihre Synthese. Damit schuf er die Voraussetzung für die Entwicklung der Anti-Baby-Pille. Ruzicka erklärte 1916 die Ringstruktur der tierischen Sekrete Moschus und Zibet (bedeutend für die Parfümindustrie). 1936 gelang ihm die Synthese von Androsteron.	
Medizin: Gerhard Domagk (D, 1895–1964)	
Domagk erkannte die bakterientötende Wirkung des orangeroten Farbstoffs Prontosil bei Infektionskrankheiten wie Hirnhaut- und Lungenentzündung und führte die Sulfonamide in die Therapie ein. 1943 fand der Pathologe und Bakteriologe ein Mittel zur Heilung von Lungentuberkulose.	
Physik: Ernest Orlando Lawrence (USA, 1901–1958)	
Lawrence entwickelte 1930 das Zyklotron. Dieser Teilchenbeschleuniger ist ein wichtiges Hilfsmittel der Kernforschung, mit dem künstliche Kernprozesse ausgelöst werden können. Lawrence stellte mit dem Zyklotron zahlreiche künstliche radioaktive Stoffe (Radioisotope) her.	

Nobelpreis für Frieden nicht verliehen

1939

Klassiker des Kriminalromans — K 361

Autor (Lebensdaten), Land	Werke (Jahr)
Raymond Chandler (1888–1959), USA	Der große Schlaf (1939) Lebwohl, mein Liebling (1940)
Gilbert Keith Chesterton (1874–1936), Großbritannien	Die Geschichten von Pater Brown Kurzgeschichten (1911–35)
Agatha Christie (1890–1976), Großbritannien	Alibi (1926) Mord im Orientexpreß (1934)
Arthur Conan Doyle (1859–1930), Großbritannien	Sherlock Holmes Abenteuer (1892) Der Hund von Baskerville (1902)
Graham Greene (1904–1991), Großbritannien	Der dritte Mann (1950) Unser Mann in Havanna (1958)
Dashiell Hammett (1894–1961), USA	Der Malteser Falke (1930) Der dünne Mann (1934)
Patricia Highsmith (1921–1995), USA	Zwei Fremde im Zug (1950) Der talentierte Mr. Ripley (1955)
John Le Carré (*1931), Großbritannien	Der Spion, der aus der Kälte kam (1963) Smileys Leute (1979)
Ross MacDonald (1915–1983), USA	Sanftes Unheil (1958) Der Fall Galton (1959)
Dorothy Sayers (1893–1957), Großbritannien	Ärger im Bellona-Club (1928) Aufruhr in Oxford (1935)
Georges Simenon (1903–1989), Belgien	Pietr der Lette (1931) Maigret und Monsieur Charles (1972)
Maj Sjöwall (*1935), Per Wahlöö (1926–1975), Schweden	Die Tote im Götakanal (1965) Und die Großen läßt man laufen (1970) Die Terroristen (1975)
Edgar Wallace (1875–1932), Großbritannien	Die vier Gerechten (1905) Der Hexer (1927)
Jan Willem van de Wetering (*1931), Niederlande	Outsider in Amsterdam (1975) Tod eines Straßenhändlers (1977)

Klassiker des Westernfilms — K 362

Regisseur (Lebensdaten)	Werke (Jahr)
Raoul Walsh (1887–1980)	Der große Treck (1930)
Cecil B. DeMille (1881–1959)	Der Held der Prärie (1936) Union Pacific/Die Frau gehört mir (1939)
John Ford (1895–1973)	Höllenfahrt nach Santa Fé/Ringo (1939) Rio Grande (1950)
Henry King (1888–1982)	Jesse James – Mann ohne Gesetz (1939)
William Wyler (1902–1981)	In die Falle gelockt (1940) Weites Land (1958)
King Vidor (1895–1982)	Nordwest-Passage (1940) Duell in der Sonne (1946)
William Wellman (1896–1975)	Ritt zum Ox-Bow (1942) Nevada (1948)
Howard Hawks (1896–1977)	Red River/Panik am roten Fluß (1948) Rio Bravo (1959)
Delmer Daves (1904–1977)	Der gebrochene Pfeil (1950)
Anthony Mann (1906–1967)	Winchester 73 (1950) Der Mann aus Laramie (1950)
Fred Zinnemann (*1907)	Zwölf Uhr mittags (1952)
Sam Peckinpah (1925–1984)	Sacramento (1961); The Wild Bunch – Sie kannten kein Gesetz (1968)
Sergio Leone (1929–1989)	Für eine Handvoll Dollar (1964) Spiel mir das Lied vom Tod (1968)

eine Geschwindigkeit von fast 700 km/h. 1936 (↑S.325) hatten die Heinkel-Werke die He 111 vorgestellt, ein 400 km/h schnelles Verkehrsflugzeug, das ab 1937 auch als Bomberversion gebaut wurde. Am 20.6.1939 erlebte mit der He 176 das erste Raketenflugzeug der Welt seine Premiere. Das für die He 178 konstruierte Düsentriebwerk erweist sich als wegweisend für die moderne Luftfahrt und macht den Bau von Hochgeschwindigkeitsflugzeugen möglich (↑S.435/14.10.1947). S 325/K 332

H. D. Köhler: Ernst Heinkel, Pionier der Schnellflugzeuge. Biographie, 1983.

Gesellschaft

Neuer Papst ruft zum Frieden auf

2.3. Rom. Der Italiener Eugenio Pacelli wird als Pius XII. zum Nachfolger des am 10.2. verstorbenen Pius XI. zum Papst gewählt. Der bisherige Kardinalstaatssekretär gilt als konservativer Reformgegner. Die westlichen Demokratien erhoffen sich von ihm eine Kontinuität in der antifaschistischen Politik des Vatikans. In seiner ersten öffentlichen Ansprache fordert Pius XII. die Menschen und Nationen der gesamten Welt zum friedlichen Zusammenleben auf.

Zwischen 1920 und 1929 war der 1876 geborene Pacelli päpstlicher Nuntius im Deutschen Reich und bereitete den Konkordatsvertrag mit Preußen vor (14.12.1929). Nach Kriegsausbruch bemüht sich Pius XII. vergeblich um Vermittlung zwischen den Parteien. 1950 setzt er das Dogma von der leiblichen Himmelfahrt Marias durch. S 30/K 31

Kultur

Philip Marlowes erster Fall

Der US-amerikanische Schriftsteller Raymond Chandler revolutioniert mit seinem ersten Roman „Der große Schlaf" das Genre des Detektivromans. Held und Ich-Erzähler des Krimis ist der Privatdetektiv Philip Marlowe, der bei der Aufklärung eines zunächst relativ einfach erscheinenden Falls von Erpressung in ein Geflecht von Mord, Schlägereien und Korruption verstrickt wird.

In der Tradition von Dashiell Hammett, stilistisch beeinflußt von Ernest Hemingway, beschreibt Chandler nicht nur das Delikt und die Suche nach dem Täter, sondern zeigt auch die Motive für das Verbrechen. Mit sechs weiteren Kriminalromanen, die ihm den Ruf des bedeutendsten amerikanischen Kriminalautors eintragen, kann Chandler an seinen Erfolg anknüpfen. Nach seinem Tod 1959 führt Ross MacDonald die von Chandler vertretene Tradition der „harten" Detektivgeschichte weiter. S 356/K 361 S 357/K 363

K. Lutze: Mein Freund Marlowe, 1991.

Meilenstein des Wildwest-Films

3.3. John Fords „Stagecoach" (Höllenfahrt nach Santa Fé/Ringo) hat Premiere. Der Film schildert die abenteuerliche Fahrt einer bunt zusammengewürfelten Gesellschaft in einer Postkutsche quer durch das Gebiet der Apachen-Indianer.

Mit „Stagecoach" gelingt John Ford der erste poetische Western von Weltruf. John Wayne, bisher Darsteller in zahlreichen billigen „Horseoperas", wird zum Star. Die grandiose Felsenlandschaft des Monument Valley erhält die Bezeichnung „Ford's Country" und bildet in vielen nachfolgenden Western des Regisseurs die Kulisse. Der Wildwest-Film erfährt durch „Stagecoach" einen Boom. Nach dem 2. Weltkrieg entstehen Klassiker wie „High Noon" (1952), „Shane" (1953) und „Rio Bravo" (1959). Eine Renaissance verzeichnete das Genre Ende der 60er Jahre mit dem Aufkommen des Italo-Western. S 356/K 362

J. Baxter: John Ford. Der legendäre Hollywoodregisseur, 1980.

Wirbel um Steinbeck-Roman

USA. John Steinbecks Roman „Die Früchte des Zorns" erscheint. Er greift die historischen Ereignisse während der Depression auf, als besitzlose, wandernde Farmarbeiter aus Oklahoma Anfang der 30er Jahre in Kalifornien auf der Suche nach besseren Arbeitsbedingungen als Streikbrecher ausgebeutet werden.

Das Werk löst eine große sozialpolitische Diskussion in den USA aus. Während Konservative den Roman als kommunistische Propaganda und Aufruf zum Klassenkampf interpretieren, setzen sich Liberale für eine Verbesserung der Sozialgesetzgebung ein. 1940 erhält Steinbeck für „Früchte des Zorns" den Pulitzerpreis. Als Chronist der Schattenseiten des American Dream wird er 1962 mit dem Literaturnobelpreis ausgezeichnet. S 357/K 363

C. Petersen: John Steinbeck, 1975.

Lubitsch-Komödie mit Greta Garbo

USA. Ernst Lubitschs Film „Ninotschka" wird uraufgeführt. In ihrer einzigen Komödie spielt Greta Garbo eine sowjetische Agentin,

Kulturszene 1939	K 363
Theater	
T. S. Eliot Der Familientag UA 21.3., London	Das erste Gesellschaftsstück Eliots: Bei einem Geburtstagsfest enttäuscht der nach Jahren zurückgekehrte Sohn die Familie.
William Saroyan Ein Leben lang UA 7.10., New Haven	Die lockere Szenenfolge aus einer amerikanischen Kleinstadt ist ein Gegenentwurf zum politischen Theater der 30er Jahre.
Oper	
Carl Orff Der Mond UA 5.2., München	Orffs „Kleines Welttheater", sein musikalischer Abschied von der Romantik, ist ein Gleichnis auf die Ordnung des Kosmos.
Film	
Marcel Carné Der Tag bricht an Frankreich	Geschichte des Arbeiters François, der um einer Frau willen einen Rivalen getötet hat; Hauptwerk des poetischen Realismus.
Victor Fleming Vom Winde verweht USA	Verfilmung des Bestsellers (1936) von Margaret Mitchell; die Südstaaten-Saga wird einer der erfolgreichsten Filme aller Zeiten.
John Ford Höllenfahrt nach Santa Fé USA	Wende im Western-Genre vom billigen Massenvergnügen zu anspruchsvoller Unterhaltung; Durchbruch für John Wayne als Ringo Kid.
Ernst Lubitsch Ninotschka USA	Greta Garbo erstmals in einer Komödie: die Filmdiva als sowjetische Agentin, die in Paris abtrünnige Genossen überwachen soll.
George Marshall Der große Bluff USA	Temperamentvolle Western-Komödie mit Marlene Dietrich als Barsängerin und James Stewart als unerfahrenem Hilfssheriff.
Jean Renoir Die Spielregel Frankreich	Meisterwerk Renoirs (hier zugleich Produzent, Regisseur, Drehbuchautor und einer der Hauptdarsteller); brillante Gesellschaftssatire.
Buch	
Raymond Chandler Der große Schlaf New York	Debüt des Privatdetektivs Philip Marlowe, der in weiteren Kriminalromanen Chandlers auftritt und zur Kultfigur wird.
James Joyce Finnegans Wake London	Der seit 1923 entstandene Roman gilt als eines der schwierigsten Werke der Weltliteratur; seine Mehrdeutigkeit beginnt schon beim Titel.
Ernst Jünger Auf den Marmorklippen Hamburg	Im Gegensatz zu seinen Kriegstagebüchern übt Jünger verschlüsselt Kritik an der nationalsozialistischen Schreckensherrschaft.
Klaus Mann Der Vulkan Amsterdam	Der bedeutende Roman über deutsche Emigranten zur Zeit des Nationalsozialismus schildert den abenteuerlichen Weg der Flüchtlinge.
Thomas Mann Lotte in Weimar Stockholm	Goethes Jugendfreundin Lotte, verewigt in „Die Leiden des jungen Werthers", besucht nach 40 Jahren den „olympischen" Meister.
Henry Miller Wendekreis des Steinbocks; Paris	Das Gegenstück zu seinem Roman „Wendekreis des Krebses" (1934) zeigt Miller in New York, beschrieben als „modernes Babylon".
Antoine de Saint-Exupéry Wind, Sand und Sterne Paris	Die Erzählungen und Fliegererlebnisse aus den Jahren 1926–35 werden so populär wie das zweite Hauptwerk des Autors, „Der kleine Prinz".
John Steinbeck Die Früchte des Zorns New York	Der Roman über den Leidensweg einer Baumwollpflückerfamilie löst in den USA heftige sozialpolitische Diskussionen aus.
Ernst Wiechert Das einfache Leben München	Grundtenor des 1938 im KZ Buchenwald inhaftierten Autors ist die rettende Anpassung an traditionelle patriarchalische Strukturen.

1939

Western: Mit der Rolle des Ringo Kid in John Fords Film „Stagecoach" (Höllenfahrt nach Santa Fé /Ringo) beginnt für John Wayne eine Weltkarriere als Westernheld (Szene mit Claire Trevor als Barmädchen Dallas).

Todesopfer im Automobilsport seit 1938		K 365
Jahr	Opfer	Wettbewerb (Kurs, Ort)
1938	Bernd Rosemeyer (GER)	Geschwindigkeits-Weltrekord
1939	Richard Seaman (GBR)	Großer Preis von Belgien, Spa
1948	Achille Varzi (ITA)	Training zum GP von Europa, Bern
	Christian Kautz (SUI)	Großer Preis von Europa, Bern
1955	Alberto Ascari (ITA)	Großer Preis von Italien, Monza
	Pierre Levagh (FRA)	24-Stunden-Rennen, Le Mans
1958	Peter Collins (GBR)	Großer Preis v. Deutschland, Nürburgring
	Luigi Musso (ITA)	Großer Preis von Frankreich, Reims
	St. Lewis-Evans (GBR)	Großer Preis von Marokko, Casablanca
1961	Wolfgang Graf Berghe von Trips (GER)	Großer Preis von Italien, Monza
1964	C. G. de Beaufort (HOL)	Großer Preis v. Deutschland, Nürburgring
1966	John Taylor (GBR)	Großer Preis v. Deutschland, Nürburgring
1967	Lorenzo Bandini (ITA)	Großer Preis von Monaco, Monte Carlo
1968	Jim Clark (GBR)	Formel-2-Rennen, Hockenheim
1970	Jochen Rindt (AUT)	Training zum GP von Italien, Monza
	Pierce Courage (GBR)	Großer Preis der Niederlande, Zandvoort
	Bruce McLaren (NZL)	Testfahrt in Goodwood
1971	Jo Siffert (SUI)	Race of Champions, Brands Hatch
1973	Roger Williamson (GBR)	Großer Preis von Holland, Zandvoort
	François Cevert (FRA)	Training zum GP der USA, Watkins Glen
1974	Peter Revson (USA)	Training zum GP von Südafrika, Kyalami
1978	Ronnie Petterson (SWE)	Großer Preis von Italien, Monza
1980	Patrick Depaillier (FRA)	Testfahrt in Hockenheim
1982	Gilles Villeneuve (CAN)	Training zum GP von Belgien, Zolder
	Ricardo Paletti (ITA)	Großer Preis von Kanada, Montreal
1986	Elio de Angelis (ITA)	Versuchsfahrt Le Castellet
1994	Ayrton Senna (BRA)	Training zum GP von San Marino, Imola
	R. Ratzenberger (AUT)	Großer Preis von San Marino, Imola

die drei Genossen in Paris überwachen soll, aber dem Charme eines abgebrühten adeligen Lebemannes und der kultivierten bourgeoisen Zivilisation des Westens erliegt.
Der erfolgreiche Streifen wird 1957 als Musical mit Cyd Charisse und Fred Astaire in den Hauptrollen unter der Regie von Rouben Mamoulian neu verfilmt.
Lubitsch begründete mit historischen Ausstattungsfilmen wie „Madame Dubarry" (1919) den internationalen Erfolg der deutschen Ufa. 1922 ging er in die USA, wo er zum Meister der ironischen Gesellschaftskomödie aufsteigt. S 358/K 363
H. H. Prinzler/E. Patalas: Lubitsch, 1984

Erfolg für Capras „Mr. Smith"
USA. Frank Capras „Mr. Smith geht nach Washington" wird uraufgeführt. Ähnlich wie Capras bereits 1936 gedrehter Streifen „Mr. Deeds geht in die Stadt" wird die Geschichte eines biederen, etwas skurrilen Kleinbürgers erzählt, der sich gegen die korrupten Machenschaften der sog. Großen durchsetzt. Der gutmütige Jefferson Smith zieht in den amerikanischen Kongreß ein und kann nach zahlreichen Verwicklungen die Vergehen eines Senators aufdecken.
Frank Capra, der sich 1933 mit „Es geschah eines Nachts" als Meister der sozialkritischen Komödie etabliert hatte, verzeichnet mit Filmen wie „Arsen und Spitzenhäubchen" (1941) große Erfolge. Nach dem 2. Weltkrieg konzentriert er sich überwiegend auf Kostümfilme.

Sport

Skandinavier entthront
11.–19.2. Zakopane. Bei der Nordischen Ski-Weltmeisterschaft gewinnt der Sudetendeutsche Gustl Berauer, deutscher Meister der Jahre 1939–41, als erster Mitteleuropäer die Nordische Kombination (15 km bzw. 18 km Langlauf und Skispringen). Der Salzburger Joseph Bradl siegt im Skispringen und verweist den Norweger Birger Ruud, Weltmeister 1931, 1935 und 1937 sowie Olympiasieger 1932 und 1936, auf Platz zwei. Die Vorherrschaft der Skandinavier im Nordischen Skisport ist gebrochen.
Auf den nächsten internationalen Erfolg in der Kombination und im Sprunglauf muß die deutsche Mannschaft 21 Jahre warten: Bei den Olympischen Winterspielen 1960 (↑S.543) in Squaw Valley (Kalifornien) erringt der Schwarzwälder Georg Thoma die Goldme-

Herber/Baier dominieren Paarlauf

19.2. Budapest. Bei den Weltmeisterschaften im Eiskunstlauf gewinnen Maxie Herber und Ernst Baier den Titel im Paarlauf. Für das „Königspaar" ist es der vierte Weltmeistertitel in Folge.
Herber und Baier begannen 1933 ihre Karriere im Paarlauf. Die fünffachen Europameister (1935–1939) wurden 1936 Olympiasieger in Garmisch-Partenkirchen, wo Baier auch in der Einzelkonkurrenz eine Silbermedaille holte.
Nach dem 2. Weltkrieg gründet Baier mit Maxie Herber, die er 1941 heiratet, eine Eisrevue. In den 50er Jahren arbeitet er als Trainer weiter.

Seaman tödlich verunglückt

25.6. Spa. Der Große Preis von Belgien wird vom Tod des 26jährigen Automobilrennfahrers Richard Seaman überschattet. Der für Mercedes-Benz fahrende Brite, der im Vorjahr den Großen Preis von Deutschland gewonnen hatte, prallt in der 23. Runde gegen einen Baum und erliegt seinen schweren Verbrennungen.
Sieger des Rennens wird der Deutsche Hermann Lang auf Mercedes-Benz. Die Wagen mit dem Stern dominieren 1939 auf allen Rennstrecken. S 358/K 365

Rudolf Harbig läuft Weltrekord

15.7. Mailand. Beim Leichtathletik-Länderkampf zwischen dem Deutschen Reich und Italien siegt der Dresdner Rudolf Harbig über 800 m in der Weltrekordzeit von 1:46,6 min. In einem fulminanten Schlußspurt kann er seinen Rivalen Mario Lanzi hinter sich lassen, der mit 1:49:0 min. immer noch italienischen Rekord läuft. 1938 wurde Harbig, der ein für die damalige Zeit umfangreiches Trainingsprogramm absolvierte, Europameister über 800 und 4 x 400 m.
Nur zwei Wochen nach seinem Rekord über 800 m verbessert Harbig – ebenfalls im Duell mit Lanzi – auch den Weltrekord über 400 m (46,0 sec).
Der Ausbruch des 2. Weltkriegs bringt den überragenden Mittelstreckenläufer um seine Olympiachancen und beendet seine sportliche Laufbahn. 1944 fällt Harbig in der Ukraine. Sein Weltrekord über 800 m hat 16 Jahre lang Bestand und wird erst 1955 vom Belgier Roger Moens, der 1:45,7 min läuft, gebrochen. S 359/K 364

Sport 1939	K 364
Fußball	
Deutsche Meisterschaft	FC Schalke 04
DFB-Pokal	1. FC Nürnberg – SV Waldhof 2:0
Englische Meisterschaft	FC Everton
Italienische Meisterschaft	Inter Mailand
Tennis	
Wimbledon (seit 1877; 59. Austragung)	Herren: Bobby Riggs (USA) Damen: Alice Marble (USA)
US Open (seit 1881; 59. Austragung)	Herren: Bobby Riggs (USA) Damen: Alice Marble (USA)
French Open (seit 1925; 15. Austragung)	Herren: Donald McNeill (USA) Damen: Simone Mathieu (FRA)
Australian Open (seit 1905; 32. Austragung)	Herren: John Bromwich (AUS) Damen: Emily Westacott (AUS)
Davis-Cup (Philadelphia, USA)	Australien – USA 3:2
Eishockey	
Weltmeisterschaft	Kanada
Stanley-Cup	Boston Bruins
Deutsche Meisterschaft	Engelmann Wien
Radsport	
Tour de France (4224 km)	Sylvère Maes (BEL)
Giro d'Italia (3011 km)	Giovanni Valetti (ITA)
Automobilsport (Grand-Prix-Rennen)	
GP von Belgien, Spa	Hermann Lang (GER), Mercedes-Benz
GP von Deutschland, Nürburgring	Rudolf Caracciola (GER), Mercedes-Benz
GP von Frankreich, Reims	Hermann P. Müller (GER), Mercedes-Benz
GP der Schweiz, Bern	Hermann Lang (GER), Mercedes-Benz
GP von Tripolis	Hermann Lang (GER), Mercedes-Benz
Eifelrennen, Nürburgring	Hermann Lang (GER), Mercedes-Benz
Europameisterschaft	Hermann Lang (GER), Mercedes-Benz
Boxen	
Schwergewichts-Weltmeisterschaft	Joe Louis (USA) – K. o. über Bob Pastor (USA), 20.9. – K. o. über Tony Galento (USA), 28.6. – K. o. über Jack Roper (USA), 17.4. – K. o. über John H. Lewis (USA), 25.1.
Herausragende Weltrekorde		
Disziplin	Athlet (Land)	Leistung
Leichtathletik, Männer		
400 m	Rudolf Harbig (GER)	46,0 sec
800 m	Rudolf Harbig (GER)	1:46,6 min
5000 m	Taisto Mäki (FIN)	14:08,8 min
10 000 m	Taisto Mäki (FIN)	29:52,6 min
Leichtathletik, Frauen		
80 m Hürden	Claudia Testoni (ITA)	11,3 sec
Hochsprung	Dorothy Odam-Tyler (GBR)	1,66 m
Weitsprung	Christel Schulz (GER)	6,12 m
Schwimmen, Frauen		
100 m Rücken	Cor Kint (HOL)	1:10,9 min

1940

Politik

Theodor Herzl, Begründer des politischen Zionismus

David Ben Gurion, Staatsgründer und erster israelischer Ministerpräsident

Palästina dreigeteilt
29.2. Durch Erlaß der britischen Regierung (Land-Transfer-Regulations) wird Palästina in drei Zonen eingeteilt und Juden nur noch begrenzt zugänglich gemacht.
Seit 1936 war es in Palästina verstärkt zu Konflikten aufgrund der wachsenden Zahl jüdischer Einwanderer gekommen. Als Mandatsinhaberin über Palästina berief die britische Regierung am 7.2.1939 eine Konferenz in London ein, bei der arabische und jüdische Delegierte über die Zukunft des Landes verhandelten. Die britischen Vorschläge, das Land in drei Zonen aufzuteilen und eine Beschränkung der Einwanderungszahlen für Juden einzuführen, wurden nicht angenommen. Im Juni 1939 verstärkten sich die arabisch-jüdischen Unruhen in Palästina, so daß die Briten ihr Siedlungskonzept gegen den Widerstand der Juden durchsetzen.
Am 14.5.1948 (↑S.441), nach Beendigung des britischen Mandats, wird der Staat Israel gegründet. Ab Oktober 1991 kommt es erstmals seit 1947 zu Verhandlungen zwischen Israel, arabischen Staaten und Vertretern der Palästinenser. 1993 unterzeichnen Israel und die Palästinensische Befreiungsfront PLO das Autonomieabkommen für den Gazastreifen und Jericho (↑S.866/13.9.1993). S 806/K 783
C. C. O'Brien: Belagerungszustand! Geschichte des Staates Israel und des Zionismus, 1988. S. Heenen-Wolff: Erez Israel. Juden u. Palästinenser im Konflikt um ein Land, 1990.

Dänemark und Norwegen besetzt
9.4. Deutsche Truppen landen in Dänemark und Norwegen. Einen Tag zuvor hatten britische Kriegsschiffe mit der Verminung der norwegischen Küstengewässer begonnen.
Der seit 1937 von der deutschen Seekriegsleitung geplante „Fall Norwegen" wurde erneut aktuell, als Ende 1939 eine von dort ausgehende Hilfsaktion alliierter Truppen für Finnland im finnisch-sowjetischen Winterkrieg (↑S.354/30.11.1939) drohte.
Nach dessen Beendigung am 12.3. gab der alliierte Kriegsrat dieses Vorhaben auf und beschloß statt dessen die Verminung der norwegischen Küstengewässer zur Unterbindung der Erztransporte nach Deutschland. Auf deutscher Seite plante Hitler den Truppeneinsatz in Dänemark und an Norwegens Küste, um diese Transporte zu sichern und die norwegischen Rohstofflieferungen nach Großbritannien zu stoppen. Am 10.6. kapituliert das norwegische Heer. Die Regierung unter König Haakon VII. flieht ins Londoner Exil, die dänische Regierung arbeitet bis 1943 weiter. S 51/K 44
K. Knabe: Die schweigende Front. Dietl's Kampf im hohen Norden 1940–1944, 1990.

Erstes Ghetto in Polen
30.4. Lodz. Ein von deutschen Behörden durch Zwangsumsiedlungen zum „jüdischen Wohnbezirk" umfunktionierter Stadtteil mit etwa 160 000 Bewohnern wird abgeriegelt und von der Außenwelt isoliert.
Als „Reichskommissar für die Festigung deutschen Volkstums" hatte Heinrich Himmler Ende Oktober 1939 die „Umsiedlung" aller Juden aus den Ostgebieten angeordnet, um die deutschen Ostsiedlungen vorzubereiten. In Lodz wurde daraufhin die Errichtung

Wichtige Regierungswechsel 1940			K 366
Land	Amtsinhaber	Bedeutung	
Frankreich	Albert Lebrun (P seit 1932) Philippe Pétain (P bis 1944)[1]	84jähriger Marschall Pétain erhält alle Regierungsvollmachten (17.6.); Annäherung an nationalsozialistisches Deutsches Reich	
	Edouard Daladier (M seit 1938) Paul Reynaud (M 21.3.–17.6.) Philippe Pétain (M bis 1944)	Rücktritt (20.3.) wegen Kritik an angeblich unentschlossener Kriegführung; Regierungsübernahme von Pétain nach Reynauds Demission bedeutet Ende der parlament. Demokratie (S.363)	
Großbritannien	Neville Chamberlain (Konserv., M seit 1937) Winston Churchill (Konserv., M bis 1945)	Churchill, Gegner der sog. Appeasement-Politik (Beschwichtigungspolitik), intensiviert Kriegführung gegen Deutschland (S.361)	
Kuba	Federico Laredo Brú (P seit 1936) Fulgenico Batista y Zaldívar (P bis 1944)	Batista beherrscht seit Militärputsch (1933) das Land; der Diktator wird von den Vereinigten Staaten unterstützt	
Rumänien	Carol II. (König seit 1930) Michael I. (König bis 1947)	Militär zwingt Carol II. zur Abdankung (6.9.) und inthronisiert seinen Sohn: Rumänien tritt Dreimächtepakt bei (S.365)	
	Ion Gigurtu (M seit 4.7.) Ion Antonescu (M bis 1944)	Nach Machtübernahme der Militärs proklamiert General Antonescu den profaschistischen Nationalen Staat der Legionäre	

M = Ministerpräsident bzw. Premierminister; P = Präsident, 1) Chef d'Etat

1940

Norwegen besetzt: Nur unter schweren Verlusten erobert die deutsche Flotte den norwegischen Hafen Narvik.

Winston Churchill, neuer Premierminister in London, tritt für einen unnachgiebigen Kampf gegen das Deutsche Reich ein.

des Ghettos im Hinblick auf die spätere Abschiebung der jüdischen Bewohner ins „Generalgouvernement" geplant. Es entstehen weitere Ghettos, u. a. am 15.11. in Warschau (↑S.390/19.4.1943).

G. Zorn: Nach Ostland geht unser Ritt. Deutsche Eroberungspolitik zwischen Germanisierung und Völkermord, 1980.

Churchill wird Premierminister

10.5. London. Premierminister Arthur Neville Chamberlain erklärt seinen Rücktritt, nachdem ihm zwei Tage zuvor die Mehrheit der Mitglieder des britischen Unterhauses mit 281 zu 200 Stimmen in einer Abstimmung das Vertrauen entzogen hatte. Nachfolger als Chef eines parteiübergreifenden Kriegskabinetts wird Winston Churchill. Auslöser der Regierungskrise war der erfolglose Versuch britischer Truppen gewesen, den deutschen Einmarsch in Norwegen zu verhindern (↑S.360/9.4.). Am 2.5. waren die alliierten Brückenköpfe in Mittelnorwegen aufgegeben worden. Selbst die Konservative Partei, der auch der Erste Lord der Admiralität, Winston Churchill, angehört, machte Chamberlains Appeasement-Politik (↑S.350/17.3.1939) für diese Niederlage verantwortlich. Als entschiedener Verfechter einer offensiven Politik demonstriert Churchill gegenüber der deutschen Führung seine Bereitschaft zur Fortsetzung des Krieges bis zum „Sieg um jeden Preis". Auf Friedenssignale Hitlers geht der Premierminister nicht ein. S 362/K 367

Besetzung Frankreichs: Nach der kampflosen Einnahme von Paris besichtigt Adolf Hitler (4.v.l.) mit Albert Speer (3.v.l.) und Arno Breker (5.v.l.) die Stadt.

361

1940

Großbritannien im 20. Jahrhundert		K 367
Jahr	Ereignis	
1900	Gründung einer Partei für die Arbeiterschaft (Labour Representation Committee, 28.2., ab 1906 Labour Party, S.56)	
1901	Thronbesteigung Edwards VII. (S.19/22.1.)	
1902	Flottenbündnis mit Japan (S.50/12.8.1905)	
	Ende des Burenkriegs durch Frieden von Vereeniging/Transvaal (31.5.): Annexion der Burenrepubliken durch Großbritannien (S.13)	
1903	Beginn der militanten Suffragettenbewegung (S.39)	
1904	Bündnis mit Frankreich (sog. Entente cordiale, S.44)	
1906	Überwältigender Wahlsieg der Liberalen, die Großbritannien zum sozialen Wohlfahrtsstaat ausbauen wollen (Jan.)	
1910	Thronbesteigung von George V. (7.5.)	
1914	Eintritt in den Krieg gegen die Mittelmächte (S.115/3.8.)	
1916	Niederschlagung des Osteraufstands in Irland vom 24.4. (S.126)	
1921	Irland erhält Dominion-Status, Nordirland wird abgetrennt (S.178)	
1926	Konferenz definiert rechtlichen Status der Dominions, die das British Commonwealth of Nations bilden (S.235)	
1928	Rechtliche Gleichstellung von Männern und Frauen (auch Wahlrecht)	
1934	Beginn der Wiederaufrüstung	
1935	Flottenabkommen mit dem Deutschen Reich (S.310)	
1936	Thronbesteigung von Edward VIII. (Jan.); im Dezember Thronverzicht, Nachfolger: George VI. (S.326)	
1937	Arthur N. Chamberlain (Konservativer) wird Premierminister (28.5.); Beginn der sog. Beschwichtigungspolitik (Appeasement, S.350)	
1939	Kriegserklärung an das Deutsche Reich (S.353/3.9.)	
1940	Bildung einer Koalitionsregierung unter Winston Churchill (S.361)	
	Britische Luftwaffe verhindert in der Luftschlacht um England (Battle of Britain) eine deutsche Invasion (S.364)	
1945	Erstmals klare Mehrheit für Labour Party bei Unterhauswahlen (5.7.); Bildung einer Regierung unter Clement R. Attlee (S.412)	
1947	Indien wird unabhängig; Auflösung des Empire beginnt (S.430)	
1948	Wahlrechtsreform (one man, one vote; 20.2.)	
1949	Gründungsmitglied der NATO (S.451/4.4.)	
1952	Thronbesteigung von Elizabeth II. (S.486)	
1959	Abschluß des Dreimächtevertrags (19.2.) mit Griechenland und der Türkei zur Lösung der Zypernfrage (S.530)	
1968	Eskalation des Bürgerkriegs in Nordirland; seit 1969 ständiger Einsatz britischer Truppen (S.631)	
1972	Übernahme der direkten Regierungsgewalt über Nordirland (S.662)	
1973	Beitritt zur EG (S.677/1.1.)	
	Volksabstimmung in Nordirland (8.3.): Mehrheit für Verbleib bei Großbritannien, katholische Nordiren boykottieren Abstimmung	
1979	Absolute Mehrheit für Konservative bei Unterhauswahlen (3.5.); Margaret Thatcher wird erster weiblicher Premier (S.731)	
1982	Krieg gegen Argentinien um die Falkland-Inseln (S.754)	
1985	Anglo-irisches Abkommen (Nov.): begrenztes Mitspracherecht Irlands bei der Verwaltung Nordirlands (1987 ratifiziert)	
1990	Rücktritt Thatchers (22.11.) nach gewaltsamen Demonstrationen gegen geplante Kopfsteuer (Poll Tax); John Major wird Premier (S.837)	
1992	Bombenanschlag der IRA verwüstet Finanzviertel der Londoner Innenstadt (10.4.); ab 1995 Friedensverhandlungen in Nordirland	
1993	Ratifizierung des Maastrichter Vertrags zur Bildung der EU	
1996	Konflikt mit der EU wegen der Rinderseuche BSE (Exportverbot wird mit zeitweiliger Blockade von EU-Entscheidungen beantwortet)	

📖 W. Churchill: Der Zweite Weltkrieg, dt. 1948–54. W. Manchester: Der Traum vom Ruhm 1874–1932, 1989. Ders.: Churchill. Allein gegen Hitler 1932–1940, 1990.

Beginn der Westoffensive

10.5. Berlin. Auf Anordnung Adolf Hitlers vom Vortag beginnt gegen 5.35 Uhr ohne vorherige Kriegserklärung die deutsche Offensive gegen die neutralen Beneluxstaaten und Frankreich.

Bereits nach Beendigung des Polenfeldzugs 1939 hatte Hitler einen Angriff im Westen geplant, gab aber zunächst der Landung deutscher Truppen in Norwegen den Vorzug. Er zögerte den Angriff bis zum Frühjahr 1940 hinaus, auch in der Hoffnung auf einen möglichen Friedensschluß mit Großbritannien.

Fünf Tage nach Beginn der Westoffensive muß die niederländische Armee kapitulieren, zwei Tage darauf, am 17.5., wird Brüssel kampflos besetzt. Leopold III., König von Belgien, unterzeichnet am 28.5. die Kapitulation. In den Niederlanden wird bis zur Befreiung durch die Alliierten im September 1944 eine deutsche Zivilverwaltung eingesetzt. Belgien muß Eupen, Malmedy und Moresnet an das Deutsche Reich abtreten und bleibt unter Militärverwaltung.

Zeitgleich mit Eroberung der Beneluxstaaten beginnt der Vormarsch deutscher Truppen durch die Ardennen zur Kanalküste, um die französischen Truppen einzukesseln. S 352/K 358

Deutsche Truppen in Frankreich

20.5. Nach ihrem Vormarsch durch die belgischen Ardennen erreichen deutsche Verbände die französisch-belgische Kanalküste.

Ziel war es, mit den aus Osten heranrückenden Truppen die französisch-britischen Einheiten in Flandern einzuschließen und ihre Flucht über den Seeweg zu verhindern, um Großbritannien militärisch zu schwächen. Da Hitler am 24.5. die geplante Besetzung Dünkirchens durch Panzertruppen untersagt – wahrscheinlich, um keine unnötigen Materialverluste zu riskieren –, können große Teile der gegnerischen Truppen durch eine alliierte Evakuierungsaktion in Sicherheit gebracht werden. In der zweiten Phase des Frankreichfeldzugs nehmen deutsche Truppen am 14.6. Paris kampflos ein und rücken weiter in Richtung Orléans vor. Die Maginot-Linie wird am selben Tag besetzt. Am 22.6. (↑S.363) kapitulieren die französischen Verbände im Elsaß. Mit dem Erfolg über Europas einstige militärische Vormacht Frankreich erreicht Hitlers Popularität ihren Höhepunkt. S 352/K 358

1940

Kriegserklärung Italiens

10.6. Italiens Ministerpräsident und Duce Benito Mussolini erklärt Frankreich und Großbritannien den Krieg.

Mussolini hatte im Vorfeld des deutschen Überfalls auf Polen die von Hitler erstrebte Kriegsbeteiligung Italiens abgelehnt (25.8. 1939). Angesichts des erfolgreich verlaufenden Westfeldzugs der deutschen Truppen (↑S.362/10.5.) lenkt Mussolini ein, um Italien ein Mitspracherecht an späteren Verhandlungen über die Aufteilung des eroberten Territoriums zu sichern.

Erst am 21.6., einen Tag vor dem deutsch-französischen Waffenstillstandsabkommen, greifen italienische Truppen ohne Erfolg an der Alpenfront an. Am 24.6. wird in Rom der italienisch-französische Waffenstillstand besiegelt und ein Landstreifen um Mentone und Nizza von Italien besetzt. S 354/K 359

Untergang der baltischen Staaten

15.6. Sowjetische Truppen besetzen die baltischen Staaten Estland, Lettland und Litauen.

Die Einsätze deutscher Truppen im Westen ermöglichten es der Sowjetunion, ihre Truppen ungestört bis in baltisches Gebiet und auf den Balkan vorzuschieben. Estland, Lettland und Litauen werden gezwungen, kommunistische Regierungen zu konstituieren. Am 26.6. verlangt die Sowjetunion außerdem von Rumänien die Abtretung Bessarabiens und der nördlichen Bukowina. Anfang August werden die baltischen Staaten zu Sowjetrepubliken erklärt. Die sowjetischen Ansprüche auf diese Länder und auf Bessarabien entsprechen den Abmachungen im Rahmen des deutsch-sowjetischen Nichtangriffspaktes vom 23.8.1939 (↑S.351).

G. v. Rauch: Geschichte der baltischen Staaten, 1989.

Frankreich kapituliert

22.6. Rethondes bei Compiègne. In demselben Salonwagen, in dem 1918 die deutsche Kapitulation besiegelt wurde, unterzeichnet der französische General Charles L. C. Huntzinger ein Waffenstillstandsabkommen mit dem Deutschen Reich.

Das französische Kabinett hatte am 16.6. den Vorschlag des Ministerpräsidenten Paul Reynaud zur Fortsetzung des Kampfes abgelehnt. Reynaud wurde von Marschall Philippe Pétain abgelöst, der dem Deutschen Reich am 17.6. ein Waffenstillstandsabkommen anbot. Frankreich wird gespalten, in einen besetzten Teil (von Norden bis zur Loire und entlang der Kanal- und Atlantikküste) und einen unbesetzten Teil. Das Parlament wird nach Vichy einberufen, wo Marschall Pétain einer Zusammenarbeit mit dem Deutschen Reich zustimmt. Der bisherige Unterstaatssekretär im französischen Kriegsministerium, General Charles de Gaulle, der die französische Widerstandsbewegung unterstützt, gründet in London das „Nationalkomitee des Freien Frankreich" und ruft am 18.6. zur Fortsetzung des Kampfes auf. S 399/K 398

Unternehmen „Catapult"

3.7. Mers-el-Kebir bei Oran. Unter dem Decknamen „Catapult" ordnet der britische Premierminister Winston Churchill die Zerstörung des in der algerischen Hafenstadt Mers-el-Kebir stationierten französischen Flottengeschwaders an.

Nach Beendigung des deutschen Frankreichfeldzugs am 22.6. hatte die Vichy-Regierung das Verfügungsrecht über die französische Flotte behalten, um das Kolonialreich gegen

Luftangriff auf London: St. Paul's Cathedral im Schein der Bombenexplosionen. Nach der deutschen Niederlage am „Battle of Britain"-Tag verstärkt Hitlers Luftwaffe die Terrorangriffe gegen britische Großstädte. 1940 kommen dabei allein in London ca. 25 000 Zivilisten ums Leben. Die Überlegenheit der Royal Air Force macht jedoch eine Landung deutscher Truppen auf der Insel unmöglich.

1940

Der europäisch-atlantische Krieg		K 368
Datum	**Ereignis**	
1940		
13. 8.	Verschärfter deutscher Luftkrieg gegen Großbritannien (S.364)	
7. 9.	Schwere deutsche Luftangriffe auf London beginnen	
15. 9.	Luftschlachten im Südosten Großbritanniens (Battle-of-Britain-Tag); mangels Luftherrschaft über Großbritannien wird das Unternehmen „Seelöwe" (deutsche Landung in Großbritannien) verschoben	
14.11.	Coventry nach schwerem deutschem Luftangriff zerstört	
1941		
10. 5.	Letzter deutscher Luftangriff auf London für drei Jahre	
24. 5.	Seegefecht im Atlantik: Das deutsche Schlachtschiff „Bismarck" versenkt den größten britischen Schlachtkreuzer „Hood"	
11. 9.	Schießbefehl für die US-Marine gegen deutsche und italienische Schiffe in der Sicherheitszone der USA	
1942		
11. 1.	U-Boot-Offensive im Atlantik (Operation „Paukenschlag"); erstmals operieren deutsche U-Boote vor der US-Küste (S.379)	
26. 1.	Erste Truppenverbände der US-Army für den Einsatz in Europa treffen in Nordirland ein	
28. 3.	Bomben auf Lübeck: erstes britisches Flächenbombardement auf eine deutsche Großstadt (S.380)	
11.11.	Einmarsch der Wehrmacht in den unbes. Teil Frankreichs (S.383)	
27.11.	Selbstversenkung der französischen Kriegsflotte vor Toulon	
1943		
27. 1.	Erster Tagesangriff der US-Luftwaffe auf das Deutsche Reich	
24. 5.	Abbruch der Geleitzugschlacht im Nordatlantik aufgrund der hohen deutschen U-Boot-Verluste; entscheidende Wende im U-Boot-Krieg	
10. 7.	Alliierte Landung auf Sizilien (Operation „Husky"); Entmachtung des faschistischen italienischen Regierungschefs Mussolini (25.7.)	
24. 7.	Beginn einer alliierten Luftoffensive gegen deutsche Großstädte	
3. 9.	Britische Landung in Kalabrien (Italien); Waffenstillstand zwischen Italien und den Alliierten	
10. 9.	Besetzung Roms durch die Wehrmacht	
18.11.	Beginn britischer Bomber-Großangriffe auf Berlin	
1944		
21. 1.	Letzte deutsche Bomberoffensive gegen Großbritannien beginnt	
4. 6.	Einzug der Alliierten in Rom	
6. 6.	Alliierte Landung in der Normandie (Operation „Overlord", S.396)	
12. 6.	Erster deutscher V-1-Angriff auf London (S.402)	
15. 8.	Alliierte Landung in Südfrankreich (Operation „Dragoon")	
25. 8.	Freifranzösische und US-Truppen befreien Paris	
17. 9.	Größte Luftlande-Operation des 2. Weltkriegs: 35 000 alliierte Soldaten springen bei Arnheim und Nimwegen (Niederlande) hinter der deutschen Front ab, um die Rheinbrücken zu besetzen	
21.10.	US-Truppen erobern als erste deutsche Großstadt Aachen	
16.12.	Beginn der deutschen Ardennenoffensive	
1945		
13. 2.	Schwerer britischer Luftangriff auf Dresden (S.407)	
7. 3.	US-Truppen erobern erste unzerstörte Rheinbrücke bei Remagen	
25. 4.	Bei Torgau (Elbe) treffen sowjetische und US-Truppen zusammen	
7. 5.	Deutsche Gesamtkapitulation in Reims unterzeichnet (S.409)	

mögliche britische Angriffe verteidigen zu können. Churchill befürchtete nach dem deutschen Sieg eine Vereinnahmung der französischen Kriegsschiffe durch deutsche Marinestreitkräfte. Er fordert deshalb am 3.7. die Unterstellung der französischen Flotte unter die britische Marine. Als seiner Forderung nicht entsprochen wird, zerstört ein britisches Geschwader die französischen Kriegsschiffe. Churchill demonstriert damit seine Kampfbereitschaft gegenüber Hitlers „Friedensappellen". Die französische Vichy-Regierung beendet nach diesem Übergriff am 4.7. das britisch-französische Bündnis gegen das Deutsche Reich. S 352/K 358

Luftangriffe auf Großbritannien
13.8. Mit dem Auftrag, den Luftraum über England unter deutsche Kontrolle zu bringen, beginnen auf Weisung des Reichsmarschalls Hermann Göring deutsche Fliegerangriffe auf Großbritannien.
Angesichts der Niederlage Frankreichs (↑S.363/22.6.) hatte Hitler gehofft, Großbritannien würde die deutsche Hegemonie in Europa akzeptieren und Verhandlungen einer militärischen Auseinandersetzung vorziehen. Nachdem Premierminister Winston Churchill seine Entschlossenheit zum Kampf gegen das Deutsche Reich betont hatte, begannen am 16.7. die Planungen für eine deutsche Invasion bis Mitte September.
Schon nach den ersten deutschen Luftangriffen am 13. und 15.8. („Adlertag") zeigt die Überlegenheit der Royal Air Force, daß weder die Landung deutscher Truppen noch ein rascher Sieg möglich sind. Nach Gegenangriffen (Berlin, München) wird am 7.9. London bombardiert und am 14.11. die mittelenglische Stadt Coventry zerstört.
Im Frühjahr 1941 wird der Plan einer Landung deutscher Truppen („Unternehmen Seelöwe") aufgegeben. Der von der deutschen U-Boot-Waffe getragene Zufuhrkrieg steigert sich bis 1943. S 364/K 368
📖 C. Shores: Entscheidende Luftschlachten des 2. Weltkriegs, 1988. U. Balke: Der Luftkrieg in Europa. 2 Bde., 1989/90.

Afrika-Offensive Italiens
19.8. Italienische Streitkräfte starten von Abessinien aus eine Offensive gegen die nordostafrikanischen Kolonien Britisch-Somalia und Französisch-Somaliland (Dschibuti).
Im Zuge der italienischen Beteiligung an der deutschen Frankreich-Offensive (↑S.363/ 10.6.) hatte Italien Ansprüche auf Algier und Tunis erhoben. Hitler ging auf diese Forde-

rungen nicht ein und beließ Nordafrika unter der Hoheit Vichy-Frankreichs. Um einen territorialen Zugewinn in Afrika zu erreichen, beschloß die italienische Führung daraufhin den Angriff auf Britisch-Somalia und Dschibuti. Beide Gebiete grenzen an Abessinien (Äthiopien), das 1936 von Italien erobert und zum Protektorat erklärt worden war (↑S.311/ 3.10.1935), bzw. an Italienisch-Somaliland (Kolonie seit 1889).
Am 19.8. ziehen sich die letzten in Britisch-Somalia stationierten Einheiten des Vereinigten Königreichs zurück. S 365/K 369

Autoritäres Regime in Rumänien
6.9. Der seit zwei Tagen amtierende Ministerpräsident General Ion Antonescu veranlaßt Carol II., König von Rumänien (seit 1930), zur Abdankung.
Angesichts der raschen Niederlage Frankreichs hatte sich Rumänien seit dem Abschluß des deutsch-rumänischen „Ölpaktes" am 27.5. dem Deutschen Reich angenähert. Nach den Gebietsannexionen durch die Sowjetunion am 15.6. (↑S.363) bat König Carol II. um eine deutsche Grenzgarantie. Hitler lehnte ab, bot aber am 15.7. Hilfe an, wenn zuvor eine Einigung über die Ansprüche Bulgariens und Ungarns auf rumänisches Gebiet erzielt werde. Erst als Carol II. am 29./30.8. der Abtretung großer Gebiete Rumäniens zustimmte, sicherte Hitler am 2.9. die Entsendung deutscher Truppen zu. Proteste gegen die Abtretungen veranlaßten Carol II. zur Entlassung der Regierung und zur Einsetzung General Ion Antonescus am 4.9. Am 6.9. beugt er sich massiven Abdankungsforderungen. Sein Sohn, Michael I., tritt die Nachfolge an und ermöglicht Antonescu die Errichtung einer autoritären, deutschfreundlichen Regierung.

Dreierbündnis der Achsenmächte
27.9. Berlin. In der Reichskanzlei unterzeichnen die Außenminister des Deutschen Reichs und Italiens, Joachim von Ribbentrop und Galeazzo Ciano, sowie der japanische Botschafter Saburu Kurusu einen von Adolf Hitler initiierten Dreimächtepakt, der erstmals seit Kriegsbeginn eine Annäherung Japans an das Deutsche Reich bewirkt.
Das Bündnis sieht vor, daß sich die seit 25.11.1936 (↑S.321) im Antikominternpakt zusammengeschlossenen Staaten im Falle eines Angriffs gegenseitig unterstützen und ihre territorialen Interessen anerkennen. Hitler will den Kriegseintritt der USA durch eine Förderung Japans verhindern. Der japa-

Der Krieg in Afrika 1940–1943   K 369

Datum	Ereignis
1940	
10. 6.	Kriegserklärung Italiens an Großbritannien und Frankreich
19. 8.	Italien erobert Britisch-Somalia und Dschibuti (S.364)
16. 9.	Von Libyen aus erobert Italien Sidi Barrani (Ägypten)
9.12.	Beginn einer britischen Gegenoffensive unter General Wavell: Eroberung von Sidi Barrani (11.12.) und Sollum (17.12.)
1941	
19. 1.	Beginn einer britischen Offensive zur Befreiung Abessiniens (Äthiopien) von italienischer Herrschaft
22. 1.	Britische Truppen erobern die Festung Tobruk (Libyen)
6. 2.	Nach der Eroberung von Bengasi/Cyrenaika britischer Vorstoß bis El-Agheila an der Großen Syrte (am 9.2. erobert)
10. 2.	Britische Offensive gegen Italienisch-Somaliland von Kenia aus; am 25.2. erfolgt Einnahme Mogadischus
12. 2.	Generalleutnant Erwin Rommel übernimmt das Kommando über die deutschen Truppen in Nordafrika
16. 3.	Britische Offensive zur Rückeroberung von Britisch-Somalia
24. 3.	Deutsches Afrika-Korps erobert El-Agheila
30. 3.	Beginn einer erfolgreichen deutschen Gegenoffensive: Rückeroberung der Cyrenaika (13.4.) bis auf die Festung Tobruk
5. 4.	Briten erobern Addis Abeba/Italienisch-Ostafrika (Äthiopien); Rückkehr von Kaiser Haile Selassie (5.5.)
18. 5.	Kapitulation Italiens in Italienisch-Ostafrika
18.11.	Beginn der britischen Libyen-Offensive (Operation „Crusader")
1942	
21. 6.	Panzerarmee unter E. Rommel erobert britische Festung Tobruk
3. 7.	Deutsch-italienischer Vormarsch endet vor El Alamein (Ägypten); ab 23.10. britische Gegenoffensive; ab 2.11. Rückzug der Truppen unter Generalfeldmarschall Rommel (S.383)
8.11.	Truppen der alliierten Streitkräfte landen in Marokko und Algerien (Operation „Torch")
13.11.	Rückeroberung Tobruks durch die Briten
1943	
23. 1.	Briten besetzen Tripolis
9. 3.	Abberufung Rommels; Nachfolger wird Generaloberst von Arnim
13. 5.	Deutsch-italienische Afrikatruppen kapitulieren bei Tunis

nisch-chinesische Krieg soll die Kräfte der USA in den pazifischen Raum umlenken.
Am 12./13.11. unterbreiten Hitler und von Ribbentrop Volkskommissar Wjatscheslaw Molotow während seines Staatsbesuchs in Berlin das Angebot einer sowjetischen Beteiligung an diesem Pakt. Zwischen dem 20. und 24.11. treten Ungarn, Rumänien und die Slowakei dem Pakt bei. Molotow knüpft am 26.11. für Hitler unannehmbare territoriale Forderungen an die Beteiligung.
Am 18.12. befiehlt Hitler die Vorbereitung des Angriffs auf die Sowjetunion. Am 1.3.1941 schließt sich Bulgarien, am 25.3. Jugoslawien und am 15.6. Kroatien dem Pakt an (↑S.372/22.6.1941).

1940

Dreimächtepakt: Japans Botschafter Kurusu, Italiens Außenminister Graf G. Ciano, Adolf Hitler und Joachim von Ribbentrop (v.l.)

Der Krieg auf dem Balkan 1940–1945   K 370

Datum	Ereignis
1940	
28.10.	Italienischer Angriff auf Griechenland (S.366)
29.10.	Aufgrund der britischen Beistandsverpflichtungen landen britische Truppen auf der Mittelmeerinsel Kreta
3.11.	Beginn einer erfolgreichen griechischen Gegenoffensive
10.12.	Admiral Wilhelm Canaris, Chef der deutschen Abwehrabteilung, macht der griechischen Regierung vergeblich ein offizielles Friedensvermittlungsangebot
1941	
6. 4.	Angriff deutscher Truppen auf Jugoslawien und Griechenland von Ungarn, Rumänien und Bulgarien aus (Unternehmen „Marita")
10. 4.	Proklamation des Unabhängigen Staates Kroatien unter Führung der faschistischen Ustascha-Bewegung in Agram (Zagreb) (S.370)
12. 4.	Einnahme Belgrads durch deutsche Truppen
17. 4.	Kapitulation der jugoslawischen Streitkräfte
21. 4.	Kapitulation der griechischen Heeresführung vor der Wehrmacht
20. 5.	Luftlandung deutscher Truppenverbände auf Kreta (Unternehmen „Merkur"), das am 1.6. erobert wird
4. 7.	Die KP Jugoslawiens unter Tito beschließt den bewaffneten Aufstand gegen die deutsch-italienische Besatzung
9. 7.	Deutschland und Italien erklären das staatsrechtliche Ende Jugoslawiens; am 12.7. Proklamation des Staates Montenegro
1944	
21. 9.	Deutsche Truppen beginnen mit der Räumung des Peloponnes
13.10.	Einzug britischer Truppen in das geräumte Athen
20.10.	Belgrad von Roter Armee und jugoslawischen Truppen erobert
1945	
6. 4.	Sarajevo von Partisanen unter Tito besetzt
7. 5.	Unterzeichnung der deutschen Gesamtkapitulation (S.409)
8. 5.	Agram (Zagreb) von Tito-Partisanen besetzt

Italien-Offensive in Griechenland

28.10. Nach einem Beschluß des italienischen Kriegsrats vom 15.10. greifen italienische Truppen ohne vorherige Absprache mit Adolf Hitler von Albanien aus, das seit April 1939 von Italien besetzt ist (S.351/7.4.1939), Griechenland an.

Dieser italienische „Parallelkrieg" zielt auf die von Ministerpräsident Benito Mussolini angestrebte Herrschaft über den Mittelmeerraum. Gleichzeitig soll er die militärische Stärke Italiens demonstrieren, die durch die schleppend verlaufende Afrika-Offensive (↑S.364/19.8.) an Ansehen verloren hat. Mit Hilfe britischer Heeres- und Luftwaffenverbände, die am 29.10. auf Kreta landen, drängen griechische Einheiten die 150 000 Mann starke italienische Armee nach Albanien zurück. Zahlreiche albanische Soldaten schließen sich den Griechen an und schwächen mit einem Partisanenkrieg zusätzlich die Kampfkraft der Italiener.

Um ein weiteres britisches Vorrücken zu verhindern, beginnt am 6.4.1941 der deutsche Balkanfeldzug, der zu einer direkten Konfrontation deutscher und britischer Truppen im Mittelmeerraum führt: Entgegen ursprünglicher Pläne wird zuerst Jugoslawien angegriffen, nachdem in Belgrad ein Staatsstreich gegen die deutschfreundliche Regierung erfolgt war. Die über Bulgarien weiter nach Griechenland vorrückende Offensive endet am 20.5. mit der Besetzung Kretas. Griechenland wird größtenteils italienischer Militärverwaltung unterstellt.

S 366/K 370

1940

Kultur

Roman-Erfolg für Hemingway

Der vor dem Hintergrund des Spanischen Bürgerkriegs spielende Roman „Wem die Stunde schlägt" erscheint. Er erzählt die Geschichte des US-amerikanischen Dozenten Robert Jordan, der auf der Seite der Republikaner kämpft und bei dem Auftrag, eine strategisch wichtige Brücke zu sprengen, ein hohes Maß an Selbstverwirklichung erfährt und in diesem Bewußtsein stirbt.

Hemingway, Auslandskorrespondent, Kriegsberichterstatter, Boxer und Großwildjäger, findet bereits hier zu einem eigenen Stil, der sich durch kargen Ausdruck, doppelbödige Dialoge und die nüchterne Darstellung von „facts" auszeichnet.

Mit seiner Novelle „Der alte Mann und das Meer" (1952) wird er zum Erneuerer der amerikanischen Kurzgeschichte. 1953 erhält er den Pulitzer-Preis, 1954 den Literatur-Nobelpreis. Der Schriftsteller, der oft mit seinen männlich-kämpferischen Helden identifiziert wird, scheitert an diesem selbstgenährten Mythos und begeht 1961 Selbstmord. S 367/K 371

K. S. Lyn: Hemingway. Eine Biographie, dt. 1989.

Thomas Mann appelliert an Deutsche

Oktober. Der Londoner Rundfunksender British Broadcasting Corporation (BBC) sendet die erste von insgesamt 25 Rundfunkansprachen des seit 1939 in den USA im Exil lebenden deutschen Schriftstellers Thomas Mann. Auf Anregung der BBC kommentiert der überzeugte Antifaschist einmal im Monat aktuelle Ereignisse. Die über Langwelle ausgestrahlten Ansprachen mit dem Titel „Deutsche Hörer" können auch im Deutschen Reich empfangen werden.

Der Schriftsteller mit Wohnsitz in Kalifornien sendet seine achtminütigen Reportagen entweder per Fernschreiber nach London oder bespricht Schallplatten, die von New York aus über Telefon in das Rundfunkstudio der BBC überspielt werden.

T. Mann: Deutsche Hörer! Radiosendungen nach Deutschland aus den Jahren 1940–1945.

Antisemitischer Hetzfilm „Jud Süß"

5.9. Venedig. Auf der 22. Internationalen Biennale in Venedig wird Veit Harlans Film „Jud Süß" uraufgeführt. Die Produktion knüpft an eine historische Begebenheit an, die 1827 von Wilhelm Hauff in einer Novelle und 1925 von Lion Feuchtwanger in einem Roman verarbeitet wurde: Der Jude Süß-

Kulturszene 1940 — K 371

Theater		
	Georg Kaiser Der Soldat Tanaka UA 2.11., Zürich	In der nach Japan verlegten Fabel klagt Kaiser nicht nur die politische Situation in Deutschland, sondern Faschismus und Krieg an.
	Jewgeni Schwarz Der Schatten UA 11.2., Leningrad	In der Märchenkomödie trennt sich der Schatten eines Gelehrten von diesem und ergreift die Macht in einer imaginären Monarchie.
Oper		
	Heinrich Sutermeister Romeo und Julia UA 13.4., Dresden	Die wichtigste schweizerische Oper des 20. Jh. neben Schoecks „Penthesilea" (1927) wird durch die Sängerin Maria Cebotari ein großer Erfolg.
Konzert		
	Arnold Schönberg Violinkonzert UA 6.12., Philadelphia	Das erste im kalifornischen Exil komponierte Werk ist vielleicht das technisch schwierigste Violinkonzert aller Zeiten.
Film		
	Charles Chaplin Der große Diktator USA	Beißende Satire auf Hitler: Chaplin in einer Doppelrolle als Diktator Hynkel und als jüdischer Friseur, der Hynkel ähnelt.
	George Cukor Die Nacht vor der Hochzeit; USA	Temporeiche Filmkomödie in großer Starbesetzung (Katherine Hepburn, Cary Grant, James Stewart); mit zwei Oscars ausgezeichnet.
	John Ford Früchte des Zorns USA	Preisgekrönte Verfilmung des sozialkritischen Romans (1939) von John Steinbeck; schildert das Amerika der Depressionszeit.
	Veit Harlan Jud Süß Deutschland	Perfekt inszenierter antisemitischer Propagandafilm; Werner Krauss (Titelrolle) erhielt nach 1945 kurze Zeit Berufsverbot.
	Alfred Hitchcock Rebecca USA	Erster Hollywoodfilm des britischen Regisseurs; romantisch-melodramatischer Thriller mit Laurence Olivier und Joan Fontaine.
Buch		
	Werner Bergengruen Im Himmel wie auf Erden Hamburg	Historischer Roman über den 15. Juli 1524, für den führende Astrologen eine Wiederholung der biblischen Sintflut vorhergesagt hatten.
	Dino Bunati Die Festung Mailand	Die kafkaeste Fabel bringt eine pessimistische Weltsicht zum Ausdruck: Ein Soldat wartet sein Leben lang in einer Grenzfestung auf den Feind.
	Lion Feuchtwanger Exil Amsterdam	Der dritte und letzte Teil des Romanzyklus „Der Wartesaal" stellt die Jahre 1914–39 in Deutschland als dunkle Zeit des Übergangs dar.
	Graham Greene Die Kraft und die Herrlichkeit; London	Der Titel bezieht sich auf die Auseinandersetzung zwischen Staat und Katholizismus in einem totalitären Staat (hier: Mexiko).
	Ernest Hemingway Wem die Stunde schlägt New York	Einer der größten Bucherfolge des Amerikaners; der Roman spielt während des Spanischen Bürgerkriegs im Jahr 1937.
	Arthur Koestler Sonnenfinsternis London	In Koestlers Roman, einer scharfen Kritik an den Schauprozessen in der UdSSR, wird ein Revolutionär Opfer stalinistischer Säuberungen.
	Carson McCullers Das Herz ist ein einsamer Jäger; Boston	Der psychologische Roman schildert die Einsamkeit und Kommunikationslosigkeit des modernen Menschen und seine Unfähigkeit zur Liebe.
	Charles Percy Snow Fremde und Brüder London	Der erste Teil des gleichnamigen Zyklus von elf Romanen (bis 1970) stellt Personen des öffentlichen Lebens in den Mittelpunkt.

1940

Oppenheimer avanciert am Hof Herzog Karl Alexanders von Württemberg 1733 zum Finanzrat, erhält zahlreiche Privilegien und schafft sich in der Bevölkerung viele Feinde. Während Feuchtwanger, selbst Jude, primär die Entfernung des Titelhelden von der jüdischen Welt und seine Anpassung an das höfische Leben geißelte, ist Veit Harlans Film ein nationalsozialistischer Propagandafilm, der zynisch die „Niedertracht" der Juden belegen sowie Haß und Abscheu der Bevölkerung wecken bzw. verstärken soll.

„Jud Süß" wird zum meistzitierten und vermutlich folgenreichsten Propagandafilm des Dritten Reichs. Nach dem 2. Weltkrieg dient er im Nahen Osten als Propagandamittel gegen Israel. Veit Harlan muß sich nach 1945 wegen dieser Produktion vor Gericht verantworten; der Prozeß endet allerdings mit einem Freispruch, da nicht geklärt werden kann, mit welchem Nachdruck der Regisseur von den Nationalsozialisten zu dieser Inszenierung gezwungen worden ist. [S 367/K 371] [S 368/K 372]

H. Hoffmann: „Und die Fahne führt uns in die Ewigkeit". Propaganda im NS-Film, 1989.

Meisterwerk von Graham Greene

Der Roman „Die Kraft und die Herrlichkeit" des englischen Schriftstellers Graham Greene erscheint. Das Werk schildert die Auseinandersetzung zwischen Staat und Katholizismus im kommunistischen Mexiko der 30er Jahre.

Thomas Mann (1875–1955), deutscher Literatur–Nobelpreisträger 1929, lebt seit 1939 zusammen mit seiner Familie im Exil in Kalifornien.

Nationalsozialistische Propagandafilme		K 372
Regisseur (Lebensdaten)	**Werke (Jahr)**	**Tendenz**
Hans Steinhoff (1882–1945)	Hitlerjunge Quex (1933)	Untertitel: Ein Film vom Opfergeist der deutschen Jugend
	Ohm Krüger (1941)	Höchstausgezeichneter Film des Dritten Reiches: antibritisch
Leni Riefenstahl (*1902)	Triumph des Willens (1935)	Dokumentarfilm über den Nürnberger NSDAP-Parteitag 1934
	Fest der Völker (1938) Fest der Schönheit (1938)	Zweiteiliger Dokumentarfilm über die Olympischen Sommerspiele 1936 in Berlin (S.330/1.8.1936)
Veit Harlan (1899–1964)	Jud Süß (1940)	Antisemitischer Hetzfilm (S.367)
	Kolberg (1944)	„Durchhaltefilm", von Goebbels 1943 in Auftrag gegeben
Erich Waschneck (1887–1970)	Die Rothschilds (1940)	Antisemitischer Film über eine jüdische Bankiersfamilie
Fritz Hippler (*1909)	Der ewige Jude (1940)	Antisemitischer Pseudodokumentarfilm der Filmabteilung des Reichspropagandaministeriums
Gustav Ucicky (1899–1961)	Flüchtlinge (1933)	Heroisierung eines dt. Offiziers; 1934 Staatspreis
	Heimkehr (1941)	Antipolnischer Film, der zur gewaltsamen Abrechnung aufruft
Viktor Tourjansky (1891–1976)	Feinde (1940)	Antipolnischer Film
Fritz Peter Buch (1894–1964)	Menschen im Sturm (1941)	Antiserbischer Film
Wolfgang Liebeneiner (1905–1987)	Bismarck (1940)	Antibritisch und antisemitisch (2. Teil 1942: Die Entlassung)
	Ich klage an (1941)	Propagandafilm für die Tötung geistig und körperlich Kranker
Carl Froelich (1875–1953)	Das Herz der Königin (1940)	Deutlich antibritisch gefärbter Historienfilm
Karl Ritter (1888–1977)	Kadetten (1941)	Antirussisch; aufopferndes Heldentum der jüngsten Kämpfer
	G. P. U. (1942)	Sowjetische Geheimpolizei als vertierte Untermenschen
Herbert Selpin (1902–1942)	Carl Peters (1941)	Deutsch-britische Feindschaft als naturgegeben dargestellt

In den Gestalten des „Whiskey-Priesters" und des ihn verfolgenden Polizeileutnants stehen sich zwei Idealisten gegenüber, Vertreter gegensätzlicher Ideologien, die sich jedoch nicht in die Kategorien „Gut" und „Böse" einordnen lassen. Graham Greene, einer der bedeutendsten englischen Romanschriftsteller, war 1926 zum Katholizismus konvertiert. In seinen psychologisch brillant entwickelten Werken verknüpft er in spannender Weise Religiosität, Erotik und Abenteuer miteinander. Zahlreiche Romane werden verfilmt, u. a. „Der dritte Mann" (1950) und „Unser Mann in Havanna" (1958). S 367/K 371

A. Weber: Die Erzählstruktur von Graham Greenes katholischen Romanen, 1978.

Sport

Coppi gewinnt Giro d'Italia
9.6. Der erst 20jährige Radprofi Fausto Coppi (ITA) siegt beim 28. Giro d'Italia. Zweiter wird sein Landsmann Gino Bartali. Bartali, der 1936 und 1937 den Giro sowie 1938 die Tour de France gewonnen hatte, war als Favorit in die 3525 km lange Italienrundfahrt (20 Etappen) gestartet. Ein technischer Defekt auf der ersten Etappe hatte ihn jedoch bereits zu Beginn zurückgeworfen.
Nach dem 2. Weltkrieg gewinnt Coppi, der seine Laufbahn 1938 in der Rennfahrerschule von Biagio Cavanna begonnen hatte, noch viermal den Giro (1947, 1949, 1952 und 1953) und zweimal die Tour de France (1949 und 1952). Als erster Radprofi siegt er 1949 bei beiden großen Rundfahrten binnen eines Jahres. Sein 1942 in Mailand aufgestellter Stundenweltrekord (45,848 km) wird erst 1956 von dem Franzosen Jacques Anquetil (46,159 km) gebrochen.

Sport 1940		K 373
Fußball		
Deutsche Meisterschaft	FC Schalke 04	
DFB-Pokal	Dresdner SC – 1. FC Nürnberg 2:1 n. V.	
Englische Meisterschaft	Bis 1946 nicht ausgetragen	
Italienische Meisterschaft	Inter Mailand	
Spanische Meisterschaft	Atletico Madrid	
Tennis		
Wimbledon	Bis 1945 nicht ausgetragen	
US Open (seit 1881; 60. Austragung)	Herren: Donald McNeill (USA) Damen: Alice Marble (USA)	
French Open	Bis 1945 nicht ausgetragen	
Australien Open (seit 1905; 33. Austragung)	Herren: Adrian Quist (AUS) Damen: Nancy Bolton (AUS)	
Davis-Cup	Bis 1945 nicht ausgetragen	
Eishockey		
Weltmeisterschaft	Bis 1946 nicht ausgetragen	
Stanley-Cup	New York Rangers	
Deutsche Meisterschaft	Wiener EG	
Radsport		
Tour de France	Bis 1946 nicht ausgetragen	
Giro d'Italia (3574 km)	Fausto Coppi (ITA)	
Automobilsport (Grand-Prix-Rennen)		
GP von Tripolis	Alberto Farina (ITA), Alfa Romeo	
Boxen		
Schwergewichts-Weltmeisterschaft	Joe Louis (USA) – K. o. über Al McCoy (USA), 16.12. – K. o. über Arturo Godoy (ARG), 20.6. – K. o. über Johnny Paychek (USA), 29.3. – K. o. über Arturo Godoy (ARG), 9.2.	
Herausragende Weltrekorde		
Disziplin	Athlet (Land)	Leistung
Leichtathletik, Männer		
Stabhochsprung	Cornelius Warmerdam (USA)	4,70 m
Schwimmen, Frauen		
400 m Freistil	Ragnhild Hveger (DEN)	5:00,1 min

1941

Politik

Hitler-Mussolini-Konferenz

19.1. Berchtesgaden. Hitler empfängt Italiens Ministerpräsidenten Benito Mussolini zu einem Gespräch über die gemeinsame Kriegsführung beider Staaten. Nachdem die italienischen Offensiven in Afrika (↑S.364/19.8.1940) und Griechenland (↑S.366/28.10.1940) erfolglos verlaufen sind, vereinbaren Hitler und Mussolini die Beendigung des „Parallelkrieges". Damit ist Mussolinis Streben nach einer gleichberechtigten Großmachtstellung neben dem Deutschen Reich ebenso gescheitert wie sein Versuch, das Ansehen Italiens durch eine Demonstration militärischer Stärke zu verbessern.

Statt der bislang abgesprochenen getrennten Kriegsführung des Deutschen Reichs nördlich und Italiens südlich der Alpen wird nun gemeinsames Vorgehen auf dem Balkan und in Nordafrika beschlossen. Hitler sagt Mussolini die von ihm erbetene Hilfe in Nordafrika zu, auch, um den seit dem 18.12.1940 geplanten Angriff auf die Sowjetunion nicht durch einen unberechenbaren Unruheherd zu gefährden. Im Februar wird das deutsche Afrikakorps unter General Erwin Rommel aufgestellt. S 365/K 369

USA beschließen Land-Lease-Act

11.3. Washington. Im Kongreß wird das Leih-und-Pacht-Gesetz verabschiedet. Es ermöglicht die Verpfändung oder Überlassung US-amerikanischen Kriegsmaterials an kriegsteilnehmende Länder.

Die amerikanische Neutralitätsgesetzgebung vom 1.5.1937 erlaubte dem Präsidenten für zwei Jahre den Verkauf von Kriegsmaterial bei Barzahlung und eigenem Transport. Nachdem diese „Cash-and-Carry"-Klausel im Mai 1939 abgelaufen war, erreichte Präsident Franklin D. Roosevelt im November ihre Verlängerung. Er plädierte bereits seit September 1939 für eine Unterstützung der Alliierten im Kampf gegen Deutschland (↑S.353/2.10.1939). Isolationistische Kreise erhoben den Vorwurf, die Lockerung der neutralen Position führe die Vereinigten Staaten in den Krieg. Dagegen stimmt der Kongreß dem Leih-und-Pacht-Gesetz am 11.3. zu, um durch die Stärkung Großbritanniens ein militärisches Engagement der USA überflüssig zu machen.

Da das Gesetz Belieferungen ohne direkte Zahlung erlaubt, kann Großbritannien bis Ende 1941 über US-amerikanische Rüstungserzeugnisse im Wert von über 1 Mrd US-Dollar verfügen.

📖 H. Fish: Der zerbrochene Mythos. F. D. Roosevelts Kriegspolitik 1933–1945, 1989.

Kroatien wird selbständig

10.4. Zagreb (Agram). Marschall Slavko Kvaternik ruft im Namen Ante Pavelićs den unabhängigen Staat Kroatien aus.

Hitler hatte zur Sicherung der Südostflanke für den geplanten Angriff auf die Sowjetunion (↑S.372/22.6.) u. a. Jugoslawien dazu gedrängt, dem Dreimächtepakt beizutreten. Nachdem die jugoslawische Regierung am 25.3. dem Beitritt zugestimmt hatte, wurde sie zwei Tage darauf von westlich orientierten Offizieren gestürzt. Hitler beschloß daraufhin am 27.3. die Zerschlagung des jugoslawischen Staates.

Am 6.4. beginnt die Offensive. Nach der Kapitulation am 17.4. werden deutsche und italienische Besatzungszonen eingerichtet sowie Teilgebiete an Ungarn und Bulgarien abgetreten. In Kroatien beginnt die faschistische Ustascha-Bewegung unter ihrem „Führer" Ante Pavelić mit der Verfolgung und massenhaften Ermordung von Juden und Serben, die ihrerseits unter der Führung von

Wichtige Regierungswechsel 1941		K 374
Land	**Amtsinhaber**	**Bedeutung**
Iran	Resa Pahlawi (Schah seit 1925) Muhammad Resa Pahlawi (Schah bis 1979)	Sowjetische und britische Truppen besetzen den Iran (25.8.) und zwingen den Schah zum Rücktritt zugunsten seines Sohns
Japan	Fumimaro Prinz Konoe (M seit 1940) Hideki Tojo (M bis 1944)	Rücktritt von Konoe (16.10.) wegen gescheiterter Verhandlungen mit den USA über Pazifikregion; Tojo für bewaffneten Konflikt
Kambodscha	Sisovath Monivong (König seit 1927) Norodom Sihanuk (König bis 1955)	Sihanuk proklamiert 1945 die Unabhängigkeit; ein Jahr später wird Kambodscha der Französischen Union angegliedert
UdSSR	Wjatscheslaw Molotow (M seit 1930) Josef Stalin (M bis 1953)	Parteichef Stalin übernimmt den Vorsitz im Rat der Volkskommissare der UdSSR und wird damit Ministerpräsident

M = Ministerpräsident bzw. Premierminister

General Draza Mihajlovic eine nationalserbische Widerstandsbewegung („Tschetniks") aufbauen. S 256/K 267 S 366/K 370

J. Wuescht: Jugoslawien und das Dritte Reich. Eine dokumentierte Geschichte der deutsch-jugoslawischen Beziehungen von 1933 bis 1945, 1969.

Sowjetisch-japanischer Pakt

13.4. Moskau. Die Außenminister Japans und der Sowjetunion, Josuke Matsuoka und Wjatscheslaw M. Molotow, unterzeichnen ein gegenseitiges Neutralitätsabkommen.
Nachdem bereits der Dreimächtepakt vom 27.9.1940 (↑S.365) auf die Bindung der US-amerikanischen und britischen Kräfte im pazifischen Raum abzielte, versuchte Hitler noch einmal diesen Prozeß zu beschleunigen. Ende März, bei einem Besuch Matsuokas in Berlin, legt er ihm nahe, bald mit einem Angriff auf Britisch-Singapore zu beginnen. Seine Rückreise nach Japan unterbricht Matsuoka am 13.4. in Moskau. Durch die dortige Unterzeichnung des Neutralitätspaktes mit Molotow sichert er sich gegen einen Eingriff der Sowjetunion für den Fall eines Krieges im Pazifik ab.
Ob der Pakt mit dem Bündnispartner des Deutschen Reiches von sowjetischer Seite darauf abzielte, einen Zweifrontenkrieg im Falle eines deutschen Angriffs zu vermeiden oder der Versuch zu einem Schulterschluß mit Hitler war, ist ungeklärt.

Heß-Flug nach Schottland

10.5. Augsburg. Um 18 Uhr startet der „Stellvertreter des Führers" Rudolf Heß mit einer Me 110 nach Glasgow, wo er gegen 23 Uhr mit einem Fallschirm abspringt. Heß beabsichtigt, über den Herzog von Hamilton in Glasgow Kontakt zur britischen Regierung aufzunehmen. Kurz nach seiner Landung wird er von britischen Sicherheitskräften verhaftet. Heß sagt aus, er habe während des Frankreichfeldzugs (↑S.362/20.5.1940) erstmals darüber nachgedacht, die Ausgleichsbemühungen Hitlers mit Großbritannien durch seinen persönlichen Einsatz zu unterstützen. Die Luftangriffe auf Großbritannien (↑S.364/13.8.1940) bestärkten ihn in seiner Absicht, ein Friedensabkommen mit der britischen Regierung herbeizuführen, um bei einem Angriff auf die Sowjetunion einen Zweifrontenkrieg zu vermeiden. Heß wird bis Kriegsende in London interniert und 1946 in Nürnberg zu lebenslanger Haft verurteilt. 1987 begeht er als letzter Insasse im alliierten Kriegsverbrechergefängnis Berlin-Spandau Selbstmord. S 371/K 375

Führende Repräsentanten des NS-Regimes	K 375
Name (Lebensdaten)	Funktionen im Dritten Reich (Auswahl)
Martin Bormann (1900–1945, verschollen)	Seit 1941 Leiter der Parteikanzlei mit Ministerrang; 1943–45 „Sekretär des Führers"
Richard Walther Darré (1895–1953)	1933–42 Reichsernährungsminister; Verfechter der rassistischen „Blut-und-Boden"-Ideologie
Adolf Eichmann (1906–1962, hingerichtet)	Seit 1939 Leiter des Judenreferats im Reichssicherheitshauptamt; 1941–45 Organisation der „Endlösung der Judenfrage"
Hans Frank (1900–1946, hingerichtet)	Ab 1934 Reichsminister ohne Geschäftsbereich seit 1939 Generalgouverneur von Polen
Roland Freisler (1893–1945)	Seit 1934 Staatssekretär im Reichsjustizministerium; 1942–45 Präsident des Volksgerichtshofs
Wilhelm Frick (1877–1946, hingerichtet)	1933–43 Reichsinnenminister; 1943–45 Reichsprotektor von Böhmen und Mähren
Walther Funk (1890–1960)	Ab 1933 Staatssekretär im Propagandaministerium; 1938–45 Reichswirtschaftsminister
Joseph Goebbels (1897–1945, Selbstmord)	1933–45 Reichsminister für Volksaufklärung und Propaganda; 1943 Aufruf zum „totalen Krieg" (Rede im Berliner Sportpalast)
Hermann Göring (1893–1946, Selbstmord)	Seit 1933 preußischer Ministerpräsident und Reichsluftfahrtminister; ab 1935 Oberbefehlshaber der Luftwaffe; 1940 Reichsmarschall
Rudolf Heß (1894–1987, Selbstmord)	1933-41 Reichsminister ohne Geschäftsbereich und „Stellvertreter des Führers"
Reinhard Heydrich (1904–1942, ermordet)	Seit 1934 Leiter der Gestapo; 1939–42 Leiter des Reichssicherheitshauptamts; 1941 mit der „Endlösung der Judenfrage" beauftragt
Heinrich Himmler (1900–1945, Selbstmord)	Ab 1929 „Reichsführer SS"; 1939 Reichskommissar für die Festigung des deutschen Volkstums
Adolf Hitler (1889–1945, Selbstmord)	1933–45 Reichskanzler; nach dem Tod Hindenburgs 1934 „Führer und Reichskanzler"; ab 1938 Oberbefehlshaber der Wehrmacht; ab 1942 auch Oberster Gerichtsherr
Rudolf Höß (1900–1947, hingerichtet)	1940–43 Kommandant des Vernichtungslagers Auschwitz (2,5–4 Mio Menschen ermordet)
Ernst Kaltenbrunner (1903–1946, hingerichtet)	1943–45 als Nachfolger Heydrichs Chef des Reichssicherheitshauptamts und des SD
Wilhelm Keitel (1882–1946, hingerichtet)	1938–45 Chef des Oberkommandos der Wehrmacht; seit 1940 Generalfeldmarschall
Robert Ley (1890–1945, Selbstmord)	Seit 1933 Leiter der Dt. Arbeitsfront; ab 1934 Stabsleiter der Polit. Organisation der NSDAP
Joachim von Ribbentrop (1893–1946, hingerichtet)	1933–36 außenpolitischer Berater Hitlers, Sonderbotschafter; 1938–45 Reichsaußenminister
Alfred Rosenberg (1893–1946, hingerichtet)	1933–45 Reichsleiter der NSDAP; ab 1938 Herausgeber des „Völkischen Beobachters" 1941–1945 Reichsminister für die besetzten Ostgebiete
Fritz Sauckel (1894–1946, hingerichtet)	1942–45 Generalbevollmächtigter für den Arbeitseinsatz (Deportationen, Zwangsarbeit)
Baldur von Schirach (1907–1974)	1933–40 Jugendführer des Deutschen Reichs; 1940–45 Gauleiter und Reichsstatthalter in Wien
Arthur Seyß-Inquart (1892–1946, hingerichtet)	1938 Reichsstatthalter der „Ostmark"; 1939–45 Reichskommissar in den Niederlanden
Albert Speer (1905–1981)	1942 Reichsminister für Bewaffnung und Munition, 1943 für Rüstung und Kriegsproduktion
Fritz Todt (1891–1942)	Ab 1933 Leiter des Reichsautobahnbaus; 1940–42 Reichsminister für Bewaffnung und Munition

1941

"**Unternehmen Barbarossa**": Deutsche Panzereinheiten auf dem Vormarsch in der Ukraine. Hitlers Überfall auf die Sowjetunion, an dem 3 050 000 deutsche Soldaten beteiligt sind, kommt für die Regierung in Moskau überraschend, obwohl sie durch den britischen Geheimdienst über die Kriegsvorbereitungen informiert war.

E. Bird: Rudolf Heß, 1975. A. Seidl: Der verweigerte Friede. Deutschlands Parlamentär Rudolf Heß muß schweigen, 1985.

G. R. Überschär/W. Wette (Hg.): „Unternehmen Barbarossa". Der deutsche Überfall auf die Sowjetunion 1941, 1984. Rußland im Krieg 1941–1945. Der große Vaterländische Krieg aus sowjetischen Quellen dokumentiert, 1988.

Deutscher Angriff auf die UdSSR

22.6. Um 3.15 Uhr beginnt unter dem Decknamen „Unternehmen Barbarossa" auf breiter Front der deutsche Angriff auf die Sowjetunion. Nach einer Weisung Hitlers hatten am 18.12.1940 die Vorbereitungen für den Angriff begonnen, nachdem die Einbindung der Sowjetunion in den deutsch-italienisch-japanischen Dreimächtepakt (↑S.365/27.9.1940) gescheitert war. Hitler plante die Eroberung der Sowjetunion durch einen „Blitzkrieg", um danach das gefestigte Kontinentalimperium gegen britische und US-amerikanische Vorstöße absichern zu können. Vorrang vor wirtschaftlichen Zielen hatte dabei der Vernichtungskrieg gegen das Judentum und den Bolschewismus sowie die erstrebte Schaffung von „Lebensraum im Osten" für das deutsche Volk.

Ende des Jahres verlangsamt sich der deutsche Vormarsch aufgrund des einbrechenden Winters und der sowjetischen Gegenoffensive. Die einsetzende Kriegswende wird mit der Kapitulation der Nordgruppe der 6. deutschen Armee vor Stalingrad am 2.2.1943 (↑S.388) offensichtlich. S 373/K 376

Oberbefehl für Stalin und Hitler

7.8. Moskau. Der sowjetische Staatschef Josef Stalin ernennt sich selbst zum Oberbefehlshaber der Roten Armee.

Nach Beginn des deutschen Angriffs am 22.6. (↑S.372) war in der Sowjetunion eine Umbildung der Armeeführung vorgenommen worden. Am 30.6. übernahm ein staatliches Verteidigungskomitee unter Führung Stalins die strategische Führung, nachdem dem Generalstab keine effektive Verteidigung gelungen war. Seit Juli werden die sowjetischen Streitkräfte durch US-amerikanische Hilfsgüter unterstützt.

Innerhalb der deutschen Wehrmacht kommt es im August zum Konflikt zwischen dem Generalstab des Heeres und Hitler. Die obersten Militärs plädieren für einen Vormarsch von Smolensk auf Moskau, während Hitler den Ostseezugang im Norden blockieren und die kaukasischen Bodenschätze sichern will. Der Oberbefehlshaber des Heeres, Walter von Brauchitsch, muß im Dezember abdanken. Hitler selbst übernimmt diese Aufgabe.

Verkündung der Atlantikcharta

14.8. In der Argentiabucht vor Neufundland treffen US-Präsident Franklin D. Roosevelt und der britische Premierminister Winston Churchill an Bord des Kreuzers „Augusta" und des Schlachtschiffs „Prince of Wales" zu Beratungen zusammen und verkünden anschließend die Atlantikcharta.
Bereits 1939 hatte Roosevelt unter formaler Wahrung der Neutralitätsgesetzgebung begonnen, den US-amerikanischen Isolationismus zu umgehen, indem er Maßnahmen zur Unterstützung Großbritanniens ermöglichte (↑S.353/2.10.1939, S.370/11.3.1941). Entsprechend dieser Maßgabe kann er auch beim jetzigen Treffen gegenüber Churchill kein konkretes militärisches Vorgehen der Vereinigten Staaten zusagen.
Inhalt der Charta sind „Grundsätze ihrer gemeinsamen Politik" nach dem Krieg. Sie umfassen die Wiederherstellung der Souveränität entmachteter Staaten, Selbstbestimmung, Sicherheit, Frieden und freien Welthandel für alle Nationen.
Dem Deutschen Reich und Japan soll die weltweit beachtete Charta die amerikanisch-britische Geschlossenheit gegenüber ihren Expansionsplänen demonstrieren.

Umsiedlung der Wolgadeutschen

28.8. Moskau. Die sowjetische Regierung ordnet die Auflösung der Wolgadeutschen Republik an.
Nach Beginn des deutschen Angriffs auf die Sowjetunion am 22.6. (↑S.372) war befürchtet worden, daß die deutschstämmigen Kolonisten in der UdSSR zur Kollaboration mit den gegnerischen Truppen bereit sein könnten.
Die Wolgarepublik war mit etwa 400 000 Einwohnern das größte aller deutschen Siedlungsgebiete in der Sowjetunion. Angesichts des zunächst raschen deutschen Vormarsches ordnet die sowjetische Führung die zwangsweise Umsiedlung der Wolgadeutschen nach Sibirien und Mittelasien an. Pläne Alfred Rosenbergs, ab Juni Reichsminister für die besetzten Ostgebiete, sahen schon im April 1941 die Umsiedlung der „rassisch Geeignetsten" unter den Wolgadeutschen in die zur „Eindeutschung" vorgesehenen Gebiete vor (baltische Staaten, Westpolen, Ukraine). Eine Verwirklichung dieses Konzepts wurde durch die sowjetischen Gegenoffensiven verhindert.

Libanon wird unabhängig

27.11. Naher Osten. Der freifranzösische General und Diplomat Georges Catroux proklamiert die unabhängige Republik Libanon.

Der Krieg im Osten 1941–1945 K 376

Datum	Ereignis
1941	
22. 6.	Deutscher Überfall auf die UdSSR („Unternehmen Barbarossa")
9. 7.	Erste große Kesselschlacht bei Bialystok und Minsk
16. 7.	Wehrmacht erobert Smolensk (am 5.8. Ende der Kesselschlacht)
8. 9.	Beginn der Blockade Leningrads (bis 28.1.1944)
19. 9.	Eroberung Kiews; Ende der Kesselschlacht bei Kiew (26.9.)
2.10.	Deutscher Angriff auf Moskau beginnt („Unternehmen Taifun")
5.12.	Beginn der sowjetischen Gegenoffensive bei der „Kalininfront"
1942	
9. 1.	Sowjetische Gegenoffensive stößt bis Smolensk vor
18. 1.	Erfolgreiche sowjetische Offensive südlich von Charkow
28. 5.	Letzte erfolgreiche deutsche Kesselschlacht (bei Charkow)
1. 7.	Wehrmacht erobert Sewastopol, am 4.7. die gesamte Krim
3. 7.	Einnahme von Woronesch, 23.7. Eroberung von Rostow am Don
3. 8.	Beginn der deutschen Kaukasus-Offensive
22.11.	Im Raum Stalingrad wird die 6. deutsche Armee eingekesselt
1943	
2. 2.	Kapitulation der Nordgruppe der 6. Armee bedeutet Ende der Schlacht um Stalingrad (etwa 150 000 Tote, S.388)
14. 3.	Wehrmacht erobert Charkow zurück
5. 7.	Letzte große deutsche Offensive an der Ostfront (Unternehmen „Zitadelle"), am 13.7. auf Befehl Hitlers abgebrochen
17. 7.	Beginn einer großen sowjetischen Gegenoffensive
6.11.	Rote Armee erobert Kiew zurück
1944	
14. 1.	Sowjetische Großoffensive gegen die dt. Heeresgruppe Nord
4. 3.	Sowjetische Frühjahrsoffensive erzwingt Rückzug der Wehrmacht aus der Ukraine; Räumung der Krim (12.5.)
19. 3.	Besetzung Ungarns durch deutsche Truppen
22. 6.	Sowjetische Großoffensive gegen die dt. Heeresgruppe Mitte
3. 7.	Rote Armee erobert Minsk
31. 8.	Einmarsch der Roten Armee in Bukarest, am 19.9. in Sofia
12. 9.	Waffenstillstandsabkommen der Alliierten mit Rumänien, mit Finnland (19.9.) und mit Bulgarien (28.10.)
2.10.	Ende des Warschauer Aufstands (seit 1.8.), Kapitulation der nationalpolnischen Heimatarmee vor der Wehrmacht (S.397)
16.10.	Sowjetische Offensive gegen Ostpreußen (S.400)
1945	
12. 1.	Beginn einer großen sowjetischen Winteroffensive vom Baranow-Brückenkopf an der Weichsel aus
17. 1.	Einnahme Warschaus durch die Rote Armee
10. 2.	Kapitulation der Wehrmacht in Budapest
6. 3.	Letzte deutsche Offensive in Ungarn
18. 3.	Rote Armee erobert Kolberg, Danzig (30.3.), Königsberg (9.4.)
13. 4.	Rote Armee erobert Wien
16. 4.	Großangriff der Roten Armee auf Berlin, das am 2.5. kapituliert
9. 5.	Keitel wiederholt die Unterzeichnung der deutschen Gesamtkapitulation im sowjetischen Hauptquartier in Berlin-Karlshorst

1941

Japanischer Angriff auf Pearl Harbor:
Ein Vorpostenboot der US-Marine nähert sich den bombardierten US-Schlachtschiffen „West Virginia" und „Tennessee".

Pearl Harbor: Japans Vorstoß im Pazifik

Am 14.5. hatte die deutsche Führung versucht, den deutschfreundlich regierten Irak über Syrien im Kampf gegen britische Truppen zu unterstützen. Um weitere deutsche Vorstöße in den Nahen Osten zu verhindern, besetzten britische Truppen die unter französischer Kontrolle stehenden Länder Syrien und Libanon. Die freifranzösischen Truppen, die unter General Charles de Gaulle gegen Vichy-Frankreich und das Deutsche Reich kämpfen, beteiligten sich an dem Vormarsch. Um Bereitschaft zur Kooperation zu wecken, proklamierte Catroux am 27.9. die Unabhängigkeit Syriens. Im November folgt Libanon, das seit dem 1.9.1920 als Staat unter französischem Mandat besteht. Die andauernde Stationierung britischer und freifranzösischer Truppen schränkt die Autonomie ein. 1944 wird das Mandat aufgehoben, 1946 beginnt der Truppenabzug.

Angriff auf Pearl Harbor KAR

7.12. Pearl Harbor. Gegen 6.00 Uhr beginnt der japanische Luftangriff auf den US-amerikanischen Militärstützpunkt Pearl Harbor auf der Hawaiinsel Oahu. Seit März hatte sich Hitler einen japanisch-amerikanischen Konflikt erhofft, damit die US-Streitkräfte im Pazifik gebunden würden. Nach Abschluß des sowjetisch-japanischen Neutralitätspakts (↑S.371/13.4.), der dieses Vorhaben erleichterte, begannen jedoch Verhandlungen zwischen Japan und den USA über einen Ausgleich ihrer gegensätzlichen Interessen. Die Forderung nach einem japanischen Verzicht auf China, ein politisches und wirtschaftliches Hauptinteressengebiet der Vereinigten Staaten, führte zum Abbruch der Gespräche. Am 26.6. verhängte US-Präsident Franklin D. Roosevelt ein Handelsembargo über Japan, das sich daraufhin Ende November zu dem Angriff entschloß.

Am 8.12. folgt die Kriegserklärung der USA gegen Japan. Hitler, der Japan am 21.11. Unterstützung zugesagt hatte und die Entwicklung zum Weltkrieg schon unmittelbar vor Pearl Harbor für unvermeidbar hielt, erklärt daraufhin den Vereinigten Staaten am 11.12. den Krieg.

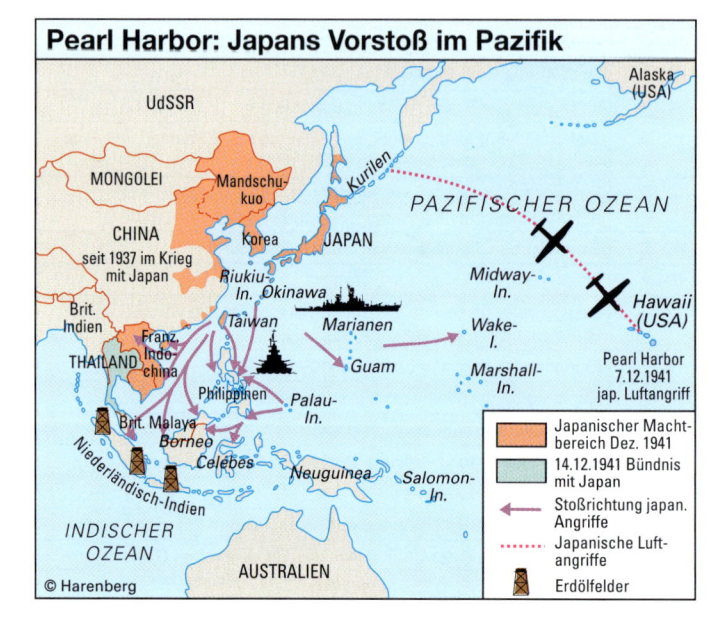

S 375/K 377

📖 B. Martin: Deutschland und Japan im Zweiten Weltkrieg. Vom Angriff auf Pearl Harbor bis zur deutschen Kapitulation, 1969. Der gute Krieg. Amerika im 2. Weltkrieg. Zeitzeugen sprechen, 1989.

Technik

Japan baut größtes Schlachtschiff

Japan. Mit der „Yamato" übertrifft Japan die Schiffe der anderen Seemächte an Größe und Gewicht. Das schwer bewaffnete und massiv gepanzerte Schiff ist 269 m lang; 150 000 PS machen das Schiff 27 Knoten schnell.
Das Schlachtschiff wird nach knapp dreijähriger Bauzeit zu Wasser gelassen. Zwei weitere Schiffe der gleichen Größe und Bauart folgen.
Gegen Kriegsende wird die „Yamato" auf die US-amerikanische Flotte vor Okinawa angesetzt; sie führt keinen Brennstoff für eine Rückfahrt mit. Nach zweistündigen Angriffen von etwa 1000 US-Kampfflugzeugen kentert sie und versinkt.

Zuse erfindet Computer

12.5. Berlin. Mit dem Rechenautomaten „Zuse Z 3" stellt der deutsche Bauingenieur Konrad Zuse den ersten arbeitsfähigen programmgesteuerten elektromechanischen Digitalrechner der Welt öffentlich vor. Damit hat er – drei Jahre vor dem unabhängig von ihm forschenden US-amerikanischen Mathematiker Howard Hathaway Aiken – den Computer erfunden.
Angeregt von der praktischen Forderung nach einer Vereinfachung und Systematisierung sich ständig wiederholender Rechenvorgänge beschäftigte sich Zuse seit 1934 mit der Entwicklung und dem Bau von Rechenmaschinen. Dabei wendet er erstmals das sog. Dual- oder Binärsystem an, das 1672 der deutsche Universalgelehrte Gottfried Wilhelm Leibniz begründete und 1854 der britische Mathematikprofessor George Boole zur formalen Logik ausbaute. Zuses „Z 3" verfügt über ein duales Rechenwerk mit rd. 600 Relais und ein Speicherwerk mit 1400 Relais. Die Schaltungen entstammen alten Telefonen. Eine Rechenoperation dauert etwa drei Sekunden.
Mit seinem „Plankalkül" entwickelt Konrad Zuse ab 1945 eine neuartige Programmiersprache für Rechenautomaten – etwa 10 Jahre vor Veröffentlichung der ersten problemorientierten Programmiersprache FORTRAN (↑S.510/1956). S 636/K 637

📖 K. Zuse: Der Computer – Mein Lebenswerk, 1970.

Der Krieg im Pazifik 1941–1945   K 377

Datum	Ereignis
1941	
7.12.	Japanischer Überfall auf den US-amerikanischen Flottenstützpunkt Pearl Harbor (Hawaii, S.374)
8.12.	Japan erklärt den USA und Großbritannien den Krieg; Kriegserklärung der Vereinigten Staaten an Japan; japanische Landung in Britisch-Malaya und auf den Philippinen; Eroberung der thailändischen Hauptstadt Bangkok
24.12.	Britische Kronkolonie Hongkong kapituliert vor Japan
1942	
2. 1.	Japan erobert Manila (Philippinen)
15. 2.	Kapitulation der britischen Festung Singapur vor Japan
8. 3.	Kapitulation der niederländischen Truppen auf Java: Indonesien gerät in die Hand der japanischen Armee
18. 4.	Erste US-Bombardements auf japanische Großstädte
6. 5.	Kapitulation der Alliierten auf der Philippinen-Insel Corregidor
8. 5.	Erste Flugzeugträgerschlacht im Korallenmeer endet mit einem taktischen Sieg der Japaner über die USA
20. 5.	Britische Armee muß Birma räumen
4. 6.	Schwere Niederlage Japans in der Schlacht um die Midway-Inseln bedeutet die Wende im Pazifik-Krieg: Vereinigte Staaten erringen die Seeherrschaft (S.380)
7. 8.	Amerikaner landen auf der Salomoneninsel Guadalcanal
1943	
30. 6.	Beginn einer alliierten Großoffensive im Südpazifik („Inselspringen") mit der Landung von amerikanischen Truppenverbänden auf Rendova (Salomonen) und Neuguinea
1. 8.	Das von Japan besetzte Birma erklärt sich für unabhängig; Kriegserklärung an die USA und Großbritannien
1.11.	Beginn einer „Großostasien-Konferenz" in Tokio, auf der Japan seine Politik „Asien den Asiaten" vorstellt
1944	
2. 2.	US-Truppen besetzen die Marshallinsel Kwajalein
4. 2.	Japanische Offensive in Birma gegen die britisch-indische Armee
17. 4.	Beginn einer japanischen Großoffensive in Südchina
15. 6.	US-Truppen besetzen die Marianeninsel Saipan
22.10.	Beginn einer viertägigen See- und Luftschlacht bei den Philippinen: USA zerschlagen die japanische Flotte
24.11.	Beginn einer amerikanischen Luftoffensive gegen Japan
1945	
3. 1.	Beginn der Rückeroberung Birmas durch die Briten
4. 2.	Amerikaner besetzen Manila (Philippinen)
9. 3.	US-Luftwaffe bombardiert Tokio
1. 4.	Amerikanische Landung auf Okinawa (Japan)
7. 4.	Versenkung der restlichen Flotte Japans (u. a. „Yamato", S.375)
6. 8.	Abwurf der ersten amerikanischen Atombombe auf die japanische Stadt Hiroshima (200 000 Tote, 100 000 Verletzte); am 9.8. zweite Atombombe auf Nagasaki (74 000 Tote, S.412)
8. 8.	Kriegserklärung der UdSSR an Japan
10. 8.	Kaiser Hirohito richtet Kapitulationsangebot an die Alliierten
2. 9.	Bedingungslose Gesamtkapitulation Japans

Film: Stars des dt.Kinos Willy Birgel und Zarah Leander (von l.). Mit der Rolle des Dedektivs in „Die Spur des Falken" gelingt Humphrey Bogart (l.) der internationale Durchbruch.

Kultur

Erfolg für „Lili Marleen"

Ab August wird der Schlager „Lili Marleen", gesungen von Lale Andersen, allabendlich vom deutschen Soldatensender Belgrad ausgestrahlt. An sämtlichen Fronten hat das Lied grenzüberschreitenden Erfolg; bis zum Kriegsende Anfang Mai 1945 wird es tagtäglich gesendet.

„Lili Marleen" wurde 1915 von Hans Leip geschrieben und 1938 erstmals von Lale Andersen in der Vertonung von Norbert Schultze aufgenommen.

Das Lied gehört zur leichten Unterhaltung, die von den nationalsozialistischen Machthabern als Ablenkung vor dem schwieriger werdenden Kriegsalltag gefördert wird. Stars wie Zarah Leander, Marika Rökk und Hans Albers werden von den Nazis umworben.

F. Prieberg: Musik im NS-Staat.

„Schachnovelle" gegen Faschismus

Stockholm. Der in Brasilien lebende Schriftsteller Stefan Zweig veröffentlicht beim Verlag Bermann-Fischer seine „Schachnovelle", eine subtile Analyse des faschistischen Terrors: An Bord eines Passagierdampfers kommt es zur Konfrontation zweier genialer Schachspieler, dem amtierenden Weltmeister und einem ehemaligen Gestapohäftling, der sich während seiner Isolationshaft durch das Nachspielen von Schachpartien gegen geistige Aushöhlung zu schützen versucht hatte.

Die „Schachnovelle" ist Zweigs letztes Prosawerk, bevor er seinem Leben am 23.2.1942 ein Ende setzt. S 377/K 379

D. Prater: Stefan Zweig, 1981.

Letzter Roman von Virginia Woolf

Großbritannien. Nach dem Selbstmord der Schriftstellerin Virginia Woolf erscheint

Die amerikanische Schwarze Serie	K 378
Regisseur (Lebensdaten)	**Werke (Jahr)**
George Cukor (1899–1983)	Das Haus der Lady Alquist (1944)
Edward Dmytryk (*1908)	Mord, mein Liebling (1944) Im Kreuzfeuer (1947)
Howard Hawks (1896–1977)	Haben und Nichthaben (1944) Tote schlafen fest (1946)
Alfred Hitchcock (1899–1980)	Verdacht (1941) Im Schatten des Zweifels (1943) Cocktail für eine Leiche (1948)
John Huston (1906–1987)	Die Spur des Falken (1941) Asphalt-Dschungel (1950)
Fritz Lang (1890–1976)	Ministerium der Angst (1944) Gefährliche Begegnung (1944) Jenseits allen Zweifels (1956)
Otto Preminger (1906–1986)	Laura (1944)
Robert Siodmak (1900–1973)	Zeuge gesucht (1943) Unter Verdacht (1944) Die Wendeltreppe (1945)
Charles Vidor (1900–1959)	Gilda (1946)
Raoul Walsh (1887–1980)	Entscheidung in der Sierra (1941)
Orson Welles (1915–1985)	Die Spur des Fremden (1946) Die Lady von Shanghai (1946) Im Zeichen des Bösen (1957)
Billy Wilder (*1906)	Frau ohne Gewissen (1944) Das verlorene Wochenende (1945) Boulevard der Dämmerung (1950)

„Citizen Kane": Der erst 25jährige Orson Welles verfaßte das Drehbuch, führte Regie und spielt die Hauptrolle. Sein Filmdebüt gilt unter Kritikern als sein bestes Werk überhaupt.

postum ihr Werk „Zwischen den Akten". Wie in „Mrs. Dalloway" (1925) erstreckt sich das Geschehen auf nur einen Tag. Im Rahmen der Vorbereitungen für ein dörfliches Fest beschreibt Woolf die Gedanken, Träume und Erinnerungen einiger Menschen.
Aufgrund formaler Neuerungen sind die Romane von Virginia Woolf (u. a. „Die Fahrt zum Leuchtturm", 1927; „Orlando", 1928) zu Klassikern der Moderne geworden. Sie versucht, dem flukturierenden Leben mit neuen Erzähltechniken gerecht zu werden: An die Stelle des allwissenden Erzählers treten die Bewußtseinsinhalte der Charaktere.
L. Gordon: Virginia Woolf. Das Leben einer Schriftstellerin, 1987.

Geniestreich von Orson Welles

1.5. New York. Der Film „Citizen Kane" wird uraufgeführt. Regisseur Orson Welles, der auch am Drehbuch mitarbeitete, spielt die Titelrolle; neben ihm sind Joseph Cotten und Dorothy Comingore zu sehen. Der 25jährige Welles, der von seiner Popularität nach der aufsehenerregenden Hörspielproduktion „Invasion vom Mars" (↑S.347/30.10.1938) profitierte, erhielt von Hollywood einen Vertrag, der ihm freie Hand ließ.
In Rückblenden, die mit vertrauten Sehgewohnheiten brechen, erzählt Welles das Leben des Pressetycoons Charles Foster Kane. Der Zeitungsverleger William Randolph

Kulturszene 1941 K 379

Theater	
Bertolt Brecht Mutter Courage und ihre Kinder; UA 19.4., Zürich	Parabel auf das Schicksal der kleinen Leute im Krieg: Die „Chronik aus dem Dreißigjährigen Krieg" zeigt Mutter Courage als Verliererin.
Jean Cocteau Die Schreibmaschine UA 29.4., Paris	Ein anonymer Briefschreiber versetzt in dem Boulevardstück eine Stadt in Angst und Schrecken; Menschen werden in den Tod getrieben.
Noel Coward Geisterkomödie UA 16.6., Manchester	Das witzig-gruselige Stück über die Folgen einer Geisterbeschwörung wird zum Dauererfolg auf britischen Bühnen.
Joseph Kesselring Arsen u. Spitzenhäubchen UA 10.1., New York	Die Komödie über zwei mit Gift mordende alte Damen wird ein Evergreen des schwarzen Humors und 1941 von Frank Capra verfilmt.
Musical	
Kurt Weill Lady in the Dark UA 23.1., New York	Das neben „One Touch of Venus" (1943) erfolgreichste Broadway-Musical des deutschen Emigranten; Gesangstexte: Ira Gershwin.
Konzert	
Olivier Messiaen Quatuor pour la fin du temps; UA 15.1., Görlitz	Eines der seltsamsten und widersprüchlichsten Kammermusikwerke aller Zeiten mit apokalyptisch-programmatischen Satzüberschriften.
Film	
John Ford So grün war mein Tal USA	Mehrfach ausgezeichneter Film über eine walisische Bergarbeiterfamilie im späten 19. Jh., die unter den Minenbesitzern leidet.
Alfred Hitchcock Verdacht USA	Geschichte einer reichen Erbin, die glaubt einen Mörder geheiratet zu haben; das Happy End wurde vom Produzenten erzwungen.
John Huston Die Spur des Falken USA	Erstes markantes Werk der „Schwarzen Serie"; Hustons Regiedebüt machte Humphrey Bogart als Detektiv Sam Spade über Nacht berühmt.
Georg Jacoby Frauen sind doch bessere Diplomaten; Deutschland	Biedermeier-Kostümfilm mit Marika Rökk und Willy Fritsch; erster deutscher abendfüllender Farbfilm (gedreht in Agfacolor).
Orson Welles Citizen Kane USA	Aufstieg und Fall des Pressezaren Charles Foster Kane; Welles' unkonventioneller Filmerstling errang einen Oscar für das Drehbuch.
Buch	
François Mauriac Die Pharisäerin Paris	Der Roman verurteilt am Beispiel einer selbstgerechten Frömmlerin jede Heuchelei, die sich als christliche Nächstenliebe ausgibt.
Michail Scholochow Der stille Don Moskau	Tolstois „Krieg und Frieden" ist Vorbild für den mehrbändigen, mehrfach ausgezeichneten Roman (1941: Stalinpreis; 1965: Nobelpreis).
Upton Sinclair Zwischen zwei Welten New York	Literarische Verarbeitung der Geschichte Europas und der USA nach dem 1. Weltkrieg, in der zahlreiche historische Personen auftreten.
Elio Vittorini Gespräch in Sizilien Mailand	Der Roman über die Reise eines Mannes in seine sizilianische Heimat wird von der Kritik als Meisterwerk des poetischen Realismus gelobt.
Franz Werfel Das Lied von Bernadette Stockholm	Die Realisierung des Romans über das Wunder von Lourdes ist die Erfüllung eines bei der Flucht nach Frankreich 1940 abgelegten Gelübdes.
Stefan Zweig Schachnovelle Stockholm	Ein als Nervenkranker aus Gestapohaft Entlassener fordert den primitiven und arroganten Schachweltmeister zu einer Partie heraus.

1941

Sport 1941		K 380
Fußball		
Deutsche Meisterschaft	Rapid Wien	
DFB-Pokal	Dresdner SC – FC Schalke 04 2:1	
Italienische Meisterschaft	AC Bologna	
Spanische Meisterschaft	Atletico Madrid	
Tennis		
US Open (seit 1881; 61. Austragung)	Herren: Bobby Riggs (USA) Damen: Sarah Palfrey-Cooke (USA)	
Australian Open	Bis 1945 nicht ausgetragen	
Eishockey		
Stanley-Cup	Boston Bruins	
Deutsche Meisterschaft	SC Riessersee	
Radsport		
Giro d'Italia	Bis 1945 nicht ausgetragen	
Boxen		
Schwergewichts-Weltmeisterschaft	Joe Louis (USA) – K. o. über Lou Nova (USA), 29.9. – K. o. über Billy Conn (USA), 18.6. – Techn. K. o. über Buddy Baer (USA), 23.5. – K. o. über Tony Musto (USA), 8.4. – K. o. über Abe Simon (USA), 21.3. – K. o. über Gus Doranzio (USA), 17.2. – K. o. über Red Burman (USA), 31.1.	
Herausragende Weltrekorde		
Disziplin	Athlet (Land)	Leistung
Leichtathletik, Männer		
1500 m	Gunder Hägg (SWE)	3:47,6 min
Hochsprung	Lester Steers (USA)	2,11 m
Stabhochsprung	Cornelius Warmerdam (USA)	4,72 m
Diskuswurf	Adolfo Condolini (ITA)	53,34 m
Schwimmen, Männer		
400 m Freistil	William Smith (USA)	4:38,5 min
200 m Rücken	Adolphe Kiefer (USA)	2:23,0 min
Schwimmen, Frauen		
800 m Freistil	Ragnhild Hveger (DEN)	10:52,5 min
200 m Brust	Anni Kappell (GER)	2:55,5 min

Hearst, der sich in dem Protagonisten verunglimpft sah, versuchte vergeblich, den Filmstart zu verhindern. „Citizen Kane" geht als Meisterwerk in die Filmgeschichte ein. Mit Hilfe von Weitwinkelobjektiven, raschen Perspektivwechseln und eines bis ins Detail durchkomponierten Bildaufbaus setzt er filmtechnische und -ästhetische Maßstäbe. Welles gelingt als Regisseur kein vergleichbares Werk mehr. Brillieren kann er als Schauspieler u. a. in Carol Reeds Film „Der dritte Mann" (1949). S 377/K 379

A. Bazin: Orson Welles, 1980.

Bogart auf der „Spur des Falken"

30.9. Das Erstlingswerk des US-amerikanischen Regisseurs John Huston, „Die Spur des Falken", hat Premiere. Der nach einem Kriminalroman von Dashiell Hammett gedrehte Film erzählt die Geschichte des Privatdetektivs Sam Spade, der einen Routine-Auftrag erhält und dabei in einen dubiosen Fall verwickelt wird, in dem eine mit Edelsteinen besetzte Falken-Statuette aus dem 16. Jh. im Mittelpunkt steht.

Der mit einem Mini-Budget von 300 000 US-Dollar produzierte Film leitet die „Schwarze Serie" des US-amerikanischen Kinos ein. In den pessimistischen Gangster- und Detektivfilmen dieses Genres spiegelt sich das in den USA vorherrschende Gefühl der gesellschaftlichen Krise wider.

Hauptdarsteller Humphrey Bogart wird über Nacht zu einem Weltstar und findet sein ideales Rollenfach. John Huston kann mit weiteren Filmen der „Schwarzen Serie", aber auch mit der filmischen Umsetzung literarischer Stoffe an seinen Erfolg anknüpfen. S 376/K 378

J. Coe: Humphrey Bogart. As time goes by. Eine Bildbiographie, 1991. St. Kaminsky: John Huston. Seine Filme – sein Leben, 1986.

1942

Politik

Deutsche U-Boote vor US-Küste

11.1. Unter dem Decknamen „Paukenschlag" beginnt der Einsatz deutscher U-Boote vor der amerikanischen Ostküste. Aufgrund der erfolglosen deutschen Luftangriffe auf Großbritannien (↑S.364/13.8.1940) wurde im Mai 1941 der U-Bootkrieg gegen britische Handelsschiffe wieder verstärkt, nachdem es im März wegen hoher Verluste zu einem vorläufigen Stillstand gekommen war. Die USA wurden in diesen Zufuhrkrieg einbezogen, als die amerikanische Flotte im September 1941 – gemäß der von US-Präsident Franklin D. Roosevelt vertretenen Politik der indirekten Kriegführung – Geleitschutz für die britische Seefahrt im Westatlantik übernahm.

Durch die Kriegserklärung an die USA am 11.12.1941 weiten sich die deutschen U-Bootoperationen bis in US-amerikanische Küstengewässer aus.

Nach anfänglichen Erfolgen verhindern die Sicherheitsvorkehrungen der USA weitere Verluste. Am 24.5.1943 ordnet Großadmiral Karl Dönitz wegen der hohen deutschen Verluste durch Fliegerangriffe den Abbruch der Operationen im Nordatlantik an. S 364/K 368

H. Schmoeckel: Menschlichkeit im Seekrieg? Wie die Gegner im 2. Weltkrieg miteinander umgegangen sind, 1987.

Konferenz zur „Endlösung" KAR

20.1. Berlin. Am Großen Wannsee findet eine Konferenz zum Thema „Endlösung" der Judenfrage statt, zu der Reinhard Heydrich, Chef der Sicherheitspolizei und des Sicherheitsdienstes, eingeladen hat. Es nehmen Vertreter aus SS und Reichsregierung teil.

Wie in Polen (↑S.352/1.9.1939) hatten auch nach dem deutschen Angriff auf die Sowjetunion (↑S.372/22.6.1941) Massenerschießungen von Juden und „politischen Gegnern" begonnen. Am 31.7.1941 wurde Heydrich vom Vorsitzenden des Ministerrats für Reichsverteidigung, Hermann Göring, mit einem „Gesamtentwurf" für den Vernichtungskrieg beauftragt. Der bereits von Oktober 1941 an durchgeführte rassenideologisch motivierte Massenmord in Konzentrationslagern wird auf der Wannsee-Konferenz nur noch bürokratisch nachvollzogen.

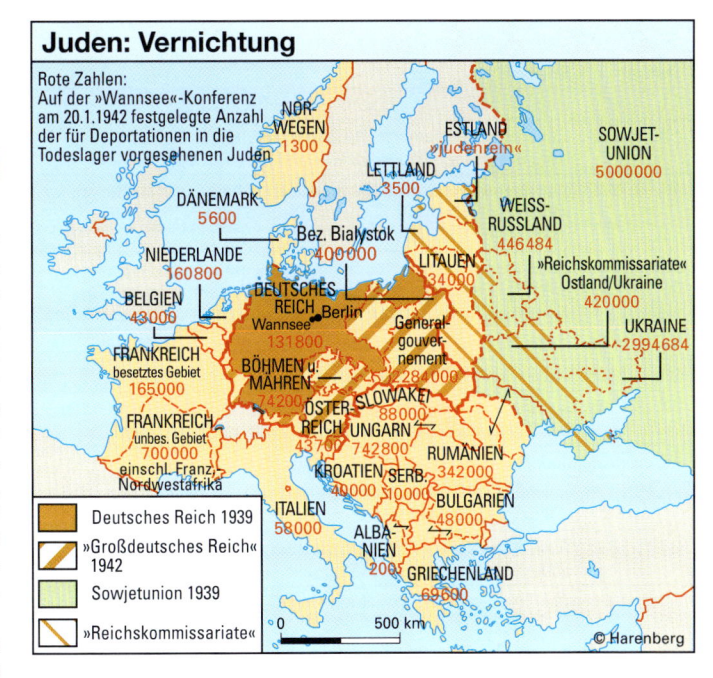

Der „Endlösung" sollen nach Heydrichs Berechnungen europaweit „rund 11 Mio Juden" zum Opfer fallen. Am 2.11.1944 ordnet der Reichsführer der SS, Heinrich Himmler, die Einstellung der Vergasungen in Konzentrationslagern an, durch die nach Schätzungen 5 bis 6 Mio. Juden umkamen. S 380/K 382

R. Longerich (Hg.): Die Ermordung der europäischen Juden. Eine umfassende Dokumentation des Holocaust von 1941–1945, 1989. T. Segev: Die Soldaten des Bösen. Zur Geschichte der KZ-Kommandanten, 1990.

Juden: Vernichtung

Rote Zahlen: Auf der »Wannsee«-Konferenz am 20.1.1942 festgelegte Anzahl der für Deportationen in die Todeslager vorgesehenen Juden

- NORWEGEN 1300
- ESTLAND »judenrein«
- SOWJETUNION 5000000
- DÄNEMARK 5600
- LETTLAND 3500
- WEISSRUSSLAND 446484
- NIEDERLANDE 160800
- Bez. Bialystok 400000
- LITAUEN 34000
- »Reichskommissariate« Ostland/Ukraine 420000
- BELGIEN 43000
- DEUTSCHES REICH Berlin, Wannsee 131800
- Generalgouvernement 2284000
- UKRAINE 2994684
- FRANKREICH besetztes Gebiet 165000
- BÖHMEN u. MÄHREN 74200
- SLOWAKEI 88000
- FRANKREICH unbes. Gebiet 700000 einschl. Franz. Nordwestafrika
- ÖSTERREICH
- UNGARN 742800
- RUMÄNIEN
- KROATIEN 40000
- SERB. 10000
- BULGARIEN 48000
- ITALIEN 58000
- ALBANIEN 200
- GRIECHENLAND 69600

Legende:
- Deutsches Reich 1939
- »Großdeutsches Reich« 1942
- Sowjetunion 1939
- »Reichskommissariate«

0 500 km © Harenberg

Reinhard Heydrich

Wichtige Regierungswechsel 1942			K 381
Land	Amtsinhaber	Bedeutung	
Chile	Gerónimo Méndez Arancibia (P seit 1941) Juan Antonio Ríos Morales (P bis 1946)	Morales lenkt wirtschaftlichen Aufschwung (Export wichtiger Rohstoffe) Chiles während des 2. Weltkriegs	
Frankreich	Philippe Pétain (M seit 1940) Pierre Laval (M bis 1944)	Laval, der als Exponent der Kollaboration mit dem Deutschen Reich gilt, wird auf Druck der Deutschen berufen	
Kolumbien	Eduardo Santos (P seit 1938) Alfonso López Pumarejo (P bis 1945)	Wahlsieg von Pumarejo, der schon in den 30er Jahren Reformen in der Arbeits- und Sozialgesetzgebung durchsetzte	

M = Ministerpräsident bzw. Premierminister; P = Präsident

1942

Stationen der „Endlösung der Judenfrage" K 382

Datum	Ereignis
1. 4.1933	Boykott-Tag gegen jüdische Geschäfte, Anwälte, Ärzte, Lehrer
7. 4.1933	Gesetz zur Wiederherstellung des Berufsbeamtentums: Berufsverbot für oppositionelle und jüdische Beamte
15. 9.1935	Nürnberger Gesetze: Ehen zwischen „Ariern" und Juden werden verboten; alle Juden im Deutschen Reich verlieren die bürgerliche Gleichberechtigung
26. 4.1938	Jüdische Vermögen über 5000 Reichsmark sind anmeldepflichtig; Errichtung, Veräußerung und Verpachtung von Gewerbebetrieben von bzw. an Juden wird genehmigungspflichtig
14. 6.1938	Jüdische Gewerbebetriebe sind kennzeichnungspflichtig
25. 7.1938	Juden vom Arztberuf ausgeschlossen
17. 8.1938	Juden mit nichtjüdischen Vornamen müssen ab 1.1.1939 den zusätzlichen Vornamen „Sara" bzw. „Israel" annehmen
27. 9.1938	Juden vom Rechtsanwaltsberuf ausgeschlossen
5.10.1938	Reisepässe der jüdischen Staatsbürger werden eingezogen Wiederausgabe der Pässe erfolgt nach Kennzeichnung mit „J"
28.10.1938	Abschiebung von 17 000 polnischen Juden, die im Deutschen Reich ansässig sind
7.11.1938	Der 17jährige polnische Jude Herschel Grynszpan erschießt in Paris den Legationssekretär Ernst vom Rath (S.343)
9.11.1938	Pogrome in Deutschland („Reichskristallnacht", S.344)
12.11.1938	Juden müssen 1 Mrd Reichsmark als Sühneleistung für Grynszpans Mord an Legationssekretär vom Rath zahlen; Ausschaltung der jüdischen Bevölkerung aus dem gesamten deutschen Wirtschafts- und Kulturleben
17. 1.1939	Berufsverbot für jüdische Apotheker, Zahn- und Tierärzte
12.10.1939	Erste Judendeportation aus dem ehemaligen Österreich und dem Protektorat Böhmen und Mähren ins Generalgouvernement (besetzte polnische Gebiete)
18.11.1939	Tragen des „Judensterns" wird in Krakau (Polen) eingeführt
30. 4.1940	Erstes jüdisches Ghetto in Lódz (Litzmannstadt/Polen) errichtet; am 15.11. entsteht in Warschau ein zweites Ghetto
31. 7.1941	Heydrich erhält den Auftrag, die „Gesamtlösung der Judenfrage im deutschen Einflußgebiet" vorzubereiten
1. 9.1941	Tragen des „Judensterns" wird im Deutschen Reich Pflicht
3. 9.1941	Erste „Probevergasungen" mit Zyklon B in Auschwitz (Polen)
23.10.1941	Verbot für deutsche Juden, aus Deutschland auszuwandern
5.12.1941	In Chelmno (Culm/Polen) beginnen Massenmorde an Juden in mit Vergasungsanlagen ausgerüsteten Lkw
20. 1.1942	„Wannsee-Konferenz" zur „Endlösung der Judenfrage" (S.379)
17. 3.1942	Erste Judendeportation in das Vernichtungslager Belzec (Polen; Aktion „Reinhard")
12. 5.1942	Erster datierbarer Massenmord an Juden in Auschwitz
22. 7.1942	Beginn des Abtransports von etwa 350 000 Juden aus dem Warschauer Ghetto in das Vernichtungslager Treblinka
19. 4.1943	Aufstand im Warschauer Ghetto: Mehr als 50 000 Juden werden von SS- und Polizeiverbänden getötet (S.390)
15. 5.1944	Deportation von 380 000 ungarischen Juden nach Auschwitz; 250 000 von ihnen werden vergast
23. 7.1944	Rotarmisten befreien erstes Vernichtungslager (Majdanek), Auschwitz wird erst am 27.1.1945 von der Roten Armee befreit; insgesamt fallen etwa 5,5 Mio Juden dem nationalsozialistischen Rassenwahn zum Opfer (S.405)

Britisches Flächenbombardement

28.3. Lübeck. Durch das erste Bombardement der britischen Luftwaffe auf deutsches Wohngebiet werden über 300 Menschen getötet und große Teile der historischen Lübecker Innenstadt zerstört. Das Präzisionsbombardement der Royal Air Force auf deutsche Industrieanlagen wurde bis Anfang 1942 von Marshall Sir Richard Peirse koordiniert. Nachdem entscheidende Erfolge ausgeblieben waren, wurde am 23.2. Sir (ab 1942) Arthur Travers Harris vom britischen Kriegskabinett zum Oberbefehlshaber über das Bomberkommando der britischen Luftwaffe ernannt. Harris, der seit dem 11.9.1939 die 5. Bombergruppe der Royal Air Force befehligte und seit 1940 im Luftfahrtministerium tätig war, trat für das Konzept der Flächenbombardierung deutscher Großstädte ein, um die Moral der Zivilbevölkerung zu untergraben. Nach einem weiteren Angriff auf Rostock folgt am 30.5. der erste britische 1000-Bomber-Angriff, durch den Köln zerstört wird. Am 31.5.1992 wird in London ein Denkmal für den 1984 gestorbenen Luftmarschall Harris errichtet. S 408/K 407

📖 D. Irving: Und Deutschlands Städte starben nicht. Ein Dokumentarbericht. Der Bombenkrieg gegen Deutschland, NA 1990.

Schlacht um die Midway-Inseln

4.6. Japanische See-Luft-Streitkräfte versuchen die Midway-Inseln im Nordpazifik zu erobern, unterliegen aber US-amerikanischen Flugzeugträgerverbänden.
Ziel der japanischen Operation war die Blockade der Seeverbindungen zwischen den USA und Australien, um den Aufbau einer alliierten Basis zu verhindern, die den Kampf gegen die japanische Expansion im Südwestpazifik erleichtert hätte. Am 8.5. sollte dazu in einer ersten Phase der Zugang zur Südküste Neuguineas erkämpft werden, um von dort aus eine Landung in Nordaustralien zu ermöglichen. Durch eine See-Luft-Schlacht im Korallenmeer, bei der sich die weit auseinanderliegenden Flotten durch Trägerflugzeuge bekämpften, konnten die USA diesen Vorstoß verhindern.
Der Versuch Japans, die Midway-Inseln zu besetzen, um einen Stützpunkt für Luftaufklärung einzurichten, stellt die zweite Phase dieses Plans dar, der durch das amerikanisch-japanische Gefecht am 4.6. vereitelt wird. Die Niederlage Japans verbessert die strategische Position der USA entscheidend und ist die Wende im Pazifikkrieg. S 375/K 377

📖 J. Piekalkiewicz: Seekrieg 1939–1945, 1989.

Zerstörung von Lidice

10.6. Lidice. Als Vergeltung für das Attentat auf Reinhard Heydrich wird das nahe Prag gelegene Dorf Lidice von deutschen Truppen dem Erdboden gleichgemacht.

Heydrich war am 27.9.1941 zum stellvertretenden Reichsprotektor für Böhmen und Mähren ernannt worden. Nach einer kurzen Phase des offenen Terrors gelang es ihm durch taktisches Entgegenkommen, den Widerstand gegen die deutsche Fremdherrschaft zu lähmen. Tschechoslowakische Exilkreise in London planten das Attentat, um durch die zu erwartenden deutschen Racheakte eine Reaktivierung des Widerstands zu erreichen. Am 27.5. wird Heydrich in Prag durch eine Bombe schwer verletzt und stirbt am 4.6.

Die am 10.6. beginnenden Vergeltungsmaßnahmen in Lidice werden mit angeblichen Verbindungen der Attentäter zu Einwohnern des Dorfes begründet. Einheiten der deutschen Sicherheitspolizei erschießen alle männlichen Einwohner. Frauen und Kinder werden ins Konzentrationslager Ravensbrück verschleppt. Die Gebäude des Ortes werden niedergebrannt. Nach 1945 wird Neu-Lidice in der Nähe des alten Ortes errichtet, der zur Gedenkstätte erklärt wird. S 381/K 383

D. Brandes: Die Tschechen unter deutschem Protektorat 1939–1944. 2 Bde., 1969 und 1975. K. Vogel: Lidice, ein Dorf in Böhmen. Rekonstruktion eines Verbrechens, 1989.

Debatten um die Zweite Front

18.6. Washington. Der britische Premierminister Winston Churchill verständigt sich während einer Konferenz über die alliierte Kriegführung mit US-Präsident Franklin D. Roosevelt auf eine Invasion in Nordafrika.

Seit dem deutschen Überfall auf die Sowjetunion (↑S.372/22.6.1941) drängt der sowjetische Staatschef Josef W. Stalin auf die Errichtung einer zweiten Front in Westeuropa zur Entlastung der Roten Armee. Das US War Departement erarbeitete Pläne für eine Groß-Invasion in Frankreich im Frühjahr 1943 sowie eine begrenzte Operation im Herbst 1942. Churchill stimmte einer langfristig vorbereiteten Invasion zu, wenn zuvor eine Schwächung des Deutschen Reichs erreicht sei. Die für 1942 vorgesehene Aktion lehnte er ab. Schließlich setzt er bei Roosevelt eine baldige Operation in Nordafrika durch. Die Zweite Front in Frankreich wird bis 1943 verschoben (↑S.388/14.1.1943).

Nach Protesten Stalins werden 5000 kanadische Soldaten am 19.8. nach Dieppe (Frankreich) entsandt, von denen 4350 der deutschen

Flächenbombardement: Köln ist am 30. Mai das Ziel des ersten britischen 1000-Bomber-Angriffs auf eine deutsche Großstadt. Luftbild der Innenstadt.

Verbrechen gegen die Menschlichkeit	K 383
Datum	Ereignis
1940	Sowjetische Volkskommissare ermorden in Katyn über 4000 polnische Offiziere; das Massengrab wird erst 1943 entdeckt
10. 6.1942	Zerstörung von Lidice (Tschechoslowakei) und Ermordung von 199 männlichen Einwohnern als Vergeltung für Attentat auf den stellvertretenden Reichsprotektor Reinhard Heydrich
24. 3.1944	Erschießung von 335 italienischen Geiseln in den Ardeatinischen Höhlen bei Rom als Vergeltung für einen Sprengstoffanschlag gegen die deutsche Besatzungsmacht
1. 4.1944	Ermordung von 120 Zivilisten durch die SS in Asq (Frankreich) als Vergeltung für einen Sprengstoffanschlag
10. 6.1944	SS-Massaker in Oradour-sur-Glane (Frankreich) als Vergeltung für die Entführung eines SS-Offiziers: 642 Opfer
20.10.1944	Rotarmisten richten in Nemmersdorf/Ostpreußen ein Blutbad an (50–80 ermordete Männer, Frauen und Kinder)

Offensiven im 2. Weltkrieg — K 384

Jahr	Angreifer	Angegriffener	Art der Offensive, Kampfverlauf
1939			
1. 9.	Deutschland	Polen	Kriegsbeginn („Fall Weiß"); Warschau kapituliert am 27.9.
30.11.	Sowjetunion	Finnland	Finnland gibt „Winterkrieg" am 12.3.1940 verloren
1940			
10. 5.	Deutschland	Belgien, Niederlande	Beginn der Westoffensive („Fall Gelb") unter Verletzung der Neutralität der Niederlande (Kapitulation: 23.5.) und Belgiens (Kapitulation: 28.5.)
5. 6.	Deutschland	Frankreich	Zweite Phase der Westoffensive; Paris wird eingenommen (14.6.)
13. 8.	Deutschland	Großbritannien	Beginn der Luftoffensive („Adlertag"); Beherrschung des Luftraums angestrebt
7. 9.	Deutschland	Großbritannien	Schwere Bombardierung Londons nach britischen Gegenangriffen
19. 8.	Italien	Großbritannien	Von Abessinien aus Eroberung von Britisch-Somaliland
1941			
19. 1.	Großbritannien	Italien	Offensive zur Befreiung Abessiniens; Addis Abeba fällt am 6.4.
16. 3.	Großbritannien	Italien	Offensive zur Rückeroberung des besetzten früheren Britisch-Somaliland
30. 3.	Deutschland	Großbritannien	Bei einer Gegenoffensive Rückeroberung des libyschen Gebiets Cyrenaika
6. 4.	Deutschland	Jugoslawien, Griechenland	Italien und Ungarn schließen sich deutschen Truppen an; Jugoslawien kapituliert am 17.4., Griechenland folgt am 21.4.
22. 6.	Deutschland	Sowjetunion	Überraschungsangriff; drei Viertel des Feldheeres (3 Mio Mann) beteiligt
2.10.	Deutschland	Sowjetunion	Angriff auf Moskau („Unternehmen Taifun") wegen russ. Winter unterbrochen
18.11.	Großbritannien	Deutsch.-Ital.	Offensive in Nordafrika; Rückzug von Generalleutnant Rommel
5.12.	Sowjetunion	Deutschland	Deutsches „Unternehmen Barbarossa" mit Einbruch des Winters gescheitert
7.12.	Japan	USA	Amerikanische Flotte in Pearl Harbor angegriffen; Offensive gegen südostasiatische Besitzungen der USA, Großbritanniens und der Niederlande
1942			
18. 1.	Sowjetunion	Deutschland	Offensive im Südabschnitt der Ostfront durchbricht deutsche Stellungen
2. 3.	Sowjetunion	Deutschland	Offensive in der Mitte der Front schwächt deutsches Herr entscheidend
28. 3.	Großbritannien	Deutschland	Flächenbombardement von Großstädten beginnt („Bomber-Command")
26. 5.	Deutsch.-Ital.	Großbritannien	Beginn einer Großoffensive in Nordafrika; Vordringen bis El Alamein
28. 6.	Deutschland	Sowjetunion	Beginn der großen Sommeroffensive (östlich von Charkow, S.383)
19. 8.	Deutschland	Sowjetunion	Angriff der 6. Armee unter General Paulus auf Stalingrad
23.10.	Großbritannien	Deutsch.-Ital.	Großoffensive zwingt Rommel zum Rückzug (entgegen Hitlers Befehl)
19.11.	Sowjetunion	Deutschland	Großoffensive: deutsche Truppen am 23.11. bei Stalingrad eingeschlossen
1943			
12. 1.	Sowjetunion	Ungarn	2. ungarische Armee vernichtend geschlagen; südliche Ostfront bedroht
19. 3.	Großbritannien	Deutsch.-Ital.	Großoffensive zwingt „Heeresgruppe Afrika" zur Kapitulation (13.5.)
17. 7.	Sowjetunion	Deutschland	Generaloffensive zwischen Asowschem Meer und oberem Dnjepr: Am 4.1.1944 überschreitet die Rote Armee die alte polnische Grenze (bis 1.9.1939)
1944			
4. 2.	Japan	Großbritannien	Vormarsch nach Indien scheitert, ebenso die ind. Erhebung gegen die Briten
22. 6.	Sowjetunion	Deutschland	Großoffensive gegen „Heeresgruppe Mitte" fügt Deutschen hohe Verluste zu
20. 8.	Sowjetunion	Rumän.-Deutsch.	Großoffensive schließt 6. deutsche Armee ein; Rote Armee in Rumänien
31. 7.	USA	Deutschland	Durchbrechen der Westfront bei Avranches; Frankreich für Deutschland verloren
16.12.	Deutschland	Alliierte	Ardennenoffensive: Überraschungsangriff der restlichen dt. Armee scheitert
1945			
12. 1.	Sowjetunion	Deutschland	Großoffensive gegen entblößte Ostfront: hohe Verluste bei Zivilbevölkerung, Eroberung Warschaus (17.1.), Königsberg kapituliert am 9.4.
6. 3.	Deutschland	Ungarn	Letzte dt. Offensive zur Sicherung des ungarischen Erdölgebiets scheitert
9. 4.	Alliierte	Deutsch.-Ital.	Meeresoffensive bringt Durchbruch; dt. Streitkräfte kapitulieren am 29.4.
16. 4.	Sowjetunion	Deutschland	Rote Armee beginnt Großangriff auf Berlin, das am 2.5. kapituliert

Abwehr zum Opfer fallen. Churchill sieht seine Haltung bestätigt. Am 8.11. beginnt die Nordafrika-Invasion (↑S.383/3.7.). S 365/K 369

Deutsche Sommeroffensive
28.6. Charkow. Unter dem Decknamen „Operation Blau" beginnt an der sowjetischen Südfront die deutsche Sommeroffensive.
Nachdem das „Unternehmen Barbarossa" (↑S.372/22.6.1941) im Dezember 1941 gescheitert war, stabilisierte sich das deutsche Ostheer im Frühjahr. Am 5.4. erklärte Hitler die Vernichtung der sowjetischen „Wehrkraft" und die Eroberung der kaukasischen Ölgebiete zum Ziel der Offensive. Der Entzug dieser kriegswichtigen Rohstoffe bei eigener Nutzung sollte die deutsche Position noch vor einem militärischen Eingreifen der USA in Europa stärken.
In der ersten Phase der Offensive marschieren die Heeresgruppen A und B aus Nord- und Südosten Richtung Stalingrad, um von dort aus in einer zweiten Phase gemeinsam in den Kaukasus vorzustoßen. Hitler unterschätzt aufgrund des strategischen Rückzugs der sowjetischen Truppen die gegnerische Schlagkraft. Er ordnet am 23.7. unter Abänderung des ursprünglichen Plans den getrennten Vormarsch der Heeresgruppen an. Am 21.8. erreicht die Heeresgruppe A den Berg Elbrus. Die Verbände der Heeresgruppe B dringen im September in Stalingrad ein (↑S.388/2.2.1943). S 382/K 384
📖 B. Wegner: Hitlers zweiter Feldzug gegen die Sowjetunion. Strategische Grundlagen und historische Bedeutung, in: W. Michalka: Der 2. Weltkrieg, 1989.

Wende vor El Alamein
3.7. Nach mehreren Versuchen, die letzte britische Verteidigungslinie vor Alexandria, El Alamein (Ägypten), zu durchbrechen, befiehlt der Oberbefehlshaber des deutschen Afrikakorps, General Erwin Rommel, die Einstellung der Angriffe.
Bis April 1941 war es den seit Februar in Nordafrika kämpfenden Truppen Rommels gelungen, Tobruk einzuschließen und bis an die ägyptische Grenze vorzustoßen (↑S.364/19.8.1940; ↑S.370/19.1.1941). Eine von Ägypten aus geführte Gegenoffensive der Briten drängte Anfang Dezember die deutsch-italienischen Truppen nach Libyen zurück. Ein erneuter, Anfang 1942 einsetzender Versuch, die britischen Truppen zu schlagen, führte bis zum 21.6. zur Einnahme der strategisch wichtigen Stadt Tobruk. Rommel setzte den Feldzug fort mit dem Ziel, nach Ägypten vorzustoßen und Kairo zu besetzen. Am 30.6. erreichte er El Alamein. Der unerwartet heftige Widerstand der britischen Streitkräfte bremst den deutschen Vormarsch. Ebenso wie vor Stalingrad und im Kaukasus (↑S.383/28.6.) endet hier die deutsche Expansion endgültig. Am 23.10. setzt die britische Gegenoffensive ein. Die Landung alliierter Truppen in Marokko und Algerien beginnt am 8.11. (↑S.381/18.6.). Am 13.5. 1943 kapitulieren die Reste des deutsch-italienischen Afrikakorps. S 365/K 369
📖 J. Piekalkiewicz: Der Wüstenkrieg in Afrika 1940–1943, 1989.

Besetzung Vichy-Frankreichs
11.11. Einheiten der deutschen Wehrmacht marschieren in den unbesetzten Teil Frankreichs ein. Italienische Truppen besetzen Gebiete westlich der Rhône und die Mittelmeerinsel Korsika.
Nachdem am 8.11. alliierte Truppen in Französisch-Nordwestafrika gelandet waren (↑S.383/3.7.), befahl der französische Staatschef Marschall Philippe Pétain die Verteidigung dieser Gebiete, um deutsche Repressalien zu verhindern. Inoffiziell aber gestattet er der französischen Wehrmacht in Algier die Einstellung der Kämpfe. Die Weigerung Ministerpräsident Pierre Lavals, Hitlers Forderung nach Kriegseintritt Vichy-Frankreichs zu entsprechen, führt zur Besetzung.
Nach diesem Bruch des deutsch-französischen Waffenstillstands (↑S.363/22.6.1940) endet die Zurückhaltung gegenüber den Alliierten. Am 22.11. vereinbaren Vichy-Frank-

Afrika-Feldzug: Deutsche und italienische Angriffe auf die Festung Tobruk in Lybien. Nicht nur die heftige Gegenwehr britischer Streitkräfte, sondern auch Nachschubprobleme veranlassen den „Wüstenfuchs" General Erwin Rommel, den Angriff abzubrechen und den sofortigen Rückzug einzuleiten.

reich und die USA, gemeinsam gegen die Achsenmächte zu kämpfen. Dem Versuch deutscher Einheiten, das Auslaufen der in Toulon liegenden französischen Flotte nach Afrika zu verhindern, kommt die französische Marine am 27.11. durch Versenkung der Schiffe zuvor. S 364/K 368

E. Jäckel: Frankreich in Hitlers Europa. Die deutsche Frankreichpolitik im Zweiten Weltkrieg, 1966.

Wirtschaft

Beveridge-Plan vorgelegt
1.12. London. Die britische Regierung veröffentlicht den Beveridge-Report, der die staatliche Wohlfahrtspolitik Großbritanniens festschreibt. Der Report sieht u. a. einen Ausbau der Kranken- und Arbeitslosenversicherung sowie die Schaffung einer gesetzlichen Rentenversicherung für Witwen und Waisen vor. Verfasser des Sozialplans ist der britische Nationalökonom William H. Beveridge, der 1941 den neugegründeten Ausschuß für Sozialversicherung übernommen hatte. Auf Grundlage des Beveridge-Plans werden nach 1945 zahlreiche Sozialreformen in die Wege geleitet.

Verkehr

Alaska rückt näher
29.10. Fairbanks. Der Alaska Highway, eine 2560 km lange Verbindung zwischen British-Columbia (Westkanada) und dem US-Territorium im Norden, wird nach nur siebenmonatiger Bauzeit dem Verkehr übergeben.
Militärstrategische Erwägungen gaben den Ausschlag für den schnellen Bau der Überlandstraße. Der japanische Angriff auf Pearl Harbor (↑S.374/7.12.1941) und die anschließende Expansion der Japaner im pazifischen Raum hatten die USA bewogen, Alaska (49. Bundesstaat seit 3.1.1959) in Defensiv- und Offensivkonzepte einzubeziehen. Die Straße dient zu Kriegszeiten überwiegend der Versorgung der Luftwaffenstützpunkte in Kanada und Alaska sowie dem Transport von Kriegsmaterial in die UdSSR.

E. Spiegelhalter (u. a.): Alaska Highway, 1988.
C. Heeb: Abenteuerwelt am Alaska Highway, 1991.

Wissenschaft

Auftakt zum Atomzeitalter
2.12. Chicago. Mit dem Ziel, früher als die Nationalsozialisten eine Atombombe zu entwickeln (sog. Manhattan-Projekt), bringt ein US-amerikanisches Team unter Leitung des italienischen Physikers Enrico Fermi den ersten Atomreaktor der Welt zum Laufen. Damit wird die erste von Menschen eingeleitete nukleare Kettenreaktion in Gang gesetzt und bewiesen, daß die in der Kernspaltung (↑S.346/ 22.12.1938) steckende Energie nutzbar ist. Gleichzeitig mit der Entwicklung der Atom- (↑S.412/6.8.1945), Wasserstoff- (↑S.475/1.11. 1952) und Neutronenbombe (↑S.716/1977) sowie von Atomsprengköpfen auf Interkontinentalraketen geht der Bau von Kernreaktoren – auch solchen, die spaltbares Material erzeugen (sog. Brutreaktoren) – weiter. 1996 erzeugen 428 Kernkraftwerksblöcke in 30 Ländern mehr als 360 Gigawatt elektrische Energie (ca. 17% des Stromes auf der Welt). S 346/K 352

Technik

Raster-Mikroskop
Pittsburgh. Die US-amerikanischen Physiker Wladimir Kosma Zworykin und James Hillier verbessern das Elektronenmikroskop von Ernst Ruska (↑S.274/1931) und schaffen das Raster-Mikroskop. Durch eine magnetische Ablenkvorrichtung kann man erstmals einen scharf gebündelten Elektronenstrahl als eine Art Sonde zeilenweise über das Objekt führen und somit dessen Oberfläche abtasten. Das Auflösungsvermögen liegt bei etwa einem hunderttausendstel Millimeter. Die Technik des „Abrasterns" von Oberflächen führt 1981 (↑S.750) zur Erfindung des Raster-Tunnel-Mikroskops, mit dem zum erstenmal atomare Strukturen sichtbar gemacht werden können.

L. Reimer (u. a.): Raster-Elektronenmikroskopie, NA 1977.

Künstliche Niere entgiftet Blut
Der Niederländer Willem Johan Kolff entwickelt den Dialyse-Apparat, die sog. Künstliche Niere. Bei lebensgefährlichen Erkrankungen der Nieren übernimmt die Apparatur die Funktion der Organe, die dem Blut die Endprodukte des Stoffwechsels (Harnstoff und Harnsäure) sowie die für den Körper schädlichen Salze entziehen.
Die Künstliche Niere besteht aus einem großflächigen Schlauchsystem, das vom Blut des Patienten durchströmt wird. Dieses halbdurchlässige System, das den Kapillarschlingen der Niere entspricht, führt in eine Spüllösung mit einer dem sauberen Blut identischen Salzkonzentration. Aufgrund des Konzentra-

Deutsche und österreichische Wissenschaftler und Künstler im Exil

Name (Lebensdaten) Beruf	Anmerkungen
Wissenschaftler	
Theodor W. Adorno (1903–1969) Philosoph und Soziologe	1934–38 Emigration über England in die USA; Lehrtätigkeit in Oxford, New York und Berkeley; 1949 Rückkehr nach Frankfurt/M.
Martin Buber (1878–1965) Religionsphilosoph	1938 Emigration nach Palästina, wo er bis 1951 eine Professur für Sozialphilosophie an der Hebräischen Universität Jerusalem bekleidete
Albert Einstein (1879–1955) Physiker	Infolge antisemitischer Angriffe 1932 Emigration in die USA; er machte 1939 Präsident Roosevelt auf den möglichen Bau einer deutschen Atombombe aufmerksam
Sigmund Freud (1856–1939) Mediziner und Psychologe	Der Begründer der Psychoanalyse war in Wien als Dozent und Arzt tätig, bis er 1938 nach dem Anschluß Österreichs nach London emigrierte
Lise Meitner (1878–1968) Physikerin	Nach dem Anschluß Österreichs an das Deutsche Reich Emigration über die Niederlande und Dänemark nach Schweden; führte 1939 den Begriff „Kernspaltung" ein
Emmy Noether (1882–1935) Mathematikerin	1922–33 außerordentliche Professur an der Universität Göttingen bis zum Entzug der Lehrbefugnis durch die Nazis; 1933 Emigration in die USA
Wilhelm Reich (1897–1957) Psychoanalytiker	Bis 1933 als Arzt und Lehrbeauftragter in Berlin tätig, anschließend Flucht nach Dänemark; ab 1939 Professor an der New Yorker New School for Social Research
Schriftsteller	
Walter Benjamin (1892–1940) Schriftsteller und Philosoph	1933 Emigration nach Paris; am 26./27.9.1940 Selbstmord in Port Bou (Spanien) aus Angst, als Jude an die Gestapo ausgeliefert zu werden
Bertolt Brecht (1898–1956) Schriftsteller	1933 Emigration, Stationen des Exils (bis 1948) sind Dänemark, Schweden, Finnland die Sowjetunion und ab 1941 die USA; 1935 durch die Nazis ausgebürgert
Lion Feuchtwanger (1884–1958) Schriftsteller	1933 Ausbürgerung durch die Nazis während eines USA-Aufenthalts; 1933–40 Organisation des Widerstands in Frankreich; 1940 Flucht in die USA
Else Lasker-Schüler (1869–1945) Schriftstellerin	1933 Emigration in die Schweiz; ab 1937 Aufenthalt in Palästina (Jerusalem); 1938 Ausbürgerung durch die Nationalsozialisten
Thomas Mann (1875–1955) Schriftsteller	1933 Emigration über Belgien und Frankreich in die Schweiz; erwarb 1936 die tschechoslowakische Staatsbürgerschaft; 1939 Übersiedlung in die USA (bis 1952)
Kurt Tucholsky (1890–1935) Schriftsteller	1929 Übersiedlung nach Schweden; 1933 Verbot seiner Bücher in Deutschland und Ausbürgerung durch die Nazis; 1935 Selbstmord in Hindas bei Göteborg (Schweden)
Bildende Künstler	
Max Beckmann (1884–1950) Maler, Grafiker und Bildhauer	1937 Emigration nach Amsterdam, nachdem 590 seiner Werke als „entartet" aus den deutschen Museen entfernt worden waren; 1947 Übersiedlung in die USA
Walter Gropius (1883–1969) Architekt und Designer	1934 Emigration des ehemaligen Bauhaus-Direktors nach England; 1937–52 Leiter der Architekturabteilung der Harvard University in Cambridge/USA
George Grosz (1893–1959) Grafiker und Maler	1931–55 Gastdozent, nach der Emigration 1933 Lehrer an der Art Students' League in New York; 1938 Erwerb der amerikanischen Staatsbürgerschaft
Oskar Kokoschka (1886–1980) Maler und Grafiker	1934 Emigration nach Prag; 1937 Entfernung seiner Werke aus deutschen Museen; 1938 Emigration nach London; 1943 Präsident der Freien Liga für deutsche Kultur
Musiker	
Friedrich Hollaender (1896–1976) Musiker, Komponist und Texter	Der „Chronist und Augenzeuge der 20er Jahre", wie ihn Zeitgenossen nannten, emigrierte 1933 in die USA, wo er die Musik zu über 30 Filmen komponierte
Arnold Schönberg (1874–1951) Komponist	1933 Emigration in die USA, nachdem die Nazis seine Zwölftonmusik als „entartet" diffamiert hatten; 1936–44 Professor in Los Angeles
Bruno Walter (1876–1962) Dirigent	1929–33 Gewandhauskapellmeister in Leipzig; 1939 Emigration über Frankreich in die USA; ab 1941 Dirigent an der Metropolitan Opera in New York
Kurt Weill (1900–1950) Komponist	1933–35 Aufenthalte in Paris und London; 1935 Emigration in die USA, wo er zahlreiche Stücke für das New Yorker Broadway-Theater schrieb
Regisseure	
Fritz Lang (1890–1976) Filmregisseur	1933 nach dem Verbot der Uraufführung von „Das Testament des Dr. Mabuse" Emigration über Frankreich in die USA; 1936 Mitbegründer der Anti-Nazi-Liga
Erwin Piscator (1893–1966) Theaterregisseur	1931 Emigration in die UdSSR; 1936–39 Emigration nach Paris, 1939–51 Emigration in die USA; 1951–62 Gastregie in der BRD, der Schweiz, Italien und den Niederlanden
Max Reinhardt (1873–1943) Theaterregisseur	Nach der Enteignung der Berliner Bühnen durch die Nationalsozialisten Übersiedlung nach Wien; 1938 Emigration in die USA

1942

Kulturszene 1942 — K 386

Theater

Henry de Montherlant Die tote Königin UA 8.12., Paris	Das Stück über Inès de Castro, die erste Gemahlin des Infanten Dom Pedro von Portugal (14. Jh.), fußt auf einem Barockdrama.
Thornton Wilder Wir sind noch einmal ... UA 15.10., New Haven	„Wir sind noch einmal davongekommen" behauptet der Autor in diesem Drama, das die Menschheitsgeschichte Revue passieren läßt.

Oper

Werner Egk Columbus UA 13.1., Frankfurt/M.	Szenische Erstaufführung einer Oper über den genuesischen Seefahrer, die als sog. Rundfunkoper bereits 1933 Premiere hatte.
Richard Strauss Capriccio UA 28.10., München	Plädoyer für die Gleichrangigkeit von Musik und Dichtung: Transparenter Orchesterklang ermöglicht größte Textverständlichkeit.

Konzert/Ballett

Aaron Copland Rodeo UA 16.10., New York	Die Ballettmusik in Form einer kleinen viersätzigen Sinfonie verarbeitet Volksmusik aus dem nordamerikanischen Westen.
Dmitri Schostakowitsch Sinfonie („Leningrader") UA 3.3., Kuibyschew	Erste von drei Sinfonien mit thematischem Bezug zu den Kriegsereignissen, hier zur deutschen Blockade Leningrads.

Film

Marcel Carné Die Nacht mit dem Teufel Frankreich	Ursprünglich als Anspielung auf Hitler konzipiert; die deutsche Zensur erzwang jedoch die zeitliche Rückverlegung ins Jahr 1485.
Michael Curtiz Casablanca USA	Die wehmütige Romanze vor dem Hintergrund des 2. Weltkriegs (mit Humphrey Bogart, Ingrid Bergman und Claude Rains) wird ein Kultfilm.
Helmut Käutner Romanze in Moll Deutschland	Geschichte einer Frau zwischen zwei Männern nach einer Novelle von Guy de Maupassant; künstlerisch bedeutendster Film der NS-Zeit.
Ernst Lubitsch Sein oder Nichtsein USA	Komödie über eine polnische Schauspielertruppe, die im besetzten Warschau Gestapo und Wehrmacht überlistet.
Luchino Visconti Ossessione – Von Liebe besessen; Italien	Exakte Darstellung der deprimierenden sozialen Realität Italiens anhand eines Kriminalfalls; erster neorealistischer Film.

Buch

Albert Camus Der Fremde Paris	Die Entfremdung zwischen den Menschen und die Absurdität ihrer Existenz sind Motiv eines sinnlosen Mordes.
Albert Camus Der Mythos von Sisyphos Paris	Camus stellt in seinem philosophischen Essay mit dem Untertitel „Ein Versuch über das Absurde" die Frage nach der Wertigkeit des Lebens.
Camillo José Cela Pascual Duartes Familie Madrid	Erstes Werk des Trendismo, der spanischen Variante des Existenzialismus: Ein Mörder legt vor der Hinrichtung Zeugnis von seinen Taten ab.
Klaus Mann Der Wendepunkt New York	Die Autobiographie des ältesten Sohns von Thomas Mann, geschrieben im Exil, erscheint erst 1949 in deutscher Sprache.
Anna Seghers Das siebte Kreuz Mexiko	Der antifaschistische „Roman aus Hitlerdeutschland" bringt Weltruhm für die Autorin; 1944 wird er von Fred Zinnemann verfilmt.
Vercors Das Schweigen d. Meeres Paris	Ein deutscher Offizier wird bei einer französischen Familie einquartiert, bei der er trotz Rechtfertigungsversuchen auf Ablehnung stößt.

tionsgefälles, das mit dem verunreinigten Blut in der Lösung entsteht, wandern die sauberen Blutbestandteile durch eine Membran wieder in den Blutkreislauf, während die Giftstoffe in der Spüllösung bleiben. Die Künstliche Niere wird bei akutem oder chronischem Nierenversagen, aber auch bei Vergiftungen eingesetzt. Nierenkranke müssen zwei- bis viermal in der Woche an die Künstliche Niere angeschlossen werden.

Kultur

„Das siebte Kreuz"

Mexiko. In dem mexikanischen Verlag El libro libre erscheint eines der herausragenden Werke der deutschen Exilliteratur, „Das siebte Kreuz. Roman aus Hitlerdeutschland" von Anna Seghers.
Seghers beschreibt das Schicksal von sieben Häftlingen, denen die Flucht aus einem Konzentrationslager glückt. Sechs werden wieder eingefangen und am Kreuz zu Tode gequält. Das siebte Kreuz bleibt leer und wird den KZ-Häftlingen zum Symbol der Freiheit und des Widerstands.
Die 1900 in Mainz geborene Autorin ist seit 1928 Mitglied der KPD. 1933 floh sie aus Deutschland und lebt seit 1941 in Mexiko. Nach 1945 wird sie zur herausragenden Gestalt der DDR-Literatur. S 385/K 385 S 386/K 386
K. Batt: Anna Seghers, 1973. F. Wagner: Anna Seghers, 1980.

Kultfilm „Casablanca"

26.11. New York. Im Hollywood Theatre wird der von Michael Curtiz inszenierte Film „Casablanca" mit Humphrey Bogart und Ingrid Bergman in den Hauptrollen uraufgeführt.
Der Film spielt während des 2. Weltkriegs in der von Flüchtlingen überfüllten Stadt Casablanca. Bogart verkörpert einen zynischen Einzelgänger und Barbesitzer, der seiner Jugendliebe und deren Ehemann, einem deutschen Widerstandskämpfer, zur Flucht verhilft. In Nebenrollen sind namhafte aus Deutschland emigrierte Schauspieler zu sehen, u. a. Conrad Veidt und Peter Lorre.
Der Film, anfangs kein Kassenerfolg, gilt trotz chaotischer Dreharbeiten als eine der perfektesten Hollywoodproduktionen und wird zum Kernstück des Bogart-Kults. Sätze wie „Ich schau Dir in die Augen, Kleines" werden sprachliches Allgemeingut filmbegeisterter Kinogänger. S 386/K 386
A. Thorer: Casablanca, 1990. J. Coe: Humphrey Bogart: As time goes by, 1991.

1942

Sport

Sechster Titel für Schalke
5.7. Berlin. Im mit 100 000 Zuschauern ausverkauften Olympia-Stadion wird der FC Schalke 04 durch einen 2:0-Erfolg über Vienna Wien Deutscher Fußballmeister. Mit ihrem sechsten Titelgewinn nach 1934, 1935, 1937, 1939 und 1940 ziehen die „Königsblauen" mit dem Rekordmeister 1. FC Nürnberg gleich.
Die Schalker gingen in der 14. Spielminute durch ihren Rechtsaußen Ernst Kalwitzki in Führung. Kurz vor Ende der ersten Halbzeit erzielte Fritz Szepan das 2:0, das die Knappen in der zweiten Hälfte gegen die anstürmenden Wiener über die Zeit brachten.
Das sichere Direktspiel („Schalker Kreisel") machte das Team um Spielführer Ernst Kuzorra und Fritz Szepan zur erfolgreichsten Vereinsmannschaft der 30er Jahre. Im ersten gesamtdeutschen Endspiel 1940 deklassierten die Schalker die Elf von Admira Wien 9:0.
Einen möglichen Doppelerfolg – Gewinn von Meisterschaft und DFB-Pokal – verfehlen die Schalker 1942 nur knapp. Gegen den TSV 1860 München unterliegen sie am 15.11. im Pokal-Endspiel an gleicher Stelle vor 75 000 Zuschauern mit 0:2. Eine geschlossene Mannschaftsleistung der respektlosen jungen Spieler aus Bayern siegt über die Routine des Deutschen Meisters.
1958 holt Schalke 04 mit einem 3:0 gegen den Hamburger SV seinen siebten – und vorläufig letzten – Titel. S 387/K 387

Schalke 04 (Hg.): Fußball in Blau u. Weiß, 1987.

Gunder Hägg sammelt Weltrekorde
20.9. Göteborg. Der schwedische Mittelstreckenläufer Gunder Hägg stellt seinen zehnten Weltrekord binnen zwölf Wochen auf: Er läuft 5000 m in 13:58,2 min und bleibt damit als erster unter 14 min.
Zuvor hatte Hägg u. a. Weltrekorde über eine Meile (4:04,6 min), zwei Meilen (8:47,8 min), drei Meilen (13:35,4 min), 1500 m (3:45,8 min), 2000 m (5:11,8 min) und 3000 m (8:01,2 min) aufgestellt. Da andere Sportler wegen des Krieges nicht an Wettkämpfen teilnehmen konnten, lief Hägg bei seinen Rennen häufig allein gegen die Uhr oder gegen seinen Landsmann Arne Andersson.
1945 kommt er mit 4:01,4 min über eine Meile schon nahe an die „Traummeile" (die Meile in einer Zeit unter vier Minuten). Am 6.5.1954 durchbricht Roger Bannister aus Großbritannien als erster diese magische Grenze (3:59,4 min). S 387/K 388

Erfolgreichste Fußballclubs bis 1963[1] K 387

Verein	Erfolge
1. FC Nürnberg	8 x Deutscher Meister (1920, 1921, 1924, 1925, 1927, 1936, 1948, 1961), 3 x DFB-Pokalsieger (1935, 1939, 1962), 3 x Vizemeister (1934, 1937, 1962)
FC Schalke 04	7 x Deutscher Meister (1934, 1935, 1937, 1939, 1940, 1942, 1958), DFB-Pokalsieger 1937, 3 x Vizemeister (1933, 1938, 1941)
Hamburger SV[2]	3 x Deutscher Meister (1923, 1928, 1960) DFB-Pokalsieger 1960, 3 x Vizemeister (1957, 1958, 1963)
VfB Leipzig	3 x Deutscher Meister (1903, 1906, 1913), DFB-Pokalsieger 1936, 2 x Vizemeister (1911, 1914).
Borussia Dortmund	3 x Deutscher Meister (1956, 1957, 1963) 2 x Vizemeister (1949, 1961)
SpVgg Fürth	3 x Deutscher Meister (1913, 1926, 1929), Vizemeister 1920
VfB Stuttgart	2 x Deutscher Meister (1950, 1952), 2 x DFB-Pokalsieger (1954, 1958), 2 x Vizemeister (1935, 1953)
Dresdner SC	2 x Deutscher Meister (1943, 1944), 2 x DFB-Pokalsieger (1940, 1941), Vizemeister 1940
Hertha BSC Berlin	2 x Deutscher Meister (1930, 1931), 4 x Vizemeister (1926, 1927, 1928, 1929)
1. FC Kaiserslautern	2 x Deutscher Meister (1951, 1953), 3 x Vizemeister (1948, 1954, 1955)

1) Bundesligagründung; 2) 1922 wurde dem Hamburger SV nach zwei Unentschieden (2:2 und 1:1) gegen den 1. FC Nürnberg der Titel zugesprochen, der HSV verzichtete jedoch

Sport 1942 K 388

Fußball	
Deutsche Meisterschaft	FC Schalke 04
DFB-Pokal	TSV München 1860 – FC Schalke 04 2:0
Italienische Meisterschaft	AS Rom
Spanische Meisterschaft	FC Valencia
Tennis	
US Open (seit 1881; 62. Austragung)	Herren: Ted Schroeder (USA) Damen: Pauline Betz (USA)
Eishockey	
Stanley-Cup	Toronto Maple Leafs
Deutsche Meisterschaft	Nicht ausgetragen
Boxen	
Schwergewichts-Weltmeisterschaft	Joe Louis (USA) – K. o. über Abe Simon (USA), 27.3. – K. o. über Buddy Baer (USA), 9.1.

Herausragende Weltrekorde

Disziplin	Athlet (Land)	Leistung
Leichtathletik, Männer		
1500 m	Gunder Hägg (SWE)	3:45,8 min
5000 m	Gunder Hägg (SWE)	13:58,2 min
Stabhochsprung	Cornelius Warmerdam (USA)	4,77 m
Leichtathletik, Frauen		
Speerwurf	Anneliese Steinhauer (GER)	47,24 m

1943

Stalingrad: Nach der Kapitulation der 6. Armee ziehen die deutschen Wehrmachtssoldaten in russische Kriegsgefangenschaft.

Politik

Konferenz in Casablanca

14.–26.1. Casablanca. US-Präsident Franklin D. Roosevelt und der britische Premierminister Winston Churchill treffen sich mitsamt ihren militärischen Führungsstäben in der marokkanischen Hafenstadt Casablanca zu einer Geheimkonferenz.

Nachdem die am 18.6.1942 (↑S.381) beschlossene alliierte Landung in Französisch-Nordwestafrika am 8.11.1942 begonnen hatte und erfolgreich verlaufen war (↑S.383/3.7.1942), treffen die Regierungschefs der USA und Großbritanniens erneut zusammen, um die zukünftige Strategie zu koordinieren.
Gegen die Interessen Roosevelts, der weiterhin für eine möglichst umgehende Errichtung der zweiten Front in Nordfrankreich plädiert, setzt Churchill sein Konzept einer Landung auf Sizilien nach Beendigung des Afrikafeldzugs durch. Ziel ist die Lösung Italiens aus dem Achsenbündnis und die Einflußnahme auf den Balkanraum. Schließlich einigen sich die Staatschefs darauf, erst nach dieser, von Churchill bereits am 18.11.1942 geforderten weiteren Schwächung des Deutschen Reichs voraussichtlich 1944 die alliierte Landung in Frankreich durchzuführen.

📖 H. Graml: Die Alliierten und die Teilung Deutschlands. Konflikte und Entscheidungen 1941–1948, 1985.

Das Ende in Stalingrad

2.2. Stalingrad. Die Nordgruppe der 6. Armee beendet mit ihrer Kapitulation die monatelange Schlacht um Stalingrad. Nachdem die 6. Armee im September 1942 Stalingrad erreicht hatte (↑S.383/28.6.1942), zerstörte sie den größten Teil des Wirtschafts- und Verkehrszentrums, bevor am 19.11. die sowjetische Gegenoffensive einsetzte. Sowjetische Truppen durchbrachen im Nordwesten und Süden die feindliche Front und kesselten 250 000 deutsche Soldaten ein. Oberbefehlshaber General Friedrich Paulus versuchte mehrfach die Zustimmung der obersten Heeresleitung zu einem Ausbruchsversuch der 6. Armee zu erwirken. Hitler, der vom Reichsminister für Luftfahrt Hermann Göring die Zusage erhalten hatte, die Luftwaffe werde die Versorgung übernehmen, lehnte ab.
In den folgenden Wochen verschlechterte sich die Lage durch ausbleibenden Nachschub und Kälte. Nach der Teilung des Kessels durch so-

Wichtige Regierungswechsel 1943		K 389
Land	Amtsinhaber	Bedeutung
Argentinien	Ramón S. Castillo (P seit 1942) Pedro Pablo Ramírez (P bis 1944)[1]	Militärputsch (4.6.); Folgen: Pressezensur, Auflösung der Opposition; Ramírez bricht mit den Achsenmächten
Italien	Benito Mussolini (M seit 1922)[2] Pietro Badoglio (M bis 1944)	Mussolini auf Veranlassung des Königs entmachtet (S.392/25.7.); Regierung Badoglio erklärt Deutschem Reich den Krieg (13.10.)
Liberia	Edwin J. Barclay (P seit 1930) William Tubman (P bis 1971)	Tubman versucht vergeblich, Rivalitäten zwischen Ureinwohnern und Nachkommen der Ameriko-Liberianer zu beseitigen

M = Ministerpräsident bzw. Premierminister, P = Präsident
1) Übergangspräsident 6.–8.6. Arturo Rawson; 2) 15.9.1943–1945 Ministerpräsident der faschistischen Republik von Salò am Gardasee

wjetische Truppen am 25.1. folgt die Kapitulation. Von den 91 000 überlebenden Soldaten, die in Kriegsgefangenschaft geraten, kehren 1955 6000 nach Deutschland zurück (↑S.499/8.9.1955). S 373/K 376

M. Kehrig: Stalingrad. Analyse und Dokumentation einer Schlacht, 1974.

Goebbels' Rede im Sportpalast

18.2. Berlin. Vor einer geladenen Zuhörerschaft, die einen Querschnitt durch die deutsche Bevölkerung darstellen soll, hält Reichspropagandaminister Joseph Goebbels im Sportpalast eine Rede, in der er die Bevölkerung zur restlosen Mobilisierung für den Krieg aufruft.

Geheime Lageberichte des Sicherheitsdienstes der SS vom 4.2. hatten innerhalb der Bevölkerung „eine tiefe Erschütterung" angesichts der verlorenen Schlacht um Stalingrad registriert (↑S.388/2.2.). Die Siegeszuversicht schwand, und Hitler verlor an Popularität. In dieser kritischen Situation erlangten Goebbels' propagandistische Fähigkeiten wieder größere Bedeutung.

In seiner Rede appelliert er an die Opferbereitschaft des deutschen Volkes als Beitrag zum Kampf gegen die „Gefahr aus dem Osten". Anschließend formuliert er zehn Fragen, die gegen die sich verbreitende Kriegsmüdigkeit gerichtet sind. Die Frage: „Wollt ihr den totalen Krieg?" wird ebenso wie alle anderen von der fanatisierten Menge mit begeistertem „Ja" beantwortet. Goebbels feiert einen seiner größten agitatorischen Erfolge.

J. Bohse: Inszenierte Kriegsbegeisterung und ohnmächtiger Friedenswille. Meinungslenkung u. Propaganda im Nationalsozialismus, 1988.

Geschwister Scholl hingerichtet

22.2. München. Die Mitglieder der Widerstandsgruppe „Weiße Rose", Hans (24) und Sophie Scholl (21) sowie ihr Freund Christoph Probst (23), werden in der Münchner Universität von der Geheimen Staatspolizei (Gestapo) verhaftet.

Im Frühjahr 1942 hatte sich um die Medizinstudenten Hans Scholl und Alexander Schmorell eine Gruppe von Studenten gebildet, um Schriften gegen das nationalsozialistische Regime zu verfassen und durch Flugblattpropaganda zu verbreiten. Großen Einfluß auf ihre Arbeit hatte Kurt Huber, Psychologieprofessor in München.

Am 18.2. warfen die Geschwister Scholl Hunderte von Flugblättern in den Lichthof der Universität, um angesichts der unmenschlichen Kriegführung in Stalingrad

Reichspropagandaminister Joseph Goebbels bei seiner Rede im Berliner Sportpalast: „Wollt ihr den totalen Krieg? Wollt Ihr ihn, wenn nötig, totaler und radikaler, als wir ihn uns heute überhaupt noch vorstellen können?"

Widerstandsgruppen im Dritten Reich	K 390
Mitglieder¹⁾ (Lebensdaten)	**Aktionen und Ziele**
Weiße Rose	
Kurt Huber (1892–1943) Christoph Probst (1919–1943) Hans Scholl (1918–1943) Sophie Scholl (1921–1943) Alexander Schmorell (1917–1943)	Studentischer Freundeskreis in München um den Psychologieprofessor Kurt Huber; religiös-sittlich motivierter Protest durch Flugblatt-Aktionen und Wand-Parolen
Kreisauer Kreis	
Alfred Delp (1907–1945) Eugen Gerstenmaier (1906–1986) Julius Leber (1891–1945) Helmuth James Graf von Moltke (1907–1945) Adolf Reichwein (1898–1944) Peter Graf Yorck von Wartenburg (1904–1944) Adam von Trott zu Solz (1909–1944)	Christlich orientierte Gruppe, die einen konservativ-sozialen Ausgleich in Deutschland anstrebte; enge Kontakte zu den verschiedenen anderen Widerstandsgruppen in der Wehrmacht und im Auswärtigen Amt; Erarbeitung von Grundsatzdokumenten für einen zukünftigen demokratischen Staats- und Gesellschaftsaufbau
Rote Kapelle	
Harro Schulze-Boysen (1909–1942) Arvid Harnack (1901–1942) Mildred Harnack (1902–1943)	Kommunistische Widerstands- und Spionageorganisation mit internationalen Kontakten; Flugblatt-Aktionen
20. Juli 1944	
Ludwig Beck (1880–1944) Carl F. Goerdeler (1884–1945) Wilhelm Leuschner (1888–1944) Hans Oster (1888–1945) Fritz-Dietlof Graf von der Schulenburg (1902–1944) Claus Graf Schenk von Stauffenberg (1907–1944) Henning von Tresckow (1901–1944) Erwin von Witzleben (1881–1944)	Erste Staatsstreichpläne führender Heeresoffiziere zum Sturz Hitlers bereits im August 1938; Kontakte zum Ausland; nach Ausbruch des 2. Weltkriegs Zusammenarbeit mit Politikern (Goerdeler) und Gewerkschaftern (Leuschner); nach erfolgreichem Attentat auf Hitler sollte vom Widerstand gebildete Regierung die Staatsführung übernehmen
Kirchlicher Widerstand	
Dietrich Bonhoeffer (1906–1945) Bischof Graf von Galen (1878–1946) Bernhard Lichtenberg (1875–1943) Martin Niemöller (1892–1984)	Predigten und Druckschriften gegen das totalitäre NS-System („Neuheidentum"), vor allem gegen die sog. „Euthanasie"-Aktion

1) Auswahl

1943

Widerstandsgruppe „Weiße Rose": Noch am Tag ihrer Verhaftung werden Hans und Sophie Scholl, sowie Christoph Probst (v.l.) zum Tode verurteilt und hingerichtet.

(↑S.388/2.2.) zum Befreiungskampf gegen die „Tyrannis" aufzurufen. Noch am Tag ihrer Verhaftung werden sie in einem Schnellverfahren des Volksgerichtshofs zum Tode verurteilt und sofort hingerichtet.
Am 19.4. werden 14 weitere Mitglieder angeklagt. Huber, Schmorell und der Student Willi Graf werden ebenfalls mit dem Tode bestraft; in den folgenden Jahren werden noch zehn weitere Mitglieder der Gruppe aus München und Hamburg ermordet. S 389/K 390

📖 R. Hanser: „Deutschland zuliebe". Leben und Sterben der Geschwister Scholl. Die Geschichte der Weißen Rose, 1980.

Massengrab bei Katyn entdeckt
13.4. Katyn. Angehörige der deutschen Wehrmacht entdecken im Wald von Katyn bei Smolensk Massengräber polnischer Offiziere.
Wladyslaw Sikorski, Ministerpräsident der polnischen Exilregierung, hatte am 30.7.1941 ein Abkommen mit der Sowjetunion unterzeichnet, das u. a. gemeinsame Truppeneinsätze im Kampf gegen die deutsche Offensive vorsah sowie eine Amnestie für alle polnischen Kriegsgefangenen. Unter den ab August zurückkehrenden polnischen Soldaten fehlte eine große Zahl von Offizieren, über deren Verbleib die sowjetische Führung keine Auskunft gab. Die Spannungen verschärften sich durch die von Polen nicht zu bewältigenden Truppenforderungen der Sowjetunion und ihren Anspruch auf die ostpolnischen Gebiete. Die Entdeckung der Gräber führt zum endgültigen Bruch.
Eine Untersuchung weist nach, daß 4443 Offiziere von Einheiten der Roten Armee erschossen wurden. Die sowjetische Führung, die den Vorwurf zurückweist, beendet am 25.4. ihre Zusammenarbeit mit der polnischen Exilregierung. S 381/K 383

Aufstand im Warschauer Ghetto
19.4. Warschau. Als 850 bewaffnete Angehörige der SS in den „Jüdischen Wohnbezirk" Warschaus einmarschieren, um die Einwohner zu deportieren, treffen sie auf den Widerstand jüdischer Kampforganisationen. Seit November 1940 (↑S.360/30.4.1940) leben über 400 000 Juden im Ghetto. Den un-

Exil-Regierungen im 2. Weltkrieg K 391

Land	Ort des Exils Zeitraum	Anlaß, Ereignisse während der Kriegszeit
Belgien	London (Großbritannien) 1940–1944	Nach Kapitulation des Landes vor den Deutschen (28.5.1940) blieb König Leopold III. in deutscher Gefangenschaft und wurde der Kollaboration verdächtigt
Frankreich	Algier (Algerien) 1943–1944	Gegenregierung (Komitee der Nationalen Befreiung, CFLN) unter Charles de Gaulle; ab Juni 1944 provisorische Regierung (offiziell anerkannt, S.391)
Griechenland	Ägypten 1941–1944	Als Folge der deutsch-italienischen Besetzung verlassen König Georg II. und die Regierung das Land, das unter italienische Militärverwaltung gerät
Jugoslawien	London (Großbritannien) 1941–1945	König Peter II. verläßt Jugoslawien nach Kapitulation vor den Deutschen; Partisanenkriege: Serben gegen Kroaten, Monarchisten gegen Kommunisten (unter Tito)
Luxemburg	Großbritannien, USA 1940–1944	Nach deutscher Besetzung wird das Land dem Gau Moselland eingegliedert; Zollabkommen mit Exilregierungen der Niederlande und Belgiens (1944)
Niederlande	London (Großbritannien) 1940–1945	Militärische Kapitulation vor den Deutschen am 14.5.1940; Exilregierung erklärt Japan 1941 den Krieg, Königin Wilhelmina organisiert Widerstand
Norwegen	London (Großbritannien) 1940–1945	Nach Besetzung wird das Land vom deutschen Reichskommissar Josef Terboven regiert; 1942 wird nationalsozialistische „Marionettenregierung" eingesetzt
Polen	London (Großbritannien) 1939–1945	Bündnis mit Sowjetunion (1943); Tod von Ministerpräsident General Sikorski bei mysteriösem Flugzeugabsturz über Gibraltar (1943)
Tschechoslowakei	London (Großbritannien) 1940–1945	Errichtung des Dt. Reichsprotektorats Böhmen und Mähren; ehem. Staatspräsident Eduard Beneš ruft 1943 „Provisorische Regierung der Tschechoslowakei" aus

menschlichen Wohnverhältnissen und der geplanten Unterversorgung fielen bis zum Aufstand 100 000 Menschen zum Opfer. Entsprechend der Anfang 1942 koordinierten „Endlösung der Judenfrage" (↑S.379/20.1.1942) begann am 22.7.1942 die erste Deportationswelle in das Konzentrationslager Treblinka. Als Reaktion auf diese und weitere Verhaftungswellen, die die Zahl der Ghetto-Einwohner auf ca. 66 000 dezimierten, wurde am 2.12.1942 die „Jüdische Kampforganisation" im Ghetto gegründet.
Am 19.4. können die Kampftruppen die SS-Einheiten vorläufig in die Flucht schlagen. Nach einem fünf Wochen andauernden Häuserkrieg geben sie am 16.5. auf; vereinzelte Kämpfe halten bis zum 23.5. an. Insgesamt fordert der Aufstand 56 065 Tote. S 380/K 382

📖 W. Bartoszewski: Das Warschauer Ghetto. Wie es wirklich war, 1983. J. Wulf: Das Dritte Reich und seine Vollstrecker. Liquidation der Juden im Warschauer Ghetto. Dokumente und Berichte, 1989.

Stalin löst Komintern auf
15.5. Im Interesse der Zusammenarbeit mit den Westmächten läßt der sowjetische Staatschef Josef W. Stalin die Kommunistische Internationale (KI) auflösen. Am 2.3.1919 (↑S.151) wurde die kommunistische Weltpartei in Moskau durch den Vorsitzenden des Rates der Volkskommissare, Wladimir I. Lenin (↑S.208/21.1.1924), gegründet. Ihr Ziel war die Weltrevolution zur Errichtung der Diktatur des Proletariats. 1920 erhob das in Moskau eingerichtete Exekutivkomitee den Führungsanspruch, der nach der sechsten Versammlung der KI – unter Führung Stalins – 1928 offiziell anerkannt wurde. Der letzte Kongreß fand im Juli/August 1935 statt.
Bereits die stalinistischen „Säuberungen" hatten die KI geschwächt (↑S.319/19.8.1936). Ihre Auflösung soll die ideologischen Gegensätze zwischen der Sowjetunion und den Westmächten mindern, um deren Unterstützung im Kampf gegen das nationalsozialistische Deutsche Reich zu sichern. Im September 1947 wird als Nachfolgeorganisation das Informationsbüro der kommunistischen und Arbeiterparteien, „Kominform", gegründet. Sie bleibt weitgehend bedeutungslos.

📖 Die Komintern und Stalin. Sowjetische Historiker zur Geschichte der Kommunistischen Internationale, dt. 1990.

Exilfranzosen einig
3.6. Algier. Die beiden rivalisierenden Generäle Charles de Gaulle und Henri-Honoré Giraud bilden gemeinsam das „Comité Français de la Libération Nationale" (CFLN). Giraud, Kommandant der französischen Armee in Nordwestafrika, ist seit dem 27.12.1942 Hoher Kommissar für Französisch-Nordafrika in Algier und bemühte sich

Warschauer Ghetto: Jüdische Frauen und Kinder werden nach der Niederschlagung des Aufstands im Ghetto von Warschau zusammengetrieben und abtransportiert. Das Foto ist dem Bericht eines SS-Kommandanten an seine Vorgesetzten entnommen. Es wurde in den Nürnberger Prozessen als Beweismittel für die Greueltaten der Nationalsozialisten eingesetzt.

1943

Benito Mussolini gestürzt: Nach der Landung alliierter Truppen auf Sizilien vollzieht sich ein Stimmungsumschwung in der italienischen Bevölkerung und unter den italienischen Faschisten. US-amerikanische Soldaten werden von der Bevölkerung in Palermo begeistert empfangen (Foto: Robert Capa).

Konferenz in Teheran: Das Treffen der „großen Drei" – der sowjetische Generalissimus Josef Stalin, US-Präsident Franklin D. Roosevelt und der britische Premierminister Winston Churchill (v.l.).

von dort aus um die Befreiung seines Landes. De Gaulle hatte nach der französischen Kapitulation am 22.6.1940 (↑S.363) das „Nationalkomitee der Freien Franzosen" in London gegründet, das den Alleinvertretungsanspruch für das freie Frankreich beanspruchte. Auf der Konferenz von Casablanca am 14.1. (↑S.388) erreichte US-Präsident Franklin D. Roosevelt eine Einigung zwischen den beiden Generälen, aus der die Gründung des CFLN in Algier hervorgeht.

Aufgrund fortgesetzter Konflikte wird das Komitee Ende Juli umgestaltet. Giraud erhält den Oberbefehl über die freifranzösischen Truppen. De Gaulle bildet ein für alle anderen Fragen zuständiges regierungsähnliches Komitee. Am 3.6.1944 erklärt sich das CFLN zur „Provisorischen Regierung der französischen Republik" (↑S.398/26.8.1944). S 390/K 391

Mussolini wird entmachtet

25.7. Rom. Der italienische Ministerpräsident und Duce, Benito Mussolini, wird von König Viktor Emanuel III. zum Rücktritt gezwungen und anschließend verhaftet.
Am 10.7. hatte die alliierte Landeoperation auf Sizilien begonnen. Während der Kämpfe vollzog sich aufgrund der Kriegsmüdigkeit in Italien ein innenpolitischer Umschwung. Das Lager der oppositionellen Faschisten plädierte für Mussolinis Entmachtung.
Viktor Emanuel III. verspricht sich von der Abkehr von Mussolini die Sicherung seiner zukünftigen Position. Nachfolger Mussolinis wird Marschall Pietro Badoglio. Am 3.9. landen alliierte Truppen in Kalabrien; am 8.9. folgt die bedingungslose Kapitulation Italiens. Zwei Tage darauf marschieren deutsche Truppen in Rom ein.
Mussolini, der am 12.9. von deutschen Soldaten befreit wird, beugt sich Hitlers Forderung nach Bildung einer Gegenregierung am Gardasee. Aufgrund deutscher Vergeltungsmaßnahmen gegen italienische Soldaten er-

klärt die Regierung Badoglio am 13.10. dem Deutschen Reich den Krieg. Am 4.6.1944 erreichen alliierte Truppen Rom.

J. Schröder: Italiens Kriegsaustritt 1943. Die deutschen Gegenmaßnahmen im italienischen Raum: Fall „Alarich" und „Achse", 1969. E. Theil: Kampf um Italien. Von Sizilien bis Tirol 1943–1945, 1983.

Alliierte Konferenz in Teheran
28.11. Teheran. US-Präsident Franklin D. Roosevelt, der britische Premierminister Winston Churchill und der sowjetische Staatschef Josef W. Stalin treffen zum ersten Mal zu einer gemeinsamen Konferenz zusammen. Churchill war es bislang gelungen, die Errichtung der zweiten Front in Frankreich zu verzögern (↑S.381/18.6.1942; ↑S.388/14.–26.1.). Ihm war zuvor an einer Schwächung des Deutschen Reichs gelegen. Roosevelt, der auf spätere militärische Unterstützung der Sowjetunion gegen Japan und auf Erhaltung der alliierten Koalition abzielt, setzt mit Stalin einen Beschluß durch, der den Beginn der alliierten Operation endgültig für Mai 1944 festlegt (↑S.396/6.6.1944). Stalin sagt im Gegenzug eine Offensive gegen die deutsche Ostfront zu. Gleichzeitig wird über die europäische Nachkriegsordnung verhandelt. Durch die Haltung der Westmächte, die Stalins territorialen Forderungen nach Eingliederung Ostpolens, Teilen Ostpreußens, Bessarabiens und der Nordbukowina entgegenkommen, beginnt bereits anderthalb Jahre vor Ende des 2. Weltkriegs die machtpolitische Aufteilung Europas. S 406/K 406

Nobelpreisträger 1943	K 392
Chemie: Georg Karl von Hevesy (H, 1885–1966)	
Der Physikochemiker entwickelte die Indikatormethode zur Untersuchung chemischer Reaktionen. Dabei verwendete er Isotope als Indikatoren. 1923 spürte Hevesy mit Friedrich Adolph Paneth die radioaktiv markierten Nährstoffe (Tracer) in Pflanzen und lebenden Organismen auf.	
Medizin: Henrik Carl Peter Dam (DK, 1895–1976), Edward Albert Doisy (USA, 1893–1986)	
Dam entdeckte 1934 das Vitamin K, Doisy beschrieb dessen chemische Struktur. Der Organismus braucht das Vitamin für die Blutgerinnung. Ein Mangel an Vitamin K, das u. a. in Kohl und Spinat enthalten ist, kann insbesondere bei Säuglingen zu tödlichen Blutungen führen.	
Physik: Otto Stern (USA, 1888–1969)	
Stern entwickelte die sog. Molekularstrahlmethode zur Bestimmung magnetischer und nuklearer Eigenschaften von Atomen. 1933 entdeckte Stern, der auf der Flucht vor der NS-Diktatur in die USA emigriert war, das magnetische Feld des Protons (Bestandteil des Atoms).	

Nobelpreise für Frieden und Literatur nicht verliehen

Wissenschaft

PVC vielseitig anwendbar
Durch Zusatz von sog. Weichmachern gelingt es deutschen Chemikern, die Einsatzmöglichkeiten des Kunststoffs PVC (Polyvinylchlorid) zu verbessern. Je nach Menge und Zusammensetzung des Weichmachers (u. a. Phthalate, Phosphate) und Zugabe von Stabilisatoren nimmt der – nun universell verwendbare – Kunststoff eine Konsistenz an, die von hart bis weichgummiartig reicht.
Das Verfahren, durch Polymerisation des Gases Vinylchlorid einen Kunststoff zu entwickeln, ist seit 1913 bekannt (↑S.109/4.7. 1913). Reines PVC, das sehr hart und spröde ist, hat den Nachteil, daß es sich sehr schlecht formen läßt.
Das fast universell einsetzbare Weich-PVC wird zunächst in großem Umfang als Isoliermaterial für Kabel verwendet. Später stellt man daraus u. a. auch Folien, Rohre und Fußbodenbeläge her. Als problematisch erweist sich die Entsorgung von PVC, da beim Verbrennen Chlorwasserstoff freigesetzt wird und in die Atmosphäre gelangt. S 295/K 304

LSD – Medikament und Droge
16.4. Basel. Am pharmazeutischen Forschungslaboratorium des Chemiekonzerns Sandoz entdeckt der Schweizer Chemiker Albert Hofmann in einem Selbstversuch die halluzinogene Wirkung von LSD (Lysergsäurediethylamid) und damit eine psychedelische Substanz von bisher unbekannter Stärke.
Als Hofmann 1938 mit der Absicht, ein Kreislaufstimulans herzustellen, das LSD synthetisierte, ahnte er nicht, daß er damit eine Psychodroge in die Welt gesetzt hatte. Es stößt nicht nur bei Psychiatern auf reges Interesse, da es „dem Arzt im Selbstversuch einen Einblick in die Ideenwelt des Geisteskranken vermittelt und durch kurzfristige Modellpsychosen bei normalen Versuchspersonen das Studium pathogenetischer Probleme ermöglicht" (Beipackzettel von „Delysid", Sandoz AG), vielmehr wird LSD Mitte der 60er Jahre auch zur bevorzugten Droge verschiedenster Subkulturen.

A. Hofmann: LSD – Mein Sorgenkind, 1982.

Technik

Tauchen ohne Schläuche möglich
Frankreich. Der Franzose Emile Gagnan stellt einen Lungenautomaten vor, der sich der Atemtätigkeit des Tauchers unter den je nach

Kulturszene 1943 — K 393

Theater

Bertolt Brecht Der gute Mensch von Sezuan; UA 4.2., Zürich	Das Parabelstück handelt von der Unmöglichkeit, unter den unmenschlichen Verhältnissen des Kapitalismus menschlich zu sein.
Bertolt Brecht Leben des Galilei UA 9.9., Zürich	Galileo Galilei wird als Wissenschaftler geschildert, der zwar vor der Inquisition versagt hat, jedoch den Willen zur Wahrheit hat.
Paul Claudel Der seidene Schuh UA 27.11., Paris	Das monumentale Hauptwerk Claudels gibt in vier „Tagen" ein faszinierendes Panorama des christlich inspirierten Geschehens im 16. Jh.
Jean Giraudoux Sodom und Gomorrha UA 11.10., Paris	Gott will in dem Schauspiel auf die angedrohte Vernichtung der Städte Sodom und Gomorrha verzichten, wenn er ein glückliches Paar findet.
Jean-Paul Sartre Die Fliegen UA 3.6., Paris	Das erste existentialistische Thesenstück, eine Abwandlung des antiken Atridenstoffs, kann als Aufruf zum Widerstand aufgefaßt werden.

Oper

Carl Orff Die Kluge UA 20.2., Frankfurt/Main	Das Märchenspiel vom König und der klugen Bauerntochter (Brüder Grimm) ist in einfacher tonaler Dreiklangharmonik komponiert.

Musical

Richard Rodgers Oklahoma! UA 31.3., New York	Das amerikanische Heimatmusical wird angesichts des 2. Weltkriegs ein Riesenerfolg und behauptet sich als Musical-Klassiker.

Konzert

Anton Webern Variationen für Orchester op. 30; UA 3.3., Winterthur	Sechs Variationen in Zwölftontechnik: Durch Überlagerung der zwölftönigen Melodie bildet Webern die für ihn typischen Klangflächen.

Film

Josef von Baky Münchhausen Deutschland	Brillante Verfilmung der Abenteuer des „Lügenbarons" (Hans Albers). Drehbuch von Erich Kästner unter dem Pseudonym Berthold Bürger.
Henri-Georges Clouzot Der Rabe Frankreich	Offene Kritik am Spitzel- und Denunziantentum im besetzten Frankreich; nach der Befreiung 1944 als antifranzösisch verboten (bis 1947).
Carl Theodor Dreyer Tag der Rache Dänemark	Schicksal einer dänischen Pfarrersfrau, die im 17. Jh. als Hexe verbrannt wird; Studie über die Grenzen menschlicher Einsicht.
Alfred Hitchcock Im Schatten des Zweifels USA	Ein als Witwenmörder gesuchter Verbrecher taucht als ehrenwerter Bürger bei Verwandten in einer kalifornischen Kleinstadt unter.

Buch

Stefan Andres Wir sind Utopia Berlin	In dieser Novelle ist die Verwirklichung konfessioneller Toleranz nicht Sache der weltlichen Macht, sondern der Wille Gottes.
Hermann Hesse Das Glasperlenspiel Zürich	Das Hauptwerk Hesses beschreibt die Utopie einer von der gesellschaftlichen Wirklichkeit weitgehend isolierten Weltordnung.
Antoine de Saint-Exupéry Der kleine Prinz New York	Die märchenhafte Erzählung vom Zusammentreffen eines Bruchpiloten und eines außerirdischen Prinzen wird zum zeitlosen Bestseller.
William Saroyan Die menschliche Komödie London, New York	Erzählerisches Hauptwerk: Die Personen der Familiengeschichte aus der amerikanischen Provinz tragen Namen aus Homers „Odyssee".
Jean-Paul Sartre Das Sein und das Nichts Paris	Bedeutendste Darstellung der atheistischen Existenzphilosophie; Untertitel: „Versuch einer phänomenologischen Ontologie".

Tauchtiefe unterschiedlichen Druckverhältnissen automatisch anpaßt. Der Marineoffizier und Meeresforscher Jacques Cousteau hatte die Erfindung angeregt. Seinen eigenen Konstruktionen fehlte die von Gagnan in Anlehnung an die Druckminderventile von Gasherden entwickelte Automatik.

Cousteau, der 1944 die Unterwasser-Forschungsgruppe der französischen Marine gründet, entwickelt neben verbesserten Versionen der „Aqualunge" auch Tauchfahrzeuge und Unterwasserlaboratorien.

Kultur

„Der kleine Prinz" erscheint

New York. Von einem New Yorker Verlag wird das Märchen „Der kleine Prinz" des französischen Schriftstellers Antoine de Saint-Exupéry veröffentlicht.

Erzählt wird, kindlicher Sprache und Sichtweise nachempfunden, von der Begegnung eines in der Wüste notgelandeten Piloten mit dem von einem winzigen Planeten stammenden kleinen Prinzen. Das zwischen Traum und Wirklichkeit schwebende Gespräch der beiden ist eine Parabel auf die Überwindung der Einsamkeit durch Freundschaft, deren Geheimnis in der Verantwortung der Menschen füreinander besteht.

„Der kleine Prinz", von Antoine de Saint-Exupéry (1900–1944) verfaßt und illustriert

Dieses letzte Buch des französischen Militärpiloten – 1944 kehrt er von einem Aufklärungsflug über Korsika nicht zurück – ist zugleich sein erfolgreichstes. 1945 erscheint es im befreiten Paris, 1950 erstmals in deutscher Sprache und wird zu einem der größten Bucherfolge im Nachkriegseuropa. S 394/K 393

L. Estang: Antoine de Saint-Exupéry in Bildern und Selbstzeugnissen, 1958.

Karrierestart für Frank Sinatra

Newark. Der amerikanische Sänger Frank Sinatra beginnt im Nightclub „Rustic Cabin" seine Solokarriere. Durch die Verschmelzung von Swing, Jazz und Schlager wird er zum Vorbild für zahlreiche Showkünstler und avanciert als „The Voice" zu einer Institution im amerikanischen Showbusiness.

In den 50er Jahren ist Frank Sinatra auch als Schauspieler erfolgreich. 1953 erhält er einen Oscar für seine Rolle in dem US-Spielfilm „Verdammt in alle Ewigkeit". „Mr. Blue Eyes", dessen Karriere von vielen Skandalen und Gerüchten um seine mögliche Verbindung zur Mafia begleitet ist, erhält für zahlreiche Plattenalben den Grammy Award, u. a. für „A man and his music" (1966).

K. Kelley: Frank Sinatra – ein erstaunliches Leben, 1986.

Jazz-Suite von Duke Ellington

23.1. New York. In der Carnegie Hall hat Duke Ellingtons Jazz-Suite „Black, Brown and Beige" Premiere. Mit dieser Aufführung leitet der US-amerikanische Jazzmusiker die bis 1950 beibehaltene Tradition ein, jeweils zu Beginn eines Jahres eine neue Suite in der Carnegie Hall vorzustellen.

Als Pianist und Bandleader nimmt Duke Ellington großen Einfluß auf den Traditional Jazz und den Swing. Er kreiert den typischen Ellington-Sound, indem er das Zusammengehörigkeitsgefühl unter seinen Musikern fördert und sie ihren Stärken und Eigenarten gemäß einsetzt. Zu seinen wichtigsten Titeln werden u. a. „Echoes of the jungle" und „Mood Indigo". In den 50er und 60er Jahren komponiert er auch Filmmusiken.

St. Dance: The world of Duke Ellington, 1970.

Frank Sinatra bei einem Auftritt in Hollywood 1943. Seine Karriere wird stets von Skandalen und Gerüchten um seine Verbindung zur Mafia begleitet.

Sport 1943		K 394
Fußball		
Deutsche Meisterschaft	Dresdner SC	
DFB-Pokal	Vienna Wien – LSV Hamburg 3:2 n. V.	
Italienische Meisterschaft	AC Turin	
Spanische Meisterschaft	Atletico Bilbao	
Tennis		
US Open (seit 1881; 63. Austragung)	Herren: Joe Hunt (USA) Damen: Pauline Betz (USA)	
Eishockey		
Stanley-Cup	Detroit Red Wings	
Deutsche Meisterschaft	Nicht ausgetragen	
Boxen		
Schwergewichts-Weltmeisterschaft	Joe Louis (USA) 1943 keine Titelkämpfe	
Herausragende Weltrekorde		
Disziplin	Athlet (Land)	Leistung
Leichtathletik, Männer		
1500 m	Arne Andersson (SWE)	3:45,0 min
Leichtathletik, Frauen		
800 m	Jewdokia Wassiljewa (URS)	2:12,0 min
Hochsprung	Fanny Blankers-Koen (HOL)	1,71 m
Weitsprung	Fanny Blankers-Koen (HOL)	6,25 m

1944

Politik

General Dwight D. Eisenhower

„D-Day" in der Normandie
6.6. An der französischen Atlantikküste in der Normandie beginnt die größte alliierte Landeoperation des 2. Weltkriegs. Bis Ende des Monats gelangen unter dem Oberbefehl General Dwight D. Eisenhowers 850 000 Soldaten nach Frankreich. Am 28.11.1943 (↑S.393) war die Errichtung einer zweiten Front in Frankreich beschlossen worden. Die Überlegenheit der Luftwaffe sowie strategische Fehlentscheidungen Hitlers machen die Operation zu einem großen Erfolg. Entsprechend der von General Erwin Rommel, Oberbefehlshaber West, geäußerten Befürchtung gelingt den Alliierten am 25.7. der Durchbruch durch die deutsche Front bei St. Lo. Am 15.8. landen US-amerikanische und französische Truppen in Südfrankreich, die sich am 11.9. bei Dijon mit der US-Nordarmee vereinigen. Der Versuch Hitlers, durch die am 16.12. beginnende Ardennenoffensive die Initiative im Westen zurückzugewinnen, scheitert innerhalb weniger Tage. Am 7.3.1945 gelingt den Alliierten die Überschreitung des Rheins bei Remagen. Bis Ende April erreichen sie die Demarkationslinie an der Elbe bei Torgau. S 400/K 399

📖 H. Meyer: Von der Invasion bis zur Kapitulation, 1987. P. Carell: Sie kommen! Der deutsche Bericht über die Invasion und die 80tägige Schlacht um Frankreich, 1989.

Attentat auf Hitler scheitert
20.7. Im Führerhauptquartier „Wolfsschanze" bei Rastenburg (Ostpreußen) explodiert um 12.42 Uhr eine vom Generalstabschef des Ersatzheeres, Claus Graf Schenk von Stauffenberg, gelegte Bombe.
Stauffenberg gehört militärischen Widerstandskreisen an, denen sich Anfang 1944 Mitglieder des zivilen Widerstands angeschlossen hatten. Die kritische militärische Lage bewog die Putschisten zum schnellen Handeln. Stauffenberg, der direkten Zugang zu Hitler hat, wurde mit der Durchführung des Attentats betraut, dem ein Regierungswechsel folgen soll.
Die vorgesehene Machtübernahme wird durch die widersprüchlichen Nachrichten über den Erfolg des Attentats verzögert. Nachdem feststeht, daß Hitler leicht verletzt überlebt hat, wechselt der ursprünglich dem Verschwörerkreis angehörende Kommandeur des Wachbataillons, Major Otto E. Remer, die Seiten und setzt die Putschisten fest. Stauffenberg und seine Anhänger werden verhaftet und erschossen. Von der sich an-

Wichtige Regierungswechsel 1944			K 395
Land	Amtsinhaber	Bedeutung	
Belgien	Leopold III. (König seit 1934) Prinz Karl (Regent bis 1950)	Leopold muß nach Befreiung Belgiens auf den Thron verzichten (20.9.); Grund: Vorwurf der Kollaboration mit den Deutschen	
Bulgarien	Iwan Bagrjanow (M seit 1944) Konstantin Murawjew (M 2.–9.9.) Kimon S. Georgiew (M bis 1946)	Nach dem Einmarsch der Roten Armee (5.9.) erklärt Murawjew dem Deutschen Reich den Krieg; kommunistische Vaterländische Front putscht (9.9.) und erwirkt Waffenstillstand	
Ecuador	Carlos Alberto Arroyo del Río (P seit 1940) José Maria Velasco Ibarra (P bis 1947)	Ibarra, der versucht, die Sozialstruktur durch Reformen zu verbessern, wird zwischen 1947 und 1972 viermal vom Militär gestürzt	
Finnland	Risto Heikki Ryti (P seit 1940) Freiherr von Mannerheim (P bis 1946)	Mannerheim beendet die Waffenbrüderschaft mit dem Deutschen Reich und schließt Friedensvertrag mit der UdSSR (19.9.)	
Frankreich	Philippe Pétain (P seit 1940)[1] Charles de Gaulle (P bis 1946)	Landung der Alliierten führt zum Zusammenbruch des Vichy-Regimes; de Gaulle zieht in Paris ein (S.398/26.8.)	
	Pierre Laval (M seit 1942) Charles de Gaulle (M bis 1946)	Französisches Nationalkomitee übernimmt die Macht und wird am 3.6. zur „Provisorischen Regierung" umgewandelt	
Guatemala	Jorge Ubico Castañeda (P seit 1931) Federico Ponce Vaidez (P 1.7.–22.10.) Juan José Arévalo (P bis 1951)	Revolution beendet die sog. Diktatur der 14 Jahre (22.10.); Aufstand getragen von Studenten und Offizieren unter Arévalo, den das Volk bei freien Wahlen als Präsident bestätigt (S.400)	
Rumänien	Ion Antonescu (M seit 1940) Constantin Sănătescu (M 2.9.–2.12.) Nicolae Radescu (M bis 1945)	König zwingt Antonescu zur Demission (23.8.) und läßt ihn gefangennehmen; Sănătescu erklärt Deutschem Reich den Krieg (25.8.) und setzt Verfassung von 1938 wieder in Kraft	
Ungarn	Miklós Horthy (Reichsverweser seit 1920) Ferenc Szálasi (Reichsverweser bis 1945)	Rücktritt Horthys (16.10.), nachdem er auf Druck der Deutschen den Waffenstillstand mit der UdSSR widerrufen mußte	

M = Ministerpräsident bzw. Premierminister; P = Präsident 1) Chef d'Etat

Alliierte in der Normandie: Am „D-Day" landen 150 000 amerikanische und britische Soldaten an der französischen Küste.

schließenden Verhaftungswelle sind 7000 Personen betroffen. Nach dem Krieg wird Stauffenberg zum Symbol des bürgerlichen Widerstands gegen Hitler, der 20. Juli zum nationalen Gedenktag. S 398/K 396

R. Lill/H. Oberreuter (Hg.): 20. Juli. Porträts des Widerstands, 1984. W. Venohr: Stauffenberg, Symbol der deutschen Einheit. Politische Biographie, 1986.

Warschauer Aufstand beginnt

1.8. Warschau. Unter General Tadeusz Bór-Komorowski bricht in Warschau ein Aufstand der militärischen Verbände des polnischen Widerstands aus.

Nach Abbruch der sowjetisch-polnischen Beziehungen (↑S.390/13.4.1943) wurde auf Veranlassung des sowjetischen Staatschefs Josef W. Stalin ein „Komitee" aus polnischen Kommunisten gegründet und in Lublin als Gegengewicht zur polnischen Exilregierung eingesetzt. Als im Sommer sowjetische Verbände den Warschauer Vorort Praga erreichten, entschloß sich Bór-Komorowski in Erwartung der baldigen Einnahme der Stadt durch die Rote Armee zum Aufstand. Die Beteiligung an der Befreiung Warschaus sollte den Einfluß der Widerstandsbewegung sichern und die Machtübernahme des Komitees verhindern.

Doch der Vormarsch der Roten Armee wird auf Befehl Stalins in der Hoffnung gestoppt, die polnischen Widerstandskräfte würden sich

Attentat auf Hitler scheitert: Hitler zeigt dem Präsidenten der italienischen faschist. Republik von Salò, Benito Mussolini (l.), die Wirkung der Bombe.

397

1944

Gescheiterte Attentate auf Hitler	K 396
Dezember 1936: Attentat in Nürnberg	
Der US-Amerikaner Helmut Hirsch will Hitler und Julius Streicher, den Verleger der antisemitischen Wochenschrift „Der Stürmer", mit Sprengstoff umbringen, doch der Anschlag wird vereitelt	
9.11.1938: Attentat in München	
Der 22jährige Schweizer Maurice Bavaud will Hitler bei einer Gedenkfeier töten, kann aber wegen der Menschenmenge, in der er sich befindet, nicht gezielt schießen. Bavaud wird 1941 hingerichtet	
8.11.1939: Bombenanschlag im Münchner Bürgerbräukeller	
Hitler verläßt das Lokal früher als erwartet. Aktion eines Einzeltäters, des Schreinergesellen Johann Georg Elser. Er wird an der Schweizer Grenze gefaßt und gesteht. 1945 wird Elser im Konzentrationslager ermordet	
13.3.1943: Attentat auf Hitlers Flugzeug	
Die von Oberst Henning von Tresckow ins Flugzeug geschmuggelten Zeitbomben zünden nicht. Hitlers Flugzeug landet unbeschadet in Ostpreußen	
21.3.1943: Attentat im Berliner Zeughaus	
Oberst Rudolph Christoph Freiherr von Gersdorff will sich gemeinsam mit Hitler in die Luft sprengen, doch der „Führer und Reichskanzler" verläßt die Ausstellung früher als von Gersdorff erwartet	
11.7.1944: Attentat auf dem Obersalzberg	
Oberst Claus Graf Schenk von Stauffenberg zündet den Sprengstoff nicht, da Heinrich Himmler, Reichsführer SS, und Reichsmarschall Hermann Göring wider Erwarten nicht anwesend sind	
15.7.1944: Attentat im Hauptquartier „Wolfsschanze"	
Oberst Claus Graf Schenk von Stauffenberg muß das geplante Sprengstoffattentat erneut verschieben, da Hitler die Lagebesprechung mit den übrigen NS-Führern im Hauptquartier vorzeitig abgebrochen hat.	
20.7.1944: Bombenattentat im Hauptquartier „Wolfsschanze" (S.396)	
Eine Gruppe von 30 Wehrmachtsoffizieren und verschiedene Zivilisten steht hinter dem Attentat von Oberst Claus Graf Schenk von Stauffenberg.	

Internationale Widerstandsbewegungen	K 397
Land	**Wichtigste Gruppen und Personen**
Dänemark	Bildung eines „Freiheitsrates" nach der Erklärung des Ausnahmezustandes durch die Deutschen (1944)
Frankreich	„Résistance": ausländische Widerstandsbewegung unter Charles de Gaulle („Forces Françaises Libres") sowie zahlreiche inländische Bewegungen (Front National, Francs-Tireurs et Partisans); 1943 Vereinigung aller Widerstandsgruppen unter Führung von Jean Moulin
Griechenland	Nach deutsch-italienisch-bulgarischer Besetzung (1941) Gründung der kommunistisch beherrschten Widerstandsorganisationen EAM mit ihrem Kampfverband ELAS sowie der bürgerlichen Widerstandsgruppe EDES; 1944 Einsatz britischer Truppen gegen die im Untergrund operierende Freiheitsbewegung
Jugoslawien	Kommunisten unter Josip Tito an der Spitze des Widerstandes; Zusammenarbeit mit Tschetnik-Anführer Mihailović scheitert
Österreich	Gründung des „Provisorischen Österreichischen Nationalkomitees" (POEN, 1944) als Zusammenschluß aller österreichischen Widerstandsbewegungen
Polen	Seit 1942 militärische Widerstandsorganisation „Armee im Lande" (AK), später Zusammenfassung des kommunistischen Widerstands in der „Volksarmee" (AL); deutsche Besatzer schlagen 1944 Aufstand der poln. Heimatarmee nieder
Sowjetunion	Gründung einer Widerstandsbewegung gegen die dt. Besatzer in der Ukraine (1942); 200 000 Mann starke Partisanenarmee

im Kampf gegen die Besatzung aufreiben. Bis zum 2.10. gewinnen SS-Verbände die Oberhand. Warschau wird zerstört, 15 000 Angehörige der Untergrundarmee fallen den Kämpfen zum Opfer. S 398/K 397

H. v. Krannhals: Der Warschauer Aufstand 1944, 1962.

Charles de Gaulle ist Staatschef

26.8. Paris. Einen Tag nach der Befreiung von Paris durch freifranzösische Truppen übernimmt General Charles de Gaulle die Regierungsgeschäfte.

Angesichts der bevorstehenden Invasion der Alliierten in der Normandie (↑S.396/6.6.) hatte sich die Exilregierung in Algier unter der Führung de Gaulles am 3.6. zur „Provisorischen Regierung Frankreichs" ernannt (↑S.391/3.6.1943). Der unmittelbar vor der Einnahme von Paris ausgebrochene Aufstand gegen die deutsche Besatzungsmacht wurde vom kommunistischen Flügel der Résistance unterstützt, um einer Machtübernahme de Gaulles zuvorzukommen. Dem deutschen Stadtkommandanten General Dietrich von Choltitz gelingt jedoch die Eindämmung des Aufstands. Er übergibt – gegen den Befehl Hitlers – die unzerstörte Stadt an die freifranzösische 2. Panzerdivision, die auf Wunsch de Gaulles noch vor den anderen alliierten Truppen in Paris einmarschiert.

Seine auf diese Weise gesicherte Macht gibt de Gaulle am 16.1.1946 ab, als die von ihm

Paris befreit: Charles de Gaulle, Führer der „Provisorischen Regierung der Französischen Republik", schreitet unter dem Jubel der Pariser Bevölkerung über die Champs-Élysées.

eingebrachten Verfassungsentwürfe abgelehnt werden (↑S.422/10.11.1946). S 399/K 398

📖 E. Weisenfeld: Charles de Gaulle. Der Magier im Elysee, 1990.

Morgenthau-Plan abgelehnt
9./10.9. Quebec. US-Staatssekretär Henry Morgenthau jr. stellt den nach ihm benannten Plan einer Nachkriegsordnung für Deutschland anläßlich der Quebecer Konferenz vor, an der US-Präsident Franklin D. Roosevelt und der britische Premierminister Winston Churchill teilnehmen.
Nach den Vorstellungen Morgenthaus soll Deutschland in einen politisch und wirtschaftlich bedeutungslosen Agrarstaat verwandelt werden. Für sämtliche Industrieanlagen ist entweder Demontage oder alliierte Kontrolle vorgesehen. Das durch Gebietsabtretungen im Westen und Osten verkleinerte Land soll in zwei Kleinstaaten aufgeteilt werden. Churchill stellt seine Bedenken aufgrund seiner Hoffnungen auf US-Nachkriegskredite zurück und stimmt ebenso wie Roosevelt dem Plan zu.
Als das ursprünglich geheime Konzept in die amerikanische Presse gelangt, zwingt die entrüstete öffentliche Reaktion den vor seiner Wiederwahl stehenden Roosevelt, von Morgenthau abzurücken. Neue Konzepte für eine Nachkriegsordnung werden auf den Konferenzen von Jalta (↑S.405/4.2.1945) und Potsdam (↑S.411/17.7.1945) entwickelt.

Hitlers letztes Aufgebot
25.9. Berlin. Sämtliche Gauleiter der NSDAP werden durch einen Erlaß Adolf Hitlers ermächtigt, alle waffenfähigen deutschen Männer zwischen 16 und 60 Jahren in die Wehrmacht einzuberufen.
Der sog. Volkssturm ist der letzte Versuch einer allgemeinen Mobilisierung der deutschen Bevölkerung gegen die an allen Fronten vorrückenden Alliierten. Vor allem das von Reichspropagandaminister Joseph Goebbels als „jüdischer Mordplan" bezeichnete Nachkriegskonzept Morgenthaus (↑S.399/ 9./10.9.) bewirkt die kurzfristige Überwindung der weitverbreiteten Kriegsmüdigkeit. Die Einberufenen erhalten ihre Ausrüstung aus Beutebeständen der Wehrmacht und werden praktisch ohne militärische Schulung an die Front geschickt.
Bei militärisch wenig bedeutenden Einsätzen kommen Zehntausende der rund eine Million einberufenen Volkssturmangehörigen noch in den letzten Kriegsmonaten um. Innerhalb der Bevölkerung verstärkt sich angesichts des of-

Chronik Frankreichs bis 1945 K 398

Jahr	Ereignis
1904	Entente cordiale („herzliches Einverständnis") zwischen Frankreich und Großbritannien regelt beiderseitige Kolonialinteressen; später militärische Absprachen zwischen beiden Staaten für den Fall eines Krieges gegen das Deutsche Reich (S.44)
1905/06	1. Marokkokrise: Frankreich erweitert Machtposition in Marokko, während Deutschland isoliert wird (S.56)
1911	2. Marokkokrise: Deutschland erkennt französische Herrschaft in Marokko an und erhält Teile der franz. Kongogebiete (S.90)
1914	Deutschland erklärt Frankreich den Krieg (3.8.); alle Parteien bilden die Union Sacrée zur Landesverteidigung (S.115)
1916	In den Schlachten bei Verdun und an der Somme sterben etwa 1 Mio Franzosen, ohne daß eine Entscheidung fällt (S.125/126)
1918	Nach alliierter Offensive unter General Ferdinand Foch müssen die deutschen Truppen ihre Stellungen räumen
	Waffenstillstand zwischen Frankreich und Deutschland (11.11.); insgesamt hat Frankreich rd. 1,3 Mio Tote zu beklagen (S.144)
1919	Versailler Friedenskonferenz (19.1.–28.6.): Festigung der französischen Position als europäische Großmacht; das Deutsche Reich erkennt die Kriegsschuld an (S.153)
	Zusammenschluß und Wahlsieg des „Nationalen Blocks", der die Gefahr einer Linksrevolution abwenden will
1923	Frankreich besetzt das Ruhrgebiet, nachdem Deutschland seinen Reparationsverpflichtungen nicht nachgekommen ist (S.198)
1925	Deutsch-französischer Vertrag von Locarno bringt Interessensausgleich zwischen beiden Ländern. Initiatoren sind der Franzose Aristide Briand und der Deutsche Gustav Stresemann (S.221)
1928	Briand-Kellogg-Kriegsächtungspakt wird unterzeichnet; Frankreichs Außenminister Briand setzt seine Friedenspolitik fort (S.248)
1929	Nach Abschluß des Young-Plans, der die Reparationsfrage endgültig regelt, stimmt die französische Regierung einer Räumung des Rheinlands (bis 1930) zu (S.256)
1932	Weltwirtschaftskrise und Schuldentilgung gegenüber den Vereinigten Staaten verschlechtern die französische Finanzsituation dramatisch; Deutschland stellt Zahlungen ein
1934	Marsch der extremen Rechten auf das Palais Bourbon (6.2.)
1935	Abschluß des französisch-sowjetischen Beistandspakts (S.310)
	Volksfrontbündnis (14.7.) von Kommunisten, Sozialisten und Radikalsozialisten zur Abwehr rechtsextremer Putschgefahr
1936	Bei den Wahlen siegt das Volksfrontbündnis (26.4.); Rücktritt der Regierung Blum 1938 wegen zerrütteter Staatsfinanzen (S.318)
1939	Frankreich und Großbritannien erklären Deutschland Krieg (S.353)
1940	Nach militärischen Erfolgen Deutschlands wird Marschall Pétain Ministerpräsident (17.6.) und bittet um Waffenstillstand
	Abschluß des Waffenstillstands (22.6.), Pétain wird Chef der Regierung in Vichy und erhält diktatorische Vollmachten; Auflösung des Parlaments; General Charles de Gaulle bildet Nationalkomitee des Freien Frankreich in London (S.363)
1943	Nationaler Widerstandsrat von Widerstandsgruppen und Republikanern; de Gaulle gründet Komitee für nationale Befreiung (S.391)
1944	Kampf der Widerstandsgruppen gegen das Deutsche Reich und die Vichy-Regierung nimmt zu; Komitee für die nationale Befreiung erklärt sich zur Provisorischen Regierung
	Alliierte Truppen landen in der Normandie und Südfrankreich (6.6.); Einzug General de Gaulles in Paris und Bildung einer provisorischen Regierung, die sich aus Vertretern aller politischen Kräfte zusammensetzt (S.398/26.8.)

Rote Armee in Ostpreußen

16.10. Im Zuge der von Litauen ausgehenden sowjetischen Offensive gegen Ostpreußen kommt es zu ersten Greueltaten von Rotarmisten an der deutschen Zivilbevölkerung.
Hitler hatte im August die von militärischer Seite angesichts des zu erwartenden sowjetischen Vormarsches empfohlene Evakuierung der Bevölkerung Ostpreußens abgelehnt. Die Räumung des Gebiets widersprach seiner Überzeugung, daß die Rote Armee an der deutschen Grenze gestoppt werden würde.
Nachdem es sowjetischen Truppen gelang, auf breiter Front in ostpreußisches Gebiet vorzudringen und erste Gewalttate verübt werden, setzt eine Massenflucht nach Westen ein. Die Versuche der sowjetischen Armeeführung, Morde, Vergewaltigungen und Plünderungen unter Androhung der Todesstrafe zu verhindern, scheitern. Viele sowjetische Soldaten betrachten die von ihnen begangenen Verbrechen als Vergeltung deutscher Brutalität gegenüber ihren Landsleuten. Bis zum Kriegsende fliehen viele Millionen Menschen aus ihrer Heimat. S 373/K 376

📖 F. Grube/G. Richter: Flucht und Vertreibung. Deutschland zwischen 1944 und 1947, 1981.

fensichtlich verlorenen Krieges die Opposition gegen diese sinnlose Rekrutierung.
📖 F. W. Seidler: Deutscher Volkssturm. Das letzte Aufgebot 1944/45, 1989.

Heerführer im 2. Weltkrieg			K 399
Name (Lebensdaten)	**Einsatzort**	**Leistungen, bedeutende Schlachten**	
Deutschland			
Karl Dönitz (1891–1980)	Atlantik	Oberbefehlshaber der deutschen Marine bei erfolgloser „Schlacht im Atlantik" (1943)	
Franz Halder (1884–1972)	Ostfront	Als Chef des Generalstabs für Rußlandfeldzug verantwortlich; wurde 1942 von Hitler entlassen	
Erich von Manstein (1887–1973)	Westfront, Ostfront	An Durchführung des Westfeldzugs beteiligt; Eroberung der Krim (1941); Niederlage bei Stalingrad (1942/43); 1944 aus Armee entlassen	
Friedrich Paulus (1890–1957)	Ostfront	Oberbefehlshaber der 6. Armee, 1942 bei Stalingrad eingeschlossen; bis 1953 in russischer Gefangenschaft	
Erwin Rommel (1891–1944)	Westfront, Nordafrika, Westfront	Frankreichfeldzug (1940), Oberbefehlshaber des Afrikakorps („Wüstenfuchs"); 1941–42 mehrere erfolgreiche Offensiven; 1943 abberufen und nach Frankreich beordert; 1944 im Widerstand	
Sowjetunion			
Georgi Schukow (1896–1974)	Russische Westfront	Stoppte deutschen Vormarsch auf Moskau (1941), koordinierte Schlacht um Stalingrad (1944); nahm 1945 deutsche Kapitulation in Berlin entgegen	
Alexander Wassilewski (1895–1977)	Mehrere Fronten	Erfolge bei Schlachten um Stalingrad (1942) und Kursk (1943); Einnahme Ostpreußens (1945)	
Andrej Wlassow (1900–1946)	Moskau, Leningrad	Geriet im „Wolchow-Kessel" 1942 in deutsche Gefangenschaft; arbeitete für die Wehrmacht gegen Stalin; 1946 in der Sowjetunion hingerichtet	
Großbritannien			
Bernard Montgomery (1887–1976)	Ägypten, Frankreich, Italien	Sieg über deutsch-italienische Panzerarmee in Afrika (1942–43), leitete Alliierten-Landung in Sizilien (1943) und Frankreich (1944) sowie die alliierte Luftlandung bei Arnheim (1944)	
USA			
Dwight D. Eisenhower (1890–1969)	Nordafrika, Europa	Sizilien-Landung (1943); Oberbefehlshaber der alliierten Invasionstruppen (ab 1943); später NATO-Oberbefehlshaber (1950–52) und Präsident der USA (1953–61)	
Douglas MacArthur (1880–1964)	Pazifik	Leitete ab 1942 Operationen gegen Japan; Entgegennahme der japanischen Kapitulation (1945)	

Ende der Diktatur in Guatemala

22.10. Eine dreiköpfige Revolutionsjunta stürzt die „Diktatur der 14 Jahre" im lateinamerikanischen Staat Guatemala und übernimmt die Regierungsmacht.
Anfang Juli war der seit 1931 amtierende Staatspräsident Jorge Ubico Castañeda durch einen Militärputsch seines Amtes enthoben worden. Große Teile der Bevölkerung nutzten diese Revolte, um unter der Führung Juan José Arévalos für eine Beendigung der sozialen und politischen Unterdrückung zu kämpfen.
Mit Unterstützung von Offizieren der Armee wird am 22.10. der als Nachfolger Castánedas vom Militär eingesetzte Federico Ponce Vaidez abgesetzt und die diktatorische Herrschaft beendet. Die Revolutionsjunta übernimmt die Staatsgeschäfte bis zu den Wahlen im Dezember, aus denen der Revolutionsführer Arévalo als Sieger hervorgeht.

Roosevelt bleibt US-Präsident

7.11. Washington. Der 1932 erstmals zum Präsidenten der Vereinigten Staaten gewählte Franklin D. Roosevelt wird zum dritten Mal in seinem Amt bestätigt.
Der Demokrat Roosevelt, der 1932 die republikanische Regierung unter Herbert C. Hoover ablöste, erfährt durch die erneute Wiederwahl eine Bestätigung seines innen- und außenpolitischen Kurses. 1933 begründete er die Politik des „New Deal", deren Reformen die Bewältigung der Weltwirtschaftskrise ermöglichten. Sozialgesetze und staatliche Initiativen trugen zur Mobilisierung aller Bevölkerungsgruppen für den Einsatz in der Kriegswirtschaft bei.

Außenpolitisch propagierte Roosevelt seit 1939 die Aufgabe der isolationistischen Politik zugunsten aktiver Kriegsbeteiligung (↑S.353/2.10.1939). Seine Gegner kritisieren seine kompromißbereite Haltung gegenüber der Sowjetunion bei den Verhandlungen über eine Aufteilung Nachkriegseuropas u. a. auf der alliierten Konferenz in Teheran (↑S.393/28.11.1943).
Roosevelt, der aufgrund seiner angegriffenen Gesundheit nur gelegentlich öffentlich auftreten kann, gewinnt die Wahl mit vergleichsweise knapper Mehrheit. Am 12.4.1945 stirbt der US-Präsident nach einem Gehirnschlag.
📖 D. Bavendamm: Roosevelts Weg zum Krieg. Amerikanische Politik 1914–1939, 1989.

Bürgerkrieg in Griechenland
3.12. Athen. Nachdem Ministerpräsident Georgios Papandreou die Auflösung aller Partisanenverbände angeordnet hat, versuchen Einheiten der kommunistischen Widerstandsbewegung, ihre Machtansprüche gewaltsam durchzusetzen.
Der Roten Armee war während des Sommers der Vormarsch bis an die Grenzen Jugoslawiens und Griechenlands gelungen. Um eine weitere Ausdehnung des kommunistischen Einflußbereichs zu verhindern, verständigte sich der britische Premierminister Winston Churchill am 9.10. mit dem sowjetischen Staatschef Josef W. Stalin darauf, daß Griechenland britisches Einflußgebiet werden sollte. Nachdem britische Truppen gelandet waren und am 12.10. die deutsche Besatzung Athens endete, kehrte der von Churchill unterstützte Ministerpräsident Papandreou aus dem Exil zurück.
Die Kämpfe der griechischen Kommunisten gegen britische und griechische Einheiten können erst am 24.12. beendet werden. Papandreou tritt zurück. Erzbischof Damaskinos übernimmt die Regentschaft, bis Georg II. nach einem Plebiszit 1946 auf seinen Thron zurückkehrt. Er war 1941 vor den Deutschen ins Exil geflüchtet. S 401/K 400
📖 P. Tzermias: Neugriechische Geschichte, 1986.

Wirtschaft

Weltbank und Währungsfonds
1.7. Bretton Woods. Im US-Bundesstaat New Hampshire treffen sich 44 Nationen zu einer Konferenz über Währungs- und Außenhandelsfragen der Nachkriegszeit. Auf Anregung des britischen Nationalökonomen John Maynard Keynes und des US-Finanzmini-

Griechenland im 20. Jahrhundert — K 400

Jahr	Ereignis
1912/13	Griechenland verdoppelt Territorium in den Balkankriegen (S.99/106)
1913	Ermordung von König Georg I.; Nachfolger wird Konstantin I. (S.106)
1915	Verfassungskonflikt; Konstantin I. will Neutralität im 1. Weltkrieg aufrechterhalten und entläßt Ministerpräsident Elevtherios Venizelos, der für ein Bündnis mit der Entente eintritt (1916 Gegenregierung)
1917	Schutzmächte erzwingen Abdankung von Konstantin I. und Thronverzicht von Kronprinz Georg; Alexander, Konstantins zweitältester Sohn, wird neuer König (12.6.)
1920	Im Frieden von Sèvres (10.8.) erhält Griechenland die europäische Türkei bis zur Catalcalinie sowie Smyrna in Kleinasien; ein Jahr später kommen alle Ägäischen Inseln außer Rhodos hinzu (S.164)
	Nach dem Tod Alexanders (25.10.) kehrt Konstantin I. zurück
1920–22	Griechisch-türkischer Krieg: Niederlage Griechenlands, im Friedensvertrag von Lausanne Verzicht auf türkisches Festland (S.187/199)
1922	Konstantin I. dankt ab (28.10.); Georg II. wird König
1923	Balkanbund mit Jugoslawien, Bulgarien und Rumänien
1924	Proklamation der Republik (S.209/25.3.)
1935	Nach jahrelangem Streit zwischen Republikanern und Royalisten wird die Regierung gestürzt und die Monarchie ausgerufen; gelenkte Volksabstimmung führt zur Rückkehr von König Georg II.
1936	Staatsstreich durch General Ioannis Metaxas (4.8.); Diktatur
1940	Angriff Italiens auf Griechenland (S.366/28.10.)
1940–44	Besetzung durch deutsche, italienische und bulgarische Truppen
1944	Befreiung Griechenlands durch die Alliierten (S.401)
1944–46	Bürgerkrieg zwischen Regierungstruppen und kommunistischen Partisanen; Niederlage der Kommunisten (S.401)
1946	Griechen sprechen sich in Volksabstimmung für die Monarchie aus
1947	Tod Georgs II.; Paul I. neuer König (1.4.)
1952	Neue Verfassung: Griechenland wird konstitutionelle Monarchie
	Beitritt zur NATO (18.2.)
1961	Assoziierungsabkommen mit der EWG
1964	Konstantin II. wird König (16.3.)
1965	Konstantin II. entläßt Regierung Georgios Papandreou, als diese das Militär einer stärkeren zivilen Kontrolle unterstellen will
1967	Eine Gruppe rechtsgerichteter Obristen unter Georgios Papadopoulos kommt durch einen Putsch an die Macht und errichtet eine Militärdiktatur (S.606, 21.4.); Konstantin II. flieht nach fehlgeschlagenem Gegenputsch ins Ausland (13.12.)
1973	Militärjunta erklärt König Konstantin II. für abgesetzt (1.6.)
1974	Nachdem ein von Griechenland gesteuerter Putsch auf Zypern gescheitert ist, bricht das Militärregime zusammen (23.7.); Konstantin Karamanlis wird Ministerpräsident; Griechen sprechen sich am 8.12. für Einführung der Republik aus (S.686)
	Austritt aus den militärischen Strukturen der NATO (Rückkehr 1980)
	Bei den ersten freien Wahlen seit 1964 erringt die „Neue Demokratie" unter Karamanlis die Mehrheit
1981	Beitritt zur Europäischen Gemeinschaft
	Wahlsieg der Sozialisten (PASOK) unter Andreas Papandreou (Ministerpräsident bis 1990, erneut 1993–1996): Konflikte mit EG, Türkei (Ägäis, Zypern) und USA (Militärstützpunkte)
1989	Innenpolitische Krise nach Korruptionsskandalen führt nach drei Wahlen zur Regierungsübernahme der Neuen Demokratie 1990
1993	Erneuter Wahlsieg der PASOK (ab 1996: Kostas Simitis Ministerpräsident; Beilegung des Konflikts mit Mazedonien (1995)

Nobelpreisträger 1944	K 401
Frieden: Internationales Komitee vom Roten Kreuz	
Wie bereits 1917 erhielt das Rote Kreuz die Auszeichnung für seine humanitären Hilfsleistungen während des Krieges. Im und nach dem 2. Weltkrieg erweiterte die Organisation ihre Aufgaben: Gefangenenfürsorge und -austausch, Kindersuchdienst und Familienzusammenführung.	
Literatur: Johannes Vilhelm Jensen (DK, 1873–1950)	
Jensens Prosawerk, geprägt von Fortschrittsglauben und Lebensbejahung, hatte großen Einfluß auf die moderne dänische Literatur. Hauptwerk ist der Romanzyklus „Die lange Reise" (6 Bde., 1908–22), in dem Jensen die Geschichte der nordischen Menschen bis ins 15. Jh. schildert.	
Chemie: Otto Hahn (D, 1879–1968)	
Nach gemeinsamen Vorarbeiten mit Lise Meitner entdeckte Hahn 1938 die Kernspaltung und schuf damit die Grundlage für die Nutzung der Kernenergie. Hahn wandte sich entschieden gegen die militärische Nutzung der Atomenergie (z. B. in der Mainauer Deklaration, 1955).	
Medizin: Joseph Erlanger (USA, 1874–1965), Herbert S. Gasser (USA, 1888–1963)	
Die beiden Wissenschaftler untersuchten die Eigenschaften des Nervensystems. Dabei entdeckten sie, daß die Nervenstränge aus verschiedenen Faser-Arten bestehen, die in unterschiedlichen Geschwindigkeiten nur bestimmte Signale (beispielsweise Kälte oder Hitze) weiterleiten.	
Physik: Isidor Isaac Rabi (USA, 1898–1988)	
Rabi untersuchte die magnetischen Eigenschaften der Atomkerne. Dabei bediente er sich der Molekularstrahlmethode von Otto Stern, die er entscheidend verbesserte: Er entwickelte daraus die Atomstrahlresonanzmethode, die hundertmal genauere Messungen erlaubte.	

Neue Waffen und Strategien im 2. Weltkrieg		K 402
Datum	Waffe/Strategie	
21. 9.1941	Bei der Verteidigung der russischen Stadt Leningrad werden erstmals die sog. Stalinorgeln (Geschoßwerfer mit Reichweiten bis zu 8 km) eingesetzt (S.402/12.6.1944)	
28. 3.1942	Erstes britisches Flächenbombardement (Lübeck, S.380)	
8. 5.1942	Erste Flugzeugträgerschlacht in der Korallensee	
30. 5.1942	Erster britischer 1000-Bomber-Angriff auf Deutschland (Köln)	
18. 7.1942	Testflug des ersten Düsenjägers Messerschmitt Me 262	
3.10.1942	Erste Flüssigtreibstoff-Rakete A 4 (sog. V 2) gestartet	
1943	Deutsche Marine entwickelt Torpedo mit Zielsuchautomatik	
10. 6.1943	Beginn der kombinierten Bomberoffensive der Alliierten-Präzisionsangriffe der US-Luftflotte am Tag, nächtliche Flächenbombardements der Royal Air Force (RAF)	
15. 6.1943	Probeflug des ersten Strahlbombers, der von deutschen Technikern entwickelten Arado Ar 234 (S.402/12.6.1944)	
1944	Wehrmacht führt Panzerfaust zur Panzerabwehr ein	
Jan. 1944	Feuerstärkster Panzer des Kriegs, der deutsche Tiger II, geht in Serienproduktion	
Juni 1944	Bei der Landung der Alliierten in der Normandie setzen die Truppen schwimmfähige Spezialpanzer ein	
12. 6.1944	Erster Einsatz einer V 1 (Flugbombe) gegen London (S.402)	
8. 9.1944	Erster Einsatz einer V 2 (Fernrakete) gegen London	
6. 8.1945	Abwurf der ersten Atombombe auf Hiroshima; am 9.8. zweiter Atombombenabwurf auf Nagasaki (S.412)	

sters Henry Morgenthau werden die Errichtung eines Internationalen Währungsfonds und einer Weltbank für Wiederaufbau und Entwicklung beschlossen.

Die teilnehmenden Staaten reagieren damit auf die absehbaren Schwierigkeiten in der Übergangsphase zwischen Kriegs- und Friedenswirtschaft. Während der Währungsfonds die Wechselkurse stabil halten soll, kommt der Weltbank zunehmend die Aufgabe der Förderung von Investitionen in industriell wenig entwickelten Ländern zu. Die BRD tritt beiden Institutionen 1952 bei.

M. Ferber (u. a.): Internationaler Währungsfonds, Weltbank, IFC, IDA, TB für Geld, Bank u. Börse Bd. 30. Gegen IWF und Weltbank. Beiträge vom Gegenkongreß, 1989.

Wissenschaft

Erbsubstanz DNS gefunden

New York. Am Rockefeller Institute of Medical Research gelingt dem US-amerikanischen Biologen Oswald Theodore Avery die chemische Analyse der Erbsubstanz: Indem er aus einem Bakterienstamm das Molekül Desoxyribonukleinsäure (DNS) isoliert und einer anderen Art implantiert („Transformation"), kann er beweisen, daß die genetische Information für alle lebenden Organismen ausschließlich in der DNS gespeichert ist. Bislang hatte man vermutet, die Erbsubstanz in den Chromosomen (↑S.29/1902) seien Proteine (Eiweiße). Avery begründet mit seinen Arbeiten eine neue Disziplin in der Biologie, die Molekulargenetik.

Die Aufklärung der DNS-Struktur (↑S.485/ März 1953) sowie ihre Synthese (↑S.510/ Oktober 1956) werden zum Auftakt moderner Genforschung und zum Beginn einer Entwicklung, an deren Ende die gezielte Änderung des Erbgutes (Gentechnik) steht.

J. D. Watson: Die Doppel-Helix, 1980.

Technik

London unter „V-1"-Beschuß

12.6. Nordfrankreich. Die ersten strahlgetriebenen Flügelbomben werden von deutschen Stellungen nahe dem Ärmelkanal in Richtung London abgeschossen.

Die Entwicklung von Rückstoßflugkörpern begann 1929 (Opel). Bis zum Kriegsende hielt Deutschland den Entwicklungsvorsprung. Am 18.7.1942 startete der erste serienmäßig hergestellte Düsenjäger zum Testflug, eine Messerschmitt 262; am 15.6.1943 folgte der erste Düsenbomber (Arado 234). Technisch weniger innovativ, aber effektiv in der Wirkung ist das bekannteste sowjetische Kriegsgerät, der Raketenwerfer „Katjuscha" („Stalinorgel"), der am 21.9.1941 bei der Verteidigung Leningrads erstmals eingesetzt wurde.

Der von den Fieseler-Werken entwickelte unbemannte Flugkörper „V 1", von dem bis zum August 8000 Exemplare auf England abgefeuert werden, richtet dort zwar Schäden an (über 4000 Tote in der Zivilbevölkerung), wird aber von der britischen Luftabwehr mit Hilfe besserer Radargeräte zunehmend unschädlich gemacht. S 364/K 368 S 402/K 402

Kultur

Filmspaß „Feuerzangenbowle"

28.1. Berlin. Der Film „Die Feuerzangenbowle" nach dem gleichnamigen Roman von Heinrich Spoerl hat Premiere. Heinz Rühmann spielt den Schriftsteller Johannes Pfeiffer, der von einem Privatlehrer erzogen wurde und nun als Oberprimaner erneut die Schulbank drückt, um versäumte „Pennälerfreuden" nachzuholen. „Die Feuerzangenbowle" wird innerhalb kürzester Zeit zu einem Klassiker der deutschen Filmkomödie. Heinz Rühmann, der bereits 1930 mit der Operettenparodie „Die Drei von der Tankstelle" (↑S.271/15.9.1930) einen ersten großen Erfolg hatte, erreicht den Höhepunkt seiner Filmkarriere 1956 als „Hauptmann von Köpenick". Der beliebte Schauspieler verkörpert in zahlreichen Filmen zumeist den Idealtyp des Kleinbürgers, dem er mit schüchternem Humor besonderen Charme verleiht.
📖 H. Rühmann: Das war's, 1982.

Premiere von „Das Mißverständnis"

24.8. Paris. Im Théâtre des Mathurins wird Camus' Drama „Das Mißverständnis" uraufgeführt. Es variiert das Thema vom verlorenen Sohn, an die Stelle des freudigen Wiedererkennens tritt das Mißverständnis: Der Sohn bleibt unerkannt und wird ermordet. Anders als Jean-Paul Sartre ist der Existentialist Albert Camus ein Idealist, Moralist und Antikommunist. Der Absurdität der menschlichen Existenz, welche er rational als sinnlos ansieht, setzt Camus die unaufhörliche Suche nach einem Weg zur Erfüllung des natürlichen Glücksverlangens entgegen. In diesem Bestreben durchläuft er philosophisch und schriftstellerisch unterschiedliche Entwicklungsphasen.

Kulturszene 1944	K 403
Theater	
Tennessee Williams Die Glasmenagerie UA 26.12., Chicago	Erster großer Bühnenerfolg für Williams: Das Drama entwickelt sich aus den Erinnerungen eines Matrosen an seine frustrierte Kindheit.
Konzert/Ballett	
Aaron Copland Appalachian Spring UA 30.10., Washington	Klassiker der amerikanischen Moderne: Die Ballettmusik für Martha Graham wird 1945 zur Suite für großes Orchester umgearbeitet.
Film	
Sergej Eisenstein Iwan der Schreckliche UdSSR	Zweiteiliges Monumentalepos über den ersten russischen Zaren; der 2. Teil wurde 1946 verboten und erst ab 1958 öffentlich vorgeführt.
Helmut Käutner Große Freiheit Nr. 7 Deutschland	Geschichte aus der Hamburger Hafen- und Nachtlokalszene mit Hans Albers in der Hauptrolle; von den Nazis im Deutschen Reich verboten.
Buch	
Jorge Luis Borges Fiktionen Buenos Aires	Die Erzählungen, in denen zwischen Realität, Mystik und Fiktion unterschieden wird, wirken stilbildend.
Dale Carnegie Sorge dich nicht – lebe! New York	Superbestseller der Sachbuchliteratur: Die Lebenshilfe-Lektionen des Amerikaners erleben ab den 80er Jahren einen erneuten Boom.
Joyce Cary Des Pudels Kern London	Abschluß und Höhepunkt einer Künstlertrilogie (seit 1941): drei Porträts, von Band zu Band aus einer anderen Perspektive gezeichnet.
Curzio Malaparte Kaputt Neapel	Der Roman ist ein desillusionierendes Zeugnis der Zeit Malapartes als neutraler Kriegsberichterstatter an der Ostfront (1941–43).
William S. Maugham Auf Messers Schneide New York	Philosophischer Roman über die Loslösung der Menschen von der christlichen Religion und ihre Hinwendung zur östlichen Lebensweisheit.

„Die Feuerzangenbowle" mit Ewald Wenck (l.) und Heinz Rühmann, dem die Hauptrolle des „Pennälers" Pfeiffer auf den Leib geschrieben ist.

Sport 1944		K 404
Fußball		
Deutsche Meisterschaft	Dresdner SC	
Spanische Meisterschaft	FC Valencia	
Tennis		
US Open (seit 1881; 64. Austragung)	Herren: Frank Parker (USA) Damen: Pauline Betz (USA)	
Eishockey		
Stanley-Cup	Montreal Canadiens	
Deutsche Meisterschaft	Berliner SC/Brandenburg	
Boxen		
Schwergewichts-Weltmeisterschaft	Joe Louis (USA) 1944 keine Titelkämpfe	
Herausragende Weltrekorde		
Disziplin	Athlet (Land)	Leistung
Leichtathletik, Männer		
1500 m	Gunder Hägg (SWE)	3:43,0 min
3000 m Hindernis	Erik Elmsäter (SWE)	8:59,6 min
Schwimmen, Männer		
100 m Freistil	Alan Ford (USA)	55,9 sec
200 m Freistil	William Smith (USA)	2:06,2 min

Während sich der Protagonist in „Der Fremde" (1942) erst im Augenblick des Todes seiner Selbst bewußt wird, reagiert der Arzt Rieux in dem Roman „Die Pest" (1947) bereits in vollem Bewußtsein auf die scheinbare Lebensabsurdität mit der hingebungsvollen Pflege unschuldig Leidender. In der Auflehnung gegen bestehende Situationen sieht Camus einen Ausweg aus dem Nihilismus.
1957 erhält der französische Schriftsteller den Literatur-Nobelpreis.

📖 M. Rath: Albert Camus, 1984. H. R. Lottmann: Camus. Biographie, 1986.

Bühnenerfolg für T. Williams

26.12. Chicago. Tennessee Williams' „Glasmenagerie" hat im Civic Theatre Premiere. In dem von Henrik Ibsen und August Strindberg beeinflußten Drama erinnert sich ein Matrose an das frustrierende Kleinbürgerdasein seiner Jugend. Seine Schwester, die sich in eine Traumwelt zurückgezogen hatte, vereinsamte völlig, als ihre Liebe zu einem Arbeitskollegen ihres Bruders abgewiesen wurde. Mit seinen Theaterstücken (u. a. „Die Katze auf dem heißen Blechdach", 1955) ist Tennessee Williams ein mitunter nostalgischer Chronist der Südstaaten. Viele Werke greifen die gleiche Thematik auf. Wie in der „Glasmenagerie" stehen häufig übersensible Frauen im Mittelpunkt, die durch einen Mann aus ihrer schützenden Traumwelt gerissen werden und zugrunde gehen (u. a. „Endstation Sehnsucht", 1947). S 403/K 403

📖 C. Petersen: Tennessee Williams, 1975.
T. Williams: Memoiren, 1975, dt. 1987.

1945

Politik

Rote Armee befreit Auschwitz
27.1. Sowjetische Truppen befreien das deutsche Konzentrations- und Vernichtungslager Auschwitz bei Krakau in Polen. Den Soldaten bietet sich ein Bild des Grauens: In notdürftig verscharrten Massengräbern liegen Tausende von Leichen, nur etwa 5000 Häftlinge überlebten den Terror.
In Auschwitz wurden vermutlich 3 Mio Menschen umgebracht. Das Lager war im Juni 1940 zunächst als Straflager für polnische Kriegsgefangene eingerichtet worden. Nach der sog. Wannsee-Konferenz zur „Gesamtlösung der Judenfrage" (↑S.379/20.1.1942) wurde es zum größten Vernichtungslager ausgebaut.
Bis Ende 1944 wurden in Auschwitz vermutlich 2,5 Mio Menschen vergast und anschließend in Krematorien verbrannt. Etwa 500 000 Häftlinge starben an Seuchen, Hunger und Kälte.
Um die Spuren des Massenmords zu verwischen, zerstörte die SS bereits im November 1944 die Gaskammern und ließ die meisten Häftlinge mit Gewaltmärschen in westliche Lager verlegen.
Der Kommandant von Auschwitz, Rudolf Höß, wird 1946 gefaßt und 1947 zum Tod durch den Strang verurteilt. Die Lager Auschwitz I und Birkenau werden zu nationalen Gedenkstätten, die an den Völkermord erinnern sollen.

H. Langbein: Menschen in Auschwitz, 1987. R. Höß: Kommandant in Auschwitz. Autobiographische Aufzeichnungen, dtv TB 2908. Auschwitz. Zeugnisse und Berichte, Athenäum TB 30. T. Wohl: Arbeit macht tot. Eine Jugend in Auschwitz, Fischer TB 10392.

Auschwitz befreit: Ein Bild des Grauens bietet sich US-amerikanischen Inspektoren, die das Vernichtungslager einige Tage nach der Befreiung durch die Sowjetarmee erreichen.

Alliierte Konferenz in Jalta
4.2. Jalta. Auf der Krim beginnt eine Konferenz, an der US-Präsident Franklin D. Roosevelt, der britische Premier Winston Churchill und der sowjetische Generalissimus Josef W. Stalin teilnehmen.

Wichtige Regierungswechsel 1945		K 405
Land	Amtsinhaber	Bedeutung
Großbritannien	Winston Churchill (Konserv., M seit 1940) Clement Richard Attlee (Labour, M bis 1951)	Rücktritt Churchills (26.7.) nach Wahlniederlage; Attlee vertritt die Briten bei den Potsdamer Verhandlungen (S.411)
Italien	Ivanoe Bonomi (M seit 1944) Ferruccio Parri (M 25.6.–26.11.) Alcide De Gasperi (M bis 1953)	Koalitionsregierung der sechs antifaschistischen Parteien scheitert zweimal; De Gasperi erlangt 1947 im Frieden von Paris die Souveränität für Italien zurück
Norwegen	Vidkun Abraham L. Quisling (M seit 1940)[1] Einar Gehardsen (M bis 1951)	Gerhardsen setzt in drei Amtszeiten (1945–51, 1955–63, 1963–65) Vorkriegspolitik (norwegischer Sozialismus) fort
Österreich	Karl Renner (SPÖ, B 27.4.–20.12.) Leopold Figl (ÖVP, B bis 1950)	Wahlsieg der ÖVP (25.11.: 49,8% der Stimmen); provisorischer Regierungschef Renner wird zum Präsidenten gewählt
Rumänien	Nicolae Radescu (M seit 1944) Petru Groza (M bis 1952)	Groza gewinnt unter massiver Behinderung der Gegner die ersten Nachkriegswahlen und läßt Volksrepublik ausrufen (1948)
USA	Franklin D. Roosevelt (Dem., P seit 1933) Harry S. Truman (Dem., P bis 1953)	Tod Roosevelts (12.4.), des einzigen US-Präsidenten, der viermal gewählt wurde; Truman befiehlt Atombombenabwurf (S.407)

B = Bundeskanzler; M = Ministerpräsident bzw. Premierminister, P = Präsident
[1] Leiter der Nationalregierung

Alliierte Konferenzen 1941–1945 — K 406

Datum	Ort/Land	Teilnehmer	Ergebnis
9.–12.8.1941	Argentia-Bucht vor Neufundland	Franklin D. Roosevelt (USA), Winston Churchill (GB)	Atlantik-Charta (14.8.): Verzicht auf territoriale Gewinne Selbstbestimmungsrecht der Völker, freier Handel (S.373)
24.9.1941	London/Großbritannien	Regierungsmitglieder aus Großbrit., USA, UdSSR, Exilregierungen u. a. aus Frankreich, Belgien, Niederlande, Polen, Tschechoslowakei	Erstmals Teilnahme eines Vertreters der sowjetischen Regierung; engere Zusammenarbeit der teilnehmenden Regierungen im Krieg; Unterstützung der Atlantik-Charta und damit der angloamerikanischen Politik
22.12.1941–14.1.1942	Washington/USA	Franklin D. Roosevelt (USA), Winston Churchill (GB)	Arcadia-Konferenz: Pakt der Vereinten Nationen (Unterzeichnung der Atlantik-Charta durch 26 Staaten)
18.–26.6.1942	Washington/USA	Franklin D. Roosevelt (USA), Winston Churchill (GB), Regierungsvertreter u. a. aus China (Tschungking-Regierung), Kanada, Australien, UdSSR	Beratungen über die Probleme einer zweiten Front in Westeuropa; Churchill und Roosevelt verständigen sich darauf, die Eröffnung einer zweiten Front in Europa zugunsten einer Landung in Nordafrika im Spätherbst 1942 zurückzustellen (S.381)
12.–15.8.1942	Moskau/UdSSR	Winston Churchill (GB), William A. Harriman (USA), Josef W. Stalin (UdSSR)	Churchill teilt Stalin mit, daß die Westalliierten für den Spätherbst 1942 die Landung in Nordafrika (Unternehmen „Torch") planen
14.–26.1.1943	Casablanca/Marokko	Franklin D. Roosevelt (USA), Winston Churchill (GB)	Beschluß, im Sommer in Sizilien zu landen und die alliierte Invasion in Frankreich auf 1944 zu verschieben; systematische Bombardierung des Deutschen Reichs, das bedingungslos kapitulieren soll (unconditional surrender, S.388)
12.–25.5.1943	Washington/USA	Franklin D. Roosevelt (USA), Winston Churchill (GB)	Trident-Konferenz: Beratungen über die Invasion in Italien und Frankreich; weitere Bomberoffensiven gegen das Deutsche Reich vereinbart
14.–24.8.1943	Québec/Kanada	Franklin D. Roosevelt (USA), Winston Churchill (GB)	Quadrant-Konferenz: Pläne zur Invasion Frankreichs verabschiedet; bedingungslose Kapitulation der Achsenmacht Italien gefordert
19.–30.10.1943	Moskau/UdSSR	Wjatscheslaw M. Molotow (UdSSR), Anthony Eden (GB), Cordell Hull (USA)	Außenministertreffen: Einrichtung einer Europäischen Beratenden Kommission in London, NS-Verbrecher sollen vor internationalen Gerichtshof gestellt werden; Einigung über Gebietsabtretungen des Deutschen Reiches; Anschluß Österreichs wird nicht anerkannt
22.–26.11.1943	Kairo/Ägypten	Franklin D. Roosevelt (USA), Winston Churchill (GB), Chiang Kai-shek (China)	Beratungen über ein gemeinsames Vorgehen der Alliierten im Krieg gegen Japan, das nach einer Niederlage alle seit 1914 eroberten Gebiete (Mandschurei, Korea u. a.) wieder abtreten soll
28.11.–1.12.1943	Teheran/Iran	Franklin D. Roosevelt (USA), Winston Churchill (GB), Josef W. Stalin (UdSSR)	Erste gemeinsame Konferenz der „Großen Drei"; Abstimmung der militärischen Operationen und der territorialen Neuregelungen in Europa nach dem Ende des Kriegs; Unterstützung der jugosl. Partisanen unter Tito (S.393)
3.–6.12.1943	Kairo/Ägypten	Franklin D. Roosevelt (USA), Winston Churchill (GB), Ismet Inönü (Türkei)	Treffen der beiden Westalliierten mit dem türkischen Staatspräsidenten, um die Türkei zum Kriegseintritt auf ihrer Seite zu bewegen, doch Inönü lehnt ab
21.8.–7.10.1944	Dumbarton Oaks/USA	Delegierte der USA, UdSSR, Großbritannien, China	Beratung über die Ablösung des Völkerbunds durch die Vereinten Nationen mit den Hauptentscheidungsorganen Vollversammlung und Sicherheitsrat
9.–16.9.1944	Québec/Kanada	Franklin D. Roosevelt (USA), Winston Churchill (GB)	Morgenthau-Plan (Umwandlung Deutschlands in ein Agrarland) von Roosevelt und Churchill verabschiedet; nach negativen Reaktionen der US-Öffentlichkeit zieht Roosevelt am 22.9. seine Unterschrift zurück (S.399)
9.–18.10.1944	Moskau/UdSSR	Winston Churchill (GB), Josef W. Stalin (UdSSR)	Klärung der Einflußsphären auf dem Balkan: Griechenland unter britischem, Jugoslawien unter britisch-sowjetischem Einfluß
4.–11.2.1945	Jalta/UdSSR	Franklin D. Roosevelt (USA), Winston Churchill (GB), Josef W. Stalin (UdSSR)	Frankreich wird gleichberechtigte Besatzungsmacht; baldige Einberufung einer Gründungskonferenz der Vereinten Nationen; auch Nichtkommunisten in künftiger polnischer Regierung vertreten (S.405)
17.7.–2.8.1945	Potsdam/Deutschland	Harry S. Truman (USA), W. Churchill/Clement Attlee (GB), Josef W. Stalin (UdSSR)	Potsdamer Abkommen (2.8.) regelt die Nachkriegspolitik der Alliierten für das Deutsche Reich; am 7.8. stimmt Frankreich dem Abkommen unter Vorbehalt zu (S.411)

Die „großen Drei" erörtern die Nachkriegsordnung sowie die Beendigung des Krieges in Südostasien. Sie einigen sich darauf, Deutschland unter Beteiligung Frankreichs in Besatzungszonen aufzuteilen. Stalin stimmt einem Eintritt der Sowjetunion in den Krieg gegen Japan und der Gründung der Vereinten Nationen zu (↑S.411/26.6.). Diese beiden sowjetischen Zugeständnisse veranlassen Roosevelt, Stalin territoriale Zugeständnisse in Asien zu machen.

Erneut wird über die Zukunft Polens diskutiert (↑S.393/28.11.1943). Die Frage nach dem Verlauf der faktisch bereits durch die Rote Armee verschobenen polnischen Westgrenze bleibt offen. Der sowjetische Anspruch auf den Ostteil Polens wird anerkannt. Uneinigkeit besteht in Fragen der Höhe und Verteilung deutscher Reparationszahlungen (↑S.419/14.1.1946). S 406/K 406

📖 J. Laloy: Wie Stalin Europa spaltete. Die Wahrheit über Jalta, 1990.

Luftangriff vernichtet Dresden
13.2. Dresden. In der Nacht zum 14.2. wird die sächsische Hauptstadt durch britische Luftangriffe fast vollkommen zerstört. Einige Stunden später folgen US-amerikanische Bombenabwürfe. Nachdem im Februar 1942 Sir Arthur Travers Harris zum Oberbefehlshaber des britischen Bomberkommandos ernannt worden war, begannen die von ihm konzipierten Flächenbombardements auf deutsche Großstädte (↑S.380/28.3.1942).

Um den sowjetischen Vormarsch zu erleichtern und um für eine endgültige Demoralisierung der Bevölkerung zu sorgen, beginnt der Angriff auf Dresden. In zwei Etappen wirft die britische Luftwaffe Spreng- und Brandbomben auf die weltberühmte Altstadt und umliegende Wohngebiete. Unter militärischen Gesichtspunkten hat der Angriff keinen Nutzen. Dresden verfügt weder über wichtige Industrieanlagen noch gilt es als Verkehrsknotenpunkt. Die Zahl der Opfer unter der Zivilbevölkerung bleibt ungeklärt, da die Stadt mit rund 500 000 Flüchtlingen aus den Ostgebieten überfüllt ist (mindestens 35 000 Tote). S 408/K 407

📖 D. Irving: Der Untergang Dresdens, 1989.

Truman wird US-Präsident
12.4. Washington. Nach dem Tod von US-Präsident Franklin D. Roosevelt (↑S.400/7.11.1944) wird Vizepräsident Harry Spencer Truman zum Nachfolger ernannt. Roose-

Dresden zerstört: Blick von der Hofkirche auf die durch die alliierten Bombenangriffe völlig vernichtete Innenstadt. 20 km² liegen in Schutt und Asche.

velt hatte am 20.1. sein Kabinett umbesetzt. Truman wurde zuungunsten des als linksliberal geltenden Henry Agard Wallace zum Vizepräsidenten ernannt.

Truman, der dem rechten Flügel der Demokraten angehört, war 1935–1944 Senator von Missouri. Als Präsident verfolgt er zunächst noch die von Roosevelt propagierte Verhandlungsbereitschaft gegenüber der Sowjetunion in Fragen der Nachkriegsordnung, schwenkt aber bald auf die „Containment"-Politik um, die auf eine Eindämmung sowjetischen Einflusses abzielt.

Im Juni 1947 formuliert er vor dem Kongreß die gegen die Sowjetunion gerichtete „Truman-Doktrin": Er fordert darin eine Unterstützung aller Länder, deren Freiheit vom Kommunismus bedroht wird. 1948 wird er wiedergewählt, 1952 löst ihn der Republikaner General Dwight D. Eisenhower ab (↑S.475/4.11.1952).

Das Ende des „Führers"
30.4. Berlin. Adolf Hitler und seine Geliebte Eva Braun begehen im Bunker unter der Reichskanzlei gemeinsam Selbstmord. Hitler hatte sie kurz vorher geheiratet.

Am 20.11.1944 hatte Hitler auf Drängen seiner Berater sein Hauptquartier „Wolfsschanze" bei Rastenburg in Ostpreußen angesichts der näherrückenden Truppen der Roten Armee aufgegeben. Nach einem kurzen Aufenthalt in Berlin begab er sich am 10.12.1944 in das Führerhauptquartier „Adlerhorst" in der Nähe von Bad Nauheim, um die Durchführung der Ardennenoffensive (↑S.396/6.6.1944) zu leiten. Nach deren Scheitern zog sich der schwerkranke Hitler am 16.1. nach Berlin zurück. Dort klammerte er sich weiter an die irreale Hoffnung einer plötzlichen Kriegswende durch Entsatzangriffe der Wehrmacht. Die Nachricht des Oberkommandos der Wehrmacht vom Scheitern aller Versuche und das durch den Einmarsch der Roten Armee in Berlin offensichtlich bevorstehende Ende des Dritten Reichs beendeten seine Hoffnungen. Vor seinem Tod ernennt Hitler Großadmiral Karl Dönitz statt Hermann Göring zu seinem Nachfolger.

📖 J. C. Fest: Hitler. Eine Biographie, 1973.

Neugründung der SPD
6.5. Hannover. Der ehemalige Reichstagsabgeordnete Kurt Schumacher initiiert die erste Neugründung eines Ortsvereins der Sozialdemokratischen Partei Deutschlands.

Schumacher, der während des Krieges in verschiedenen Konzentrationslagern inhaftiert war, hatte sofort nach der Besetzung Hannovers durch US-Truppen mit Vorbereitungen für seine politische Arbeit begonnen. Als Anfang Juni die „Sowjetische Militäradministration für Deutschland" die Neugründung von Parteien in der von ihr kontrollierten Besatzungszone erlaubt, bilden SPD-Funktionäre am 15.6. eine vorläufige Parteileitung.

Am 13.6. wird die Kommunistische Partei Deutschlands (KPD) gegründet. Bis Anfang Juli folgen die Christlich-Demokratische Union (CDU), die Deutsche Demokratische Partei (DDP) und die Liberal-Demokratische Partei Deutschlands (LDPD). Im Spätsommer wird die Parteien-Lizenzierung auch in der US-amerikanischen und britischen Zone erlaubt. Anfang 1946 ziehen die französischen Alliierten nach.

S 409/K 408

📖 A. Kaden: Einheit oder Freiheit. Die Wiedergründung der SPD 1945/46, 1980. S. Miller: Kleine Geschichte der SPD, NA 1983.

Schwere Luftangriffe während des 2. Weltkriegs				K 407
Datum	Angreifer	Ziel	Bombenmenge	Tote
25. 9.1939	Deutsches Reich	Warschau/Pl	560 t Sprengbomben, 72 t Brandbomben	10 000
14. 5.1940	Deutsches Reich	Rotterdam/N	97 t Bomben	900
14.11.1940	Deutsches Reich	Coventry/GB	500 t Sprengbomben und Luftminen	568
3. 1.1941	Deutsches Reich	Cardiff/GB	115 t Sprengbomben, 392 Brandschüttkästen	1 550[1]
10. 5.1941	Deutsches Reich	London/GB	711 t Sprengbomben, 2393 Brandschüttkästen	3 000
3. 3.1942	Großbrit.	Billancourt/F	k. A.	700
28. 3.1942	Großbrit.	Lübeck	k. A.	320
30. 5.1942	Großbrit.	Köln	1459 t Brand- und Sprengbomben	474
1. 3.1943	Großbrit.	Berlin	610 t Bomben	711
4. 5.1943	Großbrit.	Dortmund	1436 t Bomben	693
29. 5.1943	Großbrit.	Wuppertal	1822 t Bomben	2 450
24. 7.1943	Alliierte	Hamburg	2300 t Bomben	30 482[2]
27. 8.1943	Großbrit.	Nürnberg	k. A.	3 000
18.11.1943	Großbrit.	Berlin	8600 t Bomben	2 700[3]
3.12.1943	Großbrit.	Leipzig	k. A.	1 182
25. 2.1944	Alliierte	Augsburg	300 000 Bomben	730
24. 3.1944	Großbrit.	Berlin	2500 t Bomben	6 166
26. 5.1944	USA	Frankreich	k. A.	3 760
24. 7.1944	Großbrit.	Stuttgart	k. A.	900[4]
17.12.1944	Großbrit.	München	1000 t Bomben	862
3. 2.1945	USA	Berlin	3000 t Bomben	22 000
13. 2.1945	Alliierte	Dresden	3470 t Bomben	35 000[5]
14. 4.1945	Großbrit.	Potsdam	k. A.	5 000

1) Januar 1941; 2) bis 3.8.1943; 3) bis 3.12.1943; 4) bis 29.7.1944; 5) Schätzung

Deutsches Reich kapituliert

7.5. Reims. Im Hauptquartier General Dwight D. Eisenhowers, Oberbefehlshaber der alliierten Streitkräfte in Europa, unterzeichnen die Generäle Alfred Jodl, Hans-Georg von Friedeburg und Wilhelm Oxenius die Gesamtkapitulation.

Als am 25.4. amerikanische und sowjetische Truppen bei Torgau an der Elbe zusammentrafen, schloß sich die alliierte Front. Um Zeit zu gewinnen, versuchte von Friedeburg noch am 5.5. in Reims, weitere Teilkapitulationen neben den bereits erfolgten anzubieten. Möglichst vielen Soldaten sollte vor dem endgültigen Zusammenbruch die Flucht ermöglicht werden, um der sowjetischen Kriegsgefangenschaft zu entgehen. Doch Eisenhower forderte ultimativ die bedingungslose Kapitulation. Auch Jodl, der am 6.5. anreise, kann keinen Aufschub mehr erreichen. Die am 7.5. unterzeichnete Gesamtkapitulation tritt am 8.5. um 23.01 Uhr in Kraft.
Auf Wunsch der sowjetischen Streitkräfte wird die Zeremonie am 9.5. in Berlin-Karlshorst durch den Chef des Oberkommandos der Wehrmacht, Wilhelm Keitel, im Beisein des sowjetischen Marschalls Georgi K. Schukow wiederholt. S 364/K 368   S 412/K 409

F. Kurowski: Endkampf um das Reich, 1990.

Kapitulation: Die Rote Armee beendet den Kampf um Berlin mit dem Hissen der sowjetischen Flagge auf dem Reichstag (nachträglich gestelltes Foto).

SPD-Vorsitzende im 20. Jahrhundert — K 408

Zeitraum	Name (Lebensdaten)	Anmerkungen	Zeitraum	Name (Lebensdaten)	Anmerkungen
1892–1911	August Bebel (1840–1913)	Mitbegründer der SPD		Hermann Müller (1876–1931)	–
	Paul Singer (1844–1911)	1884–1911 MdR	1931–33	Arthur Crispien (1875–1946)	22.6.1933 Verbot der SPD durch die Nationalsozialisten; Wels leitet den Exilvorstand der SPD in Prag bzw. in Paris
1911–13	August Bebel (1840–1913)	–		Hans Vogel (1881–1945)	
	Hugo Haase (1863–1919)	1918 USPD-Mitglied im Rat der Volksbeauftragten		Otto Wels (1873–1939)	
1913–17	Friedrich Ebert (1871–1925)	1919–25 Reichspräsident	1946–52	Kurt Schumacher (1895–1952)	1933–43 in politischer Haft
	Hugo Haase (1863–1919)	–	1952–63	Erich Ollenhauer (1901–1963)	SPD wird Volkspartei (Godesberger Programm, '59)
1917–19	Friedrich Ebert (1871–1925)	–	1964–87	Willy Brandt (1913–1992)	1969–74 Bundeskanzler, 1966–69 Außenminister
	Philipp Scheidemann (1865–1939)	1919 Reichsministerpräsident	1987–91	Hans-Jochen Vogel (*1926)	1972–74 Minister für Bauwesen und Raumordnung, 1974–81 Justizminister
1919–22	Hermann Müller (1876–1931)	1920 und 1928–30 Reichskanzler,1919/20 Reichsaußenminister	1991–93	Björn Engholm (*1939)	1988–93 Ministerpräsident von Schleswig-Holstein
	Otto Wels (1873–1939)	1912–33 MdR bzw. Mitglied der Weimarer Nationalversammlung	1993–95	Rudolf Scharping (*1947)	1991–94 Ministerpräsident von Rheinland-Pfalz, ab 1994 Chef der SPD-Bundestagsfraktion
1922–31	Arthur Crispien (1875–1946)	1920–33 MdR	1995–	Oscar Lafontaine (*1943)	Ministerpräsident des Saarlands ab 1985
	Otto Wels (1873–1939)	–			

Sonder- und Unterorganisationen der Vereinten Nationen (UNO) K 410

Gründung	Organisation	Sitz	Mitglieder
1865[1]	ITU (International Telecommunication Union; Internationale Fernmeldeunion)	Genf	185 Staaten
1874[2]	UPU (Universal Post Union; Weltpostverein)	Bern	189 Staaten
1919[3]	ILO (International Labour Organization; Internationale Arbeitsorganisation)	Genf	173 Staaten
1944	IWF (Internationaler Währungsfonds; International Monetary Fund, IMF)	Washington	165 Staaten
	Weltbank (International Bank for Reconstruction and Development, IBRD; Internationale Bank für Wiederaufbau und Entwicklung)	Washington	178 Staaten
1945	FAO (Food and Agriculture Organization; Ernährungs- und Landwirtschaftsorganisation)	Rom	171 Staaten
	Internationaler Gerichtshof (International Court of Justice, ICJ)	Den Haag	15 Richter
	UNESCO (United Nations Educational, Scientific and Cultural Organization; Organisation der Vereinten Nationen für Erziehung, Wissenschaft und Kultur)	Paris	183 Staaten
1946	UNICEF (United Nations Int. Children's Emergency Fund; Int. Kinderhilfswerk)	New York	–
1947	GATT (General Agreement on Tariffs and Trade; Allgemeines Zoll- und Handelsabkommen); ab Dezember 1995 WTO (World Trade Organization; Welthandelsorganisation)	Genf	125 Staaten
	ICAO (International Civil Aviation Organization; Internationale Zivilluftfahrtorganisation)	Montreal	184 Staaten
1948	IMO (Intergovernmental Maritime Organization; Internationale Seeschiffahrtsorganisation)	London	153 Staaten
	WHO (World Health Organization; Weltgesundheitsorganisation)	Genf	190 Staaten
1949	UNHCR (United Nations High Commissioner for Refugees; Hoher Flüchtlingskommissar)	Genf	–
	UNRWA (United Nations Institute and Works Agency for Palestine Refugees in the Near East; Palästina-Flüchtlings-Hilfswerk der UN)	Wien	10 Personen[4]
1951	WMO (World Meteorological Organization; Weltorganisation für Meteorologie)	Genf	173 Staaten
1956	IAEA (International Atomic Energy Agency; Internationale Atomenergie-Agentur)	Wien	123 Staaten
	IFC (International Finance Corporation; Internationale Finanzgesellschaft)	Washington	161 Staaten
1960	IDA (International Development Association; Internationale Entwicklungsassoziation)	Washington	157 Staaten
1963	WFP (World Food Programme; Welternährungsprogramm)	Rom	–
1964	UNCTAD (United Nations Conference on Trade and Development; Handels- und Entwicklungskonferenz)	Genf	188 Staaten
1965	UNDP (United Nations Development Programme; UN-Entwicklungsprogramm)	New York	–
	UNITAR (UN Institute for Teaching and Research; UN-Institut für Ausbildung u. Forschung)	New York	–
1966	UNIDO (United Nations Industrial Development Organization; UN-Organisation für industrielle Entwicklung)	Wien	169 Staaten
1967	WIPO (World Intellectual Property Organization; Weltorganisation für geistiges Eigentum)	Genf	157 Staaten
1971	UNDRO (United Nations Desaster Relief Coordinator; UN-Koordinator fur Katastrophenhilfe)	Genf	–
1972	UNEP (United Nations Environment Programme; UN-Umweltprogramm)	Nairobi	185 Staaten
1973	UNU (United Nations University; Universität der Vereinten Nationen)	Tokio	–
1974	IFAD (International Fund for Agricultural Development; Internat. Agrarentwicklungsfonds)	Rom	160 Staaten
1978	UNCHS/Habitat (United Centre for Human Settlement; Zentrum für Wohn-/Siedlungswesen)	Nairobi	58 Staaten[5]
1991	UNIDCP (United Nations International Drug Control Programme; Int. Drogenbekampfungspr.)	Genf	–
	UNPO (Unrepresented Nations and Peoples Organization; Organisation Nichtrepräsentierter Nationen und Völker)	Den Haag	46 Nationen und Völker
1992	UNCED (United Nations Conference of Environment und Development; Konferenz über Umwelt und Entwicklung): verschiedene Deklarationen und Konventionen (Agenda 21, Artenschutz, Entwicklung, Klima, Umwelt und Entwicklung, Wald)	Rio de Janeiro	–

1) Neugründung 1947; 2) Neugründung 1946; 3) Neugründung 1946; 4) beratender Ausschuß; 5) von der UN-Vollversammlung gewählt

Trümmerfrauen in Berlin

1.6. Berlin. Das städtische Hauptamt für Arbeitseinsatz verpflichtet alle Frauen im Alter zwischen 15 und 50 Jahren zur Mitarbeit bei Aufräumarbeiten und Trümmerbeseitigung. Nahezu alle männlichen Einwohner der Stadt befanden sich bei Kriegsende noch an der Front und gerieten in Kriegsgefangenschaft (↑S.409/7.5.). Um die dringend notwendigen Arbeiten trotzdem bewältigen zu können, muß die Berliner Verwaltung zur Arbeitsverpflichtung der Frauen greifen. Frauen, die sich dem Dienst entziehen, erhalten keine Lebensmittelkarten. Mit primi-

tiven Werkzeugen beginnen die „Trümmerfrauen" Straßen zu räumen, Ziegel zu reinigen, Metallteile und Holzbalken zu sortieren, die als Baumaterial für Neubauten verwendet werden. Der Dienstverpflichtung in Berlin folgen ähnliche Aktionen in zahlreichen deutschen Städten.
Ende Juni kündigen die amerikanische und die britische Besatzungsmacht die baldige Entlassung von Kriegsgefangenen an, um dem Arbeitskräftemangel in Deutschland entgegenzuwirken und die Ankurbelung der deutschen Wirtschaft in Gang zu setzen.

Trümmerfrauen. Biographien einer betrogenen Generation, 1987.

Gründung der Vereinten Nationen

26.6. San Francisco. Vertreter von 51 Staaten unterzeichnen die Verfassung der Vereinten Nationen (UNO). Seit 1941 hatte das US State Department an Plänen für eine Weltfriedensorganisation in Anlehnung an den 14-Punkte-Friedensplan Präsident Wilsons gearbeitet (↑S.141/8.1.1918). Sie kamen ihrer Verwirklichung durch die Atlantikcharta (↑S.373/14.8.1941) näher, der bis 1942 zahlreiche Staaten beitraten, die gegen die Achsenmächte Krieg führten.
US-Präsident Roosevelt billigte im Juni 1944 einen Entwurf, der seinen Forderungen entsprechend einen Sicherheitsrat vorsah, durch den die Weltmächte USA, Großbritannien, Sowjetunion und China eine Führungsrolle einnehmen sollten. Bis zur Unterzeichnung der UNO-Charta entstanden vor allem in Fragen des Vetorechts der Mitglieder des Weltsicherheitsrats Spannungen. Ziele der UNO sind die Sicherung des Weltfriedens und die Förderung friedlicher Beziehungen. Am 18.9.1973 (↑S.676) wird die Bundesrepublik Deutschland (gemeinsam mit der DDR) in die Weltorganisation aufgenommen (↑S.419/1.2.1946).

S 410/K 410

R. Wolfrum (Hg.): Vereinte Nationen, 1991.

Alliierte lösen Oberkommando auf

13.7. Das gemeinsame Oberkommando der westalliierten Expeditionsstreitkräfte in Europa (Supreme Headquarters Allied Expeditionary Forces; SHAEF) wird aufgelöst.
Das SHAEF wurde 1943 zur Vorbereitung und Leitung der alliierten Landung in der Normandie gegründet. Es stand unter dem Oberbefehl von US-General Dwight D. Eisenhower.
Die Funktionen des gemeinsamen Oberkommandos gehen auf die militärischen Stäbe der Besatzungsmächte über.

Potsdamer Konferenz beginnt

17.7. Potsdam. US-Präsident Harry S. Truman, der britische Premier Winston Churchill und der sowjetische Staatschef Josef W. Stalin treffen zur ersten Konferenz nach Kriegsende in Europa zusammen.
Nachdem bereits in Jalta die ersten Pläne zur Nachkriegsordnung entworfen wurden (↑S.405/4.2.), werden nun politische und wirtschaftliche Grundsätze im „Potsdamer Abkommen" festgelegt. Die Besatzungsmächte übernehmen die oberste Regierungsgewalt. Die deutsche Bevölkerung soll „entnazifiziert", Kriegsverbrecher verurteilt und

Potsdamer Konferenz: Die „großen Drei" treffen sich in neuer Zusammensetzung zum ersten Mal nach Kriegsende. Der neue britische Premierminister Clement Attlee, der US-amerikanische Präsident Harry S. Truman und der sowjetische Generalissimus Josef Stalin (vorne v.l.)

Ergebnisse der Potsdamer Konferenz	K 411
Einrichtung eines Rats der Außenminister, die die fünf Hauptmächte (die vier Siegermächte und China) vertreten, um offene Fragen zu lösen	
Ausrottung des deutschen Militarismus und Nazismus; Deutschland soll nie wieder seine Nachbarn oder den Weltfrieden bedrohen können	
Demokratisches und friedliches Deutschland angestrebt, keine Vernichtung oder Versklavung des deutschen Volkes	
Gerichtliche Verfolgung der Kriegsverbrecher; führende Nationalsozialisten sollen verhaftet und interniert werden	
Die Verwaltung Deutschlands soll dezentralisiert und auf lokaler Ebene die Selbstverantwortung gefördert werden	
Dezentralisierung der deutschen Wirtschaft; Verbot oder Einschränkung kriegswichtiger Industriezweige, Förderung der Landwirtschaft	
Reparationsansprüche der UdSSR sollen durch Entnahmen aus der von den Sowjets besetzten Zone Deutschlands befriedigt werden	
Übergabe der ostpreußischen Stadt Königsberg (heute: Kaliningrad) und des umliegenden Gebiets an die Sowjetunion	
Übergabe der deutschen Gebiete östlich der Oder-Neiße-Linie und des südlichen Teils von Ostpreußen bis zur Friedensregelung an Polen	
Ausweisung der deutschen Bevölkerungsteile aus Polen, der Tschechoslowakei und Ungarn sowie gerechte Verteilung auf die Besatzungszonen	

1945

Menschenverluste im 2. Weltkrieg[1]			K 409
Land	Soldaten	Zivilisten	Gesamtverluste
UdSSR	13 600 000	7 000 000	20 600 000
Deutsches Reich	5 471 000	3 939 000	9 410 000
Polen	320 000	4 200 000	4 520 000
Jugoslawien	410 000	1 280 000	1 690 000
Frankreich	340 000	470 000	810 000
Ungarn	140 000	280 000	420 000
Rumänien	378 000	k. A.	378 000
Großbritannien	326 000	60 000	386 000
Italien	330 000	k. A.	330 000
USA	229 000	k. A.	229 000
Niederlande	12 000	198 000	210 000
Griechenland	20 000	140 000	160 000
Belgien	12 000	76 000	88 000
Finnland	k. A.	k. A.	84 000

[1] Schätzungen für Europa und USA

USA werfen Atombomben: Über Nagasaki bildet sich ein riesiger Atompilz.

ganz Deutschland „entmilitarisiert" werden. Der Aufbau demokratischer Strukturen soll gefördert werden.
Erneut führen die Verhandlungen mit Stalin über Polen und über die Reparationsansprüche zu ernsten Konflikten. Am 29.7. wird ein Kompromiß vereinbart. Stalin verzichtet auf eine festgelegte Reparationssumme, wenn dafür die Westmächte bis zu einem endgültigen Friedensvertrag der Verschiebung der polnischen Westgrenze zustimmen. Östlich von Oder und Neiße müssen daraufhin etwa sieben Millionen Menschen ihre Heimat verlassen. S 411/K 411

📖 E. Deuerlein: Potsdam und die deutsche Frage, 1970. W. Jaksch: Europas Weg nach Potsdam, 1990. J. Hoffmann: Deutschland im Spannungsfeld der Siegermächte (1945–49), 1982.

Churchill verliert Wahlen

26.7. London. Bei den vom 5. bis 12.7. durchgeführten Wahlen zum britischen Unterhaus verliert die von Premierminister Winston Churchill geführte Konservative Partei gegenüber 1935 1,8 Mio Stimmen.
Churchill, der sich seit dem 17.7. gemeinsam mit dem britischen Außenminister Robert Anthony Eden in Potsdam aufhält (↑S.411/ 17.7.), tritt am 26.7. zurück, nachdem er vom überraschenden Wahlsieg der Labour Party erfahren hat. Am 28.7. werden die am 25.7. wegen Churchills Rücktritt unterbrochenen Verhandlungen in Potsdam mit dem neuen Premier, Clement Attlee, fortgesetzt, der mit Churchill bereits an den Besprechungen teilgenommen hatte.
Churchill, der 1940 als Verfechter einer offensiven Kriegführung Arthur Neville Chamberlain abgelöst hatte (↑S.361/10.5. 1940), wird im Oktober 1951 erneut Premierminister. S 362/K 367 S 467/K 471

📖 E. Hughes: Churchill. Ein Mann in seinem Widerspruch, 1986.

Inferno in Hiroshima und Nagasaki

6./9.8. Am Morgen des 6.8. wirft ein Pilot der US-Luftwaffe eine Atombombe über der japanischen Stadt Hiroshima ab. Am 9.8. folgt der Abwurf einer zweiten auf Nagasaki.
Mitte Juli hatte der erste Test einer Atombombe in den USA die Schlagkraft dieser Waffe demonstriert. Truman entschied sich daraufhin zu ihrem Einsatz, um den verlustreichen Krieg gegen das japanische Kaiserreich zu beenden.
Dem ersten Abwurf über Hiroshima fallen mehr als 78 000 Zivilisten zum Opfer. Als die japanische Regierung, die über die Art der

Bombe nicht informiert wurde, nicht reagiert, wird am 9.8. Nagasaki angegriffen. 36 000 Menschen sterben. Durch die immense Druck- und Hitzewelle werden Tausende schwer verletzt. Beide Städte sind dem Erdboden gleichgemacht.
Am 15.8. nimmt die japanische Regierung die Kapitulationsbedingungen an. Die bei der Explosion freigewordene radioaktive Strahlung führt noch Jahrzehnte später zu tödlichen Erkrankungen. Präsident Truman dient der Angriff auch als Demonstration militärischer Stärke gegenüber der Sowjetunion (↑S.407/12.4.).
📖 Leben nach der Atombombe. Hiroshima und Nagasaki 1945–1985, 1987.

Polens Grenzen festgelegt
16.8. Moskau. Der sowjetische Außenminister Wjatscheslaw M. Molotow und der polnische Ministerpräsident Edward Osóbka-Morawski unterzeichnen einen Vertrag, der die östliche Grenze Polens festlegt. Sie verläuft etwa 200 km westlich der Grenze von 1939.
Ende Juli 1944 hatte der sowjetische Staatschef Josef W. Stalin eine kommunistische Gegenregierung für Polen (sog. Lubliner Komitee) eingesetzt (↑S.397/1.8.1944), die, anders als die polnische Exilregierung, der von Stalin geforderten Abtretung der ostpolnischen Gebiete zustimmte. Als Ersatz für diese Gebiete sollte eine Grenzverschiebung im Westen durchgesetzt werden, die auf verschiedenen alliierten Konferenzen zur Nachkriegsordnung mehrmals erörtert und von Großbritannien und den USA schließlich gebilligt wurde (↑S.393/28.11.1943; ↑S.405/4.2.; ↑S. 411/17.7.). Sie dient Stalin zur Sicherung des sowjetischen Machtbereichs gegenüber den Westmächten.
Die Verschiebung der polnischen Westgrenze bis zur Oder-Neiße-Linie wurde bereits im März durch die Errichtung neuer Regierungsbezirke vollzogen. Die dort ansässige deutsche Bevölkerung wird aus ihren Heimatorten vertrieben.

Indonesien wird unabhängig
17.8. Djakarta. Achmed Sukarno, der Führer der indonesischen Freiheitsbewegung, ruft die unabhängige Republik Indonesien aus und wird zum ersten Präsidenten des Landes gewählt.
Sukarno hatte 1927 gegen die Kolonialherrschaft der Niederlande die Indonesische Nationalpartei (PNI) gegründet. Die niederländische Regierung bekämpfte die nationalen Bewegungen mit äußerster Härte und konnte ihre Herrschaft über Indonesien bis 1942 aufrechterhalten. Erst die Besetzung des Landes durch japanische Truppen beendete die seit dem 17. Jh. bestehende niederländische Kolonialherrschaft.
Der Unabhängigkeitserklärung Sukarnos zwei Tage nach der Kapitulation Japans am 15.8. folgt ein Guerillakrieg indonesischer Nationalisten gegen niederländische Einheiten, denen es gelingt, weite Teile des Landes zurückzuerobern. Am 27.12.1949 erkennen die Niederlande auf der Konferenz von Den Haag die Souveränität Indonesiens an.

Bodenreform in der „Ostzone"
2.9. In der sowjetischen Besatzungszone (SBZ) beginnt die entschädigungslose Enteignung von sog. Großgrundbesitzern („Junkerland in Bauernhand").

Die sowjetische Besatzungszone	K 412
Datum	**Ereignis**
9. 6.1945	Errichtung der Sowjetischen Militäradministration (SMAD)
15. 6.1945	Gründung des Freien Deutschen Gewerkschaftsbundes (FDGB), Einheitsgewerkschaft der späteren DDR
2. 9.1945	Bodenreform: entschädigungslose Enteignung der Landwirte, die mehr als 100 ha Land besitzen (S.413)
30.10.1945	Beschlagnahme des Vermögens des deutschen Staates und der NSDAP; Beginn der Verstaatlichung von Industriebetrieben; Bildung der ersten volkseigenen Betriebe
7. 3.1946	Gründung der Freien Deutschen Jugend (FDJ) als Einheitsjugendverband (sog. sozialistische Massenorganisation)
29. 3.1946	Demontage aller elektrischen Eisenbahn-Streckeneinrichtungen; Ablieferung aller Elektrolokomotiven an die UdSSR
22. 4.1946	Zwangsvereinigung von SPD und KPD zur SED (S.420)
5. 6.1946	Überführung von 213 Großbetrieben in sowjetisches Eigentum
20.10.1946	Kreis- und Landtagswahlen in Sachsen, Sachsen-Anhalt Brandenburg, Thüringen und Mecklenburg-Vorpommern. Mehrheit für die SED; erste freie Stadtverordnetenwahlen in Berlin: Mehrheit für die SPD
21.10.1946	Beginn der Zwangsdeportationen von mehreren tausend deutschen Fachkräften und Ingenieuren in die Sowjetunion
15. 1.1947	Marschall Sokolowski verkündet Ende der Demontagen
27. 2.1948	Entnazifizierung in der Ostzone wird eingestellt
23. 6.1948	Währungsreform in der Ostzone (S.444/19.6.)
24. 6.1948	UdSSR verhängt Blockade über Westsektoren Berlins (S.442)
29. 7.1948	SED-Vorstand beschließt umfassende „Säuberung" der Partei
13.10.1948	Beginn der Kumpel-Hennecke-Kampagne zur Steigerung der Arbeitsproduktivität in den Betrieben
3. 1.1949	Beginn eines Zweijahresplans zum Wiederaufbau der Ostzone; Übergang zur Planwirtschaft
12. 5.1949	Sowjetunion beendet die Berlin-Blockade
30. 5.1949	Volkskongreß billigt die Verfassung (bürgerlich-demokratischer Charakter) der Deutschen Demokratischen Republik
7.10.1949	Gründung der Deutschen Demokratischen Republik (S.456)

Achmed Sukarno

Kommunistische Volksdemokratien K 413

Gründung	Land	Führende Politiker (Lebensdaten)
29.11.1945	Jugoslawien	Josip Tito (1892–1980)
11. 1.1946	Albanien	Enver Hoxha (1908–1985)
15. 9.1946	Bulgarien	Georgi M. Dimitrow (1882–1949) Todor Schiwkow (*1911)
19. 2.1947	Polen	Wladyslaw Gomulka (1905–1982) Edward Gierek (*1913) Wojciech Jaruzelski (*1923)
13. 4.1948	Rumänien	Gheorghe Gheorghiu-Dej (1901–1965) Nicolae Ceaușescu (1918–1989)
9. 5.1948	Tschechoslowakei	Antonín Zápotocký (1884–1957) Gustav Husák (1913–1991)
9. 9.1948	Korea (Nord)	Kim Il Sung (1912–1994)
20. 8.1949	Ungarn	Mátyás Rákosi (1892–1971) János Kádár (1912–1989)
1.10.1949	China (VR)	Mao Zedong (1893–1976)
7.10.1949	DDR	Walter Ulbricht (1893–1973) Erich Honecker (1912–1994)
7. 9.1954	Vietnam (Nord)	Ho Chi Minh (1890–1969)
13. 2.1959	Kuba	Fidel Castro (*1927)

Vorgeschlagen wurde diese Maßnahme vom Vorsitzenden der kommunistischen Partei Deutschlands, Wilhelm Pieck. Er plädierte für eine wirtschaftliche Ausschaltung des Großgrundbesitzes, dessen Anteil an der gesamten landwirtschaftlichen Nutzfläche der SBZ mit 29,8% wesentlich höher liege als in den drei Westzonen. Mit Zustimmung der politischen Parteien ordnet die Sowjetische Militäradministration die Enteignung allen Grundbesitzes über 100 ha an.

Rund 3,3 Mio ha Land werden in Parzellen von einem halben bis zu zehn Hektar aufgeteilt und an Kleinbauern, Flüchtlinge und Landarbeiter verteilt. Innerhalb der Christlich-Demokratischen Union (CDU) wird die Durchführung der Reform kritisiert, da sie zu einer Verschlechterung der Ernährungssituation führe.

Die nur innerhalb der SBZ konsequent durchgeführten Enteignungen tragen zur raschen Auseinanderentwicklung der Besatzungszonen bei. S 413/K 412

📖 R. Fritsch-Bournazel: Die Sowjetunion und die deutsche Teilung. Die sowjet. Deutschlandpolitik 1945–1979, 1979. D. Zimmer: Auferstanden aus Ruinen. Von der SBZ zur DDR, 1989.

Vietnam wird zur Republik

4.9. Hanoi. Der Führer der kommunistischen Unabhängigkeitsbewegung Vietnams, Ho Chi Minh, proklamiert die freie Republik Vietnam.

Ho Chi Minh hatte 1941 die „Liga für die Unabhängigkeit Vietnams" (Vietminh) gegründet. Mit der Besetzung Frankreichs durch deutsche Truppen im 2. Weltkrieg endete die französische Kolonialherrschaft (↑S.363/22.6.1940). Seit 1941 kämpfte die Vietminh gegen die japanische Besetzung des ehemaligen Französisch-Indochina (↑S.374/7.12.1941).

Der Unabhängigkeitserklärung Ho Chi Minhs zwei Tage nach der japanischen Kapitulation folgt die Entsendung eines französischen Expeditionsheeres, das die Vietminh besiegen und die Kolonialmacht wiederherstellen soll. Die Kämpfe eröffnen den Vietnamkrieg (↑S.422/23.11.1946).

Am 7.5.1954 unterliegt das von den USA unterstützte französische Korps den von China militärisch versorgten Einheiten der kommunistischen Vietminh. Das am 21.7. 1954 (↑S.491) unterzeichnete Waffenstillstandsabkommen spricht der Vietminh die nördliche, den französischen Truppen die südliche Hälfte Vietnams zu (↑S.579/ 30.7.1964). S 414/K 413 S 579/K 583

Nationalratswahlen in Österreich

25.11. In Österreich finden Parlamentswahlen zum Nationalrat statt, aus denen die Österreichische Volkspartei (ÖVP) als Sieger hervorgeht.

Nachdem es sowjetischen Truppen am 13.4. gelungen war, die österreichische Hauptstadt Wien zu besetzen, kehrte der frühere sozialdemokratische Regierungschef Karl Renner zurück und bildete am 27.4. die erste provisorische Nachkriegsregierung Österreichs. Am 11.9. ließ der Alliierte Kontrollrat drei Parteien für die bevorstehenden Parlamentswahlen zu.

Die christlich-soziale ÖVP erhält am 25.11. 49,8% der abgegebenen Stimmen. Die Sozia-

CDU-Vorsitzende seit 1950 K 414

Zeitraum	Name (Lebensdaten)	Anmerkungen
1950–66	Konrad Adenauer (1876–1967)	1949–63 Bundeskanzler, 1951–55 auch Außenminister
1966–67	Ludwig Erhard (1897–1977)	1949–63 Wirtschaftsminister 1963–66 Bundeskanzler
1967–71	Kurt Georg Kiesinger (1904–1988)	1966–69 Bundeskanzler (Große Koalition)
1971–73	Rainer Barzel (*1924)	1962/63 Minister für gesamtdeutsche Fragen, 1982/83 Minister für innerdeutsche Beziehungen; 1983/84 Bundestagspräsident
1973–	Helmut Kohl (*1930)	1969–76 Minsterpräsident von Rheinland-Pfalz, ab 1982 Bundeskanzler

Vielvölkerstaat Jugoslawien 1945–91

Bosnien-Herzegowina
4,3 Mio Einw.
40% Bosnier
32% Serben
18% Kroaten
10% Sonstige

Kosovo
1,8 Mio Einw.
77% Albaner
13% Serben
10% Sonstige

Kroatien
4,7 Mio Einw.
75% Kroaten
12% Serben
13% Sonstige

Makedonien
2,0 Mio Einw.
67% Makedonen
17% Albaner
16% Sonstige

Montenegro
0,6 Mio Einw.
69% Montenegriner
13% Bosnier
7% Albaner
11% Sonstige

Serbien
5,8 Mio Einw.
66% Serben
34% Sonstige

Slowenien
1,9 Mio Einw.
91% Slowenen
9% Sonstige

Wojwodina
2,0 Mio Einw.
54% Serben
19% Ungarn
27% Sonstige

Siedlungsgebiete: Serben, Kroaten, Bosnische Moslems, Montenegriner, Slowenen, Makedonier, Albaner, sonstige

— Staatsgrenze Jugoslawien 1991
— Grenze der souveränen Republiken ab 1992
— Grenze der Republiken
--- Grenze der autonomen Regionen

Stand: 7.4.1992 © Harenberg

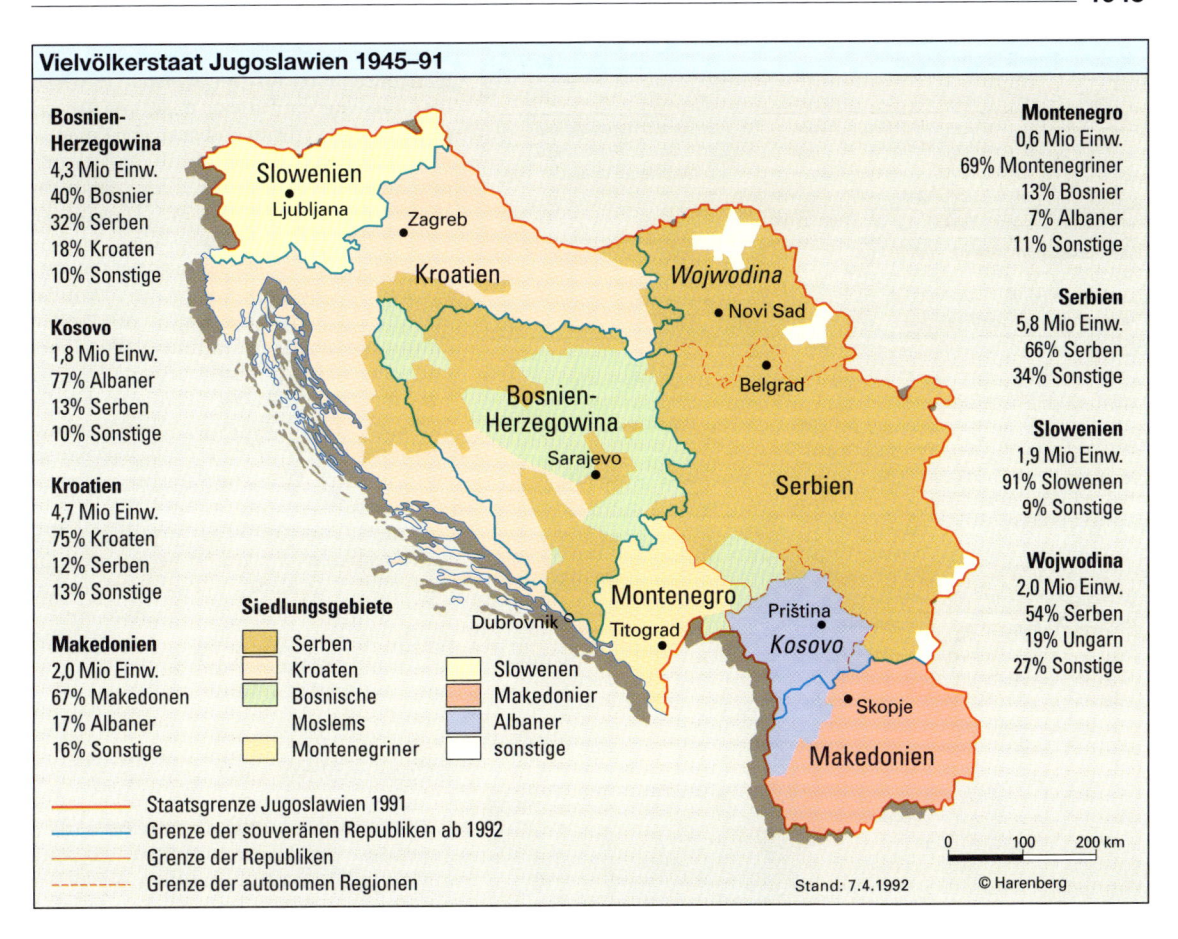

listische Partei Österreichs (SPÖ) erhält 44,6%, die Kommunistische Partei (KPÖ) lediglich 5,4%. Ihr wird eine Solidarisierung mit der sowjetischen Militärregierung und deren strenger Besatzungspolitik unterstellt. Am 20.12. übernimmt das aus allen drei Parteien gebildete Koalitionskabinett die Amtsgeschäfte von der provisorischen Regierung; Karl Renner wird von Leopold Figl (ÖVP) abgelöst.

Jugoslawien unter Tito

29.11. Belgrad. Die jugoslawische verfassunggebende Versammlung beschließt ohne Gegenstimmen die Abschaffung der Monarchie und proklamiert die Föderative Volksrepublik Jugoslawien.
Während des 2. Weltkriegs war unter Führung Josip Broz Titos eine kommunistische Partisanenbewegung entstanden, die gegen die deutsche und italienische Besatzung kämpfte. Am 10.8. konstituierte sich in Jugoslawien ein provisorisches Parlament aus dem „Antifaschistischen Rat der Nationalen Befreiung Jugoslawiens". Tito übernahm das Amt des Ministerpräsidenten und leitete umfangreiche wirtschaftliche und politische Reformen ein. Die Königsfamilie floh ins Londoner Exil.
Bei den am 11.11. stattfindenden Wahlen zur verfassunggebenden Versammlung erhielt die kommunistische Volksfront 88% der abgegebenen Stimmen. Unabhängig von der Sowjetunion prägt Tito ab 1948 eine nationale Variante des Kommunismus. Als Staatschef bleibt er bis zu seinem Tod am 4.8.1980 die wichtigste Integrationsfigur im Vielvölkerstaat Jugoslawien, der 1991 auseinanderfällt (↑S.846/25.6.1991).

H. P. Rullmann: Tito. Vom Partisan zum Staatsmann, 1980.

Gründung der CDU

14.12. Bad Godesberg. Delegierte christlich orientierter Landesgruppen einigen sich in Bad Godesberg auf einen Zusammenschluß innerhalb einer Christlich-Demokratischen Union (CDU).

Josip Broz Tito

1945

Nobelpreisträger 1945	K 415
Frieden: Cordell Hull (USA, 1871–1955)	
Hull, von 1933 bis 1944 US-Außenminister unter Roosevelt, bereitete die Gründung der Vereinten Nationen vor. Nach dem Ende des 2. Weltkriegs gehörte Hull zu den entschiedenen Gegnern des Morgenthau-Plans, der vorsah, Deutschland in ein Agrarland zu verwandeln.	
Literatur: Gabriela Mistral (Chile, 1889–1957)	
Die Pädagogin näherte sich in ihrer Lyrik der Alltagssprache an. Wiederkehrende Themen sind Liebe, Verzweiflung und Tod. Bedeutende Werke Mistrals (eigentlich Lucila Godoy Alcayaga), die als erste lateinamerikanische Autorin den Nobelpreis erhielt: „Desolación" (1922), „Ternura" (1924).	
Chemie: Artturi Ilmari Virtanen (SF, 1895–1973)	
Virtanen arbeitete auf dem Gebiet der Agrikultur- und Nahrungsmittelchemie. 1929 entwickelte er Methoden zur Konservierung von Viehfutter. Er erkannte, daß durch Ansäuerung des Grünfutters der Fäulnisprozeß hinausgezögert werden kann (ohne Verlust an Nährwert).	
Medizin: Ernst Boris Chain (GB, 1906–1979), Alexander Fleming (GB, 1881–1955), Howard Walter Florey (AUS, 1898–1968)	
Fleming entdeckte 1928 das Penicillin (Tochtersubstanz des Schimmels) und seine Anwendungsmöglichkeiten. 13 Jahre später wiesen Chain und Florey die heilende Wirkung des Penicillins bei Infektionskrankheiten wie Syphilis, Blutvergiftung, Hirnhaut- und Lungenentzündung nach.	
Physik: Wolfgang Pauli (A, 1900–1958)	
Pauli war einer der bedeutendsten Theoretiker der Elementarteilchenphysik. 1924 formulierte er mit dem nach ihm benannten Pauli-Prinzip (auch Ausschließungsprinzip) das Grundprinzip der Atomphysik. Er beschrieb damit u. a. die schalenförmige Anordnung der Elektronen im Atom.	

Suchdienst: Das Rote Kreuz beginnt 1945 mit der organisierten Suche nach Vermißten aus dem 2. Weltkrieg. Noch 1955 sucht diese Mutter ihren Sohn.

Bereits im Juni hatte die „Sowjetische Militäradministration für Deutschland" (SMAD) die Gründung von Parteien in der von ihr verwalteten Zone erlaubt und nach der Kommunistischen Partei Deutschlands (KPD) und der Sozialdemokratischen Partei Deutschlands (SPD) am 26.6. die CDU zugelassen. (↑S.408/6.5.). Die drei westlichen Militärregierungen gestatteten zunächst nur regionale Parteigründungen. Für die verstreut entstehenden konfessionell orientierten Gruppierungen (u. a. Zentrum, Nationalliberale, christliche Arbeiterbewegung) soll die Gründung der CDU als überkonfessionelle Dachorganisation fungieren. Leitfigur der Union wird der ehemalige Zentrumspolitiker und Kölner Oberbürgermeister, Konrad Adenauer.
Die Kapitalismuskritik der päpstlichen Sozialenzyklika wird zunächst bestimmend für die CDU (Ahlender Programm). Am 20./22.10.1950 wird unter Adenauers Vorsitz die Bundespartei gegründet. S 414/K 414
U. Schmidt: Zentrum oder CDU. Polit. Katholizismus zw. Tradition u. Anpassung, 1987.

Wissenschaft

Atome empfangen Radiowellen
November. Der US-amerikanische Physiker Edward Mills Purcell und sein Schweizer Kollege Felix Bloch entdecken unabhängig voneinander an der Harvard- bzw. Stanford-Universität, daß in einem starken Magnetfeld zur Rotation angeregte Atomkerne Energie aufnehmen. Die absorbierten Frequenzen liegen im Bereich der Radiowellen und sind für die jeweilige Substanz charakteristisch wie ein Fingerabdruck.
Damit schaffen sie die Grundlage der sog. Kernresonanz- oder NMR-Spektroskopie (Nuclear Magnetic Resonance), die ab den 50er Jahren zur zerstörungsfreien Strukturaufklärung organisch-chemischer Verbindungen herangezogen wird. Außerdem gewährt die NMR in Form der Computer- und Kernspintomographie (↑S.657/1971) einen Blick ins Innere von lebenden Organismen, ohne daß ein mechanischer Eingriff nötig wäre.

Gesellschaft

Rotes Kreuz richtet Suchdienst ein
18.10. Hamburg. Das Deutsche Rote Kreuz richtet einen Suchdienst zur Auffindung von vermißten Personen ein. Das Internationale

Astrid Lindgren, weltbekannte Kinderbuchautorin und „Erfinderin" von Pippi Langstrumpf

Rote Kreuz und kirchliche Hilfswerke unterstützen die Einrichtung, die den Verbleib von rd. 2 Mio deutschen Soldaten und Zivilisten aufklären soll.
Während der Wirren des 2. Weltkriegs wurden zahlreiche Familien auseinandergerissen. Viele Soldaten wurden in Massengräbern beerdigt, ohne daß die Erkennungsmarke weitergeleitet wurde. Auch das Schicksal zahlreicher Kriegsgefangener und Vertriebener aus den Ostgebieten ist ungewiß.
Das Rote Kreuz kann rd. 1,4 Mio Suchanträge erfolgreich bearbeiten. Der Kindersuchdienst klärt 284 000 Fälle auf.

📖 F. Aurich/M. Kneissler: Das große Buch vom Helfen, 1981. P. Brown: Henri Dunant. Der Gründer des Roten Kreuzes, 1989.

Kultur

Pippi Langstrumpf erobert die Welt

Das Kinderbuch „Pippi Langstrumpf" der schwedischen Schriftstellerin Astrid Lindgren erscheint. Die Abenteuer der sommersprossigen Pippi mit ihren feuerroten Zöpfen entsprechen dem kindlichen Wunschtraum vom selbständigen Leben. Ausgestattet mit übermenschlichen Kräften, fröhlich, frech und mit Phantasie behauptet sich Pippi in einer von Erwachsenen dominierten Welt.
Das Buch begründet den Weltruhm der Autorin und nimmt großen Einfluß auf die

Kulturszene 1945	K 417
Theater	
Albert Camus Caligula UA 26.9., Paris	Das Historiendrama über den römischen Kaiser Caligula ist Sinnbild für die Revolte des Menschen gegen die Absurdität seiner Existenz.
Max Frisch Nun singen sie wieder UA 29.3., Zürich	Die literarische Bewältigung des Nationalsozialismus wird im ersten aufgeführten Stück des Autors ins Abstrakt-Mythische verlegt.
Federico García Lorca Bernarda Albas Haus UA 8.3., Buenos Aires	Eine Witwe hält in ihrem Haus ihre Mutter, fünf Töchter und zwei Mägde gefangen; nur die Gedanken und Träume kann sie nicht einsperren.
Jean Giraudoux Die Irre von Chaillot UA 19.12., Paris	Die „Irre" verkörpert das Streben nach Glück und Schönheit; sie verteidigt Paris gegen skrupellose Geschäftemacher.
Oper	
Benjamin Britten Peter Grimes UA 7.6., London	Die Oper über einen des Mordes beschuldigten Fischer wird zum Durchbruch des Komponisten und zur neuen britischen Nationaloper.
Musical	
Richard Rodgers Carousel UA 19.4.	Das operettenhafteste Musical des Komponisten hat Melodien in Arienform und musikalisch untermalte Dialoge (Text: Oscar Hammerstein II).
Film	
Marcel Carné Kinder des Olymp Frankreich	Einer der ausdrucksvollsten Filme des französischen Nachkriegskinos; poetische Liebesgeschichte aus der Pariser Theaterwelt des 19. Jh.
Helmut Käutner Unter den Brücken Deutschland	Zwei Schleppkahnfahrer nehmen eine Frau an Bord und verlieben sich beide in sie – ein leiser und stimmungsvoller Film.
Roberto Rossellini Rom, offene Stadt Italien	Aktivitäten einer Widerstandsgruppe während der deutschen Besetzung Roms (1944); Meisterwerk des italienischen Neorealismus.
Robert Siodmak Die Wendeltreppe USA	Ein geisteskranker Arzt ermordet behinderte junge Frauen; erfolgreicher Psychothriller der amerikanischen „Schwarzen Serie".
Billy Wilder Das verlorene Wochenende; USA	Schockierende Studie über einen Alkoholiker; vier Oscars: bester Film, beste Regie, bestes Drehbuch und bester Hauptdarsteller.
Buch	
Hermann Broch Der Tod des Vergil New York	Der Tod des römischen Dichters, der in einem 18 Stunden dauernden Monolog geschildert wird, erscheint als Vereinigung mit dem Göttlichen.
Carlo Levi Christus kam nur bis Eboli; Turin	Der Roman schildert das soziale Elend in einem Teil Italiens, in dem antik-mythische und christliche Tradition verschmolzen sind.
Astrid Lindgren Pippi Langstrumpf Stockholm	Das Kinderbuch begründet den Weltruhm der Autorin und leitet in Schweden eine Blütezeit der Kinder- und Jugendbuchliteratur ein.
George Orwell Farm der Tiere London	Satire auf Revolution und Totalitarismus: Unter Führung der Schweine revoltieren die Tiere einer Farm gegen ihren Bauern.
Theodor Plievier Stalingrad Moskau	Der Tatsachenroman leitet eine Trilogie über den deutschen Rußlandfeldzug während des 2. Weltkriegs ein (bis 1954).
Mika Waltari Sinuhe der Ägypter Porvoo	Welterfolg des finnischen Schriftstellers: Der Gedanke der Sinnlosigkeit allen Strebens überschattet das positive Bild vom alten Ägypten.

1945

Klassiker der Kinder- und Jugendliteratur K 416

Werk (Erscheinungsjahr)	Autor (Lebensdaten), Land
Die wunderbare Reise des kleinen Nils Holgersson ... (1906)	Selma Lagerlöf (1858–1940), Schweden
Mümmelmann (1909)	Hermann Löns (1866–1914), Deutschland
Die Biene Maja und ihre Abenteuer (1912)	Waldemar Bonsels (1881–1952), Deutschland
Doktor Doolittle und seine Tiere (1920)	Hugh Lofting (1886–1947), Großbritannien/USA
Bambi (1923)	Felix Salten (1869–1945), Österreich
Die Häschenschule (1924)	Fritz Koch-Gotha (1877–1956), Deutschland
Pu, der Bär (1926)	Alan Milne (1882–1956), Großbritannien
Emil und die Detektive (1928) Das fliegende Klassenzimmer (1933)	Erich Kästner (1899–1974), Deutschland
Der kleine Prinz (1943)	Antoine de Saint-Exupéry (1900–1944), Frankreich
Pippi Langstrumpf (1945) Michel in der Suppenschüssel (1963) Ronja Räubertochter (1981)	Astrid Lindgren (*1907), Schweden
Die kleine Hexe (1957) Der Räuber Hotzenplotz (1962)	Otfried Preußler (*1923), Deutschland
Jim Knopf ... (1960) Momo (1973) Die unendliche Geschichte (1979)	Michael Ende (1929–1995), Deutschland
Oh, wie schön ist Panama (1978)	Janosch (*1931), Deutschland

Sport 1945 K 418

Fußball	
Deutsche Meisterschaft	Nicht ausgetragen
Spanische Meisterschaft	FC Barcelona
Tennis	
US Open (seit 1881; 65. Austragung)	Herren: Frank Parker (USA) Damen: Sarah Cooke (USA)
Eishockey	
Stanley-Cup	Toronto Maple Leafs
Deutsche Meisterschaft	Nicht ausgetragen
Boxen	
Schwergewichts-Weltmeisterschaft	Joe Louis (USA) 1945 keine Titelkämpfe

deutsche Kinder- und Jugendliteratur der Nachkriegszeit. Ähnlich erfolgreich werden Astrid Lindgrens Geschichten um den Meisterdetektiv Kalle Blomquist (1946–53) und die Bullerbü-Erzählungen (1947–52). 1978 erhält sie den Friedenspreis des Deutschen Buchhandels. S 418/K 416

Carné präsentiert Meisterwerk
Paris. Der Film „Kinder des Olymp" hat Premiere. Das Werk des französischen Regisseurs Marcel Carné schildert einfühlsam die tragisch-melancholische Liebe des Pantomimen Debureau zu Garance, die sich immer wieder neuen Männern zuwendet.
„Kinder des Olymp" – das Drehbuch schrieb der Lyriker Jacques Prévert – vereint in großer Harmonie Romantik und Realismus, Melancholie und Lebensfreude und wird zu einem Meisterwerk des poetischen Realismus. Bereits 1938 hatte Marcel Carné mit seinem Film „Hafen im Nebel" Erfolg. Er nimmt großen Einfluß auf Regisseure und Schauspieler des Neorealismus. S 417/K 417

Italienischer Neorealismus
Rom. Der erste Film des italienischen Regisseurs Roberto Rossellini, „Rom – offene Stadt", wird uraufgeführt. Er erzählt die Geschichte einer kleinen Widerstandsgruppe, die sich gegen die deutsche Besatzung in Italien auflehnt und illegale Zeitungen druckt. Die Gruppe fliegt auf; bis auf einen Drucker kommen alle ums Leben. Mit diesem Werk verwirklicht Rossellini das theoretische Konzept des Neorealismus mit seiner Forderung, der Film müsse ein Zeugnis seiner Zeit geben. Dokumentarische Genauigkeit wird durch die Arbeit an Originalschauplätzen und den Einsatz von Laienschauspielern verstärkt.
Auch in den folgenden Werken (u. a. „Paisà", 1946) rückt Rossellini die sozialen Lebensumstände der Unterschicht in den Mittelpunkt; dennoch sind seine späteren Filme mit Ehefrau Ingrid Bergman weniger erfolgreich. S 417/K 417

1946

Politik

Reparationsleistungen festgelegt
14.1. Paris. Vertreter von 18 Staaten schließen ein Abkommen über die Reparationsleistungen Deutschlands an die Siegermächte des 2. Weltkriegs und deren Verbündete. Zu den unterzeichnenden Staaten gehören die USA, Großbritannien, Frankreich, Belgien, die Niederlande, Luxemburg, die Tschechoslowakei, Jugoslawien, Kanada, Ägypten, Indien und Australien.
Auf der Konferenz von Jalta (↑S.405/4.2.1945) und im Potsdamer Abkommen (↑S.411/17.7.1945) hatten sich die Vereinigten Staaten, Großbritannien und die Sowjetunion geeinigt, von Deutschland Wiedergutmachungsleistungen vor allem in Form von Sachwerten zu verlangen. Das Pariser Abkommen regelt vorläufig nur die Festlegung der Reparationsquoten; über den Gesamtwert der deutschen Wiedergutmachung wird keine Einigung erzielt. Im Verlauf des Jahres 1946 werden Reparationsgüter im Wert von etwa 215 Mio Reichsmark an die Unterzeichnerstaaten verteilt.
Das Londoner Schuldenabkommen 1953 bedeutet das Ende der Reparationszahlungen; die Sowjetunion verzichtet ab 1954 auf weitere Zahlungen der DDR. Die Bundesrepublik Deutschland zahlt insgesamt mehr als 0,5 Mrd Dollar (im Geldwert von 1938) an die westlichen Alliierten, die Höhe der von der DDR an die Sowjetunion geleisteten Zahlungen beläuft sich westlichen Schätzungen zufolge auf ca. 13 Mrd Dollar.

1. Generalsekretär der UNO gewählt
1.2. London. Die erste Vollversammlung der Vereinten Nationen seit ihrer Gründung (↑S.411/26.6.1945) wählt den norwegischen Außenminister Trygve Halvdan Lie mit 46 Ja-Stimmen zum 1. Generalsekretär der Weltorganisation. Er bleibt bis 1952 im Amt.
Die wichtigsten Tagesordnungspunkte der ersten Vollversammlung betreffen u. a. die Konstituierung des UNO-Sicherheitsrats und des Atomausschusses, die Wahl des Internationalen Gerichtshofs und die Gründung des Internationalen Währungsfonds. Als ständiger Sitz der Weltorganisation wird New York bestimmt.
Während der Amtszeit Lies kommt es zum Eingreifen einer UNO-Streitmacht aus 15 Nationen in den Koreakrieg (1950–53) (↑S.462/25.6.1950). S 410/K 410

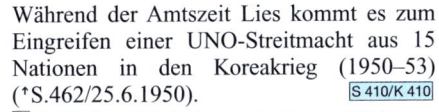

📖 R. Wolfrum (Hg.): Vereinte Nationen, 1991.

Trygve Halvdan Lie

Der „Eiserne Vorhang"
5.3. Fulton/Missouri. Der ehemalige britische Premierminister Winston Churchill prägt in einer Grundsatzrede in den USA den Begriff des „Eisernen Vorhangs".
Anläßlich der ihm vom Westminster College in Fulton verliehenen Ehrendoktorwürde hält

Wichtige Regierungswechsel 1946 K 419

Land	Amtsinhaber	Bedeutung
Argentinien	Edelmiro Farrell (P seit 1944) Juan Domingo Perón (P bis 1955)	Wahlsieg von Perón (24.2.), der diktatorisch regiert und bessere Lebensbedingungen für die unteren Schichten schaffen will
Bulgarien	Kimon S. Georgiew (M seit 1944) Georgi M. Dimitrow (M bis 1949)	Dimitrow, Führer der bulgarischen KP, ruft Volksrepublik aus (15.9.); 8jähriger Zar Simeon II. geht ins Exil
Frankreich	Charles de Gaulle (M seit 1945) Félix Gouin (M 26.1.–12.6.) Georges Bidault (M 24.6.–28.11.) Léon Blum (M bis 1947)	De Gaulle tritt wegen Widerstands der Parteien gegen den von ihm gewünschten zentralistischen Staat zurück (20.1.); in der Folge rasche Regierungswechsel, da Auseinandersetzungen um Verfassung mehrfach Neuwahlen erforderlich machen (S.422)
Italien	Viktor Emanuel III. (König seit 1900) Umberto II. (König 9.5.–13.6.) Enrico de Nicola (P bis 1948)	Viktor Emanuel dankt wegen seiner Verstrickung in den Faschismus ab (9.5.); Thronverzicht von Umberto, nachdem sich das Volk für die Schaffung einer Republik ausgesprochen hat (S.420)
Schweden	Per Albin Hansson (M seit 1932) Tage Erlander (M bis 1969)	Tod Hanssons (6.10.); Erlander baut System der sozialen Sicherung aus und macht Schweden zum modernen Wohlfahrtsstaat
Thailand	Rama VIII. Mahidol Ananda (König seit 1935) Rama IX. Bhumibol (König bis . . .)	Rama VIII. stirbt bei Attentat (9.6.); bis zur offiziellen Krönung von Rama IX. (1950) regiert Regentschaftsrat
Tschechoslowakei	Zdenek Fierlinger (M seit 1945) Klement Gottwald (M bis 1948)	Erster Wahlsieg der KP (38% der Stimmen), die betont nationalistisch auftritt; Gottwald hat gute Beziehungen zu Stalin
UdSSR	Michail Kalinin (P seit 1919) Nikolai Schwernik (P bis 1953)	Rücktritt von Kalinin (19.3.), nachdem sich Ministerrat der UdSSR als oberstes Staatsorgan konstituiert; Macht bei Stalin

M = Ministerpräsident bzw. Premierminister; P = Präsident

1946

Churchill eine Dankesrede, die sich kritisch mit der Außenpolitik der Sowjetunion auseinandersetzt. Churchill wirft der UdSSR unbeschränkte Machtausdehnung vor. Von Stettin an der Ostsee bis nach Triest an der Adria habe sich ein „Eiserner Vorhang" über den europäischen Kontinent gesenkt.

Die in Anwesenheit des US-Präsidenten Harry S. Truman gehaltene Rede erregt weltweit Aufsehen und beeinflußt nachhaltig die Beziehungen zwischen Ost und West. In scharfer Form protestiert der sowjetische Generalissimus Josef W. Stalin gegen Churchills Äußerungen und nennt den Briten einen „Kriegsbrandstifter".

Die Rede Churchills und die Reaktion Stalins sind Ausdruck der unüberbrückbaren Differenzen, die seit dem Ende des 2. Weltkriegs zwischen den Alliierten aufgetreten sind.

W. Loth: Die Teilung der Welt. Geschichte des Kalten Krieges 1941–1955, 1980.

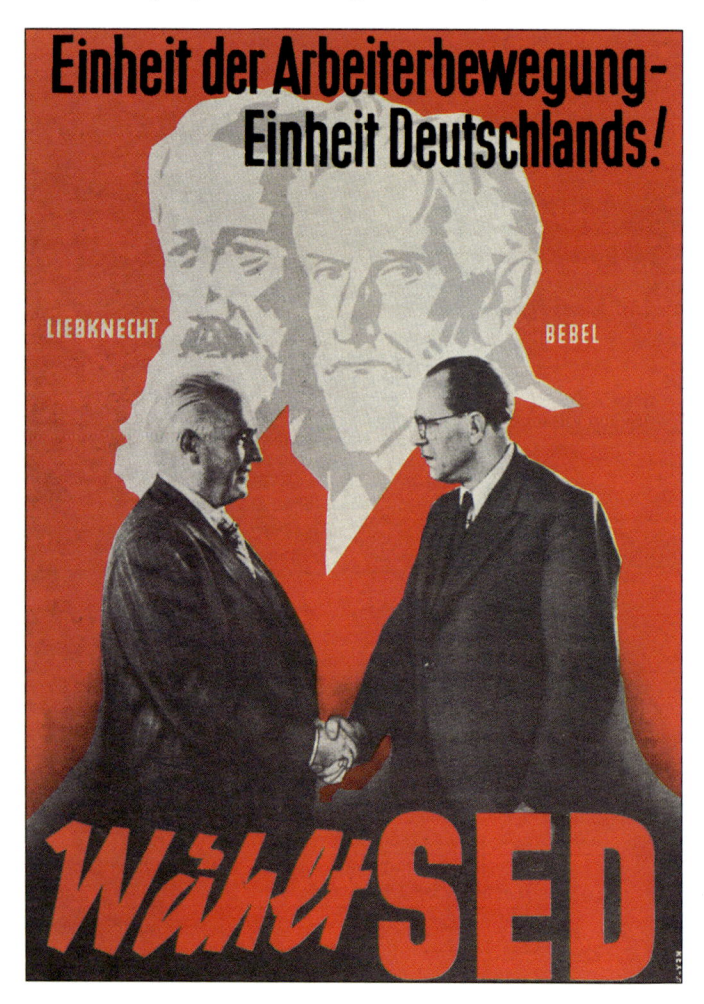

Gründung der SED:
Der Kommunist Wilhelm Pieck (l.) und der SPD–Vorsitzende der Sowjetzone, Otto Grotewohl, übernehmen gemeinsam den Vorsitz der aus KPD und SPD gebildeten Sozialistischen Einheitspartei Deutschlands (SED).

Gründung der SED
22.4. Berlin. Auf einem gemeinsamen Parteitag im Admiralitätspalast schließen sich die SPD und die KPD zur Sozialistischen Einheitspartei Deutschlands zusammen.

1945 hatte sich die KPD entgegen Vereinigungswünschen seitens der SPD auf Geheiß Moskaus als eigenständige Partei konstituiert. Wegen der unerwarteten Stärke der Sozialdemokraten arbeitete sie später jedoch, unterstützt von der Sowjetischen Militäradministration Deutschlands (SMAD), auf einen Zusammenschluß mit den Sozialdemokraten aller vier Besatzungszonen hin. Während die westzonale SPD eine Vereinigung mit der KPD kategorisch ablehnte, geriet die SPD der Sowjetzone unter zunehmenden Druck von KPD und SMAD. Nach Zusammenschlüssen von SPD und KPD in mehreren Ländern der Sowjetzone wird mit dem Vereinigungsparteitag die Gründung der SED in der SBZ vollzogen. Die Parteigremien werden zunächst paritätisch besetzt.

Im Herbst 1946 berät ein SED-Ausschuß über den „Entwurf einer Verfassung für eine deutsche demokratische Republik", die für ganz Deutschland gelten soll. Die SED sieht für Deutschland ein Einparteiensystem vor, in dem die Wirtschaft zentral geplant und gesteuert wird. Die Gründung der DDR (↑S.456/7.10.1949) bedeutet den offiziellen Verzicht auf ein unter SED-Führung geeintes Deutschland. `S 413/K 412` `S 421/K 420`

H.-H. Gatow: Vertuschte SED-Verbrechen, 1990.

Italien wird Republik
2.6. Italien. Bei einer Volksabstimmung im Königreich Italien über die zukünftige Staatsform des Landes stimmt die Mehrheit der Wahlberechtigten für die Schaffung einer Republik. Das Plebiszit beantwortet der erst am 9.5. zum König ausgerufene Umberto II. mit seiner Abdankung. Am 18.6. erfolgt die Proklamation der Republik.

Aus den gleichzeitig mit der Volksabstimmung abgehaltenen Wahlen zur verfassunggebenden Nationalversammlung gehen die Christdemokraten mit 35,2% der abgegebenen Stimmen als stärkste Kraft hervor, erreichen aber nicht die absolute Mehrheit. Am 26.6. wählen die Mandatsträger den liberalen Politiker Enrico de Nicola zum vorläufigen Staatspräsidenten. Er bleibt bis 1948 im Amt.

Westdeutsche Länder gebildet
23.8. Britische Besatzungszone. Aufgrund eines von der britischen Militärregierung im

Nürnberger Prozesse, Anklagebank vorne v.l. Hermann Göring, Rudolf Heß, Joachim von Ribbentrop, Wilhelm Keitel, Ernst Kaltenbrunner; dahinter Karl Dönitz, Erich Raeder, Baldur von Schirach und Fritz Sauckel

Juli erlassenen Gesetzes wird das Land Nordrhein-Westfalen geschaffen. Gleichzeitig erhält die ehemals preußische Provinz Schleswig-Holstein den Status eines Landes zuerkannt.
Mit der Neugliederung der deutschen Territorien hatte die amerikanische Militärregierung begonnen, als sie am 9.12.1945 mehrere Provinzen zum Land Hessen zusammenfügte. Kurz nach Kriegsende entstanden auf britischer Seite Pläne zur Zusammenlegung der ehemaligen preußischen Rheinprovinz und der Provinz Westfalen. Die Zusammenfügung von Industrie- und Agrargebieten zu einer Wirtschafts- und Verwaltungseinheit soll die wirtschaftliche Selbständigkeit der britischen Besatzungszone fördern. Das am 22.12.1946 von Deutschland abgetrennte und unter französische Aufsicht gestellte Saargebiet wird nach einer Volksabstimmung (↑S.500/23.10.1955) am 1.1.1957 deutsches Bundesland. Die drei Länder Baden, Württemberg-Baden und Württemberg-Hohenzollern werden per Volksabstimmung vom 9.12.1951 zum Land Baden-Württemberg zusammengefügt. S 421/K 420

📖 H. Grebing (u. a.): Die Nachkriegsentwicklung in Westdeutschland 1945–1949, 1980.

Nürnberger NS-Prozesse
1.10. Nürnberg. Der Internationale Militärgerichtshof verkündet die Urteile im Prozeß gegen die nationalsozialistischen Hauptkriegsverbrecher.

Bundesländer und Regierungen 1946/47   K 420

Land	Landtagswahl	Ministerpräsident
Amerikanische Besatzungszone		
Bayern	1.12.1946	Hans Ehard (CSU)
Bremen	13.10.1946	Wilhelm Kaisen (SPD)
Hessen	1.12.1946	Christian Stock (SPD)
Württ.-Baden[1]	24.11.1946	Reinhold Maier (DVP)
Britische Besatzungszone		
Hamburg	13.10.1946	Max Brauer (SPD)
Niedersachsen[2]	20. 4.1947	Hinrich Wilhelm Kopf (SPD)
Nordrhein-Westfalen[3]	20. 4.1947	Karl Arnold (CDU)
Schleswig-Holstein[4]	20. 4.1947	Hermann Lüdemann (SPD)
Französische Besatzungszone		
Rheinland-Pfalz[5]	18. 5.1947	Peter Altmeier (CDU)
Saarland[6]	–	Gilbert Grandval (frz. Gouverneur)
Baden[1]	18. 5.1947	Leo Wohleb (BCSV)
Württ.-Hohenzollern[1]	18. 5.1947	Lorenz Bock (CDU)
Sowjetische Besatzungszone		
Brandenburg	20.10.1946	Karl Steinhoff (SED)
Mecklenburg-Vorpommern	20.10.1946	Willi Höcker (SED)
Sachsen	20.10.1946	Rudolf Friedrichs (SED)
Sachsen-Anhalt	20.10.1946	Erhard Hübener (LDP)
Thüringen	20.10.1946	Rudolf Paul (SED)
Groß-Berlin	20.10.1946	Ernst Reuter (SPD)

Neugebildete Bundesländer: 1) 9.12.1951 nach Volksabstimmung Vereinigung zu Baden-Württemberg; 2) 1.11.1946 aus Provinz Hannover sowie Ländern Oldenburg und Braunschweig; 3) 23.8.1946 aus Teilen der Rheinprovinz sowie der Provinz Westfalen; 4) 23.8.1946 aus der gleichnamigen preußischen Provinz; 5) 30.8.1946 aus Pfalz, Teilen der Provinz Hessen-Nassau und dem linksrheinischen Teil Hessens; 6) 1.1.1957 nach Volksabstimmung deutsches Territorium

1946

Die wichtigsten NS-Prozesse		K 421
Nürnberger Prozesse		
20.11.1945–1.10.1946 Hauptkriegsverbrecherprozeß: 12 Todesurteile, 3 lebenslängliche Haftstrafen, 4 Haftstrafen und 3 Freisprüche		
Todesurteile (vollstreckt am 16.10.1946)		
Martin Bormann[1]	*1900	Chef der Parteikanzlei der NSDAP
Hans Frank	*1900	Generalgouverneur von Polen
Wilhelm Frick	*1887	Reichsinnenminister
Hermann Göring[2]	*1893	Reichsmarschall, Reichsluftfahrtminister
Alfred Jodl	*1890	Chef des Wehrmachtsführungsstabs
Ernst Kaltenbrunner	*1903	Chef des Reichssicherheitshauptamts
Wilhelm Keitel	*1882	Chef Oberkommando Wehrmacht
J. v. Ribbentrop	*1893	Reichsaußenminister
Alfred Rosenberg	*1893	Reichsminister besetzte Ostgebiete
Fritz Sauckel	*1894	Reichsbevollmächtigter Arbeitseinsatz
Arthur Seyß-Inquart	*1892	Reichskommissar für die Niederlande
Julius Streicher	*1885	Herausgeber der Zeitung „Der Stürmer"
Haftstrafen (Dauer):		
Walther Funk[3]	1890–1960	Reichswirtschaftsminister[4]
Rudolf Heß[3]	1894–1987	Stellvertreter Hitlers
Erich Raeder[3]	1876–1960	Oberbefehlshaber der Kriegsmarine[5]
Albert Speer[6]	1905–1981	Rüstungsminister
Baldur v. Schirach[6]	1907–1974	Reichsjugendführer[7]
K. Frhr. v. Neurath[8]	1873–1956	Reichsprotektor Böhmen/Mähren
Karl Dönitz[9]	1891–1980	Oberkommando Kriegsmarine
Freisprüche (Lebensdaten):		
Hans Fritzsche	1900–1953	Leiter der Rundfunkabteilung
Franz von Papen	1879–1969	ehemaliger Reichskanzler
Hjalmar Schacht	1877–1970	Wirtschaftsminister
12 Folgeprozesse (bis 20.6.1949) – Ärzteprozeß: Teilnahme an Menschenversuchen; Milch-Prozeß: Mitarbeit von Generalfeldmarschall Erhard Milch u. a. am Zwangsarbeitsprogramm; Juristenprozeß: Verfolgung von Juden und Gegnern des Nazi-Regimes; Pohl-Prozeß: Konzentrationslager-Verwaltung; Flick-Prozeß: Ausnutzung von Zwangsarbeitern; I.G.-Farben-Prozeß: Ausnutzung von Zwangsarbeitern; Südost-Generale-Prozeß: Geiselerschießungen; Prozeß gegen Angehörige des Rasse- und Siedlungshauptamts der SS: Massentötungen von Polen und Juden; Prozeß gegen Mitglieder von Einsatzgruppen der SS: Millionenmorde; Krupp-Prozeß: Ausnutzung von Zwangsarbeitern; Wilhelmstraßenprozeß: Mitbestimmung der NS-Außenpolitik; Wehrmachtsprozeß: Angehörige des Oberkommandos der Wehrmacht.		
11.4.–15.12.1961 Eichmann-Prozeß (Jerusalem): Todesurteil gegen SS-Obersturmbannführer Adolf Eichmann wegen Verbrechen gegen Juden, Verbrechen gegen die Menschlichkeit und Kriegsverbrechen		
20.12.1963–19.8.1965 Auschwitz-Prozeß (Frankfurt/M.): 6 lebenslängliche Haftstrafen, 10 mehrjährige Haftstrafen, 3 Freisprüche für ehemalige SS-Aufseher des Konzentrationslagers westlich von Krakau		
1976–30.6.1981 Majdanek-Prozeß (Düsseldorf): 1 lebenslängliche Haftstrafe, 6 mehrjährige Haftstrafen, 1 Freispruch für ehemalige Aufseher des Konzentrationslagers in Lublin (Polen) wegen Beihilfe zum Mord		
11.5.–4.7.1987 Barbie-Prozeß (Lyon): Lebenslängliche Haftstrafe für ehemaligen Gestapo-Chef von Lyon, Klaus Barbie, wegen Verbrechen gegen die Menschlichkeit, Beihilfe zum Mord, Deportation in Konzentrationslager		

1) 1945 verschollen, in Abwesenheit zum Tode verurteilt; 2) 1946 Selbstmord; 3) Lebenslänglich; 4) Freilassung 1957; 5) Freilassung 1955; 6) 20 Jahre; 7) Freilassung 1966; 8) 15 Jahre; 9) 10 Jahre

Die von den vier Außenministern der Alliierten am 30.10.1943 in Moskau verabschiedete „Erklärung über deutsche Grausamkeiten im besetzten Europa" hatte den Prozessen als Grundlage gedient. Eine im Februar 1944 in London eingesetzte Kommission legte die Tatbestände fest, die als deutsche Kriegsverbrechen geahndet werden sollten.
In dem am 20.11.1945 eröffneten Prozeß gegen 22 der Kriegsverbrechen Beschuldigte fällt nach 273 Verhandlungstagen das Urteil: 12 Angeklagte – darunter Martin Bormann in Abwesenheit – werden zum Tode durch den Strang verurteilt. Am frühen Morgen des 16.10. werden zehn Todeskandidaten hingerichtet; Hermann Göring begeht am Tag zuvor mit Zyankali Selbstmord. Die letzten Todesurteile gegen NS-Kriegsverbrecher – sieben SS-Offiziere – werden am 7.6.1951 in Landsberg am Lech vollstreckt. Die Verfolgung deutscher Kriegsverbrecher ist jedoch nicht beendet (↑S.562/31.5.1962). S 422/K 421

W. Maser: Nürnberg, Tribunal der Sieger, 1988.

Sieg der französischen KPD
10.11. Frankreich. Aus der Wahl zur Nationalversammlung geht die Kommunistische Partei mit 28,2% der abgegebenen Stimmen als Siegerin hervor.
Die nach Kriegsende im Oktober 1945 gewählte erste verfassunggebende Versammlung hatte einen Verfassungsentwurf ausgearbeitet, der ein Einkammersystem vorsah. Er wurde durch Volksentscheid am 5.5.1946 abgelehnt. Der Verfassungsentwurf zu einem Zweikammersystem, den die am 2.6.1946 neugewählte verfassunggebende Versammlung vorlegte, wurde von der Bevölkerung angenommen.
Die Nationalversammlung wählt im Dezember den Sozialisten Léon Blum zum Ministerpräsidenten; die IV. Republik tritt in Kraft. Das Nachkriegs-Frankreich wird durch eine starke Polarisierung zwischen moskautreuen Kommunisten und Rechtsradikalen geprägt. Blum kann sich als Ministerpräsident nur bis 1947 im Amt halten. S 568/K 574

Krieg in Vietnam
23.11. Haiphong. Französische Truppen bombardieren die nordvietnamesische Hafenstadt Haiphong; der Vietnamkrieg beginnt.
Seit 1885 stand Vietnam unter französischer Kolonialherrschaft. Im August 1945 übernahm die kommunistische „Vietnamesische Unabhängigkeits-Liga" (Vietminh) unter der Führung von Ho Chi Minh die Macht im nordvietnamesischen Hanoi und proklamier-

Indochina 1862–1954

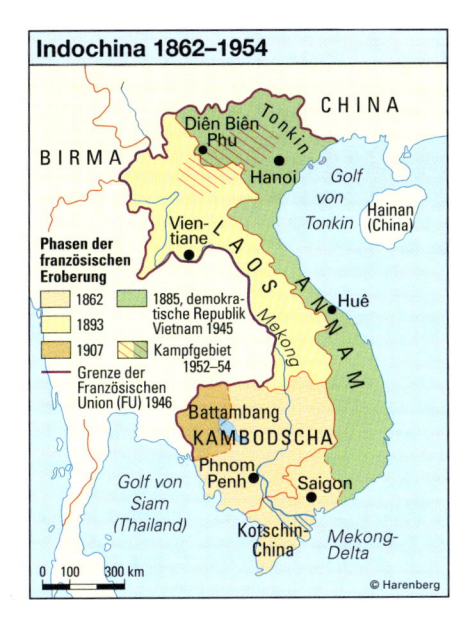

Phasen der französischen Eroberung: 1862, 1893, 1907; 1885, demokratische Republik Vietnam 1945; Kampfgebiet 1952–54; Grenze der Französischen Union (FU) 1946

am 4.9.1945 (↑S.414) die unabhängige „Demokratische Republik Vietnam". Die französischen Kolonialtruppen riefen daraufhin im Juni 1946 in Saigon die frankophile „Provisorische Regierung von Kotschinchina" aus.
Mit dem französischen Luftangriff auf Haiphong beginnt die erste Phase des Indochina-Krieges, der am 7.5.1954 mit der französischen Niederlage bei Dien Bien Phu und der endgültigen Liquidierung des französischen Kolonialreichs endet (↑S.491/21.7.1954).
Nach den Franzosen setzt das Engagement der USA in Südostasien ein. Vietnam wird von den Amerikanern als Bollwerk gegen die Expansion des asiatischen Kommunismus angesehen. Im September 1954 wird auf der Manila-Konferenz der Südostasiatische Sicherheitsvertrag (SEATO) abgeschlossen. Er beinhaltet u. a. Wirtschafts- und Militärhilfe für Südvietnam. Mit dem ersten US-amerikanischen Luftangriff auf nordvietnamesisches Territorium im Sommer 1964 beginnt die zweite Kriegsphase. 1965 greifen amerikanische Bodentruppen ein (125 000 Mann), bis 1967 wird die Truppenstärke auf 550 000 Mann erhöht (↑S.617/30.1.1968). S 579/K 583

P. Scholl-Latour: Der Tod im Reisfeld. Dreißig Jahre Krieg in Indochina, 1979.

Wirtschaft

Die Grindelhochhäuser

11.7. Hamburg. Im Stadtteil Harvestehude beginnen die Ausschachtungsarbeiten für die Hochhausanlage am Grindelberg.
Kurz nach Kriegsende hatte die britische Militärregierung beschlossen, ihr Hauptquartier nach Hamburg zu verlegen. Für die dafür notwendige Wohnraumbeschaffung wurde neben der Beschlagnahmung auch die Neuerrichtung von Wohnungen geplant. Die Briten projektierten eine innenstadtnahe Siedlung aus 12 Hochhäusern.
Wegen Organisationsschwierigkeiten wird die Baustelle im Januar 1947 stillgelegt und 1948 der Stadt Hamburg übereignet. Nach Wiederaufnahme der Bauarbeiten Anfang 1949 werden im April 1950 die ersten beiden Hochhäuser fertiggestellt; 1956 ist das Gesamtprojekt am Grindelberg abgeschlossen.
Diese erste deutsche Hochhaussiedlung, von der Presse als „Hamburger Manhattan" gefeiert, wird Prototyp für die in der Folgezeit in Deutschland entstehenden Trabantenstädte.

A. Schild: Die Grindelhochhäuser, 1988.

Verkehr

Flughafen eröffnet

1.1. London. Im Londoner Vorort Heathrow wird der größte Flughafen Europas eröffnet.

Die größten Flughäfen der Welt			K 422
Rang	Name (Staat)	Passagiere	Name (Staat)	Fracht (t)
1	Chicago/O'Hare (USA)	67 254 586	Memphis International (USA)	1 653 270
2	Atlanta Hartsfield (USA)	57 704 755	Tokio/Narita (Japan)	1 605 313
3	London Heathrow (Großbritannien)	54 452 634	Los Angeles International (USA)	1 545 025
4	Dallas/Fort Worth (USA)	54 298 930	New York/J.F. Kennedy (USA)	1 449 724
5	Los Angeles International (USA)	53 909 223	Frankfurt/Main (Deutschland)	1 401 942
6	Frankfurt/Main (Deutschland)	38 179 543	Louisville Standiford (USA)	1 347 815
7	San Francisco International (USA)	36 260 064	Miami International (USA)	1 332 799
8	Miami International (USA)	33 235 658	Hongkong International	1 320 206
9	Denver Stapleton (USA)	31 028 191	Chicago/O'Hara (USA)	1 255 844
10	Seoul/Kimpo (Korea-Süd)	30 919 462	London Heathrow (Großbrit.)	1 047 761

1946

Nobelpreisträger 1946	K 423

Frieden: Emily G. Balch (USA, 1867–1961), John R. Mott (USA, 1865–1955)

Die Wirtschafts- und Politikprofessorin Balch war Mitbegründerin der Internationalen Frauenliga für Frieden und Freiheit. Wegen ihrer massiven Kritik am Kriegseintritt der USA in den 1. Weltkrieg mußte die überzeugte Pazifistin 1917 ihre Professur aufgeben. Der Methodist Mott, von 1921 bis 1942 Präsident des Internationalen Missionsrats, rief die missionarischen und ökumenischen Organisationen der Kirchen ins Leben.

Literatur: Hermann Hesse (D, 1877–1962)

Hauptthemen von Hesses literarischem Schaffen sind die Selbstfindung sowie die innere Zerrissenheit des Menschen (zwischen den Polen Geist und Animalität). Bedeutendste Werke: „Der Steppenwolf" (1927), „Narziß und Goldmund" (1929/30), „Das Glasperlenspiel" (1942).

Chemie: John H. Northrop (USA, 1891–1987), James B. Sumner (USA, 1887–1955), Wendell M. Stanley (USA, 1904–1971)

Die amerikanischen Biochemiker stellten unterschiedliche Enzyme in kristalliner Form dar und identifizierten die Enzyme als Proteine. Als erster kristallisierte Sumner 1926 ein Enzym; vier Jahre später folgte Northrop mit zahlreichen Verdauungsenzymen. Stanley isolierte 1935 erstmals einen Virus und stellte fest, daß die Infektion durch das im Virus enthaltene Protein ausgelöst wird. Während des 2. Weltkriegs arbeitete Stanley an vorbeugenden Impfstoffen gegen den Grippe-Erreger Influenza.

Medizin: Hermann Joseph Muller (USA, 1890–1967)

Der Genetiker bewies 1926, daß durch Röntgenstrahlen Veränderungen des Erbguts (Mutationen) hervorgerufen werden können, die das Überleben der Arten gefährden. 1955 forderte Muller ein weltweites Verbot von Atomwaffentests wegen des dabei entstehenden radioaktiven Fallouts.

Physik: Percy Williams Bridgman (USA, 1882–1961)

Bridgman entwickelte ein Verfahren, mit dem er untersuchte, wie sich Flüssigkeiten und Gase unter extrem hohem Druck verhalten und wie sie ihre Eigenschaften verändern. Seine Erkenntnisse lieferten auch Aufschlüsse über die physikalischen Vorgänge im Erdinneren.

Die Kriegsschäden an den beiden Londoner Flughäfen sowie die nach dem 2. Weltkrieg steigende Mobilität machten die Errichtung eines modernen internationalen Flughafens erforderlich. Er entsteht 24 km westlich vom Stadtzentrum auf einem 11 km² großen Gelände. Heathrow ist vor Frankfurt/Main der verkehrsreichste Flughafen Europas (1994: 51,717 Mio Fluggäste). Mit der Londoner City verbinden ihn eine Autobahn und eine Untergrundbahn (Fahrtzeit: 50–60 min). Mit dem Flughafen als Zentrum entsteht 1965 der Stadtteil Hillingdon. Gatwick und der City Airport wickeln im folgenden nur noch den nationalen und militärischen Flugbetrieb ab.

S 423/K 422

Wissenschaft

Genaueste Uhr der Welt

Chicago. Der US-amerikanische Chemieprofessor Willard Frank Libby erfindet die Atomuhr, einen Frequenzstandard höchster Genauigkeit zur Zeitbestimmung. Für sie werden Eigenschwingungen bestimmter Atome oder Moleküle genutzt.

Die Uhr dient zumeist der Kontrolle von Quarzuhren, da ihr Gang praktisch unabhängig von äußeren Einflüssen ist. Ein erster Zeitmesser dieser Art wird 1948 für das National Bureau of Standards – das nationale amerikanische Normungsinstitut – in Washington gebaut.

In der Praxis verwendet wird bis heute die magnetische Kernresonanzfrequenz (↑S.416/ November 1945) eines Cäsiumatoms bei ca. 9200 Gigahertz (GHz). Die relative Unsicherheit beträgt weniger als eine Sekunde in 300 000 Jahren.

1967 wird die aus der Cäsiumschwingung bestimmte Sekundendauer international als neue Zeiteinheit festgelegt. Bis dahin gilt eine Definition, die 1 Sekunde als 86 400. Teil des mittleren Sonnentages festlegt.

U. Hoppe/B. Mönter: Das internationale Einheitensystem SI, 1978.

Technik

Motorroller auf dem Markt

Der italienische Fahrzeughersteller Enrico Piaggio bringt mit dem Vespa-Roller einen neuen Typ von Zweirad auf den Markt, den Motorroller.

Dem verstärkten Mobilitätsbedürfnis der Massen kommt dieses neuartige Fahrzeug entgegen. Es ist preiswert, einfach zu handhaben und vielseitig einsetzbar. Das typische Erscheinungsbild des Rollers wird durch die Einheit von Frontschild und Trittbrett geprägt. Der Motor unter der Sitzbank überträgt seine Kraft ohne Kette direkt auf das Hinterrad. Der Prototyp der Vespa erlaubt

Vespa-Roller: Werbeplakat aus den 60er Jahren

mit 3 PS eine Spitzengeschwindigkeit von etwa 60 km/h.
Die „Vespa" erfreut sich von Beginn an großer Beliebtheit. Nach ihrer großen Zeit in den 50er Jahren erlebt sie in den 80er Jahren ihr Comeback.

USA starten Atomtestprogramm
30.6. Bikini-Atoll. Die Vereinigten Staaten zünden im Südpazifik einen Nuklearsprengsatz. Am 6./9.8.1945 (↑S.412) warfen die US-amerikanischen Streitkräfte über den japanischen Großstädten Hiroshima und Nagasaki die ersten beiden Atombomben ab. Auf ihrer ersten Sitzung am 14.6.1946 fordert die „Atomic Energy Commission" (AEC) der Vereinten Nationen (↑S.411/26.6.1945) die Einrichtung einer internationalen Aufsichtsbehörde, der u. a. die Forschungen auf dem Gebiet der Kernenergie vorbehalten bleiben sollten. Da die Sowjetunion die sofortige Vernichtung aller Atomwaffen forderte, kam es zu keiner Einigung. Zwei Wochen später starten die USA ihr Atomtestprogramm im Südpazifik.
Ab 23.10.1953 rüsten die USA auch ihre Truppen in der Bundesrepublik Deutschland mit taktischen Atomwaffen aus.
H. A. C. MacKay: Das Atomzeitalter. Von den Anfängen zur Gegenwart, 1989.

Medien

Erste Ausgabe der „Zeit"
21.2. Hamburg. In einer Auflage von 25 000 Exemplaren erscheint die erste Ausgabe der Wochenzeitung „Die Zeit". Das u. a. von Gerd Bucerius herausgegebene Blatt hat sich zur Aufgabe gemacht, „uneingeschränkt die Wahrheit zu sagen, auch wenn sie schmerzlich ist". „Die Zeit" entwickelt sich zu einer hochangesehenen Zeitung für Politik, Wirtschaft, Handel und Kultur.
Die konservative Grundtendenz der Zeitung ändert sich nach Auseinandersetzungen innerhalb der Redaktion und unter den Verlegern 1955. Ab 1957 ist Gerd Bucerius alleinverantwortlicher Verleger. Sein Austritt aus der CDU 1962 forciert die Veränderung hin zu einem liberalen Blatt.
1985 übergibt Gerd Bucerius die publizistische Führung des Verlags an Hilde von Lang und Altkanzler Helmut Schmidt, der ab 1990 jedoch nur noch als Herausgeber fungiert. Nach dem Tod von Bucerius (1995) übernimmt die Georg-von-Holtzbrinck-Gruppe (Stuttgart) 1996 den Zeitverlag.

Care-Pakete: Französische Kinder freuen sich über die von US-amerikanischern Spendern geschickten Lebensmittelpakete.

Gesellschaft

Care-Pakete aus den USA
6.6. Stuttgart. Der stellvertretende US-Militärgouverneur in Deutschland, General Lucius DuBignon Clay, unterzeichnet den CARE-Vertrag zur Unterstützung der deutschen Zivilbevölkerung. In den USA hatten private und kirchliche Hilfswerke die Organisation „Cooperative for American Remittances to Europe" (CARE) gegründet, um der notleidenden Bevölkerung im Nachkriegseuropa Nahrungsmittel zukommen zu lassen. Die CARE-Hilfe kaufte den US-Streitkräften 2,5 Mio Lebensmittelpakete aus Restbeständen ab. Seit der Stuttgarter Unterzeichnung

Deutsche Wochenzeitungen nach 1945			K 424
Erstausgabe	Titel	Charakterisierung	Sitz
21.2.1946	Die Zeit	Liberal	Hamburg
15.3.1946	Rheinischer Merkur[1]	Konfessionell	Koblenz
1.2.1948	Dt. Allg. Sonntagsblatt[2]	Konfessionell	Hamburg
1.8.1948	Welt am Sonntag	Sonntagszeitung	Hamburg
23.6.1950	Bayernkurier	CSU-Organ	München
29.4.1956	Bild am Sonntag	Sonntagszeitung	Hamburg
1.10.1976	Vorwärts[3]	SPD-Organ	Bonn
18.2.1993	Die Woche	Liberal	Hamburg
4.3.1993[4]	Wochenpost	Liberal	Berlin

1) Seit 1980 vereinigt mit der Wochenzeitung „Christ und Welt" (gegr. 1948); 2) Name bis Herbst 1967: „Sonntagsblatt"; 3) Neuausgabe der 1876 gegründeten Tageszeitung, 1989 eingestellt; 4) Erstverkaufstag in Westdeutschland

Kulturszene 1946 — K 426

Theater

Eduardo De Filippo Philomena Marturano UA 7.11., Neapel	Der letzte Wunsch seiner „todkranken" Haushälterin wird in dieser Komödie einem reichen italienischen Edelmann zum Verhängnis.
Eugene O'Neill Der Eismann kommt UA 9.10., New York	Ein Eismann, Symbol für den Tod, scheitert beim Versuch, eine Gruppe von Aussteigern zur Aufgabe ihrer Wirklichkeitsflucht zu bewegen.
Jean-Paul Sartre Die ehrbare Dirne UA 8.11., Paris	Die Probleme Prostitution und Rassismus werden in dem Stück auf der Basis der existentialistischen Philosophie behandelt.
Carl Zuckmayer Des Teufels General UA 14.12., Zürich	Der große Erfolg des Dramas hat seine Ursache in der dramatischen Verbindung von Kritik am Faschismus und Problematik des Widerstands.

Oper

Benjamin Britten Der Raub der Lukrezia UA 12.7., Glyndebourne	In der Kammeroper über Vergewaltigung und Selbstmord der römischen Königstochter greift Britten auf Stilmittel des Frühbarock zurück.
Sergej Prokofjew Krieg und Frieden UA 12.6., Leningrad	Letzte und umfangreichste Oper des Komponisten nach dem gleichnamigen Tolstoi-Roman; der zweite Teil wird erst 1948 uraufgeführt.

Musical

Irving Berlin Annie Get Your Gun UA 16.5., New York	Einziger Musicalerfolg eines der führenden Komponisten von Unterhaltungsmusik in den USA mit einer Musikkomödie im Wildwest-Milieu.

Konzert

Richard Strauss Metamorphosen UA 25.1., Zürich	Sinfonisches Requiem für die untergehende bürgerliche Welt, komponiert unter dem Eindruck der Zerstörung des Münchner Nationaltheaters.

Film

Jean Cocteau Es war einmal Frankreich	Phantasievolle Verfilmung des Märchens „Die Schöne und das Tier" mit Jean Marais (Bestie/Avenant) und Josette Day (die Schöne).
Howard Hawks Tote schlafen fest USA	Der Kriminal- und Großstadtfilm nach einem Roman von Raymond Chandler zählt zu den bedeutendsten Werken der „Schwarzen Serie".
Wolfgang Staudte Die Mörder sind unter uns Deutschland	International erfolgreicher erster deutscher Nachkriegsfilm: Auseinandersetzung mit NS-Verbrechen im zerstörten Berlin.

Buch

Anne Frank Das Tagebuch der Anne Frank; Amsterdam	Eines der erschütterndsten authentischen Dokumente aus der Zeit der NS-Diktatur: Aufzeichnungen eines jüdischen Mädchens.
Albrecht Haushofer Moabiter Sonette Berlin	Der Gedichtband, geschrieben im Gefängnis in Berlin-Moabit, ist ein Ausdruck des bürgerlich-humanistischen Widerstands gegen die Nazis.
Eugen Kogon Der SS-Staat Berlin	Erstmals werden in diesem Buch die unvorstellbaren Greuel in deutschen Konzentrationslagern einer breiten Öffentlichkeit bekannt.
Nikos Kazantzakis Alexis Sorbas Athen	Der Romanzyklus stellt dem Typ des zivilisierten, grüblerischen Gelehrten den Leidenschaftsmenschen (Alexis Sorbas) gegenüber.
Elisabeth Langgässer Das unauslöschliche Siegel; Hamburg	Das Hauptwerk der Autorin steht unter dem Einfluß des Renouveau catholique, des französischen katholischen Romans.
Erich Maria Remarque Arc de Triomphe Zürich	Der zweite Bestseller des Autors nach „Im Westen nichts Neues" (1929) schildert das Leben eines deutschen Emigranten in Paris.

wird auch die deutsche Bevölkerung in das Hilfsprogramm einbezogen.

Kultur

Erste Filmfestspiele von Cannes

Cannes. Erstmals werden an der Côte d'Azur die Internationalen Filmfestspiele von Cannes veranstaltet. Der Badeort entwickelt sich neben Venedig (↑S.288/6.8.1932) und Berlin (ab 1951) zum wichtigen Treffpunkt für Stars und Starlets.
Alljährlich werden die neuesten Filmproduktionen aus den USA, Europa und der Sowjetunion vorgestellt. Ab 1949 verleihen die Juroren des Festivals dem besten Film des Jahres die Goldene Palme. Außerdem werden u. a. die besten Hauptdarsteller und der beste Regisseur nach einem Reglement der internationalen Vereinigung der Filmproduzenten ausgezeichnet. Zu den bekanntesten Preisträgern zählen u. a. Ingmar Bergman (1958), François Truffaut (1959), Ettore Scola (1976), Werner Herzog (1982) und Bertrand Tavernier (1984). S 427/K 425

„Tagebuch der Anne Frank"

Niederlande. „Das Tagebuch der Anne Frank" erscheint in holländischer Sprache. Diese Aufzeichnungen eines jüdischen Mädchens, das sich mit seinen Eltern und vier weiteren Personen zwischen 1942 und 1944 auf einem Dachboden in Amsterdam vor der Gestapo verstecken konnte, gehören zu den erschütterndsten Dokumenten aus der Zeit der NS-Herrschaft.
Anne Frank, 1929 in Frankfurt/Main geboren, entstammte einer deutsch-jüdischen Familie. In ihrem Tagebuch setzte sie sich mit einem für ihr Alter erstaunlichen Maß an Klugheit und Reflexionsfähigkeit mit ihrer Situation als verfolgte Jüdin auseinander. Am 4.8.1944 wurde das Versteck der Familie entdeckt; Anne Frank starb im März 1945 im Konzentrationslager Bergen-Belsen an Typhus. Der einzige Überlebende der Familie ist der Vater Otto Frank.
1950 erscheint das Tagebuch in deutscher Sprache, 1958 wird es verfilmt. S 426/K 426

 Die Tagebücher der Anne Frank. Mit 110 Abb. und Dokumenten, 1988.

Romanerfolg für Kazantzakis

Griechenland. Der Roman „Alexis Sorbas" von Nikos Kazantzakis, 1945/46 Minister im Kabinett von Themistokles Sofulis, erscheint. In dem autobiographisch geprägten Werk stehen sich zwei gegensätzliche Charaktere gegenüber, ein Intellektueller Ich-Erzähler und der urwüchsige, seine Leidenschaften kompromißlos auslebende Alexis Sorbas. Zwischen beiden entwickelt sich eine eigenartige Freundschaft. Der geradezu dionysische Instinktmensch wird mehr und mehr zum Lehrmeister des Verstandesmenschen.

Mit diesem Roman, der 1956 von Michael Cacoyannis mit Anthony Quinn in der Hauptrolle verfilmt wird, erlangt Kazantzakis Weltruhm. Ebenso wie in zahlreichen anderen Werken steht in „Alexis Sorbas" die existentielle Frage nach dem Lebenssinn im Mittelpunkt. Die von Kazantzakis als sein Hauptwerk bezeichnete Dichtung „Odyssee" (1938) spiegelt in hohem Maße den Einfluß Nietzsches, aber auch des Christentums und des Buddhismus auf den Schriftsteller wider. Kazantzakis stirbt 1957 nach einer Chinareise in Freiburg i. Br. [S 426/K 426]

Ferienkurs für Neue Musik

August/September. Darmstadt. Im Jagdschloß Kranichstein findet unter der Leitung des Komponisten Wolfgang Fortner der erste „Internationale Ferienkurs für Neue Musik" statt. Mehr als 100 Musiker aus den vier Besatzungszonen, Komponisten, Dirigenten, Sänger, kommen zusammen, um sich über neue Tendenzen der Musik auszutauschen. Großes Interesse erregt das Werk des Komponisten Paul Hindemith, der 1938 auf Druck der Nationalsozialisten aus Deutschland emigrierte. Erstmals werden vor deutschem Publikum sein Streichquartett Nr. 5 und der Klavierzyklus „Ludus tonalis" gespielt.

Die Veranstaltung entwickelt sich in den folgenden Jahren zu einem der bedeutendsten Foren der musikalischen Avantgarde in Deutschland.

📖 „Verehrter Meister, lieber Freund...". Begegnungen mit Komponisten unserer Zeit, 1977.

Werner Fincks Kabarett

5.9. Berlin. Werner Finck eröffnet unter dem Namen „Ulenspiegel" das erste politische Kabarett seit Kriegsende. Sein Programm trägt den Titel „Kritik der reinen Unvernunft" und geißelt mit Ironie und Spott die nationalsozialistische Vergangenheit Deutschlands. Bereits vor dem 2. Weltkrieg gehörte Werner Finck zu den bekanntesten deutschen Kabarettisten. Ab 1929 leitete er das Kabarett „Die

Wichtige internationale Filmfestspiele		K 425
Gründung	Festival	Höchste Auszeichnung
1932	Internationale Filmfestspiele Venedig/Italien (La Biennale di Venezia)	Goldener Löwe (S.288)
1946	Internationale Filmfestspiele Cannes/Frankreich	Goldene Palme (S.426)
	Internationales Filmfestival Locarno/Schweiz	Goldener Leopard
1950	Internationales Filmfestival Karlsbad/Tschechoslowakei	Goldmedaille
1951	Internationale Filmfestspiele Berlin/Deutschland (Berlinale)	Goldener Bär (S.472)
1954	Internationales Filmfestival San Sebastian/Spanien	Goldene Muschel
1955	Internationale Westdeutsche Kurzfilmtage Oberhausen/Deutschland	Großer Preis der Stadt Oberhausen
1959	Internationales Filmfestival Moskau/Sowjetunion	Goldmedaille

Deutsche Kabaretts nach 1945			K 427
Jahr	Name	Gründer/erster Leiter	Ort
1946	Cabaret Ulenspiegel	Werner Finck	Berlin
1947	Das Kom(m)ödchen	Kay und Lore Lorentz	Düsseldorf
1948	Insulaner[1]	Günther Neumann	Westberlin
1949	Die Stachelschweine	Wolfgang Neuss u. a.	Westberlin
1951	Kleine Freiheit	Trude Kolman	München
1953	Die Distel	Erich Brehm	Ostberlin
1954	Leipziger Pfeffermühle	Conrad Reinhold	Leipzig
1955	Lach- u. Schießgesellsch.	Dieter Hildebrandt u. a.	München
1960	Die Wühlmäuse	Dieter Hallervorden	Westberlin

1) Rundfunk-Kabarett des RIAS Berlin

Kabarett: Werner Finck (1902–1978) eröffnet den »Ulenspiegel« in Berlin (Programmzettel).

Sport 1946 — K 428

Fußball
Deutsche Meisterschaft	Nicht ausgetragen
DFB-Pokal	Nicht ausgetragen
Englische Meisterschaft	Nicht ausgetragen
Italienische Meisterschaft	AC Turin
Spanische Meisterschaft	FC Sevilla

Tennis
Wimbledon (seit 1877; 60. Austragung)	Herren: Yvon Petra (FRA) Damen: Pauline Betz (USA)
US Open (seit 1881; 66. Austragung)	Herren: Jack Kramer (USA) Damen: Pauline Betz (USA)
French Open (seit 1925; 16. Austagung)	Herren: Marcel Bernard (FRA) Damen: Margaret Osborne (USA)
Australian Open (seit 1905; 34. Austragung)	Herren: John Bromwich (AUS) Damen: Nancy Bolton (AUS)
Davis-Cup (Melbourne, AUS)	USA – Australien 5:0

Eishockey
Stanley-Cup	Montreal Canadiens

Radsport
Tour de France	Nicht ausgetragen
Giro d'Italia (3029 km)	Gino Bartali (ITA)
Straßen-Weltmeisterschaft	Hans Knecht (SUI)

Automobilsport (Grand-Prix-Rennen)
GP der Nationen, Genf	Giuseppe Farina (ITA), Alfa Romeo
Europameisterschaft	Raymond Sommer (FRA), Maserati

Boxen
Schwergewichts-Weltmeisterschaft	Joe Louis (USA) – K. o. über Tami Mauriello (USA), 18.9. – K. o. über Billy Conn (USA), 19.6.

Herausragende Weltrekorde
Disziplin	Athlet (Land)	Leistung
Leichtathletik, Männer		
Diskuswurf	Robert Fitch (USA)	54,93 m
Leichtathletik, Frauen		
Diskuswurf	Nina Dumbadse (URS)	50,50 m

Katakombe", das 1935 von der Gestapo geschlossen wurde.
1948 und 1951 gründet Werner Finck die „Mausefalle" in Stuttgart und Hamburg. In seinen Soloprogrammen kommentiert er aus der Sicht des kleinen Mannes die Entwicklung der jungen deutschen Demokratie. Seine Texte werden in zahlreichen Büchern veröffentlicht. Großen Erfolg haben 1972 seine autobiographischen Texte „Alter Narr – was nun?" S 427/K 427
📖 K. Budzinski: Witz als Schicksal – Schicksal als Witz, 1966.

Erster DEFA-Film uraufgeführt
15.10. Ostberlin. Wolfgang Staudtes „Die Mörder sind unter uns", der erste seit Ende des 2. Weltkriegs in Deutschland produzierte Film, hat Premiere.
Erzählt wird die Geschichte eines deutschen Arztes, der während des Krieges in Polen Zeuge wird, wie ein Offizier unschuldige Geiseln erschießen läßt. Diesen Offizier trifft er nach Kriegsende als ehrbaren Fabrikanten wieder. Der Arzt will den Mann, der für sein Verbrechen offensichtlich nicht zur Verantwortung gezogen worden ist, töten, wird aber von seiner Geliebten, der ehemaligen Insassin eines Konzentrationslagers, von diesem Akt der Selbstjustiz zurückgehalten.
Kritiker und Publikum zollen dem Film, der sich mit der NS-Vergangenheit und den aus ihr resultierenden Problemen auseinandersetzt, fast einhellig Lob.
Großen Erfolg hat 1951 seine Heinrich-Mann-Verfilmung „Der Untertan" (↑S.146/30.11.1918).
Staudte siedelt 1956 in die Bundesrepublik über und beginnt eine zweite Karriere als Fernseh-Regisseur.
📖 E. Netenjakob (u. a.): Staudte, 1991.

1947

Politik

Friedensverträge unterzeichnet

10.2. Paris. Vertreter der USA, Großbritanniens, Frankreichs und der UdSSR unterzeichnen Friedensverträge mit Rumänien, Bulgarien, Ungarn, Finnland und Italien, den ehemaligen Verbündeten des Deutschen Reichs während des 2. Weltkriegs.
Mit der Aushandlung der Friedensbedingungen war der Rat der Außenminister beauftragt, der im August 1945 auf der Potsdamer Konferenz eingerichtet wurde (↑S.411/17.7.1945). Eine Einigung wurde im Dezember 1946 in New York erzielt. Die Friedensverträge regeln die Zahlung von Reparationen und legen Gebietsabtretungen sowie die Höhe der zukünftigen Truppenstärken in den betroffenen Ländern fest.
In Italien kommt es zu Protesten. Der ehemalige „Duce"-Staat verliert sämtliche Kolonien sowie die Inselgruppe des Dodekanes in der Ägäis.

US-Wirtschaftshilfe für Europa

5.6. Massachusetts. In einer Rede in der Harvard-Universität schlägt US-Außenminister George C. Marshall ein Wirtschaftsaufbauprogramm für Europa vor, in das auch die vier Besatzungszonen Deutschlands einbezogen werden sollen. Die schlechte wirtschaftliche Lage in Europa zwei Jahre nach Kriegsende belastet zunehmend die US-amerikanische Wirtschaft. Zum einen fehlen den USA die leistungsfähigen Handelspartner, zum andern haben die hohen Besatzungskosten schon zu erheblichen Steuererhöhungen geführt. Außerdem befürchten die USA, daß die UdSSR eine weitere Verelendung Europas nutzen werde, ihren politischen Einfluß auszuweiten.
Am 12.7. beginnt in Paris die Marshallplan-Konferenz, an der Vertreter aus 16 europäischen Staaten teilnehmen. Die europäischen Staaten im sowjetischen Machtbereich sagen

Der Marshall-Plan unterstützt den wirtschaftlichen Wiederaufbau Europas. Die Länder erhalten je nach Bedarf Sachlieferungen oder auch Geldmittel, teilweise als Kredite. (Foto: Bauarbeiten in Berlin 1950)

Wichtige Regierungswechsel 1947		K 430
Land	Amtsinhaber	Bedeutung
Dänemark	Christian X. (König seit 1912) Friedrich IX. (König bis 1972)	Tod von Christian X. (20.4.), der 1915 die demokratische Verfassung bestätigte und im 1. Weltkrieg Neutralität wahrte
Frankreich	Charles de Gaulle (P 1945/46) Vincent Auriol (P bis 1954)	Rücktritt de Gaulles (16.1.1946), der seine Pläne zur Staatsordnung nicht durchsetzte; Auriol erster Präsident der IV. Republik
	Léon Blum (M seit 1946) Paul Ramadier (M 22.1.–19.11.) Robert Schuman (M bis 1948)	Rücktritt des Übergangs-Ministerpräsidenten Blum (16.1.); Rücktritt von Ramadier nach Streiks, an denen bis Ende November 2 Mio Menschen teilnehmen; Schuman schafft Anti-Streik-Gesetz (4.12.)
Griechenland	Georg II. (König seit 1935) Paul (König bis 1964)	Tod von Georg II. (1.4.), der den größten Teil seines Lebens im Exil verbrachte; Nachfolger wird sein Bruder
Japan	Shigeru Yoshida (M seit 1946) Tetsu Katayama (M bis 1948)	Erster sozialdemokratischer Regierungschef Japans verkündet Gesetz zur Beseitigung der wirtschaftlichen Machtkonzentration
Polen	Edward Osóbka-Morawski (M seit 1945) Józef Cyrankiewicz (M bis 1952)	Cyrankiewicz, mit zweijähriger Unterbrechung bis 1970 Regierungschef, sichert die kommunistische Vorherrschaft im Staat

M = Ministerpräsident bzw. Premierminister; P = Präsident

1947

Indien im 20. Jahrhundert   K 431

Datum	Ereignis
1906	Gründung der Moslem-Liga (All India Muslim League) als Interessenvertretung der islamischen Bevölkerung Indiens
6.2.1919	Rowlatt-Gesetze verlängern den Ausnahmezustand (seit 1914)
13.4.1919	Blutbad von Amritsar (400 Tote) bricht Mahatma Gandhis gewaltlosen Widerstand (seit 6.4.) gegen die Rowlatt-Gesetze
23.12.1919	Government of India Act (Verfassung): Doppelherrschaft von Briten und Indern in Zentralregierung und Provinzregierungen
5.2.1922	Ende gewaltlosen Widerstands nach Ermordung von 22 Polizisten in Uttar Pradesh; Festnahme Gandhis (bis 1924 in Haft)
29.12.1929	Forderung des National-Kongresses nach voller Unabhängigkeit von britischer Regierung nicht erfüllt: ziviler Ungehorsam
12.3.1930	Salzmarsch Gandhis von Ashram nach Dandi (bis 6.4., S.266)
5.3.1931	Gandhi-Irwin-Pakt: Freilassung politischer Gefangener als Gegenleistung für Abbruch des zivilen Ungehorsams
4.8.1935	Erlaß einer neuen Verfassung: Abschaffung der britischen Einflußnahme in den Provinzen (ab 1937 in Kraft)
15.8.1947	Teilung Indiens: Unabhängigkeit der Teilstaaten Indische Union und Pakistan von Großbritannien (Dominion, S.430)
20.10.1947	Indisch-pakistanischer Konflikt durch Streit um Kaschmir (bis 1949; Waffenstillstand durch UNO-Vermittlung)
30.1.1948	Ermordung Mahatma Gandhis durch fanatischen Hindu (S.439)
26.11.1949	Gründung der Republik Indien
25.10.1951	Erste Wahlen: National-Kongreß unter Jawaharlal Nehru (Premier bis 1964) gewinnt Zweidrittelmehrheit im Parlament
31.8.1956	Neuordnung der Bundesstaaten (bis 1972) führt zu Unruhen in Bombay und zur Ausgliederung von Gudscharat
18.12.1961	Einmarsch in portugiesische Besitzungen (Goa, Diu, Daman)
20.10.1962	Indisch-Chinesischer Krieg (bis 21.11.): Verlust weiter Gebiete in Nordostindien durch chinesischen Präventivschlag
25.1.1965	Blutige Unruhen in Südindien (bis 13.2.) wegen geplanter Einführung des Hindi als Staatssprache
6. 9.1965	Ausweitung des Kaschmir-Konflikts zum Krieg (bis 23.9., Waffenstillstand auf Vermittlung der UNO); erst 1972 Friedensvertrag mit Pakistan (Konferenz von Simla, S.592)
24. 1.1966	Indira Gandhi (Tochter Nehrus) Premierministerin (bis 1977)
12.11.1969	National-Kongreß gespalten in „Alten" (rechter Flügel) und „Neuen Kongreß" (linker Flügel, Führung: Indira Gandhi)
9. 8.1971	Freundschaftsvertrag mit der UdSSR (1993 mit Rußland)
18.5.1974	Zündung der ersten indischen Atombombe
20.3.1977	Rücktritt Indira Gandhis nach Wahlniederlage; Morarji Desai, Führer der neuen Dschanata-Partei, wird Premier
7.1.1978	Abspaltung des sog. Indira-Kongresses vom Neuen Kongreß wegen Streit um die Rolle Indira Gandhis innerhalb der Partei
15.1.1979	Zerfall der Dschanata-Partei; Rücktritt Desais
14.1.1980	Wahlerfolg bringt Indira Gandhi erneut an die Macht
5.6.1984	Indische Armee stürmt Goldenen Tempel von Amritsar, in dem sich militante Sikhs verschanzt haben (600 Tote, S.769)
31.10.1984	Indira Gandhi von Sikh-Leibwächter ermordet; Nachfolger: Ihr Sohn Rajiv Gandhi (bis 1989; ermordet 1991, S.770)
3.12.1984	Giftgaskatastrophe in Bhopal (2800 Tote, rd. 200 000 Verletzte)
ab 1989	Bürgerkrieg in Kaschmir (bis 1996: 13 000 Tote)
6.12.1992	Religionsunruhen in Ayodhya: Moschee zerstört, 1200 Tote
1996	Wahlniederlage der seit 1991 regierenden Kongreßpartei von Ministerpräsident Narasimha Rao

Marshallplan-Hilfe   K 429

Land	Einwohner (1950; Mio)	Index[1]	Hilfe (Mio $)
Großbritannien	48,8	101	2578
Westzonen/BRD	47,6	22	2219
Frankreich	4,0	75	2037
Italien	47,1	54	1123
Niederlande	9,6	62	795
Griechenland	7,6	44	657
Belgien/Luxemburg	8,5	77	517
Österreich	6,9	k. A.	500
Dänemark	4,2	93	231
Türkei	20,9	k. A.	229
Norwegen	3,2	93	200

European Recovery Program (ERP); 1) Index der industriellen Produktion (1938 = 100)

auf Druck der nicht geladenen UdSSR ihre Teilnahme ab. Am 3.4.1948 unterzeichnet US-Präsident Harry S. Truman ein Gesetz zur Auslandshilfe. Damit werden für den Zeitraum 1948/49 rd. 5,3 Mrd Dollar für das Wiederaufbauprogramm zur Verfügung gestellt. S 430/K 429

C. Buchheim: Die Wiedereingliederung Westdeutschlands in die Weltwirtschaft 1945–1958, 1990.

Reuter wird Oberbürgermeister
24.6. Berlin. Die Stadtverordnetenversammlung wählt den Verkehrsstadtrat Ernst Reuter (SPD) zum neuen Oberbürgermeister.
Die Wahl war nach dem Rücktritt von Otto Ostrowski (SPD) am 17.4. notwendig geworden. Ostrowski hatte sein Amt zur Verfügung gestellt, nachdem ihm seine Partei wegen nicht genehmigter Verhandlungen mit der SED das Vertrauen entzogen hatte.
Reuter kann sein Amt vorläufig nicht antreten. Die hierfür erforderliche Bestätigung durch die Alliierte Kommandantur kommt infolge des sowjetischen Einspruchs nicht zustande. Ab 1948 ist Reuter Oberbürgermeister der drei westlichen Sektoren. In seine Amtszeit (bis 1953, ab 1951 als Regierender Bürgermeister) fällt die Berlinblockade durch die Sowjetunion (↑S.442/24.6.1948).

E. Reuter: Artikel, Briefe, Reden 1946 bis 1949, 1974. Ernst Reuter. Sein Leben in Bildern 1889–1953, 1989.

Indien endlich unabhängig   KAR
15.8. Neu-Delhi. Mit Glockengeläut und Feuerwerk feiern die Inder ihre Befreiung von der über 190 Jahre dauernden britischen Kolonialherrschaft.

Indien

1947

Entfernung von Neu-Delhi	
Stadt	km
Bombay	1164
Colombo (Sri Lanka)	2427
Dacca (Bangladesch)	1420
Islamabad (Pakistan)	682
Kabul (Afghanistan)	1002
Kalkutta	1304
Katmandu (Nepal)	800
Madras	1755
Peking (China)	3779

Einwohner je km² 1991
- bis 50
- 50 – 100
- 100 – 200
- 200 – 500
- über 500

Städte mit hohen Zuwachsraten
(Mitte der 80er Jahre)
- 3 – 5 % jährlich
- über 5 % jährlich

Politische Gliederung
- Assam Bundesstaaten
- Delhi Unionsterritorien

Chandigarh ist auch Hauptstadt der Bundesstaaten Haryana und Punjab; Goa, Daman und Diu bilden zusammen einen Bundesstaat.

— Demarkationslinie
- A Von Pakistan besetztes Gebiet, von Indien beansprucht
- B Von Indien besetztes Gebiet, von Pakistan beansprucht
- C Von China besetztes Gebiet, von Indien beansprucht

Seit 1929 kämpften die Volkskongreßbewegung unter Führung von Mohandas Karamchand „Mahatma" Gandhi und die Moslem-Liga Muhammad Ali Dschinnahs für die Unabhängigkeit gekämpft. Sie wird in Großbritannien gegen den Widerstand der Konservativen Partei von der regierenden Labour Party unter Premierminister Clement Attlee durchgesetzt. Am 25.8.1946 wurde Jawaharlal „Pandit" Nehru Ministerpräsident der von Großbritannien eingesetzten indischen Interimsregierung; regulärer Amtsantritt ist am 16.8.1947.

Mit der Unabhängigkeit findet die Teilung Indiens in den Hindustaat Indien und den Moslemstaat Pakistan statt. Beide Staaten bleiben als Dominion im Verband des von Großbritannien kontrollierten Commonwealth. Diese Übergangslösung soll den wirtschaftlichen Aufbau Indiens unterstützen.

Am 26.11.1949 wird in Neu-Delhi die Verfassung verabschiedet. Sie tritt am 26.1.1950 in Kraft und bestimmt Indien zur demokratisch-parlamentarischen Republik mit bundesstaatlicher Ordnung. S 430/K 431

T. Ali: Die Nehrus und die Gandhis. Eine indische Dynastie, 1985. D. Rothermund: Mahatma Gandhi. Revolutionär der Gewaltlosigkeit, 1989.

Gründung der OAS

15.8. Petropolis. Im brasilianischen Petropolis treffen sich die Außenminister von 19 amerikanischen Staaten. Argentinien und Kanada sind nicht vertreten; Nicaragua und Ecuador wurden aus politischen Gründen ausgeladen. Thema der Konferenz ist der Abschluß eines Verteidigungsvertrags.

Vorverhandlungen für dieses erste regionale Verteidigungsbündnis führten am 3.3.1945 in Mexiko zum „Pakt von Chapultepec". Auf der Konferenz von Petropolis werden die Kernpunkte des Vertrags nach den Prinzipien der UNO-Charta festgelegt. Die Unterzeichnung durch 20 Staaten – Argentinien hat sich angeschlossen – findet auf der Konferenz in Bogotá am 30.4.1948 statt. Damit ist die Organisation Amerikanischer Staaten (OAS) gegründet.

Die Charta der OAS legt u. a. Beistandspflicht bei Aggressionen nichtamerikanischer Mächte fest sowie die Zuständigkeiten bei der Schlichtung von Konflikten innerhalb der amerikanischen Staatengemeinschaft.

Wirtschaft

Erste Hannover-Messe

18.8. Hannover. Der Präsident des Zweizonen-Wirtschaftsrats, Erich Köhler, eröffnet die „Exportmesse Hannover 1947".

Über 1300 Aussteller zeigen auf einer Fläche von 20 000 m² einen Querschnitt durch die deutsche Exportproduktion. Am stärksten ist die Textil- und Bekleidungsindustrie mit fast 300 Ausstellern vertreten. Großen Anteil haben auch die Kraftfahrzeugindustrie sowie die Elektrotechnik und Feinmechanik. Das Land Nordrhein-Westfalen ist mit 325 Ausstellern am stärksten repräsentiert.

Der Erfolg der Messe spiegelt sich nicht nur in den rund 75 000 Besuchern. Bilanz der bis zum 7.9. dauernden Veranstaltung ist ein Auftragsvolumen von mehr als 30 Mio Dollar. Der größte Umsatz wird von der Kraftfahrzeugindustrie mit etwa 10 Mio Dollar verzeichnet.

Die alljährlich stattfindende Messe entwickelt sich in den nächsten Jahrzehnten zur weltweit bedeutendsten ihrer Art. S 432/K 432

682 Betriebe demontiert

16.10. Bizone. Die US-amerikanische und britische Militärregierung veröffentlichen eine Demontageliste, in der 682 Betriebe aufgeführt sind.

Laut Plan des Alliierten Kontrollrats vom 26.3.1945 sollen Industrieanlagen als Reparationsleistung abgebaut werden. 1946 werden allein 1636 Betriebe demontiert. Schwerpunkte der neuerlichen Demontage sind Bayern, Niedersachsen, Nordrhein-Westfalen und Schleswig-Holstein. Es stehen in erster Linie Betriebe der eisen- und metallverarbeitenden Industrie, darunter rund 200 frühere Rüstungsfabriken, sowie Chemiewerke auf der Liste. So sollen z. B. die Flugzeugwerke Dornier und Messerschmitt, die Stahlwerke Thyssen und Rheinmetall und BMW abgebaut werden.

Große Messen in Deutschland			K 432
Gründung	**Stadt**	**Name**	**Hauptaussteller**
1926	Berlin	Int. Grüne Woche	Ernährungswirtschaft
1947	Hannover	Hannover-Messe	Allgemeine Industrie
1949	Frankfurt/M. Köln München	Frankfurter Buchmesse Int. Möbelmesse Int. Handwerksmesse	Internationale Verlage Möbelindustrie (Kunst-)Handwerk
1950	Berlin	Int. Funkausstellung	Audio-/Video-Industrie
1951	Düsseldorf Frankfurt/M. Hannover Köln	DRUPA IAA Constructa photokina	Druck-, Papierindustrie Automobilindustrie Bauindustrie Foto-/Video-Industrie
1969	Düsseldorf	boot	Boots-/Jachten-Herst.
1986	Hannover	CeBIT	Telekommunik.technik

Nachdem die westlichen Besatzungsmächte die Demontage mehrmals eingeschränkt haben, unterzeichnen Bundeskanzler Konrad Adenauer und die alliierten Hochkommissare am 22.11.1949 das Petersberger Abkommen, das u. a. eine Begrenzung der Demontage regelt. Bereits am 24.11. wird der Abbau von 19 Werken gestoppt.

GATT regelt Welthandel
30.10. Genf. Vertreter von 23 Staaten, darunter die USA und Großbritannien (nicht die UdSSR), unterzeichnen den bisher umfassendsten Handelsvertrag, das „General Agreement on Tariffs and Trade" (GATT). Auf der seit dem 10.4. tagenden Konferenz wurden Maßnahmen und Regelungen zur Belebung der internationalen Wirtschaftsbeziehungen ausgearbeitet. Durch Senkung der US-amerikanischen Einfuhrzölle um bis zu 50% soll es den Mitgliedstaaten ermöglicht werden, dringend benötigte Dollardevisen durch verstärkte Exporte zu erwirtschaften. Auch Großbritannien senkt die Einfuhrzölle zur Förderung des Festlandhandels. Das GATT, dem die Bundesrepublik Deutschland am 1.10.1951 beitritt, bestimmt u. a., daß zwischen einzelnen Mitgliedern ausgehandelte Zollsenkungen auch den übrigen Mitgliedern zustehen. Damit soll die Gleichberechtigung auf dem Weltmarkt gefördert werden.
1995 bildet die neue Welthandelsorganisation (WTO) für alle seit der GATT-Gründung geschlossenen Welthandelsabkommen, die ihre Gültigkeit behalten, den institutionellen Rahmen. Sie überwacht die Handelsregeln für Waren, multilaterale Verträge über den Austausch von Dienstleistungen sowie Abkommen über Patente und andere geistige Eigentumsrechte.

Natur/Umwelt

Helgoland übersteht Sprengung
18.4. Helgoland. Die britische Besatzungsmacht sprengt die ehemaligen Militäranlagen der deutschen Wehrmacht auf der Nordseeinsel Helgoland. Die Detonation ist die stärkste, die jemals durch konventionellen Sprengstoff ausgelöst wurde.
Die Sprengung war unter Leitung britischer Sachverständiger mit Hilfe deutscher Arbeitskommandos monatelang vorbereitet worden. 7000 t Sprengstoff aus Wehrmachtsbeständen wurden auf die Insel geschafft. Ziel der Sprengungen waren die Tunnel, der U-Boot-Bunker und die Küstenbatterien.

Helgoland im 20. Jahrhundert		K 433
Jahr	**Ereignis**	
1890	Helgoland-Sansibar-Vertrag zwischen dem Deutschen Reich und Großbritannien: Helgoland wird preußischer Militärstützpunkt	
1919	Nach dem 1. Weltkrieg werden in Erfüllung des Versailler Friedensvertrags alle Militäranlagen und der Hafen der Insel zerstört	
1934	Beginn des Wiederaufbaus der Militäranlagen Helgolands in erweiterter Form durch die Nationalsozialisten	
1945	Britischer Bombenangriff (18.4.) zerstört fast alle Gebäude; die Insel wird Übungsziel der Royal Air Force	
1947	Sprengung von Bunkern und Befestigungen, dabei wird ein Viertel der Steilküste abgerissen; Helgoland gleicht einem Trümmerfeld	
1952	Großbritannien gibt die Insel frei; am 1.3. wird Helgoland wieder unter deutsche Verwaltung genommen; Ausbau zum Nordseeheilbad und Ziel für Tagestouristen, Wiederaufbau 1960 beendet	

Entgegen der Befürchtungen vieler Experten wird Helgoland nicht völlig zerstört. Ein Teil der Steilküste, Wahrzeichen der 2 km² großen Insel, wird allerdings mitgerissen. Außerdem ist Helgoland mit Kratern übersät. S 433/K 433

Wissenschaft

Datierung mit Kohlenstoff
Chicago. Der US-amerikanische Chemieprofessor Willard Frank Libby entwickelt die

Nobelpreisträger 1947	K 434
Frieden: Gesellschaft der Freunde (Quäker)	
Die Mitte des 17. Jh. gegründete religiöse Gemeinschaft lehnte die Staatskirche radikal ab und rief 1810 die erste Friedensgesellschaft ins Leben. Die Gruppe, die weltweit etwa 170 000 Mitglieder hat, engagierte sich während der beiden Weltkriege in internationalen Hilfswerken.	
Literatur: André Gide (F, 1869–1951)	
Gide, der das gesamte europäische Geistesleben in der ersten Hälfte des 20. Jh. beeinflußte, forderte das Recht des Individuums auf Selbstverwirklichung und wandte sich gegen jede Konvention. Hauptwerke: „Stirb und werde" (2 Bde., 1920/21), „Die Falschmünzer" (1926).	
Chemie: Robert Robinson (GB, 1886–1975)	
Robinson erforschte biologisch wichtige Pflanzenprodukte, insbesondere die stickstoffhaltigen Alkaloide. Dazu gehören u. a. Nikotin, Kokain und Koffein. 1925 klärte Robinson die Molekülstruktur des Morphiums, 1946 die des Strychnins. 1951 synthetisierte er das Cholesterin.	
Medizin: Carl Ferdinand Cori (USA, 1896–1984), Gerty Theresa Cori (USA, 1896–1957), Bernardo A. Houssay (Argentinien, 1887–1971)	
Das Ehepaar Cori analysierte das Glykogen. Das energiereiche Kohlehydrat ist in Leber und Muskelzellen gespeichert und wichtig für den Stoffwechsel. Der Physiologe Houssay befaßte sich mit der Zuckerkrankheit (Diabetes). Er erforschte die Ausscheidung von Insulin durch die Bauchspeicheldrüse und erkannte die Bedeutung der Hirnanhangdrüse (insbesondere des Vorderlappens) für den Zuckerstoffwechsel im Blut.	
Physik: Edward Victor Appleton (GB, 1892–1965)	
Appleton entdeckte in der Ionosphäre (oberer Teilbereich der Erdatmosphäre in einer Höhe von 80 bis 400 km) die elektrisch leitenden Schichten, die für die Rundfunktechnik bedeutsam sind. Damit war auch die Grundlage für die Entwicklung der Radartechnik gelegt.	

sog. Radiocarbonmethode zur Altersbestimmung von kohlenstoffhaltigen Materialien, die bis zu rund 70 000 Jahre alt sind.

Das Verfahren beruht auf der Erkenntnis (1940) des kanadischen Biochemikers Martin David Kamen, daß kosmische Strahlung (↑S.101/7.8.1912) den Luftstickstoff in das radioaktive Kohlenstoffisotop C-14 umwandelt. Das C-14 wird von lebenden Organismen aufgenommen. Nach deren Tod erfolgt keine C-14-Aufnahme mehr, und dieses Isotop (↑S.108/18.2.1913) zerfällt mit einer Halbwertszeit von 5730 Jahren, woraus sich für Archäologie und Geologie eine sichere Datierung ergibt.

In neuerer Zeit wird die Radiocarbonmethode mit Hilfe von Teilchenbeschleunigern (↑S.268/April 1930) auch zur Altersbestimmung von Aminosäuren, die aus Knochen extrahiert werden, eingesetzt.

📖 J. Riederer: Archäologie und Chemie, 1987.

Gábor erfindet Holografie

London. Der britisch-ungarische Physiker Dennis Gábor entwickelt die Grundidee der „Holografie", deren Technik allerdings erst nach Erfindung des Lasers (↑S.540/Mai 1960) in der medizinischen Diagnostik und elektronischen Datenverarbeitung praktikabel wird.

Im Gegensatz zur Fotografie ist es in der Holografie möglich, mittels kohärentem Laserlicht räumliche Szenen in ihrer dreidimensionalen Struktur zu speichern und wiederzugeben (Interferenzbild bzw. Hologramm).

Eine besonders interessante Eigenschaft ist die erst später erkannte Tatsache, daß jeder einzelne Teil des Hologramms das ganze Bild in verdichteter Form enthält. In jedem Punkt des Hologramms sind also Informationen von allen Teilen des Gegenstandes gespeichert. Insofern wird das Hologramm Anfang der 80er Jahre zur leitenden Metapher der fortgeschrittensten naturwissenschaftlichen Modelle des Universums.

📖 K. Wilber: Das holografische Weltbild, 1986.

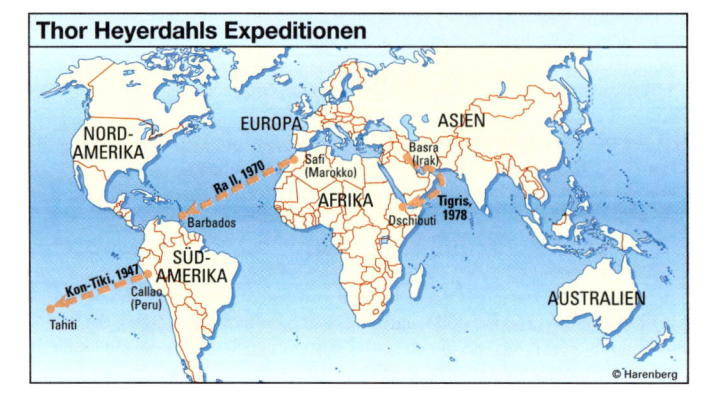

Kon-Tiki: Heyderdahls Fahrt von Callao (Peru) über den Pazifik nach Tahiti dient dem Nachweis des Ursprungs der Polynesier in Südamerika.

Kon-Tiki-Expedition erfolgreich

7.8. Polynesische Inseln. Der norwegische Naturforscher Thor Heyerdahl gibt die erfolgreiche Beendigung seiner Kon-Tiki-Expedition bekannt.

Heyerdahl war am 28.4. von der peruanischen Hafenstadt Callao zu einer 4000 Seemeilen (7200 km) langen Fahrt über den Pazifik aufgebrochen. Mit dem nach alten Vorbildern gebauten Balsafloß „Kon-Tiki" erreichten er und seine fünfköpfige Besatzung nach 101 Tagen die Polynesischen Inseln.

Heyerdahl wollte mit dieser Reise den Nachweis liefern, daß eine Besiedlung Polynesiens vom südamerikanischen Kontinent aus bereits in vorkolumbischer Zeit möglich war.

📖 T. Heyerdahl: Kon-Tiki, dt. 1949. Ders.: Expedition Ra, dt. 1971.

Halbleiter beflügeln Elektronik

23.12. Murray Hill/New York. In den Bell Telephone Laboratories stellen die US-amerikanischen Physiker William Bradford Shockley, Walter Houser Brattain und John Bardeen die Erfindung des Transistors vor, eines winzigen Germaniumkristalls, das wie eine Elektronenröhre (↑S.47/1904) elektrische Ströme und Spannungen verstärken und als Steuer- und Schaltelement (z. B. als

Thor Heyerdahls Expeditionen

Gleichrichter) dienen kann, aber erheblich weniger Strom verbraucht.
Grundlage dieser Erfindung ist der sog. pn-Übergang in Halbleitern, den schon 1939 der deutsche Physiker Walter Schottky in seiner Sperrschichttheorie beschrieb.
Die Transistoren verdrängen ab 1954 nicht nur die Röhren in den Rundfunkempfängern, sondern revolutionieren die gesamte Elektrotechnik. Damit erweisen sich die Halbleiter (heute zumeist Siliciumkristalle) als einer der wichtigsten technischen Innovationen des 20. Jh. S 61/K 57

Technik

Schallmauer durchbrochen

14.10. Der US-Pilot Charles Yeager durchbricht die Schallmauer in einem Jagdflugzeug vom Typ Bell X-1. Das Flugzeug wurde von einem B-29-Bomber in eine Höhe von 10 000 m gebracht, erst dort zündete Yeager seinen Raketenantrieb; er erreicht eine Geschwindigkeit von 1630 km/h.
Bislang waren Tests, schneller als Schallwellen zu fliegen, ausschließlich mit unbemannten, radargesteuerten Flugkörpern durchgeführt worden. Vier Jahre später, am 1.8.1951, erreicht der US-Pilot Bill Bridgeman doppelte Schallgeschwindigkeit in einem Jagdflugzeug vom Typ „Douglas Skyrocket".
Das erste Überschall-Verkehrsflugzeug macht seinen Jungfernflug am 31.12.1968, es ist eine sowjetische Tupolew TU-144. Am 26.5.1970 erreicht sie als erstes Verkehrsflugzeug mit 2,02 Mach doppelte Schallgeschwindigkeit. Der Erstflug der ab 1976 im Liniendienst eingesetzten britisch-französischen Concorde gelingt im Jahr 1969. S 38/K 30

Medien

Erste Ausgabe des „Spiegel"

4.1. Hannover. Mit einer Auflage von 15 000 Exemplaren erscheint die erste Ausgabe des Nachrichtenmagazins „Der Spiegel"; sie kostet 1 Reichsmark.
Mit diesem hauptsächlich politischen Wochenmagazin führt der 23jährige Herausgeber Rudolf Augstein einen bislang in Deutschland unbekannten Zeitschriftentyp ein. Keine „Hofberichterstattung", sondern investivativer, Skandale nicht scheuender Journalismus prägt das Blatt, das sich an angelsächsischen Vorbildern orientiert. Mit eigenwilligem Stil und großer Respektlosig-keit gewinnt das Magazin schnell an Popularität und entwickelt sich in den folgenden Jahren zum führenden deutschsprachigen Nachrichtenmagazin (Auflage 1996: 1,07 Mio). Erst in den 90er Jahren erwächst dem „Spiegel" mit dem Magazin „Focus" eine ernstzunehmende Konkurrenz.

Gesellschaft

Dior kreiert „New Look"

12.2. Paris. Der französische Modemacher Christian Dior stellt seine erste eigene Kollektion vor. Seine von Publikum und Presse begeistert aufgenommene Kreation nennt er „New Look".
Nachdem Dior 1947 in Paris einen Modesalon eröffnete, wurde er schnell zu einem international gefragten Schöpfer der Haute Couture. Seine ab 1950 jährlich vor geladenen Gästen vorgeführten Modelle (u. a. 1953 „Tulpenlinie", 1956 „Pfeillinie") werden zum Maßstab der Modewelt. Der nach einer Diplomatenausbildung bis 1930 als Maler und Galerist arbeitende Modeschöpfer gründet 1951 die Handelsmarke Dior mit weltweiten Lizenzen. S 436/K 435

F. Giroud: Christian Dior, 1987.

„New Look": Christian Dior (r.) begründet seinen Weltruhm mit der Präsentation eines neuen, weiblichen Modestils. Die Oberteile der Kleider sind auf Figur geschnitten, der Rock ist weit schwingend und wadenlang. Das Model trägt bei der Vorführung der Frühjahrsmode 1948 bereits die neuen Seidenstrümpfe.

1947

Modeschöpfer des 20. Jahrhunderts	K 435
Name (Lebensdaten)	**Bedeutung/Charakteristik des Modestils**
Paul Poiret (F, 1879–1944)	Wichtigster Modeschöpfer vor dem 1. Weltkrieg, Begründer der modernen Haute Couture
Gabrielle „Coco" Chanel (F, 1883–1971)	Einfache Linie: Sweater, Matrosenjacken, Faltenröcke; Kreation des „kleinen Schwarzen"
Elsa Schiaparelli (F/I, 1890–1973)	Unkonventioneller, ideenreicher Stil, inspiriert durch Künstler wie Picasso, Dalí und Cocteau
Cristobal Balenciaga (F/E, 1895–1972)	Verbindung von Eleganz und hoher Schneiderkunst; Verzicht auf modische Effekte
Christian Dior (F, 1905–1957)	Wegweisender Couturier der 50er Jahre; auf „New Look" folgen jährlich neue Linien
Pierre Cardin (F/I, *1922)	Von geometrischen Figuren bestimmter Modestil; international erfolgreich seit 1954
André Courrèges (F, *1923)	Courrèges-Stil in Schwarzweiß: waagerechte und senkrechte Schnitte für Röcke und Hosen
Hubert de Givenchy (F, *1927)	Sehr feminine, elegante Mode mit Vorliebe für strahlende Farben, große Muster und Schleifen
Giorgio Armani (I, *1934)	Puristischer Stil in neutralen Farben und edlen Stoffen; bis zu 30 Kollektionen pro Jahr
Yves Saint Laurent (F, *1936)	Nachfolger Christian Diors als angesehenster Couturier; klassische bis extravagante Mode
Karl Lagerfeld (D, *1938)	Jugendlich-avantgardistischer Stil; seit 1983 auch künstlerischer Leiter des Hauses Chanel
Kenzo Takada (Japan, *1940)	Verbindung von japanischer Tradition und westlicher Avantgarde; arbeitet seit 1970 in Paris
Jil Sander (D, *1943)	Puristische Modekreationen für die berufstätige Frau, z. B. Blazer-Kostüme und Hosenanzüge
Gianfranco Ferré (I, *1944)	Klare Schnittkonstruktionen ohne verspielten Aufputz; lockerer Sitz, Lieblingsfarbe: Weiß
Wolfgang Joop (D, *1944)	Unaufdringlicher, ideenreicher Stil, figurbetont; Einflüsse historischer Kunststile

Kultur

Abstrakter Expressionismus

USA. Die US-Amerikaner Jackson Pollock und Mark Rothko prägen den Stil des abstrakten Expressionismus. Beeinflußt vom Automatismus der Surrealisten verzichtet diese neue Richtung in der bildenden Kunst auf die organisierte Formstruktur der geometrischen Abstraktion und wendet sich der künstlerischen Gestik zu.
Jackson Pollock schleudert bei seinen sog. Drip-Paintings die Farben spontan auf die Leinwand; die Aktion, der „Mal"-Vorgang, steht im Vordergrund. 1950 prägt der Kritiker Harold Rosenberg für diese Malweise den Begriff des „action painting".
Als Variante zum Abstrakten Expressionismus entwickelt sich ab 1948 die Farbfeldmalerei, zu deren wichtigsten Vertretern neben Mark Rothko Barnett Newman und Josef Albers gehören. S 436/K 436

📖 Jackson Pollock, 30 Zeichnungen. Ausstellungskatalog, 1990.

Ruhrfestspiele gegründet

Recklinghausen. Der Deutsche Gewerkschaftsbund und die Stadt Recklinghausen gründen die Ruhrfestspiele als Theaterfestival für die Arbeitnehmer der Industrieregion. In der dreimonatigen Spielzeit (Mai–Juli) soll es pro Jahr zwei Festspielinszenierungen geben. 1965 erhalten die sog. Kulturtage der Arbeit ein eigenes Festspielhaus.

Abstrakter Expressionismus in den USA	K 436
Künstler	**Wichtige Werke**
Action Painting	
Arshile Gorky (1906–1948)	„Die Leber ist der Kamm des Hahnes" (1944; Albright-Knox Art Gallery, Buffalo); „Tisch, Landschaft, das Unzugängliche" (1945; Museum of Art, Baltimore)
Franz Kline (1910–1962)	„New York" (1953; Albright-Knox Art Gallery, Buffalo); „Mahoning" (1956; Whitney Museum of American Art, New York); „Palladio" (1961; Hirshhorn Museum, Washington)
Willem de Kooning (*1904)	„Woman 1" (1950–52; Museum of Modern Art, New York); „Easter Monday" (1955–56; Metropolitan Museum of Art, New York)
Jackson Pollock (1912–1956)	„Enchanted Forest" (1947; Peggy Guggenheim Collection, Venedig); „Echo: Number 31" (1950; Museum of Modern Art, New York)
Colourfield Painting	
Barnett Newman (1905–1970)	„Vir Heroicus Sublimus" (1951; Museum of Modern Art, New York); „Who's Afraid of Red, Yellow and Blue III" (1967/68; Stedelijk Museum, Amsterdam)
Ad Reinhardt (1913–1967)	„Red Abstract" (1952; Yale University Art Gallery, New Haven); „Abstract Painting" (1960–62; Museum of Modern Art, New York)
Mark Rothko (1903–1970)	„Number 10" (1950; Museum of Modern Art, New York); „Blue, Orange and Red" (1961; Hirshhorn Museum, Washington)
Clyfford Still (1904–1980)	„Painting" (1951; Museum of Modern Art, New York); „Untitled Painting" (1953; Hirshhorn Museum, Washington)

Ab 1970 werden auch internationale Gastspiele veranstaltet; es treten u. a. das Ensemble des Opernhauses in Sarajevo und das Deutsche Theater in Berlin (Ost) auf. Ab 1983 verfügen die Ruhrfestspiele über ein eigenes Theaterensemble.
1991 avancieren die Recklinghauser Festspiele zum europäischen Festival.

„Tatis Schützenfest"
Der erste Spielfilm des französischen Schauspielers und Regisseurs Jacques Tati hat Premiere. Tati, der zu „Tatis Schützenfest" auch das Drehbuch verfaßte, spielt einen französischen Landbriefträger: Nachdem dieser einen Kurzfilm über die Leistungen der Post in den USA gesehen hat, versucht er, mit seinem klapprigen Fahrrad das amerikanische Tempo zu imitieren. Ab Beginn der 30er Jahre war Tati als Pantomime in Pariser Kabaretts aufgetreten, wo er vor allem Sportler parodierte.
Nach „Schützenfest" dreht er mehrere Filme, in denen die Figur des Monsieur Hulot im Mittelpunkt steht (u. a. „Die Ferien des Monsieur Hulot", 1953). Mit einem gelungenen Einsatz von Pantomime und Tonmontage entlarvt Tati, ein Nachfolger der Slapstick-Komiker aus den 20er Jahren, die Schwächen der Erwachsenenwelt („Mon oncle", 1958) und die Tücken der technikgläubigen modernen Zivilisation („Trafic", 1971). S 437/K 438
📖 B. Maddock: Die Filme von Jacques Tati, 1984.

Debüt-Roman von Italo Calvino
Italien. Der von Cesare Pavese entdeckte Schriftsteller Italo Calvino veröffentlicht seinen ersten, vom Neorealismus beeinflußten Roman „Wo Spinnen ihre Nester bauen". Erzählt wird die Geschichte eines verwahrlosten Jungen, aus dessen Perspektive die Ereignisse im faschistischen Italien in ihrer Absurdität erkennbar werden.
Calvino, zur Zeit des Faschismus Partisan und bis 1957 Mitglied der Kommunistischen Partei, entwickelt einen eigenen originären Erzählstil, der ihn zu einer der bedeutendsten italienischen Nachkriegsautoren macht. Seine phantasievollen und realistisch-burlesken Geschichten (u. a. „Der Baron auf den Bäumen", 1957; „Wenn ein Reisender in einer Winternacht", 1979) sind moderne Märchen, die die Grenzen der Romantradition sprengen.

„Gruppe 47" ins Leben gerufen
10.9. Herrlingen. Hans Werner Richter und Alfred Andersch gründen die Gruppe „Junge

Kulturszene 1947 — K 438

Theater	
Wolfgang Borchert Draußen vor der Tür UA 21.11., Hamburg	Bedeutendes und erfolgreiches pazifistisches Stück: Ein Heimkehrer kann sich nicht mehr in die neue Gesellschaft eingliedern.
Jean Genet Die Zofen UA 17.4., Paris	Der Konflikt zwischen Dienerschaft und Herrschaft ist zwischen sadistischem Traum und grausiger Wirklichkeit angesiedelt.
Arthur Miller Alle meine Söhne UA 29.1., New York	Ein erfolgreicher Fabrikant ist als Lieferant schadhafter Flugzeugteile mitverantwortlich für den Tod zahlreicher Piloten im Weltkrieg.
Tennessee Williams Endstation Sehnsucht UA 3.12., New York	Die Tragödie um den Motivkomplex Trieb und Sehnsucht wird ein Welterfolg, ebenso die Verfilmung (1951) durch Elia Kazan.
Oper	
Benjamin Britten Albert Herring UA 20.6., Glyndebourne	Die komische Oper nach einer Erzählung von Guy de Maupassant ist eine Travestie auf das betuliche britische Kleinstadtbürgertum.
Gottfried von Einem Dantons Tod UA 6.8., Salzburg	Die traditionelle Oper (nach Büchners Drama) in modernem Gewand wird zum umjubelten Höhepunkt der Salzburger Festspiele.
Konzert	
Boris Blacher Paganini-Variationen UA 27.11., Leipzig	Parade der Orchestervirtuosität: 16 Variationen spalten das Paganini-Thema auf und lassen unterschiedliche Instrumente hervortreten.
Film	
Edward Dmytryk Im Kreuzfeuer USA	Ein Antisemit ermordet einen jüdischen Ex-GI, wird jedoch schließlich gefaßt, engagiertes Plädoyer gegen den Haß auf Minderheiten.
John Huston Der Schatz der Sierra Madre; USA	Abenteuerfilm nach einem Roman von B. Traven: Drei Goldsucher werden in der Sierra Madre fündig – doch die Gier führt zu Haß und Mord.
Rudolf Jugert Film ohne Titel Deutschland	Eindringliche Schilderung der Auswirkungen, die der Untergang des nationalsozialistischen Staates auf verschiedene Menschen hatte.
Jacques Tati Tatis Schützenfest Frankreich	Tati, Regisseur und Hauptdarsteller des Films, spielt einen französischen Dorfbriefträger, der in zahlreiche komische Situationen gerät.
Buch	
Wystan Hugh Auden Das Zeitalter der Angst New York	Metaphysisches Welttheater: Immer neue technische Errungenschaften wachsen sich zu immer größeren Bedrohungen aus.
Albert Camus Die Pest Paris	Menschen unterschiedlichster Herkunft und Interessen finden sich im Kampf gegen eine Pestepidemie in Oran/Algerien zusammen.
Tibor Déry Der unvollendete Satz Budapest	Roman über das Schicksal eines jungen Ungarn zwischen Kommunismus, Antibürgerlichkeit und der Suche nach einem Weg aus der Einsamkeit.
Hermann Kasack Die Stadt hinter dem Strom; Frankfurt/Main	Einer der meistdiskutierten deutschen Romane der Nachkriegszeit über einen Archivar in einer surrealen Totenstadt.
Malcolm Lowry Unter dem Vulkan London	Elf von zwölf Kapiteln des Romans beschreiben den letzten Tag im Leben eines Trinkers „unter dem Vulkan", das heißt, in der Hölle.
Thomas Mann Doktor Faustus New York	Der moderne Faustroman erzählt die Lebensgeschichte eines Komponisten des 20. Jh. als Beispiel für eine allgemeine Krise der Kultur.

1947

Gruppe 47: Förderpreis für junge Literatur K 437

Jahr	Preisträger (Lebensdaten)	Ausgezeichnetes Werk
1950	Günter Eich (1907–1972)	Inventur (Gedicht)
1951	Heinrich Böll (1917–1985)	Die schwarzen Schafe (Erzählung)
1952	Ilse Aichinger (*1921)	Spiegelgeschichte (Erzählung)
1953	Ingeborg Bachmann (1926–1973)	Die gestundete Zeit (Gedichte)
1954	Adriaan Morriën (*1912)	(Gedichte und Erzählung)
1955	Martin Walser (*1927)	Templones Ende (Erzählung)
1958	Günter Grass (*1927)	Die Blechtrommel (Roman)
1962	Johannes Bobrowski (1917–1965)	(Gedichte)
1965	Peter Bichsel (*1935)	Die Jahreszeiten (Prosa)
1967	Jürgen Becker (*1932)	Ränder (Prosa)

Sport 1947 K 439

Fußball	
Deutsche Meisterschaft	Nicht ausgetragen
DFB-Pokal	Nicht ausgetragen
Englische Meisterschaft	FC Liverpool
Italienische Meisterschaft	AC Turin
Tennis	
Wimbledon (seit 1877; 61. Austragung)	Herren: Jack Kramer (USA) Damen: Margaret Osborne (USA)
US Open (seit 1881; 67. Austragung)	Herren: Jack Kramer (USA) Damen: Louise Brough (USA)
French Open (seit 1925; 17. Austragung)	Herren: Joseph Asboth (HUN) Damen: Patricia Todd (USA)
Australian Open (seit 1905; 35. Austragung)	Herren: Denny Pails (AUS) Damen: Nancy Bolton (AUS)
Davis-Cup (New York, USA)	USA – Australien 4:1
Eishockey	
Weltmeisterschaft	Tschechoslowakei
Stanley-Cup	Toronto Maple Leafs
Deutsche Meisterschaft	SC Riessersee
Radsport	
Tour de France (4640 km)	Jean Robic (FRA)
Giro d'Italia (3843 km)	Fausto Coppi (ITA)
Straßen-Weltmeisterschaft	Theo Middelkamp (HOL)
Automobilsport (Grand-Prix-Rennen)	
GP von Belgien, Spa	Jean-Pierre Wimille (FRA), Alfa Romeo
GP von Frankreich, Lyon	Louis Chiron (FRA), Talbot
GP von Italien, Mailand	Felice Trossi (ITA), Alfa Romeo
GP der Schweiz, Bern	Jean-Pierre Wimille (FRA), Alfa Romeo

Literatur", die sich später in „Gruppe 47" umbenennt.

Auf Einladung des Schriftstellers Hans Werner Richter versammeln sich junge deutsche Autoren und Autorinnen, um über selbstverfaßte Literatur zu diskutieren und die erste Ausgabe der literarisch-satirischen Zeitschrift „Skorpion" vorzubereiten, die allerdings aufgrund eines angeblich zu nihilistischen Konzepts keine Lizenz erhält.

Die „Gruppe 47", zu der u. a. Ilse Aichinger, Ingeborg Bachmann, Heinrich Böll, Jürgen Becker, Günter Eich und Günter Grass gehören, nimmt großen Einfluß auf die bundesdeutsche Literaturszene in den 60er Jahren. 1967 zerfällt die Gruppe angesichts der beginnenden Studentenrevolte in verschiedene politische Lager. 1977 findet eine offizielle Abschiedstagung statt. S 438/K 437

H. L. Arnold (Hg.): Die Gruppe 47, 1980.

Kriegsheimkehrerstück von Borchert

21.11. Hamburg. Einen Tag nach dem Tod des 26jährigen Wolfgang Borchert, der schwerkrank aus dem 2. Weltkrieg zurückgekehrt war, wird sein innerhalb weniger Tage entstandenes Drama mit dem Titel „Draußen vor der Tür. Ein Stück, das kein Theater spielen und kein Publikum sehen will" in den Hamburger Kammerspielen uraufgeführt. Das Stück schildert die Heimkehr des ehemaligen Unteroffiziers Beckmann aus der Kriegsgefangenschaft. Beckmann, gequält von seinen Erinnerungen, findet sich in Deutschland nicht mehr zurecht und kann sich nicht in die Gesellschaft eingliedern – er bleibt draußen, vor der Tür.

Borchert, 1945 aus französischer Kriegsgefangenschaft geflohen, verbrachte 1946/47 seine literarisch produktivste Zeit in Hamburg. In Kurzgeschichten und programmatischen Prosatexten verarbeitete er zeitgemäße Themen und autobiographische Erlebnisse aus dem Krieg und der Nachkriegszeit. Seine letzte literarische Arbeit, der gegen den Krieg gerichtete und als für ein Hörspiel gedachte Appell „Sag nein!", entstand im Oktober 1947 im Clara-Spital in Basel. S 437/K 438

P. Rühmkorf: Wolfgang Borchert.

1948

Politik

Mahatma Gandhi ermordet

30.1. Neu-Delhi. Mohandas Karamchand Gandhi, geistiger Führer des indischen Unabhängigkeitskampfes, fällt dem Attentat eines Hindu zum Opfer.

Nach Entlassung in die Unabhängigkeit durch die britische Kolonialmacht und der Teilung des indischen Subkontinents in den Moslemstaat Pakistan und den Hindustaat der Indischen Union (↑S.430/15.8.1947) waren Kämpfe zwischen den Religionsgruppen ausgebrochen. Am 18.1. beendete der 78jährige Gandhi – er trägt den Ehrennamen „Mahatma" (Sanskrit: Dessen Seele groß ist) – ein vielbeachtetes Fasten, das die indische Regierung veranlassen sollte, den Streit mit Pakistan um Kaschmir zu beenden.

Als Befürworter des friedlichen Zusammenlebens aller Religionen war Gandhi gegen die Teilung des Landes und somit auch gegen die Aufteilung des Fürstentums Kaschmir. Damit stand der einflußreiche Gandhi den Interessen der Hindu-Mahasaba-Bewegung im Wege, die jeden Ausgleich mit Pakistan ablehnt. Dieser extrem nationalistisch gesinnten Gruppierung gehört auch der Mörder Gandhis an, der aus der Brahmanen-Kaste stammende Hindu Nathuram Godse.

Der Tod Gandhis führt noch einmal alle Religionen zusammen; dem Trauerzug folgen Hindus, Moslems und Sikhs. Aber den Kaschmir-Konflikt, der Millionen Opfer fordert, löst Gandhis Tod nicht. Am 6.9.1965 (↑S.592) kommt es zu schweren Auseinandersetzungen zwischen der Republik Indien und Pakistan. S 431/K 431   S 570/K 576

📖 M. Gandhi: Autobiographie, 1960. S. Grabner: Schwert der Gewaltlosigkeit. Mahatma Gandhi, 1984. I. Jesudasan: Mahatma Gandhis Weg zur Freiheit, 1987.

Mahatma Gandhi (vorn) im Garten seines Hauses in Neu-Dehli, wo er am 30. Januar 1948 ermordet wird.

Staatsstreich in der ČSR

25.2. Prag. Mit einem legalen Staatsstreich übernimmt in der tschechoslowakischen

Wichtige Regierungswechsel 1948		K 440
Land	Amtsinhaber	Bedeutung
Birma	Hubert Race (Gouverneur seit 1946) Sao Shwe Thaik (P bis 1952)	Birma wird unabhängig und verläßt als erste britische Kolonie den Commonwealth; Thaik verkündet föderative Verfassung
Frankreich	Robert Schuman (M seit 1947) André Marie (M 27.7.–27.8.) Henri Queuille (M bis 1949)	Regierungskrise wegen Finanzschwäche Frankreichs, Lohn-Preis-Gefälle hat sich zuungunsten der Lohnempfänger vergrößert; Folge: Streiks und gewalttätige Auseinandersetzungen
Italien	Enrico de Nicola (P seit 1946) Luigi Einaudi (P bis 1955)	Einaudi, der als Vertrauter von Ministerpräsident De Gasperi gilt, erzielte als Finanzminister Erfolge durch rigorose Sparpolitik
Niederlande	Wilhelmina (Königin seit 1890) Juliana (Königin bis 1980)	Abdankung der Königin aus Gesundheitsgründen (4.9.), Wilhelmina stärkte Monarchie bei gleichzeitiger Demokratisierung
Peru	José Luis Bustamente y Rivero (P seit 1945) Manuel A. Odría Amoretti (P bis 1956)	Militärputsch (30.10.) unter Führung des konservativen Generals Amoretti, der kommunistische Organisationen verbietet
Tschechoslowakei	Eduard Beneš (P seit 1945) Klement Gottwald (P bis 1953)	Machtübernahme der Kommunisten (25.2.), die den Staat in ihrem Sinne umgestalten; ČSR wird Volksrepublik (S.439)
M = Ministerpräsident bzw. Premierminister; P = Präsident		

Chronik der Tschechoslowakei	K 441
Datum	**Ereignis**
28.10.1918	Erste Tschechoslowakische Republik (bis 1939); Nachfolgestaat der österreichisch-ungarischen Monarchie; Bestandteile: Böhmen, Mähren, Schlesien, Slowakei, Karpato-Ukraine; Regierungsbildung unter Tomáš G. Masaryk (bis 1935, S.143)
29.2.1920	Zentralistische Verfassung nach französischem Vorbild
1.10.1933	Gründung der Sudetendeutschen Heimatfront (ab 1935 Sudetendeutsche Partei) unter Konrad Henlein; Machtfaktor innerhalb der deutschen Minderheit in der ČSR; ab 1938 Propagierung eines Anschlusses an das Deutsche Reich
16.5.1935	Militärbündnis von ČSR und Sowjetunion geschlossen
30.9.1938	Münchner Abkommen der vier Großmächte (Deutsches Reich, Frankreich, Großbritannien, Italien): Übergabe der sudetendeutschen Gebiete an das Deutsche Reich (S.342)
5.10.1938	Eduard Beneš bildet Exilregierung in London; 1940 als provisorische Regierung der ČSR von den Alliierten anerkannt
6.10.1938	Autonomie der Slowakei; Beteiligung am deutschen Krieg gegen Polen (1939) und gegen die UdSSR (1941)
15.3.1939	Einmarsch deutscher Truppen, Angliederung sog. Rest-Tschechei an das Deutsche Reich: Protektorat Böhmen und Mähren (bis 1945) unter Selbstverwaltung (S.350)
27.5.1942	Reinhard Heydrich, stellv. Reichsprotektor von Böhmen und Mähren, stirbt bei Attentat in Böhmen; Nazi-Reaktionen: Zerstörung des Dorfes Lidice und Ermordung der Bewohner (S.381)
29.8.1944	Slowakischer Nationalaufstand (bis Oktober 1944)
5.4.1945	Wiederherstellung der Tschechoslowakei
Nov. 1945	Abzug der alliierten Truppen (USA, UdSSR) aus der ČSR
9.7.1946	UdSSR zwingt ČSR zur Ablehnung des Marshall-Plans
9.5.1948	„Verfassung des 9. Mai" für ČSR als Einheitsstaat der Tschechen und Slowaken; Slowaken fühlen sich benachteiligt; Eduard Beneš tritt als Staatspräsident zurück (7.6.)
27.6.1948	Zwangsvereinigung von Sozialdem. und Kommunisten (KPČ)
27.11.1952	Schauprozeß gegen „Trotzkisten-Titoisten und bürgerliche Nationalisten" (seit 20.11.) endet mit mehreren Todesurteilen
11.7.1960	Proklamation der ČSSR (Tschechoslowakische Sozialistische Republik); neue Verfassung, Führungsrolle der KPČ
Juni 1967	Scharfe Angriffe gegen Parteiführung beim tschechoslowakischen Schriftstellerkongreß; Studentendemonstration (31.10.)
8.12.1967	Geheimbesuch des KPdSU-Parteichefs Breschnew in Prag: Aufgabe der Unterstützung von Parteisekretär Antonín Novotny
5.1.1968	Beginn des „Prager Frühlings": ZK der KPČ ersetzt Novotny durch Alexander Dubček (bis 1969, S.622)
5.4.1968	KPČ-Aktionsprogramm für demokratischen Sozialismus
24.4.1968	Regierungserklärung: Zensuraufhebung, Rehabilitierung Verfolgter, Reiseerleichterung, Wirtschaftsreformen
20.8.1968	Besetzung der ČSSR durch Warschauer-Pakt-Truppen
26.8.1968	Vereinbarungen mit ČSSR-Führung in Moskau: Zurücknahme der Reformen, Stationierung sowjetischer Truppen
28.10.1968	Verfassungsreform: Föderalisierung in Bundesstaaten der Tschechen (ČSR) und Slowaken (SSR); ab 1969 in Kraft
5.1.1977	Bürgerrechtsbewegung „Charta 77" fordert Menschenrechte; Prozesse gegen Mitglieder (u. a. 1979, 1988, S.713)
19.11.1989	Mehrere Oppositionsgruppen schließen sich zum Bürgerforum zusammen (Gründungsmitglied: Václav Havel)
29.12.1989	Wahl Havels zum Staatspräsidenten (S.823)
1.1.1993	Auflösung der Föderation von Tschechischer und Slowakischer Republik; Ende der Tschechoslowakei (S.856/27.8.1992)

Hauptstadt die kommunistische Partei (KP) die Regierungsgewalt. Ministerpräsident der „Volksdemokratischen Einheitsregierung" wird der KP-Vorsitzende Klement Gottwald. Fünf Tage zuvor waren zwölf Minister der im April 1945 gebildeten demokratischen Regierung aus Protest gegen den zunehmenden Druck der Kommunisten zurückgetreten. Sie wollten Neuwahlen erzwingen. Am 21.2. forderten 80 000 Anhänger der KP die Ersetzung der zwölf Minister durch Kandidaten ihrer Partei. Eine antikommunistische Demonstration am 23.2. wurde mit Waffengewalt aufgelöst, 2,5 Mio Arbeiter traten zur Unterstützung der Kommunisten in einen einstündigen Warnstreik.

Als die KP mit einem Generalstreik droht, gibt Staatspräsident Eduard Beneš seinen Widerstand auf und beauftragt Klement Gottwald mit der Regierungsneubildung. Kurz darauf tritt Beneš zurück, Gottwald wird sein Nachfolger. Damit ist die Anbindung an die Sowjetunion vollzogen, die am 14.5.1955 (↑S.498) mit der Mitgliedschaft im Warschauer Pakt besiegelt wird. S 440/K 441

Teilung Deutschlands beginnt
20.3. Berlin. Im Gebäude des Alliierten Kontrollrats tagen die Militärgouverneure der Besatzungsmächte zum letzten Mal: Der Vertreter der Sowjetischen Militäradministration (SMAD) verläßt die Sitzung, da er in der Politik der Westmächte einen Bruch der alliierten Vereinbarungen sieht. Es ist das Ende der Viermächteverwaltung.

Am 5.2. hatten die amerikanische und die britische Besatzungsmacht den bizonalen Wirtschaftsrat umorganisiert, er trägt damit bereits Züge einer künftigen Regierung. Als Antwort der SMAD wurde am 13.2. die ostzonale Deutsche Wirtschaftskommission (DWK) zur Zentralinstanz der Wirtschaftsplanung ausgebaut (↑S.443/23.4.). Außerdem trat am 19.3. in der Ostzone mit dem Deutschen Volksrat eine parlamentarische Versammlung zu ihrer ersten Sitzung zusammen. Die sich immer deutlicher abzeichnende Teilung Deutschlands wurde auf der Londoner Sechsmächtekonferenz vom 23.2. durch eine von den Außenministern der USA, Großbritanniens, Frankreichs und der Benelux-Staaten abgegebene Willenserklärung untermauert: Durch den Zusammenschluß der drei westlichen Besatzungszonen sollte die Grundlage eines westdeutschen demokratischen Staates geschaffen werden.

📖 H. Graml: Die Alliierten und die Teilung Deutschlands 1941–1948, 2. Aufl. 1985.

Staatsgründung Israels: David Ben Gurion, sozialistischer Führer der zionistischen Bewegung und erster Ministerpräsident, verliest vor dem provisorischen Staatsrat die Gründungsurkunde.

Die Gründung Israels

14.5. Tel Aviv. Wenige Stunden vor Abzug der letzten britischen Mandatstruppen aus Palästina wird der Staat Israel proklamiert. David Ben Gurion, der sozialistische Führer der zionistischen Bewegung, wird Ministerpräsident der provisorischen Regierung.

Am 29.11.1947 hatte sich die Vollversammlung der Vereinten Nationen für eine Teilung Palästinas in einen jüdischen und einen arabischen Staat ausgesprochen. Während die jüdischen Einwohner des Landes die Teilungsresolution öffentlich feiern, erkennen die Mitgliedstaaten der Arabischen Liga (Ägypten, der Irak, Jemen, Transjordanien, Libanon, Syrien und Saudi-Arabien) diese nicht an. Einen Tag nach der Staatsgründung beginnt die Invasion arabischer Truppen, der bewaffnete Kontingente aus Ägypten, dem Irak, Syrien, dem Libanon sowie die Arabische Legion Transjordaniens angehören.

Israel kann den Angriff der Arabischen Liga abwehren. Nach Kämpfen in der Negev-Wüste und der israelischen Eroberung von Elat am Roten Meer (Golf von Akaba) kommt es von Februar bis Juni 1949 zu zweiseitigen Waffenstillstandsabkommen: Jerusalem wird geteilt, das westliche Jordanland fällt an Transjordanien, der Gazastreifen an Ägypten. Die Frontlinien verfestigen sich zur Staatsgrenze.

S. Flapan: Die Geburt Israels. Mythos und Wirklichkeit, 1988.

Chronik Israels — K 442

Datum	Ereignis
2.11.1917	Balfour-Deklaration: Brit. Außenminister Arthur J. Balfour verpflichtet sich zur Schaffung eines jüdischen Staats (S.135)
1922	Gründung der Jewish Agency for Palestine, einer jüdischen Interessenvertretung gegenüber der britischen Verwaltung
29.9.1923	Großbritannien erhält Völkerbundmandat über Palästina
7.7.1937	Britische Untersuchungskommission empfiehlt Arabern und Juden die Teilung Palästinas (von beiden abgelehnt)
17.5.1939	Britisches Weißbuch über Palästina: Einwanderung der Juden wird auf 75000 in den kommenden fünf Jahren begrenzt
11.5.1942	Biltmore-Programm: Zionisten fordern wegen Judenverfolgungen in Deutschland unbeschränkte Einwanderung sowie Bildung eines jüdischen Staats (Jewish Commonwealth)
29.11.1947	UNO beschließt Teilung Palästinas (jüdischer/arabischer Teil); der Plan wird nur von der Jewish Agency angenommen
14.5.1948	David Ben Gurion proklamiert Unabhängigkeit Israels (S.441)
15.5.1948	1. Israelisch-Arabischer Krieg (bis 15.1.1949) von Transjordanien, Ägypten, Irak, Syrien, Libanon begonnen (S.441)
4.2.1949	Arbeiterpartei (Mapai) gewinnt erste Wahlen (bis 1977 an der Regierung); Ministerpräsidenten: David Ben Gurion (1949–54 und 1955–63), Mosche Scharett (1954/55), Levi Eschkol (1963–69), Golda Meir (1969–74), Yitzhak Rabin (1974–77)
11.5.1949	Israel wird Mitglied der UNO
29.10.1956	2. Israelisch-Arabischer Krieg (Sinaifeldzug; bis 8.11.); Präventivkrieg unter General Mosche Dayan gegen Ägypten (S.508)
5.6.1967	3. Israelisch-Arabischer Krieg (Sechs-Tage-Krieg, bis 10.6.); Vernichtung der ägyptischen Luftwaffe, Israel besetzt Westjordanien, Gaza-Streifen, Sinai-Halbinsel, Golanhöhen (S.607)
6.10.1973	4. Israelisch-Arabischer Krieg (Jom-Kippur-Krieg; bis 22.10.): Angriffskrieg von Ägypten und Syrien, unterstützt von der UdSSR; Truppenentflechtungsabkommen am Sueskanal (1974) und am Sinai (1975) unter Vermittlung der USA (S.676)
1973	Bildung des Likud-Blocks unter Menachem Begin: Zusammenschluß von Staatsliste, Freiem Zentrum, Cherut und Liberalen
11.5.1975	Assoziierungsabkommen mit der EG: Zollabbau für israelische Exporte nach Europa beendet wirtschaftliche Isolation
26.3.1979	Israelisch-ägyptischer Friedensvertrag: Abzug der Israelis von der Sinai-Halbinsel, Aufnahme diplomatischer Beziehungen zwischen Israel und Ägypten (S.723/17.9.1978)
Juli 1980	Knesset erklärt ganz Jerusalem zur Hauptstadt Israels
Dez. 1981	Annektierung der seit 1967 besetzten Golanhöhen
April 1982	Vollständige Rückgabe der Sinai-Halbinsel an Ägypten
6.6.1982	Besetzung des Südlibanons, Angriffe gegen PLO in Beirut; Waffenstillstand (August) unter Vermittlung der USA (S.755)
15.9.1982	Besetzung West-Beiruts; Massaker in zwei palästinensischen Flüchtlingslagern durch falangistische Milizen (S.755/18.9.)
23.7.1984	Nach Patt bei Parlamentswahlen geteilte Legislaturperiode unter den Ministerpräsidenten Shimon Peres (Arbeitspartei, bis 1986) und Yitzhak Schamir (Likud-Block, bis 1988)
30.10.1991	Beginn einer internationalen Nahost-Konferenz: erste offizielle Friedensgespräche zwischen Juden und Arabern (S.847)
13.9.1993	Gaza-Jericho-Abkommen: gegenseitige Anerkennung von Israel und PLO, palästinensische Autonomie vereinbart (S.866)
4.5.1994	Vertrag zur Umsetzung des Gaza-Jericho-Abkommens (S.874)
26.10.1994	Umfassender Friedensvertrag Israels mit Jordanien
4.11.1995	Rechtsradikaler ermordet Premier Rabin (ab 1992, S.886)
29.5.1996	Knapper Wahlsieg von Benjamin Netanjahu (Likud) bei erster Direktwahl des Premiers; Bildung einer Fünfparteienkoalition

1948

Stationen der Berlin-Blockade		K 443
24. 1.1948	Eisenbahnzug mit westalliierten Soldaten wird elf Stunden in der Sowjetischen Besatzungszone festgehalten	
30. 3.1948	Sowjetische Militäradministration SMAD kündigt verschärfte Kontrollen auf Verbindungswegen von und nach Berlin an	
2. 4.1948	Einrichtung einer „kleinen Luftbrücke" zur Versorgung der US-amerikanischen Garnison in Berlin	
15. 6.1948	Sperrung der Autobahn Berlin–Helmstedt an der Elbbrücke bei Magdeburg zwischen westlicher und östlicher Besatzungszone	
19. 6.1948	SMAD beginnt mit der Unterbrechung des gesamten Personenverkehrs (Straße, Schiene, Wasser)	
24. 6.1948	SMAD verhängt eine unbegrenzte Blockade über die Westsektoren Berlins (Verkehr, Strom, Lebensmittel)	
26. 6.1948	Beginn der amerikanischen Luftbrücke; britische Versorgungsflüge in den Westteil der Stadt starten am 28.6.	
4. 2.1949	Die Westalliierten verhängen eine Gegenblockade: Verbot des Gütertransports in den Osten	
12. 5.1949	Das sog. Jessup-Malik-Abkommen beendet die Blockade der Zufahrtswege nach Berlin nach fast elf Monaten	
30. 9.1949	Die Luftbrücke der Westalliierten für Berlin wird nach insgesamt 277 264 Hilfsflügen eingestellt	

Berlin-Blockade: Die „Rosinenbomber", hier eine zweimotorige C–47 „Dakota" der US–Luftwaffe beim Landeanflug auf den Flughafen Tempelhof, sichern die Versorgung der Berliner Bevölkerung aus der Luft.

UdSSR verhängt Berlin-Blockade

24.6. Berlin. Auf Anordnung der Sowjetischen Militäradministration (SMAD) wird der gesamte Verkehr zwischen den westlichen Besatzungszonen und den Westsektoren Berlins unterbrochen, alle Stromlieferungen eingestellt sowie die Belieferung mit Lebensmitteln aus der Ostzone untersagt.
Am 18.6. kündigten die Westalliierten (Frankreich, Großbritannien, USA) für ihre Besatzungszonen eine Währungsreform an (↑S.444/19.6.). Nach Willen der Sowjets sollten jedoch die Westsektoren Berlins, unter der Voraussetzung einer Kontrolle durch die Viermächteverwaltung der Stadt, in die am 23.6. angeordnete ostzonale Währungsreform einbezogen werden. Als die Westalliierten daraufhin die DM auch in Westberlin einführen, reagiert die sowjetische Seite mit Blockademaßnahmen.
Am 26.6. gibt der US-amerikanische Militärgouverneur in Deutschland, General Lucius D. Clay, Anweisung, die Versorgung Westberlins auf dem Luftweg aufzunehmen. Nach elfmonatiger Dauer endet die Blockade am 12.5.1949; die Luftbrücke wird jedoch bis zum 30.9. aufrechterhalten. In den 462 Tagen werden von bis zu 380 britischen und US-amerikanischen Flugzeugen pro Tag in permanentem Einsatz mit 277 264 Hilfsflügen rund 2 Mio t Waren nach Westberlin transportiert. S 442/K 443

📖 Berlin, Blockade und Luftbrücke. Analyse und Dokumentation, 1987.

Korea gespalten

9.9. Pjöngjang. Im Nordteil Koreas wird die Demokratische Volksrepublik proklamiert, nachdem bereits am 15.8. im südkoreanischen Seoul die Republik ausgerufen worden ist. Die Spaltung Koreas ist damit offiziell vollzogen. Erster Präsident Nordkoreas wird Kim Il Sung, seit 1945 Generalsekretär der kommunistischen Partei und bis zu seinem Tod 1994 unumschränkter Herrscher.
Korea, das seit 1876 unter japanischem Einfluß stand, war 1910 von Japan annektiert worden. Der koreanische Widerstand gegen die Besatzungsmacht war in eine kommunistische (ab 1934 unter Kim Il Sung) und eine bürgerlich-nationalistische Fraktion gespalten. Nach der Kapitulation Japans am 2.9.1945 besetzten die UdSSR den Norden und die USA den Süden der Halbinsel.
Nach dem Abzug der Besatzungstruppen führt der Einfall nordkoreanischer Truppen in Südkorea am 25.6.1950 (↑S.462) zum Koreakrieg (bis 1953).

1948

Völkermord wird strafbar
9.12. Paris. Die Vollversammlung der Vereinten Nationen verabschiedet mit 48 Stimmen bei acht Enthaltungen die 30 Artikel umfassende Deklaration der Menschenrechte. Am gleichen Tag nimmt die UNO-Vollversammlung einstimmig auch die „Konvention zur Verhütung und Bestrafung des Gruppenmordes" an.
Bisher bot das Völkerrecht keine Handhabe, vom Staat angeordneten Massenmord durch internationales Recht unter Strafe zu stellen. Dieser Mangel hatte sich insbesondere bei der Ahndung der nationalsozialistischen Verbrechen in Deutschland bemerkbar gemacht (↑S.421/1.10.1946). Während die Menschenrechtsdeklaration rechtlich nicht verbindlich ist, verpflichtet die Konvention die Staatengemeinschaft zur Verfolgung und Bestrafung von sog. Gruppenmorden. S 443/K 444

Gründung der FDP
11.12. Heppenheim a. d. Bergstraße. Nach zweitägigen Beratungen beschließen Vertreter verschiedener liberaler Parteien aus den westlichen Besatzungszonen und Berlin den Zusammenschluß zur Freien Demokratischen Partei (FDP).
In der FDP sind sowohl linksliberale als auch nationalliberale Strömungen vertreten. Gemeinsam ist ihnen die antiklerikale Haltung und die Betonung persönlicher Freiheitsrechte eines jeden Menschen. Die Partei wird in der Folgezeit als meist notwendiger Koalitionspartner der großen Volksparteien SPD und CDU/CSU (außer 1966–69) zum politischen „Zünglein an der Waage". S 443/K 445

Wirtschaft

Betriebe als „Volkseigentum"
23.4. SBZ. Auf Befehl der Sowjetischen Militäradministration (SMAD) wird die Vereinigung Volkseigener Betriebe (VVB) gegründet. Die 1945 beschlagnahmten und in Volkseigentum überführten Wirtschaftsbetriebe waren bislang den Länderregierungen unterstellt. Die Leitung der VVB übernimmt nun die im Mai 1947 eingerichtete Deutsche Wirtschaftskommission (DWK). Nachdem die DWK bereits am 13.2. für alle ostzonalen Wirtschaftszweige mit Weisungsbefugnis ausgestattet wurde, rückt sie nun zur mächtigen Zentralbehörde für Wirtschaftsplanung und -lenkung auf.
Mit dem Zusammenschluß der Betriebe ist ein entscheidender Schritt in Richtung sozialistischer Planwirtschaft getan. Nach Aufbau des zentralistischen Einheitsstaat 1952 beginnt die Kollektivierung der Landwirtschaft durch die Bildung von Produktionsgenossenschaften (LPG). S 413/K 412

Übereinkommen zu Menschenrechten — K 444

Jahr	Ort	Inhalt
1948	Paris	UNO: Allgemeine Erklärung der Menschenrechte (völkerrechtlich unverbindliche Empfehlung, S.443)
1950	Rom	Europarat: Konvention zum Schutze der Menschenrechte und Grundfreiheiten (seit 1953 in Kraft)
1951	Genf	UNO: Abkommen über die Rechtsstellung der Flüchtlinge (Genfer Flüchtlingskonvention)
1961	Turin	Europarat: Europäische Sozialcharta (soziale Menschenrechte; seit 1965 in Kraft)
1966	New York	UNO: Internationaler Pakt über wirtschaftliche, soziale und kulturelle Rechte
1969	San José	OAS: Amerikanische Menschenrechtskonvention (Pakt von San José; seit 1978 in Kraft)
	Addis Abeba	OAU: Konvention über spezifische Aspekte des Flüchtlingsproblems in Afrika (seit 1974 in Kraft)
1974	New York	UNO: Charta der wirtschaftlichen Rechte und Pflichten der Staaten
1975	Lomé	Lomé-Vertrag zwischen der EG und 46 AKP-Staaten (Afrika, Karibik, Pazifik, S.697)
	Helsinki	KSZE-Schlußakte, unterzeichnet von europäischen Staaten (ohne Albanien), USA und Kanada (S.695)
1982	Nairobi	OAU: Afrikanische Charta der Menschenrechte und Rechte der Völker (seit 1986 in Kraft)
1985	Straßburg	Europarat: 6. Zusatzprotokoll zur Konv. von 1950 (Abschaffung der Todesstrafe in Friedenszeiten)
1987	Straßburg	Europarat: Europäische Konvention zur Verhütung von Folter und unmenschlicher Behandlung
1989	New York	UNO: Konvention über Kinderrechte (Festlegung der Rechte, Schutz vor Mißhandlung)

OAS = Organization of American States; 34 Mitgliedsstaaten aus Nord-, Mittel- und Südamerika (gegr. 1948)
OAU = Organization for African Unity; 53 afrikanische Staaten (gegr. 1963)
UNO = United Nations Organization; 185 Staaten (gegr. 1945)

FDP-Vorsitzende seit 1948 — K 445

Zeitraum	Name	Bemerkungen
1948–49	Theodor Heuss	1949–59 Bundespräsident
1949–54	Franz Blücher	1949–57 Vizekanzler
1954–57	Thomas Dehler	1949–53 Justizminister
1957–60	Reinhold Maier	1945–52 Ministerpräs. Württ.-Baden
1960–68	Erich Mende	1970 Parteiaustritt/Übertritt zur CDU
1968–74	Walter Scheel	1974–79 Bundespräsident
1974–85	Hans-Dietrich Genscher	1974–92 Außenminister
1985–88	Martin Bangemann	1984–88 Wirtschaftsminister
1988–93	Otto Graf Lambsdorff	1977–84 Wirtschaftsminister
1993–95	Klaus Kinkel	Ab 1992 Außenminister
Ab 1995	Wolfgang Gerhardt	1973–95 MdL in Hessen

1948

Deutsche Währungspolitik 1945–1948		K 446
Datum	Ereignis	
8. 5.1945	Mit der Kapitulation der deutschen Wehrmacht endet die einheitliche Währungspolitik in Deutschland	
23. 7.1945	Sowjetische Besatzungszone: Verstaatlichung von Banken und Versicherungen durch sowjetische Militärbehörde	
1. 8.1945	Sowjetische Besatzungszone: Banknoten, Devisen und Wertsachen müssen abgeliefert werden	
30.10.1945	Beschlagnahmung deutschen Auslandsvermögens durch die alliierten Militärbehörden	
20. 5.1946	Der sog. Colm-Dodge-Goldsmith-Plan über eine Währungsreform für ganz Deutschland tritt im Herbst 1946 in Kraft	
1.12.1946	Hessen: Volksentscheid für Annahme des Artikels 41 der hessischen Verfassung (sieht u. a. öffentliche Kontrolle über Großbanken und Versicherungen vor)	
22.12.1946	Saarland: Französische Zollgrenze zwischen Saarland und übrigem Deutschland eingeführt	
1. 1.1947	Bizone: Schaffung eines Vereinigten Wirtschaftsgebiets (britische und amerikanische Zone); Zweizonen-Wirtschaftsrat; die französische Zone bleibt zunächst eigenständig	
	Amerikanische Zone: Gesetz zur Errichtung von Landeszentralbanken in München, Stuttgart und Wiesbaden	
12. 3.1947	Auf der Moskauer Konferenz wird u. a. die Neuorganisation des Geld- und Finanzwesens in Deutschland beschlossen	
25. 6.1947	In Frankfurt/M. gründet sich der Deutsche Wirtschaftsrat; zwei Tage später folgt die Deutsche Wirtschaftskommission in der Sowjetischen Besatzungszone	
30.10.1947	Zergliederung von Großbanken (Dresdner Bank, Deutsche Bank, Commerzbank) in 30 Nachfolge-Institute auf Länderebene im Zuge der Entflechtung der westdeutschen Wirtschaft wird in britischer und amerikanischer Zone begonnen	
3. 1.1948	Saarland: Einführung der Franc-Währung	
30. 1.1948	Sachsen: Enteignung von Banken und Sparkassen (die übrigen Länder der Sowjetischen Besatzungszone ziehen nach)	
1. 3.1948	Bizone: Gründung der Bank Deutscher Länder als zentrale Notenbank der westlichen Zonen (ab 1956 Deutsche Bundesbank); zunächst unter alliierter Kontrolle	
16. 4.1948	Westzonen: OEEC-Beitritt (Organisation über europäische wirtschaftliche Zusammenarbeit; ab 1961 OECD)	
21. 5.1948	Sowjetische Besatzungszone: Gründung der Deutschen Emissions- und Girobank (am 20.6. umbenannt in „Deutsche Notenbank"); Reaktion auf Politik der Westzonen	
19. 6.1948	Westzonen: drei Gesetze zur Währungsreform, Deutsche Mark ersetzt Reichsmark (S.444)	
21. 6.1948	Westberlin: Währungsreform durch Ausgabe von DM-Scheinen mit B-Stempelaufdruck („Bärenmark")	
23. 6.1948	Sowjetische Besatzungszone: Währungsreform ohne Ausgabe neuer Geldscheine; Kennzeichnung der neuen Währung durch aufgeklebten Kupon („Kuponmark"/„Tapetenmark", S.444)	
24. 6.1948	Sowjetische Besatzungszone: Sowjetunion ordnet Berlin-Blockade wegen Währungsreform an	
4. 7.1948	Westberlin: Umstellungsverordnung; DM-West und DM-Ost werden als gültige Zahlungsmittel anerkannt (bis 20.3.1949: Währungsergänzungsverordnung)	
10. 7.1948	Erste DM-Notierung im Ausland: 27 sfr für 100 DM in Zürich	
28. 7.1948	Sowjetische Besatzungszone: erste Ausgabe neuer Banknoten ohne den Kuponaufkleber	
1. 8.1948	Wirtschaftliche Vereinigung von Bizone und französischer Besatzungszone zur Trizone	

Währungsreform in Ost und West

19.6. Westliche Besatzungszonen. Das „Gesetz zur Neuordnung des deutschen Geldwesens" tritt in Kraft. Mit Wirkung vom 21.6.1948 verliert die Reichsmark (RM) ihre Gültigkeit. Alleiniges gesetzliches Zahlungsmittel ist nun die Deutsche Mark (DM). Die Tage des für manchen recht lukrativen Schwarzmarktes sind gezählt.

Überlegungen zu einer Währungsreform waren seit Anfang 1946 von US-amerikanischer Seite angestellt worden. Nach Kriegsende waren in Deutschland riesige Geldmengen in Umlauf, denen eine nur geringe Industriekapazität gegenüberstand. Zur Abwendung einer „galoppierenden" Inflation verordneten die Besatzungsmächte einen Preis- und Lohnstopp, Produktionsbeschränkung und Warenrationierung. Mit der Währungsreform wird auch ein Gesetz zur Abschaffung staatlich gelenkter Bewirtschaftung erlassen. Durch die Liberalisierung erhält die westdeutsche Wirtschaft starke Impulse; der Weg zur sog. Marktwirtschaft ist eingeschlagen. Um eine Überschwemmung des ostzonalen Marktes mit entwerteter Reichsmark zu verhindern, ordnet die Sowjetische Militäradministration (SMAD) am 23.6. ebenfalls die Durchführung einer Währungsreform an. Da in der Ostzone keine neuen Banknoten zur Verfügung stehen, werden auf die alten Geldscheine Kupons geklebt. Das Geld soll auf Anordnung der SMAD auch für Gesamt-Berlin gelten. Der darüber entstehende Streit mit den Westmächten führt zur Blockade Berlins (↑S.412/24.6.). `S 413/K 412` `S 444/K 446`

📖 Mein erstes Geld. Währungsreform 1948. Herder Bücherei Bd. 1169.

Wissenschaft

Wiener begründet Kybernetik

Cambridge. Mit seinem Buch „Cybernetics, or Control of Communication in Animal and Machine" begründet der US-amerikanische Mathematikprofessor Norbert Wiener eine universelle und fachübergreifende Wissenschaftsdisziplin, die sog. Kybernetik.

Die Kybernetik betrachtet unter einheitlichem Gesichtspunkt die selbsttätige Regelung und Steuerung dynamischer (kybernetischer) Systeme aller Art – seien sie mechanischer, elektrischer oder biologischer Natur –, die dadurch gekennzeichnet sind, daß sie wie bei einem Regelkreis durch Rückkopplung einen möglichst stabilen Gleichgewichtszustand anstreben.

Währungsreform: In den westlichen Besatzungszonen erhält jeder Bürger zunächst 40 Deutsche Mark.

Währungsreform: Staunende Kundschaft drängt sich vor den plötzlich prall gefüllten Schaufensterauslagen der Geschäfte.

In der Technik wird die Kybernetik vor allem bei der Planung von Großanlagen zur Datenverarbeitung, lernfähigen Systemen oder von Steuerungsvorgängen z. B. für Flugzeuge angewendet. In der Ökologie bedient man sich kybernetischer Methoden, um die Wechselwirkungen zwischen Organismen und der Umwelt darzustellen.

📖 N. Wiener: Mathematik – Mein Leben, 1962.

Die Max-Planck-Gesellschaft
25.2. Göttingen. Namhafte Vertreter der deutschen Wissenschaft kommen in der Göttinger Universität zur konstituierenden Sitzung der Max-Planck-Gesellschaft zur Förderung der Wissenschaften e. V. zusammen.
Vorläufer dieser Gesellschaft war die 1911 in Berlin gegründete Kaiser-Wilhelm-Gesellschaft (KWG). 1946 wurde die KWG auf Beschluß des Alliierten Kontrollrats aufgelöst. Die britische Militärregierung genehmigte in ihrer Zone das Weiterbestehen der alten Gesellschaft unter einem neuen Namen.
Die Forschungsschwerpunkte der Max-Planck-Gesellschaft sollen im medizinisch-biologischen Bereich und in der Physik liegen. Vorgesehen ist die Einrichtung einer Reihe von Instituten, die den Universitäten angegliedert werden. S 445/K 447

📖 R. Vierhaus/B. v. Brocke: Forschung im Spannungsfeld von Politik und Gesellschaft. Zum 75jährigen Bestehen der Kaiser-Wilhelm-/Max-Planck-Gesellschaft, 1986.

Deutsche Forschungsgesellschaften — K 447

Gründung/Sitz[1]	Name/Arbeitsgebiet
1948 Göttingen[2] München[3]	Max-Planck-Gesellschaft zur Förderung der Wissenschaften: biologisch-medizinische, chemisch-physikalische, geisteswissenschaftliche Forschung
1949 München	Fraunhofer-Gesellschaft zur Förderung angewandter Forschung: Natur- und Ingenieurwissenschaften
1951 Bonn	Deutsche Forschungsgemeinschaft: Förderung des wiss. Nachwuchses und der internat. Kooperation
1956 Karlsruhe	Kernforschungszentrum Karlsruhe: kerntechnische Forschung und Entwicklung, Versuchsanlagenbau
1956 Jülich	Kernforschungsanlage Jülich: Entwürfe ökonomischer und umweltverträglicher Reaktorkonzepte
1957 Berlin	Hahn-Meitner-Institut für Kernforschung: Kern- und Strahlenphysik und -chemie, Datenverarbeitung
1959 Hamburg	Deutsches Elektronen-Synchrotron: Grundlagenforschung zur Atomkern- und Elementarteilchenphysik
1960 Garching/München	Max-Planck-Institut für Plasmaphysik: plasma-physikalische und technologische Grundlagenforschung
1964 Heidelberg	Deutsches Krebsforschungszentrum: Erforschung von Wesen, Verhütung und Bekämpfung von Krebs
1968 Köln-Porz	Deutsche Versuchsanstalt für Luft- und Raumfahrt: Projektplanung, Versuchsanlagenbau[4]
1968 St. Augustin	Gesellschaft für Mathematik und Datenverarbeitung: Grundlagenforschung zur Datenverarbeitung
1968 Braunschweig	Gesellschaft für Biotechnologische Forschung: Unterstützung der biolog. und medizin. Forschung
1969 Darmstadt	Gesellschaft für Schwerionenforschung: Kernphysik, Kernchemie, Atomphysik und Festkörperforschung
1975 Berlin	Heinrich-Hertz-Institut für Nachrichtentechnik: Erforschung der Probleme von Nachrichtentechnologien

1) Auswahl; 2) Juristischer Sitz; 3) Sitz der Generalverwaltung; 4) seit 1989 Deutsche Forschungsanstalt für Luft- und Raumfahrt

Freie Universität eröffnet

4.12. Berlin. Im Titania-Palast des Stadtteils Dahlem findet die Eröffnungsfeier der Freien Universität Berlin statt. Sie ist eine Gegengründung zu der im sowjetischen Sektor von Berlin gelegenen Wilhelm-von-Humboldt-Universität.

1946 war die alte Friedrich-Wilhelm-Universität unter dem Namen des Gründers, Wilhelm von Humboldt, wiedereröffnet worden. Schon bald begannen die SMAD (Sowjetische Militäradministration) und die SED, Forschung und Lehre ihrer Kontrolle zu unterwerfen. Als die SED auf studentische Protestaktionen im April 1948 mit massiven Drohungen reagierte, bildete der US-amerikanische Militärgouverneur, General Lucius D. Clay, eine Arbeitsgruppe zur Gründung einer Universität in den Westsektoren.

An der Gründung sind zahlreiche ehemalige Studenten und Professoren der Humboldt-Universität beteiligt. S 595/K 599

Medien

Langspielplatte vorgestellt

31.8. USA. Peter Goldmark und William Bachman von der Forschungsabteilung des US-Medienkonzerns Columbia Broadcasting System (CBS) ist die Entwicklung einer neuartigen Langspielplatte gelungen.

Die bisherigen, begrenzt haltbaren Schellackscheiben hatten eine Spieldauer von acht Minuten bei 78 Umdrehungen in der Minute (U/min). Tonverzerrungen waren unvermeidlich. Die neue Mikrorillen-Schallplatte, deren Tonqualität deutlich verbessert ist, hat eine Spieldauer von 45 Minuten mit 33,3 U/min und ist aus schwer zerbrechlichem Polyvinylchlorid (PVC) gefertigt. Ein Nachteil für die Konsumenten: Um die neuartige LP abspielen zu können, ist ein neuer Plattenspieler notwendig.

Am 31.8.1951 stellt die Deutsche Grammophon die erste Langspielplatte mit 33,3 U/min in Deutschland vor. S 166/K 179

Gesellschaft

Kinsey-Report veröffentlicht

Januar. University of Indiana/USA. Die von dem US-amerikanischen Wissenschaftler Alfred Charles Kinsey veröffentlichte Studie über das Sexualverhalten der weißen männlichen Bevölkerung in den Vereinigten Staaten löst heftige Diskussionen aus.

Für die Dokumentation, an der Kinsey und seine Mitarbeiter seit 1939 gearbeitet haben, wurden 20 000 Männern 500 Einzelfragen zu ihrem Sexualverhalten vorgelegt. Zur Erfassung und Analyse der gewonnenen Daten verwendete man neuartige statistische Methoden. Die Informationen wurden unter Berücksichtigung von Alter, Religionszugehörigkeit, sozialem Status usw. ausgewertet, um die Prägung des Sexualverhaltens durch den gesellschaftlichen Hintergrund in die Untersuchung mit einbeziehen zu können. Am 14.9.1953 legen Kinsey und seine Mitarbeiter eine Studie über das Sexualverhalten der Frau vor. Die Kinsey-Reporte schockieren die Öffentlichkeit, da sie sich über bestehende Tabus hinwegsetzen. Mit ihrer Sachbezogenheit begründen sie neue moralische Maßstäbe.

Kultur

Balanchines New York City Ballet

New York. Aus der 1934 von George Balanchine gegründeten American School of Ballet geht das New York City Ballet hervor. Aufgrund der herausragenden Choreographien dieses Ensembles entwickeln sich die USA zu einer der führenden Ballettnationen. George Balanchine schuf, inspiriert von den Werken Igor Strawinskys, das neoklassische Ballett. Es basiert auf klassischen Techniken, akzentuiert sie jedoch neu, führt überra-

---

Nobelpreisträger 1948	K 448
Literatur: Thomas Stearns Eliot (GB, 1888–1965)	
Eliots Dichtung verbindet auf neuartige Weise traditionelle und experimentelle Elemente, u. a. frei wechselnde Rhythmen sowie Montage- und Symboltechniken. Mit dem Langgedicht „Das wüste Land" (1922) schuf der Brite Eliot ein zentrales Werk der literarischen Moderne.	
Chemie: Arne Wilhelm Kaurin Tiselius (S, 1902–1971)	
Der Biochemiker erforschte den Aufbau der Proteine. In den 30er und 40er Jahren entwickelte er mehrere Verfahren zur Analyse und Trennung biochemischer Substanzen, darunter die Elektrophorese, bei der die Proteine einem elektrischen Feld ausgesetzt werden.	
Medizin: Paul Hermann Müller (CH, 1899–1965)	
Müller entwickelte das Insektenvernichtungsmittel DDT. Ab 1942 wurde es zum Schutz vor Fleckfieber und Malaria eingesetzt, da es die Überträger der Infektionskrankheiten (Insekten) vernichtete. Die spätere Forschung zeigte jedoch, daß zahlreiche Insektenstämme durch die übermäßige Verwendung von DDT gegen das Gift resistent wurden.	
Physik: Patrick Maynard Stuart Blackett (GB, 1897–1974)	
Blackett entwickelte ein Verfahren, mit dem kosmische Strahlen fotografiert werden können und das der Atomforschung neue Experimente ermöglichte. Mit Hilfe des Radars untersuchte Blackett Meteorspuren und den Ursprung des Magnetismus von Erde und Himmelskörpern.	

Nobelpreis für Frieden nicht verliehen

schende Schrittfolgen ein und erweitert auf diese Weise das Vokabular erheblich. Es gibt keine Trennung mehr zwischen Solopartien und Ensemble.

Durch seine Schüler, u. a. John Cranko und John Neumeier, die in Stuttgart und Hamburg arbeiten, wird Balanchine auch im deutschsprachigen Raum zum einflußreichen Choreographen. S 447/K 449

George Balanchine (1904–1983), der Choreograph des New York City Ballets kreiert zahlreiche Werke nach der Musik von Igor Strawinsky. Seine Arbeit wirkt richtungsweisend für das Ballett im 20. Jahrhundert.

Anti-Formalismus-Kampagne

10.2. UdSSR. Ein ZK-Beschluß setzt verbindliche Richtlinien für das Musikschaffen in der Sowjetunion fest. Formalistische Tendenzen, d. h. ungewohnte, komplizierte Formen, Dissonanzen, Kakophonien u. a. werden strikt abgelehnt, da sie angeblich zur Liquidierung der Tonkunst führen. Die Komponisten sollen sich vielmehr um Volkstümlichkeit, Melodienreichtum und traditionelle Formen bemühen.

Bereits am 28.1.1936 wurde in einem Prawda-Artikel Kritik an der Oper „Lady Macbeth von Mzensk" von Dmitri Schostakowitsch geübt und erstmals der Formalismus-Vorwurf erhoben. Nach dem 2. Weltkrieg gesellte sich zu der Kritik am ästhetischen Konzept vieler Komponisten der Vorwurf des sog. Kosmopolitismus, einer angeblich sowjetfeindlichen und dem Westen

Zentren für Ballett und Tanztheater	K 449
American Ballet Theatre New York gegr. 1940	Zentrum des neoklassizistischen Balletts; seit 1980 unter künstlerischer Leitung des Tänzers Michail Barischnikow
Ballet de l'Opéra Paris gegr. 1661	Im 19. Jh. die führende klassische Compagnie; im 20. Jh. bedeutend durch die Direktoren S. Lifar (1929–58) und R. Nurejew (bis 1993)
Ballett der Deutschen Oper West-Berlin gegr. 1961	Klassische Compagnie: unter Direktion von Tatjana Gsovsky (bis 1966) Uraufführungen von Balletten zeitgenössischer Komponisten
Ballet du XXe Siècle Brüssel gegr. 1960	Gebildet aus Tänzern des Ballet-Theatre de Paris; geprägt durch den Choreographen Maurice Béjart (Direktor: 1960–80); Verzicht auf Ballette des klassischen Repertoires
Ballet Rambert London gegr. 1926	Bis 1981 geleitet von der Tänzerin Marie Rambert; Verdienste: Entdeckung junger Choreographen, psychologisch-realistische Ballette
Bolschoi-Ballett Moskau gegr. 1773	Löst das Leningrader Kirow-Ballett als führende klassische Compagnie der UdSSR ab; 1956 erstes Gastspiel in Westeuropa (London)
Folkwang-Tanzstudio Essen gegr. 1961	Durch Kurt Jooss begründete Förderstätte des modernen Tanztheaters; Sprungbrett u. a. für Reinhild Hoffmann und Pina Bausch
Hamburger Ballett Hamburg gegr. 17. Jh.	Internationales Renommee durch John Neumeier (Ballettdirektor seit 1973): Produktionen nach literarischen Vorlagen
Het Nationale Ballet Amsterdam gegr. 1961	Fusion von Het Nederlands Ballet und Amsterdam Ballett; Repertoire: klassisches Ballett bis Modern Dance; Choreographen: Rudi van Dantzig und Hans van Manen
Kirow-Ballett St. Petersburg gegr. 1738	Weltruhm unter Marius Petipa mit Balletten von Peter Tschaikowski, die zu Klassikern wurden; Absplitterung: Ballets Russes (1909–29)
Martha Graham Dance Company; New York gegr. 1952	Erstes Ensemble des Modern Dance: amerikanisches Tanztheater mit mythologischer und psychoanalytischer Dimension
Merce Cunningham Dance Company; New York gegr. 1952	Begründet und geleitet durch Martha-Graham-Schüler Cunningham; avantgardistische Ballette in Zusammenarbeit mit avantgardistischen US-Künstlern und Musikern
Nederlands Dans Theater Den Haag gegr. 1959	Absplitung von Het Nederlands Ballet; Training in klassischem Ballett und Modern Dance; einflußreichster Choreograph: Hans van Manen
New York City Ballet New York gegr. 1948	Nachfolge der American School of Ballet (1934); stilbildend durch George Balanchines Mischung von europäischer Tradition und amerikanischem Zeitgeschmack
Royal Ballet, Covent Garden; London gegr. 1956	Klassische Compagnie, geprägt durch Ninette de Valois (bis 1963), Frederick Ashton (bis 1970) sowie das Tänzerpaar Margot Fonteyn und Rudolf Nurejew (60er Jahre)
Stuttgarter Ballett Stuttgart gegr. 17. Jh.	Internationales Renommee durch John Cranko (1961–73): abendfüllende neoklassizistische Ballette; seit 1976 geleitet von der brasilianischen Cranko-Schülerin Marcia Haydee
Tanz-Forum Köln Köln gegr. 1971	Durch Intendant Claus Drese zum modernen Tanzensemble umstrukturierte Ballettcompagnie; Ballettdirektor und Chefchoreograph: Jochen Ulrich (seit 1978)
Wuppertaler Tanztheater; Wuppertal gegr. 1973	Von Pina Bausch zum Tanztheater-Ensemble umgeformtes Stadttheaterballett; Renommee durch eigene, abendfüllende Choreographien

1948

Kulturszene 1948 K 450

Theater	
Bertolt Brecht Herr Puntila ... UA 5.6., Zürich	In dem Volksstück geht es um das Problem, daß der Mensch in der kapitalistischen Gesellschaft in einer Bewußtseinsspaltung leben muß.
Bertolt Brecht Der kaukas. Kreidekreis UA 4.5., Northfield (USA)	Schulbeispiel für die Verfremdungstechnik und das epische Theater Brechts: Parabel nach einer altchinesischen Geschichte.
Albert Camus Der Belagerungszustand UA 27.10., Paris	Zweite Beschäftigung mit der „Pest"-Thematik nach dem Roman von 1947; das Stück hat in Deutschland größeren Erfolg als in Frankreich.
Jean-Paul Sartre Die schmutzigen Hände UA 12.4., Paris	Sartres These der tendenziellen Unvereinbarkeit von politischem Handeln und moralischer Integrität wird als Antikommunismus verstanden.

Musical	
Cole Porter Kiss me, Kate UA 30.12., New York	Großer internationaler Durchbruch des Komponisten; jazzinspiriertes Musical nach Shakespeares „Der Widerspenstigen Zähmung".

Konzert/Ballett	
Werner Egk Abraxas UA 6.6., München	Das Ballett, eine Variation über das Thema der Versuchung Fausts durch den Teufel, wird ein Triumph für Komponist und Tänzer.
Arnold Schönberg Ein Überlebender aus Warschau; UA Albuquerque	Der Bericht eines Juden, der das Warschauer Ghetto überlebt hat, steigert Schönberg in seiner Kantate zu erschütternder Dramatik.

Film	
Vittorio De Sica Fahrraddiebe Italien	Neorealistischer Klassiker über die Zustände in Rom während des 2. Weltkriegs; nach dem gleichnamigen Roman von Luigi Bartolini.
Erich Engel Affäre Blum Deutschland	Der Film zeigt den Antisemitismus rechtsgerichteter Kreise in der Weimarer Republik an einem authentischen Kriminalfall auf.
Howard Hawks Red River – Panik am roten Fluß; USA	Die Geschichte der Rivalität zweier Männer (John Wayne und Montgomery Clift) gilt als einer der besten Western von Hawks.
Laurence Olivier Hamlet Großbritannien	Preisgekrönte Verfilmung von Shakespeares Tragödie: Oscars für den besten Film und den besten Hauptdarsteller (Olivier).
M. Powell/E. Pressburger Die roten Schuhe Großbritannien	Verfilmung des Märchens von Hans Christian Andersen, die Ballett, Musik, Malerei und Film zu einem Gesamtkunstwerk vereint.

Buch	
Ilse Aichinger Die größere Hoffnung Wien, Amsterdam	Ein Mädchen erlebt in einer Gruppe jüdischer Kinder die Judenverfolgung in Wien und hofft, eines Tages aus dieser Situation auszubrechen.
Giovanni Guareschi Don Camillo und Peppone Mailand	Hauptakteure des erfolgreichen humoristischen Romans sind: der Priester Don Camillo und der kommunistische Bürgermeister Peppone.
Halldór Laxness Atomstation Island	Island ist durch die Gefahr eines Atomkriegs bedroht, da die Amerikaner einen Stützpunkt auf der Insel eingerichtet haben.
Norman Mailer Die Nackten und die Toten New York	Welterfolg mit Debütroman über die Eroberung einer von den Japanern besetzten Pazifik-Insel durch die USA während des 2. Weltkriegs.
Thornton Wilder Die Iden des März New York	In Wilders Version der Ermordung des römischen Diktators Gajus Julius Cäsar treten auch Personen auf, die zu jener Zeit nicht lebten.

zugewandten Geisteshaltung. Betroffen waren alle Musiker, die im Westen gespielt und anerkannt waren, u. a. Chatschaturian, Prokofjew und Schostakowitsch.
Nach Stalins Tod 1953 wird im Rahmen des sozialistischen Realismus eine gewisse künstlerische Freiheit zugestanden, zahlreiche Komponisten werden rehabilitiert. Zu einer völligen Liberalisierung kommt es aber weder unter Stalins direktem Nachfolger Chruschtschow noch unter Breschnew.

Künstlergruppe COBRA gegründet
8.11. Amsterdam. Dänische, flämische und niederländische Maler (u. a. Pierre Alechinsky, Karel Appel, Constant, Asgar Oluf Jorn) begründen die avantgardistische Künstlergruppe COBRA (Abk. für Copenhagen, Brüssel, Amsterdam). Diese Gemeinschaft bemüht sich um eine Verschmelzung von Expressionismus, Surrealismus und Abstraktion mit den Mitteln des Informel. Angestrebt wird eine Malerei freier, figürlich-abstrakter Formen mit spontan-gestischem Pinselstrich. Mit ihrem Programm nimmt COBRA Einfluß auf ähnliche Gruppierungen in Deutschland, Italien und Spanien.
Gemeinsam mit dem flämischen Schriftsteller C. Dotremont gibt die Gemeinschaft bis 1951 die Zeitschrift COBRA heraus.

Großer Erfolg für Porter
30.12. New York. Das jazzinspirierte Musical „Kiss me Kate", das am Broadway uraufgeführt wird, ist das Meisterwerk des US-amerikanischen Komponisten Cole Porter.
Die Geschichte des geschiedenen Ehepaares Fred und Lilli, die nach etlichen Verwicklungen wieder zueinanderfinden, lehnt sich am William Shakespeares „Der widerspenstigen Zähmung" an.
Cole Porter schreibt seit 1916 Bühnenwerke und entwickelte sich in den 30er und 40er Jahren in den Vereinigten Staaten zum führenden Schlagerkomponist. Seine Lieder waren musikalisch originell und eingängig zugleich. Viele von ihnen, z. B. „Begin the beguine", „Night and day", „Let's do it" und „I get a kick out of you" werden Evergreens und seine Broadway-Bühnenerfolge werden ausnahmslos verfilmt

Sport

Olympische Anerkennung für Alpine
30.1.–8.2. St. Moritz. Die V. Olympischen Winterspiele bringen den Durchbruch für die

alpinen Wettbewerbe. Erstmals werden nicht nur Medaillen in der Kombination, sondern auch in den Einzeldisziplinen Slalom und Abfahrt vergeben. Während in den alpinen Rennen 25 Nationen an den Start gehen, haben für die traditionellen nordischen Wettbewerbe nur 15 Länder gemeldet.

Die für 1940 in Sapporo (Japan) und 1944 in Cortina d'Ampezzo (Italien) vorgesehenen Winterspiele wurden wegen des 2. Weltkriegs nicht ausgetragen. St. Moritz bot sich als Austragungsort an, da die Schweiz vom Kriegsgeschehen nicht betroffen war.

In den nordischen Wettbewerben gewinnen die Schweden erstmals mehr Medaillen als die Norweger, die im Eisschnellauf dominieren (3 Gold, 2 Silber, 1 Bronze). Der 36jährige Norweger Birger Ruud, der 1932 und 1936 das Skispringen gewann, erringt zum Abschluß seiner Sportkarriere noch eine Silbermedaille. _{S 449/K 451}

Bartali feiert Comeback
25.7. Paris. Mit einem Vorsprung von 26 Minuten vor dem Belgier Albéric Schotte wird Gino Bartali Sieger der 35. Tour de France. Der 34jährige Italiener, der sieben von 21 Etappen für sich entscheiden konnte, gewinnt

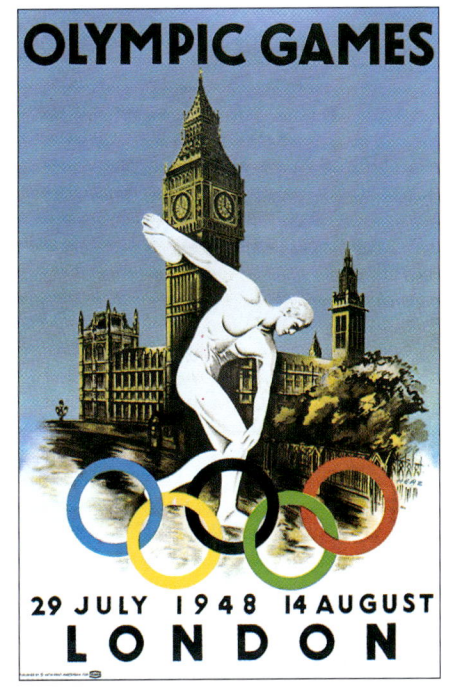

Olympische Sommerspiele in London: Das Plakat zeigt den Diskuswerfer des griechischen Bildhauers Myron vor dem britischen Parlament.

Olymp. Sommerspiele 1948 in London — K 451

Zeitraum: 27.7. bis 14.8.

		Medaillenspiegel			
		Land	G	S	B
Teilnehmerländer	59	USA	38	27	19
Erste Teilnahme	12	Schweden	16	11	17
Teilnehmerzahl	4099	Frankreich	10	6	5
Männer	3714	Ungarn	10	5	12
Frauen	385	Italien	8	12	9
Deutsche Teilnehmer	0	Finnland	8	7	5
Schweizer Teilnehmer	174	Türkei	6	4	2
Österreichische Teiln.	114	Tschechoslowakei	6	2	3
Sportarten	18	Schweiz	5	10	5
Neu im Programm	0	Dänemark	5	7	8
Nicht mehr olympisch	2[1]	Niederlande	5	2	9
Entscheidungen	136	Großbritannien	3	14	6

Erfolgreichste Medaillengewinner

Name (Land) Sportart	Medaillen (Disziplinen)
Fanny Blankers-Koen (HOL), Leichtathletik	4 x Gold (100 m, 200 m, 80 m Hürden, 4 x 100-m-Staffel)
Veikko Huhtanen (FIN) Turnen	3 x Gold (Mehrkampf, Mehrkampf-Mannschaft, Seitpferd), 1 x Silber (Barren), 1 x Bronze (Reck)
Micheline Ostermeyer (FRA), Leichtathletik	2 x Gold (Kugelstoß, Diskuswurf), 1 x Bronze (Hochsprung)
Gert Fredriksson (SWE) Kanu	2 x Gold (Einer-Kajak/1000 m, Einer-Kajak/10 000 m)
Vickie Draves (USA) Schwimmen	2 x Gold (Kunstspringen, Turmspringen)

Olympische Winterspiele 1948 in St. Moritz

Zeitraum: 30.1. bis 8.2.

		Medaillenspiegel			
		Land	G	S	B
Teilnehmerländer	28	Schweden	4	3	3
Teilnehmerzahl	713	Norwegen	4	3	3
Deutsche Teilnehmer	0	Schweiz	3	4	3
Schweizer Teilnehmer	75	USA	3	4	2
Österreichische Teiln.	55	Frankreich	2	1	2
Sportarten	6	Kanada	2	0	1
Entscheidungen	22	Österreich	1	3	4

Erfolgreichste Medaillengewinner

Name (Land) Sportart	Medaillen (Disziplinen)
Henri Oreiller (FRA) Ski alpin	2 x Gold (Abfahrtslauf, Kombination) 1 x Silber (Slalom)
Martin Lundström (SWE) Ski nordisch	2 x Gold (18 km Langlauf, 4 x 10-km-Staffel)
Trude Beiser (AUT) Ski alpin	1 x Gold (Kombination), 1 x Silber (Slalom)
Gretchen Frazer (USA) Ski alpin	1 x Gold (Slalom), 1 x Silber (Kombination)
Åke Seyffarth (SWE) Eisschnellauf	1 x Gold (10 000 m), 1x Silber (1500 m)

1) Polo, Feldhandball

Sport 1948 — K 452

Fußball

Deutsche Meisterschaft	1. FC Nürnberg
DFB-Pokal	Nicht ausgetragen
Englische Meisterschaft	Arsenal London
Italienische Meisterschaft	AC Turin
Spanische Meisterschaft	FC Barcelona

Tennis

Wimbledon (seit 1877; 62. Austragung)	Herren: Bob Falkenburg (USA) Damen: Louise Brough (USA)
US Open (seit 1881; 68. Austragung)	Herren: Pancho Gonzales (USA) Damen: Margaret Osborne (USA)
French Open (seit 1925; 18. Austragung)	Herren: Frank Parker (USA) Damen: Nelly Landry (FRA)
Australian Open (seit 1905; 36. Austragung)	Herren: Adrian Quist (AUS) Damen: Nancy Bolton (AUS)
Davis-Cup (Melbourne, AUS)	USA – Australien 5:0

Eishockey

Weltmeisterschaft	Kanada
Stanley-Cup	Toronto Maple Leafs
Deutsche Meisterschaft	SC Riessersee

Radsport

Tour de France (4922 km)	Gino Bartali (ITA)
Giro d'Italia (4164 km)	Fiorenzo Magni (ITA)
Straßen-Weltmeisterschaft	Albéric Schotte (BEL)

Automobilsport (Grand-Prix-Rennen)

GP von Europa, Bern	Felice Trossi (ITA), Alfa Romeo
GP von England, Silverstone	Luigi Villoresi (ITA), Maserati
GP von Frankreich, Reims	Jean-Pierre Wimille (FRA), Alfa Romeo
GP von Monaco, Monte Carlo	Giuseppe Farina (ITA), Maserati

Boxen

Schwergewichts-Weltmeisterschaft	Joe Louis (USA) – K. o. über Joe Walcott (USA), 25.6.

Herausragende Weltrekorde

Disziplin	Athlet (Land)	Leistung
Leichtathletik, Männer		
400 m	Herbert McKenley (JAM)	45,9 sec
110 m Hürden	Harrison Dillard (USA)	13,6 sec
Leichtathletik, Frauen		
100 m	Fanny Blankers-Koen (HOL)	11,5 sec
80 m Hürden	Fanny Blankers-Koen (HOL)	11,0 sec

damit nach zehn Jahren zum zweiten Mal das härteste Straßenradrennen der Welt.
Wie sein Landsmann und Rivale Fausto Coppi (↑S.369/9.6.1940) überzeugte Bartali vor allem auf den schweren Bergetappen. Er siegte u. a. dreimal beim Giro d'Italia (1936, 1937 und 1946) und zweimal bei der Tour de Suisse (1946 und 1947).
1950 kann „Il Vecchio" (der Alte), der 1949 bei der Tour und dem Giro den zweiten Platz belegt, zum Abschluß seiner Karriere zum vierten Mal den Klassiker Mailand–San Remo gewinnen.

W. Rottiers: Die großen Radsport-Stars, 1991.

Viermal Gold für Blankers-Koen
27.7.–14.8. London. Nach 12jähriger Unterbrechung werden die XIV. Olympischen Sommerspiele ausgetragen. Obwohl Japan und Deutschland von den Spielen ausgeschlossen wurden und die Sowjetunion mit Hinweis auf die Kriegszerstörungen nicht anreist, verzeichnen die Spiele mit 4099 Sportlern die bislang höchste Teilnehmerzahl.
Das Internationale Olympische Komitee (IOC) hat sich zum zweiten Mal für London (↑S.77/27.4.–31.10.1908) als Austragungsort entschieden, da alle erforderlichen Sportanlagen bereits vorhanden waren.
Unbestrittener Star der Spiele ist die Niederländerin Fanny Blankers-Koen. Die 30jährige zweifache Mutter gewinnt vier Goldmedaillen (100 m, 200 m, 80 m Hürden, 4 x 100-m-Staffel). Nur dem US-Amerikaner Jesse Owens gelang bei den Olympischen Spielen 1936 ein solcher Erfolg (S.330/1.8.–16.8.).
Als vielseitige Leichtathletin zeigt sich auch die Französin Micheline Ostermeyer, die je eine Goldmedaille im Kugelstoßen und Diskuswerfen sowie Bronze im Hochsprung erringt. Im Zehnkampf siegt überraschend der 17jährige Amerikaner Robert Mathias, der seinen Erfolg 1952 in Helsinki wiederholen kann. Mit dem Tschechoslowaken Emil Zatopek tritt ein weiterer Ausnahmeathlet auf; er siegt über 10 000 m und belegt den zweiten Platz über 5000 m. S 449/K 451

1949

Politik

Kirche in Ungarn unter Druck

8.2. Budapest. Der Volksgerichtshof verurteilt den Fürstprimas der katholischen Kirche, Kardinal József Mindszenty, wegen Hoch- und Landesverrates zu lebenslanger Freiheitsstrafe. Das Gericht sieht es als erwiesen an, daß der Geistliche mit Unterstützung des Auslands auf die Wiederherstellung der Monarchie hingearbeitet hat.

Die Verurteilung des Kardinals ist Höhepunkt des Machtkampfes zwischen Kirche und Staat. Am 28.11.1948 hatte die von der UdSSR gestützte Partei der ungarischen Werktätigen (MDP) das Ende ihrer toleranten Haltung gegenüber der Kirche und am 9.12. die Errichtung einer Volksdemokratie angekündigt. Kardinal Mindszenty und andere Geistliche wurden am 26.12.1948 verhaftet. Während des Volksaufstands (↑S.508/4.11.1956) wird Mindszenty befreit und kann nach dessen Scheitern in die US-Botschaft flüchten. Dort harrt er bis 1971 aus und wird zum Symbol ungarischen Freiheitswillens. Auf Geheiß Papst Pauls VI. muß Mindszenty 1971 die Botschaft verlassen und geht ins Exil nach Wien. Dort stirbt er 1975. Sein Leichnam wird 1991 in ein demokratisch legitimiertes Ungarn überführt. `S 452/K 455` `S 803/K 781`

📖 J. Mindszenty: Erinnerungen, dt. 1974.

Gründung der NATO

4.4. Washington. Die Außenminister der westeuropäischen Staaten Großbritannien, Frankreich, Niederlande, Belgien, Luxemburg, Dänemark, Norwegen, Island, Italien und Portugal sowie die der USA und Kanadas unterzeichnen einen militärischen Bündnisvertrag auf 20 Jahre, den Nordatlantikpakt (NATO). Die BRD tritt der NATO am 23.10.1954 (↑S.491) bei.

Der Gründung war die Neuorientierung der US-amerikanischen Außenpolitik vorangegangen. 1823 hatte die sog. Monroe-Doktrin eine Einmischung der USA in Angelegenheiten Europas abgelehnt. Mit Aufgabe der Neutralität im 2. Weltkrieg (↑S.374/7.12.1941) hatte sich diese isolationistische Politik in ihr Gegenteil verkehrt. Die sog. Vandenberg-Resolution vom 11.6.1948 schuf die verfassungsrechtliche Grundlage für den Beitritt der USA zu regionalen Militärbündnissen in Friedenszeiten.

Das westliche Verteidigungsbündnis ist wichtiger Bestandteil der US-amerikanischen Eindämmungspolitik gegenüber der als expansiv eingeschätzten Sowjetunion. Die Nordatlantische Allianz verpflichtet die Mitglieder zu gegenseitigem militärischem Beistand. Außerdem wird die militärische Präsenz der USA in Westeuropa vereinbart (↑S.498/14.5.1955). `S 451/K 453`

📖 D. Farwick: Die strategische Antwort. Die Nato auf dem Weg ins nächste Jahrtausend. Bilanz, Prognose, Folgerungen, 1989.

Internationale Militärbündnisse nach 1945 — K 453

Gründung Sitz	Name	Mitglieder
17.3.1948 Brüssel	Westunion: Brüsseler Pakt	5 westeuropäische Länder (bis 1954, Nachfolger: WEU)
30.4.1948 Washington	OAS: Organisation amerikanischer Staaten	34 Staaten aus Nord-, Mittel- und Südamerika
4.4.1949 Brüssel	NATO: Organisation des Nordatlantik-Vertrags	14 europäische Staaten USA, Kanada
1.9.1951	ANZUS-Pakt: Pazifisches Verteidigungsbündnis	Australien, Neuseeland (1986 ausgeschlossen), USA
8.9.1954 Bangkok	SEATO: Südostasienpakt	8 Länder inkl. der ANZUS-Staaten (bis 1977)
23.10.1954 Brüssel	WEU: Westeuropäische Union	10 Staaten der Europäischen Union
14.5.1955 Moskau	Warschauer Pakt: Militärbündnis der Ostblockstaaten	8 Ostblockstaaten (bis 1991)

Wichtige Regierungswechsel 1949 — K 454

Land	Amtsinhaber	Bedeutung
Australien	Joseph B. Chifley (M seit 1945) Robert Gordon Menzies (M bis 1966)	Wahlsieg der Nationalpartei (10.12.); Menzies baut Zwangswirtschaft ab und fördert europäische Einwanderung
China	Chiang Kai-shek (P seit 1943) Mao Zedong (P bis 1959)	Rücktritt von Chiang Kai-shek (21.1.) angesichts der kommunistischen Übermacht im Bürgerkrieg; Mao proklamiert VR (S.455)
Frankreich	Henri Queuille (M seit 1948) Georges Bidault (M bis 1950)	Rücktritt von Queuille (5.10.) nach Streitigkeiten über Lohnpolitik; Bidault kündigt Abkehr von staatlicher Lohnregelung an
Monaco	Ludwig II. (Fürst seit 1922) Rainier III. (Fürst bis . . .)	Tod Ludwigs (10.7.), sein Enkel Rainier schafft Verfassung, die Rechte des Parlaments (Nationalrat) stärkt

M = Ministerpräsident bzw. Premierminister; P = Präsident

1949

Kirchenkampf in den Ostblockstaaten		K 455
Datum	Ereignis	
8. 2.1949	Ungarn: Kardinal J. Mindszenty wegen Landesverrat zu lebenslanger Haft verurteilt (am 30.10.1956 befreit, S.451)	
19. 6.1949	Tschechoslowakei: Josef Beran, Primas von Böhmen, im erzbischöflichen Palais in Prag unter Hausarrest gestellt	
16. 7.1949	Tschechoslowakei: Gesetz über Verhältnis von Staat und Kirche grenzt kirchliche Selbstbestimmung ein	
4. 4.1950	Tschechoslowakei: zehn Ordensgeistliche wegen Spionage und Verschwörung zu lebenslanger Haft verurteilt	
14. 4.1950	Polen: Abkommen zwischen Regierung und Episkopat verpflichtet Kirche, staatsfeindliche Geistliche abzuurteilen	
10. 3.1951	Tschechoslowakei: Erzbischof Beran vom Staatsamt für Kirchenangelegenheiten aus Diözese Prag verbannt	
28. 6.1951	Ungarn: Erzbischof József Grosz in Schauprozeß wegen Verschwörung gegen den Staat zu 15 Jahren Haft verurteilt	
21. 4.1953	DDR: Protest der Bischofskonferenz der Vereinigten Ev.-lutherischen Kirchen Deutschlands gegen Christenverfolgung	
28. 9.1953	Polen: Kardinal Stefan Wyszynski von polnischer Regierung abgesetzt und verhaftet (ab 28.10.1956 wieder frei)	
7. 3.1955	DDR: Hirtenbrief des katholischen Berliner Bischofs Weskamm gegen die 1954 offiziell eingeführte Jugendweihe	
4.11.1956	Ungarn: Kardinal Mindszenty erhält politisches Asyl in Budapester US-Botschaft (bis zur Ausreise am 28.9.1971)	
7.12.1956	Polen: Abkommen zwischen Regierung und kath. Kirche: weniger Repressionen; Staat sichert Religionsfreiheit zu	
29. 4.1959	DDR: Offener Brief des ev. Bischofs von Berlin, Otto Dibelius, an Otto Grotewohl gegen Propagierung des Atheismus	
14. 4.1966	Polen: Einreiseverbot für Papst und Vertreter der Weltkirche zu 1000-Jahr-Feier der Christianisierung Polens	
18. 8.1976	DDR: Selbstverbrennung des ev. Pfarrers Oskar Brüsewitz wegen Unterdrückung der Kirche durch den SED-Staat	
29.10.1977	Polen: erstes Zusammentreffen von Partei- und katholischer Kirchenführung (Kardinal Wyszynski) seit 20 Jahren	
2. 6.1979	Polen: erste Papstvisite in kommunistischem Land; Johannes Paul II. von Staatspräsident Jablonski empfangen	
19.10.1984	Polen: Arbeiterpriester Jerzy Popieluszko von Offizieren des Innenministeriums entführt und ermordet (S.770)	

Besatzungsstatut unterzeichnet KAR

8.4. Washington. Die Außenminister der USA, Großbritanniens und Frankreichs unterzeichnen das Besatzungsstatut für Westdeutschland sowie ein Abkommen über die Vereinigung der drei Westzonen. Mit dem Statut wird die bis dahin von den Besatzungsmächten ausgeübte gesetzgebende, vollziehende und rechtsprechende Gewalt unter Beibehaltung eines Kontrollrechts den Ländern übertragen. Die westlichen Alliierten behalten in bezug auf Entmilitarisierung und auswärtige Angelegenheiten ihre Weisungsbefugnis. Die Voraussetzungen für die Bildung eines westdeutschen Staates mit beschränkter Souveränität sind geschaffen. Die im Statut festgelegten Rechte der Besatzungsmächte werden vom Alliierten Hochkommissariat wahrgenommen, das am 20.6. die Militärregierungen ablöst. Am 6.3.1951 wird das Besatzungsstatut gelockert. Mit den Pariser Verträgen vom 23.10.1954 (↑S.491) erlangt die BRD ihre Souveränität.

📖 W. Benz: Von der Besatzungsherrschaft zur Bundesrepublik. Stationen einer Staatsgründung 1946–1949, 2. Aufl. 1985.

Die Aufgaben des Europarats

5.5. London. Die Außenminister von Großbritannien, Irland, Frankreich, den Benelux-Staaten, Norwegen, Schweden, Dänemark und Italien unterzeichnen das Statut des Europarats. Im August schließen sich Island, Griechenland und die Türkei an. Die BRD wird am 15.6.1950 Mitglied. 1946 und 1947 waren verschiedene Organisationen für den Aufbau eines vereinten Europas gegründet worden. Nachdem sich diese 1948 zur Europäischen Bewegung zusammengeschlossen hatten, tagte am 7.5.1948 der erste Paneuropakongreß in Den Haag, der zur Gründung des Europarats führte.

Der Europarat mit Sitz in Straßburg will sich um ein gemeinsames Vorgehen der europäischen Staaten auf politischem, wirtschaftlichem und kulturellem Gebiet bemühen. Am 4.11.1950 beschließt er in Rom die Europäische Konvention der Menschenrechte und Grundfreiheiten. Als zweite Instanz neben der Europäischen Kommission für Menschenrechte bildet der Europarat am 21.1.1959 den Europäischen Gerichtshof für Menschenrechte.

Der Rat behält ausschließlich beratende Funktion, da es einige Länder ablehnen, ihre

Grundgesetz: Der erste Kanzler der Bundesrepublik Deutschland, Konrad Adenauer (CDU, l.), wird von Parlamentspräsident Erich Köhler in seinem Amt vereidigt. Theodor Heuss (FDP, r.) wird erster Bundespräsident (1949–59).

Der Weg zum Grundgesetz		K 456
Datum	Ereignis	
1948		
1. 7.	Übergabe der Frankfurter Dokumente durch Militärgouverneure der drei westlichen Besatzungszonen an die elf Ministerpräsidenten der westdeutschen Länder stellt Weichen zur BRD-Gründung	
10. 8.	Erster Grundgesetzentwurf auf der Insel Herrenchiemsee/Bayern von Politikern und Sachverständigen aus Ländern der drei westlichen Besatzungszonen ausgearbeitet (bis 31.8.)	
1. 9.	Konstituierung des Parlamentarischen Rats in Bonn: 65 Delegierte aus elf Länderparlamenten (Präsident: Konrad Adenauer, CDU)	
15. 9.	Wahl der 21 Politiker für den Hauptausschuß (Vorsitzender: Carlo Schmid, SPD) sowie sechs Fachausschüsse	
10.12.	Ende der ersten Lesung des Grundgesetzes durch den Hauptausschuß des Parlamentarischen Rats	
1949		
8. 5.	Verabschiedung des Grundgesetzes mit 53 gegen 12 Stimmen in dritter Lesung; Genehmigung durch die drei westlichen Militärgouverneure (12.5.); Zustimmung von zehn der elf Länderparlamente (18.–20.5.; Ablehnung durch Bayerischen Landtag)	
23. 5.	Verkündung des Grundgesetzes der BRD durch Konrad Adenauer in Bonn, unterzeichnet von den Mitgliedern des Parlamentarischen Rats mit Ausnahme der beiden KPD-Politiker	

1949

China im 20. Jahrhundert	K 457
Datum	**Ereignis**
19.6.1900	Ermordung des dt. Gesandten löst Boxeraufstand aus (S.12)
10.10.1911	Beginn der Revolution gegen das Kaisertum (S.92/29.12.)
1.1.1912	Abdankung der Qing-Dynastie (seit 1644); Tibet und Äußere Mongolei selbständig; Präsident: General Yuan Shi-kai
4.11.1913	Verbot der Guomindang, die bei ersten Wahlen im Januar die meisten Stimmen bekam; Sun Yat-sen flieht nach Japan
4.5.1919	Demonstration Pekinger Studenten gegen Japanisierung der Provinz Qingdao führt zur sog. Vierten-Mai-Bewegung
1.7.1921	Gründung der Kommunistischen Partei Chinas (KPCh) in Shanghai; Allianz mit der Guomindang (S.176)
26.1.1923	Chinesisch-sowjetisches Manifest über Zusammenarbeit beim Aufbau eines revolutionären Systems in China
12.3.1925	Tod Sun Yat-sens löst Spaltung der Guomindag aus; Chiang Kai-shek wird Führer des rechten Flügels (S.220/20.3.)
1.7.1925	Nationalregierung der Guomindang in Kanton
Juli 1926	Beginn des Kampfs von Bauern, Arbeitern und KPCh gegen Militär (bis 8.6.1928: Truppen Chiangs in Peking)
12.4.1927	Massaker der Guomindang an Kommunisten: Bruch mit KPCh
18.9.1931	Einfall japanischer Truppen in die Mandschurei (S.272)
7.11.1931	Chin. Sowjetrepublik durch KPCh in der Provinz Jiangxi ausgerufen (1934 durch Chiang Kai-shek zerschlagen)
27.10.1934	Beginn des sog. Langen Marschs der Roten Armee in den Nordwesten Chinas: Mao Zedong wird KPCh-Führer (S.304)
7.7.1937	Zwischenfall an Marco-Polo-Brücke löst 2. Chinesisch-Japanischen Krieg aus (bis 1945); Eroberungen Japans (S.332)
2.9.1945	Kapitulation Japans im 2. Weltkrieg erzwingt Rückgabe der eroberten Gebiete: Formosa wird chinesische Provinz Taiwan
1947–50	Kommunisten gewinnen chinesischen Bürgerkrieg
1.10.1949	Mao Zedong ruft in Peking die Volksrepublik China aus (S.454)
1.3.1950	Chiang Kai-shek gründet in Taiwan die Republik China (Taiwan)
Ende 1950	Besetzung Tibets durch Truppen der Volksrepublik China
30.9.1954	Zerwürfnis mit der Sowjetunion (Normalisierung ab 1989)
27.4.1959	Scheitern des „Großen Sprungs nach vorn" (Errichtung von Volkskommunen, seit 1958); Rücktritt Maos als Staatspräs.
März 1959	Aufstand in Tibet (2000 Tote); Flucht des Dalai Lama (S.531)
Ende 1965	Beginn der sog. Kulturrevolution (bis 1969): Terror- und Säuberungswelle durch studentische Rote Garden (S.600)
26.10.1971	China wird Mitglied der UNO; Ausscheiden Taiwans (S.654)
21.2.1972	US-Präsident Richard Nixon besucht China (bis 28.2., S.662)
8.1.1976	Tod von Ministerpräsident Zhou Enlai; Nachfolger Deng Xiaoping entmachtet Fraktion um Maos Frau Jiang Qing („Viererbande")
9.9.1976	Tod von Mao; neuer KPCh-Vorsitzender: Hua Guofeng (S.706)
28.4.1982	Neue Verfassung Chinas leitet Reformen zur Modernisierung sowie die Liberalisierung von Politik und Wirtschaft ein (ab 1992: „Sozialistische Marktwirtschaft")
2.8.1984	Britisch-Chinesischer Vertrag über Rückgabe der Kronkolonie Hongkong an China zum 1.7.1997 (S.769)
4.6.1989	Blutbad auf dem „Platz des Himmlischen Friedens" (ca. 3000 Tote) zerschlägt sog. Demokratiebewegung (S.819)
1993	Entspannung der Beziehungen zu Indien, Taiwan und Vietnam
Ende 1995	Beseitigung der Sonderwirtschaftszonen in den Küstenprovinzen, um wirtschaftliche Ungleichheit im Land auszugleichen
29.7.1996	Offiziell letzter Atomwaffentest (45 seit 1964, S.899/10.9.)

Souveränitätsrechte an die Organisation zu übertragen. Organe sind das Ministerkomitee (Außenminister aller Mitgliedstaaten), die Beratende Versammlung (von den nationalen Parlamenten entsandte Abgeordnete) und das Generalsekretariat. S 267/K 277 S 516/K 521

W. Loth: Der Weg nach Europa. Geschichte der europäischen Integration 1939–1957, 1990.

Grundgesetz verkündet

23.5. Bonn. Das Grundgesetz der Bundesrepublik Deutschland wird in einer Feierstunde vor dem Plenum des Parlamentarischen Rates verkündet. Es tritt am 24.5. um 0 Uhr in Kraft.

Das Grundgesetz wurde vom Parlamentarischen Rat, dem 65 Abgeordnete der elf westdeutschen Länderparlamente angehörten, erarbeitet. Grundlage der seit dem 1.9.1948 geführten Verhandlungen war der Entwurf, den ein Ausschuß von Sachverständigen und Politikern vorgelegt hatte. Als Orientierung diente dem Parlamentarischen Rat die Weimarer Reichsverfassung von 1919.

Am 8.5. wurde das Grundgesetz in dritter Lesung von diesem Gremium mit 53 gegen 12 Stimmen beschlossen. Anschließend stimmten die Länderparlamente bis auf Bayern der Verfassung zu.

Das Grundgesetz ist die verfassungsmäßige Grundlage der BRD, die sich am 20.9. konstituiert. Der Begriff „Grundgesetz" soll auf den provisorischen Charakter der BRD hinweisen. In Artikel 146 wird bestimmt, daß das Grundgesetz seine Gültigkeit verliert, wenn eine vom deutschen Volk in freier Entscheidung beschlossene Verfassung in Kraft tritt. Eine Präambel geht von der Vorstellung eines fortbestehenden gesamtdeutschen Staates aus. Am ↑3.10.1990 (S.833) wird das Grundgesetz auch für die ehemalige DDR zur Rechtsgrundlage. S 453/K 456 S 837/K 806

Das Grundgesetz und die BRD 1949–1989, Bilder und Texte zum Jubiläum, 1989.

Die BRD konstituiert sich

14.8. Westliche Besatzungszonen. Aus den Wahlen zum ersten Deutschen Bundestag geht bei einer Wahlbeteiligung von 78,5% die CDU/CSU mit 31% der abgegebenen Stimmen als Sieger hervor.

Nachdem das Grundgesetz am 24.5. (↑S.453/ 23.5.) in Kraft trat, kann nun das erste Parlament der BRD zusammentreten. Von den 402 Sitzen im Bundestag fallen 139 an die CDU/CSU, 131 an die SPD, 52 an die FDP/DVP; die übrigen 80 verteilen sich auf kleinere Parteien.

1949

Am 12.9. wählt die Bundesversammlung – sie besteht aus den 402 Bundestagsabgeordneten sowie 402 Wahlmännern aus den Länderparlamenten – den 65jährigen FDP-Abgeordneten Theodor Heuss zum ersten Bundespräsidenten (Wiederwahl 1954). Am 15.9. wählt der Bundestag den 73jährigen CDU-Vorsitzenden Konrad Adenauer zum ersten Bundeskanzler. Am 20.9. stellt dieser sein aus 13 Ministern bestehendes Kabinett vor. Mit ihrer Vereidigung ist die Konstituierung der Bundesrepublik vollzogen.

In seiner Regierungserklärung gibt Adenauer die Koalitionsbildung der Christdemokraten mit der FDP und der Deutschen Partei (DP) offiziell bekannt. Wichtigste außenpolitische Ziele sind die Integration der Bundesrepublik innerhalb Westeuropas sowie die damit verbundene Aussöhnung mit Frankreich (↑S.567/22.1.1963). S 837/K 806

H.-P. Schwarz: Die Ära Adenauer 1949–1957. Gründerjahre der Republik, 1981.

Volksrepublik China gegründet KAR
1.10. Peking. Der Vorsitzende der Kommunistischen Partei Chinas, Mao Zedong, proklamiert auf einer Massenkundgebung vor dem Kaiserpalast die Volksrepublik China und gibt die Bildung einer Zentralen Volksregierung bekannt.

Nach ihrem militärischen Sieg über die Nationalchinesen (Guomindang) unter Chiang Kai-shek hatte die kommunistische Führung am 20.9. in Peking die sog. Konsultativkonferenz einberufen. Die Versammlung erarbeitete eine Verfassung, die sie am 27.9. vorlegte. Oberstes Organ der Volksrepublik China wird der Zentrale Volksregierungsrat mit Mao Zedong als Vorsitzenden. Dieser Rat ernennt den mit exekutiven Vollmachten ausgestatteten Verwaltungsrat, dessen Leitung der Ministerpräsident und Außenminister Zhou Enlai übernimmt. Als drittes Organ ernennt der Volksregierungsrat das Oberste Volksgericht. Dem an funktionierenden Wirtschaftsbeziehungen interessierten Westen signalisiert die Volksrepublik China, daß sie auch mit nichtkommunistischen Staaten Handelsverträge abschließen will. S 454/K 457

W. Eberhard: Geschichte Chinas. Von den Anfängen bis zur Gegenwart, NA 1980.

Volksrepublik China gegründet: Mit dem Sieg der Kommunisten endet der seit vier Jahren andauernde Bürgerkrieg. In Shanghai wird die Bildung der Volksrepublik China mit einer Parade gefeiert. Mao–Porträts prägen den Umzug. Der Führer der Guomindang, Chiang Kai-shek, zieht sich mit seinen Anhängern auf die Insel Taiwan zurück.

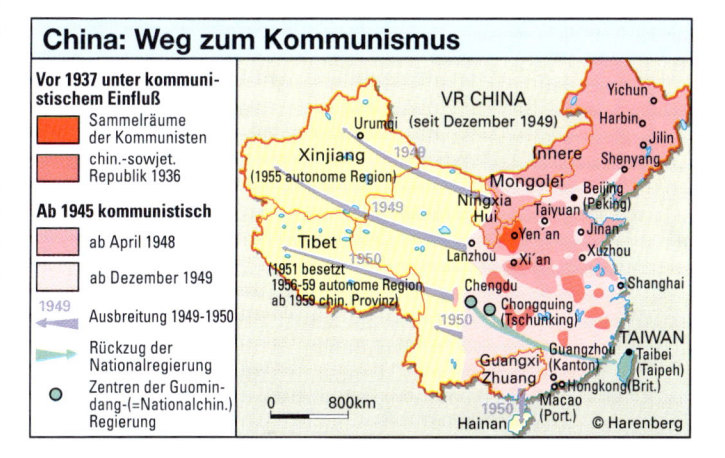

1949

Otto Grotewohl

Nationale Front formiert sich
7.10. Ostberlin. Der Volkskongreß bildet sich zur Nationalen Front um. Der Volksrat (ab 7.10. Volkskammer) nimmt ihr Manifest kurz vor der Proklamation der DDR an.
Am 6.12.1947 hatte die SED den Deutschen Volkskongreß für Einheit und gerechten Frieden gegründet. Seine Aufgabe war die Erarbeitung einer Resolution, in der von den alliierten Westmächten die Einigung Deutschlands unter einer SED-geführten Zentralregierung gefordert wurde.
Die Nationale Front dient der politischen Erfassung der Gesamtbevölkerung. Sie organisiert sich in Haus-, Wohn- und Betriebsgemeinschaften. Ab 1950 stellt sie Kandidaten für Richter-, Schöffen- und Volkskammerwahlen. Ihre Beschlüsse sind „Ausdruck des Volkswillens" und bindend für alle Blockparteien und Massenorganisationen.

Geburtsstunde der DDR
7.10. Ostberlin. Der Deutsche Volksrat proklamiert die Deutsche Demokratische Republik (DDR), konstituiert sich als Nationalparlament (Volkskammer) und setzt die Verfassung in Kraft.

Auf Grundlage eines SED-Papiers von 1946 hatte der Verfassungsausschuß des Volksrats die Grundlage für einen deutschen Oststaat erarbeitet. Der Verfassungsentwurf gibt u. a. die gesetzgebende Gewalt der DDR in die Zuständigkeit der Volkskammer. Am 30.5. wurde der Entwurf vom Deutschen Volkskongreß, der späteren Nationalen Front, mit nur einer Gegenstimme gebilligt.
Im Anschluß an ihre konstituierende Sitzung beauftragt die Volkskammer den Vertreter der SED, Otto Grotewohl, mit der Regierungsbildung. Am 11.10. wählen Volkskammer und die kurz zuvor gebildete Länderkammer den 73jährigen SED-Vorsitzenden Wilhelm Pieck zum ersten Präsidenten der DDR. Am 12.10. bestätigt die Volkskammer die Kabinettsliste Grotewohls und dessen Ernennung zum Ministerpräsidenten.
Wilhelm Pieck und Otto Grotewohl sind Mitglieder des am 24.1. nach dem Vorbild der KPdSU eingerichteten neunköpfigen SED-Politbüros, dessen Generalsekretär und damit mächtigster Mann der DDR 1950 Walter Ulbricht wird. [S 413/K 412] [S 836/K 805]
📖 D. Zimmer: Auferstanden aus Ruinen... Von der SBZ zur DDR, 1989. W. Venohr: Die roten Preußen. Vom wundersamen Aufstieg der DDR in Deutschland, 1989.

Wirtschaft

Wirtschaftshilfe durch COMECON
25.1. Moskau. Die Sowjetunion, Bulgarien, Ungarn, Polen, Rumänien und die ČSR gründen den Rat für gegenseitige Wirtschaftshilfe (RGW; engl. COMECON = Communist Economy). Albanien schließt sich am 22.2. an, die DDR am 29.9.1950.
Da die Wirtschaftskraft der UdSSR für den Wiederaufbau in den osteuropäischen Staaten nicht ausreicht, soll eine länderübergreifende Wirtschaftsplanung die Industrieproduktion steigern. Das Gründungskommunique sieht den umfassenden Austausch von wirtschaftlichem und technischem Knowhow, von Rohstoffen, Maschinen und Nahrungsmitteln vor.
COMECON ist das auf sowjetische Interessen ausgerichtete Gegenstück zum Marshallplan, dem sich die osteuropäischen Staaten auf Geheiß der UdSSR nicht anschließen durften (↑S.429/5.6.1947). [S 456/K 458]

DGB nimmt Arbeit auf
13.10. München. Die Mitglieder des Gewerkschaftsrats und die Vorsitzenden der 16

Wirtschaftsbündnisse nach 1945		K 458
Gründung Sitz	**Name**	**Mitglieder**
27.12.1945 Washington	IWF: Internationaler Währungsfonds	185 Staaten (Sonderorganisation der UNO)
30.10.1947 Genf	GATT: Allgemeines Zoll- und Handelsabkommen	Ab 1995: Welthandelsorganisation (WTO, 125 Staaten)
16.4.1948 Paris	OEEC: Org. f. wirtsch. Zusammenarbeit in Europa	19 Staaten (bis 1961; Nachfolge OECD)
25.1.1949 Moskau	COMECON: Rat für gegenseitige Wirtschaftshilfe	Ostblockstaaten, Kuba, Vietnam (bis 1991)
25.3.1957 Brüssel	EWG: Europäische Wirtschaftsgemeinschaft	Ab 1993: Europäische Union, 15 Mitglieder (ab 1995, S.515)
4.1.1960 Genf	EFTA: Europäische Freihandelsassoziation	Ab 1995: Island, Liechtenstein, Norwegen, Schweiz
14.9.1960 Wien	OPEC: Organisation Erdöl exportierender Staaten	12 erdölexportierende Staaten
1.10.1961 Paris	OECD: Org. f. wirt. Zusammenarbeit u. Entwicklung	27 Industriestaaten
8.12.1964 Brazzaville	UDEAC: Zentralafrikanische Zoll- und Wirtschaftsunion	6 zentralafrikanische Staaten
8.8.1967 Jakarta	ASEAN: Vereinigung südostasiatischer Nationen	6 südostasiatische Staaten
Nov. 1989 Singapur	APEC: Asiatisch-Pazifische wirtsch. Zusammenarbeit	18 Staaten Asiens und Amerikas im pazifischen Raum
Mai 1990 Montevideo	Mercosur: Gemeinsamer südamerikanischer Markt	Argentinien, Brasilien, Paraguay, Uruguay
8.12.1994	NAFTA: Nordamerikanisches Freihandelsabkommen	Kanada, Mexiko, USA

Einzelgewerkschaften unterzeichnen die Gründungsurkunde des Deutschen Gewerkschaftsbundes (DGB) als Dachorganisation für Westdeutschland, Sitz ist Düsseldorf.
Am 11.2.1946 war im Berliner Ostsektor mit der Gründung des Freien Deutschen Gewerkschaftsbundes (FDGB) die erste gewerkschaftliche Dachorganisation nach Kriegsende auf Zonenebene entstanden. Am 25.4.1947 schlossen sich in Bielefeld Vertreter von 15 Einzelgewerkschaften zum DGB für das Gebiet der britischen Besatzungszone zusammen. Es war der erste Dachverband in einer der drei Westzonen.
1978 gliedert sich die „Gewerkschaft der Polizei" dem DGB ein. 1989 vereinen sich die IG Druck und Papier und die Gewerkschaft Kunst zur IG Medien. Weitere Umstrukturierungen erfolgen wegen starken Mitgliederschwunds (1991–95: 2,4 Mio). 1996 schließt sich die IG Bau-Steine-Erden mit der Gewerkschaft Gartenbau, Land- und Forstwirtschaft zur IG Bauen-Agrar-Umwelt zusammen. 1997 will die IG Chemie-Papier-Keramik mit der IG Bergbau zur IG Bergbau-Chemie-Energie fusionieren. Für 1998 ist die Angliederung der IG Textil-Bekleidung an die IG Metall vorgesehen. S 457/K 459
📖 Geschichte der Gewerkschaften in der Bundesrepublik Deutschland, 1990.

Wissenschaft

Kortison vorgestellt
USA. Der US-amerikanische Arzt Philip Shoewalter Hench stellt der Öffentlichkeit ein neues Rheumaheilmittel vor. Ihm gelang, die Beschwerden seiner Rheumapatienten mit Kortisonspritzen deutlich zu lindern. Kortison, eines der vielen Hormone der Nebennierenrinde, kann nur mit großem Aufwand in geringen Mengen aus der Rindergalle gewonnen werden. Seine Anwendung ist daher in größerem Rahmen nicht möglich. Die pharmazeutische Forschung bemüht sich in der Folgezeit erfolgreich um die synthetische Herstellung des Kortisons, dessen schädliche Nebenwirkungen erst später erkannt und bei den synthetisch hergestellten Präparaten reduziert werden.

Technik

Rechner mit Speicherprogramm
Manchester. An der Universität von Manchester werden die ersten speicherprogrammier-

Arbeitgeber- und Arbeitnehmerverbände — K 459

Gründung Sitz	Organisation / Funktion
1918/1949 Bonn	Deutscher Beamtenbund (DBB) Gewerkschaftliche Spitzenorganisation der Beamten, Vertretung politischer, rechtlicher und sozialer Belange
28. 1.1949 Köln	Bundesvereinigung der Deutschen Arbeitgeberverbände (BDA) Interessenvertretung der Arbeitgeber in allen sozial-, arbeits- und bildungspolitischen Fragen
13. 4.1949 Hamburg	Deutsche Angestellten-Gewerkschaft (DAG) Dachorganisation für Angestellte u. a. in Banken und Sparkassen, im öffentlichen Dienst, in Versicherungen, Bergbau, Schiff- und Luftfahrt, Kunst und Medien
13.10.1949 Düsseldorf	Deutscher Gewerkschaftsbund (DGB) Dachorganisation von 15 Einzelgewerkschaften (Stand: 1996)
19.10.1949 Köln	Bundesverband der Deutschen Industrie (BDI) Dachorganisation der Industrie-Spitzenverbände, vertritt wirtschaftliche Interessen der Industrie
27.10.1949 Bonn	Deutscher Industrie- und Handelstag (DIHT) Spitzenverband der regionalen Industrie- und Handelskammern. Selbstverwaltungsorgan der gewerblichen Wirtschaft
27. 6.1959 Bonn	Christlicher Gewerkschaftsbund (CGB) Vertretung christlich-sozialer Ordnungsvorstellungen, Ablehnung von Ideologien und parteipolitischer Bindung

Nobelpreisträger 1949 — K 460

Frieden: John Boyd-Orr (GB, 1880–1971)

Der Wissenschaftler beschäftigte sich mit den Ernährungsproblemen der wachsenden Weltbevölkerung. Boyd-Orr vertritt die Ansicht, der Friede bleibe nur erhalten, wenn die Menschheit vom Hunger befreit würde, und forderte die Gründung einer weltweiten Ernährungsorganisation, um zukünftige Hungerkatastrophen zu verhindern. 1945 wurde er Generaldirektor des Welternährungsamtes der Vereinten Nationen.

Literatur: William Faulkner (USA, 1897–1962)

In seinen Romanen, die im imaginären Yoknapatawpha County des nördlichen Mississippi angesiedelt sind, beschreibt Faulkner die Geschichte der amerikanischen Südstaaten. Dabei verzichtet er auf eine chronologische Handlung. Bedeutende Werke: „Schall und Wahn" (1929), „Absalom, Absalom!" (1936), „Griff in den Staub" (1948).

Chemie: William Francis Giauque (USA, 1895–1982)

Der Physikochemiker untersuchte das Verhalten chemischer Stoffe bei extrem niedrigen Temperaturen. Dafür entwickelte er die sog. adiabatische Entmagnetisierungsmethode, mit der er Temperaturen nahe des absoluten Nullpunkts (–273 °C) erzeugen konnte. 1928 entdeckte er mit Leonard Johnston die Sauerstoffisotopen O_{17} und O_{18} in der Erdatmosphäre.

Medizin: Walter Rudolf Hess (CH, 1881–1973), Egas Moniz (P, 1874–1955)

Die Forschungen des Neurophysiologen Hess über das Nervensystem waren grundlegend für die experimentelle Verhaltensforschung. Hess entdeckte die Bedeutung des Zwischenhirns, das zahlreiche vegetative Funktionen koordiniert. Der polnische Neurologe Moniz heilte mit einem umstrittenen Verfahren Hirnschäden erstmals operativ (sog. Leukotomie). Er durchtrennte die Nervenbahnen in der vorderen Gehirnhälfte und befreite die Patienten dadurch von ihren Wahnvorstellungen.

Physik: Hideki Jukawa (Japan, 1907–1981)

Jukawa stellte eine neue Theorie über die Struktur von Atomkernen auf. 1935 sagte er die Existenz eines mittelschweren Elementarteilchens (Meson) voraus, das die Kräfte zwischen den übrigen Bestandteilen der Atomkerne (Protonen und Neutronen) vermittelt. Das Vorhandensein dieses Elementarteilchens wurde 1947 experimentell bestätigt.

1949

Gustaf Gründgens (1899–1963) in seiner Paraderolle als Mephisto mit Elisabeth Flickenschildt (1907–1979) als Marthe Schwertlein (Städtische Bühnen Düsseldorf, 1952).

baren Röhrenrechner in Betrieb genommen. Bei dem Electronic Delay Storage Automatic Computer (EDSAC) werden Programmablauf und die zu verarbeitenden Daten kodiert im Rechner gespeichert. Die im Programm enthaltenen Befehle ermöglichen erstmals Vorwärts- und Rückwärtsverzweigungen und können vom Rechner selbst geändert werden. Mit dem EDSAC ist eine schnellere und vor allem sehr viel umfassendere Datenverarbeitung möglich. S 636/K 637

Medien

Deutsche Presseagentur gegründet

18.8. Die Nachrichtenagenturen der drei westdeutschen Besatzungszonen, der Deutsche Pressedienst (dpd), die Deutsche Nachrichtenagentur (dena) und die Süddeutsche Nachrichtenagentur schließen sich zur Deutschen Presseagentur (dpa) zusammen. Zentrale der dpa wird Hamburg.

Die erste deutsche Nachrichtenagentur wurde 1849 von Bernhard Wolff gegründet. Nach der Machtergreifung der Nationalsozialisten wurde Wolffs Telegraphen-Bureau (WTB) 1933 mit der Telegraphen-Union (TU) des Hugenberg-Konzerns zum Deutschen Nachrichtenbüro vereinigt.

Die dpa, die sich in ihrer Grundsatzerklärung als unabhängig von politischen Parteien und den Besatzungsmächten versteht, will den Aufbau des Nachrichtenwesens vorantreiben und das Ausland mit Informationen über die im Aufbau befindliche Bundesrepublik versorgen.

Gesellschaft

DDR mit eigener Hymne

7.11. Ostberlin. Bei den Feiern zum 32. Jahrestag der russischen Oktoberrevolution erklingt erstmals die Nationalhymne der DDR. Den Text („Auferstanden aus Ruinen...") verfaßte der Schriftsteller Johannes R. Becher, die Musik komponierte Hanns Eisler, der sich vor allem durch die Zusammenarbeit mit dem Schriftsteller Bertolt Brecht einen Namen gemacht hatte. Die BRD erklärt 1952 das Deutschlandlied (↑S.193/2.9.1922) zur offiziellen Hymne. S 192/K 205

Kultur

Fesselnder Archäologie-Roman

C. W. Cerams Roman der Archäologie „Götter, Gräber und Gelehrte" erscheint. Mit diesem auch von der Fachwelt gelobten Werk gelingt dem Schriftsteller ein fesselnder, auch für Laien leicht verständlicher Bericht über die archäologische Forschung der letzten 200 Jahre. Der in 23 Sprachen übersetzte Bestseller wird zum Vorbild für populärwissenschaftliche Literatur.

Utopischer Roman und Science-fiction	K 461
1895: Die Zeitmaschine Herbert George Wells (1866–1946) Großbritannien	Entdeckung der Zeit als vierte Dimension: Ein Zeitreisender gelangt im Jahr 802 701 nach London
1932: Schöne neue Welt Aldous Huxley (1894–1963) Großbritannien	Satirische Anti-Utopie einer total manipulierten Wohlstandsgesellschaft, Reaktion auf H. G. Wells
1936: Der Krieg mit den Molchen Karel Čapek (1890–1938) ČSSR	Die zivilisierte Menschheit kapituliert vor mutierten Molchen, die ein Kapitän im Pazifik züchtet
1949: 1984 George Orwell (1903–1950) Großbritannien	Zerstörung des Individuums durch die perfektionierte Maschinerie eines totalitären Überwachungsstaats
1951: Der Tausendjahresplan Isaac Asimov (1920–1992) USA	Galaktische Reiche entstehen und zerfallen wie einst das Römische Reich; erster Roman einer Trilogie (bis 1953)
1953: Fahrenheit 451 Ray Bradbury (*1920) USA	Ein totalitärer Staat manipuliert die Bevölkerung mittels Fernsehüberflutung und Bücherverbrennungen
1961: Transfer Stanislaw Lem (*1921) Polen	Ein Astronaut kehrt nach 127 Jahren im Weltraum auf die Erde zurück, wo er sich nicht mehr zurechtfindet
1961: Solaris Stanislaw Lem (*1921) Polen	Roman über Grenzen des menschlich Erforschbaren: Wissenschaftler auf dem fernen Planeten Solaris
1985: Der Report der Magd Margaret Atwood (*1939) Kanada	Im totalitären Staat Gilead haben Frauen nur als Gebärmaschinen eine Daseinsberechtigung

An seinen Erfolg kann der ehemalige Feuilletonredakteur und Kunstkritiker, der aus seinem Namen ein Anagramm gebildet hat (eigentlich heißt er Kurt W. Marek), mit seinem Buch „Der erste Amerikaner" 1971 unversehens anknüpfen. S195/K 208 S 851/K 819

„Faust"-Inszenierung von Gründgens
Goethes 200. Geburtstag am 28.8. beherrscht das Theatergeschehen 1949. Aufmerksamkeit erregt vor allem die „Faust-I"-Inszenierung von Gustaf Gründgens, der seit 1947 Generalintendant der Städtischen Bühnen in Düsseldorf ist. Die Inszenierung der Tragödie findet durch acht Auftritte bei den Festspielen in Edinburgh internationale Beachtung. Gründgens, einer der bedeutendsten und zugleich umstrittensten Regisseure in der Zeit des Nationalsozialismus, findet seine wichtigste Bühnenfigur als Schauspieler und als Regisseur im Mephisto. Diese Paraderolle übernimmt er an der Seite von Will Quadflieg 1960 auch in dem „Faust"-Film, der einen Mittelweg zwischen Verfilmung und Bühnenwiedergabe anstrebt.

H. Goertz: Gustaf Gründgens, 1982.

Brechts Berliner Ensemble
11.1. Ostberlin. Der aus dem amerikanischen Exil nach Ostberlin zurückgekehrte Schriftsteller und Dramatiker Bertolt Brecht präsentiert im Deutschen Theater mit einer Aufführung seines Dramas „Mutter Courage und ihre Kinder" (1941) das Berliner Ensemble, eine Theatergruppe, die er mit seiner Frau Helene Weigel aufgebaut hat.
Das Berliner Ensemble macht sich schnell als Brechtbühne einen Namen. So entstehen zahlreiche Modellinszenierungen, u. a. von „Mutter Courage und ihre Kinder" und „Herr Puntila und sein Knecht Matti" (1940). 1954 kann die Gruppe das Theater am Schiffbauerdamm als eigenes Theater beziehen. Nach dem Tod von Helene Weigel 1971 übernimmt Ruth Berghaus die Leitung des Ensembles.

J.-W. Joost (u. a.): Bertolt Brecht, Epoche, Werk, Wirkung, 1985. J. Knopf: Brecht Handbuch. 2 Bde., 1980–84. K.-D. Müller (Hg.): Bertolt Brecht, 1985. V. Tenschert: Die Weigel, 1981.

Vier Oscars für Oliviers „Hamlet"
24.3. Hollywood. Die britische Shakespeare-Verfilmung „Hamlet" wird als bester Film des Jahres mit einem Academy Award ausgezeichnet. Erstmals erhält damit eine Produktion, die nicht in den USA entstanden ist, den Oscar in dieser Kategorie. Laurence Olivier,

Kulturszene 1949	K 462
Theater	
Albert Camus Die Gerechten UA 15.12., Paris	Das Drama zeigt die humanistische Position des Autors gegenüber ideologischen Rechtfertigungen des politischen Mordes.
T. S. Eliot Die Cocktail-Party UA 22.8., Edinburgh	Eliot schildert in der Komödie die Geschichte einer Ehekrise: Bei einer Gegenüberstellung erkennen die Partner ihre Einsamkeit.
Arthur Miller Der Tod des Handlungsreisenden; UA 10.2., New York	Ein älterer, gescheiterter Handlungsreisender hat nur noch seine Lebensversicherung, um seinen Söhnen einen Start zu ermöglichen.
Oper	
Benjamin Britten Wir machen eine Oper UA 14.7., Aldeburgh	Die „Unterhaltung für junge Leute" zeigt den Entstehungsprozeß einer Oper und bezieht das Publikum mit ein (Aufforderung zum Mitsingen).
Carl Orff Antigonae UA 9.8., Salzburg	Um die Gewalt der antiken Tragödie musikalisch ausdrücken zu können, setzt der Komponist auf Schlaginstrumente und Textdeklamation.
Musical	
Richard Rodgers South Pacific UA 7.4., New York	Die dritte Zusammenarbeit mit Oscar Hammerstein II nach „Oklahoma!" und „Carousel" wird ein überwältigender patriotischer Erfolg.
Konzert	
Olivier Messiaen Turangalila-Sinfonie UA 2.12., Boston	Monumentale Sinfonie mit Einflüssen von ostasiatischer Musik und Jazz, Strawinskys „Sacre du Printemps" und Puccinis „Madame Butterfly".
Film	
Harald Braun Die Nachtwache BRD	Einer der erfolgreichsten deutschen Filme der Nachkriegszeit zum Thema der inneren Heimatlosigkeit; sentimental und problembeladen.
Giuseppe De Santis Bitterer Reis Italien	Leben der Saisonarbeiterinnen während der Reiserernte in der Po-Ebene; die leichtbekleidete Silvana Mangano löst einen Skandal aus.
Robert Hamer Adel verpflichtet Großbritannien	Alec Guinness in einer Achtfachrolle ist der Star der schwarzen Mörderkomödie, die im England der Jahrhundertwende spielt.
Carol Reed Der dritte Mann Großbritannien	Kriminalthriller mit Orson Welles und Joseph Cotton im besetzten Wien der Nachkriegszeit; berühmte Zithermusik von Anton Karas.
Alf Sjöberg Rya Rya – Nur eine Mutter Schweden	Ein Landarbeitermädchen (Eva Dahlbeck) versucht, trotz der erdrückenden Mißgunst der Dorfgemeinschaft seinen Weg zu gehen.
Buch	
Nelson Algren Der Mann mit dem goldenen Arm; New York	Roman in der Tradition des amerikanischen sozialkritischen Realismus über das Elend polnischer Einwanderer in den Slums von Chicago.
Simone de Beauvoir Das andere Geschlecht Paris	Freiheit, Verantwortung und Tätigkeit erscheinen in dem Essay als oberste Werte im Leben eines jeden Menschen, auch der Frauen.
C. W. Ceram Götter, Gräber und Gelehrte; Hamburg	In dem fesselnd geschriebenen Sachbuch-Bestseller berichtet Ceram über die archäologische Erforschung der Frühgeschichte.
Ernst Jünger Strahlungen Tübingen	Die wichtigsten Tagebücher Jüngers (1941–45); der Titel bezieht sich auf die „Ausstrahlung" von Menschen und Situationen auf den Autor.
George Orwell 1984 London	Der utopische Roman beschreibt die Zerstörung des Individuums durch einen Überwachungsstaat; Symbol: der allgegenwärtige „Große Bruder".

Sport 1949		K 463
Fußball		
Deutsche Meisterschaft	VfR Mannheim	
DFB-Pokal	Nicht ausgetragen	
Englische Meisterschaft	FC Portsmouth	
Italienische Meisterschaft	AC Turin	
Spanische Meisterschaft	FC Barcelona	
Tennis		
Wimbledon (seit 1877; 63. Austragung)	Herren: Ted Schroeder (USA) Damen: Louise Brough (USA)	
US Open (seit 1881; 69. Austragung)	Herren: Pancho Gonzales (USA) Damen: Margaret Osborne-DuPont (USA)	
French Open (seit 1925; 19. Austragung)	Herren: Frank Parker (USA) Damen: Margaret Osborne-DuPont (USA)	
Australian Open (seit 1905; 37. Austragung)	Herren: Frank Sedgman (AUS) Damen: Doris Hart (USA)	
Davis-Cup (Forest Hill, USA)	USA – Australien 4:1	
Eishockey		
Weltmeisterschaft	Tschechoslowakei	
Stanley-Cup	Toronto Maple Leafs	
Deutsche Meisterschaft	EV Füssen	
Radsport		
Tour de France (4813 km)	Fausto Coppi (ITA)	
Giro d'Italia (4088 km)	Fausto Coppi (ITA)	
Straßenweltmeisterschaft	Rik van Steenbergen (BEL)	
Automobilsport (Grand-Prix-Rennen)		
GP von Europa, Monza	Alberto Ascari (ITA), Ferrari	
GP von Belgien, Spa	Louis Rosier (FRA), Talbot	
GP von England, Silverstone	Emanuel de Graffenried (SUI), Maserati	
GP d. Tschechoslowakei, Brünn	Peter N. Whitehead (GBR), Ferrari	
GP von Frankreich, Reims	Louis Chiron (FRA), Talbot	
GP der Schweiz, Bern	Alberto Ascari (ITA), Ferrari	
Boxen		
Schwergewichts-Weltmeisterschaft	Joe Louis (USA) – Rücktritt, 1.3. Ezzard Charles (USA) – K. o. über Pat Valentino (USA), 14.10. – K. o. über Gus Lesnevich (USA), 10.8. – PS gegen Joe Walcott (USA), 22.6.	
Herausragende Weltrekorde		
Disziplin	Athlet (Land)	Leistung
Leichtathletik, Männer		
3000 m	Gaston Reiff (BEL)	7:58,8 min
10 000 m	Emil Zatopek (TCH)	29:21,2 min
Diskuswurf	Fortune Gordien (USA)	56,97 m
Hammerwurf	Imre Nemeth (HUN)	59,57 m
Leichtathletik, Frauen		
Speerwurf	Natalja Smirnizkaja (URS)	53,41 m
Schwimmen, Männer		
100 m Rücken	Alan Stack (USA)	1:03,6 min

der sowohl Regisseur als auch Produzent und Hauptdarsteller des Filmes ist, erhält außerdem den Preis als bester Hauptdarsteller.
Aus dem Bühnenstück mit einer Spieldauer von viereinhalb Stunden machte Olivier einen Film von zweieinhalb Stunden. Die filmische Adaption beeindruckt vor allem durch die interessante psychologische Interpretation des Titelhelden.
Olivier wird nicht zuletzt aufgrund seiner hervorragenden Shakespeare-Inszenierungen zu einem der bedeutendsten Schauspieler und Regisseure des 20. Jh. 1963 gründet er das Englische Nationaltheater und wird 1970 als erster Schauspieler zum Lord auf Lebenszeit ernannt.
L. Olivier: Bekenntnisse eines Schauspielers, 1985.

George Orwells Roman „1984"

13.6. Der 1947/48 entstandene Roman „1984" des englischen Schriftstellers George Orwell wird in den USA als „Buch des Jahres" ausgezeichnet.
In seiner düsteren Antiutopie entwirft George Orwell das Bild eines totalitären Weltstaates, in dem eine perfekte Bewußtseinsmanipulation und Überwachung betrieben und jedes Aufbegehren brutal unterdrückt wird.
Der vorrangig als politischer Publizist tätige Schriftsteller hatte bereits 1945 mit der satirischen Tierfabel „Farm der Tiere" Erfolg. Am Beispiel der repressiven Macht der Schweine über die anderen Hoftiere nach einer erfolgreichen Revolution gegen die Menschen warnt Orwell vor Klassenkampf und stalinistischer Gewaltherrschaft. S 458/K 461
M. Papst (Hg.): Über George Orwell, 1984.

Henry-Moore-Ausstellung

7.10. Brüssel. Eine Wanderausstellung mit 63 Plastiken und 49 Graphiken des englischen Künstlers Henry Moore wird eröffnet. Sie ist bis 1950 in Paris, Amsterdam, Hamburg, Düsseldorf und Bern zu sehen.
Mit seinen zwischen Figuration und Abstraktion angesiedelten Skulpturen ist Henry Moore einer der bedeutendsten aber auch eigenwilligsten Bildhauer. Formal von der mexikanischen Kunst beeinflußt, bemüht er sich, den Menschen als Teil eines organischen Ganzen darzustellen. Die auf elementare Formen reduzierten, an Wurzeln und Knochen erinnernden monumentalen Hauptwerke des Künstlers stehen frei in der Landschaft (u. a. „Drei Teile Nr. 3: Wirbel", 1964, Toronto).
G. Argan: Henry Moore, 1989.

1950

Politik

McCarthy auf Kommunistenjagd

Washington. Der republikanische Senator Joseph McCarthy wird zum Vorsitzenden des Senatsausschusses zur Untersuchung „unamerikanischer Umtriebe" ernannt. Vor dem Hintergrund des Koreakriegs (↑S.462/25.6.) und des kalten Kriegs, verbunden mit einem hysterischen Antikommunismus, durchleuchtet dieser Ausschuß die amerikanische Verwaltung und im Anschluß daran das gesamte öffentliche Leben.

Mit dem im Laufe des Jahres 1947 sich abzeichnenden Bruch zwischen den Westmächten und der UdSSR waren in den USA die antisowjetischen und antikommunistischen Ressentiments immer stärker geworden. Am 22.3.1947 wurde unter der Leitung des FBI-Chefs John Edgar Hoover eine Aktion zur „Säuberung" der Verwaltung von Kommunisten eingeleitet; sie löste in den Vereinigten Staaten eine Welle von Verdächtigungen, Denunziationen und Verhaftungen aus.

In Hollywood veranstalteten am 29.10.1947 Filmschaffende eine Demonstration gegen die Verfolgung von Kollegen. Höhepunkt der Kampagne ist das am 19.8.1954 verabschiedete Gesetz, das u. a. die Kommunistische Partei für illegal erklärt und gerichtlich abgeurteilten Kommunisten die amerikanische Staatsbürgerschaft entzieht.

Die äußerst fragwürdigen Praktiken des McCarthy-Ausschusses schädigen das internationale Ansehen der USA. Als McCarthy sogar US-Präsident Eisenhower als Verräter beschuldigt, wird er 1954 abgelöst. S 788/K 769

Stasi gegründet

8.2. Ostberlin. Die Volkskammer billigt ein Gesetz über die Bildung eines Ministeriums für Staatssicherheit (Stasi). Zum Leiter der am 16.2. eingerichteten Behörde wird der sächsische Innenminister Wilhelm Zaisser (SED) ernannt. Der nach Vorbild der sowjetischen politischen Polizei (MWD, ab 1953 KGB) organisierten Stasi gingen vermutlich von der DDR-Führung inszenierte Sabotagefälle voraus.

Die Stasi-Aufgaben bestehen in der Bekämpfung staatsfeindlicher Aktivitäten im Inland und in nachrichtendienstlichen Tätigkeiten im Ausland. Ihr obliegt die flächendeckende Überwachung der Verwaltung, der Betriebe und, durch ein System von Hausobleuten, des privaten Umfelds der Bevölkerung.

Nach der Vereinigung beider deutscher Staaten (↑S.833/3.10.1990) wird beschlossen, daß jeder deutsche Staatsbürger Einsicht in seine persönlichen Stasiakten nehmen darf. Über deren Würdigung als Beweismittel kommt es zu parteiübergreifenden Auseinandersetzungen (↑S.854/1.1.1992).

Apartheid wird Gesetz

13.6. Südafrika. Das Repräsentantenhaus im britischen Dominion Südafrikanische Union

Joseph McCarthy (r.; 1909–1957) bei einer Ausschußsitzung zur Untersuchung „unamerikanischer Umtriebe". Seit 1947 vertritt er den Staat Wisconsin im Senat. Schon im Wahlkampf um das Senatorenamt setzte der republikanische Politiker vor allem auf antikommunistische Parolen.

Wichtige Regierungswechsel 1950		K 464
Land	Amtsinhaber	Bedeutung
Frankreich	Georges Bidault (M seit 1949) Henri Queuille (M 2.7.–5.7.) René Pleven (M bis 1951)	Rücktritt von Bidault (24.6.) wegen Unstimmigkeiten über Beamtenbesoldung; Pleven legt Plan zur Aufstellung einer europäischen Armee unter Eingliederung der BRD vor
Schweden	Gustav V. (König seit 1907) Gustav VI. (König bis 1973)	Tod des Monarchen (29.10.), der die parlamentarische Demokratie einführte und während der Weltkriege Neutralität wahrte
Türkei	Semsettin Günaltay (M seit 1949) Adnan Menderes (M bis 1960)	Wahlsieg der Demokratischen Partei (14.5.); Menderes betreibt Politik der engen Anbindung an die westlichen Staaten

M = Ministerpräsident bzw. Premierminister

1950

Apartheidpolitik in Südafrika — K 465

Datum	Ereignis
1911	Erste gesetzl. Rassendiskriminierung: „Mines-and-Works"-Act beschränkt Nichtweiße auf ungelernte Arbeiten; „Natives-Land"-Act verbietet Afrikanern den Bodenerwerb außerhalb der Reservate
1912	Gründung des African National Congress (ANC)
1923	Einführung von Wohngebieten, die nach Rassen getrennt sind; Unterbindung des Zuzugs von Afrikanern in städtischen Gebieten
1936	Rassentrennung von Premier Hertzog auf Kapland ausgedehnt: Weiße Farmer dürfen afrikanische Pächter in Reservate abschieben
1948	Wahlsieg der Nationalistischen Partei unter Daniel Malan: Rassentrennung wird offizieller Bestandteil der Politik (26.5.)
1950	Group Areas Act (13.6.): Jeder Südafrikaner wird einer Rasse und einem bestimmten Wohngebiet zugeordnet (S.461)
1954	Gesetzliche Legitimierung von Zwangsumsiedlungen Nichtweißer in sog. Homelands, die rd. 13% der Fläche Südafrikas ausmachen
1958	Hendrik Frensch Verwoerd („Vater der Apartheid") Premier (11.9.)
1960	Polizei verübt nach Demonstration in Sharpeville Massaker an schwarzen Teilnehmern: 71 Tote (21.3.)
	Verbot des ANC; Verhaftung des ANC-Präsidenten Albert Luthuli (Friedensnobelpreis, S.539)
	Resolution des UNO-Sicherheitsrats verurteilt Apartheidpolitik (1.4.)
1961	Austritt Südafrikas aus dem Commonwealth wegen Differenzen über Apartheidpolitik (31.5.); Südafrika wird Republik (S.547)
	Schwarzer Bürgerrechtler Nelson Mandela verhaftet (1964 in umstrittenem Verfahren zu lebenslanger Haft verurteilt, S.578)
1966	UNO hebt Mandatshoheit Südafrikas über Namibia auf; Beginn des Kampfes gegen schwarze Unabhängigkeitsbewegung SWAPO
	Premier Verwoerd bei Attentat von einem Parlamentsdiener getötet (6.9.); Nachfolger: B. J. Vorster, bisher Justizminister (S.598)
1974	Begrenzter Ausschluß Südafrikas aus Plenum und Gremien der UNO-Vollversammlung für die Dauer der 29. Sesession (12.11.)
1976	Transkei als erstes Homeland unabhängig von Südafrika; es folgen: Bophuthatswana (1977), Venda (1979) und Ciskei (1981)
1981	Angriff der südafrikanischen Armee auf Stützpunkte der namibischen Befreiungsbewegung SWAPO im Süden Angolas (24.8.)
1990	Aufhebung des Betätigungsverbots für ANC und 32 weitere Organisationen; Freilassung Mandelas aus dem Gefängnis (S.829/11.2.)
1991	Aufhebung der wichtigsten Apartheidgesetze
	Nelson Mandela (seit März 1990 Vizepräsident des ANC) löst Oliver Tambo als ANC-Präsident ab
	Gewaltverzicht zwischen Präsident Frederik Willem de Klerk, ANC-Führer Mandela, dem Vorsitzendem der Inkatha Freiheitspartei, Mangosuthu Buthelezi, Vertretern von 26 weiteren Organisationen
	Konvent für ein demokratisches Südafrika führt Gespräche über eine neue Landesverfassung inklusive der Homelands (20.12.)
1992	Volksbefragung: 68,7% der weißen Wähler unterstützen Anti-Apartheidpolitik von Präsident de Klerk (S.855/17.3.)
	Massaker in Boipatong (17.6.), bei dem Sicherheitskräfte die mit dem ANC konkurrierende Inkatha unterstützen
1993	Schwarze werden an der Regierung beteiligt (Exekutivrat, 7.12.); Ende der Wirtschaftssanktionen (seit 1986); Verabschiedung der demokratischen Übergangsverfassung (22.12., bis 8.5.1996): Auflösung der 10 Homelands, Schaffung von 9 statt 4 Provinzen
1994	Freie und gleiche Wahlen (S.873/26.4.–29.4.): 62,65% der Stimmen für ANC, Mandela wird Präsident, offizielles Ende der Apartheid, Aufhebung des Waffenembargos

billigt den Group Areas Act, der getrennte Siedlungsgebiete für Angehörige verschiedener Rassen gesetzlich anordnet.

Aus den Parlamentswahlen vom 26.5.1948 – wahlberechtigt waren nur die weißen Einwohner – gingen die Nationalisten mit dem 74jährigen Daniel François Malan an der Spitze als Sieger hervor. Ziel der seit 1948 durch Gesetze gefestigten Apartheidpolitik ist die räumliche, politische, wirtschaftliche und soziale Trennung der Rassen zur Sicherung der Vorherrschaft der 2,2 Mio Weißen über 7,7 Mio Schwarze und rund 900 000 Mischlinge. Die in der Folgezeit konsequent verfolgte Politik der Rassentrennung führt zunehmend zu innen- und außenpolitischen Konflikten und internationaler Isolierung.

Zu Beginn der 90er Jahre beginnt ein Abrücken von der Apartheidpolitik (↑S.829/11.2.1990). 1992 schafft Südafrika per Volksbefragung die Rassentrennung ab (↑S.855/17.3.1992). S 462/K 465

📖 Südafrika, nur für Weiße? Lesebuch zur Apartheid, 1987.

Ausbruch des Koreakriegs KAR

25.6. Korea. Nordkoreanische Truppen marschieren in Südkorea ein; wenige Stunden später erfolgt die offizielle Kriegserklärung.

Am 15.8.1948 hatte das zur US-amerikanischen Einflußsphäre gehörende Südkorea seine Unabhängigkeit erklärt, am 9.9.1948 (↑S.442) erfolgte die Proklamation der kom-

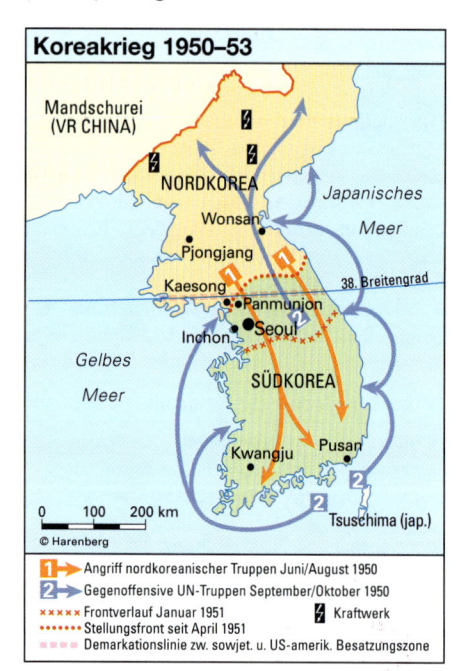

Koreakrieg 1950–53

- 1→ Angriff nordkoreanischer Truppen Juni/August 1950
- 2→ Gegenoffensive UN-Truppen September/Oktober 1950
- ×××× Frontverlauf Januar 1951
- ••••• Stellungsfront seit April 1951
- ---- Demarkationslinie zw. sowjet. u. US-amerik. Besatzungszone
- ⚡ Kraftwerk

© Harenberg

munistischen Volksrepublik Korea (Nordkorea). Beide Landesteile betonten unter Beibehaltung ihres Führungsanspruchs immer wieder den Willen zur Wiedervereinigung.
Am Tag des Einmarsches billigt der UN-Sicherheitsrat eine von den USA eingebrachte Entschließung, Nordkorea zum sofortigen Truppenabzug aufzufordern. Da Nordkorea der Aufforderung nicht nachkommt, erteilen die USA am 27.6. den in Südostasien stationierten Luft- und Seestreitkräften den Befehl, Südkorea „Schutz und Unterstützung zu gewähren". Mit dem Waffenstillstandsabkommen von Panmunjom am 27.7.1953 wird die alte Grenze (38. Breitengrad) mit nur geringen Verschiebungen wiederhergestellt. S 463/K 466

DDR billigt Oder-Neiße-Linie
6.7. Zgorzelec/poln. Stadtteil von Görlitz. Delegationen aus der DDR und Polen unterzeichnen das Görlitzer Abkommen, durch das die Demarkationslinie an Oder und Neiße als Grenze zwischen beiden Staaten anerkannt wird.
Im Potsdamer Abkommen (↑S.411/17.7.1945) hatten die Siegermächte des 2. Weltkriegs die Oder-Neiße-Linie bis zum Abschluß eines Friedensvertrags als vorläufige polnische Westgrenze festgelegt. Die östlich davon gelegenen Teile Deutschlands kamen unter polnische Verwaltung.
Am 9.6.1950 erklärt die Bonner Bundesregierung den Görlitzer Vertrag für null und nichtig. Auch Washington und London erkennen das Abkommen nicht an. Im Warschauer Vertrag vom 7.12.1970 (↑S.644) wird die Oder-Neiße-Linie auch von der BRD anerkannt. S 836/K 805

Kronprinz Baudouin vereidigt
11.8. Brüssel. Zehn Tage nach dem Rücktritt seines Vaters Leopold III. wird Kronprinz Baudouin als Regent von Belgien vereidigt. Leopold III., der wegen seines umstrittenen Verhaltens während der deutschen Besatzungszeit 1945 ins Exil gehen mußte, löste mit seiner Rückkehrabsicht eine innenpolitische Krise aus. Eine Volksabstimmung am 12.3.1950 erbrachte zwar ein knappes Votum für den König, dennoch blieb der Widerstand heftig. Die Rückkehr Leopolds am 22.7. führte mit Streiks, Protestmärschen und Straßenschlachten zur Eskalation.
Am 1.8. gab Leopold III. seinen Rücktritt bekannt. Am 17.7.1951 wird Baudouin vom Parlament zum König erhoben. Im Rahmen seines Amtes nimmt der Monarch repräsentative Aufgaben wahr. S 283/K 293 S 467/K 471

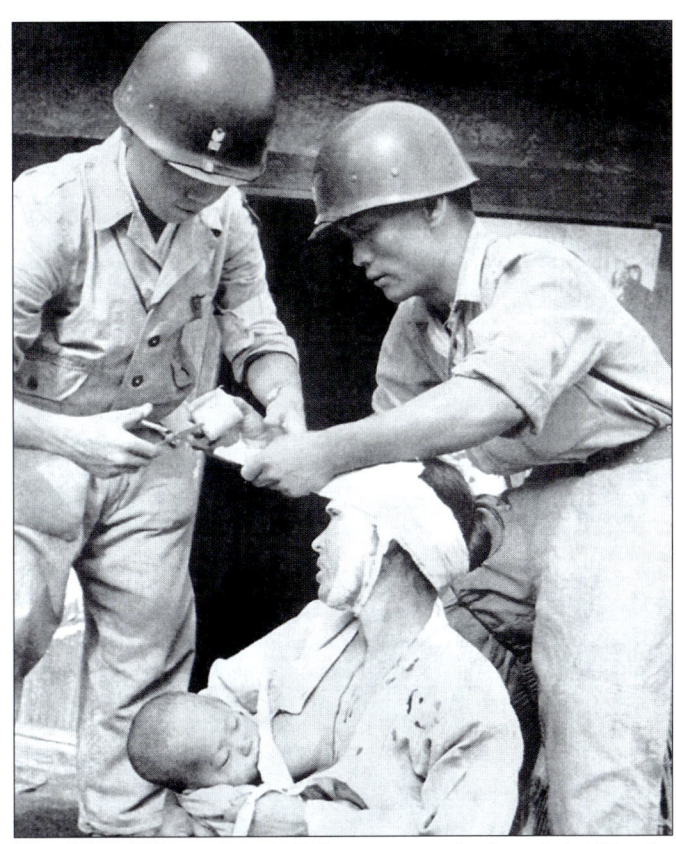

Koreakrieg: Südkoreanische Soldaten versorgen eine Frau, die bei Kämpfen zwischen UN-Truppen und den Streitkräften Nordkoreas verletzt wurde.

Stationen des Koreakriegs	K 466
Datum	**Ereignis**
25.6.1950	Nordkoreanische Invasion eröffnet Koreakrieg; UN-Sicherheitsrat fordert am selben Tag Truppenrückzug (S.462)
30.6.1950	Eroberung der südkoreanischen Hauptstadt Seoul; US-Präsident Harry S. Truman schickt Truppen nach Korea
Aug. 1950	US- und UNO-Truppen unter General Douglas MacArthur stoppen Nordkoreaner und erobern Hafen von Pusan
13.9.1950	Gegenoffensive südkoreanischer Truppen, unterstützt von Amerikanern; Rückeroberung von Seoul (26.9.)
9.10.1950	US- und UNO-Truppen am 38. Breitengrad; Eroberung der nordkoreanischen Hauptstadt Pjöngjang (20.10.)
25.11.1950	Chinesische Soldaten drängen US- und UNO-Truppen zum 38. Breitengrad zurück; zweite Einnahme Seouls (Jan. 1951)
7.3.1951	Operation „Ripper" der amerikanischen Truppenverbände: zweite Rückeroberung Seouls (14.3.)
11.4.1951	General MacArthur abgesetzt wegen seiner öffentlichen Kritik an der Begrenzung des Kriegs auf Korea (Nachfolger: Matthew B. Ridgway)
Juli 1951	Beginn langwieriger Friedensverhandlungen in Panmunjom (Okt. 1952: Abbruch; 28.3.1953: Wiederaufnahme)
27.7.1953	Waffenstillstandsvertrag unterzeichnet: Demarkationslinie nördlich des 38. Breitengrads (Vergrößerung des südkoreanischen Gebiets um 3800 km^2)

1950

Lebensmittelrationierung in Deutschland		K 467
Datum	**Maßnahme**	
27. 8.1939	Bezugsscheinpflicht für Grundbedürfnisse: Kontingentierung von Fleisch, Marmelade, Zucker, Kaffee, Milch	
2. 6.1941	Kürzung der Fleischrationen; Ausgabe von Ersatzlebensmitteln wie Kunsthonig, Gersten- und Roggenkaffee	
6. 4.1942	Fast alle Nahrungs- und Genußmittel sind Rationierungssystem unterworfen; erneute Kürzung wegen schlechter Ernten	
22.10.1945	Rationierung durch Militärregierungen der Besatzungszonen; Höchstmengen: 1500 Kalorien/Tag (englische Zone), 1350 Kalorien/Tag (amerikanische Zone)	
28. 2.1946	Kürzung auf 1014 Kalorien (englische Zone)	
1. 4.1946	Kürzung auf 1200 Kalorien (US-Zone)	
16. 1.1947	Anspornsystem im Kohlebergbau; Lohn: Sonderzuteilungen von Speck, Kaffee, Zigaretten, Zucker und Schnaps	
1. 5.1950	Ende der Rationierung von Lebensmitteln (seit März 1950 nur noch der Erwerb von Zucker eingeschränkt)	

Wirtschaft

Ende der Lebensmittelkarten

1.5. BRD. Erstmals seit elf Jahren benötigen die Westdeutschen beim Einkauf keine Lebensmittelkarten mehr.

Seit dem 27.8.1939 waren im Deutschen Reich einige Konsumgüter nur noch mit Bezugskarten erhältlich; die Rationierungen waren erste Auswirkungen der Kriegsvorbereitungen. Nach Kriegsende behielten die Siegermächte die Bewirtschaftung von Grundnahrungsmitteln bei. Das Ende der Rationierung vollzieht sich eher unauffällig, da Lebensmittel seit längerem in ausreichenden Mengen angeboten werden. S 464/K 467

I. G. Farben werden aufgelöst

17.8. BRD und Westberlin. Die Alliierten Hochkommissare unterzeichnen ein Gesetz zur Aufspaltung der I. G. (Interessengemeinschaft) Farbenindustrie AG. 169 Fabriken des Konzerns werden an unabhängige deutsche Gesellschaften übertragen (↑S.222/2.12. 1925). 1945 verfügten die Besatzungsmächte die Auflösung der I. G. wegen nationalsozialistischer Verstrickungen. 13 Direktoren des Konzerns wurden in einem der Nürnberger Prozesse mit bis zu acht Jahren Freiheitsentzug bestraft. Den neuen Eignern ist ein Zusammenschluß nur mit Zustimmung der Hochkommission erlaubt. S 222/K 234

J. Borkin: Die unheilige Allianz der I. G. Farben. Eine Interessengemeinschaft im Dritten Reich, 1986.

Technik

Magnetbänder für Computer

USA. Mit UNIVAC I wird der erste in Serienfertigung produzierte Computer der Welt vorgestellt. Im selben Jahr gelingt es bei der Großrechenanlage MARK III, die bisher üblichen Speichermedien (Lochstreifen und Lochkarten) durch Magnetbänder zu ersetzen. Bisher wurden Computer als Spezialanlagen hauptsächlich für den militärischen Bereich gebaut. Mit Gründung der UNIVAC-Handelsgesellschaft will die Firma Eckert and Mauchly Computer Comp. programmierbare Elektronenrechner für den kaufmännischen Einsatz auf den Markt bringen. S 636/K 637

Gesellschaft

Polizei erschießt Giuliano

5.7. Castel Vetrano. Der sizilianische Bandenchef Salvatore Giuliano wird während eines Feuergefechts mit der Polizei erschossen.

Der 29jährige Giuliano und seine 30 Mann starke Bande waren seit 1943 durch zahlreiche Raubüberfälle und Erpressungen in Erscheinung getreten. In weiten Teilen Siziliens genoß der Bandit Sympathien, da er mit dem Geld aus seinen Überfällen u. a. soziale Einrichtungen unterstützte und sich gegen die Ordnungsmacht wandte. Obwohl eine Beloh-

Nobelpreisträger 1950	K 468
Frieden: Ralph Bunche (USA, 1904–1971)	
Der Diplomat, der als erster Schwarzer im amerikanischen Außenministerium arbeitete, erreichte einen Waffenstillstand im Krieg zwischen Israel und den arabischen Nachbarn. Die Auseinandersetzungen waren nach der Gründung des Staates Israel (1948) ausgebrochen.	
Literatur: Bertrand Russell (GB, 1872–1970)	
Der Mathematiker und Philosoph wandte sich in seinen populärwissenschaftlichen Schriften gegen jede Form der Unterdrückung im gesellschaftlichen und politischen Leben. Laut Russell ist sichere Erkenntnis nur durch Erfahrungsdaten möglich, die auf den Naturwissenschaften gründen.	
Chemie: Kurt Alder (D, 1902–1958), Otto Diels (D, 1876–1954)	
Die beiden Wissenschaftler entwickelten 1927/28 die sog. Diel-Synthese, mit der sich Insektizide herstellen lassen. Die chemische Industrie konnte durch die Erfindung von Alder und Diels u. a. künstliche Duftstoffe und Heilmittel produzieren. Diels entdeckte 1908 das Kohlensuboxid.	
Medizin: Philip S. Hench (USA, 1896–1965), Edward C. Kendall (USA, 1886–1972), Tadeus Reichstein (CH, 1897–1996)	
Die drei Wissenschaftler analysierten in enger Zusammenarbeit die Hormone der Nebennierenrinde. Dabei erkannten sie die heilende Wirkung des Kortisons bei rheumatischen und arthritischen Erkrankungen. 1949 wurde Kortison als Präparat in die Therapie eingeführt.	
Physik: Cecil Frank Powell (GB, 1903–1969)	
Powell entwickelte eine fotografische Methode, mit der er Kernvorgänge untersuchte. Dabei entdeckte er das Pi-Meson, ein Elementarteilchen, dessen Existenz bis dahin nur theoretisch vorausgesagt worden war. Der britische Physiker klärte den Zerfallsprozeß des Mesons.	

nung von 20 Mio Lire (1,3 Mio DM) auf seinen Kopf ausgesetzt war, verlief die Fahndung der Polizei jahrelang ergebnislos.
Das Leben des sizilianischen Robin Hood wird von Francesco Rosi („Wer erschoß Salvatore G.?", 1961) und Michael Cimino („Der Sizilianer", 1987) verfilmt.

Berliner Schloß gesprengt
7.9. Ostberlin. Ungeachtet der Proteste aus Ost und West beginnen die Sprengarbeiten am Berliner Schloß.
Die frühere Residenz der Hohenzollern war im Krieg stark beschädigt worden. Die Schäden hätten zwar beseitigt werden können, aber die DDR-Führung war gegen einen Wiederaufbau, um ihren Bruch mit der preußischen Tradition zu dokumentieren.
An der Stelle des Schlosses entsteht ein Aufmarschplatz, auf dem 1973 der Palast der Republik errichtet wird.

Kultur

Versepos von Pablo Neruda
Mexiko. Das 13 000 Verse umfassende Werk „Der große Gesang" des chilenischen Lyrikers und Diplomaten Pablo Neruda erscheint. Das sprachgewaltige Epos vermittelt in mehr als 300 Einzelgedichten die Geschichte des lateinamerikanischen Kontinents von den altamerikanischen Hochkulturen vor der Kolonisation bis zur Gegenwart.
Neruda, der als Mitglied der kommunistischen Partei in Chile zeitweilig als Senator amtierte, wird 1971 für „eine Poesie, die mit der Wirkung einer Naturkraft Schicksal und Träume eines Weltteils lebendig macht", mit dem Literatur-Nobelpreis ausgezeichnet. S 465/K 469
📖 P. Neruda: Ich bekenne, ich habe gelebt (Aut.), 1974. P. Neruda: Liebesbriefe an Albertina Rosa, 2. Aufl. 1976.

„rororo"-Taschenbücher
17.6. Hamburg. Der Rowohlt-Verlag bringt als erster deutscher Verlag Romane im Rotationsdruckverfahren heraus (Rowohlts-Rotations-Romane, rororo).
Für die Herstellung der an dem Vorbild US-amerikanischer und britischer Pocket books orientierten Taschenbücher werden möglichst billige Fertigungsweisen (u. a. Klebetechnik anstelle von Faden- oder Klammerheftung) angewandt. Lediglich die Buchumschläge, die einen verkaufsfördernden Blickfang bieten sollen, sind im aufwendigen sechsfarbigen Offsetdruckverfahren hergestellt.

1950

Kulturszene 1950	K 469
Theater	
Eugène Ionesco Die kahle Sängerin UA 11.5., Paris	„Anti-Stück" über die Sinnlosigkeit gesellschaftlicher Verhaltensnormen: Zwei Ehepaare führen Konversation auf der Ebene von Floskeln.
Tennessee Williams Die tätowierte Rose UA 29.12., Chicago	Eine Sizilianerin lebt jahrelang in einer Traumwelt der Liebe zu ihrem verstorbenen Ehemann, dessen Urne sie aufbewahrt.
Oper	
Luigi Dallapiccola Der Gefangene UA 20.5., Florenz	Die bedeutendste von vier Opern des Italieners behandelt das Thema des Gefangenseins als Parabel menschlicher Grausamkeit.
Gian Carlo Menotti Der Konsul UA 1.3., Philadelphia	Die meistgespielte Oper des Amerikaners ist eine Anklage gegen Unterdrückung und die Willkür bürokratischer Stellen.
Musical	
Paul Burkhard Feuerwerk UA 16.5., München	Die musikalische Komödie lebt durch den Kontrast von Zirkusleben und der spießig dargestellten Wohlstandsgesellschaft.
Frank Loesser Guys and Dolls UA 14.11., New York	Broadway-Klassiker aus dem New Yorker Gangster- und Heilsarmee-Milieu nach Kurzgeschichten des Journalisten Damon Runyon.
Konzert	
P. Henry/P. Schaeffer Symphonie pour un homme seul; UA Paris	Schlüsselwerk der Musique concrète: Klang- und Geräuschfetzen verschiedenartigster Herkunft ergeben eine vielschichtige Collage.
Film	
Jean Cocteau Orphée Frankreich	Verfilmung von Cocteaus gleichnamigem Bühnenstück (1926): Jean Marais als Orpheus, der durch seine Musik Macht über den Tod erlangt.
Akira Kurosawa Rashomon Japan	Ein Verbrechen wird aus vier verschiedenen Perspektiven erzählt, doch die Wahrheit bleibt ungewiß; Kurosawas internationaler Durchbruch.
Joseph L. Mankiewicz Alles über Eva USA	Tragikomödie aus der Welt des amerikanischen Showbusiness: Aufstieg einer jungen Frau zum Star; mit sieben Oscars ausgezeichnet.
Max Ophüls Der Reigen Frankreich	Teils melancholische, teils unbeschwerte Liebesbeziehungen im Wien der Jahrhundertwende; nach Arthur Schnitzlers Stück (1900).
Billy Wilder Boulevard der Dämmerung; USA	Eine vergessene Stummfilmdiva (Gloria Swanson) träumt in ihrer alten Villa am Sunset Boulevard von einem Comeback.
Buch	
Nikos Kazantzakis Griechische Passion Stockholm	Die starke Identifikation mit einem Mysterienspiel läßt die Bewohner eines griechischen Dorfs als biblisches Personal erscheinen.
Pär Lagerkvist Barabbas Stockholm	Barabbas steht für den modernen Menschen, der glauben will, aber keinen Gott findet, an den er glauben kann (Nobelpreis 1951).
Doris Lessing Afrikanische Tragödie London	Der Debütroman der Engländerin erzählt die Geschichte einer unglücklichen Ehe im Süden Rhodesiens, die mit einer Katastrophe endet.
Pablo Neruda Der große Gesang Mexiko	Der Gedichtband des chilenischen Dichters ist ein Epos Südamerikas über Natur, indianische Kultur und die Ausbeutung durch Kolonialmächte.
Luise Rinser Mitte des Lebens Frankfurt/M.	Der autobiographisch gefärbte Roman schildert das Leben zweier Menschen anhand von Gesprächen, Briefen und Tagebuchaufzeichnungen.

Sport 1950 K 470

Fußball	
Weltmeisterschaft	Uruguay – Brasilien 2:1
Deutsche Meisterschaft	VfB Stuttgart
Englische Meisterschaft	FC Portsmouth
Italienische Meisterschaft	Juventus Turin
Spanische Meisterschaft	Atletico Madrid
Tennis	
Wimbledon (seit 1877; 64. Austragung)	Herren: Budge Patty (USA) Damen: Louise Brough (USA)
US Open (seit 1881; 70. Austragung)	Herren: Arthur Larsen (USA) Damen: Margaret Osborne-DuPont (USA)
French Open (seit 1925; 20. Austragung)	Herren: Budge Patty (USA) Damen: Doris Hart (USA)
Australian Open (seit 1905; 38. Austragung)	Herren: Frank Sedgman (AUS) Damen: Louise Brough (USA)
Davis-Cup (New York, USA)	Australien – USA 4:1
Eishockey	
Weltmeisterschaft	Kanada
Stanley-Cup	Detroit Red Wings
Deutsche Meisterschaft	SC Riessersee
Radsport	
Tour de France (4776 km)	Ferdi Kübler (SUI)
Giro d'Italia (3981 km)	Hugo Koblet (SUI)
Straßenweltmeisterschaft	Albéric Schotte (BEL)
Automobilsport (Grand-Prix-Rennen)	
GP von Europa, Silverstone	Giuseppe Farina (ITA), Alfa Romeo
GP von Belgien, Spa	Juan Manuel Fangio (ARG), Alfa Romeo
GP von Frankreich, Reims	Juan Manuel Fangio (ARG), Alfa Romeo
GP von Italien, Monza	Giuseppe Farina (ITA), Alfa Romeo
GP von Monaco, Monte Carlo	Juan Manuel Fangio (ARG), Alfa Romeo
GP der Schweiz, Bern	Giuseppe Farina (ITA), Alfa Romeo
Formel-1-Weltmeisterschaft	Juan Manuel Fangio (ARG), Alfa Romeo
Boxen	
Schwergewichts-Weltmeisterschaft	Ezzard Charles (USA) – K. o. über Nick Barone (USA), 5.12. – K. o. über Joe Louis (USA), 27.9. – K. o. über Freddy Beshore (USA), 15.8.
Herausragende Weltrekorde		
---	---	---
Disziplin	Athlet (Land)	Leistung
Leichtathletik, Männer		
400 m	George Rhoden (JAM)	45,8 sec
10 000 m	Emil Zatopek (TCH)	29:02,6 min
110 m Hürden	Richard Attlesey (USA)	13,5 sec
Kugelstoß	Jim Fuchs (USA)	17,95 m
Hammerwurf	Imre Nemeth (HUN)	59,88 m
Zehnkampf	Bob Mathias (USA)	7453 P.
Leichtathletik, Frauen		
400 m	Zoja Petrowa (URS)	56,7 sec
Kugelstoß	Anna Andrejewa (URS)	15,02 m

Mit dem niedrigen Verkaufspreis von 1,50 DM pro Band – gegenüber einem sonst üblichen Durchschnittsbuchpreis von 6,50 DM – sollen möglichst breite Leserschichten gewonnen werden. S 75/K 75

Sport

Uruguay Fußballweltmeister
16.7. Rio de Janeiro. Im 200 000 Zuschauer fassenden Maracaná-Stadion, der weltweit größten Sportarena, unterliegt Brasilien im letzten Spiel der Finalrunde Uruguay mit 1:2, das damit nach 1930 zum zweiten Mal Fußballweltmeister wird (↑S.271/30.7.1930).
Im Unterschied zu den drei vorherigen Weltmeisterschaften wurde das Turnier nicht im K. o.-System ausgetragen. Die 13 Teilnehmer wurden in vier Gruppen aufgeteilt, deren Sieger (Brasilien, Uruguay, Spanien und Schweden) im Spiel jeder gegen jeden den Weltmeister ermittelten. Den Brasilianern hätte ein Unentschieden zum Titelgewinn gereicht. Auch die erste WM-Teilnahme Englands, das sensationell mit 0:1 gegen die USA verlor, konnte nicht über das Fehlen starker Fußballnationen wie Argentinien, Ungarn, Österreich, Deutschland und Frankreich hinwegtäuschen. Die Italiener hatten 1949 den Stamm ihrer Nationalmannschaft verloren, als ein Flugzeug mit der Mannschaft des FC Turin abstürzte.
Die maßlos enttäuschten Brasilianer, die schon als sicherer Weltmeister galten, müssen auf diesen Triumph noch acht Jahre warten (↑S.528/29.6.1958).
📖 K.-H. Huba: Die Geschichte der Fußball-WM. Stories, Daten, Hintergründe, 1990.

Deutscher Sportbund gegründet
10.12. Hannover. Als Dachorganisation der zwölf Landessportbünde und 23 Fachverbände in der BRD wird der Deutsche Sportbund (DSB) mit Sitz in Frankfurt/M. ins Leben gerufen. Erster Präsident ist Willi Daume, der bis 1970 im Amt bleibt.
Die dem DSB entsprechende Organisation in der DDR ist der Deutsche Turn- und Sportbund (DTSB), der 1957 gegründet wird.
Mit zahlreichen Aktionen (u. a. „Turnen für jedermann", „Trimm Dich durch Sport", „Soft Trimming") fördert der DSB den westdeutschen Vereins- und Breitensport. Nach der Wiedervereinigung 1990 erfolgt die Eingliederung des DTSB in den DSB. 1996 sind dem DSB rund 78 000 Vereine mit 21 Mio Mitgliedern angeschlossen.

1951

Politik

BGS gegen „rote Gefahr"

15.2. Bonn. Der Deutsche Bundestag verabschiedet ein Gesetz über die Errichtung des Bundesgrenzschutzes (BGS). Die 10 000 Mann starke Eingreiftruppe, gedacht als ein Gegenstück zur ostdeutschen Volkspolizei, untersteht dem Bundesinnenministerium und soll das Bundesgebiet gegen zersetzende Infiltration aus dem Osten sichern. Im Verteidigungsfall und während eines inneren Notstands kann der Bundesgrenzschutz im gesamten Bundesgebiet als Polizeitruppe eingesetzt werden. Unter dem Eindruck des kommunistischen Überfalls auf Südkorea (↑S.462/25.6.1950) gab die alliierte Hochkommission ihre ablehnende Haltung auf, so daß binnen vier Wochen das entsprechende Gesetz den Bundestag passierte.
Sondereinheiten der auf 30 000 Mann (1991) aufgestockten Truppe wie die GSG 9 werden vor allem in den 70er Jahren zur Terrorismusbekämpfung eingesetzt.

Körner Österreichs Präsident

27.5. Wien. In einer Stichwahl wird mit 49,7% der Stimmen der Wiener Bürgermeister Theodor Körner (SPÖ) zum österreichischen Bundespräsidenten gewählt.
Erstmals wurde der Bundespräsident, wie bereits in der Verfassung vom 7.12.1929 (↑S.257) vorgesehen, direkt vom Volk gewählt. Der 78jährige Körner setzte sich in der Stichwahl gegen Heinrich Gleißner durch, den Kandidaten der Österreichischen Volkspartei (ÖVP). Von den ursprünglich sechs Bewerbern hatte im ersten Wahlgang keiner die erforderliche absolute Mehrheit erreicht.
Als Reaktion auf Körners Erfolg wechselt die ÖVP ihre Führungsspitze aus. Julius Raab löst Leopold Figl als Parteiobmann ab. S 498/K 504

Sozialisten bilden Internationale

30.6. Frankfurt/Main. Vertreter aus 34 Ländern gründen unter Leitung des SPD-Vorsitzenden Kurt Schumacher die Sozialistische Internationale (SI), einen Zusammenschluß sozialistischer bzw. sozialdemokratischer Parteien in aller Welt. Erster Vorsitzender wird der Brite Morgan Phillips. Die SI knüpft an die Tradition der Sozialistischen Arbeiter-Internationalen (SAI) an, die 1923–40 bestand. Die verabschiedete Frankfurter Deklaration ist eine Synthese von Grundsätzen aller sozialistischen Parteien. Der Kapitalismus wird verurteilt, ebenso das vor allem in osteuropäischen Staaten praktizierte kommunistische Einparteiensystem. 1977 umfaßt die SI 55 Parteien mit insgesamt 17 Mio Einzelmitgliedern. Zum Nachfolger des langjährigen Präsidenten Willy Brandt (1977–92) wird der Franzose Pierre Mauroy gewählt. S 151/K 165

📖 D. Lehnert: Sozialdemokratie zwischen Protestbewegung und Regierungspartei 1948–83.

Bundesverfassungsgericht gegründet

28.9. Karlsruhe. Die Gründung des Bundesverfassungsgerichts (BVG), ein Novum in der deutschen Rechtsgeschichte, wird mit einem Festakt im Karlsruher Schauspielhaus gewürdigt. Mit der Einrichtung dieses selbständigen Gerichtshofs als Verfassungsorgan ist der organisatorisch-institutionelle Aufbau des deutschen Staatswesens abgeschlossen. Erster

Wichtige Regierungswechsel 1951		K 471
Land	Amtsinhaber	Bedeutung
Belgien	Leopold III. (König seit 1934) Baudouin I. (König bis 1993)	Abdankung (16.1.) nach Vorwurf der Kollaboration mit den Deutschen während des 2. Weltkriegs; Königskrise beendet (S.463)
Frankreich	René Pleven (M seit 1950) Henri Queuille (M 10.3.–10.7.) René Pleven (M bis 1952)	Fortsetzung der chronischen Krise der IV. Republik; Zersplitterung der Parteienlandschaft erschwert Regierungsbildung; durchschnittliche Amtsdauer einer Regierung: 6 Monate
Großbritannien	Clement Richard Attlee (Labour, M seit 1945) Winston Churchill (Konserv., M bis 1955)	Wahlsieg des 76jährigen Churchill (25.10.), der den Zusammenhalt des krisengeschüttelten Weltreichs sichern soll
Guatemala	Juan José Arévalo (P seit 1945) Jacobo Arbenz Guzmán (P bis 1954)	Linksorientierter Guzmán enteignet beträchtliche Ländereien der amerikanischen United Fruit Company in Guatemala
Jordanien	Abd Allah Ibn Al Husain (König seit 1946) Talal (König bis 1952)	König von Palästinenser erschossen (20.7.); Grund: Konflikt um den von Jordanien besetzten östlichen Teil Palästinas
Österreich	Karl Renner (SPÖ, P seit 1945) Theodor Körner (SPÖ, P bis 1957)	Erste direkte Präsidentenwahl, 78jähriger Wiener Bürgermeister siegt (49,7% der Stimmen) gegen ÖVP-Kandidat Gleißner (S.467)

M = Ministerpräsident bzw. Premierminister; P = Präsident

1951

Deutsche Bundesgerichte		K 472
Name	Sitz	Zuständigkeit
Bundesarbeitsgericht	Kassel[1]	Arbeitsgerichtsbarkeit
Bundesdisziplinargericht	Frankfurt/M.	Disziplinarverfahren über Beamte
Bundesfinanzhof	München	Finanzgerichtsbarkeit
Bundesgerichtshof	Berlin[2] Karlsruhe	Strafsachen Zivilsachen
Bundespatentgericht	München	Gewerblicher Rechtsschutz
Bundessozialgericht	Kassel	Sozialgerichtsbarkeit
Bundesverfassungsgericht	Karlsruhe	Normenkontrolle, Organ- und Bund-Länder-Streitigkeiten Verfassungsbeschwerden
Bundesverwaltungsgericht	Berlin[2] München	Verwaltungsrecht Wehrdienstgerichtsbarkeit

1) Umzug nach Erfurt geplant; 2) Verlegung nach Leipzig geplant

Präsident des BVG wird der ehemalige FDP-Finanzexperte Hermann Höpker-Aschoff.
Das BVG ist ein Zwillingsgericht aus zwei Senaten mit je acht Richtern, die jeweils zur Hälfte von Bundesrat und Bundestag gewählt und vom Bundespräsidenten ernannt werden. Die Entscheidungen des BVG sind verpflichtend für alle anderen staatlichen Organe einschließlich des Bundestags. Mit seinen Bestimmungen gestaltet das BVG vor allem in den ersten Jahren der BRD die knappen Artikel des Grundgesetzes inhaltlich aus. S 468/K 472

Wirtschaft

Arbeiter dürfen mitbestimmen

10.4. Bonn. Der Deutsche Bundestag beschließt das Mitbestimmungsrecht von Arbeitnehmern in der Montanindustrie, das erstmals 71 Bergbaugesellschaften sowie 37 Betriebe der Eisen- und Stahlindustrie per Gesetz an die Einführung der paritätischen Mitbestimmung bindet.
Das mit den Stimmen von CDU, SPD und Zentrum verabschiedete Gesetz sieht elfköpfige Aufsichtsräte mit je fünf Delegierten von Arbeitgeber- und Arbeitnehmerseite vor. Das elfte Mitglied, oft Zünglein an der Waage, wird von den übrigen zehn Aufsichtsratsmitgliedern gewählt. Der Abstimmung waren massive Streikdrohungen von IG Metall und IG Bergbau vorausgegangen.
Der Chef des Deutschen Gewerkschaftsbundes, Hans Böckler, und Bundeskanzler Konrad Adenauer ebneten der Einigung zwischen Gewerkschaften und Arbeitgebern mit klärenden Gesprächen den Weg. Richtlinie für andere Industriezweige ist die Einigung nicht; das Betriebsverfassungsgesetz vom 19.7.1952 (↑S.476) versteht den Betriebsrat in personellen und wirtschaftlichen Fragen als beratende, nicht mitbestimmende Instanz. S 468/K 473

Montanunion perfekt

18.4. Paris. Mit Unterzeichnung des Vertrags über die Montanunion durch Belgien, die Bundesrepublik, Frankreich, Italien, Luxemburg und die Niederlande wird ein erster Schritt zur europäischen Einigung vollzogen. In dem Vertrag, der die Stahlproduktion und Kohleförderung koordinieren soll, übertragen die sechs Länder Hoheitsrechte an eine supranationale Vereinigung (Hohe Behörde). Das Abkommen basiert auf Vorschlägen des französischen Außenministers Robert Schuman (Schuman-Plan) und des französischen Wirtschaftspolitikers Jean Monnet, der 1952–55 Vorsitzender der Hohen Behörde ist. Der Bundestag ratifiziert den Vertrag am 11.1.1952. Die politische Dimension des Abkommens wird erst in der Folgezeit deutlich. Am 25.3.1957 (↑S.515) gründen die Mitglieder der Montanunion die Europäische Wirtschaftsgemeinschaft (EWG).

Mitbestimmung in Deutschland seit 1918		K 473
Jahr	Gesetzliche Regelung	
1918	Verordnung über Tarifverträge, Arbeiter- und Angestelltenausschüsse und Schlichtung von Streitigkeiten: Betriebe ab 20 Angestellten	
1920	Einsetzung des Reichswirtschaftsrats: überbetriebliche Mitbestimmung (bis 1934) bei Wirtschafts- und Sozialgesetzgebung	
	Betriebsrätegesetz: Wahl von Betriebsräten und betriebliche Mitwirkung in Betrieben ab fünf Arbeitnehmer (S.165/18.1.)	
1951	Mitbestimmungsgesetz in der Montanindustrie: paritätische Mitbestimmung ab 1000 Arbeitnehmer (S.468)	
1952	Betriebsverfassungsgesetz: Betriebsräte ab fünf Beschäftigte, Mitsprache in soz. u. personel. Fragen; Arbeitskampfverbot (S.476)	
1955	Personalvertretungsgesetz im öffentlichen Dienst: Ergänzung des Betriebsverfassungsgesetzes; Einführung des Personalrats	
1972	Neufassung des Betriebsverfassungsgesetzes: Ausbau der Rechte des Betriebsrats; mehr Rechte für einzelnen Arbeitnehmer	
1976	Mitbestimmungsgesetz: Für Unternehmen (ohne Montanindustrie) ab 2000 Arbeitnehmer gilt die paritätische Mitbestimmung	

Technik

Videozeitalter beginnt

Im Auftrag der Ampax Corporation entwickelt Charles Ginsburg ein Gerät zur magnetischen Aufzeichnung von Bildern. Der Prototyp des Videorecorders arbeitet mit einem 2 Zoll (5,08 cm) breiten Magnetband (↑S.250/1928), das mit einer Geschwindigkeit von 38,1 cm/sec an vier Magnetköpfen vorbeigeführt wird.

1951

1956 kommt in den USA mit dem „VR 1000" der erste für Konsumenten bestimmte Videorecorder in den Handel; die dazu benötigten Videobänder wiegen fast 10 kg. Von den 1975 entwickelten Bandsystemen Betamax und VHS (Video Home System), die beide mit 1/2-Zoll-Bändern arbeiten, setzt sich das VHS-System durch.

Maschine ersetzt Herz und Lunge
5.4. Minneapolis. In der Chirurgischen Klinik des US-Bundesstaats Minnesota wird erstmals am offenen Herzen mit Hilfe einer Herz-Lungen-Maschine operiert. Erfinder der Maschine und Operateur ist der Arzt Clarence Dennis. Die sechsjährige Patientin stirbt kurz nach dem Eingriff. Der kurzfristige Ersatz der Herz- und Lungenfunktionen ermöglicht ein sicheres Operieren am stillgelegten Herzen. Bei diesem Verfahren wird venöses Blut mit Hilfe einer Pumpe entnommen und über einen Entschäumer zu einem Oxygenator geleitet. Von dort wird das mit Sauerstoff angereicherte Blut wieder dem Körper zugeführt.
1953 operiert der US-amerikanische Herzspezialist John H. Gibbon erfolgreich mit einer Herz-Lungen-Maschine ein 18jähriges Mädchen, dessen Herz während des Eingriffs 29 Minuten stillsteht. S 469/K 474

Erfolge in der Herzchirurgie K 474

Jahr	Fortschritt	Mediziner (Land)
1929	Herzkatheter eingesetzt	Werner Forßmann (D)
1951	Operation am offenen Herzen	Clarence Dennis (USA)
1952	Herzschrittmacher eingesetzt	Paul M. Zoll (USA)
1953	Herz-Lungen-Maschine eingesetzt	John Heynsham Gibbon (USA)
1961	Künstliche Herzklappe entwickelt	Albert Starr, M. L. Edwards (USA)
1967	Koronare Bypassoperation	Rene Favaloro (USA)
1967	Herztransplantation	Christiaan Barnard (Südafrika)
1969	Kunstherzverpflanzung	Denton Cooley (USA)
1986	Pumpsysteme eines Kunstherzens	Emil Bücherl (D)

Medien

Fernsehen wird bunt
7.7. In den USA beginnt mit der Ausstrahlung einer CBS-Show der Siegeszug des Farbfernsehens. Die Farbqualität läßt allerdings noch zu wünschen übrig.
Ein erstes, wirtschaftlich erfolgloses Farbfernsehpatent hatte 1902 der deutsche Physiker Otto von Bronk erhalten. 1928 gelang dem Schotten John Logie Baird die Ausstrahlung eines 30zeiligen Farbfernsehbilds. Während sich in den USA und Japan das vom National Television System Committee entwickelte NTSC-System durchsetzt, ist in Frankreich das 1958 von Henri de France erfundene Farbfernseh-System SECAM (séquentiel à mémoire) verbreitet. Das u. a. in Deutschland übliche PAL-System (PAL = Phase Alternating Line) stellt 1961 Walter Bruch vor. S 469/K 475

Gesellschaft

Schah heiratet Soraya
12.2. Teheran. Im Elfenbeinsaal des königlichen Marmorpalasts heiratet der persische Schah Mohammed Resa Pahlawi die 18jährige Soraya Isfandiary, Tochter eines persischen Stammesführers und einer Deutschen. Der seit 1941 amtierende Schah hatte in erster Ehe Prinzessin Fawzia geheiratet, eine Schwester des späteren Königs Faruk I. von Ägypten. Aus dieser Ehe stammt eine Tochter namens Schahnaz.
Die Verbindung zwischen dem Schah und Soraya beherrscht die Klatschspalten der internationalen Boulevardpresse. Das kaiserliche Paar klagt vor allem über die bundesdeutsche Regenbogenpresse, die keinen seiner Schritte unbeobachtet läßt. Die Aufdringlichkeit der Reporter läßt die iranische

Entwicklung der Fernsehtechnik K 475

Jahr	Fortschritt	Konstrukteur (Land)
1884	Nipkow-Scheibe zur Bildübertragung	Paul Nipkow (D)
1897	Braunsche Röhre	Karl Ferdinand Braun (D)
1902	Erstes Farbfernsehpatent	Otto von Bronk (USA)
1911	Elektronisches Fernsehbild	Wladimir K. Zworykin (UdSSR)
1925	Ikonoskop-Fernsehröhre	Wladimir K. Zworykin (UdSSR)
1928	30zeiliges Farbfernsehbild	John Logie Baird (GB)
1931	Fernsehen mit Ton	René Barthélemy (F)
1943	Eidophor-Verfahren zur Großprojektion	Franz Fischer (CH)
1949	Schatten-/Lochmaskenröhre	RCA (USA)
1950	Vidikon-Röhre für tragbare TV-Kameras	RCA (USA)
1953	NTSC-Farbfernsehsystem	USA
1958	SECAM-Farbfernsehsystem	Henri de France (F)
1961	PAL-Farbfernsehsystem	Walter Bruch (D)
1962	Erste transatlantische TV-Übertragung per Satellit (Telstar)	USA
1991	HDTV-Fernsehen	Japan, USA
1993	Laser-Farbfernsehsystem	Daimler-Benz, Schneider (D)
1994	Farbfernsehnorm PALplus (16:9-Format)	Europa
1996	Digitales Fernsehen (Datenreduktion: MPEG, Decoder: Set-Top-Box)	–

NTSC = National Television Systems Committee; SECAM = Systéme Electronique Couleur Avec Mémoire; PAL = Phase Alternating Line; HDTV = High-Definition Television; MPEG = Motion Picture Experts Group

1951

Hochzeit in Teheran: der persische Schah Mohammed Resa Pahlawi heiratet Soraya Isfandiary.

Botschaft sogar beim Auswärtigen Amt in Bonn vorstellig werden. Eine sog. Lex Soraya, die Strafen für Journalisten vorsieht, die sich abfällig über Staatsoberhäupter äußern, wird aber vom Bundesrat als Verstoß gegen die Pressefreiheit gewertet und abgelehnt.

Wegen Kinderlosigkeit läßt sich der Schah 1958 scheiden und heiratet Farah Dibah, die 1960 den erhofften männlichen Thronfolger zur Welt bringt (↑S.730/1.2.1979).

Ein SOS-Kinderdorf
15.4. Imst. In Tirol wird das erste SOS-Kinderdorf eröffnet. Es soll heimatlosen Kindern Betreuung in familienähnlichen Gemeinschaften bieten. Eine „Familie" besteht aus sieben bis neun Kindern, die mit einer „Mutter" ein Haus bewohnen. Ein Kinderdorf umfaßt zehn bis zwölf solcher Häuser.

Initiator des Projekts ist der österreichische Sozialpädagoge Hermann Gmeiner, der 1949 den Wohltätigkeitsverein „SOS-Kinderdorf" gründete. Schon im 19. Jh. entwickelten u. a. Johann Heinrich Pestalozzi und Don Bosco ein Konzept der Waisenbetreuung, das erstmals 1917 im Rahmen einer Gemeindeselbstverwaltung in Pater Flanagans „Boys Town" in Nebraska verwirklicht wurde. Die Gründung des ersten SOS-Kinderdorfs in Deutschland erfolgt am 7.6.1958 im oberbayerischen Dissen.

Ende der 70er Jahre gibt es weltweit 108 SOS-Kinderdörfer.

H. Reinprecht: Hermann Gmeiner. Abenteuer Nächstenliebe, NA 1989.

Kultur

Hörspielpreis der Kriegsblinden
Der Hörspielpreis der Kriegsblinden wird erstmals vergeben. Diesen Ehrenpreis, der alljährlich an den Autor des bedeutendsten Originalhörspiels in deutscher Sprache gehen soll, erhält 1951 Erwin Wickert für sein Stück „Darfst du die Stunde rufen?"

Die Literaturgattung des Hörspiels hat eine wechselvolle Entwicklung hinter sich: 1924 sendete der britische Rundfunk das erste Hörspiel, „Danger" von Richard Hughes. In der Folgezeit wurden die technischen Möglichkeiten des neuen Mediums immer mehr ausgereizt. Aufsehen erregte 1938 Orson Welles mit seiner „Invasion vom Mars", die eine Panik in der Bevölkerung auslöste (↑S.347/30.10.1938). In Deutschland markierte Wolfgang Borcherts „Draußen vor der Tür", das auch als Theaterstück aufgeführt wurde (↑S.438/21.11.1947), nach den propagandistischen Hörspielen der NS-Zeit einen Neubeginn. Günter Eich, der 1952 den Preis der Kriegsblinden erhält, wird zum Schöpfer einer poetischen Hörspielform, in der sich Traum, Seelenqual und Unterbewußtes miteinander vermengen.

S 471/K 478

Studio für elektronische Musik
Köln. Das erste Studio für elektronische Musik wird am NWDR Köln eingerichtet. Die neuen, umwälzenden Klangwellen stoßen zunächst überwiegend auf Ablehnung.

Voraussetzung für die Entstehung dieser Musikart war die Erfindung des Magnettonbands 1950. Der Komponist sammelt das Material (u. a. Sinustöne, Impulse, Rauschen), verwandelt es durch Verzerren oder Verhallen und synchronisiert die einzelnen Elemente. Endergebnis ist ein Tonband; herkömmliche Interpreten und Partituren sind nicht mehr nötig.

Großes Interesse findet eine erste Vorführung der „Klangwelten der elektronischen Musik" bei den internationalen Ferienkursen für Neue Musik in Darmstadt 1951 (↑S.427/1946).

Einfluß auf die Entwicklung der elektronischen Musik nimmt ab den 60er Jahren die Erfindung des Synthesizers.

1951

Hörspiel-Meilensteine		K 478
Datum	Ereignis	
15. 1.1924	Sendung des ersten Hörspiels: „Danger" von Richard Hughes (BBC London)	
30.10.1938	Hörspiel löst Panik in den USA aus: „Invasion vom Mars" von Orson Welles (nach dem Roman „Krieg der Welten" von H. G. Wells)	
13. 2.1947	Hörspiel-Neuanfang in Deutschland: „Draußen vor der Tür" von Wolfgang Borchert	
19. 4.1951	Begründung des poetischen Hörspiels: „Träume" von Günter Eich (NWDR)	

📖 K. Stockhausen: Texte Bd. 1, Texte zur elektronischen und instrumentalen Musik, o. J.
H. Eimert/ H. U. Humpert: Das Lexikon der elektronischen Musik, 3. Aufl. 1981.

Adoleszenzroman von Salinger

London. Jerome David Salingers Roman „Der Fänger im Roggen" erscheint. Der 16jährige Held des Romans setzt sich im typischen Jargon seines Alters mit der Welt der Erwachsenen auseinander, an deren Schwelle er nun steht. Treffend beschreibt Salinger die Schwierigkeiten des Erwachsenwerdens und entlarvt die in leergelaufenen Traditionen und im Konformismus erstarrte Elterngeneration. „Der Fänger im Roggen" entwickelt sich zu einer Art „Bibel" der jungen Schriftsteller. Salingers von der Umgangssprache geprägte, dialogreiche Erzählkunst wird wegweisend für einen Teil der amerikanischen Gegenwartsliteratur (u. a. John Updike). S 471/K 477
📖 W. French: J. D. Salinger, 1963.

Japanisches Kino wird populär

Venedig. Bei den Internationalen Filmfestspielen wird Akira Kurosawas „Rashomon" mit dem Goldenen Löwen ausgezeichnet.
Der Film erzählt aus vier verschiedenen Perspektiven die Geschichte eines Verbrechens: Ein Samurai ist im „Wald der Dämonen" getötet und seine Frau vergewaltigt worden. Die Beteiligten schildern den Tathergang aus eigennützigen Motiven völlig unterschiedlich. „Rashomon" verhilft dem japanischen Film zu weltweiter Anerkennung. Großen Einfluß auf das internationale Filmschaffen übt 1953 Kurosawas „Die sieben Samurai" aus, Vorbild für den Western „Die glorreichen Sieben" (1960) von John Sturges. 1990 erhält der japanische Regisseur einen Ehren-Oscar. S 465/K 469
📖 H. P. Jansen/W. Schütte (Hg.): Akira Kurosawa, 1988.

Kulturszene 1951	K 477
Theater	
Jean-Paul Sartre Der Teufel und der liebe Gott; UA 7.6., Paris	Ein Heerführer in den deutschen Bauernkriegen gelangt durch die Absurdität des Kampfes zu existentialistischer Weltsicht.
Oper	
Paul Dessau Das Verhör des Lukullus UA 17.3., Ostberlin	Das Werk über den genußsüchtigen, menschenfeindlichen Feldherrn (Text: Bertolt Brecht) wird in der DDR der Zensur unterzogen.
Igor Strawinsky The Rake's Progress UA 11.9., Venedig	Aus der „Laufbahn eines Wüstlings" in William Hogarths Bilderfolge (18. Jh.) wird eine schwarze Komödie mit Musik à la Mozart.
Musical	
Richard Rodgers Der König und ich UA 29.3., New York	Das Musical lebt von siamesischen Kolorit und wird zum Durchbruch für Yul Brynner (König) – auch im Film (1956).
Konzert/Ballett	
Pierre Boulez Polyphonie X UA 6.10., Donaueschingen	Eine der ersten seriellen Kompositionen: Das Zusammenspiel wird nach einem strengen Reihenprinzip organisiert.
Wolfgang Fortner Die weiße Rose UA 28.4., Westberlin	Die in Zwölftontechnik komponierte Ballettmusik mit Anklängen an Strawinskys „Petruschka" (1911) ist ein Hauptwerk des Komponisten.
Film	
Christian-Jacque Fanfan, der Husar Italien/Frankreich	Spannende Abenteuerkomödie aus der Zeit König Ludwigs XV., mit Gérard Philipe in der Titelrolle – erfolgreicher Unterhaltungsfilm.
John Huston African Queen USA	Ein ungleiches Paar (Katharine Hepburn und Humphrey Bogart) flieht im 1. Weltkrieg auf einem Boot vor deutschen Truppen in Afrika.
Vincente Minnelli Ein Amerikaner in Paris USA	Preisgekröntes Filmmusical (acht Oscars) mit Musik von George Gershwin und brillanter Choreographie des Tänzers Gene Kelly.
Wolfgang Staudte Der Untertan DDR	Schicksal des autoritätsgläubigen Diederich Heßling in der Wilhelminischen Ära; Filmsatire nach dem Roman (1918) von Heinrich Mann.
Billy Wilder Reporter des Satans USA	Scharfe Attacke gegen den Sensationsjournalismus: Ein verschütteter Mann stirbt, weil ein Reporter die Hilfsaktion verzögert.
Buch	
Theodor W. Adorno Minima Moralia Frankfurt/M.	Aus den Facetten persönlicher Erfahrung entsteht in der Aphorismensammlung das Bild eines „beschädigten", entfremdeten Lebens.
Heimito von Doderer Die Strudlhofstiege München	Umfangreicher Gesellschafts-, Liebes-, Ehe- und Entwicklungsroman aus dem Wiener Alltag der Jahre 1910/11 sowie 1923–25.
James Jones Verdammt in alle Ewigkeit New York	Der Roman über den unmenschlichen Kasernenhofdrill in einer US-Einheit während des 2. Weltkriegs wird ein Welterfolg, auch als Film.
Wolfgang Koeppen Tauben im Gras Stuttgart	Montagetechnik und innerer Monolog sind die Stilmittel des Romans über 24 Stunden im Leben mehrerer Menschen in München.
Jerome D. Salinger Der Fänger im Roggen London	Der Roman artikuliert das Selbstverständnis der jungen Generation, die gegen die Welt der Erwachsenen und die Langeweile rebelliert.
Ernst von Salomon Der Fragebogen Hamburg	Autobiographischer Rechenschaftsbericht, gegliedert nach den 131 Fragen zur Entnazifizierung belasteter Personen.

Bayreuther Festspiele: Wieland (l) und Wolfgang Wagner im Festspielhaus kurz vor dessen Wiedereröffnung, 1951

Nobelpreisträger 1951	K 476
Frieden: Léon Jouhaux (F, 1879–1954)	
Jouhaux baute die französische Gewerkschaftsbewegung mit auf. 1909 wurde er Führer der marxistisch ausgerichteten CGT. 1948 gründete Jouhaux, der während des 2. Weltkriegs im Untergrund gegen die deutschen Besatzer gekämpft hatte, die antikommunistische CGT-Abspaltung FO.	
Literatur: Pär Fabian Lagerkvist (S, 1891–1974)	
Lagerkvist befaßte sich in seinen Gedichten, Dramen und Romanen mit den Grundfragen der menschlichen Existenz. Die Zerrissenheit zwischen Angst und Sicherheit sowie die Suche nach religiöser Gewißheit durchzieht insbesondere seine späten Romane (u. a. „Barabbas" 1950).	
Chemie: Edwin McMillan (USA, 1907–1991), Glenn T. Seaborg (USA, *1912)	
Die beiden Chemiker entdeckten die sog. Transurane (Elemente, die im Periodensystem nach dem Element Uran stehen), darunter das Plutonium. McMillan entwickelte das Zyklotron mit, einen Teilchenbeschleuniger, in dem eine Spannung von mehreren Milliarden Volt erzeugt werden kann.	
Medizin: Max Theiler (Südafrika, 1899–1972)	
Der Mikrobiologe wies 1927 nach, daß der Erreger des Gelbfiebers durch eine Stechmückenart (Gelbfiebermücke) übertragen wird. Im Auftrag der Rockefeller-Stiftung entwickelte Theiler 1932 einen vorbeugenden Impfstoff gegen die bis dahin meist tödlich verlaufende Tropenkrankheit.	
Physik: John D. Cockcroft (GB, 1897–1967), Ernest Walton (IRL, 1903–1995)	
Die beiden Physiker konstruierten eine Hochspannungsanlage (Kaskadengenerator), mit der ihnen 1932 die erste künstliche Kernumwandlung gelang. Dies brachte die Atomforschung entscheidend voran, da radioaktives Material nur in geringem Umfang als natürlicher Rohstoff existierte.	

Formalismus-Vorwurf an Brecht

17.3. Ostberlin. Die Uraufführung der Oper „Das Verhör des Lukullus" nach einem Text von Bertolt Brecht und der Musik von Paul Dessau stößt auf die Kritik der SED-Führung.

Brechts Lehrstück, 1939 unter dem Eindruck des deutschen Einmarschs in Polen entstanden, beschreibt das Schicksal des römischen Feldherrn Lukullus, der nach einem Angriffskrieg gegen Asien von dem Gericht des Schattenreichs „ins Nichts" verurteilt wird.

Die pazifistische Tendenz des Werks führt zum Vorwurf des Formalismus – mangelnde Militanz wird vor dem Hintergrund des Koreakriegs (↑S.462/25.6.1950) als sinnentleerte Spielerei verstanden. Auch Paul Dessau, der auf sämtliche Melodieinstrumente zugunsten von Schlaginstrumenten verzichtet hat, trifft der Vorwurf eines „fehlenden ideologischen Scharfsinns". Er war 1948 aus dem Exil in den USA in den Ostteil Berlins zurückgekehrt und wird einer der anerkanntesten Komponisten der DDR.

Brecht und Dessau überarbeiten die Oper, die am 12.10. in Abwesenheit des Dichters unter dem Titel „Die Verurteilung des Lukullus" erneut uraufgeführt wird: Die Zahl der Szenen wurde von 14 auf zwölf reduziert, die Aussage gegen den Angriffskrieg verschärft.

📖 F. Hennenberg: Paul Dessau. Für Sie porträtiert, 1974. K.-D. Müller (Hg.): Bertolt Brecht, 1985.

Erste Berlinale

6.6. Westberlin. Im Steglitzer Titania-Palast werden die I. Internationalen Berliner Filmfestspiele eröffnet. Damit verbunden ist die Verleihung der vom Bundesinnenministerium gestifteten Bundesfilmpreise. Im Verlauf des zwölf Tage dauernden Festivals präsentieren 21 Nationen 34 Spiel- und 80 Kulturfilme. Als bester Spielfilm des vergangenen Jahres wird „Das doppelte Lottchen" (Regie: Josef von Baky) nach dem gleichnamigen Buch von Erich Kästner, der auch das Drehbuch schrieb, ausgezeichnet. „Kleine Nachtgespenster", ein Film über Fledermäuse, erhält den Preis als bester Kulturfilm. Die Berlinale etabliert sich in den folgenden Jahren als eines der bedeutendsten Filmfestivals in Europa. S 427/K 425

📖 W. Jacobsen: Berlinale, Internationale Filmfestspiele von Berlin, 1990.

Wieder Wagner-Festspiele

29.7. In Bayreuth finden die ersten Richard-Wagner-Festspiele nach dem 2. Weltkrieg statt. Die Gesamtleitung haben die Wagner-

Enkel Wieland und Wolfgang Wagner übernommen. Aufgrund der Funktion der Festspiele als kulturelles Aushängeschild der Machthaber des Dritten Reichs wird die Wiederaufnahme zu einem Politikum.
Wieland und Wolfgang Wagner bemühen sich um eine völlig neue Konzeption. Anstelle der üppig-dekorativen Ausstattung übernehmen auf einer fast leeren Bühne Licht- und Schattenbewegungen die gliedernden Funktionen des Bühnenbildes; Requisiten fehlen völlig. Dieser provozierende Stil stößt bei vielen traditionsverhafteten Wagnerianern auf Ablehnung.
Dennoch etabliert sich in den folgenden Jahren in Bayreuth ein von Schwulst befreiter, auf die Musik und ihre Wirkung konzentrierter Aufführungsstil.

D. Mack: Der Bayreuther Inszenierungsstil 1876–1976. 100 Jahre Bayreuther Festspiele, 1976

Britten vertont Melville-Novelle

1.12. London. An der Royal Opera wird Benjamin Brittens Oper „Billy Budd" uraufgeführt. Das nach einer unvollendeten Novelle von Herman Melville entstandene Werk setzt nach „Peter Grimes" (1945) das sozialkritisch geprägte britische Musiktheater der Gegenwart erfolgreich fort.
Die vieraktige Oper, zu der Edward Morgan Forster und Eric Crozier das Libretto schrieben, schildert die Geschichte des ehrlichen, aber naiven Matrosen Billy Budd, der von einem böswilligen Unteroffizier zur Meuterei angestiftet und schließlich hingerichtet wird. Benjamin Britten, Begründer der neuen englischen Operntradition, komponiert jenseits aller avantgardistischen Strömungen eine leicht faßliche Musik, die aus einer Mischung historischer Stile ihr eigenes Profil gewinnt.

B. Britten: Wunderbare Welt der Musik, 1968, dt. 1969.

Sport

12.4. Bayern. Der Lampertheimer Motorradrennfahrer Wilhelm Herz verbessert auf seiner 500-cm³-Kompressor-Maschine von NSU den seit 1937 bestehenden Geschwindigkeits-Weltrekord für einspurige Kraftfahrzeuge, bisher gehalten von Ernst Henne, um mehr als 10 km/h. Auf der Autobahn München–Ingolstadt schraubt er die neue Marke auf 289,796 km/h. Das stromlinienförmig verkleidete Motorrad legt dabei in der Sekunde etwa 84 m zurück.

Sport 1951   K 479

Fußball	
Deutsche Meisterschaft	1. FC Kaiserslautern
DFB-Pokal	Nicht ausgetragen
Englische Meisterschaft	Tottenham Hotspurs
Italienische Meisterschaft	AC Mailand
Spanische Meisterschaft	Atletico Madrid
Tennis	
Wimbledon (seit 1877; 65. Austragung)	Herren: Dick Savitt (USA) Damen: Doris Hart (USA)
US Open (seit 1881; 71. Austragung)	Herren: Frank Sedgman (AUS) Damen: Maureen Connolly (USA)
French Open (seit 1925; 21. Austragung)	Herren: Jaroslav Drobny (TCH) Damen: Shirley Fry (USA)
Australian Open (seit 1905; 39. Austragung)	Herren: Dick Savitt (USA) Damen: Nancy Bolton (AUS)
Davis-Cup (Sydney, AUS)	Australien – USA 3:2
Eishockey	
Weltmeisterschaft	Kanada
Stanley-Cup	Toronto Maple Leafs
Deutsche Meisterschaft	Preußen Krefeld
Radsport	
Tour de France (4479 km)	Hugo Koblet (SUI)
Giro d'Italia (4153 km)	Fiorenzo Magni (ITA)
Straßenweltmeisterschaft	Ferdi Kübler (SUI)
Automobilsport (Grand-Prix-Rennen)	
GP von Europa, Reims	Luigi Fagioli (ITA)/Juan Manuel Fangio (ARG), Alfa Romeo
GP von Belgien, Spa	Giuseppe Farina (ITA), Alfa Romeo
GP von Deutschland, Nürburgring	Alberto Ascari (ITA), Ferrari
GP von Italien, Monza	Alberto Ascari (ITA), Ferrari
GP von Großbrit., Silverstone	José Foilan González (ESP), Ferrari
GP von Spanien, Barcelona	Juan Manuel Fangio (ARG), Alfa Romeo
Formel-1-Weltmeisterschaft	Juan Manuel Fangio (ARG), Alfa Romeo
Boxen	
Schwergewichts-Weltmeisterschaft	Joe Walcott (USA) – K. o. über Ezzard Charles (USA), 18.7.

Herausragende Weltrekorde		
Disziplin	Athlet (Land)	Leistung
Leichtathletik, Männer		
200 m	Andrew Stanfield (USA)	20,6 sec
300 m Hindernis	Wladimir Kasanzew (URS)	8:49,8 min
Dreisprung	A. Ferreira da Silva (BRA)	16,01 m
Leichtathletik, Frauen		
Hochsprung	Sheila Lerwill (GBR)	1,72 m
Diskuswurf	Nina Dumbadse (URS)	53,37 m
Schwimmen Männer		
400 m Freistil	John Marshall (AUS)	4:26,9 min

1952

Politik

Stalin bietet Neutralität an

10.3. Moskau. Die Sowjetunion schlägt den drei westlichen Besatzungsmächten in der sog. Stalin-Note Verhandlungen über einen gesamtdeutschen Friedensvertrag und die Wiedervereinigung Deutschlands vor. Der Kreml bietet ein neutralisiertes Deutschland mit nationaler Armee in den auf der Potsdamer Konferenz (↑S.411/17.7.1945) festgelegten Grenzen an. Die Forderung der Westmächte, freie Wahlen zur Bildung einer gesamtdeutschen Regierung abzuhalten, lehnt er jedoch ab. Bundeskanzler Konrad Adenauer betrachtet die Vorschläge Stalins als „Störmanöver" gegen seine Politik der Westintegration, die durch die geforderte Neutralität behindert würde, und verzichtet entgegen dem Drängen vieler Parteifreunde (Jakob Kaiser) und Oppositionspolitiker (Kurt Schumacher/ SPD) auf eine Prüfung des Angebots; Publizisten und Historiker sprechen von einer „verpaßten Chance". Die „Stalin-Note" stellt in einer Reihe von Entwürfen das weitestgehende Angebot der Sowjetunion zur Wiedervereinigung Deutschlands dar. In seinen „Erinnerungen" begründet Adenauer seine ablehnende Haltung damit, „daß nur eine feste entschlossene Politik des Anschlusses an den Westen eines Tages die Wiedervereinigung ... bringen wird".

R. Steininger: Eine Chance zur Wiedervereinigung? Stalin-Note vom 10.3.1952, 1985.

Bundesrepublik wird souverän

26.5. Bonn. Die Bundesrepublik Deutschland erhält mit der Unterzeichnung der „Konvention über die Beziehungen der drei Westmächte zur Bundesrepublik" (Deutschland-Vertrag) im Bonner Bundeshaus die Rechte eines souveränen Staates. Damit ist der Weg frei für die politische, wirtschaftliche und militärische Westintegration der Bundesrepublik, die einen Tag später mit der Unterzeichnung des Vertrags über die Europäische Verteidigungsgemeinschaft (EVG) bekräftigt wird. Die Souveränität der Bundesrepublik ist allerdings eingeschränkt: Die westlichen Siegermächte behalten sich spezielle Rechte vor (u. a. Truppenstationierung, Ausrufung des Notstandes). Das Besatzungsstatut wird erst mit Inkrafttreten des Vertrags aufgehoben.

Nach dem Scheitern der EVG – die französische Nationalversammlung stemmte sich gegen einen „Souveränitätsverzicht" Frankreichs – tritt der Deutschland-Vertrag am 5.5.1955 mit den Pariser Verträgen in Kraft; das Besatzungsregime wird offiziell beendet. Die Pariser Verträge schaffen die Voraussetzungen für den Eintritt der Bundesrepublik in die NATO (↑S.491/23.10.1954). Die Sowjetunion gewährt der DDR am 20.9.1955 die volle Souveränität. S 835/K 804 S 837/K 806

R. Morsey: Die Bundesrepublik Deutschland. Entstehung und Entwicklung bis 1969, 1987. C. Kleßmann: Die doppelte Staatsgründung. Deutsche Geschichte 1945–1955, NA 1989.

Wiedergutmachung an Israel

10.9. Luxemburg. Im Luxemburger Stadthaus wird das Wiedergutmachungsabkommen zwischen der BRD und Israel unterzeichnet. Das Dokument verpflichtet die Bundesrepu-

Wichtige Regierungswechsel 1952		K 480
Land	**Amtsinhaber**	**Bedeutung**
Ägypten	Faruk (König seit 1936) Fuad II. (König bis 1953)	Militär zwingt Faruk zur Abdankung (23.7.); sein siebenmonatiger Sohn wird König; 1953 wird die Monarchie abgeschafft
Bolivien	Hugo Ballivián (P seit 1951) Victor Paz Estenssoro (P bis 1956)[1]	Aufstand der Minenarbeiter (3000 Tote) beendet Militärdiktatur (9.4.); Paz Estenssoro verstaatlicht Zinnminen
Frankreich	René Pleven (M seit 1951) Edgar Faure (M 20.1.–29.2.) Antoine Pinay (M bis 23.12.)	Fortsetzung der Regierungskrise; Pinay, erster Regierungschef der Bauernpartei nach dem Krieg, übernimmt auch Amt des Finanzministers, scheitert jedoch an der Finanzpolitik
Großbritannien	George VI. (König seit 1936) Elizabeth II. (Königin bis ...)	Tod von George (6.2.), der für die Briten die Integrationsfigur in Zeiten innen- und außenpolitischen Wandels war
Israel	Chaim Weizmann (P seit 1948) Isaak Ben Zwi (P bis 1963)	Tod des ersten israelischen Staatspräsidenten (9.11.), der stets für einen unabhängigen jüdischen Staat gekämpft hatte
Jordanien	Talal (König seit 1951) Hussein II. (König bis ...)	Talal wegen Nervenkrankheit abgesetzt (11.8.); sein 17jähriger Sohn wird König und entmachtet 1957 das Parlament

M = Ministerpräsident; P = Präsident
1) Übergangspräsident 11.–17.4. Hernán Siles Suazo

blik innerhalb von 14 Jahren zur Zahlung von 3 Mrd DM in Sachwerten. Weitere 400 Mio DM erhalten jüdische Weltorganisationen, die vor allem die in die USA und nach Großbritannien eingewanderten Flüchtlinge vertreten und unterstützen.

Im März 1951 hatte Israel die vier Besatzungsmächte in einer Note aufgefordert, Entschädigungsansprüche an Deutschland in Höhe von 6 Mrd DM zu unterstützen. Die DDR fühlte sich in ihrem Selbstverständnis als antifaschistischer Nachfolgestaat nicht angesprochen, die Bundesrepublik beschloß am 27.9.1951, Zahlungen zu leisten. Seit März 1952 verhandelten Israel und Deutschland im niederländischen Den Haag über die Vertragsmodalitäten. S 475/K 481

C. Pross: Wiedergutmachung. Der Kleinkrieg gegen die Opfer, 1988. Wiedergutmachung in der BRD, 1989.

USA zünden erste H-Bombe

1.11. Eniwetok-Atoll. US-amerikanische Kernphysiker zünden im Pazifik die erste Wasserstoff-Bombe (H-Bombe). Das 5 km² große Eniwetok-Atoll wird durch die enorme Sprengkraft der thermonuklearen Bombe, deren Zerstörungspotential 700 Hiroshima-Bomben entspricht, vollkommen zerstört.

Der US-amerikanische Präsident Harry S. Truman hatte die Forschungen zum Bau der H-Bombe im Zeichen des kalten Krieges vorangetrieben, um den Vorsprung der USA in der Waffentechnik dauerhaft zu sichern. Bei der Wasserstoffbombe, deren Grundlagen der amerikanische Physiker Edward Teller entwickelte, verschmelzen die Wasserstoffisotope Deuterium und Tritium zu Helium. Die zur Fusion erforderlichen hohen Temperaturen von 100 Mio Grad Celsius werden durch die vorgeschaltete Zündung einer Atombombe erzielt. Am 12.8.1953 zündet auch die Sowjetunion ihre erste H-Bombe. S 569/K 575

Eisenhower 34. US-Präsident

4.11. USA. Dwight D. Eisenhower („Uncle Ike") wird mit überwältigender Mehrheit zum neuen Präsidenten der USA gewählt. Er löst Harry S. Truman ab, der nach seiner zweiten Amtsperiode nicht erneut kandidieren durfte. Eisenhower, der erste republikanische Präsident seit Herbert C. Hoover (↑S.249/6.11.1928), setzt sich in 39 von 48 US-Staaten gegen seinen demokratischen Kontrahenten Adlai Ewing Stevenson durch und sichert seiner Partei eine knappe Mehrheit in Senat und Kongreß. Vizepräsident wird der 39jährige Senator Richard Nixon.

Eisenhowers Popularität gründet auf seinem Ruhm als erfolgreicher General im 2. Weltkrieg. Der 63jährige, der für den Wahlkampf im April 1952 vom Amt des NATO-Oberbefehlshabers zurückgetreten war, zeichnete u. a. als Oberkommandierender für die Landung der Alliierten in der Normandie am 6.6.1944 (↑S.396) verantwortlich.

Eisenhower bemüht sich um eine liberale Politik („modern republicanism"). Er betreibt einen vorsichtigen Ausbau des Sozialsystems und bemüht sich um Rassenintegration (Bürgerrechtsgesetz am 9.9.1957). Seine größten Erfolge erringt Eisenhower in der Außenpolitik. Er beendet den Koreakrieg (↑S.462/25.6.1950) und unterstützt 1956 die UNO gegen Großbritannien und Frankreich in der

H-Bombe: Die großflächige Vernichtung allen Lebens resultiert aus der energiereichen Strahlung sowie den gewaltigen Druck- und Wärmewellen, die bei der Zündung einer Wasserstoffbombe freigesetzt werden.

Entschädigungsmaßnahmen für NS-Opfer	K 481
Soforthilfegesetz (8.8.1949) Erste Regelungen im Vorgriff auf einen Lastenausgleich (1952 beschlossen)	
Heimkehrergesetz (19.6.1950) Sonderrechte und Vergünstigungen für ehemalige Kriegsgefangene	
Bundesversorgungsgesetz (20.12.1950) Finanzielle Entschädigung für kriegsbedingte Körperschäden	
Lastenausgleichsgesetz (14.8.1952) Wiedereingliederungs- und Existenzsicherungshilfe für Flüchtlinge	
Wiedergutmachungsvertrag mit Israel (10.9.1952) Waren im Wert von 3 Mrd DM (Laufzeit: zwölf bis 14 Jahre, S.474)	
Fremdrenten- und Auslandsrentengesetz (7.8.1953) Versicherungsansprüche von Flüchtlingen aus den osteuropäischen Ländern	
Bundesergänzungsgesetz (18.9.1953) Entschädigung für Opfer der nationalsozialistischen Herrschaft	
Fremdrenten- und Auslandsrenten-Neuregelungsgesetz (25.2.1960) Versicherungsrechtliche Eingliederung von Heimatvertriebenen	

1952

Dwight D. Eisenhower wird Präsident der USA: Das US-amerikanische Nachrichtenmagazin „Time" berichtet über den Wahlausgang in der Ausgabe vom 10. November und läßt auf dem Titelblatt die Freiheitsstatue ein „neues Kapitel" in der Geschichte der USA aufschlagen. Vizepräsident wird Richard Nixon.

Sueskrise (↑S.508/29.10.1956). 1961 wird er von John F. Kennedy (Demokraten) abgelöst (↑S.537/8.11.1960).

Wirtschaft

Hausbau wird unterstützt

24.1. Bonn. Einstimmig beschließt der Bundestag das Wohnungsbau-Prämiengesetz, mit dem der Häuserbau vorangetrieben und die Wohnungsnot (3,5 Mio fehlende Wohnungen) gelindert werden soll. Das Gesetz sieht staatliche Prämien zwischen 25% und 35% des Kaufobjektes bzw. der gesparten Summe für Bausparer und Anteilseigner von Bau- und Wohnungsbaugenossenschaften vor. Begünstigt werden vor allem kinderreiche Familien und Empfänger niedriger Einkommen ohne Steuervergünstigungen.

Die Ankurbelung der schlechten Baukonjunktur soll außerdem die Arbeitslosenzahl verringern. Mehr als 300 000 Baufacharbeiter sind ohne Stellung.

Mitbestimmung für Arbeitnehmer

19.7. Bonn. Gegen die Stimmen von SPD und KPD verabschiedet der Bundestag das Betriebsverfassungsgesetz, das die Bildung von Betriebsräten als Interessenvertretung der Arbeitnehmer in Betrieben mit mehr als fünf Beschäftigten vorschreibt.

Der Betriebsrat hat in personellen und wirtschaftlichen Fragen nur eine beratende Funktion; mitbestimmend wirkt er in Fragen zu Lohn und Urlaub. Das Gesetz verpflichtet die Betriebsräte zu politischer Neutralität und untersagt damit ihre Beteiligung an Arbeitskämpfen.

Gewerkschaften und Sozialdemokraten, die nach 1945 die Vergesellschaftung der Grundstoffindustrien und eine „Wirtschaftsdemokratie" angestrebt hatten, betrachten das Gesetz als Rückschritt gegenüber dem paritätischen Mitbestimmungsgesetz in der Montanindustrie (↑S.468/10.4.1951). Massenkundgebungen und Warnstreiks im Mai 1952 hatten die Regierung Adenauer nicht zu Konzessionen bewegen können.

Am 19.1.1972 tritt ein neues Betriebsverfassungsgesetz in Kraft, das u. a. dem Betriebsrat weitergehende Einflußnahme in sozialen, personellen und wirtschaftlichen Fragen ermöglicht.   S 468/K 473 S 634/K 634

📖 W.-P. Spaich: Das Mitbestimmungsgesetz und das Betriebsverfassungsrecht, 1986.

Technik

„Blaues Band" für US-Schiff

7.7. USA. Der US-amerikanische Ozeanriese „United States", am 23.6.1951 in New York vom Stapel gelaufen, gewinnt das „Blaue Band", mit dem seit 1875 die schnellste Atlantik-Überquerung eines Passagierschiffs ausgezeichnet wird. Bei einer Durchschnittsgeschwindigkeit von 35,95 Knoten (= 60 km/h) legt das erste vollständig aus Aluminium gefertigte Schiff die Strecke zwischen den britischen Scilly-Inseln und New York in genau drei Tagen, zehn Stunden und 40 Minuten zurück.

Gewinner des Blauen Bandes				K 482
Jahr	Schiffsname	Land	BRT	Geschwindigkeit in Knoten[1]
1900	Deutschland	Deutschland	16 502	23,15
1906	Kaiser Wilhelm II.	Deutschland	19 361	23,58
1907	Mauretania	Großbritannien	31 938	23,69
1907	Lusitania	Großbritannien	31 550	23,99
1929	Bremen	Deutschland	51 656	27,83
1930	Europa	Deutschland	49 746	27,91
1933	Rex	Italien	51 062	28,92
1935	Normandie	Frankreich	79 280	29,98
1936	Queen Mary	Großbritannien	81 235	30,14
1952	United States	USA	53 329	35,95
1986	Virgin Atlantic Challenger	Großbritannien	k. A.	36,60

1) Durchschnittsgeschwindigkeit (1 kn = 1,852 km/h)

1952

Die „United States", die auch für militärische Zwecke genutzt werden kann, hat ein Gesamtvolumen von 53 329 BRT. Die riesigen Treibstofftanks erlauben eine Nonstop-Reise von über 15 000 km.

S 476/K 482

A. Kludas: Die gr. Passagierschiffe, 1987.

Medien

Kinobesucher erleben 3-D-Effekt

Mit Hilfe spezieller Brillen, die ein rotes und ein grünes Glas aufweisen, erleben Zuschauer Kinofilme in der dritten Dimension. An mehreren Stellen angebrachte Lautsprecher unterstützen den Eindruck, direkt am Filmgeschehen teilzuhaben.

3-D-Filme werden mit zwei Kameras (oder zwei Objektiven) aufgenommen, die im Augenabstand auseinanderstehen. Bei der Vorführung sind zwei Projektoren nötig, die leicht versetzt zwei identische Bilder projizieren, die durch die Spezialbrille zu einem ergänzt werden.

Das aufwendige Verfahren kann sich jedoch auf lange Sicht nicht durchsetzen.

„Bild" verändert Presselandschaft

24.6. Hamburg. Mit einer Startauflage von 250 000 Exemplaren tritt die „Bild"-Zeitung des Verlegers Axel Springer ihren Siegeszug an. Das bundesweit angebotene Boulevardblatt liefert leichte Lesekost, präsentiert in vielen Bildern, wenig Text und großen Lettern. Rotationsdruck und Massenauflage erlauben den konkurrenzlos niedrigen Verkaufspreis von 10 Pf.

Springer hielt 1946 mit der Funkzeitschrift „Hör Zu" erfolgreich Einzug in den sich neu belebenden Printmedienmarkt.

Ende 1953 ist „Bild" die auflagenstärkste deutsche Tageszeitung; über 6 Mio Exemplare finden in den 80er Jahren täglich ihre Abnehmer. In den 60er und 70er Jahren stößt der aggressive Boulevardjournalismus des Massenblatts auf heftigen Widerstand (↑S.717/9.10.1977).

Fernseh-Zeitalter beginnt

25.12. Hamburg. Schöne Bescherung für die Bundesbürger: Am ersten Weihnachtstag nimmt der Nordwestdeutsche Rundfunk (NWDR) mit dem Fernseh-Spiel „Stille Nacht, heilige Nacht" in den Zentralen Hamburg, Köln und Berlin den regelmäßigen Fernsehbetrieb auf; einen Tag später geht Peter Frankenfeld mit einer Unterhaltungsshow auf Sendung. Ebenfalls am 26.12. wird erstmals die „Tagesschau" gesendet und liefert fortan zunächst dreimal wöchentlich bewegte Nachrichtenbilder ins Haus.

Die Geburtsstunde des deutschen Fernsehens erleben nur wenige Zuschauer, da bislang erst rund 4000 Geräte zu einem (für wenige erschwinglichen) Stückpreis von 1150 DM verkauft wurden.

Nachdem 1948 die britische Militärregierung eine entsprechende Genehmigung erteilt hatte, strahlte der NWDR im November 1950 Testprogramme aus.

Lehrer und Ärzte warnen vor schädlichen Einflüssen des Fernsehens auf Kinder – lange

3-D-Effekt: Nach Ton- und Farbfilm wird das dreidimensionale Kino als „dritte Kinorevolution" angekündigt, langfristig setzt es sich jedoch nicht durch.

TV-Start in ausgewählten Ländern[1]		K 483
Jahr	Land	Sender
1946	Großbritannien	British Broadcasting Corporation (BBC)
1946	USA	National Broadcasting Corporation (NBC)
1949	Frankreich	Radiodiffusion-Télévision Française (RTF)
1952	BRD	Nordwestdeutscher Rundfunk (NWDR)[2]
1954	Italien	Radiotelevisione Italiana (RAI)
1955	DDR	Deutschlandsender[3]
1957	Österreich	Österreichischer Rundfunk (ORF)
1958	Schweiz	Schweizerische Rundspruch-Ges. (SRG)[4]

1) Täglicher Sendebetrieb; 2) seit 1955 aufgeteilt in NDR (Hamburg) und WDR (Köln); 3) 1971 umbenannt in „Stimme der DDR"; 4) 1961 umbenannt in „Schweizerische Radio- und Fernsehgesellschaft"

477

1952

Nobelpreisträger 1952	K 484
Frieden: Albert Schweitzer (D, 1875–1965)	
Der Theologe und Missionsarzt gründete 1913 an der afrikanischen Westküste das Tropenhospital Lambaréné, das er größtenteils aus eigenen Mitteln finanzierte und erweiterte. In seinen theologischen Schriften rief Schweitzer die Menschen zu radikaler Nächstenliebe auf.	
Literatur: François Mauriac (F, 1885–1970)	
Mauriac gehörte zu den Hauptvertretern der „Renouveau catholique". Diese Literaturströmung setzte den Problemen und Ängsten des modernen Menschen religiöse Werte entgegen. Werke: „Die Aussätzige und die Heilige" (1922), „Die Tat der Thérèse Desqueyroux" (1927).	
Chemie: Archer Martin (GB, *1910), Richard Millington Synge (GB, 1914–1994)	
Die beiden Chemiker entwickelten ein Verfahren, mit dem sich die Zusammensetzung von Stoffgemischen feststellen läßt. Mit der sog. Papierchronomatographie, einem Trennverfahren, das mit Filterpapier arbeitet, klärte Synge die Struktur des einfachen Eiweißmoleküls auf.	
Medizin: Selman A. Waksman (USA, 1888–1973)	
Der Biochemiker erforschte die Mikroorganismen und entdeckte 1943 das erste wirksame Antibiotikum gegen Tuberkulose. Für die erfolgreiche Behandlung mit Streptomyzin – wegen seiner Nebenwirkungen umstritten – ist die frühzeitige Erkennung der Lungenkrankheit erforderlich.	
Physik: Felix Bloch (USA, 1905–1983), Edward M. Purcell (USA, *1912)	
Die beiden Wissenschaftler entwickelten ein Verfahren zur präzisen Messung der magnetischen Eigenschaften von Atomkernen. Diese sog. Kernresonanzmethode ist unerläßlich, um die Zusammensetzung von festen, flüssigen sowie von gasförmigen Substanzen zu untersuchen.	

Westfalenhalle: Ein Blick unter die Kuppel der Dortmunder Veranstaltungshalle zeigt die freitragende Stahlträger-Konstruktion.

vor der Diskussion über „Gewalt im Fernsehen", die in den 70er und 80er Jahren geführt wird und mit der Einführung des Privatfernsehens neue Nahrung erhält. S 477/K 483

📖 Rundfunk in Deutschland Tl. 3: Rundfunkpolitik nach 1945, 1945–1962; Tl. 4: Rundfunkpolitik nach 1945, 1963–1980.

Kultur

Lever House vollendet
New York. An der Park Avenue in New York wird das 21stöckige Lever House fertiggestellt. Der schlanke Büroturm aus Glas, Beton und Stahl, Prototyp einer neuen Gebäudegeneration, steht im Kontrast zu den massiven Wohnbauten aus Ziegel oder Stein, die ihn umgeben.

Das US-amerikanische Planungsunternehmen Skidmore, Owings & Merril orientierte sich mit dem Gebäude des Seifenmittelkonzerns Lever an der schlichten, funktionellen Bauweise, die Le Corbusier und die Bauhausarchitekten Walter Gropius und Ludwig Mies van der Rohe propagiert hatten.

1982 wird das Lever House unter Denkmalschutz gestellt.

Westfalenhallen wiedereröffnet
2.2. Dortmund. Bundespräsident Theodor Heuss weiht die Westfalenhallen ein, das größte Sport- und Veranstaltungszentrum Europas. In der Haupthalle, die vor allem für sportliche Großveranstaltungen gedacht ist, finden bis zu 24 000 Personen Platz. Den ellipsenförmigen Innenraum (100 x 80 m) überdacht eine Flachkuppel. Der Architekt Walter Höltje entschied sich für eine freitragende Konstruktion durch Stahlträger, so daß keine Stützpfeiler den Zuschauern die Sicht verstellen. Die alte Westfalenhalle, ein 1925 fertiggestellter Holzbau, war 1944 abgebrannt.

„Wohnmaschine" von Le Corbusier
14.10. Marseille. Die „Unité d'Habitation", eine auf plastischen Betonpfeilern (Pilotis) errichtete Wohneinheit von Le Corbusier, wird eröffnet.

Der vertikale Komplex umfaßt 337 Appartements und bietet Platz für 1600 Menschen. Die zweigeschossigen Wohnungen haben einen Hauptraum, der über beide Stockwerke geht. Im Innern des Gebäudes gibt es eine Geschäftsstraße mit Restaurants.

Dem Wohnkomplex liegt ein von Le Corbusier entwickeltes Proportionalsystem (Modulor) zugrunde, das auch für innere Abmessungen und Einbaumöbel verwendet wird. Auch in der „Unité d'Habitation" – Le Corbusier spricht von einer „Wohnmaschine" – realisiert er die von ihm geforderten fünf Prinzipien: kubische Grundform, Dachgarten, umlaufende Fensterbänder, freier Grundriß und freie Fassadengestaltung.

Basierend auf der in der „Unité d'Habitation" praktizierten deutlichen Betonung der

Melancholische Gedichte von Celan

Stuttgart. Der Gedichtband „Mohn und Gedächtnis" von Paul Celan erscheint. Das Werk gliedert sich in die vier Teile „Der Sand aus den Urnen", „Todesfuge", „Gegenlicht" und „Halme der Nacht". Paul Celan, dessen jüdische Eltern 1942 in einem rumänischen KZ ermordet wurden, schildert in seinem Lyrikband in assoziations- und bildreichen Versen den Holocaust.
Die verschlüsselten Aussagen in Celans Gedichten („Sprachgitter") entziehen sich zunehmend jedem logischen Verständnis. Reduzierte Sprachstrukturen wie Ein-Wort-Zeilen sowie Zitate von Wissenschaftlern und Dichtern erschweren den Zugang zu seiner Lyrik. Celan wird 1960 mit dem Georg-Büchner-Preis ausgezeichnet. S 479/K 485

W. Menninghaus: Paul Celan, 1980.

Literaturpreis für Ilse Aichinger

Niendorf. Die österreichische Schriftstellerin Ilse Aichinger erhält den Preis der „Gruppe 47" (↑S.437/10.9.1947).
Bereits 1948 hatte die junge Autorin mit ihrem autobiographisch geprägten Roman „Die größere Hoffnung" auf sich aufmerksam gemacht. Zu einem Schulbuchklassiker entwickelt sich die 1948 geschriebene „Spiegelgeschichte", in der eine sterbende junge Frau ihr Leben rückwärts bis zu ihrer Geburt noch einmal erlebt.
Ilse Aichinger verknüpft in ihren Werken die reale Welt mit Elementen des Traumhaften, Surrealen und läßt sich keiner literarischen Strömung der Nachkriegszeit zuordnen.

Sport

„De Aap" schlägt Ringrichter K. o.

7.6. Köln. Mit dem größten Skandal in der deutschen Boxgeschichte endet der Kampf um die Meisterschaft im Mittelgewicht zwischen Herausforderer Peter Müller und dem Berliner Titelverteidiger Hans Stretz. Müller schickt in der achten Runde den Ringrichter Max Pippow mit einer gezielten Linken auf die Bretter, wo dieser bewußtlos liegen bleibt. Der Kampf wird sofort abgebrochen und Stretz zum Sieger erklärt.
Eine Ermahnung des Ringrichters hatte zum Amoklauf des Kölner Lokalmatadors ge-

Einzelelemente entwickelt sich der sog. Brutalismus, der u. a. Konstruktion und Baumaterial (z. B. Spuren der Verschalung am Beton) heraushebt.

Kulturszene 1952	K 485
Theater	
Agatha Christie Die Mausefalle UA 25.11., London	Das Kriminalstück der englischen „Lady of Crime" wird eines der meistgespielten Bühnenwerke des 20. Jh.
Friedrich Dürrenmatt Die Ehe des Herrn Mississippi; UA 26.3., München	Erster großer Erfolg des Schweizers: Im Mittelpunkt der ironischen Schauergeschichte stehen drei moderne „Weltverbesserer".
Eugène Ionesco Die Stühle UA 23.4., Paris	Nach einem verfehlten Leben klammert sich ein Paar, vor leeren Stühlen sinnlose Phrasen deklamierend, an unerfüllte Wunschträume.
Oper	
Boris Blacher Preußisches Märchen UA 23.9., Berlin	Die Ballettoper nach dem Sujet des „Hauptmann von Köpenick" setzt Muster aus Unterhaltungsmusik und Operette persiflierend ein.
Hans Werner Henze Boulevard Solitude UA 17.2., Hannover	Die Oper schafft es, Zwölftontechnik durch Einbeziehung von Jazzrythmen und Puccini-Zitaten einem breiten Publikum nahezubringen.
Rolf Liebermann Leonore 40/45 UA 25.3., Basel	Die tragikomische Oper schildert die Probleme eines deutsch-französischen Paares vor dem Hintergrund des 2. Weltkriegs.
Konzert	
Pierre Boulez Structures I UA 4.5., Paris	Serielle Komposition für zwei Klaviere: Die Verteilung der Tonhöhen ist in all den kleinen „Strukturen" statistisch die gleiche.
John Cage Aufführung von 4'33" UA Aug., Woodstock	Konzertmäßig präsentierte Nicht-Musik: Viereinhalbminütiges Schweigen soll die Aufmerksamkeit auf die akustische Umwelt lenken.
Film	
Charles Chaplin Rampenlicht USA	Tragisch endende Geschichte eines Clowns (Ch. Chaplin); einziger gemeinsamer Auftritt von Chaplin und Buster Keaton.
René Clair Die Schönen der Nacht Frankreich/Italien	Ein junger Komponist (Gérard Philipe) träumt von Ruhm und Erfolg bei den Frauen; ironische Vermischung von Traum und Wirklichkeit.
Henri-Georges Clouzot Lohn der Angst Frankreich	Vier Abenteurer sollen zwei Lastwagen mit hochexplosivem Nitroglyzerin durch den südamerikanischen Urwald transportieren.
John Huston Moulin Rouge Großbritannien	Eindrucksvolle Filmbiographie über den Maler Henri de Toulouse-Lautrec; der Film spiegelt in Farben und Details Bilder des Künstlers.
Fred Zinnemann Zwölf Uhr mittags USA	Populärster Western der 50er Jahre mit Gary Cooper und Grace Kelly; einsamer Kampf eines Sheriffs gegen einen Revolverhelden.
Buch	
Paul Celan Mohn und Gedächtnis Stuttgart	Die assoziative Chiffrensprache dieser Gedichtsammlung versucht unfaßbare Wirklichkeit begreifbar zu machen.
Ernest Hemingway Der alte Mann und das Meer; New York	Der Kampf eines alten kubanischen Fischers mit einem riesigen Schwertfisch ist die Parabel auf die Bewährung im (Lebens-)Kampf.
Robert Jungk Die Zukunft hat schon begonnen; Stuttgart	Analyse des Verhältnisses zwischen dem Menschen und der Technik, die seinen Freiraum immer mehr beeinträchtigt.
John Steinbeck Jenseits von Eden New York	In der Familiensaga projiziert der Autor das alttestamentliche Gleichnis von Kain und Abel auf einen amerikanischen Generationskonflikt.

1952

Olymp. Sommerspiele 1952 in Helsinki — K 486

Zeitraum: 19.7. bis 3.8.		Medaillenspiegel			
		Land	G	S	B
Teilnehmerländer	69	USA	40	19	17
Erste Teilnahme	10	Sowjetunion	22	30	19
Teilnehmerzahl	4925	Ungarn	16	10	16
Männer	4407	Schweden	12	12	10
Frauen	518	Italien	8	9	4
Deutsche Teilnehmer	220	Tschechoslowakei	7	3	3
Schweizer Teilnehmer	167	Frankreich	6	6	6
Österreichische Teiln.	109	Finnland	6	3	13
Sportarten	17	Australien	6	2	13
Neu im Programm	0	Norwegen	3	2	0
Nicht mehr olympisch	0	Schweiz	2	6	6
Entscheidungen	149	Südafrika	2	4	4

Erfolgreichste Medaillengewinner

Name (Land) Sportart	Medaillen (Disziplinen)
Viktor Tschukarin (URS) Turnen	4 x Gold (Mehrkampf, Mehrkampf-Mannschaft, Pferdsprung, Seitpferd), 2 x Silber (Ringe, Barren)
Emil Zatopek (TCH) Leichtathletik	3 x Gold (5000 m, 10 000 m, Marathonlauf)
Marjorie Jackson (AUS) Leichtathletik	2 x Gold (100 m, 200 m)
Patricia McCormick (USA) Leichtathletik	2 x Gold (Kunstspringen, Turmspringen)
Grant Schaginjan (URS) Turnen	2 x Gold (Ringe, Mehrkampf-Mannschaft), 2 x Silber (Mehrkampf, Seitpferd)

Erfolgreichster deutscher Teilnehmer

Wilhelm Büsing Reiten	1 x Silber (Military-Mannschaft), 1 x Bronze (Military-Einzel)

Olympische Winterspiele 1952 in Oslo

Zeitraum: 14.2. bis 25.2.		Medaillenspiegel			
		Land	G	S	B
Teilnehmerländer	30	Norwegen	7	3	6
Teilnehmerzahl	732	USA	4	6	1
Deutsche Teilnehmer	61	Finnland	3	4	2
Schweizer Teilnehmer	62	Deutschland	3	2	2
Österreichische Teiln.	38	Österreich	2	4	2
Sportarten	6	Italien	1	0	1
Entscheidungen	22	Kanada	1	0	1

Erfolgreichste Medaillengewinner

Name (Land) Sportart	Medaillen (Disziplinen)
Hjalmar Andersen (NOR) Eisschnellauf	3 x Gold (1500 m, 5000 m, 10 000 m)
Andrea Mead-Lawrence (USA), Ski alpin	2 x Gold (Spezialslalom, Riesenslalom)

Erfolgreichste deutsche Teilnehmer

Anderl Ostler Bobsport	2 x Gold (Zweierbob, Viererbob/Pilot)
Lorenz Nieberl Bobsport	2 x Gold (Zweierbob, Viererbob)

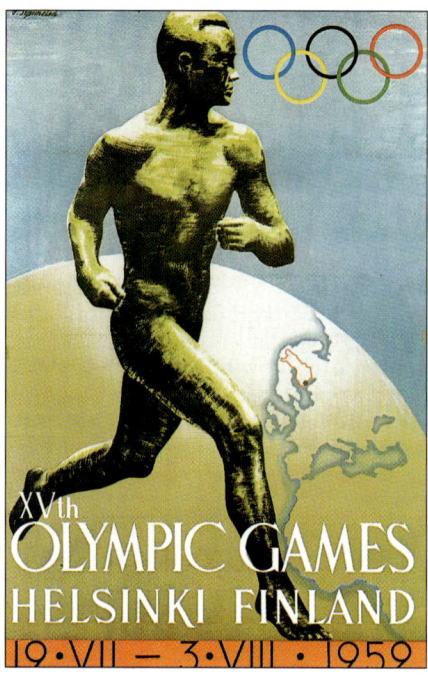

Olympische Sommerspiele in Helsinki: Das offizielle Plakat zeigt die Bronzestatue des finnischen Läufers Paavo Nurmi, der 1920–1928 neun Mal olympisches Gold gewann.

führt. Müller, der wegen seiner langen Reichweite und seiner Clownerien „de Aap" (der Affe) genannt wird, war zwischen 1949 und 1951 mehrmals Deutscher Meister.
Nach dem Eklat wird Müller vom Boxverband lebenslänglich gesperrt. Dieses Verbot wird aber bereits 1953 wieder aufgehoben.

Finnen feiern Laufwunder Zatopek

19.7.–3.8. Helsinki Die XV. Olympischen Sommerspiele stehen im Zeichen des Langstreckenläufers Emil Zatopek. Die „tschechische Lokomotive" siegt über 5000 und 10 000 m sowie im Marathonlauf.
Für einen anderen großen Läufer bringen die Spiele eine späte Rehabilitierung: Der Finne Paavo Nurmi (↑S.218/4.5.–24.7.1924), der 1932 wegen Verstoßes gegen die Amateurbestimmungen für internationale Wettkämpfe gesperrt wurde, entzündet unter dem Jubel seiner Landsleute die olympische Flamme.
Die Sowjetunion landet bei ihrem Olympia-Debüt in der Nationenwertung hinter der überragenden Mannschaft der USA auf Platz zwei. Großen Verdienst an dieser erfolgreichen Bilanz hat der sechsfache Medaillengewinner Viktor Tschukarin.
Zatopek, der bereits bei den Spielen von London 1948 über 10 000 m Gold und über

Emil Zatopek, wegen seines Laufstils „tschechische Lokomotive" genannt, gewinnt als bisher einziger Läufer olympisches Gold über 5000 m, 10 000 m und im Marathon.

5000 m Silber geholt hatte, hält von 1950 bis 1954 fast alle Weltrekorde über die langen Strecken. S 480/K 486

K.-H. Frenzen: Olympische Spiele, 1988.

Ascari siegt auf Ferrari

3.8. Nürburgring/Eifel. Mit seinem Sieg im Großen Preis von Deutschland sichert sich der Italiener Alberto Ascari auf Ferrari die Formel-1-Automobilweltmeisterschaft 1952. Ascari hat bereits die Großen Preise von Belgien, Frankreich und Italien gewonnen. Am 17.8. kann er auch den Großen Preis der Niederlande für sich entscheiden. Insgesamt erringt Ascari in sechs von sieben Wertungsläufen zur Formel-1-Weltmeisterschaft 1952 den ersten Platz.

Mit Ascari fährt die italienische Sportwagenschmiede Ferrari auf Erfolgskurs. Der Rennwagen Ascaris mit dem starken 4,5-Liter-Sauger-Aggregat dominiert die Konkurrenz, nachdem Alfa seinen Formel-1-Wagen mit 1,5-Liter-Kompressor-Motor zurückgezogen hat, auf dem der Argentinier Juan Manuel Fangio im Vorjahr das Meisterschafts-Duell gegen Ascari für sich entscheiden konnte. Fangio stieg auf Maserati um, verunglückte jedoch in Monza so schwer, daß eine Fortsetzung seiner Karriere fraglich wurde. S 481/K 487

Sport 1952 K 487

Fußball	
Deutsche Meisterschaft	VfB Stuttgart
Englische Meisterschaft	Manchester United
Italienische Meisterschaft	Juventus Turin
Spanische Meisterschaft	FC Barcelona
Tennis	
Wimbledon (seit 1877; 66. Austragung)	Herren: Frank Sedgman (AUS) Damen: Maureen Connolly (USA)
US Open (seit 1881; 72. Austragung)	Herren: Frank Sedgman (AUS) Damen: Maureen Connolly (USA)
French Open (seit 1925; 22. Austragung)	Herren: Jaroslav Drobny (TCH) Damen: Doris Hart (USA)
Australian Open (seit 1905; 40. Austragung)	Herren: Ken McGregor (AUS) Damen: Thelma Long (AUS)
Davis-Cup (Adelaide, AUS)	Australien – USA 4:1
Eishockey	
Weltmeisterschaft	Kanada
Stanley-Cup	Detroit Red Wings
Deutsche Meisterschaft	Krefelder EV
Radsport	
Tour de France (4807 km)	Fausto Coppi (ITA)
Giro d'Italia (3964 km)	Fausto Coppi (ITA)
Straßenweltmeisterschaft	Heinz Müller (GER)
Automobilsport (Grand-Prix-Rennen)	
GP von Belgien, Spa	Alberto Ascari (ITA), Ferrari
GP v. Deutschl., Nürburgring	Alberto Ascari (ITA), Ferrari
GP von Frankreich, Rouen	Alberto Ascari (ITA), Ferrari
GP von Italien, Monza	Alberto Ascari (ITA), Ferrari
GP von England, Silverstone	Alberto Ascari (ITA), Ferrari
Formel-1-Weltmeisterschaft	Alberto Ascari (ITA), Ferrari
Boxen	
Schwergewichts-Weltmeisterschaft	Rocky Marciano (USA) – K. o. über Joe Walcott (USA), 23.9.
Herausragende Weltrekorde	

Disziplin	Athlet (Land)	Leistung
Leichtathletik, Männer		
3000 m Hindernis	Horace Ashenfelter (USA)	8:45,4 min
Dreisprung	A. Ferreira da Silva (BRA)	16,22 m
Hammerwurf	Sverre Strandli (NOR)	61,25 m
Zehnkampf	Bob Mathias (USA)	7731 P.
Leichtathletik, Frauen		
100 m	Marjorie Jackson (AUS)	11,4 sec
200 m	Marjorie Jackson (AUS)	23,4 sec
800 m	Nina Pletnewa (URS)	2:08,5 min
80 m Hürden	Shirley de la Hunt (AUS)	10,9 sec
Diskuswurf	Nina Dumbadse (URS)	57,04 m
Schwimmen, Männer		
100 m Rücken	Gilbert Bozon (FRA)	1:03,3 min

1953

Politik

Stalin ist tot
5.3. Moskau. Der 73jährige sowjetische Partei- und Regierungschef erliegt einem Schlaganfall. Am 9.3. wird Josef W. Stalin im Lenin-Mausoleum auf dem Roten Platz beigesetzt. Mehr als 2 Mio Menschen nehmen von ihm Abschied.

Nach dem Tod Lenins (↑S.208/21.1.1924) hatte es Stalin geschickt verstanden, innerparteiliche Gegner auszuschalten und sich zum Alleinherrscher aufzubauen. Mit gezielten Terrormaßnahmen und dem Ausbau der allgegenwärtigen Geheimpolizei unterwarf er Partei und Staat seinem alleinigen Willen. Er beendete die „Neue Ökonomische Politik" (NEP) Lenins (↑S.179/8.3.1921) und betrieb ohne jede Rücksicht auf die Folgen (u. a. Hungersnot) die Industrialisierung des Landes entsprechend seiner These vom „Aufbau des Sozialismus in einem Land". Nach dem 2. Weltkrieg gelang es ihm, den sowjetischen Machtbereich in Osteuropa durch die Unterstützung kommunistischer Regierungen auszubauen (u. a. in Prag, ↑S.439/25.2.1948), in dessen Konsequenz am 14.5.1955 (↑S.498) der Warschauer Pakt gegründet wird.

Am 6.3.1953 werden die Führungsgremien in Partei und Regierung neu formiert. Vorsitzender des Ministerrats wird Georgi M. Malenkow, zum Nachfolger im Amt des Ersten Parteisekretärs wird am 13.9. Nikita S. Chruschtschow gewählt, der innenpolitisch zum vorsichtigen Reformator der stalinistischen Strukturen wird (↑S.506/25.2.1956). Das Zentralkomitee tritt als neues Gremium an die Spitze der Kommunistischen Partei. In einer Grundsatzrede am 8.8. betont Malenkow, Ministerpräsident bis 1955, seine Bereitschaft zur Verständigungspolitik mit den USA. [S 188/K 202] [S 242/K 253]

R. Conquest: Stalin. Der totale Wille zur Macht, 1991. G. Tabatschnik: Stalins Erben, dt. 1992.

Dag Hammarskjöld UN-Sekretär
7.4. New York. Die Vollversammlung der Vereinten Nationen wählt den Schweden Dag Hammarskjöld zu ihrem zweiten Generalsekretär. Er wird 1957 und 1961 wiedergewählt. Im November 1952 hatte sein Vorgänger, der Norweger Trygve H. Lie, seinen Rücktritt erklärt. Seit 1950 hatte sich die UdSSR wegen des Eingreifens von UN-Truppen in den Koreakrieg (↑S.462/25.6.1950) geweigert, ihn als Generalsekretär anzuerkennen. Der Wahl Hammarskjölds stimmt Moskau zu, ein

Wichtige Regierungswechsel 1953			K 488
Land	**Amtsinhaber**	**Bedeutung**	
Frankreich	Antoine Pinay (M bis 23.12.1952) René Mayer (M 9.1.–21.5.) Joseph Laniel (M bis 1954)	Mayer tritt zurück, weil er keine Sondervollmachten zur Durchführung seines Sparprogramms erhält; Laniel gelingt Regierungsbildung, nachdem zuvor vier Kandidaten scheiterten	
Israel	David Ben Gurion (M seit 1948) Mosche Scharett (M bis 1955)	Rücktritt des Staatsgründers und ersten Regierungschefs Israels wegen „Politikmüdigkeit" (7.12.); Rückkehr 1955	
Jugoslawien	Johann Ribar (P seit 1945)[1] Josip Tito (P bis 1980)	Neue Verfassung propagiert eigenständigen Weg zum Sozialismus und schafft Amt des Präsidenten	
Marokko	Sidi Muhammad V. (Sultan seit 1927) Muhammad VI. Ben Arafa (Sultan bis 1955)	Frankreich ersetzt Sultan, der als Symbolfigur der Unabhängigkeitsbewegung gilt, durch Wunschkandidaten (20.8.)	
Österreich	Leopold Figl (ÖVP, B seit 1945) Julius Raab (ÖVP, B bis 1961)	Figl scheitert mit Vorhaben, rechtsgerichteten VdK an der Regierung zu beteiligen; Raab führt Große Koalition	
Saudi-Arabien	Abd Al Asis Ibn Saud (König seit 1932) Saud Ibn Abd al Asis (König bis 1964)	„Vater des modernen Saudi-Arabien" stirbt (9.11.); Abd Al Asis ließ in den 30er Jahren die Erdölförderung aufnehmen	
UdSSR	Nikolai M. Schwernik (P seit 1946) Kliment J. Woroschilow (P bis 1960)	Nach dem Ende der totalitären Diktatur unter Stalin (5.3.) tritt das Prinzip der kollektiven Führung in Kraft (S.482)	
	Josef W. Stalin (M seit 1941) Georgi M. Malenkow (M bis 1955)	Tod Stalins (5.3.), dessen Säuberungen Hunderttausende Tote forderten; Malenkow will außenpolitische Verständigung	
Ungarn	Mátyás Rákosi (M seit 1952) Imre Nagy (M bis 1955)	Rákosi auf Intervention der neuen sowjetischen Führung abgelöst (2.7.); Nagy führt Reformen in Politik und Wirtschaft durch	
USA	Harry S. Truman (Dem., P seit 1945) Dwight D. Eisenhower (Republ., P bis 1961)	Wahlsieg (4.11.1952) des Alliierten-Generals (83% der Stimmen) über den Demokraten Adlai Ewing Stevenson (S.475)	

B = Bundeskanzler; M = Ministerpräsident bzw. Premierminister; P = Präsident
1) Vorsitzender des Präsidiums der Nationalversammlung

Zeichen der neuen Verständigungspolitik nach Stalins Tod (↑S.482/5.3.1953).
Als nach der Unabhängigkeitserklärung Belgisch-Kongos (Zaïre) am 30.6.1960 Unruhen ausbrechen, veranlaßt Hammarskjöld das Eingreifen einer UN-Ordnungstruppe ohne Gewalteinsatz. Wegen seines persönlichen Einsatzes bei Schlichtungsverhandlungen erhält Hammarskjöld 1961 postum den Friedensnobelpreis. S 750/K 733

Der 17. Juni in der DDR KAR

17.6. DDR. Lokale Streiks weiten sich zu einem landesweiten Arbeiteraufstand gegen das kommunistische Regime der SED aus. Er wird von Einheiten der Nationalen Volkspolizei und sowjetischen Truppen niedergeschlagen.
Die Proteste entzündeten sich an der am 28.5. vom Ministerrat beschlossenen, mit Lohnsenkungen verbundenen Erhöhung der Arbeitsnormen. Seit Anfang Juni kam es deshalb wiederholt zu Arbeitsniederlegungen.
Aus einem Protestmarsch Ostberliner Bauarbeiter auf der Stalinallee am 16.6. entwickelte sich eine Demonstration von mehr als 10 000 Menschen; Transparente forderten u. a. den Rücktritt der SED-Regierung und freie Wahlen. Als westliche Rundfunksender die Nachrichten aus Berlin in der DDR verbreiteten, bildeten sich landesweit Streikkomitees. Der Aufstand nahm bedrohliche Formen an. Gegen Mittag des 17.6. wird in weiten Teilen der DDR der Ausnahmezustand verhängt, sowjetische Panzer fahren auf. Am Abend ist der Aufstand niedergeschlagen. Etwa 20 000 Streikteilnehmer werden festgenommen, von denen mindestens 1400 teilweise mehrjährige Haftstrafen erhalten. Sowjetische Standgerichte verurteilen am 18.6. 21 Personen zum Tode; die erste Hinrichtung findet noch am selben Tag statt. Am 21.6. beschließt das Zentralkomitee der SED Etaterhöhungen im Wirtschafts- und Sozialbereich zu Lasten der bisher übermäßig geförderten Schwerindustrie, um die allgemeine Versorgungslage zu verbessern.
Die Parteispitze nutzt den Aufstand sowohl zur Ausschaltung mißliebiger Regimegegner als auch zur „Säuberung" der eigenen Reihen. Gewinner ist der Erste Parteisekretär Walter Ulbricht – ab 1960 Staatsoberhaupt –, der seine Machtposition ausbauen kann.
In der Bundesrepublik wird der 17. Juni als „Tag der deutschen Einheit" zum gesetzlichen Feiertag erhoben (ab 1990 abgelöst durch den 3. Oktober). S 483/K 489

📖 Siebzehnter Juni 1953. Arbeiteraufstand in der DDR, 1982.

Aufstand in der DDR: In der Leipziger Straße (Ostberlin) bewerfen Demonstranten am 17. Juni 1953 sowjetische Panzer mit Steinen.

Chronik des Aufstands vom 17.6.1953 K 489

Datum	Ereignis
28.5.	Auslöser für die Unruhen vom 17. Juni: Ministerrat der DDR ordnet Erhöhung der Arbeitsnormen in den Betrieben um mindestens 10% an (Folge: deutliche Einkommenseinbußen); Ausführung eines Beschlusses des Zentralkomitees der SED vom 13.5.
16.6.	80 Bauarbeiter von der Ostberliner Stalinallee treten in den Ausstand; Grund: Inkrafttreten der Normerhöhung; durch Solidarisierung anderer Kollegen entsteht eine Großdemonstration von rd. 10 000 Menschen zum Regierungsgebäude in der Leipziger Straße
17.6.	Streik gegen die Normenerhöhungen weitet sich in 72 Städten und Ortschaften der DDR zum Aufstand gegen das kommunistische Regime aus, Zentren sind Ostberlin sowie die Industriegebiete im Süden der DDR; die Demonstrationen werden von sowjetischen Soldaten und DDR-Volkspolizisten gewaltsam zerschlagen, über 167 Kreise wird der Ausnahmezustand verhängt
18.6.	In Ostberlin, Leipzig, Magdeburg und Jena werden insgesamt 21 Personen von sowjetischen Standgerichten zum Tode verurteilt und sofort hingerichtet
21.6.	Zentralkomitee der SED beschließt Kurskorrektur: Rücknahme der Normenerhöhung, Fahrpreisermäßigungen, Erhöhung der Mindestrenten, Forcierung des Wohnungsbauprogramms
26.6.	Vollstreckung der letzten von insgesamt 29 Todesurteilen; etwa 20 000 Personen sind vorübergehend in Haft, von ihnen werden in den nächsten Monaten mindestens 1400 von den Gerichten zu teilweise mehrjährigen Freiheitsstrafen verurteilt

1953

Zentren des Aufstands in der DDR am 17. Juni

Grenze der Verwaltungsbezirke
Grenze der Stadt Berlin
Innerdeutsche Grenze
Staatsgrenze
Bezirk bzw. Kreis mit Ausnahmezustand
Ort mit Einsatz sowjetischen Militärs
Streikzentren

tischen Truppen vom Sueskanal. Die seit dem 27.4.1953 von Nasser mit der britischen Regierung geführten Verhandlungen beendet das Suesabkommen vom 19.10.1954, in dem sich Großbritannien zur völligen Räumung der Kanalzone bis Juni 1956 verpflichtet.

Das als Landesbefreiung gefeierte Abkommen festigt die innenpolitische Stellung Nassers, der im November 1954 Nagib entmachtet und selbst Staatspräsident wird (↑S.508/ 29.10.1956).

Absolute Mehrheit für CDU/CSU

6.9. BRD. Aus den Wahlen zum zweiten Deutschen Bundestag gehen die Unionsparteien CDU/CSU als Sieger hervor. Sie gewinnen gegenüber 1949 (↑S.454/14.8.1949) mehr als 5 Mio Stimmen hinzu und verbessern ihren Stimmenanteil von 31% auf 45,2%. Sie verfügen damit über die absolute Mehrheit der 487 Mandate. Der Stimmenanteil der SPD geht um nur 0,4% auf 28,8% zurück.

Der 77jährige Konrad Adenauer, den der Bundestag mit 304 von 466 abgegebenen Stimmen zum zweiten Mal zum Bundeskanzler wählt, stellt am 20.10. sein Kabinett vor. Die Zahl der Kabinettsmitglieder wurde von 13 auf 19 erhöht, in die bisherige Regierungskoalition aus CDU/CSU, FDP und Deutscher Partei (DP) wird der Gesamtdeutsche Block/ Block der Heimatvertriebenen und Entrechteten (GB/BHE) aufgenommen. In seiner Regierungserklärung bekräftigt Adenauer, der weiterhin Außenminister bleibt, seine außenpolitischen Ziele: Herstellung der deutschen Souveränität (↑S.500/23.10.1955), Wiedervereinigung und europäische Integration (↑S.499/8.9.1955).

G. A. Ritter: Wahlen in der Bundesrepublik Deutschland. Bundestags- und Landtagswahlen 1946–1987.

Republik Ägypten ausgerufen

18.6. Kairo. Nach einer Sitzung des herrschenden Revolutionsrats der Armee proklamiert General Ali Muhammad Nagib die Republik Ägypten. Nagib bleibt als erster Präsident Regierungschef, Oberstleutnant Gamal Abd el Nasser wird stellvertretender Ministerpräsident und Innenminister. Am 26.7.1952 hatte Nagib durch einen Staatsstreich König Faruk I. zur Abdankung gezwungen und sich selbst an die Spitze einer Militärregierung gesetzt. Als Ersatz der von ihm am 16.1.1953 angeordneten Auflösung sämtlicher Parteien gründete Nagib am 23.1. eine Nationale Befreiungsbewegung. Zu den Hauptzielen Nagibs zählt der Abzug der bri-

Gamal Abd el Nasser

Wissenschaft

Impfung gegen Kinderlähmung

USA. Der US-amerikanische Bakteriologe Jonas Edward Salk entwickelt ein Serum gegen Kinderlähmung (Poliomyelitis), eine hauptsächlich Kleinkinder befallende Viruskrankheit. Durch die Injizierung abgetöteter Poliomyelitis-Viren eines bestimmten Typs wird eine aktive Immunisierung bewirkt. 1947 schuf Salk die Voraussetzung zur Entwicklung des Serums, als es ihm gelang, den Polio-Virus zu isolieren. 1954 beginnen in den USA erste Versuchsimpfungen, 1955 wird das Serum freigegeben.

1956 verdrängt die Schluckimpfung (Sabin-Impfung) die injizierte Salk-Impfung. Ab 1953 erprobt der US-amerikanische Bakteriologe Albert B. Sabin ein von ihm entwickeltes Serum aus lebenden, abgeschwächten Polio-Viren. 1960 beginnen die Schluckimpfungen in der Bundesrepublik Deutschland und führen in den folgenden Jahren zu einer deutlichen Senkung der Krankheitsfälle. S 204/K 216

Struktur der DNS geklärt
März. Cambridge. Am Cavendish-Laboratorium der Cambridge-Universität enträtseln der britische Biochemiker Francis Harry Compton Crick und der US-amerikanische Molekularbiologe James Dewey Watson die dreidimensionale Struktur der Schlüsselsubstanz des Lebens, der Desoxyribonukleinsäure (DNS). Es sind zwei komplementäre sog. Helices (Wendeltreppen), die spiralförmig ineinandergewunden sind. Bestätigt werden sie durch Röntgenaufnahmen der „Doppelhelix", die schon 1952 der britische Physiker Maurice Hugh Frederick Wilkins und seine Kollegin Rosalind Elsie Franklin angefertigt hatten.

Mit diesem „Watson-Crick-Modell" kann erstmals erklärt werden, wie die identische Reduplikation des Erbmaterials in der Zelle möglich ist, d. h. wie genetische Informationen (↑S.402/1944) in lebenden Organismen übertragen werden.

Damit ist die erste, rund 50 Jahre währende Epoche der genetischen Forschung (↑S.13/1900) abgeschlossen, an deren Ende die Aufklärung des „Alphabets des Lebens" steht. Nun machen sich die Biochemiker daran, die Funktionen einzelner Abschnitte auf der DNS, der Gene, und ihre Wirkungsweise aufzuklären. Wesentliche Schritte sind u. a. 1956 (↑S.510) die vollständige Synthese der DNS und 1970 (↑S.647) die eines Gens. Sie ermöglichen den Schritt in die moderne Gentechnik.

📖 J. D. Watson: Die Doppel-Helix. Persönlicher Bericht über die Entdeckung der DNS-Struktur, 1980.

Medien

Erstes Heft des „Playboy"
1.12. USA. Die erste Nummer des „Playboy" erscheint. Das Heft, das „Unterhaltung für Männer" verspricht, kostet einen halben Dollar (2,10 DM). Erstes Covergirl ist die Schauspielerin Marylin Monroe.

Der 27jährige Verleger Hugh M. Hefner kreiert mit dem „Playboy" einen neuen Zeitschriftentyp. Das Erfolgskonzept des Herrenmagazins besteht u. a. aus einer Mischung von großformatigen Fotos leicht oder gar nicht bekleideter Frauen und zum Teil anspruchsvollen Artikeln angesehener Autoren. Das ausklappbare „Playmate des Monats" und das Häschen-Signet („Bunny") werden zum Markenzeichen des Magazins. Seit 1972 erscheint in der BRD auch eine deutsche Ausgabe des „Playboy".

📖 F. Brady: Hugh Hefner, engl. 1976.

Gesellschaft

Mount Everest bezwungen KAR
29.5. Tibetisch-nepalesisches Grenzgebiet. Der Neuseeländer Edmund Percival Hillary und der nepalesische Sherpa Tenzing Norgay bezwingen als erste Menschen den 8846 m hohen Mount Everest, den höchsten Berg der Erde im Massiv des Himalayagebirges.

Erstbesteigungen der zehn höchsten Berge der Welt					K 491
Berg	Gebirgssystem	Höhe	Datum	Bezwinger	
Mount Everest	Himalaya	8846 m	29.5.1953	Edmund P. Hillary (Neuseeland), T. Norgay (Nepal)	
K 2	Karakorum	8610 m	3.8.1954	Achille Compagnoni, Lino Lacedelli (I)	
Kangchenjunga	Himalaya	8598 m	25.5.1955	Charles Evans/Expedition (GB)	
Lhotse	Himalaya	8516 m	1956	Ernst Reiß, Fritz Luchsinger (CH)	
Makalu	Himalaya	8481 m	17.5.1955	Jean Couzy, Lionel Terray (F)	
Dhaulagiri	Himalaya	8167 m	1960	Kurt Diemberger (A), Albin Scherrer, Ernst Forrer (CH), Peter Diener (DDR)	
Manaslu	Himalaya	8156 m	1956	Toshi Imanishi (Japan)	
Cho Oyu	Himalaya	8153 m	1954	Raymond Lambert (CH), Claude Kogan (F)	
Nanga Parbat	Karakorum	8125 m	3.7.1953	Hermann Buhl (A)	
Annapurna	Himalaya	8091 m	3.6.1950	Maurice Herzog (F), Louis Lachenal (F)	

Himalaya: Mächtigstes Gebirgssystem der Erde (Indien, Pakistan, Nepal, Bhutan, China)
Karakorum: Gebirgszug zwischen Pamir und Transhimalaya (China, Indien, Pakistan)

1953

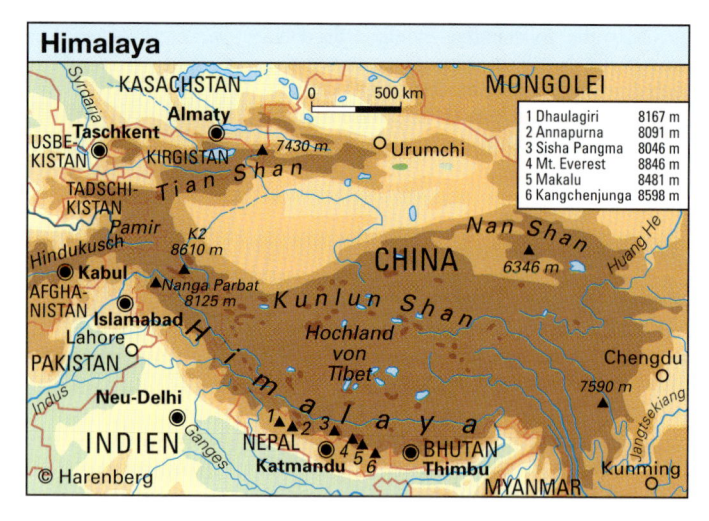

Himalaya

Himalaya-Gebirge: 2500 km lang und bis 280 km breit, erstreckt es sich vom Indus-Durchbruch im Westen bis zum Brahmaputra-Durchbruchstal im Osten.

Seit 1921 war die Besteigung des Himalaya-Gipfels immer wieder versucht worden. Die jüngste Besteigung geschieht im Rahmen einer von Briten geleiteten zweimonatigen Expedition, die aus 13 Bergsteigern und rund 350 einheimischen Trägern besteht. Hillary und Norgay sind für den letzten Aufstiegsabschnitt mit Sauerstoffgeräten ausgerüstet.
1978 bezwingt der Südtiroler Reinhold Messner den Berg ohne Sauerstoffgerät. S 485/K 491

📖 E. Hillary: Wer wagt, gewinnt. Autobiographie des Erstbezwingers des Mount Everest.

Nobelpreisträger 1953 — K 490

Frieden: George C. Marshall (USA, 1880–1959)
Der General und US-Außenminister (1947–50) konzipierte den nach ihm benannten Marshall-Plan, der wirtschaftliche Unterstützung für das nichtkommunistische Europa vorsah. 16 Länder sowie die drei westlichen Besatzungszonen erhielten Hilfsleistungen im Wert von 12,5 Mrd Dollar.

Literatur: Winston S. Churchill (GB, 1874–1965)
Churchill, zweimal britischer Premierminister (1940–45 und 1951–55), verfaßte zahlreiche historische Werke, darunter eine Biographie seines Vorfahren John Churchill, Herzog von Marlborough (4 Bde., 1933–38), sowie seine Erinnerungen an den 2. Weltkrieg (6 Bde., 1948–54).

Chemie: Hermann Staudinger (D, 1881–1965)
Staudinger erforschte die makromolekularen Stoffe, die für die Entwicklung der Kunststoffe bedeutend sind. Makromoleküle sind aus einer Vielzahl kleiner Moleküle zusammengesetzt. Schon 1920 hatte der deutsche Chemiker erstmals auf die Existenz von Makromolekülen hingewiesen.

Medizin: Hans A. Krebs (D, 1900–1981), Fritz A. Lipmann (USA 1899–1986)
Die beiden Biochemiker erforschten den Zellstoffwechsel. Krebs entdeckte den Zitronensäurezyklus, der beim Abbau der aufgenommenen Nährstoffe den Organismus mit Energie versorgt. Lipmann wies die Bedeutung des Koenzyms A für diesen Umwandlungsprozeß nach.

Physik: Frits Zernike (NL, 1888–1966)
Zernike entwickelte 1932 eine Methode zur phasenweisen Brechung des Lichts. Auf dieser Basis konstruierte er im gleichen Jahr das Phasenkontrastmikroskop, mit dem erstmals durchsichtige Zellen und das Innere lebender Mikroorganismen sichtbar gemacht werden konnten.

Krönung von Elizabeth II.

2.6. London. In der Westminster Abbey wird die 27jährige britische Thronfolgerin Elizabeth vor 7600 geladenen Gästen als Elizabeth II. zur Königin von Großbritannien und Nordirland gekrönt.
Am 6.2.1952, dem Todestag ihres Vaters George VI., war Elizabeth aus dem Königshaus Windsor – vor 1917 Sachsen-Coburg-Gotha – zur Königin proklamiert und damit Throninhaberin des Vereinigten Königreichs von Großbritannien und Nordirland sowie Oberhaupt des Commonwealth geworden. Ihr Vater war erst nach dem erzwungenen Rücktritt seines Bruders Edward VIII. (↑S.326/10.12.1936) König geworden.
Die auch im deutschen Fernsehen ausgestrahlte Direktübertragung der Krönungsfeierlichkeiten ist die erste Sendung im Rahmen der Eurovision. S 362/K 367

📖 A. Palmer: Gekrönte Vettern. Deutscher Adel auf Englands Thron. 350 Jahre europäische Geschichte, 1989.

Eheleute Rosenberg hingerichtet

19.6. New York. Die angeblichen Atomspione Julius und Ethel Rosenberg werden im Staatsgefängnis Sing-Sing auf dem elektrischen Stuhl hingerichtet. Zum ersten Mal wurde in den USA eine Hinrichtung wegen Landesverrats in Friedenszeiten vollstreckt.
1951 hatte ein New Yorker Schwurgericht die beiden Eheleute für schuldig befunden, seit Ende 1944 Informationen über die Entwicklung der Atombombe an die Sowjetunion verraten zu haben. Das Gericht stützte sich bei seinem Urteil vor allem auf die Aussagen von David Greenglass, dem Bruder Ethel Rosenbergs, der als Kronzeuge auftrat und mit 15 Jahren Freiheitsstrafe davonkam.

Kultur

Gedichte von Ingeborg Bachmann

Frankfurt/Main. Ingeborg Bachmann veröffentlicht unter dem Titel „Die gestundete Zeit" ihren ersten Gedichtband, für den sie von der „Gruppe 47" (↑S.437/10.9.1947) mit einem Preis ausgezeichnet wird.
Die Gedichte vermitteln eine düstere Weltsicht und reflektieren die Vereinsamung und Vereinzelung des Menschen. Auch in ihren z. T. schwer zugänglichen Erzählungen und Hörspielen beschwört Ingeborg Bachmann die Natur und Liebe als letzten Halt der Menschen. Ihr Zyklus „Todesarten", den sie 1971 mit dem autobiographischen Roman „Mali-

na" eröffnet, bleibt unvollendet. Alljährlich wird in Klagenfurt ein nach ihr benannter Literaturpreis vergeben. S 488/K 493

P. Beicken: Ingeborg Bachmann, 1988. H. Höller: I. Bachmann. Das Werk, 1987.

Regie-Erfolg für Zinnemann

USA. Fred Zinnemanns Film „Verdammt in alle Ewigkeit" hat Premiere. Der erfolgreiche Streifen schildert die Geschichte des von Montgomery Clift gespielten Soldaten Prewitt, der von seinen Vorgesetzten schikaniert und am Tag des japanischen Überfalls auf Pearl Harbor erschossen wird.

In den Filmen des aus Österreich stammenden Regisseurs Zinnemann stehen oft Menschen im Mittelpunkt, die sich in Augenblicken der Gefahr bewähren müssen, so z. B. der entflohene KZ-Häftling in „Das siebte Kreuz" (1944) nach dem Roman von Anna Seghers (↑S.386/1942).

Zinnemann, der 1952 mit „Zwölf Uhr mittags" einen Klassiker des Western-Genres gedreht hatte, erhält 1954 für seine Anklage gegen den unmenschlichen Kasernenhofdrill den Oscar für die beste Regie. Insgesamt wird „Verdammt in alle Ewigkeit" mit acht Oscars ausgezeichnet, u. a. nimmt Frank Sinatra den Preis für die beste männliche Nebenrolle in Empfang. S 488/K 493

A. Goldau u. a.: Zinnemann, 1986.

„Warten auf Godot" uraufgeführt

5.1. Paris. Im Théâtre de Babylone wird das Schauspiel „Warten auf Godot" des Iren Samuel Beckett erstmals aufgeführt. Regie führt der Franzose Roger Blin.

Das dialog- und handlungsarme Stück – zwei Landstreicher warten auf einen nicht näher bestimmten „Godot" – wird zum bedeutendsten Werk des absurden Theaters.

Theater des Absurden	K 492
Autor	Theaterstücke (Uraufführung)
Arthur Adamov (1908–1970) Frankr./Rußland	Das Rendezvous (1950) Der Appell (1951) Alle gegen alle (1953)
Fernando Arrabal (*1932) Spanien	Die beiden Henker (1956) Picknick im Felde (1959) Der Architekt und der Kaiser von Assyrien (1967)
Samuel Beckett (1906–1989) Irland/Frankreich	Warten auf Godot (1953) Endspiel (1958) Glückliche Tage (1961)
Eugène Ionesco (1912–1994) Frankreich/ Rumänien	Die kahle Sängerin (1950) Die Unterrichtsstunde (1951) Die Stühle (1952) Die Nashörner (1959)
Jean Tardieu (1903–1995) Frankreich	Faust und Yorick (1955) Die Liebenden in der Untergrundbahn (1960) Die Stadt ohne Schlaf (1984)

Krönungsfeier: In der Londoner Westminster Abbey überreicht der Erzbischof von Canterbury der 27jährigen Königin Elizabeth II. in einer prunkvollen Zeremonie die Herrschaftsinsignien, Reichsapfel und Zepter, und setzt ihr die sog. St. Edwards–Krone des britischen Königreichs aufs Haupt.

Kulturszene 1953 — K 493

Theater

Jean Anouilh Die Lerche UA 14.10., Paris	Das Leben der Jungfrau von Orleans als Gerichtsspiel, bei dem die beteiligten Personen die historischen Stationen rekonstruieren.
Samuel Beckett Warten auf Godot UA 5.1., Paris	Warten ist der ganze Lebensinhalt der Landstreicher Wladimir und Estragon; Hauptwerk Becketts und des „Absurden Theaters".
Arthur Miller Hexenjagd UA 22.1., New York	Die Kommunistenjagd in den USA bildet den Hintergrund für das Drama über die Massenhysterie bei einer Hexenjagd im Jahr 1692.
Dylan Thomas Unter dem Milchwald UA 24.10., New York	Das Prosagedicht in verteilten Rollen schildert in einer Vielzahl von Stimmen einen Tag in der Kleinstadt „unter dem Milchwald".

Oper

Boris Blacher Abstrakte Oper Nr. 1 UA 17.10., Mannheim	Werner Egks Text zu der Oper ersetzt Worte durch abstrakte Lautfolgen, die Blachers polymetrische Musik als Angstszenario deutet.
Gottfried von Einem Der Prozeß UA 17.8., Salzburg	Das Unausweichliche, mit dem sich das Schicksal des Kafkaschen Helden vollzieht, ist durch rhythmische Wiederholungen gekennzeichnet.

Konzert

Olivier Messiaen Réveil des Oiseaux; UA 11.10., Donaueschingen	Kompendium musikalischer Ornithologie: In dem Orchesterstück sind Vogelstimmen zwischen Mitternacht und Mittag aufgezeichnet.
Dmitri Schostakowitsch 10. Sinfonie UA 17.12., Leningrad	Das erste große Werk nach Stalins Tod faßt die Sehnsucht des Komponisten nach schöpferischer Freiheit in eine komplizierte Musiksprache.

Film

Ingmar Bergman Abend der Gaukler Schweden	Bittere psychologische Studie über die Einsamkeit und seelischen Demütigungen des Künstlers in der modernen Gesellschaft.
Howard Hawks Blondinen bevorzugt USA	Satirisches Filmmusical über zwei attraktive Sängerinnen (Marilyn Monroe und Jane Russell), die in Paris reichen Männern nachjagen.
Kenji Mizoguchi Erzählungen unter dem Regenmond; Japan	Schicksal zweier Bauern im 16. Jh. in meist ruhigen Bildern voller Poesie – eines der Meisterwerke des japanischen Films.
Jacques Tati Die Ferien des Monsieur Hulot; Frankreich	Tati als Urlauber am Atlantik, der in aller Unschuld ein Chaos um sich herum anrichtet; großer internationaler Erfolg.
Fred Zinnemann Verdammt in alle Ewigkeit USA	Preisgekrönte Verfilmung des Bestsellers von James Jones (1951): sechs Oscars, u. a. für die Schauspieler Donna Reed und Frank Sinatra.

Buch

Ingeborg Bachmann Die gestundete Zeit Frankfurt/Main	Krieg, Gewalt und „Ausgeliefertsein an die Mächte" sind die Themen des ersten Gedichtbands der Österreicherin.
Saul Bellow Die Abenteuer des Augie March; New York	Ein Junge aus den Chicagoer Slums übt auf der Suche nach einem Platz in der Gesellschaft die unterschiedlichsten Tätigkeiten aus.
Heinrich Böll Und sagte kein einziges Wort; Köln	Sozial engagierter Roman mit typischem Ehe- und Berufskonflikt der Nachkriegszeit macht den Autor international bekannt.
Ray Bradbury Fahrenheit 451 New York	Der politische Roman im Stil der Science-fiction-Literatur übt u. a. Kritik an der atomaren Aufrüstung und der Umweltverschmutzung.

Becketts Theaterstücke kommen ohne Handlung aus. Die wortkargen, oft bizarren Dialoge sind Ausdruck der Hoffnungslosigkeit menschlicher Existenz.

Vorformen des absurden Theaters, das 1950 mit der Uraufführung von Eugène Ionescos „Die kahle Sängerin" seine Geburtsstunde erlebte, finden sich vor allem im Dadaismus (↑S.131/5.2.1916) und Surrealismus; großen Einfluß hatten auch die Existentialisten (↑S.347/1938) mit ihrer These von der „Absurdität" der menschlichen Existenz.

Ende der 80er Jahre finden auch Becketts Romane (u. a. „Molloy", 1951) Beachtung.

„Warten auf Godot" wird noch im gleichen Jahr von 20 Theatern in der BRD in den Spielplan aufgenommen. Beckett, der mit „Endspiel" (1956) und „Das letzte Band" (1958) weitere Klassiker des absurden Theaters verfaßt, erhält 1969 den Literatur-Nobelpreis. S 487/K 492 S 488/K 493

D. Bair: Samuel Beckett, 1978.

„Warten auf Godot" von Samuel Beckett wird zum bedeutendsten Stück des absurden Theaters (Foto: Münchner Kammerspiele 1953, Ernst Schröder (l.) und Heinz Rühmann; Inszenierung Fritz Kortner)

„Hexenjagd" prangert McCarthy an

22.1. New York. Im Martin Beck Theatre wird das Drama „Hexenjagd" des US-amerikanischen Autors Arthur Miller uraufgeführt. Das Stück hat zwar die Hexenverfolgungen in Neuengland von 1692 zum Thema, zeigt aber deutlich die Gemeinsamkeiten zwischen den historischen Ereignissen und der Kommunistenhetze während der McCarthy-Ära (↑S.461/1950). Die Parallelen liegen u. a. in

Gesinnungsschnüffelei und Denunziation sowie in der Unbeweisbarkeit von angeblich verbrecherischen Taten.

Miller, der mit realistischen zeit- und gesellschaftskritischen Dramen wie „Der Tod des Handlungsreisenden" berühmt wurde, wird 1954 als Kommunist im McCarthy-Ausschuß angeklagt, 1958 jedoch rehabilitiert. S 488/K 493

A. Miller: Zeitkurven, 1987.

Sport

„Grand Slam" für „Little Mo"

September. Forest Hills. Mit ihrem Finalsieg bei den Internationalen Meisterschaften der USA gelingt Maureen Connolly als erster Frau der „Grand Slam", der Gewinn der vier bedeutendsten Tennisturniere innerhalb eines Jahres. Wie in Wimbledon und Paris setzte sich die 18jährige US-Amerikanerin im Endspiel gegen Doris Hart, ebenfalls aus den USA, durch. Im Finale von Melbourne bezwang „Little Mo" ihre Landsmännin Julia Sampson. Bei den Herren war der Grand Slam erstmals dem US-Amerikaner Donald Budge (↑S.349/25.9.1938) geglückt.

Die Karriere von Maureen Connolly wird 1954 durch einen komplizierten Beinbruch frühzeitig beendet.

1988 gewinnt Stefanie („Steffi") Graf als erste Deutsche den „Grand Slam" (↑S.814/10.9.1988). S 489/K 494

Rocky Marciano ist König im Ring

25.9. New York. Rocky Marciano (USA) verteidigt vor 44 000 Zuschauern seinen Titel als Weltmeister der Profiboxer im Schwergewicht durch technischen K. o. in der 11. Runde über seinen Herausforderer und Landsmann Roland La Starza. Es ist seit 18 Jahren der erste Titelfight zwischen zwei weißen Boxern. Der 30jährige Marciano bleibt in seinem 45. Profikampf weiterhin ungeschlagen.

Der Italo-Amerikaner, der eigentlich Francis Rocco Marchegiano heißt, begann seine Profikarriere 1947 mit 15 K. o.-Siegen. Er errang die Krone im Boxsport am 23.9.1952 in Philadelphia durch einen K. o.-Sieg in der 13. Runde über den amtierenden Weltmeister (seit 1951) „Old" Joe Walcott, der zum Zeitpunkt dieser Titelverteidigung bereits 39 Jahre alt war. Marcianos Erfolg gründet sich nicht auf eine ausgefeilte Kampftechnik, sondern auf seine Schlag- und Nehmerhärte.

Am 27.4.1956 tritt Marciano nach insgesamt sechs Titelverteidigungen unbesiegt zurück (S.505/21.9.1955). S 489/K 494

Sport 1953 — K 494

Fußball

Deutsche Meisterschaft	1. FC Kaiserslautern
DFB-Pokal	Rot-Weiß Essen – Alemannia Aachen 2:1
Englische Meisterschaft	Arsenal London
Italienische Meisterschaft	Inter Mailand
Spanische Meisterschaft	FC Barcelona

Tennis

Wimbledon (seit 1877; 67. Austragung)	Herren: Vic Seixas (USA) Damen: Maureen Connolly (USA)
US Open (seit 1881; 73. Austragung)	Herren: Tony Trabert (USA) Damen: Maureen Connolly (USA)
French Open (seit 1925; 23. Austragung)	Herren: Ken Rosewall (AUS) Damen: Maureen Connolly (USA)
Australian Open (seit 1905; 41. Austragung)	Herren: Ken Rosewall (AUS) Damen: Maureen Connolly (USA)
Davis-Cup (Melbourne, AUS)	Australien – USA 3:2

Eishockey

Weltmeisterschaft	Schweden
Stanley-Cup	Montreal Canadiens
Deutsche Meisterschaft	EV Füssen

Radsport

Tour de France (4479 km)	Louison Bobet (FRA)
Giro d'Italia (4035 km)	Fausto Coppi (ITA)
Straßenweltmeisterschaft	Fausto Coppi (ITA)

Automobilsport (Grand-Prix-Rennen)

GP von Belgien, Spa	Alberto Ascari (ITA), Ferrari
GP von Deutschland, Nürburgring	Giuseppe Farina (ITA), Ferrari
GP von Frankreich, Reims	Mike Hawthorn (GBR), Ferrari
GP von Großbrit., Silverstone	Alberto Ascari (ITA), Ferrari
GP von Italien, Monza	Juan Manuel Fangio (ARG), Maserati
Formel-1-Weltmeisterschaft	Alberto Ascari (ITA), Ferrari

Boxen

Schwergewichts-Weltmeisterschaft	Rocky Marciano (USA) – K. o. über Roland La Starza (USA), 25.9. – K. o. über Joe Walcott (USA), 15.5.

Herausragende Weltrekorde

Disziplin	Athlet (Land)	Leistung
Leichtathletik, Männer		
400 m Hürden	Juri Litujew (URS)	50,4 sec
Hochsprung	Walter Davis (USA)	2,12 m
Kugelstoß	Parry O'Brien (USA)	18,04 m
Diskuswurf	Fortune Gordien (USA)	59,28 m
Speerwurf	Franklin Held (USA)	80,41 m
Schwimmen, Männer		
200 m Brust[1]	Horst Fritsche (GDR)	2:35,4 min
100 m Schmetterling	György Trumpek (HUN)	1:04,3 min

1) Brust- und Schmetterlingsstil ab 1953 getrennt

1954

Politik

John Foster Dulles

Neue US-Militärstrategie
12.1. New York. Außenminister John Foster Dulles propagiert die Strategie der „massiven Vergeltung" („massive retaliation"). Jeder Angriff auf einen Staat des Nordatlantischen Verteidigungsbündnisses (NATO) soll mit einem atomaren Gegenschlag beantwortet werden.
Seit 1947 vertrat US-Präsident Harry S. Truman die Politik der „Eindämmung" („containment") gegenüber der UdSSR. Die „Truman-Doktrin" beinhaltete u. a. den Marshall-Plan (↑S.429/5.6.1947), umfangreiche Wirtschaftshilfe für Griechenland und die Türkei sowie die Gründung der NATO (↑S.451/4.4.1949).
Mit der neuen Politik der „Vergeltung" unter US-Präsident Dwight D. Eisenhower nehmen die Vereinigten Staaten eine aggressivere Haltung in ihrer Außenpolitik an. Die Schwerpunktverschiebung ihrer Militärtechnik von konventionellen Waffensystemen auf neue atomare Technologien bedeutet eine bedrohliche Verschärfung der Spannungen zwischen den beiden Weltmächten.
Am 9.5.1967 (↑S.606) wird diese Strategie durch das Konzept der „flexiblen Antwort" ersetzt. Die neue Doktrin läßt offen, ab welcher Eskalationsstufe eines Konflikts Atomwaffen eingesetzt werden.

W. Loch/D. Sommer: Das Bündnis. Chancen für den Frieden, 1989.

Wehrergänzungsgesetz
26.2. Bonn. Der Bundestag nimmt mit der erforderlichen Zweidrittelmehrheit der Stimmen (CDU/CSU, FDP, DP und BHE, ↑S.484/ 6.9.1953) eine Ergänzung zum Grundgesetz an, mit der die Wehrhoheit der BRD hergestellt wird. Am 19.3. stimmt der Bundesrat dem Gesetz zu.
Am 27.5.1952 war in Paris der Vertrag zur Schaffung einer Europäischen Verteidigungsgemeinschaft (EVG) von Frankreich, Italien, den Benelux-Staaten und der BRD unterzeichnet worden. Der noch nicht ratifizierte Vertrag sieht die Bildung einer Europa-Armee mit westdeutscher Beteiligung vor.
Das Wehrergänzungsgesetz gibt dem Bund das Recht zur Gesetzgebung über die Landesverteidigung einschließlich der Einführung der allgemeinen Wehrpflicht (↑S.506/7.7. 1956) und der Aufstellung bundesdeutscher Streitkräfte. Gleichzeitig schafft das Gesetz die Grundlage für die Einbindung der BRD in die EVG, ein weiterer Schritt in die von Außenminister und Bundeskanzler Adenauer geförderte Westintegration.

S 491/K 496

Putsch in Paraguay
8.5. Paraguay. Der diktatorisch regierende Präsident Federico Chaves wird durch einen Staatsstreich unter Führung des Oberkommandierenden der Armee, Alfredo Stroessner, gestürzt.
Die Nationalversammlung der einzigen legalen Partei Paraguays, der Colorado-Partei, wählt Tomas Romero Pareira zum vorläufigen Präsidenten. Doch schon am 11.7. wird er auf Druck der Streitkräfte und der Colorado-Partei durch Stroessner ersetzt.

Wichtige Regierungswechsel 1954 — K 495

Land	Amtsinhaber	Bedeutung
Ägypten	Ali Muhammad Nagib (P seit 1953) Gamal Abd el Nasser (P bis 1970)	Nasser entscheidet Machtkampf zu seinen Gunsten; Nagib, als Ministerpräsident bereits abgesetzt, kommt in Haft (14.11.)
Albanien	Enver Hoxha (M seit 1944) Mehmed Schehu (M bis 1981)	Hoxha, ehemaliger Führer der albanischen Freiheitsbewegung, zum ZK-Sekretär gewählt; Prinzip der kollektiven Führung
Frankreich	Vincent Auriol (P seit 1947) René Coty (P bis 1959)	Auriol vollzog Annäherung Frankreichs an USA und Großbritannien; Coty letzter Präsident der IV. Republik
	Joseph Laniel (M seit 1953) Pierre Mendès-France (M bis 1955)	Laniel tritt nach französischer Niederlage in Indochina zurück (14.6.); Mendès-France strebt „ehrenvollen" Frieden an
Guatemala	Jacobo Arbenz Guzmán (P seit 1951) Carlos Castillo Armas (P bis 1957)[1]	Von den USA unterstützte sog. Befreiungsarmee stürzt Guzmán (27.6.); Armas hebt Enteignung der United Fruit Company auf
Japan	Shigeru Yoshida (M seit 1948) Itshiro Hatojama (M bis 1956)	Rücktritt Yoshidas (7.12.) nach Spaltung der regierenden Liberalen; Hatojama für Öffnung zu kommunistischen Staaten
Paraguay	Federico Chaves (P seit 1949) Alfredo Stroessner (P bis 1989)	Militärputsch (8.5.); Stroessner (P ab 11.7.), der sich auf Armee und konservative Colorado-Partei stützt, errichtet Diktatur (S.490)

M = Ministerpräsident bzw. Premierminister; P = Präsident
1) Übergangspräsidenten: Carlos Díaz (27.–29.6.), Elfego J. Monzon (29.6.–8.7.)

Als Staatspräsident setzt Stroessner die demokratischen Institutionen weitgehend außer Kraft. Seine auf die Armee gestützte und an Francos Spanien angelehnte Diktatur wird erst am 3.2.1989 (↑S.816) durch einen Militärputsch beendet. Der erste zivile Präsident seit 1954, Juan C. Wasmosy (ab 1993), leitet einen Demokratisierungsprozeß ein.

Erster Vietnamkrieg beendet

21.7. Genf. Im Völkerbundpalast endet die Indochina-Konferenz mit der Unterzeichnung eines Waffenstillstandsabkommens. Vietnam wird durch eine provisorische Demarkationslinie entlang des 17. Breitengrads in zwei Staatshälften – eine kommunistische und eine westorientierte – geteilt; die Königreiche Kambodscha und Laos erhalten ihre volle Souveränität.

Die französische Kolonialherrschaft in Indochina (↑S.422/23.11.1946) endete am 7.5., als nach 56 Belagerungstagen die französische Festung Dien Bien Phu in Nordvietnam fiel. Bereits einen Tag später begann die Genfer Friedenskonferenz. Teilnehmer waren Frankreich, Großbritannien, die USA, die UdSSR, die VR China, der kommunistische Vietmin, die Republik Vietnam sowie die Nachbarstaaten Laos und Kambodscha. Im Rahmen ihrer Eindämmungspolitik gegenüber der expansiven sowjetischen Außenpolitik schließen die USA, die das Genfer Abkommen nicht unterzeichnen, zum Schutz Südostasiens am 8.9. ein Verteidigungsbündnis mit Frankreich, Australien, Großbritannien, Neuseeland, Pakistan, den Philippinen und Thailand (SEATO). Südvietnam wird in einem Zusatzprotokoll als zu verteidigendes Interessengebiet genannt.

Mit der Landung der ersten US-amerikanischen Streitkräfte 1961 werden die Weichen für den zweiten Vietnamkrieg (↑S.579/30.7.1964) gestellt. S 579/K 583

📖 P. Scholl-Latour: Der Tod im Reisfeld. 30 Jahre Krieg in Indochina, 1979.

BRD in die NATO

23.10. Paris. Die Konferenzen der Westalliierten und der BRD über eine Neuordnung der politischen und militärischen Bündnissysteme in Westeuropa enden mit einer Einladung an die BRD, dem Nordatlantik-Pakt (NATO) beizutreten. Am 17.3.1948 hatten Großbritannien, Frankreich und die Benelux-Staaten einen Beistandspakt geschlossen (Brüsseler Vertrag). Dessen militärische Aufgaben wurden der am 4.4.1949 (↑S.451) gegründeten NATO übertra-

Stationen der deutschen Wiederbewaffnung K 496

Datum	Ereignis
7.8.1950	BRD: Bundesregierung beginnt Verhandlungen mit Hohen Kommissaren der Westalliierten über Wehrbeitrag; Ziel von Bundeskanzler Adenauer (CDU): Wiederbewaffnung
24.10.1950	Der französische Ministerpräsident René Pleven schlägt der Nationalversammlung die Aufstellung einer europäischen Armee unter Beteiligung bundesdeutscher Soldaten vor
26.10.1950	BRD: Einrichtung der sog. Dienststelle Blank (Amt für Unterbringung der Besatzungstruppen); 1955 wird die Dienststelle in das Verteidigungsministerium umgewandelt
19.12.1950	NATO beschließt Einrichtung einer atlantischen Streitmacht unter Einbeziehung der Bundesrepublik Deutschland
15.2.1951	BRD: Gesetz über Errichtung des Bundesgrenzschutzes (vorläufige Stärke: 10 000 Mann) verabschiedet; Gegenstück zur ostdeutschen Volkspolizei (gegründet 1949)
8.2.1952	BRD: Bundestag stimmt mit 204 zu 156 Stimmen (gegen die Stimmen von SPD und KPD) für eine Teilnahme der Bundesrepublik an der Europäischen Verteidigungsgemeinschaft (EVG); der sog. Deutschlandvertrag wird am 19.3.1953 in dritter Lesung verabschiedet
27.5.1952	Unterzeichnung des Vertrags über die Bildung einer Europäischen Verteidigungsgemeinschaft durch die BRD, Frankreich, Italien, Belgien, Niederlande und Luxemburg (S.474/26.5)
26.2.1954	BRD: Bundestag nimmt mit erforderlicher Zweidrittelmehrheit (334 gegen 144 Stimmen) eine Ergänzung zum Grundgesetz an, mit der die Wehrhoheit hergestellt wird; Bund erhält dadurch Recht zur Gesetzgebung über die Verteidigung einschließlich Einführung der allgemeinen Wehrpflicht (S.490)
30.8.1954	Französische Nationalversammlung lehnt den Vertrag über eine Europäische Verteidigungsgemeinschaft mit 319 zu 264 Stimmen ab; damit ist die EVG gescheitert
28.9.1954	Londoner Neun-Mächte-Konferenz (bis 3.10.) beschließt die Gründung einer Westeuropäischen Union (WEU) als europäischen militärischen Beistandspakt innerhalb der NATO
23.10.1954	Pariser Verträge besiegeln Aufnahme der BRD in die NATO: Ab 6.5.1955 erhält die Bundesrepublik eingeschränkte Souveränität (Truppen der Westalliierten dürfen weiterhin auf Bundesgebiet stationiert werden, Berlin bleibt unter Kontrolle aller vier Alliierten, S.491)
14.5.1955	Gründung des Warschauer Pakts; Beteiligung der DDR am militärischen Oberkommando wird auf späteren Zeitpunkt (bis zur Aufstellung eigener Streitkräfte) vertagt (S.498)
16.7.1955	BRD: Bundestag schafft gegen die Stimmen der SPD die rechtliche Grundlage zur Einberufung von Freiwilligen in westdeutsche Streitkräfte (Freiwilligengesetz, ab 23.7. in Kraft); Weg zur Integration in NATO frei
12.11.1955	BRD: Ernennungsurkunde für 101 Bundeswehroffiziere; erste freiwillige Einheiten treten am 2.1.1956 ihren Dienst an
18.1.1956	DDR: Erste Einheiten der Nationalen Volksarmee (NVA) aufgestellt; Vorläufer: getarnt aufgebaute See- und Luftstreitkräfte (seit 1950), Kasernierte Volkspolizei (seit 1952, S.506)
6.3.1956	BRD: Bundestag verabschiedet mit Zweidrittelmehrheit (390 gegen 20 Stimmen) die Wehrergänzungen zum Grundgesetz; rechtliche Grundlage für Bundeswehr aus Berufssoldaten und Wehrpflichtigen (Sollstärke: 500 000 Mann)
7.7.1956	BRD: Bundestag beschließt Wehrpflichtgesetz gegen die Stimmen von SPD und FDP (ab 25.7. in Kraft); alle männlichen deutschen Staatsangehörige sind vom vollendeten 18. bis zum 45. Lebensjahr wehrpflichtig (S.506)
1.4.1957	BRD: 9733 Wehrpflichtige rücken in Bundeswehrkasernen ein; Bildung von fünf Divisionen in Gefechtsstärke

gen. Bei den Pariser Konferenzen wird der Brüsseler Vertrag mit der Aufnahme Italiens und der BRD zur Westeuropäischen Union (WEU) erweitert. Die BRD erhält ihre Souveränität unter dem Vorbehalt, daß Truppen der Westalliierten weiterhin auf Bundesgebiet stationiert bleiben. Die Einbindung in die WEU schafft die Voraussetzung für den Beitritt in die NATO.

Der NATO-Beitritt und die damit verbundene Wiederaufrüstung lösen in der BRD Kritik aus. Am 29.1.1955 wird in Frankfurt das Deutsche Manifest gegen den Beitritt veröffentlicht. Nachdem am 27.2.1955 der Bundestag dem Beitritt zustimmt, wird die BRD am 9.5.1955 das 15. NATO-Mitglied. S 491/K 496

📖 Weltgeschichte im Aufriß: Die beiden deutschen Staaten und ihre Integration in die Paktsysteme (1949–1955), 1984.

Algerienkrieg beginnt

1.11. Algerien. Mit Bombenanschlägen und Brandstiftungen der „Front der Nationalen Befreiung" (FLN) im französischen Departement Algerien beginnt der Algerienkrieg.

Das seit 1830 von Frankreich kolonisierte Algerien war im Jahr 1881 zu einem Teil des Mutterlandes erklärt worden. Am 1.5.1945 kam es bei einer nationalistischen Demonstration in der Stadt Setif zu blutigen Auseinandersetzungen, die eine von den Franzosen durchgeführte Strafaktion nach sich zog, bei der 6000–8000 Algerier getötet wurden. Sie gab dem Widerstand großen Auftrieb.

Der gut organisierte Kampf der radikalnationalistischen FLN beginnt unter der Führung Muhammad Ahmed Ben Bellas mit der Terrorwelle am 1.11. und endet am 3.7.1962 (↑S.558) mit der Anerkennung der Unabhängigkeit. Algerien ist das erste afrikanische Land, in dem bewaffneter Guerillakampf die Unabhängigkeit erzwingt. 1975 erreichen die Befreiungsbewegungen in Mosambik (25.6.) und Angola (11.11.) die Unabhängigkeit von Portugal (↑S.683/25.4.1974). S 559/K 565

Technik

Strom aus Sonnenlicht

Murray Hill/New York. Wissenschaftler der Bell Telephone Laboratories erfinden die Silicium-Solarzelle, ein sog. pn-Halbleiter-Photoelement (↑S.434/1947) zur direkten Umwandlung von Sonnenlicht in elektrischen Strom. Damit bahnt sich die Nutzung einer sicheren, umweltverträglichen und für unsere Zeitbegriffe unerschöpflichen Energiequelle ohne Rohstoffsorgen wie z. B. beim Erdöl an. Unter Ausnutzung des inneren lichtelektrischen Effekts (↑S.52/1905, Albert Einstein) liefert die Solarzelle eine Spannung von rd. 0,5 Volt. Technisch verwertbare Leistungen werden erst durch Zusammenschaltung vieler Solarzellen zur sog. Sonnenbatterie erreicht.

Der bedeutendste Einsatz der Solarzellen erfolgt in der Weltraumfahrt. Ab 1970 sind sie das „Hauptkraftwerk" der Satelliten und der in ferne Räume vorstoßenden Sonden.

📖 F. Juster: Solarzellen. 1984.

Flugroute über Nordpol eröffnet

15.11. Kopenhagen. Die skandinavische Fluggesellschaft SAS nimmt den Linienverkehr zwischen Nordeuropa und dem amerikanischen Kontinent über die Polarroute auf. Die SAS hat seit 1952 sechs Probeflüge unternommen. Schwierig ist u. a. die Navigation, da Kompasse in Polnähe unbrauchbar sind und es den Karten an Genauigkeit fehlt. Während die Flugroute über den Atlantik nach New York rund 10 200 km mißt, sind es über die Arktis ins noch weiter entfernte Los Angeles nur 8600 km. Bei einer Reisegeschwindigkeit von 465 km/h benötigt die DC-6B 5760 Liter Brennstoff weniger als bisher und ist acht Stunden eher am Ziel.

Medien

Erste deutsche Fernsehfamilie

29.9. BRD. Als erste Familienserie der ARD (Zusammenschluß der Rundfunkanstalten,

NATO-Vertrag: Durch den Beitritt Italiens und der BRD erweitertert sich die Pariser Konferenzrunde auf neun Teilnehmer (v.l. Paul Henri Spaak, Lester Pearson, Pierre Mendès–France, Konrad Adenauer, Gaetano Martino, Joseph Beck, Johann Willem Beyen, Anthony Eden und John F. Dulles).

seit 1950) kommt „Unsere Nachbarn heute abend: Familie Schölermann" auf bundesdeutsche Fernsehbildschirme.
Seit am 25.12.1952 (↑S.477) der regelmäßige öffentliche Fernsehbetrieb aufgenommen wurde, bemüht sich das Gemeinschaftsunternehmen „Deutsches Fernsehen" um wachsende Zuschauerzahlen. Mit der Darstellung der Alltagsprobleme der „Familie von nebenan" sollen sich die Zuschauer identifizieren können und für hohe Einschaltquoten sorgen. Der Erfolg gibt den Fernsehmachern Recht. Bis zum 25.3.1960 werden insgesamt 111 Folgen gesendet, Familienserien werden zum festen und sehr populären Programmbestandteil des deutschen Fernsehens. S 493/K 497

Kultur

Rock 'n' Roll rund um die Uhr
USA. Bill Haley und seine Band The Comets nehmen das Lied „Rock Around The Clock" auf, das 1955 zur weltweit meistverkauften Schallplatte avanciert. Mit Songs wie diesem begründet Haley eine Musikrichtung, die der Diskjockey Alan Freed in Anlehnung an wiederkehrende Schlagwörter wie „Rock" und „Roll" als „Rock 'n' Roll" bezeichnet.
Der rhythmusbetonte Musikstil vereinigt Elemente des Rhythm and Blues und der Countrymusik. Für Jugendliche wird der Rock 'n' Roll zum Symbol ihrer Auflehnung gegen die Erwachsenenwelt.
Die Musikindustrie reagiert prompt auf die Bedürfnisse dieser neuen, konsumorientierten Käuferschicht, indem sie Interpreten wie Elvis Presley (↑ S.495/8.1.) zu umsatzfördernden Jugendidolen aufbaut. S 494/K 499

Tolkien kreiert Märchenwelt
London. Die ersten beiden Bände der Roman-Trilogie „Der Herr der Ringe" von John Ronald Reuel Tolkien erscheinen. Zentrales Thema des preisgekrönten Werks ist der Kampf zwischen Gut und Böse um einen Ring, der die absolute Vorherrschaft über die Märchenwelt Mittelerde verheißt.
Bereits 1937 hatte Tolkien in seiner Erzählung „Der kleine Hobbit" die Vorgeschichte zu seiner Roman-Trilogie entworfen. Der an der Universität von Oxford lehrende Philologe entwickelt ein eigenes mythologisches System und erweckt die keltisch-germanisch geprägte Märchenwelt von Mittelerde durch anschauliche Details und zahlreiche Spannungselemente zum Leben. „Der Herr der Ringe", in der Literaturkritik umstritten, ent-

Die großen Familienserien im Fernsehen — K 497

1954: Unsere Nachbarn heute abend: Familie Schölermann (ARD)
Erste deutsche Fernsehfamilie, bis 1960 sind 111 Folgen mit den Alltagsproblemen der Schölermanns auf dem Bildschirm zu sehen

1960: Firma Hesselbach (ARD)
Die spätere „Familie Hesselbach" löst die Schölermanns ab; Darsteller: Wolf Schmidt, Liesel Christ, Rose-Marie Kirstein, Dieter Henkel

1965: Die Unverbesserlichen (ARD)
Serie um die schwierigen innerfamiliären Beziehungen der Familie Scholz; Darsteller: Inge Meysel, Joseph Offenbach, Agnes Windeck

1974: Ein Herz und eine Seele (ARD)
Alltag in der Familie eines deutschen Spießbürgers („Ekel Alfred" alias Heinz Schubert) sorgt für öffentliche Diskussionen

1981: Dallas (ARD)
US-Serie um die Familie Ewing, die im Ölgeschäft tätig ist; im Mittelpunkt stehen die Intrigen von J. R. (Larry Hagman)

1983: Der Denver-Clan (ZDF)
Liebe und Intrigen in der Familie Carrington, die ebenfalls durch Öl zu Reichtum gekommen ist; Konkurrenz zu „Dallas"

1985: Lindenstraße (ARD)
Alltag in einem Miethaus; erste deutsche „Soap Opera"; die Handlung der Serie ist stets auf der „Höhe der Zeit"

1987: Das Erbe der Guldenburgs (ZDF)
Geschichten um die Streitigkeiten innerhalb einer Bierbrauer-Familie; Darsteller: Brigitte Horney, Ruth-Maria Kubitschek, Sigmar Solbach

1987: Diese Drombuschs (ZDF)
Alltagsprobleme einer deutschen Familie; Darsteller: Witta Pohl, Günter Strack

1988: Oh Gott, Herr Pfarrer (ARD)
Alltag einer evangelischen Pfarrersfamilie in Schwaben; Darsteller: Robert Atzorn, Maren Kroymann, Walter Schultheiß

Nobelpreisträger 1954 — K 498

Frieden: Amt des Hochkommissars für Flüchtlinge bei der UNO
Das Amt, das 1950 als Unterorganisation der Vereinten Nationen gegründet wurde, versucht weltweit, die Not der Flüchtlinge zu lindern und internationale Hilfsaktionen zu koordinieren. Vorgänger des Amtes waren die Flüchtlingsorganisationen UNRA (Gründung 1943) und ITO (1947).

Literatur: Ernest Hemingway (USA, 1899–1961)
Hemingway war der Erneuerer der amerikanischen Kurzgeschichte im 20. Jh. In lakonischem, knappem Stil schilderte er Gefahrensituationen, in denen sich männliche Helden bewahren mußten. Bedeutende Werke: „Wem die Stunde schlägt" (1940), „Der alte Mann und das Meer" (1952).

Physik: Max Born (GB, 1882–1970), Walter Bothe (D, 1891–1957)
Born stellte eine Gleichung auf, mit der sich die von Werner Heisenberg (NP 1932) entwickelte Quantenmechanik mathematisch darstellen läßt. Bothe untersuchte die kosmische Ultrastrahlung und bewies mit der sog. Koinzidenzmethode, daß sie sich aus kleinsten Partikeln zusammensetzt.

Medizin: John F. Enders (USA, 1897–1985), Frederick C. Robbins (USA, *1916), Thomas Weller (USA, *1915)
Die Bakteriologen entwickelten eine Methode zur Kultivierung von Viren außerhalb lebender Organismen. Damit schufen sie 1948 die Voraussetzung für die Herstellung eines Impfstoffs gegen die Kinderlähmung. Enders fand einen Impfstoff gegen Mumps, Weller isolierte den Erreger der Röteln.

Chemie: Linus Carl Pauling (USA, 1901–1994)
Pauling erforschte die Strukturen von Kristallen und Molekülen. Er wendete die von Werner Heisenberg entwickelte Quantenmechanik auf die Untersuchung von chemischen Bindungen an. Dadurch wurde er zum Begründer der Quantenchemie. 1963 erhielt Pauling den Friedensnobelpreis.

wickelt sich zu einem Kultbuch, das der Fantasy-Literatur neue Impulse vermittelt.
📖 H. Carpenter: J. R. R. Tolkien. Biographie, 1979. D. Petzold: J. R. R. Tolkien. Fantasy Literature als Wunscherfüllung und Weltdeutung, 1980.

Anti-Robinsonade von Golding
London. William Goldings Roman „Herr der Fliegen" erscheint. Das kulturpessimistische Werk schildert die Situation einer Gruppe von Schuljungen, die sich nach einem Flugzeugabsturz als einzige Überlebende auf einer unbewohnten Insel wiederfinden. Der Versuch, die Zwangsgemeinschaft nach demokratischem Vorbild zu organisieren, scheitert; als die britische Marine die Verschollenen schließlich entdeckt, hat sich die Kinderschar in ein Rudel von Bestien verwandelt, das auch vor Mord nicht zurückschreckt.

Das anfangs von der Kritik skeptisch aufgenommene Buch entwickelt sich innerhalb kürzester Zeit zu einem Bestseller. Auch in seinen anderen Werken (1967 „Oliver"; 1979 „Das Feuer der Finsternis") setzt sich William Golding mit der Frage nach dem Wesen des Menschen und dem Verlust der Unschuld auseinander. 1983 erhält der Schriftsteller den Literatur-Nobelpreis. S 495/K 500

„Bonjour Tristesse"
Frankreich. Der Roman „Bonjour Tristesse" der erst 18 Jahre alten Françoise Sagan er-

Wichtige Stilrichtungen der Popmusik		K 499
Bezeichnung	Merkmale	Musiker, Gruppen
Reggae Ab 50er Jahre	Westindische Tanzmusik mit Protest gegen die Beherrschung durch Weiße in den Texten; Multiplaytechnik	Jamaika: Jimmy Cliff, Inner Circle, Bob Marley & The Wailers, Toots & The Maytals
Soul Ab 50er Jahre	Afroamerikanische Mischung aus Gospelgesang und Rhythm & Blues; in den 70er Jahren im Philadelphia Sound weißem Musikgeschmack angepaßt	USA: James Brown, Sam Cooke, Aretha Franklin, Marvin Gaye, Otis Redding, Diana Ross, Stevie Wonder
Rock 'n' Roll Ab 1954	Mischung aus Blues, Country und weißer Ballade; Identifikation und Revolte: Musik von Jugendlichen für Jugendliche	USA: Chuck Berry, Bill Haley, Buddy Holly, Jerry Lee Lewis, Elvis Presley, Little Richard
Folk Rock Ab 60er Jahre	Mischung aus Volksliedtradition und städtischem Rock, zunächst mit akustischen, seit 1965 (Newport Folk Festival) auch mit elektronischen Instrumenten	USA: The Byrds, Bob Dylan, Buffalo Springfield Großbritannien: Fairport Convention, Jethro Tull
Psychedelic Rock Ab 60er Jahre	Bewußtseinserweiternde Musik, z. T. auf der Grundlage von Rauschmittel-Erfahrung, Versuch der Übertragung von Farbenvisionen in Rockmusik	USA: Grateful Dead, Jimi Hendrix, Frank Zappa Großbritannien: The Beatles (ab 1967), Pink Floyd
Beat 60er Jahre	Zeitlich begrenzte Bezeichnung für britische Rockmusik aus industriellen Ballungsgebieten (Liverpool-Beat)	Großbritannien: Animals, The Beatles, The Kinks, The Rolling Stones, The Who
Disco Ab 70er Jahre	Auf Tanzbarkeit angelegter Stil; studiotechnisch manipulierter Sound: Sequenzer-Rhythmus, Hall, Synthesizer-Effekte	USA: Chic, Amanda Lear, Snap, Sister Sledge, Donna Summer, John Travolta, Village People
Funk Ab 70er Jahre	Afroamerikanischer Musikstil mit kurzen, abgehackten Phrasen, beweglichem Baß und auf rhythmischer Verschachtelung beruhender Stimmführung	USA: Earth Wind & Fire, Michael Jackson, Prince, Rufus & Chaka Khan; Großbritannien: Level 42
Hard Rock/ Heavy Metal Ab 70er Jahre	Stark hervorgehobener Beat, dominierende Rolle eines Sängers, betonter Einsatz von E-Gitarren und Verzerrern, an Blues-Harmonik orientiert; Überlautstärke	USA: Aerosmith, Guns 'n' Roses, AC/DC Großbritannien: Black Sabbath, Led Zeppelin, Deep Purple
Jazz-Rock Ab 70er Jahre	Übernahme von Jazz-Elementen (Improvisation, rhythmische Vielfalt, komplexer harmonischer Aufbau) in die Rockmusik	USA: Blood Sweat & Tears, Chicago, The Crusaders; Großbritannien: Colosseum, Nucleus
Punk Ab 1976	Musikalische Reaktion auf Wirtschaftsdepression und Rassismus: hämmernd, „primitiv", provozierend, frei von lyrischen Stimmungen; aggressive Texte	USA: New York Dolls, Ramones Großbritannien: The Sex Pistols, The Stranglers Deutschland: Die Toten Hosen
New Wave Ab 1977/78	Reaktion auf eine in Pomp und Partysound erstarrte Musikszene; sozialkritische Texte in der Tradition dadaistischer Lyrik, unterkühlte, z. T. experimentelle Musik; deutsche Variante: Neue Deutsche Welle	USA: Blondie, The B-52's, Devo, Talking Heads Großbritannien: The Clash, Elvis Costello, The Police Deutschland: Ideal, Nena, Spliff, Trio
Rap Ab 1977	Erfindung afroamerikanischer Jugendlicher aus Großstadt-Ghettos; rhythmischer Sprechgesang über einfache Disco-Grundmuster aus Baß und Schlagzeug; Sampling-Technik	USA: Arrested Development, Kurtis Blow, Eric B. & Rakim, Grandmaster, Flash & The Furious Five, MC Hammer, Public Enemy, Ice-T, Run-DMC
Techno 80er Jahre	Elektronisch erzeugte Disco-Musik mit harten Schlagzeug-Beats (140 Schläge/min) und Bässen, überlaut; viele Ausprägungen, schnell wechselnde Szene	USA: Juan Atkins, Derrick May, Kevin Saunderson Großbritannien: Orbital, System 7, The Prodigy Deutschland: DJ Bobo, Marusha, Sven Väth, U 96
Jungle Ab 1993	Am Computer produzierte Musikrichtung: langsame weiche Bässe und Trommelklänge begleiten hohe Schlagzeugtöne (bis 160 Beats/min); Mischung aus Hip Hop, Techno, Reggae	Großbritannien: Goldie, General Levy, Shy FX & UK Apachi

scheint. Er schildert das unkonventionelle Leben der 17jährigen Cécile, die mit ihrem Vater und seiner Geliebten an der Riviera Urlaub macht. Als der Vater eine Frau kennenlernt und beschließt, zu heiraten, intrigiert Cécile aus Angst, ihr bisheriger Lebensstil könne durch eine bürgerliche Heirat in Gefahr geraten. Ungewollt wird sie schuldig am Tod der neuen Geliebten; das Leben geht weiter wie bisher, zurück bleibt lediglich ein Gefühl der Tristesse, einer vagen Niedergeschlagenheit verbunden mit Langeweile.
Mit diesem Debütroman, der einfühlsam die seelische Verfassung französischer Jugendlicher beschreibt, wird Françoise Sagan zur Kultfigur einer Generation. Mit weiteren Romanen (u. a. „Lieben Sie Brahms", 1959) kann sie an diesen Erfolg anknüpfen. S 495/K 500

📖 F. Sagan: Das Lächeln der Vergangenheit (Autobiographie), dt. 1985.

Elvis mit Hüftschwung zum Star

8.1. Memphis. In einem Tonstudio nimmt Elvis Presley auf eigene Kosten eine Schallplatte auf, die er seiner Mutter zum Geburtstag schenken will. Der Präsident der Schallplatten-Gesellschaft, der ihn zufällig hört, bietet ihm einen Vertrag an. Die Single „That's all right Mama" wird bereits wenige Monate später ein Erfolg.
1956 hat der ehemalige Lastwagenfahrer mit „Heartbreak Hotel" seinen ersten Nr.-l-Hit und dreht mit „Love Me Tender" den ersten seiner insgesamt 34 Kinofilme. Im gleichen Jahr bricht er mit seinem Auftritt in der Ed-Sullivan-Show sämtliche Zuschauerrekorde, als 54 Mio Menschen (= 82,6% Einschaltquote) das hüftschwingende Jugendidol und seine kreischenden, überwiegend weiblichen Fans sehen.
Bis zu seinem frühen Tod 1977 verkauft der König des Rock 'n' Roll 500 Mio Schallplatten; an seinen Filmauftritten verdient er rd. 180 Mio US-$. S 494/K 499

📖 W. Tilgner: Elvis Presley, 1987.

Sport

Das „Wunder von Bern"

4.7. Bern. Die deutsche Fußballnationalmannschaft wird durch einen 3:2-Erfolg über Ungarn überraschend Weltmeister. Mannschaftskapitän Fritz Walter und Trainer Sepp Herberger werden auf den Schultern begeisterter Anhänger vom Platz getragen. Die Ungarn galten als sicherer Titelanwärter: 1953 hatten sie als erste Mannschaft vom

Kulturszene 1954 — K 500

Theater

Christopher Fry Das Dunkel ist Licht genug UA 23.3., Brighton	In der „Winterkomödie" bietet eine alte österreichische Gräfin verfolgten Adligen während der Revolution von 1848 Zuflucht in ihrem Schloß.

Oper

Rolf Liebermann Penelope UA 17.8., Salzburg	Moderne Fassung der „Odyssee" mit antiker Rahmenhandlung; in der Musik verbindet sich Jazz mit Operndramatik, Kantables mit Atonalem.
Arnold Schönberg Moses und Aron UA 12.3., Hamburg	Konzertante Uraufführung der Zwölftonoper über das jüdische Bilderverbot; die szenische Realisierung findet erst 1957 in Zürich statt.

Musical

Mark Charlap/Jule Styne Peter Pan UA 20.10., New York	Das Märchenspiel von James Matthew Barrie (1904) hat einige Komponisten zu Bühnenversionen angeregt; dies ist die erfolgreichste.

Konzert

Karlheinz Stockhausen Elektronische Studie I UA 19.10., Köln	Pionierwerk der elektronischen Musik: Die Komposition aus Sinustönen entstand Juli bis November 1954 beim Westdeutschen Rundfunk.

Film

Henri-Georges Clouzot Die Teuflischen Frankreich	Brillanter Horrorthriller um eine verschwundene Leiche: Ein Mann und seine Geliebte wollen seine Ehefrau in den Wahnsinn treiben.
Jules Dassin Rififi Frankreich	Eine Gruppe kleiner Gangster gerät nach einem geglückten Juwelendiebstahl in einen Kleinkrieg mit einer rivalisierenden Bande.
Edward Dmytryk Die Caine war ihr Schicksal; USA	Meuterei auf einem US-Minenräumboot während des Pazifikkriegs führt zum Prozeß vor dem Kriegsgericht, der die Charaktere bloßlegt.
Federico Fellini La Strada Italien	Poetisch-tragische Geschichte des Wanderschaustellers Zampano und seiner Assistentin; mit Anthony Quinn und Giulietta Masina.
Elia Kazan Die Faust im Nacken USA	Marlon Brando als gescheiterter Berufsboxer, der in die Machenschaften eines korrupten Gewerkschaftsbosses verwickelt wird.

Buch

Simone de Beauvoir Die Mandarins von Paris; Paris	Der Roman schildert das Leben von Führern der französischen Widerstandsbewegung „Résistance" vor und nach dem 2. Weltkrieg.
Ernst Bloch Das Prinzip Hoffnung Ostberlin	Der Philosoph entwickelt seine Hoffnung auf eine gerechte Welt unter Berufung auf jüdisch-christliche Tradition und den jungen Karl Marx.
Max Frisch Stiller Frankfurt/M.	Im Mittelpunkt des Romans steht ein Künstler, der an seinem unerfüllten Dasein leidet und sich deshalb in fiktive Lebensläufe flüchtet.
William Golding Herr der Fliegen London	Eine Gruppe Schulkinder, Überlebende eines Flugzeugabsturzes, lebt als ein Rudel von Bestien hemmungslos Primitivinstinkte aus.
Hans Hellmuth Kirst 08/15 München	Der Soldatenroman trifft im Stil den Geschmack des breiten Publikums und wird mit weiteren 08/15-Romanen (bis 1978) fortgesetzt.
Thomas Mann; Bekenntnisse des Hochstaplers Felix Krull; Frankf./M.	Das letzte, unvollendet gebliebene Erzählwerk des Autors greift Motive seines Schaffens in parodistischer Brechung noch einmal auf.
Françoise Sagan Bonjour Tristesse Paris	Romandebüt und Bestseller: Das Wort „Tristesse" steht für eine bestimmte Lebenshaltung von Langeweile, Sehnsucht und Trauer.

1954

Sport 1954 — K 501

Fußball	
Weltmeisterschaft	Deutschland – Ungarn 3:2
Deutsche Meisterschaft	Hannover 96
DFB-Pokal	VfB Stuttgart – 1. FC Köln 1:0 n. V.
Englische Meisterschaft	Wolverhampton Wanderers
Italienische Meisterschaft	Inter Mailand
Spanische Meisterschaft	Real Madrid

Tennis	
Wimbledon (seit 1877; 68. Austragung)	Herren: Jaroslav Drobny (EGY) Damen: Maureen Connolly (USA)
US Open (seit 1881; 74. Austragung)	Herren: Victor Seixas (USA) Damen: Doris Hart (USA)
French Open (seit 1925; 24. Austragung)	Herren: Tony Trabert (USA) Damen: Maureen Connolly (USA)
Australian Open (seit 1905; 42. Austragung)	Herren: Mervyn Rose (AUS) Damen: Thelma Long (AUS)
Davis-Cup (Sydney, AUS)	USA – Australien 3:2

Eishockey	
Weltmeisterschaft	Sowjetunion
Stanley-Cup	Detroit Red Wings
Deutsche Meisterschaft	EV Füssen

Radsport	
Tour de France (4855 km)	Louison Bobet (FRA)
Giro d'Italia (4337 km)	Carlo Clerici (SUI)
Straßenweltmeisterschaft	Louison Bobet (FRA)

Automobilsport (Grand-Prix-Rennen)	
Formel-1-Weltmeisterschaft	Juan Manuel Fangio (ARG), Maserati/Merced.

Boxen	
Schwergewichts-Weltmeisterschaft	Rocky Marciano (USA) – K. o. über Ezzard Charles (USA), 17.9. – PS gegen Ezzard Charles (USA), 17.6.

Herausragende Weltrekorde

Disziplin	Athlet (Land)	Leistung
Leichtathletik, Männer		
1500 m	John Landy (AUS)	3:41,8 min
5000 m	Wladimir Kuz (URS)	13:51,2 min
10 000 m	Emil Zatopek (URS)	28:54,2 min
Kugelstoß	Parry O'Brien (USA)	18,54 m
Leichtathletik, Frauen		
800 m	Nina Otkalenko (URS)	2:06,6 min
Hochsprung	Alexandra Tschudina (URS)	1,73 m
Weitsprung	Yvette Williams (NZL)	6,28 m
Schwimmen, Männer		
100 m Freistil	Richard Cleveland (USA)	54,9 sec
200 m Schmetterling	Jiro Nagasawa (JPN)	2:21,6 min
Schwimmen, Frauen		
200 m Brust	Ursula Happe (GER)	2:54,7 min
100 m Schmetterling	Shelley Mann (USA)	1:14,0 min

Kontinent die Engländer auf heimischem Rasen geschlagen. In der WM-Vorrunde deklassierten sie das deutsche Team mit 8:3.

Die Ungarn führten im Finale nach acht Minuten bereits mit 2:0 durch Tore von Ferenc Puskás und Zoltán Czibor, aber die Deutschen glichen noch vor der Pause durch Treffer von Max Morlock und Helmut Rahn aus, dem in der 84. Minute auch der Siegestreffer glückte.

Für viele Deutsche ist der WM-Titel nicht nur ein sportlicher Erfolg, sondern nach Wieder-

Das „Wunder von Bern": Begeisterte Fans tragen nach dem Sieg der deutschen Fußballnationalmannschaft Kapitän Fritz Walter (l.) und Trainer Sepp Herberger (r.) aus dem Stadion.

aufbau und Wirtschaftswunder die Möglichkeit einer neuen nationalen Identifikation.

📖 L. Schulze: Die Mannschaft. Geschichte der deutschen Fußball-Nationalmannschaft von 1908 bis heute, 1986.

Fangio gewinnt auf „Silberpfeil"

22.8. Bern. Nach seinem Sieg beim Großen Preis der Schweiz (sechster von acht Wertungsläufen) im Bremgarten steht Juan Manuel Fangio als Formel-1-Weltmeister fest. Er gewinnt auf einem Mercedes „Silberpfeil". Die beiden ersten Grand-Prix-Rennen dieses Jahres hatte Fangio noch auf Maserati – ebenfalls siegreich – absolviert, da die „Silberpfeile" zu Saisonbeginn nicht fertiggestellt waren. Fangio, der bereits 1951 Weltmeister auf Alfa Romeo wurde, verteidigt seinen Titel 1955 (auf Mercedes), 1956 (Ferrari) und 1957 (Maserati).

📖 Das Fangio-Album, 1991.

1955

Politik

Ende der Ära Churchill

5.4. London. Der britische Premier Sir Winston Churchill gibt seinen Rücktritt bekannt, Nachfolger wird sein Außenminister Sir Anthony Eden.

Seit der Wahl ins Unterhaus 1900 hat Churchill die Politik Großbritanniens maßgeblich mitgestaltet. Als Erster Lord der Admiralität (1911–1915) sorgte er für den Ausbau der britischen Flotte als Reaktion auf die deutsche Hochrüstung (↑S.11/25.1.1900). Während des 2. Weltkriegs war er als Premier die treibende Kraft innerhalb des alliierten Bündnisses und für die Briten Symbol des unbedingten Durchhaltewillens. Mit US-Präsident Franklin D. Roosevelt (ab 12.4.1945 Harry S. Truman, ↑S.407) und dem sowjetischen Partei- und Regierungschef Josef W. Stalin stellte Churchill auf den Konferenzen in Teheran (↑S.393/28.11.1943), Jalta (↑S.405/4.2.1945) und Potsdam (↑S.411/17.7.1945) die Weichen für eine Nachkriegsordnung. Trotz Rücktritt des populären Politikers gewinnen die Konservativen unter seinem Nachfolger Anthony Eden am 26.5. die Unterhauswahlen.

Eden setzt seine Politik der Eigenständigkeit gegenüber den Großmächten USA und Sowjetunion, die er schon als Außenminister verfolgt hatte, fort. Allerdings scheitern seine Pläne, in Mitteleuropa eine entmilitarisierte Zone zu schaffen.

Sir Winston Churchill tritt 80jährig von der politischen Bühne ab.

Wichtige Regierungswechsel 1955			K 503
Land	**Amtsinhaber**	**Bedeutung**	
Argentinien	Juan Domingo Perón (P seit 1946) Pedro Aramburu (P bis 1958)[1]	Militärputsch gegen den Diktator (S.499/16.9.); Auslöser: Machtprobe Peróns mit der katholischen Kirche	
Frankreich	P. Mendès-France (Radikalsoz.; M. seit 1954) Edgar Faure (Radikalsoz.; M bis 1956)[2]	Rücktritt nach Mißtrauenserklärung durch das Parlament (5.2.); Grund: nachgiebige Haltung gegenüber afrikanischen Kolonien	
Griechenland	Alexandros Papagos (M seit 1952) Konstantin Karamanlis (M bis 1963)	Tod von Papagos (4.10.); Karamanlis tritt für den zügigen Ausbau der Industrie und die Annäherung an Europa ein	
Großbritannien	Winston Churchill (Konserv.; P seit 1951) Anthony Eden (Konserv.; P bis 1957)	Rücktritt Churchills (5.4.) aus Altersgründen; Eden will wie Churchill die Großmachtstellung des Königreichs erhalten (S.497)	
Israel	Mosche Scharett (M seit 1953) David Ben Gurion (P bis 1963)	Rückkehr des Staatsgründers Ben Gurion in die Politik; Grund: Kämpfe um die neutrale Zone zwischen Israel und Ägypten	
Kambodscha	Sihanuk (König seit 1941) Suramarit (König bis 1960)	Sihanuk verzichtet zugunsten seines Vaters auf den Thron, weil er aktive Neutralitätspolitik für sein Land betreiben will	
Marokko	Muhammad Ben Arafa (Sultan seit 1953) Muhammad V. (Sultan bis 1961)[3]	Von Frankreich gebilligte Rückkehr von Muhammad V. aus dem Exil in Madagaskar; erster Schritt zur Unabhängigkeit (1957)	
Panama	José Antonio Ramón Cantero (P seit 1952) Ernesto de la Guardia (P bis 1960)[4]	Ermordung von Cantero (2.1.); hinter dem Anschlag steht der bisherige Vizepräsident José Ramón Guizado	
UdSSR	Georgi M. Malenkow (M seit 1953) Nikolai A. Bulganin (M bis 1958)	Rücktritt Malenkows (8.2.) nach verlorenem Machtkampf mit Chruschtschow um bessere Versorgung der Bevölkerung	

M = Ministerpräsident; P = Präsident
1) Vorläufiger Staatspräsident bis zur Einsetzung einer Zivilregierung: Eduardo Leonardi (21.9.–13.11.)
2) Ministerpräsident 17.–19.2.: Christian Pineau; 3) ab 1957 König; 4) Interimspräsident 15.1.–30.9.: Ricardo M. Arias Espinosa

1955

Österreich nach dem 2. Weltkrieg — K 504

Datum	Ereignis
27.4.1945	Wiederinkraftsetzung der Verfassung von 1920 durch neu eingesetzte provisorische Regierung unter Bundeskanzler Karl Renner (SPÖ); Beteiligung von Volkspartei und Kommunisten
7.5.1945	Zusammensetzung von neun Landesregierungen (bis 12.5.)
4.7.1945	Kontrollabkommen: USA, UdSSR, Großbritannien und Frankreich bilden gemeinsam Kontrollrat und vier Besatzungszonen
25.11.1945	Nationalratswahl führt zu großer Koalition von ÖVP und SPÖ (bis 1966); erster Bundeskanzler: Leopold Figl (ÖVP, S.414)
20.12.1945	Karl Renner (SPÖ) erster Bundespräsident (bis 1950)
26. 7.1946	Verstaatlichung von Eisen- und Stahlindustrie sowie der drei österreichischen Großbanken (1947; Energieversorgung)
5.9.1946	Gruber-De-Gasperi-Abkommen über Südtirol: Gleichberechtigung von Deutschen und Italienern im italienischen Südtirol
25.11.1947	Verhandlungen der Außenminister der vier Großmächte über österreichischen Staatsvertrag in London (bis 15.12.)
11.12.1947	Währungsreform (bis 24.12.): Umtausch von 150 öS pro Kopf im Verhältnis 1:1, Abwertung weiterer Geldbeträge um 2/3.
2.7.1948	Marshallplan-Abkommen mit den USA sichert Österreich amerikanische Wirtschaftshilfe in Höhe von 1,6 Mrd $ bis 1951
27.5.1951	Erste Direktwahl eines Bundespräsidenten: Theodor Körner (SPÖ, bis 1957) erhält 49,7% der Stimmen (S.467)
15.5.1955	Unterzeichnung des österreichischen Staatsvertrags: 2. Republik in den Grenzen vom 1.1.1938; Freigabe beschlagnahmten Grundbesitzes, Abzug der Besatzungstruppen (S.499)
3.11.1955	Gründung der Freiheitlichen Partei Österreichs (FPÖ)
14.12.1955	Österreich wird UNO-Mitglied; Europarat (1.3.1956), Europäische Freihandelszone (EFTA, 26.11.1959)
23.10.1956	Ungarn-Aufstand (bis 4.11.): Österreich gewährt ungarischen Flüchtlingen Asyl (bis Dezember: 110 000 Flüchtlinge, S.508)
26.10.1956	Erste internationale Behörde in Wien stärkt Ansehen Österreichs: Internationale Atomenergie-Agentur (IAEA); es folgen 1965 Organisation Erdöl exportierender Länder (OPEC), 1967 UN-Organisation für industrielle Entwicklung (UNIDO)
16.7.1959	KPÖ nach Nationalratswahl erstmals nicht mehr im Parlament
4.7.1963	Entschließung über die Unerwünschtheit einer Rückkehr Otto von Habsburgs (ältester Sohn des letzten österreichischen Kaisers) aus dem Exil beendet innenpolitische Kontroverse
6.3.1966	Absolute Mehrheit der ÖVP unter Bundeskanzler Josef Klaus bei den Nationalratswahlen (Alleinregierung bis 1970, S.599)
2.12.1969	Kommuniqué zur Südtirolfrage zwischen den Außenministern Kurt Waldheim (Österreich) und Aldo Moro (Italien, S.632)
1.3.1970	SPÖ bei Nationalratswahlen erstmals stärkste Partei: Minderheitsregierung unter Bruno Kreisky (bis 1983, S.641)
21.12.1972	Aufnahme diplomatischer Beziehungen mit der DDR (1978: Bruno Kreisky erster westlicher Regierungschef in der DDR)
15.2.1973	Fusion der staatlichen Eisen- und Stahlwerke zu einem Großkonzern durch Nationalrat beschlossen (S.677/1.1.)
5.11.1978	Erste Volksabstimmung: 50,47% der Österreicher lehnen Inbetriebnahme des Kernkraftwerks Zwentendorf ab (S.724)
8.6.1986	Wahl des wegen seiner NS-Vergangenheit umstrittenen Kurt Waldheim (ÖVP) zum Bundespräsidenten (bis 1992, S.788)
9.6.1986	Franz Vranitzky (SPÖ) Bundeskanzler (ab 15.9. große Koalition)
14.9.1986	Jörg Haider Bundesobmann der FPÖ; mit Ausbau der FPÖ zu einer rechtspopulistischen Partei starke Stimmengewinne (Nationalratswahl 1995: 21,9%; Europawahl 1996: 27,6%)
8.7.1992	Der Diplomat Thomas Klestil (ÖVP) wird Bundespräsident
12.6.1994	66,2% der Bevölkerung stimmt für EU-Beitritt (ab 1.1.1995)

Die von ihm mitausgelöste Sueskrise (↑S.508/29.10.1956) führt 1957 zu seinem Rücktritt.

W. Manchester: Churchill. Der Traum vom Ruhm 1874–1932, 1989. Ders.: Churchill. Allein gegen Hitler 1932–1940, 1990.

Warschauer Pakt gegründet

14.5. Warschau. Regierungsvertreter aus sieben ost- und mitteleuropäischen Staaten und der Sowjetunion unterzeichnen einen „Vertrag über Freundschaft, Zusammenarbeit und gegenseitigen Beistand".

Als Gegengewicht zur NATO (↑S.451/4.4. 1949) gedacht, will die Sowjetunion vertraglich gesicherte Rechte zur Stationierung ihrer Truppen in Ost-, Mittel- und Südeuropa erhalten sowie den Zusammenhalt der kommunistischen Staaten unter sowjetischer Führung stärken. Politisches Leitungsorgan ist ein „Politischer Beratender Ausschuß", die militärische Führung übernimmt das „Vereinte Oberkommando der Streitkräfte", an dessen Spitze ein sowjetischer Offizier steht. Die beiden Militärbündnisse, deren Trennlinie quer durch Deutschland verläuft, bestimmen bis zur Auflösung des Warschauer Pakts im Jahr 1991 (↑S.843/31.3.) die Politik in Europa. S 491/K 496 S 498/K 502

F. Fejtö: Geschichte der Volksdemokratien (1945–1987). 2 Bde., NA 1988; J. Hacker: Der Ostblock 1939–1980, 1983.

Der Warschauer Pakt — K 502

„Die vertragschließenden Seiten verpflichten sich in Übereinstimmung mit den Satzungen der Organisation der Vereinten Nationen, sich in ihren internationalen Beziehungen der Drohung mit Gewalt und ihrer Anwendung zu enthalten..." (Artikel 1)

Land	Vertrag[1]	Austritt	Truppenstärke
Albanien	–	13. 9.68[2]	k. A.
Bulgarien	–	1. 4.91[4]	129 000
DDR	12. 3.1957	3.10.90	90 000
Polen	17.12.1956	1. 4.91[4]	312 800
Rumänien	15. 4.1957	1. 4.91[4]	163 000
Tschechoslowakei	16.10.1968	1. 4.91[4]	198 200
UdSSR	–	1. 4.91[4]	3 998 000
Ungarn[3]	27. 5.1957	1. 4.91[4]	94 000

Stand: 1990; Quelle: The International Institute for Strategic Studies (IISS); 1) Truppenstationierungsvertrag mit der UdSSR; 2) seit 1962 nicht mehr zu Konferenzen und Übungen eingeladen; Austritt wegen Invasion in der ČSSR; 3) 31.10.1956 Kündigung der Mitgliedschaft (durch Niederschlagung des Ungarnaufstands unwirksam gemacht); 4) Auflösung des Militärbündnisses

Österreich wieder frei

15.5. Wien. Mit Unterzeichnung des Staatsvertrags durch die vier Siegermächte (USA, Sowjetunion, Großbritannien, Frankreich) und Österreich ist nach 17 Jahren die volle Souveränität des Alpenlandes wiederhergestellt. Festgelegt wird der Grenzverlauf vom 1.1.1938.

Österreich war am 12.3.1938 (↑S.341) mit dem Einzug Hitlers in Wien an das nationalsozialistische Deutschland „angeschlossen" worden und wurde wie dieses nach Kriegsende in vier Besatzungszonen aufgeteilt.

Der Abschluß des Vertrags ist ein Erfolg des Außenministers Leopold Figl, der schon als Bundeskanzler (1945–53) mit den Alliierten um die Souveränität des Alpenlandes verhandelte. Der Hauptforderung der Sowjetunion, ein Zusammengehen mit Deutschland müsse auf Dauer ausgeschlossen sein, wird in Art. 4 des Vertrags Rechnung getragen. Außerdem verpflichtet sich Österreich, keinem militärischen Bündnis beizutreten und verabschiedet am 26.10. das Bundesverfassungsgesetz über die „immerwährende Neutralität". S 498/K 504

Adenauers Reise nach Moskau

8.9. Moskau. Bundeskanzler Konrad Adenauer trifft mit KPdSU-Chef Nikita S. Chruschtschow und Ministerpräsident Nikolai A. Bulganin zusammen. Es ist der erste Staatsbesuch eines westdeutschen Regierungschefs in der UdSSR. Am 12.9. unterzeichnen Bulganin und Adenauer eine Vereinbarung über die Aufnahme diplomatischer Beziehungen sowie über die Rückführung der letzten deutschen Kriegsgefangenen, die zumeist wegen angeblicher Kriegsverbrechen von sowjetischen Tribunalen zu 25 Jahren Zwangsarbeit verurteilt wurden. Die ersten der 9628 Spätheimkehrer treffen am 7.10. im Lager Friedland bei Göttingen ein, hinzu kommen im Laufe der nächsten Monate etwa 20 000 Zivilinternierte.

Eine Annäherung in der deutschen Frage scheitert an Adenauers Weigerung, die Existenz zweier deutscher Staaten anzuerkennen. Die UdSSR gewährt am 20.9. der DDR die Souveränität, am 22.9. formuliert Adenauer vor dem Bundestag die sog. Hallstein-Doktrin, nach der die Bundesrepublik den Alleinvertretungsanspruch für beide deutsche Staaten erhebt. Dieser nach dem Staatssekretär im Auswärtigen Amt, Walter Hallstein, benannte Grundsatz besagt außerdem, daß die Bundesregierung entschlossen ist, zu Staaten, die offizielle Beziehungen zur DDR aufnehmen, die diplomatischen und wirtschaftlichen Verbindungen abzubrechen. Diese Haltung prägt die deutsche Außenpolitik bis Ende der 60er Jahre. S 837/K 806

Putsch gegen Juan Perón

16.9. Buenos Aires. Der seit 1946 regierende Staatspräsident Argentiniens, Juan Domingo Perón, wird vom Militär gestürzt und flieht am 20.9. nach Spanien. Ein erster Putschversuch gegen den ebenso umstrittenen wie populären Politiker war am 16.6. gescheitert.

Mit diktatorischen Mitteln und unter Ausschaltung des Parlaments verfolgte Perón eine Politik, die sich auf Sozialprogramme, Nationalismus, Industrialisierung und wirtschaftsdirigistische Maßnahmen (u. a. Verstaatlichungen) stützte (Peronismus). Trotz positiver Ansätze blieben Argentiniens wirt-

Adenauer in Moskau: Nach der Vertragsunterzeichnung über die Aufnahme diplomatischer Beziehungen und der Rückführung der letzten deutschen Kriegsgefangenen reichen sich der sowjetische Ministerpräsident Nikolai A. Bulganin (l.) und Konrad Adenauer die Hände.

Ab dem 7. Oktober treffen die ersten Spätheimkehrer im Lager Friedland ein (Abb. r.). Nach US-amerikanischen Schätzungen starben in sowjetischer Kriegsgefangenschaft mehr als 1 Mio Angehörige der deutschen Wehrmacht.

Juan Domingo Perón

Der Konflikt um das Saarland	K 505
Datum	**Ereignis**
10.1.1920	Saarland kommt unter Verwaltung des Völkerbundes; Kohlengruben gehen in französischen Besitz über
1.3.1935	Anschluß an Deutsches Reich nach Volksabstimmung (13.1.)
7.7.1945	Eingliederung des von Amerikanern besetzten Gebiets in die französische Besatzungszone
15.12.1947	Saarland-Verfassung: Wirtschaftlicher Anschluß an Frankreich, politische Unabhängigkeit von Deutschland
1.4.1948	Währungs- und Zollunion mit Frankreich
15.7.1948	Einführung einer eigenen, international jedoch nicht anerkannten Saar-Staatsbürgerschaft
15.5.1950	Assoziierte Mitgliedschaft im Europarat
23.10.1954	Saarstatut zwischen BRD und Frankreich sieht Europäisierung des Saarlands innerhalb der Westeuropäischen Union vor
23.10.1955	67,7% der Bevölkerung lehnen Saarstatut ab
18.12.1955	Landtagswahlsieg der Parteien, die für ein deutsches Saarland eintreten (64,1% der Stimmen)
27.10.1956	Luxemburger Vertrag regelt Eingliederung des Saarlands in die Bundesrepublik Deutschland
1.1.1957	Saarland wird zehntes Bundesland, erster Ministerpräsident Hubert Ney (CDU)
6.7.1959	Wirtschaftliche Eingliederung: Geldumtausch, Zollgrenzenverlegung, deutsche Tarife

gekennzeichnet. Die militärische Niederlage im Falkland-Krieg gegen Großbritannien 1982 führt zum Sturz der Militärjunta herbei und leitet die Demokratisierung ein (↑S.754/ 2.4.1982). Erst 1989 wird wieder ein Peronist Präsident des südamerikanischen Landes, der Provinzgouverneur Carlos Saúl Menem. Er wird 1995 im Amt bestätigt.

Saarländer wollen deutsch sein
23.10. In einer Volksabstimmung (Wahlbeteiligung 96,72%) entscheiden sich 67,71% der saarländischen Bevölkerung (630 000 Stimmberechtigte) gegen das Saarstatut. Das von Bundeskanzler Adenauer und dem saarländischen Ministerpräsidenten Johannes Hoffmann mit der französischen Regierung ausgehandelte Abkommen sah vor, das Saarland unter Aufsicht des Rates der Westeuropäischen Union (WEU) zu stellen.
Nach dem 2. Weltkrieg hatte Frankreich eine Annexion des Saargebiets angestrebt, jedoch nur eine Wirtschafts- und Zollunion erreicht. Mit Ablehnung des Saarstatuts beginnen Verhandlungen zwischen den Regierungen in Bonn, Paris und Saarbrücken über die Eingliederung des Landes in die Bundesrepublik Deutschland.
Die durch Hoffmanns Rücktritt notwendigen Neuwahlen am 18.12. gewinnen mit 64,1% die im Deutschen Heimatbund vertretenen Parteien (CDU, SPD, Demokratische Partei Saar), die bislang regierende Christliche Volkspartei (CVP) erringt nur 21,9% der Stimmen. Nach Unterzeichnung des deutsch-französischen Staatsvertrags (27.10.1956) wird das Saarland ab 1.1.1957 in die Bundesrepublik eingegliedert. S 500/K 505

schaftliche Probleme jedoch weitgehend ungelöst. Anstoß zum Staatsstreich war Peróns Machtkampf mit der katholischen Kirche, deren Trennung vom Staat er anstrebte; 90% der argentinischen Bevölkerung sind katholisch. Hinzu kam eine schwere Finanzkrise. 1973 wird Perón noch einmal zum Staatspräsident gewählt, kann jedoch bis zu seinem Tod 1974 seine frühere Machtposition nicht wiedergewinnen. Nach seinem Tod übernimmt seine Witwe Isabel das Amt. Sie wird jedoch 1976 vom Militär gestürzt. Die Herrschaft der Generäle Videla und Galtieri ist von Terror und Menschenrechtsverletzungen

Wirtschaft

Arbeiter kommen als Gäste
20.12. Rom. Der italienische Außenminister Gaetano Martino und Bundesarbeitsminister Anton Storch unterzeichnen in Rom ein Abkommen, das die Beschäftigung von italienischen Arbeitskräften in der BRD vorsieht. Die vorerst auf ein Jahr begrenzte Regelung sieht eine Aufnahme von bis zu 100 000 Italienern vor.
Hintergrund des Abkommens sind der Arbeitskräftemangel in der Bundesrepublik Deutschland und hohe Arbeitslosenzahlen in Italien. 1956 treffen die ersten Gastarbeiter in Deutschland ein. S 500/K 506

📖 W.-D. Just: Na, immer noch da? Ausländer schildern ihre Situation in den Betrieben, 1989.

Gastarbeiter in der BRD							K 506
Jahr	Italien	Jugoslawien	Griechenl.	Spanien	Türkei	Sonstige	Insgesamt
1957[1]	18 631	2 694	1 731	930	k. A.	80 617	104 603
1960	121 311	8 729	12 885	9 385	k. A.	123 878	276 188
1965	359 773	64 060	181 658	180 572	121 121	257 180	1 164 364
1970	374 981	388 953	229 379	165 854	327 985	351 707	1 838 859
1975	297 079	418 745	203 629	129 817	553 217	468 248	2 070 735
1980	309 226	357 427	132 980	86 547	590 623	594 855	2 071 658
1985	202 392	293 483	102 936	67 407	499 322	418 358	1 583 898
1990	175 148	312 974	105 448	61 300	594 586	532 797	1 782 253
1995[2]	204 646	418 668	116 745	50 141	600 434	482 868	1 873 502

Quelle: Statistisches Jahrbuch für die BRD, Jg. 1962–91; 1) Erstes Jahr, für das Gastarbeiterzahlen ausgewiesen werden; 2) früheres Bundesgebiet

Technik

Musik aus dem Computer
Harry Olson und Herbert Belar entwickeln den ersten Musik-Synthesizer. Grundelement des Musikcomputers ist ein elektronischer Schwingungserzeuger, der Wechselströme in der Frequenz reiner Töne hervorbringt. Durch geeignete Verstärker und Mischschaltungen lassen sich diese Frequenzen so überlagern, daß sie die Klangbilder von Musikinstrumenten imitieren oder einen neuartigen Sound hervorbringen. Gesteuert werden die ersten Synthesizer durch Lochstreifen. Im Laufe der 60er und 70er Jahre finden Synthesizer Eingang in die moderne Musik und in die Popmusik.

Diamanten aus Graphit
USA. Amerikanischen Forschern gelingt es, synthetische Diamanten herzustellen.
Diamanten sind chemisch gesehen eine Modifikation reinen Kohlenstoffs und damit substanzidentisch mit Graphit. Für die Umwandlung von Graphit zu Diamanten bedarf es sehr starken Drucks und hoher Temperatur (35 000–50 000 bar bzw. 1200–1600 °C). Dabei wird Graphit in flüssigen Schwermetallen (Nickel, Eisen oder Tantal) gelöst. Die Produktion von Steinen geringer Karatzahl wird durch dieses Verfahren ermöglicht. Es dient vor allem der Fertigung von Industriediamanten, die wegen ihrer Härte vielfache Verwendung als Bohr- und Schneidematerialien finden.

„Nautilus" sticht in See
11.1. Groton/Connecticut. Das erste atombetriebene U-Boot der Welt, die „Nautilus", geht auf Jungfernfahrt. Ein wassergekühlter Reaktor treibt zwei Turbinen (insgesamt 15 000 PS) an. Durch ihn kann die „Nautilus" auch längere Strecken ohne Auftauchen zurücklegen. Das 98 m lange und 8,5 m breite U-Boot erreicht getaucht eine Geschwindigkeit von mehr als 20 Knoten (ca. 37 km/h). 1959 unterquert die „Nautilus" das Packeis des Nordpols; im selben Jahr laufen auch in der Sowjetunion die ersten U-Boote mit Atomantrieb vom Stapel.

Neue Ära im Luftverkehr
23.6. Paris. Auf der 21. Internationalen Luftfahrtausstellung in Paris wird das erste in Frankreich erbaute Düsenverkehrsflugzeug, die „Caravelle", vorgestellt. Eine Neuerung für die Verkehrsluftfahrt ist die Anordnung der beiden Triebwerke seitlich am Heck der Maschine.
Das Flugzeug, das mit einer Reisegeschwindigkeit von 800 km/h eine Reichweite von über 2600 km hat, wird hauptsächlich im innereuropäischen Verkehr eingesetzt, der ein stark steigendes Passagieraufkommen verzeichnet.

Gesellschaft

Bildungswesen vereinheitlicht
17.2. Düsseldorf. Die Kultusminister der Bundesländer einigen sich auf ein Abkommen zur Vereinheitlichung des Schulwesens. Die bayrische Landesregierung verweigert die Unterschrift wegen zu großer Eingriffe in die Kulturhoheit der Länder. Die in der Weimarer Tradition stehende dezentralisierte Bildungspolitik war nach dem 2. Weltkrieg nahezu unverändert übernommen worden. Unterschiedliche Lehrpläne machten eine Vergleichbarkeit von Ausbildungsgängen unmöglich, mehr als 100 Schulbuch-Varianten wurden in der Bundesrepublik benutzt. Mit einheitlichem Beginn des Schuljahres zu Ostern wird Englisch als erste Fremdsprache eingeführt. Schulabschlüsse werden von den Bundesländern gegenseitig anerkannt, die Lehrmittel angeglichen. Ein weiterer Schritt zur Vereinheitlichung ist das Hamburger Abkommen von 1964, das u. a. den Beginn des Schuljahres auf den Herbst und die Vollzeitschulpflicht auf neun Jahre festsetzt.

Nobelpreisträger 1955	K 507
Literatur: Halldór Laxness (IS, *1902)	
Laxness, dessen Prosa zunächst expressionistische und surrealistische Einflüsse zeigte, verfaßte ab den 40er Jahren sozialkritische Romane, in denen er den epischen Sagastil der isländischen Literatur umgestaltete. Werke: „Salka Valka" (1931), „Islandglocke" (3 Bde., 1943–46).	
Chemie: Vincent du Vigneaud (USA, 1901–1978)	
Der Biochemiker analysierte die Zusammensetzung der Hormone Vasopressin und Osytotin, die für Blutdruck, Nierenfunktion und Wehen bedeutsam sind. Ihm gelang zudem die erste Synthese eines polypeptischen Hormons, das aus acht Aminosäuren und einem Schwefelatom besteht.	
Medizin: Axel Hugo Theodor Theorell (S, 1903–1982)	
Der Biochemiker untersuchte Struktur und Wirkungsweise der sauerstofftragenden Enzyme (Oxydasen). 1934 gelang es Theorell, das sog. gelbe Atmungsferment, das eine tragende Rolle in der Atmungskette lebender Organismen spielt, in seine Bestandteile zu spalten.	
Physik: Polykarp Kusch (USA, 1913–1993), Willis Eugene Lamb (USA, *1913)	
Beide Physiker vervollständigen die Atomtheorie von Dirac (1928, NP 1933). Kusch wies nach, daß das magnetische Moment des Elektrons etwas stärker (0,1%) war, als bis dahin angenommen. Lamb entdeckte die nach ihm benannte kleine Verschiebung des Wasserstoffatoms (Lamb-Shift).	

Nobelpreis für Frieden nicht verliehen

Kulturszene 1955 — K 508

Theater

Arthur Adamov Ping-Pong UA 27.2., Paris	Spielautomatenhölle als Sinnbild des Lebens mit seinen minimalen Gewinnchancen; Meisterwerk des „Absurden Theaters".
Diego Fabbri Prozeß Jesu UA 2.3., Mailand	Rekonstruktion des Verfahrens gegen Jesus in Form eines Diskussionsstücks mit Publikumsbeteiligung: weltweiter Erfolg.
Tennessee Williams Die Katze auf dem heißen Blechdach; UA 24.3., N. Y.	Verfall einer reichen Pflanzerfamilie aus den Südstaaten der USA am Beispiel der „Katze" Maggie und ihres alkoholsüchtigen Mannes.
Carl Zuckmayer Das kalte Licht UA 3.9., Hamburg	Szenen aus dem Leben des Atomspions (für die UdSSR) Klaus Fuchs, der 1950 in den USA verurteilt wurde; Regie: Gustaf Gründgens.

Oper

Werner Egk Irische Legende UA 3.12., Salzburg	Eine irische Gräfin verkauft ihre Seele den Teufeln, um die Seelen armer Bauern zu retten; nach einem Drama von William B. Yeats.
Rolf Liebermann Die Schule der Frauen UA 3.12., Louisville (USA)	Opera buffa nach Molières gleichnamiger Komödie mit tonaler Musik; deutschsprachige Erstaufführung: 17.8.1957, Salzburg

Film

Ingmar Bergman Das Lächeln einer Sommernacht; Schweden	Gesellschaftskomödie über die Vergeblichkeit, dem Leben mehr abgewinnen zu wollen als den flüchtigen Reiz eines Augenblicks.
Elia Kazan Jenseits von Eden USA	Schilderung des Kain-Abel-Konflikts (Romanvorlage: John Steinbeck, 1952); Durchbruch für James Dean als rebellierender Sohn Caleb.
Ernst Marischka Sissi Österreich	Erster von drei erfolgreichen „Sissi"-Filmen (1955–57) mit der 17jährigen Romy Schneider als Kaiserin Elisabeth von Österreich.
Max Ophüls Lola Montez Frankreich/BRD	Szenen aus dem Leben der berühmten Kurtisane Ludwigs I. von Bayern, in Rückblenden von einem Zirkusdirektor vorgestellt.
Nicholas Ray Denn sie wissen nicht, was sie tun; USA	Ray, ein Vertreter des sog. Autoren-Kinos, zeigt 24 Stunden im Leben dreier „Halbstarker"; Mit James Dean und Natalie Wood.

Buch

Werner Keller Und die Bibel hat doch recht; Düsseldorf	Populäre Entmythologisierung der biblischen Geschichte aufgrund archäologischer und historischer Forschungsergebnisse.
Siegfried Lenz So zärtlich war Suleyken Hamburg	Liebeserklärung des Autors an seine Heimat Masuren (Ostpreußen/Polen) mit hügeliger Landschaft und vielen Seen: 20 Geschichten.
Vladimir Nabokov Lolita Paris	Vieldiskutierter literarisch-erotischer Roman über die Liebe eines 40jährigen Hauslehrers zu einer 12jährigen Schülerin („Lolita").
Alain Robbe-Grillet Der Augenzeuge Paris	Minuziöse „Beschreibung der Dinge" kennzeichnet das prototypische Werk der französischen Nouveau-Roman-Gattung.
Hans Scholz Am grünen Strand der Spree; Hamburg	Ein Freundeskreis veranstaltet 1954 in einem Berliner Lokal ein Treffen für einen Heimkehrer aus sowjetischer Kriegsgefangenschaft.
Manès Sperber Wie eine Träne im Ozean Köln	Abschluß einer Romantrilogie über die kommunistischen Untergrundbewegungen in Mittel- und Osteuropa zwischen 1930 und 1945.
J. R. R. Tolkien Der Herr der Ringe London	Hauptwerk der Fantasy-Literatur: Abschluß der Trilogie, in der ein Ring über die Herrschaft in der Welt Mittelerde entscheidet.

Erste „Drive-In-Kirche" in USA

März. Venice. Mit einem Gottesdienst feiert die Presbyterianer-Gemeinde von Venice im US-Bundesstaat Florida die Eröffnung der ersten „Drive-In-Kirche". Die Predigt von Reverend Robert White, dem geistlichen Oberhaupt der Gemeinde, wird mit Lautsprechern auf den Parkplatz übertragen und im Auto gehört.

Vorbild für die „Drive-In-Kirche" sind die weitverbreiteten Autokinos und Restaurants, die der Autofahrer ohne Verlassen seines Fahrzeugs nutzen kann.

1913 nahm in Douglas/Arizona das erste Motel seinen Betrieb auf, 1925 wurde in Kansas/Missouri das erste Shopping Center eröffnet. Diese auf den motorisierten Kunden zugeschnittenen Einrichtungen werden in der Folgezeit auch außerhalb der Vereinigten Staaten nachgeahmt.

Disneys Traumland eröffnet

18.7. Anaheim. Der größte Vergnügungspark der Welt, Disneyland, öffnet bei Los Angeles (Kalifornien) seine Pforten. Es ist das bislang ehrgeizigste Projekt des Zeichners und Filmproduzenten Walt Disney. Mit einem Kostenaufwand von umgerechnet 73 Mio DM wurde ein 26 km² großes Gelände in eine Märchenwelt verwandelt.

Im Sog des Erfolgs werden von anderen Betreibern auch in Europa technisch aufwendig gestaltete Vergnügungsparks errichtet, doch der gigantischste entsteht Anfang der 70er Jahre in Orlando (Florida) auf einer Fläche von 113 km²: Disneyworld.

Anfang der 90er Jahre wagt der Disney-Konzern den Sprung nach Europa. 1992 wird bei Paris Euro Disney auf einer vergleichsweise bescheidenen Fläche von 19,5 km² eröffnet.

Kultur

Met baut Rassenschranken ab

7.1. New York. Die Altistin Marian Anderson debütiert als erste schwarze Sängerin an der Metropolitan Opera; sie singt die Partie der Wahrsagerin Ulrica in Giuseppe Verdis „Maskenball". Bereits 1939 sollte sie in der Constitution Hall von Washington auftreten, wurde aber von der Frauenvereinigung „The Daughters of the American Revolution" am Betreten des Saales gehindert.

Andersons Engagement an der Met ist nur ein erster Schritt zur Überwindung der Ressentiments gegenüber schwarzen Künstlern. 1961 erregt Grace Bumbry als erste schwarze Venus in einer „Tannhäuser"-Inszenierung in Bayreuth Aufsehen. Marian Anderson ebnet auch den Weg für so berühmte Sängerinnen wie Leontyne Price, Felicia Weathers und Jessye Norman, die auf internationalen Opernbühnen Erfolge feierten.

📖 W. Haas: Geliebte Primadonna. Das Leben großer Sängerinnen.

Kirche von Le Corbusier

20.1. Ronchamp. In der Nähe von Belfort (Elsaß) wird die nach Entwürfen des Architekten Le Corbusier fertiggestellte Wallfahrtskirche Notre-Dame-du-Haut geweiht. Der 1952 begonnene Bau fügt sich mit seinen geschwungenen Formen in idealer Weise in die Landschaft der Vogesen ein. Farbig verglaste Fenster verteilen sich scheinbar ungeordnet über die Fassade und schaffen im Innern der Kirche faszinierende Lichteffekte. Als Höhepunkt der sog. skulpturalen Architektur bildet Notre-Dame-du-Haut einen Gegenpol zum Purismus der kubischen Baukörper von Le Corbusier in den 20er und 30er Jahren (u. a. Ville Savoye, 1929–34). Eine Synthese beider Prinzipien gelingt Le Corbusier mit dem Dominikanerkloster La Tourette in Eveux bei Lyon (1957–60).

📖 N. Huse: Le Corbusier in Selbstzeugnissen und Bilddokumenten, 1976.

Karajan wird Chefdirigent

3.3. Pittsburgh. Das Berliner Philharmonische Orchester wählt während seiner ersten USA-Tournee Herbert von Karajan zu seinem neuen ständigen Dirigenten. Die Wahl wird am 5.4. mit der Vertragsunterzeichnung in Westberlin offiziell bestätigt.
Der gebürtige Salzburger erregte bereits 1927 Aufsehen, als er im Alter von 19 Jahren als Dirigent einer Aufführung von Beethovens „Fidelio" in Ulm einsprang. 1937 erhielt er einen Gastvertrag an der Berliner Staatsoper.
Unter Karajans Leitung werden die Berliner Philharmoniker zum bedeutendsten Wagner-Orchester und er selbst zu einem der bekanntesten Dirigenten des 20. Jahrhunderts. Die Übernahme leitender Stellungen (Wiener Staatsoper 1957, Salzburger Festspiele 1964) sowie die Vermarktung seiner Arbeit mit Hilfe eigener Produktionsfirmen führt Mitte der 80er Jahre zu einer Vertrauenskrise zwischen Karajan und den Philharmonikern, von denen sich der charismatische Dirigent kurz vor seinem Tod 1989 trennt.

📖 F. Endler: Karajan. Eine Biographie, 1992; K. Lang: Herbert von Karajan, 1992.

Berühmte Orchester und ihre Chefdirigenten — K 509

Amsterdam: Concertgebouw Orkest (gegr. 1883)
1895–1945	Willem Mengelberg (Niederlande, 1871–1951)
1964–88	Bernard Haitink (Niederlande, *1929)
Ab 1988	Riccardo Chailly (Italien, *1953)

Berliner Philharmoniker (gegr. 1882)
1895–1922	Arthur Nikisch (Deutschland, 1855–1922)
1922–54[1]	Wilhelm Furtwängler (Deutschland, 1886–1954)
1955–89	Herbert von Karajan (Österreich, 1908–1989)
Ab 1989	Claudio Abbado (Italien, *1933)

Chicago Symphony Orchestra (gegr. 1891)
1953–63	Fritz Reiner (USA/Ungarn, 1888–1963)
1969–91	Georg Solti (Großbritannien/Ungarn, *1912)
Ab 1991	Daniel Barenboim (Israel, *1942)

Cleveland Orchestra (gegr. 1918)
1946–70	George Szell (USA/Ungarn, 1897–1970)
1972–82	Lorin Maazel (USA, *1930)
Ab 1984	Christoph von Dohnányi (Deutschland, *1929)

Dresden: Staatskapelle (gegr. 1548[2])
1922–33	Fritz Busch (Deutschland, 1890–1951)
1922–28	Wilhelm Furtwängler (Deutschland, 1886–1954)
1934–45	Hermann Abendroth (Deutschland, 1883–1956)
Ab 1992	Giuseppe Sinopoli (Italien, *1946)

Leipzig: Gewandhausorchester (gegr. 1775)
1895–1922	Arthur Nikisch (Deutschland, 1855–1922)
1922–28	Wilhelm Furtwängler (Deutschland, 1886–1954)
1934–45	Hermann Abendroth (Deutschland, 1883–1956)
1970–96	Kurt Masur (Deutschland, *1927)

London: Philharmonia Orchestra (gegr. 1945[3])
1959–73	Otto Klemperer (Deutschland, 1885–1973)
1973–87	Riccardo Muti (Italien, *1941)
1987–94	Giuseppe Sinopoli (Italien, *1946)

London: Philharmonic Orchestra (gegr. 1932)
1932–39	Thomas Beecham (Großbritannien, 1879–1961)
1950–57	Adrian Boult (Großbritannien, 1889–1983)
1990–96	Franz Welser-Möst (Österreich, *1960)

Münchner Philharmoniker (gegr. 1893)
1898–1905	Felix Weingartner (Österreich, 1893–1942)
1906–38	Siegmund von Hausegger (Österreich, 1872–1948)
1967–76	Rudolf Kempe (Deutschland, 1910–1976)
1976–96	Sergiu Celibidache (Rumänien, 1912–1996)

New York Philharmonic Orchestra (gegr. 1842)
1929–36	Arturo Toscanini (Italien, 1867–1957)
1958–69	Leonard Bernstein (USA, 1918–1990)
1971–77	Pierre Boulez (Frankreich, *1925)
1978–92	Zubin Mehta (Indien, *1936)
Ab 1992	Kurt Masur (Deutschland, *1927)

Philadelphia Orchestra (gegr. 1900)
1912–36	Leopold Stokowski (USA, 1882–1977)
1936–80	Eugene Ormandy (USA/Ungarn, 1899–1985)
1980–93	Riccardo Muti (Italien, *1941)
Ab 1993	Wolfgang Sawallisch (Deutschland, *1923)

Wiener Philharmoniker (gegr. 1824[4])
1897–1907	Gustav Mahler (Österreich, 1860–1911)
1908–27	Felix Weingartner (Österreich, 1863–1942)

Aufgenommen wurden nur Dirigenten, die länger als 5 Jahre im Amt waren bzw. die aktuell sind (Stand: 1996); 1) 1945–1947 Sergiu Celibidache während der Entnazifizierung Furtwänglers; 2) als Dresdner Hofkantorei; 3) 1964–1977 New Philharmonia Orchestra; 4) seit 1933 nur noch Gastdirigenten

1955

documenta-Ausstellungen in Kassel	K 510
documenta 1: „Kunst des 20. Jahrhunderts" (1955)	
Leitung: Arnold Bode; Konzeption: Werner Haftmann Besucher: 130 000; Kosten: 379 000 DM; Einnahmen: 179 000 DM Exponate: 570 Werke von 148 Künstlern aus 6 Ländern Schwerpunkte: Überblick über die Kunst seit 1900; Wiedereingliederung deutscher Kunst in das Kontinuum der europäischen Moderne	
documenta 2: „Kunst nach 1945, Malerei – Skulptur – Druckgrafik" (1959)	
Leitung: Arnold Bode; Konzeption: Werner Haftmann Besucher: 134 000; Kosten: 991 000 DM; Einnahmen: 515 000 DM Exponate: 1770 Werke von 326 Künstlern aus 23 Ländern Schwerpunkte: abstrakte und informelle Malerei (École de Paris, New York School), klassische Volumen- bis offene Raumplastik	
documenta 3: „Bild und Skulptur im Raum", „Handzeichnungen"[1] (1964)	
Leitung: Arnold Bode; Konzeption: Werner Haftmann Besucher: 200 000; Kosten: 2,4 Mio DM; Einnahmen: 1 Mio DM Exponate: 1450 Werke von 280 Künstlern aus 21 Ländern Schwerpunkte: moderne Kunst (abstrakte Malerei, wenig Pop-art und Nouveau Réalisme), Plastik (Henry Moore) sowie Vorläufer seit 1880	
documenta 4: „Kunst 1968" (1968)	
Leitung: Arnold Bode; Konzeption: Jan Leering Besucher: 207 000; Kosten: 2,1 Mio DM; Einnahmen: 1 Mio DM Exponate: über 1000 Werke von 152 Künstlern aus 17 Ländern Schwerpunkte: aktuelle Kunstproduktion aus den USA (Pop-art, Minimal-art) Novum: Vermittlungsmodell „Besucherschule" von Bazon Brock	
documenta 5: „Befragung der Realität – Bildwelten heute" (1972)	
Leitung: Harald Szeemann Besucher: 220 000; Etat: 4,6 Mio DM; Einnahmen: 1,9 Mio DM Exponate: Werke bzw. Aktionen von 180 Künstlern Schwerpunkte: Fotorealismus, Konzeptkunst, psychiatrische Kunst Konzeption: auf die ganze Stadt ausgeweitete „begehbare Erlebnisstruktur" statt musealer Veranstaltung	
documenta 6: „Kunst und Medien" (1977)	
Leitung: Manfred Schneckenburger Besucher: 355 000; Etat: 4,8 Mio DM; Einnahmen: 2,5 Mio DM Exponate: 1400 Werke und Werkreihen von 492 Künstlern Schwerpunkte: Videoinstallation, Environment, Fotografie (unsichtbares) Wahrzeichen: Walter de Marias „Vertikaler Erdkilometer"	
documenta 7: kein Gesamttitel (1982)	
Leitung: Rudi Fuchs Besucher: 380 000; Etat: 6,7 Mio DM; Einnahmen: 3,7 Mio DM Exponate: etwa 1000 Werke von 167 Künstlern Schwerpunkte: neoexpressive Malerei („Junge Wilde") Spektakuläre Einzelaktion: Projekt „7000 Eichen" von Joseph Beuys Novum: Abkehr von einer Kunstvermittlung, die auf Kommentar, Didaktik, Öffentlichkeit und Medien gerichtet ist	
documenta 8: kein Gesamttitel (1987)	
Leitung: Manfred Schneckenburger Besucher: 476 000; Etat: 10,1 Mio DM; Einnahmen: 2,3 Mio DM Exponate: Arbeiten von 359 Künstlern aus 24 Ländern Schwerpunkte: Utopie in der Kunst, Reaktionen von Kunst auf Mythos, Geschichte, Politik und Sozialpsychologie	
documenta 9: „Vom Kunstwerk zum Betrachter zur Kunst" (1992)	
Leitung: Jan Hoet Besucher: 609 000; Etat: 18 Mio DM; Einnahmen: 11 Mio DM Exponate: etwa 1000 Werke von 189 Künstlern Schwerpunkte: keine (Stilpluralismus) Wahrzeichen: „Mann zum Mond wandelnd" von Jonathan Borofsky vor dem Ausstellungsgebäude Fridericianum	

1) Themen einzelner Abteilungen

Filmlegende James Dean

9.4. Elia Kazans Verfilmung von John Steinbecks Roman „Jenseits von Eden" hat in den USA Premiere.

Die einfühlsame Darstellung des um Liebe und Anerkennung kämpfenden Caleb Trask macht den jungen Schauspieler James Dean über Nacht berühmt. Er verkörpert den Prototyp des verletzlichen und unverstandenen Außenseiters, der gegen die Erwachsenenwelt rebelliert. Mit Dean identifiziert sich eine ganze Generation.

Die beiden anderen Filme mit James Dean, „Denn sie wissen nicht, was sie tun" und „Giganten", gelangen erst nach dem tödlichen Autounfall (30.9.1955) des Jugendidols in die Kinos. S 502/K 508

D. Dalton: James Dean. Seine Filme – sein Leben, 1984.

Ausstellungsereignis „documenta"

16.7. Kassel. Im Fridericianum wird die von Arnold Bode initiierte erste „documenta" eröffnet. Die Ausstellung soll einen Beitrag zur Standortbestimmung der modernen Kunst leisten.

Den Schwerpunkt bilden Kunstrichtungen, die von den Nationalsozialisten verfemt worden sind, so z. B. Werke von Ernst Ludwig Kirchner, Emil Nolde und Marc Chagall.

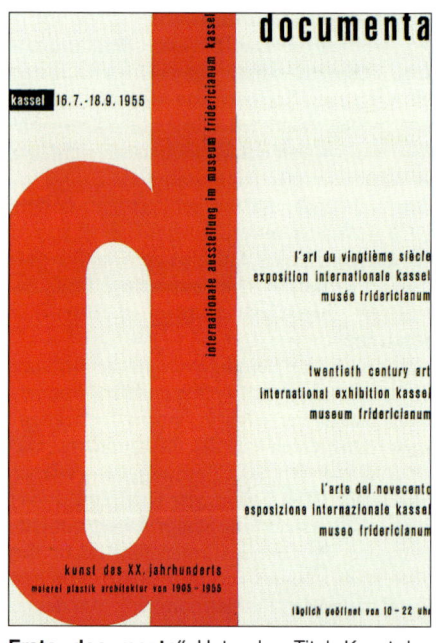

Erste „documenta": Unter dem Titel „Kunst des zwanzigsten Jahrhunderts" knüpft die Ausstellung an die unter den Nationalsozialisten verfemte Tradition avangardistischer Kunst an.

Der unerwartet große Erfolg der Veranstaltung führt dazu, daß sich die „documenta" als feste Institution innerhalb der Kunstwelt etabliert: Alle vier bis fünf Jahre werden seither Schlüsselwerke der modernen Kunst in Kassel präsentiert. S 504/K 510

M. Schneckenburger (Hg.): documenta. Idee und Institution, 1983.

Sport

Boxer Marciano bleibt unbesiegt

21.9. New York. Der US-amerikanische Schwergewichtsboxer Rocky Marciano verteidigt den Weltmeistertitel gegen seinen 42jährigen Landsmann Archie Moore ein letztes Mal. Im Frühjahr 1956 tritt der in seiner Karriere unbesiegt gebliebene Boxer im Alter von 32 Jahren zurück.

Marciano, der ohne überragende Technik boxt und seine Gegner mit einem Schlaghagel eindeckt, wurde 1952 mit einem Sieg über Jersey Joe Walcott „Meister aller Klassen". Er verteidigte den Titel insgesamt sechsmal, davon fünfmal durch K. o. und nur einmal (1954 gegen Ezzard Charles) nach Punkten. Nachfolger von Rocky Marciano, der 1969 bei einem Flugzeugabsturz ums Leben kommt, wird Floyd Patterson (↑S.544/ 20.6.1960).

82 Tote bei Rennen in Le Mans

1.6. Das 24-Stunden-Rennen von Le Mans wird zur größten Katastrophe in der Geschichte des Motorsports. 82 Menschen kommen ums Leben und mehr als 100 werden verletzt, als der Mercedes des Franzosen Pierre Levegh in die Zuschauerränge geschleudert wird und explodiert. Der Rennleiter weigert sich trotz der Katastrophe das Rennen abzubrechen.

Der Brite Mike Hawthorn, Sieger des Rennens, hatte ein riskantes Überholmanöver ausgeführt, woraufhin der hinter ihm fahrende Levegh die Kontrolle über sein Fahrzeug verlor. Formel-1-Weltmeister Juan Manuel Fangio entging nur um Haaresbreite einem ähnlichen Schicksal.

Als Reaktion auf das Unglück gibt Mercedes-Benz am 23.10. seinem Rückzug aus der Formel 1 bekannt. Die Katastrophe von Le Mans bleibt kein Einzelfall: 1961 kommen beim Großen Preis von Monza (Italien) der Deutsche Wolfgang Graf Berghe von Trips sowie 14 Zuschauer ums Leben.

A. Cinarosti: Autorennen. Die großen Preise der Welt 1894 bis heute, 1986.

Sport 1955	K 511
Fußball	
Deutsche Meisterschaft	Rot-Weiß Essen
DFB-Pokal	Karlsruher SC – FC Schalke 04 3:2
Englische Meisterschaft	Chelsea London
Italienische Meisterschaft	AC Mailand
Spanische Meisterschaft	Real Madrid
Europapokal (Landesmeister)	Ab 1956 ausgetragen
Europapokal (Pokalsieger)	Ab 1961 ausgetragen
UEFA-Pokal	Ab 1958 ausgetragen
Tennis	
Wimbledon (seit 1877; 69. Austragung)	Herren: Tony Trabert (USA) Damen: Louise Brough (USA)
US Open (seit 1881; 75. Austragung)	Herren: Tony Trabert (USA) Damen: Doris Hart (USA)
French Open (seit 1925; 25. Austragung)	Herren: Tony Trabert (USA) Damen: Angela Mortimer (GBR)
Australian Open (seit 1905; 43. Austragung)	Herren: Ken Rosewall (USA) Damen: Beryl Penrose (AUS)
Davis-Cup (Adelaide, AUS)	Australien – USA 5:0
Eishockey	
Weltmeisterschaft	Kanada
Europameisterschaft	UdSSR
Deutsche Meisterschaft	EV Füssen
Radsport	
Tour de France	Louison Bobet (FRA)
Giro d'Italia	Fiorenzo Magni (ITA)
Straßenweltmeisterschaft	Stan Ockers (BEL)
Automobilsport	
Formel-1-Weltmeisterschaft	Juan Manuel Fangio (ARG), Mercedes-Benz
Boxen	
Schwergewichts-Weltmeisterschaft	Rocky Marciano (USA) – K. o. über Dan Cockell (USA), 16.5. – K. o. über Archie Moore (USA), 21.9.
Herausragende Weltrekorde		
Disziplin	Athlet (Land)	Leistung
Leichtathletik, Männer		
200 m	Louis Jones (USA)	45,4 sec
800 m	Roger Moens (BEL)	1:45,7 min
5000 m	Sandor Iharos (HUN)	3:40,6 min
Dreisprung	A. Ferreira da Silva (BRA)	16,56 m
Zehnkampf	Rafer Johnson (USA)	7985 P.
Leichtathletik, Frauen		
100 m	Shirley Strickland (AUS)	11,3 sec
800 m	Nina Otkalenko (URS)	2:05,0 min
Kugelstoß	Galina Zybina (URS)	16,67 min
Schwimmen, Männer		
100 m Delphin	Al Wiggins (USA)	1:01,5 min
200 m Delphin	Takashi Ishimoto (JPN)	2:20,8 min
Schwimmen, Frauen		
100 m Delphin	Atie Voorbij (HOL)	1:13,1 min

1956

Politik

DDR stellt Volksarmee auf
18.1. Ostberlin. Die Volkskammer der DDR verabschiedet das Gesetz zur Schaffung der Nationalen Volksarmee (NVA).
Bereits 1950 hatte die DDR mit dem getarnten Aufbau von See- und Luftstreitkräften begonnen. Neben den seit 1952 existierenden, rund 150 000 Mann starken Betriebskampfgruppen waren rund 120 000 Mann in der Kasernierten Volkspolizei (KVP) organisiert. Die KVP, die auch über schweres Militärgerät verfügt, bildet den Kern der neugegründeten NVA.
Damit verfügt die DDR im Gegensatz zur BRD über eine gut ausgerüstete und organisierte Armee. Die Streitkräfte sind in den Warschauer Pakt eingebunden, der nach dem NATO-Beitritt der BRD (↑S.491/23.10. 1954) am 14.5.1955 (↑S.498) gegründet wurde. Die ideologische Ausrichtung der NVA setzt die SED fest. S 491/K 496
M. Backerra: NVA – Ein Rückblick in die Zukunft, 1992.

Tauwetter-Periode in der UdSSR
25.2. Moskau. Vor den Delegierten des XX. Parteitags der KPdSU enthüllt deren Erster Sekretär, Nikita S. Chruschtschow, die vom ehemaligen Parteichef Josef W. Stalin begangenen Verbrechen.
Nach dem Tod Stalins (↑S.482/5.3.1953) kehrte die Sowjetunion zur kollektiven Staatsführung zurückgekehrt. Die Absage an den Personenkult Stalins läßt das sowjetische Herrschaftssystem jedoch unangetastet. Die Entstalinisierung beschränkt sich auf die Entlassung politischer Gefangener, die Rehabilitierung Verurteilter und auf vorsichtige Korrekturen im Führungsstil der Partei.

Nikita Chruschtschow

Trotz aller Bemühungen der KPdSU um Geheimhaltung wird die Rede wenige Wochen später von der „New York Times" veröffentlicht. Am 1.7. erscheint in einer Moskauer Zeitschrift das bislang geheimgehaltene Testament Lenins aus dem Jahr 1922, in dem dieser vor Stalin warnt. Die von Chruschtschow eingeleitete sog. Tauwetterperiode ist von kurzer Dauer. Bereits 1957 wird Stalin rehabilitiert. S 242/K 253
Stalin bewältigen. Sowjetische Dokumente der 50er, 60er und 80er Jahre, 1989.

Posener Aufstand niedergeschlagen
28.6. Posen. Einen Aufstand in der polnischen Industriestadt Posen schlagen Armee-Einheiten mit Panzern und Maschinengewehren nieder. Nach offiziellen Angaben kommen 53 Menschen ums Leben, 300 werden verletzt.
Der Aufstand hatte am Vortag mit einer friedlichen Demonstration von rd. 15 000 Posener Arbeitern für Lohnerhöhungen begonnen. Im Laufe des 28.6. werden auf zahlreichen Kundgebungen Rufe nach demokratischen Freiheiten und dem Abzug der sowjetischen Truppen laut. Nachdem die Zentrale der örtlichen KP und das Gefängnis besetzt werden, gibt der Posener Militärkommandant den Befehl zum gewaltsamen Vorgehen; innerhalb weniger Stunden hat die Armee die Straßen unter Kontrolle.
Die Niederwerfung des Aufstands bedeutet einen Rückschlag für jene politischen Kräfte, die nach dem XX. Parteitag der KPdSU (↑S.506/25.2.1956) eine mit der sog. Entstalinisierung einhergehende Reform des repressiven politischen Systems erhofft haben. Das brutale Vorgehen der Armee wiederholt sich einige Monate später in Ungarn (↑S.508/4.11.1956). S 508/K 514

Wehrpflichtgesetz verabschiedet
7.7. Bonn. Der Bundestag verabschiedet mit den Stimmen der Regierungskoalition aus CDU/CSU, FVP (Freie Volkspartei) und DP

Wichtige Regierungswechsel 1956		K 512
Land	Amtsinhaber	Bedeutung
Finnland	Juho Kusti Paasikivi (P seit 1946) Urho Kaleva Kekkonen (P bis 1981)	Kekkonen wahrt Neutralität Finnlands und pflegt ein freundschaftliches Verhältnis zur benachbarten Sowjetunion
Frankreich	Edgar Faure (M seit 1955) Guy Mollet (M bis 1957)	Wahlsieg der extremen Linken und Rechten (2.1.); Mollet ist ein entschiedener Vertreter der europäischen Einigung
Ungarn	Andras Hegedüs (M seit 1955) Imre Nagy (M 24.10.–4.11.) János Kádár (M bis 1958)	Nagy, nach Demonstrationen gegen KP-Herrschaft Ministerpräsident, verkündet Austritt aus Warschauer Pakt; Kádár bildet nach Einmarsch der Roten Armee Regierung aus Kommunisten (S.508)

M = Ministerpräsident bzw. Premierminister; P = Präsident

(Deutsche Partei) das Wehrpflichtgesetz. Gegen den Entwurf stimmen SPD und FDP. Seit Monaten war über die Frage, ob die bundesdeutschen Streitkräfte eine Berufs- oder eine Wehrpflichtigenarmee sein sollen, gestritten worden. Hauptargument der Regierungsparteien für die Einführung der allgemeinen Wehrpflicht war die dadurch gewährleistete Einbindung der Bundeswehr in die Gesellschaft und ihre demokratische Kontrolle. Um dem im Grundgesetz, Art. 4 III, garantierten Recht auf Kriegsdienstverweigerung Rechnung zu tragen, wird ein ziviler Ersatzdienst eingerichtet. Im September wird die Dauer des Wehrdienstes auf zwölf Monate festgelegt. S 491/K 496 S 507/K 513

Die KPD wird verboten

17.8. Karlsruhe. Das Bundesverfassungsgericht erklärt die Kommunistische Partei Deutschlands (KPD) für verfassungswidrig und verfügt ihre Auflösung. Mit dem Urteil geben die Karlsruher Richter der am 23.11.1951 von der Bundesregierung eingereichten Klage statt. In der Urteilsbegründung heißt es, die von der KPD verfolgten Ziele seien mit der freiheitlich-demokratischen Grundordnung unvereinbar.

Wehrpflicht und Kriegsdienstverweigerung in Europa — K 513

Staat	Dauer (Monate)	Wehrdienstleistende	Kriegsdienstverweigerung	Zivil-/Ersatzdienst Dauer (Monate)
Bulgarien	18	51 300	nein	Planung: 36 Monate
Dänemark	4–12 (abh. von Funktion)	8 300	ja	9
Deutschland	10	137 300	ja	13
Estland	12	2 650	ja	9–15
Finnland	8–11 (abhängig von Dienststellung)	23 900	ja (Frieden)	11 (waffenloser Dienst, 395 Tage
Frankreich	10[1]	189 200	ja	20 (waffenloser Dienst oder Zivildienst)
Griechenland	Heer: 19 Luftwaffe: 20 Marine: 21	114 000	ja	doppelt solange wie Wehrdienst (waffenloser Dienst bei der Armee)
Italien	12	174 700	ja	12
Kroatien	10	65 000	ja (Frieden)	im Aufbau: 15
Lettland	18	k. A.	ja	24
Litauen	12	k. A.	ja	im Aufbau: 24
Moldawien	18	11 000	ja	im Aufbau: 24
Norwegen	12	16 900	ja	16–18
Österreich	7 + 30 Tage Truppenübung oder 8	20 000–30 000	ja	11
Polen	18[2]	158 100	ja	24
Portugal	Heer: 4–8 Luftwaffe/Marine: 4–18	17 600	ja	7
Rumänien	Heer/Luftwaffe: 12 Marine: 18	104 700	ja	waffenloser Dienst, Zivildienst geplant
Rußland	24[1]	400 000	ja	Zivildienst geplant
Schweden	Heer/Marine: 7–15 Luftwaffe: 8–12	31 600	ja	7–12
Schweiz	15 Wochen + 10 x 3 Wochen in 12 Jahren (20.–42. Lebensjahr)	28 000	ja	Planung: 450 Tage
Slowakei	18	k. A.	ja	24
Slowenien	7	5 500	ja	Planung: 7
Spanien	9[1]	126 000	ja	13
Tschechische Republik	12	40 400	ja	18
Türkei	18[3], im Ausland lebende Türken Freikauf + 1 Monat	415 200	nein	–
Ukraine	24	k. A.	ja	36
Ungarn	12	47 500	ja	18
Weißrußland	18	k. A.	geplant	Planung: 36

Stand: 1995/96; 1) Abschaffung schrittweise ab 1997; 2) Reduzierung auf 15 Monate geplant; 3) Hochschulabsolventen: 16 Monate; Quelle: Bundesamt für den Zivildienst, IISS: The Military Balance 1995/96

Noch am Tag der Urteilsverkündung schließt die Polizei die Parteibüros der KPD und beschlagnahmt Druckereien. 33 Funktionäre der 75 000 Mitglieder starken Partei werden festgenommen.

Die 1918/19 gegründete KPD, die 1933 nach der nationalsozialistischen Machtergreifung in den Untergrund gehen mußte, hatte sich nach 1945 neu organisiert. Bei den ersten Bundestagswahlen 1949 erhielt die KPD 5,7% der Stimmen, 1953 scheiterte sie mit 2,2% an der 5%-Sperrklausel.

1968 gründen Funktionäre der KPD die Nachfolgeorganisation Deutsche Kommunistische Partei (DKP). Sie erkennt die Verfassungsordnung des Grundgesetzes an, kommt jedoch nicht über den Rang einer Splitterpartei hinaus.

Sueskrise: Israel überfällt Ägypten

29.10. Ägypten. Israelische Streitkräfte überschreiten auf der Sinai-Halbinsel die Grenze zu Ägypten und greifen in einer Großoffensive ägyptische Verbände an.

Am 26.7. hatte der ägyptische Staatschef Gamal Abd el Nasser die in französischem und britischem Besitz befindliche Sueskanal-Gesellschaft unter staatliche Kontrolle gebracht. Als Reaktion darauf greifen die israelischen Truppen – in Abstimmung mit Frankreich und Großbritannien – Ägypten an und besetzen innerhalb kürzester Zeit die gesamte Halbinsel Sinai.

Am 30.10. fordern Frankreich und Großbritannien ultimativ die Zustimmung Ägyptens zur Besetzung des Sueskanals durch britisch-französische Truppen. Nachdem Nasser dies ablehnt, kommt es noch am selben Tag zu einer britisch-französischen Militärintervention in Ägypten, die jedoch am 6.11. unter dem Druck der USA und der Sowjetunion beendet wird. UN-Soldaten kontrollieren den Truppenabzug der Alliierten. Auch Israel gibt die besetzten Gebiete bis zum März 1957 wieder auf.

Die Sueskrise bringt die Welt an die Schwelle eines neuen Kriegs. Zwar bleibt die von der UdSSR angedrohte Militärintervention in Nahost aus, sowjetische Truppen marschieren aber zur selben Zeit in Ungarn ein (↑S.508/4.11.1956). S 441/K 442 S 608/K 611

📖 E. Kienitz: Der Sueskanal. Geschichte, wirtschaftliche Bedeutung, politische Problematik, 1957.

Ungarn-Aufstand niedergeschlagen

4.11. Budapest. Sowjetische Panzereinheiten marschieren in die ungarische Hauptstadt Budapest ein, um den Versuch Ungarns, sich aus dem Ostblock zu lösen, zu unterbinden.

Am 23.10. hatte nach blutigen Auseinandersetzungen bei einer Massendemonstration für demokratische Freiheiten der bewaffnete Volksaufstand gegen das stalinistische Regime begonnen. Der am 24.10. von den Aufständischen als Ministerpräsident eingesetzte Reformkommunist Imre Nagy verkündete am 30.10. die Abschaffung des Einparteien-Systems, am 1.11. erklärte er den Austritt Ungarns aus dem Warschauer Pakt; der am 3.11. neugewählten Regierung gehören auch bürgerliche Politiker an.

Als am 4.11. die sowjetischen Streitkräfte eingreifen, bitten die ungarischen Freiheitskämpfer die Westmächte vergeblich um militärische Unterstützung. Der Handlungsspielraum der USA ist durch die zeitgleiche Eskalation der Sueskrise (↑S.508/29.10.) eingeschränkt, die zu einer unmittelbaren Konfrontation der beiden Weltmächte führt. Am 15.11. bricht der Widerstand in Budapest zusammen. Die von János Kádár mit Hilfe der Sowjets gebildete Ungarische Revolutionäre Arbeiter- und Bauernregierung beginnt mit der „Normalisierung" des Landes. Dem Aufstand folgen Deportationen und „Säuberun-

Aufstände gegen kommunistische Herrschaft	K 514
Land (Jahr)	**Anlaß, Verlauf, Folgen**
DDR (1953)	Arbeiterproteste gegen die Erhöhung der Arbeitsnormen; Streiks in 272 Orten, die sich in 72 Städten und Orten zu einem Aufstand ausweiten; sowjetische Truppen und Einheiten der Volkspolizei schlagen Proteste blutig nieder (17.6.)
Polen (1956)	Demonstration für Lohnerhöhungen in Posen weiten sich zum Aufstand gegen das stalinist. Herrschaftssystem aus (Juni); Rückkehr des 1948 abgesetzten Wladislaw Gomulka als Generalsekretär der Polnischen Vereinigten Arbeiterpartei (Okt.)
Ungarn (1956)	Reformkommunist Imre Nagy beseitigt Alleinherrschaft der Kommunistischen Partei, erklärt Austritt aus Warschauer Pakt und Neutralität Ungarns; sowjetische Invasionstruppen besetzen das Land (4.11.); bei den nachfolgenden Kämpfen sterben mehrere tausend Menschen
Polen (1970)	Preiserhöhungen bei Lebensmitteln und anderen Konsumgütern führen in Danzig, Zoppot und Gdingen zu blutigen Auseinandersetzungen zwischen Demonstranten sowie Polizei- und Armeeinheiten (20 Tote); Parteichef Wladislaw Gomulka muß zurücktreten (20.12.); Nachfolger: Edward Gierek
Tschechoslowakei (1968)	Parteichef Alexander Dubček reformiert Staat, Partei und Wirtschaft („Prager Frühling"); Truppen des Warschauer Pakts besetzen die tschechoslowakische Hauptstadt (20.8.); ČSSR-Regierung muß auf sowjetischen Druck Reformen zurücknehmen: Dubček aus KP ausgeschlossen (1970)
China (1989)	Massendemonstrationen für Demokratie und Menschenrechte (Beginn 15.4.); Armee walzt von Studenten getragene Protestaktion auf dem Platz des Himmlischen Friedens (Peking) mit Panzern nieder (3./4.6.); 3000–4000 Tote; Beginn einer „Säuberungswelle" in der chinesischen KP

gen". Fast 200 000 Ungarn flüchten über die österreichische Grenze, Nagy wird 1958 hingerichtet.
Die Hoffnung, daß die mit dem XX. Parteitag der KPdSU in Moskau (↑S.506/25.2.) eingeläutete Entstalinisierung auch Reformen des sozialistischen Systems zulasse, erwies sich – wie zuvor in Polen (↑S.508/28.6.) – als trügerisch. S 508/K 514 S 570/K 576

📖 O. Kappelt: Ungarische Tragödie '56. Volksaufstand von 1956, 1987.

Wirtschaft

Ziviler Strom aus Kernkraft
17.10. Calder Hall. Das erste für die zivile Elektrizitätsgewinnung genutzte Kernkraftwerk geht in Großbritannien ans Netz.
Das Kraftwerk von Calder Hall ist das erste Gas-Graphit-Kernkraftwerk der Welt. Der Reaktor vom Typ „Magnox" wird mit Gas statt wie bisher üblich mit Wasser gekühlt. Darüber hinaus führt das Gas (Kohlendioxyd) die in den Brennelementen erzeugte Wärmeenergie zur weiteren Nutzung ab: Mit ihr wird Dampf zum Betreiben der Kraftwerksturbinen erzeugt.
Da Gas sich nicht zum Bremsen der freigesetzten Neutronen auf die für die Aufrechterhaltung der Kettenreaktion erforderliche Geschwindigkeit eignet, werden im „Magnox"-Reaktor Graphitstäbe eingesetzt. Die vier Reaktorblöcke der Anlage leisten zusammen 800 MW. Das in den Reaktorblöcken anfallende Plutonium nutzt die britische Armee zur Herstellung von Atombomben.

Ungarn-Aufstand: Aufständische verbrennen Fahnen und Bücher (l.). Sowjetische Panzer in den Straßen von Budapest.

Nobelpreisträger 1956	K 516
Literatur: Juan Ramón Jiménez (E, 1881–1958)	
Jiménez' Werk hatte großen Einfluß auf die spanische und lateinamerikanische Lyrik, insbesondere auf die Vertreter der „poesie pure" (reine Dichtung). Hauptthema von Jiménez war die Einsamkeit des Dichters. Bekanntestes Werk ist die Elegie „Platero und ich" (1914).	
Chemie: Cyril Norman Hinshelwood (GB, 1897–1967), Nikolai N. Semjonow (UdSSR, 1896–1986)	
Die Wissenschaftler analysierten den Ablauf chemischer Prozesse und bewiesen unabhängig voneinander, daß viele chemische Reaktionen (z. B explosionsartige Verpuffungen) als Kettenreaktionen ablaufen. Diese Erkenntnis veränderte u. a. die Konstruktion von Verbrennungsmotoren.	
Medizin: André F. Cournand (USA, 1895–1988), Werner Forßmann (D, 1904–1979), Dickinson W. Richards jr. (USA, 1895–1973)	
Forßmann bewies 1929 in einem Selbstversuch, daß das menschliche Herz gefahrlos mit einem eingeführten Katheter untersucht werden kann. Damit schuf er die Grundvoraussetzung der modernen Herzmedizin. 1940 führten Cournand und Richards das Diagnoseverfahren des deutschen Mediziners in die klinische Praxis ein und entwickelten es weiter: Sie legten Katheter bis in die Herzkammern und in die Lungenarterien.	
Physik: John Bardeen (USA, 1908–1991), Walter H. Brattain (USA, 1902–1987), William Shockley (USA, 1910–1989)	
Das Forscherteam entwickelte 1948/49 die ersten Transistoren, die es erlaubten, auf kleinstem Raum komplizierte elektronische Schaltungen unterzubringen. Die Transistoren verdrängten die Elektronenröhren als Verstärker in Radiogeräten und revolutionierten Telefon und EDV.	

Nobelpreis für Frieden nicht verliehen

1956

Der erste elektrische Strom aus einer kontrollierten Kettenreaktion wurde am 20.12.1951 in einem Forschungsreaktor in Arco/Idaho (USA) erzeugt. Das erste mit Atomenergie betriebene Fahrzeug war das 11.1.1955 (↑S.501) erstmals ausgelaufene US-amerikanische Unterseeboot „Nautilus".
In den 80er Jahren wird der Widerstand der Bevölkerung gegen die Kernenergie stärker. Nicht nur die Frage der Entsorgung, sondern auch die Sicherheit ist nach Atomunfällen in Harrisburg (S.733/28.3.1979) und Tschernobyl (↑S.790/26.4.1986) umstritten. S 510/K 515
📖 W. D. Müller: Geschichte der Kernenergie in der Bundesrepublik Deutschland. Anfänge und Weichenstellungen, 1990.

Atomenergie-Produzenten K 515

Kontinent	Land	Reaktorblöcke	Atomenergie Leistung (MW)[1]	Anteil (%)[2]	Energieverbrauch/Kopf (kg OE[3])
Afrika	Südafrika	2	1 842	6,48	2253
Nordamerika	Kanada	21	14 907	17,26	7795
	Mexiko	2	1 308	6,00	1577
	USA	109	99 414	22,49	7905
Südamerika	Argentinien	2	935	11,79	1399
	Brasilien	1	626	0,97	691
Asien	China	3	2 167	1,24	647
	Indien	10	1 695	1,89	243
	Japan	51	39 893	33,40	3825
	Südkorea	11	9 120	36,10	3000
	Kasachstan	1	70	0,13	3710
	Pakistan	1	125	0,88	255
	Taiwan	6	4 884	28,79	k. A.
Europa	Belgien	7	5 631	55,52	5091
	Bulgarien	6	3 538	46,43	2786
	Deutschland	20	22 017	29,64	4097
	Finnland	4	2 310	29,91	5954
	Frankreich	56	58 493	76,14	3839
	Großbritannien	35	12 908	24,91	3754
	Litauen	2	2 370	85,59	2194
	Niederlande	2	504	4,89	4558
	Rußland	29	19 843	11,79	4038
	Schweden	12	10 002	46,55	5603
	Schweiz	5	3 050	39,92	3603
	Slowakei	4	1 632	44,14	k. A.
	Slowenien	1	632	39,46	k. A.
	Spanien	9	7 124	34,06	1506
	Tschechien	4	1 648	20,10	3902
	Ukraine	16	13 629	37,82	3292
	Ungarn	4	1 729	42,30	2455
Welt		437	344 422	17,00[4]	–

Stand: 1995; 1) Netto; 2) an der Stromversorgung des Landes; 3) Öleinheiten; 4) Anteil am Weltstromverbrauch (Schätzung); Quelle: IAEA, Weltbank

Wissenschaft

DNS-Synthese gelungen

Oktober. New York. Am University College of Medicine isoliert der US-amerikanische Biochemiker Arthur Kornberg aus Kolibakterien ein Enzym, das außerhalb der lebenden Zelle („in vitro") aus Nukleinsäuren oder Nukleotiden die entsprechenden komplementären DNS-Moleküle (Desoxyribonukleinsäure) synthetisiert. Damit bestätigt er die Rolle von Enzymen (Proteine, Eiweiße) beim Aufbau der DNS, die Watson und Crick 1953 (↑S.485) nur vermutet hatten.
1967 bringt Kornberg die genetische Forschung einen weiteren Schritt voran: Es gelingt ihm, die komplette DNS-Kette des Virus „Phi X 174" zu synthetisieren, einen Informationsstrang, der – in normaler Druckschrift geschrieben – einem Buch mit einem Umfang von rund 70 Seiten entsprechen würde. Ein weiterer Durchbruch gelingt dem indischen Genetiker Khorana, der 1970 (↑S.647) die Synthese einer kompletten Erbanlage (Gen) in der Retorte durchführt.
📖 J. D. Watson: Molekularbiologie des Gens, 1975.

Technik

Programmiersprache entwickelt

USA. Mit FORTRAN wird die erste Programmiersprache vorgestellt. Die problemorientierte Programmiersprache ist auf ein bestimmtes Anwendungsgebiet zugeschnitten, FORTRAN ist für international vereinbarte Formelberechnungen bestimmt. 1959 wird COBOL für die Datenverarbeitung von Begriffen aus Handel und Gewerbe entwickelt. 1965 kommt die erste Mehrzwecksprache, BASIC, auf den Markt.

Gesellschaft

Interpol gegründet

Paris. In Nachfolge der 1923 gegründeten Internationalen kriminalpolizeilichen Kommission wird Interpol gebildet. Die Internationale kriminalpolizeiliche Organisation dient der Verfolgung von Verbrechen, die den nationalen Rahmen übersteigen, z. B. Rauschgifthandel, Geldfälschung und Schmuggel. Ausgenommen sind politische, militärische und religiöse Delikte. Sitz der Interpol ist Paris, ab 1989 Lyon. Eine alljährlich zusammentretende Generalversamm-

Kultur

Erfolg für „My Fair Lady"

15.3. New York. Frederick Loewes Musical „My Fair Lady" wird am Broadway uraufgeführt. Das an George Bernard Shaws Komödie „Pygmalion" (UA 1913) angelehnte Werk schildert die „Erziehung" des vulgären Vorstadtmädchens Eliza Doolittle zu einer Lady der High Society durch den Sprachlehrer Prof. Henry Higgins.

„My Fair Lady" mit Rex Harrison und Julie Andrews in den Hauptrollen wird zu einem der größten Musicalerfolge am Broadway. Allein 1956 erlebt die Inszenierung 298 ausverkaufte Aufführungen. 1963 gelingt George Cukor mit Audrey Hepburn und Rex Harrison in den Hauptrollen die von Kritik und Publikum begeistert gefeierte Leinwandadaption des Musicals; die Gesangsnummern der Eliza Doolittle werden in dieser Verfilmung von Julie Andrews synchronisiert. S 511/K 517

„Geheul" von Allen Ginsberg

San Francisco. Allen Ginsbergs Gedichtband „Das Geheul" erscheint. Mit seinem Werk

„My Fair Lady": Das Blumenmädchen Eliza Doolittle (Audrey Hepburn) wandelt sich unter der Obhut von Professor Henry Higgins (Rex Harrison) zur Grande Dame (Film von 1964).

Kulturszene 1956	K 517
Theater	
Friedrich Dürrenmatt Der Besuch der alten Dame; UA 29.1., Zürich	Tragikomödie über die Macht des Geldes: Eine reiche alte Frau „kauft" eine Stadt, um eine private Rache zu vollziehen.
Eugene O'Neill Eines langen Tages ... UA 10.2., Stockholm	Quälende Seelenanalyse einer Familie, deren Mitglieder aus Enttäuschung über das Leben in Drogen, Alkohol und Scheinwelten flüchten.
John Osborne Blick zurück im Zorn UA 8.5., London	Das sozial engagierte Stück über eine Jugendrebellion wird für ein neues, antikonventionelles Theater zum Prototyp.
Oper	
Hans Werner Henze König Hirsch UA 23.9., Berlin	Erst Skandal, dann Erfolg: Rückkehr der italienischen Oper mit Arien, Duetten und abgeschlossenen Chor- und Ensemble-Szenen.
Musical	
Leonard Bernstein Candide UA 1.12., New York	Im Gegensatz zu seiner „West Side Story" (1957) verwendet Bernstein in dem Voltaire-Musical eine traditionelle Musiksprache.
Frederick Loewe My Fair Lady UA 15.3., New York	Zündende Musiknummern machen die „Pygmalion"-Bearbeitung zu einem Welterfolg; Verfilmung mit Rex Harrison und Audrey Hepburn.
Marguerite Monnot Irma La Douce UA 12.11., Paris	Erster Musicalerfolg der Chansonsängerin Edith Piaf: Die boulevardeske, typische Pariser Story stammt von Alexandre Breffort.
Konzert	
Luigi Nono Il Canto sospeso UA 24.10., Köln	Avantgardistische, politische Kantate: Fragmentarische Vertonung von Briefen zum Tode verurteilter europäischer Widerstandskämpfer.
Film	
Robert Bresson Ein zum Tode Verurteilter ist entflohen; Frankreich	Minuziöse Schilderung einer Flucht aus der Gestapohaft; Bressons Film nach einem Tatsachenbericht ist von großer formaler Strenge.
John Huston Moby Dick USA	Verfilmung des gleichnamigen Romans von Herman Melville: Gregory Peck als besessener Kapitän Ahab, der einem weißen Wal nachjagt.
Mark Robson Schmutziger Lorbeer USA	Ein Journalist deckt die skrupellosen Machenschaften im amerikanischen Profiboxsport auf; Humphrey Bogarts letzte Rolle.
Georg Tressler Die Halbstarken BRD	Geschichte einer Bande Halbstarker im Berlin der 50er Jahre; international erfolgreicher Film mit Horst Buchholz und Karin Baal.
Buch	
Albert Camus Der Fall Paris	Roman einer Selbstanalyse: Ein Anwalt erzählt, wie seine Persönlichkeit zerfällt und er alle Stadien der Erniedrigung durchschreitet.
Heimito von Doderer Die Dämonen München	Der vielschichtige Monumentalroman zeigt das dämonische Wirken der Geschichte auf das Schicksal des einzelnen und der Gesellschaft.
Ilja Ehrenburg Tauwetter Moskau	Der Roman schildert das „Auftauen" des Innenlebens von Personen in einer sowjetischen Provinzstadt nach dem Tod Stalins.
Allen Ginsberg Das Geheul San Francisco	Die Veröffentlichung des Gedichtbands hat ein Gerichtsverfahren wegen Obszönität zur Folge und steigert die Auflage des Buches.
Arno Schmidt Das steinerne Herz Karlsruhe	Der Roman über einen besessenen Sammler verarbeitet in sog. Rastertechnik mehrere Parallelhandlungen zu schonungsloser Zeitanalyse.

1956

Olymp. Sommerspiele 1956 in Melbourne				K 518	
Zeitraum: 22.11. bis 8.12.[1)]		Medaillenspiegel			
		Land	G	S	B
Teilnehmerländer	68	Sowjetunion	37	29	32
Erste Teilnahme	9	USA	32	25	17
Teilnehmerzahl	3347	Australien	13	8	14
Männer	2963	Ungarn	9	10	7
Frauen	384	Italien	8	8	9
Deutsche Teilnehmer	178	Schweden	8	5	6
Schweizer Teilnehmer	11	Großbritannien	6	7	11
Österreichische Teiln.	34	BRD	5	9	6
Sportarten	17	Rumänien	5	3	5
Neu im Programm	0	Japan	4	10	5
Nicht mehr olympisch	0	Frankreich	4	4	6
Entscheidungen	150	Türkei	3	2	2
Erfolgreichste Medaillengewinner					
Name (Land) Sportart		Medaillen (Disziplinen)			
Larissa Latynina (URS) Turnen		4 x Gold (Mehrkampf, Mehrkampf-Mannschaft, Boden, Pferdsprung), 1 x Silber (Stufenbarren)			
Agnes Keleti (HUN) Turnen		3 x Gold (Boden, Stufenbarren, Schwebebalken) 2 x Silber (Mehrkampf, Mehrkampf-Mannschaft)			
Wiktor Tschukarin (URS) Turnen		3 x Gold (Mehrkampf, Mehrkampf-Mannschaft, Barren), 1 x Silber (Boden), 1 x Bronze (Seitpferd)			
Betty Cuthbert (AUS) Leichtathletik		3 x Gold (100 m, 200 m, 4x100-m-Staffel)			
Bobby Morrow (USA) Leichtathletik		3 x Gold (100 m, 200 m, 4x100-m-Staffel)			
Murray Rose (AUS) Schwimmen		3 x Gold (400 m Freistil, 1500 m Freistil, 4 x 200 m Freistil)			
Erfolgreichster deutscher Teilnehmer					
Hans Günter Winkler Reiten		2 x Gold (Jagdspringen-Einzel, Jagdspringen-Mannschaft)			

Olymp. Winterspiele 1956 in Cortina d'Ampezzo					
Zeitraum: 26.1. bis 5.2.		Medaillenspiegel			
		Land	G	S	B
Teilnehmerländer	32	Sowjetunion	7	3	6
Teilnehmerzahl	819	Österreich	4	3	4
Deutsche Teilnehmer	70	Finnland	3	3	1
Schweizer Teilnehmer	61	Schweiz	3	2	1
Österreichische Teiln.	60	Schweden	2	4	4
Sportarten	6	USA	2	3	2
Entscheidungen	24	Italien	1	2	0
Erfolgreichste Medaillengewinner					
Name (Land) Sportart		Medaillen (Disziplinen)			
Toni Sailer (AUT) Ski alpin		3 x Gold (Abfahrt, Spezialslalom, Riesenslalom)			
Jewgeni Grischin (URS) Eisschnellauf		2 x Gold (500 m, 1500 m)			
Erfolgreichster deutscher Teilnehmer					
Ossi Reichert (Ski alpin)		1 x Gold (Riesenslalom)			

1) Olympische Reiterspiele 10.–17.6. in Stockholm

protestiert der Schriftsteller eindringlich gegen die Vorherrschaft von Technokratie und Rationalismus in den USA. Aufgrund angeblicher Obszönität mancher Darstellungen muß sich Ginsberg vor Gericht verantworten. 1957 wird der Lyrikband freigegeben und erreicht hohe Auflagen.
Ginsberg ist einer der Wortführer der sog. Beat Generation, die in den 50er Jahren gegen Joseph McCarthys Intellektuellenverfolgung aufbegehren. Sein offenes Bekenntnis zur Homosexualität und zu Experimenten mit der Droge LSD machen ihn zu einer Kultfigur.
Auch in weiteren Werken (u. a. „Kaddisch", 1961; „Der Untergang Amerikas", 1972; „Jukebox Elegien", 1981) protestiert Ginsberg gegen den American Way of Life und verurteilt den Vietnamkrieg. Nach einem Indienaufenthalt 1962 konvertiert er zum Buddhismus. S 519/K 524

D. McBride: Cometh with Clouds, engl. 1982.

Zorniger junger Mann John Osborne

8.5. London. Im Royal Court Theatre wird John Osbornes Drama „Blick zurück im Zorn" uraufgeführt. Das sozial engagierte Stück zeigt die Rebellion des jungen Intellektuellen Jimmy Porter, der sich in ohnmächtigem Zorn gegen eine verkrustete Gesellschaftsordnung auflehnt, die ihm den ihm zustehenden Platz verweigert, weil er aus einer Arbeiterfamilie stammt.
Mit diesem Werk, das der Dramaturgie Bertolt Brechts verpflichtet ist, wird Osborne zu einer Leitfigur des neuen englischen Theaters. Er etabliert die Verwendung von Slang und Vulgärsprache auf der Bühne und inspiriert Dramatiker wie Harold Pinter („Niemandsland", 1975) und Arnold Wesker („Die Trilogie", 1958–60).
„Blick zurück im Zorn" gibt der britischen Schriftstellergruppe „Zornige junge Männer" den Namen, die radikal gegen herrschende Gesellschaftsmoral und traditionelle Theaterformen aufbegehren.
Bis auf das verfilmte Stück „Der Entertainer" (1957) sind seine späteren Dramen nicht sehr erfolgreich. S 511/K 517

H. Ferrar: John Osborne, engl. 1975.

Skandal um Anouilh-Drama

10.10. Paris. Im Théâtre Montparnasse wird Jean Anouilhs Werk „Der arme Bitos oder Das Diner der Köpfe" uraufgeführt. Zentralfigur ist Staatsanwalt Bitos, der im 2. Weltkrieg als französischer Widerstandskämpfer gegen die deutsche Besatzung aktiv war und

noch Jahre nach dem Krieg ehemalige Kollaborateure verfolgt. Anouilh charakterisiert den Juristen als jämmerlichen Vertreter staatlich sanktionierter Mittelmäßigkeit. Die Premiere entfacht einen Sturm der Entrüstung, so daß der Autor zunächst alle Aufführungen im Ausland absagen muß.
Der französische Dramatiker, dessen Werk sich durch feinsinnige psychologische Konstruktionen auszeichnet, erringt 1959 seinen größten Erfolg mit „Becket oder die Ehre Gottes", in dem er den Konflikt zwischen Erzbischof Thomas Becket und König Heinrich II. aufgreift. 1980 erhält Anouilh den Großen Theaterpreis der Académie française.

📖 J. Theisen: Jean Anouilh, 1968.

Sport

Toni Sailer nicht zu schlagen
26.1.–5.2. Cortina d'Ampezzo. Der 20jährige Österreicher Anton („Toni") Sailer ist der Star der VII. Olympischen Winterspiele, die in den italienischen Dolomiten ausgetragen werden. Der „Blitz aus Kitz" genannte Rennläufer gewinnt in allen drei alpinen Skiwettbewerben die Goldmedaille.
Eine hervorragende Leistung zeigt auch der schwedische Langläufer Sixten Jernberg. Er holt Gold im 50-km-Langlauf, Silber über 15 und 30 km sowie Bronze mit der 4 x 10-km-Staffel.
Die BRD und die DDR hatten eine gesamtdeutsche Mannschaft entsandt, die mit zwei Medaillen (1 Gold, 1 Bronze) hinter den Erwartungen zurückbleibt. Die Sowjetunion, die erstmals an Olympischen Winterspielen teilnimmt, stellt auf Anhieb die erfolgreichste Mannschaft. S 513/K 519

Reiterspiele in Stockholm
10.6.–17.6. Stockholm. König Gustav VI. Adolf von Schweden eröffnet die olympischen Wettbewerbe im Pferdesport, an denen 150 Sportler aus 29 Nationen teilnehmen. Die Wettkämpfe wurden von den Olympischen Spielen in Melbourne abgekoppelt, da sich die australische Regierung geweigert hatte, die strengen Quarantänebestimmungen für Pferde zu lockern. Mit zwei Gold-, drei Silber- und einer Bronzemedaille stellt Deutschland das erfolgreichste Team. Hans Günter Winkler, Alfons Lütke-Westhues und Fritz Thiedemann gewinnen den Großen Preis der Nationen vor Italien und Großbritannien. Obwohl Winkler im zweiten Durchgang wegen einer Leistenverletzung schwer

Sport 1956	K 519
Fußball	
Deutsche Meisterschaft	Borussia Dortmund
DFB-Pokal	Karlsruher SC – Hamburger SV 2:1
Englische Meisterschaft	Manchester United
Italienische Meisterschaft	AC Florenz
Spanische Meisterschaft	Atletico Bilbao
Europapokal (Landesmeister)	Real Madrid – Stade Reims 4:3
Tennis	
Wimbledon (seit 1877; 70. Austragung)	Herren: Lewis Hoad (AUS) Damen: Shirley Fry (USA)
US Open (seit 1881; 76. Austragung)	Herren: Ken Rosewall (USA) Damen: Shirley Fry (USA)
French Open (seit 1925; 26. Austragung)	Herren: Lewis Hoad (AUS) Damen: Althea Gibson (USA)
Australian Open (seit 1905; 44. Austragung)	Herren: Lewis Hoad (AUS) Damen: Mary Carter (AUS)
Davis-Cup (New York, USA)	Australien – USA 5:0
Eishockey	
Weltmeisterschaft	Sowjetunion
Stanley-Cup	Montreal Canadiens
Deutsche Meisterschaft	EV Füssen
Radsport	
Tour de France (4528 km)	Roger Walkowiak (FRA)
Giro d'Italia (3523 km)	Charly Gaul (LUX)
Straßenweltmeisterschaft	Rik van Steenbergen (BEL)
Automobilsport	
Formel-1-Weltmeisterschaft	Juan Manuel Fangio (ARG), Ferrari
Boxen	
Schwergewichts-Weltmeisterschaft	Floyd Patterson (USA) – K. o. über Archie Moore (USA), 30.11. – Rocky Marciano (USA) tritt am 27.4. zurück
Herausragende Weltrekorde		
Disziplin	Athlet (Land)	Leistung
Leichtathletik, Männer		
100 m	Willie Williams (USA)	10,1 sec
10 000 m	Wladimir Kuz (URS)	28:30,4 min
110 m Hürden	Jack Davis (USA)	13,4 sec
400 m Hürden	Glenn Davis (USA)	49,5 sec
Hochsprung	Charles Dumas (USA)	2,15 m
Kugelstoß	Parry O'Brien (USA)	19,25 m
Hammerwurf	Harold Connolly (USA)	68,54 m
Speerwurf	Egil Danielsen (NOR)	85,71 m
Leichtathletik, Frauen		
200 m	Betty Cuthbert (AUS)	23,2 sec
Schwimmen, Männer		
1500 m Freistil	George Breen (USA)	17:52,9 min
Schwimmen, Frauen		
400 m Freistil	Lorraine Crapp (AUS)	2:18,5 min

1956

Olympische Spiele in Stockholm: Hans Günter Winkler auf seiner Stute Halla. Trotz seiner Verletzung gewinnt er die Goldmedaille im Einzel-Springreiten sowie mit der Mannschaft. Der amtierende Weltmeister hatte das als turnieruntauglich geltende Militarypferd 1951 gekauft und zu einem der besten Springpferde der Welt ausgebildet.

gehandicapt ist, wird er von seiner Stute Halla fehlerlos über den Parcours getragen.
Für den 30jährigen Winkler, der auch Gold in der Einzelwertung erringt, ist dies der Beginn einer erfolgreichen Olympiakarriere: 1956 bis 1976 nimmt er an sechs Olympischen Spielen teil und holt fünfmal Gold sowie je einmal Silber und Bronze.

Real Madrid gewinnt Europa-Cup
12.6. Paris. Im Prinzenpark-Stadion gewinnt Real Madrid durch einen 4:3-Erfolg über den französischen Fußballmeister Stade Reims den erstmals ausgetragenen Wettbewerb um den Europa-Pokal. Dirigiert von Alfredo di Stefano holen die „Königlichen" von Madrid bis 1960 fünfmal hintereinander den Europapokal der Landesmeister.

Der Wettbewerb, an dem zunächst 16 europäische Landesmeister teilnehmen, wurde von dem im März 1955 gegründeten europäischen Fußballverband UEFA initiiert. Wegen des großen Erfolgs ruft die UEFA 1961 einen weiteren internationalen Wettbewerb ins Leben, den Europapokal der Pokalsieger.
Ab 1991 wird der Pokal der Landesmeister in einer modifizierten Form ausgetragen: Die letzten acht im Wettbewerb verbleibenden Mannschaften ermitteln den Sieger nicht weiter im K. o.-Modus (Hin- und Rückspiel), sondern in zwei Finalgruppen, deren Gruppenerste das Endspiel bestreiten (sog. Champions-League).

Sommerspiele im Winter
22.11.–8.12. Melbourne. Erstmals ist der australische Kontinent Gastgeber für Olympische Spiele. Der spät im Jahr liegende Termin stellt für viele Athleten ein Problem dar, da ihr Leistungshoch normalerweise in den Sommermonaten liegt. Dennoch werden hervorragende Leistungen geboten.
Wegen der Niederschlagung des Ungarnaufstands (↑S.508/4.11.) und der Sueskrise (↑S.508/29.10) hatten u. a. die Schweiz und die Niederlande ihre Teilnahme zurückgezogen. Die BRD und die DDR hatten sich auf ein gesamtdeutsches Team und eine spezielle Olympiaflagge (schwarzrotgold mit Olympiaemblem) geeinigt.
Die Sprintstrecken in der Leichtathletik werden von zwei Sportlern dominiert: Bei den Herren gewinnt der US-Amerikaner Bobby Morrow Gold über 100 m, 200 m und in der Staffel (4 x 100 m); bei den Frauen ist in diesen Disziplinen die Australierin Betty Cuthbert erfolgreich.

1957

Politik

Gründung des BND
BRD. Mit der Ernennung Reinhard Gehlens zum Präsidenten des Bundesnachrichtendienstes wird dieser offizielles Spionageorgan der Bundesrepublik Deutschland.
Nach 1945 hatte General Reinhard Gehlen mit Billigung der US-amerikanischen Besatzungsmacht einen Auslandsnachrichtendienst aufgebaut. Die „Organisation Gehlen" wurde 1955 von der Bundesregierung übernommen und 1956 in Bundesnachrichtendienst umbenannt. Aufgabe des BND ist die Sammlung und Auswertung geheimer Informationen politischer, wirtschaftlicher, rüstungstechnischer und militärischer Art aus dem Ausland, ferner die Spionageabwehr im Inland.
Die Tätigkeit des BND – er untersteht dem Bundeskanzleramt – wird nach dem Gesetz vom 1.4.1978 von einer parlamentarischen Kontrollkommission überwacht.
R. Gehlen: Der Dienst. Erinnerungen, 1971.

Macmillan britischer Premier
10.1. London. Harold Macmillan, seit 1924 Unterhausabgeordneter der Konservativen, 1955 Außenminister und seit 1955 Schatzkanzler, übernimmt das Amt des britischen Premierministers. Er wird Nachfolger des am Vortag wegen seiner Politik in der Suezkrise (↑S.508/29.10.1956) zurückgetretenen Sir Anthony Eden.
Macmillan, der die von der Opposition geforderten Neuwahlen ablehnt, stellt am 13.1. sein Kabinett vor. Außenminister bleibt Selwyn Lloyd, obwohl er einer der Initiatoren der gescheiterten Suesaktion war.
Während Macmillans Amtszeit werden die meisten britischen Kolonien in die Unabhängigkeit entlassen. 1963 tritt er wegen zahlreicher Skandale mehrerer seiner Kabinettsmitglieder zurück. S 362/K 367

Harold Macmillan

EWG-Vertrag unterzeichnet
25.3. Rom. Vertreter der Benelux-Staaten, Frankreichs, Italiens und der Bundesrepublik Deutschland unterzeichnen Verträge über die Gründung der Europäischen Wirtschaftsgemeinschaft (EWG).
Am 1.2.1955 hatten die Außenminister der sechs Montanunion-Staaten (↑S.468/18.4.1951) die Errichtung eines Gemeinsamen Marktes beschlossen. Die entsprechenden Übereinkünfte wurden im Februar 1957 in Paris ausgehandelt. Die EWG tritt am 1.1.1958 in Kraft. Kernstück ist die geplante Zollunion, die den Abbau der Einfuhr- und Ausfuhrzölle vorsieht bei gleichzeitiger Einführung eines gemeinsamen Außenzolltarifs gegenüber Drittländern; dieses Ziel wird am 1.7.1968 erreicht.

Wichtige Regierungswechsel 1957 — K 520

Land	Amtsinhaber	Bedeutung
Frankreich	Guy Mollet (M seit 1956) M. Bourgès-Maunory (M 11.6.–30.9.) Felix Gaillard (M bis 1958)	Regierungskrisen durch Algerienkrieg; Rücktritt von Bourgès-Maunory, nachdem das Parlament Algerien-Statut (begrenzte Autonomie in inneren Angelegenheiten) ablehnt
Großbritannien	Anthony Eden (Konserv., M seit 1955) Harold Macmillan (Konserv., M bis 1963)	Rücktritt Edens (9.1.) wegen schlechtem Verhältnis zu den USA nach brit.-franz. Intervention in der Suezkrise (S.508)
Haiti	Antoine Kebreau (P seit 14.6.1957)[1)] François Duvalier (P bis 1971)	Wahlsieg Duvaliers (22.9.), der von den USA unterstützt wird und als Kandidat von Landbesitzern und Armee gilt
Norwegen	Haakon VII. (König seit 1905) Olaf V. (König bis 1991)	Tod (21.9.) des einzigen Monarchen der Neuzeit, der in freier Volksabstimmung auf den Thron gewählt wurde
Österreich	Theodor Körner (SPÖ, P seit 1951) Adolf Schärf (SPÖ, P bis 1965)	Tod Körners (4.1.); Vizekanzler Schärf erhält bei direkter Präsidentenwahl 51,1% der abgegebenen Stimmen (S.516)
Thailand	Luang Pibul Songgram (M seit 1948) Nai Pote Sarasin (M 21.9.–27.12.) Thanom Kittikachorn (M bis 1958)	Unblutiger Staatsstreich von Feldmarschall Sarit Thanarat (17.9.), der alle politischen Ämter mit Gefolgsleuten besetzt; politische Parteien aufgelöst; Verfassung außer Kraft
Tschechoslowakei	Antonín Zápotocky (P seit 1953) Antonín Novotny (P bis 1968)	Nach dem Tod von Zápotocky (13.11.) wird Novotny, seit 1953 Erster ZK-Sekretär, zum Staatspräsidenten ernannt
Tunesien	Muhammad VIII. Al Amin (Bei seit 1943) Habib Burgiba (P bis 1987)	Bei (königgleicher Herrscher) unter dem Vorwurf der Kollaboration mit den Franzosen abgesetzt (25.7.); Tunesien wird Republik

B = Bundeskanzler; M = Ministerpräsident bzw. Premierminister; P = Präsident
1) Militär übernimmt 1957 mehrfach kurzzeitig die Macht

1957

Europa seit 1957		K 521
Datum	Beschluß/Vertrag	Inhalt
25. 3.1957	Unterzeichnung der Römischen Verträge; ab 1.1.1958 in Kraft	Gründungen: Europäische Wirtschaftsgemeinschaft (EWG), Europäische Atomgemeinschaft (Euratom, S.515)
4. 1.1960	Gründung der Europäischen Freihandelsassoziation (EFTA)	Handelspolitische Ziele: Ausweitung von Handel und Wirtschaftstätigkeit, progressiver Abbau der Einfuhrzölle (S.538)
22. 1.1963	Elysée-Vertrag über deutsch-französische Zusammenarbeit zwischen de Gaulle und Adenauer in Paris	Gegenseitige Konsultationen in wichtigen Fragen der Außenpolitik, engere Zusammenarbeit in der Verteidigung, Förderung gegenseitiger Kontakte (S.567)
29. 7.1963	Abkommen von Jaunde (Kamerun); Folgeabkommen 29.7.1969	Assoziationsabkommen der EWG mit 18 afrikanischen Staaten und Madagaskar: erster Vertrag einer europäischen Organisation über die Grenzen Europas hinaus
1. 7.1967	Fusionsvertrag der Europ. Gemeinschaften	Vereinigung von Montanunion, EWG und Euratom (S.610)
1. 7.1968	Verwirklichung der Europäischen Zollunion	Abschaffung der Binnenzölle in der EG, gemeinsame Außenzolltarife
22. 1.1972	Erste Erweiterung der Gemeinschaft; ab 1.1.1973 in Kraft	Dänemark, Irland, Großbritannien EG-Mitglieder; es folgen Griechenland (1981), Spanien (1986), Portugal (1986), Finnland, Österreich und Schweden (1995)
3. 7.1973	Konferenz über Sicherheit und Zusammenarbeit in Europa (KSZE) in Helsinki: bis 1975	Schlußakte: zehn Prinzipien zur Festigung zwischenstaatlicher Beziehungen in Europa; Sicherung der Menschenrechte (S.695)
10.12.1974	Konstituierung des Europäischen Rats	Gremium der EG-Staats- und Regierungschefs; zwei Treffen pro Jahr
28. 2.1975	1. Lomé-Abkommen; Folgeabkommen: 31.10.1979	Entwicklungshilfeabkommen zwischen EG und 46 Ländern aus Afrika, Karibik und Pazifik (S.697)
31. 5.1975	Gründung der Europäischen Weltraumorganisation ESA	Kooperation der europäischen Staaten bei Weltraumforschung und Raumfahrt
20. 9.1976	EG-Beschluß über Direktwahlen zum Europäischen Parlament	Breitere demokratische Legitimation des Parlaments; Wahl alle fünf Jahre; erste Wahl: 1979 (S.732)
12. 3.1979	Beschluß des Europäischen Rats über das Europäische Währungssystem (EWS)	Schritt zur Koordinierung der nationalen Währungen innerhalb der EG; gemeinsamer Nenner: Europäische Währungseinheit (ECU)
17. 7.1985	Gründung der Eureka (European Research Coordination Agency)	Kooperations- und Koordinationssystem zur Förderung der Wettbewerbsfähigkeit Westeuropas auf dem Gebiet der Hochtechnologie
17. 2.1986	Unterzeichnung der Einheitlichen Europäischen Akte der EG-Mitgliedstaaten	Ziele: Umwandlung der EG in eine Europäische Union, Schaffung eines einheitlichen Binnenmarkts bis Ende 1992
7. 2.1992	Vertrag von Maastricht	Gründung der Europäischen Union auf politischem, sozialem und wirtschaftlichem Gebiet (S.849)
3. 5.1992	EWR-Vertrag (Europäischer Wirtschaftsraum)	Abkommen zwischen EG- und EFTA-Staaten über freien Verkehr von Waren, Personen, Dienstleistungen und Kapital

Dem Zusammenschluß der sechs westeuropäischen Staaten steht auf der östlichen Seite die am 25.1.1949 (↑S.456) gegründete COMECON gegenüber. S 516/K 521

C. Buchheim: Die Wiedereingliederung Westdeutschlands in die Weltwirtschaft 1945–1958, 1990.

Streit um Atom-Beschluß

4.4. BRD. Die von Bundeskanzler Konrad Adenauer in einer Pressekonferenz abgegebene Erklärung für die atomare Aufrüstung der Bundesrepublik Deutschland löst scharfe Reaktionen aus.

In ihrem „Göttinger Manifest" vom 12.4. fordern 18 führende deutsche Atomwissenschaftler die Bundesregierung zu einem Verzicht auf die atomare Bewaffnung der Bundeswehr auf. Am 23.4. warnt Friedensnobelpreisträger Albert Schweitzer über Radio Oslo die Weltöffentlichkeit vor den Atomgefahren.

Dennoch beschließt am 25.3.1958 der Bundestag mit den Stimmen der Regierungsparteien CDU/CSU und DP, die Bundeswehr mit Atomwaffen auszustatten, falls es nicht zu einer allgemeinen Abrüstungsvereinbarung kommt.

Am 7.3.1958 schließen sich namhafte Atomkraftgegner zum Arbeitsausschuß „Kampf dem Atomtod" zusammen. Der Ausschuß strebt die Durchführung einer Volksbefragung zur Atomrüstung an. Die Landtage von Hamburg und Bremen sowie die Stadtverordnetenversammlung von Frankfurt beschließen am 8.5.1958 die entsprechenden Gesetze. Diese erklärt das Bundesverfassungsgericht in Karlsruhe am 30.7.1958 für grundgesetzwidrig.

Im am 4.7.1958 beschlossenen Bundeshaushalt 1958/59 ist erstmals der Verteidigungsetat größter Posten im Gesamthaushalt.

H.-P. Schwarz: Die Ära Adenauer 1949–1957. Gründungsjahre der Republik, 1981.

Adolf Schärf Österreichs Präsident

5.5. Österreich. Zum Bundespräsidenten wird der 67jährige Adolf Schärf gewählt. Der Vorsitzende der SPÖ und Vizekanzler tritt die Nachfolge des am 4.1. gestorbenen Theodor Körner (SPÖ) an. Schärf setzt sich mit 51,1% der Stimmen gegen den von ÖVP und FPÖ aufgestellten parteilosen Gegenkandidaten Wolfgang Denk durch. Franz Jonas (SPÖ) tritt 1965 die Nachfolge des am 28.2.1965 verstorbenen Schärf an. S 498/K 504

P. Burian: Geschichte Österreichs seit 1918, 1989.

Adenauer wieder Bundeskanzler

15.9. BRD. Bei den Wahlen zum dritten Deutschen Bundestag erreicht die CDU/CSU mit 50,2% der abgegebenen Stimmen die absolute Mehrheit.

Der auf die Person des Bundeskanzlers und Spitzenkandidaten der Union, Konrad Adenauer, abgestellte Wahlkampf wurde unter der Parole „Keine Experimente" geführt. Der 81jährige Adenauer bewirbt sich zum dritten Mal seit 1949 um das Amt des Regierungschefs. Am 29.10. gibt der am 22.10. wiedergewählte Adenauer seine Regierungserklärung ab und stellt sein neues Kabinett vor. Seine Partei geht auch in der neuen Regierung eine Koalition mit der Deutschen Partei (DP) ein. Am 14.11.1961 (↑S.550) wird Adenauer zum vierten Mal Bundeskanzler.

H.-P. Schwarz: Die Ära Adenauer 1957–1963. Epochenwechsel, 1983.

Wirtschaft

Deutsche Bundesbank gegründet

26.7. Bonn. Durch das Bundesbankgesetz wird die Deutsche Bundesbank als zentrale Notenbank Westdeutschlands und Berlins (West) gegründet.

Die Bundesbank tritt die Rechtsnachfolge der nach dem 2. Weltkrieg von den westlichen Besatzungsmächten geschaffenen Bank deutscher Länder und der Landeszentralbanken an. Sie wird Notenbank der Bundesrepublik Deutschland und als Bank der Banken letzte Refinanzierungsquelle der Kreditinstitute und Hausbank des Bundes; sie verwaltet die Währungsreserven und hat währungspolitische Aufgaben im Zusammenhang mit internationalen Abkommen zu erfüllen. Außerdem wacht die Bundesbank über die Geldstabilität.

Von Weisungen der Regierung ist die Bundesbank als oberste Bundesbehörde unabhängig, jedoch zur wirtschaftspolitischen Kooperation mit ihr verpflichtet. Organe sind der Zentralbankrat und das Direktorium mit Präsident und Vizepräsident. S 517/K 522

O. Emminger: D-Mark, Dollar, Währungskrisen. Erinnerungen eines ehemaligen Bundesbankpräsidenten, 1986.

Natur/Umwelt

Einwegflasche auf dem Markt

16.9. BRD. Die Einwegflasche ersetzt die Mehrwegflasche für Wein und Traubensäfte.

Konrad Adenauer erneut zum Bundeskanzler gewählt: Zum dritten Mal seit 1949 kandidiert Konrad Adenauer (CDU) erfolgreich als Spitzenkandidat der Union um das Amt des Bundeskanzlers. Der Wahlausgang wird in erster Linie als sein perönlicher Erfolg gewertet. Als Trend zeichnet sich eine Konzentration der Wählerstimmen auf die Christdemokraten und Sozialdemokraten ab, die zusammen 82% der Stimmen erringen (Wahlplakat).

Präsidenten der Deutschen Bundesbank		K 522
Name	Amtszeit	Vorherige Position
Karl Blessing (1900–1971)	1958–69	Verschiedene Tätigkeiten im internationalen Bankwesen (seit 1920)
Karl Klasen (1909–1991)	1970–77	Vorstand der Norddeutschen Bank (ab 1952)
Otmar Emminger (1911–1986)	1977–79	Vizepräsident der Deutschen Bundesbank (1969–77)
Karl Otto Pöhl (*1929)	1980–91	SPD-Staatssekretär im Bundesfinanzministerium (ab 1972)
Helmut Schlesinger (*1924)	1991–93	Vizepräsident der Deutschen Bundesbank (1980–91)
Hans Tietmeyer (*1931)	Ab 1993	CDU-Staatssekretär im Bundesfinanzministerium (1982–89)

1957

Nobelpreisträger 1957	K 523
Frieden: Lester Bowles Pearson (CAN, 1897–1972)	
Der Historiker und Politiker, kanadischer Außenminister (1948–57) und Premier (1963–68), trug maßgeblich zur Lösung der Sueskrise bei. Sie war 1956 durch die Verstaatlichung der Sueskanal-Gesellschaft in Ägypten ausgelöst worden und führte zum zweiten Israelisch-Arabischen Krieg.	
Literatur: Albert Camus (F, 1913–1960)	
Der Existentialist, der großen Einfluß auf das europäische Geistesleben nach dem 2. Weltkrieg ausübte, beschrieb in seinen Romanen, Dramen und Essays die Absurdität der menschlichen Existenz. Werke: „Der Fremde" (1942), „Die Pest" (1947), „Der Mensch in der Revolte" (1951).	
Chemie: Alexander R. Todd (GB, *1907)	
Todd analysierte organische Naturstoffe, u. a. die Struktur von Nukleotiden und ihren Koenzymen, den Bausteinen der Nukleinsäuren. 1947–49 klärte er die Bildung der Nukleotidketten auf, die aus unzähligen Atomen bestehen und für die Vielfalt der Natur verantwortlich sind.	
Medizin: Daniel Bovet (I, 1907–1992)	
Der Pharmakologe, der gemeinsam mit seiner Frau die Wirkung des Pfeilgifts Kurare erforschte, entwickelte u. a. künstliche Mittel zur vollständigen Muskelentspannung, Blutdrucksenkung und Behandlung von Wundstarrkrampf sowie lebenserhaltende Narkotika für die Anästhesie.	
Physik: Tsung Dao Lee (China, *1926), Chen Ning Yang (China, *1922)	
Die in den USA arbeitenden Physiker widerlegten das bis dahin geltende Gesetz der Parität. Danach sind die Symmetriegesetze der Natur auch im atomaren Bereich und bei nuklearen Zerfallsprozessen gültig. Die Chinesen wiesen nach, daß dies im subatomaren Bereich nicht der Fall ist.	

Sputnik 1: Der künstliche Erdsatellit Sputnik 1 besteht aus einer Kugel und vier Sendeantennen. Er hat einen Durchmesser von 58 cm und wiegt 86,3 kg.

Große Teile des Einzelhandels füllen ihre Getränke nicht mehr in Pfandflaschen ab, sondern in Leichtglasflaschen, die nicht zurückgenommen werden. Nach Ansicht von Rationalisierungsexperten bringt dieses Verfahren eine Kostensenkung. Wegen starker Umweltbelastung werden ab den 80er Jahren Einwegflaschen wieder von Pfandflaschen abgelöst.

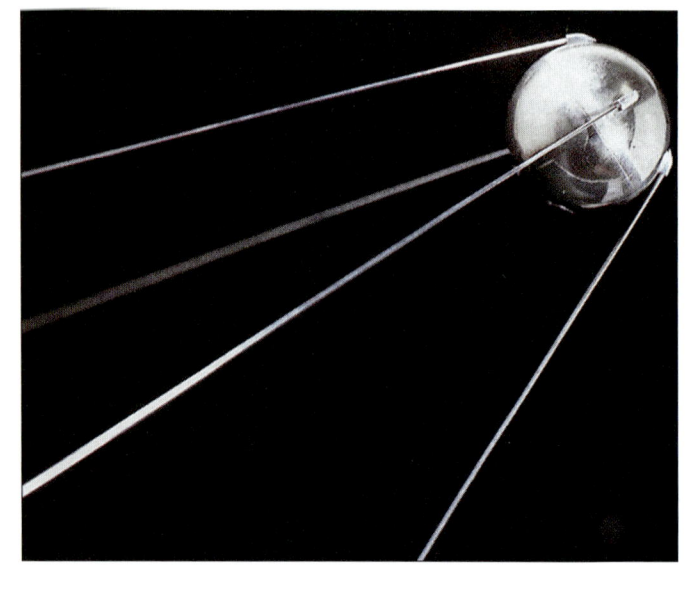

Technik

Erste elektrische Schreibmaschine
7.5. Hannover. Auf der Büromaschinenfachausstellung im Rahmen der Hannover-Messe werden die ersten elektrischen Schreibmaschinen vorgestellt.
Die von den bundesdeutschen Büromaschinenherstellern registrierte geringe Nachfrage nach den neuen Geräten wird dem Umstand zugeschrieben, daß sie zwar als arbeitserleichternd, nicht aber als zeitsparend angesehen werden.
Gefragt sind dagegen Arbeitsgeräte zur Rationalisierung der Büroarbeit. Die hauptsächlich von US-amerikanischen Ausstellern präsentierten elektronischen Großrechenanlagen erwecken schon eher Interesse. Der bundesdeutsche Handel hält Großrechner jedoch erst bei Betrieben ab 2000 Mitarbeitern für wirtschaftlich rentabel; zudem fehlt es in der BRD bislang an entsprechend ausgebildeten Fachkräften.

Sputnik sendet Signale aus dem All
4.10. UdSSR. Mit dem erfolgreichen Start des ersten künstlichen Erdsatelliten „Sputnik 1" eröffnet die Sowjetunion die Ära der Raumfahrt.
Das Ereignis ist von großer militär- und machtpolitischer Bedeutung. Die bis dahin als technisch unterlegen geltende UdSSR stellt mit ihrer Pionierleistung unter Beweis, daß sie – im Gegensatz zu den USA – über die Interkontinentalrakete verfügt. Am 31.1.1958 folgen die USA mit dem Satelliten „Explorer 1". An dessen erfolgreiche Mission knüpft sich in der westlichen Welt die Hoffnung, daß die USA den Vorsprung der UdSSR auf dem Gebiet der Raketen- und Waffentechnologie (Sputnik-Schock) einholen werden. S 551/K 558
📖 R. Engel: Rußlands Vorstoß ins All. Geschichte der sowjetischen Raumfahrt, 1988.

Gesellschaft

Radarkontrollen eingeführt
21.1. Düsseldorf. Das nordrhein-westfälische Innenministerium setzt ein neu entwickeltes Radargerät zur Geschwindigkeitsmessung auf den Straßen ein.
Durch die Koppelung mit einem Fotoapparat ermöglicht das Gerät, Aufnahmen von zu schnell fahrenden Fahrzeugen zu machen. Ein Zusatzgerät vermerkt Datum und Uhrzeit.
Das Ministerium verspricht sich von den Radarmessungen eine „erzieherische" Wirkung

auf die Autofahrer, die nun jederzeit mit einer Dokumentation ihrer Geschwindigkeitsübertretung und einer Bestrafung rechnen müssen.

Erste Massenimpfung gegen Polio
4.4. In Oberhausen beginnt die erste Massenimpfung gegen Kinderlähmung (Polio). Allein in Nordrhein-Westfalen werden 60 000 Kinder im Alter von zwei bis drei Jahren geimpft.
An Polio erkranken vor allem Kinder im Alter von zwei bis vier Jahren. Die Krankheit wird durch eine Virusinfektion hervorgerufen und kann zu irreparablen Lähmungen führen. 1956 lag die Zahl der Polio-Fälle mit 4167 um rund 40% über der des Vorjahrs.
Bis 1961 wird der Kinderlähmung mit dem sog. Salk-Serum vorgebeugt. Ab 1962 wird die Schluckimpfung durchgeführt, bei der abgeschwächte Viren mit Hilfe von Zuckerstücken oder Bonbons verabreicht werden. Die Zahl der Krankheits- und Todesfälle an Polio geht nach Einführung der Schluckimpfung stark zurück. S 81/K 84

Internationale Bauausstellung
6.7. Westberlin. Die Internationale Bauausstellung (Interbau) wird eröffnet. In ihrem Mittelpunkt steht das Projekt Hansaviertel. Das im 2. Weltkrieg fast völlig zerstörte Hansaviertel im Nordwesten Berlins soll nach modernsten Erkenntnissen des sozialen Wohnungsbaus neu errichtet werden. International renommierte Architekten, darunter der Schweizer Le Corbusier, wurden eingeladen, Entwürfe für die Stadt der Zukunft vorzustellen. Das für 5000 Menschen geplante Viertel besteht im Modell aus vielgeschossigen Stahlbetonbauten, die mit technischen Neuerungen wie Müllschlucker, Haustelefon und Fernheizung ausgestattet werden sollen. Insgesamt präsentieren 53 Architekten aus 13 Ländern 46 Entwürfe auf der bis zum 20.9. dauernden Ausstellung.

80 Tote bei Untergang der „Pamir"
21.9. Das deutsche Segelschulschiff „Pamir" gerät 600 Seemeilen südwestlich der Azoren in einen schweren Orkan und sinkt. Nur sechs der 86 Besatzungsmitglieder können gerettet werden.
Der 1905 gebaute Viermaster hatte vermutlich wegen verrutschter Ladung Schlagseite bekommen, so daß starker Wassereinbruch in die Deckaufbauten zum Kentern des Schiffes führte. Eine falsche Segelführung und nicht geflutete Tieftanks trugen zusätzlich zur Instabilität des Schiffes bei. Ungeklärt bleibt die Frage, ob die „Pamir" dem über den Seewetterdienst angekündigten Sturm hätte ausweichen können.
Die „Passat", das Schwesterschiff der „Pamir", gerät wenige Wochen nach dem Unglück unter ähnlichen Umständen ebenfalls in Seenot, kann sich aber selbst helfen.

Callgirl Nitribitt tot aufgefunden
1.11. Frankfurt/Main. Die 24jährige Prostituierte Rosemarie Nitribitt wird erwürgt in ihrem Appartement aufgefunden. Vom Täter fehlt jede Spur.
Der nie aufgeklärte Mord entwickelt sich zu einem der meistdiskutierten Affären der Nachkriegszeit, da das Frankfurter Callgirl offensichtlich Kontakt zu hohen Persönlichkeiten aus Industrie, Politik und Wirtschaft hatte. Mehr als der Mord beschäftigen die bundesdeutsche Öffentlichkeit die Lebensumstände der Toten, die Pelze, Schmuck und Luxusautos besaß und ein Vermögen von 120 000 DM hinterläßt.
Das Leben der Nitribitt wird 1958 von Rolf Thiele verfilmt. Nadja Tiller spielt „Das Mädchen Rosemarie".

Franz Hengsbach Ruhrbischof
21.11. Rom. Papst Pius XII. ernennt den bisherigen Weihbischof von Paderborn, Franz Hengsbach, zum ersten Bischof der Diözese Essen.
Erst am 23.2. war der Staatsvertrag über die Gründung eines neuen Bistums, das sich aus Teilen der Erzbistümer Köln und Paderborn sowie des Bistums Münster zusammensetzt,

Vertreter der Beat Generation		K 524
Schriftsteller	**Hauptwerke (englische/deutsche Erstausgabe)**	
William S. Burroughs USA (*1914)	Naked Lunch (Prosa, 1959/1962)	
	Nova Express (Roman, 1962/1970)	
	Western Lands (Roman, 1987/88)	
Lawrence Ferlinghetti USA (*1919)	Ein Coney Island ... (Gedichte, 1958/62)	
	Ausgangspunkt San Francisco (Gedichte, 1961)	
	Nach dem Geschrei der Vögel (Gedichte, 1967/1980)	
Allen Ginsberg USA (*1926)	Das Geheul und andere Gedichte (1956/1959)	
	Kaddisch (Gedichte, 1961/1962)	
	Der Untergang Amerikas (Gedichte, 1972/1975)	
Jack Kerouac USA (1922–1969)	Unterwegs (Roman, 1957/1959)	
	Bebop, Bars und weißes Pulver (Roman, 1958/1979)	
	Gammler, Zen und hohe Berge (Roman, 1958/1963)	
Gary Snyder USA (*1930)	Sechs Bezirke ... (Lyrik, 1965)	
	Schildkröteninsel (Lyrik, 1974/1980)	
	Landschaften des Bewußtseins (Essays, 1977/1984)	

1957

Kulturszene 1957 — K 525

Theater	
Samuel Beckett Endspiel UA 3.4., London	Gegenstück zu „Warten auf Godot" (1953): Vier Menschen flüchten sich in sinnlose Aktivität, um ihrem Leben einen Sinn zu geben.
Jean Genet Der Balkon UA 22.4., London	Die kabarettistische Zeitsatire auf die Identitätskrise der modernen Gesellschaft verlegt die Handlung in ein Luxusbordell.
Eugene O'Neill Fast ein Poet UA 29.3., Stockholm	Schauspiel über die Lebenslüge: Ein Major a. D. glorifiziert seine Soldatenzeit und beutet als Gastwirt die Arbeitskraft seiner Frau aus.
John Osborne Der Entertainer UA 11.4., London	Das antiillusionistische Stück macht einen heruntergekommenen Music-Hall-Entertainer zur Karikatur der stolzen Briten.
Oper	
Werner Egk Der Revisor UA 9.5., Schwetzingen	Die satirische Oper nach der gleichnamigen Gogol-Komödie (1836) ist im Parlandostil geschrieben: Der Text ist stets verständlich.
Wolfgang Fortner Die Bluthochzeit UA 8.6., Köln	In der García-Lorca-Oper verarbeitet der Komponist andalusische Volksweisen in der Zwölftontechnik, die Texte werden z. T. gesprochen.
Francis Poulenc Die Gespräche d. Karmeliterinnen; UA 26.1., Mail.	Das dramaturgisch wirksame und musikalisch stimmige Werk liefert beklemmende Einsichten in die weibliche Psyche.
Musical	
Leonard Bernstein West Side Story UA 26.9., New York	Das ambitionierte Musical mit Jazz-Einflüssen überträgt die Romeo-und-Julia-Geschichte auf zwei Jugendgangs der New Yorker Westside.
Film	
Michelangelo Antonioni Der Schrei Italien	Pessimistisches Porträt des Arbeiters Aldo, der von seiner Geliebten verlassen wird und sich vergeblich anderen Frauen zuwendet.
Ingmar Bergman Wilde Erdbeeren Schweden	Ein 78jähriger Professor läßt auf einer Autofahrt sein Leben Revue passieren; in der Hauptrolle der Regisseur Victor Sjöström.
David Lean Die Brücke am Kwai USA	Alec Guinness läßt als britischer Oberst in japanischer Kriegsgefangenschaft eine strategisch wichtige Brücke bauen.
Buch	
Alfred Andersch Sansibar Olten	Fünf NS-Flüchtlinge unterschiedlichen Charakters suchen im Exil nach einer neuen Existenz und neuem Lebenssinn.
Lawrence Durrell Alexandria-Quartett London	Die Romantetralogie (bis 1960) beschreibt die Identitätssuche und -findung eines Künstlers durch die Neuordnung von Erinnerungen.
Max Frisch Homo Faber Frankfurt/M.	Ein erfolgreicher Mann wird aus der Bahn geworfen, als er ein Liebesverhältnis mit einer jungen Frau eingeht, die seine Tochter ist.
Jack Kerouac Unterwegs New York	Der Schlüsselroman der Beat Generation schildert eine rastlose Reise über die Highways der USA, von einer Ekstase zur nächsten.
Boris Pasternak Dr. Schiwago Mailand	Das Porträt des vor- und nachrevolutionären Rußland am Beispiel der Lebensgeschichte eines Arztes wird in der UdSSR verboten.
Hubert Selby Letzte Ausfahrt Brooklyn New York	Der sozialkritische New-York-Roman im Asozialenmilieu entwirft in einer von Slang geprägten Sprache ein Negativbild der Welt.

von der Kirche und dem Land Nordrhein-Westfalen unterzeichnet worden.

Der 1937 zum Priester geweihte Hengsbach erlangt als volksnaher Bischof, der sich intensiv mit den Problemen der Region auseinandersetzt, während seiner mehr als 30jährigen Tätigkeit große Popularität. 1988 gründet er den Initiativkreis Ruhrgebiet, der Investitionen zum Strukturwandel der Region fördert. Im selben Jahr wird Hengsbach zum Kardinal erhoben.

Kultur

„Doktor Schiwago" erscheint

Mailand. Boris Pasternaks Roman „Doktor Schiwago" wird in Italien veröffentlicht, nachdem das Werk 1956 in der Sowjetunion wegen der Unvereinbarkeit zwischen „dem Geist des Romans ... und dem Geist der Revolution" nicht erscheinen durfte. Pasternak schildert die Lebensgeschichte des Arztes und Dichters Juri A. Schiwago in der Zeit zwischen dem Russisch-Japanischen Krieg (1905) und der beginnenden Stalin-Ära (1930). Schiwago entscheidet sich nach der Machtübernahme der Bolschewiken dafür, sich als Bürger nicht „umerziehen" zu lassen und politisch unengagiert zu bleiben. Pasternak, der sich jahrzehntelang mit der Zensur in seinem Land auseinandersetzen mußte, wurde vor allem durch Übersetzungen bekannt (u. a. Goethes „Faust"). 1958 wird er für sein lyrisches Schaffen mit dem Literatur-Nobelpreis ausgezeichnet, den er aber aufgrund von Repressalien nicht entgegennehmen kann. 1966 verfilmt der Regisseur David Lean „Doktor Schiwago" mit einem großen Staraufgebot. Die Titelrolle spielt der Ägypter Omar Sharif. S 520/K 525

Kultbuch der Beatniks erscheint

USA. Der US-amerikanische Schriftsteller Jack Kerouac veröffentlicht seinen ersten Roman, „Unterwegs". Das autobiographisch geprägte Buch beschreibt die ziellose Reise zweier Männer durch die USA, die durch Drogen, Sex und Jazz der Rigidität des bürgerlichen Lebens entfliehen wollen. Kerouac war als Gelegenheitsarbeiter jahrelang in den Vereinigten Staaten herumgereist. Er wird neben William S. Burroughs und Allen Ginsberg zu einem Hauptvertreter der sog. Beat Generation, einer literarischen und gesellschaftlichen Protestbewegung Ende der 50er Jahre in den USA. Kerouacs Roman beeinflußt Autoren wie Norman Mailer und wird auch für die nachfolgende Hippie-Generation zum Kultbuch. S 519/K 524 S 520/K 525

F. Hetman: Bis ans Ende aller Straßen. Die Lebensgeschichte des Jack Kerouac, 1989.

Kölner Museum eröffnet

25.5. Köln. Der Neubau des Wallraf-Richartz-Museums wird im Rahmen eines feierlichen Festaktes in Anwesenheit von Bundespräsident Theodor Heuss eröffnet. Das schlichte, von dem Architekten Rudolf Schwarz entworfene Gebäude stößt auf heftige Kritik; Konrad Adenauer vergleicht den Neubau mit einer Fabrik.
Das 1824 gegründete städtische Kunstmuseum, das auf der Sammlung altdeutscher und niederländischer Gemälde des Naturwissenschaftlers Ferdinand Franz Wallraf beruht, erhielt 1861 ein erstes, von dem Kaufmann Johann Heinrich Richartz finanziertes Gebäude.
Die Schwerpunkte der bisherigen Sammlung werden 1957 durch eine Reihe bedeutender Gemälde deutscher Expressionisten ergänzt. 1986 gestalten die Architekten Hans Dissing und Otto Weitling den Komplex des Wallraf-Richartz-Museums gemeinsam mit dem Museum Ludwig neu.

Romeo und Julia als Musical

26.9. New York. Im Broadway-Theater „Winter Garden" wird Leonard Bernsteins Musical „West Side Story" uraufgeführt. Nach dem Vorbild von Shakespeares „Romeo und Julia" schildert das Musical die tragische Liebesgeschichte zweier Jugendlicher, die verfeindeten New Yorker Banden – aus dem puertoricanischen Einwanderermilieu und der weißen Unterschicht – angehören. Das Stück wird zu einem Triumph – die Vorstellungen sind über Monate hinweg ausverkauft. Die Filmversion (1961) knüpft nahtlos an den Broadway-Erfolg an.
Leonard Bernstein, dessen vielseitiges kompositorisches Werk vom Neoklassizismus bis zum sinfonischen Jazz reicht, trägt als Dirigent und Komponist zum Weltrang der musikalischen Selbstbewußtsein der Vereinigten Staaten bei.
An das jugendnahe Sujet von „West Side Story" sowie die zeitgemäße Musik und Choreographie knüpfen in der Folgezeit die Erfolgsmusicals „Hair" (1967), „Jesus Christ Superstar" (1971) und „A Chorus Line" (1975) erfolgreich an. S 520/K 525

L. Bernstein: Freude an der Musik, 1959. Ders.: Von der unendlichen Vielfalt der Musik, 1966.
J. Peyser: Leonard Bernstein, 1991.

Sport 1957 — K 526

Fußball	
Deutsche Meisterschaft	Borussia Dortmund
DFB-Pokal	Bayern München – Fortuna Düsseldorf 1:0
Englische Meisterschaft	Manchester United
Italienische Meisterschaft	AC Mailand
Spanische Meisterschaft	Real Madrid
Europapokal (Landesmeister)	Real Madrid – AC Florenz 2:0
Tennis	
Wimbledon (seit 1877; 71. Austragung)	Herren: Lewis Hoad (USA) Damen: Althea Gibson (USA)
US Open (seit 1881; 77. Austragung)	Herren: Mal Anderson (USA) Damen: Althea Gibson (USA)
French Open (seit 1925; 27. Austragung)	Herren: Owen Davidson (AUS) Damen: Shirley Bloomer (USA)
Australian Open (seit 1905; 45. Austragung)	Herren: Ashley Cooper (AUS) Damen: Shirley Fry (AUS)
Davis-Cup (Melbourne, AUS)	Australien – USA 3:2
Eishockey	
Weltmeisterschaft	Schweden
Stanley-Cup	Montreal Canadiens
Deutsche Meisterschaft	EV Füssen
Radsport	
Tour de France (4555 km)	Jacques Anquetil (FRA)
Giro d'Italia (3926 km)	Gastone Nencini (ITA)
Straßenweltmeisterschaft	Rik van Steenbergen (BEL)
Automobilsport	
Formel-1-Weltmeisterschaft	Juan Manuel Fangio (ARG), Maserati
Boxen	
Schwergewichts-Weltmeisterschaft	Floyd Patterson (USA) – K. o. über Pete Rademacher (USA), 22.8. – K. o. über Hurricane Jackson (USA), 28.7.

Herausragende Weltrekorde

Disziplin	Athlet (Land)	Leistung
Leichtathletik, Männer		
1500 m	Stefan Jungwirth (TCH)	3:38,1 min
5000 m	Wladimir Kuz (URS)	13:35,0 min
Hochsprung	Juri Stepanow (URS)	2,16 m
Stabhochsprung	Bob Gutowski (USA)	4,78 m
Leichtathletik, Frauen		
Hochsprung	Cheng Feng-Yung (CHN)	1,77 m
Schwimmen, Männer[1]		
100 m Freistil	John Devitt (USA)	54,6 sec
200 m Freistil	Georgi Nikolajew (URS)	2:05,6 min
100 m Brust	Wladimir Minaschkin (URS)	1:11,5 min
Schwimmen, Frauen		
200 m Brust	Ada de Haan (HOL)	2:51,3 min
200 m Rücken	Lenie de Nijs (HOL)	2:38,5 min
100 m Schmetterling	Atie Voorbij (HOL)	1:10,0 min

1) Ab 1957 werden nur noch auf 50-m-Bahnen erzielte Weltrekorde anerkannt

1958

Politik

Ägypten mit Syrien vereint
1.2. Kairo. Ägypten und Syrien schließen sich zu der Vereinigten Arabischen Republik (VAR) zusammen.
Seit der Machtübernahme Gamal Abd el Nassers am 14.11.1954 verfolgt Ägypten eine panarabische, auf Unabhängigkeit von den beiden Machtblöcken der Supermächte USA und Sowjetunion bedachte Politik. Durch einen Wechsel in der syrischen Armeeführung am 17.8.1957 gewinnt diese Haltung auch in Syrien die Oberhand. Schon seit längerem hatte die an der Regierung beteiligte sozialistische Bath-Partei den Zusammenschluß Syriens mit Ägypten gefordert. In einer Volksabstimmung vom 21.2. billigt die Bevölkerung der neuen Republik mit 99,9% deren Verfassung und wählt zugleich Nasser zum Präsidenten der VAR. 1961 zerfällt die Föderation. In Syrien wird die Arabische Republik ausgerufen, Ägypten führt den Namen Vereinigte Arabische Republik bis 1971. S 523/K 528

A. Agaryschew: G. A. Nasser. Leben und Kampf eines Staatsmannes, 1977. P. Pawelka: Herrschaft und Entwicklung im Nahen Osten, Ägypten, 1985.

Charles de Gaulle

De Gaulle Ministerpräsident
29.5. Paris. Staatspräsident René Coty beauftragt General Charles de Gaulle mit der Regierungsneubildung, nachdem ein Putsch in Algier zum Sturz der Regierung in Paris geführt hatte.
Mit dem Ausbruch des algerischen Unabhängigkeitskriegs am 1.11.1954 (↑S.492) begann für Frankreich eine lange Zeit innenpolitischer Krisen mit häufigen Regierungswechseln. Im Mai 1958 kam es in Algerien zu Demonstrationen französischer Siedler gegen die Bereitschaft der Regierung, mit der algerischen Nationalen Befreiungsfront (FLN) zu verhandeln. Der Protest eskalierte am 13.5. zu einem Putsch der französischen Streitkräfte in Algier.
Der Forderung der Putschisten nach Rücktritt der Regierung Pflimlin und der Berufung de Gaulles zum Ministerpräsidenten beugt sich Staatspräsident Coty am 29.5. Als Reaktion auf die Berufung de Gaulles bilden am 19.9. die Führer der FLN eine Exilregierung in Kairo (↑S.558/3.7.1962). Am 8.1.1959 (↑S.529) wird de Gaulle zum Staatspräsidenten der V. Republik gewählt. S 568/K 574

E. Weisenfeld: Charles de Gaulle. Der Magier im Elysée, 1990.

Rüstungsetat verschlingt 10 Mrd DM
4.7. Bonn. Der Bundestag verabschiedet mit den Stimmen der Regierungskoalition aus CDU/CSU und DP den Haushalt für das Jahr

Wichtige Regierungswechsel 1958 — K 527

Land	Amtsinhaber	Bedeutung
Frankreich	Félix Gaillard (M seit 1957) Pierre Pflimlin (M 14.–18.5.) Charles de Gaulle (M bis 1959)	Gaillard stürzt (15.4.), weil Parlament Ausgleich zwischen Frankreich und Tunesien ablehnt; Putsch französischer Truppen in Algier (13.5.) führt zum Ende der IV. Republik (S.522)
Irak	Faisal II. (König seit 1939) Muhammed Nadschib Ar Rubai'i (P bis 1963)	Faisal während Militärputsch ermordet (14.7.); Ende der Monarchie; Nadschib beschränkt Großgrundbesitz (S.523)
Italien	Adone Zoli (M seit 1957) Amintore Fanfani (M bis 1959)	Fanfani vertritt Sozialreformer in der Democrazia Cristiana und bringt sozialen Wohnungsbau in Gang („Fanfani-Häuser")
Kolumbien	Gabriel Paris (P seit 1957) Alberto Lleras Camargo (P bis 1962)	Nach Militärputsch (7.8.) einigen sich Konservative und Liberale auf Koalition; Machtpositionen paritätisch besetzt
Pakistan	Iskander Mirza (P seit 1956) Mohammed Ayub Khan (P bis 1969)	Militärputsch (27.10.); Ayub Khan führt Präsidialsystem ein und regiert mit unumschränkten Vollmachten
Südafrikan. Union	Johannes Gerardus Strijdom (P seit 1954) Hendrik Frensch Verwoerd (P bis 1966)	Tod von Strijdom (24.8.); Vorwoerd ist kompromißloser Vertreter der südafrikanischen Apartheid-Politik
UdSSR	Nikolai A. Bulganin (M seit 1955) Nikita S. Chruschtschow (M bis 1964)	Absetzung Bulganins (27.3.) bedeutet Ende der kollektiven Führung; Chruschtschow vereint Staats- und Parteimacht auf sich
Uruguay	Arturo Lezama (P seit 1957) Carlos Fischer (P bis 1959)	Wahlniederlage der seit 94 Jahren regierenden Partido Colorado, die den sozialstaatlichen Charakter Uruguays prägte
Venezuela	Marcos Pérez Jiménez (P seit 1952) Wolfgang Larrazábal (P 25.1.–13.11.) Edgar Sanabria (P bis 1959)	Volk stürzt Diktator Jiménez (23.1.); vorübergehende Machtübernahme des Militärs, das Pressezensur aufhebt und freie Wahlen ankündigt (Sieger: Demokratische Allianz, 1959)

M = Ministerpräsident bzw. Premierminister; P = Präsident

1958/59. Erstmals in der bundesdeutschen Geschichte ist der Verteidigungsetat der größte Posten.
Seit der Wahl Konrad Adenauers zum Bundeskanzler am 14.8.1949 (↑S.454) verfolgt die Bundesrepublik Deutschland im Rahmen der Westintegration und vor dem Hintergrund des kalten Krieges einen kontinuierlichen Weg der Wiederaufrüstung und Remilitarisierung. Dem Wehrergänzungsgesetz vom 26.2.1954 (↑S.490), das die Wehrhoheit der Bundesrepublik herstellte, folgte die Aufnahme in die NATO (↑S.491/23.10.1954). Am 7.7.1956 (↑S.506) wurde das Wehrpflichtgesetz verabschiedet.
Trotz heftiger Proteste (↑S.516/4.4.1957) beschloß der Bundestag am 25.3.1958 die Ausrüstung der Bundeswehr mit Atomwaffen. In dem drei Monate später beschlossenen Bundeshaushalt nehmen die Verteidigungskosten mit 10 Mrd DM fast ein Drittel des 36,8 Mrd DM umfassenden Gesamthaushalts ein. Adenauers Politik der Stärke führt seine Partei auch bei der vierten Bundestagswahl am 7.9.1961 (↑S.549) zum Wahlsieg.

Staatsstreich im Irak
14.7. Bagdad. Armeeangehörige unter General Abd al Karim Kasim stürzen die Monarchie und rufen die Republik Irak aus. König Faisal II., sein Onkel, Kronprinz Abd Allah, und Ministerpräsident Nuri As Said werden getötet.
Faisals Großvater, Faisal I., war 1921 zum ersten König von Irak eingesetzt worden und hatte mit einer an britischen Interessen orientierten Politik 1932 die Unabhängigkeit Iraks durchgesetzt (Beendigung des britischen Mandats).
In den benachbarten Ländern Libanon und Jordanien wächst die Furcht vor nationalistisch-arabischen Aufständen, die seit der Gründung der Vereinigten Arabischen Republik (VAR) (↑S.522/1.2.) Auftrieb erhalten haben. Am 17.7. landen auf Bitten König Husseins britische Fallschirmjäger in Jordanien, um dort eine ähnliche Entwicklung zu vermeiden. Das neue irakische Regime betont, es wolle die Öllieferungen fortsetzen und freundschaftliche Beziehungen zum Westen aufbauen (↑S.621/17.7.1968). S 832/K 803

Staatenbünde im arabischen Raum	K 528
22.3.1945: Arabische Liga	
Gründungsmitglieder: Irak, Jemen, Jordanien, Libanon, Saudi-Arabien, Syrien; Beitritte: Libyen (1953), Sudan (1956), Marokko (1958), Tunesien (1958), Kuwait (1961), Algerien (1962), Süd-Jemen (1967), Bahrain (1971), Oman (1971), Katar (1971), Mauretanien (1973), Somalia (1974), Dschibuti (1977)	
1.2.1958: Vereinigte Arabische Republik	
Mitglieder: Ägypten und Syrien; nach Militärputsch in Ägypten (28.9.1961) de facto aufgelöst; bis 1971 bleibt Vereinigte Arabische Republik (VAR) der offizielle Staatsname für Ägypten (S.522)	
14.2.1958: Arabische Föderation	
Mitglieder: Irak und Jordanien; nach Putsch im Irak (Juli) aufgelöst	
8.3.1958: Vereinigte Arabische Staaten	
Mitglieder: Ägypten, Syrien (Vereinigte Arabische Republik), Jemen; von der ägyptischen Regierung am 25.12.1961 aufgelöst	
29.8.1962: Wirtschafts- und Militärbündnis	
Mitglieder: Jordanien und Saudi-Arabien; nach panarabischer Aussöhnung (1964) in gegenseitigem Einverständnis beendet	
17.4.1963: (Neue) Vereinigte Arabische Republik	
Mitglieder: Ägypten, Irak, Syrien; wegen Spannungen zwischen Ägypten und der in Syrien und im Irak regierenden Bath-Partei gescheitert	
2.9.1963: Wirtschaftsunion	
Mitglieder: Irak und Syrien; ergänzt durch Militärbündnis (8.10.1963); von syrischer Regierung am 28.4.1964 aufgelöst	
13.7.1964: Koordinierungsrat	
Mitglieder: Ägypten und Jemen; Koordinierungsrat soll geplanten (aber nicht zustande gekommenen) Zusammenschluß vorbereiten	
26.11.1964: Maghreb-Konsultationskomitee	
Mitglieder: Algerien, Libyen, Marokko, Tunesien; Wirtschaftsrat	
27.2.1968: Föderation der Arabischen Emirate	
Mitglieder: Bahrain, Katar sowie sieben kleinere Scheichtümer	
17.4.1971: Föderation der Arabischen Republiken	
Mitglieder: Ägypten, Libyen, Syrien	

Wirtschaft

Handelsabkommen mit UdSSR
25.4. Bonn. Der Erste Stellvertretende sowjetische Ministerpräsident Anastas I. Mikojan und Bundesaußenminister Heinrich von Brentano (CDU) unterzeichnen das erste deutsch-sowjetische Handelsabkommen.
Der Handelsvertrag sieht einen zunächst auf drei Jahre befristeten Warenaustausch im Gesamtvolumen von 3,15 Mrd DM vor. Während die Bundesrepublik Deutschland überwiegend industrielle Fertigprodukte sowie Maschinen exportiert, liefert die Sowjetunion vor allem Rohstoffe für die Industrieproduktion.
Der Osthandel (auch mit Polen, der ČSSR und Ungarn) entwickelt sich kontinuierlich, trotz des fortdauernden, in den fünf Jahren seit Stalins Tod (↑S.482/5.3.1953) von nur kurzfristigen Entspannungsphasen unterbrochenen kalten Kriegs zwischen den USA und der UdSSR. S 524/K 529

📖 W. Abelshauser: Die langen 50er Jahre. Wirtschaft der Bundesrepublik Deutschland 1949–1966, 1987.

Westdeutsche Handelsabkommen mit Osteuropa — K 529

Datum	Ereignis
18. 1.1947	Mindener Abkommen: Interzonenhandelsabkommen zwischen Bizone und sowjet. Besatzungszone (220 Mio RM)
20. 9.1951	Interzonenhandelsabkommen mit der DDR: Handelsvolumen überschreitet 1955 erstmals 1 Mrd DM
25. 4.1958	Deutsch-Sowjetisches Handelsabkommen: auf drei Jahre befristeter Warenaustausch im Wert von 3,15 Mrd DM
18.12.1962	Exportverbot für Stahlröhren in die UdSSR wegen Kubakrise
7. 3.1963	Deutsch-Polnisches Handelsabkommen: jährliche Importe aus Polen in Höhe von 468 Mio DM, Exporte in Höhe von 390 Mio DM; Vertrag zur Errichtung einer ständigen Handelsvertretung der BRD in Polen

Entwicklung des Osthandels von 1950 bis 1990

Jahr	UdSSR Einfuhr[1]	UdSSR Ausfuhr[1]	Polen Einfuhr[1]	Polen Ausfuhr[1]	Tschechoslowakei Einfuhr	Tschechoslowakei Ausfuhr	Ungarn Einfuhr	Ungarn Ausfuhr
1950	–	–	68	66	105	76	101	132
1955	151	112	118	116	118	63	87	146
1960	672	778	320	304	259	274	187	222
1965	1 101	586	435	366	336	402	287	308
1970	1 253	1 546	744	658	727	1 058	490	522
1975	3 240	6 948	1 436	3 213	1 157	1 677	906	1 417
1980	7 517	7 943	2 495	2 661	1 901	1 892	1 819	2 194
1985	13 629	10 527	3 080	2 834	2 505	2 325	2 241	3 063
1990	9 117	10 361	5 164	4 691	2 704	3 080	3 254	3 365

Quelle: Statistisches Bundesamt; 1) Einschließlich DDR

Wissenschaft

Heisenberg entwickelt Weltformel

24.2. Göttingen. Im Physikalischen Kolloquium der Universität Göttingen hält Werner Heisenberg, Urheber der Quantenmechanik (↑S.223/29.7.1925) und Nobelpreisträger von 1932 (S.284), einen Vortrag über seine „Einheitliche Theorie der Elementarteilchen", die als „Weltformel" bekannt wird.

Die Formel versucht, Eigenschaften und Verhalten aller bekannten Elementarteilchen in einer einzigen mathematischen Gleichung zu beschreiben.

Die Entdeckung, daß sich die große Vielfalt des Universums auf eine begrenzte Zahl von Elementarteilchen zurückführen läßt, die unter dem Einfluß weniger fundamentaler Kräfte stehen, zählt zu den bedeutendsten wissenschaftlichen Erkenntnissen dieses Jahrhunderts. Auf ihnen basieren Heisenbergs Gedanken einer „einheitlichen Feldtheorie".

Die weitere Ausarbeitung dieser Theorie beschäftigt Heisenberg und seine Mitarbeiter, insbesondere den Kernphysiker Hans-Peter Dürr, bis zu seinem Tod. Trotz einiger Teilerfolge lassen sich die erheblichen mathematischen Schwierigkeiten (bislang) nicht überwinden.

W. Heisenberg: Der Teil und das Ganze – Gespräche im Umkreis der Atomphysik, 1969. C. F. v. Weizsäcker/B. L. v. d. Waerden: Heisenberg, 1977.

Technik

USA gründen NASA

29.7. Washington. In den USA wird die Luft- und Raumfahrtbehörde NASA (National Aeronautics and Space Administration) gegründet. Sie ist für nichtmilitärische Raumfahrtprojekte zuständig.

Die Einrichtung der NASA bedeutet eine Konzentration der wissenschaftlichen und finanziellen Kräfte, um den Vorsprung der UdSSR auf dem Gebiet der Raumfahrttechnik und Raketenentwicklung (↑S.518/4.10.1957) aufzuholen. Der US-Kongreß stellt der NASA im ersten Jahr einen Etat von 500 Mio Dollar, umgerechnet rund 1,1 Mrd DM, zur Verfügung.

Am 17.8. startet die erste Rakete vom Raumfahrtzentrum in Cape Canaveral (Florida). Sie explodiert bald nach dem Start. Die Sowjetunion kann demgegenüber am 27.8. einen weiteren erfolgreichen Weltraumflug mit zwei Hunden an Bord bis in eine Höhe von 450 km durchführen. Am 19.12. gelingt es den USA, den Nachrichtensatelliten „Score" in die Erdumlaufbahn zu bringen – ihr erster großer Erfolg. S551/K 558

Das ergeizigste Projekte der NASA wird der Transport von Menschen zum Mond (S.635/20.7.1969).

W. Büdeler: Geschichte der Raumfahrt, 1979. R. Machatschke: Raumfahrt. Vom Sputnik zum Wohnort Weltraum. Der Weg zu den Grenzen des Sonnensystems, 1989.

Gesellschaft

Verkehrssünderkartei in Flensburg

2.1. Flensburg. Die bereits 1957 gesetzlich verankerte Zentralkartei für Verkehrssünder wird beim Kraftfahrtbundesamt eingerichtet. Sie erfaßt alle rechtskräftigen Entscheidungen der Strafgerichte in Verkehrssachen. Die gespeicherten Daten sollen zur Strafverfolgung von Verkehrsdelikten eingesetzt werden. Ziel der Zentralkartei ist die Reduzierung der in den letzten Jahren stark gestiegenen Unfallzahlen, deren Ursachen zu 90% im Fehlverhalten der Autofahrer liegen.

Eine 84 Punkte umfassende Liste führt alle Delikte auf, die nicht mit einer gebührenpflichtigen Verwarnung abgegolten werden können und somit zu einer Eintragung in die Verkehrssünderkartei führen.

Da neben gravierendem Fehlverhalten wie Trunkenheit am Steuer und überhöhte Geschwindigkeit auch Bagatellübertretungen wie „vermeidbare Geräuschentwicklung" oder „Unterlassen von Maßnahmen zur Verhinderung des unbefugten Benutzens eines Fahrzeugs" genannt werden, stößt die Kartei in weiten Teilen der Bevölkerung auf Kritik. Bereits 1961 sind 4 Mio Bundesbürger in Flensburg registriert.

Erster Ostermarsch

7.4. London. Nach einer Kundgebung auf dem Trafalgar Square nehmen über 1000 Teilnehmer am ersten Ostermarsch gegen nukleare Aufrüstung zur 80 km entfernten Atomforschungsanlage Aldermaston teil. Am 8.4. überreichen die Londoner Demonstranten den Botschaften der USA und der UdSSR Entschließungen, in denen sie die Einstellung der Tests und der Herstellung von Atombomben fordern.

In Deutschland begann der Protest gegen die atomare Aufrüstung mit dem Göttinger Manifest (↑S.516/4.4.1957). Nach dem Londoner Ostermarsch formiert sich auch in der Bundesrepublik Deutschland ein breiter Widerstand: Am 19.4. folgen Zehntausende dem Aufruf zu Massenkundgebungen.

Am 23.4. spricht sich NATO-Generalsekretär Paul-Henri Spaak für die atomare Aufrüstung aller Mitgliedstaaten aus. Ende April beginnen die USA ungeachtet der am 31.3. von der UdSSR beschlossenen vorübergehenden Einstellung der Kernwaffentests eine neue Atomversuchsserie im Pazifik.

📖 R. Schmitt: Friedensbewegung in der BRD. Ursachen und Bedingungen der Mobilisierung einer neuen sozialen Bewegung, 1990.

Weltausstellung im Atomzeitalter

17.4. Brüssel. Die erste Weltausstellung nach dem 2. Weltkrieg wird unter dem Motto „Bilanz der Welt – für eine menschlichere Welt" in der belgischen Hauptstadt eröffnet.

Zentrale Themen der internationalen Schau sind Kerntechnik und Raumfahrt. Attraktion ist eine Nachbildung des ersten erfolgreich gestarteten sowjetischen Erdsatelliten „Sputnik 1" (↑S.518/4.10.1957). Zum Wahrzeichen der Ausstellung wird das Atomium, die 165milliardenfache Vergrößerung eines Eisenkristallmoleküls.

Erster Ostermarsch: An die Großkundgebung auf dem Trafalgar Square in London schließt sich der Protestzug der Atomgegner an.

Atomium in Brüssel: Für die Weltausstellung errichtet, ist das Bauwerk heute noch eine der touristischen Hauptattraktionen der belgischen Hauptstadt.

1958

Die bis zum 19.10. dauernde Ausstellung mit Exponaten aus 53 Ländern steht im Zeichen des ungebremsten Glaubens an den technischen Fortschritt. S 15/K 5

Stapellauf der „Gorch Fock"

23.8. Hamburg. Die Dreimastbark „Gorch Fock", das erste Segelschulschiff der Bundesmarine, läuft vom Stapel. Nach dem Untergang der „Pamir" (↑S.519/21.9.1957) wurde vor allem die Sinksicherheit bei der Konstruktion berücksichtigt. Als Gegengewicht zu den 45 m hohen Masten sind im tiefsten Teil des Kiels 363 t Ballast verankert. Bereits 1933 war ein Segelschulschiff der deutschen Kriegsmarine mit dem Namen „Gorch Fock" vom Stapel gelaufen. Der nach dem Pseudonym des Seefahrtdichters H. Kinau benannte Segler geht im April 1959 mit 270 Mann Besatzung an Bord erstmals auf große Fahrt.

Hula-Hoop-Welle

September. Europa. Das Hula-Hoop-Fieber breitet sich von den USA kommend auch in

Papst Johannes XXIII.

Fitnesswellen im 20. Jh.			K 531
Jahr	Land	Bezeichnung	Charakterisierung
1958	USA	Hula-Hoop	Reifengymnastik
1970	BRD	Trimm Dich	Sport-Animation
1975	USA	Skateboard	Surfen auf Rädern
1982	USA	Aerobic	Konditionstraining zu Discomusik
1990	USA	Rollerskating	Rollschuhlaufen
1992	USA	Callanetics	Konditionstraining für Muskeln

Europa aus: Alle Altersstufen schwingen mit dem Kunststoffreifen begeistert ihre Hüften. Nachdem kalifornische Hersteller den Hula-Hoop-Reifen auf den Markt gebracht hatten, wurden in den USA innerhalb von sechs Monaten 20 Mio Exemplare verkauft. Während der Reifen in Europa Erfolge feiert, wird er in Japan verboten. Auch China wird, wenn auch erst 1992, von der Hula-Hoop-Welle erfaßt. Der Hula-Hoop steht am Beginn der Fitnessbewegungen, die ab 1958 immer wieder von den USA nach Europa gelangen. So wird Ende der 70er Jahre z. B. das Skateboard auch in Europa populär, in den 80er Jahren folgen die Jogging- und Aerobic-Welle, in den 90er Jahren Callanetics, Walking und die sog. „In-Line-Skater" als neue Fortbewegungsart, wobei die Höhepunkte der einzelnen „Wellen" immer schneller überschritten werden. S 526/K 531

Johannes XXIII. wird Papst

28.10. Rom. Der Patriarch von Venedig, der 77jährige Kardinal Angelo Giuseppe Roncalli, wird zum 266. Oberhaupt der römisch-katholischen Kirche gewählt. Er nimmt den Namen Johannes XXIII. an. Am 4.11. wird er als Nachfolger des am 9.10. verstorbenen Pius XII. im Petersdom gekrönt.
Unter seinem Pontifikat werden die Bischöfe in ihrer Unabhängigkeit gestärkt, der Dialog mit nichtkatholischen Kirchen wird begonnen. Zu den bekanntesten seiner acht Enzykliken zählt die über die Grundlagen des friedlichen Zusammenlebens der Völker, „Pacem in terris" (1963). Am 11.10.1962 (↑S.563) eröffnet Papst Johannes XXIII. das 2. Vatikanische Konzil (1963–65), auf dem eine umfassende Erneuerung der katholischen Kirche vorgenommen werden soll (↑S.583/4.1.1964). S 39/K 31

📖 H. Nürnberger: Johannes XXIII. in Selbstzeugnissen und Bilddokumenten, 1985. P. Hebblethwaite: Johannes XXIII. Das Leben des Angelo Roncalli, 1986.

Nobelpreisträger 1958	K 530

Frieden: Georges Pire (B, 1910–1969)
Der Dominikanerpater gründete 1938 mehrere karitative Verbände. 1950 rief er die „Hilfe für heimatlose Ausländer und deren Europadörfer" ins Leben. Pire organisierte Patenschaften, Beherbergungswerke sowie die Unterbringung von Flüchtlingsfamilien in sog. Europadörfern.

Literatur: Boris Pasternak (UdSSR, 1890–1960)
Der Lyriker, dessen einziger Roman „Doktor Schiwago" (1957) ein Welterfolg wurde, arbeitete mit einfacher Sprache und vielschichtigen Bildern. Das kommunistische sowjetische Regime kritisierte sein Werk als unpolitisch. Pasternak mußte den Nobelpreis zurückweisen.

Chemie: Frederick Sanger (GB, *1918)
Der Biochemiker beschrieb als erster die exakte Struktur eines Proteins des Insulins. Ab 1947 bestimmte er die Reihenfolge der 51 kettenförmig angeordneten Aminosäuren. Damit lieferte Sanger ein Modell, mit dem sich komplexe Eiweißmoleküle bestimmen lassen.

Medizin: George W. Beadle (USA, 1903–1989), Joshua Lederberg (USA, *1925), Edward L. Tatum (USA, 1909–1975)
Die drei Biologen und Biochemiker arbeiteten auf dem Gebiet der Genforschung. Beadle und Tatum erkannten, daß jeweils ein Gen die Bildung eines bestimmten Enzyms reguliert. Tatum und Lederberg entdeckten 1947 die geschlechtsspezifischen Merkmale von Bakterien: Die Kreuzung zweier verschiedener Bakterienstämme ergibt einen dritten, der über die Charakteristika der beiden ersten Stämme verfügt.

Physik: Ilja Frank (UdSSR, 1908–1990), Igor Tamm (UdSSR, 1895–1971), Pawel A. Tscherenkow (UdSSR, *1904)
Tscherenkow erkannte 1934 den nach ihm benannten Effekt einer bläulich-weißen elektromagnetischen Strahlung, die entsteht, wenn sich ein geladenes Teilchen mit Überlichtgeschwindigkeit durch eine Flüssigkeit oder einen Kristall bewegt. Tamm und Frank fanden 1937 die theoretische Erklärung für diesen Effekt. Tscherenkow nutzte die Strahlung für die Konstruktion eines Teilchenzählers, mit dem er subatomare Partikel entdeckte.

Kultur

Roman von Nadine Gordimer

London. Der Roman „Fremdling unter Fremden" der südafrikanischen Schriftstellerin Nadine Gordimer erscheint und wird noch 1958 dreimal aufgelegt.

In ihrem Werk schildert Gordimer den politischen Erkenntnisprozeß eines 28jährigen Engländers, der nach Johannesburg in die Zweigstelle eines familieneigenen Verlags geschickt wird und glaubt, in Südafrika ungeachtet der rassischen Probleme ein amüsantes Leben führen zu können. Durch die Freundschaft zu einem Schwarzen wird er jedoch mit der Apartheidpolitik der weißen Regierung konfrontiert und kommt zu dem Schluß, daß politische Gleichgültigkeit das Übel in der Welt nur vermehrt.

Nadine Gordimer übt auch in ihren anderen Romanen und Erzählungen, die sich durch detailreiche Beschreibungen des südafrikanischen Milieus auszeichnen, Kritik an der Apartheid. 1991 erhält sie als erste Südafrikanerin den Literatur-Nobelpreis.

R. F. Haugh: Nadine Gordimer, 1974.

Lampedusas „Leopard" erscheint

Mailand. Der einzige Roman von Giuseppe Tomasi di Lampedusa wird postum veröffentlicht. „Der Leopard" schildert das Schicksal einer aristokratischen sizilianischen Familie in der Zeit von 1860, dem Jahr der Landung Garibaldis in Sizilien, bis 1910. Fürst Salina registriert untätig den Niedergang seiner Klasse und begünstigt die Hochzeit seines Neffen Tancredi mit der Tochter eines skrupellosen Emporkömmlings. Lampedusas These von der Vergänglichkeit alles Bestehenden findet ihre Bestätigung nicht nur im Scheitern der Ehe von Tancredi und im Tod des Fürsten Salina, sondern auch in der „saudade", der lähmenden Müdigkeit, die auf Sizilien liegt.

1962 wird Lampedusas Werk von Luchino Visconti mit Burt Lancaster in der Rolle des Fürsten (sowie Claudia Cardinale und Alain Delon) verfilmt. S 527/K 532

Künstler gestalten UNESCO-Sitz

3.11. Paris. In Anwesenheit des französischen Staatspräsidenten René Coty wird das neue Gebäude der 1945 gegründeten UNESCO (United Nations Educational, Scientific and Cultural Organization) eröffnet.

Der Y-förmige Bau wurde von internationalen Künstlern konzipiert und gestaltet. Zu den Architekten gehörten u. a. Pier Luigi

Kulturszene 1958 K 532

Theater	
Samuel Beckett Das letzte Band UA 28.10., London	Scheindialog eines einsamen alten Mannes, der eigene Tonbandaufzeichnungen aus früheren Zeiten abspielt und kommentiert.
Brendan Behan Die Geiseln UA 16.6., Dublin	Der Mensch als Opfer von Institutionen und Ideologien steht im Mittelpunkt des Stücks über die irische Aufstandsbewegung.
Bertolt Brecht Der aufhaltsame Aufstieg... UA 10.11., Stuttgart	Das 1941 im finnischen Exil geschriebene Stück macht sich am Beispiel des Gangsterbosses Arturo Uí über Diktatoren lustig.
Max Frisch Biedermann u. d. Brandstifter; UA 29.3., Zürich	Das „Lehrstück ohne Lehre" warnt vor neuer Kriegsgefahr durch Mitläufertum; ein Chor der Feuerwehrleute kommentiert das Stück.
Konzert/Ballett	
John Cage Klavierkonzert UA 15.5., New York	Aufhebung des klassischen Konzertbegriffs: Es bleibt den Musikern überlassen, was sie aus der Fülle des notierten Materials auswählen.
Hans Werner Henze Undine UA 27.10., London	Von der Tänzerin Margot Fonteyn inspirierte „klassische" Ballettmusik in sinfonischen Teilen; Choreographie: Frederick Ashton.
Karlheinz Stockhausen Gruppen UA 24.3., Köln	Musik im Raum: Der Hörer befindet sich inmitten mehrerer „Zeiträume", gebildet durch drei unabhängig voneinander agierende Orchester.
Film	
Claude Chabrol Schrei, wenn du kannst Frankreich	Die Rivalität zwischen zwei Cousins um ein Mädchen endet tödlich; international erfolgreicher Film aus dem Pariser Studentenmilieu.
Jack Clayton Der Weg nach oben Großbritannien	Verfilmung eines vieldiskutierten Romans von John Braine (1957): sozialer Aufstieg und moralischer Niedergang eines Arbeitersohns.
Alfred Hitchcock Vertigo – Aus dem Reich der Toten; USA	Packender Psychothriller mit häufigem Perspektivenwechsel und schwindelerregender Kameraführung; mit James Stewart und Kim Novak.
Kurt Hoffmann Wir Wunderkinder BRD	Lebensgeschichte zweier typischer Deutscher während eines halben Jahrhunderts; Zeitkritik in kabarettistischer Verpackung.
Ladislao Vajda Es geschah am hellichten Tag; Schweiz	Heinz Rühmann als Kriminalkommissar, der in der Schweiz einen Kindermörder (Gert Fröbe) jagt; Drehbuch: Friedrich Dürrenmatt.
Konrad Wolf Sterne DDR/Bulgarien	Seine hoffnungslose Liebe zu einer Jüdin bewegt einen deutschen Offizier in Bulgarien 1943 dazu, die Partisanen zu unterstützen.
Buch	
Bruno Apitz Nackt unter Wölfen Halle/Saale	Der Roman verarbeitet eigene Erfahrungen des Autors im KZ Buchenwald: Kommunistische Lagerinsassen verstecken ein jüdisches Kind.
Louis Aragon Die Karwoche Paris	Historischer Roman über die Flucht König Ludwigs XVIII. vor dem aus Elba zurückkehrenden Napoleon in der Karwoche des Jahres 1815.
Simone de Beauvoir Memoiren einer Tochter aus gutem Hause; Paris	Der erste Band einer Reihe autobiographischer Werke (bis 1972) schildert die Jugend und Annäherung an die Existenzphilosophie Sartres.
Cyril N. Parkinson Parkinsons Gesetz London	Ironisch beschreibt der Autor die Eigendynamik bürokratischer Verwaltungen in aufgeblähten Apparaten, die sich selbst beschäftigen.
Giuseppe Tomasi di Lampedusa: Der Leopard Mailand	Roman über das Schicksal einer sizilianischen Adelsfamilie zur Zeit des Freiheitskämpfers Giuseppe Garibaldi.

1958

Sport 1958 — K 533

Fußball

Weltmeisterschaft	Brasilien – Schweden 5:2
Deutsche Meisterschaft	FC Schalke 04
DFB-Pokal	VfB Stuttgart – Fortuna Düsseldorf 4:3 n. V.
Englische Meisterschaft	Wolverhampton Wanderers
Italienische Meisterschaft	Juventus Turin
Spanische Meisterschaft	Real Madrid
Europapokal (Landesmeister)	Real Madrid – AC Mailand 3:2 n. V.
Messepokal[1]	Barcelona

Tennis

Wimbledon (seit 1877; 72. Austragung)	Herren: Ashley J. Cooper (USA) Damen: Althea Gibson (USA)
US Open (seit 1881; 78. Austragung)	Herren: Ashley J. Cooper (USA) Damen: Althea Gibson (USA)
French Open (seit 1925; 28. Austragung)	Herren: Mervin Rose (AUS) Damen: Zsuzsi Körmöczy (HUN)
Australian Open (seit 1905; 46. Austragung)	Herren: Ashley J. Cooper (AUS) Damen: Angela Mortimer (GBR)
Davis-Cup (Brisbane, AUS)	USA – Australien 3:2

Eishockey

Weltmeisterschaft	Kanada
Stanley-Cup	Montreal Canadiens
Deutsche Meisterschaft	EV Füssen

Radsport

Tour de France (4319 km)	Charly Gaul (LUX)
Giro d'Italia (3341 km)	Ercole Baldini (ITA)
Straßenweltmeisterschaft	Ercole Baldini (ITA)

Automobilsport

Formel-1-Weltmeisterschaft	Mike Hawthorn (GBR), Ferrari

Boxen

Schwergewichts-Weltmeisterschaft	Floyd Patterson (USA) – K. o. über Roy Harris (USA), 18.8.

Herausragende Weltrekorde

Disziplin	Athlet (Land)	Leistung
Leichtathletik, Männer		
1500 m	Herb Elliott (AUS)	3:36,0 min
400 m Hürden	Glenn Davis (USA)	49,2 sec
3000 m Hindernis	Jerzy Chromik (POL)	8:32,0 min
Zehnkampf	Rafer Johnson (USA)	7896 P.
Leichtathletik, Frauen		
Hochsprung	Jolanda Balas (ROM)	1,83 m
Schwimmen, Männer		
1500 m Freistil	John Konrads (AUS)	17:28,7 min
100 m Schmetterling	Lance Larson (USA)	59,6 sec
100 m Rücken	John Monckton (AUS)	1:01,5 min
Schwimmen, Frauen		
100 m Freistil	Dawn Fraser (AUS)	1:01,2 min

1) Ab der Saison 1971/72 als UEFA-Pokal ausgetragen

Nervi (Italien), Walter Gropius (Deutschland/ USA), Eero Saarinen (USA), Lucio Costa (Brasilien) und Le Corbusier (Frankreich/ Schweiz). Pablo Picasso schmückte den Konferenzraum mit einem Fresko, Joan Miró schuf für den Innenhof eine „Wand des Mondes", und Henry Moore gestaltete die Plastik vor der Fassade des Verwaltungsgebäudes.
Der 1953 begonnene Bau hat 38 Mio DM gekostet. Er ist gedacht als Manifestation der Vision einer durch Bildung und Kultur humaner gewordenen Welt. Aufgrund der vorgeblichen Politisierung der Organisation treten die Vereinigten Staaten 1984 (↑S.772/ 31.12.1984) und Großbritannien 1986 aus der UNESCO aus.

Sport

Brasiliens Ballkünstler am Ziel

29.6. Stockholm. Im Rasunda-Stadion schlägt Brasilien im Finale der sechsten Fußballweltmeisterschaft die Elf von Gastgeber Schweden mit 5:2. Überragender Spieler auf dem Platz ist der 17jährige Pelé, der als Ersatzmann erst im Viertelfinale eingesetzt wurde und mit sechs Treffern erfolgreichster Torschütze der Brasilianer wird.
Titelverteidiger Deutschland war im Halbfinale mit 1:3 an Schweden gescheitert. In dieser überhart geführten Partie wurde der Verteidiger Erich Juskowiak in der 59. Minute wegen eines Revanchefouls vom Feld gestellt. Im Spiel um den dritten Platz verlor die deutsche Elf mit 3:6 gegen Frankreich, das mit Just Fontain (13 Tore in sechs Spielen) den Torschützenkönig des Turniers stellt.
Die Brasilianer werden 1962 in Chile, 1970 in Mexiko und 1994 in den USA erneut Weltmeister.

„Großmächte" des Sports

19.8.–24.8. Stockholm. Bei den Leichtathletik-Europameisterschaften teilen sich nur vier Nationen 32 Goldmedaillen in 36 Wettbewerben, die Sowjetunion, Deutschland, Großbritannien und Polen.
Erfreulich ist die Steigerung der westdeutschen Athleten innerhalb der gesamtdeutschen Mannschaft: Armin Hary gewinnt die 100 m in 10,3 sec vor Manfred Germar, der auch den 200-m-Sprint für sich. Martin Lauer siegt über 110 m Hürden. Schließlich ist die deutsche 4 x 100-m-Staffel die schnellste. Weitere deutsche Gold-Erfolge gibt es im Weitsprung (Liesel Jakobi) und im Kugelstoßen (Marianne Werner).

1959

Politik

Fidel Castro ergreift die Macht [KAR]

2.1. Kuba. Nach der Flucht des Diktators Fulgenico Batista y Zaldívar ernennt Revolutionsführer Fidel Castro den Richter Manuel Urrutía Lleo zum provisorischen Staatspräsidenten von Kuba.

Am 26.7.1953 war ein erster Aufstandsversuch unter Führung Castros gegen das korrupte Batista-Regime gescheitert. Seit seiner Rückkehr aus mexikanischem Asyl im Dezember 1956 führte Castro, dessen Partisanenarmee ab Herbst 1958 immer mehr Zulauf fand, einen Guerillakrieg gegen die von den USA unterstützte Regierung, die sich dem zunehmenden Druck am 1.1.1959 durch Flucht ins Ausland entzog.

Die Aufständischen verkünden die Wiedereinsetzung der Verfassung und versprechen für 1963 freie Wahlen. Nach seiner Ernennung zum Ministerpräsidenten am 16.2. beginnt Castro mit der Durchführung umfassender Agrarreformen, die u. a. die Enteignung der Großgrundbesitzer und die Errichtung von Volksfarmen vorsieht. Castros Ziel, den Einfluß der Vereinigten Staaten auf die kubanische Wirtschaft zurückzudrängen, sowie Kubas Anbindung an die Sowjetunion führen 1961 zum Abbruch der diplomatischen Beziehungen zwischen USA und Kuba und zur Invasion von Exilkubaner und US-Amerikanern in der Schweinebucht (↑S.546/ 17.4.1961). [S 27/K 19]

📖 P. G. Bourne: Fidel Castro, 1988.

De Gaulle wird Staatspräsident

8.1. Paris. Der am 21.12.1958 mit 78,5% der Stimmen vom Volk gewählte General Charles de Gaulle übernimmt das Amt des ersten Staatspräsidenten der V. Republik.

Nachdem ein Putsch in Französisch-Algerien zum Sturz der Pariser Regierung geführt hatte (↑S.522/29.5.1958), war der Ruf nach einem starken Präsidenten und einer neuen Verfassung laut geworden. Nach seiner Wahl zum Ministerpräsidenten am 29.5. ließ sich de Gaulle mit Sondervollmachten zur Durchsetzung einer Verfassungsänderung ausstatten, die dem von ihm angestrebten Amt des Präsidenten weitgehende Befehlsgewalt über die staatlichen Organe verleihen sollte. Die Verfassung der V. Republik wurde am 28.9. in einer Volksabstimmung angenommen.

Revolution auf Kuba: Fidel Castro, umringt von seinen Kampfgefährten, winkt bei seiner Ankunft in Havanna der begeisterten Menge zu.

Wichtige Regierungswechsel 1959			K 534
Land	Amtsinhaber	Bedeutung	
BRD	Theodor Heuss (FDP, P seit 1949) Heinrich Lübke (CDU, P bis 1969)	2. Amtszeit des ersten Bundespräsidenten abgelaufen; Lübke setzt sich gegen Carlo Schmid (SPD) und Max Beck (FDP) durch (S.531)	
China	Mao Zedong (P seit 1949) Liu Shaoqui (P bis 1968)	Arbeiterführer Liu löst Bauernführer Mao ab: Wechsel verdeutlicht angestrebte Entwicklung vom Agrar- zum Industriestaat	
Frankreich	René Coty (P seit 1954) Charles de Gaulle (P bis 1969)	Übergang zur V. Republik; erheblich gestärkte Position des Staatspräsidenten, der direkt vom Volk gewählt wird (S.529)	
	Charles de Gaulle (M seit 1958) Michel Debré (M bis 1962)	De Gaulle wird Präsident; Debré will Wirtschaft durch Steuererhöhungen und Einsparungen im Sozialbereich sanieren	
Kuba	Fulgenico E. Batista y Zaldívar (P seit 1952) Manuel Urrutía Lleo (P 2.1.–17.7.) Osvaldo Dórticos Torrado (P bis 1974)	Flucht von Diktator Batista (1.1.), nachdem Revolutionstruppen unter Castro Havanna erobert haben; Castro zwingt Lleo zum Rücktritt; Erfolg der revolutionären Kräfte (S.529)	
	José Miró Cardona (M seit 5.1.) Fidel Castro (M bis ...)	Revolutionsführer Castro wendet sich gegen Cardona, der das geplante Reformprogramm nicht schnell genug durchsetzt	

M = Ministerpräsident bzw. Premierminister; P = Präsident

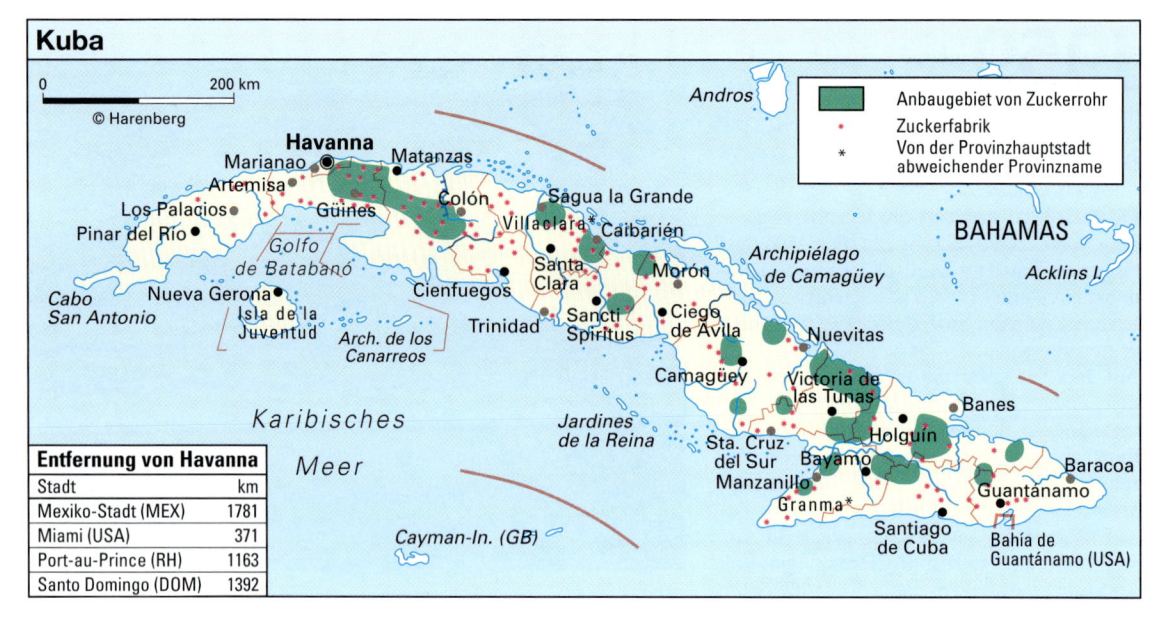

1959

Kuba

Karte: Anbaugebiet von Zuckerrohr · Zuckerfabrik · * Von der Provinzhauptstadt abweichender Provinzname

Orte: Havanna, Marianao, Artemisa, Los Palacios, Pinar del Río, Cabo San Antonio, Nueva Gerona, Isla de la Juventud, Arch. de los Canarreos, Guines, Matanzas, Colón, Sagua la Grande, Villaclara*, Caibarién, Santa Clara, Cienfuegos, Trinidad, Morón, Sancti Spíritus, Ciego de Ávila, Camagüey, Archipiélago de Camagüey, Jardines de la Reina, Nuevitas, Victoria de las Tunas, Holguín, Banes, Sta. Cruz del Sur, Bayamo, Manzanillo, Granma*, Santiago de Cuba, Baracoa, Guantánamo, Bahía de Guantánamo (USA)

Gewässer/Inseln: Golfo de Batabanó, Karibisches Meer, Cayman-In. (GB), Andros, BAHAMAS, Acklins I.

Entfernung von Havanna

Stadt	km
Mexiko-Stadt (MEX)	1781
Miami (USA)	371
Port-au-Prince (RH)	1163
Santo Domingo (DOM)	1392

Französische Kolonien im 20. Jahrhundert K 535

Land	Hauptstadt	Einwohner in Mio	Fläche in km²	Jahr der Unabhängigkeit, früherer Name
Algerien	Algier	27,9	2 381 741	1962
Benin	Porto Novo	5,4	112 622	1960, Dahomey
Burkina Faso	Ouagadougou	10,3	274 200	1960, Obervolta
Côte d'Ivoire	Yamoussoukro	14,3	322 463	1960, Elfenbeinküste
Dschibuti	Dschibuti	0,6	23 200	1977, Frz. Somaliland
Gabun	Libreville	1,3	267 667	1960
Guinea	Conakry	6,7	245 857	1958
Kambodscha	Phnom Penh	10,3	181 035	1945
Komoren	Moroni	0,7	2 235	1975
Kongo	Brazzaville	2,6	342 000	1960
Laos	Vientiane	4,9	236 800	1945
Madagaskar	Antananarivo	14,8	587 041	1960
Mali	Bamako	10,8	1 240 192	1960, Soudan
Marokko	Rabat	27,0	712 550	1956
Mauretanien	Nouakchott	2,3	1 030 000	1960
Niger	Niamey	9,2	1 267 000	1960
Senegal	Dakar	8,3	196 722	1960
Syrien	Damaskus	14,7	185 180	1944[1]
Togo	Lomé	4,1	56 785	1960[2]
Tschad	N'Djaména	6,4	1 284 000	1960
Tunesien	Tunis	8,9	163 610	1956
Vietnam	Hanoi	74,5	331 689	1945[3]
Zentralafrik. Republik	Bangui	3,2	622 984	1960, Ubangi-Schari (Frz. Äquatorialafrika)

1) Französisches Völkerbundmandat (1920–44); 2) das heutige Togo bildet nur der ehemals französische Teil des Landes, der frühere britische Teil gehört zu Ghana; 3) 1941 von Japan besetzt, nach der Unabhängigkeitserklärung versuchen französische Truppen 1946–54 das Land erneut einzunehmen (Vietnam gewinnt Schlacht bei Dien Bien Phu)

Gegen den Widerstand der Algerien-Franzosen zielt de Gaulles Politik auf die Anerkennung des Selbstbestimmungsrechts Algeriens (↑S.558/3.7.1962). Zu de Gaulles außenpolitischen Zielen gehören die Aussöhnung mit Deutschland (↑S.567/22.1.1963) sowie ein vom US-geführten westlichen Machtblock unabhängiges Frankreich; im Februar 1960 wird Frankreich vierte Atommacht, am 1.7.1966 (↑S.600) scheidet es militärisch aus der NATO aus (↑S.451/4.4.1949). Nach drei Amtszeiten tritt de Gaulle am 28.4.1969 (↑S.630) zurück. S 568/K 574

📖 R. Kapferer: Charles de Gaulle. Umrisse einer politischen Biographie, 1985.

Makarios kehrt nach Zypern zurück

1.3. Erzbischof Makarios III., der Führer der griechischen Bevölkerungsmehrheit auf Zypern, kehrt aus dem Exil auf seine Heimatinsel zurück.

Großbritannien hatte 1878 Zypern vom türkischen Sultan gepachtet, die Insel zu Beginn des 1. Weltkriegs annektiert und 1925 zur britischen Kronkolonie erklärt. Makarios, der 1956 deportiert wurde, forderte als Führer der sog. Enosis-Bewegung den Anschluß an Griechenland.

Im Februar wurde zwischen Großbritannien, Griechenland und der Türkei ein Vertrag unterzeichnet, der die Unabhängigkeit der von Griechen und Türken bewohnten Kronkolonie in die Wege leitet. Das Abkommen verbietet jedoch einen Anschluß an Griechenland oder die Türkei.

1959

1960 proklamiert Makarios nach seiner Wahl zum Staatspräsidenten die Unabhängigkeit der Mittelmeerinsel. S 685/K 677

Aufstand in Tibet
17.3. Tibet. Nach blutigen Aufständen gegen die chinesischen Besatzungstruppen flieht der Dalai Lama nach Indien. Nach der Besetzung durch rotchinesische Truppen 1950 war Tibet am 23.5.1951 der Volksrepublik China angegliedert worden. Bei den Feiern zum tibetischen Neujahrsfest am 10.3.1959 kam es in der tibetischen Hauptstadt Lhasa zu Demonstrationen für die Unabhängigkeit, die sich auf ganz Tibet ausweiteten. Als chinesische Soldaten die Residenz des politischen und religiösen Oberhauptes der Tibeter angreifen, flieht der Dalai-Lama nach Indien, wo er am 3.4. politisches Asyl erhält.
Am 22.3. ist der Aufstand niedergeschlagen. Nach weiteren Unruhen erhält Tibet 1965 den Status einer Autonomen Region innerhalb des Machtbereichs der Volksrepublik China zuerkannt.
Aus seinem Exil in Nordindien ruft der 14. Dalai-Lama (1940 als Fünfjähriger inthronisiert) in den folgenden Jahren wiederholt zum gewaltlosen Widerstand gegen die Besatzungsmacht auf und fordert die Unabhängigkeit seines Landes. 1989 erhält er den Friedensnobelpreis.
📖 Dalai-Lama: Das Buch der Freiheit, dt. 1990.

Lübke wird Bundespräsident
1.7. Westberlin. Die Bundesversammlung wählt den 64jährigen Heinrich Lübke (CDU) zum Bundespräsidenten.
Als Nachfolger von Theodor Heuss wird der bisherige Bundesminister für Ernährung und Landwirtschaft zweites Staatsoberhaupt der seit zehn Jahren bestehenden Bundesrepublik Deutschland (↑S.454/14.8.1949).
Lübke betont die politische Dimension des Amtes und versucht dessen Einfluß auszuweiten. Als Befürworter einer großen Koalition unterstützt er 1966 deren Zustandekommen (↑S.601/1.12.1966). Mit Unterstützung der SPD wird Lübke 1964 wiedergewählt.
📖 G. Scholz: Die Bundespräsidenten. Biographien eines Amtes, 1990.

Hawaii 50. Staat der USA
21.8. Washington. US-Präsident Dwight D. Eisenhower unterzeichnet die Proklamationsurkunde, die Hawaii zum 50. Bundesstaat der USA erklärt.
Am 3.1. wurde Alaska 49. US-Staat. Sowohl die 1898 von den USA annektierten Hawaii-Inseln als auch das seit 1867 in US-amerikanischem Besitz befindliche Alaska sind bedeutende Faktoren der US-amerikanischen Wirtschaft. Den westlichsten Bundesstaat zeichnet eine vielseitige Landwirtschaft aus, den nördlichsten reiche Bodenschätze. Beide sind zudem wichtige Militärbasen, so der Marinestützpunkt Pearl Harbor auf der Hawaii-Insel Oahu, der am 7.12.1941 (↑S.374) von den Japanern angegriffen wurde (Kriegseintritt der USA). S 532/K 536

Erstes Gipfeltreffen USA/UdSSR
15.9. Washington. Der sowjetische Partei- und Regierungschef Nikita Chruschtschow folgt einer Einladung des US-Präsidenten Dwight D. Eisenhower; damit besucht zum ersten Mal ein sowjetischer Regierungschef die Vereinigten Staaten.
Am 27.11.1958 hatte die Sowjetunion den Viermächtestatus von Berlin einseitig aufgekündigt. Ihre ultimative Forderung nach Entmilitarisierung Berlins und internationaler Anerkennung der DDR verschärfte das politische Klima zwischen den beiden Supermächten. Bei den Genfer Konferenzen über die Deutschlandfrage im Mai und August des Jahres konnte keine Einigung erzielt werden. Als Chruschtschow die Einladung am 3.8. annahm, wurde dies in der westlichen Welt als versöhnlicher Schritt gewertet.
Die Gespräche führen zu keiner Annäherung in der Berlin- und Deutschlandfrage. Chruschtschows Vorschläge zu einer totalen Abrüstung werden auf westlicher Seite mit

Aufstand in Tibet: Ein Vetreter der chinesischen Kommunisten spricht vor dem Palast des geflüchteten Dalai Lama.

Dalai Lama (Foto aus den 90er Jahren)

Heinrich Lübke

1959

Die 50 US-Bundesstaaten — K 536

Staat (Gründung)	Fläche (km²)	Einwohner	Hauptstadt	Staat (Gründung)	Fläche (km²)	Einwohner	Hauptstadt
Alabama (1819)	133 915	4 274 000	Montgomery	Montana (1889)	380 847	862 000	Helena
Alaska (1959)	1 530 693	634 000	Juneau	Nebraska (1867)	200 349	1 644 000	Lincoln
Arizona (1912)	295 259	4 072 000	Phoenix	Nevada (1864)	286 352	1 477 000	Carson City
Arkansas (1836)	137 754	2 468 000	Little Rock	New Hampshire (1788)	24 032	1 132 000	Concord
Colorado (1876)	269 594	3 710 000	Denver	New Jersey (1787)	20 168	7 931 000	Trenton
Connecticut (1788)	12 997	3 274 000	Hartford	New Mexico (1912)	314 924	1 676 000	Santa Fe
Delaware (1787)	5 294	718 000	Dover	New York (1788)	136 583	18 178 000	Albany
Florida (1845)	151 939	14 210 000	Tallahassee	North Carolina (1789)	136 412	7 150 000	Raleigh
Georgia (1788)	152 576	7 102 000	Atlanta	North Dakota (1889)	183 117	637 000	Bismarck
Hawaii (1959)	16 760	1 221 000	Honolulu	Ohio (1803)	115 998	11 203 000	Columbus
Idaho (1890)	216 430	1 156 000	Boise	Oklahoma (1907)	181 185	3 271 000	Oklahoma City
Illinois (1818)	149 885	11 853 000	Springfield	Oregon (1859)	251 418	3 141 000	Salem
Indiana (1816)	94 309	5 820 000	Indianapolis	Pennsylvania (1787)	119 251	1 214 000	Harrisburg
Iowa (1846)	145 752	2 861 000	Des Moines	Rhode Island (1790)	3 139	1 001 000	Providence
Kalifornien (1850)	411 407	32 398 000	Sacramento	South Carolina (1788)	80 582	3 732 000	Columbia
Kansas (1861)	213 096	2 601 000	Topeka	South Dakota (1889)	199 730	735 000	Pierre
Kentucky (1792)	104 659	3 851 000	Frankfort	Tennessee (1796)	109 152	5 228 000	Nashville
Louisiana (1812)	123 677	4 359 000	Baton Rouge	Texas (1845)	691 027	18 592 000	Austin
Maine (1820)	86 156	1 236 000	Augusta	Utah (1896)	219 887	1 944 000	Salt Lake City
Maryland (1788)	27 091	5 078 000	Annapolis	Vermont (1791)	24 900	579 000	Montpelier
Massachusetts (1788)	21 455	5 976 000	Boston	Virginia (1788)	105 586	6 646 000	Richmond
Michigan (1837)	151 493	9 575 000	Lansing	Washington (1889)	176 479	5 497 000	Olympia
Minnesota (1858)	224 329	4 619 000	St. Paul	West Virginia (1863)	62 758	1 824 000	Charleston
Mississippi (1817)	123 514	2 666 000	Jackson	Wisconsin (1848)	171 496	5 159 000	Madison
Missouri (1821)	180 514	5 286 000	Jefferson City	Wyoming (1890)	253 324	487 000	Cheyenne

Nikita Chruschtschow als erster Kreml–Chef in den USA: Begrüßungsrede des US-Präsidenten Dwight D. Eisenhower (am Mikrophon) für den sowjetischen Partei– und Regierungschef (mit Hut)

der Forderung nach bisher verweigerter Kontrolle beantwortet.
H. Wassmund: Die Supermächte und die Weltpolitik. USA und UdSSR seit 1945, 1989. E.-O. Czempiel (u. a.): Weltpolitik der USA nach 1945. Einführung und Dokumente, 1984.

Godesberger Programm beschlossen

15.11. Bad Godesberg. Ein außerordentlicher Parteitag der SPD beschließt mit großer Mehrheit das „Godesberger Programm". Es löst das „Heidelberger Programm" aus dem Jahr 1925 ab.
Es ist das fünfte Parteiprogramm der traditionsreichen Partei, die 1875 durch Zusammenschluß der Sozialdemokratischen Arbeiterpartei mit dem Allgemeinen Deutschen Arbeiterverein entstand.
Mit dem Godesberger Programm vollzieht die SPD die Wandlung von einer Klassenkampf- zu einer Volkspartei und geht auf Distanz zum Marxismus.
Wesentliche Programmpunkte sind das Bekenntnis zur Landesverteidigung und die

grundsätzliche Bejahung der freien Marktwirtschaft mit der einschränkenden Forderung nach öffentlicher Kontrolle wirtschaftlicher Machtkonzentration. Die Einführung einer staatlichen Mindestrente und die Gleichstellung der Frau sind weitere wichtige Ziele. Am 30.8.1988 (↑S.806) beschließt die SPD als erste Partei die Einführung der Frauenquote.

B. Bouvier: Zwischen Godesberg und großer Koalition. Der Weg der SPD in die Regierungsverantwortung, 1990.

Wirtschaft

Erste Volksaktien schnell verkauft

24.3. BRD. Mit Ausgabe der Volksaktien (Preussag-Aktien) beginnt die Privatisierung industriellen Bundesvermögens.
Die Preussag AG mit Sitz in Westberlin und Hannover wurde 1923 zur Zusammenfassung und Betreibung der vormals preußischen Bergbaubetriebe und Stahlhütten gegründet. Ihr Umsatz lag 1958 bei 508 Mio DM. Nach dem Beschluß der Teilprivatisierung wurde das Stammkapital der Preussag um 40% erhöht.
Jeder Interessent kann höchstens fünf Aktien, deren Nominalwert 100 DM beträgt, erwerben. Die nur an Kleinsparer abgegebenen Wertpapiere sind bereits nach zwei Tagen ausverkauft. Das gesamte Aktienkapital befand sich im Besitz der bundeseigenen Holding-Gesellschaft Veba, die 1965 ebenfalls teilprivatisiert wird.

J. Schmitz: Historische Wertpapiere. Handbuch für Sammler und Liebhaber. H. K. Herdt: Das Buch der Aktie, 1984.

Wissenschaft

„Syncillin" auf dem Markt

10.11. USA. Als erstes synthetisches Penicillin wird das Präparat „Syncillin" für den medizinischen Gebrauch freigegeben. Das Antibiotikum Syncillin wurde in 10jähriger Laborforschung und klinischer Erprobung entwickelt. Ausgangspunkt für die synthetische Herstellung des Penicillins, das in der Natur als Stoffwechselprodukt bestimmter Schimmelpilze anfällt, war die Entdeckung des US-Amerikaners Stephen B. Sheehans, daß der Kern des Penicillinmoleküls in der Retorte freigestellt werden kann. Im Vergleich zum natürlichen Penicillin treten beim Syncillin weniger Nebenwirkungen auf.

Technik

„Kanalflug" mit Hovercraft

26.3. Drei Briten überqueren den Ärmelkanal zwischen Dover (Großbritannien) und Calais (Frankreich) mit einem Luftkissenfahrzeug (Hovercraft).
Die britischen Flugzeugwerke Saunders-Roe entwickelten das Fahrzeug. Es erzeugt unter sich ein Luftpolster, auf dem es über den Boden oder die Wasseroberfläche gleitet. Für die 35 km lange Strecke Dover–Calais benötigt das sog. Bodeneffekt-Fluggerät einschließlich der Tankzeit auf See 123 Minuten. Das Hovercraft SRN 6, eine Weiterentwicklung des ersten Luftkissenfahrzeugs, verkürzt die Überquerung des Ärmelkanals auf weniger als eine Stunde.

Erster Flugkörper auf dem Mond

12.9. Die sowjetische Raumsonde „Lunik 2" landet 34 Stunden nach dem Start auf der Oberfläche des Mondes. US-Mondflüge schlugen bis dahin fehl.
Bereits am 4.10. wird in der Sowjetunion die mit einer Fotokamera ausgestattete Sonde „Lunik 3" gestartet, die auf ihrer elliptischen Bahn um Erde und Mond am 18.10. erste Aufnahmen der erdabgewandten Seite des Erdtrabanten übermittelt.

Nobelpreisträger 1959	K 537
Frieden: Philip J. Noel-Baker (GB, 1889–1982)	
Noel-Baker kämpfte in Zeitungsartikeln und Büchern für Frieden und Abrüstung. Er arbeitete an der Gründung und Ausgestaltung der UNO mit. Als Minister für Commonwealth-Beziehungen verhandelte er mit Indien über dessen künftigen Status im Commonwealth (Dominion bis 1950).	
Literatur: Salvatore Quasimodo (I, 1901–1968)	
Der Lyriker und Übersetzer, zunächst noch von antiken Dichtern beeinflußt, wandte sich nach 1945 realen gesellschaftlichen Themen zu. Diese „poesia sociale" fand ihren Ausdruck in einfacher, klarer Sprache. Werke: „Tag um Tag" (1947), „Das Leben ist kein Traum" (1949).	
Chemie: Jaroslav Heyrovsky (ČSSR, 1890–1967)	
Heyrovsky erfand 1922–25 die Polarographie, eine Methode zur Analyse von Metall-Ionen. Mit dem elektrochemischen Verfahren können Ionenkonzentration und Ionenart bestimmt werden. Seit den 50er Jahren dient die Polarographie auch zur Analyse organischer Substanzen und Gase.	
Medizin: Arthur Kornberg (USA, *1918), Severo Ochoa (USA, 1905–1993)	
Den Biochemikern gelang 1955 die Synthese von Ribonukleinsäure (RNS) und Desoxyribonukleinsäure (DNS). Der gebürtige Spanier Ochoa analysierte die Funktionen von DNS und RNS beim Aufbau der Eiweißmoleküle und entschlüsselte den genetischen Basis-Code der Nukleinsäuren. Kornberg stellte 1956 die ersten funktionsfähigen Gene im Reagenzglas her.	
Physik: Owen Chamberlain (USA, *1920), Emilio Gino Segrè (USA, 1905–1989)	
Die Physiker entdeckten 1954 das positiv geladene Gegenstück zum Proton, das Antiproton. Sie bestätigten die Theorie, daß es zu jedem Elementarteilchen ein entsprechendes Antiteilchen gibt. Damit konnte die theoretische Vorstellung vom physikalischen Weltbild abgerundet werden.	

1959

Bedeutende Museumsbauten nach 1945		K 538
Eröffnung	Museum Ort	Architekt(en)
1956	Museo del Tesoro di S. Lorenzo Genua (Italien)	Franco Albini (Italien)
1959	Solomon R. Guggenheim Museum, New York (USA)	Frank Lloyd Wright (USA)
1964	Center for Visual Arts, Harvard Univ., Cambridge (USA)	Le Corbusier (Frankreich/Schweiz)
1966	Whitney Museum New York (USA)	Marcel Breuer (USA)
1968	Neue Nationalgalerie Berlin	Ludwig Mies van der Rohe (Deutschland/USA)
1971	Cleveland Museum of Art, Breuer Wing, Cleveland (USA)	Marcel Breuer (USA)
1973	Oakland Museum Oakland (USA)	Kevin Roche (USA), John Dinkerloo (USA)
1974	Römisch-Germanisches Museum Köln (D)	H. Röcher (D)
1975	Diözesanmuseum Paderborn (D)	Gottfried Böhm (D), Hans Linder (D)
1977	Centre Georges Pompidou Paris (Frankreich)	Renzo Piano (Italien), Richard Rogers (Großbritannien)
1978	National Gallery of Art, Ostflügel Washington (USA)	Ieoh Ming Pei (China/USA)
1981	Neue Pinakothek München (D)	Alexander Freiherr von Branca (D)
1982	Städtisches Museum Abteiberg Mönchengladbach (D)	Hans Hollein (Österreich)
1984	Deutsches Architekturmuseum Frankfurt/Main (D)	Oswald Mathias Ungers (D)
1984	Neue Staatsgalerie Stuttgart (D)	James Stirling (Großbritannien)
1986	Kunstsammlung Nordrhein-Westfalen, Düsseldorf (D)	Hans Dissing (D), Otto Weitling (D)
1986	Museum of Contemporary Art Los Angeles (USA)	Arata Isozaki (Japan)
1986	Wallraf-Richartz-Museum/ Museum Ludwig, Köln (D)	Peter Busmann (D), Godfrid Haberer (D)
1987	Clore Gallery, Erweiterung der Tate Gallery, London (GB)	James Stirling (Großbritannien), Michael Wilford (Großbritannien)
1987	Institut du Monde Arabe Paris (Frankreich)	Jean Nouvel (Frankreich)
1987	Menil Collection Houston (USA)	Renzo Piano (Italien)
1987	Städtisches Museum für moderne Kunst, Nagoya (Japan)	Kisho Kurokawa (Japan)
1988	National Gallery of Canada Ottawa (Kanada)	Moshe Safdie (Israel)
1989	Museumspyramide, Erweiterung des Louvre, Paris (Frankreich)	Ieoh Ming Pei (China/USA)
1991	Busch-Reisinger-Museum Harvard Univ., Cambridge (USA)	Charles Gwathmey (USA)
1992	Bundeskunsthalle Bonn (D)	Gustav Peichl (Österreich)

Am 21.10. ordnet US-Präsident Dwight D. Eisenhower an, daß die von dem Raketenkonstrukteur Wernher von Braun geleitete Forschungsgruppe der US-Armee der zivilen Weltraumbehörde NASA (↑S.524/29.7.1958) unterstellt wird. Die Zusammenarbeit soll dazu beitragen, den Rückstand gegenüber der Sowjetunion aufzuholen. S 551/K 558

📖 E. Peter: Der Weg ins All. Meilensteine zur bemannten Raumfahrt, 1988.

Wankelmotor vorgestellt
24.11. Neckarsulm. Der deutsche Konstrukteur Felix Wankel stellt den von ihm entwickelten Kreiskolbenmotor vor.
Bei diesem neuartigen Motor wird auf herkömmliche Bauteile eines Hubkolbenmotors (Kurbelwelle, Nockenwelle, Kolben, Ventile) verzichtet. Durch einen rotierenden dreieckigen Drehkolben, der die Auf-und-Abbewegung des konventionellen Hubkolbens ersetzt, werden Drehzahlen über 10 000 U/min und ein vibrationsarmer Lauf erreicht.
Die Vereinfachung des Wankelmotors zum Kreiskolbenmotor ermöglicht 1963 seinen Einsatz in einem Auto, dem NSU Spider. 1967 folgt als Auto des Jahres der NSU Ro 80 (Produktionsende 1977). Auch der Japanische Hersteller Mazda übernimmt die Wankelkonstruktion für einen Sportwagen. Weil die Autoindustrie die hohen Kosten der Umrüstung ihrer Produktionsanlagen scheut, kann sich der Wankelmotor langfristig nicht durchsetzen.

Kultur

Guggenheim-Museum eröffnet
21.10. New York. In Amerikas Weltmetropole wird das Solomon-R.-Guggenheim-Museum seiner Bestimmung übergeben. Es ist das letzte Werk des Architekten Frank Lloyd Wright, der am 9.4. gestorben ist.
1943 hatte der 1949 verstorbene Kupfermagnat Solomon R. Guggenheim den Architekten mit dem Bau des Museums beauftragt. Wright schuf einen nach oben breiter werdenden Rundbau, der sich wie eine riesige Betonspirale in die Höhe windet und durch eine flache Glaskuppel abgeschlossen wird. Der Besucher fährt mit einem Fahrstuhl in das oberste Stockwerk und geht dann über eine spiralförmig abfallende Rampe an den Kunstwerken entlang bis ins Erdgeschoß. Wright, ein Pionier der modernen amerikanischen Architektur, verwirklichte hier seinen Traum vom organischen Bauen.

Solomon R. Guggenheim Museum: Das Haus für zeitgenössische Kunst in New York besitzt weltweit eine der größten Sammlungen europäischer Kunst des 20. Jahrhunderts.

In den sich schneckenförmig über eine Strecke von 800 m nach oben windenden Gängen hängen die Bilder der wertvollen Sammlung Solomon R. Guggenheims, darunter Werke von Pablo Picasso, Georges Braque, Paul Klee, Wassily Kandinsky und Franz Marc. Die wertvollen Skulpturen des Museums stammen von Edgar Degas, Constantin Brancusi, Alexander Archipenko und Alexander Calder. S 535/K 538

 Ich habe alles gelebt, Memoiren der „Femme fatale" der Kunst: Peggy Guggenheim, 1990.

Filmdebüt von François Truffaut

Cannes. Bei den Filmfestspielen von Cannes gewinnt François Truffaut mit seinem ersten abendfüllenden Spielfilm „Sie küßten und sie schlugen ihn" den Preis für die beste Regie. Der Film erzählt die Geschichte des 12jährigen Antoine Doinel, der aus der bedrückenden Enge seines Elternhauses ausbricht, bei einem Diebstahl erwischt und in eine Besserungsanstalt gesteckt wird. Der Junge kann fliehen, das Schlußbild zeigt ihn am Meer, dicht bedrängt von seinen Verfolgern.
Truffaut dreht noch vier weitere Filme über Antoine Doinel („Liebe mit zwanzig", 1961; „Geraubte Küsse", 1968; „Tisch und Bett", 1970 und „Liebe auf der Flucht", 1978). Der Schauspieler Jean-Pierre Léaud wird mit dieser Rolle zu einem der führenden Darsteller der Nouvelle Vague (Neue Welle), Truffaut zu einem ihrer wichtigsten Regisseure.

Kulturszene 1959	K 539
Theater	
Jean Anouilh Becket oder die Ehre Gottes; UA 1.10., Paris	Freie Interpretation des historischen Zerwürfnisses zwischen dem englischen König Heinrich II. und seinem Kanzler Thomas Becket.
Bertolt Brecht Die heilige Johanna . . . UA 30.4., Hamburg	Plakative Darstellung der Machtkämpfe im Chicago der Wirtschaftskrise 1929; Brechts Johanna ist ein Mädchen der Heilsarmee.
Eugène Ionesco Die Nashörner UA 31.10., Düsseldorf	Absage an jede Art von Totalitarismus, symbolisiert durch Nashörner, die eine Provinzstadt „erobern" und unterjochen.
Jean-Paul Sartre Die Eingeschlossenen UA 23.9., Paris	Reue über kriegsverbrecherische Taten treiben einen deutschen Bürgerssohn in apokalyptischen Wahn und in den Freitod.
Musical	
Richard Rodgers The Sound of Music UA 16.11., New York	Das gefühlsbetonte Stück über eine musikalische Exilantenfamilie ist das letzte Stück für den Broadway-Star Mary Martin.
Jule Styne Gypsy UA 21.5., New York	Broadway-Vergangenheit im Musical: Biographie einer Striptease-Königin der 30er Jahre mit Musik im Big-Band-Sound.
Film	
Federico Fellini Das süße Leben Italien/Frankreich	Erlebnisse eines Klatschkolumnisten (Marcello Mastroianni) in der High Society Roms; unvergeßlich: Anita Ekbergs Bad im Trevi-Brunnen.
François Truffaut Sie küßten und sie schlugen ihn; Frankreich	Truffauts erster abendfüllender Film zeigt einen Jungen, der aus der bedrückenden Enge von Elternhaus und Erziehungsheim ausbricht.
Bernhard Wicki Die Brücke BRD	Mehrfach ausgezeichneter Antikriegsfilm: 1945 verteidigen sieben Jungen eine strategisch bedeutungslose Brücke in Bayern.
Billy Wilder Manche mögen's heiß USA	Auf der Flucht vor der Mafia tauchen zwei Musiker (Tony Curtis, Jack Lemmon) als Frauen verkleidet in einer Damenjazzkapelle unter.
Buch	
Heinrich Böll Billard um halbzehn Köln	In Form eines Familienromans, konzentriert auf einen einzigen Tag, zeigt Böll die Wesensgleichheit der Herrscher von 1900 bis heute.
William Burroughs The Naked Lunch Paris	Der experimentelle autobiographische Roman über das Leben eines Drogensüchtigen bricht mit allen konventionellen Tabus.
William Faulkner Das Haus New York	Letzter Band einer Trilogie, die 1940 mit „Die Stadt" begann; Thema ist die Rache eines Mörders an einem Banker.
Günter Grass Die Blechtrommel Neuwied	Der Zeitroman über das Leben des ins Groteske gesteigerten Kleinbürgers Oskar Matzerath führt den Entwicklungsroman ad absurdum.
Uwe Johnson Mutmaßungen über Jakob Frankfurt/Main	Ein junger Mann im geteilten Deutschland auf der „schwierigen Suche nach Wahrheit" bei der „Wahl zwischen zwei Unsinnigkeiten".
Rudolf Pörtner Mit dem Fahrstuhl in die Römerzeit; Düsseldorf	Das spannend-informative Sachbuch über die römisch-germanische Vergangenheit trägt zur Popularisierung der Archäologie bei.
Raymond Queneau Zazie in der Metro Paris	Der Traum von Paris erfüllt sich für ein Mädchen vom Lande in der Seine-Metropole nicht, weil die Metro-Angestellten streiken.
Alan Sillitoe Die Einsamkeit des Langstreckenläufers; London	Ein jugendlicher Strafgefangener akzeptiert seine Stellung als gesellschaftlicher Außenseiter: Er verliert absichtlich ein Rennen.

1959

Sport 1959 — K 540

Fußball	
Deutsche Meisterschaft	Eintracht Frankfurt
DFB-Pokal	Schwarz-Weiß Essen – Bor. Neunkirchen 5:2
Englische Meisterschaft	Wolverhampton Wanderers
Italienische Meisterschaft	AC Mailand
Spanische Meisterschaft	FC Barcelona
Europapokal (Landesmeister)	Real Madrid – Stade Reims 3:2
Messepokal	Nicht ausgetragen
Tennis	
Wimbledon (seit 1877; 73. Austragung)	Herren: Alejandro Olmedo (PER) / Damen: Maria E. Bueno (BRA)
US Open (seit 1881; 79. Austragung)	Herren: Neale Fraser (AUS) / Damen: Maria E. Bueno (BRA)
French Open (seit 1925; 29. Austragung)	Herren: Nicola Petrangeli (ITA) / Damen: Christine Truman (GBR)
Australian Open (seit 1905; 47. Austragung)	Herren: Alejandro Olmedo (PER) / Damen: Mary Carter-Reitano (AUS)
Davis-Cup (Forest Hill, USA)	Australien – USA 3:2
Eishockey	
Weltmeisterschaft	Kanada
Stanley-Cup	Montreal Canadiens
Deutsche Meisterschaft	EV Füssen
Radsport	
Tour de France (4363 km)	Federico Bahamontes (ESP)
Giro d'Italia (3657 km)	Charly Gaul (LUX)
Straßenweltmeisterschaft	André Darrigade (FRA)
Automobilsport	
Formel-1-Weltmeisterschaft	Jack Brabham (AUS), Cooper-Climax
Boxen	
Schwergewichts-Weltmeisterschaft	Ingemar Johansson (SWE) – K. o. über Floyd Patterson (USA), 26.6.

Herausragende Weltrekorde		
Disziplin	Athlet (Land)	Leistung
Leichtathletik, Männer		
110 m Hürden	Martin Lauer (GER)	13,2 sec
Dreisprung	Oleg Fedossejew (URS)	16,70 m
Diskuswurf	Edmund Piatkowski (POL)	59,91 m
Speerwurf	Albert Cantello (USA)	86,04 m
Zehnkampf	Wassili Kusnezow (URS)	7957 P.
Leichtathletik, Frauen		
400 m	Maria Itkina (URS)	53,4 sec
Kugelstoß	Tamara Press (URS)	17,25 m
Schwimmen, Männer		
200 m Freistil	Tsuyoshi Yamanaka (JPN)	2:01,5 min
400 m Freistil	Tsuyoshi Yamanaka (JPN)	4:16,6 min
200 m Schmetterling	Mike Troy (USA)	2:16,4 min
Schwimmen, Frauen		
800 m Freistil	Ilse Konrads (AUS)	10:11,4 min
100 m Brust	Karin Beyer (GDR)	1:19,6 min
100 m Schmetterling	Nancy Ramey (USA)	1:09,1 min

Auch in anderen Filmen widmet sich Truffaut dem Problem des Erwachsenwerdens und der Integration des einzelnen in die Gesellschaft, so 1969 in seiner Adaption des Kaspar-Hauser-Themas „Der Wolfsjunge" und 1961 in seinem Meisterwerk „Jules und Jim". S 535/K 539

F. Truffaut: Die Filme meines Lebens, 1979.

Sport

Kilius/Bäumler Europameister
1.2. Davos. Die erst 16jährige Marika Kilius und der 17jährige Hans-Jürgen Bäumler werden Europameister im Eiskunstlauf der Paare. Die beiden jungen Deutschen verweisen das sowjetische Ehepaar Nina und Stanislaw Schuk auf den zweiten Platz.
Marika Kilius hatte ihre Paarlaufkarriere als Partnerin von Franz Ningel begonnen, mit dem sie u. a. 1957 WM-Zweite geworden war. Da sie Ningel über den Kopf wuchs, mußte sie sich einen anderen Partner suchen. Kilius/Bäumler liefern sich in den kommenden Jahren zahlreiche spannende Wettkämpfe mit Ludmilla Belousowa/Oleg Protopopow aus der Sowjetunion. 1963 und 1964 erreichen die langjährigen Europameister (1959–64) mit dem Gewinn der Weltmeisterschaften den Höhepunkt ihrer Karriere. Bei den Olympischen Winterspielen von Squaw Valley (1960) und Innsbruck (1964) erringen sie jeweils die Silbermedaille.

Lauer läuft zwei Weltrekorde
7.7. Zürich. Bei einem internationalen Leichtathletik-Meeting in Zürich stellt Martin Lauer binnen einer Stunde zwei Weltrekorde auf. Der 22jährige Kölner läuft die 110 m Hürden in 13,2 sec und unterbietet damit die bisherige Bestmarke von Jack Davis (USA) um zwei Zehntelsekunden. Nur knapp eine Stunde später läuft er mit 22,5 sec Weltrekord über 200 m Hürden.
Lauer, eine der größten Allround-Begabungen in der deutschen Leichtathletik, war 1956 und 1957 deutscher Zehnkampfmeister. Bei den Olympischen Spielen von Melbourne wurde er 1956 Fünfter im Zehnkampf sowie Vierter über 110 m Hürden. 1958 war er Europameister über 110 m Hürden.
Bei den Olympischen Spielen von Rom (1960) holt Lauer als Schlußläufer der 4 x 100-m-Staffel die Goldmedaille. In seiner Paradedisziplin, den 110 m Hürden, muß er sich mit einem enttäuschenden vierten Platz begnügen.

1960

Politik

Kamerun erhält Unabhängigkeit
1.1. Jaunde. Kamerun proklamiert seine Unabhängigkeit von französischer Verwaltung. Damit ist es das elfte freie Land Afrikas und der erste von 17 Staaten, die 1960 in die Selbständigkeit entlassen werden. Präsident wird Ahmadou Ahidjo.
Während der Gründungsfeierlichkeiten, an denen auch UN-Generalsekretär Dag Hammarskjöld teilnimmt, kommt es zu schweren Unruhen, die 100 Tote fordern. Die Untergrundorganisation Union des Populations du Cameroun (UPC) wirft Ahidjo vor, eine von Frankreich gesteuerte Politik zu betreiben.
Kamerun, das 1884–1918 unter deutscher Kolonialverwaltung gestanden hatte, wurde 1922 Völkerbundmandat von Frankreich und Großbritannien. Ab 1945 stand das Land unter dem Protektorat der Vereinten Nationen. Die kleine britische Region von Kamerun erhält 1961 ihre Souveränität. Nach einer Volksabstimmung schließt sich deren südlicher Teil Kamerun an, der Norden geht an Nigeria.

U 2 über UdSSR abgeschossen
1.5. Ein US-amerikanisches Aufklärungsflugzeug vom Typ Lockheed U 2 wird über sowjetischem Territorium abgeschossen. Der Pilot Francis G. Powers, der sich mit Schleudersitz und Fallschirm retten kann, gerät in sowjetische Gefangenschaft.
Powers hatte in einer Flughöhe von 20 000 m die afghanisch-sowjetische Grenze überquert. Nahe der Stadt Swerdlowsk am Ural wurde seine Maschine am Heck von einer sowjetischen Rakete getroffen.
Der Zwischenfall, der den Beweis für die bisher nur vermutete US-Luftspionage liefert, führt zum Scheitern der seit langem geplanten Gipfelkonferenz der vier Siegermächte des 2. Weltkriegs.

Bandaranaike erste Regierungschefin
21.7. Colombo. Als erste frei gewählte weibliche Regierungschefin einer Demokratie wird die 44jährige Sirimawo Bandaranaike vereidigt. Die neue Ministerpräsidentin von Ceylon (Sri Lanka) übernimmt auch das Verteidigungs- und Außenministerium.
Nach der Ermordung ihres Mannes Solomon Bandaranaike († 26.9.1959) trat sie an die Spitze der „Sri Lanka Freedom Party", die bei den Wahlen 75 der 151 Parlamentssitze gewann. 1965 muß die Regierungschefin zurücktreten. Von 1970 bis 1977 und ab 1994 regiert sie erneut.
Bandaranaikes prosinghalesische Politik ruft den Widerstand der tamilischen Minderheit hervor, die sich auch unter Anwendung von Gewalt für staatliche Unabhängigkeit und den Erhalt ihrer Sprache einsetzt (↑S.762/ 30.7.1983). S 538/K 542

Sirimawo Bandaranaike

Kennedy jüngster US-Präsident
8.11. USA. Der 43jährige Demokrat John F. Kennedy wird zum jüngsten Präsidenten in der Geschichte der USA gewählt.
Er bezwingt seinen Gegenkandidaten von der Republikanischen Partei, den bisherigen Vizepräsidenten Richard M. Nixon, denkbar knapp mit einem Vorsprung von 120 000 Wählerstimmen.
Kennedy, erster katholischer Präsident der USA und seit 1952 Senator von Massachusetts, hatte die Vorbehalte der US-Amerikaner gegen seine Unerfahrenheit durch geschliffene Rhetorik und überzeugende Auftritte in vier Fernsehdebatten zerstreut. Wegweisend war die Wahlkampagne seines

Wichtige Regierungswechsel 1960		K 541
Land	Amtsinhaber	Bedeutung
Ceylon (Sri Lanka)	Dudley Senanayake (M seit 21.3.) Sirimawo Bandaranaike (M bis 1965)	Bandaranaike erste Regierungschefin der Welt; rigorose Sprachenpolitik führt zu Unruhen unter Tamilen (S.537)
DDR	Wilhelm Pieck (SED, P seit 1949) Walter Ulbricht (SED, P bis 1973)[1]	Tod Piecks (7.9.); SED-Chef Ulbricht übernimmt Vorsitz im neugeschaffenen Staatsrat und hat damit alleinige Macht
Japan	Nobosuke Kishi (M seit 1957) Hajato Ikeda (M bis 1964)	Rücktritt Kishis (15.7.) nach bürgerkriegsähnlichen Protesten gegen amerikanisch-japanischen Sicherheitsvertrag
Türkei	Adnan Menderes (M seit 1950) Kemal Gürsel (M bis 1961)	Militär beendet diktatorisches Regime von Menderes (27.5.); General Gürsel kündigt demokratische Neuwahlen an
UdSSR	Kliment Woroschilow (P seit 1953) Leonid Breschnew (P bis 1964)	Chruschtschow stärkt mit der Wahl seines Vertrauten Breschnew seine Position in der sowjetischen Führung

M = Ministerpräsident bzw. Premierminister; P = Präsident; 1) Staatsratsvorsitzender

1960

John F. Kennedy (3.v.r.) bei seiner Vereidigung durch den Obersten US–Bundesrichter Earl Warren am 20.1.1961 in Washington

Staats- und Regierungschefinnen K 542

Name (Lebensdaten, Amt)	Land	Amtszeit
Sirimawo Bandaranaike (*1916; M)	Sri Lanka	1960–65, 1970–77, ab 1994
Indira Gandhi (1917–1984; M)	Indien	1966–77, 1980–84
Golda Meir (1898–1978; M)	Israel	1969–74
María Estela („Isabel") Perón (*1931; P)	Argentinien	1974/75
Elizabeth Domitien (P)	Zentralafr. Rep.	1975–81
Maria de Lourdes Pintasilgo (*1930; M)	Portugal	1979
Margaret Thatcher (*1925; M)	Großbritannien	1979–90
Vigdís Finnbogadóttir (*1930; P)	Island	1980–96
Mary Eugenia Charles (*1919; M)	Dominica	1980–95
Gro Harlem Brundtland (*1939; M)	Norwegen	1981, 1986–89, 1990–96
Corazon C. Aquino (*1933; M, P)	Philippinen	1986–92
Benazir Bhutto (*1953; M)	Pakistan	1988–90, 1993–96
Kazmiera Prunskiene (*1943; M)	Litauen	1990/91
Eartha P. Trouillot (*1948; M, P)	Haiti	1990
Violeta Barrios de Chamorro (*1929; P)	Nicaragua	1990-96
Mary Robinson (*1944; P)	Irland	ab 1990
Edith Cresson (*1934; M)	Frankreich	1991/92
Khaleda Zia (*1945; P)	Bangladesch	1991–96
Hanna Suchocka (*1946; M)	Polen	1992/93
Chandrika Kumaratunga (*1945; P)	Sri Lanka	ab 1994
Hasina Wajed (M)	Bangladesch	ab 1996

M = Ministerpräsidentin bzw. Premierministerin; P = Präsidentin; Stand: 1996

Bruders Robert F. Kennedy, der ein Veranstaltungsprogramm mit modernsten Werbemethoden auf die Beine gestellt hatte.
In Kennedys Amtszeit fallen der Bau der Berliner Mauer (↑S.548/13.8.1961) und die Kuba-Krise (↑S.546/17.4.1961). Am 22.11. 1963 (↑S.570) wird er in Dallas ermordet.

📖 A. M. Schlesinger: Die tausend Tage Kennedys, 1966. P. Collier/D. Horowitz: Die Kennedys. Ein amerikanisches Drama, 1991. A. Posener: John F. Kennedy, 1991.

Wirtschaft

EFTA-Gründung als Antwort auf EWG

4.1. Stockholm. Schweden unterzeichnet als letzter der sieben Mitgliedstaaten (Norwegen, Großbritannien, Portugal, Österreich, Schweiz, Dänemark, Schweden) die Gründungsurkunde für die Einrichtung der Europäischen Freihandelsassoziation (EFTA). Die EFTA versteht sich als wirtschaftspolitisches Gegengewicht zur Europäischen Wirtschaftsgemeinschaft (EWG) und hat die stufenweise Beseitigung der Zölle im gegenseitigen Handel mit Industrieerzeugnissen zum Ziel, das 1969 erreicht wird.
Die Gründung der EFTA war von Großbritannien vorangetrieben worden, dessen Be-

mühungen, eine Freihandelszone für alle 16 Mitglieder der Organisation für Europäische Wirtschaftliche Zusammenarbeit einzurichten (OEEC, ab ↑S.551/1.10.1961: OECD), am Veto Frankreichs gescheitert waren. Die OEEC-Mitglieder, die nicht der EWG angehörten, einigten sich daraufhin auf die Gründung der EFTA. Dänemark, Irland und Großbritannien wechseln 1973 zur EWG; Island (1970), Finnland (1985) und Liechtenstein (1991) treten der EFTA bei. S 516/K 521

Wissenschaft

Halogen-Lampe betriebsreif

Nahezu zeitgleich bringen mehrere Leuchtenhersteller eine neue Lichtquelle auf den Markt: Die „Halogen"-Glühlampe. Dabei handelt es sich um eine Wolframfadenlampe (↑S.59/Mai 1906) mit Edelgasfüllung (Krypton, Xenon); Halogen-Zusätze (zunächst das Element Jod, später Brom) sorgen in einem regenerativen Kreisprozeß für einen Rücktransport von verdampftem Wolfram an den Glühdraht und verhindern so, daß der Glaskolben geschwärzt und damit immer weniger lichtdurchlässig wird. Dieses Verfahren basiert auf einer Idee des US-amerikanischen Chemikers Irving Langmuir.

Halogen-Lampen kennzeichnen hohe Lichtausbeute, lange Lebensdauer (bis zu 2000 Stunden) und sehr kleine Abmessungen (Miniaturisierung bis auf 1% des Volumens herkömmlicher Glühlampen gleicher Leistung). Verwendung finden diese Lampen vor allem in Flutlichtanlagen und Autoscheinwerfern.

Piccard in 10 916 m Tiefe

25.1. Der Schweizer Professor für Ozeanographie Jacques Piccard und der US-amerikanische Marineleutnant Donald Walsh tauchen mit dem sog. Bathyscaphe „Trieste" zum Grund des Marianengrabens im Pazifischen Ozean und erreichen mit 10 916 m den tiefsten Punkt der Weltmeere (sog. tiefste Tiefe). Diese Expedition bringt völlig neue Erkenntnisse über den Strömungsverlauf des Ozeans und die geophysikalische Beschaffenheit des Meeresbodens.

Das Bathyscaphe (griech. „Schiff der Tiefe") ist ein von Jacques' Vater, dem Physiker Auguste Piccard (↑S.286/18.8.1932), entwickeltes 15 m langes Unterwasserfahrzeug, an dessen Unterseite eine kugelförmige Stahlkabine angebracht ist.

1968 unternimmt Jacques Piccard mit dem Tauchboot „Ben Franklin" eine rund 2500 km lange Unterwasserfahrt im Golfstrom von Florida nach Neu-Schottland.
📖 J. Piccard: Zur tiefsten Tiefe, 1962.

Anti-Baby-Pille auf dem Markt

18.8. USA. Unter dem Namen „Enovid" bietet die US-amerikanische Firma Searle & Co. die erste Anti-Baby-Pille an. Das neue Mittel zur Empfängnisverhütung enthält Ersatzstof-

Tauchboot „Trieste": An der Expedition unter Leitung von Tiefseeforscher Jaques Piccard beteiligte sich auch die US-Marine. Ziel des Unternehmens ist, die Ausbreitung von Schallwellen in großer Tiefe zu erforschen.

Nobelpreisträger 1960	K 543
Frieden: Albert John Luthuli (Südafrika, 1899–1967)	
Der Zulu-Häuptling, ab 1952 Präsident des Afrikanischen Nationalkongresses, führte einen gewaltfreien Kampf gegen die Apartheid und für die Gleichberechtigung der Rassen in Südafrika. Dabei war er immer wieder den Repressionen des weißen Regimes ausgesetzt.	
Literatur: Saint-John Perse (F, 1887–1975)	
Der ehemalige Politiker und Kabinettschef (1925–32) der Regierung Briand verfaßte vorwiegend Prosagedichte. Saint-John Perse griff auf Bilder der Antike zurück, um die Verbundenheit von Mensch und Natur darzustellen. Werke: „Anabsis" (1924), „Exil" (1941).	
Chemie: Willard Frank Libby (USA, 1908–1980)	
Der Physiker und Chemiker entwickelte 1947 die Radiocarbonmethode zur Altersbestimmung organischer Stoffe. Libbys Verfahren, das auf der Analyse des radioaktiven Kohlenstoffisotops C 14 beruht, findet vor allem in Archäologie, Geologie und Geophysik breite Anwendung.	
Medizin: Frank Burnet (Austr., 1899–1985), Peter Medawar (GB, 1915–1987)	
Die Wissenschaftler erforschten die Abwehrreaktion des Körpers bei der Übertragung fremder Gewebe und erkannten, daß die Immunreaktion nicht angeboren ist, sondern während der embryonalen Entwicklung erworben wird. Diese Erkenntnis ist grundlegend für die Transplantationsmedizin.	
Physik: Donald Arthur Glaser (USA, *1926)	
Glaser entwickelte 1952 die Blasenkammer, ein Gerät, mit dem sich die nuklearen Phänome energiereicher Teilchen untersuchen lassen. Die Kammer ist mit überhitztem, flüssigem Wasserstoff gefüllt, der die Partikel so abbremst, daß ihr Weg fotografiert werden kann.	

fe der Eierstockhormone Östrogen und Gestagon, die den Eisprung und somit die Schwangerschaft verhindern.
Der Biologe Gregory Pincus und der Gynäkologe John Rock hatten das Präparat in den 50er Jahren entwickelt. Bereits 1921 hatte der Österreicher Ludwig Haberlandt die Möglichkeit oraler Verhütung mit weiblichen Geschlechtshormonen erkannt.
Pincus und Rock experimentierten zuerst mit dem Hormon Progesteron, das während einer Schwangerschaft abgesondert wird und das Reifen weiterer Eizellen verhindert. Wegen dessen kostspieliger Herstellung und bedenklicher Nebenwirkungen entwickelten sie gleichwertige chemische Substanzen.
Die Anti-Baby-Pille, die 1962 mit dem Präparat „Anovlar" auch auf den deutschen Markt kommt, trägt in den westlichen Industrieländern zu einem starken Geburtenrückgang („Pillenknick") bei (↑S.613/1967). Die 1972 eingeführte „Minipille" kommt mit einer erheblich geringeren Hormondosierung aus als ihre Vorgängerin. Der Verdacht gesundheitsschädigender Spätwirkungen wird auf der Basis von Langzeituntersuchungen 1996 zurückgewiesen. Die katholische Kirche steht der künstlichen Geburtenregelung ablehnend gegenüber (↑S.624/25.7.1968).
📖 J. Guillebaud: Die Pille, rororo TB 7657.

Laser leuchtet auf
Mai. Chicago. Der US-amerikanische Physiker Theodore Harold Maiman baut den weltweit ersten funktionstüchtigen Rubin-Laser. Dieses Gerät erzeugt einen intensiven und scharf gebündelten Lichtstrahl. Das grundlegende Prinzip des Lasers (Abk. für „light amplification by stimulated emission of radiation"; deutsch: Lichtverstärkung durch stimulierte Emission von Strahlung) entdeckte 1958 der US-amerikanische Physiker Charles Hard Townes.
Die erzwungene (stimulierte) Lichtaussendung (Emission) angeregter Atom- oder Molekül-Elektronen geschieht durch Einstrahlung von elektromagnetischen Wellen (z. B. Licht) geeigneter Frequenz. Auf diese Weise entsteht z. B. beim Rubin-Laser ein monochromatischer Lichtblitz von einheitlicher Wellenlänge und gleicher Phasenlage (kohärent), der extrem scharf gebündelt ist.
Einer der ersten Anwendungsbereiche des hochenergetischen Laserlichts ist das Schneiden und Schweißen, sowohl in der Schwerindustrie wie auch in der medizinischen Praxis (Chirurgie, Augenheilkunde). Verwendung finden Laser auch in der Holografie (↑S.434/1947) und in CD-Playern (↑S.751/1981) bzw. CD-ROM-Laufwerken. S52/K 46 S 223/K 235

Gesellschaft

Erster schwarzer Kardinal ernannt
3.3. Papst Johannes XXIII. ernennt mit Laurean Rugambwa, dem Bischof von Rutabo in Tanganjika (heute Tansania), erstmals einen schwarzen Geistlichen zum Kardinal. Mit ihm erhalten auch zum ersten Mal ein Japaner und ein Filipino die Kardinalswürde.
Seit dem Amtsantritt von Johannes XXIII. (↑S.526/28.10.1958) wurde bereits das dritte Geheimkonsistorium zur Ernennung von Kardinälen abgehalten, zu deren Aufgaben u. a. die Wahl des Papstes gehört. Mit 85 Kardinälen überschreitet das Konsistorium in der Amtszeit von Johannes XXIII. erstmals die 1586 festgelegte Höchstzahl von 70 Kollegiumsmitgliedern.

Die Nouvelle Vague (1958–60)	K 544
Regisseur (Lebensdaten)	**Kurzcharakteristik des Films**
Claude Chabrol (*1930) Die Enttäuschten (1958)	Der lungenkranke François kehrt in sein Heimatdorf zurück, um seinen Jugendfreund wiederzusehen; der „schöne Serge" ist jedoch zu einem haltlosen Trinker geworden
Jean-Luc Godard (*1930) Außer Atem (1959)	Beziehung eines Autodiebs und Polizistenmörders (Jean-Paul Belmondo) zu einer amerikanischen Studentin (Jean Seberg), die ihn schließlich an die Polizei verrät (S.542)
Louis Malle (1932–1995) Zazie (1960)	Die zwölfjährige Zazie kommt nach Paris und wünscht sich nichts sehnlicher als eine Metrofahrt; surrealistisches Bild der Seine-Metropole aus der Sicht eines Kindes
Alain Resnais (*1922) Hiroshima – mon amour (1959)	Eine junge Schauspielerin, die in Hiroshima Szenen für einen Antikriegsfilm dreht, verliebt sich kurz vor ihrer Abreise in einen Japaner
Jacques Rivette (*1928) Paris gehört uns (1958)	Eine Amateurtruppe probt im sommerlich-menschenleeren Paris eine Shakespeare-Aufführung und gerät dabei in das undurchschaubare Netz einer Geheimorganisation
Eric Rohmer (*1920) Im Zeichen des Löwen (1959)	Der in Paris lebende Amerikaner Pierre Wesserlin erhält die erwartete Erbschaft nicht zugesprochen und wird zum Clochard und Straßengeiger
François Truffaut (1932–1984) Sie küßten und sie schlugen ihn (1959)	Geschichte eines Jungen, der aus der Enge seines Elternhauses ausbricht und nach einem Diebstahl in ein Erziehungsheim gesteckt wird (S.535)

Mit der Berufung von Rugambwa zum Kardinal setzt der Papst ein Zeichen gegen die Rassendiskriminierung in Afrika und tritt für die Gleichstellung aller Volksgruppen innerhalb der katholischen Kirche ein.

Fächerwahl für Abiturienten
29.9. Saarbrücken. Die Kultusminister der Bundesländer einigen sich auf eine Neuordnung der gymnasialen Oberstufe. Die Konferenz schließt mit einem Abkommen, das eine Reduzierung der Pflichtfächer, das Angebot von Wahlpflichtfächern und Möglichkeiten zur freiwilligen Belegung von Unterrichtsveranstaltungen in Form von Arbeitsgemeinschaften vorsieht.
Deutsch, Fremdsprache(n) und Mathematik sind für die drei bestehenden Gymnasialtypen (altsprachlich, neusprachlich, mathematisch/naturwissenschaftlich) sog. Kernpflichtfächer. Gemeinschaftskunde und Sport sowie Kunst oder Musik gehören darüber hinaus zum Pflichtprogramm eines Abiturienten.
Die Realisierung der Oberstufenreform, für 1965 vorgesehen, verzögert sich nach mehreren Korrekturen bis in die 70er Jahre hinein.

Kultur

Rabbit-Roman von John Updike
New York. „Hasenherz", der erste Band von John Updikes Romantetralogie um den sozialen Aufsteiger „Rabbit" Angstrom, erscheint. Er schildert den Versuch des 26 Jahre alten Harry Angstrom, gegen eine Gesellschaft zu revoltieren, die ihm, dem ehemaligen Basketballstar seiner Schule, ein Durchschnittsdasein aufzwingt. Er bricht aus den Zwängen, die ihm Familie, Ehe und Beruf auferlegen, aus und sucht in der Flucht ins Ungewisse seine Selbstverwirklichung.
Jeweils in Abständen von zehn Jahren greift John Updike immer wieder erneut das Schicksal seines Protagonisten „Rabbit" auf – bis zu dessen Tod 1990 in „Rabbit in Ruhe". Auch in seinen anderen Gesellschaftsromanen beschreibt Updike die Einsamkeit des Menschen und die Langeweile der gehobenen Mittelschicht in den USA. 1982 und 1991 wird der Schriftsteller mit dem Pulitzer-Preis ausgezeichnet. S 542/K 546

📖 J. Updike: Selbst-Bewußtsein (Memoiren), dt. 1990.

Internationaler Erfolg für H. Pinter
27.4. London. Im Arts Theatre Club hat Harold Pinters Bühnenstück „Der Hausmeister"

Klassische Kino-Thriller	K 545
1925: Das Phantom der Oper Rupert Julian (1889–1943) USA	Ein maskierter Wahnsinniger, der sich in der Pariser Oper versteckt, begeht zahlreiche Verbrechen
1931: M – Eine Stadt sucht einen Mörder; Fritz Lang (1890–1976) Deutschland	Berliner Polizei und die Unterwelt jagen einen psychopathischen Kindermörder (Peter Lorre)
1944: Das Haus der Lady Alquist George Cukor (1899–1983) USA	Um einen früheren Mord zu vertuschen, will ein Mann seine nichtsahnende Frau in den Wahnsinn treiben
1955: Die Teuflischen Henri-Georges Clouzot (1907–1977) Frankreich	Frau eines Sadisten vereinbart mit seiner Geliebten, ihn zu ermorden, doch die Leiche verschwindet
1960: Psycho Alfred Hitchcock (1899–1980) USA	Junge Betrügerin wird auf der Flucht im Motel ermordet – die Spur führt zu einem Psychopathen (S.543)
1961: Ein Köder für die Bestie J. Lee Thompson (*1914) USA	Verurteilter Sexualverbrecher will sich an Belastungszeugen rächen und terrorisiert dessen Familie
1964: Wiegenlied für eine Leiche Robert Aldrich (1918–1983) USA	Eine Frau, die ihren Verlobten ermordet haben soll, wird von Verwandten in den Wahnsinn getrieben
1974: Chinatown Roman Polanski (*1933) USA	An Chandlers Romanen orientierter Detektiv-Thriller über eine Korruptionsaffäre in den 30er Jahren
1978: Halloween – Die Nacht des Grauens; John Carpenter (*1948) USA	Geistesgestörter Mörder entkommt aus der Anstalt und mordet am Ort seines früheren Verbrechens weiter
1989: Das Schweigen der Lämmer Jonathan Demme (*1944) USA	Kannibalistischer Psychiater hilft junger FBI-Agentin bei der Suche nach einem Frauenmörder

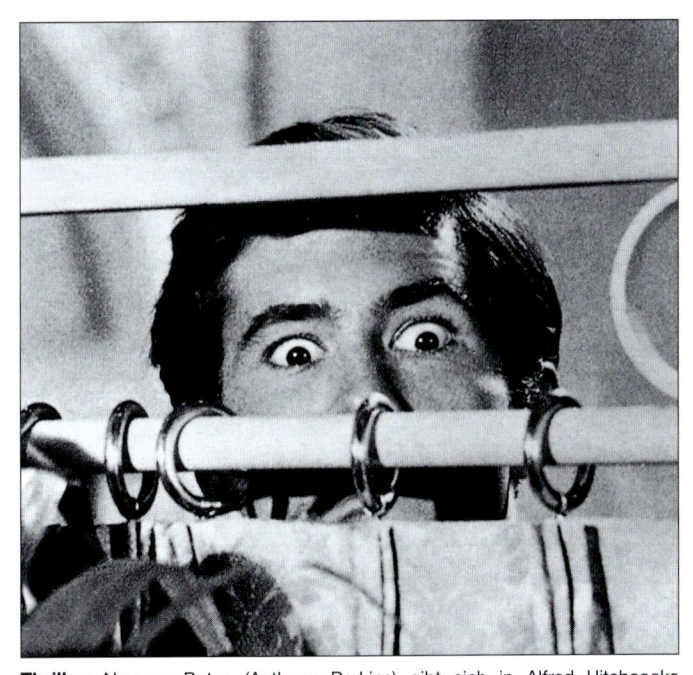

Thriller: Norman Bates (Anthony Perkins) gibt sich in Alfred Hitchcocks „Psycho" erst in den letzten Minuten als schizophrener Mörder zu erkennen.

1960

Kulturszene 1960 — K 546

Theater

Arthur Lee Kopit O Vater, armer Vater ... UA 7.1., Cambridge (USA)	Die „pseudoklassische Tragifarce in einer pseudofranzösischen Tradition" ist eine absurde Parodie auf die Psychoanalyse.
Harold Pinter Der Hausmeister UA 27.4., London	Die psychologische Studie über zwei Brüder und einen alten Landstreicher ironisiert die Absurdität des Alltags.

Oper

Benjamin Britten Ein Sommernachtstraum UA 11.6., Aldeburgh	Brittens Opernfassung des Shakespeare-Dramas gibt die traumhaft-komödiantische Märchenstimmung überzeugend wieder.
Hans Werner Henze Der Prinz von Homburg UA 22.5., Hamburg	In romantisch-schwärmerischem Ton beschwört Henze in der Kleist-Oper seine Seelenverwandtschaft zur Figur des Prinzen.

Konzert

Krzysztof Penderecki Anaklasis; UA 16.10., Donaueschingen	Übergang zur postseriellen Musik: Sog. Cluster (Tontrauben) und Glissandi (Gleiten von einem Ton zum andern) erzeugen Klangflächen.
Karlheinz Stockhausen Carré UA 28.10., Hamburg	Weiterentwicklung der Raumkomposition: Vier Orchester und Chöre an den Seiten eines quadratischen Saals lassen Klänge wandern.

Film

Michelangelo Antonioni Die Nacht Italien/Frankreich	24 Stunden im Leben eines Mailänder Ehepaars (Jeanne Moreau und Marcello Mastroianni), das sich nichts mehr zu sagen hat.
Blake Edwards Frühstück bei Tiffany USA	Eine junge Frau aus der Provinz sucht in New York ihr Glück bei reichen Männern; Audrey Hepburn in ihrer Glanzrolle als Playgirl.
Alain Resnais Letztes Jahr in Marienbad Frankreich/Italien	Komposition aus Erinnerungen und Träumen, in der sich Zeit- und Wirklichkeitsebenen vermischen; Drehbuch: Alain Robbe-Grillet.
Luchino Visconti Rocco und seine Brüder Italien/Frankreich	Existenzkampf einer sizilianischen Familie, die in die Großstadt zieht, aber an der modernen italienischen Gesellschaft zerbricht.

Buch

Alfred Andersch Die Rote Olten	Kompliziert gebauter Zeitroman: Eine Frau entflieht der konventionellen Gesellschaft und verliert sich unter lauter Existenzflüchtlingen.
Elias Canetti Masse und Macht München	Der großangelegte Essay (seit 1939) ist ein Beitrag zum Verständnis der über Europa im 20. Jh. hereingebrochenen Umwälzungen.
Henry Miller Nexus Paris	Nach „Sexus" (1949) und „Plexus" (1953) Abschlußband der monoman-autobiographischen Romantrilogie „Die furchtbare Kreuzigung".
Dieter Noll Die Abenteuer des Werner Holt; Ostberlin	Der Roman zeigt den Irrweg junger Deutscher, die mit Illusionen in den 2. Weltkrieg zogen und als Werkzeuge mißbraucht wurden.
Johannes Mario Simmel Es muß nicht immer Kaviar sein; Zürich	Simmels erster Weltbestseller: Ein Bankier, Hobbykoch und Frauenheld gerät zwischen die Fronten der europäischen Geheimdienste.
John Updike Hasenherz New York	Erster „Rabbit"-Roman: Ein junger Mann läuft vor sich selbst davon, ohne dem frustrierenden amerikanischen Alltag zu entkommen.
Martin Walser Halbzeit Frankfurt/M.	Erster Teil einer Trilogie um den Aufstiegskampf des Vertreters und späteren Werbefachmanns Anselm Kristlein (bis 1973).

Premiere. Es thematisiert die Schwierigkeiten menschlicher Kommunikation: Der aus einer Nervenklinik entlassene apathische junge Aston soll für seinen Bruder Mick ein baufälliges Haus renovieren. Er lernt zufällig den Obdachlosen Davies kennen, dem er Unterkunft gewährt. Davies erhält von Mick die Stelle eines Hausmeisters und versucht, die Brüder gegeneinander auszuspielen.

„Der Hausmeister" ist Pinters erster internationaler Bühnenerfolg. Während seine frühen Werke (u. a. „Die Geburtstagsfeier", 1959) unter dem Einfluß des absurden Theaters von Samuel Beckett und Eugène Ionesco standen, wendet sich Pinter in diesem Drama einem neuen Realismus zu, in dem er das Absurde im Alltagsleben entlarvt.

Pinter macht sich auch als Drehbuchautor, Schauspieler und Regisseur einen Namen. 1976 entwirft er das Drehbuch zu Elia Kazans „Der letzte Tycoon" nach dem gleichnamigen Roman von Francis S. Fitzgerald. S 542/K 546

📖 K. H. Stoll: Harold Pinter, 1977.

Jugendbuchpreis für James Krüss

23.6. Frankfurt/Main. Der Börsenverein des Deutschen Buchhandels verleiht James Krüss für sein Kinderbuch „Mein Urgroßvater und ich" (1959) den Deutschen Jugendbuchpreis. James Krüss, der bereits ab 1949 unter dem Einfluß von Erich Kästner erste Jugend- und Kinderbücher geschrieben hat, bedient sich des Phantastischen und der literarischen Komik zur ästhetischen Darstellung seiner durchaus gesellschaftskritischen Themen. An seinen Erfolg kann der Autor 1962 mit „Tim Thaler oder das verkaufte Lachen" anschließen, einem Roman, in dem ein Junge sein Lachen, Zeichen der Menschlichkeit, gegen materiellen Reichtum eintauscht.

📖 B. H. Bull: Bio- und Bibliographisches von und über James Krüss, 1966.

Regiepreis für „Außer Atem"

5.7. Berlin. Zum Abschluß der zehnten Berliner Filmfestspiele (Berlinale) erhält Jean-Luc Godard für seinen Film „Außer Atem" den Preis für die beste Regiearbeit.
Der erste Spielfilm des 29jährigen Franzosen, der ab 1952 als Kritiker für die Filmzeitschrift Cahiers du Cinema tätig war, besticht durch eine ungewöhnliche Film- und Schnitttechnik. Godard drehte nur an Originalschauplätzen und beließ Passanten, die durch das Bild liefen, im fertigen Film. In Abkehr vom traditionellen Erzählkino störte er sich nicht an den durch abruptes Schneiden entstandenen Bildsprüngen.

Erzählt wird die Geschichte eines Außenseiters (Jean-Paul Belmondo), der aus einer als trist empfundenen Wirklichkeit in den Mythos des Verbrechers flüchtet. Verraten von seiner amerikanischen Freundin (Jean Seberg), wird er schließlich von der Polizei erschossen. In seinen folgenden Filmen reduziert Godard das erzählende Element mehr zugunsten der Reflexion. Er wird zu einem der maßgeblichen Regisseure der französischen Nouvelle Vague, die sich gegen den rein kommerziellen Filmbetrieb richtet. S 540/K 544

P. W. Jansen/W. Schütte (Hg.): Jean-Luc Godard, 1979.

Hitchcock schockt mit „Psycho"

7.10. BRD. In bundesdeutschen Kinos läuft Alfred Hitchcocks Thriller „Psycho" an. Anthony Perkins spielt den schizophrenen Mörder Norman Bates, der die Identität seiner von ihm ermordeten Mutter annimmt und in einem Motel sein Unwesen treibt.
Meisterhaft versteht es Hitchcock, mit filmtechnischen Mitteln eine permanente Bedrohung auf den Zuschauer zu übertragen. Die wohl berühmteste Mordszene der Filmgeschichte – ein Mord unter der Dusche – dauert nur 45 Sekunden, wurde jedoch mit 70 Kameraeinstellungen gedreht. „Psycho" wird zum – meist unerreichten – Vorbild vieler weiterer Horrorfilme. S 541/K 545

J. R. Taylor: Die Hitchcock-Biographie, 1980.
D. Spoto: Alfred Hitchcock. Die dunkle Seite des Genies, 1984.

Sport

Postbote Thoma Olympiasieger

18.2.–28.2. Squaw Valley. Die größte Überraschung bei den VIII. Olympischen Winterspielen glückt dem 22jährigen Schwarzwälder Postboten Georg Thoma mit seinem Sieg in der Nordischen Kombination. Nach sechs norwegischen und einem finnischen Erfolg gewinnt in dieser Disziplin erstmals ein Nichtskandinavier die Goldmedaille.
Für die Spiele mußte ein Skigebiet erschlossen werden, da das Gebiet um den kalifornischen Lake Tahoe nur auf Sommergäste eingestellt war. Auch der Bau eines eigens für die Aktiven errichteten olympischen Dorfes erwies sich als gelungene Investition, die der Region für die Zukunft eine ganzjährige Feriensaison bescherte.
Mit acht Medaillen ist das gesamtdeutsche Team unerwartet erfolgreich. Neben Thoma holen Helga Haase (500 m Eisschnellauf),

Olympische Sommerspiele 1960 in Rom — K 547

Zeitraum: 25.8. bis 11.9.		Medaillenspiegel Land	G	S	B
Teilnehmerländer	84	Sowjetunion	43	29	31
Erste Teilnahme	6	USA	34	21	16
Teilnehmerzahl	5348	Italien	13	10	13
Männer	4728	Deutschland[1]	12	19	11
Frauen	610	Australien	8	8	6
Deutsche Teilnehmer	339[1]	Türkei	7	2	0
Schweizer Teilnehmer	156	Ungarn	6	8	7
Österreichische Teiln.	103	Japan	4	7	7
Sportarten	17	Polen	4	6	11
Neu im Programm	0	Tschechoslowakei	3	2	3
Nicht mehr olympisch	0	Rumänien	3	1	6
Entscheidungen	150	Großbritannien	2	6	12

Erfolgreichste Medaillengewinner

Name (Land) Sportart	Medaillen (Disziplinen)
Boris Schaklin (URS) Turnen	4 x Gold (Mehrkampf, Barren, Pferdsprung, Seitpferd), 2 x Silber (Mehrkampf-Mannschaft, Ringe), 1 x Bronze (Reck)
Larissa Latynina (URS) Turnen	3 x Gold (Mehrkampf, Mehrkampf-Mannschaft, Boden), 2 x Silber (Stufenbarren, Schwebebalken), 1 x Bronze (Pferdsprung)
Wilma Rudolph (USA) Leichtathletik	3 x Gold (100 m, 200 m, 4 x 100-m-Staffel)

Erfolgreichste deutsche Teilnehmer

Ingrid Krämer Schwimmen	2 x Gold (Kunstspringen, Turmspringen)
Armin Hary Leichtathletik	2 x Gold (100 m, 4 x 100-m-Staffel)
Wilfried Dietrich Ringen	1 x Gold (Schwergewicht, griechisch-römisch) 1 x Silber (Schwergewicht, Freistil)

Olympische Winterspiele 1960 in Squaw Valley

Zeitraum: 18.2. bis 28.2.		Medaillenspiegel Land	G	S	B
Teilnehmerländer	30	Sowjetunion	7	5	9
Teilnehmerzahl	630	Deutschland	4	3	1
Deutsche Teilnehmer	84[1]	USA	3	4	3
Schweizer Teilnehmer	21	Norwegen	3	3	0
Österreichische Teiln.	25	Schweden	3	2	2
Sportarten	5	Finnland	2	3	3
Entscheidungen	27	Kanada	2	1	1

Erfolgreichste Medaillengewinner

Name (Land) Sportart	Medaillen (Disziplinen)
Lydia Skoblikowa (URS) Eisschnellauf	2 x Gold (1500 m, 3000 m)
Jewgeni Grischin (URS) Eisschnellauf	2 x Gold (500 m, 1000 m)

Erfolgreichster deutscher Teilnehmer

| Helga Haase (GDR) Eisschnellauf | 1 x Gold (500 m), 1 x Silber (1000 m) |

1) Im Rahmen einer gesamtdeutschen Mannschaft

Sport 1960   K 548

Fußball
Deutsche Meisterschaft	Hamburger SV
DFB-Pokal	Bor. Mönchengladbach – Karlsruher SC 3:2
Englische Meisterschaft	FC Burnley
Italienische Meisterschaft	Juventus Turin
Spanische Meisterschaft	FC Barcelona
Europapokal (Landesmeister)	Real Madrid – Eintracht Frankfurt 7:3

Tennis
Wimbledon (seit 1877; 74. Austragung)	Herren: Neale Fraser (AUS) Damen: Maria E. Bueno (BRA)
US Open (seit 1881; 80. Austragung)	Herren: Neale Fraser (AUS) Damen: Darlene Hard (USA)
French Open (seit 1925; 30. Austragung)	Herren: Nicola Pietrangeli (ITA) Damen: Darlene Hard (USA)
Australian Open (seit 1905; 48. Austragung)	Herren: Rod Laver (AUS) Damen: Margaret Smith (AUS)
Davis-Cup (Sydney, AUS)	Australien – Italien 4:1

Eishockey
Weltmeisterschaft	USA
Stanley-Cup	Montreal Canadiens
Deutsche Meisterschaft	SC Riessersee

Radsport
Tour de France (4272 km)	Gastone Nencini (ITA)
Giro d'Italia (3481 km)	Jacques Anquetil (FRA)
Straßenweltmeisterschaft	Rik van Looy (BEL)

Automobilsport
Formel-1-Weltmeisterschaft	Jack Brabham (AUS), Cooper-Climax

Boxen
Schwergewichts-Weltmeisterschaft	Floyd Patterson (USA) – K. o. über Ing. Johansson (SWE), 20.6.

Herausragende Weltrekorde
Disziplin	Athlet (Land)	Leistung
Leichtathletik, Männer		
100 m	Armin Hary (GER)	10,0 sec
400 m	Otis Davis (USA) Carl Kaufmann (GER)	44,9 sec 44,9 sec
Hochsprung	John Thomas (USA)	2,22 m
Dreisprung	Jozef Schmidt (POL)	17,03 m
Kugelstoß	Bill Nieder (USA)	20,06 m
Hammerwurf	Harald Connolly (USA)	70,33 m
Zehnkampf	Rafer Johnson (USA)	8083 P.
Leichtathletik, Frauen		
200 m	Wilma Rudolph (USA)	22,9 sec
Weitsprung	Hildrun Claus (GDR)	6,40 m
Schwimmen, Männer		
200 m Schmetterling	Mike Troy (USA)	2:12,8 min
Schwimmen, Frauen		
100 m Rücken	Lynette Burke (USA)	1:09,0 min

Heidi Biebl (Abfahrt) und Helmut Recknagel (Spezialsprunglauf) die Goldmedaille. Thoma, der 1963–65 den Holmenkollen-Wettbewerb gewinnt, wird 1966 Weltmeister in der Nordischen Kombination. S 543/K 547

Patterson kehrt als erster zurück
20.6. New York. Als erster Schwergewichtler kann der US-amerikanische Profiboxer Floyd Patterson seinen Titel zurückgewinnen. In den New Yorker Polo-Grounds schlägt er den schwedischen Weltmeister Ingemar Johansson in der fünften Runde K. o. und durchbricht damit als erster das Gesetz des „They never come back", die eiserne Regel, daß kein Boxer den Weltmeistertitel zurückerobern kann.
Nach seinem Olympiasieg im Mittelgewicht 1952 hatte Patterson die Profilaufbahn eingeschlagen. 1956 wurde er im Kampf um den vakanten Titel – Rocky Marciano (†S.505/ 21.9.1955) war ungeschlagen zurückgetreten – mit 21 Jahren Weltmeister aller Klassen gegen den 43jährigen Archie Moore. 1959 wurde er überraschend vom Außenseiter Johansson entthront.
1962 verliert Patterson, der noch mit 37 Jahren (bis 1972) im Ring steht, seinen Titel an Sonny Liston.

Sommerspiele in der „Ewigen Stadt"
25.8.–11.9. Rom. Klassische Baudenkmäler und neue Sportstätten bilden die eindrucksvolle Kulisse für die Spiele der XVII. Olympiade, die von Fernsehstationen erstmals in alle Teile der Welt übertragen werden.
Hinter den großen Sportmächten UdSSR (43 Goldmedaillen) und USA (34) belegt das Gastgeberland den dritten Platz in der Nationenwertung. Fünf der 13 Goldmedaillen steuern die italienischen Radrennfahrer bei. Mit zwölf Goldmedaillen erzielt das gesamtdeutsche Team das beste Ergebnis seit 1936. Erfolgreichster deutscher Sportler ist Armin Hary, der über 100 m und mit der 4x100-m-Staffel Gold holt.
Die US-amerikanische Leichtathletin Wilma Rudolph († 12.11.1994), die als Kind eine Kinderlähmung überstanden hatte, beherrscht die Sprintwettbewerbe der Frauen. Die „schwarze Gazelle" siegt über 100 m, 200 m und in der 4x100-m-Staffel.
Der barfuß laufende Äthiopier Abebe Bikila, der sensationell den Marathonlauf gewinnt, ist der erste schwarzafrikanische Olympiasieger. Als erster Marathonläufer kann er 1964 bei den Olympischen Spielen von Tokio seinen Erfolg wiederholen. S 543/K 547

1961

Politik

Patrice Lumumba ermordet

13.2. Kongo. Godefried Munongo, Innenminister der selbständigen Kongo-Provinz Katanga, gibt den Tod des ehemaligen kongolesischen Ministerpräsidenten Patrice Lumumba bekannt. Wie sich später herausstellt, hatte die Regierung Katangas Lumumba bereits am 17.1. ermorden lassen.
Belgien hatte den Kongo am 30.6.1960 unvorbereitet in die Unabhängigkeit entlassen; Bürgerkrieg und wirtschaftliches Chaos waren die Folge. Während Ministerpräsident Lumumba eine geeinte Republik befürwortete, favorisierte Staatspräsident Joseph Kasawubu eine lockere Föderation kongolesischer Gebiete. Am 11.7.1960 verschärfte sich die sog. Kongokrise, als der von Belgien unterstützte Moise Tschombé die Provinz Katanga zum unabhängigen Staat proklamierte.
1962 greifen die Vereinten Nationen im Kongo ein und beenden gewaltsam die Abspaltung Katangas. Mitte der 60er Jahre stellt Generalleutnant Mobutu die territoriale Einheit des Landes (ab 1971 Zaïre) wieder her. S 570/K 576

T. Kacza: Die Kongokrise 1960–65, 1990.

Marokkos König Muhammad V. stirbt

26.2. Marokko. Der marokkanische König Muhammad V. stirbt im Alter von 51 Jahren. Die Thronfolge tritt sein Sohn Hassan II. an. Muhammad V., seit 1927 Sultan des nordafrikanischen Landes, hatte sich zum Wortführer der Forderungen nach nationaler Unabhängigkeit gemacht. Er wurde daraufhin von den französischen Kolonialherren abgesetzt und nach Frankreich verbannt (1953). Nach Aufhebung des französischen und spanischen Protektorats erlangte Marokko 1956 seine Unabhängigkeit und wurde 1957 Königreich. Trotz eines Verbots der UNO annektiert Hassan II. 1975/76 nach dem Ende der spanischen Kolonialherrschaft das Gebiet Westsahara (↑S.704/28.2.1976). Seit Ende der 80er Jahre gewinnen Fundamentalisten an Einfluß, die seinen Sturz und die Abschaffung der Monarchie fordern. S 546/K 551 S 704/K 694

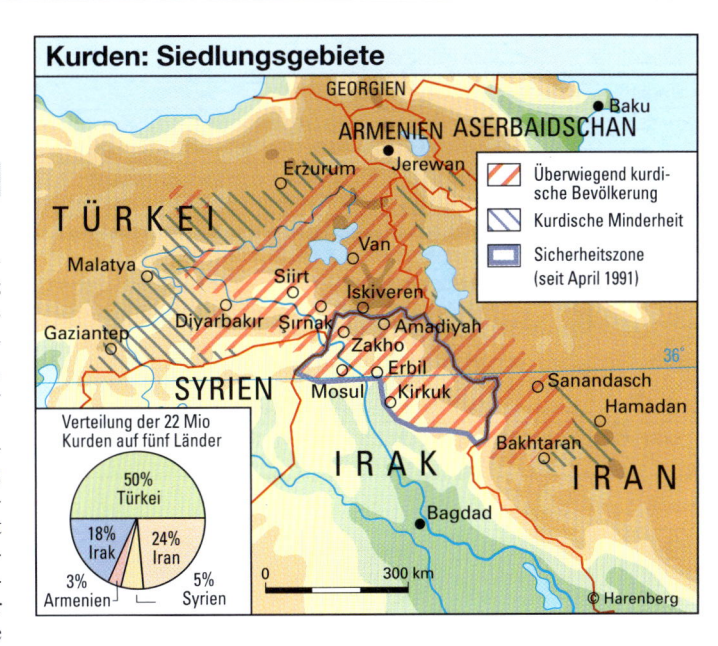

W. Herzog: Der Maghreb. Marokko, Algerien, Tunesien, 1990.

Kurden wollen eigenen Staat KAR

März. Der Kurdenführer Mulla Mustafa Al Barsani proklamiert im Norden des Irak einen unabhängigen Kurdenstaat. Die Kurden leben als Minderheiten auf den Staatsterritorien des Irak, des Iran, Syriens, der Türkei und der UdSSR.

Patrice Lumumba

Wichtige Regierungswechsel 1961			K 549
Land	Amtsinhaber	Bedeutung	
Brasilien	Juscelino Kubitschek de Oliveira (P seit 1956) Jânio da Silva Quadros (P 31.1.–25.8.) João Belchior Marques Goulart (P bis 1964)	Rücktritt von Quadros führt zu Unruhen; Goulart kann Amt erst nach Verfassungsänderung übernehmen: Rechte des Präsidenten zugunsten des Parlaments eingeschränkt	
Marokko	Muhammad V. (König seit 1957)[1] Hassan II. (König bis . . .)	Tod von Mohammad V. (26.2.), der für die nationale Unabhängigkeit kämpfte; Hassan muß soziale Probleme lösen (S.545)	
Österreich	Julius Raab (ÖVP; B seit 1953) Alfons Gorbach (ÖVP; B bis 1964)	Raab, dem es gelang, das Besatzungsstatut in Österreich zu beenden, tritt aus Gesundheitsgründen zurück (11.4.)	
USA	Dwight D. Eisenhower (Republ., P seit 1953) John F. Kennedy (Dem., P bis 1963)	Wahlsieg Kennedys über Richard Nixon mit einem Vorsprung von 120 000 Stimmen; Kennedy jüngster US-Präsident (S.537)	

B = Bundeskanzler; P = Präsident
1) Sultan 1927–53 und 1955–57

1961

Marokko im 20. Jahrhundert		K 551
Datum	Ereignis	
1906	1. Marokkokrise: Im Vertrag von Algeciras setzt sich Frankreich gegen Deutschland durch und besetzt Teile des Landes (S.56)	
1911	2. Marokkokrise wird durch deutsch-franz. Vertrag beendet (4.11.): Frankreich sichert sich Vorherrschaft in Marokko (S.90)	
1912	Protektoratsvertrag von Fes: Marokko wird zwischen Frankreich und Spanien aufgeteilt (30.3.; 27.11.)	
1926	Gemeinsam schlagen Frankreich und Spanien in Marokko einen seit 1921 andauernden Aufstand der Rifkabylen unter Führung von Abd El Krim nieder (S.232)	
1934	Erste nationalistische Strömungen machen sich bemerkbar: Marokkanisches Aktionskomitee fordert Begrenzung des Protektoratsverhältnisses sowie weitgehende Reformen	
1939–45	Muhammad V., seit 1927 Sultan, unterstützt Frankreich während des 2. Weltkriegs gegen Nazi-Deutschland	
1953	Nach Absetzung des Sultans Muhammad V. (20.8.) nehmen antifranzösische Aktionen zu	
1955	Muhammad V. wird in seine alte Position eingesetzt (16.11.)	
1956	Marokko wird unabhängig (2.3.), der Protektoratsvertrag von 1912 verliert seine Gültigkeit; schleppende Verhandlungen über spanische Gebiete in Marokko	
	Internationale Konferenz (8.–29.10.) spricht Tanger Marokko zu	
1957	Muhammad V. wird König von Marokko (18.8.)	
1959	Regierung unter Abdallah Ibrahim strebt grundlegende Modernisierung Marokkos an, stößt aber auf Widerstand	
1961	Tod Muhammads V.; Nachfolger Hassan II. übernimmt wie sein Vater auch die Funktion des Ministerpräsidenten (S.545/26.2.)	
1962	Algerisch-marokkanischer Krieg wird nach OAU-Vermittlung und Festlegung einer entmilitarisierten Zone 1963 beigelegt	
	Neue Verfassung bestätigt die konstitutionelle Monarchie	
1963	Bei den Parlamentswahlen gewinnt die dem König nahestehende neue Partei (FDIC) keine Mehrheit; Folge: Führer der Oppositionsparteien werden verhaftet, viele von ihnen hingerichtet	
1965	Notstand, nachdem verfolgte Oppositionelle freie Wahlen forderten; Hassan II. regiert mit diktatorischen Vollmachten	
1966	Frankreich bricht diplomatische Beziehungen ab (26.1.)	
1969/70	Verträge mit Algerien regeln schwelenden Grenzstreit	
1970	In der neuen Verfassung werden die Rechte des Monarchen weiter ausgedehnt (24.7.)	
1971	Nach Putschversuch von Militärs Ankündigung von Reformen	
1972	Neue Verfassung stärkt die Rechte des Parlaments; Volk wählt zwei Drittel der Abgeordneten direkt	
1973	„Marokkanisierung": ausländisches Eigentum an Boden enteignet; Industriebetriebe müssen mehrheitlich marokkanisch sein	
	Teilnahme am Nahostkrieg auf seiten der Araber	
1975/76	„Grüner Marsch": Marokko besetzt Spanisch-Sahara; Spanien übergibt Verwaltung an Mauretanien und Marokko (S.704)	
1976	Marokkanisch-mauretanischer Vertrag: Aufteilung der Sahara; Beginn des Guerillakampfes der Befreiungsfront POLISARIO	
1979	Marokko annektiert auch das südliche Gebiet der Westsahara; Rückzug erst 1982 nach internationalen Protesten	
1991	UNO-kontrollierter Waffenstillstand zwischen Marokko und der POLISARIO, die von Algerien unterstützt wird; Vorbereitung eines Referendums über die Unabhängigkeit der Westsahara wird verschleppt; 1996 Abzug des UNO-Kontingents	

Das kurdische Volk		K 550
Land	Verteilung[1]	Einwohner (Anteil[2])
Türkei	6,6 Mio (50%)	61,9 Mio (10,6%)
Iran	6,1 Mio (24%)	67,3 Mio (9,1%)
Irak	3,9 Mio (18%)	20,4 Mio (19,0%)
Syrien	0,9 Mio (5%)	14,7 Mio (6,3%)
Armenien	0,7 Mio (3%)	3,6 Mio (2,0%)
Gesamt[3]	18,2 Mio (100%)	–

1) Schätzung; 2) Bevölkerungsanteil der Kurden; 3) Angaben über die Zahl der Kurden schwanken zwischen 12 Mio und 26 Mio

Im Irak können die Kurden mit Waffengewalt ihre relative Selbständigkeit zunächst behaupten. 1974 kommt es erneut zu erbitterten Kämpfen, da der Irak die Erdölregion von Kirkuk nicht dem kurdischen Gebiet zurechnet. Nach Regelung des Grenzverlaufs in einem irakisch-iranischen Abkommen stellt der Irak den Kurden ein bis zum 1.4.1975 befristetes Ultimatum mit der Maßgabe, sich in den Iran zu begeben oder den Widerstand zu beenden. Die meisten Kurden geben der Forderung nach, ein kleiner Teil führt den Kampf gegen die irakischen Streitkräfte weiter.

Bis heute dauert das Ringen der Kurden um ein Staatsgebiet für ihr Volk an; auch in der Türkei und im Iran sind die kurdischen Minderheiten häufig großen Repressionen (u. a. Verbot der Sprache) ausgesetzt. S 546/K 550

H. Hauser: Die Kurden, 1980. G. Deschner: Die Kurden. Das betrogene Volk, 1989.

Invasion in Kuba gescheitert

17.4. Kuba. In der Schweinebucht scheitert eine vom US-amerikanischen Geheimdienst CIA geplante Landung einer Gruppe von Exilkubanern unter der Führung des ehemaligen kubanischen Ministerpräsidenten José Miró Cardona. Die kubanischen Rebellen stoßen auf erbitterten Widerstand; der erwartete Abfall kubanischer Truppen von Ministerpräsident Fidel Castro bleibt aus.

Fidel Castro hatte 1959 (↑S.529) nach dreijährigem Guerilla-Krieg das Amt des Ministerpräsidenten übernommen und in dem bis dahin streng an den USA orientierten Staat eine sozialistische Politik verfolgt. Das Scheitern der Invasion beschleunigt die wirtschaftliche und militärische Anlehnung Kubas an den Ostblock.

1962 wird Kuba aus der Organisation der Amerikanischen Staaten (OAS) ausgeschlossen. Im gleichen Jahr führt die Installation von sowjetischen Mittelstreckenraketen fast zu einem Militärkonflikt mit den USA (Kubakrise). Der sowjetische Regierungschef Nikita

Chruschtschow zieht die Waffen nach Verhängung einer Blockade durch US-Präsident John F. Kennedy wieder ab. S 547/K 552 S 547/K 553

Republik Südafrika proklamiert
31.5. Südafrika. In Pretoria wird die Republik Südafrika ausgerufen. Erster Staatspräsident wird Charles Robberts Swart. Gleichzeitig wird der Austritt Südafrikas aus dem britischen Commonwealth of Nation rechtskräftig, den die südafrikanische Regierung am 15.3.1961 auf einer Konferenz der Commonwealth-Staaten als Reaktion auf massive Kritik an ihrer Apartheidpolitik verkündet hatte.
Nach dem Wahlerfolg der radikalen Nationalpartei wurde 1948 in Südafrika die Trennung von Weißen und Schwarzen eingeführt. Ziel der Apartheid ist es, die Herrschaft der Weißen (Bevölkerungsanteil 18,9%) zu festigen. 1954 wurden fünf „Homelands" (Heimatländer) geschaffen; jeder Schwarze mußte Bürger eines solchen „Heimatlandes" werden, weshalb außerhalb der Homelands auf südafrikanischem Boden arbeitende Schwarze nur den Status von Fremdarbeitern haben.
Auf die Aktionen des „Afrikanischen Nationalkongresses" (ANC) reagiert die Regierung mit Verschärfungen der Polizeigesetze. Nach dem Verbot des ANC und des militanten „Panafrikanischen Kongresses" (PAC) 1960 setzen beide Organisationen ihren Widerstand im Untergrund fort. 1978 leitet Premierminister Botha eine Modifizierung und Liberalisierung der Apartheidpolitik ein (↑S.829/11.2.1990). S 462/K 465

📖 E. Kuzwayo: Mein Leben. Frauen gegen Apartheid, 1985. M. Mathabane: Kaffern Boy. Leben in der Apartheid, 1986. J. Jaenecke: Die weißen Herren. 300 Jahre Krieg und Gewalt, 1987.

Kuwait wird unabhängig
19.6. Kuwait. Das Emirat Kuwait erlangt seine Unabhängigkeit. Staatschef wird Abdallah As Salim As Sabah, dessen Familie seit mehr als 200 Jahren (ab 1756) in Kuwait herrscht. 1946 begann in dem Scheichtum (seit 1899 britisches Protektorat) die planmäßige Erdöl- und Erdgasförderung.
Kurz nach Verkündung der Unabhängigkeit erhebt der Irak Ansprüche auf Kuwait. Die Krise wird mit Aufnahme Kuwaits in die Arabische Liga (gegen die Stimmen von Irak und Jemen) und in die UNO vorübergehend beigelegt. 1967 und 1973 kommt es erneut zu Grenzstreitigkeiten mit dem Irak, der 1990/91 – letztlich erfolglos – versucht, das Land zu annektieren (↑S.832/2.8.1990).

Stationen der Kubakrise		K 552
Datum	Ereignis	
13.2.1959	Sturz von Diktator Batista; der am Marxismus orientierte Fidel Castro wird kubanischer Ministerpräsident	
3.1.1961	Abbruch der diplomatischen Beziehungen zwischen Kuba und den Vereinigten Staaten von Amerika	
17.4.1961	Vom US-Geheimdienst CIA unterstützte Rebelleninvasion in der Schweinebucht (Kuba) scheitert	
4.2.1962	US-Handelsembargo gegen Kuba; Einfuhr von kubanischen Gütern wird vollständig untersagt	
3.9.1962	Zusage der UdSSR an Kuba, den Inselstaat mit Waffenmaterial und Ausbildern zu versorgen	
5.9.1962	US-Präsident John F. Kennedy warnt Kuba vor Angriffen auf andere Staaten Lateinamerikas	
11.9.1962	UdSSR warnt USA vor einem Angriff auf Kuba, dies bedeute den Ausbruch des 3. Weltkriegs	
14.9.1962	Kennedy lehnt US-Intervention auf Kuba ab, um weitere Eskalation der Ereignisse zu verhindern	
21.9.1962	US-Marine unterbindet Handelstransporte von Kuba in andere lateinamerikanische Länder	
26.9.1962	UdSSR baut Hafen „für die atlantische Fischereiflotte der Sowjetunion" in der Bucht von Havanna	
18.10.1962	Luftaufnahmen zeigen, daß die UdSSR einen Raketenstützpunkt auf Kuba errichtet; US-Forderung nach Raketenabzug	
24.10.1962	Seeblockade der USA gegen sowjetische Frachter; Staatschef Fidel Castro erklärt die Mobilmachung	
28.10.1962	Chruschtschow kündigt in Brief an Kennedy den Abzug der sowjetischen Angriffswaffen auf Kuba an	

Wichtigste Krisenherde des kalten Kriegs			K 553
Jahr/Ereignis	Verlauf		Folgen/Ergebnis
1948/49 Berlin-Blockade	UdSSR sperrt alle Zufahrtswege nach Westberlin; die USA und Großbritannien versorgen die Stadt per Luftbrücke		Am 12.5.1949 hebt die UdSSR die Blockade auf
1950–53 Koreakrieg	Nach dem Abzug sowjetischer und amerikanischer Truppen greift das kommunistische Nord- das von der UN unterstützte Südkorea an		27.7.1953: Waffenstillstand; Grenze auf 38. Breitengrad
1957–73/75 Vietnamkrieg	Bürgerkrieg zwischen dem kommunistischen Nordvietnam und dem von den USA unterstützten Südvietnam		1973: Abzug der US-Soldaten; 1975: Kapitulation Südvietnams
1961 Mauerbau	Am 13.8.1961 läßt die DDR-Führung unter Walter Ulbricht eine Mauer zwischen Ostberlin und dem Westteil der Stadt errichten		Teilung der Stadt besiegelt; 9.11.1989: Fall der Mauer
1962 Kubakrise	USA verlangen Abzug der auf Kuba stationierten sowjetischen Raketen und verhängen eine Seeblockade gegen die Insel		28.10.1962: Chruschtschow gibt nach und zieht Raketen ab

1961

Mauerbau: Am Potsdamer Platz errichten am 18. August Bauarbeiter eine Mauer aus Splitbetonplatten und Hohlsteinen, die für den Häuserbau vorgesehen waren.

Ein Grenzsoldat der DDR-Volksarmee ergreift in letzter Minute am 13. August die Gelegenheit zur Flucht über die Stacheldrahtabsperrung nach Berlin (West).

Bevor am 20. September die Wohnungen an der Sektorengrenze zwangsgeräumt werden, gelingt einigen Bewohnern die Flucht in den Westen.

Flüchtlingsstrom DDR–BRD (1949–1962)		K 554
Jahr	Flüchtlinge	Maßnahmen/Ereignisse in der DDR
1949	59 245	Gründung der DDR; Bekämpfung der nichtkommunistischen Parteien
1950	197 788	Eingliederung der DDR in das System des Sowjetblocks; Bestätigung der Oder-Neiße-Grenze
1951	165 648	Hochschulreform; Russisch wird Pflichtfach an den Schulen; erster Fünfjahresplan
1952	182 393	Militarisierung der FDJ; Abriegelung der Grenze (Sperrzone); Kollektivierung der Landwirtschaft
1953	331 390	Kirchenverfolgung; Druck auf Bauern; Volksaufstand vom 17. Juni mit Gewalt beendet
1954	184 198	Wahlen nach Einheitslisten des „Zentralen Blocks der antifaschistisch-demokratischen Parteien und Massenorganisationen"
1955	252 870	Vorrang der Schwerindustrie vor Konsumindustrie; Bevorzugung der Kinder von Arbeitern und Bauern auf Oberschulen des Landes
1956	279 189	Einführung des polytechnischen Unterrichts; Gründung der Nationalen Volksarmee (NVA)
1957	261 622	Steuernachzahlungen für Bauern, Einzelhändler und Handwerker; Paßersatz gegen Republikflucht
1958	204 092	Sozialistische Umgestaltung der Universitäten; Erziehung zum „neuen sozialistischen Menschen"
1959	143 917	Gesetz zur Änderung der Staatsflagge (Verfestigung der Zwei-Staaten-Theorie)
1960	199 188	Kollektivierungskampagnen; Zwangskollektivierung der selbständigen Bauern
1961	207 026	Repressalien gegen Ost-West-Pendler; Mauerbau; Errichtung von Schutzhaftlagern
1962	21 356	Gesetz über allgemeine Wehrpflicht

DDR baut Mauer

13.8. Berlin. Bewaffnete Volkspolizisten der DDR riegeln den Ostsektor gegen die Westsektoren ab. Am 14.8. wird das Brandenburger Tor zum Westen hin geschlossen, am 15.8. beginnt unter Verwendung von Betonplatten der eigentliche Bau der Berliner Mauer. Parallel zum Mauerbau verläuft die Abschottung der DDR von der BRD.

Die Regierung Walter Ulbricht will damit die immensen Flüchtlingsströme in die Bundesrepublik (seit 1949 rd. 2,6 Mio) eindämmen und den drohenden wirtschaftlichen Zusammenbruch der DDR verhindern.

1948 hatten die Sowjets auf die Währungsreform im Westen mit der Blockade Westberlins reagiert (↑S.442/24.6.1948). 1958 hatte der sowjetische Staatschef Nikita S. Chruschtschow gefordert, Westberlin in eine „Freie Stadt" umzuwandeln. Die Westmächte hielten jedoch stets am Viermächtestatus für Berlin fest. Bis zum Fall der Mauer (↑S.820/9.11.1989) kommen bei Fluchtversuchen (↑S.558/17.8.1962) in Berlin 78 Menschen ums Leben. S 547/K 553 S 548/K 554

📖 J. Petschull: Die Mauer. August 1961–November 1989. Vom Anfang und vom Ende eines deutschen Bauwerks, 1989.

Friedensappell blockfreier Staaten

1.9.–6.9. Belgrad. Unter der Federführung von Josip Tito (Jugoslawien), Gamal Abd el

Nasser (Ägypten) und Jawaharlal Pandit Nehru (Indien) kommen Vertreter von 25 blockfreien Staaten zusammen. Ziel der Konferenz ist es, sich im Zeichen wachsender Ost-West-Spannungen auf eine gemeinsame, neutrale und der Sicherung des Weltfriedens dienende Außenpolitik zu verständigen.
Der Zusammenschluß blockfreier Staaten erfolgte 1955, um die Unabhängigkeit von den Militärbündnissen Warschauer Pakt (↑S.498/14.5.1955) und NATO (↑S.491/23.10.1954) zu wahren.
In einer 27-Punkte-Erklärung fordern die Blockfreien u. a. die Abschaffung des Kolonialismus. In der Berlin-Frage warnen sie vor der Androhung oder Anwendung von Gewalt (↑S.548/13.8.).
1996 gehören den blockfreien Staaten 115 bündnisfreie Länder an.

CDU/CSU verlieren absolute Mehrheit

7.9. Bonn. Bei den Wahlen zum vierten Deutschen Bundestag verlieren CDU/CSU ihre 1957 errungene absolute Mehrheit (50,2%), bleiben jedoch mit 45,3% der Stimmen führende politische Kraft in Deutschland. Die SPD vereinigt 36,2% auf sich, die FDP erreicht 12,8%. Die Gesamtdeutsche Partei (GDP), eine Fusion aus Deutscher Partei (DP) und dem Block der Heimatvertriebenen und Entrechteten (BHE), scheitert mit 2,8% an der 5%-Hürde.

Die FDP („Für die CDU – ohne Adenauer") erreicht als Koalitionsvoraussetzung die Zusage Adenauers, vorzeitig zurückzutreten. Der Kanzler nennt keinen Termin für die Übergabe der Amtsgeschäfte an den designierten Nachfolger, Bundeswirtschaftsminister Ludwig Erhard (↑S.569/16.10.1963). S 600/K 604

H.-P. Schwarz: Die Ära Adenauer 1957–1963. Epochenwechsel, 1983.

Frauen im Deutschen Bundestag — K 556

Wahlperiode[1]	Insgesamt	CDU/CSU	SPD	FDP
1949–1953	28 (6,8%)[2]	11 (7,7%)	13 (9,6%)	0 (0,0%)
1953–1957	45 (8,8%)[3]	19 (7,6%)	21 (13,0%)	3 (5,7%)
1957–1961	48 (9,2%)[4]	22 (7,9%)	22 (12,2%)	3 (7,0%)
1961–1965	43 (8,3%)	18 (7,2%)	21 (10,3%)	4 (6,0%)
1965–1969	36 (6,9%)	15 (6,0%)	19 (8,8%)	2 (4,0%)
1969–1972	34 (6,6%)	14 (5,6%)	18 (7,6%)	2 (6,5%)
1972–1976	30 (5,8%)	15 (6,4%)	13 (5,4%)	2 (4,8%)
1976–1980	38 (7,3%)	19 (7,5%)	15 (6,7%)	4 (10,0%)
1980–1983	44 (8,5%)	18 (7,6%)	19 (8,3%)	7 (13,0%)
1983–1987	51 (9,8%)[5]	17 (6,7%)	21 (10,4%)	3 (8,6%)
1987–1990	80 (15,4%)[6]	18 (7,7%)	31 (16,1%)	6 (12,5%)
1990–1994	139 (21,0%)[7]	47 (13,8%)	65 (26,8%)	16 (20,3%)
Ab 1994	177 (26,3%)[8]	42 (14,3%)	85 (33,7%)	8 (17,0%)

1) Angaben jeweils zu Beginn der Wahlperioden; Prozentwerte bezogen auf Zahl aller Abgeordneten der Partei; 2) Zentrum: 2 (20,0%); DP: 1 (5,9%); KPD: 1 (6,7%); 3) GB/BHE: 2 (7,4%), 4) DP: 1 (5,9%) 5) Grüne: 10 (35,7%); 6) Grüne: 25 (56,8%); 7) Bündnis 90/Grüne: 3 (37,5%); PDS/Linke Liste: 8 (47,0%); 8) Bündnis 90/Grüne: 29 (59,1%), PDS: 13 (43,3%)

Deutsche Bundesministerinnen — K 555

Name	Partei	Ressort	Amtszeit
Elisabeth Schwarzhaupt	CDU	Gesundheit	1961–1966
Käte Strobel	SPD	Gesundheit bzw. Jugend, Familie, Gesundheit	1966–1972
Änne Brauksiepe	CDU	Familie und Jugend	1968/69
Katharina Focke	SPD	Jugend, Familie und Gesundheit	1972–1976
Antje Huber	SPD	Jugend, Familie und Gesundheit	1976–1982
Anke Fuchs	SPD	Jugend, Familie und Gesundheit	1982
Rita Süssmuth	CDU	Jugend, Familie (Frauen) und Gesundheit	1982–1988
Dorothee Wilms	CDU	Bildung und Wissenschaft	1982–1987
		Innerdt. Beziehungen	1987–1990
Ursula Lehr	CDU	Jugend, Familie, Frauen und Gesundheit	1988–1990
Gerda Hasselfeldt	CSU	Raumordnung, Bauwesen und Städtebau	1989–1990
		Gesundheit	1990–1992
Angela Merkel	CDU	Frauen und Jugend	1990–1994
		Umwelt, Naturschutz	ab 1994
Hannelore Rönsch	CDU	Familie und Senioren	1990–1994
Irmgard Schwaetzer	FDP	Raumordnung, Bauwesen und Städtebau	1990–1994
Sabine Leutheusser-Schnarrenberger	FDP	Justiz	1992–1995
Claudia Nolte	CDU	Familie, Senioren, Frauen und Jugend	ab 1994

1961

1962 John Glenn. Den Wettlauf zum Mond gewinnen allerdings die Vereinigten Staaten (↑S.635/20.7.1969). S 551/K 558

E. Peter: Der Weg ins All. Meilensteine zur bemannten Raumfahrt, 1988.

Technik

PAL-System entwickelt

Walter Bruch entwickelt das PAL-Farbfernsehsystem (PAL = Phase Alternating Line), das auf folgendem Prinzip beruht: Jede Farbe ist durch die Mischung der Farben Rot, Grün und Blau darstellbar. Die Umformung des Spektralfarbenzugs zu einem Farbenkreis erlaubt die Zuordnung eines Farbtons zu Wert und Phase einer Schwingung.

Beim PAL-System werden die Farbzeilen mittels eines Schalters zweimal umgepolt, womit sich Übertragungsfehler gegenseitig aufheben. Gegenüber dem 1958 in Frankreich entwickelten SECAM-System zeichnet sich das PAL-System durch eine geringere Störempfindlichkeit aus.

Versuche zur Vorbereitung der Einführung des Farbfernsehens in der Bundesrepublik finden ab November 1962 statt. S 469/K 475

Nobelpreisträger 1961	K 559
Frieden: Dag Hammarskjöld (S, 1905–1961)	
Als Generalsekretär (1952–61) stärkte er die UNO als friedenstiftende Macht. Nach der Unabhängigkeit von Belgisch-Kongo (1960) organisierte er eine Friedenstruppe, um den Bürgerkrieg zu schlichten. Hammarskjöld kam bei einem Flugzeugabsturz ums Leben und erhielt den Preis posthum.	
Literatur: Ivo Andrić (YU, 1892–1975)	
Die Auseinandersetzung mit der Geschichte seiner Heimat Bosnien durchzieht das literarische Schaffen des ehemaligen Diplomaten. Hauptwerk ist „Die Brücke über die Drina" (1945), eine Chronik der bosnischen Kleinstadt Wischegrad vom 16. Jahrhundert bis zum 1. Weltkrieg.	
Chemie: Melvin Calvin (USA, 1911–1997)	
Calvin untersuchte die Photosynthese (Aufbau chemischer Verbindungen unter Lichteinwirkung, insbesondere in grünen Pflanzen). Dabei erkannte er, daß während der Dunkelheit in den Plastiden (Bestandteile der Pflanzenzellen) Kohlendioxid in Kohlehydrate umgewandelt wird.	
Medizin: Georg von Békésy (USA, 1899–1972)	
Mit ausgeklügelten Experimenten und Modellen erklärte der Biophysiker den Hörvorgang des menschlichen Ohres. Er beschrieb u. a. die Reizverteilung in der Schnecke des Innenohres, die zum Erkennen der verschiedenen Tonhöhen und Lautstärken durch das Gehirn beiträgt.	
Physik: Robert Hofstadter (USA, 1915–1990), Rudolf L. Mößbauer (D, *1929)	
Hofstadter erkannte als erster den Schalenaufbau der Atomkerne; damit widerlegte er die bisherige Ansicht, der Kern sei eine einfache Zusammensetzung von Protonen und Neutronen. 1953 bewies Hofstadter, daß die Elementarteilchen aus sog. Quarks aufgebaut sind. Mößbauer erforschte die Gammastrahlen. Der von ihm formulierte Mößbauer-Effekt ermöglicht feinste Energiedifferenz- und Frequenzmessungen, mit denen Teile von Einsteins Relativitätstheorie nachgewiesen werden konnten.	

Erstes deutsches Atomkraftwerk KAR

17.6. Kahl/Main. In Bayern liefert nach drei Jahren Bauzeit das erste deutsche Atomkraftwerk durch eine kontrollierte Kettenreaktion (↑S.384/2.12.1942) Strom. Das Kernkraftwerk Kahl wurde 1958 auf Betreiben der Rheinisch-Westfälischen Elektrizitätswerke AG (RWE) in Auftrag gegeben.

Den kerntechnischen Teil des Kraftwerks (Siedewasser-Reaktor, Leistung ca. 15 MW) bezog die Lieferfirma AEG in Lizenz von dem US-Multi General Electric Company. Im Jahr der Tschernobyl-Katastrophe (↑S.790/26.4.1986) wird der Kernreaktor aus Sicherheitsgründen stillgelegt. Zugleich gerät die Stromerzeugung aus Atomenergie, die in Deutschland einen Anteil von rd. einem Drittel (1995) der Gesamterzeugung hat, angesichts der ungelösten Frage der Entsorgung in die Kritik. Die Forschung auf dem Gebiet der Kernfusion wird verstärkt (↑S.775/9.4.1984, ↑S.852/9.11.1991).

W. D. Müller: Geschichte der Kernenergie in der BRD. Anfänge und Weichenstellungen, 1990.

Medien

Staatsfernsehen verboten

28.2. Karlsruhe. Das Bundesverfassungsgericht (BVG) untersagt die Organisation und Veranstaltung von Fernsehsendungen durch den Bund. Damit endet die Diskussion um ein staatlich kontrolliertes Programm.

Bundeskanzler Konrad Adenauer hatte 1960 die Deutschland-Fernseh-GmbH gegründet, die mit den von der CDU bzw. CSU regierten Ländern über ein zweites Fernsehprogramm verhandelte. Die vier SPD-regierten Länder Hamburg, Bremen, Niedersachsen und Hessen hatten gegen dieses Vorgehen geklagt. Die Gründung der Deutschland-Fernseh-GmbH verstößt nach Auffassung der Karlsruher Richter gegen das Grundgesetz.

Das BVG sieht die im Grundgesetz verankerte Meinungs- und Rundfunkfreiheit angetastet und kritisiert das länderfeindliche Verhalten der Bundesregierung bei den Fernseh-Verhandlungen. Das Urteil des BVG wird als ein Sieg des Föderalismus über die zentralistischen Bestrebungen der Regierung Adenauer gewertet. Bei einem Treffen am 17.3. einigen sich die Ministerpräsidenten der Länder auf die Ausstrahlung eines unabhängigen zweiten Fernsehprogramms, am 6.6. unterzeichnen sie in Stuttgart den Staatsvertrag zur Gründung des Zweiten Deutschen Fernsehens (↑S.573/1.4.1963).

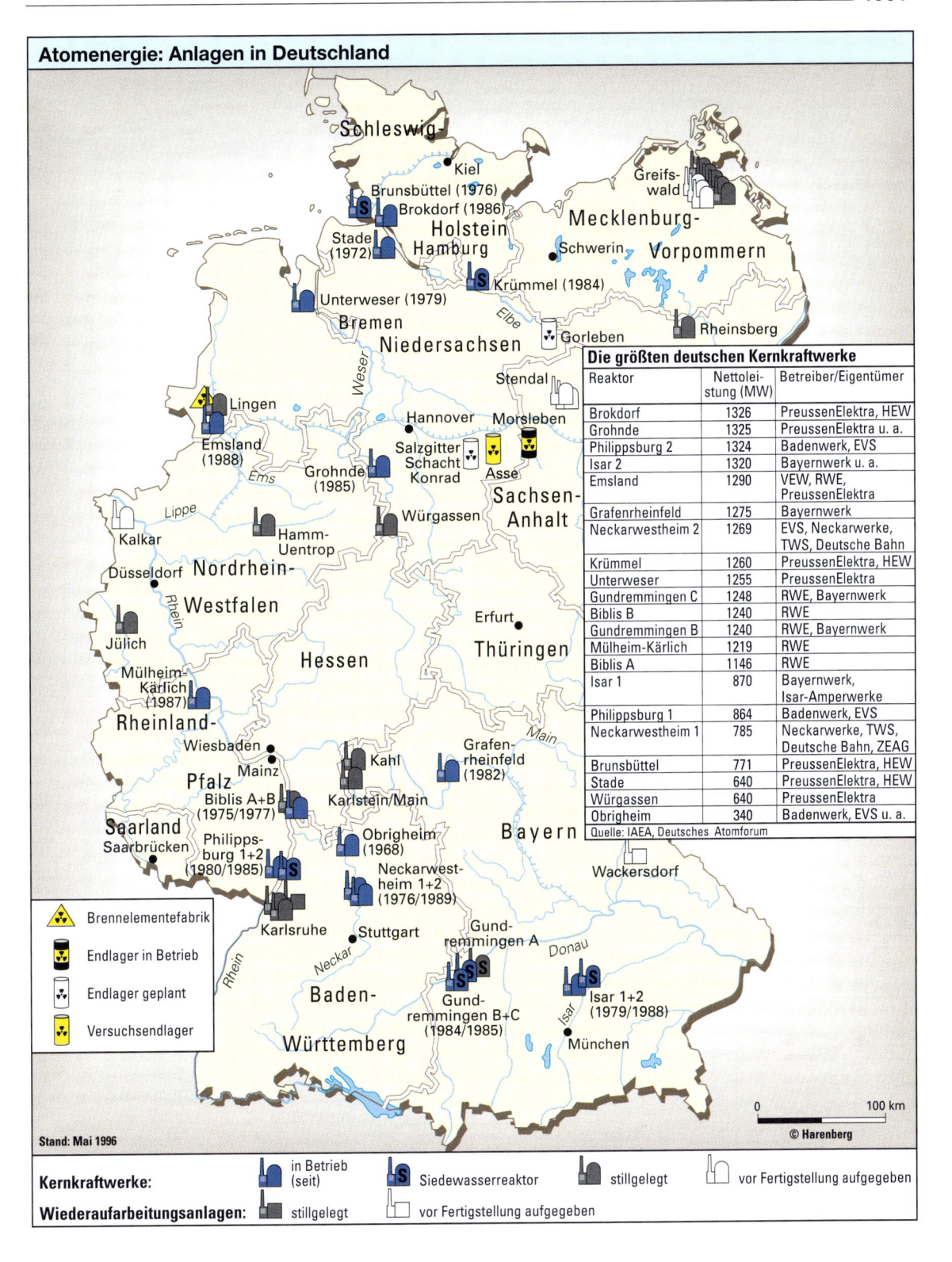

1961

Atomenergie: Anlagen in Deutschland

Die größten deutschen Kernkraftwerke

Reaktor	Nettoleistung (MW)	Betreiber/Eigentümer
Brokdorf	1326	PreussenElektra, HEW
Grohnde	1325	PreussenElektra u. a.
Philippsburg 2	1324	Badenwerk, EVS
Isar 2	1320	Bayernwerk u. a.
Emsland	1290	VEW, RWE, PreussenElektra
Grafenrheinfeld	1275	Bayernwerk
Neckarwestheim 2	1269	EVS, Neckarwerke, TWS, Deutsche Bahn
Krümmel	1260	PreussenElektra, HEW
Unterweser	1255	PreussenElektra
Gundremmingen C	1248	RWE, Bayernwerk
Biblis B	1240	RWE
Gundremmingen B	1240	RWE, Bayernwerk
Mülheim-Kärlich	1219	RWE
Biblis A	1146	RWE
Isar 1	870	Bayernwerk, Isar-Amperwerke
Philippsburg 1	864	Badenwerk, EVS
Neckarwestheim 1	785	Neckarwerke, TWS, Deutsche Bahn, ZEAG
Brunsbüttel	771	PreussenElektra, HEW
Stade	640	PreussenElektra, HEW
Würgassen	640	PreussenElektra
Obrigheim	340	Badenwerk, EVS u. a.

Quelle: IAEA, Deutsches Atomforum

Stand: Mai 1996

© Harenberg

Kernkraftwerke: in Betrieb (seit); Siedewasserreaktor (S); stillgelegt; vor Fertigstellung aufgegeben

Wiederaufarbeitungsanlagen: stillgelegt; vor Fertigstellung aufgegeben

Legende: Brennelementefabrik; Endlager in Betrieb; Endlager geplant; Versuchsendlager

Kulturszene 1961	K 560
Theater	
Samuel Beckett Glückliche Tage UA 17.9., New York	Absurde Parabel über sinnentleertes Eheleben: In bzw. vor ihrem Erdloch vollziehen Mann und Frau ihre herkömmlichen Alltagsrituale.
Max Frisch Andorra UA 2.11., Zürich	Parabel über Außenseitertum in einer Gesellschaft und über Rassenvorurteile: „Schwarze" marschieren in einen „weißen" Staat ein.
Carl Merz/Helmut Qualtinger: Der Herr Karl UA 26.11., Wien	Die kritisch-komische Analyse eines Opportunisten, der Rückschau auf sein Leben hält, als Parodie auf die „Vergangenheitsbewältigung".
Oper	
Hans Werner Henze Elegie für junge Liebende UA 20.5., Schwetzingen	Motivationen und Seelenregungen der Figuren finden ihre Entsprechung in der musikalischen Struktur und der Instrumentation der Oper.
Luigi Nono Intolleranza 1960 UA 13.4., Venedig	„Szenische Aktion" über den Leidensweg eines Flüchtlings: ambitioniertes Lehrstück über Emigration, Gastarbeit und Asyl.
Konzert	
György Ligeti Atmosphères; UA 22.10., Donaueschingen	Die Verflechtung einer Vielzahl selbständig geführter Stimmen, sog. Mikropolyphonie, macht Klangfarbe zum Träger musikalischer Form.
Krzysztof Penderecki Threnos UA 22.4., Warschau	Klagegesang für die Opfer von Hiroshima; Klänge aus der elektronischen Musik mit herkömmlichen Streichinstrumenten nachgeahmt.
Film	
Luis Buñuel Viridiana Spanien	Die spanische Novizin Viridiana scheitert mit ihrer christlichen Lebensführung an Unmoral und sozialem Elend – Buñuels radikalster Film.
Pier Paolo Pasolini Accatone Italien	Realistische Schilderung des römischen Subproletariats; Pasolinis erster Spielfilm, frei nach seinem Roman „Ragazzi di vita" (1955).
Roman Polanski Das Messer im Wasser Polen	Bei einem Wochenendausflug mit dem Segelboot eskalieren sexuelle Rivalitäten zwischen einem Ehepaar und einem Studenten.
Francesco Rosi Der Fall Salvatore G. Italien	In Form einer Reportage dokumentiert Rosi die Stationen im Leben des jahrelang gesuchten sizilianischen Gangsters Giuliano († 1950).
François Truffaut Jules und Jim Frankreich	Truffauts beschwingt-einfühlsames Meisterwerk über eine Dreiecksbeziehung; mit Jeanne Moreau, Oskar Werner und Henri Serre.
Buch	
Joseph Heller Catch-22 New York	Der Debütroman des US-Bomberpiloten aus dem 2. Weltkrieg ist ein düster-surrealistischer, absurd-grotesker Antikriegsroman.
Hans Henny Jahnn Epilog Frankfurt/Main	Letzter Band des Romanzyklus „Fluß ohne Ufer" (seit 1949): Surrealistische und metaphysische Auslotung des Menschenschicksals.
Uwe Johnson Das dritte Buch über Achim; Frankfurt/M.	Wegen seiner Ost-West-Thematik und des protokollarischen Stils aus Fragen und Antworten findet der Roman große Resonanz bei der Kritik.
Stanislaw Lem Solaris Warschau	Der Roman eröffnet dem Science-fiction-Genre eine philosophische Dimension, die über eine unkritische Technikfaszination hinausgeht.
Peter Weiss Abschied von den Eltern Frankfurt/Main	Die autobiographische Erzählung schildert das Erwachsenwerden bis zur innerlichen Befreiung vom Elternhaus.

H. Lohmeyer: Die Macher und die Mächtigen. Fernsehen in Deutschland, 2. Aufl. 1989. J. Meyrowitz: Wie Medien unsere Welt verändern, 1990.

Gesellschaft

Flaggschiff „Wasa" geborgen
24.4. Stockholm. Im Hafen der schwedischen Hauptstadt wird die „Wasa" geborgen, das im 17. Jh. gesunkene Flaggschiff des schwedischen Königs Gustav Adolf.
Das Schiff, das bei seiner Jungfernfahrt im Hafen gekentert war, wurde 1956 ausfindig gemacht. 1959 begannen die Arbeiten zur Bergung und Konservierung des in 32 m Tiefe liegenden Schiffsrumpfs.
Die Trockenwerft, in der Archäologen die 50 m lange „Wasa" restaurieren, wird als Museum zu einer der Sehenswürdigkeiten Stockholms.

Kultur

Erstlings-Werk von Christa Wolf
Halle. Christa Wolfs „Moskauer Novelle" erscheint im Mitteldeutschen Verlag, in dem die Autorin seit 1959 als Lektorin arbeitet.
Christa Wolf schildert in ihrem Erstlings-Werk die Erlebnisse einer Ostberliner Ärztin, die in Moskau einen als Dolmetscher arbeitenden Russen wiedertrifft, den sie kurz nach dem Krieg in Berlin kennengelernt hatte.
Die Novelle wird in der Bundesrepublik nicht veröffentlicht. Christa Wolf gelingt erst zwei Jahre später mit ihrem Roman „Der geteilte Himmel" der literarische Durchbruch. 1968 kann sie mit „Nachdenken über Christa T." und 1983 mit der Erzählung „Kassandra" an diesen Erfolg anknüpfen.

Th. Hörnigh: Christa Wolf, 1990.

John Cranko in Stuttgart
Stuttgart. Neuer Ballettdirektor am Württembergischen Staatstheater wird der britische Choreograph John Cranko. Der Balanchine-Schüler gab 1942 sein Choreographie-Debüt in Kapstadt mit Igor Strawinskys „Geschichte vom Soldaten". Ab 1949 war er als Choreograph am Sadler's Wells Theatre Ballett in London tätig.
Durch seine Arbeit in Stuttgart findet das deutsche Ballett in den 60er Jahren Anschluß an die internationale Entwicklung. John Cranko propagiert gleichermaßen das abstrakte moderne Ballett und das klassische Handlungsballett.

Er entdeckt Marcia Haydee, die 1976 seine Nachfolge in Stuttgart antritt, und John Neumeier, der ab 1973 als Ballettchef in Hamburg arbeitet.

W. E. Schäfer (u. a.): John Cranko und das Stuttgarter Ballett, 1973.

Komödie von Billy Wilder
USA. Der Film des aus Österreich stammenden US-amerikanischen Regisseurs Billy Wilder „Eins, zwei, drei" wird uraufgeführt. Die temporeiche Komödie spielt in Berlin vor Errichtung der Mauer: Die Tochter des Coca-Cola-Managers verliebt sich in einen aus dem Ostsektor stammenden Kommunisten, der nach der Heirat zum Kapitalisten „umerzogen" wird. Wilder karikiert sowohl die Geschäftspraktiken der US-Amerikaner als auch den Umgang der Deutschen mit ihrer nationalsozialistischen Vergangenheit. „Eins, zwei, drei" wird aber erst bei der Wiederaufführung in den 80er Jahren zu einem großen Kinoerfolg.
Billy Wilder war zunächst in den 40er Jahren mit Filmen aus der „Schwarzen Serie" erfolgreich (u. a. „Frau ohne Gewissen", 1944, mit Barbara Stanwyck). Erst in den 50er Jahren etablierte er sich als Komödienspezialist (u. a. mit „Manche mögen's heiß", 1959, Hauptrolle: Marilyn Monroe).

N. Sinyard (u. a.): Billy Wilders Filme, 1980.

Grimmsches Wörterbuch komplett
4.1. Göttingen/Ostberlin. 123 Jahre nach Beginn der Arbeit ist der letzte Band des Deutschen Wörterbuchs der Brüder Jacob und Wilhelm Grimm fertiggestellt.
Die beiden Sprachwissenschaftler, die mit ihrer Sammlung deutscher Kinder- und Hausmärchen berühmt geworden waren, konzipierten ein Wörterbuch, in dem jeder Eintrag sowohl die Herkunft des betreffenden Wortes als auch seinen Gebrauch erläutert. Dabei wird der gesamte Wortschatz seit dem 16. Jh. aufgearbeitet.
Nach dem Tod Wilhelm Grimms 1859 und Jacob Grimms 1863 setzten Germanisten die Arbeit an dem Werk fort, von dem erst der zweite Band fertiggestellt war. Die Preußische Akademie der Wissenschaften richtete 1908 in Berlin eine Zentralredaktion ein; ab 1946 koordinierten Zentralsammelstellen in Göttingen und Ostberlin die Fertigstellung des Jahrhundertprojekts.
Mit der Vollendung des letzten Bandes beginnt die Überarbeitung des ersten Teils, der dem Wissensstand des 20. Jh. angepaßt werden soll.

Sport 1961 K 561

Fußball	
Deutsche Meisterschaft	1. FC Nürnberg
DFB-Pokal	Werder Bremen – 1. FC Kaiserslautern 2:0
Englische Meisterschaft	Tottenham Hotspurs
Italienische Meisterschaft	Juventus Turin
Spanische Meisterschaft	Real Madrid
Europapokal (Landesmeister)	Benefica Lissabon – FC Barcelona 3:2
Europapokal (Pokalsieger)	AC Florenz
Tennis	
Wimbledon (seit 1877; 75. Austragung)	Herren: Rod Laver (AUS) Damen: Angela Mortimer (GBR)
US Open (seit 1881; 81. Austragung)	Herren: Roy Emerson (AUS) Damen: Darlene Hard (USA)
French Open (seit 1925; 31. Austragung)	Herren: Manuel Santana (SPA) Damen: Ann Haydon (GBR)
Australian Open (seit 1905; 49. Austragung)	Herren: Roy Emerson (AUS) Damen: Margaret Smith (AUS)
Davis-Cup (Melbourne, AUS)	Australien – Italien 5:0
Eishockey	
Weltmeisterschaft	Kanada
Stanley-Cup	Chicago Black Hawks
Deutsche Meisterschaft	EV Füssen
Radsport	
Tour de France (4394 km)	Jacques Anquetil (FRA)
Giro d'Italia (4004 km)	Armaldo Pambianco (ITA)
Straßenweltmeisterschaft	Rik van Looy (BEL)
Automobilsport	
Formel-1-Weltmeisterschaft	Phil Hill (USA), Ferrari
Boxen	
Schwergewichts-Weltmeisterschaft	Floyd Patterson (USA) – K. o. über Tom McNeely (USA), 4.12. – K. o. über Ing. Johansson (SWE), 13.3.

Herausragende Weltrekorde

Disziplin	Athlet (Land)	Leistung
Leichtathletik, Männer		
3000 m Hindernis	Zdyslaw Krzyskowiak (POL)	8:30,4 min
Hochsprung	Waleri Brumel (URS)	2,25 m
Weitsprung	Ralph Boston (USA)	8,28 m
Diskuswurf	Jay Silvester (USA)	60,72 m
Leichtathletik, Frauen		
100 m	Wilma Rudolph (USA)	11,2 sec
Hochsprung	Jolanda Balas (USA)	1,91 m
Schwimmen, Männer		
100 m Brust	Chet Jastremski (USA)	1:07,5 min
200 m Brust	Chet Jastremski (USA)	2:20,6 min
Schwimmen, Frauen		
200 m Brust	Karin Beyer (GDR)	2:48,0 min
200 m Rücken	Satoko Tanaka (JPN)	2:33,2 min

1962

Politik

Birma/Myanmar: Das Agrarland Myanmar (bis 1989 Birma) gehört zu den ärmsten Ländern der Erde.

Staatsstreich in Birma

2.3. Birma. Nach langjährigen inneren Unruhen stürzt die birmanische Armee unter General U Ne Win die Regierung U Nu. Abgeordnetenhaus und Nationalitätenkammer werden aufgelöst, die Verfassung von 1947 wird außer Kraft gesetzt. Ein aus Offizieren gebildeter Revolutionsrat übernimmt die Regierungsgewalt in dem südostasiatischen Staat.

U Ne Win, der bereits 1958–60 an der Regierung war, setzt eine umfassende Sozialisierung der Wirtschaft in Gang. Der „birmanische Weg zum Sozialismus" treibt das Land in die bis in die 90er Jahre fortdauernde Isolation; die Außenhandelsbeziehungen (mit Ausnahme zur VR China) werden abgebrochen. 1974 erhält Birma (seit 1989 Myanmar) eine sozialistische Verfassung. Trotz eines deutlichen Wahlsiegs der Opposition 1990 weigert sich das Militär, die Staatsgewalt an eine Zivilregierung abzugeben und bleibt unter Mißachtung der Grund- und Menschenrechte an der Macht. S 557/K 562

Abrüstungskonferenz in Genf

14.3. Genf. Abrüstung und Einstellung von Kernwaffenversuchen sind die beiden erklärten Ziele der internationalen Abrüstungskonferenz, zu der Vertreter von 17 Nationen zusammenkommen.

Neben den Großmächten USA und UdSSR sowie Großbritannien, Italien, Kanada, Polen, Tschechoslowakei, Rumänien und Bulgarien sitzen Delegierte von acht blockfreien Staaten am Verhandlungstisch. Ihre Beteiligung war nach Abbruch der Abrüstungsgespräche (Juni 1960) von den USA und der UdSSR 1961 vereinbart worden.

Die Verhandlungen geraten ins Stocken, weil die US-Amerikaner internationale Kontrollsysteme fordern, die von der Sowjetunion als systematische Spionage abgelehnt werden. Die USA wehren sich gegen atomwaffenfreie Zonen in Europa, da sie eine Schwächung der westlichen Verteidigung befürchten. Zu einem Übereinkommen gelangt man in der

Die 1992 freigegebene, 262 km lange Straße ist die einzige Landverbindung zu den Nachbarstaaten des sog. Goldenen Dreiecks zwischen Laos, Thailand und China, aus dem 60% der jährlichen Heroinproduktion weltweit stammen. Westliche Beobachter vermuten, daß die Straße vor allem zum Drogen- und Menschenschmuggel genutzt wird.

Wichtige Regierungswechsel 1962 — K 563

Land	Amtsinhaber	Bedeutung
Birma	U Wing Maung (P seit 1957) Sama Duwa Sinwa Nawang (P 16.2.–2.3.) U Ne Win (P bis 1981)	Militärputsch (2.3.); Verfassung von 1947 außer Kraft; General Ne Win verkündet birmanischen Weg zum Sozialismus (30.4.), der das Land in außenpolitische Isolation führt (S.556)
Bulgarien	Anton Tanew Jugow (M seit 1956) Todor Schiwkow (M bis 1971)	Ablösung Jugows im Zuge der Entstalinisierung (5.11.); Schiwkow wird auch KP-Chef und ist damit neuer starker Man
Jemen	Mohammed Mansur (König seit 19.8.) Abdullah As-Sallal (P bis 1967)	König von Offizieren gestürzt (27.9.); Ausrufung der Republik; Vertreibung des Königs führt zu Bürgerkrieg (bis 1970, S.558)
Laos	Prinz Bun Um (M seit 1960) Prinz Suvanna Phuma (M bis 1975)	Koalitionsregierung aus Rechtsgerichteten, Neutralisten und Kommunisten soll Bürgerkrieg (seit 1954) beenden (S.557)
Südkorea	Yun Poson (P seit 1961) Park Chung Hee (P bis 1979)	Rücktritt aus Protest gegen Militärjunta, die allen Politikern für sechs Jahre jede politische Betätigung untersagt (S.557)

M = Ministerpräsident bzw. Premierminister; P = Präsident

Frage des Verbots der Weitergabe von Atomwaffen (↑S.621/1.7.1968).

M. Beck: Abrüstung, Nachrüstung, Friedenssicherung. Verträge, Beschlüsse, Übereinkommen, dtv TB 5536.

Junta-Chef Park löst Poson ab

22.3. Seoul. Aus Protest gegen die zunehmenden Repressalien der herrschenden Militärjunta tritt Yun Poson, Staatspräsident von Südkorea, zurück.

Poson war der einzige gewählte Politiker in der Regierung, die nach dem Militärputsch vom Mai 1961 die Macht übernahm. Die Offiziere des „Obersten Rats für den nationalen Wiederaufbau", die ihn vergeblich zum Verbleib im Amt drängten, bestimmen den Junta-Chef General Park Chung Hee zu seinem Nachfolger.

Park wird 1963, 1967 und 1971 als Präsident bestätigt und nach einer Verfassungsänderung zweimal wiedergewählt (1972, 1978). Im Oktober 1979 wird er ermordet (↑S.740/27.5.1980).

Südkorea. Politik u. Geschichte, 1988.

Staat finanziert Parteien

5.4. Bonn. Der Deutsche Bundestag beschließt gegen die Stimmen der SPD eine beschränkte Finanzierung der Parteien durch den Staat. Bislang hatte der Bundestag Geld nur für politische Bildungsarbeit der Parteien bewilligt, jedoch nicht für deren gesamten Arbeitsaufwand.

Die CDU verweist in ihrer Begründung auf Artikel 21 des Grundgesetzes, nach dem die Parteien die Aufgabe haben, an der politischen Willensbildung mitzuwirken. Die Sozialdemokraten bemängeln, daß der Beschluß ohne ein Parteiengesetz verabschiedet wurde. Sie werfen der Regierung vor, in erster Linie Parteien mit geringer Mitgliederzahl und entsprechend geringem Beitragsaufkommen unterstützen zu wollen – eine deutliche Anspielung auf den CDU-Koalitionspartner FDP.

Das Geld der Parteien. Parteienfinanzierung zwischen staatspolitischer Notwendigkeit und Kriminalität, 1986.

Koalition soll Laos-Konflikt beenden

23.6. Vientiane. König Savang Vatthana proklamiert die am 12.6. vereinbarte Koalitionsregierung unter Ministerpräsident Suvanna Phuma. Der Regierung gehören Kommunisten und Royalisten an. Die zur Neutralität verpflichtete Koalition soll den seit 1954 andauernden Bürgerkrieg beenden, der seit 1959 auch unter Beteiligung auswärtiger Mächte ausgetragen wird.

Das seit 1954 unabhängige Laos ist faktisch geteilt in eine von der kommunistischen Pathet-Lao-Bewegung kontrollierte nördliche Zone und in das von den Royalisten beherrschte Mekong-Tal.

Die Eskalierung des Konflikts kann jedoch nicht verhindert werden. 1963 bricht die Koalition auseinander, als die Mitglieder des Pathet Lao nach der Ermordung von Außenminister Quinim Pholsena ihr Amt niederlegen. 1971 wird Laos in den Vietnamkrieg hineingezogen, als südvietnamesische und US-amerikanische Truppen eine Großoffensive zur Unterbrechung des sog. Ho-Chi-Minh-

Birma (Myanmar) im 20. Jahrhundert — K 562

Jahr	Ereignis
Bis 1937	Birma gehört zum britischen Kolonialreich (seit 1886) und wird an Britisch-Indien angegliedert
1937	Birma erhält den Status einer selbständigen Kolonie
1941	Japanische Truppen besetzen das Land
1943	Birma wird von Japan zum unabhängigen Staat erklärt (1.8.)
1945	Großbritannien erobert das birmanische Gebiet von Japan zurück
1947	Wahl der verfassunggebenden Nationalversammlung, die die Unabhängigkeit des Landes fordert (17.6.)
1948	Unabhängigkeitserklärung (4.1.); Birma wird Republik, zum ersten Regierungschef wird U Nu (mit Unterbrechungen bis 1962) bestimmt: Bodenreform und Verstaatlichungen
1962	Militärputsch unter General Ne Win, der die Verfassung aufhebt und den Sozialismus zum Staatsziel erklärt (S.556)
1964	Militärregierung verbietet alle oppositionellen Parteien; Abschottung des Landes nach außen
1972	Ne Win wird zum zivilen Regierungschef ernannt
1974	Neue Verfassung definiert das Land als „Sozialistische Republik der Birmanischen Union" (3.1.); sozialistische Staatspartei
1981	San Yu löst Ne Win als Staatschef ab
1988	General Sein Lwin löst San Yu und Parteichef Ne Win nach Protesten gegen die Einparteienherrschaft und Wirtschaftsverfall ab
	Nach drei Wochen Rücktritt von Sein Lwin (12.8.); Nachfolger Maung Maung ist erster ziviler Regierungschef seit 26 Jahren
	Militärputsch unter General Saw Maung (Sept.); Wiederzulassung politischer Parteien; breite politische Bewegung entsteht
1989	Birma wird amtlich in „Union von Myanmar" umbenannt
1990	Erste freie Wahlen: Siegerin Aung San Suu Kyi von oppositioneller Nationalen Liga für Demokratie (NLD) wird an Regierungsbildung gehindert und erhält Hausarrest; Militär (Staatsrat für die Wiederherstellung von Recht und Ordnung) behält die Macht
1991	Auszeichnung Aung San Suu Kyis mit Friedensnobelpreis (S.850)
	Verfolgung der moslemischen Minderheit hat Massenflucht ins benachbarte Bangladesch zur Folge
1992	Ablösung Saw Maungs durch Than Shwe als Chef der Militärjunta
1994	Waffenstillstand mit ethnischen Minderheiten der Shan und Karen
	Verfassungsentwurf sieht Einführung eines Zwei-Kammer-Parlaments vor, schreibt aber führende Rolle des Militärs fest

1962

Entwicklung der Parteienfinanzierung — K 564

Jahr	Ereignis	Folgen/Inhalte
1962	Bundestagsbeschluß zur Parteienfinanzierung	Staatliche Gelder ohne gesetzliche Grundlage für politische Arbeit verfügbar
1966	Urteil des Bundesverfassungsgerichts	Finanzierung aus Steuergeldern wird auf notwendige Wahlkampfkosten beschränkt
1967	Gesetz zur Parteienfinanzierung	Festlegung der Absetzbarkeit von Parteispenden; 2,50 DM Kostenerstattung pro Wähler bei mindestens 2,5% Stimmenanteil
1974	Änderung des Parteiengesetzes	3,50 DM Wahlkampfkostenerstattung bei 0,5% Stimmenanteil; Erhöhung der maximalen Spendensummen
1975	Spendenaffären	Erster Fall von Steuerhinterziehung bei Partei-Großspenden bekannt; weitere Skandale folgen
1983	Änderung des Parteiengesetzes	Wahlkampfkostenpauschale auf 5 DM erhöht; Parteien werden gemeinnützigen Vereinigungen gleichgestellt
1986	Urteil des Bundesverfassungsgerichts	Gesetz von 1983 bestätigt; fast 100%ige Finanzierung der Parteistiftungen durch Steuern ist rechtmäßig
1989	Änderung des Parteiengesetzes	Einführung des Sockelbetrags; Neufestsetzung von Chancenausgleich und Spendenhöchstsätzen
1992	Urteil des Bundesverfassungsgerichts	Neuregelung bis Ende 1993 angeordnet; Chancenausgleich, Sockelbetrag und Spendenpraxis verfassungswidrig
1994	Neues Parteienfinanzierungsgesetz	Senkung der Wahlkampfkostenerstattung; staatliche Zuschüsse werden an die Entwicklung der übrigen Einnahmen (Beiträge, Spenden) gekoppelt, Obergrenze wird durch Kommission (einberufen durch Bundespräsidenten) festgelegt; Parteispenden von Unternehmen nicht mehr steuerlich absetzbar (Private: bis 6 000/12 000 DM)

Pfads, des Hauptnachschubwegs des Vietcong, beginnen (↑S.641/30.4.1970). S 560/K 567

Algerien wird unabhängig
3.7. Nach 132 Jahren entläßt Frankreichs Staatspräsident Charles de Gaulle Algerien in die Unabhängigkeit.
1954 hatte die algerische Unabhängigkeitsbewegung FLN ihren Kampf gegen die Kolonialmacht begonnen (↑S.492/1.11.1954). Die siebenjährigen Auseinandersetzungen beendete das Abkommen von Evian (18.3.), dessen Vereinbarungen in Frankreich und Algerien durch Volksabstimmungen mit großen Mehrheiten bestätigt wurden. Die 1961 von Algerienfranzosen und Mitgliedern der französischen Algerienarmee gegründete OAS, deren Anführer Raoul Salan im Mai zu lebenslanger Haft verurteilt wurde, setzt ihre Terroranschläge zunächst fort. Tausende Franzosen verlassen das Land.
Erster Staatspräsident Algeriens wird Mohammed Ahmed Ben Bella, der die FLN zu einer Einheits- und Kaderpartei nach marxistisch-leninistischem Muster ausbaut (↑S.591/19.6.1965). S 559/K 565 S 591/K 596

Mohammed Ahmed Ben Bella

Peter Fechter erschossen: DDR-Grenzsoldaten tragen die Leiche des 18jährigen fort, dessen Flucht nahe dem Checkpoint Charlie scheiterte.

DDR-Flüchtling erschossen
17.8. Ostberlin. Bei seinem Fluchtversuch über die Berliner Mauer wird der 18jährige Bauarbeiter Peter Fechter von DDR-Volkspolizisten erschossen. Fechter verblutet im Niemandsland, ohne daß ihm jemand zu Hilfe kommt.
Seit dem Bau der Mauer (↑S.548/13.8.1961) wurden mindestens 37 Menschen beim Überwinden des „antifaschistischen Schutzwalls" umgebracht. Auf „Republikflucht", wie die DDR den aus ihrer Sicht illegalen Grenzübertritt zur Bundesrepublik bezeichnet, stehen hohe Gefängnisstrafen.
Trotz des Schießbefehls für die DDR-Grenztruppen versuchen immer wieder Menschen, die Sperranlagen zu durchbrechen. 1964 entkommen 57 Ostberliner Bürger – unterstützt von Fluchthelfern – durch einen Tunnel nach Westberlin. Bis zur Öffnung der deutschdeutschen Grenze (↑S.820/9.11.1989) sterben ca. 200 Menschen bei Fluchtversuchen.

Militär putscht im Nordjemen
27.9. Nordjemen. Die Armee stürzt den Imam und König Mohammed Mansur und proklamiert in der Hauptstadt Sana die „Arabische Republik Jemen". Mansur, der als Erbfolger einer jahrhundertelang währenden

Dynastie erst am 19.8. den Thron bestiegen hatte, wird von den Rebellen vertrieben. Als erster Staat erkennt Ägypten die Revolutionsregierung unter Oberst Abdullah As-Sallal an. Die monarchistisch gesinnten Kräfte sind jedoch weiterhin aktiv. Im bis 1970 andauernden Bürgerkrieg werden die Royalisten von Saudi-Arabien, die Republikaner von Ägypten unterstützt.

Die „Spiegel"-Affäre

26.10. Hamburg. Im Auftrag der Bundesanwaltschaft durchsucht die Polizei die Redaktionsräume des Nachrichtenmagazins „Der Spiegel" und dessen Bonner Büro.
Unter dem Verdacht des Landesverrats werden „Spiegel"-Herausgeber Rudolf Augstein und weitere leitende Redakteure verhaftet, der stellvertretende Chefredakteur und Militärexperte Conrad Ahlers wird in Spanien festgenommen. Anlaß für die Polizeiaktionen ist der „Spiegel"-Artikel „Bedingt abwehrbereit" (10.10.), der nach Ansicht des Bundesverteidigungsministeriums geheime Informationen enthalten soll.
Das Vorgehen der Polizei wird im In- und Ausland als Verstoß gegen die Pressefreiheit gewertet. Viele Journalisten sehen in der Aktion einen Racheakt von Verteidigungsminister Franz Josef Strauß, der oft im Kreuzfeuer des „Spiegel" gestanden hatte. Erst am

„Spiegel"-Affäre: Zahlreiche Menschen demonstrieren in deutschen Großstädten gegen die Einschränkung der Pressefreiheit.

Der Krieg in Algerien — K 565

Datum	Ereignis
20.9.1947	Algerien-Statut: französische Staatsbürgerschaft für Algerier; militante Nationalisten formieren sich im Untergrund
März 1954	Algerienfranzosen wollen keine Rechte an einheimische Moslems abtreten; Geheimbund OS bereitet Aufstand vor
1.11.1954	Gründung der Nationalen Befreiungsfront (FLN) und ihrer milit. Organisation ALN (Nationale Befreiungsarmee, S.492)
Nov. 1954	Beginn des Aufstands und des Guerillakriegs der zahlenmäßig unterlegenen Algerier gegen französische Besatzer
Ab 1956	Französische Truppen antworten mit Folter und Umsiedlung der Bevölkerung, die zu großen Teilen aus Algerien flieht
1957	Führende FLN-Vertreter (u. a. ihr Vorsitzender Ben Bella) werden gefangengenommen und nach Frankreich gebracht
Mai 1958	Nach dem Putsch in Algier erhöht de Gaulle die Zahl der Truppen in Algerien, die Terroraktionen verstärken sich
19.9.1958	In Kairo entsteht eine Exilregierung der FLN, in die auch die in Frankreich inhaftierten Führer integriert werden (S.522/29.5.)
18.1.1960	„Barrikaden-Aufstand" französischer Bewohner Algiers gegen die Selbstbestimmung des Landes niedergeschlagen
24.1.1960	Erneuter gewaltsamer Protest der französischen Bewohner Algiers gegen de Gaulles Ankündigung einer algerischen Selbstbestimmung; keine Änderung der französischen Haltung
9.12.1960	Während einer Reise de Gaulles nach Algerien demonstrieren Algerienfranzosen gegen die Autonomie; Folge: massive moslemische Proteste
14.1.1961	Nach einer Volksabstimmung wird das Selbstbestimmungsgesetz für Algerien verkündet; französische Siedler und Soldaten gründen den Geheimbund OAS
22.4.1961	Putschversuch ehemaliger Algerien-Offiziere scheitert
Mai 1961	Trotz Gewaltaktionen der OAS gegen die mögliche Unabhängigkeit Algeriens nimmt Frankreich erste Verhandlungen mit der Exilregierung (GPRA) auf
18.3.1962	Vertrag von Evian: Waffenstillstand; französische Truppen und Algerienfranzosen verlassen Nordafrika
3.7.1962	De Gaulle entläßt Algerien in die Unabhängigkeit (S.558)
25.9.1962	Verfassunggebende Versammlung proklamiert die Republik

Reaktionen in Frankreich — K 566

Datum	Ereignis
2.2.1956	Regierungschef Mollet stellt die algerische Unabhängigkeit in Aussicht; Protest der Algerienfranzosen
21.8.1957	Plan der französischen Regierung für einen neuen Algerien-Status scheitert am Votum der Nationalversammlung; Folge: Rücktritt der Regierung (30.9.)
4.2.1958	Nationalversammlung in Frankreich beschließt das Algerien-Statut; dies schürt bei Algerienfranzosen die Angst um den Verlust ihrer Vormachtstellung
15.4.1958	Erneuter Regierungswechsel wegen des Algerienkriegs
13.5.1958	Putsch der Armee in Algier führt zu Unruhen in Frankreich (Mai: Notstand und Regierungsantritt de Gaulles) (S.522/29.5.)
16.9.1959	Staatspräsident de Gaulle akzeptiert das Recht Algeriens auf Selbstbestimmung und bietet Loslösung von Frankreich, Assoziierung oder Integration an
19.12.1960	Die französische Nationalversammlung erkennt das Selbstbestimmungsrecht Algeriens an
8.4.1962	In einer Volksabstimmung bestätigt das französische Volk die Algerienpolitik der Regierung

Kriegsherde in Asien seit 1945[1]   K 567

Zeitraum	Krieg/Krise	Kontrahenten	Anlaß	Lösung
1945–49	Indonesischer Autonomiekrieg	Indonesien, Niederlande, Großbritannien	Kampf um Unabhängigkeit der Indonesier	Haager Konferenz (1949): Indonesien erhält die volle Souveränität; Ende der Kolonialmacht
1946–54	Indochinakrieg	Frankreich, Französisch-Indochina (Kambodscha, Laos, Vietnam)	Autonomiebewegungen in Französisch-Indochina	Indochina-Konferenz (1954): Vietnam wird geteilt, Laos und Kambodscha werden unabhängig (S.422/491)
1947/48	1. Indisch-Pakistanischer Krieg	Pakistan, Indien	Beide Staaten beanspruchen Kaschmir für sich	Teilung Kaschmirs an Waffenstillstandslinie; 1957 Annexion des von Indien besetzten Teils
1950/51	Tibetan.-Chines. Konflikt	Tibet, China	Chinesische Gebietsansprüche	Dalai-Lama flieht nach Indien (1959) und bildet Exilregierung; Tibet unter chinesischer Kontrolle (S.531)
1950–53	Koreakrieg	Nord-, Südkorea, China, UN-Truppen	Kommunistische Truppen (Norden) greifen Süden an	Waffenstillstand von Panmunjom (1953); seitdem kaum Annäherung zwischen Nord- und Südkorea (S.462)
1957–62	Niederländisch-Indonesischer Krieg	Niederlande, Indonesien	Indonesien fordert Anschluß West-Neuguineas	1962: West-Neuguinea unter UN-Verwaltung; 1963: Angliederung der Region an Indonesien
1957–73/75	Vietnamkrieg	Nordvietnam, Südvietnam, USA	Kommunistischer Norden gegen US-unterstützten Süden (Ideolog. Disput)	Friedenskonferenz (1973): US-Abzug; 1975: Kapitulation Südvietnams; 1976: Wiedervereinigung (S.672/27.1.1973)
1959–62	Chinesisch-Indischer Krieg	China, Indien	Grenzkonflikte in Kaschmir-Region Ladakh	China akzeptiert britische Grenzziehung von 1913/14 (Konferenz von Simla/Indien)
1963–66	Indonesisch-Malaysischer Krieg	Indonesien, Malaysia	Expansionsstreben Indonesiens	Frieden von Jakarta (1966): Gegenseitige Anerkennung der beiden Länder; nur langsame Annäherung
1965	2. Indisch-Pakistanischer Krieg	Pakistan, Indien	Pakistanische Grenzprovokationen im Kaschmirgebiet	Abkommen von Taschkent (1966): Beide Staaten erkennen bisherigen Grenzverlauf an (S.592)
1971	3. Indisch-Pakistanischer Krieg	Pakistan, Indien, Bangladesch	Indien unterstützt Autonomiebestrebung Bangladeschs	Kapitulation Pakistans in Ostbengalen; Anerkennung Bangladeschs (Republik seit 1971, S.652)
1975/76	Indonesischer Einsatz auf Port.-Timor	Indonesien, timoresische Befreiungseinheiten	Expansionsstreben Indonesiens	Annexion von Ost-Timor durch Indonesien (seit 1950 gehört auch West-Timor zu Indonesien)
1979	Jemenitischer Krieg	Arabische Republik Jemen, Demokratische Volksrepublik Jemen	Ideologische Gegensätze zwischen beiden Staaten	Friedensvertrag (1979): Pläne zur Wiedervereinigung beider Staaten, die 1990 realisiert wird
1979–88	Afghanistankrieg	Afghanistan, UdSSR	UdSSR will Afghanistan zum abhängigen Staat machen	Genfer Afghanistan-Abkommen (1988): Abzug der sowjetischen Truppen; Bürgerkrieg wird fortgesetzt (S.733)
1978–91	Bürgerkrieg in Kambodscha	Insgesamt vier Bürgerkriegsparteien	Einmarsch vietnamesischer Truppen (1978)	1991: Waffenstillstand zwischen Roten Khmer und provietnamesischer Regierung; UN-Kontrolle (S.833)
1979	Chinesisch-Vietnamesischer Krieg	China, Vietnam	Spannungen nach Vietnam-Annäherung an UdSSR	Normalisierung nach Kambodscha-Friedensvertrag (1991); Aufnahme von Handelsbeziehungen (1992)
1980–88	1. Golfkrieg	Iran, Irak	Kampf um die Vorherrschaft am Persischen Golf	Waffenstillstand 1988 nach UN-Vermittlung; Beendigung des Kriegs ohne militärischen Sieger (S.805)
Seit 1983	Bürgerkrieg in Sri Lanka	Singhalesen, Tamilen	Attentat von Tamilen, die sich unterdrückt fühlen	Tamilische Autonomie von Regierungstruppen verhindert; Bürgerkrieg geht weiter (S.762)
1991	2. Golfkrieg	Irak, multinationale Truppen unter US-Führung	Irak besetzt Kuwait nach Streit um Ölfelder	Waffenstillstand verpflichtet Irak zu Abrüstung und Reparationen; schwere ökologische Schäden (S.843)

[1] Zum Nahostkonflikt siehe K 611 (S.608)

26.11. wird die Redaktion nach Durchsicht von knapp 20 Mio Unterlagen wieder freigegeben. Strauß, der sich in widersprüchliche Aussagen über seine Beteiligung an der Aktion verstrickt, tritt am 30.11. zurück. Die Eröffnung des Hauptverfahrens gegen Augstein und Ahlers wird 1965 vom Bundesgerichtshof abgelehnt. S 684/K 676

R. Liedtke: Die neue Skandalchronik. 40 Jahre Affären und Skandale in der BRD, 1989.

Äthiopien gliedert Eritrea ein

14.11. Eritrea. Der äthiopische Kaiser Haile Selassie I. gliedert das bislang autonome Eritrea als Provinz in den Gesamtstaat Äthiopien ein. Eritrea, seit ältesten Zeiten eng mit Äthiopien verbunden, war seit 1890 italienische Kolonie. 1941 wurde es von britischen Truppen erobert und 1952 zu einer Föderation mit Äthiopien zusammengeschlossen. Mit der Eingliederung löst Selassie I. den gewaltsamen Widerstand der 1961 gebildeten Eritreischen Befreiungsfront (ELF) aus. Obwohl sich die ELF 1970 spaltet, koordiniert sie weiterhin ihre militärischen Aktionen. Neben dem Bürgerkrieg erschüttern Dürrekatastrophen und Hungersnöte das Land (↑S.686/12.9.1974). Am 28.5.1991 (↑S.845) beendet die militärische Niederlage der Regierungstruppen den Bürgerkrieg. 1991 bildet der Führer der Eritrean Peoples Liberation Front (EPLF), Issayas Afewerki, eine provisorische Regierung. Am 24.5.1993 erklärt Eritrea durch Volksabstimmung seine Unabhängigkeit von Äthiopien. S 687/K 678

Natur/Umwelt

Sturmflut in Hamburg

17.2. Hamburg. In der Nacht vom 16. zum 17.2. wird Norddeutschland von der schwersten Flutkatastrophe seit 1855 überrascht. Der Pegelstand beträgt 3,77 m über dem mittleren Hochwasser. Insgesamt kommen 337 Menschen ums Leben, davon rd. 300 in Hamburg, dessen Katastrophenschutzplan eine Evakuierung gefährdeter Personen nicht vorsah. Ein Sturmtief hatte sich von der Nordsee direkt auf die Deutsche Bucht zubewegt und große Wassermassen in die Elbmündung getrieben, die die Deiche durchbrachen oder überfluteten. Besonders betroffen ist der Hamburger Stadtteil Wilhelmsburg, der völlig überschwemmt wird. Der Sachschaden beläuft sich auf 2,9 Mrd DM. Rund 75 000 Menschen sind vorübergehend obdachlos.

Wissenschaft

Venussonde am Ziel

14.12. Venus. Die US-amerikanische Raumsonde „Mariner 2" überfliegt in 34 830 km Höhe die Wolkenschicht der Venus und erreicht damit als erstes von Menschenhand gemachtes Objekt einen anderen Planeten.
Die Venussonde wurde am 27.8. von Cape Canaveral gestartet. Die Venus, der am nächsten zur Erde gelegene Planet, ist nach Sonne und Mond das hellste Gestirn, das wir beobachten können.
Während ihrer Reise übermittelt „Mariner 2" Daten über die Existenz des sog. Sonnenwindes, den schon 1931 der US-amerikanische Physiker Sydney Chapman vermutet hatte. Chapman stellte die These auf, daß die Sonnenkorona ständig geladene Teilchen emittiert. 1967 dringt die russische Raumsonde „Venus 4" erstmals in die Venusatmosphäre (etwa 96,4% Kohlendioxid und 3,2% Stickstoff) ein und liefert erste Meßergebnisse.
Die folgenden Sonden werden laufend verbessert. Vor allem unterschätzt man anfangs Druck und Temperatur (etwa +480 °C) in den tieferen Schichten der Atmosphäre, so daß es erst mit den späteren Flugkörpern möglich ist, auch vom Venusboden Messungen und Aufnahmen zu erhalten. Die ersten Fotos liefern 1975 „Venus 9" und „Venus 10". S 562/K 569

J. v. Puttkamer: Der erste Tag der neuen Welt. Vom Abenteuer d. Raumf. zur Zukunft im All, 1981.

Flutkatastrophe: Nachdem die Elbdeiche gebrochen sind, stehen weite Teile des Hamburger Stadtgebiets unter Wasser.

Erfolgreiche Raumsonden-Missionen K 569

Name	Land	Start	Ankunft	Ergebnis
Venus				
MARINER 2	USA	27. 8.1962	14.12.1962	1. Vorbeiflug: 34 830 km
VENUS 4	UdSSR	12. 6.1967	18.10.1967	1. Landung
PIONEER-VENUS 1	USA	20. 5.1978	5.12.1978	1. Umlauf
MAGELLAN	USA	4. 5.1989	10. 8.1989	Kartierung
Mars				
MARINER 4	USA	28.11.1964	14. 7.1965	1. Vorbeiflug: 9844 km
MARS 2	UdSSR	19. 5.1971	27.11.1971	1. Landung
MARS 3	UdSSR	28. 5.1971	2.12.1971	1. Umlauf
Jupiter				
PIONEER 10	USA	3. 3.1972	4.12.1973	1. Vorbeiflug: 130 300 km
GALILEO	USA/BRD	4.10.1989	7.12.1995	Atmosphäre-Daten
ULYSSES	USA/ESA[1]	14.10.1990	8. 2.1992	Umrundung
Saturn				
PIONEER 11	USA	5. 4.1973	1. 9.1979	1. Vorbeiflug: 21 000 km
Uranus				
PIONEER 10	USA	3. 3.1972	11. 7.1979	1. Vorbeiflug
Merkur				
MARINER 10	USA	3.11.1973	29. 3.1974	1. Vorbeiflug
Neptun				
VOYAGER 2	USA	20. 8.1977	25. 8.1989	1. Vorbeiflug
Sonne				
ULYSSES	USA/ESA[1]	6.10.1990	März 1994	1. Südpolumrundung

[1] Gemeinschaftsprojekt der NASA mit der Europäischen Weltraumbehörde

Adolf Eichmann (l., hinter der Wand einer kugelsicheren Glaszelle) und Generalstaatsanwalt Gideon Hausner während der Gerichtsverhandlung

Medien

TV-Satellit sendet aus dem All

20.7. Cape Canaveral. Der erste aktive Funk- und Fernsehsatellit der Welt wird von den USA mit einer Thor-Delta-Rakete auf seine Erdumlaufbahn gebracht. Bereits 15 Stunden nach dem Start von „Telstar" tritt die 80 kg schwere Raumkapsel in ihre transatlantischen Übermittlungsdienste: Über eine halbe Stunde lang empfängt Telstar Telefongespräche, Fotos, Filmaufnahmen und schickt sie wieder zur Erde zurück. Die Franzosen empfangen über Satellit eine 25minütige Fernsehsendung aus dem US-Bundesstaat Maine in bester Qualität.

Die Programme dürfen nicht länger als 30 Minuten sein, da der Satellit sich nur kurze Zeit in einer für die Übertragung günstigen Position befindet. In der Folgezeit wird ein globales Nachrichtensystem mit geostationären, d. h. der Erdumdrehungsgeschwindigkeit angepaßten Objekten aufgebaut.

Gesellschaft

Erste Trabantenstadt bei Vahr

An der Stadtperipherie von Bremen wird die erste deutsche Trabantenstadt errichtet. Die Neue Vahr besteht aus großen Hochhauskomplexen, die auf die Wohnfunktion beschränkt sind. Nachteile dieser Schlafstädte sind fehlende soziale Einrichtungen, die zur Isolation von Hausfrauen, Kindern und älteren Leuten führen. Eine Fortentwicklung der Trabantenstädte sind die Satellitenstädte, die Versorgungsfunktionen nicht nur des täglichen Bedarfs wahrnehmen, sondern auch Gewerbegebiete umschließen. Ab den 80er Jahren versuchen die Stadtplaner, polyzentrisch zu bauen, d. h. mehrere kleinere Zentren anstelle einer einzigen großen Innenstadt zu bilden.

Eichmann hingerichtet

31.5. Tel Aviv. Der Organisator der nationalsozialistischen Judenvernichtung, Adolf Eichmann, wird im israelischen Gefängnis Ramla gehängt.

Eichmann, 1939 zum Leiter des Judenreferats im Reichssicherheitshauptamt ernannt, war in dieser Funktion verantwortlich für die Durchführung des Holocaust an den europäischen Juden (↑S.379/20.1.1942). Nach dem Krieg floh er nach Südamerika, wo ihn der israelische Geheimdienst aufspürte und nach Israel entführte. Am 15.12.1961 verurteilte ihn ein Jerusalemer Gericht wegen Verbrechen gegen das jüdische Volk und die Menschlichkeit zum Tode durch den Strang. Eichmann, der sich nur als Befehlsempfänger sah und die damalige Regierung verantwortlich machte, wird zur Symbolfigur des nationalsozialistischen Rassenwahns: ein funktionaler Bürokrat, der mit unermüdlichem skrupellosem Eifer von seinem Schreibtisch aus den Völkermord lenkte. S 563/K 570

P. Z. Malkin: Ich jagte Eichmann, 1991.

Lebenslänglich für Vera Brühne
4.6. München. Vera Brühne und ihr Freund Johann Ferbach werden des Mordes an dem Arzt Otto Praun und seiner Haushälterin Elfriede Kloo für schuldig befunden und zu lebenslangen Haftstrafen verurteilt.

Der fünf Wochen dauernde Prozeß hatte ein lebhaftes Echo in der Öffentlichkeit gefunden. Brühne war in Verdacht geraten, weil der Getötete seine frühere Geliebte testamentarisch als Grundstückserbin bedacht hatte.

Die Angeklagte beteuert bis zuletzt ihre Unschuld und wird ausschließlich aufgrund von Indizien verurteilt. Johann Ferbach stirbt 1970 in der Haft. Vera Brühne wird 1979 nach 17 Jahren begnadigt. S 563/K 570

Die Vergangenheit, die nicht endete. Machtrausch, Geschäft und Verfassungsverrat im Justizskandal Brühne-Ferbach, 1985.

2. Vatikanisches Konzil
11.10. Rom. Papst Johannes XXIII. eröffnet in der Peterskirche das am 25.12.1961 einberufene 2. Vatikanische Konzil.

Es soll innere Reformen der katholischen Kirche erarbeiten, um den gesellschaftlichen Umschichtungen seit dem 1. Vatikanischen Konzil (1869/70) gerecht zu werden. Am größten Konzil in der fast 2000jährigen Geschichte des Christentums nehmen 2850 Kirchenfürsten aus 133 Nationen teil; 93 Vertreter nichtkatholischer christlicher Gemeinschaften sind als Beobachter vertreten.

In den vier Sitzungsperioden trifft die katholische Kirche bedeutende Aussagen über die Religionsfreiheit und über den Ökumenismus. Nach dem Tod von Johannes XXIII. (3.6.1963) führt sein Nachfolger Paul VI. das Konzil fort, das er am 8.12.1965 beschließt.

H. Jedin: Kleine Konziliengeschichte. Mit einem Bericht über das 2. Vatikanische Konzil, 1978. N. Lobkowicz: Was brachte uns das Konzil?, 1986.

Deutsche Welthungerhilfe gegründet
14.12. Bonn. Die Deutsche Welthungerhilfe wird ins Leben gerufen. Ziel der Organisa-

Aufsehenerregende Prozesse im 20. Jh.	K 570
1927: Todesurteil für Sacco und Vanzetti (S.167)	
Die beiden Gewerkschafter werden trotz fehlender Beweise für schuldig befunden, bei Raubüberfall in Boston zwei Männer erschossen zu haben	
1933: Prozeß gegen angebliche Reichstagsbrandstifter (S.290/27.2.)	
Schauprozeß gegen fünf Männer, die für den Reichstagsbrand verantwortlich sein sollen. Nur Marinus van der Lubbe wird verurteilt	
1946: Nürnberger Hauptkriegsverbrecherprozeß (S.421)	
Internationaler Gerichtshof verurteilt zwölf führende Repräsentanten des Dritten Reichs zum Tode und sieben weitere zu Freiheitsstrafen	
1952: Schauprozeß gegen Rudolf Slansky	
Aufgrund erpreßter Geständnisse und frei erfundener Verbrechen wird der frühere Chef der tschechoslowakischen KP zum Tode verurteilt	
1961: Todesurteil für Adolf Eichmann (S.562/31.5.1962)	
Ein israelisches Gericht verurteilt den früheren SS-Obersturmbannführer wegen Verbrechen gegen die Menschlichkeit zum Tod durch den Strang	
1962: Lebenslänglich für Vera Brühne (S.563)	
Brühne und ihr Bekannter Johann Ferbach werden im spektakulärsten deutschen Indizienprozeß des Doppelmordes für schuldig befunden	
1977: Stammheim-Prozeß gegen Baader-Meinhof-Gruppe (S.713)	
Die Terroristen Baader, Ensslin und Raspe werden im eigens errichteten Hochsicherheitstrakt zu lebenslanger Haft verurteilt	
1982: Prozeß wegen Selbstjustiz (S.758/2.11.)	
Marianne Bachmeier, die den mutmaßlichen Mörder ihrer Tochter im Gerichtssaal erschoß (1981), erhält wegen Totschlags sechs Jahre Haft	
1988: Prozeß gegen Monika Weimar	
Monika Weimar wird vom Oberlandesgericht Frankfurt/Main wegen Mordes an ihren beiden Kindern Melanie und Karola am 4.8.1986 zu lebenslanger Haft verurteilt. Aufgrund eines neuen Beweisgutachtens Wiederaufnahme des Verfahrens im Dezember 1995	
1995: Freispruch für O. J. Simpson (S.892)	
Spektakulärster, von Rassengegensätzen geprägter Prozeß in der US-Justizgeschichte gegen den farbigen ehemaligen Football-Star und Schauspieler Orenthal James (O. J.) Simpson wegen Mordes an seiner Ex-Frau Nicole Brown und deren Freund Ronald Goldman am 12.6.1994	

2. Vatikanisches Konzil: Auf zwei 100 m langen Tribünen in der Peterskirche nehmen die Konzilsväter bei der Eröffnungsfeier Platz.

1962

Nobelpreisträger 1962	K 568
Frieden: Linus Carl Pauling (USA, 1901–1994)	
Der Chemie-Nobelpreisträger von 1954 kämpfte mit anderen Atomwissenschaftlern (darunter Einstein) gegen amerikanische und sowjetische Kernwaffentests. Seit den 50er Jahren setzte er sich international für ein Atomteststoppabkommen ein, das 1963 in Moskau unterzeichnet wurde.	
Literatur: John Steinbeck (USA, 1902–1968)	
Steinbeck zeigte in seinen sozialkritischen Romanen und Erzählungen die Schattenseiten des „American dream" und warb für eine gerechtere Verteilung des Reichtums in seinem Heimatland. Bekannteste Werke: „Von Mäusen und Menschen" (1937), „Früchte des Zorns" (1939).	
Chemie: John C. Kendrew (GB, *1917), Max F. Perutz (GB, *1914)	
Kendrew fand 1960 die Molekülstruktur des Myoglobins, eines roten Farbstoffs, der in den Muskelzellen gebildet wird. Perutz analysierte die Struktur des Blutfarbstoffs Hämoglobin. Mit Hilfe von Röntgenstrahlen bestimmte er die Lage aller 12 000 Atome im Hämoglobin-Molekül.	
Medizin: Francis H. Compton Crick (GB, *1916), James D. Watson (USA, *1928), Maurice F. Wilkins (GB, *1916)	
Die drei Wissenschaftler entwickelten ein Modell der Desoxyribonukleinsäure (DNS), deren Molekülaufbau zwei schneckenförmig in sich gewundenen Strängen (Doppelhelix) gleicht. Damit konnte erklärt werden, wie der genetische Code (Träger des Erbmaterials) übertragen wird.	
Physik: Lew Landau (UdSSR, 1908–1968)	
Der Physiker lieferte Beiträge zu nahezu allen Bereichen der modernen theoretischen Physik. Landau gelangte u. a. zu einer Theorie der sog. Quantenflüssigkeiten bei sehr niedrigen Temperaturen. Damit konnten die Eigenschaften von Flüssigkeiten bis ins Detail festgestellt werden.	

tion ist es, den Betroffenen „Hilfe zur Selbsthilfe" zu geben und das „Menschenrecht" auf Ernährung zu sichern.

Den Anstoß zur Gründung der Welthungerhilfe hatte ein Appell des Inders Binay Ranjan Sen gegeben. Der Vorsitzende der Ernährungs- und Landwirtschaftsorganisation der Vereinten Nationen (FAO) hatte auf die wachsende Kluft zwischen Nord und Süd hingewiesen und die Förderung der Landwirtschaft als zentrale Aufgabe der Entwicklungshilfe gefordert. Bis 1992 unterstützt die Deutsche Welthungerhilfe mit einem Kostenaufwand von 880 Mio DM in 87 Staaten rund 3250 Projekte, die zum großen Teil durch Spenden finanziert werden.

Kultur

TWA-Terminal fertiggestellt
New York. Am John F. Kennedy Airport wird der vom US-amerikanischen Architekten Eero Saarinen entworfene Terminal der Fluggesellschaft TWA (Trans World Airlines) eröffnet. Die für Saarinen typische geschwungene Dachkonstruktion ist Vogelschwingen nachempfunden.

Der 1961 verstorbene Saarinen war bereits früher mit expressiven Gebäudeentwürfen hervorgetreten, die seine Beeinflussung durch die Bildhauerei widerspiegeln. Seine schwungvollen Konstruktionen und die spielerische Kombination von Glas, Stahl und Beton traten der zunehmenden Monotonie der am kubischen Rationalismus orientierten Architektur der 60er Jahre entgegen.

Ian Flemings Superagent 007 im Kino
16.1. Jamaika. In der Karibik beginnen die Dreharbeiten zu „James Bond jagt Dr. No". Mit dieser Verfilmung eines Agentenromans von Ian Fleming startet die erfolgreichste Serie der Kinogeschichte.

James Bond (007), der im Dienst Ihrer Britischen Majestät in spektakulären Abenteuern größenwahnsinnige Verbrecher jagt, wird zum populären Kinohelden. Der Erfolg der James-Bond-Filme beruht vor allem auf der technischen Perfektion der Inszenierungen, exotischen Drehorten und einer gelungenen Mischung aus Action, Sex und Selbstironie.

Bis 1996 werden 18 James-Bond-Filme mit fünf Bond-Darstellern (Sean Connery, George Lazenby, Roger Moore, Timothy Dalton und Pierce Brosnan) produziert.

A. Heinzelmeier: Sean Connery, 1991.

Straßenfeger „Das Halstuch"
17.1. Im Fernsehen wird die sechste und letzte Folge von Francis Durbridges Krimi „Das Halstuch" gesendet. Zwischen 20 und 25 Mio Zuschauer verfolgen allein in der Bundesrepublik die Jagd des von Heinz Drache gespielten Inspektors Henry Yates nach dem geheimnisvollen Mörder.

Nie zuvor hat in der Geschichte des deutschen Fernsehens ein Film die Aufmerksamkeit der Zuschauer in diesem Maß erregen können. Während der Ausstrahlung der einzelnen Folgen sind die Straßen leergefegt, Theater und Kinos klagen über spärliche Besucherzahlen. Der Berliner Kabarettist Wolfgang Neuss, der in einem Zeitungsinserat vorzeitig den Namen des Mörders bekannt gibt, um den Bann des Fernseh-Mehrteilers zu brechen, erhält telefonisch Morddrohungen.

Uraufführung der „Physiker"
21.2. Zürich. Friedrich Dürrenmatts Drama „Die Physiker" hat Premiere. Es greift das Problem der Verantwortung des Wissenschaftlers im Atomzeitalter auf. Der brillante Physiker Möbius entzieht sich dem Zugriff der Politiker, indem er sich als „Irrer" in eine Anstalt zurückgezogen hat; er kann den Mißbrauch seiner Entdeckung aber nicht verhindern: Die Anstaltsleiterin erweist sich als

Friedrich Dürrenmatt (1921–1990). Der schweizerische Schriftsteller bei einer Lesung am 26. Februar 1962 in der Berliner Kongreßhalle

wahre Wahnsinnige. Sie bemächtigt sich der Formel und droht, die Welt zu vernichten. Dürrenmatt, der bereits 1956 mit seinem Drama „Der Besuch der alten Dame" einen großen Publikumserfolg verzeichnen konnte, entwickelt eine eigene Form der Tragikomödie, in der die schlimmstmögliche Wendung des Geschehens am Schluß durch einen Zufall herbeigeführt wird.
1986 erhält der Schriftsteller, der sich auch durch Kriminalromane (u. a. „Der Richter und sein Henker", 1952) einen Namen gemacht hat, den Georg-Büchner-Preis. S 565/K 571

Karl-May-Nachlaß in Bamberg
25.2. Bamberg. Anläßlich des 120. Geburtstages von Karl May wird beschlossen, seinen Nachlaß aus der DDR in das Karl-May-Museum in Bamberg zu überführen. Die Sammlung indianischer Kleidung und Waffen bleibt im Indianermuseum Radebeul, dem Wohnhaus des Schriftstellers.
Karl May wurde in den 1890er Jahren mit seinen Reiseerzählungen zu einem der populärsten Autoren der deutschen Literaturgeschichte. In seinen Zyklen „Durch die Wüste" (1892) und „Winnetou" (1893–1910) schuf er mit Old Shatterhand, Winnetou und Kara Ben Nemsi unfehlbare Heldengestalten.

Die Beatles in neuer Besetzung
13.4. Hamburg. Die Beatles treten im Star-Club erstmals mit Ringo Starr am Schlag-

Kulturszene 1962 K 571

Theater	
Edward Albee; Wer hat Angst vor Virginia Woolf?; UA 13.10., New York	Zwei amerikanische Dozenten-Ehepaare zerfleischen sich in bitterbösen Rededuellen beim nächtlichen „Kampf der Geschlechter".
Friedrich Dürrenmatt Die Physiker UA 21.2., Zürich	Komödie über die Gefährdung der Menschheit am Beispiel eines um den Mißbrauch seiner Forschungsergebnisse besorgten Kernphysikers.
Eugène Ionesco Der König stirbt UA 15.12., Paris	Drama über den Tod: Ein König muß sterben, weil er dem allgemeinen Niedergang nichts entgegenzusetzen hat.
Nelly Sachs Eli UA 6.2., Frankfurt/Main	Reale Welt, jüdische Mystik und die Bildwelt des Alten Testaments mischen sich in dem modernen Mysterienspiel der Dichterin.
Martin Walser Eiche und Angora UA 23.9., Westberlin	Walsers erstes Bühnenstück ist ein Stationendrama in der Nachfolge Brechts über die deutsche Kriegs- und Nachkriegsgeschichte.
Musical	
Stephen Sondheim A Funny Thing Happened UA 8.5., New York	Die Burleske aus dem alten Rom ist das erste Musical, für das Sondheim nicht nur die Texte, sondern auch die Musik geschrieben hat.
Konzert	
Benjamin Britten War Requiem UA 30.5., Coventry	Solistisch vorgetragene Gedichte von Wilfred Owen über die Sinnlosigkeit des Kriegs kommentieren die chorische Liturgie der Totenmesse.
Film	
Luis Buñuel Der Würgeengel Mexiko	Eine Gruppe von Großbürgern, in einem Raum gefangen, legt alle Regeln der Zivilisation ab und wird zu Barbaren.
Federico Fellini Achteinhalb Italien/Frankreich	Der alternde Regisseur Anselmi (Marcello Mastroianni) steckt in einer beruflichen und privaten Krise; Fellinis Selbstporträt.
Alfred Hitchcock Die Vögel USA	Aus unerklärlichen Gründen greifen Vogelschwärme ein idyllisches Küstenstädtchen an; Hitchcocks spektakulärster Thriller.
Luchino Visconti Der Leopard Italien/Frankreich	Virtuoses Gemälde einer untergehenden Gesellschaftsschicht in großer Starbesetzung: Burt Lancaster, Alain Delon, Claudia Cardinale.
Orson Welles Der Prozeß BRD/Frankreich/Italien	Der Angestellte Josef K. gerät in die Mühlen einer obskuren Justizbehörde; eigenwillige Filmversion des Romans von Franz Kafka.
Terence Young James Bond – 007 jagt Dr. No; Großbritannien	Erster Film der erfolgreichen Serie: Sean Connery als britischer Geheimagent 007 auf der Spur eines gefährlichen Atomwissenschaftlers.
Buch	
Joseph Breitbach Bericht über Bruno Frankfurt/Main	Ein Politiker gibt Rechenschaft über seinen Enkel, wegen dessen terroristischen Aktionen er als Innenminister zurücktreten mußte.
R. Goscinny/A. Uderzo Asterix der Gallier Paris	Erster Band der Comic-Serie in Buchform: Archetypische Anklänge und variierte Reisemotive bauen ein für die Serie typisches System auf.
Albert Paris Gütersloh Sonne und Mond München	Der „historische Roman aus der Gegenwart" erweckt auf 820 Seiten den Eindruck völliger Zügel- und Kompositionslosigkeit.
Katherine Anne Porter Das Narrenschiff Boston, London	Eine Schiffsüberfahrt im Sommer 1931 wird zur Allegorie für die Mittelmäßigkeit, Spießhaftigkeit und Überheblichkeit der Deutschen.

Sport 1962 — K 572

Fußball

Weltmeisterschaft	Brasilien – Tschechoslowakei 3:1
Deutsche Meisterschaft	1. FC Köln
DFB-Pokal	1. FC Nürnberg – Fortuna Düsseldorf 2:1
Englische Meisterschaft	Ipswich Town
Italienische Meisterschaft	AC Mailand
Spanische Meisterschaft	Real Madrid
Europapokal (Landesmeister)	Benefica Lissabon – Real Madrid 5:3
Europapokal (Pokalsieger)	Atletico Madrid – AC Florenz 3:0

Tennis

Wimbledon (seit 1877; 76. Austragung)	Herren: Rod Laver (AUS) Damen: Karen Susman-Hantze (USA)
US Open (seit 1881; 82. Austragung)	Herren: Rod Laver (AUS) Damen: Margaret Smith (AUS)
French Open (seit 1925; 32. Austragung)	Herren: Rod Laver (AUS) Damen: Margaret Smith (AUS)
Australian Open (seit 1905; 50. Austragung)	Herren: Rod Laver (AUS) Damen: Margaret Smith (AUS)
Davis-Cup (Brisbane, AUS)	Australien – Mexiko 5:0

Eishockey

Weltmeisterschaft	Schweden
Stanley-Cup	Toronto Maple Leafs
Deutsche Meisterschaft	EC Bad Tölz

Radsport

Tour de France (4272 km)	Jacques Anquetil (FRA)
Giro d'Italia (4180 km)	Franco Balmamion (ITA)
Straßenweltmeisterschaft	Jean Stablinski (FRA)

Automobilsport

Formel-1-Weltmeisterschaft	Graham Hill (GBR), BRM

Boxen

Schwergewichts-Weltmeisterschaft	Sonny Liston (USA) – K. o. über Floyd Patterson (USA), 25.9.

Herausragende Weltrekorde

Disziplin	Athlet (Land)	Leistung
Leichtathletik, Männer		
800 m	Peter Snell (NZL)	1:44,3 min
Stabhochsprung	Pentti Nikula (FIN)	4,94 m
Weitsprung	Igor Ter-Owanesian (URS)	8,31 m
Diskuswurf	Al Oerter (USA)	62,45 m
Leichtathletik, Frauen		
800 m	Dixie Wills (AUS)	2:01,2 min
1500 m	Marise Chamberlain (NZL)	4:19,0 min
Schwimmen, Männer		
400 m Freistil	Murray Rose (AUS)	4:13,4 min
200 m Schmetterling	Kevin Berry (AUS)	2:09,7 min
Schwimmen, Frauen		
100 m Freistil	Dawn Fraser (AUS)	59,5 sec
200 m Lagen	Donna de Varona (USA)	2:33,2 min

---

zeug auf. Von Pete Best hatte sich die englische Rockgruppe wegen Meinungsverschiedenheiten kurz zuvor getrennt. Bereits 1960 war Hamburg für die Beatles eine wichtige Station auf ihrem Weg zur Weltkarriere gewesen. In der neuen Besetzung avancieren die vier „Pilzköpfe" (George Harrison, John Lennon, Paul McCartney und Ringo Starr) mit ihrer Musik – einer Mischung aus Rock 'n' Roll, Skiffle, Country und Rhythm & Blues – zur erfolgreichsten Popgruppe der 60er Jahre. Sie werden zu Repräsentanten einer Generation, die sich enttäuscht von der in bürgerlichen Normen erstarrten Nachkriegsgesellschaft abwendet.

Am 10.4.1970 verkündet Paul McCartney die Auflösung der Gruppe. John Lennon wird am 8.12.1980 (↑S.745) ermordet.

📖 R. Moers (u. a.): Die Beatles – ihre Karriere, ihre Musik, ihre Erfolge, 1988.

Sport

Brasiliens Elf wieder Weltmeister

17.6. Santiago de Chile. Mit einem 3:1-Erfolg über die Tschechoslowakei wird Brasilien nach 1958 zum zweiten Mal Fußball-Weltmeister (↑S.528/29.6.1958). Josef Masopust hatte in der 11. Spielminute die Führung für die Tschechen erzielt, aber schon drei Minuten später glichen die Brasilianer nach einem Fehler von Torhüter William Schrojf durch Amarildo aus. Zito und Vavá erzielten die Treffer zum 3:1-Endstand. Die Tschechen waren nach Siegen über Ungarn (1:0) und Jugoslawien (3:1) überraschend ins Finale gekommen. Die Brasilianer, die ab dem zweiten Gruppenspiel ohne ihren verletzten Star Pelé auskommen mußten, hatten England (3:1) und Gastgeber Chile (4:2) ausgeschaltet. Die deutsche Elf war im Viertelfinale mit 0:1 an Jugoslawien gescheitert.

Rod Laver erringt Tennis-Krone

8.7. London. Bei den All England Championships von Wimbledon, die an diesem Tag zu Ende gehen, verteidigt der Australier Rod Laver seinen Vorjahrestitel im Herren-Einzel gegen seinen Landsmann Martin Mulligan mit 6:2, 6:2, 6:1.

Laver hat in diesem Jahr bereits die internationalen Meisterschaften von Australien und Frankreich gewonnen.

Mit dem Finalsieg in Forest Hills/USA sichert er sich als zweiter Spieler in der Tennis-Geschichte den Grand Slam (↑S.349/25.9.1938).

1963

Politik

OAU gegründet

Die unabhängigen afrikanischen Staaten (außer der Republik Südafrika) schließen sich in der „Organization for African Unity" (OAU) zusammen. Als „blockfreie" Länder verfolgen sie ein Programm der Selbsthilfe mit dem Ziel, die Entkolonisation Afrikas zu beschleunigen.

Die Mitgliedsländer, deren Staats- und Regierungschefs sich einmal im Jahr zu einer Versammlung in Addis Abeba/Äthiopien treffen, bekämpfen die Apartheidpolitik Südafrikas. 1996 zählt die OAU 53 Mitglieder.

Elysée-Vertrag unterzeichnet

22.1. Paris. Der französische Staatspräsident Charles de Gaulle und Bundeskanzler Konrad Adenauer unterzeichnen im Elysée-Palast den Vertrag über die deutsch-französische Zusammenarbeit („Elysée-Vertrag"). In einer gemeinsamen Erklärung sprechen die Staatschefs von der Versöhnung beider Völker und dem Ende einer jahrhundertelangen Rivalität. Der Vertrag sieht ein weitreichendes Zusammenwirken Frankreichs und Deutschlands in politischen, wirtschaftlichen und kulturellen Fragen vor; beide Staaten sind gehalten, sich auf eine gemeinsame Außenpolitik zu verständigen. Der Abschluß des Vertrags stößt im Inland bei der sozialdemokratischen Opposition und im Ausland auf massive Kritik. Die Überbetonung der Achse Paris–Bonn hemme die Entwicklung zu einem gemeinsamen Europa. Das Sonderbündnis, das dem Wunsch de Gaulles nach einer Hegemonialstellung Frankreichs entgegenkomme, gehe auf Kosten multilateraler Vereinbarungen (NATO, EWG). S 568/K 574

F. R. Pfetsch: Die Außenpolitik der Bundesrepublik 1949–1980, 1981.

Elysée-Vertrag: Der französische Staatspräsident Charles de Gaulle (M.) begrüßt Bundeskanzler Konrad Adenauer auf den Stufen des Pariser Elysée-Palastes.

Konferenz über Entwicklungshilfe

4.2. Genf. Im Völkerbundpalast beginnt die erste internationale Konferenz über Entwicklungshilfe. Unter Schirmherrschaft der Vereinten Nationen beraten 2000 Wissenschaftler und Fachleute aus 95 Ländern über die

Wichtige Regierungswechsel 1963		K 573
Land	Amtsinhaber	Bedeutung
BRD	Konrad Adenauer (CDU, B seit 1949) Ludwig Erhard (CDU, B bis 1966)	Adenauer, erster Bundeskanzler der BRD, tritt 87jährig zurück (15.10.); Erhard gegen Adenauers Willen gewählt (S.569)
Großbritannien	Harold Macmillan (Konserv., M seit 1957) Alec Douglas-Home (Konserv., M bis 1964)	Rücktritt von Macmillan (18.10.); Gründe: kritische Finanzlage sowie Auseinandersetzungen um den Profumo-Skandal (S.568)
Guatemala	Miguel Ydígoras Fuentes (P seit 1958) Enrique Peralta Azurdia (P bis 1966)	Putsch des Militärs (30.5.), das Ydígoras vorwirft, nicht entschieden gegen castrofreundliche Gruppen vorzugehen
Honduras	José Ramón Villeda Morales (P seit 1957) Osvaldo López Arellano (P bis 1975)	Militär verhängt nach Putsch (4.10.) Ausnahmezustand und hält Villeda zu liberale Haltung gegenüber Kommunisten vor
Israel	David Ben Gurion (M seit 1955) Levi Eschkol (M bis 1969)	Rücktritt von Ben Gurion (16.6.) aus Protest gegen Vereinigung seiner Partei Mapai mit der liberalen Arbeiterpartei
Syrien	Nazim al-Qudsi (P seit 1961) Amin al-Hafis (P bis 1966)[1]	Offiziere putschen (8.3.) und übernehmen Macht als Nationalrat, der proägyptischer Bath-Partei nahesteht (S.568)
USA	John F. Kennedy (Dem., P seit 1961) Lyndon B. Johnson (Dem., P bis 1969)	Kennedy in Dallas erschossen (22.11.); er hatte sich außenpolitisch um die Beendigung des kalten Kriegs bemüht (S.570)
Vietnam-Süd	Ngô Dinh Diêm (P seit 1955) Duong Van Minh (P bis 1964)	Diêm von Militärs exekutiert (1.11.), Putsch im Sinn der USA, die Annäherung an kommunistisches Nordvietnam fürchtete

B = Bundeskanzler; M = Ministerpräsident bzw. Premierminister; P = Präsident 1) Übergangspräsident 24.–27.2: Luai Al Atasi

1963

Chronik Frankreichs nach 1945		K 574
Jahr	Ereignis	
1946	Per Referendum wird neue Verfassung angenommen (ab 27.10. in Kraft); Gründung der IV. Republik (S.422/10.11.)	
1948	Durch die Verträge von Along wird Vietnam ein Frankreich assoziierter Staat; beginnende Entkolonisierung	
1949	Frankreich ist Gründungsmitglied der NATO (1954: Gründung der SEATO; Süd-Ost-Asiatische Verteidigungs-Organisation, S.451)	
1954	Indochina-Krieg (seit 1946) durch Genfer Verträge (20./21.7.) beendet: Niederlage Frankreichs in Vietnam (S.491)	
1956	Marokko und Tunesien erhalten Unabhängigkeit von Frankreich	
1957	Frankreich gehört zu den sechs Gründungsmitgliedern der EWG; beginnende Aussöhnung mit Deutschland (S.515)	
1958	Verschärfung der Algerienkrise: Armeeputsch in Algier führt zu Unruhen in Frankreich; am 17.5. Erklärung des Notstands (S.522)	
	Das französische Volk billigt neue Verfassung (28.9.); Beginn der V. Republik; de Gaulle wird Staatspräsident (S.529/8.1.1959)	
1960	Erster französischer Atomwaffentest in der Sahara (13.2.)	
1962	Algerienkrieg endet (Vertrag von Evian); Algerien unabhängig (S.558)	
	Verfassungsänderung per Referendum (28.10.): Staatspräsident wird künftig direkt vom Volk gewählt	
1963	Abschluß des deutsch-französischen Vertrags (22.1.) zwischen Adenauer und de Gaulle leitet Freundschaft zwischen beiden Ländern und enge Zusammenarbeit ein (S.567)	
1966	Frankreich tritt aus der militärischen Struktur der NATO aus (S.600)	
1968	Studentenunruhen und Generalstreik (S.620)	
	„Protocole d'accord" sichert soziale Verbesserungen zu	
1969	Rücktritt de Gaulles: Neuer Staatspräsident wird der bisherige Ministerpräsident Georges Pompidou (S.630)	
1972	Linkes Wahlbündnis von Sozialisten, Linksradikalen und Kommunisten; dennoch Wahlsieg der Gaullisten (1973)	
1974	Tod Pompidous (2.4.); Valéry Giscard d'Estaing wird neuer Staatspräsident; Sparprogramme gegen Rezession	
1978	Gründung der UDF (Union pour la Democratic Française) aus Republikanern, Radikalen sowie Demokratischem und Sozialem Zentrum	
1981	François Mitterrand löst Giscard d'Estaing als Staatspräsident ab; Verstaatlichung von Banken und Schlüsselindustrien, Sozialprogramm, Bekämpfung der Arbeitslosigkeit (S.749); Rückkehr zur Stabilitätspolitik 1985 (Rückzug der KP aus der Regierung)	
1986	Beginn der sog. Cohabitation: Der gaullistische Ministerpräsident (Jacques Chirac) muß unter einem sozialistischen Staatspräsidenten (François Mitterrand) regieren (S.788)	
1988	Streit um Unabhängigkeit Kaledoniens; Volksabstimmung für 1998 geplant; Kanakenführer Tjibaou 1989 ermordet	
1991	Die sozialistische Politikerin Edith Cresson wird als erste Frau in der Geschichte Frankreichs zur Regierungschefin ernannt (bis 1993)	
	Beteiligung französischer Truppen im Golfkrieg gegen den Irak	
1992	Knappe Mehrheit der Franzosen (51,04%) stimmt für die Maastrichter Verträge (Schaffung einer Europäischen Union)	
1993	Parlamentswahlen (21./28.3.) enden mit hoher Niederlage der regierenden Sozialisten: 19,91% (−18 Prozentpunkte) und nur noch 53 von 577 Parlamentssitzen; Ernennung des Gaullisten Edouard Balladur zum Premierminister; Neuauflage der sog. Cohabitation	
1995	Wahl von Jacques Chirac zum Staatspräsidenten	
	Weltweite Proteste gegen die Wiederaufnahme der Atomtests (sechs Versuche bis Januar 1996) unter dem Mururoa-Atoll (Pazifik); danach Einstellung aller Versuche (Moratorium seit 1992, S.899)	
1996	Chirac kündigt Truppenabbau und Abschaffung der Wehrpflicht an	

Koordination von Entwicklungsprogrammen und -projekten. Dazu gehören u. a. Wasserversorgung, Aufbau eines Bildungs- und Gesundheitswesens sowie einer industriellen Planung und Entwicklung.
Die Entwicklungshilfe und der Nord-Süd-Konflikt sind in den kommenden Jahrzehnten neben Hochrüstung und atomarer Bedrohung die zentralen globalpolitischen Themenkreise (↑S.581/23.3.1964, ↑S.737/12.2.1980).

Staatsstreich in Syrien
8.3. Damaskus. Eine Offiziersgruppe stürzt die syrische Regierung und übernimmt als Nationalrat die Macht. Der Nationalrat unter Vorsitz von Luai Al Atasi steht der sozialistischen Bath-Partei nahe, die den staatlichen Zusammenschluß mit Ägypten fordert.
1958 war die Vereinigte Arabische Republik als Staatenbund zwischen Syrien und Ägypten gegründet worden, aus dem Syrien 1961 wieder ausschied.
Am 16.11.1970 (↑S.644) kommt Hafis Assad an die Macht. Die im April 1971 mit Ägypten und Libyen vereinbarte „Föderation arabischer Republiken" bleibt ohne Wirkung.

Profumo-Skandal in England
4.6. London. Der britische Heeresminister John Dennis Profumo tritt zurück und legt sein Mandat im Unterhaus nieder. Er begründet seinen Schritt damit, daß er falsche

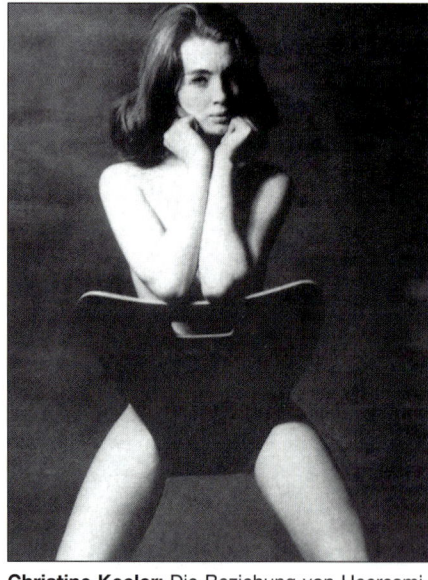

Christine Keeler: Die Beziehung von Heeresminister John D. Profumo zu dem Fotomodell und Call-Girl beendet seine politische Karriere.

Angaben über sein Verhältnis zum Fotomodell Christine Keeler gemacht habe.
Entgegen früherer Aussagen hatte Geheimnisträger Profumo seit zwei Jahren enge Beziehungen zu dem Callgirl unterhalten, das gleichzeitig mit dem stellvertretenden sowjetischen Militärattaché in London, Jewgeni Iwanow, liiert war.
Christine Keeler erhält für Interviews und Zeitschriftenartikel etwa eine halbe Mio DM. Am 6.12. wird sie zu neun Monaten Gefängnis verurteilt, da sie im Frühjahr mit einer Falschaussage den Jazz-Musiker Aloysius Gordon hinter Gitter gebracht hatte.
Im Rahmen der Auseinandersetzungen um den Skandal tritt die Regierung Harold Macmillan am 18.10. zurück. `S 684/K 676`

Heißer Draht im kalten Krieg
20.6. Genf. Die Vereinigten Staaten und die Sowjetunion beschließen die Errichtung einer direkten Fernschreibleitung („heißer Draht") zwischen den Amtssitzen des US-Präsidenten in Washington und des sowjetischen Ministerpräsidenten in Moskau.
Die Notwendigkeit eines schnellen Nachrichtenverkehrs zwischen den beiden Supermächten hatte sich während der Kuba-Krise (↑S.546/17.4.1961) gezeigt, als die Welt am Abgrund eines Atomkriegs stand.
Ähnliche Direktleitungen werden zwischen der UdSSR und Frankreich (1966) sowie zwischen der UdSSR und Großbritannien (1967) eingerichtet.

Kennedy: „Ich bin ein Berliner"
26.6. Westberlin. Zum Abschluß seines viertägigen Staatsbesuchs in der Bundesrepublik macht US-Präsident John F. Kennedy Station in Westberlin. Auf seiner Fahrt durch die geteilte Stadt wird er als Symbolfigur der alliierten Garantie für die Freiheit Berlins begeistert gefeiert. In seiner Rede vor dem Schöneberger Rathaus beschwört Kennedy das Bild Berlins als Insel der Freiheit. Unter dem Jubel von 400 000 Menschen beendet er seine Rede mit dem deutsch gesprochenen Satz: „Ich bin ein Berliner."
Ihre Verbundenheit mit der BRD und Westberlin hatten die Amerikaner bereits wenige Tage nach dem Bau der Berliner Mauer (↑S.548/13.8.1961) demonstriert, als Vizepräsident Lyndon B. Johnson die Stadt besuchte.
Mit Kennedys Ermordung (↑S.570/22.11.) schwinden die Hoffnungen auf eine rasche Beendigung des kalten Krieges.
📖 Berlin als Faktor nationaler und internationaler Politik, 1988.

Atomteststopp vereinbart
5.8. Moskau. Die Außenminister der USA, Großbritanniens und der Sowjetunion unterzeichnen im Kreml das Abkommen über die Einstellung aller Kernwaffenversuche in der Atmosphäre, im Weltraum und unter Wasser. Der Vereinbarung waren langwierige Verhandlungen bei den Genfer Abrüstungsgesprächen (↑S.556/14.3.1962) und zahlreiche Treffen von Vertretern der drei Atommächte vorausgegangen.
Am 30.3.1976 tritt ein Vertrag zwischen den USA und der UdSSR in Kraft, in dem sich beide Supermächte verpflichten, auch unterirdische Kernwaffenversuche mit einer Sprengkraft von über 150 Kilotonnen TNT einzustellen. `S 569/K 575`

Erhard Bundeskanzler
16.10. Bonn. Der Bundestag bestimmt Ludwig Erhard zum Nachfolger von Bundeskanzler Konrad Adenauer, der tags zuvor verabschiedet wurde.
Nach den Wahlen vom 7.9.1961 (↑S.549) hatte die FDP als Bedingung für eine Koalition mit der CDU gefordert, daß Adenauer

„Ich bin ein Berliner": US–Präsident John F. Kennedy sichert in seiner Rede vor 400 000 Menschen am Schöneberger Rathaus den West-Berlinern die Unterstützung der Vereinigten Staaten zu.

Ludwig Erhard

Atomwaffenversuche seit 1945				K 575
Land	Erster Atomtest	Testgebiet[1]		Anzahl der Tests[2]
USA	1945	Nevada		1032
UdSSR	1949	Nowaja Semlja		715
Großbritannien	1952	Nevada		45
Frankreich	1960	Mururoa-Atoll[3]		197
China	1964	Lop Nor		45
Indien	1974	Pokharan		1

1) 1995/96 in Betrieb; 2) Stand: Ende 1996; 3) inkl. Fangataufa-Atoll

Politische Morde nach 1945	K 576
Jahr: Name, Funktion	**Bedeutung**
1948: Mahatma Gandhi Indischer Unabhängigkeitskämpfer	Auf dem Weg zum Gebet von fanatischem Hindu erschossen (S.439)
1951: Abd Allah Ibn Al Husain König von Jordanien	Beim Betreten der Moschee von arabischem Nationalisten erschossen
1958: Imre Nagy Ungarischer Politiker	Nach Niederschlagung des Aufstands verschleppt und hingerichtet (S.508)
1961: Patrice E. Lumumba Kongolesischer Politiker	Als Ministerpräsident vom Militär abgesetzt (1960) und ermordet (S.545)
1963: Ngô Dinh Diêm Südvietnamesischer Präsident	Von US-freundlichen, antikommunistischen Militärs exekutiert
1963: John F. Kennedy US-Präsident	Bei Autofahrt durch Dallas angeblich von L. H. Oswald erschossen (S.570)
1966: Hendrik Frensch Verwoerd Südafrikan. Ministerpräsident	Während Parlamentssitzung von Parlamentsdiener erstochen
1967: Che Guevara Kubanischer Politiker	Guerillakämpfer von bolivianischer Armee erschossen (S.609)
1968: Martin Luther King US-Bürgerrechtler	Auf Motel-Balkon von angebl. Einzeltäter James E. Ray erschossen (S.618)
1968: Robert F. Kennedy US-Politiker	Während des Wahlkampfs von dem Jordanier Sirhan getötet (S.620)
1973: Salvador Allende Gossens Chilenischer Präsident	Sozialistischer Präsident wird bei rechtem Militärputsch getötet
1975: Faisal König von Saudi-Arabien	Von einem angeblich psychisch kranken Neffen im Palast erschossen
1975: Mujibur Rahman Präsident von Bangladesch	Militär stürzt und erschießt den Staats- und Regierungschef
1977: Hanns Martin Schleyer Deutscher Wirtschaftsmanager	Von der Terrorgruppe Rote Armee Fraktion entführt und ermordet (S.715)
1978: Aldo Moro Italienischer Christdemokrat	Von der Terrororganisation Rote Brigaden entführt und ermordet (S.722)
1979: Zulfikar Ali-Khan Bhutto Pakistanischer Präsident	Zwei Jahre nach seinem Sturz (1977) trotz internat. Proteste hingerichtet
1979: Park Chung Hee Südkoreanischer Präsident	Der Diktator wird von seinem Geheimdienstchef erschossen
1981: Muhammad Anwar As Sadat Ägyptischer Präsident	Attentat radikaler Muslime während einer Militärparade (S.749)
1981: Muhammad Ali Radschai Iranischer Präsident	Bombenattentat auf den Regierungssitz; Radschai nur 5 Wochen im Amt
1983: Benigno Aquino Philippinischer Politiker	Oppositionspolitiker nach Rückkehr aus Exil auf dem Flughafen erschossen
1984: Indira Gandhi Indische Ministerpräsidentin	Von zwei Mitgliedern (Sikhs) ihrer Leibgarde erschossen (S.770)
1984: Jerzy Popielusko Polnischer Geistlicher	Oppositioneller Priester vom Geheimdienst ermordet (S.770)
1986: Olof Palme Schwedischer Ministerpräsident	Nach Kinobesuch (mit Ehefrau) von einem Unbekannten erschossen (S.787)
1988: Muhammad Zia ul-Haq Pakistanischer Präsident	Tod bei Flugzeugabsturz, durch eine Bombenexplosion verursacht (S.807)
1989: Nicolae Ceaușescu Rumänischer Präsident	Diktator verhaftet und in Geheimprozeß zum Tode verurteilt (S.822)
1991: Rajiv Gandhi Indischer Politiker	Bombenattentat der radikalen Guerilla-Organisation „Tamile Tigers"
1995: Yitzhak Rabin Israelischer Ministerpräsident	Während Friedenskundgebung von rechtsradikalem Studenten erschossen

nach der Hälfte der Legislaturperiode zurücktritt. Der scheidende Kanzler sprach sich zunächst gegen Wirtschaftsminister Erhard als Nachfolger aus, weil er diesem keine Kompetenz in der Außenpolitik unterstellte.
Als Leiter der Sonderstelle „Geld und Kredit" war Erhard 1947 unter Aufsicht der Alliierten an der Durchführung der Währungsreform beteiligt gewesen. Sein Programm der „sozialen Marktwirtschaft" bildete neben Währungsreform (↑S.444/19.6.1948) und Marshall-Plan (↑S.429/5.6.1947) eine der wichtigsten Rahmenbedingungen für die rasche wirtschaftliche Entwicklung der BRD nach dem 2. Weltkrieg. Als Bundeskanzler bleibt der „Vater des Wirtschaftswunders" ohne Fortune: 1966 wird Erhard von Kurt Georg Kiesinger (CDU) abgelöst, der mit Willy Brandt die Große Koalition (↑S.601/1.12.1966) bildet. S 837/K 806

K. Hildebrand: Von Erhard zur Großen Koalition 1963–1969, 1984. D. Koerfer: Kampf ums Kanzleramt. Erhard und Adenauer, 1987.

John F. Kennedy erschossen
22.11. Dallas. Der US-amerikanische Präsident John F. Kennedy (↑S.537/8.11.1960) wird bei einer Fahrt im offenen Wagen von Gewehrkugeln tödlich getroffen.
Kennedy ist der vierte US-Präsident, der ermordet wird. Ebenfalls bei Attentaten kamen Abraham Lincoln (†1865), James A. Garfield (†1881) und William McKinley (↑S.20/6.9.1901) ums Leben.
Der mutmaßliche Mörder Lee Harvey Oswald, der bei seiner Verfolgung einen Polizisten tötet, wird eine Stunde nach dem Anschlag festgenommen. Zwei Tage später wird er während seiner Überführung ins Gefängnis vom Nachtclubbesitzer Jack Leon Rubinstein, genannt Jack Ruby, erschossen. Die Spekulationen über mögliche Hintermänner des Attentats dauern bis heute an (↑S.862/18.1.1992). Kurz nach Kennedys Ermordung wird Vizepräsident Lyndon B. Johnson als 36. Präsident der Vereinigten Staaten vereidigt. Johnson bekennt sich zur Fortsetzung von Kennedys Politik, die außenpolitisch auf die Beendigung des kalten Krieges und innenpolitisch auf die Beseitigung der Rassentrennung zielte (↑S.579/2.7.1964). S 570/K 576

J. H. Davis: Siegen! Siegen um jeden Preis. Die Kennedys, ihre wahre Geschichte, 1987. A. Posener: John F. Kennedy, 1991.

Kenia erlangt Unabhängigkeit
12.12. Nairobi. Nach 68 Jahren britischer Herrschaft wird Kenia als 34. Staat Afrikas

1963

Mord an John F. Kennedy: Ein Amateurfilmer nimmt das Attentat auf. Der Präsident liegt angeschossen im Fond des Wagens.

unabhängig. Erster Ministerpräsident wird Jomo Kenyatta, die Schlüsselfigur in Kenias Streben nach Autonomie. Als angeblicher Anführer des gegen die Briten gerichteten Mau-Mau-Aufstandes (1952–56) wurde Kenyatta 1953 zu einer siebenjährigen Freiheitsstrafe verurteilt. Noch im Gefängnis übernahm er 1960 die Leitung der „Kenya African National Union" (KANU).

Neben Afrikanern (8,3 Mio) leben in Kenia Inder und Pakistani (176 000), Araber (34 000) und Europäer (56 000). Trotz einer zwischenzeitlichen Verschärfung der Afrikanisierungspolitik und Erhebung der KANU zur Einheitspartei bemüht sich Kenyatta (ab 1964 auch Staatspräsident) bis zu seinem Tod (1978) um eine Politik der Verständigung. Im Dezember 1991 führt Staatspräsident Daniel Arap Moi auf Druck der Bevölkerung das Mehrparteiensystem wieder ein.

Passierscheinabkommen

17.12. Berlin. Mit Abschluß des Passierscheinabkommens öffnen sich erstmals seit dem Mauerbau (↑S.548/13.8.1961) wieder die Sektorenübergänge für die Westberliner zum Ostteil der Stadt.

In jeweils einem Schulgebäude in den zwölf Bezirken Westberlins können Anträge für einen Passierschein gestellt werden. Nach Bearbeitung der Anträge in Ostberlin erhalten die Westberliner Tagesaufenthaltsgenehmigungen. Bereits am ersten Tag der bis zum 4.1.1964 befristeten Aktion stellen die

Trauerfeier für den Präsidenten: Seine Witwe Jacqueline Kennedy mit ihren Kindern Caroline und John–John auf dem Soldatenfriedhof in Arlington

Behörden 170 000 Passierscheine aus. Im Rahmen des Passierscheinabkommens durchlaufen rund 1,242 Mio Westberliner die fünf Übergangsstellen nach Ostberlin.
Erst zu Beginn der 70er Jahre wird der Transitverkehr nach Westberlin durch mehrere Abkommen gesichert. Bundesregierung und Berliner Senat betonen, daß die dem Abkommen vorausgegangenen Gespräche mit der DDR nicht deren Anerkennung bedeuten. Ein ähnliches Abkommen wird im September 1964 unterzeichnet. S 572/K 577

Wirtschaft

Erste Aussperrungen in der BRD
9.5. Baden-Württemberg. Die 220 000 Mitglieder der Industriegewerkschaft (IG) Metall akzeptieren die Kompromißformel der Tarifkommission über eine gestaffelte Lohnerhöhung. Damit endet der seit dem 29.3. andauernde Streik der Metallarbeiter in Baden-Württemberg.

Erstmals seit 1928 hatten die Unternehmer auf einen Streik mit einer geschlossenen Aussperrung in einem gesamten Tarifgebiet reagiert. Die Gewerkschaften beharrten trotz der dadurch erhöhten Belastung ihrer Streikkassen auf ihren Forderungen.
Die Möglichkeit der Aussperrung als Kampfmaßnahme der Arbeitgeber, Arbeitnehmer eines Betriebes oder einer ganzen Berufssparte unter Fortfall des Lohns von der Arbeit auszuschließen, ist bis heute umstritten.
📖 E. Wolf: Das Recht zur Aussperrung, 1981. M. Gärtner. Arbeitskonflikte in der Bundesrepublik Deutschland, 1989.

Verkehr

Fehmarnsund-Brücke eröffnet
30.4. Fehmarn. Die Fehmarnsund-Brücke wird für den Eisenbahn- und Straßenverkehr freigegeben. Sie überspannt auf sieben Betonpfeilern den Fehmarnsund und verbindet die größte westdeutsche Insel mit dem holsteinischen Festland.
Unter der 964 m langen Hochbrücke, deren Bau 41,7 Mio DM kostete, können Schiffe auf einer Breite von knapp 250 m durchfahren.
Die Brücke ist Teil der sog. Vogelfluglinie, der kürzesten Straßen- und Eisenbahnverbindung zwischen Mitteleuropa und der Skandinavischen Halbinsel.

Technik

Roboter erleichtern Arbeit
USA. Die amerikanische Firma Unimation bringt den „Unimat", den ersten Industrieroboter, auf den Markt. Er besitzt pneumatisch angetriebene Teleskoparme mit zwei Greiffingern am Ende.
Das Wort „Roboter" ist eine Schöpfung des tschechischen Dramatikers Karel Čapek, der es in dem utopischen Theaterstück „W. U. R." (UA 1920) als Bezeichnung für mechanische Monster verwandte.
Roboter übernehmen zunächst Arbeiten, die für Menschen zu gefährlich oder gesundheitsschädlich sind. Die meisten Industrieroboter gibt es in Japan (1995: 470 000; Deutschland: 54 400). Sie werden vor allem zum Schweißen und bei der Montage in der Auto- und Elektroindustrie eingesetzt. Die Ausstattung der Roboter mit Videokameras und Sensoren eröffnet neue Einsatzmöglichkeiten, die bisher ausschließlich dem Menschen vorbehalten waren.

Reiseverkehr zwischen DDR und BRD	K 577
Datum	Regelung
17.12.1963	Passierscheinabkommen ermöglicht Westberlinern den Besuch des Ostteils der Stadt vom 22.12.1963 bis 4.1.1964
1.12.1964	Regelung über den Zwangsumtausch (5 DM) für Reisende aus dem Westen tritt in Kraft
10. 6.1968	DDR führt Paß- und Visumzwang im Reise- und Transitverkehr für Bundesbürger und Westberliner ein
11.12.1971	Transitabkommen über den zivilen Personen- und Güterverkehr sichert behinderungsfreies Reisen zwischen BRD und Westberlin auf vorgegebenen Transitstrecken
26. 5.1972	Im Verkehrsvertrag wird die Gestaltung der Verkehrswege zwischen den beiden deutschen Staaten geregelt
21.12.1972	Mit Inkrafttreten des Grundlagenvertrags werden vier weitere Grenzübergänge zwischen BRD und DDR eröffnet
29.11.1978	Verkehrsabkommen zwischen der BRD und der DDR: Außer dem Bau weiterer Autobahnen werden auch die Wasserwege verbessert bzw. freigegeben
30. 4.1980	Vereinbarungen zwischen der BRD und der DDR erleichtern den Transitverkehr von und nach Westberlin
9.10.1980	Die DDR erhöht den Mindestumtauschsatz für westliche Besucher von 13 DM auf 25 DM pro Reisetag
1. 8.1984	Zwangsumtausch für Rentner auf 15 DM gesenkt, Aufenthalt bei DDR-Reisen von 30 auf 40 Tagen erhöht; Regelungen über Erleichterung im grenznahen Verkehr
Dez. 1988/ Apr. 1989	Die DDR stellt Regeln für Reisen von DDR-Bürgern ins westliche Ausland auf (Beschwerde- und Rechtsmittelmöglichkeit bei Ablehnung)
24.12.1989	Die Reisebestimmungen werden vereinfacht: Bundesbürger und Westberliner dürfen ohne Visum in die DDR reisen
1. 7.1990	An der innerdeutschen Grenze werden sämtliche Personenkontrollen abgeschafft

📖 W. Coy: Industrieroboter. Zur Archäologie der zweiten Schöpfung, 1985. D. W. Wloka: Robotersysteme. 3 Bde., 1992.

Medien

Einschaltquoten gemessen

BRD. Mit Sendebeginn des ZDF (↑S.573/ 1.4.) werden erstmals in der Bundesrepublik Einschaltquoten gemessen. Die Erhebung geschieht in erster Linie auf Betreiben der Werbeindustrie, die ihre Produkte zu günstigen Sendezeiten plazieren will. Die bei einer repräsentativen Umfrage ermittelten Ergebnisse zeugen vom Beliebtheitsgrad einer Sendung und sind auch für die Programmgestaltung der Fernseh-Anstalten von einschneidender Bedeutung.
1963 besitzen 41% aller Haushalte bzw. 9 Mio Bundesbürger ein Fernsehgerät.
Die Messung der Einschaltquoten wird zunehmend genauer. Nach dem Institut Infratam (Wetzlar) führen 1975–84 „teleskopie" (Bonn) und ab 1984 die Nürnberger Gesellschaft für Konsum-, Markt- und Absatzforschung (GfK) die Untersuchungen durch.

ZDF geht auf Sendung

1.4. Mainz. Die ARD bekommt Konkurrenz durch das Zweite Deutsche Fernsehen (ZDF), das auf Sendung geht. Höhepunkt der Premiere ist eine musikalische Unterhaltungsshow.
Die Gründung des ZDF beruht auf einem Staatsvertrag der Länder-Ministerpräsidenten (6.6.1961). Zuvor war Bundeskanzler Konrad Adenauer mit seinem Vorhaben gescheitert, ein Staatsfernsehen zu installieren (↑S.552/28.2.1961).
Am 12.3. wurde Karl Johannes Holzamer (CDU) vom Fernsehrat zum Intendanten des ZDF gewählt. Er sieht sich mit den Aufgaben konfrontiert, der ARD ein attraktives Konkurrenzprogramm entgegenzustellen und einen riesigen technischen Apparat aufzubauen. 1964 wird das Fernsehangebot erneut erweitert, als der Bayerische Rundfunk (BR) mit der Ausstrahlung eines Dritten Fernsehprogramms beginnt. Die übrigen Sender der ARD folgen bis 1969.
📖 K. Holzamer: Das Wagnis, 1979.

Gesellschaft

Postraub in England

8.8. Beim Überfall auf den Postzug Glasgow–London erbeutet eine Bande von 15 Männern 2,63 Mio Pfund Sterling (umgerechnet ca. 30 Mio DM).
Der bislang größte Geldraub in der Geschichte war bis ins kleinste Detail geplant: Die Räuber hatten den Zug durch ein falsches Signal gestoppt und die Postsäcke von einer Brücke auf Lastwagen umgeladen. Der Coup verläuft unblutig; lediglich der Hilfslokführer wird leicht verletzt.
Scotland Yard gelingt es in den nächsten Monaten, die meisten Beteiligten festzunehmen. 1968 wird mit dem Anführer Bruce Reynolds der letzte Posträuber gefaßt. Der bereits zu 30 Jahren Haft verurteilte Ronald Biggs entkommt 1965 aus dem Gefängnis und flieht nach Brasilien. Vom Großteil der Beute fehlt weiterhin jede Spur. Der Postraub wird mehrfach verfilmt.

Das Wunder von Lengede

7.11. Lengede. Die letzten elf überlebenden Bergleute, die seit zwei Wochen unter Tage eingeschlossen sind, werden aus der Erzgrube „Mathilde" ans Tageslicht gebracht. Damit findet eine der spektakulärsten Rettungsaktionen in der Geschichte des Bergbaus ein glückliches Ende.

Nobelpreisträger 1963	K 578
Frieden: Internationales Komitee des Roten Kreuzes, Liga der Rot-Kreuz-Verbände	
Anläßlich des 100jährigen Bestehens erhält das Rote Kreuz zum dritten Mal den Friedensnobelpreis. Die Organisation widmet sich in vielen Teilen der Welt humanitären Aufgaben, insbesondere bei Kriegen und Hungersnöten. Über die Verbände ist sie auch national aktiv.	
Literatur: Giorgios Seferis (GR, 1900–1971)	
Seferis, der sich keiner literarischen Tradition verbunden fühlte, erneuerte in den 30er Jahren die griechische Lyrik. In seinen melancholischen Gedichten (z. B. „Mythische Geschichten", 1935) zeigt er den Bruch zwischen Vergangenheit und Gegenwart in seiner Heimat.	
Chemie: Giulio Natta (I, 1903–1979), Karl Waldemar Ziegler (D, 1898–1973)	
Ziegler erfand 1953 die Niederdruck-Synthese, ein Verfahren zur industriellen Herstellung von Kunststoffen, u. a. von Polyäthylen. Natta, der Ende der 30er Jahre die synthetische Kautschukproduktion in Italien einführte, verbesserte die von Ziegler entwickelte Methode.	
Medizin: John C. Eccles (Australien, *1903), Alan Lloyd Hodgkin (GB, *1914), Andrew Fielding Huxley (GB, *1917)	
Hodgkin und Huxley wiesen nach, daß die Reize im Nervensystem mittels elektrischer Impulse von Zelle zu Zelle übertragen werden. Eccles entdeckte den Zusammenhang von Reiz und Hemmung an den Synapsen, den Verbindungs- und Schaltstellen der Nervenzellen.	
Physik: Maria Goeppert-Mayer (USA, 1906–1972), Hans Daniel Jensen (D, 1907–1973), Eugene P. Wigner (USA, 1902–1995)	
Goeppert-Mayer und Jensen erarbeiteten ein Modell des Atomkerns, mit dem sie dessen Schalenstruktur erklären konnten. Wigners Theorien veränderten die Vorstellung vom Aufbau der Materie. Seine Erkenntnisse in der Elementarteilchenphysik waren grundlegend für die Entwicklung des ersten Kernreaktors sowie für die erste kontrollierte Kettenreaktion.	

Kulturszene 1963	K 579
Theater	
Václav Havel Das Gartenfest UA 26.9., Prag	Satire auf die vom Staat geforderte Phraseologie, die sich verselbständigt und die Menschen zu Erfüllungsgehilfen abstempelt.
Rolf Hochhuth Der Stellvertreter UA 20.2., Westberlin	Politisch brisantes, von der katholischen Kirche verurteiltes Stück über die Haltung von Papst Pius XII. zur „Endlösung der Judenfrage".
Oper	
Werner Egk; Die Verlobung in San Domingo UA 27.11., München	Die Kleist-Oper bedient sich der klassischen Opernformen Arie, Duett und Ensemble; das exotische Kolorit wird dezent angedeutet.
Giselher Klebe Figaro läßt sich scheiden UA 28.6., Hamburg	Die Opernfassung der Ödön-von-Horváth-Komödie verwendet eine zum Teil zwölftönige Musik.
Konzert	
György Ligeti Aventures UA 4.4., Hamburg	Imaginäres Kurzdrama für drei Sänger und sieben Instrumentalisten, in dem Sprache auf Laute reduziert ist (1965 erweitert).
Film	
Michelangelo Antonioni Die rote Wüste Italien	Eine ungewöhnliche Farbdramaturgie kennzeichnet Antonionis ersten Farbfilm: Rottöne verfremden die bedrohliche Industrielandschaft.
Ingmar Bergman Das Schweigen Schweden	Bergmans finanziell erfolgreichster Film über die menschliche Isolation; die offene Darstellung von Sexualität löst einen Skandal aus.
Jean-Luc Godard Die Verachtung Frankreich/Italien	Brigitte Bardot als Ehefrau, die nur noch Verachtung für ihren Mann (Michel Piccoli) empfindet; nach dem Roman von Alberto Moravia.
Stanley Kubrick Dr. Seltsam oder ... Großbritannien	Makabre Groteske vom Untergang der Menschheit im Zeitalter der atomaren Aufrüstung; Untertitel: „Wie ich lernte, die Bombe zu lieben".
Louis Malle Das Irrlicht Frankreich	Die letzten Tage eines desillusionierten Alkoholikers, der nach einer Entziehungskur Selbstmord begeht; Musik: Erik Satie.
Francesco Rosi Hände über der Stadt Italien/Frankreich	Neorealistischer Film über die Mißstände in einer korrupten Gesellschaft: Ein Baulöwe avanciert trotz Skandalen zum Bausenator.
Buch	
Thomas Bernhard Frost Frankfurt/Main	Debütroman des Österreichers über die Aufarbeitung einer Begegnung zwischen einem Studenten und einem alten Künstler.
Heinrich Böll Ansichten eines Clowns Köln	Drei Stunden lang überdenkt ein Clown sein Leben, seine finanzielle Misere und die Ursache für seine Situation.
Natalia Ginzburg Mein Familienlexikon Turin	In dem erfolgreichen autobiographischen Roman reiht die Autorin lexikonartig Fakten, Porträts und Momentaufnahmen aneinander.
Günter Grass Hundejahre Neuwied	Abschluß der sog. Danziger Trilogie, zu der auch die Romane „Die Blechtrommel" (1959) und „Katz und Maus" (1961) gehören.
Max von der Grün Irrlicht und Feuer Recklinghausen	Ruhrgebietsroman: Szenen aus dem Leben eines Hauers, der durch Zechenschließung seine Arbeit verliert und sich umorientieren muß.
Christa Wolf Der geteilte Himmel Halle/Saale	Zeitkritischer Debütroman mit großem Erfolg in der DDR: Vorabdruck in einer Zeitschrift, mehrere Auszeichnungen, Verfilmung (1965).

Das Wunder von Lengede: Mit Hilfe der nach ihrem Erfinder und Konstrukteur genannten „Dahlbusch-Bombe" gelingt die Rettung von elf verschütteten Bergleuten.

Am 24.10. waren 500 000 m^3 Wasser und Schlamm in die Schachtanlage eingedrungen und hatten die über 100 m tief liegende Sohle überflutet. Für 29 der 129 Bergleute kam jede Hilfe zu spät.
Am folgenden Tag wurden sieben Arbeiter gerettet, drei weitere wurden sieben Tage nach dem Unglück aus einer Luftblase geborgen. Am 3.11. empfingen die Rettungskräfte Klopfzeichen der letzten Verschütteten.
Die Überlebenden verdanken ihre Rettung der sog. Dahlbuschbombe, einer etwa 2,5 m langen Stahlkapsel von 40 cm Durchmesser, die auch in schmalen Bohrungen niedergebracht werden kann.

Kultur

Debütroman von Solschenizyn
UdSSR. Das Erstlingswerk des sowjetrussischen Schriftstellers Alexander Solschenizyn, „Ein Tag im Leben des Iwan Denissowitsch", erscheint mit ausdrücklicher Billigung von Nikita S. Chruschtschow als Buch. Der sowjetische Regierungschef versteht den Roman als Beitrag zur Bewältigung der stalinistischen Vergangenheit. Solschenizyn beschreibt, ausgehend von eigenen Erlebnissen während seiner Zeit in Straf- und Sonderlagern 1945–1953, das Schicksal eines politischen Gefangenen in einem stalinistischen Arbeitslager.

Solschenizyn, der in der Tradition der großen russischen Erzähler steht, entwirft in seinen Werken eine an Religion und Geschichte orientierte Gegenwelt zum Sowjetsystem. Der 1970 mit dem Literatur-Nobelpreis ausgezeichnete Schriftsteller wird 1973 ausgebürgert und siedelt 1976 in die USA über, wo er an der Dekadenz des Westens Kritik übt. 1994 kehrt er nach Rußland zurück.
Solschenizyns berühmtestes Werk ist die Trilogie „Archipel Gulag" (1973–75), eine Abrechnung mit dem Stalinismus.

M. Falkenstein: Alexander Solschenizyn, 1975.

Hochhuth greift Kirche an
20.2. Westberlin. Die Freie Volksbühne führt unter der Regie von Erwin Piscator Rolf Hochhuths Drama „Der Stellvertreter" auf. Das Werk, in dem Hochhuth dokumentarisches Material verarbeitet hat, kritisiert die passive Haltung des Vatikan gegenüber der Judenverfolgung im nationalsozialistischen Deutschland.
Die katholische Kirche hatte gegen einen früheren Aufführungstermin eine einstweilige Verfügung erwirkt, da das Drama Papst Pius XII. (↑S.356/2.3.1939) eine Mitschuld am Tod zahlloser Juden zuweist. „Der Stellvertreter" wird zu einem unerwarteten Publikumserfolg und erneuert gleichzeitig das Dokumentartheater, in dessen Tradition u. a. Dramatiker wie Peter Weiss und Heinar Kipphardt stehen. `S 574/K 579`

W. Hinck (Hg.): Rolf Hochhuth – Eingriff in die Zeitgeschichte, 1981.

„Das Schweigen" sorgt für Skandal
23.9. Stockholm. Der Film „Das Schweigen" des schwedischen Regisseurs Ingmar Bergman wird uraufgeführt. Die freizügige Darstellung von Sexualität löst in konservativen Kreisen eine Welle der Empörung aus.
Bergman, Sohn eines Pfarrers, greift in „Das Schweigen" eines seiner zentralen Themen auf: die Frage nach Gott und dem Sinn des Lebens. Der Film bildet den dritten Teil der sog. Kammerspieltrilogie („Wie in einem Spiegel", 1961, „Licht im Winter", 1962). Ort der Handlung ist ein Hotel, in dem sich zwei Schwestern (Ingrid Thulin und Gunnel Lindblom) auf einer Reise einquartieren. Da sie die Landessprache nicht beherrschen, leben sie in beinahe vollkommener Isolation. Die Unfähigkeit zur Kommunikation und der vergebliche Versuch, die daraus resultierende Einsamkeit z. B. durch sexuelle Kontakte zu überwinden, werden in vielfach deutbaren Symbolen und Bildern dargestellt.

„Das Schweigen" wird nicht zuletzt aufgrund der heftigen Diskussionen über die im Film verletzten Tabus Bergmans größter finanzieller Erfolg. `S 574/K 579`

I. Bergman: Mein Leben, 1987; E. Weise: Ingmar Bergman, 1987.

Berliner Philharmonie eingeweiht
15.10. Westberlin. Nach siebenjähriger Bauzeit wird die Berliner Philharmonie dem Intendanten Wolfgang Stresemann im Rahmen eines Festaktes übergeben. Das erste Konzert in dem neuen Musikhaus, die 9. Sinfonie von Ludwig van Beethoven, dirigiert der Leiter der Philharmoniker, Herbert von Karajan.
Der Architekt Hans Scharoun hatte bei der Planung des 17 Mio DM teuren Konzertsaals neue Wege beschritten: Terrassenartig angelegte Zuschauerränge für 2200 Personen umgeben die in der Mitte des sechseckigen Raumes gelegene Bühne. Die außergewöhnliche Konzeption des Bauwerks soll eine optimale Akustik garantieren.
Zwischen 1984 und 1987 wird die Philharmonie um einen Kammermusiksaal erweitert, der ebenfalls nach Plänen von Hans Scharoun entsteht.

Berliner Philharmonie: Der von Hans Bernhard Scharoun 1960–63 errichtete Konzertsaal gilt als ein Meisterwerk der Akustik. Seine 21 m über dem Podium schwebende Decke überspannt den Raum in drei Schwüngen. Das Haus beheimatet das 1882 gegründete Berliner Philharmonische Orchester. Zu seinen Dirigenten gehören Hans von Bülow, Arthur Nikisch, Wilhelm Furtwängler und Herbert von Karajan. Ab 1989 leitet der italienische Dirigent Claudio Abbado das Orchester.

Sport

Dortmund wird Deutscher Meister
29.6. Stuttgart. Die letzte nach dem alten Spielmodus ausgetragene Meisterschaft im deutschen Fußball (↑S.576/24.8.) entscheidet Borussia Dortmund für sich. Im Finale besiegt

Sport 1963 — K 580

Fußball

Deutsche Meisterschaft	Borussia Dortmund
DFB-Pokal	Hamburger SV – Borussia Dortmund 3:0
Englische Meisterschaft	FC Everton
Italienische Meisterschaft	Inter Mailand
Spanische Meisterschaft	Real Madrid
Europapokal (Landesmeister)	AC Mailand – Benefica Lissabon 2:1
Europapokal (Pokalsieger)	Tottenham Hotspurs – Atletico Madrid 5:1
Messepokal	FC Valencia

Tennis

Wimbledon (seit 1877; 77. Austragung)	Herren: Chuck McKinley (USA) Damen: Margaret Smith (AUS)
US Open (seit 1881; 83. Austragung)	Herren: Raphael Osuna (MEX) Damen: Maria E. Bueno (BRA)
French Open (seit 1925; 33. Austragung)	Herren: Roy Emerson (AUS) Damen: Lesley Turner (AUS)
Australian Open (seit 1905; 51. Austragung)	Herren: Roy Emerson (AUS) Damen: Margaret Smith (AUS)
Davis-Cup (Adelaide, AUS)	USA – Australien 3:2

Eishockey

Weltmeisterschaft	Sowjetunion
Stanley-Cup	Toronto Maple Leafs
Deutsche Meisterschaft	EV Füssen

Radsport

Tour de France (4140 km)	Jacques Anquetil (FRA)
Giro d'Italia (4063 km)	Franco Balmamion (ITA)
Straßenweltmeisterschaft	Benoni Beheyt (BEL)

Automobilsport

Formel-1-Weltmeisterschaft	Jim Clark (GBR), Lotus Climax

Boxen

Schwergewichts-Weltmeisterschaft	Sonny Liston (USA) – K. o. über Floyd Patterson (USA), 22.7.

Herausragende Weltrekorde

Disziplin	Athlet (Land)	Leistung
Leichtathletik, Männer		
200 m	Henry Carr (USA)	20,3 sec
10 000 m	Ron Clarke (AUS)	28:15,5 min
Hochsprung	Waleri Brumel (URS)	2,28 m
Stabhochsprung	John Pennel (USA)	5,20 m
Zehnkampf	Yang Chuan-Kwang (TPE)	8089 P.
Leichtathletik, Frauen		
Speerwurf	Eva Ozolina (URS)	59,78 m
Schwimmen, Männer		
200 m Freistil	Don Schollander (USA)	1:58,4 min
400 m Lagen	Gerhard Hetz (FRG)	4:50,2 min
Schwimmen, Frauen		
200 m Rücken	Sakoto Tanaka (JPN)	2:28,2 min
100 m Schmetterling	Ada Kok (HOL)	1:06,1 min

die Außenseitermannschaft aus dem Ruhrgebiet vor 75 000 Zuschauern die hochfavorisierte Elf des amtierenden Deutschen Meisters 1. FC Köln mit 3:0 und sichert sich damit zum dritten Mal nach 1956 und 1957 den Titel. Der Doppelerfolg (Meisterschaft und DFB-Pokalsieger) bleibt den Borussen allerdings versagt: Am 14.8. unterliegen die Dortmunder im Pokalfinale der Mannschaft des Hamburger Sportvereins mit 0:3. S 576/K 580

Fußball-Bundesliga hat Premiere

24.8. 282 000 Zuschauer verfolgen in acht Stadien den ersten Spieltag der neugeschaffenen Fußball-Bundesliga, die mit 16 Vereinen startet: Hertha BSC Berlin, SV Werder Bremen, Eintracht Braunschweig, Hamburger SV, 1. FC Köln, Meidericher Spiel-Verein, SC Preußen Münster, FC Schalke 04, Borussia Dortmund, 1. FC Kaiserslautern, 1. FC Saarbrücken, TSV 1860 München, 1. FC Nürnberg, Eintracht Frankfurt, Karlsruher SC und VfB Stuttgart.

Bisher hatte es fünf Oberligen gegeben, deren Spitzenclubs in zwei Gruppen die beiden Finalgegner ermittelten. In der Bundesliga wird diejenige Mannschaft Meister, die am Saisonende an der Tabellenspitze steht. Für die Qualifikation zur ersten Bundesligarunde hatte der DFB ein Punktesystem ausgearbeitet, das die Plazierung in den letzten zehn Oberligajahren sowie die Teilnahme an der Meisterschafts-Endrunde und am Pokalfinale berücksichtigte.

Mit Einführung der Bundesliga wird der Amateurstatus der Spieler aufgehoben. Meister der ersten Saison, die 6 Mio Besucher und Einnahmen in Höhe von 25 Mio DM aufweist, wird der 1. FC Köln.

U. Homann/E. Thoman: Als die Ente Amok lief, 1991.

Wlassow stärkster Mann der Welt

15.9. Stockholm. Bei den Weltmeisterschaften im Gewichtheben holt der Sowjetrusse Juri Wlassow zum vierten Mal hintereinander den Titel im Schwergewicht. Wlassow verbessert den von ihm gehaltenen Weltrekord im Dreikampf (Drücken, Reißen, Stoßen) von 550,0 kg auf 557,5 kg.

Bei einem Körpergewicht von 130 kg ist der Olympiasieger von Rom (1960) im Vergleich zu seinen Konkurrenten eher von zierlicher Statur. Mit der exzellenten Beherrschung raffinierter Hebetechniken gleicht der 27jährige Ingenieur aus Moskau fehlende Körperfülle aus. Die Traumgrenze von 600 kg im Dreikampf erreicht 1970 Wassili Alexejew.

1964

Politik

Streit um Jordanwasser

13.1. Kairo. Könige und Staatschefs von 13 arabischen Nationen treffen sich in der ägyptischen Hauptstadt zur Ersten Arabischen Gipfelkonferenz. Vereinbart werden Maßnahmen gegen israelische Pläne, Wasser aus dem Jordan zur Bewässerung der Wüste Negev abzuleiten.

Israel hatte 1958 mit dem Aufbau eines Bewässerungssystems begonnen, um die Negev-Wüste im Süden des Landes urbar zu machen und neue Siedlungsräume für Einwanderer zu erschließen. Dieses stieß auf Widerstand der arabischen Staaten, die auch eine Versalzung des unteren Jordan befürchten. Der Libanon und Syrien erwägen den Bau von Staudämmen, um die Quellflüsse des Jordan abzusperren. Israel kündigt für einen solchen Fall einen militärischen Schlag an, worauf die Araber ein gemeinsames Oberkommando ihrer Streitkräfte einrichten. Der arabische Wasserplan wird jedoch wegen zu hoher Kosten nicht verwirklicht.

Militärputsch in Brasilien

31.3. Brasilien. Der brasilianische Präsident João Goulart wird durch einen Putsch rechtsgerichteter Militärs gestürzt. Goulart flüchtet nach Uruguay ins Exil. General Humberto de Alencar Castelo Branco wird mit weitreichenden Vollmachten ausgestattet und übernimmt das Amt des Präsidenten.

Ausgelöst wurde der Putsch durch Goularts radikale Reformpläne, die eine Erweiterung des Wahlrechts, die entschädigungslose Landenteignung und die Zulassung der Kommunistischen Partei vorsahen.

Die Militärjunta etabliert ein künstliches Zweiparteiensystem. 1968 wird der Ausnahmezustand ausgerufen und das Parlament aufgelöst.

Palästinenser gründen PLO

1.6. Jerusalem. Der Erste Palästinensische Nationalrat beschließt die Gründung der Palästinensischen Befreiungsorganisation (PLO) und bestimmt den UN-Diplomaten Ahmed Shukeiry zu derem Vorsitzenden. Als offizielles Ziel der PLO wird die Befreiung Palästinas proklamiert.

Nach Gründung des Staates Israel (↑S.441/ 14.5.1948) war ein Großteil der Palästina-Araber aus seiner Heimat vertrieben worden. Im Exil entstanden Widerstandsgruppen, deren

Jassir Arafat

Wichtige Regierungswechsel 1964		K 581
Land	Amtsinhaber	Bedeutung
Bolivien	Victor Paz Estenssoro (P seit 1960) René Barrientos Ortuno (P bis 1966)	Putsch rechter Militärs (4.11.) nach blutigen Auseinandersetzungen zwischen Polizei und revoltierenden Minenarbeitern
Brasilien	João Belchior Marques Goulart (P seit 1961) H. de Alencar Castelo Branco (P bis 1967)[1]	Militärputsch (31.3.) nach Bekanntwerden radikaler Reformpläne; Beginn der über 20 Jahre andauernden Militärdiktatur (S.577)
DDR	Otto Grotewohl (SED, M seit 1949) Willi Stoph (SED, M bis 1973)	Tod Grotewohls (21.9.), der 1946 SPD und KPD zur SED vereinigt hatte; Stoph war zuvor Verteidigungsminister
Griechenland	Paul (König seit 1947) Konstantin II. (König bis 1967)	Tod Pauls (6.3.); Konstantin wird innenpolitisch mit starken antimonarchistischen Strömungen konfrontiert
Großbritannien	Alec Douglas-Home (Konserv., M seit 1963) Harold Wilson (Labour, M bis 1970)	Knapper Wahlerfolg für Labour (15.10.: 44,1% der Stimmen); Wilson muß hohes Zahlungsbilanzdefizit abbauen (S.580)
Indien	Jawaharlal Nehru (M seit 1946/47) Lal Bahadur Shastri (M bis 1966)	Tod von Nehru (27.5.), seit Indiens Unabhängigkeit Ministerpräsident und einer der führenden Vertreter der Dritten Welt
Italien	Antonio Segni (P seit 1962) Giuseppe Saragat (P bis 1971)	Segni tritt nach Gehirnschlag zurück (6.12.); im 21. Wahlgang wird sozialdemokratischer Außenminister Saragat Nachfolger
Österreich	Alfons Gorbach (ÖVP, B seit 1961) Josef Klaus (ÖVP, B bis 1970)	Rücktritt Gorbachs (25.2.) wegen innerparteilicher Meinungsverschiedenheiten; Klaus setzt SPÖ/ÖVP-Koalition fort
Saudi-Arabien	Saud Ibn Abd al Asis (König seit 1953) Faisal Ibn Abd al Asis (König bis 1975)	Saud entthront (2.11.); Faisal öffnet das Land westlichem Lebensstil, ohne autokratische Herrschaftsform zu lockern (S.580)
UdSSR	Nikita Chruschtschow (M seit 1958) Alexei Kossygin (M bis 1980)	Chruschtschow aller Ämter enthoben (14.10.); Gründe: Verschärfter Konflikt mit China sowie wirtschaftliche Mißerfolge (S.580)
	Leonid Breschnew (P seit 1960) Anastas Mikojan (P bis 1965)	Breschnew wird neuer KP-Chef (14.10.); er ist der erste KPdSU-Vorsitzende, der nicht aktiv an der Oktoberrevolution teilnahm

B = Bundeskanzler; M = Ministerpräsident bzw. Premierminister; P = Präsident
1) Übergangspräsident 2.–15.4.; Paschoal Ramiero Mazzilli

1964

Situation der Schwarzen in den USA		K 582
Jahr	Ereignis	
1865	Nach Beendigung des Sezessionskriegs wird die Sklaverei in den Vereinigten Staaten offiziell abgeschafft; Bürgerrechte für Schwarze werden in der Verfassung verankert	
1954	Der Oberste Gerichtshof der USA hebt die Rassentrennung in öffentlichen Schulen auf; Umsetzung einer Entscheidung, die schon Ende des 19. Jahrhunderts getroffen wurde	
1956	Busboykott der Schwarzen unter Leitung des Bürgerrechtlers und Baptistenpfarrers Martin Luther King führt zur Aufhebung der Rassenschranken in öffentlichen Verkehrsmitteln von Montgomery	
1963	Beim Marsch auf Washington demonstrieren 250 000 Menschen unter Leitung von Martin Luther King für die Durchsetzung der Bürgerrechtsgesetze in den Vereinigten Staaten	
1964	Der US-Kongreß verabschiedet das Gesetz zur Gleichstellung der Rassen, das als Vorlage 1963 von John F. Kennedy eingebracht wurde; dennoch weiterhin Diskriminierung der Schwarzen	

Ende der Rassentrennung in den USA: Der Friedensnobelpreisträger und Führer der schwarzen Bürgerbewegung Martin Luther King hält beim Marsch auf Washington im August 1963 die berühmte Rede „I have a dream".

Ziel die Beseitigung Israels war. 1959 wurde die Geheimorganisation Al Fatah gegründet. Die PLO, seit 1967 von Jassir Arafat geführt, wird zur Dachorganisation aller palästinensischen Befreiungsbewegungen und macht durch Anschläge, terroristische Überfälle und Flugzeugentführungen auf sich aufmerksam. 1975 erfolgt die Zulassung der PLO zum Sicherheitsrat der UN, 1976 wird sie Vollmitglied der Arabischen Liga.
Seit Anfang der 90er Jahre befindet sich die PLO im Spannungsverhältnis zwischen ihren fundamentalen Ansprüchen und einer vorsichtigen Annäherungspolitik an Israel (↑S.847/30.10.1991), die 1993 schließlich in das Gaza-Jericho-Abkommen mündet (↑S.866/13.9.1993).　S 806/K 783

📖 L. van der Meulen: Fremde im eigenen Land. Die Geschichte der Palästinenser und der PLO, 1989.

Freundschaftsvertrag UdSSR/DDR

12.6. Moskau. Der sowjetische Ministerpräsident Nikita Chruschtschow und der DDR-Staatsratsvorsitzende Walter Ulbricht unterzeichnen den „Vertrag über Freundschaft, gegenseitigen Beistand und Zusammenarbeit". Die Vertragspartner gehen vom Bestehen zweier souveräner deutscher Staaten aus, betrachten Westberlin als selbständige politische Einheit und verpflichten sich zu gegenseitigem militärischem Beistand.
Westmächte und BRD lehnen die Dreistaatentheorie (zwei deutsche Staaten und ein unabhängiges Westberlin) ab und betonen den Alleinvertretungsanspruch der BRD. Der Regierende Bürgermeister Willy Brandt (SPD) erklärt, daß Westberlin ein „deutsches Land im Gefüge der BRD" sei.

Lebenslange Haft für Mandela

12.6. Pretoria. Im sog. Rivonia-Prozeß werden acht Angeklagte, unter ihnen der Bürgerrechtler und Führer der 1960 verbotenen Befreiungsbewegung Afrikanischer Nationalkongreß (ANC), Nelson Mandela, zu lebenslangen Haftstrafen verurteilt. Den Angeklagten werden Subversion und Sabotageakte vorgeworfen.
Gegen die seit 1948 praktizierte Apartheid-Politik hatte der ANC (gegr. 1912) bis 1959 gewaltfreien Widerstand geleistet, den die Regierung mit Repressionsgesetzen beantwortete. 1959 spaltete sich vom ANC der Panafrikanische Kongreß (PAC) ab. Noch vor Proklamation der unabhängigen Republik Südafrika (↑S.547/31.5.1961) wurden beide Organisationen 1960 verboten und setzten ihren Widerstand im Untergrund fort.
Der UN-Sicherheitsrat forderte in einer Resolution vom 8.6. Südafrika auf, Apartheid-Gegner zu amnestieren. Am 11.2.1990 (↑S.829) wird Nelson Mandela nach 27 Jahren aus der Haft entlassen. 1994 übernimmt er das Amt des Staatspräsidenten (↑S.873/26.–29.4.1994).　S 462/K 465

📖 N. Mandela: Der Kampf ist mein Leben. Reden und Schriften, 1986. F. Meer: Nelson Mandela. Stimme der Hoffnung. Autorisierte Biographie, 1989.

Rassentrennung in den USA beendet
2.7. Washington. Nach monatelangem Ringen im Senat unterzeichnet US-Präsident Lyndon B. Johnson das von John F. Kennedy (↑S.570/22.11.1963) in die Wege geleitete Bürgerrechtsgesetz zur Aufhebung der Rassentrennung. Es ist das wichtigste Dokument zur Gleichberechtigung der Schwarzen nach Beendigung der Sklaverei (1863) durch Abraham Lincoln und der Verankerung ihrer Bürgerrechte in der Verfassung (1865).
1954 hatte sich der Oberste Gerichtshof für die Aufhebung der Rassentrennung an öffentlichen Schulen ausgesprochen, am 27.8. 1963 marschierten 250 000 Menschen nach Washington, um für die Durchsetzung der Bürgerrechte zu demonstrieren.
Trotz der rechtlichen Gleichstellung der Rassen nehmen die Unruhen kein Ende. In New York City, Philadelphia und Chicago kommt es zu Plünderung und Brandstiftung. Am 4.4.1968 (↑S.618) wird der schwarze Bürgerrechtler und Friedensnobelpreisträger 1964, Martin Luther King, ermordet. S 578/K 582

USA greifen in Vietnam ein
30.7. Golf von Tongking. Nach US-amerikanischen Angaben werden zwei US-Zerstörer im Golf von Tongking von nordvietnamesischen Kriegsschiffen angegriffen. Der nie ganz aufgeklärte „Tongking-Zwischenfall" ist Anlaß für erste Bombardements der USA gegen Ziele im kommunistischen Nordvietnam. Am 7.8. erteilt der Kongreß in Washington US-Präsident Lyndon B. Johnson eine Ermächtigung, die ihm freie Hand zum Einsatz von Streitkräften gibt.
Nach der Niederlage der Franzosen in Dien Bien Phu wurde Vietnam in der Nähe des 17. Breitengrads provisorisch geteilt (↑S.491/ 21.7.1954). Während sich im Norden unter Ho Chi Minh ein kommunistischer Staat bildete, herrschte im Süden ein von den Vereinigten Staaten gestütztes Regime.
Mit ihrem schon länger geplanten militärischen Eingriff wollen die USA verhindern, daß der von Nordvietnam unterstützte Vietcong in Südvietnam weiter an Macht gewinnt. Seit 1960 waren Kader des Vietcong nach Südvietnam vorgedrungen, worauf die USA ihre militärische Präsenz verstärkt hatten.
Vier Jahre später zeigt sich mit der Tet-Offensive (↑S.617/30.1.1968), daß die USA

Stationen des Indochina- und Vietnamkriegs	K 583
Jahr	Ereignis
23.11.1946	Französische Flugzeuge und Kriegsschiffe beschießen den Hafen Haiphong, um Waffenlieferung zu verhindern (S.422)
19.12.1946	Demokratische Republik Vietnam (Sitz: Hanoi/Nordvietnam) unter Präsident Ho Chi Minh eröffnet Kampf gegen französische Besatzung; Beginn des Indochinakriegs
27.5.1948	Frankreich unterstützt Einberufung einer provisorischen Zentralregierung Vietnams in Saigon/Südvietnam (Gegenregierung)
16.1.1950	Beginn der Großmacht-Verwicklung in den Vietnamkonflikt: China und die Sowjetunion verbünden sich mit Nordvietnam; die Vereinigten Staaten und Großbritannien mit Südvietnam; Militärhilfen auf beiden Seiten
7.5.1954	Ende der französischen Herrschaft in Indochina: Nordvietnamesische Truppen unter General Vo Nguyen Giap erobern französische Festung Dien Bien Phu
21.7.1954	Waffenstillstandsabkommen in Genf: provisorische Teilung Vietnams (17. Breitengrad), Wiedervereinigungs-Wahlen Nord- und Südvietnams für Juli 1956 vorgesehen (S.491)
22.5.1956	Ngô Dinh Diêm, seit 26.10.1955 Staatspräsident Südvietnams, verhindert Wiedervereinigungs-Wahlen
20.12.1960	Nationale Befreiungsfront (Vietcong) in Südvietnam gebildet
1.11.1963	Ermordung des südvietnamesischen Diktators Ngô Dinh Diêm bei Militärputsch; Machtübernahme durch Nguyen Van Thieu
30.7.1964	„Zwischenfall im Golf von Tongking" – angeblicher Angriff nordvietnamesischer Schiffe auf US-Zerstörer (S.579)
7.8.1964	US-Kongreß verabschiedet Resolution zur Truppenverstärkung: Vergeltungsaktionen der Amerikaner gegen Nordvietnam; Beginn des Vietnamkriegs
6.2.1965	USA beginnen mit massiven Luftangriffen gegen nordvietnamesische Städte; unzählige Opfer unter Zivilisten
30.1.1968	Tet-Offensive (Neujahrsoffensive) des Vietcong (bis 29.2.): Guerilla-Einheiten attackieren südvietnamesische Städte und dringen bis zum Präsidentenpalast in Saigon vor (S.617)
31.3.1968	US-Präsident Lyndon B. Johnson läßt Bombenangriffe nördlich des 20. Breitengrads einstellen und drängt auf Friedensgespräche mit der nordvietnamesischen Führung
13.5.1968	Friedensverhandlungen beginnen in Paris
19.5.1968	Offensive Nordvietnams: Bombardements von Saigon, die insgesamt einen Monat anhalten
8.7.1969	Teilabzug der US-Streitkräfte aus Südvietnam (größte Truppenstärke im Mai: etwa 543 000 Soldaten)
3.9.1969	Tod Ho Chi Minhs; Vierergruppe übernimmt Macht in Nordvietnam (Pham Van Dong, Vo Nguyen Giap, Truong Chinh, Le Duan)
29.3.1972	Osteroffensive: Nordvietnamesische Truppen besetzen Provinz Quang-tri (am 15.9. von südvietnamesischen Verbänden zurückerobert); Invasion in Südvietnam
9.5.1972	US-Präsident Richard Nixon ordnet Bombenangriffe und Seeblockade gegen Nordvietnam an
18.12.1972	US-Bombardierung des Gebiets Hanoi/Haiphong (bis 15.1.1973): schwerste Zerstörungen seit Beginn des Kriegs
27.1.1973	Waffenstillstandsabkommen in Paris: Ende der direkten US-Verwicklung in den Vietnamkrieg (S.672)
29.3.1973	Rückzug der letzten US-Truppen aus Südvietnam; Freilassung der letzten amerikanischen Kriegsgefangenen (1.4.)
30.4.1975	Vietcong-Truppen besetzen Saigon: Kapitulation Südvietnams
2.7.1976	Bildung der Sozialistischen Republik Vietnam, der neue Staat vereinigt Nord- und Südvietnam

1964

KP-Vorsitzende in Rußland und der UdSSR — K 584

Zeitraum	Name (Lebensdaten)	Amtsdauer (Jahre)	Alter bei Amtsantritt
Bis 1922	Wladimir Lenin (1870–1924)	6	47
1922–53	Josef Stalin (1879–1953)	32	43
1953–64	Nikita Chruschtschow (1894–1971)	12	59
1964–82	Leonid Breschnew (1906–1982)	19	58
1982–84	Juri Andropow (1914–1984)	2	68
1984–85	Konstantin Tschernenko (1911–1985)	1	73
1985–91	Michail Gorbatschow (*1931)	7	54

Harold Wilson

den Krieg nicht gewinnen können. Am 27.1.1973 († S.672) endet die von Flächenbombardements und von einem brutalen Guerilla-Krieg gekennzeichnete „amerikanische Phase" des Vietnamkriegs mit einem Waffenstillstand. S 579/K 583

P. Krebs: Die Kinder von Vietnam. Bilanz eines modernen Krieges, 1990.

Chruschtschow entmachtet
14.10. Moskau. Nikita Chruschtschow, seit elf Jahren Parteichef und seit sechs Jahren Ministerpräsident der UdSSR, wird vom Zentralkomitee (ZK) der KPdSU seiner Ämter enthoben. Neuer Regierungschef wird Alexei N. Kossygin. Leonid Breschnew übernimmt die Parteiführung mit dem zur Machtausübung wichtigsten Posten des Ersten Sekretärs des ZK.
Gründe für den Sturz Chruschtschows sind sein eigenmächtiges Vorgehen in der Außenpolitik, der sich verschärfende Konflikt zwischen der UdSSR und der VR China sowie die wirtschaftlich katastrophale Lage. Breschnew, seit 1960 nominelles Staatsoberhaupt, festigt in seiner Regierungszeit die Hegemoniestellung der Sowjetunion in Osteuropa und modernisiert die Wirtschaft bei restaurativen Tendenzen; 1977 wird er Staatschef. Nach seinem Tod wird der bisherige Chef des KGB, Juri Andropow († S.756/ 12.11.1982), sein Nachfolger. S 580/K 584

F. Burlazki: Chruschtschow. Ein politisches Porträt, 1990. G. Tabatschnik: Stalins Erben, 1992.

Labour Party gewinnt Wahlen
15.10. London. Nach 13 Jahren in der Opposition gewinnt die Labour Party die britischen Unterhauswahlen. Premierminister und Nachfolger von Alec Douglas-Home wird Harold Wilson. Von 630 Unterhaus-Sitzen entfallen 317 auf Labour (44,1%), 304 auf die Konservativen (43,4%) und 9 auf die Liberalen (11,2%).
Die Wilson-Regierung beseitigt u. a. durch Erhöhung der Importzölle und Exportsubventionen schwere Zahlungsbilanz-Defizite – unter Inkaufnahme von Pfundabwertung und einem Anstieg der Arbeitslosenzahlen. Beim Versuch, die Rechte der Gewerkschaften in einen gesetzlichen Rahmen zu bringen, scheitert Wilson am Widerstand der Gewerkschaften († S.56/1906). S 577/K 581

Faisal König der Saudis
2.11. Saudi-Arabien. Faisal Ibn Abd al Asis Ibn Saud wird zum neuen König von Saudi-Arabien proklamiert. Er löst seinen Bruder Saud Ibn Abd al Asis ab, dem der Ministerrat das Vertrauen entzogen hatte.
Faisal, seit 1958 Ministerpräsident des Landes, hatte immer wieder den ausschweifenden Lebensstil des Königsclans kritisiert. Im März 1964 hatte Saud bereits alle exekutiven Befugnisse an Faisal abtreten müssen.
Faisal öffnet das Land dem Westen, hält aber am autokratischen Regierungsstil seines Bruders fest. Nach mehreren von Ägypten geförderten Umsturzversuchen der Opposition wird Faisal 1975 von einem Verwandten ermordet. Die Annäherung an die USA findet auch unter Nachfolger Chalid Ibn Abd Al Asis Ibn Saud ihre Fortsetzung. S 580/K 585

S. Gray: Hinter dem Schleier. Alltag in Saudi-Arabien, 1987.

Saudi-Arabien im 20. Jahrhundert — K 585

Jahr	Ereignis
1902	Truppen von Abd al Asis Ibn Saud erobern von Kuwait aus das osmanisch besetzte Wahhabitenreich zurück
1921–25	Ibn Saud nimmt Hedschas ein (S.212/13.10.1924)
1926	Ibn Saud wird König der Nadschd und Hedschas
1927	Vertrag von Dschidda: Ibn Saud beendet Streitigkeiten mit Nachbarmonarchien und legt die Grenzen seines Reiches fest
1932	Das Herrschaftsgebiet Ibn Sauds wird nach dem Herrscher „Königreich Saudi-Arabien" genannt (S.282)
1935	In Saudi-Arabien werden große Erdölvorkommen entdeckt
1953	Tod des Königs; sein Sohn Saud betont arabischen Nationalismus; proägyptische Haltung während Suezkrise
1964	Der neue König Faisal Ibn Abd al Asis Ibn Saud öffnet Saudi-Arabien westlichen Einflüssen (S.580)
1975	König Faisal stirbt bei einem Mordanschlag; zum Nachfolger wird sein Halbbruder Chalid ernannt
1982	Tod Chalids; der neue König, Kronprinz Fahd Ibn Abd al Asis richtet seine Politik verstärkt an den USA aus
1991	Aufmarschgebiet der alliierten Truppen im Golfkrieg gegen Irak
1992	Zulassung eines Konsultativrats, dem der absolutistisch regierende König beschränkte Mitspracherechte einräumt
1995	Kommission zur Lösung des Grenzkonflikts mit Jemen
	Kampf um die Thronfolge innerhalb des Herrscherhauses nach Schlaganfall von König Fahd (Rückkehr an Regierung Feb. 1996)

DDR führt Zwangsumtausch ein
1.12. Das DDR-Finanzministerium ordnet für alle Besucher aus dem westlichen Ausland einen Mindestumtausch ihrer Währungen an. Die Regelung, von der Kinder und Rentner ausgenommen sind, sieht den zwangsweisen Umtausch von mindestens 5 DM pro Person und Aufenthaltstag bei einem 1:1-Wechselkurs von West- in Ostmark vor. Die Bundesregierung, die den Ostberliner Beschluß verurteilt, reagiert am 2.12. mit dem Abbruch der Gespräche über den von der DDR gewünschten Ausbau des innerdeutschen Handels. Der Zwangsumtausch wird bis zum Zusammenbruch der DDR 1989 mehrfach erhöht. S 836/K 805
📖 E. Thurich: Die Teilung Deutschlands. Dokumente zur deutschen Frage, 1982.

Wirtschaft

„Fünf Weise" beraten
14.2. Bonn. Der Sachverständigenrat zur Begutachtung der wirtschaftlichen Entwicklung tritt gemäß einem Gesetz vom 14.8.1963 erstmals zusammen. Seine Mitglieder, „fünf Weise" genannt, untersuchen in jährlichen Gutachten die wirtschaftliche Entwicklung. Der Rat soll herausarbeiten, „wie im Rahmen der marktwirtschaftlichen Ordnung gleichzeitig Stabilität des Preisniveaus, hoher Beschäftigungsstand und außenwirtschaftliches Gleichgewicht bei stetigem und angemessenem Wachstum gewährleistet werden können". Das Gutachten hat konstatierenden, beratenden und empfehlenden Charakter.
Die ersten „fünf Weisen", ein von der Bundesregierung bestelltes und vom Bundespräsidenten berufenes Gremium aus Wissenschaft und Industrie, sind die Wirtschaftsfachleute Wilhelm Bauer, Paul Binder, Herbert Giersch, Harald Koch und Fritz Meyer.

Welthandelskonferenz einberufen
23.3. Genf. Die erste Welthandelskonferenz der Vereinten Nationen (UNO) wird mit 1500 Vertretern aus 122 Staaten eröffnet. Im Blickpunkt der zwölfwöchigen Veranstaltung (bis zum 16.7.) steht die Forderung der Entwicklungsländer nach einer besseren und gerechteren Teilnahme am Welthandel. Die verarmten Nationen wollen mehr finanzielle Hilfen der reichen Industrieländer und eine Vergrößerung ihrer Absatzmärkte. Konkrete Ergebnisse werden nicht erzielt. Die Konferenz empfiehlt den Industriestaaten lediglich, jährlich 1% des nationalen Bruttosozialprodukts für die Entwicklungshilfe in der Dritten Welt bereitzustellen.
Die Beschlüsse der Welthandelskonferenz, die im Turnus von drei Jahren zusammentritt, sind im Gegensatz zu denen des Zoll- und Handelsabkommens GATT (General Agreement on Tariffs and Trade) unverbindlich.
📖 A. Borsdorf: Die Dritte Welt und Weltwirtschaft, 1988.

Stiftung testet Waren
16.9. Bonn. Die Bundesregierung beschließt die Gründung der „Stiftung Warentest". Aufgabe des Instituts (Sitz Westberlin) ist es, dem Verbraucher Richtwerte zum Preis-Leistungs-Verhältnis von Waren und Angeboten zu liefern. Erwartet werden eine Verbesserung der Marktübersicht und eine Ankurbelung des Wettbewerbs. Die „Stiftung Warentest", die vom Bundeshaushalt finanziert wird (1965: 2,5 Mio DM), soll nicht selbst Untersuchungen durchführen, sondern diese von renommierten Instituten nach neuen Erkenntnissen und mit modernen wirtschaftlichen Methoden vornehmen lassen.

Verkehr

Hochgeschwindigkeitszug für Japan
1.10. Japan. Zwischen Tokio und Osaka wird nach fünfeinhalbjähriger Bauzeit die 515 km lange Tokaido-Linie in Betrieb genommen. Der auf ihr verkehrende „Shinkansen", ein aerodynamisch verkleideter Schnellzug, erreicht eine Geschwindigkeit von 220 km/h. Seine Wagen sind luftdicht abgeschlossen. Die Schienen lagern auf Gummipolstern, so daß auch bei hohem Tempo die Fahrt mit geringen Erschütterungen verläuft. Während Fernreisezüge konventioneller Bauart für die Tokaido-Strecke sechseinhalb Stunden be-

Hochgeschwindigkeitszüge im Personenverkehr			K 586
Name (Land)	Zugart	Geschwind.	Erster Einsatz
Shinkansen (Japan)	Schienenzug	220 km/h	1964 (S.581)
TGV[1] (Frankreich)	Schienenzug	300 km/h[2]	1981
ICE[3] (Deutschland)	Schienenzug	250 km/h[4]	1991
AVE[5] (Spanien)	Schienenzug	300 km/h	1992
Transrapid (Deutschland, S.657)	Magnetschwebebahn	500 km/h	Teststrecke Einsatz: 2005
Swissmetro (Schweiz)	Magnetschwebebahn	500 km/h	Projekt Einsatz: 2009
Maglev[6] (Japan)	Magnetschwebebahn	500 km/h	Teststrecke: 1994

1) Train à Grande Vitesse, 2) km/h-Rekord: 515,3; 3) InterCityExpress;
4) Höchstgeschwindigkeit 406,9 km/h; 5) Alta Velocidad Española;
6) Magnetically levitated train

1964

nötigten, braucht der „Shinkansen" (dt. Geschoß) nur drei Stunden. S 581/K 586

Natur/Umwelt

Plastiktüte „auf dem Vormarsch"

Die Plastiktüte tritt ihren unaufhaltsamen Siegeszug an und löst die große Welle von Kunststoffverpackungen aus.

Chemieprodukte werden zunehmend in vielerlei Bereichen verwendet, vor allen Dingen in der Textilindustrie (Synthetikfasern Perlon, Nylon, Stretch). Die bunte Palette von Kunststoffen reicht von Wohnungsausstattungen (Fußbodenbeläge, Möbel) über Kinderspielzeug bis hin zu Autokarosserien.

Die Kunststoffverpackungen werden in den 80er Jahren im Hinblick auf den Umweltschutz reduziert. Aus natürlichem Material gefertigte Tragetaschen („Jute statt Plastik") ersetzen zunehmend Plastiktüten.

Wissenschaft

DESY beschleunigt Teilchen GRA

Hamburg. Nach rund fünf Jahren Bauzeit wird als einer der größten Teilchenbeschleuniger (↑S.268/April 1930) der Welt das „DESY" (Deutsches Elektronen-Synchrotron) in Betrieb genommen.

Zweck der Anlage – die Träger sind zu 90% die Bundesrepublik Deutschland und zu 10% die Freie und Hansestadt Hamburg – ist die Förderung der physikalischen Grundlagenforschung auf dem Gebiet der Atomkerne und Elementarteilchen, vor allem durch den Betrieb des Hochenergiebeschleunigers. Dazu werden Elektronen auf einer Kreisbahn von 100 m Durchmesser auf eine Maximal-Energie von 7,5 GeV (Giga-Elektronenvolt) beschleunigt und u. a. zur Kollision gebracht. 1974 wird das DESY durch das Doppelspeicherringsystem „DORIS" und 1978 durch die Positron-Elektron-Tandem-Ringbeschleunigeranlage „PETRA" erheblich erweitert. Mit dem Speicherring DORIS werden z. B. 1976/77 die für das physikalische Verständnis der Elementarteilchen und den Ausbau des Quarkmodells (↑S.583/Februar 1964) wichtigen D- und F-Mesonen sowie das μ-Lepton nachgewiesen. S 582/K 587

Teilchenbeschleuniger mit höchster Energie				K 587
Forschungs-einrichtung	Sitz (Land)	Name/Betriebsjahr	Länge	Beschleunigte Teilchen
FNAL	Chicago (USA)	Tevatron 1986	6,3 km	Elektronen, Antiprotonen
SLAC	Stanford (USA)	SLC 1986	3,2 km	Elektronen, Positronen
KEK	Tokio (Japan)	TRISTAN 1986	3,0 km	Elektronen, Protonen
CERN	Genf (Schweiz)	LEP 1989	27,0 km	Elektronen, Positronen
DESY	Hamburg (Deutschland)	HERA 1990	6,3 km	Elektronen, Protonen
IHEP	Serpuchow (Rußland)	UNK 1993	21,0 km	Protonen, Antiprotonen
SUPERCOLLIDER	Dallas (USA)	SSC gepl. 1997	84,8 km	Protonen
CERN	Genf (Schweiz)	LHP gepl. 2004	27,0 km	Hadronen

Urknall-Theorie erhärtet

Mai. Holmdel/USA. Die US-amerikanischen Astrophysiker Arnold Allan Penzias und Robert Woodrow Wilson entdecken eine schwache Radiowellenstrahlung, die aus allen Himmelsrichtungen mit gleicher Intensität auf die Erde einfällt. Damit untermauern sie die 1948 von ihrem Kollegen und Landsmann George Anthony Gamow aufgestellte Theorie, daß eine solche „kosmische Hintergrundstrahlung" als Folge der von dem Urknall („Big Bang") bei der Entstehung des Universums freigesetzten Wärme existieren müsse.

Nach 1970 wird die Strahlung auch im extrem kurzwelligen Bereich der Radiowellen gefunden. Ihr Nachweis ist aber wegen der Absorption innerhalb der Erdatmosphäre schwierig. Hierzu sind Ballonaufstiege und ähnliche Untersuchungen nötig.

📖 J. Hermann: Großes Lexikon der Astronomie, 1986.

Teilchenbeschleuniger: T. als Supermikroskop

Instrument: Auge → Elektronenmikroskop → Elektronen- und Röntgenstrahlung

Was wird erkennbar? Kristall 0,01 m — 10 000 x → Virus 10^{-7} m — 100–1000 x → Molekül 10^{-9} m — Atom 10^{-10} m

Kleine Teilchenbeschleuniger → Große Teilchenbeschleuniger → Speicherring Hera

10 000 x → Atomkern 10^{-14} m — 10 x → Proton 10^{-15} m — 1000 x → Quark — Strukturen von 10^{-18} m Größe werden „sichtbar"

© Harenberg

Physiker postuliert „Quark"

Februar. Pasadena. Der US-Amerikaner Murray Gell-Mann, Professor für Elementarteilchenphysik am California Institut of Technology, postuliert die Existenz sog. Quarks. Das sind hypothetische Teilchen mit gebrochener elektrischer Ladung, aus denen alle „Hadronen" – Baryonen wie z. B. Neutronen und Protonen sowie Mesonen – bestehen könnten. Die Eigenschaft nicht ganzzahliger Ladungen wie z. B. plus oder minus 1/2 ist für die Wissenschaftler zwar schwer zu akzeptieren, doch die Theorie liefert so viele Erklärungen bis dahin unverstandener Phänomene, daß sie im Laufe der Jahre anerkannt wird.

Bis 1996 werden in unterschiedlichen Materiezuständen sechs verschiedene Quarks (Up-, Down-, Strange-, Charm-, Bottom- und Top-Quark) nachgewiesen. S 52/K 46

Medien

„Vergißmeinnicht" sammelt Spenden

Der Entertainer Peter Frankenfeld engagiert sich mit dem Fernsehquiz „Vergißmeinnicht" für einen wohltätigen Zweck und sammelt – eine bislang einmalige Aktion im deutschen Fernsehen – Spendengelder für geistig oder körperlich behinderte „Sorgenkinder".
Die Initiative für die „Aktion Sorgenkind" hat großen Erfolg. Wim Thoelke führt die Idee mit „3 x 9" (1970–74) und dem „Großen Preis" (1974–92) fort. Zu jeder Sendung werden Spendengelder in zweistelliger Millionenhöhe gesammelt.

Gesellschaft

Bildungsnotstand in der BRD

In der BRD erscheint das Buch „Die deutsche Bildungskatastrophe". Der Pädagoge Georg Picht zieht darin eine ausgesprochen negative Bilanz zur Ausbildungssituation. Zur Beseitigung des Bildungsnotstands fordert Picht, die achtjährige Schulpflicht zu verlängern und die Zahl der Schulabgänger mit mittlerer Reife und Abitur zu erhöhen. Im Vergleich zu anderen Staaten Europas schneide die Bundesrepublik schlecht ab; es herrsche Lehrermangel, die Universitäten seien wegen der zu geringen akademischen Einrichtungen überfüllt.
Die Defizite im Bildungswesen sind schnell nationales Thema. Kultusminister, Politiker, Rektoren und Studenten fordern einschneidende Maßnahmen. 1964 einigen sich Bund und Länder auf Abkommen zur Förderung von Wissenschaft und Bildung. Neue Universitäten in Bochum, Bremen, Konstanz und Regensburg werden finanziell unterstützt.

 H.-U. Musolff: Bildung. Der klassische Begriff und sein Wandel in der Bildungsreform der 60er Jahre, 1989. L. v. Friedeburg: Bildungsreform in Deutschland. Geschichte und gesellschaftliche Widersprüche, 1989.

Mini macht Karriere

Die Modeschöpferin Mary Quandt stellt den Minirock („miniskirt") vor, der eine „Revolution" in der Damenmode einleitet. Ungeachtet wetternder Moralapostel, die sich über die weit oberhalb des Knies endenden Rocklängen ereifern, beginnt der Siegeszug des knappen Kleidungsstücks, das auch als provozierendes Zeichen für sexuelle Befreiung und Emanzipation der Frau gewertet wird.
Mary Quant erhält für den von ihr entworfenen Modeschlager 1966 den „Order of British Empire".

Paul VI. im Heiligen Land

4.1. Jerusalem. Als erster Papst trifft Paul VI. zu einer dreitägigen Pilgerfahrt im Heiligen

Nobelpreisträger 1964	K 588
Frieden: Martin Luther King (USA, 1929–1968)	
Der Baptistenpfarrer und Bürgerrechtler organisierte gewaltlose Protestaktionen für die Gleichstellung der Schwarzen. 1963 rief er zum Marsch nach Washington auf, wo er vor 250 000 Teilnehmern seine Vision einer freien und gleichen Gesellschaft vortrug („I have a dream").	
Literatur: Jean-Paul Sartre (F, 1905–1980)[1]	
Der Hauptvertreter des französischen Existentialismus legte seine Position im Essay „Das Sein und das Nichts" (1943) dar: Der Mensch ist zur Freiheit „verurteilt" und muß sich selbst einen Lebenssinn schaffen. Werke: „Der Ekel" (1938), „Geschlossene Gesellschaft" (1947).	
Chemie: Dorothy Crowfoot Hodgkin (GB, 1910–1994)	
Hodgkin bestimmte die Struktur zahlreicher komplizierter Moleküle, u. a. Insulin (Molekülstruktur besteht aus 800 Atomen), Penicillin, Vitamin B. Für die Analyse verwendete sie Röntgenstrahlen und setzte als erste Chemikerin Computer zur Auswertung der Ergebnisse ein.	
Medizin: Konrad Emil Bloch (USA, *1912), Feodor Lynen (D, 1911–1979)	
Die Biochemiker erklärten den Cholesterin- und Fettsäurestoffwechsel, der durch das Koenzym A (aktivierte Essigsäure) reguliert wird. Ihre Erkenntnisse waren grundlegend für die Behandlung der häufigsten Kreislauferkrankungen, insbesondere der Arteriosklerose.	
Physik: Nikolai Bassow (UdSSR, *1922), Alexander Prochorow (UdSSR, *1916), Charles H. Townes (USA, *1905)	
Townes entwickelte 1954 den ersten Mikrowellenverstärker (Maser), der sich zur exakten Zeitmessung und Signalübermittlung eignet. 1958 beschrieb er mit A. Schawlow die Grundlagen des Lasers, der nach dem Prinzip des Masers funktioniert, aber Licht abstrahlt. Bassow und Prochorow erfanden Maser- und Lasersysteme für die Festkörperphysik.	

[1] Lehnte die Annahme des Preises ab

Minimode vorgeführt vom britischen Top-Mannequin Twiggy

Entwicklung der Philosophie im 20. Jh.	K 589

Analytische Philosophie

Vertreter: Rudolf Carnap (USA, 1891–1970); Bertrand Russell (GB, 1872–1970); Ludwig Wittgenstein (D, 1889–1951)

Inhalt: Bewußtseinsvorgänge sind einzig durch sprachliche Äußerungen zugänglich. Während die analytische Philosophie ihre Disziplin anfangs von allem Irrationalen befreien wollte und eine universelle Wissenschaftssprache anstrebte, steht später die Alltagssprache mit all ihren Mißverständnissen und Fehlannahmen im Mittelpunkt des Interesses.

Existenzphilosophie

Vertreter: Albert Camus (F, 1913–1960); Martin Heidegger (D, 1889–1976); Karl Jaspers (D, 1883–1969); Jean-Paul Sartre (F, 1905–1980)

Inhalt: Im Mittelpunkt steht das auf sich gestellte Individuum; das sich durch ein „existentielles Erlebnis" kennenlernt. Diese Grunderfahrung der Existenz können Tod (Heidegger), Leid und Schuld (Jaspers) oder Ekel (Sartre) sein. Grundgedanke der französischen Richtung ist die Überzeugung, daß jedes Individuum zur Freiheit verurteilt ist und sich deshalb sein Leben (bzw. dessen Sinn) selbst schafft.

Kritische Theorie

Vertreter: Theodor W. Adorno (D, 1903–1969); Jürgen Habermas (D, *1929); Max Horkheimer (D, 1895–1973); Herbert Marcuse (USA, 1898–1979)

Inhalt: Die Kritische Theorie richtet sich gegen jegliche Form von Herrschaft in kapitalistischen und sozialistischen Staaten. Während Adorno und Horkheimer die Chancen für ein gelungenes Leben vor allem in der Kunst suchen, betonen Marcuse und Habermas die politische Funktion der kritischen Theorie in menschlichen Gesellschaften.

Lebensphilosophie

Vertreter: Henri Bergson (F, 1859–1941)

Inhalt: Die Lebensphilosophie grenzt sich in erster Linie vom naturwissenschaftlichen Fortschrittsglauben ab. Gegen die objektive, meßbare Zeit wird die subjektive Dauer, gegen das Darwinsche Evolutionsmodell der irrationale Lebenstrieb des Menschen gesetzt.

Neukantianismus

Vertreter: Ernst Cassirer (D, 1874–1945)

Inhalt: Unter Rückgriff auf die Lehren Immanuel Kants setzt sich der Neukantianismus mit dem modernen Materialismus und dem Liberalismus auseinander. Erkenntnisziel ist ein idealistischer Sozialismus.

Phänomenologie

Vertreter: Edmund Husserl (D, 1858–1938); Max Scheler (D, 1874–1928)

Inhalt: Nach Ansicht der Phänomenologen existiert eine von gesellschaftlichen Umständen und vom Zeitgeist unabhängige Wahrheit. Das Ausklammern der realen Welt führt zu den Phänomenen und zur Wesensstruktur des Bewußtseins, das Ausklammern des Übersinnlichen letztendlich zum reinen Bewußtsein, aus dem sich die objektive Welt ableiten läßt.

Politische Philosophien

Vertreter: Hannah Arendt (USA, 1906–1975); Ernst Bloch (D, 1885–1977); Simone Weill (F, 1909–1943)

Inhalt: In der philosophischen Auseinandersetzung mit dem Marxismus betont Weill die gottgegebene, gerechte Ordnung, um die Entfremdung der Lohnarbeiter zu überwinden. Mit totalitärer Herrschaft in Faschismus und Kommunismus beschäftigt sich Arendt, während Bloch das „Prinzip Hoffnung" vertritt: eine gerechte Welt, die sich auf jüdisch-christliche Traditionen und den Humanismus von Karl Marx gründet.

Strukturalismus

Vertreter: Jacques Derrida (F, *1930); Michel Foucault (F, 1926–1984); Claude Lévi-Strauss (F, *1908); Jean-François Lyotard (F, *1924)

Inhalt: An die Stelle des Individuums tritt das aus Gegensatzpaaren aufgebaute soziale, sprachliche, psychische System.

Land ein. Während seines Aufenthalts in Israel und Jordanien kommt es zu einer Zusammenkunft mit Athenagoras, dem Patriarchen von Konstantinopel (Istanbul). Die Begegnung mit Athenagoras, die den Beginn einer Annäherung von Katholiken und Orthodoxen markiert, ist von historischer Bedeutung. Seit dem Scheitern des Unionskonzils von Florenz (1493) hatte kein Treffen mehr zwischen den Oberhäuptern der römisch-katholischen und griechisch-orthodoxen Kirche stattgefunden.

Die Reise von Papst Paul VI., an deren Stationen (u. a. Nazareth, Jerusalem, Bethlehem) er begeistert empfangen wird, ist Zeugnis für das Bekenntnis der katholischen Kirche zur ökumenischen Bewegung. Diesem Leitsatz verleiht Paul VI. auch in seiner Enzyklika „Ecclesiam suam" (Unsere Kirche) Ausdruck, in der er einen großen Dialog innerhalb der Christenheit postuliert. Den „gottlosen Kommunismus" bezeichnet er als schlimmste Erscheinung unserer Zeit.

J. Guitton: Dialog mit Paul VI., dt. 1969.

Kultur

Rettungsaktion für Felsentempel

Ägypten. Die beiden Felsentempel von Abu Simbel, die der altägyptische Pharao Ramses II. (1290–1224 v.Chr.) errichten ließ, drohen nach Vollendung des Assuanstaudamms im Nassersee zu versinken.

Insgesamt 47 Länder finanzieren eine spektakuläre Rettungsaktion, in deren Verlauf der Große und der Kleine Tempel abgebaut und 65 m höher und 140 m landeinwärts neu aufgestellt werden.

Der Auftrag für dieses Projekt wurde am 17.11.1963 der deutschen Hochtief AG in Essen erteilt, die mit Hilfe speziell entwickelter Steinsägen die Tempel zerlegt und sie an ihrem neuen Standort auf den Millimeter genau zusammenfügt. Am 22.9.1968 wird das schwierige Unternehmen erfolgreich beendet.

P. Montet: Ägypten. Leben und Kultur in der Ramseszeit, 1978.

Marcuse fordert mehr Kritik

Der in den USA lebende Philosoph Herbert Marcuse veröffentlicht sein Werk „Der eindimensionale Mensch". Er übt Kritik an der Unterwerfung des Menschen unter die Sachzwänge von Produktion und Profit in einer kapitalistischen Gesellschaft und fordert mehr Raum für individuelle Freiheit und politische Opposition.

Marcuse ist neben Theodor W. Adorno, Max Horkheimer und Jürgen Habermas einer der wichtigsten Vertreter der Frankfurter Schule (↑S.214/22.6.1924). Die neomarxistisch orientierte Gruppe, die eine Umwälzung der Industriegesellschaft durch Reformen anstrebt, stellt den Machtanspruch von Institutionen wie Schulen, Medien und Kirche radikal in Frage. Marcuses Vorschläge für eine „kritische Gesellschaft" werden Ende der 60er Jahre von der Studentenbewegung und der Neuen Linken aufgenommen. S 584/K 589

H. Brunkhorst: Herbert Marcuse zur Einführung, 1987.

Konkurrenz für die „Beatles"

Der britischen Rockgruppe „Rolling Stones" gelingt mit zwei US-Tourneen ab dem 3.6. und dem 23.10. der internationale Durchbruch. Die fünf Musiker (Mick Jagger, Keith Richards, Brian Jones, Bill Wyman und Charlie Watts) veröffentlichen ihre erste Langspielplatte und werden ebenso populär wie die Beatles.

Im Dezember 1963 konnten die Rolling Stones erstmals eine Single („I wanna be your man", komponiert von den Beatles Paul McCartney und John Lennon) unter den ersten 30 der britischen Hitparade plazieren. Bereits der nächste Titel schaffte den Sprung auf Rang 3 („Not fade away"). Mit ihren extrovertierten, lasziven Shows werden sie zum Vorbild für zahlreiche andere Rockgruppen, stoßen mit ihrem aggressiven, rebellischen Auftreten in der bürgerlichen Öffentlichkeit jedoch weitgehend auf Ablehnung. 1969 stirbt der Gitarrist Brian Jones nach der Einnahme von Schlafmitteln und Alkohol.

Bis in die 90er Jahre überstehen die Rolling Stones alle Zeitströmungen und gehen mit aufwendigen Shows auf Tournee.

T. Sanchez: The Rolling Stones – Ihr Leben, ihre Musik, ihre Affären, 1980. P. Norman: Die Rolling Stones, 1984.

„Gantenbein" von Max Frisch

Frankfurt/Main. Max Frischs Roman „Mein Name sei Gantenbein" erscheint im Suhrkamp Verlag. Bereits der Titel verweist auf die Intention des Schriftstellers: Die im Roman zusammengefaßten Episoden werden als Sinnbilder gestaltet, die vergangenes Geschehen rekonstruieren.

Mit „Mein Name sei Gantenbein" entfernt sich Max Frisch erzähltechnisch von seinen früheren Romanen „Stiller" (1954) und „Homo Faber" (1957). Hauptthema bleibt jedoch die Selbstentfremdung des modernen Menschen, der sich auf der Suche nach der eigenen Identität befindet. S 587/K 592

W. Schmitz (Hg.): Max Frisch, 1987.

Drama „Marat/Sade" von Peter Weiss

29.4. Westberlin. Im Schillertheater hat Peter Weiss' Stück „Die Verfolgung und Ermordung Jean Paul Marats, dargestellt durch die Schauspielgruppe des Hospizes zu Charenton unter Anleitung des Herrn de Sade" Premiere. Gezeigt wird als Spiel im Spiel die Ermordung Marats: Der Schriftsteller Marquis de Sade, der 1793 in der Irrenanstalt von Charenton interniert ist, setzt die anderen Insassen der Anstalt als Schauspieler ein. Im Mittelpunkt steht ein ideologisches Streitgespräch zwischen dem französischen Revolutionär Marat und dem Vertreter des Relativismus und Agnostizismus de Sade, der als Regisseur und fiktiver Autor des Stücks auch seinem Gegenspieler die Worte in den Mund legt.

Das Drama wird nicht zuletzt wegen der brillanten Verwendung zahlreicher Stilmittel des „totalen Theaters" zu einem der bedeutendsten deutschsprachigen Bühnenwerke der Nachkriegszeit.

1982 wird Peter Weiss mit dem Georg-Büchner-Preis ausgezeichnet. S 587/K 592

Pop-art wird salonfähig

20.6. Venedig. Die 32. Internationale Biennale für moderne Kunst wird eröffnet. Große Beachtung finden die Werke US-amerikanischer Pop-art-Künstler. Mit ihrer Darstellung

Abu Simbel: Die vom Wasser des Nassersees bedrohten Felsentempel mit den Kolossalfiguren von Pharao Ramses II. und seiner Frau werden abgebaut und an einem höher gelegenen Ort neu errichtet.

1964

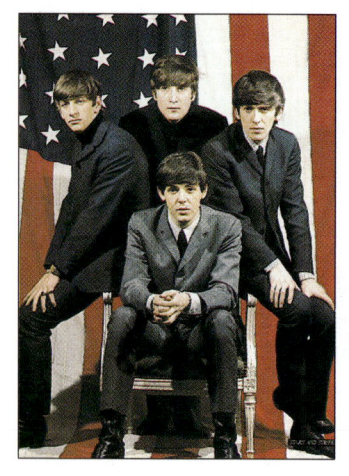

Legenden des Rock:
Die Beatles (l.) bestehen als Gruppe bis 1970. Die Rolling Stones (r.) feiern noch in den 90er Jahren Erfolge.

banaler Objekte des Massenkonsums, die verfremdet oder parodiert werden, steht die Pop-art (popular art) in krassem Gegensatz zur Informellen Kunst.
Die Ursprünge dieser zeitgenössischen Kunstrichtung reichen bis auf die 1952 gegründete Independent Group in den USA zurück. Kunst sollte aus ihrer Isolation herausgeführt und mit der modernen Lebenswirklichkeit verbunden werden. Robert Rauschenberg, Mitbegründer und Hauptvertreter der Pop-art, zeigt in Venedig seine „combine paintings", großformatige Montagen aus Plakatfetzen, Inseraten, Postkarten und Reklamebildern (u. a. „Monogramm" von 1959). Er wird mit dem Internationalen Großen Preis der Malerei ausgezeichnet. S 586/K 590 S 586/K 591

T. Osterwold: Pop Art, 1989.

Dokumentarstück von Kipphardt
11.10. Berlin/München. Zeitgleich wird an der Freien Volksbühne Berlin und in den Münchner Kammerspielen Heinar Kipphardts szenischer Bericht „In der Sache J. Robert Oppenheimer" uraufgeführt.
Das Drama dokumentiert unter Bezugnahme auf die Protokolle der US-Untersuchungskommission das Verfahren gegen den Physiker Julius Robert Oppenheimer, dem 1954 vorgeworfen wurde, aus kommunistischer Gesinnung heraus den Bau der Wasserstoffbombe verzögert zu haben. In den Mittelpunkt stellt Heinar Kipphardt die Frage nach der politischen und moralischen Verantwortung des Wissenschaftlers.
Kipphardts Werk wird ein internationaler Erfolg. Auch in anderen Dramen greift der deutsche Schriftsteller authentische Begebenheiten auf, die durch eine distanzierte Erzählperspektive allgemeingültige Bedeutung erhalten (u. a. „Bruder Eichmann", postum 1983) und das Thema Pflichterfüllung und Pflichtverweigerung behandeln. S 587/K 592

Sport

Winterspiele fast ohne Schnee
29.1.–9.2. Innsbruck. Unter widrigen Bedingungen – wegen ausbleibender Schneefälle müssen 25 000 t Schnee aus den Hochtälern herangeschafft werden – finden erstmals Winterspiele in Österreich statt.
Überschattet werden die Spiele von zwei tödlichen Unfällen, die sich vor der offiziellen Eröffnung ereigneten: Der Australier Ross Milne verunglückte beim Abfahrtstraining, der für Großbritannien startende Pole Kay Skrzypecki wurde beim Rennrodeln aus der Bahn geschleudert.
Erfolgreichste Teilnehmerin ist die Sowjetrussin Lydia Skoblikowa, die bereits 1960 in Squaw Valley zwei Goldmedaillen geholt hatte. Die 24jährige Lehrerin gewinnt alle vier Eisschnellauf-Disziplinen. Die französischen Geschwister Christine und Marielle

Pop-art in Großbritannien	K 590
Künstler	**Wichtige Werke**
Peter Blake (*1932)	„Kim-Novak-Wand" (1959) „JJ MM RR KS" (1991)
Richard Hamilton (*1922)	„Was macht das Zuhause von heute nur so anders, so anziehend?" (1956) „Wunderbare Welt der Technik" (1961–64)
David Hockney (*1937)	„Häusliche Szene, Broadchalke, Wilts" (1963) „Sonnenbadender" (1966)
Allan Jones (*1937)	„Idealer Partner" (1966/67) „Entblöße mich" (1972)
Peter Phillips (*1939)	„Zufällige Illusion Nr. 6" (1969) „Art-O-Matic Cudacutie" (1972)

Pop-art in den USA	K 591
Künstler	**Wichtige Werke**
Jasper Johns (*1930)	„Flagge über Weiß" (1954) „Weltkarte" (1967–71)
Roy Lichtenstein (*1923)	„M-Möglicherweise (Bild eines Mädchens)" (1965) „Rote Scheune II" (1969)
Claes Oldenburg (*1929)	„Riesige weiche Zahnpasta" (1964) „Weicher Arzneischrank" (1966)
Robert Rauschenberg (*1925)	„Haremsfrau" (1955–58) „Achse" (1964)
James Rosenquist (*1933)	„Ich liebe Dich mit meinem Ford" (1961) „Sternräuber" (1980)
Andy Warhol (1928–1987)	„Große Campbell's Suppendose (19¢)" (1962) „Marilyn" (1964)
Tom Wesselmann (*1931)	„Großer amerikanischer Akt Nr. 1" (1961) „Badewannen-Collage Nr. 2" (1963)

Goitschel machen im Slalom und Riesenslalom Gold und Silber unter sich aus. Im Slalom liegt Christine vor Marielle, im Riesenslalom ist es umgekehrt.
Marielle Goitschel krönt ihre erfolgreiche Karriere 1968 in Grenoble mit einem weiteren Olympiasieg (Slalom) und Silber in der Kombination. S 588/K 593

Cassius Clay Meister aller Klassen
25.2. Miami Beach. In der Convention Hall wird der US-Amerikaner Cassius Clay neuer Boxweltmeister im Schwergewicht. Er entthront Titelverteidiger Sonny Liston, der in der siebten Runde wegen einer Verletzung aufgibt. Mit 22 Jahren ist Clay der bisher jüngste Weltmeister in dieser Gewichtsklasse. Bei den Olympischen Spielen von Rom hatte Clay 1960 im Halbschwergewicht die Goldmedaille gewonnen und anschließend die Profilaufbahn eingeschlagen. Mit arrogant klingenden Sprüchen („Ich bin der Größte") machte er vor dem Kampf gegen Liston seinem Spitznamen „Großmaul" alle Ehre.
1967 wird Muhammad Ali (als Mitglied der Black-Muslim-Sekte legt er seinen „Sklavennamen" Cassius Clay ab) wegen Wehrdienstverweigerung der Titel aberkannt. 1971 verliert Ali im ersten Kampf zweier ungeschlagener Boxweltmeister gegen Joe Frazier. 1974 wird er im Alter von 32 Jahren erneut Weltmeister gegen den sieben Jahre jüngeren George Foreman.

Cassius Clay (l.) plaziert in der siebten Runde den entscheidenden Treffer, Titelverteidiger Sonny Listen gibt verletzt auf.

Kulturszene 1964   K 592

Theater
Heinar Kipphardt In der Sache J. R. Oppenheimer; UA 11.10., Berlin	Das Stück rekonstruiert – in Anlehnung an die Protokolle der US-Untersuchungskommission von 1954 – das Verfahren gegen den Physiker.
Arthur Miller Nach dem Sündenfall UA 23.1., New York	Drama über die Ehe von Arthur Miller und Marilyn Monroe, die nach Mißverständnissen in eine Hölle aus Haß und Mißtrauen ausartet.
Joe Orton Seid nett zu Mr. Sloane UA 6.5., London	Vielgespieltes absurdes Gesellschaftsstück, das seine aggressive Komik vor allem aus dem Bruch sexueller Tabus entwickelt.
Peter Weiss Marat/de Sade UA 29.4., Westberlin	Weiss bringt die Ermordung des französischen Revolutionärs Jean Paul Marat durch Charlotte Corday 1793 als Spiel im Spiel auf die Bühne.

Musical
Jerry Bock Anatevka UA 22.9., New York	Die Geschichte von „Tevje, dem Milchmann" aus Scholem Aleichems Roman mit Elementen slawischer und jüdischer Folklore.
Jerry Herman Hello, Dolly! UA 16.1., New York	Hermans erster Welterfolg basiert auf Thornton Wilders Komödie „Die Heiratsvermittlerin". Der Titelsong wird zum Evergreen.
Jule Styne Funny Girl UA 26.3., New York	Durchbruch von Barbra Streisand als Broadway-Star mit der Lebensgeschichte eines erfolgreichen New Yorker Revuegirls.

Film
Luis Buñuel Tagebuch einer Kammerzofe; Frankreich/Italien	Analyse der Verfallserscheinungen in der bürgerlichen Gesellschaft: eine Hausangestellte (Jeanne Moreau) auf dem Weg nach oben.
Michael Cacoyannis Alexis Sorbas Griechenland	Begegnung eines intellektuellen Briten (Alain Bates) und eines urwüchsigen Mazedoniers (Anthony Quinn); Musik: Mikis Theodorakis.
Carl Theodor Dreyer Gertrud Dänemark	Geschichte einer Frau, die ihren Mann verläßt und auf der Suche nach der idealen Liebe ihre bürgerliche Existenz opfert.
Richard Lester Yeah! Yeah! Yeah! Großbritannien	Der Streifen, eine Mischung aus Spiel- und Dokumentarfilm, zeigt 36 Stunden aus dem Leben der Beatles während einer England-Tournee.
Pier Paolo Pasolini Das 1. Evangelium des Matthäus; Italien	Unkonventioneller Bibelfilm, der den sozialen Aspekt der Botschaft Jesu hervorhebt, der Text beschränkt sich auf Bibelzitate.
Roman Polanski Ekel Großbritannien	Eine Frau verspürt wachsenden Ekel vor der Sexualität, ihre Wahnvorstellungen enden mit einem Doppelmord; perfekter Psychothriller.

Buch
Saul Bellow Herzog New York	Ein jüdischer Intellektueller versucht in Selbstgesprächen und durch Briefe die Krise nach einer gescheiterten Ehe zu überwinden.
Peter Bichsel Eigentlich möchte Frau Blum ...; Olten	Die 21 Geschichten handeln von der Unerfüllbarkeit menschlicher Sehnsüchte, Bichsel beschreibt den ganz normalen Kleinbürgeralltag.
Johannes Bobrowski Levins Mühle Ostberlin	Der Streit zwischen westpreußischem Mühlenbesitzer und polnisch-jüdischem Konkurrenten im 19. Jh. wird zum Menetekel für unsere Zeit.
Max Frisch Mein Name sei Gantenbein; Frankfurt/M.	Durch ständigen Perspektiven- und Rollenwechsel versucht der Schweizer Gantenbein seine Lebens- und Identitätskrise zu meistern.
Jean-Paul Sartre Die Wörter Paris	Die Beschreibung seiner eigenen Kindheit findet international Anerkennung als eine der brillantesten Autobiographien seit Rousseau.

1964

Olymp. Sommerspiele 1964 in Tokio			K 593		
Zeitraum: 10.10. bis 24.10.		**Medaillenspiegel**			
		Land	G	S	B
Teilnehmerländer	94	USA	36	28	28
Erste Teilnahme	11	Sowjetunion	30	31	35
Teilnehmerzahl	5140	Japan	16	5	8
Männer	4457	Deutschland[1]	10	21	19
Frauen	683	Italien	10	10	7
Deutsche Teilnehmer[1]	377	Ungarn	10	7	5
Schweizer Teilnehmer	69	Polen	7	6	10
Österreichische Teiln.	56	Australien	6	2	10
Sportarten	19	Tschechoslowakei	5	6	3
Neu im Programm	2[2]	Großbritannien	4	12	2
Nicht mehr olympisch	0	Bulgarien	3	5	2
Entscheidungen	163	Neuseeland	3	0	2
Erfolgreichste Medaillengewinner					
Name (Land) Sportart		Medaillen (Disziplinen)			
Don Schollander (USA) Schwimmen		4 x Gold (100 m Freistil, 200 m Freistil, 4 x 100 m Freistil, 4 x 200 m Freistil)			
Vera Cáslavská (TCH) Turnen		3 x Gold (Mehrkampf, Pferdsprung, Schwebebalken), 1 x Silber (Mehrkampf-Mannschaft)			
Yukio Endo (JPN) Turnen		3 x Gold (Mehrkampf, Mehrkampf-Mannschaft, Barren), 1 x Silber (Boden)			
Larissa Latynina (URS) Turnen		2 x Gold (Boden, Mehrkampf-Mannschaft), 2 x Silber (Mehrkampf, Pferdsprung), 2 x Bronze (Stufenbarren, Schwebebalken)			
Erfolgreichste deutsche Teilnehmerin					
Ingrid Engel-Krämer (GDR); Schwimmen		1 x Gold (Kunstspringen), 1 x Silber (Turmspringen)			

Olympische Winterspiele in Innsbruck					
Zeitraum: 29.1. bis 9.2.		**Medaillenspiegel**			
		Land	G	S	B
Teilnehmerländer	36	Sowjetunion	11	8	6
Teilnehmerzahl	1186	Österreich	4	5	3
Deutsche Teilnehmer[1]	116	Norwegen	3	6	6
Schweizer Teilnehmer	77	Finnland	3	4	3
Österreichische Teiln.	83	Frankreich	3	4	0
Sportarten	6	Schweden	3	3	1
Entscheidungen	35	Deutschland[1]	3	2	3
Erfolgreichste Medaillengewinner					
Name (Land) Sportart		Medaillen (Disziplinen)			
Lydia Skoblikowa (URS) Eisschnellauf		4 x Gold (500 m, 1000 m, 1500 m, 3000 m)			
Klawdija Bojarskich (URS); Ski nordisch		3 x Gold (5 km Langlauf, 10 km Langlauf, 3 x 5-km-Staffel)			
Erfolgreichste deutsche Teilnehmer					
Manfred Schnelldorfer Eiskunstlauf		1 x Gold (Herren)			
Thomas Köhler; Rodeln		1 x Gold (Herren-Einsitzer)			

1) Gesamtdeutsche Mannschaft; 2) Judo (4 Entscheidungen) Volleyball (2)

Dawn Fraser schwimmt Weltrekord

29.2. Sydney. Die 26jährige australische Schwimmerin Dawn Fraser schwimmt die 100 m Freistil in 58,9 sec. Es ist ihr zwölfter Weltrekord über diese Distanz. Fraser, die in ihrer Karriere insgesamt 43 Weltrekorde aufstellte, hatte 1962 als erste Frau die 100 m Freistil unter einer Minute zurückgelegt (59,9 sec).
Bei den Olympischen Spielen von Tokio holt sie nach Melbourne (1956) und Rom (1960) in ihrer Paradedisziplin zum dritten Mal hintereinander die Goldmedaille. Als sie bei der anschließenden Siegesfeier eine Fahne vom kaiserlichen Palast entwendet, wird sie vom australischen Schwimmverband auf zehn Jahre gesperrt. Ihr Weltrekord über 100 m Freistil wird erst 1972 von Shane Gould (ebenfalls Australien) um eine Zehntelsekunde verbessert (58,8 sec).

Sepp Herberger tritt zurück

7.6. Helsinki. Zum letzten Mal betreut Joseph „Sepp" Herberger ein Spiel der deutschen Fußball-Nationalmannschaft, die sich mit einem 4:1-Erfolg gegen Finnland von ihrem „Chef" verabschiedet. Herberger, der 1936 die Nachfolge von Otto Nerz als Reichsfußballtrainer angetreten hatte, führte am 4.7.1954 (↑S.495) die deutsche Elf zur Weltmeisterschaft: Mit 3:2 besiegte Außenseiter Deutschland die favorisierten Ungarn.
Nachfolger des 67jährigen Herberger, in dessen Amtszeit die deutsche Nationalmannschaft nur 44 von 160 Länderspielen verlor, wird sein bisheriger Assistent Helmut Schön.

Fünfter Tour-Sieg für Anquetil

14.7. Paris. Der französische Radrennfahrer Jacques Anquetil gewinnt zum vierten Mal hintereinander und zum fünften Mal insgesamt die Tour de France. Auf dem zweiten Platz landet mit nur 55 sec Rückstand sein Landsmann Raymond Poulidor.
Seine Stärke im Zeitfahren hatte Anquetil schon zu Beginn seiner Karriere demonstriert: Beim Grand Prix des Nations, dem schwersten Zeitfahren des Radsports, hatte er 1953 über 140 km einen Vorsprung von 6,41 min auf den Zweitplazierten herausgefahren. Mit 23 Jahren errang er 1957 seinen ersten Sieg bei der Tour de France, 1956 verbesserte er den Stundenweltrekord von Fausto Coppi auf 46,159 km. 1960 und 1964 siegte er auch beim Giro d'Italia.
Trotz mehrerer Versuche bleibt Anquetil ein Sieg bei der Straßen-WM versagt: Am 28.8. 1966 (↑S.604) scheitert er an Rudi Altig.

W. Rottiers: Die großen Radsport-Stars, 1991.

Olympische Spiele in Tokio

10.10.–24.10. Tokio. Die ersten Olympischen Spiele im asiatischen Raum sind die bisher teuersten Spiele: Rund 7,6 Mrd DM investierten die Gastgeber in das Prestigeobjekt. Die Deutschen – zum letzten Mal bis 1992 tritt eine gesamtdeutsche Mannschaft an – stellen mit 377 Athleten das größte Team.
In der Leichtathletik gewinnen die USA zwölf der 24 Wettbewerbe. Eine hervorragende Leistung zeigt der Leverkusener Willi Holdorf, der den Zehnkampf für sich entscheidet. Die beiden neuen olympischen Disziplinen – Judo und Volleyball – sind eine Domäne der Gastgeber: Im Judo gewinnen die Japaner mit Ausnahme der Offenen Klasse alle Wettbewerbe, im Volleyball gibt es Gold (Damen) und Bronze (Herren).
Die Sowjetrussin Larissa Latynina, Mutter zweier Kinder, gewinnt zum dritten Mal hintereinander das Bodenturnen. Insgesamt nimmt sie aus Tokio sechs Medaillen mit. Damit hat sie bei Olympischen Spielen seit 1956 neun Gold-, fünf Silber- und vier Bronzemedaillen errungen. Ihre Nachfolge tritt die Tschechin Vera Čáslavská an, die mit drei Goldmedaillen und einem zweiten Platz den Grundstein für ihre Karriere legt. Bis 1968 holt sie bei Olympischen Spielen insgesamt siebenmal Gold. S 588/K 593

Olympische Sommerspiele in Tokio: Plakat der Spiele in Japan, die zwar perfekt organisiert sind, aber ohne Glanz bleiben.

Sport 1964 — K 594

Fußball	
Deutsche Meisterschaft	1. FC Köln
DFB-Pokal	TSV 1860 München – Eintracht Frankfurt 2:0
Englische Meisterschaft	FC Liverpool
Italienische Meisterschaft	FC Bologna
Spanische Meisterschaft	Real Madrid
Europapokal (Landesmeister)	Inter Mailand – Real Madrid 3:1
Europapokal (Pokalsieger)	Sporting Lissabon – MTV Budapest 1:0
Messepokal	Real Saragossa

Tennis	
Wimbledon (seit 1877; 78. Austragung)	Herren: Roy Emerson (AUS) / Damen: Maria E. Bueno (BRA)
US Open (seit 1881; 84. Austragung)	Herren: Roy Emerson (AUS) / Damen: Maria E. Bueno (BRA)
French Open (seit 1925; 34. Austragung)	Herren: Manuel Santana (ESP) / Damen: Margaret Smith (AUS)
Australian Open (seit 1905; 52. Austragung)	Herren: Roy Emerson (AUS) / Damen: Margaret Smith (AUS)
Davis-Cup (Cleveland, USA)	Australien – USA 3:2

Eishockey	
Weltmeisterschaft	Sowjetunion
Stanley-Cup	Toronto Maple Leafs
Deutsche Meisterschaft	EV Füssen

Radsport	
Tour de France (4505 km)	Jacques Anquetil (FRA)
Giro d'Italia (4119 km)	Jacques Anquetil (FRA)
Straßenweltmeisterschaft	Jan Janssen (HOL)

Automobilsport	
Formel-1-Weltmeisterschaft	John Surtees (GBR), Ferrari

Boxen	
Schwergewichts-Weltmeisterschaft	Cassius Clay (USA) – K. o. über Sonny Liston (USA), 25.2.

Herausragende Weltrekorde

Disziplin	Athlet (Land)	Leistung
Leichtathletik, Männer		
200 m	Henry Carr (USA)	20,2 sec
400 m Hürden	Warren Cawley (USA)	49,2 sec
Kugelstoß	Dallas Long (USA)	20,68 m
Speerwurf	Terje Pedersen (NOR)	91,72 m
Leichtathletik, Frauen		
Diskuswurf	Ingrid Lotz (GDR)	57,21 m
Weitsprung	Tatjana Tschelkanowa (URS)	6,70 m
Speerwurf	Jelena Gortschakowa (URS)	62,40 m
Schwimmen, Männer		
100 m Freistil	Alain Gottvalles (FRA)	52,9 sec
1500 m Freistil	Roy Saari (USA)	16:58,7 min
100 m Rücken	Thompson Mann (USA)	59,6 sec

1965

Politik

„Aktuelle Stunde" im Bundestag

10.2. Bonn. Der Bundestag hält erstmals eine „Aktuelle Stunde" ab. Sie soll der größeren parlamentarischen Transparenz dienen und ist vor allem ein Forum der Opposition, die aktuelle Themen im Plenum kurzfristig erörtern lassen und Stellungnahmen der Regierung erzwingen kann. Die zeitliche Begrenzung von einer Stunde bezieht sich auf die Redezeit der Opposition, die Zeit der Antworten wird nicht bemessen. Die jeweilige Bundesregierung ist also nicht in der Lage, durch langatmige Antworten mißliebigen Fragen aus dem Weg zu gehen. Die Stimmen von 5% der Abgeordneten reichen aus, eine „Aktuelle Stunde" einzuberufen.

Als Kontrollinstrument erfüllt die „Aktuelle Stunde" eine wichtige Funktion im parlamentarischen System. Während in der Legislaturperiode nach Einführung (1965–1969) 17 „Aktuelle Stunden" einberufen werden, ist die Anzahl vor allem seit Einzug der Grünen in den Bundestag stark gestiegen und bei über 100 pro Legislaturperiode angelangt.

Malcolm X (eigtl. Malcolm Little), bis 1963 Führer der islamischen Sekte „Black Muslims", gründete 1964 seine „Organisation für Afro-Amerikanische Einheit". Er befürwortete die Radikalisierung der Auseinandersetzungen zwischen Schwarzen und Weißen in den USA.

Malcolm X in Harlem erschossen

21.2. New York. Bei einer Rede vor Anhängern im New Yorker Stadtteil Harlem wird der prominente amerikanische Schwarzenführer Malcolm X (eigentlich Malcolm Little) erschossen.

Die festgenommenen Verdächtigen sind Anhänger der islamischen Sekte „Black Muslims", der Malcolm X bis Ende 1963 angehörte. Ihr Führer Elijah Muhammad bestreitet jede Verbindung seiner Organisation zu dem Anschlag.

Malcolm X war den „Black Muslims", die sich für die Rassentrennung unter umgekehrtem Vorzeichen einsetzen, nämlich der schwarzen Überlegenheit, 1952 beigetreten und ihr brillantester Agitator geworden. Die „Black Muslims" sind mit ihrem schwarzen Nationalismus radikaler als die pazifistische Bürgerrechtsbewegung unter Martin Luther King (↑S.618/4.4.1968).

Malcolm X ging jedoch weiter und predigte den gewaltsamen Kampf, was zum Bruch mit Elijah Muhammad führte. 1964 gründete Malcolm X seine „Organisation für Afro-Amerikanische Einheit", die bei den Ghettoaufständen im gleichen Jahr in Harlem, Rochester und Philadelphia großen Zulauf auf Kosten der „Black Muslims" fand. S 578/K 582

A. Haley: Malcolm X – Die Autobiographie, 1968. I I. Maitre: Black Power. Ein amerikanisches Problem. Machtanspruch einer Minderheit, 1972.

Die Ära Ceaușescu beginnt

22.3. Bukarest. Der 47jährige Nicolae Ceaușescu wird Nachfolger des am 19.3. ge-

Wichtige Regierungswechsel 1965 — K 595

Land	Amtsinhaber	Bedeutung
Algerien	Mohammed Ahmed Ben Bella (P seit 1963) Houari Boumedienne (P bis 1978)	Militärputsch gegen den sozialistischen Präsidenten Ben Bella (19.6.); Boumedienne setzt Industrialisierungspolitik fort (S.591)
Belg.-Kongo (Zaïre)	Joseph Kasawubu (P seit 1960) Sésé Séko Mobutu (P bis . . .)	Militärputsch (25.11.); Mobutu startet Anfang der 70er Jahre Afrikanisierungspolitik, die ausländische Konzerne trifft
Norwegen	Einar Gerhardsen (M seit 1963) Per Borten (M bis 1971)	Nach Wahlniederlage der Sozialisten übernimmt erstmals nach dem 2. Weltkrieg bürgerliches Koalitionskabinett die Regierung
Philippinen	Diosdado Macapagal (P seit 1961) Ferdinando Edralin Marcos (P bis 1986)	Wahlsieg von Marcos (9.11.), der für Landreform zugunsten der Kleinbauern eintritt, soziale Reformen jedoch hinausschiebt (S.593)
UdSSR	Anastas Mikojan (P seit 1964) Nikolaj Podgorny (P bis 1977)	Ablösung von Mikojan (9.12.), der als Vertrauter Chruschtschows gilt; Nachfolger wird ZK-Sekretär Podgorny

M = Ministerpräsident bzw. Premierminister; P = Präsident

storbenen 1. Sekretärs der Rumänischen Arbeiterpartei, Gheorghe Gheorghiu-Dej, dessen engster Mitarbeiter er war.
Nach der kommunistischen Machtergreifung 1947 war Ceaușescu schnell in der Parteihierarchie aufgestiegen und 1955 Mitglied des Politbüros geworden. 1963 unterstützte er mit dem von ihm geprägten Schlagwort „Rumänien zuerst" den von Gheorghiu-Dej eingeschlagenen Kurs einer von der Sowjetunion unabhängigen sozialistischen Entwicklung Rumäniens. Ceaușescu sichert seinen nationalen Sonderweg, der die Gefahr einer sowjetischen Intervention in sich birgt, innerparteilich durch die Einforderung absoluter Loyalität und außenpolitisch durch Anlehnung an den Westen. Der „Conducator" (Führer) entwickelt eine an Stalins Vorbild orientierte Herrschaftspraxis mit dem entsprechenden Personenkult. 1967 wird er als Präsident des Staatsrats auch Staatsoberhaupt (↑S.822/25.12.1989). S 300/K 308

M. Olschewsky: Der Conducator Nicolae Ceaușescu. Aufstieg und Fall, 1990.

US-Doktrin gegen Kommunismus
3.5. Washington. US-Präsident Lyndon B. Johnson (↑S.570/22.11.1963) rechtfertigt die Entsendung von Marineinfanteristen vom 28.4. in die von militärischen Auseinandersetzungen erschütterte Dominikanische Republik mit einer neuen außenpolitischen Doktrin.
Die sog. Johnson-Doktrin ersetzt das bisher in der Lateinamerika-Politik der USA vertretene Prinzip der Nichteinmischung durch das Recht, der Gefahr der Errichtung eines weiteren kommunistischen Staates neben Kuba mit allen Mitteln entgegenzutreten.
Nach einem Putsch gegen den Militärdiktator der Dominikanischen Republik, Donald Reid Cabral, am 24.4. waren Differenzen zwischen den revoltierenden Militärs aufgetreten, die teils für ein autoritäres Regierungssystem plädierten, teils für eine Demokratie unter dem im Exil lebenden 1962 gewählten Präsidenten Juan Bosch. Bei den einsetzenden Kämpfen kommen etwa 4000 Menschen in der Hauptstadt Santo Domingo ums Leben. Die Entsendung der ersten 400 US-Marineinfanteristen vier Tage nach dem Putsch wird zunächst als Schutzmaßnahme für die US-Bürger in Santo Domingo gerechtfertigt. Bis zum 6.5. steigt die Anzahl der US-Soldaten auf 30 000.
Im September kommt es unter Mitwirkung der Organisation Amerikanischer Staaten (OAS) zur Bildung einer provisorischen Übergangsregierung. 1966 wird Joaquín Balaguer Staatspräsident (bis 1978).

D. Horowitz: Kalter Krieg. Hintergründe der US-Außenpolitik von Jalta bis Vietnam, Wagenbach Politik Bd. 13/14.

Algeriens Präsident gestürzt
19.6. Algier. Der algerische Staatspräsident Ben Bella wird in einem unblutigen Staatsstreich gestürzt, ein Revolutionsrat unter Führung des früheren Verteidigungsministers Oberst Houari Boumedienne übernimmt die Macht.
Die beiden Gegenspieler waren im algerischen Freiheitskampf 1954–62 gegen die französische Kolonialherrschaft Verbündete (↑S.492/1.11.1954). Ben Bella war Gründungsmitglied der Nationalen Befreiungs-

Algerien im 20. Jahrhundert — K 596

Jahr	Ereignis
1930	Gründung der Fédération des Elus Musulmans: Erstmals formulieren die Moslems den Anspruch nach Gleichberechtigung ihres Landes mit Frankreich
1938	Beginn der algerischen Autonomiebewegung, nachdem Algeriern von Frankreich keine Bürgerrechte zugestanden wurden
1943	Manifest des algerischen Volkes fordert autonomes Algerien nach Besetzung des Landes durch die Alliierten
1947	Das französische Algerien-Statut sieht vor, allen Algeriern die französische Staatsbürgerschaft zu geben
Bis 1954	Französische Kolonialmacht übt die Herrschaft über Algerien aus
1954	Gründung der Nationalen Befreiungsfront für die Selbständigkeit Algeriens (FLN); Beginn des Aufstands gegen französische Herrschaft (1.11.); Anführer im Algerienkrieg (bis 1962) Ahmed Ben Bella, Rabah Bitat, Mustafa Ben Boulaid und Houari Boumedienne (S.492)
1958	FLN bildet in Kairo Exilregierung unter Ferhat Abbas
1962	Abkommen von Evian (18.3.): Algerien wird unabhängig, Ahmed Ben Bella wird am 26.9. erster Staatspräsident (S.558)
1963	Per Referendum wird die algerische Verfassung angenommen; die FLN ist die einzige zugelassene Partei
1965	Armeeputsch unter Oberst Houari Boumedienne stürzt Regierung; Boumedienne wird Staatschef (S.591)
1971	Verstaatlichung der französischen Erdölgesellschaften
1976	Nationale Charta (Verfassungsergänzung): Algerien ist sozialistischer Staat, die FLN Staatspartei, der Islam Staatsreligion
1978	Tod Boumediennes; Nachfolger Oberst Bendjedid Chadli (ab 7.2.1979) hebt den Hausarrest (seit 1965) für Ben Bella auf
1989	Neue Verfassung (23.2.): Algerien definiert sich nicht länger als sozialistisches Land und läßt Oppositionsparteien zu
1991	Sieg der fundamentalistischen Islamischen Heilsfront (FIS) bei Parlamentswahlen (1. Wahlgang)
1992	Machtübernahme des Militärs, um einen islamistischen Staat zu verhindern; Oppositionelle werden verhaftet; Ausnahmezustand und bewaffneter Untergrundkampf gegen Staatsführung; Mordanschläge auf Liberale und Ausländer (bis 1996: 40 000 Tote)
1995	Spaltung der islamistischen Gruppen, weil sich FIS gegenüber Militärregime von Liamine Zeroual (ab 1994) dialogbereit zeigt

1965

Lee Kuan Yew

Singapur: Der Stadtstaat gehört in den 90er Jahren zu den wirtschaftlich erfolgreichsten Ländern der Welt.

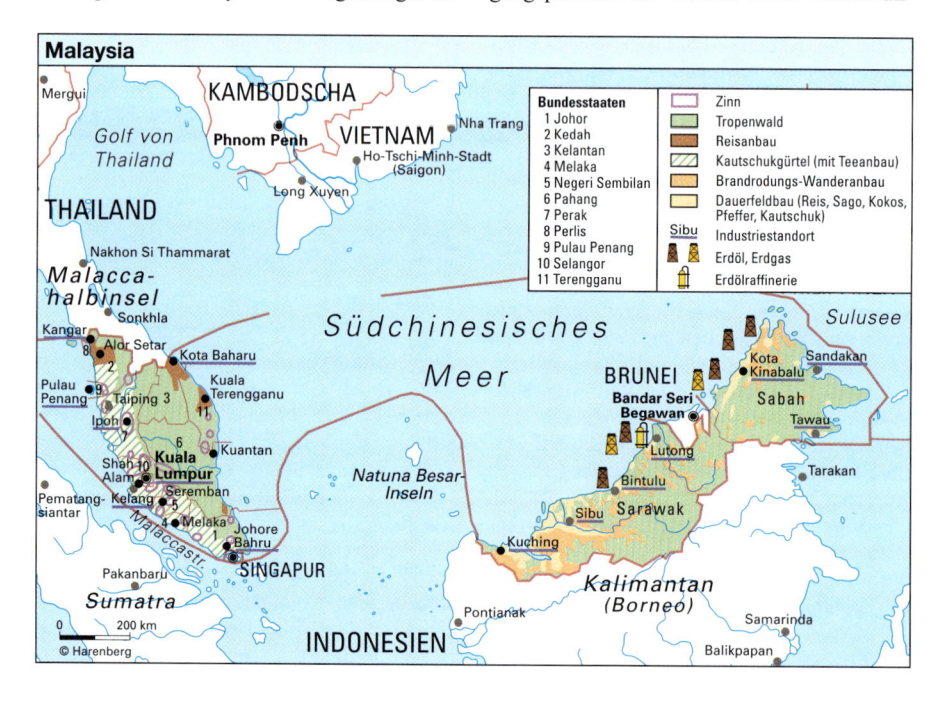

front (FLN), verbrachte die Jahre 1956–62 jedoch in französischer Haft. Unterdessen stieg Boumedienne zum Generalstabschef des militärischen Arms der FLN, der Nationalen Befreiungsarmee (ALN), auf. Am 11.7.1962 marschierten beide mit ANL-Einheiten in Algier ein und entmachteten die von FLN-Führern eingesetzte konservative provisorische Regierung von Yousuf Ben Khedda. Im gleichen Jahr wurde Ben Bella ohne Gegenkandidat zum Präsidenten gewählt und begründete gegen den Widerstand vieler Mitkämpfer ein autoritäres Präsidialsystem.
Boumedienne gelingt es im Laufe der 70er Jahre, die Beziehungen zu Frankreich zu normalisieren. S 591/K 596

Singapur wird unabhängig KAR
9.8. Singapur. Die frühere britische Kronkolonie Singapur tritt aus dem 1963 gegründeten Staatenbund Malaysia aus und erklärt ihre Unabhängigkeit.
Malaysia ist ein von Großbritannien geförderter Zusammenschluß der ehemaligen britischen Besitzungen Malaya und Singapur auf der Malaccahalbinsel sowie von Sarawak und Sabah auf der gegenüberliegenden Insel Kalimantan (Borneo).
Singapurs Ministerpräsident Lee Kuan Yew hatte für die 1,4 Mio Chinesen (von 1,8 Mio Einwohnern) seines Stadtstaates die volle politische Gleichberechtigung in der Föderation verlangt. Der malaysische Regierungschef Abdul Rahman beharrte aus Angst vor chinesischer Dominanz auf politischen Privilegien für die Malaien. An den Wahlen von 1964 beteiligte sich Lee mit seiner chinesisch beherrschten People's Action Party, was zu Rassenunruhen im ganzen Land führte. Von seinen malaysischen Kollegen wurde Lee daraufhin zum Austritt aus der Föderation gedrängt.
Erst 1990 gibt der Antikommunist Lee Kuan Yew die von ihm stets straff gehaltenen Zügel der Macht in dem wirtschaftlich prosperierenden Staat an seinen Nachfolger im Amt des Premierministers, Goh Chok Tong, ab.

Grenzkrieg in Kaschmir KAR
6.9. Jammu und Kaschmir. Indische Verbände stoßen über die Waffenstillstandslinie in Jammu und Kaschmir auf die pakistanische Stadt Lahore vor. Dadurch eskaliert der seit der Teilung des indischen Subkontinents (↑S.430/15.8.1947) schwelende Grenzkonflikt zwischen Indien und Pakistan in der Region um das „Glückliche Tal" am westlichen Himalaya zum unerklärten Krieg.
1949 war unter UNO-Vermittlung eine Waffenstillstandslinie zustande gekommen, die den mehrheitlich muslimischen Fürstenstaat Jammu und Kaschmir zwischen beiden Ländern teilt. Pakistans Versuch, den Konflikt durch Einschleusung irregulärer Verbände anzufachen und sich so eine günstigere Ausgangsposition für weitere UNO-Vermittlun-

Kaschmir-Konflikt

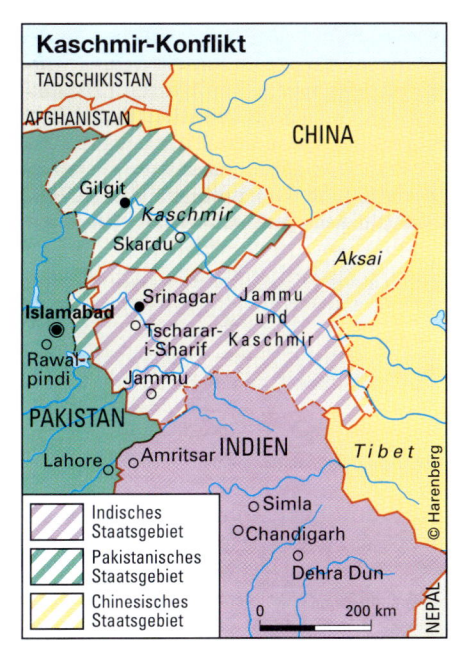

gen zu verschaffen, führen zum indischen Gegenangriff. Nach einer UNO-Resolution vom 22.9. wird ein neuer Waffenstillstand vereinbart, beide Seiten ziehen sich auf ihre ursprünglichen Stellungen zurück.
1971 kommt es im Zuge des pakistanischen Bürgerkriegs (↑S.652/26.3.1971) erneut zu Kämpfen. Im Abkommen von Simla vom Juli 1972 kommen beide Seiten überein, den Konflikt auf dem Wege bilateraler Verhandlungen zu lösen. S 560/K 567

Marcos Präsident der Philippinen

9.11. Manila. Bei den Präsidentschaftswahlen besiegt der Kandidat der Nationalistischen Partei, Ferdinando Marcos, den Amtsinhaber Diosdado Macapagal von der Liberalen Partei.
Marcos hatte im 2. Weltkrieg auf US-amerikanischer Seite als Nachrichtenoffizier im antijapanischen Widerstand auf der Insel Luzon gekämpft. Danach war er Berater von Manuel Roxas, des ersten Präsidenten der Philippinen, die am 4.7.1946 von den USA die Unabhängigkeit erlangten.
Die Fortschritte des Landes in der Wirtschaft und im Erziehungswesen tragen zu Marcos' Wiederwahl 1969 bei. Von 1972 bis 1981 regiert er mittels Kriegsrecht und auf der Grundlage mehrerer manipulierter „Volksbefragungen". Im Juni 1981 wird seine Amtszeit durch ein umstrittenes Wahlergebnis um weitere sechs Jahre verlängert. Nach der Ermordung des Oppositionspolitikers Benigno Aquino 1983 wächst der bis dahin latent vorhandene Widerstand zur Volksbewegung, die ihn am 25.2.1986 (↑S.787) stürzt. S 593/K 597

L. Schwarzacher/H. Vinke: Philippinen. Die unvollendete Revolution. 1987.

Wirtschaft

Agrarpolitik spaltet EWG

1.7. Brüssel. Der französische Außenminister Couve de Murville bricht als Ratsvorsitzender die Tagung des europäischen Ministerrats ab. In den folgenden sieben Monaten boykottiert Frankreich die Ratstreffen und blockiert damit alle Entscheidungen.
Auslöser der Krise sind Vorschläge der Europäischen Kommission zur Finanzierung der gemeinsamen Agrarpolitik; sie sehen Eigenmittel der Gemeinschaft in Form von Zöllen und Abschöpfungen sowie ein Haushaltsrecht des Europäischen Parlaments vor. Frankreich verlangt eine Verschiebung dieser Fragen bis 1970 und besteht – dies der Kern des Konflikts – auf einer einstimmigen Ent-

Die Philippinen im 20. Jahrhundert	K 597
Jahr	Ereignis
1898	Im Spanisch-Amerikanischen Krieg kämpft das Land an der Seite der USA, die die Philippinen von Spanien übernehmen und nicht, wie erwartet, in die Unabhängigkeit entlassen
1935	Teilautonomie der Philippinen; die USA kontrollieren jedoch weiterhin die Außen- und Verteidigungspolitik
1941	Im 2. Weltkrieg besetzt Japan die Philippinen, die 1944/45 von den USA zurückerobert werden
1946	Philippinen erhalten die Unabhängigkeit von den USA (4.7.); der Bell Trade Act garantiert den USA für 28 Jahre eine wirtschaftliche Monopolstellung auf den Philippinen
1947	Vertrag zwischen Philippinen und USA: Vereinigte Staaten sichern sich Militärstützpunkte für 99 Jahre
1965	Ferdinando E. Marcos wird Staatspräsident (S.593)
1972	Nach Bürgerunruhen verhängt Marcos das Kriegsrecht (21.9.) und verkündet eine Verfassung, die ihm größere Macht garantiert
1973	Marcos herrscht mit diktatorischen Vollmachten
1983	In Manila wird der Oppositionsführer Benigno Aquino ermordet (21.8.), als er aus dem Exil in den USA zurückkehrt
1986	Volksaufstand, als nach den Präsidentschaftswahlen Corazon Aquino und Ferdinando Marcos den Sieg reklamieren; auf Druck der USA verläßt Marcos das Land, Aquino wird Präsidentin (S.787)
1987	Per Volksabstimmung wird eine neue Verfassung angenommen, die nach amerikanischem Vorbild ausgestaltet wurde
1989	Der sechste (und schwerste) Putschversuch gegen Aquino wird durch US-Luftwaffe niedergeschlagen; Bilanz: ca. 100 Tote
1991	Wahl von Verteidigungsminister Fidel Ramos zum Präsidenten
1992	Die USA geben letzten Militärstützpunkt auf den Philippinen auf
1996	Friedensschluß mit den moslemischen Separatisten nach 23jährigem Bürgerkrieg im Süden der Philippinen (Mindanao)

scheidung des Ministerrats, während die übrigen fünf Mitgliedsländer (Belgien, BRD, Italien, Luxemburg, Niederlanden) einen Mehrheitsbeschluß fordern, wie er laut EWG-Vertrag vom 1.1.1966 an Regel werden soll (↑S.515/25.3.1957). Die „Luxemburger Erklärung" vom 29.1.1966 beendet die Krise: Bei Entscheidungen, die mehrheitlich getroffen werden können, aber „sehr wichtige" Interessen eines oder mehrerer Mitgliedsländer berühren, sollen künftig Lösungen gesucht werden, die für alle Mitglieder akzeptabel sind. S 516/K 521

H. G. Wolf: Die Abschaffung der Bauern. Landwirtschaft in der EG – Irrsinn mit Methode, 1987.

Verkehr

Container statt Stückgut

Ab 1965 setzt sich der Einsatz standardisierter Container für den Seetransport weltweit durch. Bereits 1967 werden 20% der in New York verladenen Fracht in Containern verschifft. Im 2. Weltkrieg hatten sich die logistischen Vorteile vorverpackter Ladungen für Transporte von den USA nach Übersee gezeigt. Auch die steigenden Lohnkosten sprechen für das neue Konzept.

Nobelpreisträger 1965	K 598
Frieden: UNICEF	
Die Unterorganisation der UNO mit Sitz in New York wurde 1946 gegründet. Die UNICEF (1992: 159 Mitgliedsstaaten) versorgt Kinder in Krisengebieten (bei Kriegen, Hungersnöten) mit Nahrungsmitteln, Kleidern und Medikamenten und organisiert die nötige medizinische Betreuung.	
Literatur: Michail A. Scholochow (UdSSR, 1905–1984)	
Scholochow, ein Verfechter stalinistischer Kulturpolitik, schildert in seinem Hauptwerk „Der stille Don" (1928–40) ein Panorama russischen Lebens zwischen 1912 und 1922. Unter Literaturwissenschaftlern ist umstritten, ob Scholochow den vierteiligen Roman selbst verfaßt hat.	
Chemie: Robert Burns Woodward (USA, 1917–1979)	
Woodward synthetisierte eine Reihe organischer Verbindungen, die grundlegend für die Pharmazie waren: Chinin (1944, als Arzneimittel gegen Malaria eingesetzt), Cholesterin und Cortison (beide 1951), das giftige Strychnin (1954) sowie Chlorophyll (1960).	
Medizin: François Jacob (F, *1920), André Lwoff (F, 1902–1994), Jacques Monod (F, 1910–1976)	
Die Biologen gewannen grundlegende Erkenntnisse über die Evolution. Bei ihren Forschungen entdeckten sie in Bakterien ein Gen, das die übrigen Gene steuert, und beschrieben, wie sich Organismen mittels solcher Regulator-Gene an veränderte Lebensbedingungen anpassen.	
Physik: Richard P. Feynman (USA, 1918–1988), Julian Schwinger (USA, 1918–1994), Shinitshiro Tomonaga (Japan, 1906–1979)	
Die Physiker entwickelten die Quantenelektrodynamik, die dritte Stufe der Quantenlehre (nach Quantentheorie und Quantenmechanik). Mit ihr können die Wechselwirkungen zwischen elektrisch geladenen Teilchen und elektromagnetischen Feldern beschrieben werden.	

Die gegenüber dem herkömmlichen Stückguttransport weniger effiziente Volumenausnutzung des Schiffes verzögert die Durchsetzung des Container-Einsatzes. Eine Hürde sind auch die von den Hafengesellschaften zu leistenden hohen Investitionen z. B. für spezielle Kais und Lagerareale sowie für die Anbindung an den Landtransport. Die bessere Anpassung der Schiffskonstruktionen an die neuen Anforderungen, z. B. durch den Einbau kleinerer Kraftwerksblöcke, wie in der 1969 in Dienst gestellten „Elbe Express", verhelfen der Containerschiffahrt zum endgültigen Durchbruch.

Natur/Umwelt

Fahrverbot bei Smog

29.1. Düsseldorf. Die nordrhein-westfälische Landesregierung stellt den sog. Smog-Plan vor. Danach kann bei Smog-Gefahr der private Kraftfahrzeugverkehr in Städten, vor allem in den Ballungsgebieten an Rhein und Ruhr, ganz oder teilweise stillgelegt werden. Smog, ein Kunstwort aus den englischen Wörtern Smoke (Rauch) und Fog (Nebel), entsteht meist bei einer sog. Inversionswetterlage. Warmluft, die sich wie eine Glocke über die erdnahe Kaltluft stülpt, hält bei geringer Luftbewegung die Schadstoffe in Bodennähe.

Ende 1987 einigen sich die Umweltminister der Bundesländer auf eine einheitliche Smog-Verordnung. Bei Überschreitung bestimmter Grenzwerte kann ein zeitlich begrenztes Fahrverbot verhängt werden; auch die vorübergehende Stillegung von Industrie- und Feuerungsanlagen mit hohem Schadstoffausstoß ist vorgesehen.

Naturschutz und Umweltschutz in der Bundesrepublik Deutschland, 1978.

Wissenschaft

Geostationärer Satellit im All

6.4. Cape Kennedy. Die USA starten den ersten kommerziellen Nachrichtensatelliten der Welt. „Early Bird" (Frühaufsteher) umkreist in 36 000 km Höhe die Erde. Seine Umlaufzeit entspricht genau der täglichen Erdrotation. Bei gleicher Drehrichtung erscheint der Satellit dem Beobachter auf der Erde unbeweglich wie ein Stern.

Da ein sog. geostationärer Satellit immer am gleichen Himmelspunkt bzw. am gleichen Punkt über der Erde steht, muß im Unter-

schied zu „wandernden" Nachrichtensatelliten (↑S.562/20.7.1962) die Funkverbindung nicht mehr zeitweise unterbrochen werden. Außerdem erübrigt sich ein Nachführen der Satellitenfunkantennen auf der Erde.
„Early Bird" ist das erste Projekt der COMSAT (Communications Satellite Corporation), einer internationalen Betriebsgesellschaft, in der sich 45 Staaten zwecks gemeinsamer Finanzierung von Nachrichtensatelliten-Projekten zusammengeschlossen haben. Die Nutzungsmöglichkeiten für Fernsprechverkehr und Fernsehübertragungen ermöglichen die Amortisation der hohen Investitionssummen in der Satellitenforschung. Am 23.4. startet die Sowjetunion ihren ersten, nicht stationären Nachrichtensatelliten (Name: Molnija 1a).

Bilder vom Embryo im Mutterleib
30.4. Stockholm. Das US-amerikanische Magazin „Life" veröffentlicht die ersten Fotos vom menschlichen Embryo im Mutterleib. Das spektakuläre Titelfoto zeigt einen 18 Wochen alten Fötus in der Fruchtblase.
Für die Aufnahmen waren siebenjährige Vorarbeiten nötig gewesen. Der schwedische Fotograf Lennart Nilsson benutzte eine spezielle Superweitwinkelkamera mit Miniblitz, die er auf die Spitze einer chirurgischen Sonde montierte.
Nilssons Bilder zeigen, daß bei Embryos alle Körperteile schon mit elf Wochen ausgebildet sind.

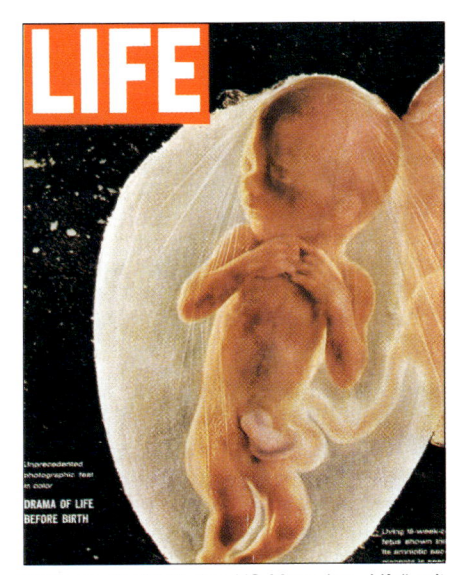

Embryo: Titelblatt des US-Magazins „Life" mit dem Foto eines 18 Wochen alten Fötus

Die größten deutschen Universitätsstädte				K 599
Rang	Ort	Hochschulen	Studenten[1]	Studenten (% d. Bev.[2])
1.	Berlin	17	141 180	4,1
2.	München	8	99 253	7,5
3.	Köln	9	86 277	8,6
4.	Hamburg	9	69 176	4,1
5.	Münster	7	53 758	20,3
6.	Frankfurt/M.	5	48 053	7,4
7.	Hannover	6	45 642	8,9
8.	Bochum	5	44 028	10,8
9.	Aachen	4	43 402	17,1
10.	Hagen	3	39 500	18,4
11.	Bonn	3	36 588	11,8
12.	Heidelberg	5	34 813	25,2
13.	Dortmund	2	34 435	5,7
14.	Düsseldorf	5	30 871	5,4
15.	Freiburg	5	30 069	15,2
16.	Gießen	3	29 463	39,9
17.	Mainz	4	29 410	15,8
18.	Göttingen	2	29 129	23,5
19.	Karlsruhe	7	27 500	10,2
20.	Stuttgart	8	26 079	4,6

1) Wintersemester 1995/96; 2) Jeweilige Stadtbevölkerung

Medien

„Gruner+Jahr"-Zusammenschluß
1.7. Hamburg. Die drei Verleger Gerd Bucerius, John Jahr und Richard Gruner schließen ihre Verlage bzw. Druckereien zur „Gruner+Jahr GmbH & Co" zusammen.
Durch die Fusion wird das Unternehmen nach dem Haus Axel Springer zum zweitgrößten Pressekonzern in der Bundesrepublik. Der Jahresumsatz der neuen Gesellschaft liegt bei 400 Mio DM; insgesamt werden 4100 Mitarbeiter beschäftigt.
„Gruner+Jahr" gliedert sich in drei Unternehmensbereiche: Zeitschriften („Die Zeit", „Brigitte", „Stern"), Druckereien und Handel (mit dem Deutschen Pressevertrieb Buch Hansa GmbH). Die Bertelsmann AG ist ebenfalls an dem Unternehmen beteiligt.

Gesellschaft

Eröffnung der Ruhr-Universität
30.6. Bochum. Als erste Universität im Ruhrgebiet nimmt die Ruhr-Universität Bochum

Kulturszene 1965 — K 600

Theater

Edward Bond Gerettet UA 3.11., London	Das Stück bringt dem Autor den Vorwurf ein, ein „Theater der Grausamkeiten" zu machen, das den Menschen zur Bestie stemple.
Slawomir Mrozek Tango UA 21.4., Belgrad	Das Hauptwerk des polnischen Autors prangert Nihilismus und Intellektualismus als untaugliche Mittel zur Lebensbewältigung an.
Peter Weiss Die Ermittlung UA 19.10., Berlin	Das „Oratorium in elf Gesängen" ist eine szenische Dokumentation des Frankfurter Auschwitz-Prozesses; Musik: Luigi Nono.

Oper

Antonio Bibalo Das Lächeln am Fuße der Leiter; UA 6.4., Hamburg	Die Opernbearbeitung einer Erzählung von Henry Miller mischt tonale und atonale Kompositionstechniken sowie geräuschhafte Cluster.
Hans Werner Henze Der junge Lord UA 7.4., Westberlin	Die moderne Buffo-Oper nach Wilhelm Hauffs Märchen „Der Affe als Mensch" (Einrichtung: Ingeborg Bachmann) wird Henzes größter Erfolg.
Bernd Alois Zimmermann Die Soldaten UA 15.2., Köln	Serielle Oper als Multi-Media-Theater: Zimmermann komponiert große Simultanszenen mit unterschiedlichen Tempi.

Musical

Mitch Leigh Der Mann von La Mancha UA 22.11., New York	Die Originalproduktion des Don-Quijote-Musicals schafft mit dem hinter der Bühne spielenden Orchester einen neuen Spielstil.

Film

David Lean Doktor Schiwago USA	Monumentalfilm vor dem Hintergrund der Oktoberrevolution; Kassenschlager der 60er Jahre, nach dem Roman von Boris Pasternak (1957).
Louis Malle Viva Maria! Frankreich/Italien	Revolutionspersiflage: Brigitte Bardot und Jeanne Moreau als Striptease-Tänzerinnen, die einer Revolution zum Sieg verhelfen.
Mike Nichols Wer hat Angst vor Virginia Woolf?; USA	Ehekrieg zwischen zwei alternden, desillusionierten Partnern (Elizabeth Taylor, Richard Burton); nach dem Stück von Edward Albee (1962).
Roman Polanski Wenn Katelbach kommt Großbritannien	Gangster dringen in ein Inselschloß ein und stören seine Bewohner; skurrile Parabel, die 1966 in Berlin den Goldenen Bären erhält.
Ulrich Schamoni Es BRD	Alltag und Probleme eines unverheirateten Paares, das in eine Krise gerät – eines der ersten Werke des Neuen Deutschen Films.

Buch

Truman Capote Kaltblütig New York	Soziales Dokument amerikanischen Lebens: Reportagehaft rekonstruiert der Autor minuziös einen authentischen Mordfall.
Hubert Fichte Das Waisenhaus Reinbek	Szenische Collagen, Assoziationen, Wirklichkeitsbruchstücke im Bewußtsein eines achtjährigen Jungen im Nazi-Deutschland.
Hermann Kant Die Aula Ostberlin	Der erste kritische Zeitroman der DDR-Literatur erzählt facettenreich die Geschichte der sog. Arbeiter- und Bauernfakultät.
Jerzy Kosinski Der bemalte Vogel Boston	Das Buch zeichnet ein alptraumhaftes Bild des Kriegsschreckens: Von der sexuellen Perversion des einzelnen bis zu kollektivem Sadismus.
Sylvia Plath Ariel London	Postum erschienene Gedichtsammlung der Amerikanerin; zu ihren Lebzeiten so gut wie unbekannt, wird die Autorin zur Kultfigur.

im Wintersemester 1965/66 ihren Dienst auf. Die Gründung wurde 1961 vom Nordrhein-Westfälischen Landtag beschlossen.
Die Universität soll der Bevölkerung dieser traditionellen Industrieregion den Weg zur akademischen Bildung erleichtern. Insofern sei bei der Struktur dieser Hochschule ein Mittelweg zwischen Reformfreude und Tradition gewählt worden, sagt Nordrhein-Westfalens Ministerpräsident Franz Meyers (CDU) bei der Eröffnungsfeier. Die 18 Abteilungen (statt Fakultäten) der Universität decken die Bereiche Geistes- und Naturwissenschaften, Medizin, Elektrotechnik und Maschinenbau ab. S 595/K 599

Lottozahlen im Fernsehen
4.9. Erstmals findet die Ziehung der Lottozahlen im Rahmen einer Fernsehsendung statt. Im Fernsehstudio III des Hessischen Rundfunks werden fünf Minuten vor der Spätausgabe der Tagesschau aus einer Lostrommel die sieben Gewinnzahlen ermittelt. 15 Jahre nach Einführung des Lottospiels erhofft sich die ARD von der Sendung hohe Einschaltquoten, denn rund 60% der Bundesbürger spielen Lotto.
Da die öffentlich-rechtlichen Anstalten nach 20 Uhr keine Werbung senden dürfen, wird die Ziehung der Lottozahlen 1993 in das Vorabendprogramm verlegt, um die Koppelung mit Werbespots zu ermöglichen.

Stromausfall in New York
10.11. Wegen eines Defekts in einem Schaltwerk bei den Niagara-Fällen bricht in acht Bundesstaaten bzw. Provinzen der USA bzw. Kanadas vereinzelt bis zu neun Stunden die Stromversorgung zusammen.
In der Stadt New York kommt mitten in der Rushhour der Verkehr zum Erliegen. Zahlreiche Fahrstühle hängen zwischen den Stockwerken der Wolkenkratzer fest. Aus dem Stadtteil Harlem werden Plünderungen gemeldet. Ein erheiternder Nebeneffekt des Stromausfalls zeigt sich neun Monate später in einem sprunghaften Anstieg der Geburtenrate.

Kultur

Op-art-Ausstellung im MOMA
New York. Die Bezeichnung Op-art (optical art) für eine Kunstrichtung, die sich ab den 50er Jahren in den USA entwickelte, setzt sich anläßlich der Ausstellung „The Responsive Eye" im Museum of Modern Art (MOMA) durch.

Im Zentrum dieser Kunstrichtung steht die visuelle Wahrnehmung einschließlich der optischen Täuschung (Kinetik, Moiré-Effekt, Vibration). So bilden z. B. geometrische Formmuster, die im menschlichen Auge einen Flimmereffekt auslösen, die Grundlage vieler Werke.
Einer der bedeutendsten Repräsentanten der Op-art ist Victor Vasarély, der die Gesetze der Wahrnehmung auf seine mathematisch-wissenschaftliche Arbeitsweise übertragen hat.

Spionage-Roman von le Carré
Wien. Die deutsche Übersetzung des englischen Bestsellers „Der Spion, der aus der Kälte kam" (1963) von John le Carré erscheint. Erzählt wird die Geschichte des britischen Agenten Alec Leamas, der nach einigen Mißerfolgen eine vermeintlich „letzte Chance" erhält. Sein neuer Auftrag entpuppt sich jedoch am Ende als Farce – Leamas wird vom britischen Geheimdienst zum Schutz eines Topagenten geopfert.
Le Carré, ehemaliger Vizekonsul in Hamburg, bricht in diesem Werk mit vielen Konventionen des Agentenromans. An die Stelle der James-Bond-Romantik tritt ein realistischer Blick auf die von privaten und politischen Machtinteressen korrumpierte Gesellschaft, die sich in der Zerrissenheit des Protagonisten spiegelt.
1966 wird der Roman mit Richard Burton in der Hauptrolle verfilmt. Mit weiteren Thrillern (u. a. „Die Libelle", 1983; „Das Rußlandhaus", 1989) kann le Carré an seinen Erfolg anknüpfen.

E. Homberger: John le Carré, 1986.

Regiedebüt von Polanski im Westen
England. Der aus Polen stammende Regisseur Roman Polanski präsentiert seinen ersten (1964) in England gedrehten Spielfilm „Ekel". Er schildert den psychischen Verfall einer jungen Frau, die zunächst nur „empfindlich" auf alltägliche Dinge reagiert, dann einen immer größer werdenden Ekel vor dem Sexuellen entwickelt und schließlich in ihrer Wohnung, isoliert von der Außenwelt, dem Wahnsinn verfällt und zwei Menschen tötet.
Der vom Surrealismus und dem absurden Theater beeinflußte Film umfaßt nur einen Teilbereich von Polanskis Werk. Mit der Komödie „Tanz der Vampire" (1966), dem Horrorfilm „Rosemaries Baby" (1967) und dem Kriminalfilm „Chinatown" (1974) brilliert Polanski in unterschiedlichen Genres.

P. Werner: Roman Polanski, 1981. R. Polanski: Roman Polanski von Roman Polanski, 1984.

Sport 1965 — K 601

Fußball	
Deutsche Meisterschaft	Werder Bremen
DFB-Pokal	Borussia Dortmund – Alem. Aachen 2:0
Englische Meisterschaft	Manchester United
Italienische Meisterschaft	Inter Mailand
Spanische Meisterschaft	Real Madrid
Europapokal (Landesmeister)	Inter Mailand – Benefica Lissabon 1:0
Europapokal (Pokalsieger)	West Ham United – 1860 München 2:0
Messepokal	Ferencvaros Budapest
Tennis	
Wimbledon (seit 1877; 79. Austragung)	Herren: Roy Emerson (AUS) Damen: Margaret Smith (AUS)
US Open (seit 1881; 85. Austragung)	Herren: Manuel Santana (ESP) Damen: Margaret Smith (AUS)
French Open (seit 1925; 35. Austragung)	Herren: Fred Stolle (AUS) Damen: Lesley Turner (AUS)
Australian Open (seit 1905; 53. Austragung)	Herren: Roy Emerson (AUS) Damen: Margaret Smith (AUS)
Davis-Cup (Sydney, AUS)	Australien – Spanien 4:1
Eishockey	
Weltmeisterschaft	Sowjetunion
Stanley-Cup	Toronto Maple Leafs
Deutsche Meisterschaft	EV Füssen
Radsport	
Tour de France (4176 km)	Felice Gimondi (ITA)
Giro d'Italia (4151 km)	Vittorio Adorni (ITA)
Straßen-Weltmeisterschaft	Tom Simpson (GBR)
Automobilsport	
Formel-1-Weltmeisterschaft	Jim Clark (GBR), Lotus-Climax
Boxen	
Schwergewichts-Weltmeisterschaft	Cassius Clay (USA) - K. o. über Floyd Patterson (USA), 22.11. - K. o. über Sonny Liston (USA), 25.5.

Herausragende Weltrekorde

Disziplin	Athlet (Land)	Leistung
Leichtathletik, Männer		
10 000 m	Ron Clarke (AUS)	27:39,0 min
3000 m Hindernis	Gaston Roelants (BEL)	8:26,3 min
Diskuswurf	Ludvik Danik (TCH)	65,22 m
Hammerwurf	Gyula Zsivotsky (HUN)	73,74 m
Leichtathletik, Frauen		
100 m	Irena Kirszenstein (POL)	11,1 sec
400 m	Judy Amoore (AUS)	52,4 sec
80 m Hürden	Pamela Kilborn (AUS)	10,4 sec
Schwimmen, Männer		
200 m Lagen	Richard Roth (USA)	2:14,9 min
Schwimmen, Frauen		
100 m Brust	Swetlana Babanina (URS)	1:16,5 min

1966

Politik

APO beginnt sich zu formieren

BRD. Studentenproteste in den USA, die über spezifisch US-amerikanische Themen wie Rassismus oder Vietnampolitik hinausgehen und die Ablehnung der etablierten Wertewelt auf allen Ebenen artikulieren, werden in Deutschland zunächst in Berlin und Frankfurt aufgegriffen. Nach Bildung der Großen Koalition (↑S.601/1.12.) aus Union und Sozialdemokraten führen Zweifel an der parlamentarischen Ordnung und der Kontrollfähigkeit des Parlaments zu weiterem Zulauf der „Neuen Linken".

Eine außerparlamentarische Opposition (APO) mit oft antiparlamentarischen Zügen formiert sich. Kern der APO ist der Sozialistische Deutsche Studentenbund, der einen militanten Antiamerikanismus (Vietnamkrieg) und Antikapitalismus propagiert.

Protestaktionen in Deutschland richten sich zunächst gegen verkrustete Strukturen im Bildungsbereich. Gefordert wird die Demokratisierung der Hochschulen und paritätische Zusammensetzung der Universitätsgremien. Darüber hinaus richten sich die Proteste gegen eine als repressiv empfundene Gesellschaft, Anlässe für Demonstrationen sind Vietnamkrieg, der Besuch des Schahs von Persien (↑S.607/2.6.1967) und das Monopol der Springer-Presse.

Im Mai 1968 erreicht die Demonstrationswelle ihren Höhepunkt, als im Bundestag die zweite und dritte Lesung der Notstandsverfassung stattfinden (↑S.620/30.5.1968). 1969 dauern die Proteste mit unverminderter Heftigkeit an, aber der Mangel an verbindenden Programmen führt teils zu enttäuschter Abkehr, teils zur Abspaltung von Gruppen unterschiedlichster ideologischer Ausrichtung, die z. T. auch in die linksterroristische Szene abgleiten.   S 620/K 622

G. Bauß: Die Studentenbewegung der 60er Jahre in der Bundesrepublik und Westberlin, 1977.

APO: Rudi Dutschke ist 1965–1968 der führende Theoretiker der außerparlamentarischen Opposition. Er organisiert zahlreiche Protestaktionen in Berlin. Am 11. April 1968 wird der Studentenführer bei einem Attentat lebensgefährlich verletzt. 1979 stirbt er an den Spätfolgen seiner Verletzungen.

Probleme mit Starfighter

12.1. Bonn. Nachdem bekannt wird, daß 1965 insgesamt 26 Kampfflugzeuge des US-amerikanischen Typs Lockheed F-104 G (Starfighter) abgestürzt sind, wobei 15 Piloten ums Leben kamen, leitet der Verteidigungsausschuß des Bundestags Untersuchungen über die Sicherheit des Flugzeugs ein. Sie ergeben als Ursachen für die zahlreichen Unfälle schlechte Ausbildung der Piloten, Mängel bei der industriellen Fertigung, fehlendes Wartungspersonal und zu wenig Unterstellplätze für die anfälligen Maschinen. Sowohl in der Öffentlichkeit als auch von seiten der SPD-Opposition wird gegen den weiteren Einsatz der Starfighter protestiert. Dennoch erteilt Verteidigungsminister Kai-Uwe von Hassel (CDU) keinen Flugstopp für die

Wichtige Regierungswechsel 1966		K 602
Land	**Amtsinhaber**	**Bedeutung**
BRD	Ludwig Erhard (CDU, B seit 1963) Kurt Georg Kiesinger (CDU, B bis 1969)	Rücktritt des „Vaters des Wirtschaftswunders" (30.11.), nachdem sich CDU und SPD auf Große Koalition geeinigt haben (S.601)
Burundi	Ntare V. (König seit 8.7.) Michel Micombéro (P bis 1976)	Militär setzt König ab (29.11.) und ruft Republik aus; Machtübernahme durch Militärisches Nationales Revolutionskomitee
Ghana	Kwame Nkrumah (P seit 1960) Joseph Arthur Ankrah (P bis 1969)	Prowestliche Militärs stürzen Diktator Nkrumah (24.2.), den führenden Theoretiker des afrik. Unabhängigkeitskampfes (S.599)
Indien	Lal Bahadur Shastri (M seit 1964) Indira Gandhi (M bis 1977)	Tochter des Staatsgründers Nehru wird Regierungschefin; Industrialisierung des Landes; verbesserte Ernährungsgrundlagen
Nigeria	Benjamin Nuamdi Azikiwe (P seit 1963) Johnson Aguiyi-Ironsi (P 17.1.–29.7.) Yakubu Gowon (P bis 1975)	Militär will nach Putsch (15.1.) zentralistisches System schaffen, um Stammesfehden zu beenden; nach Gegenputsch (29.7.) Abkehr vom Einheitsstaat; Fortsetzung der Kämpfe
Obervolta (Burkina Faso)	Maurice Yaméogo (P seit 1960) Sangoulé Lamizana (P bis 1980)	Wirtschaftliche Probleme des Landes führen zu Militärputsch (3.1.); Parlament aufgelöst; Verfassung außer Kraft gesetzt
Südafrika	Hendrik Frensch Verwoerd (M seit 1958) Balthazar Vorster (M bis 1978)	Verwoerd von Parlamentsdiener erstochen (6.9.); Vorster schafft sog. 90-Tage-Gesetz (Inhaftierung ohne Gerichtsbeschluß)
Zentralafrik. Republik	David Dacko (P seit 1960) Jean Bédel Bokassa (P bis 1976)[1]	Militärputsch in der Neujahrsnacht; Bokassa errichtet Diktatur und bricht enge Beziehungen zu China ab

B = Bundeskanzler; M = Ministerpräsident bzw. Premierminister, P = Präsident 1) 1976–79 als Bokassa I. Kaiser des Zentralafrikanischen Kaiserreichs

Rüstungsaffären im 20. Jahrhundert — K 603

Zeitraum	Stichwort	Sachverhalt	Folgen
1913	Krupp-Bestechungsskandal	Beschaffung geheimer militärischer Informationen durch Krupp-AG, um Auftragsvergabe beeinflussen zu können	Geringfügige Strafen gegen Angestellte und Offiziere
1914	Putilow-Affäre	Spekulationen über deutsche Beteiligung an russischer Rüstungsfirma wecken Mißtrauen bei russ. Bündnispartnern	Verschärfung nationalistischer Ressentiments
20er Jahre	Schwarze Reichswehr	Verstoß gegen Truppenreduzierung gemäß Versailler Vertrag (100 000 Mann); rechte, antirepublik. Einheiten	Legale Armee wird mit Antidemokraten durchsetzt
1929	Geheime Aufrüstung	In einem „Weltbühne"-Artikel deckt Carl von Ossietzky die illegale Aufrüstung der Reichswehr auf (Luftfahrt)	Eineinhalb Jahre Haft wegen „Verrats milit. Geheimnisse"
1966	Starfighter-Affäre	Bundeswehr-Generalinspekteur gesteht den Verlust von 26 Starfightern (1965) durch Absturz ein	Untersuchung zeigt Sicherheitsmängel bei Bundeswehr
60er Jahre/1975	Lockheed-Affäre	US-Firma Lockheed zahlt Bestechungsgelder an Politiker und Militärs, um den Flugzeugabsatz zu sichern	Verstrickung namhafter Politiker nur teilweise aufgedeckt
1982–88	Giftgas für Irak	Deutsche Firmen sollen ohne Genehmigung Anlagen zur Herstellung chemischer Waffen an Irak geliefert haben	Anklage gegen neun Manager in Darmstadt (1992)
1985	U-Bootpläne an Südafrika	Howaldtswerke Deutsche Werft AG (HDW) liefert Konstruktionspläne für U-Boote ohne Genehmigung nach Südafrika	Verfahren eingestellt, nur U-Boot-Lieferung strafbar
1986	Iran-Contra-Affäre	Wahrscheinlich mit Wissen von US-Präsident Reagan wurden Waffen illegal in den Iran geliefert und die Erlöse für die Unterstützung der Contras in Nicaragua verwendet	US-Militär Oliver North erhält Bewährungs- und Geldstrafe (Kongreßtäuschung)
1989	Chemiefabrik für Libyen	Illegale Lieferung von Bauteilen für Chemiefabrik (zur Giftgasproduktion) in Rabta/Libyen durch BRD-Firma	5 Jahre Haft für Geschäftsführer der Firma Imhausen
1989/90	Irak-Aufrüstung	Firmen aus zahlreichen Staaten (auch der BRD) sollen Waffen und Waffenteile in den Irak geliefert haben	Innenpolitische Krisen; Verlust an Glaubwürdigkeit
1992	NVA-Panzer für Türkei	Lieferung von DDR-Panzern an Türkei (möglicher Einsatz gegen Kurden) vom Bundestag nicht erlaubt	Ablösung eines Abteilungsleiters im BMVg

700 Maschinen, die von der Bundeswehr seit 1958 von den USA gekauft wurden. Erst nach weiteren Abstürzen im Laufe des Jahres werden im Dezember bis zur Lieferung zuverlässiger Schleudersitze die Flüge ausgesetzt.
Die Affäre führt zum Rücktritt des Luftwaffeninspekteurs, General Werner Panitzki, der wegen seiner im Zusammenhang mit den Unfällen geäußerten Kritik am Verteidigungsministerium vom Dienst suspendiert wird. Nachfolger wird General Johannes Steinhoff. Ein Mißtrauensantrag der Opposition gegen von Hassel scheitert.   S 599/K 603

R. Liedtke: Die neue Skandalchronik. 40 Jahre Affären und Skandale in der BRD, 1989.

Diktator Nkrumah gestürzt
24.2. Accra. Nach einem blutigen Aufstand übernehmen Militärs in Ghana die Macht, erklären Staatspräsident Kwame Nkrumah, der sich gerade auf einer Asienreise befindet, für abgesetzt und errichten eine prowestlich orientierte Militärregierung. Erste Amtshandlung ist die Freilassung aller politischen Häftlinge.
Nkrumah hatte Ghana 1957 aus britischer Kolonialherrschaft in die Unabhängigkeit geführt und zunächst ein parlamentarisches System nach dem „Westminstermodell" errichtet. Ab 1960/61 regierte er allerdings als selbsternannter „Messias" selbstherrlich in einem Einparteiensystem. Personenkult, Korruption und Mißwirtschaft führten zum Aufstand. Am 2.3. trifft Nkrumah in Guinea ein, wo ihn Präsident Sékou Touré zum Mitregenten ernennt.
In Ghana wechseln sich in der Folge frei gewählte Regierungen mit Militärdiktaturen ab. Ab 1981 herrscht Hauptmann Jerry John Rawlings an der Spitze einer Militärjunta. 1992 werden Ansätze zur Demokratisierung deutlich. Das Parteienverbot wird aufgehoben, im April votieren in einer Volksabstimmung 90% der Wahlberechtigten für eine demokratische Verfassung, die 1993 in Kraft tritt.   S 598/K 602

Große Koalition beendet
6.3. Österreich. Bei den Wahlen zum Nationalrat erringt die konservative Österreichische Volkspartei (ÖVP) überraschend 48,3% der Stimmen und 85 von 165 Mandaten. Die Sozialisten (SPÖ), seit 1947 in Koalition mit der Volkspartei, verlieren zwei Sitze (74). Bundeskanzler Josef Klaus (ÖVP) stellt am

Kwame Nkrumah

Bundestagswahlen 1949–94[1]		Partei	Stimmenanteil (Mandate)
Partei	**Stimmenanteil (Mandate)**		K 604
Wahl vom 14.8.1949 (78,5%)		**Wahl vom 19.11.1972 (91,1%)**	
CDU/CSU	31,0% (139)	CDU/CSU	44,9% (225)
SPD	29,2% (131)	SPD	45,8% (230)
FDP/DVP	11,9% (52)	FDP	8,4% (41)
DP	4,0% (17)	Sonstige	0,9% (–)
Zentrum	3,1% (10)	**Wahl vom 3.10.1976 (90,7%)**	
Bayernpartei (BP)	4,2% (17)	CDU/CSU	48,6% (243)
KPD	5,7% (15)	SPD	42,6% (214)
DRP	1,8% (5)	FDP	7,9% (39)
Sonstige	9,1% (16)	Sonstige	0,9% (–)
Wahl vom 6.9.1953 (85,8%)		**Wahl vom 5.10.1980 (88,6%)**	
CDU/CSU	45,2% (243)	CDU/CSU	44,5% (226)
SPD	28,8% (151)	SPD	42,9% (218)
FDP	9,5% (48)	FDP	10,6% (53)
DP	3,3% (15)	Sonstige	2,0% (–)
GB/BHE	5,9% (27)	**Wahl vom 6.3.1983 (89,1%)**	
Zentrum	0,8% (3)	CDU/CSU	48,8% (244)
Sonstige	6,5% (–)	SPD	38,2% (193)
Wahl vom 15.9.1957 (87,8%)		FDP	7,0% (34)
CDU/CSU	50,2% (270)	Grüne	5,6% (27)
SPD	31,8% (169)	Sonstige	0,5% (–)
FDP	7,7% (41)	**Wahl vom 25.1.1987 (84,3%)**	
DP	3,4% (17)	CDU/CSU	44,3% (223)
Sonstige	6,9% (–)	SPD	37,0% (186)
Wahl vom 17.9.1961 (87,7%)		FDP	9,1% (46)
CDU/CSU	45,3% (242)	Grüne	8,3% (42)
SPD	36,2% (190)	Sonstige	1,3% (–)
FDP	12,8% (67)	**Wahl vom 2.12.1990 (77,8%)**	
Sonstige	5,7% (–)	CDU/CSU	43,8% (319)
Wahl vom 19.9.1965 (86,8%)		SPD	33,5% (239)
CDU/CSU	47,6% (245)	FDP	11,0% (79)
SPD	39,3% (202)	Bündnis 90/Grüne	1,2% (8)
FDP	9,5% (49)	PDS/Linke Liste	2,4% (17)
Sonstige	3,6% (–)	Sonstige	8,0% (–)
Wahl vom 28.9.1969 (86,7%)		**Wahl vom 16.10.1994 (79,0%)**	
CDU/CSU	46,1% (242)	CDU/CSU	41,5% (294)
SPD	42,7% (224)	SPD	36,4% (252)
FDP	5,8% (30)	Bündnis 90/Grüne	7,3% (49)
Sonstige	5,4% (–)	FDP	6,9% (47)
		PDS	4,4% (30)
		Sonstige	3,5% (–)

1) Bis 1987 ohne Berlin

führen das Alpenland bis 1983 mit absoluter Parlamentsmehrheit.

Suharto übernimmt die Macht
11.3. Indonesien. Nach blutigen Auseinandersetzungen zwischen Studenten und der Polizei wird General Kemusu Suharto vom Volkskongreß zum provisorischen Präsidenten Indonesiens gewählt. Die Machtbasis des bisherigen „neomarxistischen" Staatschefs Achmed Sukarno war seit seiner Verwicklung in einen Putschversuch linker Militärs gegen die konservative Armeeführung im September 1965 geschwunden. Militärverbände unter Führung von General Suharto hatten den Putsch niedergeschlagen und das Land von Kommunisten „gesäubert": 500 000 kamen ums Leben, ca. 1 Mio Menschen wurden in Lager verschleppt. Sukarno, der Indonesien 1945 in die Unabhängigkeit geführt hatte, bleibt formell bis 1967 im Amt. Am 27.3.1968 wird General Suharto zum Staatspräsidenten gewählt. Unter ihm beginnt eine Liberalisierung und Internationalisierung der Wirtschaft.

📖 C. J. Koch: Ein Jahr in der Hölle. Jakarta/Indonesien 1965. Roman, 1988.

Frankreichs NATO-Rückzug
1.7. Paris. Der von Staatspräsident Charles de Gaulle am 21.2. angekündigte Austritt Frankreichs aus der NATO wird in der ersten Stufe vollzogen: Frankreich zieht sich aus dem Kommandobereich der NATO zurück und entzieht die in der Bundesrepublik Deutschland stationierten Streitkräfte dem gemeinsamen Kommando. In der zweiten Stufe ziehen die Bündnispartner – wie von Frankreich gefordert – bis zum 1.4.1967 ihre Einheiten aus den NATO-Stützpunkten in Frankreich ab. Der Sitz des Hauptquartiers der Verteidigungsallianz wird von Paris nach Brüssel (Belgien) verlegt.
De Gaulle erklärte am 7.3. in einem Brief an US-Präsident Lyndon B. Johnson, Frankreich strebe die „volle Ausübung seiner Souveränität an", die durch Stationierung fremder Truppen auf französischem Boden nicht gewährleistet sei. Da Frankreich sicherheitspolitisch von der Präsenz US-amerikanischer Truppenverbände in Europa abhängig bleibt, ist der Austritt vornehmlich als Demonstration der Unabhängigkeit und nationalen Größe zu verstehen.

S 568/K 574

Kulturrevolution legitimiert
8.8. Peking. Auf dem von Mao Zedong einberufenen 11. Plenum des VIII. ZK der Kom-

19.4. sein Kabinett vor, nachdem die SPÖ sich einer Fortsetzung der Koalition verweigert hat. 1970 löst die SPÖ die Volkspartei als Regierungspartei ab. Die Sozialisten

Kulturrevolution:
Rote Garden ziehen mit einem Plakat ihres Parteiführers Mao Zedong durch die Straßen Pekings.

munistischen Partei Chinas wird in einer 16-Punkte-Erschließung die sog. Kulturrevolution legitimiert.
Sie war von Mao im Herbst 1965 ausgelöst worden, nachdem er sich nicht gegen die gemäßigte Staatsführung um Liu Shaoqui und Deng Xiaoping hatte durchsetzen können. An den Hochschulen entstanden Rote Garden, die eine Zerstörung „alter Autoritäten" forderten und im Laufe des Jahres 1966 in einer Terror- und Säuberungswelle den Staats- und Parteiapparat zerschlugen. Nach der Entmachtung Liu Shaoquis und Deng Xiaopings hat Mao sein Ziel erreicht. Als durch die unkontrollierbar werdenden Roten Garden ein Bürgerkrieg droht, greift Mao Zedong mit der Volksbefreiungsarmee ein.
1969 wird auf dem 9. Parteitag der KPCh das offizielle Ende der Kulturrevolution verkündet. ZK und Politbüro werden von Vertretern der Armee dominiert. In den Folgejahren gewinnt die pragmatische Linie unter Ministerpräsident Zhou Enlai wieder größeren Einfluß. Eine Folge der Kulturrevolution ist ein sich steigernder Mao-Kult. S 454/K 457

Cheng-Nien: Leben und Tod in Shanghai, 1988. Stein: Chinesisches Tagebuch. Aufzeichnungen eines westlichen Diplomaten aus den Jahren der Kulturrevolution, 1970.

Große Koalition gebildet
1.12. Bonn. Kurt Georg Kiesinger (CDU) wird vom Bundestag zum neuen Bundeskanzler gewählt, nachdem Ludwig Erhard (CDU) am 30.11. seinen Rücktritt erklärt hat. Die Koalition aus CDU/CSU und FDP war am 26.10. wegen Streitigkeiten um den Haushaltsausgleich auseinandergebrochen. Koalitionsverhandlungen zwischen CDU/

Nobelpreisträger 1966	K 605
Literatur: Samuel J. Agnon (Israel, 1888–1980), Nelly Sachs (D, 1891–1970)	
Agnon, Chronist der jiddischen Kultur in Osteuropa, schilderte den Übergang des Judentums in die Moderne Anfang des 20. Jh. Werke: „Nur wie ein Gast zur Nacht" (1940), „Gestern, Vorgestern" (1945). Nelly Sachs machte die Judenverfolgung zum Hauptthema ihrer metaphernreichen Lyrik. Das Schicksal des jüdischen Volkes symbolisierte für sie die Bedrohung der Menschheit allgemein. Werke: „In den Wohnungen des Todes" (1947), „Sternverdunkelung" (1949).	
Chemie: Robert S. Mulliken (USA, 1896–1986)	
Mulliken entwickelte 1928–32 eine Theorie, mit der sich Elektronenstruktur und Bindung von Mikromolekülen berechnen lassen. Erkenntnisse über Mikromoleküle, die zu klein für die experimentelle Erforschung sind, waren wesentlich für die Weitraumforschung.	
Medizin: Charles B. Huggins (USA, *1901), Francis P. Rous (USA, 1879–1970)	
Huggins, Begründer der Chemotherapie von Krebs, behandelte Prostatakrebs erfolgreich mit weiblichen Geschlechtshormonen (1939). Rous bewies 1910, daß einige Virusarten Krebs erzeugen. Zudem erkannte er die krebserregende Wirkung chemischer Substanzen.	
Physik: Alfred Kastler (F, 1902–1984)	
Kastlers Arbeiten schufen die Voraussetzung für die Konstruktion des Lasers. Das Laser-Prinzip beruht auf dem sog. optischen Pumpen, eine Methode, die Kastler ab 1950 entwickelte: Bestimmte Lichtfrequenzen verändern die Energiezustände im Innern von Atomen.	

Nobelpreis für Frieden nicht verliehen

Kulturszene 1966	K 606
Theater	
Günter Grass Die Plebejer proben den Aufstand; UA 15.1., Berlin	Das Stück zeigt die Proben einer Inszenierung von Shakespeares „Coriolan" vor dem Hintergrund des Volksaufstands in der DDR.
Peter Handke Publikumsbeschimpfung UA 8.6., Frankfurt/Main	Provokatives Theaterdebüt des Österreichers: Vier Schauspieler reden auf das Publikum ein und zerstören so Erwartungshaltungen.
Martin Sperr Jagdszenen aus Niederbayern; UA 27.5., Bremen	Das Stück schildert die Hetzjagd von Bewohnern eines bayerischen Dorfs auf einen Außenseiter, einen Homosexuellen.
Tom Stoppard Rosenkranz und Güldenstern; UA 24.8., Edinburgh	Die beiden Nebenfiguren aus Shakespeares „Hamlet" werden zu Helden eines absurden Dramas zwischen Schein und Sein.
Oper	
Günter Bialas Hero und Leander UA 10.9., Mannheim	In der Antikenoper kreuzen sich Linien der Nachkriegskunst: Strawinsky- und Schönberg-Nachfolge, episches und poetisches Theater.
Hans Werner Henze Die Bassariden UA 6.8., Salzburg	Das psychologisierte Antikendrama nach Euripides mit tonaler und atonaler Musik ist wie eine Sinfonie in vier Sätze eingeteilt.
Musical	
Jerry Herman Mame UA 24.5., New York	Wie im Erfolgsmusical „Hello, Dolly!" (1964) schildert Herman das Leben einer Frau, die alle Widrigkeiten des Lebens meistert.
John Kander Cabaret UA 20.11., New York	Das Musical spielt im Berlin der frühen 30er Jahre – die Musik imitiert, auch in ihren Arrangements, die Kabarett-Songs der Zeit.
Konzert	
Krzysztof Penderecki Lukas-Passion UA 30.3., Münster	Organische Verschmelzung heterogener Mittel zwischen Tonalität und Geräusch; wie bei Bach wechseln berichtende und betrachtende Teile.
Isang Yun Réak UA 22.10., Donaueschingen	Die Orchesterkomposition entwickelt die sog. Hauptklangtechnik des Koreaners: Jede Klangfigur enthält das Grundkonzept des Stücks.
Film	
Michelangelo Antonioni Blow up Großbritannien	Ein junger Starfotograf glaubt, einem Verbrechen auf der Spur zu sein – Kultfilm vor dem Hintergrund der Beat-Metropole London.
Ingmar Bergman Persona Schweden	Zwei Frauen – eine Krankenschwester und eine in Schweigen versunkene Schauspielerin – geraten in gegenseitige Abhängigkeit.
Sergio Corbucci Django Italien/Spanien	Italo-Western, der Brutalität und Erotik in den Vordergrund stellt; der große kommerzielle Erfolg löste eine Flut von Django-Filmen aus.
Alexander Kluge Abschied von gestern BRD	Eine jüdische Frau flieht aus der DDR in die BRD, ohne dort heimisch zu werden, künstlerischer Durchbruch des Neuen Deutschen Films.
Buch	
Bernard Malamud Der Fixer New York	Romanhafte Anklage von Unrechtsregimen: Ein Jude im zaristischen Rußland wird für einen Mord bestraft, den er nicht begangen hat.
Jacqueline Susann Das Tal der Puppen New York	Die Geschichte dreier Frauen in der Welt des amerikanischen Showbusiness wird ein Top-Bestseller (28,7 Mio Bücher in 12 Jahren).
Martin Walser Das Einhorn Frankfurt/Main	Der Roman schildert Wege und Irrwege auf der Suche nach Liebe in einer Gesellschaft, die von Erfolgs- und Gewinnstreben geprägt ist.

CSU und SPD wurden am 27.11. abgeschlossen. Kiesinger beruft neun SPD-Minister (u. a. Willy Brandt als Außen- und Karl Schiller als Wirtschaftsminister) sowie elf CDU/CSU-Minister (u. a. Franz Josef Strauß als Finanz- und Gerhard Schröder als Verteidigungsminister) in sein Kabinett.

Als dringende Aufgaben bezeichnet Bundeskanzler Kiesinger in seiner Regierungserklärung die Verabschiedung der Notstandsgesetze (↑S.620/30.5.1968), eine Reform der Finanz- und Stabilitätspolitik (↑S.605/20.2. 1967) sowie eine Öffnung gegenüber dem kommunistischen Ostblock.

Innerhalb der SPD ist trotz der Chance, aus der Rolle der „ewigen Oppositionspartei" herauszukommen, die vom stellvertretenden Parteivorsitzenden Herbert Wehner forcierte Koalition umstritten, da dem neuen Bundeskanzler Kritik wegen seiner nationalsozialistischen Vergangenheit entgegengebracht wird. Kiesinger erhält bei der Wahl zum Bundeskanzler nur 340 Stimmen, von insgesamt 447 Abgeordneten der Koalition. S 837/K 806

📖 K. Hildebrand: Von Erhard zur Großen Koalition 1963–1969, 1984.

Verkehr

Ferngesteuerte Verkehrskontrolle

11.4. München/Salzburg. Auf der Autobahn München–Salzburg hat am Ostermontag das erste ferngesteuerte Verkehrssignalsystem Premiere.

Den 12 Mio zugelassenen Kraftfahrzeugen auf deutschen Straßen kann trotz Forcierung des Autobahnbaus nicht schnell genug Platz geschaffen werden. Mit technischen Neuerungen versuchen deshalb Verkehrsplaner, vor allem in Ballungsräumen, eine größere Unfallsicherheit und eine bessere Entflechtung des Verkehrs zu schaffen.

Die von Siemens & Halske entwickelte Anlage wird von München aus gesteuert und schreibt eine optimale Geschwindigkeit vor. Dieser Versuch ist ein Schritt zu den Verkehrs-Leitsystemen, die ab den 80er Jahren (teils über Satellitennavigation) erprobt werden und zu höherer Sicherheit, Umweltfreundlichkeit und Zeitersparnis führen sollen.

Technik

Belegleser entziffert Schrift

Die Computerfirma IBM stellt einen sog. Mehrfunktions-Belegleser vor, der fähig ist,

Maschinen- und Handschriften zu entziffern. 1951 hatte der Nachrichtentheoretiker Walter Sprick ein System entwickelt, mit dem handschriftlich geschriebene Zeichen maschinell gelesen werden konnten. Der Beleglesser wertet Formulare aus, bei denen die Informationen an gleicher Stelle in vorgedruckte Felder eingetragen sind (z. B. Schecks, Zahlungsanweisungen oder Reisepässe).

Gesellschaft

Vatikan hebt Index auf
14.6. Rom. Die vatikanische Glaubenskongregation hebt den „Index librorum prohibitorum" auf, die Liste der von der katholischen Kirche verbotenen Bücher.
Das Verbotsverzeichnis besteht seit 1559 und wurde in regelmäßigen Abständen „aktualisiert", zuletzt 1948 auf insgesamt 492 Seiten. War ein Buch „indiziert", durfte es von Katholiken weder herausgegeben, gelesen, aufbewahrt oder verkauft werden.
Mit Wirkung vom 29.3.1967 sind der Index und die Strafgesetze außer Kraft.

Kultur

Die Kultur Schwarzafrikas
10.4. Dakar. In der senegalesischen Hauptstadt werden die ersten „Weltfestspiele der schwarzen Kunst" eröffnet. Anliegen des zweiwöchigen Festivals ist die Rückbesinnung auf die kulturellen Wurzeln Afrikas, die durch die Kolonialisierung z. T. zerstört wurden.
Unter dem Motto „Négritude" sollen Werte und kulturelle Errungenschaften der Schwarzen vorgestellt und ihre Gleichwertigkeit gegenüber der europäischen Kultur betont werden. Einer der Initiatoren des Festivals ist der Präsident Senegals, der Lyriker Léopold Sédar Senghor, der in den 30er Jahren mit dem aus der Karibik stammenden Schriftsteller Aimé Césaire die Négritude-Ideologie entwickelt hat.
In einem von Senghor und dem äthiopischen Kaiser Haile Selassie I. unterzeichneten Kommuniqué wird die regelmäßige Veranstaltung der Festspiele vereinbart.

Geburt des „Neuen Volksstücks"
27.5. Bremen. In den Kammerspielen hat Martin Sperrs Drama „Jagdszenen aus Niederbayern" Premiere. Es schildert die Hetzjagd der Bewohner eines bayerischen Dorfs auf einen Homosexuellen, der eine von ihm geschwängerte Magd getötet hat. Mit diesem in stilisiertem Dialekt geschriebenen Stück über den „alltäglichen Faschismus" erneuert Martin Sperr das gesellschaftskritische Mundarttheater in der Tradition von Ödön von Horváth. „Jagdszenen aus Niederbayern" ist Teil der „Bayerischen Trilogie" (1972), in der sich die Schauplätze vom Dorf in die Provinzstadt („Landshuter Erzählungen", UA 1967) und schließlich nach München („Münchner Freiheit", UA 1971) verlagern. 1978 erhält Sperr den Dramatikerpreis der Stadt Mülheim.

Sport

Borussia Dortmund holt Europa-Cup
5.5. Glasgow. Im Hampden Park gewinnt Borussia Dortmund mit einem 2:1 über den

Deutsche Fußballmannschaften in europäischen Pokalendspielen				K 607
Jahr	Wettbewerb	Verein	Gegner	Ergebnis
1960	Landesmeister	Eintracht Frankfurt	Real Madrid	3:7
1966	Pokalsieger	Borussia Dortmund	FC Liverpool	2:1
1967	Pokalsieger	Bayern München	Glasgow Rangers	1:0
1968	Pokalsieger	Hamburger SV	AC Mailand	0:2
1973	UEFA-Pokal	Bor. Mönchengladbach	FC Liverpool	0:3, 2:0
1974	Pokalsieger	1. FC Magdeburg	AC Mailand	2:0
1974	Landesmeister	Bayern München	Atletico Madrid	1:1; 4:0
1975	UEFA-Pokal	Bor. Mönchengladbach	Twente Enschede	0:0, 5:1
1975	Landesmeister	Bayern München	Leeds United	2:0
1976	Landesmeister	Bayern München	AS St. Etienne	1:0
1977	Pokalsieger	Hamburger SV	RSC Anderlecht	2:0
1977	Landesmeister	Bor. Mönchengladbach	FC Liverpool	1:3
1979	UEFA-Pokal	Bor. Mönchengladbach	Roter St. Belgrad	1:1, 1:0
1979	Pokalsieger	Fortuna Düsseldorf	FC Barcelona	3:4
1980	UEFA-Pokal	Bor. Mönchengladbach	Eintr. Frankfurt	3:2, 0:1
1980	Landesmeister	Hamburger SV	Nottingham Forest	0:1
1981	Pokalsieger	FC Carl Zeiss Jena	Dynamo Tiflis	1:2
1982	Landesmeister	Bayern München	Aston Villa	0:1
1982	UEFA-Pokal	Hamburger SV	IFK Göteborg	0:1, 0:3
1983	Landesmeister	Hamburger SV	Juventus Turin	1:0
1986	UEFA-Pokal	1. FC Köln	Real Madrid	1:5, 2:0
1987	Pokalsieger	Lokomotive Leipzig	Ajax Amsterdam	0:1
1987	Landesmeister	Bayern München	FC Porto	1:2
1988	UEFA-Pokal	Bayer Leverkusen	Esp. Barcelona	0:3, 6:2 n. E.
1989	UEFA-Pokal	VfB Stuttgart	SSC Neapel	1:2, 3:3
1992	Pokalsieger	Werder Bremen	AS Monaco	2:0
1993	UEFA-Pokal	Borussia Dortmund	Juventus Turin	1:3, 0:3
1996	UEFA-Pokal	Bayern München	Girond. Bordeaux	3:1, 2:0

Sport 1966   K 608

Fußball	
Weltmeisterschaft	England – Deutschland 4:2 n.V.
Deutsche Meisterschaft	TSV 1860 München
DFB-Pokal	Bayern München – MSV Duisburg 4:2
Englische Meisterschaft	FC Liverpool
Italienische Meisterschaft	Inter Mailand
Spanische Meisterschaft	Atletico Madrid
Europapokal (Landesmeister)	Real Madrid – Partisan Belgrad 2:1
Europapokal (Pokalsieger)	Borussia Dortmund – FC Liverpool 2:1 n.V.
Messepokal	FC Barcelona
Tennis	
Wimbledon (seit 1877; 80. Austragung)	Herren: Manuel Santana (ESP) Damen: Billie Jean King (USA)
US Open (seit 1881; 86. Austragung)	Herren: Fred Stolle (USA) Damen: Maria E. Bueno (BRA)
French Open (seit 1925; 36. Austragung)	Herren: Tony Roche (AUS) Damen: Ann Jones (GBR)
Australian Open (seit 1905; 54. Austragung)	Herren: Roy Emerson (AUS) Damen: Margaret Smith (AUS)
Davis-Cup (Melbourne, AUS)	Australien – Indien 4:1
Eishockey	
Weltmeisterschaft	Sowjetunion
Stanley-Cup	Montreal Canadiens
Deutsche Meisterschaft	EC Bad Tölz
Radsport	
Tour de France (4329 km)	Lucien Aimar (FRA)
Giro d'Italia (3976 km)	Gianni Motta (ITA)
Straßen-Weltmeisterschaft	Rudi Altig (FRG)
Automobilsport	
Formel-1-Weltmeisterschaft	Jack Brabham (AUS), Brabham-Repco
Boxen	
Schwergewichts-Weltmeisterschaft	Cassius Clay (USA) - K. o. über Cleveland Williams (USA), 14.11. - K. o. über Karl Mildenberger (FRG), 10.9. - K. o. über Brian London (GBR), 6.8. - K. o. über Henry Cooper (GBR), 21.5. - PS gegen George Chuvalo (USA), 29.3.

Herausragende Weltrekorde		
Disziplin	Athlet (Land)	Leistung
Leichtathletik, Männer		
200 m	Tommy Smith (USA)	20,0 sec
5000 m	Ron Clarke (AUS)	13:16,6 min
Stabhochsprung	John Pennel (USA)	5,35 m
Zehnkampf	Bill Toomey (USA)	8234 P.
Schwimmen, Männer		
1500 m Freistil	Mike Burton (USA)	16:41,6 min
200 m Lagen	Greg Buckingham (USA)	2:12,4 min
Schwimmen, Frauen		
200 m Brust	G. Prosumenschikowa (URS)	2:40,8 min

FC Liverpool den Europapokal der Pokalsieger. Der BVB ist die erste deutsche Mannschaft, die einen europäischen Fußballpokal errungt. Die Dortmunder, die auf dem Weg ins Endspiel La Valetta, ZSKA Sofia, Atletico Madrid und West Ham United geschlagen hatten, gingen durch einen Treffer von Siegfried „Siggi" Held in Führung. Nach dem Ausgleich durch Allen Hunt markierte Reinhard „Stan" Libuda in der Verlängerung den spielentscheidenden Treffer.   S 603/K 607

„Wembley-Tor" entscheidet WM
30.7. London. Im Wembley-Stadion unterliegt die deutsche Nationalelf im Finale der Fußball-Weltmeisterschaft Gastgeber England mit 2:4. In der 100. Minute in der Verlängerung, die der Kölner Wolfgang Weber durch den 2:2-Ausgleich kurz vor Ende der regulären Spielzeit erzwungen hatte, fällt der Anschlußtreffer der Engländer zum 3:2, der als „Wembley-Tor" in die Annalen des Fußballsports eingeht.
Nach einem Schuß des Engländers Geoffrey Hurst prallt der Ball von der Unterkante der Querlatte zurück auf den Boden. Der Schweizer Schiedsrichter Gottfried Dienst entscheidet nach Befragen des russischen Linienrichters auf Tor. Auch Fotos und Filme können keinen Aufschluß darüber geben, ob der Ball beim 3:2 über der Torlinie war.
Für die Engländer ist es der erste Titelgewinn. Das Mutterland des Fußballs hatte 1950 erstmals an einer Weltmeisterschaft teilgenommen und sich aus Anlaß des 100jährigen Bestehens des englischen Fußballverbands um die Ausrichtung der WM beworben.
Im Spiel um den dritten Platz schlägt Portugal, das mit Eusebio (neun Treffer), den Torschützen des Turniers stellt, die UdSSR 2:1.

Altig gewinnt Straßen-Rad-WM
28.8. Nürburgring. Der Kölner Rudi Altig wird Straßenweltmeister der Profis. Der 29jährige besiegt im Endspurt die Franzosen Jacques Anquetil und Raymond Poulidor. Altig ist der erste deutsche Radsportler nach dem 2. Weltkrieg, der zur internationalen Spitzenklasse gehört.
Altig wurde 1959/60 als Amateur sowie 1960 und 1961 als Profi Weltmeister im Verfolgungsfahren. Bei der Tour de France trug er wiederholt das grüne Trikot des spurtschnellsten Fahrers. 1964 siegte er bei der Flandernrundfahrt. Nach Beendigung seiner aktiven Laufbahn ist Altig als Bundestrainer tätig (1971–75).

1967

Politik

Kommunalreform in der BRD
BRD. Um die kommunale Verwaltung effektiver zu gestalten, wird ab 1967 eine Gemeindereform durchgeführt.
Die territoriale Gliederung der Bundesrepublik, die auf das frühe 19. Jh. zurückgeht, weist erhebliche Größenunterschiede auf und gilt – angesichts der gewachsenen Aufgaben der Verwaltung – als nicht mehr zeitgemäß.
Von ursprünglich 24 357 Gemeinden bleiben nur 8500 bestehen. Am stärksten sind Nordrhein-Westfalen (von 2277 auf 393) und das Saarland (von 347 auf 50) von der Neugliederung betroffen. Da gewachsene örtliche Strukturen in künstliche Großgemeinden umgewandelt werden, fühlen sich viele Bürger auf kommunaler Ebene nicht mehr vertreten.

Friedliche Nutzung des Weltraums
27.1. Washington, London, Moskau. 63 Staaten unterzeichnen den „Vertrag über die Grundsätze zur Regelung der Tätigkeiten von Staaten bei der Erforschung und Nutzung des Weltraums einschließlich des Mondes und anderer Himmelskörper".
Vorausgegangen waren langjährige Bemühungen um Regelungen zur friedlichen Nutzung des Weltraums. Die Unterzeichnerstaaten erkennen an, daß der Weltraum und die Himmelskörper nicht Gegenstand nationaler Inbesitznahme sind und daß ihre Nutzung und Erforschung für alle Staaten frei sein sollen. Ein wichtiger Punkt ist die Verpflichtung, keine Kernwaffen und Träger solcher Waffen im All zu stationieren.
Der Weltraumvertrag ist angesichts des Rüstungswettlaufs zwischen den USA und der UdSSR, in den zunehmend die Raumfahrttechnologie einbezogen wird, und vor dem Hintergrund der Vorbereitungen für die erste bemannte Mondlandung (↑S.635/20.6.1969) ein Erfolg der Abrüstungsdiplomatie.

Lateinamerika atomwaffenfrei
14.2. Mexiko-Stadt. 14 lateinamerikanische Staaten beschließen die Schaffung einer atomwaffenfreien Zone für den südlich des 35. Breitengrads gelegene Hemisphäre mit Ausnahme des zu den USA gehörenden Territoriums.
Da hierzu auch der unter US-Kontrolle stehende Stützpunkt Guantanamo auf Kuba und die Panamakanalzone gehören, bleibt Kuba den Verhandlungen von Anfang an fern. Auch andere wichtige Staaten der Region wie Brasilien und Argentinien treten dem Vertrag nicht bei. Die fünf Atomwaffenmächte melden Bedenken gegen die Unterzeichnung des Vertrags an.

DDR-Staatsbürgerschaft eingeführt
20.2. Ostberlin. Die Volkskammer der DDR beschließt das „Gesetz über die Staatsangehörigkeit der Deutschen Demokratischen Republik". Damit antwortet die SED-Führung auf den von Bundeskanzler Kiesinger in seiner Regierungserklärung vom 13.12.1966 bekräftigten Alleinvertretungsanspruch der Bundesrepublik Deutschland, wonach die Bundesregierung „die einzige deutsche Regierung (ist), die frei, rechtmäßig und demokratisch gewählt und daher berechtigt ist, für das ganze deutsche Volk zu sprechen". Mit der Proklamierung einer eigenen DDR-Staatsnation treibt die SED-Führung die Abgrenzung gegenüber der Bundesrepublik weiter voran. Sie fügt sich damit in die sowjetische Politik ein, die auf eine vertragliche Anerkennung der Nachkriegsgrenzen auf dem europäischen Kontinent, einschließlich der innerdeutschen, sowie des Sonderstatus'

Wichtige Regierungswechsel 1967 K 609

Land	Amtsinhaber	Bedeutung
Griechenland	Konstantin II. (König seit 1964) Georgios Zoitakis (Vizekönig bis 1972)	Konstantin II. flieht (14.12.) nach gescheitertem Putschversuch, mit dem er die Demokratie wiederherstellen wollte
	Panajotis Kanellopulos (M seit 3.4.) Konstantin Kollias (M 21.4.–13.12.) Georgios Papadopulos (M bis 1971)	Militärputsch (21.4.) beendet innenpolitische Krise mit zahlreichen Regierungswechseln; Verhaftung führender Politiker und Gewerkschafter; Ende der Demokratie (S.606)
Indonesien	Achmed Sukarno (P seit 1945/49) Kemusu Suharto (P bis ...)	Sukarno, erster Präsident Indonesiens, tritt Präsidialvollmachten an General Suharto ab, der seit 1966 „starker Mann" ist (S.600)
Rumänien	Chivu Stoica (P seit 1965) Nicolae Ceaușescu (P bis 1989)	Ceaușescu, der als „ehrlicher Makler" zwischen den Blöcken gilt, betreibt stalinistische Innenpolitik (S.591) und Personenkult

M = Ministerpräsident bzw. Premierminister; P = Präsident

Berlins durch die Bundesregierung drängt (↑S.644/7.12.1970). S 836/K 805
📖 H. Weber: DDR-Handbuch. Grundriß der Geschichte, NA 1990.

Parlamentarische Staatssekretäre
12.4. Bonn. Bundespräsident Heinrich Lübke ernennt erstmals sieben Parlamentarische Staatssekretäre. Nach dem am 6.4. beschlossenen Gesetz müssen sie Mitglieder des Deutschen Bundestags sein und sollen „Mitgliedern der Bundesregierung zu ihrer Unterstützung" beigegeben werden. Mit Einführung dieser Posten wird die Position des Kabinetts gestärkt, da die neuen Staatssekretäre nicht nur die Minister bei Aufgaben im Ministerium entlasten, sondern sie auch bei parlamentarischen Anfragen vertreten können.
Parlamentarische Staatssekretäre gehören zu den sog. „politischen Beamten", d. h., sie müssen im Fall eines Ministerwechsels ebenfalls ihr Amt zur Verfügung stellen. Ihre Zahl erhöht sich im Laufe der Jahre von sieben (1967) auf 33 (1991).

Militärputsch in Griechenland
21.4. Athen. Rechtsgerichtete Militärs unter Georgios Papadopulos übernehmen in Griechenland die Macht, bevor die für den 28.5. ausgeschriebenen Parlamentswahlen stattfinden können, bei denen die besten Aussichten dem Ex-Premier Georgios Papandreou zugeschrieben werden.
Das bis 1974 amtierende Obristen-Regime beendet die konstitutionelle Monarchie im Nachkriegs-Griechenland und die instabile Lage des Landes. Zur Instabilität trug vor allem das sprunghafte Verhalten von König Konstantin II. bei, der das Land nach dem Rücktritt von Ministerpräsident Georgios Papandreou am 15.7.1965 durch die Ernennung geschäftsführender Regierungen in die politische Desorientierung geführt hatte. Der König legalisiert das Kabinett der Putschisten unter Ministerpräsident Konstantin Kollias zunächst, geht später aber ins Exil nach Italien und Großbritannien.
Am 23.7.1974 (↑S.686) löst eine zivile Regierung unter Konstantin Karamanlis die Militärdiktatur ab, die Monarchie wird durch Volksabstimmung abgeschafft. S 606/K 610
📖 P. Tzermias: Neugriechische Geschichte. Einführung, 1986.

Neues NATO-Verteidigungskonzept
9.5. Paris. Die Verteidigungsminister der 14 NATO-Mitgliedstaaten legen neue Leitlinien für das strategische Gesamtkonzept des Bündnisses bis 1972 fest. Die einschneidendste Änderung im militärischen Bereich besteht in der Aufgabe der bisher geltenden Politik der „massiven (atomaren) Vergeltung" zugunsten der sog. „flexiblen Verteidigung" (engl.: flexible response).
Das seit der NATO-Gründung 1949 gültige Konzept der „massiven Vergeltung" basierte auf Abschreckung eines Angriffs auf ein oder mehrere NATO-Mitglieder durch Androhung eines massiven nuklearen Gegenschlags durch die USA. Diese Drohung hatte jedoch infolge der sowjetischen Atomrüstung an

Wichtige Militärputsche seit 1950				K 610
Jahr	Land	Bisheriger Staatschef	Neuer Staatschef	Rückkehr zur Demokratie
1952	Ägypten	König Faruk	Ali M. Nagib	1976 (S.484)
1954	Paraguay	Federico Chaves	Alfredo Stroessner	1993 (S.490)
1955	Argentinien	Juan D. Perón	Eduardo Lonardi	1962 (S.499)
1958	Irak	König Faisal II.	M. Nadschib	– (S.523)
1961	Südkorea	Chang Myon	Park Chung Hee	1987 (S.557)
1962	Argentinien	Arturo Frondizi	Arturo U. Illia	1973
1964	Brasilien	João Goulart	H. Castelo Branco	1982 (S.577)
	Bolivien	V. Paz Estenssoro	René Barrientos	1982
1965	Kongo (Zaïre)	Joseph Kasawubu	Sésé S. Mobutu	– (S.590)
1966	Ghana	Kwame Nkrumah	Joseph A. Ankrah	1969 (S.599)
1967	Griechenland	G. Papandreou	G. Papadopulos	1974 (S.606)
1969	Libyen	König Idris I.	M. al Gaddafi	– (S.631)
1970	Kambodscha	Norodom Sihanuk	Lon Nol	1994
	Syrien	Nur ad Din al Atasi	Hafis Assad	– (S.644)
1971	Uganda	Milton Obote	Idi Amin	1979 (S.731)
1972	Ecuador	J. M. Velasco I.	G. Rodríguez Lara	1988
	Ghana	Kofi Busia	I. Acheampong	1979
	Kongo	Marien Ngouabi	J. Yhombi-Opango	1992
1973	Chile	Salvador Allende	Augusto Pinochet	1990 (S.675)
1974	Äthiopien	Haile Selassie I.	Aman Andom	1991 (S.686)
	Portugal	Marcelo Caetano	A. de Spínola	1975 (S.683)
1976	Argentinien	Isabel Perón	Jorge Videla	1983 (S.705)
1977	Pakistan	Zulfikar Bhutto	M. Zia ul-Haq	1988 (S.714)
1980	Liberia	William Tolbert	Samuel K. Doe	– (S.738)
	Türkei	S. Demirel	Kenan Evren	1983 (S.742)
1981	Zentralafr. Rep.	David Dacko	André Kolingba	1992/93
1982	Bangladesch	Abdus Sattar	Hussain M. Ershad	1990
1983	Nigeria	A. S. Shagari	M. Buhari	–
1984	Guinea	Sekou Touré	Lansana Conté	1995
1987	Burkina Faso	Thomas Sankara	Blaise Compaoré	1991/92
1988	Birma	Sein Lwin	Saw Maung	–
1989	Sudan	Ahmed al Mighani	O. H. A. al Baschir	–
1991	Haiti	Jean B. Aristide	Raoul Cédras	1994 (S.787)
1992	Algerien	Bendjedid Chadli	M. Boudiaf	–

Glaubwürdigkeit verloren, da sie die atomare Verwüstung des zu verteidigenden Territoriums mit einschloß. Davon wäre vor allem Deutschland im Zentrum einer bewaffneten Auseinandersetzung zwischen Warschauer Pakt und NATO betroffen gewesen.

Die neue Verteidigungsdoktrin läßt offen, ab welcher Eskalationsstufe eines Konfliktes Atomwaffen eingesetzt werden. Zu diesen gehören jetzt auch taktische Atomwaffen (Kurzstreckenwaffen) in Europa. Ihr Einsatz wird für den potentiellen Gegner unkalkulierbarer, die NATO-Abschreckungsdoktrin damit glaubwürdiger.

D. P. Calleo: Die Zukunft der westlichen Allianz. Die NATO nach dem Zeitalter der amerikanischen Hegemonie, 1989.

Benno Ohnesorg erschossen

2.6. Westberlin. Der 26 Jahre alte Student Benno Ohnesorg wird bei der Verfolgung von Anti-Schah-Demonstranten durch die Polizei von einer Kugel aus der Dienstpistole des Polizisten Karl Heinz Kurras tödlich getroffen. Der Schah von Persien, Resa Pahlawi, und seine Frau halten sich seit dem 27.5. unter aufwendigen Sicherheitsvorkehrungen zu einem Staatsbesuch in der Bundesrepublik Deutschland auf. Bei ihrem Besuch in Westberlin am 2.6. werden sie von Demonstranten erwartet; sie prangern die Menschenrechtsverletzungen des Teheraner Regimes an.

Während die Staatsgäste den Abend in der Deutschen Oper verbringen, geht die Polizei auf Befehl von Polizeipräsident Duensing mit einem brutalen Einsatz gegen die etwa 800 sich zerstreuenden Demonstranten vor, in dessen Verlauf Benno Ohnesorg ums Leben kommt.

Sein Tod ist Auslöser für eine Radikalisierung und Solidarisierung großer Teile der bundesdeutschen Studentenschaft, die sich jetzt in entschiedenem Gegensatz zum Nachkriegs-Establishment sehen, zumal von offizieller Seite weder Kritik am Vorgehen der Polizei noch Bedauern über den Tod des Studenten zu hören ist. Ein Teil des aus der Protestbewegung hervorgegangenen Links-Terrorismus beruft sich als „Bewegung 2. Juni" auf den Tod Benno Ohnesorgs. S 620/K 622

G. Bauß: Die Studentenbewegung der 60er Jahre in der Bundesrepublik und Westberlin, 1977.

Sechs-Tage-Krieg in Nahost KAR

5.6. Jerusalem. In den frühen Morgenstunden beginnt Israel mit permanenten Bombardements ägyptischer Luftwaffenstützpunkte einen Präventivkrieg gegen seine arabischen Nachbarstaaten. Unter Ausnutzung des Überraschungsmoments sind am Abend desselben Tages alle gegnerischen Luftwaffen, auch die Jordaniens und Syriens, ausgeschaltet.

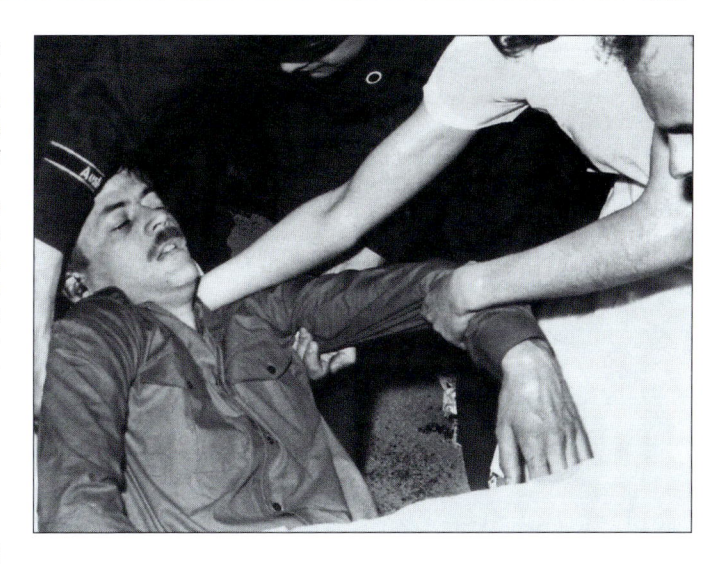

Benno Ohnesorg erschossen: Der 26jährige Student stirbt noch auf der Straße. Er wird zur Identifikationsfigur und zu einem Märtyrer der Studentenbewegung.

1967

Straße von Tiran und die Absicht, Israel zu zerstören.
Am Ende des Sechs-Tage-Kriegs verfügt Israel nach Worten von Verteidigungsminister Moshe Dayan erstmals über „optimale strategische Grenzen", kann die besiegten Länder jedoch nicht zu einem Friedensabkommen bewegen. S 441/K 442 S 608/K 611

Beginn des Bürgerkriegs in Biafra KAR
6.7. Lagos. Die nigerianische Zentralregierung unter Oberst Yakubo Gowon geht militärisch gegen die abtrünnige (erdölreiche) Ostregion vor, die sich unter dem Namen „Republik von Biafra" für unabhängig erklärt hat.
Hintergrund des einsetzenden blutigen Bürgerkriegs sind die rivalisierenden Machtansprüche der kulturell unterschiedlich geprägten Volksstämme und Regionen des westafrikanischen Vielvölkerstaats, so zwischen den muslimischen Haussa und Fulani im Norden und den christlich geprägten Stämmen des Südens.
Anfang 1966 hatte General Johnson Ironsi die Macht ergriffen und versucht, den seit 1960 unabhängigen Bundesstaat Nigeria in einen Einheitsstaat umzuwandeln. Dies führte zu Meutereien der mehrheitlich aus dem Norden stammenden Soldaten gegen General Ironsi und seine Offiziere, die dem Stamm der Ibo angehören.
Sein Sturz durch Oberst Gowon verstärkte die schon vorher einsetzende Verfolgung der

Sechs-Tage-Krieg: Israelische Soldaten erobern die Altstadt von Jerusalem (zuvor zu Jordanien gehörend). Der Felsendom aus dem 7. Jahrhundert steht auf dem Tempelberg, dem Brennpunkt jüdischer, christlicher und islamischer Religion und Geschichte.

Bis zum 7.6. werden Westjordanien und Ost-Jerusalem besetzt, bis zum 8.6. der Gazastreifen und die Sinai-Halbinsel. Am 9.6. nehmen israelische Truppen die syrischen Golan-Höhen in einer Tiefe von 20 km ein. Am 10.6. herrscht an allen Fronten Waffenruhe.
Auslösender Faktor für den Präventivschlag Israels war das Verhalten Ägyptens, das am 14.5. seine Streitkräfte in Alarmbereitschaft versetzt hatte und in die unter UNO-Aufsicht stehende Sinai-Halbinsel einmarschiert war. Am 22.5. verkündete Ägyptens Staatspräsident Gamal Abd el Nasser die Blockade der

Nahost-Kriege seit 1945

K 611

Zeitraum	Krieg	Kriegsparteien	Anlaß	Folgen
1948/49	1. Israelisch-Arabischer Krieg	Israel, Ägypten, Libanon, Syrien, Jordanien, Irak	Proklamation des Staates Israel	Waffenstillstandslinien werden zu provisorischen Grenzen (S.441)
1956	2. Israelisch-Arabischer Krieg	Israel, Ägypten	Konflikt um Sueskanal und Meerenge von Tiran	USA und UdSSR erzwingen Waffenstillstand; Israel nutzt Golf v. Akaba (S.508)
1958	Libanesischer Bürgerkrieg	Libanon, USA	Konflikt zwischen christl. Regierung und Moslems	US-Truppen verhindern ägypt.-syrische Invasion; Mitspracherecht für Moslems
1967	3. Israelisch-Arabischer Krieg	Israel, Ägypten, Syrien, Jordanien	Israel. Präventivkrieg nach arab. Truppenaufmarsch	Israel erobert Gaza-Streifen, Golan, Sinai-Halbinsel, Westjordanien (S.608)
1973	4. Israelisch-Arabischer Krieg	Israel, Ägypten, Syrien	Israel soll aus besetzten Gebieten verdrängt werden	1979: Friedensvertrag; Israel räumt Sinai-Halbinsel (S.676/723)
1975–91	Libanesischer Bürgerkrieg	Libanon, Syrien, Israel	Kampf um politische und wirtschaftliche Macht	Trotz Befriedung (1991) weitere Kämpfe im Süden mit israel. Truppen (S.844)
1977	Libysch-Ägyptischer Krieg	Libyen, Ägypten	Grenzstreitigkeiten	Waffenstillstand nach Vermittlung des algerischen Präsidenten
1979	Jemenitischer Krieg	Arabische Rep. Jemen, Dem. Volksrep. Jemen	Ideologische Gegensätze	1979: Friedensvertrag; 1990: Vereinigung zur Republik Jemen
1980–88	Golfkrieg	Iran, Irak	Kampf um die Vorherrschaft am Persischen Golf	1988: Waffenstillstand nach UN-Vermittlung; Krieg bleibt ohne Sieger (S.805)
1991	Golfkrieg	Irak, multinationale Streitmacht (31 Länder)[1]	Irakische Besetzung Kuwaits; Streit um Ölfelder	Waffenstillstand: Reparationsforderungen an Irak; ökologische Schäden (S.843)

1) Unter Führung der USA

Biafra

Ibos (ca. 100 000 Tote), die daraufhin aus anderen Landesteilen, wo sie als Beamte, Techniker und Händler leben, in ihre östliche Heimatregion fliehen. Ihr Unabhängigkeitskampf unter Oberst Odumegwu Ojukwu endet am 12.1.1970 (↑S.640) mit der bedingungslosen Kapitulation. Von den 14 Mio Einwohnern der Biafra-Region sterben etwa 2 Mio, davon 1,5 Mio durch Hunger. Die Kampfhandlungen erschwerten die internationale Versorgung der Menschen.

„Che" Guevara getötet

9.10. Bolivien. Bei einem Gefecht zwischen bolivianischen Regierungstruppen und Rebellen wird der kubanische Guerillakämpfer Ernesto „Che" Guevara de la Serna erschossen. Die genauen Umstände seines Todes bleiben ungeklärt.

Der in Argentinien geborene Guevara hatte sich 1956 in Mexiko den Exilanten Fidel und Raúl Castro angeschlossen und war mit ihnen und wenigen Gefährten in Kuba gelandet, um eine revolutionäre Armee zum Sturz des Batista-Regimes aufzubauen. Nach Castros Einmarsch in Havanna am 2.1.1959 (↑S.529) nahm Guevara die kubanische Staatsbürgerschaft an und wurde Präsident der Nationalbank und Industrieminister. Er betätigte sich als unversöhnlicher Agitator gegen „Neo-Kolonialismus" und forderte die „Einheit der Völker gegen den großen Feind des Menschengeschlechts: die Vereinigten Staaten von Nordamerika".

Im April 1965 zog sich Guevara aus der Öffentlichkeit zurück und verließ Kuba mit unbekanntem Ziel. Sein Tod macht ihn für die studentische Protestbewegung in den USA und Europa zum Märtyrer im gemeinsamen „antiimperialistischen" Kampf. S 570/K 576

F. Hetmann: Ich habe sieben Leben. Die Geschichte des Ernesto Guevara genannt Che, 6. Aufl. 1980. M. Löwy: Che Guevara, dt. 1987.

Wirtschaft

Schillers „Konzertierte Aktion"

14.2. Bonn. Auf Initiative von Wirtschaftsminister Karl F. Schiller (SPD) kommen Vertreter von Arbeitnehmer- und Unternehmerverbänden sowie des volkswirtschaftlichen Sachverständigenrats und der Regierung zu informellen Gesprächen über eine „Konzertierte Aktion" zusammen, mit der die Rezession bekämpft werden soll.

Grundlage der Gespräche sind gesamtwirtschaftliche Eckdaten für 1967, die von Regierungsseite erstellt wurden. Am 3.3. erklären die Beteiligten, die Orientierungsdaten der Regierung bei ihren preis- und lohnpolitischen Entscheidungen berücksichtigen zu wollen.

Am 10.5. beschließt der Bundestag das Gesetz zur Förderung der Stabilität und des Wachstums der Wirtschaft. Es verpflichtet die Wirtschaftspolitik zur Verwirklichung des „magischen Vierecks" Wachstum, Preisstabilität, Vollbeschäftigung und außenwirtschaftliches Gleichgewicht; sie darf nicht einseitig nur ein Teilziel verfolgen.

W. Abelshausen: Wirtschaftsgeschichte der BRD 1945–1980, 1983.

Banken bestimmen Sparzinsen

1.4. Frankfurt/Main. Die seit 1936 geltende Zinsverordnung wird von der Deutschen Bundesbank aufgehoben.

Damit können Banken und Sparkassen erstmals selbst entscheiden, welche Habenzinsen sie ihren Kunden gewähren. Diese Zinsen

Karl F. Schiller

Ernesto „Che" Guevara: Der Leichnam des Guerillakämpfers wird in dem kleinen bolivianischen Ort Vallegrande Journalisten zur Identifikation vorgeführt.

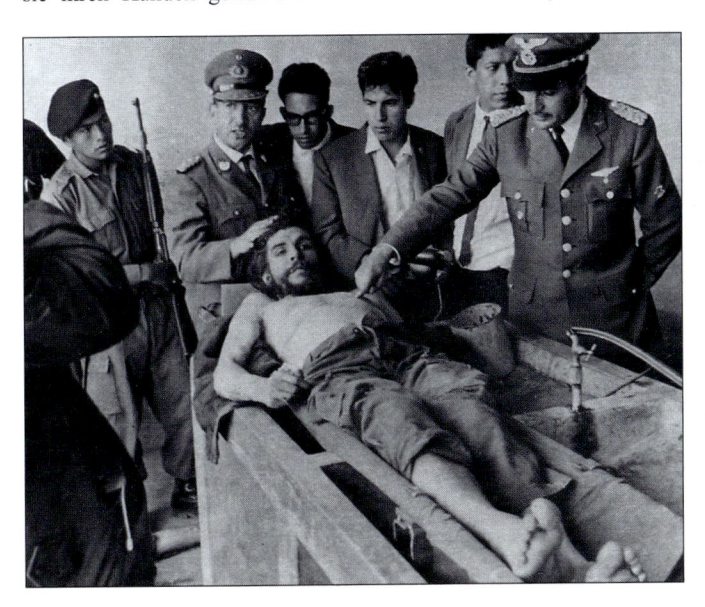

1967

wurden bisher, unter Koppelung an den Diskontsatz, von der Bundesbank einheitlich festgelegt.
Trotz dieser Liberalisierung im Sinne einer stärkeren Konkurrenz zwischen den Kreditinstituten halten sich die Banken an die Empfehlung ihres Zentralverbandes, der einen Zinssatz von 4% für marktgerecht hält.

Geburtsstunde der EG
1.7. Rom. Der Vertrag über die Fusion der drei europäischen Gemeinschaften – Europäische Wirtschaftsgemeinschaft (EWG), Europäische Atomgemeinschaft (EAG, Euratom) und Europäische Gemeinschaft für Kohle und Stahl (EGKS, Montanunion) – wird in Rom von dem italienischen Außenminister Amintore Fanfani und den Botschaftern der Bundesrepublik Deutschland, Frankreichs und der Beneluxstaaten unterzeichnet. Damit werden Montanunion (↑S.468/18.4. 1951), die am 25.3.1957 (↑S.515) durch die Römischen Verträge gegründeten EWG und die EAG einer einzigen Exekutive, der Europäischen (EG-)Kommission in Brüssel, unterstellt. Präsident der neuen Kommission wird der Belgier Jean Rey, der den bisherigen EWG-Kommissionspräsidenten Walter Hallstein ablöst. Zu den ersten Aufgaben der neuen Kommission gehört die Bearbeitung der Aufnahmeanträge Großbritanniens, Irlands und Dänemarks, die 1973 der Europäischen Gemeinschaft beitreten. S 516/K 521 S 610/K 612
W. Harbrecht: Die Europäische Gemeinschaft, NA 1984.

Gründung des ASEAN-Pakts KAR
8.8. Bangkok. Die Außenminister Indonesiens, Malaysias, Singapurs, Thailands und der Philippinen gründen mit Unterzeichnung einer „Sieben-Punkte-Erklärung" den Verband Südostasiatischer Nationen (ASEAN). Seine wichtigsten Ziele sind wirtschaftliches Wachstum, sozialer Fortschritt und die kulturelle Entwicklung der Region. 1976 wird eine „Erklärung der Eintracht" verabschiedet und ein „Vertrag über Freundschaft und Zusammenarbeit in Südostasien" unterzeichnet. Zu einer kollektiven sicherheitspolitischen Zusammenarbeit kommt es, trotz der Bedrohung der regionalen Stabilität durch den Einmarsch vietnamesischer Truppen 1979 in Kambodscha, nicht.
1984 wird Brunei Mitglied, Vietnam folgt 1995. Der ständige ASEAN-Ausschuß tagt mehrmals jährlich in Jakarta (Indonesien). Ende 1994 vereinbaren die ASEAN-Wirtschaftsminister die Schaffung einer Freihandelszone AFTA (ASEAN Free Trade Area). Im Dezember 1995 erklären die Regierungschefs der Mitgliedstaaten ihre Region zur atomwaffenfreien Zone. S 610/K 613

Die EG-Mitgliedstaaten[1] K 612

Land	Beitritt	Fläche (1000 km²)	Einwohner (Mio)	BSP/Einw.[2] ($)
Belgien	1957	31	10,1	22 870
Dänemark	1973	43	5,3	27 970
Deutschland	1957	357	81,5	25 580
Finnland[3]	1995	338	5,1	18 850
Frankreich	1957	544	58,0	23 420
Griechenland	1981	132	10,4	7 700
Großbritannien	1973	244	58,3	18 340
Irland	1973	70	3,6	13 530
Italien	1957	301	57,2	19 300
Luxemburg	1957	3	0,4	39 600
Niederlande	1957	41	15,4	22 010
Österreich[3]	1995	84	8,0	24 630
Portugal	1986	92	9,9	9 320
Schweden[3]	1995	450	8,8	23 530
Spanien	1986	506	39,2	13 440

Stand: 1995; 1) Ab 1993 Europäische Union (EU); 2) 1994; 3) Seit 1995

Die ASEAN-Staaten K 613

Land	Hauptstadt	Einwohner	Fläche	BSP/Kopf[1]
Brunei	Bandar Seri Begawan	0,3 Mio	5 765 km²	14 240 $
Indonesien	Jakarta	197,6 Mio	1 904 569 km²	880 $
Malaysia	Kuala Lumpur	20,1 Mio	329 758 km²	3 480 $
Philippinen	Manila	67,6 Mio	300 000 km²	950 $
Singapur	Singapur	2,8 Mio	618 km²	22 500 $
Thailand	Bangkok	58,8 Mio	513 115 km²	2 410 $
Vietnam	Hanoi	74,5 Mio	331 689 km²	200 $

Stand: 1995; 1) 1994

Entwicklungsländer formieren sich

10.–25.10. Algier. 77 Entwicklungsländer aus Asien, Afrika und Lateinamerika schließen sich zu einer Gruppe zusammen, um ihre Politik gegenüber den Industrieländern besser koordinieren zu können.

Die Idee des Zusammenschlusses geht auf das Jahr 1964 zurück, als in Genf erstmals eine UNO-Konferenz für Welthandel und Entwicklung (UNCTAD) einberufen wurde. Besonders vor den alle vier Jahre stattfindenden UNCTAD-Konferenzen erarbeiten die Länder der Gruppe 77 gemeinsame Grundpositionen für die Verhandlungen. 1993 hat die Gruppe 130 Mitglieder.

Innerhalb der UNO erhält die Gruppe der 77 Unterstützung von den „Blockfreien Staaten", die sich im Februar 1992 für eine Kooperation aussprechen und eine Demokratisierung der UNO sowie die stärkere Vertretung der Entwicklungsländer im UNO-Sicherheitsrat fordern.

HDW größte deutsche Werft

9.11. Hamburg. Die Kieler Howaldtswerke AG, die Howaldtswerke Hamburg und die Deutsche Werft AG, Hamburg, schließen sich zu einer Betriebsgesellschaft zusammen.

Die Howaldtswerke Deutsche Werft AG (HDW) hat ihren Sitz in Hamburg und Kiel. Der Aktienanteil wird zum großen Teil vom bundeseigenen Salzgitter-Konzern und dem Bundesland Schleswig-Holstein gehalten. Der Salzgitterkonzern erhält als Gegenleistung für seine Beteiligung Aufträge für Stahllieferungen.

Im Zuge der Werftenkrise, die in den 70er Jahren einsetzt, muß die HDW den modernen Schiffbaubetrieb in Finkenwerder (1972) und das Werk Reiherstieg (1979) schließen.

Natur /Umwelt

Ölpest vor Südwestengland

26.3. In der Nähe von Cornwall läuft der Supertanker „Torrey Canyon" auf ein Riff und verursacht die erste große Ölkatastrophe vor einer europäischen Küste. Der unter liberianischer Flagge fahrende Tanker hatte 118 000 t Rohöl an Bord, von denen sich zwei Drittel in den Ozean ergießen. Die Küste Großbritanniens wird auf einer Strecke von 100 km verschmutzt, die Folgen für Fauna und Flora sind verheerend. Da sich das Unglück zur Brutzeit vieler Vögel ereignet, sind manche Arten in ihrem Bestand bedroht. Um ein weiteres Auslaufen des verbleibenden Öls zu verhindern, wird die „Torrey Canyon" von der britischen Luftwaffe bombardiert und dadurch in Brand gesetzt. Nach dem Unglück werden Forderungen laut, Öltanker nur noch auf „sicheren" Routen fahren zu lassen. S 611/K 614

Katastrophen mit Großtankern K 614

Jahr	Name (Land)	Betroffene Küste/Region	Ausgeflossene Ölmenge (t)
1967	Torrey Canyon	England	80 000
1975	Jakob Maersk	Portugal	84 000
1976	Urquiola	Spanien	101 000
1977	Hawaiian Patriot	Honolulu	99 000
1978	Amoco Cadiz	Frankreich	228 000
1978	Andros Patria	Spanien	50 000
1979	Atlantic Empress	Tobago	276 000
1979	Independenta	Türkei	94 600
1980	Irene's Serenade	Griechenland	102 000
1983	Assimi	Golf von Oman	51 000
1983	Castello de Belver	Südafrika	255 500
1983	Pericles	Persischer Golf	47 000
1985	Nova	Iran	70 000
1989	Exxon Valdez	Alaska	40 000
1989	Kharq 5	Atlantik	70 000
1991	Haven	Italien	50 000
1992	Aegean Sea	Spanien	70 000
1993	Braer	Shetland-Inseln	85 000
1996	Sea Empress	Wales	75 000

Radioaktiver Müll eingelagert GRA

4.4. Im früheren Salzbergwerk Asse im Landkreis Wolfenbüttel werden unter erheblichen Sicherheitsmaßnahmen zum ersten Mal in der Bundesrepublik Deutschland radioaktive Abfälle entsorgt. Der Atommüll, der in 80 Spezialfässern von 100 l bis 200 l Inhalt gesammelt wurde, stammt aus dem Kernforschungszentrum Karlsruhe.

1942 wurde in den Vereinigten Staaten der erste Kernreaktor und am 17.6.1961 (↑S.552) das erste deutsche Atomkraftwerk in Betrieb genommen.

In den Salzstöcken des Bergwerks Asse werden schwach- bis mittelradioaktive Abfallstoffe aufbewahrt. Das Problem der Endlagerung von hochradioaktiven Abfällen als Entsorgungsalternative zur Wiederaufarbeitung – in der Bundesrepublik Deutschland ist ein Endlager bei Gorleben/Niedersachsen geplant – bleibt bis Mitte der 90er Jahre weltweit ungelöst (↑S.817/12.4.1989). Die Wiederaufarbeitung wird 1995 zugunsten einer direkten Endlagerung aufgegeben. S 791/K 770

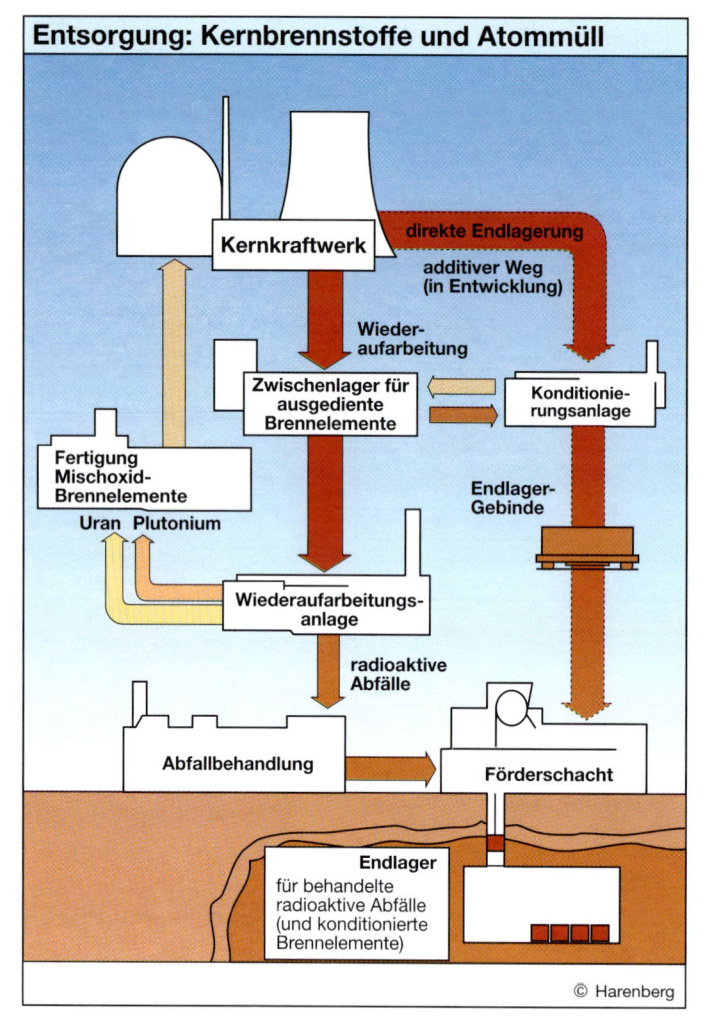

1967

Entsorgung: Kernbrennstoffe und Atommüll

Wissenschaft

Pulsare im All entdeckt

Juli. Cambridge. Am Mullard Radio Astronomy Observatory entdecken der britische Astrophysiker Antony Hewish und seine Assistentin Jocelyn Bell den ersten „Pulsar", einen kleinen und schnell rotierenden Neutronenstern von unvorstellbarer Massendichte, der in periodischen Zeitintervallen von Bruchteilen einer Sekunde Radiopulse ausstrahlt. Die Existenz von Neutronensternen hatte bereits 1934 der Schweizer Astronom Fritz Zwicky vorhergesagt, die Qualität der Radioteleskope (↑S.335/1937) erlaubte bislang aber nicht ihren Nachweis.

1969 gelingt die Identifizierung eines Pulsars mit einem optischen Objekt als Zentralstern des sog. Crabnebels. Dieser Pulsar sendet neben Radiofrequenzpulsen auch Licht-, Röntgenstrahl- und Gammastrahlpulse aus. Zu Beginn der 90er Jahre kennt man weit über 300 Pulsare. Man deutet sie als Überreste von Sternen, die einen Supernovaausbruch erlitten haben.

Barnard gelingt Herztransplantation

3.12. Kapstadt. Dem schwer herzkranken 55 Jahre alten Südafrikaner Louis Washkansky wird als erstem Menschen ein fremdes menschliches Herz eingepflanzt. Er erhält das Herz eines 25jährigen weiblichen Unfallopfers.

An der Operation im Groote-Schuur-Krankenhaus unter Leitung von Christiaan N. Barnard sind 20 Ärzte beteiligt. Obwohl der Eingriff gelingt, stirbt Washkansky 18 Tage später an einer Lungenentzündung. Die Medikamente, mit denen die Abwehrreaktion seines Körpers gegen das fremde Organ unterdrückt wurde, hatten das Immunsystem zu sehr geschwächt.

Wichtige Stationen auf dem Weg zur Herztransplantation waren u. a. die 1905 perfektionierte Technik des Nähens von Blutgefäßen, die Erfindung der Herz-Lungen-Maschine (↑S.469/5.4.1951) und die Verpflanzung eines Schimpansen-Herzens in einen menschlichen Körper (1964).

Barnards Leistung entfacht die Diskussion über den Sinn lebenserhaltender Maßnahmen. Kritiker werfen der Medizin vor, sich auf Kosten der Menschenwürde zu verselbständigen. Bis 1985 werden etwa 2500 Herzen verpflanzt. 80–85% der Patienten überleben ein Jahr, 50–70% fünf Jahre.

S 612/K 615

📖 H. T. Rowe: Der Herzchirurg von Kapstadt. Biographie, 1969.

Schritte zur Herztransplantation K 615

Jahr	Wissenschaftler	Ereignis
1913	Erich Lexer (Deutschland)	Vermutung: Abstoßung fremder Organe liegt an „Ungleichheit des Zelleiweißes und des Serums"
1940	P. B. Medawar (Großbritannien)	Immunologischer Grund für Organabstoßung ist Bildung von Antikörpern gegen neues Organ
1951	C. Dennis (USA)	Erfindung der Herz-Lungen-Maschine ermöglicht Operation am stillgelegten Herzen
1967	Christiaan Barnard (Südafrika)	Dem südafrikanischen Mediziner gelingt die erste Herztransplantation beim Menschen
1969	Denton Cooley (USA)	Erste Kunstherz-Versuche am Menschen: Patienten leben für einige Tage mit einem Kunstherz
1982	Denton Cooley (USA)	Patient lebt vier Monate lang mit einem Kunstherz; längste Lebensdauer
		Einführung des Medikaments Ciclosporin gegen Transplantatabstoßung; geringe Nebenwirkungen
1986	Emil Bücherl (BRD)	Pumpsysteme eines Kunstherzens implantiert; Patient stirbt nach sechs Tagen

1967

Gesellschaft

„Pillenknick" nach Baby-Boom
BRD. Nach dem Baby-Boom Anfang der 60er Jahre ist die Geburtenziffer ab 1965 wieder rückläufig und erreicht in den Folgejahren Tiefstwerte.
Der starke Geburtenrückgang ist für zahlreiche Medien Anlaß, die „sittenlose Zeit" anzuprangern, in der Frauen ihrer natürlichen Verpflichtung zum Kinderkriegen nicht mehr nachkämen (↑S.613/1.1.). Nicht haltbar ist die gängige Erklärung, die Einführung der Anti-Baby-Pille sei für die abnehmende Geburtenzahl alleinverantwortlich: Ende der 60er Jahre benutzen erst 20% der Frauen ein hormonales Verhütungsmittel (↑S.539/18.8. 1960).
Die Ursachen des „Pillenknicks" liegen vielmehr in langfristigem sozialem Wandel, gestiegenem Wohlstand und veränderten Werten sowie einem neuen Selbstverständnis der Frauen.　　　　　　　　　S 613/K 617

Die erste Wohngemeinschaft
1.1. Westberlin. Mitglieder des Sozialistischen Deutschen Studentenbundes (SDS) schließen sich zu einer Wohngemeinschaft, der Kommune I, zusammen. Die „Gründungsmitglieder" sind Dieter Kunzelmann, Volker Gebbert, Ulrich Enzensberger, Dagrun Enzensberger, Gertrud Hemmern, Dagmar Seehuber und Dorothea Ridder. In der gemeinsamen Lebensgestaltung streben sie eine „Revolutionierung des Alltags" an; die bürgerlichen Beziehungen zwischen den Geschlechtern und zu den Kindern sollen aufgehoben werden.
Politisch versteht sich die Kommune I als Gruppierung der APO. Theoretische Grundlage sind die Schriften von Herbert Marcuse, Mao Zedong, Ho Chi Minh und Ernesto „Che" Guevara de la Serna. Zu den Mitgliedern zählen später auch Rainer Langhans und Fritz Teufel.
📖 P. Mosler: Was wir wollten, was wir wurden. Zeugnisse der Studentenrevolte, 1989.

Bildung durchs Telekolleg
2.1. München. Der Bayerische Rundfunk strahlt die erste Unterrichtseinheit des Telekollegs aus. Es ermöglicht Absolventen der Volksschule, in ca. drei Jahren die Fachschul- oder Fachhochschulreife zu erlangen.
Das Telekolleg beruht auf einem Multi-Media-Konzept: Zu den Fernsehsendungen wird schriftliches Begleitmaterial geliefert; alle drei Wochen findet ein Kollegtag statt, an dem die Teilnehmer sich mit einem staatlich bestellten Gruppenlehrer treffen. Unterrichtet werden fünf Hauptfächer (Deutsch, Geschichte, Englisch, Mathematik und Physik), sechs Nebenfächer sowie wahlweise ein berufsbezogenes Fach (z. B. Technisches Zeichnen, Elektrotechnik, Betriebliches Rechnungswesen). Die Kosten werden vom Freistaat Bayern, der „Stiftung Volkswagenwerk" und dem Bayerischen Rundfunk getragen. In der Folgezeit wird das Konzept von weiteren Bundesländern übernommen.

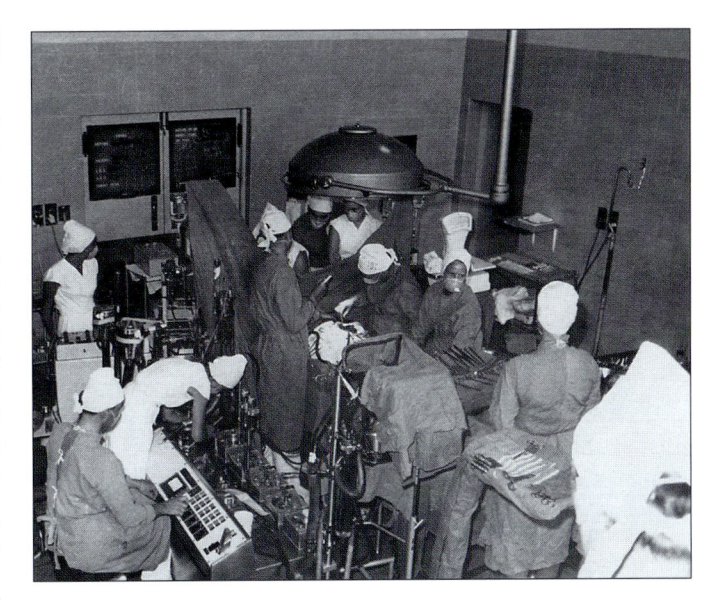

Reform der römischen Kurie
18.8. Rom. Papst Paul VI. erläßt eine Reform der Kurie und paßt damit die zentrale Verwaltungsbehörde der römisch-katholischen Kirche und des Vatikans, die seit 1588 nahezu

Herztransplantation: Dem 44jährigen Herzchirurgen Christiaan N. Barnard und seinem 20köpfigen Ärzteteam gelingt zum ersten Mal die Verpflanzung eines menschlichen Herzens.

Bevölkerungsentwicklung in Deutschland					K 617
Jahr	Bevölkerung	Lebendgeburten	Sterbefälle	Einpersonen-Haushalte	Mehrpersonen-Haushalte
1901	56,3 Mio	2,0 Mio	1,2 Mio	0,8 Mio	11,3 Mio
1911	64,9 Mio	1,8 Mio	1,1 Mio	1,0 Mio	13,2 Mio
1921	62,4 Mio	1,5 Mio	0,9 Mio	1,0 Mio	13,2 Mio
1931	65,4 Mio	1,0 Mio	0,7 Mio	1,0 Mio	14,2 Mio
1941[1]	98,7 Mio	1,6 Mio	1,0 Mio[2]	1,9 Mio	18,3 Mio
1951	48,0 Mio	0,7 Mio	0,5 Mio	3,2 Mio	13,4 Mio
1961	56,1 Mio	1,0 Mio	0,6 Mio	4,1 Mio	15,2 Mio
1971	61,5 Mio	0,7 Mio	0,7 Mio	6,1 Mio	16,7 Mio
1981	61,6 Mio	0,6 Mio	0,7 Mio	7,7 Mio	17,3 Mio
1991[3]	80,2 Mio	0,8 Mio	0,9 Mio	11,8 Mio	23,4 Mio

1) Großdeutsches Reich; 2) ohne Wehrmachtsangehörige; 3) mit ehem. DDR; alle Angaben gerundet

1967

Musical „Hair": Weltweite Popularität gewinnt das „Hippie"-Stück aus der Ablehnung des Establishments und durch zahlreiche Zensurmaßnahmen, die werbemäßig genutzt werden (Uraufführungs-Ensemble von 1967 in New York).

unverändert bestanden hat, den Erfordernissen des 20. Jh. an.
Im wesentlichen werden Bestimmungen zur Rationalisierung und Demokratisierung eingeführt. So wird der Kardinalstaatssekretär mit weitreichenden Vollmachten ausgestattet und in kirchlichen Angelegenheiten zum „zweiten Mann" nach dem Papst ernannt. Das Staatssekretariat wird Oberbehörde, die Kongregationen (mit Ministerien vergleichbar) von zwölf auf neun verringert. Die Kurienmitglieder werden nur noch auf fünf Jahre berufen und sollen aus aller Welt kommen, um die übermäßige Repräsentanz der Italiener zu beenden. S 39/K 31 S 257/K 268

Kultur

Erste Multiple Objekte

Eine neue Kunstgattung etabliert sich unter der Bezeichnung Multiple Objekte. Die Multiple-Künstler (u. a. Victor Vasarély, Tom Wesselmann) fertigen mehrere Exemplare eines Kunstobjekts: Das Kunstwerk wird nicht mehr als Ausdruck eines individuellen Schöpfertums verstanden, sondern soll für die Konsumenten einer industriellen Massengesellschaft in Serie hergestellt werden.
Vertreter mehrerer Kunstrichtungen, u. a. der Fluxusbewegung, der Op-art (↑S.596) und der Konkreten Kunst, fertigen Multiples an. In den 60er Jahren liefern die Künstler vornehmlich die Entwürfe für eine serielle Ausführung z. B. in Kunststoff, Metall und Holz. 1968 findet in Köln eine Ausstellung der Ars multiplicata statt.

Meisterroman von García Márquez

Barcelona. Der Roman „Hundert Jahre Einsamkeit" (dt. 1970) des kolumbianischen Schriftstellers Gabriel García Márquez erscheint. Er schildert die Geschichte der Familie Buendía, deren Stammvater zu Beginn des 19. Jh. das Dorf Macondo gründet. Das Werk, mit seiner facettenreichen Verknüpfung von Phantastischem und Realistischem ein Höhepunkt des hispanoamerikanischen Romans, gibt zugleich einen Abriß der Geschichte Lateinamerikas.
García Márquez begann seine Schriftstellerlaufbahn als Drehbuchautor. Nach dem internationalen Erfolg von „Hundert Jahre Einsamkeit" (internationale Auflage mehr als 10 Mio) veröffentlicht er zahlreiche Erzählungen und weitere Romane (u. a. „Chronik eines angekündigten Todes", 1981; „Die Liebe in den Zeiten der Cholera", 1985). 1982 erhält er den Literaturnobelpreis. S 615/K 618

O. Collazos: Gabriel García Márquez. Sein Leben und sein Werk, 1987. F. J. Raddatz: Die Wirklichkeit der tropischen Mythen. Auf den Spuren von G. G. Márquez in Kolumbien, 1988.

Kult-Musical „Hair"

29.4. New York. Das Pop- und Rock-Musical „Hair" des kanadischen Komponisten Galt

Nobelpreisträger 1967	K 616
Literatur: Miguel Angel Asturias (Guatemala, 1899–1974)	
Das literarische Werk des Mestizen, der sich stark politisch engagierte, wurzelt in der Kultur und in den Mythen der Maya. In dem Roman „Der Herr Präsident" (1946) beschreibt Asturias im Stil des „Magischen Realismus" die allgemeingültigen Strukturen von Gewaltherrschaft.	
Chemie: Manfred Eigen (D, *1927), Ronald George W. Norrish (GB, 1897–1978), George Porter (GB, *1920)	
Die Wissenschaftler entwickelten Methoden, mit denen sie biochemische Prozesse untersuchen konnten, die weniger als eine Milliardstel Sekunde dauern. Eigen verwendete dafür erhöhten Druck, Schallwellen und Temperaturschocks. Norrish und Porter arbeiteten mit Lichtblitzen	
Medizin: Ragnar A. Granit (S, 1900–1991), Haldan K. Hartline (USA, 1903–1983), George Wald (USA, *1906)	
Die Wissenschaftler erforschten die Farbwahrnehmung des menschlichen Auges. Granit wies nach, daß jede Nervenfaser der Netzhaut auf das Licht verschiedener Wellenlängen entsprechend unterschiedlich reagiert. Wald entdeckte in den lichtempfindlichen Sinneszellen der Netzhaut die Substanz Retinin, die für das Sehen bei Dämmerung erforderlich ist. Zudem fand er die Netzhautpigmente, die Gelb-Grün und Blau identifizieren.	
Physik: Hans Albrecht Bethe (USA, *1906)	
Bethe erklärte 1938 die Kernprozesse, aus denen die Fixsterne ihre ungeheuren Energiemengen beziehen. In den 40er Jahren war der aus Deutschland emigrierte Forscher an der Entwicklung der Atom- und Wasserstoffbombe beteiligt, die er eigentlich verhindern wollte.	
Nobelpreis für Frieden nicht verliehen	

McDermot hat Premiere. In lockerer Szenenfolge wird das Leben einer Hippie-Gemeinschaft erzählt, die zur Zeit des Vietnamkriegs das Glück verheißende Zeitalter des Wassermanns erwartet (Song „Aquarius"). Ein Mitglied der Gemeinschaft fällt schließlich als Soldat in Vietnam.
Das konservative Publikum reagiert empört auf das Musical, das die Werte der „Flower-Power"-Generation (Beat-Musik, Drogen, Sex) propagiert. Für zahlreiche Jugendliche in aller Welt wird „Hair" jedoch zu einem Kultstück, das ihre Träume und Hoffnungen widerspiegelt. 1977 verfilmt Milos Forman das Musical mit John Savage und Beverly de Angelo. S 615/K 618

Goldene Palme für „Blow Up"

11.5. Cannes. Im Rahmen der Filmfestspiele an der Côte d'Azur wird Michelangelo Antonionis Film „Blow Up" mit der Goldenen Palme ausgezeichnet. Ein junger Londoner Starfotograf entdeckt bei der Vergrößerung (engl. „blow up") eines Films, daß er möglicherweise Zeuge eines Mordes geworden ist. Antonioni läßt aber offen, ob wirklich ein Mord stattgefunden hat – einziges Opfer ist am Ende der Fotograf selbst, der der Faszination seiner Bilder erlegen ist.
Antonioni thematisiert in seinen Filmen die Entfremdung des Menschen von seiner Umwelt. In „Die rote Wüste" (1963) färbte er Wiesen blau und Bäume rot; später nutzt er elektronische Mittel zur farblichen Verfremdung. 1983 wird er in Venedig für sein Gesamtwerk ausgezeichnet. S 602/K 606

P. W. Jansen/W. Schütte (Hg.): Michelangelo Antonioni, 1984.

Sport

VfL Gummersbach holt Europapokal

28.4. Dortmund. In der Westfalenhalle wird der VfL Gummersbach durch ein 17:13 über Dukla Prag Europapokalsieger im Hallenhandball.
Großen Anteil am Erfolg der Gummersbacher hat der Rumänien-Deutsche Hansi Schmidt, der 1963 bei einem Gastspiel von Stiinta Bukarest im Westen blieb.
Der VfL Gummersbach gewinnt 1970, 1971, 1974 und 1983 erneut den Europapokal der Landesmeister. Außerdem holen die Oberbergischen zweimal den Europapokal der Pokalsieger (1978, 1979), einmal den IHF-Pokal (1982) und zweimal den Supercup (1979, 1983).

Kulturszene 1967 — K 618

Theater

Fernando Arrabal Der Architekt und der Kaiser …; UA 15.3., Paris	Den Kaiser von Assyrien, eigentlich ein kleiner Angestellter, verschlägt es durch einen Flugzeugabsturz auf eine kleine Insel.
Rolf Hochhuth Soldaten UA 9.10., Westberlin	Das Zeitstück analysiert den ungeklärten Tod des polnischen Generals und Exilpräsidenten Wladyslaw Sikorski im Jahr 1943.
Pavel Kohout August, August, August UA 12.5., Prag	Ein Clown erfüllt nach und nach alle Bedingungen des Zirkusdirektors, um seinen Traum einer Pferdedressur realisieren zu können.
Martin Walser Die Zimmerschlacht UA 7.12., München	Ein Ehepaar, das einen Abend mit Freunden verbringen wollte, ist sich selbst überlassen und lebt ungeniert seine Aggressionen aus.

Musical

Galt McDermot Hair UA 29.4., New York	Die Provokation des epochemachenden Musicals liegt im Sujet (Hippie-Bewegung), dem Verzicht auf Handlung und seiner Rockmusik.

Konzert

György Ligeti Lontano UA 22.10., Donaueschingen	„Wie aus der Ferne" scheint die Musik zu kommen, und aus ihren Klangflächen kristallisieren sich immer wieder Harmonien heraus.

Film

George Dunning Yellow Submarine Großbritannien	Psychedelischer Zeichentrickfilm über die Abenteuer der Beatles in einem gelben U-Boot, eine phantastische Märchengroteske.
Mike Nichols Die Reifeprüfung USA	Gesellschaftssatire über einen jungen Mann aus gutem Hause, der sich nach einer Liaison mit einer älteren Frau in deren Tochter verliebt.
Arthur Penn Bonnie und Clyde USA	Geschichte eines Gangsterpaars, das Ende der 20er Jahre durch Bankraub seinen Traum von Freiheit zu verwirklichen sucht.
Roman Polanski Rosemaries Baby USA	Vielschichtige Horrorfilm-Variante: Eine junge Frau (Mia Farrow) im New York der Gegenwart empfängt unwissentlich ein Kind vom Satan.
Jean-Marie Straub Chronik der Anna Magdalena Bach; BRD/Italien	Studie des Lebens von Johann Sebastian Bach aus der Sicht seiner zweiten Frau Anna Magdalena – bewußt karger Musikfilm.

Buch

Alfred Andersch Efraim Zürich	Ein heimatloser jüdischer Reporter wird sich bei einem Aufenthalt in Berlin der Unzulänglichkeit seiner Existenz bewußt.
Milan Kundera Der Scherz Prag	Kunderas Debütroman, der Versuch einer Bewältigung der stalinistischen Vergangenheit, ist souverän kontrapunktisch komponiert.
Gabriel García Márquez Hundert Jahre Einsamkeit Barcelona	Internationaler Durchbruch: Phantastisches und Reales werden in einer Fülle von Schauplätzen, Personen und Handlungen verknüpft.
André Malraux Anti-Memoiren Paris	Der Autor interpretiert in seinen Memoiren am Beispiel seines eigenen Lebens ein Stück Zeitgeschichte des 20. Jh.
A. und M. Mitscherlich Die Unfähigkeit zu trauern München	Das gesellschaftsanalytische Werk sieht in der Unfähigkeit der Deutschen, über die Nazi-Verbrechen zu trauern, eine seelische Störung.
Joseph Roth Das Spinnennetz Köln, Berlin	Der nach dem 1. Weltkrieg spielende Zeitroman über den Aufstieg eines Kleinbürgers war bisher nur 1923 in einer Zeitung erschienen.

Sport 1967 — K 619

Fußball
Deutsche Meisterschaft	Eintracht Braunschweig
DFB-Pokal	Bayern München – Hamburger SV 4:0
Englische Meisterschaft	Manchester United
Italienische Meisterschaft	Juventus Turin
Spanische Meisterschaft	Real Madrid
Europapokal (Landesmeister)	Celtic Glasgow – Inter Mailand 2:1
Europapokal (Pokalsieger)	Bayern München – Glasgow Rang. 1:0 n.V.
Messepokal	Dynamo Zagreb

Tennis
Wimbledon (seit 1877; 81. Austragung)	Herren: John Newcombe (AUS) / Damen: Billie Jean King (USA)
US Open (seit 1881; 87. Austragung)	Herren: John Newcombe (AUS) / Damen: Billie Jean King (USA)
French Open (seit 1925; 37. Austragung)	Herren: Roy Emerson (AUS) / Damen: Françoise Durr (FRA)
Australian Open (seit 1905; 55. Austragung)	Herren: Roy Emerson (AUS) / Damen: Nancy Richey (USA)
Davis-Cup (Brisbane, AUS)	Australien – Spanien 4:1

Eishockey
Weltmeisterschaft	Sowjetunion
Stanley-Cup	Toronto Maple Leafs
Deutsche Meisterschaft	Düsseldorfer EG

Radsport
Tour de France (4780 km)	Roger Pingeon (FRA)
Giro d'Italia (3816 km)	Felice Gimondi (ITA)
Straßen-Weltmeisterschaft	Eddy Merckx (BEL)

Automobilsport
Formel-1-Weltmeisterschaft	Denis Hulme (NZL), Brabham-Repco

Boxen
Schwergewichts-Weltmeisterschaft	Muhammad Ali (= Cassius Clay, USA) – K. o. über Zora Folley (USA), 27.3. – K. o. über Ernie Terrell (USA), 6.2.

Herausragende Weltrekorde
Disziplin	Athlet (Land)	Leistung
Leichtathletik, Männer		
400 m	Tommie Smith (USA)	44,5 sec
1500 m	Jim Ryun (USA)	3:33,1 min
Kugelstoßen	Randy Matson (USA)	21,78 m
Zehnkampf	Kurt Bendlin (FRG)	8319 P.
Leichtathletik, Frauen		
Diskuswurf	Liesel Westermann (FRG)	61,26 m
Schwimmen, Männer		
200 m Freistil	Don Schollander (USA)	1:55,6 min
400 m Freistil	Gregory Charlton (USA)	4:08,2 min
200 m Rücken	Roland Matthes (GDR)	2:07,9 min
Schwimmen, Frauen		
400 m Freistil	Debbie Meyer (USA)	4:29,0 min

Deutsche Sporthilfe gegründet

26.5. Berlin. Der Deutsche Sportbund und die Deutsche Olympische Gesellschaft gründen die Stiftung Deutsche Sporthilfe. Ziel der Organisation ist es, Sportler materiell zu unterstützen. Erster Vorsitzender wird der 54jährige Josef Neckermann.
Der Gründer des gleichnamigen Versandhauses wurde als Dressurreiter 1964 Olympiasieger mit der Mannschaft (erneut 1968) und 1966 Weltmeister (Einzel und Mannschaft). In Neckermanns Amtszeit (bis 1988) bringt die Deutsche Sporthilfe rund 250 Mio DM auf. Das Geld, mit dem 19 000 Sportler gefördert werden, stammt aus Spenden der Industrie und zahlreichen Aktionen (u. a. Fernsehlotterie „Glücksspirale", Sportbriefmarken, Schallplatten). 1989 wird Willi Daume Vorsitzender der Deutschen Sporthilfe. Er amtiert bis 1991.

Chichester segelt um die Welt

27.5. Plymouth. Nach seiner erfolgreichen Weltumsegelung trifft der 65jährige Francis Chichester nach 226 Tagen am Ausgangspunkt seiner Reise ein.
Mit seiner 18 m langen Yacht „Gipsy Moth IV" war der Alleinsegler am 27.8.1966 ausgelaufen. Seine rund 46 000 km lange Fahrt führte über Sydney (Australien) und Kap Hoorn (Südamerika).
Chichester wird am 13.6. von der britischen Königin Elizabeth II. geadelt.

Bungert im Wimbledon-Finale

7.7. Wimbledon. 30 Jahre nach Gottfried von Cramm steht wieder ein Deutscher im Tennis-Finale der All-England Championship. Wilhelm Bungert tritt dem Australier John Newcombe gegenüber, der den Deutschen jedoch schon nach knapp 70 min glatt in drei Sätzen schlägt.
Bungert war 1962, 1963 und 1965 nationaler deutscher Meister, und 1964 gewann er die internationalen deutschen Meisterschaften. Für die Bundesrepublik Deutschland bestreitet er 34 Davis-Cup-Einsätze.

Aufstieg des Mark Spitz

Juli. Der 18jährige US-Schwimmer Mark Spitz stellt sechs Weltrekorde auf, je zwei über 400 m Freistil sowie über 100 m und 200 m Schmetterling. In seiner Sportkarriere schwimmt er insgesamt 35 Weltrekorde.
Nach zwei Olympiasiegen 1968 in Mexiko (4 x 100 m und 4 x 200 m) ist Spitz in München 1972 mit sieben Goldmedaillen der herausragende Olympiateilnehmer.

1968

Politik

Vietcong beginnen Tet-Offensive

30.1. Vietcong-Verbände und nordvietnamesische Truppen starten zu Beginn des buddhistischen Neujahrsfestes (Tet) eine Großoffensive, die im Vietnamkrieg (↑S.579/30.7.1964) zur Wende zuungunsten der USA führt.

Der ungebrochene Kampfeswille der kommunistischen Verbände, die zeitweise Außenbezirke der südvietnamesischen Hauptstadt Saigon besetzen, schockiert die US-amerikanische Öffentlichkeit. Entgegen offiziellen Verlautbarungen, die von einem letzten Verzweiflungsschritt des Vietcong sprechen, müssen die USA erkennen, daß der Krieg nicht zu gewinnen ist. US-Präsident Lyndon B. Johnson kündigt im März eine Begrenzung der Luftangriffe auf das Gebiet südlich des 20. Breitengrads an.

Damit ist eine der wesentlichen Voraussetzungen für erste Friedensgespräche zwischen Nordvietnam und den USA geschaffen, die im Mai in Paris beginnen (↑S.672/27.1.1973).

S 579/K 583

P. Scholl-Latour: Der Tod im Reisfeld, 1983.
P. Krebs: Die Kinder von Vietnam, 1990.

US-Massaker in Vietnam

16.3. My Lai. US-Soldaten verüben ein Massaker an den Einwohnern eines südvietnamesischen Dorfes. 507 Menschen, die meisten von ihnen Frauen, Kinder und Greise, werden niedergemetzelt. My Lai liegt nahe der nordvietnamesischen Grenze in einem Gebiet, das die US-Armee zur sog. Freien Feuerzone erklärt hat. In diesen Regionen werden Dörfer systematisch zerstört, um sie für den Vietcong unbrauchbar zu machen.

My Lai wird zum Sinnbild eines Krieges, dessen Leidtragende vor allem Zivilisten sind. In den USA wachsen Zweifel an der moralischen Rechtfertigung ihres Eingreifens in Vietnam (↑S.579/30.7.1964).

Der Journalist Seymour M. Hersh, der das Verbrechen 1969 in vollem Ausmaß ans Tageslicht bringt, erhält 1970 den Pulitzerpreis. Trotz Protesten von Veteranenverbänden wird der in My Lai befehlshabende Offizier, Oberleutnant William L. Calley, 1971 zu lebenslanger Haft verurteilt.

Massaker in My Lai: Wehrlos und von Todesangst gezeichnet stehen Bewohner des süd-vietnamesischen Dorfes den US–Soldaten gegenüber.

Wichtige Regierungswechsel 1968			K 620
Land	Amtsinhaber	Bedeutung	
ČSSR	Antonín Novotny (P seit 1957) Ludvík Svoboda (P bis 1975)	Rücktritt von Novotny (22.3.), der bereits am 5.1. von Alexander Dubček als KP-Chef abgelöst wurde; Sieg der Reformer	
	Jozef Lenárt (M seit 1963) Oldřich Černik (M bis 1970)	Rücktritt von Lenárt (6.4.); Grund; Aktionsprogramm der Reformer u. a. zur Meinungs-, Versammlungs- und Koalitionsfreiheit (S.622)	
Frankreich	Georges Pompidou (M seit 1962) Maurice Couve de Murville (M bis 1969)	Infolge der Mai-Unruhen löst Präsident de Gaulle nach den Parlamentswahlen im Juni seinen Vertrauten Pompidou ab (S.620)	
Irak	Abd Ar Rahman Arif (P seit 1966) Ahmad Hassan Al Bakr (P bis 1979)	Nach einem Staatsstreich übernimmt die nationalistische Bath-Partei die Macht (17.7.); Annäherung an die UdSSR (S.621)	
Kanada	Lester Pearson (M seit 1963) Pierre Trudeau (M bis 1979)	Rücktritt von Pearson aus Altersgründen (20.4.); Trudeau vermittelt im Nationalitätenkonflikt und entschärft Sprachenstreit	
Peru	Fernando Belaúnde Terry (P seit 1963) Juan Velasco Alvarado (P bis 1975)	Militärputsch (3.10.) leitet peruanische Revolution mit Verstaatlichungsprogramm und radikaler Agrarreform ein (S.623)	
Portugal	António de Oliveira Salazar (P seit 1932) Marcelo Caetano (P bis 1974)	Amtsunfähigkeit von Salazar nach Unfall (16.9.); Caetano setzt den autoritären Kurs seines Vorgängers fort	

M = Ministerpräsident bzw. Premierminister; P = Präsident

1968

Kämpfer für Frieden und Humanismus	K 621
Elsa Brändström (S, 1888–1948)	Initiatorin der Kriegsgefangenenhilfe in Rußland; Delegierte des Roten Kreuzes („Engel von Sibirien")
Dalai Lama (Tibet, *1935)	Symbolfigur des gewaltlosen Widerstands der Tibeter gegen die chin. Herrschaft; Friedensnobelpreis 1989
Henri Dunant (CH, 1828–1910)	Gründer des Int. Roten Kreuzes (1863); Urheber der Genfer Konvention (1864); Friedensnobelpreis 1901
Mahatma Gandhi (Indien, 1869–1948)	Der Politiker prägte den indischen Unabhängigkeitskampf gegen Großbritannien mit Gewaltlosigkeit, passivem Widerstand und zivilem Ungehorsam
Václav Havel (ČSSR, *1936)	Das „moralische Gewissen" der ČSSR war als Mitbegründer der Bürgerrechtsbewegung „Charta '77" in Haft; nach Entlassung 1989–92 Staatspräsident
Martin Luther King (USA, 1929–1968)	Schwarzer Bürgerrechtler; Symbolfigur gegen Rassismus in den USA; 1964 für seinen gewaltlosen Kampf mit dem Friedensnobelpreis ausgezeichnet
Sean MacBride (IRL, 1904–1988)	Der Leiter der Gefangenenhilfsorganisation „Amnesty International" (ab 1961) wurde 1974 UNO-Kommissar für Namibia; Friedensnobelpreis 1974
Nelson Mandela (Südafrika, *1918)	Der schwarze Bürgerrechtler und Apartheidgegner saß für seine Überzeugungen 28 Jahre im Gefängnis, 1990 freigelassen; Friedensnobelpreis 1993
Rigoberta Menchú (Guatemala, *1959)	Bürgerrechtlerin; friedlicher Kampf für Gleichberechtigung der indianischen Ureinwohner in ihrer Heimat; Friedensnobelpreis 1992
Alva Myrdal (S, 1902–1986)	Die einzige Frau, die an den Genfer Abrüstungskonferenzen teilnahm, wurde 1982 mit dem Friedensnobelpreis für ihr dortiges Engagement ausgezeichnet
Fridtjof Nansen (N, 1861–1930)	Organisator der russischen Hungerhilfe (1921); Einsatz für Kriegsgefangene und Staatenlose (Nansenpaß); Friedensnobelpreis 1922
Carl von Ossietzky (D, 1889–1938)	Der pazifistische Schriftsteller wurde zur Symbolfigur des Widerstands gegen Hitler; Friedensnobelpreis 1935
Georges Pire (B, 1910–1969)	Der Dominikanermönch gründete zahlreiche humanitäre, karitative Organisationen (z. B. die „Europäischen Dörfer" für Flüchtlinge); Friedensnobelpreis 1958
Oscar A. Romero (El Salvador, 1917–1980)	Der salvadorianische Erzbischof bezahlte den Kampf für Menschenrechte und gegen Diktatur mit dem Leben (während eines Gottesdienstes erschossen)
Andrej Sacharow (UdSSR, 1921–1989)	Trotz staatlicher Repressionen (u. a. Verbannung) Engagement für politische Gefangene und Menschenrechte in der UdSSR; Friedensnobelpreis 1975
Aung San Suu Kyi (Myanmar, *1945)	Oppositionsführerin gegen birmanisches Militärregime; gewaltloser Kampf für Menschenrechte in ihrer Heimat; ab 1989 unter Hausarrest; Friedensnobelpreis 1991
Albert Schweitzer (D, 1875–1965)	Lebenslanger Einsatz für Kranke und Hilfsbedürftige; 1913 Gründung des Tropenhospitals Lambaréne (Gabun); Friedensnobelpreis 1952
Bertha von Suttner (A, 1843–1914)	Begründerin der modernen Friedensbewegung („Die Waffen nieder!", 1889); Kampf gegen Antisemitismus und Männerherrschaft; Friedensnobelpreis 1905
Mutter Teresa (Indien, *1910)	Unentgeltlicher Einsatz der Ordensschwester für Kranke und Hungernde in den Slums der indischen Stadt Kalkutta; Friedensnobelpreis 1979
Desmond Tutu (Südafrika, *1931)	Der erste schwarze Bischof Südafrikas und Präsident des Südafrikanischen Kirchenrats setzt sich gewaltlos gegen Apartheid ein; Friedensnobelpreis 1984
Lech Walesa (PL, *1943)	Der Elektromonteur führte die Gewerkschaft „Solidarität" und die Demokratisierung Polens an; Friedensnobelpreis 1983; Staatspräsident 1990–95

O. Fallaci: Wir, Engel und Bestien. Ein Bericht aus dem Vietnamkrieg, 1986. A. Buro/K. Grobe: Vietnam! Vietnam? Ed. Suhrkamp 1197.

Kaufhäuser in Brand gesteckt

3.4. Frankfurt/Main. Aus Protest gegen die politischen und gesellschaftlichen Verhältnisse in der Bundesrepublik Deutschland setzen vier radikale Anhänger der Außerparlamentarischen Opposition (APO) zwei Kaufhäuser in Brand (ca. 2,2 Mio DM Sachschaden). Zwei Tage später werden die Brandstifter gefaßt, unter ihnen der Journalist Andreas Baader und die Germanistikstudentin Gudrun Ensslin. In der Zeitschrift „konkret" kommentiert die Journalistin und spätere Terroristin Ulrike Meinhof den Anschlag als Schritt vom „Protest zum Widerstand".

Forderungen nach gewaltsamen Aktionen gegen den Staat waren nach dem Tod des Demonstranten Benno Ohnesorg beim Schahbesuch in Westberlin (↑S.607/2.6. 1967) aufgekommen. Sie werden nach dem Attentat auf den Führer des Sozialistischen Studentenbunds (SDS), Rudi Dutschke, am 11.4.1968 immer stärker.

Die Brandstifter werden zu drei Jahren Haft verurteilt. Andreas Baader, 1970 durch einen Überfall befreit, wird (mit Ensslin) einer der führenden Köpfe der terroristischen Vereinigung Rote-Armee-Fraktion (RAF) (↑S.713/ 28.4.1977). S 620/K 622

S. Aust: Der Baader-Meinhof-Komplex, 1985. Der blinde Fleck. Die Linke, die RAF und der Staat, 1987.

Bürgerrechtler King ermordet

4.4. Memphis/Tennessee. Der schwarze Bürgerrechtler und Friedensnobelpreisträger von 1964, Martin Luther King, fällt dem Mordanschlag eines weißen Attentäters zum Opfer. Die Nachricht von seinem Tod löst in vielen Städten der USA schwere Rassenunruhen und Krawalle aus.

Im Unterschied zur militanten Bewegung der „Black Muslims" (↑S.590/21.2.1965) propagierte Martin Luther King sein Vorbild Mahatma Gandhi (↑S.266/6.4.1930) den gewaltlosen Widerstand. 1955 hatte er in Montgomery/Alabama einen Busboykott organisiert, woraufhin der Oberste Gerichtshof die Rassentrennung in öffentlichen Verkehrsmitteln für verfassungswidrig erklärte.

Den Höhepunkt seines langjährigen Kampfes für die Gleichstellung der Schwarzen in den USA markierte Kings berühmt gewordene Rede („Ich habe einen Traum"), die er vor mehr als 250 000 Menschen im August 1963

1968

Unruhen in Frankreich: Die Stimmung richtet sich gegen die Polizei, die mit ihrem brutalen Vorgehen zur Eskalation beiträgt.

zum Abschluß eines Protestmarsches in Washington hielt.
Neuer Führer der 1957 von King gegründeten „Southern Christian Leadership Conference" wird Reverend Ralph Abernathy. Kings Mörder James Earl Ray wird am 8.6. in London gefaßt und zu 99 Jahren Haft verurteilt. S 570/K 576 S 583/K 588 S 618/K 621

F. Hetmann: Martin Luther King, 1979; H.-G. Noack: Der gewaltlose Aufstand, 1989. A. Zitelmann: Keiner dreht mich um. Die Lebensgeschichte des Martin Luther King, 4. Aufl. 1989. V. Schloredt: Martin Luther King, 1989.

DDR erhält neue Verfassung
8.4. Die seit Gründung der DDR (↑S.456/ 7.10.1949) gültige Verfassung mit bürgerlich-demokratischen Elementen wird durch eine neue ersetzt, in der die DDR als „sozialistischer Staat deutscher Nation" charakterisiert wird. Festgelegt sind u. a. die Führungsrolle der Sozialistischen Einheitspartei Deutschlands (SED), sozialistische Produktions- und Eigentumsverhältnisse sowie der „demokratische Zentralismus".
Eine Verfassungs- und Verwaltungsgerichtsbarkeit gibt es nicht: Die Volkskammer ist das „oberste staatliche Machtorgan". Sie allein beschließt Gesetze, bildet gleichzeitig aber auch die höchste Gerichtsinstanz.
In einer Verfassungsänderung werden am 27.9.1974 die bisher bestehenden Hinweise auf eine „deutsche Nation" gestrichen. Die

Notstandsgesetze: An der friedlichen Protestkundgebung am 11. Mai in Bonn (Abb. unter der Kennedybrücke) beteiligen sich neben der Außerparlamentarischen Opposition auch viele Gewerkschaftsmitglieder.

619

1968

Studentenproteste in der BRD K 622

Datum	Aktion/Ereignis	Einordnung/Folgen
22.6.1966	Berliner Studenten demonstrieren für Mitbestimmung und Studienreform	Erste Protestaktion an BRD-Hochschulen
1.12.1966	Bildung der Großen Koalition in Bonn; parlamentarische Opposition bedeutungslos	Gründung der Außerparlamentarischen Opposition (APO)
2.6.1967	Polizist erschießt den Student Benno Ohnesorg bei Anti-Schah-Kundgebung in West-Berlin	Proteste gegen autoritären Staat nehmen drastisch zu
9.11.1967	In Bonn kommt es zu ersten öffentlichen Hearings über die Notstandsverfassung in der BRD	SDS-Protest gegen den Staat wird stärker
31.1.1968	500 Studenten besetzen Sitzungssaal während Professorenkonferenz an Freien Universität Berlin	Forderung nach Studienreform und Mitbestimmung
18.2.1968	12 000 Studenten demonstrieren in Berlin gegen den amerikanischen Militäreinsatz in Vietnam	Auseinandersetzungen mit Pro-US-Demonstranten
3.4.1968	Brandanschläge auf Frankfurter Kaufhäuser aus Protest gegen die politischen Verhältnisse	Erster bewußter Schritt vom Protest zum gewaltsamen Widerstand
10.4.1968	Nach Studentenprotesten einigen sich die Kultusminister auf Hochschulreform-Ansatz	Machtstellung der Professoren soll abgebaut werden
11.4.1968	Studentenführer und SDS-Vorsitzender Rudi Dutschke wird bei einem Attentat in Berlin schwer verletzt	SDS macht Hetze der Springer-Presse verantwortlich
12.4.1968	Über 10 000 demonstrieren in mehreren Städten der BRD gegen die Springer-Presse	Zeitungsauslieferung blockiert; schwere Unruhen
15.4.1968	Bekannte Professoren und Schriftsteller erklären sich mit Außenparlamentarischer Opposition (APO) solidarisch	Forderung nach Diskussion über Springer-Konzern
11.5.1968	Großdemonstrationen gegen geplante bundesdeutsche Notstandsgesetze in Bonn und Dortmund	Einschränkung der Grundrechte wird befürchtet
30.5.1968	Bundestag verabschiedet Notstandsgesetze (u. a. Beschränkung des Brief-, Post- und Fernmeldegeheimnisses)	In der Folge zahlreiche bundesweite Proteste

im Zuge der Wende 1989 eingeleitete Ausarbeitung einer neuen Verfassung erübrigt sich mit dem Anschluß an die BRD (↑S.833/ 3.10.1990) und der damit verbundenen Übernahme des Grundgesetzes. S 836/K 805

📖 G. Zieger: Die Haltung von SED und DDR zur Einheit Deutschlands 1949–1987, 1988.

Mai-Unruhen in Frankreich

10.5. Frankreich. Aus Solidarität mit den rebellierenden Studenten rufen die französischen Gewerkschaften zu einem Generalstreik auf, der Frankreich lahmlegt. Straßenschlachten, Massendemonstrationen und Fabrikbesetzungen führen zu bürgerkriegsähnlichen Zuständen.

Im Unterschied zur Bundesrepublik Deutschland erfaßt die Protestbewegung in Frankreich auch einen großen Teil der Bevölkerung. Viele Arbeiter solidarisieren sich aus Unzufriedenheit über die wirtschaftlichen und sozialen Verhältnisse mit den Studenten, die nach Schließung der philosophischen Fakultät in Nanterre Anfang Mai zum Widerstand aufgerufen hatten.

Die Gewerkschaften distanzieren sich im Laufe der Unruhen von den revolutionären Zielen der Linksextremen und nutzen die Situation zur Durchsetzung besserer Arbeitsbedingungen. Das von Regierung und Sozialpartnern geschlossene „protocole d'accord" (27.5.), das eine Verbesserung der sozialen Lage der Arbeiter zusichert, trägt zur Beruhigung bei. Staatspräsident Charles de Gaulle löst am 30.5. die Nationalversammlung auf und ordnet Neuwahlen (23.6. und 30.6.) an. Die linken Parteien können jedoch das Protestpotential nicht an sich binden. Sieger der Parlamentswahlen werden die Gaullisten, was als ein Votum gegen das Chaos der Maitage interpretiert wird. S 568/K 574

📖 D. Rondeau: In Flammen. Ein Leben für die Revolution. Paris 1968. Eine kritische Bilanz, dt. 1990.

Notstandsgesetze verabschiedet

30.5. Bonn. Der Bundestag beschließt eine Notstandsverfassung. Sie genehmigt u. a. den Einsatz der Bundeswehr bei inneren Unruhen; im Falle eines Notstands ist die Einrichtung eines Ausschusses an Stelle von Bundestag und Bundesrat vorgesehen.

Begleitet wurde die Diskussion um eine Verfassungsänderung von zahlreichen Protestveranstaltungen, zu denen vor allem der Sozialistische Deutsche Studentenbund (SDS) und andere Mitglieder der Außerparlamentarischen Opposition (APO) aufrufen. Die Proteste richten sich u. a. gegen die in den Gesetzen verankerten exekutiven Vollmachten, vor deren möglichem Mißbrauch gewarnt wird. S 620/K 622

📖 M. Schneider: Demokratie in Gefahr. Der Konflikt um die Notstandsgesetze, 1986.

Attentat auf Bob Kennedy

5.6. Los Angeles. US-Senator Robert („Bob") F. Kennedy, aussichtsreichster Bewerber der Demokraten um die Präsidentschaftskandidatur, wird durch Schüsse schwer verletzt. Einen Tag nach dem Anschlag erliegt er seinen Verletzungen.

Der jüngere Bruder des am 22.11.1963 (↑S.570) ermordeten US-Präsidenten John F.

Kennedy, in dessen Kabinett er als 35jähriger das Amt des Justizministers innehatte, war einer der schärfsten Gegner der Vietnampolitik von US-Präsident Lyndon B. Johnson, ehemaliger Vizepräsident unter John F. Kennedy. Robert kämpfte um die Bürgerrechte und gegen Rassendiskriminierung.

Kennedys Mörder, der Jordanier Sirhan Bishara Sirhan, wird zum Tode verurteilt und 1972 zu lebenslanger Haft begnadigt. Bei den Wahlen am 5.11. unterliegt der demokratische Kandidat, Johnsons Vizepräsident Hubert Humphrey, dem Republikaner Richard Nixon (↑S.686/8.8.1974), der während der Präsidentschaft Dwight D. Eisenhowers ab 1953 Vizepräsident war. S 570/K 576

P. Collier/D. Horowitz: Die Kennedys. Ein amerikanisches Drama, 1991.

Atomwaffensperrvertrag KAR

1.7. Washington, Moskau, London. Die Atommächte Vereinigte Staaten, Sowjetunion und Großbritannien unterzeichnen den Vertrag über die Nichtverbreitung von Nuklearwaffen. Staaten ohne atomare Waffen verpflichten sich mit ihrem Beitritt, in Zukunft solche nicht herzustellen, zu lagern oder zu erwerben.

Der Vertrag, der am 5.3.1970 in Kraft tritt, wird bis 1995 von 178 Staaten unterzeichnet, 1975 von der Bundesrepublik Deutschland. Indien, Pakistan und Israel, die als inoffizielle Atommächte gelten, gehören nicht zu den Signatarstaaten. Am 11.5.1995 wird die Vereinbarung unbefristet verlängert. S 569/K 575

Bath-Partei putscht im Irak

17.7. Bagdad. Die 1942 von Michel Aflak im Untergrund gegründete Bath-Partei übernimmt nach einem unblutigen Putsch die Führungsrolle im Irak. Die panarabisch orientierte Partei propagiert den föderativen Zusammenschluß aller arabischen Staaten auf sozialistischer Grundlage. Es ist der zwölfte Staatsstreich seit der Unabhängigkeit (1932). Hassan Al Bakr, der den seit 1963 amtierenden Staatspräsidenten Abd Ar Rahman Arif entmachtet, entledigt sich seiner politischen Gegner durch Massenverhaftungen und öffentliche Hinrichtungen.

Nach außen betreibt der Irak nun eine Politik der engen Anlehnung an die Sowjetunion

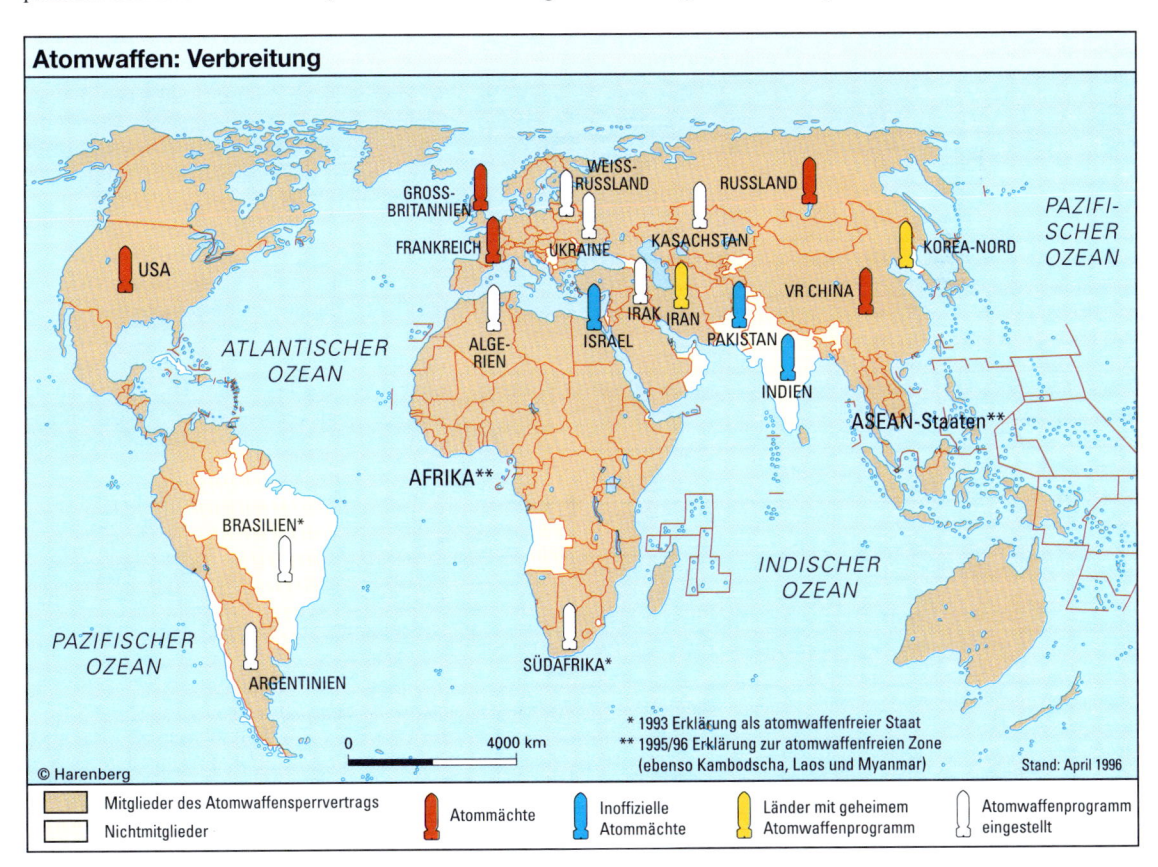

1968

„Ende des Prager Frühlings": Wut und Enttäuschung über den sowjetischen Einmarsch stehen den Anhängern der Demokratisierungsbewegung ins Gesicht geschrieben.

(Freundschaftsvertrag 1972). Am 16.7.1979 wird Hassan Al Bakr von Saddam Hussein als Staatschef abgelöst. Hussein löst ein Jahr später (↑S.742/22.9.1980) mit der Invasion in Chusistan (Iran) den ersten Golfkrieg aus (↑S.805/20.8.1988). S 832/K 803

„Prager Frühling" beendet

20.8. Prag. Truppen der UdSSR, Polens, Ungarns, Bulgariens und der DDR besetzen die Tschechoslowakei. Damit findet der „Prager Frühling", das Experiment einer Demokratisierung von Partei, Staat und Wirtschaft im „Sozialismus mit menschlichem Antlitz", ein gewaltsames Ende.

Mit der Ablösung von Antonín Novotny als Erster Sekretär des Zentralkomitees der Kommunistischen Partei der Tschechoslowakei (KPČ) durch den Reformpolitiker Alexander Dubček am 5.1. hatte in der ČSSR eine von der Bevölkerung unterstützte Phase der Liberalisierung begonnen. Die Pressezensur wurde aufgehoben, an die Stelle moskautreuer Politiker traten Reformer wie Josef Spaček (ab 6.3. Chefideologe der Partei), Ludvík Svoboda (ab 22.3. Staatspräsident) und Josef Smrkovský (ab 18.4. Parlamentspräsident).

Am 27.6. erschien in mehreren Zeitungen das sog. Manifest der 2000 Worte des Schriftstellers Ludvík Vaculík, das eine Beschleunigung des Demokratisierungsprozesses forderte.

Nach der Niederschlagung des „Prager Frühlings" müssen führende Politiker der ČSSR auf Druck der Sowjetunion im sog. Moskauer Protokoll die seit Frühjahr eingeleiteten Reformen zurücknehmen. Neuer Parteichef der KPČ wird 1969 Gustav Husák, der bis zu seiner Ablösung 1987 jegliche Neuerungen und

Stationen des Prager Frühlings		K 623
5. 1.1968	Der Reformpolitiker Alexander Dubček löst Antonin Novotny als Parteichef der Kommunistischen Partei der ČSSR ab	
5. 4.1968	Die KPČ verabschiedet ein Aktionsprogramm, das Reformpolitik, Meinungs-, Versammlungs- und Koalitionsfreiheit vorsieht. Ziel ist die Verwirklichung eines demokratischen Sozialismus	
20. 8.1968	Ende des Prager Frühlings: Truppen aus der UdSSR, DDR, Polen, Ungarn und Bulgarien besetzen Prag aus Sorge vor wachsendem Freiheitsdrang in Osteuropa	
21. 8.1968	Alexander Dubček, Parlamentspräsident Josef Smrkovský und Ministerpräsident Oldřich Černik werden verhaftet	
23. 8.1968	Einstündiger Generalstreik in der ČSSR; Bevölkerung leistet passiven Widerstand gegen die Besatzer	
26. 8.1968	Unterzeichnung des Moskauer Protokolls; Rücknahme der Reformen; Wiedereinführung der Zensur; Verbot des Parteienpluralismus; Gegenleistung: schrittweiser Truppenabzug	
31. 8.1968	Zentralkomitee der KPČ wählt neues Präsidium: Reformer bleiben zumeist im Amt, werden aber von Moskau kontrolliert	
7.12.1968	UdSSR gewährt Wirtschaftshilfe nur gegen weitere politische Zugeständnisse: Umbesetzungen in der Parteispitze	
16. 1.1969	Aus Protest gegen die Besetzung der ČSSR verbrennt sich der Student Jan Palach auf dem Prager Wenzelsplatz	
17. 4.1969	Auf sowjetischen Druck muß Alexander Dubček seinen Posten als KPČ-Chef an Gustav Husák abtreten	

Reformansätze unterdrückt. Die Leitfigur der Bewegung, Alexander Dubček, wird Botschafter in der Türkei, 1970 aller Ämter enthoben und aus der Partei ausgeschlossen (↑S.823/29.12.1989). S 440/K 441 S 622/K 623

📖 Z. Mlynar: Nachtfrost. Das Ende des Prager Frühlings, NA 1988. H. Böll/A. Dubček (u. a.): Prager Frühling, Prager Herbst. Blicke zurück und nach vorn, 1988. O. Sik: Prager Frühlingserwachen. Erinnerungen, 1988.

Militär übernimmt Macht in Peru
3.10. Lima. Nach einem Militärputsch wird Juan Velasco Alvarado Staatspräsident von Peru. Damit kommt zum ersten Mal in Lateinamerika eine linksgerichtete Militärjunta an die Macht.
Alvarado enteignet sämtliche US-amerikanisches Erdölgesellschaften und den US-Minenkonzern Cerro de Pasco. Vor dem Putsch befanden sich fast 90% der Erdölvorkommen und des Bergbaus in ausländischem Besitz. Er führt eine Landreform durch, von der auch zahlreiche amerikanische Zuckerrohrplantagen betroffen sind.
Die ersten freien Wahlen nach 1963 gewinnt 1980 der von Alvarado entmachtete Ex-Präsident Fernando Belaúnde Terry.

Wirtschaft

Mehrwertsteuer eingeführt
1.1. BRD. Zu Beginn des Jahres tritt die Mehrwertsteuer an die Stelle der bisherigen Umsatzsteuer. Nach der neuen Regelung ist der prozentuale Steueranteil am Gesamtpreis, anders als bisher, immer gleich hoch.
Die Mehrwertsteuer wird bei Produzenten und Händlern erhoben, die sie beim Verkauf als sog. Vorsteuer wieder abziehen können. Dadurch wird nicht mehr der Brutto-, sondern der Nettoumsatz berechnet. Als Steuerträger belastet ist letztlich der Endverbraucher. Der Normalsatz liegt bei 10%, für Lebensmittel, Bücher, Zeitschriften und einige Dienstleistungen gilt ein ermäßigter Satz von 5%.
In der Folgezeit wird die Mehrwertsteuer mehrfach angehoben (1996: 15%, ermäßigter Satz: 7%). Im EU-Vergleich variieren die Mehrwertsteuersätze der Mitgliedsländer 1996 von 15% (Luxemburg, Deutschland) bis 25% (Dänemark, Schweden).

Angestellte pflichtversichert
1.1. BRD. Die Versicherungspflichtgrenze für Angestellte wird aufgehoben, womit deren

„Ende des Prager Frühlings": Sowjetische Panzer besetzen Prag. Der Versuch eines „Sozialismus mit menschlichem Antlitz" ist gescheitert.

Nobelpreisträger 1968	K 624
Frieden: René Cassin (F, 1887–1976)	
Der Professor für Rechtswissenschaften und UN-Delegierte Frankreichs (1946–1958) verfaßte die Menschenrechtsdeklaration, die 1948 von der Weltorganisation angenommen wurde. Von 1965 bis 1968 war Cassin Präsident des Europäischen Gerichtshofs für Menschenrechte in Straßburg.	
Literatur: Yasunari Kawabata (Japan, 1899–1972)	
Kawabata forderte eine Rückbesinnung der japanischen Literatur auf traditionelle Werte. Themen seiner melancholischen Romane, die keine straffe Erzählstruktur haben, sind die Einsamkeit und Flüchtigkeit des Seins. Bedeutendste Werke: „Schneeland" (1948), „Tausend Kraniche" (1952).	
Chemie: Lars Onsager (USA, 1903–1976)	
Der Physikochemiker erklärte 1931 in einem Lehrsatz (4. Satz der Thermodynamik) die Phänomene, die auftreten, wenn sich Wärme gleichzeitig in verschiedenen Richtungen ausbreitet. Onsagers Erkenntnisse ermöglichten u. a. die Konstruktion von Meerwasserentsalzungsanlagen.	
Medizin: Robert W. Holley (USA, 1922–1993); Har Gobind Khorana (USA, *1922); Marshall W. Nirenberg (USA, *1927)	
Die Biochemiker entschlüsselten unabhängig voneinander den genetischen Code (Träger der Erbmerkmale) und klärten den Prozeß der Zellteilung. Sie zeigten, wie der Code für die Protein-Neubildung benutzt wird: Er übersetzt die „Sprache" der Nukleinsäuren in die „Sprache" der Proteine.	
Physik: Luis W. Alvarez (USA, 1911–1988)	
Alvarez entdeckte 1961 besonders kurzlebige Elementarteilchen (Resonanzen). Dies führte zu neuen Erklärungsmodellen über den Aufbau der Atomkerne. Der Physiker war u. a. auch an der Entwicklung von Atombomben, Radar und elektronischen Landesystemen beteiligt.	

Rentenversicherung der geltenden Regelung für Arbeiter angeglichen wird.
Bisher hatten lediglich Arbeiter, unabhängig von der Höhe ihres Einkommens, Beiträge an die Landesversicherungsanstalten leisten müssen. Nur diejenigen Angestellten, die unter einem bestimmten Mindesteinkommen (1800 DM) lagen, mußten ebenfalls in eine Rentenversicherung einzahlen.
Auch in der gesetzlichen Krankenversicherung kommt es zur Angleichung von Arbeitern und Angestellten. Ab dem 1.1.1989 sind nicht nur Angestellte, sondern auch Arbeiter pflichtversicherungsfrei, wenn ihr Lohn die sog. Jahresentgeltgrenze übersteigt.

Überziehungskredit für alle
17.9. BRD. Die Großbanken beschließen, daß künftig auch Inhabern von Lohn- und Gehaltskonten Überziehungskredite bis zu einer Höhe von 5000 DM gewährt werden.
Einige regionale Sparkassen hatten bereits diese Möglichkeit angeboten und dadurch erheblichen Zulauf erhalten, so daß die konkurrierenden Banken sich ebenfalls zu diesem Service entschlossen.

Die Konditionen für Überziehungskredite sind von Bankinstitut zu Bankinstitut unterschiedlich; sie liegen zwischen ein bis zu höchstens drei Netto-Monatsgehältern. Angesichts der hohen Spareinlagen privater Haushalte in der Bundesrepublik Deutschland (1968: 154 Mrd DM; 1989: 190 Mrd DM) sind die Kredite in der Regel gedeckt.

Verkehr

„Freie Fahrt" über den Brenner
22.12. Österreich. Das österreichische Teilstück der Brenner-Autobahn zwischen Innsbruck und der Grenze nach Italien ist fertiggestellt.
Die mautpflichtige Straße führt weiter über den 1380 m hohen vielbefahrenen Brennerpaß, der bei einer maximalen Steigung von nur 8% den gesamten Winter über gut befahrbar ist.
1959 haben die Arbeiten am österreichischen Abschnitt der Autobahn begonnen, ab 1971 ist die 313 km lange Trasse vom Brennerpaß nach Modena (Italien) auf ganzer Länge befahrbar.

Gesellschaft

Aufgeklärt: Wunder der Liebe
1.1. In der Bundesrepublik Deutschland hat der Sexualaufklärungsfilm „Das Wunder der Liebe" von Oswalt Kolle Premiere. Die um Seriosität bemühte Produktion geht behutsam mit dem heiklen Thema um, so daß sie auch die Zustimmung der katholischen Kirche findet.
Der Film steht im Zusammenhang mit der sog. Aufklärungswelle, die auch die Schule erreicht hat. Die Konferenz der Kultusminister der Länder verabschiedet am 8.10. zur Einführung des Faches Sexualkunde Empfehlungen, die für alle Bundesländer verbindlich sind. Zwei Drittel der Eltern gaben in Umfragen zu, mit der Aufklärung ihrer Kinder überfordert zu sein.
Entgegen den Protesten konservativer Elternverbände beschließt das Bundesverfassungsgericht 1977, daß eine Befreiung des Schülers vom Fach Sexualkunde nicht möglich ist.

Verboten: Pille für Katholiken
25.7. Rom. Papst Paul VI. bekräftigt in der Enzyklika „Humanae vitae" die Auffassung, daß der Geschlechtsverkehr und die „gottge-

Klassiker des Science-fiction-Films	K 625
1902: Die Reise zum Mond Georges Méliès (1861–1938) Frankreich	Erster Science-fiction-Film, angeregt durch den Publikumserfolg der utopischen Romane von Jules Verne; internationaler Erfolg
1926: Metropolis Fritz Lang (1890–1976) Deutschland	Aufstand versklavter Arbeitermassen in einer utopischen Fabrikstadt, die der Regisseur New Yorks Wolkenkratzern nachempfand
1959: Die Zeitmaschine George Pal (1908–1980) USA	Wissenschaftler baut Ende des 19. Jh. eine Maschine, die ihn in die Zukunft transportiert; nach dem Roman von H. G. Wells
1966: Fahrenheit 451 François Truffaut (1932–1984) Großbritannien	In einem totalitären Zukunftsstaat (Romanvorlage von Ray Bradbury) hat die Feuerwehr die Aufgabe, Bücher zu verbrennen
1968: 2001 – Odyssee im Weltraum; Stanley Kubrick (*1928), Großbritannien	Parabel auf die Menschheitsgeschichte. Von der ersten Waffe bis zur Raumfahrt; herausragende Trickfotografie
1968: Planet der Affen F. J. Schaffner (1932–1986) USA	Astronauten landen auf einem unbekannten Planeten, wo Affen über Menschen herrschen; mehrere Fortsetzungen folgten
1972: Solaris Andrei Tarkowski (1932–1986) UdSSR	Ein Psychologe sucht eine Raumstation auf, um mehrere Todesfälle zu untersuchen; Spiel mit verschiedenen Zeitebenen
1977: Krieg der Sterne George Lucas (*1944) USA	Lucas revolutionierte mit dem aufwendigen Weltraummärchen die Tricktechnik und löste eine Science-fiction-Renaissance aus
1979: Alien Ridley Scott (*1939) Großbritannien	Die Besatzung eines Raumschiffs wird nach der Landung auf einem toten Planeten durch ein unbekanntes Wesen fast vernichtet
1984: Brazil Terry Gilliam (*1940) Großbritannien	Pessimistisch-humorvolle Zukunftsvision eines hochtechnisierten Überwachungsstaates; wegweisende Tricktechnik

wollte Fortpflanzung" untrennbar miteinander verknüpft seien. Verhütungsmittel sind den Katholiken daher verboten, lediglich periodische Enthaltsamkeit ist erlaubt.
Zur Vorbereitung der Enzyklika hatte Papst Johannes XXIII. während des 2. Vatikanischen Konzils (1962–1965) eine Kommission eingesetzt, entgegen deren mehrheitlicher Empfehlung Papst Paul VI. seine umstrittene Entscheidung traf (↑S.563/11.10.1962).
Das Verbot künstlicher Geburtenregelung ruft Widerstand innerhalb wie außerhalb der katholischen Kirche hervor. Kritiker werfen dem Papst Weltfremdheit vor; angesichts der Bevölkerungsexplosion sei das Verbot von Geburtenkontrolle mitverantwortlich für die Verbreitung von Hunger und Armut in der Dritten Welt.

S 39/K 31

Kultur

Romanerfolg für Lenz

Hamburg. Der Roman „Deutschstunde" von Siegfried Lenz erscheint. Er schildert mit nahezu psychoanalytischer Präzision die Jugend des Strafgefangenen Siggi Jepsen während der NS-Zeit. Thema ist der Konflikt zwischen Kunst und Macht, dargestellt am Beispiel eines Malverbots.
Siggis Vater, ein Polizist, hatte den Auftrag, einen für entartet erklärten Maler zu überwachen. Pflichterfüllung, Gehorsamsverweigerung und die Freiheit der Kunst unterzieht Lenz in diesem Roman einer kritischen Betrachtung.
Lenz erzielt mit seinem Werk, das durch spannenden Handlungsverlauf und atmosphärische Dichte überzeugt, seinen ersten internationalen Erfolg. Der politisch für die SPD engagierte Autor war ab 1952 Mitglied der Gruppe 47 und hatte bereits 1955 mit seinem humoristischen Erzählband „So zärtlich war Suleyken" einen Publikumserfolg erzielen können. Lenz erhält zahlreiche Literaturpreise, so 1988 den Friedenspreis des Deutschen Buchhandels.

S 625/K 626

📖 R. Wolff (Hg): Siegfried Lenz – Werk und Wirkung, 1985. T. Reber: Siegfried Lenz. Köpfe des 20. Jh. Bd. 74, 1986.

„2001" setzt Maßstäbe

6.4. New York. Der Science-fiction-Film „2001 – Odyssee im Weltraum" des US-amerikanischen Regisseurs Stanley Kubrick hat im Cinerama Theatre am Broadway Premiere. Die 10,5 Mio US-$ teure Produktion verhilft dem in den 50er Jahren vorrangig als

Kulturszene 1968	K 626
Theater	
Wolfgang Bauer Magic Afternoon UA 12.9., Hannover	Der 27jährige Österreicher setzt in seinem ersten Stück überzeugend das Lebensgefühl der frustrierten Popgeneration in Szene.
Tankred Dorst Toller UA 9.11., Stuttgart	Beteiligung des expressionistischen Dichters Ernst Toller an der Münchner Räteregierung von 1919; Regie: Peter Zadek.
Rainer Werner Fassbinder Katzelmacher UA 7.4., München	Debüt Fassbinders als Bühnenautor: Hetzjagd auf einen griechischen Gastarbeiter in einem bayerischen Dorf; Film 1969.
Peter Handke Kaspar UA 11.5., Frankfurt/M.	Kaspar Hauser als Objekt einer Verhaltensstudie über die Möglichkeit, einen Menschen durch Sprechen zum Sprechen zu bringen.
Arthur Miller Der Preis UA 7.2., New York	Trostlose Bilanz zweier zerstrittener Brüder, die wegen sozialer Umstände an der Verwirklichung ihrer Träume scheitern.
Peter Weiss Viet Nam-Diskurs UA 20.3., Frankfurt/M.	Politisch-agitatorisches Dokumentarstück, in dem Weiss den Vietnamkrieg der USA als Verbrechen anprangert.
Oper	
Luigi Dallapiccola Odysseus UA 29.9., Berlin	Oratorienhaft aufgebaute Oper, inspiriert von Homers Odyssee und erweitert um Texte von Hölderlin, James Joyce, Thomas Mann u. a.
Humphrey Searle Hamlet UA 5.3., Hamburg	Atonale Shakespeare-Oper des Webern-Schülers Searle mit bühnenwirksamer Variation des bekannten Stoffes.
Film	
Constantin Costa-Gavras Z Frankreich/Algerien	Politthriller nach dem Roman von V. Vassilikos; während der griechischen Militärdiktatur soll ein politischer Mord vertuscht werden.
Alexander Kluge Die Artisten in der Zirkuskuppel: ratlos; BRD	Eine Artistin träumt eine Zeitlang davon, einen Reformzirkus zu gründen; Collage aus Spielhandlung und dokumentarischer Reportage.
Stanley Kubrick 2001 – Odyssee im Weltraum; USA	Parabel auf die Menschheitsgeschichte; der Science-fiction-Film gilt als Meilenstein in der Entwicklung der fotografischen Tricks.
Sergio Leone Spiel mir das Lied vom Tod Italien/USA	Der Sohn eines ermordeten Ranchers macht sich auf die Suche nach dem Mörder; Hauptdarsteller: Henry Fonda und Charles Bronson.
Pier Paolo Pasolini Teorema – Geometrie der Liebe; Italien	Der Film über einen Erlöser, der die Wünsche aller Menschen befriedigt, bringt Pasolini in Italien eine Anklage wegen Obszönität ein.
Buch	
Wolf Biermann Mit Marx- und Engelszungen; Berlin	Die politischen Balladen des 1950 in die DDR emigrierten, dort in Ungnade gefallenen Liedermachers können nur in der BRD erscheinen.
Hubert Fichte Die Palette Reinbek	Zeugnis der erstarrenden Jugend-Protestbewegungen in der BRD am Ende der 60er Jahre; Ort der Handlung: eine Hamburger Kneipe.
Siegfried Lenz Deutschstunde Hamburg	Das Problem der Pflichterfüllung im Dienste der Macht am Beispiel eines norddeutschen Polizisten und eines Malers der NS-Zeit.
Alexander Solschenizyn Krebsstation/Der erste Kreis ...; London	Romane Solschenizyns aus seiner Zeit in einem sowjetischen Sonderkrankenhaus, in stalinistischen Gefängnissen und Straflagern.
Christa Wolf Nachdenken über Christa T.; Halle/Saale	Eine Frau erzählt die Lebensgeschichte ihrer an Leukämie gestorbenen Freundin; der Roman wird in der DDR geschmäht, im Westen gelobt.

1968

Olympische Spiele 1968 in Mexico City — K 627

Zeitraum: 12.10. bis 27.10.		Medaillenspiegel			
		Land	G	S	B
Teilnehmerländer	112	USA	45	28	34
Erste Teilnahme	12	UdSSR	29	32	30
Teilnehmerzahl	5569	Japan	11	7	7
Männer	4780	Ungarn	10	10	12
Frauen	789	DDR	9	9	7
Deutsche Teilnehmer	231	Frankreich	7	3	5
Schweizer Teilnehmer	36	Tschechoslowakei	7	2	4
Österreich. Teilnehmer	43	BRD	5	11	10
Sportarten	18	Australien	5	7	5
Neu im Programm	0	Großbritannien	5	5	3
Nicht mehr olympisch	1	Polen	5	2	11
Entscheidungen	182	Rumänien	4	6	5

Erfolgreichste Medaillengewinner

Name (Land) Sportart	Medaillen (Disziplinen)
Vera Cáslavská (TCH) Turnen	3 x Gold (Mehrkampf, Stufenbarren, Pferdsprung), 3 x Silber (Boden, Mehrkampf-Mannschaft, Schwebebalken)
Charles Hickocx (USA) Schwimmen	3 x Gold (200 m Lagen, 400 m Lagen, 4 x 100 m Lagen), 1 x Silber (100 m Rücken)
Sawao Kato (JPN) Turnen	3 x Gold (Mehrkampf, Mehrkampf-Mannschaft, Boden), 1 x Bronze (Ringe)
Debbie Meyer (USA) Schwimmen	3 x Gold (200 m Freistil, 400 m Freistil, 800 m Freistil)
Michail Woronin (URS) Turnen	2 x Gold (Reck, Pferdsprung), 4 x Silber (Mehrkampf, Mehrkampf-Mannschaft, Barren, Ringe), 1 x Bronze (Seitpferd)

Erfolgreichster deutscher Teilnehmer

Roland Matthes (Schwimmen)	2 x Gold (100 m Rücken, 200 m Rücken), 1 x Silber (4 x 100 m Lagen)

Olympische Winterspiele 1968 in Grenoble

Zeitraum 6.2. bis 18.2.		Medaillenspiegel			
		Land	G	S	B
Teilnehmerländer	36	Norwegen	6	6	2
Teilnehmerzahl	1219	UdSSR	5	5	3
Deutsche Teilnehmer	78	Frankreich	4	3	2
Schweizer Teilnehmer	93	Italien	4	0	0
Österreich. Teilnehmer	80	Österreich	3	4	4
Sportarten	7	Niederlande	3	3	3
Entscheidungen	35	Schweden	3	2	3

Erfolgreichste Medaillengewinner

Name (Land) Sportart	Medaillen (Disziplinen)
Jean-Claude Killy (FRA) Ski alpin	3 x Gold (Abfahrtslauf, Spezialslalom, Riesenslalom)
Toini Gustafsson (SWE) Ski nordisch	2 x Gold (5 km Langlauf, 10 km Langlauf), 1 x Silber (3 x 5 km)

Erfolgreichster deutscher Teilnehmer

Thomas Köhler Rodeln	1 x Gold (Doppelsitzer), 1 x Silber (Einsitzer)

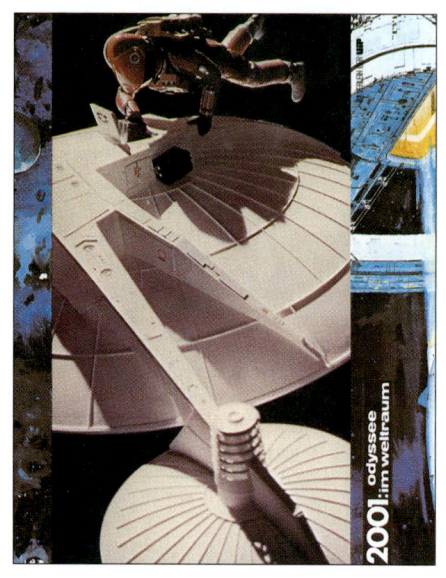

„2001: Odyssee im Weltraum": Stanley Kubricks Science–Fiction-Film zeigt Trickaufnahmen von unbekannter Perfektion (Filmplakat).

B-Movie gehandelten Science-fiction-Film zu neuem künstlerischem Anspruch. Sie verbindet philosophischen Gehalt und eindrucksvolle Spezialeffekte. So mündet die Reise ins All am Ende des Films in eine geheimnisvolle und irritierende Darstellung des Lebenszyklus.
An den Erfolg von „2001" knüpfen u. a. „Der Andromeda-Nebel" (1971) und „Lautlos im Weltall" (1972) an. Eine enorme Popularisierung erfährt das Genre 1976 mit dem mehrteiligen Weltraummärchen „Star Wars" des US-amerikanischen Regisseurs George Lucas.

 P. W. Jansen/W. Schütte (Hg.): Stanley Kubrick, 1984.

Neue Nationalgalerie

15.9. Westberlin. Die von Ludwig Mies van der Rohe entworfene Neue Nationalgalerie in der Potsdamer Straße wird nach dreijähriger Bauzeit eröffnet. Das Museum, Höhepunkt in der Reihe der sog. Pavillon-Bauten, ist der einzige Entwurf, den der ehemalige Leiter des Bauhauses in Dessau (↑S.217/26.12.1924) nach seiner Emigration in die USA 1938 für Deutschland gemacht hat.
Die leicht wirkende Stahlkonstruktion einer Glashalle mit freitragendem quadratischem Dach entspricht der von Mies van der Rohe immer wieder geforderten Einheit von Zweckmäßigkeit und ästhetischem „Mehrwert".
Um die Transparenz der Ausstellungsräume nicht zu beeinträchtigen, waren ursprünglich

Sport

Spiele mit zwei deutschen Teams

6.2.–18.2. Grenoble. Die X. Olympischen Winterspiele finden nach den I. Winterspielen von Chamonix (↑S.217/1924) wieder in Frankreich statt. Mit Investitionen in Höhe von ca. 1 Mrd DM wurde Grenoble (250 000 Einw.) für die Wettkämpfe ausgebaut. Erfolgreichster Teilnehmer ist der dreifache Goldmedaillengewinner Jean-Claude Killy aus Frankreich; für eine Sensation sorgt der Italiener Franco Nones, der als erster Südeuropäer den 30-km-Skilanglauf gewinnt. Erstmals treten bei Olympischen Spielen zwei deutsche Mannschaften an. Gold für die Bundesrepublik Deutschland erringen die Namensvetter Erhard Keller (500-m-Eisschnellauf) und Franz Keller (Nordische Kombination); ein wenig rühmliches Olympiadebüt geben drei Rennrodlerinnen aus der DDR, die wegen unerlaubten Erwärmens der Schlittenkufen disqualifiziert werden. Die beiden deutschen Teams vereint noch eine gemeinsame Flagge und Hymne („An die Freude"); nach den Sommerspielen in Mexiko (↑S.628/12.– 27.10.) darf die DDR an Olympischen Spielen mit eigener Flagge und Hymne teilnehmen. S 626/K 627

Sprinter unterbieten 10,0 sec

20.6. Sacramento. Bei den US-amerikanischen Leichtathletikmeisterschaften in Sacramento durchbrechen drei Sprinter die 100-m-Schallmauer von 10,0 sec. Charlie Green, Jim Hines und Ronnie Ray Smith laufen mit handgestoppten 9,9 sec Weltrekord.
20 Jahre lang, 1936–56, hatte der US-Amerikaner Jesse Owens (↑S.330/1936) mit 10,2 sec den Weltrekord über 100 m gehalten, am 21.6.1960 erreichte Armin Hary (GER) als erster die 10,0-sec-Grenze. Jim Hines wiederholt seine Leistung bei den Olympischen Spielen in Mexico City (↑S.628/12.–27.10.), als er in elektronisch gestoppten 9,9 sec den Endlauf gewinnt. S 626/K 627 S 626/K 628

Erste Spiele in Höhenlage

12.10.–27.10. Mexico City. Die XIX. Olympischen Sommerspiele bringen eine durch

Sport 1968	K 628
Fußball	
Europameisterschaft	Italien – Jugoslawien 2:0
Deutsche Meisterschaft	1. FC Nürnberg
DFB-Pokal	1. FC Köln – VfL Bochum 4:1
Englische Meisterschaft	Manchester City
Italienische Meisterschaft	AC Mailand
Spanische Meisterschaft	FC Barcelona
Europapokal (Landesmeister)	Manchester United – Benfica Lissabon 4:1
Europapokal (Pokalsieger)	AC Mailand – Hamburger SV 2:0
Messepokal	Leeds United
Tennis	
Wimbledon (seit 1877; 82. Austragung)	Herren: Rod Laver (AUS) Damen: Billie Jean King (USA)
US Open (seit 1881; 88. Austragung)	Herren: Arthur Ashe (USA) Damen: Virginia Wade (GBR)
French Open (seit 1925; 40. Austragung)	Herren: Ken Rosewall (AUS) Damen: Nancy Richey (USA)
Australian Open (seit 1905; 56. Austragung)	Herren: Bill Bowrey (USA) Damen: Billie Jean King (USA)
Davis-Cup (Adelaide, AUS)	USA – Australien 4:1
Eishockey	
Weltmeisterschaft	Sowjetunion
Stanley-Cup	Montreal Canadiens
Deutsche Meisterschaft	EV Füssen
Radsport	
Tour de France (4662 km)	Jan Janssen (HOL)
Giro d'Italia (3912 km)	Eddy Merckx (BEL)
Straßen-Weltmeisterschaft	Vittorio Adorni (ITA)
Automobilsport	
Formel-1-Weltmeisterschaft	Graham Hill (GBR), Lotus-Ford
Boxen	
Schwergewichts-Weltmeisterschaft	WBC: Joe Frazier (USA) – K. o. über Manuel Ramos (MEX), 24.6. – K. o. über Buster Mathis (USA), 27.4.
	WBA: Jimmy Ellis (USA) – PS gegen Floyd Patterson (USA), 14.9. – PS gegen Jerry Quarry (USA), 27.4.
Herausragende Weltrekorde		

Disziplin	Athlet (Land)	Leistung
Leichtathletik, Männer		
100 m	Jim Hines (USA)	9,95 sec
200 m	Tommie Smith (USA)	19,83 sec
400 m	Lee Evans (USA)	43,86 sec
Weitsprung	Bob Beamon (USA)	8,90 m
Dreisprung	Wiktor Sanejew (URS)	17,39 m
Diskuswurf	Jay Silvester (USA)	68,40 m
Leichtathletik, Frauen		
100 m	Wyomia Tyus (USA)	11,08 sec
Schwimmen, Männer		
400 m Lagen	Charles Hickocx (USA)	4:39,0 min

Olympische Spiele in Mexiko City: Die US-Athleten Tommie Smith und John Carlos (M. und r.), Anhänger der „Black Power"-Bewegung, nutzen ihren Sieg im 200-m-Lauf für eine politische Demonstration.

die Höhenlage (2240 m) begünstigte Rekordflut: 34 Weltrekorde und 38 olympische Rekorde werden in Mexico City gebrochen. Herausragende Leistung ist der „Jahrhundertweitsprung" von Bob Beamon (USA), dessen 8,90 m erst 23 Jahre später (↑S.853/30.8.1991) überboten werden. Eine neue Ära des Hochsprungs läutet der US-Amerikaner Dick Fosbury mit seiner Sprungtechnik (Fosbury-Flop) ein, bei der die Latte mit dem Rücken zuerst überquert wird. Sein Landsmann Al(fred) Oerter stellt einen Rekord eigener Art auf; er erringt zum vierten Mal hintereinander olympisches Gold im Diskuswerfen.

Die Entscheidung, ein mit wirtschaftlichen Problemen kämpfendes Entwicklungsland zum Ausrichter der Spiele zu ernennen, war auch in Mexiko umstritten. Im Vorfeld hatte es gegen das Prestigeobjekt des Staatspräsidenten Gustavo Diaz Ordaz zahlreiche Demonstrationen gegeben, die vom Militär blutig niedergeschlagen wurden.

Einen großen Erfolg bringen die Spiele für die DDR, die erstmals mit einer eigenen Mannschaft bei Sommerspielen antritt und mehr Goldmedaillen erringt als die Bundesrepublik Deutschland (9:5). S 626/K 627

Elze stirbt nach Boxkampf

12.6. Dortmund. Der Deutsche Meister im Mittelgewicht, Jupp Elze, erleidet bei einem Boxkampf gegen den amtierenden Europameister Carlos Duran aus Italien schwere Verletzungen. In der 15. und letzten Runde verliert der erst 28jährige Boxer das Bewußtsein und stirbt acht Tage später.

Die Obduktion ergibt, daß neben Gehirnblutungen auch unerlaubte Aufputschmittel für den Tod des Boxers verantwortlich sind.

Tödliche Unfälle im Ring überschatten immer wieder den Boxsport: 1947 starb Jimmy Doyle nach seiner K.-o.-Niederlage im Titelkampf gegen Sugar Ray Robinson, im Jahr 1980 kommt der Brite Johnny Owen im Ring ums Leben.

1969

Politik

Arafat Führer der PLO

3.2. Kairo. Jassir Arafat, Chef der Widerstandsorganisation Al Fatah, wird vom Palästinensischen Nationalkongreß zum Vorsitzenden der Palästinensischen Befreiungsorganisation (PLO) gewählt. Er kündigt eine Intensivierung der Kommandounternehmen der einzelnen Widerstandsorganisationen gegen Israel an. Unter Arafats Vorgänger Yahja Hammouda waren die militanten Organisationen 1968 in die PLO integriert worden. Unter Arafat wird ihr Einfluß bestimmend; die Koordination übernimmt ein Exekutivkomitee. Die Volksfront für die Befreiung Palästinas (PFLP), die sich zu dem Anschlag auf ein El-Al-Flugzeug am 18.2. in Zürich bekennt, boykottiert die PLO.
1974 erreicht Arafat, daß der PLO ein Beobachterstatus bei der UNO zuerkannt wird. Mit der Proklamation eines unabhängigen Palästinenserstaates (↑S.806/15.11.1988) erkennt er den Staat Israel indirekt an und erklärt 1989 die PLO-Charta vom 1.6.1964 (↑S.577), die das Verschwinden Israels zum Ziel hatte, für hinfällig. S 806/K 783

Jassir Arafat (*1929), wandelt sich vom Freiheitskämpfer und Befürworter terroristischer Maßnahmen zum Politiker und Staatsmann.

Heinemann wird Bundespräsident

5.3. Westberlin. In der Ostpreußenhalle wird Gustav Heinemann (SPD) von der Bundesversammlung zum Nachfolger von Bundespräsident Heinrich Lübke (CDU) gewählt.
Der Justizminister des Kabinetts Kiesinger/Brandt (↑S.601/1.12.1966) gewinnt den dritten Wahlgang mit 512 gegen 506 Stimmen gegen Verteidigungsminister Gerhard Schröder (CDU). Entscheidend für die knappe Mehrheit sind die Stimmen der FDP, die sich

Wichtige Regierungswechsel 1969 K 629

Land	Amtsinhaber	Bedeutung
BRD	Kurt Georg Kiesinger (CDU, B seit 1966) Willy Brandt (SPD, B bis 1974)	Ende der Großen Koalition von SPD und CDU; Brandt wird Regierungschef der ersten sozialliberalen Koalition (S.631)
Brasilien	Arturo da Costa e Silva (P seit 1967) Emilio Garrastazu Medici (P bis 1974)	Machtübernahme durch Militär (1.9.), das bereits im Dezember 1968 die föderalistische Struktur des Landes aufgehoben hatte
Frankreich	Charles de Gaulle (P seit 1959) Georges Pompidou (P bis 1974)	Rücktritt de Gaulles (28.4.) nach negativem Ausgang einer Volksabstimmung zur Regional- und Senatsreform (S.630)
Israel	Levi Eschkol (M seit 1963) Golda Meir (M bis 1974)	Tod von Eschkol (26.2.); Meir setzt seine Außenpolitik fort: kein Rückzug Israels aus den besetzten Gebieten
Libyen	Idris I. (König seit 1951) Muamar al Gaddafi (P bis ...)	Offiziersgruppe um Gaddafi stürzt König (1.9.); Umwandlung des Königreichs in eine sozialistische islamische Republik (S.631)
Schweden	Tage Erlander (M seit 1946) Olof Palme (M bis 1976)	Rücktritt Erlanders aus Altersgründen (9.10.); Palme baut Wohlfahrtsstaat weiter aus und reformiert Erziehungswesen (S.632)
Somalia	Abdi Rashid Shermarke (P seit 1967) Mohammed Siad Barre (P bis 1991)	Militär putscht (15.10.) und ruft sozialistische Republik aus; Entwicklung Somalias zum Einparteienstaat
Sudan	Ismail Ashari (P seit 1964) Dschaffar Muhammad An Numairi (P bis 1985)	Militärputsch (21.5.); General An Numairi errichtet diktatorisches Regime und baut Einparteienstaat auf
USA	Lyndon B. Johnson (Dem., P seit 1963) Richard M. Nixon (Republ., P bis 1974)	Nixon wird mit knappem Vorsprung (0,7% der Stimmen) Wahlsieger über den Demokraten Hubert Humphrey
Vietnam-Nord	Ho Chi Minh (P seit 1954) Ton Duc Thang (P bis 1980)	Tod von Ho Chi Minh (3.9.); Ton Duc Thang wird auch Staatspräsident des wiedervereinigten Vietnam (2.7.1976)

B = Bundeskanzler; M = Ministerpräsident bzw. Premierminister; P = Präsident

seit der Ablösung des konservativen Vorsitzenden Erich Mende durch Walter Scheel (1968) auf die SPD zubewegt (↑S.631/28.9.). Heinemanns fünfjährige Amtszeit, die mit dem freiwilligen Verzicht auf eine Wiederwahl endet (↑S.684/15.5.1974), ist geprägt von dem Versuch, Moral und Politik zu vereinen, seiner Abneigung gegen Repräsentationspathos und seinem Bemühen, jedem Mitglied der Gesellschaft, auch den Randgruppen, Selbstbewußtsein und Mitverantwortung zu vermitteln. Als bekennender evangelischer Christ hatte der 1899 geborene Präsident im Widerstand gegen den Nationalsozialismus gestanden. Gustav Heinemann stirbt am 7.7.1976.

G. Heinemann: Reden und Schriften. 3 Bde., 1975/76. H. Vinke: Gustav Heinemann, 1986.

Charles de Gaulle tritt ab

28.4. Paris. Nach der Ablehnung der von ihm gewünschten Reform der Regionalbefugnisse und des Senats in einem Volksentscheid tritt der französische Staatspräsident Charles de Gaulle zurück. De Gaulle machte seine politische Zukunft vom Ausgang des Referendums abhängig; mit 47,58% erreichte er jedoch keine Mehrheit.

Der Wegbereiter der V. Republik (↑S.529/8.1.1959) hatte das Land über zehn Jahre lang in autoritärem Stil regiert. Der Staatspräsident genoß als ehemaliger Führer des Widerstands gegen Nazi-Besetzung und Kollaborateure bis zu den Mai-Unruhen (↑S.620/10.5.1968) großes Vertrauen in der Bevölkerung.

Am 15.6. gewinnt der frühere gaullistische Premier Georges Pompidou die Präsidentschaftswahlen gegen den konservativen Interimspräsidenten Alain Poher. S 568/K 574

E. Weisenfeld: Geschichte Frankreichs seit dem Krieg. Von de Gaulle bis Mitterrand, NA 1982. D. Cook: Charles de Gaulle. Soldat und Staatsmann, 1985. E. Weisenfeld: Charles de Gaulle. Der Magier im Elysée, 1990.

„Fußballkrieg" beigelegt

18.7. Die Organisation der Amerikanischen Staaten (OAS) vermittelt einen Waffenstillstand im kriegerischen Konflikt zwischen Honduras und El Salvador. 2400 Menschen, darunter viele Zivilisten, sind den Kämpfen zum Opfer gefallen, die im Anschluß an zwei Fußballspiele ausbrachen.

Während der Qualifikationsspiele zur Fußballweltmeisterschaft 1970 am 8.6. in Honduras und am 17.6. in El Salvador kam es zu schweren Ausschreitungen zwischen den jeweiligen Anhängern. Honduras wies salvadorianische Bürger aus und verhängte den Ausnahmezustand. Im Gegenzug drangen Truppen El Salvadors nach Honduras vor. Hintergrund des Konflikts ist die Situation der 285 000 salvadorianischen Siedler in Honduras. Eine Bodenreform, die sie be-

Kriegsherde in Latein- und Mittelamerika nach 1945					K 630
Zeitraum	Konflikt	Konfliktgegner	Anlaß	Folgen	
Seit 1961	Bürgerkrieg in Guatemala	Regierungstruppen, Guerillas	Ideologischer Konflikt	1991: Erklärung zum Aufbau einer Demokratie unterzeichnet; nur stockende Entspannung	
1969	Fußballkrieg	El Salvador, Honduras	Grenzstreitigkeiten, soziale Probleme	Entmilitarisierte Zone zwischen beiden Ländern; in der Folge weiterhin vereinzelte Kämpfe (S.630)	
1974–91	Bürgerkrieg in Kolumbien	Regierung, Rebellen, Drogenmafia	Drogenhandel, ideologische Differenzen	1991: Drei von vier Rebellengruppen stellen Kampf ein; Kampf gegen Drogenhandel	
1980–92	Bürgerkrieg in El Salvador	Regierung, Todesschwadr., Guerillas	Ideologischer Konflikt	1992: Friedensvertrag nach UN-Vermittlung; Land zunächst unter Kontrolle von UN-Truppen (S.854)	
Ab 1980	Bürgerkrieg in Peru	Regierung, Guerillaorg. Leuchtender Pfad	Ideologisch-sozialer Konflikt	1992: Festnahme des Anführers Abimael Guzmán und begrenzte Amnestie; 1980–1995: rd. 35 000 Tote	
1982	Falklandkrieg	Argentinien, Großbritannien	Beide Länder melden Gebietsansprüche an	Nach dem militärischen Erfolg Großbritanniens bleiben die Falklandinseln (Malvinen) britisch (S.754)	
1982–90	Bürgerkrieg in Nicaragua	Sandinisten, Contras (US-unterstützt)	Ideologische Differenzen	1990: Friedensgespräche und freie Wahlen; Sieg von Violeta Chamorro (Nationale Opposition, S.830)	
1983	Invasion in Grenada	Grenada, USA	US-Angst vor marxistischer Militärregierung	Absetzung der Regierung; nach Zurückdrängen des kommunist. Einflusses Rückzug der USA (S.764)	
1986–92	Bürgerkrieg in Surinam	Regierungstruppen, Guerillas	Ideologischer Konflikt	1992: Friedensabkommen der Regierung mit wichtigsten Guerillagruppen; Beendigung der Kämpfe	
1989	Invasion in Panama	Panama, USA	Drogenschmuggel-Vorwurf an Präsidenten	Sturz der Regierung nach US-Invasion; Festnahme Manuel Noriegas; in den USA zu Haftstrafe verurteilt	
1995 (Jan.)	Grenzkrieg	Peru, Ecuador	Grenzstreitigkeiten; Rohstoffvorkommen	Bombardierung von Indianerdörfern, etwa 200 Tote; Beilegung des Konflikts im Februar 1995	

nachteiligt, führte Anfang des Jahres zu ersten Spannungen zwischen den beiden Nachbarstaaten. S 630/K 630

E. Galeano: Die offenen Adern Lateinamerikas. Geschichte eines Kontinents von der Entdeckung bis zur Gegenwart, NA 1988.

Konflikt in Nordirland eskaliert

12.8. Londonderry. Anläßlich einer protestantischen Parade kommt es in Londonderry zu Straßenschlachten zwischen Protestanten und Katholiken. Die Unruhen, die in den folgenden Tagen auf die nordirische Hauptstadt Belfast und andere Städte übergreifen, fordern neun Tote und Hunderte Verletzte.
1921 war Irland nach zwei Jahren Bürgerkrieg geteilt worden (↑S.178/6.12.1921). Die südlichen Grafschaften mit einer überwiegend katholischen Bevölkerung wurden zur heutigen Republik Irland, die sechs nördlichen Grafschaften blieben als Nordirland bei Großbritannien. Das Verhältnis zwischen der protestantischen Mehrheit (65%) und der katholischen Minderheit in Nordirland ist seit Jahren von Spannungen geprägt.
Die Entsendung britischer Truppen nach Nordirland wird zunächst von den Katholiken begrüßt, da die nordirischen Sicherheitskräfte die protestantischen Übergriffe decken (↑S.662/24.3.1972). S 662/K 658

Manfred Tieger: Nordirland, Geschichte und Gegenwart, 1985.

Staatsstreich libyscher Offiziere KAR

1.9. Tripolis. Die revolutionäre Offiziersbewegung „Freie Unionistische Offiziere" unter Muammar al Gaddafi stürzt die monarchistische Regierung in einem unblutigen Putsch. Der libysche König Idris I. hält sich zur Zeit des Umsturzes in der Türkei auf.
Die Revolutionsregierung unter Gaddafi wandelt Libyen, das bis Ende des 2. Weltkriegs unter Fremdherrschaft stand, in eine islamisch-sozialistische Republik um. Konflikte mit der westlichen Welt entstehen immer wieder wegen der libyschen Unterstützung arabischer Terrororganisationen. 1992 erklärt sich Gaddafi bereit, die UNO-Resolution 731 anzunehmen, die zur Zusammenarbeit im Kampf gegen den Terrorismus verpflichtet. S 631/K 631

Machtwechsel in Bonn

28.9. Bonn. Aus den Wahlen zum sechsten Deutschen Bundestag geht die CDU (46,1%) zwar als knapper Sieger hervor; die SPD (42,7%) nutzt jedoch die Möglichkeit, gemeinsam mit der FDP (5,8%) die Regierung

Nordirland: Britische Armee–Einheiten übernehmen in Belfast die Kontrolle der öffentlichen Sicherheit im Konflikt zwischen Katholiken und Protestanten.

Libyen im 20. Jahrhundert K 631

Jahr	Ereignis
1911	Libyen wird italienisches Protektorat, Macht der Senussi-Bruderschaft (seit 1843; islamischer Orden) im Cyrenaika-Gebiet bleibt jedoch weiterhin bestehen (S.91)
1934	Das faschistische Italien vereinigt die Cyrenaika, Tripolitanien und Fezzan zur Kolonie Libia
1939	Libia wird italienische Provinz
1940–43	Schwere Kämpfe zwischen Truppen der Achsenmächte und den Alliierten; das Land wird in die früheren Gebiete zerteilt
1949	UNO beschließt Wiedervereinigung und Unabhängigkeit
1951	Libyen wird unter Mohammed Idris as-Senussi I. unabhängig
1959	Entdeckung reicher Ölvorkommen; wirtschaftliche Unabhängigkeit
1963	Anstelle der bisherigen weitgehenden Autonomie der drei Provinzen wird ein libyscher Einheitsstaat gebildet
1969	Militärputsch; Ursachen sind soziale Defizite und die korrupte monarchische Staatsführung des Landes (S.631); Oberst M. al Gaddafi stürzt den König und ruft die Arabische Republik Libyen aus; Einleitung einer radikalen Arabisierung
Ab 1969	Panarabisch-sozialistischer Nationalismus bestimmt die Politik
1973	Libyen besetzt Aouzou-Streifen im Tschad; der Kriegszustand wird erst 1988 offiziell beendet (S.762/10.8.1983)
1974	Gaddafi gibt das Amt des Ministerpräsidenten an Major Abd as-Salam Dschallud ab, behält als Vorsitzender des Revolutionsrats und Oberbefehlshaber der Armee jedoch die Macht
1977	Umbenennung des Landes in Sozialistische Libysche Arabische Volksdschamahirija; Koran wird zum sozialen Gesetz
	Libyen übernimmt die Führung der arabischen Staaten gegen die ägyptisch-israelischen Friedensverhandlungen
1979	Gaddafi tritt als Staatsoberhaupt zurück, behält jedoch als „Führer der Revolution" de facto die Macht
1986	Der Bau einer Giftgasfabrik in Rabta und Terroranschläge führen zur Bombardierung von Tripolis und Bengasi durch USA
1992	UN-Sicherheitsrat verhängt ein Luftverkehrs- und Waffenembargo gegen Libyen wegen der mutmaßlichen Beteiligung am Anschlag auf ein Passagierflugzeug (Lockerbie), woraufhin sich Gaddafi offiziell von allen terroristischen Aktionen lossagt; 1993 Verschärfung des Embargos, Verschlechterung der wirtschaftlichen Situation

Libyen

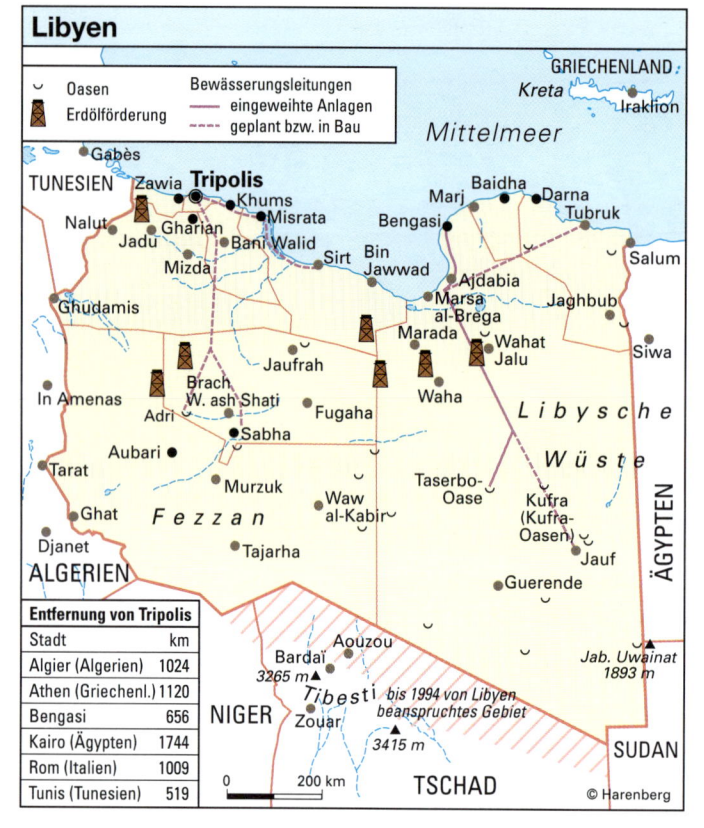

∪ Oasen	Bewässerungsleitungen
▮ Erdölförderung	— eingeweihte Anlagen
	--- geplant bzw. in Bau

Entfernung von Tripolis

Stadt	km
Algier (Algerien)	1024
Athen (Griechenl.)	1120
Bengasi	656
Kairo (Ägypten)	1744
Rom (Italien)	1009
Tunis (Tunesien)	519

Die Sozialdemokraten, bisher Partner der Union in der Großen Koalition (↑S.601/1.12. 1966), hatten mit den Wahlkampfthemen „Aussöhnung mit dem Osten" und „sozialer Fortschritt" als einzige der größeren Parteien Stimmengewinne verzeichnet.
Am 3.10. sind die Koalitionsgespräche abgeschlossen. Nur der rechtsliberale FDP-Block um den ehemaligen Parteivorsitzenden Erich Mende stellt sich dem sozialliberalen Bündnis entgegen.
In Brandts Amtszeit fallen der Warschauer Vertrag (↑S.644/7.12.1970) und das Viermächteabkommen über Berlin (↑S.653/3.9. 1971). Für seine „Politik der Versöhnung" (↑S.644/7.12.1970) wird er 1971 mit dem Friedensnobelpreis ausgezeichnet. S 657/K 653

📖 A. Baring: Machtwechsel. Die Ära Brandt-Scheel. 1969–1974, 1982. K. D. Bracher/W. Jäger/W. Link: Republik im Wandel 1969–1982. Tl. 1. Die Ära Brandt, 1986.

Palme will „Dritten Weg"

14.10. Stockholm. Der bisherige Minister für Erziehung und Kultur, Olof Palme, wird Nachfolger des aus Altersgründen zurückgetretenen schwedischen Ministerpräsidenten Tage Erlander.
Der 42jährige Sozialdemokrat steht für Kontinuität der schwedischen Sozialpolitik, die unter Erlander als „Dritter Weg" zwischen Kapitalismus und Sozialismus entwickelt wurde. Umfangreiche, zum Teil kostenlose Sozialleistungen werden über relativ hohe Steuern finanziert; die Privatwirtschaft bleibt jedoch unangetastet.
Mit Willy Brandt setzt sich Palme für eine die Interessen der Dritten Welt stärker berücksichtigende Wirtschafts-, Finanz- und Entwicklungspolitik ein. Am 28.2.1986 (↑S.787) wird er auf offener Straße erschossen. Die Hintergründe des Attentats bleiben im Dunkeln. S 633/K 632

📖 B. Henningsen: Der Wohlfahrtsstaat Schweden, 1986.

Südtirol erhält mehr Autonomie

16.12. Nach Italien und der Südtiroler Volkspartei (SVP) stimmt auch das österreichische Parlament dem sog. Südtirol-Paket zu. Dieses Abkommen garantiert der Grenzregion einen Sonderstatus und gewährt der deutschen und ladinischen (einen rätoromanischen Dialekt sprechenden) Bevölkerung u. a. die Sprach- und Kulturautonomie.
Nach dem 1. Weltkrieg wurde Tirol geteilt. Nord- und Osttirol wurden zum österreichischen Bundesland Tirol zusammengefaßt,

zu bilden. Der SPD-Vorsitzende Willy Brandt wird erster sozialdemokratischer Bundeskanzler. Die rechtsradikalen Nationaldemokraten scheitern mit einem Stimmenanteil von 4,3% an der 5%-Sperrklausel.

Sozialliberale Koalition: Die Parteivorsitzenden Willy Brandt (SPD) und Walter Scheel (FDP) besiegeln das Bündnis, das bis 1982 Bestand hat.

Südtirol bis zum Brenner wurde Italien zugeschlagen. Das Gruber-De-Gasperi-Abkommen von 1946, das die Gleichberechtigung der deutschsprachigen Südtiroler garantieren sollte, blieb in vielen Punkten unerfüllt. Auf Druck der SVP, der Vertretung der deutschen und ladinischen Minderheiten, wurden erneut Verhandlungen über Autonomie aufgenommen.

Bis 1992 erfüllt Italien die 137 Durchführungsbestimmungen des Südtirol-Pakets. Der „Union für Südtirol" gehen diese Zugeständnisse jedoch noch nicht weit genug. Sie fordert einen Südtiroler Freistaat. S 633/K 633

Wirtschaft

Arbeitsförderungsgesetz beschlossen

13.5. Bonn. Der Bundestag verabschiedet ein Arbeitsförderungsgesetz (AFG), das die Funktionen der Bundesanstalt für Arbeit neu festlegt.

Das AFG tritt an die Stelle des 1927 in Kraft getretenen Gesetzes über Arbeitsvermittlung und Arbeitslosenversicherung, das primär die Aufgabe hatte, die Not der Arbeitslosen durch finanzielle Unterstützung zu mildern, aber nicht vorbeugend wirken konnte.

Das AFG, das am 1.7. in Kraft tritt, umfaßt zusätzlich die Förderung von Arbeitsmarkt- und Berufsforschung, berufliche Eingliederung von Behinderten und Maßnahmen zur Erhaltung von Arbeitsplätzen (u. a. durch Kurzarbeitergeld). Es soll in erster Linie Arbeitslosigkeit verhindern und einen hohen Beschäftigungsgrad gewährleisten. S 634/K 634

Ruhrbergbau rückt zusammen GRA

18.7. Essen. Bundeswirtschaftsminister Karl Schiller und 18 Bergbauunternehmen unterzeichnen den Gründungsvertrag der Gesamtgesellschaft Ruhrkohle AG (RAG). Die Zechen, die zusammen rd. 85% der Kohleförderung des Ruhrgebiets repräsentieren, verpflichten sich darin, ihr Vermögen in die Gesellschaft einzubringen; im Gegenzug kommt der Vertragspartner (Bund/Land Nordrhein-Westfalen) für die Schulden der alten Unternehmen auf.

Billige Importkohle und ein zunehmender Anteil anderer Energiequellen bei der Verstromung führten zu Überkapazitäten und Zechenschließungen.

Als Reaktion auf die sog. Kohlekrise wird der Abbau den verminderten Absatzkapazitäten angepaßt. Sechs weitere Zechen treten der RAG am 31.10.1969 bei. Am 1.1.1991

Schweden im 20. Jahrhundert K 632

Jahr	Ereignis
1905	Norwegen löst Union mit Schweden und wird selbständig (S.50)
1907	Gustav V. Adolf wird schwedischer König
1909	Einführung des Verhältniswahlrechts für beide Kammern
1914–18	Neutralität Schwedens während des 1. Weltkriegs
1939–45	Schweden bleibt im 2. Weltkrieg neutral
1946	Tage Erlander wird schwedischer Regierungschef
1946	Ausbau des Sozialleistungssystems durch ein Volkspensionsgesetz; in der Folge wird Schweden zum sozialpolitischen Musterland des europäischen Kontinents
1950	Tod Gustavs V. Adolf; Nachfolger wird sein Sohn Gustav VI. Adolf
1952	Schweden, Dänemark und Finnland gründen den Nordischen Rat; Ziel: wirtschaftl., soziale und kulturelle Zusammenarbeit
1960	Mitglied der Europäischen Freihandelszone (EFTA, S.538)
1968	Einführung des Einkammersystems im schwedischen Parlament und Verabschiedung eines neuen Wahlverfahrens
1969	Nach Rücktritt von Erlander wird Olof Palme Ministerpräsident; Fortsetzung des reformsozialistischen Kurses (S.632)
1972	Freihandelsabkommen mit der Europäischen Gemeinschaft
1973	Tod Gustavs VI. Adolf (15.9.); Nachfolger: Karl XVI. Gustav
1975	Neue Verfassung schwächt Stellung des Königs (S.682)
1976	Thorbjörn Fälldin (Zentrum) wird Ministerpräsident und bricht die seit 1920 bestehende sozialdemokratische Herrschaft
1982	Palme gewinnt das Amt des Ministerpräsidenten zurück
1986	Olof Palme fällt in Stockholm einem Attentat zum Opfer (28.2.); neuer Regierungschef wird Ingvar Carlsson (S.787)
1990	Schweden löst sich von traditioneller Allianzfreiheit und Neutralität
1991	Eine bürgerlich-konservative Minderheitsregierung von Carl Bildt löst die Regierung Carlsson ab; Reformen: Privatisierungen, Auflösung staatlicher Monopole, Deregulierung
1994	Erneuter Wahlsieg der Sozialdemokraten unter Carlsson (Rücktritt: 1996; Nachfolger Göran Persson); weiterer Abbau des Wohlfahrtsstaats zur Verminderung der Staatsverschuldung
1994	52,2% der Schweden stimmen für Beitritt zur EU (ab. 1.1.1995)

Geschichte Südtirols im 20. Jahrhundert K 633

Datum	Ereignis	Folgen
3.11.1918	Waffenstillstand zwischen Österreich-Ungarn und den Alliierten	Österreich muß Gebiet von Südtirol räumen
10.9.1920	Unterzeichnung des Friedensvertrags in Saint-Germain-en-Laye	Südtirol fällt an Italien (10.10.)
18.7.1923	Programm der Entnationalisierung Südtirols durch Mussolini	Italienisch wird Amts- und Schulsprache
27.2.1926	Letzte deutschsprachige Zeitung stellt Erscheinen ein	Deutsche Minderheit verliert weitere Rechte
21.10.1939 (S.354)	Südtirol-Abkommen zwischen Italien und Deutschem Reich	Deutsche Bevölkerung wird umgesiedelt
5.9.1946	Gruber-De-Gasperi-Abkommen in Paris unterzeichnet	Gleichberechtigung und kulturelle Teilautonomie
16.12.1969 (S.632)	Südtirol-Vertrag zwischen Italien und Österreich unterzeichnet; 1972 tritt Automiestatut in Kraft	Autonomie erweitert: 137 Maßnahmen zum Schutz der dt. Bevölk.
11.6.1992	Österreich erkennt Durchführungsbestimmungen des Automiestatuts an	Beilegung des Südtirolkonflikts

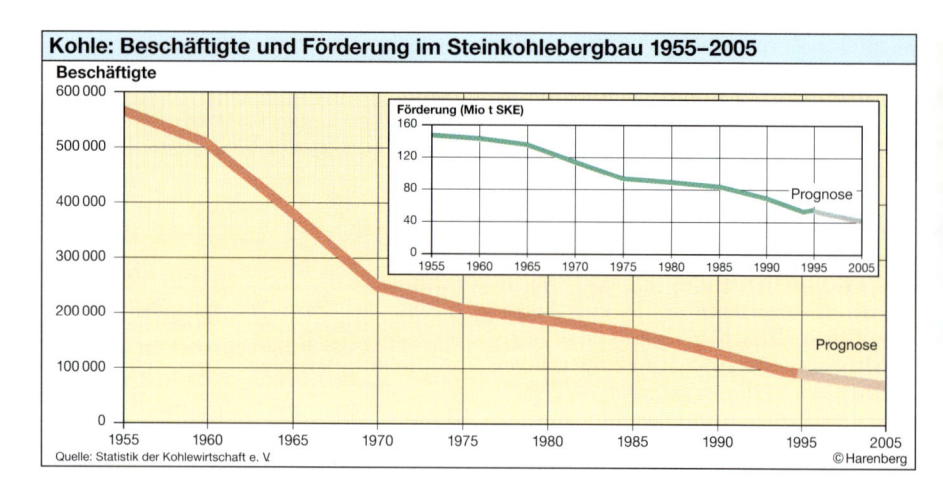

Kohle: Beschäftigte und Förderung im Steinkohlebergbau 1955–2005

Quelle: Statistik der Kohlewirtschaft e. V. © Harenberg

schließt sich auch das Bergwerk Auguste Viktoria (Marl, bisher BASF-Tochter) als letzte unverbundene Großzeche der RAG an.

1996 bietet das Bundesfinanzministerium der RAG den 74%igen Anteil des Bundes an den Saarbergwerken zum Kauf an.

Arbeitsrecht in Deutschland	K 634
Jahr	Verordnung/Gesetz
1918	Verordnung über die Gültigkeit von Tarifverträgen
1927	Gesetz über die Beschäftigung vor und nach der Niederkunft
	Gesetz über Arbeitsvermittlung u. Arbeitslosenversicherung (S.243)
1938	Arbeitszeitordnung: Acht-Stunden-Tag wird als Regelarbeitszeit festgelegt; Erlaß eines Jugendschutzgesetzes
1951	Kündigungsschutzgesetz gegen sozial ungerechtfertigte Entlassungen tritt in Kraft
1952	Betriebsverfassungsgesetz zur betrieblichen Mitbestimmung (S.476)
1955	Personalvertretungsgesetz im öffentlichen Dienst (Ergänzung zum Betriebsverfassungsgesetz von 1952)
1957	Seemannsgesetz über die Beschäftigung von Seeleuten auf deutschen Schiffen
1960	Gesetz zum Schutz der arbeitenden Jugend
1961	Schwerbeschädigtengesetz zur Beschäftigung von Kriegsopfern und Behinderten vom Parlament verabschiedet
1963	Bundesurlaubsgesetz: Festgelegt werden 18 Tage bzw. 15 Werktage für Arbeitnehmer unter 35 Jahren
1969	Arbeitsförderungsgesetz zur Qualifizierung von Beschäftigten und Arbeitslosen; Gründung der Bundesanstalt für Arbeit (S.633)
	Berufsbildungsgesetz: Neuregelung der betrieblichen und überbetrieblichen Ausbildung
1972	Krankenversicherung für Landwirte beschlossen
1976	Mitbestimmungsgesetz (Ergänzung zum Betriebsverfassungsgesetz von 1952) tritt in Kraft
1980	Aussperrung streikender Arbeitnehmer wird vom Bundesverfassungsgericht für rechtmäßig erklärt
1984	Gesetz über Vorruhestand: Arbeitnehmer können ab dem 58. Lebensjahr in den vorzeitigen Ruhestand entlassen werden (bis 1997)
1994	Neues Arbeitszeitgesetz: täglich 8–10 Stunden für Arbeitnehmer, Sonn- und Feiertagsarbeit in Ausnahmefällen bzw. Sieben-Tage-Woche möglich, mindestens 15 arbeitsfreie Sonntage pro Jahr
1996	Schrittweise Erhöhung der Altersgrenze für vollen Rentenbezug; Einführung der Altersteilzeit (ab 55. Lebensjahr): Halbierung der Arbeitszeit auf mind. 18 h/Woche, staatliche Lohnzuschüsse

Verkehr

Tanker schafft Nordwest-Passage

15.9. Eismeer. Der 115 000 BRT große US-Tanker „Manhattan" beendet seine Fahrt durch die Nordwest-Passage im Norden des amerikanischen Kontinents. Das zum Eisbrecher umgebaute Handelsschiff hat das nördliche Eismeer in beiden Richtungen zwischen dem kanadischen Lancaster Sound und Point Barrow im Norden von Alaska in Begleitung zweier kleinerer Eisbrecher durchquert. Der Seeweg durch den Kanadisch-Arktischen Archipel gilt als besonders gefährlich. Nach erfolglosen Expeditionen im 19. Jh. (etwa durch John Franklin) gelang dem norwegischen Polarforscher Roald Amundsen 1906 die Durchfahrt von Ost nach West; erst 1942 schaffte ein kanadischer Polizeischoner die Strecke in der Gegenrichtung. Die Leistung der „Manhattan" wird als Signal gewertet, daß der Transport des Alaska-Öls zur amerikanischen Ostküste auch auf dem Seeweg möglich und wirtschaftlich interessant ist. Das Tankerunglück der „Exxon Valdez" (↑S.825/24.3.1989) zeigt jedoch die Gefahr für das empfindliche Ökosystem des Nordens.

Wissenschaft

Einzelnes Gen isoliert

Juni. Boston. An der Harvard Medical School gelingt es dem US-amerikanischen Biochemiker Jonathan Beckwith und seinen Mit-

1969

Edwin Aldrin, Pilot der Mondlandefähre, ist der zweite Mensch auf dem Mond. Gemeinsam mit Neil Armstrong führt er Experimente durch.

Mondauto: Bei der fünften Apollomission, die am 26. Juli 1971 beginnt, fahren die Astronauten mit dem „Lunar Rover Vehicle".

Die erfolgreichsten Apollo-Missionen				K 635
Zeitraum	Mission	Flugzeit	Zeit auf dem Mond	Astronauten
16.–24.7.1969	Apollo 11	195:18 h	21:36 h	Aldrin, Armstrong, Collins
14.–24.11.1969	Apollo 12	244:36 h	31:30 h	Bean, Conrad, Gordon
11.–17.4.1970	Apollo 13	142:54 h[1]	Umkreisung	Haise, Lovell, Swigert
31.1.–9.2.1971	Apollo 14	215:34 h	33:30 h	Mitchell, Roosa, Shepard
26.7.–7.8.1971	Apollo 15	294:12 h	66:05 h	Irwin, Scott, Worden
16.–27.4.1972	Apollo 16	265:51 h	71:02 h	Duke, Mattingly II, Young
7.–19.12.1972	Apollo 17	301:52 h	74:59 h	Cernan, Evans, Schmitt

[1] Mit zwei Erdumkreisungen

arbeitern zum ersten Mal, ein einzelnes Gen aus der langen Kette eines DNS-(Desoxyribonukleinsäure)Moleküls (↑S.485/März 1953) abzuspalten. Die Forscher wählen für ihre Zwecke das sog. Laktose-Gen des Kolibakteriums (Escherichia coli), das u. a. im menschlichen Darm lebt.

Im Vergleich zu menschlichen Erbanlagen ist das Laktose-Gen eher primitiv: Statt der 3000 Gene des Kolibakteriums sind auf der nahezu zwei Meter langen DNS-Schnur in jeder menschlichen Zelle mindestens einige 100 Mio Gene aufgereiht.

Einen weiteren Schritt in der Gen-Technik vollzieht der indische Forscher Har Gobind Khorana, der 1970 erstmals die Synthese einer kompletten Erbanlage im Reagenzglas durchführt (↑S.647/Juni 1970).

📖 J. D. Watson: Molekularbiologie des Gens, 1975.

Ein Mensch betritt den Mond

20.7. „Meer der Ruhe". Neil Armstrong verläßt die Mondlandefähre und setzt um 3.56 Uhr MEZ (21.7.) als erster Erdbewohner den Fuß auf die Mondoberfläche. Er begleitet dies mit den Worten „That's one small step for man, one giant leap for mankind" („Ein kleiner Schritt für einen Menschen, aber ein gewaltiger Sprung für die Menschheit").

Das geglückte „Apollo-11"-Unternehmen ist Abschluß einer acht Jahre währenden Vorbe-

1969

Nobelpreisträger 1969 K 636

Frieden: Internationale Arbeitsorganisation (ILO)
Die 1919 im Rahmen des Völkerbundes gegründete Organisation wurde anläßlich ihres 50jährigen Bestehens ausgezeichnet. Die ILO bemüht sich um die Verbesserung der Lebens- und Arbeitsbedingungen der Arbeiter.

Literatur: Samuel Beckett (IRL, 1906–1989)
Beckett beschreibt in seinen Dramen und Romanen die Absurdität des menschlichen Daseins. Sein bekanntestes Werk („Warten auf Godot", 1953) hat keine Handlung im gewohnten Sinn. Becketts Figuren verfolgen unablässig ein Ziel, das sie weder beschreiben noch erreichen können.

Chemie: Derek H. Barton (GB, *1918), Odd Hassel (N, 1897–1981)
Hassel beschrieb die Zusammensetzung und Bewegung (Konformation) der Atome in Ringmolekülen, aus denen Proteine und Hormone aufgebaut sind. Barton erforschte die Zusammenhänge zwischen Konformation und chemischer Reaktion und stellte Naturstoffe wie Sexualhormone künstlich her.

Medizin: Max Delbrück (USA, 1906–1981), Alfred D. Hershey (USA, *1908) Salvador E. Luria (USA, 1912–1991)
Delbrück, Hershey und Luria klärten Vermehrung und Resistenz der Bakteriophagen-Viren, die Bakterien zerstören. Dadurch konnten neue Behandlungsmethoden gegen Virusinfektionen entwickelt werden.

Physik: Murray Gell-Mann (USA, *1929)
Gell-Mann teilte die Elementarteilchen in Klassen ein. Im Gegensatz zu Heisenberg, der dies auf rein mathematischer Ebene versucht hatte, ging er von ihren Eigenschaften und Reaktionen aus. Gell-Mann erfand auch die Bezeichnung „Quarks" für die Urteilchen der Materie.

Wirtschaftswissenschaften: Ragnar Frisch (N, 1895–1973), Jan Tinbergen (NL, 1903–1994)
Die beiden Nationalökonomen arbeiteten auf dem Gebiet der Ökonometrie und entwickelten mathematische Formeln für die Konjunktur- und Wachstumsanalyse. Frisch und Tinbergen stellten Grundsätze für die langfristige wirtschaftliche Planung in Entwicklungsländern auf.

Entwicklung der Computertechnik K 637

Jahr	Entwicklung	Konstrukteur	Neuerung
1911	Lochkartenanlage	H. Hollerith	Kaufmännische Registrieranlage mit Tabelliermaschine
1930	Differentialanalyse	V. Bush	Erster elektromechanischer Analogrechner (S.268)
1936	Rechenmaschine	R. Valtat	Rechenautomat, der nach Digitalsystem arbeitet
1941	Zuse Z 3	K. Zuse	Erster programmgesteuerter Digitalrechner (S.375)
1942	Rechenautomat	J. Atanasoff	Rechner in Röhrentechnik
1949	EDSAC	M. V. Wilkes	Erster speicherprogrammierbarer Röhrenrechner (S.457)
1950	Mark III	H. H. Aiken	Programmgesteuerte Großrechenanlage (S.464)
1955	TRADIC	J. H. Felker	Erster transistorbestückter Rechenautomat
1967	Anita Mark 8	N. Kitz	Elektronischer Tischrechner (PC)
1968	IC-Rechner	Diverse	Rechner mit integrierten Schaltkreisen (sog. IC)
1969	Mikrocomputer	M. E. Hoff	Mikroprozessoren (S.636)
1989	Laptop	Diverse	Koffercomputer mit Flüssigkristallbildschirm
1994	Power-PC	Apple, IBM, Motorola	Neue Chip-Technologie; höhere Geschwindigkeit
1995	Pentium (Pro) Chip	Intel	Chip mit 5,5 Mio Transistoren 300 Mio Instruktionen/sec

reitungsphase. Bislang hielt die Sowjetunion alle wichtigen Weltraum-Premieren (erster Satellit, ↑S.518/4.10.1957; erster Mensch im Weltraum, ↑S.551/12.4.1961); mit dem Apollo-Programm ist der prestigeträchtige Wettlauf der Supermächte vorerst zugunsten der USA entschieden.
Die USA starten noch sechs weitere Mondexpeditionen. Mit der Rückkehr der Apollo-17-Astronauten am 19.12.1972 endet das Mondflugprojekt. S 635/K 635

E. Peter: Der Weg ins All. Meilensteine zur bemannten Raumfahrt, 1988.

Technik

Öl unter der Nordsee

Ekofisk. Etwa auf halbem Weg zwischen Dänemark und Schottland werden Ölvorkommen entdeckt. Nach weiteren Untersuchungen wird die Gesamtmenge des unter der Nordsee lagernden Öls auf über 2,5 Mrd t geschätzt. Die Förderrechte liegen zu etwa gleichen Teilen bei Großbritannien und Norwegen. Bereits 1965 wurden Erdgasvorkommen unter dem Meeresboden entdeckt.
Die Förderkosten sind höher als bei der Landförderung, aber die kurzen Transportwege und die Aussicht auf Unabhängigkeit von den OPEC-Staaten führen in den 70er Jahre zum Beginn der Nordseeöl-Förderung. Die Jahresproduktion beider Staaten beträgt 1995 ca. 270 Mio t (Großbritannien: rd. 130 Mio t, Norwegen: 140 Mio t). Die gesicherten Reserven des Nordseeöls sind Mitte der 90er Jahre zu 60% ausgebeutet.

Siegeszug der Chips beginnt

USA. Der Ingenieur M. Edward Hoff stellt den ersten Mikroprozessor vor, der die Leistung mehrerer tausend Transistoren bietet. Der winzige Integrierte Schaltkreis dient im Computer als zentrale Recheneinheit. Die US-Firma Texas Instruments beginnt 1971 mit der Serienproduktion des Mikroprozessors, der den Einbau von Computertechnik in elektronische Kleingeräte ermöglicht. Bereits im selben Jahr wird der erste Taschenrechner auf Basis eines Mikroprozessors entwickelt. Auch in Uhren, Fotoapparaten und Heimcomputern findet das Bauteil Verwendung, ebenso in medizinischen Geräten, Industrierobotern und Autos. S 636/K 637

Jungfernflüge der Giganten GRA

9.2. USA. Das bisher größte Verkehrsflugzeug, die Boeing 747 „Jumbo Jet", absolviert

ihren ersten Flug. Bei einem Startgewicht von über 350 t kann das 70 m lange, vierstrahlige Großraumflugzeug 385 Passagiere befördern.
Der Trend in der von rasanten Zuwachszahlen profitierenden zivilen Luftfahrt geht zu immer schnelleren und größeren Flugzeugen. Am 31.12.1968 bestand die sowjetische Tupolew TU-144 ihren ersten Test bei zweifacher Schallgeschwindigkeit (2500 km/h); am 2.3.1969 geht die französisch-britische Concorde auf Probeflug. Sie befördert ab 1976 bis zu 144 Passagiere in rund drei Stunden von Paris nach New York. Der Jumbo-Jet wird bereits 1970 im Liniendienst US-amerikanischer Fluggesellschaften und der Deutschen Lufthansa eingesetzt. S 38/K 30

Flugzeug: Flugdauer Frankfurt/M. – New York

Jahr	Flugzeugtyp	km/h	Flugzeit (Std.)
1952	DeHavilland Comet	700	9
1958	Boeing 707	850	8
1969	Concorde	2200	3,5
1980	Airbus	896	7
21. Jh.	Hyperschallflugzeug	5500	2,5

Medien

TV-Schule „Sesamstraße"
10.11. USA. Im US-Fernsehen hat die Vorschulserie „Sesame Street" („Sesamstraße") Premiere. Im Mittelpunkt der einzelnen Folgen stehen die Puppen Ernie, Bert und Kermit. Sie sollen der Zielgruppe der Drei- bis Fünfjährigen kognitive Fertigkeiten wie Buchstabieren oder Zählen, aber auch soziale und kreative Fähigkeiten vermitteln.
Die „Sesame Street" wird in über 50 Länder verkauft. Im Frühjahr 1971 strahlen die Dritten Programme von WDR und NDR versuchsweise fünf Original-Folgen aus. Ab Januar 1973 läuft eine teils originale (übersetzte), teils selbstgedrehte Version in mehreren Dritten Programmen. Die deutsche Fassung verlagert den Akzent von den kognitiven zu den sozialen Lernzielen (etwa Konfliktlösungsstrategien, Hilfsbereitschaft, Erhöhung der Frustrationstoleranz).

Gesellschaft

Computerwissenschaft wird Lehrfach
Karlsruhe. Das neugeschaffene Institut für Informatik an der Universität Karlsruhe nimmt zum Wintersemester 1969/70 seinen Betrieb auf. Die Lehrpläne orientieren sich an US-amerikanischem Vorbild; in der Bundesrepublik fehlen bislang fundierte Erfahrungen auf dem emporstrebenden Gebiet der Computerwissenschaften (↑S.636/1969).
Die Wurzeln der programmgesteuerten Ausführung von Berechnungen reichen bis ins frühe 19. Jh. zurück. Der Jacquard-Webstuhl führte mit Hilfe von Lochkarten komplizierte Web-Programme aus. Die ersten Computer entstanden im Verlauf des 2. Weltkriegs.
Die Informatik etabliert sich schnell an Universitäten und Fachhochschulen. S 636/K 637

Bürgerinitiative „Roter Punkt"
1.6. Hannover. In der niedersächsischen Landeshauptstadt tritt eine Tariferhöhung im öffentlichen Personennahverkehr in Kraft, gegen die sich eine breite Bürgerinitiative entwickelt. Viele Autofahrer kennzeichnen ihr Fahrzeug mit einer Plakette, einem roten Punkt, die den bisherigen Nahverkehrskunden die Bereitschaft zum Mitnahme-Service signalisiert. Die Solidaritätswelle der Bevölkerung mit den von Schüler-, Gewerkschafts- und Studentengruppen organisierten Protestaktionen wächst nach massiven Polizeieinsätzen gegen Nahverkehrsblockaden.
Am 12.6. wird der Straßenbahn- und Busverkehr vorübergehend eingestellt. Parallel entwickelt sich der reibungslos funktionierende „Rote-Punkt"-Fahrdienst. Am 16.6. greift die

Homosexualität: 1994 streicht der Bundestag den § 175 StGB. (↑S.638/1.9.)

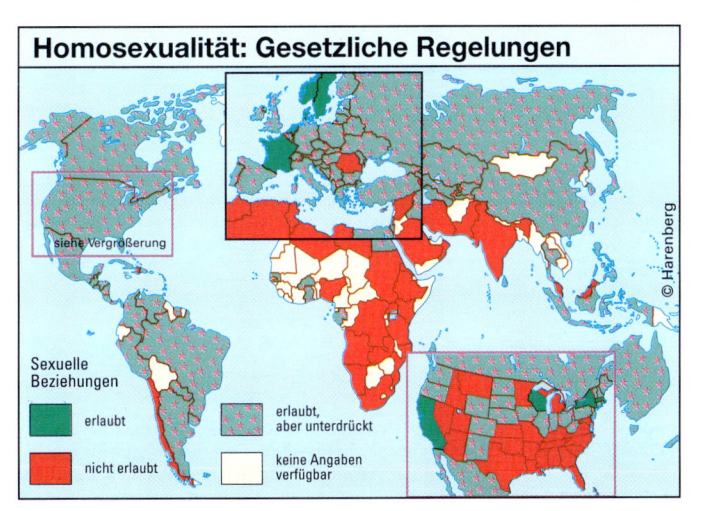

Homosexualität: Gesetzliche Regelungen

Sexuelle Beziehungen:
- erlaubt
- nicht erlaubt
- erlaubt, aber unterdrückt
- keine Angaben verfügbar

Kulturszene 1969   K 638

Theater

Wolfgang Bauer Change UA 26.9., Wien	Bitterböse Satire auf den Kunstbetrieb: Ein robuster Provinzmaler unterwirft sich anderen Künstlern, deren „Gesetze" er durchschaut.
Peter Handke Das Mündel will Vormund sein; UA 31.1., Frankf./M.	In der Pantomime über Herrschaftsstrukturen verzichtet Handke auf das gesprochene Wort; statt dessen setzt er Zeichen ein.
Arthur L. Kopit Indianer UA 6.5., Washington	Krise des „amerikanischen Traums": Eine Wild-West-Show zeigt den Kampf gegen Minderheiten als Phänomen amerikanischer Geschichte.
The Open Windows Oh! Calcutta! UA 17.6., New York	Das provozierend-freizügige „Erotical" mit Texten von Samuel Beckett bis John Lennon wird zum jahrzehntelangen Broadway-Schlager.

Oper

Krzysztof Penderecki Die Teufel von Loudun UA 20.6., Hamburg	Das Werk über Hexen- und Teufelswahn im 17. Jh. schafft durch die Einführung geräuschhafter Instrumente fremdartige Klangbilder.
Henri Pousseur Votre Faust UA 15.1. Mailand	Für die experimentelle Oper gibt es fünf unterschiedliche Schlüsse, von denen das Publikum jeweils durch Abstimmung einen auswählt.

Konzert

Luciano Berio Sinfonia; UA 18.10., Donaueschingen	Eine große Musik- und Text-Collage auf der Grundlage des dritten Satzes aus G. Mahlers 2. Sinfonie bildet das Zentrum des Werks.

Film

Dennis Hopper Easy Rider USA	Tödlich endende Motorrad-Odyssee durch die Vereinigten Staaten; klassisches Road-Movie, von suggestiver Folk-Rock-Musik begleitet.
Arthur Penn Little Big Man USA	Ein weißes Kind wird von Indianern aufgezogen und steht als Erwachsener zwischen zwei Welten; radikale Entmythologisierung des Westens.
François Truffaut Der Wolfsjunge Frankreich	Dem Film liegt der Bericht (1806) des jungen Dr. Itard zugrunde, der einen wild aufgewachsenen Jungen zu zivilisieren versuchte.

Buch

Margaret Atwood Die eßbare Frau Toronto	Der Roman beschreibt gebildete, berufstätige Frauen bei ihren Versuchen, der männerorientierten Gesellschaft zu entfliehen.
Jurek Becker Jakob der Lügner Weimar	Der Debütroman erzählt die Geschichte eines Mannes aus einem jüdischen Ghetto in Polen, der durch Lügenerzählen zum Wohltäter wird.
Marguerite Duras Zerstören, sagt sie Paris	Die Parabel auf die Pariser Maiunruhen von 1968 befürwortet die soziale Revolution, das Buch wird 1969 auch von der Autorin verfilmt.
Mario Puzo Der Pate New York	Der bewußt als Bestseller konzipierte Roman stellt die Machenschaften der amerikanischen Mafia am Beispiel zweier Familien dar.
Philip Roth Portnoys Beschwerden New York	In einer assoziativ-monologischen Lebensbeichte offenbart ein Patient auf der Couch eines Psychoanalytikers seine Neurose.
Juri Trifonow Der Tausch Moskau	Erste „Moskauer Novelle": Ein Mann wird irritiert durch das Spießertum und den Wohlstandsopportunismus der Familie seiner Frau.
Kurt Vonnegut Schlachthof Fünf New York	Der Roman über einen amerikanischen Kriegsgefangenen in Dresden verbindet Science-fiction-Phantasien und Kriegserfahrungen.

Aktion auf Heidelberg über. Die Proteste klingen ab, nachdem die (privaten) Hannoverschen Verkehrsbetriebe am 18.6. die Rücknahme der Fahrpreiserhöhung ankündigen.

📖 Bürgerinitiativen, Bürgerprotest – eine neue Vierte Gewalt? Kursbuch Bd. 50, 1977.

Keine Strafe für Schwule KAR

1.9. BRD. Nach Inkrafttreten der Reform des § 175 Strafgesetzbuch ist männliche Homosexualität nicht mehr strafbar. Nach wie vor unter Strafe (bis zu fünf Jahren) steht nach der am 9.5. vom Bundestag beschlossenen Ersten Strafrechtsreform die „homosexuelle Verführung" Jugendlicher (unter 21 Jahren). Bislang galt in der Bundesrepublik Deutschland das im Nationalsozialismus verschärfte Strafrecht, das Homosexualität als verbrecherische Perversion behandelte. Noch bis 1871 war die Gesetzgebung in einigen Ländern Deutschlands (u. a. Bayern, Württemberg, Baden) vergleichsweise liberal gewesen. Andere Punkte der Strafrechtsreform betreffen den jetzt straffreien Ehebruch, der zuvor mit einer bis zu sechsmonatigen Gefängnisstrafe bedroht war.

Kultur

Autoren schließen sich zusammen

8.6. Köln. Der Verband Deutscher Schriftsteller (VS) wird gegründet. Erster Vorsitzender wird Dieter Lattmann.

Der 1910 ins Leben gerufene Schutzverband Deutscher Schriftsteller (SDS) war nach Machtübernahme der Nazis 1933 aufgelöst worden. Nach 1945 gab es mehrere regionale Schriftstellervereinigungen, die in einer Bundesvereinigung zusammengeschlossen waren. Angesichts der schlechten wirtschaftlichen und sozialen Lage der freien Autoren fordert der VS u. a. Änderungen im Steuerrecht, Musterverträge für Autoren, Aufbau einer Altersversorgung und eine finanzielle Beteiligung der Verfasser an der Ausleihe in Büchereien („Bibliotheksgroschen"). 1988 entscheidet sich die Mehrheit des VS, dem 2500 Autoren, Übersetzer und Kritiker angehören, für eine Fusion mit der IG Medien.

📖 W. Link (Hg.): Schriftsteller und Politik in Deutschland, 1979.

Rockfestival in Woodstock

17.8. Nach drei Tagen geht im US-Bundesstaat New York das Woodstock-Festival zu Ende, das den Höhepunkt der Hippie-Bewegung markiert.

Statt der erwarteten 60 000 Besucher kamen zwischen 400 000 und 500 000 Rockfans – trotz widriger Bedingungen (Regen, fehlende sanitäre Einrichtungen, Mangel an Nahrungsmitteln). Das Programm des Open-Air-Konzerts bestritten u. a. Jimi Hendrix, Janis Joplin und Joe Cocker sowie die Gruppen „The Who", „Jefferson Airplane" und „Crosby, Stills, Nash & Young".
„Woodstock" wird zum Inbegriff der Flower-Power-Bewegung. Der gleichnamige Film von Michael Wadleigh und die Live-Mitschnitte machen das Konzert weltweit bekannt. Der Traum der Jugendlichen vom Leben in Gewaltlosigkeit und Rausch erfährt schon bald einen Dämpfer: Bei einem Konzert der Rolling Stones in Altamont wird im Dezember ein Zuschauer erstochen, Jimi Hendrix und Janis Joplin sterben 1970 an den Folgen übermäßigen Drogenkonsums.

E. Landy: Woodstock Vision, 1984.

„Easy Rider" – Kultfilm der 68er

19.12. USA. Der Film „Easy Rider" wird uraufgeführt. Regisseur Dennis Hopper und Peter Fonda spielen zwei junge Männer, die mit ihren Motorrädern quer durch die USA von Los Angeles nach New Orleans fahren. Die Reise, eine Hymne, an das freie ungebundene Leben, endet tödlich.
Das mit geringen Mitteln gedrehte Road Movie wird ein Welterfolg. Großen Anteil daran hat die Rock- und Folk-Musik, mit der die langen Fahrten durch die mythenreiche Western-Landschaft unterlegt sind .
Hopper, der als Regisseur den Erfolg seines Regiedebüts nicht wiederholen kann, etabliert sich als Schauspieler (u. a. „Blue Velvet", 1985). S 638/K 638

Polit-Thriller von Costa-Gavras

30.12. New York. Die New Yorker Filmkritik zeichnet den Film „Z" des griechischen Regisseurs Constantin Costa-Gavras als besten Film des Jahres aus. Er schildert den politischen Mord an einem linken Abgeordneten in einem diktatorisch regierten Staat.
Der Film bezieht sich offensichtlich auf den authentischen Fall des griechischen Politikers Lambrakis, der 1963 einem mysteriösen Verkehrsunfall zum Opfer fiel.
Costa-Gavras gelingt es mit diesem Werk, das Genre des Polit-Thrillers populär zu machen. Einen weiteren Erfolg verzeichnet er 1981 mit dem Film „Vermißt" (mit Jack Lemmon), der die Beteiligung des US-Geheimdienstes CIA an dem Militärputsch in Chile enthüllt. S 625/K 626

Sport 1969 K 639

Fußball	
Deutsche Meisterschaft	FC Bayern München
DFB-Pokal	FC Bayern München – FC Schalke 04 2:1
Englische Meisterschaft	Leeds United
Italienische Meisterschaft	AC Florenz
Spanische Meisterschaft	Real Madrid
Europapokal (Landesmeister)	AC Mailand – Ajax Amsterdam 4:1
Europapokal (Pokalsieger)	Slovan Bratislava – FC Barcelona 3:2
Messepokal	Newcastle United

Tennis	
Wimbledon (seit 1877; 83. Austragung)	Herren: Rod Laver (AUS) Damen: Ann Jones (GBR)
US Open (seit 1881; 89. Austragung)	Herren: Rod Laver (AUS) Damen: Margaret Court (AUS)
French Open (seit 1925; 39. Austragung)	Herren: Rod Laver (AUS) Damen: Margaret Court (AUS)
Australian Open (seit 1905; 57. Austragung)	Herren: Rod Laver (AUS) Damen: Margaret Court (AUS)
Davis-Cup (Cleveland, USA)	USA – Rumänien 5:0

Eishockey	
Weltmeisterschaft	Sowjetunion
Stanley-Cup	Montreal Canadiens
Deutsche Meisterschaft	EV Füssen

Radsport	
Tour de France (4102 km)	Eddy Merckx (BEL)
Giro d'Italia (3731 km)	Felice Gimondi (ITA)
Straßen-Weltmeisterschaft	Harm Ottenbros (HOL)

Automobilsport	
Formel-1-Weltmeisterschaft	Jackie Stewart (GBR), Matra-Ford

Boxen	
Schwergewichts-Weltmeisterschaft	WBC: Joe Frazier (USA) – K. o. über Jerry Quarry (USA), 23.6. – K. o. über Dave Zyglewicz (USA), 22.4.
	WBA: Jimmy Ellis (USA) 1969 keine Titelverteidigung

Herausragende Weltrekorde

Disziplin	Athlet (Land)	Leistung
Leichtathletik, Männer		
Hammerwurf	Anatoli Bondartschuk (URS)	75,48 m
Speerwurf	Jorma Kinnunen (FIN)	92,70 m
Zehnkampf	Bill Toomey (USA)	8417 P.
Leichtathletik, Frauen		
Kugelstoß	Nadeschda Tschischowa (URS)	20,63 m
Diskuswurf	Liesel Westermann	63,96 m
Schwimmen, Männer		
200 m Freistil	Mark Spitz (USA)	1:54,3 min
400 m Freistil	Hans Fassnacht (FRG)	4:04,0 min
1500 m Freistil	Mike Burton (USA)	16:04,5 min
100 m Rücken	Roland Matthes (GDR)	57,8 sec

1970

Politik

EG-Außenminister stimmen sich ab
Brüssel. Die Außenminister der sechs Mitgliedstaaten der Europäischen Gemeinschaft beschließen die Einrichtung der Europäisch-Politischen Zusammenarbeit (EPZ). Die Institution wird in enger Bindung zum Europäischen Rat in der belgischen Hauptstadt angesiedelt.
Die EPZ sieht regelmäßige Treffen der Außenminister im Zweimonatsrhythmus vor, auf denen das Vorgehen der Gemeinschaft in außenpolitischen Fragen abgestimmt werden soll. Die zentralen Themen der Treffen sind die Beziehungen zu den beiden Großmächten USA und UdSSR sowie die Konflikte im Nahen Osten. `S 516/K 521`

Biafra: Alte Menschen und Kinder sind die Hauptbetroffenen der kriegsbedingten Hungersnot. Das Ausland hilft mit Spenden in Höhe von 53 Mio DM.

Ende des Biafrakriegs
12.1. Nigeria. Der amtierende Staatschef von Biafra, General Philip Effiong, gibt über den Rundfunk des Landes die bedingungslose Kapitulation seiner Truppen bekannt. Nigerias Staatschef General Yakubu Gowon akzeptiert die Kapitulation, die am 15.1. formell bestätigt wird. Die unabhängige Republik Biafra hört auf zu existieren.
Der zweieinhalb Jahre währende Kampf um die Unabhängigkeit der Ostprovinz des westafrikanischen Landes (↑S.608/6.7.1967) hat mehr als 2 Mio Menschen das Leben gekostet; die meisten starben an Unterernährung. In einer beispiellosen Hilfsaktion brachten kirchliche Organisationen und das Rote Kreuz über 80 000 t Nahrungsmittel und Medikamente nach Biafra.
Am 14.1. verbietet Gowon jede weitere humanitäre Hilfe für das Land, da sich Nigeria nun selbst um das Schicksal der leidenden Bevölkerung kümmern werde. Am 29.1. bestätigt er sein Vorhaben, eine Amnestie für alle ehemaligen Gegner der Zentralregierung zu erlassen. `S 704/K 694`

Nixon-Doktrin zur US-Außenpolitik
18.2. Washington. In einer 120seitigen Sonderbotschaft zur amerikanischen Außenpolitik rückt US-Präsident Richard M. Nixon von der Vorstellung ab, die USA müßten jederzeit und überall in der Lage sein, als „Weltpolizei" für Ordnung zu sorgen. Gleichzeitig fordert Nixon die NATO-Verbündeten auf, mehr eigene Verantwortung zu übernehmen. Die UdSSR wird erstmals als gleichberechtigte Weltmacht anerkannt, mit der es in Frieden zu leben gelte.
Der für die USA katastrophale Verlauf des Vietnamkriegs (↑S.617/30.1.1968) hatte in der amerikanischen Bevölkerung für einen

Wichtige Regierungswechsel 1970		K 640
Land	Amtsinhaber	Bedeutung
Ägypten	Gamal Abd el Nasser (P seit 1954) Muhammad Anwar As Sadat (P bis 1981)	Tod von Nasser (28.9.), der einen arabischen Sozialismus vertrat und als ungefochtener Führer der Araber galt
Chile	Eduardo Frei Montalva (P seit 1964) Salvador Allende Gossens (P bis 1973)	Mit Allende (Wahl am 4.9.) steht erstmals ein frei gewählter Marxist an der Spitze eines lateinamerikanischen Landes (S.642)
Großbritannien	Harold Wilson (Labour, M seit 1964) Edward Heath (Konserv., M bis 1974)	Wahlsieg der Konservativen (46,4% der Stimmen; Labour: 43%) vor dem Hintergrund schlechter wirtschaftlicher Lage
Österreich	Josef Klaus (ÖVP, B seit 1964) Bruno Kreisky (SPÖ, B bis 1983)	Kreisky bildet nach Wahlsieg Minderheitskabinett (21.4.); erste sozialistische Regierung Österreichs (S.641)

B = Bundeskanzler; M = Ministerpräsident bzw. Premierminister; P = Präsident

Stimmungsumschwung gesorgt, dem die von Nixons außenpolitischem Berater Henry Kissinger maßgeblich beeinflußte Doktrin Rechnung trägt.
Mit der Aufnahme der SALT-Verhandlungen am 17.11.1969 werden erste Versuche unternommen, eine Eskalation des Wettrüstens zwischen den USA und der UdSSR zu unterbinden (↑S.664/26.5.1972).

Sozialisten in Österreich erfolgreich
1.3. Wien. Die Wahlen zum Nationalrat enden mit einem Erfolg für die Sozialistische Partei Österreichs (SPÖ). Sie erringt 81 Mandate und überflügelt damit die bislang regierende konservative Österreichische Volkspartei (ÖVP), die auf 79 Sitze kommt. Fünf Mandate fallen an die nationalkonservative Freiheitliche Partei Österreichs (FPÖ).
SPÖ-Vorsitzender Bruno Kreisky hatte seit seinem Amtsantritt 1967 der Partei ein neues Profil gegeben. Überkommene marxistische Grundsätze wurden zugunsten sozialreformerischer Leitlinien nach dem Vorbild der skandinavischen Sozialdemokratie aufgegeben. Mit diesem Konzept konnte die SPÖ Stimmengewinne in den Hochburgen der ÖVP (ländliche Gebiete und städtischer Mittelstand) erzielen. Kreisky bildet am 21.4. eine Minderheitsregierung. Bei Neuwahlen erringt die SPÖ am 10.10.1971 die absolute Stimmenmehrheit. S 498/K 504

B. Kreisky: Zwischen den Zeiten. Erinnerungen aus fünf Jahrzehnten, 1986. Ders.: Im Strom der Politik, 1988.

Erstes deutsch-deutsches Treffen
19.3. Erfurt. Zu einem mehrstündigen Gespräch über die Beziehungen zwischen den beiden deutschen Staaten treffen Bundeskanzler Willy Brandt und der Vorsitzende des Ministerrats der DDR, Willi Stoph, im thüringischen Erfurt zusammen.
Der eintägige Besuch der westdeutschen Delegation in der DDR bringt außer der Vereinbarung über ein weiteres Treffen am 21.5. in Kassel keine konkreten Ergebnisse, wird aber zum Zeichen der Hoffnung auf eine verbesserte Atmosphäre zwischen der BRD und der DDR. Keine Annäherung ergibt sich insbesondere in den fundamentalen Gegensätzen zwischen beiden deutschen Staaten. Die DDR verlangt als Vorbedingung weiterer Verhandlungen über einen Staatsvertrag ihre völkerrechtliche Anerkennung durch die Bundesregierung, die BRD hält hingegen an der Idee der Einheit der deutschen Nation fest (↑S.664/21.12.1972).

Auch das Kasseler Treffen bringt keine weitere Annäherung. Auf westdeutscher Seite verweist man aber auf den positiven Effekt für die in Moskau stattfindenden Verhandlungen über einen Gewaltverzichtsvertrag (↑S.642/12.8.). S 641/K 641

P. Bender: Deutsche Parallelen. Anmerk. zu einer gemeinsamen Geschichte zweier getrennter Staaten, 1989.

Erstes deutsch-deutsches Treffen: Willi Stoph, Vorsitzender des DDR-Ministerrats (r.), begrüßt Bundeskanzler Willy Brandt in Erfurt.

USA eröffnen zweite Front
30.4. Kambodscha. Südvietnamesische und US-Einheiten überschreiten die Grenze zu Kambodscha, um die dort gelegenen Stützpunkte Nordvietnams und des Vietcong zu

Deutsche-deutsche Treffen		K 641
Datum/Ort	Personen	Ergebnis
19.3.1970 Erfurt	Willy Brandt, Willi Stoph	Erstes Treffen der Regierungschefs; keine konkreten Resultate (S.641)
21.5.1970 Kassel	Willy Brandt, Willi Stoph	Gegenbesuch des Vorsitzenden des DDR-Ministerrats; keine Resultate
21.12.1972 Ostberlin	Egon Bahr, Michael Kohl	Unterzeichnung des Grundlagenvertrags zwischen der BRD und der DDR (S.664)
1.8.1975 Helsinki	Helmut Schmidt, Erich Honecker	Treffen bei KSZE-Konferenz; Absprachen über wirtschaftliche Kooperation
11.–13.12.1981 DDR	Helmut Schmidt, Erich Honecker	Bundeskanzler besucht die DDR; Verbesserung der Beziehungen
10.3.1985 Moskau	Helmut Kohl, Erich Honecker	Treffen bei Trauerfeier für Konstantin Tschernenko; keine Resultate
7.–11.9.1987 BRD	Helmut Kohl, Erich Honecker	Honecker-Besuch in BRD; Abkommen zu Umwelt- und Strahlenschutz, Ausbau der wiss.-techn. Kooperation
13.–14.2.1990 Bonn	Helmut Kohl, Hans Modrow	Gemeinsame Kommission für Währungsunion, keine Finanzhilfe an DDR

1970

Chile: Salvador Allende (1908–1973) während des Wahlkampfs. Er tritt für einen eigenen „chilenischen Weg zum Sozialismus" ein.

Jordanien 1996: Etwa die Hälfte der Einwohner sind palästinensische Flüchtlinge.

bekämpfen. US-Präsident Nixon, der diesen Schritt ohne Einwilligung des Kongresses angeordnet hat, kündigt nach heftigen innenpolitischen Auseinandersetzungen am 5.5. einen baldigen Rückzug an.

Starke politische Widerstände von rechts und links ließen die Neutralitätspolitik des kambodschanischen Staatsoberhaupts Prinz Norodom Sihanuk scheitern. Während eines Auslandsaufenthaltes wurde er am 4.4. entmachtet und durch den USA-freundlichen General Lon Nol ersetzt. Gleichzeitig nahm der Einfluß der radikalen kommunistischen Guerillaorganisation Rote Khmer zu (↑S.705/ 4.4.1976).

Die militärischen Ziele der Aktion werden nicht erreicht; Nixon hält sich jedoch an sein Abzugsversprechen. Die verbleibenden südvietnamesischen Einheiten führen sich in Kambodscha wie eine Besatzungsmacht auf. Ebenfalls militärisch erfolglos verläuft die Aufnahme einer dritten Front in Laos am 8.2.1971, die den wichtigen Nachschubweg des Vietcong, den „Ho-Chi-Minh-Pfad", zerstören soll. Nach verlustreichen Kämpfen müssen sich die südvietnamesischen Bodentruppen und die Lufteinheiten der Vereinigten Staaten zurückziehen. S 579/K 583

Umstrittene Entspannungspolitik

12.8. Moskau. Der von Bundeskanzler Willy Brandt, Ministerpräsident Alexei Kossygin und den Außenministern Walter Scheel und Andrei Gromyko unterzeichnete deutsch-sowjetische Vertrag legt den Verzicht auf Gewalt und auf Gebietsansprüche außerhalb der bestehenden Grenzen fest.

In der BRD stößt vor allem die Anerkennung der deutsch-deutschen Grenze und der polnischen Westgrenze (Oder-Neiße-Linie) auf Kritik. Die Frage der Wiedervereinigung hält die deutsche Delegation durch den „Brief zur deutschen Einheit", der dem Vertrag beigefügt ist, offen.

Die Phase der Entspannungspolitik zwischen der BRD und der UdSSR begann mit der Regierungsübernahme der Großen Koalition (↑S.601/1.12.1966); den Durchbruch brachte der Regierungswechsel am 28.9.1969 (↑S.631). Staatssekretär Egon Bahr (SPD) wurde am 18.2. von Kanzler Willy Brandt zu Verhandlungen nach Moskau geschickt.

Der Moskauer Vertrag wird am 17.5.1972 durch den Bundestag ratifiziert. S 645/K 644

📖 K. Schröder: Egon Bahr. Biographie, 1988.
W. Brandt: Erinnerungen, NA 1990.

Sozialistischer Präsident für Chile

4.9. Santiago. Mit relativer Mehrheit gewinnt der Kandidat der Unidad Popular (Volksfront), Salvador Allende Gossens, die Präsidentschaftswahlen. Zum ersten Mal übernimmt ein vom Volk gewählter Marxist die Regierungsgeschäfte in einem lateinamerikanischen Land.

Allende löst den Christdemokraten Eduardo Frei Montalva ab, dessen Amtszeit am 4.11.

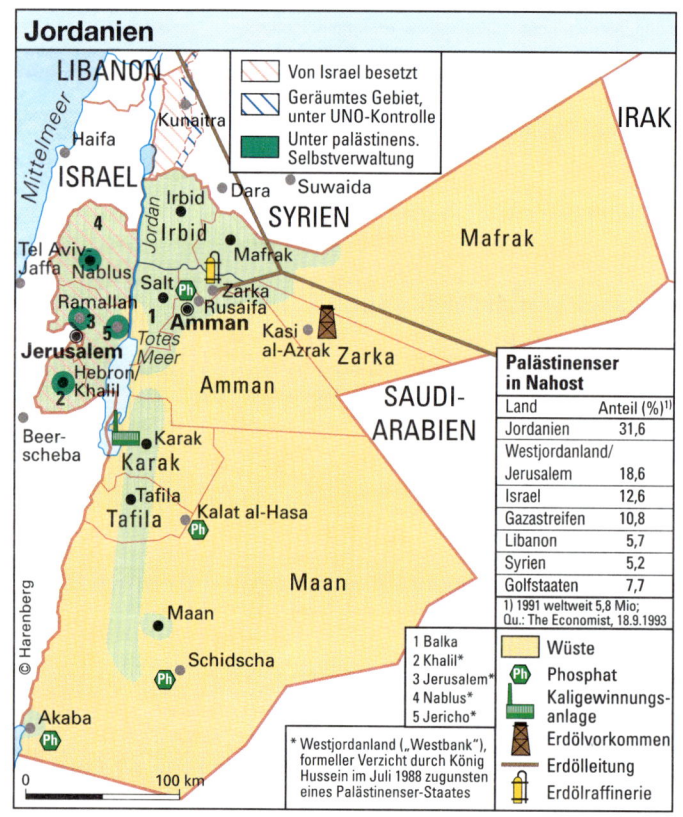

Jordanien

Von Israel besetzt
Geräumtes Gebiet, unter UNO-Kontrolle
Unter palästinens. Selbstverwaltung

Palästinenser in Nahost	
Land	Anteil (%)[1]
Jordanien	31,6
Westjordanland/ Jerusalem	18,6
Israel	12,6
Gazastreifen	10,8
Libanon	5,7
Syrien	5,2
Golfstaaten	7,7

1) 1991 weltweit 5,8 Mio; Qu.: The Economist, 18.9.1993

1 Balka
2 Khalil*
3 Jerusalem*
4 Nablus*
5 Jericho*

Wüste
Phosphat
Kaligewinnungsanlage
Erdölvorkommen
Erdölleitung
Erdölraffinerie

* Westjordanland („Westbank"), formeller Verzicht durch König Hussein im Juli 1988 zugunsten eines Palästinenser-Staates

endet. Gegen die von der chilenischen Oberschicht und den USA massiv unterstützten Christdemokraten trat mit der Volksfront ein Bündnis linker Parteien an (Sozialisten, Kommunisten und eine Abspaltung der Christdemokraten).
Allende kündigt ein Sofortprogramm zum Aufbau des Sozialismus an. Dazu gehören die Verstaatlichung der Bodenschätze (bisher in der Hand der USA) und eine Bodenreform. Die Durchführung seiner Pläne stößt auf wachsenden Widerstand konservativer Kreise einschließlich des Militärs; Allende wird drei Jahre nach seiner Amtsübernahme ermordet (↑S.675/11.9.1973). S 676/K 668

R. Debray: Salvador Allende. Der chilenische Weg, 1972. J. Jara: Victor Jara. Chile, mein Land, offen und wild, 1985.

Palästinenser kämpfen um Macht KAR

17.9. Amman. In der Hauptstadt Jordaniens sowie im Norden des Landes brechen schwere Kämpfe um den Einfluß der Palästinenser aus. Jordanische Regierungstruppen gehen massiv gegen die kräftemäßig unterlegenen Freischärler unter PLO-Chef Jassir Arafat vor und zwingen sie zum Rückzug aus Amman; mit syrischer Unterstützung können die Palästinenser ihre Stellungen im Norden halten.
Seit Beginn des Jahres hatte sich der Konflikt zwischen Jordanien und den dort lebenden palästinensischen Flüchtlingen verschärft. König Hussein II. verordnete am 10.2. etliche Auflagen (u. a. das Verbot, Waffen zu tragen), um die unkontrollierbar gewordene Situation in den Griff zu bekommen.
Dem sudanesischen Staatschef Dschaffar Muhammad An Numairi gelingt die Vermittlung zwischen den Parteien. Am 27.9. unterzeichnen Hussein und Arafat im ägyptischen Kairo einen Waffenstillstand, der die blutigen Kämpfe beendet. S 643/K 642 S 806/K 783

L. v. Meulen: Fremde im eigenen Land. Die Geschichte der Palästinenser u. d. PLO, 1989.

Notstand in Kanada verordnet

16.10. Ottawa. Der kanadische Premierminister Pierre Elliot Trudeau hebt im ganzen Land die bürgerlichen Rechte auf, um die Fahndung nach den Entführern zweier hochrangiger Politiker zu beschleunigen.
Für die Entführungen verantwortlich sind Separatisten aus der Provinz Québec. Die Unabhängigkeitsbewegung der französischsprachigen Provinz hatte nach einem Staatsbesuch des französischen Präsidenten Charles de Gaulle Prestigegewinne erzielt, als dieser am 26.7.1967 die gallischen Wurzeln der Region betonte und damit die kanadische Regierung brüskierte. Am 5.10. entführte die separatistische Untergrundorganisation Front de Libération du Québec (FLQ) den britischen Handelsattaché in Montreal, James R. Cross; am 10.10. brachte sie den Arbeitsminister der französischsprachigen Provinz Québec, Pierre Laporte, in ihre Gewalt.
Am 18.10. wird Laporte ermordet aufgefunden. Cross wird am 4.12. freigelassen, nachdem den Entführern freies Geleit nach Kuba zugesichert worden ist.
Bei Wahlen zum Provinzparlament in Québec gewinnen die Separatisten am 16.11. 1976 die absolute Mehrheit.

Jordanien im 20. Jahrhundert		K 642
Datum	Ereignis	
1921	Großbritannien trennt das Gebiet östlich des Jordans von Palästina ab und setzt den Haschemiten Abdallah als Emir ein	
1923	Das Gebiet wird zum selbständigen Emirat Transjordanien unter britischer Mandatsverwaltung erklärt (25.3.)	
1925	Abkommen von Hadda legt Grenze zu Saudi-Arabien fest	
1946	Transjordanien erhält Unabhängigkeit (22.5.)	
1948	Im Palästina-Krieg annektiert Transjordanien Ost-Palästina	
1950	Umbenennung in Königreich Jordanien; Ost-Palästina wird als Westjordanien eingegliedert	
1951	König Abdallah von palästinensischen Nationalisten ermordet (20.7.); Nachfolger wird sein Sohn Talal	
1952	Neue Verfassung tritt in Kraft: Jordanien wird konstitutionelle Monarchie mit erblicher Königswürde	
	Absetzung von König Talal (11.8.); Nachfolger wird sein minderjähriger Sohn Hussein II. (Inthronisation: 2.5.1953)	
1958	Arabische Föderation mit Irak (14.2.–2.8.)	
1967	Im Sechstagekrieg verliert Jordanien das Westjordanland an Israel; 350 000 Palästinenser strömen ins Land (S.607)	
1970	Spannungen zwischen Regierung und Palästinensern führen zum Bürgerkrieg (sog. Schwarzer September; 17.–27.9., S.643)	
1971	Hussein baut innenpolitische Stellung aus: Die von ihm geführte Jordanische Nationale Union (ab 1972: Arabische Nationale Union) ist einzige zugelassene politische Organisation	
1974	Auf Druck der Nachbarstaaten stimmt Hussein den Beschlüssen der Arabischen Gipfelkonferenz (26.–29.10. in Rabat) zu und verzichtet auf alle Ansprüche auf Westjordanien	
	Auflösung des Parlaments (Nov.)	
1988	Hussein gibt territoriale Ansprüche auf das Westjordanland endgültig zugunsten eines Palästinenserstaats auf (S.806)	
1989	Erste Parlamentswahl seit 25 Jahren (Nov.)	
1991	Im Golfkrieg gegen den Irak Flucht von 300 000 Palästinensern aus Kuwait nach Jordanien	
1992	Weitere Schritte zur Demokatisierung; Zulassung polit. Parteien	
1993	Befürworter eines israel.-jordan. Ausgleichs gewinnen Wahl	
1994	Friedensschluß mit Israel: Grenzöffnung, Reisefreiheit und Aufnahme diplomatischer Beziehungen, Anerkennung der besonderen Rolle Jordaniens für heilige Stätten des Islam in Jerusalem (S.874)	
1995	Zoll- und Handelsabkommen mit Israel	

1970

Syrien im 20. Jahrhundert		K 643
Jahr	Ereignis	
1916	Sykes-Picot-Abkommen: Großbritannien und Frankreich teilen Nahen Osten untereinander auf; Frankreich soll Syrien erhalten	
bis 1918	Syrien ist Bestandteil des Osmanischen Reiches	
1920	Faisal wird König des Vereinigten Königreichs von Syrien, das auch Transjordanien und den Libanon umfassen soll	
	Frankreich erhält das Völkerbund-Mandat über Syrien und vertreibt König Faisal; die übrigen Gebiete werden ausgegliedert	
1925/26	Drusenaufstand in Syrien von den Franzosen niedergeschlagen	
1930	Frankreich bestimmt eine Verfassung für Syrien und behält die politische Oberaufsicht über das Land	
1936	Französisch-Syrischer Vertrag: Unabhängigkeit nach drei Jahren zugesagt; französische Nationalversammlung lehnt Vertrag ab	
1941	Beauftragter de Gaulles, General Georges Catroux, ruft in Damaskus die Unabhängigkeit Syriens aus, an französischer Herrschaft ändert sich jedoch nichts	
1943	Nach Parlamentswahlen im August wird eine nationale Regierung gebildet, die auf Herstellung der Souveränität drängt	
1944	Syrien erhält die Unabhängigkeit und Selbstverwaltung; volle Souveränität nach Truppenabzug 1946	
1958	Syrien schließt sich mit Ägypten zur Vereinigten Arabischen Republik zusammen, die jedoch schon 1961 aufgelöst wird (S.522)	
1963	Durch einen Staatsstreich gelangt die sozialistische Bath-Partei (1943 gegründet, 1955 zugelassen) an die Macht (S.568)	
1966	Putsch des radikalen linken Flügels der Bath-Partei; Aufbau des Sozialismus wird beschleunigt; Anlehnung an UdSSR	
	Syrien bildet palästinensische Guerilleros aus und wird deren wichtigste Basis für Aktionen gegen Israel	
1967	Krieg gegen Israel endet mit Niederlage für Syrien und die arabischen Verbündeten (Verlust der Golanhöhen)	
1968	Der Führer des nationalen Flügels der Bath-Partei, General Hafis Assad, wird Verteidigungsminister	
1970	Assad stürzt Staatspräsident Nur ad Din al Atasi (S.644)	
1971	Bildung eines Volksrats, der Assad zum Präsidenten wählt (12.3.); der Volksrat besteht zur Hälfte aus Bath-Politikern	
1972	Bath-Partei schließt sich mit allen anderen politischen Gruppen zur Nationalen Progressiven Front zusammen	
1973	Die vom Volksrat erarbeitete Verfassung wird in einem Referendum angenommen: Islam nicht länger Staatsreligion, Staatspräsident muß jedoch Moslem sein (S.672)	
	Nach dem Mißerfolg im Jom-Kippur-Krieg (Okt.) vertritt Syrien eine harte Haltung im arabisch-israelischen Konflikt: keine Teilnahme an der Genfer Nahost-Friedenskonferenz (Dez.)	
1976	Syrien greift in libanesischen Bürgerkrieg ein und bildet Gros der Friedenstruppe der Arabischen Liga; Syrien gewinnt an Ansehen	
1979	Engagement im Libanon führt zu innenpolitischer Instabilität in Syrien; Terroranschläge der Moslembruderschaften	
1980	Im irakisch-iranischen Golfkrieg unterstützt Syrien den Iran (S.742)	
1982	Erweitertes Freundschaftsabkommen mit der UdSSR	
1983	Syrien forciert die Unterstützung der PLO-Rebellen gegen Arafat	
1987	Einmarsch syrischer Truppen in libanesische Hauptstadt Beirut	
1991	Irakisch-syrischer Konflikt gipfelt in syrischer Unterstützung der alliierten Streitmacht im 2. Golfkrieg (S.843/28.2.1991)	
1993/94	Gespräche über einen Friedensvertrag mit Israel; Syrien fordert als Voraussetzung einen israel. Truppenabzug von den Golanhöhen	

Putsch bringt Assad an die Macht

16.11. Damaskus. Der syrische Präsident Nur ad Din al Atasi wird durch einen Putsch gestürzt. Nachfolger wird Ahmed Chatib; als mächtigster Mann im Staat gilt Ministerpräsident Hafis Assad.
Assad forciert die Annäherung des arabischen Landes (seit 1944 unabhängig; von 1958 bis 1961 Staatenbund mit Ägypten) an die Sowjetunion. Am 12.3.1971 wird er in einer Volksabstimmung mit 99,2% aller Stimmen zum Präsidenten gewählt. Erstmals in der Geschichte Syriens sind die Frauen stimmberechtigt. 1978, 1985 und 1992 wird Assad wiedergewählt. S 644/K 643

Aussöhnung mit Polen besiegelt

7.12. Warschau. Bundeskanzler Willy Brandt, Ministerpräsident Józef Cyrankiewicz sowie die Außenminister Walter Scheel und Stefan Jedrychowski unterzeichnen den Warschauer Vertrag, in dem die BRD die Oder-Neiße-Linie als polnische Westgrenze offiziell anerkennt. Der Vertragstext gleicht dem Wortlaut des Moskauer Vertrags (↑S.642/12.8.).
Die Bundesregierung setzt sich in ihren Verhandlungen mit den Ostblockstaaten über den Widerstand der konservativen Kreise hinweg. Die CDU/CSU-Opposition kritisiert vor allem den Verzicht auf eine eindeutige Regelung in bezug auf die deutsche Minderheit in Polen, unter denen sich nach Angaben des Deutschen Roten Kreuzes etwa 300 000 Ausreisewillige befinden.
Vor der Vertragsunterzeichnung kniete Bundeskanzler Brandt, ungeachtet des Protokolls, für eine Gedenkminute am Mahnmal für die Opfer des Warschauer Ghettos nieder (↑S.390/19.4.1943). S 645/K 644

📖 J. Peckert: Zeitwende zum Frieden. Ostpolitik miterlebt und mitgestaltet, 1990.

Arbeiteraufstand in Polen

14.12. Danzig. In den benachbarten Hafenstädten Zoppot, Gdingen und Danzig kommt es nach der am 12.12. angeordneten Preiserhöhung für Nahrungsmittel und Konsumgüter zu Plünderungen und gewalttätigen Auseinandersetzungen zwischen Demonstranten und Regierungskräften. Dabei werden 20 Menschen getötet.
Durch den Export von Produkten des täglichen Bedarfs (Fleisch, Kohle) deckt Polen seinen Devisenbedarf. Über die Teuerung versucht die Regierung, die Nachfrage im eigenen Land zu senken.
Als sich die Unruhen ausweiten, tritt Parteichef Wladyslaw Gomulka am 20.12. zurück;

1970

Nachfolger wird Edward Gierek, der Maßnahmen zur Entlastung der besonders betroffenen Familien ankündigt. Am 23.12. finden auch an der Staatsspitze Wechsel statt. Ministerpräsident Józef Cyrankiewicz wird Nachfolger von Staatspräsident Marian Spychalski; Piotr Jaroszewicz rückt als Regierungschef nach. S 818/K 794

H. Roos: Geschichte der polnischen Nation 1918–1985. Von der Staatsgründung im Ersten Weltkrieg bis zur Gegenwart, NA 1986.

Wirtschaft

Bei Krankheit zahlt der Arbeitgeber
1.1. BRD. In Westdeutschland tritt das Lohnfortzahlungsgesetz (LFZ) für Arbeitnehmer in Kraft, das der Bundestag am 12.6.1969 mit großer Mehrheit (gegen die Stimmen der FDP) verabschiedet hatte. Die Arbeitgeber sind ab sofort zur vollen Bruttolohnauszahlung während der ersten sechs Krankheitswochen verpflichtet.
Bislang mußten Arbeitnehmer im Krankheitsfall zwar keine Nettolohneinbußen hinnehmen, aber die Lohnfortzahlung wurde als reiner Nettobetrag von den Krankenkassen (plus Arbeitgeberzuschuß) bezahlt und unterlag daher nicht der Sozialversicherung (Arbeitslosen-, Rentenversicherung).
Die Neuregelung bedeutet für die Arbeiter einen weiteren Schritt zur sozialen Gleichstellung mit den Angestellten.
1996 wird die Lohnfortzahlung gesetzlich auf 80% des Bruttoarbeitslohns gekürzt (↑S.899/13.9.1996).

UdSSR liefert Erdgas gegen Röhren
1.2. Essen. Mit Unterzeichnung des Erdgas-Röhren-Geschäfts wird das bislang größte Ost-West-Wirtschaftsabkommen geschlossen. Die Sowjetunion verpflichtet sich zur Lieferung von 52 Mrd m³ Erdgas im Wert von 2,5 Mrd DM ab Oktober 1973 an die Essener Ruhrgas AG; im Gegenzug liefert die Mannesmann Export GmbH das Material für eine 2000 km lange Pipeline im Wert von 1,2 Mrd DM. Ein deutsches Bankenkonsortium gewährt der UdSSR einen Kredit über diese Summe.
Der wirtschaftliche Vorteil des Geschäfts liegt auf seiten der UdSSR; die BRD sieht darin vor allem eine günstige politische Ausgangslage für die gleichzeitig in Moskau stattfindenden Verhandlungen über ein deutsch-sowjetisches Entspannungsabkommen (↑S.642/12.8.).

Die Gaslieferungen beginnen wie geplant am 1.10.1973. Weitere Gas-Röhren-Geschäfte werden am 30.11.1975 (unter Einbeziehung des Iran) und am 30.8.1980 getätigt.

Natur/Umwelt

Teile Ostpakistans überflutet
13.11. Golf von Bengalen. Mindestens 300 000 Menschen sterben, als eine Sturmflut die dichtbesiedelte Region um die Mündung des Ganges in Ostpakistan (Bangladesch) überschwemmt.

Warschauer Vertrag unterzeichnet: Willy Brandts Kniefall vor dem Denkmal für die Opfer des Warschauer Ghettos geht als symbolische Geste für den Willen zur Aussöhnung zwischen Deutschen und Polen 25 Jahre nach dem Ende des Zweiten Weltkriegs in die Geschichte ein.

Verträge der Entspannungspolitik	K 644
Datum/Partner	**Vertrag/Inhalt**
12.8.1970 UdSSR	Moskauer Vertrag: Vertrag über Gewaltverzicht und Zusammenarbeit zwischen der UdSSR und der BRD (S.642)
7.12.1970 Polen	Warschauer Vertrag: Grundlagen der Normalisierung der Beziehungen; Ausschluß von Gebietsansprüchen (S.644)
21.12.1972 DDR	Vertrag über die Grundlagen der Beziehungen; Vereinigung und DDR-Staatsbürgerschaft ausgeklammert (S.664)

1970

Umweltschutz: Naturschutzgebiete in Deutschland

Nationalparks und Naturparks (ha)

- Nationalpark Schleswig-Holsteinisches Wattenmeer (285 000)
- Nationalpark Hamburgisches Wattenmeer (11 700)
- Nationalpark Niedersächsisches Wattenmeer (240 000)
- Nationalpark Vorpommersche Boddenlandschaft (80 500)
- Nationalpark Jasmund (3 000)
- Müritz-Nationalpark (30 800)
- Nationalpark Hochharz (5 900)
- Nationalpark Sächsische Schweiz (9 300)
- Nationalpark Bayerischer Wald (13 000)
- Nationalpark Berchtesgaden (21 000)

Naturparks (Auswahl mit Flächenangaben in ha):
- Hüttener Berge (26 000)
- Westensee (26 000)
- Aukrug (38 000)
- Holstein. Schweiz (58 100)
- Schaalsee (16 200)
- Lauenburgische Seen (44 400)
- Harburger Berge (3 800)
- Elbufer-Drawehn (75 000)
- Nossentiner/Schwinzer Heide
- Feldberger Seenlandschaft
- Untere Oder
- Wildeshauser Geest (96 500)
- Naturschutzpark Lüneburger Heide (20 000)
- Steinhuder Meer (31 000)
- Südheide (50 000)
- Drömling (25 706)
- Märkische Schweiz (14 700)
- Dümmer (47 210)
- Weserbergland/Schaumburg-Hameln (111 626)
- Elm-Lappwald (47 000)
- Nördl. Teutoburger Wald-Wiehengeb. (121 950)
- Hohe Mark (104 000)
- Eggegebirge u. südl. Teutoburger Wald (59 300)
- Solling-Vogler (52 750)
- Harz (95 000)
- Dübener Heide (200 000)
- Niederlausitzer Heidelandschaft
- Schwelm-Nette (43 500)
- Arnsberger Wald (48 200)
- Münden (37 370)
- Kyffhäuser
- Oberlausitzer Heide- u. Seenlandschaft
- Hömert (55 000)
- Habichtswald (47 106)
- Meißner-Kaufunger Wald
- Eichsfeld-Werratal
- Ebbegeb. (77 736)
- Rothaargeb. (135 500)
- Diemelsee (33 436)
- Kettenforst-Ville (88 122)
- Berg. Land (191 697)
- Thüringer Wald-Westl. Schiefergeb.
- Erzgebirge-Vogtland
- Nordeifel (175 116)
- Siebengebirge (4800)
- Hoher Vogelsberg (38 447)
- Hess. Rhön (70 000)
- Östl. Schiefergeb. u. Frankenwald
- Rhein-Westerwald (44 600)
- Hochtaunus (120 165)
- Steinwald (23 330)
- Nassau (56 000)
- Hess. Spessart (71 000)
- Bayer. Rhön (124 000)
- Frankenwald (97 170)
- Fichtelgeb. (102 800)
- Hessenreuther u. Manteler Wald (27 000)
- Südeifel (43 170)
- Rhein-Taunus (80 788)
- Bayer. Spessart (171 000)
- Haßbge. (80 400)
- Fränk. Schweiz-Veldensteiner Forst (234 600)
- Nördlicher Oberpfälzer Wald (64 380)
- Saar-Hunsrück (174 650)
- Bergstraße-Odenwald (162 850)
- Steigerwald (128 000)
- Oberpfälzer Wald (72 385)
- Oberer Bayerischer Wald (173 800)
- Pfälzerwald (179 850)
- Neckartal-Odenwald (129 200)
- Frankenhöhe (110 450)
- Bayerischer Wald (206 800)
- Stromberg-Heuchelberg (33 003)
- Schwäbisch-Fränkischer Wald (90 400)
- Altmühltal (290 800)
- Schönbuch (15 564)
- Augsburg-Westl. Wälder (117 500)
- Obere Donau (85 710)

Biosphärenreservate
1. Südost-Rügen
2. Schorfheide-Chorin
3. Mittlere Elbe
4. Spreewald
5. Rhön
6. Vessertal
7. Bayerischer Wald
8. Berchtesgaden
9. Schleswig-Holsteinisches Wattenmeer
10. Hamburgisches Wattenmeer
11. Niedersächsisches Wattenmeer
12. Pfälzerwald

Stand: 1996; Quelle: Bundesforschungsanstalt für Naturschutz und Landschaftsökologie (Bonn)

© Harenberg

Nationalparks: bestehend / befristet eingerichtet
Naturparks: bestehend / befristet eingerichtet
Biosphärenreservate: bestehend (z. T. identisch mit anderen Schutzgebietstypen)

Ein Zyklon treibt eine 6 m hohe Flutwelle auf die tiefgelegene Küstenregion und verursacht eine der schlimmsten Katastrophen des Jahrhunderts. Den Überlebenden droht der Tod durch Epidemien. Hilfsgüter erreichen die rund 5 Mio Betroffenen nur unter großen Schwierigkeiten. Die Verbindungen zu den Unglücksorten sind mangelhaft; zudem zeigt die pakistanische Regierung nur wenig Kooperationsbereitschaft bei der Hilfe für den nach Unabhängigkeit strebenden Ostteil des Landes (↑S.652/26.3.1971). Am 29.4.1991 wiederholt sich die Katastrophe; wieder sterben etwa 300 000 Menschen.

Nationalpark Bayerischer Wald KAR

Bayerischer Wald. Ein 130 km² großes Waldgebiet um Rachel und Lusen wird zum ersten deutschen Nationalpark erklärt. Neben relativ unberührter Flora und Fauna ist das Freilichtmuseum der Gemeinde Mauth mit Bauernhäusern aus dem 18. Jh. eine der Attraktionen des Naturschutzgebiets.
Im Zuge des wachsenden Umweltbewußtseins geht auch die BRD dazu über, einige Ökosysteme so naturbelassen wie möglich zu erhalten und dadurch die dezimierte Artenvielfalt des heimischen Tier- und Pflanzenbestands wenigstens regional zu schützen. In den USA wurde der Yellowstone-Park bereits 1872 zum Naturschutzgebiet erklärt. Weitere Nationalparks in der BRD sind das Gebiet um Berchtesgaden (1978) und das Wattenmeer (1985). S 647/K 645

📖 H. Bibelriether: Waldnationalpark Bayerischer Wald, 1987. Die Nationalparks Europas, 1989.

Wissenschaft

Gen-Synthese umstritten

Juni. Madison. An der University of Wisconsin (USA) gelingt dem indischen Genetikprofessor Har Gobind Khorana die Synthese eines Gens aus Hefezellen, d. h. einer kompletten Erbanlage in der Retorte.
Dieses Gen, ein winziges Stück eines DNS-Moleküls (↑S.485/März 1953), enthält die Information für die Synthese der sog. Überträger-Ribonuklease (Transfer-RNA) für die Aminosäure Alanin.
Obwohl das künstliche Gen schließlich in der lebenden Zelle versagt – die Synthese biologisch aktiver Gene klappt erst 1976 –, findet das Forschungsergebnis von Khorana nicht nur ein positives Echo, denn er hat damit die Tür zur genetischen Manipulation geöffnet. Die Diskussion um die Gentechnik nimmt an

Nationalparks in Deutschland			K 645
Jahr	Name	Bundesland	Fläche (km²)
1970	Bayerischer Wald	Bayern	130
1978	Nationalpark Berchtesgaden	Bayern	210
1985	Schleswig-Holst. Wattenmeer	Schleswig-Holstein	2850
1986	Niedersächsisches Wattenmeer	Niedersachsen	2400
1990	Hamburgisches Wattenmeer	Hamburg	117
1990	Vorpommersche Boddenlandschaft	Mecklenburg-Vorpommern	805
1990	Nationalpark Jasmund	Mecklenburg-Vorpommern	30
1990	Nationalpark Müritz	Mecklenburg-Vorpommern	313
1990	Sächsische Schweiz	Sachsen	93
1990	Hochharz	Sachsen-Anhalt	59
[1]	Unteres Odertal	Brandenburg/Polen	329[2]

1) Projekt; 2) 224 km² auf deutscher, 105 km² auf polnischer Seite

Schärfe zu, als es 1972 dem kalifornischen Biochemiker Paul Berg gelingt, Gene aus Tierzellen in Bakterien einzuschleusen (Genchirurgie) und damit spezifische Eigenschaften der tierischen Zellen auf die Mikroorganismen zu übertragen (DNS-Rekombination), somit gewissermaßen Leben am Reißbrett zu produzieren.

📖 J. D. Watson: Molekularbiologie d. Gens, 1975.

Technik

Filme jetzt auch auf Platte

24.6. Berlin. Als Weltneuheit präsentieren der Elektronikkonzern AEG-Telefunken und das Musikunternehmen Decca die Bild-Ton-Platte, auf der Filme (zunächst nur in Schwarz-Weiß) gespeichert sind. Die Abtastung erfolgt in einem speziellen Gerät mit Hilfe eines Diamanten; die Wiedergabe ist über normale Fernsehgeräte möglich.
Zwar wird das in fünfjähriger Entwicklungsarbeit hergestellte System weiter verbessert (u.a. durch Laser- oder kapazitive Abtastung anstelle des Diamanten), aber die Marktchancen sind gegen die Konkurrenz des 1969 in Japan entwickelten Videorecorders gering. Der Recorder bietet neben der Abspielfunktion auch die Möglichkeit der Bild- und Tonaufnahme.

Neuer Reaktortyp setzt auf Hitze

1.8. Hamm. Im Stadtteil Uentrop der westfälischen Stadt Hamm beginnt der Bau eines neuen Kernreaktors.
Der sog. Thorium-Hochtemperatur-Reaktor (THTR) ist auf 300 MW Leistung ausgelegt;

1970

Nobelpreisträger 1970 — K 647

Frieden: Norman Borlaug (USA, *1914)
Der amerikanische Agrarwissenschaftler züchtete neue Weizensorten, mit denen die Ernten in Indien, Mexiko und Pakistan gesteigert werden konnten. Diese sog. Grüne Revolution versetzt Entwicklungsländer in die Lage, ihre Ernährungssituation selbst zu verbessern.

Literatur: Alexander Solschenyzin (UdSSR, *1918)
Solschenyzins Erzählung „Ein Tag im Leben des Iwan Denissowitsch" (1962) war die erste Abrechnung mit dem Stalinismus in der sowjetischen Literatur überhaupt. Weitere Werke des Dissidenten: „Der erste Kreis der Hölle" (1968), „Archipel GULAG" (1973–75).

Chemie: Luis Leloir (Argentinien, 1906–1987)
Der gebürtige Franzose erforschte die Biosynthese der Kohlehydrate (Polysaccharide). Dabei entdeckte er die Enzyme (Biokatalysatoren), die Kohlehydrate auf- und abbauen und so dem menschlichen Organismus die lebensnotwendige Energie zuführen.

Medizin: Julius Axelrod (USA, *1912), Ulf von Euler (S, 1905–1983), Bernard Katz (GB, *1911)
Die Wissenschaftler entdeckten die Funktion der sog. Signalsubstanzen (vor allem Noradrenalin) in chemischen Prozessen. Diese Stoffe übermitteln die von den Nerven herangetragenen Informationen auf die Muskelzellen, die in Bewegung gesetzt werden sollen.

Physik: Hannes O. Gösta Alfvén (S, 1908–1995), Louis Néel (F, *1904)
Alfvén begründete die Magnetohydrodynamik und entdeckte die sog. Alfvén-Wellen, die große Bedeutung für die Beherrschung der Kernfusion haben. Néel erforschte den Ferromagnetismus. Dadurch konnten keramische Werkstoffe hergestellt werden, die als Bauteile in Rundfunkgeräten, Lautsprechern und Computern Verwendung finden.

Wirtschaftswissenschaften: Paul Samuelson (USA, *1915)
Samuelson verband dynamische (den Zeitablauf berücksichtigende) Theorie und statische (zeitpunktbezogene) Theorie. In seinem Standardwerk „Economics" (1948) untersuchte und beschrieb er in mathematischer Form die grundlegenden Gesetze der Marktwirtschaft.

als Spaltmaterial dient ein Gemisch aus Thorium 232, Uran 233 sowie kleiner Mengen Uran 235. Als Kühlmittel wird das Edelgas Helium eingesetzt, das im normalen Betrieb auf 950 °C erhitzt wird. Diese im Vergleich zu anderen Kraftwerkstypen extrem hohe Temperatur kann außer zur Stromerzeugung auch für chemische Prozesse genutzt werden. Ein im Prinzip ähnlicher Reaktor mit 15 MW Leistung steht seit 1967 im niederrheinischen Jülich im Versuchsbetrieb.
Verschärfte atomrechtliche Genehmigungsverfahren und Anwohnerproteste lassen den THTR 300 erst 1985 ans Netz gehen. Nach einem Störfall beschließt die NRW-Landesregierung am 16.8.1989 die Stillegung des Kraftwerks. S 648/K 646

Medien

USA starten Kabelfernsehen
New York. Drei neugegründete Kabelfernsehgesellschaften erhalten für jeweils 20 Jahre Lizenzen zur Ausstrahlung von privaten Fernsehprogrammen in den Vereinigten Staaten. Zum Giganten der ersten Phase entwickelt sich die Gesellschaft „Teleprompter", die neben leichter Unterhaltung auch Inszenierungen von Off-Broadway-Stücken und Sendungen in spanischer Sprache für die Einwanderer anbietet.

Atomkraftwerkstypen im Vergleich[1) — K 646

Druckwasserreaktor: Der Reaktor vom Typ Leichtwasserreaktor hat zwei getrennte Kühlkreisläufe. Das Wasser im Primärkreislauf wird unter Druck gehalten, damit es nicht siedet, und gibt Wärme aus dem Reaktor an einen Sekundärkreislauf ab. Dort entsteht der heiße Dampf für den Turbinenantrieb zur Gewinnung von Energie.
Deutsche Standorte: Biblis A und B (1974, 1976), Brokdorf (1986), Emsland (1988), Grafenrheinfeld (1982), Grohnde (1984), Isar II (1988), Mülheim-Kärlich (1987), Neckar I u. II (1976, 1989), Obrigheim (1968), Philippsburg II (1984), Stade (1972), Unterweser (1978)

Hochtemperaturreaktor: Im graphitmoderierten und heliumgekühlten Reaktor besteht der Kern aus einer losen Schüttung kugelförmiger Brennelemente (Thorium 232 und Uran 235). Die hohe Kühlmitteltemperatur von bis zu 800 °C erlaubt neben der Stromerzeugung auch die Wärmegewinnung. Der Reaktor erzeugt einen Teil seines Brennstoffs selbst.
Deutscher Standort: Hamm-Uentrop (1985; 1989 stillgelegt, S.647)

Leichtwasserreaktor: Bei dem gängigsten Reaktortyp wird, im Unterschied zu „schwerem" Wasser, (D_2O), leichtes Wasser (H_2O) als Kühlmittel und Moderator eingesetzt. Dieser soll die Neutronen auf eine für die Kernspaltung notwendige niedrige Geschwindigkeit abbremsen. Der Anteil des spaltbaren Uran-Isotops 235, der im Naturprodukt nur 0,7% beträgt, muß dazu auf 3% erhöht werden (Anreicherung).

Schneller Brüter: Die Kernspaltung findet mit ungebremsten schnellen Neutronen statt. Zur Kühlung und Wärmeübertragung dient Natrium, das in Kontakt mit Luft und Wasser verbrennt bzw. explodiert. Seinen laufenden Bedarf an Spaltstoff deckt der Brutreaktor durch die Umwandlung von nicht spaltbarem Uran 238 in Plutonium, im Idealfall mehr als er benötigt.
Deutsche Standorte: Kalkar (keine Betriebsgenehmigung), Karlsruhe II (1977; 1991 stillgelegt)

Siedewasserreaktor: Die Anlage arbeitet mit einem geschlossenen Kühlkreislauf: Das Wasser wird im oberen Teil des Reaktors in Dampf zum direkten Antrieb der Turbine umgewandelt.
Deutsche Standorte: Brunsbüttel (1976), Gundremmingen A, B, C (A: 1966; stillgelegt 1976; 1984), Isar 1 (1977), Kahl (1961; stillgelegt 1985), Krümmel (1984), Lingen (1968; stillgelegt 1976), Philippsburg (1979), Würgassen (1971; stillgelegt 1995)

WWER-Reaktor: Druckwasserreaktor sowjetischen Typs
Deutsche Standorte: Greifswald (fünf Blöcke; 1973, 1974, 1977, 1979, 1989; alle 1990 abgeschaltet), Rheinsberg (1960; stillgelegt 1990), Stendal (nicht fertiggestellt)

Stand: 1996; 1) Ohne Versuchsreaktoren

In der Bundesrepublik gibt Forschungsminister Horst Ehmke (SPD) im November 1973 eine Studie über den Ausbau des technischen Kommunikationssystems in Auftrag. Die am 27.1.1976 vorgelegte Arbeit empfiehlt einen vorsichtigen Aufbau des Kabelnetzes in Pilotprojekten (↑S.776/1.1.1984). 1996 sind bereits mehr als 24 Mio deutsche Haushalte „verkabelt", etwa zwei Drittel nutzen den Kabelanschluß auch.

Gesellschaft

Keine Strafen im Contergan-Prozeß

18.12. Aachen. Mit der Einstellung des Verfahrens endet der zweieinhalb Jahre dauernde Prozeß gegen Angestellte der Firma Chemie Grünenthal, deren 1957 auf den Markt gebrachtes Schlaf- und Beruhigungsmittel Contergan vor allem Kinder geschädigt hatte, deren Mütter das Mittel während der Schwangerschaft eingenommen hatten. Etwa die Hälfte der 5000 conterganbetroffenen Neugeborenen starb kurz nach der Geburt; die Überlebenden haben verkrüppelte Gliedmaßen. Bei etwa 300 Erwachsenen sind nach der Einnahme bleibende Nervenschäden aufgetreten.
Die Anklage lautet, die Firma habe trotz ihres Wissens um die Risiken ihres Produkts Ärzte und Verbraucher zu spät informiert. Dies wird vom Aachener Landgericht mit Verweis auf die damals gültigen unzureichenden Arzneimittelgesetze relativiert. Zudem wird der Firma zugute gehalten, daß sie 114 Mio DM als Entschädigung bereitgestellt hat. S 708/K 696

Kultur

Balletterfolg für Pina Bausch

8.1. München. Im Theater an der Leopoldstraße wird vom Essener Folkwang-Ballett „Nachnull" von Pina Bausch mit der Musik von Ivo Malec uraufgeführt.
Pina Bausch, die an der Folkwang-Schule bei Kurt Jooss ihre Ausbildung als Tänzerin erhielt, ist seit 1968 als Choreographin in Essen tätig. 1973 wird sie Ballettdirektorin und Chefchoreographin der Wuppertaler Bühnen. Mit dem Wuppertaler Ensemble entwickelt sie das Tanztheater, eine eigenwillige, zwischen Ballett und Sprechtheater angesiedelte Kunstform, die an die Tradition des Ausdruckstanzes anknüpft. Neben der sog. E-Musik unterlegt sie ihre Darbietungen auch mit Schlagern und Volksliedern.

Kulturszene 1970	K 648
Theater	
Isaak Babel Maria UA 5.5., Ostberlin	Das in den ersten Jahren nach der Oktoberrevolution spielende Stück ist ein apokalyptischer Abgesang auf das zaristische Rußland.
Thomas Bernhard Ein Fest für Boris UA 29.6., Hamburg	Grausig-groteskes Theaterdebüt des späteren Erfolgsdramatikers: Selbstmitleidige, dahinvegetierende Krüppel feiern Geburtstag.
Dario Fo Zufälliger Tod eines Anarchisten; UA 5.12., Mailand	Fabel über den angeblichen Selbstmord eines Anarchisten, der nach dem Attentat auf den Mailänder Hauptbahnhof verhaftet worden war.
Heathcote Williams AC/DC UA 14.5., London	Schauspiel über das Freizeitverhalten im elektronischen Zeitalter: Die mediengelenkten Figuren sind nicht mehr zu Emotionen fähig.
Musical	
Stephen Sondheim Company UA 26.4., New York	Das Musical über die Midlife-Crisis wird zum Prototyp für ein Musicalgenre, das durchlaufende Handlung durch lockere Episoden ersetzt.
Konzert	
Witold Lutoslawski Cellokonzert UA 14.10., London	Das Orchester ist in diesem Konzert kein Begleiter, sondern ein Gegner des Solisten: Es unterbricht und stört ihn immer wieder.
Film	
Luis Buñuel Tristana Spanien/Italien/Frankreich	Bilder einer Welt der Bedrohung und Unterdrückung: Eine Frau (Catherine Deneuve) heiratet ihren ungeliebten einstigen Vormund.
Claude Goretta Der Verrückte Schweiz	Ein um seine Ersparnisse geprellter Frührentner beginnt eine Einbruchserie, um sich an der Gesellschaft zu rächen.
Ernst Hofbauer Schulmädchen-Report BRD	Sexfilm unter dem Deckmantel pädagogischer Aufklärung; größter deutscher Kassenschlager der 70er Jahre (12 Folgeteile bis 1980).
Luchino Visconti Tod in Venedig Italien	Kongeniale Verfilmung der Erzählung von Thomas Mann; vollendete Darstellung gesellschaftlicher Dekadenz im morbiden Venedig.
Andrzej Wajda Landschaft nach der Schlacht; Polen	Polnische Vergangenheitsbewältigung: tragische Liebesgeschichte zwischen einem aus dem KZ befreiten Dichter und einer Jüdin.
Buch	
Peter Handke Die Angst des Tormanns beim Elfmeter; Frankfurt/M.	Beschreibung einer Schizophrenie: Der ehemalige Tormann Bloch ermordet eine Kinokassiererin und flieht in den Süden.
Uwe Johnson Jahrestage ... Frankfurt/Main	Erster Teil der Roman-Tetralogie (1970–83); Protokoll des amerikanischen Alltags 1967/68 und Rückblick auf deutsche Zeitgeschichte.
Hildegard Knef Der geschenkte Gaul München	Die Lebenserinnerungen der Schauspielerin Hildegard Knef zählen zu den erfolgreichsten Belletristik-Neuerscheinungen des Jahres.
Arno Schmidt Zettels Traum Karlsruhe	Der Essay-Roman wird als authentisches Typoskript im Format DIN A 3 publiziert und vereinigt verschiedene Stilebenen und Themen.
Erich Segal Love Story New York	Zum ersten Mal wird ein Roman zum Bestseller, der im Original ein Drehbuch ist – für den gleichnamigen Film aus dem Jahr 1969.
Alvin Toffler Der Zukunftsschock Bonn	Futurologisches Werk, das die Welt von morgen weniger unter technischem, als unter menschlich-sozialem Aspekt betrachtet.

Sport 1970	K 649
Fußball	
Weltmeisterschaft	Brasilien – Italien 4:1
Deutsche Meisterschaft	Borussia Mönchengladbach
DFB-Pokal	Kickers Offenbach – 1. FC Köln 2:1
Englische Meisterschaft	FC Everton
Italienische Meisterschaft	US Cagliari
Spanische Meisterschaft	Real Madrid
Europapokal (Landesmeister)	Feyenoord Rotterdam-Celtic Glasgow 2:1 n.V.
Europapokal (Pokalsieger)	Manchester City – Gornik Zabrze 2:1
Messepokal	Arsenal London

Tennis		
Wimbledon (seit 1877; 84. Austragung)	Herren: John Newcombe (AUS) Damen: Margaret Court-Smith (AUS)	
US Open (seit 1881; 90. Austragung)	Herren: Ken Rosewall (AUS) Damen: Margaret Court-Smith (AUS)	
French Open (seit 1925; 40. Austragung)	Herren: Jan Kodes (TCH) Damen: Margaret Court-Smith (AUS)	
Australian Open (seit 1905; 58. Austragung)	Herren: Arthur Ashe (USA) Damen: Margaret Court-Smith (AUS)	
Davis-Cup (Cleveland, USA)	USA – BRD 5:0	
Eishockey		
Weltmeisterschaft	Sowjetunion	
Stanley-Cup	Boston Bruins	
Deutsche Meisterschaft	EV Landshut	
Radsport		
Tour de France (4367 km)	Eddy Merckx (BEL)	
Giro d'Italia (3292 km)	Eddy Merckx (BEL)	
Straßen-Weltmeisterschaft	Jean-Pierre Monsere (BEL)	
Automobilsport		
Formel-1-Weltmeisterschaft	Jochen Rindt † (AUT), Lotus-Ford	
Boxen		
Schwergewichts-Weltmeisterschaft	Joe Frazier (USA) – K. o. über Bob Foster (USA), 18.11. – K. o. über Jimmy Ellis (USA), 16.2.	
Herausragende Weltrekorde		
Disziplin	Athlet (Land)	Leistung
Leichtathletik, Männer		
Hochsprung	Ni Tschi-tschin (CHN)	2,29 m
Stabhochsprung	Christos Papanicolau (GRE)	5,46 m
Leichtathletik, Frauen		
400 m	Marilyn Neufville (JAM)	51,0 sec
Weitsprung	Heide Rosendahl (FRG)	6,84 m
Schwimmen, Männer		
100 m Freistil	Mark Spitz (USA)	51,94 sec
1500 m Freistil	John Kinsella (USA)	15:57,0 min
400 m Lagen	Gary Hall (USA)	4:31,0 min
Schwimmen, Frauen		
200 m Schmetterling	Alice Jones	2:19,3 min

Mit ihren abendfüllenden Stücken wird Pina Bausch zu einer Schlüsselfigur des Modern Dance in Deutschland. S 447/K 449

„Zettels Traum" von Arno Schmidt
April. Karlsruhe. Im Stahlberg Verlag erscheint als Faksimile eines 1330 Seiten umfassenden Typoskripts im Format DIN A3 „Zettels Traum" von Arno Schmidt. Der Roman beschreibt einen Tag im Leben des Gelehrten Pagenstecher und verbindet unterschiedliche Stilebenen, Gattungen, Zeiten und Themen miteinander. Einen Erzählstrang bildet die Analyse von Edgar Allan Poes Leben und Werk. Handlungselemente treten zugunsten von Zustandsbeschreibungen in den Hintergrund.
Der in kleinbürgerlichen Verhältnissen aufgewachsene Autor kritisierte in früheren Romanen mit eigenwilliger Phantasie und bizarrem Humor (u. a. „Die Gelehrtenrepublik", 1957) die als einengend empfundene Realität der Nachkriegsgesellschaft in der BRD. S 649/K 648
M. Scherdt/H. Vollmer: Arno Schmidt. Leben – Werk – Wirkung, 1990.

Konzept statt Kunstwerk
Eine neue Kunstrichtung, die Concept-art, etabliert sich. Konzeptkünstler (u. a. Hanne Darboven, Joseph Kosuth) versuchen, die Kunst nach ihren individuellen Vorstellungen in alle Bereiche des Lebens hinein auszudehnen.
Die Künstler verzichten auf die Ausführung ihrer Projekte – sie beschränken sich auf Entwürfe, welche die Grenzen, die bei einer Realisierung schnell auftreten würden, überschreiten können.
Anfänge der Concept-art reichen bis in die 20er Jahre zurück zu László Moholy-Nagys „Kunst per Telephon" (1922) . Zur Conceptart gehören auch vergängliche oder nur vorübergehend zu besichtigende Kunst, wie z. B. die von dem Public-art-Künstler Christo verpackten Inseln und Bauwerke (u. a. Berliner Reichstag 1995).
H. Paetzold: Ästhetik der neueren Moderne. Sinnlichkeit und Reflexion in der konzeptionellen Kunst der Gegenwart, 1990.

Sport

Dritter WM-Titel für Pelé
21.6. Mexico City. Brasilien wird zum dritten Mal Fußballweltmeister. Die Mannschaft um den 29jährigen Pelé, der zum vierten Mal an einer WM teilnimmt, besiegt die italienische Elf mit 4:1 Toren. Das deutsche Team hatte

1970

im Viertelfinale England mit 3:2 bezwungen. Durch Tore von Franz Beckenbauer und Uwe Seeler glich die Mannschaft einen 0:2-Rückstand aus. In der Verlängerung erzielte Gerd Müller den Siegtreffer.

Zu einem weiteren Jahrhundertspiel kam es im Halbfinale, als die deutsche Elf den Italienern mit 3:4 unterlag. In der Nachspielzeit erzwang Karl-Heinz Schnellinger mit seinem Treffer zum 1:1 die dramatische Verlängerung: 2:1 (95. Minute, Gerd Müller), 2:2 (99. Minute, Tarcisio Burgnich, 2:3 (104. Minute, Riva), 3:3 (109. Minute, Gerd Müller), 3:4 (110. Minute, Gianni Rivera).

Zu Ehren von Pelé, der 1971 sein letztes Länderspiel bestreitet, wird in Belo Horizonte ein Denkmal errichtet.

Auto schneller als 1000 km/h
18.10. Bonneville. Auf den Salt Flats der Great Salt Lake Desert (Utah) stellt der US-Amerikaner Gary Gabelich mit dem Raketenauto „Blue Flame" einen Geschwindigkeitsrekord für Landfahrzeuge auf. Mit 1001,671 km/h übertrifft er erstmals die 1000-km/h-Grenze.

Einen der ersten Geschwindigkeitsrekorde für Automobile erreichte 1902 der US-amerikanische Millionär William K. Vanderbilt mit seinem Mercedes Simplex (111,106 km/h). Ab 1904 wurden Geschwindigkeitsrekorde auf dem Atlantikstrand von Daytona (Florida) ausgetragen. 1935 wechselten die Fahrer zu den Bonneville Salt Flats, wo Bob Summers 1965 den letzten Weltrekord für konventionelle Automobile aufstellte (658,649 km/h). Im selben Jahr erreichte Craig Breedlove auf seinem Raketenauto „Spirit of America" 966,571 km/h.

Jochen Rindt fährt in den Tod
5.9. Monza. Beim Training zum Großen Preis von Italien verunglückt der Formel-1-Rennfahrer Jochen Rindt tödlich. Sein Lotus rast mit über 240 km/h in die Leitplanken und zerbricht in mehrere Teile.

Rindt, der als gebürtiger Deutscher mit österreichischer Lizenz fuhr, hatte 1970 bereits fünf Grand-Prix-Rennen gewonnen.

Da Rindt in der Gesamtwertung unaufholbar führt, wird er im Oktober postum zum Formel-1-Weltmeister erklärt.

Raketenauto: Mit seinem Hochgeschwindigkeitsfahrzeug „Blue Flame" durchbricht der US-Amerikaner Gary Babelich erstmals die 1000-km/h-Grenze.

1971

Politik

Schweizerinnen sind wahlberechtigt

7.2. Schweiz. Durch Volksabstimmung wird das aktive und passive Frauenwahlrecht in der Schweiz eingeführt. Eine deutliche Mehrheit der Männer spricht sich bei einer Wahlbeteiligung von 57% für die politische Gleichstellung der Frau auf Bundesebene aus.
Am 1.2.1956 hatten sich zwei Drittel der Schweizer gegen das Frauenstimmrecht (zuerst eingeführt in Australien 1861) ausgesprochen; auf kantonaler Ebene wurden hingegen in den dazwischenliegenden Jahren Fortschritte erzielt.
Erstmals nehmen die Schweizerinnen ihre Rechte bei den Nationalratswahlen am 31.10. wahr. Die Mehrheitsverhältnisse im Parlament ändern sich nur unwesentlich. Zehn weibliche Abgeordnete ziehen in den Nationalrat ein. Als letztes europäisches Land führt das Fürstentum Liechtenstein 1976 das Frauenwahlrecht ein. S 65/K 63

Der Shilling hat ausgedient

15.2. Großbritannien. Die britische Währung wird auf das Dezimalsystem umgestellt. Das Pfund zählt jetzt 100 Pence; zuvor galt die Aufteilung in 20 Shilling zu je 12 Pence.
Die Anpassung an das international gültige Dezimalsystem steht in engem Zusammenhang mit Großbritanniens geplantem Beitritt zur EG, der am 28.10. vom Unterhaus beschlossen und am 1.1.1973 vollzogen wird.
Gleichzeitig mit Großbritannien stellen die Republik Irland und der afrikanische Staat Malawi ihre Währungen um. In Großbritannien soll die Einführung des metrischen bzw. Dezimalsystems für Maße, Gewichte und Industrienormen im Lauf des Jahres 1975 abgeschlossen sein.

Pakistan zerfällt KAR

26.3. Dacca. Der Führer der ostpakistanischen Unabhängigkeitsbewegung, Mujibur Rahman, ruft die souveräne Volksrepublik Bangladesch aus. Der Konflikt um die beiden durch den indischen Subkontinent getrennten Teile Pakistans (↑S.430/15.8.1947) tritt damit in seine entscheidende Phase.
Bei den ersten freien Wahlen zur Nationalversammlung am 7.12.1970 hatte die Unabhängigkeitspartei in Ostpakistan fast alle Stimmen gewonnen. Der dichtbesiedelte arme Ostteil fühlte sich schon immer durch die Zentralregierung benachteiligt.
Als Antwort auf die Souveränitätserklärung verhängt der pakistanische Präsident Aga Muhammad Yahya Khan das Kriegsrecht über Ostpakistan und läßt Rahman verhaften. In die ausbrechenden Kämpfe greift Indien Anfang Dezember auf seiten Ostpakistans ein. Die Übermacht der indischen Armee verhilft Ostpakistan zum Sieg; im Januar 1972 konstituiert sich die Republik Bangladesch. S 560/K 567

📖 Zum Beispiel Bangladesh, 1988.

Pakistan 1971

Pakistan (West)
Bevölkerung: 55 Mio.
Einwohner / km²: 68
Fläche: 803 943 km²
Religionszugehörigkeit:
92,2% Moslems
1,4% Hindus

Pakistan (Ost)
Bevölkerung: 75 Mio.
Einwohner / km²: 525
Fläche: 142 776 km²
Religionszugehörigkeit:
76,3% Moslems
18,4% Hindus
5,3% Biharis

© Harenberg

Wichtige Regierungswechsel 1971 — K 650

Land	Amtsinhaber	Bedeutung
Bolivien	Juan José Torres Gonzáles (P seit 1970) Hugo Banzer Suárez (P bis 1978)	Rechte Armeeteile stürzen linkes Militärregime (22.8.); Banzer wird 186. Präsident in der 146jährigen Geschichte des Landes (S.653)
Italien	Giuseppe Saragat (P seit 1964) Giovanni Leone (P bis 1978)	Der Christdemokrat Leone wird im 23. Wahlgang vom Parlament zum sechsten italienischen Staatspräsidenten gewählt
Syrien	Ahmed Chatib (P seit 1970) Hafis Assad (P bis ...)	Assad übt seit dem Militärputsch im November 1970 faktisch die Macht aus; enge wirtschaftliche Anbindung an die UdSSR
Uganda	Apollo Milton Obote (P seit 1966) Idi Amin Dada (P bis 1979)	Putsch von Generalstabschef Amin (25.1.), Fortsetzung der diktatorischen Gewaltherrschaft (300 000 Tote)

P = Präsident

Baby Doc wird Diktator von Haiti

21.4. Port-au-Prince. Nach dem Tod des Diktators François Duvalier wird dessen 19jähriger Sohn Jean-Claude zum „Präsidenten auf Lebenszeit" bestimmt. Der Arzt Duvalier („Papa Doc") war am 22.9.1957 mit Unterstützung der USA zum Präsidenten des Inselstaats gewählt worden. Mit der Zeit nahm sein Regime diktatorische Züge an. 1964 ließ er sich in einer Pro-forma-Volksabstimmung die lebenslange Macht bestätigen. Am 22.1. bestimmte er seinen Sohn zum Nachfolger. Die Regierungsgeschäfte werden zunächst von Verwandten geführt.
Baby Doc setzt die Gewaltherrschaft mit Hilfe der Geheimpolizei Tonton Macoute noch 15 Jahre fort (↑S.787/7.2.1986).

Machtwechsel in der DDR

3.5. Ostberlin. Walter Ulbricht gibt aus Altersgründen seinen Rücktritt als Erster Sekretär des Zentralkomitees (ZK) der SED bekannt. Als Nachfolger für das höchste Parteiamt schlägt er Erich Honecker vor. Ulbricht bleibt vorerst Staatsratsvorsitzender.
Der 77jährige Ulbricht, Gründungsmitglied der KPD (1918) und seit 1960 mächtigster Mann im Staat, verhielt sich gegenüber der UdSSR unbedingt loyal. Unter seiner Führung entwickelte sich die DDR zur zweitstärksten Wirtschaftsmacht im Osten Europas.
Erich Honecker übernimmt von Ulbricht am 24.6. den Vorsitz des Nationalen Verteidigungsrats; am 29.10.1976 wird er außerdem Staatsratsvorsitzender.
In seine Amtszeit fällt die Normalisierung der Beziehungen zwischen beiden deutschen Staaten (u. a. Grundlagenvertrag, ↑S.664/ 21.12.1972), die internationale Anerkennung der DDR (Beitritt zur UNO, ↑S.676/18.9. 1973), aber auch eine Erstarrung des Systems, die schließlich zu seinem Sturz und zum Zusammenbruch der DDR führt (↑S.820/9.11.1989). S 653/K 651 S 836/K 805
📖 I. Spittmann: Die DDR unter Honecker, 1990.

Putsch in Bolivien

22.8. La Paz. Nach tagelangen schweren Kämpfen wird das linksgerichtete Militärregime unter Präsident Juan José Torres Gonzáles von rechten Kräften gestürzt. Neuer Präsident wird Oberst Hugo Banzer Suárez. Bereits am 11.1. hatte Banzer einen Umsturzversuch unternommen, der jedoch mißlang. Am 19.8. wurde er bei seiner Einreise aus dem peruanischen Exil verhaftet; dies wurde zum Ausgangspunkt für den erneuten Putsch.

SED-Parteitage und Parteikonferenzen K 651

Datum	Beschlüsse
21./22.4.1946 I. Parteitag	Zwangsvereinigung von SPD und KPD zur SED (Gremien paritätisch besetzt); Verabschiedung des 1. Statuts
20.–24.9.1947 II. Parteitag	Manifest: Forderung nach deutscher Einheit, Wiederwahl der Vorsitzenden Pieck und Grotewohl
25.–28.1.1949 1. Parteikonferenz	Gründung des Politbüros; Anlehnung an KPdSU; Ende der Parität bei KPD- und SPD-Mitgliedern
20.–24.7.1950 III. Parteitag	Parteivorstand in ZK (Zentralkomitee) umgewandelt; 2. SED-Statut; Billigung eines 5-Jahresplan-Entwurfs
9.–12.7.1952 2. Parteikonferenz	Verschärfter Klassenkampf, Kollektivierung der Landwirtschaft; Aufbau bewaffneter Streitkräfte
30.3.–6.4.1954 IV. Parteitag	Festigung der Parteimacht in Betrieben und Kreisen, beschleunigte Industrialisierung
24.–30.3.1956 3. Parteikonferenz	Konzentration auf Wirtschaft; kaum Auseinandersetzung mit Entstalinisierung
10.–16.7.1958 V. Parteitag	Forderung nach Friedensvertrag; BRD bis 1961 wirtschaftlich überholen; 10 Grundsätze sozialistischer Moral und Ethik verabschiedet
15.–21.1.1963 VI. Parteitag	Neues Programm und Statut; „Neues Ökonomisches System der Planung und Leitung" verabschiedet
17.–22.4.1967 VII. Parteitag	Vollendung des Sozialismus angestrebt; Forderung nach normalen Beziehungen zur BRD; besonderer Berlin-Status
15.–19.6.1971 VIII. Parteitag	Stärkere Anlehnung an UdSSR-Außenpolitik; außenpolitisches 5-Punkte-Programm
18.–22.5.1976 IX. Parteitag	Übergang zum Kommunismus angestrebt; Betonung der Eigenstaatlichkeit; Honecker auch Staatsoberhaupt
11.–16.4.1981 X. Parteitag	Einheit von Wirtschafts- und Sozialpolitik bekräftigt Sparmaßnahmen wegen außenwirtschaftlicher Probleme
17.–21.4.1986 XI. Parteitag	KPdSU-Generalsekretär Gorbatschow mahnt Reformen an und verteidigt eigenen Kurs
8./16./17.12.1989 Sonderparteitag	SED-Politbüro und ZK abgeschafft, Führungsmannschaft ausgewechselt; Namensänderung in Partei des Demokratischen Sozialismus (PDS); Gregor Gysi Parteichef

Neben Militärs beruft Banzer Mitglieder der „Sozialistischen Falange" und der „Nationalistischen Revolutionsbewegung" (MNR) in die Regierung. Die sozialrevolutionäre, proindianische MNR ist seit Beginn der 50er Jahre die mächtigste Partei in Bolivien. Banzer gelingt es bis zu seinem Sturz 1978, ihren Einfluß zu beschneiden und diktatorisch zu regieren. 1985 unterliegt er bei Präsidentschaftswahlen gegen den MNR-Kandidaten Paz Estenssoro.

Viermächteabkommen über Berlin KAR

3.9. Westberlin. Die Botschafter der vier Siegermächte Großbritannien, Frankreich, USA und UdSSR unterzeichnen im ehemaligen Gebäude des alliierten Kontrollrats einen Vertrag, der den Status der geteilten Stadt festlegt.
Streitpunkt in den einjährigen Verhandlungen war vor allem die enge Bindung der Westsektoren von Berlin an die Bundesrepublik, die von der Sowjetunion erst gegen eine

1971

Transitwege nach Berlin

Grenzübergänge in Berlin

De-facto-Anerkennung der DDR durch die Westmächte akzeptiert wird.
Vorbedingung für das Inkrafttreten des Abkommens, das u. a. verbesserte Besuchsmöglichkeiten von Westberlinern in der DDR einschließlich Ostberlin vorsieht, ist der Abschluß eines Transitabkommens zwischen den beiden deutschen Staaten, über das die beiden Staatssekretäre Egon Bahr und Michael Kohl verhandeln. Nach dessen Unterzeichnung am 11.12. tritt das Viermächteabkommen am 3.6.1972 in Kraft.

U. Wetzlaugk: Die Alliierten in Berlin, 1988. A. Wilkens: Der unstete Nachbar. Frankreich, die deutsche Ostpolitik und die Berliner Viermächte-Verhandlungen, 1990.

Chinesischer Wechsel in der UNO

26.10. New York. Die Vollversammlung der Vereinten Nationen nimmt eine albanische Resolution an, durch die die kommunistische Volksrepublik China anstelle des nationalchinesischen Taiwan als legitime Vertretung Chinas bei der UNO anerkannt wird.
Angesichts der Öffnung Chinas wird die seit der Spaltung des Staates 1949 alljährlich von Albanien eingebrachte Resolution akzeptiert. In den Jahren zuvor hatten die USA die Aufnahme des kommunistischen China verhindert. Der US-amerikanische Versuch, eine chinesische Doppelvertretung zuzulassen, scheiterte mit 76 gegen 35 Stimmen.
Die Kompromißbereitschaft der USA ist ein erster Schritt zur Kontaktaufnahme mit der VR China (↑S.662/21.2.1972). S 454/K 457

Wirtschaft

DM tritt am Markt gegen Dollar an GRA

9.5. Bonn. In einer Krisensitzung entschließt sich das Bundeskabinett zur vorübergehenden Freigabe des DM-Wechselkurses. Mit dem „Floating" soll der Dollarzustrom gebremst werden, der Westeuropa in eine Währungskrise geführt hat. Durch das nach dem 29.9.1969 zweite Floating treffen DM und Dollar (sowie der niederländische Gulden, der ebenfalls freigegeben wird) am Markt frei aufeinander. Das führt zu einer Aufwertung des DM-Kurses gegenüber dem überbewerteten Dollar. Das erste Floating brachte einen Sturz des Dollarkurses um 34 Pfennig auf 3,66 DM, diesmal sinkt der Kurs auf 3,22 DM. Der inflationäre Dollarfluß kommt damit zum Stillstand.
Das Floating endet nach einer Konferenz der zehn größten westlichen Industriestaaten am 18.12.; der Dollarkurs wird auf 3,22 DM festgeschrieben.

Abkehr von Dollar-Leitwährung

15.8. Washington. US-Präsident Richard Nixon gibt ein Programm zur Stabilisierung der defizitären Handelsbilanz bekannt, u. a. sind eine 10%ige Importabgabe sowie die Abkehr vom Dollar als gegen Gold tauschbare Leit- und Reservewährung vorgesehen.
Die USA haben große Probleme mit Inflation, Arbeitslosigkeit und einer negativen Zahlungsbilanz. Die Funktion des Dollar als internationale Reservewährung, beschlossen während des 2. Weltkriegs (↑S.401/1.7.1944), verursachte im ersten Halbjahr 1971 das höchste Zahlungsbilanzdefizit der US-Geschichte (11,3 Mrd US-Dollar).
Zur Belebung der Wirtschaft ordnet Nixon einen dreimonatigen Lohn- und Preisstopp an.

Dies sowie die Importabgabe werden von der US-Wirtschaft begrüßt. Europa reagiert am 16.8. mit einer vorübergehenden Schließung der Devisenbörsen. Der Vorschlag der Bundesrepublik und der Niederlande zur Freigabe aller europäischen Währungen zwecks Aufwertung gegenüber dem Dollar (↑S.654/9.5.) scheitert am Veto Frankreichs.

Entwicklung des Dollar-Kurses 1948–80

Verkehr

Neue Straßenverkehrsordnung
1.3. BRD. Die neue Straßenverkehrsordnung (StVO) soll den hohen Unfallziffern entgegenwirken und die Verkehrsschilder den international gültigen Normen anpassen. Die Regelungen betreffen u. a. eine angemessene Fahrweise im immer dichter werdenden Straßenverkehr (etwa Abstand zum Vorderwagen). Zu den für die deutschen Autofahrer gewöhnungsbedürftigen 54 neuen oder geänderten Straßenschildern zählen das achteckige rote Stopp-Schild und der gelbweiße Hinweis „Vorfahrtstraße".
Mit den neuen Regeln können verkehrsgefährdende Verhaltensweisen eindeutiger als Ordnungswidrigkeiten geahndet werden. Der Protest gegen die neuen Schilder ebbt rasch ab.

Erfolg für Intercity-Züge
26.9. BRD. Mit Beginn des Winterfahrplans setzt die Deutsche Bundesbahn Intercity-Züge (IC) ein, die auf zunächst vier Strecken im Zweistundentakt 33 Städte anfahren.
Als Ergänzung zum TEE dienen die 160 km/h schnellen Erste-Klasse-Züge vornehmlich den Bedürfnissen der beruflich Reisenden, denen die Bahn wenig später weitere Serviceleistungen anbietet (Zugpostfunk, Zugsekretariat). Die Bundesbahn folgt dem Trend der letzten Jahre, der das komfortable Reisen zwischen den Wirtschaftsmetropolen mit möglichst wenig Zwischenstopps favorisiert.
Auch Privatkunden nehmen das IC-Angebot zunehmend an. Mit Einführung der zweiten Klasse und des Einstundentakts kommt die Bundesbahn der großen Nachfrage entgegen. Am 2.6.1991 geht der über 200 km/h schnelle Intercity-Expreß (ICE) auf der Strecke Hamburg–München in Betrieb.

Natur/Umwelt

Lärmschutz gesetzlich verankert
30.3. BRD. Das erste bundesweite Umweltschutzgesetz über die Einrichtung von Lärmschutzbereichen in der Umgebung von Flughäfen mit Düsenverkehr tritt in Kraft. Demnach dürfen in den Schutzzonen keine Schulen und Krankenhäuser mehr gebaut und Wohnhäuser nur unter Einhaltung bestimmter Schallschutz-Kriterien errichtet werden.
Der Bundesrat hatte dem Gesetz am 19.2. zugestimmt. Untersuchungen zur Optimierung des Schallschutzes kommen u. a. zu dem Ergebnis, daß fensterloses Ziegelmauerwerk knapp 90% des Fluglärms absorbiert.

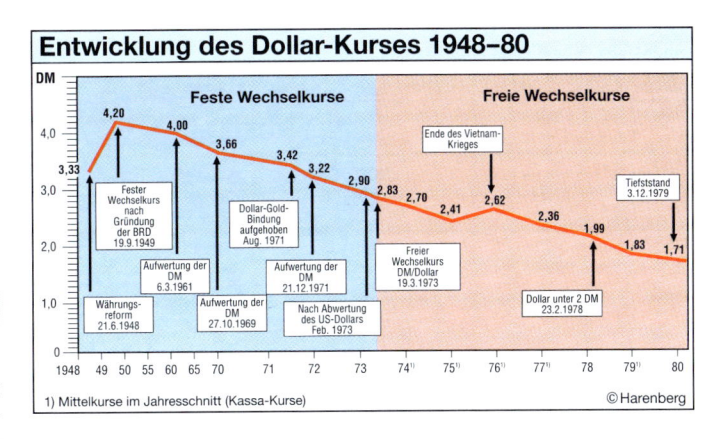

Weniger Blei ins Benzin
24.6. Bonn. Der Bundestag verabschiedet das erste Gesetz zur Verminderung von Luftverunreinigungen. Demnach müssen die Kraftstoffhersteller bis zum 1.1.1972 den Bleigehalt um die Hälfte auf 0,4 g/l senken; bis zum 1.1.1976 sinkt die Grenze auf 0,15 g.
Bereits in den 60er Jahren wurde in der Bundesrepublik bleifreies Benzin angeboten, das sich aber wegen seiner nur auf bestimmte Motorentypen beschränkten Verwendung nicht durchsetzen konnte.
Seit 1970 existiert in der BRD der Begriff „Umweltschutz", der sich allmählich auf immer weitere Bereiche des täglichen Lebens ausdehnt. Die sozialliberale Koalition veröffentlicht am 29.9. Leitlinien für den Umweltschutz, die Ökologie und Ökonomie als gleichrangige Prinzipien festlegen. Angestrebt wird das sog. Verursacherprinzip und die Realisierung umweltfreundlicher Technik. Am 2.3.1972 beschließt der Bundestag einstimmig eine Grundgesetzänderung, die dem Bund die Zuständigkeit in den Bereichen Abfallbeseitigung (↑S.667/10.5.1972), Luftreinhaltung und Lärmbekämpfung überträgt.

Erster Einsatz für „Greenpeace"
6.11. Amchitka. Ein unterirdischer Atombombentest auf der Aleuteninsel Amchitka wird

1971

Spektakuläre Greenpeace-Aktionen			K 652
Jahr	Aktion	Grund	Folgen
1971	Fahrt zur Insel Amchitka/Aleuten	Protest gegen Atomwaffenversuche der USA	Insel wurde in 80er Jahren Naturschutzpark
1972	Blockade des Mururoa-Atolls mit Schiff	Protest gegen französische Atomwaffenversuche	Von franz. Fregatte gerammt; 1974: oberirdische Tests
1975	Störung sowjetischer Walfänger	Dramatischer Rückgang des Walbestands	Sensibilisierung der Öffentlichkeit
1976	Fahrt nach Neufundland	Protest gegen Abschlachten neugeborener Robben	Robbenschlachten wird eingestellt
1977	Blockade australischer Walfangstation[1]	Weiterer Walfang trotz Artenrückgangs	Blockierte Walfangstation wird geschlossen
1978	Behinderung britischer Schiffe	Versuchte Atommüllversenkung im Atlantik	1983: Konvention gegen Atommüllversenkung tritt in Kraft
1979	Aktion gegen spanische Walfänger	Dramatischer Rückgang des Walbestands	„Rainbow Warrior" festgesetzt; Flucht nach 6 Monaten[2]
1980	Schiffblockaden: Nordenham, Rotterdam	Dünnsäure-Verklappung in der Nordsee	Verklappung wird für die Medien zum Thema
	Fahrt nach Japan	Delphinfang zu kommerziellen Zwecken	Befreiung von 300 Delphinen
1981	Robbenaktion in Neufundland	Protest gegen Robbenfang in großem Stil	Robben mit Farbe besprüht – Fell wertlos; 1982: EG-Einfuhrverbot
1985	„Rainbow Warrior" in Neuseeland gesprengt	Franz. Geheimdienst verhindert Fahrt zu Mururoa-Atoll	Greenpeace-Fotograf getötet; Rücktritt d. frz. Verteidigungsministers
1987	Aktion gegen Atomanlage Sellafield (GB)	Warnung vor Gefahren dieser ältesten westlichen Anlage	Erstmals Gefängnisstrafen für Greenpeace-Angehörige
	Protest gegen Giftmüllverbrennung	Gleichzeitige Nordseekonferenz der Anrainerstaaten	Protest dänischer und niederländischer Kutter
1988	Boykott isländischer Fischereiprodukte	Unverminderter Walfang durch Island	Island soll zum Walfangstopp bewegt werden
1990	Behinderung japan. und taiwan. Fischer	Auslegung kilometerlanger Treibnetze („Todeswände")	Sensibilisierung der Weltöffentlichkeit
1995	Besetzung Ölverladeplattform Brent Spar	Geplante Versenkung in der Nordsee durch Erdölkonzern Shell	Boykott von Shell-Tankstellen; Brent-Spar-Versenkung gestoppt
	Fahrt zum Mururoa-Atoll	Wiederaufnahme franz. Atomtests	Greenpeace-Schiffe beschlagnahmt

1) Mit erstem eigenen Schiff, der „Rainbow Warrior"; 2) 1982: IWC stoppt Walfang für 5 Jahre; 1985: Verbot

zum Auslöser einer Serie von Protestaktionen der Umweltschutzgruppe Greenpeace.
1970 hatten im kanadischen Vancouver der ehemalige Raketenkonstrukteur Jim Bohlen sowie die Juristen Irving Stowe und Paul Cote ein Aktionskomitee gegen die Atombombentests gegründet, gegen die auch andere Organisationen wegen der Gefahren von Erdbeben, Flutwellen und radioaktiver Verseuchung des Meeres protestierten. Die neue Qualität der Greenpeace-Strategie ist die direkte, spektakuläre und damit medienwirksame Aktion, die der Gruppe Sympathien und ansehnliche Spenden einbringt.
1972 beschließt die US-Regierung, die Tests auf Amchitka einzustellen. Für die Greenpeace-Bewegung bleibt die Verseuchung der Meere zentrales Thema. In der Nordsee versuchen Greenpeace-Aktivisten mehrfach, die sog. Verklappung (d. h. Einleitung) von Dünnsäure zu verhindern. S 656/K 652

M. Brown/J. May: Die Greenpeace-Story, 1989.

Wissenschaft

Vitamin-Synthese gelungen

Boston. Nach mehr als zehn Jahren Arbeit vollenden an der Harvard University der US-amerikanische Chemiker Robert Burns Woodward und sein Schweizer Kollege Albert Eschenmoser die Totalsynthese von Vitamin B_{12} (Cyanocobalamin), dem wohl kompliziertesten organischen Molekül überhaupt. Seinen Weltruhm als erfolgreichster Chemiker aller Zeiten begründete Woodward 1944 mit der Synthese von Chinin. 1956 vertrat er die Ansicht, daß die Synthese von Chlorophyll, dem Blattfarbstoff grüner Pflanzen, möglich sein sollte – und in der Tat hat er dieses überaus komplexe Naturstoffmolekül von 1960 bis 1965 „gebastelt".
Woodwards Fähigkeit, die Exaktheit chemischer Konzepte mit den Erfolgen angrenzender Forschungsgebiete in übergreifenden Theorien zu vereinen und praktisch umzusetzen, hat darüber hinaus das moderne Design von Medikamenten und damit einige der wichtigsten Beiträge der biomedizinischen Wissenschaften zur Gesundheit von Menschen und Tieren ermöglicht.

UdSSR bringt Raumstation ins All

19.4. Baikonur. Vom sowjetischen Kosmodrom wird die erste Raumstation in eine Umlaufbahn um die Erde gebracht. An den zunächst unbemannten künstlichen Satelliten Saljut 1 sollen nacheinander mehrere Raumschiffe andocken.
Der erste Versuch mißlingt am 24.4.; den Kosmonauten der Sojus 10 gelingt es nicht, in die Station umzusteigen. Die nachfolgende Sojus-11-Besatzung hält sich vom 7. bis 29.6. in der Saljut auf und führt das geplante Forschungsprogramm durch. Die drei Kos-

monauten sterben auf der Rückreise zur Erde aufgrund eines Druckabfalls an Luftembolie. Die USA ziehen am 14.5.1973 mit der Raumstation „Skylab" nach. Drei Teams arbeiten bis 1974 in dem Labor, das am 11.7.1979 auf die Erde abstürzt.
📖 R. Engel: Rußlands Vorstoß ins All. Geschichte der sowjetischen Raumfahrt, 1988.

Technik

Röntgen mit Radiowellen
London. Am Atkinson Morley Hospital liefert ein sog. Computertomograph die ersten Schichtaufnahmen von Weichteilstrukturen des menschlichen Körpers auf einem Bildschirm. Dieses Gerät – 1967 von dem britischen Elektrotechniker Godfrey Newbold Hounsfield entwickelt – eröffnet in der Medizin die Epoche der „bildgebenden" Verfahren, die für den Patienten schmerzlos und kaum belastend sind.
Die Computertomographie (CT), eine Weiterentwicklung der Röntgenschichtverfahren, bietet insbesondere im Bereich des Zentralnervensystems eine wesentlich erhöhte diagnostische Sicherheit. Dabei werden – mit einer relativ geringen Strahlenbelastung – mit einem Röntgenstrahl die zu untersuchenden Körperregionen schichtweise aus allen Richtungen abgetastet. Die Meßdaten baut ein Computer zu einem Fernsehbild auf.
Zu Beginn der 90er Jahre wird die CT zunehmend von der sog. Kernspintomographie (KST) abgelöst, eine chemische Analysetechnik, die den Organismus einem Magnetfeld aussetzt (↑S.416/November 1945). Es werden keine Röntgenstrahlen verwendet, vielmehr tastet man mit Hilfe von Radiowellen bestimmte Atomkerne im Organismus ab und verarbeitet die Signale mittels eines Computers zu Monitorbildern.

Tests mit Magnetbahn beginnen
6.5. Ottobrunn. Auf ihrem Versuchsgelände bei München stellt der Luft- und Raumfahrtkonzern Messerschmitt-Bölkow-Blohm (MBB) die weltweit erste Magnetschnellbahn vor. Am 11.10. folgt eine ähnliche Studie des Rüstungskonzerns Krauss-Maffei, der Transrapid 02. Schnelligkeit (bis 400 km/h), Sicherheit und Komfort versprechen die Konstrukteure der auf Magnetfeldern schwebenden Entwicklung, die in den 80er Jahren auf der rd. 1100 km langen Strecke Hamburg–Hannover–Essen–Köln–Frankfurt–Stuttgart–München verkehren soll.

Tatsächlich unterliegt das Projekt noch in den 90er Jahren immer neuen Verzögerungen. An der 31,5 km langen Transrapid-Versuchsanlage im emsländischen Haren (TVE) werden derweil immer schnellere Konstruktionen getestet (Transrapid 07: 500 km/h).

Gesellschaft

Erster Datendiebstahl vor Gericht
7.4. Oakland. Im kalifornischen Oakland wird das Strafverfahren gegen den Angestellten einer Computerfirma eingeleitet, dem der Diebstahl eines Programms für die Herstellung graphischer Darstellungen zur Last gelegt wird.
Die Rechtslage in diesem Präzedenzfall elektronischen Datendiebstahls ist unklar. Der Angestellte hatte das 10 000 US-$ (rd. 35 000 DM) teure Programm durch telefonisches Anzapfen des Computers einer Konkurrenzfirma in seinen Besitz gebracht.
In der BRD wird am 15.5.1986 ein Gesetz über die Handhabung von Computerstraftaten verabschiedet.

Nobelpreisträger 1971	K 653
Frieden: Willy Brandt (D., 1913–1992)	
Mit seiner Ostpolitik trug der Bundeskanzler (1969–74) und SPD-Vorsitzende (1964–87) zur Überwindung der Konfrontation zwischen den Machtblöcken in Europa bei. Brandt war der erste Deutsche, der nach dem 2. Weltkrieg mit dem Friedensnobelpreis ausgezeichnet wurde.	
Literatur: Pablo Neruda (Chile, 1904–1973)	
In bildreicher, mitunter surrealistischer Gestaltung behandelte der Lyriker und Diplomat vorwiegend Liebe, Kultur und Natur. In seinem Hauptwerk, dem Versepos „Der große Gesang" (1950), vermittelt er einen Eindruck der facettenreichen Geschichte und Gegenwart Lateinamerikas.	
Chemie: Gerhard Herzberg (Kanada, *1904)	
Der gebürtige Hamburger untersuchte Struktur und Geometrie von Molekülen. Ab den 50er Jahren erforschte er die sog. freien Radikalen (mehratomige Molekülbruchstücke, die in chemischen Reaktionen wirksam sind). Auf deren genauer Kenntnis beruhten die Fortschritte der Chemie-Industrie.	
Medizin: Earl W. Sutherland (USA, 1915–1974)	
Sutherland erforschte die Wirkungsmechanismen der Hormone. Dabei entdeckte er in den 60er Jahren eine neue biologische Substanz (CycloAMP), die von Hormonen aktiviert wird und als sog. Transmitter die Stoffwechselprozesse in den Zellen anregt bzw. hemmt.	
Physik: Dennis Gabor (GB, 1900–1979)	
Der gebürtige Ungar entwickelte 1947 die Holographie, mit der dreidimensionale Bilder hergestellt werden können. Nach der Erfindung des Lasers (1960) wird die Holographie u. a. in der medizinischen Diagnose und der elektronischen Datenverarbeitung verwendet.	
Wirtschaftswissenschaften: Simon Kuznets (USA, 1901–1990)	
Kuznets forschte auf dem Gebiet der empirischen Wirtschaftslehre, die mittels statistischer Verfahren nach konjunkturellen Gesetzmäßigkeiten sucht. Der Volkswirtschaftler erarbeitete internationale Vergleiche der Wirtschaftsentwicklung („Economic Growth of Nations", 1971).	

1971

PEN–Club: Heinrich Böll (1917–1985) wird als erster Deutscher zum Präsidenten der Schriftstellervereinigung gewählt. Der Literatur–Nobelpreisträger (1972) setzt seine Kritik an der Zerstörung urchristlicher Werte in praktisches Engagement um: Böll tritt für Kernkraftgegner und Friedensinitiativen ein und nimmt die sowjetischen Dissidenten Alexander Solschenizyn und Lew Kopelew bei sich auf.

Kostenlose Krebsvorsorge
1.7. BRD. Frauen ab 30 und Männer ab 45 können sich einmal pro Jahr kostenlosen Vorsorgeuntersuchungen unterziehen, damit vor allem Krebs schon im Frühstadium erkannt und mit größeren Erfolgsaussichten behandelt werden kann. Statistiken haben belegt, daß jeder fünfte Bundesbürger an Krebs stirbt. Heilungschancen bestehen hauptsächlich, solange die Krebszellen noch nicht unkontrollierbar wuchern. So liegt z. B. die Aussicht auf risikoarme Heilung einer krebsigen Entartung des Gebärmutterhalses bei Früherkennung bei 85–90%.

Mit dem Inkrafttreten der Gesundheitsreform kommen 1989 die kostenlosen Vorsorgeuntersuchungen auf Herz-, Kreislauf- und Nierenerkrankungen sowie auf Diabetes mellitus für Menschen ab 35 Jahren hinzu.

BAföG finanziert Studium
1.9. BRD. Das Bundesausbildungsförderungsgesetz (BAföG) tritt in Kraft. Es regelt bundesweit die staatliche Ausbildungsförderung der Schul- und Hochschulbesucher. Der Bundestag verabschiedete das Gesetz am 26.8.

Chancengleichheit im Bildungswesen ist das Ziel der sozialliberalen Koalition. Die Reform der Ausbildungsförderung (bisher „Honnefer Modell") zielt darauf ab, den Anteil der Studierenden aus Arbeiterfamilien (bisher 7%) zu steigern; der Anteil der Studierenden insgesamt soll von 13,9% auf 20% angehoben werden. Mit der Förderung soll auch der Besuch weiterführender Schulen erleichtert werden.

Mit der Neufassung des BAföG vom 6.6.1983 werden die Zahlungen an berechtigte Studenten nicht mehr als Zuschuß, sondern zu 100% als zinsloses Darlehen gewährt. Ab 1990 verringert sich der Darlehensanteil wieder auf 50% der monatlichen Förderungssumme.

1996 tritt das Gesetz zur öffentlichen Förderung der beruflichen Aufstiegsfortbildung (sog. Meister- BAföG) in Kraft.

Organspender erhalten Ausweis
3.11. Hamburg. Die Gesundheitsbehörde Hamburgs beginnt mit der Ausgabe von Organspenderausweisen. Spendenwillige dokumentieren damit, daß ihrem Körper nach dem Tod Organe für Transplantationen entnommen werden dürfen.

Der bundesdeutsche Bedarf an Transplantaten wurde bislang aus dem Ausland, vorwiegend aus Skandinavien, gedeckt. Das in Hamburg neu eingeführte Modell betrifft zunächst ausschließlich die Spende von Nieren.

Gesetzliche Regelungen zur Organspende sind auch Mitte der 90er Jahre nicht vorhanden. Die bestehende Praxis greift entweder auf die vorherige Einverständniserklärung des Verstorbenen zurück (dokumentiert mit dem mittlerweile bundesweit vorhandenen Organspenderausweis) oder auf die Zustimmung der Angehörigen.

📖 Organspende, Organtransplantation. Indikationen, Technik, Resultate. Report des Machbaren, 1985.

Kultur

Filmemacher eröffnen eigenen Verlag
23.4. Frankfurt/Main. Deutsche Regisseure gründen den Filmverlag der Autoren. Er soll inhaltliche, aber auch organisatorische Fragen wie die Finanzierung neuer Projekte, den Vertrieb und die Vergabe von Filmrechten regeln. Zudem sichert der Verlag die Unabhängigkeit der Filmemacher von großen Produktionsgesellschaften. Zu den Gründungsmitgliedern gehören namhafte Regisseure des Neuen Deutschen Films wie Rainer Werner Fassbinder und Wim Wenders.

1969 hatten sich Theaterschriftsteller zum Verlag der Autoren zusammengeschlossen, der nicht nur die Interessen der Autoren vertritt, sondern auch ihr Einkommen durch eine Beteiligung am Verlagsgewinn aufbessert.

Der Filmverlag der Autoren verschafft sich schnell ein hohes Renommee, da er künstlerische Interessen nicht – wie meist üblich – zugunsten kommerzieller Zielsetzungen vernachlässigt.

1971

Szenische Komposition von Kagel

25.4. Hamburg. Das in der Tradition des absurden Theaters stehende Auftragswerk „Staatstheater" des gebürtigen Argentiniers Mauricio Kagel hat Premiere. Die neunteilige szenische Komposition persifliert die Institution Oper. Die einzelnen Sequenzen des Werks stehen in keinem Zusammenhang zueinander und können beliebig ausgetauscht werden. Eine Handlung im eigentlichen Sinne gibt es nicht.

Kagel, einer der experimentierfreudigsten Komponisten seiner Zeit, begründete 1960 das sog. Instrumentale Theater („Sur scène"), eine Form des Neuen Musiktheaters, die mit den ritualisierten Formen des etablierten Konzertbetriebs bricht. Kagel entdeckt mit elektronischen Apparaturen, fremdartigen Schallerzeugern und Phantasiekonstruktionen („Zwei-Mann-Orchester", Film, 1973) neue Klangbereiche. 1989 wird seine „Fragende Ode" für Doppelchor, Bläser und Schlagzeug uraufgeführt.
1979 erhält Kagel den Hörspielpreis der Kriegsblinden für sein Werk „Der Tribun" (für eine politische Stimme, Lautsprecher und Militärkapelle). S 659/K 654

D. Schnebel: Mauricio Kagel. Musik, Theater, Film, 1970. W. Klüppelholz: Mauricio Kagel, 1970–1980, 1981.

„Love Story" rührt Millionen

26.8. Frankfurt/Main. Der bereits 1969 in den USA gedrehte Spielfilm „Love Story", nach dem das gleichnamige Buch von Erich Segal entstand, hat in der Bundesrepublik Premiere. Er erzählt die tragisch endende Liebesgeschichte zwischen der aus einfachen Verhältnissen stammenden Studentin Jenny (Ali MacGraw) und dem reichen Harvard-Absolventen Oliver „IV" (Ryan O'Neal), die trotz elterlichen Verbots heiraten.
Der Film wird, wie bereits in zahlreichen anderen Ländern, zu einem großen Publikumserfolg. Das Urteil der Kritik fällt allerdings negativ aus – dem Melodram wird vor allem Kitsch bescheinigt.
1978 entsteht eine Fortsetzung unter dem Titel „Olivers Story", die jedoch – wie so oft – nicht an den Erfolg ihres Vorgängers anknüpfen kann.

Böll wird Präsident des PEN

13.9. Dublin. Auf dem 38. Kongreß des internationalen PEN-Clubs (↑S.182/5.10.1921) wird der Schriftsteller Heinrich Böll als erster Deutscher zu dessen Präsidenten gewählt. Er übt das Amt bis 1974 aus.

Kulturszene 1971	K 654
Theater	
Edward Bond Lear UA 29.9., London	Stück über Natur und Entstehungsbedingungen von Gewalt als exzentrische Neudeutung von Shakespeares Tragödie.
Rainer Werner Fassbinder Bremer Freiheit UA 10.12., Bremen	Das erfolgreichste Stück des Theatermachers und Filmregisseurs ist eine Moritat über eine Bremer Giftmischerin des 19. Jh.
Peter Handke Der Ritt über den Bodensee UA 23.1., Westberlin	Thema des Stücks ohne geschlossenen Handlungszusammenhang sind sprachliche und andere kommunikative Mißverständnisse.
Franz Xaver Kroetz Wildwechsel UA 3.6., Dortmund	Sozialkritisch-analytisches Stück über die Konflikte gesellschaftlich erniedrigter Menschen, deren Sprachnot oft bis zur Sprachlosigkeit reicht.
Oper	
Mauricio Kagel Staatstheater UA 25.4., Hamburg	Das experimentelle Multi-Media-Stück aus einem Sammelsurium von Szenen und Aktionen persifliert die gesellschaftliche Institution Oper.
Musical	
Andrew Lloyd Webber Jesus Christ Superstar UA 12.10., New York	Die Rockoper über die letzten sieben Lebenstage Jesu ist bereits als Schallplatte erfolgreich, bevor das Stück auf die Bühne kommt.
Konzert	
Steve Reich Drumming UA 3.12., New York	Das große Trommelstück macht den Amerikaner zum Guru der sog. Minimal Music, deren Strukturen durch Wiederholungen variiert werden.
Film	
Hal Ashby Harold und Maude USA	Der junge Harold, der sich für Tote und Beerdigungen interessiert, verliebt sich in die 80jährige Maude – brillante schwarze Komödie.
Peter Bogdanovich Die letzte Vorstellung USA	In einer amerikanischen Kleinstadt nehmen vor dem Koreakrieg zwei Halbwüchsige Abschied von ihren Kindheitsträumen und dem alten Kino.
Francis Ford Coppola Der Pate USA	Aufwendige Verfilmung des Romans von Mario Puzo mit Marlon Brando in der Hauptrolle, dem dafür sein zweiter Oscar zugesprochen wird.
Alfred Hitchcock Frenzy USA	Variation eines der Lieblingsthemen Hitchcocks: Ein Mann wird das Opfer einer Verfolgungsjagd, obwohl er völlig unschuldig ist.
Stanley Kubrick Uhrwerk Orange Großbritannien	Ein Gewaltverbrecher meldet sich für ein Rehabilitationsprogramm, das seine Aggressionen abbaut – und ihn zugleich entmenschlicht.
Buch	
Ingeborg Bachmann Malina Frankfurt/Main	Der Roman, der aus monologischen Reflexionen und skizzenhaften Berichten besteht, schildert eine komplizierte Dreiecksgeschichte.
Heinrich Böll Gruppenbild mit Dame Köln	Bölls umfangreichster Roman, reflektiert deutsche Geschichte von 1899 bis 1970; montageartig eingeblendete NS-Dokumente.
Walter Kempowski Tadellöser & Wolff München	Erlebte Zeitgeschichte – der 2. Weltkrieg und die ersten Nachkriegsjahre – wird in Form einer Familienchronik aufgearbeitet.
Golo Mann Wallenstein Frankfurt/Main	Der Historiker Mann verzichtet bei seiner Lebensbeschreibung des berühmten Feldherrn bewußt auf die Wissenschaftssprache.
Alexander Solschenizyn August Vierzehn Paris	Erster Teil des vierbändigen Romanzyklus „Das rote Rad", einer episch und dokumentarischen Chronik der Sowjetrevolution.

Sport 1971	K 655
Fußball	
Deutsche Meisterschaft	Borussia Mönchengladbach
DFB-Pokal	Bayern München – 1. FC Köln 2:1 n. V.
Englische Meisterschaft	Arsenal London
Italienische Meisterschaft	Inter Mailand
Spanische Meisterschaft	FC Valencia
Europapokal (Landesmeister)	Ajax Amsterdam – Panathinaikos Athen 2:0
Europapokal (Pokalsieger)	Chelsea London – Real Madrid 2:1
Messepokal	Leeds United
Tennis	
Wimbledon (seit 1877; 85. Austragung)	Herren: John Newcombe (AUS) Damen: Evonne Goolagong (AUS)
US Open (seit 1881; 91. Austragung)	Herren: Stan Smith (USA) Damen: Billie Jean King (USA)
French Open (seit 1925; 41. Austragung)	Herren: Jan Kodes (TCH) Damen: Evonne Goolagong (AUS)
Australian Open (seit 1905; 59. Austragung)	Herren: Ken Rosewall (AUS) Damen: Margaret Court-Smith (AUS)
Davis-Cup (Charlotte, USA)	USA – Rumänien 3:2
Eishockey	
Weltmeisterschaft	Sowjetunion
Stanley-Cup	Montreal Canadiens
Deutsche Meisterschaft	EV Füssen
Radsport	
Tour de France (3689 km)	Eddy Merckx (BEL)
Giro d'Italia (3567 km)	Gösta Pettersson (SWE)
Straßen-Weltmeisterschaft	Eddy Merckx (BEL)
Automobilsport	
Formel-1-Weltmeisterschaft	Jackie Stewart (GBR), Tyrell-Ford
Boxen	
Schwergewichts-Weltmeisterschaft	Joe Frazier (USA) – PS gegen Muhammad Ali (USA), 8.3.
Herausragende Weltrekorde		
---	---	---
Disziplin	Athlet (Land)	Leistung
Leichtathletik, Männer		
Dreisprung	Pedro Perez Duenas (CUB)	17,40 m
Hammerwurf	Walter Schmidt (FRG)	76,40 m
Leichtathletik, Frauen		
800 m	Hildegard Falck (FRG)	1:58,5 min
1500 m	Karin Burneleit (GDR)	4:09,6 min
100 m Hürden	Karin Balzer (GDR)	12,6 sec
Hochsprung	Ilona Gusenbauer (AUT)	1,92 m
Schwimmen, Männer		
200 m Rücken	Roland Matthes (GDR)	2:05,6 min
100 m Schmetterling	Mark Spitz (USA)	55,0 sec
200 m Schmetterling	Hans Fassnacht (FRG)	2:03,3 min
Schwimmen, Frauen		
800 m Freistil	Shane Gould (AUS)	8:58,1 min

Böll, einer der meistgelesenen deutschen Nachkriegsautoren, verarbeitet in seinen Erzählungen und Romanen Erfahrungen mit dem Nationalsozialismus und wendet sich gegen den Verlust von Menschlichkeit in der vom Konsumdenken geprägten Bundesrepublik (u. a. „Ansichten eines Clowns", 1963). Er engagiert sich für Friedensinitiativen und beteiligt sich in den 70er und 80er Jahren aktiv am Protest von Kernkraftgegnern. 1972 wird Heinrich Böll der Literatur-Nobelpreis verliehen.

J. H. Reid: Heinrich Böll, 1991.

Sport

Bundesligaskandal aufgedeckt

6.6. Einen Tag nach Beendigung der Fußballsaison 1970/71 enthüllt Horst Gregorio Canellas, der Präsident des Absteigers Kickers Offenbach, daß durch Geldzuwendungen Spiele der Bundesliga manipuliert wurden. Der Vorsitzende des DFB-Kontrollausschusses, Horst Kindermann, erhebt bis 1974 Anklage gegen 52 Spieler, drei Trainer und zwölf Vereinsfunktionäre.
Eine zentrale Rolle in der Bestechungsaffäre spielen die Vereine Arminia Bielefeld und Schalke 04. Am 17.4. verloren die Gelsenkirchener ihr Heimspiel gegen die abstiegsgefährdeten Bielefelder mit 0:1. Wie sich später herausstellt, war dieser Bielefelder Sieg ebenso wie die 1:0-Erfolge in Berlin (5.6.) und Stuttgart (29.5.) „gekauft". Einige Schalker Spieler hatten für die Niederlage 2400 DM erhalten.
Arminia Bielefeld wird 1972 in die Regionalliga zurückgestuft, neben Lizenzentzügen werden Sperren und Geldbußen in Höhe von 400 000 DM verhängt. 1975 gestehen acht Schalker Spieler, entgegen früheren Aussagen Schmiergelder erhalten zu haben. Sie werden 1976 vom Essener Landgericht wegen „eidlicher und uneidlicher Falschaussage" zu hohen Geldstrafen verurteilt.

Schwede triumphiert bei Giro d'Italia

10.6. Mailand. Mit dem Sieger im Gesamtklassement, dem Schweden Gösta Pettersson, kann erstmals in der Geschichte des Radsports ein Skandinavier die Italien-Rundfahrt gewinnen.
Das nach der Tour de France zweitwichtigste Radrennen für Profis führte in diesem Jahr über 20 Etappen mit insgesamt 3567 km. Pettersson feiert mit diesem Sieg den größten Triumph seiner dreijährigen Profikarriere.

1972

Politik

Margrethe II. dänische Königin

15.1. Kopenhagen. Die 31jährige älteste Tochter des tags zuvor verstorbenen dänischen Königs Friedrich IX. wird als Margrethe II. zur Königin proklamiert.
1953 hatte das dänische Parlament die Möglichkeit der weiblichen Thronfolge für das amtierende Haus Schleswig-Holstein-Sonderburg-Glücksburg beschlossen. Margrethes Ehemann (seit 1967), der französische Graf Henri de Laborde de Monpezat, wird ihr als Prinz Henrik bei der Ausübung der Repräsentationspflichten beistehen. S 661/K 656

Radikalenerlaß verabschiedet

28.1. Bonn. Bundeskanzler Willy Brandt und die Regierungspräsidenten der Bundesländer einigen sich im sog. Radikalenerlaß darauf, daß Mitglieder „extremer Organisationen" aus dem öffentlichen Dienst ferngehalten werden können.
Angesichts der linksfeindlichen Stimmung im Zusammenhang mit Terroranschlägen der Baader-Meinhof-Gruppe (↑S.664/1.6.) ist der Radikalenerlaß hauptsächlich darauf ausgelegt, Mitgliedern der Deutschen Kommunistischen Partei (DKP) und anderer K-Gruppen den Staatsdienst zu verweigern.
Die Handhabung der Regelung ist in den einzelnen Bundesländern unterschiedlich. Während den CDU-regierten Länder und Bayern die Mitgliedschaft in einer kommunistischen Partei als Kriterium genügt, kommt es in den sozialdemokratischen Ländern meist zur Prüfung der „freiheitlich-demokratischen Gesinnung". Von den bis März 1976 überprüften 500 000 Bewerbern für den öffentlichen Dienst werden 428 wegen politischer Bedenken abgelehnt.

📖 Berufsverbote und Menschenrechte in der Bundesrepublik, 1987.

Dänemark im 20. Jahrhundert — K 656

Jahr	Ereignis
1906	Friedrich VIII. wird König
1913	Erstmals haben Frauen Stimmrecht bei Parlamentswahlen
1912	Christian X. wird König von Dänemark
1929	Thorvald Stauning, Parteivorsitzender der Sozialdemokraten, wird zum Ministerpräsidenten gewählt (bis 1940)
1939	Abschluß eines Nichtangriffspakts mit Deutschland (31.5.)
1940	Kampflose Besetzung Dänemarks durch deutsche Truppen
1941	Bildung des Dänischen Rats als Exilregierung in London
1943	Streiks und Sabotageakte der Gruppe „Freies Dänemark"
1944	Deutsche Besatzer erschießen den Dichter Kaj Munk (4.1.)
	Island löst sich endgültig von Dänemark (17.6.)
1945	Bildung einer Allparteienregierung als erstes Nachkriegskabinett
1947	Friedrich IX. wird König
1948	Dänemark billigt den Färöer innere Selbstverwaltung zu (23.3.)
1953	Verfassungsreform: Einkammersystem eingerichtet, weibliche Thronfolge eingeführt, Grönland wird Teil des dän. Königreichs
1955	Dänemark und die BRD einigen sich über den Sonderstatus der jeweiligen Minderheiten in Schleswig
1972	Margrethe II. wird Königin (S.661/15.1.)
	Bei Volksabstimmung stimmen 63,5% der Wahlberechtigten für den Beitritt zur Europäischen Gemeinschaft (1973, S.677)
1979	Grönland erhält innere Selbstverwaltung
1982	Grönländer stimmen in Volksentscheid für Austritt aus EG (23.2.)
	Poul Schlüter bildet bürgerliches Minderheitskabinett und wird erster konservativer Regierungschef Dänemarks im 20. Jh. (bis 1993)
1992	50,7% der Dänen stimmen gegen den Vertrag von Maastricht über Bildung der Europäischen Union (S.849/11.12.1991)
1993	Nach der Aushandlung von Sonderregelungen für Dänemark (u. a. Währung, Staatsbürgerschaft, Sicherheitspolitik) Mehrheit für Billigung des Maastrichter Vertrags (56,8% der Stimmen)
1994	Bei der Wahl zum Europäischen Parlament erringen Anti-EU-Bewegungen ein Viertel der Stimmen

Wichtige Regierungswechsel 1972 — K 657

Land	Amtsinhaber	Bedeutung
Dänemark	Friedrich IX. (König seit 1947) Margrethe II. (Königin bis ...)	Mit dem Tod von Friedrich IX. (14.1.) erlischt das Haus Schleswig-Holstein-Sonderburg-Glücksburg im Mannesstamm (S.661)
Frankreich	Jacques Chaban-Delmas (M seit 1969) Pierre Messmer (M bis 1974)	Erzwungener Rücktritt des liberalen Chaban-Delmas (5.7.) nach Bildung der Volksfront aus Sozialisten und Kommunisten
Japan	Eisaku Sato (M seit 1964) Kakuei Tanaka (M bis 1974)	Tanaka verbessert das Verhältnis zu China und unterzeichnet Erklärung, die den seit 1937 bestehenden Kriegszustand beendet
Korea-Nord	Yong Kun Choi (P seit 1952) Kim II Sung (P bis 1994)	Kim II Sung, der seit 1950 einen stalinistischen Personenkult um seine Familie aufgebaut hat, wird auch Präsident
Nepal	Mahendra Bir Bikram Schah (König seit 1956) Birendra Bir Bikram Schah (König bis ...)	Herrscherwechsel weckt Hoffnung auf Wiedereinführung politischer Freiheiten, die erst 1981 erfüllt wird

M = Ministerpräsident bzw. Premierminister; P = Präsident

1972

Erfolg der „Pingpong-Diplomatie": Mao Zedong (l.) begrüßt mit Richard Nixon erstmals einen US-Präsidenten in Peking.

Der Nordirland-Konflikt im 20. Jahrhundert K 658

Jahr	Ereignis
1920	Gesetz zur Teilung in Nord- und Südirland (Government of Ireland Act) von Parlament in Dublin abgelehnt (23.12.)
1921	Während Südirland Freistaat mit Dominionstatus wird, bleibt das vorwiegend protestantische Nordirland bei Großbritannien und erhält ein eigenes Parlament (S.178/6.12.)
1939–45	Nordirland beteiligt sich als Teil Großbritanniens am 2. Weltkrieg
1968	Beginn des Bürgerkriegs nach Straßenkämpfen in Armagh (5.10.) zwischen katholischer Minorität und protestantischer Majorität
1969	Großbritannien entsendet am 19.8. Truppen nach Nordirland und betont politische Verantwortung für die Region (S.631/12.8.)
1972	Großbritannien übernimmt direkte Regierungsgewalt über Nordirland, Auflösung des Parlaments in Belfast und Absetzung von Ministerpräsident Brian Faulkner (seit 1971, S.662)
1973	In einem Referendum entscheiden sich die Einwohner Nordirlands für den Verbleib bei Großbritannien (8.3.)
1974	Die provisorische Irisch-Republikanische Armee (IRA) führt einen ersten Anschlag in England aus, woraufhin das Parlament die IRA in England, Schottland und Wales verbietet
1976	Verfassungskonferenz für Nordirland scheitert (4.3.); britische Regierung behält Verwaltung für unbestimmten Zeitraum
1982	Nordirland-Gesetz tritt in Kraft (23.7.)
1992	Erstes Treffen von Repräsentanten der nordirischen Protestanten mit nationalistischen Katholiken und allen beteiligten Regierungen seit 70 Jahren bringt keine Lösung des Nordirland-Konflikts
1993	Nordirland-Erklärung: Irland und Großbritannien machen IRA-Gewaltverzicht zur Vorbedingung für Verhandlungen
1994	IRA verkündet Waffenstillstand (bis August 1996)
1995	Erste direkte Gesprächskontakte zwischen britischer Regierung und IRA-Partei Sinn Féin; Themen: parlamentarische Versammlung, Entwaffnung der Untergrundkämpfer, Anbindung an Irland
1996	Wahl für ein Gremium, das Vertreter zu den Allparteiengesprächen entsendet (Beginn: 10.6.); schwerste Krawalle seit 1974

USA und China suchen Entspannung

21.2. Peking. Richard M. Nixon trifft als erster US-Präsident zu einem Staatsbesuch in der Hauptstadt Chinas ein. Thema der Gespräche mit Ministerpräsident Zhou Enlai und dem Parteivorsitzenden Mao Zedong ist der Abbau der Spannungen zwischen beiden Staaten.

Den ersten Schritt zur Versöhnung der beiden Großmächte hatte Zhou Enlai getan, als er am 14.4.1971 das US-amerikanische Tischtennis-Nationalteam in Peking empfing. Die innerhalb der chinesischen Führung umstrittene Annäherungspolitik des zweitmächtigsten Mannes der Volksrepublik trägt seitdem den Namen „Pingpong-Diplomatie".

Der Besuch wird in der westlichen Welt und in den USA selbst als großer Erfolg des als unnachgiebig geltenden US-Präsidenten gewertet. Ein Indiz für die Popularitätssteigerung Nixons ist sein deutlicher Erfolg bei den Präsidentschaftswahlen am 7.11. über seinen demokratischen Herausforderer George McGovern. Die UdSSR und andere Nachbarn Chinas verfolgen den politischen Klimawechsel mit Besorgnis. S 789/K 769

London entmachtet Belfast

24.3. London. Die britische Regierung übernimmt die direkte Regierungsgewalt über Nordirland. Premierminister Brian Faulkner wird seines Amtes enthoben, das nordirische Parlament (Stormont) aufgelöst. Dem britischen Sonderminister William Whitelaw wird die Zuständigkeit für die bislang teilautonome Provinz Ulster zugesprochen.

Großbritannien bezeichnet die Machtübernahme als Versuch, den Konflikt zwischen der sozial benachteiligten katholischen Minderheit und der protestantischen Mehrheit beizulegen. Für die Katholiken ist allerdings die Glaubwürdigkeit Londons spätestens seit dem 30.1. dahin. Am „Blutsonntag" von Londonderry hatten britische Fallschirmjäger 13 katholische Demonstranten erschossen. Die Irisch-Republikanische Armee (IRA) verstärkt seitdem ihre Terroranschläge gegen britische Einrichtungen.

Die von Whitelaw gegründete gemischtkonfessionelle Regierung Nordirlands wird vom radikalen Teil der Bevölkerung nicht akzeptiert. 1974 übernimmt Großbritannien abermals die Regierungsgewalt. S 662/K 658

📖 H. Raatz: Der Nordirland-Konflikt und die brit. Nordirland-Politik seit 1968, 1990.

Brandt übersteht Mißtrauensvotum

27.4. Bonn. Mit 247 zu 249 Stimmen verfehlt die CDU/CSU-Opposition ihr Ziel, Bundeskanzler Brandt per Mißtrauensvotum durch CDU-Chef Rainer Barzel zu ersetzen.

Die Mehrheit der sozialliberalen Koalition im Bundestag hatte sich durch fünf CDU-Überläufer in eine Minderheit von zwei Stimmen verwandelt. Mit scharfer Kritik an den Ostverträgen und den innenpolitischen Spannungen begründete die Opposition ihren Antrag, der an zwei Abweichlern scheitert. Einer von ihnen, Julius Steiner, behauptet später, er habe von SPD-Geschäftsführer Karl Wienand 50 000 DM erhalten. Dieser Vorwurf kann nicht bewiesen werden.

Die Mehrheitsverhältnisse machen am 22.9. eine Vertrauensabstimmung erforderlich, die erwartungsgemäß gegen Brandt ausfällt. Damit ist der Weg zu Neuwahlen frei. Am 19.11. wird die SPD zur stärksten Partei gewählt; sie verfügt nun mit der FDP über eine deutliche Mehrheit im Parlament (↑S.683/ 24.4.1974).

Bürgerkrieg in Burundi

29.4. Bujumbura. In der Hauptstadt des zentralafrikanischen Staates Burundi schlägt ein Putschversuch monarchistischer Kreise gegen Staatspräsident Michel Micombero fehl. Der Präsident nimmt daraufhin den Kampf gegen seine innenpolitischen Gegner auf. Im Verlauf der Auseinandersetzungen sterben etwa 200 000 Menschen.

Burundi war bis 1962 belgische Kolonie. Der 1966 von Micombero abgesetzte König (Mwami) Ntare V. kehrte Ende März als Zivilist aus dem bundesdeutschen Exil zurück und wurde, entgegen anderslautender Versprechen, bei seiner Ankunft inhaftiert. Zwischen dem monarchistisch gesinnten Teil der Bevölkerung (Hutu-Stamm) und dem regierenden Stamm der Tutsi, die nur eine Minderheit von 14% der Bevölkerung stellen, brechen daraufhin alte Stammesfehden wieder auf. Dank der ihm ergebenen Armee und mit Unterstützung des Nachbarlandes Zaïre entscheidet Micombero den Bürgerkrieg für sich; er bleibt bis 1976 im Amt. Ntare kommt bei den Unruhen ums Leben.

Aus Ceylon wird Sri Lanka

22.5. Colombo. Die Commonwealth-Insel südlich Indiens wird durch Inkrafttreten der republikanischen, sozialistischen Verfassung zur autonomen Republik Sri Lanka. Staatspräsident ist William Gopawalla, Ministerpräsidentin bleibt (seit 1970) Sirimawo Bandaranaike. Die Chefin der sozialistischen Sri Lanka Freedom Party war bereits 1960 als erste Frau Ministerpräsidentin der Insel gewor-

Länder-Umbenennungen im 20. Jh.[1] K 659

Jahr	Alter Name	Neuer Name	Anmerkung
1918	Böhmen, Mähren, Slowakei	Tschechoslowakei	1992 aufgelöst
1919	Ouagadougou	Obervolta	1984: Burkina Faso
1920	Protektorat Ostafrika	Kronkolonie Kenia	Unabhängig 1963
1923	Osmanisches Reich	Türkei	Unter Mustafa Kemal Pascha
1929	Königr. d. Serben, Kroaten u. Slowenen	Jugoslawien	Königreich 1918 gegründet; Zerfall 1990
1932	Königreich der Nadschd u. Hedschas	Saudi-Arabien	Land von Ibn Saud geeint
1934	Persien	Iran	Während der Dynastie Pahlawi
1939	Siam	Thailand	Dt.: Land der Freien
1945	Brit.-u. Dt.-Neuguinea	Papua-Neuguinea	Seit 1975 unabhängig
1946	Frz.-Äquatorialafrika	Tschad	Unabhängig 1960
1948	Transjordanien	Jordanien	Bis 1920 Teil des Osman. Reiches
1957	Goldküste	Ghana	Unabhängig von GB
1958	Frz.-Äquatorialafrika	Kongo	Unabhängig 1960
1958	Ubangi-Schari	Zentralafrikan. Rep.	–
1958	Frz.-Westafrika	Mauretanien	Unabhängig 1960
1960	Soudan	Mali	Unabhängig von F
1962	Ruanda-Urundi	Ruanda	Ehem. Dt.-Ostafrika
1962	Ruanda-Urundi	Burundi	Teil Dt.-Ostafrikas
1964	Tanganjika, Sansibar	Verein. Rep. Tansania	Teil Dt.-Ostafrikas
1964	Nordrhodesien	Sambia	Unabhängig von GB
1964	Njassaland	Malawi	Ab 1966 Republik
1966	Basutoland	Lesotho	Unabhängig von GB
1966	Betschuanaland	Botswana	Unabhängig von GB
1968	Südwestafrika	Namibia	Unabhängig 1990
1968	Fernando Póo, Rio Muni	Äquatorialguinea	Unabhängigkeit von Portugal
1971	Belgisch-Kongo	Zaïre	Zeitw. Rep. Kongo
1972	Ceylon	Sri Lanka	Unabhängig 1948
1973	Portugiesisch-Guinea	Guinea-Bissau	1974 von Portugal anerkannt
1973	Britisch Honduras	Belize	Unabhängig 1981
1975	Dahomey	Benin	Unabhängig 1960
1978	Elliceinseln	Tuvalu	Ab 1892 britisches Protektorat
1979	Gilbertinseln	Kiribati	Ab 1892 britisches Protektorat
1980	Rhodesien	Zimbabwe	Vor 1970: Süd-Rhodesien
1984	Obervolta	Burkina Faso	Dt: Land der Unbestechlichen
1987	Saint Christopher und Nevis	Saint Kitts und Nevis	Unabhängig 1983
1989	Birma	Myanmar	Unabhängig 1948

1) Keine Berücksichtigung von Länder-Auflösungen oder -Neugründungen; unabhängig gewordene Länder nur bei Namensänderung aufgenommen

1972

Grundlagenvertrag: Der Bundesminister für besondere Aufgaben und SPD–Abrüstungsexperte Egon Bahr (*1922) unterzeichnet das deutsch-deutsche Abkommen in Ost-Berlin.

SALT I: Richard Nixon (l.) und Leonid Breschnew unterzeichnen das Rüstungskontrollabkommen in Moskau.

den (bis 1965). In ihrer zweiten Amtszeit legte sie mit Verstaatlichung der wichtigsten Industrien (Tee, Kautschuk) den Grundstein für die Demokratisierung und Entkolonialisierung des Landes. Einen Putschversuch extrem linker Gruppen schlug sie im April 1971 gewaltsam nieder. Bandaranaike regiert bis 1977. 1994 wird sie erneut Regierungschefin. Probleme bereitet der jungen Republik die nach Unabhängigkeit strebende Volksgruppe der Tamilen (↑S.762/30.7.1983). S 663/K 659

SALT I begrenzt die Aufrüstung

26.5. Moskau. Während des seit dem 22.5. andauernden Staatsbesuchs von US-Präsident Richard M. Nixon in der Sowjetunion unterzeichnen Parteichef Leonid Breschnew und Nixon das auf unbestimmte Zeit gültige Rüstungskontrollabkommen SALT I (Strategic Arms Limitation Talks).
Kernstück der am 17.11.1969 aufgenommenen Verhandlungen zwischen den beiden Supermächten waren die Raketenabwehrsysteme ABM (Anti-Ballistic Missiles). Durch SALT I wird die Obergrenze auf 200 festgelegt; das entspricht dem Ausrüstungsstand der UdSSR. Die USA verfügen noch über keine ABM. In einem auf fünf Jahre gültigen Parallelabkommen wird außerdem die Zahl der see- und landgestützten Interkontinentalraketen festgeschrieben.
Für die UdSSR, die 1961 die These von der „friedlichen Koexistenz" prägte, ist eine Begrenzung der Hochrüstung nicht nur aus politischen Gründen unabdingbar. Der hohe Anteil der Rüstungsausgaben am Staatshaushalt bremst die Entwicklung des Landes. S 848/K 815

Polizei überwältigt Terroristen

1.6. Frankfurt/Main. Andreas Baader, Holger Meins und Jan-Carl Raspe werden von Polizeikräften in einer Garage am Hofeckweg, unweit des Hessischen Rundfunks, gestellt und nach längerem Schußwechsel, bei dem Baader verletzt wird, festgenommen.
Am Tag zuvor war eine Großfahndung in der gesamten Bundesrepublik erfolglos geblieben. Die von den drei Terroristen der Rote-Armee-Fraktion (RAF) gemietete Garage wurde nach Anwohnerhinweisen allerdings schon seit längerer Zeit observiert. Durch die anschließenden Festnahmen von Gudrun Ensslin (7.6. in Hamburg) und Ulrike Meinhof (15.6. in Hannover) ist der harte Kern der etwa 25 Mitglieder zählenden RAF ausgeschaltet. Nach einer kurzen Phase des Neuaufbaus setzt die RAF jedoch ihre Terroraktionen mit unverminderter Brutalität fort (↑S.715/5.9.1977, S.715/18.10.1977).
📖 Ursachen des Terrorismus in der Bundesrepublik Deutschland, 1978. S. Aust: Der Baader-Meinhof-Komplex, 1985.

Altersgrenze wird flexibel

21.9. Bonn. Der Bundestag billigt mit 493 Stimmen bei einer Enthaltung die Reform der gesetzlichen Rentenversicherung. Ab 1.1.1973 können Menschen ab 63 Jahre selbst bestimmen, wann sie ihre Erwerbstätigkeit beenden wollen. Voraussetzung für die gleichzeitig anlaufenden Rentenzahlungen sind 35 anrechnungsfähige Versicherungsjahre. Ebenfalls zum 1.1.1973 werden die Renten rückwirkend zum 1.7.1972 um 9,5% erhöht.
Die breite Zustimmung zu dem Reformpaket der Bundesregierung war möglich geworden, weil die CDU/CSU-Fraktion dank der knappen Mehrheitsverhältnisse im Parlament ihre Änderungswünsche durchsetzen konnte. Der Opposition gelingt u. a. die Streichung des von der Regierung geplanten „Babyjahrs", eines für die Rentenversicherung anerkannten Ausfalljahres im Falle der Schwangerschaft. Das Rentenpaket hat ein Finanzvolumen von 185 Mrd DM.

Vertrag zwischen BRD und DDR

21.12. Ostberlin. Egon Bahr, Bundesminister für besondere Aufgaben, und DDR-Staatssekretär Michael Kohl unterzeichnen den Grundlagenvertrag, der die Beziehungen beider deutscher Staaten neu regelt.
Die Bundesrepublik gibt u. a. ihren Alleinvertretungsanspruch auf; die DDR akzeptiert einen Passus über die „nationale Frage"; d. h.

über das Bestreben der Bundesrepublik, die Teilung Deutschlands rückgängig zu machen. Weitere Artikel betreffen Bekenntnisse zum Gewaltverzicht und zur Förderung von Sicherheit und Abrüstung in Europa.
Dem Grundlagenvertrag vorausgegangen waren drei Abkommen, die ebenfalls Aspekte des deutsch-deutschen Verhältnisses regelten: das Viermächteabkommen (↑S.653/3.9.1971), der Transitverkehrsvertrag vom 17.12.1971 sowie der Verkehrsvertrag vom 26.5.1972. Die gegenseitige Anerkennung als souveräne Staaten ermöglicht die Aufnahme beider Staaten in die Vereinten Nationen (↑S.676/18.9.1973). S 645/K 644

K. D. Bracher (u. a.): Republik im Wandel 1969–1992, Tl. 1. Die Ära Brandt, 1986.

Arbeitsschutz

Arbeitsunfälle: Verletzungen (%)
- Hirn-/schädel: 5,4
- Gesicht: 7,1
- Hals, Wirbelsäule: 2,2
- Brust, Schulter, Oberarm: 6,1
- Unterarm: 5,0
- Innere Organe: 0,4
- Hand-/gelenk: 41,8
- Hüfte, Oberschenkel: 2,4
- Knöchel/Fuß: 18,4
- Knie, Unterschenkel: 8,7

Arbeitsunfälle mit Todesfolge (1970–94, Rückgang von ca. 6500 auf ca. 1700)

Stand: 1994; Quellen: Bundesanstalt für Arbeitsschutz, HVBG © Harenberg

Wirtschaft

Bundesanstalt für Arbeitsschutz

1.1. Dortmund. Durch einen Erlaß des Bundesministers für Arbeit und Sozialordnung wird das 1951 gegründete Bundesinstitut für Arbeitsschutz in die Bundesanstalt für Arbeitsschutz und Unfallforschung (BAU) umgewandelt.
In Zusammenarbeit mit Behörden, Betrieben und anderen Institutionen analysiert die BAU Arbeitssicherheit, Gesundheitssituation und Arbeitsbedingungen in Betrieben und Verwaltungen. Sie entwickelt Problemlösungen unter sicherheitstechnischen und arbeitsmedizinischen Gesichtspunkten und fungiert außerdem als Anmeldestelle nach dem Chemikaliengesetz. Eine 1980 eingerichtete „ständige Ausstellung für Arbeitsschutz" dokumentiert u. a. die Geschichte des Arbeitsschutzes. 1983 wird die BAU in Bundesanstalt für Arbeitsschutz umbenannt. S 665/K 660

Dem Wachstum sind Grenzen gesetzt

Im Auftrag des „Club of Rome" erscheint das Buch „The limit to growth" („Die Grenzen des Wachstums") u. a. von Dennis Meadows, in dem die Folgen eines bedingungslosen Fortschrittsglaubens als weltzerstörerisch angeprangert wird.
Auf Anregung des italienischen Industriellen Aurelio Peccei formierte sich 1968 der „Club of Rome" als informeller Zusammenschluß von Wirtschaftsführern, Politikern und Wissenschaftlern aus 30 Ländern. Die Arbeit der Gruppe ist getragen von der Überzeugung, daß die Erde langfristig nur überleben kann, wenn soziale Gerechtigkeit und Harmonie zwischen Mensch und Umwelt herrschen.

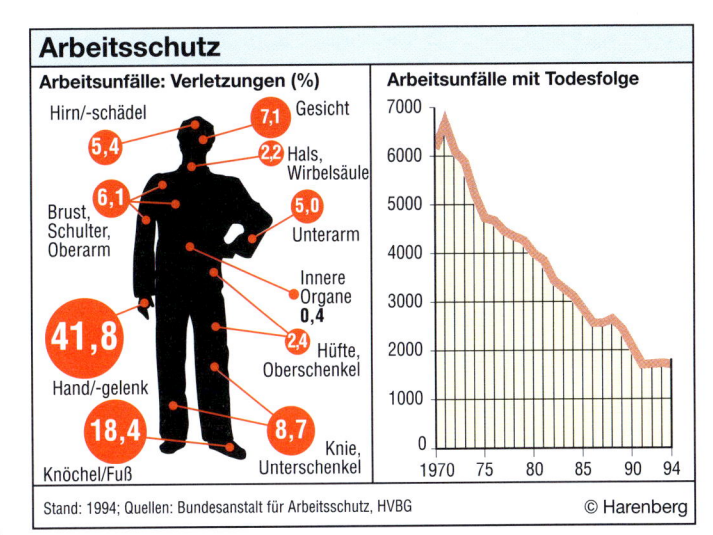

Dem Menschen kommt in der Wahl der Zukunftsalternativen eine große Verantwortung zu, der er sich nicht entziehen darf. Das Buch wird ein ähnlicher Verkaufserfolg wie das 1980 erscheinende „Global 2000 – Bericht an den amerikanischen Präsidenten" (↑S.744/23.7.1980). 1973 erhält der Club of Rome den Friedenspreis des Deutschen Buchhandels.
1992 erscheint eine Fortschreibung des Berichts, „Die neuen Grenzen des Wachstums".

Humanisierung der Arbeit in Deutschland K 660

1891: Arbeitsschutzgesetz
Sonntagsruhe; Verbot der Nachtarbeit und Beschränkung der Arbeitszeit von Jugendlichen und Frauen; Einschränkung der täglichen Arbeitszeit auf 10 Stunden für Jugendliche und 11 Stunden für Frauen

1938: Arbeitszeitordnung
Bestätigt Achtstundentag von 1918 (gültig bis 1994); Wochenarbeitszeit zunächst 48 h, bis 1975 über Tarifverträge auf 40 h verkürzt

1951: Kündigungsschutzgesetz
Bestandsschutz statt Kündigungsfreiheit; Arbeitgeber muß Kündigung begründen; Frauen dürfen in der Schwangerschaft nicht entlassen werden

1952/68: Mutterschutzgesetz
Verbot schwerer körperlicher, Akkord-, Sonntags- und Nachtarbeit, Entbindungsurlaub (6 Wochen vor und 8 Wochen nach der Geburt; ab 1979 sechsmonatiger Mutterschaftsurlaub)

1962/74: Schwerbeschädigtengesetz
Recht auf Beschäftigung und Sicherheit des Arbeitsplatzes; Unternehmen mit mehr als 16 Mitarbeitern müssen 6% der Arbeitsplätze für Behinderte reservieren (ansonsten: Ablösezahlung); besonderer Kündigungsschutz

1972: Bundesanstalt für Arbeitsschutz
Aufgaben: Öffentlichkeitsarbeit, Ausbildung, Dokumentation, verbindet wissenschaftliche Forschung und Praxis

1973: Arbeitssicherheitsgesetz
Einstellung von Betriebsärzten, Sicherheitsingenieuren und Sicherheitskräften wird für die Unternehmen obligatorisch

Ab 1974: Forschungsprogramm zur Humanisierung der Arbeit
Reaktion auf Neue Technologien; Ziele: Reduzierung der psychischen Belastung und Erhöhung der Arbeitsqualität

„Eurocheque" überschreitet Grenzen

1.1. In der BRD und den Benelux-Staaten werden einheitliche Euroschecks und Scheckkarten eingeführt. Bankkunden dieser Staaten können damit problemlos im jeweiligen Ausland Waren bezahlen oder Bargeld abheben. Gleichzeitig wird die Grenze pro Scheck von 200 auf 300 DM heraufgesetzt.

Am 15.1.1968 hatte in der BRD die Einführung des Schecks als bargeldloses Zahlungsmittel begonnen; im Herbst 1968 trafen 15 europäische Kreditinstitute die erste Vereinbarung über die Einlösung der uneinheitlichen Schecks.

1996 sind in Deutschland über 38 Mio Eurocheque-Karten in Umlauf (davon rd. 20 Mio von den Sparkassen ausgegeben), mit denen an 38 000 Geldautomaten Bargeld abgehoben werden kann.

Teamwork ersetzt Fließband

3.8. Göteborg. Der Chef des schwedischen Automobilkonzerns Volvo, Per Gyllenhammar, kündigt die Einführung der Arbeitsgruppen-Fertigung an; sie soll die bei der Fließbandarbeit durch genormte Tätigkeiten auftretende Monotonie verhindern.

Die vom US-amerikanischen Hersteller Ford eingeführte Fließbandfertigung hat sich zwar als effektiv erwiesen, berücksichtigt aber nicht das Wohlbefinden der Arbeiter, die an isolierten Plätzen jeweils eine festgelegte Abfolge von Handgriffen auszuführen haben. Die sich in hohen Kündigungsraten niederschlagende Unzufriedenheit nimmt Volvo zum Anlaß der Konzeptänderung.

Die schwedischen Wagen werden künftig von 15–25 Mitglieder umfassenden Arbeitsgruppen gefertigt. Jedes Team ist für einen größeren Bereich des Produktionsablaufs zuständig und gesamtverantwortlich.

Airbus geht in die Luft

28.10. Toulouse. Ein Prototyp des in Europa entwickelten Mittelstrecken-Großraumflugzeugs absolviert in Südfrankreich seinen ersten Probeflug. Der Airbus A 300 bietet 336 Passagieren Platz; seine Bauteile wurden von westdeutschen, französischen, britischen, niederländischen und spanischen Flugzeugfirmen gefertigt und in Toulouse montiert.

Die Gemeinschaftsentwicklung ist auch als Zeichen des zusammenrückenden Europa zu verstehen, das gegen die im Flugzeugbau führenden US-Firmen Boeing und Lockheed nur in multinationaler Kooperation konkurrenzfähig ist.

Verkehr

„Tempo 100" auf Landstraßen

1.10. BRD. Außerhalb geschlossener Ortschaften gilt ab Oktober ein Tempolimit von 100 km/h; mit ihm sollen die gerade auf zweispurigen Landstraßen hohen Unfallzahlen gesenkt werden.

Das erste Tempolimit in Deutschland trat 1894 in Kraft. Für den Raum Mannheim wurden 6 km/h innerhalb und 12 km/h außerhalb geschlossener Ortschaften festgelegt. In der BRD wurden Tempobegrenzungen ab 1956 diskutiert. Angesichts von 12 675 Toten im Straßenverkehr gab es Forderungen nach Tempo 50 für geschlossene Ortschaften, 80 für Landstraßen und 100 für Autobahnen. Tatsächlich durchgesetzt wurden im Herbst 1957 50 km/h innerorts sowie für Busse und LKW 80 km/h außerhalb von Ortschaften.

1970 erreichte die Zahl der Verkehrsopfer mit 20 000 den Höhepunkt. Gegen die Forderungen nach Geschwindigkeitsbeschränkun-

Nobelpreisträger 1972	K 661
Literatur: Heinrich Böll (D, 1917–1985)	
Der meistgelesene deutsche Nachkriegsautor setzte sich in seinen frühen Werken mit den Auswirkungen des Kriegs auseinander (z. B. „Und sagte kein einziges Wort", 1953). Später beschrieb er kritisch die bundesdeutsche Nachkriegsgesellschaft (z. B. „Ansichten eines Clowns", 1963).	
Chemie: Christian B. Anfinsen (USA, 1916–1995), Stanford Moore (USA, 1913–1982), William H. Stein (USA, 1911–1980)	
Anfinsen erklärte die Wirkung des Enzyms Ribonuklease, durch das überschüssige Erbsubstanz in der Zelle abgebaut wird. Moore und Stein entwickelten ein Modell der Ribonuklease, das die Reihenfolge und räumliche Anordnung der 124 Aminosäuren zeigt, aus denen das Enzym besteht.	
Medizin: Gerald M. Edelman (USA, *1929), Rodney R. Porter (GB, 1917–1985)	
Die Biochemiker klärten die Struktur der Antikörper, einer Gruppe von Eiweißstoffen im Blut, die bei der Entstehung und Abwehr von Infektionskrankheiten eine bedeutende Rolle spielen. Edelman legte 1969 eine genaue Beschreibung des Aufbaus der Antikörper-Moleküle vor.	
Physik: John Bardeen (USA, 1908–1991), Leon N. Cooper (USA, *1930), J. Robert Schrieffer (USA, *1931)	
Die Physiker erklärten das Verschwinden des Widerstands in elektrischen Leitern bei extrem niedrigen Temperaturen (Phänomen der Supraleitung); Strom kann dann ungehindert fließen. Diese Erkenntnisse ermöglichten die Energiegewinnung durch kontrollierte Kernfusion.	
Wirtschaftswissenschaften: Kenneth J. Arrow (USA, *1921), John R. Hicks (GB, 1904–1989)	
Arrow befaßte sich mit der Wohlfahrtstheorie. Er wies nach, daß die Wohlfahrtsziele (z. B. Wohlstand des einzelnen) nur dann aufgestellt werden können, wenn die Mitglieder einer Gesellschaft höchstens zwei Wahlmöglichkeiten haben. Hicks gab mit seinen Werken (z. B. „Value and capital", 1939) der Volkswirtschaftslehre auf den Gebieten von Konjunktur-, Gleichgewichts- und Wohlfahrtstheorie neue Impulse.	

Nobelpreis für Frieden nicht verliehen

gen setzen sich die Stimmen durch, die meinen, das Problem durch Straßenausbau lösen zu können. Nach dem Ende der Ölkrise 1973/74, während der für fünf Monate Tempo 80 (Landstraße) bzw. 100 (Autobahn) gilt, wird auf Autobahnen die unverbindliche Richtgeschwindigkeit 130 km/h eingeführt; auf Landstraßen darf wieder 100 km/h gefahren werden.

H. Holzapfel/K. Traube/O. Ullrich: Autoverkehr 2000, 1985.

Natur/Umwelt

Recycling gewinnt an Bedeutung

10.5. Bonn. Der Bundestag verabschiedet ein Abfallbeseitigungsgesetz, in dem die Notwendigkeit der Wiederverwertung von Altstoffen betont wird. Abfall einschließlich des Hausmülls soll unter strenger Kontrolle verarbeitet, verbrannt oder deponiert werden; umweltschädliches Verpackungsmaterial und Einwegflaschen können nach Inkrafttreten des Gesetzes reduziert oder sogar verboten werden. Für Verstöße sind Geldbußen bis 100 000 DM und Haftstrafen bis zu fünf Jahren vorgesehen. Bis zum Inkrafttreten des Gesetzes galt die Devise „Alles auf die Müllkippe", von denen etwa 50 000, darunter zahlreiche „wilde", existierten. Bis 1990 findet in der BRD eine Reduktion auf 450 „Zentrale Mülldeponien" statt.

Naturschutz und Umweltschutz in der Bundesrepublik Deutschland, 1978.

UNO propagiert Umweltschutz

5.6. Stockholm. 112 Staaten verabschieden auf der ersten Konferenz der Vereinten Nationen über Umweltfragen eine Deklaration über den wirksamen Schutz der Umwelt. Den 26 Regeln kommt der Rang wohlmeinender Absichtserklärungen zu. Die Delegierten beschließen außerdem die Schaffung eines 54köpfigen UN-Umweltrates und eine Resolution gegen Kernwaffenversuche. Bereits im Vorfeld hatten politische Querelen die sachliche Arbeit behindert. Da die DDR nicht eingeladen wurde, schickten auch die UdSSR, Polen, Ungarn und die ČSSR keine Delegierten zu der Tagung. Schwedens Ministerpräsident Olof Palme attackiert die USA wegen ihrer chemischen Kriegsführung in Südostasien. Die abschließende Deklaration wird bei Enthaltung der Volksrepublik China einstimmig angenommen. Das im selben Jahr in Nairobi (Kenia) eingerichtete Institut „UNEP" koordiniert die umweltrelevanten Aktivitäten der UN-Unterorganisationen.

H. Höfling: Alarm 2000. Zeitbomben auf unserem Planeten, 1981.

Drogen im Vergleich	K 662
Droge	**Anmerkung**
Alkohol	Legale Droge; rd. 60% aller Suchtkranken in Deutschland sind alkoholkrank; physische und psychische Abhängigkeit
Amphetamin	Stimulierendes Kreislaufmittel, wirkt erregend auf das Zentralnervensystem; physische und psychische Abhängigkeit
Arzneimittel	Rd. 800 000 Deutsche sind von Medikamenten abhängig, je nach Medikament stark physisch und psychisch
Ecstasy	Amphetamin-Derivat zur Leistungssteigerung; in der Techno-Szene verbreitet; schaltet körperl. Schutzmechanismen aus
Crack	Sog. Designerdroge aus synthetischen Substanzen; extrem gesundheitsschädlich; Wirkung kaum kalkulierbar
Haschisch	Weiche Droge; Konsum in einigen Ländern legal, in BRD verboten; geringe körperliche und psychische Wirkung
Heroin	Harte Droge; extreme physische Abhängigkeit, führt oft zum Tod; hoher Grad an Beschaffungskriminalität, da sehr teuer (Grund für Streit um Methadon-Freigabe)
Kokain	Harte Droge; wird aus der Koka-Pflanze gewonnen; Alkaloid; schwere psychische und physische Abhängigkeit
LSD	Harte Droge; Halluzinogen, das zur psychischen Abhängigkeit führt; kaum körperliche Suchtmerkmale
Marihuana	Weiche Droge mit geringer körperlicher und psychischer Wirkung; beginnende Diskussion um Legalisierung in BRD
Mescalin	Halluzinogen; für Bewußtseinsveränderungen ist 4000fache LSD-Dosis nötig; keine körperliche Abhängigkeit
Morphium	Harte Droge; Hauptalkaloid des Opiums; psychische und schwere körperliche Abhängigkeit; Medizin: Schmerzmittel
Nikotin	Legale Droge; begünstigt Entstehung zahlreicher schwerer Krankheiten; psychische und physische Abhängigkeit
Opium	Harte Droge; körperliche Auszehrung bis zur Entkräftung; als Schmerzmittel in der Medizin eingesetzt

Gesellschaft

Heroin fordert immer mehr Opfer

BRD. Erstmals werden in der BRD übers Jahr mehr als 100 Drogentote gezählt (104). Der erschreckende Anstieg führt zu ersten Gegenmaßnahmen. Die Polizei appelliert auf Plakaten mit Slogans wie „Du machst Dich kaputt – der Dealer macht Kasse" an die Einsicht, daß der Konsum von harten Drogen wie Heroin oder Kokain erst mit sehr viel Geld und schließlich mit dem Leben bezahlt wird. Illegale Drogen hielten in den 60er Jahren hauptsächlich über die in Deutschland stationierten US-Soldaten Einzug. Neben den weniger gefährlichen Typen Haschisch und Marihuana entstand ab 1968 ein Markt für LSD und Heroin. 1972 wird die Zahl der heroinabhängigen Fixer auf 10 000 geschätzt; bis

Kulturszene 1972 K 663

Theater

Franz Xaver Kroetz Stallerhof UA 24.6., Hamburg	Das wichtigste von fünf Kroetz-Stücken des Jahres dreht sich um eine Bauerntochter, die von einem Knecht geschwängert wird.
Ulrich Plenzdorf Die neuen Leiden des jungen W.; UA 18.5., Halle	Das moderne „Werther"-Drama erfaßt die Sprache, Mentalität und Konflikte junger Menschen in der DDR auf literarisch hohem Niveau.
Gaston Salvatore Büchners Tod UA 7.10., Darmstadt	Der deutschschreibende chilenische Autor debütiert mit einem Stück über das kurze Leben des revolutionären Dramatikers Büchner.
Botho Strauß Die Hypochonder UA 22.11., Hamburg	Theaterdebüt des Autors: Strauß irritiert durch Verrätselung des Geschehens; die Motivationszusammenhänge bleiben undurchsichtig.
Peter Turrini Sauschlachten UA 15.1., München	Theater als Provokation: Ein Sprachunfähiger wird von den Bewohnern eines Dorfes gefoltert und schließlich wie ein Schwein geschlachtet.

Oper

Sylvano Bussotti Lorenzaccio UA 7.9., Venedig	Die Opernbearbeitung des gleichnamigen Stücks von Alfred de Musset bietet „totales", von John Cage beeinflußtes Musiktheater.

Film

Ingmar Bergman Schreie und Flüstern Schweden	Drei Frauen treffen am Bett einer Sterbenden zusammen; angesichts des Todes stellt sich die Frage nach dem Sinn des Daseins.
Bernardo Bertolucci Der letzte Tango in Paris Italien/Frankreich	In völliger Anonymität entsteht zwischen dem alternden Paul und der jungen Jeanne eine sexuelle Beziehung; ein Skandalerfolg.
Peter Bogdanovich Is' was, Doc? USA	Ein schüchterner junger Mann gerät in eine turbulente Liebes- und Kriminalgeschichte; flotte Farce mit filmhistorischen Zitaten.
Werner Herzog Aguirre, der Zorn Gottes BRD	Abenteuerfilm über eine Amazonas-Expedition unter dem spanischen Konquistador Aguirre; Herzogs internationaler Durchbruch.
Andrei Tarkowski Solaris UdSSR	Science-fiction-Film, der ohne die in diesem Genre üblichen Spezialeffekte auskommt: Ein Weltraumaufenthalt wird zur Reise ins Ich.
Fred Zinnemann Der Schakal Großbritannien	Thriller über ein fiktives Attentat auf Präsident de Gaulle; nach dem gleichnamigen Bestseller (1971) von Frederick Forsyth.

Buch

Friedrich Christian Delius Unsere Siemens-Welt Westberlin	Die satirische Dokumentation – Untertitel: Eine Festschrift zum 125jährigen Bestehen des Hauses Siemens – löst einen Rechtsstreit aus.
Hans Magnus Enzensberger Der kurze Sommer der Anarchie Frankfurt/M.	Erzählerische Rekonstruktion des Lebens von Buenaventura Durruti, der 1917–36 zu den populärsten spanischen Anarchisten gehörte.
Peter Handke Wunschloses Glück Salzburg	Deutung des Freitods als einzige selbständige Entscheidung im Leben einer sich stets dem Unglück ihrer Existenz anpassenden Frau.
Stefan Heym Der König David Bericht München	Ein Historiker soll im Auftrag König Salomos das Leben Davids aufzeichnen; Anspielung auf die Probleme der Autoren im Sozialismus.
Hermann Kant Das Impressum Ostberlin	Ein ehemaliger Botengänger steigt zum Chefredakteur einer DDR-Zeitung und schließlich sogar zum Minister auf.
Joyce Carol Oates Lieben, Verlieren, Lieben New York	Sammlung von Kurzgeschichten, die auf literarische Vorbilder wie Franz Kafka, Henry D. Thoreau und James Joyce verweisen.

1980 steigt die Zahl auf mindestens 60 000 (700 Tote). Beratungsstellen und geeignete Therapieplätze sind noch nicht vorhanden. Trotz zunehmender Aufklärungskampagnen steigt die Zahl der jährlichen Drogentoten nach 1972 weiter an (Höchststand 1991: 2125; 1995: 1565).

S 667/K 662

Kultur

Zeltdach für Olympiastadion

München. Die Bauarbeiten am Olympiapark werden abgeschlossen. Zentrum des von Günter Behnisch & Partner gestalteten Geländes ist ein von Masten getragenes, transparentes Zeltdach, das sich über das Stadion und die wichtigsten Sportgebäude spannt; es integriert als „Schirm über der Landschaft" Parklandschaft und bebauten Raum. Die Verwendung von Plexiglasscheiben gewährleistet einen optimalen Lichteinfall.

Günter Behnisch leistete ab den 50er Jahren in Deutschland Pionierarbeit auf dem Gebiet der Verwendung vorgefertigter Bauteile. 1966 gründete er die Architektengemeinschaft Günter Behnisch & Partner, die sich um einen aufgelockerten, Benutzer- und Umweltbedürfnissen angepaßten Baustil bemüht. Ab den 80ern verwirklicht das Architekturbüro Prinzipien des Dekonstruktivismus und ist ab 1987 für die Neugestaltung des Deutschen Bundestages in Bonn verantwortlich.

 G. Behnisch & Partner: Bauten und Entwürfe, 1975.

Joseph Beuys entlassen

10.10. Düsseldorf. Der avantgardistische Künstler und Professor an der Kunstakademie Joseph Beuys wird fristlos entlassen, als er mit 60 Studenten das Sekretariat der Akademie besetzt, um die Immatrikulation einiger bisher nicht zugelassener Studenten durchzusetzen.

Beuys hatte 1971 mit einer ähnlichen Aktion Erfolg. Die fristlose Kündigung durch das Land Nordrhein-Westfalen hat ein gerichtliches Nachspiel. Offiziell endet die Tätigkeit des Künstlers in Düsseldorf schließlich 1973. Mit seinen Aktionen, Objekten, Installationen und Zeichnungen entwickelte sich Joseph Beuys ab den 50er Jahren zum international bedeutsamsten deutschen Avantgardisten. Der anthroposophisch beeinflußte Künstler versucht, mit Hilfe außergewöhnlicher Materialien (u. a. Fett, Filz) Wärmeenergie bzw. Wärmespeicher darzustellen. Die Transformation von Energie ist eines der

1972

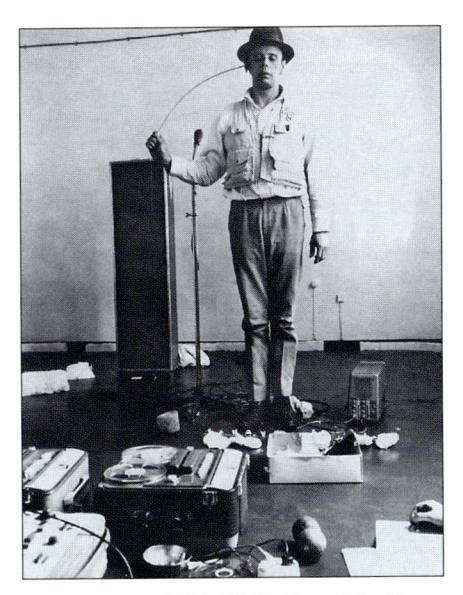

Joseph Beuys (1921–1986) während der Veranstaltung „Fluxus" 1967 in Darmstadt, bei der die Ausstellung „Fettraum" entsteht.

Hauptthemen seiner Objekte. Der von ihm geprägte Begriff der „sozialen Skulptur/ Plastik" legt die Totalität von Kunst in allen Lebensbereichen zugrunde.
1973 gründet Beuys die Freie Internationale Hochschule für Kreativität und Interdisziplinäre Forschung.

G. Adriani u. a.: Joseph Beuys. Leben und Werk, NA 1986.

Sport

Erstmals Winterspiele in Asien

3.2.–13.2. Sapporo. Die japanische Millionen-Metropole auf der Insel Hokkaido ist Austragungsort der ersten Olympischen Winterspiele in Asien.
Ein Opfer der veralteten Amateurbestimmungen wurde der österreichische Skiläufer Karl Schranz, der auf Betreiben von IOC-Präsident Avery Brundage das olympische Dorf verlassen mußte. Das IOC begründete seine Entscheidung damit, daß Schranz gegen den Amateurstatus verstoßen habe, da er seinen Namen und sein Bild für Werbezwecke verwendet hatte.
In den alpinen Wettbewerben sorgt der Spanier Francisco Fernandez-Ochoa mit seinem Sieg im Spezialslalom für eine Riesenüberraschung. Die DDR holt acht von neun möglichen Medaillen in den Rodelwettbewerben. Im Eisschnellauf kommt Erhard Keller

Olympische Spiele 1972 in München — K 664

Zeitraum: 26.8. bis 11.9.		Medaillenspiegel			
		Land	G	S	B
Teilnehmerländer	122	Sowjetunion	50	27	22
Erste Teilnahme	7	USA	33	31	30
Teilnehmerzahl	7863	DDR	20	23	23
Männer	6612	BRD	13	11	16
Frauen	1251	Japan	13	8	8
Deutsche Teilnehmer	450/299[1]	Australien	8	7	2
Schweizer Teilnehmer	163	Polen	7	5	9
Österreichische Teilnehmer	122	Ungarn	6	13	16
Sportarten	21	Bulgarien	6	10	5
Neu im Programm	3[2]	Italien	5	3	10
Entscheidungen	195	Schweden	4	6	6

Erfolgreichste Medaillengewinner

Name (Land), Sportart	Medaillen (Disziplinen)
Mark Spitz (USA) Schwimmen	7 x Gold (100 m Freistil, 200 m Freistil, 100 m Schmetterling, 200 m Schmetterling, 4 x 100 m Freistil, 4 x 200 m Freistil, 4 x 100 m Lagen)
Shane Gould (AUS) Schwimmen	3 x Gold (200 m Freistil, 400 m Freistil 200 m Lagen), 1 x Silber (800 m Freistil), 1 x Bronze (100 m Freistil)
Sawao Kato (JPN) Turnen	3 x Gold (Mehrkampf, Mehrkampf-Mannschaft, Barren), 2 x Silber (Seitpferd, Reck)
Olga Korbut (URS) Turnen	3 x Gold (Boden, Schwebebalken, Mehrkampf-Mannsch.), 1 x Silber (Stufenbarren)

Erfolgreichste deutsche Teilnehmer

Karin Janz Turnen	2 x Gold (Stufenbarren, Boden), 2 x Silber (Mehrkampf, Mehrkampf-Mannschaft), 1 x Bronze (Schwebebalken)
Heide Rosendahl Leichtathletik	2 x Gold (Weitsprung, 4 x 100-m-Staffel), 1 x Silber (Fünfkampf)

Olympische Spiele 1972 in Sapporo

Zeitraum: 3.2. bis 13.2.		Medaillenspiegel			
		Land	G	S	B
Teilnehmerländer	361	Sowjetunion	8	5	3
Teilnehmerzahl	1136	Schweiz	4	3	3
Deutsche Teilnehmer	89/42[1]	Niederlande	4	3	2
Schweizer Teilnehmer	52	DDR	3	4	7
Österreichische Teilnehmer	46	USA	3	2	3
Sportarten	8	BRD	3	1	1
Entscheidungen	35	Norwegen	2	5	5

Erfolgreichste Medaillengewinner

Name (Land), Sportart	Medaillen (Disziplinen)
Ard Schenk (HOL), Eisschnellauf	3 x Gold (500 m, 1500 m, 10 000 m)
Galina Kulakowa (URS) Ski nordisch	3 x Gold (5 km Langlauf, 10 km Langlauf, 3 x 5-km-Staffel)

Erfolgreichster deutscher Teilnehmer

Wolfgang Zimmerer Bobsport	1 x Gold (Zweierbob), 1 x Bronze (Viererbob/Pilot)

1) BRD/DDR; 2) Judo (6 Entscheidungen), Bogenschießen (2), Handball (1)

1972

Sport 1972 — K 665

Fußball
Europameisterschaft	BRD – Sowjetunion 3:0
Deutsche Meisterschaft	FC Bayern München
DFB-Pokal	FC Schalke 04 – 1. FC Kaiserslautern 5:0
Englische Meisterschaft	Derby County
Italienische Meisterschaft	Juventus Turin
Spanische Meisterschaft	Real Madrid
Europapokal (Landesmeister)	Ajax Amsterdam – Inter Mailand 2:0
Europapokal (Pokalsieger)	Glasgow Rangers – Dynamo Moskau 3:2
UEFA-Pokal	Tottenham Hotspurs

Tennis
Wimbledon (seit 1877, 86. Austragung)	Herren: Stan Smith (USA) Damen: Billie Jean King (USA)
US Open (seit 1881; 92. Austragung)	Herren: Ilie Nastase (RUM) Damen: Billie Jean King (USA)
French Open (seit 1925; 42. Austragung)	Herren: Andres Gimeno (ESP) Damen: Billie Jean King (USA)
Australian Open (seit 1905; 60. Austragung)	Herren: Ken Rosewall (AUS) Damen: Virginia Wade (GBR)
Davis-Cup (Bukarest, ROM)	USA – Rumänien 3:2

Eishockey
Weltmeisterschaft	Tschechoslowakei
Stanley-Cup	Boston Bruins
Deutsche Meisterschaft	Düsseldorfer EG

Radsport
Tour de France (3846 km)	Eddy Merckx (BEL)
Giro d'Italia (3725 km)	Eddy Merckx (BEL)
Straßen-Weltmeisterschaft	Marino Basso (ITA)

Automobilsport
Formel-1-Weltmeisterschaft	Emerson Fittipaldi (BRA), Lotus-Ford

Boxen
Schwergewichts-Weltmeisterschaft	Joe Frazier (USA) – K. o. über Ron Stander (USA), 25.5.

Herausragende Weltrekorde
Disziplin	Athlet (Land)	Leistung
Leichtathletik, Männer		
110 m Hürden	Rod Milburn (USA)	13,24 sec
400 m Hürden	John Akii-Bua (UGA)	47,84 sec
Stabhochsprung	Bob Seagren (USA)	5,63 m
Leichtathletik, Frauen		
100 m	Renate Stecher (GDR)	11,07 sec
1500 m	Ludmilla Bragina (URS)	4:01,4 min
100 m Hürden	Annelie Erhardt (GDR)	12,59 sec
Schwimmen, Männer		
200 m Schmetterling	Mark Spitz (USA)	2:00,7 min
Schwimmen, Frauen		
200 m Freistil	Shane Gould (AUS)	2:03,6 min
200 m Rücken	Melissa Belote (USA)	2:19,2 min

(BRD) nach 1968 (↑S.627/6.2.–18.2.1968) zu seinem zweiten Olympiasieg über die 500-m-Sprintstrecke. S 669/K 664

Deutsche Elf Europameister
18.6. Brüssel. Durch einen 3:0-Erfolg im Finale gegen die Mannschaft der UdSSR wird das deutsche Team Fußball-Europameister. Herausragende Spieler dieser Mannschaft, der Sportjournalisten aus aller Welt „Traumfußball" attestieren, sind der offensive Libero Franz Beckenbauer und der Spielmacher Günter Netzer, der mit seinen langen Pässen Mittelstürmer Gerd Müller in Szene setzt. Die Tore im Finale erzielen Gerd Müller (2) und Herbert Wimmer.
Im Viertelfinale hatte die von Helmut Schön betreute Mannschaft am 29.4. England im Wembley-Stadion mit 3:1 vorgeführt. Das Rückspiel in Berlin endete 0:0. In der Endrunde, die in Belgien ausgetragen wurde, schlug Deutschland die Gastgeber 2:1, die UdSSR kam durch ein 1:0 über Ungarn ins Endspiel.
Im Europameisterschafts-Finale von 1976 unterliegt die deutsche Elf der Tschechoslowakei erst nach Elfmeterschießen unglücklich mit 3:5.

Spiele im Zeichen des Terrors
26.8.–11.9. München. Die XX. Olympischen Spiele werden von einem Anschlag arabischer Terroristen überschattet. Elf Israelis, ein Polizist und fünf Attentäter kommen bei dem Überfall und der gescheiterten Geiselbefreiung ums Leben. Trotz vieler Stimmen, die für einen Abbruch der Spiele plädieren, setzt sich IOC-Präsident Avery Brundage für die Weiterführung ein: „The Games must go on (Die Spiele müssen fortgesetzt werden)!"
Bereits im Vorfeld hatte der politische Alltag die olympischen Wettkämpfe eingeholt. Auf Druck von 27 afrikanischen Staaten, die mit der Abreise drohten, wurde das gemischtrassige Team aus Rhodesien von den Spielen ausgeschlossen.
Vom sportlichen Aspekt bringen die Spiele den Durchbruch für die DDR, die sich hinter den dominierenden UdSSR und den USA als dritte Sportmacht etabliert und ihre Medaillenbilanz von 25 (1968) auf 66 steigert. Die bundesdeutsche Mannschaft erringt insgesamt 40 Medaillen und belegt Rang vier.
Unumschränkter Superstar der Olympischen Sommerspiele 1972 ist der US-amerikanische Schwimmer Mark Spitz. Nachdem er bereits vor vier Jahren in Mexiko zwei Goldmedaillen sowie je einmal Silber und Bronze errungen

1972

Olympische Sommerspiele in München: Offizielle Trauerfeier im Olympiastadion für die elf Opfer des palästinensischen Terroranschlags auf israelische Sportler im olympischen Dorf (Abb. israelische Sportler und Funktionäre).

hatte, katapultiert er sich durch den Gewinn von sieben weiteren Goldmedaillen auf Rang drei der ewigen Bestenliste bei Olympia.
Die 16jährige Deutsche Ulrike Meyfahrt wird mit ihrem Hochsprung-Erfolg jüngste Leichtathletik-Olympiasiegerin aller Zeiten. Nach dem Ende der Spiele tritt der 84jährige IOC-Präsident Avery Brundage zurück. Sein Nachfolger wird der Ire Michael Morris Killanin, der eine Neuerung des überholten Amateurideals anstrebt.

S 669/K 664

Schachtitel für Bobby Fischer

1.9. Reykjavík. In der isländischen Hauptstadt wird der 29jährige US-Amerikaner Bobby Fischer neuer Schachweltmeister. Er schlägt den 35jährigen Titelverteidiger Boris Spasski in der Gesamtwertung mit 12,5:8,5 Punkten und beendet die 24jährige sowjetische Herrschaft auf dem Schachthron.
Bereits im Alter von 14 Jahren hatte Fischer die US-amerikanische Schachmeisterschaft gewonnen und ein Jahr später die Großmeisternorm erreicht. In den Partien gegen Spasski sorgte der Exzentriker nicht nur wegen seines genialen Spiels, sondern auch wegen seines Auftretens für Aufsehen. Er reklamierte immer wieder neue Sonderrechte und leistete sich den Luxus, zur zweiten Partie nicht anzutreten. 1975 wird Anatoli Karpow kampflos neuer Weltmeister, da Fischer nicht bereit ist, seinen Titel unter den Bedingungen des Weltschachverbandes zu verteidigen.

Mark Spitz: Mit sieben Goldmedaillen ist der US–Amerikaner der erfolgreichste Athlet der Spiele (Abb. Wettkampf im 100 m Butterfly).

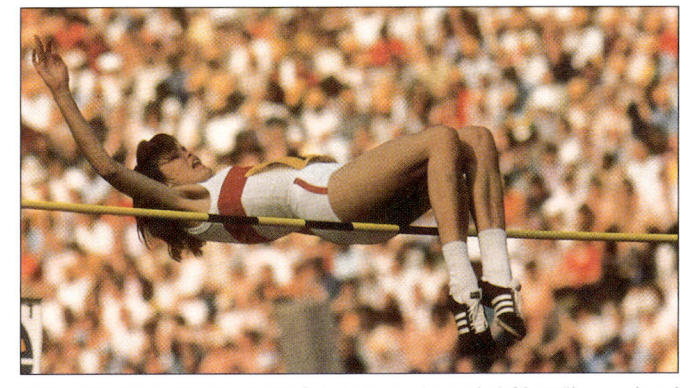

Ulrike Meyfarth: Die 16jährige Schülerin gewinnt mit 1,92 m überraschend die Goldmedaille im Hochsprung und stellt einen neuen Weltrekord auf.

1973

Politik

Waffenstillstand in Vietnam

27.1. Paris. In der französischen Hauptstadt wird von den vier kriegführenden Parteien USA, Nordvietnam, Südvietnam und dem Vietcong ein Waffenstillstandsvertrag unterzeichnet. Die USA verpflichten sich zum vollständigen Truppenrückzug und zur Anerkennung der Souveränität Vietnams.

Nach fast fünfjährigen, oft unterbrochenen Verhandlungen wächst jetzt die Hoffnung auf einen dauerhaften Frieden, nachdem zuvor getroffene Vereinbarungen mehrfach gebrochen worden waren. Für die USA ist der vorläufige Friedensschluß eine Möglichkeit, den nicht zu gewinnenden Krieg ohne das Eingeständnis einer militärischen Niederlage zu beenden. Der Waffenstillstand erweist sich als brüchig. Auch als am 29.3. die letzten US-Truppen das Land verlassen und das zwischen Henry Kissinger und Le Duc Tho ausgehandelte neue Waffenstillstandsabkommen in Kraft tritt (15.6.), werden die Kampfhandlungen bis zur Kapitulation Südvietnams am 30.4.1975 fortgesetzt. `S 579/K 583`

Vietnamkrieg: In einer symbolischen Geste steckt ein US-amerikanischer Kriegsgegner rosa Nelken in die Gewehrläufe (Abb. von 1967).

Islam verliert in Syrien Monopol

31.1. Damaskus. Der syrische Volksrat verabschiedet eine neue Verfassung, die den Islam als staatstragende Kraft ablöst und statt dessen den Sozialismus als Gesellschafts- und Wirtschaftsform konstituiert. Die Machtposition des Staatspräsidenten wird gefestigt. Der Versuch des amtierenden Präsidenten Hafis Assad (↑S.644/16.11.1970), das politisch und wirtschaftlich an die Sowjetunion angelehnte Land zu verweltlichen, löst heftige Proteste der in Syrien einflußreichen orthodoxen Sunniten aus. Die Forderungen nach seinem Rücktritt zwingen Assad zum Einlenken. Ein nachträglich eingefügter Verfassungszusatz verpflichtet den Staatspräsidenten, sich zum Islam zu bekennen.

In einer Volksabstimmung wird die neue Verfassung am 12.3. von 97,6% der Bevölkerung (offizielle Angaben) gutgeheißen. `S 644/K 643`

📖 Der Islam in der Gegenwart. Entwicklung und Ausbreitung. Staat, Politik und Recht, Kultur und Religion, NA 1989.

Wichtige Regierungswechsel 1973		K 666
Land	**Amtsinhaber**	**Bedeutung**
Afghanistan	Mohammed Sahir (König seit 1933) Mohammed Daud Khan (P bis 1978)	Putsch des ehemaligen Ministers Daud Khan (17.7.), der die Republik ausruft und ein diktatorisches Regime aufbaut
Argentinien	Raul Lastiri (P seit 13.7.) Juan Domingo Perón (P bis 1974)	Erste freie Wahlen nach 19 Jahren Militärdiktatur; nach Peróns Tod (1.7.1974) wird seine Frau Isabel Präsidentin
Chile	Salvador Allende Gossens (P seit 1970) Augusto Pinochet Ugarte (P bis 1990)	Militärputsch (11.9.), bei dem der sozialistische Präsident Allende getötet wird; Pinochet vermutlich von USA unterstützt (S.675)
DDR	Walter Ulbricht (SED, P seit 1960)[1)] Willi Stoph (P bis 1976)[1)]	Tod Ulbrichts (1.8.), der entscheidend am Aufbau der DDR und der SED (1950–71 Erster Sekretär) beteiligt war
	Willi Stoph (M seit 1964) Horst Sindermann (M bis 1976)	Stoph wird Staatsratsvorsitzender; Sindermann ist seit 1957 Leiter der Abteilung Agitation und Propaganda
Schweden	Gustav VI. Adolf (König seit 1950) Karl XVI. Gustav (König bis . . .)	Tod des Königs (15.9.); Karl XVI. Gustav stimmt 1975 Verfassungsreform zu, nach der er nur repräsentative Funktion hat

M = Ministerpräsident bzw. Premierminister; P = Präsident
1) Staatsratsvorsitzender

Vietnamkrieg: Kinder rennen nach einem Angriff um ihr Leben. Der Napalm-Einsatz fordert grausame Opfer unter der Zivilbevölkerung

Per Hubschrauber landen Truppen in einer durch Napalm freigebrannten Lichtung. Trotz massivem technischen Einsatz gelingt es den US–amerikanischen Truppen nicht, ein Mittel gegen die Guerillakriegführung des Vietcong zu finden.

Indianer besetzen Wounded Knee

27.2. Wounded Knee. 200 Sioux-Indianer belagern den im Reservat von South Dakota gelegenen historischen Ort Wounded Knee. Sie wollen die US-Regierung zur Einhaltung eines 1868 geschlossenen Nutzungsvertrags zwingen. Der Stamm muß sich auf ein Gebiet beschränken, das weniger als halb so groß ist wie vertraglich zugesichert.

Mit dem Massaker von Wounded Knee beendete die US-Kavallerie am 27.12.1890 vorerst den Widerstand der Sioux gegen die Regierungstruppen. Die danach geschlossenen Verträge wurden von der Regierung wiederholt gebrochen. Das für die Belange der Indianer zuständige Bureau of Indian Affairs (BIA) vertritt ihre Interessen nur unzureichend.

Im Laufe der bis zum 8.5. andauernden Besetzung werden drei Indianer getötet. Die überwiegend der radikalen Bewegung American Indian Movement angehörenden Sioux erreichen, daß die Weltöffentlichkeit auf ihre soziale und kulturelle Benachteiligung aufmerksam wird. Am 13.8. gibt das Justizministerium die Bildung einer Behörde zum Schutz der Bürgerrechte von Indianern bekannt. S 674/K 667

📖 R. Oth: Auf den Spuren der Indianer, 1988. P. Farb: Die Indianer. Entwicklung und Vernichtung eines Volkes, 1988. F. Hetmann: Indianer, 1990.

Kampf um besetzte Häuser eskaliert

28.3. Frankfurt/Main. Bei Straßenschlachten zwischen Demonstranten und der Polizei in der Frankfurter Innenstadt werden 65 Menschen verletzt. Die Demonstranten protestieren gegen die drohende Räumung eines besetzten Hauses im Westend.

Das seit über einem Jahr von Schülern und Studenten zunächst mit Billigung der Besitzer mietfrei bewohnte Haus ist eines von zahlreichen Wohngebäuden, die im Zuge von Wohnungsmangel und Bodenspekulation durch Besetzung vor dem Abriß bewahrt werden sollen. Am 18.9.1970 war, ebenfalls im Westend, das erste Haus besetzt worden.

Wounded Knee: Sioux–Indianer, zum größten Teil Mitglieder der Bewegung American Indian Movement, halten den historischen Ort 69 Tage lang besetzt. Sie nehmen zehn Geiseln, mit denen sie sich in der Kirche verschanzen.

Minderheiten im 20. Jahrhundert

K 667

Land	Bevölkerungsgruppe/ Konfliktphase(n)	Ursachen	Folgen
Rassismus			
Südafrika	Schwarze Bevölkerung, Farbige, Inder; bis in die 90er Jahre	Weiße wollen die politische Macht im Land auch nach der Unabhängigkeit Südafrikas behaupten	Apartheidpolitik: keine politischen Rechte; Ausgliederung der Schwarzen in sog. Homelands
USA	Schwarze Bevölkerung; 1900–64	Rassenvorurteile, teilweise noch bedingt durch die Sklavenzeit in den Südstaaten	Grundsatz: separate but equal; Rassentrennung und Einschränkungen beim Wahlrecht bis 1964
Deutschland	Juden; 1933–45 Sinti/Roma; 1933–45 Gastarbeiter; seit 1960	Rassenideologie der Nationalsozialisten; latente oder offene Ausländerfeindlichkeit	Judenvernichtung: Bis 1945 werden ca. 6 Mio Juden getötet Vielfältige Formen der Diskriminierung
Frankreich	Einwanderer aus den Kolonien; ab 1945	Ende der Kolonialherrschaft, wirtschaftliches Gefälle zur ehemaligen Kolonie	Umfangreiche Benachteiligungen und fehlende Chancengleichheit in allen Bereichen der Gesellschaft
Autonomiestreben aus ethnischen Gründen			
Osmanisches Reich	Verschiedene slawische Bevölkerungsgruppen; bis 1913	Ausdehnung des Osmanischen Reichs nach Europa und Unterdrückung der slawischen Völker	Slawischer Nationalismus, Balkankriege, Zerfall des Osmanischen Reichs
Rußland	Finnen, Balten, Polen; bis 1917/20	Imperialismus des Zarenreichs in Nord-, Mittel- und Südost-Europa	Ständig schwelende Nationalitätenkonflikte, Destabilisierung Rußlands, Begünstigung der Oktoberrevolution
Österreich-Ungarn	Ungarn, Tschechen, Slowaken; bis 1918/20	Aufblähung Österreichs zum Vielvölkerstaat mit insgesamt neun Nationalitäten	Staatliche Neuordnung auf dem Balkan; Ungarn, die Tschechoslowakei und Jugoslawien entstehen
Spanien	Basken, Katalanen; bis in die 90er Jahre	Völkische Eigenständigkeit und rigoroser Zentralismus des Franco-Regimes	Terroranschläge der ETA (bis 1990 ca. 600 Tote), ab 1979 begrenzte Teilautonomie
Irak	Kurden; ab 1932	Nach dem Ende des Kolonialismus Aufteilung der Kurden auf fünf Staaten in Asien und Europa	Gewaltsame Auseinandersetzungen insbesondere im Irak, nach Massakern fliehen 1991 mehr als 2 Mio Kurden von dort
Pakistan	Bengalen; 1947–71	Teilung Bengalens zwischen Indien (Westbengalen) und Pakistan (Ostbengalen)	Das geographisch von Pakistan getrennte Ostbengalen wird 1971/72 unter Mithilfe Indiens unabhängig
Nigeria	Stamm der Ibos in der Ostprovinz Biafra; 1967–70	Unabhängigkeitserklärung Biafras auf Grund von Stammesfehden	Nach einem drei Jahre dauernden Bürgerkrieg Wiedereingliederung Biafras, 2 Mio Tote während der Unruhen
Jugoslawien	Serben, Slowenen, Kroaten; ab 1980	Konstruktion des Vielvölkerstaats Jugoslawien nach dem 1. Weltkrieg (Zusammenschluß von 6 Nationalitäten)	Nach dem Ende des von Tito errichteten Zentralismus zunehmender Zerfall der staatlichen Einheit
Sowjetunion	Balten, verschiedene andere Nationalitäten; ab 1989	Rückeroberung einiger nach dem 1. Weltkrieg verlorener Gebiete durch Stalin (1940) und Angliederung an die UdSSR	Autonomiebestrebungen, ermöglicht durch die politische Liberalisierung unter Michail Gorbatschow
Autonomiestreben aus primär religiösen Gründen			
Nordirland	Katholiken; ab 1921	Entstehung des eigenen, von der Republik Irland getrennten protestantischen Staats (1921); Anlehnung an Großbritannien	Terroranschläge der IRA, Ziel: Trennung Nordirlands von Großbritannien, Vereinigung mit der Republik Irland
Indien	Moslems; ab 1947	Bei der territorialen Trennung von Indien und Pakistan bleibt eine moslemische Minderheit in Indien	Immer wieder aufflammende religiöse Konflikte zwischen Hindus und Moslems, vor allem in der Provinz Kaschmir
Sri Lanka	Tamilen; ab 1948	Grenzziehung der Kolonialmächte vereinigt Hindus und Buddhisten in einem Staat	Kampf für einen hinduistischen Staat der Tamilen im Norden und Osten Sri Lankas
Israel	Palästinenser; ab 1948	Gründung Israels in Palästina (1948) macht die arabischen Palästinenser heimatlos	Kampf der von Jassir Arafat geführten PLO für einen eigenen Palästinenserstaat
Indonesien	Molukken; ab 1950	Ausrufung der Republik Indonesien mit moslemischer Bevölkerungsmehrheit (1951)	Kampf der z. T. in die Niederlande emigrierten christlichen Molukken für ein autonomes Südmolukken
China	Tibeter; ab 1950/51	Annektion des religiösen (lamaistischen) Tibet durch das kommunistische China	Unnachgiebige Unterdrückungspolitik Chinas, Kampf der tibetischen Mönche für einen lamaistischen Staat

Solidaritätskundgebungen im ganzen Bundesgebiet können die Räumung des betreffenden Hauses nicht verhindern. Dennoch weitet sich in den folgenden Jahren die Praxis der Hausbesetzung auf andere Städte aus. In Dortmund wird am 2.11. ein zum Abbruch bestimmtes Haus von der Polizei geräumt; die Besetzer hatten die Errichtung eines autonomen Jugendzentrums gefordert.

Zivil- mit Wehrdienst gleichgestellt
1.7. Bonn. Das am 18.5. vom Bundestag verabschiedete Gesetz über die Gleichstellung von Wehr- und Zivildienst löst gemeinsam mit dem am 9.8. in Kraft tretenden Zivildienstgesetz das bestehende Ersatzdienstgesetz vom 13.1.1960 ab.
Außer der Namensänderung werden als Neuerungen u. a. die Tagegelder den bei der Bundeswehr üblichen Sätzen angeglichen; um die Belange der Zivildienstleistenden kümmert sich künftig ein Bundesbeauftragter. Der stetig wachsenden Zahl von Kriegsdienstverweigerern stand zuvor eine nur mangelhafte Organisation gegenüber.
An der Praxis der „Gewissensprüfung" für junge Männer, die den Dienst mit der Waffe ablehnen, ändert sich vorerst nichts. Am 13.4.1978 verwirft das Bundesverfassungsgericht eine Novelle zum Wehrpflicht- und Zivildienstgesetz, aufgrund derer die Gewissensprüfung zuvor einige Monate lang ausgesetzt war.

📖 Zivildienst. Eine Bilanz, 1989. W. R. Staufer: Ich bin Zivi. Handbuch für Zivildienstleistende, 1990.

China forciert den eigenen Weg
28.8. Peking. Der X. Parteitag der Kommunistischen Partei Chinas (KPCh) endet mit scharfer Kritik am Kurs der ehemals befreundeten Sowjetunion.
Die Kritik entzündet sich an Breschnews Doktrin der beschränkten Souveränität der sozialistischen Staaten. Die KPCh beschließt die Fortführung des parteizentrierten Weges zum Kommunismus, der dem von der UdSSR eingeschlagenen „parlamentarischen" Regierungssystem widerspricht.
Die Rivalität der beiden Nachbarstaaten war am 2.3.1969 eskaliert, als sich Truppen beider Länder um die im Grenzfluß Ussuri gelegene Damanski-Insel heftige Gefechte lieferten. Das tiefgreifende Zerwürfnis zwischen den marxistischen Staaten wird auch durch die vorsichtige Annäherung Chinas an die USA dokumentiert (↑S.662/21.2.1972).
Die führende Rolle des 79jährigen Parteichefs Mao Zedong bleibt unangetastet. Als möglicher Nachfolgekandidat gilt der während der Kulturrevolution (↑S.600/8.8.1966) in Ungnade gefallene und im Laufe des Parteitags rehabilitierte Deng Xiaoping (↑S.706/9.9.1976).

S 454/K 457

📖 Fang-Lizhi: China im Umbruch, 1989.

Militärputsch in Chile
11.9. Santiago. Bei einem Putsch rechtsgerichteter Militärs kommt Präsident Salvador Allende Gossens ums Leben. Damit endet der Versuch, in dem lateinamerikanischen Staat ein System des demokratischen Sozialismus durchzusetzen (↑S.642/4.9.1970).
Das Scheitern der Minderheitsregierung der Volksfront ist Resultat einer Wirtschaftskrise, in die das Land im Zuge der sozialreformerischen Umgestaltung stürzte. Mitte 1972 begann der Mittelstand aus Furcht vor weiteren Verstaatlichungen mit Streikaktionen gegen die sozialistische Regierung. Der anhaltende Wirtschaftsboykott durch die USA sowie nachlassende Unterstützung seitens der westlichen Demokratien führten das Land an den Rand des Zusammenbruchs, dem Allende u. a. durch eine Machtbeteiligung des Militärs zu begegnen suchte.
Der wenige Tage zuvor zum Oberbefehlshaber des Heeres ernannte General Augusto Pi-

Chile: Die Militärjunta unter General Augusto Pinochet Ugarte verhaftet nach dem Putsch tausende Anhänger des gestürzten chilenischen Präsidenten Salvador Allende Gossens und interniert sie im Stadion von Santiago.

nochet Ugarte wird Chef der neuen Militärjunta. Pinochet setzt sich gegen gemäßigte Militärs durch und regiert Chile 16 Jahre lang mit diktatorischen Vollmachten. 1990 wird er durch den gewählten Präsidenten Patricio Aylwin abgelöst, bleibt aber bis 1997 Armeechef. S 676/K 668

O. Madones: Mensch, du lebst noch! Ein Chilene erzählt, Sammlung Luchterhand Bd. 823.

Chile im 20. Jahrhundert	K 668
Jahr	Ereignis
Ab 1920	Gewinnung von Stickstoff aus der Luft macht das chilenische Salpetermonopol (aus dem „Salpeterkrieg" 1879–83) wertlos
1929/32	Weltwirtschaftskrisen führen in Chile zu sozialen Spannungen, die in einem kommunistischen Aufstand enden
1932	Proklamation einer „Sozialistischen Republik Chile", deren Existenz von Präsident Arturo Alessandri beendet wird
1938	Die linken Parteien bilden eine Volksfront; ihr Kandidat Pedro Aguirre Cerda wird Präsident: Ausweitung des Sozialstaats
1946	Gabriel Gonzáles Videla löst als Kandidat der Mittel- und Oberschicht die Volksfrontregierungen ab
1948	Verbot der KP Chiles; Unterdrückung der Arbeiterbewegung
1958	Unter der Präsidentschaft von Jorge Alessandri Rodríguez wird die Industrialisierung des Landes vorangetrieben
1964	Bei den Präsidentschaftswahlen (4.9.) siegt der Christdemokrat Eduardo Frei Montalva gegen Salvador Allende (Volksfront, FRAP)
1967	Agrarreformgesetz beinhaltet Umverteilungsprogramm des Bodens
1970	Salvador Allende gewinnt die Präsidentschaftswahl gegen Jorge Alessandri (4.9.); Allende strebt „Sozialismus in Freiheit" an (S.642)
1971	Nationalisierung aller Bodenschätze und Ressourcen beschlossen
1973	Armeeputsch; Allende wird ermordet (11.9.); rechte Militärjunta unter General Augusto Pinochet Ugarte übernimmt die Macht (S.675)
	Pinochet verhängt Ausnahmezustand, hebt Verfassung auf, verbietet Parteien und Parlament; Oppositionelle werden verfolgt
1974	Pinochet ernennt sich zum „Obersten Führer der Nation"
	Osterbotschaft: Christdemokraten und Kirchen distanzieren sich nach anfänglicher Zustimmung vom Putsch
1976	Austritt Chiles aus Andenpakt; Annäherung an La-Plata-Staaten
1977	Die UNO prangert Menschenrechtsverletzungen in Chile an
1980	Per Volksabstimmung erhält Chile eine neue Verfassung (ab 1981)
1983	Aktionstage der Opposition: Regierung geht brutal gegen Demonstranten vor: zahlreiche Tote und Verletzte
1988	In einer Volksabstimmung lehnt die chilenische Bevölkerung eine weitere Amtszeit von Pinochet ab
1989	Verfassungsreform per Referendum leitet Demokratisierung ein
1990	Nach 16jähriger Militärdiktatur wird der Christdemokrat Patricio Aylwin erster demokratisch gewählter Präsident (11.3.); Pinochet bleibt weiterhin Armeechef (bis 1997)
1991	Vertrag legt 20 Jahre dauernden Grenzstreit mit Argentinien über den Grenzverlauf in den Anden bei
1993	Eduardo Frei Ruiz-Tagle (Christdemokrat) wird Präsident; erstmals Verurteilung von Offizieren wegen Menschenrechtsverletzungen während der Pinochet-Diktatur
1996	Einschränkung der Privilegien des Militärs (z. B. Ernennung von acht der 46 Senatoren) scheitert an rechter Opposition

Zwei deutsche Staaten in der UNO

18.9. New York. Per Akklamation werden die Bundesrepublik Deutschland und die DDR als 133. und 134. Mitglied in die Vereinten Nationen aufgenommen. Für beide Staaten ist die positive Reaktion auf die zuvor gestellten Aufnahmeanträge von großer politischer Bedeutung. Besonders die DDR hat damit einen wichtigen Schritt auf dem Weg zur weltweiten politischen Anerkennung getan. Diese war nach Abschluß des Grundlagenvertrages (↑S.664/21.12.1972) möglich geworden und konnte durch die Aufnahme diplomatischer Beziehungen u. a. mit Österreich, Italien und Finnland im Laufe desselben Jahres bestätigt werden.

Bundesaußenminister Walter Scheel betont in seiner ersten Rede vor der UNO die unveränderte Haltung der Bundesrepublik zur angestrebten Wiedervereinigung beider deutscher Staaten.

Beginn des Jom-Kippur-Kriegs

6.10. Golanhöhen/Sinaihalbinsel. Am jüdischen Feiertag Jom Kippur überfallen ägyptische und syrische Streitkräfte die von Israel besetzten Gebiete. Sie erzielen schnelle militärische Erfolge, die Israel jedoch im Gegenzug ausgleichen kann. Die Einigung der beiden Großmächte USA (auf seiten Israels) und UdSSR (auf seiten der Araber) machen den Weg frei für Vermittlungsversuche des Weltsicherheitsrats, dessen Forderung nach einem sofortigen Waffenstillstand von Israel mißachtet wird.

Der Jom-Kippur-Krieg ist die vierte militärische Auseinandersetzung zwischen Israel und seinen arabischen Nachbarn. Im Sechstagekrieg (↑S.607/5.6.1967) hatte Israel den Gazastreifen, die Golanhöhen, das Westjordanland und die Sinaihalbinsel besetzt und für sich beansprucht.

Am 11.11. unterzeichnen Israel und Ägypten auf der Straße von Kairo nach Sues ein Waffenstillstandsabkommen. Eine am 21.12. beginnende Friedenskonferenz (Genf) bringt keine weiteren Fortschritte. S 441/K 442 S 608/K 611

Öl wird politisches Druckmittel

28.10. Nach Libyen und Abu Dhabi schließen sich weitere sieben arabische Ölförderländer einem Ausfuhrboykott an. Die USA und die Niederlande werden nicht mehr, andere westliche Länder wie die BRD nur noch mit 75% der bisherigen Menge beliefert; der Preis steigt ab 1.1.1974 um mehr als 100%.

Das Druckmittel Öl zeigt schnell Wirkung. Die im Jom-Kippur-Krieg überwiegend neu-

1973

tralen EG-Staaten fordern am 5.11. Israel zur Räumung der seit 1967 besetzten arabischen Gebiete auf.
In vielen westlichen Industriestaaten beginnen panikartige Überlegungen, wie der drohenden Ölknappheit begegnet werden kann. Neben längerfristigen Plänen wie dem schrittweisen Ersatz von Öl durch andere Energiequellen greift die Bundesregierung zu Sofortmaßnahmen. Am Sonntag, 25.11., gilt in der BRD und anderen EG-Staaten ein Fahrverbot. Außerdem wird eine befristete Geschwindigkeitsbegrenzung von 100 km/h (Autobahnen) bzw. 80 km/h (Landstraßen) eingeführt. S 677/K 669

Aussöhnung mit der ČSSR erreicht

11.12. Prag. Nach langen Verhandlungen wird in der Hauptstadt der Tschechoslowakei ein Vertrag unterzeichnet, der eine Grundlage für normalisierte Beziehungen zwischen der Bundesrepublik Deutschland und ihrem südöstlichen Nachbarn schaffen soll.
Die ungewöhnliche Länge der Verhandlungen ist auf das Kernstück des Prager Vertrags zurückzuführen, die Nichtigkeitserklärung des Münchner Abkommens (↑S.342/30.9.1938). Auf deutscher Seite war man bemüht, neben der erzwungenen Abtretung der Sudetengebiete auch die nach Kriegsende einsetzende Vertreibung der Sudetendeutschen als unrechtmäßig zu protokollieren.
Wie in den vorangegangenen Verträgen mit Moskau (↑S.642/12.8.1970) und Warschau (↑S.644/7.12.1970) beinhaltet der Prager Vertrag Verpflichtungen zum Verzicht auf Gewalt und Gebietsansprüche.
📖 M. Frantzioch: Die Vertriebenen, 1987.

Wirtschaft

Drei neue EG-Mitglieder

1.1. Brüssel. Dänemark, Großbritannien und Irland werden aufgrund der 1972 geschlossenen Beitrittsverträge Mitglieder der Europäischen Gemeinschaft. Ursprünglich sollte Norwegen als zehntes Mitgliedsland hinzukommen; in einer Volksabstimmung am 26.9.1972 stimmte die Mehrheit der Norweger jedoch gegen den Beitritt, während die dänische Bevölkerung den Schritt befürwortete. Am 5.6.1975 stimmen über 67% der Briten für den Verbleib in der EG.
Intensivierung der wirtschaftlichen Zusammenarbeit lautet das Ziel der neun EG-Länder für das laufende Jahr; bis zum Ablauf des Jahrzehnts soll auch der politische Zusammenschluß als Europäische Union verwirklicht sein. Ein erster Prüfstein für die gemeinsame Handlungsfähigkeit ist die Währungskrise (↑S.678/11.3.). Hier wie während der Ölkrise (↑S.676/28.10.) erweist sich die Gemeinschaft als ein noch wenig aufeinander abgestimmtes Gefüge. S 610/K 612

Stahlgigant VOEST-ALPINE entsteht

1.1. Linz. Die Vereinigten Österreichischen Eisen- und Stahlwerke (VOEST) und die Österreichisch-Alpine Montan AG werden zum 77 000 Mitarbeiter großen Konzern VOEST-ALPINE zusammengefaßt. Zu dem in staatlicher Hand stehenden Giganten gehören die Edelstahlfirmen Böhler und Schoeller-Bleckmann als Tochtergesellschaften.
Mitte der 80er Jahre gerät der Stahlkonzern in Schwierigkeiten. Fehlgeschlagene Ölspekulationen, unternommen zur Verbesserung

Die größten Erdölproduzenten der Welt — K 669

Rang	Land	Menge (Mio t) 1993	1994	1995	Reserven (Mrd t)	Anteil (%)
1	Saudi-Arabien[1]	431,1	426,1	426,5	35,7	25,7
2	USA	397,5	388,0	382,5	3,7	2,9
3	Rußland	354,0	317,8	306,8	6,8	4,8
4	Iran[1]	182,7	183,1	182,8	12,0	8,7
5	Mexiko	154,6	155,2	151,3	7,1	4,9
6	China	144,0	146,1	149,0	3,3	2,4
7	Venezuela[1]	134,0	138,0	146,4	9,3	6,3
8	Norwegen	114,1	129,4	139,0	1,1	0,8
9	Großbritannien	100,2	126,9	130,3	0,6	0,4
10	VAE[1]	111,9	113,2	112,8	12,7	9,7

[1] OPEC-Mitglieder; Quelle: BP

Ölkrise: Leere Autobahnen sind eine Folge des Ausfuhrboykotts der arabischen Ölländer. Am 25. November tritt in der Bundesrepublik Deutschland erstmals ein Sonntagsfahrverbot in Kraft.

der Bilanz, führen zu Verlusten in Millionenhöhe (4,2 Mrd öS, rd. 600 Mio DM). 1985 muß der Vorstand zurücktreten.

EG beendet die Dollar-Herrschaft
11.3. Brüssel. Die Finanzminister von sechs der neun EG-Staaten beschließen die Bildung eines Wechselkursblocks, in dem die DM als Leitwährung fungiert. Der US-Dollar hat damit seine Rolle als internationale Leitwährung verloren.
Am 2.3. waren die europäischen Devisenbörsen aufgrund einer anhaltenden Dollarschwemme geschlossen worden. Erst nach dem Beschluß der Finanzminister, dem sich Großbritannien, Irland und Italien nicht anschließen, werden die Börsen am 19.3. wieder geöffnet.
Als sich am 15.3. auch Schweden und Norwegen, die nicht der EG angehören, dem Wechselkursblock anschließen, stehen acht relativ stabile, untereinander verbundene Währungen im freien Floating (↑S.654/9.5. 1971) dem Dollar gegenüber. Die bislang üblichen massiven Dollar-Stützungskäufe der europäischen Notenbanken zur Wahrung des eigenen Währungswerts werden damit weitgehend überflüssig. S 516/K 521

Verkehr

Autoabgase werden entgiftet
Detroit. Die Automobilkonzerne General Motors und Chrysler stellen Katalysatoren vor, die im Abgastrakt von Fahrzeugen eingebaut werden und dort rd. 90% der Schadstoffemissionen durch die katalytische Wirkung von Edelmetallen wie Platin oder Rhodium absorbieren.
1970 hatte der US-Kongreß die Einführung scharfer Abgasnormen beschlossen, die mit herkömmlichen Techniken nicht einzuhalten waren. Die Keramik-Katalysatoren setzen sich ab 1975 auf dem US-Automarkt durch, nachdem Fehlfunktionen wie die geringe Laufleistung verbessert wurden.
1985 beginnt in der Bundesrepublik Deutschland die steuerliche Begünstigung von katalysatorbestückten Fahrzeugen.
L. Franz/P. Isnemghi: Integrierte Verkehrsplanung unter Umweltgesichtspunkten, 1990.
F. Baum: Praxis des Umweltschutzes. 1979.

Brücke verbindet Europa mit Asien
30.8. Istanbul. Eine 1560 m lange Hängebrücke über den Bosporus wird nach dreieinhalbjähriger Bauzeit dem Verkehr übergeben. Ein britisch-deutsches Firmenkonsortium unter Leitung der Essener Hochtief AG konstruierte das 90 Mio DM teure Bauwerk, das den umständlichen Fährbetrieb mit langen Wartezeiten ablöst.
Eine 32 m breite Fahrbahn mit sechs Spuren führt in 64 m Höhe über die Meerenge zwischen Europa und Asien. Die Brücke wird von zwei 60 cm dicken Stahlseilen getragen. Mit Inbetriebnahme der bislang längsten Hängebrücke der Welt soll auch das Verkehrschaos in der Istanbuler Innenstadt der Vergangenheit angehören. S 323/K 331

Natur/Umwelt

Quecksilbervergiftung in Japan
17.7. Kumamota. Japanische Fischer erzwingen mit einer Seeblockade in der Minimata-

---

Nobelpreisträger 1973	K 670

Frieden: Henry A. Kissinger (USA, *1923), Le Duc Tho (Vietnam, 1911–1990).
Kissinger, 1969–73 Sicherheitsberater von US-Präsident Nixon, und der vietnamesische Politiker Le Duc Tho erreichten nach knapp fünfjährigen Verhandlungen 1973 ein Waffenstillstandsabkommen für den Vietnamkrieg. Viele Kritiker betrachteten die Auszeichnung, die Le Duc Tho ablehnte, als verfrüht – erst 1975 verließen die letzten Amerikaner Saigon.

Literatur: Patrick White (Australien, 1912–1990)
In seinen Romanen setzte sich White mit der Frage nach dem Wesen des Menschen und dessen Sehnsucht nach Harmonie auseinander. Whites bekanntester Roman ist „Voss" (1957), in dem die Durchquerung des australischen Kontinents zu einer Reise durch die menschliche Psyche wird.

Chemie: Ernst Otto Fischer (D, *1918), Geoffrey Wilkinson (GB, 1921–1996)
Fischer und Wilkinson erforschten die Verbindungen von Metallatomen mit organischen Molekülen. Diese Katalysatoren, die wegen ihrer auffälligen Struktur Sandwich-Verbindungen genannt werden, ermöglichten die Herstellung neuer chemischer Substanzen.

Medizin: Karl von Frisch (D, 1886–1982), Konrad Lorenz (A, 1903–1989), Nikolaas Tinbergen (GB, 1907–1988)
Die Wissenschaftler, deren Beobachtungen an Tieren grundlegend für Psychiatrie und Psychosomatik wurden, begründeten die vergleichende Verhaltensforschung. Frisch entschlüsselte 1923 die „Sprache" der Bienen. Lorenz untersuchte das Liebes- und Gemeinschaftsleben der Graugänse und erforschte das instinktive Verhalten, das auf sog. Schlüsselreizen beruht. Tinbergen analysierte, wie sich Fische, Schmetterlinge und Möwen ihren Lebensräumen anpassen und ihre Lebensweisen umstellen.

Physik: Leo Esaki (Japan, *1925), Ivar Giaever (USA, *1929), Brian Josephson (GB, *1940)
Esaki wies 1957/58 bei Halbleitern den sog. Tunneleffekt nach: Elektronen können Hindernisse von der Dicke einiger hundert Atome durchdringen. Dies galt nach der klassischen Physik als unmöglich. Giaever stellte den gleichen Effekt bei Supraleitern fest. Josephson schuf auf dieser Basis die Voraussetzungen zur Entwicklung schneller Schalt- und Speicherelemente.

Wirtschaftswissenschaften: Wassily Leontief (USA, *1906)
Der gebürtige Russe entwickelte in den 60er Jahren die Input-Output-Methode (Input: Einsatz von Leistungen; Output: Produktionsergebnisse), mit der die Güter- und Dienstleistungsströme zwischen verschiedenen Wirtschaftszweigen untersucht werden können.

Bucht die Stillegung des Chemie-Konzerns Nippon-Synthetic.
Das Unternehmen hatte, ebenso wie zahlreiche andere chemische Fabriken, quecksilberhaltige Abwässer ins Meer geleitet und eine Verseuchung der Fischgründe verursacht. Die löslichen Quecksilberverbindungen lagern sich im Gewebe der Fische ab. Durch den Verzehr der Tiere gelangen die Schadstoffe in den menschlichen Körper und richten dort verheerende Schäden an: Neben Gliederschmerzen und -verkrümmungen kann es zu schweren Beeinträchtigungen des Seh- und Sprachvermögens kommen; Störungen des zentralen Nervensystems enden oft tödlich. Innerhalb kurzer Zeit erkranken zahlreiche Menschen an dieser – nach der Bucht benannten – Minimata-Krankheit; Hunderte sterben. Die japanische Regierung leitet daraufhin schärfere Umweltschutzgesetze ein. Anfang der 90er Jahre basiert das System der Schadensersatzzahlungen auf dem Prinzip des epidemologischen Nachweises: Wo sich Erkrankungsfälle häufen, werden sie als Folge einer Umweltverschmutzung anerkannt. S 708/K 696

Eiderdamm schützt vor Sturmflut

20.3. Tönning. Das größte Küstenschutzprojekt Europas ist 4,8 km lang und 8,50 m hoch. Der Eiderdamm, der nach fast sechsjähriger Bauzeit eingeweiht wird, verbindet den Kreis Dithmarschen mit der Halbinsel Eiderstedt und schützt das dahinterliegende Gebiet vor Überschwemmungen.
Bei Flutkatastrophen ist die Umgebung von Flußmündungen besonders gefährdet. Die Erfahrungen vom 17.2.1962 (↑S.561), als das Nordsee-Hochwasser über die Eidermündung ins Landesinnere vordrang, gaben den Ausschlag für den 175 Mio DM teuren Damm, der auch von Autos befahren werden kann.

Technik

Endoskop ersetzt Skalpell

Ein röhrenförmiges Instrument zur Untersuchung von Körperhohlräumen und Hohlorganen wird der Fachwelt vorgestellt. Mit dem je nach Anwendung starren oder flexiblen Gerät lassen sich ohne chirurgische Schnitte Gewebeproben entnehmen oder kleinere Eingriffe ausführen. Einspiegelung von Kaltlicht ermöglicht die Beobachtung der Körperregion (etwa Darm, Knie); durch mehrere im Endoskop vorhandene Kanäle können chirurgische Instrumente wie Schlingen, später auch Laser eingeführt werden.

Gesellschaft

Studienplätze werden zugeteilt

1.5. Dortmund. Die Zentralstelle für die Vergabe von Studienplätzen (ZVS) nimmt den Betrieb auf. 250 Mitarbeitern liegen über 100 000 Anträge vor, die bis zum Beginn des Wintersemesters bearbeitet werden müssen.
Die Einrichtung einer zentralen Institution war durch die Einführung des Numerus clau-

Studentenzahlen in Deutschland				K 671
Jahr	Studenten insgesamt	Studenten an Universitäten	Studenten an übrigen Hochschulen	Studienanfänger
1974	788 792	655 643	133 149	164 951
1976	872 125	715 145	156 980	168 876
1978	938 752	767 054	171 698	168 876
1980	1 036 303	836 502	199 801	192 924
1982	1 198 330	947 834	250 496	225 594
1984	1 311 699	1 019 877	291 822	220 168
1986	1 366 057	1 054 431	311 626	211 760
1988	1 470 477	1 126 745	343 732	246 891
1991	1 782 739	1 197 108	603 631	253 946
1995	1 858 428	1 213 773	644 655	220 229

Die größten deutschen Universitäten					
Name (Gründungsjahr)	Studentenzahl (jeweils Wintersemester)				
	1950	1970	1980	1990	1995
Uni München (1472)	10 878	28 510	41 563	62 892	58 504
Uni Köln (1388)	5 577	19 124	35 911	50 130	57 464
FU Berlin (1948)	5 649	15 077	42 799	59 585	49 534
Uni Münster (1780)	5 086	19 227	38 351	43 737	44 227
Uni Hamburg (1919)	4 712	21 310	34 582	42 400	41 389
Uni Bochum (1961)	–	12 488	24 580	34 943	36 634
TU Berlin (1799)	3 199	9 932	23 874	34 278	36 029
Uni Frankfurt/M. (1914)	4 746	16 147	24 682	34 747	35 914
Uni Bonn (1786)	7 102	16 236	34 399	36 268	35 668
TH Aachen (1970)	3 666	12 323	29 411	36 547	33 518

Neuer Deutscher Film 1973–1979	K 672
Regisseur (Lebensdaten)	Filmbeispiele
Rainer W. Fassbinder (1945–1982)	Die bitteren Tränen der Petra von Kant (1972) Angst essen Seele auf (1974)
Werner Herzog (*1942)	Aguirre, der Zorn Gottes (1973) Jeder für sich und Gott gegen alle (1974)
Helma Sanders-Brahms (*1940)	Shirins Hochzeit (1975) Deutschland, bleiche Mutter (1979)
Volker Schlöndorff (*1939)	Die verlorene Ehre der Katharina Blum (1975) Die Blechtrommel (1978)
Bernhard Sinkel (*1940)	Lina Braake (1975) Taugenichts (1977)
Wim Wenders (*1945)	Alice in den Städten (1974) Der amerikanische Freund (1976)

Kulturszene 1973 — K 673

Theater	
Tankred Dorst Eiszeit UA 17.3., Bochum	Stück über die Kollision von Künstlerleben und Zeitgeschichte am Beispiel von Knut Hamsun und seiner Bewunderung des NS-Staats.
Oper	
Benjamin Britten Tod in Venedig UA 16.6., Aldeburgh	In der Oper nach der gleichnamigen Novelle von Thomas Mann wird die Welt des Knaben Tadzio durch Tanz von der gesungenen Aktion getrennt.
Bruno Maderna Satyricon UA 16.3., Amsterdam	Die Oper macht aus dem parodistischen altrömischen Sittenbild eine avantgardistische Endzeitorgie mit elektronischen Verfremdungen.
Musical	
Richard O'Brien The Rocky Horror Show UA 19.6., London	Parodie auf alte Grusel- und Science-fiction-Filme sowie die Rockmusik der 50er Jahre; 1975 als „Rocky Horror Picture Show" verfilmt.
Stephen Sondheim A Little Night Music UA 25.2., New York	Das Musical nach dem Film „Das Lächeln einer Sommernacht" von Ingmar Bergman (1955) ist ganz im 3/4-Takt komponiert.
Film	
Ingmar Bergman Szenen einer Ehe Schweden	Kinofassung einer Fernsehserie, die 1973 ausgestrahlt wurde: In sechs Kapiteln wird der Zerfallsprozeß einer Ehe geschildert.
Rainer Werner Fassbinder Angst essen Seele auf BRD	Die Liebesbeziehung zwischen der 60jährigen Putzfrau Emmi und dem jungen marokkanischen Gastarbeiter Ali stößt auf Ablehnung.
Marco Ferreri Das große Fressen Frankreich/Italien	Am Beispiel eines orgiastischen Gelages sollen fragwürdige Konsumgewohnheiten aufgezeigt werden – umstrittener Filmerfolg.
William Friedkin Der Exorzist USA	Brutaler Schocker – Psychologen warnen junge Leute vor dem Besuch des Films – und einer der bislang größten Kassenschlager.
Louis Malle Lacombe, Lucien BRD/Frankreich/Italien	Frankreich unter deutscher Besatzung: Der junge Lucien läßt sich von der Gestapo anheuern und terrorisiert eine jüdische Familie.
Buch	
Lothar-Günther Buchheim Das Boot München	Dokumentarischer Roman über den 2. Weltkrieg zur See, den der Autor als Marineleutnant auf einem deutschen U-Boot erlebte.
Michael Ende Momo Stuttgart	Märchenroman: Das Mädchen Momo bekämpft die grauen Herren (Zeitdiebe) und gibt den Menschen die gestohlene Zeit zurück.
Joachim Fest Hitler Westberlin	Die analytische und sprachlich souveräne Hitler-Biographie wird 1977 unter dem Titel „Hitler – Eine Karriere" verfilmt.
Erica Jong Angst vorm Fliegen New York	Jongs erster, autobiographisch gefärbter Roman verblüfft durch seine aggressive Sprache und den unerschrockenen Umgang mit Klischees.
Thomas Pynchon Die Erben der Parabel New York	Mit seinem vielschichtigen Roman über die Grundprobleme des 20. Jh. gibt Pynchon seinen Interpreten viele Rätsel auf.
Alexander Solschenizyn Der Archipel GULAG Paris	Gestützt auf seine Lagererfahrung (1945–53) beschreibt Solschenizyn in drei Bänden das sowjetische KZ-System und die Leiden der Häftlinge.
Karin Struck Klassenliebe Frankfurt/M.	In ihrem autobiographischen Bericht schildert Struck ihre Herkunft und die Liebe zu einem Mann, der nicht ihrer Klasse angehört.

sus 1972 notwendig geworden. In zahlreichen Fächern kann das Studium nur noch bei Erfüllung gewisser Voraussetzungen (etwa Abitur-Durchschnittsnote) aufgenommen werden. Steigende Studentenzahlen lassen auch die freie Wahl des Studienorts nicht mehr in allen Fällen zu.
Laut ZVS-Verteilungsschlüssel erhalten 46% der Erstbewerber einen Studienplatz; hinzu kommen 31% nach Zahl der Wartesemester, 15% Härtefälle und 8% Ausländer. S 679/K 671

Enkel von Getty entführt
15.7. Rom. Der 19jährige Enkel des US-amerikanischen Milliardärs Paul Getty, Paul Getty III., wird während einer Urlaubsreise entführt. Am 27.7. melden sich die Täter bei der Familie und fordern ein Lösegeld von umgerechnet 10 Mio DM. Der Milliardär weigert sich jedoch, auf die Forderungen einzugehen. Am 11.12. drohen die Entführer erneut mit der Ermordung ihrer Geisel und schicken einer italienischen Tageszeitung die abgeschnittene Ohrmuschel von Paul Getty III. Daraufhin erklärt sich der Milliardär bereit, umgerechnet 6,8 Mio DM zu zahlen. Sein Enkel wird schließlich am 16.12. freigelassen. Bereits einen Monat später kann die Polizei drei der insgesamt zwölf Entführer in Lagonegro verhaften und einen Teil der Lösegeldsumme sicherstellen. Der Aufenthaltsort der anderen neun Entführer kann jedoch ebenso wie der Verbleib des restlichen Lösegeldes nicht festgestellt werden.
Paul Getty konnte bereits im Alter von 23 Jahren seine erste Million im Ölgeschäft verdienen. Er baute die von seinem Vater in Oklahoma gegründete Ölgesellschaft Getty Oil Co. zu einem weltumspannenden Imperium aus, das 13 000 Mitarbeiter beschäftigt. Bei seinem Tod 1976 wird sein Privatvermögen auf 20 Mrd DM geschätzt. S 285/K 295

Kultur

Sydney Opera fertiggestellt
Sydney. Das von dem dänischen Architekten Jörn Utzon im sog. plastischen Stil konzipierte Opernhaus wird nach 14jähriger Bauzeit fertiggestellt.
Die Konstruktion aus zehn ineinandergreifenden, bis zu 60 m hohen segel- und muschelförmigen Dachsegmenten ruht auf einer Plattform im Hafenbecken der Stadt. Das Gebäude gliedert sich in zwei Teile – während in der Plattform Betriebsräume, Garagen und eine Experimentalbühne untergebracht sind, wöl-

ben sich die paraboloiden Betonschalen über der Opernbühne, einem Konzertsaal und dem Foyer. Jörn Utzon, der von dem finnischen Architekten Alvar Aalto beeinflußt ist, entwirft 1983 auch das Parlamentsgebäude in Kuwait.

Ein Herz und eine Seele

Im Dritten Programm des WDR läuft die Anti-Familienserie „Ein Herz und eine Seele" von Wolfgang Menge. Die Sendung wird ein großer Erfolg und im folgenden Jahr von der ARD bundesweit ausgestrahlt. Die heitere Familienidylle, die Serien wie z. B. „Familie Schölermann" (↑S.492/29.9.1954) kennzeichnet, wird von Menge demontiert. Familienoberhaupt Alfred Tetzlaff (Heinz Schubert) bezeichnet Ehefrau Else (Elisabeth Wiedemann) mit Vorliebe als „dusselige Kuh" und wettert gegen „Sozis" und Ausländer. Auch Schwiegersohn Michael (Dieter Krebs) und Tochter Rita (Hildegard Krekel) werden von „Ekel" Alfreds rüden Attacken nicht verschont.
1993 strahlt die ARD Menges 13teilige Serie „Motzki" aus. Die Hauptfigur, der nörgelnde Westberliner Frührentner Motzki (Jürgen Holtz), ist wie Tetzlaff ein polternder Spießer. Als radikaler Gegner der deutschen Wiedervereinigung wettert Motzki voller Vorurteile gegen das „Zonenpack" aus dem Osten.

Sport

Trikotwerbung in Bundesliga

28.2. Braunschweig. Der Bundesligist Eintracht Braunschweig betreibt als erster deutscher Fußballverein Trikotwerbung. Anstelle des Löwenemblems tragen die Braunschweiger in der nächsten Saison das Hirsch-Logo des Kräuterschnapses „Jägermeister" auf ihrer Brust. Im Gegenzug erhält Eintracht Braunschweig 500 000 DM von dem Wolfenbüttler Spirituosenfabrikanten Günter Mast. Seit dem Start der Fußball-Bundesliga (↑S.576/24.8.1963) hat die Abhängigkeit der Clubs von Wirtschaftsunternehmen stetig zugenommen. Ohne finanzkräftige Sponsoren im Rücken sind die wachsenden Etats sowie die steigenden Gehälter und Ablösesummen nicht mehr aufzubringen. Der Protest des DFB gegen die Trikotwerbung bleibt ohne Erfolg. Wirtschaftliche Schwierigkeiten veranlassen Sportvereine auch, einen Teil ihres Namens einem Sponsor zur Verfügung zu stellen. So benennt sich der Leichtathletik-Club ASC Darmstadt nach Partnerschaft mit einem Kosmetikkonzern in ASC Wella um.

Sport 1973 K 674

Fußball	
Deutsche Meisterschaft	FC Bayern München
DFB-Pokal	Bor. Mönchengladbach – 1. FC Köln 2:1 n.V.
Englische Meisterschaft	FC Liverpool
Italienische Meisterschaft	Juventus Turin
Spanische Meisterschaft	Atletico Madrid
Europapokal (Landesmeister)	Ajax Amsterdam – Juventus Turin 1:0
Europapokal (Pokalsieger)	AC Mailand – Leeds United 1:0
UEFA-Pokal	FC Liverpool
Tennis	
Wimbledon (seit 1877; 87. Austragung)	Herren: Jan Kodes (TCH) Damen: Billie Jean King (USA)
US Open (seit 1881; 93. Austragung)	Herren: John Newcombe (AUS) Damen: Margaret Court (AUS)
French Open (seit 1925: 43. Austragung)	Herren: Ilie Nastase (RUM) Damen: Margaret Court (AUS)
Australian Open (seit 1905; 61. Austragung)	Herren: John Newcombe (AUS) Damen: Margaret Court (AUS)
Davis-Cup (Cleveland, USA)	Australien – USA 5:0
Eishockey	
Weltmeisterschaft	Sowjetunion
Stanley-Cup	Montreal Canadiens
Deutsche Meisterschaft	EV Füssen
Radsport	
Tour de France (4140 km)	Luis Ocana (ESP)
Giro d Italia (3796 km)	Eddy Merckx (BEL)
Straßen-Weltmeisterschaft	Felice Gimondi (ITA)
Automobilsport	
Formel-1-Weltmeisterschaft	Jackie Steward (GBR), Tyrell-Ford
Boxen	
Schwergewichts-Weltmeisterschaft	George Foreman (USA) – K. o. über José Roman (PUR), 1.9. – K. o. über Joe Frazier (USA), 22.1.
Herausragende Weltrekorde	
Disziplin	Athlet (Land)	Leistung
---	---	---
Leichtathletik, Männer		
800 m	Marcello Fiasconaro (RSA)	1:43,7 min
10 000 m	David Bedford (GBR)	27:30,8 min
3000 m Hindernis	Ben Jipcho (KEN)	8:14,0 min
Hochsprung	Dwight Stones (USA)	2,30 m
Speerwurf	Klaus Wolfermann (FRG)	94,08 m
Leichtathletik, Frauen		
Kugelstoß	Nadeschda Tschischowa (URS)	21,45 m
Schwimmen, Männer		
400 m Freistil	Rick Demont (USA)	3:58,18 min
200 m Rücken	Roland Matthes (GDR)	2:01,87 min
Schwimmen, Frauen		
100 m Rücken	Ulrike Richter (GDR)	1:04,99 min

1974

Politik

Ende der White-Australian-Politik
18.2. Canberra/Manila. Anläßlich eines Besuchs in der philippinischen Hauptstadt Manila verkündet der australische Premierminister Gough Whitlam die Aufhebung der sog. White-Australian-Politik. In Zukunft sind auch Asiaten zur Einwanderung berechtigt.
Ab 1929 war Australien von der Weltwirtschaftskrise erfaßt worden. Das Gefühl wachsender Bedrohung durch das übervölkerte Japan führte zum Emigrationsstopp für Asiaten und zum Bemühen um europäische Einwanderung. Mit der Aufhebung der restriktiven Einwanderungspolitik will die australische Regierung die Beziehung zu den Philippinen verbessern und sich von Apartheid und Rassismus distanzieren. S 19/K 10

Neue Verfassung in Schweden
27.2. Stockholm. Mit 321 von 362 Stimmen verabschiedet der schwedische Reichstag eine Verfassungsreform. Schweden wird zu einer konstitutionellen Erbmonarchie. Die Exekutive liegt künftig bei der dem Parlament verantwortlichen Regierung, wobei der Ministerpräsident verfassungsrechtlich eine starke Stellung einnimmt.
Schwedens bisherige Verfassung stammte aus dem Jahr 1809 und zählte zu den ältesten noch gültigen Europas. Wenn die neue Verfassung am 1.1.1975 in Kraft tritt, bleibt Schwedens Monarch Karl XVI. Gustav (seit 15.9.1973) nach wie vor Staatsoberhaupt. Allerdings wird seine Funktion auf zeremonielle und repräsentative Aufgaben beschränkt. So liegt z. B. zukünftig die Ernennung des Regierungschefs in der Hand des Reichstagspräsidenten. S 633/K 632
A. v. Godolin: Schweden. Geschichte und Landschaften, 1973. B. Henningsen: Der Wohlfahrtsstaat Schweden, 1986. E. Gläßer (Hg.): Nordeuropa, 1994.

Wichtige Regierungswechsel 1974 — K 675

Land	Amtsinhaber	Bedeutung
Äthiopien	Haile Selassie I. (Kaiser seit 1930) Teferi Benti (P bis 1977)	Militärputsch (12.9.) führt zur Abschaffung der Monarchie; Äthiopien wird sozialistische Republik (20.12.)
BRD	Gustav Heinemann (SPD, P seit 1969) Walter Scheel (FDP, P bis 1979)	Scheel, 1969–74 Außenminister, setzt sich mit 530 gegen 498 Stimmen gegen Richard von Weizsäcker (CDU) durch (S.684)
	Willy Brandt (SPD, B seit 1969) Helmut Schmidt (SPD, B bis 1982)	Rücktritt Brandts (6.5.) wegen Spionageaffäre um seinen Referenten Guillaume; Schmidt war seit 1972 Finanzminister (S.683)
Frankreich	Georges Pompidou (P seit 1969) Valéry Giscard d'Estaing (P bis 1981)	Tod von Pompidou (2.4.); Giscard gewinnt Wahl (50,7% der Stimmen) gegen den Sozialisten François Mitterrand
	Pierre Messmer (M seit 1972) Jacques Chirac (M bis 1976)	Rücktritt von Messmer (27.4.), weil er politischen Machtverlust der Gaullisten nicht verhindern konnte
Griechenland	Phädon Gisikis (P seit 1973) Michael Stasinopoulos (P bis 1975)	Militär übergibt nach gescheitertem Putschversuch auf Zypern Macht an Zivilisten (23.7.); Ende der 7jährigen Diktatur
	Adamantios Andrutsopoulos (M seit 1973) Konstantinos Karamanlis (M bis 1980)	Karamanlis kehrt aus dem Exil zurück und läßt politische Parteien wieder zu; Anklage gegen Ex-Präsident Papadopulos
Großbritannien	Edward Heath (Konserv., M seit 1970) Harold Wilson (Labour, M bis 1976)	Heath tritt nach erfolglosen Koalitionsverhandlungen mit Liberalen zurück (4.3.); Wilson bildet Minderheitskabinett
Israel	Golda Meir (M seit 1969) Yitzhak Rabin (M bis 1977)	Rücktritt von Meir (10.4.) nach innenpolitischer Diskussion über Schuld am Ausbruch des Jom-Kippur-Kriegs (1973)
Japan	Kakuei Tanaka (M seit 1972) Takeo Miki (M bis 1976)	Tanaka tritt nach Korruptionsvorwurf (Lockheed-Skandal) als Regierungs- und Parteichef der Liberaldemokraten zurück (26.11.)
Niger	Hamani Diori (P seit 1960) Seyni Kountché (P bis 1987)	Militär stürzt Zivilregierung (15.4.), die seit Unabhängigkeit des Landes im Amt war; ab 1975 Regierung mit Zivilisten
Österreich	Franz Jonas (SPÖ, P seit 1965) Rudolf Kirchschläger (Parteilos, P bis 1986)	Tod von Jonas (24.4.); bisheriger Außenminister Kirchschläger gewinnt Wahl (51,7%) der Stimmen gegen Alois Lugger (ÖVP)
Portugal	José dos Neves Alves Caetano (M seit 1968) Adelino da Palma Carlos (M 15.5.–30.9.) Francisco da Costa Gomes (M bis 1975)	Militärputsch („Nelkenrevolution") unter Führung von General Spinola beendet 41jährige Diktatur; Portugal wird Demokratie; Ende der portugiesischen Kolonialherrschaft (S.683)
USA	Richard M. Nixon (Republ., P seit 1969) Gerald R. Ford (Republ., P bis 1977)	Nixon tritt wegen Verwicklung in die Watergate-Affäre zurück (8.8.); erster Präsidentenrücktritt in der US-Geschichte

B = Bundeskanzler; M = Ministerpräsident bzw. Premierminister; P = Präsident

Guillaume-Affäre stürzt Brandt

24.4. Bonn. Günter Guillaume, Mitarbeiter im Bundeskanzleramt und persönlicher Referent von Bundeskanzler Willy Brandt (SPD), wird wegen des dringenden Verdachts der Spionage für die DDR verhaftet. Seine Ehefrau Christel, Verwaltungsangestellte beim Bevollmächtigten des Landes Hessen in Bonn, wird ebenfalls wegen Spionageverdachts festgenommen.

1956 war Guillaume als angeblicher Flüchtling in die Bundesrepublik eingeschleust worden. Er wurde SPD-Mitglied und arbeitete ab 1970 in der Abteilung Wirtschaftspolitik des Kanzleramts, ab 1972 war er Kanzlerreferent für „Angelegenheiten der Parteien und Verbände".

Bundeskanzler Willy Brandt übernimmt die politische Verantwortung für die Agentenaffäre und erklärt am 6.5. seinen Rücktritt (↑S.685/16.5.). S 684/K 676

W. Brandt: Erinnerungen, 1989. G. Guillaume: Die Aussage. Wie es wirklich war, 1990.

„Nelkenrevolution" in Portugal KAR

25.4. Lissabon. In einem nahezu unblutigen Putsch stürzt die Oppositionsgruppe „Bewegung der Streitkräfte" die Regierung des Ministerpräsidenten Marcello Caetano. Der ehemalige stellvertretende Generalstabschef Antonio de Spínola tritt an die Spitze der revolutionären Junta. Mit dem Staatsstreich wird die Parteidiktatur aufgehoben, die von Caetanos Vorgänger Oliveira Salazar begründet worden war (↑S.280/5.7.1932).

Die „Nelkenrevolution" beendet nicht nur die 41 Jahre währende Diktatur, sie bedeutet auch eine Kehrtwende in der Kolonialpolitik. Als letzte europäische Kolonialmacht hatte sich Portugal um den Erhalt seiner überseeischen Besitzungen bemüht. Am 10.9. entläßt Lissabon Guinea-Bissau, bislang Portugiesisch-Guinea, als erste Kolonie in die Unabhängigkeit. Angola und Mosambik (Moçambique) folgen. Auf Grundlage einer neuen Verfassung wird Portugal 1976 Republik, 1986 wird es Mitglied der EG. S 86/K 89

Zwei deutsche Vertretungen

2.5. Bonn/Ostberlin. Trotz der Abkühlung des innerdeutschen Verhältnisses wegen der Guillaume-Affäre (↑S.683/24.4.) werden in Bonn und Ostberlin die jeweiligen Ständigen Vertretungen beider deutscher Staaten eröffnet.

Am 14.3. hatten nach sechsmonatigen Verhandlungen der Staatssekretär im Bundeskanzleramt Günter Gaus und der stellvertretende DDR-Außenminister Kurt Nier das Protokoll zur Errichtung der Ständigen Vertretungen unterzeichnet. Ihre Einrichtung war im Grundlagenvertrag (↑S.664/21.12. 1972) vereinbart worden.

Portugiesische Kolonien in Afrika 1974

Günter Guillaume (r.), Mitarbeiter von Bundeskanzler Willy Brandt wird als DDR-Spion enttarnt.

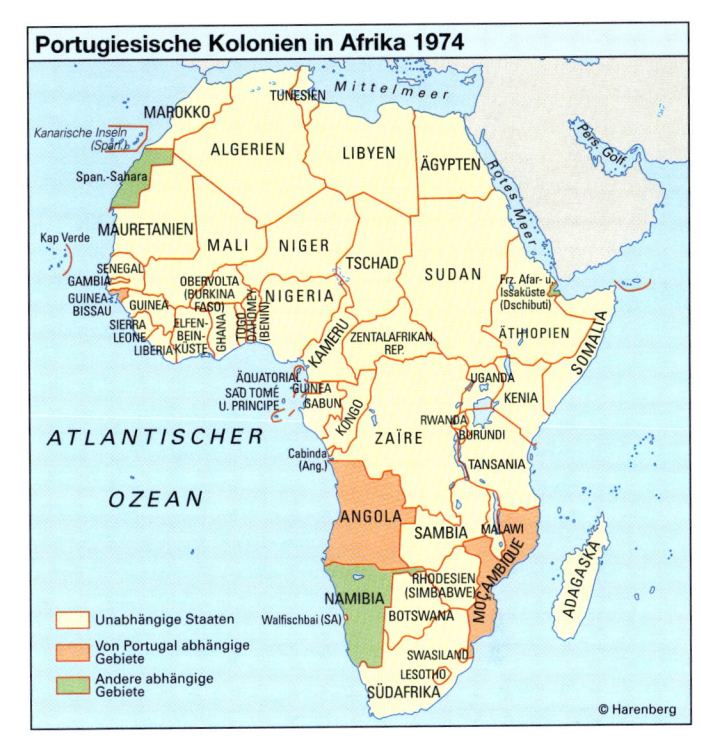

1974

Walter Scheel

Die offizielle Arbeit von Günter Gaus und Michael Kohl als Leiter der Vertretungen beginnt am 20.6. Sie sollen die Beziehungen beider deutscher Staaten auf politischem, wirtschaftlichem und kulturellem Gebiet fördern.

Scheel wird Bundespräsident
15.5. Bonn. Walter Scheel (FDP) wird bereits im ersten Wahlgang mit 530 von 1033 abgegebenen Stimmen der Bundesversammlung zum Bundespräsidenten gewählt. Sein Gegenkandidat, der CDU-Fraktionsvorsitzende Richard von Weizsäcker (↑S.768/23.5.1984), erhält 498 Stimmen.

Der gelernte Bankkaufmann Scheel wurde 1953 in den Bundestag gewählt und bekleidete unter Konrad Adenauer (CDU) ab 1961 das Amt des Ministers für wirtschaftliche Zusammenarbeit. 1969 übernahm er als Nachfolger von Erich Mende den Parteivorsitz und führte im selben Jahr die FDP in die Regierungskoalition mit der SPD.
Der ehemalige Außenminister und Vize-Kanzler unter Willy Brandt (SPD) war einer der Hauptverfechter der neuen Ostpolitik, die die einseitige Fixierung der BRD auf den Westen ablöste. Am 1.7. wird Scheel als vierter Präsident der Republik vereidigt.

Aufsehenerregende Polit-Skandale im 20. Jahrhundert   K 676

Jahr	Ereignis (Land)	Inhalt
1906	Eulenburg-Affäre (Deutschland)	Der Publizist Maximilian Harden wirft Philipp Fürst zu Eulenburg (enger Vertrauter von Kaiser Wilhelm II.) Homosexualität und Meineid vor; Eulenburg wird verbannt (S.61)
1961	Globke-Affäre (BRD)	Staatsanwaltschaft weist Vorwürfe zurück, daß Adenauers Staatssekretär Hans Globke Kontakte mit SS-Oberstumbannführer Adolf Eichmann hatte; Globke war 1932–42 im Reichsinnenministerium tätig und verfaßte den Kommentar zu den „Nürnberger Rassengesetzen"
1962	Spiegel-Affäre (BRD)	Verhaftung führender Journalisten des „Spiegel": Magazin soll Veröffentlichungen von Militärgeheimnissen enthalten; Bundesanwaltschaft wirft Landesverrat und Bestechung von Offizieren vor; Verteidigungsminister Franz Josef Strauß als Drahtzieher vermutet (S.559)
1963	Profumo-Skandal (Großbritannien)	Rücktritt von Heeresminister John Profumo nach Bekanntwerden seiner Affäre mit einem Callgirl, das auch Beziehungen zum sowjetischen Geheimdienst KGB besaß (S.568)
1974	Watergate-Affäre (USA)	Mitglieder des „Komitees für die Wiederwahl des Präsidenten" werden nach ihrem Einbruch in das Hauptquartier der Demokraten (1972) überführt; der belastete Präsident Nixon tritt zurück (S.686)
1974	Guillaume-Affäre (BRD)	Bundeskanzler Willy Brandt (SPD) tritt zurück, nachdem sein persönlicher Referent und Mitarbeiter im Bundeskanzleramt, Günter Guillaume, als DDR-Spion verhaftet wird (S.683)
1976	Lockheed-Affäre (Niederlande)	Prinz Bernhard tritt zurück; er soll vom Luft- und Raumfahrtunternehmen Lockheed eine Spende erbeten und dafür den Kauf von Flugzeugen in Aussicht gestellt haben (S.705)
1978	Filbinger-Affäre (BRD)	Baden-Württembergs Ministerpräsident Hans Filbinger tritt wegen seiner angeblichen Mitbeteiligung an NS-Verbrechen zurück; er soll als Marinerichter Soldaten zum Tode verurteilt haben
1981	Parteispendenaffäre (BRD)	Ermittlungsverfahren gegen zahlreiche Bundestagsabgeordnete und Minister; der Flick-Konzern soll mit Hilfe von Spendengeldern Einfluß auf politische Entscheidungen genommen haben (S.764)
1981	„P-2"-Affäre (Italien)	Christdemokratischer Ministerpräsident Forlani tritt wegen Mitgliedschaft dreier Minister in illegaler Freimaurerloge zurück; „P-2"-Mitglieder werden der Korruption und Erpressung verdächtigt
1983	Kießling-Affäre (BRD)	Bundeswehrgeneral Günter Kießling wird der Homosexualität verdächtigt und als „Sicherheitsrisiko" vorzeitig in den Ruhestand versetzt; 1984 wird Kießling rehabilitiert (S.768/5.1.1984)
1985	Greenpeace-Affäre (Frankreich)	Rücktritt von Verteidigungsminister Hérnu wegen Sabotageakt des französischen Geheimdienstes gegen Greenpeace-Schiff, das am Mururoa-Atoll gegen Atombombentests protestieren wollte
1986	Iran-Contra-Affäre (USA/Iran)	Vermutlich mit Wissen von Präsident Reagan exportieren die USA illegal Waffen in den Iran zum Freikauf von US-Geiseln; der Erlös kommt den Contras in Nicaragua zu
1986	Waldheim-Affäre (Österreich)	Der ehemalige UNO-Generalsekretär und spätere Bundespräsident, Kurt Waldheim, wird der Mitwisser- und -täterschaft bei NS-Kriegsverbrechen bezichtigt; internationale Historikerkommission findet jedoch keine Beweise; USA verhängen Einreiseverbot für Waldheim
1987	Barschel-Affäre (BRD)	Enthüllungen im „Spiegel" über Bespitzelung des SPD-Kandidaten Engholm führen zum Rücktritt des schleswig-holsteinischen Ministerpräsidenten Barschel (CDU); Barschel begeht Selbstmord; wegen Falschaussage vor Barschel-Untersuchungsausschuß legt Engholm 1993 seine politischen Ämter nieder
1989	Recruit-Skandal (Japan)	Ministerpräsident Takeshita gibt Annahme von Bestechungsgeldern des Elektronikunternehmens Recruit zu; weitere Mitglieder der regierenden Liberaldemokraten sind ebenfalls verwickelt
1995	Agusta-Affäre (Belgien)	Bestechung (Parteispenden) belgischer Politiker durch italienischen Rüstungskonzern Agusta 1988; Rücktritt von Spitzenpolitikern, z. B. NATO-Generalsekretär Willy Claes (Wirtschaftsminister 1972–92)
1996	Dutroux-Affäre (Belgien)	Verschleppung strafrechtlicher Ermittlungen gegen Kinderschänder und -mörder Dutroux; Unterwanderung der belgischen Justiz und Politik (wallonische Sozialisten) durch organisiertes Verbrechen

1974

📖 I. Winter: Unsere Bundespräsidenten. Von Theodor Heuss bis Richard von Weizsäcker, Sechs Porträts, 2. Aufl. 1988.

Schmidt übernimmt Kanzleramt

16.5. Bonn. Der Bundestag wählt Helmut Schmidt (SPD) zum Bundeskanzler. Er wird Nachfolger von Willy Brandt, der wegen der Guillaume-Affäre (↑S.683/24.4.) zurückgetreten ist. Schmidt war 1967–69 SPD-Fraktionsvorsitzender und 1969–72 Verteidigungsminister. Als Karl Schiller (SPD) wegen des Scheiterns seines Sparkonzepts 1972 zurücktrat, rückte der Wirtschaftsexperte in dessen Position als Wirtschafts- und Finanzminister auf und behielt nach dem Sieg der SPD/FDP-Koalition bei vorgezogenen Neuwahlen 1972 das Finanzressort (↑S.662/27.4.1972). Schmidt, der als Pragmatiker gilt und häufig gegen den linken Flügel der SPD Stellung bezog, stellt seine Regierungserklärung unter das Motto „Kontinuität und Konzentration" und führt die Entspannungspolitik des sozialliberalen Bündnisses fort. Am 1.10.1982 (↑S.755) wird er nach einem Mißtrauensantrag von Helmut Kohl (CDU) abgelöst.

📖 W. Jäger/W. Link: Republik im Wandel Tl. 2. 1974–1982, 1987.

Militärputsch auf Zypern

15.7. Nikosia/Zypern. In Absprache mit der griechischen Militärjunta putscht die von griechischen Offizieren kommandierte Nationalgarde Zyperns, Staatspräsident Erzbischof Makarios III. flieht ins Ausland. Die Spannungen zwischen Athen und Nikosia waren 1972 ausgebrochen, als der damalige griechische Staatspräsident Papadopulos die Aufnahme des Generals Griwas in die zyprische Regierung forderte.
Unter dem Eindruck eines drohenden Anschlusses an Griechenland landen am 20.7. türkische Truppen auf der Insel, um unter Berufung auf das Zypernabkommen von 1960 – es sieht ausdrücklich ein Zusammengehen mit Griechenland – den türkischen Bevölkerungsanteil zu schützen. Durch das Eingreifen der Türkei scheitert der Versuch, den Anschluß Zyperns an Griechenland zu erzwingen. Erzbischof Makarios III. kehrt im Dezember zurück und übernimmt wieder die Amtsgeschäfte.
Im türkisch besetzten Gebiet wird am 13.2.1975 der „Türkische Föderationsstaat von Zypern" proklamiert, zu dessen Präsidenten Rauf Denktasch gewählt wird. Die Insel ist geteilt.

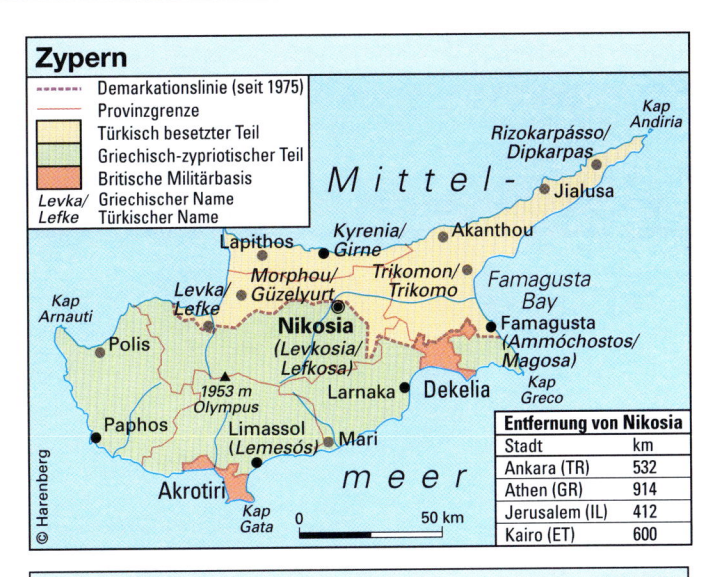

Zypern

- ----- Demarkationslinie (seit 1975)
- —— Provinzgrenze
- Türkisch besetzter Teil
- Griechisch-zypriotischer Teil
- Britische Militärbasis

Levka/Lefke — Griechischer Name / Türkischer Name

Entfernung von Nikosia	
Stadt	km
Ankara (TR)	532
Athen (GR)	914
Jerusalem (IL)	412
Kairo (ET)	600

Chronik Zyperns — K 677

Jahr	Ereignis
1570	Eroberung der Insel durch die Türken; Gründung von Militärsiedlungen auf dem Eiland im Mittelmeer
1878	Berliner Kongreß: Großbritannien übernimmt Verwaltung des Landes von der Türkei, die weiterhin Oberhoheit über Zypern behält
1914	Britische Annexion Zyperns nach türkischem Kriegseintritt
1923	Im Vertrag von Lausanne erkennt die Türkei die Annexion an (S.199)
1925	Zypern wird britische Kronkolonie
1950	Griechisch-orthodoxe Kirche organisiert Abstimmung über Anschluß (Enosis-Bewegung) an Griechenland: Fast 96% der zypriotischen Bevölkerung stimmen dafür
1959	Vertrag zwischen Griechenland, Großbritannien und der Türkei sieht Unabhängigkeit des Landes für 1960 vor
1960	Erzbischof Makarios III. proklamiert nach seiner Wahl zum Ministerpräsidenten die Unabhängigkeit von Großbritannien (S.530/1.3.1959)
1963	Makarios setzt Sonderrechte der türkischen Bevölkerung außer Kraft; Beginn des Bürgerkriegs zwischen Griechen und Türken
1964	Entsendung von UNO-Friedenstruppen nach Zypern
1967	Türkische Zyprioten gründen „Provisorische türkisch-zypriotische Verwaltung" (gegen griechisch-zypriotische Nationalgarde)
1974	Militärputsch der Nationalgarde mit Hilfe der griechischen Militärjunta gegen Erzbischof Makarios; türkische Truppen besetzen 40% der Insel, um Anschluß an Griechenland zu verhindern (S.685)
1975	Türkisch besetzter Nordteil der Insel proklamiert „Türkischen Föderationsstaat von Zypern" unter Präsident Rauf Denktasch
1978	UNO-Resolution fordert Rückzug der türkischen Truppen
1985	Proklamation der „Türkischen Republik Nordzypern"; Verfassung läßt Umwandlung Zyperns in Bundesstaat offen; der Staat wird nur von der Türkei diplomatisch anerkannt
1994	UNO-Resolution 939: ungeteilte Souveränität und Staatsangehörigkeit, keine Vereinigung eines Inselteils mit einem anderen Staat
	Verhandlungen zwischen konservativer Regierung unter Glafkos Klerides und türkisch-zypriotischer Führung scheitern
	Europäischer Gerichtshof untersagt EU-Handel mit Inselnorden
1996	Gewaltsame Zusammenstöße zwischen griechisch-zypriotischen Nationalisten und türkischer Armee an der Demarkationslinie

1974

Watergate-Affäre: Die Redakteure der „Washington–Post", Carl Bernstein (l.) und Robert Woodward, liefern durch ihre Recherchen Beweise für eine Verbindung von US–Präsident Richard Nixon zu einem Einbruch in das Wahlkampfhauptquartier der Demokraten.

Griechische Militärjunta am Ende

23.7. Athen. Die griechische Militärregierung unter Staatspräsident Phädon Gisikis überträgt die Regierungsgewalt an den früheren Ministerpräsidenten Konstantin Karamanlis, der aus seinem elf Jahre dauernden Pariser Exil zurückberufen wird.
Ursache für das Ende der siebenjährigen Diktatur ist der Mitte des Monats fehlgeschlagene Versuch Griechenlands, den Anschluß Zyperns zu erzwingen. Der Staatsstreich scheiterte durch das Eingreifen der Türkei und endete mit der diplomatischen Isolierung Griechenlands. Bis Ende 1974 normalisiert sich das politische Leben in Griechenland u. a. durch Bildung von Parteien und die ersten Wahlen seit zehn Jahren, die für die Partei von Karamanlis die Zwei-Drittel-Mehrheit erbringen. In einer Volksbefragung im Dezember wird die Republik als Staatsform gewählt. S 401/K 400

Watergate-Affäre stürzt Nixon

8.8. Washington. Der Republikaner Richard M. Nixon, 37. Präsident der USA, erklärt seinen Rücktritt. Vizepräsident Gerald R. Ford wird einen Tag später als neues Staatsoberhaupt vereidigt.
Grund für Nixons Rücktritt ist ein ihm drohendes Amtsenthebungsverfahren. Im Sommer 1972 war im Washingtoner Watergate-Hotel, dem Wahlkampfquartier der Demokraten, eingebrochen worden. Die Verbindung zwischen den Einbrechern und dem „Komitee zur Wiederwahl des Präsidenten" führten zu einer erheblichen Belastung engster Mitarbeiter Nixons und schließlich des Präsidenten selbst. Nach den Ermittlungsresultaten eines Senatsausschusses leitete der Kongreß ein Amtsenthebungsverfahren ein. Die erdrückenden Beweise (u. a. Tonbandprotokolle) führten dazu, daß Nixon am 6.8. seine Mitschuld eingestand. Gerald R. Ford gewährt Nixon nach seiner Vereidigung am 9.8. die Begnadigung; hohen Funktionären der Nixon-Administration wird der Prozeß gemacht. S 684/K 676 S 789/K 769

B. Woodward/C. Bernstein: Ein amerikanischer Alptraum. Die letzten Tage der Ära Nixon, 1988.

Kaiser Haile Selassie I. gestürzt

12.9. Addis Abeba. Der äthiopische Kaiser Haile Selassie I. wird nach 44jähriger Herrschaft vom Militär abgesetzt. Ein Koordinierungsausschuß der Streitkräfte setzt eine Militärregierung ein.
Haile Selassie zentralisierte in seiner langen Amtszeit, die nur durch die italienische Okkupation 1936–41 unterbrochen wurde, die Verwaltung, reformierte das Rechts- und Bildungswesen. Ende 1955 gab er Äthiopien eine neue Verfassung, die trotz des Inkrafttretens eines parlamentarischen Systems die politische Macht des Kaisers nicht wesentlich beschränkte.
Wirtschaftskrisen, Hungersnöte und eine korrupte Verwaltung verursachten seit Anfang dieses Jahres im ganzen Land Unruhen und Streiks, die zur Absetzung des Mon-

Malta im 20. Jahrhundert		K 679
Jahr	**Ereignis**	
1921	Großbritannien gewährt Malta (seit 1813 Kronkolonie) nach langjährigem Konflikt beschränkte Autonomie	
1936	Malta wird erneut britische Kronkolonie	
1947	Malta erhält inneres Selbstverwaltungs- und Regierungsrecht; Großbritannien baut die Insel zum Flottenstützpunkt aus	
1964	Verfassungsreferendum (5.5.): Malta wird konstitutionelle Monarchie im British Commonwealth, die katholische Kirche Staatskirche	
1964	Malta wird unabhängig (21.9.); Großbritannien behält militärische Stützpunkte; Gegenleistung: finanzieller Ausgleich	
1970	Malta unterzeichnet ein Assoziierungsabkommen mit der EG (5.12.)	
1972	Neuregelung der britischen Truppenstationierung: Finanzhilfen auch von der NATO; Gegenleistung: keine Kooperation mit dem östlichen Militärbündnis Warschauer Pakt	
1974	Verfassungsänderung: Malta wird Republik (S.687/13.12.)	
1979	Britische und NATO-Truppen verlassen die Insel (31.3.)	
1983	Per Gesetz werden alle Kirchengüter enteignet (29.6.)	
1987	Malta verankert Neutralität und Blockfreiheit in der Verfassung	
1990	Antrag auf Mitgliedschaft in der EG	
1993	EU befürwortet eine Mitgliedschaft Maltas	
1996	Sozialistische Labour-Partei siegt bei Parlamentswahlen (27.10.); sie lehnt EU-Beitritt ab und beabsichtigt Ausstieg aus NATO-Programm „Partnerschaft für den Frieden"	

Äthiopien im 20. Jahrhundert K 678

Jahr	Ereignis
1906	Großbritannien, Frankreich und Italien geben eine Garantieerklärung für die Unabhängigkeit Äthiopiens ab (4.7.)
1916	Tod von Kaiser Menilek II., der die Grundlagen des modernen äthiopischen Staats schuf; Nachfolgerin: seine Tochter Zauditu
1930	Ras Täfäri Mäkwännen wird als Haile Selassie I. zum Negus Negesti (König der Könige) gekrönt (2.4.)
1935	Italienische Truppen besetzen das Land (S.311/3.10.)
1936	Äthiopien, Eritrea und Italienisch-Somaliland werden zur Großkolonie Italienisch-Ostafrika vereinigt
1941	Großbritannien erobert die italienischen Afrikakolonien; am 31.1.1942 erhält Äthiopien die Unabhängigkeit zurück
1952	Die britische Regierung tritt Eritrea an Äthiopien ab (Föderation), zwei Jahre später auch den Ogaden
1962	Völkerrechtswidrige Annexion Eritreas zur 14. Provinz Äthiopiens; Beginn des bewaffneten Unabhängigkeitskampfes
1964	Grenzkonflikt zwischen Äthiopien und Somalia um Ogaden
1974	Absetzung von Kaiser Haile Selassie (12.9.); Teferi Benti wird Vorsitzender einer provisorischen Militärregierung; neuer „starker Mann" ist Mengistu Haile Mariam (S.686)
1975	Nach der sog. Februar-Offensive von ELF (Eritrean Liberation Front) und PLF (Popular Liberation Front) gegen die äthiopische Vorherrschaft wird über Eritrea der Ausnahmezustand verhängt
1976	Neue Verfassung. Äthiopien wird „Demokratische Volksrepublik"
1977	Nach Richtungskämpfen innerhalb der Militärregierung wird Teferi Benti hingerichtet; Mengistu übernimmt den Vorsitz im provisorischen Militär-Verwaltungsrat
1978	Rückzug der somalischen Truppen aus Ogaden
1981	Zusammenschluß der eritreischen Separatistengruppen
1991	Sturz des Militärregimes unter Mengistu durch Revolutionäre Demokratische Volksfront (EPRDF); Übergangspräsident wird Meles Zenawi; äthiopischen Truppen ziehen sich aus Eritrea zurück (S.845)
1993	Fast 100% der Bevölkerung Eritreas stimmen für die Unabhängigkeit
1994	Sieg der EPRDF bei der Wahl zur verfassunggebenden Versammlung; Boykott durch Opposition wegen Behinderung durch EPRDF; Äthiopien wird Bundesstaat (neun Staaten mit Sezessionsrecht)
1995	Erste freie Parlamentswahl: EPRDF gewinnt 90% der Stimmen; erneut Wahlboykott der Opposition; Zenawi Ministerpräsident

Kaiser Haile Selassie I. (1892–1975) verbot 1924 die Sklaverei und veranlaßte 1942 eine große Landreform. Nach 1960 verhinderte er die dringend notwendige Modernisierung Äthiopiens.

archen führten. Am 20.12. wird Äthiopien zu einem sozialistischen Staat proklamiert und 1975 die Monarchie abgeschafft (↑S.845/ 28.5.1991).

Malta unabhängig

13.12. Valletta. Die Mittelmeerinsel Malta wird unabhängige parlamentarische Republik. Das Parlament verabschiedet drei verfassungsändernde Gesetze, durch die u. a. die Monarchie abgeschafft wird.
Die maltesische Nationalversammlung hatte sich 1802 Großbritannien unterstellt, um die Rückgabe der Insel an den Johanniterorden zu verhindern. 1814 wurde Malta britische Kronkolonie und Flottenstützpunkt. Erst die Verfassung von 1947 sicherte Malta die volle Autonomie. Nach gescheiterten Versuchen in den 50er Jahren wurde der Inselstaat 1964 unabhängiges Mitglied des British Commonwealth of Nations.'
Durch die auf Wahrung der maltesischen Unabhängigkeit bedachte Neutralitätspolitik im geografischen Spannungsfeld zwischen Europa und dessen ehemaligen Kolonien in Nordafrika (Entfernung: rd. 290 km) ergeben sich in der Folgezeit Konflikte mit Großbritannien: Das Parlament weigert sich, den Pachtvertrag der britischen Militärstützpunkte zu verlängern. 1979 zieht Großbritannien seine Truppen von Malta ab. S 686/K 679

Wirtschaft

Herstatt-Pleite

26.6. Köln/Frankfurt. Das renommierte private Kölner Bankhaus Iwan D. Herstatt muß schließen. Das Bundesaufsichtsamt für Kreditwesen in Berlin entzieht dem Institut die Erlaubnis zur Fortführung des Bankgeschäfts. Begründet wird dieser Schritt mit den hohen Verlusten im Devisenterminhandel. Wie die Ermittlungen der Kölner Staatsanwaltschaft ergeben, haben darüber hinaus betrügerische Aktivitäten leitender Angestellter maßgeblich zur größten deutschen Bankenpleite seit der Weltwirtschaftskrise 1929 beigetragen: Die tatsächliche Schuldensumme der zweitgrößten deutschen Privatbank übersteigt mit

1,2 Mrd DM bei weitem die in den Büchern ausgewiesenen 480 Mio DM.
Der Vertrauensschwund der Sparer in private Kreditinstitute zieht weitere Bankhäuser in Mitleidenschaft: Im August müssen Bass & Herz sowie die Wolff KG Konkurs anmelden.

Iran übernimmt 25% von Krupp
17.7. Essen/Teheran. Der Iran beteiligt sich an der Bochumer Tochter-Gesellschaft Krupp-Hüttenwerke AG und übernimmt 25,04% des Grundkapitals. Nach einer Vereinbarung zwischen der persischen Regierung und der Krupp GmbH in Essen wird Krupp dem Iran technologisches Know-how vermitteln. Aufsichtsratsvorsitzender Berthold Beitz und Schah Mohammed Resa Pahlawi hatten 1973 mit den Verhandlungen begonnen. Für die iranische Beteiligung war das Einverständnis aller Aktionäre notwendig. Wirtschaftsexperten und Politiker aller Parteien begrüßen den Vertrag zwischen Krupp und dem Iran, da dadurch einerseits Perspektiven für Auslandsinvestitionen eröffnet würden, andererseits Kapital in die Bundesrepublik geholt werde. Am 16.2.1975 beteiligt sich der Iran mit 13% an der Fluggesellschaft PanAm World Airways sowie mit 51% an der PanAm-Tochter Inter-Continental Hotels.

Natur/Umwelt

Umweltschutzgesetz verabschiedet
18.1. Bonn. Mit den Stimmen aller Parteien verabschiedet der Bundestag ein Bundesimmissionsschutzgesetz. Das Gesetz ermöglicht umweltschützende Auflagen für Industrie- und Gewerbebetriebe, Heizwerke und Müllverbrennungsanlagen sowie für Baumaschinen, Fahrzeuge und sogar Rasenmäher. In Smogsituationen können die Länder künftig in gefährdeten Gebieten den Autoverkehr beschränken oder verbieten.
Das Gesetz verschärft die Strafen für vorsätzliche Umweltsünder und sieht in schweren Fällen Freiheitsstrafen bis zu zehn Jahren vor. Bußgelder für Ordnungswidrigkeiten können bis zu 100 000 DM betragen.
Bundesinnenminister Hans-Dietrich Genscher (FDP) hebt den vorbeugenden Charakter des Gesetzes hervor.
📖 K.-G. Krieg: Umweltpolitik in Deutschland. Kurze Geschichte des Umweltschutzes in Deutschland seit 1900, 1982.

Meeresverschmutzung in verschiedenen Gebieten der Erde — K 680

Art der Verschmutzung	Ostsee	Nordsee	Mittelmeer	Persischer Golf	Westafrikan. Region	Südafrikan. Region	Indischer Ozean	Südostasiat. Gebiete	Japan. Küstengewässer	Nordamerikanische Gebiete	Karibisches Meer	Südwestatlantik	Südostpazifik	Australische Gebiete	Neuseeländ. Küstengebiete
Abwassereinleitung	•	•	•	•	•	•	•	•	•	•	•	•	•	•	•
Erdöl (Transport und Förderung)	•	•	•	•	•	•	•	•	•	•	•				
Petrochemische Industrie			•	•					•	•	•				
Bergbau				•				•		•			•	•	
Radioaktive Abfälle	•			•		•									
Lebensmittel-/Getränkeverarbeitung	•			•		•									
Metallindustrie			•	•					•	•					
Chemische Industrie	•			•				•		•					
Papierherstellung	•				•								•	•	•
Landwirtschaftliche Abwässer			•		•		•	•		•					
Verschlammung (Küstenentwicklung)					•	•				•					
Seesalz-Gewinnung															
Thermische Abwässer					•	•				•	•	•			
Deponien (Abwasserschlamm, Ausbaggerungen)				•						•	•				

1974

Abkommen schützt Ostsee

22.3. Helsinki/Finnland. Die sieben Anrainerstaaten der Ostsee, des am stärksten verschmutzten Meeres der Welt, unterzeichnen ein Abkommen zum Schutz der Meeresumwelt. Die Staaten stehen einer schwierigen Aufgabe gegenüber. Nach vorsichtigen Schätzungen sind bereits 10% des Ostseebodens verödet. Gifte wie DDT zerstören die Meeresfauna; in Abwässern vorhandene organische Substanzen führen zu einer Blaualgenbildung und damit zu Sauerstoffverlusten, Ölrückstände verpesten die Strände.
Vom 19. bis 23.2. hatten zwölf Mittelmeer-Anrainerstaaten auf einer Umweltschutzkonferenz in Rom über Möglichkeiten beraten, das gefährdete Leben im Meer zu erhalten. Der unverantwortliche Umgang der Industriegesellschaften mit der Natur wird in zunehmendem Maße Gegenstand der öffentlichen Diskussion. Am 8.11. verabschiedet der EG-Ministerrat eine Vorschrift, derzufolge das Einleiten von Altöl in fließende Gewässer und ins Grundwasser verboten wird. S 688/K 680

Warnsignale aus der Nordsee, 1990.

Umweltbundesamt in Westberlin

22.7. Bonn. Das Gesetz zur Errichtung eines Umweltbundesamtes in Westberlin wird nach Abstimmung mit den westlichen Alliierten verabschiedet. Präsident der neuen Behörde wird Heinrich Freiherr von Lersner.
Bereits am 3.1. war in einem Kabinettsbeschluß die Errichtung des Umweltbundesamtes festgelegt worden. Der Beschluß stieß bei der Sowjetunion und der DDR zunächst auf Kritik, da das Amt im geteilten Berlin gegen das Viermächte-Abkommen vom 3.9.1971 (↑S.653) verstoßen würde, das zwar die Aufrechterhaltung bestehender Behörden zulasse, nicht jedoch die Gründung neuer.
Das Umweltbundesamt hat die Aufgabe, sich vorwiegend mit wissenschaftlichen und organisatorischen Fragen des Umweltschutzes auseinanderzusetzen.

F.-J. Brüggemeier/T. Rommelspacher: Besiegte Natur. Geschichte der Umwelt im 19. und 20. Jahrhundert, 1987.

Wissenschaft

Neue Elementarteilchen entdeckt

11.11. Stanford/Brookhaven. Mit Hilfe großer Beschleunigeranlagen (↑S.582/1964) entdecken die US-amerikanischen Physiker Burton Richter und Samuel Chao Chung Ting unabhängig voneinander ein neues, relativ langlebiges und schweres Elementarteilchen, das Burton als „Psi" und Ting als „J"-Teilchen bezeichnet.
Die Bedeutung dieses Teilchens liegt darin, daß es die sog. Charm-Theorie (1970) des US-amerikanischen Physikers Sheldon Lee Glashow bestätigt, wonach die Materie nicht – wie bisher angenommen – nur aus drei Quarks (↑S.583/1964), sondern aus – wenigstens – vier Urbausteinen besteht.
Ebenfalls 1974 entdeckt der US-amerikanische Physiker Martin L. Perl eine dritte Art von Leptonen, die bei der Umwandlung von

---

Nobelpreisträger 1974 K 681

Frieden: Sean MacBride (IRL, 1904–1988), Eisaku Sato (Japan, 1901–1975)

MacBride, Jurist und Politiker, war von 1961 bis 1974 erster Präsident von Amnesty International. Die unabhängige Organisation unterstützt politische Gefangene in aller Welt und wacht über die Einhaltung der Menschenrechte. Sato, japanischer Ministerpräsident (1964–72), erreichte die Normalisierung des Verhältnisses zu Südkorea und leitete die Wende in den japanisch-chinesischen Beziehungen ein.

Literatur: Eyvind Johnson (S, 1900–1976), Harry E. Martinson (S, 1904–1978)

Johnson, der mit modernen Stilmitteln (z. B. innerer Monolog) arbeitete, wandte sich in seinen Werken gegen die totalitären Bestrebungen in Europa. Seine Romantrilogie „Krilon" (1941–43) ist ein herausragendes Beispiel für die Literatur des schwedischen Widerstands gegen den Nationalsozialismus. Das Werk des Autodidakten Martinson ist stark autobiographisch gefärbt und trägt pessimistische Züge. So zweifelt er in dem Verszyklus um das Raumschiff „Aniara" (1956) an der Fähigkeit des Menschen, den technischen Fortschritt verantwortlich zu nutzen.

Chemie: Paul J. Flory (USA, 1910–1985)

Flory schuf eine Theorie der Makromoleküle, die den Zusammenhang zwischen Molekülstruktur und ihren physikalischen Eigenschaften erklärt. Dies bedeutete einen Meilenstein in der Entwicklung der Kunststoffindustrie, denn nun konnten Werkstoffe „nach Maß" konstruiert werden.

Medizin: Albert Claude (B, 1899–1983), Christian de Duve (B, *1917), George E. Palade (USA, *1912)

Claude entwickelte neue Präparationstechniken und schuf damit die Voraussetzung für die elektronenmikroskopische Untersuchung der Zellstrukturen. In den 50er Jahren entdeckte Claude die Mitochondrien, Zellbestandteile, die für Atmung und Stoffwechsel der Zelle zuständig sind. Duve erforschte 1955 die Lysosomen, die „Verdauungsorgane" der Zellen. Ein Jahr später analysierte Palade die Ribosomen, in denen die Eiweißbildung innerhalb der Zellen stattfindet.

Physik: Antony Hewish (GB, *1924), Martin Ryle (GB, 1918–1984)

Hewish entdeckte 1967 die sog. Pulsare, kleine, schnell rotierende Neutronensterne, die regelmäßig Radiosignale ausstrahlen. Ryle verbesserte die technischen Mittel der Radioastronomie und forcierte damit die Erforschung des Weltalls von der Erde aus: Mehrere kleine, lokal verteilte Teleskope werden zusammengeschaltet und erzielen so eine extrem hohe Reichweite.

Wirtschaftswissenschaften: Friedrich August von Hayek (GB, 1899–1992), Gunnar Myrdal (S, 1898–1987)

Hayek war Verfechter einer liberalen Wirtschafts- und Gesellschaftsordnung. Er forderte u. a. Löhne, die entsprechend der Nachfrage nach Arbeit steigen bzw. sinken. Myrdal arbeitete auf dem Gebiet der Geld- und Konjunkturtheorie und plädierte für staatliche Planung und Steuerung. Er veröffentlichte u. a. Studien über die Situation der Schwarzen in den Vereinigten Staaten (1944) und über die weltweite Armut (1968).

energiereichen Elektronen in Positronen (↑S.285/27.2.1932) entstehen. Sie werden als „Tau-Elektronen" bzw. „Tauonen" bezeichnet. Die Masse dieser Teilchen ist etwa 3500mal größer als die des Elektrons. Es ist extrem instabil und zerfällt nach weniger als einer billionstel Sekunde zu einem Myon.
Bis Mitte der 80er Jahre erhöht sich die Zahl entdeckter Elementarteilchen auf rund 200. Sie werden in Materie (Hadronen und Leptonen) und Bindungsteilchen unterschieden.

O. Höfling/P. Waloschek: Die Welt der kleinsten Teilchen. Vorstoß zur Struktur der Materie, 1984.
L. B. Okun: Elementarteilchen von A bis Z. Eine anschauliche Einführung, 1988.

Medien

Tabakwerbung verboten

18.6. Bonn. Der Bundestag beschließt einstimmig eine umfassende Reform des Lebensmittelrechts, das die Verbraucher vor Täuschungen und gesundheitlichen Schäden schützen soll.
Ein wichtiger Punkt ist das Verbot der sog. gesundheitsbezogenen Werbung: Für Zigaretten und andere Tabakerzeugnisse darf künftig keine Rundfunk- und TV-Werbung betrieben werden. Jugendliche sollen besonders geschützt werden.
Der Tabakhandel will künftig zur Information der Verbraucher beitragen: Im Dezember wird erstmalig eine Liste mit Nikotin- und Kondensatwerten von 103 Zigarettenmarken vorgelegt.

Tageszeitungen konzentriert

25.9. Essen. Die Verlage der „Westdeutschen Allgemeinen Zeitung" (WAZ) in Essen und der „Westfälischen Rundschau" (WR) in Dortmund kündigen weitreichende Kooperationsmaßnahmen an.
Ab 1.1.1975 soll für den gemeinsamen westfälischen Teil des Verbreitungsgebiets beider Zeitungen eine eigene Verlagsgesellschaft die Koordination kostengünstiger gestalten. Beide Zeitungen werden selbständig bleiben und voneinander unabhängig an ihren bisherigen Erscheinungsorten als getrennte publizistische Einheiten herausgegeben.
Nach der Lizenzfreigabe durch die Alliierten hatte ab 1949 aus ökonomischen Erwägungen ein Konzentrationsprozeß bei den Tages-

Die zehn größten Verlagsgruppen der deutschen Tagespresse — K 682

Name (Sitz)	Auflagen-Marktanteil (%)				Wichtigste Zeitungen
	1989	1991	1993	1995	
Axel Springer Verlag AG	26,7	23,9	22,8	23,3	BILD-Zeitung, Hamburger Abendblatt, B.Z. (Berlin), Berliner Morgenpost, Die Welt, Ostseezeitung (75%), Leipziger Volkszeitung (50%), Lübecker Nachrichten (49%)
Zeitungsgruppe WAZ (Essen)	6,0	5,0	5,6	5,5	Westdeutsche Allg. Zeitung, Westfälische Rundschau, Neue Rhein/Neue Ruhr Zeitung, Westfalenpost, Thüringer Allg. (50%), Kronenzeitung (Wien, 50%), Der Kurier (Wien, 50%)
Verlagsgruppe Stuttgarter Zeitung/Die Rheinpfalz	3,2	5,0	5,2	5,0	Freie Presse (Chemnitz), Die Rheinpfalz, Märkische Oderzeitung, Stuttgarter Zeitung, Südwest Presse (Ulm), Stuttgarter Nachrichten, Waiblinger Kreiszeitung (36%)
Verlagsgruppe DuMont-Schauberg (Köln)	3,3	4,4	4,5	4,4	Mitteldeutsche Zeitung (Halle), Kölner Stadt-Anzeiger, Express (Köln), Düsseldorf Express (50%)
Gruner + Jahr AG & Co. KG (Hamburg)	–	3,2	3,8	3,6	Berliner Zeitung, Berliner Kurier, Hamburger Morgenpost, Sächsische Zeitung (60%), Morgenpost für Sachsen (60%)
Verlagsgruppe Süddeutscher Verlag/Friedmann-Erben	3,6	3,2	3,3	3,2	Süddeutsche Zeitung, Die Abendzeitung München, Frankenpost (Hof, 70%), Freies Wort (Suhl, 70%), Donau-Kurier (25%)
Verlagsgruppe Frankfurter Allgemeine Zeitung	2,4	3,2	3,1	2,9	Frankfurter Allgemeine Zeitung, Märkische Allgemeine, Frankfurter Neue Presse
Verlagsgruppe Münchner Zeitungsverlag/Zeitungsverlag tz München, Westfälischer Anzeiger/Dirk Ippen	3,0	2,4	2,7	2,7	Münchner Merkur, tz (München), Oberbayerisches Volksblatt (Rosenheim), Westfälischer Anzeiger (Hamm), Kreiszeitung (Syke), Offenbach Post (50%), Altmark-Zeitung (70%), Lüdenscheider Nachrichten (50%)
Verlagsgruppe Madsack/Gerstenberg (Hannover)	1,9	2,2	2,1	2,5	Hannoversche Allgemeine Zeitung/Neue Presse (Hannover), Leipziger Volkszeitung (50%)
Holtzbrinck (Stuttgart)[1]	–	–	2,5	2,5	Lausitzer Rundschau (Cottbus, 52%), Trierischer Volksfreund, (52%), Main-Post (Würzburg), Saarbrücker Zeitung (52%) Der Tagesspiegel (Berlin, 51%)

Stand: 1995; 1) 1996 Übernahme des Hamburger Zeitverlags; Quelle: Mediaperspektiven 9/95

zeitungen eingesetzt. Ab Mitte der 50er Jahre sank die Zahl der sog. Vollredaktionen bundesweit von 225 auf 120. Seit den 60er Jahren entwickeln sich nationale Presseverlage zunehmend zu internationalen Multimedia-Konzernen. Dadurch wächst die Gefahr der Kontrolle einzelner über den gesamten Meinungsmarkt. S 690/K 682

Gesellschaft

Papst entläßt Kardinal Mindszenty

5.2. Rom. Papst Paul VI. entbindet Kardinal Jozsef Mindszenty von seinen Aufgaben als Primas der katholischen Kirche in Ungarn und als Erzbischof von Esztergom. Mindszentys Posten wird für vakant erklärt.

Am 8.2.1949 (↑S.451) war Mindszenty in einem stalinistischen Schauprozeß wegen Hochverrats zu lebenslänglicher Haft verurteilt worden, konnte jedoch 1956 nach Budapest fliehen und erhielt in der US-amerikanischen Botschaft Asyl. Ab 1971 lebte er im Wiener Exil. Von ungarischer Seite war schon seit langem auf eine Ablösung des Kardinals gedrängt worden: Bereits 1964 ersuchte das kommunistische Regime in Budapest den Vatikan, für Mindszenty einen Nachfolger zu ernennen.

Mit der Amtsenthebung, die als erste Entlassung eines Kardinals in die römisch-katholische Kirchengeschichte eingeht, ist das letzte Hindernis auf dem Weg zu einer Annäherung zwischen dem Vatikan und Ungarn beseitigt. In Westeuropa ruft die Entscheidung heftige Dikussionen über die Ostpolitik des Vatikan hervor. S 452/K 455

J. Mindszenty: Erinnerungen, dt. 1974

Hamburg gewährt Bildungsurlaub

1.4. Hamburg. Das Landesparlament der Freien und Hansestadt Hamburg verabschiedet ein Gesetz über den Bildungsurlaub.

Künftig ist es den Arbeitnehmern des Stadtstaates bei voller Lohnfortzahlung möglich, über den Erholungsurlaub hinaus alle zwei Jahre für 14 Tage einen Bildungsurlaub in Anspruch zu nehmen. Dieser kann auf politischer, beruflicher oder allgemeinbildender Ebene genutzt werden.

Bislang war der Bildungsurlaub nur als Schulungs- und Bildungsveranstaltung für Betriebsräte oder einzelne Betriebsratsmitglieder vorgesehen.

1977 genehmigen Berlin, Bremen und Hessen den Arbeitnehmern ebenfalls den bezahlten Bildungsurlaub.

Neues Hochschulrahmengesetz

12.12. Bonn. Mit den Stimmen der SPD/FDP-Mehrheit verabschiedet der Bundestag gegen die CDU/CSU-Opposition das Hochschulrahmengesetz.

Mit dem neuen Gesetz sollen einheitliche Richtlinien für die Hochschulgesetze der Bundesländer eingeführt werden. Es zielt vor allem auf eine Studienreform mit Regelstudienzeiten und auf die Neuordnung des Hochschulzugangs. Einer der zentralen Punkte ist die Mitbestimmung in den entscheidungsbefugten Selbstverwaltungsgremien der Hochschulen.

Bis zum 26.1.1976 müssen die Kultusminister der Bundesländer ihre Hochschulgesetzgebung an die neuen Rahmenregelungen angepaßt haben. S 595/K 599

L. v. Friedeburg: Bildungsreform in Deutschland. Geschichte und gesellschaftliche Widersprüche, 1989.

Kultur

Terrakotta-Armee entdeckt

März. Xi'an. Chinesische Bauern stoßen bei Brunnenbohrungen in der Provinz Shaanxi 30 km östlich von Xi'an auf das Grab des er-

Terrakotta-Armee: Über 7000 lebensgroße Tonfiguren, Soldaten, Pferde und Streitwagen bewachen das Grab des ersten chinesischen Kaisers Qin Shi Huangdi, das bei Brunnenbohrungen entdeckt wird. Ursprünglich waren die in 200 m langen Reihen stehenden Kriegerfiguren bemalt und mit Bronzewaffen ausgerüstet, die aber zum größten Teil geraubt wurden.

1974

Kulturszene 1974 — K 683

Theater	
Thomas Bernhard Die Macht der Gewohnheit UA 27.7., Salzburg	Am Beispiel von Zirkusartisten werden Menschen gezeigt, deren Lebensinhalt nicht mehr die Kunst, sondern die Wiederholung ist.
Dario Fo Bezahlt wird nicht UA 3.10., Mailand	Die Farce propagiert illegale Spontanaktionen als neue Form des Widerstands: Aus Wut über Preiserhöhungen werden Frauen zu Diebinnen.
Rolf Hochhuth Lysistrate und die NATO UA 22.2., Essen	Neufassung der Aristophanes-Komödie: Frauen verweigern sich ihren Männern, um den Bau eines NATO-Stützpunkts zu verhindern.
Tom Stoppard Travestien UA 10.6., London	Bei der Rekonstruktion historischer Ereignisse bestimmen alternative Spielfassungen den Ablauf des episodischen Geschehens.
Oper	
Peter Maxwell Davies Miss Donnithorn's Grille UA 9.3., Adelaide	Psychodrama mit Musik: Studie über das Wahnsinnigwerden einer Frau durch Einsamkeit: Die Musik bricht historische Formen auf.
Konzert	
Dieter Schnebel Maulwerke UA 20.10., Donaueschingen	Der Vorgang vokaler Klangerzeugung rückt in den Mittelpunkt der Komposition; zur Verdeutlichung werden Videokameras eingesetzt.
Film	
Claude Goretta Ganz so schlimm … Schweiz/Frankreich	Zur Lösung wirtschaftlicher Probleme begeht ein junger Mann Überfälle; Rollenvorstellungen und gesellschaftl. Zwänge werden in Frage gestellt.
J. Guillermin/I. Allen Flammendes Inferno USA	Der Actionfilm zeigt in einer Show der Superlative den Brand eines Wolkenkratzers; Beginn einer Welle von sog. Katastrophenfilmen.
Werner Herzog Jeder für sich und Gott gegen alle; BRD	Laiendarsteller Bruno S. verkörpert Kaspar Hauser, der im frühen 19. Jh. als Findelkind in die Gemeinschaft eingegliedert werden soll.
Roman Polanski Chinatown USA	Ein Detektiv (Jack Nicholson) scheitert an der korrupten Gesellschaft; zahlreiche Anspielungen auf die Filme der Schwarzen Serie.
Steven Spielberg Der weiße Hai USA	Drei Männer kämpfen gegen einen Hai, der am Strand eines idyllischen Badeortes Menschen anfällt; kommerziell erfolgreicher Schocker.
Wim Wenders Falsche Bewegung BRD	Peter Handke schrieb das Drehbuch frei nach Goethes Roman „Wilhelm Meisters Lehrjahre"; der Film erhält mehrere Bundesfilmpreise.
Buch	
Alfred Andersch Winterspelt Zürich	Im Ablauf eines einzigen Tages während des 2. Weltkriegs werden Möglichkeiten menschlichen Verhaltens durchgespielt.
Heinrich Böll Die verlorene Ehre der Katharina Blum; Köln	Bölls provokative Erzählung kritisiert vor dem Hintergrund des Terrorismus-Problems in der BRD die rücksichtslose Sensationspresse.
Bernt Engelmann Wir Untertanen München	Das „Anti-Geschichtsbuch" (Engelmann) zeichnet die Geschichte der sog. kleinen Leute aus der „Perspektive von unten" auf.
Hubert Fichte Versuch über die Pubertät Hamburg	Die Pubertät als lebenslanger Reifungsprozeß interpretiert – das literarische Bekenntnis des Verfassers zur Homosexualität.
Joseph Heller Was geschah mit Slocum? New York	Fragwürdigkeit und Leere der äußerlich erfolgreichen Existenz Bob Slocums, eines satirisch überzeichneten Prototyps der Mittelklasse.
Doris Lessing Die Memoiren einer Überlebenden; London	Eine Beobachterin verfolgt von ihrer Wohnung aus, wie sich das Leben in der Stadt unter einer nicht genannten Gefahr verändert.

sten chinesischen Kaisers Qin Shi Huangdi (220–210 v.Chr.).
Zu den Grabbeigaben gehören u. a. eine 7000 Terrakotta-Skulpturen umfassende Armee mit ca. 600 Pferden aus gebranntem Lehm, die in ursprünglicher Schlachtordnung aufgestellt sind, um über die Totenruhe des Kaisers zu wachen. Die Körper der Krieger wurden in Großserie gefertigt, die Gesichter sind individuell gestaltet. 1991 beginnt in der Nähe des ersten Grabungsfeldes die Ausgrabung der fünfmal größeren Grabstätte des Kaisers Han Jingdi (151–141 v.Chr.), in der etwa 1 Mio halbmetergroße Soldatenfiguren vermutet werden. S 195/K 208

A. Cotterell: Der erste Kaiser von China. Der größte archäologische Fund unserer Zeit. R. Pisu: Die Soldaten des Großen Kaisers, 1986.

Fassbinder-Film über ungleiches Paar
Der Film „Angst essen Seele auf" von Rainer Werner Fassbinder hat Premiere. Das Melodram schildert die Liebesgeschichte zwischen einer 60jährigen verwitweten deutschen Putzfrau (Brigitte Mira) und einem 20 Jahre jüngeren marokkanischen Gastarbeiter (El Hedi Salem).
Fassbinder setzt sich in seinen Filmen immer wieder mit Randexistenzen der Gesellschaft auseinander. Anhand des Schicksals einiger Frauengestalten stellt er Vor- und Zeitgeschichte der Bundesrepublik dar (u. a. in „Die Ehe der Maria Braun", 1978, „Lili Marleen", 1980, „Lola", 1981).

P. W. Jansen/W. Schütte (Hg.): R. W. Fassbinder, 1985.

Sport

Deutsche Elf wieder Weltmeister
7.7. München. Die deutsche Nationalmannschaft wird zum zweiten Mal (↑S.495/4.7. 1954) Fußball-Weltmeister. Im Finale schlägt sie das Team der Niederlande mit 2:1.
Bereits nach einer Minute führten die Niederländer durch ein Elfmetertor von Johan Neeskens. Nach dem Ausgleich durch Paul Breitner (Strafstoß nach Foul an Bernd Hölzenbein) und der Führung durch Gerd Müller (42. Spielminute) brachten die Deutschen das Spiel über die Zeit. Maßgeblichen Anteil an dem Erfolg hatte Verteidiger Berti Vogts, der nach anfänglichen Schwierigkeiten den holländischen Spielmacher Johan Cruyff in Schach hielt. Deutschland war nach Erfolgen über Jugoslawien (2:0), Schweden (4:2) und Polen (1:0) ins Finale gekommen. Der Weg

1974

Fußball–Weltmeister Deutschland: Mannschaftskapitän Franz Beckenbauer mit dem Pokal, rechts Verteidiger Paul Breitner

der Niederländer führte über Argentinien (4:0), die DDR (2:0) und Brasilien (2:0). Mit Zaïre hatte sich erstmals eine schwarzafrikanische Mannschaft für das WM-Turnier qualifiziert. Eine Überraschung glückte dem WM-Debütanten DDR, der im einzigen Spiel zweier deutscher Mannschaften den späteren Weltmeister 1:0 schlug.
Die 22 Spieler des bundesdeutschen Kaders erhalten für ihren Sieg jeweils eine Prämie von 60 000 DM.
1990 sichert sich die deutsche Nationalelf in Rom den WM-Titel zum dritten Mal (↑S.841/8.7.1990).

Fünfter Tour-Sieg für Merckx
21.7. Paris. Der belgische Radrennfahrer Eddy Merckx gewinnt nach 1969, 1970, 1971 und 1972 zum fünften Mal die Tour de France. Er bewältigt die 22 Etappen (4098 km) in einer Gesamtzeit von 116:16,58 h. Merckx hatte das erfolgreichste Jahr seiner Karriere mit einem Sieg bei seiner ersten Teilnahme an der Tour de Suisse begonnen. Im Juni verewigte er sich zum fünften Mal in den Siegerlisten des Giro d'Italia (1968, 1970, 1972, 1973). Im August wird Merckx zum dritten Mal Weltmeister. Neben den großen Rundfahrten dominiert er auch die klassischen Tageswettbewerbe. 1975 gewinnt er zum fünften Mal Lüttich–Bastogne–Lüttich, 1976 zum siebten Mal die Fernfahrt Mailand–San Remo.

Sport 1974   K 684

Fußball	
Weltmeisterschaft	BRD – Niederlande 2:1
Deutsche Meisterschaft	FC Bayern München
DFB-Pokal	Eintr. Frankfurt – Hamburger SV 3:1 n.V.
Englische Meisterschaft	Leeds United
Italienische Meisterschaft	Lazio Rom
Spanische Meisterschaft	FC Barcelona
Europapokal (Landesmeister)	FC Bayern München – Atletico Madrid 4:0
Europapokal (Pokalsieger)	1. FC Magdeburg – AC Mailand 2:0
UEFA-Pokal	Feyenoord Rotterdam
Tennis	
Wimbledon (seit 1877; 88. Austragung)	Herren: Jimmy Connors (USA) Damen: Chris Evert (USA)
US Open (seit 1881; 94. Austragung)	Herren: Jimmy Connors (USA) Damen: Billie Jean King (USA)
French Open (seit 1925; 44. Austragung)	Herren: Björn Borg (SWE) Damen: Chris Evert (USA)
Australian Open (seit 1905; 62. Austragung)	Herren: Jimmy Connors (USA) Damen: Evonne Goolagong (AUS)
Davis-Cup	Nicht ausgetragen
Eishockey	
Weltmeisterschaft	Sowjetunion
Stanley-Cup	Philadelphia Flyers
Deutsche Meisterschaft	Berliner SC
Radsport	
Tour de France (4098 km)	Eddy Merckx (BEL)
Giro d'Italia (4001 km)	Eddy Merckx (BEL)
Straßen-Weltmeisterschaft	Eddy Merckx (BEL)
Automobilsport	
Formel-1-Weltmeisterschaft	Emerson Fittipaldi (BRA), McLaren-Ford
Boxen	
Schwergewichts-Weltmeisterschaft	Muhammad Ali (USA) - K. o. über George Foreman (USA), 30.10.

Herausragende Weltrekorde

Disziplin	Athlet (Land)	Leistung
Leichtathletik, Männer		
1500 m	Filbert Bayi (TAN)	3:32,16 min
Leichtathletik, Frauen		
200 m	Irena Szewinska (POL)	22,21 sec
Speerwurf	Ruth Fuchs (GDR)	67,22 m
Schwimmen, Männer		
200 m Freistil	Tim Shaw (USA)	1:51,66 min
200 m Brust	John Hencken (USA)	2:18,21 min
200 m Lagen	David Wilkie (GBR)	2:06,32 min
400 m Lagen	Andras Hargitay (HUN)	4:28,89 min
Schwimmen, Frauen		
200 m Brust	Karla Linke (GDR)	2:34,99 min
200 m Lagen	Ulrike Tauber (GDR)	2:18,97 min

1975

Politik

Bürgerkrieg im Libanon KAR

10.4. Beirut. Zwischen Anhängern der christlichen Falange-Partei und linksorientierten Moslems kommt es zu blutigen Auseinandersetzungen, die schließlich in einen Bürgerkrieg münden. Auslöser der Kämpfe ist die politische Machtverteilung im Libanon: Die Gruppierungen der Moslems, die sich unter dem Drusenführer Kamal Dschumblat zusammengeschlossen haben, streben einen sozialrevolutionären Staat an. Die maronitischen Christen unter Führung von Bechir Gemayel, die gegenüber den Moslems eine Minderheit bilden, wollen den Status quo beibehalten, der ihnen ein Übergewicht in den Staatsorganen sichert.

Im April 1976 greifen syrische Truppen in den Bürgerkrieg ein, die libanesischen Streitkräfte brechen entsprechend ihrer politisch-konfessionellen Zusammensetzung auseinander. Am 16.3.1977 fällt der Drusenführer Dschumblat einem Anschlag zum Opfer. Syrien beschließt im Februar 1980, 5000 seiner insgesamt 22 000 Soldaten aus dem Libanon abzuziehen (↑S.844/1.5.1991), bleibt jedoch entscheidender Machtfaktor. S 608/K 611

M. Pott/R. Schimkoreit-Pott: Beirut. Zwischen Kreuz und Koran.

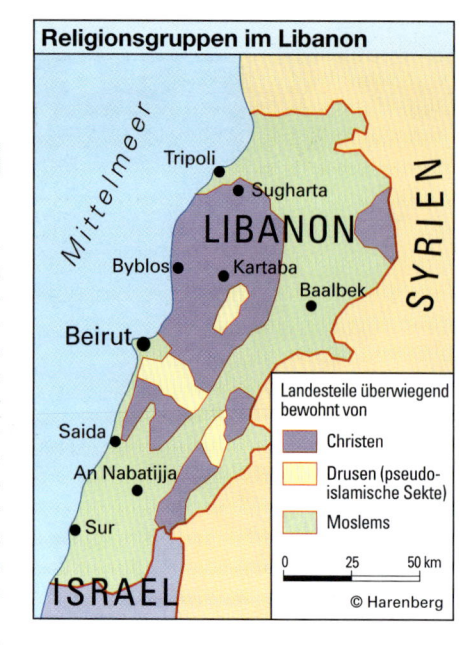

„Kabeljaukrieg" vor Island

15.7. Reykjavík. Island verkündet eine Erweiterung seiner Fischereigewässer: Ab dem 15.10. dürfen ausländische Kutter nur noch bis auf 200 Seemeilen vor der isländischen Küste auf Fischfang gehen.
Bereits 1958 und 1972 dehnte Island seine Fischereizone aus. Das Land ist wirtschaftlich auf den Fischfang angewiesen: 90% seiner Exporte schöpft Island aus dem Fischhandel. Die Ausdehnung führte zu Streitig-

Wichtige Regierungswechsel 1975		K 685
Land	Amtsinhaber	Bedeutung
Bangladesch	Mahmud Ullah (P seit 1973) Mujibur Rahman (P 25.1.–15.8.) Choudaker Mustafa Ahmed (P 15.8.–5.11.) Abu Sadat M. Sayem (P bis 1977)	Militär stürzt Staats- und Regierungschef Rahman und erschießt ihn (15.8.), Rahman hatte die Loslösung Ostpakistans als Bangladesch erreicht; Machtkämpfe innerhalb der Armee führen zu weiterem Putsch; „starker" Mann: General Rahman
Laos	Savang Vatthana (König seit 1959) Suvannavong (P bis 1986)	Ende der Monarchie; Laos wird Volksrepublik (3.12.); starker militärischer und wirtschaftlicher Einfluß Vietnams
Peru	Juan Velasco Alvarado (P seit 1968) Francisco Morales Bermúdez (P bis 1980)	Militärputsch (29.8.) gegen den linksgerichteten Präsidenten Velasco; Nachfolger Morales ist Führer der gemäßigten Militärs
Saudi-Arabien	Faisal Ibn Abd al Asis (König seit 1964) Chalid Ibn Abd al Asis (König bis 1982)	Faisal von angeblich geistesgestörtem Neffen ermordet (24.3.); starker Mann ist der neue Thronfolger Prinz Fahd
Spanien	Francisco Franco y Bahamonde (P seit 1936/39) Juan Carlos I. (König bis . . .)	Tod Francos (20.11.); Ende der Diktatur, Spanien wird wieder Monarchie; Juan Carlos setzt Demokratisierung durch (S.695)
Taiwan	Chiang Kai-shek (P seit 1950) Yen Chia-Kan (P bis 1978)	Tod von Chiang Kai-shek (5.4.), der sich nach der Niederlage im chinesischen Bürgerkrieg auf die Insel Taiwan zurückzog
Tschechoslowakei	Ludvík Svoboda (P seit 1968) Gustav Husák (P bis 1989)	Rücktritt Svobodas aus Gesundheitsgründen (29.5.); mit KP-Chef Husák wird erstmals ein Slowake Staatspräsident
Tschad	N'Garta Tombalbaye (P seit 1960) Félix Malloum (P bis 1979)	Militär stürzt Tombalbaye (13.4.), der seit der Unabhängigkeit regierte; französische Truppen müssen den Tschad verlassen

M = Ministerpräsident bzw. Premierminister; P = Präsident

Folgekonferenzen im Rahmen der KSZE K 686

Ort (Zeitraum)	Inhalt/Ergebnisse
Belgrad (Okt. 1977 – März 1978)	Meinungsaustausch über Schlußakte von Helsinki; Weiterentwicklung der europäischen Zusammenarbeit und Entspannungspolitik; Kritik an Menschenrechtsverletzungen in Osteuropa
Madrid (Nov. 1980 – Sept. 1983)	Ost-West-Spannungen und Verhängung des Kriegsrechts in Polen beeinträchtigen Konferenz; Förderung der Gewissens- und Religionsfreiheit sowie der Familienzusammenführung
Stockholm[1] (Jan. 1984 – Sept. 1986)	Informationsaustausch zwischen Ost und West über alle Aktivitäten von Landstreitkräften in Europa (Anmeldung und Beobachtung von Manövern)
Wien (Nov. 1986 – Jan. 1989)	Konflikte zwischen Supermächten: Sowjetunion stellt Sicherheitsfragen in Vordergrund, USA fordern Einhaltung der Menschenrechte in osteuropäischen Staaten
Paris (Nov. 1990)	NATO und Warschauer Pakt erklären feierlich das Ende des „kalten Kriegs" (Gewaltverzichtserklärung); „Charta für ein neues Europa" unterzeichnet
Kopenhagen (Juni 1991)	Schaffung eines Mechanismus zur Krisenbewältigung: Bereits mit Billigung von zwölf der 35 Teilnehmerländer kann Krisenmanagement in Gang gesetzt werden
Helsinki (Juli 1992)	Staats- und Regierungschefs der KSZE-Mitgliedsländer legen Obergrenze für ihre Streitkräfte fest; Ergänzung zum Abkommen zwischen Warschauer Pakt und NATO von 1990 (KSE)
Budapest (Dezember 1994)	Umbenennung in OSZE; Aufbau einer multinationalen Friedenstruppe für Nagorny-Karabach; militärischer Verhaltenskodex; Ausweitung der Verfahren zur Konfliktvermeidung und Friedenssicherung

1) Konferenz für vertrauens- und sicherheitsbildende Maßnahmen und Abrüstung in Europa (KVAE)

keiten mit britischen und deutschen Fischern, die traditionell in diesen Gewässern fingen. Die Erweiterung der Fischereigewässer eskaliert im November 1975 zum sog. Kabeljaukrieg zwischen Island und Großbritannien. Es kommt zu Auseinandersetzungen zwischen Küstenwachbooten und Trawlern. Während die Regierungen in Reykjavík und Bonn am 20.11. eine Einigung über Fangquoten erzielen, bleibt der britisch-isländische Konflikt ungelöst. Der Kabeljaukrieg führt 1976 zum vorübergehenden Abbruch der diplomatischen Beziehungen. Island droht, aus der NATO auszutreten.

Schlußakte der KSZE

1.8. Helsinki. Die Staats- und Regierungschefs der 35 Teilnehmerstaaten unterzeichnen die Schlußakte der Konferenz über Sicherheit und Zusammenarbeit in Europa (KSZE). Das Dokument stellt kein verbindliches Abkommen dar, sondern enthält lediglich Absichtserklärungen.

Das Gipfeltreffen, das am 30.7. eröffnet wurde, ist Abschluß mehr als zweijähriger Verhandlungen, die im Juli 1973 in Helsinki begannen. Der von den Staaten des Warschauer Pakts ausgehende Vorschlag einer Sicherheitskonferenz wurde um die Absicht erweitert, auch wissenschaftlich-technische und humanitäre Aspekte zu erörtern.

Die zweite Folgekonferenz ab dem 11.11. 1980 in Madrid setzt – nach dem ersten Folgetreffen in Belgrad (9.3.1978) – den multilateralen Prozeß der Zusammenarbeit in Europa fort. Zentraler Punkt des Schlußabkommens von Madrid (9.9.1983) ist die Ankündigung einer „Konferenz über vertrauens- und sicherheitsbildende Maßnahmen und Abrüstung in Europa" (KVAE).

Die unregelmäßig tagende KSZE gibt sich Anfang der 90er Jahre feste Strukturen und benennt sich 1995 in OSZE (Organisation für Sicherheit und Zusammenarbeit in Europa) um. Erster Generalsekretär wird 1993 der deutsche Diplomat Wilhelm Höynck. Er wird 1996 von dem Italiener Giancarlo Aragano abgelöst. Die Zahl der OSZE-Mitglieder erhöht sich bis 1996 auf 55. S 443/K 444 S 695/K 686

Juan Carlos I. König von Spanien

22.11. Madrid. Zwei Tage nach dem Tod des „Caudillo" Francisco Franco wird Juan Car-

König Juan Carlos I. von Spanien (l.) und Königin Sofia mit ihren drei Kindern während den Krönungsfeierlichkeiten. Spanien ist nach 44 Jahren wieder eine Monarchie.

695

1975

Spanien im 20. Jahrhundert		K 687
Jahr	**Ereignis**	
1898	Spanisch-Amerikanischer Krieg: Spanien verliert seine letzten großen Kolonien (Kuba, Philippinen, Puerto Rico)	
1902	Alfons XIII. wird spanischer König	
1913	Erstmals erhält Katalonien das Selbstverwaltungsrecht	
1914–18	Während des 1. Weltkriegs wahrt Spanien seine Neutralität	
1923	Mit Billigung von König Alfons XIII. errichtet General Primo de Rivera eine Militärdiktatur (bis 1930, S.200)	
1926	Mit Unterstützung Frankreichs entscheidet Spanien den zehnjährigen Marokkokrieg gegen die Rifkabylen für sich (S.232)	
1931	Nach republikanischen Erfolgen bei Gemeindewahlen verläßt Alfons XIII. das Land: Die Zweite Republik wird ausgerufen (S.272)	
	Die neue Verfassung garantiert Grundrechte und Gleichberechtigung sowie die Trennung von Staat und Kirche	
1934–36	„Bieno negro" (Zwei schwarze Jahre; Regierung der vereinigten Rechtsparteien): Rücknahme der Reformen; Katalonien verliert Autonomie (seit 1932); autoritäre Führung	
1936	Wahlsieg der linken Volksfront (16.2.)	
	Militärputsch nach Ermordung des Oppositionsführers Calvo Sotelo (17./18.7.) weitet sich zum Bürgerkrieg aus (S.319)	
	General Francisco Franco y Bahamonde wird Chef der nationalspanischen Gegenregierung	
1937	Die deutsche „Legion Condor", die auf seiten der Rechten kämpft, zerstört die heilige baskische Stadt Guernica (S.331)	
1939	Der Bürgerkrieg endet mit dem Sieg der rechten Aufständischen gegen die linke Volksfront (1.4.)	
1939–45	Auch im 2. Weltkrieg bleibt Spanien neutral	
1947	Per Volksentscheid erhält Franco das Recht, seinen monarchischen Nachfolger allein zu bestimmen	
1950	UNO nimmt einen Boykottaufruf gegen Spanien von 1946 zurück	
1955	Spanien wird Mitglied der UNO	
1962	Spanien stellt Assoziationsantrag an die EWG	
1967	Gesetz über religiöse Freiheit garantiert Glaubensfreiheit	
1969	Wegen zunehmender Unruhen im Land und der Radikalisierung des Regionalismusproblems verhängt der Ministerrat den Ausnahmezustand über Spanien (24.1.)	
1975	Tod Francos (20.11.); Juan Carlos I. wird spanischer König (S.695)	
1976	Politisches Demonstrations- und Versammlungsverbot aufgehoben; Parteien offiziell zugelassen	
1977	Erste freie Parlamentswahlen seit 1936; Sieg der Union des Demokratischen Zentrums von Ministerpräsident Adolfo Suárez	
1978	Demokratische Verfassung: Alle Nationalitäten/Regionen erhalten Recht auf politische Selbstverwaltung	
1979	Autonomiestatut für Baskenland und Katalonien; Ausbau der föderalistischen Strukturen auf 17 „Autonomie-Gemeinschaften"	
1981	Putschversuch rechtsextremer Kräfte scheitert	
1982	Beitritt zur NATO (30.5.)	
	Erstmals Mehrheit für Sozialisten bei Parlamentswahlen; Felipe González Márquez wird Ministerpräsident (bis 1996)	
1986	Spanien wird Mitglied der EG (1.1.)	
1992	Weltausstellung Expo '92 in Sevilla, Olympische Sommerspiele in Barcelona, Madrid Kulturhauptstadt Europas	
1993	Sozialisten verlieren absolute Mehrheit im Parlament; Regierung wird von katalanischen und baskischen Regionalparteien gestützt	
1996	Wahlsieg der Konservativen (39,2%); Minderheitsregierung (S.896)	

los I. de Bourbon vom Parlament zum spanischen König proklamiert.
1947 hatte Franco sich durch eine Volksabstimmung das Recht bestätigen lassen, im zur Monarchie erklärten Spanien den zukünftigen königlichen Nachfolger zu bestimmen. 1960 fiel seine Wahl auf Juan Carlos, Enkel des am 14.4.1931 (↑S.272) gestürzten Königs Alfons XIII.
Juan Carlos I. beginnt unverzüglich mit der Auflösung franquistischer Einrichtungen und der Durchsetzung demokratischer Reformen. Seiner konsequenten Haltung ist es zu verdanken, daß ein Putsch 1981 scheitert. S 696/K 687
📖 J. L. de Vilallonga: Juan Carlos. Die autorisierte Biographie, dt. 1993.

Surinam wird unabhängig

25.11. Paramaribo. Die niederländische Kolonie Surinam (Niederländisch-Guyana) erlangt die Unabhängigkeit. Erster Präsident des im Norden Südamerikas gelegenen Landes wird Johan Henri Eliza Ferrier.
Im Frieden von Breda hatte Großbritannien 1667 das Gebiet des heutigen Surinam den Niederlanden überlassen und im Tausch deren nordamerikanische Kolonie Neu-Amsterdam (später New York) erhalten.
Mit Aufbau einer Plantagenwirtschaft wurden schwarze Sklaven aus Afrika ins Land geholt. Nach Abschaffung der Sklaverei (1863) wanderten Inder, Indonesier und Chinesen als Arbeitskräfte ein.
Die vielschichtige ethnische Zusammensetzung der Bevölkerung sorgt häufig für Konflikte. Stärkste Volksgruppe sind die Schwarzen, wirtschaftlich dominieren dagegen Inder und Indonesier (zumeist Javaner). Die Regierungsgewalt liegt in Händen einer kreolischen Parteienkoalition.
Die Loslösung der niederländischen Kolonie vom Mutterland trifft das Land unvorbereitet. Die Wirtschaft ist einseitig auf Bergbau (vor allem Bauxit) ausgerichtet, fast ein Drittel der Bevölkerung ist arbeitslos. Angesichts der wirtschaftlichen Probleme emigrieren rund 140 000 Surinamer in die Niederlande.

Terroranschläge der Südmolukker KAR

4.12. Amsterdam. Sieben bewaffnete Südmolukker (Ambonesen) überfallen das indonesische Konsulat und nehmen 30 Menschen als Geiseln. In einer Erklärung fordern sie die niederländische Regierung auf, die sog. Exilregierung der Südmolukker anzuerkennen.
Die Südmolukken, eine Inselgruppe im Norden Indonesiens, waren ab 1663 Teil des niederländischen Kolonialreichs. Als die Nie-

Südmolukken

Auf den drei südlichen Inseln der Molukken, Baru, Ceram und Ambon, leben überwiegend Christen, die sich auch Ambonesen nennen. Der Schaffung des indonesischen Einheitsstaates 1950 widersetzten sie sich für einige Monate, konnten aber ihre Autonomie nicht bewahren. Zu Tausenden siedelten sie daraufhin in die ehemalige Kolonialmacht, die Niederlande, über.

derlande 1949 Indonesien in die Unabhängigkeit entließen, wurden die Südmolukken dem neuen Staat als Provinz angegliedert. 1950 brach auf den Südmolukken ein Aufstand gegen die Zentralregierung aus, der jedoch niedergeschlagen wurde. Etwa 12 000 Ambonesen emigrierten in die Niederlande. Sie werfen der niederländischen Regierung vor, die versprochene Autonomie ihrer Heimat nicht durchgesetzt zu haben.
Der Terror setzt sich in den folgenden Jahren fort. Am 23.5.1977 bringen ambonesische Terroristen einen Personenzug und eine Schule in ihre Gewalt. Am 14.3.1978 töten Geiselnehmer vier Menschen in einem von ihnen besetzten Verwaltungsgebäude.

Wirtschaft

Lomé-Abkommen für dritte Welt KAR

28.2. Lomé/Togo. Das Abkommen von Lomé, ein Partnerschaftsvertrag zwischen der Europäischen Gemeinschaft und 46 Entwicklungsländern, wird in Togos Hauptstadt unterzeichnet.
Der Vertrag sichert den beteiligten Staaten aus Afrika, der Karibik und dem Pazifik (sog. AKP-Staaten) zollfreien Zugang für ihre Industrieprodukte in die EG, stabilisiert ihre Rohstofferlöse und erleichtert den Export ihrer landwirtschaftlichen Erzeugnisse nach Europa.
Vom 4. bis 8.2. hatte in Dakar (Senegal) die erste Rohstoffkonferenz der Entwicklungsländer getagt, auf der u. a. ein Aktionsprogramm beschlossen wurde, durch das die Aktivitäten multinationaler Konzerne kontrolliert und reglementiert werden sollten.

Der Vertrag von Lomé, der einer Assoziierung der AKP-Staaten an die EG gleichkommt, ist das bislang umfangreichste Entwicklungshilfeabkommen zwischen industrialisierten Staaten und Ländern der Dritten Welt.
1990 wird das vierte Folgeabkommen mit einer Laufzeit bis 2000 abgeschlossen. 1996 gehören ihm 70 AKP-Staaten an. S 443/K 444

Natur/Umwelt

Treibgas zerstört Ozonschicht

1.4. Nach Erkenntnissen US-amerikanischer Wissenschaftler ist der Ozonmantel gefährdet, der die Erde in einer Höhe von 15–50 km umgibt. Er schützt vor den ultravioletten (UV-) Strahlen der Sonne, die Hautkrebs ver-

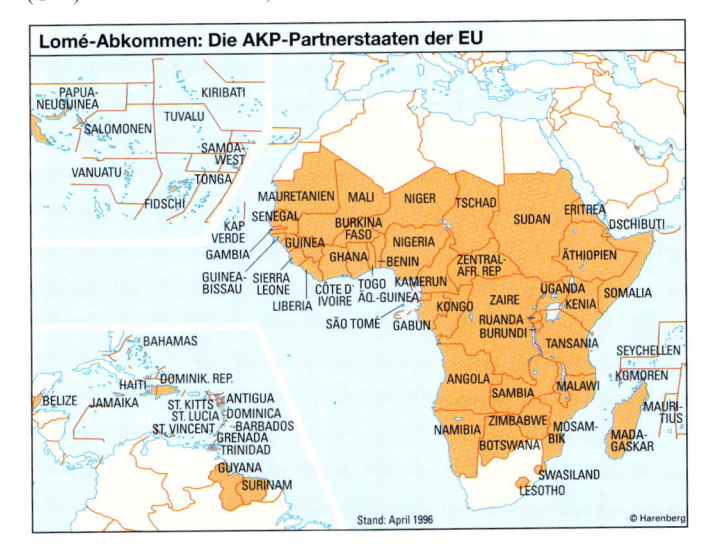

Lomé-Abkommen: Die AKP-Partnerstaaten der EU

Stand: April 1996

1975

ursachen können. Längerfristig kann die Zerstörung der Ozonschicht Klimaveränderungen herbeiführen. Die Forscher machen die Fluorchlorkohlenwasserstoffe (FCKW), die vor allem als Treibgase in Sprays freigesetzt und als Kältemittel für Kühlgeräte verwendet werden, dafür verantwortlich. Die FCKW steigen in die Ozonschicht auf, dort wird durch UV-Strahlung Chlor freigesetzt. Chlor wandelt Ozon in Sauerstoff um, der im Gegensatz zum Ozon die UV-Strahlen bis zur Erde durchläßt.

Im Herbst (= antarktischer Frühling) 1995 erreicht das über dem Südpol beobachtete Ozonloch seine bislang größte Ausdehnung, die etwa der Landmasse Europas entspricht. Wissenschaftler stellen im Frühjahr 1995 erstmals auch einen Ozonschwund über dem Nordpol fest.

In der Europäischen Union dürfen Fluorchlorkohlenwasserstoffe ab 1995, in den USA ab 1996 nicht mehr hergestellt werden (↑S.838/29.6.1990).

📖 W. Rabe: Die Erde im Fieber. Die Folgen von Ozonloch und Treibhauseffekt, 1990.

Technik

Elbtunnel entlastet Hamburg

10.1. Hamburg. Bundeskanzler Helmut Schmidt eröffnet den 3 km langen Elbtunnel für den Autoverkehr. Durch zunächst zwei Röhren sollen täglich etwa 50 000 Autos rollen und eine zügigere Anbindung der schleswig-holsteinischen Städte Kiel und Flensburg über Hamburg an den Süden schaffen. Sechseinhalb Jahre Bauzeit, über 1 Mrd DM Baukosten und mehrere tödliche Unfälle von Bauarbeitern lautet die Bilanz des Jahrhundertbauwerks, das die Elbbrücken entlasten soll und den alten Elbtunnel (mit Fahrstühlen für die Autos) ablöst. Vom 26. bis 30.12.1974 durfte der Tunnel von Fußgängern eingeweiht werden; 600 000 Menschen machten von dem Angebot Gebrauch. Am 16.5. wird die dritte und letzte Röhre für den Fahrzeugverkehr freigegeben.

Bis Mitte der 90er Jahre ist der Tunnel dem gestiegenen Verkehrsaufkommen kaum mehr gewachsen. Im Oktober 1995 werden Bauaufträge in Höhe von ca. 800 Mio DM für eine vierte, 3 km lange Tunnelröhre vergeben, die 2003 fertiggestellt sein soll.

Rendezvous im Weltraum

17.7. Das Kopplungsmanöver der sowjetischen Sojus 19 und der US-amerikanischen Apollo 18 in einer Höhe von 225 km über der Erdoberfläche verläuft problemlos. Kosmonaut Alexei A. Leonow und Astronaut Thomas Stafford reichen sich als erste der insgesamt fünf Besatzungsmitglieder die Hände. Mit dem „Rendezvous im All" wollen beide Seiten politischen Entspannungswillen bekunden. Auf US-Seite kommt auch der Technik große Bedeutung zu. Kopplungsstück und Schleuse sollen in ähnlicher Form beim Spacelab-Projekt zum Einsatz kommen. An die Raumfahrer stellte die Vorbereitung auf das 48stündige Treffen besondere Anforderungen, da sie die jeweils andere Sprache zu lernen hatten.

In vielen US-amerikanischen Medien wird die politische Bedeutung des Unternehmens angesichts der Hochrüstung beider Mächte bezweifelt. S 635/K 635

📖 Der Weltraum seit 1945. Anthologie zu techn., militär. und polit. Fragen der Raumfahrt, 1988.

Nobelpreisträger 1975	K 688
Frieden: Andrei Sacharow (UdSSR, 1921–1989)	
Der Atomwissenschaftler, der sich für die Rechte politischer Gefangener engagierte, war ständigen Repressionen ausgesetzt. 1970 gründete er das Komitee zur Durchsetzung der Menschenrechte in der Sowjetunion. Nach sechsjähriger Verbannung wurde er 1986 offiziell rehabilitiert.	
Literatur: Eugenio Montale (I, 1896–1981)	
In seinen melancholischen, oft pessimistischen Gedichten verbindet Montale rätselhafte Symbolik mit Anspielungen auf den Alltag. Durchgängige Motive seines Werks, das nur schwer zugänglich ist, sind das Meer und die ligurische Küste (z. B. „Nach Finisterre"; 1943).	
Chemie: John W. Cornforth (Australien, *1917), Wladimir Prelog (CH, *1906)	
Die Wissenschaftler arbeiteten auf dem Gebiet der Stereochemie und untersuchten die räumliche Anordnung organischer Moleküle. Cornforth zeigte die einzelnen Schritte bei der Biosynthese des Cholesterins. Prelog entwickelte die sog. RS-Nomenklatur, ein System zur Klassifizierung von Molekülen. Damit können Moleküle voneinander unterschieden werden, die spiegelbildlich gleich sind (Chirale).	
Medizin: David Baltimore (USA, *1938), Renato Dulbecco (USA, *1914), Howard M. Temin (USA, 1934–1994)	
Die Mikrobiologen erforschten die Wirkung von Tumorviren auf das genetische Material in den Zellen. In Viruspartikeln entdeckten sie ein Enzym, das sich in die Zellen einschleicht und diese zur Bildung neuer Viren anregt oder in Krebszellen verwandelt.	
Physik: Aage Niels Bohr (DK, *1922), Ben Mottelson (DK, *1926), James Rainwater (USA, 1917–1986)	
Rainwater erkannte 1950, daß Atomkerne, die man sich bis dahin anhand eines Schalen- oder Tröpfchenmodells vorstellte, verformt sein können. Bohr und Mottelson entwickelten daraus das sog. Kollektivmodell: Der Kern rotiert als Ganzes, im Inneren des Kerns bewegen sich dessen Bestandteile (Protonen und Neutronen) unabhängig voneinander.	
Wirtschaftswissenschaften: Leonid Kantorowitsch (UdSSR, 1912–1986), Tjalling Koopmans (USA, 1910–1985)	
Die Wissenschaftler befaßten sich mit dem Hauptproblem der Volkswirtschaft: Wie können bei der Produktion von Waren und Dienstleistungen die sog. produktiven Ressourcen am besten ausgenutzt werden? Die Ökonomen erarbeiteten u. a. Analyseverfahren für Produktionspläne.	

Rendezvous im Weltraum: Zum ersten binationalen Raumfahrtunternehmen treffen das Raumschiff „Sojus 19" (UdSSR, u.) und „Apollo 18" (USA) im All zusammen (Zeichnung der NASA).

Gesellschaft

UNO proklamiert „Jahr der Frau"
1.1. Unter dem Motto „Gleichberechtigung, Entwicklung, Frieden" beginnt das von den Vereinten Nationen international proklamierte „Jahr der Frau".
Im deutschen Grundgesetz ist laut Art. 3 die Gleichberechtigung von Mann und Frau vorgesehen, jedoch gesellschaftlich nicht verwirklicht: Während der Mann als Versorger der Familie gilt, fällt der Frau nach wie vor die Rolle der Hausfrau und Mutter zu. Obwohl 37% der Frauen erwerbstätig sind, müssen sie mit schlechter bezahlten und weniger qualifizierten Stellen vorliebnehmen.
Geht es bei den Frauen in den westlichen Industriestaaten um die Durchsetzung von mehr Rechten, muß in der Dritten Welt zunächst die allgemeinwirtschaftliche Lage verbessert werden, bevor die Frage nach Gleichberechtigung von Mann und Frau überhaupt eine wesentliche Rolle spielt. In den folgenden Jahren proklamiert die UNO das „Jahr des Kindes" (1979) und das „Jahr der Behinderten" (1981). S 699/K 689

Volljährig mit 18 Jahren
1.1. BRD. Noch nie wurden so viele junge Menschen wie in diesem Jahr volljährig. Etwa 2,5 Mio Mädchen und Jungen im Alter zwischen 18 und 20 Jahren profitieren von der Herabsetzung der Volljährigkeit auf 18 Jahre.
Eines der Hauptargumente bei der Diskussion um die Herabsetzung war die immer länger werdende Ausbildungszeit der Jugendlichen. Die 18jährigen sind nun ehemündig und geschäftsfähig (sie können u. a. selbständig Verträge schließen). Mit dem Erhalt des aktiven und passiven Wahlrechts kann sich die Altersgruppe zwischen 18 und 20 Jahren erstmals an der Bundestagswahl 1976 beteiligen. Im Strafrecht gelten die jungen Erwachsenen noch bis zum Alter von 21 Jahren als Jugendliche.

BVG gegen Fristenlösung
25.2. Karlsruhe. Das Bundesverfassungsgericht erklärt die vom Bundestag beschlossene Reform des § 218 (Fristenregelung) für verfassungswidrig.
Damit bleibt eine Abtreibung auch in den ersten zwölf Wochen weiterhin verboten. Die Richter begründen ihre Entscheidung damit, daß der Staat grundsätzlich – vor dem Selbstbestimmungsrecht der Schwangeren – den Schutz des ungeborenen Lebens zu garantieren habe.

UNO-Jahre	K 689
Jahr	**Motto, Ziel**
1975	Jahr der Frau
	Schritt zur Realisierung der Frauen-Gleichberechtigung in Familie und Beruf
1979	Jahr des Kindes
	Verdeutlichung der besonderen Bedürfnisse von Kindern; Verstärkung der kinderfreundl. Maßnahmen
1981	Jahr der Behinderten
	Situation der weltweit 500 Mio geistig und körperlich behinderten Menschen soll vor Augen geführt werden
1990	Jahr der Alphabetisierung
	Verbesserung der Situation der weltweit 1 Mrd Analphabeten
1993	Jahr der Welturbevölkerung
	Schutz der Rechte der 250 Mio Ureinwohner (5000 Völker)

Nachdem 1972 in der DDR die Fristenregelung eingeführt wurde, beschloß 1974 auch der Bundestag ein Gesetz, nach dem der Schwangerschaftsabbruch in den ersten drei Monaten straffrei sein sollte.
Am 12.2.1976 entschließt sich der Bundestag zu einer Neufassung § 218: Unter bestimmten Voraussetzungen (Indikationen) bleibt eine Abtreibung straffrei. Die Regelung tritt am 21.6. in Kraft.
Im Zuge der Angleichung der Abtreibungsregelung nach der Wiedervereinigung wird 1992 wiederum die Straffreiheit des Schwangerschaftsabbruchs innerhalb der ersten zwölf Wochen nach der Empfängnis beschlossen. 1993 befindet das Verfassungsgericht, daß eine Abtreibung in den ersten drei Monaten zwar rechtswidrig ist, strafrechtlich aber nicht verfolgt wird. S 700/K 690

📖 I. Zwerenz: Frauen – Die Geschichte des Paragraphen 218. V. Krieger: Entscheiden. Was Frauen und Männer über den § 218 wissen sollten, 1987.

Auseinandersetzung um § 218		K 690
Jahr	Ereignis	
1871	Im Deutschen Reich kann bei Schwangerschaftsabbruch eine Zuchthausstrafe von bis zu fünf Jahren verhängt werden	
1905	Die Frauenrechtlerin und Publizistin Helene Stöcker gründet den „Bund für Mutterschutz und Sexualreform"; sie fordert freien Zugang zu Verhütungsmitteln und Abschaffung des § 218 StGB	
1926	Reform des § 218: Abtreibungen werden mit Gefängnis- statt mit Zuchthausstrafe geahndet (S.239)	
1929	Uraufführung des Theaterstücks „Cyankali" von Friedrich Wolf bewirkt ein Aufleben der Massenbewegung gegen den § 218	
1931	Wegen angeblicher Beihilfe zur Abtreibung werden die Ärzte Friedrich Wolf und Else Kienle verhaftet; Protestwelle während des Internationalen Frauentags gegen die Inhaftierung	
1971	In der Wochenzeitschrift „stern" bezichtigen sich 374 Frauen öffentlich der illegalen Abtreibung: Beginn des Kampfes gegen den § 218 und der kontroversen Diskussion in der BRD	
1974	Bundestag verabschiedet Reform des § 218: Fristenregelung (Abtreibung bis zur 12. Woche) legalisiert	
1975	Bundesverfassungsgericht erklärt Fristenregelung für verfassungswidrig: Abtreibung nicht mit Grundrechten (Menschenwürde, Schutz des Lebens und Unversehrtheit des Körpers) vereinbar	
1976	Reform des § 218: Indikationsregelung (vier Modelle) tritt an die Stelle der Fristenregelung; in der DDR gilt seit 1949 Fristenregelung	
1989	Memminger Frauenarzt Horst Theissen wird wegen Unterstützung illegaler Abtreibungen zu zweieinhalb Jahren Freiheitsstrafe und drei Jahren Berufsverbot verurteilt	
1990	Nach Vereinigung beider deutscher Staaten im Osten Proteste gegen die geplante Übernahme der bundesdeutschen Abtreibungsgesetzgebung; die beiden verschiedenen Regelungen in Ost- und Westdeutschland bleiben zunächst bestehen	
1992	Bundestag entscheidet sich mit Stimmen der CDU für eine Fristenregelung mit obligatorischer Beratung: Abtreibung in den ersten 12 Wochen straffrei; soziale Hilfen für Schwangere und Mütter	
1993	Bundesverfassungsgericht erklärt Gesetz z. T. für verfassungswidrig und setzt Übergangsregelung in Kraft: Unterscheidung straffrei und rechtmäßige Abtreibung, Beratungsziel ist Schutz des Ungeborenen	
1994	Bundestag beschließt Neuregelung des Abtreibungsrechts, das jedoch an SPD-Mehrheit im Bundesrat scheitert: Kontrovers sind Beratung, Eigenverantwortung der Frau, Pflichten des Arztes	
1995	Reform des Abtreibungsrechts: Fristenregelung mit Beratungspflicht: Reduzierung auf medizinische und kriminologische Indikation, ergebnisoffene Beratung bei Berücksichtigung des autonomen Lebensrechts des Ungeborenen, Strafandrohung bei Nötigung zur Abtreibung durch das soziale Umfeld, grundsätzliche Selbstfinanzierung der Abtreibung (Kostenerstattung abhängig vom Einkommen)	
1996	Umstrittenes Bayerisches Landesgesetz, das die Frauen in der Beratung verpflichtet, Gründe für Abtreibung darzulegen; Einschränkung der ambulanten Abtreibung durch Festlegung von Höchstquoten pro Arzt	

Kultur

Jelinek kritisiert Frauenrolle

Reinbek. Der Verlag Rowohlt veröffentlicht den Roman „Die Liebhaberinnen" von Elfriede Jelinek. Das Werk schildert das Schicksal zweier Frauen aus einfachen Verhältnissen, die ihre Vorstellungen von einem glücklichen Leben an den von der Wohlstandsgesellschaft vermittelten Leitbildern orientieren und scheitern – beide sind an den sozialen Status ihrer jeweiligen männlichen Partner gebunden; Selbstverwirklichung findet nicht statt.
Die marxistisch orientierte österreichische Autorin übt in ihren Werken (u. a. „Die Klavierspielerin", 1983, „Lust", 1989) Kritik an jeder klassenspezifischen Benachteiligung und versucht mit modernen literarischen Mitteln wie analytischem Sprachstil und Textmontage die Auswirkungen kapitalistischer Bedingungen auf das menschliche Bewußtsein zu verdeutlichen.

Komödie von Botho Strauß

2.9. Stuttgart. Am Württembergischen Staatstheater wird das Drama „Bekannte Gesichter, gemischte Gefühle" von Botho Strauß uraufgeführt. Es kontrastiert die öde Alltagswirklichkeit in einem Hotel mit einer kitschigen Traumsequenz, die eine sog. heile Welt zeigt.
Wiederkehrendes Thema in den Dramen von Botho Strauß ist die mangelnde Kommunikationsfähigkeit innerhalb einer redenden Gesellschaft. Strauß verzichtet auf eine lineare Handlungsführung zugunsten einer bruchstückhaften Darstellung. Surreales, Absurdes und Alltägliches werden miteinander vermischt.
Strauß entwickelt sich zu einem der meistgespielten Dramatiker in Deutschland. 1989

wird er mit dem Georg-Büchner-Literaturpreis ausgezeichnet.

📖 M. Radix (Hg.): Strauß lesen, 1987.

Forman dreht „Kuckucksnest"

USA. Der Film „Einer flog über das Kuckucksnest" von dem aus der Tschechoslowakei stammenden Regisseur Milos Forman hat Premiere. Er schildert den Versuch eines zur Beobachtung in eine Nervenheilanstalt eingewiesenen Häftlings, gegen die Regeln und Gesetze dieser Anstalt zu rebellieren. Nach einer tätlichen Auseinandersetzung mit der Oberschwester wird sein Wille durch eine Gehirnoperation gebrochen. Sein Freund, ein hünenhafter Indianer, tötet ihn schließlich, um ihm im Tod die ersehnte Freiheit zu schenken.

Der Film wird mit fünf Oscars ausgezeichnet und macht sowohl den Hauptdarsteller Jack Nicholson als auch den Regisseur Milos Forman berühmt. 1984 kann Forman, der 1969 in die USA übergesiedelt war, mit seiner Mozart-Biographie „Amadeus" an diesen Erfolg anknüpfen – der Film erhält insgesamt acht Oscars. `S 701/K 691`

Uraufführung von „Taxi Driver"

Martin Scorseses Film „Taxi Driver" hat Premiere. Das Werk ist die Studie eines offenbar durch die Erfahrung des Vietnamkrieges verstörten Mannes, der als Taxifahrer arbeitet. Nach einer unglücklichen Romanze mit einer politisch engagierten Frau lernt er eine minderjährige Prostituierte kennen. Als sein Versuch, sie von diesem Gewerbe abzubringen, scheitert, läuft er Amok. Er tötet ihren Zuhälter und drei weitere Männer und wird schließlich in den Zeitungen als Held gefeiert.

„Taxi Driver" erhält 1976 die Goldene Palme von Cannes. In seinen Filmen setzt sich Martin Scorsese häufig mit dem Schicksal gebrochener Randexistenzen auseinander, die im Kampf um gesellschaftliche Anerkennung Gewalt anwenden. 1988 erregt sein Film „Die letzte Versuchung Christi" aufgrund einiger angeblich blasphemischer Passagen heftige Kritik seitens der Kirchen. `S 701/K 691`

📖 P. W. Jansen/W. Schütte (Hg.): Martin Scorsese, 1986.

Erfolg für Brian De Palma

Mit seinem Film „Schwarzer Engel" gelingt dem US-amerikanischen Regisseur Brian De Palma der Durchbruch. Ein Unternehmer trifft 16 Jahre nach dem Tod seiner Frau und seiner Tochter, die bei einer Entführung ums Leben gekommen sind, auf ein Mädchen, das

Kulturszene 1975	K 691
Theater	
Heiner Müller Die Schlacht UA 30.1., Ostberlin	Das Deutschland-Drama verarbeitet das Dilemma von Tod und Selbsterhaltungstrieb angesichts faschistischer Gewalt.
Martin Walser Das Sauspiel UA 19.12., Hamburg	Historische Ereignisse um den Bauernkrieg im 16. Jh. werden aus der Perspektive heutiger konservativer Strömungen gesehen.
Oper	
Günter Bialas Der gestiefelte Kater UA 15.5., Schwetzingen	Komische Märchenoper voller Witz, Ironie und Doppeldeutigkeiten mit heiterer Verwendung kompositorischer Mittel der Avantgarde.
Luigi Nono Al gran sole… UA 4.4., Mailand	Das als „szenische Aktion" bezeichnete Werk ist eine musikalisch-dramaturgische Montage aus Vergangenem und Gegenwärtigem.
Musical	
Marvin Hamlisch A Chorus Line UA 16.4., New York	Beim Vortanzen der Bewerber für eine neue Broadway-Show passieren auch die Existenzprobleme und Zukunftsträume Revue.
John Kander Chicago UA 3.6., New York	Das Stück über Frauen, die ihre Männer umgebracht haben, war vor der Vertonung bereits als Theaterstück und als Film erfolgreich.
Film	
Thodoros Angelopoulos Die Wanderschauspieler Griechenland	Eine Truppe von Wanderschauspielern erlebt die wechselnden Diktaturen in Griechenland; Sensationserfolg beim Filmfestival in Cannes.
Richard Donner Das Omen USA	Horrorthriller über ein vom Satan besessenes Kind auf dem Weg zu Reichtum und Macht; mit Gregory Peck und Lee Remick.
Milos Forman Einer flog über das Kuckucksnest; USA	Bittere Satire auf gesellschaftliche Zustände: Der in eine Anstalt eingewiesene McMurphy rebelliert vergeblich gegen das Kliniksystem.
Pier Paolo Pasolini Die 120 Tage von Sodom Italien/Frankreich	Radikale Faschismus-Parabel, die bis an die Grenzen des Erträglichen geht; letzter Film des umstrittenen Regisseurs (1975 ermordet).
V. Schlöndorff/M. v. Trotta Die verlorene Ehre der Katharina Blum; BRD	Die Existenz einer Frau wird durch die verlogene Pressekampagne eines Boulevardblattes zerstört; nach der Erzählung von Heinrich Böll.
Martin Scorsese Taxi Driver USA	Studie eines Mannes (Robert de Niro), der in missionarischem Wahn beginnt, die Straßen New Yorks von Kriminellen zu „säubern".
François Truffaut Taschengeld Frankreich	Episodischer Film über Kinder in einer französischen Kleinstadt; Truffaut plädiert für mehr Verständnis für die Jugend.
Buch	
E. L. Doctorow Ragtime New York	Facettenreich gestaltetes Gesellschaftsporträt anhand der Geschichte von drei New Yorker Familien zwischen 1902 und 1917.
Max Frisch Montauk Frankfurt/M.	Frisch zieht in seinem ersten Alterswerk eine schonungslose Bilanz seines (Liebes-)Lebens und seines Schreibens.
Carlos Fuentes Terra nostra Mexiko-Stadt	Der Roman stellt die reale Historie Spaniens und Lateinamerikas den nicht verwirklichten geschichtlichen Möglichkeiten gegenüber.
Herbert Gruhl Ein Planet wird geplündert; Frankfurt/M.	Aufsehenerregendes Buch des Umweltpolitikers über die Folgen der Umweltzerstörung; Untertitel: Die Schreckensbilanz unserer Politik.
Peter Weiss Die Ästhetik des Widerstands; Frankfurt/M.	Erster Band der Roman-Trilogie (1975–81): Versuch, ein differenziertes Gesamtbild des antifaschistischen Widerstands zu geben.

Sport 1975 — K 692

Fußball	
Deutsche Meisterschaft	Borussia Mönchengladbach
DFB-Pokal	Eintracht Frankfurt – MSV Duisburg 1:0
Englische Meisterschaft	Derby County
Italienische Meisterschaft	Juventus Turin
Spanische Meisterschaft	Real Madrid
Europapokal (Landesmeister)	FC Bayern München – Leeds United 2:0
Europapokal (Pokalsieger)	Dynamo Kiew – Ferencvaros Budapest 3:0
UEFA-Pokal	Borussia Mönchengladbach
Tennis	
Wimbledon (seit 1877; 89. Austragung)	Herren: Arthur Ashe (USA) Damen: Billie Jean King (USA)
US Open (seit 1881; 95. Austragung)	Herren: Manuel Orantes (ESP) Damen: Chris Evert (USA)
French Open (seit 1925; 45. Austragung)	Herren: Björn Borg (SWE) Damen: Chris Evert (USA)
Australian Open (seit 1905; 63. Austragung)	Herren: John Newcombe (AUS) Damen: Evonne Goolagong (AUS)
Davis-Cup (Stockholm, SWE)	Schweden – Tschechoslowakei 3:2
Eishockey	
Weltmeisterschaft	Sowjetunion
Stanley-Cup	Philadelphia Flyers
Deutsche Meisterschaft	Düsseldorfer EG
Radsport	
Tour de France (3999 km)	Bernard Thévenet (FRA)
Giro d'Italia (3963 km)	Fausto Bertoglio (ITA)
Straßen-Weltmeisterschaft	Hennie Kuiper (HOL)
Automobilsport	
Formel-1-Weltmeisterschaft	Niki Lauda (AUT), Ferrari
Boxen	
Schwergewichts-Weltmeisterschaft	Muhammad Ali (USA) – K. o. über Joe Frazier (USA), 30.9. – PS gegen Joe Bugner (GBR), 30.6. – K. o. über Ron Lyle (USA), 16.5. – K. o. über Chuck Weppner (USA), 24.3.

Herausragende Weltrekorde		
Disziplin	Athlet (Land)	Leistung
Leichtathletik, Männer		
3000 m Hindernis	Anders Gärderud (SWE)	8:09,8 min
Dreisprung	João Carlos de Oliveira (BRA)	17,89 m
Hammerwurf	Walter Schmidt (FRG)	79,30 m
Leichtathletik, Frauen		
Diskuswurf	Faina Melnik (URS)	70,20 m
Schwimmen, Männer		
100 m Freistil	Jim Montgomery (USA)	50,59 sec
1500 m Freistil	Tim Shaw (USA)	15:20,91 min
Schwimmen, Frauen		
100 m Freistil	Kornelia Ender (GDR)	56,22 sec
200 m Lagen	Ulrike Tauber (GDR)	2:18,83 min

seiner Frau zum Verwechseln ähnlich sieht. Eine Liebesgeschichte entwickelt sich, an deren Ende der Unternehmer erkennen muß, daß er das Opfer einer Intrige ist: Das Mädchen ist seine totgeglaubte Tochter, die sich an ihrem Vater rächen will, der ihrer Meinung nach den Tod der Mutter verschuldet hat.

Die suggestive Wirkung des Films beruht nicht zuletzt auf der unverhohlenen Adaption von Hitchcock-Motiven. Die subtile Erzählweise des Meisters des „suspense" weicht allerdings bei Brian De Palma vordergründigen, grellen Bildern. Der amerikanische Regisseur entwickelt sich zu einem Spezialisten für Horror- und Spannungseffekte (u. a. in „Carrie", 1976, „Dressed to kill", 1980). Seinen größten Erfolg verzeichnet Brian De Palma 1987 mit „Die Unbestechlichen".

Sport

Fünfter Weltpokal für Moser-Pröll

24.2. Die 22jährige Österreicherin Annemarie Moser-Pröll gewinnt zum fünften Mal in Folge den Weltcup der alpinen Skirennläuferinnen. Mit 305 Punkten in der Gesamtwertung siegt sie überlegen vor Hanni Wenzel aus Liechtenstein (199) und der Deutschen Rosi Mittermaier (166).
Bei den Olympischen Spielen von Sapporo (↑S.669/3.2.–13.2.1972) holte „La Pröll" 1972 jeweils eine Silbermedaille in der Abfahrt und im Riesenslalom.
Nach einer kurzen Pause vom aktiven Rennsport startet Moser-Pröll 1977 ein Comeback. Sie wird 1979 erneut Weltcup-Siegerin und krönt ihre Karriere 1980 bei den Olympischen Winterspielen in Lake Placid mit dem Gewinn der Goldmedaille (Abfahrt).

Niki Lauda startet Formel-1-Karriere

Oktober. Der 26jährige Österreicher Niki Lauda gewinnt auf Ferrari die Formel-1-Weltmeisterschaft. Er gewann fünf von 14 Grand-Prix-Rennen.
Lauda stieg 1971 in die Formel 1 ein. Er fuhr zunächst auf March und BRM. 1974 wechselte er zum Ferrari-Rennstall.
Bei einem schweren Unfall auf dem Nürburgring 1976 erleidet der technisch brillante Rennfahrer schwere Verletzungen, sitzt aber 45 Tage später wieder im Cockpit. 1977 wird Lauda erneut Weltmeister. 1979 erklärt er seinen Rücktritt, wird jedoch 1982 wieder aktiv. Zwei Jahre später krönt er seine Formel-1-Karriere mit einem erneuten Titel.

1976

Politik

Bürgerkrieg in Angola KAR

9.2. *Huambo.* Im Krieg zwischen verfeindeten angolanischen Befreiungsbewegungen erringt die marxistische MPLA einen Sieg. Mit Hilfe kubanischer Soldaten erobert sie die provisorische Hauptstadt Huambo und besetzt das Hauptquartier der westlich orientierten Organisationen FNLA und UNITA.

Nachdem Portugal 1975 Angola in die Unabhängigkeit entlassen hatte, wurde Anfang 1976 eine provisorische Regierung gebildet, die sich aus Mitgliedern der drei Befreiungsorganisationen zusammensetzte. Sie brach bereits im Februar auseinander. FNLA und UNITA traten aus der Regierung aus und proklamierten im Nachbarstaat Zaïre die Demokratische Volksrepublik Angola.

Am 11.11. ruft die MPLA in der Hauptstadt Luanda die Volksrepublik Angola aus und begründet einen Einparteienstaat nach marxistisch-leninistischem Vorbild. Der Bürgerkrieg geht jedoch weiter.

1991 kommt es zu einem Waffenstillstand zwischen MPLA-Präsident Eduardo dos Santos und UNITA-Rebellenführer Jonas Savimbi, der bis 1996 immer wieder vereinzelt gebrochen wird. Unter Aufsicht der UNO finden im September 1992 freie Wahlen statt, aus denen die MPLA als Sieger hervorgeht. Erst 1995 erkennt Savimbi die Legitimität

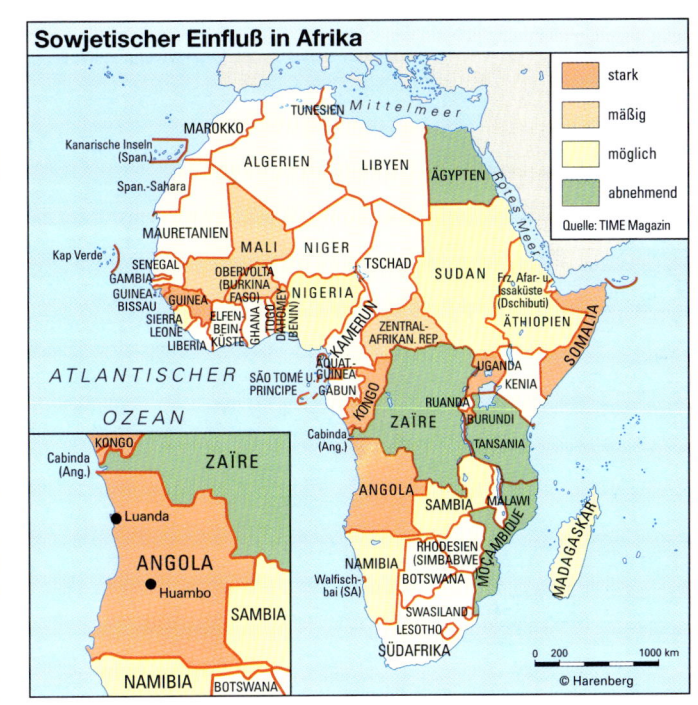

Wichtige Regierungswechsel 1976			K 693
Land	Amtsinhaber	Bedeutung	
Argentinien	Isabel Perón (P seit 1974) Jorge Rafael Videla (P bis 1981)	Militärputsch (24.3.) gegen Perón, die mit Hilfe von Notstandsgesetzen regierte; Videla errichtet Diktatur (S.705)	
China	Zhou Enlai (M seit 1949) Deng Xiaoping (M 8.1.–7.4.) Hua Guofeng (M bis 1980)	Tod von Zhou Enlai (8.1.) löst Machtkampf aus, der mit Entmachtung Dengs endet; Hua (ab Oktober auch KP-Chef) tritt für Modernisierung und vorsichtige Öffnung nach Westen ein (S.706)	
DDR	Willi Stoph (P seit 1973)[1] Erich Honecker (P bis 1989)[1]	Honecker, SED-Vorsitzender sowie Vorsitzender des Nationalen Verteidigungsrats, vereint die drei wichtigsten Ämter auf sich	
	Horst Sindermann (M seit 1973) Willi Stoph (M bis 1989)	Nach Machtausweitung Honeckers wechselt Stoph auf den weniger einflußreichen Posten des Ministerpräsidenten	
Frankreich	Jacques Chirac (M seit 1974) Raymond Barre (M bis 1981)	Rücktritt von Chirac (25.8.) führt Bündnis bürgerlicher Parteien (geführt von Präsident Giscard d'Estaing) in eine Krise	
Großbritannien	Harold Wilson (Labour, M seit 1974) James Callaghan (Labour, M bis 1979)	Rücktritt Wilsons aus Gesundheitsgründen (5.4.); Callaghan muß die durch Streiks angespannte Wirtschaftslage entschärfen	
Kambodscha	Penn Nouth (M seit 1970) Pol Pot (M bis 1979)	Beginn der Schreckensherrschaft der Roten Khmer, die 1975 die westlich orientierte Regierung von Lon Nol stürzten (S.705)	
Portugal	José B. Pinheiro de Azevedo (M seit 1975) Mário Soáres (M bis 1978)	Sozialisten gewinnen erste freie Wahl seit über 50 Jahren; Weg in die parlamentarische Demokratie abgeschlossen	
Schweden	Olof Palme (M seit 1969) Thorbjörn Fälldin (M bis 1982)	Zentrumspolitiker Fälldin bricht die seit 1920 bestehende Herrschaft der Sozialdemokraten (7.10.)	
Spanien	Carlos Arias Navarro (M seit 1974) Adolfo Suárez González (M bis 1982)	König entläßt Arias (1.7.), weil er Demokratisierung nicht vorantrieb; Volk fordert in Referendum Demokratisierung (94%)	

M = Ministerpräsident bzw. Premierminister; P = Präsident; 1) Staatsratsvorsitzender

1976

der MPLA-Regierung an und wird zum Vizepräsidenten der Republik ernannt. S 704/K 694
M. Offermann: Angola zwischen den Fronten, 1988. Y. Loiseau (u. a.): Jonas Savimbi, Revolutionär und General, 1990.

Spanier verlassen Westsahara
28.2. El-Aiun. Mit der formellen Übergabe der Westsahara an Marokko und Mauretanien endet die spanische Kolonialherrschaft nach 91 Jahren.

Seit 1973 versuchten Marokko, Algerien und Mauretanien mit Unterstützung der Unabhängigkeitsbewegungen eine Entkolonialisierung zu erzielen. Ende 1975 organisierte König Hassan II. von Marokko einen „Grünen Marsch" (350 000 Teilnehmer) in die Westsahara, um seinen Anspruch auf das Gebiet zu untermauern.

Gemäß einer Vereinbarung von 1975 soll die Westsahara bis zu einer Volksabstimmung von Marokko und Mauretanien verwaltet werden, doch Ende Februar annektieren die beiden Staaten das Land. Die Befreiungsorganisation POLISARIO, die sich für die Autonomie der Westsahara einsetzt und von Algerien unterstützt wird, leistet gewaltsamen Widerstand. Nach militärischen Erfolgen der POLISARIO gibt Mauretanien seine Ansprüche auf. Marokko integriert diesen Teil der Westsahara ebenfalls.

Im September 1991 tritt ein von der UNO vermittelter Waffenstillstand in Kraft. Das UNO-Kontingent zur Vorbereitung einer ursprünglich für 1992 geplanten Abstimmung über die Unabhängigkeit der Westsahara zieht 1996 unverrichteter Dinge ab, die Wahlvorbereitung wird ausgesetzt. S 704/K 694

Kriegsherde in Afrika seit 1945 K 694

Zeitraum	Konflikt	Konfliktgegner	Ursache/Anlaß	Folgen
1954–62	Algerienkrieg	Algerien, Frankreich	Algerischer Unabhängigkeitskampf gegen Frankreich	1.7.1962: Algerier stimmen in Referendum für Autonomie; am 3.7. von Frankreich anerkannt
1961–91	Äthiopisch-Eritreischer Krieg	Äthiopien, Eritrea	Autonomiekampf Eritreas, das 1962 annektiert wurde	Massenflucht; Hungerkatastrophen; 1993: Unabhängigkeit Eritreas
1963–64	Algerisch-Marokkanischer Krieg	Algerien, Marokko	Grenzstreitigkeiten nach Unabhängigkeit von Frankreich	Waffenstillstand; 1976: neuer Konflikt wegen Zugehörigkeit der Westsahara
1963–78	Äthiopisch-Somalischer Krieg	Äthiopien, Somalia	Gebietskonflikte nach Gründung Somalias 1960	Seit 1978 weitgehende Ruhe; gelegentlich weitere militärische Übergriffe
1966–90	Namibischer Unabhängigkeitskrieg	Namibia, Südafrika, Angola, Kuba	1966: UN entzieht Südafrika Mandat für namibische Region	1990: Als letztes afrikanisches Land wird Namibia in die Unabhängigkeit entlassen
1967–70	Biafra-Krieg	Nigeria	Stamm der Ibo will sich als Rep. Biafra von Nigeria lösen	Niederlage der Ibo nach Hungerblockade; Biafra bleibt bei Nigeria (S.640)
1972–81	Tansanisch-Ugandischer Krieg	Uganda, Tansania	Schreckensherrscher Idi Amin greift tansanisches Gebiet an	1979: Besetzung Ugandas; Tansania von Bürgerkriegstruppen unterstützt; Amin flieht ins Ausland
1975–94	Angolanischer Bürgerkrieg	Regierende MPLA, UNITA-Rebellen	Ideologischer Gegensatz: MPLA (links), UNITA (rechts)	Friedensabkommen 1991/94; Ergebnis freier Wahlen (1992) von UNITA erst 1995 anerkannt (S.703)
1976–91	Spanisch-Sahara-Krieg	Befreiungsbewegung POLISARIO, Marokko	POLISARIO kämpft für unabhängige Westsahara	1978/79: Marokko besetzt ganz Westsahara; 1991: UN-Waffenstillstand, Referendum geplant (S.704)
1977	Libysch-Ägyptischer Krieg	Libyen, Ägypten	Grenzstreitigkeiten	Waffenstillstand nach Vermittlung des algerischen Präsidenten
1977–92	Bürgerkrieg in Mosambik	Frelimo-Regierung, Renamo-Rebellen	Ideologischer Gegensatz zwischen Regierung u. Opposition	1992: Rechte Renamo bietet Frieden bei Straffreiheit an; Demokratisierung
Ab 1983	Bürgerkrieg im Sudan	Arabisch-islam. Norden - christl.-schwarzafr. Süden	Ethnisch-kulturelle Gegensätze Schwarzafrikanische Befreiungsfronten im Südsudan	Verschärfung des latent vorhandenen Konflikts durch die Machtübernahme islamischer Fundamentalisten 1989
Ab 1990	Bürgerkrieg im Tschad	Regierungstruppen, Rebellen	Unruhen nach Sturz des Diktators Hissen Habré (1990)	1992: Gescheiterter Gegenputsch verzögert Übergang zur Demokratie
Ab 1990	Bürgerkrieg in Ruanda und Burundi	Hutu, Tutsi	Guerillakriege; Völkermord; ethnisch-soziale Gegensätze	1994: 1,9 Mio Tote bei Pogromen in Ruanda; 1,7 Mio Flüchtlinge; 1996: Konflikt greift auf Zaïre über (S.900)
Ab 1991	Somalischer Bürgerkrieg	Verschiedene Clans	Nachfolge des 1991 gestürzten Diktators Siad Barre	1992/93 Eingreifen einer internationalen Friedenstruppe nicht erfolgreich

1976

Militärputsch in Argentinien

24.3. Buenos Aires. Eine Militärjunta stürzt Argentiniens Staatspräsidentin Isabel Perón und übernimmt die Macht. Heeresgeneral Jorge Rafael Videla wird neuer Präsident.

Perón geriet in ihrer knapp zweijährigen Amtszeit nach dem Tod ihres Ehemanns Juan Domingo Perón (↑S.499/16.9.1955) in zunehmende Abhängigkeit zu ihren engsten Mitarbeitern. Der rechte peronistische Flügel der Regierungspartei Partido Laborista gewann die Oberhand. Die Parteilinke gründete daraufhin eine eigene Partei. Politisch und wirtschaftlich entglitten Perón die Zügel immer mehr. Eine jährliche Inflationsrate von 335% (1975), sinkende Produktivität und Korruption waren die Folge.

Die Militärjunta löst Parlament, Länderkammern sowie Gemeinderäte auf und verhängt ein Betätigungsverbot für Parteien und Gewerkschaften. Die restriktive Politik der Junta löst eine Welle der Gewalt aus. Die Regierung verliert die Kontrolle über die rechtsgerichteten paramilitärischen Organisationen (↑S.754/ 2.4.1982). S 606/K 610 S 755/K 739

Pol Pot ergreift die Macht

4.4. Phnom Penh. Prinz Norodom Sihanuk, Staatsoberhaupt von Kambodscha, wird vom Führer der radikalen kommunistischen Roten Khmer, Khieu Samphan, abgelöst. Pol Pot übernimmt das Amt des Ministerpräsidenten.

Seit 1970 hatten der mit US-amerikanischer Hilfe abgesetzte Sihanuk und die Roten Khmer gegen die von den USA unterstützte Regierung Lon Nol gekämpft (↑S.641/30.4. 1970). Am 17.4.1975 zogen Truppen der Roten Khmer in Kambodschas Hauptstadt ein, Sihanuk wurde Staatspräsident.

Nach der Machtergreifung Pol Pots beginnt eine radikale Umgestaltung von Staat und Gesellschaft („Steinzeit-Kommunismus"), in deren Verlauf ca. 1 Mio Menschen ermordet werden. Am 25.12.1978 (↑S.725) marschieren vietnamesische Truppen, von kambodschanischen Partisanenverbänden unterstützt, in das Land ein.

📖 P. Yathay: „Du mußt überleben, mein Sohn!" Bericht einer Flucht aus dem kambodschanischen Inferno, 1987. G. Giesenfeld: Land der Reisfelder. Vietnam, Laos, Kambodscha. Geschichte und Gegenwart, 1988.

Befreiungsaktion in Entebbe

4.7. Entebbe. Ohne Absprache mit den ugandischen Behörden befreien israelische Eliteeinheiten in Entebbe die über 100 Passagiere eines von deutschen und irakischen Terroristen entführten Flugzeugs. Bei der Befreiungsaktion kommt es zu Gefechten mit ugandischen Soldaten, die das Gelände umstellt hatten. 31 Menschen, darunter der deutsche Terrorist Wilfried Böse, werden getötet.

Die Entführer hatten gedroht, ihre Geiseln zu erschießen, falls nicht 53 „Freiheitskämpfer" nach Uganda gebracht würden. Die betroffenen Regierungen der Bundesrepublik Deutschland, Frankreichs, Kenias und der Schweiz ließen keine Verhandlungsbereitschaft erkennen. Die israelische Regierung verfolgte eine Hinhaltetaktik, während die Befreiung geplant wurde.

Kritiker werfen Israel vor, kein Staat habe das Recht, ohne Absprache mit der betroffenen Regierung eine solche Militäraktion durchzuführen.

Prinz Bernhard tritt zurück

26.8. Den Haag. Prinz Bernhard der Niederlande, Ehemann von Königin Juliana, gibt seine öffentlichen Ämter ab. Ihm wird vorge-

Kambodscha: Nach dem Machtantritt Pol Pots und der kommunistischen Roten Khmer mit ihren Kindersoldaten eskaliert der Bürgerkrieg. Exekutionen sind an der Tagesordnung.

worfen, von dem US-amerikanischen Flugzeug- und Rüstungskonzern Lockheed 1 Mio Dollar angenommen zu haben.
1974 hatte Prinz Bernhard Lockheed gebeten, diese Geldsumme für den World-Wildlife-Fund, dessen Präsident er war, zu spenden. Nach Ansicht seiner Kritiker stellte er als Gegenleistung den Ankauf von Militärflugzeugen in Aussicht; das Geschäft kam jedoch nicht zustande. Durch die Aussage des Lockheed-Direktors Kotchian vor einem Untersuchungsausschuß des US-Senats war die Sache bekannt geworden.
Über Jahre hatte Lockheed Politiker, Rüstungsmanager und Militärs in aller Welt mit hohen Summen bestochen, um seinen Absatz zu sichern. 1978 gerät der CSU-Vorsitzende Franz Josef Strauß in Verdacht, von Lockheed Bestechungsgelder in Millionenhöhe erhalten zu haben. S 65/K 64 S 684/K 676

Kampf um Maos Erbe
9.9. Peking. Der 82jährige „Große" Vorsitzende der Kommunistischen Partei Chinas, Mao Zedong, stirbt an den Folgen der Parkinsonschen Krankheit.
Mao Zedong hatte 1949 die Volksrepublik China gegründet. Die von ihm zwischen 1950 und 1953 eingeleitete Verteilung von Grund und Boden an die Bauern war Vorstufe zu der bis 1957 betriebenen Kollektivierungspolitik, die ihren Höhepunkt in dem 1958 angestrebten „Großen Sprung nach vorn" und der Bildung von Volkskommunen fand. Als diese Politik die Landwirtschaft in eine schwere Krise führte, begann die Macht des Staatsgründers zu schwinden. In der Partei kam es zu Macht- und Richtungskämpfen, die sich in der sog. Kulturrevolution (↑S.600/8.8.1966) entluden. Aus ihr ging Mao gestärkt hervor.
Nach dem Tod des Staatsgründers entbrennt ein Streit um dessen Nachfolge. Bereits zu Beginn des Jahres schaltete Hua Guofeng nach dem Tod von Ministerpräsident Zhou Enlai den als gemäßigt geltenden Deng Xiaoping aus und trat Zhous Nachfolge an. Jetzt übernimmt er – mit Hilfe linksradikaler Kreise um die Mao-Witwe Jiang Qing – auch den Parteivorsitz.
Doch schon im Oktober wird die sog. Viererbande um Jiang Qing verhaftet, die pragmatisch-gemäßigte Linie setzt sich durch. Deng Xiaoping wird 1977 rehabilitiert und in den Folgejahren zum mächtigsten Mann der Volksrepublik China. S 454/K 457
P. Sabatier: Der letzte Drache. Deng Xiaoping in seiner Zeit, 1991.

Helmut Schmidt bleibt Kanzler
3.10. Bonn. Trotz erheblicher Stimmengewinne der CDU/CSU unter ihrem Kanzlerkandidaten Helmut Kohl geht die SPD/FDP-Koalition unter Helmut Schmidt als knappe Siegerin aus der Bundestagswahl hervor.
Die Union erzielt mit 48,6% der Stimmen ihr bestes Ergebnis seit 1957. Mit nur 42,6% verliert die SPD ihre Position als stärkste Partei, die sie seit 1972 innehat. Ihr Koalitionspartner, die FDP, erhält 7,9%.
Der Wahl war ein leidenschaftlicher Wahlkampf vorausgegangen, bei dem die Sachthemen in den Hintergrund traten. Die Regierung unter Schmidt befaßt sich 1977/78 mit der Sanierung der Renten- und Krankenversicherung, zur Belastungsprobe wird die Terrorwelle im Herbst 1977 (↑S.715/5.9.).
Die Unzufriedenheit in der Bevölkerung angesichts der schwierigen Wirtschaftslage führt zu Niederlagen der SPD bei den kommenden Landtagswahlen und zu einer Stärkung der CDU/CSU. Ein Machtwechsel beginnt sich abzuzeichnen. S 600/K 604 S 837/K 806
J. Carr: Helmut Schmidt, 1985. M. Graf v. Nayhauß: Helmut Schmidt, 1988.

Bürgerkrieg um Brokdorf
30.10. Brokdorf. Nach einer friedlichen Demonstration gegen das Atomkraftwerk Brokdorf kommt es zu Zusammenstößen zwischen Polizei und ca. 400 militanten Kernkraftgegnern, die den Bauplatz besetzen wollen. Die Polizei setzt Tränengas sowie Wasserwerfer ein und geht mit Schlagstöcken

Jimmy Carter bei einer Wahlkampfveranstaltung der Demokraten im New Yorker Madison Square Garden.

gegen die Besetzer vor. Im Laufe des November nehmen die Auseinandersetzungen bürgerkriegsähnliche Ausmaße an.
Am 25.10. hatte die CDU-Landesregierung von Schleswig-Holstein die Teilerrichtungsgenehmigung für das umstrittene Kernkraftwerk an der Unterelbe beschlossen. Daraufhin wurde mit den Bauarbeiten begonnen. Sie werden nach den schweren Auseinandersetzungen 1977 vorerst eingestellt.
Der Protest gegen die Nutzung der Atomenergie nimmt in den folgenden Jahren zu. Im Juni 1980 räumen Polizisten das von Kernkraftgegnern gegründete Hüttendorf „Republik Freies Wendland" im niedersächsischen Gorleben; auf dem Gelände soll eine Atommülldeponie entstehen. Ende 1980 kommt es in Brokdorf zu erneuten Auseinandersetzungen, nachdem die Wiederaufnahme des Baus angekündigt wurde. S 791/K 770

Jimmy Carter 39. US-Präsident
2.11. Washington. Die Amerikaner wählen den Demokraten James Earl „Jimmy" Carter zum 39. Präsidenten der USA. Sein Konkurrent, der amtierende republikanische Präsident Gerald Ford, muß sich nach einem spannenden Kopf-an-Kopf-Rennen geschlagen geben.
Carters Erfolg beendet die acht Jahre während republikanische Herrschaft im Weißen Haus und krönt einen 22monatigen Wahlkampf, den der Südstaatler als Außenseiter begonnen hatte. Die Niederlage der Republikaner ist nicht zuletzt Folge der Watergate-Affäre, die am 8.8.1974 (↑S.686) zum Rücktritt von Fords Vorgänger Richard Nixon geführt hatte.
Am 20.1.1977 wird der neue Präsident vereidigt. Seine von moralischen Menschenrechtsappellen geprägte Außenpolitik führt, gepaart mit innenpolitischer Entscheidungsschwäche, die USA in eine Krise. Nach dem gescheiterten Befreiungsversuch US-amerikanischer Geiseln im Iran am 25.4.1980 (↑S.740) unterliegt Carter bei der Präsidentschaftswahl am 4.11.1980 (↑S.743) deutlich dem Republikaner Ronald Reagan. 1978 ist Carter an der Verständigung zwischen Israel und Ägypten beteiligt, die im folgenden Jahr zum Friedensvertrag von Camp David (benannt nach dem Feriensitz des US-Präsidenten) kommt (↑S.723/17.9.1978).
Carter erwirbt sich Ansehen bei Schlichtertätigkeiten in Äthiopien und Nicaragua sowie Friedensvermittlungen in Haiti, Nord-Korea und Bosnien-Herzegowina (1994). S 856/K 823
📖 B. Lebens: Jimmy Carter, 1976.

Übersiedlung von DDR-Schriftstellern K 695

Name	Jahr	Wichtigste Werke
Gerhard Zwerenz (*1925)	1957	„Casanova oder Der kleine Herr in Krieg und Frieden" (1966), „Wider die dt. Tabus" (1962)
Uwe Johnson (1934–1984)	1959	„Mutmaßungen …" (1959), „Das dritte Buch über Achim" (1961), „Zwei Ansichten" (1965)
Heinar Kipphardt (1922–1982)	1959	„Der Hund des Generals" (1962), „In der Sache J. Robert Oppenheimer" (1965)
Ernst Bloch (1885–1977)	1961	„Das Prinzip Hoffnung" (3 Bde., 1954–59), „Naturrecht und menschliche Würde" (1961)
Hans Mayer (*1907)	1963	Literaturhistorische Untersuchungen unter soziologisch-historischem Aspekt
Hartmut Lange (*1937)	1964	„Der Hundsprozeß", „Herakles" (1968), „Die Revolution als Geisterschiff" (Essays, 1973)
Christa Reinig (*1926)	1964	„Die Steine von Finisterre" (1960), „Schwabinger Marterln" (1968)
Wolf Biermann (*1936)	1976	„Mit Marx- und Engelszungen" (1967), „Deutschland. Ein Wintermärchen" (1972)
Thomas Brasch (*1945)	1976	„Vor den Vätern sterben die Söhne" (1977), „Engel aus Eisen" (1981)
Volker Braun (*1939)	1977	„Provokation für mich" (1965), „Es genügt nicht die volle Wahrheit. Notate" (1976)
Sarah Kirsch (*1935)	1977	„Landaufenthalt" (1967), „Zaubersprüche" (1973), „Irrstern" (1986)
Reiner Kunze (*1933)	1977	„Vögel über dem Tau" (1959), „Sensible Wege" (1969), „Das Kätzchen" (1979)
Günter Kunert (*1929)	1979	„Wegschilder und Mauerinschriften" (1950), „Im Namen der Hüte" (1968)

Wolf Biermann ausgebürgert
16.11. Ostberlin. Dem Liedermacher Wolf Biermann wird die Rückkehr in seine Heimat verweigert. Die DDR-Behörden entziehen dem bislang in Ostberlin lebenden Liedermacher, der sich auf einer Tournee durch die Bundesrepublik Deutschland befindet, die Staatsbürgerschaft wegen „feindseligem Auftreten gegenüber der DDR".
1953 war der in Hamburg geborene Biermann in die DDR übergesiedelt und erhielt dort 1965 Berufs- und Ausreiseverbot. Seitdem war er nicht mehr öffentlich aufgetreten, wurde jedoch durch Publikationen im Westen bekannt und zur Symbolfigur einer dem realen Sozialismus kritisch gegenüberstehenden Linken. Ende Oktober 1976 erhielt er überraschend ein Einreisevisum für die Bundesrepublik und war unter der Bedingung ausgereist, in die DDR zurückkehren zu dürfen.
Die Ausbürgerung provoziert eine Ausreisewelle Intellektueller aus der DDR und Proteste in Ost und West. 1991 erhält Biermann den Georg-Büchner-Preis. S 707/K 695
📖 T. Rothschild: Wolf Biermann, Liedermacher und Sozialist, 1976. A. Grunnenberg: Aufbruch der inneren Mauer. Politik und Kultur in der DDR 1971–1990, 1990.

1976

Seveso: Als Folge der Giftgaskatastrophe müssen über 200 Menschen, darunter viele Kinder, wegen Verätzungen und Vergiftungen behandelt werden.

Chemie-Katastrophen im 20. Jahrhundert	K 696
1912: Dünger-Explosion in Oppau (Rheinland-Pfalz)	
565 Tote und fast 2000 Verletzte bei der Explosion von 4800 t hartgewordenen Mischdüngers aus Ammoniumsulfat und Ammoniumnitrat nach Sprengungsversuchen. Der entstandene Trichter bei Ludwigshafen hat einen Durchmesser von 100 m und ist etwa 60 m tief.	
1957–61: Contergan-Pharmaskandal (BRD, S.649/18.12.1970)	
Mißbildungen bei 2625 Neugeborenen in der BRD durch rezeptpflichtiges Schlaf- und Beruhigungsmittel Contergan (Chemie Grünenthal). Das Strafverfahren gegen das Unternehmen wird 1970 ohne Urteil eingestellt.	
1976: Dioxin-Katastrophe in Seveso (Italien, S.708)	
Schwere Hautkrankheiten durch Giftgaswolke TCDD (Tetrachlordibenzoldioxin). Aus der 115 ha großen Gefahrenzone wird die Bevölkerung evakuiert. Ursache der Katastrophe: Überhitzung bei Trichlorphenol-Herstellung in einem Tochterunternehmen des Pharmakonzerns Hoffmann-LaRoche.	
1984: Giftgasunfall in Bhopal (Indien, S.774)	
2500 Menschen sterben, unzählige erblinden nach Ausströmen von hochgiftigen Gasen aus undichtem Tankventil in einer US-Fabrik, in der die chemische Substanz Methylisocyanat für Pflanzenschutzmittel hergestellt wird. Vorwurf: Vernachlässigung der Sicherheitsvorkehrungen.	
1986: Chemikalien-Großbrand in Basel (Schweiz, S.791)	
Nach Einleitung fließender Giftstoffe mit Löschwasser ist der Oberlauf des Rheins biologisch nahezu tot. Grund: Großbrand in einer Lagerhalle für Chemikalien des Pharmakonzerns Sandoz. Nicht die Schweiz, sondern die BRD löst internationalen Rhein-Alarm aus.	
1993: Chemieunfälle bei Hoechst (Deutschland)	
Freisetzung von umweltschädlichen Chemikalien im Werk Griesheim aufgrund eines Bedienungsfehlers; weitere Chemieunfälle bei Hoechst folgen; vom Umweltminister verordnete Kontrolle der hessischen Chemiestandorte fördert jedoch keine Mängel in den Sicherheitssystemen zutage	

Verkehr

Anschnallpflicht für Autofahrer

1.1. BRD. Seit Jahresbeginn gilt für Autofahrer in der Bundesrepublik Deutschland die Anschnallpflicht. Bundesregierung und Polizei betrachten das Anlegen von Sicherheitsgurten als Selbstschutzmaßnahme und erhoffen sich dadurch eine Verminderung der Unfallopfer. Außerdem wird eine Richtgeschwindigkeit von 130 km/h auf Autobahnen empfohlen. Untersagt ist es künftig, Kinder unter zwölf Jahren auf dem Beifahrersitz mitzunehmen.

Über 14 800 Menschen kamen 1975 auf den Straßen der Bundesrepublik ums Leben, mehr als 324 000 Personen wurden bei Verkehrsunfällen verletzt.

Die Haftpflicht-Versicherungen ziehen aus der Anschnallpflicht Konsequenzen: In Zukunft gilt bei Nichtanlegen des Gurtes eine Mitschuldhaftung, weil damit ein vorsätzlicher Verstoß gegen eine Verkehrsvorschrift vorliegt. Ab dem 1.9.1984 werden Verstöße gegen die Anschnallpflicht mit einem Bußgeld geahndet.

Natur/Umwelt

Dioxin-Katastrophe in Seveso

10.7. Seveso. Durch eine Explosion in einem Chemiewerk kommt es im oberitalienischen Seveso zu einer der größten Umweltkatastrophen dieses Jahrhunderts: Hochgiftiges TCDD (Dioxin) wird freigesetzt, das bereits in geringen Mengen Verätzungen der Haut auslöst, die inneren Organe schädigt, Mißbildungen beim ungeborenen Leben hervorruft und zu krankhaften Veränderungen der Erbsubstanz führt.

Verantwortlich für den Giftunfall war eine Erhitzung im Chemiewerk, die einen starken Druckanstieg im Reaktor auslöste; durch die geöffneten Sicherheitsventile entwich das tödliche Dioxin.

In den folgenden Wochen und Monaten lassen zahlreiche schwangere Frauen ihre Kinder abtreiben, da die Ärzte vor schwerer Mißbildung warnen. Über 50 landwirtschaftliche Betriebe müssen aufgrund der Verseuchung des Bodens aufgegeben werden. Aufräumungsarbeiten und die Entseuchung der Region nehmen Jahre in Anspruch. S 708/K 696

650 000 Tote nach Erdbeben

27.7. Tangshan. Ein schweres Erdbeben in der nordchinesischen Stadt Tangshan fordert

über 650 000 Menschenleben. Dies ist die bislang höchste Zahl an Opfern, die ein Erdbeben gekostet hat.
Nach Erkenntnissen von Geologen wurde die Naturkatastrophe durch einen Kollisionsprozeß zwischen dem indischen Subkontinent und der Eurasischen Platte hervorgerufen. Am folgenden Tag kommt es zu einem Nachbeben, das nahezu die gleiche Stärke wie das vorherige aufweist. Das Industriegebiet von Tangshan wird fast völlig zerstört, so daß die Wirtschaft des Landes einen schweren Rückschlag erleidet.
Das wirkliche Ausmaß der Katastrophe wird von der Regierung der Volksrepublik China zunächst verschwiegen. Durch eine Indiskretion wird die tatsächliche Zahl der Opfer ein halbes Jahr später bekannt: 655 237 Tote und 779 000 Verletzte. S 60/K 56

Gesellschaft

35 Jahre Haft für Patricia Hearst
13.4. San Francisco. Patricia Hearst, Tochter des US-amerikanischen Zeitungsverlegers Randolph Hearst, wird wegen bewaffnetem Banküberfall zu 35 Jahren Haft verurteilt.
Am 4.2.1974 war die Millionenerbin von der sog. Befreiungsarmee SLA (Symbionese Liberation Army) entführt worden. Zwar ging Randolph Hearst auf die Bedingungen der Kidnapper ein, doch im April nahm der Fall eine überraschende Wende: Seine Tochter schloß sich ihren Entführern an und beteiligte sich an deren Gewaltverbrechen – darunter ein bewaffneter Banküberfall. Im September 1975 wurde sie verhaftet und unter Anklage gestellt.
Während des Prozesses erklärte ihr Verteidiger, sie sei durch Psychoterror zum Anschluß an die SLA gezwungen worden und sich ihrer Taten daher nicht bewußt gewesen.
Ein Berufungsgericht setzt die Strafe von 35 Jahren Gefängnis auf sieben Jahre herab. US-Präsident Jimmy Carter begnadigt Patricia Hearst Anfang 1979.

Kultur

Zirkuspoesie bei Roncalli
18.5. Bonn. Im Rahmen der Veranstaltungsreihe „Bonner Sommer" gibt der Zirkus Roncalli seine erste Vorstellung. Das von dem Grafiker Bernhard Paul und dem Künstler André Heller gegründete Unternehmen soll die Poesie und Romantik des klassischen Zir-

Nobelpreisträger 1976	K 697
Frieden: Mairead Corrigan (GB, *1944), Betty Williams (GB, *1943)	
Corrigan und Williams riefen die Bewegung „Community of the Peace People" ins Leben, in der katholische und protestantische Frauen gemeinsam für die Versöhnung der Konfessionen in Nordirland kämpfen.	
Literatur: Saul Bellow (USA, *1915)	
Bellow beschäftigt sich in seinen Romanen mit dem jüdischen Intellektuellen, der an die Würde des Lebens glaubt und durch die Oberflächlichkeit der modernen Welt zu einer pessimistischen Weltsicht gelangt. Hauptwerke: „Herzog" (1964), „Humboldts Vermächtnis" (1975).	
Chemie: William N. Lipscomb (USA, *1919)	
Lipscomb untersuchte die Verbindungen des Elements Bor mit Wasserstoffatomen. Die entstehenden Borane weisen eine sehr große Härte auf. Durch Lipscombs Erkenntnisse gelang es, Kunststoffe zu entwickeln, die auch bei höchsten Temperaturen hitzebeständig sind.	
Medizin: Baruch S. Blumberg (USA, *1925), D. Carleton Gajdusek (USA, *1923)	
Blumberg entdeckte 1963 das sog. Australia-Antigen, den Erreger der Hepatitis B. Er entwickelte einen Test, mit dem die Übertragung der Leberentzündung durch Bluttransfusion verhindert wird. Gajdusek wies die langsamen Viren nach, die für tödlich verlaufende Nervenkrankheiten verantwortlich sind. Die Viren können sich jahrzehntelang im menschlichen Körper aufhalten, ehe die Krankheit ausbricht.	
Physik: Burton Richter (USA, *1931), Samuel C. Ting (USA, *1936)	
Die Physiker entdeckten unabhängig voneinander einen neuen Grundbaustein der Materie, das Psi-Teilchen, das besonders langlebig und massereich ist. Damit war die These bestätigt, daß die Materie nicht nur aus drei Quarks, sondern aus vier Urbausteinen besteht.	
Wirtschaftswissenschaften: Milton Friedman (USA, *1912)	
Friedman ist bekanntester Vertreter des sog. Monetarismus, demzufolge die Volkswirtschaft primär durch die umlaufende Geldmenge gesteuert wird. Friedmans Theorien beeinflußten u. a. die Wirtschaftspolitik von Margret Thatcher (Thatcherismus) und Ronald Reagan (Reaganomics).	

kus der Jahrhundertwende wiederbeleben. Keine Hochleistungsakrobatik, sondern die Atmosphäre des „Gesamtkunstwerks Roncalli" steht im Vordergrund. Bereits die erste Vorstellung wird zu einem großen Erfolg; der

Bayreuther Festspiele: „Die Walküre". Szene aus Patrice Chéreaus „Jahrhundertring".

Kulturszene 1976 K 698

Theater

Thomas Bernhard Minetti UA 1.9., Salzburg	Die Huldigung an den Schauspieler Bernhard Minetti, der auch die Uraufführung bestreitet, thematisiert die Vergeblichkeit der Kunst.
Peter Hacks Ein Gespräch im Hause Stein . . . UA 20.3., Donaueschingen	Goethes Freundin Charlotte von Stein bereitet ihren Mann in einem langen Monolog auf die bevorstehende Trennung vor.

Oper

Philip Glass/Robert Wilson Einstein on the Beach UA 25.7., Avignon	Auftakt zu einer Operntrilogie über drei Kultfiguren aus Wissenschaft, Politik und Religion (bis 1984) mit Minimal Music.
Hans Werner Henze Wir erreichen den Fluß UA 12.7., London	Die Oper klagt in einer Simultanhandlung auf drei Bühnen die todbringende Menschenverachtung von Politikern und Militärs an.

Film

John G. Avildsen Rocky USA	Rocky (Sylvester Stallone) ist ein unbekannter Boxer aus den Slums von Philadelphia, der seine Chance nutzt; phänomenaler Kinoerfolg
Bernardo Bertolucci 1900 BRD/Italien/Frankreich	Monumentales Epos über die Geschichte Italiens seit 1900, im Mittelpunkt steht ein Freundespaar unterschiedlicher sozialer Herkunft.
John Cassavetes Mord an einem chinesischen Buchmacher; USA	Ein verschuldeter Nachtklubbesitzer wird von Gangstern gezwungen, einen rivalisierenden Buchmacher zu töten; spannender Thriller.
Nagisa Oshima Im Reich der Sinne Japan/Frankreich	Aufsehenerregender Film zum Thema „erotische Besessenheit"; in Japan und einigen europäischen Ländern verboten.
Andrzej Wajda Der Mann aus Marmor Polen	Schicksal eines ehemaligen „Helden der Arbeit"; Montage aus authentischen und fiktiven Dokumentaraufnahmen sowie Berichten.
Wim Wenders Im Lauf der Zeit BRD	Zwei Männer reisen in einem alten Möbelwagen durch die BRD; deutsches Road-Movie mit Rüdiger Vogler und Hanns Zischler.

Buch

Erich Fromm Haben oder Sein New York	Der Psychoanalytiker setzt dem „Haben" als totem, kapitalistischem Besitzstreben das lebenspendende Prinzip des „Sein" gegenüber.
Alex Haley Wurzeln New York	Erfolgreicher Erstlingsroman des afroamerikanischen Autors, der die Genealogie seiner Familie bis nach Gambia 1750 zurückverfolgt.
Peter Handke Die linkshändige Frau Frankfurt/M.	Geschichte einer Frau, die ihren Mann verläßt, um sich selbst zu finden – 1977 von Handke mit Edith Clever in der Titelrolle verfilmt.
Peter Härtling Hölderlin Neuwied	Der Roman über den Dichter Friedrich Hölderlin ist eine Synthese aus Bericht, Beschreibung, Biographie und Dichtung.
Heinar Kipphardt März München	Der schizophrene Dichter März weigert sich den herrschenden Leistungsnormen und scheitert bei dem Versuch, seine Identität zu wahren.
Reiner Kunze Die wunderbaren Jahre Frankfurt/Main	Kunzes kritische Auseinandersetzung mit der DDR-Wirklichkeit führt zu einem Ausschluß aus dem dortigen Schriftstellerverband.
Joyce Carol Oates Im Dickicht der Kindheit New York	In der Tradition von William Faulkner und D. H. Lawrence schildert die Autorin ein Beziehungsgeflecht im Neuengland der Gegenwart.
Manuel Puig Der Kuß der Spinnenfrau New York	Ein politischer Häftling und ein Homosexueller teilen die Zelle eines südamerikanischen Gefängnisses; dramatisch und verfilmt (1985).

Zirkus Roncalli, benannt nach dem Familiennamen des populären Papstes Johannes XXIII., etabliert sich in kurzer Zeit und gibt der Zirkusidee neue Impulse. Die Kooperation zwischen André Heller und Bernhard Paul dauert allerdings nur wenige Monate; Heller verläßt den Zirkus Ende des Jahres und widmet sich neuen Projekten (u. a. das Varieté „Flic Flac", 1981).

„Jahrhundertring" von Chéreau

24.–29.7. Bayreuth. Anläßlich des 100jährigen Bestehens des Festspielhauses wird Richard Wagners „Ring des Nibelungen" in einer als Jahrhundertereignis gefeierten Inszenierung des Franzosen Patrice Chéreau aufgeführt. Die musikalische Leitung hat Pierre Boulez.

Im Gegensatz zu Wieland Wagner (↑S.472/29.7.1951), der die Bühne radikal von überflüssigen Requisiten befreit hat, dominieren bei Chéreau die Vorgänge auf der Bühne über das musikalische Geschehen. Die Inszenierung besticht vor allem durch die präzise Personenführung und psychologische Durchdringung der Charaktere.

Das völlig veränderte Regiekonzept und die Verfremdungseffekte auf der Bühne (u. a. moderne Alltagskleidung, Staumauer als Kulisse) stoßen bei vielen „Wagnerianern" auf Ablehnung.

📖 D. Mack: Der Bayreuther Inszenierungsstil, 1876–1976. 100 Jahre Bayreuther Festspiele, 1976.

Sport

Skikönigin Rosi Mittermaier

4.2.–15.2. Innsbruck. Zum zweiten Mal in zwölf Jahren (↑S.586/29.1.–9.2.1964) werden in Innsbruck Olympische Winterspiele ausgetragen.

Ursprünglich sollten die Wettkämpfe in Denver im US-Bundesstaat Colorado stattfinden. Nach Protesten von Bürger- und Naturschutzgruppen, die sich gegen die drohende Umweltzerstörung durch den Olympia-Tourismus wandten, sprachen sich die Einwohner in einer Volksabstimmung jedoch gegen die Ausrichtung aus.

Star der Spiele ist die Deutsche Rosi Mittermaier, die in der alpinen Konkurrenz zweimal Gold und einmal Silber erringt. Bei den Herren gewinnt der Österreicher Franz Klammer erwartungsgemäß den Abfahrtslauf. Rodeln und Bobfahren sind eine Domäne der DDR, die in den fünf Wettbewerben

1976

Olympische Winterspiele in Innsbruck: Rosi Mittermaier gewinnt drei Tage nach ihrem Sieg in der Abfahrt auch den Spezialslalom.

fünfmal Gold, einmal Silber und einmal Bronze holt. Einen unerwarteten Erfolg verbucht die von Xaver Unsinn betreute deutsche Eishockey-Mannschaft, die hinter der Sowjetunion und der ČSSR den dritten Platz belegt. S 711/K 699

📖 L. Frei: Rosi Mittermaier, 1976.

Borg triumphiert in Wimbledon

4.7. Wimbledon. Der 20jährige Schwede Björn Borg gewinnt erstmals die All England Championships. Er schlägt den Rumänen Ilie Nastase 6:4, 6:2 und 9:7.

Borg, der schon als 15jähriger zum Davispokal-Team seines Landes gehört hatte, gewann 1974 und 1975 die offenen französischen Tennismeisterschaften in Paris. Das Finale von Wimbledon erreichte er ohne Satzverlust.

Mit Preisgeldern von insgesamt 3,6 Mio Dollar wird Borg der erste Großverdiener des Tennissports. Sein Markenzeichen ist das abwartende Spiel von der Grundlinie, wobei er mit Vorhand und beidhändiger Rückhand gleichmäßig stark Topspin-Bälle schlägt.

In den folgenden Jahren verteidigt Borg bis 1980 viermal hintereinander den Titel von Wimbledon, ehe er im Finale von 1981 dem US-Amerikaner John McEnroe unterliegt. 1978–80 gewinnt er erneut die French Open.

📖 D. Koditek: Tennis-Asse, 1987. T. Stemmler: Von Jeu de paume zum Tennis, 1988. H. Grillmeister: Kulturgeschichte des Tennis, 1990.

Olympische Sommerspiele 1976 in Montreal   K 699

Zeitraum: 17.7. bis 1.8.		Medaillenspiegel			
		Land	G	S	B
Teilnehmerländer	92	Sowjetunion	49	41	35
Erste Teilnahme	5	DDR	40	25	25
Teilnehmerzahl	6106	USA	34	35	25
Männer	4862	BRD	10	12	17
Frauen	1244	Japan	9	6	10
Deutsche Teilnehmer	310/267[1]	Polen	7	6	13
Schweizer Teilnehmer	57	Bulgarien	6	9	7
Österreichische Teilnehmer	64	Kuba	6	4	3
Sportarten	21	Rumänien	4	9	14
Neu im Programm	0	Ungarn	4	5	3
Nicht mehr olympisch	0	Finnland	4	2	0
Entscheidungen	198	Schweden	4	1	0

Erfolgreichste Medaillengewinner

Name (Land) Sportart	Medaillen (Disziplinen)
Nikolai Adrianow (URS) Turnen	4 × Gold (Mehrkampf, Boden, Pferdsprung, Ringe), 2 × Silber (Mehrkampf-Mannschaft, Barren), 1 × Bronze (Seitpferd)
John Naber (USA) Schwimmen	4 × Gold (100 m Rücken, 200 m Rücken, 4 × 100 m Lagen, 4 × 200 m Freistil), 1 × Silber (200 m Freistil)
Nadia Comaneci (ROM) Turnen	3 × Gold (Mehrkampf, Stufenbarren, Schwebebalken), 1 × Silber (Mehrkampf-Mannschaft), 1 × Bronze (Boden)

Erfolgreichste deutsche Teilnehmer

| Kornelia Ender Schwimmen | 4 × Gold (100 m Freistil, 200 m Freistil, 100 m Schmetterling, 4 × 100 m Lagen), 1 × Silber (4 × 100 m Freistil) |
| Gregor Braun Radsport | 2 × Gold (4000 m Einzelverfolgung, 4000 m Mannschaftsverfolgung) |

Olympische Winterspiele 1976 in Innsbruck

Zeitraum: 4. bis 15.2.		Medaillenspiegel			
		Land	G	S	B
Teilnehmerländer	37	Sowjetunion	13	6	8
Teilnehmerzahl	1261	DDR	7	5	7
Deutsche Teilnehmer	76/59[1]	USA	3	3	4
Schweizer Teilnehmer	65	Norwegen	3	3	1
Österreichische Teilnehmer	89	BRD	2	5	3
Sportarten	8	Finnland	2	4	1
Entscheidungen	37	Österreich	2	2	2

Erfolgreichste Medaillengewinner

Name (Land), Sportart	Medaillen (Disziplinen)
Tatjana Awerina (URS) Eisschnellauf	2 × Gold (1000 m, 3000 m), 2 × Bronze (500 m, 1500 m)

Erfolgreichste deutsche Teilnehmer

| Rosi Mittermaier Ski alpin | 2 × Gold (Abfahrtslauf, Spezialslalom), 1 × Silber (Riesenslalom) |
| Meinhard Nehmer Bobsport | 2 × Gold (Zweierbob, Viererbob/Pilot) |

[1] BRD/DDR

1976

Sport 1976 — K 700

Fußball	
Europameisterschaft	Tschechoslowakei – BRD 5:3 n. E.
Deutsche Meisterschaft	Borussia Mönchengladbach
DFB-Pokal	Hamburger SV – 1. FC Kaiserslautern 2:0
Englische Meisterschaft	FC Liverpool
Italienische Meisterschaft	AC Turin
Spanische Meisterschaft	Real Madrid
Europapokal (Landesmeister)	Bayern München – AS St. Etienne 1:0
Europapokal (Pokalsieger)	RSC Anderlecht – West Ham United 4:2
UEFA-Pokal	FC Liverpool

Tennis	
Wimbledon (seit 1877; 90. Austragung)	Herren: Björn Borg (SWE) Damen: Chris Evert (USA)
US Open (seit 1881; 96. Austragung)	Herren: Jimmy Connors (USA) Damen: Chris Evert (USA)
French Open (seit 1925; 46. Austragung)	Herren: Adriano Panatta (ITA) Damen: Sue Barker (GBR)
Australian Open (seit 1905; 64. Austragung)	Herren: Mark Edmondson (AUS) Damen: Evonne Cawley (AUS)
Davis-Cup (Santiago de Chile)	Italien – Chile 4:1

Eishockey	
Weltmeisterschaft	Tschechoslowakei
Stanley-Cup	Montreal Canadiens
Deutsche Meisterschaft	Berliner SC

Radsport	
Tour de France (4016 km)	Lucien van Impe (BEL)
Giro d'Italia (4161 km)	Felice Gimondi (ITA)
Straßen-Weltmeisterschaft	Freddy Maertens (BEL)

Automobilsport	
Formel-1-Weltmeisterschaft	James Hunt (GBR), McLaren-Ford

Boxen	
Schwergewichts-Weltmeisterschaft	Muhammad Ali (USA) – PS gegen Ken Norton (USA), 28.9. – K. o. über Richard Dunn (GBR), 24.5. – PS gegen Jimmy Young (USA), 30.4. – K. o. über J. P. Coopman (BEL), 20.2.

Herausragende Weltrekorde

Disziplin	Athlet (Land)	Leistung
Leichtathletik, Männer		
Kugelstoß	Alexander Baryschnikow (URS)	22,00 m
Diskuswurf	Mac Wilkins (USA)	70,86 m
Leichtathletik, Frauen		
100 m	Annegret Richter (FRG)	11,01 sec
200 m	Irena Szewinska (POL)	49,29 sec
1500 m	Tatjana Kasankina (URS)	3:56,0 min
Schwimmen, Männer		
100 m Brust	John Hencken (USA)	1:03,11 min
Schwimmen, Frauen		
200 m Freistil	Kornelia Ender (GDR)	1:59,26 min

Olympische Sommerspiele in Montreal: Inge Helten (l.) gewinnt Bronze-, Annegret Richter die Goldmedaille im 100-m-Lauf.

Afrika boykottiert Sommerspiele

17.7.–1.8. Montreal. Die XXI. Olympischen Sommerspiele, die nach dem Terroranschlag von München (↑S.670/1972) im Zeichen strenger Sicherheitsmaßnahmen stehen, sind vom ersten großen Olympia-Boykott betroffen. Aus Protest gegen die Teilnahme Neuseelands reisen 24 afrikanische Mannschaften vorzeitig ab.

Anlaß für den Boykott war die Tournee einer neuseeländischen Rugby-Mannschaft durch den aus dem Internationalen Olympischen Komitee (IOC) ausgeschlossenen Apartheid-Staat Südafrika. Das IOC lehnte den vom Obersten Afrikanischen Sportrat geforderten Ausschluß Neuseelands mit der Begründung ab, daß Rugby keine olympische Sportart sei. Star der Olympischen Sommerspiele ist die 14jährige Turnerin Nadia Comaneci aus Rumänien, die siebenmal die bis dahin noch nicht vergebene Höchstnote 10 erhält. Mit dem Kubaner Alberto Juantorena gewinnt erstmals ein Athlet bei Olympischen Spielen den 400-m- und den 800-m-Lauf. Der Finne Lasse Viren ist wie in München 1972 über 5 000 m und 10 000 m erfolgreich.

Die Sprintwettbewerbe der Frauen sind auf den Medaillenrängen eine deutsch-deutsche Angelegenheit: Die Dortmunderin Annegret Richter gewinnt vor der DDR-Läuferin Renate Stecher und Inge Helten (FRG) die 100 m. Über 200 m ist Bärbel Eckert vor Richter und Stecher erfolgreich. S 711/K 699

1977

Politik

„Charta 77" gegründet

1.1. Prag. 242 Regimekritiker gründen in Prag die Bürgerrechtsbewegung „Charta 77". Sie wollen die Unterdrückung durch kommunistischen Machthaber publik machen.
Unter Berufung auf die auch von den Ostblockstaaten unterzeichnete Schlußakte der Konferenz für Sicherheit und Zusammenarbeit in Europa (↑S.695/1.8.1975) fordert die „Charta 77" uneingeschränkte Gewährung der Bürgerrechte.
Nach der gewaltsamen Niederschlagung des „Prager Frühlings" durch Truppen des Warschauer Pakts am 20.8.1968 (↑S.622) hatten moskautreue Kommunisten um Gustav Husák in Prag die Macht übernommen. Die von Alexander Dubček eingeleiteten demokratischen Reformen wurden revidiert und tiefgreifende „Säuberungen" durchgeführt.
Fast 1000 Personen bekennen sich bis Ende 1977 trotz massiver Repressionen zu den Zielen der „Charta 77". Im Januar 1978 werden der Dramatiker Václav Havel und der Theologe Ladislav Hejdanek, beide Sprecher der Charta, verhaftet. Havel wird am 29.12.1989 (↑S.823) zum tschechoslowakischen Staatspräsidenten gewählt. S 440/K 441

📖 E. Kanturkova: Verbotene Bürger. Die Frauen der Charta 77, 1982.

Urteile im Stammheim-Prozeß

28.4. Stuttgart. Die Terroristen Andreas Baader, Gudrun Ensslin und Jan-Carl Raspe werden vom Oberlandesgericht Stuttgart zu je dreimal lebenslanger Haft und 15 Jahren Gefängnis verurteilt. Das Gericht sieht es als erwiesen an, daß die Angeklagten sich des Mordes in vier und des Mordversuchs in 34 Fällen sowie der Bildung einer kriminellen Vereinigung schuldig gemacht haben.
Im Mai 1975 hatte der Prozeß unter strengsten Sicherheitsvorkehrungen begonnen. Aufgrund des Verdachts der konspirativen Tätigkeit wurden im Verlauf der Verhandlungen die Vertrauensanwälte – mit Ausnahme des Verteidigers von Ulrike Meinhof, die im Mai 1976 Selbstmord beging – durch Pflichtverteidiger ersetzt. Während die Verteidigung die Ansicht vertrat, daß die Beschuldigten keine Kriminellen, sondern politische Täter seien, wertete das Gericht die Straftaten als Gewaltverbrechen. Nach der Geiselbefreiung in Mogadischu begehen die Inhaftierten Selbstmord (↑S.715/18.10.). S 714/K 702

📖 P. H. Bakker Schut: Stammheim. Der Prozeß gegen die Rote Armee Fraktion, NA 1989.

Václav Havel

Machtwechsel in Israel

17.5. Tel Aviv. Die Parlamentswahlen in Israel führen zu einem Sieg des rechtsgerichteten Likud-Blocks mit ihrem Spitzenkandidaten Menachem Begin. Die seit Gründung des Staates (↑S.441/14.5.1948) ununterbrochen regierende Arbeiterpartei unter Shimon Peres muß sich geschlagen geben.
Ausschlaggebend für die verheerende Niederlage der Regierungspartei waren sowohl die anhaltende Wirtschaftskrise als auch Korruptionsaffären im Umfeld führender Politiker.
Am 20.6. bestätigt die Knesset die Koalitionsregierung zwischen Likud-Block, der Nationalreligiösen Partei und der Agudad Yisrael. Obwohl Begin eine kompromißlose

Wichtige Regierungswechsel 1977			K 701
Land	Amtsinhaber	Bedeutung	
Äthiopien	Teferi Benti (P seit 1975) Mengistu Haile Mariam (M bis 1991)	Benti fällt Machtkämpfen innerhalb der Militärregierung zum Opfer (3.2.); Mengistu von UdSSR und Kuba unterstützt	
Israel	Yitzhak Rabin (M seit 1974) Shimon Peres (M 22.4.–20.6.) Menachem Begin (M bis 1983)	Rücktritt Rabins (8.4.) wegen illegaler Devisengeschäfte seiner Frau; erster Wahlsieg für rechtsgerichteten Likud-Block; Begin in Palästinafrage zu keinen Kompromissen bereit (S.713)	
Pakistan	Zulfikar Ali-Khan Bhutto (P seit 1971) Muhammad Zia ul-Haq (P bis 1988)	Militärputsch (5.7.); Bhutto, dem es nicht gelang, die angespannte innenpolitische Lage zu stabilisieren, wird 1979 hingerichtet (S.715)	
UdSSR	Nikolai Podgorny (P seit 1965) Leonid Breschnew (P bis 1982)	Podgorny von seinem Posten entbunden (24.5.); Breschnew hat das jeweils höchste Staats- und Parteiamt inne	
USA	Gerald Ford (Republ., P seit 1974) James E. Carter (Dem., P bis 1981)	Wahlsieg (50,4% der Stimmen) des Gouverneurs von Georgia ist vor allem auf das Votum der Schwarzen zurückzuführen (S.707)	
Zypern	Erzbischof Makarios III. (P seit 1960) Spiros Kiprianu (P bis 1988)	Tod des geistlichen und politischen Oberhaupts (3.8.); Makarios konnte die Teilung der Insel (1974) nicht verhindern	

M = Ministerpräsident bzw. Premierminister; P = Präsident

1977

Terrorakte der Roten Armee Fraktion	K 702
Datum	**Ereignis**
3. 4.1968	Kaufhausbrand in Frankfurt; festgenommen werden Andreas Baader, Gudrun Ensslin, Horst Söhnlein und Thorwald Proll
14. 5.1970	Andreas Baader von Ulrike Meinhof aus der Haft befreit
29. 9.1970	Drei Banküberfälle in Berlin (Beute: 217 000 DM) werden der Baader-Meinhof-Bande zugeschrieben
15. 7.1971	Petra Schelm stirbt bei einem Schußwechsel mit der Polizei
2. 3.1972	Bei einer Fahndungsaktion wird Gruppenmitglied Thomas Weisbecker von einem Polizisten in Notwehr erschossen
11. 5.1972	Bombenanschlag auf das Hauptquartier der V. US-Armee in Frankfurt/M.: ein Toter, 13 Verletzte (Kommando „Petra Schelm")
24. 5.1972	Autobombe explodiert im Hauptquartier der US-Landstreitkräfte in Europa (Heidelberg): Drei Soldaten getötet
Juni 1972	Andreas Baader, Holger Meins, Jan-Carl Raspe, Gudrun Ensslin, Brigitte Mohnhaupt und Ulrike Meinhof verhaftet
10.11.1974	Berliner Kammergerichtspräsident Günter von Drenkmann bei Entführungsversuch durch RAF erschossen
27. 2.1975	„Bewegung 2. Juni" entführt den Berliner CDU-Vorsitzenden Peter Lorenz: Sechs Baader-Meinhof-Gruppenmitglieder werden in den Süd-Jemen ausgeflogen
24. 4.1975	Kommando „Holger Meins" überfällt deutsche Botschaft in Stockholm und fordert Freilassung der inhaftierten Terroristen; zwei Diplomaten erschossen, RAF-Mitglied Ulrich Wessel stirbt
7. 5.1977	Ermordung von Generalbundesanwalt Siegfried Buback in Karlsruhe; Bekenner: Kommando „Ulrike Meinhof" der RAF
30. 7.1977	Nach gescheitertem Entführungsversuch erschießt ein RAF-Kommando den Frankfurter Bankier Jürgen Ponto
5. 9.1977	RAF-Kommando „Siegfried Hausner" entführt und ermordet Arbeitgeberpräsident Hanns Martin Schleyer; vier Polizisten sterben; RAF fordert Freilassung von elf Häftlingen
13.10.1977	Arabische Terroristen entführen Lufthansa-Maschine „Landshut" und fordern Freilassung der inhaftierten RAF-Mitglieder; GSG 9 befreit die Geiseln am 18.10. in Mogadischu (Somalia)
18.10.1977	Selbstmord von Baader, Ensslin und Raspe
25. 7.1979	Anschlag auf NATO-Oberbefehlshaber Alexander Haig mißlingt
31. 8.1981	Kommando „Sigurd Debus" verübt Bombenanschlag auf Hauptquartier der US-Luftstreitkräfte in Ramstein
15. 9.1981	US-General Kroesen entgeht in Heidelberg nur knapp Raketenanschlag des Kommandos „Gudrun Ensslin"
Nov. 1982	Brigitte Mohnhaupt, Adelheid Schulz u. Christian Klar gefaßt
1. 2.1985	MTU-Chef Ernst Zimmermann in München ermordet (Bekenner: Kommando „Patty O'Hara")
8. 8.1985	Kommando „George Jackson" verübt Anschlag auf US-Airbase in Frankfurt: zwei Tote, elf Verletzte
9. 7.1986	Siemens-Vorstandsmitglied Karl-Heinz Beckurts und dessen Fahrer bei München ermordet (Kommando „Marga Cagol")
10.10.1986	Gero von Braunmühl, Abteilungsleiter im Auswärtigen Amt, vom Kommando „Ingrid Schubert" in Bonn ermordet
30.11.1989	Deutsche-Bank-Vorstandssprecher Alfred Herrhausen stirbt nach Bombenanschlag (Kommando „Wolfgang Beer")
Juni 1990	In der DDR werden zehn RAF-Aussteiger enttarnt
1. 4.1991	RAF-Scharfschütze ermordet Treuhandchef Detlev Karsten Rohwedder in Düsseldorf (Kommando „Ulrich Wessel")
10. 4.1992	Kommando-Ebene erklärt Gewaltverzicht; Spaltung der RAF
27. 3.1993	Sprengstoffanschlag auf die Haftanstalt Weiterstadt; 100 Mio Schaden (RAF-Kommando der „Dritten Generation")

Hanns Martin Schleyer: Die Entführer schicken das Foto des Arbeitgeberpräsidenten am 13. Oktober an Zeitungen in Frankfurt/M. und Paris.

Haltung in der Frage der von Israel besetzten Gebiete ankündigt (↑S.607/5.6.1967), leitet der Besuch des ägyptischen Staatspräsidenten Anwar As Sadat im November eine Phase israelisch-ägyptischer Friedensgespräche ein. Sie münden in den Friedensvertrag von Camp David (↑S.723/17.9.1978). S 441K 442

📖 G. Rafael: Der umkämpfte Frieden. Die Außenpolitik Israels von Ben Gurion bis Begin.

Dschibuti wird unabhängig

27.6. Dschibuti. Frankreich entläßt seine letzte afrikanische Kolonie, Dschibuti, in die Unabhängigkeit. Hassan Gouled Aptidan wird vom Parlament zum ersten Staatspräsidenten der neuen Republik gewählt.
Ab 1862 hatte Dschibuti zum französischen Kolonialreich gehört. Nach blutigen Unruhen entschied sich das Überseeterritorium 1967 für den Verbleib bei Frankreich und erhielt weitgehende innere Autonomie mit eigener Exekutive und Legislative. Im Mai 1977 sprachen sich 98% sich die Bevölkerung für einen eigenen Staat aus.
Dschibuti gestattet Frankreich den Verbleib seiner Truppen, da für den früheren Kolonialherrn der Golf von Aden, der das Rote Meer mit dem Indischen Ozean verbindet, strategisch wichtig ist. S 530/K 535

Militär stürzt Bhutto

5.7. Islamabad. Unter Führung von General Muhammad Zia ul-Haq putscht das Militär

gegen die pakistanische Regierung unter Premier Zulfikar Ali-Khan Bhutto. Regierungsmitglieder und führende Oppositionelle werden verhaftet. Die Lage in Pakistan war ab 1975 durch große Instabilität gekennzeichnet. Neben innenpolitischen Unruhen – hervorgerufen durch Minderheitenkonflikte – trug eine Rezession zur Krise bei. Bei den Parlamentswahlen im März siegte die Regierungspartei, Pakistan's People's Party (PPP). Die Oppositionspartei, Pakistan National Alliance (PNA), erkannte aufgrund offensichtlicher Manipulationen das Ergebnis nicht an. Daraufhin setzte eine Demonstrationswelle ein, die zur Verhaftung aller namhaften (islamischen) Oppositionspolitiker führte.
Im September wird gegen den Ex-Premier wegen Anstiftung zum Mord an einem Abgeordneten Anklage erhoben. Am 4.4.1979 wird Bhutto hingerichtet. Seine Tochter, Benazir Bhutto, wird am 16.11.1988 (↑S.807) zur Ministerpräsidentin gewählt. S 606/K 610

Hanns Martin Schleyer entführt

5.9. Köln. Die terroristische Rote Armee Fraktion (RAF) entführt in Köln den Präsidenten der Bundesvereinigung der Deutschen Arbeitgeberverbände und des Bundesverbandes der Deutschen Industrie, Hanns Martin Schleyer. Dabei werden drei Sicherheitsbeamte und Schleyers Fahrer erschossen. In einem Bekennerbrief fordern die Terroristen die Freilassung von elf Mitgliedern der RAF.
Die RAF hatte sich Ende der 60er Jahre aus radikalisierten Kreisen der studentischen Protestbewegung entwickelt. Zunächst waren ihre Anschläge noch mit revolutionären Zielsetzungen verbunden. Ab 1972 dienten ihre Gewalttaten meist dem Zweck, die Freilassung inhaftierter Terroristen zu erpressen (u. a. 1975 durch die Entführung des Berliner CDU-Vorsitzenden Peter Lorenz).
Die sozialliberale Bundesregierung geht auf die Forderungen der RAF nicht ein. Schleyer wird am 19.10., nach dem Selbstmord inhaftierter Terroristen am 18.10. (↑S.715), im Kofferraum eines Autos im Elsaß ermordet aufgefunden. S 570/K 576 S 712/K 702

Der blinde Fleck. Die Linke, die RAF und der Staat, 1987.

Selbstmord nach Mogadischu

18.10. Stuttgart. Die am 28.4. (↑S.713) verurteilten Terroristen Andreas Baader, Gudrun Ensslin und Jan-Carl Raspe begehen im Gefängnis von Stuttgart-Stammheim Selbstmord.
Am 5.9. (↑S.715) war Hanns Martin Schleyer gekidnappt worden, um die Gefangenen und acht ihrer Gesinnungsgenossen freizupressen. Um den Forderungen Nachdruck zu verleihen, entführten vier palästinensische Terroristen am 13.10. die Lufthansa-Maschine „Landshut" in die somalische Hauptstadt Mogadischu. Sie hatte sich mit 82 Passagieren und fünf Besatzungsmitgliedern an Bord auf dem Flug von Mallorca nach Frankfurt/Main befunden. Am Abend des 18.10. kann die GSG 9, eine Sondereinheit des Bundesgrenzschutzes, die Geiseln befreien, drei Entführer kommen ums Leben, der vierte

Mogadischu:
Auf ihrem Weg in die somalische Hauptstadt landet die entführte Lufthansa-Maschine „Landshut" in Dubai zwischen.

wird schwer verletzt. Die Geiseln bleiben unversehrt.
Die inhaftierten Terroristen erfahren über ein Radio von der mißglückten Freipressung und begehen daraufhin Selbstmord. Daß es ihnen gelang, Pistolen und ein Radio einzuschmuggeln und versteckt zu halten und sich trotz Kontaktsperre zu verständigen, führt zu heftiger Kritik an den baden-württembergischen Justizbehörden und zum Rücktritt von Justizminister Traugott Bender (CDU). S 714/K 702
S. Aust: Der Baader-Meinhof-Komplex, 1985.

Kaiserkrone für Bokassa
4.12. Bangui. Jean Bédel Bokassa wird zum Kaiser von Zentralafrika gekrönt. An der Zeremonie nehmen als ausländische Würdenträger lediglich der Prinz von Liechtenstein sowie die Präsidenten von Mauritius und Kamerun teil.
Seit 1966 überzieht Bokassa als „Staatspräsident auf Lebenszeit" das Land mit Terror. Bereits vor einem Jahr hatte Bokassa das Zentralafrikanische Kaiserreich ausgerufen und sich zum Kaiser proklamieren lassen.
Im Mai 1978 wird die Beteiligung des Kaisers an der Ermordung zahlreicher demonstrierender Schulkinder bekannt. Oppositionelle Exilgruppen gründen im Juni 1979 eine Einheitsfront gegen Bokassa. Unterstützt von der französischen Regierung, wird der selbsternannte Kaiser im September durch den ehemaligen Präsidenten David Dacko gestürzt.

Verkehr

575 Tote bei Zusammenstoß
27.3. Santa Cruz. Der Zusammenstoß zweier Jumbo-Jets auf der spanischen Insel Teneriffa fordert 575 Todesopfer, 70 Passagiere überleben. Es ist das bislang schwerste Unglück in der Geschichte der zivilen Luftfahrt.
Vorausgegangen war eine Bombendrohung auf dem Flughafen der Nachbarinsel Gran Canaria, der daraufhin geschlossen wurde. Zahlreiche Maschinen mußten auf den Flughafen von Teneriffa ausweichen, der aufgrund der starken Frequentierung überfordert war. Das Unglück geschieht, als ein niederländisches Flugzeug ohne offizielle Erlaubnis auf die Startbahn rollt. Es prallt frontal mit einer gerade startenden US-amerikanischen Maschine zusammen, beide Flugzeuge fangen sofort Feuer. S 716/K 703

Technik

USA bauen Neutronenbombe
Washington. Die Regierung der Vereinigten Staaten beschließt unter Präsident Jimmy Carter, die seit den 50er Jahren entwickelte Neutronenbombe in Serie zu fertigen.
Die Neutronenbombe ist ein atomarer Sprengkopf für Artilleriegeschosse und Mittelstreckenraketen. Sie besteht aus der Kombination einer kleinen Wasserstoffbombe (↑S.475/1.11.1952) mit einer noch kleineren Plutonium-Atombombe (↑S.384/2.12.1942, ↑S.412/6./9.8.1945) als Zünder. Bei ihrer Detonation entstehen nur wenig Hitze und eine schwache Druckwelle, dafür aber eine sehr

Die größten Katastrophen der Luftfahrt		K 703
Datum	Ereignis	Tote
13.10.1972	Sowjetisches Flugzeug explodiert bei Notlandung in der Nähe von Moskau	176
22. 1.1973	Mit Pilgern (aus Mekka) besetzte Boeing 707 stürzt im dichten Nebel in Nigeria ab	176
3. 3.1974	Türkische DC-10 stürzt kurz nach Start in Paris-Orly ab	346
4.12.1974	DC-10 stürzt auf Weg nach Mekka über Sri Lanka ab	191
4. 4.1975	US-Maschine mit vietnamesischen Waisenkindern an Bord stürzt beim Start in Saigon ab	172
27. 3.1977	Amerikanisches und niederländisches Flugzeug stoßen auf Teneriffa (Kanarische Inseln) zusammen	575
1. 1.1978	Indischer Jumbo-Jet explodiert nahe Bombay	213
25. 5.1979	Schwerstes Unglück in der amerikanischen Zivilluftfahrt: DC-10 der American Airlines stürzt in Chicago ab	273
28.11.1979	Neuseeländische DC-10 prallt während eines Rundflugs gegen Mount Erebus in der Antarktis	257
19. 8.1980	Saudiarabisches Flugzeug gerät bei Notlandung in Riad in Brand	301
1. 9.1983	Sowjetisches Kampfflugzeug schießt südkoreanischen Jumbo-Jet über sowjetischem Hoheitsgebiet ab	269
23. 6.1985	Jumbo-Jet der Air India stürzt in die Irische See	329
12. 8.1985	Japanische Boeing 747 stürzt nahe Tokio ab	520
12.12.1985	Flugzeug stürzt bei Rücktransport von US-Truppen aus dem Nahen Osten über Neufundland ab	256
3. 7.1988	US-Marine schießt iranischen Airbus im Pers. Golf ab	290
21.12.1988	Boeing 747 der PanAm explodiert bei Lockerbie (GB) durch eine von Terroristen gezündete Bombe	270
26. 4.1994	China Airlines: Ein Airbus zerschellt beim Landeanflug auf den japanischen Flughafen Nagoya	264
8. 1.1996	African Air: Eine überladene Antonow 32 stürzt auf einen Markt bei Kinshasa (Zaïre)	350
7. 2.1996	Birgen Air: Chartermaschine stürzt kurz nach dem Start vor der Küste der Dominik. Rep. ab; Ursache: verstopftes Luftstaurohr zur Ermittlung der Geschwind.	189
17. 7.1996	TWA: Boeing 747-100 stürzt nach einer Explosion bei Long Island (New York) in den Ozean	230
12.11.1996	Kollision eines saudiarabischen und kasachischen Passagierflugzeugs nordwestlich von Neu-Delhi	349

1977

starke Neutronenstrahlung (↑S.285/27.2. 1932). Diese vernichtet jegliches Leben, während die gesamte Infrastruktur einer Region unzerstört bleibt. Der radioaktive Niederschlag ist so gering, daß das Zielgebiet bereits nach einem Tag gefahrlos betreten werden kann.

Die Ankündigung, diese menschenverachtende Waffe auch in Europa zu stationieren, löst heftige Kritik aus.

Energie durch Sonnenkraft

25.1. Odeillo. In den französischen Pyrenäen geht das erste kommerzielle Sonnenkraftwerk ans Netz. Gebündeltes Licht erhitzt die Flüssigkeit in einem Kessel; der so erzeugte Dampf treibt einen Generator mit einer Leistung von zunächst 64 kW (87 PS) an.

Die geographisch günstig gelegene Stadt in den Pyrenäen ist seit 1958 Standort eines Sonnenofens, in dem durch mehrfache Lichtbündelung Temperaturen von knapp 4000 Grad erreicht werden: eine Hitze, bei der alle bekannten Metalle geschmolzen werden können. Das Wissen um die Endlichkeit der nicht regenerierbaren Energieträger Kohle, Gas und Erdöl, die Ölkrise 1973 sowie wachsender öffentlicher Widerstand gegen die Atomenergie läßt in der westlichen Welt verstärkt die Suche nach neuen Energiequellen. Besonders in südlichen sonnenreichen Gebieten oder Wüstenregionen (z. B. im US-Bundesstaat Nevada) erscheint die Erzeugung von elektrischer Energie durch Sonnenlicht mit der Zeit wirtschaftlich – relativ hohen Baukosten stehen sehr niedrige Betriebskosten gegenüber. `S 717/K 704`

V. Lange: Zukunft Sonnenenergie, 1987. S. Karamanolis: Das ABC der Sonnenenergie, 1988. U. Heitfeld: Strom von der Sonne, 1988.

Alaska-Pipeline fertiggestellt

20.6. Valdez. Eine technische Meisterleistung ist die 1280 km lange Pipeline von der arktischen Prudhoe Bay bis zum eisfreien Hafen Valdez im Süden Alaskas. Die extremen Temperaturunterschiede im nördlichsten US-Bundesstaat machten eine teilweise unterirdische Verlegung der 120 cm dicken Rohre nötig.

Etliche hunderttausend Tonnen Spezialstahl, mehrere tausend Arbeiter und über tausend Fahrzeuge wurden benötigt, um einen zuverlässigen Transport des Alaska-Öls sicherzustellen.

Eine weitere, 7800 km lange Erdgas-Pipeline ist das nächste ehrgeizige Projekt der US-amerikanischen Ingenieure.

Medien

Wallraff über die „Bild"-Zeitung

9.10. Bonn. Der deutsche Schriftsteller Günter Wallraff präsentiert in Bonn sein Buch „Der Aufmacher", in dem die Praktiken der „Bild"-Zeitung dargestellt werden. Das Buch löst in der Öffentlichkeit Diskussionen über die Arbeitsmethoden der auflagenstärksten Tages- und Boulevardzeitung Europas aus.

Von März bis Mitte Juni hatte Wallraff unter dem Tarnnamen Hans Esser unerkannt in der Hannoveraner Redaktion der „Bild"-Zeitung gearbeitet und selbst miterlebt, wie im Kampf um Auflagenzahlen Nachrichten verfälscht und Menschen verunglimpft wurden. Der Springer-Konzern wehrt sich mit zahlreichen Prozessen, kann Wallraffs Kernaussagen jedoch nicht erschüttern. Wallraffs sog. Undercover-Methode ist nicht unumstritten, mehrfach wird er zu Geldstrafen verurteilt. Der Westdeutsche Rundfunk

Alaska-Pipeline: Der Bau der Rohrleitung gilt als eine der größten Ingenieurleistungen der letzten Jahrzehnte. Für die Arbeiten mußten aus Spezialmaterialien gefertigte Geräte eingesetzt werden, da normaler Stahl bei den in Alaska herrschenden Temperaturen brüchig wird.

Erneuerbare Energien	K 704
Energieträger, Prognose 2005[1]	**Wegweisende Schritte zur Energiegewinnung**
Wasser Anteil: 3,7%	1924: Großwasserkraftwerk am Walchensee in Betrieb (jährlich rd. 300 000 Megawattstunden Strom)
Biomasse/Müll Anteil: 0,3%	1875: In Großbritannien entsteht erste Müllverbrennungsanlage; BRD: ab 50er Jahre integrierte Energienutzung
Umgebungswärme k. A.	1984: Erste deutsche Anlage zur Nutzung von erwärmtem Wasser aus dem Erdinnern in Neubrandenburg
Photovoltaik Anteil: 0,004%	1983: Auf der Nordseeinsel Pellworm geht erstes dt. Solarkraftwerk (maximale Leistung: 300 kW) in Betrieb
Wind Anteil: 1,4%	Ab 1989: Subventionierung von privaten Windkraftanlagen in BRD (durchschnittliche Leistung 1995: 478 kW)

1) Öffentliche Versorgung in Deutschland, Quelle: VDEW

verhindert die Ausstrahlung eines Films über seine „Bild"-Aktion, der daraufhin mit großer Resonanz im Ausland gezeigt wird. 1985 dokumentiert Wallraff in dem Buch „Ganz unten" die Ausbeutung ausländischer Arbeitnehmer in Deutschland.

Frauenzeitschrift „Emma" erscheint
1.2. Köln. Das von der feministischen Journalistin Alice Schwarzer herausgegebene Monatsblatt „Emma. Eine Zeitschrift für Frauen von Frauen" erscheint mit einer Startauflage von 200 000 Exemplaren. Bereits seit 1976 wird die Frauenzeitschrift „Courage" veröffentlicht, die sich ebenso wie „Emma" für die politische und gesellschaftliche Emanzipation der Frauen engagiert.
Schwerpunkte der Berichterstattung bilden Probleme von Frauen in der Arbeitswelt, Gewalt in der Familie sowie die Behandlung von Vergewaltigungen durch die Justiz. Breiten Raum nimmt die Auseinandersetzung um den § 218 StGB ein. Bereits Anfang der 70er Jahre hatte Alice Schwarzer mit ihrem publizistischen Kampf gegen das Abtreibungsverbot begonnen: In einem von ihr initiierten Artikel im Wochenmagazin „stern" bezichtigten sich zahlreiche Frauen, abgetrieben zu haben.

Gesellschaft

Gary Gilmore hingerichtet
17.1. Utah. Der 36jährige Gary Mark Gilmore wird im Staatsgefängnis des US-Bundesstaats Utah hingerichtet. Ihm wird zweifacher Raubmord zur Last gelegt. Es ist die erste Vollstreckung eines Todesurteils in den USA seit zehn Jahren.
Die Diskussion um die grundsätzliche Berechtigung des Staates, Todesurteile auszusprechen, flammt wieder auf. Gegner argumentieren, ein Staat, der die Würde des Menschen garantiere, dürfe einem Menschen nicht das Leben nehmen. In US-amerikanischen Todeszellen warten insgesamt 453 Gefangene auf ihre Hinrichtung. Obwohl seine Anwälte mehrere Male einen Aufschub erreichten, bestand Gilmore selbst auf seiner Hinrichtung.

📖 S. Trombley: Die Hinrichtungsindustrie. Die Todesstrafe in den USA, dt. 1993.

Kirchen um Annäherung bemüht
26.4. Rom. Der Erzbischof von Canterbury Donald Coggan, geistliches Oberhaupt der anglikanischen Kirche, trifft mit Papst Paul VI. im Vatikan zusammen. Die Kirchenführer erörtern die Möglichkeit, die beiden christlichen Glaubensgemeinschaften einander anzunähern.
Hintergrund der Kirchenspaltung war vor 400 Jahren ein Konflikt zwischen Heinrich VIII. und dem Papst, der dem englischen König die aus machtpolitisch-dynastischen Gründen gewünschte Auflösung seiner Ehe mit Katharina von Aragon verweigerte. Heinrich VIII. gründete daraufhin die anglikanische Kirche, der künftig der englische Monarch als weltliches Oberhaupt vorstehen sollte; die Idee des Papsttums und Mönchtums wurde verworfen. Erst in den folgenden Jahren setzten sich in der neu entstandenen Glaubensgemeinschaft auch inhaltliche Reformen durch, die vom lutherischen Protestantismus beeinflußt waren.
Nachdem sich die katholische Kirche bereits Anfang der 60er Jahre mit der orthodoxen

Nobelpreisträger 1977	K 705
Frieden: Amnesty International	
Die 1961 gegründete Organisation (Sitz: London) unterstützt politische Gefangene und setzt sich für den Schutz der Menschenrechte ein. Amnesty International besteht aus etwa 6000 Gruppen in rd. 70 Ländern und wendet sich insbesondere gegen Folter und die Todesstrafe.	
Literatur: Vicente Aleixandre (E, 1898–1984)	
Aleixandre steht für die Erneuerung der traditionellen spanischen Lyrik zwischen den beiden Weltkriegen. Seine bis Ende der 40er Jahre entstandenen Gedichte hatten surrealistische Anklänge (z. B. „Die Zerstörung oder die Liebe", 1935). Später wählte er einen bewußt einfachen Stil.	
Chemie: Ilya Prigogine (B, *1917)	
Prigogine dehnte die Thermodynamik auf Systeme aus, in denen kein Gleichgewichtszustand herrscht und völlig neuartige und geordnete Strukturen entstehen. In seiner Theorie übertrug Prigogine seine chemischen Erkenntnisse u. a. auf Probleme der Soziologie.	
Medizin: Roger Guillemin (USA, *1924), Andrew Schally (USA, *1926), Rosalyn Yalow (USA, *1921)	
Die Biochemiker untersuchten die Funktion der Hormone, die chemische Reaktionen in den Organen auslösen, und identifizierten Zwischenhirn und Hirnanhangdrüse als „chemische Nachrichtenzentrale" des Organismus. Zudem analysierten die Forscher die Struktur der Peptidhormone.	
Physik: Philip W. Anderson (USA, *1923), Nevill F. Mott (GB, *1905), John H. van Vleck (USA, 1899–1980)	
Die drei Wissenschaftler arbeiteten auf dem Gebiet der Festkörperphysik und schufen theoretische Grundlagen über die Elektronenstruktur in magnetischen und ungeordneten Systemen. Die Arbeiten spielten u. a. eine zentrale Rolle bei der Entwicklung verbesserter Laser sowie optischer Gläser.	
Wirtschaftswissenschaften: James Meade (GB, *1907), Bertil Ohlin (S, 1899–1979)	
Ohlin entwickelte die Grundlagen der Außenhandelstheorie: Ein kapitalreiches Land wird sich auf die Produktion kapitalintensiver Güter spezialisieren und diese im Tausch gegen arbeitsintensive Produkte exportieren. Meade untersuchte den Einfluß der Wirtschaftspolitik auf den Außenhandel und zeigte, wie stabile wirtschaftliche Verhältnisse in Staaten mit großer Importabhängigkeit geschaffen werden können.	

Kirche offiziell ausgesöhnt hatte, besiegelt ein Friedenskuß zwischen Papst Paul VI. und dem Erzbischof von Canterbury am 27.4. in der Sixtinischen Kapelle die Versöhnung zwischen Katholiken und Anglikanern. Beide kirchlichen Würdenträger betonen jedoch, daß bis zur vollständigen jahrhundertelangen Überwindung der Spaltung noch ein weiter Weg zurückzulegen sei.
Dogmatische Differenzen stehen einer weiteren Annäherung ebenso entgegen wie das 1994 in der Anglikanischen Kirche eingeführte Priesteramt für Frauen.

Neues Ehescheidungsgesetz

1.7. Bonn. Die 1976 vom Deutschen Bundestag mit den Stimmen von SPD und FDP beschlossene Reform des Ehe- und Familienrechts tritt in Kraft.
Bei Ehescheidungen wird das bislang gültige Schuldprinzip durch das Zerrüttungsprinzip ersetzt. Das Gericht konstatiert lediglich das Scheitern der Ehe, ohne nach der Schuld zu fragen. Ein Scheitern liegt vor, wenn die Ehegatten seit einem Jahr getrennt leben und die Scheidung übereinstimmend beantragen bzw. nach drei Jahren, wenn nur ein Partner die Scheidung will.
Über das Sorgerecht für die Kinder können sich die Eltern untereinander einigen. Nur wenn dies nicht möglich ist, greifen die Gerichte ein.
Die Bemessung der Unterhaltszahlungen richtet sich nach der Bedürftigkeit und der Höhe des während der Ehe gemeinsam erwirtschafteten Vermögens. Damit soll ein wirksamer Schutz des Schwächeren gewährleistet werden. Im Laufe der Jahre gehen immer mehr Paare dazu über, vor der Ehe Gütertrennung zu vereinbaren.

Kultur

„Kultur-Raffinerie" Centre Pompidou

31.1. Paris. Nach vierjähriger Bauzeit wird das von Renzo Piano und Richard Rogers entworfene Centre National d'Art et de Culture Georges Pompidou eröffnet.
Das im alten Pariser Marais-Viertel gelegene Bauwerk stößt aufgrund seiner avantgardistischen Außengestaltung auf schroffe Ablehnung wie auch auf begeisterte Zustimmung. Die Installationstechnik wurde von den Architekten in farbigen Rohren an die Außenseite des Gebäudes verlegt.
Im Centre Georges Pompidou befinden sich mehrere öffentliche Einrichtungen. Das Fo-

Kulturszene 1977 — K 706

Theater	
Friedrich Dürrenmatt Die Frist UA 6.10., Zürich	Die Komödie zeigt eine von Verbrechern und Mitläufern beherrschte Welt, der sich nur wenige mutig verweigern und Widerstand leisten.
Dario Fo/Franca Rame Nur Kinder, Küche, Kirche UA Dez., Mailand	In kurzen Szenen werden schlaglichtartig typische Situationen und Lebensbedingungen der noch nicht emanzipierten Frau beleuchtet.
Rolf Hochhuth Tod eines Jägers UA 11.8., Salzburg	Der imaginäre Monolog Ernest Hemingways kurz vor seinem Freitod betont die Verpflichtung des einzelnen zum Kampf gegen Mißstände.
Franz Xaver Kroetz Agnes Bernauer UA 8.5., Leipzig	Aktualisierung der Bernauer-Tragödie (15. Jh.): Agnes, die frühere Heimarbeiterin, findet sich in der Kapitalismus-Welt nicht zurecht.
Botho Strauß Trilogie des Wiedersehens UA 18.5., Hamburg	Das Stück besteht aus sich gegenseitig beleuchtenden Simultanszenen, in denen Gefühle und Haltungen einzelner zum Ausdruck kommen.
Oper	
Rudolf Kelterborn Ein Engel kommt nach Babylon; UA 5.6., Zürich	Gesangsstile dienen der Personencharakterisierung: Dem ätherischen Gesang des Engels steht der Sprechgesang des Bettlers gegenüber.
Musical	
Charles Strouse Annie UA 21.4., New York	Sentimentales Musical über das Schicksal eines Waisenkindes und seiner Freundin in der Halbwelt der 30er Jahre.
Film	
Woody Allen Der Stadtneurotiker USA	Preisgekrönter Klassiker der modernen Filmkomik: Woody Allen als lebensuntüchtiger Intellektueller, der Probleme mit Frauen hat.
John Badham Nur Samstag Nacht USA	Der Musikfilm mit John Travolta als Tänzer brachte die Disco-Welle ins Rollen; der Soundtrack der „Bee Gees" wurde zum Hit.
Claude Goretta Die Spitzenklöpplerin Schweiz/Frankreich/BRD	Feinfühlige Schilderung einer unerwiderten Liebe, die mit dem Tod endet; in der Hauptrolle Isabelle Huppert.
George Lucas Krieg der Sterne USA	Mit dem Weltraum-Märchen revolutioniert Lucas die Tricktechnik; der riesige Kinoerfolg des Films löst eine Fantasy-Welle aus.
Steven Spielberg Unheimliche Begegnung der dritten Art; USA	Aufwendiger Science-fiction-Film, in dem die Außerirdischen nicht mehr als Bedrohung des Menschen, sondern als Verheißung erscheinen.
Paolo u. Vittorio Taviani Mein Vater, mein Herr Italien	Eindringliche Verfilmung der Autobiographie von Gavino Ledda: Ein sardischer Hirtenjunge setzt sich gegen soziale Widerstände durch.
Buch	
Thomas Brasch Vor den Vätern sterben die Söhne; Westberlin	Erster Prosaband Braschs, der 1976 die DDR verlassen hat: Erzählungen über die Arbeits- und Alltagswelt im sozialistischen Deutschland.
Elias Canetti Die gerettete Zunge München	Begeisterte Aufnahme beim Lesepublikum und den Kritikern findet Canettis erster Teil seiner Autobiographie, der die Jugendjahre schildert.
Günter Grass Der Butt Neuwied	Vierter und umstrittenster „Danzig"-Roman, der in bildreicher Sprache Episoden europäischer Geschichte lebendig werden läßt.
Brigitte Schwaiger Wie kommt das Salz ins Meer?; Wien	Debütroman der Autorin, die sich kritisch mit dem Lebensgefühl der gutbürgerlichen Schicht auseinandersetzt, der sie entstammt.

rum im Erdgeschoß bietet Platz für Ausstellungen großformatiger Kunstobjekte; das Untergeschoß ist dem Institut zur Erforschung, Entwicklung und Verbreitung der Musik vorbehalten. Der Eingang zur Präsenzbibliothek, die 400 000 Bücher umfaßt, liegt in der zweiten Etage.

Über das dritte und vierte Stockwerk erstreckt sich das Musée National d'Art Moderne (MNAM), dessen umfangreiche Gemälde- und Skulpturensammlung chronologisch an diejenige im Musée d'Orsay anschließt.

Musikfilm löst Discowelle aus

USA. John Badhams Film „Nur Samstag Nacht" mit John Travolta in der Hauptrolle hat Premiere. Erzählt wird die Geschichte eines l9jährigen Verkäufers in Brooklyn, der als Tänzer in Discotheken Selbstbestätigung sucht. Durch einen Unfall aufgerüttelt, verläßt er dieses Milieu und zieht in der Hoffnung auf ein besseres Leben nach Manhattan. „Saturday Night Fever" zeichnet ein überzeugendes, wenn auch insgesamt eher oberflächliches Lebensbild der Brooklyn-Jugend der 70er Jahre. Der Soundtrack der Pop-Gruppe „Bee Gees" wird ein Hit, die im Film gezeigten Tänze werden vielfach kopiert.

John Badham begann seine Arbeit Anfang der 70er Jahre als Episoden-Regisseur für TV-Serien (u. a. „Kung Fu", „Die Straßen von San Francisco"). 1976 drehte er mit „Bingo Long" seinen ersten Kinofilm. Bereits mit seinem zweiten Film, „Saturday Night Fever", kann er sich etablieren. In den 80er Jahren knüpft der in England geborene Regisseur mit dem Actionfilm „Das fliegende Auge" (1982), der Komödie „Nummer 5 lebt" (1986) und dem Thriller „Die Nacht hat viele Augen" (1987) an seinen frühen Erfolg an. S 719/K 706

Boxerfilm „Rocky" erhält Oscar

28.3. Los Angeles. Als bester Film des Jahres erhält „Rocky" mit Sylvester Stallone in der Hauptrolle den begehrten Academy Award. Der vor allem in den USA außergewöhnlich erfolgreiche Film schildert den wechselvollen Aufstieg eines sozial unterprivilegierten jungen Mannes zum gefeierten Box-Star. Den Höhepunkt bildet der effektvoll gefilmte Boxkampf zwischen dem Schwergewichts-Weltmeister Apollo Creed und dem „unbekannten Boxer" Rocky. Rocky kann den Kampf zwar nicht gewinnen, liefert seinem Gegner aber eine großartige Auseinandersetzung und wird über Nacht berühmt.

Aufgrund des großen Publikumserfolgs entstehen bis 1990 vier Fortsetzungen, bei denen Hauptdarsteller Stallone auch die Regie übernimmt. Der US-amerikanische Schauspieler kann sich zudem als Einzelkämpfer „Rambo" (1982–1987) in weiteren Actionrollen profilieren und avanciert zum hochdotierten Filmstar. Die drei „Rambo"-Folgen entwickeln sich zu den bis dahin finanziell erfolgreichsten Produktionen der Filmgeschichte.

Kritiker lehnen Stallones Filme wegen ihrer Brutalität und ihres oft plakativen Antikommunismus ab.

P. Haller: Sylvester Stallone, 1990.

Reiner Kunze verläßt die DDR

13.4. Frankfurt/Main. Der Schriftsteller Reiner Kunze übersiedelt mit seiner Frau und seiner Tochter aus der DDR in die Bundesrepublik Deutschland. Der 43jährige begründet diesen Schritt damit, daß er und seine Familie in der DDR zunehmend Repressionen ausgesetzt gewesen seien, die seine Gesundheit stark angegriffen haben.

Bereits in den 60er Jahren provozierte Kunze die DDR-Behörden mit ironischen, tiefgründigen Gedichten. In seinem 1976 nur in der Bundesrepublik Deutschland veröffentlichten Prosaband „Die wunderbaren Jahre" übte er scharfe Kritik am real existierenden Sozialismus in der DDR.

1977 wird Reiner Kunze mit dem Georg-Büchner-Preis ausgezeichnet. S 707/K 695

J. Serke: Das neue Exil, 1984.

Traumgrenzen der Frauen-Leichtathletik			K 707
Disziplin	Schallmauer	Athletin (Land)	Leistung (Jahr)
100 m	11,0 sec 11,0 sec	Renate Stecher (GDR) Marlies Göhr (GDR)	10,9 sec (1972) 10,93 sec (1977)
200 m	22,0 sec	Marita Koch (GDR)	21,71 sec (1979)
400 m	50,0 sec	Irena Szewinska (POL)	49,9 sec (1974)
800 m	2:00 min	Hildegard Falck (FRG)	1:58,5 min (1971)
1500 m	4:00 min	Tatjana Kasankina (URS)	3:56,0 min (1976)
3000 m	8:30 min	Ludmilla Bragina (URS)	8:27,12 min (1976)
10 000 m	31:00 min	Ingrid Kristiansen (NOR)	30:59,4 min (1985)
Marathon	2:30 Std	Grete Waitz (NOR)	2:27:33 Std (1977)
100 m Hürden	13,0 sec	Karin Balzer (GDR)	12,9 sec (1969)
Hochsprung	2,00 m	R. Ackermann (GDR)	2,00 m (1977)
Weitsprung	7,00 m	V. Bardauskiene (URS)	7,07 m (1978)
Kugelstoß	20,00 m	N. Tschischowa (URS)	20,09 m (1969)
Diskuswurf	60,00 m 70,00 m	Liesel Westermann (FRG) Faina Melnik (URS)	61,26 m (1967) 70,20 m (1975)
Speerwurf	60,00 m 70,00 m	Elvira Osolina (URS) Tatjana Birjulina (URS)	61,38 m (1964) 70,08 m (1980)

1977

Sport

Ackermann überspringt 2,00 m

26.8. Westberlin. Im Olympiastadion überspringt Rosemarie Ackermann aus Cottbus (DDR) als erste Frau der Welt die 2-m-Marke. Die nur 1,75 m große Sportlerin bewältigt diese Traumgrenze in der Leichtathletik nicht im mittlerweile in der Weltklasse üblichen Fosbury-Flop (↑S.627/12.10.–27.10.1968), sondern im traditionellen Straddle.
1928 hatte die Südafrikanerin Marjorie Clark als erste Frau 1,60 m übersprungen. Die Grenzen von 1,80 m (1958) und 1,90 m (1961) wurden von der Rumänin Iolanda Balas gemeistert, die 14 Weltrekorde sprang und die Marke von 1,75 m (1956) auf 1,91 m (1961) steigerte.
1987 nähert sich die Bulgarin Stefka Kostadinova mit 2,09 m bis auf 1 cm an die neue Traumgrenze von 2,10 m. S 720/K 707

Beckenbauer wechselt in die USA

19.4. Frankfurt/Main. Der Deutsche Fußball-Bund (DFB) bestätigt, daß Rekordnationalspieler Franz Beckenbauer (103 Länderspiele) für die Nationalmannschaft nicht mehr zur Verfügung steht. Der 31jährige „Kaiser", Libero und Spielmacher mit virtuoser Balltechnik, wechselt für eine Ablösesumme von 1,75 Mio DM zu Cosmos New York.
Beckenbauer hatte 1965 sein erstes Länderspiel bestritten und wurde mit der deutschen Nationalmannschaft Europameister (↑S.670/18.6.1972) und Weltmeister (↑S.692/7.7.1974). Mit dem FC Bayern München wurde er viermal deutscher Meister (1969, 1972–1974). 1967 gewann er mit Bayern den Europa-Pokal der Pokalsieger und 1976 zum dritten Mal hintereinander den Europapokal der Landesmeister.
Cosmos New York will durch die Verpflichtung großer Stars wie Pelé und Beckenbauer das Interesse für den in den Vereinigten Staaten weitgehend unbekannten „Soccer" wecken. Nach seiner Rückkehr in die Bundesliga erringt Beckenbauer 1982 mit dem Hamburger Sportverein die deutsche Meisterschaft. Er wird 1984 „Teamchef" (ohne Trainerlizenz) der deutschen Nationalmannschaft, die er 1990 – zum dritten Mal nach 1954 und 1974 – zum Weltmeistertitel führt (↑S.841/8.7.1990). 1994 löst er Erich Ribbeck als Trainer des FC Bayern München ab und wechselt nach Saisonende ins Präsidentenamt des Vereins.

📖 H. Blickensdörfer: Der Kaiser – Die Franz Beckenbauer Story, 1991.

Sport 1977 K 708

Fußball	
Deutsche Meisterschaft	Borussia Mönchengladbach
DFB-Pokal	1. FC Köln – Hertha BSC 1:0 (Wdh.)
Englische Meisterschaft	FC Liverpool
Italienische Meisterschaft	Juventus Turin
Spanische Meisterschaft	Atletico Madrid
Europapokal (Landesmeister)	FC Liverpool – Bor. Mönchengladbach 3:1
Europapokal (Pokalsieger)	Hamburger SV – RSC Anderlecht 2:0
UEFA-Pokal	Juventus Turin

Tennis	
Wimbledon (seit 1877; 91. Austragung)	Herren: Björn Borg (SWE) / Damen: Virginia Wade (GBR)
US Open (seit 1881; 97. Austragung)	Herren: Guillermo Vilas (ARG) / Damen: Chris Evert (USA)
French Open (seit 1925; 47. Austragung)	Herren: Guillermo Vilas (ARG) / Damen: Mima Jausevic (YUG)
Australian Open (seit 1905; 65. Austragung)	Herren: Roscoe Tanner (USA) / Damen: Kerry Reid (AUS)
Davis-Cup (Sydney, AUS)	Australien – Italien 3:1

Eishockey	
Weltmeisterschaft	Tschechoslowakei
Stanley-Cup	Montreal Canadiens
Deutsche Meisterschaft	Kölner EC

Radsport	
Tour de France (4093 km)	Bernard Thévenet (FRA)
Giro d'Italia (3868 km)	Michel Pollentier (BEL)
Straßenweltmeisterschaft	Francesco Moser (ITA)

Automobilsport	
Formel-1-Weltmeisterschaft	Niki Lauda (AUT), Ferrari

Boxen	
Schwergewichts-Weltmeisterschaft	Muhammad Ali (USA) – PS gegen Earnie Shavers (USA), 29.9. – PS gegen Alfredo Evangelista (ITA), 16.5.

Herausragende Weltrekorde

Disziplin	Athlet (Land)	Leistung
Leichtathletik, Männer		
800 m	Alberto Juantorena (CUB)	1:43,4 min
400 m Hürden	Edwin Moses (USA)	47,45 sec
Hochsprung	Wladimir Jaschtschenko (URS)	2,33 m
Leichtathletik, Frauen		
100 m	Marlies Ölsner (GDR)	10,88 sec
Hochsprung	Rosemarie Ackermann (GDR)	2,00 m
Kugelstoß	Helena Fibingerova (TCH)	22,32 m
Schwimmen, Männer		
400 m Freistil	Brian Goodell (USA)	3:51,56 min
Schwimmen, Frauen		
400 m Freistil	Petra Thümer (GDR)	4:08,91 min
100 m Schmetterling	Christiane Knacke (GDR)	59,78 sec
200 m Lagen	Ulrike Tauber (GDR)	2:15,85 min

1978

Politik

Bull wird Datenschutzbeauftragter

13.2. Bonn. Hans-Peter Bull, erster Bundesbeauftragter für Datenschutz, wird in sein Amt eingeführt. Der neuen Instanz zur Überwachung des Datenschutzes obliegt es künftig, Mißbrauch und Weitergabe von personenbezogenen Daten zu unterbinden, um den Schutz der Privatsphäre der Bundesbürger zu garantieren.

1977 hatte der Bundestag die Einführung eines Datenschutzgesetzes beschlossen, das Anfang 1978 in Kraft trat. Das Gesetz wurde aufgrund zunehmender Vernetzung von personenbezogenen Datenbanken notwendig. In den letzten Jahren war es durch die unkontrollierte Weitergabe persönlicher Daten vermehrt zu öffentlichen Protesten gekommen. Bull fordert alle Bürger und Behörden, Institutionen, Parteien und Unternehmen zu einem verantwortungsvollen Umgang mit personenbezogenen Daten auf, um einen effizienten Datenschutz gewährleisten zu können.

R. Riegel: Datenschutz in der Bundesrepublik Deutschland, 1988.

Erste Regierung im Baskenland [KAR]

17.2. Bilbao. Im Baskenland wird die erste autonome Landesregierung gebildet, Präsident ist Ramón Rubial.

Die Basken, die im Spanischen Bürgerkrieg (1936–39) auf seiten der Republik gekämpft hatten, verloren ihre Teilautonomie nach der Machtergreifung Francisco Franco Bahamondes (↑S.321/1.10.1936). Seit den 60er Jahren kämpft die Untergrundorganisation ETA mit terroristischen Aktionen für die Unabhängigkeit der nordspanischen Provinz. Nach dem Tod Francos (1975) erhielten die Basken nach langwierigen Verhandlungen mit der Regierung in Madrid im Dezember 1977 die „vorläufige Autonomie".

Da die Unabhängigkeit des Baskenlandes stark eingeschränkt ist – Legislative und Exekutive liegen weiterhin bei der Zentralregierung –, setzt die ETA ihre terroristischen Aktionen fort.

1981 erhält das Baskenland als weiteres Zugeständnis an die Autonomiebewegung die Steuerhoheit. [S 723/K 710]

J. Lang: Das baskische Labyrinth, NA 1988.

Terroristen ermorden Aldo Moro

9.5. Rom. 55 Tage nach seiner Entführung ermorden Mitglieder der „Roten Brigaden" den 61 Jahre alten früheren italienischen Ministerpräsidenten Aldo Moro. Der christdemo-

Baskenland

Wichtige Regierungswechsel 1978		K 709
Land	**Amtsinhaber**	**Bedeutung**
Afghanistan	Mohammed Daud Khan (P seit 1973) Nur Mohammed Taraki (P bis 1979)	Machtübernahme der Kommunisten (27.4.); enge politische Anbindung an die UdSSR; Widerstand der Moslems
Italien	Giovanni Leone (P seit 1971) Alessandro Pertini (P bis 1985)	Leone tritt nach Vorwurf der versuchten Steuerhinterziehung zurück (15.6.); Nachfolger wird der 82jährige Sozialist Pertini
Kenia	Jomo Kenyatta (P seit 1964) Daniel Arap Moi (P bis . . .)	Tod von Kenyatta (22.8.), der Kenia in die Unabhängigkeit führte (1963); Arap Moi setzt prowestlichen Kurs fort
Panama	Demetrio Lakas Bahas (P seit 1969) Aristides Royo Sánchez (P bis 1982)	Mit der Vereidigung von Royo (11.10.) endet die 10jährige Herrschaft von Torrijos Herrera, der mit Sondervollmachten regierte
Sri Lanka	William Gopawalla (P seit 1972) Junius Richard Jayawardene (P bis 1988)	Jayawardene beschleunigt Übergang zur Marktwirtschaft, Einführung des Präsidialsystems stärkt seine Position
Südafrika	Balthazar Vorster (M seit 1966) Pieter Willem Botha (M bis 1989)[1]	Botha, Vertreter des rechten Parteiflügels der alleinregierenden Nationalpartei, sichert weiße Herrschaft mit Gewalt

M = Ministerpräsident bzw. Premierminister; P = Präsident; 1) ab 1984 Staatspräsident

kratische Politiker wird in einem abgestellten Fahrzeug in Rom erschossen aufgefunden.
Mit der Ermordung haben die Terroristen ihre am 5.5. in einem „Kommuniqué Nr. 9" übermittelte Drohung wahrgemacht, das von einem „Tribunal des Volkes" über Moro verhängte Todesurteil zu vollstrecken. Zuvor hatten die „Roten Brigaden" die Freilassung von 13 namentlich genannten Terroristen verlangt. Die christdemokratische Kabinett von Ministerpräsident Giulio Andreotti und die meisten politischen Parteien hatten diese Forderung abgelehnt. Lediglich die sozialistische Partei schlug vor, eine „humanitäre Initiative" im Zusammenhang mit der Entführung zu prüfen.
Die Kritik der italienischen Bevölkerung an der Polizei, der es nicht gelungen war, Aufenthaltsort und Identität der Terroristen festzustellen, führt zum Rücktritt von Innenminister Francesco Cossiga (1985–92 Staatspräsident). S 570/K 576 S 723/K 710

📖 L. Sciascia: Die Affäre Moro, Athenäum, Bd. 129.

Aldo Moro: Viele Menschen legen Blumen am Fundort des von Terroristen ermordeten früheren italienischen Ministerpräsidenten nieder.

Friedenssignal in Camp David KAR

17.9. Camp David. Der ägyptische Staatschef Muhammad Anwar As Sadat und der israelische Ministerpräsident Menachem Begin einigen sich unter Vermittlung von US-Präsident Jimmy Carter auf die Einleitung von Schritten, die zu einem Frieden im Nahen Osten führen sollen. Vorgesehen sind der Abzug Israels von der Sinai-Halbinsel, die autonome Verwaltung für das Westjordanland und den Gasastreifen sowie die Aufnahme diplomatischer Beziehungen zwischen Ägypten und Israel.
Ein erster Schritt zu dem jetzigen Abkommen war der Besuch Sadats im November 1977 in Israel gewesen, der eine Phase intensiver israelisch-ägyptischer Friedensgespräche eingeleitet hatte.
Für ihre Entspannungsbemühungen im Nahost-Konflikt werden Sadat und Begin mit dem Friedensnobelpreis ausgezeichnet.
Ende März 1979 unterzeichnen Sadat und Begin in Washington einen Friedensvertrag. Die vollständige Rückgabe des Sinai an Ägypten erfolgt im April 1982.
In der arabischen Welt stößt der Vertrag auf Ablehnung. Der Alleingang Ägyptens wird als Verrat an der gemeinsamen Sache gewertet und Ägypten aus der Arabischen Liga ausgeschlossen (bis 1989). Sadat wird am 6.10.1981 (↑S.749) von islamischen Fundamentalisten ermordet. S 441/K 442 S 726/K 712

📖 G. Rafael: Der umkämpfte Frieden, 1984.

Terror-Organisationen und ihre Ziele			K 710
Gründung	Name	Land	Ziele
1919	Irisch-Republikanische Armee (IRA)	Irland und Nordirland	Anschluß von Nordirland an die Republik Irland
1959	Al Fatah	Naher Osten	Schaffung eines eigenen Staates Palästina
	ETA (Euzkadi ta Azkatasuna, baskisch; Baskenland u. Freiheit)	Spanien	Unabhängigkeit des Baskenlands von Spanien
1967	Volksfront zur Befreiung Palästinas (PFLP)	Naher Osten	Unabhängiges Palästina, Zerstörung Israels
	Hamas[1]	Naher Osten	Zerstörung Israels, islamischer Staat Palästina
1970	Rote Armee Fraktion (RAF)	Deutschland	Kampf gegen den staatlichen Machtapparat
	Rote Brigaden (Brigade Rossi, BR)	Italien	Destabilisierung der Gesellschaft
1973	Revolutionäre Zellen (RZ)	Deutschland	Anschläge auf Institutionen des Staates
1975	Hisbollah (arabisch: Partei Gottes)	Libanon	Schiitischer Staat im Libanon
	Islamischer Heiliger Krieg	Libanon	Schiitischer Staat im Libanon (iranisches Vorbild)
1979	Action directe	Frankreich	Kampf gegen staatliche Einrichtungen
1980	Kämpfende Kommunistische Zellen (CCC)	Belgien	Destabilisierung des kapitalistischen Systems
1983	Dschihad Islami	Naher Osten	Zerstörung des Staats Israel, islam. Palästina
1989	Islamische Heilsfront (FIS)[2]	Algerien	Errichtung eines islamischen Gottesstaats
1992	Antiimperialistische Zelle (AIZ)	Deutschland	Nachfolgeorganisation der RAF

1) 1988 Gründung des militärischen Arms (Issedin-al-Kassem-Brigaden);
2) Bewaffnete Gruppen Islamische Armee des Heils (AIS) und Bewaffnete Islamische Gruppe (GIA), die sich 1995/96 von der FIS abspaltete

1978

Camp David: Muhammad Anwar As Sadat, Jimmy Carter und Menachem Begin (v.l.) besiegeln die Friedensvereinbarungen.

Die Räumung des Sinai durch Israel

- Israel seit 1949
- von Israel seit 1967 besetzte Gebiete
- ABC Israelische Rückzugszonen 1979 - 1982
- Zwischenzeitliche Pufferzone (Jan.1980)
- Stationierung von UN-Truppen

Schweiz: neuer Kanton Jura

24.9. Bern. Mit 82,3% gegen 17,1% der Stimmen sprechen sich die Schweizer für die Gründung eines neuen Kantons Jura aus (Fläche: 837 km^2, 69 000 Einwohner).

Zum ersten Mal seit der Gründung des eidgenössischen Bundes im Jahr 1848, wie er im wesentlichen bis heute besteht, wird mit der Bildung des neuen Kantons eine territoriale Veränderung vorgenommen.

Die französischsprachige Bevölkerung des vorwiegend deutschsprachigen Kantons Bern kämpfte für einen eigenen Kanton. 1815 war auf dem Wiener Kongreß das jurassische Fürstentum Basel dem Kanton Bern angeschlossen worden. Im Gegensatz zur vorwiegend protestantischen Bevölkerung der vier südlichen Bezirke fühlten sich die katholischen Bürger des nördlichen Jura niemals Bern zugehörig. Hauptstadt des Kantons Jura wird Delémont. S 725/K 711

Keine Atomenergie in Österreich

5.11. Wien. 50,47% der Österreicher lehnen in einer Volksabstimmung die Inbetriebnahme des Kernkraftwerks Zwentendorf ab und sprechen sich gegen eine zivile Nutzung der Atomenergie aus. Die österreichische Regierung unter Kanzler Bruno Kreisky (SPÖ)

setzte sich für die Inbetriebnahme des Atomkraftwerks ein.
Kritiker des Atomkraftwerks wiesen u. a. auf die ungeklärte Entsorgung der radioaktiven Abfälle hin. Die Atomkraftgegner verschärften im Januar 1978 ihre Protestaktionen, als die ersten Uranbrennstäbe angeliefert wurden. Die österreichische Regierung sah sich daraufhin gezwungen, eine Volksabstimmung abzuhalten. Österreich ist in hohem Maße von Energieexporten abhängig (70,5%). 54,5% des Bedarfs werden durch Erdgas und Erdöl gedeckt, der Rest wird größtenteils aus Wasserkraft gedeckt.
📖 Ausstieg aus der Kernenergie. Hindernisse, Bedingungen, Konsequenzen, 1990.

Vietnam besetzt Kambodscha KAR

25.12. Phnom Penh. Unterstützt von Guerillakämpfern der kambodschanischen Einheitsfront für die Nationale Rettung, fallen vietnamesische Truppen in Kambodscha ein. Damit wird das blutige Regime der kommunistischen Roten Khmer vorerst beendet (↑S.705/4.4.1976).

Anlaß für den Überfall sind Grenzstreitigkeiten, die sich auf den Anspruch Vietnams auf mehrere Inseln im Golf von Thailand gründen. Bereits Ende 1977 war es deswegen zu blutigen Auseinandersetzungen gekommen. Anfang 1979 fällt Phnom Penh. Eine vietnamfreundliche provisorische Regierung unter Heng Samrin wird eingesetzt, die von den Roten Khmer in einem Guerilakrieg bekämpft wird.

Der Einmarsch der Vietnamesen in Kambodscha ist für die Volksrepublik China im Februar 1979 Anlaß für eine Invasion im Norden Vietnams. Heftiger Widerstand der Vietnamesen und weltweite Kritik erzwingen bereits Anfang März den Rückzug der chinesischen Truppen. Im April nehmen vietnamesische Truppen im Westen Kambodschas das Hauptquartier der Roten Khmer ein. Ihr Führer Pol Pot flieht ins Ausland, wird jedoch in Abwesenheit zum Tode verurteilt. Die vietnamesischen Truppen bleiben bis 1989 im Land (↑S.832/28.8.1990). Bis zur Verabschiedung einer demokratischen Verfassung 1993 wird das Land unter die Oberaufsicht der UNO gestellt.

Wirtschaft

Drucker fürchten um ihre Zukunft

8.2. Frankfurt/Main. In mehreren Verlagshäusern treten Drucker in einen befristeten

Verwaltungsgliederung der Schweiz K 711

Kanton/Halbkanton	Eintritt in den Bund	Fläche (km²)	Einwohner	Gemeinden	Hauptort
Aargau	1803	1404	528 000	231	Aarau
Appenzell-Außerrhoden	1513[1]	242	53 300	20	Herisau
Appenzell-Innerrhoden	1513[1]	172	14 800	6	Appenzell
Basel-Landschaft	1501[2]	517	252 100	73	Liestal
Basel-Stadt	1501[2]	37	195 400	3	Basel
Bern	1353	5962	941 200	410	Bern
Fribourg/Freiburg	1481	1670	224 900	266	Fribourg/Freiburg
Genève/Genf	1814	284	396 000	45	Genf
Glarus	1352	684	39 500	29	Glarus
Graubünden	1803	7106	184 900	215	Chur
Jura	1979	837	69 300	76	Delémont
Luzern	1332	1492	340 300	107	Luzern
Neuchâtel/Neuenburg	1814	796	165 000	62	Neuchâtel/Neuenburg
Nidwalden	1291	276	36 600	11	Stans
Obwalden	1291	492	31 100	7	Sarnen
Schaffhausen	1501	298	74 100	34	Schaffhausen
Schwyz	1291	907	122 300	30	Schwyz
Solothurn	1481	791	238 900	130	Solothurn
St. Gallen	1803	2 015	442 700	90	St. Gallen
Thurgau	1803	1 013	223 500	181	Frauenfeld
Ticino/Tessin	1803	2 811	305 400	247	Bellinzona
Uri	1291	1 075	36 000	20	Altdorf
Valais/Wallis	1814	5 226	271 500	163	Sion/Sitten
Vaud/Waadt	1803	3 219	606 000	385	Lausanne
Zug	1352	238	91 700	11	Zug
Zürich	1351	1 728	1 170 000	171	Zürich

Stand: 1995; 1) 1597 geteilt; 2) 1833 geteilt

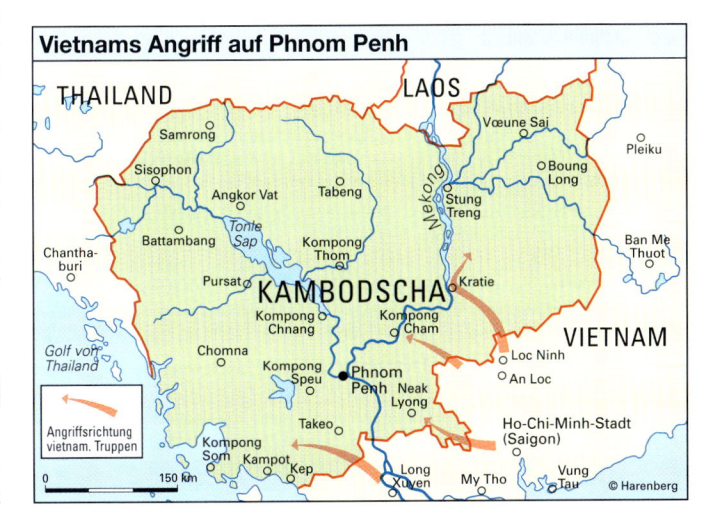

Vietnams Angriff auf Phnom Penh

Ausstand, 21 Zeitungen können nicht erscheinen.
Die IG Druck und Papier fordert von den Arbeitgebern den Erhalt ihres tariflichen Besitzstandes, den sie durch die Einführung computergesteuerter Textverarbeitungssysteme gefährdet sieht. Die Arbeitgeber gehen auf die Forderungen der Gewerkschaft (soziale Absicherungen und Beschäftigungsgarantien für die Betroffenen) nicht ein.
Bislang wurden Zeitungen in mehreren mechanischen Arbeitsgängen hergestellt, die von hochqualifizierten Facharbeitern wie Schriftsetzern und Metteuren ausgeführt wurden. Die Umstellung von Bleisatz auf die elektronische Textverarbeitung ermöglicht es, mehrere Arbeitsgänge am Computer auszuführen.
Ende Februar weitet die IG den Streik aus, viele Verlage machen Verluste in Millionenhöhe. Am 20.3. einigen sich die Tarifparteien auf einen Kompromiß, bei dem sich die Arbeitgeberseite dazu verpflichtet, umfassende Umschulungsmaßnahmen vorzunehmen.

Wissenschaft

Baby Louise aus der Retorte

26.7. Oldham. 30 km nördlich von London wird das erste Kind geboren, das außerhalb des Mutterleibs gezeugt wurde. Da Louises Mutter Lesley Brown aufgrund einer Eileiterverengung auf „normalem" Weg kein Kind bekommen konnte, nahmen die britischen Ärzte Patrick Steptoe und Robert Edwards eine Befruchtung im Reagenzglas vor und verpflanzten das Ei kurze Zeit später in die Gebärmutter. Das Austragen des Embryos verlief ohne Komplikationen.
Neben einem beispiellosen Medienrummel lösen die ethischen Implikationen der künstlichen Befruchtung Diskussionen in kirchlichen Kreisen aus. Die anglikanische Kirche äußert vorsichtige Bedenken, während die katholische Kirche (mit einer klaren Ablehnung) und die evangelische Kirche (mit Zustimmung, solange kein „ehefremder" Samen verwendet wird) eindeutig Position beziehen.

B. Maaßen/M. Stauber: Der andere Weg zum eigenen Kind. Zeugung im Reagenzglas, 1988.

Gesellschaft

Drogenreport vom Bahnhof Zoo

September. Hamburg. Die Illustrierte „stern" startet unter dem Titel „Wir Kinder vom Bahnhof Zoo" die Veröffentlichung eines Tonbandprotokolls, das die „Drogen-Karriere" der 16jährigen Christiane F. in Westberlin schildert.
Der Bericht dokumentiert eindringlich den Teufelskreis von Abhängigkeit, Beschaffungskriminalität und Prostitution und bildet einen wichtigen Beitrag zur Auseinandersetzung mit dem zunehmenden Problem des Drogenmißbrauchs von Jugendlichen: Das Einstiegsalter ist in Einzelfällen auf zwölf bis 13 Jahre gesunken. Eine wachsende Zahl von Rauschgiftkonsumenten wendet sich sog. harten Drogen wie Heroin zu.
1981 verfilmt Ulrich Edel den Bericht mit Natja Brunckhorst in der Hauptrolle.

Johannes Paul I. stirbt

28.9. Vatikan. Nach nur 34tägiger Amtszeit stirbt Papst Johannes Paul I. Dies ist das bislang kürzeste Pontifikat in der römisch-katholischen Kirchengeschichte.

Nobelpreisträger 1978	K 712
Frieden: Muhammad Anwar As Sadat (Ägypten, 1918–1981), Menachem Begin (Israel, 1913–1992)	
Die Visite des ägyptischen Staatspräsidenten Sadat (1970–81) in Jerusalem war der erste Besuch eines arabischen Staatschefs in Israel. Bei ihrer Zusammenkunft legten Sadat und der israelische Ministerpräsident Begin (1977–83) den Grundstein für das Abkommen von Camp David (1979).	
Literatur: Isaac Bashevis Singer (USA, 1904–1991)	
Singer verfaßte seine Romane, die sich mit Geschichte und Identität des jüdischen Volkes befassen, in jiddischer Sprache. Das Schicksal der Juden erhebt Singer zu Gleichnissen menschlichen Lebens. Werke: „Die Familie Moschkat" (1950), „Jakob, der Knecht" (1962).	
Chemie: Peter D. Mitchell (GB, 1920–1992)	
Mitchell erklärte 1961 die chemischen Prozesse, auf denen die Energieversorgung der lebenden Zellen beruht, und stellte damit das Grundprinzip der Bioenergetik auf. Zwischen den Zellen erfolgt ein Energieaustausch, der von Enzymen in den Zellmembranen vermittelt wird.	
Medizin: Werner Arber (CH, *1929), Daniel Nathans (USA, *1928), Hamilton O. Smith (USA, *1931)	
Die Mikrobiologen entdeckten die Restriktions-Enzyme, mit denen sich die biochemischen Vorgänge in der Erbmasse analysieren und beeinflussen lassen. Mit den Enzymen können Erbkrankheiten und Krebs behandelt, aber auch völlig neuartige Organismen gezüchtet werden.	
Physik: Pjotr L. Kapitsa (UdSSR, 1894–1984), Arnold A. Penzias (USA, *1933), Robert W. Wilson (USA, *1936)	
Kapitsa entwickelte ab 1934 Verflüssigungsanlagen für Helium und verhalf damit der Tieftemperaturphysik zum Durchbruch. Penzias und Wilson entdeckten 1964 die kosmische Mikrowellen-Hintergrundstrahlung. Sie wird als Rest der Wärmestrahlung angesehen, die bei der Entstehung des Universums vom Urknall freigesetzt wurde.	
Wirtschaftswissenschaften: Herbert A. Simon (USA, *1916)	
Simon befaßte sich mit der Struktur von Wirtschaftsorganisationen und den Eigenheiten ihrer Entscheidungsfindung. Er entwickelte eine Unternehmenstheorie, die ihr Augenmerk auf die Entscheidungsträger legt (unter Berücksichtigung von deren persönlichen und sozialen Bindungen).	

1978

Nach dem Tod von Papst Paul VI. am 6.8. hatte das Kardinalskonklave den Patriarchen von Venedig, Kardinal Albino Luciani, am 26.8. zu seinem Nachfolger gewählt. Zwar gehörte er zu den Traditionalisten, die absolute Glaubenstreue und kirchliche Disziplin verlangen, hatte sich jedoch mit seiner seelsorgerischen Arbeit in Venedig die Sympathien der Armen erworben.

Der plötzliche Tod des Papstes (offizielle Diagnose: Herzversagen) ist Anlaß zahlreicher Spekulationen. Der US-amerikanische Journalist David A. Yallop stellt in seinem 1984 erscheinenden Buch „Im Namen Gottes?" die These auf, Johannes Paul I. sei ermordet worden, weil er die fragwürdigen Finanzgeschäfte des Vatikans nicht habe mittragen wollen.

Am 16.10. (↑S.727) wird Karol Wojtyla zu seinem Nachfolger gewählt.   S 39/K 31

Karol Wojtyla zum Papst gewählt

16.10. Vatikan. Erstmals seit 456 Jahren wählt das Kardinalskonklave einen Nichtitaliener zum Papst. Neues Oberhaupt der römisch-katholischen Kirche ist der Pole Karol Wojtyla, der als Papst Johannes Paul II. die Nachfolge des am 28.9. (↑S.726) verstorbenen Papstes Johannes Paul I. antritt.

Karol Wojtyla war 1958 zum Weihbischof, 1964 zum Erzbischof von Krakau ernannt worden, 1967 folgte die Ernennung zum Kardinal. Mit seiner Namenswahl will der „polnische Papst" zum Ausdruck bringen, daß er an Werk und Ziele seiner Vorgängers anknüpfen will.

Zahlreiche Auslandsreisen führen Johannes Paul II. u. a. auch als ersten Papst seit 198 Jahren nach Deutschland (1980). Von großer Bedeutung sind seine drei Reisen in sein Heimatland (1979, 1983, 1987), die den polnischen Klerus in der Auseinandersetzung mit dem kommunistischen Regime stärken. Die restaurative Haltung des Papstes in innerkirchlichen (Zulassung von Frauen zum Priesteramt) und moralisch-gesellschaftlichen Fragen (künstliche Geburtenregelung) stößt in den 80er Jahren zunehmend auf Unverständnis. Am 13.5.1981 (↑S.749) wird Johannes Paul II. in Rom bei einem Attentat schwer verletzt.   S 257/K 268

📖 A. Krims: Karol Wojtyla – Papst und Politiker, NA 1986.

Massenselbstmord in Guyana

19.11. Jonestown. Auf Befehl ihres Führers Jim Jones begehen über 900 Mitglieder der Sekte „Tempel des Volkes" im Dschungel von Guyana Selbstmord.

Der Massenselbstmord wurde von dem Religionsfanatiker Jones vermutlich angeordnet, um sich der Strafverfolgung zu entziehen: Sektenangehörige hatten den US-Kongreßabgeordneten Leo J. Ryan und drei Journalisten ermordet, die in dem Sektendorf Jonestown Hinweisen über psychische und physische Mißhandlungen nachgehen wollten. Zehn Journalisten konnten entkommen und die Behörden von Guyana verständigen, die daraufhin Regierungstruppen entsandten.

Die 72 Überlebenden berichten, daß die Opfer eine mit Zyankali vergiftete Limonade trinken mußten.

Massenselbstmord: Im Dschungel–Camp der Sekte „Tempel des Volkes" in Jonestown in Guyana sterben über 900 Menschen, darunter 100 Kinder. Der Gründer und Führer der Sekte, der US–Amerikaner Jim Jones, hatte den Massenselbstmord über Lautsprecher befohlen.

Kultur

Novelle von Martin Walser

Frankfurt/Main. Im Verlag Suhrkamp erscheint Martin Walsers „Ein fliehendes Pferd". Die Novelle problematisiert in knapper Sprache den Alltag alternder Intellektueller, die an der Diskrepanz von Lebensplan und Alltagsrealität leiden. Studienrat Helmut Halm verbringt mit seiner Frau die Sommerferien am Bodensee. Seine Lebensroutine wird gestört, als ein Jugendfreund auftaucht, der mit seiner Vitalität und seinen Erinnerungen an den ehemals phantasievollen, unkonventionellen Halm dem Studienrat seine unproduktive Scheinexistenz bewußt macht. Auch die anderen Romane und Erzählungen von Martin Walser beschreiben alltägliche Konflikte in zwischenmenschlichen Beziehungen, in denen sich Mißstände der Lei-

Papst Johannes Paul I.

Kulturszene 1978   K 713

Theater

Heiner Müller Germania Tod in Berlin UA 20.4., München	In einer Montage von 13 Bildern stellt Müller Fragmente des Zusammentreffens von deutscher Geschichte und Arbeiterbewegung dar.
Botho Strauß Groß und Klein UA 8.12., Westberlin	Die Hauptfigur durchwandert zehn Szenen, die Orte der sozialen Landschaft in der Bundesrepublik der 70er Jahre beschreiben.

Oper

György Ligeti Le Grand Macabre UA 12.4., Stockholm	Moderne Commedia dell'arte mit bizarrer Musik aus parodistischen Koloraturen, Metronomschlägen und orchestralen Klangfarben.
Krzysztof Penderecki Das verlorene Paradies UA 29.11., Chicago	Hymnisches Ausschwingen von Kantilenen und differenzierter Rezitativgesang zeigen in der Milton-Oper die Abkehr von serieller Musik.
Aribert Reimann Lear UA 9.7., München	Aufsehenerregendes Werk: Der Komponist ordnet den Shakespeare-Figuren unterschiedliche Zwölftonreihen und Klangwirkungen zu.

Musical

Andrew Lloyd Webber Evita UA 21.6., London	Das erste Webber-Musical, das von London aus die Welt erobert, erzählt die Geschichte der argentinischen Präsidentengattin Eva Perón.

Film

Woody Allen Manhattan USA	Ein Fernsehkomiker (Woody Allen) in der Midlifecrisis; melancholische Komödie im Großstadtdschungel mit Musik von George Gershwin.
Michael Cimino Die durch die Hölle gehen USA	Der brutale Vietnamkrieg-Film erhielt fünf Oscars und sorgte wegen angeblichem Rassismus 1979 auf der Berlinale für einen Eklat.
Rainer Werner Fassbinder Die Ehe der Maria Braun BRD	Geschichte einer Frau als Spiegelbild der deutschen Nachkriegsgeschichte mit ihrem hemmungslosen Erfolgsstreben.
Alexander Kluge u. a. Deutschland im Herbst BRD	Elf Regisseure beschreiben die politische Situation in der Bundesrepublik angesichts der Terrorwelle 1977 und ihrer Auswirkungen.
George Miller Mad Max Australien	In einem Alptraum aus Gewalt und Schrott zeigt Miller einen Zukunftsstaat, in dem das Faustrecht triumphiert; in der Hauptrolle: Mel Gibson.
Ermanno Olmi Der Holzschuhbaum Italien	Ein mit Laiendarstellern gedrehter Film über das ärmliche Leben norditalienischer Pächter Ende des 19. Jh.; Goldene Palme in Cannes.
Adolf Winkelmann Die Abfahrer BRD	Drei arbeitslose Jugendliche aus dem Ruhrgebiet machen eine Spritztour mit einem gestohlenen LKW; humorvolle Milieuschilderung.

Buch

John Irving Garp, und wie er die Welt sah; New York	Persiflage eines Bildungsromans; die Lebensgeschichte Garps, Sohn einer Exzentrikerin, wird als Buch und Film (1982) ein Welterfolg.
Urs Jaeggi Brandeis Darmstadt	Der Roman gilt als wichtiges Zeugnis für die Zeit der Studentenbewegung in den 60er Jahren; Hauptfigur ist ein Soziologieprofessor.
Siegfried Lenz Heimatmuseum Hamburg	In 15 Rechtfertigungsprotokollen begründet Zygmunt Rogalla, warum er das von ihm selbst aufgebaute Heimatmuseum niedergebrannt hat.
Gerhard Roth Winterreise Frankfurt/M.	Eine Flucht vor dem Ich, die zugleich eine Suche nach einem neuen Selbstverständnis ist, steht im Mittelpunkt des Romans.
Martin Walser Ein fliehendes Pferd Frankfurt/M.	Walser schildert in seiner Novelle die Identitätskrise eines Studienrats, der an seiner unproduktiven Scheinexistenz leidet.

stungsgesellschaft spiegeln. Walser verfolgt das Schicksal seiner Antihelden (u. a. Anselm Kristlein, Gallistl) in verschiedenen Werken. So greift er 1985 in dem Roman „Brandung" erneut die Figur des Helmut Halm auf. 1981 wird Martin Walser mit dem Georg-Büchner-Preis ausgezeichnet.   S 728/K 713

A. E. Waine: Martin Walser, 1980.

Sport

WM-Titel für deutsche Handballer

5.2. Kopenhagen. Die deutsche Handball-Nationalmannschaft wird Weltmeister. In einem spannenden Finale bezwingt sie den favorisierten Olympiasieger UdSSR mit 20:19 Toren. Dritter wird die DDR mit einem 19:15 über Dänemark.

Vater des Erfolges ist der 43jährige Kroate Vlado Stenzel, der 1972 das jugoslawische Team zum Olympiasieg geführt und 1974 das Amt des Bundestrainers übernommen hatte. Unter dem „Magier" schaffte die DHB-Auswahl in zwei dramatischen Spielen gegen Vize-Weltmeister DDR die Olympiaqualifikation für 1976. Die Stützen in Stenzels Mannschaft sind Torwart Manfred Hofmann, Heiner Brand, Joachim Deckarm, Erhard Wunderlich, Arno Ehret, Manfred Freisler und Kurt Klühspies.

Als das deutsche Team bei der Weltmeisterschaft 1982 nur einen enttäuschenden siebten Platz belegt und die Olympiaqualifikation verpaßt, tritt Stenzel zurück.

Messner bezwingt Mount Everest

8.5. Reinhold Messner und Peter Habeler besteigen als erste Bergsteiger den Mount Everest (8846 m) ohne Sauerstoffgerät.

Wie bei der Erstbesteigung (↑S.485/29.5. 1953) hatten Bergsteiger bisher den höchsten Gipfel der Erde nur mit Hilfe von Atemgeräten erklommen, da oberhalb von 7500 m das Blut nur unzureichend mit Sauerstoff versorgt wird. 1975 bezwang die Japanerin Junko Tabei als erste Frau den Mount Everest.

Bis 1986 besteigt Messner alle 14 Achttausender des Himalaya-Massivs. 1989/90 durchquert er mit dem Deutschen Arved Fuchs als erster Mensch zu Fuß die Antarktis (2400 km).

R. Messner: Die Freiheit, aufzubrechen, wohin ich will, 1991.

Navratilova gewinnt Wimbledon

9./10.7. Wimbledon. Die 21jährige Martina Navratilova gewinnt den ersten ihrer insge-

samt neun Einzeltitel von Wimbledon. Sie schlägt die US-Amerikanerin Chris Evert 2:6, 6:4 und 7:5.
Achtmal schrieb sich die US-Amerikanerin Helen Wills-Moody (1927–30, 1932, 1933, 1935, 1938) in diesem Jahrhundert in die Siegerlisten des Einzelwettbewerbs der All England Championships ein, siebenmal verewigte sich die Engländerin Dorothea Chambers (1903, 1904, 1906, 1910, 1911, 1913, 1914), je sechsmal gewannen die Französin Suzanne Lenglen (1919–1925) und die US-Amerikanerin Billie Jean King-Moffitt (1966–68, 1972, 1973, 1975). Mit insgesamt 20 Wimbledontiteln (sechsmal Einzel, zehnmal Doppel, viermal Mixed) ist King-Moffitt erfolgreichste Teilnehmerin dieses Turniers. Die gebürtige Pragerin Navratilova, die während der US-Meisterschaften 1975 um politisches Asyl nachsuchte, erhält 1981 die US-amerikanische Staatsbürgerschaft. In Wimbledon triumphiert sie erneut 1979 und 1990 sowie sechsmal in Serie 1982–1987.

M. Navratilova: So bin ich, 1991.

Argentiniens Elf Weltmeister
25.6. Buenos Aires. Gastgeber Argentinien gewinnt vor 80 000 Zuschauern im River-Plate-Stadion das Endspiel der Fußball-Weltmeisterschaft. Die von Cesar Luis Menotti betreute Elf schlägt die Niederlande in der Verlängerung mit 3:1. Mario Kempes, der in der ersten Halbzeit die Argentinier in Führung schoß, erhöhte nach Ausgleich von Nanninga in der 104. Minute auf 2:1. Das 3:1 erzielte Bertoni sechs Minuten vor Schluß. Argentinien war wegen der Militärdiktatur (↑S.705/24.3.1976) als Austragungsland umstritten. Die Gefangenenhilfsorganisation amnesty international hatte die Bundesrepublik Deutschland aufgefordert, angesichts von Folter und Unterdrückung politischer Gegner auf eine Teilnahme zu verzichten. Der Präsident des Deutschen Fußball-Bundes (DFB) Hermann Neuberger sprach sich aber gegen einen Boykott aus.
In sportlicher Hinsicht bot die Weltmeisterschaft wenig Höhepunkte: Sechs Spiele endeten mit einem torlosen Unentschieden, sieben Begegnungen mit nur 1:0. Titelverteidiger Deutschland kam nach einer unerwarteten 2:3-Niederlage gegen die Auswahl Österreichs nicht einmal unter die letzten vier. 1986 holt die argentinische Mannschaft mit Superstar Diego Maradona erneut den Weltmeistertitel (↑S.794/30.6.), 1990 unterliegt sie im Finale gegen Deutschland knapp mit 0:1 (↑S.841/8.7.).

Sport 1978 — K 714

Fußball	
Weltmeisterschaft	Argentinien – Niederlande 3:1 n.V.
Deutsche Meisterschaft	1. FC Köln
DFB-Pokal	1. FC Köln – Fortuna Düsseldorf 2:0
Englische Meisterschaft	Nottingham Forest
Italienische Meisterschaft	Juventus Turin
Spanische Meisterschaft	Real Madrid
Europapokal (Landesmeister)	FC Liverpool – FC Brügge 1:0
Europapokal (Pokalsieger)	RSC Anderlecht – Austria Wien 4:0
UEFA-Pokal	PSV Eindhoven
Tennis	
Wimbledon (seit 1877; 92. Austragung)	Herren: Björn Borg (SWE) Damen: Martina Navratilova (Staatenlos)
US Open (seit 1881; 98. Austragung)	Herren: Jimmy Connors (USA) Damen: Chris Evert (USA)
French Open (seit 1925; 48. Austragung)	Herren: Björn Borg (SWE) Damen: Virgina Ruzici (ROM)
Australian Open (seit 1905; 66. Austragung)	Herren: Guillermo Vilas (ARG) Damen: Chris O'Neill (AUS)
Davis-Cup (Palm Springs, USA)	USA – Großbritannien 4:1
Eishockey	
Weltmeisterschaft	Sowjetunion
Stanley-Cup	Montreal Canadiens
Deutsche Meisterschaft	SC Riessersee
Radsport	
Tour de France (3913 km)	Bernard Hinault (FRA)
Giro d'Italia (3610 km)	Johan de Muynck (BEL)
Straßen-Weltmeisterschaft	Gerrie Kneteman (HOL)
Automobilsport	
Formel-1-Weltmeisterschaft	Mario Andretti (USA), Lotus-Ford
Boxen	
Schwergewichts-Weltmeisterschaft	WBA: Muhammad Ali (USA) – PS gegen Leon Spinks (USA), 15.9.
	WBC: Larry Holmes (USA) – PS gegen Alfredo Evangelista (ITA), 10.11. – PS gegen Ken Norton (USA), 10.6.

Herausragende Weltrekorde

Disziplin	Athlet (Land)	Leistung
Leichtathletik, Männer		
5000 m	Henry Rono (KEN)	13:08,4 min
10 000 m	Henry Rono (KEN)	27:22,5 min
3000 m Hindernis	Henry Rono (KEN)	8:05,4 min
Hammerwurf	Karl-Hans Riehm (FRG)	80,32 m
Leichtathletik, Frauen		
400 m	Marita Koch (GDR)	48,94 sec
Weitsprung	Vilma Bardauskiene (URS)	7,09 m
Schwimmen, Frauen		
200 m Schmetterling	Andrea Pollack (GDR) Tracy Caulkins (USA)	2:09,87 min 2:09,87 min

1979

Politik

Khomeini kehrt aus Exil zurück

1.2. Teheran. Der Schiitenführer Ayatollah Ruhollah Khomeini kehrt nach 15jährigem Exil nach Iran zurück. Am 5.2. proklamiert Khomeini eine „Revolutionsregierung" unter der Führung von Mehdi Barsagan.

Im November 1978 hatten die Massendemonstrationen gegen Schah Mohammed Resa Pahlawi ihren Höhepunkt erreicht. Weder die Errichtung einer Militärregierung (6.11.) noch die Berufung des ehemaligen Führers der Nationalen Front, Schapur Bachtiar, zum Ministerpräsidenten konnten den Machtzerfall des Schah-Regimes verhindern. Am 16.1.1979 verließ der Schah den Iran.
Die von Khomeini verkündete Islamische Republik wird am 30.3. in einer Volksabstim-

Ayatollah Ruhollah Khomeini (M.) wird zur beherrschenden geistigen und politischen Kraft des Iran. Er wandelt das Land zum islamischen Staat.

Wichtige Regierungswechsel 1979		K 715
Land	Amtsinhaber	Bedeutung
Afghanistan	Nur Muhammad Taraki (P seit 1978) Hafizullah Amin (P 16.9.–27.12.) Babrak Karmal (P bis 1986)	Taraki bei Putsch getötet (14.9.); Amin kann Widerstand moslemischer Rebellen nicht beenden; Einmarsch sowjetischer Truppen; Amin ermordet und durch moskautreuen Karmal ersetzt (S.733)
Algerien	Houari Boumedienne (P seit 1965) Bendjedid Chadli (P bis 1992)	Tod von Boumedienne (27.12.1978), der einen am Islam orientierten Sozialismus vertrat; Chadli leitet Reformen ein
Äquatorial-Guinea	Francisco Macías Nguema (P seit 1968) Teodoro Obiang Nguema Mbazogo (P bis . . .)	Militär putscht gegen Diktator Macías Nguema und richtet ihn hin (29.9.); Oberster Militärrat übernimmt die Macht
BRD	Walter Scheel (FDP, P seit 1974) Karl Carstens (CDU, P bis 1984)	Scheel verzichtet auf Kandidatur für zweite Amtszeit, da CDU und CSU Mehrheit in der Bundesversammlung haben (S.732)
Ecuador	Alfredo Poveda Burbano (P seit 1976) Jaime Agueleira Roldós (P bis 1981)	Ende der Militärdiktatur (10.8.); Ecuador erhält eine neue Verfassung und wird zur präsidialen Republik
Großbritannien	James Callaghan (Labour, M seit 1976) Margaret Thatcher (Konserv., M bis 1990)	Sieg der Konservativen (43,9% der Stimmen); Thatcher versucht, Wirtschaft durch weniger Staatsausgaben zu beleben (S.731)
Irak	Ahmad Hassan Al Bakr (P seit 1968) Saddam Hussein (P bis . . .)	Alle Macht bei Hussein, der u. a. Präsident, Regierungschef und Vorsitzender der staatstragenden Bath-Partei ist
Iran	Mohammed Resa Pahlawi (Schah seit 1941) Ayatollah Khomeini (Rev.führer bis 1989)	Schah flieht nach Ägypten (16.1.); Schiitenführer Khomeini kehrt aus Exil zurück; Iran wird Islamische Republik (S.730)
Kambodscha	Pol Pot (M seit 1976) Heng Samrin (M bis 1991)	Vietnamesische Truppen vertreiben Diktator Pol Pot und die Roten Khmer, die jedoch den Untergrundkampf beginnen
Korea-Süd	Park Chung Hee (P seit 1962) Choi Kyu Ha (P bis 1980)	Park von seinem Geheimdienstchef erschossen (26.10.); Choi leitet vorsichtige Lockerung der Gewaltherrschaft ein
Nicaragua	Anastasio Somoza Debayle (P seit 1974) Daniel Ortega Saavedra (P bis 1990)[1]	Flucht des Diktators nach 18monatigem Bürgerkrieg beendet 42jährige Diktatur der Familie Somoza (S.732/17.7.)
Uganda	Idi Amin Dada (P seit 1971) Yusufu Lule (P 13.4.–20.6.) Godfrey Binaisa (P bis 1980)	Diktator Amin flieht, nachdem tansanische Truppen die ugandische Hauptstadt Kampala erobert haben (11.4.); Ende der achtjährigen Gewaltherrschaft (300 000 Tote, S.731)
Zentralafrik. Republik	Bokassa I. (Kaiser seit 1976)[2] David Dacko (P bis 1981)	Bokassa während Auslandsaufenthalt abgesetzt (21.9.); Ende der fast 14jährigen Diktatur; Land wird wieder Republik

M = Ministerpräsident bzw. Premierminister; P = Präsident;
1) Chef der Junta des Nationalen Widerstands; ab 1984 offizieller Präsident Nicaraguas; 2) 1966–76 Präsident

mung angenommen. Viele Schah-Anhänger werden von islamischen Volksgerichten zum Tode verurteilt (↑S.740/25.4.1980). S 731/K 716

📖 M. R. Pahlawi: Gott ist mein Zeuge, 1979. H. Nussbauer: Khomeini – Revolutionär in Allahs Namen, 1979. I. Motadeḷ: Iran. Von der Schah-Dynastie zum islamischen Gottesstaat, 1987.

Idi Amin entmachtet

11.4. Kampala. Ugandische Exiltruppen übernehmen mit Hilfe tansanischer Militärs die Macht in Uganda. Der Diktator Idi Amin Dada muß fliehen und findet Asyl in Libyen. 1971 hatte Idi Amin nach einem Putsch gegen Staatspräsident Milton Obote die Macht an sich gerissen. Während seiner achtjährigen Gewaltherrschaft wurden nach Angaben der Gefangenenhilfsorganisation amnesty international mindestens 300 000 Menschen umgebracht. Im November 1978 begann Amin einen Grenzkrieg mit Tansania, der zu seinem Sturz führt. Die UNLF („Uganda Liberation Front"), die sich im tansanischen Exil gebildet hatte, proklamiert Mitte April Yusufu Lule zum neuen Präsidenten. In den folgenden Monaten kommt es aufgrund von Racheakten Amin-treuer Soldaten zu einem Bürgerkrieg. Ende Mai 1980 kehrt Milton Obote in seine Heimat zurück und wird abermals zum Präsidenten gewählt.

Frau Thatcher Premierministerin

3.5. London. Bei den britischen Unterhauswahlen erringen die Konservativen einen überwältigenden Wahlsieg. Ihre Parteivorsitzende Margaret Thatcher wird erste Premierministerin Großbritanniens.
Ende März hatte das Parlament Premier James Callaghan (Labour Party) mit einer Stimme Mehrheit das Mißtrauen ausgesprochen, so daß Neuwahlen nötig wurden. Ursache der verheerenden Niederlage der Labour Party, die das schlechteste Ergebnis seit 1945 verzeichnen, waren vor allem wirtschaftliche Probleme und die Unzufriedenheit mit den häufig streikenden Gewerkschaften.
Thatchers liberale Wirtschaftspolitik, die in erster Linie auf eine Verlangsamung der Inflation ausgerichtet ist, führt zu zahlreichen Firmenzusammenbrüchen und bis Anfang 1982 zu 3 Mio Arbeitslosen. Ihre Steuerpläne lösen innere Unruhen aus, die Thatcher 1990 zum Rücktritt zwingen. S 362/K 367

📖 R. Hill: Margaret Thatcher: Aufstieg einer englischen Politikerin, Herder Bücherei Bd. 1539. H.-P. Fröhlich/C. Schnabel: Das Thatcher-Jahrzehnt, 1990.

Iran im 20. Jahrhundert[1]		K 716
Jahr	Ereignis	
1906	Schah Mosaffar Od Din unterzeichnet die von einem gewählten Parlament entworfene Verfassung (30.12.)	
1907	Russisch-britischer Teilungsvertrag (Petersburger Vertrag, 31.8.): Dreiteilung des Landes in eine russische Zone (Norden), eine britische (Süden) und eine neutrale Zone (Mitte)	
1914–18	Während des 1. Weltkriegs Einmarsch russischer, türkischer und englischer Truppenverbände	
1921	Staatsstreich des Offiziers Resa Khan (21.2.)	
1925	Absetzung von Schah Ahmad durch das Parlament (S.222/31.10.); Resa Khan wird zum neuen Schah ausgerufen (12.12.)	
1938	Eröffnung der Transiranischen Eisenbahn (26.8.)	
1941	Neutraler Iran durch britische und russische Truppen besetzt (Aug.)	
	Resa Khan Pahlawi muß zugunsten seines Sohns Mohammed Resa Pahlawi abdanken und wird deportiert (16.9.)	
1942	Bündnisvertrag mit Großbritannien und der Sowjetunion (Jan.)	
1946	Abzug der ausländischen Truppenkontingente	
	Niederschlagung separatistischer Bewegungen in Aserbaidschan	
1951	Verstaatlichung der Anglo-Iranischen Ölgesellschaft (April)	
1953	Ministerpräsident Mohammed Mossadegh mit CIA-Hilfe gestürzt (Aug.); Nachfolger General Zahedi ermöglicht Rückkehr des Schah	
1954	Erdölabkommen (28.10.): Internationales Konsortium kontrolliert die iranischen Ölfelder	
1955	Beitritt zum Bagdadpakt (12.10.; ab 1959 CENTO)	
1959	Verteidigungsabkommen mit den USA (5.3.)	
1961–63	Sog. Weiße Revolution: Aufteilung des Großgrundbesitzes, Frauenemanzipation, Alphabetisierung	
1963	Verbannung des Schiitenführers Ayatollah Khomeini	
1966	Beginn des Ausbaus von Cha Bahar zur größten Marine- und Luftbasis am Indischen Ozean; USA rüsten den Iran zur größten Militärmacht am Persischen Golf auf	
1969	Konflikt mit dem Irak wegen Grenze und Schiffahrt im Schatt al-Arab: Iran kündigt Vertrag von 1937, der den Irak begünstigte (19.4.); in der Folge mehrfach Kämpfe	
1977	Nationale Front fordert Ende der Schah-Diktatur	
1978	Blutige Unruhen in der heiligen Stadt Gom (Jan.)	
	In Paris Gründung der Iranisch-Islamischen Nationalbewegung durch Khomeini und die Nationale Front (5.11.)	
1979	Schah Resa Pahlawi verläßt den Iran (16.1.); Rückkehr Khomeinis (1.2.); Armee verhält sich neutral (S.730)	
	Khomeini proklamiert die Islamische Republik Iran (1.4.)	
	Geiselnahme in Teheraner US-Botschaft (4.11.; bis 20.1.1981, S.740)	
1980	Sieg der fundamentalistischen Islamisch-Republikanischen Partei bei den Parlamentswahlen (9.5.)	
	Beginn des iranisch-irakischen Golfkriegs (bis 20.8.1988, S.805)	
1981	Absetzung des Staatspräsidenten Abol Hassan Banisadr (21.6.); Nachfolger Radschai kommt bei Attentat ums Leben	
1989	Tod von Revolutionsführer Khomeini (4.6.)	
1992	Wahlsieg der als gemäßigt geltenden Anhänger von Präsident Ali Akbar Haschemi Rafsandschani (10.4.), 1993 bestätigt (63,2%); vorsichtige ökonomische und gesellschaftliche Liberalisierung	
1996	Wahlsieg der islamischen Konservativen um Ali Khamenei	
	Einführung eines neuen Strafrechts auf Grundlage der Scharia	

[1] Bis 1934 Persien

1979

Europäisches Parlament				K 717
Fraktionen	Direktwahlen (Mandate)			
	1979	1984	1989	1994
Sozialisten/Sozialdemokraten	112	131	182	221
Christdemokraten/EVP	106	109	107	172
Konservative	63	48	48	19[1)]
Kommunisten	44	42	42	31[2)]
Liberale	40	33	44	52
Fortschrittsdemokraten/Gaullisten	21	28	19	56[3)]
Sonstige	24	43	76	65
Insgesamt	410[4)]	434[5)]	518[6)]	626[7)]

Stand: 1996; 1) Europa der Nationen; 2) Europäische Unitaristische Linke; 3) Union für Europa ab Juli 1995; 4) 9 Mitgliedsländer 5) 10 Mitgliedsländer; 6) 12 Mitgliedsländer; 7) 15 Mitgliedsländer ab Januar 1996, vorher 567 Abgeordnete

Carstens wird Bundespräsident
23.5. Bonn. Karl Carstens wird von der Bundesversammlung zum fünften deutschen Bundespräsidenten gewählt.
528 von 1032 Wahlmännern stimmen für den 64jährigen CDU-Politiker. Seine Gegenkandidatin, Bundestagsvizepräsidentin Annemarie Renger (SPD), erringt 431 Stimmen. Der amtierende Bundespräsident Walter Scheel (↑S.684/15.5.1974) verzichtete auf eine weitere Kandidatur.
Carstens war 1973–76 Fraktionsvorsitzender der CDU/CSU im Bundestag und 1976–79 Bundestagspräsident. Sein Nachfolger als Staatsoberhaupt wird Richard von Weizsäcker (↑S.768/23.5.1984).
G. Scholz: Die Bundespräsidenten. Biographien eines Amtes, 1990.

Karl Carstens

Erste Wahlen zum Europaparlament
7./10.6. In den neun EG-Staaten finden erstmals Direktwahlen zum Europäischen Parlament statt.

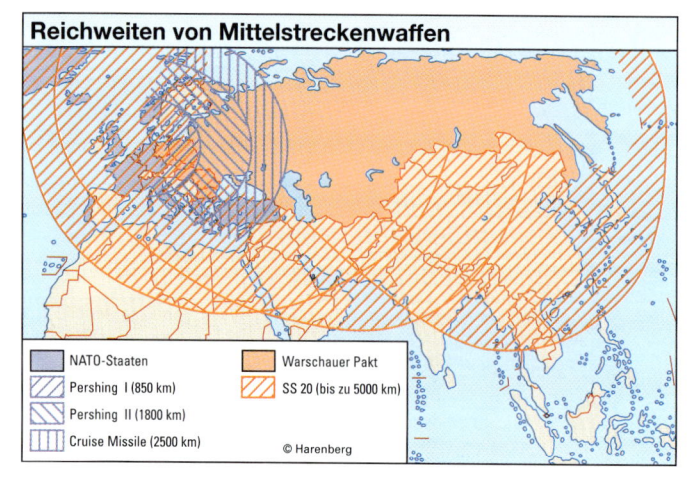

Reichweiten von Mittelstreckenwaffen

NATO-Staaten
Pershing I (850 km)
Pershing II (1800 km)
Cruise Missile (2500 km)
Warschauer Pakt
SS 20 (bis zu 5000 km)
© Harenberg

Die Sozialisten werden mit 112 Sitzen die stärkste Fraktion im Parlament (insgesamt 410 Sitze), gefolgt von Christdemokraten (106), Konservativen (63) und Kommunisten (44). Jedes Land darf entsprechend seiner Größe eine bestimmte Anzahl von Abgeordneten ins Parlament entsenden, wobei die Bundesrepublik Deutschland, Großbritannien, Frankreich und Italien jeweils 81 Mandate haben.
Bislang entsandten die nationalen Volksvertretungen Delegierte in das Europäische Parlament, das Arbeitsorte in Luxemburg, Straßburg und Brüssel hat. Ende 1974 beschloß der Europäische Rat auf dem Pariser Gipfel die Einführung direkter Wahlen.
Das Europaparlament besitzt nur kontrollierende und beratende, jedoch keine legislativen Befugnisse. Es hat das Recht, Fragen an Kommission und Ministerrat der EG zu stellen, die beantwortet werden müssen. Mit einer Zweidrittelmehrheit kann es der Kommission das Mißtrauen aussprechen. Die frühere französische Gesundheitsministerin Simone Veil wird zur ersten Parlamentspräsidentin.   S 732/K 717

Sandinisten entmachten Somoza
17.7. Managua. Nach einem blutigen Bürgerkrieg flieht Nicaraguas Diktator Anastasio Somoza Debayle ins Exil nach Florida. Damit endet die 42jährige Gewaltherrschaft der Somoza-Familie.
Seit 1937 herrschte der Somoza-Clan über das mittelamerikanische Land und brachte ein Viertel der landwirtschaftlichen Nutzfläche in seinen Besitz. In den 70er Jahren wurde der Diktatur zunehmender Widerstand seitens der 1962 gegründeten Sandinistischen Befreiungsfront FSNL entgegengesetzt. Nach der Ermordung des Oppositionspolitikers Pedro Joaquin Chamorro im Januar 1978 brach ein Bürgerkrieg zwischen Somoza-Anhängern und Sandinisten aus, der über 20 000 Tote forderte. Am 20.7. übernimmt eine Junta des Nationalen Wiederaufbaus – ihr gehören Vertreter der verschiedenen Oppositionsbewegungen an – die Herrschaft. 1980 wird Somoza in seinem Exil in Paraguay ermordet.
F. Niess: Sandino. Der General der Unterdrückten. Eine politische Biographie, 1989. G. Langguth: Wer regiert Nicaragua? Geschichte, Ideologie und Machtstrukturen des Sandinismus, 1989.

NATO-Doppelbeschluß KAR
12.12. Brüssel. Die Außen- und Verteidigungsminister der NATO beschließen die Modernisierung der Mittelstreckenwaffen in

1979

Westeuropa durch Mittelstreckenraketen vom US-amerikanischen Typ Pershing II und durch Marschflugkörper (Cruise Missile). Ausschlaggebend für die sog. Nachrüstung war die Stationierung sowjetischer SS-20-Raketen. Gleichzeitig bietet die NATO der Sowjetunion Verhandlungen über eine beiderseitige Begrenzung der Waffen an. Die Verknüpfung von Nachrüstung und Verhandlungsangebot kam vor allem auf Drängen der deutschen Regierung zustande. Die Ausführung des NATO-Doppelbeschlusses wird von den Ergebnissen der Abrüstungsgespräche abhängig gemacht.
Die deutsche Friedensbewegung, die auch einen Teil der regierenden Sozialdemokraten erfaßt, wendet sich 1980 im „Krefelder Appell" gegen das Wettrüsten der Supermächte. Im Oktober 1981 kommt es in Bonn zur größten Friedensdemonstration seit Gründung der Bundesrepublik Deutschland (300 000 Menschen). Nach dem Scheitern der Abrüstungsgespräche beginnt die NATO Ende 1983 mit der Stationierung der Waffen.
📖 R. Schmidt: Die Friedensbewegung in der BRD, 1990.

Sowjets überfallen Afghanistan KAR
26.12. Sowjetische Truppen überschreiten die Grenze nach Afghanistan und erobern die Hauptstadt Kabul. Präsident Hafizullah Amin wird ermordet, Babrak Karmal als Staats- und Regierungschef eingesetzt.
Afghanistan ist für die Sowjetunion von großer strategischer Bedeutung. Nach einem Militärputsch im April 1978 hatte ein Revolutionsrat die Regierung in Kabul übernommen und einen weitgehenden Beistandspakt mit der Sowjetunion geschlossen. Als sich ein Sturz der linken Regierung wegen des wachsenden Widerstands der moslemischen Aufständischen abzeichnet, leistet Moskau „brüderliche Hilfe", um die „Konterrevolution" zu beenden.
Trotz massiver Unterstützung durch sowjetische Truppen kann die neue Regierung die moslemischen Rebellen (Mudschaheddin) nicht unter Kontrolle bringen. 5 Mio Menschen fliehen nach Pakistan und Iran. Die Invasion führt zu einer Krise zwischen Ost und West sowie zur Abwendung zahlreicher Entwicklungsländer von der UdSSR. 1989 verlassen die letzten sowjetischen Truppen Afghanistan. (↑S.816/15.2.1989).
📖 W. Adam: Das Scheitern am Hindukusch. Afghanistan ist nicht zu unterjochen, 1989. G. Botscharow: Die Erschütterung. Afghanistan, das Vietnam der Sowjetunion, 1990.

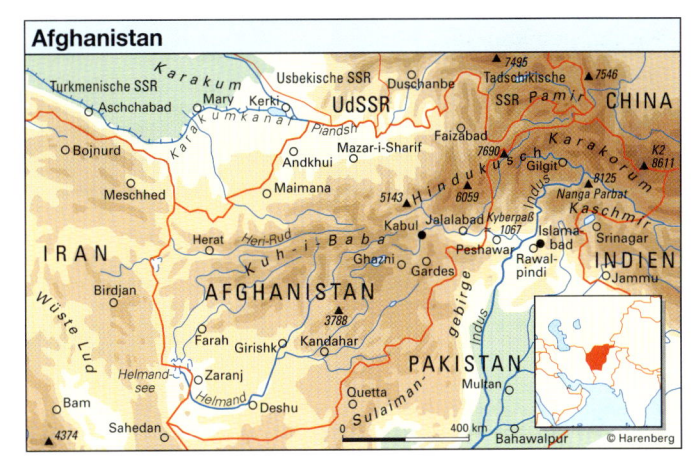

Afghanistan besetzt: Panzer und Mannschaftswagen der sowjetischen Armee ziehen in die Hauptstadt Kabul ein.

Technik

„Beinahe-GAU" in Harrisburg
28.3. Harrisburg. Im US-Bundesstaat Pennsylvania kommt es im Kernkraftwerk Three Mile Island zum bislang schwersten Störfall in der Geschichte der friedlichen Nutzung der Atomenergie.
Nach Zusammenbruch des Kühlsystems wurde das Ersatzsystem, das sich automatisch einschaltete, von der Bedienungsmannschaft in Unkenntnis der gefährlichen Lage abgeschaltet, worauf radioaktiver Dampf und radioaktives Wasser austraten. Eine längere Überhitzung hätte das Durchschmelzen der Brennstäbe und somit einen GAU (Größter Anzunehmender Unfall) wie fünf Jahre später im ukrainischen Tschernobyl (↑S.790/26.4.1986) zur Folge gehabt.
Der erst drei Monate alte Reaktor wird stillgelegt; mit ihm werden fünf baugleiche Typen abgeschaltet. Die Anti-Atomkraft-Bewe-

1979

Nobelpreisträger 1979	K 718
Frieden: Mutter Teresa (Indien, *1910)	
Mutter Teresa gründete 1950 den katholischen Orden „Missionare der Nächstenliebe", der sich in 160 Missionsstationen (Stand: 1992) weltweit um die Ärmsten der Armen kümmert. Nach den Ordensregeln arbeiten die etwa 10 000 Mitglieder niemals für Geld oder für Reiche.	
Literatur: Odysseus Elytis (GR, 1911–1996)	
Der Hauptvertreter der modernen griechischen Lyrik steht in der Tradition des Surrealismus. In seinen Gedichten mystifiziert er die griechische Insellandschaft. Hauptwerk ist das Epos „Gepriesen sei" (1959) um die deutsche Besetzung Griechenlands während des 2. Weltkriegs und den anschließenden blutigen Bürgerkrieg.	
Chemie: Herbert C. Brown (USA, *1912), Georg Wittig (D, 1897–1987)	
Beide Wissenschaftler arbeiteten auf dem Gebiet der organischen Chemie, mit deren Hilfe Wirkstoffe (z. B. Arzneimittel) hergestellt werden können, die in der Natur nicht vorkommen. Brown entwickelte zahlreiche Reagenzien, denen Borverbindungen zugrunde liegen. Wittig entdeckte 1953/54 auf der Basis metallorganischer Verbindungen die nach ihm benannte Reaktion, die bei der Vitamin-Synthese genutzt wird.	
Medizin: Allan M. Cormack (USA, *1924), Godfrey N. Hounsfield (GB, *1919)	
Cormack schuf die theoretischen Grundlagen für die Computertomographie. Dieses Verfahren, das mit feinen Röntgenstrahlen arbeitet, liefert dreidimensionale Querschnittaufnahmen des Gewebes. Der Ingenieur Hounsfield baute unabhängig von Cormack das erste Gerät für die Computertomographie, das mit einem Scanner arbeitet.	
Physik: Sheldon L. Glashow (USA, *1932), Abdus Salam (Pakistan, *1926), Steven Weinberg (USA, *1933)	
Die Forscher erarbeiteten unabhängig voneinander ein mathematisches Modell, das zwei der vier Elementarkräfte vereinigt: die schwache Wechselwirkung, die beim radioaktiven Zerfall auftritt, und die elektromagnetische Kraft, die sich in anziehenden oder abstoßenden Ladungen äußert.	
Wirtschaftswissenschaften: Arthur Lewis (USA, 1915–1991), Theodore W. Schulz (USA, *1902)	
Beide Wissenschaftler analysierten die wirtschaftlichen Probleme von Dritte-Welt-Staaten und versuchten, Wege aus der Unterentwicklung zu finden. Besonderes Augenmerk galt der Landwirtschaft, deren geringe Produktivität ausschlaggebend für die Armut vieler Entwicklungsländer ist.	

Kritiker der katholischen Amtskirche		K 719
Name (Lebensdaten), Land	Forderungen u. kirchliche Gegenmaßnahmen	
Leonardo Boff (*1938) Brasilien	„Theologie der Befreiung", Strukturreform der lateinamerikanischen Kirche; 1985 vom Vatikan zu einjährigem Bußschweigen verurteilt	
Ernesto Cardenal (*1925) Nicaragua	Verbindung von Christentum und marxistischer Ideologie (revolutionäres Christentum), Solidarität mit Armen; 1985 vom Priesteramt suspendiert	
Eugen Drewermann (*1940) Deutschland	Kritik an der kath. Moraltheologie in der Abtreibungsfrage, symbolische Auslegung von Bibelstellen; 1991 Entzug der kirchl. Lehrerlaubnis	
Hans Küng (*1928) Schweiz	Abschaffung der Zensur, Kritik am Dogma (1870) von der Unfehlbarkeit des Papstes; 1979 Entzug der kirchlichen Lehrerlaubnis	
Marcel Lefebvre (1905–1991) Frankreich	Beibehaltung der tridentinischen Form der Messe (seit dem 16. Jh.) und der Liturgie in lat. Sprache; 1988 von Papst Johannes Paul II. exkommuniziert	
Uta Ranke-Heinemann (*1927) Deutschland	Dogma von der Jungfräulichkeit der Muttergottes nur als zeitbedingtes Vorstellungsmodell zu verstehen; 1987 Entzug der kirchlichen Lehrerlaubnis	

gung in den Vereinigten Staaten und Westeuropa nimmt den Störfall zum Anlaß, mit Nachdruck auf die Risiken der Atomenergie-Nutzung hinzuweisen. S 791/K 770

📖 H. Jaenecke: Mein Gott! Was haben wir getan! Von Hiroshima nach Tschernobyl, 1987.

Medien

Alternative „Tageszeitung"

17.4. Westberlin. Die erste Ausgabe der überregionalen „taz" (die Tageszeitung) erscheint. Das Blatt hat eine Auflage von 30 000 Exemplaren und wird im ganzen Bundesgebiet vertrieben. Als links-alternative Tageszeitung will die „taz" das Meinungsbildungsmonopol der sog. bürgerlichen Presse brechen. Nicht nur inhaltlich, auch organisatorisch unterscheidet sich das Blatt von herkömmlichen Zeitungen: Die Redakteure erhalten einen Einheitslohn von 1000 DM, die „Säzzer" dürfen die Beiträge mit kommentierenden Anmerkungen versehen.
Trotz zahlreicher Spenden und intensiven Werbens um zahlungskräftige Kommanditisten arbeitet die „taz" ständig am Rande des wirtschaftlichen Ruins.

Gesellschaft

Drei-Sterne-Restaurant in München

19.11. München. Das von dem Österreicher Eckart Witzigmann gegründete Schlemmerlokal „Aubergine" erhält als erstes deutsches Restaurant im renommierten Gourmet-Reiseführer „Michelin" drei Sterne. Diese höchste kulinarische Ehrung wurde in Frankreich bislang 19 und in Belgien zwei Köchen zuteil. Bisher war Witzigmann mit zwei Sternen im „Michelin" verzeichnet. Einen dritten Stern erhält er für ein Menü, das 120 DM kostet (u. a. „Wachtel mit Ragout aus Waldpilzen", „Steinbutt mit Champignons gedünstet" und „Medaillons vom Rehrücken mit Portwein-Sauce").
Ausgangsbasis für Witzigmanns raffiniert-klassische Küche sind frische Saisonprodukte, die er zu Beginn seiner Karriere zum Teil selber anbaute.
1993 wird dem Star-Koch wegen Kokainbesitzes die Betriebsgenehmigung für das Restaurant entzogen.

Küng verliert Lehrerlaubnis

18.12. Die vatikanische Glaubenskongregation entzieht dem an der Universität Tübingen lehrenden Theologen Hans Küng die kirchliche Lehrerlaubnis. Die Kongregation begründet ihren Schritt damit, daß Küng in seinen Schriften von der vollständigen Wahrheit des katholischen Glaubens abweiche. Küng, der als offizieller theologischer Berater am 2. Vatikanischen Konzil (↑S.563/11.10. 1962) teilgenommen hatte, wurde seit 1967 wiederholt wegen seiner Reformansätze gerügt. Einen Höhepunkt in den Auseinandersetzungen bildete Küngs Buch „Unfehlbar? Eine Anfrage" (1970), in dem er das Dogma der päpstlichen Unfehlbarkeit anzweifelt. Anhänger Küngs kritisieren die „inquisitorischen Tendenzen" in der Kirche, für die der seit 1978 amtierende Papst Johannes Paul II. verantwortlich gemacht wird. S 734/K 719

 N. Greinacher/H. Haag (Hg.): Der Fall Küng. Eine Dokumentation, 1980.

Kultur

Fernsehserie über Holocaust

22.1. Die Dritten Programme der ARD beginnen mit der Ausstrahlung der Fernsehserie „Holocaust". Die 428 Minuten lange Serie des US-Senders NBC ist die bisher umfangreichste Fernsehproduktion über die Verbrechen des NS-Regimes an den Juden.
Der Film zeigt den NS-Terror am persönlichen Schicksal weniger Menschen. Im Mittelpunkt stehen der jüdische Arzt Josef Weiss, der mit seiner Familie bis 1933 in der kultivierten Atmosphäre des Berliner Großbürgertums lebt, und der arbeitslose Erik Dorf, der in der SS Karriere macht.
Die Serie erreicht ein ungewöhnlich hohes Zuschauerinteresse und rückt 35 Jahre nach Kriegsende den Mord an 6 Mio Juden wieder ins Bewußtsein der Welt. Der aus der Bibel stammende Begriff „Holocaust" (holókauton, griech.; Brandopfer) wird zum Synonym für politischen Massenmord.

Antikriegsfilm „Apocalypse Now"

25.5. Cannes. Francis Ford Coppolas Film „Apocalypse Now" wird mit der Goldenen Palme von Cannes ausgezeichnet.
Der umstrittene Antikriegsfilm basiert auf Motiven der Erzählung „Herz der Finsternis" (1899) des englischen Schriftstellers Joseph Conrad; Coppola verlegt den Schauplatz des Geschehens vom Kongo nach Vietnam. Der US-Hauptmann Willard soll im Auftrag des CIA den hochdekorierten Oberst Kurtz, der im Dschungel als gottähnlicher Herrscher ein Schreckensregiment über einen Eingebore-

Kulturszene 1979 — K 721

Theater	
Heiner Müller Die Hamletmaschine UA 30.1., Paris	Hamlet und Orphelia reflektieren in Zitatmontagen die Unfreiheit ihrer Rolle in der Shakespeare-Tragödie und im realen Leben.
Peter Shaffer Amadeus UA 2.11., London	Mozarts Lebensgeschichte aus der Perspektive seines Konkurrenten Antonio Salieri; der größte Theatererfolg des Jahrzehnts.
Oper	
Wolfgang Rihm Jakob Lenz UA 8.3., Hamburg	Die Büchner-Novelle über den geistigen Verfall des Dichters Lenz wird zum musikalischen Psychogramm mit harten (Schlagzeug-)Akzenten.
Wilhelm Dieter Siebert Der Untergang der Titanic UA 6.9., Westberlin	Das ganze Opernhaus wird zur „Mitspieloper" zum Ozeandampfer, das Publikum nimmt hautnah an der Schiffskatastrophe teil.
Musical	
Stephen Sondheim Sweeney Todd UA 1.3., New York	Das Musical hat die Form einer durchkomponierten, großorchestrierten Oper mit anspruchsvollen Ensembleszenen.
Konzert	
Dieter Schnebel Schubert-Fantasie UA 16.3., Frankfurt/Main	Ein Teil des Orchesters instrumentiert eine Klaviersonate von Franz Schubert, der andere deckt diese Musik wie mit einem Vorhang zu.
Film	
Francis Ford Coppola Apocalypse Now USA	Der mit 30 Mio US-Dollar bis dahin teuerste Film fängt das Grauen des Vietnamkriegs in abstoßenden und zugleich faszinierenden Bildern ein.
Stanley Kubrick Shining Großbritannien	Effektvoller Horrorthriller nach einem Roman von Stephen King: Ein Schriftsteller will im Wahn seine Frau umbringen.
Volker Schlöndorff Die Blechtrommel BRD/Frankreich	Brillante Verfilmung des gleichnamigen Romans von Günter Grass, die 1980 den Oscar für den besten ausländischen Film erhält.
Ridley Scott Alien Großbritannien	Ein fremdartiges Monster dringt in ein Raumschiff ein und tötet fast die gesamte Besatzung; perfekt inszenierter Science-fiction-Thriller.
Andrei Tarkowski Der Stalker UdSSR	Düster-poetische Versionen aus einer mysteriösen verbotenen Zone; Tarkwoskis letzter Film vor der Emigration aus der UdSSR (1982).
Buch	
Italo Calvino Wenn ein Reisender in einer Winternacht; Turin	Kunstvoll verknüpft Calvino zehn voneinander unabhängige Romananfänge durch eine ebenfalls eigenständige Romanhandlung.
Michael Ende Die unendliche Geschichte Stuttgart	Erfolgreicher Märchenroman, der sich gegen den Verlust der Phantasie in einer technisierten Welt wendet; 1983 von Wolfgang Petersen verfilmt.
Max Frisch Der Mensch erscheint im Holozän; Frankfurt/Main	Ein in freiwilliger Abgeschiedenheit lebender Rentner sieht sich als Endzeitmensch; Erzählung über die Problematik des Alterns.
Nadine Gordimer Burgers Tochter London	Vor dem Hintergrund des Apartheidsystems in Südafrika versucht eine Frau, sich von der übermächtigen Vaterfigur zu lösen.
Günter Grass Das Treffen in Telgte Neuwied	In einer fiktiven Dichterrunde des Barock spiegelt Grass die Zusammenkünfte der literarischen Gruppe 47, der er selbst angehört.
Christa Wolf Kein Ort. Nirgends Ostberlin	Die Autorin läßt Heinrich von Kleist und Karoline von Günderrode, die beide Selbstmord begingen, ihre Seelenverwandtschaft entdecken.

Sport 1979 — K 722

Fußball

Deutsche Meisterschaft	Hamburger SV
DFB-Pokal	Fortuna Düsseldorf – Hertha BSC 1:0 n. V.
Englische Meisterschaft	FC Liverpool
Italienische Meisterschaft	AC Mailand
Spanische Meisterschaft	Real Madrid
Europapokal (Landesmeister)	Nottingham Forest – Malmö FF 1:0
Europapokal (Pokalsieger)	FC Barcelona – Fortuna Düsseldorf 4:3 n. V.
UEFA-Pokal	Borussia Mönchengladbach

Tennis

Wimbledon (seit 1877; 93. Austragung)	Herren: Björn Borg (SWE) / Damen: Martina Navratilova (Staatenlos)
US Open (seit 1881; 99. Austragung)	Herren: John McEnroe (USA) / Damen: Tracy Austin (USA)
French Open (seit 1925; 49. Austragung)	Herren: Björn Borg (SWE) / Damen: Chris Evert-Lloyd (USA)
Australian Open (seit 1905; 67. Austragung)	Herren: Guillermo Vilas (ARG) / Damen: Barbara Jordan (USA)
Davis-Cup (Los Angeles, USA)	USA – Italien 5:0

Eishockey

Weltmeisterschaft	Sowjetunion
Stanley-Cup	Montreal Canadiens
Deutsche Meisterschaft	Kölner EC

Radsport

Tour de France (3720 km)	Bernard Hinault (FRA)
Giro d'Italia (3301 km)	Giuseppe Saronni (ITA)
Straßen-Weltmeisterschaft	Jan Raas (HOL)

Automobilsport

Formel-1-Weltmeisterschaft	Jody Scheckter (RSA), Ferrari

Boxen

Schwergewichts-Weltmeisterschaft	WBA: John Tate (USA) – PS über Gerrie Coetze (RSA), 20.10. Rücktritt von Muhammad Ali im Juni 1979
	WBC: Larry Holmes (USA)

Herausragende Weltrekorde

Disziplin	Athlet (Land)	Leistung
Leichtathletik, Männer		
200 m	Pietro Mennea (ITA)	19,72 sec
800 m	Sebastian Coe (GBR)	1:42,4 min
110 m Hürden	Renaldo Nehemiah (USA)	13,00 sec
Leichtathletik, Frauen		
200 m	Marita Koch (GDR)	21,71 sec
400 m	Marita Koch (GDR)	48,60 sec
Schwimmen, Frauen		
200 m Brust	Lina Katschuschite (URS)	2:28,36 min
200 m Schmetterling	Mary T. Maegher (USA)	2:07,01 min

Wichtige Antikriegsfilme — K 720

1. Weltkrieg	
1930	Im Westen nichts Neues (USA) Lewis Milestone (1895–1980)
1937	Die große Illusion (Frankreich) Jean Renoir (1894–1979)
1957	Wege zum Ruhm (USA) Stanley Kubrick (*1928)
1981	Gallipoli (Australien) Peter Weir (*1944)
2. Weltkrieg	
1953	Verdammt in alle Ewigkeit (USA) Fred Zinnemann (*1907)
1959	Die Brücke (BRD) Bernhard Wicki (*1919)
1962	Iwans Kindheit (UdSSR) Andrej Tarkowski (1932–1986)
Vietnamkrieg	
1978	Die durch die Hölle gehen (USA) Michael Cimino (*1943)
1979	Apocalypse Now (USA) Francis Ford Coppola (*1939)
1987	Full Metal Jacket (USA) Stanley Kubrick (*1928)

nenstamm führt, aufspüren und liquidieren. In bildstarken Sequenzen verdichtet Coppola das Grauen des Krieges zu Metaphern, entzieht aber auch den Vietnamkrieg rationalen Kategorien und droht ihn zu mystifizieren. Coppola hatte bereits 1971 und 1974 mit seinem zweiteiligen Mafia-Epos „Der Pate" großen Erfolg; 1991 läßt er einen 3. Teil folgen. Aufsehen erregt 1993 seine opulent inszenierte Filmadaption des Dracula-Romans von Bram Stoker. S 735/K 720

P. W. Jansen/W. Schütte (Hg.): Francis Ford Coppola, 1985.

Sport

17 Tote beim „Fastnet-Rennen"

14.8. Mit einer Katastrophe endet die vor der englischen Südküste ausgetragene Regatta um den „Admiral's Cup". Bei einem Orkan mit Windböen bis Stärke 12 kommen beim abschließenden „Fastnet-Rennen" 17 Menschen ums Leben, 23 der insgesamt 304 Boote kentern oder müssen aufgegeben werden.

Nie zuvor in der Geschichte des Admiral's Cup, der seit 1925 ausgetragen wird, hatte es den Totalverlust eines Schiffes oder den Tod eines Besatzungsmitglieds gegeben. Unglücksursache ist die verspätete Sturmwarnung, die auf vielen Booten mangels Funkanlagen nicht empfangen werden konnte.

1980

Politik

„Die Grünen" werden Bundespartei

13.1. Karlsruhe. „Die Grünen" formieren sich auf ihrem Gründungsparteitag als Bundespartei und legen am 23.3. in Saarbrücken mit der Definition „ökologisch, basisdemokratisch, sozial, gewaltfrei" die Grundzüge ihrer Politik fest. Erstes Führungstrio sind Petra Kelly, August Haußleiter und Norbert Mann.
Die Grünen, zuvor nur lokal und regional organisiert, sind politisches Zentrum stark divergierender Gruppierungen, denen die Sorge um die wachsende Umweltzerstörung gemein ist. Ein großes Konfliktpotential der einstigen Sammlungsbewegung bleiben in den kommenden Jahren die Differenzen zwischen „Fundis" (Durchsetzung von Maximalforderungen) und „Realos" (politische Mitwirkung unter Kompromißbereitschaft, (↑S.781/16.10.1985). Mit Rotationsprinzip (Neubesetzung aller Ämter in regelmäßigem Turnus) und offensiver Frauenpolitik grenzen sich die Grünen deutlich von den etablierten Parteien ab. Am 7.10.1979 waren die Grünen erstmals in ein Landesparlament eingezogen (Bremen); bei der Bundestagswahl am 6.3.1983 erhalten sie 5,6% der Stimmen. Am 17.1.1993 erfolgt der Zusammenschluß mit dem ostdeutschen „Bündnis 90", nachdem die Grünen 1990 den Wiedereinzug in den Bundestag nicht geschafft haben (↑S.835/ 2.12.1990).

S 600/K 604

P. Gatter: Die Aufsteiger. Politisches Porträt der Grünen, 1987.

Bericht der Nord-Süd-Kommission

12.2. New York. Der SPD-Vorsitzende Willy Brandt, Vorsitzender der 1977 gegründeten Nord-Süd-Kommission, übergibt UN-Generalsekretär Kurt Waldheim ein 250 Seiten starkes Dokument, in dem Vorschläge zur angestrebten Neuordnung und Verbesserung der Beziehungen zwischen Industrie- und Entwicklungsländern gemacht werden.
Das im Zuge von Bevölkerungsexplosion, Nahrungsmittelknappheit und Entkolonialisierung sich vergrößernde Wohlstandsgefälle gefährdet das globale Wirtschaftssystem. Die Kommission schlägt eine Verdoppelung der Entwicklungshilfe vor und will den Ländern der Dritten Welt neue Finanzquellen durch die Einführung internationaler Steuern (z. B. auf Waffenexporte) erschließen.
Der Bericht stößt ebenso wie ein zweites Dokument (1983) auf geringe Resonanz. Skeptiker betonen, daß anstelle alter kolonialer Abhängigkeiten neue, entwicklungspolitische geschaffen würden, die das Gefälle nicht verringerten. Sie fordern eine vorsichtige Abkoppelung der Entwicklungsländer vom internationalen Markt und die Förderung deren „Binnenentwicklung".

S 738/K 724

Wichtige Regierungswechsel 1980   K 723

Land	Amtsinhaber	Bedeutung
China	Hua Guofeng (M seit 1976) Chao Tzu-yang (M bis 1987)	Erster Schritt zur Entmachtung von KP-Chef Hua, einem Mao-Zögling; „starker Mann" Deng betreibt Abbau des Mao-Kults
Jugoslawien	Josip Tito (P seit 1953) Cvijetin Mojatović (P bis 1981)	Tod Titos (4.5.), der Integrationsfigur der jugoslawischen Republiken; kollektive Staatsführung mit jährlichem Wechsel
Korea-Süd	Choi Kyu Ha (P seit 1979) Chun Doo Hwan (P bis 1988)	Choi tritt zurück (16.8.), nachdem Armee Volksaufstand niedergeschlagen hat; Geheimdienstchef Chun festigt Macht (S.740)
Liberia	William R. Tolbert (P seit 1971) Samuel Kanyon Doe (P bis 1990)	Erster Militärputsch in ältester afrikanischer Republik, Tolbert ermordet (12.4.); Doe erster Eingeborener als Präsident (S.738)
Niederlande	Juliana (Königin seit 1948) Beatrix (Königin bis ...)	Rücktritt von Juliana aus Altersgründen (30.4.), trotz zahlreicher Affären war die Königin beim Volk sehr beliebt
Peru	Francisco Morales Bermúdez (P seit 1975) Fernando Belaunde Terry (P bis 1985)	Ende der 12jährigen Militärherrschaft; Belaunde Terry, 1968 vom Militär abgesetzt, gewinnt freie Wahlen (15.5.)
Surinam	Henk A. E. Arron (M seit 1975) Henk Chin A Sen (M bis 1982)	Militär setzt Arron ab, der das Land seit der Unabhängigkeit regierte; Chin A Sen wird im August auch Präsident
Türkei	Fahri Korutürk (P seit 1973) Ihsan Sabri Caglayangil (P 7.4.–12.9.) Kenan Evren (P bis 1989)	Militärs übernehmen zum dritten Mal seit 1960 die Macht (12.9.); Gründe: blutiger Terror verschiedener radikaler Gruppen sowie die katastrophale wirtschaftliche Lage des Landes (S.742)
UdSSR	Alexej N. Kossygin (M seit 1964) Nikolaj A. Tichonow (M bis 1985)	Kossygin, dessen wirtschaftliche Reformversuche am unbeweglichen Parteiapparat scheiterten, tritt zurück (22.10.)

M = Ministerpräsident bzw. Premierminister; P = Präsident

1980

Armut in Entwicklungsländern						K 724
Region	Jahreseinkommen unter 420 US-Dollar[1]					
	Personen (Mio)			Bevölkerungsanteil (%)		
	1985	1990	2000	1985	1990	2000
Südasien	532	562	511	51,8	49,0	36,9
Schwarzafrika	184	216	304	47,6	47,8	49,7
Ostasien	182	169	73	13,2	11,3	4,2
Lateinamerika	87	108	126	22,4	25,5	24,9
Naher Osten und Nordafrika	60	73	89	30,6	33,1	30,6
Insgesamt	1051	1133	1107	30,5	29,7	24,1

1) Die absolute Armutsgrenze legt die Weltbank auf 420 US-Dollar fest

H. Elsenhans: Nord-Süd-Beziehungen. Geschichte, Politik, Wirtschaft, 1987. R. North: Wer bezahlt die Rechnung? Die wirklichen Kosten unseres Wohlstands, 1988. Schuldenkrise und Armut in der Dritten Welt, 1990.

Bischof Romero ermordet KAR

24.3. San Salvador. Der Erzbischof der salvadorianischen Hauptstadt, Oscar Arnulfo Romero, wird während eines Gottesdienstes von rechtsgerichteten Tätern erschossen.
Der Mord an dem rigorosen Gegner der fünfköpfigen Regierungsjunta (im Oktober 1979 durch den Sturz von Staatschef Carlos Humberto Romero an die Macht gekommen) beschleunigt den Zusammenschluß linksgerichteter Oppositionsgruppen mit Bauernverbänden und Teilen der Christdemokraten zur Demokratisch-Revolutionären Partei (FDR/Gründung am 4.4.).
In militärischen Auseinandersetzungen zwischen der von den USA in ihrem zaghaften Reformprogramm unterstützten Junta und den Oppositionstruppen kommen allein in diesem Jahr 10 000 Menschen ums Leben. Der Bürgerkrieg verschärft sich durch Aktivitäten rechtsradikaler Gruppierungen (sog. Orden), die sich gegen das Bodenreformprogramm der Regierung wenden, die ab dem 22.12. von Präsident José Napoléon Duarte geführt wird.
Am 16.1.1992 (↑S.854) wird der Bürgerkrieg mit einem Waffenstillstand zwischen Rebellen und Regierung beendet. S 630/K 630

Vergessen heißt verraten. Erinnerungen an Oscar A. Romero zum 10. Todestag, 1990.

Militärputsch in Liberia

12.4. Monrovia. Der liberianische Präsident William Tolbert wird durch einen Militärputsch gestürzt und neben 27 weiteren Politikern und Militärs getötet.
Ein sog. Volkserlösungsrat unter Führung des 28jährigen Hauptfeldwebels Samuel Kanyon Doe, mit dem erstmals ein Vertreter der eingeborenen Bevölkerung an der Spitze der ältesten afrikanischen Republik steht, bezeichnet die Gleichstellung aller Bürger als vorrangiges Ziel.

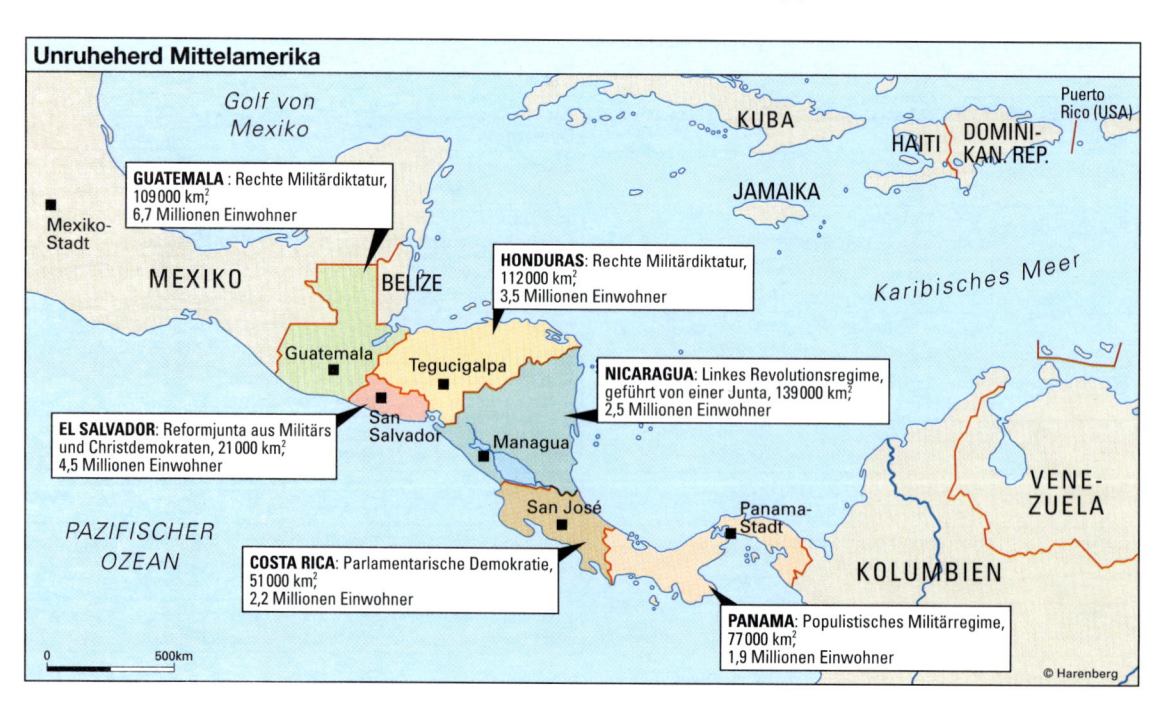

Bischof Oscar Arnulfo Romero

Unruheherd Mittelamerika

GUATEMALA: Rechte Militärdiktatur, 109 000 km², 6,7 Millionen Einwohner

HONDURAS: Rechte Militärdiktatur, 112 000 km², 3,5 Millionen Einwohner

NICARAGUA: Linkes Revolutionsregime, geführt von einer Junta, 139 000 km², 2,5 Millionen Einwohner

EL SALVADOR: Reformjunta aus Militärs und Christdemokraten, 21 000 km², 4,5 Millionen Einwohner

COSTA RICA: Parlamentarische Demokratie, 51 000 km², 2,2 Millionen Einwohner

PANAMA: Populistisches Militärregime, 77 000 km², 1,9 Millionen Einwohner

1980

Ehemalige britische Kolonien — K 725

Land	Hauptstadt	Fläche[1]	unabhängig	Land	Hauptstadt	Fläche[1]	unabhängig
Ägypten	Kairo	1001,4	1922	Mauritius	Port Louis	2,0	1968
Antigua/Barbuda	Saint John's	0,4	1981	Nauru	Yaren	0,02	1968
Australien	Canberra	7710,0	1901	Neuseeland	Wellington	270,5	1931
Bahamas	Nassau	13,9	1973	Nigeria	Abuja	923,8	1960
Bahrein	Manama	694,0	1971	Oman	Maskat	212,5	1951
Bangladesch	Dacca	144,0	1971[2]	Pakistan	Islamabad	796,0	1947
Barbados	Bridgetown	0,4	1966	Papua-Neuguinea	Port Moresby	462,8	1975
Belize	Belmopan	22,7	1981	Ruanda	Kigali	26,3	1962
Birma (Myanmar)	Yangon	676,6	1948	Saint Kitts/Nevis	Basseterre	0,3	1983
Botswana	Gaborone	581,7	1966	Saint Lucia	Castries	0,6	1979
Brunei	Bandar Seri B.	5,8	1984	Saint Vincent/Gren.	Kingstown	0,4	1979
Dominica	Roseau	0,7	1978	Salomonen	Honiara	28,9	1978
Fidschi	Suva	18,3	1970	Samoa-West	Apia	2,8	1962
Gambia	Banjul	11,3	1965	Sambia	Lusaka	752,6	1964
Ghana	Accra	238,5	1957	Seychellen	Victoria	0,5	1976
Grenada	St. George's	0,3	1974	Sierra Leone	Freetown	71,7	1961
Guyana	Georgetown	215,0	1966	Singapur	Singapur	0,6	1965
Indien	Neu-Delhi	3290,0	1947	Sri Lanka	Colombo	65,6	1948
Irland	Dublin	70,3	1922	Südafrika	Pretoria	1220,0	1931
Jamaika	Kingston	11,0	1962	Sudan	Khartum	2505,8	1956
Jemen[3]	Sana	528,0	1963	Swasiland	Mbabane	17,4	1968
Kanada	Ottawa	9970,6	1931[4]	Tansania	Dodoma	883,8	1961
Katar	Dauha	11,0	1971	Tonga	Nuku'alofa	0,7	1970
Kenia	Nairobi	580,4	1963	Trinidad/Tobago	Port of Spain	5,1	1962
Kiribati	Bairiki	0,7	1979	Tuvalu	Vaiaku	0,03	1978
Kuwait	Kuwait-Stadt	17,8	1961	Uganda	Kampala	241,0	1962
Lesotho	Maseru	30,4	1966	VAE	Abu Dhabi	83,6	1971
Malawi	Lilongwe	118,5	1964	Vanuatu	Port Vila	12,2	1980
Malaysia	Kuala Lumpur	330,0	1963[5]	Zimbabwe	Harare	390,8	1980
Malediven	Malé	0,3	1965	Zypern	Nikosia	9,2	1960
Malta	Valletta	0,3	1964				

1) 1000 km²; 2) Teil von Pakistan, ab 1971 eigenständig; 3) Südjemen (Aden); 4) Nova Scotia und Neufundland bereits 1713; 5) Malaya bereits 1957

Liberia hatte seit seiner Unabhängigkeit (1847) unter dem bestimmenden Einfluß der aus den USA eingewanderten ehemaligen Sklaven gestanden. Die Bemühungen von Staatspräsident William Tubman (1944–71), die Rivalität zwischen deren Nachkommen und den Eingeborenen einzudämmen, blieben weitgehend erfolglos. Wirtschaftliche Krisen und ein harter Kurs gegen die Opposition hatten die Unruhen verschärft. Ende der 80er Jahre beginnt in Liberia ein Bürgerkrieg zwischen verfeindeten Volksgruppen, dem Doe im September 1990 zum Opfer fällt. Die Auseinandersetzungen werden bis Mitte der 90er Jahre mit wechselnder Intensität fortgeführt. S 737/K 723

Zimbabwe wird unabhängig

18.4. Harare (Salisbury). Als letzte britische Kolonie in Afrika erlangt Zimbabwe (früher: Rhodesien) seine Unabhängigkeit. Robert G. Mugabe, Führer der Afrikanischen Nationalunion (ZANU), ist erster Regierungschef. Obwohl Mugabe bei den Parlamentswahlen (27.–29.2.) die absolute Mehrheit errungen hat, beteiligt er Josuah Nkomo (Afrikanische Volksunion/ZAPU) an der Regierung, um die beiden größten Stammesverbände des Landes, die Schona (in der Mehrzahl ZANU-Anhänger) und Matabele (ZAPU-Gefolgschaft), miteinander auszusöhnen.
Ian Smith, Führer der sich aus weißen Siedlern rekrutierenden radikalen Rhodesischen

1980

Robert G. Mugabe

Front (RF), hatte 1965 einseitig die Unabhängigkeit des Landes proklamiert und sein Minderheitsregime gegen den Widerstand der UNO (reagierte mit Sanktionen), der ZANU und ZAPU unter leichten Zugeständnissen an die Adresse der Schwarzen (Parlamentsmehrheit seit 3.3.1978) zu festigen gesucht. 1979 wurde das Land vorübergehend wieder britische Kolonie, um einen geordneten Übergang zu Wahlen und Unabhängigkeit zu ermöglichen. Trotz großer Spannungen zwischen Mugabe und Nkomo (Nkomo geht 1983 ins Exil, kehrt 1986 zurück) hat die Allianz beider Politiker Bestand. 1987 schließen sich ZANU und ZAPU zur ZANUPF zusammen. Mugabe, seit 1987 auch Staatspräsident, regiert in der Folgezeit autokratisch. Nkomo wird 1990 Vizepräsident seines Landes. S 739/K 725

J. Becker: Angola, Mosambik, Zimbabwe. Im Visier Südafrikas, 1988.

Geiselbefreiung scheitert

25.4. Teheran. Acht Todesopfer fordert der vergebliche Versuch der Vereinigten Staaten, 53 Geiseln, die von radikalmoslemischen Studenten in der US-Botschaft der iranischen Hauptstadt festgehalten werden, zu befreien: Die Kollision zwischen einem Hubschrauber und einem Flugzeug setzt der Befreiungsaktion ein vorzeitiges Ende.

Der Befreiungsversuch bedeutet nicht nur einen Imageverlust der USA und seines Präsidenten Jimmy Carter, sondern erschwert auch die weiteren Verhandlungen über die Freilassung der Geiseln.

Teheran: Die festgehaltenen US–Bürger in der amerikanischen Botschaft werden von ihren Kidnappern der Presse vorgeführt.

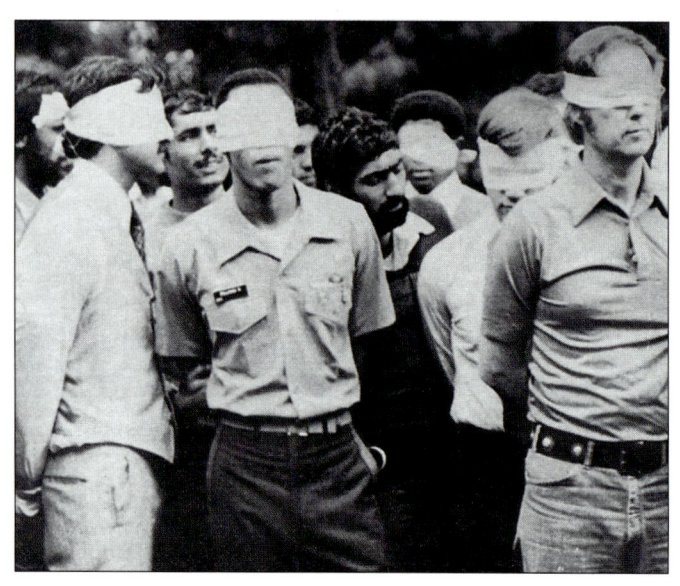

Am 4.11.1979 waren 400 iranische Studenten in die US-Vertretung in Teheran eingedrungen und hatten nach der Geiselnahme der 66 Botschaftsangehörigen (13 wurden vorzeitig freigelassen) die Auslieferung des gestürzten, vormals von den USA unterstützten Schahs Mohammed Resa Pahlawi (↑S.730/1.2.1979) verlangt; Revolutionsführer Ayatollah Ruhollah Khomeini billigte die Aktion. Die Vereinigten Staaten reagierten u. a. mit einem Importstopp für iranisches Erdöl (12.11.1979), dem Abbruch der diplomatischen Beziehungen und einem Handelsembargo (7.4.).

Dennoch finden Gespräche statt. Einen Tag nach Abschluß eines iranisch-US-amerikanischen Abkommens werden die Geiseln am 20.1.1981 nach 444 Tagen freigelassen.

Südkorea in der Krise

27.5. Kwangju. Mindestens 300 Menschen werden getötet, als Regierungstruppen einen Volksaufstand in Kwangju, einer südkoreanischen Provinzhauptstadt, niederschlagen.

Die Protestaktionen, die Anfang Mai begonnen hatten, richteten sich gegen die Aufrechterhaltung des Kriegsrechts, das Ministerpräsident Shin Hyon Hwak und Geheimdienstchef Chun Doo Hwan nach dem Mord an Staatspräsident Park Chung Hee (26.10.1979) verhängt hatten. Chun Doo Hwan schwingt sich zum mächtigsten Mann in Südkorea auf, löst Choi Kyu Ha als Staatspräsident ab und beginnt eine „Säuberungsaktion", während der mehr als 30 000 Menschen verhaftet werden. Am 17.9. wird Oppositionsführer Kim Dae Jung zum Tode verurteilt, 1981 wird das Urteil unter internationalem Druck in lebenslange Haft abgemildert.

1982–85 lebt Kim Dae Jung im Exil in den USA. 1987 und 1992 unterliegt er seinen Konkurrenten in Präsidentschaftswahlen. Der liberale Politiker hatte schon unter Park Chung Hee (↑S.557/22.3.1962) eine Abschaffung des autoritären Militärregimes und die Wiederherstellung demokratischer Grundrechte gefordert.

Südkorea. Politik und Geschichte im Land der Morgenstille, 1988.

Blutiger Anschlag in Bologna

2.8. Bologna. Mit einer 20 kg schweren Sprengladung verwüstet die rechtsradikale Terrororganisation „Bewaffnete Revolutionäre Stoßtrupps" (NAR) den Hauptbahnhof der norditalienischen Stadt Bologna. Dabei kommen 84 Menschen ums Leben, 200 werden zum Teil schwer verletzt. Die italienische

1980

Regierung erklärt den 6.8. zum nationalen Trauertag; 200 000 Menschen nehmen an einer Großveranstaltung zum Gedenken an die Opfer teil.

Nach dem blutigsten Terroranschlag der Nachkriegszeit in Europa werden Vorwürfe gegen die italienische Regierung erhoben, die bei der Bekämpfung des Terrorismus auf dem rechten Auge blind gewesen sei. 1969 hatten Neofaschisten in einer Mailänder Bank 16 Menschen getötet, 1974 waren bei zwei Anschlägen 20 Menschen ermordet worden. Linksextremistische Gruppen, die ihre Opfer nur selten getötet hätten, seien bisher intensiver verfolgt worden.

📖 Angriff auf das Herz des Staates. Soziale Entwicklung und Terrorismus. Analysen. 2 Bde., Edition Suhrkamp Nr. 1490/91.

„Solidarność" erkämpft Rechte

31.8. Danzig. Zu sensationellen Zugeständnissen drängt das überbetriebliche Vereinigte Streikkomitee unter ihrem Vorsitzenden Lech Walesa den stellvertretenden polnischen Ministerpräsidenten Mieczyslaw Jagielski im sog. „Danziger Abkommen". Darin sind das Streikrecht und das Recht zur Gründung unabhängiger und sich selbst verwaltender Gewerkschaften verbrieft. Außerdem werden das Recht auf Meinungsfreiheit ausgeweitet sowie arbeiterfreundliche Regelungen über Lohnerhöhungen, Preiskontrolle und soziale Verbesserungen getroffen.

Wirtschaftliche Krisen und eine angespannte Versorgungslage hatten zu den Protesten geführt. Nach ersten vereinzelten Streiks auf lokaler Ebene und großangelegten Warnstreiks (29.7.) legten am 14.8. die 17 000 Beschäftigten der Danziger Leninwerft ihre Arbeit nieder und stellten von Beginn an neben wirtschaftlichen auch politische Forderungen (z. B. Wiedereinstellung von aus politischen Gründen entlassenen Kollegen).

Am 17.9. wird der unabhängige Gewerkschaftsbund „Solidarność" gegründet und hat bald 10 Mio Mitglieder.

Bereits im folgenden Jahr wird das Kriegsrecht über Polen (↑S.749/13.12.1981) verhängt und jede Aktivität der Gewerkschaftsbewegung untersagt; kleinere Gruppen setzen den Widerstand gegen das Regime in der Illegalität fort. S 741/K 726 S 818/K 794

📖 A. Micewski: Kirche, Solidarność und Kriegszustand in Polen, 1988.

Polen: Lech Walesa spricht zu streikenden Arbeitern auf der Danziger Leninwerft. Der Elektromonteur führt nicht nur die entscheidenden Verhandlungen mit der Regierung, ihm gelingt es auch, den Streik in disziplinierte Bahnen zu lenken und Ausschreitungen zu verhindern.

Bürgerrechtsbewegungen in Osteuropa			K 726
Gründung/ Name/Land	Zielsetzung		Mitglieder (Lebensdaten)[1]
1970 Komitee für Menschenrechte UdSSR	Verwirklichung der Prinzipien, die in der UNO-Menschenrechtsdeklaration von 1948 festgelegt sind		Roy Medwedjew (*1925) Andrej Sacharow (1921–1989)
1976 Helsinki-Gruppe UdSSR	Einhaltung der 1975 auch von der UdSSR unterzeichneten KSZE-Beschlüsse		Jelena Bonner (*1923) Juri Orlow (*1924) A. Sacharow (1921–1989)
1977 Charta 77 ČSSR	Achtung der Bürger- und Menschenrechte in der Tschechoslowakei		Jiří Hájek (*1913) Václav Havel (*1936) Pavel Kohout (*1928)
1980 Solidarność Polen	Kampf der Gewerkschaft um die Demokratisierung von Staat und Gesellschaft		Jerzy A. Popieluszko (1947–1984, Sympathisant) Lech Walesa (*1943)

1) Auswahl

1980

Putsch in der Türkei

12.9. Ankara. Generalstabschef Kenan Evren wird nach einem unblutigen Militärputsch Staatspräsident der Türkei; zum Ministerpräsidenten und Regierungschef wird am 21.9. Bülent Ülüsü bestimmt.

Damit haben die Militärs zum dritten Mal seit 1960 die Macht übernommen. Sie verhängen das Kriegsrecht und stellen 100 Politiker unter Hausarrest. Es kommt zu willkürlichen Verhaftungen und Menschenrechtsverletzungen (Folterungen). Seit 1974 hatte das Land unter einer instabilen Demokratie mit wechselnden Regierungen unter dem Sozialdemokraten Bülent Ecevit und dem Konservativen Süleyman Demirel gelitten: Ein dramatischer Anstieg der Arbeitslosenzahlen und der Auslandsverschuldung, weitverbreitete Korruption und die Hilflosigkeit der Justiz bei terroristischen Anschlägen mit bis zu 150 Toten pro Woche hatten fast zwangsläufig zum auch vom Westen nicht ohne Sympathie gesehenen Putsch geführt. Eine am 7.11.1982 in einer Volksabstimmung gebilligte Verfassung bestätigt die starke Stellung des Militärs. Ministerpräsident Turgut Özal (ab 1983) leitet eine vorsichtige Liberalisierung des politischen Lebens ein. S 202/K 214

M. Bozdemir: Armee und Politik in der Türkei, 1988.

Golfkrieg: Ölpipelines und Ölfelder in Iran sind die Hauptangriffsziele der irakischen Streitkräfte.

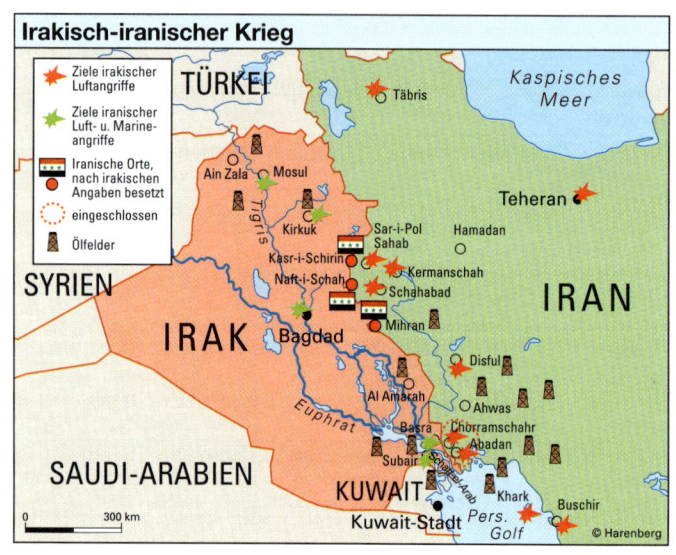

Krieg zwischen Irak und Iran KAR

22.9. Bagdad/Teheran. Mit dem Einfall irakischer Truppen in den Iran beginnt nach monatelangen Scharmützeln an der Grenze der bis 1988 (↑S.805/20.8.) andauernde irakisch-iranische Krieg. Nach anfänglichen Gebietsgewinnen der Angreifer mündet er in einen erbitterten, von hohen Verlusten vor allem auf iranischer Seite begleiteten Stellungskrieg.

Beide Seiten versuchen durch Bombenangriffe auf Ölanlagen und Industriestädte die wirtschaftlichen Grundlagen des Gegners zu zerstören; Zehntausende Zivilisten werden getötet. Auch international geächtete chemische Waffen kommen (u. a. gegen die im Norden des Irak lebenden Kurden) zum Einsatz.

Die Gründe für den Ausbruch des Krieges sind vielfältig. Der traditionelle Konfliktstoff, resultierend aus einer jahrhundertelangen Rivalität und dem religiösen Gegensatz zwischen Sunniten und Schiiten (Iran), wurde durch Grenzstreitigkeiten und Gebietsansprüche verstärkt, vor allem aber vom beiderseitigen Ringen um die Vormachtstellung am Persischen Golf.

Beide Länder werden durch den Krieg an den Rand des Ruins getrieben. Die geschätzten Kriegskosten belaufen sich auf 330 Mrd DM (Irak) bzw. 420 Mrd DM (Iran). Als Gegenspieler des seit dem Sturz des Schahs (↑S.730/1.2.1979) dem Westen mißliebigen Iran wird der Irak mit Milliardenunterstützung aufgerüstet (↑S.843/28.2.1991). S 608/K 611

P. Schütt: Wenn fern hinter der Türkei die Völker aufeinanderschlagen. Bericht einer Reise in den Iran, 1987.

Helmut Schmidt behauptet sich

5.10. Bonn. Bei den Wahlen zum neunten Deutschen Bundestag erringt die sozialliberale Koalition einen klaren Sieg.

Die SPD kommt auf 42,9% der Wählerstimmen (218 Sitze), die FDP erzielt mit 10,6% (53) ihr bestes Ergebnis seit 1961. CDU/CSU

müssen Verluste hinnehmen (44,5%, 226 Mandate), die Grünen sich bei ihrem ersten bundesweiten Auftritt mit 1,5% begnügen.
Der Abstimmung war ein äußerst emotionaler Wahlkampf vorausgegangen. Die Kontroverse zwischen Bundeskanzler Helmut Schmidt (SPD) und seinem streitbaren Herausforderer Franz Josef Strauß (CSU) überlagerte die Sachfragen fast völlig.
Probleme in der Koalition sind trotz weitgehender Einigkeit in der Sicherheits- und Außenpolitik vorprogrammiert: Bei einer Staatsverschuldung von 230 Mrd DM sind wirtschaftspolitische Entscheidungen zu treffen, wobei die FDP marktwirtschaftlichen Konzepten vertraut, während die SPD auf staatliche Eingriffe setzt. Am 1.10.1982 (↑S.755) zerbricht die Koalition. S 600/K 604

W. Jäger/W. Link: Republik im Wandel Tl. 2, 1974–1982, 1987.

Ronald Reagan 40. US-Präsident
4.11. Washington. Der Republikaner Ronald Reagan löst den demokratischen Amtsinhaber Jimmy Carter ab. Reagan gewinnt in 44 der 50 US-Staaten die Mehrheit und sichert seiner Partei erstmals seit 25 Jahren auch die Mehrheit im Senat.
Carter war für die wirtschaftlichen Probleme des Landes verantwortlich gemacht worden und hatte erst vor wenigen Monaten mit der fehlgeschlagenen Militäraktion zur Befreiung der Botschaftsgeiseln in Teheran (↑S.740/25.4.) einen Vertrauensverlust hinnehmen müssen. Außerdem entschied der medienwirksame Ex-Schauspieler Reagan die immer bedeutender werdenden Fernsehdiskussionen klar zu seinen Gunsten.
Reagan, am 6.2.1911 in Tampico/Illinois geboren, war u. a. Filmstar und Repräsentant eines Elektro-Multis, ehe er als vormals liberaler Demokrat 1962 in die Republikanische Partei eintrat. 1966 wurde er zum Gouverneur von Kalifornien gewählt. Nach zwei erfolglosen Anläufen zum Präsidentschaftskandidaten seiner Partei (1968, 1976) setzte er sich 1980 gegen seinen späteren Nachfolger George Bush (↑S.806/8.11.1988) durch, den er zum Vizepräsidenten macht.
Reagans Bemühungen um Entspannung zwischen den Großmächten – vor allem in der zweiten Amtsperiode (↑S.771/6.11.1984) – nach einer Phase der Hochrüstung – steht eine Wirtschafts- und Innenpolitik gegenüber, die ein gigantisches Haushaltsdefizit hinterläßt. S 856/K 823

Arm und reich. Das Amerika der Reagan-Ära. Zeitzeugen sprechen, 1990.

Wirtschaft

Zweiter Kohle-Strom-Vertrag
23.4. Dortmund. Zur Abnahme von jährlich steigenden Mengen heimischer Steinkohle bis 1995 verpflichten sich die bundesdeutschen Stromerzeugungsunternehmen im sog. Jahrhundertvertrag.
Durch diese indirekte Subventionierung soll die Steinkohle auf dem Inlandsmarkt konkurrenzfähig bleiben, die Abhängigkeit von importiertem Erdöl und Erdgas verringert und etwa 100 000 Arbeitsplätze bis zur Jahrtausendwende gesichert werden. Die Mehrkosten, die durch den vergleichsweise teuren Energieträger entstehen, trägt der Verbraucher. Seit 1975 gibt es den sog. Kohlepfennig, der zum gleichen Zweck mit der Stromrechnung erhoben wird (1994 für verfassungswidrig erklärt, Ende 1995 abgeschafft).
1977 hatten sich Vertreter von Elektrizitätswerken und Steinkohlebergbau im ersten Kohle-Strom-Vertrag auf eine Abnahmemenge von 33 Mio t über einen Zeitraum von zehn Jahren geeinigt.
Kritiker des neuen Kontrakts bemängeln die zu hohen Subventionszahlungen für den Kohlebergbau, der sich seit Ende der 50er Jahre vom Wirtschaftsmotor zum Sorgenkind entwickelt hat.

Erfolg für Japans Autoindustrie
30.6. Tokio. Mit 5,46 Mio produzierten Kraftfahrzeugen im ersten Halbjahr 1980 verdrängen die Japaner die USA (4,4 Mio) erstmals vom Spitzenplatz in der Automobilherstel-

Ronald Reagan (mit Frau Nancy) wird neuer US-Präsident. In den acht Jahren seiner Amtszeit gelingt es dem Republikaner, das durch den Vietnam-Krieg, die Watergate-Affäre und die Geiselnahme in Teheran (Iran) verunsicherte amerikanische Selbstbewußtsein wieder aufzurichten. Dies erreicht er eher durch wirkungsvolle Fernsehauftritte als mit seinem politischen Programm.

1980

Die zehn größten Autokonzerne der Welt				K 727
Unternehmen	Sitz	Umsatz (Mio Dollar)	Gewinn (Mio Dollar)	Beschäftigte
General Motors	USA	168 829	6 881	709 000
Ford Motor	USA	137 137	4 139	346 990
Toyota Motor	Japan	111 052	2 662	146 855
Daimler-Benz	Deutschland	72 256	–3 959	310 993
Nissan Motor	Japan	62 568	–916	139 856
Volkswagen	Deutschland	61 489	247	242 420
Chrysler	USA	53 159	2 025	126 000
FIAT	Italien	46 468	1 318	237 426
Honda Motor	Japan	44 056	734	96 800
Renault	Frankreich	36 895	429	139 950

Stand: 1995; Quelle: Fortune, 5.8.1996

lung. Außerdem schockt Japan die Konkurrenz mit enormen Exportzahlen: Mehr als die Hälfte der billigen, verbrauchsarmen Fahrzeuge wird für das Ausland gefertigt.
Einige westliche Industrienationen (Großbritannien, Italien und Spanien) reagieren mit Importbeschränkungen, um die eigene Industrie zu schützen. Sie fürchten eine ähnliche Entwicklung wie auf dem Gebiet der Elektronik (Kameras, HiFi-Geräte usw.), das von den Japanern beherrscht wird. Deutschlands negative Außenhandelsbilanz mit Japan ist von 0,09 Mrd DM (1970) auf 6,47 Mrd DM (1980) in die Höhe geschnellt. S 744/K 727

Natur/Umwelt

Umweltstudie Global 2000 mahnt
23.7. Washington. In ihrer vom US-Präsidenten Jimmy Carter 1977 in Auftrag gegebenen Studie über die voraussichtliche Entwicklung der Erde bis zur Jahrtausendwende („Global 2000") malen Wissenschaftler ein düsteres Bild der nahen Zukunft.
Sie prognostizieren, falls sich an der gegenwärtigen Politik nichts ändert, eine Bevölkerungsexplosion und damit einhergehend wachsende Nahrungsmittelproduktion mit der Folge großer Umweltzerstörungen (Ozonloch, Klimakatastrophe) und schnellerer Ressourcenausbeutung (z. B. Erschöpfung der Rohölvorkommen).
Um diese Entwicklung zu bremsen, fordern die Autoren eine verstärkte Zusammenarbeit auf internationaler Ebene, da kein Land allein und auf sich gestellt die im Wortsinne nicht begrenzbaren Probleme bewältigen könne. Bereits 1972 veröffentlichte der Club of Rome mit den „Grenzen des Wachstums" eine ähnlich eindringliche Mahnung (↑S.665/1972).

Nobelpreisträger 1980	K 728
Frieden: Adolfo Pérez Esquivel (Argentinien, *1931)	
Der Architektur-Professor gründete 1968 den „Servicio Paz y Justicia" (Dienst für Frieden und Freiheit) als Dachorganisation aller gewaltlosen Menschenrechtsgruppen in Lateinamerika. 1974 gab er seine Lehrtätigkeit auf und übernahm hauptberuflich die Leitung der Organisation.	
Literatur: Czeslaw Milosz (PL, *1911)	
Milosz prägte in den 30er Jahren den sog. Katastrophismus, der eine pessimistische Einschätzung der geschichtlichen Entwicklung vertritt (z. B. „Drei Winter", 1936). In den 50er Jahren reflektierte Milosz in Gedichten und Essays die Situation der Intellektuellen im Ostblock.	
Chemie: Paul Berg (USA, *1926), Walter Gilbert (USA, *1932), Frederick Sanger (GB, *1918)	
Die Molekularbiologen analysierten die Struktur der Nukleinsäuren, aus denen die Desoxyribonukleinsäure (DNS), die Trägerin der Erbinformationen, besteht, und bestimmten die exakte Reihenfolge der Nukleotide. Berg entwickelte zudem die Technologie der Genchirurgie.	
Medizin: Baruj Benacerraf (USA, *1920), Jean Dausset (F, *1916), George D. Snell (USA, 1903–1996)	
Die Wissenschaftler brachten die Transplantationschirurgie wesentlich voran. Sie erkannten, daß Organverpflanzungen dann die größten Erfolgschancen haben, wenn die Gewebestruktur von Spender und Empfänger identisch ist. Die körpereigene Immunabwehr wird von den genetisch bestimmten H-Antigenen auf der Zelloberfläche bestimmt.	
Physik: James W. Cronin (USA, *1931), Val L. Fitch (USA, *1923)	
Die Physiker entdeckten 1964, daß das Symmetriegesetz zwischen Materie und Antimaterie beim Zerfall neutraler K-Mesonen verletzt wird: Die Materie hat eine längere Lebensdauer. Dies erklärt, warum sich Materie und Antimaterie des Universums nicht gegenseitig vernichtet haben.	
Wirtschaftswissenschaften: Lawrence R. Klein (USA, *1920)	
Klein schuf mathematische Modelle zur Konjunkturanalyse, mit denen sich Bruttosozialprodukt, Investitionen und Konsum voraussagen lassen. Durch die Verknüpfung von Konjunkturmodellen verschiedener Länder kann die Entwicklung des internationalen Handels analysiert werden.	

Kultur

Oscar für die „Blechtrommel"
14.4. Hollywood. Volker Schlöndorffs „Die Blechtrommel" wird als bester ausländischer Film mit dem Oscar ausgezeichnet. Bereits 1979 konnte sich der Streifen gemeinsam mit Francis Ford Coppolas „Apocalypse Now" (↑S.735/25.5.1979) die Goldene Palme von Cannes teilen.
Der nach dem gleichnamigen Roman von Günter Grass entstandene Film erzählt die Geschichte des Oskar Matzerath (dargestellt von David Bennent), der im Alter von drei Jahren mit Erfolg „beschließt", nicht mehr zu wachsen. Vor dem Hintergrund des 2. Weltkriegs artikuliert er seinen Protest an der Welt der Erwachsenen u. a. mit Hilfe einer Kindertrommel aus Blech.
Volker Schlöndorff, 1965 Mitbegründer des „Jungen Deutschen Films", hatte schon 1975 mit „Die verlorene Ehre der Katharina Blum"

1980

„Die Blechtrommel": Erstmals wird eine deutsche Produktion mit dem Oscar für den besten ausländischen Film ausgezeichnet. David Bennent spielt die Rolle des Oskar Matzerath (r.).

eine Vorliebe für literarische Vorlagen gezeigt. 1985 kann er mit „Tod eines Handlungsreisenden" (nach Arthur Miller) und 1991 mit „Homo faber" (nach Max Frisch) an seine früheren Erfolge anknüpfen. S 735/K 721

R. Lewandowski: Die Filme von Volker Schlöndorff, 1981.

Ex-Beatle John Lennon erschossen

8.12. New York. Der 40jährige englische Popmusiker John Lennon wird auf offener Straße erschossen. Sein vermutlich geisteskranker Mörder, der 25jährige US-Amerikaner Mark Chapman, hatte ihn kurz zuvor noch um ein Autogramm gebeten.

Lennon war der führende Kopf der Popgruppe „The Beatles" (↑S.565/13.4.1962). Nach deren Auflösung (1970) begann er eine Solokarriere und trat wiederholt als Texter engagierter Songs (u. a. „Give Peace a Chance") in Erscheinung. Unter dem Einfluß seiner Frau Yoko Ono engagierte er sich in Aktionen und Happenings für den Weltfrieden und die Rechte von Minderheiten.

Nach dem Tod Lennons finden in London und New York Gedenkfeiern statt.

Sport

Röhrl siegt bei Rallye Monte Carlo

25.1. Monaco. Der Regensburger Walter Röhrl und sein Beifahrer Christian Geistdör-

Kulturszene 1980	K 729
Theater	
Wolfgang Bauer Memory Hotel UA 12.4., Graz	Absichtlich schwer durchschaubares Phantasie-, Wahn- und Traumgeschehen verrätselt das sonst banale Ehedrama im Karibik-Hotel.
Thomas Bernhard Der Weltverbesserer UA 6.9., Bochum	Ein greiser Ehetyrann gibt seine Altersbosheit erfolgreich als philosophische Weisheit. Glanzrolle für Bernhard Minetti.
Rolf Hochhuth Die Juristen UA 14.2., Hamburg	Hochhuth geht mit dem Berufsstand ins Gericht, der nach dem Zusammenbruch des NS-Regimes über sich selbst zu richten versäumte.
Peter Turrini Josef und Maria UA Graz	In dem Einakter überwinden ein Nachtwächter und eine Putzfrau am Heiligabend in einem leeren Kaufhaus gemeinsam ihre Einsamkeit.
Oper	
Peter Maxwell Davies Der Leuchtturm UA 2.9., Edinburgh	Das spurlose Verschwinden dreier Leuchtturmwärter im Jahr 1900 ist Ausgangspunkt für die Kammeroper zwischen Realität und Vision.
Philip Glass Satyagraha UA 5.9., Rotterdam	Die zweite minimalistische Oper aus dem Einstein-Gandhi-Echnaton-Zyklus hat den gewaltlosen Kampf Gandhis in Südafrika zum Thema.
Musical	
Harry Warren/Al Dubin 42nd Street UA 25.8., New York	Blick hinter die Kulissen des Showgeschäfts: Das Tanzmusical bringt Story und Songs des gleichnamigen Films von 1933 auf die Bühne.
Film	
Peter F. Bringmann Theo gegen den Rest der Welt; BRD	Actionkino nach Hollywoodmuster mit Marius Müller-Westernhagen in der Hauptrolle; die erfolgreichste deutsche Produktion 1980.
Michael Cimino Heaven's Gate USA	Aufwendiger sozialkritischer Western, der erst Ende der 80er Jahre Anerkennung findet; einer der teuersten Flops der Filmgeschichte.
Akira Kurosawa Kagemusha – Der Schatten des Kriegers; Japan	Episches Werk über die untergehende Welt der japanischen Samurai, deren Waffenkunst im 16. Jh. durch das Gewehr abgelöst wurde.
David Lynch Der Elefantenmensch Großbritannien	Der Schwarzweißfilm beruht auf den authentischen Aufzeichnungen eines mißgebildeten Mannes, der im 19. Jh. zum Schauobjekt degradiert wurde.
Alain Resnais Mein Onkel aus Amerika Frankreich	An drei Schicksalen wird menschliches Verhalten mit Hilfe der Erkenntnisse moderner Verhaltensforschung ironisch durchleuchtet.
István Szabó Mephisto Ungarn/BRD/Österreich	Verfilmung des „Mephisto" (1936) von Klaus Mann mit Klaus Maria Brandauer als karrierebesessener Hendrik Höfken.
François Truffaut Die letzte Metro Frankreich	Geschichte eines Pariser Theaters, das während der deutschen Besetzung ums Überleben kämpft; mit G. Depardieu und C. Deneuve.
Buch	
Anthony Burgess Der Fürst der Phantome London	Ein Schriftsteller und ein Geistlicher als Protagonisten im Kampf zwischen Gut und Böse durch sechs Jahrzehnte des 20. Jh.
Umberto Eco Der Name der Rose Mailand	Der historische Roman – Erstlingswerk des italienischen Linguisten und Philosophen Eco – wird zu einem Sensationserfolg.
György Konrád Der Komplize Frankfurt/M.	Der Ungar Konrád, der in seiner Heimat 1978–88 Publikationsverbot hat, schildert ein Intellektuellenschicksal im Sozialismus.
Joyce Carol Oates Bellefleur New York	Familienroman, der sich über sechs Generationen und die gesamte amerikanische Geschichte seit der Unabhängigkeit erstreckt.

1980

Olympische Sommerspiele 1980 in Moskau		K 730			
Zeitraum: 19.7. bis 3.8.		**Medaillenspiegel**			
		Land	G	S	B
Teilnehmerländer	81	Sowjetunion	80	69	46
Erste Teilnahme	5	DDR	47	37	42
Teilnehmerzahl	5677	Bulgarien	8	16	17
Männer	4450	Kuba	8	7	5
Frauen	1227	Italien	8	3	4
Deutsche Teilnehmer	0/340[1]	Ungarn	7	10	5
Schweizer Teilnehmer	83	Rumänien	6	6	13
Österreichische Teilnehmer	89	Frankreich	6	5	3
Sportarten	21	Großbritannien	5	7	9
Neu im Programm	0	Polen	3	14	15
Nicht mehr olympisch	0	Schweden	3	3	6
Entscheidungen	203	Finnland	3	1	4
Erfolgreichste Medaillengewinner					
Name (Land) Sportart		Medaillen (Disziplinen)			
Aleksandr Ditjatin (URS) Turnen		3 x Gold (Mehrkampf, Mehrkampf-Mannschaft, Ringe), 4 x Silber (Barren, Pferdsprung, Seitpferd, Reck), 1 x Bronze (Boden)			
Wladimir Salnikow (URS) Schwimmen		3 x Gold (400 m Freistil, 1500 m Freistil, 4 x 200 m Freistil)			
Barbara Krause (GDR) Schwimmen		3 x Gold (100 m Freistil, 200 m Freistil, 4 x 100 m Freistil)			
Rica Reinisch (GDR) Schwimmen		3 x Gold (100 m Rücken, 200 m Rücken, 4 x 100 m Lagen)			

Olympische Winterspiele 1980 in Lake Placid					
Zeitraum: 12.2. bis 24.2.		**Medaillenspiegel**			
		Land	G	S	B
Teilnehmerländer	37	Sowjetunion	10	6	6
Teilnehmerzahl	1283	DDR	9	7	7
Deutsche Teilnehmer	84/51[1]	USA	6	4	2
Schweizer Teilnehmer	49	Österreich	3	2	2
Österreichische Teilnehmer	49	Schweden	3	0	1
Sportarten	7	Liechtenstein	2	2	0
Entscheidungen	38	Finnland	1	5	3
Erfolgreichste Medaillengewinner					
Name (Land), Sportart		Medaillen (Disziplinen)			
Eric Heiden (USA) Eisschnelllauf		5 x Gold (500 m, 1000 m, 1500 m, 5000 m, 10 000 m)			
Nikolaj Zimjatow (URS) Ski nordisch		3 x Gold (30 km Langlauf, 50 km Langlauf, 4 x 10 km Staffellauf)			
Hanni Wenzel (LIE) Ski alpin		2 x Gold (Spezialslalom, Riesenslalom), 1 x Silber (Abfahrtslauf)			
Erfolgreichste deutsche Teilnehmer					
Barbara Petzold Ski nordisch		2 x Gold (10 km Langlauf, 4 x 5 km-Staffel)			
Irene Epple Ski alpin		1 x Silber (Riesenslalom)			
Christa Kinshofer Ski alpin		1 x Silber (Abfahrtslauf)			

1) BRD/DDR

fer gewinnen auf einem Fiat Abarth 131 die 48. Rallye Monte Carlo. Mit 10:40 min Vorsprung verweisen sie die französischen Vorjahressieger Bernard Darniche/Alain Mahe (Lancia Stratos) auf den zweiten Platz.
Die „Monte" wurde 1911 zum ersten Mal ausgetragen: In sechs europäischen Städten starteten 24 Wagen, von denen die Hälfte das Ziel erreichte. Sieger wurde Henry Rougier (FRA) mit einer Durchschnittsgeschwindigkeit von 10 km/h.
Mit der Verbesserung des Automobils wurde aus der Zuverlässigkeitsfahrt eine motorsportliche Spezialdisziplin. Die Rallye Monte Carlo wird traditionell in der „Nacht der langen Messer" entschieden, einer 600 km langen Etappe mit Tempo-Sonderprüfungen. Röhrl, der nach weiteren Saisonerfolgen 1980 Rallye-Weltmeister wird, gewinnt die „Monte" noch dreimal (1982–84).

Fünfmal Gold für Eric Heiden

12.2.–24.2. Lake Placid. Star der XIII. Olympischen Winterspiele ist der US-Amerikaner Eric Heiden, der als erster Eisschnellläufer auf allen fünf Strecken die Goldmedaille holt. Noch mehr bejubeln die Gastgeber den Gewinn des Eishockey-Turniers durch die US-Auswahl, die den Favoriten UdSSR im Finale mit 4:3 bezwingt. Der 2700-Einwohner-Ort in den Adirondack-Bergen (Bundesstaat New York) war bereits 1932 Ausrichter der III. Winterspiele. Damals traten rund 300

Olympische Winterspiele in Lake Placid: Mit fünf Goldmedaillen wird der 22jährige US-Amerikaner Eric Heiden zum Star der Spiele.

1980

Aktive in 19 Wettbewerben an. Die Entwicklung der Spiele zeigt sich nicht nur in der steigenden Teilnehmerzahl (1980: 1283), sondern auch in einem immer groteskere Züge annehmenden Hang zur Perfektion. Im Finish des 15 km Langlauf siegt der Schwede Thomas Wassberg; er ist nach rund 42 Minuten Laufzeit um eine Hundertstelsekunde schneller ist als der Finne Juha Mieto.
Ulrich Wehling aus Oberwiesenthal (DDR) wird zum dritten Mal Olympiasieger in der Nordischen Kombination. Ingemar Stenmark (SWE) gewinnt Slalom und Riesenslalom.
Irina Rodnina (URS) holt nach 1972 (mit Alexander Ulanow) und 1976 (mit Alexander Saizew) zum dritten Mal Gold im Paarlauf (mit Saizew). Die 17jährige Schweizerin Denise Biellmann, die eine neue Form der Pirouette präsentiert, bleibt ohne Medaille. Nach dem Gewinn der Weltmeisterschaft 1981 startet sie eine Karriere bei der Revue „Holiday on Ice". S 746/K 730

Spiele im Zeichen des Boykotts

19.7.–3.8. Moskau. Aus Protest gegen den Einmarsch sowjetischer Truppen in Afghanistan (↑S.733/26.12.1979) verzichten 30 Staaten – unter ihnen die USA und die BRD – auf eine Teilnahme bei den XXII. Olympischen Sommerspielen. Die Wirksamkeit der von US-Präsident Jimmy Carter initiierten Aktion ist umstritten, da einige westliche Länder wie Frankreich und Großbritannien den Boykott-Aufruf nicht befolgten. In den boykottwilligen Ländern gab es Widerstand gegen den Verzicht, da sich die Athleten um den Lohn jahrelanger Vorbereitungen beraubt sahen.
Trotz des Fehlens zahlreicher bedeutender Sportler werden 36 Welt-, 39 Europa- und 73 olympische Rekorde aufgestellt. Der kubanische Boxer Teofilo Stevenson holt sich seinen dritten Olympiasieg in Folge. Sein Traum von der vierten Goldmedaille bleibt unerfüllt, da Kuba und 14 weitere Ostblockstaaten die Spiele von Los Angeles (↑S.778/28.7.–12.8. 1984) boykottieren. S 746/K 730

Deutsche Elf wieder Europameister

22.6. Rom. Die deutsche Nationalmannschaft schlägt Belgien durch zwei Tore von Mittelstürmer Horst Hrubesch mit 2:1 und wird damit zum zweiten Mal Fußball-Europameister (↑S.670/18.6.1972).
Die erstmals mit acht Mannschaften ausgetragene Endrunde stieß nur auf mäßiges Zuschauerinteresse. Im Spiel um den dritten Platz schlug Titelverteidiger ČSSR Gastgeber Italien nach Elfmeterschießen mit 9:8.

Sport 1980	K 731
Fußball	
Europameisterschaft	Deutschland – Belgien 2:1
Deutsche Meisterschaft	FC Bayern München
DFB-Pokal	Fortuna Düsseldorf – 1. FC Köln 2:1
Englische Meisterschaft	FC Liverpool
Italienische Meisterschaft	Inter Mailand
Spanische Meisterschaft	Real Madrid
Europapokal (Landesmeister)	Nottingham Forest – Hamburger SV 1:0
Europapokal (Pokalsieger)	FC Valencia – Arsenal London 5:4 n. E.
UEFA-Pokal	Eintracht Frankfurt
Tennis	
Wimbledon (seit 1877; 94. Austragung)	Herren: Björn Borg (SWE) Damen: Evonne Cawley (AUS)
US Open (seit 1881; 100. Austragung)	Herren: John McEnroe (USA) Damen: Chris Evert-Lloyd (USA)
French Open (seit 1925; 50. Austragung)	Herren: Björn Borg (SWE) Damen: Chris Evert-Lloyd (USA)
Australian Open (seit 1905; 68. Austragung)	Herren: Brian Teacher (AUS) Damen: Hana Mandlikova (TCH)
Davis-Cup (Prag, TCH)	Tschechoslowakei – Italien 4:1
Eishockey	
Weltmeisterschaft	Nicht ausgetragen
Stanley-Cup	New York Islanders
Deutsche Meisterschaft	Mannheimer ERC
Radsport	
Tour de France (3945 km)	Joop Zoetemelk (HOL)
Giro d'Italia (4025 km)	Bernard Hinault (FRA)
Straßen-Weltmeisterschaft	Bernard Hinault (FRA)
Automobilsport	
Formel-1-Weltmeisterschaft	Alan Jones (AUS), Williams-Ford
Boxen	
Schwergewichts-Weltmeisterschaft	WBC: Larry Holmes (USA) – Techn. K.o. ü. Muhammad Ali (USA), 2.10. – Techn. K. o. über Scott Ledoux (CAN), 7.7. – K. o. über Leroy Jones (USA), 31.3.
	WBA: Mike Weaver (USA) – K. o. über Gerrie Coetze (RSA), 25.10. – K. o. über John Tate (USA), 31.3.
Herausragende Weltrekorde	
Disziplin	Athlet (Land)	Leistung
Leichtathletik, Männer		
1500 m	Steve Ovett (GBR)	3:31,36 min
400 m Hürden	Edwin Moses (USA)	47,13 sec
Hammerwurf	Juri Sedych (URS)	81,80 m
Zehnkampf	Guido Kratschmer (FRG)	8649 P.
Leichtathletik, Frauen		
1500 m	Tatjana Kasankina (URS)	3:52,47 min
Speerwurf	Tatjana Birjulina (URS)	70,06 m
Schwimmen, Männer		
1500 m Freistil	Wladimir Salnikow (URS)	14:58,27 min

1981

Politik

Chinas Viererbande verurteilt

25.1. Peking. Im Prozeß gegen die sog. Viererbande, die Wortführer des ultralinken Flügels der Kommunistischen Partei Chinas, werden die Urteile gesprochen. Jiang Qing, die Witwe des am 9.9.1976 (↑S.706) verstorbenen Mao Zedong, und ihr Vertrauter Zhang Chungqiao werden zum Tode verurteilt (1983 in lebenslange Freiheitsstrafen umgewandelt). Wang Hongwen muß eine lebenslängliche, Yao Wenyuan eine 16jährige Freiheitsstrafe verbüßen.

Jiang Qing war eine der treibenden Kräfte der chinesischen Kulturrevolution (↑S.600/ 8.8.1966) gewesen, an deren Ende sie 1969 zum Mitglied des Zentralkomitees aufstieg. Nach Maos Tod versuchte sie, die Parteiführung zu übernehmen. Sie wurde mit ihren Anhängern verhaftet und im Juli 1977 aus der KPCh ausgeschlossen.

Der Prozeß gegen die „konterrevolutionäre Clique" bildet den Auftakt zu neuen Machtkämpfen und „Säuberungsaktionen". Hua Guofeng wird wegen „kulturrevolutionärer Neigungen" am 27.6. von Hua Yaobang als Parteivorsitzender abgelöst. S 454/K 457

China: Die hängenden Puppen stellen die zum Tode verurteilte Mao-Witwe, Jiang Qing und ihren Vertrauten Zhang Chungqiao dar.

Wichtige Regierungswechsel 1981		K 732
Land	Amtsinhaber	Bedeutung
Ägypten	Muhammad Anwar As Sadat (P seit 1970) Muhammad Husni Mubarak (P bis ...)	Attentat radikaler Muslime (6.10.) auf Sadat, der auf eine Politik des Ausgleichs mit Israel gesetzt hatte (S.749)
Finnland	Urho Kaleva Kekkonen (P seit 1956) Mauno Henrik Koivisto (P bis 1994)	Rücktritt Kekkonens aus Gesundheitsgründen (27.10.); Koivisto ist erster sozialdemokratischer Präsident Finnlands
Frankreich	Valéry Giscard d'Estaing (P seit 1974) François Mitterrand (P bis 1995)	Ablösung der gaullistisch-liberalen Mehrheit, die seit 1958 regierte; Mitterrand erhält 51,75% der Stimmen (S.749/10.5.)
	Raymond Barre (M seit 1976) Pierre Mauroy (M bis 1984)	Barre tritt nach Wahlniederlage Giscards zurück (10.5.); Mauroy führt Regierungsbündnis aus Sozialisten und Kommunisten
Ghana	Hilla Limann (P seit 1979) Jerry John Rawlings (P bis ...)	Militär stürzt zivile Regierung (31.12.); Rawlings, Führer der Putschisten, hatte Limann 1979 an die Macht gebracht
Iran	Abol Hassan Banisadr (P seit 1980) Mohammed Ali Radschai (P 13.8.–13.10.) Seyed Ali Khamenei (P bis 1989)	Absetzung Banisadrs durch Revolutionsführer Khomeini wegen Amtsunfähigkeit (21.6.); islamische Fundamentalisten festigen ihre Macht; Radschai stirbt bei Bombenattentat
Italien	Arnoldo Forlani (M seit 1980) Giovanni Spadolini (M bis 1982)	Rücktritt Forlanis (26.5.) wegen Affäre um illegale Freimaurerloge P 2, zu der mehrere seiner Minister Kontakt hatten
Norwegen	Odvar Nordli (M seit 1976) Gro Harlem Brundtland (M 4.2.-14.10.) Kaarl I. Willoch (M bis 1986)	Erstmals wird eine Frau in Skandinavien Ministerpräsidentin; Sozialdemokraten verlieren Wahlen (13.9.); Willoch bildet erste konservative Regierung seit mehr als 50 Jahren
Polen	Józef Pinkowski (M seit 1980) Wojciech Jaruzelski (M bis 1985)	Verteidigungsminister Jaruzelski steigt zum mächtigsten Mann Polens auf; im Oktober Wahl zum KP-Vorsitzenden (S.749)
Senegal	Léopold Sédar Senghor (P seit 1960) Abdou Diouf (P bis ...)	Senghor, der sich stets für friedliche Lösungen der Konflikte in Afrika einsetzte, tritt zurück (31.12.1980)
USA	James E. Carter (Dem., P seit 1977) Ronald Reagan (Republ., P bis 1989)	Reagan erringt mit rechtskonservativem Kurs überragenden Wahlsieg über Amtsinhaber Carter (489:49 Wahlmänner, S.743)

M = Ministerpräsident bzw. Premierminister; P = Präsident

1981

Mitterrand Präsident in Frankreich

10.5. Paris. François Mitterrand wird im zweiten Wahlgang zum französischen Präsidenten gewählt. Der Führer der Sozialistischen Partei löst mit 51,75% der Stimmen den bisherigen Amtsinhaber und bürgerlichen Kandidaten Valéry Giscard d'Estaing ab. Damit geht in Frankreich die gaullistisch-liberale Regierungsära (↑S.522/29.5.1958, S.529/8.1.1959) zu Ende.

Den Sozialisten war es erstmals gelungen, sich eindeutig von den Kommunisten abzugrenzen. Uneinigkeit im bürgerlichen Lager führte dazu, daß im ersten Wahlgang mehrere Kandidaten (Giscard d'Estaing, Jacques Chirac, Michel Debré u. a.) aufgestellt wurden und der bislang amtierende Präsident im zweiten Durchgang nur halbherzige Unterstützung erfuhr.

Mitterrand (Wiederwahl 1988), der Pierre Mauroy zum Premierminister beruft, bildet eine Koalition mit den Kommunisten. Bei den Wahlen zur Nationalversammlung im gleichen Jahr erringen die Sozialisten 289 der 491 Sitze (↑S.788/16.3.1986). Mitterrand amtiert bis 1995, sein Nachfolger wird der Gaullist Jacques Chirac. S 568/K 574

H. Engelkes: Mitterrand – aus der Nähe gesehen, 1981. C. Nay: Mitterrand. Anatomie einer Karriere, 1986. Frankreich. Politik, Gesellschaft, Wirtschaft, 1990.

Papst überlebt Attentat

13.5. Rom. Papst Johannes Paul II. wird bei einem Mordanschlag auf dem Petersplatz durch einen Schuß in den Unterleib lebensgefährlich verletzt.

Der Anschlag löst weltweit Bestürzung aus, zumal der Papst sich seit dem Antritt seines Pontifikats (↑S.727/16.10.1978) u. a. durch viele Auslandsreisen große Popularität erworben hatte.

Der türkische Attentäter Mehmet Ali Agca, der aus kurzer Entfernung auf den in einem offenen Wagen stehenden Papst feuerte, wird überwältigt und am 22.7.1981 zu lebenslanger Haft verurteilt. Die Motive des Anschlags bleiben im Dunkeln, da Agca, ein Anhänger der rechtsradikalen Nationalen Aktionspartei (MHP), nur diffuse politische Begründungen für die Bluttat abgibt.

A. Frossard: Fürchtet Euch nicht! André Frossard im Gespräch mit Johannes Paul II., 1982.

Hoffnungsträger Sadat ermordet

6.10. Kairo. Bei einer Militärparade zum achten Jahrestag des Jom-Kippur-Krieges (↑S.676/6.10.1973) wird der ägyptische Staatspräsident Anwar As Sadat von radikalen Moslems ermordet. Fünf Mitglieder der islamischen „Organisation zur Befreiung Ägyptens" nehmen die Ehrentribüne mit Maschinengewehren unter Beschuß. Das Massaker fordert sieben Tote und 28 Verletzte.

Sadat war für eine friedliche Beilegung des israelisch-ägyptischen Konflikts eingetreten (↑S.723/17.9.1978). Während seine Aussöhnungspolitik auf internationale Anerkennung stieß (Friedensnobelpreis 1978), wurde er in der arabischen Welt als „Verräter" isoliert. Im eigenen Land hatte sich Sadat durch sein Vorgehen gegen religiöse Extremisten (Verhaftungswelle im September) viele Feinde geschaffen.

Am 13.10. wird der bisherige Vizepräsident Husni Mubarak zu Sadats Nachfolger gewählt. Die Attentäter, unter ihnen der Anführer Shawki el-Islambouly, werden zum Tode verurteilt. S 185/K 201

M. A. As Sadat: Unterwegs zur Gerechtigkeit, 1978. G. Krämer: Ägypten u. Mubarak, 1986.

Kriegsrecht in Polen

13.12. Polen. Ministerpräsident und Parteichef General Wojciech Jaruzelski verhängt das Kriegsrecht über das Land. Damit ist der Demokratisierungsprozeß, den die Gewerkschaft Solidarność (↑S.741/31.8.1980) initiiert hatte, vorerst beendet.

In den letzten Monaten hatte die Gewerkschaft mit Demonstrationen und Streiks ihren Kampf verschärft.

Ein „Militärrat der nationalen Rettung", der die Regierung übernimmt, verbietet die Soli-

Attentat auf Johannes Paul II.: Von einer Kugel getroffen, bricht der Papst in seinem Fahrzeug zusammen. Erst nach Monaten erholt er sich von den schweren Verletzungen.

Anwar As Sadat

1981

„Columbia": Eine riesige Wasserdampfwolke entsteht beim Start des wiederverwendbaren Raumtransporters.

darność. Streikversuche werden von der Miliz brutal niedergeschlagen. Es gibt Tote und Verletzte. Regimekritiker (u. a. Solidarność-Führer Lech Walesa) werden verhaftet. Eine Verfassungsänderung setzt die von der Solidarność erkämpften Rechte und Freiheiten außer Kraft. Das Kriegsrecht wird im Juni 1983 aufgehoben. Im Zuge der Umgestaltung im Ostblock finden am 4.6.1989 (↑S.818) in Polen die ersten freien Parlamentswahlen nach dem 2. Weltkrieg statt. Am 9.12.1990 (↑S.836) wird Walesa zum Staatspräsidenten gewählt. S 818/K 794

📖 M. Berger: Jaruzelski, 1990.

Pérez de Cuellar Chef der UNO

15.12. New York. Der peruanische Diplomat Javier Pérez de Cuellar wird von der UNO-Vollversammlung zum neuen Generalsekretär und Nachfolger des Österreichers Kurt Waldheim gewählt. Mit Pérez de Cuellar steht erstmals ein Lateinamerikaner an der Spitze der Vereinten Nationen. Nachdem eine dritte Amtszeit Waldheims am Veto Chinas gescheitert war, hatte sich Pérez mit zehn von 15 Stimmen durchgesetzt.

In die Amtszeit Cuellars fallen die Beendigung des irakisch-iranischen Krieges (↑S.805/20.8.1988), die Lösung des Namibia-Problems (↑S.830/21.3.1990) und das Ultimatum an den Irak nach dessen Überfall auf Kuwait (↑S.832/2.8.1990). 1992 wird Pérez de Cuellar vom Ägypter Butros Butros-Ghali abgelöst (↑S.849/4.12.1991). S 750/K 733

📖 Die Wiederentdeckung der Vereinten Nationen. Kooperative Weltpolitik und Friedensvölkerrecht, 1990.

UNO-Generalsekretäre		K 733
Zeitraum	Name (Lebensdaten)	Land
1946–52	Trygve H. Lie (1896–1968)	Norwegen
1953–61	Dag Hammarskjöld (1905–1961)	Schweden
1961–71	Sithu U Thant (1909–1974)	Birma (heute Myanmar)
1972–81	Kurt Waldheim (*1918)	Österreich
1982–91	J. Pérez de Cuellar (*1920)	Peru
1992–96	Butros Butros-Ghali (*1922)	Ägypten
ab 1997	Kofi Annan (*1938)	Ghana

Wissenschaft

Raumfähre „Columbia" gestartet

12.4. Cape Canaveral. Mit der „Columbia" startet der erste wiederverwendbare Raumtransporter (Space Shuttle) zu seinem Jungfernflug ins All. Zwei Tage später landen die Astronauten John W. Young und Robert L. Crippen in der kalifornischen Mojave-Wüste auf einem ausgetrockneten Salzsee.

Nach dem ersten gemeinsamen Raumfahrtunternehmen der beiden Supermächte (↑S.698/17.7.1975) hatten die USA eine sechsjährige Pause im bemannten Raumflug eingelegt und mit dem 20 Mrd US-Dollar teuren Space Shuttle eine kostengünstige Alternative zu den „Einwegraketen" entwickelt.

Die Raumfähre kann u. a. Satelliten aussetzen und einfangen. Bis zur Explosion der „Challenger" am 28.1.1986 (↑S.792) unternehmen die USA mit der „Columbia" und ihren Schwesterschiffen „Challenger" (erster Flug am 4.4.1983), „Discovery" (30.8.1984) und „Atlantis" (3.10.1985) 24 Weltraumflüge.

📖 J. P. Allen/R. Martin: Vorstoß ins All. Mein Raumflug mit der Space Shuttle, 1984.

Mikroskop macht Atome sichtbar

Juni. Rüschlikon. Im Forschungslaboratorium von IBM machen der Schweizer Physiker Heinrich Rohrer und sein deutscher Kollege Gerd Binnig mit dem von ihnen erfundenen „Raster-Tunnel-Mikroskop" zum erstenmal atomare Strukturen auf einer Goldoberfläche sichtbar. Die Anwendungen dieses Instruments (Vergrößerung rund 10 000 000fach) bestehen u. a. im Studium von Halbleiteroberflächen und von Biomolekülen wie DNS (↑S.485/März 1953) oder Viren.

Ihre Arbeiten am Tunnel-Mikroskop begannen Heinrich Rohrer und Gerd Binnig 1978. Dabei kombinierten sie das quantenmechanische Phänomen des Tunnelns von Elektronen – entdeckt 1928 von dem britischen Physiker Ralph Howard Fowler – mit der Technik des Abrasterns von Oberflächen, die bereits 1942 beim Raster-Mikroskop ausgeführt worden war (↑S.384/1942).

📖 J. Rzeznik: Das Mikroskop gestern, heute, morgen, 1988.

Technik

Erste CD-Player auf dem Markt

Die ersten digital arbeitenden Plattenspieler und die dazu gehörende Compact Disc (CD) kommen auf den Markt.
Die herausragenden Eigenschaften der neuen Tonträger sind weitgehende Verschleißfreiheit und eine hervorragende Tonqualität ohne Rauschen und Kratzen. Im Unterschied zur konventionellen Schallplatte werden die Tonsignale nicht analog, sondern digital aufgezeichnet und vom CD-Player mit einem Laserstrahl abgetastet.
Das CD-System setzt sich innerhalb weniger Jahre durch, obwohl die silberglänzenden Scheiben um mehr als ein Drittel teurer sind als herkömmliche Langspielplatten. 1984–93 steigt der CD-Umsatz von 3,0 Mio auf 152,8 Mio Stück, während im gleichen Zeitraum der LP-Verkauf von 71,1 Mio auf 1,6 Mio Tonträger zurückgeht.

Medien

Traditionsblatt „Times" verkauft

13.2. London. Die 1785 gegründete britische Tageszeitung „Times" wird mit der „Sunday Times" von der Thompson-Gruppe an den australischen Zeitungsverleger Rupert Murdoch verkauft.
Murdoch, der bereits 1969 das Boulevard-Blatt „Sun" übernommen hatte, kontrolliert 1981 etwa 30% des britischen Angebots an nationalen Tages- und Sonntagszeitungen.
Wegen angekündigter Personalkürzungen von 40% und der Umstellung auf computergesteuerte Setzmaschinen hatte es vor dem Verkauf monatelange Arbeitskämpfe gegeben. 1979 war die „Times", zu Glanzzeiten eine papierne Institution in Großbritannien, elf Monate lang nicht erschienen.
Murdoch baut im Laufe der nächsten Jahre sein Medienimperium News Corporation

Nobelpreisträger 1981 — K 734

Frieden: Flüchtlingshochkommissariat der UNO (UNHCR)

Die Unterorganisation der Vereinten Nationen mit Sitz in Genf wurde 1949 gegründet und erhielt bereits 1954 den Friedensnobelpreis. Das Flüchtlingshochkommissariat organisiert und koordiniert die Hilfsleistungen für die etwa 18 Mio Flüchtlinge (Stand: 1993) in aller Welt.

Literatur: Elias Canetti (GB, 1905–1994)

Der deutschsprachige Schriftsteller befaßte sich mit den politischen, sozialen und kulturellen Umwälzungen in Europa („Masse und Macht", 1960). Altersweisheit ist die dreibändige Autobiographie „Die gerettete Zunge" (1977), „Die Fackel im Ohr" (1980) und „Das Augenspiel" (1985).

Chemie: Kenichi Fukui (Japan, *1918), Roald Hoffmann (USA, *1937)

Beide Forscher erkannten unabhängig voneinander bestimmte Gesetzmäßigkeiten bei der chemischen Reaktion von Molekülen. Die Modelle von Fukui und Hoffmann werden seit Anfang der 70er Jahre in vielen Zweigen der Chemie (u. a. bei der Herstellung neuer Arzneimittel) verwendet.

Medizin: David H. Hubel (USA, *1926), Roger W. Sperry (USA, *1913), Torsten Nils Wiesel (S, *1924)

Die Neurobiologen und -physiologen arbeiteten auf dem Gebiet der Gehirnforschung. Sperry erkannte, daß beide Gehirnhälften unabhängig voneinander arbeiten und über spezialisierte Funktionen verfügen. Hubel und Wiesel erforschten, wie das Gehirn die vom Auge aufgenommenen optischen Reize verarbeitet. Dabei entdeckten sie, daß die Sehzellen schon kurz nach der Geburt voll ausgebildet sind.

Physik: Nicolaas Bloembergen (USA, *1920), Arthur L. Schawlow (USA, *1921), Kai Siegbahn (S, *1918)

Bloembergen schuf das theoretische Fundament für die Laserspektroskopie. Schawlow entwickelte auf dieser Basis den frequenzveränderlichen Laser, der u. a. die Verteilung der Ladung im Atom zeigt. Siegbahn erfand die hochauflösende Photoelektronenspektroskopie (ESCA), mit der die Feinstruktur von Festkörpern sichtbar gemacht werden kann.

Wirtschaftswissenschaften: James Tobin (USA, *1918)

Tobin, ein Anhänger der Theorien von Keynes, analysierte die Finanzmärkte. In seiner sog. Portfoliotheorie untersuchte er, wie sich die Abschätzung von Risiken und möglichen Erträgen auf das Anlageverhalten und damit auf die Volkswirtschaft insgesamt auswirken.

Lebensmittelskandale — K 735

Jahr Land	Ereignis
1981 Spanien	Massenvergiftung durch gepanschtes Speiseöl; bis 1990 sterben über 650 Menschen, 25 000 Personen erleiden schwere Schädigungen des Immun- und Nervensystems
1981 Indien	273 Tote durch Alkohol, dem Methylalkohol beigemischt worden war, in der südindischen Stadt Bangalore
1985 Österreich	Hochgiftiges Frostschutzmittel Diäthylenglykol in Prädikatsweinen aus dem Burgenland und dem Bereich Neusiedler See, die dadurch geschmacklich aufgewertet werden sollten
1986 Italien	Zahlreiche Todesopfer nach dem Genuß von gepanschten Weinen, die mit Methylalkohol gestreckt worden waren
1987 BRD	Lebende Rundwürmer in unsachgemäß behandeltem Frischfisch, die Geschwulste im Darmtrakt verursachen können
1988 BRD	Kälbermast-Skandal: erhebliche Mengen von gesundheitsgefährdenden Hormonrückständen im Kalbfleisch
1996 Großbrit.	Erkenntnisse, daß Rinderwahnsinn (BSE) auf den Menschen übertragbar ist; weltweites Exportverbot für brit. Rindfleisch
1996 Deutschland	Trotz EU-weitem Verbot weiterhin illegale Verfütterung von Antibiotika an Mastkälber und -schweine

1981

Kulturszene 1981 — K 736

Theater

Tankred Dorst; Merlin oder Das wüste Land UA 24.10., Düsseldorf	Das Acht-Stunden-Drama verbindet in rund 100 Szenen Elemente von Farce und Comic strip, Zaubermärchen, Ideendrama und Kinderstück.
Per Olov Enquist A. d. Leben d. Regenwürmer; UA 5.9., Kopenhagen	Die berühmte Schauspielerin Johanne Luise Heiberg (19. Jh.) wird sich bewußt, daß sie für ihre Karriere ihr Leben geopfert hat.
Franz Xaver Kroetz Nicht Fisch nicht Fleisch UA 31.5., Düsseldorf	In den Dialogen enthüllt sich der Widerspruch zwischen eingebildeter und wirklicher Realität, dessen Wahrnehmung Existenzangst auslöst.
Patrick Süskind Der Kontrabaß UA 22.9., München	Vielgespieltes Einmannstück: Ein einsamer Kontrabassist stellt, während er sich betrinkt, dem Publikum sein Instrument vor.

Oper

Friedrich Cerha Baal UA 7.8., Salzburg	In feinsten Schattierungen charakterisiert Cerha in der Brecht-Vertonung musikalisch die verschiedenen gesellschaftlichen Bereiche.
Karlheinz Stockhausen Donnerstag (aus Licht) UA 15.3., Mailand	Beginn eines siebenteiligen, auf die Wochentage bezogenen Gesamtkunstwerks aus Gesang, Instrumental-, Tonbandmusik und Tanz.

Musical

Andrew Lloyd Webber Cats UA 11.5., London	Zum ersten Mal bildet ein Gedichtband die Vorlage für ein Musical: T. S. Eliots „Old Possum's London Book of Practical Cats" (1939).

Konzert

Wolfgang Rihm Tutuguri I UA 14.3., Paris	Ungebändigte Klanglandschaften sollen einen Gegenpol zur rasanten Naturvernichtung bilden; bis 1982 folgen drei weitere Teile.

Film

Jean-Jacques Beineix Diva Frankreich	Kriminalfilm mit märchenhaften Elementen; phantasievolle Persiflage auf die Werbeästhetik und die moderne Konsumgesellschaft.
Constantin Costa-Gavras Vermißt USA	Während des Putsches von Pinochet (1973) verschwindet ein junger Amerikaner; sein Vater (Jack Lemmon) macht sich auf die Suche.
Uli Edel Christiane F. BRD	Drogenmißbrauch von Jugendlichen; Vorlage ist der Bestseller „Wir Kinder vom Bahnhof Zoo" einer 15jährigen Drogenabhängigen.
Werner Herzog Fitzcarraldo BRD	Aufwendiger, bizarrer Abenteuerfilm vor der Kulisse des Amazonasgebiets; mit Klaus Kinski und Claudia Cardinale in den Hauptrollen.
Wolfgang Petersen Das Boot BRD	Erfolgreicher Film über das Leben in einem dt. U-Boot während des 2. Weltkriegs; nach dem Roman von L. G. Buchheim (1973).
Margarethe von Trotta Die bleierne Zeit BRD	Subtile Studie über die Terroristin Gudrun Ensslin und ihre Schwester Christiane; in Venedig mit dem Goldenen Löwen ausgezeichnet.
Andrzej Wajda Der Mann aus Eisen Polen	Engagierter Film zur polnischen Zeitgeschichte, der die Schicksale einiger Personen aus Wajdas „Mann aus Marmor" (1976) wiederaufnimmt.

Buch

John Irving Das Hotel New Hampshire New York	Tragikomischer Roman über eine Familie, die auf der Suche nach Glück und Wohlstand von Pech und Katastrophen verfolgt wird.
Gabriel García Márquez Chronik eines angekündigten Todes; Barcelona	Poetisch-tragische Geschichte um ein „Verbrechen aus verlorener Ehre" in Südamerika; 1986 von Francesco Rosi eindrucksvoll verfilmt.
Claude Simon Georgica Paris	Das Schicksal dreier Soldaten in Kriegen des 19. und 20. Jh. zeigt die Ohnmacht des Menschen angesichts wiederkehrender Ereignisse.

weiter aus. Er erwirbt u. a. 1989 für 403 Mio Pfund Sterling die Mehrheitsbeteiligung an der HarperCollins-Gruppe, die zu den führenden britischen Verlagen gehört, sowie Ende 1993 für 525 Mio US-$ 63,3% der Anteile des Privatsenders Star TV in Hongkong.

W. J. Koschnick: Rupert Murdoch. Der Medientycoon, 1990.

Gesellschaft

Speiseölskandal in Spanien

1.5. Spanien. Zahlreiche bislang rätselhafte Erkrankungen werden von spanischen Ärzten als Vergiftungen infolge des Verzehrs von gepanschtem Speiseöl erkannt. Das verunreinigte Öl fordert mindestens 100 Todesopfer, über 10 000 Menschen erkranken.

Eine Madrider Firma hatte Speiseöl mit Acetylanilin und anderen chemischen Substanzen vermischt und als Olivenöl verkauft. Der Skandal wurde von der Regierung heruntergespielt und kam erst ans Tageslicht, als Ärzte ihre bisherige Diagnose („atypische Lungenentzündung") korrigierten und Lebensmittelvergiftungen feststellten.

Die Affäre weitet sich aus, als auch bei Markenölen Verunreinigungen festgestellt werden. Zahlreiche Opfer des gepanschten Speiseöls, die jahrelang auf eine Entschädigung warten müssen, erleiden bleibende Schäden (Lähmungserscheinungen). S 751/K 735

Urteile im Majdanek-Prozeß

30.6. Düsseldorf. Nach fünfeinhalbjähriger Dauer mit 474 Verhandlungstagen endet am Landgericht der sog. Majdanek-Prozeß. Die 61jährige ehemalige SS-Aufseherin Hermine Ryan-Braunsteiner, die in den USA aufgespürt wurde, wird zu lebenslanger Haft verurteilt. Die übrigen Angeklagten kommen mit Freiheitsstrafen zwischen zwei und zwölf Jahren davon, weil die von der Anklage vorgebrachten Mordfälle nach Auffassung des Gerichts nicht präzise beweisbar sind. Bis zur Befreiung durch sowjetische Truppen im Juli 1944 wurden im Konzentrations- und Vernichtungslager Majdanek (nahe Lublin/Polen) über 250 000 Menschen ermordet.

Nach der Urteilsverkündung kommt es zu Protestkundgebungen. Die Demonstranten werten die Urteile als zu milde und als Beleidigung der Holocaust-Opfer. S 422/K 421

A. Rückerl: NS-Verbrechen vor Gericht. Versuch einer Vergangenheitsbewältigung, NA 1984. B. Just-Dahlmann/H. Just: Die Gehilfen. NS-Verbrechen und die Justiz nach 1945, 1988.

Bhagwan geht in die USA

28.7. Poona. Der Guru Shree Rajneesh, geistiger und ideologischer Führer der sog. Bhagwan-Sekte (Bhagwan = altindisch für Gott), verläßt das indische Poona und geht in die USA. Hinter der Umsiedlung des Sektenführers werden steuerliche Gründe vermutet. Shree Rajneesh hatte seit den 70er Jahren rund 200 000 Anhänger um sich geschart. Er verkündet eine Heilslehre, die fernöstliche Meditationstechniken und westliche Psychologie verbindet. Das Bhagwan-Imperium umfaßt ein dichtes Netz von kommerziellen Dienstleistungsunternehmen (Diskotheken, Kioske, Restaurants). Seine rotgekleideten Jünger, die Sanyasins, stellen ihr Leben in den Dienst des Guru, der sich u. a. 93 Autos vom Typ Rolls-Royce leistet.

Neues Ashram – so heißt das Zentrum der religiösen Bewegung – wird eine ehemalige Ranch in Oregon. 1985 wird der Guru aus den USA ausgewiesen, 1990 stirbt er 58jährig in Poona.

F. Tanner: Bhagwan – Gauner, Gaukler, Gott?, NA 1986. S. Satyananda (Jörg A. Elten): Alles ganz easy in Santa Barbara. Wie ich das Ende der Rajneesh-Kommune in Oregon erlebte…, 1990.

Kultur

Yourcenar wird Akademiemitglied

22.1. Paris. Die französische Schriftstellerin Marguerite Yourcenar wird als erstes weibliches Mitglied in die Académie française aufgenommen.

Mit ihren psychologisch fundierten Werken (u. a. „Ich zähmte die Wölfin", über den römischen Kaiser Hadrian, 1951; „Die schwarze Flamme", die Lebensgeschichte des Renaissancegelehrten Zenon, 1969) erneuerte Yourcenar den französischen historischen Roman. In ihrer dreibändigen Autobiographie „Le labyrinthe du monde" (1974–88) seziert sie minutiös die familiären, sozialen und historischen Determinanten, die ihre Persönlichkeit geformt haben.

Yourcenar (eig. M. de Crayencourt) entstammte einer französisch-belgischen Adelsfamilie; ihr Vater nahm sie nach dem Tod der Mutter auf zahlreiche Reisen mit.

Die 1987 verstorbene Schriftstellerin war während des 2. Weltkriegs in die USA übergesiedelt und lebte ab 1949 auf Mount Desert Island im Bundesstaat Maine.

M. Yourcenar: Gedenkbilder, dt. 1984. Dies.: Lebensquellen, dt. 1985. Dies.: Was ist die Ewigkeit, dt. 1988.

Sport 1981 — K 737

Fußball	
Deutsche Meisterschaft	FC Bayern München
DFB-Pokal	Eintr. Frankfurt – 1. FC Kaiserslautern 3:1
Englische Meisterschaft	Aston Villa
Italienische Meisterschaft	Juventus Turin
Spanische Meisterschaft	Real Sociedad San Sebastian
Europapokal (Landesmeister)	FC Liverpool – Real Madrid 1:0
Europapokal (Pokalsieger)	Dynamo Tiflis – Carl Zeiss Jena 2:1
UEFA-Pokal	Ipswitch Town

Tennis	
Wimbledon (seit 1877; 95. Austragung)	Herren: John McEnroe (USA) Damen: Chris Evert-Lloyd (USA)
US Open (seit 1881; 101. Austragung)	Herren: John McEnroe (USA) Damen: Tracy Austin (USA)
French Open (seit 1925; 51. Austragung)	Herren: Björn Borg (SWE) Damen: Hana Mandlikova (TCH)
Australian Open (seit 1905; 69. Austragung)	Herren: Johan Kriek (RSA) Damen: Martina Navratilova (Staatenlos)
Davis-Cup (Cincinnati, USA)	USA – Argentinien 3:1

Eishockey	
Weltmeisterschaft	Sowjetunion
Stanley-Cup	New York Islanders
Deutsche Meisterschaft	SC Riessersee

Radsport	
Tour de France (3756 km)	Bernard Hinault (FRA)
Giro d'Italia (3895 km)	Giovanni Battaglin (ITA)
Straßen-Weltmeisterschaft	Freddy Maertens (BEL)

Automobilsport	
Formel-1-Weltmeisterschaft	Nelson Piquet (BRA), Brabham

Boxen	
Schwergewichts-Weltmeisterschaft	Larry Holmes (USA) – K. o. über Renaldo Snipes (USA), 6.11. – K. o. über Leon Spinks (USA), 12.6. – K. o. über Trevor Berbick (CAN), 11.4.

Herausragende Weltrekorde

Disziplin	Athlet (Land)	Leistung
Leichtathletik, Männer		
800 m	Sebastian Coe (GBR)	1:41,72 min
1000 m	Sebastian Coe (GBR)	2:12,18 min
5000 m	Henry Rono (KEN)	13:06,20 min
110 m Hürden	Renaldo Nehemiah (USA)	12,93 sec
Schwimmen, Männer		
200 m Schmetterling	Craig Beardsley (USA)	1:58,01 min
200 m Lagen	Alex Baumann (CAN)	2:02,78 min
Schwimmen, Frauen		
100 m Brust	Ute Geweniger (GDR)	1:08,60 min
100 m Schmetterling	Mary T. Meagher (USA)	57,93 sec
200 m Schmetterling	Mary T. Meagher (USA)	2:05,96 min
200 m Lagen	Ute Geweniger (GDR)	2:11,73 min

1982

Politik

Skandal um „Neue Heimat"

8.2. Hamburg. Das Nachrichtenmagazin „Der Spiegel" bezichtigt mehrere Vorstandsmitglieder der gewerkschaftseigenen Wohnungsbaugesellschaft „Neue Heimat" (NH), sich mit Hilfe von Strohmännern und Tarnfirmen persönlich bereichert zu haben.

Eine Woche nach Bekanntgabe der Vorwürfe entläßt der NH-Aufsichtsrat unter DGB-Chef Heinz Oskar Vetter den Vorstandsvorsitzenden Albert Vietor, gegen den sich die schwersten Anschuldigungen richten, sowie die beiden Vorstandsmitglieder Wolfgang Vormbrock und Dr. Harro Iden.

Die Vorgänge um Europas größten Wohnungskonzern erschüttern das Vertrauen der Bevölkerung in die Gemeinwirtschaft. Am 18.9.1986 kauft der Berliner Brotfabrikant Horst Schiesser das marode Unternehmen (17 Mrd DM Schulden) zum symbolischen Preis von einer Mark, am 21.11.1986 kauft die Gewerkschaft die NH zurück.

📖 G. Schifferer: Politische Skandale und Medien. Der Fall Neue Heimat, 1988.

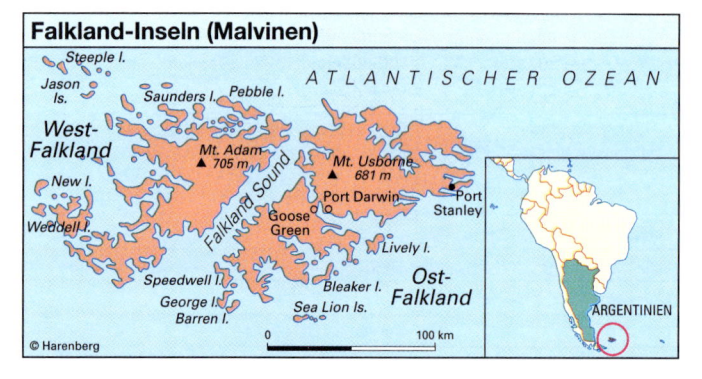

Falkland-Inseln: Das britische Landungsschiff „Sir Galahad" geht nach einem Bombenangriff der argentinischen Luftwaffe in Flammen auf.

Krieg um die Falkland-Inseln

2.4. Falkland-Inseln. Argentinien besetzt mit 5000 Soldaten die britische Kronkolonie der Falkland-Inseln, auf die es seit der Inbesitznahme des Archipels durch Großbritannien (1833) Ansprüche erhebt. Obwohl die Briten die Inseln in der Vergangenheit vernachlässigt haben (wirtschaftliche Belastungen, strategischer Bedeutungsverlust), halten sie nachdrücklich an ihrem Grundsatz fest, britisches Land niemals unter äußerem Zwang preiszugeben, auch wenn Wert und Aufwand in keinem Verhältnis zueinander stehen.

Die britische Regierung entsendet, von der in der Mehrzahl kriegsbegeisterten Bevölkerung unterstützt, einen 36 Schiffe starken Flottenverband in die Krisenregion im Südpazifik. Vier britische Schiffe werden von den Argentiniern versenkt. Am 14.6. kapituliert Argentinien, nachdem die Briten Port

Wichtige Regierungswechsel 1982 — K 738

Land	Amtsinhaber	Bedeutung
Bangladesch	Abdus Sattar (P seit 1981) Hussain Muhammad Ershad (P bis 1991)	Militärputsch (24.3.) unter Führung von General Ershad, der Kriegsrecht verhängt und 1986 als Präsident bestätigt wird
BRD	Helmut Schmidt (SPD, B seit 1974) Helmut Kohl (CDU, B bis . . .)	Konstruktives Mißtrauensvotum stürzt Schmidt (1.10.); SPD/FDP-Koalition war am 17.9. auseinandergebrochen (S.755)
Spanien	Leopoldo Calvo Sotelo y Bustelo (M seit 1981) Felipe González Márquez (M bis 1996)	Wahlsieg der Sozialistischen Arbeiterpartei (28.10.) erste linksgerichtete Regierung Spaniens seit mehr als 40 Jahren
UdSSR	Leonid Breschnew (P seit 1977) Juri Andropow (P bis 1984)	Tod von Breschnew (10.11.), der sich um Entspannung mit dem Westen bemühte; Andropow setzt diesen Kurs fort (S.756)

B = Bundeskanzler; M = Ministerpräsident bzw. Premierminister; P = Präsident

Stanley, die Hauptstadt der Falkland-Inseln, eingenommen haben. 255 britische und 712 argentinische Soldaten wurden getötet. Premierministerin Margaret Thatcher (Konservative) erlangt durch diesen Erfolg große Popularität; bei den Parlamentswahlen 1987 wird sie zum dritten Mal im Amt bestätigt.
In Argentinien leitet die Niederlage das Ende der Militärjunta ein, die seit dem Sturz Isabel Peróns am 24.3.1976 (↑S.705) an der Macht ist. 1983 wird Raúl Alfonsín zum Staatspräsidenten gewählt. S 755/K 739

A. Haffa: Beagle-Konflikt und Falkland-Krieg. Zur Außenpolitik der argentinischen Militärregierung 1976–1983, 1987.

Massaker an Palästinensern KAR

18.9. Beirut. Christliche Milizen richten unter den Augen israelischer Besatzungstruppen in den Beiruter Flüchtlingslagern Sabra und Schatila ein Massaker an, bei dem mehr als 1000 Palästinenser ermordet werden. Auslöser war die Ermordung des gewählten libanesischen Staatspräsidenten und Führers der christlichen Miliz, Bechir Gemayel, wofür die PLO verantwortlich gemacht worden war (14.9.). Kurz vor seinem Tod hatte Gemayel zur „Eliminierung aller palästinensischen Flüchtlingscamps" im Libanon aufgerufen.
Die Israelis hatten 1978 massiv in die Kämpfe zwischen christlichen Milizen und Palästinensern im Libanon eingegriffen, weil ihnen der arabische Nationalismus und die zunehmende Aktivität der PLO (↑S.577/1.6.1964) im Libanon bedrohlich schien. Am 6.6. waren 60 000 israelische Soldaten in den Süden Libanons einmarschiert; eine Woche später hatten sie das von der PLO kontrollierte West-Beirut, Sitz des PLO-Hauptquartiers, abgeriegelt. Die Israelis, die eine Vertreibung der PLO-Kämpfer aus dem Libanon anstreben, nahmen den Westteil der Stadt unter starken Beschuß. Erst das Eingreifen von US-Präsident Ronald Reagan vermochte das Blutvergießen zu stoppen. Am 21.8. begann der Abzug der PLO-Kämpfer.
Israel hat zwar sein Ziel erreicht, aber wegen seiner skrupellosen Kriegsführung eine moralische Niederlage erlitten. Zudem verläßt die PLO den Libanon zwar militärisch geschlagen, aber politisch gestärkt (↑S.806/15.11.1988). S 806/K 783

J. Genet: Vier Stunden in Chatila. Bericht über das Massaker im Libanon, 1983.

Kohl wird Bundeskanzler

1.10. Bonn. Nach dem Auseinanderbrechen der sozialliberalen Koalition (die FDP-Minister waren zurückgetreten) wird Helmut Kohl in einem konstruktiven Mißtrauensvotum gegen den bisherigen Regierungschef Helmut Schmidt (SPD) zum Bundeskanzler gewählt. Der CDU-Bundesvorsitzende (seit 1973) erhält die Stimmen der CDU/CSU-Fraktion und von Teilen der FDP.
Die Christdemokraten hatten ihr Mißtrauensvotum mit dem Hinweis auf die Regierungsunfähigkeit der Koalition begründet, die in hoher Staatsverschuldung und Massenarbeitslosigkeit ihren Ausdruck finde (↑S.757/November). Die SPD wirft der FDP Nichteinhaltung ihres Wahlversprechens vor (↑S.742/5.10.1980). In einer verfassungsrechtlich fragwürdigen Abstimmung über die von Kohl gestellte Vertrauensfrage im Bundestag (17.12.) findet der neue Bundeskanzler – einer Absprache gemäß – keine Mehrheit; CDU/CSU und FDP ebnen damit den Weg zu angestrebten Neuwahlen.

Argentinien im 20. Jahrhundert		K 739
Jahr	Ereignis	
1912	Einführung des allgemeinen, gleichen und geheimen Wahlrechts	
1916	Erste freie Präsidentschaftswahlen; Wahl von Hipólito Irigoyen (1916–22 und 1928–30 Präsident)	
1930	Militärjunta unter General José F. Uriburu setzt Irigoyen ab (6.9.)	
1943	Militär stürzt Präsident Ramón S. Castillo (4.6.); General Pedro Pablo Ramírez wird am 8.6. neuer Staatspräsident, Juan Domingo Perón Arbeits- und Sozialminister (Vizepräsident 1944)	
1946	Perón wird zum Staatspräsidenten gewählt (24.2.)	
1949	Verankerung der peronistischen Sozialpolitik in der Verfassung (16.3.); Wirtschaftspolitik überfordert Argentiniens Finanzkraft	
1955	Militär stürzt Perón, der ins Ausland flieht (S.xxx/16.9.)	
1955–73	Wechselnde Zivil- und Militärregierungen	
1971	Wiederzulassung politischer Parteien (25.3.)	
1973	Perón erneut zum Präsidenten gewählt, seine zweite Frau María Estela („Isabel") wird Vizepräsidentin (25.9.)	
1974	Nach dem Tod Peróns übernimmt seine Witwe die Regierungsgewalt; Einheit der peronist. Bewegung zerbricht (1.7.)	
1976	Militär stürzt Isabel Perón (24.3.); Bildung einer Regierungsjunta unter General Jorge Rafael Videla (S.xxx)	
1979	Staatsstreich gegen die Militärjunta scheitert (29.9.)	
1982	Falkland-Krieg gegen Großbritannien (2.4.–14.6.); Niederlage Argentiniens; Militärherrschaft gerät ins Wanken (S.754)	
1983	Ende der Militärdiktatur; Wahlsieg der sozialdemokratisch orientierten Radikalen Bürgerunion (UCR) und ihres Präsidentschaftskandidaten Raúl Alfonsín (30.10.)	
1989	Peronist Carlos Saúl Menem gewinnt Präsidentschaftswahlen; Stabilitätspolitik läßt Inflation von 5000% auf 1,6% (1995) sinken	
1994	Verfassunggebende Versammlung beschließt Grundgesetz: stärkt Stellung des Präsidenten und ermöglicht seine direkte Wiederwahl (Amtszeit: vier Jahre statt bisher sechs); Senat wird direkt vom Volk gewählt (bis dahin: Ernennung durch Provinzparlamente)	
1995	Menem wird als Präsident für zweite Amtszeit gewählt	

Helmut Kohl

1982

Das belagerte Beirut 1982

Beirut Mitte 1982, vor dem Abzug der PLO-Kämpfer: Der israelische Sperrgürtel riegelt auch die drei großen PLO-Flüchtlingslager nördlich des Flughafens vom palästinensisch kontrollierten Westteil der Stadt ab.

Am 6.3.1983 bestätigen die Wähler die „Wende" in Bonn. 48,8% geben der CDU/CSU ihre Stimme; die FDP erzielt trotz innerparteilicher Auseinandersetzungen um ihren fliegenden Wechsel – zeitweise schien eine Spaltung der Partei möglich – noch 7%. Die SPD fällt mit 38,2% erstmals seit 1965 unter die 40%-Marke, die Grünen ziehen ins Bundesparlament ein (5,6%). S 754/K 738

J. Thies: Helmut Schmidt's Rückzug von der Macht. Das Ende der Ära Schmidt aus nächster Nähe, NA 1988.

Andropow folgt Breschnew

12.11. Moskau. Der 68jährige Jurij Andropow wird vom Zentralkomitee (ZK) der Kommunistischen Partei der Sowjetunion (KPdSU) einstimmig zum Nachfolger des am 10.11. verstorbenen Parteichefs Leonid Breschnew gewählt. Andropow gibt bekannt, die politische Linie des seit dem 14.10.1964 (↑S.580) regierenden Breschnew fortführen zu wollen. Andropow, 1914 in Stawropol geboren, seit 1960 Vollmitglied des ZK und von 1967 bis Mai 1982 KGB-Chef, tritt ein schwieriges Erbe an. Breschnew hatte die Zuspitzung der wirtschaftlichen Probleme der Sowjetunion nicht verhindern können; außerdem hat die Politik der Koexistenz mit dem Westen seit dem Einmarsch sowjetischer Truppen in Afghanistan (↑S.733/26.12.1979) einen Rückschlag erlitten. Andropow, der am 17.6.1983 auch zum Staatsoberhaupt gewählt wird, stirbt am 9.2.1984 (↑S.768) nach nur 15monatiger Amtszeit. S 754/K 738

D. Doder: Machtkampf im Kreml. Hintergründe des Wechsels von Breschnew zu Gorbatschow, 1988.

Arbeitslosigkeit in Industrienationen										K 740
Land	Arbeitslosenquote (%)									
	1977	1979	1981	1983	1985	1987	1989	1991	1993	1995
Belgien	7,4	8,2	10,8	12,1	11,3	11,0	8,0	7,1	12,1	10,2
Deutschland[1]	3,6	3,2	4,2	9,1	9,3	8,9	7,9	6,3	7,3	8,3
Frankreich	4,9	5,9	7,4	8,3	10,2	10,5	9,4	9,4	10,8	11,5
Großbritannien	6,0	5,0	9,8	12,4	11,2	10,3	7,2	8,7	9,8	8,8
Italien	7,0	7,6	7,8	8,8	9,6	10,9	10,9	9,9	10,2	11,0
Japan	2,0	2,1	2,2	2,6	2,6	2,8	2,3	2,1	2,5	3,2
Niederlande	5,3	5,4	8,5	12,0	10,6	9,6	8,3	7,0	8,3	6,7
Österreich	1,7	2,1	3,4	4,5	4,8	5,6	5,0	5,8	4,8	6,5
Schweiz	0,4	0,4	0,2	0,9	1,0	0,8	0,6	1,2	4,5	4,2
Spanien	5,1	8,4	13,8	17,0	21,1	20,1	16,9	16,0	22,7	22,7
USA	6,9	5,8	7,5	9,5	7,1	6,1	5,2	6,6	6,8	5,5

1) 1995 Gesamtdeutschland

Wirtschaft

Aus für die AEG-Telefunken

9.8. Frankfurt/Main. Der zweitgrößte deutsche Elektrokonzern, die AEG-Telefunken, ist zahlungsunfähig und beantragt die Eröffnung eines gerichtlichen Vergleichsverfahrens (Beginn 31.10.).

Den größten Firmenzusammenbruch in der deutschen Nachkriegsgeschichte führen Fachleute auf Fehler im Management zurück. Zwar errang die AEG in den 60er und 70er Jahren durch den Aufkauf entsprechender Firmen den Spitzenplatz im Haushaltsgeräte-Markt, doch vermochte der verzweigte Konzern wegen mangelnder Flexibilität die notwendige Entwicklung neuer Technologien nicht voranzutreiben.

1985 wird die AEG zur Aktiengesellschaft umgewandelt, am 14.10.1985 verkünden der Daimler-Benz-Vorsitzende Werner Breitschwerdt und AEG-Chef Heinz Dürr die Übernahme der Mehrheitsbeteiligung an der AEG durch den Automobilkonzern. 1996 bedeutet die Verschmelzung der AEG AG mit Daimler-Benz das Ende des Elektrokonzerns.

M. Pohl: Emil Rathenau und die AEG, 1988.
K. Stephan: Die Schattenregierung. Daimler-Benz, die Deutsche Bank und die Macht in Deutschland, 1990.

Zwei Millionen ohne Arbeit

November. BRD. Erstmals seit dem Bestehen der BRD gibt es mehr als 2 Mio Arbeitslose. Das Problem der wachsenden Arbeitslosigkeit ist zentrales Thema in der öffentlichen Diskussion; vor zwei Jahren waren „nur" 900 000 Bundesdeutsche ohne Beschäftigung. Die am 1.10. (↑S.755) gebildete Regierung unter Bundeskanzler Helmut Kohl vertraut auf die Selbstheilungskräfte der Wirtschaft und versucht diese durch die Einschränkung des öffentlichen Kapitalbedarfs und die Stärkung der unternehmerischen Investitionskraft zu unterstützen. Von der Opposition geforderte Beschäftigungsprogramme werden abgelehnt. Die Hoffnungen erfüllen sich nicht: Die Arbeitslosenzahl steigt 1983 auf 2,3 Mio. Auf diesen Wert pendelt sie sich bis zur Öffnung der innerdeutschen Grenze (↑S.820/9.11. 1989) ein. S 756/K 740

Natur/Umwelt

Schutz für antarktischen Krill

7.4. Das Übereinkommen zur Erhaltung der lebenden Meeresschätze der Antarktis tritt in Kraft. Verschärfte Kontrollen sollen die Bestände sichern und die Nutzung (u. a. Fische, Krill, Tintenfische) begrenzen.

Das Abkommen geht einher mit Überlegungen, die Krill-Bestände für die Ernährung der Weltbevölkerung zu nutzen. Der Krill, ein im Plankton lebendes eiweißreiches Krebstier, tritt in gewaltigen Mengen im antarktischen Meer auf und bildet die Hauptnahrung der

Internationale Umweltschutz-Abkommen K 741

Abkommen/Inhalt	In Kraft seit	Ort (Jahr)	Unterzeichnerstaaten
Feuchtgebiete als Lebensraum für Wasservögel	21.12.1975	Ramsar (Iran) (1971)	13
Prävention vor Verschmutzung durch Abladen von Abfall und anderen Substanzen	30. 8.1975	Washington, London, Moskau (1972)	22
Internationaler Handel mit gefährdeten Arten (1992 erweitert)	1. 7.1975	Washington (1973)	17
Schutz der marinen Umwelt der Ostsee	3. 5.1980	Helsinki (1974)	4
Schutz des Mittelmeeres	12. 2.1978	Barcelona (1976)	17
Schutz des Rheins vor chemischer Verschmutzung	1. 7.1979	Bonn (1976)	17
Bewahrung der antarktischen lebenden Meeresressourcen	7. 4.1982	Canberra (1980)	21
Reduzierung der Schwefel-Emissionen	2. 9.1982	Helsinki (1985)	13
Einheitliche Europäische Akte (mit Umweltschutzregelungen)	31.12.1986	Genf (1986)	12
Kontrolle des grenzüberschreitenden Transports von gefährlichen Abfällen	5. 5.1992	Basel (1989)	104
Alpentransitabkommen Begrenzung des Güterverkehrs	1. 1.1993	Wien (1992)	14
Schutz des Ozonschichts, FCKW-Stopp ab Jahr 2000	29. 6.1990	London (1990)	89
Kontrolle der Stickoxid-Emissionen	Nicht in Kraft	Sofia (1988)	14
EU-Richtlinie gegen Mülltourismus: Entsorgung im Inland	1. 1.1994	Basel (1989)	12
Schutz der Alpen als Lebens-, Kultur-, Wirtschafts- und Erholungsgebiet	5. 3.1995	Salzburg (1991)	6
Änderung des Montrealer Protokolls: FCKW-Produktionsverbot ab 1996	14. 6.1994 (Deutschl.); 1. 1.1996	Kopenhagen (1992)	91
Rio-Deklaration: Leitlinien für Umgang mit der Umwelt	Nicht in Kraft	Rio de Janeiro (1992)	170
Agenda 21: Aktionsprogramm für Umweltschutz	Nicht in Kraft	Rio de Janeiro (1992)	170
Klimakonvention: Verringerung der Treibhausgase	21. 3.1994	Rio de Janeiro (1992)	170
Artenschutzabkommen: Erhalt der Artenvielfalt (Erweiterung von 1975)	30.12.1993	Rio de Janeiro (1992)	170

1982

Nobelpreisträger 1982 — K 742

Frieden: Alfonso Garcia Robles (Mexiko, 1911–1991), Alva Myrdal (S, 1902–1986)
Der Politiker Garcia Robles initiierte einen Vertrag über eine atomwaffenfreie Zone in Lateinamerika (1967). Myrdal, Expertin auf dem Gebiet der nuklearen Kriegführung, engagierte sich für soziale Gerechtigkeit und Abrüstung.

Literatur: Gabriel García Márquez (Kolumbien, *1928)
In seinem Roman „Hundert Jahre Einsamkeit" (1967) gibt García Márquez einen Abriß der Geschichte Lateinamerikas. In bildreicher Sprache und einer Mischung aus Mythos und Wirklichkeit (sog. Magischer Realismus) beschreibt er das Aufeinanderprallen unterschiedlicher Rassen und Kulturen.

Chemie: Aaron Klug (GB, *1926)
Der Biochemiker entwickelte ein Verfahren zur dreidimensionalen Strukturanalyse von Molekülen. Damit untersuchte er Molekülkomplexe, die bei der genetischen Informationsübertragung von Desoxyribonukleinsäure (DNS) und Proteinen (Eiweißstoffen) gebildet werden.

Medizin: Sune K. Bergström (S, *1916), Bengt I. Samuelsson (S, *1934), John R. Vane (GB, *1927)
Die Biochemiker erforschten die Prostaglandine, hormonähnliche Stoffe mit gefäßerweiternder Wirkung. Künstlich hergestellte Abkömmlinge dieser Substanzen werden bei der Geburtshilfe sowie zur Therapie von Kreislaufstörungen, Blutgerinnseln und Magengeschwüren verwendet

Physik: Kenneth G. Wilson (GB, *1936)
Wilson schuf eine Theorie über kritische Phänomene bei Phasenumwandlungen (z. B. Flüssigkeit wird gasförmig, Metall schmilzt). Wilsons Ansatz liefert eine Möglichkeit zur experimentellen Erforschung und mathematischen Beschreibung dieser mikrophysikalischen Prozesse.

Wirtschaftswissenschaften: George Stigler (USA, 1911–1991)
Stigler befaßte sich mit der Funktionsweise von Märkten. Dabei kam er zu dem Schluß, daß staatliche Regelungen weniger der Allgemeinheit, für die sie gedacht waren, helfen, als vielmehr den Unternehmen.

Die Neuen Wilden — K 743

Name (Lebensdaten)	Werke (Jahr)
Georg Baselitz (*1938)	Die Mädchen von Olmo II (1981); Der Brückechor (1983); Nachtessen in Dresden (1983)
Walter Dahn (*1954)/Jiři Georg Dokoupil (*1954)	Paravent (1980); Ohne Titel (1982); Roman und Beatrice (1983)[1]; Amazone (1983)[2]
Rainer Fetting (*1940)	Zwei Harrisburger (1982); Ricky beim Rasieren (1983); Revolverheld (1983); Wolf (1984)
Karl Horst Hödicke (*1938)	Olevano (1972); Adam und Eva (nach Cranach, 1977); Stadtlandschaft (1988)
Jörg Immendorff (*1945)	Café Deutschland 1 (1977); Naht Brandenburger Tor – Weltfrage (1982/83)
Anselm Kiefer (*1945)	Parsival (1973), Resurrexit (1973), Märkische Heide (1974); Ohne Titel (1983)
Markus Lüpertz (*1941)	Schwarz-Rot-Gold (1974); Babylon – dithyrambisch (1975); Akt mit Melone (Courbet, 1985)
Helmut Middendorf (*1953)	O. T. (Stehender Mann, 1985); Männliche Figur vor brennender Stadt (1986)
A. R. Penck (*1939)	Struktur (1974); Ohne Titel (Mädchengesicht, 1974); Quo vadis Germania? (1984)
Salomé (Wolfgang Cilarz) (*1954)	Großes Streifenselbstbildnis (1981); Porträt Salomé (1982); Männlicher Akt (1983)
Bernd Zimmer (*1948)	Sommer (1979), Sturz?-Flug (1981/82); Berglandschaft (1982); Montagne (1983)

1) Von J. G. Dokoupil; 2) Von W. Dahn

Bartenwale. Umweltschützer befürchten, daß der Krillfang das ökologische Gleichgewicht in der Antarktis gefährdet und irreparable Schäden hinterläßt.
Bereits 1964 wurden Maßnahmen zur Bewahrung der antarktischen Flora und Fauna in die Wege geleitet und spezielle Schutzzonen eingerichtet.
Am 30.4.1991 (↑S.850) unterzeichnen 40 Länder ein Zusatzabkommen zum Antarktisvertrag von 1961, das die Ausbeutung von Bodenschätzen für 50 Jahre untersagt. 1994 erarbeiten die Unterzeichnerstaaten ein Umweltschutzprotokoll, das die strengsten ökologischen Regelungen enthält, die jemals für eine Region in einer internationalen Vereinbarung festgelegt wurden. S 757/K 741

Gesellschaft

Protestanten in der Minderheit
12.1. BRD. Der Anteil der Katholiken an der Bevölkerung der Bundesrepublik (44%) übersteigt erstmals den der Protestanten (43%) Noch vor 20 Jahren lag deren Anteil bei 52%.
Die Evangelische Kirche Deutschlands (EKD) begründet die Entwicklung u. a. mit niedrigeren Geburtenzahlen bei den Protestanten und einer höheren Zahl von Kirchenaustritten. Dennoch gibt es auch Anlaß zur Freude für die EKD: 1980 sei das Abendmahl so oft wie nie zuvor gefeiert worden und das Spendenaufkommen für das Hilfswerk „Brot für die Welt" sei um 22% gestiegen.

Marianne Bachmeier angeklagt
2.11. Lübeck. Vor der Schwurgerichtskammer des Landgerichts beginnt der Prozeß gegen die 32jährige Gastwirtin Marianne Bachmeier (†1996).
Die Angeklagte hatte am 6.3.1981 im Gerichtssaal den mutmaßlichen Mörder ihrer siebenjährigen Tochter Anna erschossen. Dieser spektakuläre Akt der Selbstjustiz sorgte bundesweit für Aufsehen und fand ein breites Echo in den Medien. Die Reaktionen auf Marianne Bachmeiers Tat reichten von völliger Ablehnung bis zu vollem Verständnis. Im März 1983 wird die Angeklagte wegen Totschlags und unerlaubten Waffenbesitzes zu einer Freiheitsstrafe von sechs Jahren verurteilt.
Der Fall Bachmeier wird gleich zweimal verfilmt; von Burkhard Driest („Annas Mutter", 1983) und von Hark Bohm („Keine Zeit für Tränen", 1984).

1982

Kultur

Bestseller-Erfolg für Isabel Allende

Der erste Roman von Isabel Allende erscheint. „Das Geisterhaus" ist eine phantasievolle Familienchronik, die sich über vier Generationen erstreckt und gleichzeitig die politisch-soziale Entwicklung Chiles bis in die Zeit der Diktatur von General Augusto Pinochet in den 70er Jahren dokumentiert. (↑S.675/11.9.1973).

Isabel Allende, eine Nichte des ehemaligen chilenischen Präsidenten Salvador Allende (↑S.642/4.9.1970), erzielt mit ihrem Erstlingswerk einen Welterfolg. „Das Geisterhaus" wird in zahlreiche Sprachen übersetzt und behauptet mehrere Jahre seinen Platz in Bestsellerlisten.

1993 verfilmt Bille August den Stoff unter gleichem Titel mit internationaler Starbesetzung (u. a. Jeremy Irons, Meryl Streep).

Mit weiteren Romanen (u. a. „Von Liebe und Schatten", 1984; „Eva Luna", 1987) kann die ehemalige Journalistin Allende an diesen Erfolg anknüpfen. S 760/K 744

Oscar für „Mephisto"

29.3. Los Angeles. Der Film „Mephisto" des ungarischen Regisseurs István Szabó erhält den Academy Award für die beste ausländische Produktion. Auf der Grundlage des gleichnamigen Romans von Klaus Mann (1936) schildert der Film die Geschichte des Schauspielers Hendrik Höfgen, der sich in den 20er Jahren während der Weimarer Republik für die Linken engagiert, im Dritten Reich jedoch, als Protegé der Machthaber, Intendant des Staatstheaters wird.

Der Roman war 1966 aufgrund eindeutiger Parallelen zum Leben von Gustav Gründgens (1937–1945 Generalintendant der Berliner Bühnen) in der Bundesrepublik verboten worden und konnte erst 1981 wieder veröffentlicht werden. Im Gegensatz zum Buch versucht der Film „Porträtähnlichkeit" zu vermeiden und konzentriert sich auf die psychologische Entwicklung eines Menschen unter dem Einfluß eines autoritären Systems. Durch den Film „Mephisto" wird Hauptdarsteller Klaus Maria Brandauer zu einem internationalen Star. In „Oberst Redl" (1984) und „Hanussen" (1988) spielt er unter der Regie von Szabó erneut ehrgeizige Mitläufer totalitärer Systeme, kann aber 1983 auch als Bösewicht im James-Bond-Abenteuer „Sag niemals nie" überzeugen. S 745/K 729

K. M. Brandauer: Brandauer – Das Schwerste ist am Leichtesten, 1991.

„Neue Wilde" stellen aus

16.10. Westberlin. Im Martin-Gropius-Bau wird die Kunstausstellung „Zeitgeist" eröffnet. Gezeigt werden überwiegend zeitgenössische expressionistische Gemälde und Plastiken der „Neuen Wilden".

Der Oberbegriff „Neue Wilde", der im Rahmen einer Ausstellung in Aachen 1979 geprägt wurde, nimmt Bezug auf die französischen „Fauves" (Wilden), die zu Beginn des 20. Jh. (↑S.54/18.10.1905) die Form der Ausdrucksdynamik der reinen Farben unterordneten. Aufgrund der großen Differenzen zwischen den unterschiedlichen Richtungen der

Gegenwartskunst: Die „Neuen Wilden" stellen 1982 auch im Kunstmuseum Basel aus.

„E. T.": Der Außerirdische verabschiedet sich von seinem Freund Elliot. US-Regisseur Steven Spielberg setzt mit seinem Fantasy-Film bis zum Jahresende 300 Mio US-Dollar um. Die Hälfte der Summe stammt aus der Verwertung der Nebenrechte für Spielzeug, Bücher, Aufkleber etc.

759

Kulturszene 1982 K 744

Theater

Peter Handke Über die Dörfer UA 8.8., Salzburg	Das „dramatische Gedicht" ist Teil des poetischen Versuchs grundlegender Orientierung in einer Welt ohne verbindliche Werte.
Heiner Müller Quartett UA 7.4., Bochum	Nach Motiven des Romans „Die gefährlichen Liebschaften" von Choderlos de Laclos schreibt Müller ein Stück über den Sieg des Bösen.
Friederike Roth Ritt auf die Wartburg UA 2.10., Stuttgart	Das Stück stellt am Beispiel von vier Frauen, die in die DDR reisen, weitverbreitete Attitüden der westlichen Konsumgesellschaft bloß.
Botho Strauß Kalldewey, Farce UA 31.1., Hamburg	Schnitt- und Überblendtechniken des Films dienten dem wortverliebten Stück über die intellektuelle Schickeria als Gestaltungsmittel.

Oper

Udo Zimmermann; Wundersame Schustersfrau; UA 25.4., Schwetzingen	Die Oper potenziert die literarische Intensität des gleichnamigen Dramas von Federico García Lorca durch äußerst suggestive Musik.

Musical

Alan Menken Der kleine Horrorladen UA 27.7., New York	Die satirische Horrorshow-Parodie mit Rockmusik entstand nach dem gleichnamigen Film von Charles F. Griffith (1960).

Film

Herbert Achternbusch Das Gespenst BRD	Die Attacke auf Kirche und Staat ruft wegen angeblich blasphemischen Inhalts Proteste bei Bischöfen und Innenministerium hervor.
Richard Attenborough Gandhi Großbritannien	Das Monumentalepos zeigt den Weg Gandhis vom Rechtsanwalt in Südafrika zum indischen Freiheitskämpfer; mit acht Oscars ausgezeichnet.
Ingmar Bergman Fanny und Alexander Schweden/BRD/Frankreich	Alterswerk des Regisseurs, das die Jugend eines Geschwisterpaars in einer schwedischen Kleinstadt in opulenten Bildern schildert.
Robert Bresson Das Geld Frankreich/Schweiz	Pessimistische Parabel über die Bedeutung des Geldes in der heutigen Gesellschaft – ein nüchterner, fast dokumentarischer Film.
Rainer Werner Fassbinder Querelle – Ein Pakt mit dem Teufel; BRD	Der letzte Film des produktiven Regisseurs (42 Filme in 14 Jahren), nach dem autobiographischen Roman von Jean Genet (1947).
Steven Spielberg E. T. – Der Außerirdische USA	Die Geschichte eines außerirdischen Wesens (E. T.), das sich mit einem Jungen anfreundet, wird zum größten Kassenschlager aller Zeiten.
Wim Wenders Der Stand der Dinge BRD	Vielschichtiger Film über die Welt des Kinos: Als die Dreharbeiten unterbrochen werden, beginnt das Filmteam mit Selbstreflexionen.

Buch

Isabel Allende Das Geisterhaus Barcelona	Der erste Roman der Autorin – eine Familienchronik vor dem Hintergrund der politischen Situation in Chile – wird zum Bestseller.
Saul Bellow; Der Dezember des Dekans New York	Der Roman über den Antagonismus zwischen Westen/Kapitalismus und Osten/Kommunismus zeichnet sich durch seine Objektivität aus.
Hermann Burger Die künstliche Mutter Frankfurt/Main	Die Hauptfigur des Romans, der Wissenschaftler Schöllkopf, versucht dem „Scheintotendasein" durch extreme Sprachfertigkeit zu begegnen.
Christoph Hein Der fremde Freund Ostberlin	Die Novelle (1983 in der Bundesrepublik unter dem Titel „Drachenblut" erschienen) beschreibt besondere Formen der Entfremdung in der DDR.
Harry Mulisch Das Attentat Amsterdam	Roman über einen authentischen Fall: 1944 übte die deutsche Besatzungsmacht Vergeltung nach dem Mord an einem Kollaborateur.

„Neuen Wilden" (u. a. deutsche Neoexpressionisten, amerikanisches Pattern Painting, italienische Arte Cifra) ist die Unterordnung unter einen Sammelbegriff problematisch; zu den bekanntesten Künstlern gehört Georg Baselitz. S 758/K 743

Erfolg für außerirdischen Kino-Helden

10.12. BRD. In den bundesdeutschen Kinos läuft der US-amerikanische Spielfilm „E. T. – der Außerirdische" an. Steven Spielbergs Film, der bereits in den USA zum größten Kassenerfolg aller Zeiten wurde, erzählt die rührselige Geschichte eines kleinen außerirdischen Wesens, das beim überstürzten Abflug seiner Artgenossen auf der Erde zurückbleibt, aber durch die Freundschaft zu einem kleinen Jungen schließlich doch noch die Heimreise antreten kann.

Steven Spielberg schuf bereits 1974 mit „Der weiße Hai" und 1979 mit „Jäger des verlorenen Schatzes" (Fortsetzungen 1983 „Indiana Jones und der Tempel des Todes", 1989 „Indiana Jones und der letzte Kreuzzug") große Kinohits, die zu Klassikern des Action-Films wurden. Mit seiner Liebe für aufwendige Tricktechnik und viel Phantasie steigt er zum finanziell erfolgreichsten Regisseur der Filmgeschichte auf. Doch Spielberg beherrscht auch das ernste Fach: Sein Holocaust-Drama „Schindlers Liste" erhält am 22.3.1994 (↑S.880) sieben Oscars. S 760/K 744

H. Korte/W. Faulstich (Hg.): Action und Erzählkunst. Die Filme von Steven Spielberg, 1987.

Sport

Höchstnoten für Torville/Dean

4.2. Lyon. Europameister im Eistanz wird das britische Paar Jayne Torville/Christopher Dean, das für seine Darbietung elfmal die Höchstnote 6,0 erhält. Die beiden Briten, die seit 1975 gemeinsam starten, revolutionieren mit ihren ausdrucksstarken Darbietungen den Eistanz. 1984 wird das Paar zum vierten Mal in Folge Weltmeister und zum dritten Mal nach 1981 und 1982 Europameister. Mit ihrer Darstellung zweier unglücklich Liebender zu der Musik von Maurice Ravels „Bolero" gewinnen Torville/Dean 1984 bei den Olympischen Spielen in Sarajevo die Goldmedaille.

Dritter WM-Titel für Italien

11.7. Madrid. Italien wird zum dritten Mal nach 1934 und 1938 Fußball-Weltmeister. Im Bernabeu-Stadion besiegen die Azzurri im Finale mit 3:1 die deutsche Auswahl. Die

1982

Jayne Torville und Christopher Dean: Für ihre Kür „Bolero" erhält das britische Eistanzpaar bei der EM in Lyon elfmal die Note 6,0.

Tore erzielen Paolo Rossi, Marco Tardelli und Allessandro Altobelli für Italien sowie Paul Breitner für Deutschland.
In der zweiten Finalrunde schlugen die Italiener Titelverteidiger Argentinien (2:1) und die favorisierten Brasilianer (3:2). Im Halbfinale setzten sie sich erwartungsgemäß mit 2:0 gegen Polen durch, während die deutsche Elf gegen Frankreich nach Elfmeterschießen (3:3 n.V.) ins Endspiel kam.
Trotz des zweiten Platzes steht die deutsche Mannschaft im Kreuzfeuer der Kritik, vor allem wegen des skandalösen Vorrundenspiels gegen Österreich (1:0). Da dieses Ergebnis, das bereits nach elf Minuten feststand, beiden Mannschaften reichte, beschränkten sich die Akteure fortan auf ein von Pfiffen begleitetes Ballgeschiebe. Das Nachsehen hatte Algerien, das aufgrund des schlechteren Torverhältnisses ausschied.

📖 K.-H. Huba: Die Geschichte der Fußball-Weltmeisterschaft, 1991.

Michael Groß startet durch

2.8. Guayaquil. Bei den Schwimmweltmeisterschaften in der ecuadorianischen Hafenstadt (29.7.–8.8.) gelingt dem 18jährigen Schüler Michael Groß der internationale Durchbruch: Er gewinnt über 200 m Freistil seine erste WM-Goldmedaille in 1:49,84 min. Bis zu seinem internationalen Rücktritt 1991 erschwimmt sich der „Albatros" drei Olympiasiege sowie fünf WM- und 13 EM-Titel.

Sport 1982		K 745
Fußball		
Weltmeisterschaft	Italien – Deutschland 3:1	
Deutsche Meisterschaft	Hamburger SV	
DFB-Pokal	Bayern München – 1. FC Nürnberg 4:2	
Englische Meisterschaft	FC Liverpool	
Italienische Meisterschaft	Juventus Turin	
Spanische Meisterschaft	Real Sociedad San Sebastian	
Europapokal (Landesmeister)	Aston Villa – Bayern München 1:0	
Europapokal (Pokalsieger)	FC Barcelona – Standard Lüttich 2:1	
UEFA-Pokal	IFK Göteborg	
Tennis		
Wimbledon (seit 1877; 96. Austragung)	Herren: Jimmy Connors (USA) Damen: Martina Navratilova (USA)	
US Open (seit 1881; 102. Austragung)	Herren: Jimmy Connors (USA) Damen: Chris Evert (USA)	
French Open (seit 1925; 52. Austragung)	Herren: Mats Wilander (SWE) Damen: Martina Navratilova (USA)	
Australian Open (seit 1905; 70. Austragung)	Herren: Johan Kriek (RSA) Damen: Chris Evert (USA)	
Davis-Cup (Grenoble, FRA)	USA – Frankreich 3:1	
Eishockey		
Weltmeisterschaft	Sowjetunion	
Stanley-Cup	New York Islanders	
Deutsche Meisterschaft	SB Rosenheim	
Radsport		
Tour de France (3520 km)	Bernard Hinault (FRA)	
Giro d'Italia (4010 km)	Bernard Hinault (FRA)	
Straßen-Weltmeisterschaft	Giuseppe Saronni (ITA)	
Automobilsport		
Formel-1-Weltmeisterschaft	Keke Rosberg (FIN), Williams-Ford	
Boxen		
Schwergewichts-Weltmeisterschaft	WBA: Larry Holmes (USA)	
	WBC: Michael Dokes (USA)	
Herausragende Weltrekorde		
Disziplin	Athlet (Land)	Leistung
Leichtathletik, Männer		
5000 m	David Moorcroft (GBR)	13:00,41 min
Leichtathletik, Frauen		
3000 m	Swetlana Ulmasowa (URS)	8:26,78 min
Hochsprung	Ulrike Meyfarth (FRG)	2,02 m
Weitsprung	Valeria Ionescu (ROM)	7,20 m
Schwimmen, Männer		
200 m Freistil	Ambrose Gaines (USA)	1:48,93 min
400 m Freistil	Wladimir Salnikow (URS)	3:49,57 min
100 m Brust	Steve Lundquist (USA)	1:02,53 min
Schwimmen, Frauen		
200 m Rücken	Cornelia Sirch (GDR)	2:09,91 min
400 m Lagen	Petra Schneider (GDR)	4:36,10 min

1983

Politik

SPÖ verliert absolute Mehrheit

24.4. Wien. Die seit 13 Jahren allein regierende Sozialistische Partei Österreichs (SPÖ) verliert bei den Parlamentswahlen ihre absolute Mehrheit. Sie erreicht 47,65% der Stimmen. Bundeskanzler Bruno Kreisky, der sich nicht für eine Koalitionsregierung zur Verfügung gestellt hatte, erklärt seinen Rücktritt. Nachfolger wird der bisherige Vizekanzler Fred Sinowatz, der Kreisky am 29.10. auch im Amt des Parteichefs ablöst (bis 1986).
Sinowatz geht eine Zusammenarbeit mit der Freiheitlichen Partei Österreichs (FPÖ) ein, die 4,98% erhält. Eine Große Koalition mit der Österreichischen Volkspartei (43,22%) lehnt die SPÖ ab. Kreisky, unter dem die SPÖ erstmals nach dem 2. Weltkrieg stärkste Fraktion wurde (↑S.641/1.3.1970), war für eine Friedenslösung im Nahen Osten eingetreten und hatte sich für den Ost-West-Dialog engagiert. Sinowatz tritt am 8.6.1986 (↑S.788) aus Protest gegen die Wahl Kurt Waldheims zum österreichischen Bundespräsidenten zurück. S 498/K 504

📖 E. Horvath: Ära oder Episode. Das Phänomen Bruno Kreisky, 1989.

Bruno Kreisky

Unruhen auf Sri Lanka

30.7. Colombo. Die Regierung von Sri Lanka, dem ehemaligen Ceylon (bis 22.5.1972, ↑S.663), verbietet nach anhaltenden Unruhen drei marxistische Parteien sowie die größte tamilische Partei, die Tamil United Liberation Front (TULF). Die TULF fordert einen autonomen Teilstaat für die Tamilen, die 20% der Bevölkerung stellen. Kurz zuvor hatten tamilische Separatisten 13 Regierungssoldaten getötet, woraufhin es zu Kämpfen zwischen buddhistischen Singhalesen und hinduistischen Tamilen kam. Bei den Unruhen kamen insgesamt 362 Menschen ums Leben. Tausende wurden nach Brandschatzungen obdachlos.
Die Unruhen weiten sich zum Bürgerkrieg aus, der ungeachtet mehrerer Vermittlungsversuche Indiens bis heute andauert. 1983–1996 sind rd. 50 000 Menschen den Kämpfen zum Opfer gefallen.

Franzosen intervenieren im Tschad KAR

10.8. Tschad. Frankreich greift mit der Entsendung von Fallschirmjägern und Kampfflugzeugen in den Bürgerkrieg im Tschad ein, um den Konflikt beizulegen.
Nach der Unabhängigkeit (11.8.1960) der ehemaligen französischen Kolonie kam es ab Mitte der 60er Jahre wiederholt zu blutigen Auseinandersetzungen. In dem Konflikt stehen sich der 1982 gestürzte Staatspräsident Goukouni Oueddei und der amtierende Staatschef Hissen Habré gegenüber. Während Oueddei auf die Hilfe des nördlichen Nach-

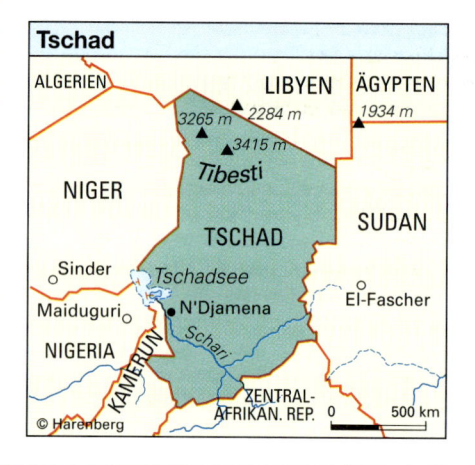

Wichtige Regierungswechsel 1983		K 746
Land	**Amtsinhaber**	**Bedeutung**
Argentinien	Reynaldo Benito Bignone (P seit 1982) Raul Alfonsín (P bis 1989)	Ende der 8jährigen Militärdiktatur (11.12.); Alfonsín setzt Prozesse gegen einige Mitglieder der Militärjunta durch
Israel	Yitzhak Navon (P seit 1978) Chaim Herzog (P bis 1993)	Überraschende Wahl des Oppositionskandidaten (22.3.); Herzog besucht als erster israelischer Präsident Deutschland (1987)
Italien	Amintore Fanfani (M seit 1982) Bettino Craxi (M bis 1987)	Rücktritt Fanfanis (10.4.) wegen Differenzen in der Wirtschaftspolitik; Craxi erster sozialistischer Regierungschef
Österreich	Bruno Kreisky (SPÖ, B seit 1970) Fred Sinowatz (SPÖ, B bis 1986)	Kreisky tritt nach Wahlniederlage zurück (24.4.), weil er nicht bereit ist, Kanzler einer SPÖ/FPÖ-Koalition zu werden (S.762)
Türkei	Bülent Ülüsü (M seit 1980) Turgut Özal (M bis 1989)	Erste Wahlen nach dreijähriger Militärherrschaft (6.12.) nur bedingt demokratisch, da nur drei Parteien zugelassen sind

B = Bundeskanzler; M = Ministerpräsident bzw. Premierminister; P = Präsident

barn Libyen zählen kann, wird Habré von den USA unterstützt.
Frankreich interveniert auf Drängen der Vereinigten Staaten und beendet mit der Sicherung des Status quo die blutigen Auseinandersetzungen: Habré bleibt an der Regierung, der Norden des Tschad ist von Oueddeis Truppen besetzt. Im Dezember 1990 kommt der frühere Armeechef Idriss Déby durch einen Putsch an die Macht. Nach schweren Kämpfen mit Regierungstruppen werden 1992 rebellierende Verbände des gestürzten Habré zurückgeschlagen. Die – mehrfach verschobene – freie Präsidentschaftswahl kann Déby 1996 mit 70% der Stimmen für sich entscheiden. S 763/K 747

Sowjets schießen Jumbo-Jet ab

1.9. Sachalin. 269 Menschen sterben, als sowjetische Abfangjäger eine südkoreanische Verkehrsmaschine abschießen, die über der Insel Sachalin in den sowjetischen Luftraum eingedrungen war.
Das Flugzeug der Korean Airlines (KAL) war 600 km vom Kurs abgewichen und hatte nach sowjetischer Vermutung den Auftrag, eine Raketenabschußrampe zu fotografieren. Die Sowjets erklären am 6.9., daß die Boeing 747 mit dem US-Aufklärer RC 135 verwechselt wurde, und bezichtigen den südkoreanischen Piloten der schweren Verletzung internationaler Luftverkehrsregeln.
Die Gründe für die Kursabweichung bleiben im Dunkeln. Vermutet werden Probleme mit der Navigationsausrüstung oder ein Programmierfehler der Crew.
Als Reaktion auf den Abschuß verhängen mehrere Staaten zeitlich begrenzte Boykotts gegen die staatliche sowjetische Fluggesellschaft Aeroflot.

Demonstrationen gegen Raketen

22.10. Rund 1,3 Mio Menschen beteiligen sich in der Bundesrepublik an Aktionen der Friedensbewegung, um gegen die geplante Aufstellung US-amerikanischer Atomwaffen (Mittelstreckenraketen vom Typ Pershing II und Marschflugkörper) auf westdeutschem Boden zu protestieren.
Die Proteste wenden sich gegen die erklärte Absicht der NATO, gemäß ihrem Nachrüstungsbeschluß vom 12.12.1979 (S.732) im November mit der Stationierung der Waffensysteme in Westeuropa zu beginnen, nachdem die Genfer Gespräche mit der UdSSR über eine kontrollierte Begrenzung strategischer Waffen gescheitert sind. Pershing II und Marschflugkörper sind die Antwort des westlichen Verteidigungsbündnisses auf die sowjetischen SS-20-Mittelstreckenraketen.
In Hamburg, Bonn, Westberlin und anderen Großstädten finden „Volksversammlungen" mit z. T. mehreren hunderttausend Demonstranten statt. Etwa 200 000 Teilnehmer bilden zwischen Stuttgart und Neu-Ulm eine Menschenkette. Auch im Ausland gibt es Großkundgebungen von Rüstungsgegnern (u. a. Rom 500 000, London 250 000, Brüssel 200 000).
Mit der Wahl Michail Gorbatschows zum Generalsekretär der KPdSU (S.780/11.3.1985) wird der Weg frei für umfassende Abrüstungsvereinbarungen (S.802/29.5.1988).

Chronik des Tschad-Konflikts		K 747
Datum	Ereignis	
11.8.1960	Frankreich entläßt den Tschad in die Unabhängigkeit; N'Garta Tombalbaye wird Staatschef und Verteidigungsminister	
Jan. 1962	Einführung des Einparteiensystems	
1965	Blutige Zwischenfälle zwischen dem im Süden beheimateten Sara-Volk und dem Nomadenstamm der Tubu aus dem Norden; Aufstände der arabischen Stämme im Norden und Osten des Landes gegen die herrschenden Sara	
23.6.1966	Gründung der Befreiungsfront FROLINA (ab 1969 FROLINAT), die von Algerien und Libyen unterstützt wird	
Aug. 1971	Staatsstreich der FROLINAT scheitert	
13.4.1975	Präsident Tombalbaye wird nach einem Militärputsch erschossen; Regierungsbildung durch General Felix Malloum	
27.10.1975	Ausweisung der französischen Truppen	
26.8.1978	Abkommen Malloums mit dem Rebellenführer Hissen Habré, der zum Premierminister ernannt wird	
1979	Schwere Kämpfe in der Hauptstadt N'Djamena zwischen den bewaffneten Verbänden Malloums und Habrés	
Aug. 1979	Goukouni Oueddei, Führer der Zweiten FROLINAT-Armee, wird Staatspräsident einer Übergangsregierung; im November wird Habré Verteidigungsminister	
März 1980	Ausbruch neuer Kämpfe zwischen Anhängern Oueddeis und Habrés; fast 100 000 Flüchtlinge	
Dez. 1980	Libysche Truppen erobern auf Betreiben Oueddeis N'Djamena; Habrés Truppen fliehen nach Kamerun und in den Sudan	
7.6.1982	Habrés Truppen erobern N'Djamena; Oueddei geht ins Exil	
Okt. 1982	Habré übernimmt das Amt des Staatspräsidenten	
24.6.1983	Militärische Erfolge der Truppen Oueddeis mit Hilfe Libyens	
19.7.1983	US-Regierung unterstützt Habré mit 10 Mio Dollar	
10.8.1983	Frankreich schickt Fallschirmeinheiten in den Tschad (S.762)	
1986	Oueddei sagt sich von Libyen los; Verbündung mit Habré	
1987	Truppen des Tschad stoßen auf libysches Staatsgebiet vor; Waffenstillstand beendet Krieg mit Libyen	
Dez. 1990	Arabisch-islamischer Rebellenführer Idriss Déby stürzt Präsident Habré und leitet Reformen ein	
März 1992	Erstmals seit 1972 zwei Oppositionsparteien zugelassen	
1994	Freundschaftsvertrag mit Libyen und Ausgleich mit der schwarzafrikanischen Rebellengruppe CSNPD im Süden	
Juli 1996	Amtsinhaber Déby gewinnt die Präsidentschaftswahl	

1983

Friedensdemonstrationen: Mit einer Menschenkette auf der Bundesstraße 10 zwischen Plochingen und Neu–Ulm (l.) protestieren Demonstranten gegen die Stationierung von neuen US–Mittelstreckenraketen. Trotz Verbots nehmen auch Bundeswehrsoldaten in Uniform an der Kundgebung in Bonn teil (r.).

US-Invasion auf Grenada KAR

25.10. Grenada. US-amerikanische Truppen besetzen mit Unterstützung eines Hilfskontingents aus sieben karibischen Staaten die Karibik-Insel Grenada (344 km²). Präsident Ronald Reagan begründet die Invasion mit dem Schutz der 1000 auf Grenada lebenden US-Bürger. Er wirft Kuba und der UdSSR vor, einen Umsturz geplant zu haben.
Am 14.10. war Grenadas Premierminister Maurice Bishop nach innerparteilichen Differenzen über den weiteren politischen Kurs der linksgerichteten Partei New Jewel Movement (NJM) als Parteivorsitzender abgesetzt und im Verlauf blutiger Unruhen am 20.10. ermordet worden.
1984 finden Wahlen statt, aus denen die neugebildete New National Party als Gewinnerin hervorgeht. Im März 1985 verlassen die letzten US-Truppen die Insel.

📖 J. Fulbright: Wahn der Macht. US-Politik seit 1945.

Anklagen in Parteispendenaffäre

29.11. Bonn. Die Bonner Staatsanwaltschaft erhebt die ersten Anklagen in der sog. Parteispendenaffäre. Wegen des Vorwurfs der Bestechlichkeit bzw. Bestechung müssen sich u. a. der frühere Bundeswirtschaftsminister und jetzige Vorstandsvorsitzende der Dresdner Bank, Hans Friderichs (FDP), und der ehemalige Manager des Flick-Konzerns, Eberhard von Brauchitsch, verantworten. Nach Aufhebung der Immunität durch den Bundestag wird am 8.12. auch gegen den amtierenden Bundeswirtschaftsminister, Otto Graf Lambsdorff (FDP), Anklage wegen Bestechlichkeit erhoben.
Der Flick-Konzern hatte Gelder an Parteien und parteinahe Organisationen überwiesen, ohne die Zahlungen beim Finanzamt korrekt abzurechnen. Es wird vermutet, daß der Konzern als Gegenleistung für die Zahlungen Steuerbegünstigungen erhalten hat, was aber nicht nachgewiesen werden kann.
Graf Lambsdorff tritt 1984 unter zunehmendem Druck der Öffentlichkeit wegen seiner Verwicklung in die Spendenaffäre vom Amt des Bundeswirtschaftsministers zurück. 1987 wird er wie Friderichs und von Brauchitsch wegen Steuerhinterziehung zu Geldstrafen verurteilt.

S 684/K 676

📖 O. Schily: Politik in bar. Flick und die Verfassung unserer Republik, 1986.

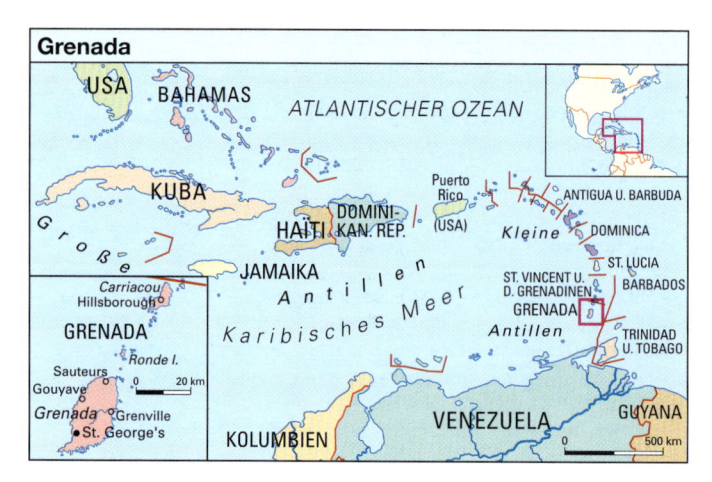

1983

Natur/Umwelt

Importstopp für Robbenfelle

1.10. Brüssel. Das von Tierschützern geforderte Einfuhrverbot von Jungrobbenfellen in die EG tritt in Kraft.

Am 1.3. hatten sich die EG-Umweltminister auf den Importstopp geeinigt und bis zum Inkrafttreten des Gesetzes einzelstaatliche Verordnungen in diesem Sinne getroffen. Der Konflikt zwischen der EG und Kanada, wo rd. 200 000 Jungrobben pro Jahr erlegt werden, findet weltweit Beachtung. Die Kanadier argumentieren, daß die Robbenjagd für rund 25 000 Inuit den Lebensunterhalt sichere. Tierschützer bezichtigen die Jäger des Raubbaus an der Natur. Sie kritisieren die brutale Tötung der Seehundbabys und fordern, auf den Kauf von Robbenfellen zu verzichten.

Medien

Skandal um „Hitler-Tagebücher"

25.4. Hamburg. Das Magazin „stern" stellt auf einer Pressekonferenz die angeblichen Tagebücher Adolf Hitlers vor und beginnt mit deren auszugsweisem Abdruck. Die Tagebücher, deren Echtheit bundesdeutsche Historiker von Anfang an bezweifeln, erweisen sich als plumpe Fälschung. Der „stern" stellt weitere Veröffentlichungen ein.

Der Militaria-Händler Konrad Kujau hatte die von ihm selbst gefälschten Dokumente an den Reporter Gerd Heidemann weitergeleitet, der dafür 9,34 Mio DM gezahlt haben will. Heidemann und Kujau werden verhaftet. Entgegen der Aussage Heidemanns behauptet Kujau, nur 2,5 Mio DM erhalten zu haben.

Der Skandal um die „Hitler-Tagebücher" stürzt den „stern" in eine Krise. Die Chefredakteure Peter Koch und Felix Schmidt treten zurück.

Der „größte journalistische Coup der Nachkriegszeit" („stern") wird 1991 von Helmut Dietl unter dem Titel „Schtonk" (mit Uwe Ochsenknecht und Götz George) verfilmt. Die Komödie wird 1993 für einen Academy Award in der Sparte „bester ausländischer Film" nominiert.

Kultur

Flamenco-Adaption von „Carmen"

Carlos Sauras Film „Carmen" hat Premiere. Der spanische Regisseur überträgt den Stoff der Carmen-Erzählung und -Oper auf eine

„Hitler-Tagebücher": In der Ausgabe Nr. 18 vom 28. April kündigt der „stern" die Sensation an. Die Affäre schadet der gesamten Presselandschaft.

Nobelpreisträger 1983	K 748
Frieden: Lech Walesa (PL, *1943)	
Walesa, Führer der polnischen Gewerkschaftsbewegung „Solidarność", kämpfte für das Organisationsrecht der Arbeiter, laut UN-Charta ein Menschenrecht. Die Gründung der „Solidarität" (1980) markierte den Anfang der Demokratisierungsbewegung im sozialistischen Polen.	
Literatur: William Golding (GB, 1911–1993)	
Der Lehrer verfaßte zumeist pessimistische Romane, die sich mit dem Wesen des Menschen und dem Verlust seiner Unschuld beschäftigen. Bekanntestes Werk ist „Der Herr der Fliegen" (1954), die Geschichte einer Gruppe von Jungen, die auf einer einsamen Insel stranden.	
Chemie: Henry Taube (USA, *1915)	
Der aus Kanada stammende Taube erforschte die Mechanismen der Elektronenübertragung bei anorganischen chemischen Reaktionen. Mit Taubes Erkenntnissen konnte u. a. ein Modell entwickelt werden, das die Sauerstoffübertragung durch das Hämoglobin im Blut erklärt.	
Medizin: Barbara McClintock (USA, 1902–1992)	
Die Botanikerin entdeckte in den 50er Jahren bewegliche Strukturen in der Erbmasse von Maispflanzen. In der bis dahin für starr gehaltenen Chromosomstruktur fungieren sog. Springgene (jumping genes) als Kontrollelemente.	
Physik: Subrahmanyan Chandrasekhar (USA, 1910–1995), William A. Fowler (1911–1995)	
Die beiden Astrophysiker wandten die Erkenntnisse der Kernphysik in der Astrophysik an. Chandrasekhar untersuchte Aufbau und Entwicklungsstadien sog. Weißer Zwerge, einer Gruppe äußerst kleiner Fixsterne. Fowler erforschte die Kernreaktionen, die in den Sternen während ihrer Entwicklung stattfinden, und schuf eine Theorie chemischer Elemente im Weltall.	
Wirtschaftswissenschaften: Gerard Debreu (USA, *1921)	
Debreu erarbeitete ökonomische Prognose- und Gleichgewichtsmodelle. Er konstruierte ein mathematisches Modell der Marktwirtschaft, mit dem er erklärte, wie Bedürfnisse, Ziele und Handlungen von Konsumenten und Produzenten ein Gleichgewicht bilden.	

Kulturszene 1983	K 749
Theater	
Dario Fo/Franca Rame Offene Zweierbeziehung UA 9.10., Triest	Das Stück zeigt ein Paar der 68er Generation in der Krise: Ihre Beziehung funktionierte nur, solange sie für den Mann „offen" war.
Heinar Kipphardt Bruder Eichmann UA 21.1., München	Das Stück schildert den SS-Führer Eichmann als Typ des funktionalen Menschen, der im 20. Jh. zum Normalfall geworden ist.
Bernard-Marie Koltès Der Kampf d. Negers u. d. Hunde; UA 22.2., Paris	Ein Arbeitsunfall auf einer französischen Baustelle in Afrika zeigt die Unmöglichkeit der Verständigung zwischen Schwarzen und Weißen.
Oper	
Hans Werner Henze Die englische Katze UA 2.6., Schwetzingen	Mit der aufwendig instrumentierten gesellschaftskritischen Salonkomödie nach Balzac kehrt Henze zur kulinarischen Oper zurück.
Olivier Messiaen Saint François d'Assise UA 28.11., Paris	Messiaens einzige Oper beschwört die Einheit zwischen Mensch und Natur; die rituelle Langsamkeit erinnert an das japanische Theater.
Musical	
Jerry Herman Ein Käfig voller Narren UA 21.8., New York	Erstes Musical über das Homosexuellenmilieu der Transvestieshows, nach dem gleichnamigen Bühnenstück von Jean Poiret.
Konzert	
Witold Lutoslawski Chain 1 UA 4.10., London	Der Titel „Chain" (= Kette) bezieht sich auf die Struktur aus zwei übereinandergelagerten, voneinander unabhängigen Orchesterschichten.
Film	
Robert van Ackeren Die flambierte Frau BRD	Schwarze Komödie aus dem Rotlichtmilieu: Eine junge Frau gibt ihre bürgerliche Existenz auf und verdingt sich als Prostituierte.
Jean-Luc Godard Vorname Carmen Frankreich	Freie Adaption des Carmen-Stoffes, die sich über die Grenzen des traditionellen Erzählkinos hinwegsetzt; Goldener Löwe in Venedig.
Wolfgang Petersen; Die unendliche Geschichte BRD	Der mit 60 Mio DM produzierte Monumentalfilm kann an den Erfolg des Bestsellers von Michael Ende (1979) anknüpfen.
Carlos Saura Carmen Spanien	Der Film verbindet Tanzstudien mit einer Liebesgeschichte zwischen einem Choreographen (Antonio Gades) und seiner Primaballerina.
Buch	
Elfriede Jelinek Die Klavierspielerin Reinbek	Autobiographisch geprägter Roman über eine zerstörerische Mutter-Tochter-Beziehung, der durch seine bildhafte Sprache fasziniert.
Irmtraud Morgner Amanda. Ein Hexenroman Ostberlin	Zweiter Teil einer Roman-Trilogie (der erste Teil erschien 1974), in dem die Hauptfigur Beatriz als Sirene wieder aufersteht.
Sten Nadolny Die Entdeckung der Langsamkeit; München	Geschichte des Seefahrers John Franklin (1768–1847), der zugleich als Prototyp der modernen Welt wie als ihr Kritiker auftritt.
Peter Sloterdijk Kritik der zynischen Vernunft; Frankfurt/Main	Sloterdijks umfassende Philosophiekritik wird in den Feuilletons heftig diskutiert und entwickelt sich zu einem Kultbuch.
Alice Walker Die Farbe Lila New York	Der weltweit erfolgreiche Briefroman schildert das Leben einer jungen Schwarzen in den Südstaaten der USA zwischen 1915 und 1942.
Christa Wolf Kassandra Darmstadt	In der Rückbesinnung der Seherin Kassandra kurz vor ihrem Tod zeigt sich die Tragik, geahntes Unheil nicht verhindern zu können.

Ballett-Inszenierung. Der Tänzer und Choreograph Antonio verliebt sich in die Darstellerin der Carmen; die Grenzen zwischen dem Bühnengeschehen und der realen Liebesgeschichte verwischen sich – am Ende ersticht Antonio seine Carmen aus Eifersucht, als sie ihm erklärt, daß sie ihn nicht mehr liebt.

Der Film beeindruckt durch mitreißende Flamenco-Tänze und beschert Saura den ersten großen internationalen Publikumserfolg. Bereits 1981 hatte der spanische Regisseur das Drama „Bluthochzeit" von García Lorca als Ballett verfilmt. Den Abschluß von Sauras Tanztheater-Trilogie bildet 1985 „Der Liebeszauber", erneut mit Laura del Sol in der Hauptrolle.

S 766/K 749

H. M. Eichenlaub: Carlos Saura – Ein Filmbuch, 1984.

„**Carmen**": Tanzfilm von Carlos Saura mit Antonio Gades und Laura del Sol (Plakat)

Oscars für Filmepos „Gandhi"

12.4. Hollywood. Insgesamt acht Oscars erhält Richard Attenboroughs Monumentalfilm „Gandhi", der die Entwicklung Mahatma Gandhis vom jungen Rechtsanwalt in Südafrika zum Führer des gewaltlosen Widerstands im indischen Unabhängigkeitskampf bis zu seiner Ermordung 1948 beschreibt.

Dem 22 Mio US-$ teuren Film ging eine 20jährige Vorbereitung voraus. Einige Kritiker monieren die starke Personalisierung historischer Ereignisse und die Orientierung Attenboroughs am Vorbild Hollywood, die den Film allerdings zum großen Kassenerfolg macht.

1987 versucht sich Attenborough erneut mit einer Biographie-Verfilmung: In „Schrei nach Freiheit" schildert er das Leben des Apartheid-Gegners Biko in Südafrika. S 760/K 744

Graffiti-Künstler verhaftet
28.8. Puttgarden. Der Schweizer Künstler Harald Nägeli, bekannt als „Sprayer von Zürich", wird festgenommen.
Gegen Nägeli, der ab 1977 mit nachts auf Häuserfassaden gesprayten Strichmännchen gegen die Unwirtlichkeit der zubetonierten Städte protestiert, liegt seit 1982 ein internationaler Haftbefehl vor. Ein Schweizer Gericht hatte den Künstler wegen Sachbeschädigung verurteilt. Die bundesdeutschen Behörden liefern Nägeli jedoch nicht aus, sondern setzen den vielbeachteten Künstler im September gegen Kaution auf freien Fuß.
📖 M. Müller (Hg.): Der Sprayer von Zürich, 1984.

Sport

Vier EM-Titel für „Albatros" Groß
20.8.–27.8. Rom. Herausragender Schwimmer bei den Europameisterschaften ist Michael Groß, der viermal Gold (200 m Freistil, 200 m Schmetterling, 100 m Schmetterling, 4 x 200 m Freistil) und einmal Silber (4 x 100 m Lagen) gewinnt. Dabei schwimmt er dreimal Welt- und einmal Europarekord.
Im Vorjahr hatte der „Albatros" bei den Weltmeisterschaften zwei Goldmedaillen (200 m Freistil und 200 m Schmetterling), eine Silbermedaille (100 m Schmetterling) und zwei Bronzemedaillen (4 x 200 m Freistil, 4 x 100 m Lagen) geholt (↑S.761/2.8.1982). Bei den Olympischen Spielen von Los Angeles (↑S.778/28.7.–12.8.1984) gewinnt Groß zwei Gold- und zwei Silbermedaillen, bei den Spielen von Seoul (1988) erringt er je einmal Gold und Bronze.

Edwin Moses läuft Weltrekord
31.8. Koblenz. Der US-Amerikaner Edwin Moses stellt über 400 m Hürden mit 47,02 sec seinen vierten Weltrekord auf. Der Olympiasieger von Montreal (1976) hatte zuletzt am 26.8.1977 gegen den Deutschen Harald Schmid verloren und beherrscht seitdem die 400 m Hürden. Bis zum 4.8.1987 bleibt er in 122 Rennen ungeschlagen. 1984 gewinnt er erneut Gold bei den Olympischen Spielen in Los Angeles und beendet seine Karriere 1988 bei den Spielen in Seoul mit einer Bronzemedaille. Der US-Amerikaner Kevin Young verbessert Moses' Weltrekord 1992 auf 46,73 sec.

Sport 1983		K 750
Fußball		
Deutsche Meisterschaft	Hamburger SV	
DFB-Pokal	1. FC Köln – Fortuna Köln 1:0	
Englische Meisterschaft	FC Liverpool	
Italienische Meisterschaft	AS Rom	
Spanische Meisterschaft	AC Bilbao	
Europapokal (Landesmeister)	Hamburger SV – Juventus Turin 1:0	
Europapokal (Pokalsieger)	FC Aberdeen – Real Madrid 2:1 n. V.	
UEFA-Pokal	RSC Anderlecht	
Tennis		
Wimbledon (seit 1877; 97. Austragung)	Herren: John McEnroe (USA) Damen: Martina Navratilova (USA)	
US Open (seit 1881; 103. Austragung)	Herren: Jimmy Connors (USA) Damen: Martina Navratilova (USA)	
French Open (seit 1925; 53. Austragung)	Herren: Yannick Noah (FRA) Damen: Chris Evert (USA)	
Australian Open (seit 1905; 71. Austragung)	Herren: Mats Wilander (SWE) Damen: Martina Navratilova (USA)	
Davis-Cup (Melbourne, AUS)	Australien – Schweden 3:2	
Eishockey		
Weltmeisterschaft	Sowjetunion	
Stanley-Cup	New York Islanders	
Deutsche Meisterschaft	EV Landshut	
Radsport		
Tour de France (3850 km)	Laurent Fignon (FRA)	
Giro d'Italia (3918 km)	Giuseppe Saronni (ITA)	
Straßen-Weltmeisterschaft	Greg LeMond (USA)	
Automobilsport		
Formel-1-Weltmeisterschaft	Nelson Piquet (BRA), Brabham-Ford	
Boxen		
Schwergewichts-Weltmeisterschaft	WBC: Larry Holmes (USA)	
	WBA: Gerrie Coetze (USA)	
Herausragende Weltrekorde		
Disziplin	Athlet (Land)	Leistung
Leichtathletik, Männer		
100 m	Calvin Smith (USA)	9,93 sec
1500 m	Steve Ovett (GBR)	3:30,77 min
400 m Hürden	Edwin Moses (USA)	47,02 sec
Hochsprung	Zhu Jianhua (CHN)	2,38 m
Speerwurf	Tom Petranoff (USA)	99,72 m
Leichtathletik, Frauen		
100 m	Evelyn Ashford (USA)	10,79 sec
400 m	Jarmila Kratochvilova (TCH)	47,99 sec
800 m	Jarmila Kratochvilova (TCH)	1:53,28 min
Schwimmen, Männer		
200 m Freistil	Michael Groß (FRG)	1:47,87 min
100 m Rücken	Rick Carey (USA)	55,29 sec
200 m Rücken	Rick Carey (USA)	1:58,93 min
200 m Schmetterling	Michael Groß (FRG)	1:57,05 min

1984

Politik

Kießling-Wörner-Affäre

5.1. Bonn. Das Bonner Verteidigungsministerium bestätigt Meldungen von Presseagenturen, wonach der stellvertretende NATO-Oberbefehlshaber, General Günter Kießling, von Bundesverteidigungsminister Manfred Wörner (CDU) mit Wirkung vom 31.12.1983 in den vorzeitigen Ruhestand versetzt worden ist. Am 12.1. teilt Wörner mit, der Vier-Sterne-General sei wegen seiner Homosexualität zu einem Sicherheitsrisiko geworden. Dabei beruft sich Wörner auf einen Bericht des Militärischen Abschirmdienstes (MAD), in dem Kontakte Kießlings zur Kölner Homosexuellenszene behauptet werden.
Kießling weist die Anschuldigung zurück; die Beweise des MAD sind nicht stichhaltig. In der Öffentlichkeit wird Kritik an den Ermittlungsmethoden des MAD und der Voreiligkeit Wörners geübt. Der zuständige Staatssekretär Joachim Hiehle wird – aus gesundheitlichen Gründen – frühzeitig pensioniert. Günter Kießling wird rehabilitiert und plangemäß am 26.3. mit allen militärischen Ehren verabschiedet. Wörner wird 1988 NATO-Generalsekretär. S 684/K 676

Tschernenko Chef im Kreml

9.2. Moskau. Im Alter von 69 Jahren stirbt der sowjetische Staats- und Parteichef Juri Andropow – nur 15 Monate nachdem er Leonid Breschnew abgelöst hat (↑S.756/12.11.1982). Nachfolger Andropows, der bereits seit August 1983 nicht mehr in der Öffentlichkeit gesehen worden war, wird am 13.2. Konstantin Tschernenko.
Andropow, der sich wiederholt mit Vorschlägen in die Abrüstungsdebatte eingeschaltet hatte, fehlten Zeit und Kraft, die von ihm geplanten wirtschaftlichen und parteiinternen Reformen einzuleiten. Im Dezember 1982 hatte er eine „Säuberungsaktion" veranlaßt, der mehrere hundert Spitzenfunktionäre der Breschnew-Ära zum Opfer fielen.
Mit dem 72jährigen, bereits kranken Tschernenko hat sich die „alte Garde" innerhalb des Parteiapparats noch einmal durchsetzen können. Die Wahl ist nur ein Aufschub des überfälligen Generationswechsels im Kreml (↑S.780/11.3.1985).
D. Doder: Machtkampf im Kreml. Hintergründe des Wechsels von Breschnew zu Gorbatschow, 1988.

Weizsäcker wird Bundespräsident

23.5. Bonn. Die achte Bundesversammlung wählt Richard von Weizsäcker (CDU) zum sechsten Präsidenten der BRD. Weizsäcker erhält 832 der 1028 abgegebenen Stimmen, die von den Grünen nominierte Schriftstellerin Luise Rinser 68. Am 1.7 tritt Weizsäcker, der am 28.11.1983 von Bundeskanzler und CDU-Parteichef Helmut Kohl vorgeschlagen worden war, sein Amt als Nachfolger von Karl Carstens (CDU) an.
Weizsäcker, der bereits 1974 gegen den FDP-Kandidaten Walter Scheel angetreten war und seit 1981 Regierender Bürgermeister von Berlin ist, wird wegen seiner ausgeglichenen Persönlichkeit und Integrität über alle Parteigrenzen hinweg geschätzt. Er verleiht dem repräsentativen Amt unter voller Ausnutzung seiner Kompetenzen politische Bedeutung. Seine Rede am 8.5.1985 (↑S.780) aus Anlaß des 40. Jahrestags der Kapitulation Deutsch-

Richard von Weizsäcker

Wichtige Regierungswechsel 1984			K 751
Land	Amtsinhaber	Bedeutung	
BRD	Karl Carstens (CDU, P seit 1979) Richard von Weizsäcker (CDU, P bis 1994)	Weizsäcker mit großer Mehrheit (832 Stimmen) gegen die Kandidatin der Grünen, Luise Rinser (68 Stimmen), gewählt (S.768)	
Frankreich	Pierre Mauroy (M seit 1981) Laurent Fabius (M bis 1986)	Rücktritt Mauroys (17.7.) beendet Koalition von Sozialisten und Kommunisten; Fabius enger Vertrauter von Präsident Mitterrand	
Guinea	Sékou Touré (P seit 1961) Lansana Conté (P bis . . .)	Tod von Touré (26.3.), der seit der Unabhängigkeit mit diktatorischen Mitteln regierte; Militär übernimmt Macht (3.4.)	
Indien	Indira Gandhi (M seit 1980) Rajiv Gandhi (M bis 1989)	Indira Gandhi von Sikhs erschossen (31.10.); sie konnte die religiösen Auseinandersetzungen nicht eindämmen (S.770)	
Neuseeland	Robert D. Muldoon (M seit 1975) David Lange (M bis 1989)	Wahlsieg der Labour Party (Juli); Lange will atomwaffenfreie Zone im Südpazifik schaffen und riskiert Konflikt mit USA	
UdSSR	Juri Andropow (P seit 1982) Konstantin Tschernenko (P bis 1985)	Tod von Andropow (9.2.); Wahl Tschernenkos zum Staats- und Parteichef bedeutet Aufschub des Generationswechsels (S.768)	

M = Ministerpräsident bzw. Premierminister; P = Präsident

lands beschert ihm hohes Ansehen im In- und Ausland und macht ihn zu einer „moralischen Instanz". 1989 wird er mit den Stimmen der SPD wiedergewählt.

M. Wein: Die Weizsäckers. Geschichte einer deutschen Familie, 1988. H. Steffahn: Richard von Weizsäcker. Mit Selbstzeugnissen und Bilddokumenten, 1991.

Soldaten stürmen Sikh-Tempel

5.6. Amritsar. Indische Regierungstruppen stürmen das Heiligtum der Sikhs, den Goldenen Tempel in Amritsar. Damit erreichen die Kämpfe zwischen Hindus und Sikhs, eine vom Hinduismus abgespaltene Religionsgemeinschaft mit rd. 12 Mio Anhängern im gesamten Land, einen blutigen Höhepunkt.

Die Sikhs, die in der Provinz Pandschab die Bevölkerungsmehrheit stellen (58%) und unter Hinweis auf die wirtschaftliche Bedeutung der Provinz als Kornkammer des Landes größere politische und religiöse Autonomie fordern, suchen in der Regel den Verhandlungsweg zur Durchsetzung ihrer Interessen. Ein radikaler Flügel jedoch, dessen Mitglieder sich im Tempel verschanzt hatten, verleiht der Forderung nach einem eigenen Staat (Khalistan) immer wieder mit Terroraktionen Nachdruck.

Die seit 1980 anhaltenden Unruhen gipfeln am 31.10. (↑S.770) in der Ermordung von Premierministerin Indira Gandhi. S 430/K 431

M. Solka: Die Sikhs, 1986.

Vertrag über Hongkong KAR

2.8. Peking. Die Volksrepublik (VR) China und Großbritannien verständigen sich auf die Zukunft der britischen Kronkolonie Hongkong. Die Verhandlungen hatten stattgefunden, weil der größere Teil der Kronkolonie, das Hinterland Hongkongs, nach Ablauf des 1898 geschlossenen Pachtvertrags 1997 an die VR China zurückfällt und der Kern der Stadt allein nicht lebensfähig ist.

Der nun vorliegende Entwurf beschließt die Aufrechterhaltung des bisherigen Wirtschafts- und Gesellschaftssystems für weitere 50 Jahre, einschließlich des Besitzrechts und des freien Güter- und Kapitalverkehrs. Hongkong behält den Status als unabhängiges Zollgebiet und verwaltet seine finanziellen Angelegenheiten selbst. Außerdem bleibt der Hongkong-Dollar konvertibel und die Legislative in den Händen der städtischen Behörden.

Schweizer für Atomstrom

23.9. Schweiz. Bei einer Wahlbeteiligung von nur 41% votieren in einer Volksabstimmung aufgrund zweier Bürgerinitiativen 52,2% gegen erweiterte Kompetenzen der Bundesregierung in der Energiepolitik und 55% gegen einen Baustopp für Atomkraftwerke. Damit kann der umstrittene Atommeiler Kaiseraugst fertiggestellt werden.

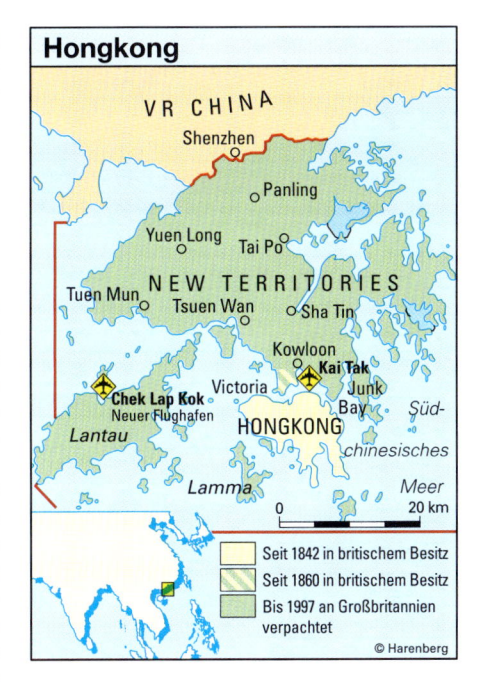

Die erste Bürgerinitiative hatte u. a. die Verankerung einer sparsamen Energiepolitik in der Verfassung und die Einführung einer

Wichtige Schweizer Plebiszite			K 752
Jahr	Gegenstand	Wahlbeteiligung	Ausgang (Stimmenanteil)
1984	Schwerverkehrsabgabe, Autobahngebühr (Vignette), Kriegsdienstverweigerung	52,8%	Zustimmung (58,7%) (53%) (k. A.)
	Abschaffung Bankgeheimnis	42,5%	Ablehnung (73%)
	Baustopp für Atomkraftwerke	41,0%	Ablehnung (55%)
1986	UNO-Beitritt	50,7%	Ablehnung (75,5%)
1987	Asylrechtsbegrenzung	42,4%	Zustimmung (66%)
1989	Abschaffung der Armee	68,5%	Ablehnung
1991	Kriegsdienstverweigerung	k. A.	Zustimmung (55,7%)
1992	Mitgliedschaft IWF u. Weltbank	k. A.	Zustimmung (52%)
	Beitritt zum Europäischen Wirtschaftsraum	78,3%	Ablehnung (50,3%)
1993	Anschaffung US-Abfangjäger	k. A.	Zustimmung (57,3%)
1994	Alpeninitiative: Verlagerung Güterverkehr auf Schiene	39,8%	Zustimmung (51,9%)
	Beteiligung an UNO-Blauhelmeinsätzen	45,8%	Ablehnung (57,2%)
	Verschärfung Ausländerrecht	43,1%	Zustimmung (72,8%)

Schweizer Bundespräsidenten 1946–91			K 753
Jahr	Name	Partei	Bundesrat
1946	Karl Kobelt	Freisinnige	1941–1954
1947	Philipp Etter	Kath.-konservativ	1934–1959
1948	Enrico Celio	Kath.-konservativ	1940–1950
1949	Ernst Nobs	Sozialdemokraten	1944–1951
1950	Max Petitpierre	Freisinnige	1945–1961
1951	Eduard von Steiger	Bayern-, Gew. u. Bürgerp.	1941–1951
1952	Karl Kobelt	Freisinnige	1941–1954
1953	Philipp Etter	Kath.-konservativ	1934–1959
1954	Rodolphe Rubatell	Freisinnige	1948–1954
1955	Max Petitpierre	Freisinnige	1945–1961
1956	Markus Feldmann	Bayern-, Gew. u. Bürgerp.	1952–1958
1957	Hans Streuli	Freisinnige	1954–1959
1958	Thomas Holenstein	Kath.-konservativ	1955–1959
1959	Paul Chaudet	Freisinnige	1955–1966
1960	Max Petitpierre	Freisinnige	1945–1961
1961	F. Traugott Wahlen	Bayern-, Gew. u. Bürgerp.	1959–1965
1962	Paul Chaudet	Freisinnige	1955–1966
1963	Willy Spühler	Sozialdemokraten	1960–1970
1964	Ludwig von Moos	Konserv. Christl.soz. VP	1960–1971
1965	Hans Peter Tschudi	Sozialdemokraten	1960–1973
1966	Hans Schaffner	Freisinnige	1961–1969
1967	Roger Bonvin	Konserv. Christl.soz. VP	1960–1973
1968	Willy Spühler	Sozialdemokraten	1960–1970
1969	Ludwig von Moss	Konserv. Christl.soz. VP	1960–1971
1970	Hans Peter Tschudi	Sozialdemokraten	1960–1973
1971	Rudolf Gnägi	Schweiz. Volkspartei	1966–1979
1972	Nello Celio	FDP	1967–1973
1973	Roger Bonvin	Konserv. Christl.soz. VP	1962–1973
1974	Ernst Brugger	FDP	1970–1978
1975	Pierre Graber	Sozialdemokraten	1970–1978
1976	Rudolf Gnägi	Schweiz. Volkspartei	1966–1979
1977	Kurt Furgler	CVP	1972–1986
1978	Willy Ritschard	Sozialdemokraten	1974–1983
1979	Hans Hürlimann	CVP	1974–1982
1980	Georges-A. Chevallaz	FDP	1974–1983
1981	Kurt Furgler	CVP	1972–1986
1982	Fritz Honegger	FDP	1978–1982
1983	Pierre Aubert	Sozialdemokraten	1978–1987
1984	Leon Schlumpf	Schweiz. Volkspartei	1980–1987
1985	Kurt Furgler	CVP	1972–1986
1986	Alphons Egli	CVP	1983–1986
1987	Pierre Aubert	Sozialdemokraten	1978–1987
1988/94	Otto Stich	Sozialdemokraten	1984–1994
1989/96	J.-P. Delamuraz	FDP	1984–...
1990	Arnold Koller	CVP	1987–...
1991	Flavio Cotti	CVP	1986–...

Energiesteuer durch den Bund durchsetzen wollen. Die zweite Initiative forderte ein Verbot des Neubaus von Atomkraftwerken und enthielt die Bestimmung, die bereits bestehenden fünf Kernkraftwerke am Ende ihrer Lebensdauer nicht zu ersetzen. S 769/K 752

Frau im Schweizer Bundesrat
2.10. Bern. Mit 124 Stimmen wird die 47jährige Elisabeth Kopp als erste Frau in den Schweizer Bundesrat gewählt. Die Wahl war nötig geworden, nachdem der erst 1982 gewählte Rudolf Friedrich wegen Herzbeschwerden seine Demission eingereicht hatte. Elisabeth Kopp übernimmt von ihm die Funktion als Vorsteherin des Eidgenössischen Justiz- und Polizeidepartments.
1971 war das Frauenstimmrecht auf Bundesebene in der Schweiz eingeführt worden (S.652/7.2.1971); am 2.5.1976 wurde Elisabeth Blunchy zur Präsidentin des Nationalrats gewählt und 1983 avancierte Hedi Lang zur Zürcher Regierungsrätin.

Pater Popieluszko ermordet
30.10. Polen. Elf Tage nach seiner Entführung wird in einem Stausee bei Wloclawek die Leiche des mit der Gewerkschaftsbewegung „Solidarność" sympathisierenden Priesters Jerzy Popieluszko gefunden.
Der Priester der Warschauer Stanislaw-Kostka-Kirche wurde von drei Mitgliedern des polnischen Geheimdienstes ermordet, was Ministerpräsident und Parteichef Wojciech Jaruzelski (seit 1981) zu umfangreichen personellen Veränderungen in den Sicherheitsdiensten veranlaßt.
Die Trauerfeierlichkeiten für Popieluszko, der zu einer Märtyrerfigur für die Polen wird, gleichen einer politischen Demonstration: Hunderttausende nehmen an der Beisetzung des Priesters teil und führen Transparente mit der Aufschrift „Solidarność" mit. Während Gewerkschaftsführer Lech Walesa und der polnische Primas Kardinal József Glemp zu Ruhe und Dialogbereitschaft mahnen, bilden sich erstmals seit Verhängung des Kriegsrechts (↑S.749/13.12.1981) oppositionelle Gruppierungen. Die Situation in Polen bleibt vorerst ruhig (↑S.818/4.6.1989). S 818/K 794
📖 A. Micewski: Kirche, Solidarność und Kriegszustand in Polen, 1988.

Indira Gandhi ermordet
31.10. Delhi. Die indische Ministerpräsidentin Indira Gandhi wird von zwei Mitgliedern ihrer Leibwache erschossen. Die Täter gehören der Religionsgemeinschaft der Sikhs an, deren

1984

Indira Gandhi ermordet: Die Tochter und langjährige Mitarbeiterin von Jawaharlal Nehru bestimmte 20 Jahre lang die Politik Indiens. Ihr Sohn Rajiv Gandhi (r.) wird 1984 Ministerpräsident.

Nationalheiligtum, der Goldene Tempel in Amritsar, am 5.6. (↑S.769) auf dem Höhepunkt der Auseinandersetzungen zwischen Hindus und Sikhs von Regierungstruppen erstürmt worden war. Wenige Stunden nach dem Attentat, das große Unruhen auslöst (nach offiziellen Angaben 1100 Tote), wird Indira Gandhis Sohn Rajiv Gandhi als neuer Ministerpräsident des Landes vereidigt.
Indira Gandhi war erstmals 1966 Ministerpräsidentin geworden und hatte dieses Amt (neben dem Vorsitz in der Kongreßpartei) bis zum 20.3.1977 inne, ehe sie von Morarji Desai abgelöst wurde. Am 6.1.1980 errang Gandhi für ihre Kongreßpartei eine Zwei-Drittel-Mehrheit und führte ihre progressiv-säkulare und sozialistische Politik fort. Den labilen innenpolitischen Zustand aber vermochte auch sie nicht zu stabilisieren.
Rajiv Gandhi gewinnt die Parlamentswahlen am 28.12. mit mehr als 50% der Stimmen. Er setzt sich für einen Ausgleich mit den Sikhs ein und für eine Liberalisierung der Wirtschaft. 1989 verliert seine Partei die absolute Mehrheit, Gandhi tritt zurück. Am 21.5.1991 wird er nach separatistisch-religiös und sozial motivierten Unruhen auf einer Wahlkampfreise ermordet. S 430/K 431 S 570/K 576
I. Malhotra: Indira Gandhi, dt. 1992.

Zweiter Wahlsieg für Reagan
6.11. USA. Mit einem erdrutschartigen Sieg gewinnt Ronald Reagan die US-Präsidentschaftswahlen. Dem Amtsinhaber gelingt mit seinen Siegen in 49 von 51 Bundesstaaten ein noch größerer Erfolg als bei seiner Erstwahl am 4.11.1980 (↑S.743). Reagans demokratischer Herausforderer, Walter Frederick Mondale, gewinnt nur in seinem Heimatstaat Minnesota und in der Hauptstadt Washington.
Der Wahlerfolg Reagans ist vor allem auf seine enorme Popularität zurückzuführen, an der auch sein makabrer Scherz während einer Mikrofonprobe am 11.8. („Die Bombardierung Rußlands beginnt in fünf Minuten.") nichts ändern konnte. Außerdem hatte Reagan von einer positiven Entwicklung der Konjunkturdaten in den USA profitiert und durch sein Treffen mit dem sowjetischen Außenminister Andrej Gromyko Gesprächsbereitschaft im Ost-West-Dialog signalisiert.
Rekonstruktion amerikanischer Stärke. Sicherheits- und Rüstungspolitik der USA während der Reagan-Administration, 1988.

Freie Wahlen in Uruguay
25.11. Uruguay. Julio Sanguinetti heißt der Sieger der ersten Wahlen nach der Machtübernahme der Militärs (1973) in Uruguay. Sanguinetti, Kandidat der gemäßigten Colorado-Partei, erhält 39% der Stimmen, die links orientierte Blanco-Partei 33%, das Volksfrontbündnis Frente Amplio 28%. Die Militärs, die langfristig den Übergang zu einer Zivilregierung geplant hatten, waren nach Großdemonstrationen und einem Generalstreik (im Januar) zu frühzeitigen Gesprächen mit den politischen Parteien gezwungen worden und hatten auch das Verbot der linksgerichteten Parteien für das Wahlbündnis Frente Amplio aufheben müssen.
Sanguinetti tritt sein Präsidentenamt am 1.3.1985 an und erhebt die Amnestie für Menschenrechtsverletzungen aus den Zeiten der Militärdiktatur (1973–85) zur „Überlebensfrage der Demokratie". Die Mehrheit billigt die Amnestie in einem Referendum (April 1989). Am 26.11.1989 wird Sanguinetti von dem Blanco-Kandidaten Luis Alberto Lacalle abgelöst. Ab 1995 amtiert er erneut als Staatsoberhaupt.

Streit um Beagle-Kanal beigelegt
29.11. Vatikanstadt. Die Außenminister von Argentinien und Chile unterzeichnen ein Abkommen zur Beilegung des Grenzstreits um den Beagle-Kanal. Die natürliche Wasserstraße verläuft an der Südspitze des südamerikanischen Kontinents zwischen dem argentinischen Teil Feuerlands und der dem Festland vorgelagerten chilenischen Insel

Jerzy Popieluszko

werden einschneidende Maßnahmen zur Eindämmung der Luftverschmutzung (u. a. Entschwefelungsanlagen, Katalysatoren, Tempolimit) gefordert. S 772/K 754

G. Hartmann (u. a.): Farbatlas Waldschäden. Diagnose von Baumkrankheiten, 1988.

Giftgasunglück in Bhopal
3.12. Bhopal. 2500 Menschen sterben an den Folgen einer Giftgaskatastrophe in der indischen Stadt Bhopal. Das Ausströmen von hochgiftigen Gasen aus einem undichten Ventil einer Pflanzenschutzmittelfabrik führt zu dem Unglück, das Tausenden von Menschen das Augenlicht kostet.
Die indische Presse erhebt schwere Vorwürfe gegen die Leitung des US-amerikanischen Konzerns Union Carbidge; sie habe die Sicherheitsvorkehrungen vernachlässigt. Fünf Angestellte des Werks und Konzernchef Warren Anderson werden bei ihrer Ankunft in Bhopal am 7.12. verhaftet. In dem Werk der Union Carbidge, die mit Tochtergesellschaften in 30 Ländern zu den größten Chemiekonzernen der Welt gehört, war es zuvor bereits zu kleineren Unfällen gekommen. Die indische Regierung stellt den Opfern des Unglücks eine Soforthilfe von umgerechnet 1,2 Mio DM zur Verfügung. S 708/K 696

Die Immunschwächekrankheit Aids		K 755
Jahr	Ereignis	
1970	Aids geht vermutlich von Zentralafrika (Zaïre) aus	
1978	Beginn der Epidemie in den Vereinigten Staaten	
1981	Krankheit wird klinisch erkannt, zunächst aber nur mit männlicher Homosexualität in Verbindung gebracht	
1982	Begriff Aids (Acquired Immune Deficiency Syndrome, engl., erworbenes Immunschwäche-Syndrom) geprägt	
1984	Entdeckung des Aids-Erregers HIV durch Luc Montagnier (Frankreich); Entwicklung eines Aids-Tests durch Robert Gallo (USA)	
1985	Montagnier und Gallo gelingt es, das Aids-Virus zu isolieren	
1986	Entdeckung einer Variante des Aids-Erregers (HIV II)	
1987	Freigabe des Medikaments AZT (Azidothymidin) in den USA und in der BRD, das lebensverlängernd wirkt, aber das Knochenmark schädigt; Bayern führt namentliche Meldepflicht für Infizierte ein	
1988	Gründung eines Nationalen Aids-Zentrums in Westberlin	
1993	Aids in den USA häufigste Todesursache bei Männer zwischen 25 und 44 Jahren; bis 1995 weltweit rd. 18,5 Mio HIV-Infizierte	
1995/96	Entwicklung von Impfstoffen, die Reifung der Viren zeitweise stoppen; auch Impfung aus Erbgutmaterial der Aids-Viren	

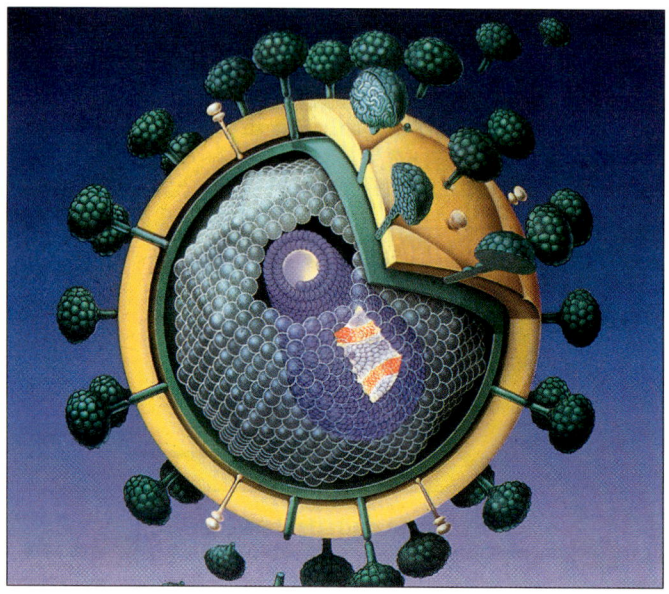

Aids-Erreger: Modell des HIV–Virus, das die Immunschwäche Aids auslöst

Wissenschaft

Aids-Erreger entdeckt
Dem französischen Biochemiker Luc Montagnier gelingt die genetische Entschlüsselung des Aids-Erregers HIV; er schafft damit die Grundlage für die Entwicklung von Impfstoffen gegen die tödlich verlaufende Immunschwäche-Krankheit.
Die Ende der 70er Jahre erstmals in den USA registrierte Infektionskrankheit Aids (Acquired Immune Deficiency Syndrome, engl.: Erworbenes Immunschwäche-Syndrom) wird durch Blut und Körperflüssigkeiten wie Sperma und Scheidenflüssigkeit übertragen. Hauptbetroffene sind Homosexuelle und Drogenabhängige. Eine 1991 in Rwanda abgeschlossene Studie belegt, daß sich Kinder durch die Muttermilch mit dem Aids-Virus anstecken können.
Bis zur Mitte der 90er Jahre gelingt es nicht, die Krankheit zu heilen; es werden lediglich Medikamente entwickelt, die das Immunsystem der Infizierten stärken, indem sie die Virusvermehrung hemmen (u. a. AZT, 3TC, Ritonavir, Indinavir). Die Entwicklung eines Impfstoffs für Menschen ist problematisch, da die Virustypen HIV I und II bis 1996 zahlreiche Untergruppen gebildet haben. Außerdem kann durch die Impfung mit abgetöteten Krankheitserregern eine Aids-Infektion hervorgerufen werden. 1995 erproben Zürcher Forscher erstmals einen neuentwickelten Impfstoff aus Erbmaterial des Aids-Virus, bei dem das Risiko einer Aids-Infektion sehr gering ist. Bis zum Jahr 2000 rechnet die Weltgesundheitsorganisation (WHO) mit einem Anstieg der Zahl der infizierten Menschen

auf 40–50 Mio. Besonders betroffen sind Zentral- und Ostafrika sowie Süd- und Südostasien. S 774/K 755

JET – Energie der Zukunft

9.4. Culham. In der Nähe der britischen Hauptstadt London wird „JET" (Joint European Torus), die größte Fusionsforschungsanlage der Welt, offiziell eingeweiht. Es ist das bisher aufwendigste Projekt der europäischen Gemeinschaftsforschung.

Das 1973 konzipierte Fusionsprogramm, in dem die Länder der EG sowie Schweden und die Schweiz ihre einzelstaatlichen Anstrengungen auf der Suche nach einer langfristig sicheren und umweltverträglichen Energiequelle der Zukunft zusammengeschlossen haben, wird von EURATOM (European Atomic Energy Community) in Brüssel koordiniert und teilweise finanziert: Ziel ist die Entwicklung eines Kraftwerks, das – ähnlich der Sonne – Energie (Strom) aus der Verschmelzung (Fusion) von Atomkernen (↑S.346/1938) gewinnen soll. Brennstoff ist ein dünnes Gas – ein sog. Plasma – aus den beiden Wasserstoffsorten Deuterium und Tritium. Zum Zünden des Fusionsfeuers muß das elektrisch geladene Plasma in Magnetfeldern eingeschlossen und auf Temperaturen von über 100 Mio Grad aufgeheizt werden.

Die Kernfusion besitzt gegenüber der bestehenden Kernspalttechnik (↑S.346/22.12.1938, ↑S.384/2.12.1942) eine Reihe von Vorteilen: So entstehen keine langlebigen Spaltprodukte, und die Fusion kennt keine unkontrollierbare „Leistungsexkursion", da der Brennstoff immer nur für wenige Sekunden ausreicht.

Am 9.11.1991 (↑S.852) gelingt den JET-Forschern zum erstenmal in der Geschichte der Fusionsforschung der Nachweis, daß Energie durch kontrollierte Kernfusion tatsächlich praktisch machbar ist.

Kontrollierte Kernfusion. Grundlagen ihrer Nutzung zur Energieversorgung, 1981.

Technik

Erster Flug der „Discovery"

30.8. Cape Canaveral. Der dritte Raumtransporter der NASA, die „Discovery", geht nach der „Columbia" (↑S.750/12.4.1981) und der „Challenger" (4.4.1983) auf Jungfernflug. Zum ersten Mal befindet sich unter der Besatzung ein zahlender Gast; er soll im Auftrag einer US-Firma physikalisch-biologische Experimente durchführen.

Die Astronauten setzen drei Satelliten aus und mindern dadurch den Prestigeverlust der NASA für den Satellitentransport, der im Februar durch Pannen während eines „Challenger"-Flugs entstanden war: Damals hatten zwei Satelliten nicht auf ihre Umlaufbahn gebracht werden können; dadurch hatte die europäische Raumfahrtorganisation ESA als Anbieter für den Transport von Nutzlasten Auftrieb erhalten.

Am 8.11. gelingt es der „Discovery"-Besatzung, die beiden verirrten Satelliten einzufangen und zur Erde zurückzubringen.

J. P. Allen/R. Martin: Vorstoß ins All. Mein Raumflug mit der Space Shuttle, 1984.

Riesiges Wasserkraftwerk

25.11. Brasilien. Das größte Wasserkraftwerk der Welt, Itaipu, das den Rio Paraná im Länderdreieck Brasilien, Argentinien und Paraguay staut, nimmt den Betrieb auf: Die Staatspräsidenten Brasiliens und Paraguays, João Figueiredo und Alfredo Stroessner, setzen zwei der 18 Turbinen in Gang.

Nobelpreisträger 1984	K 756
Frieden: Desmond Mpilo Tutu (Südafrika, *1931)	
Der erste schwarze Bischof Südafrikas kämpft gewaltlos gegen die Apartheid. Tutu trug zur Bildung des Südafrikanischen Kirchenrats bei, in dem die meisten Kirchen des Landes zusammengeschlossen sind und der weltweit auf die politischen Zustände in Südafrika aufmerksam macht.	
Literatur: Jaroslav Seifert (ČSSR, 1901 – 1986)	
Im Mittelpunkt von Seiferts melancholisch-nostalgischen Gedichten stehen die Vergänglichkeit des Lebens, die Schönheit der böhmischen Heimat und das Schicksal des tschechischen Volkes. Der Lyriker war ein früher Kritiker des Stalinismus und unterstützte den Prager Frühling.	
Chemie: Robert B. Merrifield (USA, *1921)	
Merrifield entwickelte in den 60er Jahren eine Methode zur Herstellung von Peptiden und Proteinen. Die sog. Merrifield-Technik wird vorwiegend in der Genforschung angewendet, wo das Erbmaterial (Gene) aus seinen Bestandteilen (Nukleinsauren) künstlich zusammengesetzt werden kann.	
Medizin: Niels K. Jerne (GB, 1911–1994), Georges J. S. Köhler (D, 1946–1995), César Milstein (Argentinien, *1927)	
Jerne erforschte Aufbau und Steuerung des Immunsystems und erklärte, auf welche Weise sich Antikörper bei der Abwehrreaktion bilden. Seine theoretischen Arbeiten ermöglichten Köhler und Milstein die Züchtung sog. monoklonaler Antikörper durch Verbindung von Immun- und Tumorzellen. Monoklonale Antikörper werden zur Therapie von Blutkrankheiten eingesetzt.	
Physik: Carlo Rubbia (I, *1934), Simon van der Meer (NL, *1925)	
Die Wissenschaftler, die im europäischen Kernforschungszentrum CERN tätig sind, entdeckten die Vermittler der sog. schwachen Wechselwirkung. Die Feldpartikel W und Z übertragen die Kraft, die für den radioaktiven Zerfall sowie für die Energieproduktion der Sonne verantwortlich ist.	
Wirtschaftswissenschaft: Richard Stone (GB, 1913–1991)	
Stone entwickelte Gesamtrechnungssysteme, die den internationalen Vergleich nationaler Volkswirtschaften erlauben. Regierungen und Notenbanken setzen Stones Systeme ein, um die jeweilige wirtschaftliche Lage und den Schuldenstand ihres Landes zu beurteilen.	

1984

Kabel- und Privatfernsehen in Deutschland	K 757
Datum	**Ereignis**
1.1.1974	Bundespost vergibt den Auftrag für die erste Kabelfernseh-Versuchsanlage in Nürnberg
27.2.1974	Konstituierung der Kommission für den Ausbau des technischen Kommunikationssystems (KtK); Ziel: Vorschläge für die Einführung des Kabelfernsehens
11.5.1978	Ministerpräsidenten der Bundesländer einigen sich auf Kabelpilotprojekte in München, Mannheim-Ludwigshafen, Westberlin und einem Ort in Nordrhein-Westfalen
14.11.1980	Ministerpräsidenten beschließen Erhöhung der Rundfunkgebühren zur Finanzierung der Kabelpilotprojekte ab Jan. 1983
27.11.1980	Gesetz für ein Kabelpilotprojekt in Ludwigshafen beschlossen; eigenverantwortliche Beteiligung privater Anbieter
14.12.1983	Durchführung eines Modellversuchs mit Breitbandkabel in NRW für Pilotprojekt in Dortmund beschlossen
1.1.1984	Beginn des Kabelpilotprojektes in Ludwigshafen mit privaten und öffentlichen TV-Anbietern
2.1.1984	Radio Luxemburg geht mit RTL plus auf Sendung (Beteiligung: Bertelsmann AG: 40%, RTL-Trägergesellschaft CLT: 60%)
1.4.1984	Beginn des Kabelpilotprojektes in München (16 Programme)
1.4.1984	Start des deutschen Satellitenfernsehens; Satellitenprogramme werden in Münchner Kabelnetz eingespeist
15.5.1984	Niedersachsen verabschiedet als erstes Bundesland ein Mediengesetz, das die Zulassung von privaten Fernseh- und Hörfunkanbietern auf Dauer regeln soll
28.6.1984	Gesetz über die Durchführung des Kabelpilotprojekts Berlin beschlossen; Zulassung privater Veranstalter
29.6.1984	Ministerpräsidenten entwerfen Konzept der Länder zur Neuordnung des Rundfunkwesens
1.1.1985	Beginn des kommerziellen Satellitenprogramms SAT. 1; ausschließliche Finanzierung durch Werbeeinnahmen
1.6.1985	Beginn des Kabelpilotprojektes in Dortmund; keine Einspeisung von Satellitenprogrammen
28.8.1985	Beginn des Kabelpilotprojektes in Berlin; Satellitenprogramme werden Versuchsteilnehmern angeboten
25.6.1986	Bundesregierung beschließt Erhöhung der Kabelkanalkapazität (35 statt 24 Kanäle) sowie den Ausbau von postbetriebenen Satelliten-Empfangsanlagen
1.11.1986	Beginn des ersten Pay-TV-Programms in Hannover; privates Abonnement-Fernsehen der Teleclub GmbH
4.11.1986	Viertes Fernsehurteil des Bundesverfassungsgerichts: Duales Rundfunksystem (öffentlich-rechtlich; privat) wird anerkannt
31.12.1986	Abschluß des Kabelpilotprojektes in Ludwigshafen
12.3.1987	Ministerpräsidenten der Länder beschließen Staatsvertrag für die Neuordnung des Rundfunkwesens (Vergabe von Satellitenkanälen; Werberegelungen)
31.5.1988	Abschluß des Kabelpilotprojektes in Dortmund nach drei Jahren; das Dortmunder Lokalfernsehen sendet weiter
1.1.1989	TV-Sender „Eureka" geht in „Pro 7" über (Vollprogramm)
16.2.1989	Bremen beschließt als letztes Bundesland ein Landesmediengesetz, das private Anbieter zuläßt
9.8.1989	Fernsehsatellit TV-SAT 2 wird gestartet; Sendung von zwei öffentlich-rechtlichen und drei privaten Fernsehprogrammen
28.8.1990	Abschluß des Berliner Kabelpilotprojektes nach fünf Jahren
31.12.1990	Westdeutscher Rundfunk beendet einziges öffentlich-rechtliches Lokalfernsehen in Dortmund
1996	In Deutschland sind rd. 24,4 Mio Haushalte verkabelt, etwa zwei Drittel nutzen den Anschluß

Der Bau des 18 Mrd US-Dollar teuren Kraftwerks stößt auf Kritik. Hunderte Familien mußten wegen des durch den Damm entstandenen 1460 km² großen Stausees umgesiedelt werden; außerdem erscheint es zweifelhaft, ob die zusätzliche Energie innerhalb der nächsten Jahrzehnte überhaupt benötigt wird. Nach betriebstechnischen Schwierigkeiten wird Itaipu im Mai 1991 offiziell seiner Bestimmung übergeben. Die 18 Turbinen leisten 75 Mrd Kilowatt.

Medien

Kabelfernsehen eingeführt

1.1. Ludwigshafen. Das erste Kabelfernsehprojekt der BRD nimmt in Ludwigshafen im Rahmen eines Pilotprojekts seinen Sendebetrieb auf. Weitere Versuchsprojekte, bei dem Fernseh- und Hörfunksendungen nicht mehr drahtlos, sondern über Breitbandkabel (Kupferkoaxial- und Glasfaserkabel) übertragen werden, starten in Westberlin, München und Dortmund. Ab dem 2.1. können zahlreiche Zuschauer im Südwesten der BRD mit einer speziellen Zusatzantenne das Fernsehprogramm RTL plus empfangen.

Kritiker der von der Deutschen Bundespost mit Milliardenaufwand vorangetriebenen Verkabelung hatten deren Verzögerung bis zur Marktreife der leistungsfähigeren Glasfaser gefordert, die auch eine Datenübertragung möglich macht.

Mit der Verkabelung und der gleichzeitig einsetzenden Benutzung von Satelliten für Fernsehprogramme fällt der Startschuß für Verlage, Medienkonzerne und Verbände, neben die bereits bestehenden öffentlich-rechtlichen Rundfunkanstalten als Programmanbieter zu treten. Die „Privaten" finanzieren ihre Sendungen in der Hauptsache durch Werbung und lösen durch ihre Programm- und Preispolitik einen harten Konkurrenzkampf um Einschaltquoten aus. S 776/K 757

Kultur

Neue Staatsgalerie von Stirling

9.3. Stuttgart. Die von dem schottischen Architekten James Stirling konzipierte Neue Staatsgalerie Stuttgart wird nach vierjähriger Bauzeit eröffnet.

Der postmoderne Komplex findet mit seinen weich modulierten Fassaden, halbrunden Glaswänden, Rampen und offenliegenden Versorgungsleitungen große Beachtung. Die

für den Postmodernismus typischen historisierenden Anspielungen zeigen sich in zahlreichen Details wie den Bogenfenstern und auskragenden Dächern. Eine Musikhochschule und ein Kammertheater sind der Staatsgalerie angegliedert.
James Stirling, der in seinem Frühwerk dem funktionalen International Style verpflichtet war, entwirft auch den 1985 fertiggestellten Erweiterungsbau der berühmten Londoner Tate Gallery, das Turner Museum.

📖 P. Arnell/T. Bickford: James Stirling. Bauten und Projekte 1950–1983, 1984.

Auszeichnung für „Paris, Texas"

11.5. Cannes. Im Rahmen der 37. Internationalen Filmfestspiele erhält Wim Wenders' „Paris, Texas" die Goldene Palme.
Der melancholische Film schildert die Suche eines Mannes und seines Sohnes nach der Ehefrau bzw. Mutter, die schließlich in einer Peep-Show in Houston ausfindig gemacht wird. Der in den endlosen Weiten zwischen Texas und Mexiko spielende Film beeindruckt vor allem durch die Landschaftsaufnahmen, die von Kritikern häufig mit den Bildern des Malers Edward Hopper verglichen werden.
Wim Wenders, ambitionierter Regisseur des Neuen Deutschen Films, kehrt nach zahlreichen Produktionen in den USA 1986 mit seinem ebenfalls preisgekrönten Werk „Der Himmel über Berlin" nach Deutschland zurück. S 777/K 758

📖 R. Rauh: Wim Wenders und seine Filme, 1990.

TV-Familienchronik „Heimat"

16.9. BRD. Die ARD zeigt die erste Folge der elfteiligen Fernsehserie „Heimat" von Edgar Reitz. Geschildert wird der Alltag in dem fiktiven Hunsrück-Dorf Schabbach zwischen 1919 und 1982. Die Schauspieler sind zumeist Laiendarsteller, die ihren originalen Hunsrück-Dialekt sprechen.
Die 16stündige Kinofassung wurde bereits auf den Filmfestspielen in Cannes gezeigt und erhielt mehrere Preise. Nach der Ruhrgebietsserie „Rote Erde", die das Fernsehen 1983 ausstrahlte, ist „Heimat" der zweite Versuch, vor dem Hintergrund der Ereignisse des 20. Jh. die Alltagswelt der Deutschen nachzuzeichnen.
Der Regisseur Edgar Reitz, der aus dem Hunsrück stammt, erhielt bereits 1976 für seinen Film „Die Stunde Null" den Adolf-Grimme-Preis in Silber. 1991 beendet er die Dreharbeiten an der Fortsetzung seiner Hunrücksaga, „Zweite Heimat". Sie ist im Mün-

Kulturszene 1984 — K 758

Theater	
Harald Mueller Totenfloß UA 5.10., Oberhausen	Mueller warnt vor Umwelt-Katastrophen; nach Sandoz-Rheinvergiftung und Tschernobyl wird das Stück 1986 neu entdeckt.
Botho Strauß Der Park UA 4.10., Freiburg/B.	Das Stück konfrontiert Shakespeares Märchengestalten Titania und Oberon aus dem „Sommernachtstraum" mit bundesdeutschen Paaren.
Robert Wilson The Civil Wars UA 19.1., Köln	Teilaufführung eines Multimedia-Theaterstücks; die Gesamtschau bei den Olympischen Sommerspielen in Los Angeles kommt nicht zustande.
Oper	
Luciano Berio Ein König horcht UA 7.8., Salzburg	Szene, Text und Musik scheinen in der Traumgeschichte wie zufällig nebeneinandergestellt und gewinnen abwechselnd die Oberhand.
Philip Glass Echnaton UA 24.3., Stuttgart	Das letzte Werk der Einstein-Gandhi-Echnaton-Trilogie bleibt dem Prinzip der Minimal music treu, nutzt aber historische Instrumente.
Rudolf Kelterborn Ophelia UA 2.5., Schwetzingen	Shakespeares „Hamlet" wird zum Frauenstück; musikalische Reihentechnik steht für Hamlets Fanatismus, Tonalität für Liebe.
Musical	
Stephen Sondheim Sunday in the Park with George; UA 2.5., New York	Georges Seurat und sein fiktiver amerikanischer Enkel sind die Helden in dem Musical über Ängste und Ekstasen eines Künstlers.
Konzert	
Krzysztof Penderecki Polnisches Requiem UA 28.9., Stuttgart	Rückkehr zur Tonalität: Das machtvolle Zeugnis des jahrhundertelangen Leidens des polnischen Volkes steht ganz in der Tradition des 19. Jh.
Film	
Miloš Forman Amadeus USA	Effektvoll inszenierter Künstler- und Musikfilm nach einem Theaterstück von Peter Shaffer; 1985 mit acht Oscars ausgezeichnet.
David Lean Reise nach Indien Großbritannien	Letzter Film des britischen Regisseurs, der als Meister des monumentalen Erzählkinos gilt; nach einem Roman von E. M. Forster (1924).
Sergio Leone Es war einmal in Amerika USA	Lebensgeschichte eines New Yorker Gangsters (Robert de Niro), der durch Verrat scheitert – ein Abgesang auf den „amerikanischen Traum".
Edgar Reitz Heimat BRD	Die 1981–84 entstandene 15stündige Chronik des fiktiven Hunsrück-Dorfes Schabbach im 20. Jh. ist ein überzeugendes Zeitporträt.
Wim Wenders Paris, Texas BRD/Frankreich	Road-Movie über einen Mann, der zusammen mit seinem Sohn nach seiner verschwundenen Frau sucht und sich dabei selbst findet.
Buch	
Marguerite Duras Der Liebhaber Paris	Autobiographischer Roman der Schriftstellerin, die ihre Jugend in Indochina verbrachte; 1991 von Jean-Jacques Annaud verfilmt.
Stefan Heym Schwarzenberg München	Heym schildert in seinem Roman den authentischen Fall der „Republik Schwarzenberg" im Erzgebirge, die nach Kriegsende 1945 entstand.
Milan Kundera Die unerträgliche Leichtigkeit des Seins; Paris	Dreiecksgeschichte vor dem Hintergrund des Prager Frühlings 1968 mit zahlreichen philosophisch-essayistischen Exkursen.
Anna Wimschneider Herbstmilch München	Die Autobiographie der bayerischen Bäuerin, die seit ihrem achten Lebensjahr für ihre Familie sorgen mußte, wird zum Bestseller.

1984

Olymp. Sommerspiele 1984 in Los Angeles — K 759

Zeitraum: 28.7. bis 12.8.		Medaillenspiegel			
		Land	G	S	B
Teilnehmerländer	140	USA	83	61	30
Erste Teilnahme	15	Rumänien	20	16	17
Teilnehmerzahl	6735	BRD	17	19	23
Männer	5168	China	15	8	9
Frauen	1567	Italien	14	6	12
Deutsche Teilnehmer	411/0[1]	Kanada	10	18	16
Schweizer Teilnehmer	98	Japan	10	8	14
Österreichische Teilnehmer	107	Neuseeland	8	1	2
Sportarten	21	Norwegen	6	6	7
Neu im Programm	0	Großbritannien	5	10	22
Nicht mehr olympisch	0	Frankreich	5	7	16
Entscheidungen	221	Niederlande	5	2	6

Erfolgreichste Medaillengewinner

Name (Land) Sportart	Medaillen (Disziplinen)
Ecaterina Szabó (ROM) Turnen	4 x Gold (Boden, Pferdsprung, Schwebebalken, Mehrkampf-Mannschaft), 1 x Silber (Mehrkampf)
Carl Lewis (USA) Leichtathletik	4 x Gold (100 m, 200 m, Weitsprung, 4 x 100-m-Staffel)
Li Ning (CHN) Turnen	3 x Gold (Boden, Seitpferd, Ringe), 2 x Silber (Pferdsprung, Mehrkampf-Mannschaft), 1 x Bronze (Mehrkampf)

Erfolgreichste deutsche Teilnehmer

| Michael Groß Schwimmen | 2 x Gold (200 m Freistil, 100 m Schmetterling), 2 x Silber (200 m Schmetterling, 4 x 200 m Freistil) |
| Reiner Klimke, Reiten | 2 x Gold (Dressur-Einzel, Dressur-Mannschaft) |

Olympische Winterspiele 1984 in Sarajevo

Zeitraum: 7.2. bis 19.2.		Medaillenspiegel			
		Land	G	S	B
Teilnehmerländer	49	DDR	9	9	6
Teilnehmerzahl	1473	Sowjetunion	6	10	9
Deutsche Teilnehmer	93/53[1]	USA	4	4	0
Schweizer Teilnehmer	71	Finnland	4	3	6
Österreichische Teilnehmer	72	Schweden	4	2	2
Sportarten	8	Norwegen	3	2	4
Entscheidungen	39	Schweiz	2	2	1

Erfolgreichste Medaillengewinner

Name (Land), Sportart	Medaillen (Disziplinen)
Marja-Lisa Hämäläinen (FIN) Ski nordisch	3 x Gold (5 km Langlauf, 10 km Langlauf, 20 km Langlauf), 1 x Bronze (4 x 5-km-Staffel)
Gunde Svan (SWE) Ski nordisch	2 x Gold (15 km Langlauf, 4 x 10-km-Staffel), 1 x Silber (50 km Langl., 1 x Bronze (30 km L.)
Karin Enke (GDR) Eisschnellauf	2 x Gold (1000 m, 1500 m), 1 x Bronze (500 m)
Gaetan Boucher (CAN) Eisschnellauf	2 x Gold (1000 m, 1500 m), 1 x Bronze (500 m)

Erfolgreichste deutsche Teilnehmer

| Peter Angerer Biathlon | 1 x Gold (20 km), 1 x Silber (10 km), 1 x Bronze (4 x 7,5-km-Staffel) |

1) BRD/DDR; DDR boykottierte die Sommerspiele

chener Künstler- und Studentenmilieu der 60er Jahre angesiedelt und wird 1993 im deutschen Fernsehen ausgestrahlt. S 777/K 758

Sport

Platini führt Franzosen zum EM-Titel

27.6. Paris. Mit einem 2:0 über Spanien wird die französische Nationalmannschaft vor 47 000 Zuschauern im Prinzenparkstadion Fußball-Europameister. Neben dem überragenden Michel Platini (9 Tore), der mit einem Freistoß in der 57. Minute die spanische Niederlage einleitet, gehören die Mittelfeldspieler Alain Giresse und Jean Tigana zu den Stützen der französischen Elf.

Frankreichs Finalsieg beendet ein Turnier, das im Gegensatz zur Europameisterschaft von 1980 eine Wiederbelebung des Offensivfußballs brachte. In 15 Spielen wurden 41 Tore erzielt.

Überraschend stark präsentierte sich die vom Deutschen Sepp Piontek betreute dänische Auswahl, die in der Vorrunde Jugoslawien mit 5:0 abfertigte und erst im Halbfinale von Spanien nach Elfmeterschießen mit 5:6 gestoppt wurde.

Als Reaktion auf die schwache Vorstellung von Titelverteidiger Deutschland, der bereits in der Vorrunde ausschied, tritt Bundestrainer Jupp Derwall zurück. Als neuen Verantwortlichen für die Nationalelf engagiert der DFB Ex-Nationalspieler Franz Beckenbauer.

L. Schulze: Die Mannschaft. Geschichte der dt. Fußball-Nationalmannschaft, 1986.

Speerwurf des Jahrhunderts

20.7. Ostberlin. Uwe Hohn (GDR) wirft den Speer auf die Rekordmarke von 104,80 m. Der Internationale Leichtathletik-Verband (IAAF) reagiert mit einer Änderung des Speers, da die Stadien für solche Weiten nicht ausgelegt sind und bei künftigen Wettbewerben die Sicherheit der Zuschauer nicht gewährleistet werden könnte.

Die Schwerpunkt-Verlagerung des Speers um 4 cm zur Mitte hin soll derartige Würfe unmöglich machen, aber auch mit dem neuen Speer werden nach wenigen Jahren Weiten über 90 m erzielt (1990: 90,98 m, 1991: 96,96 m).

Werbung deckt Olympia-Kosten

28.7.–12.8. Los Angeles. Die XXIII. Sommerspiele markieren einen neuen Abschnitt in der Geschichte der neuzeitlichen olympischen Bewegung (seit 1896): Erstmals wer-

1984

Olympische Spiele in Los Angeles: Der 20-sec-Flug des „Raketenmanns" Bill Sooter bildet einen Höhepunkt der Eröffnungsfeier.

den die Spiele gänzlich von der Privatwirtschaft finanziert.
Da sich die Stadtväter von Los Angeles geweigert hatten, öffentliche Gelder zur Verfügung zu stellen, wandte sich Olympia-Organisator Peter Ueberroth an US-amerikanische Firmen. Mit Erfolg: 30 Sponsoren stellten nicht nur die benötigte Summe von 500 Mio US-Dollar zur Verfügung, sondern engagierten sich auch beim Bau neuer Sportanlagen. Allein 225 Mio US-Dollar ließ sich die US-Fernsehgesellschaft ABC die Übertragungsrechte kosten.
Trotz des Boykotts von 15 Ostblockstaaten – die VR China und Rumänien hatten sich dem von der Sowjetunion initiierten „Revanche-Boykott" für Moskau (↑S.747/19.7.–3.8.1980) nicht angeschlossen – verzeichnen die Spiele eine Rekordteilnahme mit 6735 Sportlern aus 140 Ländern. Mit 174 Medaillen, davon 83 goldenen, belegen die Vereinigten Staaten in der inoffiziellen Nationenwertung unangefochten den ersten Platz. Die Bundesrepublik folgt hinter Rumänien auf Rang drei (59 Medaillen).
Star der Spiele ist der US-amerikanische Leichtathlet Carl Lewis, der in denselben Disziplinen (Weitsprung, 100 m, 200 m und 4 x 100 m) wie Jesse Owens 1936 vier Goldmedaillen gewinnt.
Zum Jahreswechsel präsentiert das US-Magazin „Time" Peter Ueberroth als „Man of the Year".

S 778/K 759

Sport 1984   K 760

Fußball	
Europameisterschaft	Frankreich – Spanien 2:0
Deutsche Meisterschaft	VfB Stuttgart
DFB-Pokal	Bayern München – Bor. M'gladbach 7:6 n.E.
Englische Meisterschaft	FC Liverpool
Italienische Meisterschaft	Juventus Turin
Spanische Meisterschaft	Atletico Bilbao
Europapokal (Landesmeister)	FC Liverpool – AS Rom 4:2 n. E.
Europapokal (Pokalsieger)	Juventus Turin – FC Porto 2:1
UEFA-Pokal	Tottenham Hotspurs

Tennis	
Wimbledon (seit 1877; 98. Austragung)	Herren: John McEnroe (USA) Damen: Martina Navratilova (USA)
US Open (seit 1881; 104. Austragung)	Herren: John McEnroe (USA) Damen: Martina Navratilova (USA)
French Open (seit 1925; 54. Austragung)	Herren: Ivan Lendl (TCH) Damen: Martina Navratilova (USA)
Australian Open (seit 1905; 72. Austragung)	Herren: Mats Wilander (SWE) Damen: Chris Evert (USA)
Davis-Cup (Göteborg, SWE)	Schweden – USA 4:1

Eishockey	
Stanley-Cup	Edmonton Oilers
Deutsche Meisterschaft	Kölner EC

Radsport	
Tour de France (4021 km)	Laurent Fignon (FRA)
Giro d'Italia (3808 km)	Francesco Moser (ITA)
Straßen-Weltmeisterschaft	Claude Criquelion (BEL)

Automobilsport	
Formel-1-Weltmeisterschaft	Niki Lauda (AUT), McLaren-Porsche

Boxen	
Schwergewichts-Weltmeisterschaft	WBA: Greg Page (USA) WBC: Pinklon Thomas (USA)

Herausragende Weltrekorde		
Disziplin	Athlet (Land)	Leistung
Leichtathletik, Männer		
Stabhochsprung	Sergej Bubka (URS)	5,94 m
Hammerwurf	Juri Sedych (URS)	86,34 m
Speerwurf	Uwe Hohn (GDR)	104,80 m
Zehnkampf	Daley Thompson (GBR)	8847 P.
Leichtathletik, Frauen		
400 m Hürden	Margarita Ponomarjewa	53,58 sec
Schwimmen, Männer		
200 m Freistil	Michael Groß (FRG)	1:47,44 min
400 m Lagen	Alex Baumann (CAN)	4:17,41 min
100 m Schmetterling	Michael Groß (FRG)	53,08 sec
Schwimmen, Frauen		
200 m Freistil	Kristin Otto (GDR)	1:57,75 min
100 m Rücken	Ina Kleber (GDR)	1:00,59 min

1985

Politik

Grenze nach Gibraltar offen

5.2. Spanien öffnet die seit 16 Jahren geschlossene Grenze nach Gibraltar für Personen- und Warenverkehr. Bereits im Dezember 1982 wurde die Grenze für Fußgänger geöffnet.

Die 5,8 km² große Halbinsel an der Südspitze Spaniens ist seit dem Spanischen Erbfolgekrieg 1704 in britischem Besitz und seit 1713 Kolonie. Spanien gab den Anspruch auf das felsige, aber strategisch wichtige Gebiet niemals auf. Als Rückgabeverhandlungen zwischen Großbritannien und Spanien 1969 scheiterten, schloß der spanische Diktator Francisco Franco Bahamonde die Grenzen. Gibraltar besitzt beschränkte Autonomie. Der britische Kommandant des Militärstützpunkts ist gleichzeitig Gouverneur mit Exekutiv- und Gesetzgebungsgewalt.

Ära Gorbatschow beginnt

11.3. Moskau. Michail Gorbatschow wird einen Tag nach dem Tod von Konstantin Tschernenko vom Zentralkomitee der KPdSU zum Generalsekretär der Partei gewählt.

Seit 1980 gehört Gorbatschow als Politbüromitglied und ZK-Sekretär zum engsten Führungszirkel der KPdSU. Schon nach dem Tod Juri Andropows am 9.2.1984 (↑S.768) war der damals 53jährige Gorbatschow als Nachfolger im Gespräch gewesen, doch die alte Garde setzte sich noch einmal durch.

Gorbatschow beginnt mit den größten Reformanstrengungen in der sowjetischen Geschichte. Sein Programm umfaßt die wirtschaftliche und soziale Umgestaltung (Perestroika) sowie die Abkehr von restriktiver Informationspolitik (Glasnost). Gegen starke Widerstände in der Partei versucht er diese zu reformieren (↑S.804/3.6.1988). Die innerparteilichen Widerstände gipfeln 1991 in einen Putschversuch (↑S.847/22.8.1991).

Uneingeschränkt erfolgreich ist Gorbatschow in der Außenpolitik. Mit Außenminister Eduard Schewardnadse verändert er durch die Abkehr von hegemonialer Großmachtpolitik die Landkarte Europas. Gorbatschow stimmte am 12.9.1990 der deutschen Vereinigung zu und löste den Warschauer Pakt auf (↑S.843/31.3.1991).

Gorbatschows Reformbemühungen enden (ungewollt) mit der Auflösung der Sowjetunion (↑S.850/21.12.1991). S 817/K 793

M. Gorbatschow: Glasnost. Das neue Denken, 4. Aufl. 1989. W. Laqueur: Der lange Weg zur Freiheit. Rußland unter Gorbatschow, 1989.

Weizsäckers Rede zum 8. Mai

8.5. Bonn. Im Gedenken an den 40. Jahrestag des Kriegsendes hält Bundespräsident Richard von Weizsäcker vor dem Deutschen Bundestag eine auch international vielbeachtete Rede.

Weizsäcker lehnt die Vorstellung ab, das Dritte Reich sei über die Deutschen gekommen wie eine Naturkatastrophe. Jeder Deutsche habe miterleben können, wie mit jüdischen Mitbürgern umgegangen wurde: „Wer seine Ohren und Augen aufmachte, wer sich informieren wollte, dem konnte nicht entgehen, daß Deportationszüge rollten." Der Tag

Wichtige Regierungswechsel 1985			K 761
Land	**Amtsinhaber**	**Bedeutung**	
Brasilien	João B. de Oliveiro Figueiredo (P seit 1979) José di Ribamar Sarney (P bis 1990)	Erste Zivilregierung nach 21jähriger Militärherrschaft; gewählter Präsident Neves stirbt jedoch vor Amtsantritt	
Guatemala	Oscar Humberto Mejía Víctores (P seit 1983) Vinicio Cerezo Arévalo (P bis 1991)	Wahl von Cerezo (8.12.) bringt dem Land, das seit 1954 faktisch vom Militär regiert wird, Rückkehr zur Demokratie	
Italien	Alessandro Pertini (P seit 1978) Francesco Cossiga (P bis 1992)	Auf den Sozialisten Pertini, der mit 88 Jahren aus dem Amt scheidet, folgt der Christdemokrat Cossiga	
Sudan	Dschaffar Muhammad An Numairi (P seit 1969) Abdal R. Hassan Suwar Al Dahab (P bis 1986)	Militärputsch (6.4.) nach Unruhen wegen Preiserhöhungen von Grundnahrungsmitteln; Numairi betrieb radikale Islamisierung	
Tansania	Julius Nyerere (P seit 1962) Ali Hassan Mwinyi (P bis 1995)	Freiwilliger Rücktritt (Okt.) des ersten tansanischen Präsidenten, der führender Vertreter des Antikolonialismus war	
UdSSR	Konstantin Tschernenko (P seit 1984) Andrei Gromyko (P bis 1988)	Tod von Tschernenko (10.3.); neuer KP-Chef wird Michail Gorbatschow, der ein radikales Reformprogramm beginnt (S. 780)	
	Nikolai Tichonow (M seit 1980) Nikolai Ryschkow (M bis 1991)	Tichonow in den Ruhestand versetzt (Sept.), Wirtschaftsfachmann Ryschkow bleibt Kritiker politischer Reformen	

M = Ministerpräsident bzw. Premierminister; P = Präsident

des Kriegsendes habe die Deutschen von dem „menschenverachtenden System der nationalsozialistischen Gewaltherrschaft" befreit. Die Teilung Deutschlands sei nicht Ergebnis des Kriegsendes, sondern habe ihre Wurzeln in der Machtergreifung Hitlers am 30.1.1933 († S.290).
Zu der vieldiskutierten Frage der Schuld eines Volkes sagt er: „Schuld ist, wie Unschuld, nicht kollektiv, sondern persönlich." Jeder müsse sich selbst nach seinen Verstrickungen fragen.
Den Abschluß der Rede bildet die Bitte an junge Menschen, sich nicht in Feindschaft und Haß gegen andere Menschen hineintreiben zu lassen und miteinander, nicht gegeneinander zu leben.

Eine Rede und ihre Wirkung. Die Rede des Bundespräsidenten vom 8. Mai 1985. Betroffene nehmen Stellung, 1986.

Rot-grüne Koalition in Hessen
16.10. Wiesbaden. SPD und Grüne einigen sich in Hessen auf die Bildung einer Koalitionsregierung unter dem sozialdemokratischen Ministerpräsidenten Holger Börner. Dies ist das erste rot-grüne Regierungsbündnis der Bundesrepublik Deutschland.
Trotz Differenzen in Fragen der Kernenergie strebte die SPD die Koalition mit den Grünen an, da sie mit 51 von 110 Sitzen im Landtag keine Mehrheit hat. Die Grünen ziehen mit Joschka Fischer als Minister für Umwelt und Energie, Karl Kerschgens, Staatssekretär im Umweltministerium, und Marita Haibach, Staatssekretärin für Frauenrechte, in die Regierung ein. Am 21.10. stimmen die hessischen Sozialdemokraten, am 27.10. die Grünen der Koalitionsvereinbarung zu.

Ära Gorbatschow: Zum ersten Ost–West–Gipfel nach sechs Jahren treffen der sowjetische Parteichef Michail Gorbatschow (l.) und US–Präsident Ronald Reagan am 19. November 1985 in Genf zusammen.

Regierungskoalitionen mit den Grünen K 762

Zeitraum	Bundesland	Regierungschef	Bemerkung
1985–87	Hessen	Holger Börner (SPD)	Joschka Fischer wird erster Minister (Umwelt, und Energie) der Grünen
1989–90	Westberlin	Walter Momper (SPD)	Koalition mit Alternativer Liste (AL)
1990–94	Niedersachsen	Gerhard Schröder (SPD)	Zwei Minister d. Grünen: W. Schoppe, J. Trittin
1990–94	Brandenburg	Manfred Stolpe (SPD)	„Ampelkoalition" aus SPD, FDP, Bündnis 90
1991–95	Bremen	Klaus Wedemeier (SPD)	„Ampelkoalition" aus SPD, FDP und Grüne
1991–95	Hessen	Hans Eichel (SPD)	Umweltminister Fischer Stellvertreter Eichels
Ab 1994	Sachsen-Anhalt	Reinhard Höppner (SPD)	Rot-grüne Minderheitsregierung
Ab 1995	Hessen	Hans Eichel (SPD)	Rupert v. Plottnitz erster Justizminister d. Grünen

Bundesweit ist die rot-grüne Koalition sowohl innerhalb der SPD als auch bei den Grünen umstritten. Mit Übernahme von Regierungsverantwortung bricht zwischen den Befürwortern, den sogenannten „Realpolitikern", und den „Fundamentalisten", die jegliche Zusammenarbeit mit den sog. etablierten Parteien ablehnen, Streit aus.

1987 entläßt Ministerpräsident Holger Börner nach einem Koalitionsstreit um die Betriebsgenehmigung der Plutoniumfabrik Hanau Umweltminister Fischer, die Koalition bricht auseinander. Nach einem vierjährigen christlich-liberalen Intermezzo, beginnt 1991 der zweite Versuch einer rot-grünen Koalition unter Ministerpräsident Hans Eichel (SPD). Sie wird nach den Landtagswahlen 1995 fortgesetzt. S 781/K 762

V. Krieger: Was wird aus den Grünen?, 1990.

Wirtschaft

Krupp und Klöckner fusionieren

1.1. Essen. Zwei der größten Stahlunternehmen der Bundesrepublik Deutschland, Krupp Stahl und Klöckner, schließen sich zu einem Unternehmen mit 43 000 Mitarbeitern zusammen. Damit soll ein weiterer Stellenabbau (in den vergangenen zwei Jahren 15 000 Arbeitsplätze) verhindert werden.

Ob dieses Ziel erreicht werden kann, ist ungewiß, da die Branche seit Jahren unter überflüssigen Kapazitäten leidet. An der Allianz sind Klöckner mit 30% sowie mit jeweils 35% Krupp und der australische Rohstoffkonzern CRA beteiligt. Von ihm wollen die deutschen Unternehmen nach Ablauf des Hüttenvertrags mit der Ruhrkohle günstigere Kohle beziehen. Aus Bonn erhoffen sich die deutschen Fusionspartner Subventionen in Höhe von 750 Mio DM.

Zwar wird in Bonn die Fusion als wirtschaftlich sinnvoll erachtet, Subventionen werden jedoch nicht bewilligt, weil der Stahlkonzern darauf besteht, die Georgsmarienhütte bei Osnabrück mit rund 2000 Arbeitsplätzen stillzulegen. Im Juli erklären Krupp und Klöckner den Stahlpakt für gescheitert.

D. M. Friz: Die Stahlgiganten. Alfried Krupp und Berthold Beitz, 1990.

Flick verkauft sein Imperium

4.12. Düsseldorf. Alfred Herrhausen, Sprecher der Deutschen Bank, gibt in Bonn bekannt, daß Friedrich Karl Flick sein Unternehmen, die Friedrich Flick Industrieverwaltung, für rund 5 Mrd DM an die Deutsche Bank verkauft. Das verzweigte Industrie-Imperium (43 000 Arbeitnehmer), dem u. a. die Gruppe Buderus, Dynamit Nobel und Feldmühle angehören, wird vor dem Kauf in eine Aktiengesellschaft umgewandelt.

Die Deutsche Bank bemühte sich seit zwei Jahren um den Konzern. Flick behauptete immer wieder, seinen Besitz nicht veräußern zu wollen. Von der Transaktion ist der Gerling-Konzern zunächst ausgenommen.

Mit Flick, der durch die Parteispendenaffäre 1983 in die Schlagzeilen geraten war (↑S.764/29.11.1983), gibt einer der letzten großen Privatunternehmer, wie schon vorher Max Grundig, Josef Neckermann und die Brüder Bauknecht, ein Firmenimperium aus der Hand.

Verkehr

Vignette in der Schweiz eingeführt

1.1. In der Schweiz wird eine Jahresgebühr für unbeschränkte Benutzung der Autobahnen in Höhe von 30 sfr erhoben. Jeder Fahrer muß vor der Auffahrt auf die Autobahn die

Nobelpreisträger 1985	K 763
Frieden: Internationale Ärzte zur Verhinderung des Atomkriegs	
Der internationale Zusammenschluß von rd. 150 000 Ärzten (Stand: 1992) hält jede Form der medizinischen Vorbereitung von den Folgen eines Atomkriegs für unvereinbar mit der ärztlichen Ethik. Initiatoren der Bewegung waren Bernhard Lown (USA) und Jewgeni Tschasow (UdSSR).	
Literatur: Claude Simon (F, *1913)	
Simon gehört zu den Vertretern des „Nouveau roman", der sich von den herkömmlichen Erzählstrukturen löst. In seinen Werken, deren Hauptthema die zerstörerische Wirkung der Zeit ist, verarbeitete Simon seine Kriegserfahrungen. Romane: „Das Seil" (1947), „Das Gras" (1958).	
Chemie: Herbert A. Hauptman (USA, *1917), Jerome Karle (USA, *1918)	
Die Forscher entwickelten Methoden, mit denen die Kristallstruktur von Molekülen bestimmt werden kann. Hauptman und Karle stellten anhand gewonnener Daten Gleichungs- und Lösungssysteme auf, die ein verfeinertes dreidimensionales Bild über die Atomanordnung im Kristall liefern.	
Medizin: Michael S. Brown (USA, *1941), Joseph L. Goldstein (USA, *1940)	
Die Genetiker erforschten den Fettstoffwechsel. Sie entdeckten die LDL-Rezeptoren, über die das im Blut zirkulierende Cholesterin ins Innere der Zellen gelangt. Bei krankhafter Veränderung dieser Rezeptoren steigt der Cholesterinspiegel (mögliche Folge: Herzinfarkt).	
Physik: Klaus von Klitzing (D, *1943)	
Klitzing untersuchte den bereits 1879 entdeckten Hall-Effekt und erkannte dabei eine neue Naturkonstante: Die Leitfähigkeit von Halbleiter-Kristallen, die fast auf den absoluten Nullpunkt abgekühlt wurden, verändert sich nicht kontinuierlich, sondern in Sprüngen.	
Wirtschaftswissenschaften: Franco Modigliani (USA, *1918)	
Der gebürtige Italiener entwickelte die sog. Lebenszyklushypothese des Sparens, mit der die Wirkung verschiedener Rentensysteme untersucht werden kann. Gemeinsam mit dem amerikanischen Ökonomen Merton H. Miller erarbeitete er ein Theorem zur Unternehmensfinanzierung (MM-Theorem).	

Vignette erwerben. Für Lkw und Autobusse wird eine Schwerverkehrsabgabe zwischen 500 und 3000 Franken verlangt.
Mit knapper Mehrheit sprachen sich die Schweizer in einer Volksabstimmung im Februar 1984 für die Abgabe aus. Die Einnahmen sollen die öffentlichen Haushalte entlasten, die für Erhaltung und Bau des dichten und im alpinen Gelände teuren Straßennetzes jährlich 1,5 Mrd Franken aufwenden müssen. Die Vignette soll außerdem Signal für eine verkehrspolitische Trendwende sein und den Autoverkehr reduzieren. Da ihr in dieser Hinsicht kein Erfolg beschieden ist, wird über weitere Maßnahmen wie Tempolimit, Benzinrationierung und autofreie Sonntage nachgedacht.

Natur/Umwelt

25 000 Tote bei Vulkanausbruch

13.11. Kolumbien. Bei einem Ausbruch des Vulkans Nevado del Ruiz kommen mindestens 25 000 Menschen ums Leben, 20 000 werden obdachlos. Die am Fuße des 2398 m hohen Kraters gelegene Kleinstadt Armero wird fast vollständig zerstört. Die Eruption ließ das Gletschereis auf der Vulkankuppe rasch schmelzen, worauf eine bis zu 1,5 km breite Schlammlawine ins Tal stürzte.
Nach der Katastrophe wird bekannt, daß Experten schon kurz nach einem ersten Ascheausstoß am 11.9. der kolumbianischen Regierung rieten, die Bevölkerung zu evakuieren. Armero wird zum Friedhof erklärt, da die unter einer bis zu 10 m hohen Schlammschicht liegenden Toten nicht geborgen werden können. S 29/K 22

Technik

Großklinikum Aachen eingeweiht

21.3. Aachen. Nach 15jähriger Bauzeit eröffnet der nordrhein-westfälische Ministerpräsident Johannes Rau das umstrittene Großklinikum in Aachen.
Wegen der immensen Steigerung der Baukosten und noch vor Fertigstellung aufgetretener Bauschäden geriet das Riesenprojekt in die Schlagzeilen. Vom Zeitpunkt der Kostenveranschlagung bis zum Bezug waren die Kosten von 571 Mio DM auf 2,7 Mrd DM gestiegen. Die Fassade hat Konstruktionsmängel und ist undicht, Stahlbleche der Zwischenetagen, die sämtliche Installationen tragen, rosten. Gutachter erwägen die teilweise Schließung des Großklinikums mit rund 1500 Betten.
Die Kostenexplosion wird Gegenstand von fast 300 gerichtlichen Verfahren zwischen dem Bauträger „Neue Heimat Städtebau" und der Landesregierung.

Gesellschaft

Leihschwangerschaft umstritten

13.1. London. Im ersten bekannt gewordenen Fall einer kommerziellen Leihschwangerschaft in Europa darf nach einem Urteil des obersten Gerichts das von einer Leihmutter ausgetragene Kind an seine Auftraggeber übergeben werden.
Die Britin Kim Cotton hatte gegen die Zahlung von umgerechnet 24 000 DM für ein US-amerikanisches Ehepaar ein Baby ausgetragen. Das Kind war mit dem Samen des amerikanischen Mannes, dessen Frau unfruchtbar ist, gezeugt worden.
Der Fall der „Leihmutterschaft" löst auch in der Bundesrepublik Deutschland kontroverse Diskussionen aus. 1989 wird ein sog. Embryonenschutzgesetz verabschiedet, das die Leihmutterschaft verbietet. Auch die gewerbliche Vermittlung von Leihmüttern ist unter Strafe gestellt.
Erstmals in Europa gebärt im Dezember in Großbritannien eine Frau ein Kind ihrer Tochter. Der „Großmutter" wurden zwei künstlich befruchtete Eizellen eingepflanzt. Vater des Kindes ist der Schwiegersohn.
F. Franke: Ich war eine Leihmutter, 1989.

Semper–Oper: Auf den Tag genau 40 Jahre nach seiner Zerstörung im Zweiten Weltkrieg wird das von Gottfried Semper 1871–1878 erbaute Dresdner Opernhaus wiedereröffnet.

1985

Kulturszene 1985 — K 764

Theater

Thomas Bernhard, Der Theatermacher, UA 17.9., Salzburg	Thema des Dramas ist der Perfektionsanspruch des Künstlers und die Vergeblichkeit, diesen Anspruch in die Realität umzusetzen.
Peter Brook/J.-C. Carrière, Mahabharata, UA 13.7., Avignon	Neunstündige Bühnenfassung des gleichnamigen altindischen Epos, an der Brook und Carrière zehn Jahre gearbeitet haben.
Rainer Werner Fassbinder, Der Müll, die Stadt und der Tod; UA 4.11., Frankf./M.	Das Drama über Häuserspekulation in Frankfurt kann wegen Protesten von Juden nur in einer Pressevorführung gezeigt werden.
Heiner Müller, Wolokolamsker Chaussee, UA 8.5., Ostberlin	Erstes von fünf Stücken (bis 1988) über die Dialektik der Revolution: Kämpfer gegen herrschende Gewalt werden selbst zu Gewalttätern.
Lars Norén, Nachtwache, UA 16.2., Stockholm	Das Schauspiel zeigt zwei Großstadtpaare, die in einer masochistischen „Nachtwache" einander ihre Liebesunfähigkeit vorhalten.

Oper

Siegfried Manhus, Die Weise von Liebe und Tod...; UA 16.2., Dresden	Die Musik zu der „Opernvision nach Rilke" ist aus einer Achttonreihe entwickelt; ein Prolog verweist auf die Zerstörung der Semperoper 1945.

Musical

Claude-Michel Schönberg, Les Misérables, UA 8.10., London	Das ambitionierte Revolutions-Musical nach dem gleichnamigen Roman von Victor Hugo (1862) erschließt neue Publikumskreise.

Film

Woody Allen, Hannah und ihre Schwestern; USA	Romantische Tragikomödie über Krisen und tiefgreifende Lebensveränderungen in einer New Yorker Künstlerfamilie.
Doris Dörrie, Männer, BRD	Ein erfolgreicher Manager und ein Aussteiger konkurrieren um eine Frau; intelligente Komödie über den Kampf der Geschlechter.
Federico Fellini, Ginger und Fred, BRD/Italien/Frankreich	Zwei gealterte Tänzer (Giulietta Masina und Marcello Mastroianni) treten noch einmal gemeinsam auf; Satire auf die TV-Unterhaltung.
Akira Kurosawa, Ran, Japan/Frankreich	Kurosawa verbindet Motive aus Shakespeares „König Lear" mit der historischen Gestalt eines japanischen Fürsten aus dem 16. Jh.
Sydney Pollack, Jenseits von Afrika, USA	Der Film nach dem autobiographischen Roman von Tania Blixen – mit Meryl Streep und Robert Redford – erhält sieben Oscars.
X. Schwarzenberger/Otto Waalkes: Otto – Der Film, BRD	Der kommerziell erfolgreichste deutsche Film des Jahres 1985 zeigt Otto Waalkes als naiven Jungen vom Land, der seine große Liebe findet.

Buch

Margaret Atwood, Der Report der Magd, Toronto	Utopischer Roman über die Unterdrückung der Frau in einer männerorientierten Welt: Die Magd Desfred muß als Gebärerin dienen.
Volker Braun, Hinze-Kunze-Roman, Halle (Saale)	Das erste größere Prosawerk des DDR-Dramatikers, eine hintergründige Satire, ist in der DDR schon vor der Auslieferung vergriffen.
Gabriel García Márquez, Die Liebe in den Zeiten der Cholera; Barcelona	In epischer Breite geschildertes Dreiecksverhältnis; das politisch-historische Umfeld bleibt im Gegensatz zu anderen Márquez-Werken außen vor.
Patrick Süskind, Das Parfum, Zürich	Der erfolgreichste deutsche Roman der 80er Jahre erzählt von einem Pariser Parfumeur des 18. Jh., der zum Mörder wird.
Günter Wallraff, Ganz unten, Köln	Die Reportage über die Erniedrigung und Ausbeutung ausländischer Arbeiter in der Bundesrepublik wird zum Politikum.

Kultur

Eröffnung der Semper-Oper

13.2. Dresden. Mit einer Aufführung des „Freischütz" von Carl Maria von Weber wird in Anwesenheit von Staats- und Parteichef Erich Honecker sowie Altbundeskanzler Helmut Schmidt die wiederaufgebaute Semper-Oper eröffnet.

Das Dresdner Opernhaus war zwischen 1871 und 1878 nach einem Entwurf des Baumeisters Gottfried Semper im Stil der italienischen Hochrenaissance erbaut worden. Bei einem alliierten Bombenangriff auf Dresden am 13.2.1945 (↑S.407), bei dem Zehntausende von Menschen starben, wurde die Oper nahezu vollständig zerstört.

Der von einem Architektenteam bis ins Detail stilgerecht ausgeführte Wiederaufbau des prunkvollen Gebäudes kostete 225 Mio DM.

W. Hänsch: Die Semperoper. Geschichte/Wiederaufbau der Dresdner Staatsoper. Mit einem Beitrag über G. Semper, 1986.

„Live Aid Concert" für Afrika

13.7. London/Philadelphia. Im Wembley-Stadion und im John-F.-Kennedy-Stadion findet das von Bob Geldof zugunsten der Afrikahilfe veranstaltete „Live Aid Concert" statt. Die bisher größte Show in der Geschichte der Pop-Musik wird von einem Millionenpublikum in 50 Ländern 16 Stunden lang am Bildschirm verfolgt. In London treten vor 75 000 Zuschauern u. a. Paul

Benefiz-Rockkonzerte — K 765

1.8.1971: Concert for Bangladesh

Veranstalter: George Harrison, Ravi Shankar
Ort: New York, Madison Square Garden
Zweck: Unterstützung der Bevölkerung von Bangladesch (Erlös: 1 Mio DM)
Musiker: Eric Clapton, Bob Dylan, Billy Preston, Leon Russel, Ringo Starr u. a.

13.7.1985: Live Aid Concert

Veranstalter: Bob Geldof
Ort: London und Philadelphia (Simultankonzert)
Zweck: Hilfe für Äthiopien (Erlös: 130 Mio DM)
Musiker: David Bowie, Bob Dylan, Elton John, Madonna, Queen, Sade, Tina Turner, U 2 u. a.

11.6.1988: Nelson Mandela Concert

Veranstalter: Jerry Dammers (Specials) u. a.
Ort: London, Wembley-Stadion
Zweck: Befreiungsaufruf für den südafrikanischen Widerstandskämpfer Nelson Mandela (seit 1962 in Haft)
Musiker: Tracy Chapman, Dire Straits, Eurythmics, Simple Minds, Sting u. a.

McCartney, David Bowie und Elton John auf, in Philadelphia vor 90 000 Konzertbesuchern u. a. Mick Jagger, Tina Turner, Madonna und Eric Clapton. Phil Collins fliegt während der Veranstaltung von London nach Philadelphia und tritt in beiden Stadien auf. Der Erlös beträgt 28 Mio DM durch den Verkauf von Eintrittskarten und mehr als 100 Mio DM durch die Vergabe von Fernsehrechten. S 784/K 765

Sport

Fußballtragödie im Heysel-Stadion
29.5. Brüssel. Anläßlich des Europacup-Endspiels der Landesmeister zwischen Juventus Turin und dem FC Liverpool kommt es zu schweren Ausschreitungen, die 39 Menschen das Leben kosten. Über 400 Zuschauer werden z. T. schwer verletzt.
Nachdem alkoholisierte Liverpooler Hooligans eine Maschendraht-Absperrung durchbrochen und auf Juventus-Anhänger eingeprügelt hatten, brach auf den Zuschauerrängen eine Panik aus. Allein 20 Menschen wurden erschlagen oder zu Tode getrampelt, als eine Betonmauer von der Menge eingedrückt wurde.
Das Spiel wird dennoch durchgeführt und endet 1:0 für Juventus. Als Reaktion auf die Krawalle schließt die Europäische Fußballunion UEFA englische Vereine bis 1990 von europäischen Fußballwettbewerben aus.

17jähriger Becker gewinnt Wimbledon
7.7. Wimbledon. Der Deutsche Boris Becker gewinnt die All-England-Tennismeisterschaften und sorgt für die größte Sensation in der Geschichte des deutschen Tennissports. Er schlägt den US-Amerikaner Kevin Curren mit 6:3, 6:7, 7:6, 6:4 und holt als erster Deutscher, erster ungesetzter und mit 17 Jahren jüngster Spieler den Titel im Herren-Einzel. Becker, der einen Tennisboom in Deutschland auslöst, siegt in Wimbledon erneut 1986 und 1989 (↑S.814/18.12.1988).
D. Koditek: Tennis-Asse, 1987.

„Grünes Jackett" für Langer
15.8. Augusta/Georgia. Als erster Deutscher gewinnt Bernhard Langer das Masters, eines der berühmtesten Golfturniere der Welt. Der

Heysel-Stadion: Die Stehplatztribüne ist nach den Auseinandersetzungen zwischen britischen und italienischen Fans verwüstet. Die Ausschreitungen fordern 39 Todesopfer und über 400 Verletzte. Dennoch wird das Europacup-Endspiel der Landesmeister zwischen Juventus Turin und dem FC Liverpool ausgetragen.

Katastrophen in Fußballstadien		K 766
Datum	Ort	Ausmaß
24. 5.1964	Lima (Peru)	350 Tote bei Krawallen nach Länderspiel zwischen Peru und Argentinien
2. 1.1971	Glasgow (GB)	66 Tote nach Bruch eines Geländers
11. 5.1985	Bradford (GB)	52 Tote bei Tribünenbrand
29. 5.1985	Brüssel (B)	39 Tote bei Krawallen von Fans des FC Liverpool (Europacup-Finale, S.785)
12. 3.1988	Katmandu (Nepal)	90 Tote nach Unwetter-Panik im Stadion
15. 4.1989	Sheffield (GB)	95 Zuschauer sterben nach Panik wegen Überfüllung des Stadions
16.10.1996	Guatemala-Stadt	83 Tote bei Panik wegen Zuschauern, die ins vollbesetzte Stadion nachdrängen

Sport 1985 K 767

Fußball	
Deutsche Meisterschaft	FC Bayern München
DFB-Pokal	Bayer Uerdingen – Bayern München 2:1
Englische Meisterschaft	FC Everton
Italienische Meisterschaft	Hellas Verona
Spanische Meisterschaft	FC Barcelona
Europapokal (Landesmeister)	Juventus Turin – FC Liverpool 1:0
Europapokal (Pokalsieger)	FC Everton – Rapid Wien 3:0
UEFA-Pokal	Real Madrid
Tennis	
Wimbledon (seit 1877; 99. Austragung)	Herren: Boris Becker (FRG) Damen: Martina Navratilova (USA)
US Open (seit 1881; 105. Austragung)	Herren: Ivan Lendl (TCH) Damen: Hana Mandlikova (TCH)
French Open (seit 1925; 55. Austragung)	Herren: Mats Wilander (SWE) Damen: Chris Evert (USA)
Australian Open (seit 1905; 73. Austragung)	Herren: Stefan Edberg (SWE) Damen: Martina Navratilova (USA)
Davis-Cup (München, FRG)	Schweden – BRD 3:2
Eishockey	
Weltmeisterschaft	Tschechoslowakei
Stanley-Cup	Edmonton Oilers
Deutsche Meisterschaft	SB Rosenheim
Radsport	
Tour de France (4127 km)	Bernard Hinault (FRA)
Giro d'Italia (3999 km)	Bernard Hinault (FRA)
Straßen-Weltmeisterschaft	Joop Zoetemelk (HOL)
Automobilsport	
Formel-1-Weltmeisterschaft	Alain Prost (FRG), McLaren-Porsche
Boxen	
Schwergewichts-Weltmeisterschaft	IBF: Leon Spinks (USA) – PS über Larry Holmes (USA), 21.9. WBC: Pinklon Thomas (USA) WBA: Tony Tubbs (USA)
Herausragende Weltrekorde		
Disziplin	Athlet (Land)	Leistung
Leichtathletik, Männer		
1500 m	Said Aouita (MAR)	3:29,45 min
Hochsprung	Igor Paklin (URS)	2,41 m
Stabhochsprung	Sergei Bubka (URS)	6,00 m
Dreisprung	Willie Banks (USA)	17,97 m
Leichtathletik, Frauen		
400 m	Marita Koch (GDR)	47,60 sec
10 000 m	Ingrid Kristiansen (NOR)	30:59,42 min
Weitsprung	Heike Drechsler (GDR)	7,44 m
Schwimmen, Männer		
100 m Freistil	Matt Biondi (USA)	48,95 sec
400 m Freistil	Michael Groß (FRG)	3:47,80 min

Wimbledonsieger Boris Becker: Nach seinem überraschenden Erfolg wird der Tennisprofi 1985 und 1986 zum Sportler des Jahres gewählt.

27jährige Anhauser benötigt nur 282 Schläge (72-74-68-68) für die vier Runden auf dem Par-72-Kurs und bleibt damit sechs Schläge „unter Par".
Langer, der einzige deutsche Golfspieler von internationaler Bedeutung, gewann u. a. 1980 beim Dunlop Masters und 1984 bei den offenen spanischen Meisterschaften.
Das „Grüne Jackett", ein maßgeschneiderter Blazer, mit dem traditionell der Masters-Sieger ausgezeichnet wird, kann Langer 1993 erneut überstreifen. Er ist der zwölfte Spieler, der dieses seit 1934 ausgetragene Turnier zweimal gewinnt.
 B. Langer: Das ist mein Leben, 1990.

Medaillensegen für den „Albatros"

5.8.–11.8. Sofia. Der Deutsche Michael Groß gewinnt bei den Schwimm-Europameisterschaften sechs Goldmedaillen, drei in Einzelwettbewerben und drei in der Staffel. Bei drei Europameisterschaften, 1981, 1983 und 1985, gewann Groß, wegen seines ausgreifenden und kräftigen Schwimmstils „Albatros" genannt, insgesamt elf Titel, eine Leistung, die bis dahin keinem anderen Schwimmer gelang.
Groß ist der überragende Schwimmer der 80er Jahre. Zu seinen Spezialdisziplinen gehören 200 m Freistil sowie 100 m und 200 m Schmetterling. In seiner Laufbahn erringt er drei Olympiasiege und stellt 68 nationale, 24 europäische und zwölf Weltrekorde auf.

1986

Politik

Duvalier aus Haiti vertrieben

7.2. Port-au-Prince. Der Präsident Haitis, Jean-Claude Duvalier („Baby Doc"), wird nach monatelangen Unruhen gestürzt und muß das Land verlassen. Ein militärisch-ziviles Gremium unter Leitung von Generalleutnant Henri Namphy übernimmt die Regierungsgeschäfte. „Baby Doc" übernahm 1971 die Macht von seinem Vater François („Papa Doc"), der seit 1957 Präsident war. Mit Hilfe der paramilitärischen Organisation Tonton Macoutes („Schreckgespenster") hatte der Duvalier-Clan ein Terrorregime errichtet, das jede Opposition blutig unterdrückte.

Haiti gehört zu den ärmsten Ländern der Welt. Das Ende der Duvalier-Herrschaft wurde indirekt von den USA herbeigeführt, die weitere Wirtschaftshilfe von der Beachtung der Menschenrechte abhängig machten. Auch nach dem Putsch kommt Haiti nicht zur Ruhe. 1991 entmachtet das Militär den ersten demokratisch gewählten Präsidenten, Jean Bertrand Aristide, nach achtmonatiger Amtszeit. 1994 erzwingen die USA die Wiedereinsetzung Aristides.

Machtwechsel auf den Philippinen

25.2. Manila. Der philippinische Staatspräsident Ferdinando E. Marcos wird in einem unblutigen Putsch gestürzt und geht ins Exil nach Hawaii (USA). Corazon Aquino, die Witwe des 1983 ermordeten Oppositionsführers Benigno Aquino, wird neues Staatsoberhaupt. Marcos, seit 1965 an der Macht, hatte 1972 das Kriegsrecht über die Philippinen verhängt und regierte seit 1973 mit diktatorischen Vollmachten. Vetternwirtschaft, Korruption und persönliche Bereicherung kennzeichneten seine Amtszeit. Marcos stirbt 1989 auf Hawaii. Fidel Ramos, der als Verteidigungsminister in Aquinos Kabinett sieben Putschversuche verhindert, gewinnt 1992 die Präsidentschaftswahlen. S 593/K 597

📖 L. Schwarzacher/H. Vinke: Philippinen. Die unvollendete Revolution, 1987.

Olof Palme ermordet: Trauernde Bürger legen Rosen an der Stelle in Stockholm nieder, wo der schwedische MInisterpräsident erschossen wurde.

Olof Palme erschossen

28.2. Stockholm. Der schwedische Ministerpräsident Olof Palme wird kurz nach Mitternacht in der Innenstadt erschossen. Der Attentäter, der Palme nach einem Kinobesuch auflauerte, kann unerkannt entkommen.
Palme war seit dem 14.10.1969 (↑S.632) (mit einer Unterbrechung 1975–82) schwedischer Regierungschef. Als Leiter der nach ihm benannten UNO-Sonderkommission für Abrü-

Wichtige Regierungswechsel 1986			K 768
Land	Amtsinhaber	Bedeutung	
Haiti	Jean-Claude Duvalier (P seit 1971) Henri Namphy (P bis 1988)	Militär beendet Diktatur der Duvaliers nach 29 Jahren (7.2.); Auflösung der Milizorganisation „Tonton Macoutes" (S.787)	
Österreich	Rudolf Kirchschläger (Parteilos, P seit 1974) Kurt Waldheim (ÖVP, P bis 1992)	Wahl von Waldheim; internationale Proteste wegen Versuche, seine Vergangenheit als Wehrmachtsoffizier zu vertuschen	
Philippinen	Ferdinando E. Marcos (P seit 1965 Corazon Aquino (P bis 1992)	Diktator Marcos nach versuchtem Wahlbetrug (7.2.) durch unblutigen Putsch vom Volk gestürzt (S.787/25.2.)	
Portugal	Antonio Ramalho Eanes (P seit 1984) Mário Soáres (P bis 1996)	Soáres, Gründer der Sozialistischen Partei Portugals (1973), wird erster ziviler Präsident des Landes seit 1926	
Schweden	Olof Palme (M seit 1982) Ingvar Carlsson (M bis 1991)	Palme, der sich für Abrüstung in Ost und West einsetzte, wird nach Kinobesuch von Unbekanntem erschossen (28.2.)	
Uganda	Tito Okello (P seit 1985) Yoweri Museveni (P bis . . .)	Machtübernahme der Rebellen (29.1.) beendet 7jährigen Bürgerkrieg, verursacht durch Stammes- und Religionsgegensätze	

M = Ministerpräsident bzw. Premierminister; P = Präsident

Die USA im 20. Jahrhundert (I)		K 769
Jahr	**Ereignis**	
1903	Höhepunkt amerikanischer Interventions- und Annexionspolitik: Abspaltung Panamas von Kolumbien ermöglicht Bau des Panamakanals (1904–14 Gesamtkosten: 365 Mio Dollar, S.36/3.11.)	
1917	Eintritt der USA in den 1. Weltkrieg (6.4.): Kriegserklärung an Deutschland nach gescheiterten Vermittlungsversuchen (S.133)	
1918	US-Präsident T. Woodrow Wilson verkündet Friedensprogramm in 14 Punkten (8.1.); Grundlage für Waffenstillstand (S.144/11.11.)	
1919	Amerikanischer Senat lehnt Ratifizierung des Versailler Friedensvertrags ab (18.11.); kein Beitritt zum Völkerbund, Rückkehr zu isolationistischer Außenpolitik (bis 1937, S.152/28.4.)	
1920	Beginn der Prohibition: Verbot von Einfuhr, Herstellung und Verkauf von Alkohol durch Verfassungszusatz (bis 1933, S.167/16.1.)	
1924	Dawes-Plan zur Regelung der deutschen Reparationszahlungen für die Besiegten des 1. Weltkriegs (16.8.) durch Finanzpolitiker Charles Gates Dawes; abgelöst durch Young-Plan 1929 (S.210)	
1929	Zusammenbruch des Aktienmarkts (25.10.) an der New Yorker Börse löst Weltwirtschaftskrise aus; Preisverfall, Sinken des Lebensstandards, Arbeitslosigkeit (USA: 15 Mio bis 1933, S.258)	
1933	Beginn der Politik des New Deal unter Präsident Franklin D. Roosevelt (4.3.): Wirtschaftsreform durch staatliche Interventionsmaßnahmen; Entwicklung der USA zum Sozialstaat (S.283/7.11.1932)	
1941	Atlantik-Charta zwischen Präsident Roosevelt und dem britischen Premier Winston Churchill über gemeinsame Friedensziele, u. a. Selbstbestimmungsrecht der Völker (S.373/14.8.)	
	Japanischer Überfall auf Pearl Harbor zerstört Großteil der US-Pazifikflotte (7.12.); Kongreß erklärt Japan den Krieg (S.374)	
	Kriegserklärung von Deutschland und Italien an die USA (11.12.); Zusammenschluß von China, Großbritannien, der Sowjetunion und der USA zur Alliierten Koalition (1.1.1942)	
1944	Invasion der Alliierten in der Normandie drängt deutsche Truppen auf die Reichsgrenzen zurück (S.396/6.6.)	
1945	Atombombenabwurf auf Hiroshima (6.8.) und Nagasaki (9.8.) führt zur japanischen Kapitulation am 15.8. (S.412)	
1947	Truman-Doktrin (12.3.): Außenpolitische Leitlinie zur Militär- und Wirtschaftshilfe für Staaten, deren Freiheit gefährdet ist; zunächst Unterstützung der Türkei sowie der antikommunistischen Kräfte im griechischen Bürgerkrieg (S.407/12.4.1945)	
1947	Marshall-Plan angekündigt (5.6.): wirtschaftliches Hilfsprogramm für wirtschaftlich stagnierende europäische Länder (S.429)	
1949	Gründung der NATO (North Atlantic Treaty Organization) durch zehn europäische Staaten, Kanada und die USA (S.451/4.4.)	
	Besatzungsstatut der Alliierten über Westdeutschland (8.4.): Zusammenschluß der Besatzungszonen als Vorbereitung zur Gründung eines westdeutschen Staates (S.452)	
1950	Eintritt der USA in den Koreakrieg (25.6.; bis 1953): Entsendung von Streitkräften zur Verteidigung Südkoreas (S.462)	
	Joseph McCarthy leitet den Senatsausschuß zur Untersuchung „unamerikanischer Umtriebe" (bis 1954): Verfolgung angeblicher Kommunisten in Verwaltung und öffentlichem Leben (S.461)	
1951	US-Gericht verurteilt Julius und Ethel Rosenberg wegen Atomspionage für die UdSSR zum Tode (29.3.; vollstreckt 1953, S.486)	
1954	Militärstrategie der „Massiven Vergeltung" (12.1.) soll die UdSSR von einem Atomwaffenangriff gegen die USA abhalten (S.490)	
1957	Martin Luther King gründet Southern Christian Leadership Conference (SCLC) für gewaltlosen Widerstand gegen Rassendiskriminierung; militante Gruppierungen: SNCC (1960), Black Panther (1966)	

stung und Sicherheitsfragen forderte er ein allgemeines Kernwaffenmoratorium und eine atomwaffenfreie Zone in Europa. Palme war Mitglied in der von Willy Brandt geleiteten Nord-Süd-Kommission, die den gleichberechtigten Dialog zwischen Industrie- und Entwicklungsländern sucht. Nachfolger als Ministerpräsident wird Ingvar Carlsson.

1996 verdichten sich Hinweise auf eine Beteiligung des früheren südafrikanischen Geheimdienstes an dem immer noch unaufgeklärten Mord. Palme galt als entschiedener Gegner des Apartheid-Regimes (↑S.578/12.6. 1964). S 633/K 632

H. Holmer: Tod in Stockholm. Der Mord an Olof Palme, 1989.

„Cohabitation" in Frankreich

16.3. Paris. Aus den französischen Parlamentswahlen gehen die bürgerlichen Parteien als Sieger hervor und erreichen die absolute Mehrheit der Mandate. Stärkste Fraktion bleiben die bislang regierenden Sozialisten. Die rechtsradikale Nationale Front von Jean-Marie Le Pen gelingt mit 35 Mandaten der Einzug ins Parlament. Die Politik wird fortan von der „Cohabitation" (Zusammenleben) bestimmt: Präsident bleibt der seit 1981 amtierende Sozialist François Mitterrand. Premierminister wird der Gaullist Jacques Chirac. Erstmals in Frankreichs Geschichte sind diese beiden Ämter von Politikern gegensätzlicher Positionen besetzt. Die „Cohabitation" endet 1988, als der Sozialist Michel Rocard Premierminister wird. S 568/K 574

Waldheim Präsident Österreichs

8.6. Wien. Bei der Stichwahl um das Amt des österreichischen Bundespräsidenten erzielt der Kandidat der Österreichischen Volkspartei (ÖVP), Kurt Waldheim, mit 53,9% einen überraschend klaren Sieg über seinen Gegenkandidaten von der regierenden Sozialistischen Partei Österreichs (SPÖ), Kurt Steyrer. Die Wahl des ehemaligen UNO-Generalsekretärs war von Vorwürfen des Jüdischen Weltkongresses begleitet, der Waldheim der Mitwisser- und Täterschaft bei NS-Kriegsverbrechen auf dem Balkan bezichtigte. Waldheim war dort als Offizier der deutschen Wehrmacht eingesetzt, eine Beteiligung an Kriegsverbrechen kann ihm aber, so das Urteil einer internationalen Historikerkommission, nicht nachgewiesen werden.

Nach Waldheims Wahl beruft Israel seinen Botschafter in Wien ab, die USA verhängen gegen Waldheim ein De-facto-Einreiseverbot, indem sie seinen Namen auf eine

„watch-list" setzen. Als Reaktion auf die erste Niederlage der SPÖ bei einer Präsidentschaftswahl tritt Fred Sinowatz als Bundeskanzler zurück, Nachfolger wird sein Parteigenosse Franz Vranitzky. S 498/K 504

📖 Gruppe „Neues Österreich" (Hg.): Pflichterfüllung. Ein Bericht über Kurt Waldheim. Mit einem Vorwort v. Peter Handke, 1986.

Iran-Contra-Affäre
25.11. Washington. US-Präsident Ronald Reagan zieht erste personelle Konsequenzen aus Enthüllungen über illegale Waffengeschäfte mit Iran. Er entläßt seinen Sicherheitsberater John Poindexter und Oberstleutnant Oliver North, der im Nationalen Sicherheitsrat für Waffenlieferungen zuständig ist.
Entgegen ihrer offiziellen antiiranischen Haltung und der propagierten Härte gegenüber Terroristen hatten die USA Waffen an Iran geliefert, um die Freilassung US-amerikanischer Geiseln im Libanon zu erreichen. Gelder aus diesem Geschäft wurden als Militärhilfe an die sog. Contras weitergeleitet, die gegen die sozialistische Regierung in Nicaragua kämpfen. Eine Unterstützung der Contras mit Haushaltsmitteln hatte der Kongreß jedoch 1984 untersagt.
Auch eine Untersuchungskommission des Weißen Hauses kann nicht klären, wie weit Reagan in die Iran-Contra-Affäre („Irangate") verstrickt ist. S 789/K 769

Wirtschaft

Bertelsmann größter Medienkonzern
26.9. Gütersloh. Der Bertelsmann-Konzern kauft für 960 Mio DM den zweitgrößten US-amerikanischen Buchverlag, Doubleday & Co. Mit einem Jahresumsatz von 10,5 Mrd DM ist die Bertelsmann-Gruppe damit kurzfristig größter Medienkonzern der Welt, bis sie 1988 vom US-amerikanischen Konzern Time Warner wieder auf den zweiten Platz verdrängt wird (1994: Jahresumsatz Time Warner 30,1 Mrd DM, Bertelsmann 20,6 Mrd DM).
Das Gütersloher Unternehmen, dem bereits der größte US-Taschenbuchverlag (Bantam Books) gehört, steigt außerdem in den Musikmarkt ein. Am 9.9. wurde für 600 Mio DM der Musikbereich des New Yorker Medienunternehmens RCA aufgekauft.
Die Entwicklung von Presseverlagen zu Multimedia-Konzernen vollzieht sich auch auf nationaler Ebene. Neben Bertelsmann und

Die USA im 20. Jahrhundert (II) K 769

Jahr	Ereignis
1958	Gründung der NASA (National Aeronautics and Space Administration) zur Förderung von Raumforschung (S.524/29.7.)
1959	Hawaii wird 50. Staat der USA (S.531/21.8.); Abschluß der territorialen Expansion im 20. Jh.; vorher Aufnahme Alaskas (31.1.)
	Erstes Gipfeltreffen eines sowjetischen Premiers (Nikita S. Chruschtschow) mit einem US-Präsidenten (Dwight D. Eisenhower) über Möglichkeiten zur Beendigung des kalten Krieges (S.531/15.9.)
1961	Invasion in der Schweinebucht (Kuba) scheitert (17.4.): Vom CIA zur Niederwerfung des prosowjetischen Regimes unter Fidel Castro ausgebildete Exilkubaner werden an Landung gehindert (S.546)
1962	Kubakrise wegen Installation sowjetischer Mittelstreckenraketen auf der Westindischen Insel (22.10.); amerikanische Seeblockade (bis 20.11.) erzwingt Einlenken der UdSSR (S.546/17.4.1961)
1963	Präsident John F. Kennedy bei Attentat getötet (S.570/22.11.)
1964	Bürgerrechtsgesetz garantiert allen Amerikanern die Gleichberechtigung (2.7.); Rassendiskriminierungen halten jedoch an und führen in schwarzen Ghettos der Großstädte zu schweren Unruhen (u. a. 1965: Los Angeles; 1967: Newark, Detroit, S.579)
	Eintritt der USA in den Vietnamkrieg nach Angriff auf US-Zerstörer im Golf von Tongking (30.7.); militärische Unterstützung Südvietnams (bis 1973, S.579/672)
1968	Der schwarze Bürgerrechtler Martin Luther King wird in Memphis/Tennessee von einem flüchtigen Sträfling getötet (4.4.); Folge: Massenunruhen in 40 Großstädten der USA (S.618)
1969	Landung der amerikanischen Astronauten Neil Armstrong und Edwin Aldrin auf dem Mond (S.635/20.7.)
1972	Präsident Nixon macht „historische" erste Besuche in kommunistischen Staaten: China (S.662/21.2.) und UdSSR (22.5.)
	Unterzeichnung des SALT-I-Abrüstungsvertrags zwischen der USA und der UdSSR (22.5.); Folgeabkommen: SALT II (1979, nicht ratifiziert), INF-Vertrag (1987), START-Verträge (1991/93, S.664/802)
	Einbruch in das Wahlkampfhauptquartier der Demokraten (17.6.) führt zur Watergate-Affäre: Größter Politskandal der USA zwingt Präsidenten Nixon zum Rücktritt (S.686/8.8.1974)
1979	Besetzung der Teheraner US-Botschaft (4.11.) nach islamischer Revolution im Iran: 52 Botschaftsangehörige festgesetzt; eine militärische Befreiungsaktion scheitert (S.740/25.4.1980)
	Sowjetischer Einmarsch in Afghanistan (26.12.) löst schwere Ost-West-Krise aus; USA sperren Weizenexporte in die UdSSR (S.733)
1985	SDI-Projekt eines durch Weltraumsatelliten gestützten Raketenabwehrsystems belastet Abrüstungsvorhaben: UdSSR droht mit Abbruch der Genfer Abrüstungsgespräche (Juni); 1993 zugunsten einer Raketenabwehr von Mittelstreckenraketen modifiziert
1987	Iran-Contra-Affäre wegen geheimer Waffenlieferungen an den Iran; Erlöse zur Unterstützung der gegen die sandinistische Regierung kämpfenden Contra-Rebellen in Nicaragua (S.789)
1991	Luftkrieg und Bodenoffensive zur Befreiung Kuwaits nach irakischer Invasion (17.1. bis 28.2.); größter Aufmarsch von US-Truppen seit dem 2. Weltkrieg (360 000 Soldaten, S.843)
1992	Schwere Rassenkrawalle in Los Angeles fordern 58 Tote
1993	Bill Clinton (Demokrat) Präsident: Erfolge bei Reduzierung des Haushaltsdefizits und bei internationaler Friedensvermittlung (Nahost 1993, Bosnien 1995); Wiederwahl Nov. 1996 (S.900)
1994	Republikanische Mehrheit in beiden Häusern des Kongresses blockiert Sozialvorhaben (Scheitern der Gesundheitsreform)

1986

Springer, die an den Privatsendern RTLplus bzw. SAT. 1 beteiligt sind, weiten auch kleine Print-Unternehmen ihre Aktivitäten auf die neuen Medien aus. Von 300 deutschen Zeitungsverlagen sind bereits 180 in das Geschäft mit den privaten Hörfunk- und Fernsehanbietern eingestiegen, das einträgliche Werbeeinahmen verspricht.

Natur/Umwelt

Reaktor-Unfall in Tschernobyl [KAR]

26.4. Tschernobyl. Im ukrainischen Kernkraftwerk Tschernobyl kommt es zum bislang schwersten Unfall in der Geschichte der friedlichen Nutzung von Atomenergie. Bei einem Reaktorbrand werden Strahlungen von insgesamt 50 Mio Curie freigesetzt: Das ist 40–50mal soviel Radioaktivität wie bei der Atombombenexplosion über Hiroshima.
Auslöser des GAU (größter anzunehmender Unfall) war eine Reihe von Bedienungsfehlern (u. a. Abschaltung des Notkühlsystems). An den unmittelbaren Folgen des Unfalls sterben innerhalb von drei Monaten 28 Personen, 200 werden wegen akuter Strahlenkrankheit in Krankenhäuser eingeliefert. 355 000 Menschen werden bis 1996 aus stark radioaktiv verseuchtem Gebiet evakuiert. 800 000 Katastrophenhelfer beseitigen bis 1990 in einer 30-km-Zone um das Kraftwerk die Unfallfolgen. Bei ihnen wird später eine erhöhte Selbstmord- und Krankheitsrate festgestellt.
Die radioaktive Wolke breitet sich bis nach Nord- und Mitteleuropa aus. Am 30.5. wird in Süddeutschland Radioaktivität in der Luft gemessen, die 15mal höher ist als die Normalwerte. Weltweit wird mit einer erhöhten Zahl von Krebstoten gerechnet. S 791/K 770

J. Stscherbak: Protokolle einer Katastrophe. Tschernobyl, Kiew, Athenäum TB 105.
F. Zydek/G. Crivelli: Menschen in Tschernobyl. Vom Leben mit der Katastrophe, 1990.

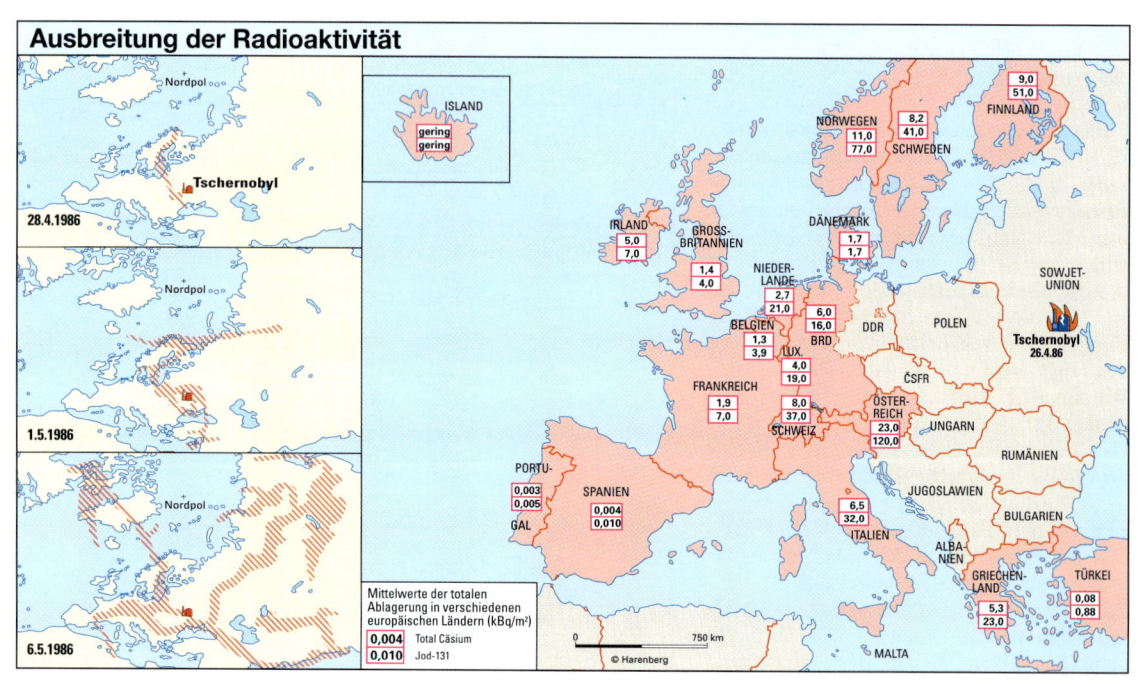

Tschernobyl: Das Atomkraftwerk mit dem zerstörten Reaktorblock 4, in dem es zur Kernschmelze kam.

Phosphat-Verbot in der Schweiz
1.7. Schweiz. Als erstes europäisches Land verbietet die Schweiz Verkauf und Verwendung phosphathaltiger Waschmittel. Die Regierung will mit dieser Maßnahme die gefährlich hohe Schadstoffbelastung in den Alpenseen reduzieren.
Phosphat führt in Gewässern zur Überdüngung und verstärkter Algenbildung; die Seen drohen „umzukippen".
Das Verbot phosphathaltiger Waschmittel reduziert die Belastung jedoch nur um 10%, da der weitaus größere Anteil des Phosphats aus Düngemitteln der Landwirtschaft stammt.
Auch in der Bundesrepublik Deutschland setzen sich zunehmend phosphatfreie Waschmittel durch: Während 1975 noch 42 000 t Phosphate in die Gewässer gelangten, sinkt der Anteil bis 1989 nach Angaben des Bundesumweltministeriums auf 5000 t.

Rhein nach Sandoz-Brand verseucht
1.11. Basel. Nach einem Großbrand im Chemiekonzern Sandoz gelangen mit dem Löschwasser giftige Chemikalien (u. a. Pflanzenschutzmittel) in den Rhein, wo sie Flora und Fauna abtöten. Der Oberlauf ist biologisch nahezu tot, auch der Unterlauf ist schwer geschädigt.

Schwere Unfälle in Atomanlagen K 770

Jahr	Ort	Ereignis	Folgen
1948	Hanford (USA)	Aus Versuchszentrum entweicht radioaktives Jod 131	Aus Unkenntnis der Gefahr nicht beachtet
1952	Windscale (GB)[1]	Große Mengen Plutonium werden ins Meer geleitet (auch 1953)	Aus Unkenntnis der Gefahr nicht beachtet
1957	Windscale (GB)[1]	Zweitägiger Graphit-Schwelbrand	40 Tote durch Strahlung; Gebiet von 500 km² verseucht
1957/1958	Ural (UdSSR)	Explosion in Zwischenlager für abgebrannte Brennstäbe	Nur Evakuierung von rd. 30 Dörfern wird bekannt
1966	Detroit (USA)	Partielle Kernschmelze in Forschungs-Brutreaktor	Nicht bekanntgegeben
1975	Alabama (USA)	Kabelbrand in Reaktor setzt Steuerzentrum außer Betrieb	Nicht bekanntgegeben
1979	Harrisburg (USA) (S.733)	Radioaktive Wolke entweicht aufgrund technischer Mängel	Evakuierung von 200 000 Menschen; hohe Strahlenwerte
1984	Bulgey (F)	Störung der Stromversorgung in Atomkraftwerk	GAU kann nur knapp verhindert werden
1986	Tschernobyl (UdSSR) (S.790)	Reaktorbrand in Atomkraftwerk; radioaktive Wolke freigesetzt	Mehrere 100 Tote; Gebiete in UdSSR verseucht; Europa belastet

1) Heute Sellafield

1986

„Challenger": Nur 73 Sekunden nach ihrem Start in Cape Canaveral explodiert in 16 km Höhe die US–amerikanische Raumfähre

Nobelpreisträger 1986	K 771
Frieden: Elie Wiesel (USA, *1928)	
Der Schriftsteller wendet sich in seinen Romanen, Dramen und Essays gegen die Gleichgültigkeit, die menschenverachtende Verbrechen erst ermöglicht. Wiesel, der die Deportation in KZs überlebte, beschäftigte sich immer wieder mit der Verfolgung und Vernichtung der Juden.	
Literatur: Wole Soyinka (Nigeria, *1934)	
Soyinka, erster Literatur-Nobelpreisträger Afrikas, befaßt sich in seinem erzählerischen und dramatischen Werk vorwiegend mit nigerianischen Themen. Sein autobiographischer Bericht „Der Mann ist tot" (1972) ist eine Bestandsaufnahme der innenpolitischen Situation Nigerias.	
Chemie: Dudley R. Herschbach (USA, *1932), Yuan Tseh Lee (USA, *1936), John C. Polanyi (Kanada, *1929)	
Die Wissenschaftler entwickelten Methoden, mit denen die Umwandlung von Energie bei chemischen Reaktionen untersucht werden kann. Auf Herschbach und Lee geht die Methode der gekreuzten Molekülstrahlen zurück, die unverfälschte Reaktionsprozesse garantiert. Polanyi erfand die sog. infrarote Chemie-Lumineszenz, die das sehr schwache Licht registriert, das bei der Energieumwandlung ausgesendet wird.	
Medizin: Stanley Cohen (USA, *1922), Rita Levi-Montalcini (I, *1909)	
Die Wissenschaftler erforschen die Steuerungsmechanismen beim Wachstum von Zellen und Organen. Levi-Montalcini entdeckte 1952 die Substanz, die für das Wachstum der Nervenzellen verantwortlich ist. Cohen fand hormonähnliche Substanzen, die das Wachstum von Gewebszellen steuern und die Heilung von Wunden an der Haut beschleunigen.	
Physik: Gerd Binnig (D, *1947), Heinrich Rohrer (CH, *1933), Ernst Ruska (D, 1906–1988)	
Binnig und Rohrer erfanden das Raster-Tunnelmikroskop, das bei Festkörpern und biologischen Objekten wie Viren die Lage einzelner Atome sichtbar macht. Das Raster-Tunnelmikroskop findet vor allem in der Mikroelektronik (Herstellung von Chips) Anwendung. Ruska konstruierte 1939 ein Elektronenmikroskop, das nach dem 2. Weltkrieg viele bedeutende Entdeckungen in Biologie (u. a. in der Zellforschung) und Chemie ermöglichte.	
Wirtschaftswissenschaft: James Buchanan (USA, *1919)	
Buchanan gehört zu den Gründern der sog. Neuen Politischen Ökonomie, die zwischen Volkswirtschaft und Staatswissenschaft angesiedelt ist. In seinen Studien befaßte sich Buchanan mit dem Zustandekommen wirtschaftlicher Entscheidungen im öffentlichen Bereich.	

Nicht die Schweiz, sondern die Bundesrepublik löst Rheinalarm aus. Die etwa 70 km lange Giftschleppe erreicht am 4.12. Rheinland-Pfalz, das die Schließung der Trinkwasserbrunnen am Rhein anordnet. In Nordrhein-Westfalen werden mehrere Gemeinden durch Tanklastzüge mit Trinkwasser versorgt. Nach dem Sandoz-Unfall beschließt die Bundesregierung schärfere Umweltschutzmaßnahmen, u. a. die Aufnahme verbreiteter Pflanzenschutzmittel in die sog. Liste gefährlicher Stoffe. Chemiewerke mit entsprechendem Gefahrenpotential müssen geschlossene Kühlsysteme und Sensoren zur Früherkennung von Störfällen einbauen. S 708/K 696

Technik

„Challenger" explodiert

28.1. Cape Canaveral. Kurz nach dem Start explodiert die US-amerikanische Raumfähre „Challenger" mit sieben Astronauten an Bord. Es ist das bislang schwerste Unglück in der bemannten Raumfahrt.
Die US-Raumfähren (space shuttles) starten mit Hilfe zweier Feststoffraketen und eines mit Flüssigtreibstoff gefüllten Außentanks. Infolge von Kälteeinwirkung löste sich wahrscheinlich eine Feststoffrakete aus ihrer Halterung und brach in den Außentank ein, der daraufhin explodierte.
Obwohl Ingenieure vor dem Start Sicherheitsbedenken geltend gemacht hatten, war die Leitung der US-amerikanischen Raumfahrtbehörde NASA nicht bereit, den Start erneut zu verschieben, da sie den Terminplan für das Raumfährenprogramm nicht gefährden wollte.
NASA-Generaldirektor Philip Culbertson wird seines Amtes enthoben. Die Challenger-Katastrophe bedeutet einen schweren Rückschlag für die militärische und zivile Raumfahrt der USA. Erst 1988 nehmen die USA mit dem Start der Raumfähre „Discovery" ihr Raumfahrtprogramm wieder auf.
📖 J. Puttkamer: Rückkehr zur Zukunft. Bilanz der Raumfahrt nach Challenger, 1989.

Größtes Sturmflutwehr vollendet

4.10. Die niederländische Königin Beatrix nimmt das größte bewegliche Sturmflutwehr der Welt in Betrieb.
Das Bauwerk an der Oosterschelde liegt inmitten der Gezeitenströmung zwischen den Halbinseln Schouwen-Duiveland und Noordbeveland. Bei einer Sturmflut können die 62 Schleusentore innerhalb von einer Stunde mit

hydraulischem Druck geschlossen werden. Die 3 km lange Wehranlage muß einem Pralldruck von 500 Mio kg standhalten.
Überlegungen zu dem Bau kamen nach der Sturmflut vom 1.2.1953 auf, als in der Provinz Seeland die Deiche brachen und 1800 Menschen ertranken. Anstelle eines zunächst geplanten Dammes entschlossen sich die Planer auf Druck von Umweltschützern zu einer Flutwehranlage, die den normalen Gezeitenstrom nicht behindert. Durch diese Maßnahme bleibt der östliche Arm der Schelde als natürlicher Lebensraum erhalten.

Kultur

Oscarflut für „Jenseits von Afrika"

24.3. Los Angeles. Sydney Pollacks Film „Jenseits von Afrika", nach Motiven des 1937 verfaßten autobiografischen Romans der dänischen Schriftstellerin Tania Blixen, wird mit sieben Oscars ausgezeichnet. Der Film mit Meryl Streep, Robert Redford und Klaus Maria Brandauer in den Hauptrollen schildert das Leben der Baronesse Blixen auf ihrer Kaffeeplantage in Kenia. Als ihre Farm abbrennt und der britische Großwildjäger, den sie liebt, bei einem Flugzeugabsturz ums Leben kommt, kehrt Tania Blixen nach Europa zurück.
Der US-amerikanische Regisseur Sydney Pollack hatte bereits vier Jahre zuvor mit seiner Komödie „Tootsie" großen Erfolg. Dustin Hoffman verkörperte darin einen erfolglosen Schauspieler, der sich als Frau verkleidet, um Rollenangebote zu bekommen und als „Schauspielerin" populär wird. Pollacks 1990 gedrehtes Epos „Havannah" findet bei Kritik und Publikum hingegen wenig Anklang. S 784/K 764

Komödie von Jim Jarmusch

30.10. USA. „Down by Law", der dritte Film des US-amerikanischen Regisseurs Jim Jarmusch, hat Premiere. Die in Schwarzweiß gedrehte Komödie erzählt die Geschichte dreier Männer: Ein Diskjockey (Tom Waits), ein Zuhälter (John Lurie) und ein italienischer Tourist (Roberto Benigni) lernen sich in einer Gefängniszelle in Louisiana kennen, brechen aus und gehen wieder auseinander. Jarmusch gehört zu den sog. Independents, die unabhängig von den Zwängen der Hollywood-Studios ihre Filme realisieren. Mit dem Roadmovie „Stranger than Paradise", das bei den Festivals von Cannes und Locarno (Goldener Leopard) Auszeichnungen er-

Kulturszene 1986 K 772

Theater	
Botho Strauß Die Fremdenführerin UA 15.2., Westberlin	Das Paar in dem Zweipersonenstück ist ausschließlich mit seinen Gefühlen beschäftigt und zu einer Zweierbeziehung unfähig.
Oper	
Hans-Jürgen von Bose Die Leiden des jg. Werthers UA 30.4., Schwetzingen	Die Goethe-Oper verwandelt den Briefroman in eine Folge kaleidoskopartiger Szenen, die zwischen Reflexion und Realität pendeln.
Aribert Reimann Troades UA 7.7., München	Die Antikriegs-Oper über das gefallene Troja nimmt die Form eines großen Klagegesangs an, der den Zuhörer in seinen Bann zieht.
Hans Zender Stephen Climax UA 15.6., Frankfurt/M.	Zwei verschiedene Handlungen verlaufen simultan: Szenen aus dem „Ulysses" von James Joyce und die Legende um den heiligen Simeon.
Musical	
Birger Heymann Linie 1 UA 30.4., Berlin	Vom Grips-Theater aus erobert die rockige musikalische Revue über Berliner Typen in der U-Bahn die deutschsprachigen Bühnen.
Andrew Lloyd Webber Das Phantom der Oper UA 9.10., London	Aus Gaston Leroux' Roman (1910) über ein mordendes Monster wird ein opernhaftes Musical mit aufwendigen Regiekunststücken.
Film	
Jean-Jacques Annaud Der Name der Rose BRD/Italien/Frankreich	Spannend und mit großem Aufwand (46 Mio DM) inszenierte Verfilmung des Romans von Umberto Eco mit Sean Connery in der Hauptrolle.
Derek Jarman Caravaggio Großbritannien	Unkonventioneller Künstlerfilm über den italienischen Renaissancemaler und gesellschaftlichen Außenseiter Caravaggio (1573–1610).
Jim Jarmusch Down by Law USA	Drei gescheiterte Existenzen bilden im Gefängnis eine Notgemeinschaft und fliehen zusammen; ein poetisch-ironischer Schwarzweißfilm.
Roland Joffé Mission Großbritannien	Eine Missionsstation geht Mitte des 18. Jh. durch politische und kirchliche Intrigen unter; Goldene Palme in Cannes 1986.
Aki Kaurismäki Schatten im Paradies Finnland	Spröde Liebesgeschichte zwischen einem Müllwagenfahrer und einer Kassiererin; eine überzeugende Sozialreportage aus Helsinki.
David Lynch Blue Velvet USA	Hintergründig-irritierender Horrorthriller: Ein Student taucht in eine Welt der menschlichen Abgründe und Perversitäten ein.
Eric Rohmer Das grüne Leuchten Frankreich	Eine alleinstehende Pariser Sekretärin weiß nicht, wo sie ihren Urlaub verbringen soll; Porträt einer innerlich einsamen Frau.
Martin Scorsese Die Farbe des Geldes USA	Paul Newman als alternder Billard-Champion, der einen Nachwuchsspieler managt; Reflexion über Jugend, Alter und Existenz.
Buch	
Thomas Bernhard Auslöschung – Ein Zerfall Frankfurt/M.	Bernhards mit Feindseligkeiten gegen Familie, Staat und Kirche gespickter Monolog vermischt Pathos und schwarzen Humor.
Günter Grass Die Rättin Neuwied	Thema des Romans ist die durch weltweite Atomrüstung mögliche und durch Computerfehler ausgelöste Selbstvernichtung der Menschheit.
Stefan Schütz Medusa Reinbek	Die Persönlichkeitsspaltung der Hauptfigur, die sich in Selbstgesprächen äußert, spiegelt die Selbstentfremdung des Menschen.
Andrzej Szczypiorski Die schöne Frau Seidenman; Paris	Kunstvoll kombiniertes Zeitpanorama, das im von Deutschland okkupierten Warschau 1943 spielt; zahlreiche Vor- und Rückgriffe.

Sport 1986		K 773
Fußball		
Weltmeisterschaft	Argentinien – BRD 3:2	
Deutsche Meisterschaft	FC Bayern München	
DFB-Pokal	Bayern München – VfB Stuttgart 5:2	
Englische Meisterschaft	FC Liverpool	
Italienische Meisterschaft	Juventus Turin	
Spanische Meisterschaft	Real Madrid	
Europapokal (Landesmeister)	Steaua Bukarest – FC Barcelona 2:0 n. E.	
Europapokal (Pokalsieger)	Dynamo Kiew – Atletico Madrid 3:0	
UEFA-Pokal	Real Madrid	
Tennis		
Wimbledon (seit 1877; 100. Austragung)	Herren: Boris Becker (FRG) Damen: Martina Navratilova (USA)	
US Open (seit 1881; 106. Austragung)	Herren: Ivan Lendl (TCH) Damen: Martina Navratilova (USA)	
French Open (seit 1925; 56. Austragung)	Herren: Ivan Lendl (TCH) Damen: Chris Evert (USA)	
Australian Open (seit 1905; 74. Austragung)	Herren: Stefan Edberg (SWE) Damen: Martina Navratilova (USA)	
Davis-Cup (Melbourne, AUS)	Australien – Schweden 3:2	
Eishockey		
Weltmeisterschaft	Sowjetunion	
Stanley-Cup	Montreal Canadiens	
Deutsche Meisterschaft	Kölner EC	
Radsport		
Tour de France (4083 km)	Greg LeMond (USA)	
Giro d'Italia (3859 km)	Roberto Visentini (ITA)	
Straßen-Weltmeisterschaft	Moreno Argentin (ITA)	
Automobilsport		
Formel-1-Weltmeisterschaft	Alain Prost (FRA), McLaren-Porsche	
Boxen		
Schwergewichts-Weltmeisterschaft	WBC: Mike Tyson (USA) – K.o. über Trevor Berbick (CAN), 22.11.	
Herausragende Weltrekorde		
Disziplin	Athlet (Land)	Leistung
Leichtathletik, Männer		
Diskuswurf	Jürgen Schult (GDR)	74,08 m
Leichtathletik, Frauen		
100 m Hürden	Jordanka Donkova (BUL)	12,26 sec
400 m Hürden	Marina Stepanowa (URS)	52,96 sec
10 000 m	Ingrid Kristiansen (NOR)	30:13,75 min
Siebenkampf	Jackie Joyner (USA)	7151 P.
Schwimmen, Männer		
100 m Schmetterling	Pablo Morales (USA)	52,84 sec
10 000 m	Michael Groß (FRG)	1:56,24 min
Schwimmen, Frauen		
100 m Freistil	Kristin Otto (GDR)	54,73 sec
200 m Freistil	Heike Friedrich (GDR)	1:57,55 min

hielt, wurde er auch in Europa bekannt. 1991 dreht Jarmusch den Episodenfilm „Night on Earth", der zeitgleich in fünf Großstädten spielt (Los Angeles, New York, Rom, Paris, Helsinki) und flüchtige Begegnungen in Taxis schildert. S 793/K 772

Sport

Zweiter WM-Titel für Argentinien
30.6. Mexico-City. Im Finale um die XIII. Fußball-Weltmeisterschaft schlägt Argentinien im Aztekenstadion die deutsche Elf 3:2 und sichert sich zum zweiten Mal nach 1978 den Titel.
Das deutsche Team kann die argentinische 2:0-Führung (José Luis Brown, 23. Minute; Jorge Valdano, 56. Minute) zwar ausgleichen (Karl-Heinz Rummenigge, 73. Minute; Rudi Völler, 81. Minute), aber sechs Minuten vor Spielende erzielt Jorge Burruchaga das Siegtor für die Südamerikaner.
Die favorisierten Brasilianer waren im Viertelfinale nach Elfmeterschießen (1:1 n. V.) an Frankreich gescheitert. Im Spiel um den dritten Platz schlugen die Franzosen die belgische Auswahl mit 4:2 nach Verlängerung (2:2).
Argentiniens Superstar Diego Maradona, der von den Journalisten zum besten Spieler des Turniers gewählt wird, wechselt nach der Weltmeisterschaft für 21,8 Mio DM vom FC Barcelona zum SSC Neapel.
📖 K.-H. Huba: Die Geschichte der Fußball-WM. Stories, Daten, Hintergründe, 1990. Fußballweltmeisterschaft Mexiko, 1986.

Kolbe rudert zum fünften WM-Titel
24.8. Nottingham. Der Hamburger Ruderer Peter-Michael Kolbe wird zum fünften Mal nach 1975, 1978, 1981 und 1983 Weltmeister im Einer. Erstmals seit 1978 kann Kolbe seinen „ewigen" Rivalen, den Finnen Pertti Karpinnen, wieder schlagen. Dritter wird Wassili Jakuschka aus der Sowjetunion.
Bei den Olympischen Spielen 1976 und 1984 mußte Kolbe seinem finnischen Konkurrenten jeweils die Goldmedaille überlassen und sich mit Silber begnügen. 1980 durfte er wegen des Boykotts der Moskauer Spiele nicht antreten.
Bei den Olympischen Spielen von Seoul 1988 deutet alles auf die langersehnte Goldmedaille hin, als Karpinnen sich nicht für den Endlauf qualifiziert. Im Finallauf siegt jedoch sensationell Thomas Lange aus der DDR vor Kolbe.

1987

Politik

Brasilien stellt Zinszahlungen ein
20.2. Brasília. Staatspräsident José Sarney verkündet einen 90tägigen Zahlungsstopp von Zinsen an die Gläubigerländer Brasiliens. Der Staat ist mit 108 Mrd Dollar (197,6 Mrd DM) das höchstverschuldete Land der Welt. Die schlechte Entwicklung der Außenhandelsbilanz zwingt Sarney zu diesem Schritt. Die Zeit will er nutzen, um ein Umschuldungsabkommen auszuhandeln.
Zwischen 1970 und 1986 haben die Brasilianer 89 Mrd Dollar für Zinsen aufbringen müssen, für die Rückzahlung des Kapitals standen nur noch 64 Mrd Dollar zur Verfügung. Die Gläubigerbanken in den USA, Europa und Japan sind nicht bereit, Konzessionen zu machen.
Die größte US-Bank, die New York Citibank, erwirtschaftete im Geschäftsjahr 1985/86 rd. 1 Mrd Dollar, ein Viertel ihres Gesamtgewinns, in Lateinamerika.
Auf der Jahresversammlung der Weltbank und des Internationalen Währungsfonds wird ein Teilschuldenerlaß für Entwicklungsländer in Erwägung gezogen. S 334/K 340 S 795/K 775
H. Schui: Die Schuldenfalle, 1988.

Volkszählung mit Protesten
25.5. BRD. Der 25.5. ist der Stichtag für die erste bundesweite Volkszählung nach 1970. 500 000 Zähler sind im Einsatz, um anhand der anonymen Erhebungsbogen Angaben zu Person, Haushaltsgröße, Arbeitsverhältnis etc. zu sammeln.

Schulden der Dritten Welt   K 775

Land[1]	Mrd Dollar[2]	% des BIP 1994	% des BIP 1980	BSP/Kopf[3] (Dollar)
Mexiko	125,2	30,2	25,2	4180
China	111,6	85,5	33,2	530
Indonesien	100,2	k. A.	13,2	880
Brasilien	98,4	k. A.	9,6	2970
Indien	87,0	45,2	34,7	320
Südkorea	85,5	40,6	29,0	8260
Argentinien	77,2	16,1	19,0	8110
Thailand	76,6	74,2	34,5	2410
Türkei	61,7	31,9	17,2	2500
Ägypten	38,5	97,2	52,2	720
Philippinen	37,5	41,2	20,7	950
Kuba	35,0	k. A.	k. A.	600[4]
Algerien	33,2	46,4	53,3	1650
Pakistan	29,4	42,3	38,7	430
Malaysia	27,2	83,9	46,1	3480
Nigeria	25,6	k. A.	23,8	280
Venezuela	25,1	24,0	28,7	2760
Marokko	22,0	58,4	38,5	1140
Saudi-Arabien	21,8	52,4	13,8	7050
Irak	21,5	k. A.	k. A.	850[5]

1) Schwellen- und Entwicklungsländer, ohne Rußland sowie ost- und mitteleuropäische Reformländer; 2) Stand: Anfang 1995; 3) 1994; 4) 1993; 5) 1992; Quelle: OECD, Weltbank

Am 13.4.1983 setzte das Bundesverfassungsgericht mit einer einstweiligen Verfügung den ursprünglichen Termin für die Zählung (27.4.1983) wegen Zweifel am Datenschutz außer Kraft.
Die Volkszählung stößt dennoch in weiten Teilen der Bevölkerung auf Widerstand. Die Grünen und regionale Initiativen rufen zum Boykott auf. Sie behaupten, daß die nachträgliche Identifizierung von Personen technisch problemlos möglich sei. Außerdem erhalte der Staat durch den Abgleich von

Wichtige Regierungswechsel 1987   K 774

Land	Amtsinhaber	Bedeutung
Burkina Faso	Thomas Sankara (P seit 1983) Blaise Compaoré (P bis ...)	Sankara, dem es nicht gelang, den Lebensstandard der Bevölkerung zu verbessern, wird bei Militärputsch getötet (14.10.)
Burundi	Jean-Baptiste Bagaza (P seit 1976) Pierre Buyoya (P bis 1993)	Militärputsch (Sept.); Buyoya sichert – im Gegensatz zu Bagaza – Religionsgemeinschaften freie Ausübung ihres Glaubens zu
China	Zhao Ziyang (M seit 1980) Li Peng (M bis ...)	Zhao Ziyang, der als Reformer gilt, wird KP-Chef (Okt.); Li Peng zählt zum konservativen Flügel der Reformkräfte
Finnland	Kalevi Sorsa (M seit 1982) Harri Holkeri (M bis 1991)	Konservative beteiligen sich nach 20 Jahren Opposition an Regierung und stellen erstmals seit 1946 den Ministerpräsidenten
Italien	Bettino Craxi (M seit 1983) Giovanni Goria (M bis 1988)	Rücktritt des Sozialisten Craxi (3.3.), mit 42 Monaten der am längsten regierende Ministerpräsident Italiens nach dem Krieg
Tunesien	Habib Burgiba (P seit 1957) Zine el Abidine Ben Ali (P bis ...)	84jähriger Burgiba wegen „erwiesener Unfähigkeit" abgesetzt (7.11.); Ben Ali kündigt Parteienpluralismus an (S.796)

M = Ministerpräsident bzw. Premierminister; P = Präsident

Barschel–Affäre: Das Nachrichtenmagazin „Der Spiegel" erinnert auf dem Titelblatt der Ausgabe vom 12. Oktober an das am 18. September von Uwe Barschel gegebene „Ehrenwort", keinerlei rechtsstaatlichen Grundsätze verletzt zu haben.

Zine el Abidine Ben Ali

Zähldaten, computerlesbarem Personalausweis und den Daten aller Kfz-Halter die Möglichkeit zur lückenlosen Überwachung der Bevölkerung.
In regelmäßigen Abständen wird in der Bundesrepublik Deutschland ein repräsentativer Durchschnitt der Bevölkerung befragt (sog. Mikrozensus).

Lebenslange Haft für Barbie

4.7. Lyon. Nach fast zwei Monaten Verhandlungsdauer verurteilt das Schwurgericht von Lyon den ehemaligen Gestapochef der Stadt, Klaus Barbie, zur Höchststrafe. Der 73jährige wird in 17 Fällen des Verbrechens gegen die Menschlichkeit für schuldig befunden und muß ohne mildernde Umstände lebenslange Haft verbüßen.
1983 wurde Barbie von Bolivien nach Frankreich ausgeliefert. Der berüchtigte „Schlächter von Lyon" war 1943/44 an der Aktion gegen das jüdische Kinderheim von Izieu, an der Organisation des letzten Abtransports von Häftlingen aus Lyon in Konzentrationslager und an der Ermordung von Résistance-Kämpfern beteiligt gewesen.
Barbie ist nicht geständig. Er habe die Razzia von Izieu nicht befohlen und nie die Macht besessen, über Deportationen entscheiden zu können. Am 25.9.1991 stirbt Barbie. S 422/K 421

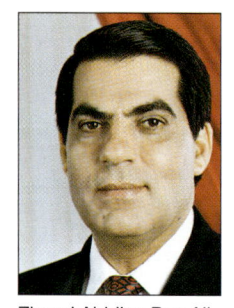

📖 H. J. Andel: Der Fall Barbie, 1987.

Barschel tot aufgefunden

11.10. Genf. Der „stern"-Reporter Sebastian Knauer verschafft sich im Genfer Hotel „Beau Rivage" Zugang zum Zimmer des zurückgetretenen Ministerpräsidenten von Schleswig-Holstein, Uwe Barschel (CDU); er findet ihn tot in der Badewanne liegend.
Die Genfer Untersuchungsrichterin Claude-Nicole Nardin erklärt, Menge und Kombination der in Barschels Leiche gefundenen Schlaf- und Beruhigungsmittel hätten ausgereicht, um den Tod herbeizuführen. Zeichen für Gewaltanwendung seien nicht festgestellt worden. Diese Ergebnisse deuten auf Selbstmord hin, was Barschels Witwe und sein Bruder nicht gelten lassen wollen. Sie glauben an ein Mordkomplott und lassen in Hamburg eine zweite Obduktion durchführen, ohne deren Ergebnis mitzuteilen.
Barschel befand sich auf der Heimreise von Gran Canaria nach Kiel, wo er am 12.10. vor dem Untersuchungsausschuß des Landtags zu den Vorwürfen Stellung nehmen sollte, er habe den SPD-Kandidaten für das Amt des Ministerpräsidenten, Björn Engholm, bespitzeln lassen. Zentrale Figur in einem der größten Politskandale der Bundesrepublik Deutschland ist der Medienreferent in der Staatskanzlei, Reiner Pfeiffer, der als Hauptverantwortlicher für die illegalen Machenschaften gilt.
Der Tod des Ministerpräsidenten markiert das vorläufige Ende der Barschel-Affäre, in deren Folge die Sozialdemokraten bei den Landtagswahlen in Schleswig-Holstein 1988 die absolute Mehrheit gewinnen. Am 3.5.1993 tritt Engholm wegen zugegebener Falschaussage vor dem Barschel-Untersuchungsausschuß als Regierungschef Schleswig-Holsteins zurück und gibt auch den SPD-Vorsitz (seit 1991) ab. S 684/K 676

📖 N. F. Pötzl: Der Fall Barschel, 1989.

Staatsgründer Burgiba abgesetzt

7.11. Tunis. Um vier Uhr morgens umstellt Militär den Palast des greisen Staatspräsidenten von Tunesien, Habib ben Ali Burgiba. Auf Antrag des Generalstaatsanwalts untersuchen sieben Ärzte den 84jährigen und stellen seine Amtsunfähigkeit fest.
Die in Tunesien und im Ausland begrüßte Absetzung ist auf die Initiative von General

Ben Ali zurückzuführen, der kurz zuvor zum Regierungschef ernannt wurde.
Habib Burgiba hatte Tunesien 1955 aus französischem Protektorat in die Unabhängigkeit geführt und seinem Land politische Stabilität und wirtschaftlichen Wohlstand gebracht. Er war seit 1957 gewählter Präsident auf Lebenszeit.
Am Tag seiner Vereidigung verkündet Ben Ali die Abschaffung der Präsidentschaft auf Lebenszeit. Ein neues Parteiengesetz soll den Einparteienstaat in eine pluralistische Gesellschaft umwandeln. 1989 wird Ben Ali bei umstrittenen Präsidentschaftswahlen mit 99,27% in seinem Amt bestätigt (erneut 1994).

Wirtschaft

Reinheitsgebot für Bier durchlöchert
12.3. Luxemburg. Der Europäische Gerichtshof entscheidet, daß das deutsche Reinheitsgebot nicht für Importbiere gilt.
Das Verfahren war 1984 von der Europäischen Kommission mit dem Argument eingeleitet worden, das deutsche Reinheitsgebot für Bier laufe als Handelshemmnis dem EWG-Vertrag zuwider. Die Bundesregierung berief sich auf das „Schutzbedürfnis" der westdeutschen Verbraucher, die jährlich pro Kopf 146 Liter Bier konsumierten (1994: 139,6 l inkl. neue Bundesländer).
Das Reinheitsgebot, seit 1516 in Bayern und seit 1870 im Deutschen Reich in Kraft, schreibt für das Bierbrauen die ausschließliche Verwendung von Hopfen, Malz, Hefe und Wasser vor. Die Luxemburger Richter tasten die Gültigkeit dieser Vorschrift für die deutschen Brauereien nicht an. Bei einem ausländischen Anteil von knapp 1% am deutschen Biermarkt befürchten Experten keinerlei Einbußen der deutschen Brauereien.

Rekordeinbrüche am Aktienmarkt
19.10. New York. An der Wallstreet sinkt der Dow-Jones-Index, der den Wert der 30 führenden Industrieaktien zusammenfaßt und als „Börsenbarometer" gilt, um 508 Punkte (22,6%).
Wie in einer Kettenreaktion kippen am folgenden Tag die Kurse in Tokio, Sydney und Hongkong. In Europa sind die Verluste nur in Einzelfällen hoch (Aktien von Allianz verlieren an einem Tag 235 DM, Daimler-Benz 109 DM, Deutsche Bank 83 DM).
Als Gründe für den Kursverfall werden die Krise am Persischen Golf genannt sowie der

Börsenkrach: Die Broker an der New Yorker Wallstreet erleben die stärksten Kurseinbrüche seit dem „Schwarzen Freitag" am 25. Oktober 1929.

Nobelpreisträger 1987   K 776

Frieden: Oscar Arias Sánchez (Costa Rica, *1941)

Der Präsident Costa Ricas (1986–90) initiierte den nach ihm benannten Friedensplan, den die Staatschefs von Guatemala, El Salvador, Honduras und Nicaragua 1987 unterzeichneten. Inhalt: Waffenstillstand in allen Staaten, Dialog mit der Opposition, Freilassung politischer Gefangener.

Literatur: Joseph Brodsky (UdSSR/USA, 1940–1996)

Der 1972 aus der UdSSR ausgebürgerte Lyriker widmet sich in seinen melancholischen und pessimistischen Gedichten zumeist metaphysischen und ethischen Fragen. In seiner metaphernreichen Lyrik (z. B. „Römische Elegien", 1982) greift er auf antike und christliche Traditionen zurück.

Chemie: Donald J. Cram (USA, *1919), Jean-Marie Lehn (F, *1936), Charles Pederson (USA, 1904–1989)

Die Wissenschaftler arbeiteten auf dem Gebiet der supramolekularen Chemie, die zu erklären versucht, wie sich unterschiedliche Moleküle im Körper erkennen und miteinander verbinden. Den Chemikern gelang die Synthese von sog. Wirtsmolekülen, die in ihrem Inneren sog. Gastmoleküle aufnehmen und von Zelle zu Zelle transportieren.

Medizin: Susumu Tonegawa (Japan, *1939)

Tonegawa löste die Frage, wie das Immunsystem mit einer begrenzten Anzahl von Genen eine schier unerschöpfliche Vielfalt von Antikörpern bildet: Der Mensch verfügt über rd. 1000 variabel kombinierbare Gen-Segmente, die etwa eine Billion verschiedener Antikörper bilden können.

Physik: Johannes Georg Bednorz (D, *1950), Karl Alexander Müller (CH, *1927)

Die Forscher entdeckten 1986 einen keramischen Supraleiter, der bereits bei –238 °C Strom verlustfrei leitet (bisherige Legierungen erst ab –250 °C). Damit bewiesen sie, daß sich gerade die klassischen Nichtleiter-Materialien für die Hochtemperatur-Supraleitung eignen.

Wirtschaftswissenschaft: Robert M. Solow (USA, *1924)

Solow entwickelte die sog. neoklassische Wachstumstheorie, mit der die Möglichkeit eines dauerhaften Wirtschaftswachstums nachgewiesen werden soll. Danach ist das Wachstum nicht nur von Investitionen, sondern auch von Kapital und technischem Fortschritt abhängig.

seit fünf Jahren anhaltende überzogene Aktienboom und die Drohung von US-Finanzminister James Baker, einen weiteren Kursverfall des Dollars hinzunehmen, wenn die Deutsche Bundesbank ihre Hochzinspolitik nicht beende.

Obwohl sich die Kurse schon am folgenden Tag teilweise erholen, hält sich die nervöse Grundstimmung und die Befürchtung, der Börsenkrach könne eine weltweite Rezession einleiten.

Wissenschaft

Tiefstes Loch der Welt

Windischeschenbach. In der Oberpfalz beginnen die Probebohrungen im Rahmen des „Kontinentalen Tiefbohrprogramms der Bundesrepublik Deutschland" (KTB). Das KTB ist ein interdisziplinäres Projekt mit internationaler Beteiligung. Die Gesamtkosten von rund 500 Mio DM werden vom Bundesministerium für Forschung und Technologie getragen.

Mit der 1989 beginnenden Hauptbohrung soll ein typischer Bereich der kontinentalen Erdkruste senkrecht bis in eine Tiefe von etwa 14 000 m erkundet werden – mit einer Tiefe von über 12 000 m hat die Sowjetunion auf der Halbinsel Kola die bislang tiefste Bohrung der Welt ausgeführt. Von den Ergebnissen werden grundlegende Erkenntnisse zur Erdbebenvorhersage, zum Vorkommen und zur umweltverträglichen Gewinnung von Rohstoffen sowie zu den Nutzungsmöglichkeiten von Erdwärme erwartet.

„Kreml–Flieger": Der deutsche Sportflieger Matthias Rust landet mit seiner Cessna-172 neben der Basilius-Kathedrale auf dem Roten Platz in Moskau.

1994 werden die Arbeiten in Windischeschenbach bei einer Tiefe von 9101 m wegen Gesteinsverflüssigung bei einer Erdtemperatur von 280 °C eingestellt.

Gesellschaft

Neuer Personalausweis eingeführt

1.4. BRD. Die Einwohnermeldeämter beginnen mit der Ausgabe des neuen Personalausweises. Die Plastikkarte, etwas größer als eine Kreditkarte, ist computerlesbar und gilt als fälschungssicher. Viele Bürger lehnen den neuen Ausweis ab, da sie in ihm ein Mittel des Staates zur leichteren Kontrolle ihrer Person sehen. Kritiker verweisen auf Erleichterungen bei der Überwachung von Grenzübertritten und der Schleppnetzfahndung.

Vor dem Stichtag kommt es zu großem Andrang bei den Einwohnermeldeämtern, da viele Bundesbürger sich ihren alten Ausweis verlängern oder einen neuen, noch nicht maschinenlesbaren ausstellen lassen.

Rust landet auf dem Roten Platz

28.5. Moskau. Der 19jährige Sportflieger Matthias Rust landet mit einer Cessna 172 auf dem Roten Platz direkt neben dem Kreml. Rust war mittags in der finnischen Hauptstadt Helsinki gestartet und hatte unbehelligt 800 km sowjetischen Luftraums durchflogen. Am 3.9. wird Rust vom Obersten Gerichtshof der Sowjetunion wegen „Rowdytums" zu vier Jahren Arbeitslager verurteilt, 1988 aber begnadigt.

Der sowjetische KP-Chef Michail Gorbatschow nutzt die offensichtlichen Versäumnisse der Militärs und der Grenztruppen zu einer Umbesetzung der Armeeführung, um seine Reformpolitik auch in der Armeespitze zu verankern. Neuer Verteidigungsminister wird Dimitri Jasow.

Raucher in der Defensive

3.4. Genf. Die Weltgesundheitsorganisation (WHO) verbietet in ihrem Hauptsitz das Rauchen. Eine Untersuchung der Ortskrankenkassen belegt, daß jährlich 500 000 Menschen an den Folgen übermäßigen Nikotinkonsums sterben. Die im Tabakrauch enthaltenen Schadstoffe (u. a. Formaldehyd, Plutonium, Cadmium) sind Hauptursache für die Entstehung von Lungenkrebs.

Da auch die Lungen von Passivrauchern erhebliche Schäden aufweisen und das Krebsrisiko bei Nichtrauchern, die regelmäßig Zigarettenrauch ausgesetzt sind, um 35% steigt,

1987

sehen sich Raucher mit immer größeren Beschränkungen konfrontiert.
1992 fällt auch Frankreich als eine der letzten Bastionen uneingeschränkter Raucherrechte: Trotz Proteste wird das Rauchen in öffentlichen Gebäuden und Bahnhöfen verboten.

Kultur

Architektur-Quiz von Greenaway

Peter Greenaways Film „Der Bauch des Architekten" hat in deutschen Kinos Premiere. Vordergründig wird die Geschichte eines US-amerikanischen Architekten erzählt, der in Rom eine Ausstellung über den französischen Architekten Etienne-Louis Boullée aus dem 18. Jh. organisiert und am Eröffnungstag Selbstmord begeht. Auf einer zweiten Ebene ist der skurrile Film als intellektuelles Ratespiel über Architektur und die Geschichte der Antike gestaltet.
Greenaway verbuchte 1982 mit „Der Kontrakt des Zeichners" den ersten internationalen Erfolg und gilt seitdem als einer der kreativsten Enfants terribles des europäischen Kinos.
Hauptthema seiner mit exotischer Fabulierkunst erzählten Werke ist das Verhältnis des Menschen zum Tod, so auch 1989 in dem Film „Der Koch, der Dieb, seine Frau und ihr Liebhaber", der nicht vor grellen Schockeffekten zurückschreckt.

Lynch schockiert mit „Blue Velvet"

12.2. David Lynchs „Blue Velvet" wird in den deutschen Kinos gestartet. Der Film deckt Sex, Brutalität und sadistische Exzesse hinter der steril-idyllischen Fassade einer US-amerikanischen Kleinstadt auf. Der junge Protagonist Jeffrey findet ein abgeschnittenes menschliches Ohr und stößt bei seinen Nachforschungen auf eine Nachtclubsängerin (Isabella Rossellini), die von dem sadistischen Killer Frank (Dennis Hopper) gequält wird.
„Blue Velvet" wird zu einem Kultfilm. David Lynch hatte bereits 1980 mit „Der Elefantenmensch" Erfolg. Seine Verfilmung des Science-fiction-Bestsellers „Dune – Der Wüstenplanet" von Frank Herbert (1963) stieß allerdings 1983 weitgehend auf Ablehnung. 1990 erhält er für „Wild at Heart" die Goldene Palme von Cannes. Große Aufmerksamkeit erregt im selben Jahr seine Fernsehserie „Twin Peaks", in der ebenfalls geheime Obsessionen hinter der Fassade einer heilen Welt entlarvt werden.

S 793/K 772

Kulturszene 1987 K 777

Theater

Volker Braun Die Übergangsgesellschaft; UA 24.4., Bremen	Die Komödie des ostdeutschen Schriftstellers ist eine aktuelle Paraphrase auf Anton Tschechows „Drei Schwestern" (1901).
Rainald Goetz Heiliger Krieg UA 10.10., Bonn	Erster Teil der Trilogie „Krieg" (1987/88), in der Goetz mit großer sprachlicher Wut die bürgerliche Familie attackiert.
Bernard-Marie Koltès In der Einsamkeit ... UA 27.1., Nanterre	Das Stück überträgt die Regeln des kapitalistischen Warenverkehrs auf den „Annäherungskampf" zwischen Dealer und Kunde.
Gaston Salvatore Stalin UA 31.10., Westberlin	Der Dialog Stalins mit einem jüdischen Schauspieler über Theater, Macht und Revolution wird zum grausamen Katz-und-Maus-Spiel.
George Tabori Mein Kampf UA 6.5., Wien	Die Farce über die frühen Jahre Hitlers in einem Wiener Obdachlosenasyl ist mit jüdischem Witz und obszönen Kalauern durchsetzt.

Oper

John Adams Nixon in China UA 22.10., Houston	Die Oper spielt den historischen ersten Besuch eines US-Präsidenten im kommunistischen China (1972) in Minimal-Music-Manier nach.
Wolfgang Rihm Die Hamletmaschine UA 30.3., Mannheim	Extreme dynamische Gegensätze und musikalische Zitate übersetzen die Bilderflut und Zitatmontage von Heiner Müllers Text (1979) in Musik.

Film

Percy Adlon Out of Rosenheim BRD	Märchenhafte Komödie über eine Touristin aus Rosenheim (Marianne Sägebrecht), die in einem einsamen, schäbigen Motel in den USA strandet.
Bernardo Bertolucci Der letzte Kaiser Großbritannien	Farbenprächtiger, an Originalschauplätzen gedrehter Monumentalfilm über den letzten chinesischen Kaiser; mit neun Oscars ausgezeichnet.
Vicco von Bülow (Loriot) Ödipussi BRD	Die erfolgreichste deutsche Produktion des Jahres schildert die groteske Geschichte eines 56jährigen „Muttersöhnchens".
John Huston The Dead – Die Toten USA/Großbritannien	Ein traditionelles irisches Familienfest endet in Melancholie; Hustons letzter Film, nach einer Erzählung (1905) von James Joyce.
Adrian Lyne Eine verhängnisvolle Affäre; USA	Spannender Psychothriller: Der scheinbar belanglose Seitensprung eines Rechtsanwalts eskaliert zur tödlichen Auseinandersetzung.
Louis Malle Auf Wiedersehen, Kinder Frankreich	Völlig unspektakulär erzählt der Regisseur eine ihn prägende Jugenderinnerung aus der Zeit der deutschen Okkupation Frankreichs.
Oliver Stone Wall Street USA	Ein kleiner Börsenmakler läßt sich von einem gewieften Finanzjongleur zu Geschäften verführen, deren Folgen er zu spät erkennt.
Wim Wenders Der Himmel über Berlin BRD/Frankreich	Poetische Liebeserklärung an das Leben, an die sinnliche Wahrnehmung und eine Hommage an Berlin; mit Bruno Ganz in der Hauptrolle.

Buch

Toni Schumacher Anpfiff München	Mit seinem autobiographischen Bestseller sorgt der Kapitän und Torhüter der Nationalmannschaft für einen Eklat, der seine Karriere beendet.
Johannes Mario Simmel Doch mit den Clowns kamen die Tränen; München	Der erfolgreichste deutschsprachige Romanautor zeigt in seinem neuen Bestseller die Gefahren der Gentechnologie auf.
Tom Wolfe Fegefeuer der Eitelkeiten New York	Der satirische Gesellschaftsroman des Zeitungsreporters Tom Wolfe rechnet mit der Dekadenz der New Yorker High Society ab.

1987

Die „Sonnenblumen" von Vincent van Gogh bringen dem Londoner Auktionshaus Christie's eine Rekordeinnahme.

Höchstpreise für van-Gogh-Gemälde

30.3. London. Bei Christie's in London ersteigert ein anonymer ausländischer Sammler das Gemälde „Sonnenblumen" von Vincent van Gogh (†S.24/15.3.1901) für umgerechnet 72,5 Mio DM – die höchste Summe, die bisher für ein Gemälde bezahlt worden ist.

Das 1889 entstandene Werk ist eines von sieben Bildern mit dem gleichen Motiv. Der hohe Preis stößt in der Fachwelt auf scharfe Kritik. Diese Entwicklung stehe in augenfälligem Kontrast zu den niedrigen Etats, mit denen die Museen ausgestattet seien; Spitzenwerke würden somit für Museen nahezu unerschwinglich und könnten nur noch von privaten Financiers oder Großunternehmen erworben werden.

Am 11.11. wird das van-Gogh-Gemälde „Schwertlilien" für die Rekordsumme von umgerechnet rd. 90 Mio DM versteigert. In den folgenden Jahren wird dieser Wert noch übertroffen. S 800/K 778

📖 H. Weihe: Die Ware Kunst. Geschäft mit der Ästhetik, 1989.

„Parzival"-Inszenierung von Wilson

12.9. Hamburg. Am Thalia Theater wird Tankred Dorsts Drama „Parzifal" unter der Regie des US-Amerikaners Robert Wilson uraufgeführt. Das in Anlehnung an Wolfram von Eschenbachs mittelalterlichem Epos entstandene Werk verbindet in der Gestalt des Ritters Parzifal die Ideale der höfischen Gesellschaft um König Arthus mit der Götterwelt des Heiligen Gral.

In der Inszenierung tritt der Text von Tankred Dorst weitgehend in den Hintergrund. Wilson versteht es, mit Musik, Lichteffekten und der Körpersprache der Schauspieler poetische Bilder zu formen. Robert Wilson, der von der Performance Art beeinflußt ist, versucht auch im Rahmen anderer Inszenierungen ein Gesamtkunstwerk zu arrangieren; häufig verfaßt er selbst die Texte, gestaltet das Bühnenbild und übernimmt die Lichtregie. 1991 inszeniert er an der Hamburger Staatsoper Richard Wagners Oper „Parsifal".

📖 Tendenzen des Gegenwartstheaters, 1988.

Die teuersten Gemälde K 778

Maler/Auktionsstück	Jahr des Verkaufs	Preis (DM)[1]
Vincent van Gogh: Bildnis des Dr. Gachet	1990	123,7 Mio
Auguste Renoir: Au Moulin de la Galette	1990	117,1 Mio
Vincent van Gogh: Schwertlilien	1987	89,7 Mio
Pablo Picasso: Pierrettes Hochzeit	1989	89,0 Mio
Pablo Picasso: Yo Picasso	1989	82,4 Mio
Pablo Picasso: Au Lapin agile	1989	73,3 Mio
Vincent van Gogh: Sonnenblumen	1987	72,5 Mio
Pablo Picasso: Akrobat und junger Harlekin	1988	65,9 Mio
Jacopo da Pontormo: Hellebardenträger	1989	57,1 Mio
Paul Cézanne: Les grosses pommes	1993	46,6 Mio
Vincent van Gogh: Selbstbildnis	1989	45,4 Mio
Claude Monet: Dans la Prairie	1988	44,3 Mio
Vincent van Gogh: Brücke von Trinquetaille	1987	37,0 Mio
Pablo Picasso: Porträt Angel Fernández de Soto	1995	36,2 Mio
Andrea Mantegna: Anbetung der Könige	1985	31,3 Mio
Vincent van Gogh: Landschaft mit aufgeh. Sonne	1985	30,3 Mio
Gustav Klimt: Dame mit Fächer	1994	17,6 Mio

1) Umgerechneter Auktionspreis zum Zeitpunkt des Verkaufs

Sport

USA holen America's Cup zurück

4.2. Der 44jährige US-amerikanische Skipper Dennis Conner gewinnt mit der Hochsee-Yacht „Stars and Stripes" vor der australischen Küste von Freemantle den America's Cup, die wertvollste Segeltrophäe der Welt. Die „Kookaburra III", die Yacht seines australischen Konkurrenten und Titelverteidigers Peter Gilmour, ist in den Wettrennen ohne Chance.

Conner tilgt damit die als „nationale Schmach" empfundene Niederlage von 1983: Mit dem Sieg der „Australia II" ging erstmals

in der Geschichte des seit 1851 ausgetragenen Wettbewerbs um den America's Cup die Trophäe an einen Segler außerhalb der Vereinigten Staaten.
Conners Sieg wurde mit gewaltigem Aufwand vorbereitet. Ein Syndikat wurde gegründet, der Automobilkonzern Ford, die US-Luft- und Raumfahrtbehörde NASA und andere Geldgeber stellten umgerechnet 32 Mio DM zur Verfügung.
1992 wird Conner zwar geschlagen, der America's Cup bleibt aber nach dem Sieg der von Bill Koch geführten „America III" weiterhin in den USA.

Schlußpfiff für Schumacher

6.3. Fußballtorwart Harald „Toni" Schumacher (76 Länderspiele) wird nach Erscheinen seines Buches „Anpfiff" vom Deutschen Fußball-Bund (DFB) aus der Nationalmannschaft ausgeschlossen.
In seinem autobiografischen Bestseller, den das Nachrichtenmagazin „Der Spiegel" vorab veröffentlicht hatte, behauptete der Kapitän der Nationalmannschaft u. a., daß Doping in der Bundesliga üblich sei. Außerdem äußerte er sich abfällig über einige Spielerkollegen.
Schumachers Stammverein 1. FC Köln reagiert auf die Enthüllungen mit vorzeitiger Lösung des ursprünglich bis 1989 befristeten Vertrags.
1988–91 spielt Schumacher für den türkischen Verein Fenerbahce Istanbul; 1991 ist er noch einmal kurz als Ersatztorwart des FC Bayern München in der Bundesliga zu sehen.

Aouita läuft 5000 m unter 13 min

22.7. Rom. Bei einem internationalen Sportfest in der italienischen Hauptstadt läuft der Marokkaner Said Aouita die 5000 m in 12:58,39 min. Als erster Läufer der Welt bleibt er unter der 13-Minuten-Schallmauer. Bei den Olympischen Spielen in Stockholm 1912 hatte der Finne Hannes Kolehmainen erstmals eine Zeit unter 15 Minuten (14:36,6 min) erreicht, am 20.9.1942 (↑S.387) unterbot der Schwede Gunder Hägg als erster Läufer die 14-Minuten-Marke.
Aouita, der 1984 bei den Olympischen Spielen in Los Angeles über 5000 m die Goldmedaille gewann, holt 1988 bei den Olympischen Spielen in Seoul (Südkorea) eine Bronzemedaille über 800 m.
1995 läuft der Äthiopier Haile Gebresilasie 5000 m schon in 12:44,39 min. Bei den Frauen verbessert die Portugiesin Fernanda Ribeiro den Weltrekord auf 14:36,45 min.

Sport 1987 — K 779

Fußball	
Deutsche Meisterschaft	FC Bayern München
DFB-Pokal	Hamburger SV – Stuttgarter Kickers 3:1
Englische Meisterschaft	FC Everton
Italienische Meisterschaft	SSC Neapel
Spanische Meisterschaft	Real Madrid
Europapokal (Landesmeister)	FC Porto – FC Bayern München 2:1
Europapokal (Pokalsieger)	Ajax Amsterdam – Lokomotive Leipzig 1:0
UEFA-Pokal	IFK Göteborg
Tennis	
Wimbledon (seit 1877; 101. Austragung)	Herren: Pat Nash (AUS) Damen: Martina Navratilova (USA)
US Open (seit 1881; 107. Austragung)	Herren: Ivan Lendl (TCH) Damen: Martina Navratilova (USA)
French Open (seit 1925; 57. Austragung)	Herren: Ivan Lendl (TCH) Damen: Steffi Graf (FRG)
Australian Open (seit 1905; 75. Austragung)	Herren: Stefan Edberg (SWE) Damen: Hana Mandlikova (TCH)
Davis-Cup (Göteborg, SWE)	Schweden – Indien 5:0
Eishockey	
Weltmeisterschaft	Schweden
Stanley-Cup	Edmonton Oilers
Deutsche Meisterschaft	Kölner EC
Radsport	
Tour de France (4231 km)	Stephen Roche (IRL)
Giro d'Italia (3915 km)	Stephen Roche (IRL)
Straßen-Weltmeisterschaft	Stephen Roche (IRL)
Automobilsport	
Formel-1-Weltmeisterschaft	Nelson Piquet (BRA), Williams-Honda
Boxen	
Schwergewichts-Weltmeisterschaft	Mike Tyson (USA)[1] – K. o. über Tony Tucker (USA), 1.8. – K. o. über James Smith (USA), 7.3.

Herausragende Weltrekorde

Disziplin	Athlet (Land)	Leistung
Leichtathletik, Männer		
100 m	Ben Johnson (CAN)[2]	9,83 sec
5000 m	Said Aouita (MAR)	12:58,35 min
Hochsprung	Patrick Sjöberg (SWE)	2,42 m
Leichtathletik, Frauen		
Hochsprung	Stefka Kostadinowa (BUL)	2,09 m
Kugelstoß	Natalja Lissowskaja (URS)	22,63 m
Schwimmen, Frauen		
100 m Brust	Silke Hörner (GDR)	1:07,91 min

1) Weltmeister aller drei Verbände (WBA, WBC, IBF); 2) der Weltrekord wird Johnson 1990 wegen Dopings aberkannt

1988

Politik

Atommüll-Skandal

14.1. Hanau. Das Bundesumweltministerium veranlaßt die hessische Landesregierung, der Nuklearfabrik Nukem die Betriebsgenehmigung zu entziehen.

Am 17.12.1987 hatte die hessische Landesregierung der Tochterfirma von Nukem, der für Atommülltransporte zuständigen Transnuklear, die Betriebsgenehmigung entzogen; angelastet wurde ihr die Falschdeklaration von Atommüll-Fässern sowie die Zahlung von Schmiergeldern in Millionenhöhe.

Der Entscheidung gegen Nukem liegt das nachweisliche Wissen um die illegalen Praktiken der Tochterfirma zugrunde. Der Vorwurf der Verletzung des Atomwaffensperrvertrags von 1970, der die Weitergabe von atomwaffenfähigem Material verbietet, kann weder erhärtet noch entkräftet werden.

Das Bundesministerium für Umweltschutz und Reaktorsicherheit legt in der Folge ein Konzept zur Entflechtung der Hanauer Atomunternehmen vor. Die Grünen fordern dagegen – angesichts der ungeklärten Entsorgungsfrage – den Ausstieg aus der Atomwirtschaft.

📖 W. D. Müller: Geschichte der Kernenergie in der Bundesrepublik Deutschland, 1990.

Reformkurs in Ungarn

23.5. Budapest. Auf einem Sonderparteitag der ungarischen KP beschließt das Zentralkomitee tiefgreifende Veränderungen in der Führungsspitze.

Unter János Kádár, der seit dem ungarischen Volksaufstand (↑S.508/4.11.1956) als Partei- und zeitweiliger Regierungschef die Politik seines Landes bestimmte, ging Ungarn unter den Ostblockstaaten einen Sonderweg, der sich durch vorsichtige Öffnung nach außen und wohldosierte Freiheiten nach innen auszeichnete. Es entstand die saloppe Bezeichnung „Gulasch-Kommunismus". In den 80er Jahren förderte der Staat wirtschaftliche Privatinitiativen, seit 1985 wurde der staatliche Einfluß in den Betrieben reduziert.

Der KP-Beschluß sieht die Berufung von Reformpolitikern und eine stärkere Aufgabentrennung von Staat und Partei vor. Am 8.4.1990 finden die ersten freien Parlamentswahlen statt, aus denen das Ungarische Demokratische Forum (UDF) als Sieger hervorgeht. Ministerpräsident József Antall (UDF) strebt die Einführung der sozialen Marktwirtschaft und die Anbindung Ungarns an die EG an (↑S.818/2.5.1989). `S 803/K 781`

📖 H.-H. Paetzke: Ungarn. Ein System wird zu Grabe getragen. Vom kommunistischen Widerstand zur Republik Ungarn, 1990.

Gipfeltreffen der Supermächte

29.5. Moskau. US-Präsident Ronald Reagan und der sowjetische Parteichef Michail Gorbatschow unterzeichnen den im Dezember

Wichtige Regierungswechsel 1988		K 780
Land	Amtsinhaber	Bedeutung
Frankreich	Jacques Chirac (M seit 1986) Michel Rocard (M bis 1991)	Rücktritt von Chirac (10.5.) beendet sog. Cohabitation zwischen sozialistischem Präsidenten und bürgerlichem Premier
Korea-Süd	Chun Doo Hwan (P seit 1980) Roh Tae Woo (P bis 1992)	Roh Tae Woo ist erster direkt gewählter Präsident Südkoreas und leitet eine allmähliche Liberalisierung ein
Pakistan	Muhammad Zia ul-Haq (P seit 1977) Ghulam Ishaq Khan (P bis 1993)	Tod bei Attentat (17.8.); der diktatorisch regierende Präsident hatte im Mai 1988 das Parlament aufgelöst
	Muhammad Khan Junejo (M seit 1985) Muhammad Zia ul-Haq (M 19.6.–17.8.) Benazir Bhutto (M bis 1990)[1]	Präsident Zia ul-Haq entläßt Khan und führt islamisches Recht als oberstes Landesgesetz ein; Bhutto wird erste Regierungschefin in einem islamischen Land (S.807)
Panama	Eric Arturo Delvalle (P seit 1985) Manuel Solis Palma (P bis 1989)	Parlament setzt Delvalle ab (26.2.), nachdem er den Oberbefehlshaber der Streitkräfte, Manuel Noriega, entlassen hatte
Polen	Zbigniew Messner (M seit 1985) Mieczyslaw Rakowski (M bis 1989)	Messner ist der erste Ministerpräsident eines Warschauer-Pakt-Staats, der nach einer Streikwelle zurücktritt (19.9.)
Tschechoslowakei	Lubomir Strougal (M seit 1970) Ladislav Adamec (M bis 1989)	Rücktritt von Strougal (10.10.) führt zur Regierungsumbildung; Adamec zeigt vorsichtige Bereitschaft zu Reformen
UdSSR	Andrei Gromyko (P seit 1985) Michail Gorbatschow (P bis 1991)	79jähriger Gromyko tritt aus Altersgründen zurück (1.10.); Gorbatschow baut seine Machtposition weiter aus (S.804)

M = Ministerpräsident bzw. Premierminister; P = Präsident;
1) Übergangsministerpräsident 17.8.–3.12.: Ghulam Ishaq Khan

1988

Gipfeltreffen in Moskau: US–Präsident Ronald Reagan (l.) und der sowjetische Parteichef Michail Gorbatschow auf dem Roten Platz

1987 in Washington ausgehandelten Vertrag (INF, Intermediate Range Nuclear Forces), der die beiden Vertragsparteien zum vollständigen Abbau aller atomaren Mittelstreckenraketen bis 1991 verpflichtet.
Mit dem Inkrafttreten des INF-Vertrages weicht das „Gleichgewicht des Schreckens", das sich seit den 50er Jahren durch die Hochrüstung in Ost und West gebildet hat, einer vorsichtigen Partnerschaft der Supermächte. Erste vertrauensbildende Maßnahmen zwischen der USA und der UdSSR gab es 1972, als Richard Nixon und Leonid Breschnew in Washington das SALT-I-Rüstungskontrollabkommen (SALT: Strategic Arms Limitation Talks) und den ABM-Vertrag (ABM: Anti Ballistic Missiles) unterzeichneten. 1979 folgte das SALT-II-Abkommen, das der US-Kongreß jedoch nicht ratifizierte. Beide Seiten halten sich jedoch stillschweigend an die Vertragsbestimmungen.
US-Präsident George Bush und Michail Gorbatschow beschließen im Juli 1991, die Obergrenze für strategische Gefechtsköpfe auf 6000 festzulegen (START-Abkommen). Nach dem Zusammenbruch der Sowjetunion (↑S.850/21.12.1991) übernehmen die Nachfolgestaaten der UdSSR, in denen strategische Atomwaffen stationiert sind, Rußland, Weißrußland, die Ukraine und Kasachstan, die Verpflichtungen aus dem START-Abkommen. Rußland soll einzige Atommacht unter den UdSSR-Nachfolgestaaten bleiben.

Ungarn im 20. Jahrhundert — K 781

Jahr	Ereignis
1918	Ausrufung der Ungarischen Republik nach Zusammenbruch der Doppelmonarchie Österreich-Ungarn (S.145/16.11.)
1919	Rücktritt von Präsident Graf Károlyi; Grund: Entscheidung der Alliierten, Siebenbürgen an Rumänien zu geben (21.3.)
	Budapester Arbeiterrat proklamiert Räterepublik; Béla Khun errichtet diktatorische Schreckensherrschaft (bis 1.8., S.153)
	Beginn der rumänischen Invasion (10.4.)
1920	Miklós Horthy zum Staatsoberhaupt und Reichsverweser gewählt; Ungarn wird „Monarchie mit vakantem Thron"
	Frieden von Trianon: Ungarn verliert fast zwei Drittel des Staatsgebiets, die Slowakei fällt an die Tschechoslowakei, Kroatien an Jugoslawien, das Banat an Jugoslawien und Rumänien, das endgültig Siebenbürgen erhält; das Burgenland wird österreichisch (4.6.)
1923	Zusammenbruch der ungarischen Währung; Hilfe durch Anleihe des Völkerbunds, der im Gegenzug Finanzkontrolle ausübt (bis 1926)
1927	Freundschaftsvertrag mit dem faschistischen Italien (5.4.) beendet die internationale Isolierung Ungarns
1939	Austritt aus dem Völkerbund (11.3.)
1940	Beitritt zum Dreimächtepakt am 20.11. (S.365/27.9.)
1941	Beteiligung am deutschen Einmarsch in Jugoslawien; durch diese Aktion sowie durch die Wiener Schiedssprüche (1938/40) erhält Ungarn einen Teil der im 1. Weltkrieg verlorenen Gebiete zurück (11.4.)
	Ungarn auf deutscher Seite im Krieg gegen die Sowjetunion (27.6.)
1944	Deutsche Truppen besetzen Ungarn (19.3.)
	Regierungschef Horthy wird wegen geheimer Verhandlungen mit den Alliierten von faschistischen Pfeilkreuzlern abgesetzt (15.10.); Bildung einer Gegenregierung unter Béla Miklós von Dálnoki (3.12.)
1945	Sowjetische Truppen besetzen das Land (bis Mai)
	Kleinlandwirte-Partei unter Zoltán Tildy gewinnt Wahlen (Nov.)
1947	Friedensvertrag von Paris (10.2.) mit den Alliierten; Wiederherstellung der ungarischen Grenzen vom 1.1.1938 (S.429)
1949	Jószef Kardinal Mindszenty zu lebenslanger Haft verurteilt (Feb.); Konflikt zwischen Staat und Kirche eskaliert (bis 1950, S.451)
	Ungarn wird Volksrepublik; Mátyás Rákosi, Generalsekretär der KP (1945–56), steuert radikalen stalinistischen Kurs (20.8.)
1953	Ministerpräsident Imre Nagy leitet Reformen ein, wird 1955 aber unter dem Vorwurf der „Rechtsabweichung" abgesetzt
1955	Ungarn Gründungsmitglied des Warschauer Pakts
1956	Volksaufstand führt zur Rückkehr von Nagy an die Macht (24.10.); Nagy verkündet Austritt Ungarns aus dem Warschauer Pakt
	Einmarsch sowjetischer Truppen, die den Aufstand blutig niederschlagen (4.11.); Nagy wird verhaftet und 1958 hingerichtet; János Kádár übernimmt auf Weisung der Sowjets die Macht (S.508)
1968	Beginn der Wirtschaftsreform, die Ungarns Wirtschaft zur erfolgreichsten im Staatssozialismus macht („Gulaschkommunismus")
1988	Kádár tritt unter Druck der Reformkräfte zurück (22.5.); Nachfolger Károly Grósz führt marktwirtschaftliche Reformen durch (S.802)
1989	Kommunistische Partei Ungarns stimmt Einführung eines pluralistischen Parteiensystems zu (S. 818); Grenzöffnung nach Westen; Offizielle Rehabilitierung von Imre Nagy (16.6.)
1990	Erste freie Wahlen der Nachkriegszeit enden mit Sieg des „Ungarischen Demokratischen Forums" (42,8% der Stimmen)
1994	Absolute Mehrheit für die Sozialisten bei Parlamentswahl; Gyula Horn Ministerpräsident; Koalitionsregierung mit Liberalen (SZDSZ); Antrag auf Beitritt zur Europäischen Union (Europaratsmitglied 1996)

1988

Gipfeltreffen der Supermächte — K 782

Datum	Ort (Land)	Teilnehmer	Themen/Ergebnisse
15. 9.1959	Camp David (USA)	D. Eisenhower, N. Chruschtschow	Berlin, Atomteststopp, Ausbau des Handels
3. 6.1961	Wien (A)	J. F. Kennedy, N. Chruschtschow	Konfliktherde Berlin und Laos, Rüstungskontrolle
23. 6.1967	Glasboro (USA)	L. Johnson, A. Kossygin	Vietnam, Nahostkonflikt, Abrüstung
22. 5.1972	Moskau (UdSSR)	R. Nixon, L. Breschnew	SALT-I-Rüstungskontroll- und ABM-Vertrag unterzeichnet
16. 6.1973	Washington (USA)[1]	R. Nixon, L. Breschnew	Abrüstungsverhandlungen vereinbart
28. 6.1974	Moskau (UdSSR)[2]	R. Nixon, L. Breschnew	Vereinbarungen über Atomtests und Handelsbeziehungen
23.11.1974	Wladiwostok (UdSSR)	G. Ford, L. Breschnew	SALT-II-Vertrag vorbereitet
16. 6.1979	Wien (A)	J. Carter, L. Breschnew	SALT-II-Vertrag unterzeichnet
19.11.1985	Genf (CH)	R. Reagan, M. Gorbatschow	Verzichtserklärung auf militärische Überlegenheit
12.10.1986	Reykjavík (ISL)	R. Reagan, M. Gorbatschow	Keine Einigung in Abrüstungsfragen
8.12.1987	Washington (USA)	R. Reagan, M. Gorbatschow	Abbau aller atomaren Mittelstreckenraketen (INF-Vertrag)
29. 5.1988	Moskau (UdSSR)	R. Reagan, M. Gorbatschow	INF-Vertrag tritt in Kraft
2.12.1989	Malta	G. Bush, M. Gorbatschow	Deutsche Vereinigung und Wirtschaftshilfe für UdSSR
31. 5.1990	Washington (USA)	G. Bush, M. Gorbatschow	Diskussion um Abrüstung und Handelsbeziehungen
9. 9.1990	Helsinki (FIN)	G. Bush, M. Gorbatschow	Verurteilung der irakischen Invasion in Kuwait
31. 7.1991	Moskau (UdSSR)	G. Bush, M. Gorbatschow	Reduzierung der strat. Waffensysteme (START-Abkommen)
17. 6.1992	Washington (USA)	G. Bush, B. Jelzin	Weitere Verringerung der strategischen Waffensysteme
3. 1.1993	Moskau (RUS)	G. Bush, B. Jelzin	START-II-Abkommen unterzeichnet
10. 5.1995	Washington (USA)	B. Clinton, B. Jelzin	NATO-Erweiterung, START II, russ. Reaktorlieferung an Iran

1) Weitere Verhandlungen in San Clemente (USA); 2) Weitere Verhandlungen in Jalta (Krim)

1993 unterzeichnen Bush und Rußlands Präsident Boris Jelzin das START-II-Abkommen in Moskau, das eine weitere Abrüstung der strategischen Waffen vorsieht. S 848/K 815

📖 T. Risse-Kappen: Null-Lösung. Entscheidungsprozesse zu den Mittelstreckenwaffen 1970–1987, 1988.

Armenien/Aserbeidschan 1988

Die größten Volksgruppen der Sowjetunion (in Millionen)

Russen	137,4
Ukrainer	42,3
Usbeken	12,5
Weißrussen	9,5
Kasachen	6,6
Tataren	6,3
Aserbaidschaner	5,5
Armenier	4,2
Georgier	3,6
Moldauer	3,0
Tadschiken	2,9
Litauer	2,9
Turkmenen	2,0
Deutsche	1,9
Kirgisen	1,9
Juden	1,8
Tschuwaschen	1,8
Dagest. Völker	1,7
Letten	1,4
Baschkiren	1,4
Mordwinen	1,2
Polen	1,2
Esten	1,0

KPdSU beschließt Reformen

3.7. Moskau. Die Allunionstagung des Obersten Sowjets, die erste Parteikonferenz seit 50 Jahren, billigt Vorschläge zu einer grundlegenden Reform der politischen Institutionen. Die Delegierten stimmen dem Vorschlag des KPdSU-Generalsekretärs Michail Gorbatschow zu, die Position des Staatsoberhauptes durch die Vereinigung von Staats- und Parteiführung in einer Person zu stärken. Am 1.10. wird Gorbatschow als Nachfolger von Andrei Gromyko zum Staatsoberhaupt gewählt. Als Staats- und Parteichef kann Gorbatschow seine innenpolitische Machtposition ausbauen und durch Umbesetzungen in der Parteispitze die personelle Basis seiner Reformpolitik festigen.
Die am 1.12. vom Obersten Sowjet verabschiedeten Verfassungsänderungen ermöglichen, daß bei den Wahlen am 26.3.1989 (↑S.817) die Bürger zwischen mehreren Kandidaten wählen können. S 817/K 793

📖 A. Gromyko: Erinnerungen, 1989. Sowjetunion 1988/89. Perestrojka in der Krise?, 1989. Moskauer Frühling. Alltag, Kultur und Politik seit Gorbatschow, 1989. W. Leonhard: Sowjetreformen. Ergebnisse, Probleme, Perspektiven, 1990.

Iranischer Airbus abgeschossen

3.7. Golfregion. Das US-Kriegsschiff „Vincennes" schießt mit ferngesteuerten Raketen

versehentlich ein iranisches Verkehrsflugzeug vom Typ Airbus ab; alle 290 Insassen kommen ums Leben.
Nach der Verminung internationaler Gewässer im Persischen Golf durch Iran griff die US-Marine Mitte 1987 erstmals durch Beschuß iranischer Kampfschiffe direkt in den Golfkrieg zwischen dem Irak und Iran ein (↑S.742/22.9.1980).
Der Abschuß der Passagiermaschine führt zu Protesten gegen die militärische Präsenz der USA in der Krisenregion sowie zu Forderungen nach verstärkten Friedensbemühungen.
Unter UNO-Vermittlung tritt am 20.8. (↑S.805) ein Waffenstillstand in Kraft. Aufgrund der Unterstützung durch Industriestaaten und Länder der arabischen Welt geht der Irak aus dem Krieg militärisch gestärkt hervor. Sein expansiver Machtanspruch führt am 17.1.1991 zum Ausbruch des 2. Golfkriegs (↑S.843/28.2.1991). S 608/K 611

P. Schütt: Wenn fern hinter der Türkei die Völker aufeinanderschlagen, 1987.

Kämpfe um Nagorny-Karabach KAR
18.7. Moskau. Der Oberste Sowjet beschließt den Verbleib der hauptsächlich von Armeniern bewohnten Region Nagorny-Karabachs bei Aserbaidschan mit der Auflage, die Umsetzung der Autonomierechte der ansässigen Bevölkerung verstärkt zu beachten.
Im Februar waren in den sowjetischen Kaukasusrepubliken Armenien und Aserbaidschan Unruhen ausgebrochen, als Demonstranten die Angliederung Nagorny-Karabachs an Armenien forderten.
Als nach dem Beschluß vom 18.7. die Nationalitätenkonflikte in beiden Republiken fortdauern, setzt Moskau am 24.11. Militär ein. Dies führt zu einer Verstärkung der antirussischen Haltung.
Der sowjetische Vielvölkerstaat zeigt Ende 1988 deutliche Risse; sechs der 15 Republiken lehnen sich bereits gegen die Moskauer Zentralgewalt auf: die drei baltischen Staaten sowie Armenien, Aserbaidschan und Georgien (↑S.850/21.12.1991).

E. Beckherrn: Pulverfaß Sowjetunion. Der Nationalitätenkonflikt und seine Ursachen, 1990.

Krieg in Angola vor dem Ende
8.8. Angola. Angola, Südafrika und Kuba handeln einen Waffenstillstand aus und beenden vorerst den seit 1975 anhaltenden Bürgerkrieg. Das Abkommen sieht den Abzug der südafrikanischen und kubanischen Truppen aus Angola und dem benachbarten Namibia bis zum 1.9. vor.

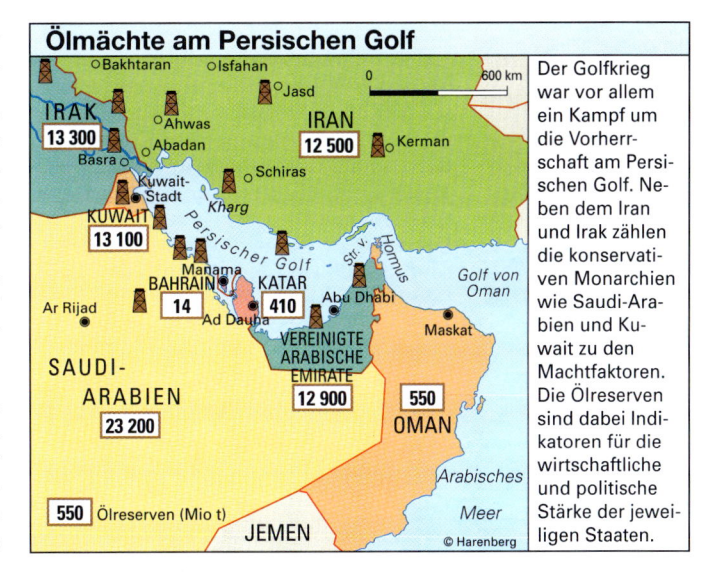

Ölmächte am Persischen Golf

Der Golfkrieg war vor allem ein Kampf um die Vorherrschaft am Persischen Golf. Neben dem Iran und Irak zählen die konservativen Monarchien wie Saudi-Arabien und Kuwait zu den Machtfaktoren. Die Ölreserven sind dabei Indikatoren für die wirtschaftliche und politische Stärke der jeweiligen Staaten.

Mit der Unabhängigkeit Angolas Ende 1975 kam es zu blutigen Kämpfen zwischen rivalisierenden Befreiungsbewegungen, der marxistischen MPLA sowie der prowestlichen FNLA und UNITA. Am 11.11.1975 rief die MPLA die Volksrepublik Angola aus, die von Südafrika und den USA unterstützte UNITA hingegen die Demokratische Republik Angola. 1976 entschied die von Kuba unterstützte MPLA den Machtkampf für sich. In den fortdauernden Bürgerkrieg griff auch die seit 1966 für die Unabhängigkeit Namibias kämpfende SWAPO zur Unterstützung der angolanischen Regierung ein.
1991 schließen MPLA und UNITA ein Friedensabkommen, das die UNITA jedoch nach dem Wahlsieg der MPLA 1992 bricht. Die Kämpfe dauern an (bis Ende 1994). 1995 akzeptiert UNITA-Chef Jonas Savimbi das Wahlergebnis von 1992 und wird Vizepräsident in der Regierung von José dos Santos (MPLA). S 704/K 694

M. Offermann: Angola zwischen den Fronten. Internationales Umfeld, sozioökonomisches Umfeld, Innenpolitik, 1988.

Waffenstillstand im Golfkrieg KAR
20.8. Genf. Im seit acht Jahren andauernden Golfkrieg (↑S.742/22.9.1980) zwischen dem Irak und Iran tritt ein Waffenstillstand in Kraft. Gespräche hatten unter Vermittlung von UNO-Generalsekretär Javier Pérez de Cuellar am 8.8. begonnen, nachdem Iran am 18.7. eine Resolution des UNO-Sicherheitsrats von 1987, die den Rückzug auf die international anerkannten Grenzen vorsieht, akzeptierte. Die Zustimmung der iranischen

George Bush

Führung unter Ayatollah Khomeini resultierte aus der militärischen Unterlegenheit gegenüber dem Irak, einer schweren Wirtschaftskrise sowie der wachsenden internationalen Isolierung. Der während des Krieges von Golf-Anrainerstaaten und westlichen Industrienationen unterstützte Irak geht dagegen aus dem Konflikt gestärkt hervor.
Eine UNO-Beobachtertruppe bezieht entlang der fast 1200 km langen Frontlinie Stellung. Dennoch kommt die Region nicht zur Ruhe; am 2.8.1990 (↑S.832) marschieren irakische Truppen in Kuwait ein.

K. Timmermann: Öl ins Feuer. Internationale Waffengeschäfte im Golfkrieg, 1988.

Chronik der PLO — K 783

Jahr	Ereignis
1959	Gründung der Al Fatah als späterer Kern der PLO
1964	Gründung der Palästinens. Befreiungsorganisation PLO (S.577)
1967	Gründung der Volksfront zur Befreiung Palästinas, die zur PLO-Unterorganisation wird
1969	Jassir Arafat wird PLO-Vorsitzender (S.629)
	Gründung der Demokratischen Volksfront zur Befreiung Palästinas
1970	Libanon wird zum Hauptstützpunkt der PLO (bis 1982)
	Palästinensische Guerillas entführen fünf Passagiermaschinen, vier Flugzeuge werden (ohne Geiseln) gesprengt
1972	Terroranschlag der Guerilla-Organisation „Schwarzer September" auf die israelische Olympiamannschaft in München (S.670)
1974	Die arabischen Staaten erkennen die PLO als rechtmäßigen Vertreter des palästinensischen Volkes an
	Radikale Untergruppen (Volksfront zur Befreiung Palästinas, PLFP; Fatah-Revolutionsrat, FRC) spalten sich von der PLO ab
1975	PLO erhält Beobachterstatus bei den Vereinten Nationen
1976	PLO wird Vollmitglied in der Arabischen Liga
1982	Israelische Armee vertreibt PLO-Kämpfer aus dem Libanon (S.755)
1985	PLO beschließt Zusammenarbeit mit dem jordanischen König Hussein, die ein Jahr später für gescheitert erklärt wird
1988	Ermordung des stellvertretenden PLO-Führers Abu Dschihad
	Die Palästinensische Befreiungsorganisation ruft einen unabhängigen Staat Palästina aus (Westjordanland und Gazastreifen (S.806)
1991	Während des Golfkriegs bekundet Arafat Sympathie für Saddam Hussein und verliert dadurch inner- und außerhalb der PLO an Einfluß
	PLO boykottiert Nahost-Friedensverhandlungen, weil die israelische Regierung auf einem Ausschluß der PLO bestanden hatte (S.847)
1992	Radikale Palästinensergruppen (z. B. Hamas) machen Führungsanspruch für alle Palästinenserbewegungen gegenüber PLO geltend
1993	Gaza-Jericho-Abkommen zwischen Israel und der PLO über palästinensische Autonomie für Jericho und Gazastreifen; Billigung durch PLO-Zentralrat (von Al Fatah beherrscht)
1994	24köpfige palästinensische Autonomiebehörde unter Jassir Arafat übernimmt Verwaltung in Jericho und im Gazastreifen; Aufstellung einer 9000 Mann starken Polizeitruppe
1996	Wahlen in den Autonomiegebieten (20.1.): Arafat wird Präsident des 88köpfigen Palästinenserrates (67 Sitze für Fatah bzw. fatahnahe); Ausdehnung der Selbstverwaltung auf sieben weitere Städte (März)

SPD beschließt Frauenquote
30.8. Münster. Auf ihrem 33. Bundesparteitag beschließt die SPD als erste große Partei eine sog. Frauenquote.
Am ersten Tag der bis zum 2.9. dauernden Veranstaltung, auf der Fragen der Frauen- und Wirtschaftspolitik im Mittelpunkt stehen, billigen die Delegierten mit großer Mehrheit – 362 Ja- von 416 abgegebenen Stimmen – die satzungsändernde Quotenregelung. Bis 1994 müssen Frauen zu mindestens 40% in allen Parteigremien und bei allen Mandaten vertreten sein.

Bush wird 41. US-Präsident
8.11. USA. Mit deutlicher Mehrheit wird der Republikaner George Bush zum 41. Präsidenten der Vereinigten Staaten gewählt.
Bush, seit 1981 Vizepräsident, siegt mit 54% der abgegebenen Stimmen über Michael Dukakis, den Kandidaten der Demokratischen Partei. Bush kann nach Siegen in 40 von 50 Bundesstaaten 426 der 538 Wahlmänner auf sich vereinen. Nach den beiden Amtszeiten von Ronald Reagan gelingt es den Republikanern damit erstmals seit der Wahl Herbert C. Hoovers 1928 (S.249/6.11.), das Weiße Haus für drei aufeinanderfolgende Amtsperioden zu besetzen.
Bei den gleichzeitig stattfindenden Kongreßwahlen bauen die Demokraten allerdings ihre Mehrheit in beiden Kammern (Senat und Repräsentantenhaus) aus.
Bush tritt am 19.1.1989 sein Amt an (↑S.857/3.11.1992).

C. Widmann: Der neue Mann im Weißen Haus – George Bush, 1989.

Palästinenser-Staat proklamiert
15.11. Algier. Der Palästinensische Nationalrat proklamiert einen unabhängigen Staat in den von Israel besetzten Gebieten. Mit der Regierung wird das Exekutivkomitee der Palästinensischen Befreiungsorganisation (PLO) unter Jassir Arafat beauftragt.
Im Dezember 1987 hatten die Palästinenser in den seit dem Sechstagekrieg (↑S.607/ 5.6.1967) von Israel besetzten Gebieten Westjordanland und Gazastreifen mit einem vom stellvertretenden Vorsitzenden und PLO-Militärchef, Abu Dschihad, organisierten Widerstand (Intifada) begonnen. Als am 16.4.1988 Abu Dschihad Opfer eines Anschlags wurde, der dem israelischen Geheimdienst Mossad angelastet wurde, kam es zu schweren Unruhen. Am 31.7. verzichtete Jordanien auf ihre Territorialansprüche im Westjordanland zugunsten der PLO.

Einen Tag nach der Proklamation erkennen 16 Länder den neuen Staat an. Die zunächst ablehnende US-Regierung verkündet am 15.12. die Aufnahme offizieller Kontakte zur PLO. Mit der Wende in der US-Politik erscheint erstmals eine Friedensregelung in Nahost möglich (↑S.847/30.10.1991). S 806/K 783

F. Schreiber: Aufstand der Palästinenser, die Intifada. Fakten u. Hintergründe, 1990.
H. Baumgarten: Geschichte Palästinas, 1990.

Regierungschefin in Pakistan

16.11. Pakistan. Die von Benazir Bhutto geführte Pakistanische Volkspartei (PPP) siegt bei den ersten freien Parlamentswahlen seit 1977.
Seit 1977 regiert der durch einen Putsch an die Macht gekommene Muhammad Zia ul-Haq mit diktatorischen Vollmachten. Nachdem er im Juni 1988 die Einführung islamischen Rechts als oberstes Landesgesetz angeordnet hatte, fällt er am 17.8. einem Attentat zum Opfer.
Der Wahlsieg der PPP bedeutet eine Absage an das von der herrschenden Moslem-Liga geführte konservativ-fundamentalistische Bündnis der Islamisch-Demokratischen Allianz (IDA).
Benazir Bhutto wird am 4.12. als Ministerpräsidentin vereidigt. Sie steht als erste Frau an der Spitze eines islamischen Staates. Nach blutigen Unruhen im Frühjahr und Sommer 1990 wird Bhutto wegen angeblicher Korruption von Staatspräsident Ishaq Khan ihres Amtes enthoben und das Parlament aufgelöst. Zum zweiten Mal übernimmt sie im Oktober 1993 die Regierung. 1996 wird Bhutto wieder abgesetzt. Hintergrund sind Unruhen und Vetternwirtschaft. Ordnungsfaktor in Pakistan bleibt die Armee.

B. Bhutto: Tochter des Ostens, 1990.

Wirtschaft

EG beschließt Agrarreform

13.2. Brüssel. Die Regierungschefs der zwölf EG-Staaten einigen sich auf eine Reform der Agrarpolitik.
Zur Eindämmung der Überproduktion wird für Getreide und andere Produkte eine jährliche, durch staatliche Stützpreise garantierte Höchstmenge festgelegt. Größere Landwirtschaftsbetriebe sollen für das Brachlassen von Ackerfläche Prämien erhalten (Flächenstillegungsprogramm). Desweiteren ist die Einführung eines Vorruhestandsgeldes für Bauern ab 55 Jahren vorgesehen.

Der am 22.2. gegründete Dachverband der Deutschen Agraropposition sieht den angestrebten Überschußabbau nicht durch die konventionelle, von der EG unterstützte Agrarproduktion verwirklicht, sondern durch eine ökologische Landwirtschaft.
Gleichzeitig wird das Finanzierungssystem geändert. Um die Finanzlasten gerechter zu verteilen, sollen die Beiträge der einzelnen Mitgliedstaaten an die Gemeinschaftskasse nicht mehr allein nach dem Mehrwertsteueraufkommen, sondern auch nach der Höhe der jeweiligen Wirtschaftsleistung berechnet werden. Durch die Finanzreform steigen die Abgaben der Bundesrepublik Deutschland an die EG für 1988 um rund 4 Mrd DM.

H. Priebe: Die subventionierte Unvernunft. Landwirtschaft u. Naturhaushalt, NA 1988.

Nestlé übernimmt Rowntree

23.6. Cham/Vevey. Das Schweizer Unternehmen Nestlé wird durch die Übernahme des

Nobelpreisträger 1988	K 785
Frieden: Friedenstruppen der Vereinten Nationen	
Die UNO-Friedenstruppen werden auf Veranlassung des Sicherheitsrats in politischen Krisengebieten eingesetzt, um z. B. Waffenstillstandsvereinbarungen zu überwachen (Einsatzgebiete u. a. Jugoslawien, Libanon, Zypern). Die Truppen sind multinational zusammengesetzt.	
Literatur: Nagib Mahfuz (Ägypten, *1911)	
Mahfuz, der als erster arabischer Schriftsteller den Nobelpreis erhielt, wurde international mit dem Roman „Die Midaq-Gasse" (1947), dem Porträt einer Straße in Kairo, bekannt. Der allegorische Roman „Die Kinder unseres Viertels" (1959) war in Ägypten 30 Jahre lang verboten.	
Chemie: Johann Deisenhofer (D, *1943), Robert Huber (D, *1937), Hartmut Michel (D, *1948)	
Die Forscher entwickelten die Röntgenstruktur-Analyse (Untersuchung durch kurzwellige elektromagnetische Strahlung) weiter. Sie klärten den Aufbau eines komplizierten Eiweißmoleküls, in dem Licht in chemische Energie umgewandelt wird – Grundvoraussetzung organischen Lebens.	
Medizin: James Black (GB, *1924), Gertrude B. Elion (USA, *1918), George H. Hitchings (USA, *1905)	
Elion und Hitchings entdeckten 1948 Substanzen, die das Wachstum von Krankheitserregern hemmen. Darauf aufbauend entwickelten sie chemotherapeutische Medikamente gegen Malaria, Gicht, Herpes sowie Grundlagen für die Herstellung von AZT, einem Präparat im Kampf gegen Aids. Black erfand in den 60er Jahren die sog. Beta-Blocker, die u. a. bei Herzinfarkt und Bluthochdruck verabreicht werden.	
Physik: Leon Lederman (USA, *1922), Melvin Schwartz (USA, *1932), Jack Steinberger (USA, *1921)	
Die Physiker entdeckten 1962 das Myon-Neutrino, das zur Elementarteilchengruppe der Leptonen und damit zu den Grundbausteinen der Materie gehört. Die ungeladenen Kleinpartikel, die alles durchdringen können, treten beim atomaren Zerfall immer in Paaren auf.	
Wirtschaftswissenschaften: Maurice Allais (F, *1911)	
Allais erarbeitete die mathematischen Grundlagen von Markt- und Entscheidungstheorie. In seinen Untersuchungen befaßte er sich mit dem Gleichgewicht der Märkte unter Berücksichtigung der Einflüsse von Zeitablauf und Unsicherheiten auf wirtschaftliche Entscheidungen.	

1988

Schwerste Erdbeben des 20. Jh.

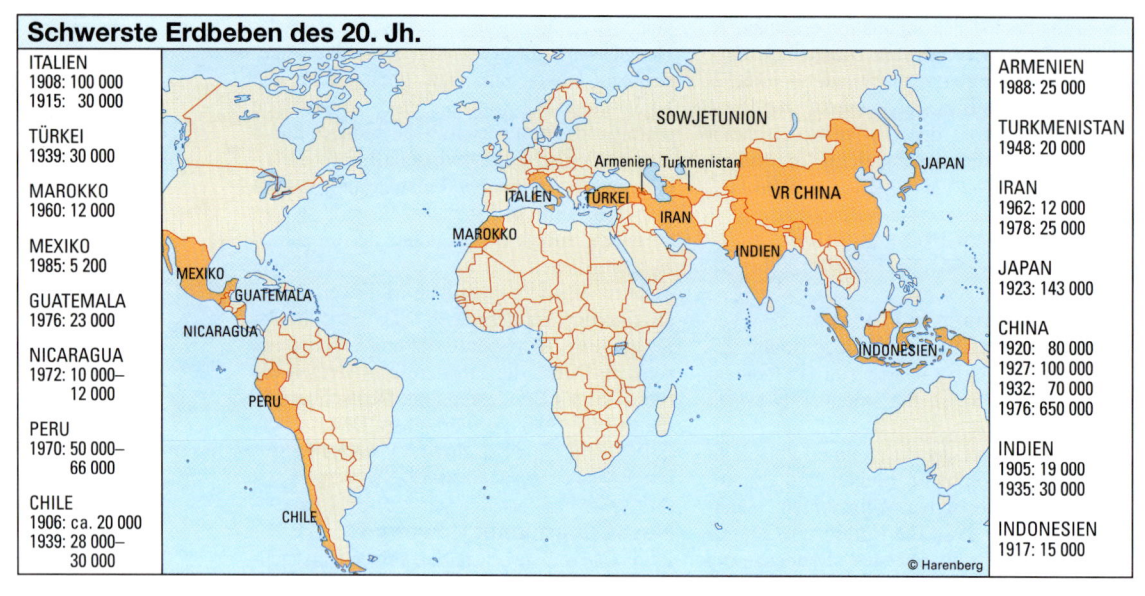

ITALIEN
1908: 100 000
1915: 30 000

TÜRKEI
1939: 30 000

MAROKKO
1960: 12 000

MEXIKO
1985: 5 200

GUATEMALA
1976: 23 000

NICARAGUA
1972: 10 000–12 000

PERU
1970: 50 000–66 000

CHILE
1906: ca. 20 000
1939: 28 000–30 000

ARMENIEN
1988: 25 000

TURKMENISTAN
1948: 20 000

IRAN
1962: 12 000
1978: 25 000

JAPAN
1923: 143 000

CHINA
1920: 80 000
1927: 100 000
1932: 70 000
1976: 650 000

INDIEN
1905: 19 000
1935: 30 000

INDONESIEN
1917: 15 000

© Harenberg

britischen Süßwarenherstellers Rowntree drittgrößter Nahrungs- und Genußmittelkonzern der Welt.

Mit einem Übernahmepreis von etwa 8 Mrd DM überbietet Nestlé das Angebot der schweizerischen Jacobs Suchard AG. Die Übernahme dokumentiert eine in Europa stärker werdende Fusionswelle, die u. a. auch im Kampf um Marktpositionen auf dem geplanten Europäischen Binnenmarkt begründet liegt. Der freie Verkehr von Personen, Waren, Dienstleistungen und Kapital soll nach der Einheitlichen Europäischen Akte von 1986 bis 1992 verwirklicht werden (Europäischer Binnenmarkt) Angesichts der Konzentrationstendenzen auch in der Bundesrepublik Deutschland fordern Politiker eine Verschärfung des Kartellrechts.

Nestlé-Konkurrent Jacobs Suchard wird 1990 selbst Übernahme-Opfer des US-amerikanischen Zigaretten-Multis Philipp Morris, der sich zum globalen Gemischtwaren-Konzern entwickelt.

Verkehr

Längster Unterwassertunnel

13.3. Japan. Der Seikan-Tunnel, längster Unterwassertunnel der Welt, der die japanischen Inseln Honshu und Hokkaido miteinander verbindet, wird eröffnet.

Der 53,85 km lange, nur für Eisenbahnzüge befahrbare Tunnel verläuft 240 m unter dem Meeresspiegel und 100 m unter dem Bett der Meerenge von Tsugaru. Während der Bauarbeiten, die 1972 begannen, kamen 33 Arbeiter ums Leben. Die Kosten für das Projekt werden auf umgerechnet etwa 10 Mrd DM geschätzt. Nach Ansicht von Kritikern ist vor allem die Frage der Sicherheit des Tunnels in dem erdbebengefährdeten Gebiet nicht genügend geklärt.

Natur/Umwelt

Algenteppich in Nord- und Ostsee

12.5. Ein vor der schwedischen Westküste sich rasch ausbreitender giftiger Algenteppich bedroht das Leben in Nord- und Ostsee; zahllose Seehunde sterben.

Der Algenteppich, der bald auch an der norwegischen, dänischen und deutschen Küste zu beobachten ist, läßt Tausende Tonnen Fisch und Schalentiere zugrunde gehen; 3000 Robben sterben an der bundesdeutschen Nordseeküste.

Vor allem die durch Industrieabwässer und Klärschlammverklappung verursachte Zunahme des Phosphat- und Nitratgehalts der

Rauschgiftkonsum in Deutschland K 784

Drogen	Sichergest. Menge (kg) 1995	1994	Erstkonsumenten 1995	1994	Drogentote (Jahr)
Heroin	933	1 590	6970	8501	1479 (1990)
Kokain	1 846	767	4251	4307	2125 (1991)
Amphetamin	138	120	3119[1]	2333	2099 (1992)
LSD	71 069[2]	29 627[2]	772	321	1738 (1993)
Haschisch	3 809	4 033	–	–	1624 (1994)
Marihuana	10 436	21 660	–	–	1565 (1995)

1) Amphetamin-Derivate, z. B. Ecstasy, 2371 Erstkonsumenten; 2) Angabe in Trips; Quelle: Bundesinnenministerium

Nordsee soll für das rapide Algenwachstum und den Tod der Tiere verantwortlich sein. Im Sommer demonstrieren in den Badeorten Tausende gegen die ungehemmte Verschmutzung der Nordsee.
📖 Warnsignale a. d. Nordsee, 1990. K.-A. Noak (u. a.): Umweltschmutz – Umweltschutz, 1990.

Erdbebenkatastrophe in UdSSR [KAR]
7.12. Kaukasus. Bei dem schwersten Erdbeben im Kaukasus seit 1902 kommen etwa 25 000 Menschen ums Leben, mehr als 500 000 verlieren ihr Obdach. Hauptsächlich betroffen ist die Sowjetrepublik Armenien, deren zweitgrößte Stadt Leninakan (228 000 Einwohner) zu 40% zerstört wird. Die Tatsache, daß alle Häuser mit mehr als acht Stockwerken einstürzen, löst heftige Kritik an der unüberlegten Bauweise in dem erdbebengefährdeten Gebiet aus. Georgien und Aserbaidschan werden von dem Beben in geringerem Maße heimgesucht.
Die Katastrophe trifft ein Gebiet, in dem es in den vorangegangenen Monaten zu heftigen Nationalitätenkonflikten gekommen war (↑S.805/18.7.).   S 60/K 56

Wissenschaft

Methadon als Ersatzdroge
1.3. Düsseldorf. Als Entzugshilfe für Heroinabhängige startet das Land Nordrhein-Westfalen einen Modellversuch mit der Ersatzdroge Methadon.
Methadon besetzt im Gehirn die gleichen Rezeptoren wie Heroin, ohne bewußtseinsverändernd zu wirken. Es lindert die Entzugserscheinungen und stoppt den körperlichen Verfall. US-amerikanische Studien belegen eine hohe Resozialisierungsquote bei Drogensüchtigen nach einer Methadon-Therapie. Die kostenlose, ärztlich überwachte Ausgabe von Methadon soll der Eindämmung der Drogenkriminalität und Beschaffungsprostitution sowie der Aids-Bekämpfung dienen.
1995 erhalten 13 500 Abhängige in Deutschland Methadon. Begleitstudien bescheinigen den Methadonprogrammen in Berlin, Bremen, Hamburg und Nordrhein-Westfalen ab Anfang der 90er Jahre Erfolg.   S 808/K 784

Lebewesen genetisch manipuliert
12.4. Washington. In den USA wird eine gentechnisch manipulierte Maus patentiert, deren Erbsubstanz mit einem menschlichen Krebsgen versehen ist. Nach den Vorstellungen der Wissenschaftler sollen die genmanipulierten Nagetiere bei Tests von krebserregenden Substanzen und zur Erprobung von Anti-Tumor-Medikamenten eingesetzt werden. In Europa erhält die Krebsmaus 1992 Patentschutz. Die Gentechnik greift damit erstmals verändernd in die Erbanlage eines höheren Lebewesens ein.
Durch die Übertragung von Fremdgenen, die der eigenen oder auch einer anderen Art entstammen, werden dem Lebewesen bestimmte vererbbare Eigenschaften, etwa die Resistenz gegenüber Krankheitserregern, verliehen. Die Genmanipulation ist ethisch umstritten.

Medien

ARD/ZDF verlieren Monopol
7.6. BRD. Die öffentlich-rechtlichen Fernsehanstalten ARD und ZDF verlieren nach 25 Jahren ihr Monopol an der Bundesligaberichterstattung.
1987 hatten ARD und ZDF für die exklusiven Übertragungsrechte 18 Mio DM an den Deutschen Fußball-Bund (DFB) gezahlt. Am 25.5.1988 akzeptierte der DFB ein Kaufangebot des Medienkonzerns Bertelsmann, Teilhaber des Privatsenders RTL plus, in Höhe von 135 Mio DM für sämtliche Fußball-Übertragungsrechte der Spielzeiten 1989–92. Nach Verhandlungen mit dem DFB und Bertelsmann können sich ARD und ZDF gegen eine Summe von 25,5 Mio DM Teilübertragungsrechte für die Bundesliga-Saison 1988/89 sichern.
Die Vergabepolitik des DFB ignoriert die Tatsache, daß zum Vertragszeitpunkt nur ein Viertel aller Haushalte von Privatsendern erreicht werden kann.
1991 kauft die private Sportrechte-Verwertungsgesellschaft ISPR (Hauptgesellschafter: Kirch-Gruppe, Springer-Konzern) die Übertragungsrechte an Fußball-Bundesliga-Begegnungen 1992–97 für 720 Mio DM vom

Übertragungsrechte der Fußball-Bundesliga			K 786
Zeitraum	Beitrag	Anmerkung	
1974–1978	3,60 Mio DM	Für ARD und ZDF; 1. Bundesliga	
1979–1983	5,86 Mio DM	Für ARD und ZDF; 1. und 2. Bundesliga	
1984–1987	8–16 Mio DM	Für ARD und ZDF; 1. und 2. Bundesliga	
1987/88	18 Mio DM	Für ARD und ZDF; 1. und 2. Bundesliga	
1988/89	5,5 Mio DM	Für ARD und ZDF; 1. und 2. Bundesliga	
1989–1992	135 Mio DM[1]	Verkauf an Ufa für TV-Sender RTL plus	
1992–1997	720 Mio DM	Verkauf an Verwertungsges. ISPR für SAT. 1	
1997–2000	550 Mio DM	Verkauf an Verwertungsges. ISPR für SAT. 1	

1) Exklusivrechte für drei Jahre

1988

Geiseldrama von Gladbeck: Geiselnehmer Hans–Jürgen Rösner posiert in der Kölner Fußgängerzone vor Journalisten. Das Verhalten der Medien und die Behinderung der Polizeiarbeit löst massive Proteste aus.

Wichtige Theaterbauten nach 1945		K 788
Eröffnung	Stadt: Gebäude	Architekt(en)
15.10.1955	Hamburg: Staatsoper (1675 Plätze)	Gerhard Weber
4.2.1956	Münster: Städtische Bühnen (955 Plätze)	Max von Hausen, Ortwin Rave, Werner Ruhnau
15.12.1959	Gelsenkirchen: Musiktheater im Revier (1064 Plätze)	Werner Ruhnau, Ortwin Rave, Max von Hausen
26.7.1960	Salzburg: Neues Festspielhaus (2170 Plätze)	Clemens Holzmeister
24.9.1961	Berlin: Deutsche Oper (1885 Plätze)	Fritz Bornemann
3.3.1966	Dortmund: Opernhaus (1160 Plätze)	Heinrich Rosskotten, Edgar Tritthart
16.9.1966	New York: Metropolitan Opera (3800 Plätze)	Wallace K. Harrison
28.9.1973	Sydney: Opernhaus (1550 Plätze)[1]	Jörn Utzon
3.5.1975	Basel: Stadttheater (1000 Plätze)	Felix Schwarz, Rolf Gutmann, Frank Gloor, Hans Schüpbach
17.7.1980	Bregenz: Neues Festspielhaus (1800 Plätze)	Wilhelm Braun
23.9.1986	Amsterdam: Stopera (1600 Plätze)	Wilhelm Holzbauer, Cees Dam
25.9.1988	Essen: Aalto-Theater (1300 Plätze)	Alvar Aalto
14.7.1989	Paris: Bastille-Oper (2700 Plätze)	Carlos Ott, Gérard Charlet
Okt. 1991	Genua: Teatro Carlo Felice (2002 Plätze)	Carlo Scarpa, Aldo Rossi, Ignazio Gardella
30.11.1993	Helsinki: Opernhaus (1496 Plätze)	Eero Hyvämäki, Jukka Karhunen, Risto Parkkinen
Frühj. 1994	Glyndebourne: Neues Opernhaus (1200 Plätze)	Michael Hopkins & Partner

[1] Opernsaal; Konzertsaal: 2700 Plätze

DFB. Die ISPR vergibt die Rechte für geschätzte 400 Mio DM an den Privatsender SAT. 1, der mehrheitlich ebenfalls in Händen von Kirch und Springer ist. S 809/K 786

Gesellschaft

Bohrinsel in Brand

6.7. Nordsee. Die schwerste Katastrophe seit Beginn der Ölförderung in der Nordsee, eine Explosion auf der Ölplattform „Piper Alpha", fordert 167 Todesopfer. Auf der zur US-Gesellschaft Occidental Petroleum gehörenden, rd. 160 km vor der schottischen Ostküste gelegenen Plattform wurde durch ausströmendes Gas die Explosion ausgelöst. Nur 64 Arbeiter können gerettet werden. Das Feuer kann erst am 29.7. mit Unterstützung des US-amerikanischen Brandexperten Red Adair gelöscht werden.
  P. Singerman: Red Adair. Der Feuerlöscher, dt. 1991.

Geiseldrama von Gladbeck

16.8. Gladbeck. In einer Bankfiliale der nordrhein-westfälischen Stadt Gladbeck beginnt eine Geiselnahme, die nach einer 54stündigen Irrfahrt der Täter von der Polizei gewaltsam beendet wird.
Nachdem die beiden bewaffneten Täter Lösegeld und ein Fluchtauto erhalten haben, verlassen sie mit zwei Geiseln die Bank. Eine rund 1000 km lange Odyssee beginnt, in deren Verlauf drei Menschen sterben und sechs weitere zum Teil schwer verletzt werden. Während ihrer Flucht kapern die Gangster einen mit 32 Personen besetzten Nahverkehrsbus, nehmen verschiedene Geiseln und erschießen einen 15jährigen Jungen. Bei der Überwältigung der Gangster durch die Polizei unter Einsatz von Schußwaffen stirbt eine der Geiseln, eine 18jährige Schülerin.
In der Folgezeit wird vor allem das Verhalten der Journalisten attackiert, die das Geiseldrama zum Medienspektakel machen – u. a. wird ein Interview mit den Tätern bei ARD und ZDF live ausgestrahlt. Der Deutsche Presserat erwägt eine Neufassung der Richtlinien für Berichterstattung bei Gewalttätigkeiten.

Kultur

Oscarflut für „Der letzte Kaiser"

12.4. Hollywood. Bernardo Bertoluccis Filmepos „Der letzte Kaiser" erhält von der

US-amerikanischen Akademie für Filmkunst neun Oscars; erstmals in der 60jährigen Geschichte der Preisvergabe (↑S.262/16.5. 1929) erhält damit ein Film alle Oscars, für die er nominiert wurde (u. a. für den besten Film und die beste Regie). Die Verfilmung der Anfang 1963 entstandenen Autobiografie des letzten chinesischen Kaisers Pu Yi ist aufwendig ausgestattet: Erstmals durfte ein Filmteam in der Verbotenen Stadt in Peking drehen; Bertolucci standen 19 000 Komparsen zur Verfügung. Einige Kritiker monieren allerdings diese opulente Bilderpracht, in der die historischen Ereignisse unterzugehen drohen.

Bertolucci gelang 1972 mit „Der letzte Tango in Paris" ein Skandalerfolg. Sein fünfeinhalbstündiges Klassenkampfepos „1900" (1974–76) über den italienischen Faschismus fand beim Publikum trotz hervorragender schauspielerischer Leistungen jedoch nur wenig Anerkennung. S 799/K 777

📖 P. W. Jansen/W. Schütte (Hg.): Bernardo Bertolucci, 1982.

Erste Biennale für Neue Musik

27.5. München. Die bayerische Landeshauptstadt veranstaltet zum ersten Mal ein „Internationales Festival für neues Musiktheater", die „Münchner Biennale". Unter der künstlerischen Leitung von Hans Werner Henze wird jungen Komponisten vier Wochen lang ein breites Forum für ihre Opernarbeiten geboten, die von der Stadt München in Auftrag gegeben wurden. Große Beachtung findet vor allem Mark Anthony Turnages „Greek", eine Ödipus-Version aus dem Londoner East End. Den Musiktheaterpremieren ist ein umfassendes Konzertprogramm der Münchner Philharmoniker mit Ur- und Erstaufführungen vorangestellt.

Die Biennale stößt bei einem breiten Publikum auf positive Resonanz und soll in Zukunft regelmäßig alle zwei Jahre veranstaltet werden.

Aalto-Theater fertiggestellt

25.9. Essen. Mit einer Aufführung von Richard Wagners Oper „Die Meistersinger von Nürnberg" wird das Aalto-Theater eröffnet. Bereits 1959 wurde der Entwurf des finnischen Architekten Alvar Aalto für ein Opernhaus in Essen preisgekrönt. Bis zu seinem Tod 1976 überarbeitete er den Entwurf zweimal; 1983 begannen unter der Leitung des Architekten Harald Deilmann und der Aalto-Witwe Elissa Mäkiniemi die Bauarbeiten an dem 150 Mio DM teuren Projekt.

Kulturszene 1988 — K 787

Theater	
Thomas Bernhard Heldenplatz UA 4.11., Wien	Im Mittelpunkt des Dramas steht eine jüdische Intellektuellenfamilie, die auch nach dem 2. Weltkrieg Antisemitismus zu spüren bekommt.
Thomas Brasch Frauen. Krieg. Lustspiel UA 10.5., Wien	Das „Lustspiel" verdeutlicht aus der Perspektive von Frauen den Verlust der Würde in der besonderen Situation eines Krieges.
Tankred Dorst Korbes UA 6.6., Hamburg	Das Stück nach einem Märchen der Brüder Grimm verbindet Elemente von Bauernschwank, derber Volkskomödie und Passionsspiel.
Peter Turrini Die Minderleister UA 1.6., Wien	Privilegierte und durch Arbeitslosigkeit Deklassierte verkehren in dem sozialkritischen Stück nur noch gewalttätig miteinander.
Oper	
George Gruntz Cosmopolitan Greetings UA 11.6., Hamburg	Multimediaspektakel mit Liedern des Jazzpianisten Gruntz auf Texte von Allen Ginsberg über das Leben der Bluessängerin Bessie Smith.
Konzert	
György Ligeti Klavierkonzert UA 29.2., Wien	Das seit 1985 entstandene Konzert verwendet eine sog. Mixturentechnik: Der Orchesterpart malt die Klavierstimme wie mit Stiften aus.
Film	
Claude Chabrol Eine Frauensache Frankreich	Frankreich unter deutscher Okkupation: Eine junge Frau (Isabelle Huppert) wird zur Engelmacherin, um ihrem kargen Dasein zu entfliehen.
Charles Crichton Ein Fisch namens Wanda Großbritannien	Turbulent-schrille Komödie im Halbweltmilieu, die schwarzen britischen Humor und amerikanischen Slapstick verbindet.
Stephen Frears Gefährliche Liebschaften Großbritannien/USA	Kongeniale Verfilmung des Intrigenromans (1782) von Choderlos de Laclos, mit Glenn Close, John Malkovich und Michelle Pfeiffer.
Barry Levinson Rain Man USA	Roadmovie über zwei ungleiche Brüder: Charlie (Tom Cruise) ist Geschäftsmann, Raymond (Dustin Hoffman) ein Autist, der ein Vermögen erbt.
Bruno Nuytten Camille Claudel Frankreich	Lebensgeschichte der Bildhauerin Camille Claudel (1864–1943), die stets im Schatten ihres Lehrers und Geliebten Auguste Renoir stand.
Giuseppe Tornatore Cinema Paradiso Italien/Frankreich	Glanzzeit und Niedergang eines sizilianischen Kleinstadtkinos, erzählt aus der Perspektive des ehemaligen Vorführers Salvatore.
Buch	
Umberto Eco Das Foucaultsche Pendel Mailand	Kritik am Irrationalismus der Gegenwart ist eingebettet in den Rahmen einer Kriminalhandlung über drei frustrierte Verlagslektoren.
Benoîte Groult Salz auf unserer Haut Paris	Modernes romantisches Märchen: Eine französische Literaturprofessorin und emanzipierte Frau verliebt sich in einen einfachen Fischer.
Stephen Hawking Eine kurze Geschichte der Zeit; New York	Der Sachbuchbestseller faßt die Forschungen des englischen Physikers zusammen, die sich mit Anfang und Ende des Universums befassen.
Walter Kempowski Hundstage München	Die ironischen Beschreibungen der Erlebnisse eines Schriftstellers nehmen den „Literaturbetrieb" (Preise, Medienrummel) aufs Korn.
Salman Rushdie Die Satanischen Verse London	Der Roman gilt vielen islamischen Fundamentalisten als Blasphemie und führt zum Mordaufruf des Ayatollah Khomeini gegen Rushdie.

1988

Olymp. Sommerspiele 1988 in Seoul			K 789	
Zeitraum: 17.9. bis 2.10.		Medaillenspiegel		
		Land	G	S	B

Teilnehmerländer	160	Sowjetunion	55	31	46
Erste Teilnahme	5	DDR	37	35	30
Teilnehmerzahl	9101	USA	36	31	27
Männer	6760	Südkorea	12	11	10
Frauen	2341	BRD	11	14	15
Deutsche Teilnehmer	369/251[1]	Ungarn	11	6	6
Schweizer Teilnehmer	98	Bulgarien	10	12	13
Österreichische Teilnehmer	63	Rumänien	7	11	6
Sportarten	23	Frankreich	6	4	6
Neu im Programm	2[2]	Italien	6	4	4
Nicht mehr olympisch	0	China	5	11	12
Entscheidungen	237	Großbritannien	5	10	9

Erfolgreichste Medaillengewinner

Name (Land) Sportart	Medaillen (Disziplinen)
Kristin Otto (GDR) Schwimmen	6 x Gold (50 m Freistil, 100 m Freistil, 100 m Rücken, 100 m Schmetterling, 4 x 100 m Freistil, 4 x 100 m Lagen)
Matt Biondi (USA) Schwimmen	5 x Gold (50 m Freistil, 100 m Freistil, 4 x 100 m Freistil, 4 x 200 m Freistil, 4 x 100 m Lagen), 1 x Bronze (200 m Freistil)
Wladimir Artemow (URS) Turnen	4 x Gold (Mehrkampf, Mehrkampf-Mannschaft, Reck, Barren), 1 x Silber (Boden)
Daniela Silivas (ROM) Turnen	3 x Gold (Boden, Stufenbarren, Schwebebalken), 2 x Silber (Mehrkampf, Mehrkampf-Mannschaft), 1 x Bronze (Pferdsprung)
Florence Griffith-Joyner (USA), Leichtathletik	3 x Gold (100 m, 200 m, 4 x 100-m-Staffel), 1 x Silber (4 x 400-m-Staffel)

Olympische Winterspiele 1988 in Calgary					
Zeitraum: 13.2. bis 28.2.		Medaillenspiegel			
		Land	G	S	B
Teilnehmerländer	57	Sowjetunion	11	9	9
Teilnehmerzahl	1800	DDR	9	10	6
Deutsche Teilnehmer	95/53[1]	Schweiz	5	5	5
Schweizer Teilnehmer	71	Finnland	4	1	2
Österreichische Teilnehmer	86	Schweden	4	0	2
Sportarten	8	Österreich	3	5	2
Entscheidungen	46	Niederlande	3	2	2

Erfolgreichste Medaillengewinner

Name (Land), Sportart	Medaillen (Disziplinen)
Matti Nykänen (FIN) Ski nordisch	3 x Gold (Sprunglauf 70-m-Schanze, Sprunglauf 90-m-Schanze, Sprunglauf-Mannschaft)
Yvonne van Gennip (HOL) Eisschnellauf	3 x Gold (1500 m, 3000 m, 5000 m)

Erfolgreichste deutsche Teilnehmer

Frank-Peter Rötsch Biathlon	2 x Gold (10 km, 20 km)
Marina Kiehl Ski alpin	1 x Gold (Abfahrtslauf)

1) BRD/DDR; 2) Tennis (4 Entscheidungen), Tischtennis (4)

Aalto, ein Vertreter des plastischen Stils in der Architektur, wurde durch asymmetrisch geformte Baukörper bekannt. In eigenen Industriebetrieben ließ er auch Möbel herstellen (u. a. die Serie Artek). S 810/K 788
K. Fleig (Hg.): Alvar Aalto 1963–1978. 3 Bde., NA 1990.

Europäischer Filmpreis „Felix"

26.11. Berlin. Der auf Initiative des Berliner Kultursenators Volker Hassemer gegründete Europäische Filmpreis, in Anlehnung an den US-amerikanischen „Oscar" „Felix" genannt, wird erstmals verliehen. Als bester Film wird Krzysztof Kieslowskis „Kurzer Film über das Töten" ausgezeichnet. Den Preis für die beste Regie erhält Wim Wenders für seinen Film „Der Himmel über Berlin".
Zur siebenköpfigen Jury unter Vorsitz der französischen Schauspielerin Isabelle Huppert (u. a. Hauptdarstellerin in „Die Spitzenklöpplerin", 1977) setzt sich aus verschiedenen Persönlichkeiten der europäischen Filmlandschaft zusammen: Es wirken mit der britische Schauspieler Ben Kingsley (Hauptdarsteller in „Gandhi", 1982) und der polnische Regisseur Krzysztof Zanussi (u. a. „Camouflage", 1977). Die Veranstaltung wird in 18 europäische Länder übertragen.

Sport

Fernsehen beeinflußt Spiele

13.2.–28.2. Calgary/Kanada. Der Zeitplan der XV. Olympischen Winterspiele richtet sich nach den Wünschen des US-Fernsehsenders ABC, der für 309 Mio Dollar (562,4 Mio DM) die Übertragungsrechte erwarb. Die Anfangszeiten vieler Wettbewerbe wurden nicht nach sportlichen Gesichtspunkten ausgewählt, sondern mit Rücksicht auf die günstigsten Übertragungszeiten.
Erfolgreichster Athlet ist der finnische Skispringer Matti Nykänen, der in allen drei Springwettbewerben (70 m, 90 m, Mannschaft) die Goldmedaille gewinnt. Er übertrifft damit den bislang erfolgreichsten Spezialsprungläufer, den Norweger Birger Ruud. Katarina Witt aus der DDR holt wie 1984 in Sarajevo die Goldmedaille im Eiskunstlauf. Der Italiener Alberto Tomba ist mit Gold im Riesenslalom und Slalom der Star der alpinen Wettbewerbe.
Im September beschließt das Internationale Olympische Komitee (IOC), ab 1994 (Lillehammer/Norwegen, ↑S.880/12.2.–27.2.1994) die Winterspiele im Vierjahresrhythmus und

1988

Zweijahresabstand zu den Sommerspielen auszutragen. Davon verspricht sich das IOC eine höhere Aufmerksamkeit für die Wettbewerbe und somit höhere Einnahmen von Fernsehsendern und Werbekunden.

Fabelweltrekord im Frauensprint

16.7. Indianapolis. Die 28jährige US-amerikanische Leichtathletin Florence Griffith-Joyner stellt mit 10,49 sec einen neuen Weltrekord über 100 m auf. Sie verbessert die bisher von Evelyn Ashford (USA) gehaltene Bestzeit (10,76 sec) um 27 Hundertstel Sekunden.
„Flying Flo" gewann 1984 bei den Olympischen Spielen in Los Angeles und 1987 bei den Weltmeisterschaften in Rom über 200 m jeweils ein Silbermedaille.
Die extravagante Sprinterin, die auch durch ausgefallene Trikots und überlange Fingernägel für Aufsehen sorgt, ist der Star der Olympischen Spiele von Seoul. Sie holt Gold über 100 m, 200 m (in der Weltrekordzeit von 21,34 sec) und in der 4 x 100-m-Staffel sowie über 4 x 400 m.

📖 R. Hartmann: Die großen Leichtathletik-Stars, 1993.

Dopingfall überschattet Olympia

17.9.–2.10. Seoul. Der kanadische Sprinter Ben Johnson sorgt für den größten Skandal in der Geschichte der Olympischen Spiele: Drei Tage nach seinem Sieg im 100-m-Endlauf, den er in der neuen Weltrekordzeit von 9,79 sec gewinnt, muß er die Goldmedaille wegen Dopings zurückgeben.

Johnson, der nach eigener Aussage seit 1981 verbotene leistungssteigernde Mittel genommen hat, werden der 100-m-Weltrekord von 1987 (9,83 sec) und der Weltmeistertitel aberkannt. Nach einer zweijährigen Sperre wird er 1993 erneut des Dopings überführt.
Nachdem die Spiele von 1980 und 1984 vom wechselnden Boykott der Supermächte und ihrer Verbündeten beeinträchtigt waren, landen die USA diesmal in der inoffiziellen Nationenwertung nur auf Platz drei hinter der dominierenden UdSSR und der DDR. Maß-

Olympische Spiele in Seoul: Der Gewinner des 100 m Finallaufs, Ben Johnson (r.), wird drei Tage nach seinem Sieg des Dopings überführt.

Steffi Graf gewinnt Grand Slam: Als dritter Spielerin der Tennisgeschichte gelingt der Brühlerin innerhalb eines Jahres der Sieg bei den vier bedeutendsten Tennisturnieren (Wimbledon, French Open, US Open, Australian Open).

Sport 1988　　　　　　　　　　　　　　　K 790

Fußball	
Europameisterschaft	Niederlande – Sowjetunion 2:0
Deutsche Meisterschaft	Werder Bremen
DFB-Pokal	Eintracht Frankfurt – VfL Bochum 1:0
Englische Meisterschaft	FC Liverpool
Italienische Meisterschaft	AC Mailand
Spanische Meisterschaft	Real Madrid
Europapokal (Landesmeister)	PSV Eindhoven – Benfica Lissabon 6:5 n.V.
Europapokal (Pokalsieger)	KSV Mechelen – Ajax Amsterdam 1:0
UEFA-Pokal	Bayer 04 Leverkusen
Tennis	
Wimbledon (seit 1877; 102. Austragung)	Herren: Stefan Edberg (SWE) Damen: Steffi Graf (FRG)
US Open (seit 1881; 108. Austragung)	Herren: Mats Wilander (SWE) Damen: Steffi Graf (FRG)
French Open (seit 1925; 58. Austragung)	Herren: Mats Wilander (SWE) Damen: Steffi Graf (FRG)
Australian Open (seit 1905; 76. Austragung)	Herren: Mats Wilander (SWE) Damen: Steffi Graf (FRG)
Davis-Cup (Göteborg, SWE)	BRD – Schweden 4:1
Eishockey	
Stanley-Cup	Edmonton Oilers
Deutsche Meisterschaft	Kölner EC
Radsport	
Tour de France (3281 km)	Pedro Delgado (ESP)
Giro d'Italia (3597 km)	Andrew Hampsten (USA)
Straßen-Weltmeisterschaft	Maurizio Fondriest (ITA)
Automobilsport	
Formel-1-Weltmeisterschaft	Ayrton Senna (BRA), McLaren-Honda
Boxen	
Schwergewichts-Weltmeisterschaft	Mike Tyson (USA) – K. o. über Michael Spinks (USA), 27.6. – K. o. über Larry Holmes (USA), 22.1.

Herausragende Weltrekorde		
Disziplin	Athlet (Land)	Leistung
Leichtathletik, Männer		
400 m	Butch Reynolds (USA)	43,29 sec
Stabhochsprung	Sergei Bubka (URS)	6,06 m
Kugelstoß	Ulf Timmermann (GDR)	23,06 m
Leichtathletik, Frauen		
100 m	Florence Griffith-Joyner (USA)	10,49 sec
200 m	Florence Griffith-Joyner (USA)	21,34 sec
Weitsprung	Galina Tschistjakowa (URS)	7,52 m
Schwimmen, Männer		
100 m Freistil	Matt Biondi (USA)	48,42 sec
100 m Rücken	David Berkhoff (USA)	54,51 sec
Schwimmen, Frauen		
400 m Freistil	Janet Evans (USA)	4:03,85 min

geblichen Anteil am guten Abschneiden der DDR haben die Frauen, die in den Leichtathletik-Wettbewerben mit 18 Medaillen vor der UdSSR (13) und den USA (9) liegen.

Grand Slam für Steffi Graf

10.9. Flushing Meadow. Mit einem 6:3/3:6/6:1-Sieg über die Argentinierin Gabriela Sabatini gewinnt Steffi Graf die internationalen Tennismeisterschaften der USA und sichert sich damit als dritte Spielerin in der Geschichte des Tennis den sog. Grand Slam.
Der Gewinn der vier bedeutendsten Tennisturniere innerhalb eines Jahres gelang zuvor der US-Amerikanerin Maureen Connolly (1953) und der Australierin Margaret Court-Smith (1970).
Bei den Finalbegegnungen besiegte Steffi Graf in Melbourne die US-Amerikanerin Chris Evert (6:1, 7:6), in Paris die Russin Natalja Zwerewa (6:0, 6:0) und in Wimbledon Martina Navratilova (5:7, 6:2, 6:1).
Die 19jährige Brühlerin unterstreicht ihre Ausnahmestellung mit dem Gewinn der Goldmedaille im Oktober bei den Spielen von Seoul, wo Tennis erstmals seit 1924 wieder auf dem olympischen Programm steht.
1989 scheitert sie nur knapp an der Wiederholung ihres Erfolges: Mit Ausnahme der French Open, in denen sie der Spanierin Arantxa Sanchez knapp unterliegt, (6:7, 6:3, 5:7), glückt ihr bei den anderen drei Grand-Slam-Turnieren die Titelverteidigung.
📖 D. Henkel: Steffi Graf, 1993.

Deutsches Team gewinnt Davis-Cup

18.12. Göteborg. Zum ersten Mal in der 88jährigen Geschichte des Davis-Cup gewinnt eine deutsche Mannschaft die wertvollste Team-Trophäe im Tennis. Am 9.2. 1900 hatte sie der 20jährige US-Tennisspieler Dwight F. Davis gestiftet.
Zweimal hatten die Deutschen zuvor im Finale gestanden: 1970 unterlagen sie den USA, 1985 Schweden.
Den Grundstein für den Davis-Cup-Gewinn legte Carl-Uwe Steeb, der sensationell Mats Wilander, den Ersten der Weltrangliste, in fünf Sätzen schlug. Nach Boris Beckers Drei-Satz-Sieg über Stefan Edberg sorgt das Doppel Boris Becker/Eric Jelen gegen Stefan Edberg/Anders Jarryd für einen unaufholbaren 3:0-Vorsprung.
Im folgenden Jahr kommt es zu einer Neuauflage des Finales von Göteborg, in der die Deutschen ihren Titel mit einem 3:2-Erfolg verteidigen.
📖 U. Kaiser: Sternstunden des Tennis, 1992.

1989

Politik

Giftgas-Skandal um Imhausen
1.1. BRD. Einem Bericht der „New York Times" zufolge sind westdeutsche Firmen in Chemiewaffengeschäfte verwickelt.
Erkenntnissen des Bundesnachrichtendienstes (BND) zufolge hatte die Firma Imhausen-Chemie (Lahr) Pläne für den Bau einer Chemiefabrik zur Giftgasherstellung in Rabta (Libyen) geliefert und Ingenieure entsandt. Die eingeleiteten Ermittlungen wegen Verstoßes gegen das Außenwirtschaftsgesetz – es untersagt die Lieferung von Waffen und kriegsverwendbarem Material in Spannungsgebiete – führen im Mai zur Festnahme des Geschäftsführers Jürgen Hippenstiel-Imhausen. Er wird zu fünf Jahren Haft verurteilt. In der Folgezeit werden Waffenlieferungen der westdeutschen Industrie an den Irak während des Golfkriegs zwischen Iran und dem Irak (↑S.805/20.8.1988) publik.

Neuer Tenno tritt sein Amt an
9.1. Tokio. Der 55jährige Akihito Tsugu No Mija wird Japans neuer Kaiser, womit die sog. Heisei-Ära („Frieden schaffen") beginnt. Akihito wird Nachfolger von Hirohito, der am 7.1. im Alter von 87 Jahren verstarb.
Hirohito, 124. Kaiser von Japan, ist mit seiner 62jährigen Herrschaft der Tenno mit der längsten Regierungszeit (↑S.235/25.12.1926). Aufgrund seiner im In- und Ausland umstrittenen Rolle während des 2. Weltkriegs mußte er 1946 auf den Anspruch der Göttlichkeit sowie auf militärische und politische Machtbefugnisse verzichten. Mit der Verfassung von 1946 wurde in Japan das parlamentarische System eingeführt.
In seiner ersten Ansprache als neuer Kaiser am 9.1. bekennt sich Akihito zur konstitutio-

Akihito Tsugu No Mija, Kaiser von Japan

Wichtige Regierungswechsel 1989			K 791
Land	**Amtsinhaber**	**Bedeutung**	
Bulgarien	Todor Schiwkow (P seit 1971) Petar Mladenow (P bis 1990)	Staats- und Parteichef Schiwkow gestürzt (10.11.); Mladenow leitet Reformen ein, u. a. Zulassung von Oppositionsgruppen (S.822)	
DDR	Erich Honecker (SED, P seit 1976)[1] Egon Krenz (SED, P 25.10.–6.12.)[1] Manfred Gerlach (LDPD, P bis 1990)[1]	Rücktritt Honeckers (18.10.) nach Massenflucht und Demonstrationen gegen Staats- und Parteiführung; Gerlach wird erstes DDR-Staatsoberhaupt, das nicht der SED angehört	
	Willi Stoph (SED, M seit 1976) Hans Modrow (SED-PDS, M bis 1990)	Rücktritt Stophs (7.11.) wegen politischer Entwicklung; Modrow schafft Ministerium für Staatssicherheit ab (S.820/822)	
Griechenland	Andreas Papandreou (M seit 1981) Tzannis Tzannetakis (M 2.7.–23.11.) Xenophon Zolotas (M bis 1990)	Niederlage von Papandreous PASOK bei Parlamentswahlen (18.6.); Grund: Verwicklung Papandreous in Korruptions- und Abhöraffäre um den Bankier Jorgos Koskotas	
Iran	Ali Khamenei (P seit 1981) Ali A. Haschemi Rafsandschani (P bis ...)	Khamenei wird geistliches Oberhaupt der schiitischen Moslems; Rafsandschani tritt für vorsichtige Öffnung nach Westen ein	
Japan	Hirohito (Kaiser seit 1926) Akihito (Kaiser bis . . .)	Tod Hirohitos (7.1.), der 1946 auf göttlichen Anspruch des Tennos sowie auf politische Machtbefugnisse verzichten mußte (S.815)	
	Noboru Takeshita (M seit 1987) Sosuke Uno (M 2.6.–9.8.) Toshiki Kaifu (M bis 1991)	Rücktritt Takeshitas (2.6.) wegen Verwicklung in den Recruit-Skandal: Regierungsmitglieder hatten Bestechungsgelder entgegengenommen; Uno tritt wegen Sex-Affäre zurück	
Paraguay	Alfredo Stroessner (P seit 1954) Andres Rodríguez (P bis 1993)	Militärputsch (S. 816/3.2.) nach Auseinandersetzungen in der regierenden Colorado-Partei; Rodriguez manipuliert Wahlen (1.5.)	
Polen	Mieczyslaw Rakowski (M seit 1988) Czesław Kiszczak (M 2.–17.8.) Tadeusz Mazowiecki (M bis 1991)	Rücktritt Rakowskis (7.7.) nach überlegenem Wahlsieg des oppositionellen Bürgerkomitees „Solidarność"; Mazowiecki erster nichtkommunistischer Regierungschef in einem Ostblockland (S.819)	
Sudan	Ahmed al Migani (P seit 1986) Omar Hassan Ahmad al Baschir (P bis ...)	Militärputsch (30.6.); Parlament aufgelöst; Verfassung außer Kraft; Verschärfung des Bürgerkriegs im Süden des Landes	
Tschecho-slowakei	Gustav Husak (P seit 1975) Václav Havel (P bis 1992)	Havel, Wortführer der Oppositionsbewegung „Charta 77" wird erster nichtkommunistischer Staatschef der ČSSR (S.823)	
	Ladislav Adamec (M seit 1988) Marian Čalfa (M bis 1992)	Bürgerforum von Präsident Havel gewinnt Wahlen (8.6.); Čalfa Chef einer nichtkommunistisch dominierten Koalition	
USA	Ronald Reagan (Republ., P seit 1981) George Bush (Republ., P bis 1993)	Wahlsieg (54% der Stimmen) des bisherigen Vizepräsidenten (seit 1981) Bush über den Demokraten Michael Dukakis (S.806)	

M = Ministerpräsident bzw. Premierminister; P = Präsident
1) Staatsratsvorsitzender

Japan im 20. Jahrhundert — K 792

Jahr	Ereignis
1900	Japan beteiligt sich an der Niederwerfung des Boxeraufstands (S.12)
1904	Russisch-Japanischer Krieg; im Frieden von Portsmouth (1905) muß Rußland u. a. den südl. Teil von Sachalin an Japan übergeben (S.50)
1910	Japan annektiert nach der Ermordung von Fürst Ito Südkorea (22.8.) und wird zur anerkannten Großmacht in Ostasien (S.85)
1912	Tod von Kaiser Meiji (30.7.) beendet Meiji-Zeit (seit 1868), die im Zeichen der Modernisierung stand; Nachfolger: Kaiser Taisho
1914	Eintritt in den 1. Weltkrieg an der Seite Großbritanniens (14.8.)
1919	Friedensvertrag von Versailles (28.6.): Japan erhält die dt. Pazifikinseln nördlich des Äquators und übernimmt die dt. Rechte in China
1926	Kronprinz Hirohito, seit 1921 Regent, wird Tenno (S.235/25.12.)
1931	Vom Militär inszenierter sog. Mandschurischer Zwischenfall (18.9.) dient Japan als Vorwand zur Besetzung der Mandschurei (S.272)
1932	Ermordung von Ministerpräsident Tsuyoshi Inukai (15.5.) im Gefolge eines Militärputschs beendet Ära der Parteiregierungen
1933	Heftige internationale Kritik an Japans Mandschurei-Politik führt zum Austritt aus dem Völkerbund (27.3.)
1934	Mandschurei zum Kaiserreich Mandschukuo erklärt (1.3.); Herrscher wird Pu Yi, der letzte Mandschu-Kaiser Chinas
1936	Anti-Komintern-Pakt mit dem Deutschen Reich (S.321/25.11.)
1937	Beginn des Chinesisch-Japanischen Kriegs (7.7.; bis 1945, S.332)
1939	Dreimächtepakt zwischen Japan, Deutschland und Italien (27.9.)
1941	Japanischer Überraschungsangriff (7.12.) auf den US-Flottenstützpunkt Pearl Harbor löst den pazifischen Krieg aus (S.374)
1942	Großoffensive Japans wird mit der Seeschlacht von Midway (4.6.) und Kämpfen um die Insel Guadalcanal (7.8.) gestoppt (S.380)
1945	Abwurf der Atombomben auf Hiroshima und Nagasaki, nachdem Japan die Kapitulation abgelehnt hat (S.412/6./9.8.)
	Bedingungslose Kapitulation; Japan untersteht einer Militärregierung unter US-General Douglas MacArthur (2.9.); Waffenstillstand von Nanking (9.9.): Kapitulation der japanischen Militärverbände in China
1946	Kaiser Hirohito entsagt in seiner Neujahrsansprache dem Anspruch des Tenno auf göttliche Abstammung
1947	Neue Verfassung tritt in Kraft (3.5.): Japan wird parlamentarische Demokratie; politische Rechte des Kaisers eingeschränkt
1951	Friedensvertrag von San Francisco (8.9.): Japan verzichtet auf alle territorialen Ansprüche jenseits der Grenzen von 1868 und erhält 1952 die volle Souveränität zurück
1955	Konservative Kräfte (Liberale und Demokraten) vereinigen sich in der Liberaldemokratischen Partei Japans (LDP)
1956	Abkommen mit der UdSSR über Beendigung des Kriegszustands; Aufnahme in die UNO (8.12.)
1960	Amerikanisch-japanischer Sicherheitsvertrag (21.1.) garantiert US-Beistand bei bewaffnetem Angriff auf japanisches Gebiet
1972	Japan erhält von den USA die Insel Okinawa zurück (24.11.)
1976	Lockheed-Bestechungsskandal, in den u. a. der frühere Ministerpräsident (1972–74) Tanaka verwickelt ist
1978	Abschluß eines Friedens- und Freundschaftsvertrags mit China
1989	Akihito wird nach dem Tod seines Vaters Hirohito Kaiser (S.815)
	Rücktritt von Regierungschef Takeshita wegen des Recruit-Bestechungsskandals, in den Kabinettsmitglieder verwickelt sind
1993	Nach zahlreichen Bestechungsaffären verlieren die Liberaldemokraten erstmals seit 38 Jahren die absolute Mehrheit im Parlament; kurzlebige Koalitionsregierungen folgen mit erstmaliger Einbindung der Sozialisten unter Ministerpräsident Tomiichi Murayama
1996	LDP stellt mit Ryutaro Hashimoto wieder den Premierminister

nellen Monarchie, die ihm nur repräsentative Pflichten zuweist.

S 816/K 792

Stroessner in Paraguay gestürzt

3.2. Asunción. Paraguays diktatorisch regierender Präsident, der 76jährige Alfredo Stroessner, wird durch einen Militärputsch abgesetzt.

Vorangegangen waren Auseinandersetzungen innerhalb der regierenden Colorado-Partei, der sowohl Stroessner als auch der Initiator des Staatsstreiches, Armeegeneral Andres Rodriguez, angehören. Stroessner, selbst durch Putsch an die Macht gekommen (↑S.490/8.5.1954), gelingt nach seiner Verhaftung die Flucht nach Brasilien.

Der neue Staatschef Rodriguez, der demokratische Reformen verspricht, wird bei den Parlaments- und Präsidentschaftswahlen am 1.5. in seinem Amt bestätigt. Opposition und ausländische Beobachter sprechen von Wahlbetrug.

Der erste zivile Präsident seit 1954, der 1993 gewählte Juan C. Wasmosy, leitet einen Demokratisierungsprozeß in Paraguay ein.

Ausländer erhalten Wahlrecht

14.2. BRD. Als erstes Bundesland beschließt Schleswig-Holstein ein kommunales Wahlrecht für Ausländer; am 15.2. trifft Hamburg die gleiche Entscheidung.

Ab 1990 erhalten Ausländer aus Dänemark, Schweden, Norwegen, Irland, der Schweiz und den Niederlanden in Schleswig-Holstein das Kommunalwahlrecht. In diesen Ländern sind dort lebende Bundesbürger ebenfalls wahlberechtigt. In Hamburg sollen ab 1991 Ausländer, die seit mindestens acht Jahren in Deutschland leben, sich an den Bezirksversammlungswahlen beteiligen können. Auf Antrag der CDU/CSU-Bundestagsfraktion erläßt das Bundesverfassungsgericht am 12.10. eine einstweilige Anordnung gegen das schleswig-holsteinische Gesetz.

1991 entscheidet das Bundesverfassungsgericht, daß ein kommunales Wahlrecht für alle Ausländer – wie in Hamburg geplant – dem Grundgesetz widerspricht.

Truppenabzug aus Afghanistan

15.2. Afghanistan. Mit dem Abzug der letzten sowjetischen Truppen ist die Intervention der UdSSR in dem seit über neun Jahren andauernden afghanischen Bürgerkrieg beendet.

Am 26.12.1979 (↑S.733) waren sowjetische Truppen in Afghanistan einmarschiert, um die durch einen Putsch 1978 an die Macht gekommene sozialistische Regierung in dem

1989

Widerstandskampf gegen fundamentalistisch-islamische Gruppen (Mudschaheddin) zu unterstützen.
Der mit dem Amtsantritt von KPdSU-Generalsekretär Michail Gorbatschow (↑S.780/11.3.1985) eingeleitete Kurswechsel führte zum Genfer Afghanistan-Abkommen (14.4. 1988), das den sowjetischen Truppenabzug regelt.
Nach der Einnahme der afghanischen Hauptstadt Kabul durch die islamischen Mudschaheddin 1992, die den Bürgerkrieg offiziell beendet, beginnt ein – bis heute nicht entschiedener – Machtkampf zwischen verschiedenen Widerstandsgruppen.

📖 G. Botscharow: Die Erschütterung. Afghanistan, das Vietnam der Sowjetunion, 1990.

Wahlen in der UdSSR

26.3. UdSSR. Bei den Wahlen zum reformierten Volksdeputiertenkongreß können die sowjetischen Bürger erstmals seit 70 Jahren wieder zwischen mehreren Kandidaten wählen.
Nachdem am 3.7.1988 (↑S.804) die erste KPdSU-Parteikonferenz seit 1941 eine Reform der Staatsorgane beschlossen hatte, verabschiedete der Oberste Sowjet am 1.12. die entsprechenden Verfassungsänderungen. Der zu zwei Dritteln von der Bevölkerung gewählte Volksdeputiertenkongreß tagt künftig einmal im Jahr, wählt den Staatspräsidenten und den Obersten Sowjet. Letzterer wird von einem reinen Zustimmungsorgan zu einem demokratischen Parlament aufgewertet.
Bei den Wahlen vom 26.3. tragen die Reformvertreter einen spektakulären Sieg über die offiziellen KP-Kandidaten davon. Auf der konstituierenden Sitzung des neuen Kongresses am 25.5. wird Michail Gorbatschow (↑S.780/11.3.1985) zum Staatspräsidenten gewählt. S 817/K 793

Baustopp für Wackersdorf

12.4. BRD. Mit dem Verzicht auf das Wackersdorf-Konzept leitet der Veba-Konzern als größter deutscher Energiekonzern die Wende in der deutschen Atompolitik ein. Seit dem Baubeginn 1985 war es immer wieder zu heftigen Protesten durch Bürgerinitiativen und Umweltschutzverbände gegen die Anlage gekommen, in der abgebranntes Brennmaterial aus Atomkraftwerken wieder aufgearbeitet werden sollte.
Die Vereinigte Elektrizitäts- und Bergwerks AG (Veba) ist mit 23,5% an der Deutschen Gesellschaft für Wiederaufarbeitung beteiligt, die den Bau der Anlage in Wackersdorf betreibt. Die Energiewirtschaft erwartet, daß der Anteil der Atomenergie an der Stromversorgung der Bundesrepublik Deutschland (ca. 34%) zurückgeht, was aber bis Mitte der 90er Jahren nicht eintritt. Absehbare Überkapazitäten im Bereich der Wiederaufarbeitung würden daher die Wackersdorfer Anlage überflüssig machen. Die Veba wird statt dessen kostengünstiger mit der französischen

Afghanistan: Die letzten sowjetischen Truppen verlassen das weiterhin in Bürgerkriege verstrickte Land.

Stufen von Glasnost und Perestroika		K 793
Jahr	Umgestaltung/Neuerung	
Glasnost		
1987	Offenere Berichterstattung in den Medien über Mißstände in der UdSSR; öffentliche Diskussion kontroverser Themen	
1988	Diskussion über Kinderarbeit in der UdSSR; Rehabilitierung kommunistischer Parteimitglieder der Stalin-Ära; Würdigung des Werks bisher verbotener sowjetischer Schriftsteller	
1989	Aufbau einer freien Presse	
Perestroika		
1987	Geheime Abstimmungen bei Personalentscheidungen im Parteiapparat der Kommunisten; Wahlrechtsreform: Mehrere Kandidaten können nominiert werden; größere Eigenständigkeit der Betriebe gegenüber zentraler Planung	
1988	Begrenzung der Amtszeiten in Partei- und Staatsämtern auf zehn Jahre; Ausweitung der Machtbefugnisse des Staatspräsidenten (für die Gesetzgebung verantwortlich)	
1989	Änderung der Staatsstruktur und der Machtverhältnisse; Einführung politischer und wirtschaftlicher Kontrollgremien; stärkere Orientierung der Ökonomie an marktwirtschaftlichen Konzepten	
1990	Preisreform und Lockerung der Eigentumsbestimmungen; Umstellung der Rüstungsindustrie auf zivile Produktion; ausländische Unternehmen können ohne sowjetische Beteiligung investieren; Gewerkschaften erhalten finanzielle und politische Unabhängigkeit; führende Rolle der KPdSU in der Verfassung gestrichen	
1991	Abbau von Subventionen für Betriebe; Preisanstiege; Monopol des Staatseigentums an Produktionsmitteln abgeschafft; Zulassung von Produktionsgenossenschaften und Privateigentum; Verbot der Kommunistischen Partei nach kommunistischem Putschversuch	

Chronik Polens nach 1945		K 794
Jahr	Ereignis	
1946	Bodenreformgesetz (6.9.): Landbesitz über 50 ha wird enteignet und parzelliert; alle Betriebe mit mehr als 50 Mitarbeitern werden verstaatlicht (Bergwerke schon 1945)	
1947	Wahl zum Sejm (Parlament) wird manipuliert und endet mit Sieg des sozialistischen Demokratischen Blocks (19.1.); Ministerpräsident Józef Cyrankiewicz führt zentrale Wirtschaftsplanung ein	
1948	Fusion von Sozialistischer Partei und Arbeiterpartei zur Polnischen Vereinigten Arbeiterpartei (PVAP, 21.12.)	
1949	Beitritt zum Rat für Gegenseitige Wirtschaftshilfe (COMECON)	
1950	DDR erkennt Oder-Neiße-Linie als polnische Westgrenze an (sog. Freundschaftsgrenze; Görlitzer Abkommen (S.463/6.7.)	
1952	Sozialismus in der Verfassung verankert (23.7.)	
1955	Beitritt zum Warschauer Pakt (14.5.)	
1956	Generalstreik in Posen führt zu Demonstrationen, bei denen Reformen verlangt werden; Militär schlägt Proteste nieder (S.506/28.6.)	
	Gomulka wird Generalsekretär der PVAP (21.10.)	
	Duldung zahlreicher Reformen in Polen während des ungarischen Volksaufstands (sog. Frühling im Oktober)	
1970	Abschluß des Normalisierungsvertrags mit der BRD, die die Unverletzlichkeit der bestehenden Grenzen anerkennt (S.644/7.12.)	
	Streik der Danziger Werftarbeiter nach Normen- und Preiserhöhungen; Proteste greifen auf weitere Städte über (S.644/14.12.)	
	Edward Gierek löst Gomulka als Parteichef ab (20.12.)	
1978	Karol Wojtyla, Erzbischof von Krakau, zum Papst gewählt (Johannes Paul II., 16.10.); sein Besuch in Polen (2.–10.6.1979) demonstriert die Stärke der katholischen Kirche im Land (S.727)	
1980	Versorgungsengpässe lösen Streikwelle aus; Durchsetzung politischer Forderungen; Gründung der unabhängigen Gewerkschaft „Solidarność" (17.9., Führer: Lech Walesa, S.741/31.8.)	
1981	Ministerpräsident Wojciech Jaruzelski verhängt das Kriegsrecht und steht bis zu dessen Aufhebung 1983 an der Spitze eines „Militärrats der Nationalen Errettung" (S.749)	
1983	Lech Walesa erhält den Friedensnobelpreis (S.765)	
1984	Sicherheitsbeamte entführen und ermorden den gewerkschaftsfreundlichen Priester Jerzy Popieluszko (S.770)	
1989	Opposition und Regierung vereinbaren in Gesprächen politische und wirtschaftliche Reformen (5.4.)	
	Tadeusz Mazowiecki („Bürgerkomitee Solidarität") wird am 24.8. erster nichtkommunistischer Ministerpräsident Polens (S.817)	
1990	Lech Walesa zum Präsidenten gewählt (S.836/9.12.)	
	Deutschland erkennt Oder-Neiße-Linie als polnische Westgrenze an	
1992	Übergangsverfassung: Präsident als Staatsoberhaupt wird alle sechs Jahre direkt gewählt; Regierung (Ministerrat) gegenüber Präsident und Parlament (Sejm und Senat) verantwortlich	
1993	Abzug der ehemaligen sowjet. Streitkräfte abgeschlossen (13.9.)	
	Sieg der Linksallianz (SLD), die aus den Nachfolgeorganisationen der PVAP hervorging, bei Parlamentswahl (19.9.); Bildung einer Koalitionsregierung mit Bauernpartei und Arbeitsunion; im folgenden zahlreiche Konflikte mit Staatspräsident Walesa	
1994	Assoziierungsvertrag mit der Europäischen Union	
1995	SLD-Führer Aleksander Kwaśniewski mit 51,7% der Stimmen Sieger bei der Präsidentschaftswahl gegen Lech Walesa (Nov.)	
	Anhaltendes Wirtschaftswachstum seit 1992 (1995: 6,5%)	
1996	Fortführung der Links-Koalition unter Wlodzimierz Cimoszewicz	

Atomfirma COGEMA zusammenarbeiten, die ab Ende der 90er Jahre jährlich 400 t bundesdeutschen radioaktiven Mülls in La Hague (Normandie) wiederaufarbeiten will.
Das deutsche Atomgesetz schreibt den Betreibern von Atomkraftwerken die Entsorgung abgebrannter Brennelemente vor. Seit 1994 können die Stromversorger zwischen Wiederaufarbeitung und direkter Endlagerung wählen. Mitte der 90er Jahre gibt es jedoch weltweit keine Anlage zur Endlagerung hochradioaktiver Abfälle. Atommüll muß in der Übergangszeit in sog. Zwischenlagern (z. B. Ahaus/Nordrhein-Westfalen) deponiert werden. Der aus der Wiederaufarbeitung im Ausland gewonnene Brennstoff ist teurer als der aus Natururan hergestellte.

Von der Bittschrift zur Platzbesetzung. Konflikte um techn. Großprojekte: Laufenburg/Walchensee/Wyhl/Wackersdorf, 1988.

Ungarn öffnet seine Grenzen

2.5. Als erstes Land des Warschauer Pakts öffnet Ungarn die Grenzen zum Westen.
Nachdem am 23.5.1988 (↑S.802) die ungarische KP tiefgreifende Staatsreformen beschlossen hatte, stimmte die herrschende Ungarische Sozialistische Arbeiterpartei (USAP) im Februar 1989 der Schaffung eines Mehrparteiensystems zu. Im April begann der Abbau der Grenzsicherungsanlagen zu Österreich.
Am 8.10. löst sich die USAP auf und gibt sich als nichtkommunistische USP neue Statuten. Die Abschaffung der „Volksrepublik" als Staatsform wird am 23.10., dem Jahrestag des Volksaufstandes (↑S.508/4.11.1956), mit der Proklamation der Republik Ungarn vollzogen. Aus den ersten freien Parlamentswahlen seit 1945, bei denen über 30 Organisationen antreten, geht 1990 das konservative Ungarische Demokratische Forum (UDF) als Sieger hervor. Als erstes osteuropäisches Land tritt Ungarn am 6.11.1990 dem Europarat bei.
Mitte 1993 zerfällt die UDF. Bei den Parlamentswahlen 1994 erreichen die Sozialisten unter Gyula Horn die absolute Mehrheit und bilden eine Koalitionsregierung mit den Liberalen. 1996 wird Ungarn Mitglied der OECD (↑S.551/1.10.1961). S 803/K 781

A. Oplatka: Der Eiserne Vorhang reißt. Ungarn als Wegbereiter, 1990.

Freie Wahlen in Polen

4.6. Polen. Bei der ersten freien Parlamentswahl seit dem 2. Weltkrieg erhält das Bürgerkomitee Solidarität die Stimmenmehrheit.

1989

Unruhen in China: Auf dem Platz des Himmlischen Friedens in Peking treten chinesische Journalisten für mehr Demokratie ein (l.) mit einem Zitat des griechischen Staatstheoretikers Plato „Absolute Macht korrumpiert absolut". Mit passivem Widerstand begegnet ein Student den in das Zentrum der chinesischen Hauptstadt vorrückenden Panzern.

Die nach Verhängung des Kriegsrechts in Polen (↑S.749/13.12.1981) verbotene Gewerkschaft „Solidarność" (Solidarität) wurde im April offiziell wieder zugelassen. Eine Reform der politischen Institutionen ermöglicht es den Polen, ein Drittel der Abgeordneten des Parlaments (Sejm) und alle Vertreter des neugeschaffenen Senats zu wählen. Am 24.8. bestimmt das Parlament den 63jährigen Chefredakteur der Gewerkschaftszeitung „Solidarność", Tadeusz Mazowiecki, zum Ministerpräsidenten. Im Dezember ändert der Sejm mehrere Verfassungsartikel, die den sozialistischen Charakter Polens aufheben.

Gewerkschaftsführer Lech Walesa ist von 1990 bis 1996 Staatspräsident (↑S.836/9.12.1990). Nachfolger wird der Ex-Kommunist Aleksander Kwaśniewski. Bei den Parlamentswahlen 1993 erringen das Bündnis der Linksparteien (SLD) und die Bauernpartei (PSL) die absolute Mehrheit der Mandate und bilden eine Koalitionsregierung. `S 818/K 794`

📖 M. Tatur: Solidarność als Modernisierungsbewegung. Sozialstruktur und Konflikt in Polen, 1989. W. Jaruzelski: Mein Leben in Polen. Erinnerungen, dt. 1993.

Blutbad auf dem Tiananmen-Platz

4.6. Peking. Auf dem Platz des Himmlischen Friedens (Tiananmen-Platz) beendet das Militär die seit Wochen andauernden Massendemonstrationen mit einem Blutbad. Nach inoffiziellen Schätzungen fordert das Massaker 3600 Tote und 60 000 Verletzte.

Seit Mitte April hatten Studenten in Peking, Shanghai und anderen chinesischen Großstädten gegen Korruption und für mehr Freiheit und Demokratie demonstriert. Im Schatten dieser Demonstrationen stand das Zusammentreffen von Michail Gorbatschow und Deng Xiaoping, das erste chinesisch-sowjetische Gipfeltreffen seit 30 Jahren. Der 84jährige Deng, der 1979 eine umfassende Modernisierung des Landes eingeleitet hatte, ist maßgeblich verantwortlich für die Niederschlagung der Demokratiebewegung.

Während der „Säuberungswelle" nach dem Massaker werden rund 120 000 Menschen verhaftet, bis Anfang August werden mindestens 34 Todesurteile gefällt.

Am 9.11. wird Jiang Zemin, der als KP-Chef den Reformpolitiker Zhao Ziyang ablöste, Vorsitzender der zentralen Militärkommission. Er tritt die Nachfolge Dengs an, der damit sein letztes öffentliches Amt abgibt.

Jiang, ab 1993 Staatspräsident, führt den Kampf gegen Regimegegner auch Mitte der 90er Jahre fort. `S 454/K 457`

📖 Als die Blumen verblühten. Das Ende des Aufbruchs in China, 1990.

DDR-Opposition formiert sich

11.9. Ostberlin. In Grünheide gründen 30 Regimekritiker die Reformbewegung „Neues Forum". Es ist die erste und größte landesweite Oppositionsgruppe in der DDR außerhalb der Evangelischen Kirche.

Parallel zu der im August einsetzenden Fluchtbewegung aus der DDR (↑S.820/30.9.1989) formiert sich eine breite Oppositionsbewegung. Innerhalb weniger Tage unterzeichnen über 1500 DDR-Bürger den Grün-

1989

Chronik des Umbruchs in der DDR		K 795
Datum	**Ereignis**	
8.8.1989	Ständige Vertretung der Bundesrepublik Deutschland wird wegen hoher Zahl ausreisewilliger DDR-Bürger geschlossen; später auch Botschaften in Budapest, Prag und Warschau	
11.9.1989	Ungarn öffnet Grenzen zu Österreich; 15 000 DDR-Bürger flüchten innerhalb von drei Tagen in die BRD	
19.9.1989	„Neues Forum" beantragt als erste landesweite Oppositionsgruppe die offizielle Zulassung	
30.9./ 1.10.1989	Etwa 6000 Flüchtlingen in den Botschaften in Prag und Warschau wird die Ausreise in die BRD genehmigt	
6./7.10.1989	Bei Feiern zum 40. Jahrestag der DDR-Gründung mahnt der sowjetische Staatschef Michail Gorbatschow Reformen an	
7.10.1989	Gründung der Sozialdemokratischen Partei der DDR (SDP)	
16.10.1989	Mehr als 100 000 Menschen demonstrieren in Leipzig für demokratische Reformen (sog. Montagsdemonstration)	
18.10.1989	Staats- und Parteichef Erich Honecker tritt zurück; zum Nachfolger wird Egon Krenz bestimmt	
3.11.1989	DDR erlaubt Ausreise in die BRD über die Tschechoslowakei	
4.11.1989	In Ostberlin demonstrieren 1 Mio Menschen für demokratische Reformen	
7.11.1989	Rücktritt der DDR-Regierung unter Willi Stoph	
8.11.1989	Rücktritt des gesamten SED-Politbüros	
9.11.1989	DDR öffnet Grenzübergänge zur BRD und nach Westberlin	
13.11.1989	Hans Modrow wird zum neuen Ministerpräsidenten gewählt	
1.12.1989	Volkskammer streicht den Führungsanspruch der SED aus der DDR-Verfassung	
3.12.1989	SED-Generalsekretär Krenz tritt zusammen mit Politbüro und Zentralkomitee unter dem Druck der Parteibasis zurück	
6.12.1989	Krenz legt Amt als Staatsratsvorsitzender nieder	
7.12.1989	Beginn der Gespräche des „Runden Tisches" mit Vertretern von SED, Blockparteien und Oppositionsgruppen	
17.12.1989	„Demokratischer Aufbruch" erste Oppositionspartei	
19.12.1989	Ministerpräsident Modrow und Bundeskanzler Kohl vereinbaren in Dresden die Bildung einer Vertragsgemeinschaft	
22.12.1989	Öffnung des Brandenburger Tors in Ostberlin	
25.1.1990	DDR-Regierung beschließt Gewerbefreiheit und ausländische Unternehmensbeteiligungen	
1.2.1990	Ministerpräsident Modrow legt einen Drei-Stufen-Plan zur deutschen Einheit vor	
5.2.1990	Vertreter von acht Oppositionsgruppen treten als Minister ohne Geschäftsbereich in die Regierung ein; Zusammenschluß von CDU, DSU, DA zu Wahlbündnis „Allianz für Deutschland"	
20.2.1990	Volkskammer beschließt neues Wahlgesetz	
9.3.1990	Beginn der Zwei-plus-Vier-Gespräche (Abschluß am 12.9.)	
12.3.1990	Runder Tisch verabschiedet in letzter Sitzung einen Verfassungsentwurf und lehnt Übernahme des Grundgesetzes ab	
18.3.1990	Wahlsieg der „Allianz für Deutschland"	
9.4.1990	Bildung einer Koalitionsregierung von „Allianz für Deutschland", Liberalen und Sozialdemokraten	
12.4.1990	Lothar de Maizière (CDU) wird Ministerpräsident	
6.5.1990	Erste freie Kommunalwahlen in der DDR	
21.6.1990	Volkskammer billigt den deutsch-deutschen Staatsvertrag	
1.7.1990	Die Währungsunion tritt in Kraft	
23.8.1990	Volkskammer beschließt den Beitritt zur BRD für den 3.10.	
20.9.1990	Bundestag und Volkskammer billigen Einigungsvertrag	
14.10.1990	Wahlen zu fünf ostdeutschen Landtagen	

dungsaufruf des Neuen Forums. Neben der Bildung regimekritischer Vereinigungen äußert sich der Protest in Massendemonstrationen (↑S.820/9.11.1989). S 820/K 795

📖 Hundert Tage, die die DDR erschütterten. Bilder und Dokumente einer Volksbewegung, 1990.

Ausreise für Botschaftsflüchtlinge
30.9. Die in die bundesdeutschen Botschaften in Prag und Warschau geflüchteten DDR-Bürger erhalten auf Betreiben von Bundesaußenminister Hans-Dietrich Genscher die offizielle Ausreisegenehmigung.
Nachdem im Juli zunehmend mehr DDR-Flüchtlinge Zuflucht in den Bonner Botschaften in Budapest und Prag sowie der Ständigen Vertretung in Ostberlin suchten, begann im August ein nicht abreißender Flüchtlingsstrom über die „grüne Grenze" zwischen Ungarn und Österreich, deren Sicherungsanlagen seit dem 2.5. (↑S.818) abgebaut wurden. Am 19.8. nutzten 900 DDR-Bürger eine Veranstaltung im ungarischen Grenzort Sopron zu einer Massenflucht in den Westen.
Während sich in Ungarn nach Öffnung der Grenzen die Flüchtlingslager leerten, spitzt sich in den bundesdeutschen Botschaften der tschechoslowakischen und polnischen Hauptstadt die Situation zu; allein in Prag warten Ende September über 4000 Flüchtlinge auf die Ausreiseerlaubnis.
Am 9.11. (↑S.820) öffnet auch die DDR ihre Grenze nach Westen. S 820/K 795

📖 Jetzt oder nie Demokratie. Leipziger Herbst 89, 1990.

DDR öffnet Grenzen
9.11. DDR. In der Nacht zum 10.11. öffnet die DDR-Führung ihre Grenzsperranlagen zur freien Ausreise in die Bundesrepublik Deutschland und nach Westberlin.
Seit September 1989 nahmen die Demonstrationen für Freiheit und Demokratie ständig zu. Zur festen Einrichtung wurden die wöchentlichen Friedensgebete in der Leipziger Nicolaikirche mit den anschließenden „Montagsdemonstrationen"; am 16.10., zwei Tage vor dem Rücktritt des Staatsratsvorsitzenden Erich Honecker, demonstrierten mehr als 120 000 Menschen. Auch während der Feier zum 40jährigen DDR-Jubiläum am 7.10. in Ostberlin gab es Protestkundgebungen, begleitet von schweren Übergriffen der Sicherheitsorgane. Die größte Massendemonstration in der Geschichte der DDR fand am 4.11. statt, als sich auf dem Ostberliner Alexanderplatz rund eine Million Bürger

1989

Grenzöffnung in Ungarn: Schon im August ermöglichen ungarische Grenzbeamte 900 Ausreisewilligen die Flucht nach Österreich. Nach der Grenzöffnung am 11. September flüchten 15 000 DDR–Bürger innerhalb von 3 Tagen in den Westen.

Ausreisegenehmigung für Botschaftsflüchtlinge: Über 1000 DDR–Bürger besetzen die bundesdeutsche Botschaft in Prag. Am 30. September erhalten sie die offizielle Ausreisegenehmigung für die Bundesrepublik Deutschland.

Fall der Mauer: Begeisterte Berliner feiern am 10. November 1989 vor dem Brandenburger Tor die Öffnung der Grenze.

1989

aus allen Teilen der DDR versammelten. Mit Öffnung der DDR-Grenzen zum Westen gerät unvermittelt die Einheit Deutschlands wieder auf die politischen Tagesordnung. Nach zahlreichen Verhandlungen auf nationaler und internationaler Ebene (↑S.833/12.9.1990) wird Deutschland am 3.10.1990 (↑S.833) wieder vereint. S 820/K 795

📖 B. Michalowski: Neunter November. Das Jahr danach, 1990. L. Rosenzweig: Die Deutschen und die Revolution von 1989, 1990. R. G. Reuth/ A. Bönte: Das Komplott. Wie es wirklich zur deutschen Einheit kam, 1993.

Ära Schiwkow beendet
10.11. Sofia. Der bulgarische Parteichef Todor Schiwkow wird von dem bisherigen Außenminister Petar Mladenow als Vorsitzender der Kommunistischen Partei (BKP) abgelöst.

Dem Wandel an der Parteispitze ging ein Machtkampf im Politbüro voraus. Die Entscheidung fiel gegen den 78jährigen Schiwkow – seit 35 Jahren an der BKP-Spitze und seit 18 Jahren Staatsoberhaupt – zugunsten des 53jährigen Reformpolitikers Mladenow. Wegen Korruptionsvorwürfen muß Schiwkow auch sein Amt als Staatsratsvorsitzender an Mladenow abgeben.

Mladenow leitet umgehend wichtige Reformschritte ein, betont aber gleichzeitig sein Festhalten am sozialistischen Herrschaftssystem; tiefgreifende Veränderungen wie in Polen (↑S.818/4.6.1989) und Ungarn (↑S.818/2.5.1989) lehnt er ab. In den ersten freien Wahlen am 17.6.1990 können sich die aus der früheren kommunistischen Staatspartei hervorgegangenen Sozialisten (BSP) behaupten und bis Mitte der 90er Jahre ihre Machtposition stabilisieren. S 823/K 796

Modrow DDR-Ministerpräsident
13.11. Ostberlin. Die Volkskammer wählt das SED-Politbüromitglied Hans Modrow in der Nachfolge Willi Stophs zum neuen Ministerpräsidenten.

Angesichts der anhaltenden Massenflucht aus der DDR (↑S.820/30.9.1989) und der Zunahme öffentlicher Demonstrationen (↑S.820/9.11.1989) gegen die Partei- und Staatsführung trat der 77jährige Erich Honecker als SED-Generalsekretär und Staatsratsvorsitzender zurück. Sein Nachfolger, das 52jährige Politbüromitglied Egon Krenz, verfügt in der Bevölkerung über keinerlei Rückhalt. Am 1.12. wird der in der Verfassung festgelegte Führungsanspruch der SED gestrichen. Zwei Tage später treten die gesamte Parteiführung mit Egon Krenz an der Spitze, das neugewählte Politbüro sowie das ZK zurück. Auf einem Sonderparteitag der SED wird die Abschaffung von Politbüro und ZK beschlossen, bei weiteren Sitzungen einigen sich die Delegierten, ihren Parteinamen mit dem Zusatz „Partei des Demokratischen Sozialismus" (SED-PDS) zu versehen.

Zur gleichen Zeit konstituiert sich in Leipzig mit dem „Demokratischen Aufbruch" (DA) die erste Oppositionsgruppe in der DDR als Partei. Die ersten freien Volkskammerwahlen in der DDR (↑S.830/18.3.1990) verhelfen den Befürwortern von Wiedervereinigung und Marktwirtschaft zum Sieg. S 820/K 795

📖 R. Tetzner: Leipziger Ring – Aufzeichnungen eines Montagsdemonstranten, 1990.

Ceaușescu hingerichtet
25.12. Rumänien. Der durch einen Volksaufstand gestürzte rumänische Staats- und Parteichef Nicolae Ceaușescu wird von einem Militärgericht zum Tode verurteilt und hingerichtet.

Als am 16.12. in den westrumänischen Städten Temesvar und Arad Forderungen nach Absetzung des Ceaușescu-Regimes laut geworden waren, gingen Armee und die Sicherheitspolizei Securitate gegen die Menschenmenge vor: Tausende wurden niedergemetzelt, das 300 000 Einwohner zählende Temesvar wurde verwüstet. Ungeachtet der Verhängung des Ausnahmezustands am 19.12. weitete sich die Protestwelle auf die Hauptstadt Bukarest aus. Während die Ar-

Revolution in Rumänien: Nach dem Sturz des Ceaușescu-Regimes und der Hinrichtung des Staats- und Parteichefs feiern die Bukarester mit der von kommunistischen Symbolen befreiten rumänischen Flagge das Ende der Diktatur.

1989

Umsturz in der ČSSR: Der Bürgerrechtler Václav Havel wird zum Staatspräsidenten gewählt.

mee zu den Demonstranten überlief, setzte die Securitate ihren Kampf fort.
Mit der rumänischen Revolution verschwindet das letzte stalinistische Regime innerhalb des Warschauer Pakts. Am 26.12. wird eine Regierung gebildet, die bis zu den ersten freien Wahlen amtieren soll (↑S.832/20.6. 1990). S 570/K 576 | S 823/K 796

📖 M. Olschewsky: Der Conducator Nicolae Ceauşescu. Aufstieg und Fall, 1990.

Staatspräsident der ČSSR gewählt

29.12. ČSSR. Der Dramatiker Václav Havel wird zum Staatspräsidenten der Tschechoslowakei gewählt. Er wird Nachfolger von Gustav Husák, der in der Vergangenheit alle Anhänger von Reformbestrebungen ausgeschaltet hatte.
Unter dem Druck anhaltender Massendemonstrationen trat die gesamte Führung der Kommunistischen Partei am 24.11. zurück. Kurz zuvor hatten sich verschiedene Oppositionsgruppen zum „Bürgerforum" zusammengeschlossen und Havel zu dessen Sprecher ernannt.
Alexander Dubček, Symbolfigur des „Prager Frühlings" (↑S.622/20.8.1968), wird Parlamentspräsident. Bei den ersten freien Wahlen am 8.6.1990 erringen das Bürgerforum Václav Havels und dessen slowakische Schwesterorganisation „Öffentlichkeit gegen Gewalt" (VPN) die absolute Mehrheit. 1992 wird die Teilung der Tschechoslowakei in

Kommunistische Staaten		K 796
Zeitraum	**Land**	**Bemerkung**
1917–1991	Rußland/UdSSR	UdSSR im Dezember 1991 aufgelöst
1924–1992	Mongolei	Bez. „Volksrepublik" 1992 gestrichen
1945–1989	Polen	Nach 1989 Übergang zu demokratischem Mehrparteiensystem
1945–1989	Tschechoslowakei	Pluralismus ab 1989: Land wird Ende 1992 aufgelöst
1945–1990	SBZ/DDR	1990 Vereinigung mit BRD
1945–1991	Jugoslawien	Auflösung in Nationalstaaten; Krieg in Kroatien und Bosnien-Herzegowina
1946–1990	Bulgarien	1992 erste freie Präsidentenwahl
1946–1991	Albanien	1992 Wahl des ersten nichtkommunistischen Staatspräsidenten
1947–1990	Rumänien	Verfassung 1991: Parteienpluralismus und Marktwirtschaft eingeführt
Seit 1948	Korea (Nord)	Ab 1992 ausländische Unternehmensbeteiligungen zugelassen
Seit 1949	Volksrepublik China	In den 90er Jahren Liberalisierung der Wirtschaft (Sozialistische Marktwirtschaft)
1949–1990	Ungarn	Abbau des Eisernen Vorhangs 1989
Seit 1954 bzw. 1975	Nordvietnam bzw. Vietnam	Ab 1976 Vietnam; ab 1992 Liberalisierung der Wirtschaft
1975–1991	Kambodscha	Bis 1979 Schreckensherrschaft der Roten Khmer; neue Verfassung 1993
Seit 1959	Kuba	1992 wegen Wirtschaftskrise Verfassungsreform in geringem Umfang; begrenzte Zulassung freier Märkte
Seit 1960	Birma/Myanmar	Militärregime; Machthaber erkennen die freien Wahlen von 1990 nicht an
1960–1991	Kongo	1992/93 Mehrparteiensystem
1962–1990	Algerien	1991: Militärputsch nach Wahlsieg islamischer Fundamentalisten
Seit 1963	Syrien	Solide wirtschaftliche Situation trotz hoher Auslandsverschuldung; Staatspräsident Hafis Assad regiert diktatorisch
1967–1990	Jemen (Süd)	Wiedervereinigung 1990; Hinwendung zum Islam; 1993 erstmals frei gewähltes Parlament; 1994 Bürgerkrieg
1973–1992	Afghanistan	1992 vorübergehende Beendigung des Bürgerkriegs; weiterhin Kämpfe zwischen verfeindeten islamischen Gruppen (von verschiedenen Staaten unterstützt)
1974–1991	Äthiopien	1993 Eritrea wird selbständig; 1995 erste freie Wahlen nach demokrat. Verfassung
1975–1991	Angola	1992 erste freie Wahlen; 1994 Friedensabkommen zwischen Bürgerkriegsparteien
1975–1991	Mosambik	1991 marktwirtschaftliche Reformen; 1992 Bürgerkriegsende
1975–1991	Madagaskar	1991 Beteiligung der Opposition an der Regierung; 1993 Parlamentswahl
Seit 1975	Laos	Verfassung von 1991: Beginn marktwirtschaftlicher Reformen
1979–1990	Nicaragua	Sieg der konservativen Opposition gegen Sandinisten bei Parlamentswahlen 1990; erneute Niederlage der Sandinisten bei Präsidentschaftswahl 1996

823

1989

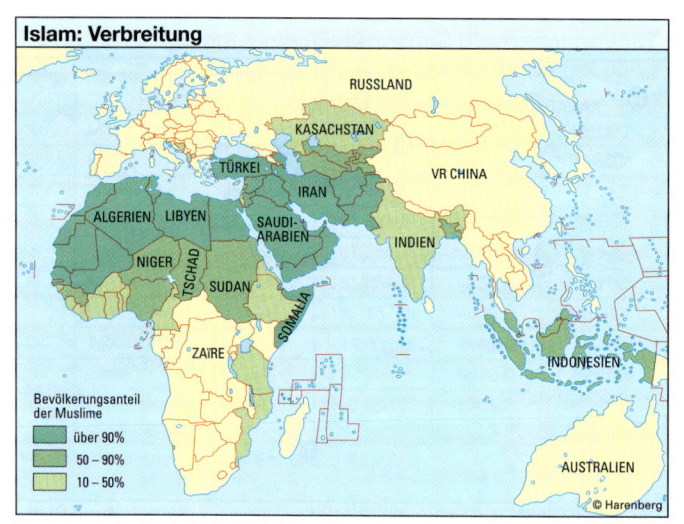

Islam: Verbreitung

Der Islam ist mit rd. 1 Mrd Gläubigen (Stand 1996) die zweitgrößte Weltreligion nach dem Christentum (etwa 1,9 Mrd Gläubige).

Nobelpreisträger 1989 — K 799

Frieden: Dalai Lama (Tibet, *1935)

Der tibetische Religionsführer, der als Gottkönig gilt, floh nach der Angliederung Tibets an China (1959) ins Exil nach Indien. Von dort aus tritt er für den gewaltfreien Widerstand gegen die chinesische Besatzung und für die Unabhängigkeit seines Landes ein.

Literatur: Camilo José Cela (E, *1916)

Celas Arbeiten sind vom Naturalismus und vom klassischen Schelmenroman beeinflußt. Zu seinen bekanntesten Werken zählen „Pascual Duartes Familie" (1942) und „Der Bienenkorb" (1951), ein Panoptikum der Madrider Nachkriegsgesellschaft mit mehreren hundert Romanfiguren.

Chemie: Sidney Altman (Kanada, *1939), Thomas Cech (USA, *1947)

Die Biochemiker untersuchten in gemeinsamer Arbeit die Ribonukleinsäure (RNS). Sie entdeckten, daß Nukleinsäuren nicht nur als genetische Informationsträger wirken, sondern auch die Verdopplung der Erbinformation auslösen und steuern können (sog. RNS-Katalyse).

Medizin: J. Michael Bishop (USA, *1936), Harold E. Varmus (USA, *1939)

Die Mediziner entdeckten 1976 die potentiell krebsauslösenden Onkogene. Sie bewiesen, daß Krebs nicht – wie bisher angenommen – durch Viren übertragen wird, sondern zellulären Ursprungs ist. Krebsgene können somit auch in vermeintlich „gesunden" Zellen schlummern.

Physik: Hans G. Dehmelt (USA, *1922), Wolfgang Paul (D, 1913–1993), Norman F. Ramsey (USA, *1915)

Dehmelt und Paul erfanden ein Verfahren, mit dem sie elektrisch geladene Teilchen im Ruhezustand untersuchen konnten (Ionenkäfigtechnik). Durch Präzisionsmessungen gelang es ihnen, das magnetische Moment auf ein Hundertmilliardstel genau zu bestimmen. Damit schufen sie die Voraussetzung für die Entwicklung der Atomuhr. Ramsey entwickelte eine Methode zur präzisen Zeitmessung mit Atomuhren.

Wirtschaftswissenschaften: Trygve Haavelmo (N, *1911)

Haavelmo gehört zu den Begründern der Ökonometrie, die mit Hilfe der Statistik Wirtschaftstheorien auf ihren Erklärungswert hin überprüft. Nach dem 2. Weltkrieg war Haavelmo, der für staatliche Einflüsse auf die Wirtschaft plädierte, Berater im norwegischen Finanzministerium.

hin aus der Parteikasse zu subventionieren, können sich aber nicht durchsetzen. 113 Jahre nach ihrer Gründung wird die traditionsreiche Zeitung eingestellt.

Kultur

„Todesurteil" gegen Rushdie

14.2. Teheran. Der iranische Revolutionsführer Ayatollah Ruhollah Khomeini „verurteilt" den britisch-indischen Schriftsteller Salman Rushdie wegen einiger Passagen seines Buches „Satanische Verse" (1988) zum Tode und löst mit seinem Mordbefehl international einen Sturm der Entrüstung aus.

Rushdies Roman schildert die phantastischen Erlebnisse von zwei Indern, die nach einem wundersam überstandenen Flugzeugabsturz von Bombay über London bis nach Mekka gelangen. Dort begegnet einem von ihnen im Traum der Prophet Mohammed.

Viele Islamisten empfinden das Werk als blasphemisch. In vielen Ländern (u. a. Pakistan, Ägypten) wird das Buch verboten. Rushdie, auf den ein Kopfgeld von umgerechnet 10 Mio DM ausgesetzt ist, muß untertauchen. 1991 werden zwei Rushdie-Übersetzer ermordet. Die deutsche Ausgabe der „Satanischen Verse" erscheint im Oktober 1989 in dem eigens gegründeten Gemeinschaftsverlag „Artikel 19".

F. Weldon: Sack und Asche. Großbritannien und die Rushdie-Affäre, 1989.

Salman Rushdie (* 15.6.1947). Ayatollah Ruhollah Khomeini erläßt einen Mordbefehl gegen den Verfasser der „Satatischen Verse".

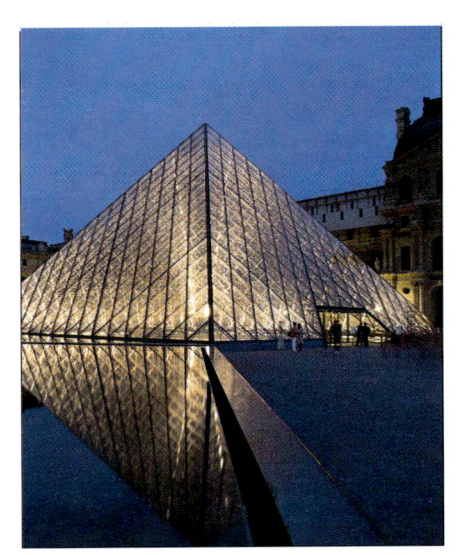

Louvre: Die Glaspyramide ist das neue Erkennungszeichen des Museumskomplexes.

Neuer Zugang zum Louvre

29.3. Paris. In der Cour Napoléon, dem Innenhof des Louvre-Museums, eröffnet Staatspräsident François Mitterrand die gläserne Pyramide des Sino-Amerikaners Ieoh Ming Pei. Die geometrische „Skulptur", die sich in mehreren Wasserbecken spiegelt, bildet die Eingangshalle zum größten Museum der Welt.

Die Pyramide ist eines der umstrittensten Bauprojekte des französischen Staatspräsidenten; Kritiker werfen Mitterrand vor, er habe sich ein Denkmal setzen wollen und mit dem modernen Bauwerk den ehemaligen Königspalast verschandelt.

Die Einweihung der Glaspyramide beendet die erste Bauphase des 1983 gestarteten „Grand-Louvre"-Projekts. Bis 1997 soll die Ausstellungsfläche auf 60 000 m² verdoppelt werden; zudem entstehen unter dem Arc de Triomphe du Carrousel Parkplätze, Geschäftspassagen und Restaurierungswerkstätten.

Mit der Einweihung des 21 500 m² umfassenden Richelieu-Flügels als Ausstellungsfläche wird der Louvre am 18.11.1993 (↑S.871) zum größten Museum der Welt (51 000 m²).

Newcomer erhält Goldene Palme

23.5. Cannes. Der 26jährige US-Filmregisseur Steven Soderbergh erhält für seinen ersten Spielfilm „Sex, Lügen und Video" die Goldene Palme. Der Film stellt, ähnlich wie in Goethes „Wahlverwandtschaften", vier Personen einander gegenüber: die frustrierte

Kulturszene 1989		K 800
Theater		
Alan Ayckbourn Ab jetzt UA 16.3., London	Die Science-fiction-Komödie zeigt einen herzlosen Computer-Freak in der Krise – weil er einen Roboter über eine Frau stellt.	
Christoph Hein Die Ritter der Tafelrunde UA 12.4., Dresden	Tragikomödie mit Einblicken in die Zentrale der Macht: Erich Honecker verteidigt den Gral des Marxismus gegen Glasnost und Perestroika.	
Rolf Hochhuth Unbefleckte Empfängnis UA 8.4., Westberlin	Eine unfruchtbare Frau will gegen Kirche und Staat, Ärzte und Feministinnen ein Kind von einer „Leihmutter" austragen lassen.	
Botho Strauß Die Zeit und das Zimmer UA 8.2., Westberlin	Das zwischen Leichtsinn und Tiefsinn, Boulevard und verzweifelter Gottsuche schwankende Stück trifft den Nerv des Zeitgeistes.	
Oper		
York Höller Der Meister und Margarita UA 29.5., Paris	Der Komponist verknüpft in seiner Bulgakow-Oper Vokalpartien und traditionelle Orchesterklänge mit elektronisch erzeugter Musik.	
Siegfried Matthus Graf Mirabeau UA 14.7., Ostberlin	Die musikalisch vielschichtige Oper zum 200. Jahrestag der Französischen Revolution macht den Revolutionär Mirabeau zum Don Juan.	
Musical		
Cy Coleman City of Angels UA 11.12., New York	Das Los Angeles der 40er Jahre ist Thema des Musicals von Cy Coleman, der 1966 mit „Sweet Charity" seinen Durchbruch erlangte.	
Claude-Michel Schönberg Miss Saigon UA 6.9., London	Das in den Vietnamkrieg verlegte „Madame-Butterfly"-Musical wird nach dem Londoner Triumph auch ein Hit am New Yorker Broadway.	
Film		
Kevin Costner Der mit dem Wolf tanzt USA	Aufwendiges Western-Epos, das die Annäherung eines Soldaten an die indianische Kultur zeigt; 1991 mit sieben Oscars ausgezeichnet.	
Jonathan Demme Das Schweigen der Lämmer; USA	Jodie Foster als FBI-Agentin, die bei der Jagd auf einen Frauenmörder die Hilfe eines psychopathischen Serientäters benötigt.	
Peter Greenaway Der Koch, der Dieb ... Großbritannien/Frankreich	Eine schwarze Parabel über Macht und Kunst, Kannibalismus und Sexualität, entlarvt die Dekadenz der abendländischen Zivilisation.	
George Marshall Pretty Woman USA	Moderne Version des „Aschenputtel"-Märchens: Ein Börsenmagnat (Richard Gere) engagiert eine Prostituierte (Julia Roberts) als Begleiterin.	
Jean-Paul Rappeneau Cyrano de Bergerac Frankreich	Gérard Depardieu als streitbarer Poet Cyrano de Bergerac, der durch seine übergroße Nase in eine Außenseiterrolle gedrängt wird.	
Rob Reiner Harry und Sally USA	Beschwingte „Beziehungskisten"-Komödie: Harry und Sally finden erst nach zahlreichen Irrungen und Wirrungen zueinander.	
Buch		
Elfriede Jelinek Lust Reinbek	Jelinek setzt die Ausbeutung der Arbeiter durch den Fabrikdirektor mit der sexuellen Ausbeutung der Frau durch den Mann in Parallele.	
Erich Loest Fallhöhe Künzelsau	Der seit 1981 in der BRD lebende Autor schildert eine deutsch-deutsche Agentenstory vor dem Hintergrund des „Tauwetters" in der DDR.	
Betty Mahmoody Nicht ohne meine Tochter New York	Der umstrittene Erfahrungsbericht der Amerikanerin, die im Iran von ihrem persischen Ehemann festgehalten wurde, wird zum Bestseller.	

Sport 1989 — K 801

Fußball

Deutsche Meisterschaft	FC Bayern München
DFB-Pokal	Borussia Dortmund – Werder Bremen 4:1
Englische Meisterschaft	Arsenal London
Italienische Meisterschaft	Inter Mailand
Spanische Meisterschaft	Real Madrid
Europapokal (Landesmeister)	AC Mailand – Steaua Bukarest 4:0
Europapokal (Pokalsieger)	FC Barcelona – Sampdoria Genua 2:0
UEFA-Pokal	SSC Neapel
Europameisterschaft, Frauen	BRD – Norwegen 4:1

Tennis

Wimbledon (seit 1877; 103. Austragung)	Herren: Boris Becker (FRG) Damen: Steffi Graf (FRG)
US Open (seit 1881; 109. Austragung)	Herren: Boris Becker (FRG) Damen: Steffi Graf (FRG)
French Open (seit 1925; 59. Austragung)	Herren: Michael Chang (USA) Damen: Arantxa Sanchez (ESP)
Australian Open (seit 1905; 77. Austragung)	Herren: Ivan Lendl (TCH) Damen: Steffi Graf (FRG)
Davis-Cup (Stuttgart, FRG)	BRD – Schweden 3:2

Eishockey

Weltmeisterschaft	Sowjetunion
Stanley-Cup	Calgary Flames
Deutsche Meisterschaft	SB Rosenheim

Radsport

Tour de France	Greg LeMond (USA)
Giro d'Italia	Laurent Fignon (FRA)
Straßen-Weltmeisterschaft	Greg LeMond (USA)

Automobilsport

Formel-1-Weltmeisterschaft	Alain Prost (FRA), McLaren-Honda

Boxen

Schwergewichts-Weltmeisterschaft	Mike Tyson (USA) – K. o. über Carl Williams (USA), 22.7. – K. o. über Frank Bruno (GBR), 26.2.

Herausragende Weltrekorde

Disziplin	Athlet (Land)	Leistung
Leichtathletik, Männer		
3000 m	Said Aouita (MAR)	7:29,45 min
10 000 m	Arturo Barrios (MEX)	27:08,23 min
110 m Hürden	Roger Kingdom (USA)	12,92 sec
3000 m Hindernis	Peter Koech (KEN)	8:05,35 min
Hochsprung	Javier Sotomayor (CUB)	2,44 m
Leichtathletik, Frauen		
1 Meile	Paula Iwan (ROM)	4:15,61 min
Schwimmen, Männer		
200 m Freistil	Giorgio Lamberti (ITA)	1:46,49 min
100 m Brust	David Moorhouse (GBR)	1:01,49 min
200 m Brust	Mike Barrowman (USA)	2:12,89 min
200 m Lagen	Dave Wharton (USA)	2:00,11 min

(frigide) Ehefrau Ann, ihren vitalen, erfolgreichen Ehemann John, der mit Anns frivoler Schwester Cynthia ein Verhältnis hat, und Johns Schulfreund Graham, der sexuelle Befriedigung im Betrachten von selbstaufgenommenen Videos findet, in denen Frauen über ihr Intimleben erzählen.

Soderbergh dreht 1992 seinen zweiten Film „Kafka", der biografische Elemente mit Motiven aus den Werken des österreichischen Schriftstellers verbindet.

Sport

Fußball-Katastrophe in Sheffield

15.4. Sheffield. Im Hillsborough-Stadion ereignet sich der schwerste Unglücksfall in der europäischen Sportgeschichte. 95 Menschen werden in Panik zerquetscht.

Die Katastrophe nahm mit einer Fehlentscheidung der Polizei ihren Lauf: Sie ließ 4000 Spätankömmlinge, die sich vor dem Stadion drängelten und das Pokal-Halbfinale zwischen dem FC Liverpool und Nottingham Forest sehen wollten, in die mit 54 000 Zuschauern ausverkaufte Arena ein. Die hereinströmenden Fans drückten die Menschen in der überfüllten Westkurve in Stahlabsperrungen, die eigentlich verhindern sollten, daß Zuschauer aufs Spielfeld stürmen. Notausgänge werden zu spät eröffnet.

Die Katastrophe zeigt die unzureichenden Sicherheitsmaßnahmen in den z. T. völlig veralteten englischen Fußballstadien. S 785/K 766

Hauchdünner Toursieg für LeMond

23.7. Paris. Mit acht Sekunden Vorsprung im Gesamtklassement – dem knappsten Sieg in der Geschichte der seit 1903 ausgetragenen Rundfahrt – gewinnt der US-Amerikaner Greg LeMond die Tour de France vor dem Franzosen Laurent Fignon. Dritter wird der Vorjahressieger Pedro Delgado (Spanien).

Nach 21 Etappen und 3261 km hatte Fignon 50 Sekunden Vorsprung vor LeMond und galt vor dem abschließenden Zeitfahren von Versailles nach Paris (24,5 km) bereits als sicherer Sieger. Der 28jährige US-Amerikaner, Toursieger von 1986, startete mit aerodynamischem Helm und Triathlonlenker zur letzten Etappe, die er 58 Sekunden schneller als Fignon beendete.

LeMond, dessen Karriere 1987 nach einem schweren Jagdunfall beendet schien, wird im August nach 1983 zum zweiten Mal Straßenweltmeister der Professionals. 1990 gewinnt er ein drittes Mal die Tour de France.

1990

Politik

Mandela freigelassen

11.2. Kapstadt. Nach mehr als 27 Jahren Gefangenschaft wird der 71jährige Schwarzenführer Nelson Mandela freigelassen.
Mandela war als einer der wichtigsten Führer des African National Congress (ANC) 1962 verhaftet und zu lebenslanger Haft verurteilt (↑S.578/12.6.1964) worden. Der ANC kämpft gegen die von der weißen Regierung Südafrikas erlassenen Gesetze zur Rassentrennung (Apartheid).
1989 verkündete der südafrikanische Staatspräsident Frederik Willem de Klerk die Abschaffung aller Apartheidgesetze bis 1992 (↑S.855/17.3.1992) und hob 1990 das seit 1960 bestehende Verbot des ANC auf.
Die Gespräche mit den Führern des ANC und der konkurrierenden Inkatha werden durch Extremisten beider Gruppierungen erschwert, die jede Verständigung mit den Weißen ablehnen und zudem untereinander einen blutigen Kampf um die politische Führung austragen.
Aus den ersten freien und gleichen Wahlen im April 1994 (↑S.873/26.4.1994) geht der ANC als Sieger hervor, Mandela wird Staatspräsident. S 462/K 465

F. Meer: Nelson Mandela, 1989.

Litauen erklärt Unabhängigkeit KAR

11.3. Wilna. Der litauische Oberste Rat erklärt die Unabhängigkeit der Republik Litauen und damit den Austritt aus der UdSSR. Nachdem im Hitler-Stalin-Pakt (↑S.351/23.8.1939) die unabhängige Republik Litau-

Wichtige Regierungswechsel 1990			K 802
Land	Amtsinhaber	Bedeutung	
Bulgarien	Georgi Atanasow (M seit 1986) Andrei Lukanow (M 1.2.–30.11.) Dimitar Popow (M bis 1991)	Kommunisten bleiben nach den ersten freien Wahlen an der Macht; Rücktritt von Lukanow (30.11.) durch Generalstreik erzwungen; Popow erster nichtkommunistischer Regierungschef	
Chile	Augusto Pinochet Ugarte (P seit 1973) Patricio Aylwin Azócar (P bis 1994)	Aylwin, Vertreter des Oppositionsbündnisses, gewinnt durch Volksentscheid erzwungene erste freie Wahlen (Dez. 1989)	
DDR	Manfred Gerlach (LDPD, P seit 1989)[1] Sabine Bergmann-Pohl (CDU, P bis 3.10.)	Präsidentin der Volkskammer, Bergmann-Pohl, wird nach Auflösung des Staatsrats kommissarisches Staatsoberhaupt	
	Hans Modrow (SED-PDS, M seit 1989) Lothar de Maizière (CDU, M bis 3.10.)	Wahlsieg der konservativen „Allianz für Deutschland" (48% der Stimmen) bei ersten freien Wahlen zur Volkskammer (S.830)	
Großbritannien	Margaret Thatcher (Konserv., M seit 1979) John Major (Konserv., M bis ...)	Rücktritt der „Eisernen Lady" (22.11.) nach parteiinterner Kritik an ihrer Europa- und Steuerpolitik (Poll tax)	
Irland	Patrick John Hillery (P seit 1976) Mary Robinson (P bis ...)	Wahl Robinsons (7.11.) hat symbolische Bedeutung, da Frauen in der irischen Gesellschaft nur untergeordnete Rolle spielen	
Liberia	Samuel Kanyon Doe (P seit 1980) Amos Sawyer (P bis 1993)	Doe von Anhängern des Guerillaführers Prince Johnson ermordet (10.9.); Bürgerkrieg geht unvermindert weiter	
Mongolei	Schambyn Batmunch (P seit 1984) Punsalmangijn Otschirbat (P bis ...)	Erste freie Parlamentswahlen nach 66 Jahren kommunistischer Alleinherrschaft; Wahlsieg der Kommunisten	
Nicaragua	Daniel Ortega Saavedra (P seit 1979) Violeta Chamorro (P bis 1996)	Wahlsieg der Nationalen Oppositionsunion beendet die Herrschaft der Sandinisten (25.4.); Ende des Bürgerkriegs (S.830)	
Pakistan	Benazir Bhutto (M seit 1988) Nawaz Sharif (M bis 1993)[2]	Bhutto wird unter dem Vorwurf der Korruption des Amtes enthoben (6.8.); Sharif führt islamisches Recht ein	
Peru	Alan García Perez (P seit 1985) Alberto Kenga Fujimori (P bis ...)	Sieg des japanischstämmigen Fujimori über den Schriftsteller Mario Vargas Llosa; Fujimori verhängt 1992 Ausnahmezustand	
Polen	Wojciech Jaruzelski (P seit 1985) Lech Walesa (P bis 1995)	Symbolfigur der Gewerkschaft „Solidarität" wird Präsident (9.12.) und verlangt Sondervollmachten für Reformen (S.836)	
Rumänien	Nicolae Ceauşescu (P 1967–1989) Ion Iliescu (P bis 1996)	Ceauşescu durch Volksaufstand gestürzt und hingerichtet; „Front der Nationalen Rettung" übernimmt Macht (S.832)	
Tschad	Hissen Habré (P seit 1982) Idriss Déby (P bis ...)	Sieg der Rebellen (Dez.) über Diktator Habré; Déby kündigt Demokratisierung an, schiebt Wahlen jedoch auf	
Ungarn	Miklos Németh (M seit 1988) József Antall (M bis 1993)	Erste freie Parlamentswahl seit 1947 endet mit Sieg des „Ungarischen Demokratischen Forums" (42,8% der Stimmen)	

M = Ministerpräsident bzw. Premierminister; P = Präsident
1) Staatsratsvorsitzender 2) Übergangsministerpräsident 6.8.–6.11.: Mustafa Jatoi

1990

Baltische Staaten

Litauen	Lettland	Estland
Gesamtbevölkerung: 3 641 000 Einwohner	Gesamtbevölkerung: 2 648 000 Einwohner	Gesamtbevölkerung: 1 557 000 Einwohner
Minderheiten:	Minderheiten:	Minderheiten:
Russen: 8,9%	Russen: 32,8%	Russen: 27,9%
Polen: 7,3%	Polen: 4,0%	Ukrainer: 2,5%
Weißrussen: 1,7%	Weißrussen: 1,7%	Weißrussen: 1,6%

en der Sowjetunion zugeschlagen wurde, marschierte am 15.6.1940 (↑S.363) die Rote Armee ein und erzwang den Beitritt zur UdSSR.

Auf die Unabhängigkeitserklärung Litauens reagiert die Moskauer Führung mit einem Wirtschaftsboykott. Vereinzelt kommt es zu Zusammenstößen mit sowjetischem Militär.

Um eine Konfrontation auf breiter Front mit der UdSSR zu vermeiden, beschließt die litauische Staatsführung unter Parlamentspräsident Vitautas Landsbergis am 29.6., die Unabhängigkeitserklärung für 100 Tage auszusetzen. Die beiden anderen Baltenrepubliken, Lettland und Estland, erklären sich am 4.5. und am 8.5. ebenfalls für unabhängig.

Nach dem Ende der Sowjetunion (↑S.850/ 21.12.1991) erlangen alle drei Staaten volle Souveränität. Sie treten der Nachfolgeorganisation Gemeinschaft Unabhängiger Staaten (GUS) nicht bei.

Das Ende des Sowjetkolonialismus. Estland, Lettland, Litauen. Der baltische Weg, 1991.

Erste freie Wahl in der DDR

18.3. Ostberlin. Die konservative „Allianz für Deutschland", ein Wahlbündnis der CDU, des „Demokratischen Aufbruchs" (DA) und der „Deutschen Sozialen Union" (DSU), gewinnt mit 48% der Stimmen die ersten freien Volkskammerwahlen in der DDR.

Bei einer hohen Wahlbeteiligung von 93% wird die CDU mit 40% der Stimmen die stärkste Partei. Nur 21% votieren für die Sozialdemokraten.

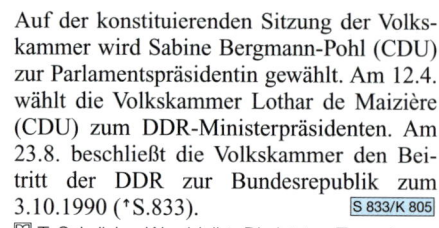

Auf der konstituierenden Sitzung der Volkskammer wird Sabine Bergmann-Pohl (CDU) zur Parlamentspräsidentin gewählt. Am 12.4. wählt die Volkskammer Lothar de Maizière (CDU) zum DDR-Ministerpräsidenten. Am 23.8. beschließt die Volkskammer den Beitritt der DDR zur Bundesrepublik zum 3.10.1990 (↑S.833).

T. Schröder: Was bleibt. Die letzten Tage der DDR, 1990.

Letzte Kolonie in Afrika unabhängig

21.3. Windhuk. Nach 25 Jahren Freiheitskampf erhält Namibia mit der Vereidigung des ersten Präsidenten Sam Nujoma als letzte Kolonie Afrikas die Unabhängigkeit.

Das frühere deutsche Schutzgebiet Südwestafrika stand seit dem 1. Weltkrieg unter südafrikanischer Verwaltung. Ab Mitte der 60er Jahre kämpfte die linksgerichtete South West African People's Organization (SWAPO) mit militärischer Unterstützung Kubas und Angolas (↑S.805/8.8.1988) für die Unabhängigkeit vom Apartheidregime in Pretoria. Nachdem sich im Dezember 1988 Südafrika, Angola und Kuba auf einen von der SWAPO akzeptierten Unabhängigkeitsplan geeinigt hatten, kehrte im Herbst 1989 SWAPO-Chef Sam Nujoma aus dem Exil zurück. Dessen Organisation erreichte 1989 bei den Wahlen zur verfassunggebenden Versammlung rund 57% der Stimmen.

Die im Februar verabschiedete Verfassung orientiert sich am Vorbild westlicher Demokratien. Die schwarze Bevölkerung und die weiße Minderheit (Anteil: etwa 7%) sind gleichberechtigt.

Die erste Wahl nach der Unabhängigkeit gewinnt die SWAPO 1994 mit Zweidrittelmehrheit, Nujoma wird mit 76,3% der Stimmen als Präsident bestätigt.

Machtwechsel in Nicaragua

25.4. Managua. Die konservative Führerin der „Nationalen Oppositionsunion" (UNO), Violeta Chamorro, wird als neue Präsidentin Nicaraguas vereidigt.

In dem vom Bürgerkrieg zwischen der sandinistischen Armee und den von den USA finanzierten Contra-Rebellen zerrissenen Land (↑S.732/17.7.1979) wurden gemäß des Friedensplans von 1987 freie Wahlen vereinbart. Mit dem Wahlsieg der aus 14 mehrheitlich konservativen Parteien zusammengesetzten UNO wird die linksorientierte Regierung der Sandinistischen Befreiungsfront unter ihrem amtierenden Präsidenten Daniel Ortega Saavedra abgelöst (25.2.). Die Sandinisten be-

Violeta Chamorro

Rechtsruck nach Wahlen in Mittelamerika

Honduras: 26. November 1989
- Rafael Callejas (konservativ) 50,2%
- Carlos Flores Facusse (liberal) 44,5%

El Salvador: 19. März 1989
- Alfredo Cristiani (rechtsextrem) 53,8%
- Fidel Chávez Mena (Christdemokrat) 36,0%

Nicaragua: 25. Februar 1990
- Violeta Chamorro (konservativ) 55,2%
- Daniel Ortega (Sandinist) 40,8%

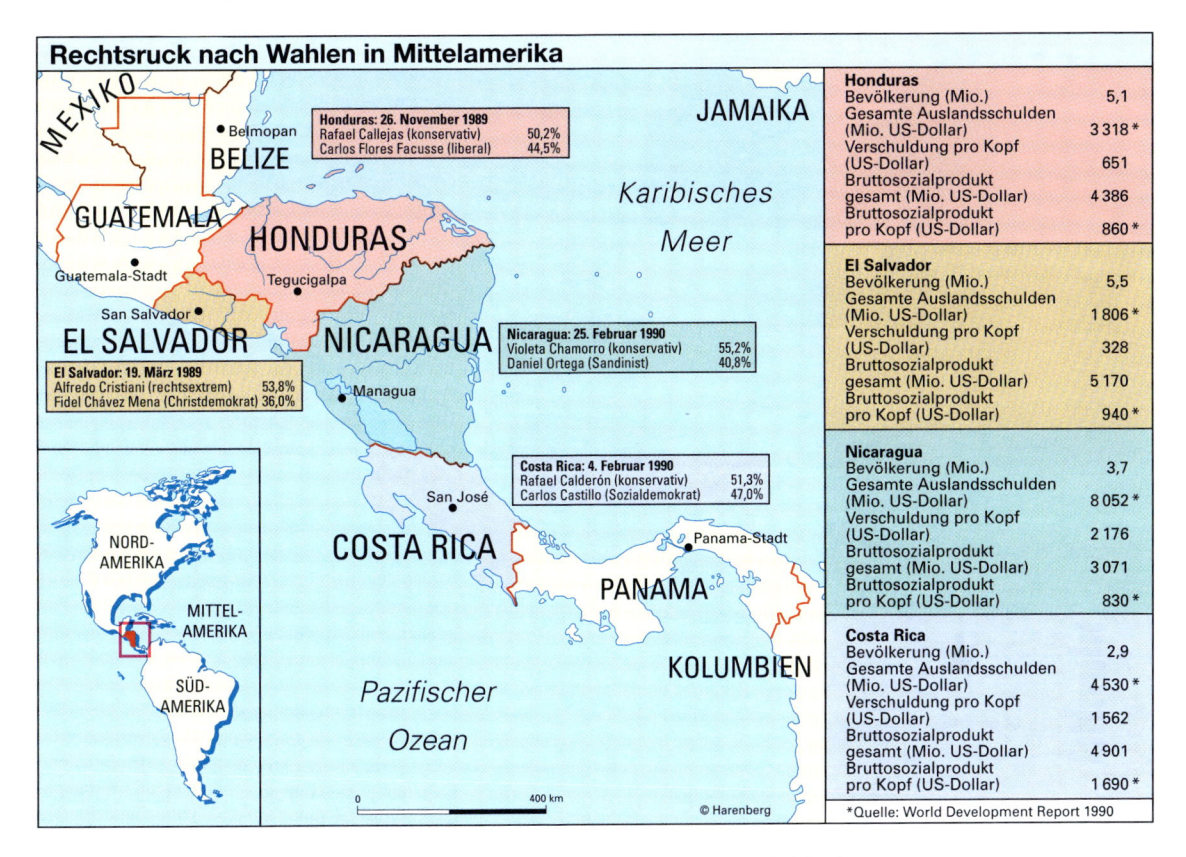

Costa Rica: 4. Februar 1990
- Rafael Calderón (konservativ) 51,3%
- Carlos Castillo (Sozialdemokrat) 47,0%

	Honduras	El Salvador	Nicaragua	Costa Rica
Bevölkerung (Mio.)	5,1	5,5	3,7	2,9
Gesamte Auslandsschulden (Mio. US-Dollar)	3 318*	1 806*	8 052*	4 530*
Verschuldung pro Kopf (US-Dollar)	651	328	2 176	1 562
Bruttosozialprodukt gesamt (Mio. US-Dollar)	4 386	5 170	3 071	4 901
Bruttosozialprodukt pro Kopf (US-Dollar)	860*	940*	830*	1 690*

*Quelle: World Development Report 1990

---

haupten aber auch nach Verlust der Regierungsgewalt ihre maßgebliche Position in Armee, Polizei und Gewerkschaften.

In Gesprächen mit den Contra-Rebellen gelingt eine Einigung über die Entwaffnung der Bürgerkriegsgegner.

Bei der Präsidentschaftswahl im Oktober 1996 besiegt der konservative Ex-Bürgermeister von Managua, Arnoldo Alemán (Liberale Allianz), seinen schärfsten Konkurrenten Ortega. Chamorro kandidierte nicht wieder.

📖 F. Niess: Das Erbe der Conquista. Geschichte Nicaraguas, 2. Aufl. 1989.

Vereinigung des Jemen

22.5. Aden. Die Arabische Republik Jemen (Nord-Jemen) und die Demokratische Volksrepublik Jemen (Süd-Jemen) vereinigen sich zur Republik Jemen.

Nach einem Militärputsch 1962 war in Nordjemen die Republik ausgerufen worden. 1967 wurde im Süden die sozialistische Volksrepublik gegründet. Nach monatelangen Grenzstreitigkeiten faßten beide Regierungen bereits 1972 den Plan zur Vereinigung.

Staatspräsident der neuen Republik wird der bisherige Präsident Nord-Jemens, Ali Abdullah Saleh, Regierungschef wird Süd-Jemens Ex-Präsident Bakr Al Attas (bis 1994).

1994 eskalieren die Konflikte zwischen beiden Landesteilen zum Bürgerkrieg, den der islamisch-fundamentalistische Norden für sich entscheiden kann. Die staatliche Einheit bleibt erhalten, eine neue Verfassung macht die Scharia (islamisches Recht) zur Grundlage der Rechtsprechung.

RAF-Terroristen in DDR verhaftet

6.6. Ostberlin. In einer abgestimmten Aktion der Sicherheitsbehörden beider deutscher Staaten wird eine mutmaßliche Terroristin der Rote Armee Fraktion (RAF), die 39jährige Susanne Albrecht, festgenommen. Albrecht, die u. a. mit der Ermordung des Bankiers Jürgen Ponto in Verbindung gebracht wird, lebte zehn Jahre – offenbar mit Wissen des Staatssicherheitsdienstes (Stasi) – unter falschem Namen in der DDR.

In der Folgezeit werden weitere mutmaßliche Terroristen in der DDR aufgespürt und an die bundesdeutsche Justiz überführt. Die Sichtung von Stasi-Akten offenbart die jahrelange Unterstützung der RAF durch den DDR-Geheimdienst.

S 714/K 702

1990

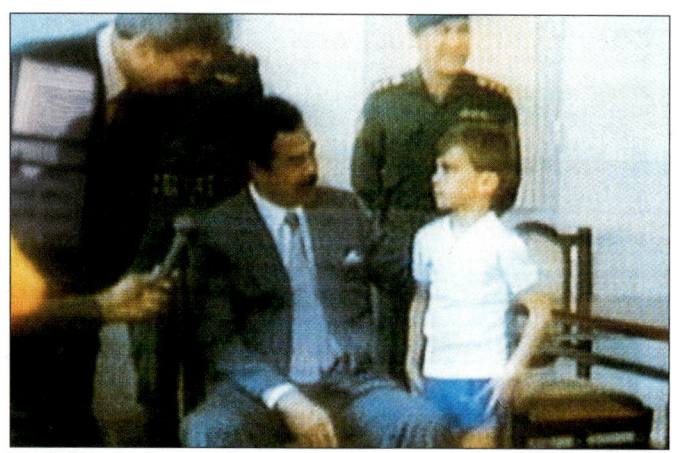

Irak: Nach der Besetzung Kuwaits hält Iraks Diktator Saddam Hussein (M.) westliche Geiseln gefangen und führt diese im Fernsehen vor (TV-Bild).

Chronik des Iraks K 803

Jahr	Ereignis
1917	Während des 1. Weltkriegs endet die osmanische Herrschaft (seit 1631) über den Irak
1921	Großbritannien setzt Faisal I. als König ein (23.8.)
1926	Der Völkerbund gesteht dem Irak das Kurdengebiet um Mosul zu; dort gibt es Erdölvorkommen
1930	Unabhängigkeit durch Bündnisvertrag mit Großbritannien (30.6.)
1933	Ghasi I. wird neuer König
1939	Nachfolger von Ghasi I. wird sein Sohn Faisal II; bis 1953 übt sein Onkel Abd Allah die Regierungsgeschäfte aus
1945	Beitritt zur Arabischen Liga und zur UNO
1958	Faisal II. gründet mit seinem Bruder, Hussein II. (König von Jordanien), die Arabische Föderation
	Sturz der Monarchie nach Militärputsch unter Abd al Karim Kasim, der die Republik ausruft; Faisal II. wird ermordet (S.523)
1968	Erneuter Staatsstreich (17.7.); Bath-Partei übernimmt führende Rolle; neuer Präsident wird Hassan al Bakr (S.621)
1972	Freundschaftsvertrag mit der UdSSR nach stetiger Annäherung
1975	Abkommen mit Iran über Grenze im Schatt al Arab zugunsten des Iraks; im Gegenzug stellt Iran die Unterstützung für Kurden ein, die einen Waffenstillstand mit der irakischen Regierung akzeptieren
1979	Saddam Hussein löst Hassan Al Bakr als Staatschef ab (16.7.)
1980	Hussein kündigt das Grenzabkommen von 1975 und beginnt den Golfkrieg gegen den Iran mit der Invasion in Chusistan (22.9./S.742)
1988	Waffenstillstand; hohe beiderseitige Verluste, schwere Schädigung der Wirtschaft beider Länder, kein militärischer Sieger (S.805)
1990	Irak besetzt Kuwait wegen Streit um Ölfelder (2.8.); Embargo durch UN-Sicherheitsrat; Rückzugs-Ultimatum bis 15.1.1991 (S.832)
1991	Nach Ablauf des Ultimatums Beginn des Golfkriegs einer multinationalen Streitmacht gegen den Irak (S.843)
	Waffenstillstand (28.2.); UN-Truppen erreichen Ziel (Sturz Husseins) nicht, errichten aber umfangreiche Kontrollen
1992	Erste freie Wahlen im irakischen Teil Kurdistans (19.5.); von Staatschef Saddam Hussein für illegal erklärt
1996	UNO erlaubt begrenzten Ölexport; Erlöse für humanitäre Zwecke
	Einmarsch in das Kurdengebiet in der nördlichen Schutzzone im Bündnis mit Kurdenführer Masud Barzani

Wahlen in Rumänien

20.6. Bukarest. Der Übergangspräsident Ion Iliescu wird in seinem Amt als Staatspräsident Rumäniens bestätigt.

Nach dem Sturz und der Hinrichtung von Nicolae Ceaușescu (↑S.822/25.12.1989) übernahm die „Front der Nationalen Rettung" (FSN) unter dem ehemaligen Parteifunktionär Ion Iliescu provisorisch die Regierungsgeschäfte.

Nach dem in seiner Korrektheit bezweifelten Wahlsieg Iliescus und der FSN bleiben die Führungspositionen weiterhin in Händen von Altkommunisten. Im gleichen Monat läßt Iliescu Sicherheitskräfte mit Gewalt gegen Oppositionelle vorgehen, wobei es sechs Tote und mehrere hundert Verletzte gibt.

1992 wird Iliescu wiedergewählt. Die FSN (ab Juli 1993: Partei der Sozialen Demokratie, PDSR) verliert ihre absolute Mehrheit, bleibt aber in einer Mehrparteienkoalition an der Macht. Die Parlaments- und Präsidentschaftswahlen vom November 1996 verliert Iliescu und seine PDSR. S 300/K 308

Irak überfällt Kuwait

2.8. Kuwait. Irakische Streitkräfte marschieren in das benachbarte Emirat Kuwait ein. Der Irak hatte bereits nach der Unabhängigkeit Kuwaits (↑S.547/19.6.1961) Gebietsansprüche geltend gemacht.

Ziel des Einmarschs ist die Sicherung des strategisch wichtigen Zugangs zum Persischen Golf und die Vereinnahmung der kuwaitischen Ölfelder. Die Invasoren erklären Kuwait zum irakischen Verwaltungsbezirk.

Nach Ablauf eines UNO-Ultimatums, das den irakischen Truppenabzug fordert, beginnen multinationale Streitkräfte unter Führung der USA am 17.1.1991 die „Operation Wüstensturm" zur Befreiung Kuwaits (↑S.843/ 28.2.1991). S 832/K 803

UNO-Friedensplan für Kambodscha

28.8. New York. Der Sicherheitsrat der Vereinten Nationen beschließt einen Friedensplan für Kambodscha.

Der Konflikt um das südostasiatische Land begann am 25.12.1978 (↑S.725), als vietnamesische Truppen einmarschierten und die seit 1975 herrschenden kommunistischen Roten Khmer vertrieben. Die entmachteten Roten Khmer nahmen unter ihrem Führer Pol Pot den Guerillakampf auf. Auch Anhänger von Prinz Norodom Sihanuk (König 1941–55, Staatspräsident 1960–70, 1975/76) sowie rechtsnationale Einheiten des ehemaligen Ministerpräsidenten Son Sann kämpften

gegen die provietnamesische Regierung in Phnom Penh.
Auf einer Konferenz im September akzeptieren die Bürgerkriegsparteien den UNO-Plan für eine Friedenslösung. Er sieht freie Wahlen vor. Bis dahin übernimmt ein „Oberster Nationalrat", der sich aus Vertretern der Regierung und der Bürgerkriegsparteien zusammensetzt, unter UNO-Aufsicht die Regierungsgewalt.
1991 kehrt Sihanuk aus dem Exil zurück und wird erneut Staatsoberhaupt. Nach der Verfassungsreform von 1993 ist Kambodscha eine konstitutionelle Monarchie und Sihanuk wieder König. Die 1994 verbotenen Roten Khmer kontrollieren 1996 noch ca. ein Fünftel des Landes und unterhalten eine Gegenregierung.

Treffen zwischen Nord- und Südkorea
4.9. Seoul. Erstmals seit der Teilung des Landes (↑S.442/9.9.1948) treffen sich Regierungsdelegationen der verfeindeten Staaten Nord- und Südkorea.
Zwischen dem kommunistischen Nordkorea und dem westlich orientierten Südkorea gab es seit dem Ende des Koreakrieges 1953 weder Postverbindungen noch Reiseverkehr (↑S.462/25.6.1950).
Ergebnis des viertägigen Treffens ist die Einrichtung eines „heißen Drahtes" zwischen beiden Ländern. Im Oktober trifft eine südkoreanische Delegation zu einem Gegenbesuch in der nordkoreanischen Hauptstadt Pjöngjang ein. Die offiziellen Gespräche bekunden das Bestreben, die gegenseitige Annäherung zu fördern. Ende 1991 schließen beide Staaten einen Nichtangriffspakt.
Bis Mitte der 90er Jahre verschlechtert sich die politische Atmosphäre allerdings wieder. Im Frühjahr 1996 kündigt Nordkorea das Waffenstillstandsabkommen von 1953 und provoziert den Süden wiederholt mit kleineren militärischen Übergriffen.

Zwei-plus-Vier-Gespräche beendet
12.9. Moskau. Die Außenminister der UdSSR, der USA, Großbritanniens, Frankreichs, der Bundesrepublik Deutschland und der DDR unterzeichnen das Abschlußdokument der Zwei-plus-Vier-Gespräche. Das einem Friedensvertrag gleichkommende Abkommen zieht einen Schlußstrich unter 45 Jahre deutsche Nachkriegsgeschichte.
Nachdem bei dem deutsch-sowjetischen Treffen im Februar der sowjetische Staats- und Parteichef Michail Gorbatschow seine Zustimmung zur Einheit Deutschlands gegeben hatte, mußten die Grenzen und die Bündniszugehörigkeit des zukünftigen Gesamtdeutschland sowie die Ablösung der alliierten Rechte geregelt werden. Im deutsch-deutschen Staatsvertrag vom 21.6. wurde die deutsch-polnische Westgrenze in ihrem jetzigen Verlauf endgültig festgelegt.
Mit Unterzeichnung des Vertrags sind die Grenzen Deutschlands völkerrechtlich verbindlich geregelt und die Rechte und Verantwortlichkeiten der Alliierten beendet; am 3.10.1990 (↑S.833) wird das vereinte Deutschland souverän.

Deutschland wiedervereinigt
3.10. Berlin. Deutschland feiert seine Einheit und seine volle Souveränität. Hunderttausende nehmen an den Feierlichkeiten zwischen Reichstag und Alexanderplatz teil.
Mit Ende des 2. Weltkriegs hatten die vier Siegermächte die alleinige Regierungsgewalt in Deutschland übernommen. Während die Bundesrepublik (↑S.454/14.8.1949) mit ihrem Beitritt zur NATO in die westliche Staatengemeinschaft integriert wurde, war die DDR (↑S.456/7.10.1949) durch ihre Mitgliedschaft im Warschauer Pakt im östlichen Machtblock verankert.
Nachdem die friedliche Revolution in der DDR am 9.11.1989 (↑S.820) die Mauer zu Fall gebracht hatte, wurde die Wiedervereinigung beider Nachkriegsteilstaaten am 12.9.1990 (↑S.833) außenpolitisch vollzogen.
Am 4.10. findet im Plenarsaal des Berliner Reichstags die erste gesamtdeutsche Bundestagssitzung statt. Mit den 144 Abgeordneten

Zwei-plus-Vier-Gespräche: Die erste Gesprächsrunde findet am 5. Mai in Bonn statt. Dabei diskutieren die Außenminister (v.l.n.r.) Eduard Schewardnadse (UdSSR), Roland Dumas (Frankreich), Markus Meckel (DDR), Hans–Dietrich Genscher (BRD), Douglas Hurd (Großbritannien), und James Baker (USA) die außenpolitischen Aspekte der Deutschen Einheit.

1990

Deutschlands Bundesländer 1990

Einwohnerzahlen der Bundesländer (in Mio.)	
Nordrhein-Westfalen	16,7
Bayern	10,9
Baden-Württemberg	9,3
Niedersachsen	7,2
Hessen	5,5
Sachsen	5,0
Rheinland-Pfalz	3,6
Berlin	3,3
Sachsen-Anhalt	3,0
Brandenburg	2,7
Schleswig-Holstein	2,6
Thüringen	2,5
Mecklenburg-Vorpommern	2,1
Hamburg	1,6
Saarland	1,1
Bremen	0,7
gesamt	77,8

© Harenberg

1990

der ehemaligen DDR-Volkskammer steigt die Zahl der Parlamentarier von 519 auf 663. Die ersten gesamtdeutschen Wahlen finden am 2.12.1990 (↑S.835) statt. Der 3. Oktober wird als „Tag der deutschen Einheit" Feiertag anstelle des 17. Juni, der dem Gedenken an den Volkaufstand in der DDR im Jahr 1953 gewidmet war.

C. Links/H. Bahrmann: Wir sind das Volk. Die DDR im Aufbruch. Eine Chronik, 1990.

Fünf neue Bundesländer KAR
14.10. Dresden. Aus den Landtagswahlen auf dem Gebiet der ehemaligen DDR geht bei einer durchschnittlichen Wahlbeteiligung von rund 70% die CDU als Sieger hervor.
Noch vor dem offiziellen Beitritt der DDR zur Bundesrepublik (↑S.833/3.10.) beschloß die DDR-Volkskammer die Neubildung der Länder, die an die Stelle der 1952 geschaffenen 14 Bezirke treten. Die neuen Bundesländer sind Brandenburg, Mecklenburg-Vorpommern, Sachsen-Anhalt, Sachsen und Thüringen. S 835/K 804

Erste gesamtdeutsche Wahlen
2.12. BRD. Die ersten gesamtdeutschen Bundestagswahlen gewinnt die Regierungskoalition aus CDU/CSU und FDP.
Die CDU/CSU, die bundesweit 43,8% der Stimmen erreicht, wird unter Führung von Bundeskanzler Helmut Kohl die stärkste politische Kraft im 12. Deutschen Bundestag.

Wiedervereinigung: Ohne patriotischen Überschwang feiern Hunderttausende zwischen Brandenburger Tor und Alexanderplatz in Berlin. Am Reichstag weht eine 60 m² große Bundesflagge als Symbol der deutschen Einheit.

Länder der Bundesrepublik Deutschland K 804

Land	Fläche (km²)	Einw. (Mio)	Hauptstadt	Regierungsparteien	Ministerpräsident (Partei, Amtsantritt)	Sitze im Bundesrat
Baden-Württemberg	35 751	10,23	Stuttgart	CDU, FDP	Erwin Teufel (CDU, 1991)	6
Bayern	70 550	11,98	München	CSU	Edmund Stoiber (CSU, 1993)	6
Berlin	889	3,44	–	CDU, SPD	Eberhard Diepgen (CDU, 1991)	4
Brandenburg	29 480	2,54	Potsdam	SPD	Manfred Stolpe (SPD, 1990)	4
Bremen	404	0,68	–	SPD, CDU	Henning Scherf (SPD, 1995)	3
Hamburg	755	1,71	–	SPD[1]	Henning Voscherau (SPD, 1988)	3
Hessen	21 114	6,01	Wiesbaden	SPD, B.90/Gr.[2]	Hans Eichel (SPD, 1991)	5
Mecklenburg-Vorpommern	23 170	1,83	Schwerin	CDU, SPD	Berndt Seite (CDU, 1992)	3
Niedersachsen	47 600	7,65	Hannover	SPD	Gerhard Schröder (SPD, 1990)	6
Nordrhein-Westfalen	34 072	17,86	Düsseldorf	SPD, B.90/Gr.[2]	Johannes Rau (SPD, 1978)	6
Rheinland-Pfalz	19 852	3,97	Mainz	SPD, FDP	Kurt Beck (SPD, 1994)	4
Saarland	2 570	1,08	Saarbrücken	SPD	Oskar Lafontaine (SPD, 1985)	3
Sachsen	18 412	4,57	Dresden	CDU	Kurt Biedenkopf (CDU, 1990)	4
Sachsen-Anhalt	20 444	2,80	Magdeburg	SPD, B.90/Gr.[2]	Reinhard Höppner (SPD, 1994)	4
Schleswig-Holstein	15 738	2,70	Kiel	SPD, B.90/Gr.[2]	Heide Simonis (SPD, 1993)	4
Thüringen	16 171	2,52	Erfurt	CDU, SPD	Bernhard Vogel (CDU, 1992)	4

Stand: Juni 1996; 1) Kooperation mit Statt Partei; 2) Bündnis 90/Die Grünen

1990

Chronik der DDR		K 805
Datum	**Ereignis**	
7.10.1949	Gründung der Deutschen Demokratischen Republik (S.456)	
11.10.1949	Provisorische Volkskammer und Länderkammer wählen Wilhelm Pieck zum Präsidenten der Republik	
12.10.1949	Otto Grotewohl wird Ministerpräsident der Republik	
Juli 1950	SED-Parteitag beschließt ersten Fünfjahresplan (1951–55)	
6.7.1950	Görlitzer Abkommen mit Polen: DDR akzeptiert die Oder-Neiße-Linie als Westgrenze Polens (S.463)	
29.9.1950	Beitritt zum Rat für gegenseitige Wirtschaftshilfe (RGW)	
15.10.1950	Erste Volkskammerwahlen: 99,7% Ja-Stimmen (Einheitsliste)	
23.7.1952	Auflösung der Länder, die in 14 Bezirke und 217 Kreise aufgeteilt werden („Demokratischer Zentralismus")	
17.6.1953	Volksaufstand durch sowjet. Truppen niedergeschlagen (S.483)	
Juli 1953	Walter Ulbricht wird Erster Sekretär des ZK der SED	
25.3.1954	Souveränitätserklärung der DDR durch die UdSSR	
14.5.1955	Mitbegründung des Warschauer Pakts (S.498)	
18.1.1956	Gründung der Nationalen Volksarmee (NVA, S.506)	
12.9.1960	Nach Piecks Tod (7.9.) Abschaffung des Präsidentenamts und Bildung eines Staatsrats unter Vorsitz von Ulbricht	
13.8.1961	Bau der Berliner Mauer, um Massenflucht zu verhindern (S.548)	
24.9.1964	Nach Grotewohls Tod (21.9.) wird Willi Stoph Vorsitzender des Ministerrats und stellvertretender Staatsratsvorsitzender	
20.2.1967	Gesetz über DDR-Staatsbürgerschaft (S.605)	
8.4.1968	Neue Verfassung: „Sozialistischer Staat dt. Nation" (S.619)	
Juni 1968	Paß- und Visazwang für Bundesdeutsche eingeführt	
20.8.1968	Einmarsch des Warschauer Pakts in die ČSSR (S.622)	
19.3.1970	Erstes Treffen Brandt/Stoph in Erfurt (S.641)	
3.5.1971	Rücktritt Ulbrichts als Erster Sekretär des ZK der SED; Nachfolger wird Erich Honecker (S.653)	
17.12.1971	Transitabkommen mit der Bundesrepublik Deutschland	
21.12.1972	Unterzeichnung des Grundlagenvertrags mit der BRD (S.664)	
18.9.1973	Aufnahme in die UNO (S.676)	
29.10.1976	Honecker zum Staatsratsvorsitzenden gewählt	
30.6.1978	Verurteilung des Systemkritikers Rudolf Bahro zu acht Jahren Gefängnis (1979 Abschiebung in die Bundesrepublik)	
28.6.1979	Direktwahl der Ostberliner Volkskammerabgeordneten beschlossen; Verschärfung des politischen Strafrechts	
Dez. 1981	Treffen Helmut Schmidt/Erich Honecker am Werbellinsee	
Sept. 1987	Besuch Honeckers in der Bundesrepublik Deutschland	
1989	Massenflucht von DDR-Bürgern in bundesdeutsche Botschaften in Ungarn, der Tschechoslowakei und Polen	
18.10.1989	Ablösung Honeckers durch Egon Krenz	
4.11.1989	Größte Massendemonstration in der Geschichte der DDR: 1 Mio Menschen gehen in Ost-Berlin für Freiheit und Demokratie auf die Straße	
9.11.1989	Öffnung der Grenze zur Bundesrepublik Deutschland (S.820)	
13.11.1989	Hans Modrow wird Vorsitzender des Ministerrats (S.822)	
1.12.1989	Führende Rolle der SED aus Verfassung gestrichen	
7.12.1989	Gründung eines „Runden Tischs" als Forum der Opposition	
18.3.1990	Konservativer Sieg bei freien Volkskammerwahlen (S.830)	
12.4.1990	Lothar de Maizière (CDU) wird Vorsitzender des Ministerrats	
1.7.1990	Wirtschafts-, Währungs- und Sozialunion mit der BRD	
3.10.1990	Beitritt der DDR zur Bundesrepublik Deutschland (S.833)	

Die Sozialdemokraten mit ihrem Spitzenkandidaten, dem saarländischen Ministerpräsidenten Oskar Lafontaine erzielen mit 33,5% das schlechteste Ergebnis seit 1957.
Auf dem Gebiet der früheren Bundesrepublik (Wahlgebiet West) scheitern die Grünen an der 5%-Hürde, die sie im Wahlgebiet Ost (neue Bundesländer) als Bündnis 90/Grüne mit 6% überspringen. Ebenfalls im Bundestag vertreten ist die „Partei des Demokratischen Sozialismus" (PDS), Nachfolgeorganisation der SED, die im Wahlgebiet Ost 11,1% der Stimmen erhält.
Am 20.12. findet in Berlin die konstituierende Sitzung des ersten gesamtdeutschen Bundestags statt. S 600/K 604

Nichtkommunist regiert Bulgarien
7.12. Sofia. Der parteilose Jurist Dimitar Popow wird vom Parlament zum neuen Ministerpräsidenten gewählt. Damit regiert zum ersten Mal seit 1946 ein Nichtkommunist Bulgarien.
Bei den ersten freien Wahlen im Juni errang die frühere kommunistische Staatspartei Bulgariens, seit dem 3.4. in „Bulgarische Sozialistische Partei" (BSP) umbenannt, die absolute Mehrheit.
Ministerpräsident Andrei Lukanow (BSP) berief am 21.9. neben drei Parteilosen nur BSP-Mitglieder in die Regierung, da das im Parlament vertretene Oppositionsbündnis „Union der Demokratischen Kräfte" (UDK) jede Zusammenarbeit mit den Ex-Kommunisten verweigert. Im November mußte Lukanow nach einem Generalstreik zurücktreten. 1996 wird er ermordet.
Bei vorgezogenen Neuwahlen 1991 siegt die UDK, bricht jedoch 1993 auseinander. 1994 gewinnt die BSP die Parlamentswahlen. Staatspräsident ist 1990–96 der frühere Vorsitzende der UDK, Schelju Schelew. S 73/K 72

Walesa polnischer Staatspräsident
9.12. Warschau. Die Stichwahl um die Präsidentschaft in Polen gewinnt Lech Walesa. Der Vorsitzende der Gewerkschaft „Solidarität" setzt sich gegen den Exilpolen Stanislaw Tyminski durch. Der amtierende Ministerpräsident Tadeusz Mazowiecki (↑S.818/ 4.6.1989) scheiterte im ersten Wahlgang.
Walesa, die Symbolfigur der demokratischen Gewerkschaftsbewegung in Polen, war nach Verhängung des Kriegsrechts (↑S.749/13.12. 1981) fast ein Jahr inhaftiert. 1983 erhielt er den Friedensnobelpreis.
Während der Amtszeit Walesas (1990–96) führen die 1989 angelaufenen Wirtschaftsre-

1990

Lech Walesa (* 29.9.1943). Der Arbeiterführer und Friedensnobelpreisträger (1983) wird 1990 polnischer Staatspräsident (bis 1995).

formen 1992 erstmals zu einem Wirtschaftswachstum (1995: 7,8%), verursachen aber auch einen Anstieg der Arbeitslosenzahlen aufgrund von Betriebsstillegungen (1995: 14,9%). 1993 siegen bei der Parlamentswahl die Linksparteien, die für eine langsamere Umstrukturierung eintreten. S 818/K 794

📖 L. Walesa: Ein Weg der Hoffnung, 1987.

Wirtschaft

Kopfsteuer in Großbritannien geplant

31.3. London. In der britischen Hauptstadt kommt es zu schweren Ausschreitungen wegen der von der konservativen Regierung geplanten Gemeindesteuer (Poll tax). Nachdem in der Vergangenheit die Kommunalsteuer nach dem Grund- oder Eigenheimbesitz der Bürger berechnet wurde, muß nach dem neuen Gesetz jeder Brite eine einkommensunabhängige Pauschalsumme zahlen. Mit den zusätzlichen Einnahmen aus der sog. Kopfsteuer versucht die konservative Regierung von Margaret Thatcher der Wirtschaftskrise zu begegnen.

Im November kündigt die konservative Regierungschefin, deren Steuerpolitik auch innerhalb ihrer Partei auf Kritik stieß, ihren Rücktritt an. Am 27.11. wird der Konservative John Major neuer Regierungschef. Er leitet einen Kurswechsel in der Wirtschaftspolitik ein. Durch Nachwahlen und Parteiwechsel, die

Chronik der BRD bis 1990 — K 806

Datum	Ereignis
23.5.1949	Grundgesetz der Bundesrepublik verkündet (S.454)
14.8.1949	Erste Bundestagswahl: CDU/CSU wird stärkste Fraktion; Theodor Heuss zum Bundespräsidenten gewählt (12.9.); Konrad Adenauer wird am 15.9. Bundeskanzler (S.454)
22.11.1949	Petersberger Abkommen: Beitritt zur Internat. Ruhrbehörde
18.4.1951	Mitbegründung der Europäischen Gemeinschaft für Kohle und Stahl (EGKS, Montanunion (S.468)
10.3.1952	Adenauer lehnt Angebot Josef W. Stalins zur Wiedervereinigung Deutschlands unter Beibehaltung der politischen und militärischen Neutralität (sog. Stalin-Note) ab (S.474)
26.5.1952	Deutschlandvertrag mit den drei Westmächten (S.474)
10.9.1952	Wiedergutmachungsvertrag mit Israel abgeschlossen (S.474)
27.2.1953	Londoner Schuldenabkommen
23.10.1954	Pariser Verträge: Neuregelung der internationalen Stellung der Bundesrepublik Deutschland (S.491)
5.5.1955	Aufhebung des Besatzungsstatuts, Proklamation der vollen Souveränität; Beitritt zu NATO und WEU
23.9.1955	Hallstein-Doktrin: Bundesrepublik erhebt Alleinvertretungsanspruch für Gesamtdeutschland (S.499/8.9.)
23.10.1955	Abstimmung über Saarstatut: Mehrheit für Eingliederung des Saarlands in die Bundesrepublik (1.1.1957, S.500)
12.11.1955	Gründung der Bundeswehr (S.506/7.7.1956)
25.3.1957	Mitbegründung der EWG (Römische Verträge, S.515)
27.11.1958	Berlin-Krise: Chruschtschow fordert Neuregelung des Berliner Viermächte-Status; die Westmächte lehnen ab
15.11.1959	Godesberger Programm der SPD: Wandlung in eine „entideologisierte Volkspartei" (S.532)
13.8.1961	Bau der Berliner Mauer (S.548)
15.10.1963	Rücktritt Adenauers; Ludwig Erhard Bundeskanzler (S.569)
17.12.1963	Erstes Passierscheinabkommen mit der DDR (S.571)
1.12.1966	Bildung einer großen Koalition unter Kurt G. Kiesinger (CDU); Willy Brandt (SPD) wird Vizekanzler und Außenminister (S.601)
2.6.1967	Benno Ohnesorg bei Demonstration in Berlin gegen den Staatsbesuch des Schahs von der Polizei erschossen (S.607)
30.5.1968	Bundestag billigt Notstandsverfassung (S.620)
22.10.1969	Bildung einer sozialliberalen Koalition unter Willy Brandt (S.631)
12.8.1970	Moskauer Vertrag; Warschauer Vertrag am 7.12. (S.642/644)
3.9.1971	Viermächteabkommen über Berlin (S.653)
17.12.1971	Transitabkommen regelt Verkehr zwischen der Bundesrepublik und Westberlin
27.4.1972	Konstruktives Mißtrauensvotum gegen Brandt scheitert (S.662)
21.12.1972	Unterzeichnung des Grundlagenvertrags mit der DDR (S.664)
18.9.1973	Aufnahme in die UNO (S.676)
11.12.1973	Deutsch-Tschechoslowakischer Vertrag (Prager Vertrag, S.677)
16.5.1974	Rücktritt Brandts wegen Guillaume-Affäre; Helmut Schmidt (SPD) wird neuer Bundeskanzler (S.685)
21.5.1975	Beginn der Baader-Meinhof-Prozesse (S.713/28.4.1977)
1977	Höhepunkt der RAF-Terrorwelle: Schleyer-Entführung (S.715)
12.12.1979	NATO-Doppelbeschluß (S. 732)
1.10.1982	Erfolgreiches Mißtrauensvotum gegen Schmidt; Wahl von Helmut Kohl (CDU) zum neuen Bundeskanzler (S.755)
1983	Flick-Spendenaffäre (S.764)
9.11.1989	Grenzöffnung durch die DDR (S.820)
3.10.1990	Beitritt der DDR zur Bundesrepublik Deutschland (S.833)

837

1990

einen Popularitätsverlust für Major signalisieren, wird die absolute Mehrheit der Tories aus der Parlamentswahl von 1992 bis 1996 aufgezehrt. Innerparteilich zerrissen sind die Konservativen in ihrer Einstellung zum weiteren EU-Ausbau und zur Schaffung einer europäischen Währungsunion. S 829/K 802

📖 H.-P. Fröhlich/C. Schnabel: Das Thatcher-Jahrzehnt. Eine wirtschaftspolitische Bilanz, 1990.

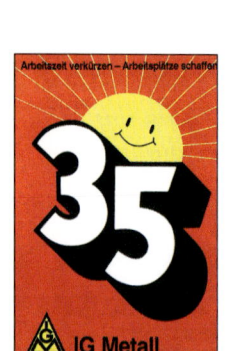

35-Stunden-Woche: Plakat der Industrie-Gewerkschaft Metall

Einführung der 35-Stunden-Woche
4.5. Göppingen. Erstmals erreichen Gewerkschaften eine tarifliche Vereinbarung über die 35-Stunden-Woche.
Nach Warnstreiks setzten die Metaller des Tarifbezirks Nordwürttemberg/Nordbaden die Arbeitszeitverkürzung durch, die bis zum 1.10.1995 in allen Tarifgebieten eingeführt werden soll.
Das Ergebnis wirkt sich auf die Verhandlungen in der Druckindustrie aus: Gewerkschafter und Arbeitgeber einigen sich auf die Einführung der Arbeitszeitverkürzung zum 1.4.1995; am 29.5. vereinbaren Verleger und Journalisten 1998 als Einführungstermin der veränderten Wochenarbeitszeit. S 838/K 807

Sonderfonds „Deutsche Einheit"
16.5. Bonn. Bundeskanzler Helmut Kohl (CDU) und die Ministerpräsidenten der Länder einigen sich auf die Schaffung eines Fonds „Deutsche Einheit".
Zur Finanzierung der deutschen Vereinigung (↑S.833/3.10.) stellen Bund und Länder der DDR vom 1.7.1990 bis zum 31.12.1994 in einem Fonds 115 Mrd DM zur Verfügung. Mit dem Geld wird bis Ende 1994 ein sog. pauschalierter Finanzausgleich für die noch zu bildenden Länder in der DDR (↑S.834/14.10.) geschaffen. Erst ab 1995 werden die neuen Bundesländer in vollem Umfang in den Finanzausgleich einbezogen; dabei leisten wirtschaftlich starke Bundesländer den schwächeren Finanzhilfe.
Die Bereitstellung verschiedener Wirtschaftshilfen für die DDR läßt das Ausgabevolumen des Bundes für das Haushaltsjahr 1990 auf 396 Mrd DM anwachsen, die Nettokreditaufnahme steigt im Vergleich zu 1989 um das Dreifache auf 66,8 Mrd DM.

📖 G. Grözinger: Teures Deutschland. Was kostet uns die DDR, 1990.

DM in der DDR eingeführt
1.7. Ostberlin. Mit dem Inkrafttreten der Währungsunion bilden die Bundesrepublik Deutschland und die DDR ein einheitliches Währungsgebiet. Die Deutsche Mark (DM) wird offizielles Zahlungsmittel.
Am 21.6. verabschiedeten Bundestag und Volkskammer den deutsch-deutschen Staatsvertrag über die Schaffung einer Wirtschafts-, Währungs- und Sozialunion. Bereits am Tag der Währungsumstellung tauschen DDR-Bürger bei den 15 000 Bankfilialen Ostmark in rund 3,4 Mrd DM ein. Löhne, Gehälter, Renten, Mieten, Pachten und Stipendien werden im Verhältnis eins zu eins umgestellt, ebenso Guthaben bis zu bestimmten Höchstgrenzen: So dürfen Personen ab dem 60. Lebensjahr 6000 Ostmark zum Kurs von eins zu eins wechseln. Alle übrigen Forderungen und Verbindlichkeiten werden weitgehend zum Kurs von zwei zu eins umgestellt. S 836/K 805

Natur/Umwelt

Verbot von FCKW
29.6. London. Die internationale Ozonschutzkonferenz, an der die Umweltminister aus 89 Nationen teilnehmen, beschließt den Ausstieg aus der Produktion von Fluorchlorkohlenwasserstoff (FCKW) bis zum Jahr 2000 (↑S.697/1.4.1975), das hauptsächlich als Treibmittel für Sprays und Kühlmittel verwendet wird.
Im April endete in Washington eine Klimakonferenz über Maßnahmen gegen die zunehmende Erwärmung der Erdatmosphäre durch Schadstoffemissionen. Diese Tagung wurde ebenso wie eine UNO-Umweltkonferenz im Mai durch die Weigerung der USA, Kanadas und Großbritanniens blockiert, Grenzwerte zum Abbau des Kohlendioxidausstoßes festzusetzen.

Arbeitszeit in der EG				K 807
Land	Wöchentliche Arbeitszeit (h)[1]			Industrie-arbeitsstunden[2]
	1992	1993	1994	
Belgien	38,2	38,2	38,0	1729
Dänemark	38,8	38,8	39,1	1672
Deutschland	39,7	39,5	39,7	1602[3]
Frankreich	39,7	39,8	39,9	1755
Griechenland	40,6	40,5	40,5	1832
Großbritannien	43,4	43,4	43,7	1762
Irland	40,4	40,1	40,0	1794
Italien	38,5	38,5	38,5	1720
Luxemburg	39,7	39,8	39,8	1784
Niederlande	39,4	39,4	39,5	1717
Portugal	41,3	41,2	41,2	1882
Spanien	40,6	40,6	40,5	1772

1) Arbeitszeit eines Vollzeitarbeitnehmers; 2) tarifliche Sollarbeitszeit 1995;
3) Westdeutschland; Quelle: Bundesvereinigung der Deutschen Arbeitgeberverbände, Eurostat

Auf dem Londoner Folgetreffen der Ozon-Konferenz von Montreal (1987) konnten sich die Bundesrepublik Deutschland, die Schweiz und die Niederlande mit ihrer Forderung nach vollständigem Verzicht auf FCKW bis 1997 nicht durchsetzen.
1992 beschließen 91 Teilnehmerstaaten der UNO-Konferenz zum Schutz der Ozonschicht in Kopenhagen, das FCKW-Verbot auf 1996 vorzuverlegen. 1994 stellt die deutsche Chemieindustrie die FCKW-Produktion ein. 1995 wird der FCKW-Ausstieg in der EU, 1996 in den USA realisiert.

K. Blank/J. Wiegand/D. Matzen: Klima-Aktionsbuch. Was tun gegen Treibhauseffekt und Ozonloch?, 1990. U. Hesse: Ersatzstoffe für FCKW, 1992.

Kultur

Liebesroman von Kundera

Mit seinem Roman „Die Unsterblichkeit" kann der tschechische Exilschriftsteller Milan Kundera an den Erfolg seines Romans „Die unerträgliche Leichtigkeit des Seins" (1984) anknüpfen.
Erzählt wird die Geschichte zweier ungleicher Schwestern, der in sich gekehrten Agnes und der extrovertierten Laura. Beide lieben Agnes' Mann Paul; Laura hat zudem eine Liaison mit dem jungen Journalisten Bernard. Hauptthema ist das Leiden der Menschen an der Vergänglichkeit ihrer Identität und ihr Verlangen nach Unsterblichkeit.
1967 führte Kunderas antistalinistischer Roman „Der Scherz" zur Ausbürgerung des Schriftstellers aus der Tschechoslowakei. Der ausgebildete Pianist erhielt 1980 die französische Staatsbürgerschaft und lehrt in Paris Literatur.

Bestseller-Erfolg für John Irving

John Irvings Roman „Owen Meany" erscheint. Das Buch schildert die Geschichte der außergewöhnlichen Freundschaft zwischen dem Ich-Erzähler John Wheelwright und dem kleinwüchsigen Owen Meany.
Irving entlarvt die Doppelmoral im bürgerlichen Milieu der Neuengland-Staaten vor und während des Vietnamkriegs. Meany wird zu einem skurrilen und widersprüchlichen Messias, der sein Leben bei der Rettung vietnamesischer Waisenkinder opfert.
Der US-amerikanische Schriftsteller veröffentlichte 1969 nach mehreren Kurzgeschichten seinen ersten Roman „Laßt die Bären los". Zu einem Welterfolg wurde 1978 „Garp und wie er die Welt sah", der 1982 mit Robin Williams und Glenn Close in den Hauptrollen verfilmt wurde.
Irvings Geschichten, die traditionelle und experimentelle Formelemente miteinander verbinden, zeichnen sich durch eine tragikomische Grundstimmung aus; völlig unterschiedliche Themen werden mit leichter Hand in einen größeren Zusammenhang eingeordnet.

C. Harter/J. R. Thompson: John Irving, 1986.

„Club der toten Dichter" von Weir

Der Film des australischen Regisseurs Peter Weir „Der Club der toten Dichter" wird uraufgeführt. Er beschreibt das Milieu in einem bürgerlichen US-Internat in den 50er Jahren, in das ein ehemaliger Schüler als unkonventioneller Englischlehrer (Robin Williams) zurückkehrt, der seine Schüler zu selbständigem Denken und gegen Autoritätshörigkeit

Nobelpreisträger 1990	K 808
Frieden: Michail Gorbatschow (UdSSR, *1931)	
Gorbatschow rief das größte Reformprogramm in der Geschichte der Sowjetunion ins Leben („Glasnost" und „Perestroika"). Der Generalsekretär der KPdSU (1985–91) und sowjetische Staatspräsident (1990/91) trieb den Demokratisierungsprozeß in Osteuropa entscheidend voran.	
Literatur: Octavio Paz (Mexiko, *1914)	
Paz wirbt in seinen Essays und Gedichten für mehr Verständnis zwischen Völkern und Kulturen. Hauptthemen seiner Lyrik sind Liebe, Einsamkeit und Tod. In seinem Essay „Das Labyrinth der Einsamkeit" (1950) analysiert er die Eigenständigkeit Mexikos in Abgrenzung zur USA.	
Chemie: Elias J. Corey (USA, *1928)	
Corey arbeitete auf dem Gebiet der organischen Chemie. Er entwickelte ein sog. Baukasten-Konzept zum künstlichen Aufbau von Molekülen. Mit diesem Konzept können seltene Naturprodukte synthetisch hergestellt und für die Massenproduktion von Medikamenten verwendet werden.	
Medizin: Joseph E. Murray (USA, *1919), E. Donnall Thomas (USA, *1920)	
Murray gelang 1954 die erste erfolgreiche Nierentransplantation. Er entwickelte Medikamente und Behandlungsmethoden, mit denen das Risiko von Abstoßreaktionen des Körpers bei Organverpflanzungen gesenkt werden konnte. Thomas erfand das Medikament „Methodrexat", das tödliche Immunreaktionen bei der Transplantation von Knochenmark verhindert.	
Physik: Jerome I. Friedman (USA, *1930), Henry W. Kendall (USA, *1926), Richard E. Taylor (Kanada, *1929)	
Die Wissenschaftler erforschten die innere Struktur des Atomkerns und wiesen nach, daß alle Materie zu etwa 99% aus Quarks (kleinste Elementarteilchen) besteht, der Rest aus Elektronen. Die Quarks, von denen es vermutlich sechs verschiedene Arten gibt, werden durch Kraftfelder (Gluone) zu Nukleonen zusammengebunden.	
Wirtschaftswissenschaften: Merton Miller (USA, *1923), Harry Morkowitz (USA, *1922), William Sharpe (USA, *1934)	
Sharpe und Morkowitz entwickelten Theorien zur optimalen Kapitalanlage. Danach lassen sich die Risiken einzelner Kapitalanlageformen durch die Mischung verschiedener Anlagemöglichkeiten (Bildung sog. Portefeuilles) erheblich reduzieren. Miller wies nach, daß der Spielraum von Unternehmen bei Finanzierungsentscheidungen weit größer ist als die klassische Finanzierungslehre bislang annahm.	

Kulturszene 1990　　　　　　　　　　　　K 809

Theater

Herbert Achternbusch Auf verlorenem Posten UA 5.4., München	Die im Dezember 1989 entstandene Farce läßt den Zuschauer an den ersten West-Erfahrungen eines DDR-Übersiedlers teilnehmen.
Tankred Dorst Karlos UA 6.5., München	Das Historiendrama zeigt den spanischen Thronfolger Karlos als charakterlich deformierten, zum Scheitern verurteilten Königssohn.
Peter Handke Das Spiel vom Fragen UA 13.1., Wien	Das spielerisch-poetische Drama schickt eine kleine Expedition auf die „Reise zum sonoren Land", wo sie Welterkenntnis finden soll.
Bernard-Marie Koltès Roberto Zucco UA 12.4., Berlin	Das Drama über einen authentischen Massenmörder spürt das Menschliche und Heroische im scheinbar absolut Unmenschlichen auf.

Oper

Hans Werner Henze Das verratene Meer UA 5.5., Berlin	In der Oper von einem Seemann, der das Meer „verrät", indem er an Land bleibt, spielt das Orchester die Hauptrolle.
Einojuhani Rautavaara Vincent UA 17.5., Helsinki	Die zeitgemäße Van-Gogh-Oper des finnischen Komponisten konzentriert sich auf das Lebensende des Malers im Irrenhaus.

Musical

Tom Waits The Black Rider UA 31.3., Hamburg	Das deutsche „Freischütz"-Märchen wird zum amerikanischen Rock-Musical, Texte: William Burroughs, Regie: Robert Wilson.

Film

Danny DeVito Der Rosenkrieg USA	Die heitere Satire auf das amerikanische Spießbürgertum schlägt unversehens in eine tiefschwarze Ehekomödie um.
Patrice Leconte Der Mann der Friseuse Frankreich	Einfühlsam erzähltes Märchen von der perfekten Liebesbeziehung: Antoines Kindheitswunsch, eine Friseuse zu heiraten, geht in Erfüllung.
David Lynch Wild at Heart USA	Die Flucht eines jungen Paares durch den amerikanischen Süden wird zu einem blutrünstigen Alptraum; Goldene Palme in Cannes 1990.
Ridley Scott Thelma und Louise USA	Road-Movie über zwei Frauen, die aus ihrem frustrierenden Alltag ausbrechen wollen; doch ihr Traum von Freiheit endet tödlich.
Oliver Stone The Doors USA	Biographischer Musikfilm über Jim Morrison (1943–1971), legendärer Leadsänger der „Doors" und Sex-Symbol der Hippie-Generation.
Peter Weir Green Card Australien/Frankreich	Geschichte einer „Schein-Ehe" mit Hindernissen – eine subtile Komödie mit Gérard Depardieu und Andie MacDowell in den Hauptrollen.

Buch

Bodo Kirchhoff Infanta Frankfurt/M.	Kirchhoffs sprachlich anspruchsvoller Roman, eine Liebesgeschichte mit tödlichem Ende, wird schon vor der Auslieferung als Bestseller gehandelt.
Siegfried Lenz Die Klangprobe Hamburg	Schlaglichtartig beleuchtet Lenz das moderne Großstadtleben: Im Mittelpunkt stehen eine Übersetzerin und ein Kaufhausdetektiv.
John Updike Rabbit in Ruhe New York	Letzter Band der Roman-Tetralogie um den Aufsteiger „Rabbit" Angstrom, der sich den gesellschaftlichen Zwängen zu entziehen sucht.
Christa Wolf Was bleibt Hamburg	Wolfs Erzählung – sie berichtet darin, wie sie von der Stasi ab 1979 überwacht wurde – löst 1990 den sog. Literaturstreit aus.

erzieht. Zur Tragödie kommt es, als ein Schüler an dem Konflikt zwischen den Forderungen seiner Eltern und seiner Neigung für die Schauspielerei zerbricht und Selbstmord begeht. Der Lehrer wird entlassen; bei seinem Abschied zeigt sich jedoch, daß er den Schülern ein neues Weltbild und Mut zur Individualität vermitteln konnte.

Weir, der mit „Picknick am Valentinstag" (1976) und „Die letzte Flut" (1977) mystische Thriller über Australien geschaffen hatte, wurde 1985 mit seinem ersten in den USA gedrehten Film „Der einzige Zeuge" einem großen Publikum bekannt. 1991 kommt seine Komödie „Green Card" in die Kinos.

Star-Tenöre geben ein Konzert

7.7. Rom. In den Caracalla-Thermen treten im Rahmen eines Wohltätigkeitskonzerts die drei international gefeierten Tenöre José Carreras (Spanien), Plácido Domingo (Mexiko) und Luciano Pavarotti (Italien) zum ersten Mal gemeinsam auf. Vor 6000 Besuchern in der ausverkauften Arena und mehr als 1 Mrd Fernsehzuschauern präsentieren die Sänger anläßlich der Fußballweltmeisterschaft in Italien (↑S.841/8.7.) berühmte Arien und Lieder aus Opern, Operetten und Musicals. Begleitet werden die Tenöre von einem fast 200köpfigen Orchester unter Leitung des indischen Dirigenten Zubin Mehta.

Die Gagen der Musiker werden u. a. der Leukämie-Forschung zur Verfügung gestellt und für den Wiederaufbau von mexikanischen Dörfern verwendet, die 1985 durch ein Erdbeben zerstört wurden.

Sturm auf Van-Gogh-Ausstellungen

29.7. Amsterdam/Otterlo. Am 100. Todestag des Malers Vincent van Gogh (↑S.24/15.3.1901) gehen in den Niederlanden zwei große Ausstellungen zu Ehren des großen Künstlers zu Ende. Seit der Eröffnung am 30.3. haben mehr als 1,3 Mio Menschen die Museen in Amsterdam und Otterlo besucht. In der niederländischen Metropole wurden 132 Gemälde gezeigt, die zum größten Teil aus ausländischen Museen und Privatbesitz stammen. Im Kröller-Müller-Museum in Otterlo waren 248 Zeichnungen von van Gogh ausgestellt. Der Museumstourismus erreicht auch in Deutschland einen Höhepunkt. Im Essener Folkwang-Museum werden anläßlich der Ausstellung „Van Gogh und die Moderne 1890 bis 1914" vom 10.8. bis 4.11. insgesamt 500 000 Besucher gezählt, mehr als jemals zuvor in einer Kunstpräsentation in Deutschland.

1990

Sport

Dritter WM-Titel für deutsche Elf

8.7. Rom. Im Olympiastadion schlägt die deutsche Fußball-Nationalmannschaft Argentinien im Finale mit 1:0 und wird zum dritten Mal nach 1954 und 1974 Weltmeister. Das Siegestor erzielte Andreas Brehme fünf Minuten vor Schluß durch einen Strafstoß. Die Überraschungself dieser WM war Kamerun, das erst in der Verlängerung des Viertelfinales an England scheiterte (2:3). Im Spiel um den dritten Platz schlug Italien, das mit Salvatore „Toto" Schillaci (sechs Treffer) den Torschützenkönig stellte, England 2:1. Berti Vogts löst nach der WM Teamchef Franz Beckenbauer als Nationaltrainer ab. Austragungsland der nächsten Endrunde sind 1994 die USA (↑S.881/17.7.1994). S 841/K 810

H. Vogts: Italien '90.

Profis bei Olympia zugelassen

17.9. Tokio. Die 96. Vollversammlung des Internationalen Olympischen Komitees (IOC) streicht die Regel 26 der Zulassungsbestimmungen. Damit dürfen in Zukunft auch Profis an Olympischen Wettkämpfen teilnehmen. Mit dieser überfälligen Entscheidung trägt das IOC den tatsächlichen Gegebenheiten Rechnung. „Staatsamateure" aus dem Ostblock, Werbeverträge und Sponsorengelder führten den postulierten Amateurstatus schon lange ad absurdum.
Immer wieder gab es in der Geschichte der Olympischen Spiele spektakuläre Fälle, bei denen Sportler wie Jim Thorpe (↑S.112/6.5.1913), Paavo Nurmi (↑S.289/30.7.1932) oder Karl Schranz (↑S.669/3.2.–13.2.1972) wegen angeblichen Verstoßes gegen die Amateurbestimmungen ausgeschlossen wurden. In Zukunft dürfen Sportler an den Wettbewerben teilnehmen, wenn sie durch ihr nationales Olympia-Komitee gemeldet sind und während der Spiele keine Werbung betreiben.

K. H. Frenzen: Olympische Spiele, 1988.

Senna Formel-1-Weltmeister

21.10. Suzuka. Der brasilianische Formel-1-Pilot Ayrton Senna (†1994) sichert sich durch einen Zusammenstoß mit seinem härtesten Konkurrenten Alain Prost, der ausscheiden muß, schon im vorletzten Rennen der Saison die Weltmeisterschaft. Senna hat einen uneinholbaren Vorsprung von neun Punkten. Senna, unumstrittener Publikumsliebling, ist der überragende Fahrer Ende der 80er und zu Beginn der 90er Jahre (Titel 1988, 1991 und 1993 sowie zweiter Platz 1989).

Erfolgreichste Nationen bei Fußball-WM K 810

Land	Weltmeister	2. Platz	3. Platz[1]
Brasilien	1958, 1962, 1970, 1994	1950	1938, 1978
Deutschland/BRD	1954, 1974, 1990	1966, 1982, 1986	1934, 1970
Italien	1934, 1938, 1982	1970, 1994	1990
Argentinien	1978, 1986	1930, 1990	–
Uruguay	1930, 1950	–	–
England	1966	–	
Tschechoslowakei	–	1934, 1962	–
Niederlande	–	1974, 1978	–
Ungarn	–	1938, 1954	–
Schweden		1958	1950, 1994

[1] Weitere 3. Plätze für: Jugoslawien (1930), USA (1930), Österreich (1954), Frankreich (1958, 1986), Chile (1962), Portugal (1966), Polen (1974).

Sport 1990 K 811

Fußball	
Weltmeisterschaft	BRD – Argentinien 1:0
Deutsche Meisterschaft	FC Bayern München
DFB-Pokal	1. FC Kaiserslautern – Werder Bremen 3:2
Englische Meisterschaft	FC Liverpool
Italienische Meisterschaft	SSC Neapel
Spanische Meisterschaft	Real Madrid
Europapokal (Landesmeister)	AC Mailand – Benfica Lissabon 1:0
Europapokal (Pokalsieger)	Sampd. Genua – RSC Anderlecht 2:0 n.V.
UEFA-Pokal	Juventus Turin
Tennis	
Wimbledon (seit 1877; 104. Austragung)	Herren: Stefan Edberg (SWE) Damen: Martina Navratilova (USA)
US Open (seit 1881; 110. Austragung)	Herren: Pete Sampras (USA) Damen: Gabriela Sabatini (ARG)
French Open (seit 1925; 60. Austragung)	Herren: Andres Gomez (ECU) Damen: Monica Seles (YUG)
Australian Open (seit 1905; 78. Austragung)	Herren: Ivan Lendl (TCH) Damen: Steffi Graf (FRG)
Davis-Cup (St. Petersbg., USA)	USA – Australien 3:2
Eishockey	
Weltmeisterschaft	Sowjetunion
Stanley-Cup	Edmonton Oilers
Deutsche Meisterschaft	Düsseldorfer EG
Radsport	
Tour de France (3449 km)	Greg LeMond (USA)
Giro d'Italia (3450 km)	Gianni Bugno (ITA)
Straßen-Weltmeisterschaft	Rudy Dhaenens (BEL)
Herausragende Weltrekorde		
Disziplin	Athlet (Land)	Leistung
Leichtathletik, Männer		
Kugelstoß	Randy Barnes (USA)	23,12 m
Speerwurf	Steve Backley (GBR)	90,98 m
Schwimmen, Männer		
50 m Freistil	Tom Jager (USA)	21,81 sec
200 m Brust	Mike Barrowman (USA)	2:11,53 min

1991

Politik

Protestant regiert Guatemala

6.1. Guatemala. Mit dem evangelischen Prediger, Ingenieur und Geschäftsmann Jorge Serrano Elias erringt erstmals im katholischen Lateinamerika ein Protestant das Amt des Staatspräsidenten. Er gewinnt die Stichwahl gegen seinen Konkurrenten Jorge Carpio Nicolle mit 68,3% der Stimmen.

Serrano ist der zweite demokratisch legitimierte Präsident eines Landes, das seit der Unabhängigkeit 1821 vorwiegend von Diktatoren und Militärs beherrscht wurde. Erst 1986 begann ein vorsichtiger Demokratisierungsprozeß unter Präsident Vinicio Cerezo Arévalo.

Die blutigen Auseinandersetzungen zwischen Militär und Guerilla (seit 1989 etwa 150 000 Tote) will Serrano durch Unterordnung der Streitkräfte unter sein Mandat sowie mit Hilfe von Verhandlungen mit den Guerillaführern beenden. Eine wichtige Rolle spielt dabei die Verbesserung der wirtschaftlichen Situation. Als größter Kaffeeproduzent Zentralamerikas ist Guatemala in starkem Maße vom stetigen Verfall der Weltmarktpreise betroffen.

Für ihre Vermittlungsversuche zwischen den Bürgerkriegsparteien und ihr Eintreten für die Urbevölkerung erhält die Indianerin Rigoberta Menchú 1992 den Friedens-Nobelpreis. Ende 1995 kann Alvaro Arzú Irigoyen, Kandidat der konservativen PAN, die Präsidentschaftswahlen für sich entscheiden. Im März 1996 verkünden die Rebellen eine Waffenruhe, im April erklärt die Regierung den Bürgerkrieg für beendet. Ein Friedensvertrag folgt Ende 1996. S 860/K 825

📖 E. Burgos: Rigoberta Menchú Leben in Guatemala, 3. Aufl. 1989.

Hunger und Krieg in Somalia

26.1. Mogadischu. Nach dem Sturz des seit 1969 diktatorisch herrschenden Mohammed Siad Barre führen Kämpfe rivalisierender Sippen des Vereinigten Kongresses (USC) eines der ärmsten Länder der Welt in einen blutigen Bürgerkrieg. Mehr als 4,5 Mio Somalis (Gesamtbevölkerung: 7,6 Mio) sind auf Nahrungsmittelhilfe angewiesen, die wegen der Kämpfe nur schwer zu realisieren ist. 70% der Hauptstadt Mogadischu werden zerstört, bis Ende des Jahres sterben mehr als 20 000 Menschen.

Begonnen hatte der Bürgerkrieg 1988, als sich Rebellen des unterentwickelten Nordens gegen die im Süden residierende Regierung Barre wandten. Nach der Entmachtung des Diktators stehen sich zwei Gruppen unter Präsident Ali Mahdi Mohammed und USC-Führer General Mohammed Aidid gegenüber, die beide um die Macht im Staat kämpfen. Hinzu kommen die Ansprüche einzelner Clans, die seit jeher das soziale Gefüge dieses ostafrikanischen Landes geprägt haben (↑S.858/8.12.1992).

Wichtige Regierungswechsel 1991			K 812
Land	Amtsinhaber	Bedeutung	
Äthiopien	Mengistu Haile Mariam (P seit 1977) Meles Zenawi (P bis 1995)	Sturz des Militärregimes beendet 30jährigen Bürgerkrieg; Rebellenorganisation EPRDF übernimmt die Macht (S.845)	
Australien	Robert James Hawke (Labor, M seit 1983) Paul Keating (Labor, M bis 1996)	Eigene Partei stürzt Hawke; Grund: verfehlte Wirtschaftspolitik (größte Wirtschaftskrise seit den 60er Jahren)	
Bangladesch	Hussein Mohammed Ershad (P seit 1982) Abdur Rahman Biswas (P bis . . .)[1]	Abschaffung des Präsidialregimes; parlamentarische Demokratie; Präsident hat nur noch repräsentative Funktion	
Benin	Mathieu Kérékou (P seit 1972) Nicéphore Soglo (P bis 1996)	Ende der marxistisch-leninistischen Parteiendiktatur; parlamentarische Demokratie; Soglo erster frei gewählter Präsident	
Frankreich	Michel Rocard (Soz., M seit 1988) Edith Cresson (Soz., M bis 1992)	Rücktritt von Rocard (15.5.); Grund: Ablehnung mehrerer Gesetzesentwürfe; erste Premierministerin Frankreichs	
Guatemala	Vinicio Cerezo Arévalo (P seit 1985) Jorge Serrano Elias (P bis 1993)	Erster protestantischer Präsident im vorwiegend katholischen Lateinamerika; Hoffen auf Beendigung des Bürgerkriegs (S.842)	
Sambia	Kenneth Kaunda (P seit 1964) Frederick Chiluba (P bis . . .)	Erstmals in der Geschichte Schwarzafrikas wird Staatsgründer in demokratischen Wahlen seines Amtes enthoben (S.848)	
Somalia	Mohammed Siad Barre (P seit 1969) Ali Mahdi Mohammed (P bis . . .)	Sturz des linksgerichteten Diktators; Machtübernahme durch Rebellenorganisation SNM; Fortsetzung des Bürgerkriegs (S.842)	

M = Ministerpräsident bzw. Premierminister; P = Präsident
1) Übergangspräsident Shahabuddin Ahmed (Jan.–Okt. 1991)

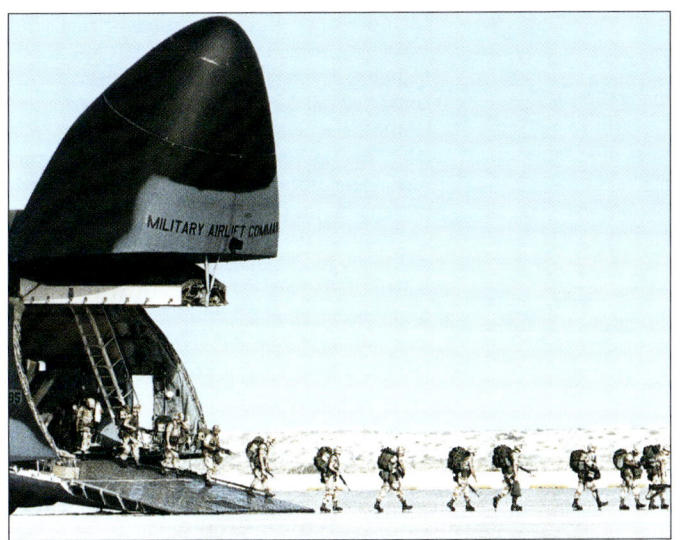

Im April 1992 stoßen Truppen des Ex-Diktators Barre bis auf 25 km auf Mogadischu vor. Einheiten des Generals Aidid gelingt es, sie zurückzuschlagen. Barre, der die Rivalitäten der neuen Machthaber ausnutzen wollte, flieht nach Kenia.

Krieg um Kuwait beendet

28.2. Sechs Wochen nach Kriegsbeginn (18.1.) werden alle Kampfhandlungen in Kuwait und Irak eingestellt. Der Irak erklärt sich zur Annahme der UNO-Resolutionen bereit, am 12.4. tritt der Waffenstillstand formal in Kraft.

Nachdem der irakische Diktator Saddam Hussein das UN-Ultimatum zum Rückzug aus dem am 2.8.1990 (↑S.832) besetzten Kuwait hatte verstreichen lassen, begann unter dem Oberkommando des US-Generals Norman Schwarzkopf am 17.1. die „Operation Wüstensturm". Im massivsten Luftangriff der Kriegsgeschichte bombardierten US-amerikanische, britische, saudiarabische und kuwaitische Kampfflugzeuge Ziele im Irak und im nördlichen Kuwait. Nach nur geringem Widerstand der irakischen Luftabwehr setzte am 24.2. die Landoffensive ein, am 27.2. konnten kuwaitische Truppen in ihre Hauptstadt einrücken.

Entscheidend für den Zusammenhalt der alliierten Streitkräfte war die Zurückhaltung Israels gewesen, das trotz irakischer Angriffe mit Mittelstreckenraketen (Typ: Scud) nicht in die Kampfhandlungen eingriff. Während die alliierten Verluste gering sind (343 Tote), hat der Irak, dessen Infrastruktur schwer geschädigt ist, ca. 100 000 gefallene Soldaten und eine unbekannte Zahl von Opfern unter der Zivilbevölkerung zu verzeichnen. Die Auswirkungen des Krieges auf die Umwelt sind noch nicht absehbar: Fast 500 Mio l Öl wurden von den Irakern in den Persischen Golf geleitet, die ca. 700 in Flammen stehenden Ölquellen Kuwaits können mit Hilfe des US-Amerikaners Red Adair bis Jahresende gelöscht werden. Nach Kriegsende bemühen sich die USA verstärkt um eine Nahost-Konferenz unter Einschluß der Palästinenser-Frage (↑S.847/30.10.).

Der Golfkonflikt 1990/91, 1992. N. Schwarzkopf: Man muß kein Held sein, 1992.

Befreiung Kuwaits: US–amerikanische Truppen landen auf einem saudi–arabischen Luftwaffenstützpunkt (l.).
US-Soldaten bejubeln die Einnahme von Kuwait City und den Sieg über den Irak.

Warschauer Pakt aufgelöst

31.3. Moskau. Die Staatschefs der sechs verbliebenen Mitglieder des Warschauer Pakts (UdSSR, Rumänien, Bulgarien, Polen, ČSFR, Ungarn) unterzeichnen das Protokoll

Chronik des Libanon K 813

Jahr	Ereignis
1516–1918	Osmanische Herrschaft; die Emire der Drusen und Maroniten behalten weitgehende Autonomie
1840	Frankreich stellt die Maroniten, die vereinigte christliche Glaubensgemeinschaft im Libanon, unter seinen Schutz
1860	Bürgerkrieg zwischen Maroniten und Drusen (von Großbritannien unterstützt); Tausende Christen werden getötet
1864	Auf Drängen Frankreichs erhält das Gebiet um Beirut Autonomie und wird einem christlichen Gouverneur unterstellt
1918	Besetzung durch französische und britische Truppen
1920	Libanon wird zusammen mit Syrien französisches Völkerbundmandat; das Land entsteht in seinen heutigen Grenzen
1926	Erste Verfassung; nach einem Aufstand der Drusen wird die staatliche Bindung mit Syrien aufgelöst
1941	Besetzung durch britische Truppen; Frankreich verspricht Libanon die Unabhängigkeit
1944	Aufhebung des Völkerbundmandats; Libanon wird unabhängig
1946	Abzug der britischen und französischen Truppen
1949	Nach Ende des israelisch-arabischen Kriegs flüchten viele arabische Palästinenser in den Libanon
1958	Bürgerkrieg zwischen arabischen Moslems und prowestlichen Christen; auf Drängen der Regierung intervenieren die USA
1975	Erneuter Ausbruch des Bürgerkriegs zwischen rechtsgerichteten Christen und linken Moslems (überwiegend palästinensische Freischärler); 64 000 Tote bis Oktober 1976 (S.694)
1978	Eingreifen Israels auf seiten der christlichen Milizen; Stationierung von UNO-Friedenstruppen
1982	Israel besetzt den Südlibanon und belagert das von der PLO besetzte West-Beirut; Abzug der PLO
	Béchir Gemayel, designierter Ministerpräsident, stirbt bei einem Bombenattentat; als Vergeltung verüben christliche Milizen ein Massaker an palästinensischen Flüchtlingen (S.755)
1989	Schwerste Kämpfe seit 1975: Christen (unter General Aoun) kämpfen gegen prosyrische Moslems; die moslemischen Milizen bekriegen einander gegenseitig
	Staatspräsident René Mouawad stirbt bei einem Bombenattentat; Elias Hrawi (maronitischer Christ) wird vom Parlament zum Nachfolger bestimmt und setzt Armeechef Aoun ab
1990	Regierung der nationalen Einheit unter Ministerpräsident Omar Karamé vereint wichtigste politische Kräfte des Landes
1991	Libanesische Armee besetzt Südlibanon (bis dahin Gebiet der PLO), Ende des Bürgerkriegs zwischen Christen und Moslems; nach 16 Jahren Bürgerkrieg Friedensschluß (S.844); Bilanz: etwa 150 000 Tote, 17 000 Vermißte; syrische Armee (rd. 40 000 Soldaten) bleibt bestimmender Machtfaktor im Libanon
1992	Schwere Kämpfe im Südlibanon zwischen israelischer Armee und schiitisch-fundamentalistischer Hisbollah, die als einzige Miliz nicht entwaffnet wurde; häufige bewaffnete Auseinandersetzungen zwischen Hisbollah und israelischer Armee in der von Israel beanspruchten Sicherheitszone im Südlibanon
	Die ersten Parlamentswahlen seit 1972 brachten eine Mehrheit prosyrischer Kandidaten (Proporz: 50% Christen, 50% Moslems); Rafik el Hariri (sunnitischer Moslem) wird Ministerpräsident
1994	Verbot der christlichen Miliz Forces Libanaises nach Anschlägen
1996	Parlament verlängert entgegen der Verfassung auf syrischen Druck die Amtszeit des Staatspräsidenten Hrawi um drei Jahre

zur Auflösung des Militärbündnisses. Damit endet die Aufteilung der Welt in zwei feindlich gegenüberstehende Blöcke, eine Machtkonstellation, die bis in die 60er Jahre für unkontrollierte Hochrüstung gesorgt hat. Wie labil das „Gleichgewicht des Schreckens" war, zeigte die Kubakrise (↑S.546/17.4.1961); erst in den 70er und 80er Jahren kam es zu einer Annäherung. Erste Rüstungskontrollverträge (SALT I, ↑S.664/26.5.1972) waren das Ergebnis des Versuchs einer Koexistenz beider Machtblöcke.

Der Warschauer Pakt, gegründet am 14.5.1955 (↑S.498) als Reaktion auf den Beitritt der Bundesrepublik Deutschland zur westlichen Verteidigungsallianz NATO, war auch ein Herrschaftsinstrument der Sowjetunion gegenüber den Mitgliedstaaten (Niederschlagung des Ungarnaufstands, ↑S.508/4.11.1956, und des Prager Frühlings, ↑S.622/20.8.1968). Dies änderte sich Mitte der 80er Jahre mit Michail Gorbatschows Abkehr von der Breschnew-Doktrin (1968), die den Mitgliedstaaten nur begrenzte Souveränität eingeräumt hatte.

Die Auflösung des Warschauer Pakts ist die konsequente Fortführung von Gorbatschows Außenpolitik, die zur Vereinigung beider deutscher Staaten (↑S.833/3.10.1990) und zur Demokratisierung im Ostblock führte.

📖 Der Eiserne Vorhang bricht. Bilder einer Weltrevolution, 1990.

Frieden im Libanon

1.5. Beirut. Christliche und drusische Milizen erkennen den 1989 gewählten Präsidenten Elias Hrawi an und lassen sich von der regulären Armee entwaffnen. Der 16jährige Bürgerkrieg im Libanon ist beendet.
Mit dem Versuch der christlich-maronitischen Oberschicht, die PLO aus dem Süden des Landes zu vertreiben, hatte der Krieg am 10.4.1975 (↑S.694) begonnen. Ausländische Staaten, die mit der Unterstützung verschiedener Bürgerkriegsparteien ihre eigenen Interessen verfolgten, hatten eine Lösung des Konflikts immer wieder hintertrieben. So ergriff Syrien sowohl für die Schiiten als auch für die Christen Partei, Israel unterstützte die Christen, Iran die islamischen Fundamentalisten der Hisbollah.
In der libanesischen Regierung werden Christen und Moslems zu gleichen Teilen vertreten sein. Die Staatsführung teilen sich ein christlicher Präsident und ein moslemischer Regierungschef.

S 844/K 813

📖 M. Pott/R. Schimkoreit-Pott: Beirut. Zwischen Kreuz und Koran, 1985.

1991

Demokratieversuch in Nepal

12.5. Katmandu. Die liberale Kongreßpartei gewinnt bei der ersten freien Parlamentswahl in Nepal 110 der 205 Sitze; der ehemalige Oppositionelle Girija Prasad Koirala, der sieben Jahre im Gefängnis zugebracht hat, wird Premierminister.

1960 hatte König Mahendra Bir Bikram Sha Parlament und Regierung aufgelöst und das absolute Königtum wieder eingeführt. Sein Nachfolger Birendra Bir Bikram Sha (ab 1972) mußte unter dem Druck der Demokratiebewegung am 9.11.1990 auf sein Gottkönigtum verzichten und einer demokratischen Verfassung zustimmen.

Ein Mißtrauensvotum der Kongreßpartei gegen ihren Premierminister führt zum Sturz der Regierung. Die Parlamentswahl im November 1994 gewinnt die Kommunistische Partei UML.

W. Donner: Nepal, 1990.

Neuanfang in Äthiopien

28.5. Addis Abeba. Rebellen der Revolutionären Demokratischen Volksfront nehmen die äthiopische Hauptstadt ein und stürzen das linksgerichtete Militärregime unter Mengistu Haile Mariam; vorläufiger Präsident wird der EPRDF-Vorsitzende Meles Zenawi (ab 1995 Ministerpräsident). Er stellt freie Wahlen in Aussicht; der Küstenprovinz Eritrea wird zugestanden, über ihre Unabhängigkeit selbst zu bestimmen.

Die Sezessionsbestrebungen Eritreas waren der Auslöser des über 30 Jahre währenden Bürgerkriegs gewesen, in dessen Verlauf am 12.9.1974 (↑S.686) Kaiser Haile Selassi I. gestürzt worden war. Seit 1961 sind schätzungsweise 100 000 Soldaten und 150 000 Zivilisten ums Leben gekommen, Hungersnöte forderten etwa 600 000 Menschenleben.

Mitte 1992 bricht die Regierungskoalition auseinander. Truppen der EPRDF und der Oromo-Befreiungsfront (OLF) liefern sich blutige Kämpfe um die Macht.

1993 stimmen fast 100% der Bevölkerung Eritreas für die Unabhängigkeit. Bei der ersten freien Parlamentswahl in dem ostafrikanischen Staat 1995, die von der Opposition jedoch boykottiert wird, gewinnt die EPRDF 90% der Stimmen.

S 687/K 678

Boris Jelzin an der Macht

12.6. Moskau. Der russische Parlamentspräsident Boris Jelzin, der 1990 aus der Kommunistischen Partei austrat, wird mit 57,3% der Stimmen zum Präsidenten der Russischen Föderation gewählt. Jelzin ist nach dem Georgier Swiad Gamsachurdia der zweite direkt vom Volk bestimmte Präsident einer sowjetischen Teilrepublik.

Der ehemalige Weggefährte und spätere Gegner Michail Gorbatschows, der wegen seines radikalen Reformkurses als Moskauer Parteichef 1988 alle Parteiämter verlor, wird nach dem kommunistischen Putschversuch (↑S.847/22.8.) zur politischen Schlüsselfigur im auseinanderfallenden Sowjetimperium (↑S.850/21.12.). 1992 hat Jelzin mit Altkommunisten und russischen Nationalisten zu kämpfen (↑S.858/14.12.1992).

B. Jelzin: Aufzeichnungen eines Unbequemen, 1990. G. Aynt: Boris Jelzin, 1991.

Boris Jelzin
(* 1.2.1931) gewinnt im Juni die Wahl zum Präsidenten der Russischen Föderation.

Berlin auch Regierungssitz

20.6. Bonn. Mit dem knappen Ergebnis von 338 zu 320 Stimmen votiert der Bundestag in namentlicher Abstimmung für Berlin als Parlaments- und Regierungssitz.

Am 9.11.1989 (↑S.820) hatte mit dem Fall der Berliner Mauer der Vereinigungsprozeß beider deutscher Staaten begonnen, der am 3.10.1990 (↑S.833) seinen rechtlichen Abschluß fand. Schon im deutsch-deutschen Einigungsvertrag vom August 1990 war Berlin als Hauptstadt eines vereinigten Deutschland festgeschrieben worden; um die Frage des künftigen Parlaments- und Regierungssitzes entbrannte jedoch ein über die Parteigrenzen hinausgehender Streit zwischen Berlin- und Bonn-Befürwortern.

Im Juli 1991 entscheidet sich der Bundesrat für Bonn als Sitz der Länderkammer, behält sich jedoch eine Überprüfung dieses Beschlusses vor. Ende 1996 entscheidet der

1991

Stationen des Jugoslawien-Kriegs		K 814
1991		
25.6.	Unabhängigkeitserklärung Sloweniens und Kroatiens	
28.6.	Einsatz der Bundesarmee gegen Kroatien und Slowenien	
18.7.	Das jugoslawische Staatspräsidium beschließt den Rückzug der Bundesarmee aus Slowenien innerhalb von drei Monaten	
18.9.	Makedonien erklärt seine Unabhängigkeit	
15.9.	UN-Waffenembargo gegen Jugoslawien	
2.10.	Beginn der Belagerung Dubrovniks (Kroatien) durch die Serben	
7.10.	Unabhängigkeitserklärung Sloweniens tritt in Kraft	
26.10.	Abzug der letzten Truppen der Bundesarmee aus Slowenien	
18.11.	Eroberung von Vukovar (Kroatien) durch die Serben	
1992		
15.1.	Diplomatische Anerkennung Sloweniens und Kroatiens durch die EG	
März	Stationierung von UN-Friedenstruppen (UNPROFOR)	
1.3.	Referendum für die Unabhängigkeit Bosnien-Herzegowinas	
April	Beginn der Belagerung der bosn. Hauptstadt Sarajevo durch Serben	
7.4.	Serbien und Montenegro gründen die Bundesrepublik Jugoslawien	
27.4.	Bosnische Serben rufen eigene Republik aus	
8.5.	Serben u. Kroaten beschließen Aufteilung Bosniens (Geheimtreffen)	
30.5.	UN-Sicherheitsrat verhängt Wirtschaftssanktionen gegen Rest-Jugoslawien (Verschärfung des Embargos am 27.4.1993)	
2.7.	Beginn der UN-Luftbrücke für Sarajevo	
9.10.	Verbot militärischer Flüge über Bosnien-Herzegowina	
1993		
Jan.	Keine Einigung auf internationaler Jugoslawien-Konferenz (Genf); Muslime und Serben lehnen Aufteilung Bosnien-Herzegowinas in zehn autonome Provinzen (Vance-Owen-Plan) ab;	
6.5.	Sarajevo und fünf weitere mehrheitlich von Muslimen bewohnte Städte werden zu UN-Schutzzonen erklärt; Beginn der Kämpfe zwischen Kroaten und Muslimen	
23.8.	Owen-Stoltenberg-Plan zur Dreiteilung des Landes	
29.8.	Bosnische Kroaten proklamieren eigene Republik Herceg-Bosna	
27.9.	Muslimische Enklave Bihać erklärt Unabhängigkeit (Rückeroberung im August 1994 durch bosnische Regierungstruppen)	
1994		
9.2.	NATO-Ultimatum erreicht Abzug der schweren Waffen um Sarajevo	
18.3.	Vertrag über Bildung einer muslimisch-kroatischen Föderation; EU-Verwaltung für herzegowinische Hauptstadt Mostar	
10.4.	Erste Luftangriffe der NATO auf serbische Stellungen	
Juli	Teilungsplan von UN und EU sehen 51% des bosnischen Territoriums für Muslime und Kroaten und 49% für Serben vor	
1995		
1.1.	Mehrfach gebrochener Waffenstillstand zwischen Muslimen und bosnischen Serben unter Vermittlung des ehemaligen US-Präsidenten Jimmy Carter (Dauer: bis 30.4.)	
April	Rückeroberung von Westslawonien und der Krajina (1991 von Serben besetzt) durch kroatische Truppen (Teile von Ostslawonien 1996)	
Mai	Bosnische Serben nehmen UN-Blauhelme als Geiseln nach erneuten NATO-Luftangriffen gegen Munitionsdepots	
Juli	Eroberung der UN-Schutzzonen Srebrenica und Žepa durch bosnische Serben; Massenmord an muslimischer Bevölkerung	
21.11.	Friedensabkommen von Dayton: Gesamtstaat bleibt nominell erhalten, Teilung in muslimisch-kroatische Föderation und serbische Republik, Stationierung einer internationalen Streitkräfte (IFOR) und durch OSZE überwachte Wahlen (Sept. 1996, S.887)	

Bundesrat sich für Berlin. Der Bundestag soll zur Jahrtausendwende in das Berliner Reichstagsgebäude einziehen. S 820/K 795

Berlin in Geschichte u. Gegenwart, 1989. Berlin '91. Das Jahr im Rückspiegel, 1992.

Blutiger Zerfall Jugoslawiens
25.6. Ljubljana/Zagreb. Die jugoslawischen Teilrepubliken Slowenien und Kroatien erklären ihren Austritt aus dem Vielvölkerstaat und werden 1992 von der EG als selbständige europäische Staaten anerkannt. Damit beginnt ein blutiger Krieg zwischen dem von Serben dominierten Restjugoslawien und den ehemaligen Republiken, der hauptsächlich auf dem Gebiet Kroatiens und Bosnien-Herzegowinas tobt.
Das staatliche Kunstgebilde Jugoslawien war am 1.12.1918 (↑S.145) vom serbischen König Peter I. als Königreich der Serben, Kroaten und Slowenen gegründet worden. Es umfaßte 15 Nationalitäten, von denen sich vor allem die Kroaten und Slowenen gegen den Machtanspruch der Serben zu wehren versuchten, die sämtliche Schaltstellen in Politik und Gesellschaft besetzt hielten. Erst Tito gelang es, die nach dem 2. Weltkrieg wieder vereinten Nationalitäten zu beruhigen. Die Serben blieben jedoch im jugoslawischen Staat vorherrschend. Nach Titos Tod 1980 flammten die Auseinandersetzungen zwischen den Völkerschaften wieder auf.
Trotz diplomatischer Bemühungen europäischer Nachbarstaaten, einem Boykott Restjugoslawiens und der Entsendung von UN-Truppen gelingt es bis 1993 nicht, den Krieg zu beenden (↑S.864/28.2.1993). S 846/K 814

J. Gaisbacher u. a. (Hg.): Krieg in Europa. Analysen aus dem ehemaligen Jugoslawien, 1993.

Start für START-Vertrag
31.7. Moskau. US-Präsident George Bush und sein sowjetischer Amtskollege Michail Gorbatschow unterzeichnen nach zehnjähriger Verhandlungszeit den START-Vertrag zur Reduzierung der Atomwaffen, die eine Reichweite von mehr als 5500 km haben. Das Abkommen verringert zum ersten Mal die Zahl der strategischen Waffensysteme. Die beiden Supermächte dürfen bis 1999 nicht mehr als 6000 Sprengköpfe auf maximal 1600 Trägersystemen (Interkontinentalraketen, U-Booten, Flugzeugen) besitzen.
Es ist der letzte Abrüstungsvertrag zwischen den USA und der zerfallenden Sowjetunion (↑S.850/21.12.). Im Mai 1992 unterzeichnen Rußland, Weißrußland, die Ukraine und Kasachstan ein Protokoll, in dem sie die Ver-

pflichtungen der UdSSR aus dem START-Abkommen übernehmen.
1993 wird der Vertrag durch das US-amerikanisch-russische START-II-Abkommen ergänzt. Danach soll jede Seite bis 1999 ihre Atomwaffen auf 3000–3500 Gefechtsköpfe vermindern. S 848/K 815
Friedenssicherung und Rüstungskontrolle in Europa, 1990.

Putsch im Kreml gescheitert
22.8. Moskau. Nach drei Tagen scheitert ein Putschversuch kommunistischer Kräfte am Widerstand der Bevölkerung und an der schwankenden Haltung des Militärs. Der auf der Krim festgehaltene sowjetische Staatspräsident Michail Gorbatschow kehrt in die Hauptstadt zurück, die Putschisten um Vizepräsident Gennadi Janajew, Innenminister Boris Pugo und Verteidigungsminister Dimitri Jasow werden festgenommen.
Am 19.8., einen Tag vor der geplanten Unterzeichnung eines neuen Unionsvertrags, hatte ein sog. Notstandskomitee Gorbatschow abgesetzt und über Teile des Landes den Ausnahmezustand verhängt. An die Spitze des Widerstands stellte sich der russische Präsident und Radikalreformer Boris Jelzin (↑S.845/12.6.), der aus dem mißglückten Staatsstreich als Sieger hervorgeht.
Gorbatschow muß auf Druck von Jelzin als Generalsekretär zurücktreten (24.8.), alle Aktivitäten der Kommunistischen Partei werden verboten (29.8.). Zum Jahresende (↑S.850/21.12.) löst sich die UdSSR auf. S 188/K 202
G. Ruge: Der Putsch, l992.

Haß gegen Ausländer explodiert
17.9. Hoyerswerda. Der Überfall von jugendlichen Neonazis auf Ausländer und das Wohnheim für Asylbewerber in der nordsächsischen Stadt Hoyerswerda löst eine Welle der Gewalt aus. In der Folgezeit überfallen Rechtsradikale – teilweise unter dem Beifall von Schaulustigen – im gesamten Bundesgebiet Unterkünfte von Asylsuchenden (↑S.857/23.11.1992). Politiker machen den Mißbrauch des Asylrechts und soziale Probleme für die Gewalttaten verantwortlich. Nach Angaben des Verfassungsschutzes werden 1991 von 338 Brandanschlägen 247 in den alten Bundesländern verübt.
Die Ausschreitungen gegen Ausländer verschärfen die seit Ende der 80er Jahre geführte Debatte um das deutsche Asylrecht (↑S.858/6.12.1992). S 857/K 824
R. Krockauer: Abschieben oder Aufnehmen?, 1990. H. Hamm (u. a.): Heimat Deutschland? Lebensberichte von Aussiedlern und Übersiedlern, 1990.

Juden und Araber an einem Tisch
30.10. Madrid. Zur Eröffnung der Nahostkonferenz in der spanischen Hauptstadt treffen sich Juden und Araber erstmals zu offiziellen Friedensgesprächen. Eine Einigung wird nicht erzielt, die arabischen Staaten können jedoch die Teilnahme von 14 palästinensischen Vertretern als Teil der jordanischen Delegation durchsetzen.
Kernprobleme sind die israelische Siedlungspolitik, die Rückgabe der von Israel seit 1967 besetzten Gebiete, die Forderung der Paläst-

Krieg in Jugoslawien: Die kroatische Stadt Vukovar (Ost-Slawonien) ist nach monatelangem Beschuß durch die jugoslawische Bundesarmee völlig zerstört.

Die wichtigsten Friedens-, Rüstungskontroll- und Abrüstungsverträge des 20. Jh. — K 815

Jahr	Abkommen	Inhalt
1922/1930	Flottenabkommen	Begrenzung der Seerüstung
1923	Mittelamerika-Konvention	Konvention über Begrenzung der Rüstung
1925	Genfer Protokoll	Vertrag verbietet den Gifteinsatz in Kriegen und die bakteriologische Kriegführung
1925	Locarno-Pakt	Sicherheitspakt; Garantie der deutschen Westgrenzen; Regelung über entmilitarisierte Zonen
1928	Briand-Kellogg-Pakt	Allgemeiner Kriegsächtungspakt
1959	Antarktis-Vertrag	Rein friedliche Nutzung der Antarktis; Militäraktionen verboten
1963	Atomteststoppabkommen[1]	Verbot von Atomwaffentests im Weltraum, in der Atmosphäre sowie unter Wasser
1967	Weltraumvertrag	Ausschluß nationaler Hoheitsrechte im All; Massenvernichtungswaffen dürfen nicht im Weltraum stationiert werden, Militäraktionen (Waffentests) sind verboten
1967	Vertrag über das Verbot von Kernwaffen in Lateinamerika (Vertrag von Tlatelolco)	Keine Verwendung nuklearen Materials für militärische Zwecke; Besitz von Atomwaffen wird verboten
1968	Vertrag über die Nichtweiterverbreitung von Kernwaffen (Atomwaffen-Sperrvertrag)	Verbot der Weitergabe von Atomwaffen an andere Länder
1971	Meeresbodenvertrag	Verbot, Einrichtungen für Massenvernichtungswaffen im Meer aufzubauen
1971	Abkommen zu „Maßnahmen bei einem Atomkrieg durch Zufall"	Unterrichtungspflicht bei nuklearen Zwischenfällen
1972	Konvention zur biologischen Kriegführung	Generelles Verbot von Entwicklung, Herstellung und Lagerung biologischer Kampfstoffe
1972	SALT-I-Verträge[2]	Begrenzung ballistischer Raketenabwehrsysteme und von Versuchsgebieten; Baustopp für Abschußvorrichtungen ballistischer Interkontinentalraketen (S.664)
	ABM-Vertrag (Anti-ballistic Missile)	Begrenzung von Raketenabwehrsystemen
1973	Abkommen zur Verhütung eines Nuklearkriegs	Vermeidung von Krisensituationen angestrebt; Ausschluß militärischer (atomarer) Konfrontation bekräftigt
1975	Schlußakte der Konferenz über Sicherheit und Zusammenarbeit in Europa (KSZE)	Vertrauensbildende Maßnahmen zu Sicherheit und Abrüstung, z. B. Ankündigung militärischer Manöver
1977	Umwelt-Konvention	Verhinderung von Umwelt-Kriegen; Verbot militärischer Einwirkung auf die Umwelt
1979	SALT-II-Vertrag[2] (unratifiziert)	Begrenzung des strategischen Waffenpotentials und der Entwicklung neuer strategischer Offensivwaffen
1985	Vertrag von Rarotonga	Verbot von Herstellung, Anschaffung, Installation und Tests von Atomwaffen im Südpazifik
1987	INF-Vertrag (Intermediate Range Nuclear Forces)	Vollständige Vernichtung aller atomaren Mittelstreckenwaffen der Supermächte (Pershing II, SS-20)
1990/92	KSE-Abkommen (Konventionelle Streitkräfte in Europa)	Konventionelle Abrüstung in Europa, Personalobergrenzen der Streitkräfte von NATO und Warschauer Pakt (KSE Ia)
1991/93	START-Abkommen (Strategic Arms Reduction Talks)	Abrüstung bzw. Zerstörung strategischer Waffen (START I und II) (Verhandlungspartner: USA und UdSSR bzw. Nachfolgestaaten)

1) Zusatzverträge 1974 und 1976; 2) SALT: Strategic Arms Limitation Talks

nenser nach einem eigenen Staat sowie der Status Jerusalems, das beide Seiten als Hauptstadt fordern. In den kommenden Monaten geraten die Gespräche ins Stocken, neue Impulse gehen ab 1992 vom israelischen Ministerpräsidenten aus, dem Vorsitzenden der Arbeitspartei Yitzhak Rabin, der am 23.6.1992 (†S.855) Yitzhak Schamir vom konservativen Likud-Block als Premierminister ablöst.

Diktator respektiert Volkswillen

31.10. Lusaka. Die Präsidentschaftswahl in Sambia gewinnt der Gewerkschaftsführer Frederick Chiluba mit 64,4 % der Stimmen. Kenneth Kaunda hatte die ehemals britische Kolonie Nordrhodesien 1964 in die Unabhängigkeit geführt. Er errichtete eine Diktatur sozialistischen Zuschnitts. Unter dem Druck von Massenkundgebungen ließ er im Dezember 1990 Oppositionsparteien zu und

kündigte freie Wahlen an. Erstmals in der Geschichte Schwarzafrikas akzeptiert ein Staatsgründer eine demokratische Volksentscheidung und tritt zurück.
Wahlsieger Chiluba, dessen Bewegung für eine Mehrparteiendemokratie (MMD) die gleichzeitig durchgeführte Parlamentswahl mit vier Fünftel der 150 Sitze ebenfalls gewinnt, will in Sambia ein marktwirtschaftliches System und eine pluralistische Gesellschaftsordnung nach westlichem Vorbild einführen.

Ägypter wird UNO-Generalsekretär
4.12. New York. Der 69jährige ägyptische Völkerrechtler und stellvertretende Außenminister Butros Butros-Ghali wird sechster Generalsekretär der Vereinten Nationen. Der Nachfolger des Peruaners Javier Pérez de Cuellar (↑S.750/15.12.1981) ist der erste Vertreter eines arabischen und afrikanischen Landes in diesem Amt, dem nach Ende des Ost-West-Konflikts eine immer größere Bedeutung zuwächst. Die Mitgliederzahl der Weltorganisation hat sich 1945–91 verdreifacht. Sie stieg von 51 Staaten (davon 20 Industrieländer) auf 166 (42 Industrieländer). Bis 1996 erhöht sie sich auf 185 Staaten.
Nachfolger Butros-Ghalis wird 1997 der ghanaische Diplomat Kofi Annan. S 750/K 733

Vertrag von Maastricht beschlossen
11.12. Maastricht. Die Staats- und Regierungschefs der EG beschließen die Gründung einer Europäischen Union. Kernstück des

Der Vertrag von Maastricht K 816

Erweiterte Zuständigkeiten der EG

Nationalstaaten übertragen Kompetenzen u. a. bei der Umwelt- und Industriepolitik, im Gesundheitswesen und beim Verbraucherschutz.

Größere Entscheidungsbefugnis des Europäischen Parlaments

Europäisches Parlament entscheidet über Gesetzesvorlagen aus eng abgesteckten Bereichen mit (u. a. Binnenmarkt, Forschung und Technik, Umwelt- und Verbraucherschutz); Einführung eines Vermittlungsausschusses zwischen Ministerrat und Parlament; von den Einzelstaaten ernannte Kommissions-Mitglieder (ausführendes Organ) müssen vom Europäischen Parlament bestätigt werden.

Gemeinsame Außen- und Sicherheitspolitik

Erweiterung der Europäischen Politischen Zusammenarbeit (EPZ) zur Gemeinsamen Außen- und Sicherheitspolitik (GASP); gemeinsames Handeln in Fragen der KSZE, der Abrüstung, der Nichtverbreitung von ABC-Waffen und der Rüstungskontrolle; Westeuropäische Union (WEU, militärischer Beistandspakt) wird als Teil der Europäischen Union sicherheitspolitische Entscheidungen der Mitgliedstaaten vorbereiten und ausführen.

Verstärkte Zusammenarbeit in der Innen- und Rechtspolitik

Angleichung der Gesetze; gemeinsame Regelung von Asyl- und Einwanderungsfragen (z. B. werden Anträge von Asylbewerbern im Einreiseland beurteilt, die übrigen Länder erkennen diese Entscheidung an); Zusammenarbeit bei der Verfolgung der internationalen Kriminalität.

Schaffung einer Europäischen Währungsunion

Abschaffung der nationalen Währungen und Ersatz durch eine Europawährung (spätestens 1999); zur Vorbereitung der Währungsunion wird ein Europäisches Währungsinstitut (EWI) ins Leben gerufen; Gründung einer Europäischen Zentralbank (EZB), die für die Sicherung des Geldwerts (Bekämpfung der Inflation) zuständig ist; nationale Zentralbanken werden einer Europäischen Zentralbank unterstellt.

Einführung einer EU-Bürgerschaft

Jeder Staatsangehörige eines Mitgliedsstaats der Europäischen Union erhält die Unionsbürgerschaft; kommunales Wahlrecht für Bürger, die in einem anderen EU-Staat leben.

Die Republiken der ehemaligen Sowjetunion K 817

Name	Fläche (km²)	Einwohner (Mio)	Anteile der Volksgruppen[1]	GUS-Mitglied
Armenien	29 800	3,6	93,3% Armenier, 2,6% Aserbaidschaner, 4,1% sonstige	Ja
Aserbaidschan	86 600	7,6	82,7% Aserbaidschaner, 5,7% Russen, 5,6% Armenier, 6,0% sonst.	Ja
Estland	45 100	1,5	61,5% Esten, 30,3% Russen, 3,1% Ukrainer, 5,1% sonstige	Nein
Georgien	69 700	5,5	70,1% Georgier, 8,1% Armenier, 6,3% Russen, 9,8% sonstige	Ja
Kasachstan	2 717 000	17,1	41,1 Kasachen, 37,3% Russen, 5,3% Ukrainer, 16,3% sonstige	Ja
Kirgistan	198 500	4,7	52,4% Kirgisen, 21,5% Russen, 12,9% Usbeken, 13,2% sonstige	Ja
Lettland	64 400	2,6	57,8% Letten, 31,0% Russen, 4,4% Weißrussen, 7% sonstige	Nein
Litauen	65 200	3,7	81,1% Litauer, 8,5% Russen, 7,0% Polen, 3,4% sonstige	Nein
Moldawien	33 700	4,4	64,5% Moldawier, 23,8% Ukrainer, 13,0% Russen, 8,7% sonstige	Ja
Rußland	17 075 000	147,0	85,0% Russen, 3,9% Tataren, 2,4% Ukrainer, 8,7% sonstige	Ja
Tadschikistan	143 100	6,1	63,8% Tadschiken, 24,0% Usbeken, 6,5% Russen, 6,7% sonstige	Ja
Turkmenistan	488 100	4,1	73,3% Turkmenen, 9,8% Russen, 9,0% Usbeken, 7,9% sonstige	Ja
Ukraine	603 700	51,4	72,6% Ukrainer, 22,2% Russen, 0,9% Weißrussen, 4,3% sonstige	Ja
Usbekistan	447 400	22,8	73,0% Usbeken, 7,7% Russen, 4,8% Tadschiken, 14,5% sonstige	Ja
Weißrußland	207 600	10,1	77,9% Weißrussen, 13,5% Russen, 3,0% Ukrainer, 5,6% sonstige	Ja

Stand: 1995; 1) 1989–1994

Vertrags, der als bedeutendster Reformschritt seit Bestehen der EG (↑S.610/1.7.1967) bewertet wird, ist die Errichtung einer Europäischen Wirtschafts- und Währungsunion mit Einführung einer gemeinsamen Europäischen Währung bis 1999.
Die Maastrichter Beschlüsse stoßen auf Widerstand innerhalb der Gemeinschaft: 1992 votieren 50,7% der Dänen bei einer Volksabstimmung gegen die Verträge (bei einer zweiten Wahl spricht sich am 18.5.1993 eine Mehrheit für die Verträge aus); in Frankreich werden sie nur mit einem knappen Ja angenommen.
Am 1.11.1993 tritt der Vertrag von Maastricht nach seiner Ratifizierung durch alle Unterzeichnerstaaten in Kraft (↑S.867). S 849/K 816
📖 H. Uterwedde: Die Europäische Gemeinschaft. Auf dem Weg zum Binnenmarkt '92, 1989.

Sowjetunion am Ende
21.12. Alma Ata. In der Hauptstadt Kasachstans schließen sich elf von 15 Sowjetrepubliken zur Gemeinschaft Unabhängiger Staaten (GUS) zusammen. Nach 69 Jahren hört die Sowjetunion auf zu existieren; ihr noch amtierender Präsident Michail Gorbatschow tritt am 25.12. von seinem Amt zurück. Sein Experiment, Staat und Partei von innen heraus zu reformieren, ist gescheitert.
Seit dem Putschversuch (↑S.847/22.8.) hatte Gorbatschow an Einfluß verloren, während Boris Jelzin (↑S.845/12.6.) und die Präsidenten der übrigen Republiken ihre Machtpositionen steigern konnten. Am 25.11. verweigerten sie ihre Unterschrift unter den von Gorbatschow konzipierten Unionsvertrag, der eine Umwandlung der Sowjetunion in eine Konföderation vorsah.
Die GUS sieht sich mit zahlreichen nationalen Bestrebungen konfrontiert, die oft in blutigen Auseinandersetzungen münden. Da die Eigeninteressen der Einzelstaaten in den Vordergrund rücken, ist das Ziel einer gemeinsamen Wirtschafts-, Außen- und Verteidigungspolitik gefährdet. S 849/K 817
📖 G. u. N. Simon: Verfall und Untergang des sowjetischen Imperiums, 1993.

Wirtschaft

Krupp schluckt Hoesch-Konzern
10.10. Essen. Die Krupp GmbH gibt den Erwerb eines Aktienanteils von 24,9% an der Dortmunder Hoesch AG bekannt. Da weitere 30,4% von Banken und Anlegern gehalten werden, die eine Fusion der beiden Stahlgiganten unterstützen, steht einem Zusammenschluß nur noch die Entscheidung des Bundeskartellamtes und der Europäischen Kommission im Wege.
Während dem Vorstandschef von Krupp, Gerhard Cromme, ein partnerschaftliches Konzept möglich erscheint, befürchtet die Hoesch-Belegschaft Standortschließungen und Einschränkungen in der Arbeitnehmermitbestimmung.
Mit Krupp (gegr. 1811) und Hoesch (gegr. 1871) stieg das Ruhrgebiet im 19. Jh. zu einer der bedeutendsten Industrieregionen Europas auf. Krupp liefert heute u. a. Industrieanlagen und Kernreaktoren, Hoesch investierte in den letzten Jahren in Röhren- und Walzwerke.

Natur/Umwelt

Ruhe für die Antarktis KAR
30.4. Madrid. Die Konferenz über die friedliche Nutzung der Antarktis beschließt ein Bergbauverbot für 50 Jahre. Dieses Abkommen kann 2041 nur aufgehoben werden,

Nobelpreisträger 1991	K 818
Frieden: Aung San Suu Kyi (Myanmar, *1945)	
Die Oppositionsführerin und Tochter des Volkshelden Aung San, der Birma nach dem 2. Weltkrieg den Weg in die Unabhängigkeit wies, kämpft gewaltlos gegen das birmanische Militärregime. Aung San konnte die Auszeichnung nicht persönlich entgegennehmen, da sie unter Hausarrest stand.	
Literatur: Nadine Gordimer (Südafrika, *1923)	
Gordimer setzt sich in ihren Romanen und Erzählungen, die fast alle in Südafrika spielen, mit dem Apartheidsystem und dessen Auswirkungen auf die schwarze und weiße Bevölkerung auseinander. Werke: „Entzauberung" (1953), „Der Ehrengast" (1970), „Burgers Tochter" (1979).	
Chemie: Richard Ernst (CH, *1933)	
Der Physikochemiker entwickelte 1966 ein Verfahren zur Analyse von Molekülstrukturen, die NMR-Spektroskopie, die in Physik, Medizin und Biologie angewandt wird. Sie kann auch bei der Untersuchung großer Moleküle eingesetzt werden, die bis dahin kristallisiert werden mußten.	
Medizin: Erwin Neher (D, *1944), Bert Sakmann (D, *1942)	
Neher und Sakmann beschrieben die Funktion der Ionenkanäle, durch die Informationen zwischen Zellen ausgetauscht werden. Störungen beim Ionentransport sind u. a. mitverantwortlich für Epilepsie, Diabetes und Fibrose (abnorme Bindegewebsvermehrung), die häufigste Erbkrankheit.	
Physik: Pierre-Gilles de Gennes (F, *1932)	
De Gennes arbeitete auf dem Gebiet der theoretischen Physik. Er beschrieb u. a. die Ordnungsprozesse von Flüssigkristallen und Polymeren. Seine Theorie ermöglichte u. a. die Konstruktion von flachen Computerbildschirmen sowie von Flüssigkristallanzeigen in Digitaluhren.	
Wirtschaftswissenschaften: Ronald H. Coase (GB, *1910)	
Coase erweiterte die Theorie über Entstehung und Verhalten von Unternehmen in einer Volkswirtschaft. Dem Coase-Theorem zufolge werden volkswirtschaftliche Schäden immer von mindestens zwei Beteiligten verursacht – dies gilt insbesondere für Umweltschäden.	

wenn sich 75% der 26 stimmberechtigten Staaten für einen Rohstoffabbau im Südpolargebiet aussprechen. Hintergrund dieser Entscheidung ist die Forderung der Umweltorganisation Greenpeace, die Antarktis wegen ihres empfindlichen Ökosystems zum unantastbaren Weltpark zu machen. S 757/K 741

Katastrophe am Pinatubo
9.6. Philippinen. Nach 600jähriger Ruhe bricht der Vulkan Mount Pinatubo aus. Ascheregen, Geröll- und Schlammlawinen begraben zahlreiche Ortschaften in den Provinzen Zambales und Luzon. 30 000 Menschen werden evakuiert.
Weitere Eruptionen folgen. Bei der schwersten werden am 13.6. glühende Steine, kochender Schlamm und eine bis zu 20 000 m hohe Aschewolke emporgeschleudert, die am 15.6. die 100 km entfernt gelegene Hauptstadt Manila verdunkelt. Der Pinatubo gehört zum „ring of fire" an der Nahtstelle von Asiatischer und Pazifischer Platte. Bis Oktober sterben in Flüchtlingslagern Hunderte von Menschen an Fieber, Masern, Tuberkulose und anderen Krankheiten, die Behörden melden 775 Vulkanopfer. S 29/K 22

Wissenschaft

Gletscher gibt „Ötzi" preis
19.9. Similaun. Als archäologische Sensation entpuppt sich der Fund einer mumifizierten Leiche am Similaun-Gletscher. Wissenschaftler datieren das Alter des Gletschermannes, dessen Haut, Muskeln und Organe gut erhalten sind, auf ca. 5300 Jahre.
Der Similaun-Mann, nach seinem Fundort in den Ötztaler Alpen „Ötzi" genannt, trug Lederkleidung und mit Gras gefütterte Schnürschuhe. Seine Ausrüstung bestand u. a. aus einem Lederköcher mit 14 Pfeilen und einem Bronzebeil. Die gerichtsmedizinische Untersuchung des Körpers (u. a. Analyse des Mageninhalts) gibt Einblicke in das Alltagsleben in der Bronzezeit. S 851/K 819
Andreas Lippert: Der Zeuge aus dem Gletscher, 1992.

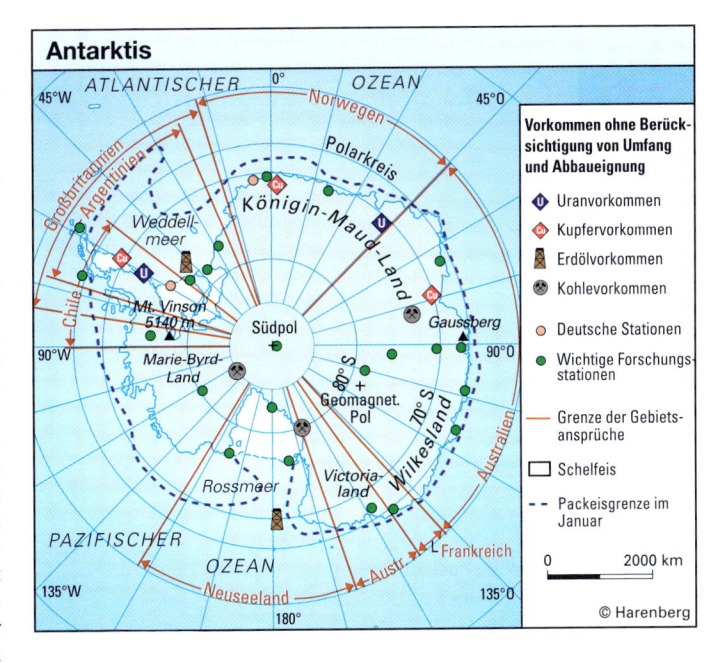

Leben in künstlicher Welt
26.9. Oracle. Acht Wissenschaftler aus den USA, Belgien und Großbritannien beziehen in der Sonorawüste nahe Tucson (Arizona) für zwei Jahre ein 13 000 m² großes gläsernes Forschungslabor (Biosphere II), in dem

Archäologische Funde des 20. Jahrhunderts im deutschsprachigen Raum			K 819
Jahr	Ort/Land	Fund	Zeitraum
Ab 1892	Kelheim-Rheinbrohl (D)	Limes-Forschungen, römischer Grenzwall	1./2. Jh.
1907–17	Neuenburger See (CH)	La-Tène-Grabungen, helvetischer Waffenplatz	5. Jh. v.Chr.
1908	Niederösterreich	Venus von Willendorf, Fruchtbarkeitsidol	25 000 v.Chr.
Ab 1908	Kärnten (A)	Oppidum Magdalensberg, römischer Handelsplatz	2. Jh. v.Chr.
Um 1935	Schleswig (D)	Haithabu, Handelssiedlung der Wikinger	8.–11. Jh.
Um 1945	Köln (D)	Colonia Agrippinensis, Römerstadt	1.–5. Jh.
1955–61	Nähe Bremerhaven (D)	Wurt Feddersen Wierde, germanische Häuser und Geräte	1.–4. Jh.
Um 1975	Darmstadt (D)	Grube Messel, Fossilfundstätte	30 Mio. v.Chr.
Um 1975	Lübeck (D)	Mittelalterliches Lübeck, Abfallgruben und Latrinen	12./13. Jh.
1978	Württemberg (D)	Fürstengrab von Hochdorf-Eberdingen, Keltenschatz	Um 530 v.Chr.
1987	Kalkrieser Berg (D)	Fundstücke aus der Schlacht im Teutoburger Wald	9. n.Chr.
1991	Grenzgebiet Österr./Italien	Similaunmann („Ötzi"), mumifizierte Leiche mit Werkzeugen	Um 3300 v.Chr.

Kulturszene 1991 K 820

Theater

Thomas Hürlimann Der Gesandte UA 18.5., Zürich	Stück über Hans Frölicher, den Schweizer Gesandten in Berlin, der den potentiellen Feind Nazi-Deutschland zum Handelspartner machte.
Elfriede Müller Goldener Oktober UA 20.4., Tübingen	Berlin 1990: Unterschiedliche Menschen spekulieren auf das Noch-Niemandsland der abgerissenen Mauer, das ein Todesstreifen war.
Klaus Pohl Karate-Billi kehrt zurück UA 16.5., Hamburg	Enthüllungsgroteske und Stasi-Krimi über den DDR-Zehnkämpfer Billi Kotte, der nach 13 Jahren Irrenanstalt in seiner Heimat „aufräumt".
Botho Strauß Schlußchor UA 1.2., München	Momentaufnahmen der deutschen Gesellschaft zum Zeitpunkt der Wiedervereinigung, mythologisch verfremdet; Regie: Dieter Dorn.
George Tabori Goldberg Variationen UA 22.6., Wien	Szenenfolge, in der biblische Geschichten mit jüdischem Witz und jüdischer Weisheit in heutige Alltagssituationen übertragen sind.

Oper

John Adams The Death of Klinghoffer UA 19.3., Brüssel	Gewalt und ihre Ursachen am Beispiel der Entführung des Kreuzfahrtschiffs „Achille Lauro" und der Ermordung des Passagiers Klinghoffer.
John Corigliano The Ghosts of Versailles UA 19.12., New York	Szenisches Spektakel über die königlichen Opfer der Französischen Revolution, nach einem Stück von Beaumarchais (18. Jh.).
Manfred Trojahn Enrico UA 11.4., Schwetzingen	Vertonung von Luigi Pirandellos Theaterstück „Heinrich IV." (UA 1922, Florenz); erfolgreiches Operndebüt des Komponisten.

Film

Léos Carax Die Liebenden von Pont-Neuf; Frankreich	Brutalität und Märchenatmosphäre kennzeichnen die Liebe zweier junger Obdachloser in Paris; teuerster europäischer Film (150 Mio DM).
Joel und Ethan Coen Barton Fink USA	Barton Fink, erfolgreicher Bühnenautor im New York der 40er Jahre, geht nach Hollywood, wo er in zahlreiche kafkaeske Situationen gerät.
Helmut Dietl Schtonk BRD	Satire über die Affäre um die gefälschten Hitler-Tagebücher (1983); mit Götz George und Uwe Ochsenknecht in den Hauptrollen.
Jaco van Dormael Toto – Der Held Frankreich/Belgien/D.	Tragikomische Beschreibung eines Mannes, der im Alter erkennt, sein Leben nicht gelebt zu haben, und dies nun nachholen will.
Jim Jarmusch Night on Earth USA	Fünf Varianten eines Themas: nächtliche Begegnungen zwischen Taxifahrern und Fahrgästen in Los Angeles, New York, Paris, Rom, Helsinki.
Nikita Michalkow Urga Frankreich/UdSSR	Humorvoll-poetische Gegenüberstellung von urwüchsigem Nomadenleben und moderner Zivilisation in der zentralasiatischen Steppe.

Buch

Cees Nooteboom Die folgende Geschichte Amsterdam	Der Amsterdamer Altphilologe Hermann Mussert und sechs weitere Personen erzählen sich auf einer Schiffsreise ihre Lebensgeschichte.
Lawrence Norfolk Lemprière's Wörterbuch London	Historische Personen, Maschinenmenschen, gedungene Killer, Piraten und Geheimbünde bevölkern den wortgewaltigen Debütroman.
Alexandra Ripley Scarlett New York	Die Fortsetzung von Margaret Mitchells Roman „Vom Winde verweht" (1936) wird aufgrund der Berühmtheit des Vorgängers zum Bestseller.
Martin Walser Verteidigung der Kindheit Frankfurt/Main	Ein Schriftsteller, Musiker und Jurist rechtfertigt sein Leben, das er zwischen 1929 und 1987 in beiden deutschen Staaten verbracht hat.

das ökologische System der Erde (= Biosphere I) nachgebildet wird.
Das hermetisch abgeschlossene Gebäude enthält als Klimazonen einen tropischen Regenwald, eine Wüste, eine Moorlandschaft und einen Mini-Ozean; es beherbergt ca. 3800 Tier- und Pflanzenarten. Die Forscher erhoffen sich Aufschlüsse über die Ursachen von Umweltkrisen sowie über die Möglichkeit, ein ökologisches Gleichgewicht künstlich aufrechtzuerhalten. Die Erkenntnisse sollen u. a. für den Aufbau von Raumstationen genutzt werden.
Finanziert wird die Versuchsanlage (ca. 250 Mio DM) von der privaten Gesellschaft Space Biosphere Ventures. Dem Experiment, das am 26.9.1993 endet, ist nur ein Teilerfolg beschieden: 15–30% der Pflanzen- und Tierarten starben aus, weil weniger Licht einfiel als erwartet. Außerdem mußte die Isolation wegen einer ärztlichen Untersuchung unterbrochen und wegen Sauerstoffmangels Luft von außen nachgepumpt werden.

Kernfusion erfolgreich
9.11. Culham. Zum ersten Mal in der Geschichte der Fusionsforschung gelingt es Wissenschaftlern des europäischen Großexperiments JET (↑S.775/9.4.1984), nennenswerte Energie durch kontrollierte Kernfusion freizusetzen.
Für die Dauer von zwei Sekunden hat das Experiment eine Fusionsleistung von 1,5 Megawatt erzeugt – Grund genug für die europäische Fusionsforschung und mit ihr die an dem europäischen Programm beteiligten deutschen Forschungsinstitute (Max-Planck-Institut für Plasmaphysik in Garching bei München, Forschungszentrum Jülich und Kernforschungszentrum Karlsruhe), weiterhin eine Lösung der noch ausstehenden wissenschaftlichen und technischen Probleme zu suchen.
 Kontrollierte Kernfusion. Grundlagen ihrer Nutzung zur Energieversorgung, 1981.

Gesellschaft

BVG fordert neues Namensrecht
14.3. Karlsruhe. Das Bundesverfassungsgericht (BVG) erklärt das in Deutschland geltende Namensrecht für verfassungswidrig, weil es nicht dem Gleichheitsgrundsatz entspreche. Bisher mußte die Frau den Nachnamen des Ehemannes annehmen, wenn sich das Paar nicht auf einen gemeinsamen Namen einigen konnte.

Eine Übergangsregelung erlaubt beiden Eheleuten das Tragen ihres Geburtsnamens; die Kinder erhalten den Namen der Mutter, des Vaters oder einen Doppelnamen. Der Gesetzgeber ist angewiesen, ein neues Namensrecht zu schaffen. Es tritt am 1.4.1994 in Kraft und hebt den Zwang zum gemeinsamen Ehenamen auf. Alle Kinder sollen den gleichen Namen tragen.

Kultur

Sieben Oscars für Indianerfilm

26.3. Los Angeles. Kevin Costners Film „Der mit dem Wolf tanzt" erhält sieben Oscars. Der Western, der die Kämpfe zwischen Indianern und Weißen schildert, wird überraschend einer der größten Publikumserfolge in der Filmgeschichte. Die realistische Darstellung vom Leben der Sioux ist Ergebnis einer Beratung durch indianische Mitarbeiter. Die meisten Western benutzten Indianer nur als Staffage, zeigten sie als blutrünstige Skalpjäger oder verklärten sie zu edlen Wilden. Zu den bekanntesten Filmen, die diese Klischees aufbrachen, gehören „Der gebrochene Pfeil" (1949) von Delmer Daves und „Der Mann, den sie Pferd nannten" (1979) von Elliot Silverstein. Um ein differenziertes Indianerbild bemüht sich auch Bruce Beresfords stellenweise fast ethnografischer Film „Black Robe" (1992). S 827/K 800

N. Young: K. Costner. Der letzte amerikanische Held, 1991. B. Schulz: Kevin Costner, 1992.

Sport 1991

Powell und Lewis brechen Rekorde

30.8. Tokio. Bei den Leichtathletik-Weltmeisterschaften überbietet Mike Powell (USA) den Fabelweltrekord von Bob Beamon Weitsprung (8,90 m; 1968) um 5 cm. Der Wettbewerb ist ein Duell zwischen Powell und seinem Landsmann Carl Lewis, der Weiten von 8,83 m und 8,87 m vorlegt und mit 8,91 m als erster (mit zu starkem Rückenwind) die Jahrhundertmarke überspringt. Powell entreißt Lewis mit 8,95 m die sicher geglaubte Goldmedaille.
Seine Ausnahmestellung hatte Lewis bereits am 25.8. demonstriert, als er vor Leroy Burrell (USA) den schnellsten 100-m-Lauf aller Zeiten in der Weltrekordzeit von 9,86 sec gewann. Bei den Olympischen Spielen in Barcelona (↑S.863/24.7. –8.8.1992) glückt ihm im Weitsprung die Revanche gegen Powell.

Sport 1991   K 821

Fußball

Deutsche Meisterschaft	1. FC Kaiserslautern
DFB-Pokal	SV Werder Bremen – 1. FC Köln 4:3 n. E.
Englische Meisterschaft	Arsenal London
Italienische Meisterschaft	Sampdoria Genua
Spanische Meisterschaft	FC Barcelona
Europapokal (Landesmeister)	Roter Stern Belgrad – Olympique Marseille 5:3 n. E.
Europapokal (Pokalsieger)	Manchester United – FC Barcelona 2:1
UEFA-Pokal	Inter Mailand

Tennis

Wimbledon (seit 1877; 105. Austragung)	Herren: Michael Stich (GER) Damen: Steffi Graf (GER)
US Open (seit 1881; 111. Austragung)	Herren: Stefan Edberg (SWE) Damen: Monica Seles (YUG)
French Open (seit 1925; 61. Austragung)	Herren: Jim Courier (USA) Damen: Monica Seles (YUG)
Australian Open (seit 1905; 79. Austragung)	Herren: Boris Becker (GER) Damen: Monica Seles (YUG)
Davis-Cup (Paris, FRA)	Frankreich – USA 3:1

Eishockey

Weltmeisterschaft	Schweden
Stanley-Cup	Pittsburgh Penguins
Deutsche Meisterschaft	Düsseldorfer EG

Radsport

Tour de France (3940 km)	Miguel Indurain (ESP)
Giro d'Italia	Franco Chioccioli (ITA)
Straßen-Weltmeisterschaft	Gianni Bugno (ITA)

Automobilsport

Formel-1-Weltmeisterschaft	Ayrton Senna (BRA), McLaren-Honda

Boxen

Schwergewichts-Weltmeisterschaft	Evander Holyfield (USA) – K. o. über George Foreman (USA)

Herausragende Weltrekorde

Disziplin	Athlet (Land)	Leistung
Leichtathletik, Männer		
100 m	Carl Lewis (USA)	9,86 sec
4 x 100 m	Marsh – Burell – Lewis – Mitchell (USA)	37,50 sec
Weitsprung	Mike Powell (USA)	8,95 m
Speerwurf	Seppo Räty (FIN)	96,96 m
Schwimmen, Männer		
100 m Rücken	Jeff Rousse (USA)	53,93 sec
200 m Lagen	Tammas Darnyi (HUN)	1:59,36 min
Schwimmen, Frauen		
200 m Rücken	K. Egerszegi (HUN)	2:06,62 min

1992

Politik

Einsicht in Stasi-Akten

1.1. BRD. Das Stasi-Unterlagen-Gesetz, das vom Deutschen Bundestag im November 1991 beschlossen wurde, tritt in Kraft. Es regelt den Zugang zu den Dossiers des ehemaligen DDR-Staatssicherheitsdienstes. Am 2.1. nehmen die ersten Stasi-Opfer Einblick in ihre Akten.

1950 war das Ministerium für Staatssicherheit (MfS) gegründet worden, die Leitung übernahm Politbüromitglied Erich Mielke. Seitdem wurden Daten über ca. 6 Mio Menschen zusammengetragen. Die Stasi stand als Erfüllungsgehilfe der SED außerhalb jeglicher parlamentarischer Kontrolle. Sie beschäftigte bis 1989 etwa 180 000 festangestellte und ca. 500 000 sog. inoffizielle Mitarbeiter (IM).

Aufgrund von Zweifeln an der Beweiskraft und Glaubwürdigkeit der Unterlagen werden Warnungen laut, sie als einzige Beweismittel heranzuziehen. Joachim Gauck, Sonderbeauftragter für die Stasi-Akten, wehrt sich gegen den Vorwurf, die Offenlegung der Akten berge die Gefahr einer „Hexenjagd".

Bis Ende 1995 gehen in der Gauck-Behörde rd. 2,8 Mio Anträge zur Akteneinsicht ein. 1990–95 bearbeiten Gauck und seine Mitarbeiter rd. 1,6 Mio Anträge auf Überprüfung von Personen auf Stasi-Tätigkeit. S 820/K 795

L. Wawrzyn: Der Blaue. Das Spitzelsystem der DDR, 1990.

Krieg in El Salvador beendet

16.1. Mexico City. In der Hauptstadt Mexikos unterzeichnen der Präsident von El Salvador, Alfredo Cristiani, und Vertreter der Befreiungsfront (FMLN) einen Friedensvertrag. Der Vertrag beendet den seit zwölf Jahren andauernden Bürgerkrieg, der mehr als 80 000 Menschenleben forderte († S.738/24.3.1980). Nach der Wahl Cristianis, Mitglied der rechtsliberalen Nationalistisch-Republikanischen Allianz (ARENA), zum Staatspräsidenten (1989) hatten sich die Bürgerkriegsparteien unter UNO-Vermittlung auf eine Waffenruhe geeinigt.

Der Vertrag sieht u. a. die Halbierung der Streitkräfte auf 30 000 Mann sowie die Ent-

Wichtige Regierungswechsel 1992			K 822
Land	Amtsinhaber	Bedeutung	
Afghanistan	Mohammed Nadschibullah (P seit 1987) Sibghatullah Mudschadiddi (P 15.–28.6.) Burhanuddin Rabbani (P bis ...)	Sturz Nadschibullahs (16.4.) durch Regierungstruppen; sechs Rebellengruppen einigen sich auf Bildung eines Interimsrats und erklären den Bürgerkrieg (seit 1979) für beendet	
Algerien	Chadli Bendjedid (P seit 1979) Mohammed Boudiaf (P 16.1.–28.6.) Ali Kafi (P bis 1994)	Bendjedid tritt unter Druck des Militärs zurück (11.1.); fünfköpfiger Staatsrat übernimmt Macht; Boudiaf wird von einem Leutnant der Präsidentengarde erschossen	
Aserbaidschan	Ajas Mutalibow (P seit 1991) Jakub Mamedow (P März–Juni) Abulfas Eltschibej (P bis 1993)	Kommunistischer Präsident Mutalibow tritt unter Druck der Bevölkerung zurück; Mamedow, der dem Staatsrat vorsteht, wird nach Wahlabsage von Opposition gestürzt	
Brasilien	Fernando Collor de Mello (P seit 1989) Itamar Franco (P bis 1994)	Rücktritt von Collor de Mello, nachdem Parlament Amtsenthebungsverfahren wegen Korruption eingeleitet hatte	
Estland	Arnold Rüütel (P seit 1990) Lennart Meri (P bis ...)	Erste freie Wahlen (20.9.) im kleinsten Baltenstaat, kein Wahlrecht für nichtestnische Bevölkerung (40%)	
Frankreich	Edith Cresson (M seit 1991) Pierre Bérégovoy (M bis 1993)	Ablösung Cressons nach Niederlage der regierenden Sozialisten bei Regional- und Kantonalwahlen (22.3.)	
Georgien	Swiad Gamsachurdia (P seit 1991) Eduard Schewardnadse (P bis ...)	Sturz von Gamsachurdia, der diktatorisch regierte, nach blutigen Unruhen (6.1.); Schewardnadse am 11.10. gewählt	
Irland	Charles Haughey (M seit 1987) Albert Reynolds (M bis 1994)	Rücktritt von Haughey (Feb.), nachdem seine Verstrickung in eine illegale Abhöraktion bekannt geworden war	
Israel	Yitzhak Schamir (M seit 1986) Yitzhak Rabin (M bis 1995)	Wahlniederlage des seit 1977 regierenden rechtsgerichteten Likud-Blocks; Rabin will Aussöhnung mit Arabern (S.855)	
Italien	Francesco Cossiga (P seit 1985) Oscar Luigi Scálfaro (P bis ...)	Cossiga tritt wegen Unzufriedenheit mit Parteiensystem zurück; Christdemokrat Scalfaro im 16. Wahlgang gewählt	
Thailand	Suchinda Kraprayoon (M seit 1991) Anand Panyarachun (M Juni–23.9.) Chuan Leekpai (M bis 1995)	Niederschlagung der Proteste für Demokratie führt zum Rücktritt von Kraprayoon, der von Militärs gestützt wird; Leekpai kündigt geringeren Einfluß des Militärs an	

M = Ministerpräsident bzw. Premierminister; P = Präsident

1992

waffnung der FMLN-Kämpfer vor. Paramilitärische Verbände werden aufgelöst und die Armee einem zivilen Oberbefehl unterstellt. Am 23.1. beschließt das Parlament eine Amnestie für alle Personen, die zwischen 1980 und 1992 an „politischen oder gesellschaftlichen Verbrechen" beteiligt waren, ausgenommen sind schwere Gewalttaten. Die Schäden des Krieges werden auf 2,6 Mrd DM geschätzt.

Aus den ersten freien Parlaments- und Präsidentschaftswahlen seit dem Ende des Bürgerkriegs gehen 1994 die ARENA-Partei und ihr Kandidat Armando Calderón Sol als Sieger hervor. S 630/K 630

Südafrika ohne Apartheid

17.3. Kapstadt. In einem Referendum votieren mit einer Mehrheit von 68,7% der Stimmen die Weißen Südafrikas für die Abschaffung der Rassentrennung. Sie unterstützen damit die mit der Freilassung Nelson Mandelas (↑S.829/11.2.1990) begonnene Reformpolitik von Präsident Frederik Willem de Klerk.

Der Sieg über die Rechtsradikalen (u. a. „Afrikaaner Weerstands-Beweging") wird von blutigen Auseinandersetzungen zwischen den konkurrierenden Schwarzen-Bewegungen ANC und der Zulu-Organisation Inkatha überschattet. Nach einem Massaker in Boipatong am 17.7., bei dem 48 Menschen getötet werden, bricht ANC-Führer Mandela die Gespräche mit der Regierung ab. Inkatha-Anhänger sollen mit Hilfe weißer Sicherheitskräfte die Morde verübt haben. Der Regierung wird vorgeworfen, zum Beweis der Notwendigkeit ihrer Ordnungsmacht Gewalttaten hinzunehmen. Im September vereinbaren Regierung und ANC die Wiederaufnahme der Gespräche.

Nach einer Übergangsphase mit schwarzer Regierungsbeteiligung 1993/94 gewinnt der ANC 1994 die ersten freien und gleichen Wahlen, Mandela wird Staatspräsident (↑S.873/26.4.1994). S 462/K 465

H. Holland: ANC, 1990. H. Büttgen: Südafrika. Als Fernsehreporter im Land der Apartheid, 1990.

Rassenunruhen in den USA

29.4. Los Angeles. In der kalifornischen Stadt brechen schwere Rassenunruhen aus. Die Ausschreitungen, die auch auf andere Großstädte übergreifen, fordern 58 Menschenleben, 2300 werden verletzt. Über Los Angeles wird der Ausnahmezustand verhängt.

Anlaß für die Unruhen war ein Gerichtsurteil, in dem vier weiße Polizisten vom Vorwurf der Körperverletzung an einem schwarzen Autofahrer freigesprochen wurden. Obwohl ein Videofilmer die schweren Mißhandlungen der Polizisten festgehalten hatte, betrachtete das Geschworenengericht, in dem kein Schwarzer vertreten war, das Vorgehen der Beamten als angemessen.

Der Gewaltausbruch hat allerdings weitreichende Ursachen: Trotz der rechtlichen Gleichstellung der Rassen (↑S.579/2.7.1964) ist die Arbeitslosigkeit unter den Schwarzen mit 14,0% doppelt so hoch wie die der Weißen (6,9%). Das Durchschnittseinkommen einer weißen Familie ist mit jährlich ca. 37 000 Dollar um 15 000 Dollar höher als das einer schwarzen Familie.

1993 wird das Verfahren gegen die vier Polizisten von einem Bundesgericht wiederaufgenommen. Zwei der Angeklagten werden zu Haftstrafen verurteilt. S 578/K 582

A. Kotlowitz: Kinder gibt es hier nicht mehr. Der Bürgerkrieg in Amerikas Großstädten, dt. 1993.

Rassenunruhen in Los Angeles: Polizisten durchsuchen einen schwarzen Autofahrer nach Waffen. Bürgermeister Tom Bradley verhängt am 1. Mai den Ausnahmezustand über die zweitgrößte Stadt der USA. 11 400 Personen werden festgenommen.

Machtwechsel in Israel

23.6. Jerusalem. Aus der Parlamentswahl gehen die oppositionelle Arbeitspartei von Yitzhak Rabin (44 Sitze) sowie die übrigen Linksparteien als Sieger hervor. Sie verweisen den seit 1977 regierenden konservativen Likud-Block (32 Sitze) unter Yitzhak Schamir in die Opposition.

Rabin ist der erste in Israel geborene Regierungschef. Seine Links-Koalition verfügt über 64 der 120 Sitze in der Knesset. Die mit der Wahl Rabins verbundene Hoffnung auf eine Stärkung des Nahost-Friedensprozesses

1992

– die am 30.10.1991 (↑S.847) in Madrid begonnenen Friedensgespräche kommen nicht voran – werden vorerst enttäuscht. Am 18.12. weist die israelische Regierung 415 Palästinenser aus den besetzten Gebieten in den Libanon aus. Sie müssen im Niemandsland zwischen beiden Ländern ausharren, denn Beirut verweigert ihre Aufnahme. Trotz weltweiter Proteste nimmt die israelische Regierung die Entscheidung nicht zurück. Am 28.1.1993 wird sie vom Obersten Gerichtshof des Landes bestätigt. S 441/K 442

ČSFR löst sich auf

27.8. Prag. Die Ministerpräsidenten der tschechischen und der slowakischen Teilrepublik, Václav Klaus und Vladimir Mečiar, vereinbaren auf Drängen der slowakischen Seite zum 1.1.1993 die Teilung der ČSFR. Die am 28.10.1918 (↑S.143) gegründete und am 15.3.1939 (↑S.350) von Hitler zerschlagene Tschechoslowakei, in der sich die Slowaken immer benachteiligt fühlten, hört damit auf zu bestehen.

Die Forderung radikaler Nationalisten nach einer souveränen Slowakei wurde durch den Ausgang der Wahlen zum Bundesparlament und zu den Länderparlamenten am 5./6.6.1992 bestätigt. Gewinner auf slowakischer Seite war die Bewegung für eine demokratische Slowakei (HZDS) unter Mečiar. Der Weg in die Spaltung war vorgezeichnet. Am 20.7. trat der am 29.12.1989 (↑S.823) zum Staatspräsidenten der Tschechoslowakei gewählte Václav Havel zurück. Der Wortführer der „samtenen Revolution" gegen die Kommunisten 1989 gehörte zu den Befürwortern der staatlichen Einheit. Am 26.1.1993 wird er vom tschechischen Parlament zum ersten Staatspräsidenten der Tschechischen Republik gewählt. S 440/K 441

Bill Clinton feiert mit seiner Frau Hillary (l.) den Sieg bei den Präsidentschaftswahlen.

US-Präsidenten im 20. Jahrhundert K 823

Name	Partei	Amtszeit	Alter bei Amtsantritt	Amtsende	Vorherige Position
Theodore Roosevelt	Republikaner	1901–1909	43	51	Vizepräsident (ab 1901)
William H. Taft	Republikaner	1909–1913	51	55	Kriegsminister (1904–08)
T. Woodrow Wilson	Demokrat	1913–1921	56	64	Gouverneur von New Jersey (1910–20)
Warren G. Harding	Republikaner	1921–1923	55	57	Senator von Washington (1915–21)
Calvin Coolidge	Republikaner	1923–1929	51	56	Vizepräsident (ab 1921)
Herbert C. Hoover	Republikaner	1929–1933	54	58	Handelsminister (1921–28)
Franklin D. Roosevelt	Demokrat	1933–1945	50	63	Gouverneur von New York (1928–32)
Harry S. Truman	Demokrat	1945–1953	61	69	Vizepräsident (ab 1945)
Dwight D. Eisenhower	Republikaner	1953–1961	63	71	Oberkommandierender der NATO (1950–52)
John F. Kennedy	Demokrat	1961–1963	43	46	Senator von Massachusetts (1953–61)
Lyndon B. Johnson	Demokrat	1963–1969	55	60	Vizepräsident (ab 1961)
Richard M. Nixon	Republikaner	1969–1974	56	61	Rechtsanwalt, Vizepräsident 1953–60
Gerald R. Ford	Republikaner	1974–1977	61	63	Vizepräsident (ab 1973)
James E. Carter	Demokrat	1977–1981	52	56	Gouverneur von Georgia (1971–75)
Ronald W. Reagan	Republikaner	1981–1989	69	77	Journalist, Gouv. von Kalifornien (1966–73)
George Bush	Republikaner	1989–1993	64	68	Vizepräsident (ab 1981)
William J. Clinton	Demokrat	Ab 1993[1]	48		Gouv. von Arkansas (1978–80, 1983–92)

1) Im November 1996 für weitere vier Jahre im Amt bestätigt

Bill Clinton 42. US-Präsident

3.11. Washington. Der Demokrat William „Bill" Clinton kann sich bei den Präsidentschaftswahlen gegen den republikanischen Amtsinhaber und vormaligen Vize Ronald Reagans, George Bush, und den unabhängigen Kandidaten Ross Perot durchsetzen.
Es ist ein Generationswechsel: Mit dem 46jährigen zieht erstmals ein Präsident ins Weiße Haus ein, der nach dem 2. Weltkrieg geboren wurde. Bush hatte seine im Golfkrieg (↑S.843/28.2.1991) errungene Popularität nicht nutzen können. Zu groß waren die innenpolitischen Probleme (Wirtschaftskrise, Haushaltsdefizit).
Clinton, bislang Gouverneur von Arkansas, kann sich auf eine demokratische Mehrheit in beiden Häusern des Kongresses stützen. Er verspricht angesichts von Rassenkonflikten (↑S.855/29.4.) und Armut eine Kehrtwende in der Wirtschaftspolitik und eine Reform der Gesellschaft nach liberalen Grundsätzen (Gesundheits- und Bildungsreform).
Trotz innen- wie außenpolitischer Erfolge, Senkung des Haushaltsdefizits (S.866/13.9.1993) und Friedensvermittlung in Nahost muß Clinton 1994 Verluste bei Kongreß- und Gouverneurswahlen hinnehmen. Die Republikaner verfügen danach erstmals seit 40 Jahren über die Mehrheit der Abgeordneten in beiden Kammern des Parlaments. Sie lassen Clintons Gesundheitsreform scheitern.
Im November 1996 gewinnt Clinton erneut die Präsidentschaftswahlen (↑S.900/5.11.1996).

S 789/K 769 S 856/K 823

C. F. Allen/J. Portis: Bill Clinton. Eine Biographie, 1992. S. Kochius: Hillary Clinton, 1993. H. E. Figgie/G. J. Swanson: Bankrott '95. Die Schuldenkatastrophe der USA und das Ende des „American way of life", 1993.

Gewalt gegen Ausländer eskaliert

23.11. Mölln. In der schleswig-holsteinischen Kleinstadt sterben zwei türkische Frauen und ein zehnjähriges türkisches Mädchen bei einem Brandanschlag zweier rechtsextremer Gewalttäter.
Seit Beginn des Jahres hat die Polizei etwa 2000 ausländerfeindliche Übergriffe registriert. Nach Kritik am zögerlichen Handeln staatlicher Organe billigen die Bundesländer am 4.12. die Einrichtung einer Koordinierungsgruppe gegen Rechtsextremismus. Am 23.11. bzw. 10.12. werden die rechtsextremen Organisationen „Nationalistische Front" und „Deutsche Alternative" verboten.
In der gesamten Bundesrepublik finden Demonstrationen gegen Ausländerfeindlichkeit statt. Am 6.12. protestieren in München mehr als 400 000 Menschen mit einer 45 km langen Lichterkette gegen Ausländerhaß und gedenken der Gewaltopfer.

S 857/K 824

C. Leggewie: Druck von Rechts. Wohin treibt die Bundesrepublik?, 1993. A. Pfahl-Traugher: Rechtsextremismus. Eine kritische Bestandsaufnahme nach der Wiedervereinigung, 1993.

Rechtsextremistische Gewalt in Deutschland K 824

Jahr	Ereignis
1980	Mit einer Bombenexplosion auf dem Münchner Oktoberfest tötet der Neonazi Gundolf Köhler 13 Menschen (26.9.)
	Ein Mitglied der „Wehrsportgruppe Hoffmann" ermordet den jüdischen Verleger Shlomo Lewin und seine Lebensgefährtin Frida Poeschke in Erlangen
1981	Der Türke Sydi Battal Koparan wird zu Tode geprügelt (31.12.)
1982	In Nürnberg schießt ein Neonazi sechs Ausländer nieder
	Der Türke Tevik Gürel wird in Norderstedt zu Tode geprügelt
1983	Bombenanschlag auf US-amerikanische Soldaten in Hessen durch militante Neonazis
1987	Wegen „Verrats" prügeln vier Mitglieder der Freiheitlichen Deutschen Arbeiterpartei (FAP) den Hannoveraner Roger Bornemann zu Tode
1988	Bei einem Brandanschlag des Neonazis Josef Saller auf ein von Ausländern bewohntes Haus im bayerischen Schwandorf sterben vier Menschen, fünf werden verletzt (Dez.)
1990	Skinheads erschlagen in Eberswalde einen angolanischen Arbeiter
1991	Skinheads werfen den Mosambikaner Jorge Gomondai in Dresden aus der Straßenbahn (31.3.); der Mann stirbt an Verletzungen
	Anschlag auf ein Asylbewerberheim in Hoyerswerda bildet den Auftakt zu weiteren ähnlichen Aktionen; 32 Personen werden verletzt, Bürger klatschen Beifall (S.847/17.9.)
	Brandanschlag auf die Wohnung eines Libanesen in Hünxe; zwei Kinder werden schwer verletzt
1992	Angefeuert durch Anwohner bewerfen mehrere hundert Jugendliche ein Asylantenheim in Rostock mit Steinen und Molotowcocktails (22.8.); die Krawalle dauern mehrere Tage
	Drei Menschen werden bei einem Brandanschlag auf eine Flüchtlingsunterkunft in Kassel verletzt
	In einer Wuppertaler Gaststätte erschlagen zwei Skinheads einen ihnen unbekannten Mann in der Annahme, er sei Jude (13.11.)
	Bei einem Brandanschlag durch Skinheads in Mölln kommen drei Türkinnen ums Leben (23.11.)
	Anschläge auf Ausländerunterkünfte u. a. in Wolgast, Plön, Zülpich, Hettstedt, Lehrte, Letzingen, Extertal-Futig, Kiel (Nov.)
	Ein fast blinder und behinderter 57jähriger Lagerarbeiter wird in Siegen vermutlich von Skinheads totgetrampelt (15.12.)
1993	Bei einem Brandanschlag in Solingen kommen fünf Türkinnen in den Flammen um; schwere Krawalle folgen (S.864/29.5.)
1994	Vermutlich rechtsextreme Attentäter stecken die Lübecker Synagoge in Brand, in sich sechs Familien befanden
	Skinheads jagen Ausländer durch Magdeburg (12.5.)
1995	Briefbombenattentat auf TV-Moderatorin A. Kiesbauer (9.6.); ab 1993 ähnliche Anschläge in Österreich
	Eine Briefbombe verletzt den SPD-Fraktionsgeschäftsführer im Lübecker Stadtrat (13.6.)

1992

Einigung in der Asylfrage

6.12. Die Regierungskoalition aus CDU/CSU und FDP einigt sich mit der SPD über eine Änderung des Art. 16 GG zur Neuregelung des Asylrechts. Vorausgegangen waren langanhaltende Auseinandersetzungen zwischen Regierung und Opposition und am 16.11. ein Sonderparteitag der SPD. Auf ihm wurde die Kursänderung in der Asylpolitik, die vom SPD-Vorsitzenden Björn Engholm mit den sog. Petersberger Beschlüssen eingeleitet worden war, verabschiedet.

Kern des Kompromisses ist ein neuer Art. 16 a. Das Individualrecht für politisch Verfolgte bleibt bestehen, Asylbewerber aus EG-Staaten und sog. sicheren Drittländern sollen ohne Gerichtsverfahren zurückgeschickt werden. Flüchtlinge aus Kriegsgebieten erhalten ein besonderes Bleiberecht.

Politisch umstritten ist die Regelung zu den sicheren Herkunftsstaaten. Kritiker bezeichnen sie als eine Aushöhlung des Asylrechts, da Deutschland von sicheren Drittländern umgeben sei.

1996 erklärt das Bundesverfassungsgericht Art. 16 a GG und die Neuregelungen des Asylverfahrensgesetzes, das auch ein verkürztes Verfahren auf Flughäfen mit anschließender Abschiebungsmöglichkeit vorsieht, im wesentlichen für verfassungsmäßig und mit dem Völkerrecht vereinbar.

📖 S. Schwab: Das Recht auf Asyl, ein unzeitgemäßes Grundrecht?, 1989.

Hilfe für hungernde Somalier

8.12. Mogadischu. In der somalischen Hauptstadt landen Soldaten einer multinationalen Truppe unter Führung der USA. Sie sollen im Auftrag der UNO Transport und Verteilung von Nahrungsmitteln für rd. 2,5 Mio hungernde Menschen sichern.

Im August hatten die Vereinten Nationen die ersten Lebensmittel nach Somalia geflogen. Die seit Anfang 1991 andauernden Kämpfe zwischen verfeindeten Stämmen (↑S.842/26.1.1991) haben mehr als 2 Mio Somalier in die Flucht getrieben. Lebensmitteltransporte fielen in die Hände marodierender Banden.

Die Soldaten haben nicht nur den Auftrag, die Transporte zu sichern, sie sollen auch die Rebellen entwaffnen. Am 28.12. rufen die Clanchefs die verfeindeten Kriegsherren Ali Mahdi Mohammed und Mohammed Farah Aidid zum Frieden auf. In der äthiopischen Hauptstadt Addis Abeba beginnen Friedensgespräche.

Angesichts internationalen Drucks beschließt die Bundesregierung für 1993 die Entsendung von Bundeswehreinheiten zur Unterstützung der UNO-Mission (↑S.865/2.7.1993). Die SPD sieht die Entscheidung als Verfassungsbruch an.

S 704/K 694

Jelzins Reformpolitik unter Druck

14.12. Moskau. Dem Präsidenten Rußlands (↑S.845/12.6.1991), Boris Jelzin, gelingt es auf dem 7. Kongreß der russischen Volksdeputierten nicht, die Bestätigung des Reformpolitikers Jegor Gaidar als Ministerpräsident durchzusetzen. Neuer Regierungschef wird der ehemalige sowjetische Energieminister Viktor Tschernomyrdin, ein Kritiker der forcierten Privatisierungspolitik.

Der Kongreß trat am 1.12. zusammen, um über die Verlängerung der Sondervollmachten zu entscheiden, die Jelzin im Oktober 1991 zur Durchsetzung seiner Reformen zugestanden worden waren. Die demokratisch nicht legitimierten Abgeordneten nutzen die Unzufriedenheit der Bevölkerung mit der wirtschaftlichen Situation und beschneiden die Machtfülle des Präsidenten – nur ein Drittel der 1041 Deputierten unterstützt Jelzins Politik.

Der Kongreß erhält u. a. ein Vetorecht bei der Besetzung der Schlüsselministerien Äußeres, Verteidigung, Inneres und Sicherheit. Nach weiteren Auseinandersetzungen zwischen Jelzin und dem Parlament zu Beginn des Jahres 1993 wird in einem Referendum Ende April die Reformpolitik Jelzins mit großer Mehrheit bestätigt. Der Machtkampf zwischen Jelzin und dem Parlamentspräsidenten Chasbulatow geht jedoch weiter.

📖 C. Schmidt-Häuer: Rußland in Aufruhr, 1993.

UN–Hilfe für Somalia: Kinder freuen sich über die Unterstützung aus dem Ausland. Die umstrittene Aktion lindert die Not der Zivilbevölkerung allerdings nur kurzfristig. Der Bürgerkrieg geht weiter.

1992

Wirtschaft

Längster ÖTV-Streik beendet

7.5. Stuttgart. Nach 14tägigem Streik der Bediensteten im öffentlichen Dienst einigen sich die Tarifparteien in Stuttgart auf einen Kompromiß. Er orientiert sich am Schlichterspruch von 5,4% mehr Lohn unter besonderer Berücksichtigung der unteren Lohngruppen.

Die am 24.4. begonnenen Streikaktionen hatten sich am 27.4. flächendeckend ausgeweitet. Zeitweise waren 440 000 Beschäftigte im Ausstand. Sie forderten eine Lohnerhöhung von 9,8%, wobei die unteren Lohngruppen überproportional angehoben werden sollten. Das Arbeitgeberangebot belief sich auf 4,8%. Nach der Einigung muß sich ÖTV-Vorsitzende Monika Wulf-Mathies doppelter Kritik erwehren. Die Arbeitgeber halten den Abschluß angesichts der Talfahrt der ostdeutschen Wirtschaft für zu hoch, die Gewerkschaftsbasis hatte sich einen deutlich höheren Lohnzuwachs erhofft. Vor allem Kleinverdiener hätten die Kosten der Vereinigung zu tragen. Am 14.5. lehnen in einer Urabstimmung 55,9% der ÖTV-Mitglieder den Kompromiß ab. Der Gewerkschaftsvorstand setzt sich jedoch über dieses Votum hinweg und stimmt am 25.5. der Tarifvereinbarung zu.

Freihandelszone Nordamerika

12.8. Washington. Die USA, Kanada und Mexiko beschließen die Gründung einer nordamerikanischen Freihandelszone. Sie soll mit der EG konkurrieren und umfaßt auf einer Fläche von 21,3 Mio km² ca. 360 Mio Einwohner (EG: 2,4 Mio km² und 326 Mio Einwohner). Das North American Free Trade Agreement (NAFTA) baut Zölle und andere Handelshemmnisse ab. Befürworter erhoffen sich neue Absatzmärkte bzw. (wie Mexiko) dringend benötigte ausländische Investoren und deren Know-how; Kritiker befürchten allerdings einen Verdrängungswettbewerb und den Verlust von Arbeitsplätzen.

Nach der Ratifizierung durch die drei Parlamente tritt die Nordamerikanische Freihandelszone am 1.1.1994 in Kraft (↑S.868/ 17.11.1993).

Verkehr

Rhein-Main-Donau-Kanal fertig KAR

27.9. Berching. Bundespräsident Richard von Weizsäcker weiht das letzte Teilstück des 171 km langen Rhein-Main-Donau-Kanals zwischen Bamberg und Kelheim ein. Der Kanal macht die 3500 km lange Strecke zwischen der Nordsee und dem Schwarzen Meer durchgängig schiffbar.

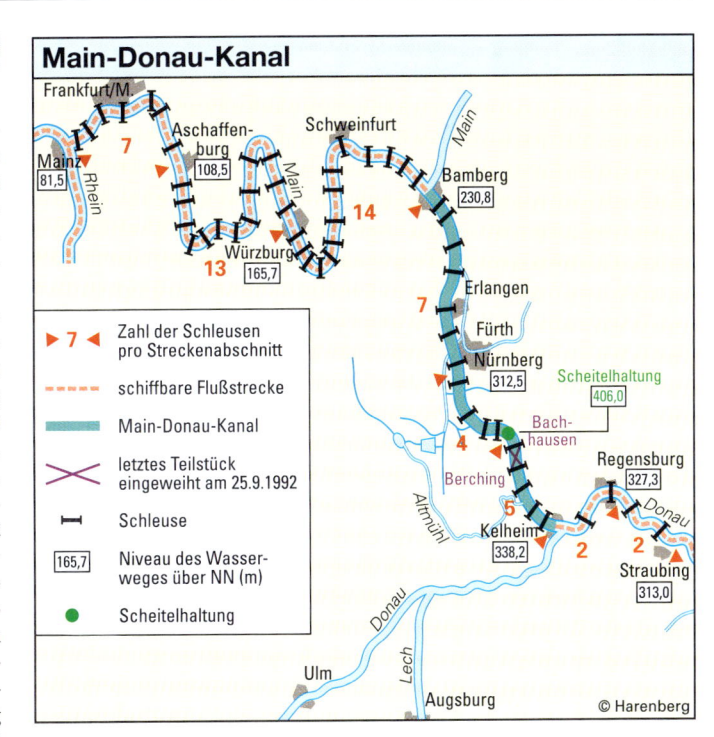

Verkehrsexperten bezweifeln, daß der Nutzen des Bauwerks die Kosten von 6 Mrd DM und die Umweltzerstörung, vor allem im Altmühltal, aufwiegt. Dort wurde der Lebensraum von 159 Brutvogel- und Fischarten zerstört oder gefährdet. In einigen Regionen ist der Grundwasserspiegel um mehrere Meter gesunken. Zur Rentabilität des Kanals ist ein jährliches Transportvolumen von 20 Mio t notwendig. Experten rechnen allenfalls mit 3 Mio t. Denn die Passage von Rotterdam zum ukrainischen Schwarzmeerhafen Odessa über 16 Schleusen dauert ca. vier Wochen. Hingegen benötigt ein Frachter für die 6500 km lange Seeroute über Gibraltar nur sechs bis zehn Tage. Hinzu kommt die Konkurrenz von Straßentransport und Bahn.

Die Wasserstraße ist der sechstlängste Kanal der Welt. Der längste künstliche Wasserweg ist der im 15. Jh. gebaute Kaiserkanal in China (1515 km). S 345/K 349

📖 Das Altmühltal und die Rhein-Main-Donau-Wasserstraße, 1989.

Jumbo-Jet stürzt in Hochhaus

4.10. Amsterdam. Eine Boeing 747 der israelischen Fluggesellschaft El Al stürzt auf den

1992

Erich Honecker

Amsterdamer Vorort Duivendrecht. Die Frachtmaschine schlägt in zwei Hochhausblöcke eine Schneise der Verwüstung, ca. 70 Menschen kommen ums Leben.
Der durch abgebrochene Bolzen an den Triebwerken verursachte Absturz verstärkt die Kritik am Flugverkehr über Wohngebieten. Seit Jahren hatten sich Anwohner beschwert, daß Flugzeuge in immer niedrigerer Höhe die Stadt überfliegen, wenn sie den Amsterdamer Flughafen Schiphol ansteuern. Es ist das bislang schwerste Flugzeugunglück in den Niederlanden. S 716/K 703

Natur/Umwelt

Neue Verpackungsverordnung

1.4. BRD. Entsprechend der zum 1.4. in Kraft tretenden Verpackungsverordnung können Kunden künftig Umverpackungen wie Folien und Pappkartons im Geschäft zurücklassen. Ziel ist eine Reduzierung des sich jährlich auf 15 Mio t belaufenden Verpackungsmülls. Da der Handel die Entsorgung des Mülls selbst übernehmen bzw. finanzieren muß, liegt es in seinem Interesse, überflüssige Umverpackungen von vornherein zu vermeiden. Am 1.1.1993 tritt eine Verschärfung in Kraft, die den Handel verpflichtet, sämtliches Verpackungsmaterial zurückzunehmen, also z. B. auch leere Joghurtbecher und Zahnpastatuben.

Wenig Hoffnung für die Umwelt

3.6. Rio de Janeiro. Auf der Konferenz für Umwelt und Entwicklung beraten etwa 100 Staatschefs und 3000 Diplomaten aus 170 Ländern über Umweltprobleme.
Die verabschiedeten Dokumente haben keinen bindenden Charakter, sie sind allenfalls Orientierungshilfen. Als größte Verursacher der Umweltverschmutzung werden die Industriestaaten angegriffen. Die Folgen seien grenzüberschreitend und würden die Entwicklungsländer vor unlösbare Probleme stellen. Ohne finanzielle Unterstützung könnten sie sich am Umweltschutz nicht beteiligen.
Die Industriestaaten einigen sich auf eine Erhöhung ihrer Entwicklungshilfe auf 0,7% des Bruttosozialprodukts. 140 Staaten unterzeichnen die Klimaschutzkonvention, die eine weltweite Verringerung der Kohlendioxidemissionen auf den Stand von 1990 vorsieht. Die Festlegung auf einen Zeitpunkt scheitert am Einspruch der USA (sie war 1991 für 23% des weltweiten Ausstoßes dieses Treibhausgases verantwortlich). Aus wirtschaftlichen Gründen weigern sich die USA ebenfalls, das Abkommen zum Schutz der Artenvielfalt zu unterzeichnen.

Gesellschaft

Urteile im Mauerschützenprozeß

20.1. Berlin. Im ersten sog. Mauerschützenprozeß wird ein ehemaliger DDR-Grenzsoldat wegen vorsätzlichem Totschlag zu einer Freiheitsstrafe von dreieinhalb Jahren verurteilt. Das Gericht sieht es als erwiesen an, daß der Angeklagte 1989 den Flüchtling Chris Gueffroy erschossen hat.
Gueffroy war das letzte Opfer an der innerdeutschen Grenze. Seit dem Bau der Berliner Mauer (↑S.548/13.8.1961) hatten DDR-Bürger immer wieder unter Lebensgefahr versucht, die Sperranlagen zu überwinden (↑S.558/17.8.1962).
Mitte 1992 laufen rund 1000 Ermittlungsverfahren wegen Tötung und Verletzung von Flüchtlingen. Die Verteidiger führen in der Regel an, daß die Angeklagten nicht für die Todesschüsse verantwortlich seien, da sie aus

Nobelpreisträger 1992	K 825
Frieden: Rigoberta Menchú (Guatemala, *1959)	
Die Menschenrechtlerin kämpft für die Rechte der indianischen Ureinwohner Guatemalas, die vom Militärregime verfolgt werden und in großer Armut leben. Menchú, deren Eltern und Bruder 1980 von Militärs ermordet wurden, flüchtete 1981 ins mexikanische Exil.	
Literatur: Derek Walcott (St. Lucia, *1930)	
Das Werk Walcotts, der von der Karibikinsel St. Lucia (Kleine Antillen) stammt, wurzelt thematisch und sprachlich in der kulturellen Vielfalt Westindiens. Zu den Hauptwerken des in England lebenden Lyrikers gehören „Another Life" (1973) und „The Fortunate Traveller" (1981).	
Chemie: Rudolph A. Marcus (Kanada, *1923)	
Marcus analysierte den Ablauf chemischer Reaktionen, die Moleküle zusammenhalten. Er fand eine mathematische Gleichung für den Elektronentransfer zwischen zwei Molekülen. Die sog. Marcus-Theorie ermöglichte u. a. die Erforschung elektrisch leitender Kunststoffe.	
Medizin: Edmond H. Fischer (USA, *1920), Edwin G. Krebs (USA, *1918)	
Die beiden Chemiker fanden Mitte der 50er Jahre heraus, auf welche Weise der menschliche Körper Stoffwechselvorgänge steuert. Sie entdeckten Substanzen, die die Enzyme aktivieren und wieder lahmlegen. Erst dieser Wechsel von An- und Ausschalten ermöglicht Sehen und Laufen, Wachstum von Zellen und die Immunabwehr des Körpers.	
Physik: George Charpak (F, *1924)	
Charpak arbeitete auf dem Gebiet der Elementarteilchenphysik. 1968 entwickelte der gebürtige Pole die sog. Vieldraht-Proportionalkammer, mit der bis dahin unbekannte Wechselwirkungen zwischen kleinsten Partikeln der Materie untersucht werden konnten.	
Wirtschaftswissenschaften: Gary S. Becker (USA, *1930)	
Nach Ansicht Beckers richtet sich das menschliche Verhalten auf verschiedenen Gebieten nach denselben ökonomischen Prinzipien. In einem Kosten-Nutzen-Modell analysierte er die Auswirkungen von Diskriminierung und widmete sich der wirtschaftlichen Funktionsweise der Familie.	

860

damaliger Sicht rechtmäßige Befehle ausgeführt hätten.
Parallel laufen Prozesse gegen die Hauptverantwortlichen des Schießbefehls, Angehörige des Nationalen Verteidigungsrats der DDR und SED-Politbüro-Mitglieder. Sie werden 1993 und 1996 zu Freiheitsstrafen verurteilt (↑S.861/12.11.).

📖 J. Petschull: Die Mauer. August 1961–November 1989. Vom Anfang und vom Ende eines deutschen Bauwerks, 1989.

Maria Jepsen erste Bischöfin

30.8. Hamburg. Die Bischöfin Maria Jepsen wird in ihr Amt eingeführt. Sie ist die erste Bischöfin in der evangelisch-lutherischen Kirche, die weltweit 60 Mio Mitglieder hat. Erst 1945 erhielten – unverheiratete – Vikarinnen das Recht, pfarramtliche Dienste auszuüben. Als Reaktion auf den Pfarrermangel wurden in den 60er Jahren die ersten Pfarrerinnen ordiniert. Die römisch-katholische und die orthodoxe Kirche lehnen die Ordination von Frauen weiterhin strikt ab. 1989 wurde die geschiedene Barbara Harris zur Weihbischöfin der Episkopalkirche der USA und damit zur ersten Bischöfin einer christlichen Kirche ernannt.
Die 47jährige Jepsen, eine Vertreterin der feministischen Theologie, befürwortet eine stärkere Öffnung der Kirche gegenüber der Gesellschaft.

Honecker auf der Anklagebank

12.11. Berlin. Vor der 27. Strafkammer beginnt der Prozeß gegen den ehemaligen DDR-Staatsratsvorsitzenden Erich Honecker und fünf weitere hochrangige SED-Politiker. Den Angeklagten wird Totschlag an DDR-Flüchtlingen vorgeworfen.
Der 80jährige Honecker, der wie die Mitangeklagten zum Nationalen Verteidigungsrat der DDR gehörte, soll wegen Errichtung der Sperranlagen und des Schießbefehls an der innerdeutschen Grenze zur Rechenschaft gezogen werden (↑S.860/20.1.). Im Dezember 1991 flüchtete Honecker in die Moskauer Botschaft Chiles. Er kehrte im Juli 1992 in die Bundesrepublik Deutschland zurück.
Der schlechte Gesundheitszustand und das hohe Alter der Angeklagten erschweren das Verfahren. 1993 wird das Verfahren gegen den schwer krebskranken Honecker eingestellt, der zu seiner Tochter nach Chile ausreist († 1994).

📖 I. Spittmann: Die DDR unter Honecker, 1990.
D. Küchenmeister: Honecker – Gorbatschow. Vieraugengespräche, 1993.

Kulturszene 1992	K 826
Theater	
Volker Braun Böhmen am Meer UA 15.3., Berlin	Das wüste Land aus Shakespeares „Wintermärchen" wird zum verpesteten Strand, an dem ein Ami und ein Russe auf die Vergangenheit wettern.
Cesare Lievi Sommergeschwister UA 25.4., Berlin	Drei neurotische, mitteilungsbedürftige Geschwister treffen sich nach längerer Zeit im Haus der verstorbenen Eltern wieder.
Ariane Mnouchkine Die Atriden UA Okt., Paris	Abschluß der 1989 begonnenen, aufwendigen Antiken-Tetralogie („Iphigenie in Aulis", „Agamemnon", „Die Choephoren", „Die Eumeniden").
Oper	
Aribert Reimann Das Schloß UA 2.9., Berlin	Der von Kafka als Fragment hinterlassene Roman hat auch in der Opernbearbeitung eine offene, kompositorisch vielfältige Struktur.
Wolfgang Rihm Die Eroberung von Mexiko UA 9.2., Hamburg	In der komplexen Mexiko-Oper nach Antonin Artaud ist ein Teil der Musiker über den Opernraum verteilt, der Chor kommt vom Tonband.
Alfred Schnittke Leben mit einem Idioten UA 13.4., Amsterdam	Die Oper über einen Intellektuellen, der sich einen Irrenhausinsassen ins Haus holt, changiert doppelbödig zwischen Komik und Tragik.
Musical	
Sylvester Levay Elisabeth UA 3S., Wien	Der ungarische Komponist und Librettist Michael Kunze machen die Todessehnsucht Kaiserin Elisabeths zum Thema ihres Wien-Musicals.
Film	
Robert Altman The Player USA	Die Traumfabrik Hollywood als Gesellschaftsspiel – brillante Satire über Gewinner und Verlierer in der Welt des schönen Scheins.
Clint Eastwood Erbarmungslos USA	Melancholischer Spätwestern mit Clint Eastwood als gealtertem Berufskiller, der einen letzten Auftrag ausführen muß.
Neil Jordan The Crying Game Großbritannien	Ein Politthriller über Terrorismus in Nordirland und England, zugleich ein Drama über Freundschaft und unkonventionelle Liebe.
Roman Polanski Bitter Moon Frankreich/Großbritannien	Erotisches Psychodrama des vielseitigen Regisseurs, der die Liebe als die unberechenbarste menschliche Regung charakterisiert.
Eric Rohmer Wintermärchen Frankreich	Der intelligente Dialogfilm gehört zu Rohmers Zyklus „Vier Jahreszeiten", der 1989 mit der „Frühlingserzählung" begann.
Joseph Vilsmaier Stalingrad BRD	Heftig kritisiertes naturalistisches Epos, das die grausamste Schlacht des Weltkriegs darstellt; Produktionsaufwand: 20 Mio DM.
Buch	
Nicholson Baker Vox New York	Der Leser wird zum heimlichen Abhörer des Fernsprech„verkehrs" zweier amerikanischer Singles, die sich ihre sexuellen Phantasien erzählen.
Jurek Becker Amanda herzlos Frankfurt/M.	Die DDR in Zeiten des Umbruchs: In drei Kapiteln wird das Leben der Ostberlinerin Amanda von ihrem jeweiligen Liebhaber beschrieben.
Elke Heidenreich Kolonien der Liebe Reinbek	In der Tradition der amerikanischen Erzähler der 30er und 40er Jahre schildert die Autorin das alltägliche Lebens-Chaos.
Peter Schneider Paarungen Berlin	Schneider unternimmt eine vergnügliche, im Kern jedoch ernste Feldforschung über die gealterten und müden Helden der 68er Revolution.

1992

Olymp. Sommerspiele 1992 in Barcelona — K 827

Zeitraum: 24.7. bis 8.8.		Medaillenspiegel			
		Land	G	S	B
Teilnehmerländer	172	GUS	45	38	29
Erste Teilnahme	6	USA	37	34	37
Teilnehmerzahl	9364	Deutschland	33	21	28
Männer	6659	China	16	22	16
Frauen	2705	Kuba	14	6	11
Deutsche Teilnehmer	487	Spanien	13	7	2
Schweizer Teilnehmer	112	Südkorea	12	5	12
Österreichische Teilnehmer	106	Ungarn	11	12	7
Sportarten	24	Frankreich	8	5	16
Neu im Programm	1[1]	Australien	7	9	11
Nicht mehr olympisch	0	Italien	6	5	8
Entscheidungen	257	Kanada	6	5	7

Erfolgreichste Medaillengewinner

Name (Land) Sportart	Medaillen (Disziplinen)
Witali Scherbo (GUS) Turnen	6 x Gold (Mehrkampf, Mehrkampf-Mannschaft, Seitpferd, Pferdsprung, Ringe, Barren)
Jewgeni Sadowyi (GUS) Schwimmen	3 x Gold (200 m Freistil, 400 m Freistil, 4 x 100 m Freistil),
Krisztina Egerszegi (HUN) Schwimmen	3 x Gold (100 m Rücken, 200 m Rücken, 400 m Lagen)

Erfolgreichste deutsche Teilnehmer

| Nicole Uphoff Reiten | 2 x Gold (Dressur-Einzel, Dressur-Mannschaft) |
| Kay Bluhm/Torsten Gutsche Kanu | 2 x Gold (Kajak-Zweier/500 m, Jajak-Zweier/ 1000 m) |

Olympische Winterspiele 1992 in Albertville

Zeitraum: 8.2. bis 23.2.		Medaillenspiegel			
		Land	G	S	B
Teilnehmerländer	64	Deutschland	10	10	6
Teilnehmerzahl	1808	GUS	10	6	7
Deutsche Teilnehmer	116	Norwegen	10	4	5
Schweizer Teilnehmer	92	Österreich	6	7	5
Österreichische Teilnehmer	66	USA	5	2	2
Sportarten	10	Italien	4	7	4
Entscheidungen	58	Frankreich	3	4	1

Erfolgreichste Medaillengewinner

Name (Land), Sportart	Medaillen (Disziplinen)
Ljubow Jegorowa (GUS) Ski nordisch	4 x Gold (10 km Langlauf/frei, Langlauf/Kombination, 15 km Langlauf/klassisch, 4x5-km-Staffel)
Vegard Ulvang (NOR) Ski nordisch	3 x Gold (10 km Langlauf/klassisch, 30 km Langlauf/klassisch, 4 x 10-km-Staffel), 1 x Silber (Langlauf/Kombination)
Björn Dählie (NOR) Ski nordisch	3 x Gold (50 km Langlauf/frei, Langlauf/Kombination, 4 x 10-km-Staffel), 1 x Silber (30 km Langlauf/klassisch)

Erfolgreichste deutsche Teilnehmerin

| Gunda Niemann Eisschnellauf | 2 x Gold (3000 m, 5000 m), 1 x Silber (1500 m) |

1) Badminton (4 Entscheidungen)

Kultur

„J. F. K." belebt Spekulationen

18.1. Beverly Hills. Der US-amerikanische Regisseur Oliver Stone wird für seinen Film „J. F. K." mit einem Golden Globe ausgezeichnet. Er beschäftigt sich mit dem nie zweifelsfrei geklärten Tathergang des Attentats auf US-Präsident John F. Kennedy am 22.11.1963 in Dallas (↑S.570). Der dreistündige Politthriller mit Kevin Costner als Staatsanwalt vermengt geschickt Realität und Fiktion und löst neue Spekulationen über eine Verschwörung von CIA, FBI und Mafia gegen Kennedy aus.

Oliver Stone konnte bereits 1986 mit seinem Vietnam-Film „Platoon", für den er vier Oscars erhielt, einen großen Erfolg verzeichnen. 1990 wurde sein Anti-Kriegsfilm „Geboren am 4. Juli" ebenfalls mit einem Oscar ausgezeichnet.

Bundesfilmpreis für „Schtonk"

4.6. Berlin. Helmut Dietls Verfilmung des Skandals um die Veröffentlichung der angeblichen Hitlertagebücher im „stern" 1983 (↑S.765/25.4.1983) wird mit dem Bundesfilmpreis ausgezeichnet.

Dietl, der bereits 1982 und 1985 mit seinen TV-Serien „Monaco-Franze" und „Kir Royal" großen Erfolg hatte, gestaltet „Schtonk" als witzig-hintergründige Komödie: Götz George in der Rolle eines Reporters hofft, durch einen von Uwe Ochsenknecht dargestellten Militaria-Händler in den Besitz der Hitler-Tagebücher zu gelangen.

Der Film entwickelt sich schnell zu einem großen Publikumserfolg und erregt auch international Aufsehen. Im Oktober erhält „Schtonk" in Tokio den Preis für das beste Drehbuch und wird 1993 in Los Angeles für einen Oscar in der Sparte „bester ausländischer Film" nominiert.

Sport

Krabbe wegen Doping gesperrt

15.2. Darmstadt. Der Deutsche Leichtathletik-Verband (DLV) verhängt eine Sperre über die Sprinterinnen Katrin Krabbe, Grit Breuer und Silke Möller. Der DLV sieht es als erwiesen an, daß die Sportlerinnen zur Dopingkontrolle Urinproben manipuliert haben. Krabbe hatte 1990 bei den Europameisterschaften von Split drei Goldmedaillen gewonnen und 1991 bei den Weltmeisterschaften in Tokio über 100 m und 200 m gesiegt.

Die drei Sprinterinnen erwirken zwar im April eine Aufhebung der Sperre, werden aber im September erneut suspendiert.
Ab Januar 1992 muß nach Weisung des DLV jeder Olympia-Teilnehmer einen Athleten-Paß führen, in dem Dopingtests und eingenommene Medikamente eingetragen werden.
1993 hebt der DLV die über Krabbe, Breuer und Möller verhängte Sperre auf.

Roßkopf Tischtennis-Europameister

20.4. Stuttgart. Als erster deutscher Tischtennisspieler wird der Düsseldorfer Jörg Roßkopf Europameister. Im Finale schlägt der 22jährige Linkshänder den Belgier Jean-Michel Saive mit 3:1 Sätzen. Roßkopf beendet damit die langjährige Dominanz der Schweden, die in den letzten zehn Jahren den Titelträger stellten.
1989 hatte Roßkopf mit Steffen Fetzner bei den Weltmeisterschaften in Dortmund sensationell den Titel im Herren-Doppel gewonnen. Die beiden Spieler des PSV Düsseldorf bezwangen im Endspiel das polnisch-jugoslawische Duo Leszek Kucharski/Zoran Klinic in drei Sätzen mit 2:1.
Im Mai gelingt Roßkopf als erstem Deutschen der Sprung auf Platz eins der Europarangliste. Bei der Weltmeisterschaft 1993 feiert die Tischtennismannschaft der Herren mit der Bronzemedaille ihren größten Erfolg.

Spiele wieder mit Südafrika

24.7.–8.8. Barcelona. Bei den XXV. Olympischen Spielen sind erstmals seit 1972 alle 172 Mitgliedsländer des Internationalen Olympischen Komitees vertreten. Die 1960 verhängte Sperre gegen Südafrika wurde aufgehoben, nachdem der Apartheidstaat 1992 die Rassentrennungsgesetze abgeschafft hatte (↑S.855/ 17.3.1992). Wie zuletzt 1964 nimmt wieder eine gesamtdeutsche Mannschaft teil.
Für die Vergabe der Fernsehrechte erhielten die Veranstalter 625 Mio Dollar, womit sie etwa ein Drittel ihres Etats decken.
Überragende Leistung ist der Sieg der US-Staffel über 4 x 400 m: Sie verbessert den 1968 aufgestellten und ältesten Leichtathletikweltrekord um 42 Hundertstel. Seine Klasse demonstriert auch das Dream-Team mit den Basketballern aus der US-Profiliga. Aus deutscher Sicht sorgt Dieter Baumann für eine Überraschung, als er über 5000 m die favorisierten Afrikaner schlägt. Die 14jährige Schwimmerin Franziska van Almsick erringt je zweimal Silber und Bronze.   S 862/K 827

📖 Olympia '92. Die Sommerspiele von Barcelona, 1992.

Sport 1992	K 828
Fußball	
Europameisterschaft	Dänemark – Deutschland 2:0
Deutsche Meisterschaft	VfB Stuttgart
DFB-Pokal	Hannover 96 – Bor. M'gladbach 4:3 n. E.
Englische Meisterschaft	Leeds United
Italienische Meisterschaft	AC Mailand
Spanische Meisterschaft	FC Barcelona
Europapokal (Landesmeister)	FC Barcelona – Sampdoria Genua 1:0
Europapokal (Pokalsieger)	Werder Bremen – AS Monaco 2:0
UEFA-Pokal	Ajax Amsterdam
Tennis	
Wimbledon (seit 1877; 106. Austragung)	Herren: Andre Agassi (USA) Damen: Steffi Graf (GER)
US Open (seit 1881; 112. Austragung)	Herren: Stefan Edberg (SWE) Damen: Monica Seles (YUG)
French Open (seit 1925; 62. Austragung)	Herren: Jim Courier (USA) Damen: Monica Seles (YUG)
Australian Open (seit 1905; 80. Austragung)	Herren: Jim Courier (USA) Damen: Monica Seles (YUG)
Davis-Cup (Fort Worth, USA)	USA – Schweiz 3:1
Eishockey	
Weltmeisterschaft	Schweden
Stanley-Cup	Pittsburgh Penguins
Deutsche Meisterschaft	Düsseldorfer EG
Radsport	
Tour de France (3984 km)	Miguel Indurain (ESP)
Giro d'Italia (3864 km)	Miguel Indurain (ESP)
Straßen-Weltmeisterschaft	Gianni Bugno (ITA)
Automobilsport	
Formel-1-Weltmeisterschaft	Nigel Mansell (GBR), Williams-Renault
Boxen	
Schwergewichts-Weltmeisterschaft	Riddick Bowe (USA) – PS über Evander Holyfield (USA), 13.11.
Herausragende Weltrekorde		
Disziplin	Athlet (Land)	Leistung
Leichtathletik, Männer		
1500 m	Nourredine Morceli (ALG)	3:28,82 min
400 m Hürden	Kevin Young (USA)	46,78 sec
3000 m Hindernis	Moses Kiptanui (KEN)	8:02,08 min
Stabhochsprung	Sergei Bubka (GUS)	6,13 m
Zehnkampf	Dan O'Brien (USA)	8891 P.
Schwimmen, Männer		
400 m Freistil	Jewgeni Sadowyi (GUS)	3:45,00 min
1500 m Freistil	Kieren Perkins (AUS)	14:43,48 min
100 m Rücken	Jeff Rousse (USA)	53,86 sec
Schwimmen, Frauen		
50 m Freistil	Wenyi Yang (CHN)	24,79 sec
100 m Freistil	Jenny Thompson (USA)	54,48 sec
200 m Lagen	Li Lin (CHN)	2:11,65 min

1993

Politik

UN-Luftbrücke nach Bosnien

28.2. Frankfurt/Main. Transportflugzeuge der US-Luftwaffe starten zu einer UNO-Hilfsaktion für die eingekesselte und vom Hungertod bedrohte Bevölkerung Ostbosniens. Über dem Kampfgebiet werden Pakete mit Hilfsgütern abgeworfen.

In Bosnien-Herzegowina herrscht Krieg, seit sich die ehemalige jugoslawische Teilrepublik am 3.3.1992 für unabhängig erklärte. Die serbische Bevölkerungsgruppe führt mit Unterstützung der Nachbarrepublik Serbien einen Eroberungskrieg gegen die moslemischen und kroatischen Bewohner. Ende 1993 kontrollieren die Serben rd. 70% des Territoriums. Während alle Verhandlungen um eine politische Lösung scheitern, bemüht sich die internationale Staatengemeinschaft um humanitäre Hilfe für die Zivilbevölkerung. Bei 2752 Flügen an 313 Tagen werden 17 561 t Nahrung, Medikamente und Kleidung abgeworfen. Im März 1994 werden die Hilfsgüterabwürfe, an denen sich auch die deutsche Luftwaffe beteiligt, ausgesetzt. Die Bevölkerung kann weitgehend mit Landtransporten versorgt werden.

📖 J. G. Reissmüller: Die bosnische Tragödie, 1993.

Die Morde von Solingen

29.5. Solingen. Bei einem von rechtsextremen Gewalttätern (↑S.857/23.11.1992) verübten Brandanschlag auf ein von Türken bewohntes Haus sterben fünf Menschen. Zehn Personen werden schwer verletzt.

Das am frühen Morgen gelegte Feuer schneidet den Bewohnern der oberen Geschosse den Fluchtweg ab. Eine 27jährige Frau stürzt aus dem Fenster, vier Mädchen im Alter zwischen vier und 18 Jahren verbrennen in den Flammen. Am 31.5. wird unter dringendem Tatverdacht ein 16jähriger Schüler festgenommen, der in Solingen der rechtsextremen Szene zugerechnet wird. Er legt ein Geständnis ab und belastet drei weitere Personen im Alter von 16 bis 23 Jahren als Mittäter. 1993

Wichtige Regierungswechsel 1993   K 829

Land	Amtsinhaber	Bedeutung
Aserbaidschan	Abulfas Eltschibej (P seit 1992) Gaidar Alijew (P bis ...)	Eltschibej verläßt nach dem Aufmarsch von Rebellen das Land (18.6.); Nachfolger wird mit Alijew ein Parteigänger Moskaus
Bolivien	Jaime Paz Zamora (P seit 1989) Gonzalo Sanchez de Lozada (P bis ...)	Nachfolger des Sozialisten Paz Zamora wurde der rechtskonservative Oppositionsführer Sanchez de Lozada (ab 6.8.)
Frankreich	Pierre Eugène Bérégovoy (M seit 1992) Edouard Balladur (M bis 1995)	Der konservative Ministerpräsident Balladur (ab 29.3.) muß mit dem sozialistischen Präsidenten François Mitterrand zusammenarbeiten (sog. Cohabitation, franz.; Zusammenleben)
Griechenland	Konstantin Mitsotakis (M seit 1990) Andreas Papandreou (M bis 1996)	Mit der erneuten Amtsübernahme des Sozialisten Andreas Papandreou (PASOK, 13.10.) endet die dreijährige Regierungszeit der konservativen Neuen Demokratie (ND)
Japan	Kiichi Miyazawa (M seit 1991) Morihiro Hosokawa (M bis 1994)	Regierungschef Morihiro Hosokawa (ab 9.8.) löst nach den Wahlen (18.7.) mit einem Koalitionsbündnis aus sieben Parteien die seit 37 Jahren regierende konservative LDP ab
Kanada	Brian Mulroney (M seit 1984) Kim Campbell (M 25.6.–4.11.) Jean Chrétien (M bis ...)	Nach dem Rücktritt Mulroneys wird die Konservative Campbell erste Ministerpräsidentin Kanadas; Sieg für Liberale (25.10.); Separatisten aus Quebec werden zweitstärkste Fraktion
Pakistan	Nawaz Sharif (M seit 1990) Moeen Qureshi (M 19.7.–19.10.) Benazir Bhutto (M bis 1996)	Der Machtkampf zwischen Sharif und Staatspräsident Ghulam Ishaq Khan endet mit dem Rücktritt beider Politiker (18.7.). Die Neuwahlen (6.10.) gewinnt Bhutto, die schon 1988–90 regierte
Polen	Hanna Suchocka (M seit 1992) Waldemar Pawlak (M bis 1995)	Pawlak, Vorsitzender der Bauernpartei, wird nach dem Wahlsieg der linken Opposition (19.9.) Regierungschef (18.10.); marktwirtschaftliche Reformen führten zu sozialen Härten
Türkei	Turgut Özal (P seit 1989) Süleyman Demirel (M seit 1991, P bis ...) Tansu Çiller (M bis 1996)	Nach dem Tod von Staatspräsident Turgut Özal (17.4.) übernimmt Demirel (ab 16.5.) dessen Amt; Tansu Çiller wird die erste Regierungschefin der Türkei (ab 14.6.)
USA	George Bush (P seit 1989) William J. Clinton (P bis ...)	Regierungsverantwortung fällt an Demokraten; Clinton ist der erste Präsident (ab 20.1.) der Nachkriegsgeneration; Schwerpunkte seines Programms sind Innen- und Wirtschaftspolitik

M = Ministerpräsident bzw. Premierminister; P = Präsident

wurden dem Verfassungsschutz 1609 ausländerfeindliche Gewalttaten mit rechtsextremistischem Hintergrund bekannt. Sechs der Gewaltopfer starben.
Am 13.4.1994 eröffnet das Oberlandesgericht Düsseldorf den Prozeß um den Solinger Brandanschlag und erhebt Anklage wegen fünffachen Mordes, 14fachen versuchten Mordes und schwerer Brandstiftung. Der Prozeßverlauf ist durch widersprüchliche Aussagen und widerrufene Geständnisse der Angeklagten gekennzeichnet.
Nach 18monatiger Verhandlungsdauer erfolgt im Oktober 1995 die Urteilsverkündung: Die Angeklagten werden zu langjährigen Haftstrafen (in drei Fällen jeweils zehn Jahre Jugendstrafe sowie einmal 15 Jahre) verurteilt. S 857/K 824

I. Ruth/S. Jäger/T. A. van Dijk: Die Morde von Solingen, 1993.

Die Schüsse von Bad Kleinen

27.6. Bad Kleinen. Bei einem umstrittenen Anti-Terror-Einsatz werden auf dem Bahnhof der mecklenburgischen Kleinstadt ein Beamter der Bundesgrenzschutztruppe GSG 9 und der mutmaßliche RAF-Terrorist Wolfgang Grams erschossen sowie dessen Komplizin Birgit Hogefeld festgenommen.
Die ungeklärten Umstände der Verhaftungsaktion lösen eine politische Krise aus und führen am 4.7. zum Rücktritt von Bundesinnenminister Rudolf Seiters (CDU). Unklar ist zunächst, ob der angeschossene Grams Selbstmord begangen hat oder durch einen GSG-9-Beamten vorsätzlich getötet wurde. Zu den Pannen des Einsatzes gehörte nach einem Bericht des Innen- und Rechtsausschusses des Deutschen Bundestags u. a., daß kein Notarzt bereitstand und daß Fehler bei der Beweissicherung am Tatort gemacht wurden. Generalbundesanwalt Alexander von Stahl wurde wegen der verwirrenden Informationspolitik seiner Behörde am 6.7. in den einstweiligen Ruhestand versetzt.
Der wissenschaftliche Dienst der Züricher Stadtpolizei stellt am 20.11. ein Abschlußgutachten vor, das eine exekutionsähnliche Handlung durch GSG-9-Beamte ausschließt und die Selbstmordthese stützt. Ein im August wegen des Verdachts der vorsätzlichen Tötung eingeleitetes Ermittlungsverfahren gegen zwei GSG-9-Beamte wird am 13.1. 1994 eingestellt. S 714/K 702

Bundeswehreinsatz in Somalia KAR

2.7. Bonn. Der Bundestag beschließt mit den Stimmen von 337 Abgeordneten bei 185 Gegenstimmen und 13 Enthaltungen den Einsatz von rd. 1700 Bundeswehrsoldaten bei der UNO-Friedensaktion „Neue Hoffnung" im ostafrikanischen Somalia (↑S.858/ 8.12.1992). Gegen die Entsendung deutscher Streitkräfte klagt die SPD – vergeblich – vor dem Bundesverfassungsgericht (↑S.875/12.7. 1994). Das internationale Kontingent von insgesamt 20 000 Soldaten ist zur Überwachung des Waffenstillstands zwischen den Bürgerkriegsparteien und zur Sicherung der Hilfsgüterverteilung an die Bevölkerung eingesetzt.
Die deutschen Truppen sind bis zum Abzug im März 1994 nahe der als befriedet geltenden Provinzhauptstadt Belet Huen 300 km nördlich von Mogadischu stationiert und leisten technische und medizinische Hilfe. Das Hauptvorhaben, andere in Somalia eingesetzte Truppenteile mit Nachschub zu versorgen, wird wegen Änderungen in den Planungen der UNO zum Großteil nicht verwirklicht. Von den Gesamtkosten des deutschen Einsatzes (etwa 310 Mio DM) trägt Deutschland drei Viertel.

W. Michler: Somalia – ein Volk stirbt. Der Bürgerkrieg und das Versagen des Auslands, 1993.

Somalia

Rückzug von UNO-Truppen	
Kontingent	Abzug
Deutschland	31. 03. 1994
USA	31. 03. 1994
Afrika/Asien	31. 03. 1995
Clangebiete	ABGAL

1) Einflußreichste Gruppe des Hawiye-Clans (Präsident Ali Mahdi)

1993

Gaza-Jericho-Abkommen: Israels Ministerpräsident Yitzhak Rabin (l.) und PLO-Chef Jassir Arafat (r.) schließen unter Vermittlung von US-Präsident Bill Clinton (M.) das Autonomieabkommen für die von Israel besetzten Gebiete.

Das Gaza-Jericho-Abkommen	K 830

Palästinensische Selbstverwaltung
Fünfjährige eingeschränkte Selbstverwaltung für den Gazastreifen und Jericho. Nach dieser Übergangsperiode Verhandlungen über den endgültigen Status von Jerusalem, Grenzfragen und israelische Siedler.

Israelischer Truppenrückzug
Abzug der israelischen Streitkräfte aus dem Gazastreifen und Jericho. Verbleib israelischer Truppen zum Schutz jüdischer Siedlungen (Beginn der Räumung des Gazastreifens und Jerichos: Mai 1994)

Wahlen
Wahl eines Palästinenserrates, dem wirtschaftliche Entwicklung, Umweltschutz, Steuern und Soziales unterstehen. Regelung des Wahlmodus und der genauen Kompetenzen durch die Palästinenser.

Sicherheit
Einrichtung einer palästinensischen Polizei, der auch Palästinenser aus Ägypten, Jordanien und dem Libanon angehören dürfen (Dienstantritt: Mai 1994). Regelung der Zuständigkeit der Polizeibehörde in zusätzlichen Abkommen.

Streitigkeiten
Schlichtung von Auseinandersetzungen zwischen Israel und den Palästinensern durch einen gemeinsamen Ausschuß oder ein Schiedsgericht, falls beide Seiten einer Anrufung des Gremiums zustimmen.

Siedler
Israelische Zuständigkeit für die Sicherheit jüdischer Siedlungen im Gazastreifen und dem Westjordanland, bis Israel und die Palästinenser über den Status der rd. 120 000 jüdischen Siedler eine Einigung erzielt haben.

Flüchtlinge
Verhandlungen über Modalitäten der Rückkehr von rd. 200 000 palästinensischen Flüchtlingen, die das Westjordanland und den Gazastreifen infolge der israelischen Besetzung seit dem Sechstagekrieg 1967 verlassen haben.

Wirtschaftshilfe
Einrichtung eines israelisch-palästinensischen Ausschusses zur wirtschaftlichen Zusammenarbeit. Erarbeitung und Durchführung von Entwicklungsprogrammen für den Gazastreifen und das Westjordanland.

Teilautonomie für Palästinenser

13.9. Washington D.C. Der israelische Ministerpräsident Yitzhak Rabin und der Vorsitzende der Palästinensischen Befreiungsorganisation (PLO), Jassir Arafat, unterzeichnen das Rahmenabkommen über die palästinensische Teilautonomie in dem von Israel besetzten Gazastreifen und im Gebiet um Jericho im Westjordanland (↑S.847/30.10. 1991).
Es sieht die schrittweise Übergabe von Verwaltungskompetenzen in palästinensische Hände vor. Die Aussöhnung, die einem Frieden mit allen arabischen Staaten den Weg ebnen soll, erleidet am 25.2.1994 einen Rückschlag, als ein radikaler jüdischer Siedler in einer Moschee in Hebron/Westjordanland 29 betende Palästinenser erschießt.
Am 4.5.1994 (↑S.874) schließen Rabin und Arafat in Kairo einen Vertrag über die Ausführungsbestimmungen des Gaza-Jericho-Abkommens. Darin werden der sofortige Beginn des israelischen Abzugs aus dem Gazastreifen und Jericho, die Verlegung israelischer Truppen in jüdische Siedlungen, der Einzug einer 9000 Mann starken palästinensischen Polizei und die Übergabe der inneren Verwaltungshoheit an palästinensische Organe festgeschrieben. Bis 1999 soll die vollkommene territoriale Unabhängigkeit der Palästinenser im Westjordanland und im Gazastreifen erreicht sein. S 866/K 830

Putsch in Moskau gescheitert

4.10. Moskau. Die Gegner von Präsident Boris Jelzin, reformfeindliche Nationalisten und Altkommunisten unter Führung von Parlamentspräsident Ruslan Chasbulatow, Vizepräsident Alexander Ruzkoi und Generaloberst a.D. Albert Makaschow, geben ihren Umsturzversuch auf. Sie müssen sich im Parlamentsgebäude den regierungstreuen Truppen ergeben.
Die Reformgegner stellen zwei Drittel der 1320 Deputierten im Parlament (Volksdeputiertenkongreß und Oberster Sowjet). Entgegen den Bestimmungen der noch geltenden Verfassung aus der Sowjetzeit löste Jelzin in 21.9. die beiden Häuser des Parlaments auf und setzte Neuwahlen sowie ein Verfassungsreferendum an. Die Parlamentarier reagierten mit der Absetzung Jelzins und riefen zum Widerstand gegen Präsident und Regierung auf. Bei den Kämpfen wurden ca. 100 Personen getötet und 500 verletzt.
Der Machtkampf zwischen Demokraten, sowie Kommunisten und Nationalisten, die aus der Neuwahl (↑S.867/12.12.1993) als zweitstärkste Kraft hervorgehen, setzt sich

1994 fort und gefährdet die Stabilität des Landes. Die Rechte des Parlaments sind jedoch mit der neuen russischen Verfassung stark beschnitten (↑S.867/12.12.).

Skandal um aidsverseuchtes Blut

6.10. Bonn. Bundesgesundheitsminister Horst Seehofer (CSU) wird vom Bundesgesundheitsamt (BGA) darüber informiert, daß es in Deutschland 373 Verdachtsfälle einer Infektion mit dem Aids-Virus HIV durch Blutpräparate gibt. Bei den Nachforschungen, wann und wie es zu den Infektionen kommen konnte, stoßen Ermittler auf kriminelle Laborpraktiken im Umgang mit Blut und Spendern.

Mitarbeiter des BGA hatten die Verdachtsfälle offenbar jahrelang verschwiegen. Als Konsequenz aus der Verletzung der Informationspflicht gegenüber dem Bundesgesundheitsministerium kündigt Seehofer am 13.10. die Auflösung des BGA an. Die Berliner Behörde und ihre sechs Institute sollen durch vier Bundesämter ersetzt werden. Am 28.10. schließt die Staatsanwaltschaft das Koblenzer Pharmaunternehmen UB Plasma, nachdem bekannt wurde, daß sich drei Transfusionsempfänger durch Blutprodukte des Labors mit Aids infizierten. Am 10.11. wird in Niedersachsen die Firma Haemoplas nach drei HIV-Infektionen durch ihre Blutpräparate geschlossen.

Ab 1994 sollen Blutprodukte, in denen Viren nicht abgetötet werden können, vier Monate gelagert und erneut auf Aids getestet werden. So können Infektionen nachgewiesen werden, die erst kurz vor der ersten Spende stattfanden. Produkte aus Blutplasma sollen staatlich kontrolliert werden.

Rechtsruck bei russischen Wahlen

12.12. Moskau. Bei den ersten demokratischen Parlamentswahlen in Rußland wird die rechtsextremistische Liberal-Demokratische Partei (LDPR) unter Vorsitz von Wladimir Schirinowski mit 64 von 450 Sitzen zweitstärkste Fraktion. Dem Reformflügel Demokratische Wahl Rußlands, der 70 Mandate erringt, steht eine reformfeindliche Mehrheit aus LDPR und Kommunisten gegenüber, die zusammen 150 Sitze halten.

Die von dem Ultranationalisten Schirinowski 1991 gegründete LDPR tritt für ein Großrussisches Reich ein, dem alle ehemaligen Sowjetrepubliken angegliedert werden sollen. Die Republiken der Ex-UdSSR sollen durch die Einstellung wirtschaftlicher Hilfe zum Beitritt gezwungen werden. Parallel zur Wahl wird mit 58,4% der Stimmen eine Verfassung angenommen, die dem Präsidenten eine für einen demokratischen Staat einzigartige Machtfülle sichert.

Auf Auslandsreisen propagiert Schirinowski 1994 die Fortsetzung der expansiven Großmachtpolitik der früheren Sowjetunion.

Bei den Parlamentswahlen im Dezember 1995 fällt die LDPR auf 11% der abgegebenen Stimmen zurück, den größten Zuwachs verzeichnen die Kommunisten (Anteil: 22%).

W. Eichwede (Hg.): Wladimir Schirinowski: Rußlands starker Mann?, 1994.

Wirtschaft

Europäischer Binnenmarkt in Kraft

1.1. Brüssel. Zwischen den zwölf Staaten der Europäischen Gemeinschaft (↑S.610/1.7. 1967) tritt der freie Verkehr von Personen, Waren, Dienstleistungen und Kapital in Kraft. EG-Bürger können privat in anderen Mitgliedstaaten zollfrei einkaufen, Ausnah-

Nobelpreisträger 1993	K 831
Frieden: Frederik Willem de Klerk (Südafrika, *1936), Nelson Mandela (Südafrika, *1918)	
Für die friedliche Beendigung des Apartheid-Regimes werden der Schwarzenführer Mandela und Staatspräsident de Klerk ausgezeichnet. Mandela war 1990 nach 28 Jahren aus der vom Apartheid-Regime verhängten Haft entlassen worden, de Klerk hatte den Wandel bei den Weißen durchgesetzt.	
Literatur: Toni Morrison (USA, *1931)	
Mit der US-Amerikanerin Toni Morrison erhielt erstmals eine schwarze Schriftstellerin den Preis. Der 1977 veröffentlichte Bestseller „Song of Salomon" gehört zu den Klassikern der US-amerikanischen Literatur. Die Identität der schwarzen US-Amerikaner ist das Hauptthema ihrer Romane.	
Chemie: Karry B. Mullis (USA, *1944), Michael Smith (Kanada, *1932)	
Mullis entwickelte ein Verfahren für die Vervielfältigung der Erbsubstanz. Krankheitserreger lassen sich nachweisen, lange bevor der Körper Antikörper bildet. Smith entwickelte neue Methoden, um Eiweiße zu erforschen und zu klären, wie sie mit anderen Molekülen in Zellen zusammenwirken.	
Medizin: Phillip Sharp (USA, *1944), Richard Roberts (GB, *1943)	
Sharp und Roberts entdeckten 1977 unabhängig voneinander diskontinuierlich aufgebaute Gene. Sie liegen in mehreren getrennten Abschnitten, den Exons, vor. Der Fund ermöglicht Einblicke in die Struktur des Erbgutes und ein besseres Verständnis, welche Defekte Krebs auslösen.	
Physik: Russel A. Hulse (USA, *1955), Joseph Taylor (USA, *1941)	
Die Forscher entdeckten einen neuen Pulsartyp. Es handelt sich um ein Tandem aus zwei Objekten. Diese drehen sich in einer enger werdenden Bahn immer schneller umeinander. Die Entdeckung bestätigt Albert Einsteins Relativitätstheorie. Pulsare entstehen aus Sternen, die langsam sterben.	
Wirtschaftswissenschaften: Robert W. Fogel (USA, *1926), Douglas C. North (USA, *1920)	
Die Preisträger erweiterten in der wirtschaftsgeschichtlichen Forschung die Kliometrie, eine Methode zur Erschließung historischer Quellen, mit quantitativen Mitteln. Durch verfeinerte Datenreihen nimmt der Erkenntnisstand über die Ursachen von wirtschaftlichem Aufschwung oder Niedergang zu.	

men gelten für Neuwagen, Alkohol, Tabak und Mineralöl.

Die Europäische Kommission unter Präsident Jacques Delors hatte 1985 im Weißbuch zur Vollendung des Europäischen Binnenmarkts 282 Maßnahmen aufgeführt. Davon sind bis Ende 1993 rd. 95% verabschiedet. In nationales Recht der Mitgliedstaaten umgesetzt werden bis Ende 1995 durchschnittlich 93% der Richtlinien.

Das wichtigste noch nicht erreichte Ziel des Europäischen Binnenmarkts ist 1993 die völlige Abschaffung der Personenkontrollen an den Binnengrenzen, die mit dem Schengener Abkommen verwirklicht werden soll (↑S.885/26.3.1995). Am 1.11.1993 tritt der Vertrag von Maastricht (↑S.849/11.12.1991) in Kraft, der engere Zusammenarbeit auf politischem und wirtschaftlichem Gebiet beinhaltet und die Europäische Gemeinschaft zur Europäischen Union (EU) umwandelt (↑S.877/28.11.1994). S 610/K 612

W. Weidenfeld (Hg.): Der vollendete Binnenmarkt – eine Herausforderung für die Europäische Gemeinschaft, 1993.

Einigung auf Solidarpakt
13.3. Bonn. Die Bundesregierung aus CDU/CSU und FDP verständigt sich mit den Ministerpräsidenten der Bundesländer und der SPD-Opposition, deren Mitwirkung sie wegen der SPD-Mehrheit in der Länderkammer Bundesrat benötigt, auf den sog. Solidarpakt. Hauptelemente des Solidarpakts sind Steuererhöhungen, eine Neuordnung des Bund-Länder-Finanzausgleichs und ein staatliches Wohnungsbauprogramm in Ostdeutschland.

Nach dem Beitritt der DDR zur Bundesrepublik Deutschland stellte die Regierung fest, daß die Eingliederung Ostdeutschlands die staatlichen Mittel ohne eine Neugestaltung der Finanzpolitik überfordert. Der Fonds Deutsche Einheit, der Sonderhaushalt des Bundes und der Länder zur Finanzierung des wirtschaftlichen Aufbaus in Ostdeutschland 1990–1994, wird auf 160 Mrd DM aufgestockt (↑S.838/16.5.1990).

Die ostdeutschen Bundesländer erhalten ab 1995 jährlich etwa 56 Mrd DM. Die westdeutschen Länder erreichten in den Verhandlungen gegenüber dem Bund, daß sie davon nur 10% tragen.

Entlassungen bei Daimler-Benz
17.9. Stuttgart. Der Vorstand des größten deutschen Industrie-Unternehmens Daimler-Benz AG kündigt an, im Rahmen von Sparmaßnahmen bis Ende 1994 konzernweit 44 000 Arbeitsplätze abzubauen, davon ca. 35 000 in Deutschland.

Der Konzernumsatz ging 1993 gegenüber dem Vorjahr von 98,5 Mrd auf 97,7 Mrd DM zurück. Nur aufgrund außerordentlicher Erträge (z. B. Wertpapierverkäufe) konnte ein Jahresüberschuß von 615 Mio DM erzielt werden (1992: 1451 Mio DM). Die Zahl der Mitarbeiter sank von 376 000 auf 367 000. Von den vier Unternehmensbereichen wiesen Mercedes-Benz (PKW, Nutzfahrzeuge), AEG (Elektro) und Deutsche Aerospace (Luft-, Raumfahrt, Rüstung) Fehlbeträge aus, nur Debis (Dienstleistungen) konnte positive Ergebnisse erzielen.

Für 1994 rechnet der Konzern wieder mit Gewinnen. Am Ende der 80er Jahre eingeführten Konzept der Umwandlung vom Auto- in einen Technologiekonzern soll festgehalten werden.

Die Ende 1995 beschlossene Auflösung von AEG und der Konkurs der niederländischen Luftfahrt-Tochter Fokker im Frühjahr 1996 (↑S.901/11.4.1996) markieren jedoch eine Wende in der Konzernpolitik.

Wirtschaftsblock in Nordamerika
17.11. Washington. Mit einer Mehrheit von 234 zu 200 Stimmen billigt das US-amerikanische Repräsentantenhaus das Nordamerikanische Freihandelsabkommen (NAFTA) zwischen den USA, Kanada und Mexiko.

Mit der NAFTA entsteht das weltweit größte Wirtschaftsbündnis. Im Binnenmarkt wurde 1992 ein Bruttoinlandsprodukt von 6400 Mrd Dollar (10,8 Billionen DM) erwirtschaften. Ein positives Votum der Abgeordneten schien lange fraglich. Befürchtet wurde, daß Arbeitsplätze aus den USA in das Niedriglohnland Mexiko verlagert werden könnten. Außerdem setzen die Volksvertreter Maßnahmen zum Schutz der US-amerikanischen Landwirtschaft durch. So unterliegt die Einfuhr von Zitrusfrüchten, Zucker und Gemüse aus Mexiko sowie Weizenprodukten aus Kanada weiterhin Kontingentierungen.

Die Zustimmung des kanadischen Parlaments zu dem Abkommen war am 27.5. erfolgt, die des mexikanischen Senats am 27.11. Am 1.1.1994 tritt die NAFTA in Kraft.

Natur/Umwelt

Jahrhundertflut im Mittelwesten
31.7. Washington. US-Präsident Bill Clinton erklärt die Bundesstaaten Illinois, Iowa und

Missouri im Mittelwesten der USA zu Katastrophengebieten. Wochenlange Regenfälle ließen den Mississippi auf 730 km und den Missouri auf 1000 km Länge über die Ufer treten.
Bei der schlimmsten Flut dieses Jahrhunderts kommen 49 Menschen ums Leben, Tausende wurden obdachlos. Mehrere Mio ha Ackerland werden überflutet, der Sachschaden wird auf 15 Mrd Dollar (24 Mrd DM) geschätzt. Laut US-Landwirtschaftsministerium ernten die Farmer 1993 wahrscheinlich 22% weniger Mais als im Vorjahr. S 314/K 321

Grüner Punkt ist Sanierungsfall
3.9. Bonn. Handel, Industrie, Entsorgungswirtschaft und kommunale Spitzenverbände einigen sich auf ein Sanierungskonzept für das Abfallentsorgungsunternehmen Duales System Deutschland (DSD). Darlehen und Zahlungsstundungen wenden den Konkurs des Unternehmens ab.
Gegen Gebühren vergibt das DSD den Grünen Punkt, der das Verpackungsmaterial als wiederverwertbar kennzeichnet. Das privatwirtschaftliche Unternehmen übernimmt am 1.1. die Verpflichtung, alle Verkaufsverpackungen, die Waren unmittelbar umhüllen, zu sammeln, zu sortieren und dem Recycling zuzuführen. Bis September laufen etwa 860 Mio DM Schulden auf, u. a. weil die Menge der gesammelten Verpackungen die Wiederverarbeitungskapazitäten überstieg und außerplanmäßige Kosten für Entsorgungsunternehmen anfielen. Außerdem zahlen die Hersteller für mehr als ein Drittel der 150 Mrd Verpackungen keine Lizenzgebühr.
Das DSD erfaßt 1993 bundesweit 57% aller Verkaufsverpackungen. Jeder Deutsche hat durchschnittlich 56,8 kg gebrauchte Verpackungen in den gelben Säcken oder Tonnen gesammelt. Insgesamt waren es 4,6 Mio t. Auf der Grundlage einer neuen Gebührenstaffel erhöhen sich die Kosten für den Grünen Punkt pro Bundesbürger ab Oktober 1994 von 7 DM auf 47 DM.
📖 A. Bünemann/G. Rachut: Der grüne Punkt, 1993.

Gesellschaft

80 Tote bei Sektendrama in Texas
19.4. Waco. Die US-amerikanische Bundespolizei FBI versucht, die Davidianer-Sekte mit Tränengas zur Räumung ihrer festungsähnlich ausgebauten Farm zu zwingen. Etwa 80 Menschen, darunter 17 Kinder, sterben, als das Anwesen nach dem Angriff niederbrennt. Unklar bleibt, ob die Sekte das Feuer selbst gelegt hat.
Das FBI belagerte die Farm seit dem 28.2., um das Anwesen nach Waffen zu durchsuchen. Vier Beamte und eine unbekannte Zahl Farmbewohner starben bei einem Feuergefecht. Ehemalige Sektenmitglieder hatten ausgesagt, daß auf dem Gelände Straftaten stattfinden, z. B. sollen Frauen vergewaltigt worden sein. Sekten-Führer David Koresh predigte den ewigen Kampf zwischen Gut und Böse.
In den USA existieren 1993 rd. 1200 Sekten. Viele Gruppen kennzeichnet ein selbstzerstörerischer Fanatismus und der unbedingte Gehorsam gegenüber einer als charismatisch empfundenen Führergestalt.

Kindermord in Liverpool
24.11. Preston. Die zwölf Geschworenen im Liverpooler Mordprozeß sprechen die jüngsten Mörder, die im 20. Jahrhundert in Großbritannien vor Gericht gestanden haben, schuldig. Als Robert Thompson und Jon Venables am 12.2. den zweijährigen James Bulger aus einem Einkaufszentrum entführten, quälten und schließlich töteten, waren beide zehn Jahre alt.
Die Ursachen des Verbrechens, das die britische Öffentlichkeit erschütterte, bleiben weitgehend ungeklärt. Bei der Urteilsverkündung spekuliert der Richter, daß möglicherweise der Umgang mit Gewaltvideos zur Tötungsbereitschaft der Kinder beigetragen habe. Medienforscher gehen davon aus, daß brutale

Jahrhundertflut in den USA: In Davenport/Iowa steht das Baseball-Stadion unter Wasser. Wochenlange Regenfälle lassen den 3778 km langen Mississippi und seinen größten Nebenfluß, den 2243 km langen Missouri über die Ufer treten.

"**Jurassic Park**": Steven Spielbergs „Saurier–Spektakel" beeindruckt mit aufwendiger Computer-Trickfilmtechnik.

Die größten Kino-Erfolge		K 832
Regisseur **Film**	**Erlös (Mio $)**	**Inhalt**
Steven Spielberg Jurassic Park USA (1993)	865,0	Aus fossilem Erbmaterial geklonte Dinosaurier im Freizeitpark eines Milliardärs geraten außer Kontrolle.
Steven Spielberg E. T. USA (1982)	650,0	Der Außerirdische E. T. wird auf der Erde vergessen und freundet sich mit dem zehnjährigen Elliot an.
Roland Emmerich Independence Day USA (1996)	300,0[1]	Außerirdische erscheinen am US-amerik. Unabhängigkeitstag über der Erde und beginnen, Großstädte zu zerstören.
George Lucas Krieg der Sterne USA (1977)	193,5	Weltraummärchen, das mit Tricktechnik die Abenteuer Luke Skywalkers beim Kampf gegen das Böse zeigt.
Richard Marquand Die Rückkehr der Jedi-Ritter/USA (1982)	168,0	Dritte Episode nach „Krieg der Sterne" und „Das Imperium schlägt zurück" mit gleicher Besetzung.
Tim Burton Batman USA (1988)	150,5	In dem Film nach dem Comic kämpft Bruce Wayne im Fledermausgewand gegen den Verbrecherkönig.
Irvin Kershner Das Imperium schlägt zurück / USA (1979)	141,6	„Krieg-der-Sterne"-Fortsetzung, die mit Spezialeffekten begeistert, aber Schwächen in der Story aufweist.
Ivan Reitman Ghostbusters USA (1984)	130,2	In der Parodie des Fantasyfilms retten drei Wissenschaftler New York vor allen Arten von Gespenstern.
Steven Spielberg Der weiße Hai USA (1974)	129,5	Katastrophenfilm, in dem das Grauen durch einen Hai neue Dimensionen annimmt, weil es unberechenbar ist.
Steven Spielberg Jäger des verlorenen Schatzes/USA (1980)	115,6	Der Archäologieprofessor und Abenteurer Indiana Jones wird mit okkulten Geheimnissen konfrontiert.
Steven Spielberg Indiana Jones u. d. l. Kreuzzug/USA (1988)	115,5	Harrison Ford als Indiana Jones und Sean Connery als sein Vater suchen in der Actionkomödie den Heiligen Gral.

[1] Bis 17. Spielwoche, in Deutschland: rd. 105 Mio DM; Stand: Ende 1996

Szenen die Hemmschwelle für Gewalt bei jungen Zuschauern herabsetzen.
Die Täter können voraussichtlich frühestens im Alter von 28 Jahren mit neuer Identität ins bürgerliche Leben zurückkehren. Sie werden zunächst in Erziehungsheimen untergebracht, ab dem 18. Lebensjahr in einer Jugendstrafanstalt. Nach dem 21. Geburtstag folgt der Strafvollzug für Erwachsene.

Kultur

Schiller-Theater muß schließen

22.6. Berlin. Auf Beschluß des Senats muß das Schiller-Theater unter dem Zwang von Haushaltskürzungen seinen Spielbetrieb nach annähernd 100 Jahren zum Ende der Saison einstellen. Die eingesparten Gelder in Höhe von 41,3 Mio DM für 1993 sollen teilweise in die Kassen anderer Berliner Kulturbetriebe einfließen. Die Schließung des Schiller-Theaters wird vielfach als Generalangriff auf das Modell des Subventionstheaters gewertet. Befürworter der Kürzungen kritisieren den aufgeblähten Verwaltungs- und Technikapparat der Subventionsbühnen und die sich an Prestige-Aspekten orientierende Programmgestaltung. Geringere Etats könnten eine zuschauerfreundlichere Arbeit fördern und zur Belebung der Theaterlandschaft beitragen.
Am 2.10. gibt das Schiller-Theater mit der ausverkauften Premiere von Coline Serreaus „Weißalles und Dickedumm" seine Abschiedsvorstellung.

Saurier-Film öffnet neue Kinowelt

2.9. Berlin. Der US-Film „Jurassic Park" von Regisseur Steven Spielberg läuft in deutschen Kinos an. Mit dem Start des erfolgreichsten Streifens der Fimgeschichte verdoppelt sich die Zahl der Kinobesucher in Deutschland.
Eine revolutionäre Trickfilmtechnik setzt äsende Riesensaurier ebenso wirklichkeitsgetreu in Szene wie einen fleischfressenden Tyrannosaurus auf der Jagd nach Menschen. Mit Hilfe von Computergrafik wird ein Saurier nach dem Vorbild eines originalgetreuen Modells auf dem Bildschirm entworfen. Die Filmszene wird in den Computer geladen und in veränderbare Bildsignale zerlegt. Der Saurier wird dann in die Szene eingefügt, wobei der Hintergrund variiert werden kann.
Jede beliebige Szene aus Historie und Phantasie kann künftig mit Hilfe des Computers lebensecht gezeigt werden. Für bahnbrechen-

de Leistungen in der Filmtechnik von „Jurassic Park" wird Spielberg am 22.3.1994 mit drei Oscars für Spezialeffekte, Ton und Toneffekte ausgezeichnet. Die Dinosaurier werden weltweit in über 1000 Produkten erfolgreich vermarktet.

D. Shay/J. Duncan: Jurassic Park, 1993.

Louvre weltgrößtes Kunstmuseum

18.11. Paris. Mit der Einweihung des Richelieuflügels wird der Louvre mit 51 000 m^2 Ausstellungsfläche zum größten Kunstmuseum der Welt. Der Ausbau des 21 500 m^2 großen Richelieuflügels ist der zweite Abschnitt des sog. Projekts „Grand Louvre".
Der erste Teil, die Glaspyramide des sino-amerikanischen Architekten Ieoh Ming Pei, wurde 1989 als Eingangshalle eingeweiht (↑S.827/29.3.1989). Vor ihrer Eröffnung umstritten, gilt sie neben Eiffelturm, Arc de Triomphe und Grande Arche de la Défense als neues Wahrzeichen von Paris.
Der Palais du Louvre, mit dessen Bau 1546 begonnen wurde und der als Königspalast dienen sollte, wurde 1793 zum zentralen Kunstmuseum Frankreichs umfunktioniert. Teile wurden für andere Zwecke genutzt, im Richelieuflügel war z. B. bis 1989 das Finanzministerium untergebracht.
Bis 1997 soll die Ausstellungsfläche des Louvre, dessen Ausbau von Staatspräsident François Mitterrand initiiert wurde, auf 60 000 m^2 erweitert werden. S 534/K 538

Sport

Attentat auf Monica Seles

30.4. Hamburg. Die Weltranglistenerste im Damen-Tennis, Monica Seles, wird beim internationalen Tennisturnier am Hamburger Rothenbaum Opfer eines Messerattentats. Ein 39jähriger geistig verwirrter Deutscher sticht der 19jährigen Serbin während des Seitenwechsels im Viertelfinale 1,5 cm tief in die rechte Schulter.
Der Täter gibt sich als Anhänger Steffi Grafs aus. Er habe Seles spielunfähig machen wollen, damit die auf Platz zwei der Weltrangliste abgerutschte Deutsche wieder den ersten Platz einnehmen könne. Er wird am 13.10. zu zwei Jahren Gefängnishaft auf Bewährung verurteilt.
Das in der Tennisgeschichte einzigartige Attentat führt bei sportlichen Großereignissen zu verstärktem Personenschutz für die von Fans bedrängten und z. T. bedrohten Stars. Monica Seles, die auch psychische Verlet-

Kulturszene 1993 K 833

Theater

George Tabori Requiem für einen Spion UA 17.6., Wien	In einer Tiefgarage treffen sich zwei ehemalige Spione. Die Begegnung wird zu einer psychologischen Reise ins eigene Innere.
Rainald Goetz Kritik in Festung UA 22.10., Hamburg	Nach dem Debüt „Krieg", für das Goetz 1988 den Mülheimer Dramatikerpreis erhalten hatte, feiert er mit der Trilogie „Festung" Erfolge.
Marlene Streeruwitz Elysian Park UA 17.6., Berlin	Das Stück von Marlene Streeruwitz unter der Regie von Harald Clemen ist eine Mischung aus Thriller und absurdem Drama.

Oper

George Dreyfus Rathenau UA 19.6., Kassel	Im Rückblick wird das Leben des 1922 von Antisemiten ermordeten deutschen Politikers und Industriellen Walther Rathenau aufgerollt.
Karlheinz Stockhausen Dienstag aus Licht UA 28.5., Leipzig	Stockhausen faßte 1977 den Plan, sieben Opern zu komponieren, wobei jede einem Wochentag zugeordnet ist. Dienstag aus Licht ist die vierte.
Walter Steffen Die Judenbuche UA 31.1., Dortmund	Die Aufführung orientiert sich detailliert an der gleichnamigen Kriminalnovelle von Annette Freiin von Droste-Hülshoff (erschienen 1842).

Musical

Andrew Lloyd Webber Sunset Boulevard UA 12.7., London	Eine Adaption des gleichnamigen Films von 1959, die von der Liebe der alternden Stummfilmdiva zum jungen Filmkarrieristen handelt.

Film

Katja von Garnier Abgeschminkt Deutschland	Die Komödie der Regie-Debütantin erzählt mit erfrischendem Witz von den Schwierigkeiten der Beziehungen zwischen Männern und Frauen.
Jane Campion Das Piano Neuseeland	Liebesgeschichte zwischen dem Naturmenschen George und der stummen Ada, für die Pianomusik Ausdruck ihrer Stimmungen ist.
Steven Spielberg Jurassic Park USA	Der 65 Mio Dollar teure Streifen, für den Aufnahmen von Dinosauriern am Computer entstanden, wurde erfolgreichster Film aller Zeiten.
Bille August Das Geisterhaus P, D, DK	Verfilmung des Bestsellers von Isabel Allende mit Starbesetzung (Jeremy Irons, Meryl Streep). Eine Familiensaga aus Chile.
Mick Jackson Bodyguard USA	Die unglückliche Liebesgeschichte zwischen einem amerikanischen Gesangstar (Whitney Houston) und ihrem Leibwächter (Kevin Costner).
Ang Lee Das Hochzeitsbankett Taiwan	Eine Komödie, die unter chinesischen Einwanderern in den USA von heute spielt und Probleme eines homosexuellen Pärchens aufgreift.

Buch

John Grisham Die Akte Hamburg	Der Bestsellerautor beschreibt die Aufdeckung eines politischen Skandals, der die Fundamente des Weißen Hauses erschüttert.
Jostein Gaarder Sophies Welt München	Ein Roman über zwei ungleiche Mädchen und einen geheimnisvollen Briefeschreiber – zugleich eine Geschichte der Philosophie.
Harry Mulisch Die Entdeckung des Himmels; München	Bemühungen eines Engels, das Leben so zu beeinflussen, daß die biblischen Gesetzestafeln nach Jerusalem zurückgebracht werden.
Rita Mae Brown Venusneid Berlin	In Abschiedsbriefen der scheinbar todkranken Frazier erfahren Familie, Freunde und Feinde, was diese von ihnen hält und daß sie lesbisch ist.

1993

Sport 1993	K 834
Fußball	
Deutsche Meisterschaft	Werder Bremen
DFB-Pokal	B. Leverkusen – Hertha BSC Berlin (A) 1:0
Englische Meisterschaft	Manchester United
Italienische Meisterschaft	AC Mailand
Spanische Meisterschaft	FC Barcelona
Europapokal (Landesmeister)	Olympique Marseille – AC Mailand 1:0
Europapokal (Pokalsieger)	AC Parma – FC Antwerpen 3:1
UEFA-Pokal	Juventus Turin
Tennis	
Wimbledon (seit 1877; 107. Austragung)	Herren: Pete Sampras (USA) Damen: Steffi Graf (GER)
US Open (seit 1881; 113. Austragung)	Herren: Pete Sampras (USA) Damen: Steffi Graf (GER)
French Open (seit 1925; 63. Austragung)	Herren: Sergi Bruguera (ESP) Damen: Steffi Graf (GER)
Australian Open (seit 1905; 81. Austragung)	Herren: Jim Courier (USA) Damen: Monica Seles (YUG)
Davis-Cup (Düsseldorf, GER)	Deutschland – Australien 4:1
Eishockey	
Weltmeisterschaft	Rußland
Stanley-Cup	Montreal Canadiens
Deutsche Meisterschaft	Düsseldorfer EG
Radsport	
Tour de France (3800 km)	Miguel Indurain (ESP)
Giro d'Italia (3800 km)	Miguel Indurain (ESP)
Straßen-Weltmeisterschaft	Jan Ullrich (GER)
Automobilsport	
Formel-1-Weltmeisterschaft	Alain Prost (FRA)
Basketball	
Europameisterschaft, Herren	Deutschland – Rußland 71:70
Boxen	
Schwergewichts-Weltmeisterschaft	Evander Holyfield (USA) – PS über Riddick Bowe (USA), 7.11.
Halbschwergewichts-weltmeisterschaft	Henry Maske (GER) – PS über Charles Williams (USA), 20.3.
Herausragende Weltrekorde		
Disziplin	Athlet (Land)	Leistung
Leichtathletik, Männer		
110 m Hürden	Colin Jackson (GBR)	12,91 sec
4 x 400 m	USA	2:54,29 min
Engl. Meile	Noureddine Morcelli (ALG)	3:44,39 min
10 000 m	Yobes Ondieki (KEN)	26:58,38 min
Hochsprung	Javier Sotomayor (CUB)	2,45 m
Speerwurf	Jan Zelezny (SK)	95,54 min
Leichtathletik, Frauen		
400 m Hürden	Sally Gunnell (USA)	52,74 sec
1500 m	Qu Yunxia (CHN)	3:50,46 min
3000 m	Wang Junxia (CHN)	8:06,11 min
10 000 m	Wang Junxia (CHN)	29:31,78 min
Kugelstoßen	Zhihong Huang (CHN)	20,57 m
Schwimmen, Männer		
100 m Brust	Karoly Guttler (HUN)	1:00,95 min
Schwimmen, Frauen		
50 m Rücken	Sandra Völker (GER)	28,26 sec
100 m Freistil (Kurzbahn)	Franziska von Almsick (GER)	53,33 sec

zungen davonträgt, nimmt 1993 an keinem Turnier mehr teil.

Erster EM-Titel im Basketball
4.7. München. Mit einem 71:70-Sieg über die russische Auswahl wird das deutsche Basketball-Nationalteam erstmals Europameister. Die Mannschaft um Christian Welp, Henning Harnisch und Kai Nürnberger erringt den größten Erfolg in der Geschichte des deutschen Basketballs. Der Titel verstärkt in Deutschland den Basketball-Boom, der nach dem Auftritt des US-„Dream-Teams" bei den Olympischen Spielen 1992 in Barcelona einsetzte. 1993 übertragen deutsche TV-Anstalten etwa 600 Stunden Basketball aus der US-Profiliga NBA und der deutschen Bundesliga (1992: 4,3 Stunden).

Olympia 2000 in Sydney
23.9. Monte Carlo. Das Internationale Olympische Komitee (IOC) vergibt die Olympischen Sommerspiele im Jahr 2000 (16.9.–1.10.) an Sydney. Im vierten Wahlgang gewinnt die australische Hafenstadt mit 45:43 Stimmen gegen Peking. Berlin zog neun der 89 Stimmen auf sich und schied im zweiten Wahlgang aus.
Die Wahl Sydneys wurde in der Sportwelt als Entscheidung gegen Kommerz und Politik gewertet. Nachdem bereits die Olympischen Sommerspiele 1996 an Atlanta, Hauptstadt des US-Bundesstaats Georgia und Sitz des Getränkekonzerns Coca-Cola ging, wurde kritisiert, daß die olympische Idee zugunsten wirtschaftlicher Interessen in den Hintergrund trete. Die Vergabe in das wirtschaftlich aufstrebende China wäre als Bestätigung dieser Haltung gewertet worden. Außerdem stand China wegen Menschenrechtsverletzungen in der Kritik. Die Bewerbung Sydneys wurde zusammen mit der Umweltschutzorganisation Greenpeace geplant.

Maske Boxweltmeister
20.3. Düsseldorf. Mit einem Punktsieg über den US-Amerikaner Charles Williams, achtfacher Titelverteidiger seit 1987, wird der deutsche Profi-Boxer Henry Maske Weltmeister im Halbschwergewicht. In bislang 20 Kämpfen ab 1990, dem Beginn seiner Profi-Karriere, blieb Maske ungeschlagen.
Maske war der erfolgreichste Amateurboxer der DDR (u. a. Sieg bei den Olympischen Spielen von Seoul 1988). Der „Gentleman", der dem Boxsport in Deutschland wieder ein positives Image verschafft, verteidigt seinen Titel bis 1996 (S.894/14.10.1995).

1994

Politik

Pflegeversicherung beschlossen

11.3. Bonn. Der Bundestag beschließt mit großer Mehrheit die Einführung der Pflegeversicherung. Sie ist als vierte Säule der Sozialversicherung neben Renten-, Arbeitslosen- und Krankenversicherung vorgesehen und soll das finanzielle Risiko bei Pflegebedürftigkeit im Alter absichern.

Die Leistungen der Pflegeversicherung können von rd. 1,65 Mio Menschen in Anspruch genommen werden. Ihre Finanzierung war zwischen Opposition und Regierungskoalition umstritten. Der erreichte Kompromiß sieht vor, daß Arbeitnehmer und Arbeitgeber ab Januar 1995 je zur Hälfte 1,0% des monatlichen Bruttoeinkommens in die Pflegekassen einzahlen. Ab 1.7.1996 erhöht sich der Anteil auf 1,7%. Der Beitrag der Arbeitgeber wird durch die Abschaffung eines auf einen Werktag fallenden Feiertags (Buß- und Bettag) ausgeglichen.

Ab April 1995 zahlen die Pflegekassen monatliche Zuschüsse zur häuslichen Pflege zwischen 400 DM und 1300 DM oder Sachleistungen (z. B. Pflegeeinsätze durch ambulante Dienste) zwischen 750 DM und 2800 DM. Ab Juli 1996 übernimmt die Pflegeversicherung Leistungen für die stationäre Pflege in Höhe von monatlich 2500 DM bis 3300 DM. Nach Prognosen des Statistischen Bundesamtes wird der Anteil der über 60jährigen von 20,3% (1990) auf rd. 35% bis 2030 anwachsen.

Mandela wird Präsident Südafrikas

6.–29.4. Pretoria. Die Oppositionsbewegung Afrikanischer Nationalkongreß (ANC) gewinnt bei den ersten freien, nichtrassistischen Wahlen in Südafrika mit 62,7% der Stimmen 252 von 400 Mandaten in der Nationalversammlung. Am 9.5. wird ANC-Chef Nelson Mandela zum ersten schwarzen Präsidenten Südafrikas gewählt.

Die Nationale Partei (NP) des amtierenden weißen Präsidenten Frederik Willem de

Wichtige Regierungswechsel 1994			K 835
Land	Amtsinhaber	Bedeutung	
Irland	Albert Reynolds (M seit 1992) John Bruton (M bis . . .)	Koalition aus gemäßigt konservativer Fianna Fail und Labour bricht; Bruton (ab 15.12.) ist Chef der konservativen Fine Gael	
Italien	Carlo Azeglio Ciampi (M seit 1993) Silvio Berlusconi (M bis 1995)	Der Medienunternehmer Berlusconi (Forza Italia) bildet mit der Lega Nord und den Neofaschisten eine Rechtsallianz (ab 11.5.)	
Japan	Morihiro Hosokawa (M seit 1993) Tsutomu Hata (M 25.4.–25.6.) Tomiichi Murayama (M bis 1996)	Die langjährige konservative Regierungspartei LDP kehrt als Koalitionspartner des sozialdemokratischen Ministerpräsidenten Murayama (ab 29.6.) in die Regierungsverantwortung zurück	
Mexiko	Carlos Salinas de Gortari (M, P seit 1988) Ernesto Zedillo (M, P bis . . .)	Präsident Zedillo (ab 1.12.) ist wie Salinas Mitglied der Partei der seit 1928 regierenden Partei der Institutionalisierten Revolution (PRI). Hauptprobleme: Wirtschaftskrise und Indianeraufstand	
Niederlande	Ruud Lubbers (M seit 1982) Wim Kok (M bis . . .)	Bei den Wahlen vom 3.5. verliert die große Koalition aus Christdemokraten (CDA) und Sozialdemokraten (PvdA) die Mehrheit. Kok (PvdA) bildet eine Koalition ohne christliche Parteien	
Nordkorea	Kim Il Sung (P seit 1972) Kim Jong Il (P bis . . .)	Nach dem Tod des Staatsgründers Kim Il Sung am 8.7. tritt sein Sohn Kim Jong Il die Nachfolge als diktatorisch regierendes Staatsoberhaupt in dem isolierten kommunistischen Land an	
Schweden	Carl Bildt (M seit 1991) Ingvar Carlsson (M bis 1996)	Bei den Wahlen am 18.9. siegen erneut die Sozialdemokraten, die 1991 von einer bürgerlichen Vier-Parteien-Koalition abgelöst wurden. Carlsson bildet (ab 7.10.) eine Minderheitsregierung	
Südafrika	Frederik Willem de Klerk (M, P seit 1989) Nelson Mandela (M, P bis . . .)	Erstmals stellt die schwarze Bevölkerungsmehrheit nach dem Sieg des ANC bei den freien, nichtrassistischen Wahlen vom 26.4. die Mehrzahl der Minister und den Präsidenten (S.873)	
Ukraine	Leonid Krawtschuk (P seit 1991) Leonid Kutschma (M seit 1992, P bis . . .) Witali Masol (M bis 1995)	Mit dem Amtsantritt von Masol (16.6.) und Kutschma (10.7.) verbindet sich eine politische und wirtschaftliche Annäherung an Rußland. Auf der Krim dauern separatistische Tendenzen an	
Ungarn	Péter Boross (M seit 1993) Gyula Horn (M bis . . .)	Die aus den Kommunisten hervorgegangenen Sozialisten lösen nach den Wahlen vom 29.5. die konservative UDF ab. Horn (ab 15.7.) will die marktwirtschaftlichen Reformen fortführen	

M = Ministerpräsident bzw. Premierminister; P = Präsident

1994

Überwindung der Apartheid: Der frei gewählte Präsident Südafrikas, Nelson Mandela (r.), und sein Amtsvorgänger Frederik Willem de Klerk demonstrieren mit ihrem symbolischen Händedruck ihren Willen zur Fortsetzung der friedlichen Reformen, die den Übergang von der weißen Alleinherrschaft zur Demokratie gewährleisten sollen.

Klerk erhält 20,4% und 82 Mandate. Mit der Übernahme der Regierung durch den ehemaligen Staatshäftling Mandela endet die 342 Jahre dauernde Herrschaft der weißen Minderheit über die schwarze Bevölkerungsmehrheit. Die seit 1950 gesetzlich verankerte Rassentrennung, die sog. Apartheid (↑S.855/17.3.1992), hatte die internationale Isolierung Südafrikas zur Folge.
Den Schwerpunkt seines Programms legt der ANC auf soziale Verbesserungen (z. B. Wohnungsbauprogramm). Der Entwicklungsplan soll nicht durch Steuererhöhungen, sondern durch Kürzungen in anderen Bereichen finanziert werden.

F. Ansprenger: Südafrika. Eine Geschichte von Freiheitskämpfen, 1994.

Eigener Palästinenserstaat
4.5. Kairo. Mit der Unterzeichnung des Abkommens über die Autonomie der Palästinenser im Gazastreifen und in Jericho erreichen die Friedensbemühungen in Nahost ein wichtiges Etappenziel. Israel zieht seine Truppen zurück und überläßt die Verwaltung der Gebiete einer Regierungsbehörde unter der Leitung des Chefs der Palästinensischen Befreiungsorganisation (PLO), Jassir Arafat.

Das Abkommen, das die Einzelheiten des in Washington unterzeichneten Grundlagenvertrages (↑S.866/13.9.1993) regelt, gesteht Israel die Kontrolle über die jüdischen Siedlungen im Autonomiegebiet und die Grenzübergänge nach Israel zu. Den Palästinensern untersteht die Gerichtsbarkeit unter Ausschluß der jüdischen Siedlungen. Die 8500 in Israel einsitzenden palästinensischen Häftlinge werden nach und nach freigelassen.
Das Massaker von Hebron am 25.2.1994 gefährdete den Friedensprozeß in Nahost. Ein radikaler jüdischer Siedler war mit einer automatischen Waffe in die Moschee Haram el-Kahlil eingedrungen und hatte 29 Palästinenser getötet und 300 weitere verletzt.
Am 26.10.1994 schließen Israel und das Königreich Jordanien einen Friedensvertrag, der den seit 1948 dauernden Kriegszustand beendet. Beide Staaten nehmen diplomatische Beziehungen auf.
PLO-Chef Arafat sowie Premierminister Yitzhak Rabin und Außenminister Shimon Peres auf israelischer Seite werden Ende des Jahres mit dem Friedensnobelpreis ausgezeichnet.

SPD läßt sich von PDS dulden
26.6. Magdeburg. Bei den Landtagswahlen in Sachsen-Anhalt verliert die konservativ-liberale Regierungskoalition unter Ministerpräsident Christoph Bergner (CDU) nach dem Scheitern der FDP an der 5%-Sperrklausel ihre Mehrheit. Unter Duldung der SED-Nachfolgepartei PDS bildet SPD-Spitzenkandidat Reinhard Höppner eine rot-grüne Minderheitsregierung.
Die CDU bleibt mit einem Stimmenanteil von 34,4% (1990: 39,0%) stärkste Partei, während die FDP 9,9 Prozentpunkte verliert und nur 3,6% erreicht. Die SPD erhält 34,0%, die PDS wird mit 19,9% drittstärkste Partei. Bündnis 90/Grüne erhalten 5,1%.
Am 21.7.1994 wird Reinhard Höppner (SPD) als Chef einer rot-grünen Minderheitsregierung mit 48 von 95 Stimmen zum Ministerpräsidenten gewählt. Für sein Konzept, mit wechselnden Mehrheiten regieren zu wollen, erhält Höppner die Rückendeckung des SPD-Bundesvorsitzenden Rudolf Scharping. Die Entscheidung Höppners gegen eine große Koalition und für die Duldung durch die SED-Nachfolgerin PDS stößt bei den Unionsparteien auf scharfe Kritik.

Bundeswehr in Auslandseinsätzen
12.7. Karlsruhe. Das Bundesverfassungsgericht erklärt die Teilnahme der Bundeswehr

1994

an UNO-Kampfeinsätzen prinzipiell für zulässig. Vor jedem Einsatz muß jedoch künftig der Bundestag mit einfacher Mehrheit zustimmen.

Die Richter halten die Einsätze außerhalb des NATO-Gebiets für verfassungsmäßig, weil Art. 24 I GG die Übertragung von Hoheitsrechten auf zwischenstaatliche Einrichtungen erlaube. Sie weisen mit ihrer Entscheidung eine Klage der SPD-Bundestagsfraktion gegen den Einsatz der Bundeswehr in Somalia (↑S.865/2.7.1993) zurück. Die Mission in der somalischen Provinzhauptstadt Belet Huen wurde am 28.2.1994 beendet.

Am 22.7.1994 billigt der Bundestag nachträglich den Einsatz der Bundesmarine in der Adria im Rahmen der Westeuropäischen Union (WEU), die das UNO-Embargo gegen Jugoslawien kontrollieren soll, sowie die Einsätze von Bundeswehrsoldaten in AWACS-Aufklärungsflugzeugen. Diese haben den Auftrag, das militärische Flugverbot über Bosnien-Herzegowina zu überwachen. S 875/K 836

D. S. Lutz (Hg.): Deutsche Soldaten weltweit?, 1993.

Massenexodus aus Kuba

5.8. Havanna. In der kubanischen Hauptstadt kommt es zu den schwersten regierungsfeindlichen Unruhen seit der Machtübernahme des kommunistischen Diktators Fidel Castro (↑S.529/2.1.1959). Als Folge weist Castro am 7.8.1994 die Aufhebung der Küstenüberwachung an und löst damit die größte Massenflucht aus Kuba seit 1980 aus.

Auf selbstgebauten Flößen versuchen die Flüchtlinge, das 145 km entfernte Florida zu erreichen. Täglich nimmt der US-Küstenschutz zwischen 1000 und 3000 Kubaner auf. Hauptgrund für die Unzufriedenheit der Bevölkerung ist die Versorgungskrise. Die US-

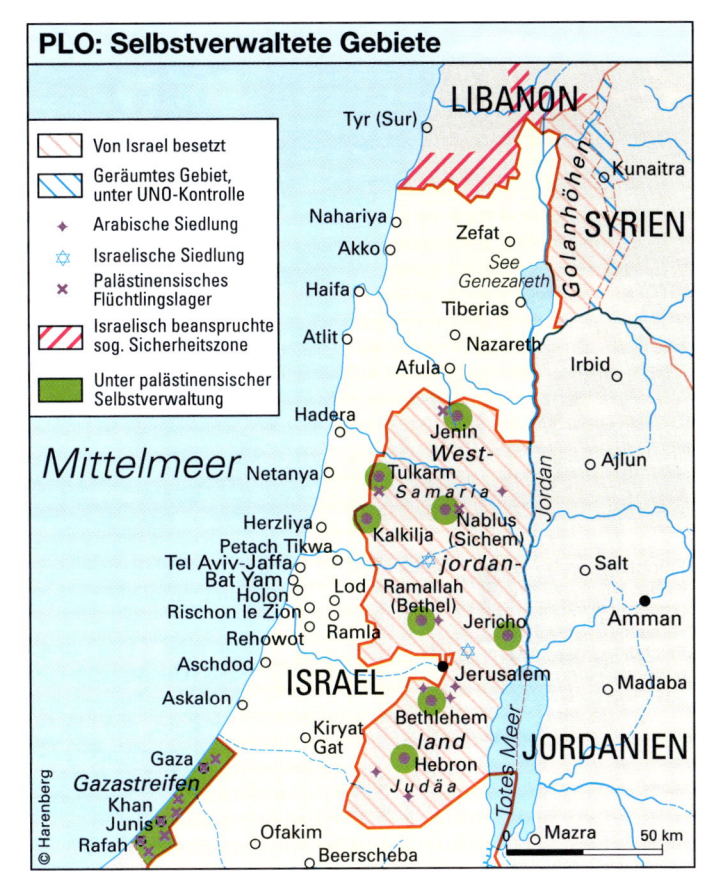

Bis Ende 1996 erhalten acht Städte und rd. 400 Dörfer im Westjordanland die Autonomie.

Bundeswehreinsätze außerhalb des Bundesgebiets			K 836
Jahr	Region	Auftrag	
1991	Türkei	AWACS-Aufklärungsflüge während des Golfkriegs gegen den Irak, Übermittlung von Daten an US-Aufklärer (S.843/28.2.)	
	Türkei/Iran	Hilfe für geflüchtete irakische Kurden im Grenzgebiet zwischen der Türkei und Iran	
	Persischer Golf	Minensuchboote der Bundesmarine helfen nach dem Golfkrieg bei der Minenräumung	
1991–93	Kambodscha	Entsendung von 14 Sanitätern nach Phnom Penh, 1992 Aufstockung auf 120 Mann	
1991–96	Irak	Transport von UNO-Inspektoren	
ab 1992	Bosnien-Herzegowina	Überwachung des militärischen Flugverbots (NATO, AWACS-Einsatz), Hilfsgütertransporte und -abwürfe zur Versorgung der Bevölkerung (Sarajevo, Moslem-Enklaven in Bosnien, S.864/28.2.1993)	
1992–96	Adria	See-Überwachung des UNO-Waffen- und Handelsembargos gegen Serbien und Montenegro durch Westeuropäische Union (WEU) und NATO	
1992	Kenia/Somalia	Stationierung von 44 Luftwaffensoldaten in Kenia für Hilfsgüter-Flüge nach Somalia (S.858/8.12.)	
1993/94	Somalia	Entsendung von rd. 1700 Soldaten, Beschränkung auf humanitäre Aufgaben (S.865/2.7.1993)	
1993	Georgien	Vier Offiziere beobachten den Konflikt zwischen Regierungstruppen und abchasischen Rebellen	
1994	Zaïre/Ruanda	Teilnahme an der internationalen Luftbrücke zur Versorgung von Bürgerkriegsflüchtlingen	
1995/96	Bosnien-Herzegowina/Kroatien	Luftaufklärung, Schutz der internat. Streitkräfte gegen Raketenbeschuß (ECR-Tornados); Sanitäts-, Pionier-, Transport- und Nachschubtruppen (4000 Soldaten) zur Unterstützung und Versorgung	

men und nach Abschluß des Auslieferungsverfahrens im Februar 1996 in die Bundesrepublik Deutschland überführt.

Treuhandanstalt wird aufgelöst
31.12. Berlin. Die Bundesanstalt zur treuhänderischen Verwaltung des Volkseigentums der ehemaligen DDR stellt ihre Arbeit ein. Die größte staatliche Industrie-Holding der Welt strukturierte die volkseigenen Betriebe der DDR um und überführte sie größtenteils in Privateigentum.

Die 1990 gegründete Treuhandanstalt hat über 14 000 Unternehmen verkauft bzw. stillgelegt. Sie hat rd. 1,5 Mio Arbeitsplätze gesichert und verbucht Investitionszusagen von rd. 200 Mrd DM. Sie hinterläßt jedoch Schulden in Höhe von 270 Mrd DM, die vom Bund in den sog. Erblastentilgungsfonds übernommen werden (mit Schulden der DDR-Regierung und DDR-Wohnungswirtschaft zusammen 335 Mrd DM).

65 Betriebe sowie Liegenschaften gehen in den Besitz von Folgegesellschaften über. Wichtigste Aufgabe der Bundesanstalt für vereinigungsbedingte Sonderaufgaben (BVS) ist z. B. die Überwachung der rd. 85 000 Privatisierungsaufträge. Die drei Nachfolgeorganisationen sollen bis zum Jahr 2000 ihre Aufgabe abschließen.

Natur/Umwelt

Giftbeutel in der Nordsee
20.1. IJmuiden. An den Strand des niederländischen Küstenortes werden die ersten von 500 000 kleinen Beuteln mit hochgiftigem Schädlingsbekämpfungsmittel angeschwemmt, die der französische Frachter Sherbro am 8./9.12.1993 vor der Normandie verloren hatte.

Die Meeresströmung spült die Beutel mit dem Präparat Apron Plus des Schweizer Chemie-Konzerns Ciba-Geigy auch an die deutsche Nordseeküste. Vorübergehend werden Strände gesperrt und die Fischerei eingestellt. Bei Wasserproben werden keine Spuren des Giftes nachgewiesen.

Kritik entzündet sich an den internationalen Sicherheitsbestimmungen für Gifttransporte. Am 27.1. beschließen die Verkehrsminister aus Deutschland, Frankreich, Großbritannien, Belgien und den Niederlanden strengere Auflagen und die verstärkte Kontrolle der Ladung in den Häfen.

Tierseuchen verunsichern Kunden
25.3. Brüssel. Die Europäische Kommission verhängt über Niedersachsen ein Exportverbot für Schweine. Seit Oktober 1993 trat dort die Schweinepest auf. In dem zum Sperrgebiet erklärten Bundesland war der illegale Transport von 36 000 Schweinen bekannt geworden.

Experten führten den Ausbruch der Seuche auf die Massentierhaltung in dem Bundesland mit der höchsten Schweinedichte Europas zurück. Vorsorglich werden 1994 rd. 1,3 Mio Schweine getötet. An die betroffenen Landwirte zahlt der Bund 13,6 Mio DM Entschädigung. Der Gesamtschaden wird auf 1 Mrd DM geschätzt. Am 20.7. wird die Handelssperre aufgehoben.

Im Gegensatz zur Schweinepest kann die seit 1986 vorwiegend in Großbritannien grassierende Rinderseuche BSE (Bovine Spongioforme Encephalopathie) auch für den Menschen gefährlich werden. Im Dezember gibt die EU das Fleisch von britischen Rindern, die nach dem 1.1.1992 geboren wurden, für den Handel frei (↑S.902/20.31996).

Nobelpreisträger 1994	K 837
Frieden: Jassir Arafat (PLO, *1929), Yitzhak Rabin (Israel, 1922–1995), Shimon Peres (Israel, *1923)	
Die drei Nahost-Politiker werden für ihre Bemühungen um die Beilegung der jahrzehntelangen kriegerischen Auseinandersetzungen zwischen Arabern und Juden geehrt. Das Gaza-Jericho-Abkommen vom 13.9.1993 zur Schaffung autonomer palästinensischer Gebiete gilt als historischer Friedensschluß.	
Literatur: Kenzaburo Ōe (Japan, *1935)	
Die Werke des Schriftstellers, der vielfach als „das Gewissen Japans" bezeichnet wurde, kreisen um die atomare Bedrohung, den Schock der japanischen Kapitulation und das Zusammenleben mit seinem behinderten Sohn. Zu seinen bekanntesten Werken zählt „Eine persönliche Erfahrung" (1964).	
Chemie: George A. Olah (USA, *1927)	
In jahrzehntelanger Arbeit wies der US-Chemiker die kurzlebigen Zwischenprodukte einer chemischen Reaktion nach. Mit Hilfe sog. Supersäuren identifizierte Olah die positiv geladenen sog. Carbokationen und löste eine Welle neuer Erkenntnisse über die Steuerung chemischer Synthesen aus.	
Medizin: Alfred G. Gilman (USA, *1925), Martin Rodbell (USA, *1925)	
Die Wissenschaftler werden für die Entdeckung und Erforschung der sog. G-Proteine ausgezeichnet. Diese Eiweißstoffe fungieren als Übermittler von Signalen in lebenden Organismen. Ihre Fehlfunktion ist mutmaßlich Ursache von Cholera, Diabetes, Alkoholismus und einigen Formen von Krebsleiden.	
Physik: Bertram Brockhouse (CAN, *1918), Clifford Shull (USA, *1915)	
Die Pioniere der Neutronenforschung werden für ihre bahnbrechenden Leistungen bei der Entwicklung von Neutronenstreutechniken zur Untersuchung von kondensierter Materie geehrt. Ihre Methoden sind besonders für die Entwicklung neuer Materialien in der Polymerforschung von Bedeutung.	
Wirtschaft: Reinhard Selten (D, *1930), John F. Nash (USA, *1928), John C. Harsanyi (USA, *1920)	
Die Preisträger entwickelten die sog. Spieltheorie entscheidend weiter. Ausgehend von strategischem Verhalten in Spielsituationen lassen sich mit ihr Konfliktsituationen erklären, die wirtschaftliches Handeln erschweren. Selten erhält als erster Deutscher den Nobelpreis für Wirtschaftswissenschaften.	

Wissenschaft

Komet kollidiert mit Jupiter

22.7. Jupiter. Das letzte von 22 Bruchstücken des Kometen Shoemaker-Levy schlägt auf dem größten Planeten unseres Sonnensystems ein.

Der Durchmesser des größten Bruchstücks beträgt einige tausend Meter. Bei dem Zusammenprall, der als astronomisches Jahrtausendereignis bezeichnet wird, wird Energie in der Größenordnung von etwa 250 000 Megatonnen Sprengstoff frei. Sie übertrifft die Zerstörungskraft aller auf der Erde stationierten Kernwaffen. Beobachtet wird die Kollision, die auf der erdabgewandten Seite des Jupiter stattfindet, von der Raumsonde Galileo. Die Auswertung der Galileo-Daten, von der sich die Wissenschaftler neue Erkenntnisse über den Jupiter versprechen, wird noch mehrere Jahre in Anspruch nehmen.

📖 D. Fisher/H. Heuseler: Der Jupiter-Crash, 1994.

Gesellschaft

Ausländerjagd in Magdeburg

12.5. Magdeburg. Etwa 60 rechtsradikale Jugendliche machen in der Innenstadt Jagd auf eine Gruppe Schwarzafrikaner. Bei den Ausschreitungen werden sechs Menschen verletzt.

Kritik entzündet sich am Verhalten der Polizei, die zu spät und zu zögerlich gegen die Randalierer einschreitet. Augenzeugen werfen einzelnen Polizisten vor, den Gewalttätern teilweise mit offener Sympathie begegnet zu sein. Zwei Polizeibeamte werden vom Dienst suspendiert. Der Polizeipräsident von Magdeburg wird in den einstweiligen Ruhestand versetzt.

Im Juli und August werden sechs der Rädelsführer im Alter zwischen 19 und 23 Jahren zu mehrjährigen Haftstrafen verurteilt. S 857/K 824

Untergang der Fähre „Estonia"

28.9. Tallinn. Vor der finnischen Küste sinkt bei Sturm innerhalb von 30 Minuten die estnische Fähre „Estonia". Bei dem Unglück sterben vermutlich 918 Menschen. Von den 1024 namentlich bekannten Passagieren an Bord waren 522 Schweden, 163 Esten und Angehörige 13 weiterer Nationen.

Ursache des schwersten Unglücks auf der Ostsee in Friedenszeiten ist eine abgerissene Bugklappe. Bei diesem Fährtyp, einer sog. Roll-on-roll-off-Fähre, fahren die Autos durch große Bug- und Heckklappen ein bzw. aus. Da wasserdichte Querschotten fehlen, gewinnen Schiffe dieser Bauart bei Wassereinbruch rasch Schlagseite und sinken.

1995 einigen sich sieben Anrainerstaaten von Nord- und Ostsee bis 2002 auf die Einführung neuer Sicherheitsvorschriften. So sollen Parkdecks wasserdicht gegeneinander abgedichtet werden. Hinzu kommen EU-Vorschriften zur verbesserten Ausbildung von Seeleuten und häufigeren technischen Inspektionen der Fährschiffe. S 101/K 106

Krise der englischen Monarchie

2.10. London. Der ehemalige königliche Rittmeister James Hewitt veröffentlicht in der Klatschpresse Details über seine Romanze mit Diana, der getrennt lebenden Ehefrau des britischen Thronfolgers Prinz Charles.

Der älteste Sohn von Queen Elizabeth II. pflegt seinerseits eine außereheliche Beziehung zu seiner Jugendfreundin Camilla Parker-Bowles. Nach den Scheidungen der Königinschwester, Margaret, Tochter Anne und der gescheiterten Ehe des zweitältesten Sohns Andrew mit Sarah, Herzogin von York, wird das ganze Ausmaß der privaten Zerrüttung im Haus Windsor offenbar.

Während sich die Royalisten um das Ansehen der Königsfamilie sorgen, mehren sich Stimmen, die für eine Abschaffung der Monarchie eintreten.

Die Ehe von Charles und Diana wird am 28.8.1996 (↑S.905) geschieden.

📖 A. Holden: Der wankende Thron. Götterdämmerung im britischen Königshaus, 1994.

„Schindlers Liste": Filmszene mit Unternehmer Oskar Schindler (Liam Neeson, l.) und seinem jüdischen Buchhalter Ithzak Stern (Ben Kingsley)

1994

Kulturszene 1994 — K 838

Theater		
	Herbert Achternbusch Der Stiefel u. sein Socken UA 22.12.1993, München	Die komisch-anrührende Liebesgeschichte eines zusammen gealterten Paares treibt in bayerischer Querkopf-Logik surreale Blüten.
	Tankred Dorst Herr Paul UA 16.2., Hamburg	Herr Paul lebt lethargisch und zurückgezogen in einer aufgegebenen Seifenfabrik. Der fintenreiche Alte muß sich gegen einen Investor wehren.
	Elfriede Jelinek Raststätte oder Sie machens alle; 5.11., Wien	Grellböses Satyrspiel über Geschlecht und Herrschaft, Erotik und weibliches Begehren. Zwei Frauen ziehen aus, um die Lust zu finden.
Oper		
	Louis Andriessen Rosa. A Horse Drama UA 2.11., Amsterdam	Die Geschichte des erfolgreichen Komponisten Rosa, der einer Pferde-Obsession verfallen ist. Libretto und Inszenierung von Peter Greenaway.
	Rolf Riehm Das Schweigen der Sirenen; UA 9.10., Stuttgart	Vielfach als „Essay-Oper" bezeichnetes Bühnenwerk mit Musik, auf der Grundlage von Franz Kafkas Sicht des homerischen Sirenenmythos.
	Judith Weir Blond Eckbert UA 20.4., London	Ehedrama, das mit Katastrophe, Leid und Tod endet. Vertonung der Märchenerzählung „Der blonde Eckbert" (1797) von Ludwig Tieck.
Musical		
	Claude-Michel Schönberg Miss Saigon Dt. UA 2.12., Stuttgart	Das Stück handelt vom tragischen Schicksal eines Barmädchens und eines US-Soldaten im Chaos des zu Ende gehenden Vietnam-Krieges.
Film		
	Mike Newell Vier Hochzeiten und ein Todesfall; GB	Turbulente Liebeskomödie um Hochzeitsfeiern und eine Ehephobie. Mit schrägen Dialogen und viel beiläufiger Situationskomik in Szene gesetzt.
	Steven Spielberg Schindlers Liste USA	Mit sieben Oscars prämierter Film, der in akribisch nachgestellten Szenen das Grauen der Judenvernichtung im Nazideutschland ahnen läßt.
	Oliver Stone Natural Born Killers USA	Wegen seiner Gewaltszenen und unorthodoxer Montagetechnik umstrittener Film über ein Pärchen, das zum Medienereignis stilisiert wird.
	Quentin Tarantino Pulp Fiction USA	Drei ineinander verwobene Geschichten um Drogen, Raub und Mord bilden den äußeren Rahmen der pervertierten Gangster-Komödie.
	Sönke Wortmann Der bewegte Mann Deutschland	Komödie über den Kulturschock beim Zusammenprall homo- und heterosexueller Welten. Spritzige Groteske mit erotischen Verwicklungen.
	Robert Zemeckis Forrest Gump USA	Der leicht debile Titelheld (Tom Hanks) durchlebt als Football-Star, Kriegsheld und Multimillionär vier Jahrzehnte US-amerikanische Geschichte.
Buch		
	Frederick Forsyth Die Faust Gottes München	Spionagethriller vor dem Hintergrund des Golfkriegs. Ein Geheimagent spürt die Atombombe des irakischen Diktators Saddam Hussein auf.
	Gabriel García Márquez Von der Liebe und anderen Dämonen; Köln	Eine phantasievolle Geschichte um Hexenkult, Liebeswahn und Teufelsaustreibung zur Zeit des Sklavenhandels um 1800 in Kolumbien.
	John Grisham Der Klient Hamburg	Justizthriller um einen kleinen Jungen, der als wichtiger Zeuge von FBI und Mafia gejagt wird. Eine Anwältin ist seine einzige Verbündete.
	Brigitte Kronauer Das Taschentuch Stuttgart	Roman über die Freundschaft zwischen einer Schriftstellerin, der Ich-Erzählerin, und einem Apotheker, die sich seit ihrer Jugendzeit kennen.

Kultur

Oscarflut für „Schindlers Liste"

22.3. Los Angeles. Der Film „Schindlers Liste" von US-Regisseur Steven Spielberg erhält sieben Oscars und wird zum erfolgreichsten Film des Jahres.

Spielberg erzählt die auf historischen Tatsachen beruhende Geschichte des „guten Nazis" Oskar Schindler. Der Unternehmer verlegte im Herbst 1944 seine Fabrik mitsamt der auf „Schindlers Liste" verzeichneten 1100 jüdischen Männer, Frauen und Kinder von Krakau ins Sudetenland und rettete sie vor dem Holocaust. In beklemmender Weise setzt Spielberg die Selektion und Vernichtung der Juden in Szene. Die Hauptrollen spielen Liam Neeson (Oskar Schindler) und Ben Kingsley (Ithzak Stern).

Mit „Schindlers Liste" wendet sich Spielberg mit Erfolg von Actionfilmen wie „Der weiße Hai" (1974) und „Jurassic Park" (↑S.870/2.9. 1993) ab.

Michelangelo-Fresken restauriert

8.4. Rom. Nach drei Jahren Restaurierungsarbeiten sind die 391 Figuren von Michelangelos Wandgemälde „Das Jüngste Gericht" in der Sixtinischen Kapelle wieder der Öffentlichkeit zugänglich.

Die Kapellendecke bemalte Michelangelo in den Jahren 1508–1512, die Chorwand zwischen 1534 und 1541. Nach der Restaurierung sind die Fresken in der gleichen Farbenpracht zu bewundern wie zur Zeit ihrer Entstehung in der Renaissance. An den Langwänden der Kapelle, in der seit 1878 die Papstwahl stattfindet, befinden sich Fresken von Sandro Botticelli, Domenico Ghirlandaio, Perugino, Pinturicchio und Luca Signorelli.

Finanziert wurden die Arbeiten mit umgerechnet 19,5 Mio DM von dem japanischen TV-Kanal Nippon Television, der sich die Exklusivfilmrechte sicherte.

📖 P. Richmond: Michelangelo und die Sixtinische Kapelle, 1993.

Sport

Winterspiele ein Volksfest

12.2.–27.2. Lillehammer. Unter Beteiligung von 1847 Sportlern aus 67 Ländern werden die XVII. Olympischen Winterspiele in Norwegen zu einem vollen organisatorischen und sportlichen Erfolg.

Erstmals werden die Winterspiele zur besseren Vermarktung nicht im gleichen Jahr wie die Sommerspiele durchgeführt. Zwei Jahre nach Albertville (Frankreich) begründen sie einen neuen Vierjahres-Rhythmus. Neben den sportlichen Leistungen schlägt die faire Haltung der Zuschauer positiv zu Buche. Am 29.1.1995 zeichnet die UNESCO das norwegische Publikum mit der Fair-Play-Trophäe „Pierre de Coubertin" aus. S 812/K 839

S. Simon: Olympische Spiele Lillehammer '94, 1994.

Brasilien wird Fußball-Weltmeister

17.7. Los Angeles. Die brasilianische Nationalelf gewinnt die Fußballweltmeisterschaft. Mit insgesamt vier Titeln (1958, 1962, 1970, 1994) stellt sie einen Rekord auf.
Im Finale schlägt Brasilien nach Elfmeterschießen Italien mit 3:2 (0:0). Den dritten Platz erreicht Schweden nach einem 4:0 über Bulgarien. Die deutsche Mannschaft unterliegt im Viertelfinale Bulgarien mit 1:2 und scheidet aus. Heftige Kritik entzündet sich an Bundestrainer Berti Vogts, dem Fehler in der Taktik und der Mannschaftsaufstellung vorgeworfen werden. Für negative Schlagzeilen sorgt der deutsche Nationalspieler Stefan Effenberg, der nach einer obszönen Geste gegenüber dem Publikum aus dem Aufgebot entfernt wird. Austragungsort der nächsten WM ist 1998 Frankreich. S 841/K 810

Franzi holt WM-Titel

6.9.–11.9. Rom. Bei den Schwimmweltmeisterschaften siegt die 16jährige Franziska van Almsick über 200 m Freistil und wird damit einzige deutsche Titelträgerin. Erfolgreichste Schwimmnation ist die Volksrepublik China mit 16 Goldmedaillen.
Im Vorlauf war Deutschlands „Sportlerin des Jahres 1993" als Neunte zunächst gescheitert. Erst der Verzicht der Vorlauf-Achten Dagmar Hase (Magdeburg) ermöglichte Franziska van Almsick die Teilnahme am Endlauf und damit den Sieg.
Bei Athleten und Funktionären schürt die Dominanz der chinesischen Schwimmerinnen den Verdacht auf unerlaubte Einnahme leistungsfördernder Mittel. Im Oktober werden nach den 13. Asienspielen in Hiroshima (Japan) bei Aihua Yang, Weltmeisterin über 400 m Freistil, und sieben anderen Schwimmerinnen positive Dopingproben festgestellt.

Schumacher Formel-1-Weltmeister

13.11. Adelaide. Mit einem Punkt Vorsprung gewinnt Michael Schumacher als erster Deut-

Sport 1994 K 840

Fußball	
Deutsche Meisterschaft	FC Bayern München
DFB-Pokal	Werder Bremen – Rot-Weiß Essen 3:1
Englische Meisterschaft	Manchester United
Italienische Meisterschaft	AC Mailand
Spanische Meisterschaft	FC Barcelona
Europapokal (Landesmeister)	AC Mailand – FC Barcelona 4:0
Champions-League	Arsenal London – AC Parma 1:0
UEFA-Pokal	Inter Mailand
Tennis	
Wimbledon (seit 1877; 108. Austragung)	Herren: Pete Sampras (USA) Damen: Conchita Martinez (ESP)
US Open (seit 1881; 114. Austragung)	Herren: Andre Agassi (USA) Damen: Arantxa Sanchez-Vicario (ESP)
French Open (seit 1925; 64. Austragung)	Herren: Sergi Bruguera (ESP) Damen: Arantxa Sanchez-Vicario (ESP)
Australian Open (seit 1905; 82. Austragung)	Herren: Pete Sampras (USA) Damen: Steffi Graf (GER)
Davis-Cup (Moskau, RUS)	Rußland – Schweden 1:4
Eishockey	
Olympische Winterspiele	Schweden
Weltmeisterschaft	Kanada
Stanley-Cup	New York Rangers
Deutsche Meisterschaft	EC Hedos München
Radsport	
Tour de France (3978 km)	Miguel Indurain (ESP)
Giro d'Italia (3740 km)	Jewgeni Berzin (RUS)
Straßenweltmeisterschaft	P: Luc Leblanc (F); A: Alex Peddersen (DEN)
Automobilsport	
Formel-1-Weltmeisterschaft	Michael Schumacher (GER)
Rallye-Weltmeisterschaft	Didier Auriol (FRA)
Basketball	
Weltmeisterschaft	USA
Boxen	
Schwergewichts-Weltmeisterschaft	Michael Moorer (USA) – PS über Evander Holyfield (USA), 22.4. George Foreman (USA) – K.o. über Michael Moorer (USA), 5.11.
Halbschwergewichts-weltmeisterschaft	Dariusz Michalczewski (GER) – PS über Leonzeer Barbar (USA), 10.8.
Herausragende Weltrekorde		

Disziplin	Athlet (Land)	Leistung
Leichtathletik, Männer		
100 m	Leroy Burrell (USA)	9,85 sec
3000 m	Nouredinne Morceli (ALG)	7:25,11 min
5000 m	Haile Gebresilasie (ETH)	12:56,96 min
10 000 m	William Sigei (KEN)	26:52,23 min
4 x 200 m	Marsh, Burrell, Mitchell, Lewis (USA)	37,40 sec
Stabhochsprung	Sergei Bubka (UKR)	6,14 m
Leichtathletik, Frauen		
2000 m	Sonia O'Sullivan (IRL)	5:25,36 min
Hammerwurf	Olga Kuzenkova (RUS)	66,84 m
Schwimmen, Frauen		
200 m Freistil	Franziska van Almsick (GER)	1:56,78 min

1994

Die Olympischen Winterspiele in Lillehammer werden mit einem farbenprächtigen und von nordischer Folklore geprägten Mittsommernachtsfest im Lysgaardsbakken–Stadion feierlich eröffnet.

Olymp. Winterspiele 1994 in Lillehammer				K 839	
Zeitraum: 12.2. bis 27.2.		Medaillenspiegel Land	G	S	B
Teilnehmerländer	67	Rußland	11	8	4
Teilnehmerzahl	1847	Norwegen	10	11	5
Deutsche Teilnehmer	117	Deutschland	9	7	8
Schweizer Teilnehmer	96	Italien	7	5	8
Österreichische Teilnehmer	62	USA	6	5	2
Sportarten	11	Südkorea	4	1	1
Entscheidungen	61	Kanada	3	6	4
Erfolgreichste Medaillengewinner					
Name (Land), Sportart		Medaillen (Disziplinen)			
Johann Olav Koss (NOR) Eisschnellauf, Herren		3 x Gold (1500 m, 5000 m, 10 000 m)			
Ljubow Jegorowa (RUS) Ski nordisch, Damen		3 x Gold (5-km-Langlauf/klassisch, 10-km-Jagdrennen/Freistil, Staffel 4 x 5-km-Langlauf)			
Erfolgreichste deutsche Teilnehmer					
Markus Wasmeier Ski alpin, Herren		2 x Gold (Riesenslalom, Super-G)			
Jens Weißflog Skispringen		2 x Gold (120-m-Schanze, Mannschaft)			

scher die Weltmeisterschaft der Formel 1. Beim letzten Rennen in Australien waren er und sein schärfster Konkurrent, der Brite Damon Hill, ausgeschieden.

45 Runden vor Schluß zwingt eine Kollision der Kontrahenten zunächst Schumacher und später Hill zur Aufgabe. Beobachter äußern Zweifel am korrekten Verhalten des 25jährigen. Schumacher und sein Rennstall Benetton waren im Verlauf der Saison in mehrere Skandale verwickelt, die zu Disqualifikationen und Rennsperren führten. Am 30.8. wird Schumacher wegen Mißachtung der schwarzen Flagge in Silverstone zu einer Sperre von zwei Rennen verurteilt. Außerdem wurde Benetton die Verwendung von illegalen Fahrhilfen vorgeworfen.

1995 kann Schumacher seinen Titel verteidigen, 1996 – nun auf Ferrari – verliert er ihn an Damon Hill. S 881/K 840

K. Sturm: Michael Schumacher – Superstar, 1994.

Foreman holt Boxkrone zurück

5.11. Las Vegas. Der 45jährige Boxprofi George Foreman (USA) wird durch K. o. in der zehnten Runde gegen seinen 19 Jahre jüngeren Landsmann Michael Moorer Schwergewichtsweltmeister nach der Version der Boxverbände WBA und IBF.

Über die gesamte Kampfdauer hatte Moorer den Herausforderer beherrscht, ehe der Olympiasieger von 1968 mit einer Rechten den Kampf zu seinen Gunsten beenden konnte. Foreman erhält eine Börse von 4,4 Mio Dollar (6,6 Mio DM).

Der älteste Schwergewichtsweltmeister aller Zeiten war am 22.1.1973 nach K.-o.-Sieg über Joe Frazier erstmals Titelträger geworden. Am 30.10.1974 verlor Foreman seinen Titel gegen Muhammad Ali. Foreman ist nach Floyd Patterson, Ali und Evander Holyfield der vierte Champion, der den Titel zurückgewinnen konnte.

Ende Juni 1996 legt Foreman nach einem umstrittenen Punktsieg über den deutschen Boxer Axel Schulz (22.4./Las Vegas) den Titel nieder. S 881/K 840

1995

Politik

Große Verluste für Sozialdemokraten

19.2. Wiesbaden. Bei der Landtagswahl in Hessen verliert die SPD 2,8 Prozentpunkte, Ministerpräsident Hans Eichel (SPD) kann die rot-grüne Koalition jedoch fortsetzen. CDU wird stärkste Partei (39,2%). Mit Justizminister Rupert von Plottnitz führt erstmals ein Politiker der Grünen ein klassisches Ressort (↑S.781/16.10.1985).
In Nordrhein-Westfalen verliert die seit 1980 allein regierende SPD mit 46,0% ihre absolute Mehrheit (14.5.) und muß fortan mit Bündnis 90/Die Grünen regieren. Reibungspunkte ergeben sich vor allem in der Energie- und Verkehrspolitik. In Bremen verzeichnet die SPD, geschwächt durch eine Abspaltung, ihr schlechtestes Wahlergebnis seit 1945. Am 4.7. löst eine Koalition aus SPD und CDU die rot-grüne Regierung ab. In beiden Ländern scheitert die FDP an der 5%-Klausel.
Bei der Wahl zum Berliner Abgeordnetenhaus stürzt die SPD (22.10.) mit 23,6% auf den niedrigsten Stand seit Kriegsende ab. Die FDP ist mit 2,5% nur noch Splitterpartei. Im Ostteil der Stadt wird die SED-Nachfolgerin PDS mit 36,3% (Gesamt-Berlin: 14,6%) stärkste Partei. Die Regierungskoalition aus CDU und SPD wird im Januar 1996 fortgesetzt (seit 1990).
Auch bei den Landtagswahlen 1996 in Baden-Württemberg, Rheinland-Pfalz und Schleswig-Holstein hat die SPD große Stimmeneinbußen, während der FDP (Vorsitz seit 1995: Wolfgang Gerhardt) der Wiedereinzug in die Parlamente gelingt.

Hans Eichel

Wichtige Regierungswechsel 1995			K 841
Land	Amtsinhaber	Bedeutung	
Brasilien	Itamar Franco (P seit 1992) Fernando Cardoso (P bis …)	Finanzminister unter Franco war erfolgreich bei Senkung der galoppierenden Inflation (54,3% bei Präsidentenwahl vom 3.10.1994)	
Bulgarien	Ljuben Berow (M seit 1992)[1)] Schan Widenow (M bis 1996)	Sozialisten Gewinner der vorgezogenen Parlamentswahl (18.12. 1994); Parteivorsitzender Widenow wird Ministerpräsident (25.1.)	
Estland	Mart Laar (M seit 1992)[2)] Tiit Vähi (M bis …)	Laar stürzt über eine Finanzaffäre (Verkauf alter Rubelscheine an tschetschenische Rebellen); bürgerlicher Wahlsieg (5.3.)	
Finnland	Esko Aho (M seit 1991) Paavo Lipponen (M …)	Agrarisch orientierte Zentrumspartei von Aho verliert Wahl; Sozialdemokraten von Lipponen bilden Fünf-Parteien-Koalition (13.4)	
Frankreich	François Mitterrand (P seit 1981) Jacques Chirac (P bis …)	Gaullist Chirac gewinnt Präsidentschaftswahl gegen Parteifreund Edouard Balladur und Sozialist Lionel Jospin (Mai)	
	Edouard Balladur (M seit 1993) Alain Juppé (M bis …)	Nach Regierungsantritt von Chirac (7.5.) Ernennung des bisherigen Außenministers Juppé zum Premierminister (11.5)	
Griechenland	Konstantin Karamanlis (P seit 1990) Kostis Stephanopoulos (P bis …)	Kandidat von PASOK und Nationalisten wird vom Parlament zum Nachfolger des 88jährigen Karamanlis gewählt	
Israel	Yitzhak Rabin (M seit 1992) Shimon Peres (M bis 1996)	Außenminister Peres von der Arbeitspartei (ab 1992) tritt die Nachfolge des ermordeten Rabin an (S.886/4.11.)	
Italien	Silvio Berlusconi (M seit 1994) Lamberto Dini (M bis 1996)	Rechtskoalition aus Forza Italia, Lega Nord und Nationaler Allianz zerbricht (Dez. 1994), Korruptionsvorwürfe gegen Berlusconi; Schatzminister Dini bildet Übergangskabinett aus Parteilosen	
Lettland	Maris Gailis (M seit 1994) Andris Skele (M bis 1997)	Parlamentswahl (Okt.) bringt keine klaren Mehrheitsverhältnisse; Ministerpräsident Skele (ab Dez.) bildet Sechs-Parteien-Koalition	
Luxemburg	Jacques Santer (M seit 1984) Jean-Claude Juncker (M bis …)	Santer wird Präsident der Europäischen Kommission (Jan.); Juncker ist jüngster Regierungschef in der EU (*1954)	
Polen	Waldemar Pawlak (M seit 1993) Jósef Oleksy (M bis 1996)	Pawlak tritt nach Kritik von Präsident Walesa an Regierungskurs zurück; Nachfolger Oleksy (ab 1.3.) von der Linksallianz (SLD)	
	Lech Walesa (P seit 1990) Aleksander Kwaśniewski (P bis …)	Ex-Kommunist Kwaśniewski gewinnt als Kandidat der Linksparteien Präsidentschaftswahl gegen Walesa (19.11.)	
Portugal	Aníbal Cavaco Silva (M seit 1985) António Guterres (M bis …)	Sozialisten Sieger bei Parlamentswahl (1.10.); Guterres bildet Minderheitsregierung; Cavaco Silva kündigte im Jan. Rücktritt an	
Ukraine	Witali Masol (M seit 1994) Jewgeni Martschuk (M bis 1996)	Verfassungsvereinbarung, die Rechte des Präsidenten stärkt, beendet vorläufig Machtkampf mit Parlament	

M = Ministerpräsident bzw. Premierminister; P = Präsident
1) Übergangsministerpräsidentin Renata Indschova ab 4.9.1994; 2) Parteiloser Übergangspremier Andres Tarand ab 27.10.1994

Braunkohle-Förderung in Deutschland					K 842
Revier	Fördermenge (Mio t)				
	1991	1992	1993	1994	1995
Rheinland	106,4	107,5	102,1	101,4	101,2
Lausitz	116,8	93,1	87,4	79,4	70,7
Mitteldeutschland	50,9	36,3	28,2	22,3	17,6
Helmstedt	4,5	4,7	3,9	3,8	4,1
Hessen	0,8	0,1	0,2	0,2	0,2
Bayern	0,1	0,1	0,1	0,1	0,1
Insgesamt	279,4	241,0	221,9	207,1	192,8

Quelle: Statistik der Kohlenwirtschaft

Garzweiler II nimmt Hürde

7.2. Düsseldorf. Die nordrhein-westfälische Regierung genehmigt den von der RWE-Tochter Rheinbraun beantragten, größten europäischen Braunkohletagebau Garzweiler II (Fläche: 48 km², Kosten: ca. 4,4 Mrd DM). Etwa 7600 Bewohner aus 13 Ortschaften müssen umgesiedelt werden. Mit dem Abbau der bis zu 210 m tiefen und 30 m dicken Flöze soll 2006 begonnen werden (geplante Jahresförderung: 1,3 Mio t bis 2045). Die Genehmigung ist an die Bedingung geknüpft, daß eine Absenkung des Grundwasserspiegels im europäischen Naturpark Maas-Schwalm-Nette verhindert wird.
Garzweiler II gehört zum rheinischen Revier. Dort wird die Hälfte der deutschen Braunkohle abgebaut. Braunkohle ist trotz starkem Förderrückgang in Ostdeutschland nach 1990 wichtigster inländischer Energieträger. Etwa 86% werden zur Stromerzeugung eingesetzt (Ostdeutschland: 59%).

Als einzige Partei in NRW lehnen Die Grünen, seit Juli 1995 Koalitionspartner der SPD, Garzweiler II ab. Sie reichten im Mai des Jahres wegen der Nichtbeteiligung des Landtages an der Genehmigungsentscheidung Verfassungsklage ein. Der Koalitionsvertrag sieht vor, daß der Rahmenbetriebsplan erst rechtskräftig wird, wenn über die Klage entschieden ist. Bis dahin sollen keine Umsiedlungen stattfinden. S 884/K 842

Einmarsch in Tschetschenien [KAR]

12.2. Grosny. Die Eroberung der tschetschenischen Hauptstadt Grosny durch russische Streitkräfte ist nach dreimonatigen Kämpfen abgeschlossen. Die Stadt ist fast völlig zerstört. Die bewaffneten Auseinandersetzungen dauern jedoch an, Terroraktionen und Menschenrechtsverletzungen beider Seiten verschärfen die Lage.
Die moslemische Kaukasusrepublik (1,3 Mio Einwohner) rief 1991 einseitig ihre Unabhängigkeit von Rußland aus. Ein von Moskau unterstützter Umsturzversuch gegen Präsident Dschochar Dudajew 1994 scheiterte.
Erst Ende 1996 handelt der russische Sicherheitsberater, Ex-General Alexander Lebed, mit den Aufständischen den Abzug der russischen Truppen und eine Beteiligung der Rebellen an der tschetschenischen Regierung aus. Eine Entscheidung über den staatsrechtlichen Status der Republik wird aufschoben. Das Abkommen ist innerhalb der russischen Führung umstritten. S 885/K 843

Giftgasanschläge in Japan

20.3. Tokio. Bei einem Anschlag mit dem geruchs- und farblosen Nervengas Sarin in der Tokioter U-Bahn sterben zwölf Menschen, 5500 werden verletzt. Weitere Giftgasattentate folgen. Verantwortlich ist die totalitäre Sekte Aum Shinri Kyo. Mit dem Einsatz von Massenvernichtungswaffen in Großstädten erreicht die Bedrohung durch den Terrorismus bis dahin unbekannte Dimensionen.
Die Aum-Sekte wurde 1987 von Chizuo Matsumoto, der sich Shoko Asahara nennt, gegründet. Sie besitzt eigene Terroreinheiten. Die Aum-Lehre sagt für 1999 den Weltuntergang voraus, den nur erleuchtete Aum-Mitglieder überleben werden.
Der am 16.5. verhaftete Asahara wird im April 1996 des Mordes angeklagt, nachdem Sektenmitglieder ihre Beteiligung an den Anschlägen eingestanden haben sowie Chemikalien und Laboratorien entdeckt wurden, mit denen Giftgas und biologische Waffen hergestellt werden können.

Kaukasus: Krisenregion

Legende:
- Autonome Republik
- Autonome Region
- Von Armenien beansprucht
- Russische Teilrepubliken
- Kurdengebiet

Europa ohne Grenzen

26.3. Brüssel. In sieben Staaten der Europäischen Union tritt der Schengener Vertrag von 1985 über die Abschaffung von Personen- und Warenkontrollen an den Binnengrenzen in Kraft. Zum Ausgleich für die Abschaffung der Grenzkontrollen sind u. a. strenge Personenkontrollen an den EU-Außengrenzen und die Einführung eines computergestütztes polizeilichen Informationssystems vorgesehen. Asylanträge werden vom Einreiseland beurteilt, die anderen Länder erkennen die Entscheidung an.

1985 beschlossen Frankreich, Deutschland und die Benelux-Staaten in der luxemburgischen Gemeinde Schengen/Mosel eine Liberalisierung ihres Grenzverkehrs. Hinzu kamen später Portugal und Spanien. Am 28.4.1995 schließen sich Griechenland, Italien und Österreich dem Abkommen an. Dänemark, Finnland, und Schweden sowie die Island und Norwegen, die nicht der EU angehören, unterzeichnen am 19.12.1996 den Schengener Vertrag.

Terror unter Amerikanern

19.4. Oklahoma-City. Bei einem Anschlag auf ein neunstöckiges Bürogebäude, in dem auch US-Bundesbehörden untergebracht sind, werden 168 Menschen getötet und über 500 verletzt. Die Bombe war in einem Kleinlaster deponiert. Kurze Zeit später werden die mutmaßlichen Täter, zwei US-Bürger, verhaftet und wegen Mordes angeklagt. Sie gehören einer rechtsradikalen Miliz an.

In den USA gibt es rd. 300 militante Verbände, die regelmäßig Waffenübungen abhalten. Als Hauptfeind sehen sie die Regierung in Washington an, die ihre Freiheit, u. a. durch schärfere Waffengesetze, eingrenzen und die Bürger entmündigen will.

CASTOR-Transport nach Gorleben

25.4. Gorleben. Ein Behälter für abgebrannte, hochradioaktive atomare Brennelemente (CASTOR) trifft unter strengen Sicherheitsvorkehrungen per Bahn im Zwischenlager Gorleben (Niedersachsen) ein. Der atomare Abfall stammt aus dem Kernkraftwerk Philippsburg (Baden-Württemberg). Wegen Rechtsstreitigkeiten zwischen Bund und niedersächsischer SPD-Regierung verzögerte sich der erste Transport um fast ein Jahr.

Das 1983 fertiggestellte Zwischenlager hat Platz für 420 Sicherheitsbehälter, die dort bis zu 40 Jahre aufbewahrt werden sollen. Ab 1995 bzw. 2000 ist Deutschland verpflichtet, hochradioaktive Abfälle zurückzunehmen, die bei der Wiederaufarbeitung aus deutschen Atomkraftwerken in La Hague (Frankreich) und im britischen Sellafield entstehen. Im Mai 1996 wird der erste CASTOR mit Atommüll aus La Hague nach Gorleben befördert. 19 000 Polizisten sichern die Überführung gegen z. T. gewalttätigen Protest.

Energiekonsensgespräche scheitern

21.6. Bonn. Zum zweiten Mal nach 1993 werden die Gespräche zwischen der christlich-liberalen Bundesregierung, der SPD-Op-

Chronik des Tschetschenien-Konflikts K 843

Datum	Ereignis
19. Jh.	Im Krieg der Kaukasusvölker gegen die Russen kämpfen die Tschetschenen auf moslemischer Seite
1922	Gründung des autonomen Gebiets der Tschetschenen
1936	Tschetschenien ist Autonome Republik in der UdSSR
1944	Deportationen der Tschetschenen wegen angeblicher Kollaboration mit den Deutschen; Auflösung der Autonomen Republik
1957	Wiederherstellung der Autonomen Republik; die deportierten Tschetschenen dürfen zurückkehren
Okt. 1991	Unabhängigkeitserklärung, der ehemalige General der Sowjetarmee Dschochar Dudajew wird zum Präsidenten gewählt
8.11.1991	Rußland verhängt den Ausnahmezustand über Tschetschenien
2. 8.1994	Gewaltsamer Umsturzversuch der von der russischen Regierung unterstützten Opposition scheitert
15.9.1994	Dudajew ruft den Kriegszustand aus
11.12.1994	Invasion russischer Truppen in Tschetschenien beginnt
12.2.1995	Russische Streitkräfte haben Grosny erobert, die Kämpfe verlagern sich in die Gebirgsregionen
Juni 1995	Geiselnahme von Budjonnowsk (Rußland) durch ein Tschetschenen-Kommando ebnet Weg für Verhandlungen
Dez. 1995	Offensive der Rebellen gegen die Stadt Gudermes; russische Artillerieangriffe fordern 300 Todesopfer
17.12.1995	Bei von Moskau organisierten Wahlen wird der prorussische Doku Sawgajew Präsident der Republik
Jan. 1996	Geiselnahme von Kiseljar und Perwomajskoje: russischer Sturmangriff fordert 200 Tote
März 1996	Russische Truppen wehren einen Angriff der Rebellen auf die Hauptstadt Grosny ab
31.3.1996	Präsident Jelzin verkündet Friedensplan: Einstellung der Kämpfe, Abzug der russischen Streitkräfte
22.4.1996	Tschetscheniens Präsident Dschochar Dudajew stirbt bei einem russischen Raketenangriff
27.5.1996	Jelzin und Dudajew-Nachfolger Selimchan Jandarbijew vereinbaren in Moskau einen Waffenstillstand
25.6.1996	Dekret über Teilabzug der russischen Streitkräfte bis 1. Sept.
9.7.1996	Beginn einer russischen Offensive im Süden Tschetscheniens
Aug. 1996	Rebellen erobern Hauptstadt Grosny
23.8.1996	Der russische Sicherheitsberater und Tschetschenien-Beauftragte Alexander Lebed handelt Waffenruhe aus
31.8.1996	Grundsatzerklärung zur Beendigung des Krieges: Gefangenenaustausch, Truppenabzug (bis 6.1.1997); Entscheidung über Status der Republik wird aufgeschoben; Bilanz: rd. 40 000 Tote
3.10.1996	Russisch-tschetschenische Erklärung über die Bildung einer gemeinsamen Kommission u. a. zur Vorbereitung von Wahlen

Yitzhak Rabin ermordet: Israel trauert um den Premierminister und Friedensnobelpreisträger. Seit seinem Amtsantritt 1992 hatte Rabin den Prozeß der Aussöhnung mit den Palästinensern und mit Jordanien maßgeblich gestaltet.

position und der privaten Energiewirtschaft zur Energiepolitik abgebrochen. Eine Verständigung scheiterte an der unterschiedlichen Bewertung der Atomenergie. Die Regierung hält an der Nutzung der Kernkraft als umweltfreundlicher Alternative zu den fossilen Energieträgern fest, während die SPD einen Ausstieg fordert.

Der SPD-Verhandlungsführer Gerhard Schröder kam der Bundesregierung entgegen: Er wollte auf eine verbindliche Restlaufzeit für die 21 deutschen Atomkraftwerke verzichten und über die Ausgestaltung einer Kernkraftoption, die auch den Bau eines neuen Reaktortyps beinhaltet, verhandeln. Dies lehnte seine Partei jedoch ab. Zusätzliche Atomkraftwerke werden nach Meinung der Energiewirtschaft frühestens 2005 benötigt. Als SPD-Erfolg gilt die Beibehaltung der Steinkohlesubventionen. S 648/K 646

Atommächte bleiben exklusiver Klub

11.5. New York. Der Nichtverbreitungsvertrag für Atomwaffen von 1968 (↑S.621/1.7.) wird von den 178 Staaten unbefristet verlängert. Das Abkommen war auf 25 Jahre begrenzt. Es beschränkt Herstellung und Besitz von Nuklearwaffen auf die fünf Atommächte China, Frankreich, Großbritannien, Rußland und die USA. Die Staaten, die als inoffizielle Atommächte gelten, Israel, Indien und Pakistan, weigern sich, dem Sperrvertrag wegen regionaler Konflikte beizutreten.

Infolge der weltweiten Verbreitung von ziviler Nukleartechnik und unzureichender Kontrollen konnte die Weiterverbreitung von atomwaffenfähigem Material und Know-how zum Bau von Atombomben nicht wirkungsvoll eingedämmt werden. Die Abrüstung kam erst nach Ende des Ost-West-Konflikts in Gang. Politischer Druck und Finanzhilfen (Nord-Korea), Gewalt (Irak) oder innenpolitische Demokratisierung (Südafrika, Argentinien, Brasilien) führten zur Aufgabe geheimer Atomprogramme.

Die Atommächte verpflichten sich, 1996 ein Abkommen über ein Atomtestverbot zu schließen (↑S.899/10.9.1996).

Griechisch-mazedonischer Ausgleich

11.9. New York. Griechenland und Mazedonien unterzeichnen ein Abkommen zur Normalisierung ihrer Beziehungen. Mazedonien akzeptiert die griechische Forderung nach Änderung der Staatsflagge und erklärt, daß sich aus seiner Verfassung keine Gebietsansprüche auf die gleichnamige nordgriechische Provinz ableiten ließen. Eine Änderung des Staatsnamens erreichte die griechische Regierung nicht, will aber die Wirtschaftsblockade vom 16.2.1994 aufheben.

Die Gegensätze zwischen Griechenland und der ehemaligen jugoslawischen Teilrepublik betrafen in erster Linie Symbole, die von beiden Seiten als Teil der eigenen Geschichte gesehen werden. Durch die Sperrung des Hafens Thessaloniki war Mazedonien von seinem wichtigsten Handelsweg abgeschnitten.

Ein Freundschaftsvertrag vom März 1996 beendet auch die langjährigen Spannungen mit Albanien insbes. um die griechische Minderheit im Südteil Albaniens und die Behandlung albanischer Wirtschaftsflüchtlinge in Griechenland. S 401/K 400

Anschlag auf Nahostfriedensprozeß

4.11. Tel Aviv. Während einer Friedenskundgebung wird der israelische Ministerpräsident Yitzhak Rabin von dem 27jährigen jüdischen Extremisten Jigal Amir erschossen. Der Täter entstammt religiös-nationalistischen Kreisen, die sich mit Gewalt gegen die Autonomie für die Palästinenser im Westjordanland und Gazastreifen wehren.

Rabin, israelischer Regierungschef seit 1992, war zusammen mit Außenminister Shimon Peres, der am 22.11. sein Nachfolger wird, der entscheidende Akteur im Nahost-Friedensprozeß. In seine Amtszeit fällt der Abschluß des Gaza-Jericho-Abkommens mit der PLO 1993 (↑S.866/13.9.) und der Friedensvertrag mit Jordanien 1994.

Eine weitere Niederlage für eine Aussöhnung Israels mit seinen Nachbarn bedeutet die knappe Niederlage von Peres bei der ersten Direktwahl des Premiers am 29.5.1996, obwohl die Arbeitspartei wieder stärkste politische Kraft in der Knesset wird. Sieger ist mit 50,5% der Stimmen der Vorsitzende des konservativen Likud, Benjamin Netanjahu, der eine Fünf-Parteien-Koalition aus rechten und religiösen Parteien bildet. Zu seiner Klientel zählen vor allem die jüdischen Siedler in den besetzten Gebieten. S 441/K 442 S 806/K 783

SPD-Chef Scharping gestürzt

16.11. Mannheim. Auf dem SPD-Parteitag siegt der saarländische Ministerpräsident Oskar Lafontaine in einer Kampfabstimmung um den Posten des Vorsitzenden mit 321 gegen 190 Stimmen gegen den Amtsinhaber Rudolf Scharping. Die SPD erlebte damit die erste Abwahl eines Parteichefs.

Lafontaine begeisterte die Delegierten mit einer mitreißenden Rede, deren Erfolg den Ausschlag für seine Kandidatur gab. Scharping, 1992 zum Vorsitzenden gewählt und ab Oktober 1994 SPD-Fraktionsvorsitzender im Bundestag, wurden Führungsquerelen und das profillose Bild der Partei in der Öffentlichkeit angelastet.

Lafontaine gelingt es jedoch nicht, die Niederlagen der SPD bei den Landtagswahlen 1996 zu verhindern (↑S.883/19.2.) S 409/K 408

Ende des Bosnien-Kriegs KAR

21.11. Dayton. Im US-Bundesstaat Ohio handeln die Präsidenten von Bosnien-Herzegowina, Kroatien und Serbien, Alija Izetbegović, Franjo Tudjman und Slobodan Milošević, ein Friedensabkommen für Bosnien-Herzegowina aus, das am 14.12. in Paris unterzeichnet wird. Damit wird der 1991 ausgebrochene Balkan-Konflikt, der 250 000 Tote forderte, beendet, der militärische Status quo und die Vertreibung Zehntausender (sog. ethnische Säuberung) jedoch akzeptiert.

Der Staat bliebt erhalten, besteht aber aus zwei Teilen, der moslemisch-kroatischen Föderation (51%) und der Serbischen Republik (49%). Sarajevo wird wiedervereinigt und moslemischer Verwaltung unterstellt. Flüchtlinge (rd. 2,2 Mio) dürfen zurückkehren.

Dayton–Abkommen: Slobodan Milošević (Serbien), Alija Izetbegović (Bosnien), Franjo Tudjman (Kroatien) und US-Außenminister Warren Christopher (v.l.) unterzeichnen den Vertrag.

Balkan-Konflikt: Grenzen nach dem Vertrag von Dayton

1 Hauptstadt Sarajevo ungeteilt
2 Posavina-Korridor der Serben
3 Serben erhalten die Bezirke Mrkonjić Grad und Šipovo
4 Ehem. Schutzzonen Srebrenica u. Žepa bleiben serbisch
5 Korridor nach Goražde
6 Serben erhalten Zugang zum Meer

Moslemisch-kroat. Föderation (51%)
Serbische Republik (49%)
Vereinbarter Grenzverlauf

Stand: Ende 1995

1995

Mercosur-Mitglieder im Vergleich K 844

Land	Einwohner (Mio)	Fläche (km²)	BSP/Kopf[1] (Dollar)[1]	Inflation (%)	Arbeitslosigkeit (%)
Argentinien	34,6	2 780 400	8110	1,6	17,5
Brasilien	161,8	8 511 965	2970	22	14,3[1]
Paraguay	5,0	406 752	1580	12	12,0
Uruguay	3,2	177 414	4660	35	11,8

Stand: 1995; 1) 1994; Quelle: Statistisches Bundesamt, Weltbank, Bundesstelle für Außenhandelsinformation

Eine internationale Schutztruppe unter dem Oberbefehl der NATO mit etwa 55 000 Soldaten aus 20 Ländern (IFOR) überwacht bis Ende 1996 die Truppenentflechtung und den Waffenstillstand (ab 12.10.1995). Das Mandat der internationalen Streitkräfte wird 1997 erneuert (Name: SFOR). Unter Aufsicht der OSZE finden am 14.9.1996 Parlaments- und Kantonal- sowie Präsidentschaftswahlen statt. Izetbegović wird für zwei Jahre zum Vorsitzenden des dreiköpfigen Staatspräsidiums gewählt. S 846/K 814

Islamisten Zünglein an der Waage

24.12. Ankara. Bei der vorgezogenen Parlamentswahl in der Türkei werden die Islamisten (Wohlfahrtspartei, RP) von Neçmettin Erbakan mit 21,3% der Stimmen stärkste Partei. Die konservative Partei des Rechten Weges (DYP) von Ministerpräsidentin Tansu Çiller (seit 1993) landet mit 19,2% auf dem zweiten Platz. Die Wohlfahrtspartei plädiert für eine stärkere Verankerung der Türkei in der islamischen Welt.
Die Regierungskoalition mit den Sozialdemokraten (CHP) war im September 1995 wegen Konflikten in Menschenrechtsfragen und der Wirtschaftspolitik zerbrochen, wurde aber nach Scheitern einer DYP-Minderheitsregierung bis zu den Neuwahlen fortgesetzt. Ein Zweckbündnis zwischen Mutterlandspartei (Anap) und DYP gegen die Islamisten scheitert im Juni 1996 schon nach drei Monaten vor allem an persönlichen Gegensätzen zwischen Çiller und dem Anap-Chef und Ministerpräsidenten (ab März 1996) Mesut Yilmaz. Erbakan wird erster islamistischer Regierungschef der Türkischen Republik (seit 1923), in der Staat und Religion getrennt sind. Seine mit der DYP gebildete Koalition hat eine parlamentarische Mehrheit von fünf nur Stimmen. S 202/K 214 S 895/K 850

Wirtschaft

Freihandelszone für Südamerika

1.1. Montevideo. Die Mitglieder des Mercado Común del Cono Sur (Mercosur), des 1990 gegründeten gemeinsamen Marktes des südlichen Teils Südamerikas, Argentinien, Brasilien, Paraguay und Uruguay, heben 85% der gegenseitigen Zölle auf. Dadurch steigt das Handelsvolumen innerhalb der Gemeinschaft 1995 um ein Viertel. Einfuhren aus Drittländern sollen mit einem gemeinsamen Außenzoll von bis zu 20% belegt werden.
Seit 1991 wurden die Zollschranken schrittweise abgebaut, so daß der Handelsumfang bis 1995 von 3,7 Mrd Dollar auf 15,6 Mrd Dollar zunahm. Allerdings wurden keine supranationalen Einrichtungen verabredet, die die Zusammenarbeit der Mitglieder regeln.
Im Dezember 1995 unterzeichnet die Mercosur-Gruppe ein Abkommen mit der EU. Chile

Tansu Çiller

Die größten Medienkonzerne der Welt K 845

Rang	Firma, Sitz (Gründung)	Umsatz (Mio DM)	Gewinn (Mio DM)	Mitarbeiter
1	Time Warner Inc., New York (1923)	30 122,3	–147,6	50 000
2	Bertelsmann, Gütersloh (1835)	20 600,0	805,0	57 287
3	Walt Disney Comp., Burbank/USA (1922)	20 076,3	2832,2	k. A.
4	News Corporation, Sydney – London – New York (1952)	13 456,1	1493,1	26 690
5	Sony, Tokio (1946)	12 324,8	k. A.	k. A.
6	Viacom Inc., New York	11 941,6	178,4	37 500
7	Dai Nippon, Tokio (1876)	11 461,3	k. A.	k. A.
8	ARD, Frankfurt/M. (1950)	10 327,1	409,7	27 118
9	Fujisankei Comm. Group, Tokio	9 230,0	k. A.	k. A.
10	Nippon Hoso Kyokai (NHK), Tokio (1926)	9 058,3	k. A.	18 500
11	Toppan, Tokio (1900)	8 804,5	k. A.	k. A.
12	Lagardère Group, Paris (vorm. Matra/Hachette, 1850/1920)	8 796,3	186,2	19 071
13	Tele-Communications Inc., Denver/USA (1968)	8 005,2	76,2	32 000
14	Havas, Paris (1832)	7 834,3	244,1	k. A.
15	Polygram, Baarn/Niederlande (1972)	7 668,7	658,1	11 605

Stand: 1994

wird im Juni 1996 assoziiertes Mitglied. Mit Bolivien werden Gespräche über eine Mitgliedschaft aufgenommen. S 888/K 844

Börsengeschäfte ruinieren Baring

27.2. London. Fehlspekulationen des britischen Börsenhändlers Nick Leeson in Singapur mit derivativen Finanzinstrumenten führen zum Bankrott der Londoner Privatbank Baring Brothers, die Verluste von 916 Mio £ tragen muß. Die britische Börsenaufsicht stellt schwere Versäumnisse von Baring bei der Kontrolle ihrer Derivatgeschäfte und Transaktionen nach Singapur in rechtswidriger Höhe fest.

Der Baring-Angestellte Leeson kaufte an den Börsen von Singapur und Osaka (Japan) Terminkontrakte mit einem zugrundeliegenden Wert von 27 Mrd Dollar und spekulierte auf einen steigenden Nikkei-Aktienindex. Da dieser jedoch infolge des Erdbebens von Kobe (↑S.890/17.1) fiel, mußte Leeson als Sicherheitsleistung die Differenz zwischen Kontraktpreis und dem tatsächlichen Index ausgleichen. Seine Gegengeschäfte mit Verkaufsoptionen auf die Index-Kontrakte erhöhten den Verlust, der Eigenkapital, Reserven und finanzielle Verpflichtungen der Bank aus den Termingeschäften überstieg.

Baring wird im März 1995 unter Zwangsverwaltung gestellt und an eine niederländische Bankengruppe verkauft. Leeson setzt sich ins Ausland ab, wird jedoch in Frankfurt/Main festgenommen und an Singapur ausgeliefert. Im Dezember wird er dort u. a. wegen Betrugs und Urkundenfälschung zu sechseinhalb Jahren Gefängnis verurteilt. S 889/K 846

Elefantenhochzeit in Medienbranche

31.7. New York. Der US-amerikanische Medienkonzern Walt Disney Comp. übernimmt für rd. 19 Mrd Dollar das größte US-TV-Network Capital Cities/ABC. Aus dem zweitgrößten Firmenkauf in der US-Geschichte geht der größte Medienkonzern hervor. ABC hat in den USA acht Fernsehsender, 225 TV-Stationen sowie einige Spartenkanäle. Disney ist vor allem im Filmgeschäft tätig.

Auf den entstehenden Multimediamärkten wachsen Unterhaltungselektronik, Telekommunikation und Computer zusammen. Immer größere Medienkonglomerate versuchen in den USA ihre Position in einem sich schnell verändernden und neu formierenden Markt zu behaupten. In Deutschland konkurrieren die Kirch-Gruppe und Bertelsmann über strategische Allianzen mit ausländischen Partnern um die Vorherrschaft.

Die wichtigsten Begriffe zu Derivaten K 846

Forward
Klassisches Termingeschäft, bei dem der Kontrakt eine Partei zum Kauf, die andere zum Verkauf eines Produkts zu einem bestimmten Preis und festgelegtem Termin verpflichtet (außerbörslicher Handel).

Future
Käufer und Verkäufer verpflichten sich im voraus, zu einem bestimmten Termin und festgelegten Preis zu kaufen bzw. zu verkaufen. Zum Termin wird der tatsächliche Marktpreis des Tages (z. B. Kurswert der Aktie) mit dem vereinbarten Preis verglichen. Der Verlierer muß dem Gewinner die Differenz zahlen. Future-Papiere werden nur an der Börse gehandelt.

Leverage-Effekt
(engl.; Hebel-Effekt). Wenn sich der Basiskurs oder der Basisindex ändert, wirkt sich das überproportional auf den Kurswert des abgeleiteten Derivate-Papiers aus. Beispiel: Wenn sich der Punktestand des Deutschen Aktienindex DAX um 1% ändert, ändert sich anschließend der Kurswert einer DAX-Option um mehr als 1%.

Option
Der Käufer einer Option erwirbt das Recht (nicht die Pflicht), in einem bestimmten Zeitraum oder zu einem festen Termin zu vereinbartem Kurs zu kaufen (call-Option) oder zu verkaufen (put-Option). Optionsscheine werden an der Börse und außerbörslich gehandelt.

Swap
Im außerbörslichen Geschäft werden Zahlungsströme zu vorab vereinbarten Bedingungen ausgetauscht, um kapitalmarktbedingte Vorteile auszunutzen. Beim Zinsswap wird z. B. ein fester Zinssatz des einen in einen variablen Zins des anderen getauscht. Aktienindex-Swap und Währungs-Swap dienen zur Absicherung von Kursrisiken.

Mit dem Kauf von Turner Broadcasting Systems (Preis: 7,5 Mrd Dollar), zu dem auch der Nachrichtenkanal CNN gehört, löst Time Warner Inc. im September 1995 Disney/ABC als Nr. 1 ab. S 888/K 845

Windows 95 auf dem Markt

24.8. Redmond. Der weltweit führende Software-Hersteller, die amerikanische Microsoft Corp. (Chef: Bill Gates), startet die Auslieferung seines lange angekündigten neuen Computer-Betriebssystems mit grafischer Benutzeroberfläche, Windows 95.

Das Betriebssystem, ein permanent auf dem Computer installiertes Programm, das beim Start automatisch geladen wird, bietet die Voraussetzung für die Arbeit mit Anwenderprogrammen, z. B. Textverarbeitung. Mit MS-DOS und Windows hatte Microsoft für Personalcomputer einen Weltmarktanteil von etwa 80%. Netzwerkfähige Systemsoftware wird durch Windows NT abgedeckt.

Windows 95 ist ein 32-Bit-System, d. h. es kann mehr Daten parallel bearbeiten als bisherige 16-Bit-Betriebssysteme, so daß mehrere Anwenderprogramme parallel laufen können. Die Konfiguration bei einer Erweiterung mit zusätzlichen Komponenten funktioniert automatisch (Plug & Play). Windows konkurriert mit Betriebssystemen von IBM

Bill Gates

1995

(OS/2), Apple (MacOS) und Bell (Unix, für Netzwerke). Zum Kaufargument wird der direkte und unkomplizierte Zugang über das Betriebssystem zum weltweit umspannenden Netzwerk Internet (↑S.901/6.5.1996) und zu kommerziellen Online-Diensten.

Natur/Umwelt

Erdbeben erschüttert Japan

17.1. Kobe. Bei Erdbeben der Stärke 7,2 auf der Richter-Skala (Dauer: 20 Sekunden) im westjapanischen Ballungsraum Kobe/Osaka sterben 5250 Menschen, 27 000 werden verletzt, 56 000 Gebäude beschädigt oder zerstört (Schaden: 200 Mrd Dollar). Die Regierung erklärt Kobe zum Katastrophengebiet. Es war das schwerste Beben seit 1923.
Die Japanischen Inseln liegen an der Nahtstelle dreier Erdplatten. Ihre Bewegungen verursachen immer wieder schwere Beben. Trotz großer Forschungsanstrengungen konnte noch kein zuverlässiges Frühwarnsystem entwickelt werden.

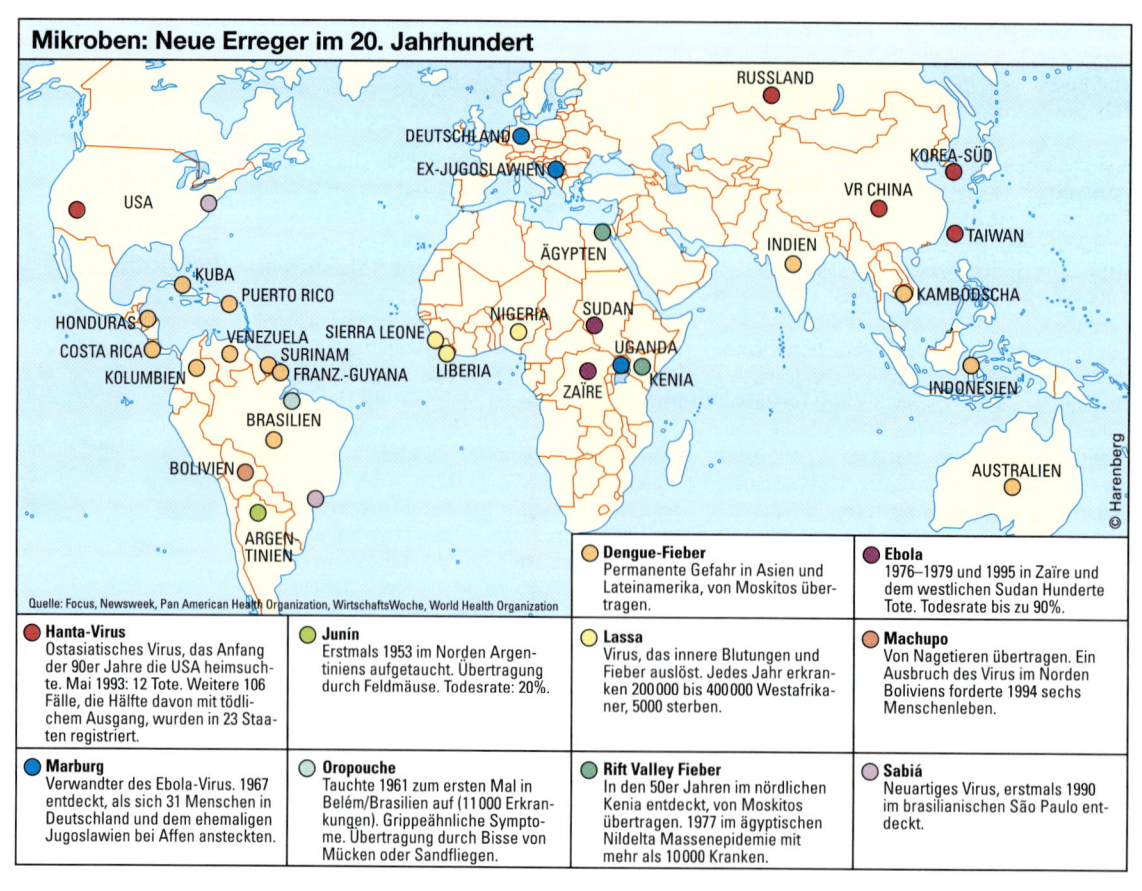

Erdbeben in Kobe: Die auf Stelzen gebaute, angeblich erdbebensichere Autobahn stürzt auf einer Länge von mehreren hundert Metern ein.

Mikroben: Neue Erreger im 20. Jahrhundert

Quelle: Focus, Newsweek, Pan American Health Organization, WirtschaftsWoche, World Health Organization

Hanta-Virus
Ostasiatisches Virus, das Anfang der 90er Jahre die USA heimsuchte. Mai 1993: 12 Tote. Weitere 106 Fälle, die Hälfte davon mit tödlichem Ausgang, wurden in 23 Staaten registriert.

Marburg
Verwandter des Ebola-Virus. 1967 entdeckt, als sich 31 Menschen in Deutschland und dem ehemaligen Jugoslawien bei Affen ansteckten.

Junin
Erstmals 1953 im Norden Argentiniens aufgetaucht. Übertragung durch Feldmäuse. Todesrate: 20%.

Oropouche
Tauchte 1961 zum ersten Mal in Belém/Brasilien auf (11 000 Erkrankungen). Grippeähnliche Symptome. Übertragung durch Bisse von Mücken oder Sandfliegen.

Dengue-Fieber
Permanente Gefahr in Asien und Lateinamerika, von Moskitos übertragen.

Lassa
Virus, das innere Blutungen und Fieber auslöst. Jedes Jahr erkranken 200 000 bis 400 000 Westafrikaner, 5000 sterben.

Rift Valley Fieber
In den 50er Jahren im nördlichen Kenia entdeckt, von Moskitos übertragen. 1977 im ägyptischen Nildelta Massenepidemie mit mehr als 10 000 Kranken.

Ebola
1976–1979 und 1995 in Zaïre und dem westlichen Sudan Hunderte Tote. Todesrate bis zu 90%.

Machupo
Von Nagetieren übertragen. Ein Ausbruch des Virus im Norden Boliviens forderte 1994 sechs Menschenleben.

Sabiá
Neuartiges Virus, erstmals 1990 im brasilianischen São Paulo entdeckt.

890

Das Erdbeben von Kobe offenbart die Verletzlichkeit vieler Bauten, die zuvor als erdbebensicher gepriesen wurden, und eine mangelhafte Katastrophenhilfe des Staates. Die Behörden erweisen sich als größtenteils unfähig, etwa 300 000 Obdachlose ausreichend zu versorgen. S 60/K 56

Tödlicher Virus aus Afrika KAR
13.5. Kinshasa. Die Regierung des zentralafrikanischen Staates Zaïre stellt die Stadt Kikwit nach dem Ausbruch einer Epidemie mit dem Ebola-Virus unter Quarantäne. Der Seuche fallen bis zu ihrer Eindämmung im August 244 Menschen zum Opfer.
Der Erreger, der zuletzt 1976 in Zentralafrika auftauchte, führt in 90% der Infektionen zum Tod. Wirkungsvolle Behandlungsmethoden sind nicht bekannt. Hauptverbreitungsgebiet des Ebola-Virus ist ein breiter Tropenstreifen entlang des Äquators in Afrika.
Eine Übertragung unbekannter Viren ist jederzeit möglich, weil der Mensch immer tiefer in die Regenwälder eindringt und mit exotischen Tieren in Kontakt kommt, die Viren übertragen können. Schlechte hygienische Bedingungen und der Luftverkehr begünstigen die Ausbreitung gefährlicher Mikroben, von denen nur eine begrenzte Zahl (davon rd. 500 Viren) bekannt sind.

Keine Versenkung der Brent Spar
20.6. London. Der niederländisch-britische Ölkonzern Shell verzichtet nach starken öffentlichen Protesten und einem insbes. in Deutschland erfolgreichen Tankstellenboykott auf die Versenkung seiner Ölplattform Brent Spar im Atlantik. Die Umweltschutzorganisation Greenpeace verschaffte dem Verlangen nach einer umweltgerechten Entsorgung an Land mit medienwirksamen Aktionen wie der zeitweisen Besetzung der Brent Spar durchschlagende Publizität. Die Brent Spar wird im Juli in den norwegischen Erfjord geschleppt und dort verankert.
Die 137 m hohe und 14 500 t schwere Brent Spar diente 1976–1991 als Öllager- und Verladestation. In den Tanks, die 300 000 Barrel Öl fassen können, lagern mindestens 75 t Restöl, 260 t schwermetallhaltige Schlämme, schwachradioaktive Abfälle und krebserregende Kohlenwasserstoffe. Die britische Regierung gab Shell Ende 1994 die Genehmigung zur Versenkung im Meer. Sie hätte nach Angaben des Konzerns mit 11,8 Mio £ ein Viertel der Verschrottung an Land gekostet.
In der Nordsee wird auf rd. 500 Bohrinseln und Plattformen Öl und Gas gefördert und gelagert. Bei Bohrarbeiten, beim Transport und unerlaubtem Reinigen von Schiffstanks gelangen jedes Jahr mindestens 50 000 t Öl ins Wasser.

Kultur

Phantastische Höhlenmalerei
18.1. Paris. Das französische Kulturministerium gibt die Entdeckung von steinzeitlichen Malereien (Alter: ca. 30 000 Jahre) in einer im Dezember 1994 von drei Amateurforschern entdeckten Höhle in der südfranzösischen Region Combe d'Arc (Departement Ardèche) bekannt. Die 267 Tierzeichnungen gelten neben Lascaux (Frankreich) und Altamira (Spanien) als die bedeutendsten Höhlenmalereien in Europa. Als außergewöhnlich werden ihre künstlerische Ausdruckskraft, Exaktheit und der intakte Zustand bewertet.
Die Höhle, nach einem der Entdecker Chauvet-Höhle genannt, bleibt für die Öffentlichkeit gesperrt, um Schäden zu vermeiden. In Europa sind 280 Höhlen und sechs Freiflächen mit Malereien bekannt. Steinzeitliche Felsbilder gibt es in allen Erdteilen.

Bibliothek der Superlative
30.3. Paris. Nach dreijähriger Bauzeit wird im Südosten von Paris der Neubau der französischen Nationalbibliothek eingeweiht. Der von vier 80 m hohen Türmen gekennzeichnete Bau des Architekten Dominique Perrault ist nach der Kongreßbibliothek in

„**Brent Spar**": Mitgliedern der Umweltschutzorganisation „Greenpeace" gelingt es mehrfach, die Ölverladeplattform zu entern. Der Ölkonzern „Shell" geht dagegen mit Wasserkanonen vor.

Washington die zweitgrößte Bibliothek der Welt und mit 7,8 Mrd FF das teuerste der von Staatspräsident François Mitterrand angeregten Bauwerke (z. B. Grande Arche de la Défense, Opéra de la Bastille, Louvre-Pyramide, ↑S.827/29.3.1989).
Die Eröffnung der Bibliothèque National de France ist für Ende 1997 geplant. Sie soll 11 Mio Bände, 1 Mio Ton- und Bilddokumente und 350 000 Zeitschriftentitel aufnehmen. Vorgesehen ist außerdem ein mit anderen Bibliotheken und Datenbanken vernetztes EDV-Benutzersystem.

Christo verhüllt Reichstagsgebäude
23.6. Berlin. Der bulgarisch-amerikanische Verpackungskünstler Christo läßt das Reichstagsgebäude unter 100 000 m² aluminiumbedampftem Polypropylentuch verbergen. „The Wrapped Reichstag" zieht bis zum Abbau der Stoffbahnen am 6.7. rd. 5 Mio Besucher in seinen Bann.
Christo arbeitete 24 Jahre auf die Verwirklichung seines Projekts hin. Schließlich stimmte der Bundestag als Hausherr des Gebäudes am 25.2.1994 nach kontroverser Diskussion mit 292 zu 223 Stimmen zu. Die Kosten von rd. 15 Mio DM trägt Christo selbst. Der von Paul Wallot 1884–1894 erbaute Reichstag wird bis zum Umzug des Bundestags von Bonn nach Berlin 1999 für 605 Mio DM unter Leitung des britischen Architekten Sir Norman Foster umgebaut und in Anlehnung an den ursprünglichen Zustand mit einer gläsernen Kuppel versehen.

Nobelpreisträger 1995	K 847
Frieden: Joseph Rotblat (PL/GB, *1908), Internat. Pugwash-Konferenzen	
Der Atomphysiker und die von ihm geleiteten und nach dem ersten Tagungsort benannten Internationalen Pugwash-Konferenzen über Wissenschaft und Weltprobleme wird für ihren Kampf gegen den Atomkrieg und ihr Engagement für die Abschaffung der Atomwaffen geehrt. Die Konferenzen hatten großen Anteil am Zustandekommen des Atomwaffensperrvertrags 1968, des Atomteststoppabkommens 1963 und der B-Waffen-Konvention 1972.	
Literatur: Seamus Heaney (GB/IRL *1939)	
Als vierter Ire erhielt der nordirische Lyriker den Literaturnobelpreis, mit dem die lyrische Schönheit und ethische Tiefe seines Werks gewürdigt wird. Darin vermittelt Heaney die sprachliche und kulturelle Tradition, die politischen Konflikte und die Landschaft seiner Heimat. Seine Essays und Naturlyrik verbinden mystische Naturbetrachtung mit Reflexionen politischer Gewalt.	
Chemie: Paul Crutzen (NL, *1933), Marie José Molina (USA, *1943), Frank Sherwood Rowland (USA, *1927)	
Die Wissenschaftler untersuchten die Bildung und den Abbau von Ozon (O_3) und entdeckten den schädlichen Einfluß der Luftverschmutzung auf die strahlungsfilternde Ozonschicht in der Stratosphäre. Ihre Forschungen zur Systematisierung der Gene trugen zum Verbot ozonvernichtender Gase bei, z. B. der Fluorchlorkohlenwasserstoffe (FCKW). Das Ozonloch über der Antarktis würde durch extrem niedrige Temperaturen begünstigt.	
Medizin: Edward B. Lewis (USA, *1918), Eric F. Wieschaus (USA, *1947), Christiane Nüsslein-Volhard (D, *1942)	
Die Preisträger erforschten die Entwicklung der befruchteten Eizelle zum fertigen Organismus am Beispiel der Fruchtfliege Drosophila melanogaster. Sie identifizierten die Gene, die die Anlage und Entwicklung der einzelnen Körperteile steuern. Viele ihrer Erkenntnisse lassen sich auf die Entstehung von erblich bedingten Mißbildungen z. B. beim Menschen übertragen.	
Physik: Frederick Reines (USA, *1918), Martin Lewis Perl (USA, *1927)	
Beide Forscher wiesen zwei der kleinsten Baustein der Materie, das Neutrino und das Tauon, nach. Ihre Erkenntnisse ermöglichen ein neues Verständnis der Teilchenphysik (Leptonenforschung) und brachten Hinweise auf die Existenz einer weiteren Gruppe von Elementarteilchen.	
Wirtschaftswissenschaften: Robert E. Lucas jr. (USA, *1937)	
Der Mitbegründer der neoliberalen Wirtschaftspolitik entwarf in den 70er Jahren die Theorie der rationalen Erwartungen: Die Teilnehmer am Wirtschaftsprozeß unterliefen die ihren Interessen zuwiderlaufenden staatlichen Steuerungsversuche. Langfristige Konjunkturstrategien führten nicht zum erhofften Ziel. Daher sollte es möglichst wenige staatliche Wirtschaftseingriffe geben.	

Gesellschaft

Keine Kruzifixe im Klassenzimmer
10.8. Karlsruhe. Das Bundesverfassungsgericht erklärt die Vorschrift der bayerischen Schulordnung, in jedem Klassenraum von Grund- und Hauptschulen Kreuze aufzuhängen, für nichtig. Sie verletze die in Art. 4 GG garantierte Freiheit des einzelnen, nach eigenen Glaubensüberzeugungen zu leben und zu handeln sowie die staatliche Neutralitätspflicht im religiösen Bereich. Das Urteil des achtköpfigen Ersten Senats fiel mit fünf gegen drei Richterstimmen.
Der Entscheidung liegt die Verfassungsbeschwerde eines Ehepaars und dessen schulpflichtiger Kinder zugrunde. Sie wandten sich gegen das Aufhängen von Kruzifixen in Klassenzimmern, weil sie eine christliche Erziehung ablehnten.
Die katholische Kirche und die in Bayern regierende CSU üben scharfe Kritik an der Entscheidung. Am 23. September machen rd. 30 000 Menschen ihrer Empörung in einer Protestkundgebung in München Luft. Im Dezember beschließt der Landtag ein Gesetz, das das Anbringen von Kreuzen weiterhin anordnet, im Streitfall den Eltern der Schulleitung jedoch auferlegt, eine Einigung zu suchen, ihr aber das letzte Entscheidungsrecht beläßt.

Freispruch für O.J. Simpson
3.10. Los Angeles. Im spektakulärsten Strafprozeß der amerikanischen Justizgeschichte wird der farbige Ex-Football-Star Orenthal James (O.J.) Simpson von einem Geschworenengericht freigesprochen. Durch die umfangreiche TV-Life- und Sonderberichterstat-

1995

Reichstagsverhüllung: Insgesamt 5 Mio Menschen besuchen das von Christo und seiner Frau Jeanne–Claude geschaffene Kunstwerk.

tung wurde das Verfahren wegen des Mordes an Simpsons Ex-Ehefrau und deren Freund zu einem gigantischen Medienereignis, der die Nation spaltete und bis zur Hysterie trieb. Der Prozeß ging nach 371 Verhandlungstagen zu Ende, 133 Zeugen wurden verhört und 1105 Beweisstücke vorgeführt. Das Urteil sprach eine aus acht Schwarzen und vier Weißen zusammengesetzte Jury. Den Verteidigern Simpsons gelang es mit großem Geschick, Zweifel an der Glaubwürdigkeit der Indizien und des Hauptbelastungszeugen, eines rassistischen Polizisten, zu säen.
Der Fall Simpson wird erneut in einem Zivilprozeß aufgerollt, der im Oktober 1996 beginnt und in dem die Angehörigen der Mordopfer Schadenersatz von Simpson einzuklagen versuchen.

Sport

Medaillenausbeute gut verteilt
5.8. Göteborg. Bei den 5. Leichtathletik-Weltmeisterschaften (bis 13.8.) bleiben die deutschen Athleten mit jeweils zwei Gold-, Silber- und Bronzemedaillen hinter den Erwartungen zurück. Sieger im Kugelstoßen ist mit 21,22 m die Neubrandenburgerin Astrid Kumbernuß. Lars Riedel (Chemnitz) gewinnt im Diskuswerfen mit 68,76 m.
Mit zwölf Goldmedaillen, zweimal Silber und fünfmal Bronze sind die USA die erfolg-

Kulturszene 1995	K 848
Theater	
Marlene Streeruwitz Brahmsplatz UA 22.4., Graz	Stück um ein altes Paar, das sich in der gemeinsamen Wohnung, das bevorstehende Ende vor Augen, gegenseitig das Leben schwermacht.
Woody Allen Central Park West UA New York	Ironische Charakterstudien über Partnerwechsel und -beziehungen, die schließlich doch in den alten Konstellationen enden.
Oper	
Rolf Liebermann Freispruch für Medea UA 24.9., Hamburg	Feministische Auslegung des antiken Medea- und-Jason-Mythos in effektvoller Zwölftontechnik; Inszenierung von Ruth Berghaus.
Alfred Schnittke Gesualdo UA 26.5., Wien	Musikstück in sieben Bildern über den träumerischen Madrigalisten Carlo Gesualdo (1565–1613), der seine Frau und deren Geliebten tötet.
Alfred Schnittke Historia von D. Johann Fausten, UA 22.6., Hamb.	Faust-Oper nach dem Volksbuch von 1587: Versuch, unterschiedliche musikalische Stile durch Zitate und Collagen zu verbinden.
Musical	
Eric Woolfson Gaudí UA 26.5., Alsdorf	Schriftsteller entsagt dem Kommerz und entscheidet sich, seinem literarischen Anspruch treu zu bleiben und dem Vorbild Gaudís nachzueifern.
Marco Rima Keep Cool Dt. EA 9.3., Köln	Parodie um das coole Gehabe der 90er Jahre, das mit dem normalen Sein in Konflikt gerät; Comedy-Musical mit pointenreichen Dialogen.
Film	
Tim Burton Ed Wood USA	Sympathische Hommage an den schlechtesten aller Filmregisseure Ed Wood, der Altstars zu letzten Auftritten in drittklassigen Filmen verhilft.
Ron Howard Waterworld USA	Nach dem Abschmelzen der Polkappen steht die Welt unter Wasser. Nur noch wenige Menschen leben auf Booten und künstlichen Inseln.
Mel Gibson Braveheart USA	Schottischer Freiheitskämpfer (Mel Gibson) rebelliert im 14. Jahrhundert gegen die brutale englische Herrschaft (Oscar 1996).
Romuald Karmarkar Der Totmacher Deutschland	Im Stil eines Kammerspiels erzählt der Film die Geschichte des Massenmörders Fritz Haarmann, der in der Vernehmung seine Taten schildert.
Wolfgang Petersen Outbreak – Lautlose Killer USA	Ein tödlicher Virus wird in die USA eingeschleppt. Ein Ex-Ehepaar von zwei miteinander konkurrierenden Behörden nimmt den Kampf auf.
Buch	
Thomas Brussig Helden wie wir Berlin	Der Untergang der DDR als böse Politfarce aus der Sicht eines sexuell verklemmten Jünglings, dessen Penis Weltgeschichte macht.
Richard Ford Unabhängigkeitstag USA	Schilderung von fünf Tagen aus dem Leben eines Immobilienmaklers, der über seine unklaren Gedanken und unfertigen Gefühle nicht Herr wird.
Günter Grass Ein weites Feld Göttingen	Großangelegte, im Gewand eines Fontane-Romans erscheinende literarische Auseinandersetzung mit den Nachwehen der deutschen Vereinigung.
Umberto Eco Die Insel des vorigen Tages, München	Eine Kulturgeschichte des Barock, eingekleidet in einen Abenteuerroman, der die Suche nach dem Nullmeridian zum Hauptthema hat.
John Updike Brazil USA	Drastischer Roman über die Liebe zwischen einer weißen Minderjährigen aus vermögender Familie und einem schwarzen Straßenräuber.

Sport 1995 K 849

Fußball

Deutsche Meisterschaft	Borussia Dortmund
DFB-Pokal	Borussia M'gladbach – VfL Wolfsburg 3:0
Englische Meisterschaft	FC Everton
Italienische Meisterschaft	Juventus Turin
Spanische Meisterschaft	Deportivo La Coruña
Champions-League	Ajax Amsterdam – AC Mailand 1:0
Europapokal (Pokalsieger)	Real Zaragoza – Arsenal London 2:1 n.V.
UEFA-Pokal	Juventus Turin

Tennis

Wimbledon (seit 1877; 109. Austragung)	Herren: Pete Sampras (USA) Damen: Steffi Graf (GER)
US Open (seit 1881; 115. Austragung)	Herren: Pete Sampras (USA) Damen: Steffi Graf (GER)
French Open (seit 1925; 65. Austragung)	Herren: Thomas Muster (AUT) Damen: Steffi Graf (GER)
Australian Open (seit 1905; 83. Austragung)	Herren: Andre Agassi (USA) Damen: Mary Pierce (USA)
Davis-Cup (Moskau, RUS)	Rußland – USA 2:3

Eishockey

Weltmeisterschaft	Tschechische Republik
Stanley-Cup	New York Devils
Deutsche Meisterschaft	Kölner EC

Radsport

Tour de France (3635 km)	Miguel Indurain (ESP)
Giro d'Italia	Toni Rominger (SUI)
Straßen-WM, Profi (265,5 km)	Abraham Olano (ESP)

Automobilsport

Formel-1-Weltmeisterschaft	Michael Schumacher (GER), Benetton-Ford

Boxen

Schwergewichts-Weltmeisterschaft (IBF)	George Foreman (USA) – PS über Axel Schulz (GER), 22.4. Frans Botha (RSA, wegen Doping aberkannt) – PS über Axel Schulz, 9.12.

Herausragende Weltrekorde

Disziplin	Athlet (Land)	Leistung
Leichtathletik, Männer		
10 000 m	Haile Gebresilasie (ETH)	26:43,53 min
1500 m	Noureddine Morceli (ALG)	3:27,37 min
3000 m Hindernis	Moses Kiptanui (KEN)	7:59,18 min
Dreisprung	Jonathan Edwards (GBR)	18,29 m
Leichtathletik, Frauen		
400 m Hürden	Kim Batten (USA)	52,61 sec
5000 m	Fernanda Ribeiro (POR)	14:36,45
Hammerwurf	Olga Kusenkowa (RUS)	68,16 m
Schwimmen, Männer		
4x100 m Freistil	USA	3:15,11 min
200 m Delphin	Denis Pankratow (RUS)	1:55,22 min
Schwimmen Frauen		
50 m Rücken	Sandra Völker (GER)	27,86 sec

reichste Sportnation. Insgesamt erringen 44 Mannschaften Edelmetall. Herausragende Athleten sind die afrikanischen Lang- und Mittelstreckenläufer. Weltrekorde gibt es im Dreisprung (Frauen und Männer) und über 400 m Hürden der Frauen. S 894/K 849

„Sir Henry" im Rampenlicht

14.10. München. Durch einen eindeutigen Punktsieg über den Italo-Berliner Graciano Rocchigiani bleibt der deutsche Profi Henry Maske Weltmeister des größten internationalen Boxverbandes IBF im Halbschwergewicht. Erstmals trafen die beiden Deutschen am 27. Mai in Dortmund zusammen. Dabei konnte Maske nur einen knappen Punktsieg für sich verbuchen.
Die Erfolge von Maske sorgten beim privaten deutschen Fernsehsender RTL zu bis dahin unerreichten Einschaltquoten. Am 9.12. verfolgen 18,03 Mio Zuschauer den WM-Kampf zwischen Axel Schulz und dem Südafrikaner Frans Botha.
Mit einem Sieg über den Amerikaner John Scully verteidigt Maske am 28.5.1996 zum zehnten Mal seit 1993 seinen Titel (↑S.872/20.3.). Der Deutsche kündigt seinen Rückzug vom Boxsport nach dem Kampf gegen WBA-Weltmeister Virgil Hill an, den Maske im Dezember 1996 jedoch verliert.

Fußball ohne Ablösesummen

15.12. Luxemburg. Der Europäische Gerichtshof erklärt das Transfersystem und die Beschränkung der Zahl ausländischer Spieler in einer Mannschaft für rechtswidrig. Beim Wechsel eines Spielers zu einem Verein in einem anderen EU-Staat darf der abgebende Verein, wenn der Vertrag mit dem Spieler abgelaufen ist, keine Ablösesumme mehr verlangen. Die nationalen Transfers und die Spielerwechsel zwischen EU- und Drittländern bleiben davon unberührt.
Geklagt hat der belgische Ex-Profi Jean-Marc Bosman, der nach dem Scheitern seines Wechsels vom belgischen Verein RFC Lüttich zum französischen US Dünkirchen 1990 wegen der geforderten Ablösesumme keinen neuen Verein mehr gefunden hatte. Die Europäische Fußball-Union (UEFA) hebt im März 1996 die Nationalitätenklausel und das Transfersystem auf. Künftig dürfen die Vereine unbegrenzt Profis aus anderen EU-Staaten einsetzen. 1996 gehen jedoch viele Fußballvereine dazu über, langfristige Verträge mit ihren Spielern zu schließen und im Fall der vorzeitigen Auflösung feste Ablösesummen zu vereinbaren.

1996

Politik

Erste Palästinenserwahl

20.1. Jericho. Die Palästinenser wählen erstmals in ihrer Geschichte ein legislatives Gremium in den Autonomiegebieten, die ab 1994 von israelischer Hoheit in palästinensische Selbstverwaltung übergegangen sind. Die militanten Islamisten (Hamas, Dschihad Islami) riefen zum Wahlboykott auf.

Auf den Vorsitzenden der Palästinensischen Befreiungsorganisation (PLO), Jassir Arafat, entfallen bei einer Wahlbeteiligung von rd. 80% (1,013 Mio Wahlberechtigte) 88,1% der Stimmen. Er steht dem Autonomierat vor. 52 der 88 Ratsmitglieder gehören der Fatah an, der von Arafat geführten größten Gruppe innerhalb der PLO, 15 weitere stehen ihr nahe.

Im April 1995 beschließt der Autonomierat eine Verfassung, in der sich die Palästinen-

Wichtige Regierungswechsel 1996			K 850
Land	Amtsinhaber	Bedeutung	
Australien	Paul Keating (M seit 1991) John Howard (M bis ...)	Ablösung der seit 13 Jahren regierenden Labor-Party durch Koalition von Nationalpartei und Liberalen nach Wahlsieg (54,3%)	
Bangladesch	Khaleda Zia (M seit 1991) Hasina Wajed (M bis ...)[1]	Gewalttätiger, von der Opposition organisierter Generalstreik führt zu vorgezogenen Neuwahlen, die die Opposition gewinnt (Juni)	
Benin	Nicéphore Soglo (P seit 1991) Mathieu Kérékou (P bis ...)	Ehemaliger marxistischer Militärdiktator (1972–91) Kérékou gewinnt Präsidentschaftswahl (März, Amtszeit: fünf Jahre)	
Griechenland	Andreas Papandreou (M seit 1993) Kostas Simitis (M bis ...)	Papandreou gibt aus Gesundheitsgründen sein Amt auf (Jan.); Regierungschef wird europäisch orientierter Wirtschaftsfachmann	
Haiti	Jean Bertrand Aristide (P seit 1991) Réne Préval (P bis ...)	Erster friedlicher Wechsel von einem demokratisch gewählten Präsidenten zum nächsten seit der Unabhängigkeit Haitis 1804	
Indien	Narashima Rao (M seit 1991) H. D. Deve Gowda (M bis ...)	Nach Niederlage der regierenden Kongreßpartei bei Parlamentswahl, die keine klaren Mehrheiten schafft, tritt Rao ab; Deve Gowda bildet Mitte-Links-Minderheitsregierung aus 13 Parteien	
Italien	Lamberto Dini (M seit 1995) Romano Prodi (M bis ...)	Sieg des Mitte-Links-Bündnis' Ulivo unter Führung der Ex-Kommunisten nach dritter Parlamentswahl in vier Jahren (S.896/21.4.)	
Japan	Tomiichi Murayama (M seit 1994) Ryutaro Hashimoto (M bis ...)	Rücktritt des Sozialisten Murayama nach Korruptionsskandalen (11.1.); Koalitionspartner LDP stellt 2 1/2 Jahre nach Abwahl wieder den Regierungschef; Sieg der LDP bei Parlamentswahl (Okt.)	
Liberia	David Komakpor (P seit 1994) Ruth Perry (P bis ...)	Übergangsrat unter Beteiligung aller verfeindeten Volksgruppen und Milizen 1995 (Bürgerkrieg seit 1989); Perry von Bürgerkriegsparteien für Leitung des sechsköpfigen Staatsrats gewählt (3.9.)	
Norwegen	Gro Harlem Brundtland (M seit 1990) Thorbjörn Jagland (M bis ...)	Brundtland gibt Amt zugunsten des Chefs der Sozialdemokraten Jagland auf, der die Minderheitsregierung fortsetzt (Okt.)	
Polen	Józef Oleksy (M seit 1995) Wlodzimierz Cimoszewicz (M bis ...)	Oleksy vom Bündnis der Linksparteien (SLD) tritt nach Spionagevorwürfen, die sich später als unberechtigt erweisen, zurück (Feb.)	
Portugal	Mario Soáres (P seit 1986) Jorge Sampaio (P bis ...)	Sozialist Sampaio siegt bei Präsidentschaftswahl gegen früheren Ministerpräsidenten (1985–95) Aníbal Cavaco Silva (Okt.)	
Rumänien	Ion Iliescu (P seit 1989) Emil Constantinescu (P bis ...)	Kandidat des Oppositionsbündnisses Constantinescu (CDR) gewinnt Präsidentenwahl gegen Amtsinhaber Iliescu (Nov.)	
	Nicolae Văcăroiu (M seit 1992) Viktor Ciorbea (M bis ...)	Früherer Bürgermeister von Bukarest bildet am 12.12. nach Sieg der Opposition bei Parlamentswahl (3.11) Mitte-Rechts-Bündnis	
Schweden	Ingvar Carlsson (M seit 1994) Göran Persson (M bis ...)	Finanzminister Persson übernimmt von Carlsson das Regierungschefs und Parteivorsitz der Sozialdemokraten von Carlsson (März)	
Spanien	Felipe González Márquez (M seit 1982) José María Aznar Lopez (M bis ...)	Konservative bildet Minderheitsregierung, die wie vorige sozialistische Regierung von Regionalparteien abhängig ist (S.896/3.3.)	
Türkei	Tansu Çiller (M seit 1993) Mesut Yilmaz (M März bis Juni 1996) Neçmettin Erbakan (M bis ...)	Nach Wahlsieg der Islamisten unter Erbakan (S.888/24.12.1995) kurzzeitiges Bündnis von DYP (Çiller) und Anap (Yilmaz); Koalitionswechsel der DYP zur Erbakans Wohlfahrtspartei	
Ukraine	Jewgeni Martschuk (M seit 1995) Pawel Lasarenko (M bis ...)	Absetzung von Martschuk durch Staatspräsident Kutschma wegen unzureichender Wirtschaftsreformen (Mai)	

M = Ministerpräsident bzw. Premierminister; P = Präsident
[1] Übergangsregierungschef Muhammad Habibur Rahman (April bis Juni 1996)

Italien im 20. Jahrhundert	K 851
Datum	**Ereignis**
1915	Italien unterstützt im 1. Weltkrieg die Alliierten; Kriegserklärung an Österreich-Ungarn (S.120/23.5.) und an Dt. Reich (28.8.1916)
1919	Versailler Vertrag: Italien erhält Trentino-Südtirol, Julisch-Venetien und Istrien, nicht jedoch Fiume, Dalmatien und Südalbanien
	Benito Mussolini gründet faschistischen Kampfbund, aus dem 1921 die Nationale Faschistische Partei (PNF) hervorgeht (23.3.)
1922	„Marsch auf Rom" der Faschisten (S. 187/28.10.), Mussolini wird von König Viktor Emanuel III. zum Ministerpräsidenten ernannt
ab 1925	Mussolini errichtet die faschist. Einparteidiktatur (u. a.: Gesetze über die Befugnisse des Regierungschefs und der Regierung)
1935	Abkommen mit Frankreich und Großbritannien gegen deutsche Aktionen (Stresafront); Besetzung Äthiopiens (S.311/3.10.)
1936	Italien faßt die ostafrikanischen Kolonialterritorien (Eritrea, Ital.-Somaliland) und Äthiopien als Italienisch-Ostafrika zusammen
	Annäherung an das nationalsozialistische Deutsche Reich: Achse Berlin–Rom und Antikominternpakt (S.321/25.11.)
1939	Nach der Besetzung Albaniens (S.351/7.4.). Militärbündnis mit dem Deutschen Reich (Stahlpakt, 22.5.)
1940	Italien greift auf deutscher Seite im 2. Weltkrieg ein (S.363/10.6.); Kämpfe vor allem in Afrika und auf dem Balkan
	Nach der Niederlage Frankreichs schließen Deutschland, Japan und Italien den Dreimächtepakt (S.365/27.9.)
1943	Die Alliierten landen in Sizilien (10.7.); Mussolini wird verhaftet, die Faschistische Partei aufgelöst (S.392/25.7.)
	Bedingungslose Kapitulation (8.9.); Italien tritt auf seiten der Alliierten in den Krieg gegen Deutschland ein
1946	Referendum: Abschaffung der Monarchie und Errichtung einer Republik (S.420/2.6.); König Umberto II. geht ins Exil; Democrazia Cristiana (DC) stellt als stärkste politische Kraft im Parlament den Ministerpräsidenten (bis 1981)
1947	Friedensvertrag von Paris: Italien verliert alle Kolonien: Dodekanes geht an Griechenland, Istrien an Jugoslawien (S.429/10.2.)
1948	Im Zeichen des kalten Krieges kündigt die DC ihre Zusammenarbeit mit den Kommunisten (PCI) und Sozialisten (PSI) auf
1949	Gründungsmitglied der NATO und des Europarats
1953	Nach Verlust der absoluten Mehrheit (seit 1948) geht die DC Koalitionen mit den Liberalen (PLI) ein
1963	Öffnung nach links: DC koaliert unter Regierungschef Aldo Moro erstmals mit den Sozialisten (sog. Mitte-Links-Regierung)
1973	Historischer Kompromiß: Die PCI unter Parteisekretär Enrico Berlinguer bietet dem Mitte-Links-Bündnis Zusammenarbeit an
1976–79	Regierung des »Nicht-Mißtrauens«: Minderheitsregierung unter Giulio Andreotti (DC) mit Duldung der Kommunisten
1981	Im Zusammenhang mit der Affäre um die Freimaurerloge »Propaganda 2« verliert DC erstmals Amt des Regierungschefs
1983	Bettino Craxi ist erster sozialist. Ministerpräsident (Rücktritt 1984), bis 1993 wechselnde Regierungen unter Führung der DC
1993	Staatskrise nach Offenlegung von Korruption in Staat, Wirtschaft und Gesellschaft (Mani pulite); Umbau des Parteiensystems
1994	Koalitionsregierung der Forza Italia unter Ministerpräsident Silvio Berlusconi mit Nationaler Allianz und separatist. Lega Nord
1996	Erstmals erringen linke Parteien die Parlamentsmehrheit; Romano Prodi Regierungschef des Mitte-Links-Bündnis Ulivo (S.896)

ser verpflichten, den Staat Israel anzuerkennen. Hamas-Selbstmordattentate führen jedoch im Februar zu einer israelischen Abriegelung der Autonomiegebiete (Lockerung im Oktober). 60 000 Palästinenser werden daran gehindert, zu ihren Arbeitsplätzen nach Israel zu gelangen (↑S.886/4.11.1995). S 806/K 783

Konservativer Sieg in Spanien
3.3. Madrid. Bei der spanischen Parlamentswahl verlieren die seit 1982 regierenden Sozialisten (PSOE) von Ministerpräsident Felipe González ihre Mehrheit (Stimmenanteil: 38,0%). Stärkste Partei wird mit 39,2% die oppositionelle konservative Volkspartei (PP) von José María Aznar, die ebenso wie die PSOE auf die Stimmen der Regionalparteien (insgesamt 30 Sitze) angewiesen ist.
González löste das Parlament im Januar vorzeitig auf, nachdem die katalanische Regionalpartei CiU im September 1995 die Duldung der sozialistischen Minderheitsregierung aufgekündigt hatte und der Staatshaushalt für 1996 gescheitert war. Die PSOE hatte die absolute Parlamentsmehrheit schon 1993 verloren. Zahlreiche Korruptionsskandale, die Affäre um die ungesetzlichen Aktivitäten der Anti-Terror-Gruppe GAL in den 80er Jahren, hohe Staatsverschuldung und Arbeitslosigkeit begünstigten den Aufstieg der PP seit Anfang der 90er Jahre.
Nach langen Verhandlungen, in denen u. a. eine Verbesserung der Finanzausstattung der autonomen Regionen und die Abschaffung der Wehrpflicht vereinbart wurden, stimmt die CiU einer Zusammenarbeit mit der Volkspartei im Mai 1996 zu. Außerdem sichern Kooperationsverträge mit der baskischen (PNV) und der kanarischen Regionalpartei (CC) der PP-Minderheitsregierung eine Mehrheit von 181 Stimmen. S 696/K 687

Olivenbaum regiert Italien
21.4. Rom. Bei den dritten Parlamentswahlen innerhalb von vier Jahren erringt das Mitte-Links-Bündnis Ulivo (Olivenbaum), dem neben kleineren Parteien die Linksdemokraten (PDS), die Volkspartei, die Liste von Ministerpräsident Lamberto Dini (seit Januar 1995) und die Grünen angehören, 284 der 650 Sitze im Abgeordnetenhaus und eine knappe absolute Mehrheit von vier Sitzen im Senat. Das Wahlbündnis der Rechtsparteien um den Medienmogul Silvio Berlusconi erhält 246 Mandate.
Nach dem Bruch des Koalitionskabinetts von rechtsliberaler Forza Italia, neofaschistischer Nationaler Allianz, separatistischer Lega

Nord und konservativen Kleinparteien Ende 1994 nach nur siebenmonatiger Amtszeit bildete Dini Anfang 1995 eine Übergangsregierung aus Parteilosen. Die Offenlegung von Korruption in Staat, Wirtschaft und Gesellschaft hatte in Italien 1993/94 zur Staatskrise und zur Auflösung des traditionellen Parteiensystems geführt.

Der parteilose Wirtschaftsprofessor Romano Prodi bildet im Mai ein Kabinett, das mit Unterstützung der Alt-Kommunisten (35 Mandate) eine knappe Mehrheit erreicht. Die Linksparteien beteiligen sich erstmals seit dem Kompromiß 1976–79, bei dem die damaligen Kommunisten die Christdemokraten unterstützten, an der Regierung. S 896/K 851

Wenig Einschränkung für Landminen
3.5. Genf. Die Überprüfungskonferenz der UNO-Konvention über unmenschliche Waffen von 1981 schränkt den Einsatz von Anti-Personen-Minen ein und verbietet Laser-Blendwaffen. Bis 1996 verzichteten 29 Staaten auf Herstellung und Einsatz von Anti-Personen-Minen.

Die Vereinbarung, die nach der Ratifizierung von 20 Staaten in Kraft tritt und auf innerstaatliche Konflikte ausgedehnt wird, verlangt u. a., daß Minen wiederauffindbar sein (z. B. über Metalldetektoren) und sich selbst zerstören müssen.

Landminen verletzen oder töten jedes Jahr etwa 30 000 Menschen, 90% davon Zivilisten. Bis Mitte der 90er Jahre wurden 80–110 Mio Minen in 64 Ländern verlegt. Jährlich kommen rd. 2 Mio hinzu; beseitigt werden jedoch nur ca. 100 000 (Räumkosten pro Stück: 300–1000 Dollar). Infolge großflächiger Verminung sind Landwirtschaft und Verkehr beeinträchtigt.

Hilfs- und Menschenrechtsorganisationen halten die Konvention für unwirksam, weil sie moderne Minen, die gleichzeitig gegen Menschen und Kriegsmaterial eingesetzt werden können, nicht erfaßt. Bis 2000 wollen 50 Staaten ein Verbot von Herstellung, Lagerung und Export aller Anti-Personen-Minen erreichen.

Länderfusion scheitert
5.5. Berlin. In einer Volksabstimmung sprechen sich 53,4% der Berliner für eine Vereinigung von Berlin und Brandenburg aus, jedoch stimmen 62,7% der Brandenburger dagegen. Im Ostteil Berlins übertrifft die Zahl der Nein-Stimmen (45,7%) knapp die der Ja-Stimmen (44,4%). Damit bleiben beide Bundesländer getrennt.

Die Brandenburger SPD-Regierung und die Berliner CDU/SPD-Koalition setzten sich für die Länderehe ein, weil sie sich Einsparungen in der Verwaltung und eine Aufhebung der wirtschaftlichen Konkurrenzsituation erhofften. Eine Klage von brandenburgischen PDS-Landtagsabgeordneten gegen den Staatsvertrag zur Fusion, der 1995 von den Länderparlamenten gebilligt worden war, wurde im März vom Landesverfassungsgericht (Potsdam) zurückgewiesen.

In der deutschen Nachkriegsgeschichte gab es 1952 die einzige Länderfusion, als sich Baden, Württemberg-Baden und Württemberg-Hohenzollern zu Baden-Württemberg zusammenschlossen. Die Verfahren zur Neuordnung des Bundesgebiets werden durch Art. 29 GG geregelt.

Frieden auf wackligen Füßen
30.5. Belfast. In Nordirland werden Vertreter für ein 110köpfiges parlamentarisches Gremium gewählt, das zwölf Monate bestehen soll und Vertreter zu Allparteiengesprächen über die Zukunft der britischen Provinz entsenden soll. Daran nehmen auch die Regierungen von Großbritannien und Irland teil. Der politische Arm der irischen Terrororganisation IRA, Sinn Féin, gewinnt 15,5% der Stimmen und ist damit nach den Sozialdemokraten (21%) zweitstärkste Kraft im katholisch-nationalistischen Lager.

Verhandlungen über den Status des überwiegend protestantischen Nordirland begannen 1995. Die katholische Minderheit verlangt einen Anschluß an die Republik Irland, die Protestanten wollen bei Großbritannien bleiben. Irland ist seit 1921 geteilt, die gewaltsamen Auseinandersetzungen im Nordteil begannen 1969 (↑S.631/12.8.).

Die IRA beendete im Februar 1996 ihren Waffenstillstand von 1994 nach Unterbrechung der Friedensverhandlungen und der Ausrufung von Wahlen durch die britische Regierung. Im Juli eskaliert die Gewalt und führt zu den schwersten Krawallen seit 1974. Von den Allparteiengesprächen, die am 10.6. beginnen, bleibt Sinn Féin zunächst ausgeschlossen, weil die britische und die irische Regierung eine Waffenruhe als Voraussetzung für die Teilnahme fordern. Die Parteien einigen sich im Oktober auf eine Fortsetzung der Verhandlungen parallel zur Entwaffnung der paramilitärischen Verbände. S 662/K 658

Herausforderungen für die NATO
13.6. Berlin. Die Außenminister des Nordatlantikpakts beschließen auf ihrer Frühjahrsta-

Romano Prodi

1996

Mitglieder in NATO, WEU und EU			K 852
Land	Beitrittsjahr[1]		
	NATO	WEU	EG/EU
Belgien	1949	1954	1951/1958
Dänemark	1949	–[2]	1973
Deutschland	1955	1954	1951/1958
Finnland	–[2]		1995
Frankreich	1949	1954	1951/1958
Griechenland	1952	1992	1981
Großbritannien	1949	1954	1973
Irland	–	–[2]	1973
Island	1949	–[3]	–
Italien	1949	1954	1951/1958
Kanada	1949	–	–
Luxemburg	1949	1954	1951/1958
Niederlande	1949	1954	1951/1958
Norwegen	1949	–[3]	–
Österreich	–	–[2]	1995
Portugal	1949	1989	1986
Schweden	–	–[2]	1995
Spanien	1982	1989	1986
Türkei	1952	–[3]	–
USA	1949	–	–

1) Gründung von NATO 1949, WEU 1954 sowie Europäischer Gemeinschaft für Kohle und Stahl (EGKS) 1951, Europäischer Wirtschaftsgemeinschaft (EWG) und Europäischer Atomgemeinschaft (EURATOM) 1958; Fusion von EGKS, EWG, EURATOM zur EG 1967, seit 1993 EU; 2) Beobachterstatus; 3) assoziierte Mitglieder ohne Stimmrecht

Boris Jelzin

gung eine weitreichende Erneuerung der Allianz. Die NATO will Stäbe sowie Führungs- und Aufklärungsmittel auch der Westeuropäischen Union (WEU) zur Verfügung stellen. Diese soll zum EU-Militärorgan ausgebaut werden und gleichzeitig das Gewicht der europäischen Mitglieder der NATO erhöhen. Außerdem sollen friedensschaffende Einsätze möglich sein, wenn nur ein Teil der 16 NATO-Staaten daran teilnimmt.

1997 will das Bündnis über Zeitpunkt und Reihenfolge eines Beitritts der Staaten Mittel- und Osteuropas entscheiden. Die Erweiterung soll parallel zum EU-Beitritt laufen. Bulgarien, Polen, Rumänien die Slowakei und Tschechische Republik, Ungarn und die drei baltischen Staaten streben eine NATO-Mitgliedschaft an, vor allem um sich gegen russisches Vormachtstreben zu schützen.

Rußland widersetzt sich einer Erweiterung, weil es darin eine Verletzung seiner Sicherheitsinteressen sieht, und bevorzugt eine Stärkung der Organisation für Sicherheit und Zusammenarbeit in Europa (OSZE). Über bilaterale Verträge im Rahmen der NATO-Partnerschaft für den Frieden arbeitet die NATO seit 1994 militärisch mit Staaten der OSZE zusammen und führt regelmäßig Konsultationen mit Rußland. S 898/K 852

Jelzin als Präsident wiedergewählt

17.6. Moskau. Den ersten Wahlgang der russischen Präsidentschaftswahl entscheidet der russische Präsident Boris Jelzin (seit 1991) knapp für sich: 35,3% stimmen für den Amtsinhaber, auf den Zweitplazierten, den Kommunisten Gennadi Sjuganow, entfallen 32,0%. In der Stichwahl am 3.7. siegt Jelzin (53,8%) über seinen Herausforderer (40,3%). Für die zweite Runde sichert sich Jelzin die Unterstützung von Alexander Lebed, den er zum Sicherheitsberater und Tschetschenienbeauftragten ernennt (18.6). Der Ex-General, der als Kämpfer gegen Korruption und Kriminalität sowie als Gegner der Intervention in Tschetschenien auftrat (↑S.884/12.2. 1995), erreichte im ersten Wahlgang mit 14,5% den dritten Platz. Seine Wahlchancen sichert sich Jelzin durch die Entlassung von Hardlinern und Reformgegnern.

Schwere Gesundheitsprobleme des Präsidenten und Mächtkämpfe innerhalb der Staatsführung, die auch zur Absetzung Lebeds im Oktober führen, überschatten die ersten Amtsmonate Jelzins, der sich im November einer Herzoperation unterzieht. S 885/K 843

Kindesmorde erschüttern Belgien

13.8. Charleroi. Die Polizei nimmt Marc Dutroux und Komplizen unter dem Verdacht fest, Kinder entführt und mißbraucht zu haben. Dutroux ist Anführer einer Bande, die Kinder entführte, folterte, vergewaltigte und zur Prostitution zwang. Die Leichen zweier verhungerter Mädchen und die zweier weiterer Opfer werden in den folgenden Wochen gefunden, zwei entführte Mädchen werden am 15.8. aus dem Versteck der Bande befreit. Dutroux wurde 1989 wegen Entführung und Kindesmißbrauch zu 13 Jahren Gefängnis verurteilt, jedoch 1992 vorzeitig entlassen. Im März 1996 setzte die Polizei Dutroux auf freien Fuß, obwohl sie zuvor Jugendliche aus seiner Gewalt befreit hatte.

Die Ermittlungen ergeben grobe und vorsätzliche Nachlässigkeiten der belgischen Polizei und Justizorgane bei der Strafverfolgung und enthüllen Verbindungen von Behörden und wallonischer sozialistischer Partei zum organisierten Verbrechen. Die Aufklärung der kriminellen Hintergründe wird durch die starke Anteilnahme der Öffentlichkeit, die auch den König mobilisieren kann, begleitet.

Das Mißtrauen in die Staatsorgane wird gefördert durch die Verhaftung eines wallonischen Politikers am 8.9., dem die Verantwortung für den Mord an dem Sozialistenführer André Cools 1991 angelastet wird. S 283/K 293

1996

Kurdischer Bruderkrieg im Irak

3.9. Bagdad. US-Luftwaffe und Marine beschießen irakische Radar- und Flugabwehrstellungen im Süden des Landes als Antwort auf den Einmarsch irakischer Streitkräfte in die UNO-Schutzzone, die 1991 von den Alliierten des Golfkriegs (↑S.843/28.2.1991) nördlich des 36. Breitengrads für die Kurden eingerichtet wurde. Zugleich wird die Flugverbotszone zum Schutz der schiitischen Minderheit südlich des 32. Breitengrad um 1° nach Norden bis 45 km vor die Hauptstadt Bagdad ausgedehnt.

Die irakische Armee hat sich mit der Kurdische Demokratischen Partei (KDP) von Masud Barzani gegen die verfeindete Patriotische Union Kurdistans (PUK) von Jalal Talabani verbündet, die ihrerseits von Iran unterstützt wird. Die faktisch autonome Region der Kurden im Nordosten des Iraks wird seit 1991 von PUK und KDP regiert. 1992 wurde ein Parlament gewählt (Sitz: Erbil), das jedoch durch die Rivalität beider Gruppen politisch gelähmt ist.

Die KDP erobert den größten Teil Nordiraks, wird aber im Oktober wieder von der PUK aus der zweitgrößten kurdischen Stadt Sulaymaniye verdrängt. Beide Seiten vereinbaren einen Waffenstillstand und die Aufnahme von Friedensgesprächen.   S 546/K 550   S 832/K 803

Atomteststopp in der Schwebe

10.9. New York. Die UNO-Vollversammlung nimmt das auf der Genfer Abrüstungskonferenz (ab 1994: 61 Teilnehmerstaaten) ausgehandelte, jedoch am Einspruch Indiens gescheiterte Abkommen über ein weltweites Verbot von Atomwaffenversuchen an (S.886/11.5.1995). Der Vertrag tritt in Kraft, wenn ihn alle 44 Staaten, die in der Lage sind, Atomwaffen zu bauen, ratifiziert haben.

1963 schlossen Großbritannien, die Sowjetunion und die USA ein Verbot von Atomtests in der Atmosphäre, im Weltraum und unter Wasser. Nach 1974 bzw. 1980 führten auch Frankreich und China nur noch unterirdische Versuche durch. Alle Atommächte außer China stellten 1991/92 ihre Tests ein, Frankreich hob das freiwillige Moratorium 1995 auf und führte, begleitet von weltweiten Protesten, von September bis Januar 1996 sechs Atomtests im Südpazifik durch. Danach wurde das Testgelände geschlossen. China unternahm den nach eigenen Angaben letzten Atomtest am 29.7.1996 (seit 1964: 45 Versuche).

Indien machte eine Unterzeichnung von der Verpflichtung der fünf offiziellen Atommächte abhängig, ihre Kernwaffen innerhalb eines festgelegten Zeitraums vollständig abzurüsten. Indien führte bis dahin einen Test durch (1974). Daneben gelten Israel und Pakistan als inoffizielle Atommächte. Die fünf offiziellen Atomstaaten streben eine Simulation von Abläufen während einer Atomexplosion und ihrer Auswirkungen mit Hilfe von Supercomputern an, um die Verläßlichkeit von Kernwaffen sicherzustellen.   S 569/K 575

Belgien: Am 20.10.1996 gehen 325 000 Menschen auf die Straße und protestieren gegen Kindesmißbrauch. Der „weiße Marsch" ist die größte Demonstration in der belgischen Geschichte.

Regierung setzt Sparpaket durch

13.9. Bonn. Der Bundestag beschließt ein von der CDU/CSU/FDP-Regierung im Januar vorgelegtes Gesetzespaket zur Einsparung sozialer Leistungen, das den Arbeitsmarkt beleben sowie öffentliche Haushalte und Unternehmen entlasten soll. Proteste von Opposition und Gewerkschaften gelten vor allem der Kürzung der sechswöchigen Lohnfortzahlung im Krankheitsfall von 100% auf 80% des Arbeitsentgelts. Diese ist häufig in Tarifverträgen geregelt, deren Änderung die Arbeitgeber (z. B. Metallbranche) in Folge meist nicht durchsetzen können.

Der Bundesrat, in der die SPD-regierten Länder die Mehrheit haben, legte gegen Teile des sog. Sparpakets Einspruch ein, der vom Bundestag mit der Mehrheit der Parlamentsmitglieder, 341 von 337 notwendigen Stimmen, zurückgewiesen wird. Beschlossen werden eine Verlängerung der Höchstdauer befristeter Arbeitsverträge, Einschränkungen beim Kündigungsschutz, die Anhebung des Rentenalters für Männer und Frauen auf 65 Jahre sowie Einschnitte bei vorzeitiger Inanspruchnahme der Altersrente, Beitragszeiten und bei Leistungen im Gesundheitswesen (z. B. Kuren).

Ergänzt wird das Sparpaket durch steuerpolitische Maßnahmen, Gesetzentwürfe zur Reform der Arbeitsförderung und zum Ersatz der Frührente durch Altersteilzeit sowie durch eine Kürzung der Arbeitslosenhilfe und einen größeren Abstand zwischen Sozialhilfe und Arbeitslohn.

Völkermord im Herzen Afrikas

Oktober. Kinshasa. Der Konflikt zwischen den zentralafrikanischen Völkerschaften der Hutu und Tutsi greift von den Kleinstaaten Burundi und Ruanda auf den westlichen Nachbar Zaïre über. Zaïrische Regierungstruppen und Rebellen des zum Tutsi-Volk gehörenden Stamms der Banyamulenge, der in der Region Kivu (Ost-Zaïre) ansässig ist, liefern sich Gefechte, in die auch ruandische und burundische Truppen zugunsten der Rebellen eingreifen.

Nach dem Völkermord an etwa 1,75 Mio Ruandern, flohen über 1 Mio Menschen, fast ausschließlich Hutu, nach Zaïre. Im Schutz der Flüchtlingslager setzten die für das Genozid verantwortlichen Hutu-Milizen, unterstützt von den zaïrischen Streitkräften, ihre Operationen gegen Tutsi fort. Der Konflikt verschärfte sich Anfang Oktober 1996, als die Regierung Zaïres nach jahrzehntelanger Diskriminierung die Vertreibung von etwa 400 000 Banyamulenge und anderen aus Ruanda und Burundi eingewanderten Stämmen ankündigte. Die Tutsi stellen in Burundi und Ruanda die Bevölkerungsminderheit, aber Regierungsmacht. In Zaïre leben rd. 350 Völkerschaften.

Etwa 600 000 ruandische Flüchtlinge kehren infolge der Kämpfe in ihre Heimat zurück. Die zaïrischen Rebellen streben den Sturz von Staatspräsident Mobutu an. S 900/K 853

Clinton wiedergewählt

5.11. Washington. US-Präsident Bill Clinton wird mit knapp 50% der Stimmen für eine zweite Amtszeit gewählt (↑S.857/3.11.1992). Der Demokrat kann sich in 31 der 50 US-Bundesstaaten gegen seine Herausforderer, den Republikaner Bob Dole (41,5%, 19 Staaten) und den Kandidaten der Reform Party, Ross Perot (8,6%), durchsetzen. Trotz Stimmengewinne der Demokraten im Repräsentantenhaus, das alle zwei Jahre neu gewählt wird, behalten die Republikaner in beiden Häusern des US-Kongresses ihre 1994 gewonnene Mehrheit.

Im Dezember beauftragt Clinton erstmals eine Frau, die UNO-Botschafterin Madeleine Albright, mit der Führung des State Departments (Außenministerium). Neuer Verteidigungsminister wird der Republikaner William S. Cohen.

Wirtschaft

Bremer Vulkan erleidet Schiffbruch

21.2. Bremen. Die Vulkan AG, Mischkonzern mit Schiffbau-Standorten in Bremen/Bremerhaven und Wilhelmshaven sowie den Ostsee-

Konflikt zwischen Hutu und Tutsi	K 853
Datum	Ereignis
15. Jh.	Hamitische Tutsi unterwerfen die Ackerbau treibenden Hutu
19. Jh.	Expansion des Tutsi-Reichs wird durch europäische Kolonialmächte gestoppt; Aufteilung auf Uganda (Großbritannien), Belgisch-Kongo (heute: Zaïre) und Deutsch-Ostafrika
1920	Treuhandverwaltung von Ruanda und Burundi durch Belgien
1959	Hutu erheben sich gegen Tutsi-Monarchie in Ruanda: König Kigeri V. flieht ins Exil, Massaker und Vertreibung von Tutsis; Beginn der Hutu-Vorherrschaft in Ruanda
1962	Unabhängigkeit von Ruanda und Burundi: Tutsi mit jeweils rd. 14% Bevölkerungsanteil; in Burundi Vorherrschaft der Tutsi
1966	Burundi: Beseitigung der Monarchie; autoritäre Regime folgen
1972	Burundi: Aufstand der rechtlosen Hutu wird in blutigen Massakern niedergeschlagen (1988 erneut heftige Kämpfe)
1973	Ruanda: Juvénal Habyarimana putscht sich an die Macht und regiert mit französischer Unterstützung
1990	Ruanda: mit Einmarsch der von Uganda unterstützten Tutsi-Rebellen (FPR) beginnt Bürgerkrieg; Hutu-Regierung bildet Milizen
1993	Burundi: Staatschef Pierre Buyoya kündigt Demokratisierung und freie Wahlen an; am 1.6. gewählter erster Hutu-Präsident Melchior Ndadaye wird ermordet (Okt.); Torpedierung der Ausgleichsversuche zwischen den Völkerschaften durch radikale Tutsi; bewaffnete Auseinandersetzungen fordern bis Ende 1995 rd. 100 000 Tote, 700 000 fliehen in benachbarte Länder
1991	Ruanda: Habyarimana kündigt Mehrparteiensystem an; Friedensvertrag zwischen FPR und Regierung (1993)
1994	Ruanda: Pogrome nach Tod der Staatschefs von Ruanda und Burundi bei Flugzeugabsturz; rd. 750 000 Tutsi und 1 Mio Hutu werden ermordet
	Im ruandischen Bürgerkrieg siegt die FPR und bildet eine Regierung; 1,7 Mio Ruander (meist Hutu) fliehen in die Nachbarländer, davon 1,1 Mio nach Zaïre
	UNO-Friedenstruppen (seit 1993) werden während der Massaker zum größten Teil abgezogen (Mandat bis März 1996); kurzzeitige Einrichtung einer Sicherheitszone im Süden durch Frankreich
	UNO-Sicherheitsrat beschließt internationalen Gerichtshof zur Bestrafung der Täter (erste Anklagen im Dez. 1995)
1995	Ruanda: Gesetz gegen Verantwortliche an den Massakern
1996	Burundi: Militärputsch gegen Hutu-Präsident Sylvestre Ntibantunganya (seit 1994); erneute Machtübernahme von Buyoya; Wirtschaftssanktionen und Bürgerkrieg mit Hutu-Guerillas
	Zaïre: Aufstand von Tutsi-Stämmen in der Grenzprovinz Kivu gegen Vertreibungsversuche durch Hutu-Milizen, die von zaïrischer Armee unterstützt werden; Gefechte zwischen ruandischen und zaïrischen Regierungstruppen (S.899)

städten Lübeck, Wismar, Stralsund und Rostock, stellt Vergleichsantrag. Die Jahresbilanz 1995 weist bei einem Umsatz von rd. 6 Mrd DM einen Verlust von etwa 1 Mrd DM aus, 10 000 der 22 300 Arbeitsplätze sind gefährdet. Als Ursachen gelten Managementfehler und mangelnde Wettbewerbsfähigkeit des deutschen Schiffbaus.
Die ostdeutschen Werften sowie das Dieselmotorenwerk Rostock werden im März von Vulkan abgekoppelt und an neue Trägergesellschaften verkauft.
Im April scheitert der Vergleich für den Restkonzern, die Vulkan AG geht in Konkurs. Der Fortbestand der Vulkan-Werft (Bremen) ist unsicher, weil trotz Produktivitätszuwachs durch Lohnverzicht der Werftarbeiter kaum eine Chance besteht, in der Handelsschiffbau kostendeckend zu arbeiten.
Der frühere Vulkan-Vorstandsvorsitzende Friedrich Hennemann wird im Juni unter dem Vorwurf der Veruntreuung von öffentlichen Beihilfen festgenommen. Er erhielt für den Erwerb der kompletten Schiffbauindustrie Ostdeutschlands 1,5 Mrd DM von der Treuhandanstalt (↑S.878/31.12.1994). Von diesen Subventionen, die der Modernisierung der Betriebe in Mecklenburg-Vorpommern dienen sollten, versickerten in der Bremer Konzernkasse rd. 720 Mio DM.
Eine Erklärung für das Verhalten Hennemanns liefert die öffentliche Beweisaufnahme des Bremer Vulkan-Untersuchungsausschusses: Sie enthüllt im Oktober, daß der frühere Topmanager während seiner Vorstandstätigkeit durch zwei Verträge ausdrücklich den Interessen des Landes Bremen verpflichtet war.

Schwabenstern auf unsicherer Bahn
11.4. Stuttgart. Die Vorjahresbilanz des Daimler-Benz-Konzerns (Gesamtumsatz: 103,5 Mrd DM, 1994: 104 Mrd DM) weist einen Rekordverlust von 5,7 Mrd DM aus (1994: +895 Mio DM). Rote Zahlen schrieben vor allem die Luft- und Raumfahrtunternehmen im Verbund der Daimler-Benz Aerospace (u. a. Dornier, Fokker) und der Sanierungsfall AEG. Bereits in der ersten Halbjahresbilanz 1995 deutete sich mit einem Nettoverlust von 1,57 Mrd DM die Konzernkrise an. Der Vorstand unter seinem neuen Vorsitzenden Jürgen Schrempp (seit Mai 1995) beschloß im Dezember den Teilverkauf der AEG und die Auflösung ihrer Frankfurter Zentrale. Im Januar 1996 stellte Daimler-Benz die Finanzhilfen für Fokker ein, im März ging das Unternehmen in Konkurs.

Die Beseitigung unrentabler Unternehmensbereiche beschert dem Konzern in der ersten Halbjahresbilanz 1996 wieder einen Gewinn von 782 Mio DM. Nach der „Generalbereinigung" verfügt der Konzern im Oktober 1996 noch über 25 von ehemals 35 Geschäftsfeldern, die sich auf die drei verbliebenen Tochterunternehmen verteilen. Nachdem das Konzept des „integrierten Technologiekonzerns" von Schrempp-Vorgänger Edzard Reuter (↑S.868/17.9.1993) gescheitert ist, strebt Schrempp eine neue Konzernstruktur an. Die Geschäftsfelder sollen direkt von der Stuttgarter Zentrale geführt, die Zwischenholdings aufgelöst werden.

Computernetzwerk verdichtet sich
6.5. Karlsruhe. Auf dem 1. Deutschen Internet Kongreß werden die neuesten Daten zur Nutzung des Internet bekannt gegeben: Die Zahl der angeschlossenen Computer in Deutschland hat sich innerhalb der vergangenen sechs Monate auf 470 000 verdoppelt. In Europa hängen permanent rd. 2,2 Mio Rechner am Internet, weltweit etwa 10 Mio. Über diese Verbindungen haben nach Schätzungen 40–100 Mio Menschen Zugriff auf das weltumspannende Computernetz.
Prognosen zufolge sollen im Jahr 2000 Waren und Dienstleistungen im Wert von rd. 200 Mrd Dollar über das Internet umgesetzt werden. 1996 sind nach wie vor viele der angebotenen Dienste kostenlos. Allerdings fällt für den Anschluß an einen Rechnerknotenpunkt (sog. Provider), der den Zugang zum Internet ermöglicht, eine monatliche Grundgebühr,

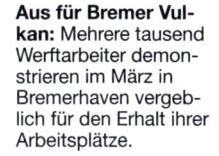

Aus für Bremer Vulkan: Mehrere tausend Werftarbeiter demonstrieren im März in Bremerhaven vergeblich für den Erhalt ihrer Arbeitsplätze.

Jürgen Schrempp

Ron Sommer, Chef der Deutschen Telekom

meist zuzüglich einer Gebühr für die Nutzungsdauer, an. Außerdem entstehen aufgrund langer Übertragungszeiten („Datenstau") z. T. erhebliche Telefonkosten.
Notwendig für die Internet-Nutzung sind ein geeigneter PC mit Telefonverbindung über Modem oder ISDN-Karte sowie spezielle Software für den Datenaustausch mit anderen Teilnehmern.

Kassen klingeln bis 20 Uhr
1.11. Deutschland. Die vom Bundestag im Juni beschlossene und vom Bundesrat Anfang Juli gebilligte Novelle des Ladenschlußgesetzes tritt bundesweit in Kraft. Die Geschäfte dürfen von Montag bis Freitag bis 20 Uhr und am Samstag bis 16 Uhr öffnen. Bäckereien ist erlaubt, an Sonntagen drei Stunden lang frische Brötchen zu verkaufen. Das Ifo-Institut für Wirtschaftsforschung rechnet mit einem Umsatzplus im Einzelhandel von 2–3% und 55 000 Neueinstellungen.
Die Gewerkschaft Handel, Banken und Versicherungen (HBV) sowie der Hauptverband des Deutschen Einzelhandels (HDE) widersetzten sich einer Liberalisierung der Ladenöffnungszeiten, da sie u. a. einen Anstieg der Konkurse bei den mittelständischen Händlern befürchten. S 824/K 798

Telekom geht an die Börse
14.11. Deutschland. Die Zeichnungsfrist für Aktien der Deutschen Telekom AG läuft ab. Private Anleger und institutionelle Investoren aus dem In- und Ausland haben insgesamt 3,6 Mrd Wertpapiere bestellt, die sechsfache Menge der zum Verkauf angebotenen Titel.
Aufgrund der hohen Nachfrage weitete die Telekom am 11.11. die bisher größte Emission in Europa von ursprünglich 500 Mio auf 600 Mio Publikumsaktien mit einem Nennwert von 5 DM pro Papier aus, zuzüglich einer Emissionsreserve (sog. greenshoe) von 90 Mio Stück. Zudem wurde das Angebot an Belegschaftsaktien von 20 Mio auf 23 Mio Wertpapiere erhöht.
Am 17.11. werden die Höhe des Emissionskurses (28,50 DM/Aktie) und die Zuteilungsquoten an die Investoren bekanntgegeben. Insgesamt 285 Mio Wertpapiere gehen an rd. 1,9 Mio private deutsche Anleger. Durch die Aufstockung der Emission beläuft sich der Betrag der weltweiten Plazierung auf über 20 Mrd DM.
Ab 18.11. beginnt der Handel mit den Telekom-Aktien an allen deutschen Börsen und in New York, ab 19.11. auch in Tokio.
Bereits für 1996 erhalten Aktionäre eine Dividende von 0,60 DM pro Aktie, für 1997 wird eine Erhöhung auf 1,20 DM angekündigt.

Natur/Umwelt

Vulkan läßt Gletscher schmelzen
1.10. Reykjavík. 450 m unter dem Gletschereis des Vatnajökull (Fläche: rd. 8300 km²) im Südwesten von Island bricht ein Nebenkrater des Vulkans Bárdabunga aus (Dauer: zehn Tage). Heiße Asche und Lava lassen rd. 2 km³ Eis schmelzen, das im Krater des be-

Rinderwahnsinn: Chronik der Ereignisse		K 854
1980	Einführung neuer Verfahren bei der britischen Tiermehlherstellung: Erreger der Schafkrankheit Scrapie werden nicht mehr abgetötet und gelangen über das Futter an Rinder	
1982	Erste Fälle von Rinderwahnsinn (BSE) treten in Großbritannien auf	
1985	Übertragung des Erregers auf Zuchtnerze durch BSE-verseuchtes Tiermehl (Futtermittel)	
1986	Rinderwahnsinn wird als neuartige Seuche registriert; Wissenschaftler weisen die Verwandtschaft mit Scrapie nach	
1988	Britische Regierung untersagt die Tiermehlverfütterung an Wiederkäuer; Verkauf von Innereien und Milch infizierter Kühe wird verboten	
1989	Erste offizielle Fälle von Rinderwahnsinn in Deutschland; Import von Tiermehl verboten, bis Juni auch für britisches Rindfleisch	
1990	BSE-Erreger überschreitet Artengrenze und greift auf Zootiere und Hauskatzen über; Höhepunkt der Rinderseuche in Großbritannien	
	Europäische Union untersagt den Export von Kälbern und Rinderinnereien aus Großbritannien; 1990 sterben 15 000 Tiere an BSE	
	Britische Regierung verbietet, Rinderhirn zu Tiermehl zu verarbeiten	
1992	Erster Todesfall beim Menschen, der auf eine Übertragung des BSE-Erregers hinweist	
1994	Britische Regierung gibt zu, daß trotz Verbots weiter Innereien von Schafen an Rinder verfüttert wurden	
	Deutschland beschränkt den britischen Rindfleisch-Import auf Tiere, die jünger als drei Jahre sind und aus mindestens vier Jahre BSE-freien Herden stammen; Bestimmungen für Rinderstoffe enthaltende Medikamente werden verschärft und Verfütterung von Tiermehl untersagt	
1995	Zahl der Briten, die jährlich an der BSE-verwandten Creutzfeldt-Jakob-Krankheit (CJK) sterben, steigt auf 55 (1985: 26)	
1996	Bundesländer Bayern, Rheinland-Pfalz und Nordrhein-Westfalen beschließen Importstopp für britisches Rindfleisch (Feb.)	
	Britische Regierung räumt mögliche Übertragbarkeit von BSE auf Menschen ein (S.903/20.3.); Deutschland erläßt nationales Importverbot; EU verbietet weltweit Export von Lebendvieh, Rindfleisch und Rindererzeugnissen aus Großbritannien (27.3.); Maßnahmekatalog zur Verhinderung der BSE-Ausbreitung (u. a. Schlachtprogramm für über 30 Monate alte Tiere)	
	EU-Schlachtprogramm zur Eliminierung von BSE: 150 000 infektionsverdächtige britische Rinder sollen geschlachtet werden (Juni); Ausgleichszahlungen für betroffene Rinderhalter und schrittweise Lockerung des Embargos bei nachweisbar erfolgreicher BSE-Bekämpfung; Großbritannien gibt EU-Blockadepolitik auf	
	Britische Studie sieht Möglichkeit der BSE-Übertragung von Mutterkühen auf Kälber (August)	
	Bundesregierung gewährt deutschen Bauern zusätzlichen Ausgleich (1,2 Mrd DM) für Einkommensverluste wegen BSE (September)	

nachbarten Grimsvötn-Vulkans aufgefangen wird. Das Wasser steigt, hebt die 200 m hohe Eiswand, die den Kratersee einschließt, an und bricht am 5.11. durch. Über Tunnelsysteme ergießt sich eine auf zeitweise 45 000 m³/sec anschwellende, schwarze und schwefelhaltige Flutwelle in die unbewohnte 35 km breite Stein- und Aschewüste Skeidararsandur hinab zum Meer.

Fernmelde- und Stromkabel sowie drei von vier Brücken der Küstenstraße werden zerstört. Die einzige Verbindung zwischen Süd- und Ost-Island ist unterbrochen.

Die Insel wird vom Mittelatlantischen Graben durchzogen, an dessen Nahtstellen sich das Magma aus dem Erdinnern Bahn bricht und häufig zu Eruptionen führt. 1973 wurde die Insel Heimæy (Westmännerinseln) unter einem Ascheregen begraben.

Wissenschaft/Technik

Rinderwahn befällt auch Menschen

20.3. London. Der britische Gesundheitsminister Stephen Dorrel gesteht in einer Sitzung des Unterhauses einen möglichen Zusammenhang zwischen der tödlichen Rinderseuche BSE (Bovine Spongioforme Encephalopathie; Rinderwahnsinn) und der beim Menschen ebenfalls tödlich verlaufenden Creutzfeldt-Jakob-Krankheit (CJK).

Die britische Regierung, die bisher ein Ansteckungsrisiko bestritt, folgt einer wissenschaftlichen Studie über zehn untypische CJK-Fälle in Großbritannien, die den Verdacht einer Übertragbarkeit von BSE auf den Menschen durch infiziertes Rindfleisch erhärtet. CJK gehört zu einer Gruppe seltener Hirnerkrankungen, die mit einer schwammartigen Veränderung des Gewebes verbunden sind. Üblicherweise bricht sie erst viele Jahre nach der Infektion, mehrheitlich im sechsten Lebensjahrzehnt, aus. Die untersuchten Fälle weichen jedoch vom normalen Krankheitsbild ab: Erstmals waren junge Erwachsene betroffen (Durchschnittsalter: 27 Jahre), der Krankheitsverlauf war mit 13 Monaten doppelt so lang wie üblich, und Gehirnuntersuchungen bei den Verstorbenen zeigten Parallelen zu BSE auf.

Der – möglicherweise gemeinsame – Erreger ist ein Eiweißmolekül (Prion), das der Erhitzung auf normale Kochtemperaturen widersteht und gegen übliche Sterilisierungsmethoden, Einfrieren und Trocknen resistent ist.

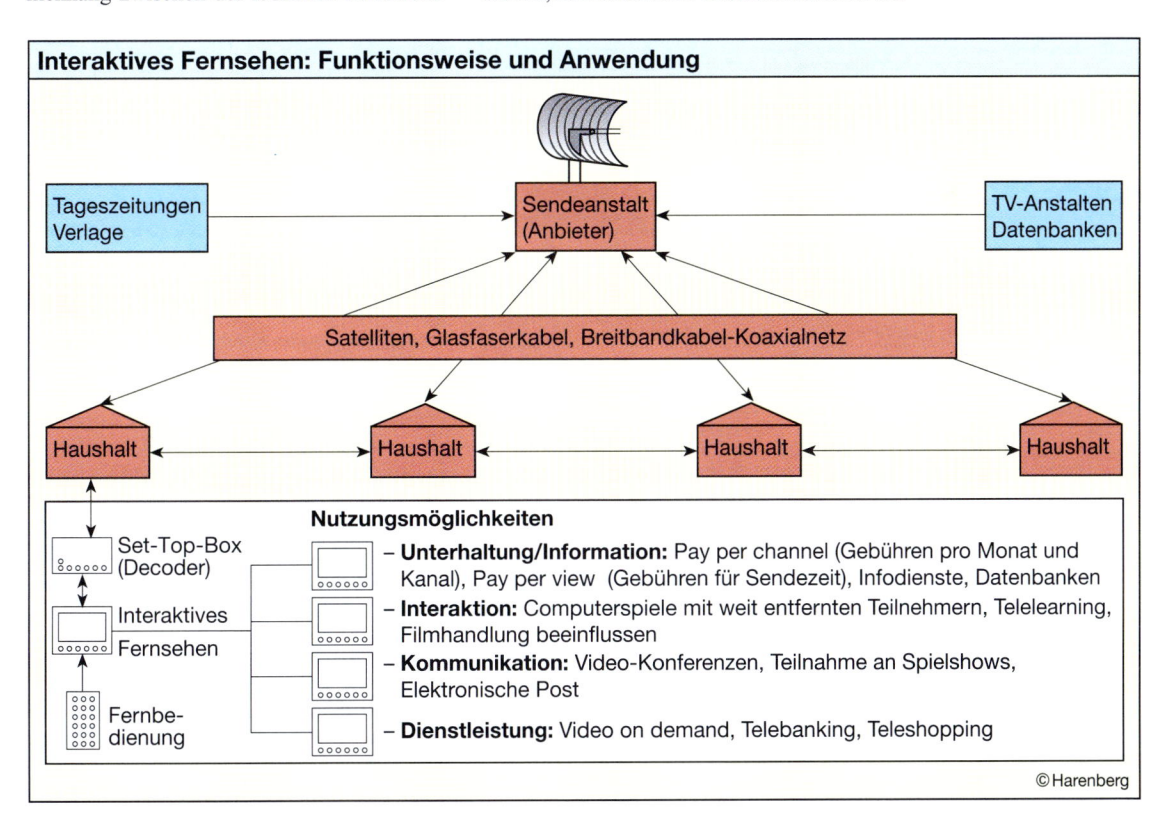

Mitte 1996 gelingt Wissenschaftlern der Nachweis, daß auch Schafe und Affen mit BSE infiziert werden können. S 902/K 854

Fehlstart von Ariane 5
4.6. Kourou. Die neue europäische Trägerrakete Ariane 5 kommt 37 sec nach dem Start zu ihrem Jungfernflug in etwa 5000 m von der vorgesehenen Flugbahn ab und zerstört sich selbst. Unglücksursache war eine fehlerhafte Programmierung des Navigationssystems, das ohne ausreichende Änderungen vom Vorgängermodell Ariane 4 übernommen wurde und zu Falschmeldungen an den Bordcomputer führte. Die Rakete hatte vier Forschungssatelliten an Bord.
Gegenüber Ariane 4 erhöht sich beim neuen Modell die maximale Nutzlast um ca. 60% auf 6,8 t für die geostationäre Bahn (36 000 km Höhe). Die Rakete ist hauptsächlich für den Transport von Telekommunikationssatelliten mit großer Übertragungskapazität und eines unbemannten europäischen Raumtransporters vorgesehen, der ab 2002 die internationale Raumstation versorgen soll. Ariane 4, seit 1988 im Einsatz, wird 1999 ausgemustert. Bei 92 Starts von Ariane-Raketen (1979 bis 1996) gab es nur sieben Fehlversuche. Nachbesserungen werden die Entwicklungs- und Baukosten für Ariane 5 (bis 1996: rd. 12 Mrd DM) nach Angaben der europäischen Weltraumagentur ESA um 2–4% erhöhen. Der nächste Start ist frühestens für Mitte 1997 vorgesehen.

Digitales Fernsehen startet GRA
28.7. München. Der Medienunternehmer Leo Kirch startet anläßlich der Übertragung des Formel-1-Grand-Prix auf dem Hockenheimring als erster in Deutschland ein digitales Fernsehprogramm. Unter dem Namen DF1 will er bis 2000 etwa 50 Spartenprogramme (Spielfilme, Dokumentationen, Serien, Sport) anbieten, der der Zuschauer im Paket oder einzeln erwerben kann (Pay-TV bzw. Pay-perview).
Die Übertragung von Fernsehsignalen mit digitaler Technik ermöglicht die Ausstrahlung von 3–15 Programmen über einen einzigen Kanal (analog: nur ein Progr.). Für die Beteiligung der Zuschauer über Rückkanal an der Programmgestaltung (Interaktives Fernsehen) ist das digitale Fernsehen Voraussetzung und für den Empfang ein Entschlüsselungsgerät (Set-Top-Box) nötig, das Gerät und Kabelanschluß bzw. Satellitenantenne verbindet und digitale Daten in Bild- und Tonsignale umwandelt. Digitales Fernsehen wird ab 1995 in Betriebsversuchen und Pilotprojekten getestet. Mit der Konkurrenz, hauptsächlich vertreten durch Unternehmen des Bertelsmann-Konzerns, vereinbarte Kirch im Juli 1996 nach monatelangem Tauziehen, gemeinsam eine Set-Top-Box auf den Markt zu bringen. Der Erfolg des digitalen Fernsehens ist wegen der geringen Dichte geeigneter TV-Empfänger sowie wechselnder Marketing- und Vertriebsallianzen unsicher. Einziger Pay-TV-Sender war bis dahin Premiere. Gesellschafter waren Bertelsmann, Canal plus (Frankreich, je 37,5%) und die Kirch-Gruppe (25%).

Verkehr

Verheerender Airport-Großbrand
11.4. Düsseldorf. Schweißarbeiten im Ankunftsbereich des Flughafens führen zur bislang schwersten Brandkatastrophe auf einem

Nobelpreisträger 1996	K 855
Frieden: Bischof Carlos Felipe Ximenes Belo (Indonesien, *1948), José Ramos-Horta (Indonesien, *1945)	
Ehrung zweier Vertreter der Autonomiebewegung des von Indonesien 1976 widerrechtlich annektierten Ost-Timor, die sich für eine gerechte und friedliche Lösung des z. T. blutig geführten Konflikts bemühten. Der Ostteil der Insel gehörte bis 1975 zu Portugal. Die Bevölkerung ist mehrheitlich katholisch.	
Literatur: Wislawa Szymborska (P, *1923)	
Die polnische Lyrikerin und Literaturkritikerin wurde für ihre Poesie geehrt, die „mit ironischer Präzision den historischen und biologischen Zusammenhang in Fragmenten menschlicher Wirklichkeit hervortreten läßt". Ihre bilderreichen Gedichte leben von der einfachen Sprache.	
Chemie: Robert F. Curl jr. (USA, *1933), Richard E. Smalley (USA, *1943), Sir Harold W. Kroto (GB, *1939)	
Die Wissenschaftler entdeckten 1985 das Fulleren (C_{60}), ein Kohlenstoff-Atom, bei dem die Atome in fünf- und sechseckigen Ringen angeordnet sind (Fußball-Molekül). Das Fulleren kann auch eine größere oder kleinere gerade Anzahl von Kohlenstoffatomen besitzen und ist ungewöhnlich stabil.	
Medizin: Peter Doherty (Australien, *1940), Rolf Zinkernagel (CH, *1944)	
Beide Forscher entdeckten 1973–75 bei Versuchen an Mäusen, wie das Immunsystem von Viren befallene Zellen erkennt: T-Lymphozyten identifizieren eine infizierte Zelle über die spezifische Oberflächenstruktur und überprüfen, ob sie zum eigenen Organismus gehören. Die Erkenntnisse sind wegweisend bei der Bekämpfung von Infektionen, Krebs und in der Transplantation.	
Physik: David M. Lee (USA, *1931), Douglas D. Osheroff (USA, *1945), Robert C. Richardson (USA, *1937)	
Der Nachweis (1971) der Suprafluidität (koordinierte Fließbewegung der Atome ohne innere Reibung) beim Helium-Isotop 3 nur wenig über dem absoluten Nullpunkt (−273,15 °C) war der Durchbruch in der Tieftemperaturphysik mit Hilfe quantenmechanischer Modelle und inspirierte kosmologische Erklärungsversuche über die Entstehung von Materiestrukturen nach dem Urknall.	
Wirtschaftswissenschaften: William Vickrey (CAN/USA, 1914–1996), James A. Mirrlees (GB, *1936)	
Die Wissenschaftler erforschten die Auswirkung von Informationsvor- bzw. -nachteilen auf die individuelle Risikobereitschaft und auf die Marktmechanismen und entwickelten Modelle z. B. zur Bestimmung v. Steuern und Versicherungssätzen in Abhängigkeit von Grenzkosten und Leistungsbereitschaft.	

deutschen Verkehrsflughafen. 17 Menschen sterben an Rauchvergiftung.
Das Feuer breitet sich wegen der PVC-Isolierung der Elektrokabel rasend schnell über die Zwischendecken im Flughafengebäude aus. Untersuchungen nach dem Brand ergeben Dioxin-Konzentrationen, die z. T. ein Vielfaches über den zulässigen Grenzwerten liegen. Die Düsseldorfer Staatsanwaltschaft nimmt Ermittlungen wegen fahrlässiger Tötung und fahrlässiger Brandstiftung auf, weil Brandschutzbestimmungen vernachlässigt und die Feuerwehr zu spät alarmiert worden seien.
Der Flugbetrieb in Düsseldorf wird am 23.4. wieder aufgenommen. Großzelte und Leichtbauhallen ersetzen für einen Zeitraum von zwei bis drei Jahren den Terminalkomplex. Düsseldorf ist der größte deutsche Charterflughafen.

Gesellschaft

Millionenerbe Reemtsma entführt

26.4. Hamburg. Nach 33 Tagen Geiselhaft wird Jan Philipp Reemtsma, 43jähriger Erbe des gleichnamigen Zigarettenkonzerns, von seinen Entführern gegen die Zahlung von ca. 30 Mio DM, der höchsten jemals in Deutschland aufgebrachten Lösegeldsumme, freigelassen. Er wurde am 25.3. vor seiner Hamburger Villa überwältigt, verschleppt und im Kellerverlies eines Ferienhauses festgehalten. Nach intensiven Ermittlungen unter Mithilfe der Öffentlichkeit, die erst nach der Freilassung von der Entführung erfährt, können im Mai in Spanien zwei Hauptverdächtige verhaftet und nach Deutschland ausgeliefert werden. Der Großteil des Lösegelds bleibt verschwunden.
Das disziplinierte und überlegte Verhalten Reemtsmas, der sich während seiner Geiselhaft jedes Detail einzuprägen und z. B. über ungewöhnliche Lektürewünsche die Polizei auf sich aufmerksam zu machen versuchte, findet allgemein Respekt. S 285/K 295

Scheidung im britischen Königshaus

28.8. London. Nach 15jähriger Ehe wird das britische Thronfolgerpaar, Prinz Charles und Prinzessin Diana, geschieden. Das Paar lebt seit Ende 1992 getrennt. Diana gehört nicht mehr der Königsfamilie an. Sie verliert den Titel Königliche Hoheit, erhält aber schätzungsweise eine Abfindung von 17 Mio £ und eine jährliche Unterhaltszahlung von 350 000 £. Das Sorgerecht für die beiden Söhne Harry und William wird beiden Eltern übertragen.

Bruno Ganz (* 22.3.1941) spielte in den 60er und 70er Jahren unter der Regie von Peter Zadek und Peter Stein an der Berliner Schaubühne. Später übernahm der Schweizer bedeutende Bühnenrollen in Salzburg und München. In Wim Wenders 1988 mit der Goldenen Palme von Cannes ausgezeichneten Film „Der Himmel über Berlin" spielte er den Engel.

An Freud und Leid der Ehe nahmen die Medien starken Anteil, geschürt durch peinliche Enthüllungen und den öffentlich geführten Schlagabtausch des königlichen Paares (↑S.879/2.10.1994).
Am 30.5.1996 wurde auch die Trennung der Herzogin von York, bürgerlich Sarah Ferguson, vom zweiten Sohn Elisabeths II., Prinz Andrew, amtlich besiegelt. Die Eheskandale im britischen Königshaus führte die Monarchie seit dem Thronverzicht Edwards VIII. (↑S.326/10.12.1936) zu einem Tiefpunkt ihres öffentlichen Ansehens.

Kultur

Iffland-Ring an Bruno Ganz

18.2. Salzburg. Der österreichische Burgschauspieler Josef Meinrad stirbt 82jährig. Er war Träger des sog. Iffland-Rings, eines Fingerrings, der, angeblich vom Schauspieler, Theaterdirektor und Dramatiker August Wilhelm Iffland (1759–1814) gestiftet, dem besten deutschsprachigen Schauspieler verliehen werden soll. Meinrad übernahm ihn 1959 von Werner Krauss und macht den Schweizer Theater- und Filmschauspieler Bruno Ganz im Mai testamentarisch zum neuen Träger.
Ganz trat in Berlin, Salzburg und München in bedeutenden Bühnenrollen auf. Als sensibler

Kulturszene 1996 K 856

Theater

Elfriede Jelinek Stecken, Stab und Stangl UA 12.4., Hamburg	Groteske Stimmenmontage gegen Rassismus unter dem Mantel österreichischer Geschwätzigkeit, verbunden mit Sprach und Medienkritik.
Heiner Müller Germania 3 UA 24.5., Bochum	Neun Szenen unter dem Titel „Gespenster am toten Mann"; deutscher Bilderzyklus mit noch gegenwärtigen Geistern der Vergangenheit.
Botho Strauß Ithaka UA 19.7., München	Homer-Nachdichtung über die Rückkehr des Odysseus auf seine Heimantinsel Ithaka, über die er, zunächst unerkannt, wieder Herr wird.

Oper

Hans-Jürgen von Bose Schlachthof 5 UA 1.7., München	Geschichte des Zeitreisenden Billy Pilgrim vom Kriegsgefangenen bis zum Weltraumbürger nach der Romanvorlage von Kurt Vonnegut.
Karlheinz Stockhausen Freitag aus LICHT UA 12.9., Leipzig	Fünfte Komposition des „Licht-Zyklus", bei dem jedem Wochentag abstrakte Zeichen und Grundfarben zugeordnet sind (Freitag: Orange).
Tan Dun Marco Polo UA 7.5., München	Buntes und artistisches Musiktheater über die Chinareisen des Marco Polo; Hörabenteuer zwiabend- und morgenländischer Musik.
Alexander von Zemlinsky Der König Kandaules UA 6.10., Hamburg	Von Antony Beaumont vervollständigte letzte Oper des österreichischen Komponisten über einen Dramenstoff der griechischen Frühzeit.

Film

Joel und Ethan Coen Fargo USA	Schwarze Kleinstadt-Moritat, in der ein tumbes Verbrecherduo von einem Mord zum anderen stolpert, verfolgt von einer schwangeren Polizistin.
Mike Figgis Leaving Las Vegas USA	Illusionslose Liebesgeschichte über einen Gescheiterten, für den der Suff Selbstzweck wird (Oscar '96 für Hauptdarsteller Nicolas Cage).
Mike Leigh Secrets and Lies Großbritannien	Sozialdrama über die Begegnung einer Schwarzen aus guten Verhältnissen mit düsterem Dasein der englischen Unterschicht (Goldene Palme '96).
Volker Schlöndorff Der Unhold Deutschland	Französischer Kriegsgefangener wird unfreiwillig zum Helfer der Nazis, die Beigeisterung und Idealismus der Jugendlichen mißbrauchen.
Lars von Trier Breaking the Waves Dänemark	Radikal romantische Love-Story zwischen schottischem Dorfmädchen und Ölarbeiter mit visueller Kraft und unverfälschten Gefühlen.

Buch

Anonymus/Joe Klein Mit aller Macht USA	Unterhaltsamer und frecher Enthüllungsroman eines Newsweek-Kolumnisten über die schäbigen und fiesen Intrigen in der amerikanischen Politik.
Daniel Jonah Goldhagen Hitlers willige Vollstrecker USA	Kontrovers diskutiertes Sachbuch über den latenten Antisemitismus der Deutschen und deren Schuld am millionenfachen Judenmord.
Javier Marías Mein Herz so weiß Spanien	Der raffiniert inszenierte Roman über Liebe, Ehe und Treue spielt vor internationaler Kulisse in Havanna, New York und Madrid.
Gabriel García Márquez Nachricht von einer Entführung, Kolumbien	Reportage über eine spektakuläre Geiselnahme des Drogenkartells; intensive Auseinandersetzung mit dem Martyrium der Geiseln.
Frank McCourt Die Asche meiner Mutter USA	Erinnerungen über eine armselige Kindheit im Irland der 30er und 40er Jahre voller bigotter, grotesker Episoden und skurriler Typen.

Interpret problemgeladener Charaktere wirkte er an zahlreichen Filmen mit, z. B. „Messer im Kopf" (1978), „Der Himmel über Berlin" (1988) und „In weiter Ferne, so nah" (1993).

Schliemanns Schätze in Rußland
15.4. Moskau. Im Puschkin-Museum werden der Öffentlichkeit erstmals nach 50 Jahren 259 wertvolle Stücke aus den Troja-Funden des deutschen Altertumsforschers und Kaufmanns Heinrich Schliemann (1822–1890) gezeigt. Der „Schatz des Priamos", antike Kunstwerke aus dem 3. Jt. v. Chr., die Schliemann ab 1870 im Ruinenhügel Hisarlik an der kleinasiatischen Küste fand, fälschlicherweise dem Homerschen Troja zuschrieb und 1881 dem Berliner Museum für Vor- und Frühgeschichte übereignete, wurde nach 1945 als Wiedergutmachung für erlittene Kriegsschäden in die Sowjetunion gebracht.
Nach der Haager Landkriegsordnung (S.65/ 15.6.1907) sind Gegenstände des Gottesdienstes, Kulturgüter und Vermögen, das wissenschaftlichen Zwecken dient, vom Beutekunstrecht des Feindstaates ausgeschlossen. 1990 wurde die Rückgabe der Beutekunst, schätzungsweise 200 000 Kunstobjekte, 2 Mio Bücher und 3 km Archivmaterial, im deutsch-sowjetischen Nachbarschaftsvertrag vereinbart. Einige Kunstwerke hatte schon früher die DDR erhalten.
Ein Gesetzentwurf, das die Beutekunst bis auf wenige Ausnahmen zum Eigentum Rußlands erklärt, scheitert Mitte 1996 am Einspruch der zweiten Parlamentskammer und der russischen Regierung. Als erste Nachfolgerepublik der UdSSR überläßt im August Georgien Deutschland 100 000 Bücher aus dem 17.–20. Jahrhundert.

Orthografie ersetzt Orthographie
5.7. Wien. Deutschland, Liechtenstein, Österreich und die Schweiz unterzeichnen einen Vertrag zur Reform der deutschen Rechtschreibung. Vier Staaten, in denen Deutsch von einer Minderheit gesprochen wird (Belgien, Italien, Rumänien, Ungarn) treten dem Abkommen bei. Die Änderungen sollen zum 1.8.1998 mit einer Übergangszeit von sieben Jahren in Kraft treten.
Die deutsche Rechtschreibung richtete sich bis dahin nach den seit 1902 gültigen Regeln des Rechtschreib-Dudens. Den endgültigen Reformanstoß gab 1984 die Kultusministerkonferenz der Länder. 1994 beschlossen die deutschsprachigen Staaten Rechtschreibvereinfachungen, die jedoch von den 16 deutschen Bundesländern im Oktober 1995 als zu

1996

Olympische Sommerspiele in Atlanta: Der US–Athlet Carl Lewis gewinnt zum vierten Mal in Folge die Goldmedaille im Weitsprung.

Olympische Sommerspiele 1996 in Atlanta		K 857			
Zeitraum: 19.7. bis 4.8.		Medaillenspiegel	G	S	B
Teilnehmerländer	197	USA	44	32	25
Teilnehmerzahl	10 361	Rußland	26	21	16
Männer	6 582	Deutschland	20	18	27
Frauen	3 779	China	16	22	12
Deutsche Teilnehmer	480	Frankreich	15	7	15
Sportarten	26	Italien	13	10	12
Entscheidungen	271	Australien	9	9	23
Neu im Progamm	3[1)]	Kuba	9	8	8
Nicht mehr olympisch	0	Ukraine	9	2	12
Erfolgreichste Medaillengewinner					
Name (Land), Sportart	Medaillen (Disziplinen)				
Amy van Dyken (USA) Schwimmen	4 x Gold (50 m Freistil, 100 m Delphin, 4 x 100 Freistil, 4 x 100 m Lagen)				
Michelle Smith (IRL) Schwimmen	3 x Gold (400 m Freistil, 200 m, 400 m Lagen) 1 x Bronze (200 m Delphin)				
Alexander Popow (RUS) Schwimmen	2 x Gold (50 m, 100 m Freistil), 2 x Silber (4 x 100 Freistil, 4 x 100 m Lagen)				
Gary Hall Jr. (USA) Schwimmen	2 x Gold (4 x 100 Freistil, 4 x 100 m Lagen) 2 x Silber (50 m, 100 m Freistil)				
Erfolgreichste deutsche Teilnehmer					
Isabell Werth, Pferdesport	2 x Gold (Dressur Einzel, Mannschaft)				
Ulrich Kirchhoff, Pferdesport	2 x Gold (Springen Einzel, Mannschaft)				
Birgit Fischer Kanu	1 x Gold Kajak-Vierer (500 m) 1 x Silber Kajak-Zweier (500 m)				
Dagmar Hase, Schwimmen	3 x Silber (400 m, 800 m, 4 x 200 m Freistil) 1x Bronze (200 m Freistil)				

1) Beachvolleyball, Mountainbike-Fahren, Softball

weitgehend zurückgewiesen wurden. Ein neuer Beschluß der Kultusminister vom Dezember 1995, den die Ministerpräsidenten im März 1996 übernahmen, verzichtete auf die besonders umstrittene Eindeutschung von Fremdwörtern (z. B. Rytmus statt Rhythmus). Die Reform sieht eine geänderte Schreibweise für 185 Wörter des Grundwortschatzes vor. Die Zahl der Rechtschreibregeln wird von 212 auf 112 reduziert. Von 52 Kommaregeln bleiben neun. Angleichungen der Schreibweise orientieren sich am Wortstamm, der in einer Wortfamilie gleich sein soll wie „behände" (Hand), „platzieren" (Platz). Bei klassischer Literatur gilt das Prinzip der Werktreue.

Sport

König der Schanze

6.1. Bischofshofen. Als erster Skispringer gewinnt der Deutsche Jens Weißflog (*1964) aus Oberwiesenthal (Thüringen) die deutsch-österreichische Vier-Schanzen-Tournee zum vierten Mal nach 1984, 1985 und 1991. Der dreifache Olympiasieger und zweifache Weltmeister sichert sich den ersten Platz beim Abschlußspringen in Bischofshofen (Österreich). Zum Saisonende erklärt Weißflog seinen Rückzug vom aktiven Leistungssport. Mit 19 Jahren gewann der DDR-Sportler bei den Olympischen Spielen in Sarajevo 1984 die Goldmedaille auf der Normalschanze und die Silbermedaille auf der Großschanze. Im vereinigten deutschen Team siegte er 1994 bei seinen vierten Winterspielen in Lillehammer auf der Großschanze und mit der Mannschaft.

Fußballkrone für Deutschland

30.6. London. Die deutsche Elf besiegt im Endspiel der Fußball-Europameisterschaft in England Tschechien mit 2:1 n.V. Sie erringt damit zum dritten Mal nach 1972 und 1980 den Titel. Im Wembley-Stadion erzielte Oliver Bierhoff das erste „Golden Goal" des Turniers. Das Tor beendet ein Spiel in der Verlängerung automatisch. Die Regel wurde erstmals zur Probe bei der EM praktiziert.
Das verletzungsgeplagte Team von Bundestrainer Berti Vogts ging aus dem Turnier ohne Niederlage hervor; im Gruppenspiel gegen Italien gab es das einzige Unentschieden (0:0). In einem hochdramatischen Halbfinale setzten sich die Deutschen mit 6:5 nach Elfmeterschießen gegen den Gastgeber durch. An der EM nahmen erstmals 16 Mannschaften, statt bisher acht, teil. Mit der Aufstockung erreichte der europäische Fußballverband UEFA eine höhere Attraktivität für die

Sport 1996 — K 858

Fußball

Deutsche Meisterschaft	Borussia Dortmund
DFB-Pokal	1. FC Kaiserslautern – Karlsruher SC 1:0
Englische Meisterschaft	Manchester United
Italienische Meisterschaft	AC Mailand
Spanische Meisterschaft	Atletico Madrid
Champions-League	Juventus Turin – Ajax Amsterdam 4:2
Europapokal (Pokalsieger)	Paris St. Germain
UEFA-Pokal	FC Bayern München
Europameisterschaft	Deutschland – Tschechische Republik 2:1 n.V.

Tennis

Wimbledon (seit 1877; 110. Austragung)	Herren: Richard Krajicek (HOL) Damen: Steffi Graf (GER)
US Open (seit 1881; 116. Austragung)	Herren: Pete Sampras (USA) Damen: Steffi Graf (GER)
French Open (seit 1925; 66. Austragung)	Herren: Jewgeni Kafelnikow (RUS) Damen: Steffi Graf (GER)
Australian Open (seit 1905; 84. Austragung)	Herren: Boris Becker (GER) Damen: Monica Seles (USA)
Davis-Cup (Malmö, SWE)	Schweden – Frankreich 2:3

Eishockey

Weltmeisterschaft	Slowakei
Stanley-Cup	Colorado-Avalanche (Denver)
Deutsche Meisterschaft	Düsseldorfer EG

Radsport

Tour de France	Bjarne Riis (DEN)
Giro d'Italia	Pawel Tonkow (RUS)
Straßen-WM, Profis	Johan Museeuw (BEL)

Automobilsport

Formel-1-Weltmeisterschaft	Damon Hill (GBR), Williams-Renault

Boxen

Schwergewichts-WM (WBC)	Mike Tyson (USA) – K. o. über Frank Bruno (GBR), 18.3.
(IBF)	Michael Moorer (USA) – PS über Axel Schulz (GER), 22.6.
(WBA)	Evander Holyfield (USA) – K. o. über Mike Tyson (USA), 9.11.
(IBF)	Michael Moorer (USA) – K. o. über Frans Botha (RSA), 9.11
(WBO)	Henry Akinwande (GBR) – K. o. über Alexander Zolkin (RUS), 9.11.

Herausragende Weltrekorde

Disziplin	Athlet (Land)	Leistung
Leichtathletik, Männer		
100 m	Donovan Bailey (CAN)	9,84 sec
200 m	Michael Johnson (USA)	19,32 sec
Schwimmen, Männer		
100 m Brust	Frederik Deburghgraeve (BEL)	1:00,65 min
100 m Delphin	Denis Pankratow (RUS)	52,27 sec
Schwimmen Frauen		
100 m Brust	Penelope Heyns (RSA)	1:07,46 min

Telekom-Team entthront Induráin

21.7. Paris. Der Däne Bjarne Riis aus dem Team Telekom gewinnt die 83. Tour de France vor seinem Mannschaftskameraden Jan Ullrich (Deutschland). Der Sieg in der Sprintwertung durch Erich Zabel vervollständigt den Triumph des deutschen Rennstalls. Der fünfmalige Tour-Sieger in Folge (1991–95), der Spanier Miguel Induráin (Team Banesto), muß sich bei 14,14 min Rückstand mit dem 11. Platz zufriedengeben.
An der Tour de France, dem schwersten und berühmtesten Radrennen der Welt, nahmen 1996 rd. 500 Rennfahrer teil. Sie wurden begleitet von 1800 Journalisten. 15 Mio Menschen waren an der Strecke dabei, in 140 Länder wurden TV-Bilder übertragen.

Jubiläum und Kommerz in Dixieland

4.8. Atlanta. Die XXVI. Olympischen Sommerspiele in der Hauptstadt des US-Bundesstaats Georgia gehen nach 16 Wettkampftagen zu Ende. 100 Jahre zuvor fanden in Athen die ersten Olympischen Spiele der Neuzeit statt. In Atlanta wurde der bisherige Höhepunkt der Vermarktung erreicht, die aus den Spielen seit 1984 ein gewinnträchtiges Unternehmen machte (Budget 1996: rd. 1,6 Mrd Dollar). 555 Mio Dollar erhielten die privaten Organisatoren aus den Fernsehrechten, 550 Mio Dollar stammten von privaten Sponsoren. Auf Kritik stießen die z. T. gravierenden Organisationsmängel. Überschattet wurden die Spiele von einem Bombenanschlag im zentralen Vergnügungspark am 27.7., bei dem zwei Menschen starben.
Das Internationale Olympische Komitee (IOC) verkürzte die Veranstaltungen und machte durch die schnellere Abfolge von Entscheidungen die Spiele für die Zuschauer (rd. 8,6 Mio) attraktiver. Erstmals überstieg die Teilnehmerzahl die Grenze von 10 000.
Der amerikanische Leichtathlet Carl Lewis gewann zum vierten Mal hintereinander Gold im Weitsprung. Mit insgesamt neun Titeln gehört er zu den erfolgreichsten Teilnehmern aller Zeiten. Sein Landsmann Michael Johnson übertraf mit 19,66 sec den 200-m-Weltrekord des Italieners Pietro Mennea (1979) um sechs Hundertstel. Die erfolgreichsten deutschen Olympioniken waren mit je vier Goldmedaillen die Reiterequipe und die Kanuten. Die Olympischen Sommerspiele 2000 finden in Sydney (Australien) statt. S 907/K 857

Zuschauer und Mehreinnahmen beim Verkauf der Fernseh- und Vermarktungsrechte (Gesamtumsatz: 235 Mio DM).

Personenregister

Das Personenregister nennt alle im Buch erwähnten Personen, mit Nationalität, Berufsangabe und – soweit möglich – Lebensdaten. Die *kursiven* Seitenzahlen verweisen auf Einträge, die in den tabellarischen Übersichten (Knoten) zu finden sind. Die **fette** Schrift weist auf die Fundstellen in Bildzeilen hin.

A

Aalto, Alvar, finn. Architekt (1898–1976) 681, *810*, 811
Abbado, Claudio, ital. Dirigent (* 1933) 503
Abd al Asis, marok. Scheich 56, 71
Abd Al Hafis, marok. Scheich (1878–1943) 71, 99
Abd al Hamid II., türk.Sultan (1842–1918) 78, *78*
Abd Allah, irak. Regent (1913–1958) 523, *832*
Abd Allah Ibn Al Husain, jord. König (1882–1951) 570, *673*
Abd Ar Rahman Arif, irak. Politiker (* 1916) *617*, 621
Abd as-Salam Dschallud, lib. Politiker (* 1940) *631*
Abd El Krim, marok. Emir (1882–1963) 232, *546*
Abendroth, Hermann, dt. Dirigent (1883–1956) 503
Abraham, Paul, ung. Komponist (1892–1960) 277
Abu Dschihad, Palästinenserführer (1935–1988) 806, *806*
Aceval, Emilio, parag. Politiker (1854–1931) *27*
Acheampong, Ignatius, ghan. Politiker (1931–1979) 606
Achternbusch, Herbert, dt. Schriftsteller und Regisseur (* 1938) 760, 840, 880
Ackeren, Robert van, dt. Regisseur (* 1946) 766
Ackermann, Rosemarie, dt. Leichtathletin (* 1952) 720, 721, *721*
Adair, Paul »Red«, amer. Ingenieur (* 1915) 810, 843
Adamec, Ladislav, tschech. Politiker (* 1926) 802, 815
Adamov, Arthur, frz. Schriftsteller (1908–1970) 487, 502
Adams, Henry, amer. Schriftsteller (1838–1918) 69
Adams, John, amer. Komponist (* 1948) 799, 852
Adams, John, amer. Politiker (1735–1826) 20
Adams, John Quincy, amer. Politiker (1767–1848) 20
Addams, Jane, amer. Frauenrechtlerin (1860–1935) 274
Adenauer, Konrad, dt. Politiker (1876–1967) 414, 416, 433, *453*, **453**, 455, 484, 491, **492**, *499*, 499, 500, 516, 517, 523, 549, 550, 552, *567*, 567, *568*, 569, 573, 684, *684*, *837*
Adler, Alfred, österr. Psychiater und Psychologe (1870–1937) *14*
Adler, Friedrich, österr. Politiker (1879–1960) 127
Adler, Viktor, österr. Politiker (1852–1918) 65, 127
Adlon, Percy, dt. Regisseur (* 1935) 799
Ador, Gustave, schweiz. Politiker (1845–1928) *79*
Adorni, Vittorio, ital. Radrennfahrer (* 1937) *597*, *627*
Adorno, Theodor W., dt. Philosoph und Soziologe (1903–1969) 214, *214*, *385*, *471*, 584, 585
Adrian, Edgar, brit. Mediziner (1889–1977) 284
Adrianow, Nikolai, sowjet. Turner (* 1952) *711*
Aerts, Jean, belg. Radrennfahrer (1907–1992) *317*
Afewerki, Issayas, äthiop. Politiker (* 1945) 561
Aflak, Michel, irak. Politiker (1910–1989) 621
Agassi, Andre, amer. Tennisspieler (* 1970) 863, 881, *894*
Agça, Mehmet Ali (* 1958) 257, 749
Agnelli, Giovanni, ital. Unternehmer (* 1921) *222*

Agnon, Samuel Joseph, israel. Schriftsteller (1888–1970) 601
Agueleira Roldós, Jaime, ecuador. Politiker (1940–1981) *730*
Aguiyi-Ironsi, Johnson, nigerian. Politiker (1924–1966) 598
Ahearne, Daniel, amer. Leichtathlet *84*, *98*
Ahidjo, Ahmadou, kamerun. Politiker (1924–1989) 537
Ahlers, Conrad, dt. Journalist und Politiker (1922–1980) 559, 561
Ahmad, pers. Schah (1898–1930) 78, 219, *731*
Aho, Esko, finn. Politiker (* 1954) *883*
Ahtisaari, Martti, finn. Diplomat und Politiker (* 1937) *137*
Aichinger, Ilse, österr. Schriftstellerin (* 1921) *438*, *448*, 479,
Aidid, Mohammed, somal. Politiker (1935–1996) 842, 858
Aiken, Howard Hathaway, amer. Mathematiker (1900–1973) 375, 636
Aimar, Lucien, frz. Radrennfahrer (* 1941) *604*
Akhurst, Daphne, austral. Tennisspielerin *231*, *240*, *254*, *264*, *271*
Akihito Tsugu No Mija, jap. Kaiser (* 1933) *815*, **815**, *816*
Akii-Bua, John, ugand. Leichtathlet (* 1949) *670*
Akinwande, Henry, brit. Boxer (* 1965) *908*
Alain-Fournier, frz. Schriftsteller (1886–1914) *111*
Albee, Edward, amer. Schriftsteller (* 1928) 565, 596
Albers, Hans, dt. Schauspieler (1891–1960) 270, 376

Albers, Josef, dt. Maler (1888–1976) *158*, 436
Albert I., belg. König (1875–1934) 78, 181, *283*, 299
Albert I., Fürst von Monaco (1848–1922) 90, **90**
Albert II., belg. König (* 1934) *283*
Albert, Prinz von Sachsen-Coburg-Gotha, brit. Prinzgemahl (1819–1861) 15, 20
Albert, Eugen d', dt. Komponist und Pianist (1864–1932) 17, *41*, 131
Albini, Franco, ital. Architekt (1905–1977) 534
Albrecht, Susanne, dt. Terroristin 831
Albright, Madeleine, amer. Politikerin (* 1937) 900
Alcalá Zamora y Torres, Niceto, span. Politiker (1877–1949) 272, *272*
Alcock, John W., brit. Flugpionier (1892–1919) 38
Alder, Kurt, dt. Chemiker (1902–1958) *464*
Aldrich, Robert, amer. Regisseur (1918–1983) 270, *541*
Aldrin, Edwin, amer. Astronaut (* 1930) 635, *789*
Alechinsky, Pierre, belg. Maler (* 1927) 448
Aleichem, Scholem 587
Aleixandre, Vicente, span. Schriftsteller (1898–1984) *718*
Alemán Lacayo, Arnoldo, nicarag. Politiker *831*
Alemán Valdés, Miguel, mex. Politiker (1902–1983) 249
Alessandri, Jorge, chil. Politiker *676*
Alessandri y Palma, Arturo, chil. Politiker 280, *676*
Alexander I. Karadordević, jugosl. König (1888–1934) *174*, 255, **255**, *256*, 299, 303

909

Alexander I. Obrenović

Alexander I. Obrenović, serb. König (1876–1903) 35, *35*, **35,** *173, 174*

Alexander I., griech. König (1893–1920) *133, 161*

Alexander I., russ. Zar (1777–1825) *137*

Alexander, Fred B., austral. Tennisspieler 77

Alexandra Fiodorowna, russ. Zarin (1872–1918) 130

Alexandrow, Anatoli Nikolajewitsch, sowjet. Komponist (1883–1946) *192*

Alexejew, Wassili, sowjet. Gewichtheber (* 1942) 576

Alfons XIII., span. König (1886–1941) 200, 272, *272*, 696, *696*

Alfonsín, Raul, argentin. Politiker (* 1927) 755, *762*, 772

Alfvén, Hannes O. Gösta, schwed. Physiker (1908–1995) 648

Algren, Nelson, amer. Schriftsteller (1909–1981) *459*

Ali, Muhammad, eig. Cassius Clay, amer. Boxer (* 1942) 587, **587,** *589, 597, 604, 616, 660, 693, 702, 712, 721, 729, 736, 747*

Alia, Ramiz, alban. Politiker (* 1925) *221*

Alijew Gaidar, aserbaid. Politiker (* 1923) *864*

Aljechin, Alexander, russ. Schachspieler (1892–1946) 317

Allais, Maurice, frz. Wirtschaftswissenschaftler (* 1911) *807*

Allen, Irwin, amer. Regisseur (1916–1991) *692*

Allen, Woody, amer. Regisseur (* 1935) *276, 719, 728, 784, 893*

Allende, Isabel, chil. Schriftstellerin (* 1942) *759*, 760, *871*

Allende Gossens, Salvador, chil. Politiker (1908–1973) 606, 640, *642*, **642,** *672, 675, 759*

Allison, Wilmer, amer. Tennisspieler *317*

Alm, Erik, schwed. Skiläufer *197*

Almsick, Franziska van, dt. Schwimmerin (* 1978) 863, *872, 881, 881*

Altig, Rudi, dt. Radrennfahrer (* 1937) 588, 604, *604*

Altman, Robert, amer. Regisseur (* 1925) *861*

Altman, Sidney, kanad. Biochemiker (* 1939) *826*

Altmeier, Peter, dt. Politiker (1899–1977) *421*

Altobelli, Allessandro, ital. Fußballspieler (* 1955) 761

Alvarez, Luis W., amer. Physiker (1911–1988) *623*

Aman Ullah Khan, afghan. König (1892–1960) *148*, 255, *255*

Amano, Tomikatsu, jap. Schwimmer *349*

Amarildo 566

Ambrosio, Arturo, ital. Regisseur 76

Amin Dada, Idi, ugand. Politiker (* 1924) 606, *704*, 730, 731, *652*

Amin, Hafizullah, afghan. Politiker (1926–1979) 733, *733*

Amoore, Judy, austral. Leichtathletin (* 1940) 597

Amundsen, Roald, norw. Polarforscher (1872–1928) 81, 94, *94*, 634

Ananda, Mahidol, thail. König (1925–1946) *419*

Andersch, Alfred, dt. Schriftsteller (1914–1980) 437, *520, 542, 615*

Andersen, Hjalmar, norw. Eisschnelläufer (* 1923) *480*

Andersen, Lale, dt. Sängerin (1910–1972) 376

Andersen-Nexø, Martin, dän. Schriftsteller (1869–1954) *88, 140*

Anderson, Carl D., amer. Physiker (1905–1991) *52*, 285, *324*

Anderson, James, austral. Tennisspieler *196, 218, 231*

Anderson, Mal, austral. Tennisspieler *521*

Anderson, Marian, amer. Sängerin (1902–1993) 502

Anderson, Philip W., amer. Physiker (* 1923) *718*

Anderson, Warren 774

Andersson, Arne, schwed. Leichtathlet (* 1917) 387, *395*

Andom, Aman, äthiop. Politiker (1924–1974) 606

Andrejew, Leonid, russ. Schriftsteller (1871–1919) *69, 76*

Andrejewa, Anna, sowjet. Leichtathletin *466*

Andres, Stefan, dt. Schriftsteller (1906–1970) *394*

Andretti, Mario, amer. Automobilrennfahrer (* 1940) 729

Andreotti, Giulio, ital. Politiker (* 1919) 723, *896*

Andrew, Herzog von York (* 1960) 813, 879

Andrews, Julie, amer. Schauspielerin und Sängerin 511

Andrić, Ivo, jugosl. Schriftsteller (1892–1975) *552*

Andriessen, Louis, niederl. Komponist (* 1939) *880*

Andropow, Juri, sowjet. Politiker (1914–1984) *188*, 580, *580*, 754, 755, 768, *768*, 790

Andrutsopoulos, Adamantios 682

Angelis, Elio de, ital. Autorennfahrer 358

Angell, Norman, brit. Publizist (1874–1967) *295*

Angelo, Beverly de, amer. Schauspielerin (* 1953) 615

Angelopoulos, Theodoros, griech. Regisseur (* 1936) *701*

Angerer, Peter, dt. Biathlet (* 1959) *778*

Ankrah, Joseph A., ghan. Politiker (* 1915) 598, 606

Annan, Kofi, ghan. Diplomat (* 1938) 750, 849

Annaud, Jean-Jacques, frz. Regisseur (* 1943) 777, *793*

Anne, brit. Prinzessin (* 1950) 879

Annunzio, Gabriele d', ital. Schriftsteller und Politiker (1863–1938) *16, 25*, 209, *209*

Anouilh, Jean, frz. Schriftsteller (1910–1987) *488, 512, 512*

Anquetil, Jacques, frz. Radrennfahrer (1934–1987) 42, 369, *521, 544, 555, 566, 576*, 588, *589*, 604

Anschütz, Ottomar, dt. Filmpionier (1846–1907) *191*

Antall, József, ung. Politiker (1932–1993) 802, *829*

Antheil, George, amer. Komponist (1900–1959) 269

Antonescu, Ion, rumän. Militär und Politiker (1882–1946) 300, 360, 365, *396*

Antonioni, Michelangelo, ital. Regisseur (* 1912) *520, 542, 576, 602, 615*

Aouita, Said, marok. Leichtathlet (* 1960) *786*, 801, *801, 828*

Apitz, Bruno, dt. Schriftsteller (1900–1979) *527*

Apollinaire, Guillaume, frz. Schriftsteller (1880–1918) *111, 140, 147*

Appel, Karel, niederl. Maler (* 1921) 448

Applegarth, William, amer. Leichtathlet *119*

Appleton, Edward Victor, brit. Physiker (1892–1965) *433*

Aquino, Benigno, philip. Politiker (1932–1983) 570, 593, *593, 787*

Aquino, Corazon C., philip. Politikerin (* 1933) 538, *593, 787, 787*

Arafat, Jassir, paläst. Politiker (* 1929) **577,** 578, 629, **629,** 674, 806, *806*, 866, **866,** 874, *878*

Aragano, Giancarlo, ital. Diplomat, 695

Aragon, Louis, frz. Schriftsteller (1897–1982) 229, *306, 527*

Aram, Kurt, dt. Schriftsteller 67

Aramburu, Pedro, argentin. Politiker (1903–1970) *497*

Arantes do Nascimento, Edson, gen. Pelé, bras. Fußballspieler (* 1940) 528, 566, 650, 651, 721

Arap Moi, Daniel, kenian. Politiker (* 1924) 571, *722*

Arbenz Guzmán, Jacobo, guatemaltek. Politiker (1913-1971) *467*

Arber, Werner, schweiz. Mikrobiologe (* 1929) *726*

Archer, Frederick Scott, brit. Bildhauer (1813–1857) 66

Arco auf Valley, Anton Graf von (1897–1945) *177*

Arendt, Hannah, dt. Philosophin (1906–1975) *584*

Arévalo, Juan José, guatemaltek. Politiker (1904–1990) *396, 400, 467*

Arévalo, Vinicio Greso, guatemaltek. Politiker 842, *842*

Personenregister

Argentin, Moreno, ital. Radrennfahrer (* 1960) *794*
Arias Navarro, Carlos, span. Politiker (1908–1989) *703*
Arias Sánchez, Oscar, costarican. Politiker (* 1940) *797*
Aristide, Jean Bertrand, haïtian. Politiker (* 1953) *606, 787, 895*
Armani, Giorgio, ital. Modeschöpfer (* 1934) *436*
Armas, Carlos Castillo, guatemaltek. Politiker (1914–1957) *490*
Armengaud, Marcel, frz. Ingenieur *223*
Armstrong, Edwin Howard, amer. Radiotechniker (1890–1954) *61, 223*
Armstrong, Louis, amer. Jazzmusiker (1900–1971) *227, 228,* **228**
Armstrong, Neil, amer. Astronaut (* 1930) *635, 635, 789*
Arndt, Alfred, dt. Maler und Architekt (1898–1976) *158*
Arnold, Karl, dt. Politiker (1901–1958) *421*
Arnoldson, Klas P., schwed. Schriftsteller und Politiker (1844–1916) *76*
Arp, Hans, dt.-frz. Maler, Bildhauer und Dichter (1887–1966) *132, 230*
Arrabal, Fernando, span. Schriftsteller (* 1932) *487, 615*
Arrhenius, Svante August, schwed. Chemiker (1859–1927) *36*
Arron, Henk A. E., surinam. Politiker (* 1936) *737*
Arrow, Kenneth J., amer. Wirtschaftswissenschaftler (* 1921) *666*
Arroyo del Río, Carlos Alberto, ecuador. Politiker (1893–1969) *396*
Artemow, Wladimir, sowjet. Turner (* 1964) *812*
Arthur, Chester Alan, amer. Politiker (1830–1886) *20*
Asahara, Shoko *884*
Asboth, Joseph, ung. Tennisspieler (* 1917) *438*
Ascari, Alberto, ital. Automobilrennfahrer (1918–1955) *358, 460, 473, 481, 489*
Ascari, Antonio, ital. Automobilrennfahrer *218, 231*

Ashari, Ismail, sudan. Politiker (1902–1969) *629*
Ashby, Hal, amer. Regisseur (1936–1988) *659*
Ashe, Arthur, amer. Tennisspieler (1943–1993) *627, 650, 702*
Ashenfelter, Horace, amer. Leichtathlet (* 1923) *481*
Ashford, Evelyn, amer. Leichtathletin (* 1957) *767, 813*
Ashton, Frederick, engl. Choreograph (1904–1988) *447*
Asimow, Isaac, amer. Schriftsteller (1920–1992) *458*
Asquith, Herbert H., brit. Politiker (1852–1928) *71, 86, 125, 128*
As Sabah, Abdallah As Salim, kuwait. Politiker (* 1930) *547*
Assad, Hafis, syr. Militär und Politiker (* 1928) *568, 606, 644, 652, 672, 823*
As-Sallal, Abdullah, jemen. Politiker (1917–1994) *556, 559*
Asser, Tobias M. C., niederl. Jurist und Politiker (1838–1913) *93*
Assmann, Rolf (* 1949) *226*
Astaire, Fred, amer. Schauspieler (1899–1987) *276, 358*
Aston, Francis William, brit. Chemiker (1877–1945) *190*
Asturias, Miguel Angel, guatemaltek. Schriftsteller (1899–1974) *614*
Atanasoff, John, amer. Techniker (1903–1995) *636*
Atanasow, Georgi, bulg. Politiker (* 1933) *829*
Atasi, Luai Al *568*
Atasi, Nur ad Din al, syr. Politiker (1929–1992) *606, 644*
Attenborough, Richard, brit. Regisseur (* 1923) *760, 766, 767*
Attlee, Clement Richard, brit. Politiker (1883–1967) *405, 406,* **411,** *412, 432, 467*
Attlesey, Richard, amer. Leichtathlet *466*
Atwood, Margaret, kanad. Schriftstellerin (* 1939) *458, 638, 784*

Atzorn, Robert, dt. Schauspieler *493*
Aubert, Pierre, schweiz. Politiker (* 1927) *770*
Auden, Wystan Hugh, engl. Schriftsteller (1907–1973) *437*
Auer, Erhard, dt. Politiker (1874–1945) *177*
Augstein, Rudolf, dt. Verleger (* 1923) *435, 559, 561*
August, Bille, dän. Regisseur (* 1948) *759, 871*
Aung San Suu Kyi, birman. Politikerin (* 1945) *557, 618, 850*
Auriol, Didier, frz. Rennfahrer (* 1958) *881*
Auriol, Vincent, frz. Politiker (1884–1966) *429, 490*
Aussem, Cilly, dt. Tennisspielerin (1909–1963) *278, 278,* **278**
Austin, Henry W., brit. Tennisspieler (* 1906) *349*
Austin, Tracy, amer. Tennisspielerin (* 1962) *736, 753*
Avakumović, Jovan, serb. Politiker *44*
Avery, Oswald Theodore, amer. Biologe (1877–1955) *402*
Avildsen, John G., amer. Regisseur (* 1937) *710*
Awerina, Tatjana, sowjet. Eisschnellläuferin *711*
Axelrod, Julius, amer. Neurochemiker (* 1912) *648*
Ayckbourn, Alan, engl. Schriftsteller (* 1939) *827*
Aylwin Azócar, Patricio, chil. Politiker (* 1918) *676, 829*
Ayub Khan, Mohammed, pakistan. Politiker (1907–1974) *522*
Azana y Díaz, Manuel, span. Politiker (1880–1940) *350*
Azevedo, José B. Pinheiro, portug. Politiker (1917–1983) *703*
Azikiwe, Benjamin Nuamdi, nigerian. Politiker (1904–1996) *598*
Aznar-Cabañas, Juan Bautista, span. Politiker (1860–1933) *272*
Aznar Lopez, José María, span. Politiker (* 1953) *895, 896*

B

Baader, Andreas, dt. Terrorist (1943–1977) *563, 618, 664, 713,* **714,** *715*
Babanina, Swetlana, sowjet. Schwimmerin *597*
Babel, Isaak, sowjet. Schriftsteller (1894–1941) *649*
Bacall, Lauren, amer. Schauspielerin (* 1924) *276*
Bachman, William, amer. Techniker *446*
Bachmann, Ingeborg, österr. Schriftstellerin (1926–1973) *438, 486, 488, 596, 659*
Bachmeier, Marianne (1950–1996) *563, 758*
Bachtiar, Schapur, iran. Politiker *730*
Backley, Steve, brit. Leichtathlet (* 1969) *841*
Baden-Powell, Robert, brit. Offizier (1857–1941) *67,* **67**
Badham, John, amer. Regisseur (* 1939) *719, 720*
Badoglio, Pietro, ital. Militär (1871–1956) *388, 392*
Baekeland, Leo Hendrik, belg.-amer. Chemiker (1863–1944) *66, 295*
Baer, Max »Buddy«, amer. Boxer (1909–1959) *298, 307, 317, 378, 387*
Baeyer, Adolf von, dt. Chemiker (1835–1917) *53*
Bagaza, Jean-Baptiste, burund. Politiker (* 1946) *795*
Bagrjanow, Iwan, bulg. Politiker (1892–1945) *396*
Bahamontes, Federico, span. Radrennfahrer (* 1928) *536*
Bahr, Egon, dt. Politiker (* 1922) *641, 642, 654, 664,* **664**
Bahr, Hermann, österr. Schriftsteller (1863–1934) *83*
Bahro, Rudolf, dt. Politiker (* 1935) *836*
Baier, Ernst, dt. Eiskunstläufer (* 1905) *328, 359*
Baier-Herber, Maxi, dt. Eiskunstläuferin (* 1920) *328, 359*
Bailey, Donovan, kanad. Leichtathlet *908*
Baily, Edward, brit. Bildhauer (1788–1867) *109*

Baird, John Logie, brit. Fernsehtechniker (1888–1946) 286, 469
Baker, James, amer. Politiker (* 1930) 798, **833**
Baker, Joséphine, frz. Tänzerin und Sängerin (1906–1975) 230
Baker, Nicholson, amer. Schriftsteller (* 1957) 861
Bakr, Ahmad Hassan Al, irak. Politiker (1914–1982) 617, 621, 622, 730, 832
Bakr Al Attas, Haidar, jemen. Politiker (* 1939) 831
Baky, Josef von, dt. Regisseur (1902–1966) 394, 472
Balaguer, Joaquín, dominik. Politiker (* 1907) 591
Balanchine, George, russ.-amer. Choreograph (1904–1983) 446, **447**
Balas, Iolanda, rumän. Leichtathletin (* 1936) 528, 555, 721
Balch, Emily G., amer. Pazifistin (1867–1961) 424
Baldini, Ercole, ital. Radrennfahrer (* 1933) 528
Baldwin, Stanley, brit. Politiker (1867–1947) 207, 208, 212, **212**, 255, 308, 326
Balenciaga, Cristobal, frz.-span. Modeschöpfer (1895–1972) 436
Balfour, Arthur James, brit. Politiker (1848–1930) 27, 28, **28**, 50, 134, **175**, 441
Ball, Hugo, dt. Dichter und Kulturkritiker (1886–1927) 23, 131, 132
Balla, Giacomo, ital. Maler (1871–1958) 82
Balladur, Edouard, frz. Politiker (* 1929) 568, 883, 864
Ballangrud, Ivar, norw. Eisschnellläufer (1904–1969) 328
Ballin, Albert, dt. Reeder (1857–1918) 28
Ballivián, Hugo, bolivian. Politiker (* 1901) 474
Balmamion, Franco, ital. Radrennfahrer (* 1940) 566, 576
Baltimore, David, amer. Mikrobiologe (* 1938) 698
Balz, Bruno, dt. Komponist (1902–1988) 338
Balzer, Karin, dt. Leichtathletin (* 1938) 660, 720
Bandaranaike, Sirimawo, ceylon. Politikerin (* 1916) 96, 537, **537**, 663
Bandaranaike, Solomon, ceylon. Politiker (1899–1959) 537, *538*
Bandini, Lorenzo, ital. Automobilrennfahrer (1935–1967) 358
Bangemann, Martin, dt. Politiker (* 1934) 443
Banisadr, Abol Hassan, iran. Politiker (* 1934) 731, 748
Bank, Jodrell, brit. Wissenschaftler 336
Banks, Willie, amer. Leichtathlet (* 1956) 786
Bannister, Roger, brit. Leichtathlet (* 1929) 387
Banting, Frederick Grant, kanad. Mediziner (1891–1941) 180, *203*, 204
Banzer Suárez, Hugo, bolivian. Politiker (* 1926) 652, 653
Bárány, Robert, österr. Mediziner (1876–1936) *119*
Barbar, Leonzeer, amer. Boxer (* 1966) 881
Barbara, Joseph (Barbier Joe), amer. Bandenchef (1905–1957) 275
Barber, Samuel, amer. Komponist (1910–1981) 348
Barbie, Klaus, dt. SS-Führer (1913–1991) 422, 796
Barbusse, Henri, frz. Schriftsteller (1873–1935) 131
Barclay, Edwin J., liberian. Politiker (1882–1955) 388
Bardauskiene, Vilma, sowjet. Leichtathletin 720, 729
Bardeen, John, amer. Physiker (1908–1991) 434, 509, 666
Bardot, Brigitte, frz. Schauspielerin (* 1934) 574, 596
Barenboim, Daniel, israel. Dirigent (* 1942) 503
Barger-Wallach, Maud, amer. Tennisspielerin 77
Barischnikow, Michail, russ. Balletttänzer (* 1948) 447
Barker, Kate (Mamma Barker), amer. Bandenchefin († 1935) 275
Barker, Lex, amer. Schauspieler (1919–1973) 147
Barker, Sue, brit. Tennisspielerin (* 1956) 712
Barkla, Charles G., brit. Physiker (1877–1944) *138*
Barks, Carl, amer. Comiczeichner (* 1901) 362
Barlach, Ernst, dt. Bildhauer, Grafiker und Schriftsteller (1870–1938) 159, 169,182, 216, 239, 337, 338
Barnard, Christiaan, südafr. Mediziner (* 1922) 204, 469, 611, *612*
Barnes, Djuna, amer. Schriftstellerin (1892–1982) 327
Barnes, Randy, amer. Leichtathlet (* 1966) 841
Baroja y Nessi, Pío, span. Schriftsteller (1872–1956) 48
Barone, Nick, amer. Boxer 466
Baronyi, Andras, ung. Schwimmer 70, 98
Barre, Mohammed Siad, somal. Politiker (1919–1995) 629, 704, 842, *842*
Barre, Raymond, frz. Politiker (* 1924) 703, 748
Barrie, James Matthew, brit. Schriftsteller (1860–1937) 495
Barrientos Ortuno, René, bolivian. Politiker (1919–1969) 577, 606
Barrios, Arturo, mex. Leichtathlet (* 1963) 828
Barrowman, Mike, amer. Schwimmer (* 1968) 828, 841
Barsagan, Mehdi, iran. Politiker 730
Barschel, Uwe, dt. Politiker (1944–1987) 684, 796
Bartali, Gino, ital. Radrennfahrer (* 1914) 329, 340, 349, 369, 428, 449, 450
Bartel, Kazimierz, poln. Politiker (1882–1941) 232
Barthélemy, René, frz. Physiker (1889–1954) 469
Bartholdi, Frédéric Auguste, frz. Bildhauer (1834–1904) 109
Barthou, Louis, frz. Politiker (1862–1934) 106, 303
Bartók, Béla, ung. Komponist und Pianist (1881–1945) 147, 246, 297
Barton, Derek H., brit. Chemiker (* 1918) 636
Bartsch, Jürgen (1946–1976) 226
Baryschnikow, Alexander, sowjet. Leichtathlet (* 1948) 712
Barzani, Masud, kurd. Politiker 832, 899
Barzani, Mulla Mustafa Al, kurd. Politiker (1903–1979) 545
Barzel, Rainer, dt. Politiker (* 1924) 414, 663
Barzini, Luigi, ital. Automobilrennfahrer 70
Baschir, Omar Hassan al Ahmad Al, sudan. Politiker (* 1942) 606, 815
Baselitz, Georg, dt. Maler, Grafiker und Bildhauer (* 1938) 758
Basso, Marino, ital. Radrennfahrer (* 1945) 670
Bassow, Nikolai, sowjet. Physiker (* 1922) 583
Bateson, William, brit. Biologe (1861–1926) 14
Bathe, Walter, dt. Schwimmer (1892–1959) 89
Batista y Zaldívar, Fulgencio, kuban. Politiker (1901–1973) 27, 121, 360, 529, 547
Batlle y Ordóñez, José, urug. Politiker (1856–1929) 35
Batmunch, Schambyn, mong. Politiker (* 1926) 829
Batschauer, Lina, dt. Leichtathletin 247
Battaglin, Giovanni, ital. Radrennfahrer (* 1951) 753
Batten, Kim, amer. Leichtathletin (* 1969) 894
Baudouin I., belg. König (1930–1993) 283, 463, 467
Bauer, Gustav, dt. Politiker (1870–1944) 148, 153, 161, 266
Bauer, Sybil, amer. Schwimmerin 218
Bauer, Wolfgang, österr. Schriftsteller (* 1941) 625, 638, 745
Baum, Lyman Frank, amer. Schriftsteller (1856–1919) 16
Baum, Vicki, österr. Schriftstellerin (1888–1960) 245, 262, 263
Baumann, Alex, kanad. Schwimmer (* 1964) 753, 779
Baumann, Dieter, dt. Leichtathlet (* 1965) 863
Baumann, Johannes, schweiz. Politiker (1874–1953) 79

Personenregister

Bäumler, Hans-Jürgen, dt. Eiskunstläufer (* 1942) 536
Bausch, Pina, dt. Choreographin und Tänzerin (* 1940) 296, *447*, 649
Bavaud, Maurice (1916–1941) *398*
Baxter, Irving, amer. Leichtathlet (1876–1957) *18*
Bayer, Friedrich, dt. Chemiker (1825–1880) 222
Bayer, Herbert, amer. Maler (1900–1985) *158*
Bayer, Otto, dt. Chemiker (1902–1982) *295*
Beadle, George W., amer. Biochemiker (1903–1989) *526*
Beamon, Bob, amer. Leichtathlet (* 1946) 627, 628, 853
Beardsley, Craig, amer. Schwimmer *753*
Beatrix, niederl. Königin (* 1938) 65, 337, *737*
Beaufort, Carel Godin de, niederl. Automobilrennfahrer (1934–1964) *358*
Beauvoir, Simone de, frz. Schriftstellerin (1908–1986) *347, 459, 495, 527*
Bebel, August, dt. Politiker (1840–1913) **99**, 409
Beccali, Luigi, ital. Leichtathlet (1907–1990) *298*
Becher, Johannes R., dt. Schriftsteller (1891–1958) *118*, 458
Beck, Ludwig, dt. Militär und Widerstandskämpfer (1880–1944) *389*
Beck, Kurt, dt. Politiker (* 1949) *835*
Beck, Max Wladimir Freiherr von, österr. Politiker (1854–1943) *56, 71*
Beckenbauer, dt. Fußballspieler und Fußballtrainer (* 1945) 651, 670, **693**, 721, 778, 841
Becker, Boris, dt. Tennisspieler (* 1967) 33, 785, 786, **786**, 794, 814, 828, 853, 908
Becker, Gary S., amer. Wirtschaftswissenschaftler (* 1930) 638, 860, 861
Becker, Jurek, dt. Schriftsteller (* 1937) *438*
Becker, Jürgen, dt. Schriftsteller (* 1932) 438, *438*
Beckett, Samuel, ir.-frz. Schriftsteller (1906–1989) *348*, 487, 488, 520, 527, 542, 554, 636, 638
Beckmann, Max, dt. Maler (1884–1950) *169, 338, 385*
Beckurtz, Karl-Heinz, dt. Unternehmer (1930–1986) *714*
Beckwith, Jonathan, amer. Biochemiker *634*
Becquerel, Antoine Henri, frz. Physiker (1852–1908) *36*
Bedford, David, brit. Leichtathlet (* 1949) *681*
Bednorz, Johannes Georg, dt. Physiker (* 1950) *52, 23, 797*
Beecham, Thomas, brit. Dirigent (1879–1961) *503*
Beernaert, Auguste Marie François, belg. Politiker (1829–1912) *81*
Beeson, Edward, amer. Leichtathlet *119*
Begas, Reinhold, dt. Bildhauer (1831–1911) *109*
Begin, Menachem, israel. Politiker (1913–1992) 713, 723, **724**, 726
Behan, Brendan, ir. Schriftsteller (1923–1964) *527*
Beheyt, Benoni, belg. Radrennfahrer (* 1940) *576*
Behm, Alexander, dt. Physiker (1880–1952) *102*
Behn, Hernand Sosthenes, amer. Unternehmer *222*
Behnisch, Günter, dt. Architekt (* 1922) *668*
Behrens, Christoph, dt. Maler (1852–1905) *110*
Behrens, Peter, dt. Architekt (1868–1940) *24, 40, 82, 169*
Behring, Emil von, dt. Biologe (1854–1917) *22, 116, 204*
Beiderbecke, Bix, amer. Jazzmusiker (1903–1931) *227*
Beineix, Jean-Jacques, frz. Regisseur (* 1946) *752*
Beinhorn, Elly, dt. Sportfliegerin (* 1907) *348*
Beiser, Trude, österr. Skirennläuferin *449*
Beitz, Berthold, dt. Manager (* 1913) *688*
Béjart, Maurice, frz. Tänzer und Choreograph (* 1927) *447*
Békésy, Georg von, amer. Biophysiker (1899–1972) *552*
Belar, Herbert, amer. Musiker *501*
Belaúnde Terry, Fernando, peruan. Politiker (* 1912) 617, 623, *737*
Bell, Alexander Graham, amer. Erfinder (1847–1922) *238*
Bell, Jocelyn, brit. Astrophysikerin *611*
Bell, Johannes, dt. Politiker (1868–1949) *157*
Belloni, Gaetano, ital. Radrennfahrer (1892–1980) *172*
Bellow, Saul, amer. Schriftsteller (* 1915) *488, 587, 709, 760*
Belmondo, Jean-Paul, frz. Schauspieler (* 1933) *543*
Belo, Carlos Felipe Ximenes, indon. Bischof (* 1948) *904*
Belote, Melissa, amer. Schwimmerin (* 1956) *670*
Belousowa, Ludmilla, sowjet. Eiskunstläuferin (* 1935) 536
Beltrán, Francisco, hondur. Politiker *90*
Bely, Andrei, russ. Schriftsteller (1880–1934) *104*
Benacerraf, Baruj, amer. Wissenschaftler (* 1920) *744*
Ben Ali, Zine el Abidine, tunes. Politiker (* 1936) 795, **796**, 797
Benatzky, Ralph, österr. Komponist (1884–1957) *269*
Benavente, Jacinto, span. Schriftsteller (1866–1954) *190*
Ben Bella, Mohammed Ahmed, alger. Politiker (* 1919) 492, 558, **558**, 559, 590, 591, *591*
Ben Boulaid, Mustafa, alger. Politiker *591*
Bender, Traugott, dt. Politiker (1927–1979) *716*
Bendlin, Kurt, dt. Leichtathlet (* 1943) *616*
Beneš, Eduard, tschech. Politiker (1884–1948) 308, 341, 439, 440
Benedictus, Edouard, frz. Ingenieur *102*
Benedikt XIII., Papst (1649–1730) *39*
Benedikt XIV., Papst (1675–1758) *39*
Benedikt XV., Papst (1854–1922) *39*, 117, 119, 191
Ben Gurion, David, israel. Politiker (1886–1973) **360**, 441, **441**, 482, 497, 567
Ben-Haim, Paul, israel. Komponist (1897–1984) *192*
Benigni, Roberto, amer. Schauspieler (* 1952) *793*
Benjamin, Walter, dt. Philosoph und Schriftsteller (1892–1940) 327, *385*
Ben Khedda, Yousuf, alger. Politiker (* 1920) *592*
Benn, Gottfried, dt. Schriftsteller (1886–1956) *104, 169*
Bennent, David, dt. Schauspieler (* 1966) 744, **745**
Bennett, James Gordon, amer. Zeitungsverleger (1841–1918) *26*
Benoist, Robert, frz. Automobilrennfahrer 231, 247
Benoit, Joan, amer. Leichtathletin (* 1952) *183*
Benti, Tefefi, äthiop. Politiker (1922–1977) 682, 687, *713*
Benz, Carl, dt. Ingenieur und Automobilpionier (1844–1929) *222*
Ben Zwi, Isaac, israel. Politiker (1884–1963) *474*
Beran, Josef, tschech. Erzbischof (1888–1969) *452*
Berbick, Trevor, kanad. Boxer (* 1952) 753, *794*
Bérégovoy, Pierre, frz. Politiker (1925–1993) 854, *864*
Berenguer, Dámaso, span. Politiker (1873–1953) *265*
Berg, Alban, österr. Komponist (1885–1935) 76, 182, **206**, 228, 231, 327, 339
Berg, Max, dt. Architekt (1870–1947) *169*
Berg, Paul, amer. Biochemiker (* 1926) 647, *744*
Bergamaschi, Vasco, ital. Radrennfahrer *317*
Bergengruen, Werner, dt. Schriftsteller (1892–1964) *316, 367*
Berger, Alfred Freiherr von, österr. Intendant (1853–1912) *17*
Berger, Hans, dt. Mediziner (1873–1941) *204*

Berghaus, Ruth, dt. Regisseurin (1927–1996) 459
Berghe von Trips, Wolfgang Graf, dt. Automobilrennfahrer (1928–1961) 358, 505
Bergius, Friederich, dt. Chemiker (1884–1949) 94, 274
Bergman, Hjalmar, schwed. Schriftsteller (1883–1931) 228
Bergman, Ingmar, schwed, Regisseur (* 1918) 426, 488, 502, 520, 574, 575, 602, 668, 680, 760
Bergman, Ingrid, schwed. Schauspielerin (1915–1982) 385, 418
Bergmann-Pohl, Sabine, dt. Politikerin (* 1946) 829, 830
Bergner, Christoph, dt. Politiker (* 1948) 874
Bergson, Henri, frz. Philosoph (1859–1941) 16, 245, 584
Bergström, Sune K., schwed. Biochemiker (* 1916) 758
Berio, Luciano, ital. Komponist (* 1925) 638, 777
Berisha, Salih, alban. Politiker (* 1944) 550
Berkhoff, David, amer. Schwimmer 814
Berlin, Irving, amer. Komponist (1888–1989) 426
Berliner, Emil, amer. Elektroingenieur (1851–1929) 166
Berlinguer, Enrico, ital. Politiker (1922–1984) 896
Berlusconi, Silvio, ital. Politiker (* 1936) 873, 883, 896, 896
Bernadette, frz. Ordensschwester → Soubirous, Bernadette
Bernanos, Georges, frz. Schriftsteller (1888–1948) 239, 327
Bernard, Marcel, frz. Tennisspieler (* 1914) 428
Bernhard, Prinz von Lippe-Biesterfeld, niederl. Prinzgemahl (* 1911) 65, 336, 684, 705, 706
Bernhard, Georg, dt. Journalist (1875–1944) 294
Bernhard, Thomas, österr. Schriftsteller (1931–1989) 574, 649, 692, 710, 745, 784, 793, 811
Bernstein, Leonard, amer. Dirigent und Komponist (1918–1990) 216, 503, 511, 520, 521
Berow, Ljuben, bulg. Politiker (* 1925) 883
Berry, Chuck, amer. Rockmusiker (* 1931) 494
Berry, Kevin, austral. Schwimmer 566
Berson, Artur, dt. Meteorologe und Aeronaut (1859–1942) 286
Berté, Heinrich, österr. Komponist (1857–1924) 131, 131
Bertoglio, Fausto, ital. Radrennfahrer 702
Bertolucci, Bernardo, ital. Regisseur (* 1941) 668, 710, 799, 810
Bertoni, Daniel Ricardo, argentin. Fußballspieler (* 1955) 729
Bertuleit, Wilhelm, dt. Politiker 351
Berzin, Jewgeni, russ. Radrennfahrer 881
Beshore, Freddy, amer. Boxer 466
Best, Charles Herbert, kanad. Mediziner (1899–1978) 180, 203
Best, Pete, brit. Rockmusiker (* 1941) 566
Bethe, Hans Albrecht, amer. Physiker (* 1906) 346, 614
Bethlen von Bethlen, István Graf, ung. Politiker (1874–1947) 173
Bethmann Hollweg, Theobald von, dt. Politiker (1856–1921) 78, 79, 107, 115, 126, 129, 133, 133, 134
Bettauer, Hugo, österr. Schriftsteller (1877–1925) 177
Betz, Pauline, amer. Tennisspielerin (* 1919) 387, 395, 404, 428
Beuys, Joseph, dt. Künstler (1921–1986) 504, 668, **669**
Beveridge, William Henry, brit. Nationalökonom und Politiker (1879–1963) 384
Beyer, Karin, dt. Schwimmerin 536, 555
Beyerlein, Franz Adam, dt. Schriftsteller (1871–1949) 41
Bhumibol Aduljadej, thail. König (* 1927) 129, 419
Bhutto, Benazir, pakistan. Politikerin (* 1953) 96, 538, 715, 802, 807, 829, 864
Bhutto, Zulfikar Ali-Khan, pakistan. Politiker (1928–1979) 570, 606, 713, 715
Bialas, Günter, dt. Komponist (1907–1995) 602, 701
Bibalo, Antonio, ital. Komponist (* 1922) 596
Bichsel, Peter, schweiz. Schriftsteller (* 1935) 438, 587
Bidault, Georges, frz. Politiker (1899–1983) 419, 451, 461
Biebl, Heidi, dt. Skirennläuferin (* 1941) 544
Biedenkopf, Kurt, dt. Politiker (* 1930) 835
Biellmann, Denise, schweiz. Eiskunstläuferin (* 1962) 747
Bierbaum, Otto Julius, dt. Schriftsteller (1865–1910) 76
Bierce, Ambrose, amer. Schriftsteller (1842–1914) 62
Bierhoff, Oliver, dt. Fußballspieler (* 1968) 907
Biermann, Wolf, dt. Lyriker und Liedermacher (* 1936) 625, 707, 707
Biernerth-Schmerling, Richard Graf von, österr. Politiker (1863–1918) 71, 90
Biggs, Ronald, brit. Posträuber (* 1929) 573
Bignone, Reynaldo Benito, argentin. Politiker (* 1928) 762
Bikila, Abebe, äthiop. Leichtathlet (1932–1973) 544
Bildt, Carl, schwed. Politiker (* 1949) 873
Binaisa, Godfrey, ugand. Politiker (* 1920) 730
Binda, Alfredo, ital. Radrennfahrer (1902–1986) 84, 228, 247, 254, 265, 271, 289, 298
Bingham, Hiram, amer. Archäologe (1875–1956) 195
Binnig, Gerd, dt. Physiker (* 1947) 750, 751, 792
Biondi, Matt, amer. Schwimmer (* 1965) 796, 812, 814
Birdseye, Clarence, amer. Unternehmer (1886–1956) 269
Birendra Bikram Schah, nepal. König (* 1945) 129, 661, 845
Birjulina, Tatjana, sowjet. Leichtathletin (* 1955) 720, 747
Bisail, Aurelius, österr. Pilot 251
Bishop, J. Michael, amer. Mediziner (* 1936) 826
Bishop, Maurice, grenad. Politiker (1944–1983) 764
Bismarck, Otto Fürst von, dt. Politiker (1815–1898) 23, 78, 166
Biswas, Abdur Rahman, bangla. Politiker (* 1926) 842
Bitat, Rabah, alger. Politiker (* 1925) 591
Bjaaland, Olav, norw. Polarforscher (1873–1961) 94
Björnson, Björnstjerne, norw. Schriftsteller (1832–1910) 36, 83
Björnsson, Sveinn, isländ. Politiker (1881–1952) 146
Bjurstedt-Mallory, Molla, norw.-amer. Tennisspielerin (1884–1959) 124, 132, 140, 146, 240
Blacher, Boris, dt. Komponist (1903–1975) 437, 479, 488
Black, James, brit. Biochemiker (* 1924) 807
Blackett, Patrick Maynard Stuart, brit. Physiker (1897–1974) 446
Blake, Peter, engl. Maler (* 1932) 586
Blakey, Art, amer. Jazzmusiker (1919–1990) 227
Blanco Galindo, Carlos, bolivian. Politiker (1882–1943) 265
Blankers-Koen, Fanny, niederl. Leichtathletin (* 1918) 395, 449, 450
Blériot, Louis, frz. Flugpionier (1872–1936) 38, 81
Blessing, Karl, dt. Bankfachmann (1900–1971) 517
Bleyl, Fritz, dt. Maler (1880–1966) 54
Blin, Roger, frz. Regisseur (1907–1984) 487
Blixen, Tania, dän. Schriftstellerin (1885–1962) 784, 793
Bloch, Ernst, dt. Philosoph (1885–1977) 495, 584, 707
Bloch, Felix, amer.-schweiz.

Physiker (1905–1983) *478*
Bloch, Konrad Emil, amer. Biochemiker (* 1912) *583*
Bloembergen, Nicolaas, amer. Physiker (* 1920) *751*
Blok, Alexander, russ. Schriftsteller (1880–1921) *62*
Blomberg, Werner von, dt. Militär (1878–1946) 321, *321, 333, 341*
Bloomer, Shirley, amer. Tennisspielerin *521*
Blücher, Franz, dt. Politiker (1896–1959) *443*
Bluhm, Kay, dt. Kanute (* 1968) *862*
Blum, Léon, frz. Politiker (1872–1950) 310, 318, *318, 331, 341, 419, 422, 429*
Blum, Pepi, österr. Fußballspieler (1900–1956) *278*
Blumberg, Baruch S., amer. Biochemiker (* 1925) *709*
Blumer, Herbert, amer. Philosoph (* 1900) *214*
Blunchy, Elisabeth, schweiz. Politikerin (* 1922) *770*
Bobet, Louison, frz. Radrennfahrer (1925–1983) *489, 496, 505*
Bobrowski, Johannes, dt. Schriftsteller (1917–1965) *438, 587*
Boccioni, Umberto, ital. Maler und Bildhauer (1882–1916) *82*
Bock, Jerry, amer. Komponist (* 1928) *587*
Bock, Lorenz, dt. Politiker *421*
Böckler, Hans, dt. Gewerkschaftler (1875–1951) *468*
Bode, Arnold, Mitbegründer der »documenta« (1900–1977) *504*
Boeing, William amer. Luft- u. Raumfahrtunternehmer (1881–1956) *222*
Boff, Leonardo, bras. Theologe (* 1938) *734*
Bogart, Humphrey, amer. Schauspieler (1899–1957) *276, 378, 386, 471*
Bogdanovich, Peter, amer. Regisseur (* 1939) *659, 668*
Bogoljubow, Jewfim, russ. Schachspieler (1889–1952) *317*
Bohlen, Jim, kanad. Raketenkonstrukteur und Greenpeace-Gründer *656*
Böhm, Gottfried, dt. Architekt (* 1920) *534*
Bohm, Hark, dt. Regisseur (* 1939) *758*
Bohr, Aage Niels, dän. Physiker (* 1922) 94, 108, *698*
Bohr, Niels, dän. Physiker (1885–1962) 52, 190, 203, *224*
Bojarskich, Klawdija, sowjet. Skiläuferin (* 1939) *588*
Bojer, Johan, norw. Schriftsteller (1872–1959) *182*
Bokassa, Jean Bédel, zentralafr. Politiker (1921–1996) *598, 716, 730*
Böll, Heinrich, dt. Schriftsteller (1917–1985) *438, 488, 535, 574,* **658,** *659, 666, 692, 701*
Bolton, Nancy, austral. Tennisspielerin *369, 428, 438, 450, 473*
Bond, Edward, brit. Schriftsteller (* 1934) *596, 659*
Bondartschuk, Anatoli, sowjet. Leichtathlet (* 1940) *639*
Bonhoeffer, Dietrich, dt. Theologe (1906–1945) *389*
Bonilla, Manuel, hond. Politiker (1849–1913) *64*
Bonner, Jelena, sowjet. Bürgerrechtlerin (* 1923) *741*
Bonneville, Louis, frz. Ingenieur *102*
Bonomi, Ivanoe, ital. Politiker (1873–1951) 184, *405*
Bonsels, Waldemar, dt. Schriftsteller (1881–1952) *104, 418*
Bonvin, Roger, schweiz. Politiker (1907–1982) *770*
Boole, George, engl. Mathematiker (1815–1864) *375*
Boothby, Dora, brit. Tennisspielerin *84*
Borchardt, Ludwig, dt. Ägyptologe (1863–1938) *195*
Borchert, Wolfgang, dt. Schriftsteller (1921–1947) *437, 438, 470, 471*
Bordet, Jules, belg. Mediziner (1870–1961) *157*
Borg, Arne, schwed. Schwimmer *218, 231, 247*
Borg, Björn, schwed. Tennisspieler (* 1956) *693, 702, 711, 712, 721, 729, 736, 747, 753*
Borges, Jorge Luis, argentin. Schriftsteller (1899–1986) *403*
Borghese, Scipio, ital. Autorennfahrer *70*
Boris III., bulg. Zar (1894–1943) *73, 141*
Bór-Komorowski, Tadeusz, poln. General und Politiker (1895–1966) *397*
Borlaug, Norman, amer. Agrarwissenschaftler (* 1914) *648*
Bormann, Martin, dt. NS-Funktionär (1900–1945) *371, 422*
Born, Max, dt.-brit. Physiker (1882–1970) 224, *493*
Börner, Holger, dt. Politiker (* 1931) *781, 782*
Bornemann, Fritz, dt. Architekt *810*
Borofsky, Jonathan, amer. Künstler (* 1942) *504*
Boross, Péter, ungar. Politiker (* 1928) *873*
Borotra, Jean, frz. Tennisspieler (1898–1994) *218, 231, 240*
Borries, Bodo von, dt. Physiker (1905–1956) *274*
Borsche, Dieter, dt. Schauspieler (1909–1982) *276*
Borten, Per, norw. Politiker (* 1913) *590*
Bosch, Carl, dt. Chemiker (1874–1940) 74, 223, *274*
Bosch, Juan, dominik. Politiker (* 1906) *591*
Bosch, Robert, dt. Unternehmer (1861–1942) *222*
Bosco, Don, ital. Sozialpädagoge (1815–1888) *470*
Bose, Hans-Jürgen von, dt. Komponist (* 1953) *793, 906*
Böse, Wilfried, dt. Terrorist *705*
Bosman, Jean-Marc, belg. Fußballspieler (* 1964) *894*
Bosque, Pio Romero, salvador. Politiker *241*
Boston, Ralph, amer. Leichtathlet (* 1939) 317, *555*
Botha, Frans, südafr. Boxer (* 1968) *894*
Botha, Louis, südafr. Politiker (1864–1919) 85, **85,** *121, 148*
Botha, Pieter Willem, südafr. Politiker (* 1916) *547, 722*
Bothe, Walter, dt. Physiker (1891–1957) 101, *493*
Bottecchia, Ottavio, ital. Radrennfahrer (1894–1927) *218, 231*
Boucher, Gaetan, kanad. Eisschnelläufer (* 1958) *778*
Boudiaf, Mohammed, alger. Politiker (1919–1992) *606, 854*
Bouhler, Philipp, dt. Politiker (1899–1945) *352*
Bouin, Jean, frz. Leichtathlet (1888–1914) *98*
Bouisson, Fernand, frz. Politiker (1874–1959) *308*
Boulez, Pierre, frz. Dirigent und Komponist (* 1925) *207, 503, 471, 479, 710*
Boult, Adrian, brit. Dirigent (1889–1983) *503*
Bouman, Kea, niederl. Tennisspielerin *247*
Boumedienne, Houari, alger. Politiker (1927–1978) *590, 591, 591, 592, 730*
Bourgeois, Léon Victor, frz. Politiker (1851–1925) *167*
Bourgès-Maunoury, M., frz. Politiker (1914–1993) *515*
Boveri, Theodor, dt. Biologe (1862–1915) *29*
Bovet, Daniel, ital. Pharmakologe (1907–1992) *518*
Bowe, Riddick, amer. Boxer (* 1967) *863, 872*
Bowrey, Bill, austral. Tennisspieler *627*
Boyd, Esna, austral. Tennisspielerin *247*
Boyd-Orr, John, brit. Ernährungsforscher (1880–1971) *457*
Bozon, Gilbert, frz. Schwimmer *481*
Brabham, Jack, austral. Automobilrennfahrer (* 1926) *536, 544, 604*
Bradbury, Ray, amer. Schriftsteller (* 1920) *488*
Braddock, James J., amer. Boxer (1906–1974) *317, 328, 329, 340*
Bradham, Doc, amer. Unternehmer *222*
Braga, Joaquim T. Fernandes, portug. Politiker (1843–1924) *85, 86*
Bragg, William Henry, brit. Physiker (1862–1942) *123*

Bragg, William Lawrence, brit. Physiker (1890–1971) 123
Bragina, Ludmilla, sowjet. Leichtathletin (* 1943) 670, 720
Brahm, Otto, dt. Kritiker und Theaterleiter (1856–1912) 40
Branca, Alexander Freiherr von, dt. Architekt (* 1919) 534
Braine, John, brit. Schriftsteller (1922–1986) 527
Brand, Heiner, dt. Handballspieler (* 1952) 728
Brand, Max, dt. Komponist (1896–1980) 263
Brandauer, Klaus Maria, österr. Schauspieler (* 1944) 110, 745, 769, 793
Brandler, Heinrich, dt. Politiker (1881–1967) 149
Brando, Marlon, amer. Schauspieler (* 1924) 495, 659
Brändström, Elsa, schwed. Philanthropin (1888–1948) 618
Brandt, Willy, dt. Politiker (1913–1992) 409, 467, 570, 578, 602, 629, *629*, 632, 641, **641,** 642, 644, 657, 661, 682, 683, **683,** 684, 685, 737, 837
Branting, Hjalmar, schwed. Politiker (1860–1925) 180
Braque, Georges, frz. Maler (1882–1963) 54, 70
Brasch, Thomas, dt. Schriftsteller (* 1945) 707, 719, 811
Brattain, Walter Houser, amer. Physiker (1902–1987) 52, 434, 509
Brauchitsch, Eberhard von, dt. Wirtschaftsmanager (* 1926) 764
Brauchitsch, Manfred von, dt. Automobilrennfahrer (* 1905) 349
Brauchitsch, Walter von, dt. Militär (1881–1948) 340, 372
Brauer, Max, dt. Politiker (1887–1973) 421
Brauksiepe, Änne, dt. Politikerin (1912–1997) 549
Braun, Eva (1912–1945) 408
Braun, Ferdinand, dt. Physiker (1850–1918) 81, 469
Braun, Friedrich Edler von, Präsident des dt. Reichswirtschaftsrats (1863–1923) 166
Braun, Georg, österr. Fußballspieler 278
Braun, Gregor, dt. Radrennfahrer (* 1955) 711
Braun, Harald, dt. Regisseur (1901–1960) 459
Braun, Marie, niederl. Schwimmerin (1911–1982) 264
Braun, Otto, dt. Politiker (1872–1955) 280, *280*
Braun, Volker, dt. Schriftsteller (* 1939) 784, 799, 807, 861
Braun, Wernher von, dt.-amer. Physiker und Raketeningenieur (1912–1977) 325, 355, 534
Braun, Wilhelm, dt. Architekt 810
Braunmühl, Gero von, dt. Diplomat (1935–1986) 714
Brecht, Bertolt, dt. Schriftsteller (1898–1956) 194, *194*, 205, 239, 242, 287, 306, 348, 377, 385, 394, 448, 458, 459, 472, 527, 535, 565, 752
Bredel, Willi, dt. Schriftsteller (1901–1964) 306
Bredow, Erna von, dt. Leichtathletin (* 1904) 247
Breedlove, Craig, amer. Automobilrennfahrer 651
Breen, George, amer. Schwimmer 513
Breffort, Alexandre, frz. Schriftsteller (1901–1971) 511
Brehm, Erich, dt. Kabarettist (1910–1960) 427
Brehme, Andreas, dt. Fußballspieler (* 1960) 841
Breitbach, Joseph, dt.-frz. Schriftsteller (1903–1980) 565
Breitner, Paul, dt. Fußballspieler (* 1951) 692, **693,** 761
Breitschwerdt, Werner, dt. Manager (* 1927) 757
Breker, Arno, dt. Bildhauer (1900–1991) **361**
Brendel, Jakob, dt. Ringer (1907–1964) 288
Brennan, Bill, amer. Boxer 172
Brenner, Ernst, schweiz. Politiker (1856–1911) 79

Brentano, Heinrich von, dt. Politiker (1904–1964) 523
Breschnew, Leonid, sowjet. Politiker (1906–1982) 188, 537, 577, 580, 664, **664,** 713, 754, 756, 768, 803, 804
Bresci, Gaetano, ital. Anarchist (1869–1901) 12
Bresson, Robert, frz. Regisseur (* 1907) 511, 760
Breton, André, frz. Schriftsteller (1896–1966) 229, 252
Breuer, Grit, dt. Leichtathletin (* 1972) 862
Breuer, Josef, österr. Mediziner (1842–1925) 14
Breuer, Marcel, amer. Architekt (1902–1981) 40, 158, 534
Breuil, Henri, frz. Prähistoriker (1877–1961) 25
Briand, Aristide, frz. Politiker (1862–1932) 78, 90, 106, 120, 133, 173, *173*, **173,** 184, *184*, 219, 232, 237, 255, 267, *267*, 399
Bridgeman, Bill, amer. Pilot 435
Bridgman, Percy Williams, amer. Physiker (1882–1961) 296, 424
Brilli-Peri, Gastone, ital. Automobilrennfahrer 231, 264
Bringmann, Peter F., dt. Regisseur (* 1946) 745
Britten, Benjamin, brit. Komponist (1913–1976) 417, 426, 437, 459, 473, 542, 565, 680
Brjussow, Waleri, russ. Schriftsteller (1873–1924) 41
Broch, Hermann, österr. Schriftsteller (1886–1951) 277, 417
Brockhouse, Bertram, kanad. Physiker (* 1918) 878
Brod, Max, österr.-israel. Schriftsteller (1884–1968) 88, *131*, 169, 228
Brodsky, Joseph, russ. Schriftsteller (1940–1996) 797
Broglie, Louis Victor de, frz. Physiker (1892–1987) 237, 260
Bromwich, John, austral. Tennisspieler (* 1918) 349, 359, 428

Bronk, Otto von, dt. Physiker (1872–1951) 469
Bronnen, Arnolt, dt. Schriftsteller (1895–1959) 194
Bronson, Charles, amer. Schauspieler (* 1922) 625
Brook, Peter, brit. Regisseur (* 1925) 32, 784
Brookes, Norman, austral. Tennisspieler (1877–1968) 70, 98, 119
Brooks, Richard, amer. Regisseur (1912–1992) 270
Broqueville, Charles Graf von, belg. Politiker (1860–1940) 90
Brosnan, Pierce, ir. Schauspieler 564
Brough, Louise, amer. Tennisspielerin (* 1923) 438, 450, 460, 466
Brown, Clarence, Regisseur (1890–1987) 270, 316
Brown, Herbert C., amer. Chemiker (* 1912) 734
Brown, James, amer. Soulmusiker (* 1928) 494
Brown, José, argentin. Fußballspieler 794
Brown, Louise, erstes Retortenbaby 726
Brown, Michael S., amer. Genetiker (* 1941) 782
Brown, Rita Mae, amer. Schriftstellerin (* 1944) 871
Browne, Mary K., amer. Tennisspielerin (1891–1971) 105, 119
Browning, Tod, amer. Regisseur (1882–1962) 193, 269
Bruch, Walter, dt. Ingenieur (1908–1990) 469, 552
Bruckner, Anton, österr. Komponist (1824–1896) 41
Bruckner, Ferdinand, österr. Schriftsteller (1891–1958) 239
Brugger, Ernst, schweiz. Politiker (* 1914) 770
Brugnon, Jacques, frz. Tennisspieler (1895–1978) 321
Bruguera, Sergi, span. Tennisspieler (* 1971) 872, 881
Brühne, Lothar, dt. Komponist (1900–1958) 338
Brühne, Vera 563, *563*
Brumel, Waleri, sowjet. Leichtathlet (* 1942) 555, 576

Brunckhorst, Natja, dt. Schauspielerin (* 1966) 726
Brundage, Avery, amer. Sportfunktionär (1887–1975) 669, 670
Brundtland, Gro Harlem, norw. Politikerin (* 1939) 51, 538, 748, 895
Brunero, Giovanni, ital. Radrennfahrer (1895–1934) 183, 196, 240
Brüning, Heinrich, dt. Politiker (1885–1970) 265, 266, *266*, 273, 279, *279*, **279**, 283
Bruno, Frank, brit. Boxer (* 1961) *828*, *908*
Brüsewitz, Oskar, dt. Pfarrer (1929–1976) 452
Brussig, Thomas, dt. Schriftsteller (* 1965) *893*
Bruton, John, ir. Politiker (* 1947) *873*
Brynner, Yul, amer. Schauspieler (1920–1985) 471
Buback, Siegfried, dt. Generalbundesanwalt (1920–1977) 714
Buber, Martin, österr.-israel. Religionsphilosoph (1878–1965) 385
Bubka, Sergei, sowjet. Leichtathlet (* 1963) 779, 786, 814, *863*, *881*
Bucerius, Gerd, dt. Verleger (1906–1995) 424, 595
Buch, Fritz Peter, dt. Regisseur (1894–1964) 368
Buchanan, James, amer. Wirtschaftswissenschaftler (* 1919) 20, *792*
Bucharin, Nikolai, sowjet. Politiker (1888–1938) 134, 322
Bücherl, Emil, dt. Mediziner (* 1919) 469, 612
Buchheim, Lothar-Günther, dt. Schriftsteller, Verleger und Kunstsammler (* 1918) 680, 752
Buchholz, Horst, dt. Schauspieler (* 1933) 511
Buchner, Eduard, dt. Chemiker (1860–1917) 67
Büchner, Georg, dt. Schriftsteller (1813–1837) 30, 33, 111, 205, 231
Buchrucker, Bruno Ernst, dt. Militär 177
Buck, Pearl S., amer. Schriftstellerin (1892–1973) 277, 346

Buckingham, Greg, amer. Schwimmer *604*
Budge, Donald, amer. Tennisspieler (* 1915) 314, 340, **340**, 349, *349*, 489
Bueno, Maria Ester, bras. Tennisspielerin (* 1939) 536, 544, 576, 589, *604*
Bugner, Joe, brit. Boxer *702*
Bugno, Gianni, ital. Radrennfahrer (* 1964) *841*, *853*, *863*
Buhl, Hermann, österr. Bergsteiger (1924–1957) 485
Buisson, Ferdinand, frz. Pädagoge und Politiker (1841–1932) 245
Bulganin, Nikolai A., sowjet. Politiker (1895–1975) 497, 499, *522*
Bull, Hans-Peter, dt. Politiker (* 1936) 722
Bulla, Max, österr. Radrennfahrer (* 1905) 298
Bullock, Frank, brit. Reiter 172
Bülow, Bernhard Fürst von, dt. Politiker (1849–1929) 11, 13, 36, *56*, 64, 72
Bülow, Vicco von »Loriot«, dt. Karikaturist, Schauspieler und Regisseur (* 1923) *799*
Bumbry, Grace, amer. Sängerin (* 1937) 502
Bunati, Dino, ital. Schriftsteller 367
Bun Um, laot. Politiker (1911–1980) 556
Bunche, Ralph, amer. Politiker (1904–1971) 464
Bundy, Dorothy, amer. Tennisspielerin 349
Bungert, Wilhelm, dt. Tennisspieler (* 1939) 616
Bunin, Iwan, russ. Schriftsteller (1870–1953) 295
Bunshaft, Gordon, amer. Architekt (1909–1990) 478
Buñuel, Luis, span. Regisseur (1900–1983) 229, 252, *252*, 270, 554, 565, 587, 649
Buren, Martin van, 20
Buresch, Karl, österr. Politiker (1878–1936) 272, 279
Burger, Heinrich, dt. Eiskunstläufer 63
Burger, Hermann, schweiz. Schriftsteller (1942–1989) 760

Burgess, Anthony, brit. Schriftsteller (1927–1993) 745
Burgiba, Habib, tunes. Politiker (* 1903) 515, *795*, 796
Burke, Lynette, amer. Schwimmerin (* 1943) *544*
Burkert, Rudolf, tschech. Skispringer (* 1904) 253
Burkhard, Paul, schweiz. Komponist (1911–1977) 465
Burman, Red, amer. Boxer 378
Burneleit, Karin, dt. Leichtathletin (* 1943) *660*
Burnet, Frank M., austral. Mediziner (1899–1985) 539
Burns, Tommy, kanad. Boxer (1881–1955) 63, 70, 77
Burrell, Leroy, amer. Leichtathlet (* 1967) *853*, *881*
Burroughs, Edgar Rice, amer. Schriftsteller (1875–1950) 147, 261, *535*
Burroughs, William S., amer. Schriftsteller (* 1914) 519, 520, *840*
Burruchaga, Jorge, argentin. Fußballspieler (* 1962) *794*
Burton, Mike, amer. Schwimmer (* 1947) *604*, *639*
Burton, Richard, brit. Schauspieler (1925–1984) 276, *596*, *597*
Burton, Tim, amer. Regisseur (* 1958) *870*, *893*
Busch, Fritz, dt. Dirigent (1890–1951) 503
Bush, George, amer. Politiker (* 1924) 743, 803, *804*, 806, **806**, 815, 846, 856, 857, *864*
Bush, Vannevar, amer. Ingenieur (1890–1974) 268, *636*
Busia, Kofi, ghan. Politiker (1913–1978) *606*
Büsing, Wilhelm, dt. Reiter 480
Busmann, Peter, dt. Architekt (* 1933) 534
Busoni, Ferruccio, ital.-dt. Komponist und Pianist (1866–1924) 103, *140*, 228
Bussotti, Sylvano, ital. Komponist und Regisseur (* 1931) *668*
Bustamante y Rivero, José Luis, peruan. Politiker (1894–1989) 439

Butenandt, Adolf Friedrich Johann, dt. Chemiker (1903–1995) 355
Buthelezi, Mangosuthu, südafr. Politiker (* 1928) *462*
Butler, Nicholas Murray, amer. Philosoph und Publizist (1862–1947) 274
Butler d. J., Samuel, engl. Schriftsteller (1835–1902) 41
Butros-Ghali, Butros, ägypt. Politiker (* 1922) 750, *849*
Buttsworth, Coral, amer. Tennisspielerin 278, 289
Buyoya, Pierre, burund. Politiker (* 1949) *795*, *900*
Buysse, Achiel, belg. Radrennfahrer (1918–1984) 42
Buysse, Lucien, frz. Radrennfahrer (1892–1980) 240
Bykowski, Waleri, sowjet. Kosmonaut (* 1934) 551
Byrd, Richard Evelyn, amer. Polarforscher (1888–1957) 94
Byung-Chull Lee, korean. Industrieller 222

C

Cabanellas, Miguel, span. Politiker (1862–1938) 321
Cacoyannis, Michael, griech. Regisseur (* 1922) 427, 587
Caetano, Marcelo José dos Neves Alves, portug. Politiker (1906–1980) 86, 682, *606*, 617, 683
Café Filho, João, bras. Politiker (1899–1970) 334
Cage, John, amer. Komponist (1912–1992) 216, 479, *527*, *668*
Caillaux, Joseph, frz. Politiker (1863–1944) 90, 99
Calderón Sol, Armando, salvador. Politiker (* 1948) *855*
Čalfa, Marian, tschech. Politiker (* 1946) *815*
Callaghan, James, brit. Politiker (* 1912) 703, *730*, *731*
Calley, William L., amer. Offizier (* 1943) *617*
Calonder, Felix, schweiz. Politiker (1863–1952) 79

Calvin, Melvin, amer. Chemiker (1911–1997) 552
Calvino, Italo, ital. Schriftsteller (1923–1985) 437
Calvo Sotelo, José, span. Politiker (1893–1936) 321, 696
Calvo Sotelo y Bustelo, Leopoldo, span. Politiker (* 1926) 754
Calzolari, Alfonso, ital. Radrennfahrer 119
Campari, Giuseppe, ital. Automobilrennfahrer 218, 278, 298
Campbell, Kim, kanad. Politikerin (* 1947) 864
Campbell-Bannerman, Henry, brit. Politiker (1836–1908) 50, 64, 71
Campenhout, F. van, belg. Komponist (1779–1848) 192
Campion, Jane, neuseel. Regisseurin (* 1954) 864, 871
Camus, Albert, frz. Schriftsteller (1913–1960) 347, 386, 403, 417, 437, 448, 459, 511, 518, 584
Camusso, Francesco, ital. Radrennfahrer (* 1908) 278
Canalejas y Méndez, José, span. Politiker (1854–1912) 99, 174
Canaris, Wilhelm, dt. Militär (1887–1945) 366
Canellas, Horst Gregorio, dt. Fußballfunktionär 660
Canetti, Elias, dt.spr. Schriftsteller (1905–1994) 316, 542, 719, 751
Cantacuzino, Gheorghe, rumän. Politiker (1833–1913) 64
Cantello, Albert, amer. Leichtathlet (* 1931) 536
Čapek, Karel, tschech. Schriftsteller (1890–1938) 182, 458, 572
Capone, Alphonse (Al), amer. Bandenchef (1899–1947) 275, 275
Capote, Truman, amer. Schriftsteller (1924–1984) 596
Capra, Frank, amer. Regisseur (1897–1991) 306, 327, 358
Caprivi, Leo Graf von, dt. Militär und Politiker (1831–1899) 78
Caracciola, Rudolf, dt. Automobilrennfahrer (1901–1959) 240, *240*, *254*, *278*, *289*, *307*, *317*, *329*, *340*, *348*, *349*, *359*
Carax, Léos, frz. Regisseur (* 1960) 852
Carbajal, Francisco, mex. Politiker 113
Cardenal, Ernesto, nicarag. Theologe und Schriftsteller (* 1925) 734
Cárdenas, Lázaro, mex. Politiker (1895–1970) 249, 299
Cardin, Piere, frz.-ital. Modeschöpfer (* 1922) 436
Cardinale, Claudia, ital. Schauspielerin (* 1939) 527, 565, 752
Cardona, José Miró, kuban. Politiker 529, 546
Cardoso, Fernando Henrique (* 1931), bras. Politiker 334, 883
Carducci, Giosuè, ital. Schriftsteller (1835–1907) 61
Carey, Rick, amer. Schwimmer (* 1963) 767
Carlos, Adelino da Palma, portug. Politiker (* 1905) 682
Carlson, Chester, amer. Physiker (1906–1968) 336
Carlsson, Ingvar, schwed. Politiker (* 1934) 633, 788, 873, 895
Carlton, James, amer. Leichtathlet 289
Carmona, António Oscar de Fragoso, portug. Politiker (1869–1951) 232, 280
Carnap, Rudolf, dt.-amer. Philosoph (1891–1970) 584
Carnarvon, George Edward, Earl of, brit. Kunstsammler (1866–1923) 196
Carné, Marcel, frz. Regisseur (1909–1996) 348, 357, 386, 417, 418
Carnegie, Dale, amer. Schriftsteller (1888–1955) 403
Carnera, Primo, ital. Boxer (1906–1967) 298, *298*, *307*
Carnicer, Ramón, chil. Komponist (1789–1855) 192
Carol I., rumän. König (1839–1914) 241
Carol II., rumän. König (1893–1953) 265, 300, 360, 365
Carothers, Wallace Hume, amer. Chemiker (1896–1937) 295, 314
Carpenter, John, amer. Regisseur (* 1948) 541
Carpenter, Scott, amer. Astronaut (* 1925) 551
Carpentier, Georges, frz. Boxer (1894–1975) 119, 183
Carr, Henry, amer. Leichtathlet (* 1942) 576, 589
Carr, Sabin, amer. Leichtathlet (1904–1983) 247
Carr, William, amer. Leichtathlet (1909–1966) 289
Carrà, Carlo, ital. Maler (1881–1966) 82
Carranza, Venustiano, mex. Politiker (1859–1920) 91, 120, 161, 248, 249
Carrell, Alexis, frz. Mediziner (1873–1944) 103
Carreras, José, span. Sänger (* 1946) 840
Carrière, Jean-Claude, frz. Schriftsteller (* 1932) 784
Carrillon, Adam, dt. Mediziner 205
Carstens, Karl, dt. Politiker (1914–1992) 730, 732, **732**, 768, 768
Carter, Howard, brit. Archäologe (1873–1939) *195*, 196
Carter, Jimmy, amer. Politiker (* 1924) **706**, 707, 709, 713, 723, **724**, 740, 743, 744, 747, *748*, *804*, 846, 856
Carter-Reitano, Mary, austral. Tennisspielerin 513, 536
Carton de Wiart, Henri Graf, belg. Politiker (1869–1951) 181
Cartonnet, Jacques, frz. Schwimmer 298
Carvallo, Hector, parag. Politiker 27
Cary, Joyce, ir. Schriftsteller (1888–1957) 403
Casaroli, Agostini, ital. Kardinal (* 1914) 257
Cash, Pat, austral. Tennisspieler (* 1965) 801
Casimir, Gustav, dt. Fechter (1872–1910) 63, *63*
Cáslavská, Vera, tschech. Turnerin (* 1942) 588, 589, 626
Cassavetes, John, amer. Regisseur und Schauspieler (1929–1989) 710
Cassin, René, frz. Jurist und Politiker (1887–1976) 623
Cassirer, Ernst, dt. Philosoph (1847–1945) 584
Cassirer, Paul, dt. Kunsthändler (1871–1926) 140
Castañeda, Jorge Ubico, guatemaltek. Politiker (1878–1946) 272, 396, 400
Castelo Branco, Humberto de Alencar, bras. Politiker (1900–1967) 334, 577, *577*, 606
Castillo, Ramón S., argentin. Politiker (1873–1944) 388, 755
Castro, Cipriano, venezol. Politiker (1858–1924) 71
Castro, Fidel, kuban. Politiker (* 1927) 27, 121, 414, 529, **529**, 546, 547, 609, 875
Catroux, Georges, frz. Militär (1877–1969) 373, *644*
Caulkins, Tracy, amer. Schwimmerin (* 1963) 729
Cavaco Silva, Aníbal, portug. Politiker (* 1939) 86, 883
Cawley, Evonne, austral. Tennisspielerin (* 1951) 712
Cawley, Warren, amer. Leichtathlet (* 1940) 589
Cayley, George, brit. Ingenieur (1773–1857) 38
Ceauşescu, Nicolae, rumän. Politiker (1918–1989) 300, 414, 570, 590, 591, 605, 822, *829*, 832
Cebotari, Maria, österr. Sängerin (1910–1949) 367
Cech, Thomas, amer. Biochemiker (* 1947) 826
Cecil, Edgar Algernon Robert, brit. Politiker (1864–1958) 320, 335
Cela, Camilo José, span. Schriftsteller (* 1916) 386, 826
Celan, Paul, dt.spr. Lyriker (1920–1970) 479
Celibidache, Sergiu, rumän. Dirigent (1912–1996) 503
Céline, Louis-Ferdinand, frz. Schriftsteller (1894–1961) 286
Celio, Enrico, schweiz. Politiker (1889–1980) 79, 770
Celio, Nello, schweiz. Politiker (1914–1996) 770

Personenregister

Ceram, C. W., dt. Schriftsteller (1915–1972) 458, 459
Cerda, Pedro Aguirre, chil. Politiker 676
Cerezo Arévalo, Vinicio, guatemaltek. Politiker (* 1942) 780
Cerha, Friedrich, österr. Komponist (* 1926) 752
Černik, Oldřich, tschech. Politiker, 617, 622
Césaire, Aimé, frz. Schriftsteller (* 1913) 603
Cevert, François, frz. Automobilrennfahrer (1944–1973) 358
Cézanne, Paul, frz. Maler (1839–1906) 195
Chaban-Delmas, Jacques, frz. Politiker (* 1915) 661
Chabrol, Claude, frz. Regisseur (* 1930) 527, 540, 811
Chadli, Bendjedid, alger. Politiker (* 1929) 591, 606, 730, 854
Chadwick, James, brit. Physiker (1891–1974) 285, 315, 346
Chagall, Marc, russ.-frz. Maler (1887–1985) 338
Chailly, Riccardo, ital. Dirigent (* 1953) 503
Chain, Ernst Boris, brit. Chemiker (1906–1979) 416
Chalid Ibn Abd al Asis Ibn Saud, saudiarab. König (1913–1982) 580, 580, 694
Chamberlain, Arthur Neville, brit. Politiker (1869–1940) 331, 342, 350, 360, 361, 362, 412
Chamberlain, Houston Stewart, brit. Philosoph und Schriftsteller (1855–1927) 311
Chamberlain, Joseph, brit. Politiker (1863–1937) 224
Chamberlain, Marise, neuseel. Leichtathletin (* 1935) 566
Chamberlain, Owen, amer. Physiker (* 1920) 533
Chambers, Dorothea, engl. Tennisspielerin (1878–1960) 729
Chamorro, Pedro Joaquin, nicarag. Politiker (1924–1978) 732
Chamorro, Violeta, nicarag. Politikerin (* 1929) 538, 630, 829, 830, **830**

Chandler, Raymond, amer. Schriftsteller (1888–1959) 168, 356, *356*, *357*
Chandrasekhar, Subrahmanyan, amer. Physiker (1910–1995) 765
Chanel, Gabrielle »Coco«, frz. Modeschöpferin (1883–1971) 436
Chang Myon, korean. Politiker (1899–1966) 606
Chang, Michael, amer. Tennisspieler (* 1972) 828
Chao Chung Ting, Samuel, amer. Physiker (* 1936) 689
Chao Tzu-yang, chin. Politiker (* 1919) 737
Chaplin, Charles, engl. Schauspieler und Regisseur (1889–1977) 123, *124*, 147, 159, *163*, 170, *191*, 228, 327, 367, *479*
Chapman, Mark 745
Chapman, Sydney, amer. Physiker (1888–1970) 561
Charavel, Jean, frz. Automobilrennfahrer 240
Charisse, Cyd, Schauspielerin (* 1923) 358
Charlap, Mark, amer. Komponist 495
Charles, Prinz von Wales (* 1948) 879, 905
Charles, Ezzard, amer. Boxer (1921–1975) 460, 466, 473, 496, 505
Charles, Mary Eugenia, dominic. Politikerin (* 1919) 538
Charlet, Gérard, frz. Architekt 810
Charlotte, lux. Großherzogin (1896–1985) 129, 148
Charlton, Gregory, amer. Schwimmer 616
Charpak, Georges, frz. Physiker (* 1924) 860
Charpentier, Gustave, frz. Komponist (1860–1956) 16
Charron, François, frz. Automobilrennfahrer 26
Chasbulatow, Ruslan, russ. Politiker (* 1942) 858, 866
Chatchaturian, Aram, arm. Komponist (1903–1978) 448
Chatib, Ahmed, syr. Politiker (* 1928) 644, *652*
Chaudet, Paul, schweiz. Politiker (1904–1977) 770

Chautemps, Camille, frz. Politiker (1885–1963) *290*, 299, *331, 341*
Chaves, Federico, parag. Politiker (1878–1978) 490, 606
Chen Ning Yang, chin. Physiker (* 1922) 518
Cheng Feng-Yung, chin. Leichtathletin 521
Chéreau, Patrice, frz. Regisseur (* 1944) 709, 710
Cherry, Don, amer. Jazzmusiker (1936–1995) 227
Chesterton, Gilbert Keith, engl. Schriftsteller (1874–1936) *76, 168, 356*
Chevallaz, Georges-André, schweiz. Politiker (* 1915) 770
Chiang Kai-shek, chin.-taiwan. Politiker (1887–1975) 176, 220, **220**, 248, *248*, 304, *305*, 332, *332*, 406, 451, 454, 455, 694
Chichester, Francis, brit. Weltumsegler (1901–1972) 616
Chifley, Joseph, austral. Politiker (1885–1951) 451
Chiluba, Frederick, samb. Politiker (* 1943) 842, 848
Chioccioli, Franco, ital. Radrennfahrer 853
Chin A Sen, Henk, surinam. Politiker.(* 1934) 737
Chirac, Jacques, frz. Politiker (* 1932) 568, 682, 703, 749, 788, 802, 883
Chirico, Giorgio de, ital. Maler (1888–1978) 229
Chiron, Louis, frz. Automobilrennfahrer (1899–1979) *254, 264, 271, 278, 289, 298, 307, 340, 438, 460*
Choderlos de Laclos, Ambroise François, frz. Schriftsteller (1741–1803) 760
Choi Kyu Ha, korean. Politiker (* 1919) 730, 737, 740
Choltitz, Dietrich von, dt. Militär (1894–1966) 398
Chrétien, Jean, kanad. Politiker.(* 1934) 864
Christ, Liesel, dt. Schauspielerin (1919–1996) 493
Christian IX., dän. König, (1818–1906) 56
Christian X., dän. König (1870–1947) 99, *129*, 429, 661

Christian-Jacque, frz. Regisseur (1904–1994) 471
Christie, Agatha, brit. Schriftstellerin (1890–1976) 168, *168*, 356, *479*
Christie, John († 1953) 226
Christo, bulg.-amer. Künstler (* 1935) 650, 892
Christopher, Warren, amer. Politiker (* 1925) **887**
Chromik, Jerzy, poln. Leichtathlet (* 1931) 528
Chruschtschow, Nikita, sowjet. Politiker (1894–1971) *188*, 242, 499, 506, **506**, *522*, 531, **532**, *537*, 547, 548, 550, 574, 577, 578, 580, *580*, 789, 804, 837
Chrysler, Walter Percy, amer. Industrieller (1875–1940) 222
Chuard, Ernest Louis, schweiz. Politiker (1857–1942) 79
Chun Doo Hwan, korean. Politiker (* 1932) 737, 740, 802
Churchill, Winston, brit. Politiker (1874–1965) 175, 360, 361, **361**, *362*, 363, 364, 372, 381, 388, **392**, 393, 399, 401, 405, *405*, *406*, 411, 412, 419, *467*, 482, 486, 497, *497*, **497**, 788
Chuvalo, George, amer. Boxer (* 1937) 604
Chvalkovsky, František, tschech. Politiker (1875–1945) 350
Ciampi, Carlo Azeglio, ital. Politiker (* 1920) 873
Ciano, Galeazzo, ital. Politiker (1903–1944) 354, 365, **366**
Cilarz, Wolfgang → Salomé
Cilèa, Francesco, ital. Komponist (1866–1950) 33
Çiller, Tansu, türk. Politikerin (* 1946) 202, 864, 888, **888**, 895
Cimino, Michael, amer. Regisseur (* 1943) 159, 728, 736, 745
Cimoszewicz, Wlodzimierz, poln. Politiker (* 1950) 818, 895
Ciorbea, Viktor, rumän. Politiker (* 1954) 895

919

Citroën, André, frz. Ingenieur (1878–1935) *102*
Ciurlionis, Mykolas K., lit. Maler (1875–1911) *88*
Claes, Willy, belg. Politiker (* 1938) *684*
Clair, René, frz. Regisseur (1898–1981) *216, 229, 263, 270, 276, 479*
Clam-Martinic, Heinrich Graf von, österr. Politiker (1863–1932) *125, 127, 133*
Clark, Jim, brit. Automobilrennfahrer (1936–1968) *358, 576, 597*
Clark, Marjorie, südafr. Leichtathletin *254, 278, 721*
Clarke, Ron, austral. Leichtathlet (*1937) *576, 597, 604*
Claß, Heinrich, dt. Publizist und Politiker (1868–1953) *311*
Claude, Albert, belg. Biochemiker (1899–1983) *689*
Claudel, Camille, frz. Bildhauerin (1864–1943) *811*
Claudel, Paul, frz. Schriftsteller (1868–1955) *118, 394*
Claus, Hildrun, dt. Leichtathletin (* 1939) *544*
Clay, Cassius → Ali, Muhammad
Clay, Lucius DuBignon, amer. Militär (1897–1978) *425, 442, 446*
Clayton, Jack, brit. Regisseur (1921–1995) *527*
Clemen, Harald, dt. Regisseur (* 1947) *871*
Clemenceau, Georges, frz. Politiker (1841–1929) *56, 78, 133, 154, 161*
Clerici, Carlo, schweiz. Radrennfahrer *496*
Cleveland, Richard, amer. Schwimmer *496*
Cleveland, Stephen Grover, amer. Politiker (1837–1908) *20, 99*
Clever, Edith, dt. Schauspielerin (* 1940) *710*
Clift, Montgomery, amer. Schauspieler (1920–1966) *487*
Clinton, Bill, amer. Politiker (* 1946) *789, 804, 856, 857, 864,* **865, 866,** *868, 900*
Close, Glenn, amer. Schauspielerin (* 1947) *811, 839*

Clothier, William, amer. Tennisspieler *63*
Clouzot, Henri-Georges, frz. Regisseur (1907–1977) *394, 479, 495, 541*
Coase, Ronald H., brit. Wirtschaftswissenschaftler (* 1910) *850*
Cochet, Henri, frz. Tennisspieler (1901–1987) *231, 240, 247, 254, 264, 271, 289*
Cockcroft, John D., brit. Physiker (1897–1967) *269, 472*
Cockell, Dan, amer. Boxer *505*
Cocker, Joe, engl. Rockmusiker (* 1944) *639*
Cocteau, Jean, frz. Schriftsteller, Maler und Regisseur (1889–1963) *229, 263, 276, 306, 377, 426, 465*
Coe, Sebastian, brit. Leichtathlet (* 1956) *736, 753*
Coe, Wesley, amer. Leichtathlet *55*
Coen, Ethan, amer. Regisseur (* 1958) *852, 906*
Coen, Joel, amer. Regisseur (* 1954) *852, 906*
Coetze, Gerrie, südafr. Boxer (* 1955) *736, 747, 767*
Coggan, Donald, brit. Geistlicher (* 1909) *718*
Cohen, Fritz, Komponist (1904–1967) *286*
Cohen, Stanley, amer. Biochemiker (* 1922) *792*
Cohen, William S., amer. Politiker (* 1940) *900*
Coleman, Cy, amer. Komponist (* 1929) *827*
Coleman, Ornetto, amer. Jazzmusiker (* 1930) *227*
Collins, Peter, brit. Automobilrennfahrer (1931–1958) *358*
Collor de Mello, Fernando, bras. Politiker (* 1949) *334, 854*
Coltrane, John, amer. Jazzmusiker (1926–1967) *227*
Comaneci, Nadia, rumän. Turnerin (* 1961) *711, 712*
Combes, Emile, frz. Politiker (1835–1921) *27, 44, 58*
Comingmore, Dorothy, amer. Schauspielerin (1918–1971) *377*

Commons, Alf, engl. Fußballspieler (1880–1946) *55*
Compagnoni, Achille, ital. Bergsteiger *485*
Compaoré, Blaise, burkin. Militär und Politiker (* 1951) *606, 795*
Compton, Arthur Holly, amer. Physiker (1892–1962) *245*
Comtesse, Robert, schweiz. Politiker (1847–1922) *79*
Conant, James Bryant, amer. Chemiker (1893–1978) *296*
Condolini, Adolfo, ital. Leichtathlet *378*
Conelli, Alberto, ital. Rennfahrer *278*
Conn, Billy, amer. Boxer (1917–1993) *378, 428*
Conner, Dennis, amer. Segler (* 1943) *800*
Connery, Sean, brit. Schauspieler (* 1930) *564, 565*
Connolly, Harold, amer. Leichtathlet (* 1931) *513, 544*
Connolly, Maureen, amer. Tennisspielerin (1934–1969) *349, 473, 481, 489, 496*
Connors, Jimmy, amer. Tennisspieler (* 1952) *693, 712, 729, 761, 767*
Conrad, Joseph, engl. Schriftsteller (1857–1924) *16, 33, 69, 735*
Constant, niederl. Künstler (* 1920) *448*
Constantinescu, Emil, rumän. Politiker *300, 895*
Conté, Lansana, guines. Politiker (* 1934) *606, 768*
Cook, Frederick Albert, amer. Forschungsreisender (1865–1940) *81, 94*
Cooke, Sam, amer. Soulmusiker (1935–1964) *494*
Cooke, Sarah, amer. Tennisspielerin *418*
Cooley, Denton, amer. Mediziner (* 1920) *469, 612*
Coolidge, Calvin, amer. Politiker (1872–1933) *198, 199, 223, 255, 856*
Coolidge, William D., amer. Physiker (1873–1975) *223*
Cools, André, belg. Politiker *898*
Cooper, Ashley, austral. Tennisspieler (* 1936) *521, 528*

Cooper, Gary, amer. Schauspieler (1901–1961) *327, 479*
Cooper, Gordon, amer. Astronaut (* 1927) *551*
Cooper, Henry, brit. Boxer (* 1934) *604*
Cooper, Leon N., amer. Physiker (* 1930) *666*
Cooper, Marian, amer. Regisseur (1893–1973) *297*
Cooper-Sterry, Charlotte, brit. Tennisspielerin (1870–1970) *77*
Coopman, J. P., belg. Boxer *712*
Copland, Aaron, amer. Komponist (1900–1990) *216, 386, 403*
Coppi, Fausto, ital. Radrennfahrer (1918–1960) *84, 369, 369, 438, 460, 481, 489, 588*
Coppola, Francis Ford, amer. Regisseur (* 1939) *193, 659, 735, 735, 736, 736, 744*
Corbett, James, amer. Boxer (1866–1933) *43*
Corbucci, Sergio, ital. Regisseur (1926–1990) *602*
Corea, Chick, amer. Jazzmusiker (* 1941) *227*
Corey, Elias J., amer. Chemiker (* 1928) *839*
Cori, Carl Ferdinand, amer. Mediziner und Biochemiker (1896–1984) *433*
Cori, Gerty Theresa, amer. Medizinerin und Biochemikerin (1896–1957) *433*
Corigliano, John, amer. Komponist (* 1938) *852*
Corinth, Lovis, dt. Maler (1858–1925) *17*
Cormack, Allan M., amer. Physiker (* 1924) *734*
Cornet, Henri, frz. Radrennfahrer (1884–1941) *49*
Cornforth, John W., austral. Chemiker (* 1917) *698*
Cornu, Paul, frz. Flugzeugtechniker (1841–1944) *325*
Correns, Carl Erich, dt. Biologe (1864–1933) *14*
Corrigan, Mairead, brit. Friedenskämpferin (* 1944) *709*
Cosgrave, William Thomas, ir. Politiker (1880–1965) *279*
Cossiga, Francesco, ital.

Politiker (* 1928) 723, *780*, *854*
Costa, Lucio, bras. Architekt (* 1902) 527
Costa e Silva, Arturo da, bras. Politiker (1902–1969) *334*, *629*
Costa-Gavras, Constantin, griech. Regisseur (* 1933) 625, *639*, *752*
Costa Oliveira, Domingos, portug. Politiker (1873–1957) *279*
Costello, Elvis, brit. Rockmusiker (* 1955) *494*
Costello, Frank, amer. Bandenchef (1891–1973) *275*
Costner, Kevin, amer. Schauspieler und Regisseur (* 1955) 827, *853*, *862*, *871*
Cosyns, Max, belg. Physiker 286
Cot, Pierre, frz. Politiker (1895–1977) 320
Cote, Paul, kanad. Jurist und Greenpeace-Gründer 656
Cotten, Joseph, amer. Schauspieler (1905–1994) *377*
Cotti, Flavio, schweiz. Politiker (* 1939) *770*
Coty, René, frz. Politiker (1882–1962) 490, 522, *529*
Coubertin, Pierre de, frz. Historiker und Pädagoge (1863–1937) 18, 105, 124, *172*
Coudenhove-Kalergi, Richard, Nicolas Graf, Politiker und Schriftsteller (1894–1972) *267*
Coulondre, Robert, frz. Politiker (1885–1959) 353
Courage, Pierce, brit. Automobilrennfahrer (1942–1970) *358*
Courier, Jim, amer. Tennisspieler (* 1970) 853, *863*, *872*
Cournand, André F., amer. Mediziner (1895–1988) *509*
Courrèges, André, frz. Modeschöpfer (* 1923) *436*
Court-Smith, Margaret, austral. Tennisspielerin (* 1942) 349, *544*, *555*, *566*, *576*, *589*, *597*, *604*, *639*, *650*, *660*, *681*
Cousteau, Jacques, frz. Meeresforscher (* 1910) *394*

Couve de Murville, Maurice, frz. Politiker (* 1907) 593, *617*
Couzy, Jean, frz. Bergsteiger *485*
Coward, Noël, brit. Schriftsteller (1899–1973) *377*
Cox, James M., amer. Politiker (1870–1957) 165
Cram, Donald J., amer. Chemiker (* 1919) *797*
Cramm, Gottfried von, dt. Tennisspieler (1909–1976) *307*, *329*, 340, **340**, *349*, *616*
Cranko, John, brit. Tänzer und Ballettdirektor (1927–1973) 447, *554*
Cranz, Christl, dt. Skifahrerin (* 1914) 328, *339*
Crapp, Lorraine, austral. Schwimmerin (* 1938) *197*, *513*
Crawford, Jack, austral. Tennisspieler (1908–1991) *289*, *298*, *317*
Craxi, Bettino, ital. Politiker (* 1934) 762, *795*, *896*
Cremer, William Randal, brit. Politiker (1838–1908) *36*
Cresson, Edith, frz. Politikerin (* 1934) 538, *568*, *842*, *854*
Crichton, Charles, brit. Regisseur (* 1910) *811*
Crick, Francis Harry Compton, brit. Biochemiker (* 1916) 485, *564*
Crippen, Robert L., amer. Astronaut (* 1937) *750*
Criquelion, Claude, belg. Radrennfahrer (* 1957) *779*
Crisler Segar, Elzie, amer. Comicautor *262*
Crispien, Arthur, dt. Politiker (1875–1946) *409*
Cristiani, Alfredo, salvador. Politiker *854*
Cromme, Gerhard, dt. Industriemanager 850
Cronin, Archibald Joseph, brit. Schriftsteller (1896–1981) *339*
Cronin, James W., amer. Physiker (* 1931) *744*
Crosland, Alan, amer. Regisseur (1894–1936) *246*
Cross, James R., brit. Politiker 643

Crozier, Eric, brit. Librettist (* 1914) 473
Cruise, Tom, amer. Schauspieler (* 1962) *811*
Crumb, Robert, amer. Comicautor (* 1943) *262*
Crutzen, Paul, niederl. Chemiker (* 1933) *892*
Cruyff, Johan, niederl. Fußballspieler (* 1947) *692*
Cuestas, Juan Lindolfo, urug. Politiker (1837–1905) 35
Cukor, George, amer. Regisseur (1899–1983) *367*, *376*, *511*, *541*
Culbertson, Philip, amer. NASA-Generaldirektor (* 1925) *792*
Cummings, Edward Estlin, amer. Schriftsteller (1894–1962) *194*
Cuno, Wilhelm, dt. Wirtschaftsmanager und Politiker (1876–1933) *184*, *198*, **198**, *200*, *266*
Curie, Marie, frz. Chemikerin (1867–1934) 36, *93*, *96*
Curie, Pierre, frz. Chemiker (1859–1906) 36
Curl, Robert F., amer. Chemiker (* 1933) *904*
Curren, Kevin, amer. Tennisspieler (* 1958) *785*
Curtis, Tony, amer. Schauspieler (* 1925) *535*
Curtiz, Michael, amer.-ung. Regisseur (1888–1962) 386, *386*
Cuthbert, Betty, austral. Leichtathletin (* 1938) *512*, *513*, 514
Cyrankiewicz, Józef, poln. Politiker (1911–1989) 429, *644*, *645*, *818*
Czibor, Zoltán, ung. Fußballspieler (* 1929) 496
Czolgosz, Leon, amer. Anarchist (1873–1901) 20, *174*

D

Dacko, David, zentralafr. Politiker (* 1930) 598, *606*, *716*, *730*
Dagover, Lil, dt. Schauspielerin (1887–1980) *168*
Daguerre, Jacques (1787–1851), frz. Maler *66*
Dahab, Abdal R. Hassan Suwar Al, sudan. Politiker (* 1934) *780*
Dählie, Björn, norw. Skiläufer (* 1967) *862*

Dahmer, Jeffrey L., amer. Massenmörder (1960–1994) *226*
Dahn, Walter, dt. Künstler (* 1954) *758*
Daimler, Gottlieb, dt. Ingenieur und Erfinder (1834–1900) *222*
Daladier, Edouard, frz. Politiker (1884–1970) *290*, *299*, *341*, *342*, *360*
Dalai Lama, tibet. Priesterfürst (* 1935) 531, **531**, *560*, *618*, *826*
Dale, Henry Hallett, brit. Biochemiker (1875–1968) *324*
Dalén, Gustav, schwed. Physiker (1869–1937) *103*
Dalí, Salvador, span. Maler und Bildhauer (1904–1989) *229*, *230*, *253*
Dallapiccola, Luigi, ital. Komponist (1904–1975) *465*, *625*
Dálnoki, Béla Miklós von, ung. Politiker (1890–1948) *803*
Dalou, Jules, frz. Bildhauer (1838–1902) *109*
Dalton, Timothy, brit. Schauspieler (* 1946) *564*
Dam, Cees, niederl. Architekt *810*
Dam, Henrik Carl Peter, dän. Biochemiker (1895–1976) *393*
Damaskinos, griech. Erzbischof (1890–1949) 401
Dammers, Jerry, brit. Sänger (* 1954) *784*
Danew, Stojan Petrow, bulg. Politiker (1858–1949) *106*
Daniels, Charles, amer. Schwimmer (1885–1973) *89*
Danielsen, Egil, norw. Leichtathlet (* 1933) *513*
Danielson, Ernst, schwed. Erfinder (1866–1907) *223*
Danik, Ludvik, tschech. Leichtathlet (* 1937) *597*
Danneels, Gustaaf, belg. Radrennfahrer *42*
Dantzig, Rudi van, niederl. Choreograph (* 1933) *447*
Darboven, Hanne, dt. Konzeptkünstlerin (* 1941) *650*
Darclée, Hariclea, frz. Sängerin (1860–1939) *17*
Darío, Rubén, nicarag.

Darniche, Bernard

Schriftsteller (1867–1916) *54*
Darniche, Bernard, frz. Automobilrennfahrer 746
Darnyi, Tamas, ung. Schwimmer (* 1967) *197*, 853
Darré, Richard Walther, dt. Politiker (1895–1953) *312*, *371*
Darrigade, André, frz. Radrennfahrer (* 1929) *536*
Dartiguenave, Philippe Sudre, haïtian. Politiker (1863–1922?) *120*
Darwish, Sayed, ägypt. Komponist *192*
Dassin, Jules, amer.-frz. Regisseur (* 1912) *495*
Dato Iradier, Eduardo, span. Politiker (1856–1921) *174*, 175
Daud Khan, Mohammed, afghan. Politiker (1908–1978) *672*, *722*
Daume, Willi, dt. Sportfunktionär (1913–1996) *466*, 616
Däumig, Ernst, dt. Politiker (1866–1922) *149*
Dausset, Jean, frz. Biologe (* 1916) *744*
Daves, Delmer, amer. Regisseur (1904–1977) *356*
Davidson, Owen, austral. Tennisspieler *521*
Davies, Peter Maxwell, brit. Komponist (* 1934) *692*, *745*
Dávila, Carlos, chil. Politiker (1884–1955) *279*
Dávila, Miguel E., hondur. Politiker († 1927) *64*, *90*
Davis, Bette, amer. Schauspielerin (1908–1989) *270*
Davis, Dwight F., amer. Tennisspieler (1879–1945) *18*
Davis, Glenn, amer. Leichtathlet (* 1934) *513*, *528*
Davis, Jack, amer. Leichtathlet (* 1930) *513*, *536*
Davis, Miles, amer. Jazzmusiker (1926–1991) *227*
Davis, Otis, amer. Leichtathlet (* 1932) *544*
Davis, Walter, amer. Leichtathlet (* 1931) *489*
Davisson, Clinton Joseph, amer. Physiker (1881–1958) *274*, *335*
Dawes, Charles Gates, amer. Politiker (1865–1951) *210*, *788*

Dawson-Scott, Catherine Amy, brit. Schriftstellerin (1865–1934) *182*
Day, Doris, amer. Schauspielerin (* 1924) *276*
Day, Josette, frz. Schauspielerin (1914–1978) *426*
Dayan, Mosche, israel. Politiker (1915–1981) *441*, 608
Dean, Christopher, brit. Eiskunstläufer (* 1958) 760, **761**
Dean, James, amer. Schauspieler (1931–1955) *502*, 504
Debré, Michel, frz. Politiker (1912–1996) *529*, *749*
Debreu, Gerard, amer. Wirtschaftswissenschaftler (* 1921) *765*
Deburghgraeve, Frederik, belg. Schwimmer (* 1973) *908*
Debussy, Claude, frz. Komponist (1862–1918) *16*, *31*, *33*, *54*, *82*, *104*
Déby, Idriss, tschad. Politiker (* 1952) 763, *763*, *829*
Debye, Peter, niederl. Chemiker (1884–1966) *324*
Deckarm, Joachim, dt. Handballspieler (* 1954) *728*
Decoppet, Camille, schweiz. Poltiker (1862–1925) *79*
Decugis, Max, frz. Tennisspieler (1882–1978) *63*
De Filippo, Eduardo, ital. Schriftsteller (1900–1984) *426*
De Forest, Lee, amer. Physiker und Ingenieur (1873–1961) *47*, *60*, *61*, *110*, *166*
Defraye, Odile, frz. Radrennfahrer *105*
De Gasperi, Alcide, ital. Politiker (1881–1954) *405*, 439
Dehler, Thomas, dt. Politiker (1897–1967) *443*
Dehmel, Richard, dt. Schriftsteller (1863–1920) *41*
Dehmelt, Hans G., amer. Physiker (* 1922) *826*
Deilmann, Harald, dt. Architekt (* 1920) *811*
Deisenhofer, Johann, dt. Chemiker (* 1943) *807*
de Klerk, Frederik Willem, südafr. Politiker (* 1936) *462*, *829*, *855*, *867*, *873*, *873*, **874**

Delamuraz, J.-P., schweiz. Politiker (* 1936) *770*
Delannoy, Jean, frz. Regisseur (* 1908) *270*
Delbrück, Max, dt.-amer. Physiker (1906–1981) *636*
Deledda, Grazia, ital. Schriftstellerin (1871–1936) *237*
Delgado, Pedro, span. Radrennfahrer (* 1960) *814*, 828
Delius, Frederick, brit. Komponist (1862–1934) *69*
Delius, Friedrich Christian, dt. Schriftsteller (* 1943) *668*
Delon, Alain, frz. Schauspieler (* 1935) *527*, *565*
Delors, Jacques, frz. Politiker (* 1925) *868*
Delp, Alfred, dt. Theologe und Soziologe (1907–1945) *389*
Delvalle, Eric Arturo, panama. Politiker (* 1937) *802*
Delvaux, Paul, belg. Maler (1897–1994) *229*
Demerdzes, Konstantin, griech. Politiker (1876–1936) *318*
DeMille, Cecil B., amer. Regisseur und Filmproduzent (1881–1959) *205*, *270*, *356*
Demirel, Süleiman, türk. Politiker (* 1924) *202*, *606*, *742*, *864*
Demme, Jonathan, amer. Regisseur (* 1944) *541*, 827
Demont, Rick, amer. Schwimmer *681*
Dempsey, Jack, amer. Boxer (1894–1983) 160, *160*, **160**, **172**, *183*, *207*, *218*, *231*, *240*, *247*
Deneuve, Cathérine, frz. Schauspielerin (* 1943) *270*, *649*, *745*
Deng Xiaoping, chin. Politiker (* 1904) *454*, *601*, *675*, *703*, *706*, *819*
De Niro, Robert, amer. Schauspieler (* 1943) *701*, *777*
Denk, Wolfgang, österr. Politiker (1882–1970) *516*
Denke, Karl, dt. Massenmörder († 1925) *226*
Denktasch, Rauf, zypr. Politiker (* 1924) *685*, *685*
Dennis, Clarence, amer.

Mediziner (* 1909) *469*, 612
Depaillier, Patrick, frz. Automobilrennfahrer (1944–1980) *358*
De Palma, Brian, amer. Regisseur (* 1940) *701*
Depardieu, Gérard, frz. Schauspieler (* 1948) *745*, *827*, *840*
Derrida, Jacques, frz. Philosoph (* 1930) *584*
Derwall, Jupp, dt. Fußballtrainer (* 1927) *778*
Déry, Tibor, ung. Schriftsteller (1894–1977) *437*
Desai, Morarji, ind. Politiker (1896–1995) *430*, *771*
De Santis, Giuseppe, ital. Regisseur (* 1917) *459*
Deschanel, Paul, frz. Politiker (1856–1922) *161*
Desgrange, Henri, frz. Publizist *42*
Desjardins, Peter, amer. Schwimmer (1907–1985) *253*
Desmarteau, Etienne, kanad. Leichtathlet *49*
Dessau, Paul, dt. Komponist und Dirigent (1894–1979) *471*, 472
Deucher, Adolf, schweiz. Politiker (1831–1912) *79*
Deuntzer, Johann Heinrich, dän. Politiker (1845–1918) *19*
Deve Gowda, H. D., ind. Politiker (* 1933) *895*
DeVito, Danny, amer. Schauspieler und Regisseur (* 1944) *840*
Devitt, John, amer. Schwimmer (* 1937) *521*
Dewale, Maurice, belg. Radrennfahrer (1896–1952) *265*
Dhaenens, Rudy, belg. Rad- rennfahrer (* 1961) *841*
Diaghilew, Sergei, russ. Ballettimpresario (1872–1929) *83*
Diana, Prinzessin von Wales (* 1961) *879*, *905*
Díaz, Adolfo, nicarag. Politiker (1877–1964) *90*, *99*
Díaz, Porfirio, mex. Politiker (1830–1915) *90*, *90*, *91*, *249*
Díaz Ordaz, Gustavo, mex. Politiker (1911–1979) *249*, 628

Personenregister

Dibelius, Otto, dt. Bischof (1880–1967) 452
Dickson, brit. Chemiker 295
Didriksson, Mildred, amer. Leichtathletin (1911–1956) 288, 289
Diederichs, Eugen, dt. Verleger (1867–1930) 74
Diels, Otto, dt. Chemiker (1876–1954) 464
Diem, Carl, dt. Sportwissenschaftler (1882–1962) 105, 330
Diemberger, Kurt, österr. Bergsteiger (* 1932) 485
Diener, Peter, dt. Bergsteiger 485
Diepgen, Eberhard, dt. Politiker (* 1941) 835
Dietl, Helmut, dt. Regisseur (* 1944) 765, 852, 862
Dietrich, Marlene, dt.-amer. Schauspielerin (1901–1992) 270, **270**
Dietrich, Wilfried, dt. Ringer (1933–1992) 543
Dillard, Harrison, amer. Leichtathlet (* 1923) 450
Dillinger, John Herbert, amer. Bandenchef (1902–1934) 275
Dimitrijević, Dragutin, serb. Militär (1876–1917) 35
Dimitrow, Georgi M., bulg. Politiker (1882–1949) 73, 414, 419
Dini, Lamberto, ital. Politiker (* 1931) 883, 895, 896
Dinkerloo, John, amer. Architekt (1918–1981) 534
Dior, Christian, frz. Modeschöpfer (1905–1957) 435, 436
Diori, Hamani, nigerian. Politiker (1916–1989) 682
Diouf, Abdou, senegal. Politiker (* 1935) 748
Dirac, Paul Adrian Maurice, brit. Physiker (1902–1984) 285, 295
Dirks, Rudolph, amer. Comicautor (1877–1968) 262
Disney, Walt, amer. Filmproduzent und Comicautor (1901–1966) 191, 240, 252, 262, 339, 502
Disraeli, Benjamin, brit. Politiker (1804–1881) 20
Dissing, Hans, dt. Architekt 521, 534
Ditjatin, Alexander, sowjet. Turner (* 1957) 746

Dittmann, Wilhelm, dt. Politiker (1874–1954) 134
Divo, Albert, frz. Automobilrennfahrer 231
Dix, Otto, dt. Maler (1891–1969) 169, 230, 337, 338
Dmytryk, Edward, amer. Regisseur (* 1908) 437, 495
Döblin, Alfred, dt. Schriftsteller und Arzt (1878–1957) 124, 169, 263, 264
Doctorow, E. L., amer. Schriftsteller (* 1931) 701
Doderer, Heimito von, österr. Schriftsteller (1896–1966) 471, 511
Doe, Samuel Kanyon, liberian. Politiker (1950–1990) 606, 737, 738, 829
Doeg, John, amer. Tennisspieler 271
Doesburg, Theo van, niederl. Architekt (1883–1931) 139
Doherty, Hugh Laurence, brit. Tennisspieler (1875–1919) 34, 43, 49, 55, 63
Doherty, Peter, austral. Mediziner (* 1940) 904
Doherty, Reginald F., brit. Tennisspieler (1872–1910) 18
Dohnányi, Christoph von, dt. Dirigent (* 1929) 503
Doisy, Edward Adelbert, amer. Biochemiker (1893–1986) 393
Dokes, Michael, amer. Boxer (* 1958) 761
Dokoupil, Jiří Georg, dt. Künstler (* 1954) 758
Dole, Bob, amer. Politiker (* 1923) 900
Dollfuß, Engelbert, österr. Politiker (1892–1934) 174, 258, 279, 292, 299, 300, 301, 302, 303, 342
Domagk, Gerhard, dt. Biochemiker (1895–1964) 204, 223, 250, 355
Domingo, Plácido, span. Sänger (* 1941) 840
Dominici, Gaston (1877–1965) 226
Domitien, Elizabeth, zentralafr. Politikerin 538
Dönitz, Karl, dt. Großadmiral (1891–1980) 379, 400, 408, **421**, 422
Donkova, Jordanka, bulg. Leichtathletin (* 1961) 794
Donner, Richard, amer. Regisseur (* 1939) 701

Doranzio, Gus, amer. Boxer 378
Dormael, Jaco von, belg. Filmregisseur, 852
Dornier, Claude, dt. Flugzeugkonstrukteur (1884–1969) 260
Dörrie, Doris, dt. Regisseurin (* 1955) 784
Dorst, Tankred, dt. Schriftsteller (* 1925) 625, 737, 738, 840, 880
Dórticos Torrado, Osvaldo, kuban. Politiker (1919–1983) 529
Dos Passos, John, amer. Schriftsteller (1896–1970) 228, 269
Dostal, Nico, österr. Komponist (1895–1981) 297
Douglas-Home, Alec, brit. Politiker (1903–1995) 567, 577, 580
Douglass, Dorothea, brit. Tennisspielerin (1878–1960) 43, 49, 63
Doumer, Paul, frz. Politiker (1857–1932) 174, 272, 279, 279
Doumergue, Gaston, frz. Politiker (1863–1937) 106, 113, 208, 272, 299
Doyle, Arthur Conan, brit. Schriftsteller (1859–1930) 33, **77**, 168, 356,
Doyle, Jimmy, amer. Boxer 628
Drache, Heinz, dt. Schauspieler (* 1926) 564
Dragumis, Stefanos, griech. Politiker (1842–1923) 85
Draves, Vickie, amer. Leichtathletin 449
Dray, Walter, amer. Leichtathlet 77
Drechsler, Heike, dt. Leichtathletin (* 1964) 786
Dreiser, Theodore, amer. Schriftsteller (1871–1945) 228
Drenkmann, Günter von, dt. Jurist 714
Drese, Claus, dt. Intendant (* 1922) 447
Drewermann, Eugen, dt. Theologe (* 1940) 734
Drexler, Anton, dt. Politiker (1884–1942) 162, **176**, 176
Dreyer, Carl Theodor, dän. Regisseur (1889–1968) 394, 587
Dreyfus, Alfred, frz. Militär (1859–1935) 57, 138

Dreyfus, George, austral. Komponist (* 1928) 871
Dreyfus, René, frz. Automobilrennfahrer 271, 307
Driest, Burkhard, dt. Schauspieler und Regisseur (* 1939) 758
Drobny, Jaroslav, tschech. Tennisspieler (* 1921) 473, 481, 496
Dschinnah, Muhammad Ali, pakistan. Politiker (1876–1948) 432
Dschumblat, Kamal, liban. Politiker (1919–1977) 694
Dserschinski, Felix Edmundowitsch, sowjet. Politiker (1877–1926) 134
Duarte, José Napoléon, salvador. Politiker (1925–1990) 738
Dubček, Alexander, tschech. Politiker (1921–1992) 440, 508, 617, 622, **622**, 623, 713, 823
Dubin, Al, amer. Komponist 745
DuBois, William Edward, amer. Schriftsteller (1868–1963) 41
Duchamp, Marcel, frz. Künstler (1887–1968) 111, 132, 229
Ducommun, Elie, schweiz. Politiker (1833–1906) 31
Dudajew, Dschochar, tschetschen. Politiker (1944–1996) 884, 885
Duden, Konrad, dt. Philologe (1829–1911) 23
Dudow, Slatan, bulg. Regisseur (1903–1963) 286, 287
Duenas, Pedro Perez, kuban. Leichtathlet 660
Duhamel, Georges, frz. Schriftsteller (1884–1966) 297
Duisberg, Carl, dt. Industrieller 223
Dukakis, Michael, amer. Politiker 806
Dukas, Paul, frz. Komponist (1865–1935) 69
Dulbecco, Renato, amer. Mikrobiologe (* 1914) 698
Dulles, John Foster, amer. Politiker (1888–1959) 490, **490**, 492
Dumas, Charles, amer. Leichtathlet (* 1937) 513
Dumas, Roland, frz. Politiker **833**
Dumbadse, Nina, sowjet.

923

Leichtathletin (1919–1983) *428, 473, 481*
Du Maurier, Daphne, brit. Schriftstellerin (1907–1989) *348*
Dunant, Henri, schweiz. Philanthrop (1828–1910) *22, 69, 138, 618*
Duncan, Isadora, amer. Tänzerin (1877–1927) *41,* **41,** *296*
Duncan, J., amer. Bildhauer *109*
Dunn, Richard, brit. Boxer *712*
Dunning, George, brit. Regisseur (1920–1979) *615*
Duong Van Minh, vietn. Politiker (* 1916) *567*
Durack, Fanny, austral. Schwimmerin (1882–1956) *124*
Duran, Carlos, ital. Boxer *628*
Duras, Marguerite, frz. Schriftstellerin (1914–1996) *638, 777*
Durbridge, Francis, engl. Schriftsteller (* 1912) *564*
Durnowo, Iwan N., russ. Politiker (1834–1903) *35*
Durr, Françoise, frz. Tennisspielerin (* 1942) *616*
Dürr, Hans Peter, dt. Physiker (* 1929) *524*
Dürr, Heinz, dt. Manager (* 1933) *757*
Durrell, Lawrence, brit. Schriftsteller (1912–1990) *520*
Dürrenmatt, Friedrich, schweiz. Schriftsteller (1921–1990) *479, 511, 564, 565, 565,* **565**
Durruti, Buenaventura, span. Anarchist *668*
Dutra, Enrico Gaspar, bras. Politiker (1885–1974) *334*
Dutroux, Marc *684, 898*
Dutschke, Rudi, dt. Studentenführer (1940–1979) **598,** *618, 620*
Duvalier, François, haïtian. Politiker (1907–1971) *122, 515, 653*
Duvalier, Jean-Claude, haïtian. Politiker (* 1951) *653, 787, 787*
Duve, Christian de, belg. Biochemiker (* 1917) *689*
Duvivier, Julien, frz. Regisseur (1896–1967) *339*
Dvořák, Antonín, tschech. Komponist (1841–1904) *25*
Dwan, Allan, amer. Regisseur (1885–1981) *194, 270*
Dyke, Woodbridge S. van, amer. Regisseur (1887–1943) *306*
Dyken, Amy van, amer. Schwimmerin (* 1973) *907*
Dylan, Bob, amer. Rockmusiker (* 1941) *494*

E

Eanes, Antonio Ramalho, portug. Politiker (* 1935) *739, 787*
Eastman, George, amer. Erfinder und Industrieller (1854–1932) *16, 21*
Eastwood, Clint, amer. Schauspieler und Regisseur (* 1930) *795*
Ebert, Friedrich, dt. Politiker (1871–1925) *143, 144, 148, 149, 150, 153, 178, 193, 219, 225, 409*
Eça de Queirós, José Maria, portug. Schriftsteller (1845–1900) *25*
Eccles, John C., austral. Physiologe (* 1903) *573*
Ecevit, Bülent, türk. Politiker (* 1925) *202, 742*
Echegaray y Eizaguirre, José, span. Schriftsteller (1832–1916) *47*
Echeverría, Luis, mex. Politiker (* 1922) *249*
Echnaton, ägypt. König (14. Jh. v. Chr.) *104, 196*
Eco, Umberto, ital. Schriftsteller und Sprachwissenschaftler (* 1932) *745, 811, 893*
Edberg, Stefan, schwed. Tennisspieler (* 1966) *786, 794, 801, 814, 814, 841, 853, 863*
Edel, Uli, dt. Regisseur (* 1947) *726, 752*
Edelman, Gerald M., amer. Biochemiker (* 1929) *666*
Eden, Robert Anthony, brit. Politiker (1897–1977) *406,* **492,** *497, 497, 515*
Ederle, Gertrud, amer. Schwimmerin (* 1906) *183*
Edison, Thomas Alva, amer. Erfinder (1847–1931) *166, 191*
Edmondson, Mark, austral. Tennisspieler *712*
Edward VII., brit. König (1841–1910) *19, 50, 67, 85, 362*
Edward VIII., brit. König (1894–1972) *318, 326,* **326,** *362, 486*
Edwards, Blake, amer. Regisseur (* 1922) *542*
Edwards, Eileen, brit. Leichtathletin *240*
Edwards, Jonathan, brit. Leichtathlet (* 1966) *894*
Edwards, M. L., amer. Elektroingenieur *469*
Edwards, Robert, brit. Mediziner (* 1925) *726*
Edzard, Gustav C., dt. Schriftsteller *74*
Effenberg, Stefan, dt. Fußballspieler (* 1968) *881*
Effiong, Philipp, nigerian. Politiker *640*
Egerszegi, Krisztina, ung. Schwimmerin (* 1974) *853, 862*
Egk, Werner, dt. Komponist (1901–1983) *316, 348, 386, 448, 502, 520, 574*
Egli, Alphons, schweiz. Politiker (* 1924) *770*
Ehard, Hans, dt. Politiker (1887–1980) *421*
Ehrenburg, Ilja, sowjet. Schriftsteller (1891–1967) *511*
Ehrenstein, Albert, österr. Schriftsteller (1886–1950) *131*
Ehret, Arno, dt. Handballspieler (* 1953) *728*
Ehrlich, Paul, dt. Mediziner (1854–1915) *75, 80, 204*
Eich, Günter, dt. Schriftsteller (1907–1972) *438, 470, 471*
Eichberg, Richard, dt. Regisseur (1887–1952) *348*
Eichel, Hans, dt. Politiker (* 1941) *781, 782, 835, 883,* **883**
Eichhorn, Emil, dt. Politiker (1863–1925) *144, 149*
Eichmann, Adolf, dt. SS-Führer (1906–1962) *371, 422, 562,* **562,** *563, 563, 586, 684, 766*
Eiffel, Gustave, frz. Ingenieur (1832–1923) *109*
Eigen, Manfred, dt. Chemiker (* 1927) *614*
Eijkman, Christiaan, niederl. Mediziner (1858–1930) *260*
Einaudi, Luigi, ital. Politiker (1874–1961) *439*
Einem, Gottfried von, österr. Komponist (1918–1996) *437, 488*
Einstein, Albert, dt. Physiker (1879–1955) *12, 52, 52, 180, 385, 492*
Einthoven, Willem, niederl. Mediziner (1860–1927) *204, 215*
Eisenhower, Dwight D., amer. Militär und Politiker (1890–1969) *396,* **396,** *400, 408, 409, 411, 461, 475, 482, 490, 531,* **531,** *534, 545, 621, 789, 804, 856*
Eisenstein, Sergei M., sowjet. Regisseur (1898–1948) *228, 231, 252, 348, 403*
Eisler, Hanns, dt. Komponist (1898–1962) *192, 288, 458*
Eisner, Kurt, dt. Publizist und Politiker (1867–1919) *144, 151, 174, 177*
Elgar, Edward, engl. Komponist (1857–1934) *16, 25, 159*
El Hedi Salem, Schauspieler *692*
Elias, Jorge Serrano, guatemaltek. Politiker (* 1945) *842, 842*
Elion, Gertrude B., amer. Biochemikerin (* 1918) *807*
Eliot, Thomas Stearns, amer.-brit. Schriftsteller (1888–1965) *194, 310, 316, 357, 446, 459, 752*
Elizabeth II., brit. Königin (* 1926) *129, 288, 326, 362, 474, 486,* **487,** *879*
Ellington, Duke, amer. Jazzmusiker (1899–1974) *227, 395*
Elliot, Doreen, brit. Skiläuferin *253*
Elliot, Herb, austral. Leichtathlet (* 1938) *528*
Ellis, Jimmy, amer. Boxer (* 1940) *627, 639, 650*
Ellsworth, Lincoln, amer. Polarforscher (1880–1951) *94*
Elmsäter, Erik, schwed. Leichtathlet (* 1919) *404*
Elser, Johann Georg, dt. Hitler-Attentäter (1903–1945) *398*
Elster, Julius, dt. Physiker (1854–1920) *37, 100*
Eltschibej, Abulfas, aser-

baid. Politiker (* 1938) 854, 864
Éluard, Paul, frz. Schriftsteller (1895–1952) 229
Ely, Ron, amer. Schauspieler (* 1938) 147
Elytis, Odysseus, griech. Schriftsteller (1911–1996) 734
Elze, Jupp, dt. Boxer (1939–1968) 628
Emanuel II., portug. König (1889–1932) 71, 85, 85, 86, 290, 896
Emerson, Roy, austral. Tennisspieler (* 1936) 555, 576, 589, 597, 604, 616
Emmerich, Roland, dt. Filmregisseur 870
Emminger, Otmar, dt. Bankfachmann (1911–1986) 517
Ende, Michael, dt. Schriftsteller (1929–1995) 418, 680, 766, 735
Endell, August, dt. Architekt (1871–1925) 24, 88
Ender, Kornelia, dt. Schwimmerin (* 1958) 197, 702, 711, 712
Ender, Otto, österr. Politiker (1875–1960) 265, 272
Enders, John F., amer. Bakteriologe (1897–1985) 493
Endo, Yukio, jap. Turner (* 1937) 588
Engel, Erich, dt. Regisseur (1891–1966) 448
Engel-Krämer, Ingrid, dt. Wasserspringerin (* 1943) 543, 588
Engelhorn, Friedrich, dt. Unternehmer (1821–1902) 222
Engelmann, Bernt, dt. Schriftsteller (1921–1994) 692
Engels, Friedrich, dt. Philosoph und Politiker (1820–1895) 214
Engholm, Björn, dt. Politiker (* 1939) 409, 684, 796, 858
Engl, Jo Benedict, dt. Ingenieur (1893–1942) 190, 192
Enke, Karin, dt. Eisschnellläuferin (* 1961) 778
Enquist, Per Olov, dän. Schriftsteller (* 1934) 752

Enrici, Giuseppe, ital. Radrennfahrer 218
Ensslin, Gudrun, dt. Terroristin (1940–1977) 563, 618, 664, 713, 714, 715, 752
Enzensberger, Hans Magnus, dt. Schriftsteller (* 1929) 668
Epple, Irene, dt. Skiläuferin (* 1957) 746
Erbakan, Neçmettin, türk. Politiker (* 1926) 895
Erhard, Ludwig, dt. Politiker (1897–1977) 414, 549, 567, 569, **569**, 570, 598, 601, 837
Erhardt, Annelie, dt. Leichtathletin 670
Erkel, Ferenc, ung. Komponist (1810–1893) 192
Erlander, Tage, schwed. Politiker (1901–1985) 419, 629, 632, 633
Erlanger, Joseph, amer. Neurophysiologe (1874–1965) 402
Ernst Ludwig, Großherzog von Hessen und bei Rhein (1868–1937) 24
Ernst, Max, dt. Künstler (1891–1976) 132, 229, 230, 338
Ernst, Richard, schweiz. Physikchemiker (* 1933) 850
Ershad, Hussain Muhammad, bangla. Politiker (* 1930) 606, 754, 842
Erzberger, Matthias, dt. Politiker (1875–1921) 36, 116, 134, 144, 163, 174, 177, 178
Esaki, Leo, jap. Physiker (* 1925) 678
Eschenmoser, Albert, schweiz. Chemiker (* 1925) 656
Escherich, Georg, dt. Politiker (1870–1941) 163
Eschkol, Levi, israel. Politiker (1895–1969) 441, 567, 629
Escurra, Juan Antonio, parag. Politiker 27
Estrada, Juan José, nicarag. Politiker (1871–1947) 90
Estrada Palma, Tomás, kuban. Politiker (1836–1908) 27
Estrella Urean, Rafael, dominik. Politiker 265

Etancelin, Philipp, frz. Automobilrennfahrer (1896–1981) 271
Etter, Philipp, schweiz. Politiker (1891–1977) 79, 770
Eucken, Walter, dt. Volkswirtschaftler (1891–1950) 75, 322
Eugen, Erzherzog von Österreich, österr.-ungar. Militär (1863–1954) 122
Eulenburg, Philipp Fürst zu, dt. Politiker (1847–1921) 62
Euler, Ulf von, schwed. Wissenschaftler (1905–1983) 648
Euler-Chelpin, Hans von, dt. Chemiker (1873–1964) 260
Eusebio → Ferreira da Silva, Eusebio
Euwe, Max, niederl. Schachspieler (1901–1981) 317
Evangelista, Alfredo, ital. Boxer 721, 729
Evans, Arthur, brit. Archäologe (1851–1941) 17, 195
Evans, Charles, brit. Bergsteiger 485
Evans, Janet, amer. Schwimmerin (* 1971) 814
Evans, Lee, amer. Leichtathlet (* 1947) 627
Evensen, Bernt, norw. Eisschnellläufer 253
Evert-Lloyd, Chris, amer. Tennisspielerin (* 1954) 702, 712, 721, 729, 729, 736, 747, 753, 761, 767, 779, 786, 794, 814
Evren, Kenan, türk. Politiker (* 1918) 202, 606, 737, 742
Ewers, Hanns Heinz, dt. Schriftsteller (1871–1943) 97
Ewry, Ray, amer. Leichtathlet (1873–1937) 18, 49

F

Fabbri, Diego, ital. Schriftsteller (1911–1980) 502
Faber, François, lux. Radrennfahrer (1887–1915) 84
Fabius, Laurent, frz. Politiker (* 1946) 768
Facta, Luigi, ital. Politiker (1861–1930) 184
Fagioli, Luigi, ital. Automobilrennfahrer (1898–1952) 307, 307, 317, 473
Fahd, Ibn Abd al Asis, König von Saudi-Arabien (* 1920) 580
Fairbanks, Douglas sen., amer. Schauspieler, Regisseur und Filmproduzent (1883–1939) 159, 168, 168, 262
Faisal I., irak. König (1883–1933) 148, 175, 212, 290, 523, 644, 832
Faisal Ibn Abd al Asis Ibn Saud, saudiarab. König (1907?–1975) 129, 570, 577, 580, 580, 694
Faisal II., irak. König (1935–1958) 522, 523, 606, 832
Falck, Hildegard, dt. Leichtathletin (* 1949) 660, 720
Falckenberg, Otto, dt. Regisseur (1873–1947) 23, 32
Falkenburg, Bob, amer. Tennisspieler (* 1926) 450
Falkenhayn, Erich von, dt. Militär (1861–1922) 107, 116, 125, 126
Fall, Leo, österr. Komponist (1873–1925) 69, 205
Falla, Manuel de, span. Komponist (1876–1946) 111, 159
Fallada, Hans, dt. Schriftsteller (1893–1947) 286, 339
Fälldin, Thorbjörn, schwed. Politiker (* 1926) 633, 703
Fallières, Armand, frz. Politiker (1841–1931) 56, 106, 106
Fanfani, Amintore, ital. Politiker (* 1908) 522, 610, 762
Fangio, Juan Manuel, argentin. Automobilrennfahrer (1911–1995) 466, 473, 481, 489, 496, 496, 505, 513, 521
Farah Dibah, iran. Kaiserin (* 1938) 470
Farina, Alberto, ital. Automobilrennfahrer 369
Farina, Giuseppe, ital. Automobilrennfahrer (1906–1966) 428, 450, 466, 473, 489
Farland, Floyd Mac, amer. Radrennsportler 84
Farman, Henri 34
Farr, Tommy, brit. Boxer (1914–1986) 340
Farrell, Edelmiro, argentin. Politiker (1887–1980) 419

Farrow, Mia, amer. Schauspielerin (* 1945) 615
Faruk I., ägypt. König (1920–1965) 318, 469, 474, 484, 606
Fassbinder, Rainer Werner, dt. Regisseur und Filmproduzent (1945–1982) 625, 658, 659, 679, 680, 692, 728, 760, 784
Fassnacht, Hans, dt. Schwimmer (* 1950) 639, 660
Faulkner, Brian, brit. Politiker (1921–1977) 662
Faulkner, William, amer. Schriftsteller (1897–1962) 277, 286, 327, 457, 535, 710
Faure, Edgar, frz. Politiker (1908–1988) 474, 497, 506
Favaloro, Rene, amer. Mediziner (* 1923) 469
Fawcett, brit. Chemiker 295
Fawzi, Mohamed, alger. Komponist 192
Fawzia, iran. Kaiserin 469
Fechter, Peter (* 1944?) 558
Fedossejew, Oleg, sowjet. Leichtathlet (* 1936) 536
Feggelen, Ina van, niederl. Schwimmerin 349
Fehrenbach, Konstantin, dt. Politiker (1852–1926) 161, 173, 266
Feininger, Lyonel, amer. Maler und Grafiker (1871–1956) 158, 169, 338
Feldmann, Markus, schweiz. Politiker (1897–1958) 770
Feldmann, Rötger (Brösel), dt. Comicautor (* 1950) 262
Felker, J. H., amer. Computertechniker 636
Fellini, Federico, ital. Regisseur (1920–1993) 495, 535, 565, 784
Fenton, John W., Komponist 192
Ferbach, Johann 563, 563
Ferdinand I., bulg. Zar (1861–1948) 73, 141
Ferdinand I., rumän. König (1865–1927) 113, 241, 241
Ferlinghetti, Lawrence, am. Schriftsteller (* 1919) 519
Fermi, Enrico, ital.-amer. Physiker (1901–1954)
Fernandez-Ochoa, Francisco, span. Skifahrer 669
Ferré, Gianfranco, ital. Modeschöpfer (* 1944) 436

Ferreira da Silva, A., bras. Leichtathlet 481, 505
Ferreira da Silva, Eusebio, portug. Fußballspieler (* 1942) 604
Ferreira do Amaral, Francisco Joaquim, portug. Politiker (1844–1923) 71
Ferreri, Marco, ital. Regisseur (* 1928) 680
Ferrier, Johan Henri Eliza, surinam. Politiker (* 1910) 696
Fessenden, Reginald Aubrey, kanad. Elektroingenieur (1866–1932) 47, 59, 61, 166
Fest, Joachim, dt. Publizist (* 1926) 680
Fetting, Rainer, dt. Künstler (* 1949) 758
Fetzner, Steffen, dt. Tischtennisspieler, 863
Feuchtwanger, Lion, dt. Schriftsteller (1884–1958) 228, 367, 367, 385
Feynman, Richard P., amer. Physiker (1918–1988) 52, 594
Fiasconaro, Marcello, südafr. Leichtathlet 681
Fibiger, Johannes Andreas-Grib, dän. Mediziner (1867–1928) 237
Fibingerova, Helena, tschech. Leichtathletin (* 1949) 721
Fichte, Hubert, dt. Schriftsteller (1935–1986) 596, 625, 692
Fick, Peter, amer. Schwimmer 307
Fierlinger, Zdenek, tschech. Politiker (1891–1976) 419
Figgis, Mike, amer. Regisseur (* 1949) 906
Figl, Leopold, österr. Politiker (1902–1965) 405, 415, 467, 482, 498, 499
Fignon, Laurent, frz. Radrennfahrer (* 1960) 767, 779, 828
Figueiredo, João Baptista Oliveira, bras. Politiker (* 1918) 334, 775, 780
Figueroa-Larrain, Emilio, chil. Politiker (1860–1931) 241
Filbinger, Hans, dt. Politiker (* 1913) 684
Fillmore, Millard, amer. Politiker (1800–1874) 20
Finck, Werner, dt. Kabarettist und Schauspieler (1902–1978) 23, 427
Finnbogadóttir, Vigdís, isländ. Politikerin (* 1930) 538
Finsen, Niels Ryberg, dän. Schriftsteller (1860–1904) 36
Firpo, Louis Angel, argentin. Boxer (1896–1960) 207
Fischer, Birgit, dt. Kanutin (* 1962) 907
Fischer, Bobby, amer. Schachspieler (* 1943) 317, 671
Fischer, Carlos, urug. Politiker 522
Fischer, Edmond H., amer. Chemiker (* 1920) 860
Fischer, Emil, dt. Chemiker (1852–1919) 31
Fischer, Ernst Otto, dt. Chemiker (* 1918) 678
Fischer, Franz, dt. Chemiker (1877–1947) 223, 469
Fischer, Hans, dt. Chemiker (1881–1945) 268
Fischer, Hermann (1896-1922) 177
Fischer, Joschka, dt. Politiker (* 1948) 781
Fischer, O. W., österr. Schauspieler (* 1915) 276
Fischer, Ruth, dt. Politikerin (1895–1961) 149
Fitch, Clyde, amer. Schriftsteller (1865–1909) 83
Fitch, Robert, amer. Leichtathlet 428
Fitch, Val L., amer. Physiker (* 1923) 744
Fittipaldi, Emerson, bras. Automobilrennfahrer (* 1946) 670, 693
Fitzgerald, Francis Scott, amer. Schriftsteller (1896–1940) 228, 306, 542
Fitzmaurice, James C., brit. Pilot (1898–1965) 245
Fitzsimmons, Bob, amer. Boxer (1863–1917) 34
Flaherty, Robert, amer. Regisseur (1884–1951) 182
Flanagan, John, amer. Leichtathlet (1873–1938) 26, 84
Flandin, Pierre Etienne, frz. Politiker (1889–1958) 299, 308, 308
Flegenheimer, Arthur (Dutch Schultz), Bandenchef (1902–1935) 275
Fleißer, Marieluise, dt.

Schriftstellerin (1901–1974) 252
Fleming, Alexander, brit. Bakteriologe (1881–1955) 204, 250, **250**, 416
Fleming, Ian, engl. Schriftsteller (1908–1964) 564
Fleming, John Ambrose, brit. Physiker (1849–1945) 47, 61
Fleming, Victor, amer. Regisseur (1883–1949) 357
Flex, Walter, dt. Schriftsteller (1887–1917) 140
Flick, Friedrich Karl, dt. Unternehmer (1883–1972) 782
Flickenschildt, Elisabeth, dt. Schauspielerin (1905–1977) **458**
Florey, Howard Walter, austral. Pathologe (1898–1968) 416
Flory, Paul J., amer. Chemiker (1910–1985) 689
Fo, Dario, ital. Dramatiker, Schauspieler und Regisseur (* 1926) 649, 692, 719, 766
Foch, Ferdinand, frz. Militär (1851–1929) 116, 144, 399
Fock, Gorch, dt. Schriftsteller (1880–1916) 111
Focke, Heinrich, dt. Flugzeugkonstrukteur (1890–1979) 324
Focke, Katharina, dt. Politikerin (* 1922) 549
Foerster, Friedrich Wilhelm, dt. Philosoph und Pädagoge (1869–1966) 294
Fogel, Robert W., amer. Wirtschaftswissenschaftler (* 1926) 867
Foilan González, José, span. Automobilrennfahrer 437
Fokin, Michail, russ. Tänzer (1880–1942) 69
Fokker, Anthony, H. G., niederl. Flugzeugkonstrukteur (1890–1939) 222
Folberth, M. W., brit. Ingenieur 102
Folley, Zora, amer. Boxer 616
Fonda, Henry, amer. Schauspieler (1905–1982) 625
Fonda, Peter, amer. Schauspieler (* 1939) 639
Fondriest, Maurizio, ital. Radrennfahrer (* 1965) 814

Personenregister

Fontaine, Just, frz. Fußballspieler (* 1933) *528*
Fonteyn de Arias, Margot, brit. Tänzerin (1919–1991) *447*
Forbes, George William, neuseel. Politiker (1869–1947) *308*
Ford, Alan, amer. Schwimmer (* 1923) *404*
Ford, Gerald R., amer. Politiker (* 1913) *682,* 686, 707, *713, 804, 856*
Ford, Henry, amer. Industrieller (1863–1947) 74, *222,* 334
Ford, John, amer. Regisseur (1895–1973) 316, *356,* 357, *357,* 367, 377
Ford, Richard, amer. Schriftsteller (* 1944) *893*
Foreman, George, amer. Boxer (* 1949) 587, *681, 693,* 853, *881,* 882
Forest, Jean-Claude, frz. Comicautor (* 1930) *262*
Forlani, Arnaldo, ital. Politiker (* 1925) *684, 748*
Forlanini, Enrico, ital. Flugzeugkonstrukteur (1848–1930) 325
Forman, Milos, tschech.-amer. Regisseur (* 1932) *777*
Fornara, Pasquale, ital. Radrennfahrer (* 1925) *42*
Forrer, Ernst, schweiz. Bergsteiger *485*
Forrer, Ludwig, schweiz. Politiker (1845–1921) 58, *79*
Forst, Willi, österr. Schauspieler und Regisseur (1903–1980) *306*
Forster, Edward Morgan, brit. Schriftsteller (1879–1970) *216, 777*
Forsyth, Frederick, brit. Schriftsteller (* 1938) *668, 880*
Forßmann, Werner, dt. Chirurg (1904–1979) 259, *469,* 509
Fortner, Wolfgang, dt. Komponist (1907–1987) 427, *471, 520*
Fosbury, Dick, amer. Leichtathlet (* 1947) *628*
Foster, Bob, amer. Boxer (* 1938) *650*
Foster, Harold R., kanad. Comicautor (1892–1982) *262*

Foucault, Michel, frz. Philosoph (1926–1984) *584*
Fowler, Ralph Howard, brit. Physiker (1889–1944) 751
Fowler, William A., amer. Physiker (1911–1995) *765*
Foyt, Anthony J., amer. Automobilrennfahrer (* 1935) 98
France, Anatole, frz. Schriftsteller (1844–1924) 25, *76, 104,* 180
France, Henri de, frz. Physiker (1911–1986) *469*
Franck, James, dt. Physiker (1882–1964) 224
Franco y Bahamonde, Francisco, span. Politiker (1892–1975) 319, 321, *321,* 330, *350,* 694, 695, 696, *696,* 722
Franco, Itamar, bras. Politiker (* 1931) *334, 883, 854*
Franco, João, portug. Politiker (1855–1929) 56, *71*
Frank, Anne (1929–1945) 426
Frank, Hans, dt. Politiker (1900–1946) *371,* 422
Frank, Ilja, sowjet. Physiker (1908–1990) *526*
Frank, Leonhard, dt. Schriftsteller (1882–1961) *118*
Frankenfeld, Peter, dt. Showmaster (1913–1979) 477, *583*
Frankfurter, David, jüd. Widerstandskämpfer (1909–1982) 344
Franklin, Aretha, amer. Soulsängerin (* 1942) *494*
Franklin, John, brit. Polarforscher (1786–1847) 634
Franklin, Rosalind Elsie, brit. Chemikerin (1920–1957) 485
Frantz, Nicolas, lux. Radrennfahrer (1899–1985) *247,* 254
Franz Ferdinand, österr. Erzherzog (1863–1914) *113, 174,* 260
Franz Joseph I., österr. Kaiser und König von Ungarn (1830–1916) 39, 71, 113, *125,* 128, **128,** *129,* 258
Franz Joseph II., Fürst von Liechtenstein (1906–1989) *129*
Fraser, Dawn, austral. Schwimmerin (* 1937) 197, *528, 566,* 588

Fraser, Neale, austral. Tennisspieler (* 1933) *536,* 544
Frazer, Gretchen, amer. Skirennläuferin *449*
Frazier, Joe, amer. Boxer (* 1944) 587, *627,* 639, 660, 670, 681, 702
Frears, Stephen, brit. Regisseur (* 1941) *811*
Fredriksson, Gert, schwed. Kanufahrer (* 1919) *449*
Freed, Alan, amer. Diskjockey (* 1937) 493
Frei Montalva, Eduardo, chil. Politiker (1922–1965) *640,* 642
Frei Ruiz-Tagle, Eduardo, chil. Politiker (* 1942) *676*
Freisler, Manfred, dt. Handballspieler (* 1957) *728*
Freisler, Roland, dt. Jurist (1893–1945) 301, *371*
Frenkel, Michel, frz. Ingenieur *102*
Freud, Sigmund, österr. Mediziner und Psychologe (1856–1939) 14, *14,* **14,** *16,* 205, 230, *294,* 385
Frey, Konrad, dt. Turner (1909–1974) 328
Frick, Wilhelm, dt. Politiker (1877–1946) *371,* 422
Friderichs, Hans, dt. Politiker (* 1931) *764*
Fried, Alfred Hermann, österr. Buchhändler und Journalist (1864–1921) *93*
Friedan, Betty, amer. Frauenrechtlerin (* 1921) *96*
Friedeburg, Hans Georg von, dt. Militär (1895–1945) 409
Friedell, Egon, österr. Schriftsteller, Journalist und Schauspieler (1878–1938) 246
Friedenthal, Hans, dt. Chemiker 46
Friedkin, William, amer. Regisseur (* 1939) *193,* 680
Friedman, Jerome I., amer. Physiker (* 1930) *839*
Friedman, Milton, amer. Volkswirtschaftler (* 1912) *322,* 709
Friedrich II., dän. König (1534–1588) 99
Friedrich VIII., dän. König (1843–1912) *56,* 661
Friedrich IX., dän. König (1899–1972) *429,* 661
Friedrich, Caspar David, dt. Maler (1774–1840) 62

Friedrich, Heike, dt. Schwimmerin (* 1970) *794*
Friedrich, Rudolf, schweiz. Politiker (* 1923) *770*
Friedrichs, Rudolf, dt. Politiker (1892–1947) *421*
Frisch, Karl von, österr. Zoologe (1886–1982) *678*
Frisch, Max, schweiz. Schriftsteller (1911–1991) *417, 495,* 520, *527,* 554, *585,* 587, *701, 735,* 745
Frisch, Otto Robert, österr.-brit. Physiker (1904–1979) *346*
Frisch, Ragnar, norw. Nationalökonom (1895–1973) *636*
Fritsch, Werner Freiherr von, dt. Militär (1880–1939) *333,* 341
Fritsch, Willy, dt. Schauspieler (1901–1973) 270, 276, *276*
Fritsche, Horst, dt. Schwimmer *489*
Fritzsche, Hans, dt. Politiker (1900–1953) *422*
Friz, Max, dt. Unternehmer *222*
Froelich, Carl, dt. Regisseur (1875–1953) *118,* 270, 368
Fromm, Erich, dt.-amer. Psychoanalytiker (1900–1980) 14, *214,* 710
Frondizi, Arturo, argentin. Politiker (1908–1995) *606*
Fry, Christopher, engl. Schriftsteller (* 1907) *495*
Fry, Shirley, amer. Tennisspielerin (* 1927) *473,* 513, *521*
Fuad I., ägypt. König (1868–1936) *184,* **184,** *185,* 318
Fuad II., ägypt. König (* 1952) *474*
Fuchs, Anke, dt. Politikerin (* 1937) *549*
Fuchs, Gilbert, dt. Eiskunstläufer 63
Fuchs, Jim, amer. Leichtathlet (* 1927) *466*
Fuchs, Rudi *504*
Fuchs, Ruth, dt. Leichtathletin (* 1946) *693*
Fuentes, Carlos, mex. Schriftsteller (* 1928) *701*
Fujimori, Alberto Kenya, peruan. Politiker (* 1938) *829*
Fukui, Kenichi, jap. Chemiker (* 1918) *751*
Funk, Casimir, poln.-amer.

Biochemiker (1884–1967) 93
Funk, Walther, dt. Politiker (1890–1960) 371, 422
Furgler, Kurt, schweiz. Politiker (* 1924) 770
Furtwängler, Wilhelm, dt. Dirigent (1886–1954) 277, 503

G

Gaarder, Jostein, norweg. Schriftsteller (* 1952) 871
Gabelich, Gary, amer. Automobilrennfahrer 651
Gabelsberger, Franz Xaver, dt. Stenograph (1789–1849) 192
Gable, Clark, amer. Schauspieler (1901–1960) 328
Gabo, Naum, russ.-amer. Bildhauer (1890–1977) 122
Gábor, Dennis, brit.-ung. Physiker (1900–1979) 434, 657
Gad, Urban, dän. Regisseur (1879–1947) 88, 97, 104, 131, 270
Gaddafi, Muammar al, lib. Politiker (* 1942) 606, 629, 631, 631
Gade, Svend, dän. Regisseur (1877–1952) 270
Gades, Antonio, span. Tänzer (* 1936) 766, 766
Gagarin, Juri Alexejewitsch, sowjet. Kosmonaut (1934–1968) 188, 551
Gagnan, Emile, frz. Ingenieur 393
Gaidar, Jegor, (* 1956) russ. Politiker 858
Gailis, Maris, lett. Politiker (* 1951) 883
Gaillard, Félix, frz. Politiker (1919–1970) 515, 522
Gaines, Ambrose, amer. Schwimmer (* 1959) 761
Gajdusek, D. Carleton, amer. Biochemiker (* 1923) 709
Galbraith, John K., kanad. Volkswirtschaftler (* 1908) 322
Galeen, Henrik, niederl. Regisseur (1882–1949) 118
Galen, Clemens August Graf von, dt. Theologe (1878–1946) 389
Galento, Tony, amer. Boxer (1909–1979) 359
Galetti, Carlo, ital. Radrennfahrer 98

Gall, Karl, österr. Fußballspieler (1909–1941) 278
Gallo, Robert, amer. Biochemiker (* 1937) 774
Gallup, George Horace, amer. Meinungsforscher (1901–1984) 325
Galsworthy, John, brit. Schriftsteller (1867–1933) 62, 284
Gamow, George Anthony, russ.-amer. Physiker (1904–1968) 346, 582
Gamsachurdia, Swiad, georg. Politiker (1939–1993) 845, 854
Gance, Abel, frz. Regisseur (1889–1981) 191, 194, 246
Gandhi, Indira, ind. Politikerin (1917–1984) 430, 432, 439, 538, 570, 598, 768, 769, 770, 771, **771**
Gandhi, Mohandas Karamchand »Mahatma«, ind. Freiheitskämpfer (1869–1948) **256**, 266, 430, **439**, 570, 618, 618
Gandhi, Rajiv, ind. Politiker (1944–1991) 430, 570, 768, 771, **771**
Ganna, Luigi, ital. Radrennfahrer (1883–1957) 84, 84
Ganz, Bruno, dt. Schauspieler (* 1941) 799, 905, **905**
Garbay, Sándor, ung. Politiker (1879–1947) 148, 161
Garbo, Greta, schwed. Schauspielerin (1905–1990) 138, 230, 262, 270, 357
García Lorca, Federico, span. Schriftsteller (1898–1936) 296, 306, 417, 419, 760, 766
García Márquez, Gabriel, kolumb. Schriftsteller (* 1928) 614, 615, 752, 758, 784, 880
García Perez, Alan, peruan. Politiker (* 1949) 829
García Prieto, Manuel, span. Politiker (1859–1938) 198
García Robles, Alfonso, mex. Politiker (1911–1991) 758
Gardella, Ignazio 810
Gärderud, Anders, schwed. Leichtathlet (* 1946) 702
Gareis, Karl, dt. Politiker (1890–1921) 163, 177
Garfield, James Abraham, amer. Politiker (1831–1881) 20, 570

Garin, Maurice, frz. Radrennfahrer (1871–1957) 42, 42, 43
Garletti, Carlo, ital. Radrennfahrer 89
Garnier, Katja von, dt. Regisseurin (* 1966) 871
Garrastazu Medici, Emilio, bras. Politiker (1906–1985) 334, 629
Garrigou, Gustave, frz. Radrennfahrer (1884–1963) 98
Gasparri, Pietro, ital. Kardinal (1852–1934) 256, 405
Gasser, Herbert S. amer. Mediziner (1888–1963) 402
Gates, Bill, amer. Unternehmer (* 1955) 889, **889**
Gatty, Paul, amer. Pilot 296
Gauck, Joachim, dt. Politiker (* 1940) 854
Gaudí, Antoni, span. Architekt (1852–1926) 24
Gauguin, Paul, franz. Maler 54, 195
Gaul, Charly, lux. Radrennfahrer (* 1932) 528, 536
Gaulle, Charles de, frz. Politiker (1890–1970) 363, 374, 390, 391, 396, 398, 398, **398**, 399, 429, 522, **522**, 529, 551, 558, 559, 567, 568, 600, 617, 620, 629, 630, 643
Gaus, Günter, dt. Politiker (* 1929) 683, 684
Gautsch von Frankenthurn, Paul Freiherr v., österr. Politiker (1851–1918) 50, 56, 90
Gaye, Marvin, amer. Soulmusiker (1939–1984) 494
Gaynor, Janet, amer. Schauspielerin (1906–1984) 263
Gebrselassie, Haile, äthiop. Leichtathlet (* 1973) 801, 881, 894
Gehlen, Reinhard, dt. Militär (1902–1979) 515
Geiger, Hans, dt. Physiker (1882–1945) 109
Geisel, Ernesto, bras. Politiker (1907–1996) 334
Geistdörfer, Christian, dt. Automobilrennfahrer (* 1953) 745
Geldof, Bob, ir. Rockmusiker (* 1952) 784, 784
Gell-Mann, Murray, amer. Physiker (* 1929) 52, 583, 636
Gemayel, Bechir, liban. Politiker (1947–1982) 694, 755, 844
Gemmel, Rhys H., austral. Tennisspieler 183
Genet, Jean, frz. Schriftsteller (1910–1986) 437, 520, 760
Gennes, Pierre-Gilles de, frz. Physiker 850
Gennip, Yvonne van, niederl. Eisschnellläuferin (* 1964) 812
Genscher, Hans-Dietrich, dt. Politiker (* 1927) 443, 688, 820, **833**
Georg I., griech. König (1845–1912) 106, 106, 174, 401
Georg II., griech. König (1890–1947) 184, 208, 209, 308, 390, 401, 429
George V., brit. König (1865–1936) 85, 129, 318, 326, 362
George VI., brit. König (1895–1952) 318, 326, 362, 474, 486
George, Götz, dt. Schauspieler (* 1938) 765, 852, 862
George, Stefan, dt. Schriftsteller (1868–1933) 16, 69
Georgiew, Kimon S., bulg. Politiker (1882–1969) 299, 396, 419
Gere, Richard 827
Gerhardt, Wolfgang, dt. Politiker (* 1943) 443, 883
Gerhardsen, Einar, norw. Politiker (1897–1987) 51, 405, 590
Gerlach, Manfred, dt. Politiker (* 1928) 815, 829
Germar, Manfred, dt. Leichtathlet (* 1935) 528
Gersdorff, Rudolph Christoph Freiherr von, dt. Militär 398
Gershwin, George, amer. Komponist (1898–1937) 216, 252, 316
Gerstenmaier, Eugen, dt. Politiker (1906–1986) 389
Getty, Paul, amer. Industrieller (1892–1976) 680
Getz, Stan, amer. Jazzmusiker (1927–1991) 227
Geweniger, Ute, dt. Schwimmerin (* 1964) 753
Ghasi I., irak. König (1912–1939) 290, 832
Gheorghiu-Dej, Gheorghe,

Personenregister　　**Goretta, Claude**

rumän. Politiker (1901–1965) *414, 591*
Ghirlandaio, Domenico, ital. Maler (1449-1494) 880
Gholmieh, Walid, irak. Komponist *192*
Giacometti, Alberto, schweiz. Bildhauer und Maler (1901–1966) *229*
Giannini, Eugenio, amer. Bandenchef (1910–1952) *275*
Giauque, William Francis, amer. Physikochemiker (1895–1982) *457*
Giaver, Ivar, amer. Physiker (* 1929) *678*
Gibbon, John Heysham, amer. Mediziner (1903–1973) *469*
Gibbons, Tom, amer. Boxer *207*
Gibson, Althea, amer. Tennisspielerin *513, 521, 528*
Gibson, Charles-Stanley, brit. Chemiker (1884–1950) *295*
Gibson, Mel, amer. Schauspieler (* 1956) *893*
Gibson, Violet Albina 232
Gide, André, frz. Schriftsteller (1869–1951) *33, 69, 118, 216, 228, 433*
Gierek, Edward, poln. Politiker (* 1913) *414, 508, 645, 818*
Giersch, Herbert 581
Gigurtu, Ion, rumän. Politiker *360*
Gilbert, Jean, dt. Komponist (1879–1942) *88*
Gilbert, Walter, amer. Molekularbiologe (* 1932) *744*
Gillespie, Dizzie, amer. Jazzmusiker (1917–1993) *227*
Gilliam, Terry, brit. Regisseur (* 1940) *624*
Gillis, Lester (Babyface Nelson), amer. Bandenchef († 1932) *275*
Gilman, Alfred, G., amer. Mediziner (* 1925) *878*
Gilmore, Gary Mark 718
Gilmour, Peter, austral. Segler 800
Gimeno, Andres, span. Tennisspieler *670*
Gimondi, Felice, ital. Radrennfahrer (* 1942) *597, 616, 639, 681, 712*
Ginsberg, Allen, amer. Schriftsteller (* 1926) *306, 511, 519, 520*

Ginzburg, Natalia, ital. Schriftstellerin (1916–1991) *574*
Giolitti, Giovanni, ital. Politiker (1842–1928) *35*
Giral y Pereira, José, span. Politiker (1879–1962) *319, 321*
Girardengo, Costante, ital. Radrennfahrer (1893–1978) *42, 160, 207*
Girardot, Léonce, frz. Automobilrennfahrer 26
Giraud, Henri-Honoré, frz. Militär (1879–1949) *391*
Giraudoux, Jean, frz. Schriftsteller (1882–1944) *316, 394, 417*
Giresse, Alain, frz. Fußballspieler (* 1952) *778*
Giscard d'Estaing, Valéry, frz. Politiker (* 1926) *568, 682, 703, 748, 749*
Gish, Lilian, amer. Schauspielerin (1896–1993) *168*
Gisikis, Phädon, griech. Politiker (* 1917) *682, 686*
Giuliano, Salvatore, ital. Bandenchef *464, 554*
Givenchy, Hubert de, frz. Modeschöpfer (* 1927) *436*
Gjellerup, Karl Adolph, dän. Schriftsteller (1857–1919) *62, 138*
Gladkow, Fjodor W., sowjet. Schriftsteller (1883–1958) *228*
Glaeser, Ernst, dt. Schriftsteller (1902–1963) *252*
Glaser, Donald Arthur, amer. Physiker (* 1926) *52, 94, 539*
Glashow, Sheldon Lee, amer. Physiker (* 1932) *689, 734*
Glass, Philip, amer. Komponist (* 1937) *710, 745, 777*
Gleißner, Heinrich, österr. Politiker (1893–1984) *467*
Gleizes, Albert, frz. Maler (1881–1953) *70*
Glemp, Józef, poln. Kardinal (* 1928) *770*
Glenn, John, amer. Astronaut und Politiker (* 1921) *551, 552*
Globke, Hans, dt. Politiker (1898–1973) *684*
Gloor, Frank *810*
Gmeiner, Hermann, österr. Sozialpädagoge (1919–1986) *470*

Gnägi, Rudolf, schweiz. Politiker (1917–1985) *770*
Godard, Jean-Luc, frz. Regisseur (* 1930) *540, 542, 574, 766*
Goddard, Robert H., amer. Physiker (1882–1945) *223, 238*
Godoy, Arturo, argentin. Boxer *369*
Goebbels, Joseph, dt. Politiker (1897–1945) *273, 294, 296, 301, 343, 344, 371, 389,* **389,** *399*
Goehner, Joachim *285*
Goeppert-Mayer, Maria, dt.-amer. Physikerin (1906–1972) *573*
Goerdeler, Carl Friedrich, dt. Politiker und Widerstandskämpfer (1884–1945) *389*
Goering, Reinhard, dt. Schriftsteller (1887–1936) *147*
Goetz, Rainald, dt. Schriftsteller (* 1954) *799, 871*
Goffman, Erving, amer. Philosoph (1922–1982) *214*
Goga, Octavian, rumän. Politiker (1881–1938) *341*
Gogh, Vincent van, niederl. Maler (1853–1890) *24, 54, 195, 800, 840*
Goh Chok Tong, singap. Politiker (* 1941) *592*
Göhr, Marlies, dt. Leichtathletin (* 1958) *720*
Goitschel, Christine, frz. Skirennläuferin (* 1944) *586, 587*
Goitschel, Marielle, frz. Skirennläuferin (* 1945)
Goldhagen, Daniel Jonah, amer. Historiker (* 1959) *906*
Golding, William, brit. Schriftsteller (1911–1993) *494, 495, 765*
Goldmann, Ronald *563*
Goldmark, Peter, amer. Techniker (1906–1977)
Goldstein, Joseph L., amer. Genetiker (* 1940) *782*
Golgi, Camillo, ital. Mediziner (1844–1926) *61*
Gömbös von Jákfa, Gyula, ung. Politiker (1886–1936) *300*
Gomes, Francisco da Costa, portug. Politiker und Militär (* 1914) *682*
Gomes da Costa, Manuel

de Oliveira, portug. Politiker (1863–1929) *86, 86, 232, 280*
Gómez, Andres, ecuador. Tennisspieler (* 1960) *841*
Gómez, Juan Vicente, venezol. Politiker (1857–1935) *71*
Gomulka, Wladislaw, poln. Politiker (1905–1982) *414, 508, 644, 818*
Gonzales, Pancho, amer. Tennisspieler (1928–1995) *450, 460*
González Garza, Roque, mex. Politiker *120*
González Márquez, Felipe, span. Politiker (* 1942) *696, 754, 895*
Gonzáles Videla, Gabriel, chil. Politiker *676*
Goodell, Brian, amer. Schwimmer (* 1959) *721*
Goodhue, T., amer. Erfinder *223*
Goodman, Benny, amer. Jazzmusiker (1909–1986) *227, 347*
Goodwin, Hannibal, amer. Erfinder (1822–1900) *66*
Goolagong, Evonne, austral. Tennisspielerin (* 1951) *660, 693, 702*
Gopawalla, William, ceylon. Politiker (1897–1981) *663, 722*
Gorbach, Alfons, österr. Politiker (1898–1972) *545, 577*
Gorbatschow, Michail, sowjet. Politiker (* 1931) *103, 188, 257, 580, 674, 763, 780, 781, 798, 802, 802, 803, 803, 804, 804, 817, 819, 820, 833, 839, 844, 845, 846, 847*
Gordien, Fortune, amer. Leichtathlet (1922–1990) *460, 489*
Gordimer, Nadine, südafr. Schriftstellerin (* 1923) *527, 735, 850*
Gordon, Aloysius, brit. Jazzmusiker *569*
Gore, Arthur W., brit. Tennisspieler (1868–1928) *26, 77, 84*
Goremykin, Iwan L., russ. Politiker (1839–1917) *53, 113, 125*
Goretta, Claude, schweiz. Regisseur (* 1929) *649, 719*

929

Goria, Giovanni, ital. Politiker (1943–1994) 795
Göring, Hermann, dt. Politiker (1893–1946) 302, 312, 333, 335, 364, 371, 379, 398, 408, 422, **421**
Gorki, Maxim, russ. Schriftsteller (1868–1936) 33, 40, 48, 62, 205, 286
Gorky, Arshile, amer. Maler (1904–1948) 436
Gortschakowa, Jelena, sowjet. Leichtathletin (* 1933) 589
Goscinny, René, frz. Comicautor (1926–1977) 261, 565
Goss, Joe, brit. Boxer 171
Gottvalles, Alain, frz. Schwimmer (* 1942) 589
Gottwald, Klement, tschech. Politiker (1896–1953) 419, 439, 440
Goufin, Lucien, frz. Fechter 253
Gouin, Félix, frz. Politiker (1884–1977) 419
Goulart, João Belchior Marques, bras. Politiker (1918–1976) 334, 545, 577, 577, 606
Gould, Chester, amer. Comicautor (1900–1985) 262
Gould, Shane, austral. Schwimmerin (* 1956) 588, 660, 669
Goulding, Edmund, amer. Regisseur (1891–1959) 270, 286
Gouled Aptidon, Hassan, dschibut. Politiker (* 1916) 714
Goux, Julex, frz. Automobilrennfahrer 240
Gowon, Yakubo, nigerian. Politiker (* 1934) 598, 608, 640
Graber, Pierre, schweiz. Politiker (* 1908) 770
Gracia Patricia → Kelly, Grace
Gracq, Julien, frz. Schriftsteller (* 1910) 229
Graf, Steffi, dt. Tennisspielerin (* 1969) 33, 349, 489, 801, **813**, 814, 828, 841, 853, 863, 871, 872, 881, 894, 908
Graffenried, Emanuel de, schweiz. Automobilrennfahrer (* 1914) 460
Graham, Martha, amer. Tänzerin und Choreographin (1894–1991) 41, 296, **298**
Grams, Wolfgang, dt. Terrorist 865
Granados, Enrique, span. Komponist (1867–1916) 131
Grandval, Gilbert, frz. Politiker (1904–1981) 421
Granit, Ragnar A., schwed. Neurophysiologe (1900–1991) 614
Grant, Ulysses Simpson, amer. Politiker (1822–1885) 20
Grass, Günter, dt. Schriftsteller (* 1927) 438, 535, 574, 602, 719, 735, 744, 793, 893
Graves, Robert, brit. Schriftsteller (1895–1985) 306
Gray, Elisha, amer. Erfinder (1835–1901) 238
Green, Charlie, amer. Leichtathlet (* 1945) 627
Green, Phyllis, brit. Leichtathletin 231
Greenaway, Peter, brit. Regisseur und Autor (* 1942) 799, 827, 880
Greene, Graham, brit. Schriftsteller (1904–1991) 348, 356, 367, 369
Greenglass, David 486
Gregor XVI., Papst (1765–1846) 39
Gregory, John, brit. Tennisspieler 264
Greifelt, Ulrich, dt. SS-Führer 354
Griffith, Charles F., amer. Regisseur 760
Griffith, David Wark, amer. Regisseur und Produzent (1875–1948) 83, 124, 124, 131, 159, 159
Griffith-Joyner, Florence, amer. Leichtathletin (* 1959) 812, 813, 814
Grignard, Victor, frz. Chemiker (1871–1935) 103
Grimm, Hans, dt. Schriftsteller (1875–1959) 239
Grimm, Jacob, dt. Literaturwissenschaftler (1785–1863) 555
Grimm, Wilhelm, dt. Literaturwissenschaftler (1786–1859) 555
Grinius, Kasimir, lit. Politiker (1867–1952) 232
Gris, Juan, span. Maler (1887–1927) 70
Grischin, Jewgeni, sowjet. Eisschnellläufer (* 1931) 512, 543
Grisham, John, amer. Schriftsteller (* 1955) 871, 880
Grissom, Virgil, amer. Astronaut (1926–1967) 551
Griwas, Jeorjios, zypr. Militär und Politiker (1898–1974) 685
Groddeck, Georg, dt. Mediziner (1866–1934) 14
Gromyko, Andrei, sowjet. Politiker (1909–1989) 642, 771, 780, 802, 804
Gropius, Walter, dt.-amer. Architekt und Designer (1883–1969) 40, 158, 158, **159,** 217, 385, 478, 528
Groß, Michael, dt. Schwimmer (* 1964) 761, 767, 767, 778, 779, 786, 786, 794
Grossmann, Wilhelm († 1921) 226
Grosz, George, dt. Maler (1893–1959) 132, 169, 230, 338, 385
Grósz, József, ung. Erzbischof (1887–1961) 452
Grósz, Károly, ung. Politiker (1930–1996) 803
Grotewohl, Otto, dt. Politiker (1894–1964) 452, 456, **456,** 577, 653
Grötumsbraaten, Johann, norw. Skiläufer (1899–1983) 253
Groult, Benoîte, frz. Schriftstellerin (* 1920) 811
Grover-Williams, William, brit. Automobilrennfahrer 254, 264, 278
Groza, Petru, rumän. Politiker (1884–1958) 405
Gruhl, Herbert, dt. Politiker (1921–1993) 701
Grujić, Sava serb. Politiker 44
Grün, Max von der, dt. Schriftsteller (* 1926) 574
Gründgens, Gustaf, dt. Schauspieler, Regisseur und Intendant (1899–1963) 17, 32, 459, 759
Grundtvig, Nicolai, dän. Theologe und Schriftsteller (1783–1872) 30
Grune, Karl, österr.-brit. Regisseur (1890–1962) 205
Gruntz, George, amer. Komponist (* 1932) 811
Grynszpan, Herschel (1911–1942) 343, 380
Grzesinski, Albert, dt. Politiker (1879–1947) 265
Gschweidl, Fritz, österr. Fußballspieler (1904–1970) 278
Guardia, Ernesto de la, panama. Politiker (1904–1983) 497
Guareschi, Giovanni, ital. Schriftsteller (1908–1968) 448
Gueffroy, Chris 860
Guérin, Robert, frz. FIFA-Präsident 49
Guerra, Learco, ital. Radrennfahrer 278, 307
Guerrero, Manuel Amador, panama. Politiker († 1909) 36, 44
Guevara, Ernesto »Che« kuban.-argentin. Politiker (1928–1967) 570, 609, **609,** 613
Gugelot, Hans, dt. Designer (1920–1965) 40
Guggenheim, Solomon R., amer. Industrieller (1861–1949) 534
Guillaume, Charles Edouard, frz. Physiker (1861–1938) 167
Guillaume, Günter, dt. Spion (1927–1995) 682, 683, **683,** 684, 685
Guillermin, John, Regisseur (* 1925) 692
Guillemin, Roger, amer. Biochemiker (* 1924) 718
Guimard, Héctor, frz. Architekt (1867–1942) 13, 24
Guiness, Bill, brit. Rennfahrer 218
Guinness, Alec, engl. Schauspieler (* 1914) 520
Guinness, Arthur, ir. Unternehmer (1725–1803) 222
Gullstrand, Allvar, schwed. Mediziner (1862–1930) 93
Günaltay, Semsettin, türk. Politiker (1883–1961) 461
Gunnell, Sally, amer. Leichtathletin (* 1966) 872
Günther, Dorothee, dt. Schriftstellerin und Pädagogin (1896–1975) 338
Gürsel, Kemal, türk. Politiker (1895–1966) 537
Gusenbauer, Ilona, österr. Leichtathletin (* 1947) 660

Gustafsson, Toini, schwed. Skiläufer (* 1938) 626
Gustav I., schwed. König (1496–1560) 197
Gustav V. Adolf, schwed. König (1858–1950) 64, 105, 227, *461, 633*
Gustav VI. Adolf, schwed. König (1882–1973) 129, *461*, 513, *633, 672*
Gustloff, Wilhelm, dt. Parteifunktionär (1895–1936) 344
Guterres, António, portug. Politiker (* 1949) 883
Gütersloh, Albert Paris, österr. Schriftsteller (1887–1973) 565
Gutmann, Rolf 810
Gutowski, Bob, amer. Leichtathlet (* 1935) 521
Gutsche, Torsten, dt. Kanufahrer (* 1968) 862
Guttler, Karoly, ung. Schwimmer 872
Guzmán, Jacobo Arbenz, guatemaltek. Politiker 467, 490
Gwathmey, Charles, amer. Architekt (* 1938) 534
Gyllenhammar, Per, schwed. Industrieller (* 1935) 666
Gysi, Gregor, dt. Politiker (* 1948) 653

H

Haab, Robert, schweiz. Politiker (1865–1939) 79
Haakon VI. Magnusson, norw. König (1340–1380) 50
Haakon VII., norw. König (1872–1957) 50, *50, 51*, 129, *360*, 515
Haan, Ada de, niederl. Schwimmerin 521
Haarmann, Fritz (1879–1925) 225, *226*
Haase, Helga, dt. Eisschnellläuferin (1934–1989) 543
Haase, Hugo, dt. Politiker (1863–1919) 134, *174, 177*, 409
Haavelmo, Trygve, norw. Ökonom (* 1911) 826
Habeler, Peter, ital. Bergsteiger (* 1942) 728
Haber, Fritz, dt. Chemiker (1868–1934) 74, *146*
Haberer, Godfrid, dt. Architekt (* 1941) 534

Häberlin, Heinrich, schweiz. Politiker (1868–1947) 79
Habermas, Jürgen, dt. Philosoph und Soziologe (* 1929) 214, *214, 584*, 585
Habib Ullah Ghasi, afghan. König († 1929) 255, *255*
Habib Ullah Khan, afghan. Emir (1872–1919) 148
Habré, Hissen, tschad. Politiker (* 1942) 762, *763*
Habsburg, Otto von, Politiker (* 1912) 498
Habyarimana, Juvenal, ruand. Politiker († 1994) 900
Hácha, Emil, tschech. Politiker (1872–1945) 341, *343*, 350
Hacks, Peter, dt. Schriftsteller (* 1928) 710
Hadamovsky, Eugen, dt. Parteifunktionär (1904–1944) 315
Hafis, Amin al-, syr. Politiker (* 1911) 567
Haftmann, Werner, dt. Kunsthistoriker (* 1912) 504
Hagen, Oddbjörn, norw. Skifahrer (* 1908) 328
Hagen, Oskar, dt. Kunsthistoriker (* 1888) 170
Hagenbeck, Carl, dt. Zoologe (1844–1913) 67
Hägg, Gunder, schwed. Leichtathlet (* 1918) 378, *387, 387, 404*, 801
Hagman, Larry, amer. Schauspieler (* 1931) 493
Hahn, Archie, amer. Leichtathlet (1880–1955) 49
Hahn, Otto, dt. Chemiker (1879–1968) 52, 157, 346, *346*, 402
Haibach, Marita, dt. Politikerin (* 1953) 781
Haider, Jörg, österr. Politiker (* 1950) 498
Haig, Alexander, amer. Militär (* 1924) 714
Haile Selassie I., äthiop. Kaiser (1892–1975) 129, 248, 311, 365, 561, 603, 606, 682, 686, *687, 687*, 845
Hainisch, Michael, österr. Politiker (1858–1940) 161, 258
Haitink, Bernard, niederl. Dirigent (* 1929) 503

Hájek, Jiří, tschech. Bürgerrechtler (1913– 1993) 741
Halbe, Max, dt. Schriftsteller (1865–1944) 41, *41*
Halder, Franz, dt. Militär (1884–1972) 400
Hale, George Ellery, amer. Astronom (1868–1938) 136
Haley, Alex, amer. Schriftsteller (1921–1992) 710
Haley, Bill, amer. Rockmusiker (1925–1981) 493, *494*
Hall, Gary, amer. Schwimmer (* 1951) 650
Hall jr., Gary, amer. Schwimmer 907
Hallervorden, Dieter, dt. Schauspieler und Kabarettist (* 1935) 427
Halley, Edmond, engl. Mathematiker und Astronom (1656–1742) 87
Hallstein, Walter, dt. Politiker (1901–1982) 499, 610
Halmay, Zoltan, ung. Schwimmer (1881–1956) 55
Hamaguchi, Juko, jap. Politiker (1870–1931) 255
Hämäläinen, Marja-Lisa, finn. Skiläuferin (* 1955) 778
Hamer, Robert, brit. Regisseur (1911–1963) 459
Hamilton, Richard, engl. Maler (* 1922) 586
Hamlisch, Marvin, amer. Komponist (* 1944) 701
Hammarskjöld, Dag, schwed. Politiker (1905–1961) 482, 537, 552, 750
Hammett, Dashiell, amer. Schriftsteller (1894–1961) 356, *356*, 378
Hammouda, Yahja, paläst. Politiker 629
Hampson, Thomas, amer. Leichtathlet (1907–1965) 289
Hampsten, Andrew, amer. Radrennfahrer (* 1962) 814
Hampton, Lionel, amer. Jazzmusiker (* 1909) 347
Hamsun, Knut, norw. Schriftsteller (1859–1952) 62, 140, 167, 620
Han Jingdi, chin. Kaiser (151–141 v. Chr.) 692
Hancock, Herbie, amer. Jazzmusiker (* 1940) 227
Händel, Georg Friedrich, dt.

Komponist (1685–1759) 170
Handke, Peter, österr. Schriftsteller (* 1942) 638, 649, 659, 668, 692, 710, 760, 840
Hanks, Tom, amerik. Filmschauspieler (* 1956) 880
Hansen, Helmer, norw. Polarforscher 94
Hansen, Rolf, dt. Regisseur (1904–1990) 270
Hansson, Per Albin, schwed. Politiker (1885–1946) 419
Happe, Ursula, dt. Schwimmerin (* 1926) 496
Hara, Takashi, jap. Politiker (1856–1921) 141, *173, 174*
Harald V., norw. König (ab 1991) 51
Harbig, Rudolf, dt. Leichtathlet (1913–1944) 359, *359*
Hard, Darlene, amer. Tennisspielerin (* 1936) 544, 555
Harden, Arthur, brit. Chemiker (1865–1940) 260
Harden, Maximilian, dt. Publizist (1861–1927) 61, *684*
Hardin, Glenn, amer. Leichtathlet (1910–1975) 307
Harding, Warren Gamaliel, amer. Politiker (1865–1923) 165, *173*, 198, 199, 856
Hargitay, Andras, ung. Schwimmer (* 1956) 693
Hariri, Rafik el, liban. Politiker (* 1944) 844
Harlan, Veit, dt. Regisseur und Schauspieler (1899–1964) 367, *367, 368*
Harnack, Arvid, dt. Widerstandskämpfer (1901–1942) 389
Harnack, Mildred, dt. Widerstandskämpferin (1902–1943) 389
Harnisch, Henning, dt. Basketballspieler (* 1968) 872
Harrer, Heinrich, österr. Bergsteiger und Naturforscher (* 1912) 275, 349
Harrer, Karl, dt. Politiker (1890–1926) 162, *176*
Harries, Carl Dietrich, dt. Chemiker (1866–1923) 82, 259
Harris, Arthur Travers, brit. Militär (1892–1984) 380
Harris, Barbara, amer. Bischöfin (* 1930) 861

931

Harris, Roy, amer. Boxer 528
Harrison, Benjamin, amer. Politiker (1833–1901) 20
Harrison, George, brit. Rockmusiker (* 1943) 566, 784
Harrison, Rex, brit. Schauspieler (1908–1990) 511, **511**
Harrison, Wallace K. 810
Harrison, William Henry, amer. Politiker (1773–1841) 20
Harroun, Ray, amer. Automobilrennfahrer (1879–1968) 98
Harsanyi, John C., amer. Wirtschaftswissenschaftler (*1920) 878
Hart, Doris, amer. Tennisspielerin (* 1925) 460, 466, 473, 481, 496, 505
Hart, Marvin, amer. Boxer (1876–1931) 34, 55, *55*, 63
Hartigan, Joan, austral. Tennisspielerin 298, 329
Hartlaub, Gustav F., dt. Kunsthistoriker (1884–1963) 230
Hartline, Haldan K., amer. Physiologe (1903–1983) 614
Härtling, Peter, dt. Schriftsteller (* 1933) 710
Hartmann, Gustav, dt. Droschkenkutscher 251
Harvey, Lilian, brit.-dt. Schauspielerin (1907–1968) 271, 276, *276*
Hary, Armin, dt. Leichtathlet (* 1937) 543, 544, 627
Hase, Dagmar, dt. Schwimmerin (* 1969) 881, *907*
Hašek, Jaroslav, tschech. Schriftsteller (1883–1923) 181, *182*
Hasenclever, Walter, dt. Schriftsteller (1890–1940) 131, *169*
Hashimoto, Masujiro, jap. Industrieller 222
Hashimoto, Ryutaro, japan. Politiker (* 1937) 816, 895
Hassan II., marok. König (* 1929) 129, 545, 546, 704
Hassel, Kai Uwe von, dt. Politiker (* 1913) 598, 599
Hassel, Odd, norw. Chemiker (1897–1981) 636
Hassel, Sverre, norw. Polarforscher 94
Hasselfeldt, Gerda, dt. Politikerin (* 1950) 549

Hata, Sahachiro, jap. Bakteriologe (1873–1938) 80
Hata, Tsutomu, jap. Politiker (* 1924) 873
Hatojama, Itshiro, jap. Politiker (1883–1959) 490
Hauff, Wilhelm, dt. Schriftsteller (1802–1827) 367
Haug, Thorleif, norw. Skifahrer (1894–1934) 217
Haughey, Charles, ir. Politiker (* 1925) 854
Hauptman, Herbert A., amer. Chemiker (* 1917) 782
Hauptmann, Bruno R. 285, 287
Hauptmann, Gerhart, dt. Schriftsteller (1862–1946) 16, 17, 30, 33, 41, 62, 69, 88, 97, 103, 104, 286
Hausegger, Siegmund von, österr. Dirigent (1872–1948) 503
Hausen, Max von 810
Hauser, Walter, schweiz. Politiker (1837–1902) 79
Haushofer, Albrecht, dt. Schriftsteller (1903–1945) 426
Hausmann, Raoul, österr. Künstler (1886–1971) *132*
Haußleiter, August, dt. Politiker (1905–1989) 737
Haussmann, Helmut, dt. Politiker (* 1943) 824
Havel, Václav, tschech. Schriftsteller und Politiker (* 1936) 440, 574, 618, 713, *713*, 741, 815, **823**, 856
Hawke, Robert James, austral. Politiker (* 1929) 842
Hawkes, John B., austral. Tennisspieler 240
Hawking, Stephen, brit. Mathematiker und Astrophysiker (* 1942) 811
Hawks, Howard, amer. Regisseur (1896–1977) 270, 286, 356, 376, 426, 448, *488*
Haworth, Walter N., brit. Chemiker (1883–1950) 296, *335*
Hawthorn, Mike, brit. Automobilrennfahrer (1929–1959) 489, 505, *528*
Hay, John Milton, amer. Politiker (1838–1905) 21
Haydee, Marcia, bras. Tänzerin und Ballettdirektorin (* 1937) 447, *555*
Haydn, Joseph, österr.

Komponist (1732–1809) *192*, 193
Haydon, Ann, brit. Tennisspielerin (* 1938) 555
Hayek, Friedrich August von, österr.-brit. Wirtschaftswissenschaftler (1899–1992) 689
Hayes, Rutherford Birchard, amer. Politiker (1822–1893) 20
Heaney, Seamus, anglo.-ir. Lyriker (* 1939) 892
Hearst, Patricia (* 1954) 709
Hearst, Randolph, amer. Verleger (* 1915) 709
Hearst, William Randolph, amer. Verleger (1863–1951) 377
Heartfield, John, dt.-brit. Künstler (1891–1968) *132*
Heath, Edward, brit. Politiker (* 1916) 640, *682*
Heath, Rodney W., austral. Tennisspieler 55, *89*
Heaviside, Oliver, brit. Physiker (1850–1925) 23
Hebrandt, René († 1963) *226*
Heckel, Erich, dt. Maler (1883–1970) 53, 54, *169*, *338*
Heckmair, Andreas, dt. Bergsteiger (* 1906) 349
Hedin, Sven, schwed. Asienforscher (1865–1952) 97
Heeney, Tom amer. Boxer 254
Hefner, Hugh M., amer. Verleger 485
Hegedüs, Andras, ung. Politiker (* 1922) 506
Hegemann, Werner, dt. Architekt und Schriftsteller (1881–1936) 294
Heida, Anton, amer. Turner (1878–1904) 49
Heidegger, Martin, dt. Philosoph (1889–1976) 246, *584*
Heidemann, Gerd, dt. Journalist 765
Heiden, Eric, amer. Eisschnellläufer (* 1958) 746
Heidenreich, Elke, dt. Schriftstellerin und Journalistin (* 1943) *861*
Heidenstam, Verner von, schwed. Schriftsteller (1859–1940) 130, *130*
Heil, Paul, dt. Springreiter 171

Hein, Christoph, dt. Schriftsteller (* 1944) 760, *827*
Heine, Thomas Theodor, dt. Karikaturist (1867–1948) *301*
Heineken, Gerard Adriaan, niederl. Unternehmer 222
Heinemann, Gustav, dt. Politiker (1899–1976) 629, 630, *682*
Heinkel, Ernst, dt. Flugzeugkonstrukteur (1888–1958) 325, *355*
Heinrich VIII., engl. König (1491–1547) 126
Heinze, Rudolf, dt. Politiker (1865–1928) 201
Heisenberg, Werner Karl, dt. Physiker (1901–1976) 52, 109, 223. **224,** 237, *284*, *524*
Hejdanek, Ladislav, tschech. Geistlicher 713
Held, Franklin, amer. Leichtathlet (* 1927) 489
Held, Siegfried, dt. Fußballspieler (* 1942) 604
Helfferich, Karl, dt. Politiker (1872–1924) 202
Heller, André, österr. Multimedia-Künstler (* 1946) 709, 710
Heller, Joseph, amer. Schriftsteller (* 1923) 554, 692
Helm, Brigitte, dt. Schauspielerin (1908–1996) *168*
Helten, Inge, dt. Leichtathletin (* 1950) 712, *712*, **712**
Hemingway, Ernest, amer. Schriftsteller (1899–1961) 75, 263, 356, 367, *367*, *479*, *493*, 719
Hench, Philip Shoewalter, amer. Biochemiker (1896–1965) 457, *464*
Hencken, John, amer. Schwimmer (* 1954) 693, *712*
Henderson, Arthur, brit. Politiker (1863–1935) 305
Henderson, Fletcher, amer. Jazzmusiker (1898–1952) 227
Henderson, Neville Meyrick, brit. Politiker (1882–1942) 353
Hendrix, Jimi, amer. Rockmusiker (1942–1970) 494, 639
Heng Samrin, kambodsch. Politiker (* 1934) 725

Personenregister — Hitler, Adolf

Hengsbach, Franz, dt. Bischof (1910–1991) 519
Henie, Sonja, norw. Eiskunstläuferin (1912–1969) 218, 339
Henkel, Dieter, dt. Schauspieler (* 1933) 493
Henkel, Henner, dt. Tennisspieler (1915–1943) 340
Henlein, Konrad, sudetendt. Politiker (1898–1945) 342
Henne, Ernst, dt. Motorradrennfahrer (* 1904) 473
Hennecke, Adolf, dt. Bergmann (1905–1975) 313
Hennemann, Friedrich, dt. Wirtschaftsmanager (* 1936) 901
Henrik, dän. Prinzgemahl (* 1934) 661
Henríquez y Caraval, Frederico, dominik. Politiker (1848–1922) 125
Henry, Pierre, frz. Komponist (* 1927) 465
Henze, Hans Werner, dt. Komponist (* 1926) 479, 511, 527, 542, 554, 596, 602, 710, 766, 811, 840
Hepburn, Audrey, amer. Schauspielerin (1929–1993) 511, **511**
Hepburn, Katharine, amer. Schauspielerin (* 1909) 276, 471
Herber, Maxi → Baier-Herber, Maxi.
Herberger, Joseph „Sepp", dt. Fußballtrainer (1897–1977) 495, **496**, 588
Herman, Jerry, amer. Komponist (* 1933) 587, 602, 766
Hermann, Caspar, dt. Drucker 47, 223
Hérnu, Charles, frz. Politiker (1923–1990) 684
Herrhausen, Alfred, dt. Bankmanager (1930–1989) 714, 782
Herriot, Edouard Marie, frz. Politiker (1872–1957) 208, **210**, 219, 232, 279
Herschbach, Dudley R., amer. Chemiker (* 1932) 792
Hershey, Alfred D., amer. Biochemiker (* 1908) 636
Herstatt, Iwan D., dt. Bankier (1913–1995) 687
Hertling, Georg Graf von, dt. Politiker (1843–1919) 78, 133, 141
Hertz, Heinrich Rudolf, dt. Physiker (1857–1894) 22, 61
Hertzog, James Barry Munnick, südafr. Politiker (1866–1942) 208
Herz, Wilhelm, dt. Motorradrennfahrer (* 1912) 473
Herzberg, Gerhard, kanad. Chemiker (* 1904) 657
Herzl, Theodor, österr.-jüd. Politiker und Schriftsteller (1860–1904) 135, **360**
Herzog, Chaim, israel. Politiker (* 1918) 762
Herzog, Maurice, frz. Bergsteiger (* 1919) 485
Herzog, Werner, dt. Regisseur (* 1942) 193, 426, 668, 679, 692, 752
Heß, Rudolf, dt. Politiker (1894–1987) 345, 371, 371, **421,** 422
Hess, Victor Franz, österr. Physiker (1883–1964) 52, 100, 324
Hess, Walter Rudolf, schweiz. Neurophysiologe (1881–1973) 457
Hesse, Hermann, dt. Schriftsteller (1877–1962) 48, 67, 118, 159, 194, 246, 246, 269, 394, 424
Hesterberg, Trude, dt. Schauspielerin (1897–1967) 23
Hetz, Gerhard, dt. Schwimmer (* 1942) 576
Heublein, Grete, dt. Leichtathletin (* 1908) 264, 278
Heuss, Theodor, dt. Politiker (1884–1963) 67, 443, 455, 478, 529, 531, 837, **453**
Hevesy, Georg Karl von, ung. Physikochemiker (1885–1966) 108, 393
Hewish, Antony, brit. Astrophysiker (* 1924) 611, 689
Hewitt, James, brit. Offizier 879
Heydrich, Reinhard, dt. SS-Führer (1904–1942) 343, 344, 371, 379, **379**, 380, 381, 381, 440
Heyerdahl, Thor, norw. Ethnologe (* 1914) 434
Heyking, Elisabeth von, dt. Schriftstellerin (1861–1925) 41
Heym, Georg, dt. Schriftsteller (1887–1912) 87, 97, 104, 169
Heym, Stefan, dt. Schriftsteller (* 1913) 668, 777
Heymann, Birger, dt. Komponist (* 1943) 793
Heymann, Werner Richard, dt. Komponist (1896–1961) 271, 276
Heymans, Cornelius, belg. Physiologe (1892–1968) 346
Heyns, Penelope, südafr. Schwimmerin (* 1974) 908
Heyrovsky, Jaroslav, tschech. Chemiker (1890–1967) 533
Heyse, Paul, dt. Schriftsteller (1830–1914) 87
Hickcox, Charles, amer. Schwimmer (* 1947) 626, 627
Hicks, John R., brit. Wirtschaftswissenschaftler (1904–1989) 666
Hiden, Rudi, österr. Fußballspieler (1909–1973) 278
Hiehle, Joachim, dt. Politiker (* 1926) 768
Hierl, Konstantin, dt. Militär und Politiker (1875–1955) 312
Highsmith, Patricia, amer. Schriftstellerin (1921–1995) 356
Hilberseimer, Ludwig, amer. Architekt (1885–1967) 158
Hildebrandt, Dieter, dt. Kabarettist (* 1927) 427
Hilferding, Rudolf, österr.-dt. Sozialwissenschaftler und Politiker (1877–1941) 203, 322
Hill, Archibald V., brit. Mediziner (1886–1977) 190
Hill, Damon, brit. Automobilrennfahrer (* 1960) 882, 908
Hill, Graham, brit. Automobilrennfahrer (1929–1975) 566, 627
Hill, Phil, amer. Automobilrennfahrer (* 1927) 555
Hill, Virgil, amer. Boxer (* 1964) 894
Hillary, Edmund Percival, neuseel. Bergsteiger (* 1919) 485
Hillery, Patrick John, ir. Politiker (* 1923) 829
Hillier, James, amer. Physiker (* 1915) 384
Hillmann, Harry, amer. Leichtathlet (1889–1945) 49
Hillyard, Blanche, brit. Tennisspielerin (1863–1946) 18
Hiltunen, Eila, finn. Bildhauerin (* 1922) 109
Himmler, Heinrich, dt. SS-Führer (1900–1945) 178, 354, 360, 371, 379, 398
Hinault, Bernard, frz. Radrennfahrer (* 1954) 42, 43, 729, 736, 747, 753, 761, 786
Hindemith, Paul, dt. Komponist (1895–1963) 182, 182, 263, 348, 427
Hindenburg, Paul von Beneckendorff und von, dt. Militär und Politiker (1847–1934) 116, 117, 117, 126, 133, 142, 155, 176, 219, **220**, 221, 239, 244, 261, 265, 266, 278, 279, 280, 290, **292**, 299, 303
Hines, Jim, amer. Leichtathlet (* 1946) 627, 627
Hinshelwood, Cyril Norman, brit. Chemiker (1897–1967) 509
Hintze-Ribeiro, Ernst Rudolf, portug. Politiker (1849–1907) 56
Hippenstiel-Imhausen, Jürgen, dt. Unternehmer 815
Hippler, Fritz, dt. Regisseur (* 1909) 368
Hirohito, jap. Kaiser (1901–1989) 129, 235, **235**, 375, 815, 815, 816
Hirsch, Helmut 398
Hirsch, Paul, dt. Politiker (1868–1938) 280
Hirschfeld, Emil, dt. Leichtathlet (1903–1968) 254
Hirschfeld, Oltwig von 177
Hitchcock, Alfred, engl. Regisseur (1899–1980) 239, 263, 316, 348, 367, 376, 377, 394, 527, 541, 543, 565, 659
Hitchings, George H., amer. Biochemiker (* 1905) 807
Hitler, Adolf, dt. Politiker (1889–1945) 176, 176, **176**, 177, 202, 221, 233, 273, 281, **290**, **292**, 295, 299, 300, 301, 301, 302, 303, 309, 309, 310, 311, 312, 312, 318, 321, 330, 331, 333, 341, 342, 342, 343, 344, 345, 350, 352, 353, 354, 360, 361, **361**, 362,

364, 365, 366, **366,** *370,* 371, 372, 374, 383, 388, 389, 396, **397,** *398,* 399, *680,* 765
Hitomi, Kinue, jap. Leichtathletin (1908–1931) *240, 254, 264*
Ho Chi Minh, vietn. Politiker (1890–1969) **256,** 266, 414, *414,* 422, 579, *579,* 613, *629*
Hoad, Lewis, austral. Tennisspieler (* 1934) *513, 521*
Hoare, Samuel, Viscount Templewood of Chelsea, brit. Politiker (1880–1959) 310
Höch, Hannah, dt. Künstlerin (1889–1978) *132*
Hochhuth, Rolf, dt. Schriftsteller (* 1931) 574, *575, 615, 692, 719, 745, 827*
Höcker, Willi, dt. Politiker (1886–1955) *421*
Hockney, David, brit. Maler (* 1937) *586*
Hodgkin, Alan Lloyd, brit. Physiologe (* 1914) *573*
Hodgkin, Dorothy Crowfoot, brit. Chemikerin 1910–1994) *583*
Hödicke, Karl Horst, dt. Künstler (* 1938) *758*
Hodler, Ferdinand, schweiz. Maler (1853–1918) *24*
Hoet, Jan, belg. Kunsthistoriker (* 1936)
Hofbauer, Ernst, dt. Regisseur (* 1925) *649*
Hoff, Charles, norw.-amer. Leichtathlet *207, 231*
Hoff, Jacobus Henricus van't, niederl. Chemiker (1852–1911) *22*
Hoff, M. Edward, amer. Ingenieur *636, 636*
Hoff, Robert van't, niederl. Architekt (1887–1979) *139*
Hoffman, Dustin, amer. Schauspieler (* 1937) *793*
Hoffmann von Fallersleben, August Heinrich, dt. Germanist und Schriftsteller (1798–1874) *193*
Hoffmann, Arthur, schweiz. Politiker (1857–1927) *79*
Hoffmann, Ernst Theodor Amadeus, dt. Schriftsteller und Komponist (1776–1822) *104*
Hoffmann, Felix, dt. Chemiker (1911–1975) *38*

Hoffmann, Fritz, schweiz. Industrieller *222*
Hoffmann, Johannes, dt. Politiker (1890–1967) *500*
Hoffmann, Josef, österr. Architekt (1870–1956) *17, 24, 39, 40*
Hoffmann, Kurt, dt. Regisseur (* 1910) *527*
Hoffmann, Reinhild, dt. Choreographin (* 1943) *296, 447*
Hoffmann, Roald, amer. Chemiker (* 1937) *751*
Hofmann, Albert, schweiz. Chemiker (* 1906) *393*
Hofmann, Fritz, dt. Chemiker (1866–1956) *82, 295*
Hofmann, Manfred, dt. Handballspieler (* 1948) *728*
Hofmannsthal, Hugo von, österr. Schriftsteller (1874–1929) *32, 41, 97, 170, 182, 194, 205, 252*
Hofstadter, Robert, amer. Physiker (1915–1990) *552*
Hogefeld, Birgit Elisabeth, dt. Terroristin *865*
Hohenberg, Sophie, Gräfin Chotek, Herzogin von (1868–1914)
Hohenlohe-Schillingsfürst, Chlodwig Fürst zu, dt. Politiker (1819–1901) *11, 12, 56, 78*
Hohn, Uwe, dt. Leichtathlet (* 1962) *778, 779*
Hölderlin, Friedrich, dt. Schriftsteller (1770–1843) *131, 625, 710*
Holdorf, Willi, dt. Leichtathlet (* 1940) *589*
Holenstein, Thomas, schweiz. Politiker (1896–1962) *770*
Holiday, Billie, amer. Jazzsängerin (1915–1959) *227*
Holkeri, Harri, finn. Politiker (* 1937) *795*
Hollaender, Felix, dt. Schriftsteller und Theaterkritiker (1867–1931) *23*
Hollaender, Friedrich, dt. Komponist (1896–1976) *270, 385*
Hollein, Hans, österr. Architekt (* 1934) *534*
Höller, York, dt. Komponist (* 1944) *827*
Hollerith, Hermann, amer.

Ingenieur (1860–1929) *268, 636*
Holley, Robert W., amer. Biochemiker (1922–1993) *623*
Holly, Buddy, amer. Rockmusiker (1938–1959) *494*
Holm, Eleanor, amer. Schwimmerin (* 1913) *271, 289*
Holmes, Larry, amer. Boxer (* 1949) *729, 736, 747, 753, 761, 767, 786, 814*
Holst, Gustav, brit. Komponist (1874–1934) *170*
Höltje, Walter, dt. Architekt *478*
Holtz, Jürgen, dt. Schauspieler (* 1932) *681*
Holyfield, Evander, amer. Boxer (* 1962) *853, 863, 872, 881, 908*
Holz, Arno, dt. Schriftsteller (1863–1929) *48*
Hölz, Max, dt. Politiker (1889–1933)
Holzamer, Karl Johannes, dt. Pädagoge und Philosoph (* 1906) *573*
Holzbauer, Wilhelm *810*
Hölzenbein, Bernd, dt. Fußballspieler *692*
Holzmeister, Clemens *810*
Hölzner, Hanni, dt. Schwimmerin *329*
Holzweber, Friedrich, österrr. Putschist *303*
Homans, George Caspar, amer. Philosoph und Soziologe (* 1910) *214*
Homans, Helen, amer. Tennisspielerin *63*
Honecker, Erich, dt. Politiker (1912–1994) *414, 641, 653, 703, 815, 820, 822, 827, 836,* **860,** *861*
Honegger, Arthur, frz.-schweiz. Komponist (1892–1955) *182, 348*
Honegger, Fritz, schweiz. Politiker (* 1917) *770*
Hoover, Herbert Clark, amer. Politiker (1874–1964) *156, 200, 249, 255, 273, 275, 283, 290, 400, 856*
Hoover, John Edgar, amer. Kriminalist (1895–1972) *461*
Höpker-Aschoff, Hermann, dt. Politiker (1883–1954)
Hopkins, Frederick, brit. Biochemiker (1861–1947) *93, 260*

Hopkins, Michael *810*
Hoppenberg, Ernst, amer. Schwimmer (1878–1937) *18*
Hopper, Dennis, amer. Regisseur und Schauspieler (* 1936) *638,* 639, 799
Hopper, Edward *777*
Höppner, Reinhard, dt. Politiker (* 1948) *781, 835, 874*
Horine, George, amer. Leichtathlet *105*
Horkheimer, Max, dt. Philosoph und Soziologe (1895–1973) *214, 214, 584, 585*
Horn, Gyula, ung. Politiker (* 1932) *803, 818, 873*
Horne, James, amer. Regisseur (1880–1942)
Hörner, Silke, dt. Schwimmerin (* 1965) *801*
Horne, James, amer. Regisseur *339*
Horney, Brigitte, dt. Schauspielerin (1911–1988) *493*
Horta, Victor, belg. Architekt (1861–1947) *24,* **153**
Horthy, Miklós, ung. Politiker (1868–1957) *153, 161, 396, 803*
Hortigan, Joan, austral. Tennisspielerin *307*
Horváth, Ödön von, österr. Schriftsteller (1901–1938) *277, 286, 327, 603*
Hosokawa, Morihiro, jap. Politiker (* 1938) *864, 873*
Höß, Rudolf (1900–1947) *371, 405*
Hoßbach, Friedrich, dt. Militär (1894–1980) *333*
Hotchkiss-Wightman, Hazel, amer. Tennisspielerin (1886–1974) *84, 89, 98, 160*
Hounsfield, Godfrey N., brit. Elekroingenieur (* 1919) *657, 734*
Houser, Clarence "Bud", amer. Leichtathlet (* 1901) *217, 240*
Houssay, Bernardo H., argentin. Physiologe (1887–1971) *433*
Houston, Whitney, amer. Sängerin und Schaupielerin (* 1963) *871*
Howard, John, austral. Politiker (* 1939) *19, 895*

Personenregister

Howard, Ron, amer. Filmregisseur (* 1954) *893*
Hoxha, Enver, alban. Politiker (1908–1985) 351, *414, 490,* 550
Höynck, Wilhelm, dt. Diplomat 695
Hradetzky, Gregor, österr. Kanufahrer (1909–1984) 328
Hrawi, Elias, liban. Politiker (* 1926) 844, *844*
Hrubesch, Horst, dt. Fußballspieler (* 1951) 747
Hua Guofeng, chin. Politiker (* 1920) 454, *703,* 706, *737,* 748
Hua Yaobang, chin. Politiker 748
Huang Zhihong, chin. Leichtathletin (* 1965) *872*
Huangdi, chin. Kaiser → Qin Shi Huangdi
Hubbard, William, amer. Leichtathlet *231*
Hubel, David H., amer. Neurobiologe (* 1926) *751*
Hübener, Erhard, dt. Politiker (1881–1958) *421*
Huber, Antje, dt. Politikerin (* 1924) 549
Huber, Kurt, dt. Widerstandskämpfer (1892–1943) 389, *389,* 390
Huber, Robert, dt. Chemiker (* 1937) *807*
Huch, Friedrich, dt. Schriftsteller (1873–1913) *83*
Huch, Ricarda, dt. Schriftstellerin (1864–1947) *118*
Hudson, Rock, amer. Schauspieler (1925–1985) *276*
Huelsenbeck, Richard, dt. Schriftsteller (1892–1974) *132*
Huerta, Adolfo de la, mex. Politiker (1881–1955)
Huerta, Victoriano, mex. General und Politiker (1854–1916) *91, 113,* 249
Hugenberg, Alfred, dt. Politiker und Unternehmer (1865–1951) 243, **243**, 290
Huggins, Charles B., amer. Mediziner (1901–1997) *601*
Hughes, Richard, brit. Schriftsteller (1900–1976) 470, *471*
Huhtanen, Veikko, finn. Turner (1919–1976) *449*
Huizinga, Johan, niederl. Schriftsteller (1872–1945) *159*
Hull, Clark Leonard, amer. Psychologe (1884–1952) 109
Hull, Cordell, amer. Politiker (1871–1955) *406, 416*
Hulme, Dennis, neuseel. Automobilrennfahrer (1936–1992) *616*
Hulse, Russell A., amer. Physiker (* 1950) *867*
Hülsmeyer, Christian, dt. Hochfrequenztechniker (1881–1957) 48, *223*
Humann, Carl, dt. Archäologe (1839–1896) 26
Humbert I. → Umberto I.
Humbert II. → Umberto II.
Humperdinck, Engelbert, dt. Komponist (1854–1921) 88
Humphrey, Hubert H., amer. Politiker (1911–1978) 621
Hünefeld, Ehrenfried Günther Freiherr von, dt. Pilot (1892–1929) 245
Huneus, Erna, dt. Schwimmerin *231*
Hunt, James, brit. Automobilrennfahrer (1947–1993) *712*
Hunt, Joe, amer. Tennisspieler *395*
Hunt, Shirley de la, austral. Leichtathletin *481*
Hunter, Alberta, amer. Jazzsängerin (1897–1984) *227*
Huntzinger, Charles L. C., frz. Militär (1880–1941) 363
Hüppe, Ferdinand 17
Huppert, Isabelle, frz. Schauspielerin (* 1953) *719*
Hurd, Douglas, brit. Politiker **833**
Hurley, Marcus, amer. Radrennfahrer (1885–1941) *49*
Hürlimann, Hans, schweiz. Politiker (1918–1994) *770*
Hürlimann, Thomas, schweiz. Schriftsteller (* 1950) *852*
Hurst, Geoffrey, brit. Fußballspieler (* 1941) 604
Hus, Jan, tschech. Reformator (1370–1415)
Husák, Gustav, tschech. Politiker (1913–1991) *414,* 622, *622,* 694, 713, *815,* 823
Hussarek von Heinlein, Max Freiherr, österr. Politiker (1865–1935) *141*
Hussein II., jord. König (* 1935) 129, 474, 523, 643, *806, 832*
Hussein, Saddam, irak. Politiker (* 1937) 622, 730, *806, 832,* **832**, 843, *880*
Husserl, Edmund, dt. Philosoph (1859–1938) 584
Hustert, Hans 177
Huston, John, amer. Regisseur (1906–1987) *270, 376, 377,* 378, *437, 471, 479, 511, 799*
Huxley, Aldous, brit. Schriftsteller (1894–1963) *286,* 287, *458*
Huxley, Andrew Fielding, brit. Physiologe (* 1917) *573*
Hveger, Ragnhild, dän. Schwimmerin (* 1920) *340, 349, 369, 378*
Hyvärnöki, Eero *810*

I

Ibánez del Campo, Carlos, chil. Politiker (1877–1960) *241*
Ibn Saud, Abd al Asis, König von Saudi-Arabien (1880–1953) 199, 212, **212**, 281, *482*
Ibrahim, Abdallah, marok. Politiker (* 1918) *546*
Ibsen, Henrik, norw. Schriftsteller (1828–1906) 16, 17, 62, 404
Iden, Harro, dt. Gewerkschafter (* 1928) 754
Idris I. as-Senussi, Mohammed, König von Libyen (1890–1983) 92, *606,* 629, 631, *631*
Iharos, Sandor, ung. Leichtathlet (* 1930) *505*
Ikeda, Hajato, jap. Politiker (1899–1965) 537
Iliescu, Ion, rumän. Politiker (* 1930) 300, *829,* 832, *895*
Illia, Arturo U., argentin. Politiker (1900–1983) *606*
Imanishi, Toshi, jap. Bergsteiger (* 1914) 485
Imiela, Arwed *226*
Immendorff, Jörg, dt. Künstler (* 1945) *758*
Immermann, Karl, dt. Schriftsteller (1796–1840) *147*
Impe, Lucien van, belg. Radrennfahrer *712*
Inajat Ullah Khan, afghan. König (* 1888) 255
Indurain, Miguel, span. Radrennfahrer (* 1964) 42, 43, *853, 863, 872, 881, 894,* 908
Innis, Hubert van, belg. Bogenschütze (1866–1961) *172*
Innozenz XII., Papst (1615–1700) 39
Innozenz XIII., Papst (1655–1724) 39
Inojosa, Roberto, bolivian. Politiker 265
Inönü, Ismet, türk. Politiker (1884–1973) 341, *406*
Inukai, Tsujoshi, jap. Politiker (1855–1932) *174,* 279, *816*
Ionesco, Eugène, frz. Schriftsteller (1912–1994) *465, 479, 487,* 488, *535, 542,* 565
Ionescu, Valeria, rumän. Leichtathletin (* 1960) *761*
Irias, Juliano, nicarag. Politiker *331*
Irigoyen, Alvaro Arzú, guatemaltek. Politiker *842*
Irigoyen, Hipólito, argentin. Politiker (1850–1933) 125, 265, *755*
Irons, Jeremy, brit. Schauspieler (* 1948) *759, 871*
Ironsi, Johnson, nigerian. Politiker (1924–1966) *608*
Irving, John, amer. Schriftsteller (* 1942) *728, 752,* 839
Isang Yun, dt.-korean. Komponist (1917–1995) *602*
Ishaq Khan, Ghulam, pakistan. Politiker (* 1915) *802, 864*
Ishimoto, Takashi, jap. Schwimmer (* 1935) *505*
Ismayr, Rudolf, dt. Gewichtheber (* 1908) *288*
Isozaki, Arata, jap. Architekt (* 1931) *534*
Itkina, Maria, sowjet. Leichtathletin (* 1932) *536*
Ito, Hirobumi Fürst, jap. Politiker (1841–1909) *816*
Itten, Johannes, schweiz. Maler und Kunstpädagoge (1888–1967) 158

Ives, Charles, amer. Komponist (1874–1954) *277*
Iwan, Paula, rumän. Leichtathletin (* 1963) *828*
Iwanowski, Boris, russ.-frz. Automobilrennfahrer *264*
Iwerks, Ub, amer. Zeichner (1901–1971) *240*
Izetbegović, Alija, bosn. Politiker (* 1925) *887*, **887**

J

Jackson, Andrew, amer. Politiker (1767–1845) *20*
Jackson, Colin, brit. Leichtathlet (* 1967) *872*
Jackson, Hurricane, amer. Boxer *521*
Jackson, Marjorie, austral. Leichtathletin (* 1931) *480*
Jackson, Michael, amer. Popsänger (* 1958) *494*
Jackson, Mick, amer. Regisseur *871*
Jackson, Ronald Shannon, amer. Jazzmusiker (* 1940) *227*
Jacob, François, frz. Biologe (* 1920) *594*
Jacobs, Elsie, lux. Radrennfahrerin *183*
Jacobs, Helen, amer. Tennisspielerin (* 1908) *289, 298, 307, 329*
Jacobsen, Else, schwed. Schwimmerin (1911–1965) *289*
Jacoby, Georg, dt. Regisseur (1882–1964) *377*
Jaeggi, Urs, schweiz. Schriftsteller (* 1931) *728*
Jaffee, Irving, amer. Eisschnellläufer (1906–1981) *288*
Jager, Tom, amer. Schwimmer *841*
Jagger, Mick, brit. Rockmusiker (* 1943) *585*
Jagielski, Mieczyslaw, poln. Politiker (* 1924) *741*
Jagland, Thorbjörn, norw. Politiker (* 1950) *895*
Jahn, Friedrich Ludwig, dt. Turnvater *98*
Jahnn, Hans Henny, dt. Schriftsteller (1894–1959) *263, 554*
Jakuschka, Wassili, sowjet. Ruderer *794*
James, Henry, brit. Schriftsteller (1843–1916) *41*
Jammes, Francis, frz. Schriftsteller (1868–1938) *41*
Janáček, Leos, tschech. Komponist (1854–1928) *48, 182, 216, 239, 269*
Janajew, Gennadi, sowjet. Politiker (* 1937) *847*
Janco, Marcel, rumän. Maler (1895–1984) *132*
Jandarbijew, Selimchan, tschetschen. Rebellenführer *885*
Janek, J., dt. Jockey *172*
Jankowski, Maria, dt. Politikerin *292*
Jannings, Emil, dt. Schauspieler (1884–1950) *168, 263, 270*
Janosch, dt. Schriftsteller (* 1931) *418*
Jansky, Karl Guthe, amer. Techniker (1905–1950) *336*
Janssen, Jan, niederl. Radrennfahrer (* 1940) *589, 627*
Janz, Karin, dt. Turnerin (* 1952) *669*
Jarman, Derek, brit. Regisseur (* 1942) *793*
Jarmusch, Jim, amer. Regisseur und Schauspieler (* 1953) *793, 852*
Jaroszewicz, Piotr, poln. Politiker (1909–1992) *645*
Jarry, Alfred, frz. Schriftsteller (1873–1907) *33, 97*
Jarryd, Anders, schwed. Tennisspieler (* 1961) *814*
Jaruzelski, Wojciech, poln. Militär und Politiker (* 1923) *414, 748, 749, 770, 818, 829*
Järviluoma, Artturi, finn. Schriftsteller (1879–1942) *118*
Järvinen, Akilles, finn. Leichtathlet (1905–1943) *271*
Järvinen, Matti, finn. Leichtathlet (1909–1985) *271, 298*
Jarvis, Ann (1864–1948) *192*
Jaschtschenko, Wladimir, sowjet. Leichtathlet *712*
Jasow, Dimitri, sowjet. Politiker (* 1923) *798, 847*
Jaspers, Karl, dt. Philosoph (1883–1969) *584*
Jastremski, Chet, amer. Schwimmer (* 1941) *555*
Jaurès, Jean, frz. Politiker (1859–1914) *174*
Jausevic, Mima, jugos. Tennisspielerin *721*

Jawlensky, Alexei, russ.-dt. Maler (1864–1941) *84, 98, 169*
Jayawardene, Junius Richard, ceylon. Politiker (1906–1996) *722*
Jedrychowski, Stefan, poln. Politiker (* 1910) *644*
Jefferson, Thomas, amer. Politiker (1743–1826) *20*
Jeffries, James J., amer. Boxer (1875–1953) *18, 26, 34, 34, 43, 49, 55, 89, 89*
Jegorowa, Ljubow, sowjet. Skiläuferin (* 1966) *862, 882*
Jelen, Eric, dt. Tennisspieler (* 1965) *814*
Jelinek, Elfriede, österr. Schriftstellerin (* 1946) *700, 766, 827, 880, 906*
Jelzin, Boris, russ. Politiker (* 1931) *804, 845,* **845,** *847, 850, 858, 866, 898,* **898**
Jenatzy, Camille, belg. Autorennfahrer *63*
Jenbach, Bela, österr. Librettist (1871–1943) *124*
Jensen, Hans Daniel, dt. Physiker (1907–1973) *573*
Jensen, Johannes Vilhelm, dän. Schriftsteller (1873–1950) *76, 402*
Jepsen, Maria, dt. Bischöfin (* 1945) *861*
Jernberg, Sixten, schwed. Skilangläufer (* 1929) *513*
Jerne, Niels K., brit. Biochemiker (1911–1994) *775*
Jerschke, Oskar, dt. Schriftsteller (1861–1928) *48*
Jessel, Léon, dt. Komponist (1871–1942)
Jiang Qing, chin. Politikerin (1913–1991) *454, 706, 748*
Jiang Zemin, chin. Politiker (* 1926) *819*
Jiménez, Juan Isidro, dominik. Politiker (1846–1919) *125*
Jiménez, Juan Ramón, span. Schriftsteller (1881–1958) *509*
Jipcho, Ben, kenian. Leichtathlet (* 1943) *681*
Jodl, Alfred, dt. Politiker und Militär (1890–1946) *409, 422*
Joffé, Roland, brit. Regisseur (* 1945) *793*
Joffre, Joseph, frz. Militär (1852–1931) *117, 126*

Jogiches, Leo, dt. Politiker (1867–1919) *148*
Johann VI., portug. König (1769–1826) *86*
Johannes XXIII., Papst (1881–1963) *39, 257, 526,* **526,** *540, 563, 625, 710*
Johannes Paul I., Papst (1912–1978) *39, 257, 726, 727,* **727**
Johannes Paul II., Papst (* 1920) *39, 257, 452, 727, 735, 749,* **749,** *772, 818*
Johansson, Ingemar, schwed. Boxer (* 1932) *536, 544, 555*
John, Elton, brit. Rockmusiker und Komponist (* 1947) *784*
Johns, Jasper, amer. Künstler (* 1930) *586*
Johnson, Andrew, amer. Politiker (1808–1875) *20*
Johnson, Ben, kanad. Leichtathlet (* 1961) *801, 813,* **813**
Johnson, Eyvind, schwed. Schriftsteller (1900–1976) *689*
Johnson, Jack, amer. Boxer (1878–1946) *55, 77, 84, 89, 89, 98, 105, 112, 119, 124, 160*
Johnson, Lyndon B., amer. Politiker (1908–1973) *567, 569, 570, 579, 579, 591, 600, 617, 621, 629, 804, 856*
Johnson, Michael, amer. Leichtathlet *908*
Johnson, Rafer, amer. Leichtathlet (* 1935) *505, 528, 544*
Johnson, Uwe, dt. Schriftsteller (1934–1984) *535, 554, 649, 707*
Johnston, William, amer. Tennisspieler (1894–1946) *124, 160, 207*
Johnston, Harry, brit. Politiker *21*
Joliot-Curie, Frédéric, frz. Physiker (1900–1958) *52, 108, 315*
Joliot-Curie, Irène, frz. Physikerin (1897–1956) *52, 108, 315*
Jolson, Al, amer. Schauspieler (1883–1950) *246*
Jonas, Franz, österr. Politiker (1899–1974) *516, 682*
Jones, Alan, austral. Automobilrennfahrer (* 1946) *747*

Personenregister

Jones, Alice, amer. Schwimmerin *650*
Jones, Allen, brit. Maler und Grafiker (* 1937) *586*
Jones, Ann, brit. Tennisspielerin (* 1938) *604, 639*
Jones, Brian, brit. Rockmusiker (1942–1969) *585*
Jones, Elvin, amer. Jazzmusiker (* 1927) *227*
Jones, James, amer. Schriftsteller (1921–1977) *471*
Jones, Jim, amer. Sektenführer (1931–1978) *727*
Jones, Leroy, amer. Boxer *747*
Jones, Louis, amer. Leichtathlet (* 1932) *505*
Jones, Marion, amer. Tennisspielerin (1879–1965) *34*
Jong, Erica, amer. Schriftstellerin (* 1942) *680*
Joop, Wolfgang, dt. Modeschöpfer (* 1944) *436*
Jooss, Kurt, dt. Tänzer und Choreograph (1901–1979) *286, 296, 447, 649*
Joplin, Janis, amer. Rocksängerin (1943–1970) *639*
Jordan, Barbara, amer. Tennisspielerin *736*
Jordan, Neil, brit. Regisseur (* 1950) *861*
Jordan, Pascual, dt. Physiker (1902–1980) *224*
Jorn, Asgar Oluf, dän. Maler (1914–1973) *448*
Josephson, Brian, brit. Physiker (* 1940) *678*
Joshihito, jap. Kaiser → Yoshihito
Jospin, Lionel, frz. Politiker (* 1937) *883*
Josua, äthiop. Kaiser (1897–1935) *90*
Jouhaux, Léon, frz. Gewerkschafter und Politiker (1879–1954) *472*
Joyce, James, ir. Schriftsteller (1882–1941) *118, 131, 193, 194, 357, 625, 799*
Joyner, Jackie, amer. Leichtathletin (* 1962) *794*
Juan Carlos I., span. König (* 1938) *129, 694, 695,* **695***, 696, 696*
Juantorena, Alberto, kuban. Leichtathlet (* 1951) *712, 721*
Jugert, Rudolf, dt. Regisseur (1907–1979) *437*
Jugow, Anton Tanew, bulg. Politiker (* 1904) *556*
Jukawa, Hideki, jap. Physiker (1907–1981) *52, 457*
Julian, Rupert, amer. Regisseur (1889–1943) *541*
Juliana, niederl. Königin (* 1909) *65, 129, 336, 439, 705, 737*
Juncker, Jean-Claude, lux. Politiker (* 1954) *883*
Jung, Carl Gustav, schweiz. Psychiater und Psychologe (1875–1961) *14, 182*
Jünger, Ernst, dt. Schriftsteller (* 1895) *170, 357, 459*
Jungk, Robert, dt. Wissenschaftsjournalist und Futurologe (1913–1994) *479*
Jungwirth, Stefan, tschech. Leichtathlet (* 1930) *521*
Junkers, Hugo, dt. Flugzeugkonstrukteur (1859–1935) *38, 157, 269*
Junxia Wang, chin. Leichtathletin *872*
Juppé, Alain, frz. Politiker (* 1945) *883*
Juskowiak, Erich, dt. Fußballspieler (1926–1983) *528*
Jusuf, marok. Sultan (1882–1927) *99*

K

Kádár, János, ung. Politiker (1912–1989) *414, 506, 508, 802, 803*
Kadmon, Stella, österr. Kabarettistin und Theaterleiterin (1902–1989) *23*
Kaers, Karl, belg. Radrennfahrer (1914–1972) *307*
Kafelnikow Jewgeni, russ. Tennisspieler (* 1974) *908*
Kafi, Ali, alger. Politiker (* 1928) *854*
Kafka, Franz, österr. Schriftsteller (1883–1924) *87, 159, 216, 228, 229, 239, 246, 565, 880*
Kagel, Mauricio, argentin. Komponist (* 1931) *659*
Kahanamoku, Paoa, amer. Schwimmer (1890–1968) *146*
Kahr, Gustav Ritter von, dt. Politiker (1862–1934) *202*
Kaifu, Toshiki, jap. Politiker (* 1931) *815*
Kaisen, Wilhelm, dt. Politiker (1887–1979) *421*
Kaiser, Georg, dt. Schriftsteller (1878–1945) *140, 147, 169, 216, 367*
Kaiser, Jakob, dt. Politiker (1888–1961) *474*
Kalckreuth, Leopold Graf von, dt. Maler und Grafiker (1855–1928) *40*
Kalinin, Michael I., sowjet. Politiker (1875–1946) *148, 419*
Kálmán, Emmerich, ung. Komponist (1882–1953) *55, 124, 124, 216*
Kaltenbrunner, Ernst, österr.-dt. SS-Führer (1903–1946) *371,* **421***, 422*
Kalwitzki, Ernst, dt. Fußballspieler *387*
Kamen, David, kanad. Biochemiker (* 1913) *434*
Kamenew, Lew B., sowjet. Politiker (1883–1936) *242, 242, 320, 322*
Kamerlingh Onnes, Heike, niederl. Physiker (1853–1926) *108*
Kander, John, amer. Komponist (* 1927) *602, 701*
Kandinsky, Wassily, russ. Maler und Grafiker (1866–1944) *84, 97, 98, 158, 169, 337, 338*
Kane, Bob, amer. Comicautor *262*
Kanellopulos, Panajotis, griech. Politiker (1902–1986) *605*
Kanoldt, Alexander, dt. Maler (1881–1939) *230*
Kant, Hermann, dt. Schriftsteller (* 1926) *596, 668*
Kantorowitsch, Leonid, sowjet. Wirtschaftswissenschaftler (1912–1986) *698*
Kapitsa, Pjotr L., sowjet. Physiker (1894–1984) *726*
Kapp, Wolfgang, dt. Politiker (1858–1922) *162, 177*
Kappell, Anni, dt. Schwimmerin *378*
Karajan, Herbert von, österr. Dirigent (1908–1989) *503, 503, 575*
Karamanlis, Konstantin, griech. Politiker (* 1907) *401, 497, 606, 682, 686, 883*
Karamé, Omar, liban. Politiker *844*
Karas, Anton, österr. Musiker (1906–1985) *459*
Karl I., Kaiser von Österreich, König (Karl IV.) von Ungarn (1887–1922) *125, 128, 129, 141, 144, 148*
Karl I., portug. König (1863–1908) *71, 71, 86, 174*
Karl IV., ung. König → Karl I., Kaiser von Österreich
Karl XVI. Gustav, schwed. König (* 1946) *129, 672, 633, 682*
Karl, belg. Regent (1903–1983) *283, 396*
Karle, Jerome, amer. Chemiker (* 1918) *782*
Karlfeldt, Erik Axel, schwed. Schriftsteller (1864–1931) *274*
Karloff, Boris, amer. Schauspieler (1887–1969) *193*
Karlsson, Nils, schwed. Sportler *197*
Karlweis, Oskar, österr. Schauspieler (1894–1956) *270*
Karmal, Babrak, afghan. Politiker (1929–1996) *730, 733*
Karmarkar, Romuald, dt. Regisseur *893*
Károlyi von Nagy Károlyi, Mihály Graf von, ung. Politiker (1875–1955) *145, 148, 803*
Karpinnen, Pertti, finn. Ruderer (* 1953) *794*
Karpow, Anatoli, sowjet. Schachspieler (* 1951) *671*
Karrer, Paul, schweiz. Chemiker (1889–1971) *335*
Kasack, Hermann, dt. Schriftsteller (1896–1966) *437*
Kasankina, Tatjana, sowjet. Leichtathletin (* 1951) *712, 720, 747*
Kasanzew, Wladimir, sowjet. Leichtathlet (* 1923) *473*
Kasawubu, Joseph, kongol. Politiker (1910–1969) *545, 590, 606*
Kasim, Abd Al Karim, irak. Politiker (1914–1963) *523, 832*
Kasparek, Fritz, österr. Bergsteiger (1910–1954) *349*
Kastler, Alfred, frz. Physiker (1902–1984) *601*
Kästner, Erich, dt. Schriftsteller (1899–1974) *252, 277, 294, 306, 418, 472, 542*

Katayama, Tetsu, jap. Politiker (1887–1978) 429
Kato, Sawao, jap. Turner (* 1946) 626, 669
Katschuschite, Lina, sowjet. Schwimmerin 736
Katz, Bernhard, brit. Wissenschaftler (* 1911) 648
Kaufman, Al, amer. Boxer 84
Kaufmann, Carl, dt. Leichtathlet (* 1936) 544
Kaunda, Kenneth, samb. Politiker (* 1924) 842, 848
Kaurismäki, Aki, finn. Regisseur (* 1957) 793
Käutner, Helmut, dt. Regisseur und Schauspieler (1908–1980) 23, 61, 386, 403, 417
Kautsky, Karl, österr. Sozialist (1854–1938) 294
Kautz, Christian, schweiz. Automobilrennfahrer 358
Kawabata, Yasunari, jap. Schriftsteller (1899–1972) 623
Kazan, Elia, amer. Regisseur (* 1909) 495, 502, 542
Kazantzakis, Nikos, griech. Schriftsteller (1883–1957) 426, 465
Kearney, Peadar, ir. Komponist 192
Keating, Paul, austral. Politiker (* 1944) 842, 895
Keaton, Buster, amer. Regisseur und Schauspieler (1895–1966) 138, 168, 216, 239, 276, 479
Keaton, Diane, amer. Schauspielerin (* 1946) 276
Kebreau, Antoine, haïtian. Politiker (1909–1963) 515
Keeler, Christine, brit. Fotomodell (* 1942) **568**, 569
Keil, Alfredo, portug. Komponist (1850–1907) 192
Keitel, Wilhelm, dt. Militär (1882–1946) 371, 409, **421**, 422
Kekkonen, Urho Kaleva, finn. Politiker (1900–1986) 137, 506, 748
Keleti, Agnes, ung. Turnerin (* 1921) 512
Keller, Erhard, dt. Eisschnellläufer (* 1944) 627, 669
Keller, Franz, dt. Skiläufer (* 1945) 627
Keller, Gottfried, schweiz. Schriftsteller (1819–1890) 69
Keller, Paul, dt. Schriftsteller (1873–1932) 124
Keller, Werner, dt. Schriftsteller (1909–1980) 502
Kellermann, Bernhard, dt. Schriftsteller (1879–1951) 111
Kelley, Fred, amer. Leichtathlet 119
Kellogg, Frank Billings, amer. Politiker (1856–1937) 248, 260
Kelly, Gene, amer. Schauspieler (1912–1996) 471
Kelly, Grace, moneg. Fürstin und Schauspielerin (1929–1982) 479
Kelly, Petra, dt. Politikerin (1947–1992) 737
Kelly, Sean, ir. Radrennfahrer (* 1956) 42
Kelterborn, Rudolf, schweiz. Komponist (* 1931) 719, 777
Kemal Pascha (Atatürk), Mustafa, türk. Politiker (1881–1938) 164, 187, 198, 199, 201, **201**, 202, 222, 308, 341
Kemal Bey Ismail, alban. Politiker (1844–1916) 100, 221
Kempe, Rudolf, dt. Dirigent (1910–1976) 503
Kempes, Mario, argentin. Fußballspieler (* 1954) 729
Kempowski, Walter, dt. Schriftsteller (* 1929) 659, 811
Kendall, Edward C., amer. Biochemiker (1886–1972) 464
Kendall, Henry W., amer. Physiker (* 1926) 464, 839
Kendrew, John C., brit. Biochemiker (* 1917) 564
Kennedy, John F., amer. Politiker (1917–1963) 476, 537, **538**, 545, 547, 567, 569, **569**, 570, **571**, 578, 579, 620, 789, 804, 856, 862
Kennedy, Robert (»Bob«) Francis, amer. Politiker (1925–1968) 537, 570, 620
Kennelly, Arthur Edwin, amer. Physiker (1861–1939) 23
Kenyatta, Jomo, kenian. Politiker (1891–1978) 571, 722
Kenzo → Takada, Kenzo
Kérékou, Mathieu, benin. Politiker (* 1933) 842, 895
Kerenski, Alexander, russ. Politiker (1881–1970) 133, 133, 135
Kern, Alfred, schweiz. Firmengründer 222
Kern, Erwin, dt. Attentäter (1895-1922) 177
Kern, Jerome, amer. Komponist (1885–1945) 246, 247
Kerouac, Jack, amer. Schriftsteller (1922–1969) 519, 520
Kerr, Alfred, dt. Schriftsteller (1867–1948) 294
Kerschgens, Karl, dt. Politiker (* 1939) 781
Kershner, Irvin, amer. Regisseur (* 1923) 870
Kesselring, Joseph, amer. Schriftsteller (1902–1967) 377
Kessler, Udo, dt. Künstler 40
Ketchell, Stanley, amer. Boxer (1886–1910) 84
Ketteler, Klemens Freiherr von, dt. Diplomat (1853–1900) 12, 174
Ketterer, Emil, dt. Sportler 98
Key, Ellen, schwed. Pädagogin und Schriftstellerin (1849–1926) 16, 215, **215**
Keynes, John Maynard, brit. Nationalökonom (1883–1946) 322, 322, 401
Khamenei, Ali Said, iran. Politiker (* 1940) 731, 748, 815
Khan, Ishaq, pakistan. Politiker 807
Khan Junejo, Mohammed, pakistan. Politiker (1932–1993) 802
Khieu Samphan, kambodsch. Politiker (* 1931) 705
Khomeini, Ayatollah Ruhollah, iran. Politiker und Geistlicher (1902–1989) 730, 730, **730**, 731, 740, 806, 826
Khorana, Har Gobind, amer.-ind. Biochemiker (* 1922) 510, 623, 635, 647
Khun, Béla, ung. Politiker (1886–1939) 803
Kiechle, Ignaz, dt. Politiker (* 1939) 772
Kiefer, Adolphe, amer. Schwimmer (* 1918) 317, 378
Kiefer, Anselm, dt. Künstler (* 1945) 758
Kiehl, Marina, dt. Skifahrerin (* 1965) 812
Kiely, Thomas, brit. Leichtathlet 49
Kienzl, Wilhelm, österr. Komponist (1857–1941) 97
Kiesbauer, Arabella, österr. TV-Moderatorin 857
Kiesinger, Kurt Georg, dt. Politiker (1904–1988) 414, 570, 598, 601, 602, 605, 629, 629, 837
Kieslowski, Krysztof, poln. Regisseur (1941–1996) 812
Kießling, Günter, dt. Militär (* 1925) 684, 768
Kießling, Maria, dt. Leichtathletin 183
Kilborn, Pamela, austral. Leichtathletin (* 1939) 597
Kilian, Hanns, dt. Bobfahrer (1905–1981) 253, 288
Kilius, Marika, dt. Eiskunstläuferin (* 1943) 536
Killanin, Michael Morris, ir. Sportfunktionär (* 1914) 671
Killy, Jean-Claude, frz. Skirennläufer (* 1943) 626, 627
Kim Dae Jung, korean. Politiker (* 1924) 740
Kim Il Sung, korean. Politiker (1912–1994) 85, 414, 442, 661, 873
Kim Jong Il, korean. Politiker (* 1942) 873
Kinau, Hans, → Fock, Gorch
Kindermann, Horst, dt. Sportfunktionär 660
King, Billie Jean, → King-Moffit, Billie Jean
King, Henry, amer. Regisseur (1892–1982) 356
King, Martin Luther, amer. Bürgerrechtler und Baptistenpfarrer (1929–1968) 570, **577**, 578, 579, 583, 590, 618, 618, 788, 789
King, Stephen, amerik. Schriftsteller 735
King-Moffit, Billie Jean, amer. Tennisspielerin (* 1943) 604, 616, 627, 660, 670, 681, 693, 702, 729

Personenregister

Kingdom, Roger, amer. Leichtathlet (* 1962) *828*
Kingscote, A. R. F. brit. Tennisspieler *160*
Kingsley, Ben, brit. Schauspieler (* 1943) *812, 880*
Kinkel, Klaus, dt. Politiker (* 1936) *443*
Kinnunen, Jorma, finn. Leichtathlet (* 1941) *639*
Kinsella, John, amer. Schwimmer (* 1952) *650*
Kinsey, Alfred Charles, amer. Sexualforscher (1894–1956) *446*
Kinshofer, Christa, dt. Skiläuferin (* 1961) *746*
Kinski, Klaus, dt. Schauspieler (1926–1991) *193, 752*
Kint, Cor, niederl. Schwimmerin *359*
Kint, Marcel, belg. Radrennfahrer (* 1914) *349*
Kinue, Hitomi, jap. Leichtathletin *254*
Kipling, Rudyard, engl. Schriftsteller (1865–1936) *25, 67, 147*
Kipphardt, Heinar, dt. Schriftsteller (1922–1982) *575, 586, 587, 707, 710, 766*
Kipping, Frederic S., brit. Chemiker (1863–1949) *295*
Kiprianu, Spiros, zypr. Politiker (* 1932) *713*
Kiptanui, Moses, kenian. Leichtathlet (* 1971) *863, 894*
Kirch, Leo, dt. Medienunternehmer (* 1926) *904*
Kirchhoff, Bodo, dt. Schriftsteller (* 1948) *840*
Kirchhoff, Ulrich, dt. Springreiter (* 1967) *907*
Kirchner, Ernst Ludwig, dt. Maler (1880–1938) *53, 54, 169, 338*
Kirchschläger, Rudolf, österr. Politiker (* 1915) *682, 787*
Kirow, Sergei Mironowitsch, sowjet. Politiker (1886–1934) *321*
Kirsch, Sarah, dt. Schriftstellerin (* 1935) *707*
Kirst, Hans Hellmuth, dt. Schriftsteller (1914–1989) *495*
Kirstein, Rose-Marie, dt. Schauspielerin (1940–1984) *493*

Kirszenstein, Irena → Szewinska, Irena
Kisch, Egon Erwin, tschech. Journalist und Schriftsteller (1885–1948) *228*
Kishi, Nobosuke, jap. Politiker (1896–1987) *537*
Kissinger, Henry, amer. Politiker (* 1923) *641, 672, 678*
Kiszczak, Czeslaw, poln. Politiker (* 1925) *815*
Kitasato, Shibasaburo, jap. Bakteriologe (1856–1931) *116*
Kittikachorn, Thanom, thail. Politiker (* 1911) *515*
Kitz, Norman, brit. Techniker *636*
Kiviat, Abel, amer. Leichtathlet *105*
Klabund (eig. Alfred Henschke), dt. Schriftsteller (1890–1928) *147, 228*
Klages, Ludwig, dt. Philosoph und Psychologe (1872–1956) *140*
Klammer, Franz, österr. Skifahrer (* 1953) *710*
Klar, Christian, dt. Terrorist (* 1952) *714*
Klarer, Josef, dt. Chemiker (1898–1953) *204, 250*
Klasen, Karl, dt. Bankmanager (1909–1991) *517*
Klatte, Fritz, dt. Chemiker (1880–1934) *109, 295*
Klaus, Josef, österr. Politiker (* 1910) *498, 577, 640, 599*
Klaus, Václav, tschech. Politiker (* 1941) *856*
Klebe, Giselher, dt. Komponist (* 1925) *574*
Kleber, Ina, dt. Schwimmerin (* 1964) *779*
Klee, Paul, dt.-schweiz. Maler und Grafiker (1879–1940) *89, 98, 158, 169, 337, 338*
Klein, Joe, amer. Journalist und Schriftsteller (* 1946) *906*
Klein, Laurence R., amer. Wirtschaftswissenschaftler (* 1920) *744*
Klemens XI., Papst (1649–1721) *39*
Klemens XII., Papst (1652–1740) *39*
Klemens XIII., Papst (1693–1769) *39*

Klemens XIV., Papst (1705–1774) *39*
Klemperer, Otto, dt. Dirigent (1885–1973) *503*
Klepper, Jochen, dt. Schriftsteller (1903–1942) *339*
Klerides, Glafkos, zypr. Politiker (* 1919) *685*
Klestil, Thomas, österr. Politiker (* 1932) *498*
Klimke, Reiner, dt. Dressurreiter, *778*
Klimt, Gustav, österr. Maler (1862–1918) *17, 17, 24*
Kline, Franz, amer. Maler (1910–1962) *436*
Klinic, Zoran, jugos. Tischtennisspieler *863*
Klitzing, Klaus von, dt. Physiker (* 1943) *52, 782*
Kljum, Iwan, russ. Maler (1873–1943) *122*
Kloo, Elfriede *563*
Klosowski, Severin, engl. Massenmörder († 1903) *226*
Klug, Aaron, brit. Biochemiker und Mikrobiologe (* 1926) *758*
Kluge, Alexander, dt. Schriftsteller und Regisseur (* 1932) *602, 625, 728*
Klühspies, Kurt, dt. Handballspieler (* 1952) *728*
Knacke, Christiane, dt. Schwimmerin (* 1962) *197, 721*
Knappertsbusch, Hans, dt. Dirigent *277*
Knauer, Sebastian, dt. Journalist *796*
Knaus, Hermann, österr. Gynäkologe (1892–1970) *261*
Knecht, Hans, schweiz. Radrennfahrer (1913–1986) *428*
Knef, Hildegard, dt. Schauspielerin und Schriftstellerin (* 1925) *649*
Kneteman, Gerrie, niederl. Radrennfahrer (* 1951) *729*
Knittel, John, schweiz. Schriftsteller (1891–1970) *306*
Knoll, Max, dt. Elektrotechniker (1897–1969) *223, 274*
Knuth, Gustav, dt. Schauspieler (1901–1987) *251*
Kobelt, Karl, schweiz. Politiker (1891–1968) *770*

Koblet, Hugo, schweiz. Radrennfahrer (1925–1964) *466, 473*
Kobus, Kathi, dt. Kabarettgründerin (1856–1929) *23*
Koch, Bill, amer. Segler (* 1940) *801*
Koch, Harald *581*
Koch, Marita, dt. Leichtathletin (* 1957) *720, 729, 736, 786*
Koch, Peter, dt. Journalist (1938–1989) *765*
Koch, Robert, dt. Mediziner (1843–1910) *53, 80*
Koch-Gotha, Fritz, dt. Schriftsteller (1877–1956) *418*
Kocher, Theodor, schweiz. Mediziner (1841–1917) *81*
Kodes, Jan, tschech. Tennisspieler (* 1946) *650, 660, 681*
Koech, Peter, kenian. Leichtathlet *828*
Koeppen, Wolfgang, dt. Schriftsteller (1906–1996) *471*
Koerber, Ernest von, österr. Politiker (1850–1919) *11, 50, 125, 127*
Koestler, Arthur, engl. Schriftsteller (1905–1983) *367*
Kogan, Claude, frz. Bergsteigerin (1919–1959) *485*
Kogon, Eugen, dt. Publizist (1903–1987) *426*
Kohl, Helmut, dt. Politiker (* 1930) *414, 641, 685, 706, 754, 755, **755**, 757, 768, 820, 835, 837, 876*
Kohl, Michael, dt. Politiker (1929–1981) *641, 654, 664, 684*
Köhl, Hermann, dt. Pilot (1888–1938) *245*
Köhler, Erich, dt. Politiker (1892–1958) *432, **453***
Köhler, Georges J. S., dt. Biochemiker (1946–1995) *775*
Köhler, Gundolf, dt. Terrorist *857*
Köhler, Thomas, dt. Rodler (* 1940) *588, 626*
Kohout, Pavel, tschech. Schriftsteller und Regisseur (* 1928) *615, 741*
Koirala, Girija Prasad, nepal. Politiker (* 1925) *845*
Koivisto, Mauno Henrik, finn. Politiker (*1923) *748*

939

Kojac, George, amer. Schwimmer *254, 271*
Kok, Ada, niederl. Schwimmerin (* 1947) *576*
Kok, Wim, niederl. Politiker (* 1938) *873*
Kokoschka, Oskar, österr. Maler (1886–1980) 83, *169, 337, 338, 385*
Kokowzew, Wladimir N., russ. Politiker (1853–1943) 90, 91, *113*
Kolbe, Peter-Michael, dt. Ruderer (* 1953) *794*
Kolehmainen, Johan Petteri (»Hannes«), finn. Leichtathlet (1889–1966) *105, 801*
Kolff, Willem Johan, niederl. Mediziner (* 1911) *384*
Kolhörster, Werner, dt. Physiker (1887–1946) *101*
Kolingba, André, zentralafr. Politiker (* 1937) *606*
Kolle, Oswalt, dt. Publizist (* 1928) *624*
Koller, Arnold, schweiz. Politiker (* 1933) *770*
Kollias, Konstantin, griech. Politiker (* 1901) *605, 606*
Kollo, Walter, dt. Komponist (1878–1940) *111*
Kollwitz, Käthe, dt. Künstlerin (1867–1945) *82*, **82**
Kolman, Trude, dt. Kabarettistin (1904–1969) *427*
Koltès, Bernard-Marie, frz. Schriftsteller (1948–1989) *766, 799, 840*
Komakpor, David, liberian. Politiker *895*
Konduriotis, Pavlos, griech. Politiker (1854–1935) *208, 209*
Kondylis, Georg, griech. Politiker (1879–1936) *308*
Konitz, Lee, amer. Jazzmusiker (* 1927) *227*
Konoe, Fumimaro Prinz, jap. Politiker (1891–1945) *370*
Konopacka, Halina, poln. Leichtathletin (1900–1989) *231*
Konrád, György, ung. Schriftsteller und Soziologe (* 1933) *745*
Konrads, Ilse, austral. Schwimmerin (* 1944) *536*
Konrads, John, austral. Schwimmer *528*
Konstantin I., griech. König (1868–1923) *106, 133, 161, 184, 401*
Konstantin II., griech. König (* 1940) *401, 577, 605, 606*
Kooning, Willem de, amer. Maler (* 1904) *436*
Koopmans, Tjalling, amer. Wirtschaftswissenschaftler (1910–1985) *698*
Kopf, Hinrich Wilhelm, dt. Politiker (1893–1961) *421*
Kopit, Arthur Lee, amer. Schriftsteller (* 1937) *542, 638*
Kopp, Elisabeth, schweiz. Politikerin (* 1936) *344, 770*
Korbut, Olga, sowjet. Turnerin (* 1955) *669*
Korczan, Mor, ung. Sportler *98*
Koresh, David, amer. Sektenführer (1959–1993) *869*
Korfanty, Wojdiech, poln. Politiker (1873–1939) *175*
Körmöczy, Zsuzsi, ung. Tennisspielerin *528*
Korn, Arthur, dt.-amer. Physiker (1870–1945) *60*
Kornberg, Arthur, amer. Biochemiker (* 1918) *510, 533*
Körner, Theodor, österr. Politiker (1873–1957) *467, 498, 515, 516*
Korngold, Erich Wolfgang, österr. Komponist (1897–1957) *131, 170*
Körnig, Helmuth, dt. Leichtathlet (1905–1972) *240, 264*
Kortner, Fritz, österr. Schauspieler und Regisseur (1892–1970) *32*
Korutürk, Fahri, türk. Politiker (1903–1987) *737*
Kosinski, Jerzy, poln.-amer. Schriftsteller (1933–1991) *596*
Koss, Johann Olav, norw. Eisschnelläufer (* 1968) *882*
Kossel, Albrecht, dt. Biochemiker (1853–1927) *87*
Kossygin, Alexei Nikolajewitsch, sowjet. Politiker (1904–1980) *577, 580, 642*
Kostadinova, Stefka, bulg. Leichtathletin (* 1965) *721, 801*
Kosuth, Joseph, amer. Konzeptkünstler (* 1945) *650*

Kotta, Konstantin (Kosta), alban. Politiker (1889–1949) *248, 350*
Kountché, Seyni, nigerian. Politiker (1931–1987) *682*
Krabbe, Katrin, dt. Leichtathletin (* 1969) *862*
Kraenzlein, Alvin, amer. Leichtathlet (1876–1928) *18, 18*
Krahwinkel, Hilde, dt. Tennisspielerin (1908–1981) *278*, **278**, *340*
Krajicek, Richard, niederl. Tennisspieler (* 1971) *908*
Kramer, Jack, amer. Tennisspieler (* 1921) *428, 438*
Krämer, Ingrid → Engel-Krämer, Ingrid
Kraprayoon, Suchinda, thail. Politiker (* 1933) *854*
Kratochilova, Jarmila, tschech. Leichtathletin (* 1951) *767*
Kratschmer, Guido, dt. Leichtathlet (* 1953) *747*
Kraus, Franz Xaver, dt. Theologe (1840–1901) *67*
Kraus, Karl, österr. Schriftsteller und Publizist (1874–1936) *67, 194*
Krause, Barbara, dt. Schwimmerin (* 1959) *746*
Krauss, Werner, dt. Schauspieler (1884–1959) *60, 230*
Krawtschuk, Leonid, ukrain. Politiker (* 1934) *873*
Krebs, Diether, dt. Schauspieler (* 1947) *681*
Krebs, Edwin G., amer. Chemiker (* 1918) *860*
Krebs, Hans A., dt. Biochemiker (1900–1981) *486*
Kreisky, Bruno, österr. Politiker (1911–1990) *498, 640, 641, 724, 762*, **762**
Krekel, Hildegard, dt. Schauspielerin (* 1952) *681*
Křenek, Ernst, österr.-amer. Komponist (1900–1991) *246, 348*
Krentz, Eric, amer. Leichtathlet *264*
Krenz, Egon, dt. Politiker (* 1937) *815, 820, 822, 836*
Kriek, Johan, südafr. Tennisspieler (* 1958) *753, 761*
Kristiansen, Ingrid, norw. Leichtathletin (* 1956) *720, 786, 794*

Kroetz, Franz Xaver, dt. Schriftsteller (* 1946) *659, 668, 719, 752*
Krogh, August, dän. Mediziner (1874–1949) *167*
Kroll, Joachim, dt. Massenmörder *226*
Kronauer, Brigitte, dt. Schriftstellerin (* 1940) *880*
Kroto, Sir Harold W., brit. Chemiker (* 1939) *904*
Krøyer, Hans Ernst, dän. Komponist (1798–1848) *192*
Kroymann, Maren, dt. Schauspielerin *493*
Krüger, Paulus, gen. Ohm K., südafr. Politiker (1825–1904) *13*
Krupa, Gene, amer. Jazzmusiker (1909–1973) *227*
Krupp, Alfred, dt. Unternehmer (1812–1887) *37, 97*
Krupp, Friedrich Alfred, dt. Unternehmer (1854–1902) *37*
Krupp, Friedrich, dt. Unternehmer (1787–1826) *37, 97*
Krupskaja, Nadeschda, sowjet. Politikerin (1869–1939) *134*
Krüss, James, dt. Schriftsteller (* 1926) *542*
Krzyskowiak, Zdyslaw, poln. Leichtathlet (* 1929) *555*
Kubin, Alfred, österr. Maler und Schriftsteller (1877–1959) *83*
Kubitschek de Oliveira, Juscelino, bras. Politiker (1902–1976) *334, 545*
Kubitschek, Ruth-Maria, dt. Schauspielerin (* 1931) *493*
Kübler, Ferdi, schweiz. Radrennfahrer (* 1919) *466, 473*
Kubrick, Stanley, amer. Regisseur (* 1928) *191, 193, 574, 624, 625, 625, 659, 735, 736*
Kucharski, Leszek, poln. Tischtennisspieler (* 1959) *863*
Kuhn, Richard, dt. Chemiker (1900–1967) *346*
Kuiper, Hennie, niederl. Radrennfahrer (* 1949) *702*
Kujau, Konrad *765*
Kulakowa, Galina, sowjet. Skiläuferin (* 1942) *669*

Kumaratunga, Chandrika, ceylones. Politikerin (* 1945) *538*
Kumbernuß, Astrid, dt. Leichtathletin (* 1970) *893*
Kundera, Milan, tschech. Schriftsteller (* 1929) *615, 777, 839*
Kunert, Günter, dt. Schriftsteller (* 1929) *707*
Küng, Hans, schweiz. Theologe (* 1928) *734, 734, 735*
Künneke, Eduard, dt. Komponist (1885–1953) *182*
Küntscher, Gerhard, dt. Mediziner (1900–1955) *204*
Kunze, Michael, dt. Schriftsteller (* 1943) *861*
Kunze, Reiner, dt. Schriftsteller (* 1933) *707, 710, 720*
Kurokawa, Kisho, jap. Architekt (* 1934) *534*
Kurosawa, Akira, jap. Regisseur (* 1910) *465, 471, 745, 784*
Kürten, Peter (1883–1931) *226*
Kurusu, Saburu, jap. Politiker 365, **366**
Kusch, Polykarp, amer. Physiker (1911–1993) *501*
Kusnezow, Wassili, sowjet. Leichtathlet *536*
Kutschma, Leonid, ukrain. Politiker (* 1938) *873*
Kuz, Wladimir, sowjet. Leichtathlet (1927–1975) *496, 513, 521*
Kuzenkova, Olga, russ. Leichtathletin *881, 894*
Kuznets, Simon, amer. Wirtschaftswissenschaftler (1901–1985) *657*
Kuzorra, Ernst, dt. Fußballspieler (1905–1990) 340, 387
Kvaternik, Slavko, kroat. Politiker *370*
Kwang-hsu, chin. Kaiser (1871–1908)
Kwaśniewski, Aleksander, poln. Politiker (* 1954) *818, 819, 883*

L

Laar, Mart, estn. Poltiker (* 1960) *883*
Lacalle, Luis Alberto, urug. Politiker (* 1941) *771*
Lacedelli, Lino. ital. Bergsteiger (* 1925) *485*
Lachenal, Louis, frz. Bergsteiger (1921–1955) *485*
Lackie, Ethel, amer. Schwimmerin (* 1907) *240*
Lacoste, René, frz. Tennisspieler und Unternehmer (1904–1996) 231, *231, 240, 247, 254, 264*
Ladougème, Jules, frz. Leichtathlet (1906–1973) *271*
La Fontaine, Henri, belg. Jurist (1854–1943) *108*
Lafontaine, Oskar, dt. Politiker (* 1943) *409, 835, 836, 876, 887*
Lagache, André, frz. Automobilrennfahrer *206*
Lagerfeld, Karl, dt. Modeschöpfer (* 1938) *436*
Lagerkvist, Pär, schwed. Schriftsteller (1891–1974) *465, 472*
Lagerlöf, Selma, schwed. Schriftstellerin (1858–1940) 25, 81, 130, *418*
Lakas Bahas, Demetrio, panama. Politiker (* 1925) *772*
Lamb, William F., amer. Architekt (1883–1952) 275
Lamb, Willis Eugene, amer. Physiker (* 1913) *501*
Lambert, Raymond, schweiz. Bergsteiger (* 1914) *485*
Lambert-Chambers, Dorothea, brit. Tennisspielerin (1878–1960) *89, 98, 112, 119*
Lamberti, Giorgio, ital. Schwimmer (* 1969) *828*
Lambot, Firmin, belg. Radrennfahrer (1886–1964) *160, 196*
Lambsdorff, Otto Graf, dt. Politiker (* 1926) *443, 764*
Lamizana, Sangoulé, afr. Politiker (* 1916) *598*
Lammasch, Heinrich, österr. Politiker (1853–1920) *141*
Lancaster, Burt, amer. Schauspieler (1913–1994) 527, *565*
Lance, Sylvia, austral. Tennisspielerin *218*
Lanchester, Frederick, brit. Ingenieur (1868–1946) *102*
Land, Edwin H., amer. Physiker (1909–1991) *66*
Landau, Lew, sowjet. Physiker (1908–1968) *564*

Landon, Alfred M., amer. Politiker (1887–1987) 325
Landru, Henri Désiré (1869–1922) *226*
Landry, Nelly, frz. Tennisspielerin *450*
Landsbergis, Vitautas, lit. Politiker (* 1932) *830*
Landsteiner, Karl, österr. Mediziner (1868–1943) *268*
Landy, John, austral. Leichtathlet (* 1930) *496*
Lane, Alfred, amer. Sportschütze 105
Lang, Billy, austral. Boxer 77
Lang, Fritz, österr.-amer. Regisseur (1890–1976) *159, 169, 182,* 193, 194, *194,* 216, 239, 247, 277, 286, 327, 376, 385, *541, 624*
Lang, Hedi, schweiz. Politikerin (* 1931) *770*
Lang, Hermann, dt. Automobilrennfahrer (1909–1987) 359, *359*
Langbehn, Julius, dt. Schriftsteller und Kulturkritiker (1851–1907) 23
Lange, Christian, norw. Politiker (1869–1938) *180*
Lange, David, neuseel. Politiker *768*
Lange, Hartmut, dt. Schriftsteller (* 1937) *707*
Lange, Thomas, dt. Ruderer (* 1964) *794*
Langen, Albert, dt. Verleger (1869–1909) 67, 74
Langen, Carl Friedrich Freiherr von, dt. Reiter (1887–1934) 253, 254
Langen, Eugen, dt. Ingenieur (1833–1895) 22
Langer, Bernhard, dt. Golfspieler (* 1957) *785*
Langgässer, Elisabeth, dt. Schriftstellerin (1899–1950) *426*
Langhans, Rainer 613
Langhoff, Wolfgang, dt. Schauspieler, Regisseur und Schriftsteller (1901–1966) *316*
Langmuir, Irving, amer. Chemiker (1881–1957) 284, 539
Laniel, Joseph, frz. Politiker (1889–1975) *482, 490*
Lanzi, Mario, ital. Leichtathlet (1914–1980) 359

Lapedie, Roger, frz. Radrennfahrer (* 1911) *340*
Lapize, Octave, frz. Radrennfahrer (1889–1917) 42, 89
Laporte, Pierre, kanad. Politiker (1921–1970) *643*
Laredo Brú, Federico, kuban. Politiker (1875–1946) *360*
Larned, William A., amer. Tennisspieler (1872–1926) *26, 34,* 70, 77, 84, 89, 98
Larrazábal, Wolfgang, venezol. Politiker (* 1911) *522*
Larsen, Arthur, amer. Tennisspieler (* 1925) *466*
Larson, Lance, amer. Schwimmer (* 1940) *197, 528*
Larsson, Carl Olof, schwed. Maler (1853–1919) 24
Lasarenko, Pawel, ukrain. Politiker *895*
Lasker-Schüler, Else, dt. Schriftstellerin (1869–1945) *159,* 160, *169, 385*
La Starza, Roland, amer. Boxer 489
Lastiri, Raul, argentin. Politiker (1915–1978) *672*
Latil, Georges, frz. Ingenieur *102*
Lattmann, Dieter, dt. Schriftsteller (* 1926) *638*
Latynina, Larissa, sowjet. Turnerin (* 1934) *512, 543, 588,* 589
Lauda, Niki, österr. Automobilrennfahrer (* 1949) *702, 702, 721, 779*
Laue, Max von, dt. Chemiker (1879–1960) *119*
Lauer, Martin, dt. Leichtathlet (* 1937) 528, 536
Laufer, Walter, dt. Schwimmer *240*
Laughton, Charles, brit.-amer. Schauspieler (1899–1962) *316*
Laurel, Stan, amer. Schauspieler (1890–1965) *339*
Laval, Pierre, frz. Politiker (1883–1945) *272,* 279, *308,* 309, *318,* 379, 383, 396
Lavallée, Calixa, kanad. Komponist (1842–1891) *192*
Laver, Rod, austral. Tennisspieler (* 1938) 349, *544, 555,* 566, *566, 627, 639*

941

Laveran, Charles Louis, frz. Mediziner (1845–1922) 67
Law, Andrew Bonar, brit. Politiker (1858–1923) *184, 198*
Lawrence, David Herbert, brit. Schriftsteller (1885–1930) *111, 252,* 710
Lawrence, Ernest Orlando, amer. Physiker (1901–1958) 52, 268, *355*
Lawrence, Thomas Edward, brit. Orientalist und Schriftsteller (1888–1935) 212, *239*
Laxness, Halldór, island. Schriftsteller (* 1902) *448,* 501
Lazenby, George, brit. Schauspieler (* 1939) 564
Lean, David, brit. Regisseur (1908–1991) 520, *596,* 777
Leander, Zarah, schwed. Schauspielerin und Sängerin (1907–1981) 270, 338, 376
Lear, Amanda 494
Léaud, Jean-Pierre, frz. Schauspieler (* 1944) 535
Lebed, Alexander, russ. Militär und Politiker (* 1950) 884, *885,* 898
Leber, Julius, dt. Politiker (1891–1945) 389
Leblanc, Georgette, belg. Sängerin (1869–1941) 31
Leblanc, Luc, frz. Radrennfahrer 881
Lebrun, Albert, frz. Politiker (1871–1950) 279, *279,* 360
Le Carré, John, brit. Schriftsteller (* 1931) *356,* 597
Leck, Bart Anthony van der, niederl. Maler (1876–1958) *139*
Leconte, Patrice, frz. Regisseur (* 1947) 840
Le Corbusier, frz.-schweiz. Architekt (1887–1965) 229, 478, 503, 519, 528, *534*
Lederberg, Joshua, amer. Biochemiker (* 1925) 526
Lederman, Leon, amer. Physiker (* 1922) 807
Ledig-Rowohlt, Heinrich Maria, dt. Verleger (1908–1992) 75
Ledoux, Scott, kanad. Boxer 747
Le Duan, vietn. Politiker (1907–1986) 579
Le Duc Tho, vietn. Politiker (1911–1990) 324, 672, *678*

Leduq, André, frz. Radrennfahrer (1904–1980) *271,* 289
Lee, Ang, taiwan. Regisseur 871
Lee, David M., amer. Physiker (* 1931) 904
Lee Kuan Yew, singap. Politiker (* 1923) 592, **592**
Leeb, Wilhelm Ritter von, dt. Militär (1876–1956) 342
Leekpai, Chuan, thail. Politiker (* 1938) *854*
Leering, Jan, niederl. Künstler 504
Leeson, Nick, brit. Börsenhändler (* 1967) 889
Lefebvre, André, frz. Ingenieur *102*
Lefebvre, Marcel, frz. Geistlicher (1905–1991) 734
Le Fort, Gertrud von, dt. Schriftstellerin (1876–1971) 277
Le Gendre, Robert, frz. Leichtathlet (1898–1931) 218
Léger, Fernand, frz. Maler (1881–1955) 70
Legien, Karl, dt. Gewerkschaftsführer (1861–1920) 153, 156, 166
Leguía, Augusto Bernardino, peruan. Politiker (1862–1932) 265
Lehár, Franz, österr. Operettenkomponist (1870–1948) 54, 55, *83, 88,* 263
Lehmbruck, Wilhelm, dt. Bildhauer (1881-1919) *169*
Lehn, Jean-Marie, frz. Chemiker (* 1939) 797
Lehr, Ursula, dt. Politikerin (* 1930) 549
Lehtinen, Lauri, finn. Leichtathlet (1908–1973) 289
Leibniz, Gottfried Wilhelm, dt. Philosoph (1646–1716) 268
Leigh, Mike, brit. Regisseur (* 1943) 906
Leigh, Mitch, amer. Komponist (* 1928) 596
Leigh, Vivien, brit. Schauspielerin (1913–1967) 328
Leip, Hans, dt. Schriftsteller (1893–1983) 376
Leistikow, Walter, dt. Maler (1865–1908) 17
Leland, Henry M., amer. Unternehmer (1843–1932) 103

Leloir, Luis, argentin. Biochemiker (1906–1987) 648
Lem, Stanislaw, poln. Schriftsteller (* 1921) *458,* 554
Lemale, Charles, frz. Ingenieur 223
Leman, Eric, belg. Radrennfahrer (* 1946) 42
Lemming, Eric, schwed. Leichtathlet (1880–1930) 34, 43
Lemmon, Jack, amer. Schauspieler (* 1925) 639, 752
LeMond, Greg, amer. Radrennfahrer (* 1961) 767, 794, 828, *828, 841*
Lenard, Philipp Eduard Anton, dt. Physiker (1862–1947) 53
Lenárt, Jozef, tschech. Politiker (* 1923) 617
Lendl, Ivan, tschech. Tennisspieler (* 1960) 779, 786, 794, 801, 828, *841*
Lenglen, Suzanne, frz. Tennisspielerin (1899–1938) 160, 172, *172,* 184, 196, 207, 231, *231,* 240, 729
Leni, Paul, dt. Bühnenbildner und Regisseur (1885–1929) *169*
Lenin, Wladimir, Iljitsch, sowjetruss. Politiker (1870–1924) 36, 103, *133,* 134, *134,* 135, *135,* 142, 151, 174, 179, 185, *188,* 208, *208,* 242, *242,* 243, 320, 391, *580*
Lennon, John, brit. Rockmusiker (1940–1980) 566, 585, *638,* 745
Lenz, Max Werner, schweiz. Kabarettist (1887–1973) 23
Lenz, Siegfried, dt. Schriftsteller (* 1926) 502, 625, *625, 728,* 840
Leo XII., Papst (1760–1829) 39
Leo XIII., Papst (1810–1903) 39, *39*
Leonard, Albert, frz. Automobilrennfahrer 206
Leonard, François, frz. Automobilrennfahrer *218*
Leonard, George, amer. Leichtathlet 289
Leonardo da Vinci, ital. Künstler (1452–1519) 95, 325
Leoncavallo, Ruggiero, ital.

Komponist (1857–1919) 48
Leone, Giovanni, ital. Politiker (* 1908) 652, 722
Leone, Sergio, ital. Regisseur (1929–1989) *356,* 625, 777
Leonow, Alexei A., sowjet. Kosmonaut (* 1934) 698
Leontief, Wassily, amer. Wirtschaftswissenschaftler (* 1906) 678
Leopold II., belg. König (1835–1909) 73, *78,* 129
Leopold III., belg. König (1901–1983) 283, 299, 361, *390, 396, 463, 467*
Le Pen, Jean-Marie, frz. Politiker (* 1928) 788
Lepère, Jean-Baptiste, frz. Bildhauer (1761–1844) *109*
Lepke, Louis, amer. Bandenchef (1897–1944) 275
Leroux, Gaston, frz. Schriftsteller (1868–1927) 793
LeRoy, Mervyn, amer. Regisseur (1900–1987) 269
Lersner, Heinrich Freiherr von, Präsident des dt. Umweltbundesamtes (* 1930) 689
Lerwill, Sheila, brit. Leichtathletin (* 1928) 473
Lesch, Walter, schweiz. Kabarettist (1898–1958) 23
Lesnevich, Gus, amer. Boxer (1915–1964) 460
Lessing, Doris, brit. Schriftstellerin (* 1919) 465, 692
Lessing, Gotthold Ephraim, dt. Schriftsteller (1729–1781) 17, 300
Lester, Richard, engl. Regisseur (* 1932) 587
Leuschner, Wilhelm, dt. Gewerkschafter (1890–1944) 389
Leutheusser-Schnarrenberger, Sabine, dt. Politikerin (* 1951) 549
Leuwerick, Ruth, dt. Schauspielerin (* 1926) 276
Levay, Sylvester, ung. Komponist 861
Levegh, Pierre, frz. Automobilrennfahrer (1905–1955) *358,* 505
Leverrier, Urbain Jean Joseph, frz. Mathematiker (1811–1877) 268
Levi, Carlo, ital. Schriftsteller (1902–1975) *417*

Personenregister

Levi, Paul, dt. Politiker (1883–1930) *149*
Levi-Montalcini, Rita, ital. Biochemikerin (* 1909) *792*
Lévi-Strauss, Claude, frz. Ethnologe (* 1908) *584*
Leviné, Eugen, dt. Politiker (1883–1919) *177*
Levinson, Barry, amer. Schriftsteller und Regisseur (* 1942) *811*
Lewin, Shlomo, jüd. Verleger *857*
Lewis, Arthur, amer. Wirtschaftswissenschaftler (1915–1991) *734*
Lewis, Carl, amer. Leichtathlet (* 1961) *778*, *779*, *853*, *853*, *881*, **907**
Lewis, Edward B., amer. Biochemiker (* 1918) *892*
Lewis, Jerry Lee, amer. Musiker *494*
Lewis, John H., amer. Boxer (1914–1974) *359*
Lewis, Sinclair, amer. Schriftsteller (1885–1951) *194*, *268*
Lewis-Evans, St., brit. Automobilrennfahrer (1930–1958) *358*
Lexer, Erich, dt. Mediziner (1867–1937) *612*
Ley, Robert, dt. Politiker (1890–1945) *293*, *297*, *371*
Leygues, Georges, frz. Politiker (1858–1933) *161*, *173*, *173*
Lezama, Arturo, urug. Politiker *522*
Lhote, André, frz. Maler (1885–1962) *70*
Libby, Willard Frank, amer. Physiker und Chemiker (1908–1980) *223*, *424*, *433*, *539*
Libuda, Reinhard, dt. Fußballspieler (1943–1996) *604*
Lichtenberg, Bernhard, dt. Theologe (1875–1943) *389*
Lichtenstein, Roy, amer. Maler und Bildhauer (* 1923) *586*
Lie, Trygve Halvdan, norw. Politiker (1896–1968) *419*, **419**, *482*, *750*
Liebau, Gustave Désiré, frz. Ingenieur *102*
Liebeneiner, Wolfgang, dt. Regisseur (1905–1987) *368*

Lieber, Ernst, dt. Politiker (1838–1902) *36*
Liebermann, Max, dt. Maler (1847–1935) *17*, *17*, **17**, *40*, *338*
Liebermann, Rolf, schweiz. Komponist (* 1910) *479*, *495*, *502*, *893*
Liebert, Eduard von, dt. Politiker (1850–1934) *44*
Liebknecht, Karl, dt. Politiker (1871–1919) *115*, *144*, *144*, *148*, *149*, *149*, **150**, *174*, *177*
Liebknecht, Wilhelm, dt. Politiker (1826–1900) *825*
Lievi, Cesare *861*
Lifar, Serge, russ.-frz. Tänzer und Choreograph (1905–1986) *447*
Ligeti, György, ung.-österr. Komponist (* 1923) *554*, *574*, *615*, *728*, *811*
Lightbody, James, amer. Leichtathlet (1882–1953) *49*
Lilienfeld, Julius, dt. Physiker *223*
Lilienthal, Otto, dt. Ingenieur und Flugpionier (1848–1896) *22*, *38*, *38*
Li Lin, chin. Schwimmerin *863*
Limann, Hilla, ghan. Politiker (* 1934) *748*
Lincke, Paul, dt. Komponist (1866–1946) *33*
Lincoln, Abraham, amer. Politiker (1809–1865) *20*, *570*, *579*
Lincoln, Elmo, amer. Schauspieler (1889–1952) *147*
Lindberg, Knut, schwed. Leichtathlet (1882–1961) *63*
Lindbergh, Charles, amer. Pilot (1902–1974) *38*, *81*, *245*, *249*, *285*, *287*
Lindblom, Gunnel, schwed. Schauspielerin (* 1931) *575*
Linde, Carl von, dt. Ingenieur und Industrieller (1842–1934) *222*
Linder, Hans, dt. Architekt *534*
Linder, Max, frz. Schauspieler und Regisseur (1883–1925) *76*
Lindgren, Astrid, schwed. Schriftstellerin (* 1907) *417*, **417**, *418*

Lindman, Arvid, schwed. Politiker (1862–1936) *56*
Lindsay, Allen, brit. Mediziner *204*
Li Ning, chin. Turner (* 1963) *778*
Linke, Karla, dt. Schwimmerin *693*
Li Peng, chin. Politiker (* 1928) *795*
Lipmann, Fritz A., amer. Biochemiker (1899–1986) *486*
Lippmann, Gabriel, frz. Physiker (1845–1921) *75*
Lipponen, Paavo, finn. Politiker (* 1941) *883*
Lipscomb, William N., amer. Chemiker (* 1919) *709*
Lissitzky, El, russ. Maler (1890–1941) *122*
Lissowskaja, Natalja, sowjet. Leichtathletin (* 1962) *801*
Liston, Sonny, amer. Boxer (1934–1971) *544*, *566*, *576*, *587*, *589*, *597*
Little Richard, amer. Rockmusiker (* 1935) *494*
Litujew, Juri, sowjet. Leichtathlet (* 1925) *489*
Liu Shaoqui, chin. Politiker (1899–1969) *529*, *601*
Li Yuan-hung, chin. Politiker (1864–1928) *92*, *125*
Lizana, Anita, chil. Tennisspielerin *340*
Lleras Camargo, Alberto, kolumbian. Politiker (* 1906) *522*
Lloyd, Frank, amer. Regisseur (* 1888–1960) *316*
Lloyd, Harold, amer. Schauspieler (1893–1971) *168*
Lloyd, John Selwyn, brit. Politiker (1904–1978) *515*
Lloyd George, David, brit. Politiker (1863–1945) *125*, *128*, *173*, *180*, **180**, *184*
Lody, Carl Hans, dt. Geheimagent (1877–1914) *138*
Loesser, Frank, amer. Komponist (1910–1969) *465*
Loest, Erich, dt. Schriftsteller (* 1926) *827*
Loewe, Frederick, amer.-österr. Komponist (1901–1988) *511*
Loewi, Otto, österr. Biochemiker (1873–1961) *324*
Lofting, Hugh, brit.-amer.

Schriftsteller (1886–1947) *170*, *418*
Lollobrigida, Gina, ital. Schauspielerin (* 1927) *270*
Lonardi, Eduardo, argentin. Politiker (1896–1956) *606*
London, Brian, brit. Boxer *604*
London, Jack, amer. Schriftsteller (1876–1916) *48*, *54*
Long, Dallas, amer. Leichtathlet (* 1940) *589*
Long, Maxey, amer. Leichtathlet (1878–1959) *18*
Long, Thelma, austral. Tennisspielerin *481*, *496*
Longo, Elsie, frz. Radrennfahrerin *183*
Lon Nol, kambodsch. Politiker (1913–1985) *606*, *642*, *703*, *705*
Löns, Hermann, dt. Schriftsteller (1866–1914) *418*
Loomis, Frank, amerik. Leichtathlet (1896–1962) *172*
López Arellano, Osvaldo, hond. Politiker (* 1921) *567*
López Mateos, Adolfo, mex. Politiker (1910–1969) *249*
López Portillo, José, mex. Politiker (* 1920) *249*
López Pumarejo, Alfonso, kolumb. Politiker (1886–1959) *379*
Loren, Sophia, ital. Schauspielerin (* 1934) *270*
Lorentz, Hendrik Antoon, niederl. Physiker (1853–1928) *31*
Lorentz, Kay, dt. Kabarettist (1920–1993) *427*
Lorentz, Lore, dt. Kabarettistin (1922–1994) *427*
Lorenz, Konrad, österr. Verhaltensforscher (1903–1989) *678*
Lorenz, Peter, dt. Politiker (1922–1987) *714*, *715*
Loriot → Bülow, Vicco von
Lorre, Peter, dt. Schauspieler (1904–1964) *385*
Lossow, Otto von, dt. Politiker und Militär (1863–1938) *202*
Lotz, Ingrid, dt. Leichtathletin (* 1934) *589*
Loubet, Emile, frz. Politiker (1838–1929) *15*, *44*, *56*
Louis, Joe, amer. Boxer (1914–1981) *289*, *328*,

943

340, 349, 359, 369, 378, 387, 395, 404, 418, 428, 450, 460, 466
Loukola, Toivo, finn. Leichtathlet *254*
Lourdes Pintasilgo, Maria de, portug. Politikerin (* 1930) *538*
Lovelock, Jay, neuseeländ. Leichtathlet (1910–1949) *329*
Lowe, Francis G., austral. Tennisspieler *124*
Lown, Bernhard, amer. Mediziner (* 1921) *782*
Lowry, Malcolm, engl. Schriftsteller (1909–1957) *437*
Loy, Myrna, amer. Schauspielerin (1905–1993) *276*
Lubbe, Marinus van der (1910–1934) 290, *563*
Lubbers, Ruud, niederl. Politiker (* 1939) 65, *873*
Lubitsch, Ernst, dt. Regisseur (1892–1947) *131, 147, 159, 270, 297, 357, 357, 386*
Lübke, Heinrich, dt. Politiker (1894–1972) *529,* 531, **531**, 606, 629
Lucania, Salvatore (Lucky Luciano), amer. Bandenchef (1898–1962) *275*
Lucas, George, amer. Regisseur und Produzent (* 1944) 624, 626, *719, 870*
Lucas, Robert E. jr., amer. Wirtschaftswissenschaftler (* 1937) *892*
Luchsinger, Fritz, schweiz. Bergsteiger (* 1921) *485*
Lucius, Eugen, dt. Industrieller (1834–1903) *222*
Luckner, Felix von, dt. Marineoffizier und Schriftsteller (1881–1966) *182*
Lüdemann, Hermann, dt. Politiker (1880–1959) *421*
Ludendorff, Erich, dt. Militär und Politiker (1865–1937) 116, 126, **126**, 133, 140, 141, 142, 155, 164, *176, 202,*
Lüdtke, Bruno, dt. Massenmörder (1910–1943) 226, 227
Ludwig I., bayer. König (1786–1868) 190
Ludwig II., Fürst von Monaco (1870–1949) *451*

Ludwig, Eduard, dt. Bildhauer (1906–1960) *109*
Ludwig, Emil, dt.-schweiz. Schriftsteller (1881–1948) *294*
Ludy, Josef , dt. Massenmörder (* 1933) *226*
Lueger, Karl, österr. Politiker (1844–1910) *65*
Lugger, Alois, österr. Politiker (* 1912) *682*
Lugosi, Bela, amer. Schauspieler (1884–1956) *193*
Luhmann, Niklas, dt. Soziologe (* 1927) *214*
Lukanow, Andrei, bulg. Politiker (* 1938) *829, 836*
Lule, Yusufu, ugand. Politiker (* 1911) *730,* 731
Lumière, Auguste, frz. Filmpionier (1862–1954) *15, 66, 191*
Lumière, Louis, frz. Filmpionier (1864–1948) 66, *191*
Lumumba, Patrice, afr. Politiker (1925–1961) 545, **545**, *570*
Lunatscharski, Anatoli, sowjet. Politiker (1875–1933) *134*
Lundkvist, Erik, schwed. Leichtathlet *254*
Lundquist, Steve, amer. Schwimmer (* 1961) *761*
Lundström, Martin, schwed. Skiläufer (* 1918) *449*
Lüpertz, Markus, dt. Künstler (* 1941) *758*
Luria, Salvador E., amer. Mediziner (1912–1991) *636*
Lurie, John, amer. Schauspieler (* 1952) *793*
Luther, Hans, dt. Politiker (1879–1962) *177,* 203, 219, *219, 232, 266*
Luther, Martin, dt. Reformator (1483–1546) *193*
Luthuli, Albert John, südafr. Politiker (1899–1967) *461, 539*
Lütke-Westhues, Alfons, dt. Reiter *513*
Lutoslawski, Witold, poln. Komponist (1913–1994) *649, 766*
Lüttwitz, Walther Freiherr von, dt. Militär und Politiker (1859–1942) 162, *176*
Lützow, Willi, dt. Schwimmer (1892–1917) *119*
Luxemburg, Rosa, dt. Politikerin (1870–1919) 144,

144, 148, 149, *149,* **150,** *174, 177*
Lwoff, André, frz. Biologe (1902–1994) *594*
Lwow, Georgi J. Fürst, russ. Politiker (1861–1925) 133, *133, 135*
Lyle, Ron, amer. Boxer *702*
Lynch, David, amer. Regisseur (* 1946) *745, 793, 799, 840*
Lyne, Adrian, amer. Regisseur (* 1948) *799*
Lynen, Feodor, dt. Biochemiker (1911–1979) *583*
Lyotard, Jean-François, frz. Philosoph (* 1924) *584*

M

Maazel, Lorin, amer. Dirigent (* 1930) *503*
Macapagal, Diosdado, philip. Politiker (* 1910) *590,* 593
MacArthur, Douglas, amer. Militär und Politiker (1880–1964) *400, 463, 816*
MacBride, Sean, ir. Politiker (1904–1988) *689*
MacDonald, James Ramsey, brit. Politiker (1866–1937) 56, 207, *208,* **210,** *255,* 308, *308*
MacDonald, Ross, amer. Schriftsteller (1915–1983) *356,* 357
MacDowell, Andie, amer. Schauspielerin (* 1958) *840*
MacGraw, Ali, amer. Schauspielerin (* 1938) *659*
Machado Guimarães, Bernardino, portug. Politiker (1851–1944) *232*
Machaty, Gustav, tschech. Regisseur (1901–1963) *296*
Macias Nguema, Francisco, guines. Politiker (1922–1979) *730*
Macke, August, dt. Maler (1887–1914) *98, 169*
Mackensen, August von, dt. Militär (1849–1945) *117*
Mackensen, Hans Georg von, dt. Politiker (1883–1947) *354*
MacKenzie King, William Lyon, kanad. Politiker (1874–1950) *173*
Mackintosh, Charles Rennie, brit. Architekt (1868–1928) *24, 31,* 40, *40*

Macleod, John James Richard, kanad. Physiologe (1876–1935) 180, *203*
Macmillan, Harold, brit. Politiker (1894–1986) 515, **515,** *567,* 569
Maddox, Richard, brit. Mediziner (1816–1902) *66*
Maderna, Bruno, ital. Komponist und Dirigent (1920–1973) *680*
Madero Indalecio, Francisco, mex. Politiker (1873–1913) *90, 91,* 248, *249*
Madison, Helen, amer. Schwimmerin (1913–1970) *271, 278, 288,* 289
Madison, James, amer. Politiker (1751–1836) 20
Madonna, amer. Sängerin und Schauspielerin (* 1959) *784*
Madriz, José, nicarag. Politiker *78*
Madsen-Mygdal, Thomas, dän. Politiker (1876–1943) *255*
Maertens, Freddy, belg. Radrennfahrer (* 1952) *712,* 753
Maes, Romain, belg. Radrennfahrer *317*
Maes, Silvère, belg. Radrennfahrer (1909–1966) *317, 329, 359*
Maeterlinck, Maurice, belg. Schriftsteller (1862–1949) *25, 31, 33,* 41, *76, 93*
Maggi, Luigi, ital. Regisseur (1867–1947) *76*
Magne, Antonin, frz. Radrennfahrer (1904–1983) *278, 307, 329*
Magni, Fiorenzo, ital. Radrennfahrer (* 1924) *42, 450, 473,* 505
Magritte, René, belg. Maler (1898–1967) *229*
Mahdi Mohammed, Ali, somal. Politiker (* 1938?) 842, *842,* 858
Mahe, Alain, frz. Automobilrennfahrer *746*
Mahendra Bir Bikram Shah, nepal. König (1920–1972) *661,* 845
Mahfuz, Nagib, ägypt. Schriftsteller (* 1911) *807*
Mahler, Gustav, österr. Komponist (1860–1911) *25,* 48, 54, 62, 75, *76,* **76,** 88, 97, *503,* 638

Mahmoody, Betty, amer. Schriftstellerin (* 1945) 827
Mahmud II. osman. Sultan (1784–1839) 164
Maier, Reinhold, dt. Politiker (1889–1971) 421, 443
Mailer, Norman, amer. Schriftsteller (* 1923) 448, 520
Maiman, Theodore Harold, amer. Physiker (* 1927) 52, 540
Maizière, Lothar de, dt. Politiker (* 1940) 820, 829, 830, 836
Majakowski, Wladimir Wladimirowitsch, russ.-sowjet. Schriftsteller (1893–1930) 147, 269
Major, John, brit. Politiker (* 1943) 362, 829, 837
Makarios III., griech.-orth. Erzbischof und zypr. Politiker (1913–1977) 530, 685, 685, 713
Makaschow, Albert, russ. Militär und Politiker 866
Mäki, Taisto, finn. Leichtathlet 349, 359
Mäkiniemi, Elissa, finn. Architektin (* 1922) 811
Makino, Shozo, jap. Schwimmer 298
Mako, Gene, amer. Tennisspieler 322 349
Mäkwännen, Täfäri → Haile Selassie I.
Malamud, Bernard, amer. Schriftsteller (1914–1986) 602
Malan, Daniel François, südafr. Politiker (1874–1959) 462, 462
Malaparte, Curzio, ital. Schriftsteller (1898–1957) 403
Malcolm X, amer. Politiker und Religionsführer (1925–1965) 590, **590**
Malenkow, Georgi Maximilianowitsch, sowjet. Politiker (1902–1988) 482, 497
Malewitsch, Kasimir, sowjet. Maler (1878–1935) 122, 123
Malkovich, John, amer. Schauspieler (* 1953) 811
Mallarmé, Stéphane, frz. Schriftsteller (1842–1898) 104
Malle, Louis, frz. Regisseur (1932–1995) 540, 574, 596, 680, 799

Mallory, Molla, austral. Tennisspielerin (1892?–1959) 172, 183, 196
Malloum, Felix, tschad. Militär und Politiker (* 1932) 694, 763
Malraux, André, frz. Schriftsteller (1901–1976) 297, 615
Mamedow, Jakub, aserbaid. Politiker 854
Mamoulian, Rouben, amer. Regisseur (1897–1987) 168, 270
Mandela, Nelson, südafr. Politiker (* 1918) 462, 578, 618, 829, 855, 867, 873, 873, **874**
Mandlikova, Hana, tschech. Tennisspielerin (* 1962) 747, 753, 786, 801
Manen, Hans van, niederl. Choreograph (* 1932) 447
Mangano, Silvana, ital. Schauspielerin (1930–1989) 459
Manhus, Siegfried 784
Maniu, Iuliu, rumän. Politiker (1873–1953) 300
Mankiewicz, Joseph L., amer. Regisseur (1909–1993) 270, 465
Mann, Anthony, amer. Regisseur (1906–1967) 356
Mann, Erika, dt. Schauspielerin und Schriftstellerin (1905–1969) 23
Mann, Golo, dt. Historiker und Publizist (1909–1994) 659
Mann, Heinrich, dt. Schriftsteller (1871–1950) 41, 54, 146, 147, 270, 294, 316, 471
Mann, Klaus, dt. Schriftsteller (1906–1949) 327, 357, 386, 759
Mann, Nathan, amer. Boxer 349
Mann, Norbert, dt. Politiker (* 1943) 737
Mann, Shelley, amer. Schwimmerin (* 1937) 496
Mann, Thomas, dt. Schriftsteller (1875–1955) 25, 25, 67, 74, 83, 111, 216, 260, 297, 357, 367, **368**, 385, 437, 495, 625, 649, 680
Mann, Thompson, amer. Schwimmer 197, 589
Mannerheim, Carl Gustav Freiherr von, finn. Militär

und Politiker (1867–1951) 136, **136**, 396
Mansell, Nigel, brit. Automobilrennfahrer (* 1954) 863
Mansfield, Katharine, brit. Schriftstellerin (1888–1923) 194
Manstein, Erich von, dt. Militär (1887–1973) 400
Mantegna, Andrea, ital. Maler (1431–1506) 800
Mantzaros, Nikolaos, griech. Komponist (1795–1873) 192
Mao Zedong, chin. Politiker (1893–1976) 176, 304, **304**, 305, 414, 451, 454, 455, 529, 600, 601, 613, 662, **662**, 675, 706, 748
Maradona, Diego, argentin. Fußballspieler (* 1960) 729, 794
Marais, Jean, frz. Schauspieler (* 1913) 426, 465
Marat, Jean Paul, frz. Revolutionär (1743–1793) 585, 587
Marble, Alice, amer. Tennisspielerin (1913–1990) 329, 349, 359, 369
Marc, Franz, dt. Maler (1880–1916) 84, 97, 98, 169, 338
Marcel, Gabriel, frz. Philosoph und Schriftsteller (1889–1973) 339, 347
Marcel, Henri, frz. Museumsdirektor 96
Marciano, Rocky, amer. Boxer (1923–1969) 481, 489, 496, 505, 513, 544
Marcks, Gerhard, dt. Bildhauer und Grafiker (1889–1981) 158
Marconi, Guglielmo Marchese, ital. Ingenieur und Physiker (1874–1937) 22, 61
Marcos, Ferdinando Edralin, philip. Politiker (1917–1989) 590, 593, 593, 787, 787
Marcus, Rudolph A., kanad. Chemiker (* 1923) 860
Marcuse, Herbert, dt.-amer. Sozialphilosoph (1898–1979) 214, 214, 584, 584, 585, 613
Mardisio, Luigi, ital. Radrennfahrer 271
Marey, Etienne Jules, frz. Filmpionier (1830–1904) 191

Margaret, brit. Prinzessin (* 1930) 879
Margarete II., dän. Königin (* 1940) 661, 661
Maria Theresia, österr. Kaiserin (1717–1780) 109
Maria, Walter de, amer. Künstler (* 1935) 504
Marías, Javier, span. Schriftsteller (* 1951) 906
Marie Adelheid, lux. Großherzogin (1894–1924) 148
Marie, André, frz. Politiker (1897–1974) 439
Marinetti, Filippo Tommaso, ital. Schriftsteller (1876–1944) 82, 104
Mariottini, Stefano, ital. Taucher 195
Marischka, Ernst, österr. Regisseur (1893–1963) 502
Marley, Bob, jamaikan. Reggaemusiker (1945–1981) 494
Marquand, Richard, amer. Regisseur (1938–1987) 870
Marshall, Garry, amer. Regisseur 827
Marshall, George C., amer. Militär und Politiker (1880–1959) 429, 486
Marshall, George, amer. Regisseur (1891–1975) 270, 357
Marshall, John, austral. Schwimmer (1930–1957) 473
Marshall, John, brit. Archäologe (1876–1958) 195
Martens, Wilfried, belg. Politiker (* 1936) 283
Martin, Archer, brit. Chemiker (* 1910) 478
Martin, Mary, amer. Sängerin (1913–1990) 535
Martin, Séraphin, frz. Leichtathlet 254
Martin du Gard, Roger, frz. Schriftsteller (1881–1958) 194, 335
Martinez, Conchita, span. Tennisspielerin (* 1972) 881
Martino, Gaetano, ital. Politiker (1900–1967) **492**, 500
Martinson, Harry E., schwed. Schriftsteller (1904–1978) 689
Martow, Julius, russ. Politiker (1873–1923) 36
Martschuk, Jewgeni, ukrain. Politiker (* 1940) 883, 895

Marty, Walter, amer. Leichtathlet *298, 307*
Marx, Chico, amer. Schauspieler (1891–1961) *263*
Marx, Groucho, amer. Schauspieler (1890–1977) *263*
Marx, Harpo, amer. Schauspieler (1893–1964) *263*
Marx, Karl, dt. Philosoph und Politiker (1818–1883) *214, 294, 495, 584*
Marx, Wilhelm, dt. Politiker (1863–1946) *198, 218, 220, 232, 248, 266*
Marx, Zeppo, amer. Schauspieler (1901–1979) *263*
Masaryk, Tomáš Garrigue, tschech. Politiker und Philosoph (1850–1937) *11, 143, 308, 440*
Mascagni, Pietro, ital. Komponist (1863–1945) *54*
Masina, Giulietta, ital. Schauspielerin (1921–1994) *495, 784*
Maske, Henry, dt. Boxer (* 1964) *872, 872*
Maslow, Arkadi, dt. Politiker (1891–1941) *149*
Masol, Witali, ukrain. Politiker (* 1928) *873, 883*
Masopust, Josef, tschech. Fußballspieler (* 1931) *566*
Massenet, Jules, frz. Komponist (1842–1912) *69*
Masseria, Giuseppe (Joe), amer. Bandenchef († 1931) *275*
Massolle, Joseph, dt. Ingenieur (1889–1957) *190, 192*
Masson, André, frz. Maler (1896–1987) *229*
Mast, Günter *681*
Mastenbroek, Hendrika, niederl. Schwimmerin (* 1919) *317, 328*
Masters, Edgar Lee, amer. Schriftsteller (1869–1950) *124*
Mastroianni, Marcello, ital. Schauspieler (1924–1996) *565, 784*
Masur, Kurt, dt. Dirigent (* 1927) *503*
Mata Hari, niederl. Spionin (1876–1917) *138, 138*
Mateu, Pedro, span. Anarchist *175*
Mathias, Bob, amer. Leichtathlet (* 1930) *450, 466*
Mathieu, Simone, frz. Tennisspielerin (1908–1980) *349, 359*
Mathis, Buster, amer. Boxer (1944–1995) *627*
Matisse, Henri, frz. Maler (1869–1954) *54*
Matson, Randy, amer. Leichtathlet (* 1945) *616*
Matsuoka, Josuke, jap. Politiker (1880–1946) *371*
Matteotti, Giacomo, ital. Politiker (1885–1924) *174*, 209
Matthes, Roland, dt. Schwimmer (* 1950) *616, 626, 639, 660, 681*
Matthews, Francis Edward, brit. Chemiker *259*
Matthews, Stanley, brit. Fußballspieler (* 1915) *288*
Matthus, Siegfried, Komponist (* 1934) *827*
Mauermayer, Gisela, dt. Leichtathletin (1913–1995) *307, 329*
Maugham, William Somerset, engl. Schriftsteller (1874–1965) *124, 182, 403*
Maung Maung, birman. Politiker *557*
Maupassant, Guy de, frz. Schriftsteller (1850–1893)
Maura y Montaner, Antonio, span. Politiker (1853–1925) *78*
Mauriac, François, frz. Schriftsteller (1885–1970) *377, 478*
Mauriello, Tami, amer. Boxer *428*
Mauroy, Pierre, frz. Politiker (* 1928) *748, 749, 768*
Max, Prinz von Baden, dt. Politiker (1867–1929) *78, 141, 143, 144, 148*
Maxim, Sir Hiram, brit. Flugpionier (1840–1916) *38*
May, Karl, dt. Schriftsteller (1842–1912) *565*
Mayer, Hans, dt. Literaturwissenschaftler (* 1907) *707*
Mayer, René, frz. Politiker (1895–1972) *482*
Mayr, Michael, österr. Politiker (1864–1922) *161, 173*
Mazowiecki, Tadeusz, poln. Politiker (* 1927) *815, 818, 819, 836*
McAteer, Myrtle, amer. Tennisspielerin *18*
McCane-Godfree, Kitty, brit. Tennisspielerin *240*
McCarthy, Joseph, amer. Politiker (1909–1957) *461, **461**, 512, 788*
McCartney, Paul, brit. Rockmusiker (* 1942) *566, 585*
McClay, Winsor, amer. Comicautor *262*
McClintock, Barbara, amer. Botanikerin (1902–1992) *765*
McClure, Robert, brit. Polarforscher (1807–1873) *94*
McCormick, Patricia, amer. Wasserspringerin (* 1930) *480*
McCormick, Peter D., austral. Komponist (1834–1916) *192*
McCourt, Frank, amer. Schriftsteller (* 1930) *906*
McCoy, Al, amer. Boxer (1894–1966) *369*
McCullers, Carson, amer. Schriftstellerin (1917–1967) *367*
McCulley, Johnston *168*
McDermot, Galt, kanad. Komponist (* 1928) *615, 615*
McEnroe, John, amer. Tennisspieler (* 1959) *711, 736, 747, 753, 767, 779*
McGovern, George, amer. Politiker (* 1922) *662*
McGrath, Victor, austral. Tennisspieler *340*
McGregor, Ken, austral. Tennisspieler *481*
McKane, Kitty, brit. Tennisspielerin (1897–1992) *218, 240*
McKenley, Herbert, amer. Leichtathlet (* 1922) *450*
McKinley, Chuck, amer. Tennisspieler (1941–1986) *576*
McKinley, William, amer. Politiker (1843–1901) *19, 20, **20**, 174, 570*
McLaren, Bruce, neuseel. Automobilrennfahrer (1937–1970) *358*
McLaughlin, John, brit. Jazzmusiker (* 1942) *227*
McLoughlin, Maurice, amer. Tennisspieler (1890–1957) *105, 112*
McMillan, Edwin M., amer. Chemiker (1907–1991) *472*
McNeely, Tom, amer. Boxer *555*
McNeill, Donald, amer. Tennisspieler *359, 369*
Mead, George Herbert, amer. Philosoph (1863–1931) *214*
Meade, James, brit. Wirtschaftswissenschaftler (* 1907) *718*
Mead-Lawrence, Andrea, amer. Skifahrerin (* 1932) *480*
Meadows, Dennis, amer. Wirtschaftswissenschaftler (* 1942) *665*
Meadows, Earle, amer. Leichtathlet (* 1913) *340*
Meagher, Mary T., amer. Schwimmerin (* 1964) *736, 753*
Meanix, Bill, amer. Leichtathlet *124*
Meciar, Vladimir, slowen. Politiker (* 1942) *856*
Meckel, Markus, dt. Pfarrer und Politiker (* 1942) ***833***
Mečnikow, Ilja → Metschnikow
Medawar, Peter Brian, brit. Biologe (1915–1987) *539, 612*
Medica, Jack, amer. Schwimmer (* 1914) *317*
Medwedjew, Roy (* 1925) *741*
Meer, Simon van der, niederl. Physiker (* 1925) *52, 775*
Mehenkwetre, ägypt. Prinz (2000 v.Chr.) *181*
Mehring, Franz, dt. Politiker (1846–1919) *148*
Mehta, Zubin, ind. Dirigent (* 1936) *503, 840*
Meighen, Arthur, kanad. Politiker (1874–1961) *173*
Meiji, jap. Kaiser → Mutsuhito
Meinhof, Ulrike, dt. Terroristin (1934–1976) *618, 664, 713, 714*
Meinrad, Josef, österr. Schauspieler (1913–1996) *905*
Meins, Holger, dt. Terrorist (1941–1974) *664, 714*
Meir, Golda, israel. Politikerin (1898–1978) *441, 538, 629, 682*
Meisl, Hugo, österr. Fußballfunktionär (1881–1937) *278*
Meißner, Alexander, dt. Physiker (1883–1958) *61, 110*

Personenregister   Minetti, Bernhard

Meißner, Fritz, dt. Physiker (1882–1974) 52
Meitner, Lise, österr.-schwed. Physikerin (1878–1968) 52, 346, 347, *385*
Mejía Victores, Oscar Humberto, guatemaltek. Politiker (* 1930) 780
Meksi, Alexander, alban. Politiker (* 1939) 221
Melford, George, amer. Regisseur *182*
Méliès, Georges, frz. Filmpionier (1861–1938) *31, 33,* 624
Melnik, Faina, sowjet. Leichtathletin (* 1945) 702, 720
Melville, Herman, amer. Schriftsteller (1819–1891) *473*
Menchú, Rigoberta, guatemaltek. Bürgerrechtlerin (* 1959) 618, 842, 860
Mende, Erich, dt. Politiker (* 1916) 443, 630, 632, 684
Mendel, Johann Gregor, österr. Vererbungsforscher (1822–1884) 13, 86
Mendelejew, Dimitri Iwanowitsch, russ. Chemiker (1834–1907) 123
Mendelsohn, Erich, dt. Architekt (1887–1953) 146, *169*
Mendelssohn, Arnold Ludwig, dt. Komponist (1855–1933) 205
Menderes, Adnan, türk. Politiker (1899–1961) 461, 537
Mendès-France, Pierre, frz. Politiker (1907–1982) 490, **492**, 497
Méndez Arancibia, Gerónimo, chil. Politiker (1884–1959) 379
Mendini, Alessandro, ital. Designer (* 1931) *40*
Menem, Carlos Saúl, argentin. Politiker (* 1935) 500, 755
Menge, Wolfgang, dt. Schriftsteller (* 1924) 681
Mengelberg, Willem, niederl. Dirigent (1871–1951) 503
Mengistu Haile Mariam, äthiop. Militär und Politiker (* 1937) 687, 713, 842, 845

Menilek II., äthiop. Kaiser (1844–1913) 687
Menken, Alan, amer. Komponist (* 1949) 760
Mennea, Pietro, ital. Leichtathlet (* 1952) 736
Menotti, Cesar Luis, argentin. Fußballtrainer (* 1938) 729
Menotti, Gian Carlo, amer. Komponist (* 1911) 339, 465
Menzel, Roderich, tschech. Tennisspieler 349
Menzies, Robert Gordon, austral. Politiker (1894–1978) 451
Menzies, William Cameron, brit. Regisseur (1896–1957) *327*
Merckx, Eddy, belg. Radrennfahrer (* 1945) *42, 43, 84,* 616, 627, 639, 650, 660, 670, 681, 693, 693
Meredith, James, amer. Leichtathlet (1891–1957) *105*
Meredith, Ted, amer. Leichtathlet (1892–1957) *132*
Meri, Lennart, estn. Politiker (* 1929) 854
Mering, Joseph Freiherr von, dt. Mediziner (1849–1908) 180
Merkel, Angela, dt. Politikerin (* 1954) 549
Merrifield, Robert B., amer. Chemiker (* 1921) 775
Merton, Robert King, amer. Philosoph (* 1910) 214
Merz, Carl, österr. Schriftsteller (1906–1979) 554
Merz, Otto, dt. Automobilrennfahrer 247
Messerschmitt, Willy, dt. Flugzeugkonstrukteur (1898–1978) 222
Messiaen, Olivier, frz. Komponist (1908–1992) 377, 459, 488, 766
Messier, Georges, frz. Ingenieur *102*
Messmer, Pierre, frz. Politiker (* 1916) 682
Messner, Reinhold, ital. Bergsteiger (* 1944) 486, 728
Messner, Zbigniew, poln. Politiker (* 1929) 802
Meßter, Oskar, dt. Regisseur (1866–1943) *88*
Metaxas, Ioannis, griech.

Militär und Politiker (1871–1941) *318, 401*
Metschnikow, Ilja, russ. Mediziner (1845–1916) 75
Metzendorf, Georg, dt. Architekt (1874–1934) *97*
Metzinger, Jean, frz. Maler (1883–1956) *70*
Meulenberg, Eloi, belg. Radrennfahrer (1912–1989) 340
Meunier, Constantin, belg. Bildhauer (1831–1905) *109*
Meyer, Albert, schweiz. Politiker (1870–1953) 79
Meyer, Debbie, amer. Schwimmerin (* 1952) 616, 626
Meyer, Ernst, dt. Politiker *149*
Meyer, Fritz 581
Meyer, Hannes, schweiz. Architekt (1889–1954)
Meyerhof, Otto F., dt. Mediziner (1884–1951) 190
Meyerhold, Wsewolod, russ. Regisseur (1874–1940) *32*
Meyers, Franz, dt. Politiker (* 1908) 596
Meyfarth, Ulrike, dt. Leichtathletin (* 1956) 671, 761
Meysel, Inge, dt. Schauspielerin (* 1910) 493
Michael I., rumän. König (*1921) 241, 265, 300, 360, 365
Michaelis, Georg, dt. Politiker (1857–1936) 77, 133, 134
Michalczewski, Darius, dt. Boxer (* 1968) 881
Michalkow, Nikita, frz.-russ. Regisseur (* 1945) 852
Michel, Hartmut, dt. Chemiker (* 1948) 807
Michelangelo, ital. Maler und Bildhauer (1475–1564) 880
Michelson, Albert A., amer. Physiker (1852–1931) 67
Micombéro, Michel, burund. Politiker (1939–1983) 598, 663
Middelkamp, Theo, niederl. Radrennfahrer (* 1914) 438
Middendorf, Helmut, dt. Künstler (* 1953) 758
Mielke, Erich, dt. Politiker (* 1907) 854
Mies van der Rohe, Ludwig, dt.-amer. Architekt (1886–1969) *15, 40, 158, 169,*

217, 245, 263, 478, *534*, 625
Miesz, Georges, schweiz. Turner 253
Mieto, Juha, finn. Skiläufer (* 1949) 747
Mietzsch, Fritz, dt. Chemiker (1896–1958) 204, 250
Mighani, Ahmed al, sudan. Politiker (* 1924) 606, 815
Mihailović, Draza, jugosl. Militär (1893–1946) 371
Miki, Takeo, jap. Politiker (1907–1988) 682
Mikojan, Anastas Iwanowitsch, sowjet. Politiker (1895–1978) 523, 577, 590
Milburn, Rod, amer. Leichtathlet (* 1950) 670
Milch, Erhard, dt. Militär (1892–1972) 422
Mildenberger, Karl, dt. Boxer (* 1937) 604
Milestone, Lewis, amer. Regisseur (1895–1980) 736
Milhaud, Darius, frz. Komponist (1892–1974) 170, 205
Miller, Arthur, amer. Schriftsteller (* 1915) 437, 459, 488, 587, 625, 745
Miller, George, austral. Regisseur (* 1945) 728
Miller, Glenn, amer. Musiker und Orchesterleiter (1904–1944) 227
Miller, Henry, amer. Schriftsteller (1891–1980) 306, 357, 542, 596
Miller, Merton, amer. Wirtschaftswissenschaftler (* 1923) 839
Millerand, Alexandre, frz. Politiker (1859–1943) 161, 208
Millikan, Robert A., amer. Physiker (1868–1953) 203
Milne, Ross, austral. Skiläufer 586
Milošević, Slobodan, jugosl. Politiker (* 1941) **887**
Milosz, Czeslaw, poln. Schriftsteller (* 1911) 744
Milstein, César, argentin. Biochemiker (* 1927) 775
Minaschkin, Wladimir, sowjet. Schwimmer 521
Mindszenty, József, ung. Kardinal (1892–1975) 451, 452, 691, *803*
Minetti, Bernhard, dt. Schauspieler (* 1905) 710

947

Minger, Rudolf, schweiz. Politiker (1881–1955) *79*
Minnelli, Vincente, amer. Regisseur (1913–1986) *471*
Minot, George R., amer. Mediziner (1885–1950) *305*
Mira, Brigitte, dt. Schauspielerin (* 1915) *692*
Miró, Joan, span. Maler (1893–1983) *229, 230, 528*
Miron, Patriarch Cristea, rumän. Politiker (1868–1939) *341*
Mirrlees, James A., amer. Wirtschaftswissenschaftler (* 1936) *904*
Mirza, Iskander, pakistan. Politiker (1899–1969) *522*
Miske, Billy, amer. Boxer *172*
Mistral, Frédéric, frz. Schriftsteller (1830–1914) *47*
Mistral, Gabriela, chil. Schriftstellerin (1889–1957) *416*
Mitchell, Margaret, amer. Schriftstellerin (1900–1949) *327, 327, 852*
Mitchell, Peter D., brit. Chemiker (1920–1992) *726*
Mitscherlich, Alexander, dt. Psychologe (1908–1982) *14, 615*
Mitscherlich-Nielsen, Margarete, dt. Psychologin (* 1917) *615*
Mitsotakis, Konstantin, griech. Politiker (* 1918) *864*
Mittermaier, Rosi, dt. Skiläuferin (* 1950) *702, 710, 711,* **711**
Mitterrand, François, frz. Politiker (1916–1996) *568, 682, 745, 749, 768, 788, 827, 864, 871, 883, 892*
Miyazawa, Kiichi, jap. Politiker (* 1919) *864*
Mizoguchi, Kenji, jap. Regisseur (1898–1956) *327, 488*
Mladenow, Petar, bulg. Politiker (* 1936) *815, 822*
Mnouchkine, Ariane, frz. Regisseurin (* 1939) *32, 861*
Mobutu, Sésé Séko, zaïr. Politiker (* 1930) *590, 606, 900*
Modersohn-Becker, Paula, dt. Malerin (1876–1907) *338*
Modigliani, Franco, amer.

Wirtschaftswissenschaftler (* 1918) *782*
Modrow, Hans, dt. Politiker (* 1928) *641, 815, 820, 822, 829, 836*
Moens, Roger, belg. Leichtathlet (* 1930) *359, 505*
Mohammad Ali, pers. Schah (1872–1925) *64, 78*
Mohammed Mansur, jemen. König (* 1927) *556, 558*
Mohammed Sahir, afghan. König (* 1914) *290, 672*
Mohnhaupt, Brigitte, dt. Terroristin *714*
Moholy-Nagy, László, ung. Künstler (1895–1946) *158, 217, 650*
Moi, Daniel Arap, kenian. Politiker (* 1924) *571*
Moir, Gunnar, brit. Boxer *70*
Moissan, Henri, frz. Chemiker (1852–1907) *61*
Mojatović, Cvijetin, jugosl. Politiker *737*
Molesworth, Margaret, austral. Tennisspielerin *196, 207*
Molina, Alfonso Quinones, salvador. Politiker *241*
Molina, Marie José, amer. Chemiker (* 1943) *892*
Molière, frz. Dramatiker (1622–1673) *502*
Moll, Guy, frz. Automobilrennfahrer *307*
Möller, Silke, dt. Leichtathletin (* 1964) *862*
Mollet, Guy, frz. Politiker (1905–1975) *506, 515, 559*
Molnár, Ferenc, ung. Schriftsteller (1878–1952) *83*
Molotow, Wjatscheslaw Michailowitsch, sowjet. Politiker (1890–1986) *265, 351, 365, 370, 371, 406, 413*
Moltke, Helmuth von, dt. Militär (1848–1916) *115, 116, 117, 126*
Moltke, Helmuth James Graf von, dt. Widerstandskämpfer (1907–1945) *389*
Mommsen, Theodor, dt. Historiker (1817–1903) *31*
Momper, Walter, dt. Politiker (* 1945) *781*
Monckton, John, austral. Schwimmer (* 1938) *528*
Mondale, Walter Frederick, amer. Politiker (* 1928) *771*
Mondrian, Piet, niederl.

Maler (1872–1944) *139,* **139**
Monet, Claude, frz. Maler (1840–1926) *17*
Moneta, Ernesto T., ital. Journalist (1833–1918) *67*
Monis, Ernest, frz. Politiker (1846–1929) *90*
Moniz, António Caetano de Egas, port. Neurologe (1874–1955) *457*
Monk, Thelonious, amer. Jazzmusiker (1917–1982) *227*
Monnet, Jean, frz. Politiker (1888–1979) *468*
Monnot, Marguerite, frz. Komponistin (1903–1961) *511*
Monod, Jacques, frz. Biologe (1910–1976) *594*
Monroe, James, amer. Politiker (1758–1831) *20*
Monroe, Marilyn, amer. Schauspielerin (1926–1962) *270,485, 555, 587*
Monsere, Jean-Pierre, belg. Radrennfahrer (1948–1971) *650*
Montagnier, Luc, frz. Biochemiker (* 1932) *204, 774, 774*
Montale, Eugenio, ital. Schriftsteller (1896–1981) *698*
Montero Rodríguez, José Estéban, chil. Politiker (1879–1948) *279*
Montessori, Maria, ital. Pädagogin (1870–1952) *67,* **67**
Monteux, Pierre, frz.-amer. Dirigent (1875–1964) *111*
Montgomery, Bernard, brit. Militär (1887–1976) *400*
Montgomery, Jim, amer. Schwimmer (* 1955) *702*
Montherlant, Henry de, frz. Schriftsteller (1896–1972) *327, 386*
Monzón, Elfego J., guatemaltek. Politiker *490*
Moon, E. F., austral. Tennisspieler *271*
Moorcroft, David, brit. Leichtathlet (* 1953) *761*
Moore, Archie, amer. Boxer (* 1913) *505, 513, 544*
Moore, Elizabeth, amer. Tennisspielerin *26, 42, 55*
Moore, Henry, brit. Bildhauer und Grafiker (1898–1986) *460, 504, 528*

Moore, Roger, brit. Schauspieler (* 1927) *564*
Moore, Stanford, amer. Chemiker (1913–1982) *666*
Moorer, Michael, amer. Boxer (* 1967) *881, 882, 908*
Moorhouse, Adrian, brit. Schwimmer (* 1964) *828*
Moos, Ludwig von, schweiz. Politiker (1910–1990) *770*
Morales Bermúdez, Francisco, peruan. Politiker (* 1921) *694, 737*
Morales, Pablo, amer. Schwimmer (* 1964) *794*
Moran, Frank, amer. Boxer *119, 132*
Moran, Jimmy, amer. Radrennfahrer *84*
Moravia, Alberto, ital. Schriftsteller (1907–1990) *574*
Morceli, Nourredine, alger. Leichtathlet (* 1970) *863, 872, 881, 894*
Moreau, Jeanne, frz. Schauspielerin (* 1928) *554, 587, 596*
Moreaux, Léon, frz. Sportschütze (1862–1900) *63*
Morel, André, frz. Automobilrennfahrer *231*
Moret y Prendergast, Segismundo, span. Politiker (1838–1913) *78*
Morgan, Thomas Hunt, amer. Genetiker (1866–1945) *86, 295*
Morgenstern, Christian, dt. Schriftsteller (1871–1914) *54,* **88**
Morgenthau jr., Henry, amer. Politiker (1891–1967) *399, 402*
Morgner, Irmtraud, dt. Schriftstellerin (1933–1990) *766*
Morkowitz, Harry, amer. Wirtschaftswissenschaftler (* 1922) *839*
Morlock, Max, dt. Fußballspieler (1925–1994) *496*
Moro, Aldo, ital. Politiker (1916–1978) *498, 570, 722, 896*
Morriëen, Adriaan, niederl. Schriftsteller (* 1912) *438*
Morris, belg. Comicautor (* 1923) *262*
Morris, Glenn, amer. Leichtathlet (1912–1974) *329*

Personenregister

Morrison, Jim, amer. Rocksänger (1943–1971) *840*
Morrison, Toni, amer. Schriftstellerin (* 1931) *867*
Morrow, Bobby, amer. Leichtathlet (* 1935) *512, 514*
Mortimer, Angela, brit. Tennisspielerin (* 1932) *505, 528, 555*
Morton, Jelly Roll, amer. Jazzmusiker (1885–1941) *227*
Mościcki, Ignacy, poln. Politiker (1867–1946) 309
Moseley, Henry, brit. Physiker (1887–1915) *138*
Moser, Francesco, ital. Radrennfahrer (* 1951) *721, 779*
Moser, Koloman, österr. Designer (1868–1918) *39, 40*
Moser-Pröll, Annemarie, österr. Skifahrerin (* 1953) *702*
Moses, Edwin, amer. Leichtathlet (* 1955) *721, 747, 767, 767*
Mossadegh, Mohammed, iran. Politiker (1880–1967) *731*
Mossafar Od Din, pers. Schah (1853–1907) *64, 731*
Mößbauer, Rudolf Ludwig, dt. Physiker (* 1929) *552*
Mott, John R. amer. Theologe (1865–1955) *424*
Mott, Nevill F., amer. Physiker (* 1905) *718*
Motta, Gianni, ital. Radrennfahrer (* 1943) *604*
Motta, Giuseppe, schweiz. Politiker (1871–1940) *79*
Mottelson, Ben, dän. Physiker (* 1926) *698*
Mouawad, René, liban. Politiker *844*
Moulin, Jean, frz. Widerstandskämpfer (1899–1943) *398*
Mozart, Wolfgang Amadeus, österr. Komponist (1756–1791) *192*
Mrozek, Slawomir, poln. Schriftsteller (* 1930) *596*
Mubarak, Muhammad Husni, ägypt. Politiker (* 1928) *185, 748, 749*
Mucha, Alfons Maria, tschech. Maler (1860–1939) *24*

Muche, Georg, dt. Maler (1895–1987) *158*
Mudschadiddi, Sibghatullah, afghan. Politiker *854*
Mueller, Harald, dt. Schriftsteller (* 1934) *777*
Mueller, Otto, dt. Maler (1874–1930) *53, 169*
Mugabe, Robert G., zimbabw. Politiker (* 1924) *739, 740,* **740**
Muhammad V., marok. König (1909–1961) *482, 497, 545, 546*
Muhammad VI. Ben Arafa, marok. König (1890–1976) *482, 497*
Muhammad V., türk. Sultan (1844–1918) *78, 78*
Muhammad VI., türk. Sultan (1861–1926) *164, 198*
Muhammad VIII. Al Amin, tunes. Bei (1881–1962) *515*
Mühsam, Erich, dt. Schriftsteller (1878–1934) *177, 292*
Muldoon, Robert D., neuseel. Politiker *768*
Mulisch, Harry, niederl. Schriftsteller (* 1927) *760, 871*
Müller, Eduard, schweiz. Politiker (1848–1919) *79*
Müller, Elfriede, dt. Schriftstellerin (* 1956) *852*
Müller, Gerd, dt. Fußballspieler (* 1945) *651, 670, 692*
Müller, Heiner, dt. Schriftsteller (1929–1996) *701, 728, 735, 760, 784, 906*
Müller, Heinz, dt. Radrennfahrer (1924–1975) *481*
Müller, Hermann, dt. Politiker (1876–1931) *152,* **153,** *162, 244, 248, 265, 266, 266, 409*
Muller, Hermann Joseph, amer. Biologe (1890–1967) *21, 161, 424*
Müller, Karl Alexander, schweiz. Physiker (* 1927) *797*
Müller, Ludwig, dt. Bischof (1883–1945) 301
Müller, Paul Hermann, schweiz. Chemiker (1899–1965) *355, 446*
Müller, Peter, dt. Boxer (1927–1992) *479*
Müller, Walter, dt.-amer. Physiker (1905–1979) 110

Müller-Westernhagen, Marius, dt. Rockmusiker und Schauspieler *745*
Mulligan, Martin, austral. Tennisspieler *566*
Mulliken, Robert S., amer. Chemiker (1896–1986) *601*
Mullis, Karry B., amer. Chemiker (* 1944) *867*
Mulroney, Brian, kanad. Politiker (* 1939) *864*
Munch, Edvard, norw. Maler und Grafiker (1863–1944) *62*
Munongo, Godefried, afr. Politiker 545
Munroe, Jack, amer. Boxer *49*
Münter, Gabriele, dt. Malerin (1877–1962) *98*
Münzenberg, Willi, dt. Politiker und Publizist (1889–1940) 191
Murayama, Tomiichi, jap. Politiker (* 1924) *816, 873, 895*
Murawjew, Konstantin, bulg. Politiker 396
Murdoch, Rupert, austral.-amer. Zeitungsverleger (* 1931) *191, 751*
Murnau, Friedrich Wilhelm, dt. Regisseur (1888–1931) *169, 193, 193, 194, 239*
Murphy, William P., amer. Mediziner (1892–1987) *305*
Murray, Erna, dt. Schwimmerin *146, 160*
Murray, Joseph E., amer. Mediziner (* 1919) *839*
Murray, Lindley, amer. Tennisspieler *140, 146*
Muschánow, Nikolaus, bulg. Politiker (1872–1951) *299*
Museeuw, Johan, belg. Radsportler (* 1965) *908*
Museveni, Yoweri, ugand. Politiker (* 1943) *787*
Mushakoji, Kintomo, jap. Politiker *321*
Musil, Robert, österr. Schriftsteller (1880–1942) *62, 75, 269*
Musset, Alfred de, frz. Schriftsteller (1810–1857) *668*
Musso, Luigi, ital. Automobilrennfahrer (1924–1958) *358*
Mussolini, Benito, ital. Politiker (1883–1945) *184, 187,*

187, 209, 210, 219, *219,* 232, 256, 294, 300, *303,* 311, *311,* 342, 351, 363, 366, 370, *388, 392,* **397,** *633, 896*
Mustafa Ahmed, Choudaker, banglad. Politiker *694*
Muster, Thomas, österr. Tennisspieler (* 1967) *894*
Musto, Tony, amer. Boxer *378*
Musy, Jean-Marie, schweiz. Politiker (1876–1952) *79*
Mutalibow, Ajas, aserbaid. Politiker (* 1938) *854*
Muti, Riccardo, ital. Dirigent (* 1941) *503*
Mutsuhito, jap. Kaiser (1852–1912) *99*
Mutter Teresa, ind. Ordensschwester alban. Herkunft (* 1910) *618, 734*
Muynck, Johan de, belg. Radrennfahrer *729*
Mwinyi, Ali Hassan, tansan. Politiker (* 1925) *780*
Myrdal, Alva, schwed. Politikerin (1902–1986) *618, 758*
Myrdal, Gunnar, schwed. Wirtschaftswissenschaftler (1898–1987) *689*
Myslbek, Josef Václav, tschech. Bildhauer (1848–1922)
Myyrä, Jonni, finn. Leichtathlet (1892–1955)

N

Naber, John, amer. Schwimmer (* 1956) *197, 711*
Nabokov, Vladimir, russ.-amer. Schriftsteller (1899–1977) *502*
Nadi, Nedo, ital. Fechtsportler (1894–1940) *172*
Nadir Schah, Mohammed, afghan. König (1880–1933) *255, 255, 290*
Nadolny, Sten, dt. Schriftsteller (* 1942) *766*
Nadschib Ar Rubai'i, Muhammad, irak. Politiker *522, 606*
Nadschibullah, Mohammed, afghan. Politiker (* 1947) *854*
Nagasawa, Jiro, jap. Schwimmer *496*
Nägeli, Harald, schweiz. Graffiti-Künstler (* 1939) *767*
Nagib, Ali Muhammad, ägypt. Militär und Politiker

(1901–1984) *185*, 484, *490*, *606*
Nagy, Imre, ung. Politiker (1896–1958) *482*, *506*, *508*, *570*, *803*
Nambu, Chuhei, jap. Leichtathlet (* 1904) *278*
Namphy, Henri, haitian. Politiker und Militär (* 1932) *787*, *787*
Nanninga, niederl. Fußballspieler *729*
Nansen, Fridtjof, norw. Polarforscher (1861–1930) *97*, *190*, 191, *346*, *618*
Napoleon I., frz. Kaiser (1769–1821) *86*, 110
Nardin, Claude-Nicole, schweiz. Juristin *796*
Narutowicz, Gabriel, poln. Politiker (1865–1922) *233*
Nash, John F., amer. Wirtschaftswissenschaftler (* 1928) *878*
Nasser, Gamal Abd el, ägypt. Politiker (1918–1970) *185*, *484*, **484**, *490*, *508*, *522*, *548*, *608*, *640*
Nastase, Ilie, rumän. Tennisspieler (* 1946) *670*, *681*, *711*
Nathans, Daniel, amer. Mikrobiologe (* 1928) *726*
Natta, Giulio, ital. Chemiker (1903–1979) *295*, *296*, *573*
Navon, Yitzhak, israel. Politiker (* 1921) *762*
Navratilova, Martina, tschech.-amer. Tennisspielerin (* 1956) *278*, *728*, *729*, *736*, *753*, *761*, *767*, *779*, *786*, *794*, *801*, *814*, *841*
Nazarro, Felice, ital. Rennfahrer *63*
Ndadaye, Melchior, burund. Politiker († 1993) *900*
Neckermann, Josef, dt. Unternehmer, Sportfunktionär und Dressurreiter (1912–1992) *616*
Néel, Louis, frz. Physiker (* 1904) *648*
Neergaard, Niels Thomas, dän. Politiker (1854–1936) *208*
Neeson, Liam, amer. Schauspieler (*1952) *880*
Negri, Pola, dt.-poln. Schauspielerin (1897?–1987) *168*
Negulesco, Jean, amer. Regisseur (1900–1993) *270*

Nehemiah, Renaldo, amer. Leichtathlet (* 1959) *736*, *753*
Neher, Erwin, dt. Physiker (* 1944) *850*
Nehmer, Meinhard, dt. Bobfahrer (* 1941) *711*
Nehru, Jawaharlal »Pandit«, ind. Politiker (1889–1964) *267*, **267,** *430*, *432*, *549*, *577*, *598*
Neill, Alexander Sutherland, brit. Pädagoge (1883–1973) 16, *215*, **215**
Nelson, Erik H., amer. Flugpionier 214
Nemeth, Imre, ung. Leichtathlet (1917–1989) *460*, *466*
Németh, Miklos, ung. Politiker (* 1948) *829*
Nencini, Gastone, ital. Radrennfahrer (1930–1980) *521*, *544*
Neri, Romeo, ital. Turner (1903–1961) *288*
Nernst, Walther Hermann, dt. Chemiker (1864–1941) *167*
Neruda, Pablo, chil. Schriftsteller (1904–1973) *465*, *657*
Nervi, Pier Luigi, ital. Architekt (1891–1979) *528*
Nerz, Otto, dt. Fußballtrainer (1892–1949) *588*
Netanjahu, Benjamin, israel. Politiker (* 1949) *441*, *887*
Netzer, Günter, dt. Fußballspieler (* 1944) *670*
Neuberger, Hermann, dt. Sportfunktionär (1919–1992) *729*
Neufville, Marilyn, jamaikan. Leichtathletin (* 1952) *650*
Neumann, Ernst, dt. Politiker *351*
Neumann, Felix, dt. Kommunist *177*, *220*
Neumann, Günther, dt. Kabarettist (1913–1972) *427*
Neumeier, John, amer. Choreograph (* 1942) *447*, *555*
Neurath, Konstantin Freiherr von, dt. Politiker (1873–1956) *333*, *341*, *422*
Neuss, Wolfgang, dt. Kabarettist (1923–1989) *427*, *564*
Neves, Tancredo, bras. Politiker (1910–1985) *780*
Newcombe, John, austral.

Tennisspieler (* 1944) *616*, *616*, *650*, *660*, *681*, *702*
Newell, Mike, brit. Regisseur (* 1942) *880*
NeWin, burman. Militär und Politiker *557*
Newman, Barnett, amer. Maler (1905–1970) *436*
Ney, Hubert, dt. Politiker (1892–1984) *500*
Ngô Dinh Diêm, vietn. Politiker (1901–1963) *567*, *570*, *579*
Nguyen Van Thieu, vietn. Politiker (* 1923) *579*
Nguyen Giap, Vo, vietn. Militär *579*
Niblo, Fred, amer. Regisseur (1874–1948) *168*
Nichols, Mike, amer. Regisseur (* 1931) *596*, *615*
Nicholson, Jack, amer. Schauspieler (* 1937) *692*, *701*
Nicolle, Charles, frz. Mediziner (1866–1936) *419*, *420*, *489*
Nicolle, Jorge Carpio, guatemaltek. Politiker († 1993) *251*, *842*
Nieberl, Lorenz, dt. Bobfahrer (1919–1968) *480*
Nieder, Bill, amer. Leichtathlet (* 1933) *544*
Nielsen, Asta, dän. Schauspielerin (1881–1972) 131, *168*, *230*, *270*
Niemann, Gunda, dt. Eisschnellläuferin (* 1966) *862*
Niemöller, Martin, dt. Theologe (1892–1984) 301, *389*
Niepce, Joseph Nicéphore, frz. Erfinder (1765–1833) *66*
Nier, Kurt, dt. Politiker (* 1927) *683*
Nietzsche, Friedrich, dt. Philosoph (1844–1900) 16
Nieuwland, Julius Arthur, amer. Chemiker (1878–1936) *314*
Nightingale, Florence, brit. Krankenschwester (1820–1910) *67*
Nijinski, Waslaw, russ. Tänzer (1889–1950) 83
Nijs, Lenie de, niederl. Schwimmerin *521*
Nikisch, Arthur, dt. Dirigent (1855–1922) *503*
Nikkanen, Yrjö, finn. Leichtathlet (* 1914) *349*

Nikolajew, Andrian, sowjet. Kosmonaut (* 1929) *551*
Nikolajew, Georgi, sowjet. Schwimmer *521*
Nikolaus I., Pawlowitsch, russ. Zar (1796–1855) 58
Nikolaus II. Alexandrowitsch, russ. Zar (1868–1918) 57, 79, 90, *129*, 130, **133,** *135*, *137*, *174*, *188*
Nikula, Penttim, finn. Leichtathlet (* 1939) *566*
Nilsson, Lennart, schwed. Fotograf *595*
Nin, Anaïs, amer. Schriftstellerin (1903–1977) *305*
Ningel, Franz, dt. Eiskunstläufer (* 1936) *586*
Nipkow, Paul, dt. Fernsehtechniker (1860–1940) *469*
Nirenberg, Marshall W., amer. Biochemiker (* 1927) *623*
Nitribitt, Rosemarie, dt. Prostituierte *519*
Ni Tschih-tschin, chin. Leichtathlet (* 1942) *650*
Nivelle, Robert Georges, frz. General (1858–1924) 126
Nixon, Richard, amer. Politiker (1913–1994) *454*, *475*, *537*, *579*, *621*, *629*, *640*, *642*, *654*, *662*, **662**, *664*, **664,** *678*, *682*, *684*, *686*, *707*, *789*, *803*, *804*, *856*
Nkomo, Josuah, zimbabw. Politiker (* 1917) *739*, *740*
Nkrumah, Kwame, ghan. Politiker (1909–1972) *598*, *599*, **599,** *606*
Noah, Yannick, frz. Tennisspieler (* 1960) *767*
Nobel, Alfred, schwed. Chemiker und Industrieller (1833–1896) 22, *206*
Nobile, Umberto, ital. Luftschiffkonstrukteur und Polarforscher (1885–1978) 81, 95
Nobs, Ernst, schweiz. Politiker (1886–1957) *770*
Noel-Baker, Philip J., brit. Politiker (1889–1982) *533*
Noether, Emmy, dt. Mathematikerin (1882–1935) *385*
Nofretete, ägypt. Königin (14. Jh. v.Chr.) *104*
Nolde, Emil, dt. Maler (1867–1956) 53, *169*, *338*
Noli, Fan, alban. Politiker (1880–1965) *219*, *220*
Noll, Dieter, dt. Schriftsteller (* 1927) *542*

Nolte, Claudia, dt. Politikerin (* 1966) *549*

Nono, Luigi, ital. Komponist (1924–1990) *207, 511, 554, 596, 701*

Nooteboom, Cees, niederl. Schriftsteller (* 1933) *852*

Nord, Alexis, haitian. Politiker (* 1929) *71*

Nordenskjöld, Adolf, schwed. Polarforscher (1832–1901) *94*

Nordli, Odvar, norw. Politiker (* 1927) *747*

Nordraak, Rikard, norw. Komponist (1842–1866) *192*

Norelius, Martha, amer. Schwimmerin (1908–1955) *240, 247, 254*

Norén, Lars, schwed. Schriftsteller (* 1944) *784*

Norfolk, Lawrence, brit. Schriftsteller (* 1963) *852*

Norgay, Tenzing, nepal. Bergsteiger (1914–1986) *485, 485, 486*

Noriega Morena, Manuel, panama. Politiker und Militär (* 1934) *630*

Norman, Jessye, amerik. Opernsängerin *503*

Norris, Frank, amer. Schriftsteller (1870–1902) *25*

Norrish, Ronald George W., brit. Chemiker (1897–1978) *614*

North, Douglas C., amer. Wirtschaftswissenschaftler (* 1920) *867*

North, Oliver, amer. Militär (* 1943) *599, 789*

Northcliffe, Lord Alfred Charles, brit. Verleger 1865–1922) *81*

Northrop, Jack, amer. Unternehmer *222*

Northrop, John H., amer. Chemiker (1891–1987) *424*

Norton, Ken, amer. Boxer (* 1945) *712, 729*

Noske, Gustav, dt. Politiker (1868–1946) *154*

Nouvel, Jean, frz. Architekt *534*

Nova, Lou, amer. Boxer *378*

Novak, Kim, amer. Schauspielerin (* 1933) *527*

Novaro, Michele, ital. Komponist (1822–1885) *192*

Novotny, Antonín, tschech. Politiker (1904–1975) *440, 515, 617, 622, 622*

Ntare V., burund. König (1947–1972) *598, 663*

Ntibantunganya, Sylvestre, burund. Politiker *900*

Nujoma, Sam, namib. Politiker (* 1929) *830*

Numairi, Dschaffar Muhammad An, sudan. Politiker (* 1930) *629, 643, 780*

Nunó, Jaime, mex. Komponist (1824–1908) *192*

Nurejew, Rudolf, russ.-österr. Tänzer und Choreograph (1938–1993) *447*

Nurmi, Paavo, finn. Leichtathlet (1897–1973) *171, 172, 217, 218, **218**, 289, 480, 841*

Nürnberger, Kai, dt. Basketballspieler (* 1966) *872*

Nüsslein-Volhard, Christiane, dt. Biologin (* 1942) *892*

Nuthall, Betty, amer. Tennisspielerin (1911–1983) *271*

Nuvolari, Tazio, ital. Automobilrennfahrer (1892–1953) *278, 289, 298, 317, 329, 349*

Nuytten, Bruno, frz. Regisseur (* 1945) *811*

Nyerere, Julius, tansan. Politiker (* 1922) *780*

Nykänen, Matti, finn. Skispringer (* 1963) *812, 812*

O

Oates, Joyce Carol, amer. Schriftstellerin (* 1938) *668, 710, 745*

Obiang Nguema Mbazogo, Teodoro, guines. Politiker (* 1941) *730*

Obote, Milton, ugand. Politiker (* 1924) *606, 652, 731*

Obregón, Alvaro, mex. Politiker (1880–1928) *91, 161, 248, 249*

O'Brien, Dan, amer. Leichtathlet (* 1966) *863*

O'Brien, Jack, amer. Boxer (1878–1942) *63, 70, 84*

O'Brien, Parry, amer. Leichtathlet (*1932) *489, 496, 513*

O'Brien, Richard, brit. Komponist *680*

Obrist, Hermann, schweiz. Bildhauer (1863–1927) *88*

Ocana, Luis, span. Radrennfahrer (* 1945) *681*

O'Casey, Sean, ir. Schriftsteller (1880–1964) *263*

Ochoa, Severo, amer. Biochemiker (1905–1993) *583*

Ochsenknecht, Uwe, dt. Schauspieler (* 1956) *765, 852, 862*

Ockers, Stan, belg. Radrennfahrer (1920–1956) *505*

O'Connor, Peter, ir. Leichtathlet (1874–1957) *18, 26*

Odam-Tyler, Dorothy, brit. Leichtathletin (* 1920) *359*

Odría Amoretti, Manuel A., peruan. Politiker (1897–1974) *439*

Oe, Kenzaburo, jap. Schriftsteller (* 1935) *878*

Oehlschläger, Karl *177*

Oerter, Al, amer. Leichtathlet (* 1936) *566, 628*

Offenbach, Joseph, dt. Schauspieler (1904–1971) *493*

Ogino, Kiusako, jap. Gynäkologe (1882–1975) *261*

Oginski, M. K., poln. Komponist (1728–1800) *192*

Ogorzow, Paul, dt. Massenmörder (1910–1941) *226*

O'Hara-Wood, Pat, austral. Tennisspieler *119, 172, 207*

Ohlin, Bertil, schwed. Wirtschaftswissenschaftler (1899–1979) *718*

Ohnesorg, Benno, dt. Student (1941–1967) *607, 618, 620, 837*

Ojukwu, Odumegwu, nigerian. Politiker (* 1933) *609*

Okello, Tito, ugand. Politiker (* 1914) *787*

Olaf V., norw. König (1903–1991) *51, 515*

Olah, George A., amer. Chemiker (* 1927) *878*

Olano, Abraham, span. Radrennfahrer (* 1970) *894*

Olbrich, Joseph Maria, österr. Architekt (1867–1908) *17, 20, 24, 31, 40*

Olcott, Sidney, amer. Regisseur (1873–1949) *69*

Oldenburg, Claes, amer. Künstler (* 1929) *586*

Oleksy, Józef, poln. Politiker *883, 895*

Oliphant, Marcus Laurence, austral. Physiker (* 1901) *305*

Oliveira, João Carlos de, bras. Leichtathlet *702*

Oliver, Joe King, amer. Jazzmusiker (1885–1938) *227*

Olivier, Laurence, brit. Schauspieler und Regisseur (1907–1989) *270, 448, 459*

Ollenhauer, Erich, dt. Politiker (1901–1963) *409*

Olmedo, Alejandro, peruan. Tennisspieler *536*

Olmi, Ermanno, ital. Regisseur (* 1931) *728*

Ölsner, Marlies, dt. Leichtathletin (* 1958) *721, 872*

Olson, Harry, amer. Musiker *501*

O'Neal, Ryan, amer. Schauspieler (* 1941) *659*

O'Neill, Chris, austral. Tennisspielerin *729*

O'Neill Eugene, amer. Schriftsteller (1888–1953) *170, 216, 252, 276, 277, 324, 426, 511, 520*

Ono, Yoko, jap. Künstlerin (* 1933) *745*

Onsager, Lars, amer. Physikochemiker (1903–1976) *623*

Opel, Adam, dt. Maschinenbauer und Unternehmer (1837–1895) *251, 260*

Opel, Fritz von, dt. Ingenieur (1875–1938) *183, 251*

Opel, Irmgard von, dt. Sportlerin (1907–1986) *183*

Ophüls, Max, dt. Regisseur (1902–1957) *297, 465, 502*

Opp, Karl-Dieter, dt. Philosoph und Soziologe (* 1937) *214*

Oppenheimer, Julius Robert, amer. Physiker (1904–1967) *346, 586, 587*

Orantes, Manuel, span. Tennisspieler (* 1949) *702*

Oreiller, Henri, franz. Skirennläufer (1925–1962) *449*

Orff, Carl, dt. Komponist (1895–1982) *338, 339, 357, 394*

Oriani, Carlo, ital. Radrennfahrer *112*

Orlow, Juri, sowjet. Bürgerrechtler (* 1924) *741*

Ormandy, Eugene, ung.-amer. Dirigent (1899–1985) 503
Ortega Saavedra, Daniel, nicarag. Politiker (* 1945) 730, 829, 830
Ortega y Gasset, José, span. Philosoph (1883–1955) 269
Orton, Joe, engl. Schriftsteller (1933–1967) 587
Orwell, George, engl. Schriftsteller (1903–1950) 417, 458, 459, 460
Ory, Kid, amer. Jazzmusiker (1886–1973) 227
Osborn, Harold M., amer. Leichtathlet (1899–1975) 217
Osborne, John, brit. Schriftsteller (1929-1995) 511, 512, 520
Osborne-DuPont, Margaret, amer. Tennisspielerin (* 1918) 428, 438, 450, 460, 466
Oscar II., schwed. König (1872–1907) 50, 50, 51, 64
Osheroff, Douglas D., amer. Physiker (* 1945) 904
Oshima, Nagisa, jap. Regisseur (* 1932) 710
Osóbka-Morawski, Edward, poln. Politiker (* 1909) 413, 429
Osolina, Elvira, sowjet. Leichtathletin (* 1939) 720
Ossietzky, Carl von, dt. Publizist (1889–1938) 292, 294, 315, 324, 326, **326**, 599, 618
Oster, Hans, dt. Militär (1888–1945) 389
Ostermeyer, Micheline, frz. Leichtathletin (* 1922) 449, 450
Osthaus, Karl Ernst, dt. Kunsthistoriker (1874–1921) 195
Ostler, Anderl, dt. Bobfahrer (1921–1988) 480
Ostrowski, Nikolai, russ. Schriftsteller (1904–1936) 286
Ostrowski, Otto, dt. Politiker (1883–1963) 430
Ostwald, Wilhelm, dt. Naturwissenschaftler (1853–1932) 81, 129
O'Sullivan, Sonia, ir. Leichtathletin 881
Osuna, Raphael, mex. Tennisspieler 576

Oswald, Lee Harvey († 1963) 570, 570
Otkalenko, Nina, sowjet. Leichtathletin 496, 505
Otschirbat, Punsalmangiyn, mongol. Politiker (* 1942) 829
Ottenbros, Harm, niederl. Radrennfahrer (* 1943) 639
Ott, Carlos 810
Otto → Waalkes, Otto
Otto, Kristin, dt. Schwimmerin (* 1966) 779, 794, 812
Oud, Jacobus Johannes P., niederl. Architekt (1890–1979) 139
Ouden, Willie den, niederl. Schwimmerin (* 1918) 298, 317, 329
Oueddei, Goukouni, tschad. Politiker (* 1944) 762, 763
Ovett, Steve, brit. Leichtathlet (* 1955) 747, 767
Owen, Johnny, brit. Boxer 628
Owen, Wilfred 565
Owens, Jesse, amer. Leichtathlet (1913–1980) 317, 317, 328, 329, 330, 449, 627, 779
Oxenius, Wilhelm, dt. Militär 409
Özal, Turgut, türk. Politiker (1927–1993) 202, 864, 762
Ozenfant, Amédée, frz. Maler (1886–1966) 70
Ozolina, Eva, sowjet. Leichtathletin 576

P

Paasikivi, Juho Kusti, finn. Politiker (1870–1956) 506
Pabst, Georg Wilhelm, österr. Regisseur (1885–1967) 228, 230, 270, 277
Pacelli, Eugenio → Pius XII.
Page, Greg, amer. Boxer (* 1958) 779
Pagnol, Marcel, frz. Schriftsteller (1895–1974) 327
Pails, Denny, austral. Tennisspieler 438
Painlevé, Paul, frz. Politiker (1863–1933) 133, 219
Paklin, Igor, sowjet. Leichtathlet (* 1963) 786
Pal, George, amer. Regisseur (1908–1980) 624
Palach, Jan, tschech. Student 622
Palade, George E., amer. Biochemiker (* 1912) 689

Paletti, Ricardo, ital. Automobilrennfahrer 358
Palfrey-Cooke, Sarah, amer. Tennisspielerin 378
Palma, Manuel Solis, panama. Politiker 802
Palme, Olof, schwed. Politiker (1927–1986) 570, 629, 632, 633, 667, 703, 787, 787
Palmer, Jack, brit. Boxer 77
Pambianco, Armaldo, ital. Radrennfahrer 555
Panatta, Adriano, ital. Tennisspieler (* 1950) 712
Paneth, Friedrich Adolph, dt. Physikochemiker (1887–1958) 108
Panitzki, Werner, dt. Militär 599
Pankhurst, Emmeline, brit. Frauenrechtlerin (1858–1928) 39, 96
Pankok, Bernhard, dt. Architekt (1872–1943) 24
Pankratow, Denis, russ. Schwimmer (* 1974) 894
Panyarachun, Anand, thail. Politiker (* 1932) 854
Papadopulos, Georgios, griech. Militär und Politiker (* 1919) 605, 606, 606, 682, 685
Papagos, Alexandros, griech. Politiker (1883–1955) 497
Papandreou, Andreas, griech. Politiker (1919–1996) 401, 815, 864, 895
Papandreou, Georgios, griech. Politiker (1888–1968) 401, 401, 606, 606
Papanicolau, Christos, griech. Leichtathlet (* 1941) 650
Papen, Franz von, dt. Politiker (1879–1969) 266, 279, 279, 280, 280, 281, 290, 295, 422
Papini, Giovanni, ital. Schriftsteller (1881–1956) 104
Paquet, Alfons, dt. Schriftsteller (1881–1944) 216
Pardo y Barreda, José, peruan. Politiker (1864–1947) 148
Parera, Blas, argentin. Komponist 192, 490
Paris, Gabriel, kolumbian. Politiker 522
Park Chung Hee, korean.

Politiker (1917–1979) 556, 557, 570, 606, 730, 740
Park, Willie, brit. Golfspieler (1834–1903) 171
Parke, James, irischer Tennisspieler 105
Parker, Charlie, amer. Jazzmusiker (1920–1955) 227
Parker, Frank, amer. Tennisspieler (* 1916) 404, 418, 450, 460
Parker, James, austral. Tennisspieler 112
Parker-Bowles, Camilla 879
Parkinson, Cyril Northcote, brit. Historiker und Publizist (1909–1993) 527
Parkkinen, Risto 810
Parri, Ferruccio, ital. Politiker (1890–1981) 405
Parry, William, brit. Polarforscher (1790–1855) 94
Parsons, Talcott, amer. Philosoph (1902–1979) 214
Pascal, Blaise, frz. Religionsphilosoph, Mathematiker und Physiker (1623–1662) 268
Pašić, Nikola, serb. Politiker (1845–1926) 44, 78, 146
Pasolini, Pier Paolo, ital. Schriftsteller und Regisseur (1922–1975) 554, 587, 625, 701
Pasternak, Boris L., sowjet. Schriftsteller (1890–1960) 324, 520, 526, 596
Pastor, Bob, amer. Boxer 359
Pastrone, Giovanni, ital. Regisseur (1882–1959) 118
Patterson, Floyd, amer. Boxer (* 1935) 505, 513, 521, 528, 536, 544, 555, 566, 576, 597, 627
Patterson, Gerald, austral. Tennisspieler (1895–1967) 160, 196, 247
Patty, Budge, amer. Tennisspieler (* 1924) 466
Paul I., griech. König (1901–1964) 401, 429, 577
Paul VI., Papst (1897–1978) 39, 257, 451, 563, 583, 584, 613, 624, 625, 691, 718, 719, 727
Paul, Bernhard, Grafiker und Mitbegründer des Zirkus Roncalli (* 1947) 709, 710
Paul, Bruno, dt. Designer (1874–1968) 40
Paul, Rudolf, dt. Politiker (1893–1978) 421

Personenregister _____ **Piaget, Jean**

Paul, Wolfgang, dt. Physiker (* 1913–1993) *826*
Paul-Boncour, Joseph, frz. Politiker (1873–1972) *279, 290*
Pauli, Wolfgang, österr. Physiker (1900–1958) *52, 416*
Pauling, Linus Carl, amer. Chemiker (1901–1994) *493, 564*
Paulus, Friedrich, dt. Militär (1890–1957) 388, *400*
Pauncefote, Julian, brit. Diplomat (1828–1902) *21*
Pavarotti, Luciano, ital. Sänger (* 1935) *840*
Pavelić, Ante, kroat. Politiker (1889–1959) *370*
Pawlak, Waldemar, poln. Politiker (* 1959) *883, 864*
Pawlow, Iwan, russ. Mediziner (1849–1936) *47*
Pawlowa, Anna, russ. Tänzerin (1881–1931) *83*
Paychek, Johnny, amer. Boxer *369*
Paz, Octavio, mex. Schriftsteller (* 1914) *839*
Paz Estenssoro, Victor, boliv. Politiker (* 1907) *474, 577, 606,* 653
Paz Zamora, Jaime, boliv. Politiker (* 1939) *864*
Pearson, Lester Bowles, kanad. Politiker (1897–1972) **492,** *518, 617*
Peary, Robert Edwin, amer. Polarforscher (1856–1920) 80, *94,* 95
Peccei, Aurelio, ital. Industrieller (1908–1984) 665
Peche, Dagobert, österr. Architekt und Maler (1887–1923) 40
Pechstein, Max, dt. Maler und Bildhauer (1881–1955) 53, 146, *169, 338*
Peck, Gregory, amer. Schauspieler (* 1916) *701*
Peckinpah, Sam, amer. Regisseur (1925–1984) *356*
Peddersen, Alex, dän. Radrennfahrer *881*
Pedersen, Charles, amer. Chemiker (1904–1989) *797*
Pedersen, Terje, norw. Leichtathlet (* 1943) *589*
Pei, Ieoh Ming, sino-amer. Architekt (* 1917) *534, 827, 871*

Peichl, Gustav, österr. Architekt (* 1928) *534*
Peidl, Gyula, ung. Politiker 153
Peirse, Richard, brit. Militär 380
Pelé → Arantes do Nascimento, Edson
Pélissier, Henri, frz. Radrennfahrer (1890–1935) *207*
Pelle, István, ung. Turner (* 1907) *288*
Peltzer, Otto, dt. Leichtathlet (1900–1970) *240*
Pemberton, John Styth, amer. Unternehmer *222*
Penck, A. R., dt. Künstler (* 1939) *758*
Penderecki, Krzysztof, poln. Komponist und Dirigent (* 1933) *542, 554, 602, 638, 728, 777*
Penn, Arthur, amer. Regisseur (* 1922) *615, 638*
Penn Nouth, kambodsch. Politiker *703*
Pennel, John, amer. Leichtathlet (* 1940) *576, 604*
Penrose, Beryl, austral. Tennisspielerin *505*
Penttilä, Eino, finn. Leichtathlet *247*
Pentz, Hermann, dt. Schwimmer *98*
Penzias, Arnold Allan, amer. Astrophysiker (* 1933) *582, 726*
Peralta Azurdia, Enrique, guatemaltek. Politiker (* 1908) *567*
Pereira de Souza, Washington, bras. Politiker (1870–1957) *265*
Peres, Shimon, israel. Politiker (* 1923) *441, 713, 874, 878, 883*
Pérez de Cuellar, Javier, peruan. Diplomat (* 1920) *750, 805,* 849
Pérez Esquivel, Adolfo, argentin. Architekt und Bürgerrechtler (* 1931) *744*
Pérez Jiménez, Marcos, venezol. Politiker (* 1914) *522*
Pergolesi, Giovanni Battista, ital. Komponist (1710–1736) 169
Perkins, Anthony, amer. Schauspieler (1932–1992) **541,** 543

Perkins, Kieren, austral. Schwimmer *863*
Perl, Martin L., amer. Physiker (* 1927) 689, *892*
Perón, Juan Domingo, argentin. Politiker (1895–1974) *419, 497,* 499, **499,** *606, 672, 705, 755*
Perón, Maria E. Martinez de »Isabel« , argentin. Politikerin (* 1931) *538, 606, 672, 703, 705, 755*
Perot, Ross, amer. Politiker (* 1930) *857, 900*
Perret, Léonce, frz. Regisseur (1880–1935) *270*
Perrin, Jean Baptiste, frz. Physiker (1870–1942) *237*
Perry, Charles, Architekt 105
Perry, Fred, brit. Tennisspieler (1909–1995) 298, *307, 317, 329,* 340, *340*
Perry, Ruth, liberian. Politikerin *895*
Pers, Anders, schwed. Journalist 197
Perse, Saint-John, frz. Schriftsteller und Politiker (1887–1975) *539*
Persson, Göran, schwed. Politiker (* 1949) *633, 895*
Pertini, Alessandro, ital. Politiker (1896–1990) *722, 780*
Perugia, Vincenco, ital. Kunsträuber 95
Perugino, ital. Maler (1448-1523) *880*
Perutz, Max F., österr.-brit. Chemiker (* 1914) *564*
Pesenti, Antonio, ital. Radrennfahrer *289*
Pestalozzi, Johann Heinrich, schweiz. Pädagoge (1746–1827) *470*
Pétain, Henri Philippe, frz. Politiker (1856–1951) *125, 352, 360, 363, 379, 383, 396, 399*
Peter I. Karađorđević, König der Serben, Kroaten und Slowenen (1844–1921) 145, *173, 256,* 846
Peter II. Karađorđević, jugosl. König (1923–1970) *255, 256, 299,* 303, *390*
Peter I., portug. König (1798–1834) *86*
Peterhans, Walter, Fotograf (1897–1960) *158*
Petersen, Wolfgang, dt. Regisseur (* 1941) *735, 752, 766, 893*

Pétiot, Marcel (1897–1946) *226*
Petipa, Marius, frz. Tänzer und Choreograph (1818–1910) *447*
Petit-Breton, Lucien, frz. Radrennfahrer (1882–1917) *70,* 77
Petitpierre, Max, schweiz. Politiker (1899–1994) *770*
Petra, Yvon, frz. Tennisspieler (1916–1984) *428*
Petranoff, Tom, amer. Leichtathlet (* 1958) *767*
Petrowa, Zoja, sowjet. Leichtathletin *466*
Pettersson, Gösta, schwed. Radrennfahrer (* 1940) 660
Petterson, Ronnie, schwed. Automobilrennfahrer (1944–1978) *358*
Petzold, Alfons, österr. Schriftsteller (1882–1923) *131*
Petzold, Barbara, dt. Skiläuferin *746*
Peymann, Claus, deutscher Theaterregisseur, (* 1937) *32*
Pevsner, Antoine, russ.-frz. Maler (1886–1962) *122*
Peyo, belg. Comicautor (1928–1992) *262*
Pfeffer, Franz von, dt. Freikorpsführer (1888–1968) *233*
Pfeiffer, Reiner 796
Pfeil, Rudolf (1924–1958) *226*
Pfitzner, Hans, dt. Komponist (1869–1949) *25,* 62, *140,* 277
Pfleumer, Fritz, dt. Techniker *166, 223,* 250
Pflimlin, Pierre, frz. Politiker (* 1907) *522*
Pfnür, Franz, dt. Skifahrer (* 1908) *328*
Pham Van Dong, vietn. Politiker (* 1906) *579*
Philipe, Gérard, frz. Schauspieler (1922–1959) *471, 479*
Philipp, Fürst zu Eulenburg 684
Phillips, Morgan, brit. Politiker (1902–1963) *467*
Phillips, Peter, engl. Maler (* 1939) *586*
Piaf, Edith, frz. Chansonsängerin (1915–1963) *511*
Piaget, Jean, schweiz. Psy-

953

chologe (1896–1980) 215, 323
Piaggio, Enrico, ital. Fahrzeughersteller 424
Piano, Renzo, ital. Architekt (* 1937) 534, 719
Piatkowski, Edmund, poln. Leichtathlet (* 1936) 536
Pibul Songgram, Luang, thail. Politiker (1897–1964) 341, 515
Picabia, Francis, frz. Maler (1879–1953) 132
Picasso, Pablo, span. Maler und Bildhauer (1881–1973) 69, 70, 83, 230, 331, 337, **337,** 528
Piccard, Auguste, schweiz. Physiker (1884–1962) 286, 539
Piccard, Jacques, schweiz. Tiefseeforscher (* 1922) 286, 539
Piccard, Jean, schweiz.-amer. Physiker (1884–1963) 286
Piccoli, Michel, frz. Schauspieler (* 1925) 574
Picht, Georg, dt. Pädagoge (1913–1982) 583
Pickford, Mary, kanad. Schauspielerin (1893–1979) 159, 168, 191
Pieck, Wilhelm, dt. Politiker (1876–1960) 149, 456, 537, 653, 836
Pier, Matthias, dt. Physikochemiker (1882–1965) 94
Pierce, Franklin, amer. Politiker (1804–1869) 20
Pierce, Mary, amer. Tennisspielerin (* 1975) 894
Pietrangeli, Nicola, ital. Tennisspieler (* 1933) 536, 544
Pietri, Dorando, ital. Marathonläufer 77
Pilet-Golaz, Marcel, schweiz. Politiker (1889–1958) 79
Pilsudski, Józef Klemens, poln. Politiker (1867–1935) 127, **127,** 175, 232, 233, 233, 300
Pinay, Antoine, frz. Politiker (1891–1994) 474, 482,
Pincus, Gregory, amer. Physiologe (1903–1967) 540
Pingeon, Roger, frz. Radrennfahrer (* 1940) 616
Pinheiro Chagas, João, portug. Politiker (1863–1925) 90
Pinkowski, Józef, poln. Politiker (* 1929) 748
Pinochet Ugarte, Augusto, chil. Militär und Politiker (* 1915) 606, 672, 675, 752, 759, 829
Pinter, Harold, engl. Schriftsteller (* 1930) 512, 541, 542
Pinthus, Kurt, dt. Schriftsteller (1886–1975) 170
Piontek, Sepp, dt. Fußballtrainer (* 1940) 778
Pinturicchio, ital. Maler (1454-1513) 880
Pippow, Max, dt. Ringrichter 479
Piquet, Nelson, bras. Automobilrennfahrer (1952–1994) 753, 767, 801
Pirandello, Luigi, ital. Schriftsteller (1867–1936) 48, 159, 182, 194, 269, 305, 339
Pire, Georges, belg. Geistlicher (1910–1969) 526, 618
Piscator, Erwin, dt. Regisseur (1893–1966) 32, 182, 385, 575
Pissarro, Camille, frz. Maler (1830–1903) 17
Pius VI., Papst (1717–1799) 39
Pius VII., Papst (1742–1823) 39
Pius VIII., Papst (1761–1830) 39
Pius IX., Papst (1792–1878) 39
Pius X., Papst (1835–1914) 39, 39,44, 57, 67, 117, 257
Pius XI., Papst (1857–1939) 39, 191, **255,** 257, 331, 356
Pius XII., Papst (1876–1958) 39, 257, 295, 356, 526, 574, 575
Planck, Max, dt. Physiker (1858–1947) 14, **15,** 52, 52,, 94, 108, 146, 157, 203, 224
Planetta, Otto, österr. Putschist (1899–1934) 303
Plath, Sylvia, amer. Schriftstellerin (1932–1963) 596
Platini, Michel, frz. Fußballspieler (* 1955) 778
Plaza, Victorino de la, argentin. Politiker (1839–1919) 125
Plenzdorf, Ulrich, dt. Schriftsteller (* 1934) 668
Pletnewa, Nina, sowjet. Leichtathletin 481
Pleven, René, frz. Politiker (1901–1993) 461, 467, 474, 491
Plewe, Wjatscheslaw, K., russ. Politiker (1846–1904) 57
Plievier, Theodor, dt. Schriftsteller (1892–1955) 417
Plottnitz, Rupert von, dt. Politiker 781
Plücker, Julius, dt. Physiker (1801–1868) 324
Plunkett, Roy, amer. Chemiker (1910–1994) 295, 346
Podbielski, Victor von, dt. Politiker (1844–1916) 124
Podgorny, Nikolai, sowjet. Politiker (1903–1983) 590, 713
Poelzig, Hans, dt. Architekt (1869–1936) 169
Pöge, Ernst, dt. Kommunist 177, 220
Pöhl, Karl Otto, dt. Bankier (* 1929) 517
Pohl, Klaus, dt. Schauspieler und Schriftsteller (* 1952) 852
Pohl, Witta, dt. Schauspielerin 493
Pöhner, Ernst, dt. Jurist und Politiker (1870–1925) 178
Poincaré, Raymond, frz. Politiker (1860–1934) 99, 106, 106, 161, 184, 184, 208, 232, 255
Poindexter, John, amer. Politiker und Admiral (* 1936) 789
Poiret, Jean, frz. Schriftsteller (1926–1992) 766
Poiret, Paul, frz. Modeschöpfer (1879–1944) 436
Polanski, Roman, poln.-frz. Regisseur und Schauspieler (* 1933) 193, 270, 541, 554, 587, 596, 597, 615, 692, 861
Polanyi, John C., kanad. Chemiker (* 1929) 792
Polk, John Knox, amer. Politiker (1795–1849) 20
Pollack, Andrea, dt. Schwimmerin (* 1961) 729
Pollack, Sydney, amer. Regisseur (* 1934) 784, 793
Pollard, P. E., brit. Erfinder 48
Pollentier, Michel, belg. Radrennfahrer (* 1951) 721
Pollock, Jackson, amer. Maler (1912–1956) 436
Pol Pot, kambodsch. Politiker (* 1928) 703, 705, 705, 725, 730, 832
Pompidou, Georges, frz. Politiker (1911–1974) 568, 617, 629, 630, 682
Ponce Vaidez, Federico, guatemaltek. Politiker 396, 400
Ponomarjewa, Margarita, sowjet. Leichtathletin (* 1936) 779
Ponto, Jürgen, dt. Bankier (1923–1977) 831
Pontoppidan, Henrik, dän. Schriftsteller (1857–1943) 138
Pontormo, Jacopo da, ital. Maler (1494–1557) 800
Popieluszko, Jerzy A., poln. Priester (1947–1984) 452, 570, 741, 770, **771,** 818
Popow, Alexander, russ. Schwimmer (* 1971) 907
Popow, Dimitar, bulg. Politiker (* 1927) 829, 836
Popowitsch, Pawel, sowjet. Kosmonaut (* 1930) 551
Popp, Josef 222
Popper, Karl Raimund, österr.-brit. Philosoph (1902–1994) 214
Porsche, Ferdinand, österr. Ingenieur (1875–1951) 89, 307, 314
Porten, Henny, dt. Schauspielerin (1890–1960) 168
Porter, Cole, amer. Komponist (1893–1964) 448
Porter, Edwin S., amer. Regisseur (1870–1941) 41
Porter, George, brit. Chemiker (* 1920) 614
Porter, Katherine Anne, amer. Schriftstellerin (1890–1980) 565
Porter, Rodney R., brit. Biochemiker (1917–1985) 666
Portes Gil, Emilio, mex. Politiker (1891–1978) 248
Pörtner, Rudolf, dt. Schriftsteller (* 1912) 535
Porumbescu, Ciprian, rumän. Komponist (1853–1883) 192
Post, Wiley, amer. Flugpionier (1900–1935) 38, 296, **296**

Potemkin, Wladimir, sowjet. Politiker (1878–1946) 310
Pottier, René, frz. Radrennfahrer 63
Pougny, Jean, russ.-frz. Maler (1892–1956) 122
Poulenc, Francis, frz. Komponist und Pianist (1899–1963) 520
Poulidor, Raymond, frz. Radrennfahrer (* 1936) 588, 604
Poulsen, Waldemar, dän. Physiker und Ingenieur (1869–1942) 238, 250
Pound, Ezra, amer. Schriftsteller (1885–1972) 228
Pousseur, Henri, belg. Komponist (* 1929) 638
Poveda Burbano, Alfredo, ecuador. Politiker (1925–1990) 730
Powell, Cecil Frank, brit. Physiker (1903–1969) 464
Powell, Michael, brit. Regisseur (1905–1990) 448
Powell, Mike, amer. Leichtathlet (* 1963) 853, 853
Powell, William, amer. Schauspieler (1892–1984) 276
Power, Tyrone, amer. Schauspieler (1913–1958) 168
Powers, Francis G., amer. Pilot (1929–1977) 537
Pozzo, Vittorio, ital. Fußballtrainer (1886–1968) 348
Prack, Rudolf, dt. Schauspieler (1905–1981) 276
Praun, Otto 563
Pregl, Fritz, österr. Chemiker (1869–1930) 203
Prelog, Wladimir, jugosl. schweiz. Chemiker (* 1906) 698
Preminger, Otto, amer.-österr. Regisseur (1906–1986) 376
Presley, Elvis, amer. Sänger (1935–1977) 493, 494, 495
Press, Tamara, sowjet. Leichtathletin (* 1937) 536
Pressburger, Emeric, ung.-brit. Regisseur (1902–1988) 448
Prestes, Julio, bras. Politiker (1882–1946) 265
Preuß, Hugo, dt. Politiker (1860–1925) 150
Preußler, Ottfried, dt. Schriftsteller (* 1923) 418

Préval, René, hait. Politiker (* 1943) 895
Prévert, Jacques, frz. Schriftsteller (1900–1977) 418
Price, Leontyne, amer. Opernsängerin (* 1927) 503
Prigan, Bernhard (* 1920) 226
Prigogine, Ilya, belg. Chemiker (* 1917) 718
Primo de Rivera y Orbaneja, Miguel, span. Politiker (1870–1930) 198, 200, 265, 272, 696
Primo de Rivera y Saenz de Heredia, José Antonio, span. Politiker (1903–1936) 321
Prince, amer. Rockmusiker (* 1958) 494
Princip, Gawrilo, bosn. Extremist (1894–1918) 113
Prittwitz und Gaffron, Max von, dt. Militär (1848–1917) 115
Probst, Christoph, dt. Widerstandskämpfer (1919–1943) 389, 389
Prochorow, Alexander, sowjet. Physiker (* 1916) 583
Prodi, Romano, ital. Politiker (* 1939) 895, 896, 897, **897**
Profumo, John Dennis, brit. Politiker (* 1915) 568, 569, 684
Prokofjew, Sergei Sergejewitsch, russ.-sowjet. Komponist (1891–1953) 147, 182, 327, 426
Prost, Alain, frz. Automobilrennfahrer (* 1955) 786, 794, 828, 841, 872
Prosumenschikowa, Galina, sowjet. Schwimmerin (* 1948) 604
Protopopow, Oleg, sowjet. Eiskunstläufer (* 1932) 536
Proust, Marcel, frz. Schriftsteller (1871–1922) 111
Prudhomme, Sully, franz. Lyriker (1839–1908) 22
Prunskiene, Kazmiera, lit. Politikerin (* 1943) 538
Prutscher, Otto, österr. Designer (1880–1949) 40
Puccini, Giacomo, ital. Komponist (1858–1924) 16, 16, 48, 88, 147, 239
Pugo, Boris, sowj. Politiker 847

Puiforcat, frz. Designer (1867–1945) 40
Puig, Manuel, argentin. Schriftsteller (1932–1990) 710
Pujalet, Jean, frz. Polizeioffizier 95
Pulitzer, Joseph, amer. Journalist und Verleger (1847–1911) 206
Pulvermann, Eduard F., dt. Springreiter (1882–1944) 171
Pupin, Mihajlo, serb. Elektrotechniker (1858–1935) 238
Purcell, Edward Mills, amer. Physiker (* 1912) 416, 478
Puskás, Ferenc, ung. Fußballspieler (* 1927) 496
Pu Yi, chin. Kaiser (1906–1967) 71, 73, 92, 99, 273, 811, 816
Puzo, Mario, amer. Schriftsteller (* 1920) 638, 659
Pynchon, Thomas, amer. Schriftsteller (* 1937) 680

Q

Qin Shi Huangdi, chin. Kaiser (221–210 v.Chr.) 692
Quadflieg, Will, dt. Schauspieler (* 1914) 459
Quadros, Jânio da Silva, bras. Politiker (1917–1992) 334, 545
Qualtinger, Helmut, österr. Schauspieler und Schriftsteller (1928–1986) 554
Quant, Mary, engl. Modeschöpferin (* 1934) 583
Quarry, Jerry, amer. Boxer (* 1945) 627, 639
Quasimodo, Salvatore, ital. Schriftsteller (1901–1968) 533
Qudsi, Nazim al-, syr. Politiker (* 1905) 567
Queneau, Raymond, frz. Schriftsteller (1903–1976) 535
Quereshi, Moeen, pak. Politiker 864
Queuille, Henri, frz. Politiker (1884–1970) 439, 451, 461, 467
Quijano, Fernando, urug. Komponist 192
Quinim Pholsena, laot. Politiker 557
Quinn, Anthony, amer. Schauspieler (* 1916) 427, 495, 587

Quisling, Vidkun, norw. Politiker (1887–1945) 51, 405
Quist, Adrian, austral. Tennisspieler (* 1913) 329, 369, 450

R

Raab, Julius, österr. Politiker (1891–1964) 467, 482, 545
Raas, Jan, niederl. Radrennfahrer (* 1952) 42, 736
Rabbani, Burhanuddin, afghan. Politiker (* 1940) 854
Rabi, Isidor Isaac, amer. Physiker (1898–1988) 402
Rabin, Yitzhak, israel. Politiker (1922–1995) 441, 570, 682, 713, 848, 854, 866, **866,** 874, 878, 883, 886,
Race, Hubert, brit. Politiker 439
Rachmaninow, Sergej, russ. Komponist und Pianist (1873–1943) 25
Radek, Karl, sowjet. Politiker (1885–1939) 322
Rademacher, Erich, dt. Schwimmer (1901–1979) 218, 240, 247
Rademacher, Pete, amer. Boxer 521
Radescu, Nicolae, rumän. Politiker (1876–1953) 396, 405
Radić, Stjepan, kroat. Politiker (1871–1928) 145, 256
Radiguet, Raymond, frz. Schriftsteller (1903–1923) 205
Radke, Lina, dt. Leichtathletin (* 1903) 254
Radoslavov, Zvetan, bulg. Komponist 192
Radoslawow, Wasil, bulg. Politiker (1854–1929) 106
Radschai, Muhammad Ali, iran. Politiker (1933–1981) 570, 731, 748
Raeder, Erich, dt. Großadmiral (1876–1960) 333, **421,** 422
Rafsandschani, Ali Akbar Haschemi, iran. Politiker (* 1934) 731, 815
Rahman, Abdul, malai. Politiker (1903–1990) 592
Rahman, Mujibur, pakistan.-bangla. Politiker (1920–1975) 570, 652, 694
Rahn, Helmut, dt. Fußballspieler (* 1929) 496

Rähn, Eric, estn. Leichtathlet 254
Rainier III., Fürst von Monaco (* 1923) 129, 451
Rainwater, James, amerik. Physiker (1917-1986) 698
Rajneesh, Bhagwan Shree, ind. Guru und Sektenführer (1931–1990) 753
Rákosi, Mátyás, ung. Politiker (1892–1971) 414, 482, 803
Rakowski, Mieczyslaw, poln. Politiker (* 1926) 802, 815
Rama VIII. → Ananda, Mahidol
Rama IX. → Bhumibol Aduljadej
Ramadier, Paul, frz. Politiker (1888–1961) 429
Raman, Chandrasekhara Venkata, ind. Physiker (1888–1970) 268
Rambert, Marie, brit. Tänzerin und Choreographin (1888–1982) 447
Rame, Franca, ital. Schriftstellerin (* 1929) 719, 766
Ramek, Rudolf, österr. Politiker (1881–1941) 232
Ramey, Nancy, amer. Schwimmerin (* 1940) 536
Ramírez, Pedro Pablo, argentin. Politiker (1884–1962) 388, 755
Ramón Cantero, José Antonio, panama. Politiker (1908–1955) 497
Ramos, Fidel, philip. Politiker (* 1928) 593, 787
Ramos, Manuel, mex. Boxer (* 1948) 627
Ramos-Horta, José, indon. Politiker (* 1945)
Rampolla, Mariano, ital. Kardinal (1843–1913) 39
Ramses, ägypt. Pharao (1290-1224 v.Chr.) 584
Ramsey, Norman F., amer. Physiker (* 1915) 826
Ramsey, William, brit. Chemiker (1852–1916) 47
Ranke-Heinemann, Uta, dt. Theologin (* 1927) 734
Rao, Narasimha, ind. Politiker (* 1921) 430, 895
Rapp, Karl, dt. Firmengründer 222
Rappeneau, Jean-Paul, frz. Regisseur (* 1932) 827
Raspe, Jan Carl, dt. Terrorist (1944–1977) 563, 713, 714, 715

Rasputin, Grigori Jefimowitsch, russ. Mönch und Wunderheiler (1864?–1916) 130, **130**, 174
Rath, Ernst vom, dt. Politiker (1909–1938) 343, 344, 380
Rathenau, Emil, dt. Industrieller (1838–1915) 222
Rathenau, Walther, dt. Politiker (1867–1922) 163, 174, 177, 186, **187**, 311, 871
Räty, Seppo, finn. Leichtathlet 853
Ratzenberger, Roland, österr. Autorennfahrer 358
Rau, Johannes, dt. Politiker (* 1931) 835
Rau, Richard, dt. Leichtathlet 98
Rauch, Christian Daniel, dt. Bildhauer (1777–1857) 109
Rausch, Emil, dt. Schwimmer (1882–1954) 49
Rauschenberg, Robert, amer. Künstler (* 1925) 586, 586
Rautavaara, Einojuhani, finn. Komponist (* 1928) 840
Rave, Ortwin 810
Ravel, Maurice, frz. Komponist (1875–1937) 33, 62, 76, 97, 104, 170, 252, 286
Rawlings, Jerry John, ghan. Politiker (* 1947) 599, 748
Ray, James Earl, (* 1928) 570, 619
Ray, Man, amer. Künstler (1890–1976) 132
Ray, Nicholas, amer. Regisseur (1911–1979) 502
Rayleigh, John William S., brit. Physiker (1842–1919) 47
Raymond, Fred, österr. Komponist (1900–1954) 339
Raynal, Paul, frz. Schriftsteller (1885–1971) 215, 216
Reach, Alfred, amer. Baseballspieler (1841–1928) 171
Reagan, Ronald, amer. Politiker (* 1911) 599, 684, 707, 709, 743, **743**, 748, 755, 764, 771, **781**, 789, 802, **803**, 804, 815, 856, 857
Reber, Grote, amer. Funktechniker (* 1911) 335
Recknagel, Helmut, dt. Skispringer (* 1937) 359, 544

Redding, Otis, amer. Soulmusiker (1940–1967) 494
Redford, Robert, amer. Schauspieler (* 1937) 784, 793
Redl, Alfred, österr. Militär (1864–1913) 110, 138
Reed, Carol, brit. Regisseur (1906–1976) 378, 459
Reemtsma, Jan Philipp (* 1952), dt. Literaturwissenschaftler, Mäzen 905
Reger, Erik, dt. Schriftsteller (1893–1954) 277
Reger, Max, dt. Komponist (1873–1916) 124
Rehberg, Hans, dt. Schriftsteller (1901–1963) 306
Reich, Steve, amer. Komponist (* 1936) 659
Reich, Wilhelm, österr. Psychoanalytiker (1897–1957) 385
Reichert, Ossi, dt. Skifahrerin (* 1925) 512
Reichstein, Tadeus, poln.-schweiz. Biochemiker (1897–1996) 93, 296, 464
Reichwein, Adolf, dt. Widerstandskämpfer (1898–1944) 389
Reid, George 44
Reid, Kerry, austral. Tennisspielerin 721
Reiff, Gaston, belg. Leichtathlet (* 1921) 460
Reilly, Sidney, brit. Geheimagent (1874–1925) 138
Reimann, Aribert, dt. Komponist (* 1936) 728, 793, 861
Reiner, Fritz, ung.-amer. Dirigent (1888–1963) 503
Reiner, Rob, amer. Regisseur (* 1945) 827
Reines, Frederick, amer. Physiker (* 1918) 892
Reinhardt, Ad, amer. Maler (1913–1967) 436
Reinhardt, Max, österr. Schauspieler und Regisseur (1873–1943) 23, 32, **32**, 32, 40, 62, 170, 385
Reinhold, Conrad, dt. Kabarettist (1930–1974) 427
Reinig, Christa, dt. Schriftstellerin (* 1926) 707
Reinisch, Rica, dt. Schwimmerin (* 1965) 746
Reis, Johann Philipp, dt. Physiker (1834–1874) 238
Reiß, Ernst, schweiz. Bergsteiger 485

Reitman, Ivan, amer. Regisseur (* 1946) 870
Reitz, Edgar, dt. Regisseur (* 1932) 777, 777
Reles, Abe (Kid Twist Reles), amer. Bandenchef († 1941) 275
Remarque, Erich Maria, dt. Schriftsteller (1898–1970) 262, 263, 294, 426
Remer, Otto E., dt. Militär 396
Rémi, Georges, belg. Comicautor († 1983) 262
Remick, Lee, amer. Schauspielerin (1935–1991) 701
Remmele, Hermann, dt. Politiker (1880–1939?) 149
Renault, Louis und Marcel, frz. Automobilrennfahrer und -fabrikanten 33
Renger, Annemarie, dt. Politikerin (* 1919) 732
Renn, Ludwig, dt. Schriftsteller (1889–1979) 252, 292
Renner, Karl, österr. Politiker (1870–1950) 144, 152, 154, 161, 258, 405, 414, 467
Renoir, Auguste, frz. Maler (1841–1919) 17, 337
Renoir, Jean, frz. Regisseur (1894–1979) 337, 339, 348, 357, 736
Reppe, Walter, dt. Chemiker (1892–1969) 268
Resa Pahlawi (urspr. Resa Khan), pers. Schah (1878–1944) 129, 219, 222, 370
Resa Pahlawi, Mohammed, iran. Schah (1919–1980) 370, 469, **470**, 607, 688, 730, 730, 731, 740
Resnais, Alain, frz. Regisseur (* 1922) 540, 542, 745
Respighi, Ottorino, ital. Komponist (1879–1936) 140
Reuter, Edzard, dt. Industriemanager (* 1928) 901
Reuter, Ernst, dt. Politiker (1889–1953) 28, 421, 430
Reuter, Milly, dt. Leichtathletin (* 1904) 240
Revson, Peter, amer. Automobilrennfahrer 358
Rey, Jean, belg. Politiker (1902–1983) 610
Reybrouck, Guido, belg. Radrennfahrer (* 1941) 42
Reymont, Wladislaw Stanis-

law, poln. Schriftsteller (1867–1925) *48, 216*
Reyna Andrade, José María, guatemaltek. Politiker *272*
Reynaud, Paul, frz. Politiker (1878–1966) *360*
Reynolds, Albert, ir. Politiker (* 1935) *854, 873*
Reynolds, Bruce, brit. Posträuber *573*
Reynolds, Butch, amer. Leichtathlet (* 1964) *814*
Rhoden, George, jamaikan. Leichtathlet (* 1926) *466*
Riart, Luis A., parag. Politiker (1891–1953) *310*
Ribar, Johann, jugosl. Politiker (1881–1968) *482*
Ribbeck, Erich, dt. Fußballtrainer *721*
Ribbentrop, Joachim von, dt. Politiker (1893–1946) *310*, **310**, *321, 341, 351*, **352**, *353, 365*, **366**, *371*, **421**, *422*
Ribeiro, Fernanda, portug. Leichtathletin (* 1969) *801, 894*
Ribot, Alexandre, frz. Politiker (1842–1968) *133*
Ricard, Paul, frz. Industrieller (* 1909) *222*
Rice, Elmer, amer. Schriftsteller (1892–1967) *205*
Rice, Horace, amer. Tennisspieler *70*
Richard, Louis, amer. Industrieller *222*
Richardet, Louis, schweiz. Sportschütze (1864–1923) *63*
Richards jr., Dickinson W., amer. Mediziner (1895–1973) *509*
Richards, Keith, brit. Rockmusiker (* 1943) *585*
Richards, Theodore W., amer. Chemiker (1868–1928) *119*
Richardson, Lewis Fry, brit. Physiker (1881–1953) *102*
Richardson, Owen W., brit. Physiker (1879–1959) *251*
Richardson, Robert C., amer. Physiker (* 1937) *904*
Richartz, Johann Heinrich, dt. Kaufmann (1795–1861) *521*
Richet, Charles R., frz. Mediziner (1850–1935) *108*
Richey, Nancy, amer. Tennisspielerin (* 1942) *616, 627*
Richter, Annegret, dt. Leichtathletin (* 1950) *712*, **712**, *712*
Richter, Burton, amer. Physiker (* 1931) *689, 709*
Richter, Charles Francis, amer. Geophysiker (1900–1985) *314*
Richter, Hans Werner, dt. Schriftsteller (1908–1993) *437*
Richter, Hans, dt. Künstler (1888–1976) *132, 229*
Richter, Ulrike, dt. Schwimmerin (* 1959) *681*
Ridgway, Matthew B., amer. Militär (1895–1993) *463*
Riedel, Lars, dt. Leichtathlet (* 1967) *893*
Riefenstahl, Leni, dt. Regisseurin (* 1902) *316*, **330**, *368*
Riehm, Karl-Hans, dt. Leichtathlet (* 1951) *729*
Riehm, Rolf, dt. Komponist (* 1937) *880*
Riemerschmid, Richard, dt. Architekt (1868–1957) *24, 40*
Rietveld, Gerrit Thomas, niederl. Architekt und Designer (1888–1964) *139*
Riggs, Bobby, amer. Tennisspieler (1918–1995) *359, 378*
Rihm, Wolfgang, dt. Komponist (* 1952) *735, 752, 799, 861*
Riis, Bjarne, dän. Radsportler (* 1964) *908*
Riley, Ivan, amer. Leichtathlet *218*
Rilke, Rainer Maria, österr. Schriftsteller (1875–1926) *54, 62, 69, 88, 205, 205*
Rima, Marco, schweiz. Komponist *893*
Rimet, Jules, frz. Fußballfunktionär (1873–1956) *271*
Rimski-Korsakow, Nikolai, russ. Komponist (1844–1908) *16, 83*
Rindt, Jochen, dt. Automobilrennfahrer (1942–1970) *358, 650*, *651*
Ringelnatz, Joachim, dt. Schriftsteller (1883–1934) *170*
Rinser, Luise, dt. Schriftstellerin (* 1911) *465, 768, 768*

Ríos Morales, Juan Antonio, chil. Politiker (1888–1946) *379*
Ripley, Alexandra, kanad. Schriftstellerin (* 1934) *328, 852*
Ritola, Ville, finn. Leichtathlet (1896–1982) *217, 218*, **218**
Ritschard, Willy, schweiz. Politiker (1918–1983) *770*
Rittberger, Werner, dt. Eiskunstläufer (1891–1975) *98*
Ritter, Karl, dt. Regisseur (1888–1977) *368*
Riva, ital. Fußballspieler (* 1944) *651*
Rivera, Gianni, ital. Fußballspieler (* 1943) *651*
Rivette, Jacques, frz. Regisseur (* 1928) *540*
Roach, Max, amer. Jazzmusiker (* 1925) *227*
Robb, Muriel, brit. Tennisspielerin *34*
Robbe-Grillet, Alain, frz. Schriftsteller (* 1922) *502*
Robbins, Frederick C., amer. Bakteriologe (* 1916) *493*
Roberts, Julia, amer. Schauspielerin *827*
Roberts, Richard, brit. Mediziner (* 1943) *867*
Robic, Jean, frz. Radrennfahrer (1921–1980) *438*
Robinson, Elroy, amer. Leichtathlet *340*
Robinson, Mary, ir. Politikerin (* 1944) *178, 538, 829*
Robinson, Robert, brit. Chemiker (1886–1975) *433*
Robinson, Suger Ray, amer. Boxer (1920–1989) *628*
Robson, Mark, amer. Regisseur (1913–1978) *511*
Rocard, Michel, frz. Politiker (* 1930) *788, 802, 842*
Rocchigiani, Graciano, dt. Boxer *894*
Roche, Jem, ir. Boxer *77*
Roche, Kevin, amer. Architekt (* 1922) *534*
Roche, Stephen, ir. Radrennfahrer (* 1959) *801*
Röcher, H., dt. Architekt *534*
Rock, John, amer. Gynäkologe *540*
Rockefeller, John Davidson, amer. Industrieller (1839–1937) *92*
Roda-Roda, Alexander, österr. Schriftsteller (1872–1945) *83*
Rodbell, Martin, amer. Mediziner (* 1925) *878*
Rodgers, Richard, amer. Komponist (1902–1979) *394, 417, 471, 535*
Rodin, Auguste, frz. Bildhauer (1840–1917) *109*
Rodnina, Irina, sowjet. Eiskunstläuferin (* 1949) *797*
Rodríguez, Abelardo, mex. Politiker (1889–1967) *299*
Rodríguez, Andres, parag. Politiker (* 1923) *815*, *816*
Rodtschenko, Alexander, sowjet. Maler und Bildhauer (1891–1956) *122*
Roelants, Gaston, belg. Leichtathlet (* 1937) *597*
Rogers, Ginger, amer. Schauspielerin (1911–1995) *276*
Rogers, Richard, brit. Architekt (* 1933) *534, 719*
Roh Tae Woo, südkorean. Politiker und Militär (* 1932) *802*
Rohlfs, Christian, dt. Maler (1849–1938) *169*
Röhm, Ernst, dt. Politiker (1887–1934) *178, 302*
Rohmer, Eric, frz. Regisseur (* 1920) *540, 793, 802*
Rohrer, Heinrich, schweiz. Physiker (* 1933) *750, 751, 792*
Röhrig, Walter, dt. Künstler und Filmausstatter *169*
Röhrl, Walter, dt. Automobilrennfahrer (* 1947) *745*
Rohwedder, Detlev Karsten, dt. Industriemanager (1932–1991) *714*
Rökk, Marika, ung.-dt. Schauspielerin (* 1913) *376*
Rolland, Romain, frz. Schriftsteller (1866–1944) *54, 123*
Rolls, Charles Steward, brit. Unternehmer (1877–1910) *222*
Romains, Jules, frz. Schriftsteller (1885–1972) *205, 286*
Roman, José, puertoric. Boxer *681*
Roman, Petre, rumän. Politiker (* 1946) *300*
Romanones, Alvaro Figueroa y Torres, Graf, span. Politiker (1863–1950) *99*

Romero, Carlos Humberto, salvador. Politiker (* 1924) 738
Romero, Oscar A., salvador. Erzbischof (1917–1988) 618, 738
Rominger, Toni, schweiz. Radrennfahrer (* 1961) 894
Rommel, Erwin, dt. Militär (1891–1944) 365, 370, 383, 396, *400*
Roncalli, Angelo Giuseppe, ital. Kardinal → Johannes XXIII., Papst 526
Roncoroni, Carlo, ital. Industrieller 328
Rono, Henry, kenian. Leichtathlet (* 1952) 729, 753
Rönsch, Hannelore, dt. Politikerin (* 1942) 549
Ronsse, Georges, belg. Radrennfahrer (1906–1969) 254
Röntgen, Wilhelm Conrad, dt. Physiker (1845–1923) 22
Roosevelt, Franklin D., amer. Politiker (1882–1945) 281, *290*, **304**, 305, 323, 325, 333, 344, 354, 370, 372, 374, 379, 381, 388, **392**, *392*, 393, 399, 400, 405, *405*, *406*, 407, 411, 497, 788, 856
Roosevelt, Theodore, amer. Politiker (1857–1919) 19, 20, 46, *61*, 72, 78, 856
Root, Elihu, amer. Politiker (1845–1937) 103
Root, Jack, amer. Boxer (1876–1963) 55, *55*
Roper, Jack, amer. Boxer 359
Rosberg, Keke, finn. Automobilrennfahrer (* 1948) 761
Rose, Mervin, austral. Tennisspieler 496, 528
Rose, Murray, austral. Schwimmer (* 1939) 512, 566
Rose, Ralph, amer. Leichtathlet (1884–1913) 70, 84
Rosegger, Peter, österr. Schriftsteller (1843–1918) 33
Rosemeyer, Bernd, dt. Automobilrennfahrer (1909–1938) 329, 340, 348, 358
Rosenberg, Alfred, dt. Politiker (1893–1946) 371, 372, 422

Rosenberg, Ethel, amer. Spionin (1915–1953) 486, 788
Rosenberg, Harold, amer. Kunstkritiker (* 1906) 363
Rosenberg, Julius, amer. Spion (1918–1953) 486, 788
Rosendahl, Heide, dt. Leichtathletin (* 1947) 650, 669
Rosenquist, James, amer. Künstler (* 1933) 586
Rosewall, Ken, austral. Tennisspieler (* 1934) 489, 505, 513, 627, 650, 660, 670
Rosi, Francesco, ital. Regisseur (* 1922) 554, 574, 752
Rosier, Louis, frz. Automobilrennfahrer 460
Ross, Diana, amer. Soulsängerin (* 1944) 494
Ross, James Clark, brit. Polarforscher (1800–1862) 94
Ross, Norman, amer. Schwimmer (1896–1953) 132, 197
Ross, Ronald, brit. Mediziner (1857–1932) 31
Ross, Tony, amer. Boxer 84
Rossellini, Isabella, ital. Schauspielerin (* 1952) 799
Rossellini, Roberto, ital. Regisseur (1906–1977) *417*, 418
Rossi, Aldo 810
Rossi, G., amer. Bildhauer 109
Rossi, Paolo, ital. Fußballspieler (* 1956) 761
Roßkopf, Jörg, dt. Tischtennisspieler (* 1969) 863
Rosskotten, Heinrich 810
Rostand, Edmond, frz. Schriftsteller (1868–1918) 16
Rotblat, Joseph, poln.-brit. Atomphysiker (* 1908) 892
Roth, Eugen, dt. Schriftsteller (1895–1976) 316
Roth, Friederike, dt. Schriftstellerin (* 1948) 760
Roth, Gerhard, österr. Schriftsteller (* 1942) 728
Roth, Joseph, österr. Schriftsteller (1894–1939) 286, 615
Roth, Philip, amer. Schriftsteller (* 1933) 638

Roth, Richard, amer. Schwimmer (* 1947) 597
Rothko, Mark, amer. Maler (1903–1970) 436
Rothstock, Otto 177
Rötsch, Frank-Peter, dt. Biathlet 812
Rouget de Lisle, Claude Joseph, frz. Offizier und Komponist (1760–1836) 192
Rougier, Henry, frz. Automobilrennfahrer 746
Round, Dorothy, brit. Tennisspielerin 307, 317, 340
Rous, Francis P., amer. Mediziner (1879–1970) 601
Rousse, Georg, belg. Radrennfahrer 265
Rousse, Jeff, amer. Schwimmer 853, 863
Rousseau, Jean-Jacques, frz. Philosoph 16, 215
Rouvier, Maurice, frz. Politiker (1842–1911) 50, 56, 57
Rowland, Frank Sherwood, amer. Chemiker (* 1927) 892
Rowohlt, Ernst, dt. Verleger (1887–1960) 74
Roxas, Manuel, philip. Politiker (1892–1948) 593
Royce, Frederick Henry, brit. Unternehmer (1863–1933) 222
Royo Sánchez, Aristides, panama. Politiker (* 1940) 722
Rubatell, Rodolphe, schweiz. Politiker (1896–1961) 770
Rubbia, Carlo, ital. Physiker (* 1934) 52, 775
Rubel, Ira W., amer. Erfinder (* 1908) 47, *223*
Rubial, Ramón, bask. Politiker 722
Ruby, Jack († 1963) 570
Ruchet, Marc-Emile, schweiz. Politiker (1853–1912) 79
Rüdiger, J. M., dt. Publizist († 1751) 300
Rudolph, Wilma, amer. Leichtathletin (1940–1994) 543, 544, 555
Rugambwa, Laurean, tansan. Kardinal (* 1912) 540
Rühmann, Heinz, dt. Schauspieler (1902–1994) 60, 251, 271, 402, **403**, 488
Ruhnau, Werner 810

Ruiz Cortines, Adolfo, mex. Politiker (1891–1973) 249
Rummenigge, Karl-Heinz, dt. Fußballspieler (* 1955) 794
Rumpler, Edmund, österr. Konstrukteur (1872–1940) 223
Rushdie, Salman, ind. Schriftsteller (* 1947) 811, 826, **826**
Rushlin, Gus, amer. Boxer 26
Ruska, Ernst Friedrich, dt. Physiker (1906–1988) 223, 273, 384, *792*
Russell, Bertrand, brit. Philosoph und Mathematiker (1872–1970) 464, 584
Russell, Pee Wee, amer. Jazzmusiker (1906–1969) 227
Russolo, Luigi, ital. Maler (1885–1947) 82
Rust, Matthias 798, **798**
Rutan, B. 38
Ruth, Babe, amer. Baseballspieler (1895–1948) 171, *171*
Rutherford, Ernest, brit. Physiker (1871–1937) 14, 37, *52*, 75, 87, 94, **94**, 108, 109, 157, 285, 346
Ruttmann, Walter, dt. Regisseur (1887–1941) 246
Ruud, Birger, norw. Skispringer (* 1911) 358, 449
Rüütel, Arnold, estn. Politiker (* 1928) 854
Ruzici, Virgina, rum. Tennisspielerin (* 1955) 729
Ruzicka, Leopold, schweiz. Chemiker (1887–1976) 355
Ruzkoi, Alexander, russ. Politiker (* 1947) 866
Ryan, Leo J., amer. Politiker († 1978) 727
Ryan, Patrick, amer. Leichtathlet (1887–1964) 112
Ryan-Braunsteiner, Hermine, dt. SS-Aufseherin 752
Rydz-Smigly, Eduard, poln. Militär (1886–1941) 233
Rye, Stellan, dän. Regisseur (1880–1914) 111, *193*
Rykow, Alexei I., sowjet. Politiker (1881–1938) 134, 208, 322
Ryle, Martin, brit. Physiker (1918–1984) 689
Ryschkow, Nikolai, sowjet. Politiker (* 1929) 780

Ryti, Risto Heikki, finn. Politiker (1889–1956) *396*
Ryun, Jim, amer. Leichtathlet (* 1947) *616*

S

Saari, Roy, amer. Schwimmer *589*
Saarinen, Eero, finn. Architekt und Designer (1910–1961) *40, 528, 564*
Saarinen, Veli, finn. Skifahrer (1902–1969) *288*
Saavedra Lamas, Carlos, argentin. Politiker (1878–1959) *324*
Sabatini, Gabriela, argentin. Tennisspielerin (* 1970) *814, 841*
Sabri Caglayangil, Ihsan, türk. Politiker (* 1908) *737*
Sacco, Nicola, ital.-amer. Anarchist (1891–1927) *167, 563*
Sacharow, Andrei, sowjet. Physiker und Bürgerrechtskämpfer (1921–1989) *618, 698, 741*
Sachs, Nelly, dt.-schwed. Schriftstellerin (1891–1970) *565, 601*
Sadat, Muhammad Anwar As, ägypt. Politiker (1918–1981) *185, 570, 640, 714, 723,* **724,** *726, 748,* 749 **749**
Sade, Donatien Alphonse Francois, Marquis de, frz. Schriftsteller (1740–1814) *585*
Sadowyi, Jewgeni, sowjet. Schwimmer *862, 863*
Safdie, Moshe, israel. Architekt (* 1938) *534*
Sagan, Françoise, frz. Schriftstellerin (* 1935) *494, 495*
Sägebrecht, Marianne, dt. Schauspielerin (*1945) *799*
Sailer, Toni, österr. Skiläufer (* 1935) *512,* 513
Saint-Exupéry, Antoine de, frz. Schriftsteller (1900–1944) *357, 394, 394, 418*
Saint Laurent, Yves, frz. Modeschöpfer (* 1936) *436*
Saito, Makoto Graf, jap. Politiker (1858–1936) *279*
Saive, Jean-Michel, belg. Tischtennisspieler (* 1969) *863*

Saizew, Alexander, sowjet. Eiskunstläufer *747*
Sakmann, Bert, dt. Zellphysiologe (* 1942) *850*
Salam, Abdus, pakistan. Physiker (1926–1996) *734*
Salamanca, Daniel, bolivian. Politiker (1869–1935) 299
Salan, Raoul, frz. General (1899–1984) *558*
Salazar, António de Oliveira, portug. Politiker (1889–1970) *86, 279,* 280 **280,** *617*
Salchow, Ulrich, schwed. Eiskunstläufer (1877–1949) *63,* 98
Saleh, Ali Abdullah, jemen. Politiker (* 1942) *831*
Salih al-Mahdi, tunes. Komponist *192*
Salinas de Gortari, Carlos, mex. Politiker (* 1948) *249, 873*
Salinger, Jerome David, amer. Schriftsteller (* 1919) *471*
Salisbury, Robert Arthur Talbot, brit. Politiker (1830–1903) *27,* 28
Salk, Jonas Edward, amer. Bakteriologe (1914–1995) *204, 484*
Salm, Eduard, dt. Chemiker *46*
Salminen, Ilmari, finn. Leichtathlet *340*
Salnikow, Wladimir, sowjet. Schwimmer (* 1960) *197, 746, 747, 761*
Salomé (Wolfgang Cilarz), dt. Künstler (* 1954) *758*
Salomon, Ernst von, dt. Schriftsteller (1902–1972) *471*
Saloun, L., Bildhauer *109*
Salten, Felix, österr. Schriftsteller (1869–1945) *205, 418*
Salvatore, Gaston, chil.-dt. Schriftsteller (* 1941) *668, 799*
Sama Duwa Sinwa Nawng, birman. Politiker *556*
Sampaio, Jorge, portug. Politiker (* 1939) *895*
Sampras, Pete, amer. Tennisspieler (* 1971) *841, 872, 881, 894, 908*
Sampson, Julia, amer. Tennisspielerin *489*
Samsel, Leroy, amer. Leichtathlet *63*

Samuelson, Paul, amer. Wirtschaftswissenschaftler (* 1915) *648*
Samuelsson, Bengt I., schwed. Biochemiker (* 1934) *758*
Sanabria, Edgar, venezol. Politiker *522*
Sanatescu, Constantin, rumän. Politiker (1884–1947) *396*
Sanchez, Arantxa, span. Tennisspielerin (* 1971) *814, 828, 881*
Sánchez Cerro, Luis, peruan. Politiker († 1933) *265*
Sanchez de Lozada, Gonzalo, bol. Politiker (* 1930) *864*
Sandburg, Carl, amer. Schriftsteller (1878–1967) *131*
Sander, Jil, dt. Modeschöpferin (* 1943) *436*
Sanders-Brahms, Helma, dt. Regisseurin (* 1940) *679*
Sandoz, Edouard *222*
Sanejew, Wiktor, sowjet. Leichtathlet (* 1945) *627*
Sanger, Frederick, brit. Molekularbiologe (* 1918) *526, 744*
Sanguinetti, Julio, urug. Politiker (* 1936) *771*
Sankara, Thomas, afr. Politiker (1949–1987) *606, 795*
Santana, Manuel, span. Tennisspieler (* 1938) *555, 589, 597, 604*
Santer, Jacques, lux. Politiker (* 1937) *883*
Santos, José Eduardo dos, angolan. Politiker (* 1942) *703, 805*
Santos, Eduardo, kolumbian. Politiker (1888–1974) *379*
Santos Zelaya, José, nicarag. Politiker (1853–1919) *78*
San Yu, birman. Politiker (1919–1996) *557*
Saragat, Giuseppe, ital. Politiker (1898–1988) *577, 652*
Sarah, Herzogin von York (*1959) *879, 905*
Sarasin, Nai Pote, thail. Politiker (* 1905) *515*
Sardou, Victorien, frz. Schriftsteller (1831–1908) *17*
Sarney, José di Ribamar,

bras. Politiker (* 1930) *334, 780, 795*
Saronni, Giuseppe, ital. Radrennfahrer (* 1957) *736, 761, 767*
Saroyan, William, amer. Schriftsteller (1908–1981) *357, 394*
Sarraut, Albert, frz. Politiker (1872–1962) *290, 318*
Sarrien, Ferdinand, frz. Politiker (1840–1915) *56,* 57
Sartre, Jean-Paul, frz. Schriftsteller und Philosoph (1905–1980) 75, *246, 324, 347, 348, 394, 403, 426, 448, 471, 535, 583, 584, 587*
Satie, Erik, frz. Komponist (1866–1925) *41, 574*
Sato, Eisaku, jap. Politiker (1901–1975) *661, 689*
Sattar, Abdus, bangla. Politiker (1906–1985) *606, 754*
Sauckel, Fritz, dt. Politiker (1894–1946) *371,* **421,** *422*
Saud, Ibn Abd al Asis, saudiarab. König (1902–1969) *482, 577, 580,* 580
Sauerbruch, Ferdinand, dt. Chirurg (1875–1951) *137, 204*
Saura, Carlos, span. Regisseur (* 1932) *765, 766, 766*
Savage, John, amer. Schauspieler (* 1949) *615*
Savage, Michael Joseph, neuseel. Politiker (1872–1940) *308*
Savang Vatthana, laot. König (1907–1980) *557, 694*
Savimbi, Jonas, angolan. Politiker (* 1934) *703, 805*
Savitt, Dick, amer. Tennisspieler *473*
Saw Maung, birman. General und Politiker (* 1928) *557, 606*
Sawallisch, Wolfgang, dt. Dirigent (* 1923) *503*
Sawgajew, Doku, tschetschen. Politiker (* 1940) *885*
Sawyer, Amos, liberian. Politiker (* 1945) *829*
Sayem, Abu Sadat M., bangla. Politiker (* 1916) *694*
Sayers, Dorothy Leigh, brit. Schriftstellerin (1893–1957) *168, 356*

Scálfaro, Oscar Luigi, ital. Politiker (* 1918) *854*
Scarpa, Carlo, ital. Architekt und Designer (1906–1978) *810*
Schacht, Hjalmar, dt. Politiker (1877–1970) 203, 312, *312*, 422
Schacke, Adele, dt. Sportlerin *183*
Schadow, Gottfried, dt. Bildhauer (1764–1850) *109*
Schaeffer, Pierre, frz. Komponist (1910–1995) *465*
Schaffner, Franklin J., amer. Regisseur (1932–1986) *624*
Schaginjan, Grant, sowjet. Turner (1923–1996) *480*
Schaklin, Boris, sowjet. Turner (* 1932) *543*
Schall, Toni, österr. Fußballspieler (1908–1947) *278*
Schally, Andrew, amer. Biochemiker (* 1926) *718*
Schamir, Yitzhak, israel. Politiker (* 1914) 848, *854* 855
Schamoni, Ulrich, dt. Regisseur (* 1939) *596*
Scharett, Mosche, israel. Politiker (1894–1965) 441, *482*, 497
Schärf, Adolf, österr. Politiker (1890–1965) 515, *516*
Scharoun, Hans, dt. Architekt (1893–1972) *575*
Scharping, Rudolf, dt. Politiker (*1947) 409, 874, 877, *887*
Schawlow, Arthur L., amer. Physiker (* 1921) 223, *583*, *751*
Scheckter, Jody, südafr. Automobilrennfahrer (* 1950) *736*
Scheel, Walter dt. Politiker (* 1919) 443, 630, 642, 644, 676, *682*, 684, **684**, 730, 732, *768*
Schehu, Mehmed, alban. Politiker (1913–1981) *490*
Scheidemann, Philipp, dt. Politiker (1865–1939) 144, *144*, *148*, 149, 150, *177*, *266*, 409
Scheler, Max, dt. Philosoph (1874–1928) *584*
Schelew, Schelju, bulg. Politiker (* 1935) *836*
Schell, Harmann, dt. Theologe *67*

Schell, Maria, dt. Schauspielerin (* 1926) *276*
Schenk, Ard, niederl. Eisschnelläufer (* 1944) *669*
Scheper, Hinnerk, dt. Maler (1897–1957) *158*
Scherbo, Witali, sowjet. Turner *862*
Scherf, Henning, dt. Politiker *835*
Schering, Ernst, dt. Industrieller *222*
Scherrer, Albin, schweiz. Bergsteiger *485*
Scheurer, Karl, schweiz. Politiker (1872–1929) *79*
Schewardnadse, Eduard, georg. Politiker (* 1928) 780, **833**, *854*
Schiaparelli, Elsa, ital.-frz. Modeschöpferin (1890–1973) *436*
Schiavio, Angelo, ital. Fußballspieler (1905–1990) *306*
Schickard, Wilhelm, dt. Mathematiker (1592–1635) *268*
Schickedanz, Gustav, dt. Unternehmer (1895–1977) *244*
Schickele, René, elsäss. Schriftsteller (1883–1940) *131*
Schiele, Egon, österr. Maler (1890–1918) *24*, *169*
Schiesser, Horst, dt. Fabrikant (* 1930) *754*
Schillaci, Salvatore, ital. Fußballspieler (* 1964) *841*
Schiller, Karl, dt. Politiker (1911–1994) 602, 609, **609**, 633, *685*
Schilling, Johannes, dt. Bildhauer (1828–1910) *109*
Schinas, Alexander, griech. Attentäter *106*
Schindler, Oskar, dt. Unternehmer (1908–1974) *880*
Schirach, Baldur von, dt. Politiker (1907–1974) 233, *371*, **421**, 422
Schirinowski, Wladimir, russ. Politiker (* 1946) *867*
Schirra, Walter, amer. Astronaut (* 1923) *551*
Schirrmann, Richard, dt. Pädagoge (1874–1961) *82*
Schiwkow, Todor, bulg. Politiker (* 1911) 73, 414, *556*, *815*, 822
Schlack, Paul, dt. Chemiker (1897–1987) *346*

Schleicher, Kurt von, dt. Militär und Politiker (1882–1934) 266, 279, 290, *290*
Schlemmer, Oskar, dt. Maler und Bildhauer (1888–1943) *158*
Schlesinger, Helmut, dt. Bankier (* 1924) *517*
Schleyer, Hanns Martin, dt. Industriemanager (1915–1977) 570, **714**, *714*, 715
Schlieffen, Alfred Graf von, dt. Militär (1833–1913) *115*
Schliemann, Heinrich, dt. Kaufmann und Altertumsforscher (1822–1890) *906*
Schlöndorff, Volker, dt. Regisseur (* 1939) *679*, *701*, *735*, *744*, *906*
Schlumpf, Leon, schweiz. Politiker (* 1925) *770*
Schlüter, Poul, dän. Politiker (* 1929) *661*
Schmeling, Max, dt. Boxer (* 1905) 271, 278, 288, *289*, 298, 328, *349*
Schmid, Carlo, dt. Politiker (1896–1979) *453*
Schmid, Franz, dt. Bergsteiger (* 1905) *275*
Schmid, Harald, dt. Leichtathlet (* 1957) *767*
Schmid, Toni, dt. Bergsteiger (1909–1932) *275*
Schmidt, Arno, dt. Schriftsteller (1914–1979) *511*, *649*, 650
Schmidt, Felix, dt. Journalist (* 1934) *765*
Schmidt, Franz, österr. Komponist (1874–1939) *118*
Schmidt, Hansi, dt. Handballspieler (* 1942) *615*
Schmidt, Helmut, dt. Politiker (* 1918) 425, *682*, 685, 698, 742, 743, *754*, 755, *836*, 837
Schmidt, Joost, Maler und Bildhauer (1893–1948) *158*
Schmidt, Jozef, poln. Leichtathlet (* 1935) *554*
Schmidt, Walter, dt. Leichtathlet (* 1948) 660, *702*
Schmidt, Wolf, dt. Schauspieler (1913–1977) *493*
Schmidt-Rottluff, Karl, dt. Maler (1884–1976) 53, 54, *169*, 338
Schmitz, Bruno, dt. Architekt (1858–1916) *109*, 110

Schmorell, Alexander, dt. Widerstandskämpfer (1917–1943) 389, *389*, 390
Schnebel, Dieter, dt. Komponist und Theologe (* 1930) *692*, *735*
Schneckenburger, Manfred, dt. Kunsthistoriker (* 1938) *504*
Schneider, Jürgen, dt. Unternehmer (* 1934) *877*
Schneider, Peter, dt. Schriftsteller (* 1940) *861*
Schneider, Petra, dt. Schwimmerin (* 1963) *761*
Schneider, Romy, österr.-dt. Schauspielerin (1938–1982) *502*
Schnelldorfer, Manfred, dt. Eisschnelläufer (*1943) *588*
Schnellinger, Karl-Heinz, dt. Fußballspieler (* 1939) *651*
Schnittke, Alfred, russ. Komponist (* 1934) *861*, *893*
Schnitzler, Arthur, österr. Schriftsteller (1862–1931) *25*, *48*, *76*, *83*, *97*, *104* *170*, *216*
Schober, Johannes, österr. Politiker (1874–1932) *173*, *184*, *255*, *257*, 265
Schoeck, Othmar, schweiz. Komponist (1886–1957) *246*
Schoedsack, Ernest Beaumont, amer. Regisseur (1893–1979) *193*, *297*
Scholl, Hans, dt. Widerstandskämpfer (1918–1943) 389, *389*
Scholl, Sophie, dt. Widerstandskämpferin (1921–1943) 389, *389*
Schollaert, Frans, belg. Politiker (1851–1917) *90*
Schollander, Don, amer. Schwimmer (* 1946) *197*, *576*, 588, *616*
Scholochow, Michail, sowjet. Schriftsteller (1905– 1984) 377, *594*
Scholz, Hans, dt. Schriftsteller (1911–1988) *502*
Schön, Helmut, dt. Fußballtrainer (1915–1996) 588, *670*
Schönberg, Arnold, amer. Komponist (1874–1951) 76, 88, 111, 182, 205, **206**, *207*, 216, *216*, 231, 367, *385*, *495*, 602
Schönberg, Claude-Michel,

frz. Komponist (* 1944) 784, 827, 880
Schönherr, Karl, österr. Schriftsteller (1867–1943) 76, 88
Schoppe, Waltraud, dt. Politikerin (* 1942) 781
Schostakowitsch, Dimitri Dimitrijewitsch, sowjet. Komponist (1906–1975) 239, 269, 306, 339, 386, 447, 488
Schotte, Albéric, belg. Radrennfahrer (* 1919) 449, 450, 466
Schottky, Walter, dt. Physiker (1886–1976) 435
Schramseis, Roman, österr. Fußballspieler 278
Schranz, Karl, österr. Skifahrer (* 1938) 669, 841
Schreker, Franz, österr. Komponist (1878–1934) 104, 147
Schrempp, Jürgen, dt. Industriemanager (* 1944) 901, **901**
Schrey, Ferdinand, dt. Stenograph (1850–1938) 192
Schrieffer, J. Robert, amer. Physiker (* 1931) 666
Schröder, Gerhard, dt. Politiker (1910–1989) 602, 629
Schröder, Gerhard, dt. Politiker (* 1944) 835, 876, 886
Schröder, Willy, dt. Leichtathlet 317
Schrödinger, Erwin, österr. Physiker (1887–1961) 237, 295
Schroeder, Ted, amer. Tennisspieler 387, 460
Schrojf, William, tschech. Fußballspieler (* 1931) 566
Schubert, Franz, dt. Musiker 131
Schubert, Heinz, dt. Schauspieler (* 1925) 493, 681
Schuk, Nina, sowjet. Eiskunstläuferin 536
Schuk, Stanislaw, sowjet. Eiskunstläufer 536
Schukow, Georgi, sowjet. Militär (1896–1974) 400, 409
Schulenburg, Fritz-Dietlof Graf von der, dt. Militär und Widerstandskämpfer (1902–1944) 389
Schult, Jürgen 794
Schultheiß, Walter, dt. Schauspieler 493
Schulthess, Edmund, schweiz. Politiker (1868–1944) 79
Schultze, Norbert, dt. Komponist (* 1911) 376
Schulz, Adelheid, dt. Terroristin 714
Schulz, Axel, dt. Boxer (* 1968) 882, 894, 908
Schulz, Charles M., amer. Comicautor (* 1922) 262
Schulz, Christel, dt. Leichtathletin (* 1921) 359
Schulz, Heinrich, dt. Extremist 177, 178
Schulz, Renate, dt. Schwimmerin 182
Schulz, Theodore W., amer. Wirtschaftswissenschaftler (* 1902) 734
Schulze-Boysen, Harro, dt. Widerstandskämpfer (1909–1942) 389
Schumacher, Kurt, dt. Politiker (1895–1952) 408, 409, 467, 474
Schumacher, Michael, dt. Automobilrennfahrer (* 1969) 881, 881
Schumacher, Toni, dt. Fußballspieler (* 1954) 799, 801
Schuman, Robert, frz. Politiker (1886–1963) 429, 439
Schumann, Else, dt. Leichtathletin 271
Schumpeter, Joseph A., österr. Volkswirtschaftler (1883–1950) 322
Schüpbach, Hans 810
Schuschnigg, Kurt, österr. Politiker (1897–1977) 258, 299, 303, 303, **303,** 341, 341, 342
Schütz, Alfred, österr.-amer. Philosoph (1889–1959) 214
Schütz, Stefan, Schriftsteller (* 1944) 793
Schuurmann, Tollien, niederl. Leichtathletin 289
Schwaetzer, Irmgard, dt. Politikerin (* 1942) 549
Schwaiger, Brigitte, österr. Schriftstellerin (* 1949) 719
Schwanthaler, Ludwig, dt. Bildhauer (1802–1848) 109
Schwartz, Melvin, amer. Physiker (* 1932) 807
Schwarz, Felix 810
Schwarz, Jewgeni, sowjet. Schriftsteller (1896–1958) 367

Schwarz, Rudolf, dt. Architekt (1897–1961) 521
Schwarzenberger, Xaver, österr. Regisseur (* 1946) 784
Schwarzer, Alice, dt. Publizistin (* 1942) 718
Schwarzhaupt, Elisabeth, dt. Politikerin (1901–1986) 549, 550
Schwarzkopf, Norman, amer. Militär (* 1934) 843
Schwarzmann, Alfred, dt. Turner (* 1912) 328
Schweitzer, Albert, dt. Mediziner und Theologe (1875–1965) 478, 516, 618
Schwernik, Nikolai Michailowitsch, sowjet. Politiker (1888–1970) 419, 482
Schwinger, Julian, amer. Physiker (1918–1994) 594
Schwitters, Kurt, dt. Künstler (1887–1948) 132, 159
Scieur, Leon, belg. Radrennfahrer 183
Scisz, Ferenc, ungar. Autorennfahrer 63
Scola, Ettore, ital. Regisseur (* 1931) 426
Scorsese, Martin, amer. Regisseur (* 1942) 701, 701, 793
Scott, George Gilbert, engl. Baumeister (1811–1878) 109
Scott, Leland, amer. Leichtathlet 89
Scott, Ridley, brit. Regisseur (* 1939) 624, 735, 840
Scott, Robert Falcon, engl. Polarforscher (1868–1912) 94, 94
Scriven, Peggy, brit. Tennisspielerin 307
Scully, John, amer. Boxer 894
Seaborg, Glenn T., amer. Chemiker (* 1912) 472
Seagren, Bob, amer. Leichtathlet (* 1946) 670
Seaman, Richard, brit. Automobilrennfahrer 349, 358, 359
Searle, Humphrey, engl. Komponist (1915–1982) 625
Sears, Evelyn, amer. Tennisspielerin 70
Seberg, Jean, amer. Schauspielerin (1938–1979) 543
Sedgman, Frank, austral. Tennisspieler (* 1927) 460, 466, 473, 481
Sedych, Juri, sowjet. Leichtathlet (* 1955) 747, 779
Seefeld, Adolf, dt. Massenmörder († 1936) 226
Seehofer, Horst, dt. Politiker (* 1949) 867
Seelenbinder, Werner, dt. Ringer (1904–1944) 254
Seeler, Uwe, dt. Fußballspieler (* 1936) 651
Seferis, Giorgios, griech. Schriftsteller (1900–1971) 573
Sefton, William, amer. Leichtathlet (* 1915) 340
Segal, Erich, amer. Philologe und Schriftsteller (* 1937) 649, 659
Seghers, Anna, dt. Schriftstellerin (1900–1983) 386, 386
Segni, Antonio, ital. Politiker (1891–1972) 577
Segrave, Henry, brit. Automobilrennfahrer (1896–1930) 218, 231
Segrè, Emilio Gino, amer. Physiker (1905–1989) 533
Sehested, Hannibal, dän. Politiker (1842–1924) 19
Seidel, Ina, dt. Schriftstellerin (1885–1974) 269
Seidler von Feuchtenegg, Ernst, österr. Politiker (1862–1931) 133, 141
Seifert, Jaroslav, tschech. Schriftsteller (1901–1986) 775
Seik, Karl, österr. Politiker 161
Sein Lwin, birman. Politiker (* 1912) 557, 606
Seipel, Ignaz, österr. Politiker (1876–1932) 184, 208, 232, 255
Seisser, Hans Ritter von, dt. Politiker 202
Seite, Berndt, dt. Politiker 835
Seiters, Rudolf, dt. Politiker (* 1937) 865
Seitz, Karl, österr. Politiker (1869–1950) 148
Seixas, Vic, amer. Tennisspieler (* 1923) 489, 495
Selassie, Haile → Haile Selassie I.
Selby, Hubert, amer. Schriftsteller (* 1928) 520
Seldte, Franz, dt. Politiker (1882–1947) 210

Seles, Monica, serb.-amer. Tennisspielerin (* 1973) *841, 853, 863,* 871, *872*
Selim III., türk. Sultan (1761–1808) *164*
Sellier, Felix, belg. Radrennfahrer *42*
Selpin, Herbert, dt. Regisseur (1902–1942) *368*
Selten, Reinhard, dt. Wirtschaftswissenschaftler (* 1930) *878*
Semjonow, Nikolai N., sowjet. Schriftsteller (1896–1986) *509*
Sen, Binay Ranjan *564*
Sena, Phya Bahol Pholghahuya, thail. Politiker *341*
Senanayake, Dudley, ceylon. Politiker (1911–1973) *537*
Sénéchal, Robert, frz. Automobilrennfahrer *247*
Senff, Nina, hol. Schwimmerin *329*
Senghor, Léopold Sédar, senegal. Politiker und Schriftsteller (* 1906) *603, 748*
Senna, Ayrton, bras. Automobilrennfahrer (1960–1994) *358, 814,* 841, *853*
Sennett, Mack, amer. Regisseur (1880–1960) *118,* 138
Serre, Henri, frz. Schauspieler (* 1931) *554*
Severini, Gino, ital. Maler (1883–1966) *82*
Seyffarth, Åke, schwed. Eisschnelläufer (* 1919) *449*
Seymour, Edward H., brit. Militär (1840–1929) *12*
Seyß-Inquart, Arthur, österr. Politiker (1892–1946) 341, *341, 342, 371, 422*
Shackleton, Ernest, brit. Polarforscher (1874–1922) *94*
Shaffer, Peter, brit. Schriftsteller (* 1926) *735*
Shankar, Ravi, ind. Musiker (* 1920) *784*
Sharif, Mian Nawaz, pakistan. Politiker (* 1948) *829, 864*
Sharif, Omar, ägypt. Schauspieler *520*
Sharkey, Jack, amer. Boxer (1902–1994) *271, 288, 289, 298, 298*
Sharp, Philipy amer. Chemiker und Genforscher (* 1944) *867*

Sharpe, William, amer. Wirtschaftswissenschaftler (* 1934) *839*
Shastri, eig. Lal Bahadur, ind. Politiker (1904–1966) *577, 598*
Shavelson, Melville, amer. Regisseur (* 1917) *270*
Shavers, Earnie, amer. Boxer *721*
Shaw, George Bernard, ir. Schriftsteller (1856–1950) *54, 62, 111, 170, 205, 224, 263, 511*
Shaw, Tim, amer. Schwimmer (* 1957) *693, 702*
Shawki el-Islambouly, Khaled Ahmed, ägypt. Extremist *749*
Shea, John A., amer. Eisschnelläufer (* 1910) *288*
Sheehan, Stephen B., amer. Biochemiker *533*
Shelton, Gilbert, amer. Comicautor (* 1940) *262*
Shepard, Alan B., amer. Astronaut (* 1923) *551,* **551**
Shepp, Archie, amer. Jazzmusiker (* 1937) *227*
Sheppard, Melvin W., amer. Leichtathlet (1883–1942) *77,* 77
Sheridan, Martin, amer. Leichtathlet (1881–1918) *34, 63*
Shermarke, Abdid Rashid, somal. Politiker (1919–1969) *629*
Sherrington, Charles, brit. Mediziner (1857–1952) *284*
Shin Hyon Hwak, korean. Politiker (* 1920) *740*
Shirley, Jean, amer. Leichtathletin *271, 289*
Shockley, William Bradford, amer. Physiker (1910–1989) *434, 509*
Shukeiry, Achmed, paläst. Politiker (1908–1980) *577*
Shull, Clifford, amer. Physiker (* 1915) *878*
Sibelius, Jean, finn. Komponist (1865–1957) *16, 54*
Sica, Vittorio de, ital. Regisseur und Schauspieler (1902–1974) *270*
Siebert, Wilhelm Dieter, dt. Komponist (* 1931) *735*
Siegbahn, Kai, schwed. Physiker (* 1918) *751*
Siegbahn, Karl Manne

Georg, schwed. Physiker (1886–1978) *215*
Siegel, Ben »Bugsy«, amer. Bandenchef († 1947) *275*
Siegel, Jerome, amer. Comicautor (1914–1996) *262*
Sienkiewicz, Henryk, poln. Schriftsteller (1846–1916) *53*
Sierck, Detlef → Sirk, Douglas
Sievert, Hans-Heinrich, dt. Leichtathlet (1909–1963) *307,* 307
Siffert, Jo, schweiz. Automobilrennfahrer (1936–1971) *358*
Signorelli, Luca, ital. Maler (um 1445/50-1523) *880*
Sihanuk, Samdech Preah Norodom, kambodsch. Politiker (* 1922) *370, 497, 606, 642, 705, 832*
Sikorski, Wladyslaw, poln. Politiker (1881–1943) 390, *390*
Silber, Jules Crawford, brit. Geheimagent (* 1880) *138*
Siles, Hernando, bolivian. Politiker (1882–1942) *265*
Silivas, Daniela, rumän. Turnerin (* 1971) *812*
Sillanpää, Frans Eemil, finn. Schriftsteller (1888–1964) *355*
Sillitoe, Alan, brit. Schriftsteller (* 1928) *535*
Silone, Ignazio, ital. Schriftsteller (1900–1978) *327*
Silva, Francisco Manuel da, bras. Komponist (1795–1865) *192*
Silva, Leonidas da, ital. Fußballspieler *348*
Silver, Horace, amer. Jazzmusiker (* 1928) *227*
Silverstein, Elliot, amer. Regisseur (* 1927) *853*
Silvester, Jay, amer. Leichtathlet (* 1937) *555, 627*
Simenon, Georges, belg. Schriftsteller (1903–1989) *168, 356*
Simitis, Kostas, griech. Politiker (* 1936) *401, 895*
Simmel, Johannes Mario, österr. Schriftsteller (* 1924) *542, 799*
Simmons, Ann, amer. Schwimmerin *197*
Simmons, William J. *200*

Simms, F. R., brit. Ingenieur *102*
Simola, Siina, finn. Leichtathletin *183*
Simon, Abe, amer. Boxer *378, 387*
Simon, Antoine, haitian. Politiker *71*
Simon, Claude, frz. Schriftsteller (* 1913) *752, 782*
Simon, Herbert A., amer. Wirtschaftswissenschaftler (* 1916) *726*
Simonis, Heide, dt. Politikerin *835*
Simpson, O(renthal) J(ames), amer. Football-Star und Schauspieler (* 1947) *563, 892*
Simpson, Tom, brit. Radrennfahrer (1937–1967) *597*
Simpson, Wallis, Herzogin von Windsor (1896–1986) **326**
Sinatra, Frank, amer. Sänger und Schauspieler (* 1915) *395,* **395,** *487*
Sinclair, Upton, amer. Schriftsteller (1878–1968) *62, 140, 252, 377*
Sindelar, österr. Fußballspieler (1903–1939) *278*
Sindermann, Horst, dt. Politiker (1915–1990) *672, 703*
Singer, Isaac Bashevis, amer. Schriftsteller (1904–1991) *726*
Singer, Paul, dt. Politiker (1844–1911) *409*
Sinkel, Bernhard, dt. Regisseur (* 1940) *679*
Sinopoli, Giuseppe, ital. Dirigent (* 1946) *503*
Sinowatz, Fred, österr. Politiker (* 1929) *762, 789*
Sinowjew, Grigori J., sowjet. Politiker (1883–1936) 241, *242, 320, 322*
Siodmak, Robert, amer. Regisseur (1900–1973) *376, 417*
Sipjagin, Dmitrij S., russ. Politiker (1853–1902) *57*
Sirch, Cornelia, dt. Schwimmerin (* 1966) *761*
Sirhan, Sirhan Bishara, jord. Attentäter (* 1944) *570, 621*
Sirk, Douglas, dt.-amer. Regisseur (1900–1987) *270, 339*
Sisovath, Monivong, kam-

bodsch. König (1875–1941) *370*
Sjöberg, Alf, schwed. Regisseur (1903–1980) *459*
Sjöberg, Patrick, schwed. Leichtathlet (* 1965) *801*
Sjöström, Victor, schwed. Regisseur und Schauspieler (1879–1960) *140, 520*
Sjöwall, Maj, schwed. Schriftstellerin (* 1935) *356*
Sjuganow, Gennadi, russ. Politiker (* 1944) *898*
Skele, Andris, lett. Politiker (* 1958) *883*
Skinner, amer. Chemiker *295*
Skoblewski, Alexander, dt. Kommunist *177, 220*
Skoblikowa, Lydia, sowjet. Eisschnellläuferin (* 1939) *543, 586, 588*
Skrjabin, Alexander, russ. Komponist (1872–1915) *76*
Skroup, Frantisek, tschech. Komponist (1801–1862) *192*
Skrzynski, Alexander Graf, poln. Politiker (1882–1931) *232*
Skrzypecki, Kay *586*
Skutnab, Julius, finn. Eisschnellläufer *217, 253*
Slansky, Rudolf, tschech. Politiker (1901–1952) *563*
Sloterdijk, Peter, dt. Schriftsteller (* 1947) *766*
Smalley, Richard E., amer. Chemiker (* 1943) *904*
Smetona, Antanas, lit. Politiker (1874–1944) *232, 235*
Smirnizkaja, Natalja, sowjet. Leichtathletin *460*
Smistik, Josef, österr. Fußballspieler (1905–1985) *278*
Smith, Alfred E., amer. Politiker (1873–1944) *249*
Smith, Bessie, amer. Bluessängerin (1894–1937) *227*
Smith, Calvin, amer. Leichtathlet (* 1961) *767*
Smith, Hamilton O., amer. Mikrobiologe (* 1931) *726*
Smith, Ian, rhod. Politiker (* 1919) *739*
Smith, J. L. B., südafr. Biologe *247*
Smith, James, amer. Boxer (* 1955) *801*
Smith, John Stafford, amer. Komponist (1750–1836) *192*

Smith, Lowell H., amer. Flugpionier (1892–1945) *214*
Smith, Margaret → Court-Smith, Margaret
Smith, Mark Allan, amer. Massenmörder *226*
Smith, Michael, kanad. Chemiker (* 1932) *867*
Smith, Michelle, ir. Schwimmerin (* 1969) *907*
Smith, Ronny Ray, amer. Leichtathlet (* 1949) *627*
Smith, Stan, amer. Tennisspieler (* 1946) *660, 670*
Smith, Tommie, amer. Leichtathlet (* 1944) *604, 616, 627*
Smith, William, amer. Schwimmer (* 1924) *378, 404*
Smrkovsky, Josef, tschech. Politiker (1911–1974) *622, 622*
Smuts, Jan Christiaan, südafr. Politiker (1870–1950) *148*
Snell, George D., amer. Wissenschaftler (1903–1996) *744*
Snell, Peter, neuseel. Leichtathlet (* 1938) *566*
Snipes, Renaldo, amer. Boxer *753*
Snow, Charles Percy, engl. Schriftsteller (1905–1980) *367*
Snyder, Gary, amer. Schriftsteller (* 1930) *519*
Soares, Mário, portug. Politiker (* 1924) *703, 787, 895*
Sodano, Angelo, ital. Kardinal (* 1927) *257*
Soddy, Frederick, brit. Chemiker (1877–1956) *37, 108, 180*
Soderbergh, Steven, amer. Regisseur (* 1963) *827*
Söderblom, Nathan, schwed. Theologe (1866–1931) *227, 268*
Soglo, Nicéphore, benin. Politiker (* 1934) *842, 895*
Söhnlein, Horst, dt. Terrorist (* 1942) *714*
Sokolowski, Wassili, sowjet. Militär (1897–1968) *413*
Sol, Laura del, span. Schauspielerin und Tänzerin *766*, **766**
Solbach, Sigmar, dt. Schauspieler (* 1946) *493*

Sollmann, Wilhelm, dt. Politiker (1881–1951) *292*
Solow, Robert M., amer. Wirtschaftswissenschaftler (* 1924) *797*
Solschenizyn, Alexander, russ. Schriftsteller (* 1918) *574, 575, 625, 648, 659, 680*
Solti, Georg, ung.-brit. Dirigent (* 1912) *503*
Somare, Michael Thomas, papua-neuguin. Politiker (* 1936) *173*
Sommer, Raymond, frz. Automobilrennfahrer (1906–1950) *329, 428*
Sommer, Ron, israel.-österr. Wirtschaftsmanager (* 1949) **902**
Somoza Debayle, Anastasio, nicarag. Politiker (1925–1980) *730, 732*
Somoza Garcia, Anastasio, nicarag. Politiker (1896–1956) *99, 331*
Sondheim, Stephen, amer. Komponist (* 1930) *565, 649, 680, 735, 777*
Soraya Isfandiary, iran. Kaiserin (* 1932) *469,* **470**
Sörensen, Sören, dän. Chemiker (1868–1939) *47*
Sorge, Reinhard Johannes, dt. Schriftsteller (1892–1916) *140*
Sorge, Richard, dt. Geheimagent (1895–1944) *138*
Sorsa, Kalevi, finn. Politiker (* 1930) *795*
Sosnowski, Baron von (1896–1944) *138*
Sotomayor, Javier, kuban. Leichtathlet (* 1967) *828, 872*
Sottsass, Ettore, ital. Designer (* 1917) *40*
Soubirous, Bernadette, frz. Ordensschwester (1844–1879) *227*
Soupault, Philippe, frz. Schriftsteller (1897–1990) *229*
Soyinka, Wole, nigerian. Schriftsteller (* 1934) *792*
Spaak, Paul Henri, belg. Politiker (1899–1972) **492,** *524*
Spaček, Josef, tschech. Politiker *622*
Spadolini, Giovanni, ital. Politiker (1925–1995) *748*

Spasski, Boris, sowjet. Schachspieler (* 1937) *671*
Speck, Richard (1941–1991) *226*
Speer, Albert, dt. Architekt und Politiker (1905–1981) *312,* **361,** *371, 422*
Speicher, Georges, frz. Radrennfahrer (1907–1978) *298*
Spemann, Hans, dt. Biologe (1869–1941) *315*
Spence, Walter, amer. Schwimmer *247*
Spencer, Emerson, amer. Leichtathlet (* 1906) *254*
Spengler, Carl, schweiz. Mediziner (1860–1937) *207*
Spengler, Oswald, dt. Philosoph (1880–1936) *147*
Sperber, Manès, frz. Schriftsteller (1905–1984) *502*
Sperling, Hilde, dt. Tennisspielerin *317, 329, 340*
Sperr, Martin, dt. Schriftsteller (* 1944) *602, 603*
Sperry, Roger W., amer. Neurobiologe (1913–1994) *751*
Spielberg, Steven, amer. Regisseur (* 1947) *692, 719, 760, 870, 870, 871, 880, 880*
Spinks, Leon, amer. Boxer (* 1953) *729, 753, 786, 814*
Spínola, António Sebastião Ribeiro de, portug. Militär und Politiker (1910–1996) *86, 606, 682, 683*
Spitteler, Carl, schweiz. Schriftsteller (1845–1924) *16, 62, 157*
Spitz, Mark, amer. Schwimmer (* 1950) *616, 639, 650, 660, 669, 670*
Spoerl, Heinrich, dt. Schriftsteller (1887–1955) *297, 403*
Springer, Axel Caesar, dt. Verleger (1912–1985) *447, 595*
Spronö, Andre, schwed. Boxer *112*
Spühler, Willy, schweiz. Politiker (1902–1990) *770*
Spychalski, Marian, poln. Politiker (1906–1980) *645*
Squires, Bill, austral. Boxer *70, 77*

Staaff, Karl Albert, schwed. Politiker (1860–1915) *56*

Stablinski, Jean, frz. Radrennfahrer (* 1932) *566*

Stachanow, Alexei, G., sowjet. Grubenarbeiter (1906–1977) *312*

Stack, Alan, amer. Schwimmer (* 1928) *460*

Stadler, Ernst, dt. Schriftsteller (1883–1914) *118*

Stahl, Alexander von, dt. Jurist und Politiker (* 1938) *865*

Stafford, Thomas, amer. Astronaut (* 1930) *698*

Stalin, Josef Wissarionowitsch, sowjet. Politiker (1879–1953) *103*, *134*, *179*, *185*, *188*, *189*, *208*, *241*, *242*, *267*, *320*, *322*, **352**, *370*, *372*, *381*, *391*, **392**, *393*, *397*, *401*, *405*, *406*, *411*, **411**, *413*, *419*, *420*, *474*, *482*, *497*, *506*, *580*, *591*, *837*

Stallone, Sylvester, amer. Schauspieler (* 1946) *710*, *720*

Stamboliski, Alexandar, bulg. Politiker (1879–1923) *198*

Stampfli, Walter, schweiz. Politiker (1884–1965) *79*

Stanborough, Walter *29*

Stander, Ron, amer. Boxer *670*

Stanfield, Andrew, amer. Leichtathlet (* 1927) *473*

Stang, Frederik, Vorsitzender des Nobelpreiskomitees *326*

Stanislawski, Konstantin, russ. Regisseur (1863–1938) *32*

Stanley, Henry Morton, brit. Forschungsreisender (1841–1904) *73*

Stanley, Wendell M., amer. Chemiker (1904–1971) *424*

Stanwyck, Barbara, amer. Schauspielerin (1907–1990) *555*

Stark, Curt A., dt. Regisseur (1878–1916) *104*

Stark, Johannes, dt. Physiker (1874–1957) *157*

Starkweather, Charles († 1958) *226*

Starr, Albert, amer. Mediziner (* 1926) *469*

Starr, Ringo, brit. Rockmusiker (* 1940) *565*, *566*

Stasinopulos, Michael, griech. Politiker (* 1905) *682*

Staudinger, Hermann, dt. Chemiker (1881–1965) *109*, *190*, *486*

Staudte, Wolfgang, dt. Regisseur (1906–1984) *426*, *428*, *471*

Stauffenberg, Claus Graf Schenk von, dt. Militär und Widerstandskämpfer (1907–1944) *389*, *396*, *398*

Stauning, Thorvald, dän. Politiker (1873–1942) *208*, *255*

Stavenhagen, Fritz, dt. Schriftsteller (1876–1906) *54*

Stecher, Renate, dt. Leichtathletin (* 1950) *670*, *712*, *720*

Steeb, Carl-Uwe, dt. Tennisspieler (* 1967) *814*

Steeg, Théodore, frz. Politiker (1868–1950) *265*, *272*

Steenbergen, Rik van, belg. Radrennfahrer *460*, *521*

Steers, Lester, amer. Leichtathlet (* 1917) *378*

Stefano, Alfredo di, span. Fußballspieler (* 1926) *514*

Steffens, Walter, dt. Komponist (* 1934) *871*

Steiger, Eduard von, schweiz. Politiker (1881–1962) *79*, *770*

Stein, Charlotte von (1742–1827) *710*

Stein, F. W., österr. Kabarettist *23*

Stein, Gertrude, amer. Schriftstellerin (1874–1946) *83*, *297*

Stein, Leo, österr. Schriftsteller (1821–1920) *124*

Stein, Peter, dt. Regisseur (* 1937) *32*

Stein, William H., amer. Chemiker (1911–1980) *666*

Steinbeck, John, amer. Schriftsteller (1902–1968) *316*, *357*, *357*, *479*, *502*, *504*, *564*

Steinberger, Jack, amer. Physiker (* 1921) *807*

Steiner, Julius, dt. Politiker (* 1924) *663*

Steiner, Rudolf, österr. Anthroposoph (1861–1925) *110*, *158*

Steinhauer, Anneliese, dt. Leichtathletin *387*

Steinhoff, Hans, dt. Regisseur (1882–1945) *297*, *368*

Steinhoff, Johannes, dt. Militär (1913–1994) *599*

Steinhoff, Karl, dt. Politiker (1892–1981) *421*

Stenmark, Ingemar, schwed. Skirennläufer (* 1956) *747*

Stenzel, Vlado, kroat. Handballtrainer *728*

Stepanow, Juri, sowjet. Leichtathlet *521*

Stepanowa, Marina, sowjet. Leichtathletin (* 1950) *794*

Stephan, Heinrich von, Organisator des dt. Postwesens (1831–1897) *15*

Stephan, Rudi, dt. Komponist (1887–1915) *170*

Stephanopoulos, Kostis, griech. Politiker (* 1926) *883*

Steptoe, Patrick, brit. Arzt (1913–1988) *726*

Stern, Otto, amer. Physiker (1888–1969) *393*

Sternberg, Josef von, amer.-österr. Regisseur (1894–1969) *246*, *269*, *270*, *270*

Sternheim, Carl, dt. Schriftsteller (1878–1942) *96*, *97*, *118*, *124*, *169*

Sternickel, August (1866–1913) *226*

Sterry-Cooper, Charlotte, brit. Tennisspielerin *26*

Stevens, George, amer. Regisseur (1904–1975) *270*

Stevenson, Adlai Ewing, amer. Politiker (1900–1965) *475*

Stevenson, Teofilo, kuban. Boxer (* 1952) *747*

Stewart, Jackie, brit. Automobilrennfahrer (* 1939) *639*, *660*, *681*

Stewart, James, amer. Schauspieler (* 1908) *527*

Steyrer, Kurt, österr. Politiker (* 1920) *788*

Stich, Michael, dt. Tennisspieler *853*

Stich, Otto, schweiz. Politiker (* 1927) *770*

Stigler, George, amer. Wirtschaftswissenschaftler (1911–1991) *758*

Still, Clyfford, amer. Maler (1904–1980) *436*

Stinnes, Hugo, dt. Industrieller (1870–1924) *155*

Stirling, James, brit. Architekt (1926–1992) *534*, *776*, *777*

Stock, Christian, dt. Politiker (1884–1967) *421*

Stöcker, Helene, dt. Publizistin und Frauenrechtlerin (1869–1943) *700*

Stockhausen, Karlheinz, dt. Komponist (* 1928) *207*, *495*, *527*, *542*, *752*, *871*, *906*

Stoecker, Walter, dt. Politiker (* 1891) *149*, *292*

Stoiber, Edmund, dt. Politiker (* 1941) *835*, *876*

Stoica, Chivu, rumän. Politiker (1908–1975) *605*

Stojanow, Petar, bulg. Politiker *73*

Stoker, Bram, ir. Schriftsteller (1847–1912) *193*, *736*

Stokowski, Leopold, amer. Dirigent (1882–1977) *503*

Stolle, Fred. austral. Tennisspieler (* 1938) *597*, *604*

Stolojan, Theodor, rumän. Politiker (* 1943) *300*

Stolpe, Manfred, dt. Politiker (* 1936) *781*, *835*, *876*

Stolypin, Pjotr Arkadjewitsch, russ. Politiker (1862–1911) *56*, *57*, *90*, *91*, *174*

Stolz, Robert, österr. Komponist (1880–1975) *297*

Stolze, Wilhelm, dt. Stenograph (1798–1867) *192*

Stölzl, Gunta, Malerin und Grafikerin (1897–1983) *158*

Stone, Oliver, amer. Regisseur (* 1946) *799*, *840*, *862*, *880*

Stone, Richard, brit. Wirtschaftswissenschaftler (1913–1991) *775*

Stones, Dwight, amer. Leichtathlet (* 1953) *681*

Stoph, Willi, dt. Politiker (* 1914) *577*, *641*, *672*, *703*, *815*, *820*, *822*, *836*

Stoppard, Tom, brit. Schriftsteller (* 1937) *602*, *692*

Storch, Anton, dt. Politiker (1892–1975) *500*

Stowe, Irving, kanad. Jurist und Greenpeace-Gründer *656*

Stowger, Almon Brown, amer. Ingenieur *238*

Strack, Günter, dt. Schauspieler 493
Strandli, Sverre, norw. Leichtathlet (* 1925) 481
Strange, Edward Halford, brit. Chemiker 259
Straßmann, Fritz, dt. Chemiker (1902–1980) 346, 346
Straub, Jean-Marie, frz. Regisseur (* 1933) 615
Straus, Oscar, österr. Komponist (1870–1954) 69
Strauss, Joseph B., amer. Architekt (1870–1938) 323
Strauss, Richard, dt. Komponist (1864–1949) 32, 48, 54, 83, 83, 96, 97, 104, 118, 159, 170, 182, 277, 297, 316, 386, 426
Strauß, Botho, dt. Schriftsteller (* 1944) 668, 700, 719, 728, 760, 777, 793, 827, 852, 906
Strauß, Emil, dt. Schriftsteller (1866–1960) 33
Strauß, Franz Josef, dt. Politiker (1915–1988) 559, 561, 602, 684, 706, 743
Strauß, Harry, amer. Massenmörder († 1941) 226
Strawinsky, Igor, russ.-amer. Komponist (1882–1971) 83, 88, 97, 111, 111, 118, 147, 169, 170, 207, 246, 269, 348, 446, 471, 554, 602
Streep, Meryl, amer. Schauspielerin (* 1949) 759, 784, 793, 871
Streer von Streeruwitz, Ernst (1874–1952) österr. Politiker 255
Streeruwitz, Marlene, Schriftstellerin (* 1950) 871, 893
Strehler, Giorgio, ital. Regisseur (* 1921) 32
Streicher, Julius, dt. Publizist (1885–1946) 398, 422
Streisand, Barbra, amer. Sängerin und Schauspielerin (* 1942) 587
Stresemann, Gustav, dt. Politiker (1878–1929) 152, 198, 200, 222, 241, 266, 399
Stresemann, Wolfgang, dt. Intendant (* 1904) 575
Stretz, Hans, dt. Boxer 479
Streuli, Hans, schweiz. Politiker (1892–1970) 770
Streuvels, Stijn, fläm. Schriftsteller (1871–1969) 69
Strickland, Shirley, austral. Leichtathletin, 505
Strijdom, Johannes Gerardus, südafr. Politiker (1893–1958) 522
Strindberg, August, schwed. Schriftsteller (1849–1912) 16, 25, 48, 54, 67, 69, 70, 76, 404
Strobel, Käte, dt. Politikerin (1907–1996) 549, 550
Stroessner, Alfredo, parag. Politiker und Militär (* 1912) 490, 606, 775, 815, 816
Stroheim, Erich, amer. Regisseur und Schauspieler österr. Herkunft (1885–1957) 147, 270
Strougal, Lubomir, tschech. Politiker (* 1924) 802
Strouse, Charles amer., Komponist (*1928) 719
Struck, Karin, dt. Schriftstellerin (* 1947) 680
Stuck, Franz von, dt. Maler und Architekt (1863–1928) 17, 17, 24
Stuck, Hans, dt. Automobilrennfahrer (1900–1978) 307, 307, 317
Stuck, Hans-Joachim, dt. Automobilrennfahrer (* 1951) 307
Stucken, Eduard, dt. Schriftsteller (1865–1936) 147
Stukelj, Leon, jugosl. Turner 217
Sturdza, Demeter, rum. Politiker (1833–1914) 64
Sturges, John, amer. Regisseur (1910–1992) 471
Stürgkh, Karl Reichsgraf von, österr. Politiker (1859–1916) 90, 125, 174, 258
Stürmer, Boris W., russ. Politiker (1848–1917) 125
Styne, Jule, amer. Komponist (1905–1994) 495, 535, 587
Suárez González, Adolfo, span. Politiker (* 1932) 696, 703
Suchocka, Hanna, poln. Politikerin (* 1946) 538, 864
Suharto, Kemusu, indon. Politiker (* 1921) 600, 605
Sukarno, Achmed, indon. Politiker (1901–1970) 413, **413,** 600, 605

Sullivan, W. N. 223
Summer, Donna, amer. Popmusikerin (* 1948) 494
Summers, Bob, amer. Automobilrennfahrer 651
Sumner, James B., amer. Chemiker (1887–1955) 424
Sun Yat-sen, chin. Politiker (1866–1925) 92, 92, 220, 305, 454
Suramarit, Norodom, kambodsch. König (1896–1960) 497
Süring, Reinhard, dt. Meteorologe (1866–1950) 286
Surtees, John, brit. Automobilrennfahrer (* 1934) 589
Susann, Jacqueline, frz. Schriftstellerin (1921–1974) 602
Süskind, Patrick, dt. Schriftsteller (* 1949) 752, 784
Susman-Hantze, Karen, amer. Tennisspielerin (* 1942) 566
Süssmuth, Rita, dt. Politikerin (* 1937) 549
Suter, Henri, schweiz. Radrennfahrer (1899–1978) 42
Sutermeister, Heinrich, schweiz. Komponist (1910–1995) 367
Sutherland, Earl W., amer. Biochemiker (1915–1974) 657
Suttner, Bertha von, österr. Schriftstellerin (1843–1914) 53, 96, 618
Sutton, Mary, amer. Tennisspielerin (1886–1975) 49, 55, 70
Suvanna Phuma, laot. Politiker (1901–1984) 556, 557
Suvannavong, laot. Politiker (* 1912) 694
Svan, Gunde, schwed. Skiläufer 778
Svedberg, Theodor, schwed. Chemiker (1884–1971) 237
Svevo, Italo, ital. Schriftsteller (1861–1928) 205
Svoboda, Ludvík, tschech. Politiker (1895–1979) 617, 622, 694
Swanson, Gloria, amer. Schauspielerin (1899–1983) 168, 270
Swart, Charles Robberts, südafr. Politiker (1894–1982) 547

Swerdlow, Jakow M., russ. Politiker (1885–1919) 148
Syers, Madge, brit. Eiskunstläuferin (1882–1917) 183
Synge, John Millington, ir. Schriftsteller (1871–1909) 41, 69
Synge, Richard L. Millington, brit. Chemiker (1914–1994) 478
Syrup, Friedrich, Präsident des dt. Reichsarbeitsamtes (1881–1945) 165
Szabó, Ecaterina, rumän. Turnerin (* 1967) 778
Szabó, István, ung. Regisseur (* 1938) 110, 745, 759
Szálasi, Ferenc, ung. Politiker (1897–1946) 396
Szczypiorski, Andrzej, poln. Schriftsteller (* 1924) 793
Szell, George, ung.-amer. Dirigent (1897–1970) 503
Szent-Györgyi von Nagyrapolt, Albert, ung. Chemiker (1893–1986) 296, 335
Szepan, Fritz, dt. Fußballspieler (1907–1974) 340, 387
Szewinska, Irena, poln. Leichtathletin (* 1946) 597, 693, 712, 720
Szymanowski, Karol, poln. Komponist (1882–1937) 239
Szymborska, Wislawa, poln. Lyrikerin (* 1923) 904

T

Tabori, George, brit. Schauspieler, Regisseur und Schriftsteller (*1914) 799, 852, 871
Taft, William H., amer. Politiker (1857–1930) 71, 78, 106, 856
Tagore, Rabindranath, ind. Dichter und Philosoph (1861–1941) 88, 108, 192
Taipale, Armas, finn. Leichtathlet (1890–1976) 112
Taisho, jap. Kaiser → Yoshihito
Tajima, Naoto, jap. Leichtathlet (1912–1990) 329
Takada, Kenzo, jap. Modeschöpfer (* 1940) 436
Takahashi, Korejiko Graf, jap. Politiker (1854–1936) 173
Takeshita, Noboru, jap. Politiker (* 1924) 684, 815, 816

Talabani, Jalal, kurd. Politiker (* 1933) 899
Talal, jord. König (1911–1972) 474, 643
Talbot, William F., brit. Physiker (1800–1877) 66
Tambo, Oliver, südafr. Politiker (1917–1993) 462
Tamm, Igor, sowjet. Physiker (1895–1971) 526
Tanaka, Giichi Baron, jap. Politiker (1863–1929) 255
Tanaka, Kakuei, jap. Politiker (1918–1993) 661, 682
Tanaka, Satoko, jap. Schwimmerin (* 1942) 555, 576
Tan Dun, chin.-amer. Komponist (* 1957) 906
Tanguy, Yves, frz. Maler (1900–1955) 229
Tanner, Roscoe, amer. Tennisspieler (* 1951) 721
Taraki, Nur Mohammed, afghan. Politiker (1916–1979) 722, 730
Tardelli, Marco, ital. Fußballspieler (* 1954) 761
Tarantino, Quentin, amer. Regisseur 880
Tardieu, André, frz. Politiker (1876–1945) 255, 265, 279
Tardieu, Jean, frz. Schriftsteller (1903–1995) 487
Taris, Jean, frz. Schwimmer (1909–1977) 278
Tarkowski, Andrei, russ. Regisseur (1932–1986) 624, 668, 735, 736
Tasman, Abel J. 19
Tate, John, amer. Boxer (* 1955) 736, 747
Tati, Jacques, frz. Regisseur und Schauspieler (1908–1982) 437, 488
Tatlin, Wladimir, russ. Maler (1885–1953) 122
Tatum, Edward L., amer. Biochemiker (1909–1975) 526
Taube, Henry, amer. Chemiker (* 1915) 765
Tauber, Ulrike, dt. Schwimmerin (* 1958) 693, 702, 721
Tavernier, Bertrand, frz. Regisseur (* 1941) 426
Taviani, Paolo, ital. Regisseur (* 1931) 719
Taviani, Vittorio, ital. Regisseur (* 1929) 719
Taylor, Cecil, amer. Jazzmusiker (* 1933) 227

Taylor, Elizabeth, brit.-amer. Schauspielerin (* 1932) 270, 276, 596
Taylor, Henry, brit. Schwimmer (1895–1951) 77, 77
Taylor, John, brit. Automobilrennfahrer (1933–1966) 358
Taylor, Joseph, amer. Physiker (* 1941) 867
Taylor, Richard E., kanad. Physiker (* 1929) 839
Taylor, Zachary, amer. Politiker (1784–1850) 20
Teacher, Brian, austral. Tennisspieler 747
Tejada Sorzano, José Luis, bolivian. Politiker (1881–1936) 299
Teleki, Pál Graf, ung. Politiker (1879–1941) 173
Teller, Edward, amer. Physiker (* 1908) 52, 346, 475
Temin, Howard M., amer. Mikrobiologe (1934–1994) 698
Temme, Günter, dt. Springreiter 171
Temple de la Croix, Félix du, frz. Ingenieur 38
Tenzing Norgay, nepal. Bergsteiger (1914–1986) 485
Ter-Owanesian, sowjet. Leichtathlet (* 1938) 566
Terauchi, Seiki, jap. Politiker (1849–1919) 85, 141
Terboven, Josef, dt. Politiker (1898–1945) 51, 390
Tereschkowa, Walentina, sowjet. Kosmonautin (* 1937) 551
Ternström, Josef, schwed. Leichtathlet (1888–1953) 119
Terray, Lionel, frz. Bergsteiger 485
Terrell, Ernie, amer. Boxer (* 1939) 616
Testoni, Claudia, ital. Leichtathletin (* 1915) 359
Teufel, Erwin; dt. Politiker (* 1939) 835
Teufel, Fritz (* 1943) 613
Tewksbury, Walter, amer. Leichtathlet (1878–1968) 18
Thaik Sao Shwe, birman. Politiker († 1962) 439
Than Shwe, birman. Militär und Politiker (* 1933) 557
Thälmann, Ernst, dt. Politiker (1886–1944) 149, 292

Thatcher, Margaret, brit. Politikerin (* 1925) 362, 538, 709, 730, 731, 755, 829, 837
Theiler, Max, südafr. Mikrobiologe (1899–1972) 472
Theissen, Horst, dt. Arzt (* 1949) 700
Theodorakis, Mikis, griech. Komponist und Sänger (* 1925) 587
Théodore, Joseph Davilmare, haïtian. Politiker 120
Theorell, Axel Hugo Theodor, schwed. Biochemiker (1903–1982) 501
Thévenet, Bernard, frz. Radrennfahrer (* 1948) 702, 721
Thiedemann, Fritz, dt. Reiter (* 1918) 513
Thiele, Rolf, dt. Regisseur (1918–1994) 519
Thiele, Wilhelm, österr. Regisseur (1890–1975) 269
Thieme, Klemens, dt. Architekt (1861–1939) 110
Thieß, Frank, dt. Schriftsteller (1890–1977) 327
Thoelke, Wim, dt. Showmaster (1927–1995) 583
Thoma, Georg, dt. Skiläufer (* 1937) 358, 543
Thoma, Hans, dt. Maler (1839–1924) 17
Thoma, Ludwig, dt. Schriftsteller (1867–1921) 33, 54, 67, 76, 83, 88, 97
Thomas, Dylan, brit. Schriftsteller (1914–1953) 488
Thomas, E. Donnall, amer. Mediziner (* 1920) 839
Thomas, Harry, amer. Boxer 349
Thomas, John, amer. Leichtathlet (* 1941) 544
Thomas, Pinklon, amer. Boxer (* 1958) 779, 786
Thompson, Daley, brit. Leichtathlet (* 1958) 779
Thompson, Earl, amer. Leichtathlet 172
Thompson, J. Lee, amer. Regisseur (* 1914) 541
Thompson, Jenny, amer. Schwimmerin 863
Thompson, Joseph John, brit. Physiker (1856–1940) 47, 52, 61, 108
Thomson, George P., brit. Physiker (1892–1975) 335

Thomson-Larcombe, Ethel, brit. Tennisspielerin 105
Thorpe, James, amer. Leichtathlet (1888–1953) 105, 112, 171, 841
Thulin, Ingrid, schwed. Schauspielerin (* 1929) 575
Thümer, Petra, dt. Schwimmerin (* 1961) 721
Thunberg, Clas, finn. Eisschnellläufer (1893–1973) 217, 253, 253
Thymm, Helene, dt. Leichtathletin 231
Thys, Philippe, belg. Radrennfahrer (1890–1971) 112, 119
Tichonow, Nikolai A., sowjet. Politiker (* 1905) 737, 780
Tietmeyer, Hans, dt. Finanzfachmann und Politiker (* 1931) 517
Tiffany, Louis Comfort, amer. Designer (1848–1933) 40
Tigana, Jean, frz. Fußballspieler (* 1955) 778
Tilden, Bill, amer. Tennisspieler (1893–1953) 172, 184, 196, 207, 218, 231, 271
Tildy, Zoltán, ung. Politiker (1889–1961) 803
Tiling, Reinhold, dt. Ingenieur 274
Tiller, Nadja, österr.-dt. Schauspielerin (* 1929) 519
Tillessen, Heinrich, dt. Extremist 177, 178
Tillmann, Emil 285
Timmermann, Ulf, dt. Leichtathlet (* 1962) 814
Timmermans, Felix, fläm. Schriftsteller und Maler (1886–1947) 131
Tinbergen, Jan, niederl. Nationalökonom (1903–1994) 636
Tinbergen, Nikolaas, brit. Verhaltensforscher (1907–1988) 678
Ting, Samuel C., amer. Physiker (* 1936) 709
Tirpitz, Alfred, dt. Großadmiral (1849–1930) 11, 11, 133, 177
Tiselius, Arne Wilhelm Kaurin, schwed. Biochemiker (1902–1971) 446

Tiso, Jozef, slowak. Politiker (1887–1947) *350*
Tito, Josip, jugosl. Politiker (1892–1980) *256, 366, 390, 398, 414,* 415, **415,** *482, 548, 674, 737, 846*
Titow, German, sowjet. Kosmonaut (* 1935) *551*
Tobin, James, amer. Wirtschaftswissenschaftler (* 1918) *751*
Todd, Alexander R., brit. Chemiker (1907–1997) *518*
Todd, Patricia, amer. Tennisspielerin *438*
Todscho, Hideki, jap. Politiker (1884–1948) *370*
Todt, Fritz, dt. Politiker (1891–1942) *371*
Toffler, Alvin, amer. Schriftsteller (* 1928) *649*
Tojo, Hideki → Todscho, Hideki
Tolbert, William R., liberian. Politiker (1913–1980) *606, 737,* 738
Tolkien, John Ronald Reuel, brit. Schriftsteller und Philologe (1892–1973) *493, 502*
Toller, Ernst, dt. Schriftsteller (1893–1939) *159, 169, 170, 246, 625*
Tolstoi, Leo Nikolajewitsch, russ. Schriftsteller (1828–1910) *97*
Tomasi di Lampedusa, Giuseppe, ital. Schriftsteller (1896–1957) *527*
Tomba, Alberto, ital. Skirennläufer (* 1966) *812*
Tombalbaye, N'Garta, tschad. Politiker (1918–1975) *694, 763*
Tombaugh, Clyde William, amer. Astronom (1906–1997) *268*
Tomonaga, Shinitshiro, jap. Physiker (1906–1979) *594*
Ton Duc Thang, vietn. Politiker (1888–1980) *629*
Tonegawa, Susumu, jap. Biochemiker (* 1939) *797*
Tonkow, Pawel, russ. Radsportler (* 1969) *908*
Toomey, Bill, amer. Leichtathlet (* 1939) *604, 639*
Toorop, Jan Theodorus, niederl. Maler (1858–1928) *24*
Toral, José de Léon, mex. Extremist *248,* 249

Torgler, Ernst, dt. Politiker (1893–1963) *292*
Tornatore, Giuseppe, ital. Regisseur (* 1956) *811*
Torrance, Jack, amer. Leichtathlet (1913–1969) *307*
Torres Gonzáles, Juan José, bolivian. Politiker (1921–1976) *652,* 653
Torville, Jayne, brit. Eiskunstläuferin (* 1957) *760* **761**
Toscanini, Arturo, ital. Dirigent (1867–1957) *76, 503*
Touré, Sékou, guines. Politiker (1922–1984) *599, 606, 768*
Tourjansky, Viktor, dt. Regisseur (1891–1976) *368*
Tourneur, Jacques, Regisseur (1904–1977) *193*
Townes, Charles H., amer. Physiker (* 1915) *223,* 540, 583
Towns, Forrest, amer. Leichtathlet (1914–1991) *329*
Toyoda, Kiichiro, jap. Industrieller (1894–1952) *222*
Trabert, Tony, amer. Tennisspieler (* 1930) *489, 496, 505*
Tracy, Spencer, amer. Schauspieler (1900–1967) *276*
Trakl, Georg, österr. Schriftsteller (1887–1914) *111, 169*
Traven, Bruno, mex. Schriftsteller dt. Herkunft (1882–1969) *239*
Travolta, John, amer. Schauspieler (* 1954) *494, 719,* 720
Trenker, Luis, südtirol. Schauspieler, Regisseur und Schriftsteller (1892–1990) *306,* 330
Trepow, Alexander F., russ. Politiker (1862–1928) *58, 125, 133*
Trepper, Leopold, sowjet. Geheimagent (1904–1982) *138*
Tresckow, Henning von, dt. Militär und Widerstandskämpfer (1901–1944) *389, 398*
Tressler, Georg, dt. Regisseur (* 1917) *511*

Trier, Lars von, dän. Regisseur (* 1956) *906*
Trifonow, Juri, sowjet. Schriftsteller (1925–1981) *638*
Tristano, Lennie, amer. Jazzmusiker (1919–1978) *227*
Trittin, Jürgen, dt. Politiker (* 1954) *781*
Trojahn, Manfred, dt. Komponist (* 1949) *852*
Tropsch, Hans, dt. Chemiker (1889–1935) *223, 223*
Trossi, Felice, ital. Automobilrennfahrer *438, 450*
Trotha, Lothar von, dt. Militär (1848–1920) *44*
Trott zu Solz, Adam von, dt. Widerstandskämpfer (1909–1944) *389*
Trotta, Margarethe von, dt. Schauspielerin und Regisseurin (* 1942) *701,* 752
Trotzki, Leo, sowjet. Politiker (1879–1940) *134, 141, 142, 174, 188, 208,* **241,** 242, *242, 320, 322*
Trouillot, Eartha P., haïtian. Politikerin (* 1948) *538*
Trousselier, Louis, frz. Radrennfahrer (1881–1939) *55*
Troy, Mike, amer. Schwimmer (* 1940) *536,* 544
Trübner, Wilhelm, dt. Maler (1851–1917) *17*
Trudeau, Pierre, kanad. Politiker (* 1919) *617,* 643
Truffaut, François, frz. Regisseur (1932–1984) *270, 426,* 535, *540, 554, 624, 638, 701, 745*
Trujillo y Molina, Rafael Leónidas, dominik. Politiker (1891–1961) *265*
Truman, Christine, brit. Tennisspielerin (* 1941) *536*
Truman, Harry S., amer. Politiker (1884–1972) *405, 406,* 407, *413, 420, 430, 463, 475, 482, 490, 497, 856*
Trumbauer, Frankie, amer. Jazzmusiker (1901–1956) *227*
Trumpek, György, ung. Schwimmer *489*
Truong Chinh, vietn. Politiker (1907–1988) *579*
Tryen, Elise van, belg. Leichtathletin *218*
Tschaikowski, Peter, russ. Komponist (1840–1893) *447*

Tschang Tso-lin, chin. Politiker (1873–1928) *174, 248*
Tschechow, Anton, russ. Schriftsteller (1860–1904) *25,* 48, *48*
Tschelkanowa, Tatjana, sowjet. Leichtathletin *589*
Tscheng Tu-hsiu, chin. Politiker *176*
Tscherenkow, Pawel A., sowjet. Physiker (* 1904) *526*
Tschermak, Erich, österr. Biologe (1871–1962) *14*
Tschernenko, Konstantin, sowjet. Politiker (1911–1985) *188, 580, 768,* 768, *780,* 780
Tschernomyrdin, Viktor Stepanowitsch, russ. Politiker (* 1938) *858*
Tschischowa, Nadeschda, sowjet. Leichtathletin (* 1945) *639, 681, 720*
Tschistjakowa, Galina, sowjet. Leichtathletin (* 1962) *814*
Tschombé, Moise K., kongol. Politiker (1919–1969) *545*
Tschudi, Hans Peter, schweiz. Politiker (* 1913) *770*
Tschudi, Hugo von *62*
Tschudina, Alexandra, sowjet. Leichtathletin (* 1923) *496*
Tschukarin, Wiktor, sowjet. Turner (1921–1984) *480, 512*
Tschun, chin. Prinz († 1951) *12, 92,* 92
Tsung Dao Lee, chin. Physiker (* 1926) *518*
Tsuruta, Yoshiyuki, jap. Schwimmer (1903–1986) *264*
Tubbs, Tony, amer. Boxer (* 1959) *786*
Tubman, William, liberian. Politiker (1895–1971) *388,* 739
Tuchatschewski, Michail Nikolajewitsch, sowjet. Militär (1893–1937) *322,* 332
Tucholsky, Kurt, dt. Schriftsteller (1890–1935) *104, 277, 294, 385*
Tucker, Tony, amer. Boxer (* 1958) *801*

Tudjman, Franjo, kroat. Politiker (* 1922) 887 **887**
Tuka, Vojtech, slowak. Politiker (1880–1946) *350*
Tunney, Gene, amer. Boxer (1898–1978) *240, 247, 254, 289*
Turnage, Mark Anthony, brit. Komponist *811*
Turner, Lesley, austral. Tennisspielerin (* 1942) *576, 597*
Turrini, Peter, österr. Schriftsteller (* 1944) *668, 745, 811*
Tutanchamun, ägypt. Pharao (14.Jh. v. Chr.) *195, 196*
Tutu, Desmond Mpilo, südafr. Bischof (* 1931) *618, 775*
Twiggy, brit. Mannequin **583**
Tyler, John, amer. Politiker (1790–1862) *20*
Tyminski, Stanislaw, poln.-amerik. Politiker (* 1948) *836*
Tyson, Mike, amer. Boxer (* 1966) *794, 801, 814, 828*
Tyus, Wyomia, amer. Leichtathletin (* 1945) *627*
Tzannetakis, Tzannis, griech. Politiker *815*
Tzara, Tristan, rumän.-frz. Schriftsteller (1896–1963) *132*
Tzu Hsi, chin. Kaiserin (1835–1908) *12, 12*

U

Ucicky, Gustav, dt. Regisseur (1899–1961) *368*
Uderzo, Albert, frz. Comiczeichner (* 1927) *261, 262, 565*
Ueberroth, Peter, amer. Wirtschaftsmanager (* 1937) *779*
Uhde, Fritz von, dt. Maler (1848–1911) *17*
Ulanow, Alexander, sowjet. Eiskunstläufer *747*
Ulbricht, Walter, dt. Politiker (1893–1973) *149, 414, 456, 483, 537, 547, 548, 578, 653, 672 836*
Ullah, Mahmud, bangla. Politiker (* 1921) *694*
Ullrich, Jan, dt. Radrennfahrer *872, 908*
Ulmasowa, Swetlana, sowjet. Leichtathletin (* 1953) *761*
Ulmer, James Blood, amer. Jazzmusiker (* 1942) *227*
Ulrich, Jochen, dt. Choreograph (* 1944) *447*
Ülüsü, Bülent, türk. Politiker (* 1923) *742, 762*
Ulvang, Vegard, norw. Skiläufer (* 1963) *862*
Umberto I., ital. König (1844–1900) *11, 12, 174*
Umberto II., ital. König (1904–1983) *419, 420*
Undset, Sigrid, norw. Schriftstellerin (1882–1949) *170, 251*
U Ne Win, birman. Politiker (* 1911) *556, 556*
Ungers, Oswald Mathias, dt. Architekt (* 1926) *534*
Uno, Sosuke, jap. Politiker (* 1922) *815*
Unruh, Fritz von, dt. Schriftsteller (1885–1970) *147*
Unruh, Howard, amer. Massenmörder (* 1921) *226*
Unsinn, Xaver, dt. Eishockeytrainer (* 1929) *711*
U Nu, birman. Politiker (1907–1995) *556, 557*
Updike, John, amer. Schriftsteller (* 1932) *471, 541, 542, 840, 893*
Uphoff, Nicole, dt. Reiterin (* 1967) *862*
Urbsys, Juozas, lit. Politiker *351*
Urey, Harold Clayton, amer. Chemiker (1893–1981) *305, 305*
Uriburu, José F., argentin. Politiker (1880–1956) *265, 755*
Urrutía, Abraham, chilen. Politiker *280*
Urrutía Lleo, Manuel, kuban. Politiker (1901–1981) *529*
Urrutía, Oyanedel, chilen. Politiker *280*
Urville, Jules d', frz. Polarforscher *94*
U Thant Sithu, birman. Politiker (1909–1974) *750*
Utzon, Jörn, dän. Architekt (* 1918) *680, 681, 810*
U Wing Maung, birman. Politiker (*1916) *556*
Uzyudun, Paolino, span. Boxer *298*

V

Văcăroiu, Nicolae, rumän. Politiker (* 1943) *895*
Vaculík, Ludvík, tschech. Schriftsteller (* 1926) *622*
Vähi, Tiit, estn. Politiker (* 1947) *883*
Vajda, Ladislao, ung. Filmregisseur (1906–1965) *527*
Valdano, Jorge, argentin. Fußballspieler (* 1955) *794*
Valentino, Pat, amer. Boxer
Valentino, Rudolph, amer. Schauspieler (1895–1926) *460*
Valentino, Rudolph, amer. Schauspieler (1895–1926) *168, 182, **183***
Valera, Eamon de, ir. Politiker (1882–1975) *178, 279*
Valetti, Giovanni, ital. Radrennfahrer (* 1913) *349, 359*
Valetti, Rosa, österr. Kabarettistin (1876–1937) *23*
Valier, Maximilian, dt. Ingenieur (1895–1930) *251*
Valois, Ninette de, ir. Tänzerin, Choreographin und Ballettdirektorin (* 1898) *447*
Valtat, R., frz. Techniker *636*
Van Looy, Rik, belg. Radrennfahrer (* 1932) *544, 555*
Vanderbilt, William K., amer. Automobilrennfahrer *651*
Vane, John R., brit. Biochemiker (* 1927) *758*
Vantongerloo, Georges, niederl. Bildhauer (1886–1965) *139*
Vanzetti, Bartolomeo, ital.-amer. Anarchist (1888–1927) *167, 563*
Vargas, Getúlio Dornelles, bras. Politiker (1883–1954) *265, 333, 334*
Varmus, Harold E., amer. Mediziner (* 1939) *826*
Varona, Donna, amer. Schwimmerin (* 1947) *566*
Varzi, Achille, ital. Automobilrennfahrer *264, 271, 278, 298, 358*
Vasarely, Victor, ung.-frz. Maler (* 1908) *597, 614*
Vasconcellos, Augusto de, portug. Politiker (1867–1951) *90*
Vaughan Williams, Ralph, engl. Komponist (1872–1958) *88*
Vaugoin, Karl, österr. Politiker (1873–1949) *265*
Vauxcelles, L., frz. Kritiker *54*
Vavá, bras. Fußballspieler *566*
Veidt, Conrad, dt. Schauspieler (1893–1943) *385*
Veil, Simone, frz. Politikerin (* 1927) *732*
Velasco Alvarado, Juan, peruan. Politiker (1910–1977) *617, 623, 694*
Velasco Ibarra, José Maria, ecuador. Politiker (1893–1979) *396, 606*
Velbrun-Guillaume, Jean, haïtian. Politiker († 1915) *120*
Velde, Henry van de, belg. Architekt (1863–1957) *24, 31, 158*
Velter, Robert, belg. Comicautor *262*
Vercors (eig. Jean Bruller), frz. Schriftsteller (1902–1991) *386*
Verlaxhi, Sefket, alban. Politiker *350*
Vermeylen, August, fläm. Schriftsteller (1872–1945) *62*
Verri, Francesco, ital. Radrennfahrer (1885–1945) *63*
Verwoerd, Hendrik Frensch, südafr. Politiker (1901–1966) *462, 522, 570, 598*
Vetter, Heinz Oskar, dt. Gewerkschafter (1917–1990) *754*
Verne, Jules, frz. Schriftsteller (1828-1905) *31*
Vickrey, William, kanad.-amer. Wirtschaftswissenschaftler (1914–1996) *904*
Videla, Jorge Rafael, argentin. Militär und Politiker (* 1925) *500, 606, 703, 705, 755*
Vidor, Charles, amer. Regisseur (1900–1959) *356*
Vidor, King, amer. Regisseur (1895–1982) *263, 376*
Viebig, Clara, dt. Schriftstellerin (1860–1952) *16*
Vietor, Albert, dt. Gewerkschafter (1922–1984) *754*
Vigneaud, Vincent du, amer. Chemiker (1901–1978) *501*
Vigo, Jean, frz. Regisseur (1905–1934) *306, 306*
Viktor Emanuel III., ital.

Personenregister

König (1869–1947) *11, 12, 44, 58, 79, 91, 129, 187, 210, 311, 351, 392, 419*
Viktoria, brit. Königin (1819–1901) *16, 19, 19, 72*
Vilas, Guillermo, argentin. Tennisspieler (* 1952) *721, 729, 736*
Villa, Francisco „Pancho", mex. Revolutionär (1877–1923) *90, 91, **91**, 249*
Villard, Paul Ulrich, frz. Physiker (1860–1934) *14*
Villeda Morales, José Ramón, hondur. Politiker (1908–1971) *567*
Villeneuve, Gilles, kanad. Automobilrennfahrer (1952–1982) *358*
Villoresi, Luigi, ital. Automobilrennfahrer (* 1909) *450*
Vilsmaier, Joseph, dt. Regisseur (* 1939) *861*
Vines, Ellsworth, amer. Tennisspieler (1911–1994) *278, 289*
Viren, Lasse, finn. Leichtathlet (* 1949) *712*
Virtanen, Artturi I., finn. Chemiker (1895–1973) *416*
Visconti, Luchino, ital. Regisseur (1906–1976) *386, 542, 565, 649*
Visentini, Roberto, ital. Radrennfahrer (* 1957) *794*
Vittorini, Elio, ital. Schriftsteller (1908–1966) *377*
Viviani, René, frz. Politiker (1863–1925) *113, 120*
Vlaeminck, R. de, belg. Radrennfahrer *42*
Vleck, John H. van, amer. Physiker (1899–1980) *718*
Vogel, Adolf, österr. Fußballspieler (1911–1993) *278*
Vogel, Bernhard, dt. Politiker (* 1932) *835*
Vogel, Hans-Jochen, dt. Politiker (* 1926) *409*
Vogler, Rüdiger, dt. Schauspieler (* 1942) *710*
Vogt, Hans, dt. Ingenieur (1890–1979) *190*
Vogts, Berti, dt. Fußballspieler und Trainer (* 1946) *692, 841, 881, 907*
Voigt, Wilhelm, »Hauptmann von Köpenick« (1849–1922) *61*
Voldemaras, Augustin, lit. Politiker (1883–1944) *235*
Völker, Sandra, dt. Schwimmerin (* 1974) *872, 894*
Völler, Rudi, dt. Fußballspieler (* 1960) *794*
Vonnegut, Kurt, amer. Schriftsteller (* 1922) *638*
Voorbij, Atie, niederl. Schwimmerin *505, 521*
Vörg, Ludwig, dt. Bergsteiger (1911–1941) *349*
Vormbrock, Wolfgang, dt. Gewerkschafter *754*
Vorster, Balthazar Johannes, südafr. Politiker (1915–1983) *462, 598, 722*
Voscherau, Henning, dt. Politiker (* 1941) *835*
Vranitzky, Franz, österr. Politiker (* 1937) *498, 789*
Vries, Hugo Marie de, niederl. Biologe (1848–1935) *13, 21, 40, 86*

W

Waalkes, Otto, dt. Komiker (* 1948) *784*
Waals, Johannes Diderik van der, niederl. Physiker (1837–1923) *87*
Wade, Virginia, brit. Tennisspielerin (* 1945) *627, 670, 721*
Waerndorfer, Fritz, österr. Finanzier *40*
Wagenfeld, Wilhelm, dt. Designer (1900–1990) *40*
Wagner, Otto, österr. Architekt (1841–1918) *17, 24, 400*
Wagner, Richard, dt. Komponist (1813–1883) *55, 119, 710*
Wagner, Wieland, dt. Regisseur und Bühnenbildner (1917–1966) ***472**, 473, 710*
Wagner, Wolfgang, dt. Regisseur (* 1919) ***472**, 473*
Wagner-Jauregg, Julius, österr. Mediziner (1857–1940) *245*
Wahlen, F. Traugott, schweiz. Politiker (1899–1985) *770*
Waits, Tom, amer. Rocksänger (* 1949) *793, 840*
Waitz, Grete, norw. Leichtathletin (* 1953) *720*
Wajda, Andrzej, poln. Regisseur (* 1926) *649, 710, 752*
Wajed, Hasina, bangla. Politikerin (* 1947) *895*
Wajsowna, Jadwiga, poln. Leichtathletin (* 1912) *298*
Waksman, Selman A., amer. Biochemiker (1888–1973) *478*
Walasiewicz, Stanislawa, poln. Leichtathletin (1911–1980) *307, 317*
Walberg, Joopie, niederl. Leichtathletin *340*
Walcott, Derek, karib.-amer. Schriftsteller (* 1930) *860*
Walcott, Joe, amer. Boxer (1914–1994) *450, 460, 473, 481, 489, 505*
Wald, George, amer. Biochemiker (* 1906) *614*
Waldeck-Rousseau, Pierre, frz. Politiker (1846–1904) *27*
Walden, Herwarth, dt. Schriftsteller (1878–1941) *87, 139*
Waldheim, Kurt, österr. Politiker (* 1918) *498, 684, 737, 750, 762, 787, 788*
Walesa, Lech, poln. Politiker (* 1943) *618, 741, **741**, **741**, 750, 765, 770, 818, 819, 829, 836, **837**, 883*
Walker, Alice, amer. Schriftstellerin (* 1944) *766*
Walker, Melvin, amer. Leichtathlet *340*
Wallace, Edgar, brit. Schriftsteller (1875–1932) *356*
Wallach, Otto, dt. Chemiker (1847–1931) *87*
Wallot, Paul, dt. Architekt (1841–1912) *290*
Wallraf, Ferdinand Franz, dt. Naturwissenschaftler (1748–1824) *521*
Wallraff, Günter, dt. Schriftsteller (* 1942) *717, 718, 784*
Walser, Martin, dt. Schriftsteller (* 1927) *438, 542, 565, 602, 615, 701, 727, 728, 728, 852*
Walser, Robert, schweiz. Schriftsteller (1878–1956) *69, 76, 83*
Walsh, Raoul, amer. Regisseur (1892–1980) *216, 270, 356, 376*
Waltari, Mika, finn. Schriftsteller (1908–1979) *417*
Walter, Bruno, dt. Dirigent (1876–1962) *385*
Walter, Fritz, dt. Fußballspieler (* 1920) *495*
Walton, Ernest Thomas Sinton, ir. Physiker (1903–1995) *269, 472*

Wang Hongwen, chin. Politiker (1935–1992) *748*
Wankel, Felix, dt. Ingenieur (1902–1988) *534*
Warburg, Otto Heinrich, dt. Biochemiker (1883–1970) *204, 204, 274*
Ward, Holcombe, amer. Tennisspieler *49*
Warhol, Andy, amer. Künstler (1927–1987) *586*
Warmerdam, Cornelius, amer. Leichtathlet (* 1915) *369, 378, 387*
Warren, Harry, amer. Komponist (1893–1981) *745*
Waschneck, Erich, dt. Regisseur (1887–1970) *368*
Washburn, Edward Dwight, amer. Chemiker (1881–1934) *305*
Washington, George, amer. Politiker (1732–1799) *20*
Wasmeier, Markus, dt. Skifahrer (* 1963) *882*
Wasmosy, Juan Carlos, parag. Politiker (* 1938) *491, 816*
Wassberg, Thomas, schwed. Skiläufer (* 1956) *747*
Wassermann, Jakob, dt. Schriftsteller (1873–1934) *76, 159, 252*
Wassilewski, Alexander, sowjet. Militär (1895–1977) *400*
Wassiljewa, Jewdokia, sowjet. Leichtathletin *340, 395*
Waterkeyn, André, belg. Architekt *15*
Watson, James D., amer. Molekularbiologe (* 1928) *485, 564*
Watson, John Broadus, amer. Psychologe (1878–1958) *109*
Watson, John Christian *44*
Watson, Maud, brit. Tennisspielerin *183*
Watts, Charlie, brit. Rockmusiker (* 1941) *585*
Wavell, Archibald P. Viscount, brit. Militär (1883–1950) *365*
Wayne, John, amer. Schauspieler (1907–1979) *356,* **358**

Weathers, Felicia, amer. Sängerin (* 1937) 503
Weaver, Mike, amer. Boxer (* 1952) 747
Webber, Andrew Lloyd, brit. Komponist (* 1948) 659, 728, 752, 793, 871
Weber, Gerhard 810
Weber, Max, dt. Sozialökonom (1864–1920) 214
Webern, Anton von, österr. Komponist (1883–1945) 111, 182, 316, 394
Weckesser, Maurice, belg. Schwimmer 89
Wedekind, Frank, dt. Schriftsteller (1864–1918) 25, 48, 62, 76, 231
Wedemeier, Klaus, dt. Politiker (* 1944) 781
Wegener, Paul, dt. Schauspieler und Regisseur (1874–1948) 118, 168, 169, 170
Weghe, Albert van de, amer. Schwimmer 307
Wehling, Ulrich, dt. Skiläufer 747
Wehner, Herbert, dt. Politiker (1906–1990) 602
Weigel, Helene, dt. Schauspielerin und Theaterleiterin (1900–1971) 459
Weill, Kurt, dt. Komponist (1900–1950) 216, 252, 252, 269, 286, 377, 385
Weill, Simone, frz. Philosophin (1909–1943) 584
Weimar, Monika 563
Weinberg, Steven, amer. Physiker (* 1933) 734
Weingartner, Felix, österr. Dirigent (1863–1942) 503
Weir, Peter, austral. Regisseur (* 1944) 736, 839, 840, 880
Weisbecker, Thomas 714
Weismann, August Friedrich, dt. Biologe (1834–1914) 29
Weiss, Peter, dt. Schriftsteller (1916–1982) 554, 575, 585, 587, 596, 625, 701
Weißflog, Jens, dt. Skispringer (* 1964) 882 907
Weissmuller, Johnny, amer. Schwimmer und Schauspieler (1904–1984) 147, 197, 197, 207, 217, 218, 218, 231
Weitling, Otto, dt. Architekt 521, 534
Weizmann, Chaim, israel. Politiker (1874–1952) 148, 474
Weizsäcker, Carl Friedrich Freiherr von, dt. Physiker und Philosoph (* 1912) 346
Weizsäcker, Ernst Freiherr von, dt. Diplomat (1882–1951) 342
Weizsäcker, Richard Freiherr von, dt. Politiker (* 1920) 682, 684, 732, 768, 768, **768**, 780, 859
Welimirowitsch, Peter, serb. Politiker (1848–1922) 78
Weller, Thomas, amer. Bakteriologe (* 1915) 493
Welles, Orson, amer. Regisseur und Schauspieler (1915–1985) 347, 376, 377, 377, **377**, 471, 565
Wellman, William A., amer. Regisseur (1896–1975) 263, 356
Wells, Herbert George, brit. Schriftsteller (1866–1946) 25, 347, 458, 471, 624
Welp, Christian, dt. Basketballspieler (* 1964) 872
Wels, Otto, dt. Politiker (1873–1939) 409
Welser-Möst, Franz, österr. Dirigent (* 1960) 503
Wenders, Wim, dt. Regisseur (* 1945) 658, 679, 692, 710, 760, 777, 777, 799, 812
Weniselos, Eleftherios, griech. Politiker (1864–1936) 85
Wennström, Erik, schwed. Leichtathlet 264
Wenyi Yang, chin. Schwimmerin 863
Wenzel, Hanni, liecht. Skirennläuferin (* 1956) 702, 746
Weppner, Chuck, amer. Boxer 702
Werfel, Franz, österr. Schriftsteller (1890–1945) 97, 131, 159, 169, 297, 377
Werner, Alfred, schweiz. Chemiker (1866–1919) 108
Werner, Christian, dt. Automobilrennfahrer 254
Werner, Oskar, österr. Schauspieler (1922–1984) 554
Werth, Isabell, dt. Dressurreiterin (* 1969) 907

Wessel, Horst, (1907–1975) 193
Wessel, Ulrich 714
Wesselmann, Tom, amer. Künstler (* 1931) 586, 614
Westacott, Emily, austral. Tennisspielerin 359
Westermann, Liesel, dt. Leichtathletin (* 1944) 616, 639, 720
Wetering, Jan Willem van de, niederl. Schriftsteller (* 1931) 356
Wetter, Ernst, schweiz. Politiker (1877–1965) 79
Weys, Rudolf, österr. Kabarettist (1898–1978) 23
Whale, James, amer. Regisseur (1889–1957) 193, 277
Wharton, Dave, amer. Schwimmer 828
Wharton, Edith, amer. Schriftstellerin (1862–1937) 54
Wheeler, Mortimer, brit. Archäologe (1890–1976) 195
Whipple, George H., amer. Mediziner (1878–1976) 305
White, Albert, amer. Turmspringer 217
White, Patrick, austral. Schriftsteller (1912–1990) 678
Whitehead, Gustave, amer. Flugpionier (1874–1927) 22, 38, 38, 81
Whitehead, Peter N., brit. Automobilrennfahrer 460
Whitelaw, William, brit. Politiker (* 1918) 662
Whiteman, Paul, amer. Orchesterleiter (1890–1967) 216
Whitman, Malcolm, amer. Tennisspieler 18
Wicki, Bernhard, österr. Regisseur und Schauspieler (* 1919) 535, 736
Widenow, Schan, bulg. Politiker (* 1959) 883
Wiechert, Ernst, dt. Schriftsteller (1887–1950) 357
Wiedemann, Elisabeth, dt. Schauspielerin (* 1926) 681
Wieland, Heinrich Otto, dt. Chemiker (1877–1957) 245
Wien, Wilhelm, dt. Physiker (1864–1928) 93
Wienand, Karl, dt. Politiker (* 1926) 663

Wiene, Robert, dt. Regisseur (1881–1938) 159, 169, 169, 193, 205, 270
Wiener, Norbert, amer. Mathematiker (1894–1964) 444
Wieschaus, Eric F., amer. Biochemiker (* 1947) 892
Wiesel, Elie, amer. Schriftsteller (* 1928) 792
Wiesel, Torsten Nils, schwed. Neurobiologe (* 1924) 751
Wieslander, Hugo, schwed. Leichtathlet (* 1889–1976) 98
Wiggins, Al, amer. Schwimmer 505
Wigman, Mary, dt. Tänzerin (1886–1973) 297
Wigner, Eugene P., amer. Physiker (1902–1995) 573
Wilander, Mats, schwed. Tennisspieler (* 1964) 761, 767, 779, 786, 814
Wilde, Oscar, anglo-ir. Schriftsteller (1854–1900) 41
Wilder, Billy, amer. Regisseur (* 1906) 270, 376, 417, 465, 471, 535, 555
Wilder, Thornton, amer. Schriftsteller (1897–1975) 246, 348, 386, 448, 587
Wildgans, Anton, österr. Schriftsteller (1881–1932) 124, 159
Wilding, Anthony, neuseel. Tennisspieler (1883–1915) 63, 84, 89, 98, 105, 112
Wilford, Michael, brit. Architekt (* 1938) 534
Wilhelm II., dt. Kaiser (1859–1941) 12, 36, 55, 55, 61, 72, **72**, 79, 107, 110, 126, 129, 133, 143, 144, 148, 154, 684
Wilhelm III., niederl. König (1817–1890) 337
Wilhelm zu Wied, dt. Prinz, Fürst von Albanien (1876–1945) 107
Wilhelmina, niederl. Königin (1880–1962) 65, 129, 337, 390, 439
Wilkes, Charles, austral. Polarforscher (1798–1877) 94
Wilkie, David, brit. Schwimmer (* 1954) 693
Wilkins, Mac, amer. Leichtathlet (* 1950) 712
Wilkins, Maurice Hugh

Personenregister

Frederick, brit. Physiker (* 1916) 485, *564*

Wilkinson, Geoffrey, brit. Chemiker (1921–1996) *678*

Willard, Jess, amer. Boxer (1881–1968) 89, *124*, *132*, 160, *160*

Wille, Bruno, dt. Philosoph (1860–1928) *30*

Williams, Betty, brit. Friedenskämpferin (* 1943) *709*

Williams, Carl, amer. Boxer *828*

Williams, Charles, amer. Boxer (* 1962) 872, *872*

Williams, Cleveland, amer. Boxer *604*

Williams, Greville, brit. Chemiker (1829–1910) *81*

Williams, Heathcote, brit. Schriftsteller (* 1941) *649*

Williams, Norris, amer. Tennisspieler *119*

Williams, Percy, kanad. Leichtathlet (1908–1982) *253*, *271*

Williams, Richard, amer. Tennisspieler (1891–1968) *132*

Williams, Robin, amer. Schauspieler (* 1952) *839*

Williams, Tennessee, amer. Schriftsteller (1911–1983) *403*, *404*, *437*, *465*, *502*

Williams, Willie, amer. Leichtathlet *513*

Williams, Yvette, neuseel. Leichtathletin (* 1929) *496*

Williamson, Roger, brit. Automobilrennfahrer (1948–1973) *358*

Willoch, Kaare Isaachsen, norw. Politiker (* 1928) *748*

Wills, Dixie, amer. Leichtathletin (* 1941) *566*

Wills-Moody, Helen, amer. Tennisspielerin (* 1905) *207*, *218*, *231*, *247*, *254*, *264*, *271*, *278*, *289*, *298*, *317*, *349*, *729*

Willstätter, Richard Martin, dt. Chemiker (1872–1942) *123*

Wilms, Dorothee, dt. Politikerin (* 1929) *549*, *550*

Wils, Jan, niederl. Architect (1891–1972) *139*

Wilson, Charles Thomson Rees, brit. Physiker (1869–1959) *93*

Wilson, Harold, brit. Politiker (1916–1995) *577*, *580*, **580**, *640*, *682*, *703*

Wilson, Harold, brit. Leichtathlet *77*

Wilson, Kenneth G., brit. Physiker (* 1936) *758*

Wilson, Robert, amer. Regisseur (* 1941) *32*, *710*, *777*, *800*, *840*

Wilson, Robert W., amer. Physiker (* 1936) *582*, *726*

Wilson, Teddy, amer. Jazzmusiker (1912–1986) *347*

Wilson, Thomas Woodrow, amer. Politiker (1856–1924) *99*, **99**, *106*, *129*, *133*, *141*, *141*, *152*, *156*, *157*, *165*, *173*, *233*, *411*, *788*, *856*

Wimille, Jean-Pierre, frz. Automobilrennfahrer (1908–1949) *329*, *438*, *450*

Wimmer, Herbert, dt. Fußballspieler (* 1944) *670*

Wimschneider, Anna, dt. Schriftstellerin (1919–1993) *777*

Windaus, Adolf Otto Reinhold, dt. Chemiker (1876–1959) *251*

Windeck, Agnes, dt. Schauspielerin (1888–1975) *493*

Winkelmann, Adolf, dt. Regisseur (* 1946) *728*

Winkler, Hans Günter, dt. Springreiter (* 1926) *513*

Wirth, Joseph, dt. Politiker (1879–1956) *173*, *184*, *266*

Wisting, Oscar, norw. Polarforscher (1871–1936) *94*

Witbooi, Hendrik, afr. Häuptling (1824–1905) *49*

Witt, Katarina, dt. Eiskunstläuferin (* 1964) *812*

Witte, Sergei J., russ. Politiker (1849–1915) *35*, *56*

Wittek, Heinrich Ritter von, österr. Politiker (1844–1930) *11*

Wittfogel, Karl August, dt. Schriftsteller (1896–1988) *170*

Wittgenstein, Ludwig, dt. Philosoph (1889–1951) *584*

Wittig, Georg, dt. Chemiker (1897–1987) *734*

Wittmann, Manfred (* 1943) *226*

Wittwer, Hans, Architect (1894–1952) *158*

Witzigmann, Eckart, österr. Gastronom (* 1941) *734*

Witzleben, Erwin von, dt. Militär und Widerstandskämpfer (1881–1944) *389*

Wlassow, Andrei, russ. Militär (1900–1946) *400*

Wlassow, Juri, sowjet. Gewichtheber (* 1935) *576*

Wohleb, Leo, dt. Politiker (1888–1955) *421*

Wojtyla, Karol → Johannes Paul II.

Wolf, Christa, dt. Schriftstellerin (* 1929) *554*, *574*, *625*, *735*, *766*, *840*

Wolf, Friedrich, dt. Schriftsteller (1888–1953) *263*, *306*, *700*

Wolf, Fritz *25*

Wolf, Konrad, dt. Regisseur (1925–1982) *527*

Wolfe, Thomas, amer. Schriftsteller (1900–1938) *263*

Wolfe, Tom, amer. Journalist und Schriftsteller (* 1931) *799*

Wolfermann, Klaus, dt. Leichtathlet (* 1946) *681*

Wolff, Bernhard, dt. Verleger (1811–1879) *458*

Wolff, Theodor, dt. Schriftsteller und Publizist (1868–1943) *292*, *294*

Wolf-Ferrari, Ermanno, dt.-ital. Komponist (1876–1948) *41*, *62*, *83*

Wollstonecraft, Mary, brit. Schriftstellerin (1759–1797) *96*

Wolzogen, Ernst von, dt. Schriftsteller (1855–1934) *23*, *24*

Wonder, Stevie, amer. Soulmusiker (* 1950) *494*

Wood, Agnes, amer. Leichtathletin *183*

Wood, Natalie, amer. Schauspielerin (1938–1981) *502*

Wood, Sidney B., amer. Tennisspieler (* 1911) *278*

Wooderson, Sydney, brit. Leichtathlet *349*

Woods, John J., neuseel. Komponist *192*

Woodward, Robert Burns, amer. Chemiker (1917–1979) *594*, *656*

Woolf, Virginia, engl. Schriftstellerin (1882–1941) *228*, *252*, *376*

Woolfson, Eric, engl. Sänger und Komponist *893*

Wörner, Manfred, dt. Politiker (1934–1994) *768*

Woronin, Michail, sowjet. Turner (* 1945) *626*

Woroschilow, Kliment, sowjet. Militär und Politiker (1881–1969) *482*, *537*

Wortmann, Sönke, dt. Regisseur (* 1959) *880*

Wright, Beals, amer. Tennisspieler *55*

Wright, Frank Lloyd, amer. Architect (1869–1959) *534*

Wright, Marcus, amer. Leichtathlet *105*

Wright, Orville, amer. Flugpionier (1871–1948) *22*, *38*, *38*, *81*

Wright, Wilbur, amer. Flugpionier (1867–1912) *22*, *38*, *38*, *81*

Wulf-Mathies, Monika, dt. Gewerkschafterin (* 1942) *859*

Wulff, C., dt. Chemiker *295*

Wunderlich, Erhard, dt. Handballspieler (* 1956) *728*

Wyler, William, amer. Regisseur (1902–1981) *270*, *356*

Wyman, Bill, brit. Rockmusiker (* 1936) *585*

Wynne, Nancy, austral. Tennisspielerin *340*

Wyszynski, Stefan, poln. Kardinal (1901–1981) *452*

Y

Yahya Khan, Aga Muhammad, pakistan. Militär und Politiker (1917–1980) *652*

Yallop, David A., amer. Journalist *727*

Yalow, Rosalyn, amer. Biochemikerin (* 1921) *718*

Yamanaka, Tsuyoshi, jap. Schwimmer (* 1939) *536*

Yaméogo, Maurice, afr. Politiker (1921–1993) *598*

Yang, Aihua, chin. Schwimmerin *881*

Yang Chuan-Kwang, taiwan. Leichtathlet (* 1933) *576*

Yao Wenyuan, chin. Politiker (* 1931) *748*

Ydigoras Fuentes, Miguel, guatemaltek. Politiker (1895–1982) *567*

Yeats, William Butler, ir. Schriftsteller (1865–1939) *33*, *203*, *502*

971

Yen Chia-Kan, taiwan. Politiker (* 1905) *694*
Yhombi-Opango, Joachim, kongol. Politiker (* 1939) *606*
Yilmaz, Mesut, türk. Politiker (* 1947) *888*, *895*
Yong Kun Choi, nordkorean. Politiker *661*
Yorck von Wartenburg, Peter Graf, dt. Widerstandskämpfer (1904–1944) *389*
Yoshida, Shigeru, jap. Politiker (1878–1967) *429*, *490*
Yoshihito, jap. Kaiser (1879–1926) *99*, *235*
Young, Chic, amer. Comicautor († 1973) *262*
Young, Jimmy, amer. Boxer *712*
Young, John W., amer. Astronaut (* 1930) *750*
Young, Kevin, amer. Leichtathlet (* 1966)*767*, *863*
Young, Owen D., amer. Politiker (1874–1962) *256*
Young, Terence, brit. Regisseur (1915–1994) *565*
Yourcenar, Marguerite, frz. Schriftstellerin (1903–1987) *753*
Yuan Shi-kai, chin. Politiker (1859–1916) *92*, *92*, *99*, *125*, *454*
Yuan Tseh Lee, amer. Chemiker (* 1936) *792*
Yun Poson, korean. Politiker (1897–1990) *556*, *557*
Yunxia, Qu, chin. Leichtathletin *872*

Z

Zabel, Erich, dt. Radsportler *908*
Zadek, Peter, dt. Regisseur (* 1926) *32*, *625*
Zahedi, Mohammad Fazlollah, iran. Politiker und Militär (1897–1963) *731*
Zahle, Carl Theodor, dän. Politiker (1866–1946) *161*

Zaimis, Alexander, griech. Politiker (1855–1936)*308*
Zanardelli, Giuseppe, ital. Politiker (1826–1903)*35*
Zander, John, schwed. Leichtathlet *140*
Zandonai, Riccardo, ital. Komponist (1883–1944) *118*
Zankow, Alexander, bulg. Politiker *198*
Zapata, Emiliano, mex. Revolutionär (1883–1919) *90*, *91*
Zápotocky, Antonin, tschech. Politiker (1884–1957) *414*, *515*
Zappa, Frank, amer. Rockmusiker (1940–1993) *494*
Zatopek, Emil, tschech. Leichtathlet (* 1922) *450*, *460*, *466*, *480*, **481**, *496*
Zäuditu, Woisero, äthiop. Kaiserin (1876–1930) *248*, *687*
Zedillo, Ernesto, mex. Politiker (* 1951) *873*
Zelezny, Jan, slow. Leichtathlet (* 1966) *872*
Zemeckis, Robert, amer. Regisseur (* 1952) *880*
Zemlinsky, Alexander von, österr. Komponist (1871–1942) *140*, *194*, *297*, *906*
Zemp, Joseph, schweiz. Politiker (1834–1908) *79*
Zenawi, Meles, äthiop. Politiker (* 1955) *687*, *842*, *845*
Zender, Hans, dt. Komponist und Dirigent (* 1936) *793*
Zeppelin, Ferdinand Graf von, dt. Luftschiffkonstrukteur (1838–1917) *15*, **15**
Zernike, Frits, niederl. Physiker (1888–1966) *486*
Zeroual, Liamine, alger. Politiker (* 1941) *591*
Zetkin, Clara, dt. Politikerin (1857–1933) *96*

Zhang Chungqiao, chin. Politiker (* 1911) *748*
Zhao Ziyang, chin. Politiker (* 1919) *795*, *819*
Zhou Enlai, chin. Politiker (1898–1976) *305*, *454*, *662*, *703*, *706*
Zhu Jianhua, chin. Leichtathlet (* 1963) *767*
Zia ul-Haq, Muhammad, pakistan. Militär und Politiker (1924–1988) *570*, *713*, *714*, *802*, *807*
Zia, Khaleda, bangla. Politikerin (* 1945) *538*, *895*
Ziegler, Adolf, dt. Maler (1892–1959) *337*
Ziegler, Karl Waldemar, dt. Chemiker (1898–1973) *296*, *573*
Ziemann, Sonja, dt. Schauspielerin (* 1926) *276*
Zimjatow, Nikolai, sowjet. Skiläufer (* 1955) *746*
Zimmer, Bernd, dt. Künstler (* 1948) *758*
Zimmerer, Wolfgang, dt. Bobfahrer (* 1940) *669*
Zimmermann, Bernd Alois, dt. Komponist (1918–1970) *596*
Zimmermann, Ernst, dt. Industriemanager (1929–1985) *714*
Zimmermann, Udo, dt. Komponist (* 1943) *760*
Zinkernagel, Rolf, schweiz. Biochemiker (* 1944) *904*
Zinnemann, Fred, amer. Regisseur (* 1907) *356*, *487*, *488*, *662*, *736*
Zischek, Karl, österr. Fußballspieler (* 1910) *278*
Zischler, Hanns, dt. Schauspieler (* 1947) *710*
Zito, bras. Fußballspieler *566*
Zoetemelk, Joop, niederl. Radrennfahrer (* 1946) *747*, *786*
Zogu, Achmed Bey, alban.

König (1895–1961) *219*, *220*, *221*, *248*, *351*
Zoitakis, Georgios, griech. Vizekönig (* 1910) *605*
Zola, Émile, frz. Schriftsteller (1840–1902) *58*, *337*
Zoli, Adone, ital. Politiker (1887–1960) *522*
Zolkin, Alexander, russ. Boxer *908*
Zoll, Paul M., amer. Mediziner (* 1911) *469*
Zolotas, Xenophon, griech. Politiker (* 1904) *815*
Zsigmondy, Richard Adolf, dt. Chemiker (1865–1929) *224*
Zsivotsky, Gyula, ungar. Leichtathlet *597*
Zuckmayer, Carl, dt. Schriftsteller (1896–1977) *60*, *228*, *246*, *277*, *426*, *502*
Zumbusch, Kaspar, österr. Bildhauer (1830–1915) *109*
Zuse, Konrad, dt. Ingenieur (1910–1995) *268*, *636*
Zweig, Arnold, dt. Schriftsteller (1887–1968) *104*, *246*
Zweig, G., amerik. Physiker *52*
Zweig, Stefan, österr. Schriftsteller (1881–1942) *194*, *246*, *376*, *377*
Zwerenz, Gerhard, dt. Schriftsteller (* 1925) *707*
Zwerewa, Natalja, sowjet. Tennisspielerin (* 1971) *814*
Zwicky, Fritz, schweiz. Astronom *611*
Zworykin, Wladimir Kosma, amer.-russ. Physiker (1889–1982) *223*, *384*, *469*
Zwyssig, Alberik, schweiz. Komponist (1808–1854) *192*
Zybina, Galina, sowjet. Leichtathletin (* 1931) *505*
Zyglewicz, Dave, amer. Boxer *639*

Sachregister

Kursiv gesetzte Seitenzahlen verweisen auf Nennungen in tabellarischen Übersichten (Knoten). **Fett** gesetzte Seitenzahlen betreffen eigenständige Knoten zum Stichwort.

A

Aachen, Großklinikum 783
Aalto-Theater (Essen) 811
Abenteuerfilm
– Augen der Mumie Ma, Die (E. Lubitsch, 1918) *147*
– Dieb von Bagdad, Der (R. Walsh, 1924) *216*
– Fanfan, der Husar (Christian-Jacque, 1951) *471*
– Indiana Jones und der letzte Kreuzzug (S. Spielberg, 1989) 760, *870*
– Indiana Jones und der Tempel des Todes (S. Spielberg, 1983) 760
– Jäger des verlorenen Schatzes, Der (S. Spielberg, 1979) 760, *870*
– Robin Hood (A. Dwan, 1922) *194*
– Schatz der Sierra Madre, Der (J. Houston, 1947)*437*
– Spinnen, Die (F. Lang, 1919) *159*
– Tarzan bei den Affen (S. Sidney, 1918) 147
– Zorro (F. Niblo, 1920) 168
Abessinien → Äthiopien
Abfallbeseitigungsgesetz 667
ABM-Vertrag (Anti Ballistic Missiles) 802, *848*
Abrüstungsabkommen **248, 846**
– ABM-Vertrag (1972) 802, *848*
– Antarktis-Vertrag (1959) *848*
– Atomteststoppabkommen (1963) 564, 569, *848*
– Atomwaffensperrvertrag (1968) 621, 605, *848*
– Biologische Kriegsführung, Konvention (1972) *848*
– Briand-Kellogg-Pakt (1928) 249, 260, *848*
– Genfer Abrüstungskonferenz (1930) 556
– Genfer Protokolle (1925) 249, *848*
– Gondra-Vertrag (1923) 198, *249*
– INF-Vertrag (1987) *848*
– KSE-Abkommen (1990) *848*
– KSZE-Schlußakte (1975) 443, 516, 695, *695*, *848*
– Locarno, Vertrag 221, 232, 233, *249*, *848*
– Londoner Flottenabkommen (1930) *249*, *848*
– Meeresbodenvertrag (1971) *848*
– Mittelamerika-Konvention (1923) *848*
– Rarotonga, Vertrag (1985) *848*
– SALT-I-Vertrag 1972) 664, 802, *848*
– SALT-II-Vertrag (1979) *848, 781*
– START-Abkommen (1991) 802, *848*
– Tlatelolco, Vertrag (1967) *848*
– Umwelt-Konvention (1977) *848*
– Washingtoner Flottenabkommen (1922) 184, *249*, *848*
– Weltraumnutzungsvertrag (1967) 605, *848*
ABS →Anti-Blockier-System
Abstrakte Malerei 88
Abstrakter Expressionismus **436**
Abtreibung → Schwangerschaftsabbruch
Absurdes Theater **487**, 488
Abu Simbel (Ägypten) 584
Académie française 753
Acetylen 268
Acetylsalicylsäure 37
Acrylglas 295
Action directe 723
Action Painting *436*
Adam Opel AG 258
Adlertag 382
Admiral's Cup 736
Adrianopel, Frieden *164*
AEG-Telefunken 36, 757
Aerobic 526
Afghanistan
– Afghanistankrieg *121*, 560, 733, 816
– Regierungswechsel 148, 255, 290, 672, 722, 730, 854
African National Congress (ANC) 462, 539, *547*, *578*, 829
Afrika (II. WK) 365, 383
Agrarpolitik (Europa) 593, 807
Agusta-Affäre *K684*
Ägypten 184, *739*
– Abu Simbel 584
– Assuan-Staudamm 30
– Britisches Protektorat 120
– Frieden mit Israel 723, *726*
– Jom-Kippur-Krieg 184, 608, 676
– Konfessionen 282
– Militärputsch (1952) 606
– Regierungswechsel *318*, 474, 490, 640, 748
– Republik 484
– Sadat-Ära 749
– Schulden 795
– Sechstagekrieg *185*, 607, 608
– Sueskrise 508, *608*
– Unabhängigkeit 184, 320
– Vereinigte Arabische Republik 522
Aids **774**, 807 , 867
Airbag 102
Airbus 38, 666
Aktienmarkt 797
Aktion Sorgenkind 583
Aktuelle Stunde 590
Ålandinseln *137*
Alaska
– Highway 384
– Ölpest 825
– Pipeline 717
Albanien **221**
– Hoxha-Ära 550
– Regierungswechsel *219*, 248, *350*, 490
– Unabhängigkeit 100, 107, 164
– II. WK *351*, 366
Aleatorik *207*
Al Fatah 629, *806*
Algeciras, Konferenz 56
Algenplage 808
Algerien 530, **591**
– Algerienkrieg *121*, 492, *559*, 704
– Algerisch-Marokkanischer Krieg 704
– Regierungswechsel 590, 730, 854
– Unabhängigkeit 558
Alkoholismus 316, *667*
Allenstein 161
Allergien 108
Alliierte Landung (II. WK) 396
Allradantrieb 102
Alphastrahlen 14, 37, *245*
Alpinismus → Bergsteigen
Altamira 25
Alternative Energien 717, 852
Altersbestimmung *223*, 433, *539*
Altonaer Blutsonntag 280
Amateurstatus 112, *171*, 841
America's Cup 800
Amiens, Schlacht *116*, *142*
Ammoniak-Synthese 74, *146*, 274
Amnesty International 618, 718
Amphetamin 667
Amsterdam
– Ballett 447
– Concertgebouw Orchestra 503
– Flugzeugabsturz 860
– Stopera 810
Anämie 305
ANC → African National Congress
Andorra 90
Angestelltentarif (BAT) 550
Angestelltenversicherung 624
Anglikanische Kirche 718
Angola
– Bürgerkrieg 703, *704*, 805
– Kolonialzeit *86*, 121
Anhalt 73
Anlasser 102
Anonyme Alkoholiker 316
Anschnallpflicht 707
Antarktis
– Antarktis-Vertrag *848*
– Schutzmaßnahmen 757, 850
– Südpol-Expeditionen *94*
Anthroposophie 110
Anti-Atomkraft-Bewegung 525, 706, 724
Antiautoritäre Erziehung 215
Anti-Baby-Pille 539
– Geschlechtshormone 355
– Humanae vitae 625
– Pillenknick 613
– Zuverlässigkeit 261
Antibiotika 250
Anti-Blockier-System (ABS) 102
Antigua und Barbuda *739*
Antiimperialistische Zelle 723
Anti-Komintern-Pakt 321, 333, 365
Antikriegsfilm **736**

Antisemitismus

Antisemitismus *311*
Anti-Trust-Gesetze 92
ANZUS-Pakt *19*, *451*
Apartheid **462** (auch → Südafrika)
- African National Congress (ANC) *462*, *539*, *547*, *578*, *829*
- Friedensnobelpreis (Luthuli) *539*
- Friedensnobelpreis (Tutu) *775*
- Group Areas Act *461*
- Homelands *462*, *547*
- Inkatha *855*
- Mandela-Freilassung *829*
- Mandela-Konzert *784*
- Mandela-Prozeß *578*
- Mines-and-Works-Gesetz *462*
- Sharpeville-Massaker *462*
- UN-Resolution *462*
APEC → Pazifische wirtschaftliche Zusammenarbeit
APO → Außerparlamentarische Opposition
APS *K66*
Apollo **635**, *698*
Appeasement-Politik *350*, *361*
Äquatorial-Guinea *730*
Arabische Staatenbünde *523*
Arbeiterparteien **57**
Arbeitgeberverbände *107*, **457**
Arbeitsamt *86*, *165*
Arbeitsförderungsgesetz *633*
Arbeitslose *283*, *322*, **756**, **757**
Arbeitslosenversicherung *243*, *243*, *258*
Arbeitsrecht **634**, *645*
Arbeitsschutz *46*, **665**, **665**
Arbeitszeit **838**
- Arbeitszeitordnung *634*, *665*
- 35-Stunden-Woche *838*
- 42-Stunden-Woche *257*
- 48-Stunden-Woche *155*, *665*
- 51-Stunden-Woche *51*
Archäologie **195**, **851**
- Altamira *25*
- Chichén Itzá *195*
- Colonia Agrippinensis *851*
- Haithabu *851*
- Hochdorf-Eberdingen, Kettenschatz *851*
- Kalkrieser Berg *851*
- Karthago *195*
- Knossos *17*, *195*
- La-Tène-Grabungen *851*
- Lascaux *195*
- Limes *851*
- Lübeck, Mittelalterliches *851*
- Machu Picchu *195*
- Mehenkwetre-Grabschatz *181*
- Messel, Grube *851*
- Nofretete-Büste *104*, *195*
- Oppidum Magdalensberg *851*
- Persepolis *195*
- Radiocarbonuhr *223*, *433*, *539*
- Riace-Statuen *195*
- Similaunmann *851*
- Terrakotta-Armee *195*, *691*
- Tutanchamun-Grab *196*
- Ugaritischer Fürst *195*
- Venus von Willendorf *851*
- Wanli-Grab *195*
- Wurt Feddersen Wierde *851*
Architektur
- AEG-Turbinenhalle *82*
- Bauhaus *158*, *217*
- Empire State Building (New York) *275*
- Hochhäuser *274*, *275*
- Jugendstil *24*
- Lever House (New York) *478*
- Museumsbauten **534**, *719*, *827*
- Theaterbauten **810**
- TWA-Terminal (New York) *564*
- UNESCO-Gebäude (Paris) *527*
- Weißenhofsiedlung (Stuttgart) *245*
- Wohnmaschine *478*
Ardennenoffensive *364*
Argentinien **755**
- Beagle-Kanal-Konflikt *771*
- Falklandkrieg *630*, *754*
- Militärputsch (1955) *499*, *606*
- Militärputsch (1962) *606*
- Militärputsch (1976) *705*
- Perón-Ära *499*
- Regierungswechsel *125*, *265*, *388*, *419*, *497*, *672*, *703*, *762*
- Schulden *795*
Argon *47*
Arktis *80*, *94*, *501*
Ärmelkanal
- Blériot-Flug *38*, *81*
- Hovercraft *533*
- Schwimmer *183*
- Tunnel *59*
Armenien **319**, *849*
- Erdbeben *809*
- Nagorny-Karabach *805*
- Türkisches Massaker *121*
Armory Show *111*
Arnheim, Schlacht *364*, *400*
Art deco *229*
Artenschutz *757*, *860*
Arterienklemme *81*
Ascorbinsäure *296*, *335*
ASEAN-Staaten *456*, *610*
Aserbaidschan
- Nagorny-Karabach *319*, *805*
- Regierungswechsel *854*, *864*
Asien, Kriegsherde **560**
Aspirin *37*
Assuan-Staudamm *30*
Astronomie (auch → Raumfahrt)
- Halleyscher Komet *87*
- Pluto *268*
- Pulsare *612*, *689*
- Schwarze Löcher *285*
- Teleskope *136*, *336*, *689*
- Urknall-Theorie *582*, *726*
- Weiße Zwerge *765*
Asylrecht *847*, *858*
Äthiopien **687**
- Abessinienkrieg **311**
- Äthiopisch-Somalischer Krieg *704*
- Eritrea *561*, *704*, *845*
- Haile-Selassie-Ära *686*
- Militärputsch (1974) *606*, *686*
- Regierungswechsel *90*, *248*, *682*, *713*, *842*
Atlantikcharta *373*, *406*
Atlantiküberquerung *245*
Atomenergie **510**, *790*
- Anti-Atomkraft-Bewegung *525*, *706*, *724*
- Atom-U-Boot *501*
- Entsorgung *611*, *802*, *817*
- Kraftwerke *384*, *509*, *510*, *552*, **648**
- Länder **510**
- Reaktor *346*, *384*, *648*
- Tschernobyl *790*
- Unfälle *733*, **733**, *791*
- Wackersdorf *817*
Atomphysik **346**
- Bohrsches Atommodell *14*, *52*, *108*, *190*, *237*
- Elementarteilchenforschung *285*, *416*, *457*, *464*, *524*, *573*, *623*, *689*, *709*, *860*
- Kernfusion *346*, *648*, *775*, *852*
- Kernspaltung *346*, *346*, *384*, *402*
- Neutronen *285*, *315*
- Positronen *52*, *324*
- Protonen *393*, *533*
- Quantenmechanik *223*, *285*, *493*
- Quantentheorie *14*, *52*, *94*, *146*, *157*
- Quarks *152*, *583*, *636*, *709*, *839*
- Radioaktivität *14*, *37*, *87*, *109*
- Rutherfordsches Atommodell *37*, *52*, *75*, *87*, *94*
- Schrödinger-Gleichung *237*
- Wellenmechanik *237*, *260*, *295*
Atomuhr *424*, *826*
Atomwaffen
- Ärzte gegen Atomkrieg *782*
- Atomare Aufrüstung (BRD) *516*
- Atombombe *305*, *346*, *412*
- Atomtests *425*, *454*, *568*, **569**, *656*
- Atomteststoppabkommen *564*, *569*, *848*
- Atomwaffenfreie Zone *605*
- Atomwaffensperrvertrag *605*, *621*, *848*
- Hiroshima *412*
- Manhattan-Projekt *384*
- Nagasaki *412*
- Rosenberg-Prozeß *486*
- Wasserstoffbombe *52*, *475*
Audio-Medien **166**, *223*, *250*, *446*, *751*
Aufrüstung
- BRD *490*, **491**, *506*, *516*, *522*
- Deutsches Reich *106*, **309**, *321*
Aum-Sekte *884*
Auschwitz, KZ *233*, *380*, *405*, *422*
Auschwitz-Prozeß *422*
Ausländerwahlrecht *816*
Außerparlamentarische Opposition (APO) *598*, *613*, *618*
Aussperrung *86*, *107*, *572*, *634*
Australien *19*
- Commonwealth **234**, *94*
- Einwanderung *682*
- Regierungswechsel *451*, *842*, *895*

Sachregister — BRD

Autobahnbau (NS-Regime) 284
Autobahngebühren (Schweiz) 782
Automobil **102**
– Ausstellungen 93, *432*
– Fertigung 74, 666
– Konzerne 258, 314, **744**
– Sport → Motorsport
– Technik *102,* 03
– Tin Lizzy 74
– Volkswagen (VW) 314
Avus (Berlin) 240

B

Baader-Meinhof-Gruppe → Rote Armee Fraktion
Bachmeier-Prozeß 758
Baden 73, 152
Baden-Württemberg *421, 422, 835*
Badische Anilin- & Soda-Fabrik (BASF) 268
BAFöG 658
Bagdadbahn 35
Bagdadpakt *202*
Bahamas *234, 739*
Bahrain *739*
Bakelit 66, 190, *295*
Balfour-Deklaration 28, 135, *441*
Balfour-Note *213*
Balkan 71, 85
– Balkanbund (1912) *73,* 99
– Balkankriege *73,* 99, 106, **107**
– Balkanpakt (1934) *294,* 299
– I. WK 120, **122**
– II. WK **366**
Ballett 40, 83, 111, 297, **447,** 554, 649
Baltikum 303, 363
Banat 145, *300*
Bandgenerator 260
Bangladesch *234,* 560, *739*
– Gründung 652
– Konfessionen *282*
– Regierungswechsel 694, 754, 842, 895
– Überschwemmungen *313,* 645
Barbados *234, 739*
Barbie-Prozeß *422,* 796
Barcelona, Jugendstil *24*
Baring-Affäre 889
Barschel-Affäre *684,* 796
BASF → Badische Anilin- & Soda-Fabrik
Baskenland 722
Basketball 872
Bath-Partei 621
Bauhaus 40, **158,** 217

Bayer AG 37
Bayerische Volkspartei (BVP) 281
Bayerischer Wald (Nationalpark) 647
Bayern 835
– Amerikanische Besatzungszone *421*
– Räterepublik *144,* 151
– Wahlrecht 73
Bayreuther Festspiele 119, *473,* 709
BBC → British Broadcasting Corporation
Beagle-Kanal 771
Beat *494*
Beat-Generation 512, **519,** 520
Beatles 566, 745
Bebop *227*
Behaviorismus *47,* 109
Bekennende Kirche 301
Belgien **283**
– I. WK 116
– Exilregierung 390
– Kindesmord 898
– Kolonien 73
– Königshaus 463
– Regierungswechsel 78, 90, 299, 396, 467
– Sprachenstreit 181
– II. WK 352, 362, 390
Belize 771
Bell Trade Act 593
Benefizkonzerte **784,** 840
Benelux-Staaten 65, *267, 283*
Benin 530, *842,* 895
Benzin, bleifreies 655
Benzinsynthese 94
Berchtesgaden (Nationalpark) *647*
Bergbau 51, 468, 573, 633
Bergsteigen 275, 349, **485,** 728
Beriberi 93, *260*
Berlin *421,* 835
– Abzug der Alliierten 876
– AEG-Turbinenhalle 74
– Avus 240
– Ballett *447*
– Blockade 547
– Filmfestspiele *427,* 472
– Freie Universität 446
– Hansaviertel 519
– Hauptstadtfrage 845
– Jugendstil *24*
– Kabarett 23, *427*
– Köpenick, Hauptmann von 60
– Länderfusion 897
– Mauer 547, 548, 558, 571, 860

– Museen 25, 626
– Oper *810*
– Philharmonie *503, 503,* 575
– Rot-Grüne Koalition 781
– Schah-Besuch 607
– Schloß 465
– Sechstagerennen 84
– Theater 32, 40, *62,* 459
– Trümmerfrauen 410
– U-Bahn 28, *28*
– Wahlen (1995) 883
Berliner Secession 17
Berliner Vertrag (1878) 71
Berliner Vertrag (1926) 185, 232
Bertelsmann 140, 216, 789
Berufsbildungsgesetz 634
Besatzungsmächte 411
Besatzungsstatut 452
Bessarabien 149, *300,* 363
Beta-Blocker *807*
Bethe-Weizsäcker-Zyklus 346
Betriebsrat 165, *468,* 476
Betriebsverfassungsgesetz 476
Beutekunst 906
Beveridge-Plan 384
Bevölkerungsentwicklung (Deutschland) **613**
Bewaffnete Revolutionäre Stoßtrupps (NAR) 740
Bhagwan-Sekte 753
Bhopal, Giftgasunglück *708,* 774
Biafrakrieg 608, 640, **704**
Bier (Reinheitsgebot) 797
Bikini-Atoll 425
Bild-Ton-Platte 647
Bild-Zeitung 477, 717
Bildungspolitik, deutsche
– Berufsbildungsgesetz 634
– Hochschulrahmengesetz 691
– Reformen 541, 634, 691
– Studentenzahlen **679**
– Telekolleg 613
– Vereinheitlichung des Schulwesens 541
– Volkshochschulen 30
Biosphere II 851
Birgen Air 716
Birma **557,** *739*
– Friedensnobelpreis, Aung San Suu Kyi *618, 850*
– Regierungswechsel *439, 556*
– II. WK 375
BKA → Bundeskriminalamt
Blasenkammer 93, *539*
Blauer Reiter 97, **98**
Blaues Band 476

Blockfreie Staaten 549
Blutdruck *346*
Blutgruppen *268*
BND → Bundesnachrichtendienst
Boeing 38
Bohrsches Atommodell 14, 108, *190,* 237
Bolivien
– Chaco-Krieg **310**
– Militärputsch (1971) 653
– Regierungswechsel 265, *864,* 299, 474, 577, 652, *864*
Bologna, Terroranschlag 740
Bolschewiki 36, *135*
Bolschoi-Ballett *447*
Bophuthatswana *462*
Börse 889, 902
Bosnien-Herzegowina 71, 85, *846,* 864, 887
Bosporus-Brücke (Istanbul) *323,* 678
Botschaftsflüchtlinge 820
Botswana *234, 739*
Boulevardpresse 477, 717
Boxen 55, 89, 160, 288, 328, 479, 505, 544, 587, 628, *872, 881,* 872
Boxeraufstand 12, **12**
Brandenburg 835
– Länderfusion 897
– Neue Bundesländer 835
– SBZ *413, 421*
Brasilien **334**
– Estado Novo 333
– Itaipu, Wasserkraftwerk 775
– Militärputsch (1964) 577, 606
– Regierungswechsel 265, *545,* 577, 629, 780, 854, *883*
– Schulden 795, *795*
Braunkohle 884
Braunsche Röhre *81*
BRD **835,** 835
– Bevölkerungsentwicklung **613**
– Bildungspolitik 541, 613, 634, *679,* 691
– Bundesgrenzschutz 467
– Bundesländer **835,** 835
– Bundespräsidenten 531, 629, 684, 732, 768, 780
– Bundestagswahlen 484, 494, 517, 549, 569, **600,** 631, 706, 742, 835, 876
– Bundeswehr 490, *491,* 506
– Deutsch-Französische Versöhnung 567
– Deutschlandvertrag 474, *491*

975

Breitensport

- Entspannungspolitik **645,** 677
- Gastarbeiter **500**
- Große Koalition 599, 631
- Grundgesetz **453**
- Gründung 454
- Hallstein-Doktrin 499
- Innerdeutsche Beziehungen 572, 641, **645,** 664, 683
- Kommunalreform 605
- Konzertierte Aktion 609
- NATO-Beitritt 491
- Notstandsgesetze *620,* 620
- Osthandel **524**
- RAF-Terror → Rote Armee Fraktion
- Rechtsextremismus 847, **857,** 864
- Solidarpakt 868
- Sparpaket 899
- Regierungswechsel *529,* 567, 598, 629, 672, 768
- Rot-Grüne Koalitionen **781**
- Spätheimkehrer 499
- Studentenbewegung 598, 607
- UNO-Beitritt 676
- Wiederbewaffnung **491,** 491, 516, 522
- Wiedergutmachung 474
- Wiedervereinigung 833, 838

Breitensport 466
Bremen *73,* 421, *835,* 883, 901
Brenner, Der (Zeitschrift) 88
Brenner-Autobahn 624
Brent Spar *656,* 891
Breschnew-Doktrin *843*
Brest-Litowsk, Frieden *117, 135, 141,* 141, *319*
Bretton Woods, Konferenz 401
Briand-Kellogg-Pakt *249, 269, 848*
Briefbomben *857*
Brigade Ehrhardt *163*
British Broadcasting Corporation (BBC) 191, 286
British Petroleum (BP) 824
Brokdorf 706
Brücke, Die (Kunst) **53**
Brücken **323,** 678
Brunei 610, 739
Brüssel, Jugendstil *24*
Brussilow-Offensive *117*
BSE → Rinderwahnsinn
Büchergilde Gutenberg 216
Bücherverbrennung *294*
Buchgemeinschaften 216

Büchner-Preis 205, *206*
Budapest, U-Bahn 13
Buenos Aires, Frieden *310*
Bukarest, Frieden 106, *122*
Bukowina *300, 363*
Bulgarien **73**
- Balkankriege *73,* 99, 106, *107*
- I. WK 142
- Regierungswechsel *141, 198, 299, 396, 419, 556, 815, 829, 883*
- Umbruch 822, 836
- II. WK *364*
Buna 259, *324*
Bundesanstalt für Arbeitsschutz 665
Bundesausbildungsförderungsgesetz (BAFöG) 658
Bundesbahn, Deutsche 655
Bundesbank, Deutsche **517**
Bundesgerichte (BRD) 467
Bundesgrenzschutz (BGS) 467, *491,* 715
Bundeskriminalamt (BKA) 204, 510
Bundesländer *421,* 420, *835,* 835
Bundesligaskandal 660
Bundesnachrichtendienst (BND) 515
Bundespräsidenten (BRD) 531, 629, 684, 732, 768, 780
Bundestagswahlen 454, 484, 517, 549, **600,** 631, 706, 742, 835, 876
Bundesverfassungsgericht (BVG) 467, 852, 874
Bundeswehr 490, *491,* 506, 865, 874, **875**
Bündische Jugend 23
Bündnisse → Militärische und → Wirtschaftsbündnisse
Burenkrieg 13
Bürgerinitiativen 637
Bürgerliches Gesetzbuch 11
Bürgerrechtsbewegungen (Osteuropa) 741
Burkina Faso 530
- Regierungswechsel 598, *795*
Burundi 663, *900*
- Regierungswechsel 598, *795*
BVP → Bayerische Volkspartei
Bypass 469

C

C-14-Methode *223,* 433, *539*

Callanetics 526
Camp David 723
Cannes
- Alliierte Wirtschaftskonferenz 213
- Filmfestspiele *427*
Capital Cities/ABC 889
Care-Pakete 425
Carnegie Hall 347
Casablanca, Konferenz 388, *406*
CCC → Kämpfende Kommunistische Zellen
CD-Player 751
CDU → Christlich-Demokratische Union
Central Station 107
Centre Georges Pompidou 719
CERN 775
Ceylon → Sri Lanka
Chaco-Krieg **310**
Challenger-Katastrophe 792
Charleston 238
Charta 77 *618,* 713, *741*
Chauvet-Höhle 195
Chemie (auch → Kunststoffe)
- Ammoniak-Synthese 74, *146,* 274
- Diel-Synthese *464*
- Eiweißforschung 31
- Fluor *61*
- Fluorchlorkohlenwasserstoff (FCKW) 250, 697, *775,* 838
- Haber-Bosch-Verfahren 74, *146*
- Helium *47,* 108, *726*
- Indikatormethode *393*
- Isotope 108, *180,* 190, *305, 393*
- Krypton *47*
- Naturstoffchemie *31*
- Nernstsches Theorem *167*
- Periodensystem *122*
- Photosynthese *552*
- pH-Wert *46*
- Plutonium *472*
- Polonium *93*
- Polymerchemie 190
- Proteine *424, 446, 526, 636, 758*
- Ribonukleinsäure *826*
- Tritium *305*
- Unfälle 708, **708,** 774, 791, *878*
- Vitamine *93, 335, 346, 393*
- Vitaminsynthese 296, *656, 734*
- Waffen 120, **121,** *211,* 221

- Wärmetheorem *167*
- Wasserstoff *305*
- Xenon *47*
Chemotherapie 75, 80, *204,* 250, *601*
Chicago
- John Hancock Center 274
- O'Hare Airport *423*
- Sears Tower *274*
- Standard Oil Building *274*
- Symphony Orchestra *503*
- U-Bahn 13
Chichén Itzá *195*
Chile **676**
- Allende-Ära 642, 675
- Beagle-Kanal-Konflikt 771
- Militärputsch (1932) 279
- Militärputsch (1973) *606,* 675
- Regierungswechsel *241,* 279, 379, 640, 672, 829
China **454**
- Boxeraufstand 12, **12**
- Bürgerkrieg 304
- Chinesisch-Indischer Krieg 560
- Chinesisch-Japanischer Krieg *332*
- Chinesisch-Vietnamesischer Krieg 560
- Demokratiebewegung 508, 819
- Erdbeben 708
- Hongkong 769
- Kaiser *73*
- KP China 176, 674
- Kulturrevolution 600, 748
- Langer Marsch 304
- Mao-Ära 675, 706
- Regierungswechsel *71,* 99, *125,* 248, 451, 529, 703, *737, 795*
- Revolution *92,* 220, 248, *305*
- Schulden *795*
- Sowjetisch-Chinesischer Nichtangriffspakt 333
- Taiwan 454, 654, 694
- Tibet 531
- Überschwemmungen *314*
- UNO-Beitritt 654
- Viererbande 748
Chinin 656
Chlorophyll *123,* 594, 656
Cholera *53, 81, 157*
Cholesterin , *698, 782*
Christlich-Demokratische Union (CDU) **414,** 484
Chromosomen 29, 86, *295,* 765
Cinecittà *191,* 328
Ciskei *462*
Clayton-Bulwer-Vertrag 20

Cleveland Orchestra 503
Club of Rome 665
COBRA 448
Codex Iuris Canonici 257
COMECON 27, 456
Comicfiguren 240, 261, **262**
Comité Français de la Libération Nationale(CFLN) 391
Commonwealth **234,** 235
Compiègne, Waffenstillstand 141, 144
Computer
– Datendiebstahl 657
– Informatik 637
– Programmiersprachen 375, 510
– Technik 268, 375, 457, 464, **636**
– Betriebssysteme 889
Computertomographie (CT) 416, 657, 734
Concept-art 650
Concorde 38, 637
Consul (Organisation) 163, 177, 178, 186
Contergan 649, 708
Côte d'Ivoire 530
– Schulden 795
Courage (Zeitschrift) 718
Crack 667
Creutzfeldt-Jacob-Krankheit 903
ČSSR → Tschechoslowakei
CSU → Christlich-Soziale Union
Curzon-Linie 165, 175, 233

D

Dadaismus 82, 131, **132**
Daily-Telegraph-Affäre 72, 79
Daimler-Benz 236, 824, 868, 901
Dalénblinklicht 103
Dänemark **661**
– EG-Mitgliedschaft 677
– Nordischer Rat 51
– Nordschleswig 64, 154, 61
– Regierungswechsel 19, 56, 99, 255, 429, 661
– Union mit Norwegen 50
– Widerstand (II. WK) 398
– II. WK 360
Danzig 165
Dardanellen 319
DAT → Digital Audio Tape
Datenschutz 722
Davis-Cup 231, 814
Dawes-Plan 210, 213
Dayton-Abkommen 846, 887

D-Day 396
DDP → Deutsche Demokratische Partei
DDR 833
– Biermann-Ausbürgerung 707
– Flüchtlinge 548, 558, 820, 860
– Freundschaftsvertrag UdSSR 578
– Grundlagenvertrag 645, 664
– Gründung 456
– Honecker-Ära 653
– Innerdeutsche Beziehungen 572, **641,** 645, 664, 683
– Kirchenkampf 452
– Kollektivierung 443
– Mauerbau 547, 548
– Regierungswechsel 537, 577, 672, 703, 815, 826
– Reiseverkehr 572
– Schriftsteller **707,** 720
– SED 420, **653**
– 17. Juni **483,**
– Staatsbürgerschaft 605
– Stasi 461, 854
– Umbruch 819, **820,** 830, 833
– UNO-Beitritt 676
– Verfassung 619
– Volksarmee 506
– Wiederaufrüstung 491
– Zwangsumtausch 581
DDT 355, 446
DEFA 428
Demokratischer Aufbruch (DA) 822, 830
Demontage 432
Denkmäler **109**
Derivate 889
Design **41**
– Bauhaus 41
– Jugendstil 41
– Radical-Design 41
– Ulmer Funktionalismus 41
– Werkstättenbewegung 41
Designerdrogen 667
Desoxyribonukleinsäure (DNS)
– Entdeckung 402
– Nukleotiden-Reihenfolge 744
– Synthese 510, 533, 647
– Watson-Crick-Modell 485, 564
De Stijl **139,** 158
DESY 582
Deutsche Arbeitsfront (DAF) 293, 297, 312
Deutsche Bundesbahn 655
Deutsche Bundesbank **517**

Deutsche Bundesgerichte **468**
Deutsche Demokratische Partei (DDP) 281
Deutsche Einheit 833, 838,
Deutsche Film AG (DEFA) 428
Deutsche Forschungsgesellschaften 445
Deutsche Kommunistische Partei (DKP) 507
Deutsche Luftschiffahrt Aktiengesellschaft (Delag) 80
Deutsche Post **156,** 224
Deutsche Presseagentur (dpa) 225, 457
Deutscher Bücherbund 216
Deutsche Reichsbahn 166, 249
Deutsche Rentenbank 202
Deutscher Evangelischer Kirchenbund (DEK) 193
Deutscher Fußball-Bund (DFB) 17
Deutscher Gewerkschaftsbund (DGB) 153, 456
Deutscher Künstlerbund 40
Deutscher Leichtathletik-Verband (DLV) 862
Deutscher Sportbund (DSB) 466
Deutscher Tennis-Bund (DTB) 33
Deutscher Werkbund 69, 158
Deutsche Soziale Union (DSU) 830
Deutsche Sporthilfe 616
Deutsche Volkspartei (DVP) 281
Deutsche Welthungerhilfe 564
Deutsches Jugendherbergswerk (DJH) 82
Deutsches Kaiserreich
– Daily-Telegraph-Affäre 72, 79
– Flottengesetze 11, 11
– Hunnenrede 12
– Kolonien 45, 64, 117, 121, 154, 173, **175,** 830
– Novemberrevolution **144**
– Regierungswechsel 11, 78, 133, 141, 148, 161
– Reichsbankgesetz 79
– Reichskanzler **78**
– Reichstagswahlen 36, 64, 99, **100**
– Zabern-Affäre 107
Deutsches Sportabzeichen 105, 183
Deutsches Springderby 171, 183

Deutsches Wörterbuch 555
Deutschland
→ BRD
→ DDR
→ Deutsches Kaiserreich
→ Nachkriegszeit
→ NS-Regime
→ Weimarer Republik
Deutschlandlied 193
Deutschland-Vertrag 474, 491
Deutschnationale Volkspartei (DNVP) 281
Deutsch-Ostafrika 117, 175
Deutsch-Österreichische Beziehungen 342
Deutsch-Österreichische Nationalversammlung 150
DGB → Deutscher Gewerkschaftsbund
Diabetes 180, 203, , 850
Dialekttheater 603
Dialyse-Apparat 384
Diamanten 501
Diaphragma 261
Diäten 27
Diäthylenglykol 751
Dien Bien Phu, Schlacht 266, 422, 491
Digital Audio Tape (DAT) 166
Digitale Fotografie 66
Digitaler Hörfunk 61
Digitales Fernsehen 904
Diode 47, 61
Dioxin 708
Diphtherie 22, 81, 116, 204
Dirigenten **503**
Discowelle 494, 720
Disneyparks 502
Dispositionskredit 624
Dixieland 227
DKP → Deutsche Kommunistische Partei
DNS → Desoxyribonukleinsäure
DNVP → Deutschnationale Volkspartei
Dobrudscha 73, 106, 122, 141, 300
Documenta **504**
Dodekanes 199, 202, 429
Dokumentartheater 575, 586
Dolchstoßlegende 155
Dollar 654, 678
Dominica 234, 739
Dominikanische Republik
– Militärputsch (1965) 591
– Regierungswechsel 125, 265
Donaueschinger Musiktage 182
Doping 813, 862
Dornier Do-X 260

Dorpat

Dorpat, Frieden 165
Dracula 193
Dreibund 28, 79, *114*
Dreiklassenwahlrecht 71, 73, 79, *280*
Dreimächtepakt 365
Dresden
- Luftangriff 407
- Semper-Oper 738
- Staatskapelle *503*
Dreyfus-Affäre 57
Dritte Welt **738**
- Entwicklungshilfe 564, 567, 737
- Gruppe der 77 611
- Lomé-Abkommen *443, 516,* 697
- Nord-Süd-Kommission 737
- Schulden 795
- Umweltprobleme 860
- UNCTAD *410,* 611
Drittes Reich → NS-Regime
Drive-In-Kirche 510
Drogen 393, **667,** 726, **808**
Drosophila *892*
Drucktechnik 47, *725*
Druckwasserreaktor *648*
DSB → Deutscher Sportbund
Dschibuti 364, *530,* 714
Dschihad Islami *K723*
DSU → Deutsche Soziale Union
Dumbarton Oaks, Konferenz 406
Dünkirchen, Schlacht *352,* 362
Dünnsäure 656
Düsenflugzeug *402*
Düsentriebwerk *325,* 356
Düsseldorf
- Kom(m)ödchen *427*
- Museen *534*
Dutroux-Affäre *898*
DVP → Deutsche Volkspartei

E

E-Musik **207, 503**
- Aleatorik *207*
- Anti-Formalismus-Kampagne 447
- Bayreuther Festspiele 119, 473, 709
- Dirigenten **503**
- Elektronische Musik 470, 500
- Händel-Festspiele 170
- Kompositionstechnik **207**
- Neoklassizismus *207*
- Neue Musik 31, 427, 811
- Orchester **503**

- Salzburger Festspiele 170, *810*
- Serielle Musik *207*
Eastman-Kodak-Konzern 21, *66*
Ebola-Virus 891
Echolot 102
Ecstasy *667*
ECU *516*
Ecuador *396,* 730
EEG *204*
EFTA → Europäische Freihandelsassoziation
EG → Europäische Union
Eherecht 225, 719
Eichmann-Prozeß *422,* 562
Eiderdamm 679
Eiger-Nordwand 349
Einschaltquoten 573
Einwegflasche 517
Eisenbahn
- Bahnhöfe **108**
- Balkan-Expreß 129
- Deutsche Bundesbahn 655
- Deutsche Reichsbahn 166, 249
- Mandschurische Eisenbahn 29
- Transibirische Eisenbahn 29
- Tunnel 59, **808**
- Züge *581,* 655
Eiserne Lunge 260
Eiserner Gustav 251
Eiserner Vorhang 419, 440
Eishockey 207, 271, *872*
Eishockeyvereine
- Berliner SC *218,* 231, 240, 254, 264, 271, 278, 289, 298, 329, 693, 712
- Boston Bruins 264, 359, 378, 650, 670
- Calgary Flames 828
- Chicago Black Hawks 349, 555
- Colorado-Avalanche 908
- Detroit Red Wings 329, 395, 466, 481, 496
- Düsseldorfer EG *616,* 670, 841, 863 , *872,* 908
- EC Bad Tölz 566, 604
- Edmonton Oilers 779, 786, 801, 814, 841
- Engelmann Wien 359
- EV Füssen 460, 489, 496, 505, 513, 521, 528, 536, 555, 576, 589, 597, 627, 639, 660, 681
- EV Landshut 650, 767
- Kölner EC 721, 736, 779, 794, 801, 814, 894
- Krefelder EV 481

- Mannheimer ERC 747
- Montreal Canadiens 278, 428, 489, 513, 521, 528, 536, 544, 604, 627, 639, 660, 681, 712, 721, 729, 736, 794, 872
- Montreal Maroons 240, 317
- New York Devils 894
- New York Islanders 747, 753, 761, 767
- New York Rangers 254, 298, 369
- Ottawa Senators 247
- Philadelphia Flyers 693, 702
- Pittsburgh Penguins 863
- Preußen Krefeld 473
- SB Rosenheim 761, 786, 828
- SC Riessersee 247, 317, 349, 378, 438, 450, 466, 544, 729, 753
- Toronto Maple Leafs 289, 387, 418, 438, 450, 473, 566, 576, 589, 597, 616
- Victoria Cougars 231
- Wiener EG 369
Eiskunstlauf 98, 339, 359, 536, 760
Eiweißforschung 31
EKD → Evangelische Kirche in Deutschland
EKG 204, 215
El Alamein, Schlacht 383
El Salvador
- Bürgerkrieg 630, 738, 854
- Regierungswechsel 241
- Romero-Ermordung 738
Elbtunnel 698
Elektronenmikroskop 223, 274
Elektronenröhre 47
Elektronik 47, 60
Elektronische Musik 470, 500
Elementarteilchen 285, 416, 457, 464, 524, 573, 583, 623, 689, 709, 793
Elfenbeinküste →Côte d'Ivoire
Elsaß-Lothringen 154, **155,** 221
Elysée-Vertrag 516, 567
Emma (Zeitschrift) 718
Empfängnisverhütung → Schwangerschaftsverhütung
Empire State Building 275
Endlösung 379, *380*
Endoskopie 679
Energetik *81*

Energie 180, *717,* 852, 884
Energiepolitik 743, 885
Entartete Kunst **337, 338**
Entebbe 705
Entente cordiale 28, 44, 56, 66, *114*
Entführungen **285,** 680, 709, 715, 722, 905
Entnazifizierung 411
Entspannungspolitik 642, **645,** 677
Entstalinisierung 506
Entwicklungshilfe 564, 567, 737
Entwicklungsländer → Dritte Welt
Enzykliken
- Humanae vitae (1968) *257,* 625
- Il firmo proposito (1903) 39
- Mater et magistra (1961) *257*
- Mit brennender Sorge (1937) 331
- Pacem in terris (1963) 526
- Pascendi dominici gregis (1907) 68, *257*
- Populorum progressio (1967) *257*
Enzyme
- Aktivierung *860*
- Biokatalysatoren *648*
- Identifikation als Proteine *424*
- Koenzyme *260*
- Oxydasen *501*
- Restriktions-Enzyme *726*
- Zymasse *68*
EPZ → Europäische Politische Zusammenarbeit
Erdbeben 58
- Armenien 809
- Chile *60*
- China *60,* 708
- Griechenland 250
- Guatemala *60*
- Indien *60*
- Indonesien *60*
- Iran *60*
- Italien *60,* 75, 122
- Japan *60,* 203, 890
- Marokko *60*
- Mercalli-Skala 314
- Nicaragua *60*
- Richter-Skala 314
- San Francisco *60*
- Türkei *60*
Erdgas-Röhren-Geschäft 645
Erfindungen 223
Eritrea 687
- Äthiopische Eingliederung 561

978

Sachregister — Filmkomödie

- Autonomiekampf *704, 845*
- Kolonialzeit *311*
- Ernährung 269
- Ersatzdroge 809
- Erster Weltkrieg (auch → Reparationen)
  - Amiens, Schlacht *116, 142*
  - Balkan **122**
  - Belgien *116*
  - Brest-Litowsk, Frieden *117, 135, 141,* 141
  - Brussilow-Offensive *117*
  - Bulgarien 142
  - Bündnisse **114**
  - Compiègne, Waffenstillstand *116, 122, 142,* 144
  - Dolchstoßlegende 155
  - Flandern-Offensive *115*
  - Friedensinitiativen *117,* 129, **141**
  - Friedensverträge *141,* 141, 144, *153,* 154, 164, *209*
  - Giftgaseinsatz *120,* 130
  - Isonzo-Schlacht *120,* 135
  - Kerenski-Offensive *117*
  - Kriegserklärungen 113, **114,** 115, **127,** 133
  - Kriegstechnologie **130**
  - Loretto-Schlacht *116*
  - Luftkrieg *130*
  - Marne-Schlacht *116*
  - Naher Osten 125
  - Nivelle-Offensive *116,* 126
  - Oberste Heeresleitung (OHL) 126, 129, 133, 134
  - Ostfront **115**
  - Sarajevo, Attentat *113*
  - Schlieffenplan *114*
  - Seekrieg 116, **127,** 133
  - Somme-Offensive *116*
  - Tannenberg, Schlacht *117*
  - Türkei 125
  - U-Boot-Krieg 126, 133,
  - Verdun, Schlacht *116,* **126**
  - Verluste *143*
  - Versailles, Frieden *141,* **154**
  - Westfront **116,** *126,* 126, 127, 142
  - Ypern, Schlacht 120, *121, 130*
- Erziehungswissenschaft → Pädagogik
- ESA → Europäische Weltraumorganisation
- Escherich (Organisation) *163*
- Essen
  - Aalto-Theater 811
  - Folkwang-Museum 195
  - Grugapark 261
  - Margarethenhöhe 97
  - Tanzstudio 447
- Estland
  - Baltenpakt (1934) 303
  - Baltische Entente (1922) 303
  - Brest-Litowsk, Frieden *117*
  - Regierungswechsel *854, 883*
  - Sowjetische Annexion 363
  - Unabhängigkeit 829
- ETA *722, 723*
- Eulenburg-Affäre 61, *684*
- EURATOM → Europäische Atomgemeinschaft
- Eureka 516
- Eurocheque 666
- Euro Disney Resort 502
- Europäische Atomgemeinschaft (EURATOM) *267,* 516
- Europäische Freihandelsassoziation (EFTA) *456, 516,* 538
- Europäische Gemeinschaft (EG) → Europäische Union
- Europäische Gemeinschaft für Kohle und Stahl 267
- Europäische Politische Zusammenarbeit (EPZ) 640, *849*
- Europäischer Binnenmarkt 516
- Europäischer Filmpreis 811
- Europäischer Gerichtshof für Menschenrechte 452
- Europäischer Wirtschaftsraum (EWR) 516
- Europäisches Parlament *732*
- Europäisches Währungsinstitut (EWI) *849*
- Europäisches Währungssystem (EWS) 516
- Europäische Union (EU) *267, 468,* **516,** *568,* 593, *610,* 677, *678,* 807, **849,** 867, 877, 885, **898**
- Europäische Verteidigungsgemeinschaft (EVG) 474, 490, *491*
- Europäische Weltraumorganisation (ESA) 516
- Europäische Wirtschaftsgemeinschaft (EWG) *267, 456,* 515, **516,** 593
- Europäische Zentralbank (EZB) *849*
- Europarat *267, 443,* 452
- Euthanasieprogramm 294, 352
- Evangelische Kirche in Deutschland (EKD) 758
- EVG → Europäische Verteidigungsgemeinschaft
- EWG → Europäische Wirtschaftsgemeinschaft
- EWI → Europäisches Währungsinstitut
- EWR → Europäischer Wirtschaftsraum
- EWS → Europäisches Währungssystem
- Exil-Regierungen (II. WK) **390**
- Existentialismus *347,* 403
- Existenzphilosophie *584*
- Expressionismus 54, 88, 97, 139, **169**
- Expressionismus, Abstrakter **436**
- Exxon Corp. 92
- EZB → Europäische Zentralbank

F

- Fackel, Die (Zeitschrift) 68
- Fahrverbot (Smog) 594
- Fair Labor Standards Act 344
- Falklandkrieg *630,* 754
- Fall Gelb 382
- Fall Weiß 382
- Familienserien **493**
- Fantasy-Roman *493*
- Farabundo Marti (FMLN) 854
- Farbenlehre 129
- Farbfernsehen 469, 552
- Farbfilm 137, *191*
- Farbfotografie 66
- Färöer *661*
- Faust-Oper *893*
- Fauvismus 54
- FCKW → Fluorchlorkohlenwasserstoff
- FDP → Freie Demokratische Partei
- Fehmarnsund-Brücke 572
- Fernsehen **477,** 776
  - Anstalten 286, 315, *477,* 573, 809, 812
  - Bundesverfassungsgerichtsurteile 552, *776*
  - Einschaltquoten 573
  - Familienserien **493**
  - Farbfernsehen 469, 552
  - Private **776,** 789
  - Quiz 583
  - Schulfernsehen 613, 637
  - Sportübertragungsrechte **809,** 812
  - Technik *81,* **469,** 552, 562, 648
- Festkörperphysik 335
- Feststoffrakete 274
- Fidschi *234, 739*
- FIFA 48
- Filbinger-Affäre *684*
- Film 190
  - Europäischer Filmpreis 811
  - Expressionismus *169*
  - Farbfilm 137, *191*
  - Festspiele 288, **427,** 472
  - Filmdiven **270**
  - Gesellschaften 140, 159, *191,* 243
  - James Bond 564
  - Kino-Erfolge **870**
  - Liebespaare **276**
  - Multiplex-Kinos *191*
  - Neorealismus 418
  - Neuer deutscher Film **679**
  - Nouvelle Vague 535, **540**
  - Oscar-Verleihung 262
  - Propaganda, NS-Zeit 368
  - Studios 328
  - Surrealismus **229**
  - Technik 477
  - Tonfilm 190
  - Verlag der Autoren 658
- Filmgenres **193,** 356, 376, **541, 624**
  - → Abenteuerfilm
  - → Filmkomödie
  - → Heimatfilm
  - → Horrorfilm
  - → Kriegs- und Antikriegsfilm
  - → Kriminal- und Gangsterfilm
  - → Literaturverfilmung
  - → Melodram
  - → Monumental- und Historienfilm
  - → Musikfilm
  - → Science-Fiction-Film
  - → Thriller
  - → Western
  - → Zeichentrickfilm
- Filmkomödie
  - Abfahrer, Die (A. Winkelmann, 1978) *728*
  - Abgeschminkt (K. v. Garnier, 1993) *871*
  - Adel verpflichtet (R. Hamer, 1949) *459*
  - African Queen (J. Huston, 1951) *471*
  - Blondinen bevorzugt (H. Hawks, 1953) *488*
  - Coconuts (R. Florey/ J. Santley, 1929) *263*
  - Down by Law (J. Jarmusch, 1986) *793*
  - Eins, zwei, drei (B. Wilder, 1961) *555*

Finnland

- Erste Versuche eines Schlittschuhläufers (M. Linder, 1908) *76*
- Es geschah in einer Nacht (F. Capra, 1934) *306*
- Ferien des Monsieur Hulot, Die (J. Tati, 1953) *488*
- Fisch namens Wanda, Ein (C. Crichton, 1988) *811*
- Fleischerjunge, Der (R. Arbuckle, 1917) 138
- Frühstück bei Tiffany (B. Edwards, 1960) *542*
- General, Der (B. Keaton, 1926) 138, *239*
- Gewehr über (C. Chaplin, 1918) *147*
- Goldrausch (C. Chaplin, 1925) *228*
- Ghostbusters (J. Reitman, 1984) *870*
- Green Card (P. Weir, 1990) *840*
- Harold and Maude (H. Ashby, 1971) *659*
- Harry und Sally (R. Reiner, 1989) *827*
- Hochzeitsbankett (A. Lee, 1993) *871*
- Is' was, Doc (P. Bogdanovich, 1972) *668*
- Kid, The (C. Chaplin, 1920) *170*
- Lächeln einer Sommernacht, Das (I. Bergman, 1955) *502*
- Manche mögen's heiß (B. Wilder, 1959) *535*
- Manhattan (W. Allen, 1978) *728*
- Männer (D. Dörrie, 1984) *784*
- Maskerade (W. Forst, 1934) *306*
- Navigator, Der (B. Keaton, 1924) 138, *216*
- Ödipussi (Loriot, 1987) *799*
- Otto – Der Film (X. Schwarzenberger/ O. Waalkes, 1985) *784*
- Out of Rosenheim (P. Adlon, 1987) *799*
- Schtonk (H. Dietl, 1991) *852, 862*
- Schuhpalast Pinkus (E. Lubitsch, 1916) *131*
- Serenade zu dritt (E. Lubitsch, 1933) *297*
- Stadtneurotiker, Der (W. Allen, 1977) *719*
- Tatis Schützenfest (J. Tati, 1947) *437*
- Theo gegen den Rest der Welt (P. F. Bringmann, 1980) *745*
- Tillies geplatzte Romanze (M. Sennett, 1914) *118*
- Tramp, Der (C. Chaplin, 1915) 123, *124*
- Viva Maria! (L. Malle, 1965) *596*

Finnland **137**
- Baltische Entente (1922) 303
- Nordischer Rat *51*
- Regierungswechsel *396, 506, 748, 795, 883*
- Unabhängigkeit 113
- Winterkrieg *137,* 354

Finsenlampe 36
Fischer-Tropsch-Synthese 223
Fitnessbewegungen **526**
Fiume-Konflikt **209**
Flandernoffensive *116*
Flick-Konzern 782
Fließband 666
Fluggesellschaften 80, **236,** 273
Flughäfen **423,** 551, 564, 905
Flugzeugtechnik 251, 260, 269, *325,* 356, 435, 501, 666
Flugzeugträger *130,* 402
Fluor 61
Fluorchlorkohlenwasserstoff (FCKW) 250, 697, *757,* 838, K892
Flüssigtreibstoffrakete *223,* 238
Flutkatastrophen **314,** 645
FNLA 703, 805
Folkwang-Museum (Essen) 195
Ford Motor 824
Forschungsgesellschaften, deutsche **445**
Fort Knox 322
Forza Italia *883,* 896
Fotoeffekt 14, 52, *203*
Fotografie 21, **66,** 595
FPÖ → Freiheitliche Partei Österreichs
Franck-Hertz-Versuch 224
Frankfurt
- Deutsche Bibliothek 104
- Deutsches Architekturmuseum 535
- Flughafen 423
- Kaufhausbrandstiftung 618
- Messeturm 274

Frankfurter Schule 584
Frankreich *399,* **568**

- Algerienkrieg 492, **559,** 704
- Cohabitation 788
- De-Gaulle-Ära 398, 522, 529, 630
- Deutsch-Französische Versöhnung 567
- Deutsche Besetzung 362, 363, 383
- Dreyfus-Affäre 57
- Exilregierung *390,* 391
- Französisch-Sowjetischer Beistandspakt 310
- Generalstreik 57
- Indochinakrieg *121,* 266, 422, 491, **579**
- Kirchenkampf 44, 57
- Kolonien 12, 46, 85, 422, 491, 492, **530,** 714
- Londoner Protokoll 308
- Mai-Unruhen 620
- Mitterrand-Ära 749, 788
- NATO-Austritt 600
- Regierungswechsel (1900–1920) *27, 50, 56, 78, 90, 99, 113, 120, 161,*
- Regierungswechsel (1921–1940) *173, 184, 208, 219, 232, 255, 265, 272, 279, 290, 299, 308, 318, 331, 341, 360.*
- Regierungswechsel (1941–1960) *379, 396, 419, 429, 439, 451, 461, 467, 474, 482, 490, 497, 506, 515, 522, 529*
- Regierungswechsel (1961–1995) *556, 617, 629, 661, 682, 703, 748, 768, 802, 842, 854, 864, 883,*
- IV. Republik 422
- Volksfront 318
- Widerstand (II. WK) 398

Frau, Die (Zeitschrift) 68
Frauen
- Bundesministerinnen **549**
- Frauenbewegung 39, **96,** 718
- Frauenquote 806
- Gleichberechtigung *96*
- Jahr der Frau 699
- Sport **183, 720**
- Staatsoberhäupter **538**
- Wahlrecht 39, **65,** 150, *344,* 652
- Weibliche Abgeordnete (BRD) **549**
- Weltspiele 183
- Zeitschriften 95, 718

Fraunhofer-Gesellschaft 445
Free Jazz 227
Freideutsche Jugend 23

Freie Demokratische Partei (FDP) **443,** 883
Freie sozialistische Jugend 23
Freiheitliche Partei Österreichs (FPÖ) **498,** 762
Freikorps 153, *163*
Frequenzmodulation 223
Friedensbewegung 525, *618*
Friedensinitiativen (I. WK) 117, 129, **141**
Friedenskämpfer *618*
Friedens- und Waffenstillstandsverträge
- Adrianopel *164*
- Brest-Litowsk 117, *135, 141,* 141, *319*
- Bukarest 106
- Compiègne *116, 122, 141,* 144
- Den Haag 65
- Dorpat 165
- Jassy *164*
- Lausanne (1923) *154, 164, 199, 202, 319,* 319
- Mudros 199
- Österreichischer Staatsvertrag 499
- Panmunjom 462, *463*
- Paris (II. WK) 429
- Portsmouth 50, *61*
- Riga 165, *233*
- Saint-Germain-en-Laye 154, *164, 342*
- San Francisco 816
- Sèvres *164, 199, 202, 319,* 401
- Trianon 149, *209,* 803
- Versailles **154**

Friedrich-Ebert-Stiftung 225
Friedrich-Naumann-Stiftung 225
Fristenregelung 699
FROLINAT 763
Fulleren 904
Furkatunnel 59
Fürstentümer (Europa) **90**
Fusionsforschung 775, 852
Fußball (auch → Fußballvereine; → Fußball-Weltmeisterschaft)
- Bosman-Urteil 894
- Bundesliga 576, 681, *809*
- Bundesligaskandal 660
- Deutsche Meisterschaft 42, 172, 339, *387,* 872
- Deutsche Nationalelf 76, 495, 588
- DFB 17, *872*
- England 42, 55, 264, 288, *872*
- Europameisterschaft 670, 747, 907

980

Sachregister — Fußballvereine

- Europapokal 514, **603**, 872
- FIFA 48
- Frauen 828
- Katastrophen **785**
- Österreich 277
- Toto 180, *181*
- Transfers 55, 721, 794
- Fußballkrieg 630
- Fußballvereine **387, 603**
  - AC Bologna 231, 264, 340, 378
  - AC Florenz 513, 521, 555, 566, 639
  - AC Mailand 26, 63, 70, 473, 505, 521, 528, 536, 566, 576, 603, 627, 639, 681, 693, 736, 814, 828, 841, 863, 872, 881, 907
  - AC Parma 872
  - AC Turin 247, 254, 395, 428, 438, 450, 460, 712
  - Ajax Amsterdam 603, 639, 660, 670, 681, 801, 814, 863, 894, 907
  - Alemannia Aachen 489, 597
  - Arminia Bielefeld 660
  - Arsenal London 278, 298, 307, 317, 349, 450, 489, 650, 660, 747, 828, 853, 881, 894
  - AS Monaco 603, 863
  - AS Rom 387, 767, 779
  - AS St. Etienne 603, 712
  - Aston Villa 18, 89, 603, 753, 761
  - Atletico (AC) Bilbao 43, 49, 89, 98, 124, 207, 271, 278, 307, 329, 395, 513, 767, 779
  - Atletico Madrid 369, 378, 466, 473, 566, 576, 603, 604, 681, 693, 721, 794, 907
  - Austria Wien 729
  - Bayer 04 Leverkusen 603, 814, 872
  - Bayer Uerdingen 786
  - Benfica Lissabon 555, 566, 576, 597, 627, 814, 841
  - Betis Sevilla 317
  - Blackburn Rovers 105, 119
  - Borussia Dortmund 387, 513, 521, 576, 597, 603, 604, 828, 863, 894, 907
  - Borussia Mönchengladbach 544, 603, 650, 660, 681, 702, 712, 721, 736, 779, 863, 894
  - Borussia Neunkirchen 536
  - Celtic Glasgow 616, 650
  - Chelsea London 505, 660
  - Cosmos New York 721
  - Deportivo La Coruña 894
  - Derby County 670, 702
  - Dresdner SC 369, 378, 387, 395, 404
  - Dynamo Kiew 702, 794
  - Dynamo Moskau 670
  - Dynamo Tiflis 603, 753
  - Dynamo Zagreb 616
  - Eintracht Braunschweig 616, 681
  - Eintracht Frankfurt 536, 544, 589, 603, 693, 702, 747, 753, 814
  - 1. FC Kaiserslautern 387, 473, 489, 555, 670, 712, 753, 841, 853, 908
  - 1. FC Köln 496, 566, 589, 603, 627, 650, 660, 681, 721, 729, 747, 767, 853
  - 1. FC Magdeburg 603, 693
  - 1. FC Nürnberg 172, 183, 218, 231, 247, 317, 329, 359, 369, 387, 450, 555, 566, 627, 761
  - Espaniol Barcelona 603
  - FC Aberdeen 767
  - FC Antwerpen 872
  - FC Barcelona 105, 112, 172, 196, 240, 254, 264, 418, 450, 460, 481, 489, 528, 536, 544, 555, 603, 604, 627, 639, 693, 736, 761, 786, 794, 828, 853, 863, 872, 881
  - FC Bayern München 289, 521, 603, 604, 616, 639, 660, 670, 681, 693, 702, 712, 747, 753, 761, 779, 786, 794, 801, 828, 841, 881, 908
  - FC Bologna 329, 589
  - FC Brügge 729
  - FC Burnley 183, 544
  - FC Carl Zeiss Jena 603, 753
  - FC Everton 124, 254, 289, 359, 576, 650, 786, 801, 894
  - FC Genua 18, 34, 43, 49, 124, 207, 218
  - FC Liverpool 26, 63, 196, 207, 438, 589, 603, 604, 681, 712, 721, 729, 736, 747, 753, 761, 767, 779, 786, 794, 814, 841
  - FC Porto 603, 779, 801
  - FC Portsmouth 460, 466
  - FC Schalke 04 307, 317, 339, 340, 359 369, 378, 387, 505, 528, 639, 660, 670
  - FC Sevilla 428
  - FC Sunderland 34, 112, 329
  - FC Valencia 387, 404, 576, 660, 693, 747
  - Ferencvaros Budapest 597, 702
  - Feyenoord Rotterdam 650, 693
  - Fortuna Düsseldorf 298, 340, 521, 528, 566, 603, 693, 729, 736, 747
  - Fortuna Köln 767
  - Freiburger FC 70
  - FSV Frankfurt 349
  - Glasgow Rangers 603, 616, 670
  - Gornik Zabrze 650
  - Hamburger SV 196, 207, 254, 387, 513, 544, 576, 603, 616, 627, 693, 712, 721, 736, 747, 761, 767, 801
  - Hannover 96 349, 496, 863
  - Hellas Verona 786
  - Hertha BSC Berlin 271, 278, 387, 721, 736, 872
  - Holstein Kiel 105
  - Huddersfield Town 218, 231, 240
  - IFK Göteborg 603, 761, 801
  - Inter Mailand 89, 172, 271, 349, 359, 369, 489, 496, 576, 589, 597, 604, 616, 660, 670, 747, 828, 853, 881
  - Ipswich Town 566, 753
  - Juventus Turin 55, 240, 278, 289, 298, 307, 317, 466, 481, 528, 544, 555, 603, 616, 670, 681, 702, 721, 729, 753, 761, 767, 779, 786, 794, 841, 872, 894, 908
  - Karlsruher FV 89
  - Karlsruher SC 505, 513, 544, 908
  - Kickers Offenbach 650, 660
  - KSV Mechelen 814
  - Lazio Rom 693
  - Leeds United 603, 627, 639, 660, 681, 693, 702, 863
  - Lokomotive Leipzig 603, 801
  - LSV Hamburg 395
  - Malmö FF 735
  - Manchester City 340, 627, 650
  - Manchester United 77, 98, 481, 513, 521, 597, 616, 627, 853, 872, 881, 908
  - MSV Duisburg 604, 702
  - MTV Budapest 589
  - Newcastle United 55, 70, 84, 247, 639
  - Nottingham Forest 603, 729, 736, 747
  - Olympique Marseille 853, 872
  - Panathinaikos Athen 660
  - Paris St. Germain 908
  - Partisan Belgrad 604
  - Phönix Karlsruhe 84
  - Pro Vercelli 77, 84, 98, 105, 112, 183, 196
  - PSV Eindhoven 729, 814
  - Rapid Wien 349, 378, 786
  - Real Madrid 55, 63, 70, 77, 289, 298, 496, 505, 513, 521, 528, 536, 544, 555, 566, 576, 589, 597, 603, 604, 616, 639, 650, 660, 670, 702, 712, 729, 736, 747, 753, 767, 786, 794, 801, 814, 828, 841
  - Real San Sebastian 84, 753, 761
  - Real Zaragoza 589, 894
  - Roter Stern Belgrad 603, 853
  - Rot-Weiß Essen 489, 505, 881
  - RSC Anderlecht 603, 712, 721, 729, 767, 841
  - Sampdoria Genua 828, 841, 853, 863
  - Schwarz-Weiß Essen 536
  - Sheffield Wednesday 43, 49, 264, 271
  - Slovan Bratislava 639
  - Sporting Lissabon 589
  - SpVgg Fürth 119, 240, 264, 387
  - SSC Neapel 603, 801, 828, 841
  - Stade Reims 513, 536
  - Standard Lüttich 761
  - Steaua Bukarest 794, 828
  - Stuttgarter Kickers 801
  - SV Waldhof 359
  - Tottenham Hotspurs 473, 555, 576, 670, 779
  - TSV 1860 München 387, 589, 597, 604
  - Twente Enschede 603
  - Union 92 Berlin 55
  - US Cagliari 650
  - US Novese 196
  - VfB Leipzig 43, 63, 112, 329, 387

Fußballweltmeisterschaft

- VfB Stuttgart 387, 466, 481, 496, 528, 603, 779, 794, 863
- VfL Bochum 627, 814
- VfL Wolfburg 894
- VfR Mannheim 460
- Vienna Wien 395
- Viktoria 89 Berlin 77, 98
- Vizcaya Bilbao 34
- Werder Bremen 555, 597, 603, 814, 828, 841, 853, 863, 872, 881
- West Bromwich Albion 172
- West Ham United 597, 712
- Wolverhampton Wanderers 496, 528, 536

Fußballweltmeisterschaft **841**
- Argentinien (1978) 729
- Brasilien (1950) 466
- Chile (1962) 566
- England (1966) 604
- Deutschland (1974) 692
- Frankreich (1938) 348
- Italien (1934) 306
- Italien (1990) 841
- Mexiko (1970) 650
- Mexiko (1986) 794
- Schweden (1958) 528
- Schweiz (1954) 495
- Spanien (1982) 760
- Uruguay (1930) 271
- USA (1994) 881

Futurismus **82**

G

Gabun 530
Gallup-Institut 325
Galopprennen **171**, 172
Gambia 234, 739
Gammastrahlen 14
Garzweiler II 884
GASP → Gemeinsame Außen- und Sicherheitspolitik
Gastarbeiter **500**
Gasturbine 223
GATT → General Agreement on Tariffs and Trade 410, 433, **456**, 877
GAU (Größter Anzunehmender Unfall) 733, 790
Gaza-Jericho-Abkommen 441, **866**
Geheime Staatspolizei (Gestapo) 371
Geigerzähler 109
Gemälde, teuerste **800**
Gemeinsame Außen- und Sicherheitspolitik (GASP) 849

Gemeinschaft unabhängiger Staaten (GUS) 850
General Agreement on Tariffs and Trade (GATT) 410, 433, 456
General Electric 824
General Motors 258, 824
Genetik
- Chromosomen 29, 86, 295, 765
- DNS 402, 485, 510, 533, 564, 647, 744
- Genetischer Code 623
- Gen-Isolierung 634
- Gen-Manipulation 744, 809
- Gen-Synthese 647, 775
- Mendelsche Regeln 13
- Merrifield-Technik 775
- Mutationen 21, 86, 424
- Watson-Crick-Modell 485, 564

Genf, Konferenzen und Abkommen 189, **211**, 221, 249, 560, 838
Genfer Konvention 22, 211, 618
Geophysik 286, 540
Georg-Büchner-Preis 205
Georgien 849
- Regierungswechsel 854
- Sowjetische Annexion 210
Geschwister-Scholl-Preis 206
Gestapo → Geheime Staatspolizei
Getty Oil Co. 680
Gewerkschaften 153, 456, **457**, 754, 824
Gewichtheben 576
Ghana 234, 739
- Militärputsch (1966) 599, 606
- Militärputsch (1972) 606
- Nkrumah-Ära 599, 606
- Rawlings-Ära 599
- Regierungswechsel 598, 748
Gibraltar 780
Giftgasanschlag 884
Gifttransporte 878
Gipfeltreffen 531, 802, **804**
Giro d'Italia 42, 84, 369, 449, 693
Gladbeck (Geiseldrama) 810
Glasgow, Jugendstil 24
Glasnost 780, **817**, 839
Gleichberechtigung 95
Gleichheit, Die (Zeitschrift) 95
Gleichrichter 81
Global 2000 744
Globke-Affäre 684

Glücksspiele **181**, 596
Glühelektrischer Effekt 47, 251
Glühlampe 59
Glykogen 433
Glykol 551
Goa 86
Godesberger Programm 532
Gold Reserve Act 305
Golden Gate Bridge 323
Golfkrieg (1.) 121, 560, 742, 805
Golfkrieg (2.) 560, 832, 843
Golfsport 785
Gondra-Vertrag 198, 249
Gonorrhoe 81
Gorch Fock (Schulschiff) 526
Gordon-Bennett-Preis 26
Görlitzer Abkommen 463
Göttinger Manifest 516
Government of Ireland Act 150, 178
GPU 184
Graffiti 767
Grammophon 166
Grand Slam 349, 489, 813
Greenpeace 656, **656**, 684
Grenada 234, 630, 739
- US-Invasion 764
Griechenland 401
- Balkankriege 99, 106, 107
- Bürgerkrieg 121, 401
- Exilregierung 390
- Griechisch-Türkischer Krieg 187, 199
- Mazedonischer Konflikt 886
- Militärputsch 606, 685
- Regierungswechsel 85, 161, 184, 208, 308, 318, 429, 497, 577, 605, 682, 815, 864, 883, 895
- Widerstand (II. WK) 398
- II. WK 366
- Zypern-Konflikt 685, 685
Grignard-Verbindungen 103
Grimmsches Wörterbuch 555
Grindelhochhäuser (Hamburg) 423
Grippe 424
Grönland 80, 661
Großbritannien 362
- Appeasement-Politik 350, 361
- Bergarbeiterstreik 179
- Beveridge-Plan 384
- Britisch-Polnischer Beistandspakt 350
- Churchill-Ära 361, 412, 497
- Commonwealth 235,

- Deutsch-Britisches Flottenabkommen 310
- EG-Mitgliedschaft 677
- Falklandkrieg 630, 754
- Kolonien 13, **739**
- Königshaus 325, 486, 879, 905
- Labour Party 56, 208
- Londoner Protokoll 308
- Macmillan-Ära 515
- Nordirland **662**
- Poll Tax 837
- Regierungswechsel (1900–1920) 19, 27, 50, 71, 85, 125, 133
- Regierungswechsel (1921–1940) 184, 198, 208, 255, 308, 318, 325, 331, 360
- Regierungswechsel (1941–1960) 405, 467, 474, 497, 515
- Regierungswechsel (1961–1992) 567, 577, 580, 640, 682, 703, 730, 829
- Splendid Isolation 28
- Thatcher-Ära 731, 754, 837
- Verfassungskampf 64
- Victorianische Epoche 19
- Währungsumstellung 652
- Große Koalition (1966–1968) 601
- Großer Belt 323
- Großglockner-Hochalpenstraße 313
- Gruber-De-Gasperi-Abkommen 498, 632
- Grugapark (Essen) 261
- Grundgesetz **453**
- Grundlagenvertrag 645, 664
- Grünen, Die 737, **781**
- Gruner + Jahr Verlag 595
- Gruppe der 77 611
- Gruppe 47 437, **438**
- GSG 9 715
- Guatemala
- Bürgerkrieg 630, 842
- Diktatur der 14 Jahre 400
- Putsch (1944) 400
- Regierungswechsel 272, 396, 467, 490, 567, 780, 842
- Wahlen (1991) 842
- Guernica 321, 331, 337
- Guggenheim-Museum 534
- Guillaume-Affäre 684
- Guinea 530
- Regierungswechsel 768

Sachregister

Guomindang *92, 305*
GUS → Gemeinschaft Unabhängiger Staaten
Guyana *234, 727, 739*

H

Haager Konferenzen *65, 213*
Haager Landkriegsordnung *65, 120*
Haager Schlußakte *265*
Haber-Bosch-Verfahren *74, 146*
Habsburg *128, 144*
Hagenbecks Tierpark *67*
Haithabu *851*
Haiti
– Duvalier-Ära *653, 787*
– Regierungswechsel *71, 120, 515, 787, 895*
– US-Protektorat *121*
Halbleiterelektronik *223,* 434
Hall-Effekt *782*
Halleyscher Komet *87*
Hallstein-Doktrin *499*
Halogen-Lampe *539*
Hamas *723*
Hamburg *421, 835*
– Ballett *447*
– Elbtunnel *698*
– Grindelhochhäuser *423*
– Hagenbecks Tierpark *67*
– Oper *810*
– Sturmflut *561*
– Theater *17, 62*
Hämoglobin *564, 765*
Handball *615, 728*
Händel-Festspiele *170*
Handelsabkommen *524*
Handlungstheorie *214*
Hannover-Messe *432*
Hanns-Seidel-Stiftung *225*
Hapag-Lloyd AG *28*
Harappa *195*
Harrisburg *733, 791*
Harz (Nationalpark) *647*
Harzburger Front *273*
Haschisch *667*
Häuserbesetzung *673*
Hawaii *531*
Hay-Herrán-Vertrag *36*
Hay-Pauncefote-Vertrag *20*
Heimdall (Zeitschrift) *68*
Heimwehr *163*
Heinkel-Flugzeugtypen **325,** 356
Heinrich-Böll-Preis *206*
Heinrich-Mann-Preis *206*
Heißer Draht *569*
Helgoland **433**
Helium *47, 108, 726*
Helsinki-Gruppe *741*
Helsinki-Opernhaus *810*

Hepatitis *709*
Herero-Aufstand *44*
Heroin *667*
Herstatt-Pleite *687*
Herz-Lungen-Maschine *469*
Herzchirurgie *259,* **469,** *612*
Herzegowina *71, 85.* 846
Hessen *835*
– Amerikanische Besatzungszone *421*
– Rot-Grüne Koalition *781, 883*
– Wahlrecht *73*
Heysel-Stadion (Brüssel) *785*
Hifi-Technik *166*
Hindenburgdamm *244*
Hiroshima *412*
Hisbollah *723*
Historischer Materialismus → Marxismus
Hitler-Attentate *344, 396,* **398**
Hitlerjugend *233*
Hitlerputsch *176, 177, 202*
Hitler-Stalin-Pakt *351, 350*
Hitler-Tagebücher *765*
HIV-Virus → Aids
Hochdorf-Eberdingen, Keltenschatz *851*
Hochgeschwindigkeitszüge **581,** *581*
Hochhäuser **274**
Hochschulrahmengesetz *691*
Hochsprung *721*
Hochtemperaturreaktor *648*
Hoesch AG *850*
Höhlenmalereien *25, 195,* 891
Holmenkollen (Norwegen) *26*
Holocaust (TV-Serie) *735*
Holografie *434, 657*
Holtzbrinck-Gruppe *690*
Homelands *462, 547*
Homosexualität *638*
Honduras
– Fußballkrieg *630*
– Regierungswechsel *64, 90, 567*
Honecker-Prozeß *861*
Hongkong
– Bank of China *274*
– Vertrag *769*
Hoover-Plan *156, 213, 273*
Hörfunk → Rundfunk
Hormone *355, 464, 501, 539, 636, 657, 718*
Horrorfilm **193**
– Alien (R. Scott) *735*
– Bram Stoker's Dracula (F. F. Coppola) *193*
– Dracula (T. Browning) *193, 269*

– Exorzist, Der (W. Friedkin) *193, 680*
– Frankenstein (J. Whale) *193, 277*
– Golem, Der – wie er in die Welt kam (P. Wegener) *118, 170*
– Kabinett des Dr. Caligari, Das (R. Wiene) *159,* 169, *193*
– Katzenmenschen (J. Tourneur, 1942) *193*
– King Kong und die weiße Frau (E. B. Schoedsack) *193, 297*
– Nosferatu – Phantom der Nacht (W. Herzog) *193*
– Nosferatu – Sinfonie des Grauens (F. Murnau) *193*
– Omen, Das (R. Donner) *701*
– Rosemaries Baby (R. Polanski) *193, 615*
– Shining (S. Kubrick) *193, 735*
– Student von Prag, Der (S. Rye) *111, 193*
– weiße Hai, Der (S. Spielberg) *692, 760, 870*
Hörspiel *347, 470,* **471**
Hoßbach-Protokoll *333*
Houston *274*
Hovercraft *533*
Howaldtswerke Deutsche Werft AG (HDW) *599,* 611
Hoyerswerda *847*
Hula-Hoop *526*
Hultschiner Ländchen *154*
Humanae vitae, Enzyklika *625*
Hutu und Tutsi **900**

I

Iffland-Ring *905*
IFOR *846*
I. G. Farben *222*
– Auflösung *464*
– Nürnberger Prozesse *422, 421*
– Polyamidproduktion *346*
– Synthesekautschuk *259, 324*
IG Medien *824*
IJsselmeer *284*
Ikonoskop *223*
Imhausen *599, 815*
Immunsystem *904*
Impfstoffe *116, 484, 519*
Impfung *157*
Index librorum prohibitorum *603*
Indianer *673, 860*
Indien *234,* **430,** *739*

Internationales Ständiges Friedensbüro in Bern

– Bhopal *774*
– Gandhi-Ära *770*
– Kaschmir-Konflikt *439, 560, 592*
– Konfessionen *282*
– Regierungswechsel *577, 598, 768, 895*
– Schulden *795*
– Sikh-Aufstand *769*
– Überschwemmungen *314*
– Unabhängigkeitskampf *266, 430, 439*
Indigo *53*
Indikationsregelung *700*
Indikatormethode *393*
Indisch-Pakistanischer Krieg *592*
Indochinakrieg *422, 560,* **579** (auch → Vietnamkrieg)
– Dien Bien Phu, Schlacht *422, 491*
– Giftgas *121*
– Indochina-Konferenz *211, 491*
– Vietminh *266, 414, 422*
Indonesien *608*
– Indonesisch-Malaysischer Krieg *560*
– Konfessionen *282*
– Niederländisch-Indonesischer Krieg *560*
– Regierungswechsel *605*
– Schulden *795*
– Suharto-Ära *600*
– Sukarno-Ära *413, 600*
– Timor-Annexion *560*
– Unabhängigkeit *413*
Industriearchitektur *82*
INF-Vertrag *848*
Infektionskrankheiten **81,** 116, 250
Inflation (1923) *203*
Informatik *637*
Ingeborg-Bachmann-Preis *206, 486*
Inkatha *855*
Inselspringen (II. WK) *375*
Insulin *180, 203, 204, 433*
Intercity-Züge *655*
Internationale **151,** 310, 321
Internationale Arbeiterhilfe (IAH) *191*
Internationale Ärzte gegen den Atomkrieg *782*
Internationaler Gerichtshof *47, 61, 65, 241, 410*
Internationaler Währungsfonds (IWF) *410, 456*
Internationales Olympisches Komitee (IOC) *124*
Internationales Ständiges Friedensbüro in Bern *75,* 87

Internet

Internet 901
Interparlamentarische Union 22, 36, 180
Interpol 204, 510
Intifada 806
Invar *167*
Irak **832**
- Bath-Partei 621
- Golfkrieg (1.) *121, 560,* 742, 805
- Golfkrieg (2.) *560,* 832, 843
- Kurden *121,* 899
- Regierungswechsel *290, 522, 617, 730*
- Staatsstreich (1958) 523
Iran
- Airbus-Abschuß 804
- Geiseln (Teheran) 740
- Golfkrieg (1.) *121, 560,* 742, 805
- Konfessionen 282
- Krupp-Beteiligung 688
- Pahlawi-Ära 222, 469
- Regierungswechsel *64, 78, 219, 370, 730, 748, 815*
- Revolution 730
- Rushdie-Todesurteil 826
Iran-Contra-Affäre *599, 684,* 789
Irisch-Republikanische Armee (IRA) 150, *178, 662, 723,* 876, 897
Irland **178**
- EG-Mitgliedschaft 677
- Government of Ireland Act 150, 178
- Nordirland 178, 631, **662,** 709
- Osteraufstand 126, *178*
- Regierungswechsel *279,* 829, 854, 873
- Unabhängigkeit 150
Iskra (Zeitschrift) 36
Islamische Heilsfront (FIS) 723
Islamischer Heiliger Krieg 723
Island **146**
- Helgafell-Ausbruch 29
- Kabeljaukrieg 694
- Vatnajökull 902
Isonzo-Schlacht 120, 135
Isotope 108, *180, 190,* 305
Israel **441**
- Balfour-Deklaration 28, 135, 175
- Britisches Mandat 163, 175, 360
- Ermordung Rabin 886
- Frieden mit Ägypten 723, *726*

- Gaza-Jericho-Abkommen 866
- Gründung 441
- Jom-Kippur-Krieg *185,* 608, 676
- Regierungswechsel *474, 482, 497, 567, 629, 682, 713, 762, 854, 833, 855*
- Sechstagekrieg *185,* 607
- Sinai-Feldzug 508, *608*
Israelisch-Arabischer Krieg *121, 185, 441,* 508, **607,** *608, 676*
Itaipu, Kraftwerk 775
Italien **896**
- Abessinienkrieg *121,* **311**
- Agrarkrise 12
- Aldo-Moro-Affäre 722
- Attentat auf Umberto I. 12
- Bologna-Anschlag 740
- Erdbeben 122
- I. WK 120, 135
- Faschismus 187, 209, **219,** 232, 392
- Italienisch-Türkischer Krieg 91, *164*
- Kolonien 92, 429, *633*
- Proklamation der Republik 420
- Regierungswechsel (1900–1930) *11, 35, 184*
- Regierungswechsel (1931–1960) *388, 405, 419, 439, 522*
- Regierungswechsel (1961– 1996) *577, 652, 722, 748, 762, 780, 795, 854, 873, 883, 895*
- II. WK 362, *364,* 364, 366, 370
IWF → Internationaler Währungsfonds

J

Jahr der Alphabetisierung *699*
Jahr der Behinderten *699*
Jahr der Frau *699*
Jahr der Weltbevölkerung *699*
Jahr des Kindes *699*
Jalta, Konferenz 405, *406*
Jamaica *234, 739*
James-Bond-Filme 564
Japan **52, 816**
- Aum-Sekte 884
- Autoindustrie 743
- Erdbeben 203
- Japanisch-Chinesischer Krieg *121,* **332**
- Kaiserkrönung 815
- Korea-Annexion 85
- Mandschurei 50, 272, *332*

- Regierungswechsel *99, 141, 173, 235, 255, 279, 370, 429, 490, 537, 661, 682, 815, 864, 895*
- Russisch-Japanischer Krieg **50,** 50
- Sowjetisch-Japanischer Pakt 370
- Umweltskandal 678
- II. WK *121, 375,* 412
Jasmund (Nationalpark) *647*
Jassy, Frieden *164*
Jazz 216, **227, 228,** 347, 395
Jemen *739*
- Jemenitischer Krieg *560,* 608
- Militärputsch (1962) 558
- Regierungswechsel *556*
- Wiedervereinigung 831
JET (Joint European Tours) 775, 852
Jom-Kippur-Krieg *185, 608,* 676
Jordanien **643**
- Regierungswechsel *467, 474*
- Schulden *795*
Judenverfolgung **311, 380**
- Auschwitz *371, 380,* 405
- Berufsverbot 380
- Boykottmaßnahmen (1933) *294, 311, 380*
- Ghettos 360, *380*
- Grynszpan-Attentat 343, *380*
- Holocaust (TV-Serie) 735
- Konzentrationslager *292,* 352, 379, *380,* 426
- Kroatien 371
- Nürnberger Gesetze 311, *380*
- Polen *352,* 360, *380*
- Reichskristallnacht 344, *380*
- Wannsee-Konferenz 379, *380,* 405
- Wiedergutmachung *474*
Jugend (Zeitschrift) 68
Jugendbewegungen 23, **23**
Jugendherbergen 82
Jugendliteratur 417, **418,** 542
Jugendstil 13, 17, **24**
Jugoslawien **256**
- Bürgerkrieg **846**
- Exilregierung 390
- Gründung 145
- Königsdiktatur 255, 303
- Regierungswechsel *173, 299, 482, 737*
- Tito-Ära 415
- II. WK *366,* 398
Jumbo-Jet 636

Jungle *494*
Jungtürken 78, *164*
Junkers 269
Jupiter *562,* 878
Jura-Kanton 724
Justizskandale *563*

K

Kabarett **23,** 32, 231, 427, **427**
Kabelfernsehen 648, *776*
Kabeljaukrieg *146,* 694
Kairo, Konferenzen (II. WK) *406*
Kälbermast-Skandal *751*
Kalkrieser Berg *851*
Kalter Krieg 419, **547**
Kambodscha 530
- Bürgerkrieg *560,* 725
- Friedensplan 833
- Pol-Pot-Regime 705, 725
- Regierungswechsel *370, 497, 703, 730*
- Rote Khmer 641, 705, 725, 833
- Vietnamesischer Einmarsch (1978) *560,* 725
- Vietnamkrieg *(1970)* 641
Kamerun *175,* 537
Kämpfende Kommunistische Zellen (CCC) 723
Kampfverbände (Weimarer Republik) *163,* 210
Kanada *234, 739*
- Québec 643
- Regierungswechsel *173, 617, 864*
- Separatismusbewegung 643
Kanalbauten **345**
Kapkolonie 13, 85
Kapp-Putsch *161,* 162
Kap Verde *86*
Karelien *137*
Karl-May-Museen 565
Karlsbader Konvention 50
Kärnten *164*
Karolinen *175*
Karotissinusreflex *346*
Karthago 196
Kasachstan *849*
Kaschmir-Konflikt *560,* 592
Kassettenrecorder *166*
Katalysator *102,* 678
Katar *739*
Kathodenstrahlen *53,* 61, *237*
Katyn *233,* 390
Kaufhausbrandstiftung 618
Kaukasus 884
Kautschuk 66, 81
KdF → Kraft durch Freude
Kenia *234, 739*

- Regierungswechsel 722
- Unabhängigkeit 570

Kernforschung → Atomphysik
Kernfusion 346, *648*, *775*, *852*
Kernspaltung 346, 384, *402*
Kernspintomographie 416, 657
Keuchhusten *157*
Keynesianismus 322
Kfz-Versicherung 355
KGB (Komitee für Staatssicherheit) 184
Kiautschou 175
Kießling-Wörner-Affäre 684, 768
Kinder- und Jugendbuch **418**, *417*, 542
Kinderarbeit **46**, 344
Kinderlähmung (Polio) *204*, 484, *493*, 519
Kinsey-Report 446
Kirche
- Befreiungstheologie 738
- Bekennende Kirche 301
- Frauenordination 861
- Kirchenkampf 44, 57, **452**
- Kirchentag 158
- Kritiker **734**, 735
- Lourdes 227
- NS-Regime 295, 302, 331, *389*
- Ökumene 227, 584, 718
- Reichskonkordat (1933) 295, 331
- Weltkirchenkonferenz 210

Kirgisien 849
Kiribati 234, 739
Kirow-Ballett 447
Kladderadatsch (Zeitschrift) 68
Kleine Entente **209**, *294*, 299
Kleist-Preis 206
Klöckner AG 782
Knaus-Ogino-Methode 261
Knossos 17, *195*
Kohle-Strom-Vertrag 743
Kohlesubventionen 886
Kohleverflüssigung 94, *223*, 274
Kokain 667
Köln
- Ausgrabungen 851
- Museen 521, *534*

Kolonien **175**, 530, 739
- Belgien 73
- Deutsches Reich 11, *44*, 64, 117, 121, *154*, 173, **175**, 830
- Frankreich 12, 46, 85, 422, 491, 492, **530**, 714
- Großbritannien 739
- Italien 91, 429, *631*

- Niederlande 696
- Portugal 86, *121*, 683

Kolumbien
- Bürgerkrieg 630
- Nevado-del-Ruiz-Ausbruch 29, 783
- Panama 36
- Regierungswechsel 379, *522*

Komintern 310, 321, 391
Komitee für Menschenrechte 741
Kommunalreform (BRD) 605
Kommune I 613
Kommunistische Partei Chinas (KPCh) 176
Kommunistische Partei der Sowjetunion (KPdSU) 580
Kommunistische Partei Deutschlands (KPD) 148, **149**, 175, *177*, *281*, 507
Kommunistische Staaten **414**, 823
Komoren 530
Kompositionstechnik *207*
Kon-Tiki-Expedition 434
Kondome *261*
Konferenz für Sicherheit und Zusammenarbeit in Europa (KSZE) *443*, 516, **695**, 884
Konferenzen, Alliierte (II.WK) 381, 388, 393, 399, 405, **406**, 411
Kongo → Zaïre
Konkrete Kunst 88
Konrad-Adenauer-Stiftung 225
Konstruktivismus 88, *122*, 139
Kontinentales Tiefbohrprogramm der Bundesrepublik Deutschland (KTB) 798
Konventionelle Streitkräfte in Europa (KSE) 848
Konzentrationslager (KZ) 292, 352, 379, *380*, 426
Konzerngründungen **222**, 236
Konzertierte Aktion 609
Köpenick, Hauptmann von 60
Kopierverfahren 336
Korea (auch → Nordkorea; → Südkorea)
- Japanische Annexion 85
- Teilung 442

Koreakrieg *121*, 462, **463**, *547*, 560
Kortison 245, 457, 464, 594
Kosmische Strahlung 101, *324*, *446*, *493*, *582*, *726*

Kousseri, Schlacht 12
KPD → Kommunistische Partei Deutschlands
KPdSU → Kommunistische Partei der Sowjetunion
Kraft durch Freude (KdF) 297
Krankenversicherung 243
Krankheiten 81
- Aids 807
- Allergien 108
- Anämie 305
- Beriberi 93, *260*
- Diphtherie 22, 81, 116, *204*
- Ebola-Virus 891
- Gonorrhoe *81*
- Grippe *424*
- Hepatitis 709
- Keuchhusten *157*
- Kropf *81*
- Lepra *81*
- Malaria 31, 68, 81, 245, 594
- Minimata-Krankheit 678
- Mumps 493
- Pellagra 93
- Polio 484, *493*, 519
- Rachitis 93, *260*
- Röteln 493
- Scharlach *81*
- Skorbut 93, *260*
- Star *93*
- Syphilis 75, 80, 81, *204*, 416
- Tetanus 22, 81, 116
- Tuberkulose 53, 81, 355, *478*
- Typhus 81, *157*, 251

Krebsforschung 203, *237*, 274, 601, 698, 826
Krebsvorsorge 658
Kreisauer Kreis 389
Kreta
- Knossos 17
- II. WK 366

Kriegs- und Antikriegsfilm **736**
- Boot, Das (W. Petersen, 1981) *752*
- Brücke, Die (B. Wicki, 1959) *535*, 736
- Brücke am Kwai, Die (D. Lean, 1957) 520
- Die durch die Hölle gehen (M. Cimino, 1978) 728, 736
- Full Metal Jacket (S. Kubrick, 1987) 736
- Gallipoli (P. Weir, 1981) 736
- große Illusion, Die (J. Renoir, 1937) 736

- Im Westen nichts Neues (L. Milestone, 1930) 736
- Iwans Kindheit (A. Tarkowski, 1962) 736
- Stalingrad (J. Vilsmaier, 1992) 861
- Verdammt in alle Ewigkeit (F. Zinnemann, 1953) 736
- Wege zum Ruhm (S. Kubrick, 1957) 736

Kriegsherde **560**, 630, **704**
Kriegstechnologie → Waffentechnik
Kriminal- und Gangsterfilm **376**
- Asphalt-Dschungel (J. Huston, 1950) 376
- Batman (Tim Burton, 1988) *870*
- Bonnie und Clyde (A. Penn, 1967) 615
- Boulevard der Dämmerung (B. Wilder, 1950) 376
- Cocktail für eine Leiche (A. Hitchcock, 1948) 376
- Diva (J.-J. Beineix, 1981) *752*
- dritte Mann, Der (C. Reed, 1949) 459
- Entscheidung in der Sierra (R. Walsh, 1941) 376
- Es geschah am hellichten Tag (L. Vajda) 527
- Es war einmal in Amerika (S. Leone, 1984) 777
- Frau ohne Gewissen (B. Wilder, 1944) 376
- Gefährliche Begegnung (F. Lang, 1944) 376
- Gilda (C. Vidor, 1946) 376
- Haben und Nichthaben (H. Hawks, 1944) 376
- Im Kreuzfeuer (E. Dmytryk, 1947) 376
- Im Schatten des Zweifels (A. Hitchcock, 1943) 376
- Im Zeichen des Bösen (O. Welles, 1957) 376
- Jenseits allen Zweifels (F. Lang, 1956) 376
- kleine Caesar, Der (M. LeRoy, 1930) 269
- Lady von Shanghai, Die (O. Welles, 1946) 376
- Laura (O. Preminger, 1944) 376
- Ministerium der Angst (F. Lang, 1944) 376
- Mord an einem chinesischen Buchmacher (J. Cassavetes, 1976) 710
- Mord, mein Liebling (E. Dmytryk, 1944) 376

Kriminalistik

- Mordsache dünner Mann (W. S. v. Dyke, 1934) *306*
- Rififi (J. Dassin, 1954) *495*
- Scarface (H. Hawks, 1932) *286*
- Spur des Falken, Die (J. Huston, 1941) *376*
- Spur des Fremden, Die (O. Welles, 1946) *376*
- Tote schlafen fest (H. Hawks, 1946) *426*
- Unter Verdacht (R. Siodmak, 1944) *376*
- Verdacht (A. Hitchcock, 1941) *376*
- verlorene Wochenende, Das (B. Wilder, 1945) *376*
- Wendeltreppe, Die (R. Siodmak, 1945) *417*
- Zeuge gesucht (R. Siodmak, 1943) *376*

Kriminalistik 510
Kriminalroman **168, 356**
Kritische Theorie *214*, 584
Kroatien 145, *366*, 371, *846*
Kronstädter Aufstand 173
Krupp-Konzern 37, 97, *599*, 688, 782, 850
Kruzifix-Urteil 892
Krypton *47*
KSE → Konventionelle Streitkräfte in Europa
KSZE → Konferenz für Sicherheit und Zusammenarbeit in Europa
Ku-Klux-Klan 200
Kuba **27**
- Castro-Ära 546, *547*, 529
- Fluchtwelle 875
- Regierungswechsel *360*, 529

Kubakrise 546, **547**
Kubismus 54, 69, **70**, 82
Kulaken 267
Kulturrevolution 600
Kündigungsschutzgesetz *665*
Kunstherz *612*
Künstlervereinigungen
- Bauhaus *40*, **158**, 217
- Blauer Reiter 97, **98**
- Brücke, Die **53**
- COBRA 448
- De Stijl **139**, 158
- Deutscher Künstlerbund 40
- Deutscher Werkbund 69, 158
- Neue Künstlervereinigung 83
- Novembergruppe 146
- Secessionsbewegungen **17**, 40

- Werkstättenbewegung *40*,
Künstliche Lunge 260
Künstliche Niere 384
Künstliches Herz *469, 612*
Kunstmarkt *800*
Kunststoffe **295**
- Acetylen 268
- Acrylglas 295
- Bakelit 66, 190, *295*
- Nylon 190, 314
- Perlon 190, 346
- Phenolharz 295
- Polyamid 295
- Polyester 295
- Polyethylen 190, *295*
- Polypropylen 295
- Polystyrol 295
- Polytetrafluorethylen *295*
- Polyurethan 295
- Polyvinylchlorid (PVC) 109, 190, *295*, 393
- Polyvinylpyrrolidon 268
- Silikon 295
- Styropor 295
- Synthesekautschuk 259, *295*, 314, 324, *573*
- Teflon *295*, 346

Kunststoffverpackungen *582*
Küntscher-Nagelung 204
Kurden *121*, 545, **546**, *674*, 832, 899
Kurland 117
Kurzschrift 192
Kuwait *739*
- Golfkrieg 560, *832*, 843
- Unabhängigkeit 547

Kybernetik 444
KZ → Konzentrationslager

L

Labour Party 56, 208
Ladenschlußgesetz 824, *824, 902*
Lambaréné *478, 618*
Länder-Umbenennungen *663*
Landminen 897
Landwirtschaftliche Produktionsgenossenschaft (LPG) 443
Langer Donnerstag 824
Langer Marsch 304
Laos *530, 557*
- Regierungswechsel *556, 694*
- Vietnamkrieg 641

Lärmschutz 655
Lascaux 208
Laser *52, 223*, 540, *583, 601, 657, 718, 751*
Lateinamerika 353, 605, **630**, *776*
La-Tène-Grabungen *851*

Lateranverträge 191, 255, *257*
Lausanne, Frieden (1923) *154, 164, 199, 202, 319*
Lebensmittelrationierung **464**
Lebensmittelskandale 751
Lega Nord *883*, 896
Legion Condor *321*, 331
Leichtathletik
- Day of the Days 316
- Fosbury-Flop 628
- Kugelstoßen *872*
- Lang- und Mittelstrecke 105, 218, 359, 387, 480, 544, 767, 801
- Speerwurf 778
- Sprint 316, 450, 536, 544, 627, 778, 812, 813, *872*
- Traumgrenzen 387, **720**
- Weitsprung 316, 628, 778
- Weltmeisterschaft (1995) 893
- Zehnkampf 105

Leihschwangerschaft 783
Leipzig
- Deutsche Bücherei 104
- Gewandhausorchester *503*
- Montagsdemonstrationen *820*
- Pfeffermühle *427*
- Völkerschlachtdenkmal 110

Le Mans 206
Lengede 573
Lepra *81*
Lesotho *234, 739*
Lettland
- Baltische Entente 303
- Regierungswechsel *783, 883*
- Sowjetische Annexion 363
- Unabhängigkeit 829

Leuchtender Pfad *630*
Leuchtstofflampe 324
Leukotomie 457
Lever House (New York) 478
Libanon **844**
- Bürgerkrieg 694, 844
- Unabhängigkeit 373

Liberia
- Doe-Ära 738
- Regierungswechsel *388, 737, 829, 895*
- Tubman-Ära 738

Libyen **631**
- Kolonialzeit 91
- Libysch-Ägyptischer Krieg *704*
- Militärputsch *606*, 631
- Regierungswechsel *629*

Lichtgeschwindigkeit *68*
Lidice 381
Liechtenstein *90*
Lindbergh-Entführung 287
Lippe *73*
Litauen 849
- Baltenpakt (1934) 303
- Brest-Litowsk, Frieden *117*, 141
- Memelland 350, **351**
- Militärputsch (1926) 235
- Regierungswechsel *232*
- Sowjetische Annexion 363
- Unabhängigkeit 829

Literatur (auch → Theater)
- Beat-Generation 512, **519**, 520
- Buchgemeinschaften 216
- Dadaismus *132*
- DDR-Schriftsteller **707**, 720
- Exil *385*, 386
- Existentialismus *347*, 403
- Expressionismus 88, *169*
- Fantasy 493
- Gruppe 47 *437*, **438**
- Kinder- und Jugendbuch *417, 418*, 542
- Kriminalroman **168, 356**
- Preise *206*, 486
- Science Fiction 287, **458**, 459
- Surrealismus 229
- Verbände 182, 638, 660

Literaturverfilmung
- blaue Engel, Der (J. v. Sternberg, 1930) *269, 270*
- Blechtrommel, Die (V. Schlöndorff, 1979) *735*, 744
- Dead, The – Die Toten (J. Huston, 1987) *799*
- Doktor Schiwago (D. Lean, 1965) *596*
- Dreigroschenoper, Die (G. W. Pabst, 1931) *277*
- Faust – Eine deutsche Volkssage (F. Murnau, 1926) *239*
- Gefährliche Liebschaften (S. Frears, 1988) *811*
- Hamlet (L. Olivier, 1948) *448*, 459
- Geisterhaus (B. August, 1993) *871*
- Jenseits von Eden (E. Kazan, 1955) *502*, 503
- Leopard, Der (L. Visconti, 1962) *565*
- Liebelei (M. Ophüls, 1933) *297*
- Mein Vater, mein Herr (P. u. V. Taviani, 1977) *719*

Sachregister — Melodram

- Menschen im Hotel (E. Goulding, 1932) *286*
- Mephisto (I. Szabó, 1980) *745, 759*
- Moby Dick (J. Huston, 1956) *511*
- Orphée (J. Cocteau, 1950) *465*
- Piano, Das (J. Campion, 1993) *871*
- Prozeß, Der (O. Welles, 1962) *565*
- Reigen, Der (M. Ophüls, 1950) *465*
- Tod in Venedig (L. Visconti, 1970) *649*
- Untertan, Der (W. Staudte, 1951) *471*
- Verdammt in alle Ewigkeit (F. Zinnemann, 1953) *488*
- verlorene Ehre der Katharina Blum, Die (V. Schlöndorff/ M. v. Trotta, 1975) *701*
- Weg nach oben, Der (J. Clayton, 1958) *527*
- Wer hat Angst vor Virginia Woolf (M. Nichols, 1965) *596*

Lithographie *47*
Livland *117*
Locarno
- Filmfestspiele *427*
- Vertrag 221, 232, 233, *249, 848*

Lockheed-Affäre 65, *599, 584*, 705, *816*
Lohnfortzahlungsgesetz (LFZ) 645, *899*
Lomé-Abkommen *443, 516, 697*
London
- Ballett *447*
- Heathrow Airport *423*
- Museen *534*
- Orchester *503*

Londoner Flottenabkommen *249*
Londoner Konferenz (II. WK) *406*
Londoner Protokoll *308*
Londoner Schuldenabkommen *419*
Loretto-Schlacht *116*
Lötschberg-Tunnel *59*
Lotterien **181**
Lottozahlen *596*
Lourdes *227*
Louvre *95*, *827*
LPG → Landwirtschaftliche Produktionsgenossenschaft
LSD 393, *667*

Lübeck *785*
Luftfahrt
- Atlantiküberquerung 245, *249, 355*
- Fluggesellschaften *80*, **236**
- Flughäfen **423**, *551*, *564*
- Flugzeugtechnik *260*, *269, 325*, *510*, *636*, *666*
- Katastrophen **716**, *860*
- Motorflug *22*, **38**, *81*
- Polarroute *492*
- Rekordflüge *296*
- Zeppelin *15*, *80*, *335*

Lufthansa *236*
Luftschiff *15*, *80*, *335*
Luftspionage *537*
Lunik *533*
Lusitania, Versenkung *127*
Lustige Blätter (Zeitschrift) *68*
Luxemburg
- Exilregierung *390*
- Regierungswechsel 148, *883*

M

Maastrichter Verträge *516, 568*, **849**
Machu Picchu *195*
Madagaskar *530*
Maginot-Linie *362*
Magnetbahn *657*
Magnetband *223, 250*
Majdanek, KZ *233, 380*
Majdanek-Prozeß *422*, *752*
Malaria *31*, *68*, *81*, *245*, *594*
Malawi *234*, *739*
Malaysia *234*, *560*, *610*, *739*
Malediven *739*
Malerei (auch → Künstlervereinigungen)
- Abstrakte Malerei *88*
- Abstrakter Expressionismus **436**
- Action Painting *436*
- Colourfield Painting *436*
- Entartete Kunst **338**
- Expressionismus *54*, *97*, **169**
- Futurismus *82*
- Gemälde, teuerste *800*
- Graffiti *767*
- Guernica *321*, *331*, *337*
- Jugendstil *17*, **24**
- Kubismus *69*, **70,** *82,*
- Multiple Objekte *614*
- Neoplastizismus *139*
- Neue Sachlichkeit *230*
- Neue Wilde **758**
- Op-art *596*
- Pop-art **586**
- Surrealismus *82*, *229*

- Van-Gogh-Ausstellungen *24*, *840*
Mali *530*
Malta *234*, **686,** *739*
Mandschurei *50*, *272*
Mandschurische Eisenbahn *29*
Manhattan-Projekt *384*
Margarethenhöhe (Essen) *97*
Marianen *175*
Marienwerder *154*, *161*
Marihuana *667*
Marne-Schlacht *116*
Marokko *530*, **546**
- Königshaus *545*
- Regierungswechsel *71*, *99*, *482*, *497*, *545*
- Rifkabylen *121*, *232*
- Westsahara *546*, *704*, *704*
Marokko-Krise *46*, **56,** *92*
Mars *562*
Marsch auf Rom 187, *219*
Marshallinseln *175*
Marshallplan **430,** *486*
Martinique *29*
Marxismus *214*
März (Zeitschrift) *68*
Maschinenpistole *130*
Massenmörder *225*, **226**
Mathildenhöhe (Darmstadt) *24*
Matteotti-Krise *209*
Matterhorn *275*
Mauerbau (Berlin) *547*
Mauerschützenprozeß *860*
Mauretanien *530*
- Westsahara *546*, *704*
Mauritius *234*, *739*
Max-Planck-Gesellschaft *445*
Mazedonien *107*, *846*, *886*
McCarthy-Ausschuß *461*, *488*
Mecklenburg-Vorpommern *835*
- Neue Bundesländer *835*
- SBZ *413*, *421*
Medienkonzerne *789*, **888,** *889*
Medikamente
- Aspirin *37*
- Beta-Blocker *807*
- Chinin *656*
- Kortison 245, *457*, *464*, *494*
- Methadon *809*
- Methodrexat *839*
- Penicillin *81*, *204*, *250*, *416*, *533*
- Prontosil *80*, *250*
- Salvarsan *75*, *80*, *204*
- Sulfonamide *204*, *250*, *355*

- Syncillin *533*
Medikamentenmißbrauch *667*
Medizin *204* (auch → Krankheiten; → Medikamente)
- Augenheilkunde *93*
- Chemotherapie *75*, *80*, *204*, *250*
- Computertomographie (CT) *416*, *667*, *734*
- Diagnostik *46*
- EEG *204*
- Eiserne Lunge *260*
- EKG *204*, *215*
- Endoskop *679*
- Herzchirurgie *204*, *259*, *469*, *612*
- Impfung *22*, *116*, *157*, *484*
- Insulin *180*, *203*
- Krebsforschung *203*, *274*, *601*, *698*, *826*
- Krebsvorsorge *658*
- Künstliche Niere *384*
- Leukotomie *457*
- Lichtbehandlung *36*
- Marknagelung *204*
- Penicillin *204*, *250*
- Prothese *137*
- Strahlentherapie *14*
- Syphilis-Therapie *75*, *80*, *204*
- Thoraxoperation *204*
- Transplantationschirurgie *103*, *204*, *744*, *839*
Meeresverschmutzung **688**
Meerwasserentsalzungsanlage *623*
Mehenkwetre-Grabschatz *181*
Mehrwertsteuer *623*
Meinungsforschung *325*
Meißner-Effekt *53*
Melodram
- Abgrund, Der (U. Gad, 1910) *88*
- arme Jenny, Die (U. Gad, 1912) *104*
- Blinde Ehemänner (E. v. Stroheim, 1918) *147*
- Bodygard (M. Jackson, 1993) *871*
- freudlose Gasse, Die (W. Pabst, 1925) *168*, *230*, *270*
- Gebrochene Blüten (D. W. Griffith, 1919) *159*
- Heißes Blut (U. Gad, 1911) *88*
- Liebesglück einer Blinden, Das (O. Meßter, 1910) *88*
- Love Story (A. Hiller, 1969) *659*

Memelland

- Schatten des Meeres, Der (C. A. Stark, 1912) *104*
- Scheich, Der (G. Melford, 1921) *182*, 182
- Terje Vigen (V. Sjöström, 1917) *140*

Memelland 154, 350, *351*
Mendelsche Regeln 13
Menschenrechts-Konventionen **443**
Menschewiki 36, 141
Mercalli-Skala 314
Mercosur **888**
Merkur *562*
Merrifield-Technik 775
Mescalin 667
Messel, Grube *851*
Messen **432**
Messerschmitt-Bölkow-Blohm (MBB) 824
Methadon 809
Metro (Paris) 13
Metropolitan Opera (New York) 75, 502
Mexiko 248, *249*
- Regierungswechsel 90, 113, 120, 161, 299, 873
- Revolution 90, *91*
- Schulden 795

Michelson-Versuch 68
Mickey Mouse 240
Midway, Schlacht 380
Mikroben 890
Mikroprozessor 636
Mikroskopie *224*, 384, 750
Militärische Bündnisse **114, 294, 350, 451**
- Anti-Komintern-Pakt 321, 334, 365
- ANZUS-Pakt *19*, 451
- Arabische Staatenbünde **523**
- Bagdadpakt *202*
- Balkanbund (1912) 71, 99, *114*
- Balkanpakt (1934) *294*, 299
- Baltenpakt 303
- Britisch-Polnischer Beistandspakt *350*
- Deutsch-Polnischer Nichtangriffspakt 299
- Dreibund 28, 79
- Dreimächtepakt 365
- I. WK **114**
- Entente cordiale 28, 44, 56, 66, *114*
- Französisch-Sowjetischer Beistandspakt 310
- Hitler-Stalin-Pakt *350*, 351
- Kleine Entente **209**

- NATO *451*, 490, *491*, 606, 733, **898**
- Organisation Amerikanischer Staaten (OAS) 198, *432*, *443*, *451*, 630
- Rückversicherungsvertrag *114*
- Stresa Front 308, 310
- Tripelentente 44, 66, *114*
- Viermächtepakt (1933) 294
- Warschauer Pakt *451*, *491*, *498*, 498, 843
- Zweibund *114*
- II. WK 350, *366*

Militärische Operationen
- Adlertag *382*
- Barbarossa *382*, 373, 383
- Catapult 352, *363*
- Crusader *365*
- Demon *366*
- Dragoon *364*
- Dynamo *352*
- Fall Gelb *382*
- Fall Weiß *382*
- Husky *364*
- Marita *366*
- Merkur *366*
- Overlord *364*
- Paukenschlag *364*, 379
- Ranchhand *121*
- Seelöwe *364*, 364
- Taifun *373*, *382*
- Torch *365*
- Wüstensturm 843
- Zitadelle *373*

Militärputsche **606**
- Afghanistan (1978) 733
- Ägypten (1952) 606
- Argentinien (1955/1962/ 1976) *499*, 606, 705
- Äthiopien (1974) 606, *686*
- Bolivien (1971) 653
- Brasilien (1964) 577, *606*
- Chile (1973) *606*, 675
- Dominikanische Republik (1965) 591
- Ghana (1966/1972) 599, *606*
- Griechenland (1967) 606
- Guatemala (1944) 400
- Jemen (1962) 558
- Kongo (1972) *606*
- Libyen (1969) *606*, 631
- Litauen (1926) 235
- Osmanisches Reich (1909) 78
- Pakistan (1977) *606*, 715
- Paraguay (1954/1989) *490*, 816
- Polen (1926) 233
- Portugal (1926/1974) 280, *606*, 683

- Spanien (1923) 200
- Südkorea (1961) 557, *606*
- Syrien (1963/1970) 568, *606*, 644
- Türkei (1980) *606*, 742
- Uganda (1971) *606*, 731
- Zentralafrikanische Republik (1981) *606*
- Zypern (1974) 685

Military 33
Minderheiten **674**
Minimata-Krankheit 678
Minirock 583
Ministerinnen **549**
Ministerium für Staatssicherheit (MfS) 461, 854
Mißtrauensvotum 663, 755
Mitbestimmung 165, *468*, 476
Mittelamerika *630*
Mittellandkanal 345
Modern Dance 41, *297*, *447*
Modernismus 31
Modeschöpfer *436*, 583
Mogadischu, Geiselbefreiung 715
Mohenjo Daro *195*
Moldawien *849*
Molekularstrahlmethode 393
Monaco 90, *451*
Monarchien **129**
Mondlandung 635
Mondsonde 533
Monetarismus 322, *709*
Mongolei 212
- Regierungswechsel *829*

Monroe-Doktrin 46
Montanunion *468*, 515, 610
Mont-Cenis-Tunnel *59*
Monte-Carlo-Rallye 745
Montenegro 366, *846*
- Balkankriege 99, 106, *107*

Montessori-Kindergärten 67
Monumental- und Historienfilm
- Ben Hur (S. Olcott 1907) *69*
- Cabiria (G. Pastrone, 1914) *118*
- Doktor Schiwago (D. Lean, 1965) *596*
- Gandhi (R. Attenborough, 1982) *760*, 766
- Geburt einer Nation (D. W. Griffith, 1915) 124, *124*
- Der Name der Rose (J.-J. Annaud, 1986) *793*
- Intoleranz (D. W. Griffith, 1916) *131*
- Kagemusha – Der Schatten des Krieges (A. Kurosawa, 1980) *745*

- letzte Kaiser, Der (B. Bertolucci, 1987) *799*, 810
- letzten Tage von Pompeji, Die (Maggi/A. Ambrosio, 1908) *76*
- Madame Dubarry (E. Lubitsch, 1919) *156*
- Napoleon (A. Gance 1927) *246*
- 1900 (B. Bertolucci, 1976) *710*
- Nibelungen, Die (F. Lang, 1924) *216*
- Reise nach Indien (D. Lean, 1984) *777*
- Tirol in Waffen (C. Froelich, 1914) *118*
- zehn Gebote, Die (C. B. DeMille, 1923) *205*

Morgenthau-Plan 399, *406*
Morphium *433*, 667
Mosambik 86, *704*
Moseleysches Gesetz 122
Moskau
- Filmfestspiele *427*
- Konferenzen (2. WK) *406*

Moskauer Vertrag 642, *645*
Motorflug 22, **38**, 81, 214, *296*
Motorroller 424
Motorsport
- Avus 240
- Gordon-Bennett-Preis 26
- Grand-Prix-Rennen 63, *
- Indianapolis 98
- Le Mans 206, 505
- Monte-Carlo-Rallye 745
- Nürburgring 307
- Peking–Paris 70
- Prinz-Heinrich-Fahrt 88
- Todesopfer 348, *358*, 359

Mount Everest 485
MPLA 703, 805
Mudros, Frieden *199*
Mudschaheddin 733
Müllkraftwerk 180
Mulitmedia 889
Multiple Objekte 614
Multiplex-Kinos *191*
Mumps *493*
München
- Biennale 811
- Jugendstil *24*
- Kabarett 23, *427*
- Museen 534
- Olympiastadion 668
- Philharmoniker 503
- Theater 62

Münchner Secession 17
Müritz (Nationalpark) *647*
Museen **534**
- Bundeskunsthalle (Bonn) *534*

Sachregister — NASA

- Busch-Reisinger-Museum (Cambridge) 534
- Center for Visual Arts (Cambridge) 534
- Centre Georges Pompidou (Paris) 534, 719
- Cleveland Museum of Art 534
- Clore Gallery (London) 534
- Deutsches Architekturmuseum (Frankfurt/Main) 534
- Diözesanmuseum Paderborn 534
- Folkwang-Museum (Essen) 195
- Guggenheim-Museum (New York) 534
- Institute du Monde Arabe (Paris) 534
- Karl-May-Museen (Bamberg, Radebeul) 565
- Kunstsammlung Nordrhein-Westfalen (Düsseldorf) 534
- Louvre (Paris) 95, 534, 827, 871
- Menil Collection (Houston) 534
- Museo del Tesoro di S. Lorenzo (Genua) 534
- Museum of Contemporary Art (Los Angeles) 534
- National Gallery of Art (Washington, D. C.) 534
- National Gallery of Canada (Ottawa) 534
- Neue Nationalgalerie (Berlin) 534
- Neue Pinakothek (München) 534
- Neue Staatsgalerie (Stuttgart) 534, 776
- Oakland Museum 534
- Pergamonmuseum (Berlin) 25
- Römisch-Germanisches Museum (Köln) 534
- Städtisches Museum Abteiberg (Mönchengladbach) 534
- Städtisches Museum für Moderne Kunst (Nagoya) 534
- Wallraf-Richartz-Museum (Köln) 521, 534
- Wasa-Museum (Stockholm) 554
- Whitney Museum (New York) 534

Musical
- Anatevka (J. Bock, 1964) 587
- Annie (C. Strouse, 1977) 719
- Annie Get Your Gun (I. Berlin, 1946) 426
- Black Rider, The (T. Waits, 1990) 840
- Cabaret (J. Kander, 1966) 602
- Candide (L. Bernstein, 1956) 511
- Carousel (R. Rodgers, 1945) 417
- Cats (A. L. Webber, 1981) 752
- Chicago (J. Kander, 1975) 701
- Chorus Line, A (M. Hamlish, 1975) 701
- City of Angels (C. Coleman, 1989) 827
- Company (S. Sondheim, 1970) 649
- Elisabeth (S. Levay, 1992) 861
- Evita (A. L. Webber, 1978) 728
- Feuerwerk (P. Burkhard, 1950) 465
- 42nd Street (H. Warren/ A. Dubin) 745
- Funny Girl (J. Styne, 1964) 587
- Funny Thing Happened On, A (S. Sondheim, 1962) 565
- Gaudí (E. Woolfson, 1995) 893
- Guys and Dolls (F. Loesser, 1950) 465
- Gypsy (J. Styne, 1959) 535
- Hair (G. McDermot, 1967) 615
- Hello, Dolly! (J. Herman, 1964) 587
- Irma La Douce (M. Monnot, 1956) 511
- Jesus Christ Superstar (A. L. Webber, 1971) 659
- Käfig voller Narren, Ein (J. Herman, 1983) 766
- Keep Cool (M. Rima, 1995) 893
- Kiss me, Kate (C. Porter, 1948) 448
- kleine Horrorladen, Der (A. Menken, 1982) 760
- König und ich, Der (R. Rodgers, 1951) 471
- Lady in the Dark (K. Weill, 1941) 377
- Linie 1 (B. Heymann, 1986) 793
- Little Night Music, A (S. Sondheim, 1973) 680
- Mame (J. Herman, 1966) 602
- Mann von La Mancha, Der (M. Leigh, 1965) 596
- Misérables, Les (C.-M. Schönberg, 1985) 784
- Miss Saigon (C.-M. Schönberg, 1989) 827, 880
- My Fair Lady (F. Loewe, 1956) 511, *511*
- Oklahoma! (R. Rodgers, 1943) 394
- Peter Pan (M. Charlap/ J. Styne, 1954) 495
- Phantom der Oper, Das (A. L. Webber, 1986) 793
- Rocky Horror Show, The (R. O'Brien, 1973) 680
- Show Boat (J. Kern, 1927) 246, 247
- Sound of Music, The (R. Rodgers, 1959) 535
- South Pacific (R. Rodgers, 1949) 459
- Sunday in the Park with George (S. Sondheim, 1984) 777
- Sunset Boulevard (A. L. Webber, 1993) 871
- Sweeney Todd (S. Sondheim, 1979) 735
- West Side Story (L. Bernstein, 1957) 520, 521
Musik
→ E-Musik; → Jazz; → Popmusik; → Musical)
Musikfilm
- Amadeus (M. Forman, 1984) 777
- Amerikaner in Paris, Ein (V. Minnelli, 1951) 471
- Blondinen bevorzugt (H. Hawks, 1953) 488
- Carmen (C. Saura, 1983) 766
- Doors, The (O. Stone, 1990) 840
- Drei von der Tankstelle, Die (W. Thiele, 1930) 269
- Hallelujah (K. Vidor, 1929) 263
- Kongreß tanzt, Der (E. Charell, 1931) 276
- Nur Samstag Nacht (J. Badham, 1977) 719, 720
- roten Schuhe, Die (M. Powell/E. Pressburger, 1948) 448
- Yeah! Yeah! Yeah! (R. Lester, 1964) 587
- Yellow Submarine (G. Dunning, 1967) 615
Mutterkreuz 192
Mutterschutzgesetz 665
Muttertag 192
My Lai, Massaker 617
Myanmar 557, *739*
- Friedensnobelpreis, Aung San Suu Kyi 850
- Regierungswechsel 439, 556
- II. WK 375

N

Nachkriegszeit
- Berlin-Blockade 442
- Besatzungszonen 413, *413*, **421**, *420*, *444*, 452
- Care-Pakete 425
- Demontage *413*, 432
- Entnazifizierung 411
- Flüchtlinge 400, 411
- Marshallplan **430**, *486*
- Morgenthau-Plan 399, *406*
- NS-Prozesse *421*, 422
- Parteien 420, *414*, 408, *443*
- Potsdamer Abkommen *406*, 411
- Reparationen 419, 429
- Sowjetische Besatzungszone (SBZ) 413, **413**, *443*, *444*
- Teilung 420, 440
- Trümmerfrauen 410
- Währungsreform 442, *444*, **444**
Nachrichtenagenturen **225**
Nachrichtensatellit 594
Nagasaki 412
Nagorny-Karabach *319*, 805
Naher Osten **199, 608**
(auch → Israel)
- I. WK 125
- Gaza-Jericho-Abkommen 441
- Mandatsgebiete 163
- Nahost-Konferenz 847, 855
- Nahost-Kriege *121*, *441*, *508*, *607*, **608**, 676
- Palästina, Teilung 175, *199*, 360
- Palästinenser 577, 629, *643*, *755*, *806*, **806**, 847
Nakayama-Tunnel 59
Namensrecht 852
Namibia *705*, 830
Nansenpaß 618
NASA 524

Pentium-Chip

Pentium-Chip 636
Perestroika 780, **817**, 839
Pergamonmuseum (Berlin) 25
Periodensystem 122
Perlon 190, 346
Persepolis 195
Persien → Iran
Personalausweis 798
Peru
– Militärputsch 623
– Regierungswechsel 148, 265, 439, 617, 694, 737, 829
Petersburger Blutsonntag 50, 58
Petersburger Vertrag 114
Pfadfinder 67
Pflanzenschutzmittel 355
Pflegeversicherung 243, 873
Phänomenologie 584
Phasenumwandlung 758
Philadelphia Orchestra 503
Philippinen **593**, 610, 787
– Bell Trade Act 593
– Marcos-Ära 593, 787
– Pinatubo-Ausbruch 29, 851
– Regierungswechsel 590, 787
– Schulden 795
– II. WK 375
Philosophie **584**
Phosphat 791
Photosynthese 552
pH-Wert 46
Physik **52** (auch → Atomphysik)
– Blasenkammer 93, 539
– Braunsche Röhre 81
– Dalénblinklicht 103
– Elektronenmikroskop 223, 274
– Elektronenröhre 47
– Elektronentheorie 31
– Elektronik 47, 61, 434
– Festkörperphysik 335
– Flüssigkristalle 850
– Frank-Hertz-Versuch 224
– Geophysik 285, 539
– Gleichrichter 81
– Glühelektrischer Effekt 47, 251
– Halbleiterelektronik 223, 434
– Hall-Effekt 782
– Invar 167
– Kathodenstrahlen 53, 61, 237
– Lichtgeschwindigkeit 68
– Mößbauer-Effekt 552
– Nebelkammer 93, 245, 285

– Phasenumwandlung 758
– Plancksches Wirkungsquantum 14
– Radar 48, 223, 433, 518
– Radioaktivität 14, 36, 37, 47, 87, 109, 245
– Raman-Effekt 268
– Relativitätstheorie 52, 68, 119, 180, 552
– Röntgenspektroskopie 138, 215
– Röntgenstrahlen 14, 22, 119, 123, 424
– Röntgen-Strukturanalyse 807
– Stark-Effekt 157
– Supraleiter 223, 666, 678, 797
– Teilchenbeschleuniger 268, 472, **582**
– Tunneleffekt 678
– Unschärferelation 223, 284
– Wellenmechanik 223, 237, 260, 274
– Weltformel 524
– Wiensches Verschiebungsgesetz 93
– Zyklotron 52, 268, 355, 472
Pillenknick 613
Pinatubo, Mount 29, 851
Pingpong-Diplomatie 662
Plancksches Wirkungsquantum 14
Planwirtschaft 243
Playboy (Zeitschrift) 485
PLO → Palästinensische Befreiungsorganisation
Pluto 268
Plutonium 472
Polarforschung 80, **94**
Polarographie 533
Polen **233**, 818
– Arbeiteraufstand 508, 644
– Britisch-Polnischer Beistandspakt 350
– Deutsch-Polnischer Nichtangriffspakt 299
– Deutsch-Polnische Versöhnung 644
– I. WK 117
– Exilregierung **390**
– Ghettos 360, 390, 644
– Kirchenkampf **452**
– Königreich 127
– Kriegsrecht 749
– Militärputsch (1926) 233
– Oder-Neiße-Linie 413, 463
– Parlamentsentmachtung (1935) 309
– Posener Aufstand 506

– Regierungswechsel 232, 429, 748, 802, 815, 829, 864, 883, 895
– Solidarność 741, 749, 771, 818, 836
– Sowjetisch-Polnischer Vertrag (1932) 281
– Teschener Frage 148
– Umbruch 836
– Warschauer Aufstand 397
– Widerstand (2. WK) 398
– II. WK 352, 352
Polio 484, 493, 519
POLISARIO 546
Politische Morde **174**
– Abd Allah Ibn Al Husain 570
– Alexander I. (Jugoslawien) 174, 303
– Alexander I. (Serbien) 174
– Allende Gossens, Salvador 570
– Aquino, Benigno 570
– Bhutto, Zulfikar Ali-Khan 570
– Canalejas y Méndez, José 174
– Ceaușescu, Nicolae 822
– Dato Iradier, Eduardo 174
– Dollfuß, Engelbert 174, 302
– Doumer, Paul 174, 279
– Eisner, Kurt 151, 174
– Erzberger, Matthias 174, 178
– Faisal 570
– Franz-Ferdinand 113, 174
– Gandhi, Indira 570, 770
– Gandhi, Mahatma 439, 570, 618
– Gandhi, Rajiv 576
– Gemayel, Bechir 576
– Georg I. 106, 174
– Guevara, Ernesto »Che« 570, 609
– Haase, Hugo 174
– Hara, Takashi 174
– Inukai, Tsuyoshi 174
– Jaurès, Jean 174
– Karl I. 71, 174
– Kennedy, John F. 570, 570
– Kennedy, Robert F. 570, 620
– Ketteler, Klemens Freiherr von 12, 174
– King, Martin Luther 570, 618
– Liebknecht, Karl 149, 174
– Lumumba, Patrice 545, 570
– Luxemburg, Rosa 149, 174

– Malcolm X 590
– Matteotti, Giacomo 174, 209
– McKinley, William 20, 174
– Moro, Aldo 570, 722
– Nagy, Imre 508, 570
– Ngo Dinh Diêm 570
– Nikolaus II. 133, 174
– Palme, Olof 570, 787
– Park Chung Hee 570
– Popielusko, Jerzy 570, 771
– Rabin, Yitzhak 570, 886
– Radschai, Muhammad Ali 570
– Rahman, Mujib 570
– Rasputin 130, 174
– Rathenau, Walther 174, 186
– Sadat, Muhammad Anwar As 570, 749
– Schleyer, Hanns-Martin 570, 715
– Stolypin, Pjotr A. 91, 174
– Stürgkh, Karl Reichsgraf von 127, 174
– Tchang Tso-lin 174
– Trotzki, Leo 174
– Umberto I. 12, 174
– Verwoerd, Hendrik Frensch 570
– Zia ul-Haq, Muhammad 570, 807
Politische Skandale **684**
– Agusta-Affäre 684
– Barschel-Affäre 684
– Dutroux-Affäre 684
– Eulenburg-Affäre 61, 684
– Filbinger-Affäre 684
– Globke-Affäre 684
– Greenpeace-Affäre 656, 684
– Guillaume-Affäre 684
– Iran-Contra-Affäre 599, 684
– Kießling-Wörner-Affäre 684, 768
– Lockheed-Affäre 65, 599, 654, 684, 705, 816
– Nitribitt-Skandal 519
– P-2-Affäre 684
– Parteispendenaffäre 684, 764
– Profumo-Skandal 568, 684
– Recruit-Skandal 684
– Spiegel-Affäre 559, 684
– Waldheim-Affäre 684
– Watergate-Affäre 684, 686
Polnischer Korridor 165
Polnisch-Russischer Krieg 165
Polonium 93
Polyamid 295
Polyester 295

Sachregister

Polyethylen 190, *295*
Polymerchemie 190
Polypropylen *295*
Polyvinylchlorid (PVC) 109, 190, *295*, 393
Polyvinylpyrrolidon (PVP) 268
Pontinische Sümpfe (Italien) 250
Pop-art **586**, *586*
Popmusik 493, **494**, 495, 566, 638, 720
Port Arthur 50
Portsmouth, Frieden 50, *61*
Portugal **86**
– Kolonien *86*, *121*, 683
– Monarchie 71, 85
– Nelkenrevolution *606*, 683
– Regierungswechsel 56, 71, 85, 90, 232, 279, 617, 686, 703, 787, 883, 895
– Salazar-Diktatur 280
Posen *154*
Posener Aufstand 506
Positronen *52*, 324
Post, Deutsche **156**, 224
Postraub (England) 573
Potemkin-Meuterei *58*
Potsdam, Konferenz 406, **411**
Power-PC *636*
Prager Frühling *508*, **622**
Prager Vertrag (1973) 677
Prawda 103
Pressekonzentration 690
Preussag AG 533
Preußen **280**
– Dreiklassenwahlrecht 71, 73, 79
– Notverordnung 265
Privatfernsehen **776**
Prix Goncourt *206*
Profisport **171**, 841
Profumo-Skandal 568, *684*
Programmiersprachen 375, 510
Prohibition 167, 275
Proletarische Hundertschaften *163*
Prontosil 80, 250
Proteine *87*, 424, 446, 526, *636*, 758
Prothese 137
Protonen *393*, 533
Prozesse **563**
Psychoanalyse **14**
Psychologie 14, 109
Psychosomatik **14**
Pugwash-Konferenzen *892*
Pulitzer-Preis *206*
Pulsare 612, *689*
Punk *494*
PVC → Polyvinylchlorid

Q

Quäker *433*
Quantenmechanik 223, *284*, *493*
Quantentheorie 14, *52*, *93*, *146*, *157*
Quarks *552*, 583, *636*, 709, *839*
Quastenflosser 345
Quebec, Konferenz (II. WK) *406*
Queensland 19
Quelle-Versandhaus 244

R

Rachitis *93*, *260*
Radar 48, *223*, *433*, 518
Radikalenerlaß 661
Radioaktivität 14, 37, *47*, *87*, *93*, 109, *245*
Radiocarbonuhr *433*, 539
Radium *47*, *93*
Radrennsport *42*
– Amstel Gold Race *42*
– Flandern-Rundfahrt *42*
– Giro d'Italia *42*, 84, 369, 449, 693
– Lombardei-Rundfahrt *42*
– Lüttich–Bastogne–Lüttich *42*, 693
– Mailand–San Remo *42*, 49, 693
– Paris–Brüssel *42*
– Paris–Roubaix *42*
– Paris–Tours *42*
– Six-Days 84
– Stundenweltrekord 369, 588
– Tour de France *42*, *183*, 369, 449, 588, *589*, 693, 828, 841
– Tour de Suisse *42*, 298
– Zürich, Meisterschaft von *42*
RAF → Rote-Armee-Fraktion
Raketentechnik 238, 274, 651
Raman-Effekt *268*
Rap *494*
Rapallo, Vertrag 185, 232
Rassismus (USA) 200, **578**, 590, 618, 855
Raster-Mikroskop *223*, 384
Raster-Tunnel-Mikroskop 750, *792*
Raumfahrt
– Bemannter Raumflug **551**, 635, 656, 698, 750, *792*
– Challenger-Katastrophe 792
– Fähren 750, *792*
– Mondflug 533, **635**
– NASA 524

– Satelliten 518, 524, 562, 594
– Sonden 533, **562**
– Stationen 656, 698
– Weltraumvertrag 605
Rayleigh-Scheibe *47*
Rechtschreibreform 23, 906
Rechtsextremismus 847, **857**, 857, 864, 879
Rechtsprechung (Weimarer Republik) **177**
Recruit-Skandal *684*
Recycling 667
Regenbogen, Stiftungsverband 225
Reggae *494*
Regierungschefinnen 537, **538**, 807
Reichsarbeitsdienst 312
Reichsbanner 210
Reichskanzler, deutsche **78**, *78*, 79, **266**
Reichskonkordat (1933) *295*, 331
Reichskristallnacht 344
Reichstagsbrand 290
Reichstagsverhüllung 892
Reichstagswahlen 36, 64, 99, **100**, 219, *281*
Reichsverband gegen die Sozialdemokratie 44
Reichswirtschaftsrat 166
Reitsport 33, *171*, 172, 513
Reklame → Werbung
Relativitätstheorie *52*, 68, *119*, *180*
Rentenversicherung *243*, 664, 899
Reparationen (I. WK) 213
– Balfour-Note *213*
– Brüning-Erklärung *213*
– Brüssel, Konferenz *213*
– Cannes, Konferenz *213*
– Dawes-Plan *213*
– Haager Konferenzen *213*
– Hoover-Plan 156, *213*, 273
– Lausanne, Konferenz *213*
– London, Konferenzen *213*
– Paris, Konferenz *213*
– Rheinland *154*, 174, *213*
– Ruhrbesetzung 174, 198, 212, *213*
– Spa, Konferenz *213*
– Versailles, Frieden 141, **154**
– Young-Plan *213*, 256
Reparationen (II. WK) 419, 429
Resozialisierung 228
Retortenbaby 726
Revolutionäre Zellen (RZ) 723

RFB → Roter Frontkämpferbund
Rheinische Republik 199
Rheinland *154*, 174, *213*, 318
Rheinland-Pfalz 421, *835*
Rhein-Main-Donau-Kanal 190, *345*, 859
Rhesusfaktor *268*
Riace-Statuen *195*
Ribonukleinsäure (RNS) *826*
Richter-Skala 314
Rifkabylen *121*, 232
Riga, Frieden 165, *233*
Rinderwahnsinn (BSE) *362*, 751, 878, **902**, 903
Rivonia-Prozeß *578*
RNS → Ribonukleinsäure
Robbenjagd *656*, 765
Robbensterben 808
Roboter 572
Rock 'n' Roll 493, **494**, 495
Röhm-Putsch 302
Rollentheorie *214*
Rollerskating *526*
Rolling Stones *585*
Römische Frage 191, 255, *257*
Römische Protokolle 300
Roncalli, Zirkus 709
Röntgenspektroskopie *138*, *215*
Röntgenstrahlen 14, *22*, *119*, *123*, *424*
Röntgenstruktur-Analyse 807
Roßbach (Organisation) *163*
Rot-Grüne Koalitionen **781**, *781*
Rote Armee 141, 332, 372
Rote Armee Fraktion (RAF) *285*, 618, 664, **714**, 715, 723, 831, 865
Rote Brigaden *285*, 722, 723
Rote Kapelle *138*, 389
Rote Khmer 641, 705, 725, 833
Roter Frontkämpferbund (RFB) *163*, 210
Roter Punkt 637
Rotes Kreuz
– Friedensnobelpreis (1917/1944/1963) *138*, 402, *573*
– Gründung *22*, 68, *618*
– Suchdienst 416
Rowohlt Verlag 74
Royal Dutch/Shell Group *824*, 891
Ruanda *739*, 900
Rückversicherungsvertrag *114*

Rückversicherungsvertrag

993

Rudersport

Rudersport 794
Ruhr-Universität (Bochum) 596
Ruhrfestspiele 436
Ruhrgebiet
– Bergbau 51, 633, 782
– Besetzung 174, 198, 212, 213
– Ruhrbischof 519
– Streik (1905) 51
Ruhrkohle AG (RAG) 633
Rumänien **300**
– Antonescu-Diktatur 365
– Balkankrieg 106, *107*
– Bauernunruhen 64
– Ceaușescu-Ära 591, 822
– Reformpolitik 832
– Regierungswechsel *64,* *113, 241, 265, 341, 360, 396, 405, 605, 829, 895*
– Trianon, Frieden 149
– II. WK 366
Rundfunk 59, **61**
– Audion *61,* 110, *166*
– BBC 191
– Diode 47, *61*
– Funktelegrafie 22, *61*
– Radiostationen *61,* 166, *166*, 191
– Sendebeginn *61,* 59, *166,* 166, 215
– Transistor *61,* 81, *166,* 223, 434, *509*
– Volksempfänger *61,* 296
Rushdie-Affäre 826
Rußland 845, *849,* 867 (auch → Sowjetrußland; → Sowjetunion)
– Februarrevolution 133, *134, 135*
– Oktoberrevolution **134, 135**
– Petersburger Blutsonntag 50, *58*
– Putsch in Moskau 866
– Präsidentschaftswahl 898
– Reformpolitik 858
– Regierungswechsel *35, 56, 90, 91, 113, 125*
– Revolution (1905/06) 50, 57, **58**
– Russisch-Japanischer Krieg **50,** 50
– Russisch-Polnischer Krieg *233*
Rüstungsaffären **599**
Rutherfordsches Atommodell *75,* 87, 94

S

SA (Sturmabteilung) *176,* 178, 279, 302
Saarland **500,** 835

– Französische Besatzungszone *421,* 420, *444*
– Saarstatut *500,* 500
– Versailles, Frieden *154*
– Volksabstimmung 500
– Währungspolitik *444*
Sachsen *835*
– Neue Bundesländer 835
– Reichsexekution 201
– SBZ *413, 421*
– Wahlrecht *73*
Sachsen-Anhalt *835*
– Neue Bundesländer 835
– SBZ *413, 421*
Sächsische Schweiz (Nationalpark) 647
Saint-Germain-en-Laye, Frieden 154, 164, *342*
Saint Helens, Mount 29
Saint Kitts und Nevis 739
Saint Lucia *234,* 739
Saint Vincent/Grenadinen 29, *234,* 739
Salomonen *234,* 739
SALT-Verträge 664, 803, *804, 848*
Salvarsan *75,* 80, *204*
Salzburger Festspiele 170, *810*
Sambia *234,* 739
– Kaunda-Ära 848
– Regierungswechsel *842,* 848
Samoa 11, *175, 234,* 739
San-Andreas-Graben *58*
Sandinistische Befreiungsfront (FSNL) 732, 830
Sandoz-Unfall *708,* 791
San Francisco
– Flughafen *423*
– Golden Gate Bridge 323, *323*
San Francisco, Frieden *816*
San Sebastian, Filmfestspiele *427*
São Tomé und Principe *86*
Sarajevo *113,* 846
Satelliten *518,* 524, 562, 594
Saturn *562*
Saudi-Arabien **580**
– Nadschd und Hedschas 212
– Proklamation des Königreichs 282
– Regierungswechsel *482, 577, 694*
SBZ → Sowjetische Besatzungszone
Scanner 602
Schach 317, 671
Schallplatte 446
Scharlach *81*
Scheibenbremse *102*

Scheibenwischer *102*
Schengener Vertrag 885
Schiffahrt
– Blaues Band **476**
– Container 594
– Echolot *102*
– Gesellschaften 28
– Hovercraft 533
– Katastrophen 100, **101,** 519, 879
– Leuchttürme *103*
– Nordwestpassage 634
– Passagierschiffe 336, **336,** *476*
– Radar 48
– Segelschulschiffe 519, *526*
– SOS-Notsignal 60
– Tankerunglücke 611, **611,** 825
Schleswig-Holstein 64, 420, *421,* 835
Schlieffenplan *116*
Schluckimpfung *204,* 484, 519
Schneller Brüter 648
Schreibmaschine 518
Schrödinger-Gleichung 237
Schulfernsehen 637
Schwangerschaftsabbruch 239, 699, **700,** 718
Schwangerschaftsverhütung **261,** 539
Schwarzafrika 603
Schwarze Löcher (Astronomie) 285
Schwarze Reichswehr 153, *599*
Schwarzer Freitag 258
Schwarze Serie **376,** 378
Schweden **633**
– EU-Referendum 877
– Hungersnot 29
– Nordischer Rat *51*
– Palme-Mord 787
– Regierungswechsel *56, 64, 419, 461, 629, 672, 703, 787, 873, 895*
– Union mit Norwegen 50
– Verfassung 682
Schweinebucht (Kuba) 546
Schweinepest 878
Schweißbrenner *284*
Schweiz *79,* 344, 725, 770
– Atomkraftwerke 769
– Autobahngebühren *782*
– Bundespräsidenten *79,* **770**
– Bundesrat 770
– Kernenergie 769
– Nationalbank 51
– Neutralität 342

– Plebiszite **769**
– Sandoz-Unfall 791
– Verwaltungsgliederung 724, **725**
– Wahlrecht 78, 652
Schwerbeschädigtengesetz 665
Schwimmsport **197,** 197, 767, *872*
Science-Fiction-Film 624
– Alien (R. Scott, 1979) *624,* 735
– Brazil (T. Gilliam, 1984) *624*
– E. T. – der Außerirdische (S. Spielberg, 1982) 760, *870*
– Fahrenheit 451 (F. Truffaut, 1966) *624*
– Imperium schlägt zurück, Das (J. Kersher, 1979) *870*
– Jurassic Park (S. Spielberg, 1993) *870, 870, 871*
– Krieg der Sterne (G. Lucas, 1977) *624, 719, 870*
– Mad Max (G. Miller, 1978) *728*
– Metropolis (F. Lang, 1926) *193, 239, 246, 624*
– Planet der Affen (F. J. Schaffner, 1968) *624*
– Reise zum Mond, Die (G. Méliès, 1902) *624*
– Rückkehr der Jedi-Ritter (R. Marquand, 1982) *870*
– Solaris (A. Tarkowski, 1972) *624, 668*
– Stalker, Der (A. Tarkowski, 1979) *735*
– Unheimliche Begegnung der dritten Art (S. Spielberg, 1977) *719*
– Zeitmaschine, Die (G. Pal, 1959) *624*
– 2001 – Odyssee im Weltraum (S. Kubrick, 1984) *624*
Science-Fiction-Roman 287, **458,** 459
SDI → Strategic Defense Initiative
SEATO → Südostasienpakt
Seattle – Columbia Center *274*
SECAM-System 552
Secessionsbewegungen **17,** 40
Sechstagekrieg *185,* 607
Sechstagerennen 84
Securitate 822
SED → Sozialistische Einheitspartei Deutschlands
Seekrieg (I. WK) 116, **127,** 133

Seekrieg (II. WK) **319**, *364*, *374*, *375*, *400*
Segelschulschiffe 519, 526
Segelsport 736, 800
Seikan-Tunnel (Japan) *59*, 808
Sekten 727, 869
Semper-Oper (Dresden) 783
Senegal *530*
– Regierungswechsel 748
Separatismus (Weimarer Republik) **198**
Serbien
– Attentat auf Alexander I. 35
– Balkankriege 99, 106, 107
– Jugoslawischer Bürgerkrieg **846**
– Regierungswechsel *35*, *78*, *107*
Serielle Musik *207*
Serumheilkunde 22
Sesamstraße (TV-Serie) 637
Seveso-Unfall 708, *708*
Sèvres, Frieden *164*, *199*, *202*, *319*, *401*
Sexualwissenschaft 446
Seychellen *234*, *739*
Sheffield-Fußballkatastrophe 828
Siam → Thailand
Sibirien 29
Sicherheitsgurt *102*
Siebenbürgen 145, *148*, 149, *300*
Siedewasserreaktor *648*
Siemens 36
Sierra Leone *234*, *739*
Sikhs 769
Silikon *295*
Simbabwe → Zimbabwe
Similaun-Mann (Ötzi) *851*
Simplicissimus (Zeitschrift) *68*
Simplontunnel *58*, *59*
Singapur *234*, *610*, *739*
– Unabhängigkeit *592*
– II. WK *375*
Sinn Féin *178*, *897*
Sizilien, Landung *400*
Skagerrak, Schlacht *127*
Skateboard *526*, 526
Skeleton *253*
Skisport
– Alpine Wettbewerbe *253*, *448*, *513*, *702*, *710*
– Holmenkollen 26
– Kandahar-Rennen *253*
– Nordische Kombination *543*, *746*
– Nordische Spiele 26
– Wasa-Lauf *197*

Skorbut 93, *260*
Skylab 657
Slawonien 145
Slowenien *846*
Sobibor, KZ *233*
Sojus 657, 698
Solarzelle 52
Solidarność 741, *741*, *765*, *818*, *836*
Somalia
– Bürgerkrieg *704*, *842*, *858*, *865*
– Kolonialzeit *311*, *365*
– Regierungswechsel *629*, *842*
Somme-Offensive *116*, *126*
Sommerzeit 130
Sonnenenergie 492, 717
SOS-Kinderdorf 470
SOS-Notsignal 60
Soul *494*
Sowjetische Besatzungszone (SBZ) 413, **414**, 444
Sowjetrepubliken 849
Sowjetrußland (auch → Rußland; → Sowjetunion)
– Bürgerkrieg *121*, 141
– Hungersnot 191
– Kronstädter Aufstand 173
– Oktoberrevolution **134**, **135**
– Regierungswechsel *148*
– Russisch-Polnischer Krieg *233*
– Tscheka 184, 220
Sowjetunion **188**, **849** (auch → Rußland; → Sowjetrußland)
– Afghanistankrieg *121*, *560*, *733*, *816*
– Bündnisse und Verträge 281, 310, 333, 351, *370*,
– Entstalinisierung 506
– Gipfeltreffen 531, 802, **804**
– Gorbatschow-Ära 802, 804, **817**, 844, 846, 847, 850
– Gründung 187
– Hitler-Stalin-Pakt *350*, *351*
– Jumbo-Abschuß 763
– KGB 184
– KP-Chefs **580**, 756, 768
– Kulturpolitik 447
– Nationalitätenkonflikte 805
– Neue Ökonomische Politik (NEP) 179
– Planwirtschaft 243
– Putschversuch 847
– Regierungswechsel (1922–1950) *208*, *370*, *419*

– Regierungswechsel (1951– 1970) *482*, *497*, *522*, *537*, *577*, *590*
– Regierungswechsel (1971– 1992) *713*, *737*, *754*, *768*, *780*, *802*
– Rote Armee 141, 332, 372
– Schauprozesse 241, *242*, **322**, 332
– Sowjetisch-Französischer Pakt 310
– Sowjetisch-Japanischer Pakt 370
– Sowjetisch-Polnischer Vertrag 281
– Stachanow-Kampagne 312
– Stalin-Ära 185, 241, **242**, **322**, 474, 482, 574
– Widerstand (II. WK) *398*
– Winterkrieg 354
– Zerfall 850
Sozialdemokratische Arbeiterpartei Österreichs (SDAP) 241
Sozialdemokratische Arbeiterpartei Rußlands (SDAPR) 36
Sozialdemokratische Partei Deutschlands (SPD) **409**
– Frauenquote 806
– Godesberger Programm 532
– Landtagswahlen (1995/96) 883
– Preußische Landtagswahl (1908) 71
– Reichstagswahlen 99, *281*, *100*
– Spaltung 133
– Sturz Scharping 886
– Verbot 293
– Vorsitzende 409
– Vorwärts *825*
Sozialforschung 214
Sozialistische Arbeiterjugend 23
Sozialistische Einheitspartei Deutschlands (SED) 420, **653**
Sozialistische Internationale (SI) 467
Sozialistische (Sozialdemokratische) Partei Österreichs (SPÖ) 641, 762
Sozialistischer Realismus 447
Sozialliberale Koalition 631, 755
Sozialversicherung **243**, 243, 258
Soziologische Theorien **214**, 584

Spanien **696**
– Baskenland 722
– Bürgerkrieg *121*, **321**, 321, 331
– Demokratisierung 695
– Franco-Diktatur 319, 695
– Katalonien 175
– Machtwechsel 896
– Militärdiktatur 200
– Proklamation der Republik 272
– Regierungswechsel *78*, *99*, *198*, *265*, *272*, *350*, *694*, *703*, *754*, *895*
– Spanisch-Amerikanischer Krieg 20, 27
– Speiseölskandal *751*, 752
– Westsahara *546*, *704*, *704*
Spartakiade 254
Spartakusaufstand *144*, 148, 149
Spätheimkehrer 499
SPD → Sozialdemokratische Partei Deutschlands
Speiseölskandal *751*, 752
Spektroskopie *138*, *215*, 416
Spengler-Cup 207
Spiegel, Der 435
Spiegel-Affäre 559, *684*
Spione 110, **138**, 486
Spitzbergen *51*, 113
Splendid Isolation 28
SPÖ → Sozialistische (Sozialdemokratische) Partei Österreichs
Sprachenstreit (Belgien) 181
Sprayer von Zürich 767
Sputnik 518
Sri Lanka *234*, *739*
– Bandaranaike-Ära 537, 663
– Bürgerkrieg *560*, *762*
– Regierungswechsel *722*
SS (Schutzstaffel) 176, 178, 279
St.-Gotthard-Tunnel 59
Staatschefinnen **538**
Staatssekretäre, Parlament. 606
Stahlerzeugung 37
Stahlhelm (Organisation) *163*, 210
Stalingrad, Schlacht *373*, *400*
Stalinismus 242
– Arbeitslager 575, *648*
– Entstalinisierung 506
– Industrialisierung 482
– Kollektivierung der Landwirtschaft 267
– Komintern-Auflösung 391
– Kulaken-Liquidierung 267
– Personenkult 506

Stalin-Note

- Säuberungsaktionen 185, 267, **322**, 332, 391
- Schauprozesse **242**, 319

Stalin-Note 474
Stalinorgel *402*
Stammheim-Prozeß 713, *714*
Standard Oil Comp. 92
Starfighter-Affäre 598
Stark-Effekt *157*
START-Abkommen 802, *848*
Stasi → Ministerium für Staatssicherheit
Stenographie 192
Stereochemie 22, *108*, 698
Stiftungen, Parteinahe **225**
Stile Liberty 31
Strafrechtsreform (BRD) 638
Strafvollzug (Deutsches Reich) 228
Strahlentherapie 14
Straßenverkehrsordnung 244, *525*, 655, 666, 707
Strategic Defense Initiative (SDI) 789
Stratosphäre 286
Streiks
- Aussperrung 86, 107, 572, *634*
- BRD 575, 859
- Deutsches Reich 51, 86, **161**
- Frankreich (1906) 57
- Großbritannien 179
- Ruhrgebiet (1905) 51

Stresa-Front 308, 310
Strukturalismus *584*
Strychnin *433*
Studentenbewegung **620**
- Anti-Schah-Demonstration 607
- APO 598, 613, 618, *620*, **620**
- Dutschke-Attentat 618, *620*
- Kaufhausbrandstiftung 618, *620*
- Kommune I 613
- Notstandsgesetze *620*, 620
- Ohnesorg-Tod 607

Studentenzahlen (BRD) **679**
Stummfilmstars 123, 131, 138, **168**, 182
Sturm, Der (Zeitschrift) 88
Sturmflut (Hamburg) 561
Sturmflutwehr (Oosterschelde) 792
Stuttgart
- Ballett *447*, 554
- Neue Staatsgalerie 776

Styropor 295

Südafrika *234*, **462**, 739
- African National Congress *539*, 547, 578, 829, 873
- Apartheid 461, *539*, 547, 578, 855
- Burenkrieg 13
- Gründung 85
- Homelands 547
- Proklamation der Republik 547
- Regierungswechsel *148*, 208, 522, 598, 722, 873
- Umbruch 829, 855, 873

Sudan 739
- Regierungswechsel *629*, 780, 815

Süddeutsche Monatshefte (Zeitschrift) 68
Sudetenland 342, 350
Südjemen 831
Südkorea
- Kriegsrecht 740
- Park-Ära 557, 740
- Regierungswechsel *556*, 730, 737, *802*
- Schulden 795
- Teilung 442, 832

Südmolukken 696
Südostasienpakt (SEATO) 422, *451*, 491
Südpol *94*
Südtirol 354, *498*, **633**
Südwestafrika **121**, *175*
Sueskanal 120, *185*, 320, 484
Sueskrise (1956) 508, *518*
Suffragetten 39, *96*
Sulfonamide *204*, 250, *355*
Suprafluidität *904*
Supraleiter *223*, 666, *797*
Suprematismus 123
Surinam
- Bürgerkrieg *630*
- Regierungswechsel 737
- Unabhängigkeit *65*, 696

Surrealismus 82, 131, **229**, 252
SWAPO *462*, 830
Swasiland *234*, 739
Swing *227*, 347, 395
Swissair 273
Sydney Opera 680, *810*
Sylt 244
Symphonic Jazz 216
Synchronmotor *223*
Syncillin 533
Synthesekautschuk *259*, *295*, 314, *324*, *573*
Synthesizer 500
Syphilis 75, *80*, *81*, *204*, 416
Syrien *530*, **644**
- Assad-Ära *644*, 672

- Jom-Kippur-Krieg 676
- Militärputsch (1963) 568
- Regierungswechsel *567*, *652*
- Vereinigte Arabische Republik (VAR) 522, 568

T

Tablettensucht *667*
Tadschikistan *849*
Tag der Arbeit 157
Tag der deutschen Einheit 483
Tageszeitung, Die (taz) 734
Tageszeitungen **103**, *176*, **690**
Taiwan 454
- Regierungswechsel *694*
- UNO-Ausschluß 654

Tamil United Liberation Front (TULF) 762
Tankerunglücke 611, **611**, *825*
Tanks → Panzer
Tannenberg, Schlacht *117*
Tansania *234*
- Deutsch-Ostafrika *117*
- Regierungswechsel *780*
- Tansanisch-Ugandischer-Krieg *704*

Tanztheater 41, 297, **447**, *649*
Tarzan *147*, *261*, *262*
Tasmanien *19*
TASS *224*, *225*
Tauchen 394, *539*
Techno *494*
Teflon *295*, 346
Teheran, Konferenz 393, *406*
Teilchenbeschleuniger 268, *472*, **582**
Telefon **238**
Telegrafie 22, 36, *61*, *81*, *238*
Telekolleg 613
Telekom *156*, 902
Teleskop 136, 336, *689*
Temperaturmessung *261*
Tempolimit 666
Tennis
- Attentat, Seles 871
- Davis-Cup 231, *814*
- DTB 33
- French Open 710
- Grand Slam 349, 489, *813*
- Vier Musketiere 231
- Wimbledon 277, 339, 710, 728, *785*

Terrakotta-Armee (China) *195*, 691

Terrorismus
- Bologna, Anschlag 740
- Entebbe, Geiselbefreiung 705
- Giftgasanschlag 884
- Hearst-Entführung 709
- Moro-Ermordung 722
- München, Anschlag 670
- Oklahoma, Anschlag 885
- RAF-Aktionen → Rote Armee Fraktion
- UN-Resolution 631, 789

Terror-Organisationen **723**
- Action directe *723*
- Al Fatah *629*, *723*
- Bewaffnete Revolutionäre Stoßtrupps 740
- ETA 722, *723*
- Hisbollah *723*
- IRA 150, *178*, *178*, 662, *723*
- Islamischer Heiliger Krieg *723*
- Kämpfende Kommunistische Zellen (CCC) *723*
- PLO 577, *629*, *806*, *806*, *806*
- RAF → Rote Armee Fraktion
- Revolutionäre Zellen (RZ) *723*
- Rote Brigaden *285*, 722, *723*
- Symbionese Liberation Army (SLA) 709
- Volksfront zur Befreiung Palästinas (PFLP) *723*

Tet-Offensive (Vietnamkrieg) 617
Tetanus 22, *81*, 116
Thailand 610
- Regierungswechsel *341*, 419, *515*, 854

Theater
- Absurdes Theater **487**, *487*
- Dialekttheater 603
- Dokumentartheater 574, *586*
- Expressionismus 139, *169*
- Kabarett **23**, *427*
- Regisseure **32**, 32, 40, *458*
- Theaterbauten *810*, 811

Thoraxoperation *204*
Thorium-Hochtemperatur-Reaktor (THTR) 647
Thriller **541**
- Blue Velvet (D. Lynch, 1986) *793*, 799
- Chinatown (R. Polanski, 1974) *541*
- Ekel (R. Polanski, 1964) *587*, 597

Sachregister — Unternehmen

- Erpressung (A. Hitchcock, 1929) *263*
- Frenzy (A. Hitchcock, 1971) *659*
- Halloween – Die Nacht des Grauens (J. Carpenter, 1978) *541*
- Haus der Lady Alquist, Das (G. Cukor, 1944) *541*
- Köder für die Bestie, Ein (J. Thompson, 1961) *541*
- Lohn der Angst (H.-G. Clouzot, 1952) *479*
- M – eine Stadt sucht einen Mörder (F. Lang, 1931) *541*
- Phantom der Oper, Das (R. Julian, 1925) *541*
- Psycho (A. Hitchcock, 1960) *541, 543*
- Schakal, Der (F. Zinnemann, 1972) *668*
- Schwarzer Engel (B. DePalma, 1975) *701*
- Schweigen der Lämmer, Das (J. Demme, 1989) *827*
- Teuflischen, Die (H.-G. Clouzot, 1955) *541*
- Untermieter, Der (A. Hitchcock, 1926) *239*
- verhängnisvolle Affäre, Eine (A. Lyne, 1987) *799*
- Vertigo – Aus dem Reich der Toten (A. Hitchcock, 1958) *527*
- Vögel, Die (A. Hitchcock, 1962) *541*
- Wiegenlied für eine Leiche (R. Aldrich, 1964) *541*

THTR → Thorium-Hochtemperatur-Reaktor
Thüringen *835*
- Neue Bundesländer *835*
- SBZ *413, 421*

Thyssen *236*
Tiananmen-Platz, Massaker *508, 819*
Tibet *454, 531, 560, 826*
Tiefbohrungen *798*
Tiefkühlkost *269*
Tiefseeforschung *539*
Times *751*
Tischtennis *863*
Titanic *100*
Tobruk *365*
Togo *175, 530*
Tonfilm *190*
Tonga *234, 739*
T-Online *156*
Tour de France *42, 449, 588, 693, 828*
Tour de Suisse *42, 298*

Toyota Motor *824*
Trabantenstadt *423, 561*
Transistor *61, 81, 166, 223, 434, 509*
Transitabkommen *572*
Transkei *462*
Taiwan *908*
Transplantationschirurgie *103, 204, 744, 839*
Transsibirische Eisenbahn *29*
Transvaal *13, 85, 148*
Treblinka, KZ *233, 380*
Treibgas *223, 697*
Treuhandanstalt *877*
Trianon, Frieden *149, 209, 803*
Trierer Separatistenputsch *198*
Trikotwerbung *681*
Trimm Dich *526*
Trinidad und Tobago *234, 739*
Triode *47*
Tripelentente *44, 66, 114*
Tripoliskrieg → Italienisch-Türkischer Krieg
Tritium *305*
Tropenkrankheiten *31, 68, 81, 93, 472*
Tropfenauto *223*
Truman-Doktrin *490*
Trümmerfrauen *410*
Tschad *530*
- Kolonialzeit *12*
- Kousseri, Schlacht *12*
- Regierungswechsel *694, 829*
- Tschad-Konflikt *704, 762, 763*
Tschechoslowakei **440**
- Auflösung *856*
- Charta 77 *713*
- Exilregierung *390*
- Gründung *143*
- Kirchenkampf *452*
- Masaryk-Ära *11*
- Prager Frühling *508*, **622**
- Regierungswechsel *308, 341, 350, 419, 439, 515, 617, 694, 802, 815*
- Samtene Revolution *823*
- Staatsstreich (1948) *439*
- Teschener Frage *148*
- Zerschlagung (1939) *350*
- II. WK *342*
Tscheka *177, 184, 220*
Tscherenko-Effekt *526*
Tschernobyl *790*
Tschetniks *366, 371*
Tschetschenien *884,* **885**
Tschistka (Sowjetunion) *241, 242, 322, 332*

Tsushima, Schlacht *50*
Tuberkulose *53, 81, 355, 478*
Tunesien *530*
- Bourgiba-Ära *796*
- Regierungswechsel *515, 795*
Tunnel *59, 698, 808*
Tunneleffekt *678*
Tupolew TU-144 *636*
Türkei **202**
- Atatürk-Ära *308*
- Balkankriege *99, 106, 107*
- Dardanellen *319*
- Griechisch-Türkischer Krieg *187, 199*
- Islamisten *888,* **895**
- Italienisch-Türkischer Krieg *91, 164*
- Jungtürken *78, 319*
- Konfessionen *282*
- Militärputsch *606, 742*
- Osmanisches Reich *78,* **164**
- Regierungswechsel *78, 198, 341, 461, 537, 737, 762, 864, 895*
- Zypern-Konflikt *685,* **685**
Turkmenien *849*
Türmer, Der (Zeitschrift) *68*
Turnen *98*
Tutanchamun-Grab *195*
Tuvalu *234, 739*
Typhus *81, 157, 251*

U

U-2-Zwischenfall *537*
U-Bahn *13, 28*
U-Boot
- I. WK *60, 133*
- Nautilus *501*
- II. WK *379*
Überschallgeschwindigkeit *636*
Überschwemmungen **314,** *313, 645, 868*
Überziehungskredit *624*
UDEAC → Zentralafrikanische Wirtschaftsunion
UdSSR → Sowjetunion
Ufa → Universum Film AG
Uganda *234, 739*
- Amin-Diktatur *704, 731*
- Entebbe *705*
- Regierungswechsel *652, 730, 787*
- Tansanisch-Ugandischer Krieg *704*
Ugaritischer Fürst (Ausgrabungen) *195*
Ukraine *141, 849*
- Regierungswechsel *873, 883, 895*

Umwelt
- Artenschutz *757, 860*
- Benzin, bleifreies *655*
- Bundesimmissionsschutzgesetz *688*
- Chemie-Unfälle *708,* **708,** *774, 791, 878*
- Dioxin *708*
- Dünnsäure *656*
- Einwegflasche *517*
- Erneuerbare Energien *717*
- Greenpeace *634, 656, 656*
- Katalysator *678*
- Konferenz für Umwelt und Entwicklung *860*
- Meeresverschmutzung *688*
- Phosphat-Verbot *791*
- Robbensterben *808*
- Schutzabkommen, internationale **757**
- Smog *594*
- Tankerunglücke *611,* **611,** *825*
- Umweltbundesamt *689*
- UN-Umweltrat *667*
- UNEP *667*
- Verpackungsverordnung *860*
- Waldsterben **772,** *772*
UN → Vereinte Nationen
Unabhängige Sozialdemokratische Partei Deutschlands (USPD) *133, 149, 281*
Unbedingter Reflex *47*
UNESCO *410, 527, 772*
Ungarn **803**
- Aufstand (1956) *508*
- Kirchenkampf *451, 691*
- Österreich-Ungarn *145*
- Räterepublik *153*
- Reformkurs *802, 818*
- Regierungswechsel *148, 161, 173, 396, 482, 506, 829, 873*
- Unabhängigkeit *145*
- II. WK *366*
UNICEF *410, 594*
UNITA *703, 805*
United Artists Corporation *159*
Universitätsstädte (BRD) **595**
Universum Film AG (Ufa) *140, 243*
UNO → Vereinte Nationen
Unschärferelation *223, 284*
Unternehmen **222, 824**
- Adam Opel AG *258*
- AEG *222, 901*
- BASF *222*
- Bayer *222*
- Bertelsmann *889*
- BMW *222*

Uranus

- Boeing 222
- Bosch 222
- Capital Cities/ABC 889
- Chrysler 222
- Coca-Cola 222
- Daimler-Benz 222, 236, 868, 824, 901
- Duales System Deutschland (DSD) 869
- Eastman-Kodak 21, 66
- Exxon 824
- Fiat 222
- Fokker 222
- Ford Motor 222
- General Motors 258, 824
- Getty-Oil 680
- Guinness 222
- Hapag-Lloyd AG 28
- Heineken 222
- Hoechst 205
- Hoffmann-La Roche 222
- Howaldtswerke Deutsche Werft (HDW) 599, 611
- I. G. Farben 222, 222, 259, 324, 346, 464
- Imhausen 599, 815
- Itochu 824
- ITT 222
- Kirch-Gruppe 889
- Klöckner 782
- Krupp 37, 97, 599, 688, 782, 850
- Linde 222
- Lockheed 222
- Lufthansa 222, 236
- Marubeni 824
- MBB 222, 824
- Microsoft 889
- Mitsubishi 824
- Nissan 222
- Northrop 222
- PepsiCo 222
- Preussag 533
- Ricard 222
- Rolls-Royce 222
- Royal Dutch/Shell 824
- Ruhrkohle AG 633
- Samsung 222
- Sandoz 222
- Schering 222
- Standard Oil Comp. 92
- Sumitorno 824
- Swissair 222
- Toyota 222, 824
- VEBA 222
- Vestag 236
- Volkswagen (VW) 222
- Vulkan 900
- Walt-Disney-Comp. 889

Uranus 562
Urknall-Theorie 582, 726
Uruguay 35, 522, 771
USA **788, 789**

- Airbus-Abschuß 804
- Anti-Trust-Gesetze 92
- Atombombentests 475
- Atomtestprogramm 425
- Bundesstaaten **532**
- CARE-Vertrag 425
- Einwanderung 35
- I. WK 133, **141**
- Fair Labour Standards Act 344
- Geiseln (Teheran) 740
- Gewerkschaftsbewegung 334
- Gipfeltreffen 531, 802, **804**
- Golfkrieg 843
- Grenada-Invasion 764
- Iran-Contra-Affäre 599, 684, 789, 789
- Johnson-Doktrin 591
- Koreakrieg 121, 462, **463**, 547, 560
- Kubakrise 546, 547
- McCarthy-Ära 461, 488
- Monroe-Doktrin 46, 451
- Nixon-Ära 640, 654, 662
- Open-Door-Politik 20
- Präsidenten **20**, 72, 99, 165, 199, 249, 283, 333, 400, 407, 475, 537, 569, 570, 707, 743, 771, 806, **856, 900**
- Prohibition 167, 275
- Rassenkonflikt 200, **578**, 590, 618, 855
- Reagan-Ära 743, 771
- Regierungswechsel (1900– 1920) 19, 20, 78
- Regierungswechsel (1921– 1940) 173, 198, 255, 290
- Regierungswechsel (1941– 1960) 405, 482
- Regierungswechsel (1961– 1992) 545, 567, 629, 682, 713, 748, 815, 864
- Todesstrafe 718
- Vietnamkrieg 121, 491, **579**, 617, 641, 672
- Währungspolitik 305, 322
- Watergate-Affäre 686
- Wirtschaftshilfe 429
- II. WK 353, **354**, 370, **373**, 375, 384

Usbekistan 849
USPD→ Unabhängige Sozialdemokratische Partei Deutschlands

V

V-1-Waffe 402, 402
Van-Gogh-Ausstellungen 24, 840
Vanuatu 739
Vaterländische Kampfspiele 132
Vatikanisches Konzil 563
Vatikan **39, 257**
- Codex Iuris Canonici 257
- Enzykliken 39, 68, 257, 331, 526
- Index librorum prohibitorum 603
- Konsistorium 540
- Kurienreform 613
- Lateranverträge 191, 255
- Midszenty-Entlassung 691
- Päpste **39**, 117, 191, 356, 526, 726, 727, 749
- Reichskonkordat (1933) 295, 331

VEB→ Volkseigener Betrieb
Venda 462
Venedig, Filmfestspiele 288, 427, 471
Venezuela 71, 522
Venus 561
Venus von Willendorf 195, 851
Verband Deutscher Schriftsteller (VS) 638
Verbrechen gegen die Menschlichkeit 233, **381**, 617
Verbrechen, organisiertes **275**, 464
Verdun, Schlacht 116, 125, **126**
Vereinigte Arabische Emirate (VAE) 739
Vereinigte Arabische Republik (VAR) 522
Vereinigte Stahlwerke AG (Vestag) 236
Vereinte Nationen (UNO, UN) **410**
- BRD-Beitritt 676
- DDR-Beitritt 676
- Generalsekretäre 419, 482, **750**, 849
- Irak, Ultimatum 832
- Kambodscha, Friedensplan 833
- Menschenrechts-Konvention 443
- Organisationen **410**, 667
- Umwelt-Deklaration 667
- UNESCO **410**, 527, 772
- UNO-Jahre 699

Vererbungslehre → Genetik
Verhaltensforschung 109, 678
Verhütungsmethoden **261**, 539
Verismo 16
Verkehrssignalsystem 602
Verklappung 656
Verlag der Autoren 658
Verlage **75**, 595, **690**
Vermögensbildung (BRD) 550
Veronal 31
Verpackungsverordnung 860
Versailles, Frieden 141, **154**
Versandhäuser **244**
Versicherungswesen 243, 355, 624
Vertreibung (II. WK) 400, 411, 413
Vespa 424
Vestag → Vereinigte Stahlwerke AG 236
VHS→ Video Home System
Vichy-Frankreich 383
Victoria (Australien) 19
Victorianische Epoche 19
Video Home System (VHS) 468
Videorecorder 468
Viermächteabkommen 653
Vierzehn-Punkte-Plan 141, 152
Vietcong 579, 579, 617
Vietminh 266, 414, 422
Vietnam (auch → Indochinakrieg)
- Kambodscha-Einmarsch 725
- KP-Gründung 266
- Krieg 266, 414, 422, 491, 547, 560, 579, **579**, 617, 641, 672, 678
- Proklamation der Republik 414
- Regierungswechsel 567, 629
- Überschwemmungen 314
- Chemische Waffen 121

Viren 636, 698, 709
Vitamine 93, 335, 346, 393
Vitaminsynthese 296, 656, 734
VOEST-ALPINE 677
Völkerbund **152**, 233, 295
Völkerschlachtdenkmal (Leipzig) 109, 110
Völkischer Beobachter (Zeitung) 176
Volksaktien 533
Volksdeputiertenkongreß 817, 858
Volkseigener Betrieb (VEB) 443
Volksempfänger **61**, 296
Volksfront zur Befreiung Palästinas (PFLP) 723
Volksgerichtshof 300

Volkshochschule 30
Volkssturm 399
Volkswagen (VW) 314
Volkszählungen 88, 795
Volljährigkeit (BRD) 699
Volvo-Konzern 666
Vorpommersche Bodden-
 landschaft (Nationalpark)
 647
Vorwärts (Wochenzeitung)
 825
Vossische Zeitung 300
VS → Verband deutscher
 Schriftsteller
Vulkan-Krise 900
Vulkanausbrüche **29**, 783,
 851
VW → Volkswagen

W

Wackersdorf 817
Waffentechnik **130, 402**
– Atombombe 305, 346,
 402, 412, 486
– Chemische Waffen 120,
 121, 211, 221
– Flugzeuge *130, 325, 402*
– Flugzeugträger *130, 402*
– Maschinenpistole *130*
– Neutronenbombe 717
– Panzer *130, 402*
– Panzerfaust *402*
– Stalinorgel *402*
– Torpedo *402*
– V-1-Waffe *402*
– Wasserstoffbombe *52*,
 475
Wahlrecht 65, 71, **73**, 78,
 242, 816
wahre Jacob, Der (Zeit-
 schrift) 68
Währungsfonds 401
Währungskonferenz (1944)
 401
Währungsreform (1923) 203
Währungsreform (1948) 442,
 444, *444*
Währungsunion 838
Waldeck (Freistaat) 256
Waldheim-Affäre 788
Waldorfschulen 110, 158
Waldsterben 772
Walfang *656*
Wallraf-Richartz-Museum
 521, *534*
Walt-Disney-Comp. 889
Wandervogel *23*, 23
Wankelmotor 534
Wanli-Grab *195*
Wannsee-Konferenz 379,
 380
Wärmetheorem *167*
Warschauer Pakt 451, **498**

– Albanien-Austritt *221*
– Auflösung *843*
– DDR *491*
– Gründung 498
Warschauer Vertrag 644
Wasa (Flaggschiff) 554
Wasa-Lauf 197
Washington, Konferenzen
 (2. WK) *249*
Washingtoner Flottenab-
 kommen (1922) 184, *249*
Wasserkraftwerk (Itaipu)775
Wasserstoff 305
Wasserstoffbombe *52, 475*
Waterberg, Schlacht 44
Watergate-Affäre *684*, 686
Watson-Crick-Modell 485
Wattenmeer (Nationalpark)
 647
Wehrergänzungsgesetz 490
Wehrmacht, Deutsche 153,
 303, 309, 321, 341, 372
Wehrpflicht (Europa) *507*
Weibliche Abgeordnete 549
Weimarer Republik
– Altonaer Blutsonntag 280
– Arbeitslosigkeit 258, 283
– Betriebsrätegesetz 165
– Dawes-Plan 210, *213*
– Dolchstoßlegende 155
– Ermächtigungsgesetz 293
– Hitlerputsch *176, 176,
 177*, 202
– Hoover-Plan 156, *213*,
 273
– Inflation 203
– Kapp-Putsch *161*, 162,
– Locarno, Vertrag 221,
 232, 233, *249, 848*
– Notverordnungen 202,
 265
– Novemberrevolution **144**
– Parteien 148, *149, 162,
 175, 176*, 242, 281
– Politische Morde 149,
 151, *174, 177, 178*, 186
– Präsidialkabinette *265,
 266*, 279
– Rapallo, Vertrag 185, 232
– Rechtsprechung *177*, 220
– Regierungswechsel *148*,
 150, *161, 184, 198*, 200,
 *219, 232, 241, 248, 266,
 272, 279, 290*
– Regierungschefs 266
– Reichspräsidenten 150,
 221
– Reparationen *154*, 173
 174, 210, **213**, 256, 265,
 273
– Republikfeindliche Organisationen 153, **163**, *177*,
 178, 242

– Rheinland 174, *213*, 318
– Ruhrbesetzung 198, 212
– Separatismus **198**, 199
– Spartakusaufstand *144,
 149, 177*
– Streiks *161*, 162, 175
– Verfassung 150, 200, 453
– Wahlen *148*, 150, *176*,
 219, **281**
– Wahlrecht 242
– Währungsreform 203, 212
– Young-Plan *213*, 256
Weimar-Prozeß 563
Weinskandal 751
Weißenhofsiedlung (Stutt-
 gart) 245
Weiße Rose *389*
Weiße Zwerge (Sterne) *765*
Weißrußland *849*
Wellenmechanik 237, *260*,
 295
Weltausstellungen 13, **15**,
 31, 123, 263, 525
Weltbank 401, *410*
Weltfriedenskonferenz 320
Weltgesundheitsorganisa-
 tion (WHO) *410*
Welthandel 433
Welthungerhilfe 564
Weltkirchenkonferenz 227
Weltkrieg → Erster und →
 Zweiter Weltkrieg
Weltraumnutzungsvertrag
 605
Weltspiele der Frauen 183
Weltumseglung 616
Werbung
– Olympische Spiele 778
– Rundfunk 215
– Tabak 690
– Trikotwerbung 681
Werftenkrise 900
Werkbund 69, 158
Werkstättenbewegung *36*,
 40
Western 356
– Black Robe (B. Beresford,
 1992) 853
– Django (S. Corbucci,
 1966) *602*
– Duell in der Sonne
 (K. Vidor, 1946) *356*
– Erbarmungslos (C. East-
 wood, 1992) *861*
– Für eine Handvoll Dollar
 (S. Leone, 1964) *356*
– gebrochene Pfeil, Der
 (D. Daves, 1949) *356, 853*
– große Eisenbahnraub, Der
 (E. S. Porter, 1903) *41*
– große Treck, Der (R.
 Walsh, 1930) *356*

– Heaven's Gate (M. Cimino,
 1980) 159, *745*
– Held der Prärie, Der
 (C. B. DeMille, 1939) *356*
– Jesse James – Mann
 ohne Gesetz (H. King,
 1939) *356*
– Little Big Man (A. Penn,
 1969) *356*
– Mann aus Laramie, Der
 (A. Mann, 1955) *356*
– Mann, den sie Pferd nann-
 ten, Der (E. Silverstein,
 1979) 853
– Nevada (W. A. Wellman,
 1948) *356*
– Nordwest-Passage (K.
 Vidor, 1940) *356*
– Red River (H. Hawks,
 1948) *356*, 448
– Rio Bravo (H. Hawks,
 1959) *356*
– Rio Grande (J. Ford, 1950)
 356
– Sacramento (S. Peckin-
 pah, 1961) *356*
– Spiel mir das Lied vom
 Tod (S. Leone, 1968) *356*,
 625
– Stagecoach (J. Ford,
 1939) *356*
– Union Pacific (C. B.
 DeMille, 1939) *356*
– Weites Land (W. Wyler,
 1958) *356*
– Wild Bunch, The – Sie
 kannten kein Gesetz
 (S. Peckinpah, 1968) *356*
– Winchester 73 (A. Mann,
 1950) *356*
– Zwölf Uhr Mittags
 (F. Zinnemann, 1952) *356*,
 479
Westeuropäische Union
 (WEU) 451, **898**
Westfalenhalle (Dortmund)
 478
Westsahara *546*, 704, *704*
WEU → Westeuropäische
 Union
WHO → Weltgesundheits-
 organisation
Widerstand (NS-Regime)
 138, **389, 398**
Wiederaufarbeitungsanlage
 (WAA) 817
Wiederaufrüstung 309, **309**,
 490, **491**, 506, 516, 522
Wiedergutmachung **475**
Wiedervereinigung (Deutsch-
 land) 833
Wien
– Jugendstil *24*

Wiener Secession

- Kabarett *23*
- Philharmoniker *503*

Wiener Secession 17
Wiener Werkstätte 39
Wiensches Verschiebungsgesetz *93*
Wiking (Organisation) *163*
Wimbledon 277, 339, 710, 728, 785
Windows 95 889
Windscale *791*
Winterhilfe 284
Winterkrieg, Finnisch-Sowjetischer 354
Wirtschaftsbündnisse **456**
- APEC *456*
- ASEAN *456*, **610**
- COMECON 27, *456*
- EFTA *456*, *516*, 538
- EWG 267, *456*, *516*, 538
- GATT 410, 433, *456*
- Mercosur **888**
- NAFTA *456*, 868
- IWF 410, *456*
- OECD 444, *456*, 551
- OEEC 267, 444, *456*
- OPEC *456*, *676*, *677*
- UDEAC *456*

Wladiwostok 29
Wochenzeitungen **425**, 825
Wohnmaschine 478
Wolfram-Fadenlampe 59, *223*
Wolgadeutsche 373
Woodstock-Festival 638
World Trade Organisation (WTO) 877
Wounded Knee 673
WTO → World Trade Organisation
Wundstarrkrampf 22, 81, 116
Wuppertal
- Schwebebahn 22
- Tanztheater 447

Wurt Feddersen Wierde (Ausgrabungen) *851*
Württemberg 73, *851*

X
Xenon *47*
Xerox-Verfahren 336

Y
Young-Plan *213*, 256
Ypern, Schlacht 120, *121*, 130

Z
Zabern-Affäre 107
Zaïre
- Hutu und Tutsi *900*
- Kolonialzeit 73, 545
- Militärputsch (1972) *606*
- Nyiragongo-Ausbruch 29
- Regierungswechsel *590*
- Unabhängigkeit 482, 545

ZDF → Zweites Deutsches Fernsehen
Zeichentrickfilm
- Alice im Cartoonland (1926) 240
- Dampfschiff-Willie (W. Disney, 1928) *252*
- Schneewittchen und die sieben Zwerge (W. Disney, 1937) *339*
- Yellow Submarine (G. Dunning, 1967) *615*

Zeit, Die 425
Zeitschriften *68*, 88, 95, 485, 718
Zentralafrika 716
Zentralafrikanische Republik 530
- Militärputsch (1981) *606*
- Regierungswechsel *598*, 730

Zentralafrikanische Wirtschaftsunion (UDEAC) *456*
Zentralstelle für die arbeitende Jugend *23*
Zentralstelle für die Vergabe von Studienplätzen (ZVS) 679
Zeppelin 15, 80, 335

Zimbabwe 739, *739*
Zinsverordnung 609
Zirkus Roncalli 709
Zuckerkrankheit 180, *203*, *433*, *850*
Zugspitze 237
Zuider-Damm 284
Zukunft, Die (Zeitschrift) *68*
Zürich, Kabarett *23*
ZVS 679
Zwangsumtausch *572*, 581
20. Juli 1944 *389*, 396
Zweibund *114*
Zwei-plus-Vier-Gespräche 833
Zweiter Weltkrieg
- Achsenmächte 321, 334, *334*
- Afrika **365**, 366, 370, 383, 388, *400*
- Alliierte Konferenzen 381, 388, 391, 393, 405, **406**, 411
- Atombombenabwurf *375*, 412
- Aus- und Umsiedlungspolitik 354, 373
- Balkan **366**, 370
- Baltikum 363
- Belgien 362
- Bündnisse 321, 334, 350, **350**, 351, 365, 370
- Dünkirchen, Schlacht 352, 362
- El Alamein, Schlacht 383
- Europäisch-Atlantischer Krieg **364**, 399, 407
- Frankreich 362, 363, *400*
- Griechenland 366, *366*, 370, **401**
- Heerführer **400**
- Hitler-Stalin-Pakt *350*, 351
- Kriegserklärungen 353, **354**, 362, 374, *375*
- Kriegsverbrechen 381
- Luftkrieg *364*, 364, 380, **408**
- Midway, Schlacht *375*, 480
- Niederlande 362, *364*
- Nordeuropa 360
- Normandie, Landung *364*, 396
- Offensiven 371, **382**, *382*, 383
- Ostfront **373**, 383, 388, *400*
- Pazifik *375*, 380, *400*
- Pearl Harbor 374, *375*
- Polen, Überfall 350, *352*
- Seekrieg **319**, *364*, 375, *375*, 379
- Sizilien, Landung *364*, 388, *400*
- Stalingrad, Schlacht *373*, 383, 388, *400*
- Totaler Krieg *371*, 389
- U-Boot-Krieg *319*, *364*, 379
- Unternehmen Barbarossa *372*, 373
- Unternehmen Catapult 363
- V-1-Angriffe *364*
- Verluste *412*
- Vertreibung 400, 411, 413
- Volkssturm 399
- Waffentechnik 375, **402**, 412
- Wehrmachts-Oberkommando 341, 372
- Westfront *352*, 362, *362*, 396
- Widerstandsbewegungen **398**

Zweites Deutsches Fernsehen (ZDF) 573
Zweites Vatikanisches Konzil 563
Zwölftontechnik 204, *207*
Zyklotron *52*, 268, *355*, *472*
Zypern *234*, 685, **685**, 739
- Militärputsch 685
- Regierungswechsel *713*
- Unabhängigkeit 530

Werkregister – Theater

Das Werkregister ist in vier Bereiche unterteilt: Theater, Musik, Film, Buch. Neben den Werktiteln sind die Schriftsteller bzw. Komponisten oder Regisseure sowie das Jahr der Uraufführung bzw. des Erscheinens aufgeführt. Die *kursiven* Seitenzahlen verweisen auf Einträge in tabellarischen Übersichten (Knoten).

A

Ab jetzt
  (A. Ayckbourn, 1989) 827
AC/DC
  (H. Williams, 1970) 649
Agnes Bernauer
  (F. X. Kroetz, 1977) 719
Alle gegen alle
  (A. Adamov, 1953) 487
Alle meine Söhne
  (A. Miller, 1947) 437
Amadeus
  (P. Shaffer, 1979) 735
Andorra
  (M. Frisch, 1961) 554
Appell, Der
  (A. Adamov, 1951) 487
Architekt und der Kaiser von Assyrien, Der
  (F. Arrabal, 1967) 487, 615
arme Bitos oder Das Diner der Köpfe, Der
  (J. Anouilh, 1956) 512
arme Heinrich, Der
  (G. Hauptmann, 1902) *33*
arme Vetter, Der
  (E. Barlach, 1918) 140
Armut
  (A. Wildgans, 1915) *124*
Arsen und Spitzenhäubchen (J. Kesselring, 1941) *337*
Arzt am Scheideweg, Der
  (G. B. Shaw, 1906) *62*
Atriden, Die
  (A. Mnouchkine, 1992) 861
Auf das Leben der Regenwürmer (P. O. Enquist, 1981) 752
Auf verlorenem Posten
  (H. Achternbusch, 1990) 840
aufhaltsame Aufstieg des Arturo Ui, Der
  (B. Brecht, 1958) 527
August, August, August
  (P. Kohout, 1967) 615

B

Baal
  (B. Brecht, 1923) 205
Balkon, Der
  (J. Genet, 1957) 520
Becket oder die Ehre Gottes (J. Anouilh, 1959) 512, 535
beiden Henker, Die
  (F. Arrabal, 1956) 487
Bekannte Gesichter, gemischte Gefühle
  (B. Strauß, 1975) 700
Belagerungszustand, Der
  (A. Camus, 1948) 448
Bernarda Albas Haus
  (F. García Lorca, 1945) *417*
Besuch der alten Dame, Der
  (F. Dürrenmatt, 1956) 511, 564
Bettler, Der
  (R. J. Sorge, 1917) 140
Bezahlt wird nicht
  (D. Fo, 1974) 692
Biedermann und die Brandstifter (M. Frisch, 1958) 527
blaue Boll, Der
  (E. Barlach, 1926) *169, 239*
blaue Vogel, Der
  (M. Maeterlinck, 1908) *76, 93*
Blick zurück im Zorn
  (J. Osborne, 1956) 512, 511
Blinden, Die
  (M. Maeterlinck, 1891) *93*
Bluthochzeit
  (F. García Lorca, 1933) 297, 765
Böhmen am Meer
  (V. Braun, 1992) 861
Brahmsplatz
  (M. Streeruwitz, 1995) 893
Bremer Freiheit
  (R. W. Fassbinder, 1971) 659
Bruder Eichmann
  (H. Kipphardt, 1983) 586, 766

Brüste des Teiresias, Die
  (G. Apollinaire, 1917) *140*
Büchners Tod
  (G. Salvatore, 1972) 668
Büchse der Pandora, Die
  (F. Wedekind, 1904) *48*
Bürger Schippel
  (C. Sternheim, 1913) *111*
Bürger von Calais, Die
  (G. Kaiser, 1917) *140, 169*

C

Caligula
  (A. Camus, 1945) *417*
Cathleen, die Tochter Houlihans
  (W. B. Yeats, 1902) *33*
Central Park West
  (W. Allen, 1995) 893
César
  (M. Pagnol, 1936) 327
Change
  (W. Bauer, 1969) 638
Civil Wars, The
  (R. Wilson, 1984) 777
Cocktail-Party, Die
  (T. S. Eliot, 1949) 459
Cyankali (§ 218)
  (F. Wolf, 1929) 263

D

Dantons Tod
  (G. Büchner, 1902) 30, *33*, 205
Des Teufels General
  (C. Zuckmayer, 1946) 426
Dies irae ...
  (A. Wildgans, 1919) *159*
Draußen vor der Tür
  (W. Borchert, 1947) 437, 470
Drei Schwestern
  (A. Tschechow, 1901) *25, 48*
Dreigroschenoper, Die
  (B. Brecht, 1928) 252
Dunkel ist Licht genug, Das
  (C. Fry, 1954) 495
Durst, Der
  (G. Marcel, 1938) 347

E

echten Sedemunds, Die
  (E. Barlach, 1921) *182*
Ehe des Herrn Mississippi, Die (F. Dürrenmatt, 1952) 479
ehrbare Dirne, Die
  (J.-P. Sartre, 1946) 426
Eiche und Angora
  (M. Walser, 1962) 565
Ein Leben lang
  (W. Saroyan, 1939) 357
Eines langen Tages Reise in die Nacht
  (E. O'Neill, 1956) 511
Eingeschlossenen, Die
  (J.-P. Sartre, 1959) 535
einsame Weg, Der
  (A. Schnitzler, 1904) *48*
Eismann kommt, Der
  (E. O'Neill, 1946) 426
Eiszeit
  (T. Dorst, 1973) 680
Elektra
  (H. von Hofmannsthal, 1903) *41*
Eli
  (N. Sachs, 1962) 565
Elysian Park
  (M. Streeruwitz, 1993) 871
Endspiel
  (S. Beckett, 1958) 487, *487*, 520
Endstation Sehnsucht
  (T. Williams, 1947) 404, 437
Entertainer, Der
  (J. Osborne, 1957) 520
Erde
  (K. Schönherr, 1908) *76*
Ermittlung, Die
  (P. Weiss, 1965) 596
Erster Klasse
  (L. Thoma, 1910) *88*

F

Fahnen
  (A. Paquet, 1924) 216
Familientag, Der
  (T. S. Eliot, 1939) 357

Werkregister – Theater

Fast ein Poet
(E. O'Neill, 1957) *520*
Faust und Yorick
(J. Tardieu, 1955) *487*
Feinde
(M. Gorki, 1906) *62*
Feldherrnhügel, Der
(Roda-Roda, 1909) *83*
Fest für Boris, Ein
(T. Bernhard, 1970) *649*
Fliegen, Die
(J.-P. Sartre, 1943) *347, 394*
Francesca da Rimini
(G. D'Annunzio, 1901) *25*
Frauen, Krieg, Lustspiel
(T. Brasch, 1988) *811*
fremde Nest, Das
(J. Benavente, 1894) *190*
Fremdenführerin, Die
(B. Strauß, 1986) *793*
Frist, Die
(F. Dürrenmatt, 1977) *719*
fröhliche Weinberg, Der
(C. Zuckmayer, 1925) *228*
Frühlings Erwachen
(F. Wedekind, 1906) *62*
Furcht und Elend des Dritten Reiches
(B. Brecht, 1938) *348*

G

Gartenfest, Das
(V. Havel, 1963) *574*
Gas (G. Kaiser, 1918) *147*
Geiseln, Die
(B. Behan, 1958) *527*
Geisterkomödie
(N. Coward, 1941) *377*
Gerechten, Die
(A. Camus, 1949) *459*
Gerettet
(E. Bond, 1965) *596*
Germania 3
(H. Müller, 1996) *906*
Germania Tod in Berlin
(H. Müller, 1978) *728*
Gesandte, Der
(T. Hürlimann, 1991) *852*
Geschichten aus dem Wienerwald (Ö. von Horváth, 1931) *277*
Geschlecht, Ein
(F. von Unruh, 1918) *147*
Geschlossene Gesellschaft
(J.-P. Sartre, 1944) *347, 583*
Gespenstersonate
(A. Strindberg, 1908) *70, 76*

Gespräch im Hause Stein ..., Ein (P. Hacks, 1976) *710*
Gier unter Ulmen
(E. O'Neill, 1924) *216*
Glasmenagerie, Die
(T. Williams, 1944) *403, 404*
Glaube Liebe Hoffnung
(Ö. von Horváth, 1936) *327*
Glaube und Heimat
(K. Schönherr, 1910) *88*
Glückliche Tage
(S. Beckett, 1961) *487, 554*
gnädige Frau, Die
(J. Benavente, 1908) *190*
Goldberg Variationen
(G. Tabori, 1991) *852*
Goldener Oktober
(E. Müller, 1991) *852*
Grabmal des unbekannten Soldaten, Das
(P. Raynal, 1924) *216*
Groß und Klein
(B. Strauß, 1978) *728*
große Kuppler, Der
(J. Echegaray y Eizaguirre, 1881) *47*
Große Kurfürst, Der
(H. Rehberg, 1934) *306*
gute Mensch von Sezuan, Der (B. Brecht, 1943) *194, 394*

H

Hamletmaschine, Die
(H. Müller, 1979) *735*
Hans im Schnakenloch
(R. Schickele, 1916) *131*
Hauptmann von Köpenick, Der (C. Zuckmayer, 1931) *60, 277*
Haus Herzenstod
(G. B. Shaw, 1920) *170*
Hausmeister, Der
(H. Pinter, 1960) *541, 542*
heilige Johanna, Die
(G. B. Shaw, 1923) *205, 224*
heilige Johanna der Schlachthöfe, Die
(B. Brecht, 1959) *535*
Heiliger Krieg
(R. Goetz, 1987) *799*
Heinrich IV.
(L. Pirandello, 1922) *194*
Held der westlichen Welt, Der (J. M. Synge, 1907) *69*

Helden
(G. B. Shaw, 1898) *224*
Heldenplatz
(T. Bernhard, 1988) *811*
Herr Karl, Der (C. Merz/H. Qualtinger, 1961) *554*
Herr Paul
(T. Dorst, 1994) *880*
Herr Puntila und sein Knecht Matti
(B. Brecht, 1948) *448, 459*
Heute abend ...
(L. Pirandello, 1930) *269*
Hexenjagd
(A. Miller, 1953) *488, 488*
Höllenmaschine, Die
(J. Cocteau, 1934) *306*
Hoppla, wir leben!
(E. Toller, 1927) *246*
Hose, Die (C. Sternheim, 1911) *97, 169*
Hypochonder, Die
(B. Strauß, 1972) *668*

I

Im Dickicht der Städte
(B. Brecht, 1923) *205*
In der Einsamkeit ...
(B.-M. Koltès, 1987) *799*
In der Sache J. Robert Oppenheimer
(H. Kipphardt, 1964) *586*
Indianer
(A. L. Kopit, 1969) *638*
Irre von Chaillot, Die
(J. Giraudoux, 1945) *417*
Ithaka
(B. Strauß, 1996) *906*

J

Jagdszenen aus Niederbayern (M. Sperr, 1966) *602*
Jedermann
(H. von Hofmannsthal, 1911) *97, 170*
Jegor Bulytschow
(M. Gorki, 1932) *286*
Josef und Maria
(P. Turrini, 1980) *745*
junge Aar, Der
(E. Rostand, 1900) *16*
Juristen, Der
(R. Hochhuth, 1980) *745*

K

kahle Sängerin, Die
(E. Ionesco, 1950) *465, 487, 487*

Kaiser Jones
(E. O'Neill, 1920) *170*
Kaiser von Amerika, Der
(G. B. Shaw, 1929) *263*
Kalldewey, Farce
(B. Strauß, 1982) *760*
kalte Licht, Das
(C. Zuckmayer, 1955) *502*
Kampf des Negers und der Hunde, Der
(B.-M. Koltès, 1983) *766*
Kandidat, Der
(C. Sternheim, 1915) *124*
Karate-Billi kehrt zurück
(K. Pohl, 1991) *852*
Karlos (T. Dorst, 1990) *840*
Kasimir und Karoline
(Ö. von Horváth, 1932) *286*
Kaspar
(P. Handke, 1968) *625*
Katze auf dem heißen Blechdach, Die (T. Williams, 1955) *404, 502*
Katzelmacher
(R. W. Fassbinder, 1968) *625*
kaukasische Kreidekreis, Der (B. Brecht, 1948) *448*
Kirschgarten, Der
(A. Tschechow, 1904) *48*
Knock
(J. Romains, 1923) *205*
Kolportage
(G. Kaiser, 1924) *216*
Komtesse Mizzi
(A. Schnitzler, 1909) *83*
König stirbt, Der
(E. Ionesco, 1962) *565*
Kontrabaß, Der
(P. Süskind, 1981) *752*
Konzert, Das
(H. Bahr, 1909) *83*
Korbes
(T. Dorst, 1988) *811*
Krankheit der Jugend
(F. Bruckner, 1926) *239*
Kreidekreis, Der
(Klabund, 1925) *228*
Kreis, Der (W. S. Maugham, 1921) *182*
Kritik in Festung
(R. Goetz, 1993) *871*
Krüppel, Der
(K. A. Wittfogel, 1920) *170*

L

Lear (E. Bond, 1971) *659*
Leben des Galilei
(B. Brecht, 1943) *394*

Leben des Menschen, Das
(L. Andrejew, 1907) *69*
lebende Leichnam, Der
(L. Graf Tolstoi, 1911) *97*
Leonce und Lena
(G. Büchner, 1895) 205
Lerche, Die
(J. Anouilh, 1953) *488*
letzte Band, Das
(S. Beckett, 1958) *487,
527*
Liebenden in der Untergrundbahn, Die
(J. Tardieu, 1960) *487*
Liliom (F. Molnár, 1909) *83*
Lokalbahn, Die
(L. Thoma, 1902) *33*
Lysistrate und die NATO
(R. Hochhuth, 1974) *692*

M

Macht der Gewohnheit, Die
(T. Bernhard, 1974) *692*
Magic Afternoon
(W. Bauer, 1968) *625*
Mahabharata
(P. Brook/J.-C. Carrière, 1985) *784*
Major Barbara
(G. B. Shaw, 1905) *54*
Mann ist Mann
(B. Brecht, 1926) *239*
Maria (I. Babel, 1970) *649*
Marquis von Keith, Der
(F. Wedekind, 1901) *25*
Masse Mensch
(E. Toller, 1920) *169, 170*
Mausefalle, Die
(A. Christie, 1952) *479*
Mein Kampf
(G. Tabori, 1987) *799*
Meine Zeit ist nicht die Ihre
(G. Marcel, 1955) *347*
Memory Hotel
(W. Bauer, 1980) *745*
Mensch und Übermensch
(G. B. Shaw, 1905) *54*
Mensch, das Tier und die Tugend, Der
(L. Pirandello, 1919) *159*
Merlin
(K. Immermann, 1918) *147*
Merlin oder Das wüste Land
(T. Dorst, 1981) *752*
Michael Kramer (G. Hauptmann, 1900) *16*
Minderleister, Die
(P. Turrini, 1988) *811*

Minetti (T. Bernhard, 1976) *710*
Mißverständnis, Das
(A. Camus, 1944) 403
Monna Vanna
(M. Maeterlinck, 1902) *33*
Moral
(L. Thoma, 1908) *76*
Mord im Dom
(T. S. Eliot, 1935) *316*
Mörder, Hoffnung der Frauen (O. Kokoschka, 1909) *83*
Möwe, Die
(A. Tschechow, 1896) 48
Müll, die Stadt und der Tod, Der (R. W. Fassbinder, 1985) *784*
Mündel will Vormund sein, Das (P. Handke, 1969) *638*
Musik (F. Wedekind, 1908) *76*
Mutter Courage und ihre Kinder (B. Brecht, 1941) *194, 377, 459*
Mutter Mews
(F. Stavenhagen, 1905) *54*
Mysterium buffo
(W. Majakowski, 1918) *147*

N

Nach Damaskus
(A. Strindberg, 1900) *16*
Nach dem Sündenfall
(A. Miller, 1964) *587*
Nachtasyl
(M. Gorki, 1902) *33*
Nachtwache
(L. Norén, 1985) *784*
Nashörner, Die
(E. Ionesco, 1959) *487, 535*
neuen Leiden des jungen W., Die (U. Plenzdorf, 1972) *668*
Nicht Fisch nicht Fleisch
(F. X. Kroetz, 1981) *752*
Niemandsland
(H. Pinter, 1975) *512*
Nobelpreisfälscher, Die
(H. Bergman, 1925) *228*
Nun singen sie wieder
(M. Frisch, 1945) *417*
Nur Kinder, Küche, Kirche
(D. Fo/F. Rame, 1977) *719*

O

O Vater, armer Vater
(A. L. Kopit, 1960) *542*

Offene Zweierbeziehung
(D. Fo/F. Rame, 1983) *766*
Oh! Calcutta! (The Open Windows, 1969) *638*
Ostern
(A. Strindberg, 1901) *25*

P/Q

Park, Der
(B. Strauß, 1984) *777*
Peter Pan
(J. M. Barrie, 1904) *48*
Philomena Marturano
(E. De Filippo, 1946) *426*
Physiker, Die
(F. Dürrenmatt, 1962) *565*
Picknick im Felde
(F. Arrabal, 1959) *487*
Ping-Pong
(A. Adamov, 1955) *502*
Pioniere in Ingolstadt
(M. Fleißer, 1928) *252*
Plebejer proben den Aufstand, Die
(G. Grass, 1966) *602*
Pohjalaisia (A. Järviluoma, 1914) *118*
Preis, Der
(A. Miller, 1968) *625*
Preispokal, Der
(S. O'Casey, 1929) *263*
Prinzeß Maleine
(M. Maeterlinck, 1889) *93*
Professor Bernhardi
(A. Schnitzler, 1912) *104*
Professor Mamlock
(F. Wolf, 1934) *306*
Prozeß Jesu
(D. Fabbri, 1955) *502*
Publikumsbeschimpfung
(P. Handke, 1965) *602*
Pygmalion
(G. B. Shaw, 1913) *111, 224*
Quartett (H. Müller, 1982) *760*

R

Raststätte oder Sie machens alle
(E. Jelinek, 1994) *880*
Ratten, Die
(G. Hauptmann, 1911) *97*
Rechenmaschine, Die
(E. Rice, 1923) 205
Reigen
(A. Schnitzler, 1920) *170*
Rendezvous, Das
(A. Adamov, 1950) *487*

Requiem für einen Spion (G. Tabori, 1993) *871*
Riesen vom Berge, Die
(L. Pirandello, 1937) *339*
Ritt auf die Wartburg
(F. Roth, 1982) *760*
Ritt über den Bodensee, Der
(P. Handke, 1971) *659*
Ritter der Tafelrunde, Die (C. Hein, 1989) *827*
Roberto-Zucco
(B.-M. Koltès, 1990) *840*
Rose Bernd (G. Hauptmann, 1903) *41*
Rosenkranz und Güldenstern (T. Stoppard, 1966) *602*

S

Salzburger Große Weltheater, Das
(H. von Hofmannsthal, 1922) *194*
Sauschlachten
(P. Turrini, 1972) *668*
Sauspiel, Das
(M. Walser, 1975) *701*
Schatten, Der
(J. Schwarz, 1940) *367*
Schatten im Tal, Der
(J. M. Synge, 1903) *41*
Schaubude, Die
(A. Blok, 1906) *62*
Scheiterhaufen, Der
(A. Strindberg, 1907) 70
Schinderhannes
(C. Zuckmayer, 1927) *246*
Schlacht, Die
(H. Müller, 1975) *701*
Schlußchor
(B. Strauß, 1991) *852*
schmutzigen Hände, Die (J.-P. Sartre, 1948) *347, 448*
Schreibmaschine, Die
(J. Cocteau, 1941) *377*
Schwierige, Der
(H. von Hofmannsthal, 1921) *182*
Schwitzbad, Das
(W. Majakowski, 1930) *269*
Sechs Personen suchen einen Autor (L. Pirandello, 1921) *182, 305*
Seeschlacht
(R. Goering, 1918) *147*
Seid nett zu Mr. Sloane
(J. Orton, 1964) *587*
seidene Schuh, Der
(P. Claudel, 1943) *394*

Werkregister – Theater

Seltsames Zwischenspiel
 (E. O'Neill, 1928) *252*
Snob, Der
 (C. Sternheim, 1914) *96, 118*
Sodom und Gomorrha
 (J. Giraudoux, 1943) *394*
Sohn, Der
 (W. Hasenclever, 1916) *131, 169*
Soldat Tanaka
 (G. Kaiser, 1940) *367*
Soldaten
 (R. Hochhuth, 1967) *615*
Sommergäste
 (M. Gorki, 1904) *48*
Sommergeschwister
 (C. Lievi, 1992) *861*
Spiel vom Fragen, Das
 (P. Handke, 1990) *840*
Stadt ohne Schlaf, Die
 (J. Tardieu, 1984) *487*
Stalin (G. Salvatore, 1987) *799*
Stallerhof
 (F. X. Kroetz, 1972) *668*
Stecken, Stab und Stangl
 (E. Jelinek, 1996) *906*
Stellvertreter, Der
 (R. Hochhuth, 1963) *575, 574*
Stiefel und sein Socken, Der
 (H. Achternbusch, 1993) *880*
Strom, Der
 (M. Halbe, 1903) *41*
Stühle, Die
 (E. Ionesco, 1952) *479, 487*
Sündflut, Die
 (E. Barlach, 1924) *216*

T

Tango (S. Mrozek, 1965) *596*
tätowierte Rose, Die
 (T. Williams, 1950) *465*
Tausch, Der
 (P. Claudel, 1914) *118*
Teufel und der liebe Gott, Der (J.-P. Sartre, 1951) *471*
Theatermacher, Der
 (T. Bernhard, 1985) *784*
Tod des Empedokles, Der (F. Hölderlin, 1916) *131*
Tod des Handlungsreisenden, Der
 (A. Miller, 1953) *459, 488*
Tod eines Jägers
 (R. Hochhuth, 1977) *719*
Toller (T. Dorst, 1968) *625*
tote Königin, Die
 (H. de Montherlant, 1942) *386*
tote Tag, Der (E. Barlach, 1919) *140, 159*
Totenfloß
 (H. Mueller, 1984) *777*
Totentanz
 (A. Strindberg, 1905) *54*
Trauer muß Elektra tragen
 (E. O'Neill, 1931) *277*
Traumspiel, Ein
 (A. Strindberg, 1907) *69*
Traumulus
 (A. Holz/O. Jerschke, 1904) *48*
Travestien
 (T. Stoppard, 1974) *692*
Trilogie des Wiedersehens
 (B. Strauß, 1977) *719*
Troerinnen, Die
 (F. Werfel, 1916) *131*
Trojanische Krieg findet nicht statt, Der
 (J. Giraudoux, 1935) *316*
Trommeln in der Nacht
 (B. Brecht, 1922) *194*
Turm, Der (H. von Hofmannsthal, 1928) *252*

U

Über die Dörfer
 (P. Handke, 1982) *760*
Übergangsgesellschaft, Die
 (V. Braun, 1987) *799*
Unbefleckte Empfängnis
 (R. Hochhuth, 1989) *827*
Unbestechliche, Der
 (H. von Hofmannsthal, 1923) *205*
Und Pippa tanzt!
 (G. Hauptmann, 1906) *62*
Unsere kleine Stadt
 (T. Wilder, 1938) *348*
Unter dem Milchwald
 (D. Thomas, 1978) *488*
Unterrichtsstunde, Die
 (E. Ionesco, 1951) *487*

V

Vatermord
 (A. Bronnen, 1922) *194*
Verbotene Liebe
 (J. Benavente, 1913) *190*
Verfolgung und Ermordung Jean Paul Marats, Die
 (P. Weiss, 1964) *585, 587*
Vor Sonnenuntergang
 (G. Hauptmann, 1932) *286*

W

W. U. R.
 (K. Čapek, 1921) *182*
Wahnsinn oder Heiligkeit (J. Echegaray y Eizaguirre, 1877) *47*
Wandlung, Die
 (E. Toller, 1919) *159*
Warten auf Godot
 (S. Beckett, 1953) *487, 488, 636*
Weber, Die
 (G. Hauptmann, 1893) *103*
Weißalles und Dickedumm
 (C. Serrau, 1993) *870*
weite Land, Das
 (A. Schnitzler, 1911) *97*
Weltverbesserer, Der
 (T. Bernhard, 1980) *745*
Wenn wir Toten erwachen
 (H. Ibsen, 1900) *16*
Wer hat Angst vor Virginia Woolf? (E. Albee, 1962) *565*
Wildwechsel
 (F. X. Kroetz, 1971) *659*
Wir sind noch einmal davongekommen
 (T. Wilder, 1942) *386*
Woyzeck
 (G. Büchner, 1913) *111, 205*
Wupper, Die
 (E. Lasker-Schüler, 1919) *159*

Y/Z

Yerma
 (F. García Lorca, 1934) *306*
Zeit und das Zimmer, Die
 (B. Strauß, 1989) *827*
Zimmerschlacht, Die
 (M. Walser, 1967) *615*
Zofen, Die
 (J. Genet, 1947) *437*
Zufälliger Tod eines Anarchisten
 (D. Fo, 1970) *649*

Werkregister – Musik

A

Abraxas
  (W. Egk, 1948) *448*
Abstrakte Oper Nr. 1
  (B. Blacher, 1953) *488*
Adagio for Strings
  (S. Barber, 1938) *348*
Adriana Lecouvreur
  (F. Cilèa, 1902) *33*
Al gran sole
  (L. Nono, 1975) *701*
Albert Herring
  (B. Britten, 1947) *437*
Amelia geht zum Ball
  (G.C. Menotti, 1937) *339*
Amerikaner in Paris, Ein
  (G. Gershwin, 1928) *252*
Amica
  (P. Mascagni, 1905) *54*
Anaklasis
  (K. Penderecki, 1960) *542*
Anatevka
  (J. Bock, 1964) *587*
Annie
  (C. Strouse, 1977) *719*
Annie Get Your Gun
  (I. Berlin, 1946) *426*
Antigonae (C. Orff, 1949) *459*
Appalachian Spring
  (A. Copland, 1944) *403*
Arabella
  (R. Strauss, 1933) *297*
Ariadne auf Naxos
  (R. Strauss, 1912) *104*
Ariane et Barbe-Bleu
  (P. Dukas, 1907) *69*
Atmosphères
  (G. Ligeti, 1961) *554*
Aufstieg und Fall der Stadt Mahagonny
  (K. Weill, 1930) *269*
Aus einem Totenhaus
  (L. Janáček, 1930) *269*
Aventures
  (G. Ligeti, 1963) *574*

B

Baal
  (F. Cerha, 1981) *752*
Bassariden, Die
  (H. W. Henze, 1966) *602*
Billy Budd
  (B. Britten, 1951) *473*
Black Rider, The
  (T. Waits, 1990) *840*
Blond Eckbert
  (J. Weir, 1994) *880*
Blume von Hawaii, Die
  (P. Abraham, 1931) *277*
Bluthochzeit, Die
  (W. Fortner) *520*
bœuf sur le toit, Le
  (D. Milhaud, 1920) *170*
Bohème, La
  (G. Puccini, 1896) 16
Boléro
  (M. Ravel, 1928) *252*
Boulevard Solitude
  (H. W. Henze, 1952) *479*
Brautwahl, Die
  (F. Busoni, 1912) *104*
Bürgschaft, Die
  (K. Weill, 1932) *286*

C

Cabaret
  (J. Kander, 1966) *602*
Candide
  (L. Bernstein, 1956) *511*
Canto sospeso, Il
  (L. Nono, 1956) *511*
Capriccio
  (R. Strauss, 1942) *386*
Cardillac
  (P. Hindemith, 1926) *239*
Carmina Burana
  (C. Orff, 1937) *338, 339*
Carousel
  (R. Rodgers, 1945) *417*
Carré
  (K. Stockhausen, 1960) *542*
Cats
  (A. L. Webber, 1981) *752*
Chain 1 (W. Lutoslawski, 1983) *766*
Chicago
  (J. Kander, 1975) *701*
Chorus Line, A
  (M. Hamlish, 1975) *701*
Christelflein
  (H. Pfitzner, 1906) *62*
City of Angels
  (C. Coleman, 1989) *827*
Clivia
  (N. Dostal, 1933) *297*
Columbus
  (W. Egk, 1942) *386*
Company
  (S. Sondheim, 1970) *649*
Cosmopolitan Greetings
  (G. Gruntz, 1988) *811*
Création du Monde, La
  (D. Milhaud, 1923) *205*
Csárdásfürstin, Die
  (E. Kálmán, 1915) *124*

D

Dantons Tod
  (G. von Einem, 1947) *437*
Daphnis und Chloë
  (M. Ravel, 1912) *104*
Death of Klinghoffer, The
  (J. Adams, 1991) *852*
Dienstag aus Licht
  (K. Stockhausen, 1993) *871*
Doktor Faust
  (F. Busoni, 1925) *228*
Donnerstag aus Licht
  (K. Stockhausen, 1981) *752*
Dream of Gerontius, The
  (E. Elgar, 1900) 16
Drei Stücke in Form einer Birne
  (E. Satie, 1903) *41*
Dreigroschenoper, Die
  (K. Weill, 1928) *252*
Dreimäderlhaus, Das
  (H. Berté, 1916) *131*
Dreispitz, Der
  (M. de Falla, 1919) *159*
Drumming
  (S. Reich, 1971) *659*
Dumbarton Oaks Concerto
  (I. Strawinsky, 1938) *348*

E

Echnaton
  (P. Glass, 1984) *777*
Einstein on the Beach
  (P. Glass/R. Wilson, 1976) *710*
Elegie für junge Liebende
  (H. W. Henze, 1961) *554*
Elektra
  (R. Strauss, 1909) *83*
Elektronische Studie I
  (K. Stockhausen, 1954) *495*
Elisabeth
  (S. Levay, 1992) *861*
Engel kommt nach Babylon, Ein
  (R. Kelterborn, 1977) *719*
englische Katze, Die
  (H. W. Henze, 1983) *766*
Enrico
  (M. Trojahn, 1991) *852*
Eroberung von Mexiko, Die
  (W. Rihm, 1992) *861*
ersten Menschen, Die
  (R. Stephan, 1920) *170*
Erwartung
  (A. Schönberg, 1924) *216*
Evita
  (A. L. Webber, 1978) *728*

F

ferne Klang, Der
  (F. Schreker, 1912) *104*
Feuervogel, Der
  (I. Strawinsky, 1910) *88*
Feuerwerk
  (P. Burkhard, 1950) *465*
fidele Bauer, Der
  (L. Fall, 1907) *69*
Figaro läßt sich scheiden
  (G. Klebe, 1963) *574*
Finlandia
  (J. Sibelius, 1900) 16
florentinische Tragödie, Eine
  (A. von Zemlinsky, 1917) *140*
42nd Street
  (H. Warren/A. Dubin, 1980) *745*
Fragende Ode
  (M. Kagel, 1989) *659*
Francesca da Rimini
  (R. Zandonai, 1914) *118*
Frau ohne Schatten, Die
  (R. Strauss, 1919) *159*
Freispruch für Medea
  (R. Liebermann, 1995) *893*
Freitag aus Licht
  (K. Stockhausen, 1996) *906*
Funny Girl
  (J. Styne, 1964) *587*
Funny Thing Happened, A
  (S. Sondheim, 1962) *565*

G

Gaudí
  (E. Woolfson, 1996) *893*

Werkregister – Musik

Gefangene, Der
 (L. Dallapiccola, 1950) *465*
George-Lieder op. 15
 (A. Schönberg, 1910) *88*
Geschichte vom Soldaten, Die
 (I. Strawinsky, 1918) *147*
Gespräche der Karmeliterinnen, Die
 (F. Poulenc, 1957) *520*
gestiefelte Kater, Der
 (G. Bialas, 1975) *701*
Gesualdo
 (A. Schnittke, 1995) *893*
Gezeichneten, Die
 (F. Schreker, 1918) *147*
Ghosts of Versailles, The
 (J. Corigliano, 1991) *852*
goldene Hahn, Der
 (N. Rimski-Korsakow, 1909) *83*
Goyescas
 (E. Granados, 1916) *131*
Graf Mirabeau
 (S. Matthus, 1989) *827*
Graf von Luxemburg, Der
 (F. Lehár, 1909) *83*
Gräfin Mariza
 (E. Kálmán, 1924) *216*
Grand Macabre, Le
 (G. Ligeti, 1978) *728*
grüne Tisch, Der
 (K. Jooss, 1932) *286*
Gruppen
 (K. Stockhausen, 1958) *527*
Gurre-Lieder
 (A. Schönberg, 1913) *111*
Guys and Dolls
 (F. Loesser, 1950) *465*
Gypsy
 (J. Styne, 1959) *535*

H

Hair
 (G. McDermot, 1967) *615*
Hamlet
 (H. Searle, 1968) *625*
Hamletmaschine, Die
 (W. Rihm, 1987) *799*
Hello, Dolly!
 (J. Herman, 1964) *587*
Hero und Leander
 (G. Bialas, 1966) *602*
Herz, Das
 (H. Pfitzner, 1931) *277*
Herzog Blaubarts Burg
 (B. Bartók, 1918) *147*
Historia von D. Johann Fausten
 (A. Schnittke, 1995) *893*

I

Im Weißen Rößl
 (R. Benatzky, 1930) *269*
Intolleranza 1960
 (L. Nono, 1961) *554*
Irische Legende
 (W. Egk, 1955) *502*
Irma La Douce
 (M. Monnot, 1956) *511*

J

Jakob Lenz
 (W. Rihm, 1979) *735*
Jenufa
 (L. Janáček, 1904) *48*
Jesus Christ Superstar
 (A. L. Webber, 1971) *659*
Jeux d'Eau
 (M. Ravel, 1902) *33*
Johanna auf dem Scheiterhaufen (A. Honegger, 1938) *348*
Jonny spielt auf
 (E. Krenek, 1927) *246*
Josephslegende
 (R. Strauss, 1914) *118*
Judenbuche, Die
 (W. Steffen, 1993) *871*
junge Lord, Der
 (H. W. Henze, 1965) *596*

K

Karl V.
 (E. Krenek, 1938) *348*
Katja Kabanowa
 (L. Janáček, 1921) *182*
Käufig voller Narren, Ein
 (J. Herman, 1983) *766*
Keep Cool
 (M. Rima, 1995) *893*
keusche Susanne, Die
 (J. Gilbert, 1910) *88*
Kindertotenlieder
 (G. Mahler, 1905) *54*
Kiss me, Kate
 (C. Porter, 1948) *448*
Klassische Sinfonie
 (S. Prokofjew, 1918) *147*
kleine Horrorladen, Der
 (A. Menken, 1982) *760*
Kluge, Die
 (C. Orff, 1943) *394*
König David
 (A. Honegger, 1921) *182*
König Hirsch
 (H. W. Henze, 1956) *511*
König horcht, Ein
 (L. Berio, 1984) *777*
König Kandaules, Der
 (A. von Zemlinsky, 1996) *906*
König Roger
 (K. Szymanowski, 1926) *239*
König und ich, Der
 (R. Rodgers, 1951) *471*
Königskinder
 (E. Humperdinck, 1910) *88*
Konsul, Der
 (G. C. Menotti, 1950) *465*
Kreidekreis, Der
 (A. von Zemlinsky, 1933) *297*
Krieg und Frieden
 (S. Prokofjew, 1946) *426*
Kuhreigen, Der
 (W. Kienzl, 1911) *97*
kurze Leben, Das
 (M. de Falla, 1913) *111*

L

La mer
 (C. Debussy, 1905) *54*
Lächeln am Fuße der Leiter, Das
 (A. Bibalo, 1965) *596*
Lady in the Dark
 (K. Weill, 1941) *377*
Lady Macbeth von Mzensk
 (D. Schostakowitsch, 1934) *306, 447*
Land des Lächelns, Das
 (F. Lehár, 1929) *262*
Lear
 (A. Reimann, 1978) *728*
Leben mit einem Idioten
 (A. Schnittke, 1992) *861*
Leiden des jungen Werthers, Die
 (H.-J. von Bose, 1986) *793*
Leonore 40/45
 (R. Liebermann, 1952) *479*
Leuchtturm, Der
 (P. M. Davies, 1980) *745*
Liebe zu den drei Orangen, Die
 (S. Prokofjew, 1921) *182*
Lied von der Erde, Das
 (G. Mahler, 1911) *97*
Linie 1
 (B. Heymann, 1986) *793*
Little Night Music, A
 (S. Sondheim, 1973) *680*
Lontano
 (G. Ligeti, 1967) *615*
Lorenzaccio
 (S. Bussotti, 1972) *668*
Louise
 (G. Charpentier, 1900) *16*
Lukas-Passion
 (K. Penderecki, 1966) *602*
Lulu
 (A. Berg, 1937) *231, 339*
lustige Witwe, Die
 (F. Lehár, 1905) *54*
Lysistrata
 (P. Lincke, 1902) *33*

M

Madame Butterfly
 (G. Puccini, 1904) *48*
Madame Pompadour
 (L. Fall, 1923) *205*
Mädchen aus dem goldenen Westen, Das
 (G. Puccini, 1910) *88*
Mame
 (J. Herman, 1966) *602*
Mann von La Mancha, Der
 (M. Leigh, 1965) *596*
Märchen vom Zaren, Das
 (N. Rimski-Korsakow, 1900) *16*
Marco Polo
 (Tan Dun, 1996) *906*
Maschinist Hopkins
 (M. Brand, 1929) *263*
Maske in Blau
 (F. Raymond, 1937) *339*
Mathis der Maler
 (P. Hindemith, 1938) *348*
Maulwerke
 (D. Schnebel, 1974) *692*
Meister und Margarita, Der
 (Y. Höller, 1989) *827*
Metamorphosen
 (R. Strauss, 1946) *426*
Miroirs
 (M. Ravel, 1906) *62*
Misérables, Les
 (C.-M. Schönberg, 1985) *784*
Miss Donnithorn's Grille
 (P. M. Davies, 1974) *692*
Miss Saigon
 (C.-M. Schönberg, 1989) *827, 880*
Mond, Der
 (C. Orff, 1939) *357*
Mörder, Hoffnung der Frauen (P. Hindemith, 1921) *182*

Werkregister – Musik

Moses und Aron
 (A. Schönberg, 1954) *495*
Mozart-Variationen
 (M. Reger, 1915) *124*
My Fair Lady
 (F. Loewe, 1956) 511, *511*

N

Nachmittag eines Fauns
 (C. Debussy, 1912) *104*
Nachtigall, Die
 (I. Strawinsky, 1914) *118*
Nase, Die
 (D. Schostakowitsch,
 1930) *269*
Neues vom Tage
 (P. Hindemith, 1929) *263*
neugierigen Frauen, Die
 (E. Wolf-Ferrari, 1903) *41*
Nixon in China
 (J. Adams, 1987) *799*
Notre Dame
 (F. Schmidt, 1914) *118*

O

Odysseus
 (L. Dallapiccola, 1968)
 625
Oedipus Rex
 (I. Strawinsky, 1927) *246*
Oklahoma!
 (R. Rodgers, 1943) *394*
Ophelia
 (R. Kelterborn, 1984) *777*

P/Q

Palestrina
 (H. Pfitzner, 1917) *140*
Parsifal
 (R. Wagner, 1882) *119*
Peer Gynt
 (W. Egk, 1938) *348*
Pelléas et Mélisande
 (C. Debussy, 1902) *31, 33*
Penelope
 (R. Liebermann, 1954)
 495
Penthesilea
 (O. Schoeck, 1927) *246*
Peter Grimes
 (B. Britten, 1945) *417,
 473*
Peter Pan
 (M. Charlap/J. Styne,
 1954) *495*
Peter und der Wolf
 (S. Prokofjew, 1936) *327*
Petruschka
 (I. Strawinsky, 1911) *97*

Phantom der Oper, Das
 (A. L. Webber, 1986) *793*
Planeten, Die
 (G. Holst, 1920) *170*
poème de l'extase, Le
 (A. Skrjabin, 1908) *76*
Polnisches Requiem
 (K. Penderecki, 1984)
 777
Polyphonie X
 (P. Boulez, 1951) *471*
Pomp and Circumstance
 (E. Elgar, 1901) *25*
Porgy and Bess
 (G. Gershwin, 1935) *216,
 316*
Preußisches Märchen
 (B. Blacher, 1952) *479*
Prinz von Homburg, Der
 (H. W. Henze, 1960) *542*
Prozeß, Der
 (G. von Einem, 1953) *488*
Psalmensinfonie
 (I. Strawinsky, 1930) *269*
Pulcinella
 (I. Strawinsky, 1920) *169,
 170*
Quatuor pour la fin du
 temps
 (O. Messiaen, 1941) *377*

R

Rake's Progress, The
 (I. Strawinsky, 1951) *471*
Rathenau
 (G. Dreyfus, 1993) *871*
Raub der Lukrezia, Der
 (B. Britten, 1946) *426*
Réak
 (I. Yun, 1966) *602*
Réveil des Oiseaux
 (O. Messiaen, 1953) *488*
Revisor, Der
 (W. Egk, 1957) *520*
Rhapsodie espagnole
 (M. Ravel, 1908) *76*
Rhapsody in Blue
 (G. Gershwin, 1924) *216*
Rocky Horror Show, The
 (R. O'Brien, 1973) *680*
Rodeo
 (A. Copland, 1942) *386*
Roland von Berlin, Der
 (R. Leoncavallo, 1904)
 48
Romeo und Julia
 (H. Sutermeister, 1940)
 367
Romeo und Julia
 (S. Prokofjew, 1936) *327*

Romeo und Julia auf dem
 Dorfe (F. Delius, 1907) *69*
Römische Brunnen
 (O. Respighi, 1917) *140*
Rosa. A Horse Drama
 (L. Andriessen, 1994) *880*
Rose vom Liebesgarten, Die
 (H. Pfitzner, 1901) *25*
Rosenkavalier, Der
 (R. Strauss, 1911) *97*
Rusalka
 (A. Dvořák, 1901) *25*

S

sacre du printemps, Le
 (I. Strawinsky, 1913) *111,
 111*
Saint François d'Assise
 (O. Messiaen, 1983) *766*
Salome
 (R. Strauss, 1905) *54*
Satyagraha
 (P. Glass, 1980) *745*
Satyricon
 (B. Maderna, 1973) *680*
Schlachthof 5
 (H.-J. von Bose, 1996)
 906
schlaue Füchslein, Das
 (L. Janáček, 1924) *216*
Schloß, Das
 (A. Reimann, 1992) *861*
Schubert-Fantasie
 (D. Schnebel, 1979) *735*
Schule der Frauen, Die
 (R. Liebermann, 1955)
 502
Schweigen der Sirenen, Das
 (R. Riehm, 1994) *880*
schweigsame Frau, Die
 (R. Strauss, 1935) *316*
Show Boat
 (J. Kern, 1927) *246, 247*
Sinfonietta
 (L. Janáček, 1926) *239*
Sinfonia
 (L. Berio, 1969) *638*
Sinfonia Domestica
 (R. Strauss, 1904) *48*
Soldaten, Die
 (B. A. Zimmermann, 1965)
 596
Sommernachtstraum, Ein
 (B. Britten, 1960) *542*
Sound of Musik, The
 (R. Rodgers, 1959) *535*
South Pacific
 (R. Rodgers, 1949) *459*
spanische Stunde, Die
 (M. Ravel, 1911) *97*

Staatstheater
 (M. Kagel, 1971) *659*
Stephen Climax
 (H. Zender, 1986) *793*
sterbende Schwan, Der
 (M. Fokin, 1907) *69*
Sunday in the Park with
 George (S. Sondheim,
 1984) *777*
Sunset Boulevard
 (A. L. Webber, 1993) *871*
Susannens Geheimnis
 (E. Wolf-Ferrari, 1909) *83*
Sweeney Todd
 (S. Sondheim, 1979) *735*
Symphonie pour un homme
 seul (P. Henry/P. Schaeffer,
 1950) *465*

T

Tallis-Fantasie
 (R. V. Williams, 1910) *88*
Teufel von Loudun, Die
 (K. Penderecki, 1969)
 638
Thérèse
 (J. Massenet, 1907) *69*
Three Places in New
 England
 (C. Ives, 1931) *277*
Threnos
 (K. Penderecki, 1961)
 554
Tiefland
 (E. d'Albert, 1903) *41*
Tod in Venedig
 (B. Britten, 1973) *680*
Tosca
 (G. Puccini, 1900) *16*
tote Stadt, Die
 (E. W. Korngold, 1920) *170*
toten Augen, Die
 (E. d'Albert, 1916) *131*
Transatlantik
 (G. Antheil, 1930) *269*
Triptychon
 (G. Puccini, 1918) *147*
Troades
 (A. Reimann, 1986) *793*
Turandot
 (F. Busoni, 1917) *104, 140*
Turandot
 (G. Puccini, 1926) *239*
Tutuguri I
 (W. Rihm, 1981) *752*

U

Überlebender aus Warschau,
 Ein (A. Schönberg, 1948)
 448

1007

Undine
(H. W. Henze, 1958) *527*
Untergang der Titanic, Der
(W. D. Siebert, 1979) *735*

V
Valse, La
(M. Ravel, 1920) *170*
Verhör des Lukullus, Das
(P. Dessau, 1951) *471, 472*
Verlobung in San Domingo, Die (W. Egk, 1963) *574*
verlorene Paradies, Das
(K. Penderecki, 1978) *728*
verratene Meer, Das
(H. W. Henze, 1990) *840*
Vetter aus Dingsda, Der
(E. Künneke, 1921) *182*
vier Grobiane, Die
(E. Wolf-Ferrari, 1906) *62*
Vincent
(E. Rautavaara, 1990) *840*
Violanta
(E. W. Korngold, 1916) *131*
Votre Faust
(H. Pousseur, 1969) *638*

W
Walzertraum, Ein
(O. Straus, 1907) *69*
War Requiem
(B. Britten, 1962) *565*
Weise von Liebe und Tod, Die
(S. Matthus, 1985) *784*
weiße Rose, Die
(W. Fortner, 1951) *471*
West Side Story
(L. Bernstein, 1957) *520*
Wie einst im Mai
(W. Kollo, 1913) *111*
Wir erreichen den Fluß
(H. W. Henze, 1976) *710*
Wir machen eine Oper
(B. Britten, 1949) *459*
Wozzeck
(A. Berg, 1925) *228, 231*
wundersame Schustersfrau, Die (U. Zimmermann, 1982) *760*

Z
Zaubergeige, Die
(W. Egk, 1935) *316*
Zigeunerliebe
(F. Lehár, 1910) *88*
Zwei Herzen im Dreivierteltakt (R. Stolz, 1933) *297*
Zwerg, Der
(A. von Zemlinsky, 1922) *194*

Werkregister – Film

A
Abend der Gaukler
(I. Bergman, 1953) *488*
Abfahrer, Die
(A. Winkelmann, 1978) *728*
Abgeschminkt
(K. v. Garnier, 1993) *871*
Abgrund, Der
(U. Gad, 1910) *88, 168, 270*
Abschied von gestern
(A. Kluge, 1966) *602*
Abwege
(G. W. Pabst, 1928) *168*
Accatone
(P. P. Pasolini, 1961) *554*
Achteinhalb
(F. Fellini, 1962) *565*
Adel verpflichtet
(R. Hamer, 1949) *459*
Affäre Blum
(E. Engel, 1948) *448*
African Queen
(J. Huston, 1951) *471*
Aguirre, der Zorn Gottes
(W. Herzog, 1972) *628*
Alexander Newski
(S. Eisenstein, 1938) *348*
Alexis Sorbas
(M. Cacoyannis, 1946) *426, 587*
Alien
(R. Scott, 1979) *524, 735*
Alles über Eva
(J. L. Mankiewicz, 1950) *270, 465*
Alraune
(H. Galeen, 1927) *168*
Amadeus
(M. Forman, 1984) *701, 777*
Amerikaner in Paris, Ein
(V. Minnelli, 1951) *471*
andalusischer Hund, Ein
(L. Buñuel, 1928) *229, 252*
Andromeda-Nebel, Der
(R. Wise, 1970) *626*
Angst essen Seele auf
(R. W. Fassbinder, 1973) *680, 692*
Anna Boleyn
(E. Lubitsch, 1920) *168*
Anna Karenina
(C. Brown, 1935) *168, 270, 316*
Apocalypse Now
(F. F. Coppola, 1979) *193, 735, 735, 736, 744*
Apropos Nizza
(J. Vigo, 1929) *306*
arme Jenny, Die
(U. Gad, 1912) *104*
Arsen und Spitzenhäubchen
(F. Capra, 1941) *358*
Artisten in der Zirkuskuppel: ratlos, Die
(A. Kluge, 1968) *625*
Asphalt-Dschungel
(J. Huston, 1950) *376*
Auf Wiedersehen, Kinder
(L. Malle, 1987) *799*
Augen der Mumie Ma, Die
(E. Lubitsch, 1918) *147, 168*
Außer Atem
(J.-L. Godard, 1960) *540, 542*
auswärtige Affäre, Eine
(B. Wilder, 1948) *270*

B
Barton Fink
(J. und E. Coen, 1991) *852*
Batman
(T. Burton, 1988) *870*
Bauch des Architekten, Der
(P. Greenaway, 1987) *799*
Belle de Jour – Schöne des Tages (L. Buñuel, 1966) *270*
Ben Hur
(S. Olcott, 1907) *69*
Berlin – Die Sinfonie einer Großstadt
(W. Ruttmann, 1927) *246*
bestes Mädchen, Mein
(M. Figman, 1927) *168*
Bestie Mensch
(J. Renoir, 1938) *348*
Betragen ungenügend
(J. Vigo, 1932) *306*
Bettgeflüster
(M. Gordon, 1959) *276*
bewegte Mann, Der
(S. Wortmann, 1994) *880*
Bingo Long
(J. Badham, 1976) *720*
Bis wir uns wiedersehen
(G. Ucicky, 1952) *276*
Bismarck
(W. Liebeneiner, 1940) *368*
Bitter Moon
(R. Polanski, 1992) *861*
Bitterer Reis
(G. De Santis, 1949) *459*
Black Robe
(B. Beresford, 1992) *853*
blaue Engel, Der
(J. von Sternberg, 1930) *269, 270, 270*
blaue Licht, Das
(L. Riefenstahl, 1932) *330*
Blechtrommel, Die
(V. Schlöndorff, 1979) *735, 744*
bleierne Zeit, Die
(M. von Trotta, 1981) *752*
Blinde Ehemänner
(E. Stroheim, 1918) *147*
Blonde Venus
(J. von Sternberg, 1932) *270*
blonder Traum, Ein
(P. Martin, 1932) *276*
Blondinen bevorzugt
(H. Hawks, 1953) *270, 488*

Werkregister – Film

Blow up
  (M. Antonioni, 1967) *602*, *615*
Blue Velvet
  (D. Lynch, 1986) *639*, *793*, *799*
Blut eines Dichters, Das
  (J. Cocteau, 1931) *229*, *277*
Bodyguard
  (M. Jackson, 1993) *871*
Bluthochzeit
  (C. Saura, 1981) *766*
Bonnie und Clyde
  (A. Penn, 1967) *615*
Boot, Das
  (W. Petersen, 1981) *752*
Boulevard der Dämmerung
  (B. Wilder, 1950) *270*, *376*, *465*
Bram Stoker's Dracula
  (F. F. Coppola, 1993) *193*, *735*
Braveheart
  (M. Gibson, 1995) *893*
Brazil
  (T. Gilliam, 1984) *624*
Breaking the Waves
  (L. von Trier, 1996) *906*
Brücke, Die
  (B. Wicki, 1959) *535*, *736*
Brücke am Kwai, Die
  (D. Lean, 1957) *520*

C

Cabinet des Doktor Caligari, Das (R. Wiene, 1919) *159*, *168*, *169*, *193*
Cabiria
  (G. Pastrone, 1914) *118*
Caine war ihr Schicksal, Die
  (E. Dmytryk, 1954) *495*
Camille Claudel
  (B. Nuytten, 1988) *811*
Caravaggio
  (D. Jarman, 1986) *793*
Carl Peters
  (H. Selpin, 1941) *368*
Carmen
  (C. Saura, 1983) *765*, *766*
Carrie
  (B. De Palma, 1976) *701*
Casablanca
  (M. Curtiz, 1942) *386*
Chinatown
  (R. Polanski, 1974) *541*, *597*, *692*
Christiane F.
  (U. Edel, 1981) *752*
Chronik der Anna Magda-lena Bach
  (J.-M. Straub, 1967) *615*
Cinema Paradiso
  (G. Tornatore, 1988) *811*
Citizen Kane
  (O. Welles, 1941) *377*
Clockwork Orange → Uhrwerk Orange
Club der toten Dichter, Der
  (P. Weir, 1990) *839*
Cocktail für eine Leiche
  (A. Hitchcock, 1948) *376*
Coconuts
  (R. Florey/J.Santley, 1929) *263*
Crying Game, The
  (N. Jordan, 1992) *861*
Cyrano de Bergerac
  (J.-P. Rappeneau, 1989) *827*

D

Dame verschwindet, Eine
  (A. Hitchcock, 1938) *348*
Dampfschiff-Willie
  (W. Disney, 1928) *252*
Dead, The – Die Toten
  (J. Huston, 1987) *799*
Denn sie wissen nicht, was sie tun
  (N. Ray, 1955) *502*, *503*
Der mit dem Wolf tanzt
  (K. Costner, 1989) *827*, *853*
Deutschland im Herbst
  (A. Kluge u. a., 1978) *728*
Die durch die Hölle gehen
  (M. Cimino, 1978) *728*, *736*
Dieb von Bagdad, Der
  (R. Walsh, 1924) *168*, *216*
Dinge, die kommen werden
  (W. C. Menzies, 1936) *327*
Diva
  (J.-J. Beineix, 1981) *752*
Django
  (S. Corbucci, 1966) *602*
Doktor Schiwago
  (D. Lean, 1965) *520*, *596*
Dr. Mabuse, der Spieler
  (F. Lang, 1922) *169*, *193*, *194*
Dr. Seltsam oder wie ich lernte, die Bombe zu lieben (S. Kubrick, 1963) *574*
Doors, The
  (O. Stone, 1990) *840*
Down by Law
  (J. Jarmusch, 1986) *793*
Dracula
  (T. Browning, 1930) *193*, *269*
Dreams that money can buy
  (H. Richter, 1944–47) *229*
Drei von der Tankstelle, Die
  (W. Thiele, 1930) *269*, *271*, *276*, *403*
Dreigroschenoper, Die
  (G. W. Pabst, 1931) *277*
Dressed to kill
  (B. De Palma, 1980) *701*
dritte Mann, Der
  (C. Reed, 1949) *377*, *459*
Duell in der Sonne
  (K. Vidor, 1946) *356*
Dune – Der Wüstenplanet
  (D. Lynch, 1963) *799*

E

Ed Wood
  (T. Burton, 1995) *893*
E. T. – der Außerirdische
  (S. Spielberg, 1982) *760*, *870*
Easy Rider
  (D. Hopper, 1969) *638*, *639*
Ehe der Maria Braun, Die
  (R. W. Fassbinder, 1978) *692*, *728*
Ehekrieg
  (G. Cukor, 1949) *276*
Ein zum Tode Verurteilter ist entflohen
  (R. Bresson, 1956) *511*
Einer flog über das Kuckucksnest
  (M. Forman, 1975) *701*, *701*
120 Tage von Sodom, Die
  (P. P. Pasolini, 1975) *701*
einsame Villa, Die
  (D. W. Griffith, 1909) *83*
einzige Zeuge, Der
  (P. Weir, 1985) *839*
Ekel
  (R. Polanski, 1964) *270*, *587*, *597*
Ekstase – Symphonie der Liebe (G. Machatý, 1933) *297*
Elefantenmensch, Der
  (D. Lynch, 1980) *745*, *799*
Endlos ist die Prärie
  (E. Kazan, 1947) *276*
Entscheidung in der Sierra
  (R. Walsh, 1941) *376*
Erbarmungslos
  (C. Eastwood, 1992) *861*
Erdgeist
  (L. Jessner, 1923) *168*
Erpressung
  (A. Hitchcock, 1929) *263*
1. Evangelium des Matthäus, Das
  (P. P. Pasolini, 1964) *587*
Erste Versuche eines Schlittschuhläufers
  (Max Linder, 1908) *76*
Erzählungen unter dem Regenmond
  (K. Mizoguchi, 1953) *488*
Es
  (U. Schamoni, 1965) *596*
Es geschah am hellichten Tag (L. Vajda, 1958) *527*
Es geschah in einer Nacht
  (F. Capra, 1934) *306*, *358*
Es war eine rauschende Ballnacht (C. Froelich, 1939) *270*
Es war einmal
  (J. Cocteau, 1946) *229*, *426*
Es war einmal in Amerika
  (S. Leone, 1984) *777*
ewige Jude, Der
  (F. Hippler, 1940) *368*
ewige Nacht, Die
  (U. Gad, 1916) *131*
Exorzist, Der
  (W. Friedkin, 1973) *193*, *680*

F

Fahrenheit 451
  (F. Truffaut, 1966) *624*
Fahrraddiebe
  (V. De Sica, 1948) *448*
Fall Salvatore G., Der
  (F. Rosi, 1961) *554*
Falsche Bewegung
  (W. Wenders, 1974) *692*
Fanfan, der Husar
  (Christian-Jacque, 1951) *270*, *471*
Fanny und Alexander
  (I. Bergman, 1982) *760*
Farbe des Geldes, Die
  (M. Scorsese, 1986) *793*
Fargo
  (J. und E. Coen, 1996) *906*
Faust – Eine deutsche Volkssage (F. W. Murnau, 1926) *168*, *239*
Faust im Nacken, Die
  (E. Kazan, 1954) *495*

Werkregister – Film

Feinde
 (V. Touriansky, 1940) *368*
Ferien des Monsieur Hulot, Die
 (J. Tati, 1953) *437, 488*
Fest der Schönheit
 (L. Riefenstahl, 1938) *330, 368*
Fest der Völker
 (L. Riefenstahl, 1938) *330, 368*
Feuerzangenbowle, Die
 (H. Weiß, 1944) *403*
Film ohne Titel
 (R. Jugert, 1947) *437*
Fisch namens Wanda, Ein
 (C. Crichton, 1988) *711*
Fitzcarraldo
 (W. Herzog, 1981) *752*
flambierte Frau, Die
 (R. van Ackeren) *766*
Flammendes Inferno
 (J. Guillermin/I. Allen, 1974) *692*
Fleischerjunge, Der
 (R. Arbuckle, 1917) *138*
fliegende Auge, Das
 (J. Badham, 1982) *720*
Florentiner Hut, Der
 (R. Clair, 1927) *229*
Flüchtlinge
 (G. Ucicky, 1933) *368*
Forrest Gump
 (R. Zemeckis, 1994) *880*
Frankenstein
 (J. Whale, 1931) *193, 277*
Frau ohne Gewissen
 (B. Wilder, 1944) *376, 555*
Frau, von der man spricht, Die (G. Stevens, 1942) *276*
Frauen sind doch bessere Diplomaten
 (G. Jacoby, 1941) *377*
Frauensache, Eine
 (C. Chabrol, 1988) *811*
Fräulein Julie
 (F. Basch, 1922) *131*
Frenzy,
 (A. Hitchcock, 1971) *659*
freudlose Gasse, Die
 (G. W. Pabst, 1925) *168, 228, 230, 270*
Früchte des Zorns
 (J. Ford, 1940) *367*
Frühstück bei Tiffany
 (B. Edwards, 1960) *542*
Full Metal Jacket
 (S. Kubrick, 1987) *736*

Für eine Handvoll Dollar
 (S. Leone, 1964) *356*
Fury
 (F. Lang, 1936) *327*

G

G. P. U.
 (K. Ritter, 1942) *368*
Gallipoli
 (P. Weir, 1981) *736*
Gandhi
 (R. Attenborough, 1982) *760, 766, 812*
Ganz so schlimm ...
 (C. Goretta, 1974) *692*
Geboren am 4. Juli
 (O. Stone, 1990) *862*
Gebrochene Blüten
 (D. W. Griffith, 1919) *159, 169*
gebrochene Pfeil, Der
 (D. Daves, 1950) *356, 853*
Geburt einer Nation, Die
 (D. W. Griffith, 1915) *124, 168*
Gefährliche Begegnung
 (F. Lang, 1944) *376*
Gefährliche Liebschaften
 (S. Frears, 1988) *811*
Geisterhaus, Das
 (B. August, 1993) *871*
Geld, Das
 (R. Bresson, 1982) *760*
General, Der
 (B. Keaton, 1926) *138, 168, 239*
Geraubte Küsse
 (F. Truffaut, 1968) *535*
Gertrud
 (C. T. Dreyer, 1964) *587*
Gespenst, Das
 (H. Achternbusch, 1982) *760*
Gewehr über!
 (C. Chaplin, 1918) *147*
Ghostbusters
 (I. Reitman, 1984) *870*
Giganten (G. Stevens, 1955) *270, 503*
Gilda
 (C. Vidor, 1946) *376*
Ginger und Fred
 (F. Fellini, 1985) *784*
Gions Schwestern
 (K. Mizoguchi, 1936) *327*
Glöckner von Notre-Dame, Der (J. Delannoy, 1956) *270*
Glückskinder
 (P. Martin, 1936) *276*

goldene Zeitalter, Das
 (L. Buñuel, 1930) *229*
Goldrausch
 (C. Chaplin, 1925) *168, 228*
Golem, wie er in die Welt kam, Der
 (P. Wegener, 1920) *118, 168, 169, 170*
Grandma's Junge
 (H. Lloyd, 1922) *168*
Green Card
 (P. Weir, 1991) *839, 840*
große Bluff, Der
 (G. Marshall, 1939) *270, 357*
große Diktator, Der
 (C. Chaplin, 1940) *367*
große Eisenbahnraub, Der
 (E. S. Porter, 1903) *41*
Große Freiheit Nr. 7
 (H. Käutner, 1944) *403*
große Fressen, Das
 (M. Ferreri, 1973) *680*
große Illusion, Die
 (J. Renoir, 1937) *337, 359, 736*
große Liebe, Die
 (R. Hansen, 1942) *270*
große Treck, Der
 (R. Walsh, 1930) *356*
große Versuchung, Die
 (R. Hansen, 1952) *276*
große Ziegfeld, Der
 (R. Z. Leonard, 1936) *276*
Grün ist die Heide
 (H. Deppe, 1951) *276*
grüne Leuchten, Das
 (E. Rohmer, 1986) *793*

H

Habanera, La
 (D. Sirk, 1937) *270, 338*
Haben und Nichthaben
 (H. Hawks, 1944) *276, 376*
Hafen im Nebel
 (M. Carné, 1938) *348, 418*
Hair
 (M. Forman, 1977) *614*
Halbstarken, Die
 (G. Tressler, 1956) *511*
Hallelujah
 (K. Vidor, 1929) *263*
Halloween – Die Nacht des Grauens (J. Carpenter, 1978) *541*
Halstuch, Das
 (F. Durbridge, 1962) *564*

Hamlet
 (L. Olivier, 1948) *448, 459*
Hamlet
 (S. Gade, 1920) *168, 270*
Hände über der Stadt
 (F. Rosi, 1963) *574*
Hannah und ihre Schwestern
 (W. Allen, 1985) *784*
Hanussen
 (I. Szabó, 1988) *759*
Harold und Maude
 (H. Ashby, 1971) *659*
Harry und Sally
 (R. Reiner, 1989) *827*
Hauptmann von Köpenick, Der (H. Käutner, 1956) *403*
Haus der Lady Alquist, Das
 (G. Cukor, 1944) *376, 541*
Hausboot
 (M. Shavelson, 1958) *270*
Havannah
 (S. Pollack, 1990) *793*
Heaven's Gate
 (M. Cimino, 1980) *159, 745*
Hedda Gabler
 (F. Eckstein, 1925) *131*
Heimat
 (E. Reitz, 1984) *777*
Heimkehr
 (G. Ucicky, 1941) *368*
Heißes Blut
 (U. Gad, 1911) *97*
Held der Prärie, Der
 (C. B. DeMille, 1936) *356*
Herz der Königin, Das
 (C. Froelich, 1940) *368*
Himmel über Berlin, Der
 (W. Wenders, 1987) *777, 799, 812*
Hintertreppe (H. Jessner/ P. Leni, 1921) *168*
Hitlerjunge Quex
 (H. Steinhoff, 1933) *297, 368*
Hochzeit auf italienisch
 (V. De Sica, 1964) *270*
Hochzeitsbankett, Das
 (A. Lee, 1993) *871*
Höllenfahrt nach Santa Fé
 (J. Ford, 1939) *356, 357*
Holocaust *735*
Holzschuhbaum, Der
 (E. Olmi, 1978) *728*
Homo Faber
 (V. Schlöndorff, 1991) *744*
Homunculus
 (O. Rippert, 1916) *131*

Werkregister – Film

I

I.N.R.I.
(R. Wiene, 1923) 131, *205, 270*

Ich klage an
(W. Liebeneiner, 1941) *368*

Ich tanz mich in dein Herz hinein
(M. Sandrich, 1935) *276*

Im Kreuzfeuer
(E. Dmytryk, 1947) *376, 437*

Im Lauf der Zeit
(W. Wenders, 1976) *710*

Im Reich der Sinne
(N. Oshima, 1976) *710*

Im Schatten des Zweifels
(A. Hitchcock, 1943) *376, 394*

Im Westen nichts Neues
(L. Milestone, 1930) *262, 736*

Im Zeichen des Bösen
(O. Welles, 1957) *376*

Imperium schlägt zurück, Das
(I. Kershner, 1979) *870*

In die Falle gelockt
(W. Wyler, 1940) *356*

Independence Day
(R. Emmerich, 1996) *870*

Indiana Jones und der letzte Kreuzzug
(S. Spielberg, 1983) *760*

Indiana Jones und der Tempel des Todes
(S. Spielberg, 1989) *760, 870*

Inferno – ein Spiel um Menschen in unserer Zeit
(F. Lang, 1922) *193*

Intoleranz
(D. W. Griffith, 1916) *131, 168*

Irrlicht, Das
(L. Malle, 1963) *574*

Is' was, Doc?
(P. Bogdanovich, 1972) *668*

Iwan der Schreckliche
(S. Eisenstein, 1944) *403*

Iwans Kindheit
(A. Tarkowski, 1962) *736*

J

J. F. K.
(O. Stone, 1992) *862*

Jäger des verlorenen Schatzes
(S. Spielberg, 1979) *760, 870*

James Bond – 007 jagt Dr. No
(T. Young, 1962) *564, 565*

Jazzsänger, Der
(A. Crosland, 1927) *190, 246*

Jeder für sich und Gott gegen alle (W. Herzog, 1974) *692*

Jenseits allen Zweifels
(F. Lang, 1956) *376*

Jenseits von Afrika
(S. Pollack, 1985) *784, 793*

Jenseits von Eden
(E. Kazan, 1955) *502, 503*

Jesse James – Mann ohne Gesetz (H. King, 1939) *356*

Jezebel
(W. Wyler, 1938) *270*

Jud Süß
(V. Harlan, 1940) *367, 367, 368*

Jules und Jim
(F. Truffaut, 1961) *535, 554*

Jurassic Park
(S. Spielberg, 1993) *870, 871*

K

Kabinett des Doktor Caligari, Das
(R. Wiene, 1919) *159, 168, 169*

Kadetten
(K. Ritter, 1941) *368*

Kafka
(S. Soderbergh, 1992) *827*

Kagemusha
(A. Kurosawa, 1980) *745*

Katze auf dem heißen Blechdach, Die
(R. Brooks, 1958) *270*

Katzenmenschen, Die
(J. Tourneur, 1942) *193*

Key Largo
(J. Huston, 1948) *276*

Kid, The
(C. Chaplin, 1920) *168, 170*

Kinder des Olymp
(M. Carné, 1945) *417, 418*

King Kong und die weiße Frau (E. B. Schoedsack, 1933) *193, 297*

kleine Amerikanerin, Die (C. B. DeMille, 1917) *168*

kleine Caesar, Der
(M. LeRoy, 1930) *269*

kleinen Füchse, Die
(W. Wyler, 1941) *270*

Kleopatra
(J. L. Mankiewicz, 1962) *270, 276*

Koch, der Dieb, seine Frau und ihr Liebhaber, Der
(P. Greenaway, 1989) *799, 827*

Köder für die Bestie, Ein
(J. Lee Thompson, 1961) *541*

Kolberg
(V. Harlan, 1944) *368*

Kongreß tanzt, Der
(E. Charell, 1931) *276*

Königin Christine
(R. Mamoulian, 1933) *270*

Königin Kelly
(E. von Stroheim, 1928) *168, 270*

Königliche Hoheit
(H. Braun, 1953) *276*

Kontrakt des Zeichners, Der
(P. Greenaway, 1982) *799*

Krieg der Sterne (G. Lucas, 1977) *624, 719, 870*

Kuhle Wampe oder wem gehört die Welt?
(S. Dudow, 1932) *286, 287*

L

L'Atlante
(J. Vigo, 1934) *306,* 306

Lächeln einer Sommernacht, Das
(I. Bergman, 1955) *502*

Lacombe, Lucien
(L. Malle, 1973) *680*

Lady von Shanghai, Die
(O. Welles, 1946) *376*

Landschaft nach der Schlacht (A. Wajda, 1970) *649*

Laura
(O. Preminger, 1944) *376*

Lautlos im Weltraum
(D. Trumbull, 1971) *626*

Leaving Las Vegas
(M. Figgis, 1996) *906*

Leopard, Der
(L. Visconti, 1962) *488, 527, 565*

letzte Flut, Die
(P. Weir, 1977) *839*

letzte Kaiser, Der
(B. Bertolucci, 1988) *799, 810*

letzte Mann, Der
(F. W. Murnau, 1924) *168*

letzte Metro, Die
(F. Truffaut, 1980) *270, 745*

letzte Tango in Paris, Der
(B. Bertolucci, 1972) *668, 810*

letzte Tycoon, Der
(E. Kazan, 1976) *541*

letzte Versuchung Christi, Die (M. Scorsese, 1988) *701*

letzte Vorstellung, Die
(P. Bogdanovich, 1971) *659*

letzten Tage von Pompeji, Die
(L. Maggi/A. Ambrosio, 1908) *76*

Letztes Jahr in Marienbad
(A. Resnais, 1960) *542*

Liebe auf der Flucht
(F. Truffaut, 1978) *535*

Liebe der Jeanne Ney, Die
(G. W. Pabst, 1927) *168*

Liebe mit zwanzig
(F. Truffaut, 1961) *535*

Liebelei
(M. Ophüls, 1933) *297*

Liebenden von Pont-Neuf, Die (L. Carax, 1991) *852*

Liebesglück einer Blinden, Das
(O. Meßter, 1910) *88, 168*

Liebeswalzer
(W. Thiele, 1930) *276*

Liebeszauber, Der
(C. Saura, 1985) *766*

Lili Marleen
(R. W. Fassbinder, 1981) *692*

Little Big Man
(A. Penn, 1969) *638*

Lohn der Angst
(H.-G. Clouzot, 1952) *479*

Lola (R. W. Fassbinder, 1980) *692*

Lola Montez
(M. Ophüls, 1955) *502*

Love Story
(A. Hiller, 1969) *659*

M

M – eine Stadt sucht einen Mörder (F. Lang, 1931) *193, 277, 541*

Werkregister – Film

Mach's noch einmal, Sam
(H. Ross, 1971) *276*
Mad Max
(G. Miller, 1978) *728*
Madame Dubarry
(E. Lubitsch, 1919) *159, 168,* 358
Madame Sans-Gêne
(L. Perret, 1925) *168, 270*
Manche mögen's heiß
(B. Wilder, 1959) *270, 535, 555*
Manhattan
(W. Allen, 1978) *276, 728*
Mann aus Eisen, Der
(A. Wajda, 1981) *752*
Mann aus Laramie, Der
(A. Mann, 1955) *356*
Mann aus Marmor, Der
(A. Wajda, 1976) *710*
Mann der Friseuse, Der
(P. Leconte, 1990) *840*
Mann, den sie Pferd nannten, Der
(E. Silverstein, 1979) *853*
Mann und Frau
(C. B. DeMille, 1919) *270*
Männer
(D. Dörrie, 1985) *784*
Maskerade
(W. Forst, 1934) *306*
Mein bestes Mädchen
(M. Pickford, 1927) *168*
Mein Onkel aus Amerika
(A. Resnais, 1980) *745*
Mein Vater, mein Herr
(P. und V. Taviani, 1977) *719*
Menschen im Hotel
(E. Goulding, 1932) *270, 286*
Menschen im Sturm
(F. P. Buch, 1941) *368*
Mephisto
(I. Szabó, 1980) *745, 759*
Messer im Wasser, Das
(R. Polanski, 1961) *554*
Metropolis
(F. Lang, 1927) *168, 193, 239, 246, 624*
Meuterei auf der Bounty
(F. Lloyd, 1935) *316*
Million, Die
(R. Clair, 1931) *277*
Ministerium der Angst
(F. Lang, 1944) *376*
Mißhandelt
(A. Dwan, 1924) *270*
Mission
(R. Joffé, 1986) *793*

Moby Dick
(J. Huston, 1956) *511*
Moderne Zeiten
(C. Chaplin, 1936) *168, 327*
Mord an einem chinesischen Buchmacher
(J. Cassavetes, 1976) *710*
Mord, mein Liebling
(E. Dmytryk, 1944) *376*
Mörder sind unter uns, Die
(W. Staudte, 1946) *426, 428*
Mordsache »Dünner Mann«
(W. S. van Dyke, 1934) *276, 306*
Moulin Rouge
(J. Huston, 1952) *479*
Mr. Deeds geht in die Stadt
(F. Capra, 1936) *327, 358*
Mr. Smith geht nach Washington
(F. Capra, 1939) *358*
müde Tod, Der
(F. Lang, 1921) *168, 182*
Münchhausen
(J. von Baky, 1943) *394*
My Fair Lady
(G. Cukor, 1963) *511*

N

Nacht, Die
(M. Antonioni, 1960) *542*
Nacht hat viele Augen, Die
(J. Badham, 1987) *720*
Nacht mit dem Teufel, Die
(M. Carné, 1942) *386*
Nacht vor der Hochzeit, Die
(G. Cukor, 1940) *367*
Nachtwache, Die
(H. Braun, 1949) *459*
Name der Rose, Der
(J.-J. Annaud, 1986) *793*
Nanuk, der Eskimo
(R. Flaherty, 1921) *182*
Napoleon
(A. Gance, 1927) *246*
Natural Born Killers
(O. Stone, 1994) *880*
Navigator, Der
(B. Keaton, 1917) *138, 168, 216*
39 Stufen, Die
(A. Hitchcock, 1935) *316*
1900
(B. Bertolucci, 1976) *710, 810*
Nevada
(W. A. Wellman, 1948) *356*

Nibelungen, Die
(F. Lang, 1924) *216*
Nicht gesellschaftsfähig
(J. Huston, 1960) *270*
Night on Earth
(J. Jarmusch, 1991) *793, 852*
Ninotschka
(E. Lubitsch, 1939) *270, 357, 358*
Nordwest-Passage
(K. Vidor, 1940) *356*
Nosferatu – Eine Symphonie des Grauens
(F. W. Murnau, 1922) *169, 193,* 193, 194
Nosferatu – Phantom der Nacht
(W. Herzog, 1978) *193*
Nummer 5 lebt
(J. Badham, 1986) *720*
Nur Samstag Nacht
(J. Badham, 1977) *719, 720*

O

Oberst Redl
(I. Szabo, 1984) 110, *759*
Ödipussi
(Loriot, 1987) *799*
Ohm Krüger
(H. Steinhoff, 1941) *368*
Oktober
(S. Eisenstein, 1928) *252*
Omen, Das
(R. Donner, 1975) *701*
Orphée
(J. Cocteau, 1950) *465*
Ossessione – Von Liebe besessen
(L. Visconti, 1942) *386*
Otto – Der Film
(X. Schwarzenberger/ O. Waalkes, 1985) *784*
Out of Rosenheim
(P. Adlon, 1987) *799*
Outbreak – Lautlose Killer
(W. Petersen, 1995) *893*

P/Q

Panik am roten Fluß → Red River
Panzerkreuzer Potemkin
(S. Eisenstein, 1925) *228,* 231
Paris, Texas
(W. Wenders, 1984) *777*
Pate, Der
(F. F. Coppola, 1971) *659, 735*

Pépé le Moko –
Im Dunkel von Algier
(J. Duvivier, 1937) *339*
Persona
(I. Bergman, 1966) *602*
Phantom der Oper, Das
(R. Julian, 1925) *541*
Piano, Das
(J. Campion, 1993) *871*
Picknick am Valentinstag
(P. Weir, 1976) *839*
Planet der Affen
(F. J. Schaffner, 1968) *624*
Platoon
(O. Stone, 1986) *862*
Player, The
(R. Altman, 1992) *861*
Pretty Woman
(G. Marshall, 1989) *827*
Prinz und die Tänzerin, Der
(L. Olivier, 1957) *270*
Privatsekretärin, Die
(P. Martin, 1953) *276*
Prozeß, Der
(O. Welles, 1962) *565*
Psycho
(A. Hitchcock, 1960) *541, 543*
Pulp Fiction
(Q. Tarantino, 1994) *880*
Pyjama für zwei, Ein
(D. Mann, 1961) *276*
Querelle – Ein Pakt mit dem Teufel
(R. W. Fassbinder, 1982) *760*

R

Rabe, Der
(H.-G. Clouzot, 1943) *394*
Rad, Das
(A. Gance, 1922) *194*
Rain Man
(B. Levinson, 1988) *811*
Rampenlicht
(C. Chaplin, 1952) *479*
Ran
(A. Kurosawa, 1985) *784*
Rashomon
(A. Kurosawa, 1950) *465, 471*
Rebecca
(A. Hitchcock, 1940) *367*
Red River
(H. Hawks, 1948) *356, 448*
Reifeprüfung, Die
(M. Nichols, 1967) *615*
Reigen, Der
(M. Ophüls, 1950) *465*

Werkregister – Film

Reise nach Indien
(D. Lean, 1984) *777*
Reise zum Mond, Die
(G. Méliès, 1968) *33, 624*
Reporter des Satans
(B. Wilder, 1951) *471*
Rififi
(J. Dassin, 1954) *495*
Ringo → Höllenfahrt nach Santa Fé
Rio Bravo
(H. Hawks, 1959) *356, 357*
Rio Grande
(J. Ford, 1950) *356*
Ritt zum Ox-Bow
(W. A. Wellman, 1942) *356*
Robin Hood
(A. Dwan, 1922) *168, 194*
Rocco und seine Brüder
(L. Visconti, 1960) *542*
Rocky
(J. G. Avildsen, 1976) *710, 720*
Rom, offene Stadt
(R. Rossellini, 1945) *417, 418*
Romanze in Moll
(H. Käutner, 1942) *386*
Rosemaries Baby
(R. Polanski, 1967) *193, 597, 615*
Rosenkrieg, Der
(D. DeVito, 1990) *840*
Rosita
(M. Rickford, 1923) *168*
rote Wüste, Die (M. Antonioni, 1963) *574, 615*
roten Schuhe, Die
(M. Powell/E. Pressburger, 1948) *448*
Rothschilds, Die
(E. Waschneck, 1940) *368*
Rückkehr der Jedi-Ritter, Die (R. Marquand, 1982) *870*
Rya Rya – Nur eine Mutter
(A. Sjöberg, 1949) *459*

S

Sacramento
(S. Peckinpah, 1961) *356*
Sadie Thompson
(R. Walsh, 1928) *168, 270*
Scarface
(H. Hawks, 1932) *286*
Schach dem Teufel
(J. Huston, 1953) *270*
Schakal, Der
(F. Zinnemann, 1972) *668*
Schatten des Meeres, Der
(C. A. Stark, 1912) *104*
Schatten im Paradies
(A. Kaurismäki, 1986) *793*
Schatz der Sierra Madre, Der (J. Huston, 1947) *437*
Scheich, Der
(G. Melford, 1921) *182, 182*
Schick mir keine Blumen
(N. Jewison, 1964) *276*
Schindlers Liste
(S. Spielberg, 1994) *760, 879, 880*
Schmutziger Lorbeer
(M. Robson, 1956) *511*
Schneewittchen und die sieben Zwerge
(W. Disney, 1937) *240, 339*
Schöne und das Biest, Die
(J. Cocteau, 1946) *229*
Schönen der Nacht, Die
(R. Clair, 1952) *270, 479*
Schrei, Der
(M. Antonioni, 1957) *520*
Schrei nach Freiheit
(R. Attenborough, 1987) *766*
Schrei, wenn du kannst
(C. Chabrol, 1958) *527*
Schreie und Flüstern
(I. Bergman, 1972) *668*
Schtonk
(H. Dietl, 1992) *852, 862*
Schuhpalast Pinkus
(E. Lubitsch, 1916) *131*
Schulmädchen-Report
(E. Hofbauer, 1970) *649*
Schwarze Rosen
(P. Martin, 1935) *276*
Schwarzer Engel
(B. De Palma, 1975) *701*
Schwarzwaldmädel
(H. Deppe 1950) *276*
Schweigen, Das
(I. Bergman, 1963) *574*
Schweigen der Lämmer, Das (J. Demme, 1989) *541, 827*
Secrets and Lies
(M. Leigh, 1996) *906*
Sein oder Nichtsein
(E. Lubitsch, 1942) *386*
Serenade zu dritt
(E. Lubitsch, 1933) *297*
Sex, Lügen und Video
(S. Soderbergh, 1989) *827*

Sherlock Junior
(B. Keaton, 1924) *168*
Shining
(S. Kubrick, 1979) *193, 735*
Sicherheit zuletzt, Die
(F. Newmeyer/S. Taylor, 1923) *168*
Sie küßten und sie schlugen ihn (F. Truffaut, 1959) *535, 540*
Sieben Ohrfeigen
(P. Martin, 1937) *276*
siebte Kreuz, Das
(F. Zinnemann (1944) *487*
Sissi
(E. Marischka, 1955) *502*
So grün war mein Tal
(J. Ford, 1941) *377*
Sohn des Scheichs, Der
(G. Fitzmaurice, 1926) *168*
Solange du da bist
(H. Braun, 1953) *276*
Solaris
(A. Tarkowski, 1972) *624, 668*
Spiel mir das Lied vom Tod
(S. Leone, 1968) *356, 625*
Spielregel, Die
(J. Renoir, 1939) *357*
Spinnen, Die
(F. Lang, 1919) *159*
Spion, der aus der Kälte kam, Der
(M. Ritt, 1965) *597*
Spitzenklöpplerin, Die
(C. Goretta, 1977) *719, 812*
Spur des Falken, Die
(J. Huston, 1941) *376, 377, 378*
Spur des Fremden, Die
(O. Welles, 1946) *376*
Stadtneurotiker, Der
(W. Allen, 1977) *276, 719*
Stagecoach → Höllenfahrt nach Santa Fé
Stalingrad
(J. Vilsmaier, 1992) *861*
Stalker, Der
(A. Tarkowski, 1979) *735*
Stand der Dinge, Der
(W. Wenders, 1982) *760*
Star Wars → Krieg der Sterne
Sterne
(K. Wolf, 1958) *527*
Steuermann, Der → Navigator, Der

Strada, La
(F. Fellini, 1954) *495*
Stranger than Paradise
(J. Jarmusch, 1984) *793*
Straße, Die
(K. Grune, 1923) *205*
Student von Prag, Der
(S. Rye, 1913) *111, 168, 193*
Stunde der Komödianten
(P. Glenville, 1967) *276*
Stunde Null, Die
(E. Reitz, 1976) *777*
süße Leben, Das
(F. Fellini, 1959) *535*
Swing Time
(G. Stevens, 1936) *276*
Szenen einer Ehe
(I. Bergman, 1973) *680*

T

Tag bricht an, Der
(M. Carné, 1939) *357*
Tag der Rache
(C. T. Dreyer, 1943) *394*
Tagebuch einer Kammerzofe
(L. Buñuel, 1964) *587*
Tanz der Vampire
(R. Polanski, 1966) *597*
Tanz mit mir
(M. Sandrich, 1937) *276*
Tartüff
(F. W. Murnau, 1925) *168*
Tarzan bei den Affen
(S. Sidney, 1928) *147*
Taschengeld
(F. Truffaut, 1975) *701*
Tatis Schützenfest
(J. Tati, 1947) *437*
1000 Augen des Dr. Mabuse, Die
(F. Lang, 1960) *193*
Taxi Driver
(M. Scorsese, 1975) *701*
Teorema – Geometrie der Liebe
(P. P. Pasolini, 1968) *625*
Terje Vigen
(V. Sjöström, 1917) *140*
Testament des Dr. Mabuse, Das (F. Lang, 1932) *286*
Teuflischen, Die
(H.-G. Clouzot, 1954) *495, 541*
Thelma und Louise
(R. Scott, 1990) *840*
Theo gegen den Rest der Welt (P. F. Bringmann, 1980) *745*

Werkregister – Film

Thompson
(G. Swanson, 1928) *168*
Tiger von Eschnapur, Der
(R. Eichberg, 1938) *348*
Tillies geplatzte Romanze
(M. Sennett, 1914) *118*
Tirol in Waffen
(C. Froelich, 1914) *118*
Tisch und Bett
(F. Truffaut, 1970) *535*
Tod des Handlungs-
reisenden
(V. Schlöndorff, 1985) *744*
Tod in Venedig
(L. Visconti, 1970) *649*
Toll of the Sea, The
(C. Franklin, 1922) *191*
Tootsie
(S. Pollack, 1986) *793*
Tote schlafen fest
(H. Hawks, 1946) *276*,
376, 426
Totmacher, Der
(R. Karmarkar, 1995)
893
Toto – Der Held
(J. van Dormael, 1991)
852
Tramp, Der
(C. Chaplin, 1915) *123*,
124, 168
träumende Mund, Der
(J. von Baky, 1952) *276*
Tristana
(L. Buñuel, 1970) *649*
Triumph des Willens
(L. Riefenstahl, 1935) *316*,
330, 368
Twin Peaks
(D. Lynch, 1990) *799*

U

Uhrwerk Orange
(S. Kubrick, 1971) *191*,
659
Um Himmels willen
(S. Taylor, 1926) *168*
Unbestechlichen, Die
(B. De Palma, 1987) *701*
Und dennoch leben sie
(V. De Sica, 1960) *270*
unendliche Geschichte, Die
(W. Petersen, 1983) *766*
Unheimliche Begegnung der
dritten Art
(S. Spielberg, 1977) *719*

Unhold, Der
(V. Schlöndorff, 1996) *906*
Union Pacific
(C. B. DeMille, 1939) *356*
Unter den Brücken
(H. Käutner, 1945) *417*
Unter den Dächern von
Paris (R. Clair, 1929) *229*,
263
Untermieter, Der
(A. Hitchcock, 1926) *239*
Untertan, Der
(W. Staudte, 1951) *428*,
471
Unter Verdacht
(R. Siodmak, 1944) *376*
Unterwelt (J. von Sternberg,
1927) *246*
Urga
(N. Michalkow, 1991) *852*

V

Vater braucht eine Frau
(H. Braun, 1952) *276*
Vendetta
(E. Jannings, 1916) *168*
Verachtung, Die
(J.-L. Godard, 1963) *574*
Verdacht
(A. Hitchcock, 1941) *376*,
377
Verdammt in alle Ewigkeit
(F. Zinnemann, 1953) *394*,
487, 488, 736
verflixte siebente Jahr, Das
(B. Wilder, 1956) *270*
verhängnisvolle Affäre, Eine
(A. Lyne, 1987) *799*
verlorene Ehre der Katharina
Blum, Die
(V. Schlöndorff/M. v. Trot-
ta, 1975) *701, 744*
verlorene Sohn, Der
(L. Trenker, 1934) *306*
verlorene Wochenende, Das
(B. Wilder, 1945) *376, 417*
Vermißt
(C. Costa-Gavras, 1981)
639, 752
Verräter, Der
(J. Ford, 1935) *316*
Verrückte, Der
(C. Goretta, 1970) *649*
Vertigo – Aus dem Reich der
Toten (A. Hitchcock,
1958) *527*

vier apokalyptischen
Reiter, Die
(R. Ingram, 1921) *168*
Vier Hochzeiten und ein To-
desfall
(M. Newell, 1994) *880*
Viridiana
(L. Buñuel, 1961) *554*
Viva Maria!
(L. Malle, 1965) *596*
Vögel, Die
(A. Hitchcock, 1962) *565*
Vom Winde verweht
(V. Fleming, 1939) *327*,
357
Vormittagsspuk
(H. Richter, 1927) *229*
Vorname Carmen
(J.-L. Godard, 1983) *766*

W

Wachsfigurenkabinett, Das
(P. Leni, 1924) *169*
Wall Street
(O. Stone, 1987) *799*
Wanderschauspieler, Die
(T. Angelopoulos, 1975)
701
Waterworld
(R. Howard, 1995) *893*
Weg nach oben, Der
(J. Clayton, 1958) *527*
Wege zum Ruhm
(S. Kubrick, 1957) *736*
weiße Hai, Der
(S. Spielberg, 1974) *692*,
760, 870
Weites Land
(W. Wyler, 1958) *356*
Wendeltreppe, Die
(R. Siodmak, 1945) *376*,
417
Wenn Katelbach kommt
(R. Polanski, 1965)
596
Wer hat Angst vor Virginia
Woolf? (M. Nichols, 1965)
296, 596
Wie angelt man sich einen
Millionär (J. Negulesco,
1953) *270*
Wiegenlied für eine Leiche
(R. Aldrich, 1964) *270*,
541
Wild at Heart
(D. Lynch, 1990) *799, 840*

Wild Bunch, The – Sie kann-
ten kein Gesetz
(S. Peckinpah, 1968) *356*
Wilde Erdbeeren
(I. Bergman, 1957) *520*
Winchester 73
(A. Mann, 1950) *356*
Wings
(W. A. Wellman, 1927)
262
Wintermärchen
(E. Rohmer, 1992) *861*
Wolfsjunge, Der
(F. Truffaut, 1969) *535*,
638
Wunder der Liebe, Das
(O. Kolle, 1968) *624*
Wunderkinder, Wir
(K. Hoffmann, 1958)
527
Würgeengel, Der
(L. Buñuel, 1962) *565*

Y

Yeah! Yeah! Yeah!
(R. Lester, 1964) *587*
Yellow Submarine
(G. Dunning, 1967) *615*

Z

Z (C. Costa-Gavras, 1968)
625, 639
Zehn Gebote, Die
(C. B. DeMille, 1923)
205
Zeichen des Zorro, Das
(F. Niblo, 1920) *168*
Zeitmaschine, Die
(G. Pal, 1959) *624*
Zeuge gesucht
(R. Siodmak, 1943) *376*
Zeugin der Anklage
(B. Wilder, 1957) *270*
Zu neuen Ufern
(D. Sirk, 1937) *270*,
339
Zwei ritten nach Westen
(J. Horne, 1937) *339*
2001 – Odyssee im Welt-
raum (S. Kubrick, 1968)
624, 625, 626
Zwischenspiel
(R. Clair, 1924) *216*
Zwölf Uhr mittags
(F. Zinnemann, 1952) *356*,
479, 487

Werkregister – Buch

A

Abenteuer des Augie March, Die (S. Bellow, 1953) *488*
Abenteuer des braven Soldaten Schwejk, Die (J. Hašek, 1921) *181, 182*
Abenteuer des Werner Holt, Die (D. Noll, 1960) *542*
Absalom, Absalom! (W. Faulkner, 1936) *327, 457*
Abschied von den Eltern (P. Weiss, 1961) *554*
Affe und Wesen (A. Huxley, 1948) *287*
Afrikanische Tragödie (D. Lessing, 1950) *465*
Akte, Die (J. Grisham, 1993) *871*
Alcools (G. Apollinaire, 1913) *111*
Alexandria-Quartett (L. Durrell, 1957) *520*
Alexis Sorbas (N. Kazantzakis, 1946) *426, 426*
Alibi (A. Christie, 1926) *356*
Allgemeine Theorie der Beschäftigung, des Zinses und des Geldes (J. M. Keynes, 1936) *322*
Alraune (H. H. Ewers, 1911) *97*
Als ich noch der Waldbauernbub' war (P. Rosegger, 1902) *33*
alte Mann und das Meer, Der (E. Hemingway, 1952) *367, 479, 493*
Am Abgrund (P. Soupault, 1923) *229*
Am Abgrund des Lebens (G. Greene, 1938) *348*
Am grünen Strand der Spree (H. Scholz, 1955) *502*
Am Himmel wie auf Erden (W. Bergengruen, 1940) *367*
Amanda. Ein Hexenroman (I. Morgner, 1983) *766*
Amanda herzlos (J. Becker, 1992) *861*
Amerika (F. Kafka, 1927) *246*
amerikanische Tragödie, Eine (T. Dreiser, 1925) *228*
Amok (S. Zweig, 1922) *194*
Anabsis (S.-J. Perse, 1924) *539*
Anatomie der menschlichen Destruktivität (E. Fromm, 1975) *14*
andere Geschlecht, Das (S. de Beauvoir, 1949) *459*
andere Seite, Die (A. Kubin, 1909) *83*
Angst des Tormanns beim Elfmeter, Die (P. Handke, 1970) *649*
Angst vorm Fliegen (E. Jong, 1973) *680*
Aniara (H. E. Martinson, 1956) *689*
Ann Vickers (S. Lewis,1933) *268*
Anna Blume (K. Schwitters, 1919) *159*
Another Life (D. Walcott, 1973) *860*
Anpfiff (H. Schumacher, 1987) *799, 801*
Ansichten eines Clowns (H. Böll, 1963) *574, 660, 666*
Anti-Memoiren (A. Malraux, 1967) *615*
Arc de Triomphe (E. M. Remarque, 1946) *426*
Archipel Gulag (A. Solschenizyn, 1973–75) *574, 648, 680*
Ärger im Bellona-Club (D. Sayers, 1928) *356*
Ariel (S. Plath, 1965) *596*
Asche meiner Mutter, Die (F. McCourt, 1996) *906*
Asterix der Gallier (R. Goscinny/A. Uderzo, 1959) *565*
Ästhetik des Widerstands (P. Weiss, 1975–81) *701*
Atlantis (G. Hauptmann, 1912) *104*
Atomstation (H. Laxness, 1948) *448*
Attentat, Das (H. Mulisch, 1982) *760*
Auf den Marmorklippen (E. Jünger, 1939) *357*
Auf der Suche nach der verlorenen Zeit (M. Proust, 1913) *111*
Auf der Suche nach Indien (E. M. Forster, 1924) *216*
Auf Messers Schneide (W. S. Maugham, 1944) *403*
Auf Schloß Argol (J. Gracq, 1938) *229*
Aufbruch, Der (E. Stadler, 1914) *118*
Aufruhr der Engel (A. France, 1914) *180*
Aufruhr in Oxford (D. Sayers, 1935) *356*
Aufstand der Massen, Der (J. Ortega y Gasset, 1930) *269*
Aufzeichnungen des Malte Laurids Brigge, Die (R. M. Rilke, 1910) *88, 205*
Augenspiel, Das (E. Canetti, 1985) *751*
Augenzeuge, Der (A. Robbe-Grillet, 1955) *502*
August Vierzehn (A. Solschenizyn, 1971) *659*
Aula, Die (H. Kant, 1965) *596*
Aus dem Wörterbuch des Teufels (A. Bierce, 1906) *62*
Aus Polens alter Zeit (H. Sienkiewicz, 1904) *53*
Ausgangspunkt San Francisco (L. Ferlinghetti, 1961) *519*
Auslöschung – Ein Zerfall (T. Bernhard, 1986) *793*
Aussätzige und die Heilige, Die (F. Mauriac, 1922) *478*
Autobiographie von Alice B. Toklas (G. Stein, 1933) *297*

B

Babbitt (S. Lewis, 1922) *194, 268*
Bambi (F. Salten, 1923) *205, 418*
Barabbas (P. Lagerkvist, 1950) *465, 472*
Barbarische Oden (G. Carducci, 1877–89) *61*
Baron auf den Bäumen, Der (I. Calvino, 1957) *437*
Bauern, Die (W. S. Reymont, 1904) *48, 215*
Bebop, Bars und weißes Pulver (J. Kerouac, 1958) *519*
Bekenntnisse des Hochstaplers Felix Krull (T. Mann, 1954) *25, 495*
Bellefleur (J. C. Oates, 1980) *745*
bemalte Vogel, Der (J. Kosinski, 1965) *596*
Bericht über Bruno (J. Breitbach, 1962) *565*
Berlin Alexanderplatz (A. Döblin, 1929) *169, 263, 264*
Beziehung zwischen dem Ich und dem Unbewußten, Die (C. G. Jung, 1928) *14*
Biene Maja und ihre Abenteuer, Die (W. Bonsels, 1912) *104, 418*
Bienenkorb, Der (C. J. Cella, 1951) *826*
Billard um halbzehn (H. Böll, 1959) *535*
Billy Budd (H. Melville, 1891) *473*
Blechtrommel, Die (G. Grass, 1959) *438, 535, 744*
Blendung, Die (E. Canetti, 1935) *316*
Bonjour Tristesse (F. Sagan, 1954) *495, 495*

Werkregister – Buch

Boot, Das
(L.-G. Buchheim, 1973) *680*
Boston
(U. Sinclair, 1928) *252*
Bracke
(Klabund, 1918) *147*
Brandeis
(U. Jaeggi, 1978) *728*
Brandung
(M. Walser, 1985) *727*
Brazil
(J. Updike, 1996) *893*
Briefe, die ihn nicht erreichten (E. von Heyking, 1903) *41*
Briefwechsel eines bayerischen Landtagsabgeordneten
(L. Thoma, 1909) *83*
Brot und Wein
(I. Silone, 1936) *327*
Brücke über die Drina, Die
(I. Andrić, 1945) *552*
Brücke von San Luis Rey, Die (T. Wilder, 1927) *246*
Buddenbrooks. Verfall einer Familie (T. Mann, 1901) *25, 25, 260*
Burgers Tochter
(N. Gordimer, 1979) *735, 850*
Butt, Der
(G. Grass, 1977) *719*

C

Cantos
(E. Pound, 1925) *228*
Casanova oder Der kleine Herr in Krieg und Frieden
(G. Zwerenz, 1966) *707*
Caspar Hauser
(J. Wassermann, 1908) *76*
Catch-22
(J. Heller, 1961) *554*
Chicago-Gedichte
(C. Sandburg, 1916) *131*
Christian Wahnschaffe
(J. Wassermann, 1919) *159*
Christus kam nur bis Eboli
(C. Levi, 1945) *417*
Chronik der Familie Pasquier, Die
(G. Duhamel, 1933) *297*
Chronik eines angekündigten Todes (G. García Márquez, 1981) *614, 752*

Conditio humana
(A. Mairaux, 1933) *297*
Coney Island des inneren Karussells, Ein
(L. Ferlinghetti, 1958) *519*
Corydon
(A. Gide, 1924) *216*

D

Dafnis
(A. Holz, 1904) *48*
Dalekarlische Bauernmalereien in Reimen
(E. A. Karlfeldt, 1901) *247*
Dämonen, Die
(H. von Doderer, 1956) *511*
Demian
(H. Hesse, 1919) *159*
Den Teufel im Leib
(R. Radiguet, 1923) *205*
Des Menschen Hörigkeit
(W. S. Maugham, 1915) *124*
Desolación
(G. Mistral, 1922) *416*
Deutschland. Ein Wintermärchen (W. Biermann, 1972) *707*
Deutschstunde
(S. Lenz, 1968) *625, 625*
Dezember des Dekans, Der
(S. Bellow, 1982) *760*
Die guten Willens sind
(J. Romains, 1932) *286*
Ditte Menschenkind
(M. Andersen-Nexø, 1917) *140*
Doch mit den Clowns kamen die Tränen
(J. M. Simmel, 1987) *799*
Doktor Doolittle und seine Tiere (H. Lofting, 1920) *170, 418*
Doktor Faustus
(T. Mann, 1947) *25, 260, 437*
Doktor Schiwago
(B. Pasternak, 1957) *520, 520, 526*
Don Camillo und Peppone
(G. Guareschi, 1948) *448*
Drei Leben
(G. Stein, 1909) *83*
Drei Männer im Schnee
(E. Kästner, 1934) *306*
drei Sprünge des Wang-lun, Die (A. Döblin, 1915) *124*

Drei Winter
(C. Milosz, 1936) *744*
Dreigroschenroman, Der
(B. Brecht, 1934) *252, 306*
dritte Buch über Achim, Das
(U. Johnson, 1961) *554, 707*
dritte Mann, Der
(G. Greene, 1950) *356, 368*
Dschungel, Der
(U. Sinclair, 1906) *62*
Dschungelbuch, Das
(R. Kipling, 1894/95) *68*
Dubliner
(J. Joyce, 1914) *118*
Duineser Elegien
(R. M. Rilke, 1923) *205, 205*
dünne Mann, Der
(D. Hammett, 1934) *356*

E

Efraim
(A. Andersch, 1967) *615*
Ehrengast, Der
(N. Gordimer, 1970) *850*
Eigentlich möchte Frau Blum …
(P. Bichsel, 1964) *587*
Einander
(F. Werfel, 1915) *169*
einfache Leben, Das
(E. Wiechert, 1939) *357*
Einhart der Lächler
(C. Hauptmann, 1907) *69*
Einheit des Geisteslebens, Die (R. Eucken, 1888) *75*
Einhorn, Das
(M. Walser, 1966) *602*
Einsamkeit des Langstreckenläufers, Die
(A. Sillitoe, 1959) *535*
Ekel, Der
(J.-P. Sartre, 1938) *246, 347, 347, 348, 583*
Elmer Gantry
(S. Lewis, 1929) *268*
Emil und die Detektive
(E. Kästner, 1928) *418, 252*
Ende vom Lied, Das
(J. Galsworthy, 1931–33) *284*
Enden der Parabel, Die
(T. Pynchon, 1973) *680*
Engel aus Eisen
(T. Brasch, 1981) *707*

Entdeckung der Langsamkeit, Die
(S. Nadolny, 1983) *766*
Entdeckung des Himmels, Die (H. Mulisch, 1993) *871*
Entzauberung
(N. Gordimer, 1953) *850*
Epilog
(H. H. Jahnn, 1961) *554*
Erkennen und Leben
(R. Eucken, 1912) *75*
erledigter Mensch, Ein
(G. Papini, 1912) *104*
erste Amerikaner, Der
(C. W. Ceram, 1971) *458*
erste Kreis der Hölle, Der
(A. Solschenizyn, 1968) *648*
ersten Menschen im Mond, Die (H. G. Wells, 1901) *25*
Erziehung des Henry Adams, Die
(H. Adams, 1907) *69*
Es genügt nicht die volle Wahrheit. Notate
(V. Braun, 1976) *707*
Es muß nicht immer Kaviar sein (J. M. Simmel, 1960) *542*
eßbare Frau, Die
(M. Atwood, 1969) *638*
Eva Luna
(I. Allende, 1987) *759*
ewige Jude, Der
(A. Vermeylen, 1906) *62*
ewige Tag, Der
(G. Heym, 1911) *97, 169*
Exil (L. Feuchtwanger, 1940) *367*
Exil
(S.-J. Perse, 1941) *539*

F

Fabian
(E. Kästner, 1931) *277*
Fackel im Ohr, Die
(E. Canetti, 1980) *751*
Fahrenheit 451
(R. Bradbury, 1953) *458, 488*
Fahrt zum Leuchtturm, Die
(V. Woolf, 1927) *376*
Fall, Der
(A. Camus, 1956) *347, 511*
Fall Galton, Der
(R. MacDonald, 1959) *356*

Werkregister – Buch

Fall Maurizius, Der
(J. Wassermann, 1928)
252

Fallhöhe
(E. Loest, 1989) 827

Falschmünzer, Die
(A. Gide, 1926) 228, 433

Familie Moschkat, Die
(I. B. Singer, 1950) 726

Fänger im Roggen, Der
(J. D. Salinger, 1951) 471,
471

Farbe Lila, Die
(A. Walker, 1983) 766

Farm der Tiere
(G. Orwell, 1945) 417, 459

Faust Gottes, Die
(F. Forsyth, 1994) 880

Fegefeuer der Eitelkeiten
(T. Wolfe, 1987) 799

Ferien vom Ich
(P. Keller, 1915) 124

Festung, Die
(D. Buzzati, 1940) 367

Feuer, Das
(H. Barbusse, 1916) 131

Feuer, Das
(G. D'Annunzio, 1900)
16

Feuer der Finsternis, Das
(W. Golding, 1979) 494

Feuerzangenbowle, Die
(H. Spoerl, 1933) 297, 403

Fiktionen
(J. L. Borges, 1944) 403

Finanzkapital, Das
(R. Hilferding, 1910) 322

Finnegans Wake
(J. Joyce, 1939) 357

Fixer, Der
(B. Malamud, 1966) 602

Flachsacker, Der
(S. Streuvels, 1907) 69

fliegende Klassenzimmer,
Das (E. Kästner, 1933)
418

fliehendes Pferd, Ein
(M. Walser, 1978) 727,
728

folgende Geschichte, Die
(C. Nooteboom, 1991)
852

Forsyte Saga, Die
(J. Galsworthy, 1906–21)
284

Fortunate Traveller, The
(D. Walcott, 1981) 860

Foucaultsche Pendel, Das
(U. Eco, 1988) 811

Fragebogen, Der
(E. von Salomon, 1951)
471

Fräulein Else
(A. Schnitzler, 1924) 216

Freistatt, Die
(W. Faulkner, 1931) 277

Fremde, Der
(A. Camus, 1942) 347,
386, 403, 518

fremde Freund, Der
(C. Hein, 1982) 760

Fremde und Brüder
(C. P. Snow, 1940) 367

Fremdling unter Fremden
(N. Gordimer, 1958) 527

Freund Hein
(E. Strauß, 1902) 33

Fridolins Lieder
(E. A. Karlfeldt, 1898) 274

Frost
(T. Bernhard, 1963) 574

Früchte des Zorns, Die
(J. Steinbeck, 1939) 357,
357, 564

Furcht vor der Freiheit, Die
(E. Fromm, 1941) 14

Fürst der Phantome, Der
(A. Burgess, 1980) 745

Futuristisches Manifest
(F. T. Marinetti, 1912) 104

G

Galgenlieder
(C. Morgenstern, 1905) 54

Gammler, Zen und hohe
Berge
(J. Kerouac, 1958) 519

Ganz unten
(G. Wallraff, 1985) 784

Garp und wie er die Welt
sah (J. Irving, 1978) 728,
839

Gartenfest, Das
(K. Mansfield, 1922) 194

Gedichte
(G. Trakl, 1913) 111

Geheimagent, Der
(J. Conrad, 1907) 69

Geheul und andere Gedich-
te, Das (A. Ginsberg,
1956) 511, 512, 519

Gehülfe, Der
(R. Walser, 1908) 76

Geisterhaus, Das
(I. Allende, 1982) 759, 760

Gelobte Land, Das
(H. Pontoppidan, 1891)
138

Georgica
(C. Simon, 1981) 752

Gepriesen sei
(O. Elytis, 1959) 734

gerettete Zunge, Die
(E. Canetti, 1977) 719,
751

Gerichtstag, Der
(F. Werfel, 1919) 159

Gesandten, Die
(H. James, 1903) 41

Gesänge von Leben und
Hoffnung (R. Darío, 1905)
54

geschenkte Gaul, Der
(H. Knef, 1970) 649

Geschichte von den sieben
Gehenkten, Die
(L. Andrejew, 1908) 76

Geschichten von Pater
Brown, Die (G. K. Che-
sterton, 1911) 356

Geschwister Tanner
(R. Walser, 1907) 69

Gesellschaft im Überfluß
(J. K. Galbraith, 1958)
322

Gespräch in Sizilien
(E. Vittorini, 1941) 377

Gestaltungen des Unbe-
wußten (C. G. Jung, 1950)
14

Gestern, Vorgestern
(S. J. Agnon , 1945) 601

gestundete Zeit, Die
(I. Bachmann, 1953) 438,
486, 488

geteilte Haus, Das
(P. S. Buck, 1935) 346

geteilte Himmel, Der
(C. Wolf, 1963) 554, 574

Glasperlenspiel, Das
(H. Hesse, 1943) 394, 424

Glocken von Basel, Die
(L. Aragon, 1934) 306

gotischen Zimmer, Die
(A. Strindberg, 1904) 48,
70

Götter dürsten, Die
(A. France, 1912) 104,
180

Götter, Gräber und
Gelehrte (C. W. Ceram,
1949) 458, 459

Göttinnen, Die
(H. Mann, 1903) 41

Grabmal des unbekannten
Soldaten, Das
(P. Raynal, 1924) 215

Gras, Das
(C. Simon, 1958) 782

Griechische Passion
(N. Kazantzakis, 1950)
465

Griff in den Staub
(W. Faulkner, 1948) 457

große Gatsby, Der
(F. S. Fitzgerald, 1925)
228

große Gesang, Der
(P. Neruda, 1950) 465,
465, 657

große Kamerad, Der
(Alain-Fournier, 1913) 111

große Krieg in Deutschland,
Der (R. Huch, 1914) 118

große Schlaf, Der
(R. Chandler, 1939) 356,
356, 357

größere Hoffnung, Die
(I. Aichinger, 1948) 448,
479

Großtyrann und das
Gericht, Der (W. Bergen-
gruen, 1935) 316

Grundlagen der National-
ökonomie
(W. Eucken, 1940) 322

Gruppenbild mit Dame
(H. Böll, 1971) 659

gute Erde, Die
(P. S. Buck, 1931) 277,
346

H

Haben oder Sein
(E. Fromm, 1976) 710

Halbzeit
(M. Walser, 1960) 542

Handschrift und Charakter
(L. Klages, 1917) 140

Hans im Glück
(H. Pontoppidan,
1898–1904) 138

Häschenschule, Die
(F. Koch-Gotha, 1924) 418

Hasenherz
(J. Updike, 1960) 541,
542

Hasenroman, Der
(F. Jammes, 1903) 41

Hauptstadt der
Schmerzen
(P. Éluard, 1926) 229

Hauptstraße, Die
(S. Lewis, 1920) 268

Haus, Das
(W. Faulkner, 1959) 535

Werkregister – Buch

Haus der Freuden, Das
(E. Wharton, 1905) *54*

Heimatmuseum
(S. Lenz, 1978) *728*

Heldentaten und Ansichten des Dr. Faustroll
(A. Jarry, 1911) *97*

Helden wie wir
(T. Brussig, 1995) *893*

Henri Quatre
(H. Mann, 1935) *316*

Herakles
(H. Lange, 1968) *707*

Herbst des Mittelalters
(J. Huizinga, 1919) *159*

Herbstmilch
(A. Wimschneider, 1984) *777*

Herr der Fliegen
(W. Golding, 1954) *494, 495, 765*

Herr der Ringe, Der
(J. R. R. Tolkien, 1954/55) *493, 502*

Herr Präsident, Der
(M. A. Asturias, 1967) *614*

Herz der Finsternis
(J. Conrad, 1902) *735*

Herz ist ein einsamer Jäger, Das (C. McCullers, 1940) *367*

Herzog
(S. Bellow, 1964) *587, 709*

Hexer, Der
(E. Wallace, 1927) *356*

Hinze-Kunze-Roman
(V. Braun, 1985) *784*

Hitler
(J. Fest, 1973) *680*

Hitlers willige Vollstrecker
(D. J. Goldhagen, 1996) *906*

Hölderlin
(P. Härtling, 1976) *710*

Homo Faber
(M. Frisch, 1957) *520, 585*

Hotel New Hampshire, Das
(J. Irving, 1981) *752*

Hügelmühle, Die
(K. A. Gjellerup, 1896) *138*

Humboldts Vermächtnis
(S. Bellow, 1975) *709*

Hund des Generals, Der
(H. Kipphardt, 1962) *707*

Hund von Baskerville, Der
(A. C. Doyle, 1902) *33, 356*

Hundejahre
(G. Grass, 1963) *574*

Hundert Jahre Einsamkeit
(G. García Márquez, 1967) *614, 615, 758*

Hundsprozeß, Der
(H. Lange, 1968) *707*

Hundstage
(W. Kempowski, 1988) *811*

Hunger
(K. Hamsun, 1890) *167*

Hungerkünstler, Ein
(F. Kafka, 1924) *216*

I

Ich, Claudius, Kaiser und Gott (R. Graves, 1934) *306*

Ich und das Es, Das
(S. Freud, 1923) *14, 205*

Ich zähmte die Wölfin
(M. Yourcenar, 1951) *753*

Iden des März, Die
(T. Wilder, 1948) *448*

Im Dickicht der Kindheit
(J. C. Oates, 1976) *710*

Im Namen der Hüte
(G. Kunert, 1968) *707*

Im Westen nichts Neues
(E. M. Remarque, 1929) *262, 263*

Imago
(C. Spitteler, 1906) *62*

Immoralist, Der
(A. Gide, 1902) *33*

Impressum, Das
(H. Kant, 1972) *668*

In den Wohnungen des Todes (N. Sachs, 1947) *601*

In der Sache J. Robert Oppenheimer (H. Kipphardt, 1965) *586, 707*

In der Strafkolonie
(F. Kafka, 1919) *159*

In einem andern Land
(E. Hemingway, 1929) *263*

In Stahlgewittern
(E. Jünger, 1920) *170*

Infanta
(B. Kirchhoff, 1990) *840*

Insel der Pinguine, Die
(A. France, 1908) *76*

Insel des vorigen Tages, Die
(U. Eco, 1995) *893*

Irrlicht und Feuer
(M. von der Grün, 1963) *574*

Irrstern
(S. Kirsch, 1986) *707*

Islandglocke
(H. Laxness, 1943–46) *501*

J

Jahrestage
(U. Johnson, 1970–83) *649*

Jahrgang 1902
(E. Glaeser, 1928) *252*

Jahrhundert des Kindes, Das (E. Key, 1900) *16*

Jakob der Lügner
(J. Becker, 1969) *638*

Jakob von Gunten
(R. Walser, 1909) *83*

Jakob, der Knecht
(I. B. Singer, 1962) *726*

Jena oder Sedan
(F. A. Beyerlein, 1903) *41*

Jenseits von Eden
(J. Steinbeck, 1952) *479*

Jerusalem
(S. Lagerlöf, 1901) *25*

Jim Knopf und Lukas, der Lokomotivführer
(M. Ende, 1960) *418*

Johann Christof
(R. Rolland, 1905–12) *54, 123*

Joseph und seine Brüder
(T. Mann, 1933) *297*

Jud Süß
(L. Feuchtwanger, 1925) *228*

Jugendbildnis
(J. Joyce, 1916) *131*

Jukebox Elegien
(A. Ginsberg, 1981) *512*

jungen Mädchen, Die
(H. de Mortherlast, 1936) *327*

K

Kaddisch
(A. Ginsberg, 1951) *512, 519*

Kalligramme
(G. Apollinaire, 1918) *147*

Kaltblütig
(T. Capote, 1965) *596*

Kapitalismus und Freiheit
(M. Friedman, 1962) *322*

Kaputt
(C. Malaparte, 1944) *403*

Karwoche, Die
(L. Aragon, 1958) *527*

Kassandra
(C. Wolf, 1983) *554, 766*

Kätzchen, Das
(R. Kunze, 1979) *707*

Kein Ort. Nirgends
(C. Wolf, 1979) *735*

Kim
(R. Kipling, 1901) *25, 68*

Kinder der Nacht
(J. Cocteau, 1929) *263*

Kinder unseres Viertels, Die (N. Mahfuz, 1959) *807*

Klangprobe, Die
(S. Lenz, 1990) *840*

Klassenliebe
(K. Struck, 1973) *680*

Klavierspielerin, Die
(E. Jelinek, 1983) *700, 766*

kleine Hexe, Die
(O. Preußler, 1957) *418*

kleine Hobbit, Der
(J. R. R. Tolkien, 1937) *493*

kleine Prinz, Der
(A. de Saint-Exupéry, 1943) *394, 394, 418*

Kleiner Mann, was nun
(H. Fallada, 1932) *286*

Klient, Der
(J. Grisham, 1994) *880*

Kolonien der Liebe
(E. Heidenreich, 1992) *861*

Komplize, Der
(G. Konrád, 1980) *745*

König David Bericht, Der
(S. Heym, 1972) *668*

König Kohle
(U. Sinclair, 1917) *140*

Königliche Hoheit
(T. Mann, 1909) *83*

Kraft und die Herrlichkeit, Die (G. Greene, 1940) *367, 368*

Krankheiten der Gesellschaft und die psychosomatische Medizin, Die
(A. Mitscherlich, 1957) *14*

Krebsstation
(A. Solschenizyn, 1968) *625*

Krieg
(L. Renn, 1928) *252*

Krieg der Welten, Der
(H. G. Wells, 1898) *347, 471*

Krieg mit den Molchen; Der
(K. Čapek, 1936) *458*

Werkregister – Buch

Krilon
(E. Johnson, 1941–43)
689

Kristin Lavranstochter
(S. Undset, 1920–22) *170,
251*

Kritik der zynischen
Vernunft (P. Sloterdijk,
1983) *766*

Kulturgeschichte Ägyptens
und des alten Orients
(E. Friedell, 1936) 246

Kulturgeschichte der Neuzeit (E. Friedell, 1927–
1931) 246

Kulturgeschichte Griechenlands (E. Friedell, 1940)
246

Künstliche Mutter, Die
(H. Burger, 1982) *760*

Kunstwerk im Zeitalter seiner technischen Reproduzierbarkeit, Das
(W. Benjamin, 1936) 326

kurze Geschichte der Zeit,
Eine (S. Hawking, 1988)
811

kurze Sommer der Anarchie,
Der (H. M. Enzensberger,
1972) *668*

Kuß der Spinnenfrau, Der
(M. Puig, 1976) *710*

Kuttel Daddeldu
(J. Ringelnatz, 1920) *170*

L

Labyrinth der Einsamkeit,
Das (O. Paz, 1950) *839*

labyrinthe du monde, Le
(M. Yourcenar, 1974–88)
753

Lachen, Das
(H. Bergson, 1900) *16*

Lady Chatterley
(D. J. Lawrence, 1928)
252

Landaufenthalt
(S. Kirsch, 1967) *707*

Landschaften des
Bewußtseins
(G. Snyder, 1977) *519*

lange Reise, Die
(J. V. Jensen, 1908–22)
76, 402

Laßt die Bären los
(J. Irving, 1969) *839*

Lausbubengeschichten
(L. Thoma, 1905) *54*

Leben Arsenjews, Das
(I. Bunin, 1929) *295*

Leben der Bienen, Das
(M. Maeterlinck, 1901) *25*

Leben ist kein Traum, Das
(S. Quasimodo, 1949) *533*

Lebwohl, mein Liebling
(R. Chandler, 1940) *356*

Lemprière's Wörterbuch
(L. Norfolk, 1991) *852*

Leopard, Der
(G. Tomasi di Lampedusa,
1958) *527, 527*

Letzte am Schafott, Die
(G. von Le Fort, 1931) *277*

Letzte Ausfahrt Brooklyn
(H. Selby, 1957) *520*

letzte Tycoon, Der
(F. S. Fitzgerald, 1941)
541

letzten Tage der Menschheit, Die (K. Kraus, 1922)
194

Levins Mühle
(J. Bobrowski, 1964) *587*

Libelle, Die
(J. Le Carré, 1983) *597*

Licht im August
(W. Faulkner, 1932) *286*

Liebe in den Zeiten der
Cholera, Die
(G. García Márquez, 1985)
614, 784

Lieben Sie Brahms
(F. Sagan, 1959) *495*

Lieben, Verlieren, Lieben
(J. C. Oates, 1972) *668*

Liebhaber, Der
(M. Duras, 1984) *777*

Liebhaberinnen, Die
(E. Jelinek, 1975) *700*

Lied von Bernadette, Das
(F. Werfel, 1941) *377*

Liedopfer, Das
(R. Tagore, 1910) *88*

Lieutenant Gustl
(A. Schnitzler, 1901) *25*

linkshändige Frau, Die
(P. Handke, 1976) *710*

Lofotfischer, Die
(J. Bojer, 1921) *182*

Lolita
(V. Nabokov, 1955) *502*

Lord Jim
(J. Conrad, 1900) *16*

Lotte in Weimar
(T. Mann, 1939) *357*

Love Story
(E. Segal, 1970) *611, 649*

Lust (E. Jelinek, 1989) *700,
827*

M

magnetischen Felder, Die
(P. Soupault, 1920) *229*

Maigret und Monsieur Charles (G. Simenon, 1972)
356

Malik, Der
(E. Lasker-Schüler, 1919)
169

Malina
(I. Bachmann, 1971) *486,
659*

Malteser Falke, Der
(D. Hammett, 1930) *356*

Mandarins von Paris, Die
(S. de Beauvoir, 1954)
347, 495

Manhattan Transfer
(J. Dos Passos, 1925) *228*

Manifest des Surrealismus
(A. Breton, 1924) *229*

Mann, der Donnerstag war,
Der (G. K. Chesterton,
1908) *76*

Mann ist tot, Der
(W. Soyinka, 1972) *792*

Mann mit dem goldenen
Arm, Der (N. Algren, 1949)
459

Mann ohne Eigenschaften,
Der (R. Musil, 1930) *269*

Marianna Sirca
(G. Deledda, 1915) *237*

März
(H. Kipphardt, 1976) *710*

Masse und Macht
(E. Canetti, 1960) *542,
751*

Medusa
(S. Schütz, 1986) *793*

Mein Familienlexikon
(N. Ginzburg, 1963) *574*

Mein Herz so weiß
(J. Marías, 1996) *906*

Mein Name sei Gantenbein
(M. Frisch, 1964) *585, 587*

Mein Urgroßvater und ich
(J. Krüss, 1960) *542*

Meine Universitäten
(M. Gorki, 1923) *205*

Memoiren einer Tochter aus
gutem Hause (S. de
Beauvoir, 1958) *527*

Memoiren einer Überlebenden, Die (D. Lessing,
1974) *692*

Mensch erscheint im
Holozän, Der (M. Frisch,
1979) *735*

Mensch in der Revolte, Der
(A. Camus, 1951) *347,
518*

Mensch schreit, Der
(A. Ehrenstein, 1916) *131*

Mensch, Ein
(E. Roth, 1935) *316*

Menschen im Hotel
(V. Baum, 1929) *262, 263*

Menschenkenntnis
(A. Adler, 1927) *14*

Menschheitsdämmerung
(K. Pinthus, 1920) *170*

menschliche Komödie, Die
(W. Saroyan, 1943) *394*

Mephisto
(K. Mann, 1936) *327, 759*

Michel in der Suppenschüssel (A. Lindgren,
1963) *418*

Midaq-Gasse, Die
(N. Mahfuz, 1947) *807*

Minima Moralia
(T. W. Adorno, 1951) *471*

Minna
(K. A. Gjellerup, 1889) *138*

Mirèio
(F. Mistral, 1859) *47*

Mit aller Macht
(Anonymus/J. Klein, 1996)
906

Mit dem Fahrstuhl in die
Römerzeit (R. Pörtner,
1959) *535*

Mit Marx- und Engelszungen (W. Biermann, 1968)
625, 707

Mitjas Liebe
(I. Bunin 1925) *295*

Mitte des Lebens
(L. Rinser, 1950) *465*

Moabiter Sonette
(A. Haushofer, 1946)
426

moderne Komödie, Eine
(J. Galsworthy, 1924–28)
284

Mohn und Gedächtnis
(P. Celan, 1952) *479, 479*

Molloy
(S. Beckett, 1951) *488*

Momo
(M. Ende, 1973) *680, 418*

Montauk
(M. Frisch, 1975) *701*

Moorsoldaten, Die
(W. Langhoff, 1935) *316*

Mord im Orientexpreß
(A. Christie, 1934) *356*

Werkregister – Buch

Morgue und andere
  Gedichte (G. Benn, 1912)
  104, 169
Moskauer Novelle
  (C. Wolf, 1961) *554*
Mrs. Dalloway
  (V. Woolf, 1925) *228, 376*
Mümmelmann
  (H. Löns, 1909) *418*
Murphy
  (S. Beckett, 1938) *348*
Mutmaßungen über Jakob
  (U. Johnson, 1959) *535, 707*
Mythische Geschichten
  (G. Seferis, 1935) *573*
Mythos von Sisyphos, Der
  (A. Camus, 1942) *386*

N

Nach dem Geschrei der
  Vögel (L. Ferlinghetti, 1967) *519*
Nachdenken über
  Christa T.
  (C. Wolf, 1968) *554, 625*
Nach Finisterre
  (E. Montale, 1943) *698*
Nachricht von einer Ent-
  führung (G. García Már-
  quez, 1996) *906*
Nachtgewächs
  (D. Barnes, 1936) *327*
Nackt unter Wölfen
  (B. Apitz, 1958) *527*
Nackten und die Toten, Die
  (N. Mailer, 1948) *448*
Nadja
  (A. Breton, 1928) *229, 252*
Naked Lunch, The
  (W. S. Burroughs, 1959) *519, 535*
Name der Rose, Der
  (U. Eco, 1980) *745*
Narr in Christo Emanuel
  Quint, Der
  (G. Hauptmann, 1910) *88*
Narrenschiff, Das
  (K. A. Porter, 1962) *565*
Narziß und Goldmund
  (H. Hesse, 1930) *269, 424*
Naturrecht und menschliche
  Würde
  (E. Bloch, 1961) *707*
Neue Erde
  (K. Hamsun, 1893) *167*
Neue Gedichte
  (R. M. Rilke, 1907) *69*

1984
  (G. Orwell, 1949) *458, 459,* 459
Nexus
  (H. Miller, 1960) *305, 542*
Nicht ohne meine Tochter
  (B. Mahmoody, 1989) *827*
Nova Express
  (W. S. Burroughs, 1962) *519*
Novellen um Claudia, Die
  (A. Zweig, 1912) *104*
08/15
  (H. H. Kirst, 1954) *495*
Nur wie ein Gast zur Nacht
  (S. Agnon, 1940) *601*

O

Œuvres de Sully
  Prudhomme
  (Sully Prudhomme, 1909) *22*
Oh, wie schön ist Panama
  (Janosch, 1978) *418*
Oktopus, Der
  (F. Norris, 1901) *25*
Oliver
  (W. Golding, 1967) *494*
Olympischer Frühling
  (C. Spitteler, 1900–05) *16, 157*
Orlando
  (V. Woolf, 1928) *252, 376*
Outsider in Amsterdam
  (J. W. van de Wetering, 1975) *356*
Owen Meany
  (J. Irving, 1990) *839*

P/Q

Paarungen
  (P. Schneider, 1992) *861*
Palette, Die
  (H. Fichte, 1968) *625*
Pallieter
  (F. Timmermans, 1916) *131*
Palmström
  (C. Morgenstern, 1910) *88*
Parfum, Das
  (P. Süskind, 1985) *784*
Pariser Landleben
  (L. Aragon, 1926) *229*
Parkinsons Gesetz
  (C. N. Parkinson, 1958) *527*
Pascual Duartes Familie
  (C. J. Cela, 1942) *386, 826*

Passagen-Werk, Das
  (W. Benjamin, 1936) *326*
Pate, Der
  (M. Puzo, 1969) *638*
Pelle der Eroberer
  (M. Andersen-Nexø, 1910) *88*
Perrudja
  (H. H. Jahnn, 1929) *263*
Pest, Die
  (A. Camus, 1947) *347, 403, 437, 518*
Peter Camenzind
  (H. Hesse, 1904) *48*
Petersburg
  (A. Bely, 1912) *104*
Pharisäerin, Die
  (F. Mauriac, 1941) *377*
Pietr der Lette
  (G. Simenon, 1931) *356*
Pilger Kamanita, Der
  (K. Gjellerup, 1906) *62*
Pippi Langstrumpf
  (A. Lindgren, 1945) *417, 417, 418*
Pitt und Fox
  (F. Huch, 1909) *83*
Planet wird geplündert, Ein
  (H. Gruhl, 1975) *701*
Platero und ich
  (J. R. Jiménez, 1914) *509*
Plexus
  (H. Miller, 1953) *305*
Portnoys Beschwerden
  (P. Roth, 1969) *638*
Praxis und Theorie der
  Individualpsychologie
  (A. Adler, 1912) *14*
Prinz Kuckuck
  (O. J. Bierbaum, 1908) *76*
Prinzip Hoffnung, Das
  (E. Bloch, 1959) *495, 707*
Professor Unrat
  (H. Mann, 1905) *54, 146*
Provokation für mich
  (V. Braun, 1965) *707*
Prozeß, Der
  (F. Kafka, 1925) *228, 229*
Prüfung, Die
  (W. Bredel, 1934) *306*
Psychoanalyse und Ethik
  (E. Fromm, 1947) *14*
Psychologische Typen
  (C. G. Jung, 1921) *14, 182*
Pu, der Bär
  (A. Milne, 1926) *418*
Pudels Kern, Des
  (J. Cary, 1944) *403*

Quo Vadis
  (H. Sienkiewicz, 1896) *53*

R

Rabbit in Ruhe
  (J. Updike, 1990) *541, 840*
Radetzkymarsch
  (J. Roth, 1932) *286*
Ragtime
  (E. L. Doctorow, 1975) *701*
rasende Reporter, Der
  (E. E. Kisch, 1925) *228*
Rättin, Die
  (G. Grass, 1986) *793*
Räuber Hotzenplotz, Der
  (O. Preußler, 1962) *418*
Räuberbande, Die
  (L. Frank, 1914) *118*
Rebecca
  (D. Du Maurier, 1938) *348*
reiche Mann, Der
  (J. Galsworthy, 1906) *62*
Reise ans Ende der Nacht
  (L.-F. Céline, 1932) *286*
Report der Magd, Der
  (M. Atwood, 1985) *458, 784*
Revolution als Geisterschiff,
  Die
  (H. Lange, 1973) *707*
Rheinsberg
  (K. Tucholsky, 1912) *104*
Richter und sein Henker,
  Der (F. Dürrenmatt, 1952) *564*
Romane der Gegenwart, Die
  (A. France, 1901) *25*
Römische Elegien
  (J. Brodsky, 1982) *797*
Römische Geschichte
  (T. Mommsen, 1885) *31*
Ronja Räubertochter
  (A. Lindgren, 1981) *418*
Roßhalde
  (H. Hesse, 1914) *118*
Rote, Die
  (A. Andersch, 1960) *542*
Rückkehr des verlorenen
  Sohnes, Die
  (A. Gide, 1907) *69*
Rußlandhaus, Das
  (J. Le Carré, 1989) *597*

S

Salka Valka
  (H. Laxness, 1931) *501*

Werkregister – Buch

Salz auf unserer Haut
(B. Groult, 1988) *811*

Sanftes Unheil
(R. MacDonald, 1958) *356*

Sansibar oder der letzte Grund (A. Andersch, 1957) *520*

Satanischen Verse, Die
(S. Rushdie, 1988) *811, 826*

Scarlett
(A. Ripley, 1991) *327, 852*

Schachnovelle
(S. Zweig, 1941) *376, 377*

Schall und Wahn
(W. Faulkner, 1929) *457*

Schau heimwärts, Engel!
(T. Wolfe, 1929) *263*

Scherz, Der
(M. Kundera, 1967) *615, 839*

Schildkröteninsel
(G. Snyder, 1974) *519*

Schlachthof Fünf
(K. Vonnegut, 1969) *638*

Schlafwandler, Die
(H. Broch, 1931) *277*

Schloß Gripsholm
(K. Tucholsky, 1931) *277*

Schloß, Das
(F. Kafka, 1926) *239*

Schneeland
(Y. Kawabata, 1948) *623*

schöne Frau Seidenman, Die (A. Szczypiorski, 1986) *793*

Schöne neue Welt
(A. Huxley, 1932) *286, 287, 458*

Schönes Dunkel
(J. Gracq, 1945) *229*

Schöpferische Entwicklung (H. Bergson, 1908) *245*

Schwabinger Marterin
(C. Reinig) *707*

Schwarze Fahnen
(A. Strindberg, 1904) *70*

schwarze Flamme, Die
(M. Yourcenar, 1951) *753*

Schwarzenberg
(S. Heym, 1984) *777*

Schweigen des Meeres, Das (Vercors, 1942) *386*

Sebastian im Traum
(G. Trakl, 1915) *169*

Sechs Bezirke von Bergen und Flüssen ohne Ende (G. Snyder, 1965) *519*

Seefahrt ist not!
(G. Fock, 1913) *111*

Seeteufel
(F. Graf von Luckner, 1921) *182*

Seewolf, Der
(J. London, 1904) *48*

Segen der Erde
(K. Hamsun, 1917) *140, 167*

Seil, Das
(C. Simon, 1947) *782*

Sein und das Nichts, Das
(J.-P. Sartre, 1943) *394, 583*

Sein und Haben
(G. Marcel, 1937) *339*

Sein und Zeit
(M. Heidegger, 1927) *246*

Sensible Wege
(R. Kunze, 1969) *707*

Sexus
(H. Miller, 1949) *305*

Sherlock Holmes Abenteuer
(A. C. Doyle, 1892) *356*

Siddhartha
(H. Hesse, 1922) *194*

Sie kam und blieb
(S. de Beauvoir, 1943) *347*

sieben Säulen der Weisheit, Die (T. E. Lawrence, 1926) *239*

siebente Ring, Der
(S. George, 1907) *69*

siebte Kreuz, Das
(A. Seghers, 1942) *386, 386*

Silja, die Magd
(F. E. Sillanpää, 1931) *355*

Sinn und Wert des Lebens, Der
(R. Eucken, 1908) *75*

Sinuhe der Ägypter
(M. Waltari, 1945) *417*

Smileys Leute
(J. Le Carré, 1979) *356*

So zärtlich war Suleyken
(S. Lenz, 1955) *502, 625*

Söhne und Liebhaber
(D. H. Lawrence, 1913) *111*

Solaris
(S. Lem, 1961) *458, 554*

Song of Salomon
(T. Morrison, 1977) *867*

Sonne des Lebens
(F. E. Sillanpää, 1916) *355*

Sonne Satans, Die
(G. Bernanos, 1926) *239*

Sonne und Mond
(A. P. Gütersloh, 1962) *565*

Sonnenfinsternis
(A. Koestler, 1940) *367*

Sophies Welt
(J. Gaarder, 1993) *871*

Sorge dich nicht – lebe!
(D. Carnegie, 1944) *403*

Spanische Trilogie
(P. Baroja y Nessi, 1904) *48*

Spinnennetz, Das
(J. Roth, 1967) *615*

Spion, der aus der Kälte kam, Der (J. Le Carré, 1965) *356, 597*

SS-Staat, Der
(E. Kogon, 1946) *426*

Stadt hinter dem Strom, Die
(H. Kasack, 1947) *437*

Stadt und der Welt, Der
(V. Brjussow, 1903) *41*

Stadt und Gebirge
(J. M. Eça de Queirós, 1901) *25*

stählerne Schrei, Der
(A. Petzold, 1916) *131*

Stalingrad
(T. Plievier, 1945) *417*

Stamm der Folkunger, Der
(V. von Heidenstam, 1905–07) *130*

ständige Bewegung, Die
(L. Aragon, 1925) *229*

Steine von Finisterre, Die
(C. Reinig) *707*

steinerne Herz, Das
(A. Schmidt, 1956) *511*

Steppenwolf, Der
(H. Hesse, 1927) *246, 246, 424*

Sterben am Nichtsterben
(P. Éluard, 1924) *229*

Sterben und Auferstehen
(F. E. Sillanpää, 1919) *355*

Sternstunden der Menschheit (S. Zweig, 1927) *246*

Sternverdunkelung
(N. Sachs, 1949) *601*

stille Don, Der
(M. Scholochow, 1941) *377, 594*

Stiller
(M. Frisch, 1954) *495, 585*

Stirb und werde
(A. Gide, 1920/21) *433*

Strahlungen
(E. Jünger, 1949) *459*

Streit um den Sergeanten Grischa, Der
(A. Zweig, 1927) *246*

Strudlhofstiege, Die
(H. von Doderer, 1951) *471*

Stundenbuch, Das
(R. M. Rilke, 1905) *54*

Supermann, Der
(A. Jarry, 1902) *33*

T

Tadellöser & Wolff
(W. Kempowski, 1971) *659*

Tag im Leben des Iwan Denissowitsch, Ein
(A. Solschenizyn, 1963) *574, 648*

Tag um Tag
(S. Quasimodo, 1947) *533*

Tagebuch der Anne Frank, Das (A. Frank, 1946) *426, 426*

Tagebuch eines Landpfarrers (G. Bernanos, 1936) *327*

Taifun
(J. Conrad, 1902) *33*

Tal der Puppen, Das
(J. Susann, 1966) *602*

talentierte Mr. Ripley, Der
(P. Highsmith, 1955) *356*

Taschentuch, Das
(B. Kronauer) *880*

Tat der Thérèse Desqueyroux, Die (F. Mauriac, 1927) *478*

Tauben im Gras
(W. Koeppen, 1951) *471*

Tausch, Der
(J. Trifonow, 1969) *638*

Tausend Kraniche
(Y. Kawabata, 1952) *623*

Tausendjahresplan, Der
(I. Asimov, 1951) *458*

Tauwetter
(I. Ehrenburg, 1956) *511*

Teppich des Lebens, Der
(S. George, 1900) *16*

Ternura
(G. Mistral, 1924) *416*

Terra nostra
(C. Fuentes, 1975) *701*

Terroristen, Die
(M. Sjöwall und P. Wahlöö, 1975) *356*

Werkregister – Buch

Thais
  (A. France, 1890) *180*
Theorie der wirtschaftlichen Entwicklung (J. A. Schumpeter, 1912) *322*
Thibaults, Die
  (R. Martin du Gard, 1922) *194, 335*
Tim Thaler oder das verkaufte Lachen
  (J. Krüss, 1962) *542*
Tod des Vergil, Der
  (H. Broch, 1945) *417*
Tod eines Straßenhändlers
  (J. W. van de Wetering, 1977) *356*
Tod in Venedig, Der
  (T. Mann, 1913) *111, 260*
Todesarten
  (I. Bachmann, 1971) *486*
Tortilla Flat
  (J. Steinbeck, 1935) *316*
Tote im Götakanal, Die
  (M. Sjöwall und P. Wahlöö, 1965) *356*
Toten von Spoon River, Die
  (E. L. Masters, 1915) *124*
Totenreich
  (H. Pontoppidan, 1812–16) *138*
Totenschiff, Das
  (B. Traven, 1926) *239*
Transfer
  (S. Lem, 1961) *458*
Traumdeutung, Die
  (S. Freud, 1900) *14, 16*
Treffen in Telgte, Das
  (G. Grass, 1979) *735*
Tsushima
  (F. Thieß, 1936) *327*
Tunnel, Der
  (B. Kellermann, 1913) *111*
Tycho Brahes Weg zu Gott
  (M. Brod, 1916) *131, 169*

U

Über den nervösen Charakter
  (A. Adler, 1912) *14*
Ulysses
  (J. Joyce, 1922) *194, 194*
Umbra vitae
  (G. Heym, 1912) *104*
Unabhängigkeitstag
  (R. Ford, 1995) *893*
unauslöschliche Siegel, Das
  (E. Langgässer, 1946) *426*
Unbehagen in der Kultur, Das (S. Freud, 1929) *14*
Und die Bibel hat doch recht (W. Keller, 1955) *502*
Und die Großen läßt man laufen (M. Sjöwall und P. Wahlöö, 1970) *356*
Und sagte kein einziges Wort (H. Böll, 1953) *488, 666*
unendliche Geschichte, Die
  (M. Ende, 1979) *418, 735*
unerträgliche Leichtigkeit des Seins, Die (M. Kundera, 1984) *777, 839*
Unfähigkeit zu trauern, Die
  (A. und M. Mitscherlich, 1967) *615*
ungeheure Raum, Der
  (E. E. Cummings, 1922) *194*
Union der festen Hand
  (E. Reger, 1931) *277*
Unser Mann in Havanna
  (G. Greene, 1958) *356, 368*
Unsere Siemens-Welt
  (F. C. Delius, 1972) *668*
Unsterblichkeit
  (M. Kundera, 1990) *839*
Unter dem Vulkan
  (M. Lowry, 1947) *437*
Unter Herbststernen
  (K. Hamsun, 1906) *62*
Untergang Amerikas, Der
  (A. Ginsberg, 1972) *512, 519*
Untergang des Abendlandes, Der (O. Spengler, 1918) *147*
Untertan, Der
  (H. Mann, 1918) *146, 147*
Unterwegs
  (J. Kerouac, 1957) *519, 520, 520*
unvollendete Satz, Der
  (T. Déry, 1947) *437*
Unwirtlichkeit unserer Städte, Die (A. Mitscherlich, 1965) *14*

V

Vater, Der
  (J. Klepper, 1937) *339*
Venusneid
  (R. M. Brown, 1993) *871*
Verdammt in alle Ewigkeit
  (J. Jones, 1951) *471*
Verfall und Triumph
  (J. R. Becher, 1914) *118*
Verliese des Vatikan, Die
  (A. Gide, 1914) *118*
verlorene Ehre der Katharina Blum, Die (H. Böll, 1974) *692*
Versuch über die Pubertät
  (H. Fichte, 1974) *692*
Verteidigung der Kindheit
  (M. Walser, 1991) *852*
Verwirrungen des Zöglings Törleß, Die
  (R. Musil, 1906) *62*
Via Mala
  (J. Knittel, 1934) *306*
vier Gerechten, Die
  (E. Wallace, 1905) *356*
vierzig Tage des Musa Dagh, Die
  (F. Werfel, 1933) *297*
Vögel über dem Tau
  (R. Kunze, 1959) *707*
Volk ohne Raum
  (H. Grimm, 1926) *239*
Vom Wesen der Schwarzen (W. E. B. DuBois, 1903) *41*
Vom Winde verweht
  (M. Mitchell, 1936) *327, 327*
Von den Wurzeln des Bewußtseins
  (C. G. Jung, 1954) *14*
Von der Liebe und anderen Dämonen
  (G. García Marquéz, 1994) *880*
Von Liebe und Schatten
  (I. Allende, 1984) *759*
Von Mäusen und Menschen (J. Steinbeck, 1937) *313, 564*
Von Pol zu Pol
  (S. Hedin, 1911) *97*
Vor den Vätern sterben die Söhne (T. Brasch, 1977) *707, 719*
Voss
  (P. White, 1957) *678*
Vox
  (N. Baker, 1992) *861*
Vulkan, Der
  (K. Mann, 1939) *357*

W

Waisenhaus, Das
  (H. Fichte, 1965) *596*
Wallenstein
  (G. Mann, 1971) *659*
Wanderer zwischen beiden Welten, Der (W. Flex, 1917) *140*
Wandlungen des Mattia Pascal, Die (L. Pirandello, 1904) *48*
Was bleibt
  (C. Wolf, 1990) *840*
Was geschah mit Slocum
  (J. Heller, 1974) *692*
Weg allen Fleisches, Der
  (S. Butler d. J., 1903) *41*
Weg ins Freie, Der
  (A. Schnitzler, 1908) *76*
Wegschilder und Mauerinschriften (G. Kunert, 1950) *707*
Weiberdorf, Das
  (C. Viebig, 1900) *16*
Weise von Liebe und Tod des Cornets Christoph Rilke (R. M. Rilke, 1906) *62, 205*
weißen Götter, Die
  (E. Stucken, 1918) *147*
weites Feld, Ein
  (G. Grass, 1995) *893*
Weltfreund, Der
  (F. Werfel, 1911) *97*
Wem die Stunde schlägt
  (E. Hemingway, 1940) *367, 367, 493*
Wendekreis des Krebses
  (H. Miller, 1934) *305, 306*
Wendekreis des Steinbocks
  (H. Miller, 1939) *305, 357*
Wendepunkt, Der
  (T. Mann) *386*
Wenn ein Reisender in einer Winternacht (I. Calvino, 1979) *437, 735*
Western Lands
  (W. S. Burroughs, 1987/88) *519*
Wider die deutschen Tabus
  (G. Zwerenz, 1962) *707*
Wie der Stahl gehärtet wurde (N. Ostrowski, 1932) *286*
Wie eine Träne im Ozean
  (M. Sperber, 1955) *502*
Wie kommt das Salz ins Meer (B. Schwaiger, 1977) *719*
Wind, Sand und Sterne
  (A. de Saint-Exupéry, 1939) *357*
Winterreise
  (G. Roth, 1978) *728*
Winterspelt
  (A. Andersch, 1974) *692*

Wir sind Utopia
(S. Andres, 1943) *394*
Wir Untertanen
(B. Engelmann, 1974) *692*
Wittiber, Der
(L. Thoma, 1911) *97*
Wo Spinnen ihre Nester bauen (I. Calvino, 1947) *437*
Wolf unter Wölfen
(H. Fallada, 1937) *339*
Wolfsblut
(J. London, 1905) *54*
Wörter, Die
(J.-P. Sartre, 1964) *587*
wunderbare Reise des kleinen Nils Holgersson mit den Wildgänsen, Die (S. Lagerlöf, 1906) *81, 418*
wunderbare Zauberer von Oz, Der (L. F. Baum, 1900) *16*
wunderbaren Jahre, Die
(R. Kunze, 1976) *710, 720*
Wunschkind, Das
(I. Seidel, 1930) *269*
Wunschloses Glück
(P. Handke, 1972) *668*
Wurzeln
(A. Haley, 1976) *710*
wüste Land, Das
(T. S. Eliot, 1922) *194, 446*

Z

Zärtlich ist die Nacht
(F. S. Fitzgerald, 1934) *306*
Zauberberg, Der
(T. Mann, 1924) *25, 216, 260*
Zaubersprüche
(S. Kirsch, 1973) *707*
Zazie in der Metro
(R. Queneau, 1959) *535*
Zeit und Freiheit
(H. Bergson, 1889) *245*
Zeitalter der Angst, Das
(W. H. Auden, 1947) *437*
Zeitmaschine, Die
(H. G. Wells, 1895) *458*
Zement
(F. Gladkow, 1925) *228*
Zeno Cosini
(I. Svevo, 1923) *205*
Zerstören, sagt sie
(M. Duras, 1969) *638*
Zerstörung oder die Liebe, Die (V. Aleixandre, 1935) *718*
Zettels Traum
(A. Schmidt, 1970) *649, 650*
Zitadelle, Die
(A. J. Cronin, 1937) *339*
Zukunft hat schon begonnen, Die (R. Jungk, 1952) *479*
Zukunftsschock, Der
(A. Toffler, 1970) *649*
Zur Psychopathie des Alltagslebens
(S. Freud, 1901) *14*
Zwei Ansichten
(U. Johnson, 1965) *707*
Zwei Fremde im Zug
(P. Highsmith, 1950) *356*
Zwei Menschen
(R. Dehmel, 1903) *41*
42. Breitengrad, Der
(J. Dos Passos, 1930) *269*
Zwischen den Akten
(V. Woolf, 1941) *376*
Zwischen zwei Welten
(U. Sinclair, 1941) *377*

Bildquellenverzeichnis

für die Abbildungen:
Archiv der Bayreuther Festspiele, Bayreuth 472
Archiv der Sozialen Demokratie, Bonn 163
Archiv für Kunst und Geschichte, Berlin 15/2, 97, 112, 136, 149, 212/2, 280, 292, 313, 326/2, 337, 343, 372, 383, 388, 407, 424, 445/2
Associated Press Bildarchiv, Frankfurt 548/2, 798, 810
Bibliothèque Musicale Gustav Mahler, Paris/F 76
Botschaft der Republik Polen, Bonn 837
Botschaft der Republik Österreich, Bonn 762
Botschaft der Republik Tunesien 796/2
Botschaft der Tschechischen Republik, Bonn 713
Bundesbildstelle, Bonn 684
Corbis-Bettman, New York 12, 20, 67/2, 118, 137, 167, 180/2, 228, 245, 275, 284, 287, 304, 351, 358, 389, 405, 412, 441, 526, 539, 761
Corbis-Bettman/AFP, New York 843/2, 856, 886, 887, 891
Corbis-Bettman/Reuters, New York 815, 817, 819, 819/2, 821/2, 8213, 822, 823, 826, 845, 855, 858, 860, 866, 869, 874/2, 876, 890
Corbis-Bettman/Springer, New York 147
Corbis-Bettman/UPI, New York 38, 61, 130, 143, 145, 153, 160, 203, 207, 248, 251, 259, 266/2, 291/2, 293, 296, 298, 302, 309, 314, 325, 326, 331, 335, 340, 341, 345, 347, 352, 353, 3613, 368, 374, 391, 392/2, 395, 397, 398, 411, 421, 425, 429, 434, 435, 445, 453/2, 455, 461, 470, 475, 499, 525, 529, 531, 532, 538, 548, 5483, 551, 558/2, 563, 578, 580, 590, 599, 601, 608, 609/2, 613, 614, 622, 628, 629,
631, 640, 641, 642, 651, 662, 664/2, 673/2, 6733, 675, 686, 691, 695, 705, 706, 717, 723, 727, 727/2, 730, 733, 738, 740, 740/2, 741, 742, 743, 746, 748, 749, 750, 771, 771/2, 786, 792, 797, 803, 813, 813/2, 825, 843
Daimler-Benz-Archiv, Stuttgart 901/2
Deutsche Presse Agentur, Frankfurt 417, 496, 537, 559, 561, 562, 567, 568, 569, 574, 583, 592, 598, 607, 609, 619, 619/2, 623, 632, 645, 664, 669, 671/2, 677, 683, 693, 708, 712, 714, 715, 724, 749/2, 754, 764, 766, 774, 779, 781, 787, 791, 810, 821, 832, 833, 899, 901, 905
Deutsches Institut für Filmkunde, Frankfurt 541, 626, 745, 759/2, 870, 879
Deutsches Theatermuseum/Archiv Heinz Köster, München 565
Direccion de Relaciones Publicas, Managua 830
Carin Drechsler-Marx, New York 535
Deutsche Telekom, Bonn 901/2
Eastman Kodak Co., Rochester/USA 21
Eduard N. Fiegel, St. Augustin 531/2, 755, 889, 897
Archiv Gerstenberg, Wietze 390
Christian Heeb, St. Gallen 323, 827
Brigitte Helgotth, Haan 759
Markus Hilbich, Berlin 110, 157, 263, 575, 783, 893
Harenberg Verlag, Dortmund 571, 14, 15, 16, 26, 28, 31, 31/2, 32, 34, 35, 37, 41, 49, 51, 55, 59, 60, 69, 72, 74, 77, 82, 83, 84, 85, 85/2, 86, 89, 90, 91, 92, 95, 95/2, 96, 99, 99/2, 101, 106, 115, 115/2, 119, 119/2, 1193, 1194, 120, 123, 125A, 128, 128/2, 133, 134, 139/1, 139/2, 139/3, 142, 150, 153/2,
1533, 156, 159, 173, 174, 175, 176, 180, 181, 183, 184, 185, 187, 187/2, 193, 195, 196, 199, 200, 200/2, 206, 206/2, 2063, 210, 212, 215/2, 218, 220, 221, 230, 235, 236, 237, 241, 243, 247, 250, 252, 255, 255/2, 266, 267, 270, 272, 276, 278, 279, 281, 290, 291, 292/2, 302, 310, 316, 320, 320/2, 327, 327/2, 329, 329/2, 3293, 330, 336, 360, 361, 361/2, 363, 366, 376, 376/2, 377, 379, 381, 392, 394, 396, 397/2, 403, 409, 413, 415, 416, 419, 420, 439, 442, 447, 449, 453, 456, 458, 463, 476, 477, 478, 480, 481, 487, 488, 492, 497, 499/2, 4993, 504, 509, 509/2, 511, 514, 517, 518, 525/2, 558, 569/2, 571, 577, 586, 586/2, 587, 589, 595, 617, 672, 673, 687, 732, 765, 796, 838, 883
Hochtief Öffentlichkeitsarbeit, Essen 585
Horstmüller Pressebilderdienst, Düsseldorf 711, 785
Interfoto Pressebildagentur, München 515
Keystone Pressedienst, Hamburg 571/2
Landesbildstelle Berlin 427
Siegfried Lauterwasser, Überlingen 709
Melde-Press, Bonn 888
NASA, Houston/USA 635, 635/2
Popper-Photo, London/GB 215
Presse- und Informationsamt der Bundesregierung, Bonn 768, 5313
Pressebild-Agentur Schirner, Meerbusch 483, 671, 6713
Sipa-Press, Paris/F 800, 835, 847
Sipa-Press/Laski, Paris/F 898
Stadtarchiv Marburg 345/2
Archiv Karl Stehle, München 150/2

SVT, The International Historical Press Photo Collection, Stockholm 17, 67, 94, 125, 126, 127, 165, 201, 224, 260, 303, 304/2, 333, 360/2, 484, 490, 506, 522, 545
Walter Umminger, Schwarzenberg/A 42
USIS, Bonn 699, 806
VW, Wolfsburg 315
Yoash Tatari, Köln 658
Zentralbild/Deutsche Presse Agentur, Frankfurt/M. 882, 907

für die Kunstwerke:
Wassily Kandinsky „Das erste abstrake Aquarell" 1910, © VG Bild-Kunst, Bonn 1997
René Magritte „Die Liebenden" 1928, © VG Bild-Kunst, Bonn 1997
Piet Mondrian „Tableau I" 1921, © International Licensing Partners, Amsterdam 1997
Pablo Picasso „Les Demoiselles d'Avignon" 1906/1907, © VG Bild-Kunst, Bonn 1997
Pablo Picasso „Guernica" 1937, © VG Bild-Kunst, Bonn 1997
Gerrit Rietveld „Red Blue Chair" 1918, © VG Bild-Kunst, Bonn 1997